RECUEIL

D'ARRETS DU PARLEMENT

DE

PARIS,

PRIS DES MÉMOIRES

DE

FEU M. PIERRE BARDET,

AVOCAT EN LA COUR.

Avec les Notes & Differtations de M. *CLAUDE BERROYER*, Avocat au même
Parlement.

NOUVELLE ÉDITION,

Revue & augmentée de plufieurs Notes, Obfervations & Arrêts contenant de nouvelles
Décifions.

Par *M. C. N.* LALAURE, *ancien Avocat*
au Parlement , & Cenfeur Royal.

TOME PREMIER.

A AVIGNON,

Chez PIERRE-JOSEPH ROBERTY , Libraire , Imprimeur de la Ville.

M. DCC. LXXIII.
Avec Approbation & Privilege du Roi.

A MONSIEUR
DE SARTINE,
CONSEILLER D'ÉTAT
ET
LIEUTENANT - GÉNÉRAL
DE POLICE.

MONSIEUR,

SI, pour compoſer une Épître Dédicatoire, il ne s'agiſſoit que de préſenter les vertus & le mérite de la Perſonne à qui l'on fait hommage de ſes Ecrits, la bonté avec laquelle vous avez bien voulu, MONSIEUR, agréer la nouvelle Edition des Arrêts de BARDET, me fourniroit une ample matiere pour remplir cet objet.

Je parlerois de cette activité , de cette vigilance & de ce discernement , avec lesquels vous remplissez les précieuses fonctions de la partie d'administration qui vous est confiée. Je rappellerois cette douceur , cette affabilité qui vous sont naturelles ; je ferois même valoir jusqu'à cette sévérité tempérée , qui force le Coupable à reconnoître la justice des peines que les Loix vous obligent d'infliger. Mais ces vérités sont connues , non-seulement des Citoyens de cette Capitale , mais encore des Etrangers.

Je ne dois donc pas placer ici des Éloges , que la Voix publique ne cesse de répéter. Je dois me borner à me joindre à ce même Public, qui m'aura au moins l'obligation , en lui procurant une nouvelle Édition des Arrêts de BARDET , d'avoir transmis à la Postérité cette marque de sa reconnoissance à votre égard ; & moi , MONSIEUR , j'aurai l'avantage de vous donner un témoignage public de l'attachement le plus respectueux , avec lequel je suis ,

MONSIEUR,

Votre très-humble & très-obéïssant
Serviteur L'ALAURE , ancien
Avocat au Parlement & Censeur
Royal.

PRÉFACE.

LES arrêts font des exemples de décisions, qui se rendent plus sensibles que des especes formées sous des noms empruntés ; & quoiqu'il y ait peut-être du péril de les tirer à conséquence, il faut pourtant avouer, qu'on peut heureusement s'en servir pour pénétrer les maximes, soit qu'elles se trouvent conformes ou qu'elles soient contraires aux préjugés ; car on regarde souvent les questions générales, comme des choses éloignées, qui ne doivent jamais arriver ; au-lieu que les exemples fixent l'esprit, & réveillent l'imagination.

Il y a deux opinions directement opposées touchant l'usage qu'on peut faire des arrêts ; l'une qu'ils font partie de notre droit français ; l'autre que le plus exact de tous les recueils a quelque chose de dangereux.

On auroit de la peine à croire avec ceux qui tiennent la premiere opinion, qu'un arrêt rendu entre des particuliers, sans réglement pour l'avenir, pût imposer quelque nécessité aux juges de suivre sa décision ; & au sentiment de M. Pasquier, (1) le *bon pour lui* de M. le premier président de Thou, (pour faire entendre qu'un arrêt qu'on lui citoit, ne devoit servir qu'à celui qui l'avoit obtenu,) ne valoit pas moins que le *cui bono* de l'ancien jurisconsulte.

Je n'entreprends pas une dissertation entiere, que d'autres ont déja faite, sur l'autorité des choses jugées, & je me contenterai d'inférer ici quelques réflexions qu'on trouvera peut-être nouvelles.

Théophile après avoir marqué la différence (2) des décisions prononcées par le Prince sur les procès des particuliers, & appellés *décrets*, qui faisoient loi dans les cas semblables, & de celles des magistrats qui n'avoient pas la même autorité, demande (3) *pourquoi le décret & l'édit du prince font loi, & que le magistrat n'en peut faire que par un édit.* Voici la raison qu'il en rend : *Les anciens pour l'établissement de la république romaine, qu'ils vouloient fonder sur de bonnes loix, s'appliquerent à éviter en leur législation tout ce qui pourroit être censuré. Il semble qu'ils y réussirent principalement, quand ils voulurent que les décrets & les édits des princes fussent des loix ; & qu'ils ne donnerent pas la même force aux décrets des magistrats. Ils savoient bien que la conduite du magistrat pouvoit être suspecte, & qu'il étoit à craindre qu'il ne donnât quelque chose à l'amitié, qu'il ne se laissât corrompre par des présens, ou qu'il ne fût animé de quelque ressentiment. Le prince seul est exempt de toutes ces préventions ; il est à l'épreuve des richesses, puisqu'il dispose des personnes, comme de la fortune de ses sujets. La faveur ne lui peut jamais faire violer la loi dans ses jugemens, parce qu'il a la puissance de distinguer celui qu'il aime par une grace plus solide qu'une injustice, & d'une maniere plus glorieuse ; & il ne fait rien dans un esprit de haine, parce qu'il n'a point d'ennemi dans son état, qui n'en doive être aussi-tôt retranché & réputé mort ; s'il est donc permis aux magistrats de faire des loix par des édits seulement, c'est que les édits ne font faits que pour prévenir les cas qui peuvent arriver, & qu'ils sont à couvert par-là de toute sorte de soupçons.*

Ulpien qui a tant de fois répété que la chose jugée (4) passe pour une vérité, remarque néanmoins que *si la voie d'appel (5) est nécessaire pour corriger l'iniquité ou l'ignorance des premiers juges, il arrive souvent aussi que des sentences bien rendues, font mal infirmées par le supérieur, dont le jugement, pour être prononcé le dernier, n'est pas toujours le meilleur.*

---

(1) *Tom. 1. liv. 19. de ses lettr. pag. 529.*
(2) *Instit. de jur. natur. gent. & civil. §. 6.*
(3) *Ibid. §. 7.* Quænam ratio est, ut princeps & per decretum, & per edictum jura constituat, magistratus autem tantùm per edictum ? & inde hujus rei causa fluxit. Veteres cùm rempublicam romanam constituerent, & eam bonis legibus institui vellent, id summo opere laboraverunt, ne quid in constituendo jure admitteretur quod meritò reprehendi posset. Id autem maximè videntur esse consecuti, cùm principum decreta & edicta leges esse voluerunt : magistratuum verò non item. Satis enim sciebant, magistratuum multis obnoxium esse suspicionibus, utrum amicitiæ aliquid tribuens, aut donis corruptus, an odio incensus ita pronunciasset. Quæ in principem non cadunt, Ne-

que enim auro is inescatur, qui non tantùm fortunarum nostrarum, sed etiam corporum ipsorum dominus est. Neque ob amicitiam jura transgreditur, quoniam princeps ei, quem diligit, aliter prodesse potest, unde & certiorem gratiam & veriorem gloriam adsequatur. Neque etiam odio cujusquam aliquid facit ; nec enim odit princeps quemquam eorum qui sunt in ipsius republica ; aut si quis inventus fuerit, is protinùs inter mortuos connumerabitur. Porrò ideo tantùm per edictum jura constituere magistratibus permissum est, quod edicta res ipsas præcedant, atque ità omnis sinisterior suspicio cesset.
(4) *L. 207. de reg. jur. l. 25. de stat. homin.*
(5) *L. 1. de appellat. & relat.*

*

On trouve encore des titres exprès dans le droit, qui portent, que la décifion d'une conteftation entre particuliers ne fait point de loi dans les cas femblables ; on n'a pas même voulu, (6) que la nullité d'un teftament prononcée contre l'un des légataires pût nuire aux autres, qui n'étoient point parties, ni qu'en aucun cas les jugemens puffent être exécutés que contre ceux avec qui ils étoient rendus, quoique d'autres euffent le même intérêt ; c'eft la penfée de St. Auguftin (7) qu'une caufe, ni une perfonne ne doit point faire de préjudice à une autre.

Il eft vrai que Calliftrate (8) fait mention d'un refcrit de l'empereur Severe, portant que *dans les obfcurités qui procedent des loix, la coutume ou l'autorité des chofes perpétuellement jugées d'une maniere uniforme, doit avoir force de loi* ; mais en ce cas la chofe jugée tire toute fon autorité de l'ufage confirmé ; car au même titre Julien (9) commence à parler de l'ufage, & les textes fuivans continuent : Ulpien ajoute (10) que pour la preuve d'une coutume, il faut examiner fi elle a été confirmée par un jugement contradictoire ; enfuite Calliftrate parle d'abord de l'ufage dans un premier texte, (11) qui fe trouve lié par une tranfition (12) avec le poftérieur, ce qui donne lieu de conclure que la particule, *ou*, dont fe fert le dernier, doit être prife pour conjonctive (13) de l'ufage & de l'autorité des chofes jugées.

C'eft ainfi que la glofe d'Accurfe (14) concilie tous ces textes ; car après avoir obfervé que deux jugemens conformes peuvent prouver une coutume, il ajoute qu'il ne faut pas en inférer que les exemples fervent de loix dans les jugemens, parce que ce n'eft pas fur les exemples que les juges fe détermineront en ce cas, mais fur la coutume qui eft prouvée par les exemples.

L'empereur Juftinien a précifément défendu (15) *que nul, ni juge, ni arbitre, ne s'impofe dans fes décifions la néceffité de fuivre des confultations qu'il n'eftime pas juftes, & qu'il n'ait pas plus d'égard en ce point aux jugemens mêmes des magiftrats ; car fi une queftion n'a pas été bien décidée, la faute d'un juge ne doit pas faire celle des autres ; & c'eft par les loix, & non point par les exemples qu'il faut juger ; qu'on n'examine pas, dit-il, fi la fentence a été rendue par un magiftrat conftitué en grande dignité ; nous ordonnons à tous nos juges de fuivre la vérité, & les veftiges des loix & de la juftice.*

M. Cujas (16) à l'occafion de cette loi, cite un paffage, qui fe lit plus entier dans un traité (17) qu'on attribuoit à St. Cyprien, & qu'on ne fait pas encore à qui donner, d'Origene, de St. Auguftin, de St. Jerome ou de Gaudence de Breffe, mais que le favant perfonnage, qui fit l'édition de St. Cyprien à Oxfort en 1682, prétend être du tems du vénérable Bede. Quoi qu'il en foit, les arrêts y font appellés *des conjectures de droit*, dont les praticiens de mauvaife foi fe fervent, dit cet écrivain inconnu, quand ils veulent renverfer le principe, & éluder la difpofition des loix ; & pour furprendre les juges, ils objectent de ces exemples, qui n'ont fouvent aucun rapport.

Pour établir un ufage il faut que le parlement interpofe fon autorité, par la même raifon que les coutumes du royaume, qui n'étoient que des ufages avant leur rédaction, doivent être enrégiftrées au greffe de la cour & jufques-là elles ne font point reconnues.

Celle de Lodunois fut rédigée en 1518, du confentement des trois ordres de la province, en vertu d'une commiffion de François premier adreffée au confeiller du grand confeil ; cependant parce qu'elle n'eft pas regiftrée au greffe du parlement, on ne la reconnoît point pour coutume, ainfi que l'a remarqué feu M. l'avocat général Talon ; (18) & quoique l'une des parties en cite quelque article précis, on n'y a point d'égard, comme le dit Mornac, (19) fi l'autre ne s'y foumet, & ne confent que la caufe foit décidée par cette coutume.

Il en eft de même de l'ufage qui s'eft introduit dans une province, en interprétation d'un article de coutume, ou par un cas omis ; car l'ufage ne peut faire loi jufqu'à ce qu'il ait été confirmé par un arrêt contradictoire ; mais quand cela fe rencontre, c'eft alors que l'ufage & la chofe jugée doivent tenir lieu d'un article de coutume, & qu'il ne doit plus être permis de former une pareille queftion.

Le parlement de Paris a toujours fi religieufement déféré aux ufages des lieux, que quoique les lettres patentes de confirmation des coutumes aient prefque toujours défendu les enquêtes par turbes, la cour n'a pas laiffé de les admettre, lorfque l'ufage

(6) *Tit. de except. rei judic. & cod. res inft. al. act. vel judic.*
(7) *Epift.* 152.
(8) *L.* 38. *de legib.*
(9) *L.* 32. *eod.*
(10) *L.* 34. *eod.*
(11) *L.* 37. *eod.*
(12) *Nam. Imp. nofter, &c.*
(13) *L.* 53. *de verb. fig.*
(14) *Ad l.* 32. *de leg. verb. inveterata.*

(15) *L. nemo. Cod. de fentent. & interlocut.*
(16) *Paratit. Cod. lib.* 5. *tit.* 45.
(17) *De fingularit. Cleric. callidi argumentatores & jurifperiti fallaces, qui dum cupiunt prævaricari, controverfias actionefque caufarum, etiam ipfa jura tranfvertunt ; & cùm nolunt competentibus coerceri juffionibus legum, ad illudendos judices inconvenientibus exemplis, velut fimiles conjecturas juris objiciunt.*
(18) *Tome II. de ce recueil.*
(19) *Ad L.* 9. *de legib.*

allégué n'étoit pas contraire aux dispositions précises de la coutume ; & avec cette seule précaution de ne les pas ordonner à l'audience (20) pour conserver le respect qui est dû aux ordonnances de nos rois ; & même encore aujourd'hui les enquêtes par turbes ayant été absolument abrogées par l'ordonnance , la cour prononce quelquefois qu'avant faire droit un certain nombre de juges , avocats & praticiens seront entendus pour savoir l'usage sur une question , qui n'est pas expressément décidée par la coutume.

Dans tout autre cas , ce n'est point diminuer le respect qu'on doit aux arrêts , de dire qu'ils ne font pas de loi , à l'égard de ceux qui n'y font point parties , & dont la contestation pour être semblable , n'est pas la même ; aussi l'on trouve dans ce recueil une premiere différence entre les loix & les jugemens remarquée par MM. Bignon & Talon avocats généraux , (21) que les arrêts décident du passé , & les loix font des regles pour l'avenir.

J'en trouve une seconde , que de deux loix contraires , la derniere déroge à la premiere ; au-lieu qu'en matiere d'arrêts , entre les mêmes parties & pour même fait , la contrariété peut faire rétracter le dernier arrêt par la voie de requête civile ; & à l'égard des préjugés , toutes les fois qu'on en allegue de part & d'autre qui paroissent opposés , on ne doit point s'y arrêter , & il faut uniquement s'attacher aux maximes.

Tout le monde convient que les arrêts en robes rouges font de grand poids ; mais la cour marquoit bien elle-même dans ces prononciations solemnelles l'usage qu'elle vouloit qu'on fît de ses préjugés , puisque dans ceux-ci elle vouloit bien rendre raison de ses décisions , & que pour en persuader la justice , elle y employoit moins son autorité que celle des principes.

Quant aux arrêts de partage , c'est-à-dire ceux qui décident dans une chambre un procès partagé dans une autre , on s'est prévenu peut-être sans y bien réfléchir , que la question ayant été agitée de cette maniere , le préjugé en devoit être plus considérable.

Je tiens cependant de M. Dugono , que feu M. Nublé , de qui M. Menage disoit si joliment *quo non Catonior alter* , croyoit qu'il falloit beaucoup moins s'y arrêter qu'aux autres , parce que les juges de la chambre , où la question est départie , font obligés de se ranger à l'avis du rapporteur ou à celui du compartiteur , au-lieu que s'il leur étoit permis de prendre un troisieme parti , il se trouveroit souvent plus conforme aux principes que les deux autres.

Les arrêts qui ont servi à dresser des articles nouveaux pour la coutume de Paris , pourroient être étendus avec moins de péril dans les autres coutumes , qui n'ont point de dispositions contraires & où le cas est omis.

On fera surpris qu'en donnant un recueil d'arrêts , je me sois appliqué à détruire cette premiere opinion qui les veut faire passer pour loix , & l'on dira sans doute que c'est souscrire à la seconde , qui estime cette lecture inutile & même dangereuse.

La bonté d'un livre ne dépend pas d'une vaine exagération ; & si l'on ne doit jamais imposer au public , il est encore moins permis de le faire dans tout ce qui regarde l'administration de la justice , où il ne faut chercher que la vérité ; aussi je trahirois les sentimens de l'auteur de ce recueil , si je voulois borner l'étude d'un magistrat ou d'un avocat à des arrêts dont on ne peut jamais faire une juste application qu'après avoir pénétré les principes , qui peuvent en justifier les motifs.

Ainsi j'ai à montrer que la seconde opinion qui blâme les recueils d'arrêts , n'est qu'une prévention mal fondée : elle se réduit à deux objections ; l'une fur le mauvais effet que les recueils produisent dans l'esprit des personnes peu laborieuses , qui se croient dispensées d'étudier les principes , & de puiser dans les véritables sources de la jurisprudence romaine & françaife , lorsqu'ils en trouvent des notions plus faciles , quoique plus imparfaites dans les recueils d'arrêts.

L'autre objection regarde le peu d'exactitude de ceux qui se mêlent de recueillir les arrêts , souvent sur le récit d'un autre , sans avoir remarqué les faits & les véritables moyens ; d'où il arrive quelquefois qu'un arrêt a jugé tout le contraire de la décision qu'un auteur lui impose , ou même qu'il ne se trouve point dans les registres.

Mais il est dangereux de blâmer toutes les choses dont les hommes abusent , puisqu'ils abusent même des choses faintes ; & je fais cesser la premiere objection , en demeurant d'accord que dans la jurisprudence les exemples ne font qu'accessoires , &

les regles font le principal ; que les exemples doivent être moins employés pour autoriser les maximes, que les maximes pour justifier les exemples.

Parmi les savans qui s'élevent davantage contre les recueils d'arrêts, il n'y en a pas un (pourvu qu'il se dépouille de toute prévention) qui ne reconnoisse & qui n'éprouve tous les jours par sa propre expérience, qu'il n'a jamais plus de facilité dans la recherche des principes, que quand il la fait sur un arrêt ; car s'il estime le préjugé conforme à la regle, il a le plaisir de les conférer, & de voir que le suffrage des juges ne s'en est pas éloigné ; & s'il ne trouve pas que tous les principes y aient été discutés, ceux qui y sont observés, ne laissent pas de lui être de quelque secours, & lui donnent lieu d'en ajouter d'autres, même de répondre aux moyens de douter.

Au-contraire quand on est persuadé que l'arrêt, ou pour mieux dire le préjugé qu'on lui attribue, résiste aux principes, on se sent animé de cet esprit de critique, qui fait souvent trouver les raisons que la tiédeur d'une étude ordinaire n'auroit jamais inspiré, & l'on s'efforce de combattre celles qui sont proposées comme des motifs qui ont servi à faire rendre l'arrêt.

En effet si pour étudier un texte du droit romain, d'ordonnance ou de coutume, chacun s'applique à se former toutes les especes qui en peuvent naître ; & si M. Charles du Moulin doit une partie de sa réputation au grand nombre qu'il en a prévu, n'est-il pas plus avantageux de trouver dans un recueil d'arrêts des especes toutes digérées ? & l'exemple, qui montre que la question s'est présentée, n'a-t-il pas quelque chose de plus insinuant, qu'une idée abstraite des noms de Titius & de Mœvius ?

Il faut donc confesser que l'exemple est un bien toujours dû au public. Que ne peut point celui d'un souverain sur ses sujets, celui d'un pere sur ses enfans, & d'un maître sur ses disciples ? On apprend avec plus de facilité la peinture & les autres arts par des modeles, que par de simples leçons ; & l'on se sent davantage excité en lisant l'histoire à imiter les actions des grands hommes, que par les seules regles de la vertu.

De même, quoique les principes d'une science soient plus anciens que le sujet qui en reçoit l'application, rien ne les imprime mieux que les exemples, qui ont paru au prince des philosophes, (22) si propres à enseigner, qu'il ne veut pas même qu'on néglige les fables ; parce que, dit-il, *les exemples & les fables forment une espece de témoignage, & n'enseignent que des choses vraisemblables.*

Justinien l'a bien reconnu, (23) lorsqu'en divisant les actions, il dit qu'il est nécessaire de le faire par des exemples, & la glose marque leur utilité, qui est de rendre les choses plus sensibles & plus faciles à concevoir.

La conclusion qu'on peut donc tirer pour autoriser l'étude & les recueils d'arrêts, c'est qu'au-lieu de faire négliger les sources, ils doivent porter à y avoir recours plus souvent, & en faciliter la recherche ; aussi sans interdire la citation des arrêts, rien n'empêche de les alléguer après une discussion exacte des principes ; car si les exemples ne commandent point comme les loix, ils ne laissent pas de conseiller ; & *c'est*, dit St. Jerôme, (24) *la coutume des orateurs d'exposer d'abord les raisons, & ensuite d'appeller des témoins*, qui sont les exemples.

Pour la seconde objection, il n'est pas difficile de la lever, après ce qui a été remarqué, que les préjugés doivent être justifiés par les principes ; car une simple citation d'arrêt faite par un auteur, sans rapporter le fait ni les moyens, ne peut former qu'une espece soumise aux principes ; & si l'arrêt est rapporté avec ses circonstances, soit que celui qui l'a recueilli ait été fidele ou en ait omis quelqu'une décisive, il n'y a encore aucun inconvénient de prendre l'espece dans les termes qu'elle est rapportée, & d'y appliquer les principes conformes ou contraires au préjugé.

On a même la liberté de montrer qu'un autre a recueilli le même arrêt avec plus d'exactitude, ou de rejetter absolument le préjugé par la variation des différens auteurs qui le citent, quand on ne peut pas les concilier. Tout cela ne doit point faire condamner les recueils d'arrêts, ni en interdire la lecture, même aux jeunes gens qui commencent, pourvu qu'ils soient avertis de ne les lire que comme des especes, afin d'y appliquer les principes, dont ils feront une exacte recherche ; car d'attendre qu'on ait une pareille question à traiter, c'est en remettre l'étude à un tems où il ne sera peut-être plus libre.

Ainsi je ne prétends ni condamner ni défendre tous les recueils d'arrêts ; le savant

(22) Probl. sect. 18. q. 2.
(23) §. Sed ista. 3. inst. de action. & ibi glos. verb. necessarium.   (24) Lib. 1. epist. 2.

professeur

profeffeur du droit français (25) remarque quelques erreurs où font tombés MM. Ruzé, du Luc, Chopin & Brodeau dans la citation de certains arrêts, ou contraires à la décifion qu'ils leur attribuent, ou qui ne font pas trouvés dans les regiftres ; ou enfin intervenus en des coutumes & fur des circonftances toutes différentes.

Mornac parlant d'un arrêt, dont il prétend que Chenu a omis les circonftances décifives, le reprend peut-être trop aigrement, (26) & dit que c'eft la coutume des arreftographes de province ; cependant Chenu a prefque toujours été au parlement, a pris foin de lever la plupart des arrêts en forme ; même il femble qu'il s'eft principalement appliqué à donner des arrêts de réglement, ou prononcés en robes rouges.

Chenu obferve (27) pour les derniers, qu'ils ont toujours deux dates ; qu'ils doivent être recherchés au greffe fous l'une & l'autre : & qu'enfin on ne doit pas imputer aux auteurs, que quelques-uns des arrêts qu'ils rapportent, ne fe trouvent plus au greffe, puifque cela lui eft fouvent arrivé, quoiqu'il en eût pris les qualités & les dates fur des expéditions délivrées aux parties.

Papon eft encore plus maltraité par le même auteur (28) dans une occafion innocente ; car ayant recueilli fidélement un arrêt, Mornac le cite après lui, difant que M. Louis Buiffon lui en a certifié la vérité, autrement qu'il n'ajouteroit point de foi à cet auteur, qu'il nomme par mépris arreftographe de Montbrifon.

Si fon recueil n'eft point exempt de fautes, il ne méritoit peut-être pas une note fi févere ; car Henrys fon compatriote, qui en a fait un plus récent très-bien reçu du public, remarque (29) pour le défendre contre un femblable reproche de M. Maynard, que c'eft Papon qui le premier de tous a donné aux arrêts, ce qu'ils donnent aux familles, c'eft-à-dire, l'ordre & l'économie.

Le recueil de Leveft fera toujours recherché, parce qu'il ne contient que des arrêts en forme, qui font tous rédigés d'une maniere fi exacte, qu'en ceux même intervenus fur des procès par écrit, on diftingue facilement la queftion ; & on y trouve en abrégé tous les moyens décififs ; mais aujourd'hui on donneroit inutilement des arrêts en forme, s'ils n'étoient précédés du fait & des moyens, puifque le plus fouvent ceux d'audience ne diftinguent pas même la queftion.

Mais mon deffein n'eft pas de faire le procès aux auteurs, & je me contenterai de juftifier le nôtre, en montrant qu'il a évité les deux défauts les plus ordinaires dans un femblable ouvrage : le premier eft de rapporter des arrêts fur la foi d'un autre. (*C'eft*, dit Henrys, (30) *donner des conjectures, plutôt que des décifions.*) M. Bardet a été lui-même affidu aux audiences, & tellement circonfpect, que dans une caufe où M. l'avocat général Bignon portoit la parole, il ne fait mention de fon avis, qu'en difant qu'il ne l'a point entendu (31).

Le fecond défaut, eft de ne garder aucun ordre, & de rapporter un arrêt fans le digérer, en termes obfcurs & confus, même d'y négliger les principales circonftances du fait, & les moyens décififs.

On trouvera beaucoup de méthode & de netteté dans ce recueil : la déduction du fait précede prefque toujours les moyens, pour peu que la caufe fût fufceptible de difficulté. La nature de l'ouvrage n'exigeoit pas une entiere pureté dans la diction, & il fuffit que le ftyle n'ait rien de dur.

En un mot fon exactitude a été telle qu'il a inféré tous les avertiffemens donnés au barreau par MM. les préfidens, après la prononciation des arrêts, qu'il avoit foin de rédiger auffi-tôt, pour ne pas trop préfumer de fa mémoire.

Ce recueil commence en 1617, fix ans avant le journal des audiences ; & pour les années qui ont fuivi jufques en 1642 inclufivement, s'il y a quelques arrêts rapportés ou cités ailleurs, on rencontre ici prefque toujours des circonftances, & des moyens nouveaux, qui ont pu déterminer les juges : pour les autres arrêts qui ne font point dans les livres, & qu'on trouve ici, ils ont décidé plufieurs queftions importantes ; & ceux prononcés en robes rouges qu'il a recueillis au nombre de neuf, fuffiroient pour juftifier fon exactitude.

Il arrive fouvent qu'entre plufieurs auteurs, qui rapportent le même arrêt, chacun releve des faits finguliers, qui font omis dans les autres. Pour les excufer tous, on peut dire, que fi le droit eft certain & déterminé, le fait trompe les plus prudens, comme l'a dit le jurifconfulte, (32) & fuivant la note de Godefroi, *les faits font in-*

---

(25) *M. de Launay, en la préface de fon Comment. fur les Inftit. Coutum.*
(26) *Ad L. Titio. 58. de ufufc. & quemadm.*
(27) *Centur. 1. q. 71.*
(28) *Ad L. 8. de refcind. vendit.*

(29) *Tom. 1. liv. 6. chap. 5. q. 17.*
(30) *En fon premier avis au lecteur.*
(31) *Tome I. de ce recueil, page 187.*
(32) *L. 2. de Jur. & fact. ignor.*

** **

finis ; d'ailleurs Juſtinien nous apprend (33) que *de ſe reſſouvenir de tout , & ne faillir jamais en rien , c'eſt plutôt un attribut de la ſageſſe divine , que de la foibleſſe humaine.*

Le même empereur au ſujet des omiſſions qui ſe pourroient trouver dans le digeſte , compoſé par tant de ſavans perſonnages aſſemblés pour le faire , propoſe des excuſes , (34) qui paroîtront encore plus légitimes pour un auteur qui travaille ſeul : *Premiérement , dit-il , c'eſt un effet de la médiocrité de l'eſprit humain ; en ſecond lieu ce défaut procede de la choſe même , qui en renferme beaucoup d'inutiles ; enfin il eſt plus à propos de laiſſer échapper quelques bonnes choſes , que d'en donner beaucoup d'inutiles.*

J'eſpere que le public jugera comme j'ai fait d'abord de ce recueil , qu'il ſeroit également difficile d'y rien ajouter qui ne fût ſuperflu ; & d'en rien retrancher qui ne fût néceſſaire.

On tirera peut-être de mon propre jugement , celui de ma condamnation , pour avoir retranché quelques arrêts du manuſcrit , & y avoir ajouté des notes & des diſſertations ; c'eſt l'endroit où je devrois me juſtifier , & j'avoue que j'ai plus beſoin de l'indulgence du public , que je n'en dois attendre de reconnoiſſance.

Cependant quand on conſiderera , que ſans aucun intérêt j'ai bien voulu employer mon tems à revoir un ouvrage que l'auteur avoit fait pour lui ſeul ; & que dans la penſée de le rendre plus utile , je n'ai pas eu de crainte d'expoſer ma propre réputation , pour contribuer en quelque choſe à ſa gloire , on jugera que ſi mes forces n'ont pas répondu à l'utilité que pouvoit avoir mon projet , & à la bonté de ſon ouvrage , au moins mon zele a eu quelque proportion à l'amitié dont il m'honoroit.

Je confeſſe donc que j'ai retranché quelques arrêts de ce recueil ; mais les ayant trouvés déja bien rapportés dans d'autres livres , j'ai cru que de donner deux fois la même choſe au public , ce ſeroit m'éloigner de la regle de Juſtinien , que je viens de rapporter ; & j'ai ſuivi en cela le conſeil de du Moulin , *qu'on ne doit* (35) *rien faire imprimer qui ne puiſſe apporter une nouvelle lumiere , ou quelque utilité* ; & il m'a même déterminé à laiſſer quelques arrêts , qui ſembloient aſſez bien recueillis ailleurs , lorſque j'y ai trouvé un peu de différence dans le fait , ou dans les moyens.

Pour ce qui regarde les choſes que j'ai ajoutées , il m'a ſemblé qu'en mettant les titres ou les ſommaires des arrêts , je pouvois le faire d'une autre maniere que celle qui s'eſt introduite dans les recueils , qui le plus ſouvent ne propoſent les queſtions que par doutes , quoiqu'elles aient été décidées , & j'en ai inféré la déciſion , ſans retrancher pourtant les cauſes appointées , dont les eſpeces douteuſes , m'ont paru preſque autant utiles pour l'étude des principes , que celles qui ont été jugées.

En ce qui eſt de mes notes pour ſervir de conférence avec les autres livres , dont les auteurs citent ou rapportent les mêmes arrêts , l'utilité en eſt évidente ; car le lecteur aura la liberté de vérifier les différences que j'y ai remarquées , & de relever les fautes où je puis être tombé.

Je ſuis ſeulement obligé d'avertir que pour les arrêts dont la déciſion s'eſt trouvée directement contraire à celle que d'autres auteurs leur attribuent , je les ai vérifiés dans les regiſtres de la cour ; & je ne m'en ſuis diſpenſé , que quand il m'a paru que c'étoit la faute d'un auteur ſingulier , & qu'elle avoit été déja relevée dans d'autres livres conformes à ce recueil , dont j'ai reconnu par-tout l'exactitude.

Au ſurplus , quand j'ai marqué les erreurs des autres livres , je n'ai pas eu intention de faire injure aux auteurs , à qui je ne refuſerai jamais mon foible ſuffrage , puiſqu'ils ont mérité celui du public ; par exemple M. Brodeau , ſi louable par tant d'endroits , dans le grand nombre d'arrêts qu'il ne fait que citer , n'a peut-être pas ſi ſouvent abuſé des préjugés , que ceux qui faiſoient profeſſion de recueillir les arrêts entiers ; & il a preſque toujours fait la recherche des principes ſur une matiere , avant que d'y appliquer les arrêts.

Quant aux diſſertations que j'ai faites ſur les queſtions principales , mon but a été d'affoiblir dans les provinces les fauſſes impreſſions , & faire ceſſer les mauvaiſes applications que l'on y fait tous les jours des arrêts , qui étant mal entendus font plutôt naître des procès , qu'ils ne les préviennent , ſuivant l'effet qu'on en devroit attendre.

Après avoir montré que les arrêts ne font que des eſpeces , dont la déciſion dé-

---

(33) *De Confirmat. dig. ad Senat. & omn. pop.* §. 14.
(34) *Ibid.* §. 16.

(35) *Ad art. 50. antiq. conſuet. pariſ. in fi.* 1. *part.*

pend des principes , tous les raifonnemens qu'on trouvera de moi , pour autorifer mon avis , doivent avoir beaucoup moins de poids , & je confens qu'on ne les examine que comme des moyens de douter. Mais fi j'ai eu le bonheur de trouver quelquefois des moyens légitimes de décider , la raifon qui a fon empire par-tout , ne pourra recevoir d'atteinte par les préjugés , ni les préventions.

Que me refte-t-il maintenant ? Le deffein ordinaire d'une préface , qui fe fait après la mort d'un auteur , eft de rendre fa mémoire vénérable par l'excellence de fon ouvrage. Je pourrois au-contraire faire l'éloge de ce recueil , par le mérite de fon auteur , & effacer par les vertus de M. Bardet les défauts qu'on pourra découvrir dans fon livre.

En effet , comment immortalifer fon nom par un recueil d'arrêts , qui eft tout entier l'ouvrage de plufieurs orateurs , où il n'eut que le foin de réduire ce qu'il entendoit prononcer aux autres ? Mais faut-il compter pour rien une longue affiduité aux audiences ? doit-on refufer à une plume exaĉte & fidelle la gloire qui lui eft due ? & ne feroit-ce point une injuftice de ne pas couronner la perfévérance dans un pénible travail pendant vingt-fix années ? tout cela femble exiger du public une reconnoiffance égale au tems qu'il a bien voulu lui facrifier.

Cependant je n'aurois rien fait pour m'acquitter de ce que je dois à la mémoire d'un vertueux ami , fi je ne laiffois de lui qu'une idée telle qu'on la peut concevoir par la leĉture de fon livre , & je me fens obligé de donner au public un abrégé de fa vie , digne d'être jointe à celles des grands hommes qui ont paru dans tous les tems au barreau.

L'exemple a toujours été puiffant pour infpirer la vertu qui eft attachée à cette noble profeffion , parce qu'il impofe une heureufe néceffité aux fucceffeurs d'être auffi vertueux que ceux qui les ont précédés.

Je n'ai pas befoin d'un ftyle pompeux ; mais pour répondre à mon fujet , que n'ai-je plutôt cette fimplicité de cœur , qui faifoit en M. Bardet , le fondement de tant de vertus ? & que ne puis-je changer la fincérité qui régnera dans mon récit en cette candeur d'ame , qui paroiffoit fur fes levres ?

Une longue vie fur la terre , promife dans le décalogue à ceux qui honorent leurs parens , fut la récompenfe vifible du zele fingulier que M. Bardet avoit pour fon prince , fa patrie , & fa famille ; mais s'il a vécu près de cent ans , il eft bien plus heureux de n'avoir jamais laiffé échapper un feul moment , qui n'ait été confacré aux devoirs de la religion , ou à ceux de fa profeffion.

Il prit naiffance en Bourbonnois le 15 décembre 1591 , dans le fiecle des lettres , (36) & il fut concilier une fincere humilité avec une profonde érudition.

Dans fes études aux humanités chez les Jéfuites de Moulins , il eut pour collegue M. Delingendes , qui fut depuis évêque de Mâcon. Par l'application qu'ils donnerent enfemble à la langue grecque , elle leur devint auffi familiere que la françaife , & chacun dans fon état s'en fervit heureufement pour acquérir de grandes connoiffances.

En 1614 âgé de vingt-trois ans , il commença l'étude du droit en l'univerfité de Touloufe , & la continua en 1615 & 1616. La réputation que M. Cujas avoit donnée à cette faculté dans toute l'Europe , étoit glorieufement foutenue par MM. Maran & de la Cofte , deux de fes difciples , qui ont été les maîtres de M. Bardet ; & l'on peut dire qu'en lui s'eft accompli la penfée de M. Davezan , dans l'éloge qu'il a fait de M. de la Cofte , (37) que les cœurs des jeunes gens fe rempliffent tellement des mœurs de ceux qui les enfeignent , que l'impreffion leur en demeure pendant toute leur vie.

J'ai trouvé dans cet éloge le portrait de M. Bardet avec des traits fi naturels , que j'aurois tort de ne les pas employer , plutôt que de les retoucher. J'y renvoie les leĉteurs , comme à un fupplément de tout ce que j'omets de fa vie , & je confens que M. Davezan ait eu la gloire , dans le récit qu'il fait des vertus de leur maître commun , d'avoir anticipé fur moi l'hiftoire de celles dont j'ai été le témoin en la perfonne de fon condifciple qui l'a furvécu.

On ne s'étonnera pas que M. Bardet avec de telles difpofitions , excité par l'exemple de deux excellens maîtres , ait fait beaucoup de progrès dans la fcience du droit. La docilité qui lui étoit naturelle , l'efprit de retraite qu'il conferva toujours jufqu'à fa mort , lui faifoient aimer une vie laborieufe & cachée dans une profeffion toute publique ; & par le partage qu'il fit de fes momens entre la piété & l'étude , les tex-

(36) Il dit dans fon teftament : *La paidographie de mon pere porte que le 15 décembre 1591 , Dieu me donna la vie.*   (37) *Inféré au commencement de fes inftitutes.*

tes de l'écriture fainte, & ceux du droit, même des bafiliques, lui étoient tellement préfens, que jufqu'à la fin de fa vie, & malgré le poids de fes années, fa mémoire lui en fourniffoit fur le champ les termes, à l'occafion des queftions qui lui
étoient propofées.

Il préta le ferment d'avocat au parlement en 1617, & quoiqu'il ait auffi-tôt commencé fon recueil d'arrêts, l'âge de vingt-fix ans, dont il en avoit employé trois à
l'étude du droit dans une fameufe univerfité, ne permet pas de douter de l'exactitude
dont il étoit capable. Il pourfuivit avec perféverance jufqu'en 1643, que les affaires
du palais, principalement les écritures, l'occuperent tellement, qu'il n'eut plus la
liberté de fuivre les audiences.

Quoiqu'il fût peu occupé à la plaidoierie, fon mérite ne laiffoit pas d'être connu,
& il plaidoit même avec facilité, mais plutôt pour enfeigner que pour plaire. Il fut honoré de l'eftime de meffire Henri de Mefme, (cet illuftre préfident, qui aimoit tant
les gens de lettres) & de M. le premier préfident le Jay, qui après avoir vu fon recueil d'arrêts, fit des efforts inutiles pour vaincre fa modeftie, en l'excitant avec
zele de le donner au public.

M. Bardet avoit donné une application finguliere aux fubftitutions : outre les mémoires qu'il en a laiffés, il m'a paru qu'il avoit travaillé dans toutes les queftions importantes qui fe préfenterent de fon tems au palais fur cette matiere, & les feuls
factums qu'il en a faits compofent plufieurs volumes. Les fubftitutions de Levy Co-
fan, & d'Apchon, ne contribuerent pas peu à le faire connoître dans les provinces
du droit écrit ; auffi étoit-il avocat de la plupart des grandes maifons de Lyonnois,
Forez, & Auvergne, comme de Bourbonnois.

Les autres manufcrits qu'il a laiffés, & qu'on pourroit appeller fes enfans fpirituels, (n'ayant jamais été engagé dans le mariage) feroient peut-être des témoins
plus naturels de fa profonde érudition, que ce recueil d'arrêts, qui a été deftiné au public par deux neveux, dignes de la tendreffe qu'il avoit pour eux, comme il méritoit tous les refpects qu'ils lui ont rendus.

Cette réputation qu'il s'étoit acquife pour les fubftitutions, lui attira une efpece
d'engagement de fuivre un procès évoqué du parlement de Paris, & renvoyé en
celui de Provence, où il demeura peut-être trop long-tems, & qui lui caufa dans la
fuite une perte de biens fi confidérable, qu'elle auroit été capable d'exercer une
patience moins à l'épreuve que la fienne.

Mais ceux qui l'ont connu comme moi, & qui favent que jamais il ne lui échappa
aucun mouvement d'impatience, pourront me reprocher que je donne de trop foibles idées de fa vertu, qui l'avoit mis au-deffus de toutes les paffions ; & comme
il femble que la providence envoie plus ordinairement des afflictions aux gens de
lettres qu'aux autres, fa vie, quoique beaucoup traverfée, n'en fut pas moins égale
& tranquille.

Il ne m'a pas été difficile de reconnoître que la perte des biens de la fortune ne
lui fut pas fi fenfible que celle de fes amis, qu'il trouva prefque tous morts à fon
retour de Provence, & il fe vit commun inconnu aux avocats, qui rempliffoient leurs
places au barreau. Cela fervit à lui faire avancer fa retraite du palais, quoique l'amour
de fa patrie, & l'affection qu'il avoit pour fes neveux, y aient eu beaucoup plus
de part.

Il fe retira à Moulins en 1663, & les grands jours de Clermont, où il alla en
1665 & 1666, ne lui firent pas changer de réfolution ; mais ne pouvant oublier la
violence qu'il s'étoit faite, lorfqu'il avoit quitté le parlement de Paris, fon humilité
lui faifoit dire, *que c'étoit fon ignorance qui l'avoit relégué.*

Sa piété finguliere parut auffi-tôt qu'il commença à fuivre le barreau, comme
je l'ai appris d'une perfonne décédée quelque tems avant lui ; & ce ne feroit pas
affez de dire qu'il avoit une modeftie naturelle & fans art, puifqu'il avoit fu
la changer en cette humilité, qui eft le fondement de toutes les autres vertus.

Je ne puis paffer fous filence un beau témoignage que j'en ai trouvé dans fon
teftament commencé en 1647, lorfqu'il étoit encore au parlement, & qu'il a continué tous les ans jufqu'en 1685, qu'il eft décédé.

La principale & prefque unique difpofition de ce teftament réitéré tant de fois,
(qui fait connoître qu'il fe préparoit de bonne heure à la mort) étoit pour procurer à la ville de Montaguet, qui lui avoit donné la naiffance, l'érection d'une
cure ou églife paroiffiale, à caufe de l'incommodité que fouffroit une partie des
habitans en allant à la paroiffe un peu éloignée, & les mauvais chemins, qui
dans l'hyver leur pouvoient quelquefois rendre l'églife inacceffible.

Pour

Pour vaincre les difficultés qu'il prévoyoit, il implore d'abord la protection de plufieurs grands magiftrats, MM. le Meufnier pere, fils, & neveu, de Seve, de Lartige, de Nantouillet, & Dagueffeau, *defquels j'ai*, dit-il, *l'honneur d'être connu, & qui tous avoient de la compaffion de me voir vieìllir dans l'ignorance en une école fi célebre.*

Il demande le même fecours à plufieurs avocats de mes amis qui vivoient alors, & qu'il a furvécu de plufieurs années, favoir MM. Didier, Fremin, Doujat, Chapelier, Jobert, Germain, de Montholon, Feydeau, Lhofte l'aîné, Martinet, Guehery, Auzanet, Cholet, Picard, Lambin, Gaultier, Defita, Langlois, Bluet, Gorrillon, Pucelle, Ragueneau, Petitpied, le Couturier, de Maffac, & Martin.

Le zele qu'il avoit pour les jeunes avocats, & l'eftime finguliere dont il honoroit mon pere, me procurerent fon amitié, & j'ai été le témoin pendant quelques années de tant de vertus; mais ce n'eft point ici le lieu, & il ne m'appartient pas de faire l'hiftoire d'une vie exemplaire. Mon filence là-deffus en fera bien plus concevoir, que je n'en pourrois dire.

J'obferverai feulement ce qu'il penfoit de la profeffion : il répétoit fouvent, qu'on ne peut affez l'eftimer par les occafions qu'elle fournit tous les jours de faire des actes de charité ; & que l'amour de fa profeffion eft une marque de celui qu'on a pour Dieu, qui donne la vocation.

Il ajoutoit que rien n'eft plus dangereux au palais, foit dans la fonction de juge, ou celle d'avocat, qu'un demi-favant, appliquant à la jurifprudence, qui eft la véritable philofophie, un beau trait de Seneque, (38) qu'il auroit fouhaité, difoit-il, de voir écrit en lettres d'or dans tous les cabinets : *Comme la laine prend la teinture de certaines couleurs du premier coup, & ne prend les autres qu'après y avoir été plufieurs fois trempée & recuite ; ainfi il y a des fciences que l'on peut pratiquer fi-tôt qu'on les a apprifes ; quant à celle-ci, fi elle ne defcend de bien haut, & ne féjourne long-tems dans le fond de l'ame, elle ne fauroit lui donner fa couleur; mais elle la tache plutôt, & n'y produit rien moins que ce qu'on en attendoit.*

Enfin il étoit convaincu qu'un avocat devoit être autant circonfpect à donner fon avis dans une confultation, que s'il rendoit un arrêt ; comme une mauvaife fentence engage l'intimé dans un appel qui lui eft funefte, auffi un confeil donné légérement pour entreprendre un mauvais procès, en eft la femence malheureufe ; puifque les avocats, qui font les premiers juges des affaires qu'on leur confulte avant de les commencer, pourroient en diminuer le nombre.

Quoiqu'il fût dans un âge extraordinairement avancé, il n'avoit aucune des incommodités de la vieilleffe, fi ce n'eft une furdité, qui furvint même par un accident, & qu'il me difoit que Dieu lui avoit envoyée, pour le mortifier fenfiblement, & le priver en quelque maniere de la fociété; mais il ne ceffa jamais d'étudier jufqu'à la fin de fa vie, & après avoir donné la meilleure partie de la journée aux exercices de piété, il employoit le refte à la lecture de fes livres.

Il eft vrai que fa mémoire étoit devenue femblable à celle dont parle Seneque (39), c'eft-à-dire, lui rappelloit fidélement les chofes qu'il avoit apprifes depuis long-tems, au-lieu qu'elle étoit moins prompte pour les chofes récentes. A l'égard de fon jugement, il fut toujours folide, & ne reçut jamais la moindre altération. Pour fa perfonne, quoiqu'il fût d'une ftature médiocre & déliée, il étoit néanmoins très-robufte, & ne fut prefque jamais malade.

Enfin dans une vénérable vieilleffe, plus chargé de bonnes œuvres que d'années, il mourut en la ville de Moulins le 20 feptembre 1685, âgé de quatre-vingt-quatorze ans, après avoir fait céder les fciences humaines à celle des Saints, & toutes fes rares qualités à cette piété finguliere, qui fit le commencement & la fin de fon étude & de fa vie.

---

(38) *Lib.* 10. *Epift.* 72. Quemadmodum lana quofdam colores femel ducit, quofdam nifi fæpius macerata & recocta non perbibit : fic alias difciplinas ingenia cùm accepere, protinùs præftant : hæc nifi altè defcenderit, & diu federit animum non coloravit, fed infecit, nihil ex his quæ promiferat præftat.

(39) *In Proœm. lib.* 1. *Controverf.*

✳ ✳ ✳

APPROBATION.

J'Ai lu par ordre de Monseigneur le Chancelier, le *Recueil des Arrêts du Parlement de Paris*, pris des *Mémoires de feu Me. Pierre Bardet ancien Avocat en la Cour*, avec les *Notes & Differtations de Me. Claude Berroyer Avocat*; & je pense que la justesse & la précision avec laquelle ces Arrêts font rapportés, en rendront la réimpression très-utile au Public. A Paris ce 24 décembre 1770. LALAURE, *Censeur Royal*.

PRIVILEGE DU ROI.

LOUIS, PAR LA GRACE DE DIEU, ROI DE FRANCE ET DE NAVARRE : A nos amés & féaux Confeillers les Gens tenans nos Cours de Parlement, Maîtres des Requêtes ordinaires de notre Hôtel, Grand-Confeil, Prévôt de Paris, Baillis, Sénéchaux, leurs Lieutenans civils, & autres nos Jufticiers qu'il appartiendra : SALUT. Notre amé le Sieur ROBERTY, Libraire à Avignon, nous a fait expofer qu'il defireroit faire imprimer & donner au Public un *Recueil d'Arrêts du Parlement*, pris *des Mémoires de feu M. BARDET ancien Avocat*, avec *des Notes & Differtations de M. BERROYER Avocat*, s'il nous plaifoit lui accorder nos Lettres de privilege pour ce néceffaires. A CES CAUSES, voulant favorablement traiter l'Expofant, nous lui avons permis & permettons par ces Préfentes, de faire imprimer ledit Ouvrage autant de fois que bon lui femblera, & de le vendre, faire vendre & débiter par tout notre Royaume, pendant le tems de fix années confécutives ; à compter du jour de la date des Préfentes. Faifons défenfes à tous Imprimeurs, Libraires & autres perfonnes, de quelle qualité & condition qu'elles foient, d'en introduire d'impreffion étrangere dans aucun lieu de notre obéiffance ; comme auffi d'imprimer, ou faire imprimer, vendre, faire vendre, débiter ni contrefaire ledit Ouvrage, ni d'en faire aucuns extraits, fous quelque prétexte que ce puiffe être, fans la permiffion expreffe & par écrit dudit Expofant, ou de ceux qui auront droit de lui, à peine de confifcation des Exemplaires contrefaits, de trois mille livres d'amende contre chacun des contrevenans, dont un tiers à Nous, un tiers à l'Hôtel-Dieu de Paris, & l'autre tiers audit Expofant, ou à celui qui aura droit de lui, & de tous dépens, dommages & intérêts ; à la charge que ces Préfentes feront enrégiftrées tout au long fur le Regiftre de la Communauté des Imprimeurs & Libraires de Paris, dans trois mois de la date d'icelles ; que l'impreffion dudit Ouvrage fera faite dans notre Royaume & non ailleurs, en beau papier & beaux caractères, conformément aux réglemens de la Librairie, & notamment à celui du dix Avril mil fept cents vingt-cinq, à peine de déchéance du préfent Privilege ; qu'avant de l'expofer en vente, le manufcrit qui aura fervi de copie à l'impreffion dudit Ouvrage, fera remis dans le même état où l'Approbation y aura été donnée, ès mains de notre très-cher & féal Chevalier, Chancelier, Garde des Sceaux de France, le Sieur DE MAUPEOU ; qu'il en fera enfuite remis deux Exemplaires dans notre Bibliotheque publique, un dans celle de notre Château du Louvre, & un dans celle dudit Sieur DE MAUPEOU, le tout à peine de nullité des Préfentes : du contenu defquelles vous mandons & enjoignons de faire jouir ledit Expofant & fes ayans caufe, pleinement & paifiblement, fans fouffrir qu'il leur foit fait aucun trouble ou empêchement. Voulons que la Copie des Préfentes, qui fera imprimée tout au long au commencement ou à la fin dudit Ouvrage, foit tenue pour duement fignifiée, & qu'aux Copies collationnées par l'un de nos amés & féaux Confeillers Secretaires, foi foit ajoutée comme à l'Original. Commandons au premier notre Huiffier ou Sergent fur ce requis, de faire pour l'exécution d'icelles, tous actes requis & néceffaires, fans demander autre permiffion, & nonobftant clameur de Haro, Charte Normande, & Lettres à ce contraires : CAR tel eft notre plaifir. Donné à Paris le dix-feptieme jour du mois de Janvier l'an de grace mil fept cents foixante-onze, & de notre Regne le cinquante-fixieme. Par le Roi en fon Confeil.

Signé, LEBEGUE.

Regiftré fur le Regiftre XVIII. de la Chambre Royale & Syndicale des Libraires & Imprimeurs de Paris, N°. 1463. Fol. 434. *conformément au réglement de 1723. A Paris, ce 18 Février 1771.*

J. HERISSANT, *Syndic.*

RECUEIL

RECUEIL

D'ARRÊTS DU PARLEMENT
DE PARIS,

Depuis l'année 1617 jusqu'en 1643,

SUR

LES PLUS BELLES QUESTIONS
DE DROIT.

❦❦❦❦❦❦❦❦❦❦❦❦❦❦❦❦❦❦❦❦❦❦

LIVRE PREMIER.

CHAPITRE PREMIER.

Adjudicataire par décret ne peut deſtituer les officiers pourvus à titre onéreux par le ſaiſi pendant les criées.

ESSIRE Charles Robert de la Marck, duc de Bouillon, en 1687, fit expédier des lettres de proviſion de l'état & office de bailli de Nogent-le-Roi à Me. Pierre Meſmin procureur en parlement, pour récompenſe de ſervices, ſalaires & frais par lui avancés : Meſmin en prit poſſeſſion, & après l'avoir long-tems exercé, s'en démit au profit de Me. Alexandre le Riche, qui lui donna trois mille livres de récompenſe, & obtint lettres de proviſion de M. le duc de Montpenſier, tuteur de Mlle. de Bouillon. M. le duc de Bouillon étoit décédé pendant la ſaiſie & criées de la terre & ſeigneurie de Nogent-le-Roi, elle fut depuis vendue & adjugée par décret à meſſire Louis de la Marck, marquis de Mony, qui deſtitua le Riche de l'office de bailli, & pourvut en ſon lieu Me. Jean Moreau : dont appel. Me. de la Marteliere pour le Riche appellant, dit qu'il étoit pourvu à titre onéreux ; qu'il n'y avoit apparence quelconque à ſa deſtitution ; conclut à ſon appel, & demandà d'être ouï en replique. Me. Gorlidot le jeune pour le Sr. marquis de Mony intimé, dit qu'il demeuroit d'accord de la maxime générale, que les officiers pourvus pour récompenſe de ſervices, ou à titre onéreux, ne peuvent point être deſtitués par les ſeigneurs ; mais que l'appellant n'avoit point été pourvu par l'intimé ; que M. le duc de Bouillon, pendant la ſaiſie & criées de la terre de Nogent-le-Roi, & plus de quatre ans après qu'il en avoit été actuellement dépoſſédé par la juſtice, n'avoit pu donner aucunes proviſions à titre onéreux ; & que l'intimé adjudicataire n'étoit point obligé de conſerver les officiers ainſi pourvus à ſon préjudice. Me. Beaulieu pour Moreau intervenant, pourvu de l'office contentieux par l'intimé, employa ſes moyens pour être maintenu. Me. de la Marteliere repliqua que c'étoit une propoſition nouvelle en cette audience, que les droits honorifiques qui réſident en la perſonne d'un propriétaire, lui ſoient tellement ôtés par une ſaiſie réelle, qu'il n'y puiſſe pourvoir, & en diſpoſer ainſi que bon lui ſemble : que la ſaiſie dépoſſede le propriétaire, pour les droits réels ſeulement, & non pas pour ce qui concerne les droits honorifiques, & proviſions des offices : que cela avoit ainſi été jugé au rapport de M. Bauin, pour les officiers de la terre de Besne : pendant la ſaiſie la dame comteſſe de Savonne avoit pourvu des officiers, qui furent maintenus par arrêt ; que l'appellant étoit pourvu à titre onéreux, & par la démiſſion d'un pourvu à même titre ; qu'il s'étoit oppoſé au décret ; qu'il avoit rendu des ſervices au Sr. de Mony & à ſa femme, de laquelle il avoit pluſieurs lettres. A

Tome I.

A

——quoi Me. Gorlidot répondit, & fit offre de rembourfer l'appellant de tout ce qu'il avoit financé.

1617.

M. l'avocat général Servin dit, que l'appellant étoit bien & légitimement pourvu ; & que quand il ne fe fût oppofé au décret de la terre, il n'eût pu être dépoffédé de fon état & office.

LA COUR, fans s'arrêter à l'intervention, & faifant droit fur l'appel, mit l'appellation & ce dont étoit appel, au néant ; & fans avoir égard aux offres de l'intimé, maintint & garda l'appellant en l'exercice de l'état & office de bailli de Nogentle-Roi ; fit défenfes à l'intimé de l'y troubler, fans dépens pour fon regard ; & condamna l'intervenant aux dépens. Le vendredi 26 mai 1617, M. le premier préfident de Verdun prononçant.

Nota que par arrêt du 8 mai 1608, M. de Nevers adjudicataire de la terre de Portien, ayant deftitué Me. Pierre Fremin, pourvu de l'office de bailli de Portien par M. le duc d'Arfcot pendant la faifie & criées de cette terre, la deftitution fut confirmée, plaidant Me. Galand pour Fremin. Il y avoit cette différence que Fremin n'avoit pas été pourvu à titre onéreux.

Les arrêts ont jugé que le faifi pendant la faifie & criées, même le bail judiciaire, préfente aux bénéfices, & non le commiffaire ni le fermier judiciaire. Brodeau fur la coutume de Paris, art. 31. nomb. 15.

☞ Cette jurifprudence, qu'un feigneur ne pouvoit deftituer un officier pourvu à titre onéreux, même en le rembourfant, devoit être en vigueur du tems de M. Bardet, puifqu'il a fortifié de plufieurs arrêts qui l'ont établie, & qui fe trouvent répandus dans tout fon ouvrage.

A l'appui de celui-ci, il rapporte ci-après, liv. 2. chap. 108, un fecond arrêt du 20 avril 1627 ; un 3me. du 3 avril 1629, liv. 3. chap. 42 ; un 4me. du 25 juin 1630, liv. 3. chap. 112 ; un 5me. du 6 mars 1621, liv. 4. chap. 12 ; un 6me. du 20 mars 1631, liv. 4. chap. 17 ; & un 7me. du 16 juin 1639, tom. 2. liv. 8. chap. 36.

M. Bardet en établiffant ce principe d'après l'autorité de ces arrêts, foutient que lorfque les provifions accordées aux officiers, ne portoient point, qu'elles leur avoient été données pour récompenfe de fervices, ou qu'elles n'étoient point caufées pour finance payée aux feigneurs, ou à leurs auteurs, les feigneurs avoient le droit de deftituer leurs officiers à leur volonté ; mais que c'étoit dans ce cas feulement.

Pour autorifer fon fentiment, il rapporte ci-après trois arrêts qui l'ont jugé ainfi : le premier, du 11 mars 1627, liv. 2. chap. 102 ; le 2me. du 23 avril 1630, liv. 3. chap. 100 ; le 3me. du 6 août 1630, liv. 3. ch. 123.

M. Bardet fait encore une autre diftinction, qui confifte à dire, que lorfqu'un eccléfiaftique fe trouve poffeffeur d'un bénéfice par réfignation, il ne peut deftituer l'officier qui eft pourvu par le réfignant pour récompenfe de fervices ; mais que fi le bénéficier ne tient pas fon bénéfice par la voie de la réfignation, quand même les provifions de l'officier feroient mention qu'elles font caufées pour fervices rendus au précédent titulaire, il eft le maître de deftituer l'officier, & de donner des provifions à un autre, fans que le deftitué puiffe s'en plaindre ; c'eft ce qu'il établit par un arrêt du 17 mars 1623, qu'il rapporte ci-après, liv. premier, chap. 114.

Mais depuis M. Bardet, la jurifprudence n'a plus admis toutes ces diftinctions. Elle a jugé indéfiniment que les officiers des feigneurs, tant laïques qu'eccléfiaftiques, pouvoient être deftitués ad nutum, foit qu'ils euffent été pourvus à titre gratuit, ou à titre onéreux, ou pour récompenfe de fervices.

Cependant, que fi l'officier avoit été pourvu à titre gratuit, la deftitution doit être faite purement & fimplement, fans qu'il foit loifible au feigneur de donner pour prétexte aucunes caufes de fon changement de volonté qui puiffent porter la moindre atteinte à la réputation de l'officier deftitué ; parce que, quoique le feigneur foit le maître de fon office, il ne l'eft pas de l'honneur de fon officier.

Ainfi il faut que le feigneur qui veut deftituer fon officier, ne donne d'autres raifons de la deftitution que fa fimple volonté.

Lorfque des feigneurs ont pris des prétextes déshonorans pour deftituer leurs officiers, ils ont fuccombé. On trouve plufieurs exemples de cette vérité ; je me contenterai d'un rapporter deux.

Gabriel Rondeau fut pourvu le 18 novembre 1694 par Mde. la maréchale de Navailles, de l'office de juge de Vibrac, dont elle étoit dame.

Rondeau fut reçu dans cet office le 6 avril 1695 pardevant le lieutenant général d'Angoulême, au fiege duquel reffortiffent les appellations de Vibrac.

Mde. la maréchale de Navailles fatisfaite de la maniere dont Rondeau avoit exercé fes fonctions de juge, & contente de fa geftion dans plufieurs affaires qu'elle lui avoit confiées, lui légua par fon teftament du 19 août 1716, 200 livres de rente viagere.

Après la mort de la maréchale de Navailles, la dame fa fœur, époufe du Sr. de Pompadour à qui la terre de Vibrac paffa, donna également fa confiance à Rondeau, tant pour adminiftrer la juftice dans la terre de Vibrac, que pour d'autres affaires extrêmement importantes. Mais ni M. ni Mde. de Pompadour ne renouvellerent les provifions de Rondeau.

Cependant jufques vers l'année 1722, ils parurent très-fatisfaits de la conduite de Rondeau ; mais l'ayant chargé de leurs pouvoirs, relativement à la fucceffion de Mde. la ducheffe d'Elbeuf ; foit que les foupçons du Sr. & dame de Pompadour fuffent fondés, foit qu'ils ne le fuffent pas ; fe trouvant mécontents de la geftion de Rondeau, ils réfolurent non-feulement de lui ôter leur procuration, mais encore de le deftituer de fon office de juge de Vibrac. Ce fut fous ce point de vue que la dame de Pompadour lui écrivit le 19 novembre 1722, une lettre qui eft rapportée dans les mémoires de Me. Fuet avocat de Rondeau, par laquelle après beaucoup de reproches fur fa conduite, & de menaces de le perdre, elle lui déclara, qu'après les preuves convaincantes qu'elle avoit en main de toutes fes mauvaifes manœuvres, il ne lui conviendroit pas de le fouffrir plus long-tems en place dans leur terre, ni d'avoir aucune relation avec lui ; qu'ainfi elle lui mandoit qu'elle avoit pourvu à l'office de juge de Vibrac ; & qu'il eût à en remettre les provifions de bonne grace au Sr. Desbordes ; parce que s'il l'obligeoit d'en venir à un éclat, cela acheveroit de le déshonorer publiquement, & qu'il en feroit mauvais marchand.

La fuite de cette lettre contenoit un détail au moins auffi infultant pour Rondeau que ce préambule. Plufieurs copies pour cette lettre furent envoyées dans la province.

Le 20 novembre 1722, la dame de Pompadour donna des provifions de juge de la jurifdiction & châtellenie de Vibrac, à Me. Marc Dexmier, avocat à Angoulême, & révoqua Rondeau.

L'ignominie dont fut accompagnée cette révocation, & le monitoire obtenu le 3 janvier 1723, contenant des faits qui ne pouvoient concerner que Rondeau, l'obligerent de fe pourvoir contre la dame de Pompadour, au fujet de ce monitoire, qui fut publié dans toutes les paroiffes de la dépendance des feigneuries de la dame de Pompadour.

Pendant ce tems, Me. Dexmier en vertu de fes provifions voulut fe faire recevoir dans l'office de juge de Vibrac, devant le lieutenant général d'Angoulême.

Rondeau forma oppofition à cette réception ; fur laquelle oppofition intervint le 17 décembre 1722 une ordonnance du lieutenant général d'Angoulême, qui donna acte à Rondeau de fon oppofition, & ordonna qu'elle feroit figuifiée à Me. Dexmier, toutes chofes cependant demeurant en état, avec défenfes de troubler le Sr. Rondeau dans les fonctions & exercice de la judicature de Vibrac, nonobftant oppofition ou appellation d'icelle.

Les Sr. & dame de Pompadour formerent oppofition à cette ordonnance, & enfuite en interjetterent appel en la cour. Rondeau de son côté en fit autant de l'ordonnance du lieutenant général d'Angoulême du 14 décembre 1722, portant réception de Me. Dexmier.

Sur cet appel Rondeau intima le Sr. & dame de Pompadour, *pour voir déclarer commun avec eux l'arrêt qui interviendroit, pour reconnoître ou nier leur signature apposée au ba: ou à la lettre ou libelle par eux écrite, & pour être condamnés de remettre un acte au greffe de la cour, par lequel ils déclareroient qu'ils le reconnoissent pour homme de bien & d'honneur, & non capable des faits injurieux contenus dans la lettre, &c. qu'en conséquence en infirmant l'ordonnance portant admission de Me. Dexmier ; la révocation faite déclarée nulle & injurieuse ; les Sr. & dame de Pompadour condamnés solidairement en 1000 liv. de dommages & intérêts, & en tous les dépens.*

Sur cette demande les Sr. & dame de Pompadour fournirent des défenses dans lesquelles ils soutinrent Rondeau non recevable & mal fondé. Non recevable en ce qu'il n'avoit pas de provisions de leur part ; & mal fondé, en ce que suivant la jurisprudence du royaume, les juges des seigneurs étoient destituables *ad nutum*.

Quant à la demande en dommages & intérêts ; par des défenses du 16 juillet 1723, ils soutinrent que c'étoit le Sr. Rondeau qu'ils avoient eu en vue dans le monitoire obtenu sur requête le 17 juillet 1723, & contre qui il avoit été dirigé, & ce pour plusieurs raisons très-graves, qu'ils lui imputoient, tels que concussions, soustractions de minutes, taxes exhorbitantes, pour raison desquelles ils avoient fait une information qui n'avoit été arrêtée que par l'appel du Sr. Rondeau.

Ensuite, au lieu de suivre leur appel, ils se contenterent, par une requête du 3 août 1723, de demander à être reçus appellans de l'ordonnance du juge d'Angoulême du 17 décembre 1722, & que faisant droit sur l'appel, il leur fût accordé main-levée des défenses portées par ladite ordonnance, avec dommages & intérêts.

Par une autre requête du 7 avril 1724, M. & Mde. de Pompadour demanderent encore que les témoins entendus en révélation, fussent répétés devant le lieutenant général d'Angoulême, & qu'il fût ordonné que Me. Dexmier exerceroit par provision les fonctions de juge de Vibrac.

Me. Dexmier par une requête du même jour prit les mêmes conclusions.

De son côté Rondeau prouva par un mémoire très-savant signé de Me. Fuet avocat, 1°. Que la provision étoit inséparable du fond ;

Et 2°. Que les moyens des Sr. & dame de Pompadour, au fond, n'étoient que des injures qui portoient obstacle à leur demande en validité de destitution.

Ce fut dans cet état, que sur les conclusions de M. l'avocat général Gilbert des Voisins intervint le 26 août 1724, arrêt en la grand'chambre, par lequel M. & Mde. de Pompadour furent déboutés de leur demande en provision, & Rondeau maintenu & gardé dans les fonctions de juge de Vibrac ; & sur le fond & la demande en dommages & intérêts, les parties renvoyées au lendemain de St. Martin, les informations jointes à l'appel.

Depuis cet arrêt, la même question s'étant présentée entre M. le duc de Bethune & le juge de Nogent-le-Rotrou ; la révocation des provisions faites par M. le duc de Bethune, avec cette clause que c'étoit pour raisons à lui connues, furent déclarées nulles par arrêt du 4 février 1728, rendu sur les conclusions de M. l'avocat général Talon.

L'auteur de la *collection des décisions nouvelles de jurisprudence*, qui rapporte cet arrêt au mot *destitution*, ajoute que M. de Bethune voulant corriger & rectifier sa demande, avoit présenté une requête subsidiaire, tendante à ce qu'il lui fût donné acte de ce qu'il déclaroit qu'il demandoit la substitution volontaire du juge de Nogent, *sans aucune expression de cause* ; que le même arrêt faisant droit sur cette requête, ordonna que la destitution du juge de Nogent-le-Rotrou auroit lieu, non pas du jour de la

demande en validité de destitution, mais du jour de la signification de l'arrêt.

Ces deux arrêts établissent donc bien clairement la jurisprudence constante, que lorsque le seigneur veut destituer son juge, s'il veut éviter toutes contestations, & que la destitution ait lieu, il doit la faire pure & simple sans la motiver d'aucune cause.

Si l'officier destitué tient sa charge à titre de récompense seulement, à moins qu'il n'y ait des circonstances particulieres, cette destitution n'ouvre point contre le seigneur aucune restitution ni indemnité, sur-tout si l'officier destitué ne tient sa provision que du seigneur précédent.

Le journal des audiences nous fournit cependant un arrêt qui sembleroit juger que le seigneur en destituant l'officier pourvu à titre de récompense, lui doit une indemnité.

Cet arrêt qui est du 5 juillet 1689, jugea que M. le duc de la Feuillade duc de Roannez, avoit pu destituer le lieutenant civil & criminel du duché de Roannez, qui avoit été pourvu de cet office par le précédent duc de Roannez, & dans les provisions duquel, il étoit exprimé qu'elles lui avoient été accordées pour récompense de services, mais non pas *ad nutum*, puisque l'arrêt réserva à l'officier destitué, son recours contre l'ancien duc de Roannez.

Mais cet arrêt ne peut établir que l'officier pourvu par récompense, soit dans le cas d'exiger en général un dédommagement contre le Seigneur qui l'a pourvu, & encore moins contre le nouvel acquéreur.

L'espece de l'arrêt ci-dessus que l'on pourra vérifier au journal des audiences, prouvera que M. le duc de Roannez avoit contracté une espece d'engagement avec l'officier qu'il avoit voulu récompenser, & avec son neveu, du nom duquel neveu il avoit rempli les provisions, quoique la récompense eût été accordée en faveur de l'oncle. Ainsi il ne faut pas abuser des dispositions de cet arrêt pour combattre la jurisprudence constante qu'un seigneur peut destituer un officier pourvu par récompense, sans être tenu d'aucun dédommagement, à moins que les provisions ne fussent conçues en termes qui prouvassent que si le seigneur ne les avoit pas accordées gratuitement, il auroit été dans le cas de payer les services que le pourvu lui auroit rendu, comme l'on voit dans l'espece de l'arrêt du 3 août 1731 confirmatif d'une sentence du bailliage de Nevers du 15 janvier 1725, rapporté au mot *destitution* par l'auteur de la collection de nouvelle jurisprudence.

Cette vérité se tire d'un arrêt rendu, un mois après celui que nous venons de rapporter, c'est-à-dire, le 2 août 1689 en la grand'chambre, qui se trouve également au journal des audiences, par lequel la cour jugea qu'un nouveau seigneur de Chamoiset avoit pu destituer sans payer aucune indemnité le nommé Pontus châtelain dudit lieu, nommé par les précédens seigneurs audit office, en récompense du bon service qu'il leur avoit rendu en la conservation des droits de ladite terre.

Cependant lorsque dans les provisions d'un juge de seigneur il est dit ; qu'un juge est pourvu, non-seulement pour récompense de services, mais encore à titre onéreux avec la clause expresse dans ses provisions, qu'il *ne pourra être destitué que pour concussions & malversations* ; *& que même dans ce dernier cas, le seigneur seroit tenu de lui rembourser la finance* ; comme c'est une loi écrite, une convention à laquelle les parties se sont soumises, je ne pense pas que l'officier puisse être destitué *ad nutum* ; au contraire, j'inclinerois beaucoup à croire (malgré le principe actuellement constant, qu'en général les seigneurs sont les maîtres de destituer leurs officiers à volonté), que le seigneur ne pourroit pas destituer, ni même rembourser un officier à qui il auroit donné des provisions avec une semblable clause, à moins qu'il ne prouvât la malversation. J'appuie mon avis non-seulement sur les principes d'équité & de droit, & les clauses supposées aux provi-

—fions ; mais encore fur un arrêt rapporté au journal des audiences, & rendu en la quatrieme chambre des enquêtes le 4 août 1691, entre M. le comte de Brienne & Jacques Marfon bailli & gruyer du comté de Brienne (dont les provifions portoient claufe de ne pouvoir être deftitué, s'il ne commettoit ni concuffions ni malverfations) , qui maintint & garda ledit Marfon & fon pere en la poffeffion & exercice de leurs charges de bailli & gruyer, avec défenfes à M. le comte de Brienne de les y troubler.

A l'égard de la queftion de favoir, fi effectivement un feigneur peut deftituer un juge qui a acquis l'office, en lui rembourfant la finance, & ce par pure volonté, fans qu'il ait aucune plainte à faire contre ce juge, je ne balancerois pas à foutenir que le feigneur le peut.

Le même journal des audiences nous préfente un arrêt du 25 mai 1693, rendu en la grand'chambre en faveur de M. le prince de Vendôme grand prieur de France, contre le juge d'une terre qu'il avoit en Provence, lequel confirme ce principe.

Ce qu'il y a de remarquable dans cet arrêt, c'eft que Me. Nupied qui l'a recueilli, obferve que *M. le premier préfident* (ce font fes termes) *dit, que c'étoit une jurifprudence certaine, &c. & fit une groffe réprimande à Me. le Mercier avocat du juge, de ce qu'il fe chargeoit de pareilles caufes.*

Cette jurifprudence loin d'être détruite, s'eft au contraire fortifiée.

En effet, le Sr. François Marquis, confeiller au bailliage & duché de Nivernois, avoit acquis cet office de M. le duc de Nevers en 1680, & avoit payé 550 livres aux parties cafuelles de M. le duc, pour le droit de furvivance. M. le duc deftitua le Sr. Marquis en 1718. Cela fit la matiere d'un procès entre M. le duc de Nevers, & le Sr. Marquis, dans lequel intervinrent même les officiers du bailliage & duché de Nivernois. Cette affaire fut terminée par arrêt rendu, au rapport de feu M. l'abbé Pucelle, le 23 février 1721, par lequel il fut jugé :

1°. Que M. le duc de Nevers pouvoit deftituer à fa volonté les officiers de fon bailliage.

Et 2°. Qu'il ne le pouvoit cependant faire, qu'en les rembourfant fur le pied de leur contrat d'acquifition, & fur le pied des fommes ou finances reçues par lui ou fes auteurs ; & en reftituant les deniers perçus par les officiers de fes parties cafuelles pour le droit de furvivance.

Semblable queftion s'étant encore préfentée en 1732, entre M. le duc de Sully, & le Sr. Jofeph-François de Corfembleu lieutenant général & maître particulier du duché de Sully, intervint arrêt le premier juillet 1738, qui confirma une fentence des requêtes du palais du 5 feptembre 1737, par laquelle la deftitution faite par M. le duc de Sully de la perfonne du Sr. de Corfembleu, des charges de lieutenant général & maître particulier des eaux & forêts du duché de Sully, fut déclarée bonne & valable, avec défenfes au Sr. de Corfembleu de faire l'exercice defdites charges, en rembourfant préalablement par M. le duc de Sully la fomme de 4500 livres d'une part, pour la charge de maître particulier des eaux & forêts, & celle de 6000 livres d'autre, pour celle de lieutenant général.

Contre ces deux arrêts, on pourroit peut-être oppofer celui rendu entre Mde. la princeffe de Conti, tutrice honoraire de M. le prince de Conti, & de Mlle. de Conti & le Sr. Boulard leur tuteur honoraire, par lequel il fut jugé que Mde. la princeffe de Conti n'avoit pu deftituer le Sr. Fort de l'office de lieutenant général du duché de Mercœur ; mais les circonftances particulieres dans lefquelles fe trouvoient les parties, avoient donné lieu à l'arrêt. Pour faire connoître que cet arrêt ne peut pas faire loi, il faut rapporter ici un précis des faits fur lefquels il a été rendu.

Le 13 mars 1647, Cefar de Vendôme accorda des provifions de la charge de lieutenant général du duché de Mercœur à Robert Fort, moyennant 3000 livres.

Robert Fort, après avoir rendu différens fervices à Cefar de Vendôme, defirant conferver dans fa famille une charge dont il avoit, par fes foins & fes travaux, augmenté la décoration & le produit, fut profiter de la bienveillance de M. le duc de Vendôme, pour obtenir de lui le 26 mars 1683, des lettres de furvivance en faveur de Pierre-Jofeph Fort fon fils aîné pendant fa vie ; pour raifon de laquelle furvivance il paya une nouvelle finance de 1650 livres.

Robert Fort étant décédé en 1693, Pierre-Jofeph Fort prit poffeffion de la charge dont il n'avoit la furvivance qu'à vie.

Cette circonftance, comme l'on voit, faifoit craindre qu'à la mort de Pierre-Jofeph Fort, la charge ne fortît de la famille. C'eft ce qui fut caufe que Michel Fort fon frere fe pourvut auprès de feu M. le duc de Vendôme, duquel il obtint, du confentement de Pierre-Jofeph Fort, des nouvelles lettres de furvivance, pour par lui (étoit - il dit) *exercer l'office après le décès de Pierre-Jofeph Fort, même pendant fon vivant, en cas d'abfence, maladie & autres légitimes empêchemens.*

Cette grace ne fut pas accordée gratuitement, puifque Michel Fort paya 1600 livres pour le droit de furvivance, & qu'il fut dit *que les gages ne pourroient courir à fon profit, qu'après la mort de Jofeph-Pierre Fort fon frere.*

En 1720 M. le Prince de Conti devint propriétaire du duché de Mercœur, par le moyen d'un retrait lignager qu'il exerça fur M. le marquis de Paffey, qui avoit acheté ce duché.

Le Sr. Pierre-Jofeph Fort, fuivant les mémoires qu'il fit alors, prétendit avoir rendu de grands fervices à M. le prince de Conti dans cette affaire de retrait, & lui avoir donné des inftructions très-utiles pour parvenir à faire revivre la pairie de Mercœur, qui fe trouvoit éteinte par la mort de M. le duc de Vendôme.

Quoi qu'il en foit, les Srs. Fort jouirent paifiblement de leurs offices jufqu'en 1723, que le Sr. Jofeph Rodde de Grandprat, furprit de la religion de M. le prince de Conti, des provifions de l'office de lieutenant général du duché de Mercœur, en furvivance de Michel Fort, pour raifon de quoi il paya une finance de 3000 livres.

Pierre-Jofeph & Michel Fort inftruits de cette démarche, eurent recours à la juftice du prince, qui ordonna le rapport des provifions obtenues par le Sr. Rodde fur un faux expofé.

Les freres Fort profiterent de cette circonftance pour obtenir en faveur de Pierre-Jofeph Luzuy de Maillargues leur neveu, des nouvelles provifions de lieutenant général en leur furvivance.

Cela leur fut d'autant plus facile, que le Sr. de Maillargues étoit déja attaché au prince, par les charges de lieutenant particulier & de chancelier du duché de Mercœur ; & que pour dédommager le Sr. Rodde, & l'indemnifer des 3000 livres qu'il avoit payées pour la furvivance de l'office de lieutenant général, le Sr. de Maillargues fe démit en fa faveur des deux offices de lieutenant particulier & chancelier du duché de Mercœur.

Comme le Sr. Pierre-Jofeph Fort étoit en même tems pourvu de l'office de maître des comptes, qui demandoit un exercice de fix mois, & que Michel Fort fon frere étoit décédé en 1727, il fut accordé au Sr. de Maillargues, par les provifions qu'il obtint, non-feulement le droit de furvivance, mais encore la faculté d'exercer l'office en l'abfence du Sr. Fort fon oncle.

Tout paroiffoit fini, relativement aux prétentions du Sr. Rodde, qui avoit accepté les offices de lieutenant particulier & de chancelier du duché ; mais M. le prince de Conti étant venu à décéder, & Mde. la princeffe de Conti ayant été nommée tutrice honoraire de M. le prince & de Mlle. de Conti fes enfans, le Sr. Rodde trouvant de l'accès auprès d'elle, ofa non-feulement renouveller fes prétentions, mais encore parvint à obtenir la deftitution des Srs. Fort & Maillargues, & à fe faire nommer à leur place.

Cette deftitution fut fignifiée aux Srs. Fort & Maillargues le 20 février 1730, à la requête de Mde. la princeffe de Conti, & fut accompagnée d'offres réelles de 3000 livres pour le rembourfement de la finance. L'oppofition formée à cette deftitution fit

la

la matiere d'une caufe très-intéreffante en la grand-chambre où on agita :

1°. La queſtion de ſavoir ſi les ſeigneurs avoient le pouvoir arbitraire de deſtituer les officiers de leurs juſtices, lorſqu'ils avoient payé finance ?

2°. Si madame la princeſſe de Conti, en qua-lité de tutrice de M. le prince de Conti ſon fils, avoit le droit de révoquer les officiers de la juſtice du duché de Mercœur, à qui feu M. le prince de Conti avoit donné des proviſions ?

Et 3°. Si un officier pourvu pour récompenſe de ſervices & à titre onéreux pouvoit être révoqué ?

C'eſt ſur toutes ces queſtions qu'intervint le 6 mars 1731, ſur les concluſions de M. l'avocat gé-néral Gilbert des Voiſins, plaidans Me. le Roy fils, pour les Srs. Fort, Me. Julien de Prunay pour le Sr. Rodde & madame la princeſſe de Conti, & Me. Aubry pour le Sr. Luzuy de Maillargues; par lequel la cour reçut madame la princeſſe de Conti partie intervenante, & les Srs. Fort & de Mail-largues oppoſans à leur deſtitution ; ſans avoir égard à l'intervention de Mde. la princeſſe de Conti, & faiſant droit ſur l'oppoſition des Srs. Fort & Mail-largues, la cour déclara la deſtitution nulle, & condamna Mde. la princeſſe de Conti & Rodde de Grandprat aux dépens ; & faiſant droit ſur le re-quiſitoire de M. le procureur général, ordonna que dans trois mois, pour tout délai, le Sr. Fort ſe-roit tenu d'opter entre l'office de maître des comp-tes & celui de lieutenant général de Mercœur ; ſinon ledit délai de trois mois expiré, en vertu dudit arrêt, & ſans qu'il en fût beſoin d'autre, l'of-fice de lieutenant général de Mercœur déclaré va-cant & impétrable, & cependant il fut fait défenſes au Sr. de Maillargues de faire aucunes fonctions dudit office, tant qu'il y auroit un titulaire.

Il eſt bon d'obſerver que M. l'avocat général Gilbert des Voiſins, lors de ſa plaidoirie, en con-venant que Mde. la princeſſe de Conti ne pouvoit pas, en ſa qualité de tutrice, deſtituer les Srs. Fort & Maillargues, avoit laiſſé entrevoir qu'elle étoit en droit de ſe pourvoir, en ſe muniſſant d'un avis de parens, & qu'ainſi l'on pouvoit lui réſerver la fa-culté de les faire aſſembler. Mais la cour n'adopta pas ce principe, parce que ç'auroit été préjuger la queſtion, qu'un tuteur pouvoit deſtituer les officiers pourvus par l'auteur du mineur.

De cet arrêt, il réſulte donc :

1°. Que Mde. la princeſſe de Conti en ſa qua-lité de tutrice, n'avoit pu deſtituer les Srs. Fort & Maillargues, même en les rembourſant.

2°. Que le Sr. Fort ne pouvoit tout-à-la-fois poſ-ſéder, & faire les fonctions de lieutenant général & de maître des comptes.

Et 3°. Que le Sr. de Maillargues, quoique reçu en ſurvivance du Sr. Fort à l'office de lieutenant général, n'en pouvoit faire les fonctions, tant que le Sr. Fort en ſeroit pourvu, c'eſt-à-dire, qu'il ne pouvoit le ſubſtituer qu'en cas d'abſence ou maladie.

D'après ces diſtinctions, je penſe qu'il eſt bon d'en ajouter une nouvelle, qui eſt que tous les évêques ont le droit d'inſtituer & de deſtituer leurs officiaux, vicegérens & promoteurs *ad nutum*, quand même ils les auroient pourvus en titre oné-reux ; mais qu'en même tems, ils doivent pourvoir de ces offices gratuitement des perſonnes capa-bles par leur probité & leur doctrine, d'exercer ces fonctions.

Ce principe eſt établi par la déclaration du roi Louis XIV, du 17 août 1700, regiſtrée en parle-ment le 29 janvier 1701, dont voici les diſ-poſitions :

LOUIS, par la grace de Dieu, roi de France & de Navarre : A tous ceux qui ces préſentes verront, SALUT. Pluſieurs archevêques & évêques ayant repréſenté à feu roi notre très-honoré ſei-gneur & pere, de glorieuſe mémoire, combien il étoit important, pour maintenir l'ordre & la diſ-cipline eccléſiaſtique, qu'ils euſſent une liberté entiere de choiſir des perſonnes capables par leur pro-bité, leurs lumieres & leur déſintéreſſement de rendre à nos ſujets la juſtice qu'ils ont droit d'exer-

cer ſous notre protection, dans les cauſes eccléſiaſ-tiques & ſpirituelles ; & de les deſtituer également lorſqu'ils le jugent néceſſaire : notredit feu ſeigneur & pere auroit maintenu par ſa déclaration du 28 ſeptembre 1637 tous les archevêques & évêques du royaume dans le droit qui leur appartient, d'inſtituer & de deſtituer leurs officiaux, & défendu aux officiers de ſes cours & autres, de maintenir aucun de ceux que leſdits prélats auroient deſtitués, & d'avoir aucun égard aux proviſions qui leur au-roient pu être accordées, même à titre onéreux.

Et comme cette déclaration n'a pas été enregiſ-trée en nos cours de parlement, & qu'il eſt im-portant d'aſſurer encore davantage pour l'avenir, l'exécution d'une loi ſi ſainte, même dans un tems où l'exactitude avec laquelle leſdits prélats obſer-vent, en toutes choſes, les regles les plus pures des Srs. décrets, nous aſſure qu'ils les garderont de leur part, avec autant de fidélité, dans le choix de tous les officiers, qui ſont néceſſaires pour l'exercice de leurs officialités, & qu'ils n'en pourvoiront aucun à titre onéreux, au préjudice des conſtitutions canoniques.

A CES CAUSES, & autres à ce nous mouvans, de l'avis de notre conſeil & de notre certaine ſcience, pleine puiſſance & autorité royale ; nous admo-neſtons, & néanmoins enjoignons auxdits arche-vêques & évêques, de pourvoir gratuitement, ſui-vant les regles de l'égliſe, des perſonnes capables par leur probité & par leur doctrine, d'exercer les fonctions d'officiaux, vicegérens & promoteurs, même de ceux que l'on appelle forains en leurs officialités ; & en conſéquence, nous les avons maintenu & maintenons par nos préſentes lettres, au droit qui leur appartient, de les inſtituer & deſ-tituer, à quelque titre & en quelque maniere qu'ils en aient été pourvus, quand même ç'auroit été à titre onéreux.

Enjoignons à nos cours & à tous nos autres offi-ciers, de tenir la main à l'exécution de notre pré-ſente déclaration, & de donner auxdits archevê-ques & évêques, toute l'aide & le ſecours qui peut dépendre de l'autorité que nous leur avons confiée, ſans permettre qu'il leur ſoit donné aucun trouble ni empêchement à cet égard, ſous quelque pré-texte que ce puiſſe être ; ſans préjudice néanmoins de faire droit, ainſi qu'il appartiendra ſur les de-mandes deſdits officiers à fin de rembourſement, ſi aucuns avoient été ci-devant pourvus à titre onéreux.

SI DONNONS EN MANDEMENT à nos amés & féaux conſeillers, les gens tenans *notre cour de par-lement de Paris*, que ces préſentes ils aient à faire regiſtrer, & le contenu en icelles, exécuter ſelon ſa forme & teneur : CAR tel eſt notre plaiſir ; en témoin de quoi, nous avons fait mettre notre ſcel à ceſdites préſentes.

Donné à Verſailles le 17 jour d'août, l'an de grace 1700, & de notre regne, le cinquante-hui-tieme. Signé, LOUIS. Et ſur le repli, par le roi PHELIPEAUX, & ſcellé du grand ſceau de cire jaune.

Regiſtrées en parlement le 29 janvier 1701. Signé, DONGOIS.

CHAPITRE II.

Juge d'égliſe commet abus, voulant connoître du pétitoire en matiere bénéficiale, avant que le poſ-ſeſſoire ait été vuidé par le juge royal.

MAitre Pierre Bois, chanoine de Notre-Dame la Grande de la ville de Poitiers, en 1613, réſigne ſa prébende en faveur de Me. Antoine Pot, qui obtient incontinent des proviſions en cour de Rome, & néanmoins ne prend poſſeſſion qu'en 1616, lorſqu'il voit ſon réſignant *in extremis*, qui décede peu de tems après. Le chapitre, auquel la collation appartient, confere la prébende comme vacante par le décès de Bois, à Me. André Biron qui en prend poſſeſſion. M. l'évêque de Poitiers

1617.

prétendit que la collation de la premiere prébende vacante en l'église de Notre-Dame la Grande & autres de Poitiers lui appartenoit à cause de son joyeux avénement , & en pourvut un tiers. Pot fait citer Me. André Biron pardevant l'official de Poitiers sur le pétitoire du bénéfice : Biron décline & soutient qu'il faut contester sur le possessoire pardevant le sénéchal de Poitou ou son lieûtenant ; sur quoi l'official ayant ordonné que Biron contesteroit.& défendroit pardevant lui , il en interjette appel comme d'abus. Me. Mauguin pour l'appellant , dit que l'abus étoit tout évident par la disposition de l'ordonnance , qui veut que le possessoire des bénéfices soit vuidé pardevant les juges royaux , auparavant que de parler aucunement du pétitoire ; au principal , que l'intimé ne pouvoit rien prétendre au bénéfice , sa résignation étant nulle. Me. Tillier , pour les chanoines & chapitre de Notre-Dame. Me. Corbin pour l'intimé dit , qu'il avoit pu contester sur le possessoire ou pétitoire à son option ; au principal , qu'il étoit bien fondé. Me. Gaultier pour M. l'évêque de Poitiers , intervenant. Me. Bechet pour le pourvu par l'évêque, autre intervenant.

M. l'avocat général Servin , dit que l'abus étoit manifeste par le texte de l'ordonnance , qui enjoint expressément en matiere bénéficiale de commencer par le possessoire devant le juge royal ; que l'official ayant voulu pervertir cet ordre , avoit commis un abus évident & certain : au principal, que Pot intimé résignataire ne pouvoit rien prétendre en la prébende & chanoinie contentieuse , ayant gardé ses provisions secretes l'espace de trois ans : que quoique par les arrêts tant du parlement que du grand conseil , les prises de possession faites après les trois ans de l'expédition des provisions aient été approuvées , ce n'a été que pour celles faites pendant la vie & pleine santé des résignans ; mais que celles qui sont faites pendant la maladie du résignant , lorsqu'il est au dernier période de sa vie , avoient toujours été reprouvées comme suspectes de confidence ; que le pourvu par M. l'évêque de Poitiers ne pouvoit non plus rien prétendre , puisqu'il n'avoit titre ni possession.

LA COUR dit qu'il avoit été mal & abusivement ordonné par l'official , évoqua le principal ; & sans avoir égard à l'intervention de M. l'évêque de Poitiers , maintint & garda l'appellant pourvu par le chapitre en la possession & jouissance de la prébende & chanoinie ; condamna l'intimé & l'intervenant de lui rendre & restituer les fruits qu'ils en auroient perçus , & aux dépens. M. le premier présidént de Verdun prononçant , le lundi 12 juin 1617.

V. Guid. Pap. q. 1. 71. & 85.

CHAPITRE III.

Révocation d'un testament olographe fait ab iratâ matre , jugée suffisante en faveur de la fille , par une simple déclaration de la mere agonisante au curé qui l'interrogeoit , quoique non signée de la testatrice.

Demoiselle Anne de Corbie domiciliée en la ville de Paris , par son testament olographe tout écrit , signé & paraphé en chaque page de sa main , legue à la demoiselle d'Almany sa fille unique , sa légitime seulement , sur laquelle elle veut être imputé tout ce qu'elle lui avoit baillé auparavant ; fait plusieurs legs à des personnes de qualité ; & du surplus de ses biens en legue un tiers à l'hôtel-dieu de Paris , le tiers aux Minimes de Nigeon , & l'autre tiers aux Jésuites. Comme elle étoit à l'agonie au commencement de l'année 1617 , Me. Raoul Chirac curé de saint Germain l'Auxerrois , lui administrant le saint sacrement d'extrême-onction , l'interrogea tout haut , si elle ne vouloit point recevoir sa fille en sa grace. Elle répond qu'oui. Il l'interrompt de plus , si elle ne vouloit pas révoquer son testament. Elle répondit qu'oui ,

oui. Le curé mande des notaires pour recevoir cette révocation : mais voyant que la dame de Corbie ne parloit plus , ils ne voulurent pas faire , & dirent que le curé qui l'avoit ouie le pouvoit. Le sieur curé l'interrogeant derechef , si elle ne révoquoit pas son testament , elle répondit oui ; oui : dont il dressa un acte qu'il fit signer à mademoiselle de Longueville , à madame de la Roche-fur-Yon , à madame de la Rochefoucault & à deux prêtres , & non à la demoiselle de Corbie , laquelle il n'interpella pas même de signer. Peu après son décès étant arrivé , les administrateurs de l'hôtel-dieu & les Minimes demandent délivrance de leurs legs pardevant le prévôt de Paris , ce qu'ils obtiennent par provision , dont la demoiselle d'Almany interjette appel. Me. de la Marteliere pour l'appellante dit , que le testament de la défunte ne pouvoit subsister , ayant été fait ab iratâ matre ; qu'elle n'avoit suivi que les mouvemens de sa colere pour exhéréder sa fille sans aucun sujet , & la priver d'une succession de valeur de plus de deux cents mille livres , imputant en sa légitime plusieurs choses de peu de valeur qu'elle lui avoit données ; qu'il ne falloit point d'autre preuve de sa colere , sinon que parmi les papiers on avoit trouvé un mémoire contenant des moyens d'arrêts pour soutenir ce prétendu testament ; ce qui dénotoit la passion dont elle étoit agitée : que ce testament procédoit de quelque cause secrete , n'étant conçu en termes & style d'une femme ; que quand il eût été bon , il étoit valablement révoqué ; & par une révocation tacite , la défunte avoit rappellé sa fille & l'avoit remise en ses bonnes graces ; & par une révocation expresse , faite en présence de tant de personnes de qualité , que cela suffisoit pour révoquer un testament au profit des enfans exhérédés , *quolibet judicio voluntatis revocari potest testamentum* , en faveur des enfans ; les biens des peres & meres leur appartiennent par droit de nature. *Non est pietas nudare dulces liberos* , dit Prudentius , lequel à ce sujet ne voulut accepter une hérédité à lui déférée par le testament d'un homme qui avoit des enfans.

M. Talon , lors avocat des parties pour les intimés , dit qu'on ne pouvoit rien alléguer contre le testament , qui avoit laissé la légitime de l'appellante ; que c'étoit tout ce qui lui étoit dû ; que l'acte de révocation sur lequel on se fondoit , étoit nul , n'étant signé par la testatrice , laquelle n'avoit été interpellée de ce faire , ce qui étoit requis par l'ordonnance à peine de nullité ; que cette interrogation du curé étoit une manifeste suggestion , fort facile à une personne moribonde ; que si cela avoit lieu , & si la cour donnoit cette autorité à un prêtre , il n'y auroit testament qui ne fût révoqué ; que la cause des pauvres & des religieux étoit aussi favorable que celle des enfans.

M. l'avocat général Servin adhéra avec l'appellante.

LA COUR mit l'appellation & ce au néant , déclara la révocation du testament bonne & valable , ordonna que les fruits perçus par les intimés seroient rendus à l'appellante , sans dépens , le lundi 15 juin 1617.

CHAPITRE IV.

Legs à une femme , sous condition qu'elle demeureroit dans un quartier , n'est dû que pendant sa résidence actuelle.

En la même audience , M. le Maistre , fils de M. le Maistre , conseiller en la grand'chambre , plaida la cause de demoiselle Judith de Chastillon , dite de la Riviere , appellante de ce que MM. les requêtes du palais avoient ordonné qu'elle ne pourroit avoir délivrance d'un legs de 1200 liv. par an , à elle fait par M. le Voix conseiller au parlement , à la charge de demeurer au quartier saint André des Arts , où demeuroit le testateur. qu'en résidant par elle huit mois de l'an audit quartier , & que pour les quatre mois restans elle pourroit aller en Lyonnois ou autre part que bon lui fembleroit. Et pour moyens d'appel, difoit que cette condition la notoit, étoit contre les bonnes mœurs ; partant n'étoit confidérable. Me. Grenet pour les intimés dit, que la mauvaife vie de l'appellante étoit affez notoire, & qu'elle devoit être privée du legs ; & fupplie la cour de le recevoir pour appellant.

LA COUR mit les appellations refpectivement interjettées, & ce au néant ; émendant, ordonna que ladite Chaftillon auroit délivrance de fon legs, tant & fi longuement qu'elle feroit demeurante au quartier fuivant le teftament, & non autrement.

CHAPITRE V.

Lettres de rémiffion doivent être adreffées aux juges des lieux où les crimes ont été commis.

UN meurtre ayant été commis à Gueret, le lieutenant criminel en informa ; le prévôt des maréchaux avoit informé de fa part, & par fentence du préfidial de Moulins fut déclaré compétent : fur quoi l'accufé obtint lettres de rémiffion du roi, & en fit faire l'adreffe aux préfidiaux de Moulins, où le lieutenant criminel ordonna que les parties procéderoient pardevant lui : fur l'entérinement des lettres, les officiers de Gueret en interjetterent appel. Me. Favereau pour les appellans dit, que par l'ordonnance il falloit faire l'adreffe des lettres de rémiffion pardevant les juges royaux des lieux où les délits ont été commis, & cota un arrêt rendu en pareil cas, au profit du lieutenant criminel de Langres contre les préfidiaux de Sens. Me. Didier pour le lieutenant criminel & procureur du roi à Moulins dit, qu'ils feroit follement intimés. Me. Raquidon pour l'accufé dit, que le roi pouvoit faire l'adreffe des lettres de rémiffion qu'il octroyoit, à tels juges que bon lui fembloit.

Monfieur l'avocat général le Bret dit, que tant par la difpofition de l'ordonnance, que par l'arrêt cité par l'appellant, le renvoi n'avoit pu être fait que pardevant le juge royal du lieu où le délit avoit été commis.

LA COUR mit l'appellation & ce au néant, renvoya les parties, charges & informations, pardevant le lieutenant criminel de Gueret, pour procéder fur la rémiffion, jufques à fentence définitive inclufivement, fauf l'exécution, s'il en étoit appellé : & fur l'intimation de juges, mit les parties hors de cour & de procès, tous dépens, dommages & intérêts réfervés en définitive. Le famedi 15 juillet 1617 à la tournelle, monfieur le préfident le Jay prononçant.

CHAPITRE VI.

Office ftipulé propre au mari & aux fiens, étant par lui vendu, les deniers font réputés de même nature, pour réduire le legs par lui fait à fa femme de tous fes meubles, acquêts & conquêts immeubles, & quart des propres dans la coutume de Dreux.

MAître Antoine Landry pourvu d'un état de commiffaire des guerres, contracte mariage avec Anne du Long en la ville de Dreux en 1599, & par le contrat ftipule que fon office n'entrera point en la communauté, & demeurera propre à lui & aux fiens. De ce mariage iffue une fille décédée en 1611. Me. Antoine Landry fait fon teftament olographe incontinent après, par lequel il legue à fa femme tous fes meubles, acquêts & conquêts immeubles, & le quart de fes propres : depuis étant revenu en convalefcence, il vend & difpofe de fon office de commiffaire des guerres, moyennant la fomme de dix mille livres. En 1617, étant retombé malade, il fait un codicille, par lequel il confirme fon teftament olographe fait en 1611, & déclare qu'il veut que fa femme jouiffe du legs qu'il lui a fait. Peu après fon décès fa veuve & légataire fait affigner la fœur & héritière du défunt pardevant le juge de Dreux pour reconnoître le teftament olographe de fon frere, & lui faire délivrance de fon legs : à quoi la fœur du défunt oppofe des fins déclinatoires, dont elle eft déboutée par le juge de Dreux. Elle en interjette appel, & préfente requête pour l'évocation du principal. Me. Mauguin pour l'appellante dit, quant à l'appel, qu'il ne vouloit pas y conclure ; mais qu'au principal l'appellante y étoit bien fondée, parce que fi ce teftament fubfiftoit, & que l'intimée eût délivrance de tous les meubles & conquêts immeubles de fon défunt mari, qui ne poffédoit autre chofe que fon office de commiffaire des guerres, qu'il avoit ftipulé propre, & depuis vendu & converti en deniers ; il s'enfuivroit qu'on pourroit détruire un contrat de mariage publiquement & folemnellement fait, par un teftament ; ce que perfonne n'oferoit foutenir ; que ce feroit autorifer une fraude manifefte, & convertir en meubles ce qui avoit été ftipulé propre par le contrat de mariage, & par ce moyen admettre double fiction contre le droit ; que ce feroit favorifer un avantage indirect fait par le mari à fa femme, contre la prohibition des arrêts, qui ont tellement approuvé la deftination & la ftipulation des deniers en immeubles, qu'étant une fois légitimement faite, ils ont jugé qu'on ne pouvoit y déroger ; que le défunt ne poffédoit autres biens immeubles & propres que les deniers provenans de la compofition de cet office ; & au cas qu'il y en eût d'autres, que l'appellante les abandonnoit ; que c'étoit une pauvre femme chargée d'un grand nombre d'enfans, & fans aucuns biens. Me. Tillier pour l'intimée dit, que le teftament étoit en bonne forme ; auffi n'y avoit-on rien pu trouver à redire ; qu'il ne faifoit point de breche ni de préjudice à la claufe du contrat de mariage, parce que par icelui, ni par la coutume de Dreux, il n'y avoit aucune ftipulation de remploi : par conféquent, que la ftipulation appofée au contrat n'étoit que pour exclure l'office de la communauté, duquel il avoit pu difpofer, comme il avoit fait fix ou fept ans avant fon décès ; que l'intimée ne favoit à quoi les deniers avoient été employés ; qu'ils n'étoient point entrés en la communauté ; que le défunt avoit laiffé d'autres biens immeubles propres, notamment une belle métairie, fur laquelle l'appellante pouvoit s'adreffer pour la confervation de fes propres.

LA COUR, après que l'appellante n'a fu dire caufes valables pour foutenir l'appel, mit l'appellation au néant, ordonna que ce dont étoit appel, fortiroit fon plein & entier effet ; évoquant le principal, & y faifant droit, après que l'appellante eût déclaré qu'il n'y avoit autres propres en la fucceffion de Landry, & qu'au cas qu'il y en eût, elle les abandonnoit, la maintint & garda en la poffeffion & jouiffance des trois quarts des deniers provenus de l'office de commiffaire des guerres ; & adjugea l'autre quart à l'intimée fans dépens, le lundi dernier de juillet 1617.

Me. Julien Brodeau fur M. Louet, lett. O. fomm. 5. nomb. 5. rapporte cet arrêt, dont il ne met, ni le fait, ni les moyens ; on fera bien aife de les trouver ici.

CHAPITRE VII.

Caution & certificateur d'un receveur des confignations devenu infolvable, font contraints folidairement à payer la fomme portée par l'acte de cautionnement, qui n'eft pas nul pour n'être figné des parties, étant judiciaire.

CLaude d'Artins avoit été pourvu de l'office de receveur des confignations de la ville d'Iffoudun en 1586. Le 14 de juillet de la même année il préfente fes lettres de provifion au bailli pour être enrégiftrées, fur lefquelles fut ordonné qu'il feroit reçu audit état & office en baillant bonnes & fuffi-

1617. fantes cautions : pour à quoi fatisfaire, le 28 juillet fe préfenterent judiciairement pardevant le bailli ou fon lieutenant Jean Bouffet qui cautionna d'Artins, & Jean Chapuis & Nicolas Chambley qui certifierent Bouffet folvable jufques à la fomme de 4000 livres ; & tous enfemble fe conftituerent folidairement cautions de d'Artins : lequel fous la preftation des caution & certificateurs fut reçu en la charge de receveur des confignations par acte dreffé au même inftant. Deux ou trois ans après, intervint une vente & adjudication par décret pour le prix & fomme de quatre mille livres, qui fut actuellement confignée ès mains de d'Artins ; mais la fentence d'ordre ne put être faite à caufe des guerres civiles, & fut différée jufques en 1600 qu'elle fut rendue. Pierre Rollin premier créancier fut mis en ordre pour la fomme de deux mille livres : pour le payement il fait affigner Claude d'Artins, lequel étoit devenu infolvable. Il fait auffi affigner les héritiers de Bouffet, Chapuis & Chambley, fes caution & certificateurs, pour fe voir condamner folidairement au payement de la fomme de 2000 livres. Les héritiers dénient que leurs peres euffent jamais été cautions de d'Artins. Rollin pour en faire preuve, préfente requête pour compulfer l'acte contenant la preftation & réception des cautions. Le juge d'Iffoudun joint cette requête au principal, dont Rollin interjette appel, préfente requête pour évoquer le principal. Pour l'empêcher, les intimés s'infcrivent en faux contre l'acte de réception des cautions. Me. Davian pour l'appellant dit, qu'étant porteur de l'acte contenant la réception des cautions, il n'y avoit difficulté quelconque au principal, que les intimés ne duffent être condamnés au payement de la fomme demandée. Me. l'Abbé pour les intimés dit que le principal ne fe pouvoit juger, attendu l'infcription en faux ; que les moyens en étoient pertinens & admiffibles ; que l'acte étoit écrit de la main de Claude d'Artins qui vouloit être reçu en fon office, dans une feuille féparée & hors des regiftres ; que par cet acte Bouffet étoit qualifié marchand demeurant à Iffoudun, & qu'il y avoit preuve par écrit qu'il demeuroit au château de Vouillon ; que l'acte n'étoit point figné par les caution & certificateurs : ce qui montroit évidemment la fauffeté & la nullité, n'ayant pu obliger des perfonnes qui favent figner, fans les avoir fait figner, ou interpellés de ce faire, fuivant l'ordonnance. A quoi Me. Davian repliqua, que tous ces moyens de faux étoient impertinens & inadmiffibles ; que les trois premiers ne méritoient point de réponfe ; que le quatrieme & dernier avoit plus d'apparence, & néanmoins n'étoit confidérable : parce qu'il eft certain que les caution & certificateurs judiciaires font valablement obligés, quoiqu'ils n'aient point figné les fentences ou acte contenant la preftation & réception de leurs cautionnemens ; que ce qui étoit fait publiquement, & en la face de la juftice, du juge féant, n'avoit befoin de témoins, ni de folemnités pour fa validité ; que quoiqu'il fallût fept témoins pour valider un teftament, néanmoins étant fait en la préfence du Prince, il étoit réputé bon & valable. L. Omnium. Cod. de Teftam. Que la même queftion s'étant autrefois préfentée, avoit été jugée par arrêt de 1605, plaidans Me. Thibault pour les appellans, & Me. Germain pour les intimés, où M. l'avocat général le Bret avoit remontré qu'il n'étoit néceffaire que les cautions judiciaires fignaffent les actes contenant leur réception ; que les intimés s'étoient tellement reconnus cautions de d'Artins, que fes biens fe vendant, ils s'étoient oppofés pour raifon du cautionnement.

LA COUR mit l'appellation & ce au néant, évoqua le principal ; & faifant droit, condamna les intimés à payer folidairement à l'appellant la fomme de 2000 livres, fauf leur recours les uns à l'encontre des autres, ainfi qu'ils verroient être à faire par raifon, & les condamna aux dépens. Le mardi premier jour d'août 1617, l'arrêt cité eft du mardi 22 novembre 1605, & a jugé que celui qui s'eft rendu caution judiciaire, eft valablement obligé, quoiqu'il n'ait point figné.

CHAPITRE VIII.

Inventaires ne doivent être faits par les juges, s'ils n'en font requis.

MAître Pierre Ban procureur au préfidial de la ville d'Angoulême, étant décédé, & ayant délaiffé Marie du Buiffon fa veuve & plufieurs enfans mineurs ; Me. Gabriel Charmoly juge prévôt de la ville, & Me. Jean Tavaille procureur du roi au même fiege, fe tranfportent incontinent en la maifon du défunt, afin d'appofer le fcellé, & faire inventaire de tous les meubles, titres & enfeignemens des immeubles. La veuve le veut empêcher ; le prévôt ordonne qu'il pafferoit outre à l'appofition du fcellé, dont la veuve interjeta appel au préfidial, où il fut dit qu'il avoit été mal & nullement procédé & ordonné par le prévôt, défenfes à lui de plus faire aucuns fcellés ni inventaires, que quand il y a des mineurs, le juge peut de fon feul office procéder à l'appofition du fcellé pour la confervation de leurs biens, fans attendre la requifition d'aucune partie, n'y en ayant encore aucune, puifqu'il n'y a point de tuteur, qui doit être élu, & avec lui l'inventaire fait. Que fi le fcellé n'étoit point appofé, on pourroit divertir le bien, emporter les meubles ; que quoique la mere foit tutrice naturelle, néanmoins les tutelles étant datives en France, il falloit qu'elle fût confirmée par le juge ; autrement qu'elle n'étoit partie capable pour la confection de l'inventaire ; & que n'étant obligée de rendre compte auparavant que d'avoir prêté le ferment, elle pourroit divertir tous les meubles, & dépouiller entiérement de pauvres orphelins, principalement fi elle venoit à fe remarier, comme elles font ordinairement. *Novis maritis non folùm res filiorum ; fed plerumque vitam addicunt.* L. Tutores. §. Non folùm. De adm. tut. L'on fait combien d'avantages indirects une femme peut faire à fon fecond mari ; qu'en cette caufe le bien public étoit tout évident par la qualité du défunt, procureur au préfidal d'Angoulême, qui avoit les titres & papiers d'un nombre infini de perfonnes, de plufieurs bonnes maifons, à la confervation defquels il étoit néceffaire de pourvoir ; que le procureur du roi eft appellé *l'index publicus*, parce qu'il doit veiller au bien public, à celui des mineurs, & autres perfonnes deftituées de fecours ; que quand la fucceffion d'un défunt ne regardoit que des majeurs, qui pouvoient avoir foin de leurs intérêts, pour lors le juge ne pouvoit de fon office feul s'ingérer à l'appofition du fcellé & confection d'inventaire, comme il avoit été jugé par l'arrêt de 1604 qu'on lui objectoit, mais qui ne pouvoit s'entendre ni s'étendre aux biens appartenans à des mineurs, comme au fait qui fe préfentoit ; ainfi, qu'il falloit confirmer ce qui avoit été fait par le prévôt d'Angoulême, & caffer ce que le préfidial avoit ordonné. Me. Brodeau pour Marie du Buiffon veuve, intimée, dit que les appellans pouffés de leur feul intérêt burfal, mercenaire & ambitieux, & non point par le zele de la juftice, & par l'autorité de leurs charges, s'étoient laiffés porter à des actions & à des violences qui en étoient fi éloignées, qu'il efpéroit que la cour y apporteroit l'animadverfion néceffaire ; que l'ordonnance de Blois art. 164. décidoit la caufe ; qu'à l'exception des cas de confifcation aubaine ou déshérence, les juges ne peuvent s'entremettre de faire inventaire, que quand ils font requis & appellés par les parties, foit qu'il y ait des enfans mineurs, ou non, héritiers du défunt ; qu'en tous autres cas non fpécifiés par l'ordonnance, il eft en la liberté

liberté & option des parties de faire faire l'inventaire par le juge ou par un notaire, sans que le juge le puisse empêcher, suivant la remarque des docteurs sur la loi *Si bene. de usuris. Judices ad non petita venire non debent, ne acerbos se exactores & contumeliosos præbeant.* Pour pénétrer dans le secret des familles, qu'il est souvent plus expédient de cacher & céler. *Quid enim tam durum tamque inhumanum, quàm publicatione pompæque rerum familiarium, aut paupertatis detegi vilitatem, aut invidiâ exponere divitias? L. 2. §. 1. Cod. Quando & quibus quarta pars.* Et le secret des familles est tellement important, que pour cette considération il est quelquefois permis à un tuteur, *viro bono & innocenti, ad arbitrium suum educare pupillos, ne secreta patrimonii & suspectum æs alienum pandatur, quod melius est interim taceri, quàm cùm de bonorum modo quæritur, ultro proferri, & apud acta jur dicentis contra utilitatem pupillorum designari. L. Quod plerumque. C. de alim. pup. præst.* Que si la loi donne ce pouvoir à un tuteur qu'elle présume homme de bien; à bien plus forte raison doit-il être donné à une mere tutrice naturelle de ses enfans, comme l'intimée âgée de 60 ans, qu'on ne présumera jamais vouloir divertir les meubles de ses enfans, & procurer leur perte & dommage; que la question ne recevoit point de difficulté après un arrêt du 13 décembre 1604, qui l'avoit jugée *in individuo* contre les officiers de la ville de Laon qui prétendoient la même chose que les appellans, sur les conclusions de M. l'avocat général Servin, qui avoit remontré que tout l'intérêt de ces juges étoit bursal, mercenaire, & non procédant du bien public, & du zele de la justice; & que défenses leur devoient être faites de plus procéder à la confection de tels inventaires: lesquelles conclusions furent entiérement suivies; que ce que les officiers du présidial d'Angoulême avoient ordonné, qu'inventaire seroit fait, cela s'entendoit pour la conservation des papiers publics qui étoient en l'étude du défunt, & non pas pour ses meubles.

M. l'avocat général le Bret dit, qu'on n'avoit point vu ni lu en aucunes ordonnances, qu'il soit enjoint aux officiers de justice, après le décès de quelque personne, d'apposer incontinent le scellé sur ses biens, & d'en faire inventaire, de leur office, motif & autorité, sans aucune requisition des parties, soit héritiers, ou créanciers du défunt; qu'à la vérité, quand il s'agit de confiscation, de déshérence, droit d'aubaine, bâtardise, & en ce cas les gens du roi doivent être soigneux de faire apposer le scellé, & de faire bon inventaire, comme aussi des biens des comptables; mais que hors ces cas-là il n'est permis aux juges de faire aucuns inventaires sans expresse requisition de partie; qu'il se trouve bien en droit que le tuteur étant une fois élu & confirmé par le juge, peut être contraint de faire inventaire, *pignoribus captis,* comme tiennent les docteurs sur la loi *Tutores. 24. de administrat. tut.* & *L. Tutor qui repert. eod.* Mais en droit l'on ne voit point que pour le bien des mineurs un juge puisse faire inventaire, *reluctantibus patre aut matre,* comme en cette cause, en laquelle le juge prévôt d'Angoulême, & le substitut de M. le procureur du roi s'étoient portés avec tant de violence & de passion indécentes à ceux de leur profession, comme il se voyoit par les informations, qu'ils étoient prévenus & convaincus d'avarice, & enflés seulement d'un desir excessif de gagner; qu'ils avoient avec force & violence fait rupture des portes. Adhéra avec l'intimée, & requit que défenses fussent faites aux appellans, & à tous autres juges de plus commettre tels actes à peine d'animadversion.

LA COUR mit l'appellation & ce dont étoit appel, au néant, en ce que l'on avoit ordonné qu'inventaire seroit fait par le greffier du présidial, la sentence au résidu sortissant son plein & entier effet; & faisant droit sur les conclusions de M. le procureur général, fit inhibitions & défenses à tous les juges du ressort du parlement, de plus procéder à la confection des inventaires, sans en être requis par les parties, hormis ès cas où le roi aura intérêt pour la conservation de ses droits;

Tome I.

ordonna que le présent arrêt seroit lu & publié au siege d'Angoulême, l'audience tenant, afin que dorénavant les officiers ne pussent prétendre cause d'ignorance. Le lundi 7 août 1617, M. de Verdun premier président prononçant.

☞ Je pense qu'il est à propos de mettre ici sous les yeux, une observation très-judicieuse que fait l'auteur de la collection des décisions nouvelles relatives à la jurisprudence. Au mot *Inventaire* cet auteur après avoir rapporté, différens arrêts sur la question de savoir à qui des juges royaux appartient le droit de procéder à la confection des inventaires, se résume & dit : *Il paroît certain que dans le ressort des justices royales la confection des inventaires appartient aux notaires royaux à l'exclusion des juges royaux, si ce n'est qu'il s'agisse de cas royaux : mais que les notaires n'ont que la concurrence, avec les officiers des justices seigneuriales dans le territoire de celles-ci.*

La raison qu'il donne pour appuyer son avis, est que le roi en créant les notaires royaux & en leur attribuant des fonctions, n'a pas entendu préjudicier aux droits des officiers des justices seigneuriales, qui sont patrimoniales.

L'on peut encore sur cette matiere consulter le recueil de réglemens sur les scellés & inventaires; & un arrêt du 16 janvier 1706, rendu sur les conclusions de M. Guillaume·François Joly de Fleury lors avocat général, rapporté au journal des audiences.

Vide ci-après l'arrêt du 8 mai 1618, rapporté chap. 22. & celui du 10 février 1622, chap. 91.

CHAPITRE IX.

Délit d'enfant, le châtiment en est renvoyé au pere.

AMbroise de la Motte, jeune enfant de la ville de Poissy, donne un coup de pierre par le ventre à Jean Dupas, aussi jeune enfant de la même ville, qui décéde deux jours après. Sur informations faites incontinent par le juge de Poissy, décret de prise de corps contre Ambroise de la Motte, & décret d'ajournement personnel contre Jean & Martin du Bois, deux autres jeunes garçons du même lieu, âgés de treize & quatorze ans seulement, & la Motte de dix-sept. Appel des décrets de prise de corps, & d'ajournement personnel, & d'une sentence de provision de la somme de quarante livres. Me. Guehery pour les appellans, dit que le décès de Jean Dupas n'étoit point arrivé du coup de pierre prétendu donné par Ambroise de la Motte, mais à cause des excès & sévices que sa mere avoit commis sur lui, indignée de ce qu'il avoit jetté des pierres; que quand ce décès seroit arrivé par ce malheur, l'âge des appellans & le cas fortuit les en excuseroit entiérement; que leur seul aspect donnoit assez claire preuve de leur âge, que la loi dispensoit de la sévérité des peines. *L. Infans. de pœnis, Infans vel furiosus, si hominem occiderint, lege Corneliâ non tenentur; cùm alterum innocentia consilii tuetur, alterum fati necessitas excusat & infelicitas;* qu'au rapport de Josephe liv. 4. chap. 8. les enfans ayant délinqué étoient renvoyés au châtiment de leurs peres ou parens. *L. un. C. de emendat. propinquorum;* que Claudius empereur, comme dit Suetone, rendit un enfant qui avoit délinqué, à son pere, & ne voulut que les juges en connussent, *cùm suum haberet censorem;* & conclut à l'absolution des appellans. Me. du Crot pour l'intimée mere du décédé, dit que les appellans pour se mettre à couvert de la peine qu'ils avoient justement méritée du meurtre de son fils, avoient opposé leur âge, comme s'ils eussent été impuberes, quoiqu'ils fussent âgés, savoir la Motte de 17 ans, & les deux autres de 15 & 14 ans : âge plus que suffisant pour être estimé capable de peine & de délit; que les loix font distinction *inter impuberes, & pubertati proximos;* que *pubertati proximi sunt capaces su-*

C

1617. *randi & injuriæ faciendæ. L. Pupillum. III. de reg. juris* ; & puniſſables ſuivant l'opinion des docteurs, entr'autres de M. Cujas ſur la loi 108. *ff. de reg. jur. & L. 1. §. Impuberi. Ad Senatuſc. Syllan.* qu'il y avoit pluſieurs exemples de la punition des impuberes. Xenophon rapporte qu'un fut banni pour en avoir tué un autre. Dans Quintilien on en trouve des jugemens du ſénat de l'aréopage ; & par arrêt de l'an 1492, un enfant âgé de douze ans ſeulement avoit été condamné à un banniſſement pour avoir tué une fille ; que *in criminibus ætatis ſuffragio minores non juvantur, etènim malorum mores infirmitas animi non excuſat. L. 1. C. Si adverſus delictum.* Que quand il y auroit ſeulement de l'imprudence, le crime ne devoit point demeurer impuni. *Cùm quidam per laſciviam mortis cauſam præbuiſſet, eſt in quinquennium relegatus. L. 4. §. Cùm quidam. Ad Leg. Corn. de ſicariis.*

M. l'avocat général le Bret dit, que lorſqu'il y avoit du dol & de la malice de la part des impuberes, ils devoient être punis, comme au fait de l'arrêt rapporté par l'intimée, auquel il étoit queſtion d'un enfant qui avoit tué une fille par malice préméditée, & pour couvrir ſon crime, l'avoit traînée & cachée ; ce qui marquoit une très-grande malice, & puniſſable ; qu'au fait qui ſe préſentoit, quoique les appellans, notamment la Motte, fût âgé de 17 ans, néanmoins il paroiſſoit par les charges, que *potiùs laſciviâ, quàm malitiâ peccaverat.* M. le préſident étant aux opinions interrogea le pere de la Motte accuſé, préſent, de l'âge de ſon fils, qui répondit qu'il étoit âgé de 17 ans ſeulement ; puis fit lever la main au fils, & jurer s'il n'avoit pas baillé le coup de pierre : ce qu'il confeſſa.

Sur quoi la cour mit l'appellation & ce dont étoit appel, au néant ; évoqua le principal, & y faiſant droit, après que le pere & la Motte accuſé ont été ouis, la cour condamna ledit la Motte pour toute réparation, dépens, dommages & intérêts en la ſomme de quarante-huit livres pariſis, ordonna que le pere donneroit la correction à ſon fils ; & pour le regard des deux autres intimés, mit les parties hors de cour & de procès. Le ſamedi 19 août 1617, M. le Jay prononçant.

V. L. 23. §. 2. de Ædilit. Edict. L. 61. de adminiſtr. & peric. tut. Cujac. 6. obſervat. cap. 22.

☞ Les circonſtances particulieres des faits, ſur leſquels eſt intervenu l'arrêt cité par M. Bardet, en ont ſans doute déterminé les diſpoſitions ; car quoiqu'il paroiſſe d'après l'extrait du plaidoyer de M. l'avocat général le Bret, qu'Ambroiſe de la Motte *potiùs laſciviâ, quàm malitiâ peccaverat* ; il n'eſt pas moins conſtant, qu'il étoit alors âgé de 17 ans, & qu'on ne pouvoit lui appliquer la loi 12. *ff. ad leg. Cornel.* qui porte : *Infans vel furioſus, ſi hominem occiderint, lege Cornelia non tenentur :* & dans le fait, quoiqu'il fût prouvé qu'Ambroiſe de la Motte n'avoit pas eu deſſein de tuer Jean Dupas ; cependant il étoit certain, de l'aveu même de l'accuſé, que c'étoit lui qui avoit lancé la pierre dont Jean Dupas avoit été atteint.

Il eſt vrai que le défenſeur de la Motte, ſoutenoit que le décès de Jean Dupas *n'étoit pas arrivé du coup de pierre,* mais qu'il avoit été cauſé par les mauvais traitemens que ſa mere avoit exercés ſur lui, pour la punir d'avoir jetté les pierres. Mais outre que M. Bardet n'annonce point que ce fait eût été établi par les informations ; il ne paroît point que M. l'avocat général, dont les concluſions tendoient à la décharge de l'accuſé, eût adopté ce moyen. Les ſeules circonſtances que le meurtre avoit été involontaire, ſemblent, d'après M. Bardet, avoir déterminé l'arrêt, qui ne condamna la Motte qu'à une modique ſomme de 48 livres pour toute réparation, dépens, dommages & intérêts, qui auroit ſans doute été trop foible, vu l'âge de la Motte, ſi quelques raiſons particulieres dont M. Bardet ne fait point mention, n'euſſent fait pencher les juges en faveur de la Motte.

Ceci eſt d'autant plus vraiſemblable que le parlement traita encore bien plus rigoureuſement un écolier âgé de 15 ans, qui s'étant battu avec un autre écolier, qui mourut dans les 40 jours, des coups qu'il avoit reçus, fut condamné par arrêt de la tournelle du 5 mars 1661, à aumôner la ſomme de 120 livres pariſis au pain des priſonniers de la conciergerie du palais, & en 800 liv. pariſis de réparation civile envers le pere de l'homicide.

Soefve qui rapporte cet arrêt tom. 2. cent. 2. chap. 38. loin de le trouver trop rigoureux finit ſes obſervations ſur ce jugement, par ces mots : *Enſorte que ſans bleſſer le reſpect que l'on doit aux arrêts de la cour, on peut dire que cette réparation n'eſt pas proportionnée à la douleur d'un pere affligé, qui pourſuit la vengeance de la mort de ſon fils malheureuſement homicidé : Solatia luctûs exigua ingeniis, miſero ſed debita patri.*

Cet arrêt rendu 44 ans après celui de 1617, ſemble juſtifier la réflexion que je fais ſur ce dernier arrêt, ou tout au moins établir, que dans la la vue d'engager les peres & meres à donner une meilleure éducation à leurs enfans ; la juriſprudence eſt devenue plus rigoureuſe.

Peut-être m'objectera-t-on, que l'eſpece de l'arrêt de 1661, n'étoit pas tout-à-fait ſemblable ? que l'écolier paroiſſoit s'être pris au corps avec celui qui étoit mort des coups qu'il lui avoit portés ; au-lieu que la mort de l'enfant dont il s'agit dans l'arrêt de 1617, n'avoit été cauſée que par un coup de la pierre que lui avoit lancé la Motte ?

Mais ſi on lit avec attention les eſpeces rapportées par MM. Bardet & Soefve, on verra d'un côté que l'écolier n'étoit âgé que de 15 ans, & de l'autre que la Motte étoit âgé de 17 ans ; qu'il s'agiſſoit également, d'une rixe entre Dupas & la Motte, Jean & Martin Dubois, qui furent décrétés d'ajournement perſonnel. Dans les deux eſpeces, il n'étoit pas queſtion de peines de mort contre les deux homicides involontaires, mais de prononcer des dommages intérêts, & de punir en quelque façon les parens dont la négligence ſur la conduite de leurs enfans, les rendoient reſponſables des délits qu'ils avoient commis.

Je conviens que l'on trouvera des arrêts, qui dans des cas d'homicides, ou de bleſſures involontaires, commis par des enfans, n'ont guere été plus rigoureux que celui de 1617, qu'il y en a même, qui n'ont prononcé aucunes peines contre les accuſés.

L'on pourroit invoquer celui du 15 avril 1627, rapporté par M. Bardet ci-après liv. 2. ch. 100. par lequel la cour condamna Aubouin & Pierre Manſillon pere & fils, en 80 liv. de dépens, & dommages intérêts ſeulement, en réparation de ce que Pierre Manſillon enfant âgé de 14 ans, jettant des pierres dans un noyer, il en tomba une ſur la tête de Jeanne Duclos, qui lui cauſa une bleſſure, dont elle mourut ; mais il étoit prouvé que lorſque Pierre Manſillon jetta les pierres dans le noyer, il n'avoit pas vu Jeanne Duclos.

M. Bardet rapporte encore ci-après liv. 3. ch. 35. & tom. 2. liv. 1. ch. 48. deux arrêts, qui d'abord paroiſſent combattre mon opinion ; puiſque dans l'eſpece du premier qui eſt du 19 mars 1629, Pierre Dubois pere & Jean Dubois fils qui par un jet de pierre, avoit crevé à Pierre Bray, le ſeul œil qu'il eût, furent renvoyés hors de cour & de procès, ſur la demande en penſion alimentaire, formée par le tuteur de Pierre Bray ; & que par le ſecond en date du 4 juillet 1633, la cour confirma une ſentence de la ſénéchauſſée du Mans, qui avoit mis hors de cour ſans dépens, Etienne & Jean Morice pere & fils, ſur la demande en dommages intérêts formée par Julien Guyart, réſultante de ce que Jean Morice avoit crevé l'œil à Pierre Guyart en jouant avec lui.

Mais ces arrêts qui ſont de beaucoup antérieurs à celui du 5 mars 1661, ne peuvent l'emporter ſur ſes diſpoſitions, ni autoriſer la juriſprudence, que celui de 1617, ſembloit vouloir introduire ; puiſque d'un côté la perte d'un œil, n'eſt pas à comparer à celle de la vie ; & que de l'autre Jean Dubois fils, & Jean Morice fils, qui avoient bleſſé Guyart & Bray, n'étoient que des enfans de 7 à 8 ans ; au-lieu qu'Ambroife de la Motte étoit âgé de 17 ans.

Il eft d'autant plus à préfumer que la foibleffe de l'âge de Jean Dubois & de Jean Morice ont déterminé, dans cette occafion, l'adouciffement des loix eu leur faveur, que dans les coutumes où les peres & meres font tenus des délits de leurs enfans, les juges ont égard au bas âge des délinquans. Cette vérité eft juftifiée par un arrêt du parlement de Bretagne du 23 octobre 1612, rapporté par Sébaftien Frain, tom. 1. plaidoyer 31.

L'article 656 de la coutume de Bretagne, porte : Si l'enfant fait tort à autrui, tant qu'il fera un pouvoir du pere, le pere doit payer l'amende civile, pour ce qu'il doit châtier fes enfans.

Suivant cet article qui ne fait aucune diftinction d'âge, il s'enfuivroit que dans tous les cas, & fans aucune exception, le pere eft tenu des faits de fes enfans, quelque jeunes qu'ils foient, s'ils demeurent enfemble.

Cependant Pierre Chaignart enfant, âgé de 5 ans 6 mois, ayant frappé d'une pierre Olivier Lallemant, au feul œil qu'il eût (ayant perdu l'autre auparavant) ce dernier fe trouva aveugle. Demande en dommages intérêts, & en penfion alimentaire, fut formée par Lallemant pere, devant le juge de Polermel contre Jean Chaignart pere de Pierre. Mais malgré les moyens dont elle fût étayée, & l'allégation de l'article 656 de la coutume de Bretagne, intervint fentence qui mit les parties hors de cour, & fur l'appel interjetté par Lallemant, elle fut confirmée par l'arrêt que rapporte Frain.

Ce qui prouve que dans ces fortes de délits involontaires, c'eft l'âge qui détermine les juges, c'eft que M. Poulain Duparq en fon nouveau commentaire fur la coutume de Bretagne à l'article 656 commentaire fommaire, nomb. 8. dit d'après M. Hevin. Jugé au rapport de M. Keraly, en la féance de février 1652, que le pere n'étoit pas excufé, pour dire que fon fils avoit 21 ans, & que lui étant caduc, n'avoit pas la force de le corriger : Nam debuit pravia inftitutioni operam dare.

Enfin le principe que les peres & meres font tenus des fautes commifes par leurs enfans, qui ont atteint l'âge où l'homme commence à faire ufage de raifon, proportionnément au délit ; & que les peines font infligées avec beaucoup plus de févérité, qu'elles ne l'étoient lors de l'arrêt de 1617, fe tire encore d'un arrêt du parlement de Metz du 24 janvier 1673, rapporté au journal du palais ; par lequel Regnault Chorel pere de Jean âgé de 14 ans, qui avoit crevé un œil à Michel Balthus fils de Jean, avec une pelotte de neige qu'il vouloit jetter à Charles Machetel, fut condamné en 600 liv. envers Jean & Michel Balthus, pour dépens, dommages & intérêts, frais, & médicamens de chirurgie.

Auffi je penfe, que dans quelque tribunal, que la queftion décidée par l'arrêt du 19 août 1617, fût portée, elle feroit jugée différemment aujourd'hui, fi elle n'étoit pas accompagnée d'autres circonftances que celles que nous préfente M. Bardet.

CHAPITRE X.

Dîmes font affectées aux réparations des églifes.

LEs religieux de faint Denys de la ville de Rheims, les chanoines de faint Symphorien, & les adminiftrateurs de l'hôtel-dieu, perçoivent toutes les dîmes qui fe levent en la paroiffe de faint Brice proche de la même ville de Rheims. En 1613, l'églife de faint Brice étant en ruine & en péril évident de chûte, & qu'il n'y remédioit promptement, les paroiffiens & habitans préfenterent requête au bailli de Vermandois ou fon lieutenant à Rheims, expofitive des ruines de leur églife, fur laquelle ils firent affigner lefdits religieux, chanoines & adminiftrateurs de l'hôtel-dieu, aux fins de contribuer aux réparations de l'églife, chacun à proportion des dîmes qu'ils prenoient & levoient en leur paroiffe. Les défendeurs ayant été ouis, intervint fentence

le 6 octobre 1614, par laquelle il eft permis aux paroiffiens demandeurs de faire faifir & arrêter les dîmes, & de faire procéder à la vifite de leur églife. Cette fentence exécutée, par autre du 25 du même mois il eft ordonné que les ouvrages & réparations feront baillés au rabais, & au principal fur la contribution les parties appointées en droit, fi mieux n'aimoient les défendeurs contribuer chacun pro rata des dîmes qu'ils percevoient en la paroiffe, dont ils interjetterent appel. Me. Colombel le jeune pour les appellans, dit que les réparations des églifes ne pouvoient ni ne devoient être prifes fur les dîmes, fuivant le chap. 3. de eccl. ædif. que c'étoit là la nourriture & les alimens des pauvres & des prêtres, C. Quatuor. 12. q. 2. & l'opinion des docteurs fur la loi 8. de operibus publicis. Et par ces moyens conclut à abfolution, & ayant requête pour l'évocation du principal. Me. du Chemin pour les intimés, dit que la queftion qui fe préfentoit, étoit de favoir fi les appellans étoient obligés de contribuer aux réparations néceffaires à la nef de l'églife de faint Brice : celles qui étoient néceffaires au chœur, ayant été faites par le curé & fondateur ; que cette queftion ne recevoit point de difficulté, les dîmes étant affectées à telles réparations ; pour les connoître, les appellans avoient affifté à la vifite de l'églife & au bail à rabais.

M. l'avocat général Servin dit, que la diverfité d'arrêts intervenus fur femblables queftions pourroit apporter quelque difficulté en la caufe ; mais qu'elle étoit levée, eu ce que par la fentence les appellans étoient feulement condamnés à contribuer aux réparations de l'églife à proportion & pro rata des dîmes qu'ils percevoient en la paroiffe de faint Brice, en quoi on ne leur avoit point fait de grief.

LA COUR évoqua le principal, & y faifant droit, enfemble fur l'appel, condamna les appellans de contribuer aux réparations de l'églife de faint Brice pour la part & portion des dîmes qu'ils levent & perçoivent en la paroiffe de faint Brice, & fans dépens. Le mardi 12 décembre 1617, M. le préfident Potier de Blanc-Mefnil prononçant.

Cet arrêt eft cité par M. Brod. fur M. Louet, lett. R. fomm. 50. On en trouve ici le fait & les moyens.

CHAPITRE XI.

Dernier teftament olographe d'un mari fort âgé au profit de fa femme qui étoit jeune, déclaré nul, pour n'avoir répété la claufe dérogatoire inférée dans un précédent teftament, que le teftateur vouloit être écrite de fa main dans les poftérieurs.

SIccard Fabry fieur de Bramelon, natif de la ville de Carcaffonne, s'étant habitué au Pays Mâconnois, & marié avec demoifelle Floride la Beffée, il eft par elle inftitué fon héritier univerfel en tous & chacuns fes biens qui étoient confidérables. Elle décede ; Fabry convole en fecondes noces avec demoifelle Charlotte de Cheminant, âgée feulement de 18 à 20 ans ; & Fabry de près de 70 ans lui fait donation de tous fes meubles, acquêts & conquêts immeubles, & de 300 livres de rente. Le mariage fait & célébré en 1602, Siccard Fabry étant à Lyon en 1607 fait fon teftament, par lequel il inftitue fa femme fon héritiere univerfelle en tous fes biens ; & après fon décès lui fubftitue le premier enfant qu'elle auroit en fecondes noces ; & au défaut d'enfans, fubftitue Me. Pierre Fabry fon frere germain ; & ajoute une claufe, qu'au cas qu'il fit autre teftament, où ce verfet, In matutinis meditabor in te, Domine, quia fuifti adjutor meus, ne fût écrit de fa main, il vouloit qu'il ne fût d'aucun effet & valeur. En 1610 il fait un autre teftament olographe tout écrit & figné de fa main, par lequel il révoque la donation faite à fa femme le jour des époufailles, comme faite par force & contrainte, laquelle n'étoit infinuée, & que fi elle l'étoit, c'étoit à fon infu ; inftitue fa femme fon héritiere universelle pour jouir de ses biens sa vie durant seulement ; & après son décès institue Me. Pierre Fabry son frere, pour avoir & posséder tous ses biens en propriété ; révoque tous autres testamens, nommément celui de 1607, & ajoute la même clause, qu'au cas qu'il fît un autre testament, où ce verset, *In matutinis meditabor in te, Domine*, ne fût écrit de sa main, il voulut qu'il ne fût d'aucun effet & valeur. Deux jours après ce testament, il le cachete, appelle sept témoins & un notaire nommé Burin, en la présence desquels il déclare que c'est son testament & derniere volonté, les prie d'en dresser acte, de le signer, ce qui fut fait ; & ensuite il délivre son testament à Burin notaire. En 1613 il fait un autre testament olographe, par lequel il dispose de la même façon, & insere les mêmes clauses. En 1614 il fait un quatrieme testament, par lequel il casse & révoque tous les autres précédens, quelques mots secrets qu'ils pussent contenir, lesquels il mettroit, s'il s'en souvenoit ; veut qu'ils soient nuls, cassés & annullés, dérogeant par cet effet à toutes clauses dérogatoires ; & par icelui institue sa femme son héritiere universelle. En 1617 arrive le décès du testateur. Me. Pierre Fabry son frere en étant instruit se transporte sur les lieux, présente requête au bailli de Mâcon ou son lieutenant, aux fins que le testament fait par défunt Siccard Fabry son frere germain en 1610 fût rapporté, les seings des témoins y dénommés reconnus, & qu'il fût procédé à l'ouverture, publication & enrégistrement : ce qui est empêché par Charlotte de Cheminant sa veuve, laquelle remontre que tous les biens lui appartiennent en vertu du dernier testament fait par le défunt : sur quoi le bailli de Mâconnois ou son lieutenant rend la sentence, par laquelle il déboute le demandeur de la requête, & ordonne que le dernier testament du défunt, comme bon & valable, sera exécuté, dont le frere du défunt interjette appel. Me. Mauguin pour l'appellant dit, que cette cause fournissoit un argument très-fort du pouvoir & de l'autorité que les femmes ont sur les esprits & les volontés de leurs maris, principalement quand ils sont avancés en âge ; que l'intimée avoit tellement possédé celui de Siccard Fabry son mari, qu'elle l'avoit changé en mille figures, pour en extorquer autant d'actes & de testamens à son profit ; qu'en 1602 étant seulement âgée de 18 à 20 ans, & lui au-contraire de 70 ans, elle l'avoit induit, même contraint de lui faire une donation immense, & pour en couvrir les défauts & nullités qu'on objecte à celles qui sont faites, constant le mariage, par le mari à sa femme, ou par la femme au mari, elle l'avoit fait antidater, comme si elle eût été faite auparavant qu'ils eussent été mariés ; en quoi paroissoit sa premiere séduction & artifice pour s'acquérir tout le bien de son mari. En continuant elle a extorqué par mêmes inductions le testament fait en 1607, par lequel elle étoit instituée héritiere universelle, & ses enfans d'un second lit substitués : clause si extraordinaire, qu'il ne falloit point d'autre preuve de suggestion. Car il ne peut tomber sous le sens commun, qu'un mari toujours jaloux de son mariage, ait jamais voulu appeller les enfans d'un second lit de sa femme à sa succession ; c'est-à-dire, non-seulement inviter sa femme à de secondes noces, mais encore l'y astraindre par l'amorce de cette ample succession : ce qui étoit contre toute apparence. Aussi Siccard Fabry étant en liberté, a incontinent révoqué ce testament en 1610 & fait celui, en vertu duquel l'appellant soutient que la succession de son frere lui doit être adjugée, comme le seul testament bon & valable ; avec plus de raison qu'il est olographe, & ne peut être soupçonné d'aucune suggestion, & qu'ayant été présenté aux notaires & témoins en nombre suffisant, il ne peut être débattu d'aucun défaut de formalité ; que par ce testament le testateur a assez témoigné l'affection qu'il portoit à l'intimée sa femme, lui ayant délaissé la jouissance de tout son bien ; & néanmoins prévoyant & appréhendant ces premieres suggestions & impressions de sa femme, & craignant de n'y pouvoir résister, il avoit prudemment apposé la clause dérogatoire, *In matutinis meditabor in te, Domine, quia suisti adjutor meus*; & voulut que si elle n'étoit écrite de sa main, le testament qu'il feroit dans la suite, ne fût d'aucune force & efficace pour rompre & annuller celui-ci où elle étoit écrite & insérée de sa main. Aussi ne s'étoit-il point trompé : car l'intimée continuant ses artifices, & n'estimant pas que ce testament fait en 1610 lui fût assez avantageux (elle n'en pouvoit pas connoître le secret & la disposition, parce qu'il étoit olographe), elle extorque celui de 1615, en vertu duquel elle prétend la succession de son mari, & lequel le juge dont est appel, a déclaré bon & valable, & adjugé la succession à l'intimée ; en quoi il a très-mal jugé. Premiérement, parce que le testament olographe fait en 1610 est la véritable & saine volonté du défunt ; ce qui paroît, parce que le défunt étant au dernier moment de sa vie & prêt à expirer, avoit mandé le notaire Burin qui en étoit saisi, mais il fut empêché par l'intimée ; il a été représenté après son décès, tous les témoins y dénommés ont incontinent reconnu leurs seings & apposés. En second lieu, ce dernier testament fait en 1615 est suggéré, il n'en faut pas d'autre preuve, que l'intimée a empêché d'entrer les notaires mandés par le défunt ; elle s'est rendue indigne de sa succession. *Si quis testamentarium introire prohibuerit, denegantur ei actiones. L. 1. Si quis aliquem testari prohib.* & de ce qu'elle a eu assez de force pour faire antidater la donation, ainsi, qu'il l'a déclaré par son testament de 1610. En troisieme lieu, suivant la disposition du droit, le dernier testament ne pouvoit subsister ni annuller celui de 1610, ne contenant point expressément la clause dérogatoire apposée au premier, *In matutinis meditabor in te, quia suisti adjutor meus*, laquelle ne se trouvoit point écrite de la main du testateur en ce dernier, comme il l'avoit desiré & s'en étoit imposé la loi : ce qui étoit tellement nécessaire, que l'omission ou le défaut d'expression & dérogation spécifique à la clause dérogatoire, rendoit ce dernier testament de 1615 nul & sans effet, & celui de 1610 demeuroit en sa force & vertu. Fabry testateur vouloit qu'il ne fût point révoqué, si ce verset, *In matutinis meditabor in te, Domine*, ne se trouvoit inséré en son testament postérieur, & qu'il n'y fût écrit de sa propre main. Ce sont deux conditions copulatives, & toutes deux conjointement nécessaires pour annuller le premier testament, néanmoins l'une ni l'autre de ces deux conditions ne se rencontre au dernier testament : il ne peut donc donner aucune atteinte au premier. Les docteurs traitant des clauses dérogatoires sur la loi *Si quis. in principio. 21. de leg. 2.* D'où elles sont principalement tirées ; sur la loi *Si mihi & tibi. 12. §. ult. L. Si ita sis adscriptum. 14. de leg. 1.* sur la loi *Divi. §. Licet. de jure codicil. Dynus in cap. Quod semel de regulis Bald. & Salic. in L. Sancimus. C. de testam. Cynus in L. 1. C. de sacros. eccl. Paulus de Castro cons. 141.* Tous unanimement tiennent que le second testament doit faire mention expresse & spécifique de la clause dérogatoire inférée au précédent ; autrement, que sans une dérogation expresse & spécifique il ne peut point subsister, & ne révoque aucunement le premier ; que cette opinion des docteurs avoit été confirmée par un arrêt célebre prononcé en robes rouges par défunt M. le président Seguier, par lequel la question avoit été jugée *in individuo* ; qu'il s'agissoit de la révocation d'un testament où le testateur avoit mis qu'il ne vouloit point être révoqué, si le second ne contenoit expressément ces mots écrits de sa main, *Entendez-vous bien* ; qu'après son décès s'étant trouvé un autre testament où ces mots n'étoient point écrits de la main du testateur, mais qui contenoit une dérogation générale & révocation de tous autres testamens, la cour avoit jugé que le premier testament étoit bon & valable, & le second de nul effet & valeur, faute de contenir expressément & nommément la clause dérogatoire, & ainsi la question de droit jugée *in puris terminis*. On objecte

l'opinion

l'opinion de M. Cujas *lib.* 14. *obfervat. cap.* 7. & la décifion 127 de Guy-Pape, qui tiennent qu'une dérogation & révocation générale eft fuffifante. Mais l'opinion de M. Cujas n'eft fuivie qu'en l'école & non au barreau , & Guy-Pape en fa décif. 127, ne parle point d'une claufe dérogatoire qui dût être écrite de la main du teftateur ; & dans fon efpece , le fecond teftament contenoit une déro- gation fpécifique au premier , nommoit le lieu où le teftament avoit été fait , le notaire qui l'avoit reçu & ceux qui y étoient inftitués héritiers. Ainfi elle ne peut nuire à l'appellant , qui a encore un autre moyen de droit contre l'intimée , laquelle a convolé en fecondes noces , fept mois après le décès de fon mari , & s'eft rendue indigne de fa libéra- lité , par la difpofition des LL. 1. & 2. *c. de fecun- dis nuptiis* , & *nov.* 39. *cap.* 2. qui s'obfervent nonobftant la difpofition canonique , *cap. pen.* & *ult. de fecundis nuptiis*, qui permet aux femmes de fe remarier dans l'an de deuil , parce que la difpofi- tion canonique ne s'entend que de la peine d'infa- mie qui leur eft remife , & non pas la peine de la perte de la liberté du mari , laquelle leur eft ôtée; & cette peine pratiquée au rapport de M. Maynard dans le recueil de fes arrêts de Touloufe, & de M. du Vair garde des fceaux , qui en rapporte un arrêt prononcé en robes rouges. Et par ces moyens conclut au mal jugé , & à ce que le tefta- ment fait en 1610 foit déclaré bon & valable , & celui fait en 1615 de nul effet & valeur. Me. Gal- laud pour l'intimée , dit que défunt Siccard Fabry voyant que tous fes biens procédoient de la grati- fication de demoifelle Floride de la Beffée fa pre- miere femme , & touché de l'amitié & des longs fervices qu'il avoit reçus de l'intimée fa feconde fem- me , il lui a voulu donner des marques de fa re- connoiffance par quatre divers teftamens , dans tous lefquels il l'a toujours gratifiée & fait bonne part de fon bien , même dans le dernier fait en 1615 , par lequel il l'inftitue fon héritiere univerfelle , & révoque tous autres précédens teftamens , quelques claufes dérogatoires qu'ils contiennent , quelques mots fecrets qui y fuffent appofés , lefquels il eût inférés eu ce dernier teftament , s'il eût pu s'en ref- fouvenir ; ce qui étoit plus que fuffifant pour la ré- vocation de tous autres teftamens , quelques claufes dérogatoires qu'on eût pu y trouver. Principalement celui de 1610 fur lequel l'appellant fe fonde , ne peut point être appellé teftament olographe , comme on le prétend : car ayant été ouvert & re- préfenté aux témoins pour être reconnu & vérifié écrit & figné de la main du teftateur , tous les té- moins ont dit qu'ils ne reconnoiffent point cette écriture ; & par conféquent on ne peut s'y arrê- ter : mais quand l'écriture auroit été reconnue être de la main du défunt ; que cela eût été inutile , ce premier teftament étant bien & duement révoqué par celui de 1615 , déclaré bon & valable par la fentence dont eft appel. Quant au défaut de la claufe dérogatoire qu'on foutient avoir dû être in- férée de la main de Fabry en fon dernier teftament, & qui eft l'unique moyen de l'appellant , il n'eft aucunement confidérable. Il y a trois fortes de ré- vocations des claufes dérogatoires , la générale , la fpécifique & l'individuelle ; la générale n'avoit pas toujours affez d'effet pour révoquer tous tefta- mens ; mais que la fpécifique , telle qu'eft celle en queftion , tellement défignée & exprimée qu'on ne peut y defirer aucune chofe , a été eftimée par tous les docteurs fuffifante pour révoquer tous tef- tamens , quelques claufes dérogatoires qu'on y puiffe appofer , fans qu'il foit néceffaire de les inscrire in- dividuellement & de mot à mot , même de la main du teftateur , comme le veut l'appellant. Cela étant impoffible , le teftateur ne fe pouvoit pas fouvenir de telles claufes dérogatoires fouvent trop affectées , & pardeffus lefquelles il pouvoit paffer , y dérogeant néanmoins fpécifiquement , & décla- rant le teftament auquel il les avoit appofées , nul & invalide , faifant expreffe mention du teftament ; que c'eft l'opinion commune des docteurs fur la loi *Si quis, in principio. de leg.* 2. & fur la loi *Divi.* §.

Licèt. de jure codicill. expreffe pour cette décifion. *Licèt in confirmatione codicillorum paterfamilias adje- cerit , ut non aliàs valere velit quàm fuâ manu fignatos & fubfcriptos ; tamen valent facti ab eo codicilli , licèt neque ab eo fignati , neque manu ejus fcripti fuerint : nam ea quæ poftea geruntur , prioribus dero- gant.* C'eft celle de M. Cujas *l.* 14. *obfervat. cap.* 7. d'Aretin , de Balde fur la loi *Humanum. c. de leg.* de Bart. fur la loi *Si quis. in principio.* de Decius fur le chap. *Quod femel. de reg. juris.* où ils tiennent tous unanimement que la dérogation fpécifique eft fuffifante , & que l'individuelle n'eft jamais nécef- faire. Cette opinion a été obfervée & pratiquée dans toutes les cours fouveraines , au rapport de Guy-Pape , *qu.* 127. de M. de l'Eftang dans fes arrêts en robes rouges , *plaidoyer* 2. qui ne contient autre chofe , & de M. du Vair arrêt 5. L'arrêt al- légué & prononcé par M. Seguier n'étoit en pareil cas. Quant à la peine des fecondes noces confom- mées pendant l'an de deuil , cette objection eft im- pertinente , parce que la loi *Solet. de his qui notan- tur infamiâ*, & autres qui introduifent telles peines , & qui obligeoient la femme à demander permiffion au fénat de fe remarier , ainfi que Plutarque re- marque *in Antonio* , ne font point obfervées au parlement de Paris , comme attefte Rebuffé au traité *de viduâ quæ nubit intra annum luctûs.* Et par ces moyens conclut au bien jugé.

M. l'avocat général Servin dit que cette claufe , par laquelle Fabry inftituoit l'intimée fa femme , & lui fubftituoit le premier enfant qu'elle auroit en fecondes noces , étoit grandement fufpecte , & fai- foit clairement voir combien l'intimée avoit de pouvoir fur l'efprit de fon mari ; ce qui devoit exciter la cour à conferver la fucceffion au frere du défunt.

LA COUR mit l'appellation & ce dont étoit ap- pel , au néant ; émendant , ordonna que le tefta- ment fait par Siccard Fabry en 1610 tiendroit , caffa & annulla tous les autres teftamens , maintint & garda Pierre Fabry appellant en la poffeffion & jouiffance de tous les biens dont le défunt étoit mort vêtu & faifi , à la charge de l'ufufruit porté par ledit teftament au profit de l'intimée fa femme , & fans dépens. Le jeudi premier jour de février 1618 , M. de Verdun premier préfident prononçant, qui ajouta que la cour l'avoit chargé de dire aux avocats qui affiftoient à l'audience , que cette fubf- titution au profit de l'enfant qui naîtroit du fecond mariage de l'intimée , avoit été trouvée fort étrange , nulle & extraordinaire.

* On a omis d'énoncer au titre de l'arrêt , la fubftitution finguliere que la femme avoit fait infé- rer au teftament de fon mari , en faveur de l'enfant qu'elle auroit de fon fecond mariage.
Me. Antoine Mornac fur la loi 25. *ff. de adoption.* & *emancipat.* cite le même arrêt , fans en rapporter le fait & les moyens dans toute leur étendue.

CHAPITRE XII.

Avocat qui plaide pour un duc & pair , quoiqu'il foit intimé ou défendeur , doit fe mettre au barreau du côté de la cheminée.

E N la même audience Me. Doujat , lors bâton- nier des avocats , ayant commencé à plaider une caufe pour le doyen & chanoines de Châlons en Champagne , appellans , & s'étant mis au bar- reau de la main droite , qui eft le barreau où l'on préfente les ducs & pairs , les maréchaux de Fran- ce , les baillis , les fénéchaux , leurs lieutenans généraux & tous autres officiers , même les jeunes avocats; la Marteliere qui plaidoit pour M. le duc de Nevers , intimé , interrompit Me. Doujat , & dit , qu'ayant à parler en cette caufe pour un duc & pair , intimé , il lui feroit tort , s'il permettoit à Me. Doujat de plaider dans ce barreau , qui étoit celui des pairs ; fupplia la cour d'ordonner qu'il pafferoit en l'autre barreau du côté de MM. les confeillers clercs.

Sur quoi LA COUR s'étant assemblée pour délibérer sur la remontrance, ordonna que Me. Doujat passeroit à l'autre barreau, & laisseroit celui des pairs à Me. de la Marteliere.

1618.

CHAPITRE XIII.

Exhérédation d'un frere cum elogio *déclarée valable.*

GErmain le Bret, natif de la ville de Paris & d'une bonne famille, n'ayant point d'enfans, mais seulement un frere nommé Pierre le Bret & deux sœurs Anne & Marie le Bret, fait son testament olographe le premier jour de septembre 1616, par lequel il institue ses deux sœurs ses héritieres universelles en tous & chacuns ses biens; & à l'égard de Pierre le Bret son frere, déclare qu'il l'exhérede, veut & entend qu'il n'ait aucune part ni portion en sa succession, à cause de sa mauvaise & scandaleuse vie avec femmes impudiques, de sa désobéissance à ses parens, de la dépense & profusion de son bien, & pour avoir menacé le testateur; & ajoute que les causes d'exhérédation sont plus au long contenues dans certain mémoire qu'il avoit dressé & écrit de sa main, pour présenter requête & faire emprisonner Pierre le Bret son frere, à cause de sa mauvaise vie avec quatorze femmes débauchées qu'il nommoit. Le testateur décede peu de tems après. Pierre le Bret fait instance pardevant le prévôt de Paris ou son lieutenant civil à ses deux sœurs, & leur demande sa part en la succession de leur frere, nonobstant son testament. Les créanciers du même Pierre le Bret interviennent en la cause, & font saisir & arrêter ce qui pouvoit appartenir à leur débiteur en la succession de Germain le Bret son frere. Sur quoi le prévôt de Paris déclare l'exhérédation faite par Germain le Bret de la personne de Pierre le Bret son frere, bonne & valable; en conséquence donne main-levée à Anne & Marie le Bret ses sœurs, & les choses saisies & arrêtées à la requête des créanciers, qui en interjettent appel. Me. Brodeau pour les appellans, dit que Pierre le Bret avoit été exhérédé avec note & injure, que le testament de Germain le Bret son frere étoit un libelle diffamatoire; que les causes d'exhérédation étoient fausses & calomnieuses; que le testament étoit nul, ayant été commencé le 14 mars & parfait le 1 septembre, & néanmoins qu'il devoit être fait uno contextu. L. *Hâc consultiss. de testam.* Partant l'exhérédation nulle. *Non quævis exhæredatio summovet filium à contra tabulas bonorum possessione, sed quæ illa facta est.* L. 8. *de bon. possess. contra tab.* que ce mémoire relatif au testament étoit une saillie d'un esprit ulcéré, rempli de paroles injurieuses, semblable à ce sacrifice qu'on faisoit à Hercules, dont parle Philostrate, auquel il n'étoit permis d'user d'autres mots d'imprécations & malédictions; que ce mémoire contenoit le nom & surnom des filles débauchées avec lesquelles Pierre le Bret avoit vécu impudiquement. *Curiosa insolentia*; qu'il avoit dissipé & dépensé tout son bien; qu'il avoit menacé le testateur de lui couper la gorge, & de mettre le feu en sa maison; qu'il y avoit diverses poursuites & décrets de prise de corps contre lui; mais que plus il en disoit, plus il y avoit de nullité au testament; qu'il y a grande différence entre une succession directe & une succession collatérale. Et en une succession directe, il est permis au pere cum maledicto filium exhæredare. L. 48. §. 1. De hæredib. instit. *Filius meus impiissimus, malè de me meritus: esto hæres: purè enim hæres instituitur cum maledicto, & omnes hujusmodi institutiones receptæ sunt.* L. 3. L. *Si posthumus* 14. §. *fin. de lib. & posth.* L. 1. §. *Ait. de Carbon.* Ed. Mais qu'en ligne collatérale, il n'en étoit pas ainsi, la loi n'ayant voulu donner ce pouvoir & cette autorité à des collatéraux, d'exhéréder cum convitio. Ils ne peuvent pas même léguer en cette façon injurieuse; L. 54. de leg. 1. *Turpia legata quæ denotandi magis legatarii gratiâ scribuntur, odio scriben-*

tis pro non scriptis habentur. *Quod impunè licet patri, non licet extraneo.* Que les arrêts avoient reprouvé telles exhérédations en ligne collatérale cum elogio. L'un du 14 mars 1602, par lequel Jeanne Valet ayant exhérédé deux de ses nieces à cause de leur vie impudique, le testament fut cassé. L'autre du 28 mars 1605, au profit de Claude Pigret exhérédé par Jean Pigret son frere, pour les torts qu'il lui avoit faits, le testament fut pareillement cassé; qu'en celui de Germain le Bret, il y avoit autant de causes infamantes qu'il y avoit de mots; que par la nov. 115, les causes d'exhérédation ne sont valables, *nisi causas exhæredationis parentes suo inseruerint testamento*; ce que Germain le Bret n'avoit fait, mais en un mémoire séparé; que par la nov. 22. *de nuptiis.* §. *Ingratitudinem*, il y a trois causes pour lesquelles un frere peut exhéréder son frere. La premiere, *in fratrem insidiæ.* La seconde, *accusatio capitalis.* La troisieme, *fratris substantiæ jactura & ablatio*; que Pierre le Bret n'avoit point commis aucun de ces trois cas, & par conséquent n'avoit pu être exhérédé; que la cause des appellans créanciers de Pierre le Bret étoit très-favorable, même préférable à la nourriture des enfans, 4. *Regum cap.* 4. *Vade, vende oleum, & redde creditori tuo; tu autem & filii tui vivite de reliquo.* Et par ces moyens conclut au mal jugé, & que sans avoir égard à la clause d'exhérédation, la portion qui eût appartenu à Pierre le Bret en la succession de Germain le Bret son frere, fût délivrée à ses créanciers appellans. Me. Arnaud le jeune pour les sœurs intimées, dit que bien-loin que la cause des créanciers appellans fut aucunement favorable, au-contraire elle étoit digne de la sévérité & de l'animadversion de la cour; qu'ils avoient eux-mêmes fomentés les débauches de Pierre le Bret, & lui avoient prêté de l'argent pour les entretenir; qu'il n'y avoit point de vie plus licencieuse & perdue que la sienne, & que les causes d'exhérédation n'étoient que trop suffisantes & véritables, pour avoir ému Germain le Bret son frere aîné à le priver de ce qu'il eût pu espérer en sa succession: ce qu'il avoit fait par un prudent conseil & affection qu'il portoit à son sang, afin de conserver tous les biens en sa famille, & ne les pas voir consumés aux débauches de son frere; que tous ses efforts pour l'en retirer avoient été inutiles, & le voyant âgé de 32 ans, lorsqu'il fit son testament, il avoit perdu toute espérance qu'il revînt à résipiscence; qu'enfin Pierre le Bret étant décédé pendant l'instance, les intimées ses sœurs combattoient contre ses créanciers qui avoient été auteurs de sa perte & de son malheur.

M. l'avocat général Servin dit, que la mauvaise & scandaleuse vie de Pierre le Bret avoit justement incité Germain le Bret son frere de le priver de sa succession, *ne daret perdituro*, pour lui faciliter les moyens de continuer ses débauches, si grandes qu'on ne pouvoit les exagérer assez; qu'elles étoient plus que suffisantes pour avoir fait prononcer cette exhérédation bonne & valable, d'autant plus qu'elle conservoit le bien en la famille; que des créanciers qui avoient jetté le feu & fomenté des débauches, vouloient arracher les biens aux enfans de la maison, aux sœurs du testateur, ce qui n'étoit raisonnable, & adhéra avec les intimés.

LA COUR, sans avoir égard à l'intervention des créanciers, faisant droit sur l'appel, mit l'appellation au néant; ordonna que ce dont est appel, sortiroit son plein & entier effet, sans dépens. Le mardi 6 mars 1618, M. Verdun premier président prononçant.

Quoique l'arrêt soit contraire au docte plaidoyer de Me. Julien Brodeau, il ne mériteroit pas moins une place dans ses notes sur M. Louet; cependant on ne l'y trouve point.

☞ Les motifs de cet arrêt furent la notoriété publique de la mauvaise conduite qu'avoit eue Pierre le Bret, de la vie débauchée qu'il avoit tenue, & de la crapule honteuse dans laquelle il avoit toujours vécu.

Me. Brodeau invoquoit, il est vrai, en sa faveur,

deux arrêts, l'un du 14 mars 1601, & l'autre du 28 mars 1606 ; mais malgré le respect que l'on doit à la mémoire de ce savant jurisconsulte, l'application n'en étoit pas heureuse.

Dans l'espece du premier, Jeanne Valet par son testament avoit exhérédé ses deux nieces, & elle avoit donné pour motif de son exhérédation, que ses deux nieces menoient une vie impudique ; & cependant par l'arrêt cité, le testament fut cassé comme nul & inofficieux. Mais Me. Jean Dufresne qui fait note de cet arrêt dans son journal des audiences, au bas d'un autre du 16 janvier 1625, en explique les motifs. Il dit en termes précis, que le testament avoit été déclaré nul sur les conclusions de M. l'avocat général Talon, parce que les nieces exhérédées *étoient filles bien vivantes & bien famées.* Conséquemment Pierre le Bret, dont les mœurs étoient reconnues pour être très-dissolues, ne pouvoit tirer avantage d'un jugement qu'il ne pouvoit s'appliquer.

Le rapport de l'espece d'arrêt du 28 mars 1605, n'étoit pas plus exact. C'est ce qui est facile à démontrer, en la rapportant d'après Laurent Bouchet en sa bibliotheque du droit françois, au mot *exhérédation.*

Il paroit qu'Antoine Pigret *(a)* fit son testament, par lequel il institua Antoine Pigret son neveu, son héritier, & exhéréda son frere, pere d'Antoine, par une clause ainsi conçue : *Et par ce moyen j'exclus, rejette & déshérite mon frere & tous ses enfans du second lit, & ayans causé ; & ce, pour causes légitimes & très-grandes occasions qu'ils m'en ont donné & qui m'ont meu à ce faire : priant Dieu néanmoins, qu'il leur veuille pardonner l'outrage & le tort qu'ils m'ont fait.*

A la mort du testateur, le pere d'Antoine Pigret, héritier institué, pour lequel plaidoit Me. Anne Robert, voulut faire casser ce testament, sous prétexte qu'il étoit bien permis à un pere d'exhéréder son fils *cum maledicto,* mais non pas à un frere qui ne pouvoit être exhérédé qu'aux trois cas marqués *in* §. ingratitudinis. *nov.* 22. *de nuptiis.* Me. Navarrot pour l'héritier institué, disoit que cette exhérédation devoit être prise pour une prétérition, parce qu'elle n'étoit pas nécessaire *in fratre,* lequel *præteritus ut extraneus, non habebat querelam inofficiosi testamenti ;* qu'outre les procès que le testateur avoit essuyé de la part de ce frere déshérité, il n'avoit pas voulu que les enfans du second lit de son frere, qui avoient assez de bien d'ailleurs, amendassent dans sa succession.

Cette contestation fut portée aux requêtes du palais, où les parties ayant été appointées en droit, elles interjetterent appel de cet appointement, & sur leur consentement à l'évocation du principal, par l'arrêt du 28 mars 1605, les parties sur l'appel, furent mises hors de cour & de procès, & faisant droit au principal, sans avoir égard aux moyens opposés contre la clause d'exhérédation, le testament fut confirmé, à la charge néanmoins, que le pere exhérédé jouiroit par usufruit, sa vie durant, de tout ce qui avoit été laissé à son fils, & sans dépens.

La disposition de cet arrêt est, comme l'on voit, bien contraire à l'idée qu'en vouloit faire prendre Me. Brodeau, puisqu'il ne craint pas d'avancer, que le testament fût cassé, tandis que, selon M. Boucheul, il est évident qu'il fut confirmé.

Ce qui peut avoir induit Me. Brodeau en erreur, sont sans doute les termes dont s'est servi Boucheul, qui au-lieu de dire, *sans avoir égard aux moyens tirés de la clause d'exhérédation,* dit, *sans avoir égard à la clause d'exhérédation,* a *confirmé le testament, &c.* ensorte qu'il est bien constant, que l'on ne peut opposer contre l'arrêt cité par M. Bardet aucuns arrêts précédens.

Cependant l'on voit par ce dernier arrêt, que la cour n'ordonna pas précisément l'exécution entiere du testament, puisque, contre la volonté du testa-

teur, elle adjugea au pere exhérédé, la jouissance du legs universel fait au fils, d'où il faut présumer que les causes d'inimitié naissantes des procès que le testateur avoit eu avec l'exhérédé, ne furent pas admises, & que ce furent seulement des circonstances particulieres, résultantes peut-être de l'amitié & préférence que l'exhérédé avoit pour les enfans de son second lit, qui déterminerent la cour à accorder à l'exhérédé la jouissance du bien de son frere, pour en conserver la propriété à l'héritier institué.

Ceci est d'autant plus vraisemblable, qu'un nommé Dumoulinet ne pouvant oublier les offenses qu'il avoit reçues de François Dumoulinet son frere puiné, le déshérita par son testament *cum elogio,* & fit son légataire universel le nommé Pierre Milet.

Le testament attaqué par arrêt du 16 janvier 1625, la cour sans avoir égard à la clause d'exhérédation, adjugea à François Dumoulinet les propres de la succession de son frere, & à Pierre Milet, les meubles acquêts & quint des propres, à la charge de payer les pieux contenus au testament.

Me. Dufresne qui rapporte cet arrêt en son journal des audiences dit, que Me. Baillot avocat de Milet *légataire universel, se restraignit en tout cas, aux meubles acquêts & quint des propres, dont le testateur avoit pu disposer,* & que par conséquent, la cour ayant adopté ces conclusions subsidiaires, avoit jugé, *que le vice que renfermoit cette exhérédation, n'avoit pas annulé le legs universel, relativement aux biens disponibles.*

De ceci, il résulte donc en général, que quoiqu'il ne soit point permis en collatérale d'exhéréder *cum elogio,* pour simples faits d'inimitié ; cependant lorsque l'exhérédé mene une vie scandaleuse, & tient une conduite qui déshonore une famille & pourroit donner ouverture à la demande en interdiction, je pense que lorsque de semblables faits articulés dans un testament, comme causes d'exhérédation, sont publics & prouvés, l'exhérédation doit avoir son effet. C'est ce qui est démontré par un arrêt du 17 mars 1633, que M. Bardet rapporte ci-après, tom. 2. liv. 2. ch. 18. *Vid. loco citato.*

CHAPITRE XIV.

Résignation in favorem, *non* admise ni effectuée, ne fait vaquer le bénéfice en régale, & le résignant étant décédé avant l'admission, la régale n'est ouverte que par le décès.

MAîTRE Etienne de la Croix chanoine en l'église d'Agde, passe le 28 août 1616 procuration *ad resignandum* de sa prébende & chanoinie en faveur de Me. Jean Pages, qui envoie incontinent en cour de Rome : l'évéché d'Agde étoit lors vacant, & les bénéfices tomboient en régale. Me. Claude de Rive crut que la procuration *ad resignandum* passée par Me. Etienne de la Croix avoit fait vaquer sa chanoinie en régale, il s'en fait pourvoir par le roi le 31 même d'août. Le 4 septembre suivant Me. Etienne de la Croix étant décédé, Me. Guillaume de Rieux le 23 obtient du roi des provisions en régale du même bénéfice, est admis par le chapitre, & prend possession, en laquelle il est troublé par Me. Claude de Rive : l'un & l'autre respectivement en la cour leur demande en régale. Me. Bry pour Me. Claude de Rive, dit que toutes les fois que le bénéfice n'étoit pas rempli de fait & de droit, il y avoit ouverture en régale ; que la procuration *ad resignandum* passée par Me. Etienne la Croix avoit fait vaquer le bénéfice, qui n'étoit plus rempli de droit, le résignant l'avoit entiérement abdiqué par sa résignation, laquelle ayant été admise par le pape, avoit son effet rétroactif au jour qu'elle avoit été passée, pour dire que dès-lors le bénéfice avoit vaqué. Cap. Admonet. & cap.

1618.

(a) M. Bardet ou M. Boucheul commettent ici une erreur de noms, puisque M. Bardet d'après Me. Brodeau, qualifie le testateur du nom de Jean Pigret, & que M. Boucheul le qualifie d'Antoine Pigret.

Quod in dubiis. de renuntiat. Partant que le bénéfice devoit être adjugé à de Rive comme premier pourvu en régale. Me. Corbin pour Me. Guillaume de Rieux, aussi demandeur en régale, dit que c'étoit une mauvaise maxime de soutenir qu'une simple résignation, sans le consentement & admission du supérieur, fît vaquer un bénéfice, en la possession duquel le résignant demeuroit jusques à ce que sa résignation eût été admise par le supérieur, & qu'en conséquence d'icelle il en eût pourvu un autre ; ainsi que Me. Etienne de la Croix étant décédé auparavant que sa résignation eût été mise en cour de Rome, il étoit certain que le bénéfice avoit vaqué par son décès ; & par conséquent, que Me. Guillaume de Rieux en avoit été bien & canoniquement pourvu.

M. l'Avocat général Servin dit, que la raison & la vérité fondée sur la raison, est toujours une ; mais que l'opinion des hommes se change souvent, & se trompe ordinairement ; que *Probus, Rufæus* & *Corneus* qui avoient traité des droits de régale, & avoient soutenu l'opinion sur laquelle de Rive établissoit le droit de sa cause, s'étoient trompés, & avoient introduit une maxime toute fausse, à laquelle il ne pouvoit adhérer, mais avec de Rieux.

LA COUR adjugea la prébende vacante en l'église d'Agde à Me. Guillaume de Rieux, & condamna Me. Claude de Rive aux dépens. Le lundi 19 mars 1618, M. de Verdun prononçant.

Cet arrêt est cité par Me. Brodeau sur M. Louet, *lett. B. somm.* 13. n. 14, qui est d'avis que quoique la résignation fût admise pendant la vie du résignant, s'il n'avoit pas été dépossédé par le résignataire, elle ne feroit point vaquer le bénéfice en régale.

═══════════════════

CHAPITRE XV.

Propriétaire vendique sa chose dérobée sans restitution de prix.

LE marquis d'Ancre ayant été tué le 24 avril 1617, un gentilhomme nommé Genier disant avoir don du roi des meubles qui étoient en la maison de Galilay, abbé de Marmoutier, frere de la femme du marquis d'Ancre, se transporte en son logis pendant le tumulte, enleve tous ses meubles, & une belle chapelle d'argent de vermeil doré, que Dlle. Françoise de Sinsé sa femme vend à un orfevre du pont-au-change, à raison de vingt-cinq livres le marc. L'orfevre revend incontinent cette chapelle aux religieuses de Paris. Quelque tems après on publie des lettres monitoires à la requête de Galilay, pour avoir révélation des meubles qui avoient été enlevés dans sa maison ; & Genier est condamné & exécuté à mort, après avoir confessé qu'il avoit pris la vaisselle & chapelle d'argent, & qu'elle étoit entre les mains de sa femme. D'abord que les religieuses carmélites en ont avis, elles déposent cette chapelle entre les mains du curé de St. Nicolas des Champs, pour la restituer à qui appartiendroit. L'orfevre l'ayant su, fait arrêter la chapelle entre les mains du curé. Galilay le fait assigner en la chambre du trésor, où l'orfevre soutient que Galilay le doit rembourser de son prix, méliorations & embellissemens de la chapelle, & subsidiairement conclut contre Dlle. Françoise de Sinsé veuve de Genier, à ce qu'elle fût condamnée à lui restituer le prix, & en tous les dépens, dommages & intérêts. Sentence intervient, qui ordonne que la chapelle sera rendue à Galilay, sans restitution de prix ; & sur la demande en sommation de l'orfevre contre la Dlle. de Sinsé, qu'il sera plus amplement informé, dont l'orfevre interjette appel. Me. Lallemant pour l'appellant, dit qu'il est acheteur de bonne foi, on a dû lui adjuger la restitution de ses deniers, ou contre celui qui vendique la chose, ou contre son vendeur. D'abord sa cause semble avoir de la difficulté sur la disposition de la loi 2. *c. de furtis.* Mais cette loi a ses exceptions en la loi 5. *eod. tit.* suivant l'opinion de Godefroy & d'Alciat, qui tiennent qu'en trois cas l'acheteur de bonne

foi doit avoir restitution du prix. *Antequam rem furtivam reddat.* 1. *Si emptor sit probata fama.* On ne peut aucunement soupçonner l'appellant, & dire qu'il ait jamais été repris de justice. 2. *Si emerit in taberna, vel in foro,* une chose exposée en vente, comme il a fait, une chose qui n'étoit ni recommandée ni marquée. 3. *Si emerit non ab ignoto & prætereunte, sed ab honestâ personâ,* telle qu'est la défenderesse en sommation, *quam exhibet in venditricem.* Les arrêts l'ont ainsi jugé, l'un de l'an 1598, en la tournelle pour un nommé Huault Quartenier, touchant un vol, par lequel il fut jugé que ceux qui représentoient leurs vendeurs, *qui exhibeant venditores, non tenebantur de re furtivâ.* La demoiselle de Sinsé ne peut en tout cas éviter la condamnation de restituer le prix & ses dépens, dommages & intérêts, puisque c'est elle qui a vendu la chapelle en question. Me. le Feron pour Galilay abbé de Marmoutier, dit que pour toute la défense de sa cause il ne veut que le seul texte de la loi 2. *c. de furtis. Incivilem rem desideratis, ut agnitas res furtivas non priùs reddatis, quàm pretium fuerit solutum à dominis.* C'est une regle générale à laquelle il n'y a point d'exception. Ce que l'appellant allegue de la loi 5. *eod.* qu'il est acheteur de bonne foi, *ab honestâ personâ,* & qu'il représente son vendeur, cela est considérable pour l'exempter de la suspicion du larcin & de la peine du crime. *Curate igitur cautiùs negotiari, ne non tantùm in damna, sed etiam in criminis suspicionem incidatis,* dit cette loi 2 & la loi 5. *Ab ignoto & transeunte te emisse dicere, non convenit, volenti evitare alienam bono viro suspicionem.* Il n'y a point d'autre remede que de nommer & représenter son vendeur, pour éviter cette tache de suspicion d'avoir été complice du crime de larcin, mais non pas pour répéter le prix. Me. des Noyers pour Dlle. Françoise de Sinsé dit qu'il ne peut pas dire que ce fût un larcin commis par Genier d'Escluzeaux mari de la défenderesse, puisqu'il avoit don du roi de tous les meubles qui étoient en la maison de l'intimé ; il les emporta en plein jour, *palàm & publicè.* L'histoire de ce don est trop notoire pour en discourir. Il commenda à la défenderesse sa femme d'aller exposer cette argenterie en vente, elle le fit, & délivra l'argent à son mari, elle ne prêta que son service & simple ministere en cette action, qui ne la peut aucunement rendre responsable de la restitution du prix. Elle a renoncé à la communauté. La déclaration faite *in agone,* par son mari ne lui peut faire aucun préjudice ; c'est la déclaration d'un homme saisi & troublé de l'appréhension d'une mort violente ; & par ces moyens conclut à absolution.

LA COUR mit l'appellation & ce dont étoit appel, au néant, en ce que les juges du trésor avoient ordonné que sur la demande en sommation il seroit plus amplement informé ; émendant quant à ce, absout la Dlle. de Sinsé de la demande en sommation ; ordonna que les deniers provenans de la vente, tant des meubles qu'immeubles de Genier, l'appellant seroit payé par préférence à tout Dlle. de Sinsé ; la sentence au résidu sortissant son plein & entier effet & sans dépens. Le mardi 27 mars 1618, M. de Verdun premier président prononçant.

CHAPITRE XVI.

Obligations passées par un fils de famille mineur à l'agonie, de l'avis de son confesseur, auquel elles furent déposées au profit de deux marchands, dont il avoit été facteur, ont été jugées valables contre le pere, sa caution pour l'apprentissage seulement.

MAître Jean Lespagnol, assesseur au présidial de Rheims, mit Jacques Lespagnol son fils en apprentissage chez Claude Charron, marchand de draps de Paris. Par le contrat d'apprentissage outre l'argent qu'il donna, il se rendit caution de sa fidélité. Jacques Lespagnol demeura plusieurs années en la maison de Charron, tant en qualité

d'apprentif

d'apprentif, qu'en celle de compagnon & de facteur. Il eut de grands trafics & maniemens, non-seulement de Charron, mais encore d'un autre marchand. Il tombe malade, & après avoir reçu tous les sacremens, déclare à un pere récollet, qu'il avoit mal pris & diverti les deniers de ces deux marchands, & pour mettre sa conscience en repos, de l'avis du pere récollet, il mande deux notaires, & consent deux obligations ; l'une de deux mille livres, & l'autre de quatre cents livres au profit de Charron & de l'autre marchand, causées pour reliquat de compte, gestion & administration. Les obligations furent déposées entre les mains du récollet, qui avertit le pere venu aux funérailles de son fils de ce qui s'étoit passé. Mais le pere n'ayant voulu entendre à la satisfaction, le récollet mit les obligations entre les mains des marchands, qui firent assigner le pere pardevant le prévôt de Paris, aux fins de leur payer les sommes contenues aux deux obligations. Il y est condamné par sentence, dont il interjette appel. Me. Corbin pour l'appellant, dit qu'étant venu aux funérailles de son fils, les intimés lui témoignerent le regret qu'ils avoient de son décès, à cause des bons services qu'il leur avoit si fidélement rendus ; lui restituerent l'obligation d'apprentissage par laquelle il l'avoit cautionné de fidélité. C'est une marque infaillible qu'il ne leur a jamais fait tort. On a extorqué ces obligations d'un mineur, fils de famille, *in agone*, moribond. Il s'est confessé au curé de la paroisse, & ne lui a point parlé de cela : les notaires n'ont point gardé de minutes de ces obligations : l'appellant n'est point héritier de son fils, il répudie sa succession ; sa confession ne lui peut pas plus préjudicier, *que confessio principalis rei quæ non nocet fidejussori. L. de ætate. §. 1. de interrog.* Cette confession d'un moribond *in agone*, n'est valable par la loi *Si quis decedens. §. Titia. de leg. 3. sed aliam probationem requirit. Auth. Quod obtinet. de probat.* Le cautionnement du pere appellant ne pouvoit s'étendre *in infinitum*, & hors du tems préfix & limité par le brevet d'apprentissage, qui étoit expiré il y avoit long-tems. *L. Fidejussor. c. de fidejuss.* Me. Chappellier pour les intimés, dit que le fils de l'appellant avoit pu facilement les tromper, parce qu'ils lui avoient confié tout leur bien, mais poussé par la syndérese, il avoit enfin reconnu sa faute.

———— *Furto latatus inani*
Distulit in seram commissa piacula mortem.

Il a bien prévu ce moment, *unde pendet æternitas*, & qu'il ne seroit jamais pardonné, s'il ne restituoit ce qu'il avoit mal pris. *Non remittitur peccatum, nisi restituatur ablatum.* Pour y satisfaire, il n'a point trouvé d'autre moyen que de consentir les deux obligations dont est question, qui sont bonnes & valables. Telles confessions faites *in agone*, au rapport de Philon juif, sont semblables aux parfums, qui font revenir pour un tems ceux qui sont atteints du mal comique. Il ne sert de rien de dire que le pere appellant *non fidejusserat eo tempore* que les obligations ont été conçues. 1°. Parce que *tacité fidejusserat. L. Item quæritur. §. 1. Locati.* 2°. Que la malversation a pu être faite au tems de l'apprentissage. La cause de l'obligation est générale, & *potest adhiberi quibuslibet rebus & temporibus. L. Singulari. De rebus credit.*

M. l'avocat général le Bret dit, que cette confession est très-forte & présumée véritable : celui qui l'a faite, étoit sur le point de comparoir devant ce juge redoutable, exact & rigoureux vengeur de nos déréglemens. La présomption est, qu'il ne l'a faite que pour se purger, & mettre son ame en repos, & non par déguisement. *Credatur patri meo, quia moriens mentiri non potuit*, dit St. Augustin. Le droit est formel pour cela, *de juramento à moriente præstito. Nov. 48.* La cour l'a confirmé par ses arrêts, nommément par un rendu contre la dame d'Apchon. Elle avoit confessé par son testament d'avoir trois mille liv. à un particulier, qui la fit assigner lorsqu'elle fut revenue en convalescence,

pour lui payer la somme. Elle se défend, qu'elle ne doit aucune chose au demandeur ; mais que desirant le gratifier, elle lui a légué la somme de trois mille liv. & afin qu'il fût plus facilement payé, elle avoit ajouté que c'étoit pour cause de prêt. *Titio centum do, lego, quæ mihi pertulit. L. 27. de probation.* où la loi reprouve le legs ; & dit qu'il est *in fraudem*. Néanmoins la dame d'Apchon fut condamnée à payer la somme de trois mille liv. Il a même raison contre l'appellant, sinon que la cour lui voulut faire grace de *quartâ parte debiti*.

LA COUR mit l'appellation au néant, sans amende, ni dépens ; ordonna que la sentence dont étoit appel, sortiroit son plein & entier effet ; néanmoins fit grace du quart de deux mille livres à l'appellant, & que les termes portés par les obligations ne courroient que du jour de l'arrêt, le 29 mars 1618.

CHAPITRE XVII.

Dîmes sont dues au curé de la paroisse où les héritages sont situés.

LE curé de Belloy en France, voyant que le curé du Mesnil-Aubry levoit des dîmes de bleds sur sa paroisse, le fait assigner pardevant MM. des requêtes du palais, aux fins de voir dire, que défenses lui seroient faites de prendre ni lever aucunes dîmes dans la paroisse de Belloy, en l'étendue de laquelle le demandeur seroit maintenu & gardé en la possession de prendre & percevoir toutes les dîmes. Me. Jean du Moncel prêtre, curé du Mesuil-Aubry, dit pour défenses, que lui & ses prédécesseurs sont en possession immémoriale de prendre & percevoir les dîmes sur les héritages en question, cultivés & labourés par ses paroissiens habitans du Mesnil-Aubry, & qu'il a droit de prendre la dîme sur eux. La cause est appointée en droit, à écrire & produire : le curé de Belloy en interjette appel, & présente requête pour évoquer le principal. Me. Grenet pour le curé de Belloy appellant & demandeur, dit que par la disposition du droit canon *in cap. ult. de Paroch.* il est expressément décidé, que *prælati de agris in eorum parochiâ constituti fructus & decimas percipiant* ; & que *ratione prædiorum decima persolvuntur* : où la glose dit que *decima prædiales regulariter illi ecclesiæ debentur, in cujus parochiâ sita sunt prædia* : que le chap. *quoniam*, & le chap. *cùm sint homines, de decimis*, disposent la même chose, pour éviter confusion & altercation. *Quia nimis difficile videtur ut una ecclesia in episcopatu alterius recipiat decimas.* Tout ainsi que par le droit civil : *Tributa debentur ei civitati, ubi sunt agri. L. fin. §. Is verò. De censibus.* L'ordonnance y est formelle ; quand elle commande aux propriétaires de laisser les dîmes sur les champs, pour être recueillies par les curés des paroisses où ils sont situés. On objecte une longue possession qui ne peut servir en matiere de dîmes, que pour la prescription de la quotité ; non pour faire qu'un curé usurpe ainsi sur les droits d'un autre. Et conclut à ce que l'appellant sût maintenu & gardé en la possession de prendre & percevoir toutes les dîmes des bleds croissans & provenans en la paroisse de Belloy. Me. Gagault pour Me. Jean du Moncel curé du Mesnil-Aubry, intimé & défendeur, dit qu'il a un grand avantage de ce que l'appellant l'a reconnu en bonne & paisible possession de prendre & percevoir les dîmes en question. Quoiqu'elles soient prédiales, elles sont néanmoins de celles qu'on appelle mixtes, pour raison desquelles les curés ont une suite & un concours mutuel les uns sur les autres, pour suivre les laboureurs des terres où elles proviennent, lorsqu'ils sont demeurans en d'autres paroisses. Pour cela il ne faut point d'autre raison que l'usage, la coutume invétérée, une possession immémoriale qui est toujours observée en matiere de dîmes. *Ad consuetudinem recurrendum*, dit le chap. *Cùm sint homines. Cap. ad Apostol. Cap. in aliquibus. de decimis.* Grimaudet en son traité des dîmes *liv.* 3. *t.* 5. fait mention de ces dîmes mixtes, qui ont été confirmées par un arrêt du 24 juillet 1610, rendu en la troisieme chambre des enquêtes entre Me. Jean Comtesse curé du Plessis-Bouchard, pour les dîmes de Franconville & Taverny, & M. le Clerc conseiller en la grand'chambre, par lequel la cour a jugé la these *in individuo*, & que le curé avoit droit de chasse & de suite sur son paroissien labourant ailleurs, pour prendre la moitié de la dîme qui provenoit du labeur de ses mains : & après la lecture de cet arrêt, conclut à ce que l'intimé soit maintenu & gardé en la possession de prendre & percevoir les dîmes dont il s'agit.

M. l'avocat général Servin dit, que le payement de la dîme n'est pas une prestation personnelle, mais toute réelle ; elle dépend véritablement du travail & du labeur de l'homme, mais bien plus du fonds & de la terre qui produit les fruits. Il seroit difficile d'observer & remarquer quels hommes cultivent les fonds ; mais on ne peut jamais errer en ce qui est des fonds, qui sont immobiles, qui demeurent toujours en même place ; & adhéra avec l'appellant.

LA COUR mit l'appellation & ce au néant, évoqua le principal & y faisant droit, après que l'appellant eût déclaré qu'il prenoit pour trouble le plaidoyer de l'intimé, formoit complainte contre lui, maintint & garda l'appellant en la possession & jouissance de prendre toutes dîmes sur tous les héritages assis & situés en sa paroisse, & sans dépens ; & ordonna que les édits, ordonnances & arrêts touchant la levée des dîmes, & de les laisser sur les champs, seroient observés & entretenus. Le lundi 26 avril 1618, M. de Verdun premier président prononçant, qui avertit l'avocat de l'appellant de prendre pour trouble le plaidoyer de l'avocat de l'intimé.

CHAPITRE XVIII.

Péremption d'instance ne court contre la veuve qui se remarie, si elle n'est autorisée par son mari, ou par justice.

MAître François Danet, curateur de demoiselle Louise du Bois en 1601, fait cession d'une rente de deux cents livres qui appartenoit à la demoiselle du Bois, à Nicole de Montpellier, laquelle ayant été contrainte de déguerpir la rente, fait assigner M. de Champrond président aux enquêtes, mari de la demoiselle du Bois, pour faire valoir la rente, pardevant le prévôt de Paris, où la cause est contestée & réglée, même rendue en état d'être jugée en 1602. Nicole de Montpellier convole en secondes noces avec Me. Jean Rolland, procureur en parlement, en 1603. L'instance est discontinuée jusqu'en 1616, que M. le président de Champrond fait assigner Nicole de Montpellier pardevant MM. des requêtes du palais, pour lui délivrer les contrats concernant la rente. Elle déclare qu'ils sont produits en l'instance pendante pardevant le prévôt de Paris, dont elle demande l'évocation. *Interim* M. de Champrond en poursuit le jugement, & la fait déclarer périe par sentence du prévôt de Paris, qui est cassée par sentence de MM. des requêtes du palais ; & l'instance de péremption est jointe à l'autre instance. M. de Champrond interjette appel. Me. Jobert pour l'appellant, dit que la question qui se présente à juger, est de savoir si l'ordonnance, qui déclare les instances péries par la discontinuation de trois ans, n'a pas lieu pour les procès & instances d'une femme qui s'est remariée, & si ce convol en secondes noces, a pu empêcher la péremption des instances qu'elle avoit auparavant intentées. Il soutient l'instance périe, nonobstant le convol, ainsi que l'a jugé le prévôt de Paris. La péremption court de plein droit, & à ce sujet on

appelle son tems *fatalia tempora.* L. 2. *Judicat. soly.* L'instance étant commencée dès 1601, & mise en état d'être jugée avant le mariage de l'intimée, il n'a pu empêcher la péremption, il n'a tenu qu'à l'intimée de se faire autoriser par son mari, & continuer les poursuites. Ce changement de mariage n'est point considérable ; puisque la péremption court contre toutes sortes de personnes indifféremment, même contre les mineurs & contre l'église, qui sont plus favorables. MM. des requêtes du palais n'ont pu évoquer une instance déclarée périe, & par ces moyens conclut au mal jugé. Me. Cabar pour l'intimée, dit que MM. des requêtes du palais sont juges de leur renvoi, & peuvent procéder par cassation. L. 54. *de re judic.* & L. 5. *de judiciis.* Quant à la péremption d'instance, elle est odieuse, & la moindre mutation, ou changement en l'instance, l'empêche. Le mariage d'une fille, ou d'une femme, qui auparavant étoit capable d'agir & de poursuivre seule ses droits, est une mutation & changement suffisant pour interrompre la péremption, puisque la personne qui étoit en cause, auparavant capable d'agir & de poursuivre ses droits, est tombée en un état qui la rend du tout incapable d'être en jugement, d'agir ou de défendre. La femme mariée est dans cette incapacité par la coutume générale du royaume ; & par l'art. 224 de celle de Paris, femme mariée ne peut être en jugement sans le consentement de son mari, ou à son refus, si elle n'est autorisée, ou séparée par justice. *Contra non valentem agere non currit præscriptio.* L. 54. *de jure dot.* & L. Marius. *de procurat.* L'ancien coutumier le porte expressément. Si veuve est en procès, & se remarie, il convient faire appeller le mari. Et par ces moyens conclut à ce que l'instance soit poursuivie.

LA COUR mit l'appellation & ce au néant ; sans avoir égard à la péremption d'instance, ordonna que les parties y procéderoient suivant les derniers erremens ; pour cet effet les renvoya aux requêtes du palais. Le jeudi 3 mai 1618, M. de Verdun premier président prononçant, qui dit aux avocats qu'ils apprissent à ne plus soutenir telles causes, & que toutes fois & quantes qu'il y a mutation de personnes, ou de procureur, il n'y a point de péremption.

L'arrêt est cité par Me. Jul. Brod. sur M. Louet, lett. I. somm. 13. où il en allegue un autre postérieur du 29 avril 1622, avec pareil avertissement aux avocats de ne plus plaider semblables causes.

* Cité dans Mornac sur la L. *Properandum.* 11. *Cod. de Judic.*

CHAPITRE XIX.

Principal débiteur reçu au bénéfice de cession de biens contre son fidéjusseur.

JAcques du Pot emprunte la somme de dix-huit cents livres de Me. Nicolas Cordonnier, notaire apostolique de la ville de Paris, sous la caution de Me. Léon Fusée, gendre de Cordonnier. Du Pot demeure long-tems sans acquitter cette somme, il est assigné aux requêtes du palais aux fins de libérer Fusée de son cautionnement envers Cordonnier, & de lui payer la somme de dix-huit cents livres. Il y est condamné, & n'ayant satisfait, est emprisonné, & d'où desirant se libérer, il demande d'être reçu au bénéfice de cession de biens. Il en est débouté par sentence de MM. des requêtes du palais, dont il interjette appel. Me. le Noir pour l'appellant, dit que la dette de l'intimé n'avoit aucun privilege qui dût empêcher l'appellant d'être admis au bénéfice de cession de biens ; que la qualité de l'intimé d'avoir été sa caution & fidéjusseur, n'étoit suffisante ; & conclut au mal jugé, émendant que l'appellant fût reçu au bénéfice de cession. Me. Peigné pour l'intimé, dit que sa seule qualité de fidéjusseur, favorable par-dessus tout ce qu'on pouvoit dire, devoit empêcher les prétentions de l'appellant, qui vouloit payer son bienfacteur d'une ingratitude signalée, d'un dol, d'une tromperie & mauvaise foi manifeste, laquelle la cour devoit réprimer par sa sévérité & justice.

LA COUR mit l'appellation & ce au néant, sans amende; en émendant, reçut l'appellant au bénéfice de cession de biens, à la charge de porter le bonnet verd; & où il seroit trouvé sans icelui, permis de l'emprisonner, & déclaré déchu du bénéfice; & en conséquence qu'il seroit élargi & mis hors des prisons. Le vendredi 4 mai 1618, à l'audience de relevée, M. Seguier présidant.

CHAPITRE XX.

Prêtre ne peut exercer office de judicature temporelle.

L'Eglise de Saint Cyriace en la ville de Provins est une église collégiale composée d'un doyen qui est la première dignité, d'un prévôt qui tient la seconde, & de plusieurs chanoines qui composent le chapitre, duquel dépend une justice haute, moyenne & basse, & l'institution & destitution des officiers. Le chapitre ayant pourvu Me. Gabriel Lucquin de l'état & office de juge, qu'on appelle sous-prévôt, Me. Gerard Janvier, prévôt de l'église de Saint Cyriace, le fait assigner le 15 décembre 1617, pardevant le bailli de Provins ou son lieutenant, aux fins de voir dire que défenses lui seroient faites d'exercer ledit état & office de judicature; & qu'au-contraire il l'exerceroit en personne en qualité de prévôt. Les doyen, chanoines & chapitre interviennent, & prennent le fait & cause pour Lucquin. Les parties furent appointées en droit, & ordonné que le chambrier mettroit certain chartulaire entre les mains du greffier, pour en prendre communication par Me. Gerard Janvier prévôt. Les doyen, chanoines & chapitre interjetterent appel, & présenterent requête pour l'évocation du principal. Me. Doujat pour les appellans & demandeurs, dit que la question qui se présente à juger, est de savoir si Me. Gerard Janvier prêtre & prévôt de Saint Cyriace de Provins, peut exercer l'office de judicature temporelle dépendante de ce chapitre; que ses prétentions sont contraires aux constitutions canoniques, aux ordonnances de nos rois, & aux arrêts de la cour. La disposition canonique y est expresse *nemo militans Deo, immiscet se negotiis fæcularibus*, comme dit Saint Paul, répété *in 21. qu. 3. cap. 17. du deutéronome*, Saint Greg. *Lib. 11. Ep. 11. Synesius Ep. 121. cap. 4 & 5. Ne clerici vel monachi. L. Placet. L. 40. c. de Episc. & Cler.* Pour cette raison *Flamen Dialis* à Rome *non poterat ambire magistratum.* Quant aux ordonnances, Charlemagne en ses capitulaires *L. 5. ut clerici neque judices, neque majores fiant.* Philippe le Bel 1287. *Quòd duces, comites, barones, capitula, & generaliter omnes in regno Franciæ, baillivos habeant, nullatenùs clericos substituant.* Les arrêts ont confirmé cette doctrine. En 1518, il y a eu arrêt contre l'abbé de Saint Fuscien; en 1538, un autre contre l'abbé de Cluny; en 1552, contre les doyen, chanoines & chapitre de Langres, sur les conclusions de M. l'avocat général Lizet. Par tous ces arrêts la cour a fait défenses aux ecclésiastiques d'exercer en personnes les justices temporelles dépendantes de leurs bénéfices, & leur a enjoint de les faire exercer par personnes laïques suffisantes & capables, *& non solùm in criminalibus, sed etiam in civilibus causis*, portent les arrêts, auxquels on a inféré la loi *Placuit. de Episc. & Cler.* Tout ce que l'intimé objecte, est la transaction de l'an 1331, passée entre les doyen, chanoines & chapitre, & le prévôt qui étoit pour lors, par laquelle on a laissé à l'option du prévôt d'exercer cette judicature avec deux chanoines, ou bien qu'il y seroit pourvu par le chapitre. Mais la réponse est que cette transaction qui n'a jamais été homologuée par le supérieur, est nulle, *cap. Veniens. de transaction.* contre les bonnes mœurs, & la disposition du droit canon & des ordonnances: à quoi

on a pu déroger par cette piece, dont on n'a jamais oui parler depuis un si long-tems, qui est demeurée sans effet & sans exécution, & à présent nullement considérable; & par ces moyens conclut à ce que Lucquin fût maintenu & gardé en l'exercice de l'état & office de judicature au nom du chapitre. Me. de Lamet pour le prévôt intimé, dit que la justice dont est question, est de fort petite étendue, seulement au-dedans du cloître de l'église, où il n'y a pour habitans que des confreres des parties: c'étoit ce qui a donné lieu à la transaction de 1331, qui a été observée, entretenue & exécutée de tems en tems, & le doit être. Cela n'est pas sans exemple que les prêtres soient juges. Moyse avoit eu l'une & l'autre de ces qualités. *Cùmque accideret disceptatio, veniunt ad me, exode cap. 18. ut judicem inter eos.* Les lévites pareillement étoient prêtres & juges, Ezechiel *cap. 44. Cùm fuerit controversia, stabunt in judiciis meis, & judicabunt.* Saint Ierome *ep. ad Nepot.* En la primitive église les prêtres étoient juges, *c. relatum. 11. qu. 1.* Saint Ambroise *ep. 24. l. 5. Quid non judicare possimus?* Les évêques pouvoient prononcer. A Rome les pontifes étoient juges. *Cic. pro domo suâ.* Quant aux arrêts, il y a bonne réponse; ils ne sont point observés. Et l'on voit en ce grand sénat & en tous les autres, que la plupart des conseillers sont prêtres, qui néanmoins rendent & administrent la justice à un chacun. Dans les présidiaux il y a pareillement des juges clercs & des juges ecclésiastiques; & en plusieurs églises de ce royaume on pratique la même chose que l'intimé prétend. A Notre-Dame la Grande de Poitiers il y a un chanoine qui exerce la justice temporelle du chapitre; à Blois de même; à Saint-Leu de Seran il y a un religieux prévôt qui exerce la justice temporelle; celle en question est incorporée & unie à la prévôté, à la dignité de l'intimé: étant capable de l'une, il est aussi capable d'exercer l'autre. A la vérité, le troisieme canon du concile de Chalcedoine défend aux clercs de s'immiscer aux choses temporelles; mais cela s'entend *de justitiis extraneis, & non propriis*, dépendantes de leurs bénéfices. L'ordonnance de 1287, s'entend de même, ne voulant qu'ils commettent aucun en l'exercice des charges qu'ils sont capables eux-mêmes d'exercer. L'arrêt de 1552, lui est avantageux, parce qu'il a ordonné que les doyen, chanoines & chapitre de Langres informeroient *super modo utendi*; & cependant défenses de faire inventaires hors du cloître. L'intimé demande seulement la même chose, d'informer de l'usage, & être maintenu en l'exercice de ce petit office de judicature, à quoi il conclut.

M. l'avocat général le Bret dit, que par l'ordonnance d'Orléans *art.* 45, nul ne peut être vicaire général, ou official d'aucun archevêque ou évêque, s'il n'est gradué & constitué en ordre de prêtrise; par identité de raison, & *à contrario sensu*, nul ne peut ni ne doit exercer un office de judicature temporelle, s'il n'est laïque, si la justice dépendante du revenu de l'église, ou non. Les maximes de droit, l'usage ancien & arrêts répugnent aux prétentions de l'intimé. Lucquin qui est avocat, & a long-tems exercé cette charge, y doit être maintenu.

LA COUR mit l'appellation & ce au néant, évoqua le principal, & y faisant droit, maintint & garda Lucquin sous-prévôt, en la possession de l'exercice de la justice dont étoit question; fit défenses au prévôt intimé de l'y troubler; & entant que de besoin, l'envoya absous de la demande & fins contre lui prises, sans dépens. Le lundi 7 mai 1618, M. de Verdun premier présidant prononçant.

CHAPITRE XXI.

Notaires royaux ne peuvent instrumenter dans l'étendue de la seigneurie des hauts-justiciers.

MAître Jean Pic, notaire royal au bailliage de Touraine, alla demeurer au bourg de Crevant près de Chinon. Le seigneur haut-justicier de

1618.

Crevant lui fit faire défenses par fon juge d'inftrumenter dans l'étendue de fa feigneurie, & à tous fes fujets de paffer aucuns contrats pardevant lui, dont le notaire interjetta appel au bailliage de Chinon, où les défenfes furent levées, permis au notaire d'inftrumenter dans l'étendue de la feigneurie de Crevant & le feigneur condamné en dix livres pour les dépens, dommages & intérêts du notaire. Le feigneur de Crevant en interjetta appel. Me. le Feron pour le feigneur haut-jufticier de Crevant, dit qu'il n'y a que deux cas, dans lefquels les notaires royaux puiffent inftrumenter dans l'étendue des feigneuries des hauts-jufticiers : l'un, quand ils font en poffeffion immémoriale de le faire ; l'autre, quand la coutume du lieu le permet : hors ces deux cas, il ne leur eft aucunement loifible. Le notaire intimé n'eft en l'un ni en l'autre de ces cas, par conféquent les défenfes du premier juge font bien données. Me. Baillot pour l'intimé, dit qu'étant notaire royal, il peut inftrumenter valablement partout, principalement dans tout le reffort du bailliage où il a été reçu.

LA COUR mit l'appellation & ce au néant ; émendant, fit défenfes au notaire intimé d'inftrumenter dans l'étendue de la feigneurie de Crevant, lui laiffant la liberté d'inftrumenter ailleurs. Le mardi 8 mai 1618, à l'audience de relevée, M. Seguier préfident.

☞ *Vide* ci-deffus l'arrêt du 7 août 1617 chap. 9.

CHAPITRE XXII.

Juge fubalterne ne peut certifier des criées, fi fon fiege n'eft dans une grande ville, comme celui du bailli de Nevers.

EN la même audience fur un appel de certification de criées faite par le juge de St. Ouen, juge fubalterne, Me. de la Ville pour Jean Broc faifi, dit que pour tout moyen d'appel il ne faut que remarquer que c'eft un juge fubalterne qui a entrepris de certifier des criées, quoiqu'il y ait fi peu de praticiens en fon fiege, qu'il a été obligé d'en faire venir d'ailleurs. A Nevers, Laval & autres bonnes villes, quoique les juges foient fubalternes, la cour approuve les décrets & certification des criées qui s'y font, à caufe de la multitude des praticiens qui s'y rencontrent en plus grand nombre qu'en plufieurs fieges royaux; mais excepté ces bonnes & groffes villes, la cour n'approuve aucunement telles certifications des criées, & renvoie pardevant les juges royaux pour la certification. Me. Bry pour le faififfant intimé, dit qu'à St. Ouen il y a juftice haute, moyenne & baffe, compofée de grand nombre de jufticiables & de praticiens. Aux criées en queftion il y en a jufques au nombre de dix qui les ont certifiées bien & duement fuites; l'ordonnance n'en defire pas plus grand nombre en quelque fiege que ce foit ; la certification des criées ne couvre point les nullités qui y peuvent être. Le juge de St. Ouen, qui a toute juftice, haute, moyenne & baffe, peut vendre & adjuger par décret, & par une conféquence néceffaire, certifier les criées ; autrement il y auroit une incongruité & incommodité bien grande, de certifier les criées en un lieu, & interpofer le décret en un autre.

LA COUR mit l'appellation & ce au néant ; émendant, ordonna que les criées feroient certifiées par le plus prochain juge royal des lieux ; le 8 mai 1618, de relevée.

CHAPITRE XXIII.

Adjudication par décret infirmée, parce que le juge avoit par la fentence de certification de criées prononcé le congé d'adjuger, qui le devoit être féparément.

LE vendredi fuivant 11 mai, auffi à l'audience de relevée, M. Seguier préfident, fur un appel d'adjudication par décret ; Me. Gorlidot pour le faifi, appellant, dit qu'il n'avoit point été appellé pour bailler moyens de nullité, & que le bailli de Blois ou fon lieutenant par un même jugement avoit certifié les criées bien & duement faites, & ordonné qu'il feroit procédé à la vente & adjudication par décret des héritages faifis au quatrieme jour ; ce qui avoit été fait, & ne fe pouvoit fontenir. Me. de Beaulieu pour le faififfant, intimé, dit que l'appellant avoit été affigné pour bailler moyens de nullité ; qu'il n'y en avoit point aux criées ; que l'adjudication n'étoit pas nulle pour n'y avoir qu'une même fentence contenant la certification des criées, & le congé d'adjuger ; que cela fe pouvoit faire *uno éodemque fpiritu.*

LA COUR mit l'appellation au néant à l'égard des criées & certification ; ordonna que ce dont étoit appel, fortiroit fon plein & entier effet ; & à l'égard de l'adjudication, mit l'appellation & ce au néant ; émendant, ordonna qu'il feroit procédé à nouvelle adjudication dans le quatrieme jour, & fans dépens, le 11 mai 1618.

CHAPITRE XXIV.

Ceffion de biens reçue pour dépens en matiere criminelle.

DAvid Poix de Poitiers, complice d'un homicide, par arrêt eft condamné en huit cents livres de dommages & intérêts, & aux dépens taxés à cinq cents livres, & en vertu d'un arrêt de quatre mois il eft emprifonné aux prifons de Poitiers à la requête de la veuve de l'homicidé. Pour fe libérer il préfente requête au lieutenant criminel de Poitiers, expofitive de ce qu'il avoit employé tout fon bien pour le payement des huit cents livres adjugées pour réparations civiles ; qu'il n'avoit moyen de payer les cinq cents livres de dépens taxés ; demandoit à être reçu au bénéfice de ceffion, & être mis hors des prifons. La veuve de l'homicidé l'empêche, & décline la jurifdiction de Poitiers. Il eft ordonné qu'elle y procéderoit ; elle interjette appel. Me. de Lamet pour l'appellante, dit que s'agiffant d'exécution d'arrêt, le lieutenant criminel de Poitiers eft du tout incompétent ; au fond, qu'il s'agit d'un homicide dont l'intimé a été complice, qu'il eft indigne du bénéfice de ceffion de biens, qui ne fe donne jamais pour dommages & intérêts, ou réparations civiles adjugées en matiere criminelle. M. Talon, lors avocat des parties, pour l'intimé dit, que s'il étoit queftion de huit cents livres adjugées à l'appellante pour fes dommages, intérêts & réparations civiles, il ne voudroit pas défendre la caufe, elle ne feroit pas foutenable ; mais ces huit cents livres ayant été payées, & ne s'agiffant plus que des dépens, l'intimé eft bien fondé à la ceffion & abandonnement des biens, pour s'exempter de la rigueur de la prifon. Quoique les dépens procedent d'une inftance criminelle, pour laquelle on eft admis à la ceffion des biens ; les dépens n'ont pas plus de privilege en matiere criminelle qu'en matiere civile.

LA COUR mit l'appellation & ce au néant ; évoqua le principal, & y faifant droit, reçut l'appellant au bénéfice de ceffion de biens, en baillant déclaration tant de fes immeubles que meubles, & à la charge de porter le bonnet verd ; fans dépens. Le famedi 12 mai 1618, M. le Jay préfident à la tournelle criminelle.

CHAPITRE XXV.

Donation faite par un mari à l'enfant d'un premier lit de fa femme en la coutume de Troyes, annullée par le défaut d'infinuation ; & jugée que le donataire mineur n'étoit pas reftituable.

JAcques Bry demeurant au pays de Champagne, fait donation de tous fes meubles & de trois mille livres à prendre fur fes immeubles, à Bon Edme

Edme le Boucher fils de fa femme d'un premier lit, abfent, fa mere acceptant & ftipulant pour lui. Elle ne fait infinuer cette donation qu'au bailliage de Sens, où il n'y avoit prefque point d'immeubles fitués. Après le décès de Bry, le donataire fait affi-gner les héritiers pardevant le bailli de Sens, où les parties étoient domiciliées, aux fins de lui dé-laiffer & bailler les chofes contenues en fa dona-tion. L'héritier la foutient nulle. Le juge appointe les parties en droit. L'héritier interjette appel, & donne requête pour l'évocation du principal. Me. de la Marteliere pour François le Bacle le jeune, écuyer, procédant fous l'autorité de François le Bacle fon pere & curateur, appellant, demandeur & défendeur, dit que cette prétendue donation eft totalement nulle. Premièrement, par la qualité du donataire, fils de la femme du donateur : il ne pouvoit donner directement à fa femme, il a voulu lui donner indirectement, par l'interpofition de la perfonne de fon fils ; ce qui eft expreffément prohibé par la coutume de Champagne, où le do-nateur étoit domicilié, & où tous les biens font fitués, qui déclare nulles les donations faites entre mariés directement ou indirectement. C'eft donner indirectement, de donner au fils de la perfonne prohibée. *Quod datur filio, patri dari cenfetur. L. 4. C. de Decurion. L. Qui tutelam. De teftam. Tut. L. 5. C. De jure dot. L. Sed fi plures. §. Adrogator. De vulg. & pup. L. Si fponfus. §. Generaliter. L. uxor filio. De donat. Non enim affectione propriâ, fed in honorem patris, filii meruerunt.* En fecond lieu, la donation eft nulle par le défaut d'infi-nuation, tellement effentielle & néceffaire fuivant l'ordonnance, que fans infinuation nulle donation ne peut fubfifter. Celle en queftion n'a point été infinuée au lieu du domicile du donateur, mais feulement à Sens, où il y a fort peu d'immeu-bles fitués. L'intimé a bien reconnu cette nullité, puifqu'il a obtenu des lettres pour être relevé du défaut d'infinuation ; mais il y eft mal fondé, par-ce que c'eft une nullité de l'ordonnance, qui pré-judicie auffi-bien aux mineurs qu'aux majeurs. De même qu'un mineur ne peut être relevé d'avoir laiffé couler le tems introduit par la coutume pour intenter l'action en retrait lignager, parce qu'elle eft de droit public : de même il ne doit point être reftitué contre le défaut d'avoir fait infinuer une donation dans le tems, & aux lieux prefcrits par l'ordonnance ; & conclut à la nullité de la dona-tion. Me. Gorlidot pour le tuteur auffi appellant, a employé. Me. Doujat pour le donataire intimé, défendeur & demandeur en lettres, dit qu'il n'eft point incapable & prohibé par le droit ni la cou-tume de Champagne de recevoir une gratification de fon beau-pere. La coutume prohibant les do-nations indirectes, a entendu prohiber les tacites fidéicommis, *perfonas interpofitas,* comme il a été jugé *noviffimè* en la coutume de Paris. La me-re de l'intimé ne pouvoit jamais rien efpérer en cette donation, quand fon fils fût décédé avant elle, parce qu'il y a des fubftitutions. Le défaut d'infinuation eft moins confidérable. 1°. Elle a été faite à Sens. 2°. Le donataire eft mineur, & par conféquent reftituable. *Minores reftituuntur non fo-lùm in damnis, fed etiam in lucris. L. Minoribus. De minor. Exemplo fœminarum quæ adverfus defec-tum infinuationis reftituuntur. L. fœminis. & Auth. Eo decurf. de donation.* LA COUR a mis les appellations interjettées tant par la partie de la Marteliere que par le tu-teur, & ce dont eft appel, au néant ; a évo-qué & évoque à elle le principal différend ; & y faifant droit, fans s'arrêter aux lettres pour être relevé du défaut d'infinuation, a caffé & annullé la donation fans dépens, le 15 mai 1618.

* Me. Julien Brodeau cite cet arrêt, *lett. D. fomm. 15. nomb. 10.* mais il ne parle point du défaut d'infinuation : cependant il femble que c'eft tout le motif de l'arrêt, qui déboute le donataire mineur de l'entérinement des lettres par lui ob-tenues pour être reftitué contre le défaut d'infi-nuation.

Il feroit difficile d'en tirer un préjugé pour la queftion de coutume ; mais Brodeau au même en-droit d'un arrêt du 26 avril 1746 dans la même coutume de Troyes, fur les conclufions de M. l'a-vocat général Bignon, (fi tant eft que la queftion y ait été nettement décidée : car tous les arrêts dont on ne voit ni le fait ni les moyens, font fufpects.)

L'examen n'en feroit pas inutile, & la queftion feroit même fufceptible d'une curieufe differtation. Car quoique Me. Pierre Pithou fur l'art. 84 de la coutume de Troyes ait été de l'avis de Brodeau, & en ait même cité deux arrêts des années 1562 & 1584 ; toutefois l'autorité de deux grands per-fonnages ne doit pas tellement arrêter, qu'il ne foit libre de chercher la vérité, avec plus de rai-fon, que Me. Antoine Mornac fur la loi 3. §. *uxoris. ff. De donat. inter vir. & ux.* rapporte arrêt contraire en la même coutume de Troyes du 7 avril 1609 & Me. Loüis le Grand dernier commentateur attefte qu'il a été rendu dans fa famille, & n'embraf-fe le parti de Pithou que fur le préjugé de l'arrêt de 1618 ci-deffus, qui n'en fait aucun ; & fur celui de 1646 dont on ne voit pas les circonftances.

Dans la coutume de Bourbonnois l'art. 216 pro-hibe toutes donations de l'un des conjoints, à ceux de qui l'autre conjoint peut être héritier médiat ou immédiat. Par ce principe il n'y a point de difficul-té que telle donation du mari à l'enfant de la fem-me d'un précédent lit, même à un parent collaté-ral, dont elle peut être héritiere, ne foit abfo-lument nulle en cette coutume.

Mais l'art. 84 de la coutume de Troyes n'eft pas plus fort que l'art. 282 de celle de Paris, qui étoit le 156 de l'ancienne, prohibitif aux conjoints de fe donner directement ou indirectement.

L'art. 283 de la coutume de Paris, qui eft nou-veau, ajoute, qu'ils ne peuvent donner aux enfans l'un de l'autre d'un premier mariage, *au cas qu'ils, ou l'un d'eux, aient enfans.* L'argument à fens con-traire a formé une jurifprudence conftante à Paris, que le conjoint qui n'a point d'enfant, peut don-ner aux enfans de l'autre d'un précédent lit.

L'obfcurité de cet article a donné lieu à plu-fieurs de dire, qu'il ne falloit point étendre cette jurifprudence aux autres coutumes qui prohibent les avantages indirects entre conjoints, lorfqu'elles n'ont pas de difpofition femblable à l'art. 283 de Paris.

Toutefois les préjugés détruits ou incertains, il faut confidérer la queftion par principes : on veut bien laiffer l'argument des articles nouveaux ajoutés en la derniere réformation de la coutume de Paris, prefque toujours étendus dans toutes les autres, qui n'ont point de difpofition contraire, parce qu'ils ont été tirés des arrêts de réglemens de la cour : on paffera même, fi l'on veut, que l'art. 283 par fon obfcurité n'auroit pas mérité cette extention, ni la jurifprudence qui s'eft formée pour fon inter-prétation. Mais que répondra-t-on à quatre arrêts célebres des années 1547, 1552, 1553 & 1565 rapportés par Duluc *lib. 8. tit. 6. num. 1 & 2;* & le Veft *Arrêt* 225 intervenus en l'ancienne coutume de Paris, qui n'avoit qu'une difpofition femblable à celle de Troyes ?

Il n'eft pas difficile de lever les objections faites par ceux qui tiennent, que dans les autres coutu-mes on ne doit point autorifer ces fortes de dona-tions. La première confifte à dire, que la donation faite aux enfans & defcendans de la perfonne pro-hibée, eft cenfée faite à la perfonne prohibée. C'eft en effet l'interprétation de l'édit des fecondes no-ces, qui ne parle que de la réduction des libérali-tés faites en contrat de mariage au fecond mari, à la portion du moins prenant des enfans du pre-mier lit de la femme donatrice : car on a décidé que la donation faite par la femme en fon contrat de mariage aux enfans de fon fecond mari, rece-voit la même réduction.

La folution eft bien aifée : ce n'eft pas l'incapa-cité perfonnelle de la femme donatrice, ni des do-nataires, qui donne lieu de réduire la difpofition ; mais cette réduction eft refpective aux enfans du premier lit de la femme; c'eſt une extention bénigne & favorable de l'édit des ſecondes noces à un cas néceſſaire. Cela eſt tellement vrai, que ſi les enfans du premier lit de la donatrice la prédécedent, la donation qu'elle avoit faite par ſon contrat de mariage à ſon ſecond mari, ou à ſes enfans d'un précédent lit, ne ſera ſujette à aucune réduction.

Il en eſt de même de la donation faite pendant le mariage par l'un des conjoints aux enfans de l'autre conjoint d'un précédent lit; car ſi le conjoint donateur a des enfans, la donation ne peut ſubſiſter; mais elle reprend ſa force par leur décès.

La ſeconde objection eſt tirée de la diſpoſition ſinguliere de la coutume de Bourbonnois. On dit que cette ſavante coutume établit un principe qui mérite d'être ſuivi dans toutes les autres prohibitives aux conjoints de ſe donner directement ni indirectement, parce que ce ſeroit en éluder l'effet, ſi l'on permettoit de donner aux enfans de la perſonne prohibée, qui profiteroit ſouvent de la choſe donnée en la ſucceſſion de ſes enfans, lorſqu'ils viennent à la prédécéder.

Si cet argument eſt bon, il faut néceſſairement tirer la conſéquence, que les parens collatéraux des conjoints ſont auſſi perſonnes prohibées, comme en Bourbonnois, dont la diſpoſition y eſt expreſſe, parce que le droit qu'un mari a de ſuccéder à ſes collatéraux moins âgés que lui, eſt plus raiſonnable, que la triſte eſpérance d'un pere de ſuccéder à ſes propres enfans, lorſque l'ordre de la nature ſera troublé.

Cette réflexion eſt en partie de Duluc ſur l'arrêt célebre de 1547, intervenu dans l'ancienne coutume de Paris. La conſéquence abſurde qui ſuivroit l'objection, eſt ſuffiſante pour la détruire, puiſque tout le monde convient, qu'un parent collatéral de l'un des conjoints eſt capable de recevoir de l'autre, pourvu que la donation ne ſoit pas indirecte, c'eſt-à-dire, que le collatéral ne ſoit point une perſonne interpoſée pour reſtituer au conjoint. C'eſt la ſignification de ce mot, *indirectement*, toujours relatif aux conjoints, qui ſont les ſeules perſonnes compriſes dans la prohibition; & l'on ne peut l'étendre aux autres non exprimées, parce que c'eſt une loi de rigueur.

Enfin, ſi l'on examine les arrêts récens, entre autres celui du 4 avril 1653, qui a confirmé une pareille donation dans la coutume de Meaux, nonobſtant l'art. 26 ſur les concluſions de M. Bignon, qui fut d'avis qu'il y avoit lieu d'ordonner que la cour verroit les arrêts; on connoîtra au milieu de cette variété apparente d'arrêts, que le progrès de la juriſprudence ancienne & moderne a toujours été de valider ces ſortes de donations dans l'eſpéce particuliere, ceſſant la fraude & interpoſition de perſonnes, & le fidéicommis.

Auſſi le droit romain, dont nos coutumes ont emprunté la prohibition aux mariés de ſe donner entre vifs, *ne mutuo amore ſeſe invicem ſpoliarent*, n'a pas laiſſé d'autoriſer la donation d'un beau-pere au fils de ſa femme d'un premier lit. Et ſi la donation de la femme au fils de ſon mari d'un précédent mariage y étoit nulle, ce n'étoit que l'effet de la puiſſance paternelle qui attribuoit au pere les acquiſitions de ſon fils, & que nos coutumes ont abſolument rejettée.

CHAPITRE XXVI.

Teſtament parfait n'eſt révoqué par un imparfait, quoique le teſtateur le révoque & annulle expreſſément; & le legs univerſel fait par le pere naturel à ſon bâtard ne ex ſoluto & ſolutâ, *même le legs particulier fait à la concubine, ſont déclarés valables.*

JEan le Maître écuyer ſieur de la Breteſche, fils de M. le Maître conſeiller au parlement, & petit-fils de M. le premier préſident le Maître, en

1606, fait un teſtament olographe, par lequel il inſtitue Gilles le Maître ſon frere, écuyer ſieur de Ferrieres, ſon héritier univerſel. En 1610 il fait un nouveau teſtament auſſi olographe, par lequel il confirme le premier, & legue à Claude Picard ſa ſervante la ſomme de cinq cents livres pour aider à la marier. En 1611, au mois d'août, il fait un autre teſtament, par lequel il legue tous & chacuns ſes meubles, acquêts & conquêts immeubles & le quint de ſes propres, & tout ce que la coutume de Paris & autres où il avoit des biens aſſis & ſitués, lui permettoient de donner & léguer, à Auguſtin le Maître ſon fils naturel & de Claude Picard, à laquelle il legue la ſomme de deux mille livres pour la marier. Au mois de décembre 1616, étant malade en ſa maiſon de Giſy près de Sens, & ayant pour lors quatre enfans naturels de Claude Picard, il fait un quatrieme teſtament, par lequel il legue ſix mille livres à chacune des filles, ſix cents livres à Claude Picard leur mere, & inſtitue ſes enfans mâles au ſurplus de ſes biens; & au cas qu'ils vinſſent à décéder en pupillarité, ou ſans enfans, leur ſubſtitue Gilles le Maître ſon frere, & décede peu après. Gilles le Maître s'empare des enfans, & de tous les biens: Claude Picard en fait plainte par-devant le bailli de Sens ou ſon lieutenant, demande que ſes enfans lui ſoient remis entre les mains, & la ſomme de ſix cents livres à elle léguée; ce qui eſt ainſi ordonné, dont Gilles le Maître interjette appel, & préſente requête pour l'évocation du principal. Claude Picard préſente auſſi requête, à ce que, où le teſtament de 1616 ne ſeroit trouvé bon & valable, celui de 1611 fût exécuté, attendu qu'il paroiſſoit de la volonté conſtante du teſtateur. Me. Mauguin pour le Sr. de Ferrieres appellant, dit que le teſtament fait par le Sr. de la Breteſche en 1616, ne ſe peut ſoutenir, à cauſe que les mots *dicté & relu*, néceſſairement requis par la coutume de Sens art. 68; où il a été fait, ont été omis par le notaire qui l'a reçu, & par conſéquent eſt nul de toute nullité, ainſi qu'il a été jugé par pluſieurs arrêts, qui n'ont pas ſeulement voulu recevoir un mot pour un autre, *proféré pour dicté*, quoique ſynonymes, & ont perpétuellement caſſé & annullé tous les teſtamens auxquels il manquoit un ſeul mot en la forme, comme publique & eſſentielle. Ce dernier teſtament étant ainſi nul, les trois autres précédens ne peuvent non plus ſubſiſter; & ainſi la ſucceſſion du Sr. de la Breteſche eſt déférée *ab inteſtat* à l'appellant ſon frere germain. Ces trois précédens teſtamens ne peuvent aucunement ſubſiſter, parce qu'ils ſont nommément & expreſſément révoqués par celui de 1616, dernier fait, lequel, quoique nul, a néanmoins le pouvoir d'opérer & produire la nullité & révocation des précédens teſtamens. Car il faut faire diſtinction entre la révocation expreſſe, & la révocation tacite. La révocation tacite ſe fait par un teſtament poſtérieur parfait & accompli, *non aliàs*; mais la révocation expreſſe ſe fait *quolibet indicio voluntatis*, par toute ſorte d'actes, par tous teſtamens, quoique nuls & imparfaits en leurs ſolemnités, parce qu'il ſuffit que le teſtateur ait expreſſément déclaré ſa volonté, & qu'il ait nommément & expreſſément révoqué tous ſes précédens teſtamens, qui ne peuvent plus ſubſiſter après cette révocation expreſſe. Cette diſtinction eſt de la doctrine de Barthole *in L. Si juré. De Leg.* 3. *L.* 2. *De injuſto rupto teſtam. L.* 2. *C. De fideicom. L.* 36. §. *ult. De teſtam. mil. L.* 20. *De adim. vel tranſf. leg.* Quand cette révocation certaine ceſſeroit, le teſtament de 1611, auquel ſeul l'intimée s'arrête, eſt nul par deux autres moyens. L'un, qu'il a été ſuggéré par l'intimée qui a ſéduit & corrompu le teſtateur. C'eſt une fille perdue, *quarum venenis inficiuntur, imò interficiuntur animi perditorum*, comme dit la loi 1. *C. De natural. lib.* Licebat blando ſermone uxoribus maritos allicere. *L. ult. C. Si quis aliquam teſtam. prohib.* L'autre moyen eſt, que ce teſtament eſt inofficieux à l'égard de l'appellant, frere germain du teſtateur. *Si ſcripti hæredes infamiæ vel turpitudinis vel levis notâ maculâ aſpergantur. L.* 27. *C.*

De inoff. teftam. Les bâtards, tels que font les enfans de l'intimée, font perfonnes viles & abjectes, indignes de voir le jour & la lumiere, incapables de recueillir & recevoir des dons & des gratifications de leurs peres, qui les mettant au monde ont offenfé Dieu & les hommes. *Impura illa non eft toleranda liberalitas*, dit l'empereur. *Injufta libidinum defideria, nulla de cætero venia defendet, nullum fublevabit novum adminiculum, cùm nimis fit indignum, nimis item impium, flagitiis præfidia quærere, ut & petulantiæ fervire liceat. L. Lege Anaftafii. eod.* La cour ne permettra pas que les biens d'un grand premier préfident de ce parlement paffent en des mains fi viles & fi déshonnêtes que celles des enfans de l'intimée, pauvre & abjecte fervante ; & par ces moyens conclut à la nullité de tous les teftamens, & que tous les biens foient adjugés à l'appellant, comme plus proche héritier habile à fuccéder *ab inteftat.* Me. Chamillart pour l'intimée & fes enfans, dit qu'il ne vouloit pas beaucoup contefter pour foutenir la validité du teftament de 1616; mais étant déclaré nul, celui de 1611 doit être déclaré bon & valable, & être exécuté. La multitude de ces teftamens fert aux intimés pour faire voir la volonté conftante du teftateur, de leur faire part de fon bien. Il eft vrai qu'en celui de 1616, il a ajouté, ou les notaires de leur ftyle : *Veut & ordonne que ce dernier fon teftament foit obfervé felon fa forme & teneur, révoquant, en ce faifant, tous autres teftamens.* Cette révocation eft conditionnelle : au cas que le dernier fubfiftât, le précédent étoit révoqué, mais non autrement ; de forte que ce dernier ne fe trouvant valable, le précédent demeure en fa force & vertu. *L. Si jure.* 18. *De leg.* 3. Et Barth. en cet endroit traite de la révocation expreffe & tacite, mais non pas felon l'explication que lui a voulu donner l'appellant. Ces mots, *révoquant & caffant*, ne font pas une révocation expreffe, mais un acte fimplement révocatoire. §. *Divi Pertinacis. Quibus modis teftam. inf. L.* 7. *De lib. & pofth.* Il n'y a en droit que deux cas où la révocation imparfaite caffe & révoque le teftament entier & parfait : l'un, *in milite, favore militiæ, in quo nuda fufficit voluntas;* l'autre, quand on a inftitué un étranger fon héritier, & qu'enfuite on difpofe au profit de fes enfans, ou autres héritiers préfomptifs, avec moins de folemnité. *L.* 2. *De injufto rupto teftam. & hoc, ne admittantur extranei. Gloff. L.* 6. §. 1. verb. *Si plures. De jure codicill.* Or, quant à la fuggeftion & inofficiofité, il n'y a aucune apparence à la fuggeftion, puifque l'intimée étoit abfente lors de la confection du teftament de 1611; nulle inofficiofité : premiérement, parce que la légitime eft laiffée à l'appellant. Il a les quatre des propres, qui eft la légitime que la coutume réferve aux collatéraux. En fecond lieu, il n'a jamais été dit, que des enfans nés *ex foluto & foluta* foient incapables de recueillir les legs & donations que leurs peres leur veulent faire ; le droit y eft contraire, *Auth. Licet. de natur. liberis.* principalement pour les meubles & conquêts immeubles, dont les donations ont toujours été approuvées par les arrêts au profit des bâtards, l'un de 1579, pour le bâtard de Louis de Pouilly gentilhomme qualifié, qui lui avoit donné tous fes meubles & acquêts immeubles, ce que la cour confirma par fon arrêt; & par ces moyens conclut à ce que le teftament de 1611, foit déclaré bon & valable.

M. l'avocat général Servin dit, que les enfans mêmes inceftueux nés de prêtres, ou autres perfonnes interdites, ont néanmoins mérité cette commifération, de ne leur point dénier les alimens, *ne partus pereat.* En cette caufe il n'y a point d'incefte, les enfans font iffus *ex foluto & foluta*, quoique de condition inégale; ils font capables de recueillir ce que leur pere leur a voulu donner & léguer.

LA COUR mit l'appellation au néant, évoqua à elle le principal, & y faifant droit, fans s'arrêter

à la requête de Me. Chamillart, ni aux teftamens des années 1606, 1610 & 1616, ordonna que le teftament fait par Jean le Maître en 1611, feroit entretenu felon fa forme & teneur, fans dépens. Le vendredi 25 mai 1618, M. le premier préfident de Verdun prononçant.

* Cet arrêt important eft cité par Me. Brod. *let. D. fomm.* 1. *nomb.* 11. fans en marquer le fait, ni les moyens.

* Eft encore cité par Mornac fur la *l.* 14. *Cod. de Probationib.*

☞ L'arrêt que vient de rapporter M. Bardet, juge deux queftions bien intéreffantes.

La premiere, que lorfqu'il fe trouve deux teftamens, & que le dernier qui révoque le précédent, eft anéanti, par le défaut de formalité, le premier qui ne renferme point de vice, doit avoir fon exécution.

Et la 2eme. qu'un pere naturel, peut faire fon bâtard né *ex foluto & foluta*, fon légataire univerfel, & avantager fa concubine d'un legs particulier.

Quant à la premiere queftion, il eft bien conftant que le dernier teftament, n'étant pas dans la forme prefcrite par les loix & les coutumes, il fe trouvoit anéanti, & ne pouvoit avoir en façon quelconque fon exécution, ayant été regardé comme non avenu. Or, fi on eût déclaré les legs portés en ce teftament, nuls à caufe du défaut de formalités, & qu'en même tems on eût anéanti le teftament précédent à caufe de la révocation portée dans le dernier; on n'auroit pas pu juger, que le teftament nul en la forme eût pu fubfifter au fond, puifqu'en ce cas il auroit reçu fon exécution *dans une partie*, & ne l'auroit point reçu dans l'autre : ce qui, comme l'on voit, fe feroit trouvé totalement oppofé à la loi qui veut que tout teftament nul en la forme, ne puiffe avoir le moindre effet au fond.

Dans l'efpece citée par M. Bardet, le teftament qu'avoit fait le Sr. le Maître de la Bretefche en 1616, ayant été annullé par l'omiffion de ces mots dicté & relu, qui étoient requis expreffément par la coutume de Sens, il s'enfuivoit néceffairement que le teftament du mois d'août 1611, qui s'étoit trouvé auffi après le décès du teftateur, ne renfermant aucuns vices de forme, devoit être exécuté, nonobftant la révocation portée par le teftament de 1616, qui avoit été fait, non pas dans la vue de retrancher les legs portés en celui de 1611, mais de faire valoir ceux portés au teftament de 1616.

Ainfi à cet égard l'arrêt a prononcé conformément aux principes que l'on fuit encore aujourd'hui.

Il n'en eft pas de même de fa 2eme. difpofition : & je ne penfe pas qu'un legs univerfel fait à un bâtard, fût actuellement confirmé dans aucuns tribunaux.

Dans le droit romain il étoit permis au pere naturel, de laiffer à fon fils illégitime, d'abord feulement le quart de fon bien, puis la moitié, & enfin le tout ; en cas que le pere n'eut pas d'enfans légitimes *(a)*. Et même en France, anciennement les bâtards nés *ex foluto & foluta*, étoient fufceptibles de toutes fortes de legs, & avoient de grandes prérogatives. Ils s'annonçoient, & fignoient librement comme bâtards de *tels & tels*.

Papon en fon recueil d'arrêts s'étend beaucoup fur les avantages dont ils jouiffent ; & l'on trouve même un arrêt de la cour des aides du mois de juin 1597, qui attribue aux bâtards des grands feigneurs tous les privileges de la nobleffe : mais depuis les déclarations de 1600, 1604 & 1629, ils ont perdu beaucoup de leurs avantages. Très-long-tems même avant ces déclarations, les jurifconfultes fe trouverent divifés fur les avantages que pouvoient leur faire leurs peres & meres.

Les uns foutinrent qu'ils étoient fufceptibles de toutes fortes de legs, & de donation même univerfelle lorfque leurs peres naturels n'avoient point d'autres enfans.

Les autres prétendirent qu'ils n'étoient fufceptibles, que de fimples alimens.

(a) Vid. Nov. 89. Cod. 2. & 15.

1618.

Et d'autres enfin, que leurs peres pouvoient disposer en leur faveur d'une certaine partie de leurs biens.

Ce fut sous ce dernier point de vue, que lors de la rédaction de certaines coutumes, l'on inséra dans les cayers, des articles relatifs aux avantages que l'on pouvoit faire à ses bâtards.

Par exemple, l'article 47 du chap. 14 de la coutume d'Auvergne porte, *qu'en faveur & par contrat de mariage, on peut faire toutes donations & dispositions, par convenance de succéder, ou autrement ; au profit de son bâtard contractant mariage, dempta legitimâ liberis.*

La coutume de Tours article 242, porte : qu'on *peut donner à son bâtard, tant entre vifs, que par testament, la quatrieme partie de ses acquêts à vie seulement, & tous ses meubles à perpétuité.*

L'article 476 de la cout. de Bretagne, ne permet au pere de donner à son bâtard, que par usufruit seulement, *pour aliment, nourriture & entretien.*

L'article 298 de la cout. de Melun, permet aussi aux bâtards, de recevoir de leur pere & mere, par testament ; pourvu que le don soit modéré.

L'on voit donc que du tems de la rédaction de ces coutumes, qui étoit bien antérieure à la déclaration de 1600, on avoit pris des précautions, pour empêcher les libéralités excessives, que des peres & meres naturels faisoient à leurs bâtards.

Dans d'autres coutumes, où l'on ne fixa point ce qu'il étoit permis de leur donner, telles que dans celles de Paris, de Lille, & autres ; on se contenta de les exclure des successions de leurs peres & meres naturels.

De cette omission, naquirent encore des grandes questions, qui consistterent à savoir si les rédacteurs des coutumes, en privant les bâtards des successions de leurs parens naturels, interdisoient à ces mêmes parens la faculté de disposer par testament, ou donation en leur faveur, de tout ou partie de leurs biens ? De-là vint cette diversité d'opinions, qui se trouvant partagées entre les plus fameux jurisconsultes, donna lieu à la variation que l'on voit dans la jurisprudence jusques vers 1660.

Du Moulin ce grand jurisconsulte, l'oracle de son tems, dont les principes & les sentimens sont encore suivis aujourd'hui, fut celui, de tous ses contemporains, qui donna le plus de lumieres sur cette matiere.

Il voyoit d'un côté avec peine les prérogatives accordées aux bâtards dans certaines coutumes, & ressentoit en même tems l'abjection, dans laquelle on les avoit réduit dans d'autres. Ce fut à ce sujet que dans ses notes sur les coutumes, il en fit deux bien remarquables, l'une sur la coutume d'Artois, & l'autre sur celle de Lille.

L'article 144 de l'ancienne cout. d'Artois, rédigée en 1509, porte : *En Artois bâtards issus de noble génération de par pere, & leurs enfans sont tenus, & réputés nobles, jouissans des priviléges des nobles en toutes choses.*

Du Moulin sur cet article dit, *stulta & barbara consuetudo. per not. in reg. ulti. cod. de verb. sign.* & ensuite il ajoute ; *quamvis Carolus V, in qualitate comitis Artesii, in §. 201. & ultimo, hunc errorem ad verbum secutus sit.* (a)

L'article 13 de la cout. de Lille porte, *un bâtard ne peut succéder, posé qu'il soit légitimé.*

Cette disposition prise littéralement, paroissoit bien dure, & sembloit interdire aux bâtards le droit d'oser espérer aucun secours, de leurs parens naturels. C'est ce qui donna lieu à du Moulin, de faire une note très-sage & très-judicieuse sur cet

article. Aussi en convenant que le bâtard en général, s'il n'étoit légitimé (b), étoit exclus de toute succession ; il mit une restriction à son sentiment, en disant, *sed non est incapax donationis, vel legati particularis, non in fraudem.* Ainsi suivant l'opinion de du Moulin, en même tems que les bâtards ne devoient pas jouir des grands priviléges qu'ils s'étoient arrogés, ni de tous les avantages accordés aux fils légitimes ; il leur étoit permis de profiter des dons, & legs, que pouvoient leur faire leurs peres & meres naturels, pourvu que ces dons ne fussent point faits en fraude, ni trop excessifs, mais proportionnés à la fortune des testateurs ou donateurs : ce qui étoit rentré à-peu-près dans l'esprit de l'art. 298 de la cout. de Melun.

Cependant malgré l'autorité respectable du sentiment de du Moulin, son avis ne fut pas adopté universellement, puisqu'il y eut des arrêts contraires les 9 mars 1648, 13 juin 1651, 8 mars, 1652, & 17 juillet 1655, qui jugerent encore, que les bâtards étoient capables de toutes sortes de legs & de donations, & qu'il n'étoit pas besoin pour cet effet de lettres de légitimation.

Mais cette erreur de jurisprudence ne dura pas long-tems ; & commença même à se détruire quelque tems avant la mort de du Moulin, décédé le 27 décembre 1666.

En effet nous voyons que le nommé de Bourges, marchand & ancien échevin de la ville de Paris, après avoir établi trois filles bâtardes, qu'il avoit dotées, chacune de 12000 liv. fit une donation universelle de tous ses biens, à son fils naturel, pour, par lui, en jouir après sa mort, sous la réserve de l'usufruit en sa faveur, & encore à la charge de donner à chacune de ses filles naturelles 18000 liv. ou leur abandonner à chacune un quart de sa succession, l'autre quart réservé à son fils naturel, avec prélevement en sa faveur d'un préciput de 24000 liv. sur la masse.

Plusieurs années après, de Bourges fit son testament, dont il défera l'exécution à son fils naturel, & substitua tous ses enfans les uns aux autres, en cas qu'ils vinssent à mourir sans enfans.

De Bourges testateur étant décédé, son frere attaqua la donation. L'affaire portée devant le prévôt de Paris, intervint sur appointement en droit, sentence définitive, qui déclara la donation nulle & de nul effet, & adjugea seulement au fils naturel 12000 liv. par forme d'alimens.

Sur l'appel de cette sentence porté en la cour, par arrêt (que du Fresne ne cite point) la sentence fut confirmée avec dépens. Et le fils naturel & ses sœurs s'étant pourvus en requête civile contre cet arrêt, ils en furent déboutés par un autre du 13 mars 1656, rendu au rôle de pair, sur les conclusions de M. l'avocat général Talon. Ce magistrat, après avoir fait connoître l'abus qu'il y avoit à autoriser de semblables donations, qui *ne tendoient qu'à corrompre les bonnes mœurs, & à donner de nouvelles amorces à la débauche des hommes* (ce sont ses termes) il ajouta *qu'il étoit vrai qu'il y avoit eu quelques arrêts qui avoient confirmé des donations simples faites en faveur des bâtards, mais que ce n'avoit pas été en cette espece ; & que quand même la jurisprudence auroit été ambulatoire à cet égard jusqu'à présent ; l'occasion étoit belle pour la réformer, & qu'il y alloit du fondement de l'état, & conservation des familles, puisque d'ailleurs les demandeurs en requête civile, avoient été suffisamment dotés & pourvus d'alimens.*

Les termes dont se servit M. l'avocat général en disant, *que quand la jurisprudence auroit été ambu-*

(a) Il convient d'observer qu'alors le comté d'Artois étoit possédé par l'archiduc d'Autriche, qui ne le tenoit qu'en propriété, & non en souveraineté ; qu'il en faisoit hommage au roi ; & que ce ne fut que par le traité de Madrid du 4 avril 1525, que François I en céda la souveraineté à Charles V : enforte que ces coutumes ne furent point enrégistrées, ni décrétées ; & que ce ne fut qu'en 1540, que Charles V, alors souverain de l'Artois, les décréta sans y rien retrancher.

Lors de la rédaction de la nouvelle coutume d'Artois, faite en 1544 par l'ordre de Charles V, qui ne vouloit point que l'on eût recours aux coutumes générales de France, dans les cas non prévus par ces coutumes, rédigées en 1509 ; non-seulement il n'abrogea pas l'art. 144 de l'ancienne coutume ; mais il le fit reporter en entier à la fin de ces coutumes, où il forme l'art. 201 & dernier, il semble même qu'il ait voulu y donner plus de force, car l'ancienne coutume portoit, que les bâtards jouissoient des priviléges des nobles ; & par la nouvelle coutume il est dit, qu'ils jouissoient des priviléges de noblesse en toutes choses. Ce qui est une expression plus forte, que la précédente.

(b) Du tems de du Moulin les bâtards légitimés succédoient à leurs peres & meres, sans toutes les conditions que l'on y a apporté depuis. Vid. les arrêts de Brodeau sur Louet, Bacquet, Ricard, le Brun, Brillon, dictionnaire des arrêts, &c.

latoire à cet égard jufqu'alors, *l'occafion étoit belle pour la réformer*, prouvent donc clairement que cette ancienne jurifprudence étoit contraire aux loix & aux mœurs.

Auffi depuis cette époque, y a-t-il eu nombre d'arrêts qui ont fuivi les principes pofés par M. l'avocat général Talon, lors de la plaidoierie du 13 mars 1656.

Le premier du 26 mai 1656; le fecond du 14 juillet 1661; le troifieme du 19 mai 1663; & un quatrieme du 26 mars 1683, tous rapportés au journal des audiences. L'on en trouve encore beaucoup d'autres au journal du palais qui l'ont jugé ainfi, notamment un du parlement d'Aix du 21 février 1672. Enforte que cette jurifprudence, qu'il femble que du Moulin ait introduite, ou du moins fortifiée, a toujours fubfifté depuis.

Cependant malgré cette certitude, il s'eft trouvé de nos jours des bâtards légataires univerfels, qui ont voulu la contefter; mais le fuccès n'a pas répondu à leur attente, & toutes les fois que ces queftions fe font préfentées, les legs univerfels faits aux bâtards ont été déclarés nuls, & réduits à de fimples alimens, ou à des fommes une fois payées, proportionnément à la fortune que laiffoient les teftateurs.

L'auteur de la *collection de nouvelle jurifprudence*, au mot *bâtard*, rapporte plufieurs arrêts qui ont confirmé ce principe, & entr'autres un, rendu le 19 février 1731, fur les conclufions de M. l'avocat général Chauvelin, par lequel, en confirmant une fentence du châtelet de Paris, qui avoit décidé que les bâtards ne pouvoient être légataires univerfels des perfonnes dont ils auroient été héritiers fans le vice de leur naiffance, il a été jugé qu'une particuliere n'avoit pas pu faire un legs univerfel au profit du bâtard de fa fille légitime.

L'arrêt néanmoins ordonna que le legs vaudroit jufqu'à concurrence de 300 livres de rente viagere.

Tous les auteurs font fi unanimement d'accord fur ce principe, qu'il eft inutile de l'établir davantage.

Les motifs de cette jurifprudence font, qu'il eft contre les bonnes mœurs de donner le titre d'héritier univerfel aux fruits de la débauche, & que les bâtards que leur naiffance couvre d'infamie, font incapables de cet honneur.

D'un autre côté les bonnes mœurs ne peuvent permettre à un pere ou à une mere de difpofer de tous leurs biens au profit de leurs enfans naturels, & l'on peut dire même que cette jurifprudence s'eft établie, *ut ita potiùs legitimorum liberorum procurationi ftudeant*; le public ayant intérêt à la confervation des familles, par le moyen des mariages légitimes.

Les chofes ont été même portées au point, que quand bien même le pere naturel n'honoreroit point fon bâtard du titre d'héritier ou de légataire univerfel, mais lui feroit un fimple legs, fi ce legs étoit trop fort, proportionnément à la fortune du teftateur, il feroit réductible.

Les arrêts de M. Augeard fervans de fuite au journal du palais, préfentent un exemple frappant dans l'efpece fuivante.

Jacques Dupin marchand à Paris, n'ayant de fon chef aucun patrimoine, fut acquérir par fon induftrie pour 42000 livres d'effets.

Par fon teftament du 10 feptembre 1707, il légua 20000 livres & tous fes habits à Jacques Dupin fon fils naturel. Après fa mort fes héritiers collatéraux, au nombre de fept, contefterent le legs, & demanderent qu'il fût réduit à un huitieme de la fucceffion. Sur cette conteftation intervint fentence contradictoire au châtelet de Paris le 21 avril 1708, qui fit délivrance du legs des habits au bâtard, & réduifit le legs de 20000 livres, à 10000 livres.

Sur les appels refpectifs des parties, intervint en l'audience de la grand'chambre, d'après les conclufions de M. l'avocat général Guillaume de Lamoignon, le mardi 28 mai 1709, arrêt qui mit les appellations au néant, & ordonna qu'il feroit fait délivrance au bâtard de la fomme de 10000 livres, fur les plus clairs deniers de la fucceffion, à la charge d'en faire emploi, conformément au teftament qui l'exigeoit.

L'extrait du plaidoyer de M. l'avocat général, mérite bien que l'on vérifie cet arrêt dans M. Augeard, puifque les principes y font développés de la maniere la plus précife & la plus claire.

Puifque je fuis fur cette matiere, je penfe qu'il n'eft pas hors de propos d'obferver, que quoique la jurifprudence foit actuellement très-rigoureufe vis-à-vis des bâtards, en ce qui concerne les fucceffions & les legs qu'ils pourroient efpérer de leur pere naturel, cependant par un principe d'humanité, elle a pourvu à leurs befoins relativement aux chofes néceffaires pour la vie, proportionnément à la fortune de leurs peres naturels, puifque ces alimens font accordés aux bâtards nés *ex foluto & folutâ*, dans tous les cas, & même aux adultérins dans certaines circonftances, jufqu'à ce qu'ils foient en état de gagner leur vie; mais cependant avec cette différence que la demande du bâtard né *ex foluto & folutâ*, eft toujours plus favorable.

Le journal des audiences & celui du palais renferment plufieurs arrêts qui l'ont jugé ainfi. On peut les confulter, de même que M. le Preftre, *cent.* 3. *chap.* 66. Bacquet *du droit de bâtardife*, & plufieurs autres auteurs qu'il eft inutile de citer. C'eft pourquoi nous nous contenterons de rapporter ici les jugemens les plus reçus fur cette matiere.

L'auteur de la *collection de nouvelle jurifprudence*, au mot *aliment*, dit que M. l'avocat général Gilbert des Voifins, portant la parole dans une caufe jugée par arrêt du 20 mai 1731, pofa pour principe que les alimens étoient dus aux enfans naturels, jufqu'à l'âge de 20 ans; & qu'alors le pere étoit obligé de leur faire apprendre un métier, ou leur donner un état convenable.

Enfuite il prétend que la cour, par arrêt rendu en la chambre des vacations le 4 octobre 1724, a jugé que les alimens n'étoient pas dus feulement aux bâtards du jour que le pere avoit été condamné à s'en charger, mais du jour de l'accouchement de la mere. Et au mot *bâtard*, il rapporte un arrêt rendu en la grand'chambre le 19 juillet 1752, qui en confirmant une fentence du châtelet, adjugea une penfion alimentaire de 800 livres à une fille naturelle du Sr. Bonnier de Lamoiffon, âgée de 15 ans, qui fe trouvoit fans fecours; & qu'en outre, il lui fut adjugé 20000 livres payables par les héritiers du Sr. de Lamoiffon, lors de fon établiffement.

Il ne nous refte plus à obferver, que quoique le pere naturel foit tenu des alimens de fon bâtard, l'aïeul ne peut être forcé à les fournir; parce que ce feroit autorifer la débauche, en forçant les peres des enfans légitimes à payer pour les fautes de leurs fils. *V.* Brodeau *fur Louet*, *lett.* D. *fomm.* 1.

De tout ce que nous venons de dire, il s'enfuit donc qu'il ne faut pas confidérer l'arrêt cité ci-deffus par M. Bardet comme un exemple de la jurifprudence actuelle; au-contraire, il faut pofer pour principe:

1°. Que les bâtards adultérins ne font fufceptibles d'aucuns legs de la part de leurs peres naturels, & qu'il faut des circonftances très-fortes, pour qu'ils puiffent jouir des plus foibles legs, même à titre d'alimens.

2°. Que les bâtards nés *ex foluto & folutâ*, font incapables de profiter d'aucun legs univerfel, qui fuivant les circonftances, font réduits à des rentes viageres, ou de foibles fommes à titre d'alimens ou d'établiffement, mais toujours proportionnés à la qualité du pere ou de la mere naturels teftateurs, & à leurs facultés.

3°. Que quoique les bâtards foient fufceptibles de legs particuliers, lorfque les circonftances, les qualités & facultés de ceux qui les ont fait, démontrent que ces legs font trop forts, & tendent à leur faire paffer la majeure partie de la fucceffion de leurs peres naturels, ils font réductibles à titre d'établiffement, ou de fimple penfion alimentaire, qui fe regle proportionnément aux facultés des peres & meres naturels.

4°. Que fi les peres & meres naturels, foit de leur vivant ou après leur mort, n'ont pas pourvu à *l'abfolument néceffaire*, ou alimens de leurs bâtards,

Tome I. **G**

cette omission ou négligence de leur part donnoit lieu à une ouverture, à une demande en pension alimentaire, contr'eux ou leur succession, jusqu'à un certain âge, que des arrêts ont fixé à 20 ans, ou à l'époque de leur apprentissage en métier.

Et enfin, que les bâtards ne peuvent former aucune demande en alimens contre les peres ou meres légitimes de leurs peres ou meres naturels.

CHAPITRE XXVII.

Clôture des religieuses peut être ordonnée par l'évêque, mais il commet abus en faisant afficher & publier son ordonnance.

M Onsieur Foncquet de la Vareyne, évêque d'Angers en 1617, dans une assemblée synodale, composée de grand nombre d'ecclésiastiques, fit un statut général pour la réformation de son diocese, par lequel il fit défenses à toutes personnes de quelque qualité, condition & sexe que ce fût, d'entrer ès maisons & couvens des religieuses, ni de parler à elles, sinon au travers des grilles de fer, à peine d'excommunication; & afin qu'on n'en prétendit cause d'ignorance, que son ordonnance seroit lue & publiée aux prônes des messes paroissiales, affichée aux portes des églises, lue, publiée & registrée au greffe de l'officialité d'Angers, l'audience tenant. De ce statut, affiche & publication, les religieuses de la charité, vulgairement appellées du Ronceray, se porterent pour appellantes comme d'abus, & sur l'appel, firent intimer M. l'évêque d'Angers en son propre & privé nom. L'abbesse du Ronceray présenta requête pour être reçue partie intervenante. Me. Guerin pour les religieuses dit, que le statut dont est appel comme d'abus est contraire aux saints décrets, *cap. in singulis* 7. *de statu monach.* où il est porté : *Fiant capitula de triennio in triennium salvo jure diœcesanorum pontificum* ; & la glose ajoute, *scilicet in visitationibus.* L'évêque n'a droit de correction qu'en faisant sa visite; & ayant entrepris de faire un statut en une assemblée synodale, il a abusé de son autorité. L'ordonnance de Blois art. 30 & 31, porte la même chose, & enjoint aux évêques procédans à la visitation de leur diocese, d'ordonner ce qu'ils trouveront & jugeront à propos pour la réformation. La cour par son arrêt de 1615, a confirmé un statut fait par M. Miron précédent évêque, par lequel il est seulement dit qu'il y auroit trois parloirs, sans qu'il fût dit qu'il y auroit des grilles de fer. La publication de ce statut aux prônes des messes paroissiales est une diffamation toute entiere des appellantes, qui sont toutes filles de qualité, toutes issues de races & maisons nobles, suivant la fondation de l'abbaye, faite par Foulques duc d'Anjou, qui avoit toujours bien & religieusement vécu, sans avoir donné sujet de scandale, ni plainte à personne; & conclud. Me. Tillier pour l'abbesse du Ronceray intervenante, dit que ce statut est contraire à l'ordonnance d'Orléans *art.* 20, & à celle de Melun, par lesquelles les abbés & abbesses ont la jurisdiction ordinaire dans leurs monasteres, & sur leurs religieux & religieuses. La dame intervenante a si bien gouvernée, qu'il n'est arrivé aucun désordre ni scandale en son abbaye; & M. l'évêque d'Angers n'a aucun prétexte pour entreprendre sur sa charge. Me. de la Marteliere pour M. l'évêque d'Angers intimé en son nom, dit que l'événement de cette cause, & l'arrêt qui interviendra, servira d'exemple, & apportera une regle de bonne vie & réformation, telle que la desire le Sr. intimé. Pour la procurer en tout son diocese, en 1617, il a fait le statut dont est appel, non pour la réformation particuliere des religieuses appellantes, mais généralement pour toutes celles de son diocese; néanmoins les appellantes seules ont ôsé se plaindre, & interjetter un appel comme d'abus, d'un statut conforme aux saints décrets, conciles, ordonnances & arrêts; & non pas contraire, comme on a voulu dire. Le concile de Cons-

tantinople de l'an 870, est exprès pour la clôture des religieuses : celui de Mâcon de l'an 1558, y est encore précis, & par toute l'église universelle. Celui d'Arles tenu sous Charlemagne chap. 7, porte nommément, que les religieuses tiendront clôture : *Ut extra omne scandalum sint fideles.* Celui de Tours tenu sous le même roi Charlemagne prescrit la même clôture. Le concile d'Aix-la-Chapelle, c. 144. *Moniales in deliciis viventes, nequitiæ in divinis oculis computantur.* Le concile de Paris tenu sous Louis & Lothaire, c. 46, porte expressément défenses aux religieuses de parler ni sortir en façon quelconque de leurs couvens & monasteres; & celui de Latran de l'an 1180. Quoiqu'il ne soit point expressément parlé de la clôture dans celui de Paris, elle est tacitement comprise dans le vu. La décrétale *Periculoso*, rapportée au concile de Trente, *tit. de regularibus*, y est expresse. De toutes les maisons religieuses du diocese du Sr. intimé, il n'y a que celle du Ronceray qui réclame contre la réforme; & encore de soixante religieuses qu'il y a en cette maison, il ne s'en trouve que sept qui aient interjetté l'appel. Quoique le statut n'ait point été fait dans une visite, il est bien plus solemnel, ayant été résolu en l'assemblée de tout le clergé du diocese, assemblé pour la réforme générale. Ce statut ne porte autre chose que ce qui est contenu en l'art. 31 de l'ordonnance de Blois, & la publication en a été nécessaire pour avertir les personnes laïques; & conclut.

M. l'avocat général Servin dit, que les moniales doivent être renfermées à l'exemple d'Anne mere de Samuel, qui se renfermoit pour mieux vaquer à la priere & à l'oraison, comme les femmes des Arabiques, *quæ nec videre volunt, nec videri*, qui s'appellent pour cela *camarines*, du mot de *camar*, qui en la langue sainte signifie *reclus.* Le statut dont est appel, ne contient rien de nouveau : c'est plutôt une antiquité rétablie & renouvellée. Il ne dispose rien au préjudice de l'arrêt qui a confirmé le statut fait par l'évêque précédent; & s'il y ajoute quelque chose, elle n'est point mauvaise, même n'est pas nécessaire. *Superflua non nocent, etiam in sacris*, dit St. Augustin, *lib. de civitate Dei.* S'il y a quelque chose à blâmer, c'est en ce qu'on a ordonné qu'il seroit publié, affiché & enregistré au greffe de l'officialité d'Angers; que c'est une espece de diffamation pour des filles d'honneur & de qualité; au surplus, qu'il n'y a rien à redire.

LA COUR reçoit l'abbesse du Ronceray partie intervenante en la cause, faisant droit sur son intervention, ensemble sur l'appel, dit, en ce qu'il a été ordonné que le statut seroit lu, publié & affiché, tant aux prônes qu'aux messes paroissiales, qu'au greffe de l'officialité d'Angers, qu'il a été mal & abusivement publié & affiché; & au surplus, met sur l'appel les parties hors de cour & de procès sans dépens, le même jour & audience du 29 mai 1618.

CHAPITRE XXVIII.

Bailli de robe courte ne peut être adjudicataire par décret dans son siege.

S Ur un appel d'adjudication par décret faite au bailliage de Chinon interjetté par le saisi, Me. Tillier pour l'appellant dit, que l'adjudication ne peut aucunement subsister, parce que le bailli du siege s'est rendu adjudicataire des choses saisies, criées & adjugées; ce qui est prohibé tant par le droit que par l'ordonnance & plusieurs arrêts. L. 61. *de contrah. empt. l. militis c. de locato cond. & toto tit. de contract. judicum.* Outre cette nullité en la personne du bailli, qui est le chef de la justice, qui a séance au siege, & tout le pouvoir, autorité & crédit qu'on peut y espérer, il y a encore une autre nullité : c'est qu'on a donné assignation au saisi pour donner ses moyens de nullité auparavant la certification des criées; & incontinent elles ont été certifiées; & en même jour & par même acte, on a forclos le saisi appellant de donner ses moyens de nullité , & passé outre à l'adjudication par décret. Me. Boucher pour l'intimé , dit que le bailli n'est point juge , est un homme de robe courte , homme d'épée , qui doit être gentilhomme suivant l'ordonnance , qui ne peut étendre sa prohibition d'être adjudicataire en la personne du bailli , mais des juges seulement.

LA COUR mit l'appellation & ce au néant , cassa la vente & adjudication par décret , & ordonna que le saisi appellant rentreroit en la possession & jouissance de ses héritages vendus , en restituant le prix de l'adjudication , les impenses utiles & nécessaires , & l'intérêt du prix au denier seize ; & condamna l'adjudicataire à rendre & restituer les fruits des héritages , & aux dépens , le 31 mai 1618.

CHAPITRE XXIX.

Mariage d'un banni à perpétuité , est valable quoad fuedus *, & les enfans sont légitimes , mais incapables de la succession de leur pere , qui appartient aux collatéraux , en coutume où la confiscation n'a point de lieu.*

ANtoine du Tillon , chevalier sieur de Sassé au pays d'Anjou , atteint & convaincu de plusieurs crimes en 1606 , par arrêt du parlement de Rouen fut condamné à un bannissement perpétuel hors du royaume , tous ses biens déclarés acquis & confisqués à qui appartiendroit , où confiscation auroit lieu ; à lui enjoint de tenir son ban à peine de la vie. Mais au-lieu de sortir du royaume , il se retire dans sa maison de Sassé en Anjou , à quatre lieues de la ville d'Angers. Il eut habitude avec Jeanne Menard fille de son fermier , & en eut un enfant en 1608 ; & par la continuation de leur mauvais commerce , Jeanne Menard devint enceinte d'un second enfant des œuvres du Sr. de Sassé. Au mois de février 1609 , se passe un contrat de mariage pardevant notaire en présence de quelques gentilshommes & autres personnes , par lequel le Sr. de Sassé dit , que pour acquitter sa promesse envers Jeanne Menard , & pour décharger sa conscience à cause de la naissance de leurs enfans , il la prend pour sa femme & loyale épouse , & Jeanne Menard fait le réciproque. En exécution de ce contrat de mariage , ils s'en vont à un village éloigné de quatre lieues de la maison de Sassé , & la nocturnement & avec peu de personnes , sans aucunes proclamations de bans , se font donner la bénédiction nuptiale par un prêtre inconnu ; & depuis vivent ensemble comme mari & femme , & ont quatre enfans. Antoine du Tillon décede en 1617 , & peu après Jeanne Menard sa femme ; Michel Davy fut créé curateur aux enfans. Dame Charlotte Tournabon veuve de Me. Philippe le Roux , vivant Sr. de Chemans , au nom & comme tutrice de leurs enfans mineurs , neveux & héritiers d'Antoine du Tillon , soutint pardevant le sénéchal d'Anjou ou son lieutenant à Angers , que tous les biens dont Antoine du Tillon étoit mort vêtu & saisi , appartenoient à ses enfans neveux du défunt , & non point aux enfans de Jeanne Menard. Intervint sentence par laquelle il est ordonné que le tiers des deniers provenans de la vente des meubles & du revenu des immeubles , seroit donné par provision à Davy curateur pour nourrir & entretenir les enfans. La dame de Chemans interjetta appel , & présenta requête pour l'évocation du principal. Me. Guerin pour l'appellante & demanderesse , dit que le Sr. de Sassé étoit issu d'une des plus nobles & des plus anciennes familles de la province : bien-loin que la vertu & le mérite de ses ancêtres lui aient servi de marche & de degré pour monter , au-contraire ils lui ont servi de sommet pour le précipiter de plus haut , & rendre sa chûte plus notable. Il avoit commis une infinité de crimes , dont le moindre lui avoit mérité la mort ; & néanmoins la douceur de la justice ne lui ayant voulu faire perdre la vie , il a abusé de cette clémence , & ce reste de vie qu'on

lui avoit laissé naturellement finir pour faire pénitence de ses fautes passées , n'a été employé qu'à commettre de nouveaux crimes , à continuer une vie licencieuse & débauchée , & violant tout droit divin & humain , il s'est efforcé de faire autoriser sa débauche , & la faire passer pour un légitime mariage : néanmoins il n'y a aucune apparence , tant par les nullités en la forme , que par l'incapacité qui étoit en la personne du défunt Sr. du Tillon. En la forme , il n'y a jamais eu mariage plus clandestinement contracté , nulles proclamations de bans , nuitamment , en une chapelle champêtre , pardevant un prêtre inconnu , sans aucuns assistans : en un mot , quand les personnes eussent été habiles à contracter , le mariage seroit nul. Mais la principale nullité résidoit en la personne du Sr. du Tillon. Par le bannissement perpétuel hors du royaume il étoit mort civilement. *L. 3. de cap. minut. §. fin. instit. eod. l. 1. de hæred. instit.* Il a été par cette condamnation rendu incapable de tous effets civils , même du mariage , il est devenu serf de la peine , & déclaré privé & déchu de tous ses biens , tant de ceux qui étoient sujets à confiscation , que des autres qui ne l'étoient pas , comme ceux situés en la coutume d'Anjou , où confiscation n'a lieu qu'en crime de leze-majesté : car ils ne demeurent pas en la disposition du condamné , mais appartiennent à ses plus proches héritiers , *non in favorem rei , qui nullâ dignus est prærogativâ , sed in favorem familiarum ut conserventur, quæ plerumque ob unius perditi flagitium pereunt, & in extraneas transeunt , quod deplorandum est.* La mort civile a pareil effet en ce cas , que la mort naturelle. *L. res uxoris. de donat. inter virum. l. pater de leg. 2. l. fin. unde cognati.* Jeanne Menard ne peut prétendre aucune ignorance ni bonne foi , étant domestique du Sr. de Sassé , & les enfans des bannis ne succedent point. *L. 1. de bonis damnat. l. ex facto. §. ex facto. ad Trebell.* & conclut. M. Bignon , lors avocat des parties , pour Michel Davy curateur , intimé & défendeur , dit quant aux formalités du mariage , qu'après un si long intervalle il n'y a apparence de le révoquer en doute , plusieurs personnes de qualité y ont assisté , le contrat a été insinué au présidial d'Angers. Quant à l'incapacité qu'on veut faire naître en la personne du Sr. du Tillon , c'est une fort mauvaise maxime , il n'y a loix , ordonnances ni arrêts qui interdisent le mariage à un banni à perpétuité. *Non fit servus pœna. L. relegati. de interd. & releg.* Il demeure capable d'acquérir , même de contracter mariage. *Deportatus in insulâ liberos susceperat ,* dit le jurisconsulte in *l. ex facto. §. ex facto. ad Trebell.* Le mariage n'est interdit qu'à celui qui a été si impie que de tuer son conjoint par mariage. Quand le Sr. du Tillon seroit pris pour étranger , les enfans des étrangers nés en France sont censés naturalisés par leur naissance , & succedent ; & par ces moyens conclut.

M. l'avocat général le Bret dit , qu'à la vérité nos bannis sont comparés *Romanorum deportatis , qui sunt mortui civiliter ,* & par conséquent incapables de contracter mariage , comme contrat civil , étant incapables de tous effets civils ; mais parmi nous chrétiens , par la loi du nouveau testament , le mariage étant un sacrement , il est certain que les bannis en sont capables comme sacrement , ou parce qu'il est du droit des gens & de nature ; la mort civile ne peut pas empêcher que le caractère du sacrement ne s'imprime aussi valablement sur un condamné à un bannissement perpétuel , comme sur un autre exempt de crime : cette condamnation n'est pas un obstacle pour arrêter & empêcher l'effet du sacrement ; néanmoins cela n'empêche pas que les enfans ne soient incapables de succéder aux biens dont est question , le pere en est demeuré dépouillé & entièrement privé dès l'instant de sa condamnation. *L. 1. de bon. poss. contra tab. l. deportati. de leg. 3. l. 1. c. de acq. hæred. post deportationem verò susceptos , quasi ab alio , non prodesse. l. ex facto. §. ex facto. ad Trebell.*

LA COUR mit l'appellation & ce dont étoit appel au néant ; évoqua le principal , & y faisant droit , maintint & garda les neveux collatéraux , ap-

1618. pellans, en la possession & jouissance de tous les biens tant meubles qu'immeubles délaissés par du Tillon ; sur lesquels néanmoins la cour ordonna qu'il seroit baillé à chacun des quatre enfans, par manière de provision, leur vie durant & chacun an, la somme de cent livres. Le vendredi 15 juin 1618, M. de Verdun premier président prononçant.

* Quoique M. le Bret, cet illustre avocat général, qui portoit la parole dans la cause, ait raporté l'arrêt au liv. 1. part. 1. décis. 6. de ses ouvrages, cependant on ne pouvoit le retrancher ici sans faire tort au public. Car soit que M. le Bret en supprimant le nom du Sr. du Tillon & des parties, ait aussi voulu tronquer & déguiser le fait, pour épargner la mémoire de ce gentilhomme d'Anjou ; soit qu'il fût permis de dire d'un si grand homme à qui rien n'échappoit, qu'il avoit oublié les noms & les circonstances de la cause, lorsqu'il compila ses décisions ; le fait est ici plus ample & plus spécifique. M. le Bret insinue, que le Sr. du Tillon avoit été condamné à un bannissement perpétuel par arrêt de ce parlement, & c'étoit de celui de Rouen ; qu'il s'étoit marié à une demoiselle, & ce n'étoit qu'une fille de son fermier ; qu'il n'y avoit qu'un enfant, au-lieu de quatre, dissimulant que le mariage avoit été précédé d'un mauvais commerce, dont étoient issus deux enfans, & deux autres depuis la célébration. Enfin M. le Bret a cru que la sentence du sénéchal d'Anjou étoit définitive au profit de la dame de Tournabon, & qu'elle a été confirmée par l'arrêt ; mais au-contraire elle n'étoit que provisoire au profit de Davy, & a été infirmée avec évocation du principal à l'avantage de la dame de Tournabon qui étoit appellante & demanderesse. Les noms étant insérés dans la citation qui est faite du même arrêt par Me. Julien Brodeau *lett. E. somm. 8.* & par Me. Ant. Mornac *L. ult. Cod. De iis qui veniam ætat. impetrav.* on n'avoit plus de mesures à garder là-dessus. Dans l'annotation de M. le Bret sur sa décis. 6. on trouve deux principes au sujet d'un homme condamné à un bannissement perpétuel hors du royaume ; l'un, qu'on peut lui léguer pour alimens ; l'autre, que la femme qui s'est mariée avec lui depuis sa condamnation, ne peut prétendre aucun droit de communauté après son décès au préjudice du fisc.

CHAPITRE XXX.

Juge civil connoît du criminel incident, même contre un prêtre.

Dans un procès mû pardevant le sénéchal de Poitou ou son lieutenant civil à Sivray, entre Me. Jean le Clerc prêtre & Jacques l'Hostel le Clerc ayant produit certain contrat, l'Hostel s'inscrit en faux, donne les moyens de faux, qui sont déclarés pertinens & admissibles, & ordonné qu'il en seroit informé. Le notaire & témoins instrumentaires de ce prétendu contrat ayant été ouis, le juge décerne ajournement personnel contre le Clerc prêtre, qui comparoît par son procureur, & demande son renvoi pardevant l'official de Poitiers son juge naturel, dont il est débouté, & ordonné que sans préjudice de son renvoi il subira l'interrogatoire, ce qu'il fait ; après quoi le juge ordonne qu'il sera procédé extraordinairement par récolement & confrontation des témoins. Le Clerc prêtre en interjette appel. Me. Corbin pour l'appellant dit, que le privilege des clercs & des prêtres est si favorable, que même ils n'y peuvent pas renoncer, ni tacitement ni expressément, parce que c'est un privilege de l'ordre & du caractere, ainsi qu'il a été jugé par plusieurs arrets. Le juge laïque qui est incompétent, ne peut en façon quelconque être juste compétent. *L. ult. de ord. cognit.* notamment en matiere criminelle, qui est de soi beaucoup plus privilégiée ; & conclut au renvoi pardevant l'official. Me. Gualtier l'aîné pour l'intimé, dit qu'il n'est question que d'un simple incident, qui doit nécessairement suivre son principal,

il n'en peut être divisé ni détaché, c'est sa décision & définition. Si l'incident étoit renvoyé pardevant l'official, il lui faudroit renvoyer le principal, & le rendre juge d'une matiere dont il ne peut aucunement connoître. C'est une maxime certaine en droit, que le juge du principal est pareillement juge de l'incident & de l'accessoire, *tit. ex quib. causis ad eundem jud. eatur.* L'exemple en est familier en la personne de messieurs des requêtes du palais, qui originairement ne connoissent point des matieres criminelles ; & toutefois ils en connoissent incidemment, comme tous les juges, du crime de faux : *Judex datus non potest principaliter cognoscere de ingenuitate & liberali causâ. L. non potest. §. de liberali. de receptis & qui arbitr. recep. Potest tamen incidenter de ingenuitate quæstionem definire. L. 6. de reb. cred. & jurejur. L. 4. §. 4. fin. Reg.* Et conclud.

M. l'avocat général le Bret dit, qu'étant question d'un crime de faux incident, quoique contre un prêtre, le juge laïque est bien fondé à en connoître. *L. nullum. c. de testib.* où la loi parle si généralement, qu'elle dit, *five sit miles* ; & la glose ajoute, *five sint clerici ; sed judex cognoscit tunc ex officio, non per modum accusationis. L. Si lis. c. de falsis.* Matthæus *de afflictis* en ses décisions traite amplement cette question, & fait distinction entre un faux témoignage & un faux contrat. *Si clericus dixerit falsum testimonium, judex laïcus debet eum remittere puniendum ad judicem suum ecclesiasticum : si verò produxerit falsum instrumentum ; non debet remitti ; & par ces moyens l'appellant doit être débouté de son renvoi.

LA COUR mit l'appellation au néant, ordonna qu'il seroit passé outre à l'instruction du faux par le juge laïque, pour ce qui concernoit la validité ou invalidité du contrat ; dépens, dommages & intérêts des parties ; sauf, s'il écheoit punition corporelle, de renvoyer ledit appellant pardevant son juge. Le 18 juin 1618, M. de Verdun premier président prononçant.

* Les noms des parties & celui de l'avocat de l'appellant sont changés dans la citation que Mornac fait de l'arrêt sur la *l. 3. cod. de judic.*

CHAPITRE XXXI.

Concordat pour office de président aux enquêtes, & peine stipulée, ont été déclarés nuls, dans un tems que le roi avoit révoqué le droit annuel, quoique la révocation fût postérieure au concordat.

Monsieur Thevin président aux enquêtes ayant traité de sa charge & office de président au profit de M. Faulcon maître des requêtes, à la somme de quatre-vingt-dix-sept mille livres, sous peine de quinze cents écus contre celui qui ne voudroit accomplir le concordat ; le tems préfix écoulé, M. Thevin fait sommer & interpeller M. Faulcon d'accomplir & exécuter le concordat ; faute de ce, proteste. Peu après le roi ayant révoqué le droit annuel, M. Faulcon refuse absolument d'entretenir & accomplir le concordat. M. Thevin le fait assigner aux requêtes du palais, à fin de se voir condamner à lui payer les quinze cents écus de peine. La cause plaidée & appointée en droit ; M. Thevin en interjette appel, & présente requête pour évoquer le principal. Me. Mauguin pour M. Thevin appellant & demandeur, dit qu'il s'agit d'une peine apposée à un concordat : *Petens ex stipulatione quæ placiti servandi causâ interposita est, rectè secundùm se ferri sententiam postulat.* A la verité, les docteurs ont traité la question : *Utrùm in donatione pecunia pæna adjici possit, quæ legitimum interesse excedat.* Et pour résoudre cette question sur la *l. ult. de petit. hæreditt.* ils font avec la glose, une distinction de la qualité des personnes, *si solita sint fœnerari, aut non. cap. Illo vos. de pignor. cap. suam. de pænis. si recta sit intentio contrahentium, etiamsi legitimum modum excedat interesse, sustinetur. L. Julianus. §. jul. de act. empti. L. venditor. communia præd. L. cùm quis. de*

solution.

folution. Il faut encore diftinguer pour répondre à ce qu'objecte l'intimé, que *res in eodem ftatu non permanfit*, par le moyen de la révocation du droit annuel, fuivant la doctrine de *Decilii* in *L. 8. de reg. juris*; où il dit que *à conventionali pænâ jufta caufa non excufat*, à *legali fecus*, & *mitius agitur cum lege*, *quàm cum homine*, *qui potuit prævidere cafus* & *fibi cavere*. La révocation du droit annuel eft furvenue après le tems préfix par le concordat expiré. Et conclut à la condamnation des quinze cents écus de peine portée par le concordat. Me. Galland pour M. Faulcon intimé dit, que la peine appofée en ce concordat n'eft point due, & la ftipulation en eft vicieufe, *pacta contra bonos mores prætor non fervat*, *nec lex tuetur. L. 1. de inutil. ftipulat. L. pacta. c. de pactis.* C'eft une chofe indigne & illicite de mettre en commerce l'état & dignité de préfident. Saint Louis appelloit facrileges ceux qui prenoient ou bailloient quelque chofe pour des offices, qu'il eftimoit chofe facrée, où la vertu & le mérite feul devoient donner l'entrée, & non pas la vénalité & l'argent, fource de tous malheurs. *Nemo gradum facerdotii*, *pretii venalitate mercetur*; *quantum quifque mereatur*, *non quantum dare fufficiat*, *aftimetur*: *quis locus tutus*, & *quæ caufa poterit effe excufata*, *fi veneranda Dei templa pecuniis expugnentur*, dit l'empereur in *L. fi quemquam. de epifc. & cler.* On en peut autant dire des charges & offices de judicature. La néceffité des affaires de l'état a introduit la difpenfe des quarante jours; mais le roi poftpofant fon utilité propre à celle du commun, l'a heureufement révoquée: ce qu'on a fait & pratiqué auparavant, étoit plus par tolérance, que par permiffion & autorifation. *Toleramus quæ nolentes concedimus.* Il faut quelquefois fermer les yeux aux malheurs du fiecle, quand on ne les peut empêcher. Et par ces moyens conclut à ce que la peine & concordat fuffent déclarés nuls, & le Sr. Faulcon abfous.

LA COUR, fur la demande de la peine, mit les parties hors de cour & de procés, fans dépens; le 22 juin 1618.

CHAPITRE XXXII.

Teftament d'un foldat françois portant les armes en pays étranger contre les défenfes du roi, ne peut être dit militaire, & eft nul par le défaut de formalités.

SImon Gratier, jeune homme de la ville de Mâcon, en 1616, lors des mouvemens furvenus en Piedmont, y va porter les armes, & y ayant demeuré quelque tems, il y fait fon teftament, par lequel il inftitue Jean de la Valée fon compagnon, fon héritier univerfel. De retour à Mâcon, la Valée fait affigner la mere & freres de Simon Gratier pardevant le lieutenant général, aux fins de venir voir ouvrir le teftament, qui étoit clos & cacheté, & figné au dos de fix témoins, dont trois, qui étoient lors à Mâcon, reconnoiffent leurs feings : enfuite le lieutenant de Mâcon ordonne que la Valée fera mis en poffeffion de tous les biens délaiffés par Simon Gratier. La mere & freres du défunt interjettent appel. Me. Froment pour les appellans, dit que l'intimé prétendu héritier inftitué avoit débauché Simon Gratier fort jeune homme, & l'avoit mené en Piedmont pour y porter les armes, non pour le fervice du roi, mais au préjudice de fes défenfes; qu'il n'avoit jamais été foldat ni enrôlé fous aucun capitaine; que par fon teftament il ne prenoit pas feulement cette qualité; auffi n'avoit-il pas tefté *jure militari*, qui eft quand le foldat tefte *in procinctu*, fur le point d'aller à l'affaut, de donner bataille, *L. 3. de milit. teftam.* mais que *nifi fit in expeditione*, *non remittuntur folemnitates à jure communi requifitæ*; que celui en queftion portoit, qu'il avoit été fait en la maifon d'un médecin, ce qui témoignoit que ce n'étoit *in procinctu*; qu'il n'étoit reconnu ni par aucun notaire, ni écrit de la main du teftateur, mais étoit attefté par des

témoins inconnus, & conclut à ce qu'il fut déclaré nul. Me. Germain pour l'intimé dit, que la faveur de la milice & des foldats, *qui fignis fuis jugiter inhærentes*, *rempublicam à quâ aluntur*, *ab omni bellorum neceffitate defendunt*, avoit mérité ce privilege, de les difpenfer de la rigueur de toutes les formalités & folemnités prefcrites par le droit, pour valablement tefter, leur nue & fimple volonté étant fuffifante & valable pour l'entretien & obfervation de leur derniere difpofition, *tota. tit. de teftam. milit.* Jufques-là, que le pere ni les enfans mêmes, *non poffunt revocare teftamentum militis. L. Teftamentum. c. de inoff. teftam.* que Simon Gratier étoit véritablement foldat, avoit même été aux gardes de M. le maréchal de Lefdiguieres, avoit tefté en un pays étranger, où la guerre étoit notoire; où il étoit impoffible d'avoir un notaire, puifqu'ils étoient en pays étranger & ennemi; que les témoins du teftament étoient de la même ville de Mâcon, que trois avoient reconnu leurs feings, & les autres étoient demeurés à la guerre; que quand on le prendroit *jure communi*, fix témoins étoient plus que fuffifans en un lieu champêtre, & éloigné; que la loi fe contente de cinq *in teftamento ruftici*; & conclut.

LA COUR mit l'appellation & ce néant, déclara le teftament nul & de nul effet; abfout la mere & freres appellans des fins & conclufions de l'intimé, le 25 juin 1618.

CHAPITRE XXXIII.

Teftament mutuel du mari & de la femme n'eft valablement révoqué par un teftament poftérieur de l'un d'eux, à l'infu de l'autre.

GIrard Edeline & Marie Neveu fa femme, par un teftament mutuel en 1614, donnent réciproquement tous leurs meubles & acquêts immeubles au furvivant d'eux. En 1617, la femme malade fait un autre teftament, par lequel elle révoque le précédent, & inftitue un fien neveu fon héritier, lequel après le décès de fa tante, fe voulant mettre en poffeffion de tous fes biens, en eft empêché par fon mari en vertu du teftament mutuel. Par fentence du bailli de Chartres le teftament mutuel eft déclaré bon & valable; ordonné qu'il fera exécuté, fans avoir égard au dernier teftament, dont le neveu héritier inftitué interjette appel. Me. Mauguin pour l'appellant dit, que par la difpofition du droit, il eft certain que la volonté de l'homme eft ambulatoire, & peut être changée jufqu'à la mort; & la faculté de tefter eft fi favorable, qu'elle ne peut être ôtée ni reftrainte en façon quelconque; & à ce fujet le dernier teftament bon & valable en fa forme, révoque & annulle *ipfo jure* tous les précédens. Le dernier teftament d'Anne Villard accompli en toutes les folemnités que la coutume defire, a par une conféquence néceffaire révoqué tous teftamens qu'elle pouvoit avoir précédemment faits, notamment le teftament mutuel fait par l'impreffion & fuggeftion de fon mari. Il lui a été auffi facile de le révoquer, comme fi elle y eût parlé toute feule : il n'a pas plus de force, quoiqu'il foit mutuel, & n'en eft pas moins révocable, la nature de teftament demeure toujours. Me. Doujat pour l'intimé dit, qu'il ne faut pas juger cette caufe par la difpofition du droit romain, qui n'a pas connu ni approuvé les teftamens mutuels, & par lequel auffi on ne peut pas inftituer fon héritier par contrats entre vifs; mais qu'il le faut juger par la difpofition de notre droit françois, qui approuve & favorife beaucoup les teftamens mutuels faits entre le mari & la femme, & qui n'en permet la révocation, finon d'un mutuel confentement, & non pas *altero conjugum renuente*, *aut faltem infcio*, comme on a pratiqué en cette caufe; parce que ce dernier teftament eft fait en l'abfence du mari intimé, & ne lui a point été fignifié, ce qui eût été en toute extrémité néceffaire, *exemplo focietatis quæ mutuo confenfu*,

1618. vel *renunciatione diffolvitur* ; autrement, s'il étoit permis de révoquer un teftament mutuel par l'une des parties à l'infu de l'autre, on ouvriroit la porte à un million de fraudes, recélant le dernier teftament, pour s'en fervir à l'occafion ; ainfi l'avantage feroit toujours inégal & périlleux ; & conclut à ce que le teftament mutuel fût confirmé & autorifé.

LA COUR mit l'appellation au néant ; ordonna que ce dont étoit appel, fortiroit fon plein & entier effet fans dépens, le 9 juillet 1618.

* Guedarne & Edeline, qui font parties dans cet arrêt, font encore dénommés en la caufe fuivante, comme parties. Cela pouvoit faire douter de la vérité de l'un & de l'autre, de la maniere qu'ils font rapportés dans les livres. Car on auroit eu de la peine à croire que dans une même audience on eût plaidé deux caufes différentes de teftamens faits par deux femmes de Chartres au profit de leurs maris, & que les deux maris, qui font Edeline & Guedarne, euffent réciproquement combattu les legs à eux faits par leurs femmes. Mais on les a vérifiés dans les regiftres de la cour, & le fcrupule ceffe, lorfque l'on fait que Guedarne avoit époufé Catherine Neveu, & que Marie Neveu fa fœur étoit femme de Girard Edeline.

Brodeau citant ce premier arrêt, *lett. T. fomm. 10. nomb. 5*, fuppofe que l'un des avocats étoit Girard, au-lieu de Doujat qui eft nommé dans le regiftre ; & il tombe apparemment dans une erreur plus importante, lorfqu'il prétend que du mariage de Girard Edeline légataire de Marie Neveu fa femme, il y avoit des enfans furvivans, qui foutenoient la révocation valable en leur faveur, quoiqu'elle fût imparfaite, par argument de la loi *Hâc confultiff. §. Ex imperfecto. Cod. de teftament.*

Il y a lieu de penfer qu'il s'eft trompé, parce qu'il ne paroît pas dans l'arrêt en forme, qu'il y eût des enfans ; & Raoul Guedarne y eft appellant aux qualités qu'il procede, fans les défigner.

Auffi Me. Antoine Mornac fur la *L. 7. ff. de pactis*, allegue l'arrêt dans la thefe générale, & ne réduit pas la queftion à l'hypothefe des enfans iffus du mariage.

En effet, fi la caufe avoit été entre le pere légataire & les enfans héritiers de leur mere, il faudroit que Guedarne n'eût paru dans la caufe qu'en qualité de leur curateur, & que dans la même audience les enfans de Girard Edeline euffent plaidé contre lui fous l'autorité de Guedarne leur curateur en cette premiere caufe, & que dans la fuivante ils euffent plaidé fous l'autorité de Girard Edeline leur pere & garde, contre Guedarne leur curateur. Il faudroit encore fuppofer que Doujat paroît dans cette premiere caufe pour le pere contre les enfans, & dans la fuivante pour le pere & les enfans ; ce qui n'eft pas facile à préfumer.

Il eft donc plus naturel de croire, que Guedarne eft partie dans cet arrêt en qualité de tuteur de fon fils héritier inftitué par Marie Neveu fa tante, & que l'on n'a point jugé la queftion de la révocation du teftament mutuel par la femme à l'infu du mari, au refpect des enfans qui feroient iffus du mariage.

Pour achever de convaincre, l'on peut réfléchir que fi la queftion avoit été entre le mari légataire de fa femme & les enfans iffus du mariage héritiers de leur mere, on eftime que la cour n'auroit jamais confirmé le teftament, & que l'argument marqué par Brodeau auroit rendu la révocation du teftament valable en faveur des enfans iffus du mariage, quoiqu'elle fût imparfaite & infuffifante à l'égard des héritiers collatéraux du prédécédé.

C'eft une queftion, dans les coutumes qui permettent aux mariés de fe donner par teftament, de favoir fi cette faculté ne doit pas être reftrainte au feul cas qu'ils n'aient point d'enfans, lorfque la plus grande partie des mêmes coutumes ne donnent effet au don mutuel que dans ce même cas, & le déclarent nul quand il y a des enfans.

L'article 87 de la coutume de Chartres autorife le don mutuel en ufufruit, quoique les conjoints aient des enfans, & en propriété, lorfqu'ils n'en ont point. Mais ce feroit encore une autre queftion,

de favoir fi le teftament mutuel y feroit valable au même cas d'enfans furvivans, & fi le legs en propriété ne feroit nul, ou s'il feroit feulement réductible à l'ufufruit, en donnant caution comme pour le don mutuel.

Il femble que cette liberté des conjoints de fe donner par teftament, qui n'eft pas favorable dans notre droit françois, devroit être limitée au feul cas qu'ils n'euffent point d'enfans, le cas contraire n'étant pas exprimé dans la coutume pour le teftament mutuel, & que les enfans furvivans annulleroient le legs en propriété, fans que le légataire pût en prétendre la réduction à l'ufufruit.

On croit être obligé par le devoir indifpenfable de la fincérité & de l'amour que l'on doit avoir pour la vérité, d'obferver qu'il y a une circonftance marquée dans les qualités de l'arrêt en forme, qui rend vraifemblable le fait que Brodeau préfuppofe des enfans : car le mari légataire réduit fon legs à l'ufufruit.

Cependant ce fait que l'on a pu gliffer dans les qualités depuis ce arrêt rendu, & qui n'auroit pas échappé à l'exactitude de l'auteur, ne perfuadera pas qu'il y eût des enfans, après les conféquences marquées ci-deffus, avec plus de raifon que la cour met l'appellation au néant, fans rien prononcer fur cette réduction, ni charger le mari légataire de donner caution : ce qu'elle n'auroit pas manqué de faire, fi elle avoit jugé la queftion contre des enfans, par augment de l'article 87 de la coutume de Chartres.

☞ D'après la nouvelle ordonnance du mois d'août 1735, concernant les teftamens, regiftrée en parlement le 3 février 1736, je ne penfe pas que fi la queftion jugée par l'arrêt rapporté par M. Bardet, fe préfentoit aujourd'hui, qu'elle en pût faire une, puifque par l'art. 37, il eft dit : *Abrogeons pareillement l'ufage des teftamens ou codicilles mutuels, ou faits conjointement, foit par mari & femme, ou par d'autres perfonnes ; voulons qu'à l'avenir ils foient regardés comme nuls & de nul effet dans tous les pays de notre domination, &c.*

Ainfi malgré les difpofitions de l'article 90 de la cout. de Chartres, je penfe qu'un teftament mutuel fait dans cette cour, poftérieurement à l'ordonnance de 1735, ne pourroit pas avoir plus d'effet que dans un autre & feroit annullé.

Vide du Rouffeau de la Combe en fon recueil de jurifprudence civile, au mot *teftament*, où il rapporte fur l'art. 77 de l'ordonnance de 1735, un arrêt du 25 mai 1746, au rapport de M. Bochard, qui déclara nul un teftament fait conjointement, entre Marie-Magdeleine & Sylvine Jagault, par lequel elles déclaroient que le teftament n'eût fon effet, qu'après la mort de la furvivante d'elles deux.

CHAPITRE XXXIV.

Stipulation de propre à la femme & aux fiens, d'un reliquat de compte à elle dû par fon tuteur, n'empêche qu'elle n'en puiffe entiérement difpofer par teftament au profit de fon mari, dans la coutume de Chartres.

RAoul Guedarne & Catherine Neveu de la ville de Chartres contractant mariage enfemble en 1615, il fut expreffément ftipulé : 1°. que les fucceffions qui écherroient aux futurs époux, leur feroient propres, & aux leurs de leur eftoc & ligne. 2°. Que fi aucunes des rentes de la future époufe étoient rachetées, elles feroient employées en acquêt d'immeubles qui feroient propres à la future & aux fiens. 3°. Que les deniers procédans du reliquat de compte que le tuteur de ladite future étoit obligé de lui rendre, feroient auffi employés en achat d'immeubles, qui feroient propres à la future & aux fiens. Ce mariage ayant duré un an, Catherine Neveu malade fait fon teftament, par lequel elle donne & legue à fon mari tous & chacuns fes meubles, acquêts immeubles, quint de fes propres, & tout ce qui lui pouvoit appartenir & revenir par le moyen du compte que son tuteur étoit obligé de lui rendre, se trouvant son reliquataire & débiteur. Peu après elle décede : le mari fait assigner les héritiers par devant le bailli de Chartres ou son lieutenant, aux fins de lui faire délivrance du legs contenu au testament : les héritiers consentent la délivrance du legs, ce qui donne lieu à une sentence, par laquelle les héritiers sont condamnés de faire délivrance au mari de tous les meubles, acquêts immeubles, du reliquat de compte, & du quint des propres : depuis ayant réfléchi sur la stipulation du reliquat de compte, ils appellent de la sentence, & obtiennent lettres pour être restitués contre leurs offres. Me. Doujat pour Girard Edeline garde de Girard Edeline son fils, & défunte Marie Neveu sa femme, & Me. Etienne Neveu curé de Favorelles, appellans & demandeurs en lettres, dit que le testament est nul par la considération de l'âge de la testatrice qui n'avoit que vingt-un ans lors de son décès. Elle n'a pu valablement tester & disposer à cet âge de tout son bien, comme on prétend qu'elle a fait. La coutume de Chartres n'a point préfini le tems & l'âge pour pouvoir tester, il ne faut point avoir recours à la disposition du droit romain, parce qu'il n'a point reconnu de biens propres & anciens, mais les a tous fait d'une même nature. Il ne peut servir de regle, ni donner la loi à nos dispositions testamentaires coutumieres, qui ont leurs regles & leurs dispositions toutes différentes ; mais il faut recourir à la coutume de Paris, composée des arrêts de la cour, & de la plus épurée jurisprudence du royaume. Elle a préfini l'âge de vingt-cinq ans pour valablement tester. Il faut étendre cette disposition à toutes les autres coutumes qui ont omis de faire expresse mention de cet age; & ainsi par le défaut d'âge & de capacité en la personne de la testatrice, le testament est nul. Pour ce qui concerne le reliquat du compte, le mari intimé n'y peut prétendre aucune chose, puisqu'il a été stipulé propre à la future & aux siens par le contrat de mariage. Cette stipulation l'avoit rendu immeuble, & hors la disposition de la testatrice. L'argent destiné pour acquérir des immeubles, est dès lors réputé immeuble. Cette question a été jugée par plusieurs arrêts, même prononcés en robes rouges, par lesquels telles stipulations aux siens de son estoc & ligne ont été perpétuellement entretenues. Quant aux offres de payer le legs, elles ne se peuvent étendre qu'à ce dont la coutume permet de disposer. Me. de la Marteliere pour le mari intimé & défendeur dit, quant au défaut de l'âge, qu'il n'y a point d'apparence, non plus qu'à la stipulation du contrat de mariage, qui a été seulement apposée pour empêcher que cette somme qui se trouveroit due par le tuteur pour le reliquat du compte, n'entrât en la communauté des mariés : mais elle n'a point lié les mains à la testatrice, & empêché qu'elle n'en disposât valablement comme d'une chose purement & simplement mobiliaire. Il y a bien de la différence entre le propre vrai immeuble, & le propre feint & simulé ; celui-là demeure toujours en son entier, mais celui-ci n'est propre que par fiction, par stipulation, pour le restraindre seulement en certains cas aux testamens. *Idem est dixisse, idem intellexisse, desideria morientium colligimus ex arbitrio viventium. L. Quoniam. de nat. lib.* mais aux contrats entre vifs, *statur ad litteram.* Cette stipulation de propres n'étant qu'à l'effet d'empêcher que ce reliquat de compte n'entrât en la communauté, il ne faut pas l'interpréter pour un autre effet. *Lex scripta erat in favorem mulieris*, pour lui conserver ce reliquat à elle seule propre & aux siens : néanmoins on la veut retorquer contre elle, ce qui n'est raisonnable. Le compte ayant été rendu, & le reliquat payé, elle eût pu employer ces deniers en acquêts d'immeubles, dont elle eût valablement disposé ; conséquemment elle l'a pu des mêmes deniers, ou plûtot de l'action pour demander la reddition de compte. L'intimé n'y vient pas en vertu du contrat de mariage, mais en vertu d'un testament bon & valable. *Non prohibetur ad id altero jure venire quàm eo quod amisit. L. Filius. De bonis libert.* En la clause

du reliquat mention n'est faite de ceux de l'estoc, côté & ligne.

LA COUR, sans avoir égard aux lettres, mit l'appellation au néant ; ordonna que ce dont étoit appel, sortiroit son plein & entier effet, sans dépens de la cause d'appel. Le 9 juillet 1618, M. de Verdun premier président prononçant.

* Cet arrêt est cité par Brodeau, *lett. O. somm.* 5. & par Mornac sur la loi 31. *Cod. de transact.*

CHAPITRE XXXV.

Officiers des seigneurs hauts - justiciers ne sont sujets à l'examen des baillis & sénéchaux.

MOnsieur le cardinal de Guise ayant pourvu Me. Jean Pelletier de l'état & office de bailli de Monnerville, les officiers du bailliage d'Estampes le font incontinent assigner aux fins de venir subir l'examen pardevant eux, pour reconnoître s'il est capable, suivant & conformément à l'ordonnance. Pelletier n'ayant obéi, ils le condamnent en cinquante liv. d'amende, & le décretent d'ajournement personnel, dont il interjette appel. Me. Grenet pour Pelletier appellant dit, que l'ordonnance d'Orléans art. 55. sur lequel vraisemblablement les juges se sont fondés, qui porte que tous officiers des justices & jurisdictions subalternes, ou des hauts-justiciers ressortissans pardevant les baillis & sénéchaux seront examinés avant que d'être reçus, par un des lieutenans, ou plus ancien conseiller du siege, après sommaire information de leurs bonne vie & mœurs, n'étoit plus observé, & ne le pouvoit être, attendu qu'il est tacitement abrogé & révoqué par l'ordonnance de Roussillon *art.* 27. par lequel les seigneurs hauts-justiciers sont tenus du fait de leurs juges, sont responsables de leur mal-jugé, & condamnés en l'amende, & à cause de ce les peuvent destituer *ad nutum*, y peuvent instituer qui bon leur semble. C'est à leur dommage, s'ils y instituent des personnes incapables, parce qu'ils tombent souvent en la peine de l'ordonnance, en l'amende du mal-jugé. Si on assujettissoit leurs officiers à l'examen des baillis & sénéchaux, ce seroit leur ôter la faculté d'instituer & destituer, que l'ordonnance laisse aux hauts-justiciers. Cette question a été jugée *in individuo* pour madame la comtesse de Mortemart, contre les officiers de Montmorillon ; & conclut. Me. Arragon pour M. le cardinal de Guise a employé. Me. Chopin pour le lieutenant général d'Estampes, intimé en son nom, a dit que sa partie, ni le substitut de M. le procureur général n'ont fait que ce que l'ordonnance leur prescrit & enjoint. Elle n'est point révoquée par l'ordonnance de Roussillon *art.* 27. 1°. Parce que celle d'Orléans *art.* 55. ne parle que des juges & officiers subalternes ressortissans pardevant les baillis & sénéchaux; & au-contraire celle de Roussillon parle expressément des officiers des hauts-justiciers ressortissans nuement & directement ès cours de parlement. 2°. L'ordonnance de Roussillon ne s'observe aucunement au point de la condamnation du seigneur pour le mal-jugé de son officier, mais bien la partie. *Factum judicis factum partis, quæ ipsius ignorantiâ plerumque plectitur.* Il n'y a rien de plus juste & de plus utile que l'observation de cet article de l'ordonnance d'Orléans, qui est conforme à la disposition du droit, *cui non est cognitum antiquos judices non aliter judicialem calculum accepisse, nisi priùs sacramentum præstitissent, omnimodo sese cum veritate & legum observatione judicium esse disposituros*, dit l'empereur *in L. 14. de judiciis.* C'est le vrai & unique moyen de fermer tout-à-fait la porte à l'ignorance & à l'injustice, d'empêcher que personne ne soit pourvu aux charges de judicature, qu'il ne soit capable de les exercer ; d'empêcher que les seigneurs ne les vendent à des personnes ignorantes, & du tout incapables à l'oppression des justiciables, *Judices nisi potuerint per se nosse quod justum est, sed aliundè emendicare judicandi honestatem cogantur, quomodo non maximum vitium erit reipublicæ, eis qui se quod agendum sit nesciant, leges tradere. Nov.* 82. Autrement il falloit qu'un juge s'installât soi-même, ce qui est impertinent, ou bien qu'il foit inftallé & mis en poffeffion par fon inférieur, comme on dit que l'appellant a été inftallé par fon lieutenant, ce qui eft ridicule, & conclut à l'obfervation de l'ordonnance. Me. Buffet pour le fubftitut de M. le procureur général à Eftampes, auffi intimé en fon nom, a employé.

M. l'avocat général Servin dit, qu'ayant porté la parole en l'arrêt qu'on a allégué pour madame la marquife de Mortemart, qui a jugé la queftion en fa thefe *in individuo*, il n'a rien à y ajouter.

LA COUR dit qu'il a été mal, nullement jugé & procédé; révoqua comme attentat tout ce qui avoit été fait par les officiers d'Eftampes; ordonna que les amendes feroient rendues au bailli appellant, le déchargea de l'ajournement perfonnel contre lui décerné, & condamna le lieutenant général & procureur du roi d'Eftampes aux dépens, liquidés à vingt-quatre livres parifis; le 10 juillet 1618.

* Cet arrêt eft cité par Brodeau, *lett. O. fomm. 4.*

CHAPITRE XXXVI.

On ne peut être héritier fous bénéfice d'inventaire d'un greffier des confignations.

MAître Philippe Baftard, greffier des confignations du bailliage d'Eftampes, étant décédé, Me. Jean Baftard fon fils, procureur au châtelet de Paris, accepte fa fucceffion fous bénéfice d'inventaire, obtient lettres à cet effet, dont il pourfuit & obtient l'entérinement au bailliage d'Eftampes, avec le fubftitut de M. le procureur général feulement, fans y avoir appellé aucuns créanciers, qui étoient en grand nombre à caufe de fa charge. Entre autres, Anne Pafquier, par fentence de 1603, avoit été mife en ordre pour la fomme de huit cents livres fur les deniers procédans de la vente & adjudication par décret de la terre & feigneurie du Tronchet, qui dès-lors avoient été confignées & mifes ès mains de Me. Philippe Baftard, comme greffier des confignations. Pour avoir payement de cette fomme de huit cents livres, Anne Pafquier fait affigner Jean Baftard fils & héritier de Philippe Baftard pardevant le bailli d'Eftampes, ou fon lieutenant, aux fins de fe voir condamner à payer la fomme, & y être contraint par corps, comme dépofitaire des biens de juftice. Il eft condamné par le bailli d'Eftampes au refidu fortiffant le renvoi requis pardevant le prévôt de Paris, dont il interjetta appel. Maître Cornoaille pour l'appellant dit, qu'il n'a pu être condamné en fon propre & privé nom, puifqu'il n'eft héritier que fous bénéfice d'inventaire; lettres ont été entérinées avec le fubftitut de M. le procureur général, principale partie pour un officier de la qualité du pere de l'appellant. Tout ce qu'on lui objecte eft l'ordonnance de Rouffillon *art.* 16. qui porte que les prochains habiles à fuccéder à ceux qui décéderont en office, charge & adminiftration des finances, ne feront reçus à fe porter héritiers par bénéfice d'inventaire des défunts, & feront tenus fe porter héritiers fimples, ou renoncer à la fucceffion : mais il a double réponfe à cette objection. L'une, que l'ordonnance étant pénale, elle eft de droit étroit, & par conféquent doit être reftrainte & limitée à fon cas fpécial des officiers des finances, & ne peut être étendue aux greffiers des confignations, qui ne manient point des deniers du roi, mais des particuliers feulement. L'autre réponfe eft, que quand on ne pourroit être héritier que pur & fimple d'un greffier des confignations, toujours ne peut-on pas procéder par contrainte par corps & emprifonnement de la perfonne de l'héritier, qui n'a point touché les deniers, ni géré; mais bien contre le receveur, contre le greffier qui a touché les deniers : en tout cas l'appellant fupplie la cour de le recevoir à répudier la fucceffion de fon pere. Me. Dolet pour l'intimée dit, que le prétendu bénéfice d'inventaire de l'appellant a été mal & nullement obtenu & entériné, en ce qu'on n'y a appellé aucuns créanciers du défunt, à cri public, comme il eft néceffaire; au principal, quand toutes les formalités feroient obfervées, il eft encore nul, & directement con-

traire à l'ordonnance de Rouffillon *art.* 16. qui ne s'entend pas feulement des officiers des finances, mais encore de tous ceux qui ont la charge & adminiftration des deniers publics, comme font les greffiers des confignations qui reçoivent les deniers de tous ceux d'une province : à ce fujet les receveurs font obligés de bailler bonnes & fuffifantes cautions pour rendre & reftituer les deniers qui leur font mis entre les mains. Il y a plus de péril en la banqueroute ou infolvabilité d'un receveur des confignations; que non pas en celle d'un officier des finances, parce qu'en l'infolvance de celui-ci il n'y a que le roi feul qui y ait intérêt; qui eft affez puiffant pour fe faire rendre & donner fon compte; ou affez riche pour fupporter une petite perte comme celle-là; mais en la banqueroute ou infolvance d'un receveur des confignations, toute une province y eft intéreffée, le bien d'un grand nombre de pauvres particuliers y eft entiérement engagé; auffi la cour a trouvé l'ordonnance fi jufte, qu'elle l'a interprétée & étendue aux tréforiers des grandes maifons de ce royaume, quoique ce ne foient que perfonnes pures privées, qui n'aient aucun ferment à juftice, & qui ne manient aucuns deniers pour le public. En tant que de befoin il fupplie la cour de recevoir l'intimée appellante de la fentence portant entérinement des lettres de bénéfice d'inventaire, & la tenir pour bien relevée. Quant à la rénonciation & répudiation d'hoirie à laquelle l'appellant demande d'être reçu, il ne le peut, attendu que les chofes ne font plus entieres, qu'il a géré, manié & diverti tous les effets de la fucceffion.

LA COUR, en tant que touchoit l'appel d'incompétence, mit l'appellation au néant; & fur l'autre appel mit l'appellation & ce, en ce que l'appellant avoit été condamné par corps comme dépofitaire des biens de juftice, la fentence au refidu fortiffant fon plein & entier effet; reçut l'intimée appellante de la fentence portant l'entérinement des lettres de bénéfice d'inventaire, la tint pour bien relevée, & faifant droit fur fon appel, mit l'appellation & ce au néant; emendant, reçut Jean Baftard à renoncer à la fucceffion de fon pere, en rendant par lui compte aux créanciers de la geftion & adminiftration des biens délaiffés par fondit pere, & le condamna en tous les dépens. Le lundi 16 juillet 1618, M. de Verdun premier préfident prononçant.

* L'arrêt eft cité dans Brodeau; *lett. H. fomm.* 18.

CHAPITRE XXXVII.

Enquête par turbes ordonnée touchant l'ufage de Blois, pour favoir fi le retrait lignager n'a lieu, lorfque l'acquéreur a des enfans de la ligne du vendeur; & fi tous lefdits enfans étant décédés, un lignager du vendeur eft reçu au retrait, quoiqu'il y ait plufieurs années expirées depuis la vente.

ANne des Coufts de la ville de Blois, veuve de Pierre Garnier, duquel elle avoit plufieurs enfans, en 1590, acquiert plufieurs héritages d'Anne Garnier, coufine germaine de fon défunt mari, moyennant le prix & fomme de quinze cents livres, dont elle jouit paifiblement jufques en 1617, que René Garnier fon fils, feul furvivant de tous fes enfans, décede. Quatre jours après fon décès, Me. Paul Garnier, confeiller au préfidial de Blois, la fait affigner pardevant le bailli, aux fins de fe voir condamner à lui laiffer & abandonner par retrait lignager les fonds & héritages qu'elle avoit acquis d'Anne Garnier en 1590, comme étant fon proche parent & lignager. Anne des Coufts ne voulant, ou croyant ne pouvoir valablement défendre, fe laiffe volontairement condamner. Ses créanciers qui étoient en grand nombre, voyant que pour quinze cents livres elle avoit abandonné des héritages qui en valoient plus de fix mille, & que par ce moyen ils perdoient tous leurs dettes, interjetterent appel de la fentence. Me. Tillier pour les appellans, dit que la demande en retrait lignager eft tout nouvellement intentée, vingt-fept ans après le contrat d'acquifition fait & parfait, & exécuté par une fi longue jouiffance. Il n'y a au-

cune

cune apparence , au-lieu d'un an que la coutume limite & préfinit si étroitement , & qui court contre les mineurs & autres personnes privilégiées , qu'on en ait concédé vingt-sept au demandeur en retrait , sinon que la défenderesse a desiré d'être condamnée pour frustrer les appellans ses créanciers par ce moyen ; ce que la cour ne doit autoriser ; c'est une fraude & collusion évidente. Et conclut à ce que l'intimé soit déclaré non recevable en sa demande en retrait. Me. Mauguin pour l'intimé dir , qu'en 1590 , qu'Anne des Cousts a fait l'acquisition des fonds & héritages en question , d'Anne Garnier , il n'a pu intenter aucune action , ni faire demande en retrait lignager des héritages , puisqu'Anne des Cousts avoit lors des enfans de Pierre Garnier , cousin germain d'Anne Garnier. Il étoit forclos par eux d'intenter son action & demande en retrait , suivant les *art.* 155 *&* 156 de la coutume de Paris ; mais qu'incontinent après leur décès , même quatre jours après celui de René Garnier , le dernier décédé des enfans , il a intenté son action contre Anne des Cousts , lorsqu'elle n'avoit plus d'enfans lignagers qui pussent empêcher ses conclusions , qui lui ont été légitimement adjugées par la sentence dont est appel , parce qu'il est certain que l'an & jour du retrait préfix par la coutume n'a pu courir , sinon du jour du décès de René Garnier. *Non valenti agere non currit præscriptio. L. 1. c. de ann. except.* Quoique cette maxime , que lorsque les acquéreurs ont des enfans lignagers , les autres lignagers ne peuvent agir contre eux , & retirer les héritages vendus , soit prise & fondée sur la coutume de Paris , *art.* 155 *&* 156 , néanmoins elle doit être étendue à toutes les autres coutumes , car ayant été ajoutée de nouveau à la coutume de Paris , elle doit plutôt être réputée & prise pour une loi commune , & arrêt observé par-tout le ressort du parlement , même par-tout le royaume , que pour loi & coutume particuliere des Parisiens seuls. A la vérité , la coutume de Blois ne parle point de ce cas : quand l'acquéreur , qui n'est parent du vendeur , a des enfans qui sont ses proches parens , lors le retrait lignager n'a lieu ; mais , *lege municipali deficiente , ad jus commune recurrendum , quod est jus romanum.* Mais le droit romain n'ayant point connu ni approuvé le retrait lignager , il ne peut par conséquent servir ni donner loi en cette cause. Donc il faut nécessairement avoir recours à celui , que Paris , la Rome de la France , observe , qui a été dicté par les plus savans jurisconsultes. La raison qui a induit la cour à promulguer cet article nouveau , & le faire ajouter à la coutume , est également par toute la France , & y doit être observée. *Quando legis manifesta est ratio , ad similes casus produci debet , non per modum extensionis , sed per modum benignæ interpretationis. L. non possunt. L. de quibus. L. de legibus. L. Titio. de verb. obligation.* La raison de cet article , qui exclut les autres lignagers , quand l'acquéreur a des enfans lignagers , est toute apparente & pleine d'équité , elle tend au même but que celle qui a premiérement introduit le retrait lignager : c'est l'espérance , que les enfans lignagers succéderont la tiers pere & mere acquéreurs , & que par ce moyen les héritages se conserveront en la famille , qui est le motif du retrait lignager. Soutient qu'il se pratique ainsi en Bourbonnois & à Blois , quoique les coutumes n'en parlent point , & offre d'en faire preuve.

LA COUR ordonna qu'on informeroit par turbes de la pratique & usance mise en avant par l'intimé ; le 17 juillet 1618.

CHAPITRE XXXVIII.

Douaire coutumier se prend sur le prix de l'office que le mari avoit lors du mariage , & qu'il a vendu depuis , ou sur les héritages qu'il en a acquis.

LE prévôt des maréchaux du Mans ayant vendu son office , constant son mariage , moyennant la somme de seize mille livres ; après son décès ses

héritiers demandent que la somme de seize mille livres leur soit entiérement baillée & prélevée sur la communauté , comme n'y étant point entrée , ou que les immeubles qui avoient été acquis des deniers provenus de la composition de l'office , leur fussent délaissés ; ce que la veuve consent , mais demande que le prix de l'office , ou les héritages qui en ont été acquis , soient déclarés sujets à son douaire coutumier. Le juge du Mans l'en déboute , & ordonne que le prix entier de l'office sera pris & levé sur la communauté , sans que la veuve puisse prétendre aucun droit de douaire , ni sur le prix de l'office , ni sur les héritages , dont la veuve interjette appel. Me. le Noir pour l'appellante dit , qu'il falloit , ou que le prix de l'office entrât en la communauté ; ou qu'en étant séparé & exclus , comme si c'eût été un propre , il fût nécessairement sujet au douaire de l'appellante , parce que tout ce qui n'entre point en la communauté , est censé propre au mari ; & par conséquent sujet au douaire. Me. Corbin pour les héritiers du mari intimés , dit que le prix de l'office ne pouvoit entrer en la communauté pardevant des meubles & conquêts immeubles des mariés , parce qu'il avoit été retranché par stipulation expresse , & qu'il ne pouvoit non plus être déclaré sujet au douaire , parce que ce n'étoit qu'une chose pure mobiliaire : & il n'y avoit que les immeubles & héritages anciens qui fussent sujets au douaire coutumier.

LA COUR mit l'appellation & ce au néant ; émendant , ordonna que la veuve auroit son douaire , ou sur le prix de l'office , ou sur le fonds & héritages qui en avoient été acquis ; le jeudi 19 juillet 1618.

CHAPITRE XXXIX.

Injures dites contre l'honneur d'une fille fiancée , & la réparation.

CONTRAT de mariage ayant été passé entre Pierre Hulin & Catherine Bezé , fille de Louis Bezé ; Jacquette Clement femme de Guillaume Beau , & Jean Beau son fils , voisins de Hulin , l'allerent trouver en sa maison , & là en la présence de son pere & de sa mere , lui dirent qu'il recevroit de la honte & du déplaisir du mariage qu'il entendoit contracter avec Catherine Bezé , parce qu'un nommé Bezery leur avoit dit qu'il avoit eu habitude avec elle , & qu'elle avoit été si effrontée que de l'aller trouver dans son lit. Louis Bezé & sa fille font incontinent informer par le juge des lieux , qui décrete d'ajournement personnel Jacquette Clement & Jean Beau son fils : lesquels en ayant été avertis , pour prévenir l'effet & la signification du décret , font déclaration pardevant notaire , qu'ils tiennent Louis Bezé & sa fille pour gens de bien & d'honneur ; que ce qu'ils ont dit touchant l'honneur de la fille , n'a point été pour les offenser , mais pour avertissement , ayant oui proférer les paroles & injures au nommé Bezery ; les prient d'oublier les injures , & de vivre en bonne amitié , comme ils faisoient auparavant ; & font incontinent signifier & bailler copie de cette déclaration , nonobstant laquelle on les poursuit sur l'ajournement personnel , dont ils interjettent appel. Me. Desnoyers pour l'appellant , dit que Jean le Beau étoit seulement âgé de seize ans ; que ce que sa mere lui avoit dit à Hulin touchant Catherine Bezé sa fiancée , ce n'avoit point été *animo convitiandi* , mais pour les avertir des mauvais bruits que Bezery faisoit courir de la pudicité de ladite Bezé ; qu'ils n'étoient point auteurs de ces injures , & nommoient celui qui les avoit dites & proférées , plutôt par charité & amitié , que par aucune animosité qu'ils eussent ensemble ; qu'ils l'avoient assez témoigné , l'ayant dit en particulier & en secret en leur maison. Me. Pinette pour les intimés , dit que c'étoit une diffamation toute entiere de l'honneur de Catherine Bezé , d'autant plus préjudiciable , qu'étant fiancée , cela pourroit empêcher son mariage, ou faire un mauvais ménage entre son fiancé & elle, laissant du soupçon en son esprit & de plusieurs autres personnes.

M. l'avocat général le Bret dit, que les appellans ne se pouvoient pas facilement excuser d'avoir eu intention de diffamer l'honneur de Catherine Bezé, pour empêcher son mariage avec Hulin, auquel ils avoient dit de si mauvaises paroles, & des injures si atroées, dont ils demeuroient d'accord par leur propre déclaration.

LA COUR mit l'appellation & de au néant, évoqua le principal, & y faisant droit, condamna la mere & son fils appellans, de déclarer présentement, que témérairement & comme mal avisés, indiscrétement & méchamment ils avoient dit & proféré les injures dont étoit question, contre l'honneur de ladite Bezé; ordonna que les informations seroient supprimées; les condamna en douze livres à aumôner au pain des prisonniers, & aux dépens, avec défenses de commettre tels actes à peine de punition exemplaire. Le samedi 21 juillet 1618, à l'audience de la tournelle, M. le Jay président.

* Le samedi 21 janvier 1626, fut rendu pareil arrêt au profit d'un cordonnier de Paris & de sa fille, fiancée à Vernas procureur au châtelet, contre un autre procureur du châtelet, qui avoit seulement dit, qu'il avoit oui dire, que si Vernas épousoit cette fille, il porteroit les cornes, plaidans maîtres Rozée & Dolet.

CHAPITRE XL.

Veuve d'un bâtard, donataire de tous ses meubles & acquêts par leur contrat de mariage en la coutume d'Anjou, doit avoir tous les meubles & la moitié des acquêts à titre de communauté, & le tiers de l'autre moitié en vertu de sa donation. Les deux autres tiers sont sujets au droit de bâtardise, & le bâtard n'en a pu disposer ni par son contrat de mariage, ni par un testament qui est déclaré nul. Ce droit de bâtardise ne peut être prétendu par le seigneur haut-justicier de la situation des immeubles; mais pour savoir s'il appartient au roi ou à l'engagiste de son domaine, la cour a appointé.

Nicolas Poussay bâtard, huissier au grand conseil, contractant mariage avec Anne du Bois, lui donne en préciput la somme de six cents livres, & au cas qu'ils n'eussent enfans, lui donne tous ses meubles & acquêts, & stipule son office d'huissier propre. Il fait un testament, par lequel il confirme les avantages & donations faites à sa femme par leur contrat de mariage, & décede sans enfans. Il y eut instance pardevant le bailli de Baugé ou son lieutenant, entre Anne du Bois veuve, le substitut de M. le procureur général à Baugé, Mde. la comtesse de Soissons, engagiste du domaine du comté de Baugé, & le seigneur haut-justicier, en la justice duquel étoit assis la plupart des héritages délaissés par Poussay. Chacune de ces quatre parties prétendoit être son héritier: sur quoi ayant été appointées au conseil, la veuve interjetta appel. Me. Doujat pour l'appellante dit, que ses prétentions étant fondées sur un contrat de mariage bien & valablement contracté & solemnisé, & confirmé par un testament, on ne les lui peut justement contester: le vice de l'origine de son mari ne lui peut point être objecté, un bâtard n'est non plus incapable de mariage qu'un légitime, & de faire tous les avantages & donations qui sont trouvées à propos. Et conclut. Me. Guerin pour le haut-justicier, dit que la coutume d'Anjou prohibe de donner plus que ses meubles & le tiers de ses acquêts immeubles; il n'empêche pas que les présentes conventions matrimoniales jusques à la concurrence des meubles & tiers des immeubles; mais le surplus des biens lui appartient, Poussay étant décédé domicilié en sa haute justice, & la plupart de ses acquêts immeubles y étant situés, conformément

à la disposition de la coutume, par laquelle le haut-justicier succede au bâtard qui n'a disposé, ou qui n'a pu disposer à cause de la prohibition de la coutume. Me. de la Marteliere pour Mde. la comtesse de Soissons, dame par engagement du comté de Baugé, dit que pour la veuve, il n'empêche point pareillement que ses conventions matrimoniales soient accomplies jusques à la concurrence de ce que la coutume permet de disposer: quant au testament il est nul, ayant été reçu par un notaire du ressort du bailliage du Mans, en celui de la sénéchaussée d'Anjou, qui est une nullité notoire, confirmée par les arrêts; quant au prix provenu de la composition de l'office d'huissier, il doit être réputé immeuble, la cour l'ayant ainsi souvent jugé. 1°. Par l'entérinement des lettres royaux obtenues par la veuve du procureur du roi au présidial de Clermont, fondées sur lésion d'outre moitié de juste prix en la composition d'un office, tout de même que si c'eût été un vrai immeuble. 2°. Jugés immeubles, en ce que la cour a déclaré tels deniers provenus de la composition d'un office, sujets au douaire. La veuve ne peut prétendre tels deniers comme meubles au nom acquêts, parce que son mari étoit pourvu de l'office avant son mariage, & par le contrat se l'est stipulé propre. Contre le seigneur haut-justicier, il est vrai qu'il succede au bâtard, *sed tribus tantùm concurrentibus*. 1°. Qu'il soit né & originaire de la justice. 2°. Qu'il y soit domicilié. 3°. Qu'il y soit décédé. Ces trois cas se rencontrant, le seigneur haut-justicier succede au bâtard; *sed altero deficiente*, c'est le roi, auquel Mde. de Soissons ayant le droit, elle doit succéder en sa place. Le droit de Mde. de Soissons est notoire, elle jouit par engagement de tout le comté de Baugé, Poussay y est décédé: par le moyen de l'engagement elle a tous les droits qui appartiennent au roi, excepté ceux qui sont attachés à sa couronne: le droit de bâtardise n'est de cette nature, mais dépend de la jurisdiction, puisque les hauts-justiciers succedent aux bâtards, *beneficio jurisdictionis*. Il n'en est pas de même du droit d'aubaine, *quod jure merè regio competit, & à quo non valet argumentum ad spurios*. Et conclut.

M. l'avocat général le Bret dit, que la veuve prétend légitimement ses conventions matrimoniales, qui doivent être réduites au désir de la coutume: mais pour entendre cette réduction, il faut présupposer que les bâtards n'ont point de propres, parce que les propres procedent de l'estoc & souche dont nous sommes issus & descendus; & les bâtards *nec genus nec gentem cicre possunt*. Ils n'ont donc que meubles & acquêts immeubles, jusques-là qu'un pere ayant donné quatre cents livres de rente à sa fille bâtarde, à la charge que si elle mouroit sans enfans avant l'âge de vingt-cinq ans, elles lui retourneroient, ce cas étant arrivé, le droit de reversion lui fut dénié, & la somme adjugée au roi. D'où s'ensuit que la veuve doit avoir tous les meubles, & moitié des acquêts immeubles, jure societatis, & le tiers en l'autre moitié, jure donationis. Quant au surplus du bien, Mde. de Soissons ne peut le prétendre; ce droit de bâtardise ne lui appartient pas en vertu de son engagement, parce que c'est un droit de supériorité, & non de jurisdiction, semblable à celui d'aubaine inséparable de la couronne. De dire que les seigneurs hauts-justiciers le prennent *jure jurisdictionis, verum est, sed tribus casibus tantùm concurrentibus, & non aliter; quorum altero deficiente, jus istud devolvitur ad regem, jure superioritatis, jure regio*. La raison est, que le roi ne prend ce droit comme comte de Baugé, mais comme roi; ce qui se voit clairement lorsque le roi prend ce droit dans d'autres comtés: car le roi n'a engagé que ce qui dépendoit du comté, & ainsi qu'il l'avoit eu, ou par acquisition, ou par confiscation, ou autrement. Or, il est certain que celui qui l'a vendu, donné ou confisqué, n'avoit point ce droit; conséquemment il ne pouvoit appartenir à Mde. la comtesse de Soissons, mais au roi.

LA COUR sans avoir égard au testament, adjugea à la veuve les meubles & la moitié des acquêts immeubles , & fur l'autre moitié le tiers , & le tiers des deniers provenus de la compoſition de l'office d'huiſſier ; & adjugea le ſurplus deſdits acquêts qui ſe trouveroient dans la juriſdiction du ſeigneur haut-juſticier , audit ſeigneur ; & au regard du roi & de Mde. de Soiſſons , appointa au conſeil ; le 24 juillet 1618.

☞ L'arrêt que vient de rapporter M. Bardet , donne lieu à une obſervation , que je crois être importante à faire ici.

Dans l'extrait qu'il rapporte du plaidoyer de M. l'avocat général le Bret , il dit après ce magiſtrat , que les ſeigneurs hauts-juſticiers dans la coutume d'Anjou , prennent les meubles & acquêts des bâtards décédés dans leur juſtice ; mais que ce n'eſt que lorſque le concours des trois cas ſe rencontre. Voici ſes termes : *De dire que les ſeigneurs hauts-juſticiers prennent le droit de bâtardiſe , jure juriſdictionis , verum eſt ; ſed tribus caſibus tantùm concurrentibus & non aliter.*

Selon ce principe , que l'on met dans la bouche d'un illuſtre magiſtrat , ne ſembleroit-il pas que les ſeigneurs ne pourroient uſer du droit de bâtardiſe que leur confèrent les articles 41 & 343 de la coutume d'Anjou , que dans les circonſtances du concours des trois cas : ſavoir , lorſque le bâtard eſt né , domicilié & décédé dans leur juſtice ? Et cette maxime pourroit être adoptée d'autant plus facilement , qu'elle paroît rappellée par un arrêt du 9 mai 1716 , cité au chap. 27, du liv. 6. du tom. 6. du journal des audiences , qui porte en termes précis: *La ſucceſſion des bâtards appartient au roi privativement , aux ſeigneurs en Bretagne , lorſque les trois cas de la naiſſance , du domicile & de la mort du bâtard , dans l'étendue de la juſtice des ſeigneurs , ne concourent pas en leur faveur.*

A la vue d'un pareil texte , & d'après le principe poſé par M. l'avocat général le Bret , il n'y a perſonne qui ne crût effectivement que l'arrêt du 9 mai 1716 , a jugé *in terminis* , qu'il falloit le concours des trois cas , dans la coutume de Bretagne , pour mettre le ſeigneur haut-juſticier , dans le cas de profiter de la ſucceſſion du bâtard.

Cependant ſi l'on examine cet arrêt avec attention , on verra que s'il adjugea du roi la ſucceſſion de Charlotte Marivaut , préférablement au ſeigneur , ce ne fut point le défaut de concours des trois cas , mais par le défaut de domicile de dix années , requis expreſſément par l'article 175 de la coutume de Bretagne , pour que le ſeigneur puiſſe hériter du bâtard.

Mais cet arrêt étant rendu dans une coutume que l'on ne peut aſſimiler tout-à-fait à celle d'Anjou , & ne décidant pas nettement la queſtion , il convient d'en rapporter un autre tout récemment rendu , qui juge *in terminis* , que dans les coutumes d'Anjou & du Maine (dont les diſpoſitions ſont tout-à-fait ſemblables) le ſeigneur peut hériter du bâtard ſans le concours des trois cas.

La cout. du Maine , art. 48 , de même que celle d'Anjou , art. 41 & 343 , défèrent les biens meubles des bâtards , qui décèdent ſans hoirs aux ſeigneurs , à chacun , pourtant qu'ils en ſont tenus dans leur ſeigneurie. La coutume n'exige aucun cas , & s'exprime dans les termes que nous venons de rapporter ſans aucune condition.

Marie Duclos , née d'un commerce illégitime , parvenue à un âge avancé , réſolut de ſe retirer en province , pour y jouir avec plus d'aiſance , de la fortune que ſes talens dans la muſique lui avoient procuré. Elle vint s'établir à Vivoin , province du Maine , dont M. l'abbé d'Evry étoit ſeigneur , en qualité de prieur commendataire de ce bourg , où elle décéda , après un domicile de pluſieurs années.

Il eſt bon d'obſerver que quelque tems avant ſa mort , elle fit un teſtament , par lequel après quelques legs pieux , elle nomma Anne Jarroſſay ſa femme de chambre , légataire univerſelle de ſes meubles & effets.

Le Sr. Jean-Joſeph-Michel Couppard , receveur des domaines & bois , inſtruit du décès & de la qualité de Marie Duclos , ne tarda pas à faire ſes diligences ,

pour ſe procurer ſa ſucceſſion ; & ſans s'embarraſſer de la conteſtation qui s'étoit élevée , entre M. l'abbé d'Evry , la Jarroſſay & la dame de Teſſé , devant le juge de Beaumont-le-Vicomte , il obtient le 26 ma 1752 une ordonnance des tréſoriers de France de la généralité de Tours , par laquelle il fit adjuger cette ſucceſſion au roi , par droit de bâtardiſe , & fit rendre au même ſiege le 26 octobre ſuivant , une premiere ſentence par défaut contre M. l'abbé d'Evry , par laquelle , avant faire droit , il fut dit , qu'à la *requête du procureur du roi , pourſuite & diligence du Sr. Couppard , il ſeroit procédé à la vente des meubles , & effets dépendans de la ſucceſſion de ladite Duclos , en la maniere accoutumée , pour les deniers en provenans être apportés à la caiſſe du receveur général , pour enſuite être diſtribués , ainſi qu'il appartiendroit.*

Comme cette ſentence portoit , qu'elle ſeroit exécutée par proviſion , vu qu'il s'agiſſoit d'une ſucceſſion dévolue au roi par droit de bâtardiſe , il fut procédé à la vente des meubles & effets de ladite Duclos , & le 16 décembre 1754 , il fut rendu une ſeconde ſentence également par défaut contre M. l'abbé d'Evry , par laquelle *après l'avoir débouté de l'oppoſition par lui formée aux ſcellés appoſés ſur les effets de ladite Duclos , & de toutes les prétentions qu'il y pouvoit avoir , il fut jugé*

» 1°. Qu'attendu que ladite Duclos ne laiſſoit » aucuns immeubles , le legs mobilier par elle fait » à la Jarroſſay demeureroit réduit à moitié , de ſon » conſentement ; ſur lequel pied ledit teſtament de- » meureroit homologué , pour être au ſurplus exé- » cuté ſelon ſa forme & teneur.

» 2°. Que le produit du total de ladite ſucceſſion » demeureroit fixé à la ſomme de 4408 liv. 10 ſols , » ſur laquelle ſomme demeureroit diſtraite , 1°. celle » de 1016 liv. 7 ſols 3 deniers , pour les dettes de la » ſucceſſion , les frais d'appoſition , & de reconnoiſ- » ſance de ſcellé , inventaire , vente & autres frais » pour parvenir , ceux des recouvremens , frais fu- » néraires , & legs pieux , portés audit teſtament ; » 2°. celle de 36 liv. pour les frais & débourſés faits » par le Sr. Leſieur , en qualité de procureur du roi » au ſiege royal de Baumont-le-Vicomte ; 3°. celle » de 25 liv. 12 ſols 2 deniers , pour autres frais faits » par le Sr. Leſieur ; 4°. celle de 109 liv. 17 ſols 5 » deniers , pour les frais de pourſuite & diligence , » faits par le Sr. Couppard ; 5°. celle de 42 liv. 1 » ſol 6 deniers , pour les frais faits par la Jarroſſay ; » 6°. celle de 33 liv. 5 ſols pour le prix de 46 bou- » teilles de verre remplies de vin , faiſant l'équivalent » de pareille quantité conſommée par ladite Jarroſ- » ſay : au moyen de toutes leſquelles diſtractions » montantes à la ſomme de 1163 liv. 3 ſols 4 deniers , » déduite ſur celle de 4408 liv. 10 ſols , produit de » ladite ſucceſſion ; il ne reſtoit plus que celle de » 3144 liv. 17 ſols 6 deniers de laquelle derniere » ſomme , il fut dit qu'il en appartiendroit , & ſe- » roit payé à la Jarroſſay légataire , par le Sr. Coup- » pard , celle de 1572 liv. 8 ſols 9 deniers , pour lui » tenir lieu du legs univerſel à elle fait par ladite » Duclos.

» 3°. Que le coût de la ſentence , & ſignification » d'icelle , ſera porté par moitié entre le Sr. Coup- » pard , & ladite Jarroſſay.

» 4°. Enfin , qu'à l'égard du ſurplus de ladite ſuc- » ceſſion , montant à la ſomme de 1605 liv. 13 ſols » 9 deniers , qu'il ſeroit compté par le receveur ſui- » vant le dû de ſa charge.

M. l'abbé d'Evry ſe pourvut en la cour contre ces ſentences , en ce qui concernoit le Sr. Couppard , & fit connoître que Marie Duclos étant décédée dans a-ſeigneurie de Vivoin , régie par la coutume du Maine , ſa ſucceſſion mobiliaire lui étoit dévolue en ſa qualité de ſeigneur moyen juſticier , ſauf la partie dont elle avoit pu diſpoſer aux termes de la coutume du Maine.

Le Sr. Couppard ne manqua pas d'oppoſer le défaut de concours des trois cas. Il convint bien , que ladite Duclos étoit décédée , & domiciliée dans la cout. du Maine ; mais il ſoutint en même tems qu'elle n'y avoit pas pris naiſſance ; que par conſéquent ce défaut empêchoit M. l'abbé d'Evry de profiter des

1618. avantages que lui préfentoit la cout. du Maine, qui ne pouvoit avoir d'effet au préjudice du roi, qu'autant que les bâtards étoient nés & décédés domiciliés dans la juſtice du ſeigneur.

Me. Delpech défenſeur du Sr. Couppard, fit même un mémoire dans lequel il prétendit prouver, que le concours des trois cas étoit abſolument néceſſaire, & établit que les coutumes ne pouvoient préjudicier au roi ; que le concours des trois cas étoit une circonſtance conditionnelle ; à la faveur de laquelle, le roi avoit bien voulu déroger au droit de bâtardiſe, en faveur des ſeigneurs, & qu'à défaut de ces trois circonſtances réunies, dans quelques coutumes que ce fût, & malgré leurs diſpoſitions, les ſeigneurs juſticiers ne pouvoient ſuccéder aux bâtards décédés ſans hoirs au préjudice du roi.

Après nombre d'autorités, & une diſſertation très-ſavante, Me. Delpech invoqua l'arrêt du 9 mai 1716, dont nous venons de parler, & il dit dans un mémoire imprimé, qu'il étoit d'autant plus facile d'établir que la ſucceſſion des bâtards, hors le concours des trois cas, appartenoit au roi ſeul, ſelon une ancienne ordonnance de 1372, que cette maxime étoit conſacrée par un arrêt du 9 mai 1716, qui ne permettoit plus d'en douter. Voici les termes dans leſquels il rapporte le fait ſur lequel étoit intervenu cet arrêt.

» Il s'agiſſoit de la ſucceſſion d'une bâtarde décé-
» dée en Bretagne : le ſeigneur la prétendoit au pré-
» judice d'un donataire du roi, qui réclamoit en ſa fa-
» veur la regle des trois cas. On convenoit qu'ils ne
» ſe trouvoient pas réunis dans l'eſpece ; mais les états
» de la province ſe joignirent au ſeigneur, pour faire
» valoir une diſpoſition de la coutume, pareille à
» celle du Maine. Cependant la ſentence qui avoit
» adjugé la ſucceſſion au donataire du roi, fut con-
» firmée.

Contre ces moyens, M. l'abbé d'Evry (j'écrivois pour lui) oppoſa au Sr. Couppard, & contre la loi générale qu'il invoquoit, la diſtinction qu'il falloit faire entre les ſucceſſions des bâtards, échues dans des coutumes telles que celles d'Anjou & du Maine, d'avec d'autres dont les diſpoſitions étoient différentes ou muettes ; qu'il n'y avoit que les ſeules coutumes de Chaulny & de Valois, qui attribuaſſent textuellement au roi le droit de ſuccéder aux bâtards dans tous les cas.

Il prouva que le roi ſuccédoit également aux bâtards dans les cout. de Vitry-le-François & de Meaux, *pourvu qu'ils ne fuſſent pas nés des femmes de corps des ſeigneurs* ; & qu'enfin la cout. de Melun avoit laiſſé la queſtion indéciſe entre le roi & les ſeigneurs.

M. l'abbé d'Evry démontra enſuite, que le roi ayant fait rédiger la cout. du Maine & d'Anjou, & celles qui portoient de ſemblables diſpoſitions, ſous les yeux de ſes commiſſaires, & les ayant fortifiées de l'enrégiſtrement de ſes cours ſouveraines ; il avoit entendu conſerver aux ſeigneurs hauts-juſticiers de ces coutumes les prérogatives & avantages dont ils jouiſſoient avant la réduction de ces coutumes.

Il préſenta en même tems, l'eſpece de tous les arrêts qui avoient déféré les ſucceſſions des bâtards depuis 1545, juſqu'en 1758 tant au roi qu'aux ſeigneurs ; & il prouva que toutes les fois que l'on avoit adjugé au roi les ſucceſſions des bâtards dans des circonſtances, ou le concours des trois cas ne s'étoit pas rencontré ; ç'avoit été parce que leurs ſucceſſions ne s'étoient pas trouvées ouvertes dans des coutumes, ou ce droit fût accordé au ſeigneur, ſans le concours d'aucunes circonſtances, & que toutes les fois que la queſtion s'étoit préſentée dans des coutumes qui portoient des diſpoſitions ſemblables à celles du Maine & d'Anjou, les ſucceſſions avoient été adjugées aux ſeigneurs au préjudice des receveurs des domaines du roi, ou de ſes donataires.

Quant à l'arrêt du 9 mai 1716, il prouva par l'extrait de l'affaire rapportée au journal des audiences, que le texte que Me. Duchemin avoit donné à cet arrêt, n'étoit pas conforme à ſes diſpoſitions, & que ſi par ce jugement le parlement de Paris avoit déféré la ſucceſſion de Charlotte Marivaut contre le ſeigneur de St. Gilles, au Sr. Pignan donataire du roi ; ce n'avoit pas été à cauſe du défaut du concours des trois

cas, mais à cauſe du défaut de domicile de ladite Marivaut pendant dix ans, lequel étoit exigé expreſſément par l'art. 475 de la coutume de Bretagne, dans le reſſort de laquelle elle étoit décédée, peu de tems après ſon arrivée ; de maniere que la cour n'avoit point jugé la néceſſité du concours des trois cas dans la coutume de Bretagne, mais ſeulement celle du domicile effectif pendant dix années entieres & conſécutives, & qu'attendu que ladite Charlotte Marivaut n'avoit pas eu à St. Malo un domicile de 10 ans, le Sr. Hyacinthe de Viſdeloup ſeigneur de St. Gilles, en vertu de la coutume de Bretagne, n'avoit pu ſe dire ſaiſi de la ſucceſſion de ladite Marivaut.

Ce fut d'après ces moyens reſpectifs, & des mémoires imprimés de part & d'autre, que par arrêt du 19 août 1758, rendu au rapport de M. l'abbé le Noir, la cour en infirmant les ſentences du bureau des finances des 6 octobre 1751 & 16 décembre 1754, adjugea à M. l'abbé d'Evry, en ſa qualité de ſeigneur moyen juſticier de Vivoin, la ſucceſſion de Marie Ducloſs, le legs par elle fait à la Jarroſſay préalablement payé, conformément aux réſerves coutumieres, & condamna le Sr. Couppard en tous les dépens.

D'après cet arrêt rendu ſur les principes, l'on ne doit donc plus douter, que dans les coutumes qui n'exigent en aucune maniere le concours des trois cas, pour déférer aux Seigneurs juſticiers la ſucceſſion des bâtards décédés dans leurs juſtices, à chacun, pour ce qui en eſt en leur ſeigneurie, toutes les fois que les bâtards décedent dans leur juſtice, la ſucceſſion de ces bâtards leur eſt dévolue, quand même ils ne ſeroient pas nés dans leur reſſort & qu'il ſuffit qu'ils y euſſent acquis un domicile certain, lorſque les coutumes l'exigent.

On croit qu'il n'eſt pas hors de propos d'obſerver, que dans le nombre des coutumes du royaume, il n'y en a que dix-ſept, qui déferent la ſucceſſion du bâtard au ſeigneur ſans aucune condition ;

Qu'il n'y en a que quatre qui exigent le concours des trois cas ;

Qu'il n'y en a que deux qui exigent que le bâtard ſoit né & décédé dans la juſtice ;

Qu'il n'y en a qu'une qui défere les meubles au ſeigneur, & les autres biens au roi ;

Qu'il n'y en a que deux qui attribuent au roi, le droit de ſuccéder aux bâtards (morts ſans enfans) dans l'univerſalité de leurs biens, & dans tous les cas ;

Qu'il n'y en a que deux qui accordent la même choſe, pourvu que les bâtards ne ſoient pas nés des femmes de corps des ſeigneurs ;

Et enfin une ſeule qui laiſſe la queſtion indéciſe entre le roi & les ſeigneurs haut-juſticiers.

Coutumes qui déferent la ſucceſſion du bâtard au ſeigneur juſticier ſans aucune condition, rangées par ordre alphabétique.

Amiens		art. 251.
Anjou		art. 41 & 243.
Artois		art. 9.
Beauquene		art. 1.
Berry	tit. 19.	art. 29.
Boulonnois		art. 21.
Bretagne		art. 473, 474 & 475.
Cambray	tit. 12.	art. 12.
Clermont en Beauvoiſis		art. 153.
Hainault	chap. 124.	art. 4 & ſuivans.
Le Maine		art. 48.
Metz ville & cité.		art. 29.
Montreuil		art. 1.
Nivernois	tit. 34.	art. 23.
Peronne		art. 4.
Ponthieu		art. 16.
Sens		art. 30.

Coutumes qui exigent le concours des trois cas.

Châlons		art. 13.
Laon	tit. 1.	art. 4.

Rheims

Rheims . . . . art. 335.
Touraine . . . . art. 321.

Coutumes qui en accordant la succeßion du bâtard au seigneur justicier, n'exigent que la naissance & le décès.

Grand Perche . . . . . . art. 17.
Mantes . . . . . chap. 15. art. 177.

Coutume qui attribue aux seigneurs les héritages des bâtards mouvans d'eux & décédés sans enfans, tandis qu'elle défere les meubles & autres biens au roi.

Bordeaux . . . . art. 73.

Coutume qui attribue au seigneur les héritages des bâtards, s'ils n'ont été légitimés par le roi, ou qu'ils n'aient point d'enfans procréés en loyal mariage.

Normandie . . . . . . art. 147.

Coutumes qui attribuent au roi le droit de succéder aux bâtards décédés sans enfans, dans l'universalité de leurs biens, & dans tous les cas.

Chaulny . . . . art. 46.
Vallois . . . . . tit. 1. art. 3.

Coutumes qui déferent au roi la succeßion des bâtards décédés sans enfans, à moins que les bâtards ne soient nés des femmes de corps des seigneurs, auquel cas ils y succedent.

Meaux . . . . art. 30.
Vitry-le-François . . . . art. 1.

Coutume qui laisse la question indécise entre le roi & le seigneur.

Melun . . . . art. 301.

Il est bon d'observer, relativement à cette derniere coutume, que lors de la rédaction du procès-verbal, les officiers royaux soutinrent, que le concours des trois cas devoit avoir lieu, mais que les commissaires ordonnerent, que par provision l'article 301 demeureroit pour coutume.

CHAPITRE XLI.

Imputation non exprimée par une quittance, se fait de droit in duriorem causam.

Leonard Barbot en 1605 prête soixante-quinze livres à Pierre Jouard, qui lui en passe obligation solidaire avec sa femme : au mois de mars de la même année 1605, Barbot leur prête encore quarante livres, dont ils lui passent aussi obligation solidaire : au mois de juillet de la même année, Jean le Long prête aussi à Jouard & à sa femme la somme de trois cents livres, de laquelle ils lui consentent obligation solidaire. En 1609 Barbot leur prête encore trois cents livres, sans préjudice d'autres dettes, & Jouard s'oblige seul. En 1612 Jouard paye cent livres à Barbot, lequel lui en baille quittance pure & simple sur & tant moins de ce qu'il lui devoit. En 1617 les biens de Jouard & de sa femme sont saisis, criés & adjugés : Barbot s'oppose afin d'être mis en ordre pour ses obligations de 1605 & 1609. Jean le Long s'oppose pareillement pour la somme de trois cents livres, suivant son obligation de 1605. Par sentence d'ordre Barbot est colloqué & mis en ordre pour les deux obligations de 1605 avant le Long, lequel en interjette appel. Me. Desmarets pour l'appellant dit, que l'intimé demeurant d'accord qu'il a reçu la somme de cent livres sur & tant moins de ce qui lui étoit dû par Jouard & sa femme,

il faut nécessairement imputer cette somme sur les deux premieres obligations de 1605, pour raison desquelles par conséquent l'intimé n'a pu être colloqué & mis en ordre, parce que c'est une maxime certaine en droit, que *solutio in duriorem & graviorem causam imputatur ipso jure*, si le débiteur ou le créancier ne l'ont autrement exprimé. *L.* 1. *L.* 4. *L. Si quid ex famosâ. L. Cùm ex pluribus. De solution. L.* 1. *c. eod.* Or en l'hypothese, les obligations de 1605 sont plus grieves & plus rudes que celle de 1609, parce qu'en celles-là le mari & la femme sont obligés par corps, ce qui n'est point en celle de 1609. L'intimé rapporte maintenant une certaine quittance, mais qui est sous écriture privée, & n'est aucunement considérable, non plus que son papier journal, où il a inféré que le payement de cent livres étoit en déduction de l'obligation de 1609 & non de celles de 1605. Et conclut. Me. Richelet pour l'intimé dit, qu'il a reçu cent livres de la femme de son débiteur, laquelle n'a point déclaré sur quelle obligation elle imputoit ce payement : il a fait l'imputation par sa quittance, ayant dit que ce payement étoit sur & tant moins de trois cents livres dues par l'obligation de 1609. L'intimé n'a pu faire cette déclaration, suivant la disposition du droit, *L.* 1. *& L. Cùm ex pluribus. De solution.* La faculté est déférée au créancier, faute d'avoir imputé par le débiteur : sa quittance est confirmée par ce qu'il en a écrit en son livre journal, où l'on n'auroit point pu ajouter cette imputation, attendu la multitude d'affaires qu'il y a écrites. L'obligation de trois cents livres est *in graviorem causam*, & plus grande somme que celle de cent quinze livres seulement. La faculté donnée par la loi au débiteur d'imputer le payement qu'il fait, *in quam causam voluerit*, ne se peut étendre & donner à aucune autre personne qu'au débiteur, & nullement à un étranger tel qu'est l'appellant créancier de débiteur commun, ainsi qu'a remarqué la glose *in d. L.* 1. *in verb. Quis. De solution.* Et par ces moyens conclut.

LA COUR mit l'appellation & ce au néant ; émendant, ordonna que Jean le Long appellant seroit colloqué & mis en ordre auparavant ledit Barbot, qui seroit tenu d'imputer les cent livres sur les obligations de 1605, & le condamna aux dépens. Le lundi 6 août 1618, M. le premier président de Verdun prononçant.

CHAPITRE XLII.

Bénéficier juge n'encourt irrégularité pour avoir condamné au fouet.

Maître Jacques Arroger, procureur & commissaire au châtelet de Paris, & juge de Gentilly, pourvu du prieuré de St. Jean le Vivier-lez-Beauvais, en 1616, condamna le valet d'un plombier qui avoit dérobé & vendu du plomb, travaillant en la maison de M. le président Chevalier à Gentilly, à être battu de verges en la prison, & fustigé sous la custode par l'exécuteur de la haute-justice ; ce qui fut ainsi exécuté. Me. Jean Huchet prêtre & possesseur de plusieurs bénéfices, obtient un dévolut en cour de Rome sur le prieuré de St. Jean le Vivier, fondé sur l'incapacité & irrégularité d'Arroger, encourue par la sentence de condamnation au fouet, qu'il avoit renduë : en vertu du dévolut Huchet prend possession du bénéfice, & fait assigner Arroger pardevant le bailli de Beauvais ou son lieutenant : Arroger auroit décliné & demandé son renvoi pardevant le prévôt de Paris : sentence intervient, par laquelle la recréance du prieuré est adjugée à Huchet dévolutaire, dont Arroger interjette appel. Me. le Noir pour l'appellant, dit qu'il est pourvu du prieuré en question dès l'an 1598, & depuis en a paisiblement joui. L'intimé est un crocheteur de bénéfices ; il a eu envie d'empiéter celui de l'appellant, sous prétexte de ce qu'il a condamné un garçon à être

battu de verges ſous la cuſtode. Il eſt vrai que l'é-
gliſe *non novit ſententiam ſanguinis*, *cap. ſententiam ſanguinis*, *ext. Ne clerici vel monachi. & can.
His à quibus.* 23. q. 8. & ſuivant le concile de
Tolede & autres diſpoſitions canoniques. Mais il y
a bien de la différence entre une ſentence portant
condamnation de mort, mutilation de membres,
banniſſement, ou telle autre peine corporelle, &
une condamnation à être ſimplement/fiſtigé & battu
de verges. La premiere condamnation eſt interdite
aux eccléſiaſtiques, & tous les conciles, chapitres
& canons qui ſe trouvent dans le droit canon,
s'entendent de cette premiere condamnation de
mort, ou autre ſemblable ; mais la ſentence de
condamnation au fouet n'eſt point interdite &
prohibée par la diſpoſition du droit canon, *cap.
In archiepiſcopatu. De raptor.* où le pape dit : *Con-
ſultationi tuæ reſpondentes, quòd tales in juriſdic-
tione tuâ exiſtentes, pecuniariâ poteris pœnâ mulctare,
& etiam flagellis afficere, eâ moderatione adhibitâ,
quòd flagella in vindictam ſanguinis tranſire minimè
videantur.* Et au canon *Circumcelliones.* 23. q. 5. qui
eſt de St. Auguſtin, il eſt dit : *Virgarum verberibus
confeſſionem eruiſti.* Et St. Auguſtin ajoute, que *in
judiciis ſolet ſæpe ab epiſcopis adhiberi.* Et au canon
Fraternitas. 12. qu. 2. *ubi dicitur, fures verberibus eſſe
puniendos.* Et *can. Reos.* 23. q. 5. *can. Cùm beatus.
diſt.* 45. & pluſieurs autres, par leſquels il eſt
clairement prouvé que la condamnation au fouet
eſt une peine canonique, permiſe & reçue par l'é-
gliſe, parce que c'eſt plutôt une correction paternelle & charitable, qu'une peine grave. Il a été jugé
par les arrêts, que les juges eccléſiaſtiques peuvent
condamner à la queſtion, & appliquer à la torture,
ſuivant la diſpoſition du chapitre I. *extra. de de-
poſito.* & de *Joa. Galli. qu.* 294. La ſentence rendue
par l'appellant eſt pleine de retenue, ayant ſimplement ordonné que ce garçon convaincu de larcin
ſeroit battu de verges ſous la cuſtode en la priſon :
cela s'exécutant *inter privatos parietes*, il n'en pouvoit naître aucun bruit ni ſcandale ; de plus, cette
ſentence, quoique rendue & ſignée de l'appellant,
n'a pas néanmoins été exécutée, la peine ayant été
remiſe à ce garçon à cauſe de ſon jeune âge. Et
conclut à ce que l'appellant fût maintenu & gardé
en la poſſeſſion de ſon prieuré. Me. Mauguin pour
Huchet intimé dit, que les qualités de l'appellant
ſont conſidérables, il eſt procureur au châtelet &
commiſſaire au même ſiege, juge de Gentilly, &
encore prieur de St. Jean le Vivier-lez-Beauvais,
derniere qualité du tout incompatible avec les trois
premieres, par le moyen deſquelles il eſt tellement
embarraſſé dans les affaires du monde, qu'il néglige
entiérement ce qui peut être du ſervice divin & de
la conſervation de ſon bénéfice, duquel il s'eſt lui-
même dépouillé & rendu indigne par la ſentence
qu'il a rendue, portant condamnation au fouet par
l'exécuteur de la haute-juſtice. Il n'y a point de
doute que cette ſentence n'emporte irrégularité
contre l'appellant, & ne le déclare privé & déchu
de ſon bénéfice, parce que l'égliſe a l'effuſion de
ſang en telle horreur, qu'elle ne veut point que ſes
miniſtres y touchent aucunement. Les textes du
droit canon ſont communs pour la preuve de cette
maxime. *Cap. Sententiam ſanguinis. Cap. Clericis.
ext. Né clerici vel monachi. Clericis agitare judicium
ſanguinis non licet. Cap. Ex literis. De exceſſu Prælat.
Cap. Ad audientiam. De crimine falſi. Cap. Præterea.
De Clerico percuſſöre.* Parce que l'égliſe *vocis con-
demnatione & anathemate potiùs quàm gladio punit
delinquentos.* Elle a l'effuſion de ſang en telle horreur,
qu'elle prohibe même la médecine & la chirurgie
à ſes miniſtres. *Ne clerici vel monachi ullam chirurgiæ
artem exerceant. cap.* 9. *Ne clerici vel mon. can. Reos.*
23. q. 5. *Reos ſanguinis eccleſia defendat, ne effu-
ſione eorum ſanguinis eccleſia particeps fiat.* Et Tertullien dit, que *maluit eccleſia ſuffundere ſanguinem,
quàm effundere.* Elle aime mieux faire monter le
ſang au viſage par une marque de crainte & de
vraie contrition, que le répandre par une juſte
punition. Le chapitre *in archiepiſcopatu* ſur la diſpoſition duquel l'appellant appuye ſa cauſe, s'en-

tend d'une correction domeſtique, d'une caſtigation
légere de l'abbé, ou autre ſupérieur envers ſon novice,
envers ſon moine, ſur lequel il a ce pouvoir : encore
la gloſe de ce chapitre a tellement peur de cette correction, quoique privée & particuliere, qu'elle ajoute
ces mots, *modò flagella ad ſanguinem non proce-
dant.* Mais ce chapitre ne s'entend en façon quelconque d'une ſentence, d'une condamnation publique & exemplaire emportant avec ſoi une infamie perpétuelle. Les condamnations au fouet contiennent ordinairement ces mots, *juſques à effuſion
de ſang* ; qui eſt omis, eſt cenſé exprimé,
parce qu'il eſt difficile de paſſer par les mains de
l'exécuteur de la haute-juſtice, que le ſang ne ſoit
répandu ſur le pavé ; auſſi telles ſentences portant
condamnation au fouet, ſont entre celles qui infli-
gent peines corporelles, & dont l'appel ſe releve directement au parlement, ſuivant l'ordonnance. Par
la diſpoſition du droit canon, il eſt certain que
clerici non poſſunt inſiigere pœnam corporalem, telle
qu'eſt le fouet. *L.* 7. *de pœnis.* L'appellant avoit
bien reconnu ſa faute, parce qu'il a obtenu un
reſcrit en cour de Rome, portant abſolution de
l'irrégularité qu'il avoit encourue par le moyen de
cette ſentence portant condamnation au fouet,
véritablement exécutée par le maître des œuvres
de la haute-juſtice, duquel l'intimé rapporte la quittance ; ce qui montre évidemment que cette ſentence
eſt une peine grave, puiſque l'exécution en a été
faite par celui qui ſeul met les ſentences de mort
à exécution. Et par ces moyens conclut à ce que
l'intimé fût maintenu au prieuré.

M. l'avocat général Servin dit, que ce n'eſt pas
la regle de l'égliſe ni des apôtres, qui décide la
cauſe, mais une diſtinction faite par M. Deſpenſe
grand perſonnage : *Quid clerico in cauſâ ſanguinis
liceat* ? Il faut faire grande diſtinction entre la flagellation publique, infamante, & juſques à la vraie
effuſion de ſang, comme celle dont on uſa envers
Notre-Seigneur, laquelle eſt entiérement interdite
& prohibée aux prêtres & miniſtres de l'égliſe :
Levitis non licet interficere quemquam ; & entre la
flagellation privée, domeſtique, ſecrette, qui eſt
plutôt une admonition, une correction, qu'une
peine & ſupplice, comme celle en queſtion, qui eſt
une flagellation dans la priſon, ſous la cuſtode,
inter privatos carceres, dont il ne pouvoit naître aucun ſcandale. Il faut prendre & apprendre cette
diſtinction, non point du ſexte, ni d'autres conſtitutions canoniques, mais bien du concile d'Auxerre,
tenu ſous le pape Deodatus en l'an 680, au canon
Si in trepallio, l'eſtrapade, *in torturâ, vel tornea-
mentis*, plus beau que tout ce qu'on ſauroit alléguer des conſtitutions canoniques ; comme auſſi
du concile de Meaux cité par M. Deſpenſe, où
les eccléſiaſtiques peuvent condamner à l'eſtrapade.
En l'ordre de Citeaux ils peuvent condamner au banniſſement & aux galeres, & tous les jours le pratiquent, & condamnent au fouet, où il y va de
juſtice & police eccléſiaſtique & monachale. En
la loi *Quia inter. Cod. Theod. de epiſcopis*, &c.
il eſt parlé *de clericis parabolanis*, & eſt dit : *ut
nihil haberent cum publicis actionibus.* Ce qui confirme la diſtinction & différence d'entre la diſcipline
& la vindicte publique, & la diſcipline privée &
domeſtique, telle qu'eſt celle portée par la ſentence rendue par l'appellant, auquel il n'y a point
d'apparence d'ôter ſon bénéfice, pour le donner à
un dévolutaire joint en un trop grand nombre, & qui
ne les mérite nullement.

LA COUR mit les appellations & ce dont
étoit appel, au néant, évoquâ le principal, &
y faiſant droit, ſans avoir égard aux fins, demandes
& concluſions de Huchet dévolutaire, maintint &
garda en tant que de beſoin Arroger appellant en
la poſſeſſion & jouiſſance du bénéfice contentieux,
fruits, profits, revenus & émolumens ; & condamna
ledit Huchet intimé à rendre & reſtituer ceux qu'il
auroit pris & perçus, ſans dépens, dommages ni
intérêts. Le mardi 7 août 1618, M. de Verdun
premier préſident prononçant.

* Mornac ſur la l. 17. *Cod. ex quib. cauſ. infam.*

irrogat. & Brodeau , *lett.* B. *fomm.* 1. citent le même arrêt.

CHAPITRE XLIII.

Enfant donataire du pere d'une fomme de deniers , qui renonce à fa fucceffion , dans la coutume du Maine , n'eft tenu au rapport envers les créanciers antérieurs à fa donation.

LA coutume du Maine en l'art. 346 porte expreffément , que fils ou fille donataires de leur pere , ne peuvent renoncer à fa fucceffion fans rapporter ce qu'ils ont eu par donation. Jean Blan , du Mans , en 1605, ayant emprunté fix cents livres de Jacques Gordes, deux mois après , marie Catherine Blan fa fille , & lui conftitue la fomme de mille livres en dot. Jean Blan étant décédé peu après, Jacques Gordes fait affigner fa veuve & fa fille, pour être payé de fix cents livres qu'il avoit prêtées à Blan. La veuve dit pour défenfes, qu'elle a renoncé à la communauté d'entre fon défunt mari & elle , partant qu'elle n'eft point tenue de la dette. La fille dit auffi , qu'elle a renoncé à la fucceffion de fon pere , & qu'elle n'en eft pareillement tenue. Le créancier foutint que la fille ne peut renoncer qu'en rapportant les mille livres que fon pére lui avoit conftituées en dot , & qu'elle avoit foutenu au contraire , que fon pere lui ayant donné une fomme mobiliaire , renonçant à fa fucceffion , elle n'eft point tenue de la rapporter. Sur quoi MM. des requêtes du palais rendent leur fentence , par laquelle fur la demande du rapport des mille livres demandées à Catherine Blan , ils mettent les parties hors de cour & de procès , dont Gordes interjette appel. Me. Tillier pour l'appellant dit , que la coutume , toute fage & prudente , ayant prévu les fraudes & tromperies qui fe commettent tous les jours par des peres qui marient avantageufement leurs enfans aux dépens d'autrui, pour obvier à telles fraudes, avoit enjoint le rapport des chofes données , quoique les enfans renoncent aux fucceffions de leurs peres ; & pour retrancher la diftinction trop fubtile qu'on avoit inventée , que ce rapport ne fe doit faire qu'entre cohéritiers , & non point au profit des créanciers , la coutume a ajouté que ce rapport fe fera par ordonnance de juftice : d'où réfulte , que le rapport fe fait *inter extraneos auctoritate judicum ad id cogendos.* L. 1. *de collat. dot.* & qu'il a été ainfi jugé in *individuo* par arrêt rendu au profit d'un créancier précédant le mariage de la fille condamnée à rapporter fa dot au rapport de M. de Vertamon. Me. Brodeau pour l'intimée dit , que la coutume du Maine eft rude & inhumaine , contraire à toutes les loix & conftitutions , qui ne dépouillent pas les enfans pour enrichir des créanciers. L. 1. *fi cert. pet.* L. 2. *quod cum eo. ubi fifcum creditorem , qui innumeris gaudet privilegiis , repellimus , retentâ donatione.* Tertul. *in Apol.* d'Amb. de Tob. dit : *Impium calamitatis teneri hæredes , qui fraudis non fuerunt participes.* Il faut reftraindre cette coutume comme une barbare , & la renfermer étroitement dans fon hypothefe , qui s'entend feulement entre cohéritiers , & ne l'étendre pas au préjudice des enfans pour favorifer des étrangers. Pour connoître qu'elle parle feulement du rapport entre cohéritiers , il en faut confidérer la caufe impulfive & finale, qui n'eft autre que l'égalité , qu'elle defire conferver entre les enfans , *quibus commune parentum votum effe debet , ut eorum exæquetur conditio.* L. *Si ita.* De *condit. & demonftr.* La feule confidération des enfans a donné lieu à l'article de la coutume , & nullement celle des créanciers , comme tient Me. René Chopin *lib.* 3. *De morib. And.* fuivant l'opinion de Balde in L. *Si qua pœna. De his qui funt fui vel al. juris.* L. *Pomponius. Fam. ercifc.* L. *Ex caufa. c. de collation.* & l'art. 42 de la coutume de la Rochelle. Il faut voir & confidérer en quelles efpeces le pere a conftitué la dot à fa fille , fi c'eft en fonds & héritages, ou bien fi c'eft en fimples deniers.

Au premier cas , nul doute que le pere n'a pu faire de préjudice à l'hypotheque que fon créancier avoit fur le fonds qu'il a baillé en dot à fa fille : mais au fecond cas , quand la dot eft conftituée en deniers nombrés , nulle raifon qu'un créancier puiffe pourfuivre & contraindre un enfant de rapporter une fomme , que le pere pouvoit jouer , & donner à un étranger, qui en fût demeuré paifible poffeffeur. C'eft détruire la maxime la plus certaine de notre droit françois , que meubles n'ont point de fuite par hypotheque ; auffi toutes les loix qu'on peut alléguer pour défendre cette caufe : & établir la faveur des créanciers , s'entendent des immeubles : *Nifi bona data fuerint fpecialiter obligata, vel in fraudem creditorum dotem conftitutam , non poffe revocari.* L. 2. *de revoc. his quæ in fraud. cred.* Il y a arrêt qui vuide la queftion , rendu fur les conclufions de M. l'avocat général Servin , contre un créancier véritablement poftérieur au mariage : mais en plaidant, M. Servin dit , que quand il eût été antérieur au mariage , il eût toujours été non recevable. Et conclut.

M. l'avocat général Servin dit , que parlant en l'arrêt qu'on allegue , il dit *per tranfennam ,* que quand le créancier eût été auparavant le mariage, il n'eût pas été bien fondé ; mais il n'affura pas cette maxime : au-contraire , il eftime la caufe des créanciers antérieurs au mariage bonne , puifque la coutume ordonne le rapport. *Dura fed fcripta.* Les créanciers ont quelque efpece d'hypotheque fur les biens meubles du pere : *Univerfitas enim bonorum mobilium eft quid univerfale.* Joint qu'il eft facile à conjecturer par la conférence des dates des deux contrats , & par la proximité , que le pere a marié & doté fa fille des deniers qu'il a reçus de l'appellant , il n'eft pas raifonnable qu'il les perde.

LA COUR ordonna qu'elle verroit les arrêts ; le mercredi 8 août 1618 , en la chambre de l'édit.
* On a mis le titre de l'arrêt, comme s'il avoit décidé la queftion , qui ne reçoit plus de difficulté dans les coutumes du Maine , Touraine & Anjou , contre l'arrêt du 27 août 1633 , cité dans Brodeau , *lett.* D. *fomm.* 56. par lequel il prétend que le rapport a été ordonné en celle de Touraine , les chambres confultées , au profit des créanciers antérieurs à la donation. On n'en voit pas les circonftances ; & les principes y réfiftent , le rapport n'ayant été introduit que pour conferver l'égalité entre cohéritiers. Tout ce qu'il y a de fingulier dans ces coutumes , & contraire au droit commun du royaume , eft que le fils donataire ne peut , en répudiant la fucceffion de fon pere , retenir la donation qu'il lui a faite , & doit la rapporter à fes freres. Mais à l'égard des créanciers , depuis l'arrêt du 24 mars 1662 , qui eft au journal des audiences , intervenu en interprétation de *l'art.* 334 de la coutume d'Anjou , & fuivi d'un autre arrêt qui a débouté de la requête civile , il n'eft plus libre d'en former le doute , c'étoit l'ancienne jurifprudence : il y en a un arrêt de 1605 , fur les conclufions de M. l'avocat général Servin ; & Me. René Chopin étoit de cet avis.

En un mot , fi la donation eft d'un immeuble , le créancier antérieur n'a que l'action hypothéquaire , & ne peut demander le rapport ; & le donataire qui a renoncé , eft à couvert des créances poftérieures : au-contraire la donation n'étant que de chofe mobiliaire, le créancier antérieur n'a aucune action , parce que dans ces coutumes il y a difpofition précife , que meubles n'ont fuite par hypotheque.

CHAPITRE XLIV.

Décret des immeubles du mari décédé fe fait à la charge du douaire en ufufruit de la veuve , pourvu qu'elle donne caution de faire payer fur le prix de l'adjudication les créanciers antérieurs au mariage.

LA terre & feigneurie du Pré , au pays du Maine, étoit faifie fur Noël Dupré , qui décede incontinent : la veuve s'oppofe aux criées , & de mande que l'adjudication par décret se fasse à la charge de son douaire, qui consistoit en l'usufruit & jouissance de la moitié des fonds & héritages saisis. Le saisissant & autres créanciers l'empêchent, & soutiennent qu'étant créanciers antérieurs au contrat de mariage, le douaire de la veuve ne leur peut faire aucun préjudice. Le juge ordonne qu'il sera passé outre à la vente & adjudication par décret des fonds & héritages saisis, sans charge d'aucun douaire. La veuve interjette appel. Me. Boutier pour l'appellante dit, que le privilege du douaire est tel, qu'il n'y en a point de plus grand ni de plus favorable : *Præmium delibatæ & deflaratæ virginitatis, solatium leve viduarum, quæ dum maritos pie lugent amissos, inter tot afflictionis ærumnas, tantillum solatii exreliquiis defuncti sentire debent, & sublevari;* qu'il y a peu de créanciers antérieurs au contrat de mariage, qui peuvent être facilement payés du prix de l'adjudication, quoiqu'elle se fasse à la charge du douaire. Et conclut. Me. Tillier pour les créanciers intimés dit, que la faveur du douaire ne peut diminuer les droits des créanciers antérieurs au mariage, la dot & le douaire n'ayant point hypotheque de plus loin. De dire que le prix sera suffisant, quoique l'adjudication se fasse à la charge du douaire, cela est trop incertain pour s'y arrêter, il faut que les créanciers antérieurs soient entiérement assurés, & ne courent point de risque. Quant aux créanciers postérieurs, ils peuvent se servir du privilege des antérieurs, *gaudere de bonâ fortunâ*, & demander que l'adjudication soit faite sans charge de douaire.

LA COUR mit l'appellation & ce au néant; émendant, ordonna que la veuve bailleroit bonne & suffisante caution sur les lieux dans deux mois, aux créanciers précédans son mariage, de leur payer tout ce qui leur seroit dû, & qu'elle seroit tenue de faire mettre le décret à fin dans six mois : faute de ce faire, qu'il seroit passé outre à l'adjudication par décret des fonds & héritages saisis, sans aucune charge dudit douaire; sauf à la veuve de se pourvoir pour raison d'icelui sur le reliquat du prix, les créanciers antérieurs payés, ainsi qu'elle verroit. Le 26 août 1618, en la chambre de l'édit.

CHAPITRE XLV.

Créanciers ne peuvent demander distraction de la légitime de leur débiteur sur les biens de la succession de sa mere, échue avant qu'ils aient contracté avec lui, & dont la propriété a été par elle léguée à ses petits-enfans.

Nicolas le Camus, apothicaire de la ville de Paris, étoit fort mauvais ménager : sa mere appréhendant qu'il ne dissipât son bien, fait son testament en 1596, par lequel elle legue la propriété de tous ses meubles, acquêts & conquêts immeubles à ses petits-enfans, & l'usufruit à Nicolas le Camus leur pere, & en outre les quatre quints de ses propres, à la charge qu'il ne pourroit rien aliéner ni hypothéquer. Conformément à ce testament Nicolas le Camus jouit des biens de sa mere jusques en 1617, qu'il decede fort obéré. Ses créanciers font saisir tous les biens de sa mere : à quoi Elizabeth du Lac mere & tutrice de leurs enfans s'oppose; & attendu qu'au nom de ses enfans elle avoit renoncé à la succession de leur pere, elle demande distraction de tous les biens de leur aïeule. Les créanciers au-contraire soutiennent qu'à tout le moins la légitime due à Nicolas le Camus leur doit être adjugée, & qu'il n'en a pu être privé par le testament de sa mere. Le prévôt de Paris rend sa sentence, & ordonne que délivrance sera faite aux mineurs des biens portés par le testament de leur aïeule, sur lesquels néanmoins sera prise & distraite la légitime due à Nicolas le Camus au profit de ses créanciers, sur ce déduit & imputé l'usufruit & quatre quints des propres. De cette sentence Elizabeth du Lac tutrice interjette appel.

Me. Brissejon pour l'appellante dit, que la sentence dont est appel n'est pas soutenable, parce qu'il falloit que Nicolas le Camus approuvât le testament, & l'exécutât pour le tout, ou qu'il l'improuvât pour le tout. Il l'a exécuté, & reconnu qu'il lui étoit avantageux : il n'y a apparence quelconque que des créanciers postérieurs viennent troubler une légitime dont leur débiteur ne s'est jamais plaint; & sur laquelle ils n'ont jamais eu aucun droit. Et conclut. Me. Hudon pour les créanciers intimés dit, que la légitime est tellement due aux enfans, qu'elle ne peut aucunement leur être ôtée, même *in eâ gravari filius non potest.* De cette maxime il en résulte une autre qui n'est pas moins certaine, que l'on ne peut point renoncer à sa légitime, ou autre succession directe ou collatérale, au préjudice de ses créanciers, qui ont ce pouvoir de se faire subroger au lieu & place du débiteur, d'agir & poursuivre les droits & actions qu'il méprise & répudie en fraude de leurs créances. Cette maxime est établie par plusieurs arrêts, même par un fort solemnel prononcé en robes rouges en 1599, touchant la légitime d'un fils, laquelle il vouloit répudier, & fut condamné de l'accepter, & délaisser à ses créanciers, & par plusieurs autres depuis intervenus. Et conclut.

M. l'avocat général Servin dit, qu'il est vrai que la légitime est tellement due aux enfans, qu'elle ne leur peut être ôtée, & qu'ils ne peuvent la répudier au préjudice de leurs créanciers; mais que cela s'entend des créanciers antérieurs & précédans le tems auquel la légitime ou autre succession échet à leurs débiteurs; & non pas des créanciers postérieurs, tels que les intimés, qui ne sont pas recevables à aller rechercher un droit & une prétention qui eût pu appartenir à leur débiteur, au tems qu'ils n'étoient point ses créanciers : cela est contre toute raison, & de périlleuse conséquence. Et il adhere avec les appellans.

LA COUR mit l'appellation & ce dont avoit été appel, au néant; émendant, fit pleine & entiere main-levée des biens saisis, ordonna que les mineurs appellans jouiroient de tous & chacuns les biens délaissés par leur aïeule; sans aucune charge ni distraction de légitime au profit des créanciers intimés, & sans dépens. Le vendredi dernier jour d'août 1618, en la chambre de l'édit, M. de Hacqueville présidant.

CHAPITRE XLVI.

Mineur qui s'est rendu caution judiciaire, pour sortir son pere de prison, de le représenter ou payer, n'est restituable.

LE vendredi 7 septembre 1618, M. le premier présidant de Verdun prononça solemnellement & en robes rouges l'arrêt qui suit. Procès s'est mû entre Etienne Pelicano, marchand de la ville de Lyon, demandeur en lettres, pour faire casser un acte de cautionnement qu'il avoit fait pour & au nom de Jerome Pelicano son pere, & encore demandeur en lettres en forme de requête civile contre deux arrêts donnés par défaut; & Pierre Jacquet, aussi marchand de la ville de Lyon, défendeur & demandeur au principal : sur ce qu'Etienne Pelicano disoit que défunt Jerome Pelicano son pere s'étant obligé pour la somme de mille liv. envers Jacquet défendeur, il le fait condamner par corps au payement de la somme; & n'épargnant aucune voie de rigueur, ne pardonnant pas même à l'âge de soixante & dix ans, le fait constituer prisonnier ès prisons de la conciergerie du palais, où ce pauvre vieillard se voyant si étroitement renfermé, & comme enseveli dans un premier tombeau, prend le mauvais conseil, qui accompagne ordinairement les vieillards affligés, délibere de se jetter dans l'asyle des misérables, de faire cession de biens, & de perdre l'honneur d'une louable vie heureusement passée, & presque finie, pour alonger un peu de jours, & acquérir la liberté. Ses créanciers empêchent

chent

chent la demande en ceffion de biens, & donnent lieu à un interlocutoire. Ce pauvre vieillrd fe voyant fruftré pour quelque tems du refuge auquel il avoit plus d'efpérance, mande le demandeur fon fils en la prifon, lui remontre le miférable état auquel il eft, le follicite de vouloir être fa caution, pour le libérer d'un lieu, qui autrement lui ferviroit bien-tôt de tombeau. Ce bon fils ému de compaffion naturelle, & de l'âge de fon pere, obéit facilement à tout ce qu'il defiroit, & par arrêt Jerome Pelicano pere eft élargi des prifons pour trois mois, à la caution d'Etienne Pelicano fon fils, qui s'oblige de repréfenter fon pere dans les trois mois, faute de ce, de payer la fomme de mille liv. en fon propre & privé nom. Enfuite de cet arrêt, Etienne Pelica-no fait les foumiffions au greffe, s'oblige de repré-fenter fon pere dans les trois mois, ou de payer la fomme en fon propre & privé nom. Jerome Peli-cano eft au même inftant mis hors des prifons, d'où il n'eft pas plutôt forti qu'il fe fépare de fon fils, s'en va en la ville de Meaux, où il décede cinq mois après l'arrêt d'élargiffement, ainfi qu'il eft vérifié, fans que le demandeur fon fils en ait aucunes nouvelles. Mais le défendeur, averti de cette mort, préfente incontinent requête à la cour contre le de-mandeur, à ce que faute d'avoir repréfenté fon pere dans les trois mois préfix par l'arrêt, il fût condamné de payer la fomme en fon propre & privé nom : fur laquelle eft intervenu arrêt, par lequel le deman-deur a été condamné de repréfenter fon pere, ou de payer la fomme : & peu après autre arrêt, par le-quel, faute d'avoir repréfenté fon pere, il eft con-damné purement & fimplement au payement de la fomme, & étant trouvé à Lyon, après le comman-dement de payer, il eft ignominieufement emprifonné. Il s'oppofe, & pour avoir main-levée de fa perfonne, il configne avec pareille oppofition à la délivrance de la fomme confignée, pardevant le féuéchal de Lyon ou fon lieutenant, qui délaiffe les parties à la cour, où le demandeur a été confeillé d'obtenir lettres de reftitution contre le cautionnement de repréfenter fon pere, ou de payer; comme auffi d'obtenir let-tres en forme de requête civile contre ces deux arrêts donnés par défaut. Il foutient être bien fondé en fes lettres, tant de reftitution que de requête civile. 1°. Le fondement de celles de la reftitution eft fa minorité, minorité dépourvue de confeil & fujette à errer, à être déçue, comme dit Ulpien, *L. 1. De minor. Conf. inter omnes fragile effe & infirmum hujufmodi ætatis confilium, multis captionibus fuppofitum, multorum infidiis expofitum ; & Caffiod. Confultò & providè fapientum decrevit auctoritas, ne minores inter tot infidiantium captiones, inter tot aucupantium retia irretiti validè abfque reftitutionis auxilio contraherent.* St. Chryfoftome, τῷ πατρίῳ βιβλίῳ, ἀπάντων τι νϐλιντα ἔτι. Suidas rapporte qu'à Athenes les noms, furnoms, âges & qualités d'un chacun étoient en un regiftre public, afin que pour l'infpection & lecture de ce regiftre on pût connoître ceux avec lefquels on con-tracteroit, nommément les mineurs, auxquels le droit a accordé une telle faveur, qu'ils tiennent le premier rang entre tous les privilégies. Ils précedent le prince au privilege du fon fifc ; ils devancent la faveur de la dot, *qui maximus & perpetuus eft ;* font refcinder la force des tranfactions, éteignent l'auto-rité des chofes jugées ; bref, la tour de minorité eft un moyen de reftitution univerfelle & indubita-ble; qu'à cette minorité pleine de fimplicité, eft, pour un fecond moyen de reftitution, annexée la puiffance & autorité paternelle, dont le commande-ment furpaffe tout autre : le feul afpect de la face d'un pere eft fuffifant pour violenter un enfant bien né, & le dépouiller de fes affections, pour fe vêtir de celles de fon pere : la parole d'un pere eft un tonnerre duquel fort un éclair qui éblouit les yeux aux enfans. Quelle volonté peut avoir un enfant ren-fermé comme un criminel dans une prifon, com-mandé par un pere dont l'âge vénérable qui aggravoit fa mifere, étoit feul capable d'ouvrir les entrailles de cet enfant, & le faire mourir d'une jufte com-paffion ? Eût-il ofé, mais eût-il pu dire, qu'il ne vouloit rendre ce devoir à fon pere ? Il n'avoit ni

Tome I.

volonté ni pouvoir. *Voluntas eft motus animi, nullo cogente,* dit St. Auguftin, *de duabus an. Velle non creditur, qui imperio jubentis obfequitur. Et Seneque : Vis fcire quid velim, fac me poffe nolle. Potentiffimum genus imperii, quando qui dat, imperare poteft.* Il fe voit donc clairement, par la confidération de cette puiffance & fuprême autorité paternelle, & par la circonftance du lieu, prifon obfcure, lieu toujours fufpect, que l'obligation du demandeur n'eft pas une obligation pure, franche & volontaire, mais plutôt une impreffion, déception & violence manifefte. Mais ceffant la minorité du demandeur, & l'impreffion alléguée, moyens feuls plus que fuffifans pour détruire toutes les prétentions du dé-fendeur, & valablement établir le fondement des lettres du demandeur ; le défenfeur a dû procéder par les voies ordinaires de la juftice contre le deman-deur, le fommer & interpeller de repréfenter fon pere, s'il vouloit éviter de payer la fomme en fon nom : car étant purement & fimplement obligé de repréfenter fon pere, & n'ayant été interpellé de ce faire, il femble que le défendeur a tacitement prolongé le délai & élargiffement donné au pere, & que le fils n'a aucunement été en demeure. *Ibi nulla mora eft, ubi nulla petitio. L. 19. De reg. jur. ubi nulla interpellatio. L. Mora. 31. De ufuris. L. Cùm patronus. De operis libert. ubi operæ tantùm de-bentur, cùm patronus popofcerit;* que cette regle générale, *dies non interpellat pro homine,* ne reçoit que deux exceptions. L'une, *in ftipulationibus pæ-nalibus, in quibus nempe dies cum pæna adjicitur, & diei eventu pænam committi certum eft, abfque interpellatione. Idem* quand par la coutume on eft obligé à payer quelque chofe à certain jour *fub pænâ,* comme tient Joa. Fab. & du Moulin fur la coutu-me de Paris §. 62. L'autre exception eft, *quando reipfâ, mora committitur. L. In minorum. Cod. In quib. caufis. L. 1. §. ult. De ufuris. L. Cùm quidam. §. Fifcus. eod.* Mais le demandeur n'étant reftraint fous l'une ni l'autre de ces exceptions, il demeure par conféquent dans la regle générale, qu'il a dû être interpellé. Si cela avoit été fait, il eût repréfenté fon pere, qui eût pourfuivi l'entérinement de fes lettres de bénéfice de ceffion de biens, fur lefquelles les parties étoient interloquées. Cette interpellation pofée comme néceffaire pour conftituer le deman-deur en demeure, n'ayant été faite, apporte une autre fortification en la caufe du demandeur, fon abfolution infaillible & générale intervenue par le décès de fon pere, arrivé auparavant qu'il ait été conftitué en demeure, abfolution prife de la maxime de droit très-certaine, *que interitus rei nocet femper, liberat debitorem. L. Si ex legati caufa. L. Si certos. L. Si fervum. De verb. obligat.* Et par une autre regle du droit tirée de la qualité du demandeur caution de fon pere, obligé de le repréfenter. *Mortuo reo principali intra terminum fiftendi, liberatur fidejuffor. L. Sancimus. C. De fidejuffor. L. In Senatufc. §. Si propter mortem. & feqq. Ad Turpill. L. Quia. §. Sed & fi quis. De conftit. pec. L. Si decefferit. Qui fatifd. cog. L. Continuus. §. Illud. De verb. obl. & fi Bart. Adeo ut ftipulatio pænalis in judicio fifti, lite pendente facta, admittat moræ purgationem. L. Et fi poft tres. D. Si quis caution. fift.* Partant, que la mort de fon pere le met à couvert, non-feulement de fa repréfentation, mais auffi du payement de la fomme : *Qui exhibiturus hominem, dicit eum mor-tium, ampliùs exhibere non compellitur. Quintil. decl. 117. Vadimonium deferitur, fi vi tempeftatis, valetudinis impeditus fe fiftere non potuit. L. Non exigimus. §. 5. Cod. Si quis caution. fift. In omnibus promiffionibus ineft tacita quædam exceptio, fi potero,* dit Seneque. Et par ces moyens & raifons concluoit le demandeur à l'entérinement des unes & des autres de fes lettres, & à abfolution. Au-contraire Pierre Jacquet défendeur, difoit que la longue procédure en cette affaire, fentences, arrêts fur arrêts, dans lefquels le demandeur & fon pere ont toujours fuc-combé, fait vifiblement paroître & la juftice de fa caufe, & leur mauvaife foi. Elle continue en la perfonne du fils, comme par hérédité de celle du pere : il tâche par tous moyens de fruftrer mainte-

1618.

L

nant le défendeur d'une dette très-légitime, & faufsant fa foi & fa parole donnée, il veut laisser le défendeur déçu & abusé par la longue patience & miséricorde qu'il a eue, tant du demandeur que de son pere, & s'efforce de reconnoître ce signalé bénéfice par une ingratitude détestable. Il n'a autre fondement de fa caufe, que fa prétendue minorité, puissance & impression paternelle; style si commun au palais, qu'il a déja perdu fa force, pour avoir si long-tems servi; couverture ordinaire des mauvais payeurs. Les mineurs, à la vérité, doivent être favorisés, & pour l'imbécillité de leur âge, & pour le défaut de conseil: mais cette faveur & ce privilege doivent être prudemment distribués & départis selon l'exigence des cas. En celui-ci le demandeur est entièrement indigne du bénéfice de restitution qu'il demande, qui tourne plutôt à fa honte qu'à son honneur & utilité, voulant faire rescinder un cautionnement, auquel les loix de nature, divine & humaine, l'obligeoient étroitement. Il souhaitoit que chacun fût qu'il avoit rendu un bon service à son pere vivant, mais il n'appréhende pas de troubler ses manes & son repos après fa mort. Philon juif parlant de ce devoir du fils envers son pere : ὦ τῇ πατί μ ἐῦπασιαι αὐιῶν ἐκκλησίαν. Quand il s'agit de la liberté d'un pere, il ne faut point de moindre visée que le ciel, il faut étouffer toutes les pensées de la terre qui pourroient nous en empêcher. *Libanius declam.* 18. *Non recufarem catenas, vincula non pertimefcerem, si ex chariffimi parentis collo in meum defcenderent.* Quint. declam. 17. *Æquum eft pro vicario corpore filii, corpus patris liberetur.* Le droit a trouvé cette libération du pere par le moyen & le ministère du fils si équitable, qu'il a passé pardessus les maximes les plus générales à fa considération. Mais en la fille peut être répétée *etiam conftante matrimonio,* bien que le mari en soit le maître, pour être employée en une si juste & si charitable caufe, pour la libération du pere. *L. Quamvis fol. matrim.* & en la loi *Si pro aliquo. Ad Velleian. Si quid liberaliter fecerit, ne judicatus pater propter folutionem vexetur, non erit tuta Senatuf-confulto:* décision formelle en cette caufe contre la restitution prétendue par le demandeur, n'ayant fait que ce à quoi la loi même l'oblige. Celle du décalogue qui nous commande de rendre un honneur si grand à nos parens, est puisée dans celle de la nature. Isaac, ce bon fils, fut si obéissant à son pere Abraham, que de lui donner le cou pour servir d'holocauste, non par fa seule volonté & obéissance, mais aussi à caufe de la puissance paternelle, dit *Rabi Moyfes,* puissance si grande & si absolue, que nous voyons des titres tout entiers dans le droit; *De patribus qui filios fuos necaverunt.* Halicarnaffe dit, αὐτῶν δίκημα, horrible spectacle, quand les enfans étoient conduits à la boucherie, à la mort, pour les dettes de leurs peres, dont la libération est si juste & si favorable, qu'il a été jugé, que le bien subftitué, & par ce moyen inaliénable, peut néanmoins être valablement vendu pour cette libération. *Præclarum charitatis & juftitiæ munus, quemlibet captivum redimere; quid verò patrem ab inimicorum vinculis liberare?* A quoi la loi civile même nous oblige si étroitement, que le mépris ou l'omission eft une juste caufe d'exhérédation. *Filius qui patrem inclufum in fuâ noluerit fidejuffione accipere, exhæres efto;* méritant par ce refus ingrat d'encourir la note infame d'exhéredé. *Vidi, vidi fæpe filios in actionem duci pro paternis debitis,* difoit un ancien. Cette libération a tant de force, que non-seulement un fils qui s'oblige pour délivrer son pere, mais qui que ce soit, parent ou étranger, *qui pro redemptione captivorum cavit, neceffitatem habeat piiffimam adminiftrationem adimplere. L. Si quis. C. De donation.* Obligation de nature si forte, que le droit ne veut, & ne peut pas avoir affez de puissance pour en rompre les chaînes : *Civilis namque ratio naturalia jura corrumpere non poteft. L. Eas. De cap. min.* Et par ce moyen le chemin eft entièrement fermé à la restitution prétendue, à caufe de cette minorité, puisqu'elle n'eft pas confidérable pour dispenser aucune personne de son devoir naturel. Cela préfupposé, il ne reste pas grande difficulté

à répondre à cette impression & violence procédant de la puissance & autorité paternelle, il suffit de dire que c'eft le mafque ordinaire des chicaneurs : au-contraire, par un juste raisonnement, on trouve que la préfence du pere exclut tout foupçon de fraude & de malverfation, n'étant pas vraifemblable qu'un pere qui ne vit que pour ses enfans, qui travaille inceffamment pour leur acquérir du bien, voulût les tromper & décevoir. *Quis talis affectus inveniatur, ut vincat paternum? L. ult. C. De curat. fur. Paternæ affectionis caufa fufpicionem fraudis amovet. L. pen. §. De uno. De ritu nuptiarum.* Venons à l'interpellation que le demandeur dit lui avoir dû être faite néceffairement pour le constituer en demeure, & que faute de ce il eft en voie d'absolution. Il faudroit demander cette interpellation à des personnes qui ignoreroient le droit. Qui ne voit que le cautionnement du demandeur n'eft pas une simple obligation de représenter son pere; mais elle eft accompagnée de peine, du payement de la fomme faute de la représentation de la personne? Et qui ne fait que *in ftipulationibus pœnalibus, abfque ullá interpellatione, fed folo diei eventu, pœna committitur.* C'eft une décifion si vulgaire & certaine, que le demandeur même en demeure d'accord, & eft triviale en droit. La loi *Magnam. C. De contrah. & commit. ftipulat.* en rend la raifon, *cùm ea quæ promifit, ipfe in memoriâ fuâ fervare, non ab aliis fibi manifeftari pofcere debeat.* Le même eft répété en une infinité de loix, *L. 9. §. 1. De ufuris. I. 2. C. De jure emphyt. L. Si fundus. §. ult. De Lege commiff. L. Thaïs. §. Intra. De fidei. libert. I. Trajectitia. §. De illo. De oblig. & act. I. Ad diem. De verb. oblig.* & infinies autres qui confirmeroient cette maxime, si elle n'étoit avérée. Quant au décès du pere du demandeur, par lequel il prétend avoir beaucoup gagné, & que fa caufe eft par-là rendue indubitable; c'eft bâtir fur un fondement ruineux, c'eft fuivre cette opinion erronée, qu'il devoit être néceffairement interpellé, laquelle ayant été entièrement détruite, la conféquence qu'on en tire, ne peut aucunement fubfister. Donc le demandeur ayant été constitué en demeure, dès que les trois mois de l'élargissement du pere, portés par l'arrêt, ont été expirés, & son pere ayant encore vécu deux mois après, ainfi qu'il confesse, fa négligence & fa demeure ne lui peut aucunement profiter, étant certain que *poft moram interitus rei non liberat debitorem. L. Quòd te. De reb. cred. L. Si in Afia. Depofiti.* La loi *Sancimus. C. De fidejuffor.* eft formelle pour la décifion tant de l'interpellation, que de la mort: & quand il eût fallu interpeller le demandeur, il auroit été impossible, puifqu'il n'avoit fait aucune élection de domicile en faifant les foumissions au greffe; ce qui eût été néceffaire. Joint aussi qu'on avoit fignifié les arrêts au procureur qui avoit occupé pour son pere. Et partant foutenoit que le demandeur étoit mal fondé en l'une & en l'autre de ses lettres.

LA COUR, pour ce qui eft du chef de la minorité, s'arrêtant à cette loi *Eas obligationes. De capitis minutione.* & pour la caution alternative, de représenter le pere ou de payer la fomme, aux loix *Magnam. Cod. De contrah. & committ. ftipulat. & L. Sancimus. De fidejuffor. L. Non utique. De eo quod certo loco.* fur les lettres tant de restitution, qu'en forme de requête civile, a mis & met les parties hors de cour & de procès, fans dépens; ordonne que le confing fera délivré audit Jacquet défendeur.

* Cet arrêt eft le 130 du recueil de Montholon : Brodeau le cite, *lett. A. fomm. 9.* & il eft aussi allégué dans l'édition de 1629, & dans les postérieures du recueil de M. Bouguier, *lett. O. nomb. 4.* Mais on fera curieux d'en voir ici le fait & les moyens rapportés dans toute leur étendue & avec tant d'exactitude, que l'auteur n'a rien changé des termes dont M. de Verdun premier préfident s'étoit servi. On y remarque l'érudition & la force du raifonnement, dont ce grand magistrat accompagnoit ces prononciations folemnelles que la cour avoit la bonté de faire pour établir des regles certaines dans la jurifprudence des arrêts, & pour l'instruction du

barreau. Cet illuftre chef du fénat , qui pouvoit être appellé le pere des avocats , leur donnoit tant d'émulation , qu'il ne faut pas s'étonner fi l'on a vu le barreau ne produire de fon tems que des perfonnages remplis de fcience , & comblés d'honneur.

CHAPITRE XLVII.

Caution de repréfenter la perfonne , ou de payer , condamnée de payer , faute de repréfentation , eft encore reçue à repréfenter pour fe décharger du payement.

MAître Jean Bouguier commiffaire au châtelet de Paris , avoit cautionné maître Jacques Moine emprifonné à la requête de maître André Courtin , & promis de le repréfenter dans quatre mois , ou de payer la fomme de fix mille livres , pour laquelle il étoit emprifonné. N'ayant fatisfait à la repréfentation de la perfonne , Courtin obtient arrêt , par lequel la cour ordonne que dans un mois le commiffaire Bouguier repréfentera Moine , icelui paffé fera fait droit fur la condamnation requife de payer la fomme de fix mille livres. Le mois étant expiré , & Bouguier n'ayant fatisfait , Courtin obtient autre arrêt , par lequel le commiffaire Bouguier eft condamné purement & fimplement à payer la fomme de fix mille livres ; en vertu duquel étant pourfuivi , même emprifonné , il fait perquifition de Jacques Moine , le fait actuellement emprifonner , & préfente fa requête à la cour pour être déchargé de la condamnation portée par l'arrêt. Me. Defnoyers pour le commiffaire Bouguier , dit qu'ayant repréfenté Moine , pour lequel il s'étoit rendu caution , il a fatisfait à fa promeffe , & ne peut être tenu au payement de la fomme. *Potuit moram celeri fatisfactione purgare.* Il a repréfenté , & même fait emprifonner Moine , le même jour qu'on lui a fignifié l'arrêt de condamnation , il eft porteur de l'écroue. Et conclut. Me. Tillier dit , que le défendeur en requête eft fondé en arrêt , bien & légitimement rendu , fans aucune précipitation , après un premier arrêt de fatisfaire dans un mois , à quoi on n'a daigné penfer. *In ftipulationibus pœnalibus ,* telle qu'eft celle de repréfenter quelqu'un , ou payer, *dies interpellat pro homine.* Le tems paffé , on n'eft plus recevable à purger la demeure ; la contumace eft double , par le moyen de l'arrêt portant injonction de fatisfaire. Contre le dernier , on ne peut pas venir par fimple requête , de laquelle le demandeur doit être débouté.

LA COUR faifant droit fur la requête , déchargea à pur & à plein ledit Bouguier de la condamnation portée par l'arrêt. Le 20 octobre 1618 , M. Lefcalopier préfident.

CHAPITRE XLVIII.

Preuve teftimoniale d'une promeffe verbale qui excédoit cent livres , a été rejettée entre marchands.

MArtine le Normand , de la ville d'Angers , étant pourfuivie par fes créanciers , André Dumas , de la même ville , fe rend fa caution pour la fomme de huit cents livres , fous la promeffe & affurance verbale que lui donna Barthelemi du Coing , gendre de Martine le Normand , de l'acquitter , indemnifer & garantir de tout l'effet & événement du cautionnement. Il eft pourfuivi par les créanciers , & contraint au payement de la fomme de huit cents livres. Il fait affigner du Coing pardevant les juges confuls de la ville d'Angers , de l'acquitter & indemnifer fuivant fa promeffe verbale , à peine de tous dépens , dommages & intérêts ; laquelle promeffe eft déniée par du Coing. Dumas demande d'être reçu à en faire preuve par témoins , il y eft reçu par fentence des juges confuls , de laquelle du Coing interjette appel. Me. Bernard le jeune pour l'appelant dit , que cette fentence eft directement contraire à l'ordonnance de Moulins , art. 54. laquelle ayant prévu la facilité de la foi & fubornation de plufieurs témoins , a prudemment réduit & reftraint toutes les preuves teftimoniales à la fomme de cent livres & au deffous , & rejette toutes celles qu'on voudroit faire pour matieres excédantes la fomme de cent livres. Les juges dout eft appel , ayant admis l'intimé à faire preuve d'une convention verbale pour un acquittement de huit cents livres , ils ont directement jugé contre l'ordonnance. Et conclut. Me. Doujat pour l'intimé dit , que la qualité de caution & fidéjuffeur de la belle-mere de l'appelant rend fa caufe très-favorable ; il ne fe fût point engagé en ce cautionnement , n'eût été la promeffe & l'affurance que lui a baillé l'appelant de le rendre quitte & indemnifé de tout l'événement. La preuve de cette promeffe ne lui doit point être déniée par deux raifons : l'une , que *certat de damno vitando ,* pour avoir rendu un bénéfice & fervice à la belle-mere de l'appelant , & à fa feule confidération ; que ce n'eft pas pour profiter qu'il veut faire cette preuve , qui eft la raifon & le vrai fens de l'ordonnance ; mais feulement pour fe mettre hors de dommage & intérêt : l'autre raifon , qu'il s'agit entre marchands , parmi lefquels la bonne foi doit régner ; ils font plus d'état de leur parole , que de tous les contrats qu'on pourroit paffer : les juges confuls favans eu leur art l'ont ainfi jugé , fuivant leur pratique ordinaire d'entre marchands. Et conclut.

LA COUR mit l'appellation & ce dont étoit appel , au néant , en ce que la preuve du fait de cautionnement & indemnité avoit été admife & reçue par témoins ; émendant , déclara l'intimé non recevable en ladite preuve par témoins , & le condamna aux dépens. Le 29 novembre 1618 , M. de Verduu premier préfident prononçant.

CHAPITRE XLIX.

Femme adultere , qui a donné lieu à l'affaffinat de fon pere , & fe trouve complice de celui de fon mari , ne confifque les biens du pere , dont elle a été privée par indignité ; & la réparation civile n'y doit être prife : mais l'héritier du défunt , qui n'a pourfuivi la vengeance de l'homicide , doit rembourfer les frais du procès à la partie civile.

GIlles Prudhomme , laboureur demeurant près de la ville de Laon , avoit une fille nommée Martine Prudhomme : il ne voulut confentir fon mariage avec Louis Limeron , & la maria avec Antoine Emard. Elle fe proftitue avant le mariage avec Limeron , & après continue & commet plufieurs adulteres. Le pere averti lui fait plufieurs remontrances , & voyant qu'elle perféveroit en fon crime d'adultere , réfolu de l'empêcher , il quitte fa maifon & va demeurer en celle d'Emard fon gendre , eftimant que fa préfence feroit fuffifante pour contenir & retenir la lubricité de fa fille , & réfréner la témérité de cet infame adultere , lequel ne pouvant fouffrir d'obftacle à fon effrénée impudicité , confpire la mort du mari , pour plus aifément jouir de la femme. Il lui communique fon mauvais deffein , elle l'approuve , & lui donne les moyens d'en faciliter l'exécution. Le 13 novembre 1616 , Emard fon mari & elle étant couchés dans un lit , & Gilles Prudhomme fon pere dans un autre en la même chambre , elle fe leve fecrétement , & ouvre la porte à Limeron fon adultere , qui entre de furie dans cette chambre , armé d'épée & poignard , fe jette fur Emard , l'affaffine , & remplit de fon fang le même lit qu'il avoit fi fouvent fouillé de fes infames ordures. Gilles Prudhomme alarmé de ce bruit , accourt tout nud au fecours de fon gendre , duquel cet adultere enragé le rend bientôt compagnon de fon malheur , le laiffant mort pareillement fur la place. Pour raifon de ce crime exécrable , le procès eft fait & parfait à Louis Limeron & à Mar-

tine Prudhomme par le juge prévôt de la ville de
1618. Laon, à la requête de la mere d'Antoine Emard,
& de Me. Jean Marchand, avocat de la ville de
Guise, & par sentence ils sont déclarés atteints &
convaincus d'avoir conjointement conspiré la mort
d'Emard; & Limeron seul d'avoir assassiné Gilles
Prudhomme. Pour réparation Limeron est condamné
d'être rompu sur une roue, & d'avoir quatre coups
vifs; & Martine Prudhomme d'être pendue & étran-
glée, déclarée déchue de toutes ses conventions
matrimoniales, & privée du droit de communauté;
& condamnés solidairement en cinq cents livres de
réparation, & aux dépens du procès. De cette
sentence Limeron & Martine Prudhomme ayant
interjetté appel, par arrêt du 23 décembre 1616,
elle n'est infirmée que pour ordonner que Limeron
n'auroit aucuns coups vifs. L'un & l'autre exécutés
à mort, la mere d'Emard présente sa requête à la
cour, par laquelle elle demande que les frais &
dépens du procès, & la somme de cinq cents livres
adjugée pour réparation civile, seroient pris sur les
biens tant de Limeron que de Martine Prudhomme
condamnés solidairement; ce qui fut ainsi ordonné
par arrêt, en vertu duquel la mere d'Emard fait
procéder par saisie sur tous les biens qui avoient
appartenu à Gilles Prudhomme, comme ayant été
déférés & transmis par son décès à Martine Prudhomme sa fille condamnée, & par conséquent
tenue du payement des cinq cents livres de réparation, & de tous les dépens, conformément au
dernier arrêt portant condamnation solidaire tant
pour la réparation, que dépens. De cette saisie
les plus proches parens & héritiers présomptifs de
Gilles Prudhomme interjetterent appel, & obtinrent lettres pour convertir leur appel en opposition; comme aussi le procureur du roi à Laon interjetta appel, prétendant que le bien de Gilles
Prudhomme avoit été transféré à Martine Prudhomme sa fille condamnée à mort, & étoit acquis
au roi par confiscation. Sur quoi M. Pelletier pour
Marie Prudhomme, sœur de Gilles Prudhomme,
appellante & demanderesse en lettres de conver-
sion d'appel en opposition, dit qu'elle est bien fondée en son appel & en ses lettres. 1°. Parce que Martine Prudhomme s'étant rendue coupable & complice de l'assassinat commis en la personne de son
mari & de son pere, s'est dès-lors rendue indigne &
incapable de participer ni espérer aucune part ni
portion en leurs successions. Non est intuendum quo
tempore aperuerit se culpa; sed quo tempore commissa
fit, dit Quint. declam. 314. & le jurisconsulte in L.
1. De pœnis. Proinde si servus crimen commiserit,
deinde libertatem consecutus dicetur, eam pœnam
sustinere debet, quam sustineret, si tunc sententiam
passus fuisset, cum deliquisset. Le délit & le crime
précédant toujours l'homicide & la mort de l'homicide, il s'ensuit nécessairement, que quoique
l'homicide survive à l'homicide, & qu'il ne soit
condamné que long-tems après son décès; néanmoins dès l'instant qu'il a trempé sa main meurtriere dans le sang de l'homicide, il a été rendu
entièrement indigne & incapable de participer en
façon quelconque à sa succession; autrement ce seroit autoriser le crime, donner au coupable profit
& utilité de son maléfice, au-lieu qu'il ne mérite
que peines & supplices. C'est tout de même que si
Martine Prudhomme eût prédécédé son pere, auquel cas sa succession ne pourroit aucunement être
controversée à l'appellante sa sœur. On lui objecte
que par la sentence & par l'arrêt Limeron seul est
convaincu d'avoir assassiné Gilles Prudhomme, par
conséquent qu'elle n'étoit indigne de sa succession,
son homicide étant arrivé fortuitement. On répond:
1°. Que le pere & le mari étant couchés dans une
même chambre, il est vraisemblable que ceux qui
ont attenté sur la vie de l'un, avoient aussi attenté
sur la vie de l'autre. 2°. Que Martine Prudhomme a
causé l'homicide de son pere, ayant ouvert la porte,
& introduit son adultere, qui l'instant à l'instant
commis. Nihil interest occidat quis, an mortis causam præbeat, L. 15. Ad Leg. Corn. De sicariis. L. 3.
De his quæ ut indignis. L'arrêt porte que les frais du

procès & les réparations civiles se prendront solidairement sur les biens des deux condamnés: l'intimée les possede tous, elle est par conséquent non
recevable; elle possede ceux de Martine Prudhomme, qui est déclarée privée & déchue de toutes ses conventions matrimoniales, dont l'intimée auroit été tenue comme héritiere de son fils. Et par
ces moyens conclut, Me. Arnauld fils, pour la
mere de défunt Antoine Emard, intimée, dit que
Gilles Prudhomme ayant été assassiné, l'appellante
sa sœur n'a daigné ouvrir la bouche ni élever sa voix
pour demander justice & vengeance de la mort de
son frere; & néanmoins elle recherche maintenant
si ardemment sa succession, quoiqu'elle n'y puisse
rien prétendre légitimement, Martine Prudhomme sa
fille l'ayant recueillie, & par conséquent affectée
au payement des frais du procès & réparations civiles adjugées à l'intimée. Martine Prudhomme n'a
point été coupable ni complice de l'homicide de
son pere, elle n'a par conséquent été indigne ni incapable de lui succéder; la sentence & l'arrêt la
justifient assez de cette accusation, puisqu'ils ont
disertement prononcé & déclaré Limeron seul atteint & convaincu de cet homicide: aussi répugne-
t-il au sens commun de présumer, même de penser
un parricide. Objectum est alicui mortalium quòd patrem occidisset, quòd unum, cui lucem, cui hoc beneficia rerum naturæ debebat, suâ manu trucidasset?
& hoc pars judicum credidit, dit Quint. decl. 314.
Il n'y a preuve ni suspicion qu'elle ait prêté son consentement à un crime si détestable. Elle a été saisie de la succession de son pere à l'instant de son décès, non pas pour en jouir: car étant complice de
l'homicide de son mari, elle s'est rendue indigne &
de la vie & de tous biens; mais pour la déférer &
transmettre à ses créanciers, & pour l'affecter à la
réparation civile & aux frais du procès. I. Quæsitum.
D. Qui & à quib. manumissi. suivant la doctrine des
arrêts, notamment d'un prononcé en robes rouges
par M. le président Molé à la prononciation de pâques, par lequel il a été jugé que les coupables
d'un crime capital sont capables de recueillir toutes
successions avant la condamnation de mort, laquelle seule les en rend indignes & incapables, leur
droit demeurant toujours flottant & incertain jusques
à ce que la condamnation ait été rendue, qui n'a
aucun effet rétroactif. Cette maxime générale ne reçoit qu'une seule exception, quand les accusés sont
coupables de la mort & du meurtre de celui auquel ils pouvoient succéder, & de la succession duquel il s'agit, n'étant pas raisonnable qu'ils trem-
pent une main meurtriere dans le sang de leur
proche parent, pour lui ôter la vie, & que de
l'autre ils arrachent & emportent sa succession. Cum
filiafamilias veneno necasse convinceretur eum à quo
hæres instituta erat; quamvis jussu patris, cujus in
potestate esset, adierit hæreditatem, vindicari eam
fisco, dit le jurisconsulte in L. Cum ratio §. 4. De
bonis damnat. On objecte qu'avant introduit son
adultere, & donné cause à l'assassinat de son mari,
elle a par conséquent donné lieu à celui de son pere.
On répond que les jurisconsultes ne reçoivent poit
ces causes éloignées & remotas, qu'ils appellent,
étant plutôt des accidens & des cas fortuits, que des
causes véritables. L'appellante est indigne de la succession de Gilles Prudhomme son frere, pour avoir
négligé d'en demander la vengeance & la punition
en justice. L'intimée au-contraire l'a poursuivie cou-
rageusement, y a employé tout son bien; & encore on refuse de la récompenser. Caton disoit,
qu'il falloit offrir & sacrifier aux ames des défunts
les condamnations de leurs ennemis; & Aymonius
Monachus lib. 4. c. 28. rapporte le serment qu'avoient
coutume de faire les parens pour la vengeance du
meurtre de leur parent homicidé. Ce serment a été
renouvelé à St. Cloud par les bons François pour
la vengeance du détestable parricide du roi Henri
III, poursuivi & vengé à Arles, Yvry & autres lieux.
La loi déclare privés & déchus de la succession
ceux qui n'ont vengé le meurtre de leur parent.
L'appellante a exagéré le crime de Martine Prudhomme, non point pour le faire punir, mais pour
lui

lui ravir les biens dont elle defire s'enrichir d'autant plus injuſtement , qu'elle fait paſſer Martine Prudhomme pour coupable ; mais n'étant point complice de l'homicide de ſon pere , on ne peut refuſer à l'intimée le rembourſement des frais du procès & des réparations civiles , qu'elle a ſupporté pour faire ce que l'appellante devoit avoir fait pour venger la mort de celui auquel elle vouloit ſuccéder. Il n'y a point d'héritier qui oſât conteſter le rembourſement des frais funéraires à celui qui les auroit avancés , à plus forte raiſon les frais pour la vengeance de la mort , & la punition de l'homicide. Et conclut.

M. l'avocat général Servin dit , qu'il y a preuve par la ſentence , comme Limeron a abuſé de Martine Prudhomme devant & conſtant le mariage ; a corrompu l'eſprit , & abuſé du corps. En droit il y a *cauſas remotas* & *cauſas proximas* ; mais auſſi y a-t-il *conſequentias neceſſarias , quæ cauſis proximis propius accedunt.* Il n'y a pas grande apparence que l'adultere introduit par la femme avec deſſein de tuer ſon mari , n'eût pas eu auſſi penſée & deſſein de tuer le pere couché dans la même chambre , l'un ne pouvant facilement ſe faire ſans l'autre. Il n'eſt pas vraiſemblable que le beau-pere , qui avoit témoigné tant d'horreur de l'impureté de ſa fille , que d'avoir quitté ſa maiſon pour la réprimer & empêcher , eût voulu permettre & ſouffrir le meurtre de ſon gendre , les yeux fermés & les bras croiſés ; cela eſt hors de tout ſentiment. La cour fera ce qu'il lui plaira , mais il n'empêche que main-levée ſoit faite à l'héritiere.

LA COUR reçut M. le procureur général à prendre le fait & cauſe pour ſon ſubſtitut à Laon ; & ſans avoir egard à la confiſcation , adjugea à Marie Prudhomme appellante les biens & héritages dont étoit queſtion , eſquels en tant que de beſoin elle la maintint & garda ; dit qu'à bonne & juſte cauſe elle s'étoit oppoſée ; lui en fit pleine & entiere main-levée ; & en tant que touchoit les cinq cents livres de réparation , ordonna que l'intimée ſe pourvoiroit ſur les biens des condamnés ; & quant aux frais & dépens du procès , ordonna qu'ils ſeroient pris & levés ſur les biens de Gilles Prudhomme ; condamna ladite Marie Prudhomme ſa ſœur appellante de les rembourſer , & ſans dépens de la cauſe d'appel ni de la ſaiſie. Le mardi 4 décembre 1618 , M. de Verdun premier préſident prononçant.

* Cet arrêt eſt cité par Brodeau , *lett. S. ſomm. 20.*

CHAPITRE L.

Donation entre mari & femme au ſurvivant , doit être égale en pays de droit écrit , & la plus grande eſt réduite à la moindre.

LE ſamedi 22 décembre 1618 , M. le premier préſident de Verdun prononça ſolemnellement & en robes rouges l'arrêt qui ſuit , dans la cauſe qui avoit été plaidée par Me. Chamillard pour l'appellant , & M. le Charron pour l'intimé , le 3 juillet précédent. Procès s'eſt mû pardevant le ſénéchal de Lyon ou ſon lieutenant , entre Jean-Louis le Blanc citoyen de Lyon , demandeur , d'une part ; & Bernard Aucheret , tuteur de Claude Aucheret , héritier par bénéfice d'inventaire d'Anne Rollandy , défendeur , d'autre part. Sur ce que le Blanc demandeur diſoit , qu'Anne Rollandy avoit été premiérement conjointe par mariage avec défunt Antoine Aucheret , duquel étoit iſſu Jean-Claude Aucheret ; qu'après le décès dudit Antoine Aucheret , ladite Rollandy s'étoit remariée avec lui ; que par le contrat de leur mariage fait en 1612 , ils étoient communs en tous biens meubles & immeubles , & étoit convenu , qu'au cas que ladite Anne Rollandy prédécédât ledit le Blanc ſon mari , elle lui donnoit la ſomme de neuf cents livres pour gain de ſurvie ; & au cas contraire , que ledit le Blanc prédécédât ladite Rollandy ſa femme , il lui donnoit la ſomme de cent cinquante livres ſeulement. Qu'ayant demeuré trois

ans enſemble , Anne Rollandy ſurpriſe de maladie fait ſon teſtament , par lequel elle inſtitue le Blanc ſon mari en la moitié de ſes biens , & ſon fils en l'autre moitié , & confirme la donation portée par ſon contrat de mariage ; & tôt après decede. Bernard Aucheret intente action pour la ſuggeſtion du teſtament , lequel par ſentence eſt déclaré nul ; cette ſentence confirmée par arrêt , ſans préjudice de la ſomme de neuf cents livres portée par le contrat de mariage , & défenſes au contraire. Diſoit donc qu'il étoit bien fondé à demander la délivrance de cette ſomme de neuf cents livres à lui donnée par ſon contrat de mariage , puiſque le cas de la donation confirmée par arrêt étoit arrivé. Le défendeur au contraire , au nom qu'il procédoit , ſoutenoit que le demandeur ne faiſoit à recevoir quoi que ce ſoit ; que la donation devoit être retranchée , réduite & égaliſée à la ſomme de cent cinquante livres donnée en pareil cas de ſurvie à Anne Rollandy ; que telles donations doivent être égales , mutuelles & réciproques : d'ailleurs , que celle dont étoit queſtion , n'étoit point inſinuée , ce qui étoit néceſſaire par l'ordonnance de 1539 & par celle de 1549 , eſquelles toutes donations ſont compriſes , même celles faites en faveur de mariage. Mais paſſant ce moyen , diſoit qu'en toutes républiques bien réglées & ordonnées , telles donations d'entre le mari & la femme ont toujours été retranchées , modérées & égalées , même n'ont jamais été bien reçues , ſuivant la loi *Cincia* ; par laquelle elles avoient été prohibées , comme contraires & pernicieuſes à la ſociété humaine. D'où vient que St. Baſile dit , que tout gain , profit , lucre & avantage doivent être bannis d'une choſe ſi ſainte & ſacrée comme eſt le mariage ; qu'il y avoit huit ſortes de préſens , gains , dons , profits & avantages , dont le premier eſt ἐπώ'ϭαλη , qui doivent être égaux entre le mari & la femme , & pour raiſon deſquels la proportion géométrique doit être gardée entre eux , & non point la proportion arithmétique. Suivant la diſpoſition des empereurs *Leo* & *Antemius* en la loi *Ex morte. C. De pactis conventis tam ſuper dote , &c. & Auth. ibi poſita : Æqualitas omnimodo ſervanda eſt in dote , & in donatione antenuptiali ; augmentum quoque vel prorſus non fiat , vel ab utrâque parte celebretur , pari ſcilicet quantitate , ne vel eo modo ſubvertatur æqualitas. Nov. 97. cap. 1. unde deſumpta eſt Auth. De æqualit. dotis , &c. & L. Non tantùm. 20. De re judic.* Le mari au contraire repliquoit & ſoutenoit être très-bien fondé en ſa demande , d'autant que lors du mariage il n'étoit âgé que de vingt-deux ans , & ſa femme de ſoixante , & que ceſſant cette donation le mariage n'eût été fait ; que la conſtitution de Juſtinien *de æqualitate dotis* a été abrogée par celle de l'empereur Léon le Philoſophe , *Nov. 20.* laquelle a diſpenſé de cette égalité : d'ailleurs , que cette conſtitution de Juſtinien n'avoit jamais été obſervée , ains tout au contraire *per non uſum & deſuetudinem aboleverat* , comme a remarqué Balde ſur l'Auth. auſſi qu'elle n'avoit jamais été uſitée ni pratiquée en pays de droit écrit. Le tuteur pour répliquer diſoit , que la conſtitution de l'empereur Léon le Philoſophe n'étoit aucunement conſidérable pour être abrogée , & qu'elle n'avoit en le pouvoir d'abroger celle de Juſtinien , *L. Hac edictali. C. De ſecundis nuptiis.* Sur ces demandes , défenſes , repliques & dupliques , le ſénéchal de Lyon rend ſa ſentence , par laquelle il adjuge au demandeur la ſomme de neuf cents livres portée par le contrat de mariage. De cette ſentence appel , ſur lequel ayant été plaidé au rôle de Lyon le 3 juillet 1618 , la prononciation de l'arrêt fut réſervée pour être faite en robes rouges : à quoi ſatisfaiſant ,

LA COUR a mis au néant l'appellation & ce dont a été appel , au néant ; en émendant , a modéré & égalé , modere & égale la ſomme de neuf cents livres à celle de cent cinquante , conformément à la conſtitution de l'empereur Juſtinien , qui demeure pour ce regard en ſon entier ; & ſans dépens : *Plurimis , quos fama & meritum nobiliſſimos in foro produxit , contra ſenatûs opinionem reclamantibus.*

* Cet arrêt eſt le 131 de Montholon , qui ne

met pas le fait, ni tous les moyens.

☞ Je penserois que cette donation réciproque n'a été retranchée à 150 liv. que parce que ladite Rollandy & le Blanc, lors de la donation portée en son contrat de mariage, avoit un fils ; & que cette donation mutuelle, étant de sa part de la somme de 900 liv. & de celle de le Blanc de 150 liv. seulement, la cour a envisagé l'excédant de cette donation réciproque, de la part de ladite Rollandy, comme un avantage indirect prohibé par l'édit des secondes noces.

Quant au défaut d'insinuation, il n'est pas vraisemblable que la cour se fût arrêtée à ce moyen ; puisque s'il l'eût frappée, elle ne se seroit pas contentée de réduire la donation de la femme à l'égalité de celle du mari, mais elle l'auroit annullée tout-à-fait.

CHAPITRE LI.

Retrayant lignager doit rembourser l'acquéreur de tous les lods & ventes, & ne peut le contraindre d'affirmer & jurer qu'il n'en a eu composition.

FRançois Quartier, d'Abbeville, ayant acquis certains fonds & héritages de Claude de la Planche, & pour raison de ce, payé les droits de lods & ventes au seigneur censier, & fait ensaisiner son contrat, il est assigné pardevant le sénéchal de Ponthieu, ou son lieutenant à Abbeville, à la requête de Martin de la Planche frere du vendeur, aux fins de lui délaisser par retrait lignager les fonds & héritages qu'il avoit acquis, offrant de le rembourser tant en principal que loyaux coûts ; ce que Quartier accepte, tend le giron au demandeur, lui exhibe son contrat d'acquisition & ses quittances des lods & ventes, suivant lesquelles il demande son remboursement, tant en principal que loyaux coûts. Le demandeur en retrait soutient, que le défendeur acquéreur n'avoit entièrement payé les lods & ventes prescrits par la coutume, & qu'il en avoit eu composition par le seigneur censier ; demande qu'il soit tenu d'affirmer précisément quelle somme il a payée pour lesdits lods & ventes, offrant de la lui rembourser, n'étant tenu à plus grande. Le défendeur acquéreur ayant soutenu au contraire qu'il n'étoit tenu d'affirmer, puisqu'il exhibit ses quittances ; le juge ordonne que l'acquéreur défendeur affirmeroit ce qu'il avoit payé pour lesdits lods & ventes, sinon que le demandeur en retrait ne le rembourseroit que des deux tiers seulement. L'acquéreur interjette appel : pour lequel Me. Doublet dit, que l'acquéreur justifiant de sa quittance, n'est point obligé d'affirmer ; s'il y a du gain & du profit procédant de la composition de l'honnêteté du seigneur, cela doit tourner au profit de l'acquéreur, en considération duquel le seigneur fait cette gratification, pour inviter chacun à acheter, & non point au profit du retrayant qui évince l'acquéreur, & le constitue toujours en perte. Me. de Rimbaucourt dit, que la coutume qui a introduit le retrait lignager, a voulu seulement que l'acquéreur *indemnis abeat* ; qu'il ne souffre aucune perte ni dommage ; qu'il soit remboursé tant du principal que loyaux coûts, mais non pas qu'il gagne & profite sur son marché : s'en rapportant à son serment, on le constitue juge de sa cause ; autrement ce seroit ouvrir la porte à bien des fraudes pour déguiser le prix des contrats, & faire mille tromperies.

LA COUR mit l'appellation & ce dont étoit appel, au néant ; émendant, déchargea l'acquéreur de l'affirmation ordonnée, condamna le retrayant à le rembourser de tous les lods & ventes portés par sa quittance, & conformément à la coutume, & sans dépens. Le mardi 8 janvier 1619, M. de Verdun premier président prononçant, qui dit à la fin de l'arrêt : *Ne plaidez plus telles causes pour les droits seigneuriaux.*

CHAPITRE LII.

Disposition d'un religieux novice au profit de son ordre, est nulle.

JOseph Gombaud natif de la ville de Troyes, âgé de vingt-un ans, n'ayant ni pere ni mere, & étant sous la puissance d'un tuteur, s'en va à Touloufe, & y prend l'habit de religieux au couvent & monastere des chartreux. Par son testament en 1615, peu avant sa profession, il donne la somme de quinze mille livres, y compris quatre mille livres que son tuteur lui avoit envoyées & qu'il lui avoit déja données. Les chartreux desirant être payés de cette somme, en font cession & transport à M. le cardinal de Sourdis, lequel fait assigner les freres de Joseph Gombaud pardevant MM. des requêtes du palais, aux fins de se voir condamner au payement de la somme de onze mille livres, restant de celle de quinze léguée aux chartreux. Les défendeurs déclinent la jurisdiction, ils sont déboutés, dont appel & requête pour évocation du principal : pour lesquels Me. de la Marteliere fils en sa premiere cause dit, que MM. des requêtes du palais n'ont pu retenir la connoissance de la cause pour distraire les appellans de leur jurisdiction naturelle, sous prétexte d'un transport fait à une personne puissante & privilégiée, contre la prohibition du droit & de l'ordonnance, *L. 1. & ult. De alienat. mut. Jud. causa facta.* & l'art. 36 de l'ordonnance d'Orléans. Au fond, la disposition de Joseph Gombaud est nulle. Pour faire une disposition bonne & valable, il faut que la forme concoure avec la substance & la matiere, *L. Certa est forma. Ut in poss. legat.* ce qui manque en celle en question. La ville de Touloufe se régit par la disposition du droit romain, suivant lequel la base & le fondement d'un testament est l'institution d'héritier, *L. 10. De jure cod. Ipsum testamentum, quod vires per institutionem hæredum accipit*, laquelle manque en celui de Gombaud ; premiere nullité essentielle ; seconde nullité, en ce qu'il n'y a que cinq témoins, il en faut sept. *L. Hâc consultiss.* Il est vrai qu'outre les cinq témoins il y a deux notaires, mais les notaires ne peuvent servir de témoins, n'étant requis ni appellés en cette qualité ; & il faut en un testament que toutes choses s'observent *in formâ specificâ. L. Domitius 27. Qui testam. fac. poss.* où le scribe du testament est pris pour témoin, & ne se peut interpréter des Notaires. Aucun des témoins n'a scellé & cacheté le testament, ce qui est pareillement nécessaire, *d. L. Hâc consultiss.* En la substance, Joseph Gombaud n'a pu valablement disposer au profit des chartreux sur le point de faire profession en leur couvent & monastere : il leur a donné les deux tiers de son bien, contre la disposition de la coutume de Troyes où ils sont situés. Telles dispositions en faveur des couvens & monasteres dans lesquels on a pris l'habit & fait profession, ont perpétuellement été reprouvées en France, où l'on n'observe point l'Auth. *Ingressi. De sacros. ecclès.* suivant le canon *Quicumque* 17. q. 4. *Quicumque vult exhæredato filio hæredem facere ecclesiam, quærat alterum qui suscipiat quàm Augustinum, imò Deo propitio neminem inveniat.* L'ordonnance de Blois art. 18 y est expresse, suivant laquelle plusieurs arrêts ont été rendus en pareil cas : l'arrêt pour le rétablissement des jésuites est à cette condition ; autre arrêt rendu en 1601 contre les capucins d'Angers ; autre contre les chartreux de Lyon en 1605, & l'arrêt d'Antoine Scarron prononcé en robes rouges en 1612, par lesquels la cour a perpétuellement improuvé & déclaré nulles telles dispositions. Et conclut. Me. Fourcroy pour M. le cardinal de Sourdis intimé dit, que toutes les ordonnances alléguées par l'appellant, sont contre les dispositions faites par des religieux déja profès, au profit de leur couvent,

& avant l'âge requis. Les arrêts qu'on allegue auſſi, ſont dans leurs hipotheſes & circonſtances fort particulieres, rendus au profit des meres exhérédées, & autres perſonnes privilégiées. Il y a bien de la différence entre la diſpoſition des immeubles, & les legs d'une ſomme mobiliaire telle que celle dont Gombaud a diſpoſé au profit des chartreux, auxquels on en a payé une partie. Il étoit âgé de vingt-deux ans, & a donné à la charge d'un ſervice perpétuel pour l'ame des parens de Gombaud, auquel les appellans participent. L'ordonnance de Blois *art.* 28 ne s'entend que des diſpoſitions faites par ceux qui n'ont pas valablement fait profeſſion, mais avant l'âge préfix par l'ordonnance. Quant aux nullités alléguées par les appellans contre le teſtament, elles ne ſont pas conſidérables. Et conclut.

M. l'avocat général Servin dit, que la forme du teſtament n'eſt pas tant conſidérable que l'eſſence & la ſubſtance; le legs étant fait aux religieux du convent & de l'ordre où le teſtateur avoit fait vœu & profeſſion, il ne peut ſubſiſter; qu'il faut ſe tenir à la regle, & ne point faire breche au droit public pour quelques conſidérations que ce ſoit. Et il adhere avec les appellans.

LA COUR mit l'appellation & ce dont étoit appel, au néant; évoqua le principal, & y faiſant droit, abſout les freres de Gombaud appellans, des fins & concluſions contre eux priſes pour le payement de la ſomme d'onze mille livres; & pour les quatre mille livres payées, ordonna qu'elles demeureroient aux religieux chartreux, & ſans dépens. Le mardi 5 février 1619, M. Verdun premier préſident prononçant.

* Brodeau, *lett. C. ſomm.* 8. cite l'arrêt; mais il n'en met pas toutes les circonſtances.

☞ *Vide* ci-après, chap. 75, l'arrêt du 10 février 1620, rendu à-peu-près dans les mêmes circonſtances.

CHAPITRE LIII.

Alimens ſont dus au bâtard, & les héritiers le doivent faire paſſer maître.

MAître Guillaume Heurtault, maître des comptes à Rouen, étant en viduité, eut de Collette Bourjon ſa ſervante un fils naturel, nommé Georges Heurtault, qu'il fit nourrir & élever, & le mit en apprentiſſage avec un chirurgien de Rouen, nommé Beauclerc. Après le décès de Me. Guillaume Heurtault, Georges Heurtault ſon fils naturel fait aſſigner Me. Georges Hubert ſon gendre, héritier de tous ſes meubles, comme auſſi tous les héritiers des immeubles, tant propres qu'acquêts, pardevant le vicomte, c'eſt-à-dire, pardevant le juge ordinaire de la ville de Rouen, aux fins de voir dire, que ſur tous les biens délaiſſés par Me. Guillaume Heurtault proviſion lui ſeroit faite & baillée de telle ſomme qui ſeroit trouvée raiſonnable, pour le faire paſſer maître chirurgien en la ville de Rouen. Les héritiers pour exceptions dénient que le demandeur ſoit fils naturel de Me. Guillaume Heurtault, demandant par défenſe lui ſoit faite de porter le nom d'Heurtault; & au principal, diſent que la ſucceſſion eſt obérée & onéreuſe. Le procès pleinement inſtruit, même Georges Heurtault ayant fourni des ſalvations contre les contredits des défendeurs, le vicomte de Rouen rend ſa ſentence, par laquelle il ordonne que les parties conteſteront ſur les ſalvations, dont Georges Heurtault interjette appel, ſur lequel la cauſe ayant été renvoyée au parlement de Paris par arrêt du conſeil, Me. Cabar pour l'appellant & demandeur en requête afin d'évocation du principal dit, que les ſalvations étant les dernieres écritures d'un procès, le mal jugé eſt évident, d'avoir ordonné qu'on conteſteroit. Au fond, la ſucceſſion eſt opulente de plus de deux mille livres de revenu, il ſe contente d'une année, on ne la lui peut juſtement refuſer, ou telle autre ſomme qu'il plaira à la cour d'arbitrer pour le faire recevoir maître chirurgien. Quant aux arrêts

qu'on lui objecte, par leſquels on prétend faire voir que les bâtards, capables de gagner leur vie, ne peuvent demander aucuns alimens, il répond que cela s'entend de ceux qui ont quelque métier, ſans lequel il eſt difficile de gagner légitimement & honnêtement ſa vie. *Sed ſi filius poſſit ſe exhibere, æſtimare judices debent, ne non debeant ei alimenta decernere. Denique idem Pius ita reſcripſit: Aditi à te competentes judices ali te à patre tuo jubebunt pro modo facultatum ejus, ſi modò cùm opificem te eſſe dicas, in eâ valetudine es, ut operis ſufficere non poſſis.* L. 5. §. 7. *De agnoſcendis & alendis lib.* Par cette loi le juriſconſulte Ulpien fait connoître que l'enfant de condition roturiere ne peut facilement gagner ſa vie & ſe nourrir, ſans avoir appris quelque métier; & c'eſt en cette hypotheſe que les arrêts qu'on objecte, ſont intervenus. Et conclut. Me. du Freſnay pour les Heurtault héritiers des immeubles dit, que c'eſt une maxime certaine, que dès-lors que les enfans naturels ſont capables de gagner leur vie, ils ne peuvent plus demander des alimens; les arrêts en ſont notoires. Nicolas du Bois né *ex ſoluto & ſolutâ,* âgé de trente-cinq ans, & par conſéquent capable de gagner ſa vie, par arrêt de de 1595, a été débouté de la proviſion par lui requiſe: le même a été jugé en 1605, contre Charles Plateul, lequel pour la même conſidération de l'âge de trente-cinq ans a pareillement été débouté des alimens par lui requis. Et conclut. Me. Picard pour Me. Georges Hubert dit, que l'appellant étoit né *ex vili perſonâ,* d'une pauvre ſervante & d'un officier de cour ſouveraine. Elle avoit été mariée par Me. Guillaume Heurtault, & ſuffiſamment dotée, il n'eſt raiſonnable d'adjuger aucune proviſion à l'appellant, qui eſt capable de gagner ſa vie, & n'eſt point recevable à demander aucuns alimens, *L. Suo victu. De operis libert. L. Mela de alim. & cibariis leg.*

LA COUR mit l'appellation & ce dont avoit été appel, au néant; évoqua le principal, & y faiſant droit, en tant que touchoit Me. Georges Hubert, mit les parties hors de cour & de procès: & pour le regard des autres intimés, les condamna à bailler à l'appellant la ſomme de ſix cents livres à prendre ſur tous les biens de la ſucceſſion de Me. Guillaume Heurtault, pour aider audit appellant à ſe faire paſſer & recevoir maître chirurgien; ladite ſomme de ſix cents livres une fois payée ſeulement; & juſques à ce, condamna les intimés à lui payer la ſomme de cinquante livres de proviſion par chacun an; & condamna les intimés en tous les dépens. Le mardi 12 février 1619, M. de Verdun premier préſident prononçant.

* L'arrêt eſt cité dans Brodeau, *lett. A. ſomm.* 4. ☞ *Vide* les obſervations ci-deſſus ſur le chapitre 26, qui établiſſent le bien jugé de cet arrêt. L'on doit encore faire attention à une circonſtance particuliere dans l'eſpece: c'eſt que le ſieur Guillaume Heurtault avoit mis ſon fils naturel en apprentiſſage chez un chirurgien, ce qui ſuppoſoit qu'il avoit eu intention de le faire recevoir maître, & en lui donnant cet état, de pourvoir à ſon établiſſement.

CHAPITRE LIV.

Fiancée eſt tenue de rendre les bagues & joyaux, le mariage ne s'étant point accompli par le décès du fiancé.

MAître André le Mort, avocat au préſidial de Bourges, en 1617, contracte mariage avec Catherine Barat, & lui donne pluſieurs bagues & joyaux juſques à la valeur de cinq cents livres, qu'il avoit achetées de Jacques Ragneau orfevre de la même ville de Bourges, auquel il en avoit donné ſa promeſſe du 13 novembre 1617. Cinq ſemaines après le contrat de mariage, & avant la célébration, Me. André le Mort décede. Jacques Ragneau craignant de perdre cette ſomme de cinq cents livres, préſente

—— requête au prévôt de Bourges , fur laquelle il lui eſt
1619. permis de faire faiſir & arrêter ſes bagues & dorures entre les mains de Catherine Barat , qui reconnoît que défunt Me. André le Mort lui a donné
quelques bagues , mais ſoutient que par ſon décès
elles lui appartiennent. Le prévôt de Bourges ordonne que le pere de défunt André le Mort ſera
appellé. Il déclare qu'il n'eſt point héritier de ſon
fils , & répudie ſa ſucceſſion. Le prévôt ordonne
qu'il ſera créé un curateur à la ſucceſſion vacante :
Ragneau interjette appel au préſidial, où Catherine
Barat eſt condamnée par proviſion de rendre les
bagues & dorures en queſtion. Elle interjette appel , & ſomme le pere de ſon défunt fiancé , de
l'acquitter & garantir de cette pourſuite. Me. Deſ-
noyers pour l'appellante dit , que pour les donations
que la loi appelle *ante nuptias* , ou pour mieux parler,
propter nuptias , la fiancée ne peut pas les prétendre & demander , *nuptiis non ſecutis* , L. 4. C. De
donation. ante nuptias ; mais qu'elle peut légitimement retenir les dons & les préſens que ſon fiancé
lui a faits , que la loi appelle *ſponſalitia. Quæ vir
futurus donandi animo uxori tradidit , ipſius ſunt. L.*
1. *eod. tit. L.* 7. *L.* 10. *Si filiæ tuæ ſponſus manci-
pium donavit. L.* 11. *Si ex propriis liberalitatis cauſâ
ſponſus tibi tradidit. L.* 15. & 16. *eod. tit.* & *L. Denique. De ritu nupt.* Par toutes ces loix la fiancée
peut juſtement retenir les dons & les préſens que
ſon fiancé lui a faits. L'intimé orfevre n'a point d'action contre l'appellante, à laquelle il n'a rien donné :
il a délivré les bagues à André le Mort trois mois
auparavant le contrat de mariage , & il s'eſt contenté de ſa promeſſe , *in creditum abiit* : cette action n'a point de droit de ſuite ſur la choſe , &
contre une tierce perſonne , telle qu'eſt l'appellante.
La queſtion a été jugée par arrêt du 4 avril 1601 ,
& par autre de 1609, rendu en la chambre de l'édit,
qui débouta un héritier de la reſtitution des choſes
données à la fiancée ; qu'il eſtimoit trois cents livres.
Et conclut. Me. Peigne pour Jacques Ragneau intimé dit , que ſa marchandiſe ſe trouvant en nature ,
la ſentence eſt d'autant plus juridique , qu'elle eſt
fondée en équité naturelle , & en la diſpoſition du
droit. *L.* 17. §. *ult. De inſtitor. actione.* En la queſtion de la donation faite par le fiancé à ſa fiancée,
le mariage ne s'étant enſuivi , il n'y a point de
doute que la fiancée doit rendre ce qu'elle a reçu ,
L. 2. *C. De donat. ante vel propter nupt. Niſi Euty-
chia tibi nupſerit , tibi reſtitui quod dediſti prætor
jubebit , arrhis ſponſaliorum nomine datis. Si interea
ſponſus vel ſponſa deceſſerit , quæ data ſunt , jubemus
reſtitui , L.* 3. *C. de ſponſalib. & arrhis ſponſalitiis.* &
L. 6. *C. Theodoſ. eod.* La queſtion a ainſi été jugée
par arrêt ſolemnel rendu ſur la theſe & *in individuo ,*
au rapport de M. Ribier , remarqué au recueil des
arrêts de M. Louet & par pluſieurs autres.

LA COUR tant ſur l'appel de la ſentence des
préſidiaux de Bourges, que ſommation faite contre
le pere d'André le Mort, mit les parties hors de
cour & de procès ; ordonna néanmoins qu'en exécutant l'arrêt, l'appellante ne ſeroit tenue de rendre que ce qu'elle auroit reçu. Le jeudi 14 mars
1619 , M. le premier préſident de Verdun prononçant.

☞ Cet arrêt ne juge point préciſément ce
qu'annonce ſon texte , puiſqu'il paroît que la cour
a moins prononcé ſur la queſtion de ſavoir ſi la
fiancée devoit rendre les bagues aux héritiers du
fiancé , que ſur celle qui s'étoit élevée entre l'orfevre & elle , au ſujet de leur reſtitution qui
fut ordonnée en faveur de l'orfevre.

M. le Preſtre , cent. 1. chap. 68. traite amplement la queſtion des dommages intérêts & des
reſtitutions , lorſque la mort, ou quelqu'autres motifs empêchent l'accompliſſement des mariages. Il

rapporte même un arrêt du 21 décembre 1598 ,
rendu entre les héritiers de Colombeau & ceux de
Boulanger , qui juge à-peu-près la même queſtion
que celle rapportée par M. Bardet , puiſque cet
arrêt décide malgré ce qui eſt porté en la loi 16.
Si à ſponſo. Cod. De donat. ant. nupt. que les bagues , joyaux & habillemens donnés par le fiancé à
la fiancée étoient ſujets à reſtitution , le fiancé ayant
été prévenu de mort. Mais M. le Preſtre a grand
ſoin d'ajouter ces mots (qui font voir que l'eſpece
étoit toute ſemblable à celle rapportée par M.
Bardet): *Il eſt vrai , qu'au procès , leſdites bagues ,
joyaux & habillemens , étoient encore dus lors du
décès (a)* ; enſorte qu'on pourroit dire , que
cet arrêt ne décide point nettement la queſtion de
reſtitution des bagues entre la fiancée , & les héritiers du fiancé.

Examinons donc d'autres eſpeces qui ſoient plus
approchantes de la nôtre.

Bouchel en ſa *bibliotheque du droit françois*, au
mot *bague* , rapporte un arrêt dont voici l'eſpece.

La demoiſelle Thoré fut fiancée à un jeune homme qui lui avoit donné quelques bagues & joyaux ,
de la valeur d'environ 60 écus. Le jeune homme
décéda avant le mariage ; ſes héritiers redemande-
rent les bagues. La fiancée ſoutint que malgré que
le mariage n'eût pas été accompli , les bagues devoient lui reſter , & appartenir *tanquam præmium oſculi*;
d'autant plus qu'elle diſoit avoir fait préſent à ſon fiancé
de plus de 30 écus , qui provenoient de la ſucceſſion
de ſon pere , & qu'elle ne redemandoit point. Elle
ajoutoit en outre qu'elle avoit fait quelques dépen-
ſes en vue de ce mariage , telles entre autres qu'un
banquet à des demoiſelles de ſes amies.

Les héritiers du fiancé de leur côté répondoient,
que les bagues n'avoient été données qu'en contemplation du mariage ; & que *ſublatâ cauſâ , tollitur
effectus.*

Le premier juge, devant qui cette affaire fut portée , mit les parties hors de cour & de procès ,
& par arrêt donné en la chambre de l'édit le
mercredi 4 avril 1601 , plaidans MM. Robert le
jeune & Corvillan , la ſentence fut confirmée.

Boniface , liv. 3. tit. 3. ch. 1. rapporte un arrêt
du dernier mars 1672 , qui jugea , qu'une fille
dont le fiancé ne vouloit plus accomplir le mariage , garderoit une bague qu'il lui avoit donnée,
le tout ſans dommages intérêts.

M. le Cœur en ſes notes , obſerve un arrêt du
parlement de Paris du 20 août 1680 , qui jugea
que le préſent de noces qui avoit été envoyé
à une fille , devoit par elle être rendu , quoique la
rupture du mariage ne provînt pas de ſon fait , mais
de celui de ſon futur , même ſans aucun ſujet.

Buridan en ſon commentaire ſur l'art. 245 de
la coutume de Rheims, qui qualifie de *don de noces*
les bagues, joyaux , vêtemens , & autres meubles
donnés auparavant les épouſailles agite, nomb. 3 ,
la queſtion de ſavoir ſi arrivant , avant la bénédiction nuptiale , le décès du futur époux, qui auroit donné des bagues & joyaux à ſa fiancée , elle
pourroit les retenir , ou bien ſi elle pouvoit être
contrainte de les rendre aux héritiers ; & dit que
ſuivant la loi *Si à ſponſo* 16. *Cod. de donat. ant. nupt.*
elle les peut retenir (*b*) , parce qu'encore que le
mariage ne s'en ſoit ſuivi , la moitié lui en eſt acquiſe ſuivant la loi même qui porte , *quaſi per oſ-
cula , delibata quodam modo fuiſſet ejus pudicitia.*

Enſuite Buridan ajoute que M. Louet eſt d'un
ſentiment contraire , & dit que cette loi n'eſt pas
obſervée en France ; que d'autres ſont d'avis , de
laiſſer à la fiancée ſurvivante , ou bien au fiancé,
ſi l'un ou l'autre meurt avant les épouſailles , quelque bague ou joyau , ſelon la qualité de la perſonne ,

(*a*) Obſervez que M. le Preſtre en ſes arrêts de la cinquieme chambre des enquêtes, rapporte encore ce même arrêt , mais ſous
la date du 11 décembre 1598.
(*b*) Cette loi, n'accorde à la fiancée qui a reçu des préſens en contemplation de mariage , que la moitié , & dans le cas ſeulement
oſculo intervenienté. Ce qu'il y a de ſingulier , c'eſt que l'auteur de la nouvelle collection de juriſprudence , aux mots *bagues* & *joyaux* ,
avance que, les loix romaines ne parlent point des bagues & joyaux que les futurs ſe donnent par galanterie avant le mariage. Apparemment qu'il ne connoiſſoit pas la loi 16. au *Cod. de donat. aut. nupt. ſponſalitiis* , qui décide nettement ſur cette matiere , & qui
porte en termes précis , que *interveniente oſculo ante nuptias* , la future en cas de mort de la part du futur , doit garder la moitié des
choſes qui lui ont été données en préſent de noces , & contemplation du mariage ; mais que *non interveniente oſculo , ſive ſponſus ,
ſive ſponſa obiérit , totam infirmari donationem , & donatori ſponſo vel hæredibus ejus reſtitui.*

comme

comme pour gages , & souvenir de l'amour dont
ils s'entr'aimoient. Mais Buridan , entre toutes ces
opinions , paroît toujours incertain , & n'ouvre point
un sentiment déterminé.

Pour moi je crois qu'il seroit plus prudent d'adopter en partie la jurisprudence du châtelet, qui est
prise d'après Bacquet , & son annotateur, en son
traité des droits de justice, chap. 21. nomb. 330. &
suivans.

Voici quelle est cette jurisprudence , telle que la
présente l'auteur de la *collection des nouvelles déci-*
sions de jurisprudence : » Si celui qui a fait le pré-
» sent à sa future de bagues ou joyaux, rompt
» par sa faute le mariage , en contemplation du-
» quel ils ont été donnés , il n'est pas dans le
» cas d'en demander la restitution ; au-contraire si c'est
» par le fait de la future , ou de ses pere & mere,
» que le mariage se rompt , la future doit rendre
» les bagues & joyaux. « J'adopte beaucoup ces
deux sentimens.

Mais le même auteur ajoute , que dans le cas
de mort de la part du futur, avant la célébration du
mariage , la future doit rendre également les bagues
& joyaux.

Je croirois que cette jurisprudence , annoncée
comme générale, devroit être restreinte & limitée
suivant les circonstances, & qu'il faut considérer la
qualité des parties, l'amitié qu'elles se portoient, la
plus ou moins longue fréquentation qu'ils avoient eue
ensemble , le prix & la valeur des bagues & joyaux
donnés, proportionnés aux facultés, soit du futur, ou
de la future décédés, soit du survivant. Toutes ces
choses doivent entrer en grande considération ,
lorsqu'il s'agit de prononcer sur des matieres aussi
incertaines , & dont on voit que les jugemens ont
varié suivant les circonstances. Et j'inclinerois beaucoup à soutenir, que si un roturier riche , par
exemple de 100000 liv. se fût accordé ou fiancé
avec une fille de condition, qui n'auroit eu que 7
ou 8000 liv. en mariage, qu'il lui eût fait présent
de bagues & joyaux , de la valeur de 3 ou 4000 liv.
& qu'il vînt à mourir avant la célébration du mariage ; je pense, dis-je , que l'on seroit bien fondé
à soutenir que la demoiselle ne seroit pas dans le
cas de restituer les bagues & joyaux, parce que ce
seroit celui de dire que cette libéralité avoit été
faite comme une reconnoissance de l'acceptation
qu'elle avoit bien voulu faire , de la main du bourgeois. De même lorsque dans des semblables circonstances , il se trouve des articles , ou des contrats de mariage signés des parties , les clauses qu'ils
renferment doivent beaucoup contribuer à la décision des juges, & leur faire interpréter les vues
dans lesquelles ces bagues & joyaux ont été donnés , & quel doit être l'effet de semblables présens ,
sur-tout dans la circonstance de la mort, qui ne peut
donner ouverture à aucuns dommages intérêts en
faveur du survivant.

___

CHAPITRE LV.

Porteur de lettre de change, qui la fait accepter, &
au-lieu d'en exiger le payement au jour de l'échéan-
ce , l'a négociée , est garant de la faillite & banque-
route survenue de celui par lequel elle étoit tirée , sans
aucun recours contre le tireur.

JActques Passart, marchand bourgeois de Paris ,
ayant prêté de l'argent à Henri Regnard , aussi
marchand à Paris, le 17 décembre 1618 , il tire de
lui une lettre de change de la somme de quinze cents
livres sur Thierry Mouet, marchand demeurant à
Rouen , payable à usance, c'est-à-dire , au mois.
Mouet ayant vu la lettre de change à Rouen , l'accepte le 20 dudit mois de décembre , pour en faire
le payement le 20 de janvier suivant. Après l'acceptation , Passart rapporte sa lettre de change à Paris , & le 20 janvier auquel le payement écheoit ,
il en fait cession & transport à Michel Tissart, lequel s'étant transporté à Rouen le 26 du même

mois de janvier pour recevoir son payement de
Thierry Mouet de la somme de quinze cents livres, 1619.
il trouva qu'il s'étoit absenté ce même jour , & avoit
fait banqueroute ; de sorte qu'après une sommation
faite au domicile de Mouet , il s'en retourne à
Paris , où incontinent il fait assigner Jacques Passart
son cédant pardevant les juges consuls , aux fins de
reprendre sa lettre de change sur Mouet , & lui
payer & restituer la somme de quinze cents livres ,
à quoi Passart soutient n'être tenu , & subsidiairement fait assigner Henri Regnard en sommation ,
pour faire valoir sa lettre de change sur Mouet , &
lui restituer ladite somme de quinze cents livres. Sur
ces contestations les juges consuls rendent leur sentence , par laquelle Jacques Passart est condamné de
rendre & restituer la somme de quinze cents livres à
Michel Tissart. Et sur la demande en sommation
de Passart contre Henri Regnard , Passart en est débouté , dont il interjette appel. Me. Cornoailles
pour Passart appellant dit , que Balde en son *conseil*
191 , traitant du change , appelle celui sur lequel
on tire la lettre de change , commissionnaire , & marque que celui qui la tire , commet celui qu'il en fait
le porteur , & que celui sur lequel elle est tirée , &
qui en doit faire le payement , quoiqu'il l'ait acceptée, & se soit obligé d'en faire le payement au
tems porté & accoutumé , néanmoins ne décharge
point pour cela celui qui a commis , qui a délivré la
lettre de change , suivant la disposition de la loi
Ubi quis. 28. *De consti. pecunia. Ubi quis pro alio*
constituit se soluturum , adhuc is pro quo constituit
obligatus manet. D'où s'ensuit qu'il a été mal jugé
à l'égard de Regnard , qui a reçu son argent, &
lui a délivré la lettre de change à prendre sur
Mouet, qui s'est trouvé insolvable & a fait faillite :
Regnard est responsable, doit faire valoir la lettre de
change qu'il a baillé , ou bien restituer la somme de
quinze cents livres pour laquelle elle a été tirée. On
lui objecte que l'acceptation de la lettre de change
faite par Mouet est une délégation , par le moyen
de laquelle Regnard est demeuré quitte. *Delegare &*
vice suâ alterum reum suo dare creditori, L. Delegare.
De novat. & delegat. Mais il répond avec Alexandre ,
consil. 8o. *vol.* 3. *& consil.* 137. *& Balde , Nov. De*
argent. où l'un & l'autre de ces grands docteurs traitent de la banque & du change , que l'acceptation
n'est point une délégation. Et en la loi derniere *C.*
De novation. & delegat. Nihil penitus prioris cautelæ
innovari , sed anteriora stare , & posteriora illis incre-
mentum accedere. Quant à ce qu'on dit , que Mouet
a été vu sur la place du change faisant trafic jusques au 26 de janvier , il n'y a loi ni ordonnance
qui oblige un créancier à demander & exiger le
payement de sa dette au jour préfix que le terme
échet. A l'égard de Tissart cessionnaire de l'appellant , s'il y a de la demeure & de la négligence ,
elle vient de sa part ; il n'a pas été à Rouen assez
promptement, de plus , la cession de la lettre de
change est sans aucune garantie. Et par ces raisons
conclut au mal jugé. Me. Grenet pour Henri Regnard dit , que ce mot , *à usance* , en termes de
change , veut dire un mois après l'acceptation qui
a été faite pour Mouet de la lettre de change sur lui
tirée le 18 décembre 1618 ; elle étoit par conséquent payable le 18 janvier suivant , auquel jour l'appellant a dû veiller & soigner de retirer promptement son payement : mais qu'ayant voulu faire
double profit par la cession de la lettre de change
à Tissart , il s'est mis au hasard de tout perdre. En
matiere de lettres de change on doit être si exact ,
qu'il faut même observer les momens , à cause du
péril & de l'incertitude qui s'y rencontre si ordinairement , par le moyen des faillites & banqueroutes.
Mouet a été vu sur la place du change à Rouen ,
trafiquant publiquement, payant & acquittant des
lettres de change , jusqu'au 26 de janvier. Pendant
ces huit jours de demeure & d'intervalle que l'appellant n'a daigné retirer le payement de la lettre de
change, les affaires de Mouet ont peut-être pris
leur ruine & déclin : il ne faut qu'un instant , qu'une
seule mauvaise affaire pour perdre & ruiner un
homme. Et conclut au bien jugé. Me. Desnoyers

1619.

pour Tiffart dit, qu'incontinent qu'il a eu ceffion de la lettre de change, il s'en eft allé à Rouen, où étant arrivé, il a trouvé Mouet abfenté, & fa banqueroute notoire. Et conclut.

LA COUR fur l'appel, mit les parties hors de cour & de procès ; & après la prononciation de l'arrêt, M. le premier préfident de Verdun dit : avocat, la cour m'a chargé de vous dire qu'elle n'a pas ainfi jugé, pour ce que l'acceptation d'une lettre de change foit une délégation ; mais qu'elle s'eft arrêtée fur la demeure & négligence de l'appellant ; le vendredi 26 avril 1619.

CHAPITRE LVI.

Condamné à mort ayant interjetté appel, n'y peut renoncer.

DAvid Juftin, pauvre laboureur, ayant été condamné à mort par le juge de la Frefnaye en Poitou, interjette appel de la fentence, auquel peu après il déclare qu'il renonce ; enfuite le juge commande qu'on le conduife au fupplice ; & il eft exécuté. La fille de Juftin interjette appel, fur lequel elle intime le juge en fon propre & privé nom : pour laquelle Me. Tillier pour l'appellante dit, que quoiqu'il foit néceffaire que les crimes foient exactement recherchés & les coupables punis, il n'eft pas moins important que cette recherche & punition foit faite par les voies ordinaires, & non par une légéreté & précipitation, comme a fait l'intimé : car l'accufé & condamné à mort, ayant interjetté appel de la fentence, elle demeuroit éteinte, & comme non rendue. *Provocationis remedio, condemnationis extinguitur pronunciatio, in criminalibus. L. 1. ad Turpill,* & de fait, l'exécution fe fait *ex confirmante, non ex confirmato.* Il ne fert de rien de dire pour excufe, que le pere de l'appellante a renoncé à fon appel, parce que l'ayant une fois interjetté, il ne pouvoit plus y renoncer, comme étant cette renonciation faite par un homme porté plutôt de défefpoir, que d'aucune autre confidération. *Non eft audiendus perire volens, & maximum mifericordiæ argumentum eft fervare nolentem,* dit St. Auguftin. L'appel d'une fentence de mort eft tellement favorable, *que humanitatis ratione omnis provocans audiri debet, five fit neceffarius condemnati, five non,* dit le jurifconfulte en la loi *Non tantum. De appellat.* où il ajoute : *Etiamfi refiftat damnatus adverfus provocationem, nec velit admitti ejus appellationem, perire feftinans.* L'appréhenfion de la mort lui ayant tellement troublé l'efprit & le jugement, qu'il n'eft plus capable de connoître fon bien, mais plutôt de chercher fa perte ; ce qu'un chacun eft charitablement obligé d'empêcher. *Nulla unquam de morte hominis cunctatio longa eft ;* & dit Seneque : *Poteft pœna dilata exigi ; non poteft exacta revocari ;* & Ariftote : ἀλ... καταψηφισαμένοις ὑκ ἔτι ἱαναψηφίσαι, Dès que le fuffrage eft une fois jetté, on ne peut plus le retirer. On a injuftement condamné le pere de l'appellante, c'eft pourquoi on n'a voulu fouffrir que la cour vît cette injuftice. Et par ces moyens conclut à ce que le juge fût condamné en tous les dépens, dommages & intérêts de l'appellante. Me. Viot pour le juge intimé en fon propre & privé nom dit, que le pere de l'appellante fachant mieux que tous la vérité des crimes dont il étoit convaincu, s'eft condamné foi-même, a reconnu avoir été juftement condamné, & a renoncé à l'appel qu'il avoit interjetté, appréhendant que la cour ne trouvât la peine trop douce pour le crime. La fentence a été bien & juridiquement rendue & avec toutes fes formes, l'exécution n'a pu être différée au moyen de la renonciation à l'appel, & le juge eft follement intimé. Et conclut.

M. l'avocat général Servin dit, que le public a un auffi grand intérêt en l'appel, que la particuliere appellante, fille de l'exécuté à mort ; le juge ne peut s'excufer de cette faute, il doit s'en reffouvenir, & fervir d'exemple par la condamnation en telle amende qu'il plaira à la cour d'arbitrer ; & pour cet effet il

---

interjette auffi appel de la fentence pour monfieur le procureur général.

La COUR faifant droit fur l'appel interjetté par M. le procureur général dit, qu'il avoit été mal, nullement procédé & exécuté ; condamna le juge en vingt-quatre liv. parifis d'amende envers les pauvres ; & auparavant que faire droit fur l'appel interjetté par Louife Juftin, ordonna que les charges & informations feroient apportées en la cour, pour, icelles vues, être fait droit ainfi que de raifon ; le 6 mai 1619.

* Voyez l'art. 6. tit. 25. de l'ordonnance de 1670.

CHAPITRE LVII.

Donation mutuelle entre mari & femme n'eft révoquée par furvenance d'enfans, dans la coutume d'Anjou.

MAître Jean Grimaudet, procureur du roi aux traites foraines d'Anjou, en 1589, contracte mariage avec demoifelle Nicole Boucher : ils ont un fils en 1590, qui décede peu de tems après. Le 4 mai 1591, les mariés n'ayant aucuns enfans, fe font une donation mutuelle de tout ce que la coutume leur permet. Enfuite naiffent trois filles, Renée, Claude & Jacqueline Grimaudet, qui furvivent leur mere décédée en 1603. Peu après le pere convole en fecondes noces avec demoifelle Claudine Froger, dont il n'a point d'enfans, & décede le 9 janvier 1618. Ses trois filles fe portent héritieres par bénéfice d'inventaire, & font affigner demoifelle Claudine Froger leur belle-mere, pour accepter ou renoncer à la communauté d'entre fon mari & elle, & pour rendre compte de la geftion & adminiftration des biens de demoifelle Nicole Boucher leur mere. Demoifelle Claudine Froger déclare qu'elle accepte la communauté d'entre fon mari & elle jufques à la concurrence de l'inventaire, & offre de rendre compte de la geftion & adminiftration des biens de Nicole Boucher, déduction faite de ce qui pouvoit appartenir à fon mari à caufe de la donation mutuelle. Sur quoi le fénéchal d'Anjou ou fon lieutenant à Angers déclare ladite Froger commune en biens avec fon défunt mari jufques à la concurrence de l'inventaire ; déclare pareillement la donation bonne & valable pour tous les meubles en propriété, pour l'ufufruit de tous les acquêts immeubles, & pour le tiers des propres auffi en ufufruit, fuivant la coutume d'Anjou art. 321. De cette fentence les trois filles interjettent appel. Me. le Feron pour l'une des filles, majeure appellante, dit, quant à l'acceptation de communauté jufques à concurrence de l'inventaire, que c'eft introduire une communauté fous bénéfice d'inventaire, contre les arrêts de la cour, notamment un de 1605 rendu en la coutume de Meaux, par lequel la cour fit inhibitions & défenfes de plus accepter telles communautés fous bénéfice d'inventaire, & ordonna que l'arrêt feroit lu & publié en l'audience de Meaux. Le bénéfice d'inventaire n'eft donné qu'au feul héritier qui a jufte caufe d'ignorance, *L. ult. C. De jure delib.* & eft tenu de toutes les dettes, & la veuve n'eft tenue que pour moitié. La veuve fuivant la coutume doit accepter la communauté, ou y renoncer, fans interprétation, ni modification quelconque. Quant à la donation mutuelle, elle eft nulle *ipfo jure,* ayant été révoquée par la furvenance des trois appellantes, toutes trois nées depuis la donation. *L. Si unquam. C. De revocandis donat.* Quafi tacitam conditionem hujufmodi donatio habeat, fi donator liberos non fufceperit, qui magis illis confervare, quàm extraneis profundere deberet, quique alienam fucceffionem fuis anteponere noluit.* Cette révocation de donation par furvenance d'enfans eft fi favorable, qu'on a demandé, fi le pere peut y renoncer : à quoi tous les docteurs ont unanimement répondu fur la loi Titia. §. Imper. De legat. 2. que quantum ad effectum revocationis ipfo jure poteft renuntiari ; quantum ad effectum revocationis per titulum de inofficiofis donationibus non poteft renuntiari ;* parce qu'autrement cela fe feroit *in frau-*

dem *filiorum* : tout de même que la loi veut, que celui qui fait une fubftitution, fans faire mention de fes petits-enfans, ce foit par oubli, & que les enfaus venant à naître empêchent l'effet & l'ouverture de la fubftitution. *L. Cùm acutiffimi. C. De fideicom.*

La queftion a été jugée en bien plus forts termes en la coutume de Loudun, femblable à celle d'Anjou, pour une donation faite entre Saceric & fa femme (a); & jugé que la donation avoit été révoquée par furvenance d'enfans, quoiqu'ils euffent prédécédé leurs pere & mere : *Quia donatio femel revocata, non reconvalidatur. L. Quæ res. §. Aream. De folution.* Me. Mauguin pour le curateur des deux autres filles mineures appellantes dit, que la cour a fait diftinction entre les coutumes qui permettent aux veuves de renoncer à la communauté, & entre celles qui les aftraignent à l'accepter. Pour celles-ci, la cour a trouvé bon de ne les engager plus avant que jufques à la concurrence des effets de l'inventaire : mais pour celles où elles ont l'option de renoncer, cela ne s'eft jamais dit ni pratiqué ; auffi ne feroit-il pas raifonnable. Quant à l'autre queftion, quelques docteurs italiens fur la loi *In arenam. C. De inoff. teftam.* ont tenu que la donation mutuelle & réciproque n'eft révoquée par la furvenance d'enfans : néanmoins la doctrine des arrêts a corrigé cette jurifprudence, & jugé que les donations mutuelles, réciproques, ou pures & fimples, font révoquées par la furvenance des enfans, ainfi que rapporte Chopin fur la coutume d'Anjou, titre *des donations entre mariés*, & en cite deux arrêts de l'an 1584. Il eft vrai qu'il en rapporte un contraire, par lequel la donation mutuelle ne fut révoquée *fupervenientiâ liberorum*. Mais l'efpece eft toute finguliere : car les enfans étoient tous morts *vivente utroque parente*. Quant à ce qu'on dit, que la coutume permet à ceux qui ont des enfans, de fe donner mutuellement, il y a bien de la différence *inter filios jam natos*, dont la coutume s'entend, & *filios nafcituros*, qui révoquent *ipfo jure* la donation. Et conclut. Me. Guerin pour demoifelle Claudine Froger intimée dit, que la queftion qui fe préfente, n'eft en la thefe de la décifion de la loi *Si unquam. C. De revoc. donat.* fur laquelle les appellantes établiffent tout leur droit : elle s'entend d'une donation pure & fimple faite à une perfonne étrangere, il n'eft pas raifonnable qu'elle s'enrichiffe du bien d'un pere au préjudice des enfans qui lui font depuis nés ; il eût vraifemblablement confervé fon bien, & ne l'eût point donné, s'il eût eu des enfans, lors de la donation, qui eft révoquée pour cette confidération au profit des enfans, par la difpofition de cette loi *Si unquam*, qui ne peut en façon quelconque s'étendre aux donations mutuelles faites entre le mari & la femme, puifque ce font perfonnes fi proches, qu'ils ne font cenfés qu'une même perfonne. Et bien loin que par cette donation on ôte le bien aux enfans depuis furvenus, au-contraire on leur conferve fouvent, étant également & par même droit héritiers de leur pere & de leur mere, qui font entre eux cette donation, dont la révocation leur apporteroit plus de perte que de profit ; auffi la furvenance des enfans ne la révoque-t-elle pas, fuivant l'opinion de *Socinus reg.* 304. *Rom. in fing.* Tiraqu. *De leg. connub.* gl. 1. p. 1. n. 45. & la glofe de la loi *Licet. C. De pactis. L.* 4. *C. De inut. ftipul. L. in arenam. C. De inoff. teftam. & Nov.* 1. *Valent.* Auffi la cour l'a toujours ainfi jugé. L'arrêt des Morelles rapporté par Me. Robert, fait voir combien telles donations font favorables ; à l'exclufion même des enfans d'un des donateurs, jufques là que deux mineurs fe mariant, & fe donnant mutuellement, ne peuvent être relevés & reftitués contre telle donation. Et du Moulin fur la coutume d'Orléans, où le mari & la femme fe peuvent donner, s'ils n'ont d'enfans, demande : *Quid fi filium moribundum habeant ?* & réfout que *talis donatio jure fubfiftit*, ut in *L.* 7. §.

Si *vir. de donat. inter vir. & ux.* Quant au fecond chef concernant la communauté, le même du Moulin en fes apoftils fur la coutume d'Anjou, tient que conformément à la difpofition de celle de Paris, la femme ne doit point être obligée d'accepter la communauté, que jufques à la concurrence de l'inventaire, & que c'eft la commune pratique de la France. Et par ces moyens conclut au bien jugé.

LA COUR mit l'appellation au néant ; ordonna que ce dont étoit appel, fortiroit fon plein & entier effet ; & en tant que befoin feroit, fans que la veuve intimée pût être tenue plus avant des dettes de la communauté que qu'elle profiteroit & amenderoit en icelle, & fans dépens. Le mardi 28 mai 1619, M. de Verdun premier préfident prononçant.

* Quoique Me. René Chopin fur la même coutume d'Anjou, *liv.* 3. chap. 2. tit. 3. *nomb.* 7. foit d'avis contraire à l'arrêt ; que le Proft fur celle de Loudun, *tit.* 25. *art.* 4. prenne le même parti ; & que Brodeau fur Maine, *art.* 334. prétende que Chopin eft fuivi, & qu'il n'en faut excepter que les dons mutuels faits en contrat de mariage ; toutefois les principes, qui juftifient cet arrêt, font fi doctement marqués par Dupineau fur les mots, *exiftentibus liberis* de l'art. 321. qu'il ne manquoit qu'un préjugé pour confirmer l'opinion de ce dernier commentateur de la coutume d'Anjou.

☞ Selon la note de M. Berroyer, il fembleroit que dans tous les cas, la furvenance d'enfans ne peut faire révoquer la donation mutuelle entre mari & femme dans la coutume d'Anjou. Il appuye fon fentiment non-feulement fur cet arrêt ; mais encore de l'avis de Dupineau fur l'art. 321 de cette coutume.

Cependant je crois qu'il n'eft pas hors de propos, d'ajouter ici quelques réflexions bien judicieufes que fait M. Pocquet de Livoniere fur l'arrêt rapporté par M. Bardet.

Ce favant annotateur de M. Dupineau, en fa feconde obfervation fur l'art. 321 de la coutume d'Anjou, en convenant que la furvenance d'enfans ne détruit pas l'effet des donations entre mari & femme, ajoute qu'elle les rend cependant fufceptibles de réduction, aux chofes dont il eft permis de difpofer *liberis exftantibus* ; mais que fi la donation étoit faite à des étrangers, elle feroit révoquée de plein droit, par la furvenance des enfans, & ne reprendroit fa force par leur prédécès, que par exception, au cas que le donateur l'eût ratifiée pendant leur vivant par un confentement exprès ou tacite.

L'arrêt rapporté par M. Bardet, & le fentiment de M. Berroyer, méritent encore une réflexion. L'art. 91 de la coutume de Chartres porte à peu près les mêmes difpofitions que l'art. 321 de celle d'Anjou ; & l'ufage du Pays Chartrain avoit toujours autorifé la maxime, que *la furvenance d'enfans ne révoquoit point la donation mutuelle, faite entre mari & femme*. Cependant Jacques Leveville & Catherine Billette mari & femme, demeurans dans la cout. de Chartres, n'ayant point d'enfans, firent le 14 février 1678, un teftament mutuel. En 1679 il leur naquit un fils, qui fut nommé Jacques.

Catherine Billette mourut en 1697.

Jacques Leveville fils fe maria le 22 feptembre 1708 avec Eléonore Renaud, & les conjoints, par leur contrat de mariage, fe firent une donation univerfelle réciproque.

Jacques Leveville fils mourut ; & Eléonore Renaud demanda à Jacques Leveville pere, compte de la tutelle qu'il avoit eue de fon fils, & de la communauté qui avoit été entre Jacques Leveville & Catherine Billette mere de fon mari.

Jacques Leveville offrit à Eléonore Renaud les quatre quints des propres, & foutint que le furplus lui appartenoit en vertu de la donation mutuelle, portée par le teftament mutuel d'entre lui & Catherine

Billette fa femme ; & que par conféquent il ne devoit aucun compte.

Eléonore Renaud , de fon côté , foutint que le teftament mutuel , avoit été révoqué de plein droit , par la naiffance de fon mari. Jacques Leveville , contre cet argument, oppofa non-feulement la difpofition de la coutume de Chartres ; mais encore l'ufage immémorial de ne point fuivre dans cette coutume , la difpofition de la loi Si unquam, §. Cod. de revoc. donat.

L'affaire portée devant les officiers du bailliage de Chartres , fuivant leur ufage , ils confirmerent le teftament mutuel , & débouterent Eléonore Renaud de fa demande.

Sur l'appel en la cour , ou la queftion fut amplement difcutée par Me. Gouin avocat d'Eléonore Renaud , & Me. Augeard avocat de Leveville , intervint arrêt le 13 août 1717 , au rapport de M. l'abbé Pajot , par lequel l'appellation , & ce , furent mis au néant; émendant , la donation fut déclarée nulle , & révoquée par la furvenance d'enfans (ce font les termes de l'arrêt) & Leveville pere fut condamné à rendre à fa belle-fille les comptes de tutelle & de communauté qu'elle lui demandoit , & aux dépens.

Cet arrêt , comme l'on voit , fembleroit contredire , non-feulement celui rapporté par M. Bardet , mais encore le fentiment de Me. Dupineau. Auffi M. Pocquet de Livoniere qui le rapporte , dit-il en fon obfervation feconde fur l'art. 321 de la coutume d'Anjou :» La diftinction qui a été faite ci-deffus, » des donations mutuelles entre mari & femme , & » celles faites à des étrangers , peut mériter quelque » attention au fujet de leur révocation par furve- » nance d'enfans ; car quoique nous ayons établi » que par notre ufage la furvenance d'enfans ne » révoquoit pas les donations mutuelles entre mari » & femme , nous ne pouvons nous difpenfer de » rapporter un arrêt récent , qui a jugé le contraire » dans la coutume de Chartres contre l'ufage de » cette province , qui fembloit être établi par les » termes de la coutume.

Cette maniere de s'exprimer de M. Pocquet de Livoniere , feroit croire que l'arrêt rendu dans la coutume de Chartres lui a fait naître des incertitudes dans l'efprit , & quelques légers doutes fur le principe qu'il adopte d'après Me. Dupineau , relativement à l'effet de la furvenance d'enfans , dans le cas des donations entre mari & femme.

Cependant fi l'on veut rapprocher le texte de la coutume d'Anjou , de celui de la coutume de Chartres , on verra que la premiere n'eft point fufceptible de l'application de cet arrêt , parce que quoiqu'il y ait beaucoup de reffemblance entre les deux coutumes , elles different cependant , en ce que la coutume d'Anjou dit , que le mari peut donner à fa femme , même , liberis exftantibus ; au-lieu que la cout. de Chartres dit , que mari & femme peuvent difpofer par teftament , &c. pourvu que les légataires foient perfonnes capables , & que les enfans des teftateurs ne foient privés de la légitime à eux due de droit de nature.

La coutume d'Anjou autorife textuellement l'avantage entre mari & femme , même liberis exftantibus , la coutume de Chartres autorife bien la difpofition libre de partie de fon bien , à toutes perfonnes idoines & habiles à tefter ; mais elle ajoute, pourvu que ce foit à perfonne capable , & que les enfans retrouvent leur légitime.

De-là naît la queftion de favoir ce que les rédacteurs de la coutume , ont entendu par perfonnes capables ? & fi le mari & la femme l'un vis-à-vis de l'autre , peuvent être rangés dans cette claffe ?

Il paroît fuivant tous les commentateurs de cette coutume , tels que Frerot & de Merville , que par l'ufage qui s'étoit introduit , le mari & la femme vis-à-vis l'un de l'autre avoient été confidérés comme perfonnes capables , & qu'ils pouvoient fe donner , ou léguer mutuellement , tout ce dont la coutume permettoit à tout autre de difpofer. Mais cette jurifprudence n'étoit établie par aucun arrêt pofitif , & qui décidât précifément la queftion.

Ainfi il n'eft pas extraordinaire que l'arrêt de 1617 , ait paru renverfer dans la coutume de Chartres cet ufage abufif , qui fembloit autorifer mari & femme , à fe donner au préjudice de leurs enfans. Mais il ne s'enfuit pas que cet arrêt puiffe influer fur les donations que fe peuvent faire mari & femme dans la coutume d'Anjou , d'après l'art. 321 qui les autorife , même liberis exiftentibus.

Au furplus , vide les favantes obfervations de M. Pocquet de Livoniere fur cet art. 321 de la cout. d'Anjou , & en fes obfervations & queftions fur l'art. 321 in fine.

CHAPITRE LVIII.

Preuve par témoins contre l'ordonnance rejettée.

C'Antien Rebours , habitant de la ville de Chinon , ayant acquis une métairie & domaine en la cenfive & directe feigneurie du fieur de Villepré , il eft incontinent affigné pardevant le bailli de Chinon ou fon lieutenant , aux fins d'exhiber fon contrat d'acquifition , & délaiffer audit feigneur la métairie & domaine par retenue cenfuelle & féodale. Rebours acquéreur & défendeur pour exceptions dit , que le fieur de Villepré demandeur lui a promis verbalement en la préfence de plufieurs perfonnes dignes de foi , d'agréer & enfaifiner fon contrat d'acquifition , en lui payant les droits de lods & ventes ; ce qu'il offre prouver. Le fieur de Villepré le dénie. Le juge appointe les parties contraires en leurs faits , ordonne qu'elles en feront preuve tant par titres que par témoins , dont le fieur de Villepré interjette appel : pour lequel Me. Tillier dit , que la fentence eft directement contraire à l'ordonnance de Moulins art. 54. qui défend la preuve par témoins de chofes excédantes la valeur de cent liv. En cette caufe il eft queftion d'un domaine de la valeur de plus de fix mille liv. d'une mouvance & retenue féodale qu'on ne peut point apprécier : à ce fujet les préfidiaux ne peuvent pas juger en dernier reffort un feul denier de cens. Et conclut. Me. Defcomels pour l'intimé dit , qu'il ne s'agit point de la mouvance féodale , mais du payement des lods & ventes que l'intimé offre à l'appellant fuivant fa promeffe verbale , fans laquelle il n'eût point fait l'acquifition : cette promeffe verbale peut être prouvée par témoins. Et conclut.

LA COUR mit l'appellation & ce dont étoit appel , au néant ; condamna l'intimé à exhiber fon contrat d'acquifition à l'appellant , & lui délaiffer par retrait féodal les chofes mouvantes de fa cenfive ; & fans avoir égard aux faits par lui articulés en fa preuve teftimoniale , defquels elle le déclara non recevable , & le condamna en dix liv. d'amende , & en outre aux dépens ; le 3 juin 1619.

CHAPITRE LIX.

Lods & ventes ne font dûs du délaiffement fait par les héritiers du mari à la veuve d'un conquêt de la communauté pour le remploi de fes propres.

N'Icolas Benoit & Michelle Min , habitans de la ville d'Angers , contractans mariage enfemble , ftipulent que des deniers portés en dot par ladite Min, la fomme de neuf cents liv. feroit employée en acquêts d'immeubles qui lui tiendroient nature de propre ; & pareillement que des deniers appartenans à Benoit la fomme de quinze cents liv. feroit employée en achat d'immeubles , qui lui fortiroient auffi nature de propre héritage. Pendant ce mariage Benoit ayant acquis une maifon à Angers , & quelques héritages proches de la ville , décede fans enfans. Sa veuve & héritiers pour obvier à procès , paffent une tranfaction tant fur le remplacement des fommes deftinées pour être employées en achat d'immeubles qui fortiroient nature de propres aux

maris ,

mariés, que pour les autres conventions matrimoniales. Par cette transaction la maison sise à Angers
demeure à la veuve, & aux héritiers les autres
héritages. Les religieuses du Ronceray font assigner
Michelle Min pardevant le sénéchal d'Anjou ou son
lieutenant à Angers, aux fins de se voir condamner
au payement de la moitié des lods & ventes pour
raison de l'acquisition de la maison par elle faite des
héritiers de son défunt mari; elle y est condamnée
par sentence du préfidial d'Angers, dont elle interjette appel. Me. Tillier pour l'appellante dit, qu'il
n'est dû aucuns lods & ventes du contrat & transaction passés entre l'appellante & les héritiers de son
mari, parce que ce n'est ni vente, ni cession, mais
seulement un accommodement pour obvier à procès,
ou plutôt une déclaration, remplacement, ou délaissement de la maison qui appartenoit véritablement à l'appellante, par la force de la stipulation
insérée en son contrat de mariage. Son mari étoit
obligé d'employer neuf cents liv. en achat d'héritages
qui lui devoient appartenir, & sortir nature de propre; ce qui n'a été déclaré par le contrat d'acquifition. Mais par la transaction on a pu expliquer
ce premier contrat, & délaisser cette maison à l'appellante comme acquise de ses deniers. Quand on
voudroit prendre cette transaction pour un partage
& une division faite entre cohéritiers, toujours n'en
feroit-il dû aucuns lods & ventes, suivant l'opinion
de Bart. ad L. 3. *De jure emphyt.* où il en rend la
raison, & dit que *non est voluntaria, sed necessaria
venditio.* Et de Chopin, *lib.* 1. *c.* 4. *n.* 7. ainsi qu'il
a été jugé par arrêt, cette nécessité d'aliéner exemptant l'acquéreur des lods & ventes: tout de même
que, quoique la loi prohibe l'aliénation des choses
litigieuses, néanmoins elle la permet entre cohéritiers à cause de la nécessité, difficulté, ou impossibilité de pouvoir commodément diviser, *L.* ult. §.
Exceptis. De litig. Or la femme n'est pas moins favorable que les cohéritiers, jusques-là que par arrêt
il a été jugé, que la femme disposant de la part
de la communauté, sans toucher aucun argent, il
n'en étoit dû aucuns lods & ventes. Me. conclut. Me.
Guerin pour les intimés dit, que ce contrat d'accommodement est *datio in solutum, quæ similis est emp-
tioni, L.* 4. *C. De eviction.* On a laissé la maison
en question à l'appellante pour le remplacement des
neuf cents liv. qui lui étoient dues. Par l'*art.* 360 de
la coutume d'Anjou, toutes fois & quantes qu'il y a
mutation de propriétaire, avec cession, sont dus
lods & ventes: or il y a une véritable mutation de
propriétaire, la femme n'ayant jamais eu aucune
chose en la moitié de la maison qui appartenoit
à son mari. C'est pour raison de cette moitié seulement qu'on demande le payement des lods & ventes,
l'on y est bien fondé, ainsi qu'il a été jugé. Et
conclut.

LA COUR mit l'appellation & ce dont étoit
appel, au néant; & sur la demande en payement
des lods & ventes prétendus par les intimées à cause
du remplacement & cession de la maison, dont étoit
question, mit les parties hors de cour & de procès,
sans dépens; le 4 juin 1619.

CHAPITRE LX.

*Preuve par témoins d'un dépôt volontaire fait à un
cohéritier est rejettée; & il n'est pas libre de changer le libelle, & le qualifier de soustraction pour
éluder l'ordonnance.*

MAître Etienne Milet tréforier en la généralité
de Bourges décede sans enfans, & délaisse
plusieurs héritiers collatéraux, entr'autres sa veuve
& Jacques Milet son frere germain. A leur requête,
inventaire des biens fut fait, & la veuve jura qu'il
n'y avoit rien été omis, quoique Jacques Milet se fût
saisi de quatre cédules, revenantes à la somme de
quatre mille livres, conçues au profit du défunt contre le sieur de Château-neuf, dont il promit d'exiger le payement, & de rapporter le tout en par-

Tome I.

tage à la succession universelle; ce qui ne fut point
exécuté, bien qu'il eût survécu quinze ans. La veuve d'Etienne Milet & autres cohéritiers font instance à la veuve dudit Jacques Milet pardevant le bailli
de Bourges ou son lieutenant, aux fins de rapporter & rendre les quatre cédules, ou la somme de
quatre mille livres. La veuve dudit Jacques Milet
pour défenses dénie que son mari eût jamais eu les
cédules; les demandeurs au contraire soutiennent
que Jacques Milet avoit pris les cédules, & s'en
étoit fait payer au sieur de Château-neuf par un
contrat de constitution de trois cents livres de rente,
y ayant mis trois cents livres du sien, quoique le
contrat de constitution portât numération actuelle
de deniers; que depuis la passation de ce contrat,
Jacques Milet avoit promis plusieurs fois à ses cohéritiers de leur payer chacun leur part & portion de
cette somme; même que lors de son décès il avoit
commandé à sa veuve de faire ce remboursement;
laquelle dénie tous ces faits. Les demandeurs prévoyant la fin de non recevoir toute notoire résultante de l'ordonnance, changent de conseil & de
demande, posent en fait que Jacques Milet avoit
soustrait ces trois cédules de la succession de défunt
Etienne Milet son frere, demandent d'être reçus à
la preuve de ce fait, & pour cet effet, d'obtenir
& faire fulminer lettres monitoires; ce qui est ainsi
ordonné par les préfidiaux de Bourges, dont appel
par la veuve de Jacques Milet, pour laquelle Me.
de Lamet dit: que les intimés ayant conçu leur demande & libelle sur le fondement d'un dépôt, comme s'ils eussent confié ces prétendues cédules à Jacques Milet, ils n'ont pu varier en leurs conclusions,
pour éluder la force de l'ordonnance, qui rejette
la preuve testimoniale de telles demandes. Par arrêt de 1609 il a ainsi été jugé contre un nommé
Dufour, de Blois, lequel ayant premierement conçu
sa demande en forme de dépôt, & puis appréhendant l'ordonnance, voulut varier & alléguer une soustraction, il en fut débouté. Il n'y a apparence quelconque en celle qu'on allegue contre Jacques Milet:
la veuve d'Etienne Milet, l'une des intimées, a affirmé lors de la confection de l'inventaire, qu'il n'y
avoit point eu d'omission; il faut aujourd'hui qu'elle
confesse d'avoir fait un faux serment: il est fort difficile qu'elle s'en développe. On allegue que Jacques
Milet a souvent promis de faire raison à ses cohéritiers: donc il n'y a eu aucune soustraction. Pour
la prouver on a attendu que quinze ans se fussent
écoulés, & que Jacques Milet fût décédé, pour
mieux embrouiller l'affaire, vexer sa veuve &
héritiers, leur disputer la vérité d'un contrat authentique, contre lequel on n'est point recevable à
dire chose quelconque, la teneur étant toujours préfumée véritable: jusques-là que le notaire même
n'est recevable à impugner & déposer contre
la teneur de son contrat; & un notaire ayant été
si mal avisé que de le faire, fut banni par arrêt.
Et conclut que les intimés soient déclarés non
recevables à la preuve testimoniale de leurs faits.
Me. Chamillart pour la veuve d'Etienne Milet &
cohéritiers dit, qu'il ne s'agit pas d'un dépôt comme l'on dit, mais d'une soustraction, *de crimine
expilatæ hæreditatis,* auquel cas l'ordonnance n'a
point de lieu, ne voulant point mettre à couvert,
faute de preuve, le crime qu'elle poursuit si exactement, & punit si rigoureusement. Si les intimés
ont conçu leur demande & libelle sous des paroles
& termes plus doux & civils que l'atrocité du crime n'eût desiré; en cela ils sont plus louables,
ayant voulu pardonner à la mémoire de leur cohéritier, & *rem graviorem lenitate verborum temperare*;
ne voulant aucunement noter Me. Jacques Milet.
Mais cette clémence, cette douceur de parole ne
leur doit être retorquée, ni porter aucun préjudice: cela n'est pas sans exemple en cette matiere.
*Mulier amovendo res mariti, verè furtum committit,
& tamen propter honorem matrimonii tam turpis actio adversùs uxorem denegatur, L.* 1. & 2. *rerum amot.*
Et la raison en est rendue en la loi derniere *De servo
corrupto. Ne ex occasione hujusmodi inter maritum &
uxorem, qui non benè secum vivunt, aliqua machina-*

O

tio oriatur. Et de plus, le cohéritier ayant fouftrait ne peut être pourfuivi criminellement & extraordinairement, mais civilement feulement. Ainfi la demande étant conçue fous des termes plus doux & moins aigres, ne doit point empêcher les intimés de faire preuve par témoins des faits d'une fouftraction qui ne reçoit point de difficulté. Quand les intimés auroient erré en leurs conclufions, il leur a été loifible de varier, & de les changer & corriger, fuivant la difpofition du droit, & la doctrine du grand Papinien en la loi *Nonnumquam. de collat. bon. Nonnumquam prætor variantem non repellit, & confilium mutantis non afpernatur* ; principalement avant la conteftation en caufe. En l'arrêt qu'on allegue, on avoit feulement voulu changer de conclufion, & alléguer une fouftraction lors de la plaidoierie de la caufe d'appel ; ce que la cour ne trouva point à propos, prévoyant affez que cela procédoit de l'artifice & du confeil de l'avocat, & non de la fincérité de la partie, & de la vérité de la chofe, comme au fait qui fe préfente. On a allégué la fouftraction par la replique fur la fimple dénégation de l'appellante, on ne l'a pu faire plutôt, ni commencer par informations, Me. Jacques Milet étant décédé. La déclaration faite par la veuve d'Etienne Milet eft un témoignage, qu'elle ne favoit aucune omiffion ; mais depuis ayant découvert la fouftraction faite par Me. Jacques Milet fon beau-frere, elle a defiré de lui en faire faire raifon amiablement, fans procès civil ni criminel, qui ne lui pouvoit être qu'honteux & préjudiciable ; ce qu'il lui a promis fouvent, mais ne l'a pu exécuter, ayant été prévenu par la mort ; & conclut au bien jugé.

M. l'avocat général le Bret dit, qu'il faut toujours confidérer les caufes par leurs principes : celle-ci ne peut fe nommer autrement que dépôt ; dépôt facré à la vérité, & qui a toujours été tenu en grand refpect. Porphyre rapporte que lorfqu'un pere étoit mort chez les Egyptiens, fon fils montoit fur fon fépulchre, & crioit à haute voix : *Hominem non occidi, depofitum non negavi*. Et Tertullien rapportant quelque chofe de femblable, dit : *Matrimonium non adulteravi, depofitum non negavi* ; comme fi celui qui eût été exempt de crime eût été bienheureux. L'un & l'autre comparoient la dénégation du dépôt aux deux plus horribles de tous les crimes ; néanmoins pour obvier à la facilité & fubornation des témoins, on a toujours rejetté la preuve du dépôt, finon qu'il fût queftion d'un dépôt néceffaire, *quod fit tumultus, incendii, ruinæ, vel naufragii caufâ*, qui peut être prouvé par témoins, *quia non licuit deponenti aliter fibi in fcriptis cavere*. La demande & le libelle des intimés ayant été conçus fous les termes d'un vrai dépôt, qui produit une action pure civile, il ne leur a point été loifible de varier & changer entièrement, pour être admis à la preuve par témoins, comme d'une action criminelle. On peut bien corriger fa demande avant conteftation en caufe, mais on ne peut la changer entièrement, fuivant la glofe de la loi 3. ad L. Jul. de adult. & il adhere avec l'appellante.

LA COUR mit l'appellation & ce dont étoit appel, au néant ; & fans avoir égard aux faits des intimés, en la preuve defquels elle les déclara non recevables, fur la demande mit les parties hors de cour & de procès ; le 11 juin 1619.

CHAPITRE LXI.

Tranfaction contenant féparation de corps & de biens entre mariés eft nulle ; mais la femme eft privée de la communauté jufques au jour qu'elle retourne avec fon mari.

Pierre Cocquelet habitant de la ville de Rheims, âgé de cinquante ans, & Antoinette Memin de la même ville, âgée feulement de dix-huit ans, en 1598, contractent folemnellement mariage. Antoinette Memin refufe la confommation, & dès le jour des noces, quitte & abandonne la maifon de Cocquelet fon mari, lequel tâche par tous moyens poffibles de rappeller & d'adoucir cet efprit aigri de la difproportion de leurs âges ; ce qu'il ne peut obtenir. Au-contraire Antoinette Memin ruminant quelque ftratageme pour rompre ce lien qui la tenoit fi fort attachée contre fon gré, s'adreffe au curé de fa paroiffe, duquel elle n'avoit point eu la bénédiction nuptiale, mais d'un autre prêtre, qui eft cité pardevant l'official de Rheims, pour avoir marié Pierre Cocquelet & Marie Memin, fans le congé & permiffion dudit curé. Le curé demande en outre que ce mariage foit déclaré nul, & non valablement contracté. Cocquelet & Antoinette Memin ayant auffi été cités, ladite Memin déclare qu'elle a été forcée par fes pere & mere à confentir à ce mariage, demande qu'il foit déclaré nul, & non valablement contracté, n'ayant été confommé par aucune copulation charnelle. L'official ordonne que le tout fera communiqué au promoteur. Cocquelet étant plus irrité, fait affigner Antoinette Memin fa femme pardevant meffieurs des requêtes du palais, pour voir dire, que faute de vivre conjugalement & demeurer avec lui, elle demeureroit déchue & privée de toutes fes conventions matrimoniales. La femme répond qu'étant mineure, elle n'eft capable d'être en jugement. On lui crée un curateur. Le pere & la mere & autres parens, pour éteindre ce feu de diffention, s'affemblent, & font une transaction avec Pierre Cocquelet, par laquelle ledit Cocquelet & Antoinette Memin de leur confentement demeurent féparés de corps & de biens, & Antoinette Memin renonce à la communauté, à fon douaire & autres conventions matrimoniales : eft néanmoins réfervé, que fi Antoinette Memin veut retourner avec fon mari, le contrat de mariage fortira fon plein & entier effet, & qu'elle aura toutes fes conventions matrimoniales, excepté le douaire, qui fera réduit à la moitié. Quatorze ans s'écoulent qu'Antoinette Memin demeure enfevelie dans fa premiere opiniâtreté, ne penfant à rien moins que d'être mariée. Mais ayant oui dire que Pierre Cocquelet fon mari étoit extrêmement malade ; fouhaitant de gagner en un moment tout ce qu'elle eût pu efpérer en de longues années, & par de grands travaux, elle y accourt promptement avec fa mere, fe préfente à fon mari agonifant, lui déclare qu'elle veut dorénavant vivre avec lui en tout honneur, tout refpect, toute obéiffance, & lui rendre tout fervice. Cocquelet répond que pour ce peu d'heures ou de jours qu'il avoit à demeurer fur la terre, il n'avoit plus befoin de femme ; qu'il ne vouloit plus penfer qu'au ciel ; qu'elle n'étoit venue voir qu'à l'extrémité de fa vie, pour fe réjouir de ce qu'elle pourroit bientôt fe remarier, & emporter quelque lippée fur le bien d'un mari qu'elle avoit toujours haï ; que fon efprit forcené fe remettoit trop tard en fon devoir, ou plus véritablement qu'il le feignoit & fimuloit ; que cette hypocrifie étoit trop manifefte pour ne la pas découvrir ; qu'elle s'en retournât où elle avoit fi long-tems féjourné feule joyeufement ; qu'il feroit mal féant d'un lit nuptial en faire un tombeau. Antoinette Memin aigrie de cette réponfe, prend acte pardevant notaires de fa préfentation & offres de demeurer avec fon mari, & s'en retourne avec fa mere. Mais voyant que Cocquelet étoit venu en convalefcence, & qu'elle étoit pour demeurer encore long-tems mariée fans mari, elle obtint lettres pour faire caffer la tranfaction de 1598 & demande des alimens par provifion pardevant le bailli de Rheims ou fon lieutenant : lequel ordonne qu'auparavant faire droit fur les lettres, les parties feroient vuider l'inftance pendante pardevant l'official fur la validité de leur mariage, dont Cocquelet interjette appel : pour lequel Me. de la Marteliere fils dit, qu'il a été mal jugé, d'autant que l'official ne connoît que *de fœdere matrimonii fimpliciter*, & non de *pactis dotalibus*. Ainfi, que les queftions étant entièrement diverfes & féparées, il n'y avoit lieu de donner un appointement femblable à celui dont eft appel, fur lequel il plaide plutôt pour le principal, auquel l'appellant mari de l'intimée a un notable

intérêt ; pouffé d'une jufte douleur, il eût dû le premier fe plaindre. *Religiofa potiùs quàm invidiofa*
quæftio , quæ fidem fractarum repofcit nuptiarum.
Mais fa patience a furmonté toutes les injures &
toutes les traverfes d'une mauvaife femme, & a
donné fujet à l'intimée d'être fi hardie que de demander que les conventions matrimoniales lui feroient accordées, qu'elle auroit part à la communauté de biens, que fon douaire lui feroit payé ;
bref, qu'elle auroit tous les avantages & précipus
que la plus obéiffante & la plus affectionnée femme eût pu efpérer ; & pour cet effet a obtenu les
lettres dont eft queftion. Elle y eft très-mal fondée ;
le mariage, cet augufte & fi néceffaire facrement,
eft principalement foutenu par deux colonnes ; par
l'étroite unité, & ardente charité des mariés, tellement connexes, que l'une ne peut être fans l'autre,
& le parfait mariage fans elles : unité fi effentielle
au mariage, que même, felon la parole de Dieu,
elle en femble le fondement : *Erunt duo in carne unâ* ;
& puis de cette unité de corps & d'efprit, d'affections & de volontés, s'écoule cette admirable charité
qui réchauffe tellement ces cœurs conjoints, que
toute leur ambition eft de s'entr'aimer, s'obéir, s'affifter, fe fervir aux maladies, aux peines, aux traverfes, fe congratuler aux profpérités, qui eft la
feconde bafe du mariage, felon la même parole de
Dieu, qui donna la femme à l'homme pour lui fervir de fidelle compagne. De ces vérités l'on reconnoît
combien le mariage dont eft queftion, eft malheureux & infortuné ; il n'y a eu ni union, ni affection,
mais un continuel divorce & haine mortelle entre
les mariés. Antoinette Memin a toujours fui la préfence de fon mari, comme l'afpect & l'attouchement
d'un lépreux : elle appréhendoit qu'étant unie avec
lui, elle feroit obligée à la charité conjugale, & à le
fervir dans fa caducité. Saint Jerome écrivant à De-
metriade, qui fous prétexte d'une plus grande piété,
ne vouloit point cohabiter avec fon mari, la reprend
aigrement, lui repréfente qu'étant liée par un fi honorable lien que celui du mariage, elle pouvoit
mériter davantage de le fervir modeftement, que
de défobéir opiniâtrement. Voilà l'eftime que ce
grand faint faifoit de l'unité & charité conjugale.
Antoinette Memin foulant aux pieds le facrement,
a mieux aimé par un divorce perpétuel, nourrir une
diffention continuelle entre fon mari, fes parens &
elle : aujourd'hui néanmoins, comme fi elle avoit
confulté quelqu'autre faint Antoine, elle feint d'être
guérie de cette longue frénéfie, & de vouloir dorénavant vivre avec l'appellant fon mari. Cette fimulation
n'a autre but que le profit & le gain qu'elle efpere de
fes conventions matrimoniales. *Vultur eft, cadaver ex-*
pectat. Elle ne recherche que le moyen de participer à
une ample communauté, quoiqu'elle n'ait point travaillé à l'augmenter : il ne feroit pas raifonnable de
l'admettre & lui donner part à cette communauté, qui
s'appelle *jus collaborationis*, commun travail des mariés, peine commune, perte commune ; ce feroit
une fociété léonine de participer au gain, & n'avoir
point reffenti la peine qui le produit. Il n'y a point
de communauté fans union & bonne intelligence.
Cette union eft fi néceffaire pour le gain & avantages matrimoniaux, que Guy-Pape, *Matthæus de*
Afflictis, & plufieurs autres docteurs, tiennent
qu'une femme ne peut abandonner fon mari banni
& exilé, fi elle veut gagner fon douaire & autres
conventions matrimoniales, dont elle eft auffi déchue, fi elle ne venge fa mort, *L. 1. de his ut quæ*
indign. Partant l'intimée ne doit avoir aucun douaire
ni communauté, s'étant rendue indigne de l'un &
de l'autre. Le douaire eft le prix de la virginité : elle
n'a eu aucune cohabitation avec l'appellant fon mari.
Et conclut. Me. Germain le jeune pour Antoinette
Memin intimée dit, que le plus grand avantage
que peut avoir l'intimée, eft que parmi toutes les
traverfes d'un fi fâcheux mariage, elle a confervé fa
pudicité fans aucune tâche, même fans aucun bla-
me de la part de l'appellant : la trop grande obéiffance qu'elle a voulu rendre à fon pere & à fa mere
l'a perdue, ils l'ont contraint d'époufer celui que
fon cœur n'a jamais pu aimer, comme cette pauvre

Hermione d'Euripide ; mais enfin s'étant voulu remettre avec l'appellant fon mari, il l'a refufée & 1619.
rejettée. Pour protéger fon innocence & fa jeuneffe
déçue, elle a été contrainte d'obtenir les lettres
de l'entérinement dont eft queftion, pour faire caffer
une tranfaction nulle & de toute nullité, faite avec
une partie non capable, avec une jeune fille, fans
l'autorité du curateur qu'on lui avoit créé, *L. more.*
de acqu. vel omit. hæred. & ibi Bart. Cette mauvaife
intelligence & refroidiffement d'affections qui a été
entre l'appellant & l'intimée, ne peut pas être pris
pour une diffolution de mariage, qui eft un lien indiffoluble, notamment parmi les Chrétiens ; mais
peut bien être comparé au divorce, qui étoit anciennement permis parmi les Païens, par lequel
néanmoins les gains & avantages matrimoniaux ne
fe perdoient point, & demeuroient en leur entier,
Nov. 117. Toutes les claufes, ftipulations, pactes
& conventions appofées en un contrat de mariage,
reçoivent une telle force & énergie, que comme
le mariage eft indiffoluble, auffi ne peut-on y déroger ni contrevenir par aucune convention poftérieure ; notamment la femme, comme la plus facile à être déçue, ne peut fe départir des conventions qui lui font avantageufes ; au profit de fon
mari, ainfi qu'il a été jugé par plufieurs arrêts notoires, & donnés au public par Me. Chopin &
autres ; & conclut.

M. l'avocat général Servin dit, que l'intimée ne
peut s'excufer de s'être montrée défobéiffante &
réfractaire à fon mari, lequel en langue fyriaque
eft appellé *Dominus*, pour montrer que c'eft le
chef du mariage, auquel il faut que la femme
rende toute forte d'obéiffance, & qu'il ne fe trouve
point que les femmes aient jamais eu cette prérogative d'être appellées *Dominæ* ; ce que l'intimée a
voulu ufurper, n'ayant jamais voulu reconnoître
l'appellant pour fon mari, qui s'eft vu marié fans
femme & fans affiftance de compagne, qu'il avoit
defirée comme en ayant befoin. Quant à la tranfaction, elle eft nulle & contre les bonnes mœurs.
Si liberis fublatis, reverfa poft jurgium per diffimula-
tionem mulier, veluti venali concordiâ, ne dotata
fit, conveniat, conventio fecundùm ordinem rei geftæ,
moribus improbanda eft, dit le grand jurifconfulte
en la loi 27. *De pactis dotal.* Par cette tranfaction
l'intimée remettoit partie de fes conventions matrimoniales ; & fic venalis erat concordia, ce qui eft reprouvé par fa loi. Mais auffi il n'eft pas raifonnable qu'elle participe à une communauté grandement enflée, n'y ayant point employé de peine ni
de travail.

LA COUR mit l'appellation & ce dont étoit
appel, au néant ; évoqua le principal, & y faifant droit, ayant égard aux lettres, & icelles entérinant, remit les parties en tel & femblable état
qu'elles étoient auparavant la tranfaction de 1608 ;
& ce faifant, ordonna que l'intimée retourneroit
dans huitaine avec fon mari, lequel feroit obligé de
la recevoir & traiter maritalement ; lui adjugea fon
douaire, & autres conventions matrimoniales, pour
en jouir quand douaire auroit lieu, fans qu'elle pût
néanmoins rien prétendre aux acquifitions faites depuis le jour de la paffation du contrat de mariage,
jufques au jour de l'arrêt ; & fans dépens. Le
jeudi 13 juin 1619, M. de Verdun premier préfident prononçant.

CHAPITRE LXII.

Donation mutuelle entre mari & femme, nulle, faute
d'infinuation, dans la coutume de Poitou.

JEan Tardineau & Magdelene Berthelot, de Poitiers, contractans mariage enfemble, fe font
donation mutuelle de tous leurs meubles, & acquêts
& conquêts immeubles, & du tiers de tous leurs
propres, fuivant & conformément à la difpofition
de la coutume de Poitou. Le décès de Magdelene
Berthelot étant arrivé, procès fe mût pardevant le

────────fénéchal de Poitou ou' fon lieutenant à Poitiers, 1619. entre Jean Tardineau, demandeur en délivrance des chofes données, d'une part; & Diane Begaud & autres héritiers de Magdeleine Berthelot, défendeurs, d'autre part, foutenans la donation nulle, faute d'avoir été duement infinuée fuivant l'ordonnance : à quoi le mari demandeur repliquoit, que par la difpofition de la coutume de Poitou, où tous les biens font fitués, telle donation mutuelle entre mariés pouvoit être révoquée; conféquémment qu'il n'étoit pas néceffaire de la faire infinuer. Sur quoi le fénéchal de Poitou ou fon lieutenant à Poitiers, rend fa fentence, par laquelle il ordonne que le mari aura délivrance des meubles, acquêts immeubles, & tiers des propres, fuivant la donation, laquelle il declare bonne & valable; dont Diane Begaud & autres défendeurs interjettent appel. Me. Tillier pour les appellans dit, que l'ordonnance eft générale : toute forte de donations faites entre vifs mutuelles, réciproques, onéreufes, en faveur de mariage, & autres, de quelque forme & qualité qu'elles foient, feront infinuées & enregiftrées ès greffes des fieges royaux ordinaires de l'affiette des chofes données, & de la demeurance des parties, dans quatre mois; autrement lefdites donations demeureront nulles, de nul effet & valeur, tant au profit du créancier, que de l'héritier du donnant, fuivant l'*art.* 58 de l'ordonnance de Moulins, qui commence par ces mots : *Pour ôter à l'avenir toute forte de doutes.* Néanmoins les intimés doutent encore fi l'ordonnance doit avoir lieu aux donations mutuelles, quoiqu'elle en parle expreffément. Elle a été jugée fi favorable & néceffaire, qu'elle a dérogé à toutes les coutumes, qui difpofent le contraire, comme il y en a grand nombre, & jugé qu'elle feroit univerfellement obfervée. Et conclut. Me. Cauflin pour le mari intimé dit, que l'ordonnance ne s'entend que des donations entre vifs pures & irrévocables, & non des donations à caufe de mort, & révocables, comme excepte la même ordonnance : car il eft ridicule de faire infinuer une donation qui peut être le lendemain révoquée. Par la coutume de Poitou la donation mutuelle entre le mari & la femme eft révocable; on peut foutenir que c'étoit plutôt une donation à caufe de mort, qu'une vraie donation entre vifs, qui eft de foi irrévocable; & par conféquent il n'y a apparence quelconque de vouloir l'affujettir à l'infinuation, par le moyen de laquelle plufieurs eftimeroient qu'elle ne feroit plus révocable, & ainfi feroient nulles à l'effet de ladite donation, laquelle *folà morte donantis convalefcit.* Et conclut.

LA COUR mit l'appellation & ce dont étoit appel, au néant; émendant & corrigeant, déclara ladite donation nulle, de nul effet & valeur, faute d'infinuation; ordonna que l'arrêt feroit lu & publié, l'audience tenant, aux bailliages & fénéchauffées du Poitou; le 17 juin 1619.

☞ Sur cet arrêt qui eft conforme à l'art. CXXXII de l'ordonnance de 1539, à la déclaration donnée fur cette même ordonnance au mois de février 1549, à l'art. LVIII de l'ordonnance de Moulins, à l'édit de 1703, & à l'art. XX de l'ordonnance de 1731; je penfe qu'il eft à propos d'obferver, que fa majefté par des lettres patentes du 3 juillet 1769, regiftrées en parlement le 11 du même mois, a exempté pendant la vie du premier mourant des donateurs, maris ou femmes, tous les dons mutuels, réciproques, remunératoires, de la formalité de l'infinuation, *à l'exception des donations abfolues, & de biens préfens du mari à la femme, & de la femme au mari.*

Ces lettres patentes, dont le préambule renferme les motifs de cette abrogation momentanée de l'infinuation, font trop précieufes pour ne les pas rapporter ici.

Lettres patentes du roi concernant l'infinuation de tous dons, en cas de furvie, faits dans les contrats de mariage, données à Verfailles le 3 juillet 1769, regiftrées en parlement le 11 juillet 1769.

LOUIS, par la grace de Dieu, roi de France & de Navarre : à tous ceux qui ces préfentes lettres verront, SALUT. Par l'art. 19 de notre ordonnance du mois de février 1731, concernant les donations, nous avons exempté de la formalité de l'infinuation, les donations faites dans les contrats de mariage, en ligne directe feulement : par l'art. 20, nous avons affujetti à cette formalité, toutes les autres donations, même rémunératoires ou mutuelles, ce qui comprend toutes les donations faites par un mari à fa femme, ou par une femme à fon mari, ou les dons mutuels & réciproques qu'ils peuvent fe faire par contrat de mariage : & par notre déclaration du 17 février de la même année, nous avons, en expliquant cette formalité de l'infinuation, marqué bien clairement encore notre volonté fur l'affujettiffement dans lequel nous defirions maintenir les donations mutuelles réciproques, rémunératoires, & toute efpece de donation entre vifs, excepté celles qui feroient faites en ligne directe par contrat de mariage : mais ayant été inftruit de la diverfité de jurifprudence, qui s'eft établie dans les différens parlemens de notre royaume, & dans les diverfes chambres de notre parlement de Paris même, fur la formalité de l'infinuation à l'égard des dons faits dans un contrat de mariage, par un mari à fa femme, ou par une femme à fon mari, ou les dons mutuels & réciproques que peuvent fe faire l'un & l'autre lors du contrat, ne paroiffant à plufieurs de nos cours d'une néceffité indifpenfable qu'au domicile feulement des parties contractantes, & d'autres la regardant comme néceffaire, tant au domicile, que dans les lieux de la fituation des biens; d'autres enfin ayant penfé que l'infinuation étoit abfolument inutile pour cette efpece de donation, lors de laquelle il n'y a ni tradition, ni tranfmiffion de propriété, le donateur n'étant dépouillé d'aucun des biens qu'il donne, & le donataire ne devenant réellement propriétaire qu'au moment du décès du donateur, ce qui ne porte aucun préjudice aux créanciers du donateur dont l'hypotheque fubfifte, ni à l'héritier qui doit connoître l'état de la fucceffion, avant de fe porter héritier; nous avons cru devoir faire ceffer cette diverfité de jurifprudence très-préjudiciable à l'état des biens & de la tranquillité de nos fujets, qui peuvent avoir négligé la formalité prefcrite en tout ou en partie; & voulant par une loi uniforme déterminer l'efprit des ordonnances qui portent quelques difpofitions à cet égard, qui n'ont établi la formalité de l'infinuation que pour donner aux donations une authenticité capable de prémunir ceux qui ont, ou peuvent avoir par la fuite des droits fur les biens donnés contre toute efpece de furprife : A CES CAUSES, & autres à ce nous mouvant, de l'avis de notre confeil & de notre certaine fcience, pleine puiffance & autorité royale, nous avons dit & déclaré, difons & déclarons, qu'à compter du jour de l'enregiftrement des préfentes, tous les dons, en cas de furvie, faits dans les contrats de mariage par un mari à fa femme, ou par la femme à fon mari, tous les dons mutuels, réciproques, rémunératoires, faits par l'un & l'autre dans lefdits contrats, foient exempts, jufqu'au jour du décès du donateur, de la formalité de l'infinuation, foit au domicile des contractans, foit aux bureaux des lieux, de la fituation des biens donnés, à la charge néanmoins que lefdites donations de l'efpece ci-deffus détaillée, feront infinuées au domicile du donateur dans les quatre mois, à compter du jour de fon décès,

dérogeant

dérogeant à tous édits, déclarations à ce contraires. N'entendons néanmoins déroger aux difpofitions de l'art. 20 de l'ordonnance de 1731, concernant les donations, en ce qui concerne les donations abfolues, & de biens préfens du mari à la femme, & de la femme au mari, qui continueront d'être affujetties à la formalité de l'infinuation fuivant les difpofitions des ordonnances, à peine de nullité. SI DONNONS EN MANDEMENT à nos amés & féaux confeillers les gens tenans notre cour de parlement à Paris, que ces préfentes ils aient à faire regiftrer, & le contenu en icelles, garder & obferver, felon fa forme & teneur, ceffant, & faifant ceffer tous troubles & empêchemens à ce contraires: CAR tel eft notre plaifir; en témoin de quoi nous avons fait mettre notre fcel à cefdites préfentes.

Donné à Verfailles le 3 jour de juillet, l'an de grace 1769, & de notre regne le 54. Signé, LOUIS. Et plus bas par le roi PHELIPEAUX, & fcellées du grand fceau de cire jaune.

Regiftrées, oui, ce requérant le procureur général du roi, pour être exécutées felon leur forme & teneur, & copies collationnées envoyées aux bailliages & fénéchauffées du reffort, pour y être lues, publiées, & regiftrées : enjoint aux fubftituts du procureur général du roi d'y tenir la main, & d'en certifier la cour dans le mois, fuivant l'arrêt de ce jour. A Paris en parlement, toutes les chambres affemblées, le 11 juillet 1769.

Signé, YSABEAU.

CHAPITRE LXIII.

Parricide ne fuccede à fon pere, & perd la difpofition de fes propres biens, du jour du crime commis.

LEonnet Léonnard, demeurant proche de Lyon, avoit trois enfans, un fils nommé Michel, & deux filles, Maurice & Barthelemie. Il fait fon teftament en 1579, par lequel il legue à chacune de fes filles une fomme modique pour leur légitime ; & au furplus de tous & chacuns fes biens inftitue Michel Léonnard fon fils fon héritier univerfel. En 1580 Michel Léonnard contracte mariage, en faveur duquel Léonnet Léonnard fon pere lui donne le quart de tous fes biens, & au furplus confirme l'inftitution d'héritier univerfel portée par le teftament, dans lequel il étoit dit, qu'au cas que Michel Léonnard vînt à mourir fans enfans légitimes, il lui fubftituoit Marie fa fœur, & au cas femblable, qu'il fubftituoit Barthelemie. En 1582 Léonnet Léonnard pere eft homicide par des gens inconnus : Michel Léonnard fe met en poffeffion de tous les biens, dont il jouit & difpofe à fon plaifir & volonté, vend les plus beaux & meilleurs fonds à Jacques Cotton & à Antoine Cocquard, qui fe mettent incontinent en poffeffion des héritages acquis. Mais l'un des meurtriers de Léonnet Léonnard ayant été pris & condamné à mort, accufe Michel Léonnard d'être fon complice, & d'être coupable d'un parricide. Michel Léonnard averti de la confeffion de fon complice s'abfente, fon procès lui eft fait & parfait par contumace, & par fentence il eft condamné à être rompu vif fur une roue, & en neuf cents livres d'amende envers le roi. Pour le payement, le receveur des amendes fait procéder par faifie réelle de tout le bien, à laquelle Maurice & Barthelemie Léonnard s'oppofent, & demandent diftraction des biens faifis, en vertu de la fubftitution appofée au teftament de Léonnet Léonnard leur pere : ce qu'elles obtiennent ; & en conféquence font affigner Jacques Cotton & Antoine Cocquard pardevant le fénéchal de Lyon ou fon lieutenant, aux fins de fe défifter des fonds & héritages qu'ils avoient acquis de Michel Léonnard, & de leur en laiffer la poffeffion libre, en vertu de la fubftitution appofée au teftament de Léonnet Léonnard leur pere, en la fucceffion du-

quel Michel Léonnard fon fils n'a pu prétendre aucune chofe, s'en étant rendu indigne par un crime fi horrible qu'un parricide, à l'inftant duquel il a été interdit de la difpofition & aliénation de fon bien même. A quoi Cotton & Cocquard ayant dit pour défenfes, qu'ils font acquéreurs de bonne foi d'un homme qui poffédoit légitimement & paifiblement les fonds & héritages, qui n'étoit atteint ni accufé d'aucun crime lors des contrats de vente ; & depuis fe font écoulés trente ans, pendant lefquels ils ont joui paifiblement des héritages fans aucun trouble ni empêchement, au vu & fu des demandereffes ; les préfidiaux de Lyon rendent leur fentence, par laquelle ils condamnent les défendeurs de fe défifter & départir des héritages par eux acquis de Michel Léonnard, d'en laiffer la poffeffion libre aux demandereffes, & de leur en reftituer les fruits depuis la conteftation en caufe, & aux dépens ; dont Cotton & Cocquard interjettent appel. Me. Viot pour les appellans dit, que comme les anciens coureurs aux jeux olympiques, avant que de franchir la barriere, épioient foigneufement s'il y avoit quelque lieu penchant ou gliffant auquel il y eût du péril de tomber, & y faifoient jetter quantité de fable ; de même avant que d'entrer en lice pour traiter les queftions de droit qui fe préfentent, il veut diffoudre les objections qu'on lui fait, favoir que les héritages contentieux étoient fujets à reftitution, conféquemment inaliénables. Si cela fe trouvoit véritable, la caufe des intimés ne recevroit point de difficulté ; mais cette prétendue fubftitution eft nulle par double nullité. 1°. Faute d'infinuation, fuivant l'ordonnance. 2°. Elle a été révoquée par la donation faite en faveur de mariage à Michel Léonnard, étant certain qu'en matiere de fubftitutions les dernieres volontés & difpofitions font toujours obfervées. *Clari namque juris eft in fideicommiffi pofteriores voluntates effe firmiores, L. Clari. C. De fideicom.* Ainfi l'objection qu'on fait, fondée fur cette prétendue fubftitution, en laquelle les intimés mettent le plus fort de leur caufe, étant invinciblement rejettée, reftent les deux queftions de droit principales, auxquelles il n'y a pareillement pas grande difficulté. La premiere, favoir fi le coupable, avant que d'être déféré & accufé, ne peut pas vendre & difpofer de fon bien. L'autre, fi l'acquéreur de bonne foi de tels héritages ne prefcrit pas valablement. Quant à la premiere, c'eft une maxime certaine en droit, que le coupable avant l'accufation eft capable de tous actes & effets civils, parce que tels actes dépendans de la loi, ne peuvent être interdits & prohibés à aucune perfonne que par la loi. Elle ne condamne pas le coupable *ipfo facto*, mais veut qu'il foit informé du crime, & connu pour la conviction & condamnation, & ne prohibe par conféquent la difpofition à l'accufé, que par la feule condamnation qui le déclare criminel, indigne & incapable du bénéfice de la loi, de converfer ni contracter avec les autres hommes, ce qu'il pouvoit faire librement auparavant, acquérir, vendre & difpofer de fon bien à fa volonté. *Poft contractum capitale crimen donationes facta valent*, L. 15. *De donat.* felon la lecture ordinaire de cette loi, d'où l'on tire cette maxime, que *reus poft contractum crimen ante accufationem ignoranti utiliter in præjudicium fifci vendere poteft.* Ce qui eft confirmé par la loi 40. §. 6. *De jure fifci.* In reatu conftitutus bona fua adminiftrare poteft, eique debitor recte bona fide folvit ; & eft répété en la loi 41. *De folution. Reo criminis poftulato, interim nihil prohibet recte pecuniam à debitoribus folvi, alioquin plerique innocentium neceffario fumptu egebunt, tutori, licet capitis reo, potuiffe id quod pupillo bona fide debetur, exfolvi. L.* 45. §. 1. *eod.* Par toutes ces loix il fe voit, que non-feulement le coupable non encore prévenu ni accufé, mais même celui qui eft accufé & déféré, retient la libre adminiftration & difpofition de fon bien : auffi il a été jugé que la réfignation d'un bénéfice faite par le titulaire accufé, & peu après condamné, étoit néanmoins bonne & valable ; & paffant plus avant, qu'un accufé & condamné pour crime d'incefte, appellant de la fentencé de mort, pendant l'appel étoit capable de

recueillir une succeffion qui lui étoit échue. Quand cette maxime recevroit quelque difficulté, elle feroit levée par la feconde queftion appuyée fur la poffef-fion paifible de trente ans des héritages contentieux faite par les appellans, qui eft hors de doute, puif-qu'en pays de droit écrit, celui qui poffede un hé-ritage avec titre & bonne foi, s'affure en fa poffeffion, & acquiert une prefcription envers & contre tous par le tems & efpace de dix ans feulement : les ap-pellans ont triplé ce tems-là, & ne doivent être inquiétés en leur jufte poffeffion. Et conclut. Me. Charon pour les intimés dit, que comme l'on a objeélé le défaut d'infinuation du teftament con-tenant la fubftitution, quoique ce défaut ne puiffe nuire au fubftitué, il peut de même & plus vala-blemeut objeéter le même défaut à la donation pré-tendue faite en faveur de mariage à Michel Léon-nard, laquelle par ce moyen eft nulle : & ainfi la queftion de droit refte toute entiere. Pour fa décifion il faut obferver, que le teftameut feul ne faifit pas l'héritier inftitué : il faut qu'il fe trouve ca-pable de la fucceffion qu'on lui défere à l'inftant du décès du teftateur ; ce qui ne fe peut pas ren-contrer en la perfonne de Michel Léonnard, puif-qu'à l'inftant du décès de fon pere, il fe trouve coupable d'un horrible parricide, les mains fouil-lées du fang de celui qui lui avoit donné la vie, & par conféquent entiérement indigne & incapable de fa fucceffion, *L. Indignum. De his quæ ut in-dignis aufer.* Les héritages contentieux faifant partie de la fucceffion, il n'y a difficulté quelconque en la caufe ; mais quand ils euffent appartenu à Mi-chel Léonnard, il n'eût pas pu les vendre valable-ment, après avoir commis un fi abominable crime qu'un parricide, même tout autre crime capital. *Poft contractum capitale crimen donationes factæ non valent, fi condemnatio fecuta fit,* fuivant la loi allé-guée à fon avantage par l'appellant, ou bien : *Poft contractum capitale crimen donationes factæ valent, nifi condemnatio fecuta fit ;* qui font les deux leélu-res de cette loi, feules approuvées, pour mon-trer que dès-lors que le criminel a commis le crime, il tombe dans l'interdiétion de l'aliénation de fon bien, quoiqu'il ne foit accufé, convaincu, ni con-damné. La condamnation réjaillit & reprend fa fource à l'inftant du crime commis, révoque & an-nulle par conféquent tout ce qui a depuis été fait par le criminel, vraifemblablement en fraude du crime, & pour mettre fes biens à couvert des con-damnations d'amendes, réparations civiles, ou au-tres qu'il appréhende. Et conclut au bien jugé.

M. l'avocat général le Bret dit, que les juges de Lyon ont fondé leur fentence fur trois moyens per-tinens. Le premier fur le teftament de Léonnet Léonnard portant fubftitution. Le fecond, fur une maxime qui s'obferve étroitement en pays de droit écrit, que *reus à die criminis commiffi, ipfo jure perdit bonorum fuorum adminiftrationem & difpofi-tionem.* Le troifieme, qu'il n'y a pu avoir prefcrip-tion. Quant au premier, il eft vrai que le teftament n'eft point infinué ; mais ce défaut ne peut être ob-jeélé que par des créanciers ou légitimes acquéreurs. Le fecond eft plus important, c'eft fur quoi roule toute la queftion, qui a été grandement controver-fée entre les anciens jurifconfultes, & enfin terminée par une diftinélion fort remarquable, felon l'atrocité, énormité, ou légéreté des crimes, & par leur feule différence. Il y a certains crimes fi atroces, énormes & abominables, que dès l'inftant de la perpétration *ipfo jure bona rei publicata funt,* & par conféquent l'aliénation lui en eft interdite & prohibée, *quia non habet dominium, cùm ftatim illud amiferit.* Ex *quo quis aliquod ex his caufis crimen contraxit, nihil ex bonis fuis alienare, aut manumittere eum poffe. L. Ex Judiciorum. De accufation. & in L. Quæfitum. D. Qui & à quib. manumiffi. Propter facinorum fuorum cogitationem jam de pænâ fuâ certus effe poterat, multò priùs confcientiâ deliélorum, quàm damnatione fuppliciorum jus datæ libertatis eum amiffiffe ;* révoquant & annullant la liberté donnée, quoique grandement favorable. *Quod commiffum eft, ftatim definit ejus*

effe qui crimen contraxit, dominiumque rei veétigali acquiritur. L. Commiffa. L. Imper. De jure fifci. Et la raifon eft, *quia jam damnatus vel cùm profpice-ret, ut damnaretur, fervis datas libertates non compe-tere, quia ideo manumiffi funt, ut crimini fubtrahe-rentur,* dit élégamment le jurifconfulte en la loi *Pænæ. De manumiffionibus. Fraudis caufâ venditio faéta videtur, etiamfi non in reatu, fed defperatione rerum per confcientiam metu imminentis accufationis, ut ex bonis quæ fe amiffurum cogitat, portio detrahe-tur. L. ult. De bonis damnat.* formelle pour la déci-fion de cette caufe, & en la loi *Donationis. §. ult. De donat.* Rata *donationes effe non poffunt, poft crimen perduellionis contraétum, etfi nondum poftu-latus vitâ decefferit.* Ce qui dénote évidemment que le criminel, quoiqu'il ne foit encore prévenu ni ac-cufé, ne peut néanmoins aliéner ni difpofer de fon bien. Il eft vrai que cette loi dit, *crimen perduellionis,* celle *Ex judiciorum. repetundarum & majeftatis ;* & le même in *L. pen. & ult. Ad Leg. Jul. Majeft.* Mais par identité de raifon cette maxime a été étendue in *cæteris criminibus gravioribus, & atrocio-ribus ; in levibus autem & non ita gravibus non item.* Or entre tous les crimes il n'y eu a point de plus atroce, & de plus abominable que le parricide, qui porte l'homme à un aveuglement fi impie & fi déna-turé, que de ravir la vie à celui duquel il la tient. On peut dire que c'eft un crime de leze-majefté divine. *Vox fanguinis fratris tui clamat ad me,* dit Dieu, pour nous faire connoître que le fratricide, même que tout homicide eft un crime de leze-majefté divine. Entre tous les commandemens de Dieu, il n'y a que celui d'honorer fes pere & mere, qui porte fa récompenfe expreffe & par écrit, même en ce monde. Suivant cette diftinélion & différence des crimes graves & atroces, ou moins graves & moins atroces, il faut interpréter & entendre la loi *Donationes. de donat.* la loi *Ex judiciorum,* la loi *Pænæ* & la loi *Quæfitum,* qui ont toutes pris leur fondement fur la conftitution des empereurs Severe & Antonin, dont fait mention la loi *Donationes.* La loi *Parricidii. Ad Leg. Jul. De parricidiis,* dit bien : *Parricidii poftulatus, eum fuccefforem habebit, quem voluit, fi modò teftamentum fecit ; fi inteftatus decefferit, eos hæredes habebit qui lege vocantur.* Mais elle dit, *fi interim decefferit, le coupable étant in-*continent mort après le crime, ou auparavant l'ac-cufation, ou incontinent après, *parce que regulari-ter omnia crimina morte extinguuntur.* Et de plus, il y a bien de la différence entre tefter & aliéner ; & fur cette loi tous les doéteurs font d'avis que *damna-tione fecutâ,* tous les aétes de vendition, ou autre difpofition que le criminel a faits, font révoqués & annullés par un effet rétroaétif de la condamnation au jour & inftant du délit. Suivant cette doétrine on a demandé de quel jour on avoit hypotheque en ma-tiere criminelle pour les réparations civiles. On a fui-vi la même diftinélion. *In levioribus deliétis & commu-nibus criminibus,* l'on n'a hypotheque, *qu'à die fen-tentiæ,* fuivant l'ordonnance ; *at in atrocioribus, à die perpetrati criminis.* Cette doétrine femble avoir été prife de l'écriture fainte, qui dit que Caïn tua fon frere Abel, & ajoute : *Caïn autem à fe occifus eft.* Et toutefois on ne fauroit montrer que Caïn fe foit tué ; ce que St. Auguftin explique, difant : *Caïn à fe occifus eft, quia ipfo fratricidii momento morte fe dignum judicavit, &c.* exinde quodammodo mente *fuâ punitus eft.* Et St. Hilaire dit, que Dieu mit certain figne & marque fur la face de Caïn, *ut fra-tricida ab omnibus dignofceretur ;* Dieu n'ayant pas voulu permettre qu'il fût puni par les hommes, mais l'ayant préfervé pour être hai & détefté, comme étant un plus grand fupplice. D'où réfulte que dès-lors du parricide cet enfant impie eft au même inftant jugé & condamné, comme indigne de la vie & de la fociété humaine, & de tous les aétes qui en dé-pendent. *Sceleris in ipfo fcelere fupplicium eft,* dit Seneque, le crime même prononce la fentence de condamnation de mort contre fon auteur. Ciceron *pro Rofcio,* dit que le parricide & le criminel de leze-majefté divine font puniffables de même peine, & ajoute que *fola illa crimina expiatione facrorum alluc-*

bantur, pour marque de leur atrocité, qui ne se pouvoit effacer que par ces cérémonies publiques & extraordinaires ; ce que Denys d'Halicarnasse explique fort bien, *cap.* 8. Cette proposition & maxime de droit posée pour certaine, il ne reste que la prescription alléguée par les appellans, à laquelle il est fort facile de répondre, n'ayant pour eux titre ni bonne foi, qui sont les deux colonnes sur lesquelles on étaye la prescription. Point de titre, puisque Michel Léonnard n'a jamais eu aucune part ni portion aux héritages contentieux, comme provenans de la succession de son pere, dont il étoit entierement indigne. Point de bonne foi, puisque l'un des appellans est parent de Michel Léonnard & d'un des meurtriers : d'où naît une présomption violente de collusion. *L. ult. De bonis damnat. L. Data. C. Rerum amot. L. Octavi. ff. unde cognati.* Et par ces raisons adhere avec les intimés.

LA COUR mit l'appellation au néant, sans dépens de la cause d'appel, & pour cause ; ordonna que la sentence dont étoit appel, sortiroit son plein & entier effet. Le mardi 25 juin 1619, M. de Verdun premier président prononçant.

CHAPITRE LXIV.

Borgne de l'œil gauche, avec une fistule sur la levre, sans difformité considérable, n'est pas irrégulier, ni incapable de l'ordre de prêtrise, & de bénéfice.

ALexandre Araut jeune écolier de la ville de Lyon, résignataire d'une chanoinie en l'église de St. Paul de la même ville, obtient ses provisions en cour de Rome *in formâ dignum*, & son *visa* de M. l'archevêque de Lyon, & ensuite se présente au chapitre de St. Paul, pour être reçu & mis en possession de sa prébende & chanoinie. Il est refusé comme incapable & irrégulier, parce qu'il étoit borgne de l'œil gauche, c'est-à-dire, de l'œil du canon qu'ils appellent, & parce qu'il avoit la levre de dessus percée. Sur ce refus, qui ne lui avoit été fait que verbalement, il obtient dispense du pape, & l'ayant faite fulminer, il se présente derechef au chapitre, qui persévere en son refus, déclare qu'il ne le peut admettre en son college, à cause des défauts qui se rencontrent en sa personne, tant pour avoir perdu l'œil du canon, que pour avoir la levre de dessus percée ; ce qui le rend incapable de la prêtrise ; dont on dresse acte. Ce que voyant Me. Jean Bouillon avocat du roi au présidial de Lyon, présente requête au chapitre de St. Paul expositive, de ce que cette place est vacante, le supplie de la conférer à Alexandre Bouillon son fils, ce que le chapitre lui accorde fort volontiers, & donne des provisions de cette chanoinie à Alexandre Bouillon, & le met en possession ; dont Alexandre Araut interjette appel comme d'abus, ensemble du refus fait de sa personne. Me. Feideau pour l'appellant dit, que l'intimé & le chapitre de St. Paul de Lyon, par le refus qu'il a fait de la personne de l'appellant, accusent tacitement la nature de ce qu'elle ne lui a pas fait si bonne part de ses graces extérieures qu'au reste des hommes ; la blâment de ce qu'elle lui a baillé un corps auquel il y a quelques petits défauts. Il est vrai qu'en apparence elle lui a donné deux beaux & bons yeux, mais qu'elle lui a couvert le gauche d'une taie, d'un voile si épais, qu'il n'en peut voir aucune chose ; & ne se contentant pas des défauts de vue, lui a encore fait une petite fistule en la levre supérieure. Ce sont tous les défauts sur lesquels les intimés ont pris sujet de refuser & rejetter l'appellant comme indigne de leur college & de leur compagnie, lui voulant par ce moyen faire porter la peine d'une faute qu'il n'a pas commise, & qu'il a tâché de couvrir & de réparer par le meilleur de tous les remedes, par son travail & étude aux bonnes lettres, esquelles il a si heureusement profité, que ses parties adverses mêmes ne peuvent pas dénier qu'il ne soit très-capable pour son âge ; à quoi ils devoient avoir plutôt égard, qu'à l'écorce d'une forme extérieure,

s'arrêtant à mesurer le corps plutôt qu'à contempler l'esprit, & s'attachant à des défauts & manquemens si légers, qu'ils témoignent qu'ils ne sont pas beaucoup charitables, puisque même examinant ces défauts de corps, & les prenant à la rigueur, ils sont aucunement considérables. Quant à celui de l'œil qui semble le plus important, à cause du manquement de vue nécessaire aux ecclésiastiques, il n'est pas grand, puisque l'appellant voit aussi clair n'ayant qu'un œil, comme s'il avoit les deux, suivant l'aphorisme des médecins anatomiques, qui assurent que le nerf auquel réside l'optique, la faculté visuelle, est situé au cerveau, & disperse aux deux yeux cette faculté par un seul point ; d'où vient que l'un se trouvant incapable de la recevoir, l'autre reçoit seul ce que les deux eussent reçu conjointement, & eussent partagé également : cet œil est beau & clair, n'a aucune concavité ni turpidité, paroît accompli aussi-bien que l'autre, quoique le plus nécessaire lui manque, qui est la faculté visuelle. C'est un vice de nature perpétuellement excusable, & favorable en la personne de ceux qui ont été si maltraités & si désavantagés de cette marâtre ; même suivant la disposition canonique qui se sert de cette même distinction *in cap.* 3. *De corpore vitiato*. & ordonne que ceux qui par leurs querelles, rixes & mauvais déportemens ont eu l'œil crevé, le nez coupé, ou souffert quelque autre mutilation en leurs corps, soient rejettés comme indignes & incapables d'être promus à cet auguste & sacré ordre du sacerdoce, étant à craindre qu'ils ne servent plutôt de scandale au peuple, que de lui donner bon exemple. On seroit fort mal édifié, de voir que l'église, asyle des fideles & des vertueux, servît de retraite aux débordés. Et le chap. 5. *eod.* dit : *Qui habet maculam in oculo, non est corpore vitiatus.* D'où s'ensuit que l'appellant est doublement bien fondé : 1°. comme n'étant qu'un défaut de nature, & non pas de son intempérie : 2°. tel défaut de l'œil n'étant considérable. On lui objecte le canon *Si evangelica. dist.* 55. qui déclare irrégulier celui qui a l'œil arraché. Mais l'hypothese & la décision de ce canon est toute différente de celle de la cause. 1°. Le canon parle de celui qui a l'œil arraché ; c'est une constitution pénale, qui ne peut être étendue & doit être restrainte & renfermée en son cas spécial & hypothese particuliere, dont l'appellant étoit fort éloigné, puisqu'il a l'œil aussi beau en apparence, comme s'il voyoit bien clair. 2°. En l'hypothese de ce canon *Evangelica*. celui qui avoit l'œil arraché, l'avoit perdu par sa faute, par rixe & querelle, selon l'avis de tous les canonistes sur ledit canon, nommément de *Navarrus, cap.* 27. *& Valer. Reg. de usu & praxi fori pœnit.* qui tiennent tous unanimement, *qui habet integrum oculum, licèt careat visu, & licèt hoc contigerit in oculo canonis, non est tamen irregularis.* C'est delà l'on doit prendre la décision de cette cause. A quoi l'on peut ajouter que cette irrégularité dont traitent les canonistes, ne s'entend que du sacerdoce & de l'ordre de prêtrise, duquel ils veulent que celui qui a ainsi perdu l'œil, soit incapable ; mais que jamais on n'a oui dire qu'il fût incapable d'être promû, & de desservir une simple prébende & chanoinie non sacerdotale, telle qu'est celle en question ; à laquelle partant on a mal, nullement & abusivement refusé l'appellant, nullement & abusivement reçu & promu Alexandre Bouillon. A quoi il conclut. Me. Germain pour les chambrier, chanoines & chapitre de St. Paul de Lyon dit, que Philostrate en la vie d'Apollonius rapporte qu'un certain s'étant présenté pour sacrifier au temple d'Esculape, fut rebuté & rejetté par Apollonius, parce qu'il étoit borgne. Apollonius ne rejette pas seul des sacrifices les borgnes, les manchots, les estropiés, les mutilés : Dieu qui est l'auteur du sacrifice, est pareillement auteur de cette prohibition, de ce retranchement, au lévitique *cap.* 21. *Homo qui habuerit maculam, non offeret panes Deo suo, nec accedet ad ministerium ejus, si cæcus fuerit, si claudus, si parvo vel grandi vel torto naso, si fracto pede, si manu, si gibbosus, si lippus, si albuginem habens in oculo, si jugem scabiem, si impetiginem in* corpore, vel herniofus; defirant par-là un corps fain & entier, pour être employé à un fi haut miniftere, & rejettant tayés & vitiés, tel qu'eft l'appellant. Cette doctrine de l'ancienne loi a été fuivie & approuvée en la nouvelle au canon. *Evangelica*, où le feul manquement de l'œil du canon emporte irrégularité toute entiere, fans approuver ni recevoir la diftinction qu'a voulu apporter l'appellant tirée du canon. *Si quis humaná violentiá eunuchus factus eft, aut in perfecutione amputata fint ei virilia, aut ita natus fuit, nihilominus epifcopus efficitur. Can. Sanct. Apoft.* parce que ces canons ne font reçus ni approuvés, & même le pape Gelafe les appelle apocryphes. Le concile de Limoges, feffion feconde, a reçu & approuvé cette doctrine, & jugé irréguliers ceux qui font ainfi défectueux du corps. Et conclut. Me. Briffejon pour Alexandre Bouillon, foutint que l'appellant étoit irrégulier, & incapable du bénéfice qui lui devoit être adjugé. Me. Boutier pour Claude Fais dévolutaire intervenant dit, que l'appellant eft irrégulier, & Bouillon mal & nullement pourvu du bénéfice; & lui feul bien & canoniquement pourvu. Et conclut à la maintenue.

M. l'avocat général Servin dit, que la caufe fe pouvoit plus clairement & facilement décider par l'infpection de la perfonne d'Araut appellant, préfent en l'audience, que par la vue des pieces. Il paroît qu'il a l'œil beau & clair, fans beaucoup de difformité: il n'y a point de péril en la fiftule de la levre fupérieure. Le paffage du lévitique qu'on a rapporté, eft fort excellent, même en ces mots, *albuginem habens in oculo*, que les Septante ont traduit; ϛ̓φὰν ὑμνλόϛ ἐν ἐφθαλμῷ, qui eft une taie en l'œil, comme ces ϛαυρημᾶτα que Herodote, *qui crucem in oculis ferunt*. Mais ce paffage fe doit entendre d'une perfection intérieure, d'une pureté & netteté d'efprit & d'ame; & non pas d'une perfection extérieure, d'une beauté de corps périffable, & peu prifable, qui n'eft qu'un exemple pour nous faire connoître par-là combien l'ame doit être pure & nette, exempte de toute tache, & non fouillée de la moindre & plus petite difformité, pour dignement offrir le facrifice à Dieu, & qu'il y a lieu de maintenir l'appellant.

LA COUR reçut le dévolutaire partie intervenante, & dit qu'il avoit été mal, nullement & abufivement refufé de la perfonne d'Araut appellant; mal, nullement & abufivement pourvu de celle de Bouillon; maintint & garda Araut en la poffeffion & jouiffance, fruits, profits, revenus & émolumens de la chanoinie de St. Paul, de laquelle il étoit queftion; condamna le chapitre à lui rendre les fruits depuis le jour qu'il s'étoit préfenté, depuis lequel la cour le tint pour préfent; condamna Me. Bouillon pere & l'intervenant aux dépens, chacun en fon égard, & fans que l'on fît préjudice à la qualité d'avocat du roi. Le 2 juillet 1619, M. de Verdun premier préfident prononçant.

☞ Cet arrêt eft conforme aux principes pofés par M. d'Hericourt, en fes *loix eccléfiaftiques*, 3. part. art. 2. des *irrégularités*, nomb. 22.

CHAPITRE LXV.

Servitude d'aqueduc ne fe peut prefcrire par le propriétaire de l'héritage inférieur, contre celui de l'héritage fupérieur, où eft la fource.

Antoinette Broffette, de Lyonnois, détourne le cours de l'eau de deux fontaines qui fortoient de fon héritage, pour la conduire à un moulin qu'elle avoit fait conftruire de nouveau en un autre fonds plus éloigné. Claude Faure avoit un pré adjacent, dans lequel couloient les eaux de ces fontaines, & de tout tems s'étoit fervi de ces eaux pour arrofer & abreuver fon pré, elles alloient encore tomber dans l'éclufe d'un moulin qui lui appartenoit. Claude Faure par le détour de ces eaux fait par Antoinette Broffette, fe voyant privé de l'une & de l'autre commodité qu'il recevoit de ces

eaux, il fait affigner Broffette en complainte, pour être maintenu en la prife d'eaux: fur quoi ayant compromis, les arbitres maintiennent Faure en la prife d'eaux, ordonnent que le canal fait par Broffette pour les conduire, fera rompu, & les eaux laiffées, en leur premiere & naturelle liberté; dont Broffette interjette appel. Me. Chamillart pour l'appellante dit, qu'en la forme la fentence eft nulle, les arbitres ont rendu leur fentence fix jours après le tems préfix par le compromis expiré. Au fond, il a été pareillement mal jugé, parce que demeurant conftant que les fontaines de l'eau dont eft queftion, fortent & réjailliffent dans le fonds de l'appellante, elle eft par conféquent bien fondée à fe fervir des eaux, comme de fa chofe propre; & de les conduire où bon lui femblera, fans confidérer que par ce moyen elles font moins utiles à l'intimé & autres voifins. *Si in meo fimilo aqua erumpat, quæ ex tuo venas habeat; fi eas venas incideris, & ob id defierit aqua ad me pervenire; tu non videris vi feciffe, fi nulla fervitus mihi eo nomine debita fit. L. Si in meo. De aq. & aq. pluv. arc.* formelle pour la décifion de cette caufe. L'eau ayant fa fource & fa faillie dans le fonds de l'appellante; elle en a pu ufer à fa volonté, puifque l'intimé n'a aucun droit de fervitude, fuivant la reftriction de la loi, *Si nulla fervitus eo nomine debita fit*; finon qu'il prétend que de tout tems immémorial s'étant librement fervi de ces eaux pour arrofer fon pré, il a valablement prefcrit & acquis droit de fervitude, fuivant la difpofition du droit écrit, où les fonds font fitués, *L. Si quis diuturno. Si fervit. vindic. L. Si aquam. C. de fervit. & aqua.* A quoi il répond, que quoique par le droit *fervitutes, quæ continuam caufam habent, præfcribantur*, & que *fervitus aquæductus fit hujufmodi; tamen fine facto hominis non præfcribitur, quia fine eo conftitui non poteft, faltem in principio, cùm neceffaria fit foffa, rivus per longitudinem depreffus, quo aqua decurat*, comme remarque la glofe des loix alléguées. *Si aquam per fundum Martialis, eo fciente, duxifti*. L'intimé ne met pas feulement en fait, qu'il foit entré dans la terre de l'appellante pour faire foffe ou canal pour conduire ces eaux, lefquelles il prenoit feulement à la fortie de la terre de l'appellante; & les conduifoit par fon pré. Cette poffeffion ne peut avoir acquis aucun droit contre l'appellante, puifque l'intimé n'a jamais touché à fa terre; de laquelle les eaux étant forties, il a pu en ufer à fon plaifir & volonté. Et conclut au mal jugé. Me. Charon pour l'intimé dit, que fa caufe eft d'autant meilleure, qu'on demeure d'accord de la regle de droit, que *fervitus aquæductus eft præfcriptibilis*, *d. L. Si quis diuturno. & L. 2. C. de fervit. & aqua.* lefquelles parlent nommément de la fervitude de prife d'eaux. *Ductus aquæ, cujus origo memoriam exceffit, jure conftituti loco habetur. L. Hoc jure. De aqua quotid. & aft. & ibid. Scævola refpondit folere eos qui juri dicundo præfunt, tueri ductus aquæ, quibus auctoritatem vetuftas daret*; n'étant confidérable la diftinction de l'appellante, parce que *æquæductus cùm fit fervitus continua, facto hominis egere non poteft*; autrement *effet difcontinua, quod implicat*; l'appellante ne pouvant innover ce qui a été permis & continué par fi longues années.

LA COUR mit l'appellation & ce au néant; permit à l'appellante de conduire les eaux de fes fontaines où bon lui fembleroit. Le 10 juillet 1619, M. de Verdun premier préfident prononçant.

* Voyez Mol. *ad confil. 69. Alexand. vol. 5. & Cujac. ad L. 4. §. ult. De ufucap. & ufurpat.*

☞ Cet arrêt eft d'autant plus intéreffant qu'il eft prononcé fur une queftion qui a été anciennement fort agitée, & que quelques auteurs ont prétendu avoir été jugée d'une maniere différente. Mais leur opinion qui ne dérivoit que de la confufion qu'ils avoient fait de l'eau, qui prenoit fa fource dans un champ, avec celle qui ne faifoit qu'y couler, n'a pas été fuivie, ainfi que je vais le démontrer.

Si l'on parcourt les loix, fi l'on examine la jurifprudence des cours fouveraines, fi l'on confulte

les

les auteurs qui ont traité la question ; on la trouvera décidée conformément à l'arrêt rapporté par M. Bardet , d'une maniere si claire & si précise , qu'il ne sera pas possible de rien opposer à cette décision.

D'abord le §. 12. L. 1. *ff. de aquâ & aquæ pluvia arcendæ* , est clair , & ne peut être susceptible de replique. En voici le texte. *Deniquè Marcellus scribit , cum eo qui in suo fodiens , vicini fontem avertit , nihil posse agi , nec de dolo actionem , & sanè non debet habere , si non in animo , vicino nocendi , sed suum agrum meliorem faciendi , id fecit.*

Cette loi porte donc précisément , que l'on a point d'action contre celui , qui en creusant son sol , a détourné une source de la fontaine de son voisin , pourvu qu'il ne l'ait pas fait dans la vue de lui nuire , mais uniquement pour rendre son fonds meilleur.

La loi 12 au même titre , porte encore les mêmes dispositions , lorsqu'elle dit : *Si in meo aqua erumpat , quæ ex tuo fundo habeat ; si eas venas incideris , & ob id desierit ad me aqua pervenire , tu non videris vi fecisse , si nulla servitus missi eo nomine debita fuerit , nec interdicto quod vi aut clàm teneri.*

La loi 6. *C. de servitutibus & aquâ* , est encore plus précise , puisqu'elle porte : *Præses provinciæ usu aquæ quam ex fonte juris tui profluere allegas , contra statutam consuetudinis formam carere te non permittet ; cùm sit durum & crudelitati proximum , ex tuis prædiis aquæ agmen ortum , sittentibus agris tuis , ad aliorum usum , vicinorum injuria propagari.*

Cette loi , comme l'on voit , donne au propriétaire d'une fontaine le droit de s'en servir , comme bon lui semble , sans que les voisins puissent s'en plaindre.

Si l'on consulte Cæpola , on verra qu'il éleve positivement notre question en son *traité 2. des servitudes des héritages des champs* , au nomb. 51. où il dit en termes précis ; » Si quelqu'un ayant un » terrein dans lequel il y a une source existante » de tout tems , & que cette source , en sortant » de son fonds , ait pris son cours par l'héritage » des voisins , sans que les propriétaires du fonds » s'y soient opposés , soit qu'il eût regardé comme » inutile de retenir cette eau , soit autrement , & » que les voisins l'aient assemblée & l'aient con- » duite dans leurs héritages pour arroser leurs prés ; » & que pendant un tems plus long que mémoire » d'homme , ces voisins eussent fait bâtir un moulin , qui » ait aussi existé depuis ce tems ; & qu'ensuite le » propriétaire du terrein où seroit située la fon- » taine , voulût en déranger le cours , soit pour » arroser d'autres prés , soit pour faire tourner un » moulin qu'il auroit fait bâtir sur son fonds ; le » jurisconsulte demande si le propriétaire de la fon- » taine peut le faire , & si les propriétaires des » champs inférieurs , dans lesquels l'eau avoit cou- » tume de couler , peuvent s'y opposer , & pré- » tendre que l'eau devroit rester , & suivre l'ancien » cours qu'elle avoit ? Et le jurisconsulte répond » que le propriétaire peut conserver l'eau & s'en servir » à son gré , sans que les propriétaires des héritages » inférieurs puissent s'y opposer. Voici la raison qu'il » en donne ; *Quia in re suâ , jure id facere videtur (a).*

Le même auteur dit : » Il naît dans un champ » une source , qui étoit avantageuse/aux voisins » de ce champ , & ensuite il demande si le » propriétaire du champ , où est née la source , » peut la détourner par quelque ouvrage , & par-là » priver le voisin de l'avantage qu'il en tiroit ; « & » il se répond à lui-même » qu'il le peut , pourvu » que ce ne soit pas dans la vue de nuire à son » voisin.

Enfin Cæpola soutient au nomb. 67. » que le » propriétaire d'un champ , dans lequel se trouve &

» passe une source , est le maître d'en faire ce que » bon lui semblera , par la raison , dit-il , que *qui* » *fodit in suo nihil mittit in alienum , nec de alieno* » *aliquid aufert.*

Rien de plus précis & de plus clair , comme l'on voit , que les loix romaines ; & le sentiment de Cæpola , suivant lesquels il est bien décidé , que le propriétaire d'un champ , dans lequel naît une source , peut la détourner à son gré pour son utilité.

Mais si l'on quitte les jurisconsultes qui ont travaillé sur les loix romaines , pour examiner le sentiment de ceux qui ont traité de notre droit françois , ou y trouvera une réunion de sentimens.

Fromental , en ses décisions du droit civil , dit au mot *servitude :* » Celui qui a une source d'eau » dans son héritage , peut s'en servir , ou la chan- » ger à son usage , contre l'usage accoutumé ; de » sorte que dans le cas même que les eaux de cette » source , par des veines souterraines , ou coulant » sur la superficie de la terre , auroient arrosé des » prairies inférieures , le propriétaire peut la cou- » per ; & par-là empêcher l'irrigation des prés , » sans que les propriétaires des prairies puissent » y former obstacle ; ce qui doit être entendu , dans » le cas même qu'elles auroient été arrosées pen- » dant mille ans.

En quoi l'auteur établit la distinction qu'il faut mettre entre le propriétaire de l'héritage où l'eau ne fait que passer , d'avec le propriétaire de celui où l'eau prend sa source , car il dit : » que si la » fontaine vient de plus loin , & qu'elle ne tire » pas sa source du fonds de celui qui la vient dé- » tourner , il ne peut en ce cas détourner le cours » d'eau , au préjudice des prairies inférieures *(b).*

Henrys liv. 4. propose à la question 189 , celle de savoir , *si le propriétaire de l'héritage où l'eau prend sa source , peut s'en servir à tous usages ,* & il décide nettement *qu'il le peut.* Et pour appuyer son sentiment , il rapporte un arrêt du 13 août 1644 , dont voici l'espece.

Un particulier étoit propriétaire d'un tenement dans lequel il y avoit des sources , desquelles n'ayant aucun besoin , il les laissoit suivre leur cours naturel au moyen de quoi elles servoient à l'irrigation d'un grand pré , appartenant à Antoine Brunel , procureur du roi au bailliage de Mont-Rognon , & aux habitans du village de Chamalieres.

Me. Jean Fayet trésorier de la généralité de Riom , possédoit au lieu de Bois-de-Cros de beaux jardins , & de belles prairies ; mais n'ayant pas d'eau en suffisance , il voulut s'en procurer. A cet effet il acquit le terrein où étoient les sources dont nous venons de parler , desquelles étant devenu propriétaire , il les détourna & en changea le cours , pour les conduire en la maison du Bois-de-Cros. Cette entreprise paroissant blesser les droits du Sr. Brunel & autres , ils firent assigner le Sr. Fayet , pour remettre les lieux dans leur premier état , & que défenses lui fussent faites *d'altérer ni changer le cours desdites eaux.* Par arrêt du 13 août 1644 , le Sr. Brunel & consorts furent déboutés de leur demande , & il fut *permis au Sr. Fayet de continuer ses ouvrages , user & conduire ses eaux ou bon lui sembleroit.*

M. Bretonnier en ses observations sur la question , est du même avis que Henrys , & fait un obser- vation importante sur le sentiment de Mornac , dans laquelle il distingue l'eau coulante sur un héritage , d'avec celle qui y prend sa source. L'annotateur de MM. Henrys & Bretonnier , non-seulement est de leur avis , & adopte les arrêts qu'ils ont cités ; mais encore il en cite un , d'après Auzanet qui est préci- sément celui porté ci-dessus par M. Bardet.

Les sentimens de ces auteurs sont précis , & d'autant plus respectables qu'ils ne les ont pas jettés

(a) Cette traduction est littérale.

(b) Cette distinction est d'autant plus importante , que faute de l'avoir faite , plusieurs auteurs , & entr'autres Mornac , en con- fondant l'eau qui prend sa source dans un champ , avec celle qui ne fait qu'y passer , ont avancé , sur la foi de quelques arrêts dont ils n'avoient pas étudié l'espece , que le propriétaire de la source ne pouvoit la détourner au préjudice de ceux qui étoient dans l'usage de la recevoir. Aussi M. Bretonnier sur Henrys , sinsi que son annotateur sur la question 189 du quatrieme liv. ont-ils eu soin d'observer que les arrêts sur lesquels Mornac & autres avoient appuyé leur sentiment , n'avoient été rendus que sur la question de savoir si le propriétaire d'un champ , à travers lequel couloit un ruisseau , avoit le droit d'en détourner l'eau pour son usage par- ticulier , & non point sur celle de savoir si celui dans lequel une fontaine prenoit sa source , pouvoit s'en servir à sa n gré.

au hafard, & ne font pas partis feulement des efpeces jugées par les arrêts de la cour. Ils en ont approfondi les principes, & par l'examen qu'ils en ont fait, ils ont reconnu que ces arrêts dérivoient des fources les plus pures de notre droit françois.

En effet, fi l'on confulte du Moulin, tom. 2. édit. de 1681, *en fes annotations fur les confeils d'Alexandre*, on verra que ce célebre jurifconfulte, pag. 961. fur le foixante-neuvieme confeil du cinquieme volume d'Alexandre, s'exprime en termes précis, & *quodfuprà dixi: Dominum poffe fuo commodo divertere vel retinere aquam quæ oritur, vel labitur in fundo fuo, in præjudicium vicini, qui etiam per tempus immemoriale ufus eft eâdem aquâ, in fundum fuum labente pulchrè confuluit, Paul de Caftres, conf.* 337. Enforte qu'à prendre littéralement le texte de du Moulin, il fembleroit que non-feulement le propriétaire du terrein dans lequel naît une fource, mais encore celui fur le terrein duquel paffe la fource, pourroit la divertir à fon gré.

Valla, *de rebus dubiis*, femble avoir adopté cette idée, lorfqu'il dit : trait. 8. nomb. 6. *Iftud locum habet in eâ aquâ, quæ in meo orta eft, vel quæ profluit ex fonte vicini in meum : nam ftatim atque ingreffa eft fundum meum, mea eft : & poffum eam cuilibet alii vicino commodare.*

Si le fentiment de du Moulin n'eft pas abfolument précis, fur la queftion de favoir fi celui fur le champ duquel coule un ruiffeau peut le détourner, celui de Duval, comme l'on voit, eft très-clair, & tend à foutenir que le maître du champ où il paffe une fource, a également le droit de faire de cette fource ce que bon lui femble, comme le propriétaire du terrein où naît une fource.

C'eft auffi d'après le fentiment ambigu de du Moulin, & l'avis précis de Duval, qu'il s'éleva un doute fur la queftion, & qui donna lieu aux conteftations fur lefquelles intervinrent les arrêts du 16 juillet 1605, rapporté par Mornac, & des 13 décembre 1608 & 15 juillet 1656, rapportés par Henrys *liv.* 3. *queft.* 159. par lefquels la cour, fans s'arrêter au fentiment de Duval, & en interprétant celui de du Moulin, a jugé que quoique le propriétaire d'un terrein dans lequel naiffoit une fource fût le maître d'en difpofer à fon gré, il n'en étoit pas de même de celui par le terrein duquel ces eaux ne faifoient que couler à titre de fervitude naturelle ; parce qu'il falloit mettre une différence, entre la propriété & l'ufage.

Je ne parle de cette diftinction que parce que l'on pourroit oppofer quelques arrêts ifolés de la nature de ceux que je viens de rapporter, qui pourroient peut-être fur leur annonce, préfenter une contrariété de jurifprudence. Mais j'ofe avancer que tous ces arrêts ne font point relatifs aux propriétaires des terreins dans lefquels naiffent les fources ; & qu'ils n'ont été rendus que contre des propriétaires d'héritages, qui vouloient ufer de l'eau qui paffoit par leurs terreins, avec le même avantage qu'auroient pu avoir ceux dans les terreins defquels cette eau auroit pris fa fource ; ce qui, comme l'on voit, emporte une diftinction extrêmement effentielle.

Pour prouver que cette jurifprudence établie avant & du tems de M. Bardet, s'eft toujours fuivie ; il ne faut que parcourir des jurifconfultes plus modernes que Valla, du Moulin, Cæpola & autres; on trouvera encore établie la maxime conftante, *que le propriétaire de l'héritage dans lequel naît une fource, eft le maître d'en difpofer à fon gré.*

Voici les termes dans lefquels s'exprime Poquet de Livoniere, *en fes regles du droit françois, liv.* 2. *tit.* 4. *fect.* 2. *des fervitudes, nomb.* 13. » Le » propriétaire d'un héritage où il fe trouve une fon-» taine ou fource d'eau, peut difpofer à fon gré » de l'eau qui en provient, même à l'exclufion » de ceux qui ont des héritages inférieurs, qui ne » peuvent en cela oppofer la prefcription, ni le » long ufage contraire.

Ferriere fur *l'art.* 187. de la cout. de Paris, *n.* 14. dit en termes précis : » que celui dans le fonds » duquel fe trouve une fontaine, peut difpofer de

» l'eau à fa volonté comme étant le maître, & » empêcher qu'elle ne paffe dans le fonds du » voifin à moins qu'il n'y ait un droit de fervitude » *aquæ ducendæ* : ainfi il peut faire & conftruire » un moulin dans fon fonds, quoique l'eau en foit » détournée de celui du voifin. « Enfuite le commentateur ajoute *n.* 15. » Quoique l'eau qui fort de » mon fonds ait coulé pendant un tems très-con-» fidérable dans celui de mon voifin, néanmoins » je puis en difpofer à mon utilité, fans que mon » voifin puiffe prétendre le contraire par prefcrip-» tion ; parce que je fuis le maître de mon fonds, » & de ce qui en provient, la prefcription ne pou-» vant avoir lieu en ce cas, vu qu'elle ne peut com-» mencer à s'accomplir fans poffeffion : or le voifin » ne peut jamais pofféder l'eau qui fort de mon fonds.

Du Rouffeau de Lacombe, au mot *eau*, dit : » Le propriétaire d'un héritage dans lequel étoit la » fource d'une fontaine, en retint l'eau au fout » de 40 ou 50 ans, pour la faire choir dans un » moulin à lui appartenant, au-lieu qu'auparavant » elle couloit dans un pré appartenant à un tiers, » & puis en un autre ruiffeau qui faifoit moudre un » moulin appartenant à ce tiers. « Et il foutient que le propriétaire de la fource avoit ce droit, & pour appuyer fon avis, il cite notre arrêt de 1619.

Enfin Me. Boucher d'Argis, *en fon code rural, tom.* 1. eft du même avis, lorfqu'il dit, *chap.* 18. *nomb.* 5. » Le propriétaire d'un héritage où il fe trouve une » fontaine ou fource d'eau, peut difpofer à fon » gré de l'eau qui en provient, même à l'exclufion » de ceux qui ont des héritages inférieurs, lefquels ne » peuvent à cet égard fe prévaloir de la prefcription.

En un mot, fi l'on vouloit rapporter toutes les autorités qui fixent d'une maniere invariable le principe *que le propriétaire d'un champ où naît une fource, peut en difpofer à fon gré* ; il faudroit fe jetter dans une immenfité de citations, qui deviendroient d'autant plus inutiles, que la maxime eft conftante & a été adoptée invariablement depuis l'arrêt rapporté par M. Bardet, jufqu'à préfent.

CHAPITRE LXVI.

Juges & procureurs du roi, ou fifcaux, ne procedent à la confection des inventaires, s'ils n'en font requis par les parties.

MAître Antoine Ribere, vivant tréforier de France en la généralité de Riom, demeurant à Clermont en Auvergne, étant malade & fait fon teftament folemnel, écrit & figné de fa main, & reconnu pardevant notaires & témoins, fuivant la difpofition du droit écrit qui régit la ville de Clermont, & autres lieux qui reffortiffent au fiege préfidial. Par fon teftament, après avoir difpofé de tous fes biens au profit de fes enfans & de demoifelle Michelle Chambon fa femme, il ajoute, que pour l'amitié qu'il porte à fa femme, & pour la confiance qu'il a en elle, il veut & entend que l'inventaire de fes biens ne foit point fait par les officiers de la juftice de Clermont, mais par un feul notaire royal, en la préfence & affiftance de fa femme & de fes deux exécuteurs teftamentaires. Incontinent après fon décès, Me. François Savaron procureur du roi au préfidial de Clermont, fe tranfporte en la maifon du défunt avec un greffier pour appofer le fcellé, & procéder à la confection de l'inventaire ; à quoi la veuve s'oppofe, remonte la prohibition du défunt contenue en fon teftament, fuivant lequel elle demande d'être laiffée en la liberté de faire faire l'inventaire par un notaire royal. Le procureur du roi l'empêche, foutenant la volonté du défunt nulle-ment confidérable, la prohibition portée par fon teftament nulle & de nul effet ; contraire au droit & à la commune obfervance du pays & ftyle du préfidial & fénéchauffée de Clermont. Sur quoi le lieutenant général ordonne, que nonobftant l'oppofition de la veuve, il fera par lui paffé outre, & procédé à la confection de l'inventaire des biens de défunt en la présence du procureur du roi, & qu'il sera rédigé par écrit par le greffier ordinaire de la sénéchauffée : dont ladite veuve interjette appel, sur lequel elle fait intimer Me. François Savaron procureur du roi en son propre & privé nom. Me. Arragon pour la veuve appellante dit, que souvent les officiers de judicature, sous prétexte du zele de la justice & de conserver les droits du roi, plaident néanmoins pour leur seul intérêt propre & particulier, & par l'autorité de leurs charges vexent & travaillent ceux qui sont sujets à leurs jurisdictions, & qui ont été commis à leur protection. Cette cause en fournit un exemple fort remarquable. L'appellante a pour seule partie le procureur du roi du présidial de Clermont, intimé en son propre & privé nom, qui sous prétexte de la conservation du bien des pupilles, enfans de l'appellante, auxquels il devoit servir de second pere, veut néanmoins par des frais excessifs & par des taxes immenses d'une confection d'inventaire de leurs biens, absorber & emporter le meilleur & le plus clair de ce qu'ils peuvent espérer en la succession de défunt leur pere. Cette prétention est d'autant plus injuste & éloignée du but auquel l'intimé semble vouloir, qu'il est directement contraire au droit écrit, aux ordonnances de nos rois & aux arrêts de la cour. Le droit traitant des testamens en une infinité de titres & d'endroits, leur donne par-tout une particuliere faveur & prérogative. *Nihil est enim quod magis hominibus debeatur, quàm ut supremæ voluntatis (postquàm aliud jam velle non possunt) liber sit stylus, & licitum quod iterum non redit arbitrium,* dit élégamment l'empereur en la loi 1. *De sacrof. Ecclef.* Et en la Nov. 1. *De sulcid. cap.* 2. Αιδυντιν̃ γ̃ ἐμὶν τανδεχοὶ τὲς τ̃ν δουτωσἀντων γνμας. Et plus à propos pour le sujet de cette cause, en la loi derniere, *C. Arbitrium tutela,* où il donne tant de pouvoir & de liberté au testateur, que de contrevenir & de déroger à la loi, & de décharger le tuteur qu'il lui a plu d'élire & nommer à ses enfans, de la confection d'inventaire, à laquelle la loi l'oblige étroitement & sous de grandes peines; & lui donne le pouvoir de remettre & confier absolument la gestion & l'administration de tout son bien & de ses enfans à la fidélité & prud'hommie de ce tuteur; quoique sa fidélité dépende le bien ou la ruine des mineurs, parce que leur pere qui l'a élu & nommé leur tuteur, l'a ainsi permis, se confiant absolument en sa prud'hommie & en sa fidélité; ce qui s'observe fort religieusement, au rapport de Guy-Pape, qu. 352. Que si la loi donne un pouvoir si absolu au testateur, que de décharger entierement le tuteur des enfans de la confection d'inventaire de ses biens; à plus forte raison peut-il ordonner de la maniere de cette confection d'inventaire, & prohiber qu'il ne se fasse point pardevant les officiers de la justice ordinaire, mais pardevant un seul notaire royal; suivant en cela l'option laissée par l'ordonnance de Blois, art. 164. à laquelle vraisemblablement les exactions des officiers, déja fréquentes dès ce temslà, ont donné lieu, confirmée par la suite d'infinis arrêts rendus même auparavant l'ordonnance. Le premier de l'an 1577, au profit de certains habitans de Bourges contre les officiers qui disoient être fondés en la coutume de Berry, laquelle ordonne que le tuteur fera faire inventaire par le juge. Le second du 8 août 1617, en la coutume d'Angoulême portant la même chose. Le troisieme du 14 août 1617, entre les mêmes officiers de Bourges, portant expresses inhibitions & défenses aux officiers de Bourges de procéder à la confection des inventaires des biens des décédés, s'ils n'y étoient requis & appellés par les tuteurs. Après tant d'arrêts, il ne reste difficulté quelconque en la cause. Et conclut au mal jugé. Me. Doujat pour le procureur du roi intimé en son nom dit, que c'est l'ordinaire de ceux qui veulent que leurs volontés & intentions passent pour loi, & qui n'en veulent point reconnoître d'autre, fuyant & appréhendant celle de la justice, de calomnier les officiers afin de couvrir, & plus facilement faire passer leurs mauvaises actions. Défunt Ribere mari de l'appellante ayant été receveur des tailles en la ville de Gannat, & par ainsi comptable, y a fait un si grand profit, qu'il est mort riche de deux cents mille livres, sans avoir recueilli un sol de pere ni de mere, dont il avoit répudié les successions, comme l'appellante a pareillement fait ; & pour couvrir ce qu'il pouvoit être de ce profit immense & illicite, il a par son testament prohibé la confection d'inventaire de ses biens par l'intimé & autres ses collegues officiers en la sénéchauffée de Clermont. Mais sachant combien étoit important cet inventaire, & pour la conservation des droits du roi, & pour tout le public, ils y ont voulu apporter plus de soin & de vigilance : c'est ce que l'appellante leur impute à calomnie, à avarice, à exaction, comme s'ils étoient personnes de mauvaise vie, & comme si la confection d'inventaire, notamment des biens des mineurs, n'étoit pas un acte de justice nécessaire pour la conservation du bien des pauvres pupilles, auquel le juge & procureur du roi auront beaucoup mieux l'œil, qu'un simple notaire choisi & affidé par une tutrice, qui par ce moyen pourroit divertir les effets de la succession, & mettre à couvert tout ce qu'elle voudroit, tant au préjudice des créanciers que des mineurs ; ce que la cour ne voudroit pas permettre. Et conclut. Me. Fremin pour le sieur de la Grange-le-Roi, créancier de dix mille livres, demandeur en requête d'intervention, à ce qu'il lui fut permis d'assister à l'inventaire, ou procureur pour lui, & qu'il fut fait par les officiers de la justice.

M. l'avocat général le Bret dit, que l'art. 164 de l'ordonnance de Blois est général & formel pour la confection des inventaires, fait & promulgué pour l'utilité & soulagement du pauvre peuple, & sur les plaintes des désordres & déprédations qui se commettoient dès-lors par plusieurs officiers. Comme très-utile, elle doit être étroitement observée, & l'option déférée pour la confection des inventaires, ou par le juge, ou par un notaire, sinon qu'il fut question des droits d'aubaine, ou déshérence, ou que les héritiers fussent hors du royaume, auquel cas les officiers du roi ou des seigneurs purent procéder à la confection des inventaires. Quant à ce qu'on objecte que le défunt étoit comptable, & qu'il ne rapporte son *quitus* de la chambre des comptes, cela n'est considérable, parce qu'ayant été postérieurement reçu en un office de trésorier en la généralité de Riom, il est certain qu'il falloit qu'il eût auparavant rendu ses comptes, & qu'il ne fût point trouvé redevable, parce qu'autrement il n'eût point été admis & reçu en l'office de trésorier en aucune généralité. Quant à ce que l'intimé dit, que le testateur a prohibé la confection de l'inventaire de ses biens par les officiers de justice pour aucunes causes & considérations, & par-là veut attaquer son honneur, comme si ces causes étoient produites & dictées par un homme qui appréhendoit qu'on connût sa vie ; cela les fait ressouvenir de ce que Laërtius rapporte dans la vie de Pythagore, lequel ayant reconnu la curiosité du peuple, fit aller une servante par la ville portant un pot bien vuide sur la tête, bien couvert néanmoins. Interrogée de plusieurs de ce qu'elle portoit dans ce pot : *Ineptus es, inquit, qui istud quæris ; ideo enim opertum est, ne tu scires.* Et l'empereur en la loi 2. *Quando & quibus quarta pars en rend la raison. In medium proferri & divulgari non patimur : quid enim tam durum, tamque inhumanum est, quàm publicatione pompáque rerum familiarium, aut paupertatis detegi. vilitatem, aut invidiæ exponere divitias.* Et par ces moyens adhere avec l'appellante.

LA COUR, sans avoir égard à l'intervention du sieur de la Grange-le-Roi, mit l'appellation & ce au néant : émendant & corrigeant, ordonna qu'il seroit procédé à la confection de l'inventaire conformément à la volonté de Ribere, contenue en son testament ; & faisant droit sur les conclusions de M. le procureur général du roi, ordonna que l'ordonnance & réglement général seroit gardé & observé ; & que les lieutenans généraux ou autres juges, procureurs du roi ou fiscaux, ne pourront procéder à la confection des inventaires des biens, ni y assister, s'ils n'en sont requis par les

parties. Le mardi 16 juillet 1619, M. de Verdun
1619. premier préfident prononçant.

CHAPITRE LXVII.

Tranfaction fur crime d'adultere eft bonne & valable.

EN 1584 fut contracté mariage entre Me. Guillaume Sanguin &!Dlle. Catherine Louvet, en faveur duquel Me. Claude Louvet pere conftitua en dot
à fa fille la fomme de trois mille écus & cinq cents
livres de rente. En 1588 Sanguin ayant traité d'un office
de tréforier de l'écurie du roi, & s'en étant fait pourvoir au mois de décembre 1588, il s'en alla à Blois
pour fervir & faire l'exercice de fa charge, d'où il ne
revint qu'au commencement de 1590, qu'il trouva fa
femme accouchée du fait d'un nommé Poncet fecretaire de M. d'Aumale, duquel elle avoit eu une
fille, qu'ils avoient fait baptifer fous le nom de Jean
Damours, gagne-denier, & d'une fervante. Sanguin s'en étant peu après retourné à Blois, & cette
fille étant décédée, on ne parla point de cette lubricité. En 1594 Paris s'étant rentré à l'obéiffance
du roi, & Sanguin de retour, foupçonnant fa femme d'adultere & de mauvaife vie, fe retire dans
une chambre féparée, fans vouloir boire, manger,
parler, ni coucher avec elle. Ce divorce dure jufques en 1597, que Sanguin ne pouvant plus fupporter cette vie, fe plaint au lieutenant criminel
de ce que fa femme par fon peu de foin avoit laiffé
mourir leurs enfans ; que pendant fon abfence elle
avoit fait un bordel fa maifon, étoit accouchée
du fait d'un autre, avoit fait baptifer l'enfant en cachette fous le nom d'un gagne-denier, demande
permiffion d'informer, qui lui eft octroyée : enfuite
les informations faites, on décrete prife de corps
contre Catherine Louvet, laquelle étant empriſon-
née & interrogée reconnoît l'adultere commis avec
Poncet, dit que la faute eft faite, qu'il n'en faut
plus parler. Claude Louvet fon pere, pour divertir
le cours de cette pourfuite, préfente requête de
l'injure que fon gendre lui faifoit & à fa fille ; à ce
que réparation leur en fût faite. Sans y avoir égard,
il eft ordonné que les témoins ouis ès charges &
informations, feront récolés & confrontés : dont
Claude Louvet interjette appel, enfemble de la permiffion d'informer, & du décret de prife de corps.
Interim, Catherine Louvet étant tombée en démence & foibleffe d'efprit, on a nommé Charbonnier lui
eft créé curateur, avec lequel, Claude Louvet &
Guillaume Sanguin fe paffe tranfaction le 13 feptembre 1597, en la préfence de M. d'Here confeiller en parlement, par laquelle Guillaume Sanguin
& Catherine Louvet font féparés de corps & de
biens : eft convenu que Sanguin rendra les trois mille
écus & cinq cents livres de rente ; ce faifant, que
ladite Louvet n'aura aucune part & portion en la
communauté, n'aura aucun douaire, ni autres conventions matrimoniales. Louvet promet faire ratifier cette tranfaction à fes autres enfans, étant majeurs. *Interim*, on a fait homologuer au parlement
en la chambre des vacations la même année 1597.
En 1516 Guillaume Sanguin appréhendant d'être inquiété par fes beaux-freres, qui n'avoient point encore ratifié cette tranfaction, les fait affigner aux
fins de la ratification : ils déclarent qu'ils ne font
point héritiers de leur pere, ni par conféquent tenus
de fes faits & promeffes. Par arrêt fur cette demande les parties font mifes hors de cour & de procès.
En 1619, Sanguin fait fon teftament, par lequel il
legue tous fes meubles acquêts & conquêts immeubles à M. Loifel préfident en la cour des aides, &
à M. Brion fon neveu, confeiller au parlement ; &
peu après décede. A l'inftant Charbonnier curateur
fait appofer le fcellé en fa maifon, dont meffieurs
Loifel & Brion interjettent appel. En caufe d'appel
le curateur obtient lettres pour faire caffer & refcinder la tranfaction, & lettres en forme de requête
civile contre l'arrêt d'homologation. Me. Paillet pour

les appellans dit, que l'indulgence dont Me. Guillaume Sanguin a ufé à l'endroit de fa femme, coupable du crime d'adultere, pour raifon duquel il la
pouvoit juftement faire punir, & venger par un faint
reffentiment l'offenfe de fon lit conjugal fouillé,
donne maintenant fujet aux intimés de tâcher par
une ingrate méconnoiffance, de renverfer ce qui
avoit été mûrement délibéré & prudemment fait,
eftimant qu'un fi long laps de tems a couvert le crime de l'accufée, qui pour toute juftification prétend
d'emporter une partie du bien de fon mari. Pour
la juftice de fa caufe, il n'eft point befoin d'exagérer la gravité & la turpitude de cet infame crime
d'adultere, fi abominable en la fainte écriture, que
le faint homme Job eftime que c'eft la plus grande
offenfe qu'un homme marié puiffe recevoir. *Incur-
ventur fuper uxorem meam alii, quod eft iniquitas
maxima, cap.* 31. La loi l'appelle *intolerabilem adulterii injuriam, quâ gravior nulla inferri poteft, l. codicillis* 91. §. *matre. de leg.* 2. *fcelus naturâ detefta-
bile, l. probrum. de verb. obl. focietati humanæ exi-
tiofum, c.* 1. 81. *dift.* Il eût été plus féant aux intimés de fe taire, que de faire connoître & relever
l'impudicité & la lubricité de Catherine Louvet,
amplement juftifiée par les charges & informations,
laquelle redondant aucunement fur la mémoire de
fon mari, il n'en veut dire davantage. Le curateur
n'eft aucunement recevable en fes lettres. 1°. La
tranfaction eft faite avec le pere, avec lui curateur,
avec plufieurs parens. *Tranfactio quæ intervenien-
tibus amicis oftenditur proceffiffe, refcindi poftulantis
detegit improbitatem, l.* 35. *C. de tranfact.* 2°. L'ordonnance affermit & autorife tellement les tranfactions, qu'elle veut qu'elles ne puiffent être refcin-
dées, s'il n'y a dol perſonnel. 3°. Bien loin que
cette tranfaction porte aucun préjudice à Catherine
Louvet, au-contraire, elle lui fauve fon honneur &
fa dot, qu'elle auroit indubitablement perdue, &
peut-être la vie. *Vir enim fi mulierem arguerit de
adulterio, tam dotem, quàm ante nuptias donationem fibi habere & vindicare poteft, l. confenfu §. virum C. de repudiis. cap. plerumque. C. de
donat. inter vir. & uxor.* 4. Ayant été homologuée
par la cour fur les conclufions de M. le procureur
général, l'on n'en peut être relevé. Et par ces
moyens conclut à ce qu'elle foit entretenue. Me.
Grenet pour le curateur de Catherine Louvet, dit
qu'il a double intérêt en la caufe : l'un, que des
héritiers collatéraux, fous prétexte de juftice, veulent opprimer d'injures & de calomnies cette pauvre
veuve Catherine Louvet, pour la dépouiller de ce
qui lui appartient légitimement : l'autre, que la
tranfaction fur laquelle ils fe fondent, eft nulle de
toute nullité, & ce prétendu crime, une impofture
& calomnie manifefte ; ce qui fe remarque facilement par la conférence des dates. Il paroît que Sanguin étoit à Paris en 1590, & que fa femme eft
accouchée à la fin de cette année, lui préfent, &
ne fe plaignant point ; une telle offenfe ne fe pouvoit
diffimuler ; il n'y a aucunes proteftations à Paris ni
ailleurs. Un argument de calomnie évident, c'eft
que le mari a laiffé écouler fept ans entiers, pendant lefquels il n'a fait aucune plainte de ce prétendu adultere, mais au-contraire a demeuré avec
fa femme : d'où réfulte une fin de non recevoir manifefte. Quand le crime eût été véritable, que non
adulter poft quinquennium quàm adulterium dicitur
effe commiffum, quod continuum numeratur, accu-
fari non poteft, L. adulter. C. ad leg. Jul. de adulter.
La forme de cette plainte eft confidérable, & encore un argument de la calomnie eft, qu'on n'a
point nommé l'adultere, ni circonftancié le tems &
le lieu : ce qui eft néceffaire. *Quòd dicat eam cum
Caio Seio in civitate illâ, domo illius, confiliis
illis, adulterium commififfe, L. libellorum. de accufat.
& infcript.* Il y a une parfaite réconciliation entre
le mari & la femme, ils ont vécu trois ans entiers
enfemble ; il y a eu une paction fecrete & contrepromeffe entre le pere, le mari & le curateur lors
de la tranfaction, qu'on avoit fait homologuer en
tems de vacation. Il n'eft pas permis de tranfiger *de
adulterio, L. tranf.* 18. *C. de tranfact.* ni d'en tirer

récompenfe

récompense, *l. Miles. §. Socer. ad l. Jul. de adult.*
Lors de la transaction la communauté valoit plus de
quatre cents mille livres, on ne l'en pouvoit priver.
Le pere de Catherine Louvet n'a pu transiger à son
préjudice. Le mari ayant voulu faire ratifier les freres, a été débouté de sa demande : ce qui dénote
évidemment la nullité de la transaction, préjugée
par l'arrêt qui a mis les parties hors de cour. Et
conclut. Me. le Noir pour Claude & Nicolas Louvet demandeurs en requête d'intervention dit, que
leur sœur n'est point coupable du crime d'adultere
qu'on lui impose, c'est un artifice pour la priver de
ses conventions matrimoniales : la transaction est
nulle, & ne peut subsister. Et conclut.

M. l'avocat général le Bret dit, que la premiere
question de cette cause est de savoir, si les héritiers
du mari peuvent objecter l'adultere à la femme. Il
faut distinguer, suivant l'opinion des docteurs sur la
loi *Rei judicatæ. §. I. solut. matrim.* Ou le mari s'est
plaint de cet adultere, ou non. *Primo casu possunt
objicere : secundo,* non. Au fait dont est question, le
mari a fait sa plainte suivie d'informations, par
lesquelles le crime n'est que trop notoire, même
par la confession de la femme, pour laquelle on objecte double fin de non-recevoir, & nullité contre
la transaction. Quant à la fin de non-recevoir, il est
vrai que par l'ancienne jurisprudence le mari devoit accuser sa femme d'adultere dans soixante jours, à compter du jour du divorce. *Cogebatur enim divortere,
ne suam ipsius turpitudinem allegaret,* & cette accusation se faisoit *jure mariti,* sans encourir risque de
calomnie, *l. 2. §. ult. de adult.* Ces deux mois passés, si le mari n'avoit fait sa plainte, chacun étoit
recevable à accuser la femme, le mari même, *sed
non jure mariti, sed jure extranei, idque intra quatuor menses utiles, l. 4. §. 1. eod.* Et ainsi il n'y a
que six mois utiles pour accuser une femme d'adultere : mais parce qu'il se rencontroit beaucoup de
difficulté à compter ces six mois utiles, la jurisprudence changea, & au-lieu des six mois utiles,
l'on bailla cinq ans continus, à compter du jour du
crime commis, *l. Adulter, C. ad leg. Jul. de adult.
mariti. §. quinquennium. ff. eod.* Néanmoins cette regle générale pour la prescription de cinq ans recevoit une exception, *quando nempe legitimum inter-
venerat impedimentum,* comme en cette loi *Mariti.
§. ult. sine præfinitione temporis accusari potest, qui
per vim intulit.* Et en l'hypothese de cette cause le
mari étoit absent pour la nécessité de sa charge auprès du roi ; pendant ce tems la prescription n'avoit
point couru contre lui. Quant à la réconciliation,
par l'ancienne jurisprudence le mari ne pouvoit point
accuser sa femme *constante matrimonio, l. Crimen.
C. de adult.* mais en l'Authent. *Sed novo jure* il
lui est permis ; & les docteurs théologiens, même
St. Thomas, sont d'avis que *maritus qui detinet
conjugem adulteram si conjugem, peccat mortaliter ;
qui verò eam detinet velut in custodiâ, ne pejus, faciat, non peccat.* Sanguin ne l'a point retenue comme femme, puisqu'il n'a bu, mangé, ni couché
avec elle. Quant à la transaction qu'on dit être nulle
& reprouvée par les loix, il la faut bien entendre.
Il est vrai qu'elles prohibent de transiger sur le crime
d'adultere ; mais cela s'entend, que le mari ayant
une fois accusé l'adultere d'avoir corrompu & séduit
sa femme, ne peut par après se désister de son accusation, moyennant quelque somme qu'on lui donne, parce qu'il se rendroit lui-même coupable de
l'adultere. *Qui enim quæstum ex adulterio percipit,
plectendus est, d. l. Mariti. §. quæstum,* n'étant porté
à l'accusation que pour le profit, & non pour l'honneur de son mariage. C'est cette sorte de transaction que la loi reprouve, parce que réguliérement *transactio, nullo dato, non procedit, l. Transactio de transact.* Au fait, le mari ne peut être argué d'avoir gagné aucune chose : ayant rendu tout
ce qu'il avoit reçu en dot de sa femme ; n'ayant
prêté son consentement à l'accommodement, qu'on
appelle transaction, que pour mettre l'esprit de son
beau-pere en repos, aigri de voir sa fille accusée, &
prête à être convaincue d'un crime si abominable.Etpar
ces moyens conclut à ce que la transaction soit exécutée.

LA COUR, tant sur l'intervention des freres,
que sur les lettres de rescision de la transaction,
qu'en forme de requête civile, mit les parties hors
de cour & de procès, ordonna que la transaction
& arrêt d'homologation seroient exécutés selon leur
forme & teneur : & faisant droit sur l'appel, mit
l'appellation & ce au néant ; en émendant, fit pleine & entiere main-levée des choses saisies aux appellans, & sans dépens. Le jeudi 18 juillet 1619,
M. de Verdun premier président prononçant.

1619.

CHAPITRE LXVIII.

*Posthume institué, né monstrueux, avec un museau de
singe & un pied fourchu, capable de succéder à son
pere, & la substitution pupillaire déclarée ouverte
au profit de sa mere.*

JEan Perault, habitant du village de Vigouroux
proche de St. Flour, au haut pays d'Auvergne, &
Claudine Pouillard, contracterent mariage ensemble en 1582 ; & ayant demeuré dix ans sans avoir
aucuns enfans, se firent une donation mutuelle de
tous & chacuns leurs biens meubles & immeubles,
à la charge que le survivant ne se pourroit remarier. En 1595 Jean Perault malade fait son testament, par lequel il institue son héritier universel le
posthume duquel sa femme étoit enceinte ; & au
cas qu'il décede impubere, il lui substitue sa femme.
Trois mois après elle accouche d'un enfant qui avoit
la partie inférieure du visage, c'est-à-dire le nez,
semblable au museau d'un singe, ou pourceau, &
le pied dextre fourchu, pour raison de quoi le curé
de la paroisse lui refusa le baptême, & il décéda
dix-huit ou vingt heures après. La mere se met en
possession de tout le bien, dont elle jouit paisiblement, quoiqu'elle eût convolé en secondes noces,
jusques en 1617, que Pierre Perault frere de Jean
Perault revenu d'Espagne, où il avoit demeuré depuis vingt-ans, la fait assigner pardevant le bailli
des montagnes d'Auvergne, ou son lieutenant à
Aurillac, aux fins de se désister & départir de la propriété & possession des fonds & héritages, dont Jean
Perault son frere étoit mort vêtu & saisi, & lui restituer les meubles. Les enfans & héritiers de Claudine
Pouillard décédée le soutiennent non recevable & mal
fondé, tant au moyen de la donation mutuelle, que
du testament de Jean Perault. Les présidiaux d'Aurillac rendent leur sentence, par laquelle ils appointent les parties en droit au principal, & cependant
ordonnent que par provision les enfans de Claudine
Pouillard jouiront. Pierre Perault en a fait appel.
Me. Haudic pour l'appellant dit, que soit qu'on considere la donation mutuelle faite entre Jean Perault
& sa femme, soit qu'on veuille s'arrêter au testament
l'un & l'autre étant nul, les biens délaissés de Jean
Perault appartiennent & doivent être adjugés à l'appellant. Quant à la donation mutuelle, il est certain qu'en pays de droit écrit, tel qu'est le présidial
d'Aurillac, toutes donations faites entre le mari
& la femme, constant leur mariage, sont de
nul effet & valeur. *Ipso enim jure quæ donationis
causâ inter virum & uxorem geruntur, nullius sunt
momenti, l. 3. §. Non tamen. De donat. inter virum
& uxorem.* Suivant la disposition du même droit,
toutes les conventions faites touchant la succession
d'une personne vivante, sont nulles. *Inter privatos,
hujusmodi scriptum, quo comprehenditur, ut his qui
supervixerit, alterius rebus potiatur, nec donationis
quidem mortis causâ gesta efficaciter speciem ostendit,
L. 19. C. de pactis.* Cette donation étant faite au survivant, à la charge qu'il ne pourroit convoler en secondes noces, & la mere des intimés ayant passé à
un autre lit, elle s'est rendue indigne & incapable
de la libéralité de son mari, s'étant obligée à une
condition qu'elle n'a pas voulu accomplir. Quant au
testament, il est pareillement nul, il n'y a que six
témoins, & la loi *Hac consultiss. C. de testam.* a
préfini & ordonné le nombre de sept. Il y a encore
une plus grande nullité au testament, c'est le défaut

1619. & l'incapacité qui se rencontre en la personne du posthume institué héritier, lequel est né monstrueux, & incapable de recueillir la succession de son pere. Il avoit la partie inférieure du visage, c'est-à-dire le nez, semblable au museau d'un singe ou pourceau, & le pied dextre fourchu. Un monstre est incapable de la succession de son pere. En toute chose il y a la matiere & la forme : la forme, est ce qui donne l'être, & distingue une chose d'avec l'autre. Cet enfant n'a point eu la forme & la figure de l'homme, ni par conséquent n'a point été homme informé d'une ame raisonnable : c'étoit un monstre qui n'avoit rapport en façon quelconque à l'espece de l'homme, mais plutôt à celle d'un animal irraisonnable, ayant le visage proportionné à celui d'un singe ou d'un pourceau, & non à celui de l'homme. Si Aristote lib. 2. de generat. anim. cap. 3. dit, que l'enfant qui naît avec la tête de mouton ou de bœuf est un monstre ; par identité de raison celui-ci étoit aussi un monstre : il étoit défectueux en la plus belle & la plus noble partie de son corps, la face est la seule partie qui nous rend différens du reste des animaux irraisonnables, & nous constitue en l'être de l'homme, partie sur laquelle Dieu a voulu graver son vrai portrait & son image. Cet enfant n'ayant point eu la figure de la face du corps de l'homme, on ne peut dire qu'il ait été informé de la forme essentielle de l'homme : car si nous voyons extérieurement que la figure du corps a rapport à quelqu'autre animal que l'homme, nous disons qu'il n'est point homme. De dire que les organes de la tête d'un singe ou d'un pourceau, soient propres & capables de recevoir l'ame raisonnable, c'est une illusion. Par ces raisons le curé de la paroisse a refusé le baptême à cet enfant, quoique ce soit un sacrement essentiel au salut de l'homme ayant par-là jugé qu'il n'étoit point homme, mais quelque animal irraisonnable. Cet enfant monstrueux étoit incapable de la succession de son pere, suivant la disposition du droit romain, même ne profitoit point à la mere. *Mulier si monstruosum aliquid, aut prodigiosum enixa sit, nihil proficit : non sunt enim liberi, qui contra formam humani generis, converso more procreantur. L. Non sunt liberi. De statu hom. & L. 3. C. De posthumis hæred.* où l'empereur décide, que le posthume ne peut rompre le testament de son pere, auquel il a été prétérit, ni par conséquent succéder en ses biens, *nisi vivus ad orbem totus processit, ad nullum declinans monstrum.* Par ces décisions l'enfant dont il s'agit, n'a aucunement été capable de recueillir la succession de son pere, puisqu'il n'avoit pas un simple rapport en quelque chose à un monstre, comme desire seulement l'empereur Justinien, mais étoit entr'tout un monstre : ce qui le rendoit du tout incapable de succéder à son pere, dont le testament ne peut en façon quelconque subsister, ni avoir aucun effet pour cette prétendue substitution faite au profit de la mere, au cas que l'enfant vînt à décéder impubere, parce que selon le droit romain le testament ne peut être valable sans l'institution d'héritier. *Hæredis institutio caput atque fundamentum totius testamenti intelligitur. §. Ante hæredis. instit. De Leg.* Jusques-là que si l'héritier institué décede avant qu'il se soit porté héritier, ou qu'il ne veuille point appréhender l'hérédité, le testament demeure sans aucun effet, *L. 1. De suis & legit. hæred.* Il en est de même, si celui qui a été institué héritier, est incapable de recueillir l'hérédité, *L. 1. de his quæ pro non scriptis hab. & L. un. §. In primo. C. de cad. tollendis.* Ces maximes étant certaines, que l'enfant né monstre est entiérement incapable de la succession de ses pere & mere, que l'institution d'héritier faite de sa personne ne sert de rien ; il n'y a point de difficulté que le testament de Jean Perault est nul universellement, tant pour l'institution de son posthume, que pour la substitution pupillaire, qui ne peut subsister si le testament n'est bon & valable. Et par ces moyens conclut à ce que l'appellant soit maintenu & gardé en la possession & jouissance de tous les biens délaissés par Jean Perault. Me. Robin pour les intimés dit, que c'est une maxime très-certaine en philosophie,

que ce qui distingue & sépare l'homme du reste des animaux, procede de sa différence intrinseque & essentielle, & de la forme interne, & non point de l'externe & figure extérieure. C'est de cette distinction qu'il faut se servir pour savoir si l'enfant posthume, de la succession duquel il s'agit, a été créature raisonnable, ou non. On demeure d'accord qu'il avoit toutes les parties du corps semblables aux autres hommes, excepté la partie inférieure du visage, qui avoit du rapport au museau d'un singe. Cela n'est pas suffisant pour le rendre monstre & créature irraisonnable. *Primò*, parce que le singe a beaucoup de rapport à l'homme. *Secundò*, on connoît par-là qu'il a été engendré d'un homme & d'une femme. Il étoit donc informé de la forme spécifique de l'homme, qui est l'ame raisonnable, laquelle ne peut être naturellement sans le corps humain. *Homo non est quem forma declarat, sed mens cujusque*, dit Ciceron. Il n'y a que la forme intérieure qui distingue l'homme du reste des animaux, & non pas la figure extérieure : jusques-là que quelques théologiens modernes sont d'avis, que s'il se rencontroit un enfant né d'un homme & d'une femme, ayant tous les membres semblables au corps humain, excepté la tête & le visage ; néanmoins il doit être baptisé, *etiam sine conditione*, pourvu que par les parties extérieures on puisse reconnoître qu'il a le cœur, parce que le cœur est le premier vivant & le dernier mourant. *Nolite judicare secundùm faciem, sed justo judicio judicate*, dit Notre-Seigneur. L'enfant dont est question, n'a point été aucunement monstre : car, comme Alciat a remarqué sur la loi *Quæret. De verb. signif.* un enfant ou un homme est appellé monstrueux, s'il a quelque membre par-dessus l'ordre de nature, comme s'il a deux têtes, trois bras, trois mains ; ou s'il lui manque quelque membre, comme s'il n'a qu'une main, ou s'il n'en a point du tout, ou s'il n'a point de tête, ou s'il a les yeux à la poitrine ou au front, ou si la femme produit quelque créature qui n'ait point la forme humaine comme le Minotaure. Mais si par la force de l'imagination qu'elle a au tems de la conception, elle laisse seulement quelque marque ou caractère à l'enfant, qui le rende dissemblable extérieurement en quelque façon au reste des hommes, cela n'empêche pas que le corps étant formé & organisé conformément au corps humain, l'ame raisonnable soit infuse au tems préfini & déterminé par Dieu auteur de la nature. Et pour cette raison les interpretes de droit, Balde, Alex. Immola, Aretin sur la loi *Quod dicitur. De lib. & posth. hæred. instit. vel exhæred.* tiennent unanimement, que *monstruosus homo, est tamen homo, quia essentia hominis est ab anima & spiritu ;* & ils concluent sur la même loi avec Felin sur le chap. dernier extra. De homicidio : que *occidens hominem monstruosum debet puniri, sicut occidens hominem formosum.* Par ces raisons il est certain que l'enfant dont est question, a été capable de recueillir la succession de son pere, *ex testamento jure institutionis, argumento L. Quod dicitur. De lib. & posthum.* où il est dit, *præteritione posthumi ita demum rumpi testamentum, si nascatur. Quid tamen*, dit Ulpien, *si non integrum animal editum sit, cum spiritu tamen ? an animo testamentum rumpat, & hoc tamen rumpit ?* Or comme celui qui naît *cum spiritu*, licèt non integrum animal, ayant vie, bien qu'il ne soit pas parfait animal, est capable de rompre le testament de son pere, auquel il a été prétérit, & est capable de sa succession ; à plus forte raison le doit être celui *qui editus est integrum animal*, qui a été entiérement homme, accompagné de quelque petite difformité, & a vécu tout un jour. L'appellant objecte le texte de Paulus jurisconsulte en son quatrieme livre des sentences, & la loi *Non sunt liberi. De statu hominum.* Mais il y a double réponse. L'une, que cette cause n'est point du tout en cette espece ; l'enfant dont il s'agit, *non fuerat contra formam generis humani, converso more procreatus :* parce que si cela étoit, il eût fallu qu'il eût été de l'une ou de l'autre des deux especes de monstres ci-dessus exprimées, & rapportées par Alciat sur la loi *Quæret. De verb. significat.* dont néanmoins il n'approchoit en façon quelconque. L'autre réponse est, que quand cet enfant auroit été monstre, néanmoins sa naissance auroit profité en cela à sa mere : que le testament de feu son pere auroit été confirmé ; & que par son décès la substitution pupillaire auroit été ouverte au profit de sa mere, selon la distinction que l'on apporte vulgairement entre la loi *Non sunt liberi.* & la loi *Quæret.* savoir, que l'enfant monstre ne profite point à sa mere, s'il s'agit *de lucro captando*, c'est-à-dire, de la succession de son fils, *quæ ei defertur ex senatusconsulto Tertylliano* ; mais il s'agit *de damno vitando, id est, de amittendâ hæreditate quæ ei delata est, vel ex causâ institutionis, vel ex causâ substitutionis* : pour lors, *quod portentosum vel monstruosum ediderit mulier, ei prodesse debet, nec id quod fataliter accessit matri, damnum injungere debet.* La raison de cette interprétation se tire de l'inscription de l'une & de l'autre loi : car il est évident que Paulus a écrit la loi *Non sunt liberi*, en interprétant le sénatusconsulte Tertyllien ; & que le jurisconsulte Ulpien a écrit la loi *Quæret*, en interprétant le chapitre de la loi Julie *de maritandis ordinibus*, par lequel la femme qui n'avoit point encore d'enfans, étoit privée de la moitié de ce qui lui avoit été délaissé, *vel nomine legati, vel hæreditatis jure*, par le testament d'un etranger, c'est-à-dire, de celui qui n'étoit point de la famille, & étoit néanmoins citoyen romain ; & l'autre moitié étoit déférée au fisc, comme Sozomene & Nicephore l'ont écrit, & St. Ambroise sur St. Luc, *chap.* 3. Mais si elle eût enfanté, elle avoit *solidi capacitatem*, elle prenoit tout, si bien qu'elle en étoit capable, non point à cause de sa personne, mais à cause de l'enfant qu'elle avoit fait, parce que, comme dit St. Ambroise, *erat deforme non habere liberos.* Ulpien donc interprétant cette loi odieuse & pénale, a cru qu'elle ne devoit point être entendue rigoureusement à la lettre, & à la propre signification des paroles, mais qu'il en falloit donner une bénigne interprétation. Voilà pourquoi il a voulu, afin que la femme pût éviter la rigueur de la loi Julie, que *nomine liberorum* fussent entendus *etiam portentosi*, *vel monstruosi partus*, comme il les dénote en cette loi *Quæret.* La même interprétation n'a pas été reçue sur le sénatusconsulte Tertyllien, d'autant que la mere est seulement appellée & admise à la succession de son enfant *ab intestat*, si elle a enfanté trois fois *si ter enixa sit.* Mais en ce cas-là, on ne disoit point qu'elle eût enfanté trois fois, si l'une de ces trois fois elle eût produit quelque enfant monstre, ou prodigieux, parce qu'en ce cas il s'agissoit du gain de la succession. Cette cause est en l'hypothese & aux termes de la loi *Quæret* ; par conséquent l'enfant par sa naissance a profité à sa mere, & par son décès la substitution pupillaire lui a été ouverte. Mais on va plus loin ; & quand on donneroit cet avantage à l'appellant, comme il a plaidé, que cet enfant n'a point été capable de recueillir la succession de son pere *in vim ejus testamenti* ; la substitution auroit toujours été ouverte au profit de la mere : car il est très-certain, que comme l'institution d'héritier est la perfection & la seule forme essentielle d'un testament, tout de même lorsqu'elle manque, ou par le prédécès de l'héritier institué, que le testateur croit être en vie, ou par son incapacité, la substitution tient en son lieu & place, maintient le testament, & lui fait produire les mêmes effets que feroit l'institution, si elle subsistoit, parce que la substitution est *secunda hæredis institutio*, & de même nature. C'est la disposition formelle de la loi unique, §. *In primo. De caduc. toll. In primo itaque ordine, ubi pro non scriptis efficiebantur ea, quæ personis jam ante testamentum mortuis testator donasset, statutum fuerat, ut ea omnia bona manerent apud eos à quibus fuerant derelicta, nisi vacuatis vel substitutis suppositus vel conjunctus fuerat aggregatus* ; *tunc enim non deficiebant, sed ad illos perveniebant.* Ce qui est confirmé par l'empereur en la loi 1. *De his quæ pro non scriptis hab. Si quis hæreditatem vel legatum adscripserit, quæritur an hæreditatis vel legatum pro non scripto habeatur, &*

quid si substitutum habeat hujusmodi institutio ; respondit : *Pars hæreditatis, de quâ me consuluisti, ad substitutum pertinet.* Et plus précisément à la loi 3. *De lib. & posth. hæred. instit. Si ita testatus sit paterfamilias ut à primo quidem gradu filium præteriret, à secundo solo exhæredaret, Sabinus & Cassius, & Julianus putant, perempto primo gradu testamentum ab eo gradu exordium capere, unde filius exhæredatus est* ; *quæ sententia comprobata est.* L'appellant a voulu répondre à ces maximes de droit, & à dit qu'elles s'entendent seulement de la substitution vulgaire, & non de la pupillaire, qui dépend tellement de l'institution d'héritier faite au testament paternel, que si l'institution ne subsiste, le testament du pere est sans effet : & par la pupillaire substitution, ni le testament du pere, ni celui de l'enfant impubere, ne peuvent subsister en façon quelconque. Cela est aux instituts, §. *Liberis. De pupill. subst. Pupillare testamentum pars & sequela est paterni testamenti, adeo ut si patris testamentum non valeat, nec filii quidem valebit.* & in L. 2. §. *Quisquis. De vulg. & pupill. substit.* Mais ces textes ne se doivent point entendre, lorsque le testament du pere manque par le défaut d'institution d'héritier ; ce n'est que quand il est nul par le défaut de quelque autre solemnité requise de droit, comme s'il n'y a point eu le nombre des témoins requis, ou bien s'ils n'y avoient point apposé leurs sceaux ou leurs marques. Et la raison de cette distinction est, de ce que la substitution pupillaire faite expressément par le pere à son enfant impubere, contient en soi tacitement la substitution vulgaire, selon la constitution & ordonnance des empereurs, *in* L. 4. *De vulg. & pup. substit. Jam hoc jure utimur*, dit le jurisconsulte Modestin, *ex constitutione divi Marci & Veri, ut cùm pater impuberi filio in alterum casum substituisset, in utrumque casum substituisse intelligatur, sive filius hæres non extiterit, sive extiterit, & impubes decesserit.* Et L. 4. C. *De impub.* §. *& aliis substit.* Placuit *substitutionem impuberi, qui in potestate testatoris fuerit, à parente factam ita, si hæres non erit, porrigi ad eum casum, quo posteaquam hæres extitit, impubes decessit, si modò non contrariam defuncti voluntatem extitisse probetur.* De sorte que comme la substitution vulgaire expresse par le défaut de l'institution d'héritier, a l'effet & puissance de soutenir le testament, nous devons attribuer la même effet & la même puissance à la substitution vulgaire tacite contenue dans la substitution pupillaire expresse, parce qu'en ce cas auroit été vis taciti au expressi ; & par conséquent si cet enfant n'avoit voulu, ou n'avoit pu appréhender l'hérédité de son pere par son incapacité, causée, ainsi que prétend l'appellant, par la difformité de son visage, tout son droit auroit été dévolu en la personne de sa mere par le moyen de la substitution pupillaire expresse, contenant en soi la tacite vulgaire faite à son profit. Cela est indubitable en termes de droit. La volonté du testateur est tellement efficace envers sa femme, que par la seule conjecture, sans adminicule d'autre preuve, il faut conclure qu'il a voulu, au cas qu'il n'eût point de descendans, gratifier sa femme de tous ses biens. Cela se conjecture de la donation mutuelle par laquelle il lui donne tous ses biens ; & si elle n'eût été enceinte lors du testament, la volonté de son mari étoit de l'instituer héritiere. Quant à ce qu'on objecte, qu'il n'y a que six témoins au testament, la réponse y est prompte en la loi 27. *Qui testamentum facere possunt. Domitius Labeo Celso suo salutem : Quæro an testium numero habendus sit is, qui cùm rogatus est ad testamentum, idem quoque cùm tabulas scripsisset, signaverit. Jubentius Celsus Labeoni suo salutem : Aut non intelligo quid sit de quo me consulis, aut valde stulta est consultatio tua : plus enim quàm ridiculum est dubitare an aliquis jure adhibitus sit, quoniam idem & tabulas testamenti scripserit.* Ainsi y ayant six témoins & le notaire, le nombre des témoins est parfait. Quant à la donation mutuelle, elle est parfaite entre le mari & la femme. L. *Quod à.* §. *Si vir & uxor. De donat. inter vir. & ux. Si vir & uxor quina invicem donaverint sibi, & maritus servaverit, uxor consumpserit, rectè placuit*

1619. compenſationem fieri donationum; parce que telles donations ne prennent leur effet que par la mort de l'un des deux conjoints, comme les donations à cauſe de mort, leſquelles ont été permiſes entre le mari & la femme pour cette ſeule conſidération, *quia in hoc tempus excurrit donationis eventus, quo vir & uxor eſſe deſinunt, L. 9. & 19. J De donat. inter vir.* Il n'y a que les donations pures & ſimples qui ſoient prohibées entre le mari & la femme, & non les donations mutuelles. C'eſt ainſi qu'il faut entendre la loi 3. §. *Sciendum. eod.* La condition y appoſée, que le ſurvivant ne pourroit ſe remarier, n'eſt aucunement conſidérable, étant reprouvée par l'autorité de la loi *Miſcella*, comme contraire aux bonnes mœurs & à la liberté des mariages, *L. 2. C. De inutili ſtipulat. Libera eſſe matrimonia antiquitùs placuit. L. 14. C. de nuptiis. Liberam contrahendi matrimonii facultatem transferri ad neceſſitatem non oportet. cap. Cùm locum. & cap. Requiſivit. extr. De ſponſal. & L. 134. De verb. obligat. Inhoneſtum viſum eſt vinculo pœnæ matrimonia obſtringi ſive futura, ſive jam contracta.* Sur laquelle l'opinion de Bartole a été toujours ſuivie, pour ſavoir ſi la ſtipulation pénale appoſée contre la liberté des mariages eſt nulle. *Nulla eſt, inquit, pœna ſtipulatio, quæ impedit libertatem matrimonii, ſive de lucro captando, ſive de damno vitando agatur.* Et la raiſon ſe tire de la loi *Hoc modo. De condit. & demonſtr.* Car quoique toutes les loix, par leſquelles telles conditions ſont reprouvées, & *pro non ſcriptis habentur*, parlent ſeulement des legs, & non des donations & autres contrats; néanmoins elles doivent être étendues aux contrats & donations, tant entre vifs qu'à cauſe de mort, *maximè* aux mutuelles. *Legem utilem reipublicæ, ſobolis ſcilicet procreandæ cauſâ latam, oportet adjuvari interpretatione, parce que præſtat augeri rempublicam liberis hominibus, quàm multis viduarum perjuriis affici. L. 2. C. de indicta viduit. toll.* Joint que c'eſt tacitement reprouver le ſecond mariage, ce qui a perpétuellement été condamné d'héréſie, comme remarque St. Aug. *cap.* 26. des héréſies. Théodoret *lib.* 3. *de fabulis hæretic.* Salvien *lib.* 5. *de gubern. Quid agis, ſtulta perſuaſio? peccata interdixit Deus, non matrimonia.* Et St. Jerome *epiſt. ad Gerontiam. Quid igitur damnamus ſecunda matrimonia? Minimè, ſed prima laudamus. Adjicimus de eccleſiâ digamos? Abſit, ſed monogamos ad continentiam provocamus.* Et par ces raiſons conclut.

LA COUR mit l'appellation & ce au néant; ordonna que la ſentence interlocutoire par laquelle les intimés avoient été maintenus & gardés par proviſion en la poſſeſſion & jouiſſance des meubles & immeubles du teſtateur, ſortiroit ſon plein & entier effet définitivement; évoqua le principal, & y faiſant droit, déclara par le décès de l'enfant, de la ſucceſſion duquel il étoit queſtion, la ſubſtitution pupillaire ouverte au profit de ſa mere; & ſans dépens. Le mardi 23 juillet 1619, M. de Verdun premier préſident prononçant.

CHAPITRE LXIX.

Réſignation in favorem admiſe, même le viſa donné au réſignataire abſent, ne font vaquer le bénéfice ſans acceptation de ſa part.

FRere Jean Foubert, religieux de l'abbaye de St. Benoît ſur Loire, âgé de ſoixante & dix ans, ayant poſſédé cinquante ans la charge de prévôt, qui eſt un office & bénéfice de ladite abbaye, en 1614 la réſigne à frere Pierre Foubert ſon neveu, religieux de la même abbaye, lors abſent & étudiant à Bourges. Sous ſon nom il obtint les proviſions en cour de Rome, & le viſa du grand vicaire de M. l'évêque d'Orléans : mais en 1616 Pierre Foubert réſignataire ayant fait profeſſion en l'ordre & couvent des Capucins; Jean Foubert réſignant, qui étoit toujours demeuré en poſſeſſion du bénéfice, le réſigne incontinent à Pierre Theveneau ſon couſin, lequel obtient ſes proviſions en cour de Rome, ſon viſa, & prend poſſeſſion. Au même tems frere Jean le Normand, religieux de la même abbaye, prend un dévolut ſur ce bénéfice, comme ayant vaqué par la profeſſion de Pierre Foubert religieux capucin. Sur quoi ayant fait aſſigner Theveneau pardevant le bailli d'Orléans ſur ſon lieutenant, ſentence du 6 août 1618, par laquelle Theveneau eſt maintenu en la poſſeſſion du bénéfice, & la récréance lui eſt adjugée; la ſentence prononçoit ainſi. Le Normand en interjette appel, pour lequel Me. Doujat dit, que les réſignations ſont ſimples démiſſions qui procedent d'une pure & franche volonté du réſignant, lequel demeure entiérement privé du droit qu'il a au bénéfice, dès-lors que la réſignation qu'il en a faite, a été admiſe au profit du réſignataire qui ne tient point ſon droit de ſon réſignant, mais du collateur du bénéfice, *cap. In præſentia. De renuntiatione;* même la réſignation étant faite à un abſent, dès-lors qu'il en a eu connoiſſance, & l'a eue pour agréable, le droit lui eſt irrévocablement acquis, *cap. Si tibi abſenti. De præb. in ſexto. L. Si abſenti. De donation.* Pierre Foubert n'a pas ſimplement obtenu ſes proviſions en cour de Rome, mais a encore pris le viſa du grand vicaire de M. l'évêque d'Orléans. Selon le concile & l'ordonnance le viſa ne devant ſe donner qu'à ceux qui ſont ſuffiſans & capables, il faut néceſſairement que le réſignataire ſe ſoit préſenté à l'examen pour juger de ſa capacité. Il a ouvertement & publiquement agréé la réſignation, & demandé l'entrée au bénéfice, laquelle ſeule dépend du viſa, par le moyen duquel on a tout droit certain & aſſuré au bénéfice, dont on peut prendre la poſſeſſion toutes fois & quantes. Mais parce qu'on ne tient point de regiſtre des priſes de poſſeſſion, il eſt difficile de faire voir qu'elle a été priſe par ceux qui tiennent des bénéfices héréditaires. Rebuffe ſur la regle *de public. reſignat.* dit, que *niſi reſignatarius intra ſex menſes expreſſè renuntiaverit reſignationi, tacitè poſthac admiſſa cenſetur.* Et du Moulin eſt de même avis, *argumento L. Non tantùm rem ratam hab.* Il y avoit de la confidence entre Theveneau & Foubert, qui eſt toujours demeuré en poſſeſſion du bénéfice, en a fait les baux à ferme. L'intimé ne juſtifie pas de la réſignation ni du certificat du banquier ſuivant l'ordonnance de 1550 art. 11. Par un même jugement on a jugé la récréance & le plein poſſeſſoire, ce qui eſt défendu par l'ordonnance. Et conclut. Me. Mauguin pour Theveneau intimé, dit que quoique frere Jean Foubert eût réſigné ſon bénéfice à ſon neveu, duquel il eſpéroit du ſupport en ſa vieilleſſe, & qu'il eût fait expédier les proviſions en cour de Rome, même le viſa; néanmoins le réſignataire n'ayant jamais accepté cette réſignation ni expreſſément, ni tacitement; n'ayant non plus demandé le viſa en perſonne, mais ſeulement par procureur, comme il eſt ordinaire de les délivrer facilement pour les bénéfices qui n'ont point charge d'ames; n'ayant jamais pris poſſeſſion du bénéfice, il eſt certain que le droit n'a point été acquis à Foubert réſignataire, mais eſt demeuré au réſignant, lequel a pû réſigner & ſe démettre au profit d'un autre. *Invito & ignoranti nihil acquiritur, L. Hoc jure. §. Non poteſt. De donat.* Les réſignations *in favorem* ſont conditionnelles, & ne privent point le réſignant du droit qu'il cede, qu'elles n'aient été pleinement & entiérement admiſes & exécutées. La procuration *ad reſignandum* eſt demeurée à Rome; les proviſions en font mention. Si on eût allégué ce moyen en premiere inſtance, on eût apporté l'atteſtation du banquier. Il n'y a aucune confidence; le réſignant avoit fait des baux pour deux arpens de terre ſeulement auparavant la priſe de poſſeſſion de l'intimé, qui les a fait caſſer. Quant à la forme de la prononciation, c'eſt du fait des juges, elle procede d'un mauvais uſage, qui ne peut nuire ni altérer le droit de l'intimé, pour lequel il conclut par ces moyens.

LA COUR dit, qu'il avoit été mal jugé, en ce que par un même jugement les juges dont étoit appel, avoient jugé la récréance & la pleine maintenue; & par nouveau jugement maintint & garda l'intimé en la poſſeſſion & jouiſſance du bénéfice,

fruits,

fruits , profits , revenus & émolumens , & fans dépens ; le lundi 29 juillet 1619.
  * Brodeau , *lett. C. fomm.* 40. ne cite cet arrêt ,
que pour montrer qu'il n'eſt pas permis en matiere
bénéficiale de juger par une même ſentence la récréance & la pleine maintenue.

CHAPITRE LXX.

*Affignation aux parens d'un défunt en reprife d'inſtance
de mariage pardevant l'official , & ſentence de déni
de renvoi , ſont abuſives.*

ANne de Miraumont, veuve de Camille du Freſ-
noy , ſieur du Pleſſis-Barbé , en 1610 , ayant
fait citer Jean Langlois ſieur de Marcoignet pardevant l'official de Paris , aux fins de célébrer & ſolemniſer le mariage ſuivant ſa promeſſe , les parties
conteſterent & furent appointées contraires en leurs
faits. Le ſieur de Miraumont pere de la demandereſſe , diſcontinue cette procédure , par le moyen
de la plainte du rapt de ſa fille , qu'il rend pardevant le lieutenant criminel de Paris , où pareillement le ſieur Langlois de Beaurepaire intervient ,
& préſente ſa requête expoſitive des blandices &
artifices de cette demoiſelle pour ſéduire ſon fils.
Par ſentence les parties ayant été miſes hors de
cour & de procès, le ſieur de Miraumont en interjette
appel. Intervient arrêt le 6 février 1613 , par lequel
il eſt dit , que le procès fera fait & parfait à Jean
Langlois ſieur de Marcoignet, lequel & cet effet
s'étant mis en état , par autre arrêt du 22 février
1614 , les parties ſont miſes hors de cour & de procès , ſauf à ſe pourvoir pardevant l'official pour le
mariage. Depuis cet arrêt on ne fait aucunes pour-
ſuites juſqu'au mois de février 1618 , que le ſieur
Langlois pere & le ſieur de Miraumont étant décédés , la dame du Pleſſis-Barbé fait aſſigner le ſieur
de Marcoignet pardevant l'official en repriſe de
l'inſtance de 1610. Elle obtient un défaut portant
qu'il ſeroit réaſſigné; mais ſon décès étant arrivé,
on aſſigne dame Anne Bourlot ſa mere , enſemble
ſes freres , pardevant l'official , aux fins de voir déclarer les enfans iſſus dudit ſieur Marcoignet & de
ladite de Miraumont légitimes , & elle veuve dudit
Marcoignet. Les défendeurs déclinent la juriſdiction de l'official , qui ordonne que les parties procéderont pardevant lui , dont appel comme d'abus.
Me. Augufte Galland pour les appellans comme
d'abus dit , que la ſeule requête préſentée par l'intimée pour l'évocation du principal eſt une marque
infaillible de l'abus commis par l'official , qui a retenu la connoiſſance d'une cauſe , *non ſuper fœdere
matrimonii , ſed ſuper doario* qu'Anne de Miraumont
prétend ſubtilement , pour , en quelque façon , couvrir la faute de ſon impudicité , à laquelle elle s'eſt
trop légérement portée ; & qu'on veut faire déclarer
des enfans légitimes & héritiers , contre toute la diſcipline & la juriſdiction eccléſiaſtique , par une procédure tout-à-fait inouie & ſans exemple. Et par
ces moyens conclut à ſon appel comme d'abus. Me.
Defita pour Anne de Miraumont intimée dit , que
la procédure n'eſt pas ſi extraordinaire qu'on le dit ,
puiſqu'elle eſt fondée ſur un arrêt , par lequel les
parties ont été renvoyées pardevant l'official , préjugeant par-là le mariage , duquel Marcoignet n'eût
pu s'exempter ; parce qu'étant âgé de trente ans ,
il rechercha l'intimée , demeurée veuve à ſeize ans ;
& retirée en la maiſon du ſieur de Miraumont ſon
pere , où après pluſieurs fréquentations & familia-
rités il lui donna ſa promeſſe verbale & par écrit ,
ſuivie de copulation , dont ſont iſſus deux enfans ,
ainſi que Marcoignet l'a reconnu , interrogé par l'official. Que s'il vivoit , il ne pourroit dire ni alléguer
aucune choſe pour empêcher que le mariage ne fût ſolemniſé , & que la cérémonie & forme de l'égliſe
n'y fût apportée , étant parfait & accompli en ſa
ſubſtance , *Cap. Veniens ad nos.* 15. *ext. De ſponſal.
Cap. Ex literis. & Cap. Is qui fidem. De ſponſal.* Balde
ſur la loi *Sciendum. De obl. & act.* Le décès ſurvenu de

Marcoignet n'a point pu détériorer ni empirer la cauſe
de l'intimée ni de ſes enfans ; il faut la juger tout
ainſi que s'il étoit vivant, la mort n'ayant rien pu altérer ni changer quant aux effets civils , *L. Omnes. L.
Sciendum. De oblig. & act. L. Nemo. De reg. Jur.*
La cauſe ſe doit juger ſur la validité du mariage
pour la conféquence de la légitimation des enfans
& la qualité de la veuve , pour laquelle il conclut.
Me. Doujat pour le curateur des enfans dit , que
leur intérêt eſt le plus notable & le plus important:
il s'agit de leur état , & de leur condition qu'on veut
révoquer en doute. La cour eſt ſeule interprete pour
décider telles queſtions d'état , *L. ult. C. Ubi cauſa
ſtatûs agi debeat.* Cet enfant qui ſeul reſte en vie des
deux , eſt né ſous la bonne foi de cette promeſſe de
mariage , a été avoué & reconnu par défunt Marcoignet , a été baptiſé ſous ſon nom , a été qualifié
pour tel par pluſieurs miſſives ; bref , il eſt en poſſeſſion de la filiation & ingénuité , ainſi que Marcoignet a reconnu par ſon intorrogatoire. Le décès
du pere ſurvenu pendant l'inſtance du mariage , n'a
pas pu changer ni altérer la condition de ſon enfant , *cap.* 3. *De condit. appoſ.* Il n'y a aucune inégalité entre l'intimée & Marcoignet , pour empêcher la conſommation de leur mariage. Cette longue
recherche & familiarité , ſuivie d'une promeſſe par
écrit , d'une copulation charnelle , & puis de la naiſſance de deux enfans , fait réputer un mariage véritable , conſommé & accompli en ſon eſſence ,
quoique défectueux en ſa forme extérieure & cérémonies de l'égliſe , que les parties peuvent être contraintes d'obſerver pour rendre le mariage parfait
& accompli ſelon toutes formes & ſolemnités. Les
mariages préſumés ſont bons & valables , ſuivant la
diſpoſition canonique , *Cap. Is qui fidem. & Cap. Ex
denuo. De ſponſal. Cap. Veniens ad nos. Cap. Ex literis. eod. Cap.* 3. *De cond. appoſit. Cap. Si ſine culpâ.
De reg. Jur.* Cette maxime générale ne reçoit qu'une
exception , *quando altera partium matrimonium contraxit in facie eccleſiæ* ; parce qu'alors telles promeſſes ne ſe pouvant plus exécuter , elles ſe réſolvent
en dommages & intérêts. La bonne foi de l'intimée
encore mineure , laquelle ſous ſes promeſſes a conſenti à cette copulation charnelle , eſt grandement
conſidérable : toutes les fois qu'il ſe rencontre de la
bonne foi en l'une des parties , elle eſt ſeule ſuffiſante pour la légitimation des enfans , tout ainſi
que ſi le mariage étoit accompli de toutes ſes formes. C'étoit une maxime certaine au palais , tant
par l'arrêt des Moreaux qu'infinis autres , *Cap.* 2.
*extr. Qui filii ſint legitimi. Cap. Cùm inhibitio. De
clandeſt. deſponſat. L. Si decedens. Cod. Solut. matrim.*
Il ne ſeroit pas raiſonnable que ce pauvre petit enfant qui reſte ſeul de cette conjonction , fût déclaré
illégitime , par l'accident de la mort de ſon pere ,
qui n'auroit pu empêcher qu'il n'eût été légitime.
Et par ces moyens conclut. Me. Galland en replique dit , que ſi on regarde ſeulement la ſuperficie
du diſcours , cette queſtion ſemble peu importante ; mais ſi on pénétre plus avant , l'on trouve que
c'eſt la cauſe de la diſcipline publique , un combat
d'honneur avec le vice , auquel l'appellante a d'autant plus intérêt , qu'on veut ternir le luſtre de ſa
famille , par l'adoption d'un bâtard , par la tranſ-
plantation d'une plante étrangere , telle qu'eſt l'enfant de l'intimée , qu'on lui veut faire reconnoître &
avouer pour ſon petit-fils légitime, & l'intimée pour ſa
bru , laquelle demande ſon douaire ſur les biens
d'un homme qui n'en a laiſſé aucuns , les ayant tous
conſumés avec elles en débauches. Elle lui a été
un écueil où il a fait naufrage & perte de ſon bien,
de ſon honneur & de ſa vie ; & encore oſe-t-on ſoutenir qu'un enfant iſſu d'une conjonction furtive &
clandeſtine , d'une licence & débauche réprouvée ,
même puniſſable , eſt légitime , & que ſa mere
doit être déclarée veuve de celui avec lequel elle a
ainſi licencieuſement commis une fornication ? Ce
ſont les deux queſtions qui ſe préſentent à juger.
Pour moyens les intimés alleguent qu'il y a eu promeſſe de mariage , & enſuite copulation charnelle ,
dont ſont iſſu deux enfans ; & que de ces circonſtances réſulte un mariage préſumé , bon & valable ,

1619.

à tout le moins pour les effets civils, qui font la légitimation, la fucceſſion & le douaire. Tous ces moyens ſont foibles & impertinens. Quant à la promeſſe de mariage, on n'en repréſente aucune écrite & ſignée de la main de défunt Marcoignet, mais une copie collationnée par le greffier de la juriſdiction de l'intimée ; ce qui montre avec combien de facilité elle s'eſt portée à abandonner cette pudicité qu'elle exalte tant. La teneur de cette promeſſe eſt encore conſidérable : Marcoignet, qui étoit fils de famille, promet mariage à l'intimée, ſi ſon pere & ſa mere le conſentent ; c'eſt ne rien promettre. Cette promeſſe ſeule de Marcoignet ne ſert de rien, il falloit qu'elle fût réciproque, & que l'intimée eût pareillement donné ſa ſienne à Marcoignet : cette réciprocité de promeſſes a perpétuellement été jugée néceſſaire, autrement l'une des parties demeureroit engagée à un mariage néceſſaire ; & l'autre ſeroit en pleine liberté d'agréer cette promeſſe ou non. L'intimée confeſſe qu'elle n'en a point donné à Marcoignet : elle a tellement reconnu l'injuſtice de cette prétention, qu'elle a demeuré cinq ans ſans aucune pourſuite ; & ayant vu Marcoignet décédé, elle fait l'échauffée. De la nullité de cette promeſſe ſe collige la turpitude de cette copulation illicite & clandeſtine, fornication, & non pas digne de l'auguſte nom de mariage, lequel ne conſiſte pas en la conjonction des corps, mais en l'union des eſprits. *Si copula carnalis matrimonium facit, jam non damnemus lupanaria ; ſed ut meritoria coronemus ? non hæc conjugia , ſed contagia ; non ſacramenta, ſed execramenta. Quis non concubitus veneris, quis gaudia neſcit ?* Cela nous eſt commun, non-ſeulement avec le reſte des hommes, mais encore avec les bêtes brutes. Le mariage eſt relevé par quelque choſe de plus grand & de plus auguſte, c'eſt ἀνθρωπίνη βίω κεφάλαιον ; c'eſt l'action la plus importante de la vie, la baſe, l'appui & le ſéminaire des familles & de toute la poſtérité, qui doit avoir un autre fondement, qu'une conjonction brutale & laſcive : c'eſt ce qui a fait qu'on a perpétuellement rejetté & reprouvé cette multiplicité de mariages qu'on a voulu introduire : *præſumpta, rata & legitima.* Ces derniers ſont ſeuls admis & reçus ; c'eſt l'unique mariage & vrai ſacrement, les deux autres ſont univerſellement reprouvés & rejettés : toutefois c'eſt ſur les derniers que l'intimée appuye ſa cauſe. Saint Paul appelle ces mariages préſumés ἀκαθαρσία, incontinence, intempérie, débordement. Et St. Baſile dit, que la volupté a précédé la néceſſité de la loi en telles conjonctions. Et le philoſophe Epictete : πορία οὐκ ἔτι γάμοι, μήτε γάμων ἀφορμαὶ. Cette lubricité ne mérite point le nom de mariage, duquel elle n'eſt pas ſeulement une ombre. C'eſt ce qui a donné ſujet au concile de Trente, & depuis à l'ordonnance de Blois *art.* 40 & autres ſuivans, de retrancher ſi étroitement & reprouver entiérement tous ces mariages préſumés, & les défendre ſi expreſſément, pour obvier à tant d'inconvéniens qui en naiſſent. Le concile de Laodicée, *cap.* 1, ordonne que le mariage ſoit célébré & publiquement ſolemnité ſelon les loix & conſtitutions de l'égliſe, μὴ ὦ λαπρηχαϊία. Ce commandement eſt fondé ſur la parole de Dieu, *Benedixit, & dixit: Creſcite & multiplicamini.* Il faut que cette bénédiction ſoit le principe & le fondement du mariage. Saint Paul dit : *Nubant in Domino* κατὰ ἀνθρώπινον. Et St. Auguſtin, *De bono conjugali,* ſe plaignant de ces copules illicites, de ces mariages préſumés, dit : *Non ſunt thori, ſed fornices; non mariti, ſed lenones; non ſocii, ſed amatores.* Et de fait, la communauté de biens introduite entre les mariés n'a lieu que du jour de la bénédiction nuptiale ; pour montrer que c'eſt elle ſeule qui donne la perfection & l'accompliſſement au mariage. Ces mariages préſumés ont été jugés ſi pernicieux, & trouvés ſi odieux, que par arrêt défenſes ont été faites à toutes ſortes de perſonnes de faire citer aucuns pardevant les officiaux pour la célébration & accompliſſement de tels mariages préſumés ; & encore pour preuve de ces mariages préſumés il falloit une longue hantiſe, une demeure commune en même maiſon, qui ſont argumens de

mariage. *Inde, ducere,* ſe prend communément pour contracter mariage, & l'ὑμένην tant célébré aux noces, καὶ τὸ ἐλεύθιον, *& Deus Manturnius* préſidant aux noces à *manendo.* Toutes ces circonſtances ne ſont point en cette cauſe. Marcoignet n'a vu l'intimée que quelquefois ; les enfans n'ont point été baptiſés ſous ſon nom ; ce que l'intimée n'eût pas omis, ſi elle eût cru pouvoir aſpirer à ce mariage. Cette copulation ſi ſouvent réitérée, dont ſont iſſus deux enfans, eſt la marque d'une trop grande licence, d'une déshonnêteté effrénée, *perpetua ſcortatio.* L'intimée étoit obligée par les loix de ſon honneur violé, de demander l'accompliſſement de cette prétendue promeſſe de mariage après l'accouchement du premier enfant, ſans retomber dans ſon ordure, & ſe jetter dans ſon premier péché. Et pour ne laiſſer aucun moyen des intimés ſans réponſe, les chap. *Is qui fidem. De ſponſal. & Cap.* 2. *extr. Qui filii ſine leg.* s'entendent des vraies épouſailles, non de ſimples promeſſes. En France nous apportons une particuliere ſolemnité aux fiançailles, quand le prêtre dit, *affido vos.* M. Cujas ſur ces chapitres ajoute, *que ſecutâ copulâ carnali poſt ſponſalia, ratum debet eſſe matrimonium.* C'eſt pourquoi, *ſi quis alteri deſponſatam cognoverit carnaliter, adulter eſt, & tanquam adulter punitur : ἔτι ὑμετέρα γάμου ἔτι.* Ces copules illicites ne méritent donc rien moins que le nom de mariage, demeurent ſans autre ſuite que leur incontinence, & ne peuvent produire aucun effet civil, tant elles ſont viles. La mere n'étant pas femme légitime, les enfans ne peuvent pas eſpérer une meilleure condition, *Cap. ult. De cland. deſponſ.* Cette doctrine eſt ſi certaine & ſi équitable, que la juriſprudence de pluſieurs arrêts l'a confirmée ; celui de Montalamber, par lequel les enfans furent déclarés bâtards, & celui de Deſportes abſous de célébrer & contracter tel mariage, ſuffiſent, pour être rendus preſque ſur même hypotheſe. Et conclut par ce vers : *Concubitus prohibete vagos : date jura maritis.*

LA COUR dit, qu'il avoit été mal, nullement & abuſivement ordonné ; abſout les appellantes des fins & concluſions contr'elles priſes ; & néanmoins pour aucunes cauſes & conſidérations à ce la mouvantes, adjugea la ſomme de ſix mille livres à Anne de Miraumont mere ; & neuf mille livres à ſa fille, à prendre ſur les biens délaiſſés par Jean Langlois ſieur de Marcoignet, ſeulement ; & ſans dépens. Le jeudi premier jour d'août 1619, M. de Verdun premier préſident prononçant.

* Cet arrêt eſt cité dans Brodeau, *lett. M. ſomm. 6.* & l'on trouve dans le recueil des plaidoyers imprimés ſous le nom de M. Galand, celui ſur lequel intervint à la tournelle criminelle l'arrêt du 22 février 1614.

CHAPITRE LXXI.

L'héritier des propres de la femme, qui ne prend rien dans les effets de la communauté d'entre elle & ſon mari, doit néanmoins contribuer, en la coutume d'Orléans, avec l'héritier mobilier aux dettes, à proportion de l'émolument, même au payement du prix des marchandiſes extantes, dont l'héritier mobilier profite ſeul avec le mari.

JEan Arnaud, marchand de la ville d'Orléans, en 1610, colloque Marie Arnaud ſa fille en mariage avec Sebaſtien le Berche, marchand de la même ville. La dot eſt de huit mille livres. Il fut ſtipulé qu'il y auroit communauté de meubles & conquêts immeubles entre les mariés. Au mois de janvier 1618, Marie Arnaud décede ſans enfans. Pendant ſa maladie, ſon mari avoit acheté pour huit cents livres de marchandiſes qu'il n'avoit point payées. Après ſon décès inventaire ſe fait, par lequel il ſe trouve que les effets de la communauté valoient vingt-huit mille cinq cents quatre-vingt-dix-ſept livres, & qu'il y avoit pour dix-ſept mille trois cents quarante livres de dettes paſſives, de forte qu'il reſtoit onze mille tant de livres à partager entre le mari & Jean Arnaud pere, héritier des meubles de ſa fille. Procès ſe meut pardevant le prévôt d'Orléans touchant le payement des dettes entre le pere & Tripault oncle maternel & héritier des propres de Marie Arnaud. Il ſoutenoit que le pere & le mari les devoient payer, comme héritiers mobiliers, & eux au-contraire ſoutenoient qu'elles ſe devoient payer *pro modo emolumenti,* ſuivant l'art. 360 de la coutume d'Orléans. Sur quoi le prévôt rend ſa ſentence, par laquelle il ordonne que toutes les dettes ſeront payées tant par les héritiers mobiliers, que par les héritiers des propres, à proportion du profit & émolument que chacun prenoit en la ſucceſſion; dont Tripault interjette & releve appel au préſidial d'Orléans, où la ſentence du prévôt eſt infirmée, & Tripault déchargé de contribuer au payement d'aucunes dettes, même des rentes conſtituées: dont Jean Arnaud interjette appel, pour lequel Me. Stuard dit, qu'en cette cauſe il s'agit de l'interprétation de la coutume d'Orléans, *art.* 360, conforme à celle de Paris, *art.* 334. Cela eſt ſuivant l'équité naturelle: on ne peut arguër le pere appellant d'aucune fraude; *neque ex conſilio, neque ab eventu;* qui ſeroit la ſeule cauſe pour laquelle on pourroit dire qu'il ſeroit tenu du payement de toutes les dettes. Quant à ce qu'on objecte, qu'en faiſant l'inventaire on a trouvé quarante ſix pieces d'étoffes qui ne ſont payées & qui ont été achetées pendant la maladie de la défunte; la réponſe eſt, qu'en une ſucceſſion les choſes ſingulieres ne ſont point conſidérables, *L.* 23. *De uſucap. Separatis enim corporibus, univerſitas ædium intelligi non poterit.* En une ſucceſſion chacun héritier repréſente le défunt; & en cette cauſe l'appellant & l'intimé repréſentent la défunte: tout de même qu'un miroir étant entier repréſente une perſonne ſeule, & étant rompu repréſente autant de perſonnes qu'il y a de pieces; ainſi chaque héritier eſt obligé de contribuer au payement des dettes, à proportion de ce qu'il amende & profite de la ſucceſſion du défunt, *L.* 56. *De condit. & demonſtr.* Et par ces moyens conclut à ce que la ſentence du prévôt ſoit confirmée, & celle des préſidiaux infirmée. Me. Mauguin pour l'intimé dit, que l'arrêt qui interviendra eſt important, parce qu'il ſervira de loi en la coutume d'Orléans, où les opinions des juges & des avocats paroiſſent directement contraires par les deux ſentences rendues ſur un même ſujet. Il ſoutient que les préſidiaux ont bien jugé & que les héritiers des propres ne ſont point obligés de contribuer au payement des dettes de la communauté, qui ſe doivent payer & prendre entiérement ſur les meubles & effets de la communauté, & non point ſur les propres ou anciens héritages de la ſucceſſion, qui en ſont entiérement ſéparés. La diverſité des patrimoines fait une diverſité & ſéparation des dettes, *in L. Si certarum.* §. *Julianus. De teſtamento militis.* & *L.* 25. §. 1. *Fam. ercifc.* En droit on faiſoit diſtinction *inter bona caſtrenſia, & bona paganica, L.* 3. §. 1. *De excuſat. tut.* De même que par notre droit coutumier, les meubles & les acquêts immeubles font & conſtituent un patrimoine; & les propres héritages un autre, diſtinct & ſéparé. Cette diverſité de patrimoines a ſa diverſité des dettes, *L.* 19. *De peculio. L.* 50. §. 1. *De judiciis.* Il y a diſtinction *inter obligationem ex facto, aut ex re ipſâ.* L'obligation de la femme en la communauté n'eſt pas *ex facto,* puiſqu'elle n'y a point parlé, mais ſeulement *ex re ipſâ*; en renonçant elle eſt libérée, & ainſi il n'y a que la choſe qui oblige. La coutume s'entend des dettes véritables de la ſucceſſion, & non de la communauté; autrement on pourroit tellement charger les propres de dettes, qu'on en rendroit la ſucceſſion onéreuſe; ce qu'on ne peut, *L.* 68. *Pro ſocio.* L'appellant a trouvé en la communauté de grands effets, de bonnes marchandiſes, il ne ſeroit pas raiſonnable qu'il les retînt, & que l'intimée en payât le prix qui en eſt encore dû. Si cela avoit lieu, le mari pourroit indirectement faire tomber tous les propres de ſa femme en la communauté, empruntant de notables

ſommes, ou achetant quantité de marchandiſes ou autres meubles lors de la maladie de ſa femme, comme on a fait; & enſuite faire payer ces dettes aux héritiers des propres, pour leur ôter indirectement ce qu'on ne peut directement. Et par ces moyens conclut.

M. l'avocat général Servin dit, que la loi & la coutume étant faites pour le bien du public, il ſeroit de périleuſe conſéquence d'y faire breche pour le particulier. On ne peut alléguer aucune fraude, *neque ex conſilio, neque ab eventu*: partant on eſt dans la theſe & diſpoſition de la coutume, *L.* 78. *de. reg. Jur.* Il y a trois loix formelles pour la déciſion de cette cauſe. La *L.* 10. *de vulg. & pup. ſubſt.* §. 2. pour montrer qu'il n'y a point de diverſité de patrimoines. *Juncta enim hæreditas cœpit eſſe.* La *L.* 59. *de acq. vel om. hæred. Ipſum invitum obligat.* Et la *L.* 30. §. 1. *de excuſat. tut. Unius duo patrimonia eſſe non videntur.* La coutume de Paris, *art.* 334, conforme à celle d'Orléans, le déclare aſſez nettement. Il a été jugé en la coutume d'Amiens, *art.* 80, que cela étoit ſuivant la diſpoſition de droit, *L. Si certarum.* §. *Julianus. de teſt. mil.* & *L. ult. C. de inoff. teſt. L.* 7. *de peculio. Hodie peculium, cras non erit.* Ils ſe ſont informés des avocats & procureurs du châtelet de Paris, qui les ont aſſurés de l'uſage inviolablement obſervé, de payer les dettes *pro modo emolumenti.* Et conclut pour l'appellant.

LA COUR mit l'appellation & ce au néant; émendant, ordonna que la ſentence du prévôt d'Orléans ſortiroit ſon plein & entier effet; & qu'à la diligence du ſubſtitut de M. le procureur général, l'arrêt ſeroit lû & publié tant à la prévôté, qu'au bailliage d'Orléans, pour ſervir de loi à l'avenir; ſans dépens. Le lundi 5 août 1619, M. de Verdun premier préſident prononçant.

* Cet arrêt eſt cité dans Brodeau, *lett. P. ſomm.* 13. & Chenu *in ſa centur.* 2. *queſt.* 97. le rapporte avec le fait & le plaidoyer de l'appellant fort au long. S'il avoit donné au public celui de l'intimé, & les concluſions de M. l'avocat général Servin, on auroit retranché l'arrêt de ce recueil; mais la queſtion étant importante, puiſque ſa déciſion a fait loi en la coutume de Paris comme en celle d'Orléans, on pouvoit raiſonnablement ſouhaiter de voir les moyens dont ſe ſervoit l'intimé, qui a ſuccombé; & la curioſité augmentoit, ſachant qu'il avoit eu pour défenſeur Me. Manguin l'un des plus ſavans & des plus illuſtres avocats de ſon tems.

CHAPITRE LXXII.

Pere eſt tenu de rembourſer la rançon payée pour tirer ſon fils de captivité, quoiqu'il n'en ait donné aucun mandement.

ADam Deleau, natif de St. Jean de Lux, chirurgien de profeſſion, en 1613, s'étant embarqué à la Rochelle pour aller aux Terres-Neuves, le vaiſſeau dans lequel il s'étoit mis, fut pris par un Pirate écumeur de mer nommé Alcinquan, qui le mena à Alger, & mit tous ceux qu'il avoit pris, à la chaîne, en laquelle étoit déja un jeune homme natif de la Rochelle, nommé Pierre Boiſſeron, âgé de vingt-deux ans. Alcinquan ayant reconnu l'expérience d'Adam Deleau en ſa profeſſion de chirurgie, il le fit eſclave de ſa ſuite. Par ce moyen ayant gagné quelque ſomme d'argent pendant deux ans, il rachete & met hors de captivité Pierre Boiſſeron moyennant la ſomme de ſix-vingts écus; de laquelle, & de ce qui étoit néceſſaire pour revenir en France, Boiſſeron paſſe obligation à ſon profit pardevant le conſul établi par le roi à Alger, payable lorſqu'ils ſeroient de retour en la ville de la Rochelle, où étant arrivés, le pere & mere de Boiſſeron furent fort joyeux de voir leur fils hors de captivité; néanmoins firent refus de rendre & reſtituer à Deleau le prix de la rédemption & rançon qu'il avoit payé volontairement & libéralement pour leur fils. Deleau fait aſſigner David Boiſſeron pere pardevant le juge de la Rochelle, aux fins de lui rendre & reſtituer la ſomme de ſix-vingts écus qu'il avoit payée pour la rançon & rédemption de ſon fils ; enſemble les frais du voyage, de l'avoir ramené d'Alger à la Rochelle ; à quoi le pere eſt condamné par ſentence du juge de la Rochelle, dont il interjette appel : pour lequel Me. Froment dit, que l'intimé a véritablement obligé le fils de l'appellant de lui avoir procuré la liberté par une ſomme d'argent qu'il a fournie ; mais le plaiſir & la gratification qu'il a voulu rendre au fils de l'appellant, ne l'a pu obliger à lui reſtituer cette ſomme qu'il confeſſe avoir payée pour le fils ſans charge, mandement ni priere quelconque du pere. Il n'eſt pas tenu de payer cette ſomme pour ſon fils, même n'a le moyen de la payer, n'ayant que fort peu de bien, & grand nombre d'enfans, qui ſeroient avec lui réduits à la mendicité, s'il étoit contraint de payer cette ſomme. Après avoir nourri & élevé ſon fils, au-lieu de le ſervir, il a entrepris ce voyage contre ſon conſentement : s'il a été réduit en captivité, il ne pouvoit faire porter à ſon pere la peine d'un malheur qui étoit arrivé contre ſa volonté. Ce ſeroit une choſe inouie & injuſte de contraindre le pere de payer les dettes du fils ; ce ſeroit enfler le courage aux enfans de famille, & leur ouvrir la porte à toutes ſortes de libertés, de débauches & d'entrepriſes contre le gré & volonté de leurs parens, qui n'en peuvent ni n'en doivent point être reſponſables, *L. Cùm te. C. Ne uxor pro marito.* Son fils n'eſt plus en ſa puiſſance, l'ayant émancipé : partant il ne peut être tenu du prix de ſa rédemption, *L. 1. & L. Si filiusfamilias. Cod. Ne filius pro patre.* Si le voyage de ſon fils eût été heureux, & qu'il eût beaucoup gagné, l'appellant n'y eût rien profité. Le contraire étant arrivé, il ne faut pas qu'il lui cauſe une ſi grande perte. Celui qui a été racheté & mis hors de captivité, demeure en gage envers celui qui l'a racheté juſques à ce qu'il ait payé le prix de ſa rançon & rédemption, *L. 2. C. de poſtlim. reverſis. & Auth. Captivi. de ſacroſ. Eccleſ.* L'appellant étant vieux, pauvre & chargé d'enfans, il n'eſt pas raiſonnable que la déſobéiſſance de l'un ôte le pain à tous les autres : il gagne ſa vie à la ſueur de ſon viſage & à la force de ſes bras, étant maître & patron d'un navire. Pour témoigner ſa pauvreté, il offre d'abandonner à l'intimé la part & portion qui pourroit appartenir à ſon fils en ſa ſucceſſion ; que c'eſt tout ce qu'on peut deſirer de lui. De le condamner au payement du prix total de la rédemption, c'eſt le réduire à la mendicité, tout ſon bien n'eſt pas de ſi grande valeur. Et par ces moyens conclut au mal jugé. Me. Buffet pour l'intimé dit, qu'entre toutes les paſſions humaines, l'amour des parens envers leurs enfans eſt une des plus violentes & des plus ſenſibles ; néanmoins en cette cauſe on voit un pere & une mere ſe dépouiller de cette paſſion, ou plutôt uſer d'une diſſimulation. Ne pouvant tromper le ſang à la nature, contens & fort joyeux de voir leur fils hors de la captivité de l'ennemi du nom chrétien, ils voudroient avoir ſe contentement & cette joie gratuitement ; ce qui ne ſeroit raiſonnable. L'intimé pouſſé de l'amour de la patrie envers le fils de l'appellant ſon compatriote, excité de compaſſion de le voir ſous les fers, dont l'intimé avoit reſſenti la rigueur & la peſanteur, il a eu pitié de ſon compatriote, a employé tout ce qu'il avoit pour le mettre en liberté ; & l'ayant rendu à ſon pere & à ſa mere, au-lieu de reconnoître le bon ſervice qu'ils ont reçu de lui, non-ſeulement par la reſtitution & le rembourſement de ce qu'il avoit payé pour la rédemption de leur fils, mais encore par quelque gratification, ils veulent le payer d'une ingratitude blâmable, lui refuſant le rembourſement & juſte payement de ce qu'il a fourni de ſes propres deniers, pour leur ramener ce fils, qu'ils n'euſſent peut-être jamais vu. Ils ont été juſtement condamnés, & ils ne ſoutiennent leur appel que par des moyens impertinens : car quant à ce qu'ils alleguent qu'ils n'ont donné charge, ni mandement de faire cette grace à leur fils, de le retirer de la captivité des Turcs, c'eſt augmenter l'obligation qu'ils ont à l'intimé de s'être porté généreuſement à rendre un

ſervice ſi ſignalé à ſon compatriote : rien ne l'y obligeoit que l'amour & la charité ; mais ils ne ſont pas ſi mauvais parens qu'ils veulent feindre : la captivité de leur fils les avoit plus touchés qu'ils ne diſent ; car en ayant été avertis, ils donnerent charge à un nommé le capitaine Tourrault de le racheter, & qu'ils le rembourſeroient du prix de ſa rançon. Ce que l'intimé a fait par un motif très-louable, ils tâchent de lui en faire porter la peine, par un déſaveu de lui en avoir donné aucune charge ni mandement. Mais il y a pluſieurs choſes qu'on peut faire pour autrui ſans charge ni mandement ; & néanmoins on l'oblige à rendre & reſtituer tout ce qu'on a fourni & frayé pour lui, lorſque la choſe a été gérée utilement. Tout le titre *Negotiorum geſtorum*, eſt fait pour cela ; & la raiſon qu'en rend le juriſconſulte, eſt fort prompte par une néceſſité publique. Hoc edictum neceſſarium eſt, dit Ulpien in *L. 1. De negotiis geſtis, quoniam magna utilitas abſentium verſatur, ne indefenſi rerum poſſeſſionem, aut venditionem patiantur, vel pignoris diſtractionem, vel injuriâ rem ſuam amittant.* Et en la loi 2. *Juſtum eſt ſi utiliter geſſit, præſtari ei quidquid vel abeſt ei eo nomine, vel abſuturum eſt.* Le mineur même eſt étroitement obligé par telles adminiſtrations. L'intimé n'a fait que ce à quoi le pere appellant étoit obligé par le droit de nature, divin & humain. Les bêtes farouches s'expoſent à mille périls, même a la perte de leur vie propre, pour la défenſe & la liberté de leurs petits. Qui donneroit moins d'affection aux hommes, les mettroit au-deſſous de ces animaux irraiſonnables ; mais la loi, qui ne s'attache pas ſimplement à l'affection du ſang & de la nature qu'elle a prévu être trop ſouvent alteré & corrompu, a voulu paſſer plus avant, & prononcer par une néceſſité abſolue envers les peres, de racheter leurs enfans tombés dans la captivité. C'eſt la diſpoſition du droit en la loi 5. *Non tantùm alimenta. De liberis agnoſc.* Et en la loi 43. *De verb. obligat.* & en l'Authent. *Si captivi. De epiſcopis & clericis.* & en la loi *Zenodorus. 2. C. Ad Senatuſc. Macedon.* Si l'intimé avoit ſeulement fourni des vivres & habits en la néceſſité du fils de l'appellant, il ſeroit obligé de les lui payer ; & pour lui avoir rendu le plus ſignalé de tous les ſervices, puiſque le ſervitude eſt le plus rude de tous les maux, on le veut payer d'ingratitude ? Le prétexte de mendicité à laquelle ils ſeroient réduits, eſt un artifice du barreau ; ce fait de pauvreté n'a point été allégué en premiere inſtance. Quant aux offres d'abandonner la part & portion que le fils de l'appellant peut prétendre en ſa ſucceſſion, cela eſt ridicule : *Viventis nulla eſt hæreditas* ; mais bien moins du pere envers les enfans, qui ne peuvent prétendre ni demander aucune part ni portion pour légitime ni autrement en ſes biens, de ſon vivant. Et par ces moyens conclut au bien jugé.

LA COUR mit l'appellation au néant, ordonna que ce dont étoit appel, ſortiroit ſon plein & entier effet ; néanmoins que l'appellant ne payeroit que la moitié de la ſomme dans un an du jour de l'arrêt, & l'autre moitié un an après ; & ſans que l'arrêt pût être exécuté par contrainte par corps du pere appellant en façon quelconque ; & à la charge que ce que le pere payeroit, ſeroit précompté & imputé ſur la part & portion qui pourroit échoir à ſon fils en ſa ſucceſſion ; & ſans dépens. Le mardi 6 août 1619, M. de Verdun premier préſident prononçant.

Nota, que le vendredi 4 juin 1627, pareil arrêt intervint, ſur ce que le ſieur de Vinceguerre, chevalier d'honneur de Malthe, & capitaine des galeres, étant à Tunis, racheta deux chevaliers de Malthe captifs & eſclaves des Turcs, moyennant la ſomme de ſeize cents écus, dont il tira obligation des chevaliers, payables quinze jours après qu'ils ſeroient arrivés à Marſeille, où étant abordés, l'on commença payement, qui ne fut parachevé. *Interim* le ſieur de Vinceguerre étant décédé, ſon fils fait aſſigner le pere de l'un des chevaliers rachetés, pour payer ce qui reſtoit du prix de la rançon de ſon fils, conformément à ſon obligation. Le pere n'ayant voulu procéder, interjetta appel de l'ordonnance de conteſter, comme de juge incompétent : pour lequel

Me.

Me. Guyet dit, qu'il n'étoit tenu au payement de la rédemption de son fils chevalier de Malthe, religieux, hors de sa puissance, qui avoit été fait prisonnier combattant pour la foi & pour la religion. Me. Bataille pour le fils du sieur de Vinceguerre, intimé, pour tous moyens de condamnation, y ayant requête pour évoquer le principal, allégua l'arrêt ci-dessus.

LA COUR mit l'appellation & ce au néant ; évoqua le principal, & y faisant droit, condamna le pere appellant de payer le reste de la somme du prix de la rançon de son fils, aux intérêts du jour de la demande, & aux dépens ; M. de Hacqueville président.

* Dufresne a mis ce dernier arrêt dans son journal des audiences, sans désigner le nom d'aucune partie.

CHAPITRE LXXIII.

Le droit d'amortissement & d'indemnité d'un héritage légué à gens de main-morte, se doit payer par l'héritier, & non par les légataires.

LE 7 septembre 1619, M. le premier président de Verdun prononça solemnellement en robes rouges l'arrêt qui suit, & presque dans les mêmes termes : procès s'est mû pardevant les gens tenans les requêtes du palais à Paris, entre les chanoines & chapitre de St. Mederic-lez-Paris, demandeurs, d'une part, & les maîtres, gouverneurs & administrateurs de l'hôpital St. Jacques audit Paris, défendeurs, d'autre part : sur ce que Me. Michel de Chedene bourgeois de Paris, par son testament ayant légué une maison située en la rue Quinquempois auxdits maîtres & gouverneurs de l'hôpital St. Jacques, & iceux s'étant fait mettre en possession de ladite maison par les héritiers dudit Chedene, suivant & conformément à son testament ; les chanoines & chapitre de St. Mederic, comme seigneurs directs & censiers de ladite maison, les auroient fait assigner pardevant les gens tenans les requêtes du palais, aux fins de vuider ladite maison, & se départir de la propriété & possession d'icelle ; ou bien leur payer le droit d'indemnité, comme étant lesdits légataires gens de main-morte ; conséquemment incapables de posséder aucuns immeubles, sans permission expresse de sa majesté, sans pour ce avoir payé le droit d'amortissement & le droit d'indemnité & récompense aux seigneurs directs & censiers, desquels sont portés les fonds & héritages ; que cette demande étoit appuyée sur la loi commune de ce royaume, laquelle prohibe expressément, que tous archevêchés, évêchés, abbayes, chapitres, colleges, communautés, & autres gens de main-morte puissent aucunement posséder aucuns fonds, terres & autres immeubles, sans avoir préalablement payé ce droit d'amortissement au roi, & d'indemnité & récompense aux seigneurs directs & censiers, desquels les héritages sont mouvans en fief ou en censive ; que cette loi commune du royaume étoit fondée & sur la loi divine, & sur la loi humaine. Sur la loi divine, par laquelle les lévites ne pouvoient posséder aucuns immeubles, ἄγιοι ὄντες, *id est*, ἄνω τὰς γᾶς, sans possession, sans aucune terre, n'étant pas seulement nécessaire aux personnes de cette qualité de quitter les possessions de la terre d'esprit, de volonté & d'affection, mais encore par effet & réellement ; de peur qu'attachant leur corps & leur intention à la culture, à la possession ; l'esprit & la volonté ne s'y attachent pareillement, & les divertissent des occupations meilleures & plus relevées. En la loi évangélique, Notre-Seigneur donnant le conseil de la perfection, commence par la dépossession & abandonnement de la terre. *Vade*, dit-il à ce jeune homme, *vende omnia quæ possides, & da pauperibus, & sequere me* ; pour se rendre propre & habile à suivre & imiter Jesus-Christ, comme font profession expresse tous les gens d'église. Il faut qu'ils se dépouillent entièrement des possessions de la terre, pour plus librement & attentivement vaquer aux œuvres de piété, aux actions qui méritent le ciel ; que la loi de ce royau-

me avoit prudemment imité la loi divine, tant ancienne que nouvelle ; pour cette première considération, que les ecclésiastiques étant dépouillés des possessions de la terre, vaquent plus librement au service divin ; mais aussi pour une autre raison politique, pour la conservation de son état, dont la force consiste principalement en la richesse & puissance du tiers état du peuple ; & se diminue d'autant par l'agrandissement & par la richesse des ecclésiastiques, lesquels par la même loi du royaume étant exempts de toutes tailles, subsides & impositions, il ne leur doit par conséquent être permis de librement posséder des fonds & héritages, comme aux séculiers, sujets à toutes sortes de tributs ; qu'autrement ce seroit anéantir la force de l'état, épuiser ses trésors, qui en sont les nerfs ; que si la nécessité de vivre, commune aux ecclésiastiques avec tout le reste du peuple, fait qu'on tolere qu'ils possedent des terres & autres immeubles ; ce n'est pas indifféremment & avec la liberté & franchise que les possedent les séculiers ; mais à la charge de dédommager le roi & les seigneurs directs & censiers, de payer ce droit d'amortissement & d'indemnité ; droit si certain & si vulgaire, qu'il ne reçoit difficulté quelconque. Aussi les gens tenans les requêtes du palais ont condamné les maîtres & gouverneurs de l'hôpital, de vuider ladite maison léguée, ou de payer le droit d'amortissement & d'indemnité : dont lesdits maîtres & gouverneurs de l'hôpital auroient interjetté appel, & auroient sommé & interpellé les héritiers dudit Michel de Chedene testateur, de prendre leur fait & cause, & faire cesser la poursuite des demandeurs, & en leur lieu & place payer ce droit d'amortissement & d'indemnité, si dû étoit ; ou quoique ce soit, les acquitter & rendre indemnes. Et sur cette sommation est toute la difficulté & question, sur laquelle est intervenu l'arrêt qui se présente à prononcer. Les maîtres & gouverneurs de l'hôpital disoient, qu'à bon droit & juste cause ils avoient sommé en garantie les héritiers dudit Chedene testateur, & qu'ils étoient tenus de faire cesser la poursuite & demande contre eux faite par les doyen, chanoines & chapitre de St. Mederic, auxquels ils étoient tenus de payer le droit d'indemnité & récompense par eux prétendu, & le droit d'amortissement au roi, en cas qu'il fût demandé, parce que Chedene testateur ayant pieusement légué cette maison pour la nourriture & entretien des pauvres, même ayant chargé ses héritiers défendeurs de payer & acquitter certaine rente annuelle due aux religieux minimes du couvent de Nijon, il avoit par-là témoigné, qu'ils ne fussent chargés du payement d'aucun autre droit d'amortissement & d'indemnité ; mais qu'ils eussent la maison franche, libre & exempte de toutes ces charges, lesquelles absorberoient une bonne partie de la valeur de la maison, & par ce moyen rendroient le legs inutile, contre la volonté expresse du testateur ; que si l'on prend ce droit d'amortissement ou d'indemnité pour une hypotheque réelle, il est certain que les héritiers sont tenus d'en libérer la maison léguée. *Licèt enim testator prædia hypothecæ dederit, placuit ea ab hærede liberari, l. 3. C. De legatis. & Justin.* §. 5. *de leg. instit. Et si rem pigneratam aliquis legaverit, necesse habet hæres eram luere.* De plus, il est certain que la faveur des legs faits pour causes pies est telle & si grande, qu'ils doivent être entièrement payés, sans distraction d'aucune quarte ; bien que la loi l'ait introduite en faveur de l'héritier. *Auth. Similiter. Ad leg. Falcidiam. & Nov.* 131. *undè sumitur : Siquidem summa est ratio quæ pro religione & piis causis facit. L. Sunt personæ. De Religiosis, & sumpt. funerum ;* que cette maxime de droit étoit si certaine, qu'elle avoit été confirmée par plusieurs arrêts notoires & donnés au public. Au contraire les héritiers de Chedene défendeurs en sommation, soutenoient n'être tenus à la garantie prétendue par les maîtres & gouverneurs de l'hôpital, demandeurs, ni au payement du droit d'amortissement, ni au droit d'indemnité prétendu par le chapitre de St. Mederic, demandeur originel. *Primò*, parce qu'il n'étoit point raisonnable que le bienfait & la libéralité du testateur leur tournât à

1619.

aucune perte ni préjudice ; cela étoit contre le droit commun. *Secundo*, parce qu'en termes de droit, il n'échet aucune garantie quand le défendeur principal *tutus est exceptione de son chef*. Or en ce cas les maîtres & gouverneurs de l'hôpital pouvoient se libérer de la demande du payement du droit d'indemnité contre eux faite par les chanoines & chapitre de St. Mederic, en offrant de leur bailler homme vivant, mourant & confisquant ; offres qu'ils n'eussent point pu discepter. *Tertiò*, qu'aussi, suivant la disposition de droit, il n'échet aucune garantie, quand l'éviction de la chose vendue, échangée ou léguée, naît & procede du fait & de la faute du légataire, laquelle le vendeur ni quel autre que ce soit n'est obligé de garantir & de supporter. Or la demande du payement du droit d'indemnité étant fondée sur la seule incapacité des légataires, des maîtres & administrateurs de l'hôpital, nulle difficulté que les héritiers défendeurs en sommation n'étoient point obligés de les garantir de leur propre faute, & de purger le vice de l'incapacité qui se rencontroit en leurs personnes, *L. Mortuo bove. De leg.* 3. chacun étant obligé de supporter le poids de droit très-certaine, le donateur ni ses héritiers ne sont jamais tenus à aucune éviction ni garantie de la chose donnée, si l'éviction n'est expressément stipulée & promise, *L.* 1. *Cod. De eviction*. autrement le donateur *liberalitatis suæ damnum pateretur*, contre toute sorte d'équité & de justice ; qu'il en étoit de même en matiere de legs, où la libéralité du testateur n'est pas moins favorable, qu'ès donations entre-vifs ; *maximè*, quand le testateur a légué *certam rem*, *certam speciem, quæ periculo legatarii est.* Quant à la détraction de la falcidie, qu'on disoit entiérement cesser *in legatis ad pias causas*, cela n'étoit pas entiérement vrai ; mais seulement lorsque l'héritier est *in mora*, est *in dolo* ; parce que lors on présume de la malversation, de la soustraction, *d. Nov.* 131. *cap.* 11. Mais quand il n'y a ni dol ni demeure de la part de l'héritier, la falcidie se détrait aussi-bien des legs pies, comme des autres, suivant la disposition du droit ancien *in L.* 5. *D. Ad leg. Falcid. & Paulus* 4. *Sentent.* §. 3. Et par ces moyens concluoient à absolution. Sur ces contestations & moyens, allégués de part & d'autre, est intervenu l'arrêt qui suit.

LA COUR a mis l'appellation au néant ; ordonne que ce dont est appel, sortira son plein & entier effet ; & faisant droit sur la sommation, condamne les héritiers dudit de Chedene d'acquitter & garantir les maîtres gouverneurs de l'hôpital, & de payer en leur lieu & place le droit d'indemnité au chapitre de St. Mederic, demandeur originel ; & sans dépens.

* Quoique cet arrêt soit rapporté par Montholon, *chap.* 132. & cité avec plusieurs autres anciens & modernes dans MM. Louet & Brodeau, *lett. A. somm.* 12. on n'a pas cru le devoir retrancher de ce recueil, où il est plus au long, & dans les termes que ce grand magistrat l'a prononcé, & qui peut encore servir à justifier l'assiduité & l'exactitude de l'auteur.

CHAPITRE LXXIV.

Le dernier testament révoque le précédent ipso jure.

ROmain Percevaux, habitant de Fontenay-le-Comte, au mois d'avril 1608, fait un testament, par lequel il legue à Marie Magnon sa mere, tous ses meubles, acquêts & conquêts immeubles, & le tiers de ses propres à perpétuité. Etant revenu en convalescence, & ayant vécu jusques en 1616, il fait autre testament, par lequel, sans parler aucunement de celui qu'il avoit fait en 1608, il legue à Jacques & Rachel Papin ses freres utérins, les mêmes choses qu'il avoit léguées à sa mere par son précédent testament, savoir tous ses meubles, acquêts & conquêts immeubles,

& tiers des propres. Peu après étant décédé, Marie Magnon sa mere fait assigner lesdits Papin héritiers du défunt pardevant le lieutenant général de Fontenay-le-Comte, aux fins de lui faire délivrance du legs fait à son profit par ledit Percevaux, par son testament fait en 1608. A quoi lesdits Papin ayant répondu, qu'il y avoit autre testament dudit Percevaux postérieur à celui de 1608, par lequel il demeuroit révoqué & annullé, même le testateur ayant disposé des mêmes choses ; sur quoi la mere ayant repliqué, que par l'*art.* 215 de la coutume de Poitou, on ne peut disposer de ses propres au profit de ses héritiers ; partant le legs du tiers d'iceux ne pouvant subsister en la personne des Papin, devoit subsister en celle de la mere, & lui être adjugé : sentence intervint, par laquelle le lieutenant de Fontenay condamna les défendeurs à faire délivrance à la mere demanderesse du tiers des propres de son fils, dont lesdits Papin interjetterent appel, pour lesquels Me. le Feron dit, que par la disposition du droit le dernier testament parfait & accompli de toutes ses formes, casse, annulle & révoque tous les précédens, sans qu'il soit besoin d'en faire aucune mention ni révocation expresse, en telle sorte qu'en vertu des précédens testamens on ne peut prétendre ni demander aucune chose, *L. Licet. De adim. & transfer. leg.i. L. Planè.* 34. *De leg.* 1. *Planè ubi transferre voluit legatum in novissimum, priori non debetur, tametsi novissimus talis sit, in cujus persona legatum non consistit.* Me. Viot pour l'intimée dit, que sa qualité de mere rend sa cause favorable ; que les appellans ne peuvent être légataires des propres.

LA COUR mit l'appellation & ce au néant ; émendant absout les appellans des fins & conclusions de l'intimée ; sans dépens. Le jeudi 28 novembre 1619, M. de Verdun premier président prononçant.

CHAPITRE LXXV.

Religieux ne peut donner aucune chose à l'ordre, dans lequel il fait profession.

UN gentilhomme de Touraine étant sur le point de prendre l'habit de capucin au couvent de la ville de Blois, fait un codicille trois jours auparavant, par lequel il legue mille livres pour aider à bâtir un couvent de capucins en la ville de Châtellerault. Ayant fait profession, & pris le nom de frere Angelique, les maire & échevins de la ville de Châtellerault firent assigner le frere de ce gentilhomme & son héritier, aux fins de leur payer cette somme de mille livres, pardevant MM. des requêtes du palais, où il fut condamné nonobstant ses défenses, dont il interjetta appel : pour lequel Me. Durand, fils de M. Durand conseiller de la grand'chambre dit, que les supérieurs des couvens des maisons religieuses ont tant de pouvoir sur tous leurs religieux, notamment sur les novices, auxquels ils font pratiquer une obédience fort étroite, qu'il leur est facile d'extorquer d'eux tout ce qu'ils desirent. A ce sujet l'ordonnance & les arrêts prohibent expressément à ceux qui entrent en religion, de disposer de leurs biens directement ou indirectement au profit du monastere où ils font profession, ou autres du même ordre. La sentence dont est appel, étant directement contraire à ces ordonnances & arrêts, il n'y a difficulté quelconque au mal-jugé. Me. Odespung de la Mechiniere pour les maire & échevins de la ville de Châtellerault intimés dit, que le gentilhomme frere de l'appellant a fait veu de religieux étant déja âgé de trente ans, âge auquel il a pu valablement disposer de son bien, notamment d'une somme si modique de mille livres, lui, qui en avoit plus de trente mille ; que l'ordonnance & les arrêts ne s'entendent que des mineurs qui font profession à seize ou dix-sept ans ; & non de ceux qui en ont vingt-cinq ou trente ; & ainsi conclut au bien jugé.

M. l'avocat général Servin dit, que la donation dont est question, est directement contraire à l'ordonnance & aux arrêts, qui apprennent que c'est tout un de donner au monastere dans lequel on fait profession, ou à un autre du même ordre. Il y a l'exemple de celui qui avoit fait profession à Angers, & avoit donné aux capucins d'Orléans ; la donation fut cassée par arrêt. Quant à celui de Gombault touchant la donation faite aux chartreux de Touloufe, la cour a approuvé ce qu'il avoit donné manuellement seulement ; & par ce moyen il adhere avec l'appellant.

LA COUR mit l'appellation & ce au néant ; & sur la délivrance requise du legs de la somme de mille livres, mit les parties hors de cour & de procès ; sans dépens. Le lundi 10. février 1620 , M. de Verdun premier préfident prononçant.

* Brodeau, *lett. C. somm.* 8. cite l'arrêt, & le date du 6 février.

☞ *Vide* ci-desfus chap. 32. l'arrêt du 5 février 1619 , rendu dans une espece semblable, & l'art. 21 de l'ordonnance des teftamens de 1735, qui preferit ce que doivent faire ceux qui veulent tefter avant d'entrer en religion.

CHAPITRE LXXVI.

Prise de posfession par procureur n'empêche que le bénéfice ne vaque en régale.

MAître Jacques Pillemerdier, chanoine de l'églife collégiale de Sens, étant décédé au mois de juillet 1617, Me. Pierre du Coin gradué fe préfente à M. le cardinal du Perron archevêque de Sens, pour être pourvu de cette chanoinie. Elle lui eft refufée. Il fe préfente au chapitre, par lequel il eft pourvu. Peu après fe préfente Me. Jean le Jay gradué nommé, qui demande aufsi à M. le cardinal du Perron provifions de la même prébende, laquelle lui eft pareillement refufée. Il s'adrefse à M. l'archevêque de Lyon, qui lui donne des provifions, en vertu defquelles il fe préfente par procureur pour prendre posfession de la prébende. Il en eft empêché par le chapitre, qui fait réponfe que la place eft remplie. Le Jay fait afsigner du Coin pardevant MM. les requêtes du palais. Mais le décès de M. le cardinal du Perron étant arrivé au mois de feptembre mil fix cents dix-huit, du Coin fe fait pourvoir en régale de la même chanoinie par le roi, & forme fa demande en la cour. M. Talon, lors avocat des parties, pour le demandeur en régale dit, que l'acte de refus de recevoir le Jay défendeur fait par M. le cardinal du Perron, pourroit valoir une réception à l'égard du chapitre ; mais à l'égard du roi, il n'eft aucunement confidérable, & n'a pu empêcher l'ouverture de la régale. Tel refus ne tient lieu de réception que *fiction juris*. En matiere de régale on ne reçoit point de fiction, tout y doit être pur, net & véritable, la place remplie de fait & de droit ; autrement la régale n'eft point clause ; ainfi que M. le Maiftre remarque avoir été jugé par un ancien arrêt de 1539. La prife de posfession n'eft non plus fuffifante pour empêcher la régale ; parce que ce n'eft qu'une fiction, qu'une posfession civile ; ainfi qu'il a été jugé contre M. le cardinal de la Rochefoucault pour l'évêché de Senlis, duquel il avoit pris posfession par procureur, étant abfent *reipublica caufa*, à Rome par le commandement de fa majefté ; néanmoins jugé que cette prife de posfession par procureur n'a point clos la régale. Me. le Jay, pour le Jay défendeur fon frere, dit, qu'ayant été pourvu par le primat, au refus du collateur ordinaire, cette provifion eft bonne & valable, & n'eft point une fiction, non plus que la prife de posfeffion par procureur, qui eft une véritable posfession.

M. l'avocat général Servin dit, qu'il n'y a point de doute, que par le décès de M. le cardinal du Perron il n'y ait eu ouverture en régale en tout l'archevêché de Sens, qui n'a été clause & arrêtée

par le moyen de la provifion du défendeur, & par la prife de posfession faite enfuite par un procureur. Ces fictions ne font admifes en régale ; & il adhere avec le demandeur.

LA COUR faifant droit fur la demande, déclara le bénéfice avoir vaqué en régale, & adjugea icelui à du Coin demandeur, avec reftitution des fruits, & fans dépens : & en conféquence évoqua l'inftance pendante aux requêtes du palais, & fur icelle mit les parties hors de cour & de procès. Le lundi 17 février 1620 , M. de Verdun premier préfident prononçant.

CHAPITRE LXXVII.

Provisions de cour de Rome doivent être datées du jour de l'arrivée du courier à Rome, & la clause dérogatoire à la regle des vingt jours eft sous-entendue, quoiqu'elle soit omife. L'évêque ne peut donner des provisions avec la clause ad nutum *, qui eft abufive.*

MAître Jean Marais étant paifible posfesfeur de la cure de St. Nicolas de la bafse ville de Boulogne, le 9 février 1619, pafse procuration, par laquelle il réfigne fon bénéfice entre les mains du pape en faveur de Me. Pierre Marais fon neveu, bachelier en théologie. Le 19 du même mois le réfignataire met cette procuration entre les mains de Me. François Rolbin banquier en cour de Rome, pour obtenir fes provifions. Rolbin envoie avec fes autres expéditions, qui font délivrées à Lyon le 21 mars au grand ordinaire, qui arrive à Rome le 3 avril fuivant ; & de ce jour toutes les expéditions, non-feulement de Me. Rolbin, mais encore de tous les autres banquiers, jufques au nombre de quatre cents, furent datées, excepté la fignature & provifions de Me. Pierre Marais pour la cure de St. Nicolas, qui ne furent datées que du 21 avril. Mais *interim* le 14 du même mois d'avril, Me. Jean Marais étant décédé, Me. Gilles Foulé, grand vicaire de M. l'évêque de Boulogne donne des provifions *ad nutum* de cette cure à Me. François Dupuy, pour lequel Jean de France prend posfession le même jour du décès de Me. Jean Marais. Quelque tems après, les provifions de Me. Pierre Marais étant arrivées, il reconnut qu'elles n'étoient datées que du 21 avril, au-lieu qu'elles le devoient être du 3 avril, comme toutes les autres portées par le même courier ; & partant qu'elles étoient abufives, tant à cet égard ; que parce qu'elles ne contenoient point la clause dérogatoire à la regle des vingt jours. Il fait toutes les proteftations nécefsaires, qu'elles ne lui pourroient nuire ni préjudicier ; & fe préfente au grand vicaire de M. l'évêque de Boulogne. Sur fon refus il obtient un *vifa* de M. l'archevêque de Rheims, & prend posfession du bénéfice, en laquelle il eft troublé par Me. François Dupuy. Il le fait afsigner en complainte pardevant le prévôt de Paris, où les parties ayant été appointées à communiquer titres & capacités, Me. Pierre Marais interjetta appel comme d'abus de la fignature & provifions expédiées à fon profit en cour de Rome. Me. Defmoyers pour l'appellant comme d'abus dit, que telles fignatures & provifions font contre les libertés de l'églife gallicane ; qui portent que la date de toutes fignatures & provifions qui s'expédient au profit des François, doit être du jour de l'arrivée du courier à Rome, & font infailliblement abufives, parce que le courier étoit arrivé le 3 ; comme il fe prouve par quatre cents expéditions ; & celles dont eft queftion, ne font datées que du 21 du même mois, trois femaines après, par une fraude infigne du banquier, qui a voulu à defsein retarder cette expédition, pour favorifer M. l'évêque de Boulogne, duquel il eft banquier ordinaire. Mais cette fraude ne peut nuire ni préjudicier à l'appellant, puifque fa fignature & provifions doivent être cenfées & réputées datées du 3 avril, jour de l'arrivée du courier à Rome, suivant les privileges & immunités de l'église gallicane, & l'arrêt de la cour rendu sur pareil sujet le 21 janvier 1612. Pour second moyen d'abus, par la pratique ordinaire de Rome on a accoutumé de mettre & inférer en toutes les provisions la clause dérogatoire à la regle des vingt jours ; *cum clausulis generalibus & derogationibus*. Elle a été omise à deffein en la fignature en queftion ; c'eft un abus très-grand & de mauvais exemple. Il interjetta auffi appel comme d'abus des provifions de Me. François Dupuy ; & pour moyen dit, que le grand vicaire de M. l'évêque de Boulogne ne peut point expédier de provifions avec cette claufe, *ad nutum*, qui eft abufive ; d'ailleurs, un des parens du grand vicaire eft témoin aux provifions ; ce qui eft contre la difpofition du droit canon. Et conclut à ce qu'il fût dit, mal & abufivement jugé, & que l'appellant fût maintenu & gardé en la poffeffion & jouiffance de la cure, avec reftitution de fruits. Me. Laurens pour Me. François Dupuy intimé dit, que les provifions pures & fimples que M. l'évêque de Boulogne lui a données du bénéfice en queftion, poftérieures à celles de fon grand vicaire, couvrent tout le défaut & la nullité qui eût pu fe rencontrer aux premieres : partant, qu'il eft bien & canoniquement pourvu du bénéfice ; & que les unes & les autres de fes provifions étant antérieures à celles de l'appellant, il y doit être maintenu. L'appellant combat fon propre titre & fes provifions. Si elles font nulles & abufives, il ne peut prétendre aucun droit au bénéfice contentieux : s'il y a de l'omiffion & de la faute, il faut l'imputer à foi-même, & à ceux qu'il a chargés de l'expédition des provifions. Quand on en prendroit la date du 3 avril 1619, qui eft le jour de l'arrivée du courier, elles feroient encore inutiles, *parce que* Me. Jean Marais réfignant de l'appellant, eft décédé dix jours après ; favoir le 14 du même mois, & fix auparavant les vingt jours requis & préfix par la regle *de viginti diebus*. La dérogation n'eft jamais fous-entendue, ni fupplée en fignature, ni provifions expédiées en cour de Rome ; & il eft néceffaire que le pape y déroge par la plénitude de puiffance, par claufe expreffe, laquelle étant omife, & le réfignant venant à mourir dans les vingt jours de la fignature & provifions, elles ne peuvent de rien fervir. Et par ces moyens conclut à ce que Dupuy fût maintenu & gardé en la poffeffion & jouiffance de la cure contentieufe.

M. l'avocat général Servin dit, que quant aux provifions de l'intimé, expédiées *ad nutum* par le grand vicaire de M. l'évêque de Boulogne, elles font abufives ; quant à celles de l'appellant, elles doivent être cenfées & réputées datées du 3 avril 1619, jour de l'arrivée du courier françois à Rome, quoique ce fût le jour de pâques. Le St. pere a donné fa foi, & s'eft obligé à cela par les concordats qui s'obfervent étroitement en ce point, comme l'on peut voir par plufieurs arrêts, notamment par un folemnel rendu en l'audience en 1563, fur les conclufions de M. l'avocat général du Meſnil, par laquelle la cour ordonna que M. l'archeque de Tours bailleroit des provifions datées du 7 mars, qui étoit le jour de la réfignation, & qu'elles vaudroient & ferviroient comme fi elles euffent été expédiées en cour de Rome, duquel arrêt il fit lecture. Prenant la date des provifions de l'appellant de ce jour 3 avril, fon droit eft indubitable, fon oncle réfignant n'étant décédé que le 14 du même mois, parce qu'il eft certain que la claufe dérogatoire à la regle des vingt jours eft tellement ufitée & pratiquée à Rome en toutes fignatures & provifions, que quand le réfignant n'auroit vécu qu'une heure après l'arrivée du courier françois à Rome, la réfignation eft néanmoins bonne & valable. Il y a de la malfaçon de la part de ceux qui ont eu foin des expéditions de l'appellant : il fuffifoit pour la réparer, de préfenter une fimple requête, fans interjetter un appel comme d'abus : néanmoins l'ayant fait, & les provifions fe trouvant contraires à l'ufage & à la doctrine des arrêts qui ont établi &

affermi cette regle, pour maintenir la liberté & les privileges des François ; il adhere avec l'appellant.

LA COUR en tant que touchoit l'appel comme d'abus des provifions octroyées par le grand vicaire de M. l'évêque de Boulogne dit, qu'il avoit été mal, nullement & abufivement pourvu & octroyé ; & en tant que touchoit l'autre appel comme d'abus de la fignature & provifions expédiées en cour de Rome, fur icelui mit les parties hors de cour & de procès : & néanmoins faifant droit fur les conclufions de M. le procureur général, déclara la fignature & provifions expédiées à Rome au profit de l'appellant, être tenues & réputées valoir, comme fi elles euffent été expédiées & datées du 3 avril 1619, & comme fi la claufe dérogatoire des vingt jours y avoit été appofée ; & ce faifant, maintint & garda ledit Marais appellant, en la poffeffion & jouiffance du bénéfice contentieux, avec tous les profits, revenus & émolumens ; & condamna ledit Dupuy intimé à la reftitution des fruits, dommages & intérêts, & aux dépens. Le lundi 24 février 1610, M. de Verdun premier préfident prononçant.

CHAPITRE LXXVIII.

En fubftitution fidéicommiffaire, repréfentation n'a point de lieu, & le fubftitué étant décédé avant la condition, il n'a rien tranfmis à fes enfans.

PHilberte de la Rue, femme de Jean de Communes, marchand de Lyon, au mois de juillet de l'an 1672, fait fon teftament, par lequel elle legue une notable fomme à chacune des cinq filles qu'elle avoit dudit de Communes, & au furplus de tous fes biens, inftitue Benoît de Communes fon fils, fon héritier univerfel, & ajoute qu'au cas que fon fils & héritier decede fans enfans légitimes, elle lui fubftitue fes filles & les leurs par égales portions, pour le regard de fa maifon fituée en la rue de la favonnerie feulement. Benoît de Communes après avoir joui quarante-cinq ans de cette maifon, decede fans enfans, & délaiffe feulement une de fes fœurs vivante, nommée Barthelemie de Communes, des enfans de Jeanne & de Marguerite de Communes deux autres fœurs, & les deux autres étoient décédées fans enfans. Il y eut inftance pardevant le fénéchal de Lyon ou fon lieutenant, entre les enfans de Jeanne & Marguerite de Communes, d'une part ; & Barthelemie de Communes leur tante, d'autre part. Les enfans de Jeanne & Marguerite de Communes difoient, que la fubftitution de la maifon appofée au teftament de leur aieule maternelle étoit auffi-bien à leur profit que de Barthelemie de Communes leur tante, avec laquelle ils prétendoient devoir partager également la maifon ; au-contraire, Barthelemie de Communes foutenoit que la fubftitution étoit ouverte à fon profit feulement, & que la maifon lui appartenoit entiérement & privativement à fes neveux, qu'ils ny pouvoient venir par droit de repréfentation, qui n'a point de lieu en matiere de fubftitution fidéicommiffaire. La caufe plaidée à Lyon, fentence y intervint, qui déclare que la repréfentation n'a point de lieu en matiere de fubftitution, déboute les neveux de leurs fins & conclufions, & les condamne aux dépens ; dont ils interjettent appel. Me. Chamillart pour les appellans dit, que le fidéicommis dont eft queftion, étant en ligne directe en faveur des defcendans, il n'y a point de doute que la repréfentation n'y ait lieu, & par conféquent, que les appellans n'y doivent être admis avec leur tante intimée. 1°. *Conjectura pietatis*, les petis enfans n'étant pas moins chéri que les enfans, *L. Hæredes mei. §. Cùm ita fcriptum. Ad Senatufc. Trebell. In fideicommiffis voluntatem fpectari convenit. L. Generaliter. §. Cùm à. Cod. De inftit. & fubftit. Humanitatis intuitu ultro & pinguius interpretandum effe credimus*, dit l'empereur en la loi *Omnia. 31. §. In fideicommiff. de leg. 2.*

2°. Qu'il

2°. Qu'il s'agit d'un fidéicommis particulier, & non universel, d'une maison de valeur de trente mille livres, partant il ne peut y avoir droit d'accroissement. *L. Idem Neratius. & L. Interdum. De usufr. accrescendo.* Quant à l'objection que l'on fait de l'arrêt rapporté par M. Duval *de reb. dubiis*, il faut l'expliquer par les loix, *Si quis. 66. De hæred. instit. & L. Scævola. 76. Ad Trebell.* En l'espece de cet arrêt une mere avoit donné à sa fille, pour être propre à elle & aux siens, qui ne pouvoient être admis qu'après leur mere. Me. de la Marteliere pour l'intimée dit, que la substitution étant fidéicommissaire, elle ne peut aucunement s'étendre aux autres substitutions : la vulgaire expresse comprend bien la pupillaire tacite ; & è contra, *L. Hoc jure. De vulg. & pup.* mais la fidéicommissaire n'en comprend aucune autre, & n'y est pareillement jamais comprise. La testatrice a nommé ses cinq filles chacune par son nom propre, & a ajouté, *& les leurs*, qui est un nom collectif, par le moyen duquel les appellans ne pouvoient espérer ni parvenir à la substitution, que les cinq filles ne fussent toutes décédées. Elles étoient appellées *ordine successivo. L. unic. §. Ubi autem. C. De cad. toll.* *Ubi plures fideicommissarii, vel legatarii, pro virili portione sunt adjecti, cum omni suo onere accrescere.* Cette substitution ne peut être déférée aux plus éloignés, qu'au défaut des plus proches. *C. 8. de reb. dubiis. L. Peto. 69. §. Fratre. De leg. 2. C. Hæredes mei. §. ult. Ad Trebell. Tunc demum essent scripti tertio gradu, si tota hæreditas vacasset. L. Quidam testamento. De vulg. & pupillari.* La représentation n'a jamais lieu en substitution, *L. Si ex pluribus. De suis & legit. hæred. Guid. Pap. qu. 366.* La substitution est un droit personnel, qui ne passe jamais ceux qui sont désignés qu'après leur décès; ce mot, *par égales portions*, le montre assez : l'intimée est seule, & les appellans neuf en nombre ; ainsi elle n'auroit rien, ou peu de chose. Et par ces raisons conclut au bien jugé.

LA COUR mit l'appellation & ce au néant, ordonna que ce dont étoit appel sortiroit son plein & entier effet, sans dépens de la cause d'appel. Le jeudi 5 mars 1620, M. de Verdun premier président prononçant.

* Brodeau, *lett. F. somm. 2.* rapporte l'arrêt un peu plus au long qu'à l'ordinaire, & ajoute plusieurs autorités pour confirmer sa décision ; mais le fait & les moyens sont ici dans leur ordre naturel.

☞ Cette jurisprudence est confirmée par l'art. 20 de l'ordonnance des substitutions, donnée au camp de la commanderie de Jonc au mois d'août 1747, qui porte, article 20 : *Ceux qui sont appellés à une substitution, & dont le droit n'aura point été ouvert avant leur décès, ne pourront en aucun cas en avoir transmis l'espérance à leurs enfans ou descendans, encore que la substitution soit faite en ligne directe par des ascendans, & qu'il y ait d'autres substituts, appellés à la même substitution après ceux qui seront décédés, & leurs enfans ou descendans. Vide adhuc* les art. 21. 22. & 23.

CHAPITRE LXXIX.

Lettre missive ne peut passer pour un testament olographe.

MAître Gilbert Andras, natif de la ville de Roanne en Forez, avoit suivi le Palais de Paris pendant plusieurs années. Il fut prié par Mde. de Chenéraille d'aller en Flandres pour la sollicitation d'un grand procès, touchant une succession de plus de soixante mille livres de rente qui lui étoit échue. Andras, avant que de partir pour aller en Flandres le 24 mars 1610, fait une promesse de mariage à une fille de Paris, & stipule que s'il vient à mourir avant l'exécution, il lui donne tous ses biens, ou que s'il se marie à un autre, il lui donne six mille livres pour ses dommages & intérêts. Il revint de Flandres en 1616, & passe contrat de mariage avec cette fille, par lequel ils se font donation réciproque ; & néanmoins le même jour se passe une

Tome I.

contre-lettre ou contre-promesse, par laquelle Andras déclare que si le mariage n'est point exécuté 1626. & consommé, il promet à sa fiancée trois mille livres pour ses dommages & intérêts. Il s'en retourne en Flandres, & y étant tombé malade le 5 juillet 1618, il écrit à sa fiancée, & après l'avoir avertie de son indisposition, il lui mande : (s'il arrive faute de moi, je te donnerai tout mon bien ; & ajoute : mon cœur, si je meurs, je te donne de bon cœur tout mon bien, & spécialement la lettre de change ; & pour mon frere, je lui donne, &c.) Il décede de cette maladie en la ville de Bruxelles, & délaisse pour ses héritiers légitimes Me. Jacques & Charlotte Andras ses frere & sœur. Sa fiancée présente requête au prévôt de Paris, en vertu de laquelle elle fait saisir tous les biens qui avoient appartenu à Gilbert Andras, tant à Paris qu'à Bruxelles, prétendant qu'ils lui appartiennent, tant en vertu de la promesse de 1610, contrat de mariage & contre-promesse de 1616, que lettre missive écrite à Bruxelles le 5 juillet 1618. Jacques & Charlotte Andras présentent requête au prévôt de Paris, pour avoir main-levée des choses saisies. Intervint sentence, par laquelle, sans avoir égard à la missive de 1618, main-levée est faite à Jacques & Charlotte Andras de tous les biens délaissés par ledit défunt Gilbert Andras leur frere, à la charge de payer à sa fiancée la somme de trois mille livres, pour ses dommages & intérêts : elle en interjetta appel. Me. Bechefert pour l'appellante dit, que la lettre missive écrite à Bruxelles le 5 juillet 1618, & envoyée à l'appellante par Gilbert Andras, close & cachetée, est son vrai testament & sa disposition de derniere volonté, (je te donne de bon cœur tout mon bien ; je donne à mon frere, &c.) C'est un testament olographe, bon & valable, quoique fait à Bruxelles, parce que le défunt n'ayant que des meubles, a pu tester suivant la disposition de la coutume de son domicile, & non selon celle du lieu où il testoit, *Cujac. consult.* 25. *L. 2. C. Quemadmodum testam. aperiantur.* L'ordonnance & le statut de l'archiduc, qui veulent que les testamens soient faits par-devant notaires en présence de témoins, ne s'entendent point des testamens olographes ; d'ailleurs la ville de Bruxelles est au pays de Brabant, notoirement régi par la disposition du droit écrit ; il n'y a que la ville de Valencienne & de Tournay qui soient régies par coutumes & statuts. Ainsi, Bruxelles se régissant par la disposition du droit écrit, qui admet & approuve les testamens olographes, *Nov. 2. Valentiniani, de testam. & consult.* 55. *Cujacii, de testam. olograph. & art.* 3. de la coutume de Cambresis, il n'y a aucune difficulté que la missive écrite à l'appellant par défunt Andras, ne doive être prise pour un testament olographe bon & valable, tout ainsi que *per epistolam libertas dari poterat, L.* 1. *§. Sancimus. de latina liberi. toll.* De même on peut donner tous ses biens *per epistolam, L. Miles ad sororem.* 75. *De leg.* 2. *L. Quæsitum. §. Mavi de leg.* 3. *Eidem epistolam tamen emisit : omne argentum & supellectilem, quodcumque habeo, tibi dono.* Quant à ce qu'on objecte, que cette lettre ne porte point institution d'héritier, & ne peut être prise pour un testament : on répond que ces paroles : *Je te donne tous tnes biens :* sont équipollens à une institution d'héritier. Il y a pareil exemple en la loi *Cogi poterit.* 16. *Ad Trebell. Etsi facultates & si quidquid habeo, censum meum, fortunas meas,* qui est la même façon d'institution ; & les formules de la loi *Quemadmodum de testam.* ne sont aucunement nécessaires, *nec necessaria momenta verborum.* Instituer quelqu'un son héritier universel, ou lui donner tout son bien, c'est la même chose. Le défunt ayant pu librement disposer de tout son bien, les intimés ses héritiers sont obligés de suivre sa volonté & de l'exécuter, *L. ult. §. ult. C. De fideicom. propria & indubitata fide.* En telles dispositions la volonté du testateur est plus considérable que non pas les formalités & les mots dont il a usé, *L. Ex facto. §. Rerum. De hær. instit.* Facit totum voluntas defuncti ; nam quidquid senserit spectandum est. La volonté a toujours été la forme essentielle des testamens, & le défaut de volonté

V

1620. eſt plus conſidérable que le défaut de formalité, qui eſt facilement ſuppléé par la loi , pour entretenir & exécuter la volonté , *L. Quidam teſtamento. De leg.* 3. *Si modò non appareat aliam fuiſſe defuncti voluntatem.* Celle du défunt envers l'appellante eſt indubitable , confirmée par quatre divers actes , qui témoignent évidemment qu'il deſiroit que l'appellante eût tout ſon bien. Cette miſſive eſt l'exemple de la loi *Lucius Titius. Hoc meum teſtamentum ſcripſi ſine ullo juriſperito , rationem animi mei potiùs ſecutus quàm nimiam & miſeram diligentiam.* Et par ces moyens conclut à ce que le teſtament de Gilles Andras fait en 1618 , ſoit déclaré bon & valable , & tous ſes biens adjugés à l'appellante. Me. le Feron pour Jacques & Charlotte Andras intimés dit , que l'appellante a fait ſaiſir l'hérédité de Gilles Andras en vertu de quatre pieces. La premiere , du 24 mars 1610. La ſeconde , eſt le contrat de mariage du 26 décembre 1616. La troiſieme , la contre-lettre du même jour. La quatrieme , la miſſive écrite à Bruxelles le 5 juillet 1618 , qu'elle veut faire valoir pour teſtament olographe , & pour diſpoſition univerſelle des biens du défunt. Ces quatre pieces ne ſont aucunement conſidérables , comme le juge , dont eſt appel , l'a aſſez reconnu , n'y ayant aucun égard : néanmoins adjugé trois mille livres de dommages & intérêts à l'appellante , les intimés avoient ſujet d'en interjetter appel , il ne lui étoit dû aucune choſe en vertu de ces pieces nulles. La premiere eſt révoquée par le contrat de mariage. La ſeconde qui eſt le contrat , n'a point été exécutée , ni le mariage conſommé , partant ſans effet : il y a clauſe , que ſi le mariage ne ſe conſommoit , il donneroit trois mille livres à l'appellante ; vraiſemblablement le juge s'eſt arrêté à cette clauſe. La contre-lettre eſt nulle ſuivant les arrêts. Donc toute la cauſe ſe réduit à cette miſſive du 5 juillet 1618 , que l'appellante veut faire valoir pour teſtament olographe : ce qui ne ſe peut. *Primò* , elle eſt écrite à Bruxelles : quand ce ſeroit un teſtament , il faudroit qu'il fût fait ſuivant les formalités & ſolemnités du lieu où il eſt fait : *Etiamſi larem defunctus ibi non habueri , ſed minimùm redeundi.* La loi eſt la regle de nos biens ; la forme & la ſolemnité de teſter ſont tellement publiques & eſſentielles aux teſtamens , qu'il n'eſt pas permis aux particuliers d'y rien changer ni altérer. *Ultima voluntas defuncti conſignata jure legibuſque civitatis.* Cette miſſive ne peut valoir pour teſtament , d'autant que le ſtatut de l'archiduc y réſiſte , & le droit écrit obſervé à Bruxelles , où les teſtamens olographes ne ſont valables , ſi ce n'eſt du pere aux enfans. Cette miſſive n'a aucune forme ni paroles de teſtament ; c'eſt plutôt un compliment. La loi *Miles ad ſororem* , ne s'entend pas d'un teſtament , mais d'une donation , comme remarque M. Cujas , *lib.* 2. *obſ. c.* 3. Et conclut au bien jugé.

M. l'avocat général Talon , promu en cette dignité par la démiſſion de M. le Bret , dit que quoique l'appellante demande l'exécution de quatre divers actes , néanmoins la queſtion ſeule qui eſt à examiner , dépend de la lettre du 5 juillet 1618 , ſavoir ſi elle peut paſſer pour teſtament ; en quoi il faut conſidérer deux choſes : *utrùm voluerit teſtari , & an potuerit* ; conſidérer la teneur & la ſubſtance de la lettre , & la forme & cérémonie qu'on y a apportées. La lettre eſt intitulée , ſignée & cachetée en forme de lettre , & non de teſtament ; il y a bien de la différence entre l'un & l'autre , ainſi que le défunt , qui étoit homme intelligent aux affaires le ſavoit bien. Il a demeuré huit jours malade : s'il eût eu intention de faire un teſtament , il le pouvoit ; mais il a ſeulement voulu faire une lettre miſſive. Le teſtament doit être un ſecret jugement fait avec mûre délibération , ſans autre deſſein ; c'eſt le miroir de la vie , un enfant poſthume , & qui doit être cacheté ſous le ſceau de la mort. Quant à la ſeconde queſtion , *utrùm potuerit facere teſtamentum eo modo quo fecit* , il y a trois ſortes d'actes pour teſter. Le premier , *per teſtamentum.* Le ſecond , *per codicillos.* Le troiſieme , *per epiſtolam.* Il eſt vrai que *per epiſtolam licet fideicommittere , L.* 2. *C. de con-*

firm. *Tut. L.* 29. *de probation.* mais il faut qu'il y ait des témoins , *L.* 22. *C. de fideicom. Et in epiſtolà vel libello fideicommiſſum relinqui poſſe , adhibitis teſtibus , nulla dubitatio eſt.* Ces loix parlent d'une diſpoſition particuliere. Quant à la lettre miſſive dont eſt queſtion , elle eſt univerſelle. *Litteris , neque epiſtolis hæreditas dari vel adimi non poteſt , L.* 9. *De hæred inſt.* La novelle de Valentinien a été abrogée par l'empereur Juſtinien. Et conclut avec les intimés.

LA COUR mit l'appellation au néant ſans amende ; ordonna que la ſentence dont étoit appel , ſortiroit ſon plein & entier effet ; condamna l'appellante aux dépens de la cauſe d'appel. Le mardi 10 mars 1620 , M. de Verdun premier préſident prononçant.

* Brodeau , *lett. D. ſomm.* 17. cite un arrêt du lundi 10 mars 1620 , plaidant Greffier & le Feron , ſans ajouter autre choſe , ni les noms des parties ; & il prétend qu'il a jugé une queſtion toute différente de celle qui eſt ici rapportée. Il ſe peut faire que le Feron eût plaidé deux cauſes en la même audience ; mais le 10 mars 1610 , étoit un mardi , & non pas un lundi ; ce qui fait douter de la vérité de l'arrêt dont il fait mention.

☞ Cet arrêt décide donc préciſément que la lettre miſſive d'Andras n'avoit pu être conſidérée comme un teſtament olographe , malgré la préciſion de ces mots : *Si je meurs , je te donne de bon cœur tout mon bien , & ſpécialement la lettre de change , &c.* En quoi cet arrêt a parfaitement jugé , parce qu'une diſpoſition de derniere volonté , doit être revêtue des formes qui ſont admiſes dans le royaume , & qu'une ſimple lettre miſſive ne peut jamais être comme un acte , auquel celui qui l'a écrite puiſſe être cenſé avoir apporté la même réflexion , que s'il eût fait un teſtament en forme.

Dans l'eſpece , Me. Gilbert Andras paroiſſoit vouloir plutôt donner des témoignages d'amitié à ſa future , & lui faire connoître ſes bonnes intentions , que de faire un teſtament ; puiſqu'il lui marquoit : *S'il arrive faute de moi , je te donnerai tout mon bien.... Si je meurs , je te donne de bon cœur tout mon bien , &c.* Or ces termes précédés toujours de *Si je meurs* , ſignifioient donc plutôt une bonne volonté , qu'une volonté abſolue & délibérée. Mais ce qui , je crois , a déterminé l'arrêt , c'eſt même du tems de M. Bardet , on n'admettoit point la forme de teſter par lettres.

Cependant le premier volume du journal du palais nous préſente un arrêt du 28 juin 1678 , rendu 58 ans après celui de M. Bardet , ſur les concluſions de M. l'avocat général Talon , par lequel la cour ordonna *que les dernieres diſpoſitions faites par la Dlle. Blanche de Pavant de Theſy , fille majeure , contenues en une lettre par elle écrite à M. Bigeois lieutenant particulier à Rethel , ſeroient exécutées ſelon leur forme & teneur.* Mais il faut obſerver deux choſes :

La premiere , que cette lettre ne renfermoit autre choſe que des diſpoſitions teſtamentaires , & qu'à proprement parler , elle étoit plutôt un teſtament qu'une lettre ordinaire ; dans laquelle elle annonçoit qu'elle eſpéroit faire un teſtament , mais que ſi l'arrivoit qu'elle n'en eût pas le tems , cette lettre tiendroit lieu de teſtament , & qu'elle vouloit qu'on gardât cette lettre (qu'elle qualifie de billet) & que l'on ſuivît les intentions qu'elle y marquoit.

La ſeconde , (& ce qui a pu faire enviſager cet écrit , plutôt comme un teſtament que comme une lettre) c'eſt que quoique la Dlle. de Pavant demeurât à Rethel , de même que le ſieur Bigeois , elle ne lui envoya pas cette lettre , comme elle auroit dû faire , ſi elle l'eût conſidérée comme une ſimple lettre ; mais elle la dépoſa entre les mains de la nommée Louiſe Chéon , chez qui elle demeuroit à Rethel , la priant en cas de mort de la rendre à ſon adreſſe ; qui fut exécuté , auſſi-tôt le décès de la Dlle. de Pavant , arrivé ſix ſemaines après , & avec toutes les précautions dont on uſe en matiere de teſtament , puiſque ladite Chéon porta le paquet cacheté au ſieur Bigeois , qui le préſenta en cet état au juge des lieux.

Toutes ces circonſtances , comme l'on voit , ſont

bien différentes de celles de l'espece jugée par l'arrêt que rapporte M. Bardet. Cependant les légataires ne pouvoient pas dire, que ce fût précisément un testament, puisque la Dlle. de Pavant disoit elle-même, *j'espere faire un testament, où je mettrai un exécuteur, &c.*

Aussi Me. Blanchard avocat du pere de la Dlle. de Pavant, fit-il bien valoir cette circonstance, & tira-t-il grand avantage de ce que la testatrice n'avoit point mis le nom de l'endroit dans lequel elle avoit fait ce testament.

Mais malgré tous les efforts que fit Me. Blanchard, l'arrêt fut rendu ainsi que je l'ai rapporté.

De cet arrêt il résulte que, s'il n'y eût pas eu de loi écrite depuis ce jugement, il auroit pu servir de matiere à bien des difficultés, & auroit peut-être été opposé contre la jurisprudence établie par celui du 10 mars 1620 ; mais sa majesté voulant ôter tout sujet de contestation relativement aux testamens qui pouvoient avoir la forme de lettres missives, ou aux lettres missives qui pouvoient être regardées comme testament ; par l'ordonnance de 1735, il a anéanti toutes dispositions qui seroient faites par lettres missives » : *Voulons aussi* (est-il dit par l'art. 3.) *que » les dispositions qui seront faites par lettres missives, » soient regardées comme nulles & de nul effet.*

Ensorte que la jurisprudence établie par l'arrêt de 1610, est d'autant plus constante, qu'elle est consacrée par la loi, & la volonté du prince.

CHAPITRE LXXX.

Lods & ventes sont doubles, lorsque celui qui a acquis pour lui & son ami, se fait seul investir, avant que de faire déclaration au profit de cet ami.

Pierre Robide le 28 mars 1618, achete de René Racquin une métairie appellée de la Chauffrette, assise au pays d'Anjou, moyennant la somme de deux mille quatre cents livres, avec clause expresse que Robide fait cette acquisition pour un ou plusieurs de ses amis, qu'il pourra nommer dans l'an. L'onzieme jour de mai suivant, Robide paie les lods & ventes au seigneur censier ; & le lendemain 12 du même mois fait sa déclaration, que ne pouvant commodément jouir de ce domaine, il le cede & délaisse à René Desprez, moyennant la somme de deux mille quatre cents livres. Incontinent après cette déclaration, le seigneur censier fait assigner René Desprez pardevant le sénéchal d'Anjou, aux fins d'exhiber son contrat d'acquisition, & se voir condamner au payement des lods & ventes : il y est condamné par sentence, dont il interjette appel ; pour lequel Me. Chuppé dit, qu'il a été mal jugé par trois moyens. Le premier, en ce que Robide a acquis pour lui & son ami, qu'il pourroit élire dans un an, à quoi il a satisfait six semaines après le contrat. Cette convention est licite, *L. ult. C. Si quis alteri vel sibi.* Ce n'est qu'un seul contrat. Les lods & ventes ne sont dus que simples, & non pas doubles, selon l'opinion de Me. Charles du Moulin sur l'art. 23 de la coutume de Paris. *Non videtur nova venditio.* Le second moyen, en ce que l'intimé seigneur censier a approuvé le contrat avec toutes ses clauses. Partant l'acquéreur a pu nommer & subroger un autre en son lieu & place, suivant l'opinion de Me. Charles du Moulin, art. 23. num. 24 de la coutume de Paris. Le troisieme moyen résulte d'un arrêt rendu en cas semblable le 12 juillet 1603. Me. Portail, fils de M. Portail conseiller au parlement, dit que si Robide avoit fait sa déclaration au profit de l'appellant, *rebus integris*, il y auroit quelque apparence en la cause : mais n'ayant été faite qu'après avoir exécuté le contrat d'acquisition, après avoir payé les lods & ventes en son nom purement & simplement, il n'a pu céder son droit à l'appellant, sans une nouvelle vente, à raison de laquelle les lods sont dus, *L. Pacta conventa. C. de contrahent. Nova emptio intercessisse videtur.* Autrement il y auroit deux propriétaires *in solidum* d'un même héritage : ce qui ne se peut. C'est l'opinion de Me. Charles

du Moulin sur l'art. 23. n. 23 de la coutume de Paris.

LA COUR mit l'appellation au néant, sans amende & dépens ; ordonna que la sentence dont étoit appel, sortiroit son plein & entier effet ; le jeudi 19 mars 1620.

L'arrêt est cité dans Brodeau, lett. R. somm. 2.

1620.

CHAPITRE LXXXI.

Premier testament révoqué par un postérieur, reprend sa force, le dernier étant rayé & bâtonné.

Cet arrêt intervenu sur procès par écrit partagé en la grand'chambre, & départi en la premiere des enquêtes, est exactement rapporté dans M. Bouguier, *lett. T. nomb. 1.* c'est pourquoi on l'a retranché de ce recueil, afin de ne pas donner deux fois au public la même chose : on est seulement obligé de remarquer que M. le président de Hacqueville dans la prononciation solemnelle de l'arrêt en robes rouges le 14 avril 1610 dit, que la cour s'étoit principalement arrêtée sur la loi *Qui ex liberis. §. Ex testamento. De bonor. possess. cont. tabul.* & sur l'opinion de Papinien.

CHAPITRE LXXXII.

Fille née sept mois après le mariage, est légitime, nonobstant la déclaration de la mere qu'elle avoit été violée.

René Boëre, après le décès de sa premiere femme, dont il avoit deux enfans, contracte un second mariage avec Perrine Chartier au mois de mai 1591. Au mois de décembre suivant, Perrine Chartier étant accouchée d'un fille, elle fut baptisée & nommée Perrine, & mise en nourrice, où elle demeura jusqu'à l'âge de sept ans, qu'elle fut rappellée en la maison de René Boëre & de Perrine Chartier ses pere & mere, qui la mirent en pension à Saumur, & depuis avec la dame de Marigny, où elle demeura jusques à ce qu'étant parvenue à l'âge nubile, elle fut mariée avec David Gallard. Par le contrat de mariage on la qualifie & nomme Perrine Chartier, fille naturelle & illégitime de Perrine Chartier ; & on stipule qu'elle ne lui pourra succéder, ni à René Boëre son pere, lequel non content des stipulations insérées en ce contrat de mariage, en 1617 présente requête au sénéchal de Saumur ou son lieutenant, par laquelle il expose qu'en 1592, il avoit contracté mariage avec Perrine Chartier, laquelle six mois après accoucha d'une fille provenue d'autre que de son fait ; demande que sur ce ladite Chartier soit interrogée ; ce qui est ordonné. Elle confesse qu'en 1592, elle avoit été forcée & violée par un nommé capitaine la Roche, auquel ayant voulu résister, elle avoit eu un bras rompu ; mais qu'elle n'avoit eu aucun ressentiment de grossesse, sinon un mois & demi ou environ après son mariage, dont elle avoit averti son mari. Boëre ayant eu communication de cet interrogatoire, & ne le trouvant à son consentement, ce qui fut fait. Elle confesse que Perrine Chartier sa fille est illégitime. Le juge appointe les parties à vérifier respectivement leurs faits. Mais René Boëre étant incontinent tombé malade, il fait son testament, par lequel il déclare que Perrine Chartier n'est point sa fille, & ne lui appartient en rien ; conjure sa femme de faire pareille déclaration pour la décharge de sa conscience ; ce qu'elle fait incontinent pardevant notaires. René Boëre peu après étant décédé ; René & Charlotte Boëre ses enfans du premier lit voulant exécuter la sentence du juge de Saumur ; David Gallard & Perrine Chartier sa femme en interjetterent appel, obtinrent lettres pour être relevés des déclarations & consentement porté par leur contrat de mariage, & présenterent requête pour l'évocation du principal. Me. Calcuin pour les appellans

& demandeurs dit, que René Boëre pere de l'appellante, vingt-cinq ans après sa naissance, n'a pu la désavouer pour sa fille. *Non tamen ferendum, Julianus ait, eum, qui uxore suâ assiduè moratus, nolit filium agnoscere quasi non suum*, L. 6. §. 1. De *his qui sui vel alieni juris sunt.* Il n'en a jamais fait plainte; ce qui le rendoit non-recevable. *Si putet maritus uxorem prægnantem, denuntiare debet intra dies triginta post dwortium, non esse ex se prægnantem quòd si non fecerit, cogitur agnoscere partum*, L. 1. §. Denuntiare. De lib. agnosc. Pendant le mariage il a fait baptiser, nourrir & élever l'appellante contre laquelle on ne peut objecter une impudicité de sa mere, après un si long-tems. *Quamcumque enim quæstionem apud fiscum, si non alia sit præscriptio, viginti annorum silentio præscribi divi principes voluerunt*, L. 3. De requirendis reis. La présomption de la filiation est pour tous ceux qui sont nés pendant le mariage. L. 83. De condit. & demonstrat. L. 13. & 14. C. De probation. L. imperatores. 29. De probation. cap. Per tuas. De probation. Quant à l'accouchement arrivé sept mois après le mariage consommé, les médecins sont d'avis que les enfans de sept mois peuvent vivre, L. septimo mense. De statu hominum, où le jurisconsulte rapporte l'autorité d'Hippocrate. Et par ces moyens conclut au mal jugé, & à ce que l'appellante soit déclarée fille légitime de René Boëre, & capable de lui succéder. Me. Odespung de la Mechiniere le jeune dit, qu'il faut considérer trois choses en cette cause : la naissance de l'appellante, sa nourriture & son mariage. La naissance, sept mois après les épousailles, la rend illégitime, comme sa mere l'a confessé. *Grande præjudicium adfert pro filio confessio patris*, L. 1. §. 12. De agnosc. lib. mais celle de la mere ne laisse point de difficulté. Elle a voulu dire qu'elle avoit été forcée. *Raptorem vocat, hoc prætexit nomine culpam.* L'appellante a été baptisée sous le surnom de sa mere, a été mise & perpétuellement nourrie hors de la maison ; quoique Boëre eût payé ses alimens, cela ne lui pouvoit pas nuire, L. 7. De agnosc. lib. Les appellans ont contracté mariage publiquement, & reconnu le vice de sa naissance, ont stipulé en cette qualité, sans aucune protestation contraire, ce qui les rend non-recevables, L. 23. Quod metûs causâ. Le pere a perpétuellement réclamé contre la naissance de l'appellante, & a persévéré jusques à son décès ; ce qui marque certainement qu'elle est illégitime, L. 4. C. De hæred. inst. L. 10. De liber. causâ. L. 1. De Carbon. ed. Cap. Transmissa. Qui filii sint legitimi. L'appellante a toujours été tenue & réputée pour fille illégitime : si elle se prétend légitime, la sentence dont est appel, lui donne le moyen d'en faire preuve.

M. l'avocat général Talon dit, que quoique la sentence ne porte qu'appointement de faire preuve des faits articulés de part & d'autre, néanmoins il y en a appel, lettres & requête pour l'évocation du principal, qui aboutissent à un même point. La preuve de la filiation est tellement difficile, que les loix ont rejetté cette charge & cette condition de l'institution d'héritier, comme n'étant en son pouvoir, L. Lucius. 83. De condit. & demonstrat. En matiere d'état des enfans, il y a des présomptions générales, par-dessus lesquelles les juges ne peuvent passer. Elles se résolvent en trois considérations. La premiere, si les pere & mere étoient capables de contracter mariage. La seconde, de l'aveu & reconnoissance de l'enfant. La troisieme, du long intervalle qui se rencontre depuis la naissance de l'enfant jusques au désaveu. Quant au premier, Boëre se confesse mari, l'enfant né où conçu pendant le mariage est présumé du fait du mari ; & quand en même fait se rencontre une cause civile, & une autre naturelle, la naturelle l'emporte toujours, L. Miles. §. Quærebatur. Ad leg. Jul. De adult. Cùm possit & illa adultera esse, & impubes defunctum patrem habuisse, quia liberis satis est, quod constante matrimonio nati sint, dit Quintil. Le mariage a été consommé en mai, & la femme est accouchée en décembre. Contre cette présomption on n'a pu recevoir autre preuve. L'appellante a été recueillie comme

légitime ; elle est en possession de sa filiation, aussi ancienne que sa naissance. *Parvuli nascendo liberi agnoscuntur*, dit St. Augustin sur le pseaume Quoniam pater meus & mater mea dereliquerunt me. Elle est née en la maison de Boëre, a été baptisée & nourrie, sans aucune protestation ; c'étoit un aveu & tacite confession du pere. Le second interrogatoire de la femme a été fait par force, pour obéir à son mari. Il faut croire le premier véritable : quoiqu'elle ait été violée par la Roche, c'est une grande difficulté, si elle a pu concevoir de cette conjonction, quoique son serment ne soit pas décisif, parce que jusjurandum alteri neque prodest, neque nocet. Matris igitur jusjurandum partui non proficiet, nec nocebit, L. Ait prætor. De jurejurando. Toutefois il sert d'une grande lumiere. Et adhere avec les appellans.

LA COUR a mis l'appellation & ce au néant, sans amende ; évoquant le principal & y faisant droit, ayant égard aux lettres, & icelles entérinant, maintint & garda ladite Perrine Boëre appellante en la possession de se dire fille naturelle & légitime de René Boëre & de Perrine Chartier ses pere & mere ; la reçut à leur succéder en tous leurs biens ; & condamna les intimés aux dépens de la cause d'appel, sans dépens de la cause principale. Le lundi 25 mai 1620, M. de Verdun premier président prononçant.

CHAPITRE LXXXIII.

Enfans exposés doivent être nourris par les seigneurs hauts-justiciers.

EN 1619, un enfant nouveau né ayant été exposé au village de Soret, pays d'Anjou, les habitans du lieu le leverent & présenterent à la justice, pour lui être pourvu de nourriture & alimens. Le 12 septembre 1619, le juge rend sa sentence, par laquelle il condamne le trésorier de l'église cathédrale d'Angers, curé primitif & décimateur du village de Soret, de payer dix-huit livres par chacun an pour la nourriture de l'enfant exposé, & le seigneur haut-justicier à pareille somme. Le curé en interjetta appel, sur lequel il fit intimer les habitans ; & en cause d'appel prit commission, & fit appeller le seigneur haut-justicier, pour se voir condamner à la nourriture de cet enfant. Me. Duret pour l'appellant dit, que sous prétexte de ce qu'il perçoit les dîmes au lieu de Soret, on l'a condamné à la nourriture de cet enfant exposé, en quoi on a très-mal jugé, parce que les dîmes ont été introduites par le droit divin pour la nourriture & entretien des curés & autres Prêtres qui administrent les sacremens au peuple. Tout ainsi que par le droit civil, la légitime qui est réservée aux enfans pour leur nourriture & entretien, ne peut être diminuée ni retranchée par quelque charge & condition que ce soit ; de même les dîmes qui sont la légitime des prêtres, ne peuvent être surchargées de la nourriture des enfans exposés, qui doivent être nourris & entretenus par les seigneurs hauts-justiciers des lieux où ils ont été trouvés, ainsi que la cour l'a jugé par plusieurs arrêts : deux rendus en 1547 & 1552, par lesquels les seigneurs hauts-justiciers de la ville de Paris, ont été condamnés à nourrir les enfans exposés : autre arrêt de l'an 1594, donné à Tours au profit du gouverneur de l'hôtel-Dieu de Chinon : autre du 7 septembre 1615, rendu en la chambre de l'édit contre madame de la Trimouille, au profit de Me. Gabriel Verdon, aumônier de Mauléon, par lequel la cour a ordonné que madame de la Trimouille, comme dame haute-justiciere de Mauléon, nourriroit l'enfant exposé audit lieu. Et conclut au mal jugé. Me. Bezar pour les habitans, conclut à ce qu'il soit dit qu'ils sont follement intimés. Me. Deplais pour M. Thevin, maître des requêtes, seigneur haut-justicier de Soret, dit qu'il n'est tenu de la nourriture de cet enfant exposé. Primò, parce que tels enfans ne sont point épaves.

Homo

Homo in fructu esse non potest. Secundò , parce qu'il y a des lieux destinés pour cela , *ν'αχχήσεθαι* , *in L. Illud. C. De sacros. eccles.* Pour ce sujet on a fait de grandes donations aux églises. Suivant cette maxime les religieuses du Ronceray en Anjou y ont été condamnées par arrêt rapporté dans Chopin sur la coutume d'Anjou , *pag.* 157. *lib.* 1. & *lib.* 2. sur la contume de Paris , *pag.* 298. où il traite amplement des enfans exposés. A Chinon les habitans ont été condamnés à nourrir l'enfant. L'arrêt de madame de la Trimouille a ses circonstances particulieres. Par *l'art.* 73 de l'ordonnance de Moulins , les habitans des villes & bourgs sont tenus de nourrir les pauvres. M. Thevin est adjudicataire de la terre de Soret , depuis que l'enfant a été exposé.

M. l'avocat général Talon dit , que toutes & quantes fois que semblables questions se sont présentées , on a perpétuellement condamné les seigneurs hauts-justiciers des lieux où les enfans se sont trouvés exposés , à les nourrir & entretenir. Les réglemens de 1547 & 1552 , faits pour les seigneurs hauts-justiciers de Paris , eux appellés & ouis , en sont une preuve assez claire. Aussi cela est raisonnable. *Primò* , les seigneurs hauts-justiciers doivent avoir soin de ceux qui sont au-dessous d'eux , doivent conserver leurs justiciables , prêter la main , & assister ceux qui sont exposés à la mort : c'est un acte de justice & de charité. Suetone *in Augusto* , rapporte qu'il fit une loi pour recueillir les enfans exposés : *Sed & rectorem apponere expositis.* Secundò , quoique les enfans exposés ne soient pas esclaves , *non enim in fructu sunt homines* , toutefois la succession de ces enfans exposés appartient aux seigneurs hauts-justiciers , ou par déshérence ou par bâtardise : car vivans & mourans ils n'ont point de parens ; & s'ils acquierent quelque chose , le seigneur y succede : c'est pourquoi il est obligé de les nourrir & alimenter ; les habitans n'en peuvent être tenus. *L'art.* 73 de l'ordonnance de Moulins ne se peut entendre des enfans exposés. Les curés non plus n'en peuvent être tenus ; cela a été jugé par les arrêts , notamment par un du 27 juin 1616 , sur les conclusions de M. le Bret pour le curé de Mayenne contre M. le duc de Mayenne , qui fut condamné , & le curé absous. Ainsi il a été mal jugé , tant à l'égard du curé , que des habitans.

LA COUR mit l'appellation , & ce dont étoit appel , au néant , sans amende ; émendant & corrigeant , déchargea le curé & les habitans de Soret de la nourriture de l'enfant exposé ; & faisant droit sur la commission , condamna M. Thevin seigneur haut-justicier seul , de payer la nourriture dudit enfant ; & pour cet effet condamna le fermier ou le receveur de la terre de payer un écu par mois à la nourrice dudit enfant : à quoi il seroit contraint par toutes voies dues & raisonnables , & en faisant , demeureroit quitte & déchargé. Le mardi 23 juin 1620 , M. de Verdun premier président prononçant.

CHAPITRE LXXXIV.

Dévolutaire n'est pas reçu à consigner une somme pour s'exempter de donner caution.

MAître Pierre Michel étant pourvu de l'archidiaconé de l'abbaye de l'isle Barbe proche de Lyon dès l'an 1576 , & d'un canonicat en l'église de St. Paul à Lyon dès l'an 1594 , en 1619 Jean Gros obtient un dévolut sur l'archidiaconé , fondé sur l'incompatibilité des deux bénéfices , pardevant le sénéchal de Lyon ou son lieutenant. Michel demande caution à Gros , dévolutaire , suivant l'ordonnance ; il en offre deux ; & sur le débat d'insolvence , offre de consigner mille livres & plus , & de ne point toucher aux fruits du bénéfice. Le sénéchal de Lyon ordonne qu'il baillera d'autres cautions. Il interjette appel. Me. Feideau l'aîné pour l'appellant dit , qu'en droit , Caution , s'entend aussi-bien de pignore , que de fidejussore , *L.* 1. *C. De procurator. L. Sancimus. De verb. oblig.* L'appellant ayant offert de consigner mille li-

Tome I.

vres & plus , il a satisfait à l'ordonnance ; d'ailleurs , ayant offert des cautions qu'il soutenoit solvables , le juge devoit avoir appointé les parties à informer sur la solvabilité ou insolvance , & non pas les rejetter sans connoissance de cause. Me. Doujat pour l'intimé dit , qu'il y a quarante-quatre ans qu'il est pourvu de l'archidiaconé qu'on lui veut ôter. En 1594 il a été pourvu de l'autre bénéfice en l'église de St. Paul , par la voix & suffrage de l'appellant : ces bénéfices ne sont point incompatibles , n'étant *sub eodem tecto.* Quant à l'offre de l'appellant de consigner mille livres , elle est impertinente , *quia cautio judicatum solvi* , *incertam quantitatem continet, L.* 9. *judicatum solvi. & L.* 2. *De prætoriis stipulat.* L'ordonnance de Blois *art.* 46. porte que les dévolutaires bailleront bonne & suffisante caution , qui est *judicatum solvi* : c'est suivre l'ordonnance. En 1615 il y a eu arrêt en pareille cause. Après que M. le premier président eut demandé le revenu du bénéfice contentieux , que l'appellant présent eut reconnu qu'il étoit de quinze cens livres :

LA COUR dit , que l'appellant avoit mal & sans grief appellé , & le condamna aux dépens ; le mardi 7 juillet 1620.

CHAPITRE LXXXV.

En pays de droit écrit l'aïeule succede au petit-fils à l'exclusion des grands-oncles.

LEonard Jullier , fils d'Antoine Jullier & de Marie de l'Esture , décede sans enfans , délaisse Marie de l'Esture sa mere , Jeanne du Mas son aïeule , & deux grands-oncles , freres de Martin Jullier aïeul dudit Léonard Jullier , qui étoit habitant de la ville d'Aurillac , où est le présidial du haut Auvergne , régi pour la plupart par la disposition du droit écrit. Il y eut instance pardevant les officiers d'Aurillac entre Marie de l'Esture , au nom & comme ayant les droits cédés de Jeanne du Mas aïeule du défunt , & Jean & Pierre de Jullier ses grands-oncles , pour savoir à qui appartenoit la succession de Léonard Jullier. Le bailli du haut Auvergne ou son lieutenant à Aurillac , adjuge la succession aux grands-oncles. La mere ayant les droits de l'aïeule , en interjette appel. Me. Peigné pour l'appellante dit , que les intimés ont fondé leur droit , & le juge appuyé sa sentence sur l'édit des meres , & sur la regle , *si vinco vincentem-te, à fortiori vinco te* ; par laquelle ils supposent que les meres ne pouvant rien prétendre sur la succession , à l'exclusion des intimés , l'aïcule n'y a rien pareillement , & la mere lui fait un obstacle perpétuel. Mais au-contraire , ni l'édit , ni la regle ne peuvent nuire à l'aïeule , & empêcher qu'elle ne succede à son petit-fils. L'édit des meres est introductif d'un droit nouveau & extraordinaire , & ne peut être étendu hors ce cas ; il ne parle que des meres , & ne peut s'étendre aux aïeules. L'édit n'abroge la succession du fils étoit entierement déférée à la mere ; mais il n'abroge point la novelle 118 de Justinien , & les autres constitutions des empereurs , par lesquelles les successions sont déférées aux plus proches de ceux qui décedent. Suivant cette maxime , la succession de Léonard Jullier appartient entierement à son aïeule , comme plus proche que les intimés ses grands-oncles. Quant à la regle , *si vinco vincentem te , à fortiori vinco te* , suivant l'opinion de M. Cujas *ad L.* 16. *Qui potiores in pign.* elle s'entend *in eodem genere vincendi* ; *secus , si diversâ sit causâ vincendi.* Quant à ce qu'on objecte que la mere fait obstacle à l'aïeule , *tanquam medium inhabile , quod impedit extremorum conjunctionem* , on répond , que l'exclusion de la mere procédant de l'édit , elle ne peut point nuire & faire préjudice à l'aïeule. *Visum est nepotem , neque verbis , neque sententia legis , aut edicti prætoris , ex persona , vel nota patris sui excludi à bonis aviti liberti , L. divi fratres. De jure patronatûs. L. Quæritur , an filio exhæredato , etiam nepotes ex eo à bonorum possessione liberti excludantur. De bonis liber-*

X

torum. où le jurifconfulte répond : _Si fui juris effecti_
1620. _fint, fine aliquo impedimento ad bonorum poffeffionem admittantur._ On peut dire de même de l'aïeule , que l'exclufion de la mere ne lui peut faire au-
cnn obftacle ; auffi la queftion _in individuo_ a été jugée par arrêt du 20 mai 1620 , fur l'appel d'une pareille fentence du fénéchal de Lyon pour la fucceffion de Ravennier , pour lequel la cour a adjugé la fucceffion à l'aïeule à l'exclufion des oncles. La cour a même trouvé la queftion fi importante/, qu'elle a ordonné que l'arrêt feroit lu au fiege préfidial de Lyon ;
après la lecture duquel arrêt il conclut au mal jugé.
Me. Robin commençant à parler pour les intimes ,
M. le premier préfident fe levant , lui demanda quelle
réponfe il avoit à donner contre l'arrêt qu'on rapportoit. Me. Robin repartit , que l'arrêt étoit contraire
à la raifon de l'édit. Sans l'ouir d'avantage :
  LA COUR mit l'appellation & ce dont étoit appel , au néant ; émendant &, corrigeant , maintint
& garda la mere , comme ayant les droits cédés
de l'aïeule , en la poffeffion & jouiffance de tous
les biens délaiffés par Léonard Jullier fon petit-fils ;
ordonna que l'arrêt feroit lu au fiege préfidial d'Aurillac ; le lundi 20 juillet 1620.
  * Cet arrêt eft cité par Brodeau, _lett._ M. _fomm._ 22.
qui remarque une circonftance , que l'auteur n'a
point ici obfervée , que Marie de l'Efture mere étoit
remariée. Ce fait pouvoit être véritable , mais étoit
inutile à la décifion de la queftion.

CHAPITRE LXXXVI.

Subftitution n'eft ouverte par la profeffion en religion.

L'Arrêt qui a jugé cette queftion , eft intervenu
  au rapport de M. le Preftre , & fe trouve dans
fon recueil _centur._ 3. _chap._ 72. Ainfi il eft inutile de
l'inférer en celui-ci : car l'exactitude & la doctrine
de ce favant rapporteur ne permettent pas de penfer que l'on ait ajouté quelque chofe de nouveau dans
la prononciation folemnelle en robes rouges qui en
fut faite le 7 feptembre 1620 par M. de Verdun premier préfident.
  ☞ Il faut bien fe garder d'adopter la jurifprudence que fembleroit annoncer cet arrêt, que M.
Berroyer indique être au chapitre 72 de la cent. 3.
des arrêts de M. le Preftre , & qui fe trouve au chap.
81 de cette centurie.
  Car quoique M. Ricard en fon traité des donations
tit. des _difpofitions conditionelles chap._ 5. _fect._ 4. &
avant lui du Moulin fur l'art. 151 de la cout. de Paris , & Mornac fur la pénult. loi. _Cod. de ufuf. & hab._
aient foutenu , que _la mort civile par la profeffion en
religion ne donnoit point ouverture au fidéicommis_ , &
que même cela ait été jugé par l'arrêt cité ; jamais
cette jurifprudence n'a été adoptée par les parlemens de droit écrit.
  L'on voit même que depuis M. le Preftre , le parlement de Paris s'eft beaucoup écarté de ce principe
abufif , puifque l'on trouve au journal des audiences
un arrêt du 25 mai 1660 , rendu conformément aux
conclufions de M. l'avocat général Talon , qui confirma une fentence de la fénéchauffée de Lyon , qui
avoit jugé que la profeffion d'Odet religieux dans
l'ordre des capucins , avoit donné lieu à l'ouverture
de la fubftitution , au profit du fubftitué , parce que
Odet avoit recueilli les biens comme héritier inftitué
avant de faire profeffion.
  Ce qui me fortifie de plus en plus à croire , que
le parlement de Paris des ce tems , n'avoit point confervé la jurifprudence qui avoit femblé s'introduire
par l'arrêt du 6 feptembre 1620 ; c'eft que par celui
du 25 mai 1660 , que nous venons de rapporter ,
il fut ordonné que l'arrêt _feroit lu & publié au fiege
préfidial de Lyon_ , ce qui donnoit une efpece de
forme de réglement à cet arrêt. Enforte que malgré
la note de M. Berroyer ; dès 1660 cette jurifprudence eft démontrée n'avoir plus eu lieu.
  Elle l'a moins encore actuellement , puifque par
l'ordonnance des fubftitutions de 1735 , il eft porté

expreffément , que la profeffion en religion donne
ouverture au fidéicommis , comme la mort naturelle.
  L'Art. XXIV s'exprime ainfi : » _Dans tous les cas où
» la condamnation pour crime emporte mort civile , elle
» donne lieu à l'ouverture du fidéicommis , comme la
» mort naturelle ; ce qui fera pareillement obfervé à
» l'égard de ceux qui auront fait profeffion folem-
» nelle de la vie religieufe._
  V. _l'art._ 23. _in fine_ : il renferme à-peu-près les mêmes difpofitions.

CHAPITRE LXXXVII.

Femme mariée ne peut être contrainte par corps.

L E 10 décembre 1621 , à l'audience de relevée ,
  M. Seguier préfident fur un appel du prévôt
de Paris ou fon lieutenant , qui avoit condamné
une femme mariée à la contrainte par corps & emprifonnement de fa perfonne , faute du payement
de la fomme de quatre-vingts livres , à laquelle
avoient été taxés certains dépens efquels elle avoit
été condamnée pour une fauffe & calomnieufe accufation de fuppofition d'enfans qu'elle avoit intentée
contre une fienne voifine , l'accufée avoit été ab-
foute , & l'accufatrice condamnée en l'amende &
aux dépens , pour le payement defquels elle avoit
été condamnée par corps , après les quatre mois.
Me. Bataille pour le mari & la femme appellans
dit , qu'une femme n'a pu être condamnée par corps.
Me. Tillier dit , qu'il étoit queftion de dépens procédans d'une accufation atroce & capitale , laquelle
s'étant trouvée calomnieufe , l'appellante avoit été
condamnée en des amendes & dépens , pour
le payement defquels elle avoit pu être contrainte
par corps.
  LA COUR mit l'appellation & ce dont étoit
appel , au néant ; émendant , décharge l'appellante de la condamnation par corps tant que fon
mari vivreit , & fans dépens ; ledit jour 10 décembre 1621.

CHAPITRE LXXXVIII.

_Permutations de bénéfices inégaux faites à l'agonie
font nulles._

M Aître Jacques Lefperon , curé de Charbogne
  au diocefe de Rheims , étant malade , au
mois d'avril 1620 , réfigne fa cure , qui étoit de fix
cents livres de revenu , _ex cauſâ & titulo permuta-
tionis_ , avec un nommé Jean Viot , qui lui donne
en contre-échange la chapelle de St. Symphorien
du Clocher , de très-peu de revenu. En vertu de
cette procuration , Viot fe fait pourvoir de la cure
de Charbogne par M. l'évêque , fuffragant de M. l'archevêque de Rheims , fans avoir aucunement notifié
cette permutation au patron eccléfiaftique , duquel
la cure dépendoit ; & enfuite prend poffeffion de
ladite cure , du vivant de Lefperon , qui l'approuve & l'agrée ; fans néanmoins daigner fe faire
pourvoir de ladite chapelle : mais étant décédé neuf
jours après cette permutation , & trois jours après
la prife de poffeffion de la cure faite par Viot ,
Me. Jean Aubineau , patron eccléfiaftique de ladite cure , préfente Me. Jean Blan à M. l'archevêque de Rheims , qui pourvoit ledit Blan préfenté ,
de la cure , comme vacante par le décès de Lefperon. Enfuite Blan prend poffeffion , à laquelle
Viot forme oppofition. Les parties ayant plaidé pardevant le bailli de Champagne à Rheims ou fon
lieutenant , elles font appointées en droit , à écrire
par avertiffement , & produire ; & cependant la récréance du bénéfice eft adjugée à Viot pourvu
ex cauſâ permutationis , dont Blan pourvu _per obitum_
interjette appel ; pour lequel Me. Defnoyers dit ,
que cette permutation de bénéfices faite entre Lefperon & Viot intimé , eft une permutation feinte ,
fimulée & frauduleufe , faite par un bénéficier _qui_

agebat animam, pour empêcher la vacance de son bénéfice *per obitum*. La fraude est toute palpable, tant par cette considération, que par la différence du revenu des bénéfices. La cure résignée par Lesperon vaut six cents livres de revenu, & la chapelle qu'on lui a délaissée en contre-échange, n'a que peu ou point de revenu. C'est un bénéfice *de pertica*, duquel Lesperon n'a pas daigné se faire pourvoir. La résignation étant faite *in confinio mortis*, est nulle, parce que la regle *De viginti diebus* & *De infirmis resignantibus*, se doit observer ès résignations *ex causâ permutationis* faites pardevant les ordinaires & en leurs mains; autrement il seroit facile de rendre les bénéfices héréditaires, & les perpétuer aux maisons. D'ailleurs, la permutation doit être exécutée de part & d'autre; autrement elle est nulle. Lesperon a tellement négligé sa chapelle, qu'il n'en a obtenu provisions, ni pris possession, ce qui dénote la nullité & la fraude. Ainsi le bénéfice ayant vaqué *per obitum*, & l'appellant y ayant été présenté par le vrai patron, & ensuite pourvu, y doit être maintenu & gardé. Me. de Lamet pour Me. Jean Aubineau, patron ecclésiastique de la cure contentieuse, intervenant, dit que la permutation des bénéfices dont est question, est une fraude manifeste au préjudice du patron, sans le consentement duquel ils n'avoient pu faire telles permutations. Les provisions qu'on a obtenues *spreto patrono*, sont nulles; de plus, la regle *De infirmis resignantibus* & *De viginti diebus*, doit avoir lieu, aussibien en permutations, qu'en résignations simples. Lesperon curé étant décédé neuf jours après la prétendue permutation, le bénéfice doit être censé vacant par mort; ainsi Blan pourvu sur la présentation de l'intervenant doit être maintenu. Me. le Feron pour Viot intimé dit, que la permutation des bénéfices dont est question est véritable & non simulée. La lésion pour la valeur du revenu de l'un plus que de l'autre, n'est aucunement considérable, non plus que le décès de Lesperon arrivé neuf jours après la permutation déja exécutée, & prise de possession de l'appellant; parce qu'en matiere de permutations, la regle *De infirmis resignantibus* & *De viginti diebus*, n'a point de lieu, étant permis de permuter son bénéfice, *etiam in confinio mortis*. L'intervention d'Aubineau patron est pareillement impertinente, parce que le consentement du patron n'est aucunement requis & nécessaire en matiere de permutations, sur lesquelles l'ordinaire peut valablement pourvoir, sans desirer & attendre le consentement du patron. Et conclut au bien jugé, & pleine maintenue.

M. l'avocat général Talon dit, qu'il y a deux points à traiter en cette cause. L'un touchant la qualité du bénéfice contentieux; l'autre touchant la validité du titre de l'intimé. Quant au premier, Aristote en ses morales rapporte d'Homere l'échange fait entre Glaucus & Diomede des armes d'or avec autres d'airain; permutation désavantageuse & inégale. La permutation des bénéfices dont est question, étoit semblable à celle-là: néanmoins si c'étoit un des compermutans qui voulût rentrer dans son bénéfice, sous prétexte de lésion, il n'y seroit pas recevable; mais une tierce personne, telle que le patron, l'ordinaire & l'appellant, sont bien recevables à impugner cette permutation, & il faut examiner leurs raisons. A la vérité, la regle *De infirmis* & *De viginti diebus*, n'a point de lieu en matiere de permutations, parce que l'ordinaire a la liberté de conférer les bénéfices, ou de ne les conférer pas: les conférant, il est obligé de suivre la permutation, & n'y peut contrevenir, & ayant ainsi conféré, il ne peut plus résilir, ni prétendre le bénéfice avoir vaqué *per obitum*, & y pourvoir, parce qu'il a eu tout loisir de s'informer de la qualité & de l'état des compermutans, & agréer leur permutation, & suivant icelle leur conférer les bénéfices, ou non. Le consentement du patron ecclésiastique n'est point absolument nécessaire *in causâ permutationis*; toutefois le patron se peut plaindre & dire, qu'il a été méprisé, impugner la permutation de fraude, & la prouver, comme l'on

fait en cette cause. D'un côté on voit *pingue beneficium*; & de l'autre on donne une chapelle sans revenu, *codicillarem dignitatem*, *ventosum beneficium*, duquel Lesperon n'a pas daigné prendre possession; & au-contraire Viot a incontinent pris possession de la cure; & après le décès de Lesperon, s'est encore fait pourvoir de la chapelle; & ainsi jouit des deux bénéfices. Le commencement de la permutation, c'est la tradition mutuelle des bénéfices; la fin, la jouissance mutuelle & réciproque. Ici un seul donne, un seul est pourvu, un seul jouit: partant la permutation est simulée & frauduleuse, n'étant point revêtue de son exécution réciproque de part & d'autre. Ainsi le bénéfice a vaqué *jure communi & per obitum*, & il y a lieu de maintenir l'appellant.

LA COUR a mis l'appellation & ce dont étoit appel, au néant: évoqua le principal, & y faisant droit, maintint & garda Blan appellant pourvu *per obitum*, en la possession & jouissance de la cure dont étoit question, & en tous les fruits, profits, revenus & émolumens d'icelle, sans restitution de fruits, dépens, dommages ni intérêts. Le mardi 14 décembre 1621, M. de Verdun premier président prononçant.

* L'arrêt est cité dans Brodeau, *lett. I. somm.* 5.

CHAPITRE LXXXIX.

Testament écrit d'une main étrangere, quoique signé du testateur, & par lui reconnu pardevant notaires, est déclaré nul, excepté pour les legs pieux.

LE lundi 7 février 1622 à l'ouverture du rôle de Paris, les sieurs le Bailleul lieutenant civil, Ferrand lieutenant particulier, & autres officiers du châtelet assistans à l'audience, fut plaidée la cause touchant la validité du testament de Nicolas le Juge, marchand épicier de Paris. Le 21 janvier 1621, le Juge étant malade fait écrire son testament, par lequel il avantage quelques-uns de ses neveux & nieces, fait plusieurs autres legs pies, & autres; & signe ce testament en la fin & au bas de chacune page. Le lendemain il envoie quérir des notaires, pardevant lesquels il reconnoît son testament, & y ajoute un article, qu'un des notaires écrit, & fait mention que ce dernier article a été dicté & nommé par le testateur, & à lui lu, & relu. Le Juge testateur étant décédé, il y eut instance pardevant le prévôt de Paris ou son lieutenant civil, entre les neveux & nieces du testateur, tous parens en pareil degré, sur la nullité ou validité du testament. La cause plaidée au châtelet, & des arrêts ayant été allégués de part & d'autre, il est ordonné que les arrêts seront vus. Demoiselle Anne l'Avocat, veuve de maître Nicolas le Juge avocat au conseil, frere du testateur, au nom & comme tutrice de leurs enfans, & les autres neveux du testateur avantagés par son testament, interjetterent appel, & présenterent requête pour l'évocation du principal. Me. Charpentier pour les appellans dit, que cette cause se décide par l'*art.* 189 de la coutume de Paris, qui contient la forme de tester valablement dans son territoire. A la vérité, le testament dont est question, n'a point été écrit & signé par Nicolas le Juge testateur, mais il est signé en chacune page & à la fin, & est reconnu pardevant les notaires, auxquels il a déclaré que c'est sa volonté. Il n'est pas moins bon & valable; il suffit de satisfaire à l'intention, au sens, & à la substance de la coutume, sans s'assujetir aux termes. Il n'est point nécessaire que le corps du testament soit précisément écrit par le testateur. En droit il étoit permis de le faire écrire par un serf, ou telle autre personne qu'on vouloit, *L. Divus Claudius. Ad leg. Corn. De falsis.* Des testamens écrits par autre main que celle du testateur faits en la coutume de Paris, par plusieurs arrêts, ont été déclarés bons & valables; l'un pour le testament de Marchecho chanoine en l'église de Paris; l'autre du 13 juin 1609, pour le sieur marquis de Pisany. Et par ces moyens conclut à ce que le teſtament ſoit déclaré bon & valable. Me. Eugé pour Hugues Boiſſeau & conſorts intimés dit, qu'avant que d'entrer en la nullité du teſtament, il y a deux obſervations fort conſidérables à faire à la cour. La premiere, qu'on ne ſait point qui a écrit ce prétendu teſtament; mais qu'on demeure d'accord que ce n'eſt point le teſtateur. La ſeconde, qu'il eſt fort ſoupçonné de ſuggeſtion, parce qu'en certains endroits il y a, *je veux*; & en d'autres, *il veut*, *il entend*. Quant à la nullité, elle eſt certaine & fort claire par la diſpoſition de la coutume, *art.* 289, qui ne répute point un teſtament bon & valable, s'il n'eſt écrit & ſigné du teſtateur, ou paſſé pardevant notaires, le curé ou ſon vicaire & témoins. On demeure d'accord qu'il n'eſt point écrit & ſigné de Nicolas le Juge teſtateur; on ne peut dire qu'il ſoit valable pour être ſigné de deux notaires, parce que la coutume veut qu'il ſoit fait mention que le teſtament a été dicté & nommé aux notaires; & il eſt ſeulement fait mention que le dernier article a été dicté & nommé aux notaires. Et ainſi le teſtament n'étant fait ſuivant & au deſir de la coutume, il eſt entiérement nul. Les teſtamens ſont de droit public; il n'eſt pas permis aux particuliers de s'en départir & d'y faire aucune breche; il faut ſuivre les formes & ſolemnités preſcrites par les loix & les coutumes étroitement & ſpéſiquement, ſuivant l'opinion de Me. Charles du Moulin en ſon traité *Dividui & individui*, où il décide que *teſtamentum non poteſt fieri per æquipollens*; ce qui a été confirmé par pluſieurs arrêts: l'un en la coutume d'Orléans, qui requiert que le teſtament ſoit dicté & nommé par le teſtateur; & un autre, au-lieu de ces mots, *dicté, nommé*, ayant mis, *proféré de ſa bouche*, le teſtament fut déclaré nul; & par autre arrêt donné en 1614, un teſtament ſemblable à celui dont eſt queſtion, écrit par autre que par le teſtateur, a été déclaré nul.

M. l'avocat général Servin dit, qu'on ne peut pas prétendre que le teſtament en queſtion ſoit olographe, & paſſé pardevant notaires. Il n'eſt pas olographe, puiſque le teſtateur n'a point écrit le teſtament: il n'eſt point auſſi pardevant notaires, puiſqu'il ne leur a pas été dicté & nommé; ce qui eſt néceſſaire pour la coutume, qui doit être étroitement obſervée, & non par équipollent, ſuivant la diſpoſition des arrêts. Et conclut à la nullité du teſtament.

M. le premier préſident étant aux opinions, demanda à l'avocat des intimés ce qu'il vouloit dire pour empêcher la délivrance des legs pies. Il fit réponſe que ſes parties étoient à l'audience, leſquelles interrogées firent réponſe qu'elles en accordoient la délivrance.

LA COUR mit l'appellation & ce dont étoit appel, au néant; évoqua le principal; & y faiſant droit, ſans avoir égard au teſtament de Nicolas le Juge qu'elle caſſa & annulla, ordonna que partage & diviſion de ſa ſucceſſion ſeroit faite conformément à la coutume, demeurant les legs pies en leur entier, du conſentement des parties, & ſans dépens; le lundi 7 février 1622.

Vid. ci-après tom. 2. liv. 7. chap. 14. où l'auteur rapporte un arrêt ſemblable.

☞ L'art. 20 de l'ordonnance de 1735, veut *que tous teſtamens & codicilles ſoient entiérement écrits, datés, & ſignés, de la main de celui ou celle qui les aura faits.*

CHAPITRE XC.

Tranſaction pour payer la dîme en argent à raiſon de cinq ſols par chacun arpent de vigne, eſt caſſée, & les habitans condamnés de payer en eſpeces.

MAître Pierre Cottel étant abbé de l'abbaye de Notre-Dame de Boigency, & curé primitif de la ville & paroiſſe de Boigency, en 1605. M. Cottel conſeiller en la cour de parlement ſon frere ſans procuration, ſe faiſant fort de faire agréer

ſon frere abbé, paſſe une tranſaction avec les manans & habitans de la ville & paroiſſe de Boigency, par laquelle au-lieu de la dîme de vin qu'ils avoient coutume de payer en eſpeces à l'abbé, ils s'obligent de lui payer cinq ſols pour chacun arpent de vigne; ce qui fut exécuté pendant quelques années. Me. Pierre Cottel réſigne ſon abbaye à Me. Nicolas de Here, fils de M. de Here, vivant conſeiller en la cour de parlement, qui obtient lettres pour faire caſſer la tranſaction, afin que la dîme lui fût payée au-lieu de cinq ſols, à raiſon de ſeize pintes de vin l'une, & non en argent: ſur leſquelles ayant fait aſſigner les habitans de Boigency pardevant le prévôt de Paris, les parties ſont miſes hors de cour & de procès ſur les lettres; & il eſt ordonné que conformément à la tranſaction de 1605, la dîme ſera payée en argent à raiſon de cinq ſols pour arpent de vigne. Le ſieur de Here en interjette appel, pour lequel Me. Odeſpung de la Mechiniere dit, que l'appellant étant curé primitif de Boigency, il a droit de prendre & lever toutes les dîmes de bled, vin & autres, en eſpeces. Son prédéceſſeur ayant fait inſtance aux habitans de Boigency, parce qu'il avoit perdu tous ſes titres par l'incendie de l'abbaye, ils n'alléguerent pas que la dîme fût due en deniers, mais à diſcrétion, & en tout cas que payant en eſpeces, ils ne devoient payer que la quarantieme, ſur quoi fut faite la tranſaction dont il s'agit, qui ne peut ſubſiſter. Dieu a commandé le payement de la dîme en eſpeces, parce qu'elle eſt deſtinée pour la nourriture & entretien des curés; ce ſont leurs alimens, deſquels on n'a pu tranſiger, *L. Cùm hi. De tranſaction*. Cela a été ainſi jugé par pluſieurs arrêts: un pour le même lieu de Boigency, par lequel la cour a ordonné que la dîme ſeroit payée en eſpeces, à raiſon de vingt poinçons de vin l'un: un autre pour Clery: un autre pour Montreuil au profit des religieux minimes contre Me. le Noir, ancien avocat du parlement, qui prétendoit être en poſſeſſion de ne payer que cinq ſols par arpent de vigne. Et par ces moyens conclut au mal jugé, & à l'entérinement des lettres. Me. Roſée pour les habitans de Boigency intimés dit, que la tranſaction a été paſſée après pluſieurs aſſemblées & délibérations, & toutes les ſolemnités qu'on peut deſirer. Les dîmes ſont de droit poſitif, ſujettes à l'uſage & à la coutume pour la forme du payement, & pour la quotité. L'ordonnance du roi Philippes III dit le Hardi, y eſt formelle, & porte que les dîmes ſe doivent payer *per conſuetudinem loci approbatam*. Le droit canon *in cap. Cùm ſint homines. De decimis*, eſt ſemblable, & porte que la preſtation des dîmes eſt ſujette au changement & à la coutume. La quote ſe peut preſcrire, n'eſt point certaine & limitée, mais dépend de la coutume des lieux & de la forme de payer pratiquée & uſitée en chacun lieu: celle de Boigency eſt telle, qu'on ne paie point en eſpeces; de tout tems on a payé à raiſon de cinq ſols pour arpent ſuivant l'ancienne compoſition & abonnement, qui ſont bons & favorables. Pareil différend s'étant préſenté entre le chapitre de Troye & les habitans de Maſſy, la cour par arrêt de 1617, a confirmé l'abonnement & compoſition faite à raiſon de cinq ſols pour chacun arpent. L'ordonnance de Blois *art.* 50 y eſt conforme, ne reprouvant point cette forme de preſtation, qui eſt uniforme en tout le voiſinage de Boigency, où l'on ne paie point la dîme en eſpeces, mais en argent ſeulement. Et par ces moyens conclut au bien jugé.

M. l'avocat général Talon dit, que la dîme eſt une portion des fruits de la terre, deſtinée pour la nourriture & entretien de ceux qui ſervent au miniſtere des choſes ſacrées. A ce propos Tyrius Maximus remarque qu'il faut donner à Dieu non des dépouilles ſanglantes, non de l'or, ni de l'argent travaillé & mis en œuvre par les mains & artifices des hommes, mais qu'il lui faut offrir des fruits de la terre qu'il nous a donnée. La forme de la preſtation de la dîme eſt bien incertaine; mais la dîme eſt certaine en eſpeces de fruits. Il n'y a que deux exceptions à cette regle générale, titres anciens, & poſſeſſion immémoriale qui équipolle à titres. Celui de la reſciſion duquel

duquel eſt queſtion , n'eſt pas aſſez fort pour avoir changé en argent la dîme auparavant due en eſpeces ; ce n'eſt point une tranſaction, *L. Praſes. C. De tranſaction. Utrùm dubiâ lite tranſactio facta ſit , vel ambitioſè.* Le différend qui eſt entre les parties , procede de ce que les intimés ne veulent payer la dîme qu'à leur diſcrétion & volonté ; ce qui eſt réprouvé par l'ordonnance de Blois *art.* 50. L'abbé n'a point parlé en cette prétendue tranſaction , & ne l'a point ratifiée. L'abonnement ou compoſition eſt une eſpece d'aliénation des biens d'égliſe prohibée. La dîme eſt impreſcriptible : de la changer d'eſpece des fruits en deniers , c'eſt la rendre preſcriptible parce que ce payement en deniers n'étant plus qu'une preſtation annuelle , qu'une redevance en argent , elle eſt preſcriptible. Le payement de cet argent qu'on peut avoir fait par pluſieurs années , n'empeche point le titulaire qu'il ne demande la dîme en eſpeces. Il n'eſt pas véritable qu'en tout le terroir de Boigency la dîme ſe paie en argent ; au-contraire il y a arrêt pour Boigency de payer en eſpeces , & autre arrêt de payer en eſpeces de vin pour Clery du 9 mars 1619. Et par ces moyens il adhere avec l'appellant.

LA COUR mit l'appellation & ce dont étoit appel , au néant ; ayant égard aux lettres , & icelles entérinant , caſſa & annulla la tranſaction , & remit les parties en tel & ſemblable état qu'elles étoient auparavant ; ordonna qu'il ſeroit informé de l'uſage de payer la dîme , tant en eſpeces , qu'en argent ; & cependant ſans préjudice du droit des parties au principal , ordonna par proviſion , que la dîme ſeroit payée en eſpeces à raiſon de 40 pintes de vin l'une , ſi mieux n'aimoit l'appellant ſe contenter de cinq ſols pour chacun arpent ; ce qu'il ſeroit tenu d'opter dans huitaine. Le mardi 8 février 1622 , M. de Verdun premier préſident prononçant.

CHAPITRE XCI.

Inventaires des biens des mineurs doivent être faits par les juges & commiſſaires examinateurs, & non par les notaires.

ANne le Mercier , de la ville de Bourges , faiſant ſon teſtament pardevant notaires en 1621 , y ajoute , qu'elle veut que l'inventaire , ou partage qu'il conviendra faire de ſes biens , ſoit fait par les mêmes notaires qui reçoivent ſon teſtament. La teſtatrice étant décédée , les notaires travaillerent à la confection de l'inventaire. Le prévôt de Bourges ſans requiſitoire du procureur du roi , ni des parties , fait défenſes aux notaires de paſſer outre à la confection dudit inventaire , à peine de trois cents liv. d'amende. Les notaires ayant interjetté appel , il fait itératives défenſes à peine de cinq cents liv. d'amende payables nonobſtant oppoſitions ni appellations quelconques. Les notaires , avec la communauté de ceux de la ville de Bourges , interjettent appel , en adhérant , pour leſquels Me. Tillier dit , que le prévôt de Bourges a jugé en ſa propre cauſe. Il y a arrêt pour Montfort , qui juge la cauſe , par lequel il eſt permis aux parties de faire faire les inventaires , ou par les juges , ou par notaires ; & après la lecture conclut. Me. Chamillart pour le prévôt de Bourges intimé dit , que par arrêt de l'an 1610 la même queſtion a été jugée entre les mêmes parties ; & que défenſes ont été faites aux notaires appellans de faire aucuns inventaires des biens appartenans aux mineurs ; qu'entre majeurs ils pouvoient concurremment faire les inventaires ſelon la volonté des parties. Etant queſtion des biens de mineurs , il n'y a point de difficulté , ſuivant l'arrêt. Quant à la clauſe du teſtament , elle eſt nulle. *Nemo poteſt facere quin leges locum habeant in ſuo teſtamento.* Les notaires l'ont ainſi affecté , & appoſé cette clauſe en leur faveur , *ſibi adſcripſerunt* , contre les loix.

M. l'avocat général Talon dit , que l'on diſpute d'une choſe jugée entre les mêmes parties. La maxi-

me du palais eſt , que les partages & inventaires des biens des mineurs doivent être faits par les juges commiſſaires examinateurs : ceux des biens des majeurs peuvent être faits par les juges commiſſaires examinateurs , & notaires concurremment , à la volonté & option des parties. Il n'y a point d'exception que pour les notaires & commiſſaires du châtelet de Paris. La clauſe inſérée au teſtament eſt nulle , parce que les notaires *ſibi adſcribunt.*

LA COUR dit , qu'il avoit été mal jugé , ordonné & procédé : caſſa & révoqua tout ce qui avoit été fait par le prévôt de Bourges ; ordonna que ſans avoir égard à la clauſe du teſtament , quand il ſera queſtion de faire inventaires des biens des mineurs , il ſera fait par le juge , ou commiſſaire examinateur ; & pour ceux des biens des majeurs , ils ſeront faits concurremment par les notaires , avec les juges & commiſſaires examinateurs ; & que quand l'inventaire ſera fait par le juge , ou commiſſaire examinateur , il ne prendra pas davantage que ſeroient les notaires. Le jeudi 10 février 1622 , M. le premier préſident de Verdun prononçant.

☞ *Vide* la note ci-deſſus chapitre 8 , & ci-après le chapitre 22 du liv. 2.

CHAPITRE XCII.

Retrait lignager eſt individu ; & l'an ne court que du jour de l'enſaiſinement.

JAcques Alan , habitant de Paris , étoit propriétaire de ſix arpens de terre ſitués au fauxbourg ſaint Germain , ſur laquelle il avoit commencé de faire bâtir une maiſon. Ses créanciers firent procéder par ſaiſie réelle de ladite terre & maiſon : pluſieurs créanciers demandent que la maiſon ſoit vendue , ſon prix ſéparé , & la terre pareillement. Le prévôt de Paris , ou ſon lieutenant civil ordonne que les choſes ſaiſies ſeront enchéries ſéparément , & néanmoins qu'elles ſeront adjugées par un même décret. Les encheres ayant été faites ſéparément , les affiches auſſi diſtinguées , ſentence & adjudication par décret intervint le 14 mars 1619 , par laquelle Me. Jacques Dulac aumônier du roi ſe rend adjudicataire de la maiſon & héritages , ſavoir de la maiſon , moyennant le prix & ſomme de dix-neuf cents quinze liv. & des terres & autres héritages , moyennant la ſomme de douze cents ſoixante & douze liv. Cela s'étant ainſi paſſé , le 10 mars 1620 , Denys Alan fils de Jacques Alan , fait aſſigner Me. Jacques Dulac pardevant le prévôt de Paris , pour ſe voir condamner à lui délaiſſer par retrait lignager les ſix arpens de terre mentionnés au décret , ſans y comprendre la maiſon adjugée ſur le même décret. La cauſe ayant été renvoyée pardevant meſſieurs des requêtes du palais , Me. Jacques Dulac ſoutint les offres de Denys Alan défectueuſes & imparfaites , parce que le retrait ne ſe pouvoit diviſer , & s'exécuter pour partie des héritages vendus , & pour l'autre non. Il n'auroit point acquis l'un ſans l'autre ; ce lui feroit une grande incommodité & une notable perte. Le demandeur en retrait au-contraire ſoutint que les terres & la maiſon ayant été vendus par prix diſtinct & ſéparé , il falloit conſidérer deux ventes , & il étoit bien fondé en ſa demande. Et pour mettre le défendeur hors de tous intérêts , fit offres de retirer tout ce qui avoit été vendu & adjugé par le décret , & de rembourſer l'adjudicataire défendeur du prix total de l'adjudication , frais & loyaux coûts. Le défendeur le ſoutint non recevable , pour n'être venu dans le tems préfix par la coutume , pour intenter action en retrait. Le demandeur au-contraire , qu'il étoit bien recevable , puiſque le décret du défendeur n'étoit point encore enſaiſiné. Le défendeur mit en fait , qu'il avoit une quittance des lods & ventes , qui valoit enſaiſinement. Sentence intervient , par laquelle meſſieurs des requêtes du palais condamnent Dulac défendeur de délaiſſer au demandeur en retrait lignager la maiſon & héritages mentionnés & compris au décret , en lui rendant & reſtituant par le demandeur le prix total de l'adjudi-

1622. cation, frais, loyaux coûts, impenfes & méliorations utiles & néceffaires. De cette fentence Me. Jacques Dulac interjette appel. Me. Joubert pour l'appellant dit, que l'intimé eft un pauvre garçon, compagnon imprimeur, qui n'a aucuns biens; & néanmoins a intenté cette action en retrait pour retirer
des héritages vendus trois mille deux cents liv. &
qui valent à préfent plus de quinze mille liv. parce que l'appellant ayant trouvé les bâtimens imparfaits de planchers & de couvertures, a été obligé
de les faire parachever; fait clorre les terres de murailles; a fait planter des vignes, des arbres fruitiers,
des bois; bref, a dépenfé plus de quinze mille liv.
ce qui fait croire que l'intimé ne fait que prêter fon
nom, pour molefter l'appellant : d'ailleurs, l'intimé
eft non recevable en fon action de retrait, qui eft
individue, pour tout ce qui eft contenu au décret;
& ne l'ayant d'abord intentée que pour une partie,
fa demande étoit nulle. L'offre faite depuis de retirer
le tout, n'eft pas confidérable, parce qu'il n'étoit
plus dans le tems préfix par la coutume. Quant au
défaut de l'enfaifinement qu'on objecte, il n'eft pas
non plus confidérable, parce que le décret eft du
24 mars 1619, le lendemain l'appellant alla trouver
le fermier de l'abbaye de faint Germain des Prez,
auquel il donna affurance des lods & ventes, &
réciproquement le fermier lui donna une promeffe
d'enfaifiner fon contrat : il ne l'a point encore retiré
du greffe du châtelet, & ne l'a fait que long-tems
après. Cette promeffe d'enfaifiner vaut enfaifinement.
Le 21 feptembre fuivant il a actuellement payé cent
cinquante-neuf liv. pour les lods & ventes, comme
il paroît par l'extrait du regiftre du fermier qui fait
mention de cette promeffe d'enfaifiner le décret; elle
doit tenir lieu d'enfaifinement, ce qui n'eft autre
chofe qu'une inveftiture & mife en poffeffion de la
part du feigneur, fuivant une ancienne conftitution,
qui dit que c'eft *laudare emptorem, unde laudimia.*
Le payement des lods & ventes eft fuffifant & équipollent à un acte d'enfaifinement; le retrayant n'étant
venu dans l'an de la quittance des lods & ventes, doit
être débouté. Et par ces moyens conclut au mal jugé.
Me. Chamillart pour Denys Alan intimé dit, qu'il
n'eft pas fi pauvre qu'on l'a voulu faire; il a quinze
cents liv. comptant, & fait bien où prendre le furplus pour exécuter le retrait des héritages qui font
des propres anciens de fon pere. La maifon eft un
propre naiffant, fur laquelle plufieurs créanciers
ayant hypotheque privilégiée ont empêché la vente
& adjudication par un même prix pour obvier à la
difficulté d'une ventilation. C'eft pourquoi y ayant
pluralité de prix ès chofes adjugées, l'intimé avoit
pu fe conftituer demandeur en retrait pour les unes,
& non pour toutes, *L. Cùm plures. 72. De eviction.*
fuivant la diftinction des docteurs : *Quando venditio
facta eft unico pretio, aut feparatis pretiis, L. Quod à.
§. ult. L. Quòd fi uno pretio. De in diem addict. L.
Cùm ejufdem. 34. De Ædil. edicto. Ut fcilicet interdum plures venditiones contractæ intelligantur, L.
Scire debemus. De verb. obligat. Res & pretia diftincta
& feparata.* Il eft de même des venditions & retraits
que des legs, *quibus duobus uni relictis, licet unum
repudiare, & alterum amplecti & approbare, L. 2.
& 5. De leg. 2.* De cette maxime, que la pluralité
des prix fait la pluralité des ventes, s'en tire une
autre, que de plufieurs chofes contenues en un
même contrat, chaque partie fait un tout, *L. 3.
Communi dividundo.* Conféquemment, la demande
faite par l'intimé lui eft un tout, *L. 2. De acq. vel
omitt. hæredit.* La quittance alléguée ne peut fervir
d'enfaifinement, comme il a été jugé par arrêt du
17 février 1605, entre Jean Terrier & Catherine
Chauvin. Et conclut au bien jugé.
M. l'avocat général Talon dit, que le droit des
acquéreurs eft plus ancien & plus favorable que celui
des retrayans. Si les offres de l'intimé étoient defec-
tueufes, & qu'il eût voulu faire un retrait par par-
celles, par quartier, il ne feroit pas recevable,

eùm unius rei una fit redhibitio, & comme il eft dit
en la loi *Cùm ex caufâ.* 139. *De verb. oblig. In folidum venditio defendenda fit.* Et quoiqu'à caufe de
la diverfité du prix, la demande de l'intimé eût pu
être foutenue bonne & valable, *L. Quod fæpe.* 35.
De contrah. empt. L. In bello. De capt. & poftl. néanmoins il n'en faut plus difputer, au moyen des offres
de l'intimé de retirer tout ce qui a été vendu &
adjugé par le décret. Par ce moyen tout le grief que
l'appellant eût pu prétendre, eft réparé. Quant à
l'action de retrait, elle eft annale; mais l'exception
eft perpétuelle. L'appellant adjudicataire n'a point
d'enfaifinement, ni aucun acte valable pour le fuppléer, mais feulement une promeffe fous feing privé,
laquelle vraifemblablement a été faite repetitâ die.
La quittance des lods & ventes ne peut fervir ni valoir d'enfaifinement, autrement il faudroit rayer
de la coutume de Paris cet article qui dit : *Ne prend
faifine qui ne veut.* Il feroit du tout inutile, parce
qu'il eft certain qu'on peut contraindre pour le payement des lods & ventes. Ainfi autre chofe eft la quittance des lods & ventes : autre l'acte d'enfaifinement,
qui doit être public & notoire, & fait par le feigneur cenfier, duquel les héritages vendus font mouvans. La coutume *art.* 1 ayant difertement ordonné
que l'an & jour du retrait ne fe doit compter que
du jour que l'acheteur a été enfaifiné, quand les
héritages vendus font tenus en cenfive; & l'appellant
ne fe trouvant adjugé, il n'y a point de doute qu'il
ne foit mal fondé en fon appel.
M. le premier préfident étant aux opinions, prit
le ferment de Denys Alan intimé, & l'interrogea fi
le retrait étoit pour lui, & s'il ne prêtoit point fon
nom à quelqu'un, & quels moyens il avoit pour
l'exécuter, vu qu'il falloit quinze mille liv. à quoi
ayant répondu que le retrait étoit véritablement pour
lui, & non en fraude, & qu'il avoit des amis qui
lui prêteroient de l'argent :
LA COUR fur l'appel mit les parties hors de
cour & de procès, fans dépens; à la charge néanmoins que fi après il fe trouvoit que l'intimé eût
prêté fon nom à un autre pour exécuter le retrait,
la cour dès-à-préfent l'en déclaroit déchu & privé.
Le lundi 21 février 1622, M. de Verdun premier préfident prononçant.
* Brodeau cite l'arrêt, *lett. R. fomm.* 25. & fuppofe
qu'il a jugé que le lignager pouvoit retraire une partie des héritages compris dans un feul décret fait à
une même perfonne fous deux prix différens : cependant la fentence de meffieurs des requêtes du palais,
confirmée par l'arrêt, a ordonné que le lignager
rembourferoit le prix total de l'adjudication fuivant
fes fecondes offres, qui ont été admifes après l'an
du décret, & poffeffion prife par l'adjudicataire,
parce qu'il ne s'étoit point encore fait enfaifiner. Ainfi la queftion de favoir fi le retrait pouvoit être exercé
pour une partie feulement, n'a point été décidée,
& il femble même que M. l'avocat général Talon
ait été d'avis de la négative en la propofant.
☞ Sur cette matiere, il faut confulter les coutumes qui différencient beaucoup fur les chofes
fujettes à retrait & celles qui n'y font pas & fur les
formalités.
A l'égard du jour que courre l'an du retrait, indépendamment de ce qui eft prefcrit par les coutumes,
il faut pofer pour principe général, que l'an du
retrait ne commence à courir que du jour de
l'infinuation, fuivant l'*art.* 26 des édits du mois de
décembre 1703, enrégiftré le 8 février 1704; enforte
quand bien même on auroit rempli toutes les formalités prefcrites par les différentes coutumes, fi
le contrat d'acquifition n'étoit pas infinué, on ne
pourroit oppofer la fin de non-recevoir que l'an du
retrait feroit paffé. Au furplus, il faut voir fur cette
matiere, qui eft très-importante pour les formalités,
le traité des retraits par M. Poitiers, dans lequel
il développe tous les principes en rapprochant les
coutumes les unes des autres.

CHAPITRE XCIII.

Pere succede aux propres de son enfant, à défaut de parens de l'estoc & ligne, & à l'exclusion des parens d'autre ligne.

Cornille Vamphle, lapidaire, natif de la ville d'Anvers, étant venu demeurer à Paris en 1588, prit lettres de naturalité, & contracta mariage avec Phobrune Raoul, veuve d'un nommé Freret, duquel elle avoit des enfans. De ce mariage naquirent deux enfans, Charles & Anne Vamphle, & pendant icelui fut acquise une belle maison assise à Paris. En 1604, Cornille Vamphle étant décédé, la moitié de cette maison, qui étoit un conquêt, demeura à Phobrune Raoul, & l'autre moitié à Charles & Anne Vamphle, héritiers de leur pere. Peu après Anne Vamphle est conjointe par mariage avec Philippe de Mennes, duquel naît une fille nommée Charlotte de Mennes, laquelle ayant succédé à Anne Vamphle sa mere décédée en 1617, & encore à Charles Vamphle son oncle décédé sans enfans peu de tems après, elle devint la propriétaire de cette moitié de maison, & ensuite décéda impubere. Il y eut instance pardevant messieurs des requêtes du palais, pour la propriété de la moitié de la maison. Les enfans du premier lit de Phobrune Raoul, oncles maternels de Charlotte de Mennes, disoient qu'elle leur appartenoit à l'exclusion de Philippe de Mennes pere de la défunte, lequel au contraire soutenoit qu'il y devoit succéder. Messieurs des requêtes du palais font mainlevée au pere des loyers de ladite maison saisie à la requête d'un des créanciers desdits freres, enfans du premier lit de ladite Raoul; ils en interjettent appel. Me. Joubert pour les appellans dit, qu'ils doivent succéder à Charlotte de Mennes, comme ses oncles & plus proches parens, à l'exclusion de Philippe de Mennes son pere, intimé, parce que par la disposition expresse de la coutume de Paris *art.* 312. propre héritage ne remonte jamais, & n'y succedent les pere & mere, aïeul & aïeule. La maison dont est question a été propre naissant à Anne Vamphle, & propre ancien à Charlotte de Mennes sa fille, dont la succession est contentieuse, & à laquelle le pere intimé ne peut rien prétendre. Mais par *l'art.* 326 de la même coutume, aux propres héritages succedent les parens qui sont les plus proches du côté & ligne, dont sont avenus lesdits héritages au défunt, encore qu'ils ne soient ses plus proches parens. Les appellans sont les plus proches parens, parce que par *l'art.* 330 il est dit, que s'il n'y a aucuns parens du côté & ligne dont sont venus les héritages, ils appartiennent au plus proche habile à succéder de l'autre côté & ligne, en quelque degré qu'il soit. Par la disposition expresse de tous ces articles de la coutume, il se voit que propre héritage ne remonte jamais, & que n'y ayant point de parens de Cornille Vamphle, qui ait acquis les héritages, les appellans y doivent succéder comme plus proches, suivant la disposition de la coutume, qui exclut le pere. La succession des pere & mere est bien due aux enfans, mais non pas au contraire : c'est ce que la coutume dit, propre héritage jamais ne remonte; le ruisseau ne remonte jamais à sa source, le rameau jamais à sa tige & à son tronc. Et par ces moyens conclut. Me. Jean Galland pour Philippe de Mennes intimé dit, que par *l'art.* 318 de la coutume de Paris, & par la générale de France, le mort saisit le vif son plus proche & habile à lui succéder. L'intimé, pere de Charlotte de Mennes, a été saisi de sa succession à l'instant de son décès. Le substitut de M. le procureur général l'y a voulu troubler, pour un prétendu droit de déshérence, il a été maintenu par arrêt. En concurrence du pere & des collatéraux, le pere a toujours été jugé le plus proche, *L. Scripto hærede. Unde liberi. L. Sancimus. Cod. Communia. De succession.* La succession des enfans aux pere & mere, *non grata hæreditas relicta, sed triste lucrum acquisitum.* Quant aux *art.* 312, 326 & 330 de la coutume de Paris, ils ont lieu pour des parens collatéraux, à

l'exclusion du fisc; mais en concurrence du pere & des collatéraux, le pere a toujours été maintenu nonobstant ces articles, *in quibus plus dictum, minùs scriptum*, L. *Cùm avus. De condit. & demonstrat.* suivant laquelle il faut suppléer à la coutume *conjecturam pietatis*, quand elle a dit que propre ne remonte jamais, présupposant que les enfans se voient toujours survivre & succéder à leurs pere & mere. Toutes fois & quantes que telles questions se sont présentées, elles ont toujours été jugées au profit du pere, à l'exclusion du fisc & des collatéraux. Me. René Chopin en rapporte un arrêt *lib.* I. *De Doman. tit.* 12. & plusieurs autres ont été depuis donnés. Et par ces moyens conclut. Me. de Lamet pour les parens de Cornille Vamphle, demandeurs en requête d'intervention dit, qu'ils sont appellans de la même sentence des requêtes du palais, & encore d'une autre du prévôt de Paris, qui les a condamnés à bailler caution, comme étrangers, au préjudice du traité de 1529, par lequel les Flamands sont réputés régnicoles, & capables de succéder aux François; & par conséquent doivent succéder à Charlotte de Mennes pour les propres qui lui sont avenus du côté de Cornille Vamphle son aïeul.

M. l'avocat général Servin conclut pour le pere intimé.

LA COUR reçut les parties de Me. Lamet intervenantes & appellantes; & sur leurs appellations appointa les parties au conseil : & faisant droit sur l'appel des parties de Me. Joubert, mit l'appellation au néant; ordonna que ce dont étoit appel, sortiroit son plein & entier effet, & condamna les appellans aux dépens; évoqua le principal différend des parties, & y faisant droit, adjugea la maison dont étoit question, au pere intimé; dépens compensés. Le mercredi 9 mars 1622, en la chambre de l'édit, M. le Jay président.
* L'arrêt est cité dans Brodeau, *lett.* P. *somm.* 47.

CHAPITRE XCIV.

Bannissement à perpétuité hors d'une province, n'emporte point confiscation en la coutume de Sens.

François Marteau, du bourg de Villenosse, pour crime de faux est banni à perpétuité hors de la prévôté & vicomté de Paris & des bailliages de Sens & de Bray sur Seine, & condamné aux dépens, dommages & intérêts envers la partie civile. Pour en avoir payement, elle fait procéder par saisie & criée des biens de Marteau, lesquelles ayant été rapportées pardevant MM. des requêtes du palais, les doyen, chanoines & chapitre de Sens, seigneurs hauts-justiciers de Villenosse, interviennent & forment opposition aux criées, & pour moyens d'opposition disent, que Marteau ayant été banni à perpétuité hors de la coutume de Sens, a confisqué tous les biens qu'il y a assis, suivant sa disposition. Ces biens leur sont acquis, comme seigneurs hauts-justiciers, & ils offrent de payer au poursuivant criées tous ses dépens, dommages & intérêts. Sentence intervint par laquelle ils sont déboutés de leur opposition, & il est ordonné qu'il sera passé outre à la vente & adjudication par décret des héritages saisis, dont ils interjettent appel. M. Omer Talon, lors avocat des parties, dit pour les appellans, que la loi est notoire, que banni à perpétuité confisque ses biens. *Damnatione bona publicantur, cùm aut vita adimitur, aut civitas amittitur, aut servilis conditio irrogatur*, L. I. *De bonis damnat.* Il y a différence *inter deportatos & relegatos.* La déportation est un bannissement perpétuel. *Deportati usu togæ carebant, civitatis suæ jura perdebant*, L. 4. *Si quis caution. Alex. Consil.* 16. & *Cons.* 75. & *ibi Molin.* Plutarque au traité du bannissement. La rélégation n'est qu'un bannissement momentané, qui ne confisque point les biens, mais les conserve; ce n'est que *lata fuga.* La coutume de Sens, *art.* 16

& 92 est conforme à la disposition du droit écrit, & porte que l'homme banni à toujours, confisque ses biens. Marteau étant banni à toujours, a par conséquent confisqué ses biens au profit des appellans. La coutume de Sens est locale ; & ayant, dit que banni à perpétuité confisque ses biens, elle n'a pu ni voulu parler que du banni hors de sa province, hors de son ressort seulement, & non du banni hors du royaume. L'*art.* 26 ayant été ajouté de nouveau, elle n'eût point omis de faire mention du bannissement hors du royaume, si elle l'eût entendu & desiré ; ne l'ayant fait, elle n'a entendu parler que du banni hors de son territoire. L'intimé est hors d'intérêt par le moyen des offres de le rembourser de tous ses frais & dépens. Et conclut. Me. Ayrault pour l'intimé dit, qu'il a grand intérêt en la cause, parce qu'il est héritier présomptif de Marteau, duquel on ne peut pas dire que les biens soient confisqués, pour avoir été banni hors de la prévôté de Paris & du bailliage de Sens. La coutume qui porte que les biens d'un banni à perpétuité sont confisqués, ne s'entend point d'un banni hors de son territoire seulement, mais d'un banni hors du royaume. *Qui sunt verè deportati*, privés & déchus de tous honneurs & de tous biens ; *hi quibus igne & aquâ interdictum est : item deportati fideicommissum relinquere non possunt, quia nec testamenti faciendi jus habent*, *L.* 1. §. 3. *De leg. & fideic.* 3. *Cum sint* ... *id est, civitate extorres, cujus omnia jura amiserunt : ideoque si scribantur hæredes, tanquam peregrini capere non possunt*, *L.* 1. *C. de hæred. instit. Relegati non item*, *L.* 7. *De interd. & releg.* Marteau n'ayant point été banni hors du royaume, mais d'une province seulement, n'a point perdu les droits de la cité, est toujours demeuré françois ; pouvoir acquérir, plaider en son nom, sans bailler caution, comme n'étant point étranger ; bref, *retinuerat omnia jura civitatis*, *L.* 1. *De interd. & releg.* Et par ces moyens conclut au bien jugé.

M. l'avocat général Talon dit, que la science du droit civil est la raison écrite, & le droit commun parmi nous, suivant lequel il y a grande différence entre bannissement perpétuel & bannissement à tems : parce que le bannissement à tems, par lequel on condamne quelqu'un à s'absenter pour un tems d'une province, ne prive point le condamné des biens ni de l'honneur ; & étant de retour, il est rétabli entièrement, tout ainsi que s'il n'avoit point été banni à tems & relégué. *Pristinam recipit dignitatem*, *L.* 2. *C. De his qui in exilium missi. L.* 8. *De postul.* Toutefois parmi nous, celui qui est banni pour un tems, étant de retour perd l'honneur, s'il n'a recours aux lettres du prince : mais celui qui est banni à perpétuité, est compris sous le nom des morts, est banni de la mémoire des hommes, entre lesquels il n'a plus de commerce, *L.* 2. *De publ. judiciis.* Mais cela s'entend de celui qui est banni hors du royaume, qui n'est plus françois, mais étranger à soi-même, à ses parens, à son pays, qui perd tous ses biens qui demeurent sans maître. *Bona vacantia dicuntur*, *L. Tutelas.* §. *ult. De cap. minutis.* Salvien comparant les bannis à perpétuité avec les morts dit, que le bannissement perpétuel est plus rude, plus dur & plus cruel que la mort. A ce propos *Libanius* sophiste grec, en une de ses déclamations rapporte, qu'un particulier ayant été condamné par cinq juges, dont les uns opinoient à la mort, & les autres à un bannissement perpétuel, l'option étant déférée au condamné, suivant la coutume, il choisit la mort comme moins dure que le bannissement perpétuel, qui est réputé entre les peines & punitions capitales, *L. Capitalium.* 38. *De pœnis. L.* 3. *C. Si pend. appellat.* Autre chose est de celui qui est seulement banni d'une province, comme Marteau, qui pouvoit choisir telle autre demeure qu'il lui eût semblé dans toute la France, y pouvoir acquérir & disposer de ses biens, quoiqu'en la coutume de Paris & de Sens, d'où il étoit banni à perpétuité, il n'eût pu instituer ni être institué héritier : mais hors celles-là, il le pouvoit avec effet, *L. Sunt quidam. De pœnis.* Il n'est pas de même des offices que des autres biens : celui

qui est banni à perpétuité de la ville ou du lieu où il exerce son office, le confisque au profit du seigneur haut-justicier du lieu, comme il a été jugé en 1621, sur ses conclusions pour un office de notaire du bourg de Courville. En la cause, la coutume n'emporte point confiscation pour un simple bannissement hors de son territoire, hors de sa province : si cela étoit, il faudroit dire, *Durum*, *sed scriptum.* Il a exactement recherché la disposition des autres coutumes, pour voir si celle de Sens étoit locale & particuliere ; mais il a trouvé que sa disposition est commune & générale avec toutes les autres coutumes, qui portent pareillement, que banni à perpétuité confisque ses biens ; ce qui s'entend d'un bannissement hors du royaume, & non d'un simple bannissement de province. Et par ces moyens conclut, & adhere avec l'intimé à la confirmation de la sentence.

LA COUR mit l'appellation au néant ; ordonna que ce dont étoit appel, sortiroit son plein & entier effet ; condamna les appellans aux dépens. Le mercredi 20 avril 1622, en la chambre de l'édit, M. le président le Jay prononçant.

* Brodeau cite l'arrêt, *lett. S. somm.* 15.

CHAPITRE XCV.

Renonciation aux successions échues au profit d'un cohéritier moyennant une somme, franche des dettes héréditaires, est une véritable cession & vente de droits successifs, qui n'est sujette à rescision pour lésion d'outre moitié du juste prix.

LA demoiselle de Fouilleuse contractant mariage avec le sieur de Villarceaux, le sieur de Flavacour son frere lui constitua en dot la somme de trente mille livres, moyennant laquelle elle renonça à son profit aux successions échues de leurs pere, mere, freres & sœurs, à la charge de payer & acquitter toutes les dettes héréditaires. Quelques années après la dame de Villarceaux s'estimant lésée en cette renonciation, obtint lettres pour être restituée ; & sur l'appel du premier appointement, la cour étant saisie de la cause, Me. Fourcroi dit pour l'appellante & demanderesse en lettres, qu'elle a fait la renonciation dont elle se plaint, ignorant ses droits & les effets des successions auxquelles elle a renoncé. Elle y pouvoit prétendre plus de quatre fois autant que la somme qu'elle a touchée, cela est arrivé par le dol & la surprise du Sr. de Flavacour son frere, qui lui a récélé & caché tous les titres, afin d'avoir la portion pour peu de chose ; ce qui lui donne lieu de restitution. *L. Julianus.* §. 5. *Per contrarium. De action. empti. Rebus subtractis, facilè, quasi minimo valeret hæreditas, ut sibi ea venderetur, persuasit.* Les renonciations aux successions des pere & mere ont bien été reçues, mais non aux successions des freres & sœurs ; outre que ces renonciations ne sont approuvées que pour les successions à échoir, à cause de l'incertitude ; & n'ont point de lieu pour les successions échues, qui sont certaines & irrévocablement acquises, suivant l'opinion de Me. Charles du Moulin sur le *conseil* 29. *d'Alex.* qui dit, que ces renonciations ont lieu *in successione futurâ non delatâ*, *L.* 1. §. *Decretalis. De succ. edicto. Decretalis bonorum possessio an repudiari possit videamus.* Les docteurs sur le chap. *Quamvis. De pactis. L. Si quis. De jure delib. L. Si quis. C. De repud. vel abstin. hæred. L. Qui nondum certus. De hæredit. vel act. vend.* Par toutes ces loix les seules renonciations à échoir sont tolérées, & non celles aux successions déja échues & acquises. Et par ces moyens conclut à l'entérinement des lettres. Me. de Montholon pour l'intimé dit, que l'appellante & demanderesse en lettres est mal fondée, & non recevable. La fin de non-recevoir résulte de la pleine majorité en laquelle elle a quitté & renoncé aux successions de ses pere & mere, freres & sœurs au profit de l'intimé son frere, moyennant trente mille livres franches & quittes de toutes charges & dettes héréditaires. Il n'y a ni déception, ni lésion. *Si major*
transegisti,

transegisti, ad rescindendam transactionem de dolo contestatio sola non sufficit , L. 11. C. *De transaction.* Quand il y auroit lésion, elle ne seroit non plus considérable par deux moyens. Le premier, que c'est un majeur qui a vendu, cédé & renoncé à un droit qui lui étoit acquis, *L. Quisquis major.* L'autre, que c'est une véritable cession & vente de droits successifs, dans lesquels on ne considère jamais la lésion d'outre moitié de juste prix, même du quadruple, ou telle autre qu'elle puisse être, à cause de l'incertitude. Et par ces moyens conclut à ce que l'appellant soit déboutée de l'entérinement de ses lettres. M. le premier président lui dit, qu'il répondoit pas à l'objection qu'on lui faisoit de la maxime en laquelle nous vivons, qu'on ne peut renoncer aux successions échues. A quoi il repliqua, que c'est une vente & cession de droits successifs, plutôt qu'une renonciation.

LA COUR mit l'appellation & ce au néant, évoqua le principal ; & sans avoir égard aux lettres, mit les parties hors de cour & de procès, & ordonna que le contrat seroit exécuté ; sans dépens, attendu la qualité des parties ; le jeudi 21 avril 1622.
* Me. Julien Brodeau, *lett. H. somm.* 8. remarque que l'arrêt cité par M. Louet a été prononcé en *robes rouges* le 29 mars 1580. C'est le 166 de le Vest, où il est daté du 23. Mais quoiqu'il ait jugé la question entre cohéritiers, ledit sieur Brodeau ajoute incontinent que sa décision n'a lieu, sinon à l'égard des cessions & transports de droits successifs faits à des étrangers, & non à l'égard de ceux qui se font entre cohéritiers légitimes, & notamment, dit-il, avant le partage, parce que tels contrats, comme étant les premiers après l'ouverture de la succession, sont réputés partagés.

La distinction de ce grand homme étoit déja rejettée par cet ancien arrêt, & la clause qui se trouvoit en la cession, *que le cédant donnoit la plus valeur*, n'a pu former une raison particulière de décider. Car outre que cette clause n'étoit qu'un style de notaires, & que celui qui veut faire une donation, ne commence pas par une vente, si on l'avoit considérée comme donation, elle auroit été sujette à insinuation, & annullée par ce défaut.

Il y avoit seulement cette différence marquée par Chenu, *centur.* 1. *quast.* 76. qui rapporte l'arrêt fort au long, que la cession étoit faite avant la succession ouverte. Mais bien-loin que cela diminue le préjugé pour la these générale, il est encore plus fort dans l'espèce d'une vente de droits successifs échus. Car il semble qu'on ne puisse valablement disposer d'une succession à échoir sans le consentement de celui auquel on doit succéder, si ce n'est dans les cas exprimés pour les renonciations contractuelles des filles mariées par pere & mere, qui peuvent stipuler l'exclusion des successions collatérales à échoir sans la participation des collatéraux.

On ne doit donc pas considérer une cession & vente de droits successifs échus faite à un cohéritier, comme un partage qui seroit sujet à rescision pour lésion du tiers au quart, quoique ce fût le premier acte passé entre eux depuis l'ouverture de la succession. En effet, l'arrêt qui est ici rapporté par l'auteur, a jugé la question, & ne s'est point arrêté à la lésion, que l'on soutenoit être de plus des trois quarts.

CHAPITRE XCVI.

Juge ne peut être adjudicataire en son siege.

LA terre & seigneurie de Revencourt saisie sur le Sr. de Revencourt & mise en criées au bailliage de Chaumont en Bassigny, fut vendue & adjugée à un procureur du siege, moyennant le prix & somme de cinq mille six cents livres ; lequel incontinent après l'adjudication, fait sa déclaration au profit de Me. Jean de Lorraine, président au présidial de de Chaumont en Bassigny, où la terre avoit été adjugée. Deux filles & héritieres dudit Sr. Revencourt

Tome I.

---

saisi, décédé un peu auparavant l'adjudication, interjettent appel du décret, sur lequel elles firent intimer tant Me. Jean de Lorraine, que le poursuivant criées. De Lorraine fait incontinent déclaration qu'il se départ de l'adjudication par décret fait à son profit, & ne veut s'en aider. Néanmoins la cause fut plaidée par Me. Feydeau pour les appellantes. Me. de Lamet pour de Lorraine, Me. Pinette pour le poursuivant criées, qui remontra qu'il n'y avoit aucunes nullités.

LA COUR dit, qu'il avoit été mal, nullement procédé & adjugé ; cassa & annulla tout ce qui avoit été fait ; ordonna que les appellantes rentreroient en la possession & jouissance des choses adjugées, sauf à de Lorraine intimé à se pourvoir pour la restitution du prix de l'adjudication ; la condamna à rendre les fruits sans compensation d'iceux, avec les intérêts dudit prix ; & le condamna en outre aux dépens à l'égard du poursuivant criées. Le lundi 9 mai 1622, M. le premier président prononçant, qui dit en suite de l'arrêt : *Juges, apprenez à vivre comme il faut.*

☞ *Vide* tom. 2. liv. 3. chap. 5. l'auteur rapporte un semblable arrêt.

CHAPITRE XCVII.

Gentilhomme qui fait cession de biens, doit porter le bonnet vert.

UN gentilhomme ayant fait dépense de bouche en la maison d'un hôtelier jusques à la somme de six-vingts livres, est poursuivi pour le payement. Il demande à être reçu au bénéfice de cession. L'hôtelier qui pouvoit l'empêcher, sa dette étant privilégiée à cause des alimens, consent néanmoins la cession de biens, à la charge que son débiteur portera le bonnet vert. Le bailli du Mans rend sa sentence, par laquelle il reçoit ce débiteur au bénéfice de cession de biens, & le dispense de porter le bonnet vert, attendu sa qualité de gentilhomme, dont l'hôtelier interjette appel, sur lequel il fit intimer tant le gentilhomme, que le juge en son propre & privé nom. Après que Me. Arragon pour l'appellant, Me. Gorlidot pour le débiteur intimé, & Me. du Chemin pour le juge, eurent été ouis :

M. l'avocat général Talon dit, que la regle de porter le bonnet vert étant introduite par les arrêts, contre ceux qui veulent être reçus au bénéfice de cession de biens, il n'appartient pas aux premiers juges d'entreprendre d'en dispenser. *Illis obsequii gloria relicta est.* Ce n'est point la qualité des parties, de roturier, ou de gentilhomme, qu'il faut considérer, ni la bonne ou mauvaise fortune ; le bonnet vert étant la marque publique de la cession & abandonnement de tous biens, il faut aussi qu'elle soit commune à toute sorte de personnes, tant roturiers que gentilshommes. Il a été ainsi jugé par arrêt de 1609 contre un gentilhomme, que le juge de la Faye Vineuse avoit pareillement dispensé de porter le bonnet vert. Il n'appartient point aux juges inférieurs de prononcer par dispense. Il ne reste autre chose aux créanciers que la honte & le deshonneur de leurs débiteurs, pour retenir la sincérité entre les hommes, & la crainte de faire perdre ce qu'ils doivent ; & adhere avec l'appellant.

LA COUR mit l'appellation & ce au néant ; sans avoir égard à la requête de l'intimé afin d'être dispensé de porter le bonnet vert, attendu sa qualité de gentilhomme, ordonna qu'il seroit reçu au bénéfice de cession, à la charge de porter le bonnet vert : enjoint aux juges de garder les arrêts à peine de répondre en leurs propres & privés noms ; & sur l'intimation du juge, mit les parties hors de cour & de procès. Le mardi 10 mai 1622, M. le premier président de Verdun prononçant.

☞ *Vide* le chap. 14. du 3. livre ci-après.
☞ Autrefois l'on punissoit de différentes manieres ceux que leur inconduite, ou leur mauvaise foi, mettoient dans le cas de faire cession de leurs biens,

Z

1622. En Italie on les obligeoit à se frapper trois fois contre terre en présence du juge. Bouchel en sa bibliotheque du droit français, au mot *ceſſion de biens*, pag. 439, dit : que l'on voyoit encore à Padoue une pierre appellée *lapis vituperii*, où ceux qui étoient reçus à la ceſſion, *nudatis natibus*, *ter lapidem percutiendo*, diſoient à haute voix, *cedo bonis* ; & que de ce il y avoit coutume écrite (a).

Dans la ville de Lucques, on faiſoit porter au ceſſionnaire un *bonnet* ou *chapeau orangé*.

Il paroît qu'en France on adopta l'uſage de faire paroître celui qui faiſoit la ceſſion, en juſtice, & que là en préſence du juge, il défaiſoit ſa *ceinture* & prenoit un *bonnet vert* des mains de ſes créanciers qui le lui fourniſſoient.

Cet uſage paroît s'être introduit d'abord dans le pays de Laval en Poitou. Bouchel, *loco citato*, rapporte un arrêt du 16 juin 1582, confirmatif d'une ſentence du lieutenant de Laval du 9 ſeptembre 1580, qui condamna Bulſigues qui avoit fait ceſſion de ſes biens, à porter un *bonnet* ou *chapeau vert*, qui lui ſeroit fourni par le Moine ſon créancier ; & il fut dit, qu'après que le Moine auroit fourni le *bonnet* ou *chapeau*, il ſeroit permis audit le Moine & aux autres créanciers de Bulſigues, de le faire mettre en priſon, ſi on le rencontroit ſans ce chapeau.

Cependant il paroît que cette eſpece de punition ne fut pas adoptée alors généralement dans tout le royaume ; car l'on trouve un arrêt donné aux grands jours de Troyes de 1583, par lequel il fut dit que l'arrêt de 1582 donné contre les ceſſionnaires qui portoient le *bonnet vert* à Laval, n'auroit point lieu dans les autres provinces. Mais en 1592 & 1594, on voit que cette juriſprudence s'introduiſit dans les parlemens de Rouen, de Touloſe & de Bordeaux, puiſque l'on trouve des arrêts de ces cours & un entr'autres du parlement de Rouen du 15 mars 1594, rendu en forme de réglement, par lequel il fut ordonné que tous ceux qui ſeroient obligés d'avoir recours au bénéfice de ceſſion ſeroient tenus de porter le *chapeau vert* ; & que dans le cas où ils ſe trouveroient ſans l'avoir ſur la tête, il ſeroit permis à leurs créanciers de les conſtituer priſonniers.

Ce réglement donna lieu à des jugemens aſſez ſinguliers.

Le premier fut rendu au parlement de Normandie le 29 novembre 1602. En voici l'eſpece.

Le nommé Louvaintre de la ville de Rouen, qui avoit fait ceſſion de ſes biens, ayant été rencontré dans la rue ſans *bonnet vert* par le nommé Pitreſon un de ſes créanciers, ce dernier le fit ſur le champ conſtituer priſonnier par la clameur de *haro*. Louvaintre demanda ſon élargiſſement, en diſant que mal-à-propos Pitreſon l'avoit fait empriſonner, pour n'avoir pas porté de *chapeau vert*, puiſque Pitreſon ne lui en avoit pas fourni ; & il oſa même conclure à ce que Pitreſon fût tenu de lui en fournir deux par an. La cour ſur ces demandes condamna Louvaintre en deux écus d'amende envers le roi, cependant ordonna ſon élargiſſement, à la charge de porter le *chapeau vert* à découvert, enjoignit audit Pitreſon de lui en faire délivrer un par chacun an, & il fut dit que dans le cas où ledit Louvaintre ſeroit trouvé ſans porter ledit *chapeau vert*, qu'il ſeroit déclaré débouté du bénéfice de ceſſion.

L'autre eſpece n'eſt pas moins ſinguliere.

Le nommé Landy de la province de Gaſcogne, qui avoit été admis au bénéfice de ceſſion à la charge de porter le *bonnet vert*, qui lui avoit été fourni par ſon créancier, le portoit dans ſa poche, & le mettoit ſur ſa tête, dès qu'il appercevoit ſon créancier. Le créancier inſtruit de ce fait, pourſuivit Landy, & ſoutint qu'il devoit porter le *bonnet vert* en tout tems. C'eſt ce qui fut jugé par arrêt du parlement de Bordeaux du 15 mars 1606, rapporté par Laperrere au mot *ceſſion*, édit. de 1717.

S'il falloit rapporter tous les ſubterfuges auxquels avoient recours ces porteurs de *bonnet vert*, pour ſe diſpenſer de l'avoir ſur leur tête, on ſe jetteroit dans des citations infinies ; c'eſt pourquoi je me contenterai d'obſerver, que quelques-uns au-lieu de *bonnet*, portoient une eſpece de *calotte verte*, qui ſe trouvoit couverte par le chapeau, ce qui donna lieu à beaucoup de conteſtations, qui portées dans différens tribunaux furent jugées différemment.

Dans les uns, il fut ordonné que les ceſſionnaires porteroient le *bonnet vert à découvert* ; dans d'autres, qu'au-lieu de *bonnet*, ils porteroient des *chapeaux verts*.

Des gentilshommes qui avoient auſſi fait des ceſſions, prétendirent que leur qualité de nobles les diſpenſoit de la formalité humiliante de porter le *bonnet vert*. L'arrêt de 1622 que rapporte M. Bardet, prouve que l'on n'eut pas d'égard à cette diſtinction. M. Fœfve cent. 4. chap. 28, en rapporte également un autre rendu plus de 30 ans après, c'eſt-à-dire le 18 mars 1653, qui jugea la même choſe.

M. Bornier en ſon commentaire ſur l'ordonnance de 1673, cherche à découvrir le motif qui avoit déterminé les juges à imaginer cette peine (b), & il laiſſe entrevoir qu'il penſe qu'elle avoit été impoſée à ceux qui recouroient à la ceſſion de biens non pas pour les *noter*, mais ſeulement *pour avertir que chacun n'eût plus à contracter avec eux*, *& pour obvier la fréquence des banqueroutes*.

J'adopterois bien la derniere partie du ſentiment de M. Bornier, mais non pas l'autre où il dit que ce *bonnet ne notoit pas* ceux qui le portoient : car enfin annoncer par un ſigne viſible, qu'il n'y a ni de la ſûreté à traiter avec un homme, c'eſt, je penſe, caractériſer publiquement qu'il eſt de mauvaiſe foi, ou au moins d'une grande inconduite ; & tous les efforts que faiſoient anciennement tous ceux qui avoient recours à la ceſſion, pour cacher cette marque d'ignominie, démontrent aſſez cette vérité. Auſſi voit-on que le roi Louis XIII, conſidérant que du nombre de ceux qui recouroient au bénéfice de ceſſion, il y en avoit beaucoup qui étoient de bonne foi, & que des malheurs imprévus avoient réduit à prendre ce parti, décida par l'art. 144 de l'ordonnance de 1629, que les débiteurs de bonne foi qui feroient des ceſſions, n'encourroient aucune infamie, & n'en porteroient aucune marque.

C'eſt auſſi depuis ce tems, que l'on ne contraignit plus ceux qui cédoient leurs biens, à porter ce *bonnet vert*, lorſqu'ils prouvoient qu'il n'y avoit pas de leur faute, & que leur ceſſion n'étoit point frauduleuſe. Mais comme par la ſuite tous ceux qui avoient recours au bénéfice de ceſſion, prétendirent ſous différens prétextes être dans le cas de l'exception portée par l'ordonnance de 1629, inſenſiblement l'uſage du *bonnet vert* s'eſt aboli, ſur-tout depuis l'ordonnance de 1673, qui en preſcrivant par les art. 1 & 2 du tit. 10 les formalités qui devoient s'obſerver dans les ceſſions de biens, avoit faux abolir la peine du *bonnet vert*, puiſqu'elle n'en faiſoit aucune mention.

C'eſt donc depuis cette époque de l'ordonnance de 1673, que *le port du bonnet vert*, a commencé à ceſſer d'être en uſage dans la plupart des cours ſouveraines ; je dis dans la plupart, car cette punition s'inflige encore dans certains cas dans le parlement de Bordeaux ; mais actuellement dans les autres on ſe contente d'obſerver les formalités qu'elle preſcrit, ſans aſtraindre ceux qui ont recours au bénéfice de ceſſion à porter le *bonnet vert*.

Cependant il n'en eſt pas moins vrai, que lorſqu'un débiteur a forcé ſes créanciers à l'admettre au bénéfice de ceſſion, il n'eſt libéré que juſqu'à concurrence des biens qu'il abandonne ; & que ſi par la ſuite, il acquiert d'autres biens, ſes créanciers antérieurs à la ceſſion, peuvent exercer leur recours ſur iceux. M. Bornier, *loco citato*, dit : qu'ils

---

(a) L'on m'a aſſuré qu'à Bordeaux dans la place du palais, il y avoit une pareille pierre ſur laquelle on faiſoit aſſeoir le ceſſionnaire avec un bonnet vert ſur la tête, mais j'ignore ſi l'on en fait encore uſage.

(b) M. Brilloy en ſon dictionnaire des arrêts, au mot bonnet, édition de 1727, page 951, colonne 1, dit : Quoique par l'ordonnance d'Orléans, tous ceſſionnaires ſoient tenus de porter le bonnet vert, néanmoins il y a des cas où la cour a coutume de les diſpenſer, comme, &c. mais j'ai cherché en vain cette prétendue diſpoſition de l'ordonnance, & je ne l'ai point trouvée.

font *notis , diffamés , & fujets aux reproches pu-blics , fans pouvoir paffer par aucunes charges ;* & il ajoute que l'ufage eft, qu'ils doivent être conduits par un huiffier à la place publique , pour faire la publication de la ceffion de biens dont procès-verbal eft dreffé par l'huiffier.

Mais fi les peines font encore fi infamantes con-tre ceux qui forcent leurs créanciers à recevoir cette ceffion , il n'en eft pas de même de ceux qui la font de concert avec leurs créanciers & de leur confentement, parce qu'alors cet accord entre le débiteur & les créanciers fait préfumer la bonne foi du débiteur , & que le créancier qui a concouru à cette ceffion a été convaincu qu'il n'y avoit aucune fraude de la part du débiteur.

Les différentes révolutions qui arrivent tous les jours actuellement dans le commerce exigeroient bien , je penfe , que l'on fît revivre l'ufage du bon-net vert ; ne fût-ce , comme le dit M. Bornier , que pour avertir certains commerçans trop faciles des rif-ques qu'ils courent & font courir à d'autres en contractant fouvent fans précaution avec des gens qu'ils n'ont jamais vu : cet uniforme leur feroit pren-dre plus de précautions.

CHAPITRE XCVIII.

On ne peut réfilir de la compofition d'un office d'élu ; mais le réfignant eft déchargé de la claufe de garantie du fait du prince.

Maître Abraham Chalopin élu à Angers, ayant exercé trente ans cette charge , le 24 dé-cembre 1621, il en traite & compofe avec Me. Jean Chenets , moyennant le prix & fomme de douze mille livres , & lui donne procuration pour fe faire pourvoir. Quatre jours après, Chenets cede & quitte les droits qu'il avoit en cet office , à Voifin fon beau-frere. Le 1 janvier 1622 , Chalopin ayant re-gret d'avoir traité de fa charge , va chez le notaire qui avoit reçu le contrat & la procuration, lui déclare qu'il entend réfilir de la convention, qu'il révoque fa procuration. Le 3 du même mois il fait fignifier cette révocation à Chenets, & le fait af-figner pardevant le fénéchal d'Anjou , pour voir dire qu'il rentrera en fa charge , lui offrant les domma-ges & intérêts. Son moyen principal eft , que par le contrat il s'eft obligé à une claufe infolite & pé-rilleufe , ayant promis de faire jouir Chenets des droits & émoluments de l'office tout ainfi qu'il en jouiffoit ; c'eft-à-dire, qu'il s'eft obligé à perpétuité, & du fait du prince ; ce qui n'eft pas raifonnable. Chenets répond qu'il n'a plus rien à l'office ; qu'il a cédé fes droits à Voifin , lequel foutient le deman-deur non recevable. Sentence intervient , par la-quelle il eft ordonné que Chalopin rentrera en fon office d'élu , & de fon confentement eft condam-né aux dommages & intérêts. De cette fentence Che-nets & Voifin interjettent appel. Me. le Feron pour Chenets dit , que l'intimé ne peut réfilir de la con-vention faite entr'eux , fur l'affurance de laquelle il a cédé fes droits à Voifin fon beau-frere. Me. de Lamet pour Voifin dit , que l'intimé n'eft recevable à vouloir rentrer en fa charge au préjudice d'une compofition & traité paffés pardevant notaires , qui doivent être exécutées , fuivant la loi *Qui reftituere.* 68. *De rei vindicat.* Cette caufe fe doit vuider par la dif-tinction apportée par les arrêts, qui eft, que quand celui qui a traité & compofé de fon office , vient incontinent après , *rebus integris,* & dans les 24 heures de la compofition , *eft pœnitentiæ locus ,* fui-vant un arrêt rapporté par celui qui a donné les der-niers au public, pour un office d'élu de Tonnerre, qui avoit révoqué fa procuration dans les 24 heu-res , *rebus integris.* Mais quand cinq ou fix jours fe font écoulés , ou , comme ici , douze jours , *rebus non integris ;* il n'y a apparence quelconque d'écou-ter celui qui veut réfilir du traité qu'il a fait , ainfi qu'il a été jugé par arrêt du 7 février 1668 , pour un office d'élu à Compiegne , par lequel la cour con-

damna celui qui en avoit traité , à paffer procura-tion pour réfigner ledit état & office fuivant fa pro-meffe. Me. Doublet pour l'intimé dit , qu'ayant exercé l'état & office d'élu pendant trente ans , il a regret de s'en voir dépouillé ; de plus , il s'eft obligé à une chofe du tout infolite & extraordi-naire. Il a promis de garantir le fait du prince , duquel perfonne n'eft refponfable ; ce qui eft fuffi-fant pour le ruiner. Ses offres de dommages & in-térêts font pertinentes : *Quia in alternativis electio eft debitoris & venditoris , aut rem præftare , aut in-tereffe folvere , L.* 1. *De act. empti.* Et conclut.

M. le premier préfident étant aux opinions , de-manda à Me. Doublet , s'il avoit procuration pour montrer & foutenir que l'intimé voulût exercer l'of-fice & état en perfonne ; lequel répondit que fes mémoires le portoient.

LA COUR mit l'appellation & ce dont étoit appel , au néant , fans amende & dépens ; or-donna que la compofition feroit entretenue ; & ce faifant, que Voifin feroit reçu en l'office : ordonna néanmoins que l'intimé demeureroit déchargé de la claufe de fournir & faire valoir pour le regard du fait du roi ; le lundi 30 mai 1622.

CHAPITRE XCIX.

Renonciation à la communauté faite cinq ans après le décès du mari , eft déclarée bonne & valable dans la coutume du Maine.

EN 1611 mariage fut contracté entre Jean de Champlais & demoifelle Madelaine de Lon-gueil. Par le contrat de mariage il eft ftipulé , qu'a-venant le prédécès du mari , la veuve pourra re-noncer à la communauté , & ce faifant , reprendre franchement & quittement tout ce qu'elle aura ap-porté , avec fon avantage & préciput. En 1616 le mari decede , & laiffe des enfans : la mere fut créée leur tutrice , & en cette qualité fit faire in-ventaire. En 1621 elle contracta un fecond mariage ; mais avant la célébration , elle fit créer un autre tuteur à fes enfans , & renonça à la communauté d'entre elle & fon défunt mari , & en conféquence fait affigner le tuteur aux fins de lui payer la fomme de fix mille livres , tant pour la reftitution de ce qu'il avoit touché de fa dot , que du préciput. Le tuteur excipe , que cette renonciation à la commu-nauté faite par la demandereffe cinq ans après le décès de fon mari eft nulle ; qu'elle a géré , manié & difpofé des biens de la communauté comme bon lui a femblé , & qu'elle eft mal fondée en fa de-mande. Le juge du Mans déclare la renonciation bonne & valable , condamne le tuteur de payer à la demandereffe les fommes par elle demandées , en conféquence de la claufe portée par le contrat de mariage. Le tuteur interjetta appel. Me. Feydeau pour l'appellant dit , que cette renonciation faite par l'intimée à la communauté de biens d'entre fon mari & elle , cinq ans après le décès de fon mari , eft nulle & de nul effet & valeur. Pendant ces cinq années elle a géré & difpofé du bien de la com-munauté comme bon lui a femblé ; après cela , il n'y a apparence quelconque de la recevoir à une renonciation. La coutume du Maine , non plus que celle de Paris , ne préfinit point le tems dans le-quel il faut que la veuve renonce à la communauté. Il faut recourir à la difpofition des coutumes circon-voifines. Toutes , jufques au nombre de vingt-fix , admettent la renonciation à la communauté , mais déterminent le tems à quarante jours pour le plus. L'intimée a accepté la garde-noble de fes enfans , & eft tenue des dettes mobiliaires. Sa demande étant de cette qualité , elle eft confufe en fa per-fonne. Si la cour admettoit les renonciations faites après un fi long tems , cela feroit de périlleufe conféquence ; ce feroit donner occafion aux veuves de divertir & mal ufer du bien de leurs enfans. Et par ces moyens conclut. Me. le Verrier pour l'in-timée dit , qu'incontinent après le décès de fon mari

1622. elle a fait faire bon & loyal inventaire : on ne la peut point foupçonner ni accufer de fouftraction & récélé. La coutume ne fixant aucun tems dans lequel précifément il faille renoncer à la communauté, elle le permet indéfiniment & en tout tems, *rebus integris*, c'eft-à-dire, n'ayant point mal verfé & diverti les effets de la communauté ; partant la renonciation faite par l'intimée eft bonne & valable. Et conclut.

M. l'avocat général Talon dit, qu'en cette caufe il n'eft pas queftion de la perte du bien des mineurs, mais de celui de leur mere, qui demande ce qu'elle a apporté. La coutume du Maine n'ayant point défini le tems dans lequel la veuve doive renoncer à la communauté, il ne faut point recourir à la difpofition des coutumes voifines, comme on a dit. Il y a double renonciation ; l'une expreffe, faite par acte judiciaire ; l'autre tacite, faite par un bon & loyal inventaire, comme a fait l'intimée : vraifemblablement le juge avoit jugé fuivant ce qui s'obferve en fa coutume. Et adhere avec l'intimée.

LA COUR mit l'appellation au néant ; ordonna que ce dont étoit appel, fortiroit fon plein & entier effet ; fans dépens, attendu la qualité des parties ; le mardi 28 juin 1622.

CHAPITRE C.

Titre clérical eft inaliénable.

JEan Dulac, clerc, defirant d'être promu aux ordres facrés de prêtrife, & n'ayant aucun bénéfice, Pierre Dulac fon pere lui donne certains fonds & héritages pour lui fervir de titre clérical, fuivant l'ordonnance d'Orléans art. 12 qui défend aux évéques de promouvoir aucun aux ordres de prêtrife, qu'il n'ait bénéfice ou revenu temporel, au moins de cinquante livres, pour fubvenir à fa nourriture & entretien. En conféquence de cet affignat & donation d'héritages, pour fervir de titre clérical à Jean Dulac, il eft fait prêtre, & cherchant un bénéfice, il en contefte un contre Jacques Loye, envers lequel il fuccombe, & eft condamné aux dépens. Jacques Loye les fait taxer, & en vertu de l'exécutoire procede par faifie réelle & établiffement de commiffaire fur les fonds & héritages qui avoient été baillés à Dulac par fon pere, pour fon titre clérical. Dulac interjette appel de la faifie & criées. Me. Belon pour l'appellant dit, que les fonds & héritages qu'on a faifis & criés, lui ont été donnés par fon pere pour lui fournir de nourriture & entretien. L'art. 12 de l'ordonnance en défend l'aliénation & toute hypotheque, depuis la promotion à l'ordre de prêtrife ; ainfi on n'a pu les faifir. Me. Rofée pour l'intimé dit, qu'il faut faire une diftinction : quand le prêtre ne poffede que fon titre clérical, il eft inaliénable ; mais quand il poffede d'autres biens, ou en bénéfices ou autrement, il peut être faifi & vendu. L'appellant a un bénéfice de plus, de cinq cents livres de revenu, qui eft plus que fuffifant pour fon entretien. Et conclut à la confirmation de la faifie.

M. l'avocat général Servin dit, que l'ordonnance a prudemment ordonné le titre clérical avant la promotion à l'ordre de prêtrife, & défendu l'aliénation après icelle. Il faut fe tenir à la regle. L'appellant dit, que le bénéfice duquel on parle eft contentieux. S'il ne l'eft point, l'intimé peut faire faifir les fruits. Et adhere avec l'appellant.

LA COUR mit l'appellation & ce au néant ; émendant & corrigeant, déclara l'intimé non recevable en la faifie des fonds & héritages dont étoit queftion ; en fit pleine & entiere main-levée à l'appellant, fauf à l'intimé à fe pourvoir fur fes biens, autres que ceux qui lui avoient été baillés pour titre clérical ; & fans dépens. Le jeudi 7 juillet 1622, M. de Verdun premier préfident prononçant.

CHAPITRE CI.

Partie civile n'eft tenue des droits de geolage.

UN nommé Jean Chardin le Grand, demeurant au village de la Muette près de Pontoife, accufe quatre de fes voifins d'avoir fait & fabriqué une fauffe obligation, & obtient décret de prife de corps, en vertu duquel il les fait conftituer prifonniers à Pontoife, où ils font détenus deux ou trois ans. Barthelemi Corbeau fait affigner Chardin, aux fins de lui payer les gîtes & geolages des prifonniers détenus à fa requête. Il y eft condamné par fentence du juge de Pontoife, dont il interjette appel, pour lequel Me. Beaulieu dit, que la fentence eft directement contraire à l'ordonnance d'Henri II de l'an 1549. Et conclut. Me. Viot le jeune pour le geolier intimé dit, que les prifonniers n'ont aucuns biens, & que la partie civile doit payer leurs gîtes & geolages au concierge ; autrement il ne recevroit rien de perfonne, employant fon bien & fa peine pour le fervice du public, & la garde des prifonniers. Et conclut au bien jugé.

LA COUR mit l'appellation & ce dont étoit appel, au néant ; émendant, les parties hors de cour & de procès, fauf à l'intimé à fe pourvoir pour fes droits de geolage contre les prifonniers, ainfi qu'il verroit. Le jeudi 11 août 1622, M. de Verdun premier préfident prononçant.

☞ *Vide* ci-après liv. 2. chap. 68.

CHAPITRE CII.

Curé primitif, qui a les deux tiers de la dîme, doit les deux tiers des réparations du chœur & chancel de l'églife, & le vicaire perpétuel doit l'autre tiers.

ENtre maître Samuel Gregoire, prêtre, vicaire perpétuel de la paroiffe de Courtilly, diocefe du Mans, demandeur aux fins de la commiffion du 1 août 1620, d'une part ; & les religieux, abbé & couvent de l'abbaye de St. Vincent-lez-le-Mans, défendeurs : & entre lefdits religieux, abbé & couvent, demandeurs fuivant la commiffion du 2 janvier 1622, d'une part ; & les habitans de ladite paroiffe de Courtilly, défendeurs, d'autre part.

LA COUR faifant droit fur le tout, a condamné & condamne lefdits religieux, abbé & couvent de St. Vincent, curés primitifs & dîmiers pour les deux tiers de la paroiffe de Courtilly, de faire faire dans deux mois les deux tiers des réparations du chœur & du chancel de l'églife paroiffiale de Courtilly ; & ledit Me. Gregoire Samuel vicaire perpétuel l'autre tiers : lefquelles réparations feront à cette fin vues, vifitées & eftimées par gens à ce connoiffans, dont les parties conviendront pardevant l'exécuteur du préfent arrêt, qui fera rapport de l'état du chœur & chancel ; & condamne lefdits manans & habitans de fournir de livres & ornemens néceffaires pour la célébration du fervice divin. Prononcé le 24 août 1622.

CHAPITRE CIII.

Requêtes civiles ne doivent être plaidées aux rôles des provinces les lundis & mardis.

LE mardi 22 novembre 1622, premier jour d'audience, Me. le Noir voulant plaider une requête civile pour les officiers du roi à Noyon, contre les officiers de M. l'évêque, M. l'avocat général Servin fe leva & dit, que cette caufe étant une requête civile, ne pouvoit point être plaidée ce jour-là, destiné pour la plaidoierie des causes qui sont aux rôles ordinaires des provinces. A quoi Me. le Noir ayant reparti, qu'il avoit appris de ses anciens, que les requêtes civiles avoient accoutumé d'être mises aux rôles des jours ordinaires, desquels on plaidoit.

M. le premier président ayant été aux opinions dit : Le Noir, ni vous, ni autres de vos anciens, ne venez plus parler de vos coutumes.

LA COUR a ordonné & ordonne que la cause sera rayée du rôle, & mise au rôle des jeudis, ou au rôle de Paris; & sit remontrance à Me. Foulé greffier des présentations présent, de ne plus mettre aucune requête civile en autres rôles qu'en celui des jeudis, ou de Paris.

☞ Sur cette matiere vide le titre trente-cinq de l'ordonnance de 1667, relativement aux délais prescrits pour se pourvoir en requête civile, & aux moyens qui les font admettre à l'égard de l'espece de l'arrêt ci-dessus. Je pense que c'est ici le lieu de rapporter les deux déclarations suivantes.

Déclaration du roi, concernant les requêtes civiles, donnée à Versailles le 20 novembre 1769, registrée en parlement le 2 décembre 1769.

LOUIS, par la grace de Dieu, roi de France & de Navarre, à tous ceux qui ces présentes lettres verront, SALUT. Nous avons été informés que depuis notre déclaration du 7 août 1768 (a), il est survenu un grand nombre de requêtes civiles, dont la meilleure partie n'a pas été terminée, telle assiduité qu'ait apporté notre cour de parlement à l'expédition des affaires; & comme nous n'avons rien de plus recommaudable que le foulagement de nos sujets, & de leur faire rendre la justice qui leur est due, le plus promptement qu'il sera possible, nous avons jugé à propos d'y pourvoir. A CES CAUSES, & autres à ce nous mouvans, de l'avis de notre conseil & de notre certaine science, pleine puissance & autorité royale, nous avons dit, déclaré & ordonné, & par ces présentes signées de notre main, disons, déclarons & ordonnons, voulons & nous plaît, que toutes les requêtes civiles qui ont été mises aux grands rôles de notredite cour depuis & compris celui de la St. Jean 1768, jusques & compris celui de la St. Jean 1769, & qui n'auront pas été plaidées, soient & demeurent appointées à la fin desdits rôles, ainsi que les autres causes, & soient renvoyées dans les chambres où auront été rendus les arrêts contre lesquels lesdites requêtes civiles auront été obtenues. SI DONNONS EN MANDEMENT à nos amés & féaux conseillers les gens tenans notre cour de parlement à Paris, que ces présentes ils aient à faire registrer, & le contenu en icelles, exécuter selon sa forme & teneur, cessant & faisant cesser tous troubles & empêchemens, & nonobstant toutes choses à ce contraires. CAR tel est notre bon plaisir; en témoin de quoi nous avons fait mettre notre scel à cesdites présentes. Donné à Versailles le vingtieme jour de novembre l'an de grace 1769, & de notre regne le cinquante-cinquieme. *Signé*, LOUIS. Et plus bas, par le roi, PHELIPEAUX. Et scellée du grand sceau de cire jaune.

Registrée, oui, ce requérant le procureur général du roi, pour être exécutée selon sa forme & teneur, suivant l'arrêt de ce jour. A Paris en parlement, les grand chambre & tournelle assemblées le 2 décembre 1769. Signé, DUFRANC.

Déclaration du roi, concernant les requêtes civiles, du premier septembre 1770; registrée en parlement le 6 septembre 1770.

LOUIS, par la grace de Dieu, roi de France & de Navarre, à tous ceux qui ces présentes lettres verront, SALUT. Nous avons été informés que depuis notre déclaration du 20 novembre 1769, il est survenu un grand nombre de requêtes civiles dont la meilleure partie n'a pas été terminée, telle assiduité qu'ait apporté notre cour de parlement à l'expédition des affaires; & comme nous n'avons rien de plus recommandable que le foulagement de nos sujets, & de leur faire rendre la justice qui leur est due, le plus promptement qu'il sera possible, nous avons jugé à propos d'y pourvoir. A CES CAUSES, & autres à ce nous mouvans, de l'avis de notre conseil & de notre certaine science, pleine puissance & autorité royale, nous avons dit, déclaré & ordonné, disons, déclarons & ordonnons, voulons & nous plaît, que toutes les requêtes civiles qui ont été mises aux grands rôles de notredite cour, depuis & compris celui de la St. Jean 1769, jusques & compris celui de la St. Jean 1770, & qui n'auront pas été plaidées, soient & demeurent appointées à la fin desdits rôles, ainsi que les autres causes, & soient renvoyées dans les chambres où auront été rendus les arrêts contre lesquels lesdites requêtes civiles auront été obtenues. SI DONNONS EN MANDEMENT à nos amés & féaux conseillers, les gens tenans notre cour de parlement à Paris, que ces présentes ils aient à faire registrer, & le contenu en icelles, exécuter selon sa forme & teneur, cessant & faisant cesser tous les troubles & empêchemens & nonobstant toutes choses à ce contraires. CAR tel est notre bon plaisir; en témoin de quoi nous avons fait mettre notre scel à cesdites présentes. Donné à Versailles le premier jour de septembre l'an de grace 1770, & de notre regne le cinquante-sixieme. *Signé*, LOUIS. Et plus bas, par le roi, PHELIPEAUX. Et scellée du grand sceau de cire jaune.

Registrée, oui, & ce requérant le procureur général du roi, pour être exécutée selon sa forme & teneur, suivant l'arrêt de ce jour. A Paris en parlement, les grand chambre & tournelle assemblées le 6 septembre 1770. Signé, DUFRANC.

═══════════════

CHAPITRE CIV.

Legs pieux ne sont de la connoissance des officiaux.

ETIENNE Goust, natif & habitant de la paroisse de Marseille au pays du Maine, en 1620, fait son testament, par lequel il legue la somme de cent livres pour être employée à la construction & édification d'une chapelle au village de Marseille, en laquelle il veut que tous les vendredis soit célébrée une messe. Pour cela il legue une rente de sept livres dix sols; & au cas que la somme de cent livres ne soit suffisante pour la construction de la chapelle, veut que le surplus soit fourni par son héritier & par son exécuteur testamentaire. Quelque tems après le décès de Goust, son exécuteur testamentaire est assigné pardevant l'official de M. l'évêque du Mans, aux fins de se voir condamner en ladite qualité à faire bâtir & construire la chapelle, à la requête du curé & habitans de la paroisse de Marseille, lesquels offrent de leur part d'entretenir la chapelle, & de fournir les ornemens & autres choses pour la célébration de la messe ordonnée. Sur quoi l'official condamne l'héritier de Goust, & l'exécuteur testamentaire de faire construire & bâtir la chapelle à Marseille. En même tems l'exécuteur testamentaire est aussi assigné pardevant les officiers du Mans, à la requête du procureur fiscal de Marseille & d'Egron, pour se voir condamner à bâtir & édifier la chapelle d'Egron, suivant l'alternative portée par le testament de Goust; à quoi il est condamné, & par corps à faire délivrance du legs contenu au testament. Des deux sentences l'héritier & l'exécuteur testamentaire interjettent appel. Me. Crestot pour les appellans dit, qu'il y a trois moyens d'a-

(a) On ne rapporte point la déclaration du 7 août 1768, attendu qu'elle est précisément la même que celle-ci, pour les requêtes civiles qui ont été mises aux grands rôles, depuis & compris celui de la St. Jean 1767, jusques & compris celui de la St. Jean 1768.

Tome I. A a

bus contre la fentence de l'official de M. l'évêque du Mans. Le premier, en ce qu'il a entrepris fur la jurifdiction féculiere & ordinaire. Le fecond, qu'il a pris connoiffance de l'exécution du teftament & des legs contenus en icelui, qui eft une chofe pure profane & temporelle. Le troifieme, qu'il a condamné l'exécuteur teftamentaire, qui eft perfonne laïque, non de fa jurifdiction. Quant à l'autre fentence, elle ne peut non plus fe foutenir. Me. Defita pour les curé & habitans de Marfeille dit, que leur caufe eft favorable ; il s'agit des droits de l'églife, & non de leur profit ; & comme difoit un ancien : *Litigando nihil acquirimus, nobis nihil petimus ; Deo honorem, & bona templis vindicamus.* En conféquence il fupplie la cour de le recevoir appellant de la fentence du juge du Maine.

M. l'avocat général Talon dit, qu'il y a eu quelques procédures faites pardevant les grands-vicaires de M. l'évêque du Mans, qui ne fe peuvent foutenir, parce qu'ils n'ont aucune jurifdiction contentieufe. La difficulté eft, fi l'official en a pu connoître. Il s'agit de l'exécution d'un teftament, qui eft une chofe pure temporelle. A la vérité, toutes les églifes, oratoires & chapelles font de la jurifdiction des évêques, *Auth. Omnes bafilicæ* ; mais ici il n'eft queftion que des deniers deftinés pour la conftruction d'une chapelle. C'eft une œuvre pieufe ; mais la négligence des appellans n'attribuoit point de connoiffance à l'official, pour ordonner que le teftament feroit mis ès mains du promoteur, comme il a été fait, & il y a de l'abus.

LA COUR en tant que touchoit l'appel comme d'abus dit, qu'il avoit été mal, nullement & abufivement procédé ; reçut les parties de Me. Defita appellantes de la fentence du juge du Maine ; & y faifant droit, mit l'appellation & ce au néant ; émendant, ordonna que la chapelle feroit bâtie & conftruite à côté de l'églife de Marfeille, à la charge de l'entretenir par le curé & habitans fuivant leurs offres ; & ce faifant, condamna l'héritier & exécuteur teftamentaire de payer la fomme de cent livres portée par le teftament, & autre plus grande, s'il y échoit ; dépens compenfés. Le jeudi 24 novembre 1622, M. de Verdun premier préfident prononçant.

* L'arrêt eft cité dans Brodeau, *lett. N. fomm.* 5.

CHAPITRE CV.

Pere & mere en la coutume d'Amiens peuvent ordonner par teftament, que tous leurs enfans viendront également à leur fucceffion fans droit d'aîneffe, & en ce cas l'aîné ne le peut prétendre fur un fief acquêt.

JEan Leftoc, marchand de la ville d'Amiens, & fa femme en 1620, ayant plufieurs enfans, font leur teftament mutuel, par lequel ils déclarent qu'ils veulent que tous leurs enfans viennent à leur fucceffion également, fans aucune prérogative, ni droit d'aîneffe. Après leur décès il y eut inftance pardevant le bailli d'Amiens ou fon lieutenant, entre le fils aîné & fes freres puînés. L'aîné demande les quatre quints du fief de Rochefort, foutient que les teftateurs n'ont pu bleffer fon droit d'aîneffe, & que les quatre quints de ce fief lui appartiennent par préciput. Au-contraire les puînés prétendent que le teftament mutuel de leur pere & de leur mere doit être exécuté. Le lieutenant du bailli d'Amiens rend fa fentence par laquelle il ordonne que partage fera fait également, fans aucune prérogative d'aineffe au fief acquis par les teftateurs, & ce conformément à leur teftament, dont le fils aîné interjette appel, pour lequel Me. de Lamet dit, que le droit d'aineffe eft un droit du fang & de la nature, qui n'a pu être altéré par la difpofition du pere & de la mere des parties. Il n'eft pas au pouvoir des particuliers de faire breche au droit public, & d'y déroger à leur difcrétion. Me. Cornoaille dit pour les intimés, que le teftament des

pere & mere communs des parties ne fe peut point divifer, & doit être pris intégralement & fans fyncope, parce qu'en difpofant de la forte, ils ont laiffé à leur fils aîné appellant ce qu'ils euffent pu lui ôter valablement, pour réduire les chofes à l'égalité qu'il combattoit mal à propos.

M. l'avocat général Talon dit, que la faveur des aînés eft grande. Ils font les prémices de la bénédiction & des fruits du mariage, les marques honorables de la virilité de leurs peres, le foutien de leurs freres & de la maifon dont ils font iffus : auffi ont-ils en l'écriture une double portion ; & la coutume d'Amiens *art.* 71, ordonne que quand quelqu'un de la vie à trépas, délaiffant plufieurs enfans, à l'aîné mâle, & à faute de mâle, à la fille aînée, appartiennent les héritages féodaux nobles, que le défunt poffédoit au jour de fon décès, à la charge d'un quint hérédital aux autres enfans. La difpofition de cet article eft générale, & ne reftraint point fa difpofition pour le droit d'aîneffe aux héritages propres féodaux, il a lieu pareillement aux fiefs qui viennent d'acquêts. Davantage il eft dit, que ce droit d'aîneffe appartient à l'aîné fur les fiefs que le défunt poffédoit au jour de fon trépas : ce qui femble devoir être enteudu de ce dont il n'auroit point difpofé entre vifs, parce qu'il perd la poffeffion de ce qu'il a donné de fon vivant, au-lieu qu'il demeure toujours poffeffeur jufques à la mort des chofes dont il difpofe par fon teftament, vu même que fon héritier en demeure faifi. Néanmoins tournant la face de la caufe de l'autre côté, il y a des raifons plus fortes pour les puînés. *Primò*, il eft fort confidérable que dans le bailliage d'Amieus il y a plus grand nombre de fiefs qu'en aucune province de France ; & que fi les peres étoient néceffairement obligés de laiffer les fiefs à leurs aînés, fuivant la coutume, les puînés feroient miférables, n'ayant qu'un feul quint pour tous, auquel encore n'eft compris le principal manoir, pourpris & enceinte, *art.* 72. ni la provifion des offices, frais & émolumens de la juftice ; préfentation aux bénéfices, par l'*art.* 73. Pour ce qui eft de la difpofition de l'*art.* 71, en faveur des aînés, elle eft fous le titre des fucceffions : ce qui montre que la coutume a voulu qu'elle ait lieu feulement, quand les pere & mere font décédés *ab inteftat.* Et de fait, au titre des teftamens *art.* 57, il eft loifible à toute perfonne par fon teftament de difpofer de fes meubles, acquêts & conquêts immeubles au profit de telle perfonne que bon lui femblera ; mais il ne lui eft pas loifible de difpofer par fon teftament de fes propres féodaux venus & échus de fes prédéceffeurs, finon du quint feulement. Or en la caufe il eft conftant que le fief de Rochefort eft un acquêt des teftateurs ; de forte qu'ils en ont pu difpofer librement, même du total, & en fa veur d'un étranger. Les enfans n'en font point exclus, attendu que la coutume porte, *au profit de telle perfonne capable que bon leur femblera.* Les enfans ne font point incapables, puifque la coutume ne requiert point d'égalité entre les enfans : ce qui fe juftifie clairement par deux articles. Le 49 qui permet aux pere, mere, aïeul & aïeule de faire partage de leurs biens entre leurs enfans, fans leur confentement ; d'où s'enfuit qu'ils peuvent faire ce partage égal, ou inégal, fi bon leur femble. L'autre *art.* eft le 93 qui dit que fi tous les enfans font mariés, il n'y a point de rapport entr'eux, fuppofé que l'un eût eu beaucoup plus en mariage que l'autre. Ajoutant qu'il s'eft informé du lieutenant général & procureur du roi d'Amiens, du lieutenant général d'Abbeville & de plufieurs autres magiftrats de la province, qui font en cette ville, qui ont affuré que l'ufage & la coutume de tous tems obf rvée eft, que les pere & mere peuvent difpofer des fiefs par eux acquis, fans aucune prérogative du droit d'aîneffe. Et par ces moyens adhere avec les intimés.

LA COUR mit l'appellation au néant ; ordonna que ce dont étoit appel, fortiroit fon plein & entier effet ; fans dépens, le lundi 2 janvier 1623.

* Cet arrêt eft le premier du journal des audiences de Me. Jean du Frefne. On laiffe au public à *juger* lequel des deux l'a mieux rapporté : car on ne prétend pas élever la réputation d'un auteur fur la ruine de celle des autres ; mais il eſt permis d'exciter les lecteurs d'en venir à la conférence, afin qu'ils rendent témoignage, que l'on n'a inféré en ce recueil aucun des arrêts qui font déja dans le journal, qu'on ne l'ait cru abſolument néceſſaire, & lorſqu'il y eſt échappé quelque circonſtance de fait, ou des moyens qui ont pu déterminer la cour. Me. Julien Brodeau cite l'arrêt, *lett. P. ſomm.* 24. & renvoie au journal des audiences.

CHAPITRE CVI.

Inventaire défectueux, qui contient des omiſſions, & n'eſt ſigné du ſubrogé tuteur, n'empêche la continuation de communauté en la coutume d'Orléans.

MAître Ambroiſe le Comte & Françoiſe le Sergent en 1592, furent mariés enſemble à Orléans, & ſuivant la coutume. Françoiſe le Sergent décede en 1595, laiſſant un fils nommé François le Comte, âgé d'un an ſeulement, auquel le pere eſt nommé tuteur. Au mois de mai 1595, Me. Ambroiſe le Comte commence un inventaire, où il ne vaque qu'un jour ſeulement, ſans avoir fait ſubroger un tuteur, & où il ne comprend que les meubles. Au mois de juillet il fait ſubroger Me. Jean le Sergent, oncle maternel de ſon fils, avec lequel au mois d'octobre ſuivant on travaille à cet inventaire. On y ajoute tous les titres & papiers, ſans faire mention de trois offices, d'élu à Pithiviers, receveur à Orléans, & clerc du greffe au conſeil privé du roi, dont le Comte étoit pourvu pendant la vie de ſa femme. En 1597, il convola en ſecondes noces, & eut pluſieurs enfans. En 1622, Me. François le Comte devenu majeur, fait aſſigner ſon pere pardevant le prévôt de Paris, aux fins de voir déclarer la communauté d'entre lui & Françoiſe le Sergent ſa premiere femme, mere du demandeur, continuée juſques audit jour, & d'en venir à diviſion & partage. Le pere dit pour défenſes, que la communauté eſt diſſoute & interrompue dès l'an 1595, par le moyen de l'inventaire fait & continué avec le ſubrogé tuteur. La ſentence du prévôt de Paris deboute le demandeur de ſes fins & concluſions, & declare la communauté diſſoute dès l'an 1595, dont François le Comte fils interjette appel, pour lequel Me. Joubert dit, que par l'art. 216 de la coutume d'Orléans, où le mariage a été contracté, & diſſous par le décès de Françoiſe le Sergent, il eſt porté, que fi de deux non nobles conjoints par mariage, l'un va de vie à trépas, & laiſſe des enfans ou autres parens ſes héritiers, & le ſurvivant ne fait aucun inventaire, partage & diviſion, ou qu'autrement entre les parties ne ſoit diſpoſé ; la communauté des biens ſe continue & conſerve entre le ſurvivant pour la moitié, & les enfans ou autres parens héritiers pour l'autre moitié. Et par l'art. 217. ſi au ſurvivant de deux conjoints par mariage, qui n'auroit fait partage à ſes enfans & héritiers du décédé, ou inventaire duement des biens communs, ou contrat équipollent à partage, avenoient quelques biens meubles par ſucceſſion & trépas, & qu'il n'en faſſe inventaire ou partage, leſdits meubles demeureront à ladite ſucceſſion. Donc pour diſſoudre une communauté il faut un inventaire duement fait, ou un partage, ou un contrat équipollent à partage. Aucune de ces choſes n'ayant été faite, il n'y a aucune diſſolution de communauté. L'inventaire, duquel l'intimé ſe veut prévaloir, eſt nul, comme non fait avec un légitime contradicteur, qui eſt le ſubrogé tuteur. A Rome il y avoit un juge exprès pour cela : *Clariſſimus ſcriba, in cujus præſentia tutor tenebatur facere inventarium.* Celui en queſtion eſt fait à deux divers jours, éloignés de ſix mois l'un de l'autre. Ce ſubrogé tuteur n'a point ſigné, on n'a

point fait mention des trois offices dont l'intimé étoit lors pourvu. Et par ces moyens conclut au mal jugé. Me. Odeſpung de la Mechiniere pour le pere intimé dit, que l'inventaire fait lui fait eſt bon & valable pour diſſoudre la communauté. La coutume d'Orléans admet l'équipollence, puiſque non-ſeulement le partage, mais le contrat équipollent à partage, diſſout la communauté : ainſi un inventaire ou acte équipollent à inventaire la diſſout pareillement. Celui en queſtion eſt bien & duement fait, clos & arrêté par le juge : il n'eſt point néceſſaire que le ſubrogé tuteur ſigne, parce qu'il a été jugé par pluſieurs arrêts, que la ſignature des parties n'eſt point néceſſaire pour la validité des actes qui s'expédient devant la juge. Et par ces moyens conclut.

LA COUR mit l'appellation & ce dont étoit appel, au néant ; émendant & corrigeant, déclara la communauté avoir continué, & continuer, à faute d'inventaire bien & duement fait, ſuivant la coutume. Le jeudi 5 janvier 1623, M. de Verdun premier préſident prononçant.

* Brodeau cite l'arrêt, *lett. C. ſomm.* 30.

CHAPITRE CVII.

Offres de payer en monnoie étrangere ſont nulles.

UN habitant de Boulogne étoit débiteur d'un autre habitant de la même ville, d'une rente de vingt-cinq livres, & en devoit pluſieurs années d'arrérages. Il ſe préſente pour les payer, & fait offres en jacobus, poullenois, ſquius & autres eſpeces d'or & monnoies étrangeres. Le créancier de la rente fait refus d'accepter, ſoutient que le payement de ſa dette n'eſt valable en telles eſpeces ; néanmoins le ſénéchal de Boulenois ou ſon lieutenant, le condamne à prendre & recevoir ſon payement en telles eſpeces qu'elles ont été offertes, comme ayant cours au pays. Le créancier interjette appel, pour lequel Me. de Rimbaucourt dit, que la ſentence étant directement contraire aux édits & ordonnances, ne peut être ſoutenue. Me. Mariette pour l'intimé dit, qu'il n'y a point d'autre monnoie qui ait cours au pays de Boulenois, comme il le juſtifie par un certificat des maire & échevins de Boulogne, & du receveur du domaine, qui atteſte qu'il les reçoit pour le roi.

M. l'avocat général Servin dit, que la ſentence ne ſe peut ſoutenir, & eſt de périlleuſe conſéquence.

LA COUR dit qu'il avoit été mal & nullement jugé ; condamna l'intimé de payer en monnoie de France une rente dont étoit queſtion ; fit inhibitions & défenſes aux juges de permettre le cours de telles eſpeces & monnoies étrangeres, à peine d'en répondre en leurs propres & privés noms, & néanmoins ſans dépens ; le mardi 17 janvier 1623.

CHAPITRE CVIII.

Archers ne peuvent réſigner leurs places, qui ſont incompatibles avec les offices des ſergens royaux.

JEan Coſmien, archer du prévôt des maréchaux, ou ſon lieutenant de robe courte de la ville de Beauvais, étant malade le 7 ſeptembre 1622, fait un contrat avec André Aſt de la même ville, par lequel il lui cede & remet ſa place d'archer, moyennant la ſomme de cinq cents livres, qu'il s'oblige de lui payer dans certain tems ; & outre une penſion de cent livres par an, au cas qu'il revînt en convaleſcence. En vertu de ce contrat le 9 ſeptembre Aſt ſe préſente à Me. Antoine Gueſdon lieutenant de robe courte, la ſomme & interpelle de le recevoir en ſa compagnie d'archers, au lieu & place de Jean Coſmien, & lui en donner les proviſions. Gueſdon en fait refus. Aſt ſe préſente au

1623. lieutenant général du bailliage de Beauvais, qui sur les conclusions du procureur du roi, ordonne qu'Ast sera reçu en la compagnie des archers au lieu & place de Cosmien son résignant, & que la sentence lui vaudra & tiendra lieu de provision. Peu après Cosmien étant décédé, le prévôt pourvoit Jacques Maître de sa place, dont Ast interjetta appel, pour lequel Me. Joly dit, que les places d'archers sont offices, & peuvent se résigner suivant l'ordonnance & arrêts, tant du parlement que du conseil. Outre la qualité d'archer, ils ont encore celle de sergent royal annexée, laquelle infailliblement est vénale. Me. le Feron pour Me. Antoine Guesdon intimé en son propre & privé nom dit, que les places d'archers dépendent absolument des prévôts & de leurs lieutenans. Le lieutenant général de Beauvais est incompétent pour connoître de cette matiere. Supplie la cour de le recevoir appellant de sa sentence.

M. l'avocat général Talon dit, que suivant les ordonnances de 1554, 1559, 1573, ces places d'archers des prévôts ne sont point offices, ne peuvent se vendre ni résigner, ni en admettre aucunement les démissions. Les archers sont commissionnaires & non officiers; n'ont titre ni quittance de finances. Il est vrai que quand un archer a vieilli au service du roi, & ne pouvant plus continuer, il se démet au profit de son fils, de son gendre ou de son neveu : la cour sur la considération des services rendus, tolere & admet favorablement telles résignations; ce sont les especes des arrêts qu'on a lus. Mais cela cessant, il seroit périlleux de donner des archers à un prévôt, autres que ceux qu'il a choisis, & sur la probité & courage desquels il peut s'assurer. Quant à ce qu'on a dit, que les archers de Beauvais sont sergens royaux, ces charges étant incompatibles, il requiert qu'ils aient à opter.

LA COUR reçut Guesdon appellant de la sentence du lieutenant général de Beauvais; dit qu'il avoit été mal, nullement & incompétemment jugé & ordonné; cassa & révoqua comme attentat tout ce qui avoit été par lui fait : & quant à l'appel interjetté par Ast résignataire, mit l'appellation au néant; ordonna que ce dont étoit appel, sortiroit son plein & entier effet; & faisant droit sur les conclusions de M. le procureur général, ordonna que les pourvus conjointement de places d'archers & d'offices de sergens royaux, opteroient dans trois mois; aliàs, & à faute de ce dans ledit tems, & icelui passé, déclara leurs places vacantes & impétrables. Le lundi 23 janvier 1623, M. de Verdun premier président prononçant.

CHAPITRE CIX.

Héritage réuni au fief par retrait féodal, est acquêt en la personne du seigneur de fief.

MAître Robert le Roi, doyen & chanoine de l'église cathédrale de Beauvais, en qualité de seigneur du fief de Bastier proche de la ville, retira par puissance féodale une petite masure ou maison dépendante de son fief, vendue & adjugée par décret à Me. Jean Bechet, moyennant le prix & somme de quarante-cinq livres seulement. Il ne voulut point recevoir Bechet à faire foi & hommage, ni l'ensaisiner, mais lui déclara qu'il entendoit la réunir à son fief : ce qui fut fait. Me. le Roi fait de nouveau bâtir & édifier la maison, & y emploie plus de deux mille livres. En 1621, il fait son testament, par lequel il institue Me. Jean Laurens son neveu, légataire universel de tous & chacuns ses meubles, acquêts immeubles, & quint des propres. Après son décès ses autres neveux, entr'autres Etienne Lespine, fait assigner Laurens pardevant le bailli de Beauvais ou son lieutenant, aux fins de venir à division & partage, & qu'il ait à cotter les héritages qui y sont sujets. Laurens parmi les héritages cotte la maison retenue par retrait féodal. Sen-

tence intervient, par laquelle il est dit qu'il sera procédé au partage, même de ladite maison. Quelques jours après Laurens fait signifier à Lespine, qu'il est appellant de la sentence, & fait inférer clause au relief d'appel pour être relevé de la déclaration & consentement. Me. de Cornoaille pour l'appellant dit, qu'il faut faire une distinction entre les biens propres de succession & entre les acquêts. Les héritages retenus & retirés par puissance & retrait féodal, par le moyen de la réunion qui s'en fait au fief, sont bien censés de même nature & qualité que le fief auquel ils sont réunis, deviennent nobles & féodaux, & ne sont plus roturiers ou censuels, comme ils étoient auparavant; mais pour cela ils ne sont point censés & réputés propres & anciens héritages, comme le surplus du fief; ils ne sont que simples acquêts, comme s'ils n'étoient point dépendans d'aucun fief, ni réunis au fief. La réunion n'opere autre chose que la suppression de la qualité roturiere ou censuelle, qui leur avoit été baillée en les séparant de leur tronc : mais elle ne peut pas effacer la qualité d'acquêt, qui ne dépend aucunement du fief, mais du contrat de vente & d'achat. Le retrait féodal en la coutume de Senlis, est in fructu; & ce qui est retiré en vertu d'icelui, est par conséquent acquêt, suivant l'opinion de *Joan. Faber §. Si Cui. Inst. De legatis. Du Moulin sur la coutume de Paris, art.* 13. *num.* 68. *Tiraqueau, §.* 3. *art.* 73. *&* 74. *& Chopin aussi sur la coutume de Paris.* Me. des Noyers pour Etienne Lespine intimé dit, que l'appellant est non recevable en son appel. La sentence est donnée de son consentement; & en exécution il est convenu d'experts pour procéder au partage des biens communs. Il profite de quarante mille livres dans cette succession, & conteste une petite maison acquise par Bastier la somme de quarante-cinq livres, & retenue féodalement par le défunt pour la réunir à son fief. L'on ne peut pas dire que ce fût un acquêt : car par le moyen de la réunion faite au fief, la chose réunie est censée de même nature, qualité & condition que le fief dont elle dépendoit auparavant, & auquel elle a été réunie. C'est une maxime certaine en matiere d'unions : *Servitutes prædiorum confunduntur, si utriusque prædii dominus esse cæperit, L.* 1. *servit. quemadmodum amit.* Il y a une pareille confusion en cette union, que celle qui se fait en la personne d'un créancier, quand il succede à son débiteur, cette réunion au fief change tout; rend la roture ou censive réunie noble & de la qualité du fief, la ramene *ad primitivum statum*; la roture demeure éteinte & amortie, *reassumit primam qualitatem, primam originem, nec est mutatio, sed reverso ad pristinum statum.* Ce que du Moulin appelle *augmentum accedens per modum unionis, L. Inter socerum. De pactis dotal.* Cette maxime a été confirmée par plusieurs arrêts. L'un de 1529 pour les Boschards, touchant le fief de Champigny, par lequel la cour a jugé, que ce qui est une fois réuni au fief, n'est plus roture ni censive. L'autre des Bragelones touchant le fief de l'Isle-Adam, dont les dépendances avoient été acquises par Me. Jean de Bragelone lieutenant criminel au châtelet de Paris; & la cour jugea que c'étoit un acquêt féodal fait propre par le moyen de la réunion *ipso jure*, sans autre déclaration. Ici il y a une déclaration de Me. Robert le Roi, qui retiroit cette petite maison pour la réunir à son propre, à son fief : elle a dès ce moment perdu sa qualité d'acquêt, & a été revêtue de celle de propre, infuse par celle du fief auquel elle étoit réunie. Et par ces moyens l'appellant n'y peut rien prétendre.

LA COUR faisant droit, tant sur l'appel que sur les lettres, mit l'appellation, & ce au néant; & émendant, ordonna que la maison dont étoit question, appartiendroit & demeureroit entierement à l'appellant, comme acquêt; & condamna l'intimé aux dépens. Le mardi 24 janvier 1523, M. de Verdun premier président prononçant.

* L'auteur du traité des propres chap. 1. sect. 11. nomb. 21, cite l'arrêt après en avoir établi les principes avec beaucoup de netteté.

CHAPITRE CX.

CHAPITRE CX.

On ne peut résilir d'un traité fait pour office qui n'est de judicature.

Antoine Gast, pourvu de l'état & office de contrôleur & clerc des marchandises qui passent sous le pont de Meulan, le 11 avril 1622, en traite avec Jean de la Tour, moyennant le prix & somme de mille livres, de laquelle il lui consent obligation payable dans un an ; & en conséquence Gast lui passe sa procuration *ad resignandum* ; & met entre ses mains toutes ses provisions, quittances & autres pieces qu'il avoit concernant cet office. Le même jour par un repentir ou regret, il révoque sa procuration *ad resignandum* ; & le lendemain 12 avril fait signifier sa révocation à la Tour, offre de lui rendre son obligation ; & sur le refus lui fait assigner pardevant le juge de Meulan. La Tour décline, & demande le renvoi aux requêtes de l'hôtel. Sur l'appel interjetté par la Tour du déni de renvoi, Gast obtient lettres pour faire casser sa procuration *ad resignandum*. Me. l'Expert le jeune pour la Tour appellant dit, que l'intimé n'est aucunement recevable ni en sa demande, ni en ses lettres. En sa demande, parce qu'ayant traité & convenu de son état & office qui est purement domanial, & non de judicature, il ne peut plus résilir, se repentir, ni révoquer la procuration qu'il a passée pour se résigner, *L. Qui restituere. De rei vindicat.* Il a été jugé par plusieurs arrêts, qu'on ne peut résilir ni aller contre les traités & conventions qu'on a faites pour des offices qui ne sont point de judicature. Il y en a un touchant l'office de lieutenant du prévôt des maréchaux de Compiegne : un autre du 30 mai 1622, pour un office d'élu de la ville d'Angers, qui sont en bien plus forts termes, parce que les offices semblent être de judicature. Quant aux lettres, il est aussi mal fondé, parce que les moyens de lésion & circonvention sur lesquels elles sont fondées, ne sont pas considérables, les offices n'étant sujets à la lésion, parce qu'ils n'ont point d'autre prix que celui de l'affection : c'est un majeur de soixante ans, qui a traité & délivré les papiers. Et par ces moyens conclut. Me. le Tillier pour l'intimé dit, qu'étant âgé de soixante-sept ans, l'appellant l'a sollicité & induit à se démettre de son état & office, sous l'appréhension qu'il lui a donnée d'être porteur de lettres pour le revendre, faute d'avoir payé le droit annuel. Craignant cette perte, il a passé sa procuration, qu'il a révoquée le jour même, *rebus integris.* C'est la distinction qu'il faut faire en la cause, de ceux qui révoquent dans les vingt-quatre heures, *rebus integris*, ou de ceux qui ne révoquent que long-tems après, comme en l'espece des arrêts qu'on rapporte. Et par ces moyens conclut. LA COUR mit l'appellation & ce au néant; évoqua le principal, & y faisant droit, sans avoir égard à l'opposition, & lettres obtenues par l'intimé, ordonna que le contrat seroit entretenu selon sa forme & teneur, sans dépens ; le lundi 30 janvier 1623.

CHAPITRE CXI.

Promotion aux ordres sacrés postérieure à la condamnation, empêche la contrainte par corps.

Maître Charles Massac, avocat au conseil privé du roi, étant débiteur de la somme de douze cents livres à Me. Jean du Bois, qui le poursuivoit pour être payé ; Me. Claude l'Huillier banquier en cour de Rome l'acquitta, moyennant la promesse que lui consentit Me. Charles Massac de lui restituer promptement cette somme. Faute de payement Me. Claude l'Huillier le fait assigner pardevant le prévôt de Paris, où il obtient sentence le 4 mars 1620, portant condamnation par corps les quatre mois pas-

sés : néanmoins il ne la met pas à exécution si promptement. Le 6 mars 1621, Me. Charles Massac se fait promouvoir aux ordres sacrés, & est fait sous-diacre. Au commencement de l'an 1622, n'ayant satisfait à sa promesse, il est emprisonné à la requête de l'Huillier, dont il interjette appel, ensemble de la sentence portant condamnation par corps. Me. Baillot pour l'appellant dit, que l'ordonnance de Blois art. 57 exempte nommément les personnes constituées aux ordres sacrés de la contrainte par corps introduite par l'ordonnance de Moulins. Cette ordonnance a été confirmée par arrêt solemnel prononcé en robes rouges par M. le préfident Seguier. Après quoi on n'a pu ni dû emprisonner l'appellant. Me. Babinet pour l'intimé dit, que cette promotion aux ordres sacrés est en fraude manifeste de ses créanciers, & pour se mettre à couvert des poursuites qu'ils eussent faites contre lui ; ce qui est évident, en ce qu'il n'a pris autre ordre que celui du sous-diaconat, quoiqu'il y ait deux ans passés qu'il y soit promu. Cette fraude ne doit être tolérée, notamment contre l'intimé, qui a racheté & rédimé l'appellant d'une poursuite rigoureuse qu'on faisoit contre lui.

M. l'avocat général Servin dit, qu'il faut faire une distinction entre les ordres majeurs & les ordres moindres. S'il étoit question des ordres moindres, comme acolythe, ou autre, il y auroit quelque apparence aux remontrances de l'intimé : mais l'appellant ayant été promu au sous-diaconat, c'est un ordre majeur qui dispose au diaconat & à la prêtrise, & exempte notoirement de la contrainte par corps. Il y a l'ordonnance, confirmée par l'arrêt en robes rouges ; il faut se tenir à la regle.

LA COUR mit l'appellation & ce dont étoit appel, au néant ; en ce que l'appellant avoit été condamné par corps, ordonna que l'intimé se pourvoiroit sur ses biens. Le mardi 7 mars 1623, M. de Verdun premier préfident prononçant.

Le même jour à l'audience de relevée, se présenta une question toute semblable, sur l'appel interjetté par un prêtre, de ce qu'il avoit été condamné par corps, pour lequel Me. Feydeau allégua seulement l'ordonnance confirmée par plusieurs arrêts. Me. Tillier pour l'intimé, remontra que l'appellant s'étoit fait prêtre depuis les condamnations par corps, pour en éviter la contrainte, & frustrer ses créanciers.

LA COUR mit l'appellation & ce au néant ; émendant, déchargea l'appellant de la contrainte par corps, sans dépens. M. le préfident Seguier prononçant, qui dit après la prononciation à Me. Tillier : *L'arrêt en robes rouges.*

* Le précédent arrêt de la matinée est cité dans Brodeau, *lett. C. nomb.* 31. avec plusieurs autres.

CHAPITRE CXII.

Homicide arrivé par accident, en une émotion, n'est digne de peine corporelle, ni de réparations civiles.

En 1622 deux laquais ayant été condamnés à mort pour un assassinat commis en la personne d'un bourgeois de Paris, lorsque l'on disposoit l'exécution de la sentence, le bruit court que quelques gentilshommes, pages & laquais faisoient une monopole & assemblée pour faire force à la justice, & empêcher l'exécution de la sentence de mort, par l'enlevement des deux condamnés. Ce bruit ayant excité quelque tumulte ; le lieutenant criminel de Paris, qui avoit rendu la sentence de mort, avertit M. le procureur général, qui en fit son rapport à la cour de parlement, où il fut trouvé bon, que pour empêcher ce tumulte & sédition, les capitaines & bourgeois du quartier se mettroient en armes, & assisteroient à l'exécution de mort des deux condamnés, pour faire en sorte que la force demeurât à la justice. Le jour de l'exécution les capitaines & bourgeois du quartier étant armés, quatre commiffaires du châtelet furent commandés de les affifter pour y donner ordre , & voir ce qui fe pafferoit. Entre autres, bourgeois , il y en avoit un nommé Pierre Clavet , qui s'arma d'un piftolet chargé & amorcé, le chien n'étant pas néanmoins rabattu. Comme l'on étoit fur le point de l'exécution de la fentence de mort , il fe fait une grande émotion, qui trouble & épouvante toute l'affemblée. Chacun fe pouffant & appréhendant , il arrive que le piftolet de Clavet, dont le chien n'étoit point rabattu , prend feu , fe débande & tue un pauvre artifan nommé des Brieres. Clavet eft incontinent conftitué prifonnier & interrogé par le commiffaire Coufin, & plufieurs témoins font ouïs. Le lendemain interrogé par le lieutenant criminel , il eft élargi à la garde du commiffaire Coufin. Marie Peron veuve de des Brieres conclut contre Clavet , à ce qu'il foit condamné lui payer les réparations civiles. Intervient fentence du lieutenant criminel , par laquelle fur cette demande afin de réparations civiles, il met les parties hors de cour & de procès , dont Marie Peron interjette appel. Me. Victon pour l'appellante repréfenta la mifere de cette pauvre femme & de fes enfans réduits à la mendicité , pour avoir perdu fon mari & leur pere homicidé par l'intimé. Me. Peigné pour l'intimé dit , que l'homicide n'eft point volontaire , c'eft un accident purement cafuel , qui ne mérite aucune peine.

M. l'avocat général Talon dit , qu'il ne peut y avoir lieu de peine , ni de réparations contre l'intimé , *qui dabat operam rei licita* , lorfque cet accident eft arrivé , affiftant à une exécution par le commandement de la juftice. On ne peut pas dire qu'il eût eu aucun deffein prémédité d'offenfer le mari de l'appellante. Si on le puniffoit corporellement ou civilement , on ne trouveroit ci-après perfonne qui voulût affifter & prêter main-forte à la juftice. La cour l'avoit ainfi jugé par plufieurs arrêts ; celui de Doutreleau affez vulgaire , & un autre plus récent donné touchant l'homicide d'un homme , arrivé le jour que Charenton fut brûlé. Un homme fortant de l'églife des jéfuites fes heures à la main , ne s'étant voulu retirer affez promptement , fut tué, pour raifon de quoi plainte & informations tant à la requête des parties civiles, que du fubftitut de M. le procureur général ; la cour leur impofa filence. En cette caufe l'on eft en bien plus forts termes , & conféquemment il n'y a pas lieu de pourfuivre l'intimé ; néanmoins la cour peut adjuger quelque chofe à cette pauvre veuve , par forme d'aumône , pour faire prier Dieu pour l'ame de fon mari.

LA COUR fur l'appel mit les parties hors de cour & de procès. Le famedi 1 avril 1623 , M. Potier de Novion préfident en la tournelle , qui dit à la veuve préfente : *La cour vous pourvoira.*

CHAPITRE CXIII.

Dot ou donation faite par un pere tuteur , s'entend des biens du pere , non de ceux de la tutele.

MAître Jean Mufnier , avocat du roi au bailliage de Meaux, ayant plufieurs enfans de demoifelle Catherine Cuffet fa femme , par fon décès il eft créé tuteur. Il marie Claude Mufnier fon fils aîné avec demoifelle Anne Dumont , & lui donne fon état & office d'avocat du roi , à la charge de rapporter la fomme de trois mille livres. Claude Mufnier conftitue douaire coutumier à ladite Dumont , & enfuite décede fans enfans. Elle renonce à la communauté , & fait affigner les freres & héritiers de fon mari pardevant le bailli de Meaux, aux fins de lui délaiffer la moitié des biens que fon défunt mari poffèdoit lors de fon mariage , & qui lui étoient échus & avenus par la fucceffion de Catherine Cuffet fa mere , avec reftitution de fruits & arrérages des rentes , pour lui tenir lieu de douaire , & en jouir fuivant & conformément à la

coutume. Les freres & héritiers du défunt difent pour défenfes , que la demander
effe doit rapporter la fomme de trois mille liv. baillée à fon défunt mari leur pere , & à laquelle a été eftimé l'office d'avocat du roi : d'ailleurs qu'ils font préférables pour leurs légitimes fur les biens de leur mere. Intervient fentence , par laquelle les freres défendeurs font déclarés préférables pour leurs légitimes , dont la veuve interjette appel. Me. Lambin pour l'appellante dit , qu'elle n'eft point tenue de moins prendre , ou rapporter la fomme de trois mille liv. à laquelle a été eftimé cet office d'Avocat du roi , baillé par le pere à fon fils en le mariant. C'eft une pure libéralité & gratification du pere envers fon fils. Il étoit pourvu de cet office avant fon mariage , & l'a voulu faire paffer en la perfonne de fon fils , pour le conferver en fa famille ; il l'a eftimé à trois mille livres , pour obliger fon fils à rapporter cette fomme en fa fucceffion: mais ayant prédécédé fon pere , ce rapport eft demeuré inutile , & n'a pu avoir aucun effet. En tout le contrat de mariage , il n'eft en façon quelconque parlé , ni de la qualité de tuteur du pere , ni de l'adminiftration qu'il avoit du bien de fes enfans , ni de la reddition du compte. S'il eût voulu employer , déduire & précompter cette fomme de trois mille livres fur la tutele & adminiftration qu'il avoit eue des biens de fon fils , il en eût fallu faire expreffe mention au contrat , & l'imputer nommément : ce qu'il n'a fait ; & par conféquent , ni fes héritiers , ni lui-même , s'il vivoit , n'auroient plus le pouvoir & la faculté. La préfomption de droit étant au-contraire , que le pere n'a point fait cette donation *ex ipfo debito* , *& ut fefe ab hujufmodi nexu liberaret , fed debitum quidem remanere in fua natura , liberalitatem autem paternam , dotem vel ante nuptias donationem dare fuggeffiffe ;* comme parle l'empereur in *L. ult. De dotis promiffione.* où il décide clairement cette queftion. Sancimus , dit-il , *fiquidem nihil addendum pater exiftimaverit : fed fimpliciter dotem , vel ante nuptias donationem , promiferit ; & fua liberalitate hoc feciffe intelligi , debito in fua figura remanente.* Et il en rend bonne raifon : *Nec enim leges incognita funt , quibus cautum eft , omnino paternum effe officium dotem , vel ante nuptias donationem pro fua dare progenie.* Il n'y a rien de plus favorable que le douaire. Et par ces moyens conclut. Me. Bataille pour les intimés dit , qu'on ne peut pas leur contefter leurs légitimes fur le bien de leur mere , de laquelle ils font demeurés faifis dès l'inftant de fon décès. Elles ne peuvent être aucunement affectées ni hypothéquées au douaire de l'appellante : ils font prêts de laiffer & abandonner la part & portion de leur frere ; mais elle doit moins prendre , ou rapporter les trois mille livres qu'il a reçus de leur pere commun , qui l'a obligé précifément à ce rapport : ce qui ne fe peut entendre & interpréter que de rapporter & tenir compte de cette fomme de trois mille liv. fur l'adminiftration que le pere avoit eue des biens de fon fils , provenus du chef de fa mere ; autrement la ftipulation eût été entiérement inutile , ce qui n'eft jamais aux contrats. La préfomption de la loi eft , *liberalitatem paternam donationem fuggeffiffe , fi nihil pater addendum exiftimaverit :* ce qui dénote , que cette préfomption eft facilement détruite par la moindre marque & argument contraire. La ftipulation de ce rapport en eft une évidente & certaine : le pere a voulu que cette fomme lui tînt lieu d'acquit & libération fur l'adminiftration de la tutele de fon fils: *Non donandi animo , fed negotii gerendi caufâ dotem promifit , L.* 53. §. 1. *De adminiftr. tut. Virifimile eft ei de ipfius filii patrem eum dotaffe , L.* 34. §. 1. *De negot. geftis.*

LA COUR mit l'appellation & ce au néant ; condamna les intimés de bailler & délaiffer à l'appellante la moitié des biens qui appartenoient au défunt fon mari lors de leur mariage , & de lui en rendre les fruits depuis fa demande ; fans dépens. Le mardi 9 mai 1623 , M. de Verdun premier préfident prononçant.

CHAPITRE CXIV.

Succeffeur au bénéfice peut deftituer les officiers, même pourvus pour fervices rendus à la perfonne de fon prédéceffeur.

Monfieur le duc de Sully jouiffant du revenu de l'abbaye de faint Benoît fur Loire fous le nom de Me. Jacques le Bert fon confidenciaire, en 1606, fit expédier par le Bert des lettres de provifion de l'état & office de bailli de Châtillon fur Loire dépendant de l'abbaye, au profit de Me. Jean Girard, habitant de Sully, faifant profeffion de la religion prétendue reformée. Les provifions portoient, que Girard avoit été pourvu de cet office pour les bons fervices qu'il avoit rendus à le Bert abbé. M. Fouquet évêque d'Angers, pourvu de l'abbaye de faint Benoît, vacante par le décès de le Bert, laiffe exercer l'office de bailli de Châtillon à Girard, mais ledit fieur évêque d'Angers étant enfuite décédé en 1611, M. le cardinal de Richelieu pourvu fur ladite abbaye fur la nomination du roi, accorde des provifions à Me. Jean Mandé de l'état & office de Châtillon, & infere cette claufe en fes provifions : *Nous fuffifamment informés de fes fens, fuffifance, bonnes mœurs & capacités, bonne vie & religion catholique, apoftolique & romaine, l'avons pourvu, &c.* En vertu des provifions Mandé préfente fa requête au bailli d'Orléans ou fon lieutenant, pour être inftallé audit état & office de bailli. Me. Jean Girard s'y oppofe & foutient ne pouvoir être dépoffédé, & qu'il doit être maintenu & gardé ; ce qui eft ordonné par fentence du bailli d'Orléans, & que Girard continueroit l'exercice de la charge & office de bailli, dont M. le cardinal de Richelieu prenant le fait & caufe pour Mandé par lui pourvu, interjette appel, pour lequel Me. Grenet dit, que l'ordonnance de Rouffillon art. 27, rendant les feigneurs hauts-jufticiers refponfables du mal-jugé de leurs juges & officiers, leur permet auffi de les révoquer & deftituer de leurs charges & offices à leur plaifir & volonté, finon au cas qu'ils euffent été pourvus pour récompenfes de fervices, ou à autre titre onéreux. A l'égard des feigneurs féculiers & laïques, l'ordonnance eft pure & fimple, & ne reçoit point d'exception ; mais au refpect des feigneurs eccléfiaftiques, il faut faire une diftinction des fervices rendus ou à l'évêché, ou à l'évêque, ou à l'abbaye, ou à l'abbé. Les fervices rendus à la perfonne ne font aucunement confidérables ; mais ceux rendus au bénéfice lient le fucceffeur. Les provifions de l'intimé portent, *pour fervices à nous rendus*, c'eft-à-dire, à Me. Jacques le Bert, duquel le fieur appellant n'eft point réfignataire : il n'eft par conféquent tenu de fes faits, ni d'entretenir les provifions par lui baillées à l'intimé, qui objecte l'exercice en cette charge pendant dix-huit ans. Mais le tems n'eft point confidérable, ainfi qu'il a été jugé par plufieurs arrêts : l'un de 1619, par lequel la cour a jugé qu'après 36 ans on pouvoit deftituer : un autre plus récent rendu plaidans Me. Mauguin & Me. Galand. Et par ces moyens conclut Me. Ayrault pour Girard intimé dit, que fes provifions font pour récompenfe de fervices rendus aux abbés avant 1606, & continués depuis, en telle forte qu'il a été maintenu par les fucceffeurs en l'abbaye de faint Benoît. M. le cardinal de Richelieu en ayant été pourvu, il a tâché de le deftituer en haine de fa religion : ce qu'il a ouvertement témoigné par fes provifions données à Mandé : ce qui les rend nulles & vicieufes, au préjudice des édits faits en faveur de cette religion. Cette nullité ceffant, l'on n'a encore pu deftituer l'intimé, n'ayant mal verfé en fa charge. L'ordonnance de Rouffillon art. 27, fur laquelle feule on fonde cette deftitution & nouvelles provifions, ne parle que des feigneurs hauts-jufticiers qui reffortiffent nuement ès cours de parlement : la juftice de Châtillon n'étant de cette qualité, &

reffortiffant par appel au bailliage d'Orléans, on ne peut appliquer le cas de l'ordonnance pour deftituer l'intimé. Et conclut à ce qu'il foit maintenu en l'exercice de l'office de bailli.

M. l'avocat général Talon dit, que d'une caufe particuliere on a voulu en faire une générale de la religion & d'état, & l'exagérer & relever par-deffus fon mérite. *Materiam fuperavit opus.* La claufe inférée ès provifions de Mandé n'eft point nulle & vicieufe, comme l'on a avancé ; autrement toutes leurs conclufions pour la réception des officiers, & toutes les provifions que MM. de la cour leur donnoient font nulles & vicieufes, contenant toujours la même claufe, ordinaire & familiere. M. le cardinal de Richelieu ayant été pourvu fur la nomination du roi, de l'abbaye de faint Benoît, comme vacante par le décès de M. l'évêque d'Angers, & non point par réfignation ; nul doute qu'il n'ait pu deftituer l'intimé de l'office de bailli de Châtillon, & en pourvoir un autre comme il a fait. Il y a grande différence entre les feigneurs eccléfiaftiques & les feigneurs féculiers & temporels. Les premiers peuvent deftituer & inftituer leurs officiers, finon qu'ils foient pourvus pour fervices rendus au bénéfice, & non au bénéficier, qui ne peut pourvoir que pour le tems de fon adminiftration, comme un tuteur, une douairiere. Mais quand un feigneur temporel a donné des provifions pour récompenfe de fervices, l'énonciation inférée en fes provifions eft feule fuffifante pour la preuve des fervices, fans s'enquérir davantage de fervices véritables ou non ; de même qu'en une donation faite pour récompenfe de fervices, quoique non véritables, *quia quifque rei fuæ moderator atque arbiter, L. In re mandata. C. Mandati.* Quant à ce qu'on dit de l'ordonnance de Rouffillon, qu'il faudroit donc remettre les chofes en même état qu'elles étoient auparavant ladite ordonnance, les préfidiaux n'étoient point alors encore établis, & la plupart des appellations des juges des hauts-jufticiers reffortiffoient nuement en la cour de parlement : aujourd'hui reffortiffans aux préfidiaux, bailliages ou fénéchauffées, ils ne laiffent pas d'être condamnés en l'amende pour le mal jugé de leurs officiers, qu'ils ne peuvent deftituer. Et par ces moyens adhere avec l'appellant.

LA COUR mit l'appellation & ce au néant ; émendant, ordonna que Mandé pourvu par le fieur appellant exerceroit, fans dépens. Le mercredi 17 mai 1623, en la chambre de l'édit, M. de Bellievre préfident.

* l'arrêt eft dans du Frefne *liv. 1. chap. 3.* & Brodeau la cite, *lett. O. fomm. 2.* mais ils ne mettent ni le fait ni les moyens.

☞ *Vide* mes notes fur le chap. 1, dans lefquelles j'ai établi les diftinctions à faire à cet égard.

CHAPITRE CXV.

Remploi des propres de la femme aliénés fe doit faire en Poitou, quoiqu'il ne foit ftipulé, ni ordonné par la coutume.

Maître Jacques Marchand, avocat, & demoifelle Marie Cheminé contractent mariage enfemble en 1593, fans fe faire aucuns avantages, quoique ladite Cheminé fût veuve & fort riche. En 1594, Marchand moyenne le rachat d'une rente de cinq cents livres due à fa femme par le fieur de Lauzon, qui eft amortie, partie en deniers, & le furplus en autres rentes qu'on prend du confentement de la femme. L'on rachete auffi plufieurs rentes du propre de la femme & de fon confentement. En 1601, le mari & la femme fe font donation mutuelle de tous leurs meubles, acquêts & conquêts immeubles, & du tiers des propres, conformément à la coutume de Poitou. En 1614, ils réiterent & confirment cette donation mutuelle. En 1621, Marie Cheminé étant décédée, Marchand fon mari fait affigner Me. Louis Riverin pardevant le fénéchal de Poitou , ou fon lieutenant à Poitiers , aux fins de lui faire délivrance des meubles , acquêts & conquêts immeubles , & du tiers du propre de ladite Cheminé, dont il étoit héritier. Riverin offre de faire délivrance des meubles , acquêts & conquêts immeubles , en remplaçant par le demandeur tous les deniers procédans des rentes & autres héritages propres de fa femme , vendus & aliénés conftant leur mariage, dont il avoit dû faire le remploi. Marchand foutient qu'il n'y étoit tenu , puifque la coutume de Poitou , où les biens étoient fitués , n'ordonnoit point tel remploi , & qu'il n'avoit point été ftipulé par le contrat de mariage. Intervient fentence , par laquelle fur cette demande de remploi les parties font mifes hors de cour & de procès, dont Riverin interjette appel , pour lequel Me. Cornoaille dit , que par la difpofition de droit les deniers procédans de la vente de la chofe font fubrogés à la chofe même. *Pretium quod ex aliena re perceperit , reddere debet , quia poteft exiftimari in locum hæreditariæ rei venditæ pretium ejus fucceffiffe , & quodammodo ipfum hæreditarium factum , L. 22. De hæredit. petit.* Cela doit avoir lieu principalement pour le remploi des propres de la femme aliénés , conftant le mariage. Si on l'obfervoit autrement , & qu'on permit telles aliénations fans en ordonner le remploi , ce feroit introduire des donations & avantages indirects , prohibés par toutes les coutumes & par toutes les loix. Pour y obvier , l'on a introduit le remploi , & jugé par plufieurs arrêts qu'il fe doit faire , quoique la coutume ne l'ordonne point , & qu'il n'ait non plus été ftipulé par le contrat de mariage. Les arrêts en font notoires : l'un en la coutume de Paris, pour des aliénations faites avant qu'elle eût été réformée : l'autre du 30 avril 1620, en la premiere des enquêtes , au rapport de M. Barillon , entre Marie Chaftelain , veuve de Me. Pierre Germain , & Marguerite Loifel , veuve de Me. Nicolas Germain , par lequel le remploi eft ordonné en la coutume de Senlis , qui n'en difpofe point: autre du 9 mars 1613 , entre Marie Lucas veuve de René de Mizeau & Mathurin Sebille , pour la coutume de Poitou : autre du 6 août 1622 , en la premiere des enquêtes entre Jean Guay & Hilaire Leau , par lequel le remploi eft auffi ordonné en la même coutume de Poitou , contre ledit Guay donataire mutuel de fa femme , en infirmant la fentence du fénéchal de Poitou. Et conclut à ce qu'il plaife à la cour faire la même chofe. Me. Tillier pour l'intimé dit , que tout remploi fe doit faire , ou par la difpofition de la loi , ou par la deftination & ftipulation des parties. La coutume de Poitou n'en parle aucunement , non plus que le contrat de mariage ; & par conféquent il ne peut être demandé. Cette queftion a été ainfi jugée par un arrêt vulgairement appellé des Graffins , en l'ancienne coutume de Paris , qui ne parloit point du remploi, introduit par la nouvelle feulement. Jufques à préfent , en la coutume de Poitou , on n'a point oui parler de remploi. Il a été jugé en la coutume du Maine , qui n'en parle point auffi , pour la Brifebarre. Par la coutume de Poitou art. 230, encore que le mari ait l'adminiftration des biens de fa femme , il ne peut néanmoins les aliéner fans fon confentement : partant les rentes ayant été rachetées , & fe doivent employés du confentement de la femme de l'intimé , il n'y a apparence d'en demander le remploi. En 1607 , il y a eu autre arrêt au profit de M. Rat , confeiller au parlement , par lequel jugé que le remploi n'a point de lieu en Poitou. Autre arrêt du 9 avril 1622 , contre M. Morault , maître des requêtes , au profit de Me. Jean de fainte Marthe , lieutenant général de Poitiers , qui avoit aliéné les propres de fa femme pour acheter fon office. Le rachat des rentes dépend du débiteur, & non du créancier. *Alienationes dumtaxat voluntariæ interdictæ funt , non quæ , vetuftiorem caufam & originem juris habent neceffariam , L. 13. Fam. ercifc.* comme en ce cas , on a reçu de l'argent , qu'on a employé en l'acquit des dettes. L'ufage eft notoire en tout le Poitou , dont il ne faut point d'autre preuve que la fentence. Et conclut à la confirmation.

M. l'avocat général Talon dit , que la coutume de Poitou ne parle point fi le remploi doit être fait , ou non. De recourir en ce cas à la coutume de Paris , ou à quelque autre , il y a fort peu d'apparence , parce que chacun eft jaloux de fa loi. Si cette queftion du remploi étoit à juger dans fa thèfe pure & fimple , il y auroit beaucoup à dire de part & d'autre ; mais en l'hypothefe il n'y a pas grande difficulté. On voit un mariage inégal en âge & en biens , dans l'an & jour du mariage des rentes rachetées par accommodement , quoique les débiteurs fuffent fort folvables. C'eft le remploi de ces rentes que demande l'appellant avant que de délivrer les meubles , acquêts immeubles , & tiers des propres, dont les rentes aliénées font partie. *Si quid ex iifdem rebus in alium quemlibet fuerit ab eâ tranflatum , ex maternis redintegrabitur facultatibus , quò illibata ad eos , quos ftatuimus , liberos , & incorrupta bona perveniant ,* comme dit l'empereur en la *L. 2. C. De fec. nupt.* On en peut autant dire de ce qui a été aliéné des propres de la femme , conftant le mariage ; il le faut remplacer des biens de la communauté des acquêts , *ut incorrupta & illibata bona propria ad hæredem perveniant ,* afin que l'héritier ait les deux tiers des propres franchement & quittement , conformément à l'*art.* 1 des donations , qui eft le 203 , par lequel on ne peut donner plus que du tiers , pour quelque caufe & maniere que ce foit , & les deux autres tiers des propres doivent venir franchement & quittement à l'héritier. S'il étoit permis de déroger à cet article & difpofition de coutume par des aliénations des propres , & par dons mutuels , il le faudroit entiérement abroger & tout ce titre des donations. La caufe a été jugée *in individuo* par l'arrêt de 1622. entre le Guay & jacquette le Gendre ; & ayant aliénations des propres, & nonobftant la donation mutuelle le remploi fut ordonné. A quoi il conclut.

LA COUR mit l'appellation & ce dont étoit appel , au néant ; émendant , corrigeant , condamna Marchand intimé de bailler à Riverin héritier appellant les deux tiers des biens aliénés pendant la communauté ; & fans dépens. Le lundi 29 mai 1623, M. le préfident Seguier prononçant.

* L'arrêt eft dans du Frefne *liv.* 1. *chap.* 4. & Brodeau le cite , *lett.* R. *fomm.* 30. mais le fait y eft pareillement tronqué.

CHAPITRE CXVI.

Teftament d'une fille majeure au profit de fon pere tuteur & remarié , eft bon & valable en la coutume de Bourgogne.

MOnfieur Claude Catherine , confeiller au parlement de Bourgogne , contracte mariage avec demoifelle Marie Joly en 1580, dame Marie Joly décede en 1594, délaiffant deux filles , Jeanne & Elizabeth. Leur pere eft décerné tuteur. Le 9 feptembre 1615 , Elizabeth non mariée , & âgée de vingt-fept ans , fait fon teftament en la maifon de St. Valerin appartenant à fon pere , en préfence de Me. Mouchet avocat à Dijon , & par ce teftament elle inftitue fon pere fon héritier univerfel en tous & chacuns fes biens meubles & immeubles , & lui fubftitue Jeanne fa fœur en fes fonds & héritages feulement , au cas qu'elle furvive fon pere , & non autrement , veut que fa difpofition vaille par forme de teftament , ou finon par forme de codicille , donation à caufe de mort , ou autrement. Ce teftament ainfi fait , elle décede , Jeanne fa fœur contracte mariage avec Me. Théodore Bouvot avocat demeurant à Châlons. En 1620 M. Chatherine demande l'ouverture & publication du teftament d'Elizabeth fa fille , pardevant le bailli de Châlons. Me. Théodore Bouvot, tant pour lui que pour fa femme, s'oppofe , & empêche l'ouverture du teftament. Le juge ordonne que le teftament fera ouvert, lû & publié , en octroie acte ; & en conféquence que M. Catherine fera mis en poffeffion de tous les biens délaiffés par Elizabeth fa fille , en baillant bonne & fuffifante caution , dont le fieur Bouvot interjette appel. Me. Dupleix pour l'appellant dit , que M. Catherine ayant eu trois femmes , deux depuis le décès de demoifelle Marie Joly , il a tâché par tous moyens de dépouiller fes deux filles du premier lit , de tous leurs biens , pour en enrichir les enfans des fecond & troifieme lits. Pour y parvenir , il a induit la défunte fa fille à faire le teftament dont eft queftion , qui eft nul , comme l'inftitution d'héritier faite de fa perfonne , par deux raifons : l'une , pour l'incapacité qui fe rencontre en la perfonne du pere inftitué : l'autre , pour l'incapacité de la fille teftatrice , laquelle étant en la puiffance de fon pere n'a pu valablement tefter , par la vulgaire difpofition de droit. La coutume de Bourgogne n'ayant point préfini le tems par lequel on eft rendu capable de tefter , il faut recourir à la difpofition du droit romain , dans lequel on obferve deux chofes : l'une , que les perfonnes qui étoient hors de la puiffance d'autrui , pouvoient tefter , favoir les mâles à quatorze ans , & les filles à douze : l'autre , que les enfans qui étoient en la puiffance de leurs peres , ne pouvoient tefter , quelque âge qu'ils euffent atteint. *Qui in poteftate parentis eft , teftamenti faciendi jus non habet , adeo ut quamvis pater ei permiferit , nihilo magis tamen jure teftari poteft , L. Qui in poteftate. Qui teftam. facere poffunt. Filium autem qui in poteftate parentis eft , teftamentum facere non poffe indubitati juris eft , L. Senium. §. Filium. Cod. eod. tit.* La difficulté dépend de ce qui eft porté aux inftitutes *§. 9. De patria poteft. Jus autem poteftatis quod in liberos habemus , proprium eft civium romanorum ; nulli enim alii funt homines qui talem in liberos habeant poteftatem , qualem nos habemus.* Ce droit de puiffance paternelle étant inconnu *apud Francos* , *apud Francigenas* , Elizabeth Catherine a pu valablement tefter. Mais cette puiffance paternelle eft fondée en un droit plus ancien que celui des Romains , celui de la nature , commun & général à toute forte de perfonnes , à toutes nations , même aux plus barbares , comme Ariftote remarque au 8. chap. de fes politiques , où parlant de cette puiffance il dit : *Pater præeft uxori civili genere imperii , liberis verò regali poteftate.* Cefar au liv. 6 de fes commentaires fait mention que cette puiffance étoit obfervée & pratiquée en ce royaume. Par la coutume de Bourgogne la puiffance paternelle dure jufques à l'émancipation ou pleine pupillarité ; ce que la même coutume , au titre des enfans de plufieurs lits , & Chaffanée , expliquent de l'enfant pour tenir feu & lieu féparément d'avec fon pere ; ce qui n'eft point arrivé en cette caufe , Elizabeth Catherine ayant perpétuellement demeuré avec fon pere ; & par conféquent toujours foumife à fa puiffance ; & ainfi n'a jamais eu le pouvoir & faculté de tefter. Car il eft certain que la puiffance paternelle établie en France , tant en pays coutumier que de droit écrit , empêche & ôte cette faculté de valablement tefter , comme a remarqué M. Maynard , qui en rapporte les arrêts pour la nullité des teftamens , excepté *fi in piam facta fuerint caufam.* Que fi en France au pays régi par le droit écrit , la puiffance paternelle ôte la faculté de valablement tefter ; par identité de raifon elle doit avoir le même effet en pays coutumier , puifque les loix & l'ordre de fuccéder y font de même , procédans de la loi de Dieu , & de celle de la nature : en Bourgogne nommément cette puiffance paternelle doit avoir lieu & produire fon effet , fuivant l'art. 3 des fucceffions , & le fentiment de Chaffanée. L'autre moyen de nullité du teftament procede de l'incapacité de la perfonne inftituée , de M. Catherine pere de la teftatrice , qu'il a conduite à deffein en une maifon champêtre à lui appartenante , & en fa préfence lui a fait faire le teftament dont eft queftion , dicté & nommé par Me. Mouchet avocat au parlement de Dijon , contre la difpofition du droit , *fine ullo jurifperito , animi mei rationem potius fecutus ;* ce que la teftatrice n'avoit pu , forcée par la préfence & par la puiffance de fon pere. St. Gregoire de Nazianze *epift.* 181. écrivant à un pere fur pareil fujet , lui dit : *Mets ta fille hors de ta maifon pour la mettre en liberté , ta préfence lui fert de force & de contrainte.*

Pater rogavit , c'eft-à-dire, a fait un commandement abfolu : Patrono & liberto , quem magna verecundia in præfentia & pudor ad refiftendum impedit , L. penult. De furtis. Cette préfence & puiffance paternelle captivent tellement la volonté de l'enfant , qu'elle ne fait rien moins que ce qu'elle defire. L'événement le témoigne. Le pere s'eft fait donner tous les biens de fa fille , dont il étoit tuteur , obligé de lui rendre compte , & a ftipulé une quittance & une libération à fon profit , qui eft abfolument nulle , *cùm nemo auctor in rem fuam effe poffit , L. ult. C. De donat. cauſa mortis.* Ce texte annulle auffi-bien les teftamens que les donations , & n'y met point de diftinction. *Donatio facta patri per filium , ipfo patre auctoritante , nulla eft. Guid. Pap. decif.* 223. L'amour & l'affection des enfans envers leurs peres eft très-favorable ; mais cela eft bon pour foutenir les donations faites à leur profit jufques à certaine fomme , non pas pour leur permettre d'extorquer de leurs enfans des donations immenfes & univerfelles , les dépouiller de tous leurs biens & de leur volonté : *Non minùs parentibus , quàm liberis piè relinqui debet , L. Nam. De inoff. teftam.* fans obligation , volontairement , fans force ni contrainte. *Non fic parentibus liberorum , ut liberis parentum debetur hæreditas ; bona liberorum ratio miferationis admittit ; liberos naturæ fimul & parentum commune votum eligit , L. 7. Unde liberi.* Par la coutume de Paris art. 276, les enfans mineurs peuvent difpofer au profit de leurs peres & meres , pourvu qu'ils ne foient remariés. Le fieur intimé l'eft pour la troifieme fois ; & par conféquent indigne de la libéralité de fa fille. La cour l'a ainfi jugé par un arrêt donné en la premiere chambre des enquêtes en 1618 , dans la même coutume de Bourgogne , pour une pareille donation faite par une fille au profit de fon pere , qui fut déclarée nulle. Et par ces moyens conclut à la nullité du teftament d'Elizabeth Catherine. Me. Picquard pour M. Catherine intimé dit , que le teftament dont eft queftion , eft tellement accompli & parfait en toutes les formes & folemnités requifes par la coutume de Bourgogne , qu'on n'y a fu trouver à redire chofe quelconque ; on s'eft attaché à la perfonne du fieur intimé , & à celle de fa fille teftatrice , pour rendre l'une & l'autre incapables , celle-ci de tefter , & celle-là de recevoir & recueillir l'inftitution ; & ce par un feul & unique moyen , à caufe de la puiffance qu'un pere peut avoir fur fes enfans : moyen foible & impertinent. Elizabeth Catherine avoit atteint l'âge de vingt-fept ans lors de la confection de fon teftament , comme il paroît par l'extrait du regiftre baptiftaire fait avec l'appellant , & par conféquent elle a pu valablement tefter. Cette ancienne difpofition de droit , par laquelle les enfans demeuroient toujours en la puiffance de leurs peres , quelque âge qu'ils euffent atteint , & n'en fortoient que par une émancipation expreffe & publique , eft maintenant abrogée. La puiffance paternelle , en ce qui concerne des effets civils de ne pouvoir tefter , acquérir , & plufieurs autres actes , demeure éteinte & couverte par une majorité parfaite & accomplie , & par l'émancipation expreffe ou tacite ; comme par mariage ou demeure féparée , fuivant la difpofition de la coutume de Bourgogne , art. 6. chap. 3. & la glofe de la loi 1. Cod. De patria pot. La teftatrice étoit par ce moyen capable de tefter , & a bien & folemnellement tefté felon les formes prefcrites par la coutume de Bourgogne où elle demeuroit , & avoit tous fes biens. Refte le fecond chef touchant l'incapacité de l'intimé héritier inftitué , que l'on fait pareillement confifter en l'autorité de cette puiffance paternelle , & en la qualité de tuteur que l'intimé avoit de fa fille. Quant à la premiere , on en veut induire une fuggeftion ; mais il fuffit de remarquer , que la teftatrice a vécu plus de deux ans après fon teftament fait & parfait , & n'y a voulu changer aucune chofe. Si le teftament avoit été fuggéré , il feroit entiérement au profit du pere intimé , mais non pas de fa fille , femme de l'appellant , qui n'étoit point encore mariée , & ne l'a été que long-tems après. Le fieur intimé leur a témoigné toute forte d'affection , mais il n'en a point trouvé de réciproque : *Eft*

1.623.

gener invifus focero, dit Tacite. Quant à la qualité de tuteur, étant conjointe à celle de pere, elle ne peut être aucunement foupçonnée, & n'eft point comprife en la difpofition de l'ordonnance de 1539, *art.* 131, qui déclare nulles toutes les donations & avantages faits par les pupilles au profit de leurs tuteurs. L'ordonnance s'entend des tuteurs étrangers, qui ne font pas ordinairement affez affectionnés pour leurs pupilles ; mais ne fe peut aucunement entendre des peres, qu'on ne préfumera jamais fe dépouiller de l'affection paternelle, pour s'enrichir du bien de leurs enfaus. C'eft l'opinion de *Benedicti fuper cap. Rainutius. in verbo*, *Mafculi*. La coutume de Paris *art.* 276 l'a ainfi nettement & clairement ordonné : elle excepte de cette regle les peres & meres. Il eft vrai qu'elle ajoute, *pourvu qu'ils ne foient point remariés.* Mais la coutume de Bourgogne ne contient cette reftriction ; on ne peut y étendre celle de Paris, qui n'a point d'empire hors de fon territoire. Par la difpofition du droit, auquel il faut avoir recours, les loix *Hâc edictali* & *Fœminæ* ne rendent point le pere ou la mere, qui ont convolé en fecondes noces, indignes & incapables de recueillir la fucceffion de leurs enfans, qui veulent tefter & difpofer à leur profit. Et conclut à la confirmation du teftament.

M. l'avocat général Servin dit, que la fille du fieur intimé étant âgée de vingt-fept ans lors de la confection de fon teftament, elle a pu bien & valablement tefter, comme elle a fait, & difpofer de fes biens au profit de qui bon lui a femblé, nonobftant cette puiffance paternelle qu'on allegue pour tous moyens : elle ne l'a rendue, ni incapable de valablement tefter, ni fon pere de recueillir & accepter la part qu'elle lui a voulu faire de fes biens. L'ordonnance qui annulle les donations faites aux tuteurs & adminiftrateurs, ne fe peut entendre en façon quelconque des peres, qui font exempts du foupçon des autres tuteurs. Et il adhere avec l'intimé.

LA COUR mit l'appellation au néant ; évoqua le principal, & y faifant droit, maintint & garda le pere intimé en la poffeffion & jouiffance des chofes & biens délaiffés par le teftament de fa fille ; fans dépens. Le mercredi 5 juillet 1623, en la chambre de l'édit, M. de Bellievre préfident.

* Par les lettres de confirmation de la coutume de Bourgogne qui font à la fin du procès-verbal, il eft porté que dans les cas omis, & même pour l'interprétation des articles de la coutume, on aura recours au droit écrit.

Le principe eft certain, que les afcendans tuteurs dans toute la France font exceptés de la prohibition des ordonnances de 1539 & 1549, ou plutôt qu'ils n'y ont jamais été compris : il eft inutile d'en répéter les raifons qui font dans tous les livres, & l'on doit fe contenter des réflexions toujours judicieufes & favantes de Me. Jean Marie Ricard en fon traité *des Donat. part.* 1. *fect.* 9. *nomb.* 459 *& fuivans.*

Toute la queftion controverfée fe réduit à favoir fi l'*art.* 276 de la coutume de Paris, qui ne les rend capables de recevoir des libéralités qu'avec cette reftriction, *pourvu qu'ils ne foient point remariés*, fe doit étendre aux autres coutumes qui n'en ont point de difpofition, & aux pays de droit écrit.

Le même auteur dans la premiere édition *in-quarto* de fon traité a tenu la négative, fondé fur l'arrêt de 1647 ; mais en l'édition *in-folio*, il prend le parti contraire, parce qu'il a découvert que l'arrêt n'a point jugé la queftion, de la mere inftituée héritiere par fon fils, qui entroit en religion, ne s'étoit remariée que fix mois après fa profeffion.

Il remarque au *nomb.* 466 que l'on ne peut pas douter que les arrêts ne doivent fervir de loi dans ces queftions problématiques, & qui font fufceptibles de part & d'autre de raifonnemens également forts : mais trouvant la queftion entiere, il eftime qu'il y va de l'intérêt public de porter la reftriction de la coutume de Paris dans les autres pays.

On n'a pas la témérité de reprocher à ce grand homme, qu'il ait préféré une jurifprudence d'arrêts, toujours incertaine & fouvent inconftante, aux principes inviolables que chacun fe forme pour fe déterminer à jamais dans une queftion problématique.

Mais puifque des arrêts étoient capables de le fixer fur cette queftion, elle n'étoit pas entiere, comme il penfoit, puifque l'arrêt ici rapporté l'avoit décidée pour fon premier avis, dans des circonftances auffi fortes qu'on le pouvoit fouhaiter.

S'il eft vrai, ce que l'on dit communément, que les premieres penfées font toujours les meilleures, le public doit fe rappeller avec joie le premier parti de ce favant auteur, qui penfoit toujours fi jufte ; en donnant à fa fincérité les éloges qu'elle lui a mérités, puifque c'eft un effet de fon zele pour la vérité, d'avoir cherché fcrupuleufement l'occafion de fe tromper foi-même, & de s'être rétracté fi volontiers toutes les fois qu'il a cru s'être trompé.

Cette même humilité de Me. Ricard, qui l'a porté pendant fa vie à rechercher lui-même la cenfure de fes raifons, laiffe la liberté entiere de les examiner après fa mort.

Les motifs de fon changement fe réduifent à deux. Dans le premier il obferve que comme la coutume de Paris a contribué à établir en général dans les autres pays le droit des afcendans, qui fans ce fecours auroit eu beaucoup de peine à s'introduire, parce que l'ordonnance paroit indéfiniment, il eft bien jufte qu'il fe foumettent à la condition que la même coutume a prefcrite contre eux.

On répond par un dilemme qui ne reçoit pas de replique : car ou l'ordonnance avoit compris les afcendans dans la prohibition générale faite contre les tuteurs, ou non. Au premier cas il n'a pas été permis aux réformateurs de la coutume de Paris de déroger à l'ordonnance : au fecond, ils n'ont rien fait pour les autres coutumes, ni pour le droit écrit.

Il ne faut qu'employer les raifons précédentes de cet auteur, qui juftifie que les afcendans tuteurs n'ont jamais été compris dans la prohibition des ordonnances de 1539 & 1549 ; & que l'article ajouté lors de la réformation de la coutume de Paris, ne peut pas être confidéré comme une modification de l'ordonnance, qui excédoit le pouvoir des réformateurs, mais comme une interprétation.

C'eft auffi le principe du droit romain, qui reftraint toutes les loix pénales aux étrangers, en excepte les afcendans qui n'y font pas expreffément dénommés, & autorife le teftament de l'enfant au profit de la mere remariée.

Son fecond motif eft d'étendre cette prohibition en haine des fecondes noces, puifque les loix ont non-feulement ôté aux peres qui fe remarient, les privileges qu'elles leur avoient accordés en qualité de peres, mais ont encore prononcé des peines contre eux.

On a déja répondu, que les loix pénales ne reçoivent point d'extenfion, & il n'y a qu'à réfléchir que l'art. 279 de la même coutume de Paris, qui ajoute une peine aux fecondes noces, eft borné dans fon territoire, & a été rejetté par tous les arrêts dans les autres coutumes qui n'ont point de difpofition femblable.

Deux autres arrêts achevent de rétablir le premier parti que Me. Ricard avoit embraffé. L'un du 22 août 1615, rapporté par Chenu *Cent.* 2. *queft.* 58. qui a confirmé dans la coutume de Berry une donation & un teftament faits par une fille âgée de vingt-cinq ans, de l'ufufruit de tous fes biens, au profit de fon pere tuteur & remarié, & de la propriété, aux enfans du fecond lit freres utérins de la teftatrice, contre la tante héritiere des propres maternels.

Il eft vrai que le pere lui avoit rendu un compte ; mais outre que la procédure étoit vicieufe & clandeftine, il n'avoit point payé le réliquat, qui perpétue la prohibition contre les tuteurs étrangers, fuivant la difpofition précife de l'*art.* 517 de la coutume de Bretagne.

L'autre arrêt plus récent du 6 feptembre 1673, qui eft en la troifieme partie du journal du palais, a confirmé dans le Lyonnois un teftament du fils au profit de fa mere tutrice & remariée.

Dans le fait il y avoit cette circonftance particuliere, que c'étoit un fils du fecond lit, qui conteftoit à fa mere la validité de la difpofition ; mais cela ne change pas la queftion : car la nullité ne feroit pas feulement relative aux héritiers collatéraux de l'enfant qui difpofe ; & il y auroit bien plus de raifon de l'admettre en faveur de fes freres utérins ou confanguins, parce qu'en un mot la difpofition feroit nulle dans fon principe, & ne pourroit jamais être validée, foit qu'il y eût des enfans du fecond lit, ou non.

☞ L'on voit que dans l'efpece jugée par cet arrêt, l'on a beaucoup difcuté la puiffance paternelle ; mais ce n'a été qu'en matiere civile, & l'on n'y parle en aucune maniere des corrections que les peres & meres peuvent infliger à leurs enfans. Il eft vrai qu'il eft fi rare de voir des peres & meres fe porter à des excés de violence envers leurs enfans, que les tribunaux n'ont prefque jamais eu faifis d'affaires de ce genre : cependant comme quelques peres & meres avoient abufé de cette puiffance que leur donnoient les loix romaines & le fang, pour exercer de mauvais traitemens fur leurs enfans, le parlement par arrêts des 14 mars 1678, & octobre 1696, a fait défenfes de mettre les enfans de famille dans aucune autre prifon que celle de l'officialité.

Mais comme depuis ces arrêts il y a eu des maifons de correction établies, telles entr'autres que celles de St. Lazare, de St. Yon, des cordeliers de la Garde & autres, les peres & meres fans l'autorité des magiftrats y font renfermer leurs enfans dont ils font mécontens.

Mais en même tems les vues qui ont guidé les princes en confentant l'établiffement de ces maifons de correction, n'ont pas permis à la fageffe du gouvernement de tolérer l'abus que certains peres & meres pouvoient faire de leur autorité, foit en châtiant leurs enfans avec excés & d'une façon qui pouvoit faire craindre pour leur vie, foit en les renfermant dans des caves ou dans des chambres, & en les privant des alimens néceffaires à la vie : car toutes les fois que des parens dénaturés, guidés par la paffion, fe font livrés à des femblables voies de fait, les cours fouveraines ont réprimé avec foin ces attentats qui révoltoient l'humanité.

Heureufement que les excés de ce genre n'ont pas été fréquens ; c'eft pourquoi je me contenterai de rapporter ici un arrêt qui a été rendu dans une efpece dont il feroit à fouhaiter que l'on ne trouvât jamais d'exemple.

Arrêt de la cour de parlement, qui condamne Pierre Lefiot notaire royal au carcan pendant trois jours confécutifs, ayant la corde au col, au fouet, à la marque fur les deux épaules & aux galeres à perpétuité, pour avoir conjointement avec fa femme traité inhumainement tous les jours depuis fa tendre jeuneffe, Anne Lefiot leur fille, & lui avoir caufé la mort en lui refufant les alimens néceffaires pour fa fubfiftance ; bannit en outre ladite Marie Dufour, femme de Lefiot à perpétuité hors du reffort de la cour.

VU par la cour le procès criminel fait par le juge de la juftice & pairie de Nevers, à la requête du procureur fifcal, demandeur & accufateur, contre Pierre Lefiot notaire royal en la ville de Nevers, défendeur & accufé, prifonnier ès prifons de la conciergerie du palais à Paris, & contre Marie Dufour fa femme, auffi défendereffe & accufée, abfente & contumace : ledit Pierre Lefiot appellant de la fentence rendue par ledit juge fur ledit procès, le 10 mai 1768, par laquelle ledit Pierre Lefiot auroit été déclaré fuffifamment atteint & convaincu d'avoir traité inhumainement Anne Lefiot fa fille, & de l'avoir laiffée périr faute de lui fournir les alimens néceffaires pour fa fubfiftance, pour réparation de quoi, auroit été banni à perpétuité hors du royaume, lui auroit été enjoint de garder fon ban fous les peines portées par l'ordonnance, tous fes biens fitués en pays de confifcation acquis & confifqués au roi ou à qui il appartiendroit ; fur iceux & autres non fujets à confifcation préalablement pris la fomme de mille livres d'amende au profit du fieur, ayant la haute-juftice de Nevers, en cas que confifcation n'ait pas

lieu à fon profit ; la contumace auroit été déclarée bien inftruite contre ladite Marie Dufour femme de 1623. Pierre Lefiot adjugeant le profit d'icelle, auroit été ordonné que ladite Marie Dufour feroit mandée en la chambre, le confeil y étant, pour y être blâmée d'avoir commis des excés contre ladite défunte Anne Lefiot fa fille, condamnée en trois cents livres d'amende envers ledit fieur ayant la haute-juftice de Nevers ; à la prononciation de laquelle fentence, le procureur fifcal auroit déclaré en être appellant à *minima*, la requête d'atténuation dudit Pierre Lefiot du 28 avril 1768, contenant demande à ce qu'il fût reçu appellant de la fentence contre lui rendue par ledit lieutenant de Nevers, ledit jour 10 mai 1768 ; faifant droit fur fon appel, il lui fut donné acte, de ce que pour un moyen d'atténuation & faits juftificatifs, il employoit le contenu en fon mémoire imprimé ; en conféquence l'appellation & fentence dont étoit appel, fuffent mis au néant ; émendant, ledit Lefiot fut déchargé de l'accufation contre lui intentée, il feroit ordonné qu'il feroit élargi & mis hors des prifons de la conciergerie du palais où il eft détenu, à quoi tous greffiers & concierges contraints même par corps ; quoi faifant ils en feroient bien & valablement quittes & déchargés ; que les écroues dudit Lefiot, tant au greffe de la conciergerie du palais qu'en celui des prifons de Nevers, feroient rayés & biffés ; que l'arrêt à intervenir feroit infcrit en marge d'iceux ; qu'à ce faire les greffiers defdites prifons feroient refpectivement contraints même par corps ; il fut permis audit Lefiot de prendre à partie le juge, le procureur fifcal de la juftice de Nevers, & tous autres qu'il appartiendroit ; il fut ordonné que l'arrêt à intervenir feroit imprimé, publié & affiché, tant à Paris qu'à Nevers, Varennes-lez-Nevers, Lucy, Apremont, Boui-Travaul, Marcenay, Maucevigny, & dans les villes & lieux circonvoifins, jufqu'à concurrence de trois mille exemplaires, & où la cour y feroit quant à préfent difficulté, en ce cas il lui fut donné acte des faits contenus en fa requête ; il lui fut permis d'en faire preuve, tant par titres que par témoins devant le plus prochain juge royal des lieux, autre que celui de Nevers ; pour lefdites informations, faites, rapportées être pris par ledit Lefiot telles conclufions & par la cour ce qu'il appartiendroit, au bas de laquelle requête eft l'ordonnance de la cour, par laquelle il auroit été réfervé à être fait droit en jugeant ; & la fignification defdites requêtes & l'ordonnance du procureur général du roi. Conclufions du procureur général du roi, ouï & interrogé en la cour ledit Pierre Lefiot fur les caufes d'appel & cas à lui imputés, tout confidéré :

LA COUR faifant droit fur l'appel à *minima*, enfemble fur celui formé interjetté par ledit Pierre Lefiot, a mis & met les différentes appellations & ladite fentence au néant ; émendant pour les cas réfultans du procès, condamne ledit Pierre Lefiot à être attaché au carcan pendant trois jours confécutifs dans la place publique de la ville de Nevers, & chacun defdits trois jours y demeurer depuis dix heures jufqu'à midi, ayant écriteau devant & derriere, portant ces mots : (*Pere inhumain & dénaturé envers fa fille*) & le dernier jour battu & fuftigé nud de verges, par l'exécuteur de la haute-juftice, ayant la corde au col, dans les lieux & carrefours accoutumés de ladite ville de Nevers, & en un d'iceux flétri d'un fer chaud en forme des lettres GAL fur les deux épaules. Ce fait, mené & conduit aux galeres du roi pour y être détenu & fervir en icelles comme forçat ledit feigneur roi à perpétuité. Déclare les biens dudit Pierre Lefiot acquis & confifqués au roi ou à qui il appartiendra, d'iceux préalablement pris la fomme de deux cents livres d'amende envers le fieur ayant haute-juftice de Nevers, au cas que confifcation n'ait pas lieu à fon profit ; bannit ladite Marie Dufour du reffort de la cour à perpétuité, lui enjoint de garder fon ban, fous les peines portées par les déclarations du roi : ce qui fera exécuté en effigie par un tableau qui fera à cet effet attaché par l'exécuteur de la haute-juftice à un poteau qui fera planté en la place publique de la ville de Nevers ; déclare les biens de ladite Marie Dufour acquis & confifqués au roi ou à qui il appartiendra, fur iceux préalablement pris la fomme de deux cents livres d'amende envers le fieur ayant la haute-juftice de Nevers , au cas que confifcation n'ait pas lieu à fon profit ; ordonne que le préfent arrêt fera imprimé , publié & affiché , tant en la ville de Nevers qu'en cette ville , fauxbourgs & banlieue de Paris & par-tout où befoin fera , & pour le faire mettre à exécution, renvoie ledit Pierre Lefiot prifonnier pardevant le juge de la juftice & pairie de Nevers. Fait en parlement le 28 juillet 1768. *Collationné* , DEBRET.

Signé , RECHARD.

CHAPITRE CXVII.

Dîme ne peut être abonnée au profit d'un particulier.

LE curé de Marles au pays de Lyonnois fait affigner Jacques Delorme pardevant le fénéchal de Lyon aux fins de fe voir condamner à lui payer la dîme à raifon d'onze gerbes l'une , pour raifon de certain domaine , terres & héritages que Delorme poffédoit en la paroiffe de Marles. Delorme décline la jurifdiction du fénéchal : il eft ordonné qu'il y procédera : il en interjette appel , pour lequel Me. Tillier dit , en ce qui concerne l'appel , qu'il ne veut pas y conclure , la cour en fera ce qu'il lui plaira. Mais l'appellant a préfenté requête pour l'évocation du principal : il eft en poffeffion immémoriale de payer une certaine quantité de grains , pour tout droit de dîmes des terres qu'il poffede en la paroiffe de Marles, par contrat portant compofition & abonnement fait le 23 avril 1562, par Marcellin Delorme fon aïeul , avec le curé qui étoit lors. L'abonnement s'eft trouvé fi jufte & fi utile à l'églife , qu'il a été confervé par tranfaction du 22 juillet 1583, paffée entre le pere de l'appellant & le curé qui étoit lors : il y eft fait expreffe mention d'un autre abonnement de 1447 ; ce qui eft très-remarquable pour prouver la poffeffion immémoriale de ne payer autre quantité ni quotité que les grains que l'appellant a offerts & offre encore de payer , c'eft-à-dire , deux quarterons de feigle, & quatre fols par chacune année. Cet abonnement eft bon & valable, fait pour affoupir des procès mus pour raifon de la preftation de la dîme , dont la quotité fe prefcrit par un long tems , même fans titre ; à plus forte raifon avec un titre bon & valable , fuivi & entretenu pendant près de deux fiecles. Il n'y a apparence quelconque de le vouloir contefter. Et conclut à ce qu'il foit exécuté. Me. Brodeau pour le curé de Marles , intimé & demandeur en entérinement de lettres royaux à fin de caffation de ces contrats d'abonnement des années 1562 & 1583 dit , que par l'ordonnance de 1303 , vulgairement appellée *la philippine* , la connoiffance de toutes les dîmes appartient aux juges royaux , privativement aux juges d'églife , & aux juges fubalternes. Au principal , l'abonnement de 1583 , fe réfere à celui de 1562 , qui ne fait aucune mention de cet autre prétendu abonnement de 1447 , & ne doit pas être préfumé avoir jamais eu d'exiftence. Ces deux contrats d'abonnement de la dîme font nuls comme faits fans caufe , fans information précédente , fans homologation , ni approbation des fupérieurs , ce qui étoit néceffaire. La dîme eft de droit divin pofitif , que les théologiens appellent *fecundarium* , le fruit & les prémices des Chrétiens , anciennement appellées *altaria* , *Can. Gonfaldus.* 17. q. 2. parce que la dîme eft deftinée pour l'entretien du miniftre de l'autel ; c'eft une chofe facrée , qui ne tombe point en commerce , & dont l'aliénation eft interdite. L'abonnement , duquel l'appellant demande la confirmation , eft une vraie aliénation , faite par intelligence des curés qui étoient pour lors , avec les prédéceffeurs de l'appellant. Comme ils n'ont pu valablement aliéner , auffi n'ont-ils pu valablement abonner la dîme des terres de l'appellant. On ne peut alléguer aucune raifon probable , par laquelle les terres de l'appellant aient dû être abonnées, c'eft-à-dire, exemptées de la dîme.

Et par ces moyens conclut à la caffation des contrats.

M. l'avocat général Servin dit , que s'il étoit queftion d'un abonnement , d'une compofition faite à tout le corps des habitans & paroiffiens de Marles, il y auroit quelque apparence de raifon ; l'ufage en pourroit être admis & confirmé. Mais l'abonnement fait à un particulier fans caufe légitime , ni néceffité quelconque , ne fe peut foutenir ; c'eft une aliénation prohibée ; le laps du tems n'étoit aucunement confidérable , parce que la dîme étant due de droit divin , n'eft point fujette à prefcription. La relation , ou rapport fait au contrat de 1583 , d'un autre précédent de 1447 , qu'on ne rapporte point , étoit un artifice pour donner couleur à cet abonnement , & le confirmer par de fi longues années. *Commemorationem in chirographo pecuniarum quæ ex alia caufa debere dicuntur , factam , vim obligationis non habere,* L. ult. de probation. Il faut néceffairement que cet autre contrat , duquel on a voulu faire mention, le rapporte. Et il adhere avec l'intimé.

LA COUR. mit l'appellation au néant ; ordonna que ce dont étoit appel , fortiroit fon plein & entier effet ; évoqua le principal , & y faifant droit, ayant égard aux lettres , & icelles entérinant , remit les parties en tel & femblable état qu'elles étoient auparavant les contrats de 1562 & 1583 ; condamna l'appellant à payer la dîme de fes terres en efpeces, ainfi qu'elle fe payoit avant les contrats d'abonnement. Le lundi 10 juillet 1623 , M. de Verdun premier préfident prononçant.

* L'arrêt eft dans du Frefne *liv.* 1. *chap.* 5. mais le fait eft omis , & il fuppofe qu'un abonnement fait par les curés avec tous les habitans & paroiffiens eft nul ; cependant la cour n'a jugé que l'hypothefe d'un abonnement fait avec un feul paroiffien déclaré nul par le principe de la quotité & maniere de lever & payer dîmes, qui ne font prefcriptibles que par une preftation uniforme de tous les habitans. En effet , les capitulaires de Charlemagne & les ordonnances des rois Charles IX & Henri III , autorifent ces fortes de tranfactions & compofitions faites avec les habitans ; & tous les docteurs les eftiment irrévocables , lorfqu'elles ont été fuivies de preftations pendant longues années. M. l'avocat général Servin a fait ici la même diftinction , & Me. Claude Henrys en rapporte des arrêts tom. 1. liv. 1. queft 39. & un des plus forts termes tom. 2. *liv.* 1. queft. 12. contre les curés primitifs , demandeurs en lettres à fin de refcifion de l'abonnement fait avec tous les habitans fur un vicaire perpétuel , le fucceffeur ayant depuis abandonné la dîme aux curés primitifs , & demandé portion congrue.

CHAPITRE CXVIII.

Au pays de droit écrit , la reverfion a lieu de la dot de la fille dans la fucceffion du petit-fils , en faveur de l'aïeul qui l'avoit conftituée , à l'exclufion du pere du défunt , foit qu'elle ait été payée ; ou fût encore due en tout ou en partie.

PIerre Poncelet & Françoife Double fa femme, en 1615, mariant Madeleine Poncelet leur fille avec Claude Clavet , lui conftituent en dot la fomme de huit cents livres , dont moitié fut payée comptant , & l'autre moitié fe devoit payer à termes. De ce mariage naît un fils nommé Jean Clavet. Peu de tems après arrive le décès de Madeleine Poncelet , fuivi de celui de Jean Clavet décédé impubere en 1621. Il y eut inftance entre Pierre Poncelet fon aïeul maternel , & Claude Clavet fon pere : l'un & l'autre prétendoient fa fucceffion ; fur quoi le bailli de Mâcon ou fon lieutenant rend fentence , par laquelle il déboute Pierre Poncelet aïeul maternel de Jean Clavet , de la demande par lui faite à Claude Clavet pere , pour avoir reftitution de la fomme de quatre cents livres qu'il avoit reçue de la dot de Madeleine Poncelet fa femme , & le condamne à payer les quatre cents livres reftans avec les intérêts à Claude Clavet , comme héritier dudit Jean fon fils. Pierre

Poncelet

Poncelet en interjetta appel, pour lequel Me. Chamillart dit, que la succession de Jean Clavet, dont est question, ne consiste qu'en cette somme de huit cents livres que l'appellant a constitué en dot à Madeleine Poncelet sa fille, mere de Jean Clavet. Cette Poncelet sa fille, mere de Jean Clavet. Cette somme est une dot profectice, & provenue de l'appellant aïeul, elle lui doit retourner & appartenir, sa fille & son petit-fils étant décédés, lui survivant, *L. profectitia dos. 5. De jure dotium.* La dot n'a point changé ni perdu sa qualité, pour avoir passé en la personne du petit-fils. L'appellant survivant a eu l'espérance & le droit de se conserver le retour de la dot qu'il avoit constituée à sa fille. *Dos à patre profecta, si in matrimonio decesserit mulier filiafamilias, ad patrem redire debet, L. Dos à patre. C. sol. matrim. L. jure succursum. C. de jure dot.* où par une équité naturelle la loi veut que la chose reprenne sa première origine & son principe, retourne à celui qui avoit usé de libéralité & de gratification : *Ne huc injecta formidine parentum liberalitas retardetur : quæ enim invidia est, ut quod patris occasione profectum est, ad eum revertatur ? L. Cùm oportet. C. De bonis quæ lib.* Et quoique ces textes semblent parler seulement des peres, néanmoins ils s'entendent aussi-bien de l'aïeul que du pere, *L. fin. Cod. Communia utriusque judicii.* *Ea quæ in persona paterna diximus, obtinere volumus etiam in avo & proavo paterno, vel materno, & matre, & avia vel proavia paterna, vel materna.* On objecte à l'appellant la décision de la loi *Quod scitis prioribus. De bonis quæ lib.* où les empereurs décident que, *si nepos superstitibus tam patre, quàm avo paterno, diem suum sine liberis obierit eorum dominium quæ ad ipsum ex matre, vel ab ejus linea pervenerint, non ad avum, sed ad patrem ejus perveniat, usufructu videlicet in hujusmodi casibus avo, dum superest, reservando.* Mais il y a double réponse. L'une qu'en cette loi, il ne s'agit point de la dot donnée par le pere à sa fille, mais d'autres biens qui lui étoient échus d'ailleurs ; ou bien si l'on veut dire, qu'il s'agit de la dot, de la dot, de la mere de l'enfant décédé, il faut dire suivant l'opinion de Bartole, que cette loi s'entend entre deux aïeuls, l'un paternel, & l'autre maternel ; & le dernier est préféré aux biens maternels procédans de son estoc & ligne ; & que ce mot *patre*, ne s'entend pas *de patre nepotis defuncti, sed de patre matris ipsius nepotis.* Et suivant cette opinion cette loi est à l'avantage de l'aïeul appellant. L'autre réponse est que cette loi, selon l'opinion commune de tous les docteurs, ne s'entend pas du pere de l'enfant & de son aïeul maternel, mais de l'aïeul paternel contestant contre son fils la succession maternelle de son petit-fils, laquelle les empereurs adjugent au pere de l'enfant, comme plus proche que l'aïeul, duquel les biens dont est question n'étoient pas procédés, mais de l'estoc de sa mere. Cette question a été jugée par deux arrêts célebres qu'il a fait servir pour servir de décision en la cause : l'un du 25 janvier 1602, pour le pays coutumier rendu au profit du sieur l'Argentier de Vaussemin, où le plaidoyé de M. l'avocat général Marion est inséré, & porte qu'il est raisonnable de rendre le bien à celui, de la libéralité duquel il est procédé : l'autre arrêt est rendu pour le pays de droit écrit, sur l'appel des présidiaux d'Aurillac au haut pays d'Auvergne régi par droit écrit : après quoi il ne reste difficulté quelconque en la cause. Et conclut à ce que l'aïeul appellant soit déchargé de la condamnation des quatre cents livres, & que les quatre cents livres que l'intimé a touché, lui soient restituées. Me. Rosée pour l'intimé dit, qu'il demeure d'accord de la maxime qu'on a posée pour le retour, que ce qui est procédé de la libéralité du pere ou de quelqu'autre, lui doit retourner, son donataire étant décédé, *L. jure succursum. De jure dot. & L. 2. C. de bonis quæ lib.* Mais la cause est bien différente : il ne s'agit point de la restitution de la dot constituée à Madeleine Poncelet, fille de l'appellant ; elle a prédécédé, & laissé Jean Clavet son fils ; il ne faut plus parler de dot, qui est demeurée éteinte & couverte, & qui a entierement perdu sa qualité & sa faveur de dot : par le décès de Madeleine Poncelet elle a été absorbée & confuse en la personne de Jean son fils, qui a succédé à sa mere comme son vrai & légitime héritier. Dans sa succession il ne faut plus considérer cette somme de huit cents livres, en quoi elle consiste entierement, comme provenue de la dot de la mere, & de la main de son aïeul appellant, mais comme appartenante à Jean Clavet fils irrévocablement par le décès de sa mere, à l'instant d'icelui : *Filio, eodemque nepote matris suæ hæreditate adeunte, factum est ipsius nepotis patrimonium, L. Sed si plures. §. Filio. ff. de vulgari substit. Unius hominis dub patrimonia fingenda non sunt, L. Jurisperitos. De excusat. Tut.* Il ne faut plus considérer la personne de la mere, mais seulement celle du fils, & examiner qui lui doit succéder, ou son pere, ou son aïeul maternel. Sans doute, c'est son pere comme plus proche, qui est son vrai & unique héritier. *Vulgo receptum in successione ab intestato proximiorem in gradu præferri, §. Consequens. De hæredit. ab intest. ven. Auth. Defuncto. ad Tertull. salvâ gradûs prærogativâ.* La cause du pere qui pleure son fils, est bien plus favorable que celle de l'aïeul. *Miserationis causâ vulgò proditum est luctuosam filiorum hæreditatem parentibus deferri, L. Nam etsi parentibus. De inoffic. testam. L. scripto. §. Non sic. Unde liberi. L. fin. C. de institut. & substitution.* Les empereurs ont nettement & clairement décidé cette question en la loi *Quod scitis prioribus,* qu'on a alléguée pour en éviter la condamnation par des interprétations subtiles : mais elle s'entend *de patre & avo, tam paterno quàm materno,* qui contestoient pour la succession du fils & petit-fils, laquelle par la décision de cette loi est adjugée au pere. Les juges dont est appel, ont bien jugé. Et conclut.

LA COUR appointa les parties au conseil, & M. le premier président de Verdun dit, que l'arrêt seroit prononcé en robes rouges. Le même jour 10 juillet 1623.

* Quoique la cause ait été appointée, & qu'il n'y ait point eu d'arrêt prononcé en robes rouges, parce que la question est apparemment demeurée indécise ; toutefois on a cru devoir mettre le sommaire affirmatif pour l'aïeul.

C'est l'opinion commune de tous les docteurs, & l'on en trouve un arrêt du 10 juin 1611 dans Mornac sur la loi *Jure succursum. ff. De jure dotium.* Il est vrai qu'il remarque que la même question fut depuis appointée le 18 juin 1613. Mais un arrêt postérieur du 12 juillet 1615, qui la décide encore en faveur de l'aïeul, & qui est rapporté en forme par Me. Claude Henrys *tom. 1. liv. 6. chap. 5. quest. 12.* ne laisse plus lieu d'en douter.

Il faut ajouter à toutes ces autorités marquées par ce savant arrêtiste, celle de messieurs Duranti président au parlement d'Aix *en sa décis. 1.* & de Me. Bechet en son traité du droit de reversion, *chap. 3.* qui rendent témoignage que c'est une jurisprudence uniforme dans tous les parlemens de droit écrit. On peut même tirer argument d'un arrêt intervenu en la coutume de Paris le 4 avril 1634, cité dans les *mémoires* de Me. Barthelemi Auzanet *sur l'art. 313.* qui adjuge à l'aïeul les choses par lui données directement à son petit-fils en sa succession, à l'exclusion du pere : c'est à titre de succession contre la maxime générale, qui préfere le plus proche au plus éloigné. Mais la reversion admise au pays de droit écrit est bien plus naturelle pour la dot constituée à la fille, qui passe au petit-fils sans confusion, lorsqu'il n'a point été héritier de son pere qui l'a survécu.

Fin du premier Livre.

RECUEIL

D'ARRÊTS DU PARLEMENT

DE PARIS,

Depuis l'année 1617 jusqu'en 1643,

SUR

LES PLUS BELLES QUESTIONS

DE DROIT.

LIVRE SECOND.

CHAPITRE PREMIER.

Compromis empêche la péremption d'instance.

1624.

TIENNE du Bois, écuyer du pays de Boulenois, en 1600, vend à Pierre le Grand aussi écuyer, certaine terre de quatre cents livres de revenu annuel, moyennant le prix & somme de deux mille cent livres seulement. En 1608, le vendeur obtient lettres contre ce contrat fondées sur la léfion d'outre moitié de juste prix. En 1610 les parties passent un compromis, & nomment pour arbitres deux gentilshommes leurs voisins, auxquels ils donnent pouvoir de prendre pour tiers le lieutenant général de Boulogne. Peu de tems après ce compromis, le détestable parricide du roi Henri le Grand ayant troublé toute la France, les gentilshommes nommés pour arbitres prennent les armes, vont à leurs charges, & ne peuvent exécuter le compromis. En 1615 l'un d'eux decede, & ensuite le vendeur demandeur en lettres de restitution, délaissant un fils mineur, qui en l'année 1621, fait assigner le défendeur pardevant le préfident de Calais pour procéder fur l'instance des lettres, suivant les derniers erremens; le défendeur foutient que l'instance est périe par une fi longue discontinuation : le demandeur au-contraire. Sur quoi le préfident de Calais rend fa fentence, par laquelle il déclare l'instance périe, & renvoie le défendeur absous, avec dépens, dont le demandeur interjette appel, pour lequel Me. l'Hoste dit, qu'il n'y a eu aucune pé-

remption d'instance à cause du compromis, duquel on ne s'est point départi, & l'instance est toujours continuée. Me. Germain pour l'intimé dit, qu'il y avoit un tems préfix par le compromis, dans lequel il n'a point été exécuté : ce tems passé, le compromis est demeuré nul & résolu ; & les parties remises en même état qu'elles étoient auparavant ; & par conféquent l'instance fujette à péremption ; ce qui est infailliblement arrivé par le laps de cinq ans, qui se font écoulés depuis le compromis jusques au décès du pere de l'appellant.

LA COUR mit l'appellation & ce au néant ; fans avoir égard à la péremption d'instance, renvoya les parties pardevant les officiers de Calais, pour y procéder fuivant les derniers erremens. Le mardi 9 janvier 1624, M. de Verdun premier préfident prononçant.

CHAPITRE II.

Promesse d'un fils de famille pour frais de jeu de paulme déclarée nulle.

PAr arrêt du mardi 16 janvier 1624, à l'audience de relevée, M. Seguier préfident, plaidant Me. Brissejon pour le maitre d'un jeu de paulme de Nevers, appellant de la fentence du bailli de Nevers, qui déclaroit nulle une promeſſe & cédule de la ſomme de cent livres faite à l'appellant pour frais du jeu de paulme par un jeune homme de la ville de Nevers, fils de famille, âgé de vingt-trois ans, & Me. Aymeric pour l'intimé, qui ſoutenoit la promeſſe nulle, illicite, faite par un fils de famille, lequel en tant que de beſoin avoit obtenu lettres en cauſe d'appel pour faire caſſer ladite promeſſe.

LA COUR ſur les concluſions de M. l'avocat général Servin, qui adhéra avec l'intimé, ſans avoir égard aux lettres obtenues par l'intimé, faiſant droit ſur l'appel, mit l'appellation au néant ; ordonna que ce dont étoit appel, ſortiroit ſon plein & entier effet ; ſans dépens.

* Toutefois le gain du jeu de paulme eſt licite entre majeurs, & donne action pour demander le payement, ainſi qu'il a été jugé par un arrêt du 6 mai 1603, ſur les concluſions de M. Servin rapporté dans Chenu Centur. 2. queſt. 42.

☞ Cet arrêt eſt conforme à la juriſprudence actuelle ; qui a encore pris ſa force de l'art. 140 de l'ordonnance de 1629, qui porte : *Permettons aux peres, meres, aïeuls, & aïeules & aux tuteurs de répéter toutes les ſommes qui auront été perdues au jeu par leurs enfans, ou mineurs, ſur ceux qui les auront gagnées. Voulons que leurs actions ſoient reçues, & ceux qui auront reçu leſdites ſommes condamnés à reſtitution d'icelles, avec dépens, dommages & intérêts : & que la preuve par témoins ſoit reçue, nonobſtant que les ſommes excedent cent livres, à quoi nous avons dérogé pour ce regard.*

Auſſi toutes les fois que ces ſortes de queſtions ſe ſont préſentées, depuis l'époque de l'arrêt ci-deſſus, elles ont toujours été jugées, ſuivant le principe qu'il établit.

On trouve au journal du palais un arrêt du parlement de Bretagne rendu le 12 mai 1671, entre le Sr. Claude Laval & Charles Pinchon. Sr. Deſmouts d'une part & Claude Duverger Sr. de Gaillon, d'autre ; par lequel la cour ayant égard aux lettres de reſciſion priſes par le Sr. Duverger, contre les billets par lui faits aux Srs. Laval & Deſmouts ; de la ſomme de plus de 4000 liv. perdues au jeu, le déchargea du payement des ſommes coutenues auxdits billets ; mais cependant le condamna à aumôner aux hôpitaux de la ville de Rennes 500 liv.

Le journal des audiences en fournit un du 30 juillet 1693, contre le ceſſionnaire du nommé Louis Paré, d'un billet de 48 louis gagnés au jeu, quoique conçu pour valeur reçue comptant & par lequel celui qui avoit fourni le billet, fût déchargé du payement du contenu en icelui.

Enfin l'auteur de la collection des déciſions nouvelles de juriſprudence au mot *jeu*, en cite deux ſembiables : l'un du parlement de Rennes du 25 février 1716, & un autre du parlement de Paris du 19 février 1762.

CHAPITRE III.

Droit de viſite ſur les curés appartient à l'évêque, ou en ſon abſence à ſes grands-vicaires, & non à l'archidiacre.

LE lundi 5 février 1624, plaidant Me. Cornoaille pour les curés de la ville de Senlis, appellans d'un appointement en droit, & demandeurs en requête d'évocation du principal, qui conſiſtoit en ce que Me. Jean Crochet chanoine & archidiacre de l'égliſe de Senlis, prétendoit avoir le droit de viſite ſur eux : au-contraire ils ſoutenoient que ledit Crochet n'avoit aucun droit de viſite, lorſque M. l'évêque de Senlis étoit préſent en la ville. Sur le refus fait par les appellans, l'intimé forme ſa complainte pardevant le bailli de Senlis, qui rend l'appointement en droit dont eſt appel. Me. Fremin plaidant pour l'intimé, & Me. Grenet pour M. l'évêque de Senlis intervenant :

LA COUR ſur les concluſions de M. l'avocat général Talon, qui conclut pour les appellans, mit l'appellation & ce au néant ; évoqua le principal, & y faiſant droit, ayant égard à l'intervention de M. l'évêque de Senlis, le maintint & garda en la poſſeſſion & jouiſſance de voir & viſiter les curés dans la ville & fauxbourgs de Senlis, & en ſon abſence ſes grands-vicaires, avec défenſes à l'archidiacre de les y troubler, à peine de tous dépens, dommages & intérêts ; & ſans dépens. M. de Verdun premier préſident prononçant.

1624.

CHAPITRE IV.

En Nivernois, où le frere exclut la ſœur des ſucceſſions collatérales, elle n'eſt pas recevable à lui objecter, que ſa qualité d'héritier en cette coutume eſt incompatible avec celle de légataire univerſel dans une autre, où la ſœur peut ſuccéder.

MOnſieur Roy, conſeiller au parlement de Paris, natif de la ville de Nevers, en 1623, fait ſon teſtament olographe, par lequel il legue cinquante mille livres pour fonder & bâtir un couvent de Carmes déchauſſés en la ville de Nevers, legue à chacune de deux ſœurs qu'il avoit, la ſomme de quatre mille livres, & inſtitue Me. Pierre Roy ſon frere légataire univerſel de tous & chacuns ſes meubles, acquêts & conquêts immeubles. Au mois de ſeptembre de la même année étant malade en la ville de Nevers, il reconnoît ce teſtament pardevant notaires, & décede incontinent après. Ses ſœurs font appoſer le ſcellé en ſa maiſon à Paris, de l'ordonnance du bailli du palais, qui ordonne de plus qu'inventaire ſera fait pour la conſervation des droits des parties, dont Me. Pierre Roy interjette appel, & préſente requête pour l'évocation du principal. Me. Mauguin le jeune pour l'appellant & demandeur, fit ſeulement offres de payer toutes les dettes & frais funéraires. Et conclut. Me. Roſée pour les intimées dit, qu'étant ſœurs de M. Roy, il n'eſt pas raiſonnable qu'elles ſoient entièrement privées de ſa ſucceſſion, comme elles le ſeroient, ſi ce legs univerſel fait à l'appellant avoit lieu, parce que par la coutume de Nivernois art. 14 des ſucceſſions, en ligne collatérale le frere exclut la ſœur ; & ſuivant cette coutume l'appellant prétend tous les biens ſitués en Nivernois, comme auſſi tous ceux qui ſont à Paris, où il n'y a que meubles & acquêts immeubles, dont on peut entièrement diſpoſer par teſtament, ſuivant la coutume : ainſi il ne reſteroit rien aux intimées. Il faut venir à la diviſion de cette ſucceſſion, en laquelle l'appellant doit ſe contenter de tous les meubles, acquêts & conquêts immeubles aſſis à Paris, & du quint des propres ſitués en la coutume de Nivernois, & en laiſſer les quatre quints franchement & quittement aux intimées, leſquelles en ce cas renoncent au legs de quatre mille livres. Me. Charles du Moulin ſur l'*art.* 93 de la coutume de Montfort dit bien, qu'on peut être héritier & légataire en diverſes coutumes, & rapporte l'arrêt vulgairement appelé des bureaux ; mais cela s'entend en ligne & ſucceſſion directe.

LA COUR, après que l'appellant eut offert de payer toutes les dettes & frais funéraires, mit l'appellation, & ce dont étoit appel, au néant ; évoquant le principal, ordonna que le teſtament de M. Roy ſeroit exécuté ſelon ſa forme & teneur : ce faiſant, que la ſomme de cinquante mille livres ſeroit délivrée aux religieux Carmes déchauſſés, & à chacune des ſœurs du défunt la ſomme de quatre mille livres, & ſans dépens ; le jeudi 8 février 1624.

* Du Freſne liv. 1. chap. 15. cite l'arrêt ſans en déſigner préciſément le fait, que le public pouvoit juſtement deſirer, parce que cet arrêt & celui des bureaux, qui n'ont jugé que des hypotheſes, ont été mal entendus, & l'on a voulu les tirer à conſéquence, comme s'ils avoient décidé qu'on pouvoit être héritier dans une coutume, & légataire dans une autre, ou héritier d'une ſorte de biens, & lé-

gataire d'une autre nature de biens.

Cependant ils n'ont rien moins jugé que cette thefe générale ; car dans l'efpece les fœurs n'étant pas héritieres , ni capables de fuccéder avec leur frere aux biens de Nivernois , elles ne pouvoient lui oppofer l'incompatibilité , qui dépend du principe d'égalité entre cohéritiers.

Me. Jean Marie Ricard en fon traité des donations *part.* 1. *chap.* 3. *fect.* 15. tout modéré qu'il étoit , n'a pu s'empêcher de dire au *nombre* 694 , qu'il paroiffoit bien que du Frefne avoit fort peu digéré cette matiere , & que difficilement il avoit pu remarquer le véritable motif des arrêts. Enfuite au nomb. 699 , il obferve le principe particulier de l'arrêt dont il s'agit : on fe contente d'y renvoyer le lecteur.

CHAPITRE V.

Legs de la moitié d'une maifon (qui étoit un conquêt de la communauté d'entre le teftateur & fa femme) & de la moitié de tous les meubles , s'entend de tout le droit que le teftateur y avoit , & comprend l'or & l'argent monnoyé.

MAître Ravan Affe commis au greffe criminel du parlement de Paris , fait fon teftament , par lequel il legue à Me. Pierre Calus fon neveu la moitié d'une maifon par lui acquife aux champs, appellée la ronce, avec la moitié des meubles qui y étoient ; il legue auffi à Me. Jean Affe fon neveu procureur en parlement , la moitié d'une autre maifon affife à Paris , avec la moitié des meubles qui y étoient. Son décès arrivé, il y eut inftance entre les héritiers & lefdits Calus & Affe légataires. Les légataires foutenoient , que la moitié du total des maifons & meubles leur appartenoit ; & au-contraire les héritiers , que le quart feulement du total defdites maifons & meubles appartenoit aux légataires , parce que le teftateur n'avoit que la moitié aux maifons & meubles légués , & l'autre moitié appartenoit à fa femme , à caufe de la communauté. Sur quoi meffieurs des requêtes du palais appointent les parties en droit. Calus & Affe interjettent appel , & préfentent requête pour l'évocation du principal. Me. Joubert pour les appellans dit , que tous les biens de Me. Ravan Affe teftateur ne confiftant qu'en meubles & conquêts immeubles faits conftant fon mariage , il en a pu difpofer fuivant la coutume de Paris : ce qu'il a fait & entendu faire par fon teftament , ayant légué aux appellans la moitié de fes deux maifons & des meubles qui y étoient, cela s'entend de la moitié qui lui appartenoit entiérement , de la moitié au total , l'autre moitié appartenant à fa femme. Le legs des meubles ne s'entend pas feulement des meubles d'hôtel , des uftenfiles , comme difent les intimés ; mais de toute forte de meubles , or , argent monnoyé , & non monnoyé , vaiffelle d'argent , pierreries & autres de quelque efpece & qualité qu'ils foient. Me. Grenet pour les héritiers intimés dit , que le teftateur ayant légué la moitié de fes maifons & meubles, cela ne fe peut entendre que de la moitié de ce qui lui appartenoit , c'eft-à-dire , d'un quart au total. Sous le nom de meubles on ne peut comprendre que les uftenfiles d'hôtel.

LA COUR mit l'appellation & ce dont étoit appel , au néant ; évoquant le principal , adjugea aux appellans la moitié au total des deux maifons & héritages en queftion , comme auffi la moitié au total de tous les meubles qui s'y étoient trouvés lors du décès du teftateur , foit uftenfiles , argent comptant, vaiffelle d'argent , joyaux, pierreries & autres. Le même jour jeudi 8 février 1624, M. de Verdun premier préfident prononçant.

* Cet arrêt eft divifé par du Frefne en deux chapitres , qui font les 16 & 17 de fon liv. 1. cela n'eft pas régulier. Quoiqu'il ait décidé deux queftions , rien ne l'empêchoit de les réduire dans un feul ; mais c'eft une preuve qu'il n'a écrit que fur la rélation d'autrui , & peut-être long-tems après le récit qu'on lui en avoit fait.

Le foupçon augmente , lorfque l'on confidere que dans le dernier chapitre , il propofe une queftion toute différente de celle qui a été effective-ment agitée : car les circonftances du fait marquées par l'auteur avec fa netteté & exactitude ordinaires , & la prononciation de l'arrêt , ne permettent pas de croire que le teftateur eût échangé les maifons pour des rentes , & qu'il fût queftion de favoir fi la fubrogation avoit empêché la révocation du legs.

Notre auteur a cité en marge la loi 5. §. 2. *ff. De legat.* 1. *L. Lucius.* §. *Filiam. ff. De legat.* 2. *L.* 30. §. 4. *ff. De legat.* 3. Peregrin. *art.* 8, *De fideicomm. & art.* 33. num. 8. qui font précis pour l'efpece de l'arrêt.

CHAPITRE VI.

Grenetiers & contrôleurs précedent les avocats.

LEs avocats du bailliage de Dun-le-Roi , & les grenetiers & contrôleurs de la même ville , s'étant trouvés en une affemblée pour les affaires communes de la ville , il y eut conteftation entre eux pour la préféance , de laquelle le bailli de Dun-le-Roi ayant voulu connoître , les grenetiers & contrôleurs interjetterent appel , & préfenterent requête pour l'évocation du principal. Me. Gaultier l'aîné pour les appellans dit , qu'il n'a befoin d'autre difcours que de la lecture d'un arrêt rendu le 24 janvier 1614 , entre les grenetiers & contrôleurs de Pontoife , & les avocats de la même ville , par lequel la caufe a été jugée *in individuo* , & la préféance adjugée aux grenetiers & contrôleurs. Me. Cholet pour la communauté des avocats de Dun-le-Roi intimés dit , que les appellans n'étant point gradués , il ne feroit pas raifonnable qu'ils précédaffent les intimés , qui ont toujours confervé cette préféance , par une poffeffion immémoriale , en laquelle ils doivent être maintenus.

M. l'avocat général Talon dit , que quoiqu'il n'y ait point de comparaifon entre la doctrine & induftrie des avocats , & celle des grenetiers & contrôleurs , qui le plus fouvent ne font pas gens d'étude ni gradués , néanmoins fuivant les maximes du tems, ayant été érigés en titres d'offices & de juges , l'honneur & la préféance leur eft due. Il a été ainfi jugé pour le contrôleur général du duché de Guife contre les avocats.

LA COUR mit l'appellation & ce dont étoit appel , au néant ; évoquant le principal , & y faifant droit , maintint & garda les grenetiers & contrôleurs appellans en la poffeffion & jouiffance de précéder les avocats intimés en toutes affemblées , tant générales que particulieres ; leur fit défenfes de les y troubler , à peine de tous dépens , dommages & intérêts. Le mardi 13 février 1624, à l'audience de relevée , M. Seguier préfident.

CHAPITRE VII.

Adjudication par décret , qui exprime l'héritage d'un tiers non dépoffédé p... les baux judiciaires , eft nulle.

CLaude Guignard intente une action pétitoire pour le défiftement de certains héritages contre Pierre Guignard fon frere , qu'il prétendoit en avoir injuftement pris la poffeffion ; & fur leurs conteftations y ayant eu appointement à informer des faits contraires refpectivement articulés , cette inftance demeure fans pourfuite par le décès de Claude Guignard demandeur , arrivé en 1613. Un de fes créanciers fait créer un curateur à fa fucceffion abandonnée , contre lequel il fait procéder par faifie réelle & établiffement de commiffaire de tous & chacuns les héritages qu'il prétendoit avoir appartenu à

défunt

défunt Claude Guignard fon débiteur, même de ceux dont le défiftement avoit été requis contre Pierre Guignard fon frere dès 1610 ; nonobftant cette faifie, Pierre Guignard demeure toujours en poffeffion des héritages qui ne font point compris au bail judiciaire, avec le furplus des héritages faifis à la requête du commiffaire établi au régime. Sur cette faifie néanmoins y ayant eu vente & adjudication par décret de tous les héritages mentionnés en l'exploit de faifie & criées, au profit du créancier faififfant, par le prévôt de Paris ou fon lieutenant civil ; le créancier adjudicataire veut prendre poffeffion des fonds & héritages poffédés par Pierre Guignard, lequel y forme oppofition, fur ce qu'il n'avoit point été dépoffédé. Il en eft débouté par fentence du même prévôt de Paris, dont il interjette appel, pour lequel Me. Didier dit, que la faifie & l'adjudication par décret dont eft appel, ne peuvent fe foutenir, parce que l'appellant étoit en poffeffion des fonds & héritages dont eft queftion, lors de la faifie, ainfi qu'on en demeure d'accord, & qu'il fe juftifie par la procédure faite entre fon frere & lui. Il n'a point été dépoffédé par les baux à ferme faits à la requête du commiffaire établi, ni autrement en façon quelconque : par conféquent il n'a eu fujet de s'oppofer à la faifie & adjudication par décret, nulles à fon égard, fuivant l'ordonnance & la difpofition de droit en la loi *Non eft mirum*. 16. *De pignerat. actione.* Me. Defnoyers dit, que c'eft une collufion entre deux freres, pour fruftrer l'intimé & autres créanciers. Il n'y a aucun défaut de formalité en tout le décret ; auffi n'en a-t-on pu coter aucun : les procédures ont été faites au vu & fu de l'appellant, les publications & proclamations faites aux paroiffes, à la diligence des commiffaires ; mais perfonne ne s'eft préfenté pour les prendre à ferme, parce qu'ils étoient en friche ; & par ce moyen l'appellant a été fuffifamment dépoffédé : il ne s'eft oppofé, & a fouffert la vente & adjudication par décret ; il n'eft plus recevable à demander diftraction des héritages qu'il prétend lui appartenir, & qui appartenoient à défunt fon frere.

M. l'avocat général Servin dit, que l'appellant ayant juftifié de la conteftation qui a été entre fon défunt frere & lui dès 1610, touchant la propriété des fonds & héritages en queftion, dont il n'avoit point été conftamment dépoffédé, les maximes de l'intimé ne font point véritables. Il fe reffouvient d'avoir plaidé une requête civile aux grands-jours de Clermont, d'une caufe toute femblable, pour la vente & adjudication par décret faites par un arrêt d'une boutique faifie fur un particulier qui n'en avoit jamais été dépoffédé, & fe rioit voyant faire les criées, fur lefquelles l'adjudication par décret ayant été faite, & le voulant dépoffédé, il obtint la requête civile qu'il plaida par l'avis & affiftance de maitres Buiffon & Robert, grands & célebres avocats, contre Me. Dulac, auffi célebre avocat, plaidant pour le défendeur, fur quoi intervint l'arrêt, par lequel les lettres en forme de requête civile furent entérinées, fuivant la difpofition de droit en la loi *Cùm notiffimi.* §. *Immo* & *illud. Cod. De præfcript.* 30. vel 40. ann. *Si quis res fibi fuppofitas fine violentia tenuerit, per hanc detentionem interruptio fit præteriti temporis ; multò magis quàm fi effet interruptio per conventionem* ; n'y ayant rien de plus confidérable & de plus fort qu'une paifible poffeffion par le moyen de laquelle l'appellant a toujours en des héritages en queftion, vaut mieux qu'une oppofition qu'il eût formée aux criées. Et par ces moyens conclut pour l'appellant.

LA COUR mit l'appellation & ce dont étoit appel, au néant ; ordonna que l'appellant feroit réintégré en la poffeffion & jouiffance des fonds & héritages mentionnés en l'appointement de contrariété rendu entre fon frere & lui en 1610 ; condamna l'intimé à en rendre & reftituer les fruits ; fans dépens. Le 14 février 1624, en la chambre de l'édit, M. Potier préfident.

CHAPITRE VIII.

Somme de deniers délivrée par un malade à fon ami, fecrétement & fans écrit, pour l'employer en œuvres pies, doit être rendue aux héritiers.

MAître Julien Bourée, prêtre & procureur du college du Mans en la ville de Paris, étant extrêmement malade en 1621, mande Antoine Doublet, marchand de Paris, & lui délivre fecrétement & en cachette la fomme de treize cents foixante-douze liv. qu'il le prie de diftribuer en œuvres & legs pies. Deux jours après il décede. Une pauvre femme fa niece, chargée de cinq enfans, mendiante en la ville du Mans, fait affigner Antoine Doublet pardevant le prévôt de Paris, aux fins de lui délivrer tout ce qu'il avoit entre fes mains appartenant à défunt Me. Julien Bourée, & qu'il eût à l'affirmer, finon qu'elle en fût crue à fon ferment jufques à la fomme de trois mille liv. Antoine Doublet foutient qu'il n'eft obligé d'affirmer les deniers que Me. Julien Bourée lui a mis entre les mains, ni moins les délivrer à la demandereffe, attendu que le défunt les lui a dépofés pour les employer en œuvres pies, & les diftribuer ainfi qu'il lui a fecrétement ordonné, avec promeffe, même ferment de ne le révéler à perfonne. Le prévôt de Paris rend fa fentence, par laquelle fur cette demande, il met les parties hors de cour & de procès, fans dépens. La demandereffe niece du défunt en interjette appel. Me. Rimbaucourt pour l'appellante dit, qu'elle eft la plus proche & héritiere pure & fimple de fon défunt oncle. Par la maxime générale de la France, *Le mort faifit le vif fon plus proche héritier* ; elle doit être faifie de tous les biens du défunt pour les diftribuer felon fa volonté. On ne peut objecter la loi des douze tables ; *Difponat teftator, & erit lex* ; ni la loi 1. *De facrof. Eccl.* Ces difpofitions de droit s'entendent des volontés écrites des défunts, & de leurs teftamens bons & valables. En cette caufe l'intimé n'allegue pas même qu'il y ait aucun teftament de défunt Bourée. Si l'on vouloit dire que c'eft par un teftament nuncupatif, encore faudroit-il qu'il eût été fait en la préfence de témoins, *L.* 21. *Qui teftam. fac. pof.* Outre que par l'ordonnance de Moulins, la preuve de tels teftamens n'eft aucunement reçue par témoins pour quelque cas & privilege que ce foit, ainfi qu'il a été jugé par les arrêts rapportés par Me. Anne Robert, *Rerum judicat. cap.* 10. *L.* 2. La difpofition de la loi *Theopompus.* De dote *prælegata*, ne peut fervir à la décifion de cette caufe : *Providebit Pollianus fciens mentem meam* ; puifqu'elle eft en l'efpece d'un teftament bon & valable, dont la conjecture peut être facilement & favorablement prife & aidée de toutes chofes. En hypothefe, l'égalité entre les enfans avoit donné lieu, & porté Scevola à opiner de la forte. L'ordonnance de Moulins ayant rejetté toute forte de preuves par témoins au-deffus de cent liv. & l'intimé ayant confeffé qu'il a une notable fomme entre fes mains, il ne peut ni ne doit être cru pour l'emploi & la diftribution, au préjudice d'une niece du défunt, qui eft réduite à une extrême pauvreté. La cour a jugé cette queftion en bien plus forts termes, pour un legs de douze mille liv. fait par M. l'évêque de Dignes, & laiffé à M. de St. Fuffien *fub figillo confeffionis*, pour en faire la diftribution ; néanmoins la cour par fon arrêt n'a point approuvé ce legs, & l'a infirmé : à plus forte raifon celui en queftion fait par un eccléfiaftique, & commis à la volonté & la difcrétion d'une perfonne laïque. Et par ces moyens conclut. Me. Baillot pour l'intimé dit, qu'il a deux grands avantages en cette caufe : l'un, qu'il ne plaide point pour fon intérêt particulier, mais pour celui de la piété & de la charité : l'autre, que l'appellante n'a preuve quelconque de la réception de la fomme dont elle demande la reftitution & délivrance, que

1624.

par la déclaration & confession de l'intimé, laquelle suivant la disposition de droit *in L. Aurelio. De liberat. leg.* & la commune usance & pratique, ne se peut diviser ni syncoper, & doit être prise intégralement selon les conditions & modifications qu'on y apporte. L'intimé ayant déclaré que défunt Bourée lui avoit mis une somme de deniers entre les mains, pour l'employer & distribuer en certaines œuvres pies, il faut prendre cette confession en son entier, sans la diviser, ni se servir de la réception seulement, & rejetter l'emploi & la distribution en œuvres pies, comme l'appellante le prétend, contre l'intention de son oncle. Le prévôt de Paris ayant rendu sa sentence, suivant cette maxime, a très-bien jugé. L'intimé est homme de grande probité, il n'est aucunement soupçonné d'avoir prêté sa foi pour quelque donation indirecte & prohibée, pour un tacite fidéicommis : le défunt avoit toute liberté & puissance de disposer & donner tout son bien, qui ne consistoit qu'en cette somme, à telles personnes que bon lui eût semblé, sans être obligé d'en laisser aucune partie à l'appellante ni à ses autres parens. *In extraneos & sæpe ignotos donationem collatam valere receptum est ; & si sine scripto donatum quid fuerit, adhibitis aliis idoneis documentis, hoc quod geritur, comprobatur*, dit l'empereur en la loi 19. *De donation.* C'étoit la volonté & l'intention louables de Me. Julien Bourée, de distribuer en œuvres & legs pies ce peu qu'il avoit reçu de la main de Dieu, qu'il a épargné par son travail, n'ayant jamais eu un sol de ses pere & mere. *Sine scripto donare voluerat*, pour éviter le faste & la vanité qui ronge souvent nos meilleures & plus saintes œuvres, se confiant entièrement de la validité & de l'exécution de cette donation, de son testament mystique, secret & nuncupatif, à la probité & à la parfaite amitié de l'intimé, qui le lui a ainsi promis & juré. La disposition de droit assiste & approuve telles dispositions & volontés secretes. La loi *Cùm quis decedens.* 37. §. *Codicillis. De leg.* 3. & la loi *Theopompus.* 14. *De liberat. leg.* y sont formelles. *Maximo domino meo denaria quinquies mille, quæ accepi in depositum à patruo ejus Julio Maximo, ut ei viro facto vel adulto reddam, & dari volo ; ita enim patruo suo juravi*, dit ce grand jurisconsulte Scevola, *dicta L.* 37. §. *Codicillis.* où il propose le doute : *Quæsitum est an ad depositam pecuniam petendam sufficiant verba codicillorum, cùm hanc solam, nec aliam ullam probationem habeant. Respondi, ex his quæ proponerentur, scilicet cùm jusjurandum diisse super hoc testator adfirmavit, credenda est scriptura. Et d. L. Theopompus. plus expressè : Providebit tradi Pollianus sciens mentem meam ;* où le jurisconsulte résout pareillement qu'il faut suivre la déclaration & le serment de Pollianus, ami élu par le défunt testateur pour lui confier sa volonté secrete. D'où les docteurs, comme Alciat 2. *Parerg. c.* 19. & *Mantica de conjecturis ult. volunt.* 16. *n.* 18. ont pris occasion de traiter : *Utrum aliquo casu uni soli testi credatur* ; & répondent que non, & que , aliud *est alicui amico, tanquam mentis & voluntatis suæ instructo, aliquid mandare*, lui commettre l'exécution de ce qu'on desire demeurer secret, & ne point venir en évidence, pour des considérations cachées, connues à celui seul qui en ordonne de la sorte ; lequel ne les pouvant plus faire connoître & trouver bonnes, ne doit point pour cela demeurer frustré de sa volonté & bonne intention. L'intimé choisi pour le dépôt de sa volonté secrete *sub arcani fide silentii*, peut répondre à l'appellante ce que Plutarque répond à ce curieux : *Opertum est, ne tu scires.* Constantin Copronyme ayant confié son secret à Théophanes son ami touchant un trésor pour ses enfans puînés, Léon son fils aîné ayant voulu savoir ce secret, dissipa tout son bien & ses trésors. C'est un secret, il faut le laisser secret : la cour l'a ainsi jugé par l'arrêt qu'elle a rendu au profit du curé de St. Jacques de la Boucherie de Paris. Et par ces raisons conclut au bien jugé.

M. l'avocat général Servin dit, que cette cause est toute publique : néanmoins il faut diligemment l'examiner par ses circonstances, à qui, pourquoi, & comment, & prévoir la conséquence périlleuse qui

peut s'en ensuivre. C'est un prêtre qui a confié son argent, tout son bien, à un séculier, pour le distribuer en œuvres pies, ainsi qu'il dit. En pareille occurrence la cour n'a pas voulu ajouter foi à un prêtre, en croire un évêque ; à plus forte raison ne doit-on croire un laïque, un séculier, qui peut être homme de bien, & ne l'être pas. Quand il y a testament, codicille, ou quelque autre commencement de preuve par écrit, pour lors *pia legata exsolvi debent.* L'on croit au testateur, l'on exécute sa volonté déposée à la foi de qui que ce soit. Mais en cette cause il n'y a ni testament ni codicille, *sive scriptum, sive nuncupatum*, non pas même des témoins qui puissent déposer de la volonté du défunt, dont l'intimé veut être le seul arbitre. La conséquence en est grandement périlleuse, si l'on recevoit telles ouvertures contre la coutume : enfin elle ne se trouveroit plus coutume : il n'y auroit rien qui ne se pervertît, si l'on n'y remédioit. Et conclut pour l'appellante.

LA COUR mit l'appellation & ce dont étoit appel, au néant ; émendant & corrigeant, condamna Doublet intimé, de bailler & délivrer à l'appellante & autres héritiers de Bourée, tous les deniers que ledit Bourée lui avoit mis entre les mains; & de la quantité se purger par serment judiciairement; ce qu'il fit, affirmant n'avoir que treize cents soixante-douze liv. & sans dépens. Le lundi 19 février 1624, M. de Verdun premier président prononçant.

* L'arrêt est dans du Fresne, *liv.* 1. *chap.* 19. mais il n'est pas difficile de connoître qu'il n'étoit point présent à la plaidoierie de la cause : il ne savoit ni le nom, ni la qualité du défunt, & sur le récit qu'on lui avoit fait de l'espece, il a raisonné à sa maniere. Brodeau qui le cite après lui, *lett. L somm.* 5. en étoit un peu mieux instruit.

CHAPITRE IX.

Propriétaire d'une maison brûlée est préférable pour les réparations & les loyers, sur les marchandises du locataire décédé, aux créanciers qui faisoient procéder à l'inventaire lors de l'incendie.

FRançois Predesaigles propriétaire d'une maison assise en la place Maubert à Paris, en fait bail à loyer à Pierre Mauroy & Anne Duboc sa femme, au prix de sept cents livres par an. Mauroy étant décédé de la maladie contagieuse en 1623, Duboc pere de sa veuve, & quelques créanciers font procéder à l'inventaire & description des marchandises qui étoient dans cette maison appartenantes à Mauroy ; & par cet effet y conduisent notaires, sergent priseur, & des crocheteurs. Après avoir travaillé trois ou quatre jours, le 24 novembre 1633, sur une heure après minuit le feu prit en cette maison, dont elle fut presque toute consumée. Le commissaire Anglois s'y transporte, dresse son procès-verbal, & y ajoute que son opinion est, que l'incendie est arrivée, parce que les crocheteurs qui y ont travaillé le jour précédent, ont laissé une chandelle allumée en la salle, qui a mis le feu au bois qui y étoit. Predesaigles propriétaire présente requête au prévôt de Paris, & de son ordonnance fait priser & estimer la perte soufferte par le moyen de cet incendie, à la somme de quatre mille deux cents livres, pour le payement de laquelle il fait assigner Duboc & les créanciers de Mauroy, aux fins de voir dire, que sur les marchandises trouvées dans sa maison elle sera réédifiée, & lui payé de ses loyers. Duboc & autres défendeurs disent, que le demandeur étoit présent le soir de l'incendie, lorsque la porte de sa maison fut fermée ; & qu'il n'y a eu aucunement de leur faute. Le demandeur confesse qu'il étoit présent lorsqu'on ferma la porte de sa maison ; mais il n'étoit point entré dedans. Le prévôt de Paris rend sa sentence, par laquelle, sur la demande de Predesaigles, il met les parties hors de cour & de procès, sans dépens. Predesaigles interjette appel, pour lequel Me. Cornoaille l'aîné dit, que le procès-verbal du commissaire porte, que Duboc allant quérir la clef en la maison du commissaire, lui a dit qu'il répondoit des crocheteurs qu'il y conduisoit : l'incendie étant arrivé par leur faute & négligence, lui & les autres intimés qui les y ont introduits & employés, en sont responsables. *Culpam eorum quos induxit, conductor suo nomine præstare debet*, dit le jurisconsulte Ulpien, *in L.* 11. *Locati.* où au §. 1. il dit : *Si convenit, ignem ne habeto, & habuit ; tenebitur, etiamsi fortuitus casus incendium admisit.* Il n'étoit point nécessaire que les intimés fissent du feu dans cette maison : *Plerumque incendia fiunt culpâ inhabitantium, qui negligentiùs ignem habuerunt, L.* 3. §. 1. *De officio Præfecti vigilum.* Il y a de la négligence des intimés : l'appellant pouvoit agir contre eux en leurs propres privés noms : néanmoins il s'est contenté des marchandises de son locataire, sur lesquelles les intimés prétendent être payés de leurs dettes. Et conclut au mal jugé. M. Talon, lors avocat des parties dit, pour les intimés, que c'est un cas fortuit, duquel les intimés ne peuvent aucunement être responsables : il n'y a aucune preuve qu'il y eût de la faute & de négligence des intimés : ce que le commissaire a inféré en son procès-verbal, ne peut faire foi : c'est un homme qui dépose de son opinion : il est constant par le dire de tous les voisins, que l'incendie a commencé par le devant de la maison, par la trappe de la cave : quelque personne peut malicieusement y avoir jetté un bout de flambeau ou autre feu ; dont ils ne peuvent être responsables : *Insulâ exustâ, non tenetur conductor locatori, L.* 9. §. 1. *Locati.*

LA COUR mit l'appellation & ce dont étoit appel, au néant ; émendant & corrigeant, ordonna que Predesaigles appellant seroit payé par préférence aux intimés sur toutes les marchandises qui étoient en sa maison, de la somme de quatre mille deux cents livres, & des loyers ; sans dépens. Le lundi 26 février 1624.

* Du Fresne *liv.* 1. *chap.* 20. a omis les circonstances du fait.

CHAPITRE X.

Religieux non recevable à réclamer contre ses vœux après les cinq ans.

MAître Claude Bouvot receveur des tailles en la généralité de Paris, décédé en 1609, délaisse demoiselle Marie Bourlon sa veuve chargée d'onze enfans : François Bouvot l'un d'eux, étoit âgé seulement de dix ans. Après avoir demeuré quelques années aux écoles, il prend l'habit de religieux en l'abbaye de St. Victor à Paris, y fait profession ayant atteint l'âge de seize ans & trois jours seulement : sa mere lui donne par contrat deux cents livres de pension annuelle, cent cinquante livres de pension au monastere, & fournit tout ce qui étoit nécessaire pour ses habits & ameublemens. Ensuite de cette profession il demeure en ce couvent, où il fait toutes les fonctions & exercices de religieux, même prend les ordres de diacre en 1623. Sur la fin de la même année, ayant quelque dégoût de la religion, il s'adresse à l'official de Paris, articule des faits de force, violence & inductions faites par sa mere, excès & flatteries pour l'exciter à être religieux. Sur la simple exposition, l'official de Paris fait une enquête, sans appeller la mere de l'exposant, ni autre partie. L'enquête envoyée à Rome par François Bouvot, sur icelle on lui expédie un rescrit adressant à l'official de Paris, auquel il est mandé de relever Bouvot impétrant des vœux par lui faits en la religion, *prout de jure provideri esse decernendum*, avec clause pour le réinteger en la succession de ses pere & mere. La mere ayant été assignée pardevant l'official de Paris pour procéder sur l'entérinement de ce rescrit, elle interjette appel comme d'abus de l'octroi & exécution & de toute la procédure faite auparavant par l'official de

Paris, Me. Doujat pour l'appellante dit, que ce rescrit ni l'exécution, ne peuvent être soutenus : portant dispense *à lapsu quinquennii*, il est directement contraire à la disposition du concile de Trente, *sess.* 9. *cap.* 19. L'official de Paris avoit commencé par une procédure fort extraordinaire : si la cour la tolere, c'est donner licence à plusieurs religieux libertins, auxquels il sera facile de supposer & prouver des faits tels que l'intimé en a inventés : il y va du repos des familles. M. Odespung de la Mechiniere dit, qu'il n'y a rien qui dût être plus libre & exempt de contrainte & violence, que l'entrée en la religion ; néanmoins celle de l'intimé & sa profession, sont accompagnées d'une telle force, violence, excès & autres impressions, qu'on n'en peut imaginer de pareilles ; la preuve en est concluante au procès. Il a eu juste sujet de réclamer contre son vœu, qui n'est point vœu, puisqu'il n'est point volontaire, mais fait par violence & impression. S'il n'a réclamé dans le tems préfix par le concile, son jeune âge l'en a empêché, il en est relevé par son rescrit : le pape l'avoit pu faire : l'enquête n'a point été envoyée à Rome ; mais quand elle y auroit été envoyée, il y a plusieurs exemples dans le droit canon, dans les conciles, & dans les peres, de pareilles procédures.

M. l'avocat général Servin dit, que la procédure de l'official de Paris est du tout insolite & périlleuse : le rescrit & l'exécution ne l'est pas moins. Si la cour toléroit cet abus, il n'y auroit plus d'assurance dans les cloîtres ni dans les familles ; tout se trouveroit dans la confusion & dans le désordre. Il adhéra avec l'appellant comme d'abus, & requit que défenses fussent faites à l'avenir à l'official de Paris & tous autres, de plus faire telles procédures, à peine d'être déclaré criminel de leze-majesté.

LA COUR dit, qu'il avoit été mal, nullement & abusivement octroyé, exécuté, enquêté & ordonné ; cassa, révoqua & annulla tout ce qui avoit été fait par l'official de Paris, comme attentat ; & faisant droit sur les conclusions de M. le procureur général du roi, fit inhibitions & défenses à l'official de M. l'archevêque de Paris, & tous autres, de plus faire telles & semblables enquêtes, & injonctions de procéder suivant les formes de droit, à peine de tous dépens, dommages & intérêts des parties ; en leurs propres & privés noms : ordonna que l'intimé réintégreroit le monastere pour y vivre selon la regle, sous l'obéissance du prieur, sans qu'il pût jamais espérer part ni portion aux successions de ses pere & mere, sinon ce qui lui avoit été octroyé pour ses pensions, & sans dépens. Le mardi 27 février 1624, M. de Verdun premier président prononçant.

* L'arrêt est cité dans Brodeau, *lett.* G. *somm.* 8.
☞ *Vide* les arrêts des 4 & 26 mars 1627, rapportés *liv.* 2, chap. 101 & 104 de ce recueil.

CHAPITRE XI.

Clause de reprise qui n'exprimoit que la femme, a été étendue aux enfans dénommés dans la précédente pour la faculté de renoncer, contre leur pere remarié.

AImé Duval & Marie Molé, fille d'Antoine Molé, sont conjoints par mariage en 1616. Le pere a constitué six mille livres de dot à sa fille : il y a clause insérée au contrat, qu'*en cas de prédécès sera permis à la future épouse & à ses enfans issus du futur mariage seulement, de renoncer à la communauté, ou icelle accepter, & en cas de renonciation, reprendra ladite future épouse tout ce qu'elle aura apporté à son futur époux*, ensemble son douaire & préciput. De ce mariage est issu un fils : Marie Molé décede. Antoine Molé aïeul de ce fils, fait assembler les parens, & suivant leur avis, comme subrogé tuteur de son petit-fils, il déclare qu'il renonce à la communauté des biens d'entre Duval & sa défunte fille. Le prévôt de Paris entérinant l'avis des parens, ordonne qu'Antoine Molé pour son petit-fils reprendra franchement & quittement la somme de six mille livres, dont Duval interjette appel, pour lequel M. Lambin dit, que par la clause apposée au contrat de mariage, qui fait la difficulté, le droit de reprise, qui est un droit odieux, n'y peut être entendu ni sous-entendu. Il n'en est pas de même que de la faculté de renoncer à la communauté, introduite par la coutume de Paris, art. 237, quoiqu'il n'en soit point parlé au contrat de mariage ; mais la reprise doit être nommément stipulée, & ne peut avoir lieu que pour la femme survivante, ainsi qu'on a stipulé *par ce contrat*, & nullement en cas de prédécès à son mari, comme il est arrivé. La stipulation d'une clause ne se peut étendre à l'autre : en la clause de la renonciation, la mere & les enfans sont *conjuncti re & verbis* ; mais en la clause de reprise, ils n'y sont *neque re*, *neque verbis*. Il y a grande différence entre les clauses & conventions, *quæ insunt ipso jure*, aut *ex conventione*. Celles *quæ ipso jure insunt contractui*, *transeunt ad filios* : mais celles qui sont par conventions, ne reçoivent point d'extension, elles sont étroitement restraintes aux mots & aux clauses des contrats : c'est la différence entre les contrats & les testamens. Suivant cette maxime, a été prononcé l'arrêt en robes rouges par M. le président de Harlay le 22 décembre 1607, qui ajouta à la prononciation, que les clauses des contrats ne s'étendoient, sinon à ceux qui étoient dénommés. Me. Cornoaille pour l'intimé dit, que l'on n'a fait qu'une seule clause de la renonciation & de la reprise, qui ne se doit diviser. Par la vraisemblable intention des parties contractantes, on peut véritablement dire, qu'en ce contrat *plus dictum*, *minùs scriptum*. Il faut considérer le commencement du contrat, & la clause entiere, *L. 1. §. Si servus. D pyfiti. Initium contractûs spectandum, & causam ponderandam.* La reprise a été entenduë aussi-bien au cas du prédécès de la femme, comme de celui du mari : au premier, ayant été stipulé, tant au profit de la mere que de ses enfans, aussi au second arrivé, elle doit avoir lieu au profit des enfans. Duval leur pere a convolé en secondes noces, sa cause est bien moins favorable.

. LA COUR mit l'appellation au néant ; ordonna que ce dont étoit appel, sortiroit son plein & entier effet ; sans dépens, attendu la qualité des parties. Le même jour 27 février 1624.

* La circonstance, que le pere étoit remarié, a été oubliée dans du Fresne, *liv. 1. chap. 21.* cependant elle peut être du grand poids pour effacer le préjugé contraire aux regles.

On connoîtra que cet arrêt, même dans son hypothese, ne pourroit aujourd'hui être tiré à conséquence, si l'on considere l'origine de la reprise, & le progrès de sa jurisprudence qui nous est marqué par Me. Antoine Mornac en quatre différens endroits, sur la *L. 27. §. Ante omnia. ff. De pactis. sur la L. 10. Cod. eod.* & sur les *LL. 16. & 21. Cod. De probat.* par Me. Jean Bacquet, *des droits de justice*, chap. 22. *nomb.* 87. & *suivans*, & par Me. Julien Brodeau sur Me. Louet, *lett. F. somm.* 28.

Autrefois la renonciation d'une veuve à la communauté d'entr'elle & son défunt mari étoit presque inconnue : c'étoit un privilege réservé aux femmes nobles, comme il paroît en la somme rurale de Bouillier *liv.* 2. *tit.* 21. & en l'art. 115 de l'ancienne coutume de Paris, dont il y avoit même peu d'exemples.

Ce privilege fut depuis étendu, dit Me. Antoine Loisel *au liv.* 1. *tit.* 2. *nomb.* 11 de ses *institutes coutumieres*, *jusques aux roturieres*, *par l'autorité & invention de maître Jean-Jacques de Mesmes.*

L'usage en devint si fréquent, que, comme la mode fait une espece de loi parmi les femmes, l'on fut obligé d'en faire des articles dans les coutumes, & c'est le 237 de la nouvelle de Paris.

Par cette disposition, la faculté de renoncer fut rendue transmissible à tous les héritiers, même collatéraux, de la femme, soit qu'elle eût été stipulée ou non.

On ne laissoit pas de l'insérer dans les contrats de mariage qui se passerent depuis ; & sous prétexte que l'on y ajoutoit souvent la reprise en faveur de la femme, quelques anciens avocats de la cour s'imaginerent que la clause de reprise étoit inséparable de celle de la rénonciation, & qu'elle devoit être pareillement transmissible à tous les héritiers.

Les officiers du châtelet faisoient distinction des héritiers en ligne directe, & des collatéraux, comme dans le droit romain pour la répétition de la dot avec privilege ; mais dans la suite ils changerent de sentiment, & n'étendirent la reprise aux enfans qui n'y étoient dénommés, qu'en deux cas, l'un contre le beau-pere, & l'autre contre le pere remarié.

Pour la premiere exception, il y eut arrêt le 16 février 1587, rapporté dans Bacquet, qui admit les enfans du premier lit de la femme à exercer contre le beau-pere la reprise qu'elle avoit stipulée en son second contrat de mariage, quoique les enfans n'y fussent point exprimés ; mais la cour ajouta, *sans tirer à conséquence.*

Bacquet répete souvent la seconde exception contre le pere remarié.

Me. Jacques Montholon rapporte un arrêt, le 66 de son recueil, prononcé en robes rouges à pâques, qu'il date de 1592, au-lieu qu'il est dans tous les livres de 1591, par lequel il a été jugé en faveur des créanciers du pere contre les enfans, qu'ils ne pouvoient prétendre la reprise accordée à leur mere.

Quoique la décision soit dans les regles, si l'arrêt n'étoit rapporté ailleurs, il feroit suspect, de la maniere que cet auteur le réduit. Car quoiqu'il ne soit que de 1591, il suppose que les enfans alléguoient un arrêt de 1600, & les créanciers, deux autres de 1605 & 1611, où l'on découvre en passant le peu d'exactitude de cet arrêtiste.

Me. Gaspard Thaumas de la Thaumassiere en sa 2. *centurie chap.* 72, cite un arrêt contre les enfans, du 19 février 1604, pour la coutume de Berry, sur une clause, *qu'avenant dissolution de mariage*, *reprise seroit faite de tout ce que la femme y auroit porté.* De la maniere qu'elle étoit conçue, elle sembloit générale, & n'être pas attachée à la seule personne de la femme.

L'arrêt 103 de Montholon prononcé en robes rouges à pâques de la même année 1604, juge que la femme mineure, & sous l'autorité d'un curateur, lors de son contrat de mariage, n'étoit pas restituable contre l'omission de la clause de reprise, & que par sa renonciation à la communauté elle perdoit une somme de dix mille livres qu'elle y avoit apporté. Mornac s'éleve souvent contre cet arrêt, & dit que les consultans en furent surpris.

Il y a encore l'arrêt 112 de Montholon, prononcé solemnellement à Noël 1607, qui juge que la reprise stipulée pour la femme survivante, & pour ses héritiers collatéraux, en cas qu'elle prédécédât le mari sans enfans, ne pouvoit être prétenduë par les enfans. Il y avoit cette circonstance à l'égard des collatéraux, qu'ils n'étoient admis à la reprise qu'avec l'exclusion de la communauté.

Tous les auteurs qui font mention de cet arrêt, marquent l'avertissement donné aux avocats par M. le premier président de Harlay après la prononciation, que la cour avoit jugé, que quelque interprétation favorable que les contrats pussent recevoir, on n'en devoit pas étendre les clauses, encore moins celle de la reprise, d'un cas, ni d'une personne à une autre.

Mornac fait mention de cet arrêt sans le dater, & il prétend que la clause ajoutoit, que le mari seroit quitte en donnant aux héritiers collatéraux une somme de quatre mille livres pour tout droit de communauté, & que la cour jugea, que les enfans ayant renoncé à la communauté, ne pouvoient exercer la reprise, ni même demander les quatre mille livres, qui auroient appartenu aux collatéraux. Il marque que cet arrêt a paru dur & gracieux aux plus célebres avocats, & à plusieurs juges.

Néanmoins l'espece est peu différente de celle qui est marquée par Bacquet & Brodeau ; & l'on peut dire que dans l'une & l'autre les enfans sont même exclus

exclus de la reprise stipulée au profit des collatéraux, dans le cas qu'il n'y aura point d'enfans, & avec l'exclusion de la communauté, qui ne peut militer contre les enfans ; & par conséquent, puisqu'ils ont la liberté de l'accepter, ils ne peuvent demander en renonçant, la reprise qui ne leur a point été accordée.

La question seroit susceptible de plus grande difficulté, si la reprise stipulée pour la femme & ses héritiers collatéraux, n'étoit pas limitée au décès de la femme sans enfans à l'égard des collatéraux : car en ce cas il sembleroit que l'intention devroit être bénignement interprétée en faveur des enfans.

Toutefois l'opinion commune est pour la négative, fondée sur la rigueur des regles, dont il n'est pas libre de se dispenser, sous prétexte d'une équité cérébrine. Car outre que l'on ne doit pas chercher l'intention, ni suppléer dans les contrats de mariage, concertés par deux familles, ni étendre la reprise, qui est un privilege personnalissime ; l'intention du pere a été vraisemblablement de ne le pas donner à ses enfans, afin de les contenir dans le respect.

Par un arrêt du 3 février 1611, la cour a jugé contre l'arrêt de 1587, que la reprise stipulée pour la femme ne recevoit point d'extension aux enfans, même à l'égard du beau-pere ; mais après la prononciation de l'arrêt, ils demanderent d'être admis à prendre la communauté nonobstant cette renonciation, ce qui leur fut accordé.

Me. Barthelemi Auzanet dans ses mémoires, a cru qu'en l'espece de cet arrêt la reprise étoit stipulée pour les enfans qui naîtroient de ce second mariage, & que ceux du premier vouloient s'en prévaloir ; mais ce n'est point la clause marquée par Brodeau, & par Bacquet qui l'a rapportée au long.

Pour cette question proposée par Me. Auzanet, dans sa pensée du préjugé, n'y ayant point d'enfans du second mariage, ceux du premier ne pourroient prétendre la reprise ; mais au-contraire, s'il y avoit des enfans du second lit, on estime que la reprise, qui ne leur seroit acquise qu'à titre d'héritiers, seroit communiquée aux enfans du premier lit avec la succession de la mere commune.

Mais si la femme qui a des enfans d'un premier lit, se remarie & stipule la reprise pour elle, les enfans qui naîtront du mariage, & les collatéraux, elle doit être étendue aux enfans du premier lit, quoiqu'ils n'y soient dénommés, ainsi qu'il a été jugé par arrêt de la seconde chambre des enquêtes du mois d'août 1686, au rapport de M. le Maye, au profit de Henri Parmentier, marchand à St. Germain en Laye, tuteur de Pierre Parmentier, fils mineur de défunt Pierre Parmentier & Elizabeth Pitre, contre Alexandre, vivant second mari de ladite Pitre : Me. Sauvan d'Aramon avoit écrit au procès pour l'enfant du premier lit.

Voici les termes précis de la clause : *Il sera permis à la future épouse & aux enfans qui naîtront dudit mariage, même à ses héritiers collatéraux, d'accepter ou renoncer à la communauté ; auquel cas de renonciation reprendront franchement & quittement tout ce qu'elle aura apporté audit mariage, avec tout ce qui lui sera échu, &c.*

L'arrêt n'est point contraire aux principes ci-devant établis, parce que d'un côté l'on n'avoit pas limité la reprise à l'égard des collatéraux au cas du prédécès de la femme sans enfans, comme dans l'espece de l'arrêt de 1607. Et d'autre part, le motif qu'un pere peut avoir, pour contenir ses enfans dans le respect, de ne leur point donner le même privilege qu'aux collatéraux, étoit sans application au fait.

C'est un mari qui souffre la clause de reprise dans tous les cas, & en faveur de toute sorte d'héritiers directs & collatéraux de sa femme. Dans cette circonstance l'on peut dire que sous le nom d'enfans, ceux du premier lit sont compris, puisque cette reprise accordée aux enfans du second mariage, est dépendante du droit de succéder, que les enfans du premier ont commun avec eux ; & l'expression des enfans qui naîtront du mariage, est plutôt démonstrative que limitative.

On laisse les autres arrêts, que le lecteur peut voir dans les endroits cotés, même celui du 5 décembre 1617, rapporté par M. Bouguier, *lett. R. somm.* 5. qui a encore rejetté l'exception de l'arrêt de 1587, & refusé la reprise aux enfans du premier lit de la femme à l'égard du beau-pere.

Il n'est pas difficile de conclure, que comme cette premiere exception que le châtelet s'étoit d'abord formée, n'a pas eu long progrès, la seconde contre le pere remarié, qui est autorisée par l'arrêt ici rapporté, ne pourroit être aujourd'hui approuvée.

C'est un effet de la complaisance des auteurs, lorsqu'ils ont proposé cet arrêt comme une décision générale, qui doive être suivie, après avoir posé eux-mêmes des principes qui y résistent absolument. Les plus exacts tombent dans cette faute, & s'appliquent souvent à chercher le motif d'un préjugé, auquel les juges n'ont jamais pensé, n'ayant décidé qu'une espece singuliere, sans avoir intention d'en faire une regle.

La reprise est odieuse, contraire à la communauté, & personnalissime ; & la clause d'un contrat de mariage n'est susceptible d'extension, tout le monde en convient ; ainsi la renonciation n'a rien de commun avec la reprise : une femme qui n'auroit stipulé pour elle que la faculté de renoncer, ne pourroit exercer la reprise, sous prétexte que la clause de renonciation lui seroit inutile, étant acquise par la coutume : aussi l'objection des enfans qui ne sont compris que dans la clause de renonciation, n'est pas plus raisonnable, de prétendre la reprise en laquelle ils ne sont point dénommés.

CHAPITRE XII.

Retrayant lignager d'un héritage baillé à rente, est tenu de rembourser le prix de la rente.

UN habitant d'Auxerre ayant baillé dix arpens de terre à rente rachetable à perpétuité, le preneur eût incontinent assigné pardevant le bailli d'Auxerre à la requête d'un parent du bailleur, aux fins de lui délaisser par retrait lignager les héritages pris à rente, offrant de payer icelle en son lieu & place ; & pour cet effet de lui bailler caution. Le preneur soutient que le retrayant le doit rembourser du sort principal de la rente & loyaux coûts. Les présidiaux d'Auxerre reçoivent le demandeur au retrait des héritages, en baillant bonne & suffisante caution de payer la rente imposée sur iceux : le défendeur en retrait interjette appel, pour lequel Me. Richelet dit, que le retrayant ne peut être subrogé au lieu & place du preneur de l'héritage à rente, sans le rembourser du sort de la rente, qui doit demeurer éteinte, afin que le preneur de l'héritage demeure entiérement quitte & désobligé. Il ne seroit pas raisonnable, que ne jouissant plus de l'héritage, il demeurât néanmoins sujet au payement de la rente. Le bailleur de l'héritage ne peut être contraint de changer son débiteur ; il faut actuellement rembourser le sort de la rente, la racheter & l'éteindre entiérement ; si mieux le bailleur de l'héritage n'aimoit innover le bail au retrayant, à la charge de la même rente ; suivant l'*art.* 137 de la coutume de Paris, qui doit servir de décision en cette cause, puisque celle d'Auxerre n'en dispose rien, Car quant à l'*art.* 175 qu'on allegue, par lequel le retrayant a les mêmes termes pour payer le prix de la vente que l'acquéreur, il ne peut être étendu à l'espece, & même il auroit que le retrayant doit bailler caution. Me. Thuault pour le retrayant intimé dit, qu'il entre au lieu, place &droits de l'acquéreur. Il a les mêmes termes des payer suivant l'*art.* 175 de la coutume d'Auxerre ; ce qui ne seroit pas, s'il n'entroit en son lieu & place pour payer &. continuer la rente. La caution qu'il offre met le bailleur de l'héritage hors de tout intérêt : c'est l'opinion de Me. Charles du Moulin, *de retractu feudalitio.*

1624.

L'acquéreur n'a autre intérêt que d'être acquitté, & le bailleur d'être bien payé.

LA COUR mit l'appellation & ce dont étoit appel, au néant ; émendant & corrigeant, ordonna que l'intimé demandeur en retrait lignager y seroit reçu en remboursant actuellement le prix de la rente ; ce qu'il seroit tenu de faire dans quinzaine ; alias à faute de ce faire, dans ce tems, & icelui passé, déchu du retrait. Le mardi 5 mars 1624, à l'audience de relevée.

CHAPITRE XIII.

Legs fait en faveur de mariage n'est pas conditionnel.

DEmoiselle Marie Personne, habitante de Paris, en 1623, fait son testament, par lequel elle legue à demoiselle Anne Personne sa niece, la somme de six cents livres en faveur de mariage. Après le décès de la testatrice, la légataire fait assigner l'héritier pardevant MM. des requêtes du palais, aux fins de lui faire délivrance de son legs. L'héritier dit que le legs est conditionnel, & qu'il n'en peut faire la délivrance, que la condition ne soit échue ; en tout cas, que la demanderesse doit bailler caution de restituer cette somme de six cents livres, au cas qu'elle ne se marie point. MM. des requêtes du palais condamnent l'héritier à payer la somme de six cents livres purement & simplement, & sans bailler caution ; l'héritier en interjette appel, pour lequel Me. Tronçon le jeune dit, que le legs dont est question étant conditionnel, qu'il n'est point exigible, que la condition ne soit avenue. *Non prius dies legati cedit, quàm conditio fuerit impleta*, L. *Si post. Quandò dies legat.* On ne peut douter que le legs ne soit conditionnel, puisqu'il est fait en contemplation du futur mariage de l'intimée. *Si quis nuptiarum fecerit mentionem in qualicumque pacto, sive nuptiarum tempus dixerit, sive nuptias nominaverit ; non aliter intelligi conditionem esse adimplendam, nisi ipsa nuptiarum accedat festivitas,* dit l'empereur Justinien en la loi 24. *De nuptiis.* Le seul mot de mariage emporte une condition, comme les jurisconsultes le témoignent dans les loix 63 & 71. §. 1. *de condit. & demonstr. conditio non remittetur ; & ideo nec cautio remittenda est ut nubat.* C'est cette caution dont l'appellant desire de s'assurer pour la restitution de la somme. *De modo implendo legatarius cautionem præstare debet* ; où le mot, *conditio*, se prend *pro modo*, comme il se fait souvent dans le droit, *L. 1. C. de his quæ sub modo.* Et par ces moyens conclut au mal jugé. M. Talon lors avocat des parties dit, que quoique le legs fait à l'intimée soit en faveur de son futur mariage ; néanmoins cela a été apposé par la testatrice, plutôt pour montrer la cause finale & impulsive du legs, que non pas pour en rendre l'exécution conditionnelle & suspensive. Cela se peut remarquer par deux exemples familiers en droit : l'un en la loi pénult. §. *ult. de alim. & cib. legat.* où le testateur ayant légué *sub hoc modo, ut habeant unde se pascant,* le jurisconsulte répond, *hanc adjectionem, magis ad causam prælegandi.* L'autre exemple est en la loi, *Si mulier.* 25. *C. de jure dot.* où l'empereur dit : *Cùm ordinationis testamenti cogitatio, mortis antecedens tempus significet, nec conditionem, sed causam contineat.* Et par ces raisons conclut au bien jugé.

LA COUR sans avoir égard aux offres faites par l'appellant, de payer & délivrer le legs en baillant bonne & suffisante caution par l'intimée, de le rendre au cas qu'elle ne fût mariée, sur l'appel mit les parties hors de cour & de procès ; sans dépens. Le lundi 11 mars 1624, M. de Verdun premier président prononçant, qui ajouta que ces mots, *en faveur de mariage,* ne contenoient *nec conditionem, neque modum, sed causam.*

* *Du Fresne, liv.* 1. *chap.* 22, ne fait encore que citer l'arrêt, sans mettre le fait ni les moyens dans l'ordre qu'ils ont été expliqués.

☞ *Vide* ci-après l'arrêt du 24 février 1716, chap. 78 du même livre de ce recueil.

CHAPITRE XIV.

En Bretagne un bénéfice ayant vaqué aux mois du pape décédé sans conférer, la collation en appartient au pape son successeur, & les évêques ne le peuvent prévenir.

PAr un concordat entre le pape & les évêques de Bretagne, ils conferent les bénéfices chacun six mois de l'année, suivant la partition & division portée par le concordat. Le 24 janvier 1621, qui est un des mois affectés au pape, arrive le décès de Me. Paul Grand, curé d'Elian en Basse-Bretagne, évêché de Cornouaille. La cure étant vacante, Me. Pierre Guillauroux envoie promptement en cour de Rome, pour obtenir les provisions ; mais le décès du pape Paul V arrive le 28 du même mois de janvier 1621. Gregoire XV est élu en sa place dix jours après, & couronné le 24 du mois de février. Guillauroux ne peut obtenir ses provisions de la cure d'Elian, que le 7 mars. *Interim* & pendant cet intervalle, M. l'évêque de Cornouaille coifere la cure d'Elian à Me. Antoine Jouard pourvu à la chantrerie de Cornouaille. Ses provisions portoient deux clauses remarquables, qu'il avoit pourvu à ladite cure, *Sede apostolicâ vacante, quod summopere dolemus ; & ne diu viduata pastore maneret ecclesia.* Ces deux provisions ainsi expédiées, Guillauroux pourvu par le pape, voulant prendre possession du bénéfice, Jouard pourvu par l'ordinaire, l'empêche, & y forme opposition, sur lequel Guillauroux en vertu de son privilege le fait assigner pardevant le prévôt de Paris, où sentence intervient, par laquelle au principal les parties sont appointées en droit, à écrire & produire : cependant la récréance du bénéfice est adjugée à Jouard pourvu par M. l'évêque de Cornouaille ; dont Guillauroux interjette appel, & présente requête pour l'évocation du principal. Me. Massac pour l'appellant dit, que la cure d'Elian ayant vaqué au mois de janvier, notoirement affecté au pape, suivant le concordat fait entre lui & les évêques de Bretagne, & l'appellant étant pourvu par le pape, comme collateur ordinaire, il n'y a point de difficulté, qu'il ne doive y être maintenu. Le roi Henri II, par son édit de 1549 en faveur des papes, a confirmé & autorisé leur droit de collation des bénéfices en la Bretagne, que l'on appelle pays d'obéissance. Ainsi les bénéfices ayant vaqué au mois du pape qui n'y pourvoit point, le droit de les conférer est transmis à son successeur, auquel on réserve les fruits du bénéfice, & la collation des bénéfices qui en dépendent : *Quæ est in fructu, cap. Cùm olim. de majorit. & obedientia.* Ce droit de conférer les bénéfices en Bretagne pour le pape, privativement aux évêques, n'est point un droit nouveau, ainsi qu'il paroît par un concordat de 1491, fait entre le pape & le roi de France, duc de Bretagne, pour sujet, & par l'édit d'Henri II de 1549. On objecte la disposition du chap. *Si à sede apostolica. De præbendis. in Sexto.* Mais ce chapitre ne s'observe point en France ; c'est une des décisions de Boniface VIII qui avoit eu de grands démêlés avec Philippe le Bel. Aux bénéfices qui vaquent *in curia,* le pape n'a qu'un mois pour y pourvoir ; & on met aux provisions, *vacavit in curia mense tali per obitum talis :* mais pour conférer les bénéfices qui vaquent en Bretagne aux mois qui lui sont affectés par la partition, il n'y a point de tems limité ; il y peut toujours pourvoir, & l'évêque ne le peut prévenir, & les conférer. Aussi le pape ne peut-il prévenir & pourvoir aux bénéfices vacans aux mois affectés aux évêques. M. l'évêque de Cornouaille a pris de mauvais prétextes, *ne diu viduata paſtore maneret ecclefia :* il y pouvoit commettre quelqu'un pour deſſervir , ſuivant le chapitre *Nemo. de electione ,* qui dit , que cette proviſion eſt *commendare.* Il a pourvu un homme qui n'étoit point prêtre lors de la proviſion , ni depuis ; qui a débauché une fille ; & a été condamné par arrêt de la doter de deux mille cinq cents livres. L'autre prétexte , *Sede apoſtolicâ vacante ,* eſt faux , parce qu'il étoit rempli quatorze jours auparavant qu'il eût pourvu. Et par ces moyens conclut au mal jugé , & à ce que l'appellant ſoit maintenu & gardé en la poſſeſſion & jouiſſance de la cure d'Elian. Me. Brodeau pour l'intimé dit , que toute la queſtion de la cauſe ſe trouve nettement & clairement décidée par la diſpoſition du chapitre *Si apoſtolicâ fede vacante.* 35. *De Præb. in Sexto ,* qui s'obſerve en France pour favoriſer & maintenir les ordinaires.

M. l'avocat général Talon dit , qu'il n'eſt point néceſſaire de rechercher l'origine du droit que le pape a de pourvoir aux bénéfices vacans en Bretagne , en certains mois de l'année ; ce droit demeure conſtant par l'édit du roi Henri II de 1549, mais ce droit eſt pour conférer les bénéfices *jure ordinario ,* & non *jure pontificatûs ;* & par conféquent les évêques ne peuvent le prévenir , & conſérer les bénéfices vacans aux mois qui lui ſont affectés : ainſi la proviſion de l'intimé eſt nulle , & l'appellant doit être maintenu au bénéfice.

LA COUR mit l'appellation & ce dont étoit appel , au néant ; évoqua le principal , & ſans avoir égard à la proviſion donnée par M. l'évêque de Cornouaille , déclara la proviſion du pape bonne & valable ; maintint & garda l'appellant en la poſſeſſion & jouiſſance de la cure d'Elian , & en tous les profits , revenus & émolumens ; condamna l'intimé de rendre les fruits , & aux dépens , dommages & intérêts ; le mardi 12 mars 1624.

* Cet arrêt eſt dans du Freſne *liv.* 1. *chap* 23.
* Fraiu , plaid. 109 , traite la queſtion ſur une requête civile contre l'arrêt du parlement de Paris , portée en celui de Bretagne , qui n'a point été jugée ; & Me. Pierre Hevin exact & ſavant auteur dans l'annotation ſur Frain , a inſéré l'arrêt en forme , & épuiſé la matiere par des recherches curieuſes & hiſtoriques.

CHAPITRE XV.

Teſtament non ſigné des notaires eſt déclaré bon & valable , avec injonction pour l'avenir de ſigner , à peine de nullité , dépens , dommages & intérêts des parties.

JEan Bourcier , bourgeois de Paris , en 1632 , étant malade envoie querir Comteſſe & Taconnet , notaires du châtelet ; leur déclare qu'il deſire faire ſon teſtament pardevant eux ; & à l'inſtant le teſtament eſt écrit par Taconnet l'un des notaires , ainſi qu'il lui eſt dicté & nommé par Bourcier teſtateur , auquel il eſt lu & relu , & par lui clos , ſerré & emporté par les notaires , ſans qu'il fût ſigné d'eux. Jean Bourcier décede cinq jours après avoir fait ſon teſtament , par lequel entr'autres choſes , il legue à Catherine & Magdeleine Bourcier ſes nieces , filles de François Bourcier ſon frere germain , la propriété de pluſieurs maiſons & autres héritages , & donnoit l'uſufruit de tous les biens légués audit François Bourcier ſon frere , pere des légataires. Il y eut inſtance entr'elles & Anne Bourcier leur ſœur , fille d'un premier mariage , pardevant MM. des requêtes du palais , touchant la validité ou invalidité du legs. Anne Bourcier fille aînée le ſoutenoit nul , fait en fraude , & à ſon préjudice , de la ſomme de douze mille livres , dont François Bourcier ſon pere , qui avoit été ſon tuteur après le décès de ſa mere , lui étoit demeuré réliquataire par la reddition de compte. Jean Bourcier teſtateur connoiſſant que François Bourcier ſon frere germain & préſomptif héritier n'avoit du bien pour payer cette

ſomme , s'il n'y employoit de ſa ſucceſſion , l'en a voulu priver , par le legs qu'il a fait à ſes filles du ſecond lit : ainſi elle a grand intérêt de conteſter ce legs , & le faire déclarer nul , comme il eſt , puiſque le teſtament n'eſt point ſigné des notaires. MM. des requêtes du palais appointent les parties en droit à écrire par avertiſſement , & produire. Catherine & Françoiſe Bourcier légataires en interjettent appel , & préſentent requête pour l'évocation du principal , & en cauſe d'appel ſomment Taconnet & Comteſſe notaires de faire ceſſer l'objection d'Anne Bourcier , à peine de tous dépens , dommages & intérêts. Me. Roſée pour les appellantes & demandereſſes dit , que cette cauſe eſt d'une très-grande conſéquence. Si l'intention de l'intimée a lieu , & ſi le teſtament dont eſt queſtion eſt déclaré nul , il ſera dorénavant en la diſpoſition & pouvoir des notaires de faire qu'un teſtament ait lieu , & ſoit bon & valable , ou non ; ce qui ſeroit d'une trop périlleuſe conſéquence : auſſile défaut de la ſignature des notaires n'eſt point une nullité eſſentielle en un teſtament , lequel , ceſſant cette ſignature , ne laiſſe pas d'être bon & valable , pourvu que la volonté du teſtateur paroiſſe claire , conſtante & entiere. *Si aliqua prætermiſſa ſit obſervatio , non ex mente teſtatoris , ſed vitio tabellionis , vel alterius qui teſtamentum ſcribit , nulli licentiam concedimus per eam occaſionem teſtatoris voluntatem ſubvertere vel minuere ,* dit l'empereur Juſtinien en la loi *Ambiguitates. De teſtam.* & en la loi 27. *eod. Si modò contraria teſtatoris voluntas non oſtenditur ;* & en la loi *Si unus. eod. Utrum teſtatoris voluntate emendationem meruerint ;* pour montrer combien cette volonté du teſtateur eſt puiſſante , & comme elle donne la forme , l'être & l'eſſence au teſtament. Celle de Jean Bourcier eſt claire , conſtante & certaine ; il a lu , relu , dicté & nommé , & enfin ſigné ſon teſtament : il l'a confié & laiſſé entre les mains des notaires , & il ne devoit avoir autre ſoin après avoir ſigné ce qu'il avoit dit & exprimé être de ſa derniere volonté ; le ſurplus de la ſignature des notaires , de la conſervation & expédition du teſtament dépendent entierement de leur charge & de leur devoir : leur faute ne doit point retomber ſur les appellantes , elles doivent être indemniſées de toute la perte & dommages qu'elles pourroient ſouffrir par leur négligence , & défaut de ſignature. Et par ces moyens conclut à ce que le teſtament ſoit déclaré bon & valable , ſinon que les notaires ſoient condamnés en tous dépens , dommages & intérêts des appellantes. Me. Pinette pour Jean de Caën & Anne Bourcier ſa femme dit , qu'étant légitimes créanciers de François Bourcier pere , d'une notable ſomme de douze mille livres , & pour une cauſe ſi favorable , ils ont grand intérêt de le faire déclarer héritier de défunt Jean Bourcier ſon frere : autrement ils ne peuvent jamais rien eſpérer de leur dette : & par conſéquent ils ſont obligés de débattre & impugner de nullité le teſtament de Jean Bourcier , qui ne ſe peut ſoutenir. Le teſtateur ayant choiſi ce genre de teſtament pardevant notaires , il ne peut être bon & valable , s'il n'eſt accompagné du ſeing des notaires , qui l'ont reçu. Sans ce ſeing ce n'eſt plus qu'une ſimple écriture privée , qui ne fait point de foi , & n'a force de teſtament , ni d'aucun autre acte valable : le ſeul ſeing des notaires lui donne la forme & la marque d'une piece authentique & publique. Ceſſant ce ſeing , l'on ne peut plus dire que ce ſoit un teſtament. *Ex ea ſcriptura , quæ ad teſtamentum conficiendum parabatur ,* dit le juriſconſulte en la loi 29. *Qui teſtam. fac. poſſunt ;* & l'empereur en la loi *Hac conſultiſſ. §. Ex imperfecto. de teſtam.* que ce n'étoit qu'un projet , qu'un deſſein du teſtament , lequel étoit demeuré imparfait faute de la ſignature des notaires ; que par la diſpoſition du droit romain , qui deſire ſept témoins pour la ſolemnité d'un teſtament , & l'un des ſept ſeulement manque à ſigner , le teſtament eſt nul , *d. L. Hac conſultiſſima. & L. Si unus ex ſeptem. eod. tit. De teſtam. L. Si quis leg. Ad Leg. Cornel. De falſis.* Non-ſeulement à l'égard

1624.

des testamens cette signature est nécessaire, mais encore pour les contrats, qui ne sont point réputés parfaits & accomplis, nisi in mundum redacta, subscripta & completa instrumenta fuerint, L. Contractus. C. de fide instrum. & Nov. de fide instrum. & cautela. L. Scriptura. C. Quis potiores in pign. hab. cap. 2. de fide instrum. & Me. Charles du Moulin sur l'article 13 du trente-troisieme chapitre de la coutume de Nivernois. Si la signature du témoin est tellement nécessaire, que ce seul défaut annulle un testament ; à bien plus forte raison celui de la signature des notaires, auxquels la coutume a entiérement & absolument confié & déposé la foi & la confection des testamens, sans être obligés d'appeller avec eux aucuns témoins qui puissent parler de qui s'est passé. Il n'en est pas de même des testamens, comme des contrats, qui sont parfaits & accomplis par la seule volonté des parties ; mais la volonté seule du testateur n'est pas suffisante pour rendre son testament bon & valable : il faut que cette volonté, quoique claire & certaine, soit accompagnée des formes & solemnités prescrites par la loi, sans lesquelles le testament ne peut aucunement subsister ni valoir. Quid est enim testamentum ? dit Quintilien. Ut opinor, voluntas defuncti consignata jure legibusque civitatis. Le testament est une volonté enchassée dans la disposition du droit & dans les loix municipales ; il dépend plus du droit public, que de la volonté du testateur : quoiqu'il dispose de son bien & de ses facultés, il est néanmoins obligé de disposer suivant les formes & solemnités prescrites par le droit public, auquel il ne peut déroger ni faire aucune breche : & s'il le fait, son testament est nul, ainsi que la cour l'a perpétuellement jugé. Un testament a été déclaré nul, parce qu'un fille y avoit signé comme témoin : ce qui est réprouvé par la loi, quia virile munus id est. Un autre en la coutume d'Orléans, pour avoir mis proféré par le testateur, au-lieu de dicté, qui est le mot de la coutume. Un autre en celle de Bourgogne, parce qu'il étoit passé pardevant deux notaires, au-lieu que la coutume veut qu'il soit passé par un notaire assisté de deux témoins, quoique la plupart des coutumes de ce royaume approuvent les testamens passés pardevant deux notaires. Le motif de tous ces arrêts est que les formalités & solemnités prescrites par la loi, ou par la coutume, sont essentielles pour la validité d'un testament. Et par ces moyens conclut à la nullité de celui de Jean Bourcier. Me. Maillet pour Comtesse & Taconnet notaires, défendeurs en sommation, dit qu'ils n'ont en rien failli. Ils ont été interrogés par M. Catinat conseiller en la cour, & il résulte de leur interrogatoire, qu'ayant écrit & reçu le testament de Jean Bourcier, après qu'il l'eut signé, il leur dit qu'il le vouloit revoir le lendemain, & qu'il les renvoyeroit querir. Sur cette proposition ils estimerent ne le devoir signer, jusques à ce que le testateur l'eût revu ; & ne les ayant envoyé querir le lendemain, le testament est demeuré à signer. C'est la seule cause du défaut de signature : par ce moyen il n'y a aucunement de leur faute. Et conclut.

M. l'avocat général Servin dit, que suivant la disposition du droit écrit, le testament dont est question, ne recevroit point de difficulté ; mais en pays coutumier la difficulté est grande, quoique le testateur n'ait disposé que de ce dont la coutume lui permettoit ; ayant donné à ses nieces la propriété de son bien, & à son frere, qu'il a reconnu obéré, seulement l'usufruit. La novelle 42 de l'empereur Léon : Ut sufficiens numerus testium ratum faciat testamentum, tametsi & neque illorum subscriptiones, neque signacula habeat, est formelle pour cette décision ; mais l'ordonnance d'Orléans art. 84, qui oblige les parties, témoins & notaires à signer tous actes, est bien plus forte, de laquelle ne pouvant se départir, il ne peut conclure que pour la nullité du testament : néanmoins la cour pour autres mouvemens particuliers, en peut ordonner ; & requiert réglement pour l'avenir.

LA COUR mit l'appellation & ce dont étoit

appel, au néant ; évoqua le principal, & y faisant droit, déclara le testament de Jean Bourcier bon & valable ; & faisant droit sur les conclusions de M. le procureur général ordonna, que les notaires qui seront mandés pour recevoir les testamens, seront tenus, après qu'il aura été dicté, nommé lu & relu, de le signer en la présence du testateur, sans divertir, à peine de nullité, dépens, dommages & intérêts des parties : ordonna que le présent arrêt seroit lu & publié au châtelet, & mis ès mains du syndic des notaires, pour le faire exécuter ; & sur la sommation des notaires, mit les parties hors de cour & de procès ; le lundi 18 mars 1624.

☞ Ce réglement est renouvellé & confirmé non-seulement par la jurisprudence des arrêts subséquens, mais encore par l'article 23 de l'ordonnance des testamens de 1735.

CHAPITRE XVI.

Duc & pair n'est exempt de contrainte par corps.

MOnsieur de Candale duc & pair de France, en 1616, emprunte la somme de seize mille livres de la dame vicomtesse de Fruges : il en passe obligation solidaire avec le sieur Zamet, la veuve duquel ayant vendu son hôtel à M. le connétable de Lesdiguieres, la dame de Fruges fait arrêter dans le prix de la vente entre ses mains, pour être payée de cette somme de seize mille livres. En l'an 1623, la dame Zamet fait assigner M. de Candale pardevant le prévôt de Paris, ou son lieutenant civil, aux fins de lui faire bailler main-levée des deniers arrêtés, & payer la somme de seize mille livres dues à la dame de Fruges, autrement qu'il y fût contraint par corps, suivant l'ordonnance ; ce qui est ainsi ordonné par le prévôt de Paris. M. de Candale en interjette appel, pour lequel Me. Ayrault dit, que dans tous les royaumes & républiques bien policés l'on a toujours donné cette prérogative aux personnes constituées en qualités éminentes & relevées, de les eximer de la rigueur & sévérité des loix. Les ducs & pairs en ce royaume sont les premiers officiers de la couronne, & d'une qualité tellement relevée, qu'elle participe en quelque façon de cette lumiere royale ; il y auroit de l'indécence & de l'indignité, de les vouloir contraindre par corps ; aussi personne n'a encore osé faire une telle demande, bien-loin qu'on puisse faire voir qu'il ait été ainsi jugé. La loi donne tant de prérogative à ces personnes qu'elle appelle clarissimas, qu'au-lieu que les autres qui sont dans le commun, sont obligées de donner bonne & suffisante caution, celles-ci sont reçues à leur caution juratoire seulement, L. Quoties. 18. C. De dignitatibus. Ce seroit une chose indigne, de voir une personne de cette qualité, qui possede de grands biens, être néanmoins emprisonnée, & souffrir un affront qui ne se peut réparer en façon quelconque. Et par ces moyens conclut au mal jugé. Me. Grenet pour madame Zamet, intimée, dit que l'ordonnance de Moulins art. 48, qui permet la contrainte par corps étant générale, elle comprend toute sorte de personnes indéfiniment, de quelque qualité & condition qu'elles soient. Pour exempter les ecclésiastiques, qui sont personnes sacrées, de la rigueur de cette contrainte par corps, il a fallu une ordonnance contraire, & dérogeante à cette premiere : c'est celle de Blois art. 57, qui par une faveur spéciale & considération particuliere, a exempté les seules personnes ecclésiastiques de la contrainte par corps, sans avoir étendu, ni attribué ce privilege aux ducs & pairs, ni autres personnes quelconques : ce qui n'eût été omis, si l'intention du roi eût été de leur communiquer ce privilege. Les ecclésiastiques étant seuls dans l'exemption, l'ordonnance demeure confirmée pour toutes les autres personnes universellement, sans exception quelconque.

quelconque. Au particulier de la cause, elle est assistée d'une grande faveur, M. de Candale a reçu toutes les assistances & courtoisies du sieur Zamet, qui s'est volontairement rendu sa caution pour cette somme de seize mille livres : pour le payement on tient son bien saisi, M. de Candale ne daigne y apporter aucun ordre. Et par ces moyens conclut au bien jugé.

M. l'avocat général Servin dit, qu'il n'est pas besoin de traiter la question générale, si les ducs & pairs sont sujets à l'ordonnance, & peuvent être contraints par corps : cette cause se doit plutôt décider par ses circonstances particulieres, que par la these, & le public : il faudroit beaucoup de tems pour peser d'un côté la faveur des créanciers, qui ont prêté leur bien, & de l'autre la qualité des personnes, & la rigueur de la contrainte par corps. La loi *Ob æs alienum. C. de obligat. & action.* a été canonisée par St. Gregoire pape, quoiqu'elle ait été faite par l'empereur Diocletien, qui avoit fort persécuté les Chrétiens, parce qu'elle s'étoit trouvée juste & équitable. Et il se remit à la prudence de la cour.

LA COUR mit l'appellation au néant ; ordonna que ce dont étoit appel, sortiroit son plein & entier effet ; condamna l'appellant aux dépens. Le mardi 19 mars 1624, M. de Verdun premier président prononçant, qui ajouta : *Préjugé qu'un duc & pair n'est point exempt de l'ordonnance, ni de la contrainte par corps.*

* L'arrêt est cité dans Brodeau, lett. C. somm. 31.

CHAPITRE XVII.

Mariage d'un fils de famille français, célébré en Lorraine avec une femme du pays selon la forme du concile, est bon & valable, nonobstant le défaut de consentement des pere & mere du français.

UN jeune homme de la ville de Paris, fils de famille, ayant son pere & sa mere, âgé seulement de dix-neuf ans, en 1621, s'étant trouvé en une compagnie où l'on avoit commis un homicide, s'absenta du royaume, & se retira au pays de Lorraine. Il se mit dans une compagnie de chevaux légers, où il servit le duc de Lorraine quelque tems : il se maria avec une fille native de Vaucouleurs, qui demeuroit à Nanci, domestique de la femme du sieur de Cordes, premier valet de chambre du duc de Lorraine. Le mariage ayant été consommé à Nanci en 1621, & les mariés y demeurant, le pere & la mere du mari sont avertis que leur fils étoit marié. La mere s'y transporte, & arrive à Nanci six semaines après que le mariage eût été consommé, où elle use de tant d'impressions envers son fils, qu'elle lui persuade de quitter & abandonner sa femme, & s'en retourner avec elle à Paris ; ce qu'il fait : & sur les chemins, étant arrivés en la ville de Laon, le fils fait une déclaration pardevant notaires, qu'il avoit été forcé & violenté de contracter ce mariage, par le sieur de Cordes, le pistolet au poing, & autres actes de violence. Cette jeune femme ainsi abandonnée ne sachant où son mari étoit allé, & ne pouvant l'aller chercher, parce qu'elle étoit enceinte, demeura à Nanci jusques à ce qu'elle fût accouchée, qui fut le dixieme mois après la consommation de leur mariage. Etant relevée de ses couches, elle vint à Paris en 1622, où elle apporta son enfant, & ayant appris des nouvelles de son mari, & la maison de son pere & de sa mere, elle les fait sommer de lui délaisser son mari afin d'habiter avec elle. Ils présentent requête au lieutenant criminel de Paris, par laquelle ils exposent le rapt fait de la personne de leur fils, tant par cette femme, qui disoit l'avoir épousé, que par autres personnes. Sur cette requête, ils obtiennent une ordonnance *de soit amenée sans scandale*, contre cette femme, & la font conduire devant le lieu-

Tome I.

tenant criminel, par lequel elle est interrogée sur les faits de force & violence touchant la célébration du mariage ; & après étant conduite en la premiere audience du châtelet, par sentence le lieutenant criminel dit, que ce jeune homme fils de famille a été ravi par la femme demanderesse, déclare son prétendu mariage nul, & nullement contracté avec lui ; le condamne néanmoins à prendre & nourrir l'enfant ; dont elle interjette appel. Me. Gaultier le jeune pour l'appellante dit, que c'est une grande légéreté en la sentence, d'avoir si hardiment cassé & annullé un mariage solemnellement contracté selon les loix prescrites par l'église ; nommément par le concile de Trente, étroitement & ponctuellement observé en Lorraine. On objectera l'ordonnance de Blois art. 41, qui défend & prohibe expressément les mariages des fils de famille mineurs sans le su, vouloir & exprès consentement de leurs pere & mere, & punit tous ceux qui les suborment, prêtent aide ou confort à leurs mariages. C'est vraisemblablement sur cette ordonnance que le lieutenant criminel a appuyé sa sentence, & que les intimés la veulent défendre, n'ayant point d'autres moyens ni considérations pertinentes. Mais elle n'est aucunement considérable dans cette cause, en laquelle il s'agit de la validité d'un mariage contracté de bonne foi hors du royaume, au pays de Lorraine, par un régnicole, avec une étrangere native de Lorraine, à laquelle on ne peut aucunement objecter les loix & les ordonnances de nos rois, qui ne sont faites que pour leurs sujets, pour les maintenir en paix & tranquillité, & qui ne peuvent lier ni obliger les étrangers, ni avoir force ni vigueur hors du royaume. Le mariage ayant été solemnisé publiquement en Lorraine, en face de l'église, selon que le prescrit le concile de Trente, il est bon & valable, puisque par le même concile, conforme à la disposition du droit romain, le consentement des pere & mere n'est aucunement nécessaire pour valider le mariage de leurs enfans, pourvu qu'ils aient atteint l'âge prescrit par la loi. Le mariage est tellement individu, que la bonne foi de l'une des parties seule le rend valable, & les enfans légitimes, quoiqu'il se rencontre des obstacles & défauts essentiels en l'autre ; néanmoins les intimés combattent cette maxime si constante & reçue en France, parce que le mariage subsisteroit & seroit bon & valable en Lorraine, où l'appellante ne pourroit se remarier tant que son mari l'un des intimés vivroit, & où leurs enfans seroient légitimes ; & tout au-contraire en France elle seroit une concubine, pourroit librement se remarier, & les enfans déclarés bâtards. Il n'y a rien à redire en sa personne, ni en ses mœurs, ni aucune inégalité, soit aux biens, ou en la naissance. Et par ces moyens conclut au mal jugé, & à la validité du mariage. Me. Desnoyers pour les intimés dit, que leur fils étant tombé dans un malheur, & ayant pensé l'éviter par son absence, est tombé dans un plus grand, par la rencontre qu'il a fait de l'appellante, qui l'a séduit & suborné ; & pour couvrir sa mauvaise vie & ses débauches par l'aide de ceux auxquels elle s'est avoit commises, & s'étoit prostituée, l'a fait contraindre de célébrer un mariage clandestin, nul de toute nullité, ou plutôt commis un crime de rapt en sa personne, digne de la sévérité de la cour, conforme aux loix & à l'ordonnance, de laquelle on se veut mettre à couvert, en disant que le crime est commis hors du royaume ; que ce prétendu mariage est contracté en Lorraine, où elle ne peut être obligée, mais le concile de Trente. Cette réponse est impertinente, puisqu'il s'agit d'un fils de famille originaire français, qu'on a ravi & suborné, qu'on a contraint par force & violence, à main armée, de contracter ce prétendu mariage. La question se doit juger en France : l'appellante a elle-même choisi le tribunal, puisqu'elle s'est rendue demanderesse, il faut la juger par les loix, les ordonnances & les maximes observées en France, qui ne laissent pas lieu de douter que ce prétendu mariage ne soit nul, & qu'il n'ait été bien jugé.

Gg

M. l'avocat général Servin dit , que la puissance paternelle emporte un tel droit sur les enfans , & le devoir des enfans portoit un tel honneur , respect & obéissance envers leurs pere & mere , qu'ils ne sont pas maîtres de leurs corps , ni de leurs volontés ; ils dépendent absolument du commandement & consentement de leurs parens ; que sur cette puissance & sur cette soumission & obéissance est tracée l'ordonnance de Blois art. 41 & autres suivans , pour empêcher les subornations & ravissemens des enfans de famille , & leurs mariages clandestins trop fréquens : ordonnance aussi sainte que nécessaire , de laquelle il ne peut ni ne doit se départir , puisqu'il est question du mariage d'un fils de famille français , ravi & suborné , & que la décision doit être faite par des juges français , qui sont obligés à exécuter & entretenir l'ordonnance. Et par ces moyens adhere avec les intimés.

LA COUR mit l'appellation & ce dont étoit appel , au néant ; émendant & corrigeant , sur le crime de rapt , mit les parties hors de cour & de procès ; sans dépens. Le mardi 26 mars 1624, M. de Verdun premier président prononçaut.

* Le fait & les moyens ne sont pas si étendus , ni rapportés en aussi bon ordre dans du Fresne , *liv.* 1. *chap.* 24.

CHAPITRE XVIII.

Régale est ouverte , même en Bretagne , dans les mois du pape , jusques à ce que l'évêque nouvellement pourvu ait fait enrégistrer son brevet de provision , & acte du serment de fidélité en la chambre des comptes à Paris , & non en celle de Bretagne.

L'Evêché de Léon en Bretagne étant vacant par le décès de l'évêque arrivé en 1613 , Me. Jean le Moine , chanoine de ce diocese , passe procuration en cour de Rome pour résigner sa prébende en faveur d'un de ses amis. Après le décès du résignant , Odin Chouet se présente au roi , est pourvu en régale du bénéfice en 1620 , & fait assigner au parlement le pourvu par le pape , pour être maintenu au bénéfice. Me. Denis Doujat pour le demandeur en régale dit , qu'il est certain que le droit de régale a lieu par tout le royaume , même en Bretagne , & dans les mois affectés au pape , *in quibus confert jure ordinarii* , comme dans les terres d'obéissance , ainsi qu'il a été jugé par arrêt de 1619 , & la clôture en régale se fait seulement , lorsque l'évêque nouveau a été pourvu , prêté le serment de fidélité , & obtenu lettres entérinées en la chambre des comptes de Paris : ce qui n'a été fait par l'évêque nouveau. Ainsi l'on ne peut douter que le bénéfice n'ait vaqué en régale. La résignation en faveur n'a pu attribuer aucun droit au pape , ni ôter celui du roi , qui confere *duplici jure* , *jure regis* , *& jure papæ* , ainsi qu'il a été jugé. D'ailleurs , la provision est nulle , parce qu'on ne rapporte point la procuration *ad resignandum* ; ce qui est nécessaire par l'ordonnance d'Henri II , *art.* 11. Et conclut à ce que le régaliste soit maintenu. Me. Cornouille pour le défendeur en régale dit , qu'il n'y a eu aucune ouverture en régale lors de la provision de Chouet demandeur : elle étoit close avant le décès de Me. Jean le Moine résignant. Il a des lettres en main qui énoncent que l'évêque nouveau avoit fait le serment de fidélité au roi , & avoit par icelles main-levée des fruits saisis de l'évêché : lettres qui avoient été entérinées en la chambre des comptes de Bretagne ; ce qui est suffisant , puisque l'évêché y est situé. Si le parlement de Paris seul connoît du droit de régale , c'est parce qu'il y a ordonnance attributive de cette jurisdiction : mais il n'y en a aucune pour la chambre des comptes de Paris.

M. l'avocat général Talon dit , que la régale est jalouse , n'admet aucune concurrence , ainsi que le roi nul compagnon , & ne voit rien de semblable à sa royauté. Le roi succede à l'évêque décédé , non pour s'enrichir du revenu temporel , mais pour conserver les évêchés destitués de prélats , de pasteurs , & est un ordinaire qui n'a point de supérieur. Le pape prévient les ordinaires , mais ne peut prévenir le roi. Le pape pourvoit *in favorem* , non l'ordinaire ; de même le roi pourvoit *in favorem* , & ne tombe non plus *in suspicionem simoniæ* , que le pape. Si *genus vacationis non exprimatur* , la provision est nulle , faillit en régale , qui n'est sujette à aucune des regles de chancellerie de Rome , parce qu'elle est fondée sur le droit de la couronne , sur la loi salique : même quand les ducs étoient souverains de Bretagne , elle s'y pratiquoit. La chambre des comptes de Paris est seule capable d'entériner les lettres de serment de fidélité prêté par les évêques. En 1615 on a poursuivi en la chambre des comptes de Bretagne le sequestre de l'évêché de Léon : le procureur général en la chambre des comptes de Paris obtint inhibitions à ladite Chambre de Bretagne d'en connoître.

LA COUR déclara la prébende avoir vaqué en régale , l'adjugea au demandeur , avec restitution de fruits ; & faisant droit sur les conclusions de monsieur le procureur général , déclara tous les bénéfices qui vaqueront , tant en l'évêché de Léon , qu'autres de Bretagne , vacans en régale , jusques à ce que le brevet de provision & serment de fidélité fait par les nouveaux évêques aient été rapportés & enregistrés en la chambre des comptes à Paris ; le 18 avril 1624.

* Du Fresne *liv.* 1. *chap.* 25. n'a mis qu'en abrégé cet arrêt important , qui a fait réglement pour l'avenir.

CHAPITRE XIX.

Official qui prononce sur les dommages & intérêts pour l'inexécution d'une promesse de mariage , & ordonne que la célébration faite avec un autre , sera réitérée , commet abus.

EN 1621 , Pierre Moinard cite pardevant l'official de Sens Catherine Libaud , aux fins de se voir condamner à célébrer en face de la sainte église le mariage promis & accordé entr'eux ; ce qui est dénié par ladite Libaud. Sur la contrariété les parties sont appointées à informer , & cependant défenses respectives de se marier : depuis intervient sentence définitive , par laquelle les parties sont mises hors de cour & de procès , dont appel par Moinard. L'official de Sens déclare qu'il ne sera point déféré à l'appel. Cet appel relevé & exécuté pardevant l'official de Lyon , Catherine Libaud se marie publiquement avec un autre en face de l'église , proclamations de bans & autres solemnités. Un an après , Moinard poursuivant son appel à Lyon déclare qu'il n'insiste plus à la célébration du mariage par lui prétendu avec ladite Libaud , & qu'il se restraint à ses dépens , dommages & intérêts. L'official de Lyon ordonne que ladite Libaud & son mari se présenteront derechef en l'église pour y recevoir la bénédiction nuptiale , & condamne ladite Libaud ès dépens , dommages & intérêts dudit Moinard , dont appel comme d'abus. Me. Desita pour l'appellante dit , que l'abus est manifeste en l'un & en l'autre chef : au premier , parce qu'il déclare nul un mariage qui a été célébré selon les solemnités prescrites par les saints décrets & ordonnances , & sans aucune opposition par Moinard : au second chef , l'abus est plus évident , il n'est permis à l'official de prononcer *super re pecuniaria* , sur les dommages & intérêts , pour lesquels les parties se doivent pourvoir pardevant le juge laïque. Me. Aseline pour l'intimé dit , que le premier chef de la sentence ne regarde l'intimé , mais le public ; & pour le second , il a donné sa requête à la cour , afin d'avoir condamnation des dommages & intérêts.

M. Talon avocat général dit , qu'autant de mots

qu'il y a en cette sentence, ce sont autant d'abus : au premier chef, les défenses de l'official de Sens ne rendent pas le mariage nul, elles avoient été levées par la sentence, laquelle *in quæstionibus stat
us non transiit in vim judicati*, non plus que toutes les autres de cette sorte ; & pour le second il est aussi abusif.

LA COUR dit, qu'il avoit été mal, nullement & abusivement ordonné par l'official de Lyon ; condamna l'intimé aux dépens ; & sur la requête aux fins des dommages & intérêts, mit les parties hors de cour & de procès, sans dépens ; le 4 mai 1624.

CHAPITRE XX.

Dévolutaire est non-recevable, faute d'avoir fait juger le procès dans deux ans, même à l'égard d'un autre dévolutaire. Banquiers ne doivent se charger en même jour d'obtenir des provisions du même bénéfice.

UN nommé Ladot étant pourvu d'un bénéfice prieuré-cure de l'ordre de St. Augustin, trois diverses personnes obtiennent dévolut sur le bénéfice ; savoir, Gagnot prêtre séculier, Fradel religieux du même ordre, & Jué, aussi prêtre séculier : les dévoluts fondés sur l'incapacité de Ladot, & sur la confidence manifeste du bénéfice. Gagnot & Fradel sont pourvus en cour de Rome en 1619, & au commencement de 1620. Jué est pourvu, & prend possession bientôt après, mais postérieurement à Gagnot & Fradel. Gagnot conteste tant contre Ladot que Jué ; & après plusieurs contestations Ladot ayant abandonné le bénéfice par la confidence manifeste vérifiée, Gagnot décede, & Jué demande à la cour, qu'attendu le décès de Gagnot sa partie, main-levée des fruits du bénéfice contentieux lui soit faite, qui est l'appointement ordinaire en ces matières après le décès de l'un des contendans au bénéfice ; Fradel intervient en cause, empêche la main-levée des fruits & dit, qu'il est le premier pourvu du bénéfice. Sur la contestation la cour renvoie les parties pardevant le prévôt de Paris sur la possessoire du bénéfice : lequel après avoir oui les parties, ordonne que Fradel dévolutaire donnera caution, décharge Jué de la caution demandée, & lui adjuge la récréance du bénéfice : dont appel par Fradel, pour lequel Me. Gaultier dit, qu'il est mal jugé, en ce qu'on a déchargé Jué de la prestation de caution, à laquelle il étoit obligé par l'ordonnance, comme dévolutaire ; & au-contraire qu'on a chargé l'appellant pareillement dévolutaire, qui n'y est obligé que par la même ordonnance. Me. Pinette pour l'intimé dit, qu'il a été bien jugé, & que l'intimé ayant une fois donné caution, il n'y peut être contraint derechef.

M. Talon avocat général dit, que Fradel dévolutaire est manifestement non-recevable en son appel & en ses prétentions : car ayant obtenu son dévolut dès 1619, il étoit obligé par l'ordonnance de contester, & mettre le procès en état d'être jugé dans deux ans ; & néanmoins il a demeuré plus de deux ans sans se présenter en cause, & sans prétendre le bénéfice ; ce qui dénote une manifeste collusion & intelligence entre Fradel & Gagnot : collusion qui se vérifie encore par l'extrait compulsé du registre du banquier, qui prouve qu'un même banquier a été chargé en même jour pour obtenir signature & provision en cour de Rome, tant pour Gagnot, que pour Fradel, & le registre porte : *Expediatur signatura ejusdem beneficii supradicti nomine Fradel, sed de die sequenti.* Cela marque qu'on avoit choisi un séculier & un régulier, de peur de manquer à l'obtention du bénéfice. Conclut à ce que l'appellant soit déclaré non-recevable en son dévolut, & que défenses soient faites aux banquiers de se charger en même jour de l'expédition de deux provisions ou signatures pour même bénéfice, à peine de l'amende, & de tous dépens, dommages & intérêts des parties.

LA COUR mit l'appellation au néant ; déclara l'appellant non-recevable en la poursuite de son dévolut ; maintint & garda l'intimé en la possession du bénéfice contentieux ; condamna l'appellant en l'amende & dépens : & faisant droit sur les conclusions du procureur général, fit défenses à tous banquiers de se charger en même jour de l'obtention de deux signatures ou provisions de même bénéfice, à peine de l'amende, & de tous dépens, dommages & intérêts ; & ordonna que l'arrêt leur seroit signifié ; le 20 mai 1624.

CHAPITRE XXI.

Unions ou suppressions de prébendes, faites du consentement du collateur ordinaire, sans information, avec monsieur le procureur général, & sans lettres patentes du roi, sont nulles & abusives à l'égard du droit de régale.

EN 1607 le doyen de St. Mederic de Linas étant décédé, le chapitre, auquel l'élection appartient, s'assemble, & résout de supprimer cette dignité, ensemble quatre chanoines de leur église, vacation d'icelles avenant ; prétendant que leurs chanoines n'étoient pas suffisantes pour leur entretien. Pour cet effet ils présentent requête à M. l'évêque de Paris, qui commet un ecclésiastique sur les lieux pour informer de la modicité, ou du peu de revenu du chapitre. L'information rapportée, l'official de Paris supprime la dignité de doyen & quatre prébendes, vacation d'icelles avenant. En 1614 un nommé Larcher se fait pourvoir en cour de Rome du doyenné, & un autre d'une chanoinie. Procès entr'eux & le chapitre, qui s'opposa à leur réception & prise de possession : enfin transaction & arrêt par appointé, portant qu'il a été mal, nullement & abusivement ordonné par l'official de Paris, à l'égard de ladite dignité de doyen, & chanoinie, esquelles lesdits Larcher & autre sont reçus & maintenus en la possession ; & à l'égard des autres chanoinies, qu'elles demeureront supprimées conformément à ladite sentence. En 1622 M. le cardinal de Retz évêque de Paris, étant décédé, un nommé Louot se fait pourvoir en régale d'une de ces chanoinies supprimées ; & sur l'opposition que le chapitre de Linas forme à sa prise de possession, il le fait assigner en la cour. Me. le Rayer pour moyens d'opposition du chapitre, employa la sentence & arrêt de suppression susdatés. Me. Poussemotte pour le régaliste dit, que la suppression a été mal, nullement & abusivement faite. 1°. En ce qu'il n'y avoit aucune nécessité. 2°. Le substitut de M. le procureur général n'a été appellé ni oui. 3°. L'information qu'on a faite, est composée de pauvres vignerons & artisans non lettrés, *qui eundem & præmeditatum sermonam afferunt*, & qui passant la science d'un témoin, usurpent celle de Juge, & estiment que la suppression est nécessaire. 4°. Par les comptes il paroit que ce chapitre a deux mille quatre cents livres de revenu. Le droit de régale est si éminent, qu'il n'a pu être couvert par cette suppression faite par le chapitre & chanoines *propriis commodis inhiantes*, comme dit le canon. Me. le Rayer en replique dit, que la suppression est légitime & valable ; le revenu est trop petit, & ne consiste en tout qu'à seize cents livres, pour douze chanoines, enfans de chœur & bedeaux : il n'étoit pas nécessaire d'y appeller le substitut de M. le procureur général, le chapitre n'étant de fondation royale ; & lors de l'arrêt M. le procureur général n'y a eu connoissance.

M. Talon avocat général dit, que la procédure de l'official de Paris est la plus abusive qu'on ait jamais vue. En huit jours on a présenté la requête, fait l'information, & rendu la sentence de suppression. Pour la faire valablement il falloit s'adresser au roi, obtenir lettres adressantes à la cour, qui eût renvoyé à l'official de Paris. Il n'a pu supprimer les bénéfices, sans ouir M. le procureur général. Le roi ayant toutes les églises de son royaume sous sa protection, a intérêt que le nombre des bénéfices ne soit diminué, & le culte divin par conséquent. Le roi y a encore intérêt pour la régale, conférant les bénéfices *jure suo*, *jure regio*. S'ils étoient supprimés sans son consentement, il perdroit ce droit de collation. L'information est composée de pauvres artisans ignorans, & non d'ecclésiastiques, & autres plus apparens : eu égard au lieu, les chanoines ont suffisamment de quoi s'entretenir. L'appel comme d'abus interjetté à l'audience de sentence de l'official est indubitable ; les lettres en forme de requête civile contre cet arrêt n'étoient pas nécessaires : néanmoins la cour y peut prononcer par sa prudence & équité.

LA COUR reçut le demandeur en régale appellant comme d'abus de la sentence de l'official de Paris, le tint pour bien relevé ; & ayant égard aux lettres en forme de requête civile, remit les parties en l'état qu'elles étoient avant l'arrêt ; débouta le chapitre de son opposition, & adjugea la prébende, comme vacante en régale au demandeur ; sans dépens, ni restitution de fruits. Le vendredi 7 juin 1624, M de Verdun premier président prononçant.

CHAPITRE XXII.

Retrait lignager est individu, & le retrayant n'est pas recevable à demander les terres, & rejetter un gouvernement compris en la vente, sous prétexte qu'il n'est pas en commerce sans l'agrément du roi.

LE 23 mars 1621 M. de Lausat vendit à M. de Luxembourg les terres de Lausat & de St. Savin, situées en Guyenne, & le gouvernement de la ville de Bourg, même pays, pour le prix de deux cents mille livres, payées comptant. En 1622 environ un an après, le fils du Sr. de Lausat fait instance à M. de Luxembourg pardevant le prévôt de Paris, pour lui délaisser par retrait lignager les terres de Lausat & St. Savin, offrant de le rembourser de son sort & loyaux coûts. M. de Luxembourg accepte les offres, & met son contrat au greffe pour justifier du prix. On demande son serment, sur ce qu'on dit que le prix de deux cents mille livres n'est le prix des terres vendues, mais aussi du gouvernement de la citadelle de Bourg. Affirmation que le contrat est véritable, & offre de passer démission au profit du retrayant pour le gouvernement. Sentence du prévôt de Paris du 9 avril, par laquelle le Sr. de Luxembourg est condamné de laisser les terres de Lausat & St. Savin au demandeur en retrait ; ensemble de passer démission à son profit pour raison du gouvernement de Bourg, en le remboursant par le demandeur dans huitaine de la somme de deux cents mille livres. Le 3 mai le Sr. de Luxembourg affirme, & remet sa démission au greffe, & présente requête de déchéance faute d'avoir satisfait, sur laquelle le demandeur est déclaré déchu & débouté du retrait. De l'une & de l'autre sentence, appel par le demandeur en retrait, pour lequel Me. Doujat dit, qu'il paroît évidemment, que le gouvernement de la citadelle de Bourg fait partie de l'achat fait par le Sr. de Luxembourg du Sr. de Lausat. Par une lettre missive écrite peu après à la dame de Lausat, le Sr. de Luxembourg écrit, que sans le gouvernement de la citadelle de Bourg il n'eût point acheté les terres de Lausat & St. Savin : donc il devoit emporter la meilleure partie du prix. Ces terres ont été adjugées par décret, & n'ont coûté que 80000 livres. Cela étant, le gouvernement ne peut être compris au retrait, & l'appellant contraint d'accepter sa démission. 1°. Parce qu'il est incapable d'être pourvu du gouvernement, n'ayant que dix-huit ans. 2°. Parce qu'il n'est pas au pouvoir de l'acheteur de le faire admettre, telle démission dépend de la seule volonté du roi. Il est vrai, que régulièrement le retrait est individu ; mais il y a exception pour le retrait féodal, qui est di-

vidu, & *quando res quæ accedit venditioni, non est venalis*, telle qu'est le gouvernement de Bourg, & toute autre, par l'ordonnance de François I en 1536 & de Blois. La raison pour laquelle le retrait lignager est censé individu, est selon Tiraqueau & Grimaudet. 1°. *Ut emptor abeat indemnis*. 2°. *Ne maneat invitus in communione*. Ces raisons cessent au fait qui se présente : il faut venir à ventilation des terres & du gouvernement, ainsi qu'on fait au retrait féodal. Me. de la Martelière le jeune pour M. de Luxembourg dit, qu'il arrive en cette cause ce que l'on remarque aux mariniers qui tournent le dos aux lieux où ils desirent aborder. Le Sr. de Lausat est appellant de la sentence qui lui adjuge ce qu'il demandoit : mais cela se fait sous espérance de retirer quelque gratification de l'intimé, qui est bien fondé à soutenir l'appellant non-recevable en son appel. La coutume de Guyenne conforme aux autres coutumes, veut que l'acheteur ayant accepté les offres du retrayant, mis son contrat au greffe, & prêté le serment, le retrayant soit tenu de le rembourser huitaine après, à peine de déchéance ; ce qui a été observé par le prévôt de Paris. On objecte que le prix de deux cents mille livres porté par le contrat, n'est le véritable prix, & que la capitainerie ou gouvernement de Bourg en fait partie. 1°. Le contrat de vente ne fait aucune mention de capitainerie ni de gouvernement : donc il ne faut pas suppléer ni ajouter aucune chose ; la loi & l'ordonnance le prohibent. La loi 1. *C. De test.* 16. Ἔγγραφοι μαρτυρίαι κατὰ ἀγράφων μαρτυρίας ἰσχύν ἢ δύναμιν. Et l'ordonnance de Moulins a imité cette loi, même si étroitement au fait du retrait, qu'on a reçu la preuve testimoniale de ceux qui avoient été présens au contrat. Contre celui en question il n'y a autre preuve que la missive du Sr. de Luxembourg : il la faut prendre intégralement : car il est certain que *in civilibus confessiones non dividuntur*. Elle marque qu'il n'eut accepté ni acheté les terres en question, sans la démission du gouvernement de Bourg ; *non aliter, nec aliàs empturus*. C'est une disposition universelle des coutumes, que le retrait ne se peut faire *pro parte*, ni se peut diviser. L'on distingue, quand il y a plusieurs choses vendues *unico*, *aut diverso pretio* : *unico*, le retrait ne se peut diviser ; *diverso*, c'est encore au choix de l'acheteur, de délaisser le tout en partie. Quelques docteurs ont voulu distinguer *de pretio principali*, *aut accessorio* ; mais du Moulin s'en moque, & dit que *debet restitui omnimodum pretium*. La plus forte objection c'est celle qu'on dit, que la chose n'est venale : mais pour la résoudre, le plus grand honneur qu'on puisse faire à ces gouvernemens, c'est de les comparer aux choses sacrées, qui sont notoirement hors de tout commerce ; néanmoins il est certain en droit, que *cum universitate temporali transferri & vendi possunt*, *L. In modicis. De contrah. empt.* & St. Gregoire, *venales fieri sepulturas*. Le droit de patronage est aussi hors de commerce ; toutefois *transit cum castro*, *cum cateris*. De venir à ventilation, puisque le gouvernement n'est venal, il ne peut recevoir aucune estimation ; & ce seroit rendre les juges ministres d'une chose illicite & prohibée.

LA COUR, sur les appellations, mit les parties hors de cour & de procès ; sans dépens. Le même jour 7 juin 1624, M. de Verdun premier président prononçant.

☞ *Vide les observations du chap. 8 & 91.*

CHAPITRE XXIII.

Peine de compromis doit être payée, avant que d'être ouï sur l'appel de la sentence arbitrale, quoiqu'elle prononce une prohibition d'aliéner certains héritages.

EN la chambre de l'édit à la relevée du même jour, fut plaidée la cause de dame Marguerite d'Autun, veuve du Sr. Constant, appellante d'une sentence arbitrale rendue entr'elle & ses gendres,

dres, en laquelle il s'agiſſoit de ſavoir, ſi ladite dame étoit non-recevable appellante de ladite ſentence, qu'elle n'eût payé la peine de mille piſtoles appoſée au compromis, ainſi que lui oppoſoient ſes gendres, & la ſoutenoient non-recevable en ſon appel, pour leſquels Me. le Noir dit, qu'ils étoient fondés ſur la loi, l'édit des arbitres, & ſur le compromis exprès. Me. Jobert pour l'appellant dit, que la nullité du compromis & de la ſentence arbitrale, rend ſon appel recevable ſans payer la peine. La nullité réſulte de ce qu'on a compromis *ſuper liberali cauſâ*, ſur l'état de l'appellante, que l'on a interdite par cette ſentence. *De liberali cauſâ, compromiſſo facto, rectè non compelletur arbiter ſententiam dicere, quia favor libertatis eſt, ut majores judices habere debeat, L. Non diſtinguemus. §. De liberali. De receptis arbitr.* La qualité de l'appellante eſt conſidérable, elle eſt mere des demanderreſſes, qui devroient avoir honte de former cette demande. Me. le Noir en replique dit, qu'il ne s'agit pas d'interdiction, mais ſeulement de l'exécution du contrat de mariage de l'appellante & du défunt Sr. Conſtant, qui réſerve aux demanderreſſes ſemmes des intimés, les biens dont on prohibe l'aliénation à l'appellante par la ſentence arbitrale. L'appellante ayant prévu l'objection de cette fin de non-recevoir, a eu recours à un remede extraordinaire, elle a obtenu une commiſſion en la cour, où elle a déduit tous les moyens de nullité qui ſont à préſent propoſés, pour faire annuller la ſentence ſans appel, & pour éviter la peine du compromis. Les gendres ayant été ouis, & ſoutenu qu'elle n'étoit recevable à impugner la ſentence par cette voie; qu'il n'y avoit que l'appel, & de leur part ayant préſenté requête à ce qu'elle fût condamnée au payement de la peine: la cour, ſur les requêtes reſpectives a mis les parties hors de cour; par conſéquent a débouté l'appellante de ſes prétendus moyens de nullité. (Mais on ne peut prendre aucun avantage de ce que la cour a pareillement mis hors de cour, ſur la requête pour la peine, qui ne pouvoit encore être prétendue, & n'étoit due qu'au cas de l'appel, qui a été depuis interjetté).

LA COUR dénia toute audience à l'appellante, qu'au préalable elle n'eût payé la peine ſtipulée par le compromis; ledit jour 7 juin 1623 de relevée.

CHAPITRE XXIV.

Donation du mari à la femme par leur contrat de mariage ſuivi de la célébration, mais précédé de promeſſe, copulation & groſſeſſe, eſt nulle en la coutume d'Angoulême qui la prohibe entre conjoints.

L Ouis Regnaud ſieur de Lage, ſous une promeſſe de mariage eut habitude avec demoiſelle Françoiſe Monat, dont elle devint groſſe: ils paſſerent depuis un contrat de mariage au mois de mai 1604, ſuivi peu de tems après de la célébration à l'égliſe. Par ce contrat, Regnaud donne à Françoiſe Monat en faveur du mariage, lequel n'eût été autrement conſommé & accompli, tous & chacuns ſes meubles & acquêts immeubles, & le tiers de ſes propres. Au mois de juin de la même année naquit une fille nommée Marie Regnaud, laquelle décéda incontinent; un an après en naquit une autre: & parce que Regnaud & ladite Monat étoient couſins, ils obtinrent un reſcrit portant diſpenſe de leur mariage, & en 1605 le firent entériner à Limoges. Ladite Monat étant décédée, ſa ſeconde fille ſurvivante, le ſieur de Lage convole en ſecondes noces, & a pluſieurs enfans. En 1620 il décede, ayant fait ſon teſtament, par lequel il legue à Françoiſe Regnaud ſa fille & de ladite défunte Monat, la ſomme de dix-huit cents livres, à la charge qu'elle ſe contente de cette ſomme pour tous droits paternels & maternels, & inſtitue héritier univerſel un fils du ſecond lit, contre lequel le tuteur de Françoiſe Regnaud fait demande des 1800 livres, de tous les meubles, des acquêts immeubles, & du tiers des propres, ſuivant le teſta-

Tome I.

---

ment & donation. La mere tutrice de l'héritier inſtitué ſoutient la donation nulle, & offre les 1800 livres. La cauſe dévolue en la cour ſur l'appellation de ſimple appointement, & requête réciproque pour évoquer le principal: Me. Nau pour la mere & tutrice de l'héritier inſtitué dit, que cette donation eſt nulle par pluſieurs raiſons. *Primò*, on ne rapporte le contrat de mariage ſigné du notaire qui l'a reçu, mais ſeulement un extrait pris au greffe des inſinuations, qui ne peut faire foi. *Secundò*, la donation eſt nulle, faite contre la prohibition de la loi, & de la coutume d'Angoulême qui défend les donations entre mariés. Lors de cette prétendue donation Louis Regnaud & Françoiſe Monat étoient mariés, puiſqu'un mois après elle accoucha de Marie Regnaud. Telles promeſſes *tranſeunt in verum matrimonium, Cap. Is qui fidem. De ſponſalib. Tertiò*, la proximité & parenté réſiſtoient à ce mariage, le rendoient inceſtueux, & la donation faite en conſéquence nulle, *Cap. Cùm inhibitio. De clandeſt. deſponſat. L. Qui contra. de inceſt. L. Inceſta. De rit. nupt.* comme faite pour une cauſe vicieuſe, en rémunération du crime de fornication perpétrée, *L. Si flagitii. De verb. oblig.* où un grand perſonnage interprete *flagitium pro ſtupro; & L. Mercalem. De condict. ob turp. cauſam*, à cauſe de l'inceſte, qui n'eſt levé par ce prétendu reſcrit. On ne le repréſente point, mais ſeulement la ſentence qui l'entérine: & ſic en le révélant il faut préſumer qu'il y a quelque clauſe qui a donné lieu à un appel comme d'abus. *Quartò*, cette donation n'étant faite qu'à Françoiſe Monat, qui eſt décédée avant le donateur, elle eſt révoquée, même par la ſurvenance des enfans du ſecond lit, ſuivant l'opinion de du Moulin ſur la loi *Si unquam. De revoc. donat.* Me. le Noir pour Françoiſe Regnaud, fille du premier lit, & héritiere de Françoiſe Monat ſa mere, dit, qu'on n'a pu rapporter le contrat de mariage, parce que l'appellante s'eſt ſaiſie de tous les papiers, & qu'on a été contraint de recourir au greffe des inſinuations, qui eſt public, & fait pleine foi. La donation eſt bonne & valable, faite en un tems non prohibé: car il ne faut pas conſidérer le jour du contrat & promeſſe de mariage, mais celui auquel il a été accompli & publiquement ſolemniſé en l'égliſe: autrement ſi le mariage étoit réputé accompli au jour du contrat, il s'enſuivroit pluſieurs abſurdités: les acquêts faits *medio tempore* ſeroient communs; (*quod nemo dixerit*) le douaire ſeroit dû *ſuperveniente morte*, ce qui n'eſt point. La copulation donne bien action pour ſolemniſer & célébrer le mariage, mais non pour le réputer conſommé dès-lors. Les mariages préſumés ne ſont point reçus; l'ordonnance y réſiſte, même défend de recevoir les promeſſes de mariage *per verba de præſenti*, mais *de futuro*; ce qu'on a obſervé: car Louis Regnaud avoit promis de prendre à femme & loyale épouſe Françoiſe Monat. La loi fait une perpétuelle diſtinction *de eo quod factum eſt antequam uxor deducatur in domum viri, & de eo quod poſt.* Auparavant non cenſetur uxor, *L. Mulierem. L. Deniq. De ritu nupt. L. 15. De condit. & demonſtrat.*

LA COUR a mis les appellations & ce au néant; a évoqué le principal, & y faiſant droit, a déclaré la donation nulle & de nul effet & valeur; a adjugé la ſomme de dix-huit cents livres à ladite Françoiſe Regnaud, ſi mieux elle n'aime venir à partage avec ſes freres conſanguins. Le jeudi 4 juillet 1624, M. de Verdun premier préſident prononçant.

☞ La définition de cet arrêt annoncée par le titre, ne me paroît pas remplie, & je crois qu'il eſt à préſumer d'après la lecture de ce chapitre, & de l'art. 52 de la coutume d'Angoumois, que les circonſtances de la groſſeſſe de Catherine Monat avant ſon mariage n'influent en rien ſur l'arrêt; mais que ce furent celles de l'exiſtence de Françoiſe Regnaud qui étoit venue au monde *conſtante matrimonio*, & qui avoit ſurvécu ſa mere & même ſon pere, qui avoient donné lieu à la nullité de la donation prononcée par l'arrêt; attendu que l'art. 52 de la coutume d'Angoumois portant que mari & femme n'ayant enfans peuvent ſe donner, mais que s'il y a enfans, toutes donations mutuelles ou simples font réputées nulles ; il s'enfuit naturellement que dans des coutumes muettes. à cet égard , la furvenance d'enfans révoquant toute donation , à plus forte raifon doit-elle produire fon effet dans une coutume qui paroît défendre à mari & femme de fe donner lorfqu'ils ont des enfans.

C'eft ce que MM. Vigier établiffent clairement en leur commentaire fur l'art. 52 de la coutume d'Angoumois.

hibetur ; tamen ob eam claufulam fuftinetur teftamentum ; aliquando etiam quando inftituit defcendentes vel afcendentes in quinque folidis.

LA COUR mit l'appellation au néant , fans dépens ; le 9 juillet 1624.

* Si la fille avoit renoncé en fon contrat de mariage à la fucceffion à écheoir du pere , fa prétérition ne romproit pas le teftament : c'eft l'avis de M. Cujas en fa confult. 1 , de Guy-Pape queft. 598 , & autres docteurs qui y font cités.

CHAPITRE XXV.

Prétérition d'une fille annulle le teftament du pere , quoiqu'il l'ait dotée par fon contrat de mariage.

MAyet de Bargues mariant Françoife de Bargues fa fille , lui conftitue en dot mille livres , & long-tems après fait fon teftament , n'ayant que deux enfans , favoir ladite Françoife & Barthelemi de Bargues , il inftitue fon fils héritier univerfel , fans faire aucune mention de fa fille. Par cette prétérition elle foutint le teftament nul , & demanda que tous les biens de Mayet de Bargues fon pere fuffent également partagés entre fon frere & elle , en rapportant fa dot , ce qui fut ordonné par fentence arbitrale avec la mere & tutrice de Barthelemi de Bargues , fuivie de partage ; & depuis avec Barthelemi de Bargues , par fentence des préfidiaux de Lyon , lefquels fans s'arrêter à ce teftament , qu'ils déclarent nul , ordonnent que partage fera fait en rapportant : dont appel par Barthelemi de Bargues , pour lequel Me. Richard dit , que l'intimée ayant été mariée & dotée par fon pere , cette dot lui doit tenir lieu de légitime , & empêcher la querelle d'inofficiofité contre le teftament , *L. Papinianus. §. Si quis mortis caufâ filio donaverit quartam partem ejus quod ad eum effe perventurum, fi paterfam. inteftatus deceffiffet, puto fecurè eum teftari , & L. Si non mortis caufâ fuit donatum , fed inter vivos : hâc tamen contemplatione , ut in quartam habeatur , poteft dici inofficiofi querelam ceffare. ff. de inoff. teftam.* parce que dos & donatio propter nuptias non tantùm conferuntur ; fed ad excludendam inofficiofi querelam imputantur , *L. Quoniam novella. C. de inoff. teftam.* Le pere a énoncé en la préface de fon teftament , qu'il la faifoit pour obvier aux différends qui euffent pu naître entre fes enfans. Françoife de Bargues n'eft pas prétérite , parce que le pere a dit qu'il donnoit à tous & chacuns de fes parens cinq fols ; elle eft comprife fous ce mot *de parens* , *paffivè accipiendo* : de plus , il y a clauſe codicillaire , qui purge le teftament de toute nullité & vice de prétérition , ou autre. Me. Chamillart pour Françoife de Bargues dit , que le teftament eft nul par fa prétérition : quoiqu'elle ait été dotée par fon pere , néanmoins elle a dû être nommée , comprife & honorée en fon teftament. *Debuit legitimam accipere titulo honorabili inftitutionis : alioqui teftamentum ipfo jure nullum eft. §. Aliud quoque capitulum. Auth. Ut cùm. De appellat. cognofe. Sancimus non licere patri vel matri , avo vel aviæ , filium vel filiam , vel cæteros' liberos præterire , aut exhæredes in fuo facere teftamento , nec fi per quamlibet donationem , vel legatum , vel fideicommiffum , vel alium quemcumque modum , eis dederint legibus debitam portionem , L. Omnimodo. §. Si verò præterierint aliquam eorum perfonam , in univerfum refcinditur teftamentum.* La prétérition eft injurieufe , & l'inftitution honorable , *ratione continuationis dominii , & jure accrefcendi.* Cette clauſe infolite d'inftitution de cinq fols à chacun parent , ne fe peut appliquer à une fille , *quia parentes & liberi funt correlativa* , & ne fert de rien , quando fit figno univerfali omnium unicuique ; parce que pro forma requiritur quòd nominatim inftituantur , aut exhæredentur , *L. 1. L. Inter cætera, De lib. & pofthum. Barthol. in Auth. Ex caufâ. De lib. præter.* La clauſe codicillaire non lavat teftamentum à vitio prætertionis , qui eft un vice effentiel & radical : mais tantùm quando aliquid relictum eft titulo legati vel fideicommiffi , pro legitima , quod jure novo pro-

CHAPITRE XXVI.

Teftament avec clauſe dérogatoire n'eft révoqué par un poftérieur qui ne la répete , & les legs pieux contenus au dernier ne font pas valables.

AMable Bonnoure de Riom fait fon teftament olographe , par lequel il déclare que fa réfolution étant de quitter le monde , & fe faire religieux au couvent des capucins , il veut , ayant encore fa volonté libre , tefter & difpofer de fes biens , efquels il inftitue fes freres fes héritiers , & en legue l'ufufruit à leur mere commune ; & ajoute que pour obvier aux captations & fuggeftions , il révoque tous teftamens qu'il auroit faits & pourroit faire à l'avenir , fi cette clauſe n'y étoit inférée : *Sic Deus voluit , & Ifraël voluntatem meam mutavit.* Et ayant mis ce teftament entre les mains d'un notaire , prend l'habit de capucin à Riom. Ayant prefque parachevé fon noviciat , & fur le point de faire profeffion , il fait un autre teftament , par lequel il legue deux cens livres tournois aux adminiftrateurs de l'hôtel-Dieu de Riom ; deux cens livres aux religieufes urfulines ; quatre cens livres pour marier de pauvres filles ; cinq cens livres aux capucins de Riom ; cent livres à celui de Thiers , & cent livres à celui de Gannat , fans néanmoins charger les héritiers inftitués au premier , par lequel il s'étoit réfervé la liberté de difpofer de cinq cens livres au profit de qui bon lui fembleroit. Après fa profeffion les adminiftrateurs de l'hôtel-Dieu font demande des deux cens livres aux héritiers dudit Bonnoure , lefquels appréhendant les autres légataires , difent que ce dernier teftament eft nul , ne contenant la clauſe dérogatoire : *Sic Deus voluit , & Ifraël voluntatem meam mutavit.* à tout le moins que le teftateur n'a pu difpofer que des cinq cens livres réfervées : néanmoins le fénéchal de Riom ordonne qu'ils feront contraints au payement des deux cens livres , nonobftant oppofitions ou appellations ; dont appel. Me. Boutier pour les héritiers appellans dit , que ce dernier teftament ne contenant expreffément la clauſe dérogatoire , eft totalement nul , & à l'exclufion de tous légataires. Me. Chartier pour les intimés dit , que la clauſe révocatoire non exprimée ne peut empêcher l'effet de ce dernier teftament. *Primò* , parce que ce n'eft pas une entiere révocation , mais l'exécution du premier par lequel il s'eft réfervé cinq cens livres pour en difpofer. *Secundò* , l'expreffion de cette clauſe n'étoit néceffaire au dernier teftament , qui n'a chargé les héritiers inftitués au premier , *L. proximè. De his quæ in teftam. del.* Barthole fur la loi *Si quis in principio. 22. De leg. 3.* où l'on a appuyé la clauſe dérogatoire & M. Cujas *lib. 14. obferv. cap. 7.* tiennent que n'y ayant que deux teftamens , il n'eft pas befoin d'exprimer la clauſe dérogatoire au premier , lequel ipfo jure révoque le premier , fuivant le droit commun : *Prioris voluntatis videtur fibi pænituiffe :* qui eft ce que Tribonien *fub nômine jurifconfulti Hermogeniani* veut qu'on ajoute nommément , *d. L. 22.* Cette derniere difpofition de Bonnoure n'eft pas un teftament , mais plutôt un codicille , qui vaut au préjudice de la clauſe dérogatoire omife , *L. Divi. §. Licèt in confirmatione codicillorum paterfam. adjecerit , ut non aliàs valere velit , quàm fuâ manu fignatos & fubfcriptos ; tamen valent facti ab eo codicilli , licèt neque ab eo fignati , neque manu ejus fcripti fuerint : nam ea quæ poftea geruntur prioribus derogant.* N'ayant fait que quelques legs pieux , ce dernier teftament ne peut être foupçonné de fuggeftion, étant fait en l'étude d'un notaire, *apud acta*, à Riom, *L. Sancimus. C. De teftam.*

M. l'avocat général Talon dit, que difputer en cette caufe, c'eft après des oracles chercher des paroles ; contefter après tant d'arrêts, qui ont jugé que celui qui fait profeffion en un couvent, ne peut donner, ni difpofer de fon bien au profit dudit couvent, ni autre de l'ordre auquel il entre & fait profeffion : auffi les capucins ne font en caufe. Il eft des teftamens comme des couleurs, les dernieres effacent les premieres ; mais il faut que ce foit avec le tempérament de la loi, fuivant laquelle il a fouvent été jugé, que la claufe dérogatoire étant omife au dernier teftament, *ex eo nec legata pia debentur*, le teftament étant entiérement nul *defectu voluntatis* ; & nous n'obfervons pas que *ex teftamento imperfecto legata pia folvantur.*

LA COUR mit l'appellation & ce au néant, fans amende ; ordonna que fans s'arrêter au dernier teftament, le premier fortiroit fon effet, & que les chofes prifes par exécution feroient rendues aux héritiers appellans fans dépens, M. de Verdun premier préfident prononçant ; le 30 juillet 1624.

* Brodeau cite l'arrêt, *lett. T. fomm. 9.*

CHAPITRE XXVII.

Communauté n'eft diffoute par le délit du mari fuivi d'un banniffement perpétuel hors du parlement, qui n'emporte mort civile ; & les amendes & réparations adjugées fe prennent fur la part de la femme.

LE 7 feptembre 1624, M. de Verdun premier préfident prononça l'arrêt folemnel & en robes rouges en la forme qui fuit : procès s'eft mu pardevant le bailli d'Amboife ou fon lieutenant, entre Jeanne Benoît, femme féparée quant aux biens de Jean Beffe fon mari, demandereffe à fin de main-levée de la moitié de la communauté d'entr'elle & ledit Beffe, faifie à la requête de Gilles Benoît défendeur : fur ce que Jeanne Benoît demandereffe difoit avoir été conjointe par mariage avec Jean Beffe, & qu'entre les conventions de leur mariage il eft ftipulé qu'ils feroient communs en meubles & conquêts immeubles, conformément à l'*art.* 230 de la coutume de Touraine. Et quoiqu'elle fût féparée de biens, par fentence contradictoire, d'avec Beffe fon mari ; néanmoins Gilles Benoît, fous prétexte que Beffe a été condamné à un banniffement perpétuel, hors du reffort du parlement, au rétabliffement de la maifon par lui incendiée, dépens, dommages & intérêts par lui foufferts, a fait faifir tous les effets de la communauté. Pour obtenir main-levée de la moitié, elle s'eft juftement oppofée à la faifie faite pour une dette, non de communauté, mais procédant d'un crime & délit capital, pour réparation duquel fa dot, ni portion de communauté, ne peuvent être faifies ; & pour en obtenir main-levée déduifoit ces moyens. Primò, que fon oppofition eft une défenfe naturelle, fon mari étant accufé & condamné pour crime capital. Si elle, qui n'en eft pas même foupçonnée, étoit refponfable de la même condamnation, ce feroit *ab eventu* la déclarer coupable, & lui faire reffentir la peine du crime d'autrui, contre les regles communes du droit, qui nous apprennent que tous délits font perfonnels, & toutes condamnations perfonnelles. *Sancimus ibi effe pænam*, *ubi & noxia eft* ; *peccata fuos teneant auctores* ; *nec ulteriùs progrediatur metus*, *quàm reperiatur delictum* ; *propinquos* , *noxio* , *familiares* , *procul à calumnia fubmovemus* ; *nec enim affinitas*, *vel amicitia nefarium crimen admittunt*, dit l'empereur en la loi *Sancimus. C. de pænis.* Quant aux communautés, les docteurs le remarquent fur la loi 1. §. 2. *De exercitor. act. Alia eft enim contrahendi caufa*, *alia delinquendi* ; *delictorum turpis atque fœda caufa eft*, *L. Quòd autem. Pro focio. Et quòd focius ob maleficium fuum præftat*, *ipfum tantùm damnum fentire debere refpondet Ulp. in L. Cùm duobus*, §. *ult. eod.* Quant à la

personne de la femme, elle eft exempte de toute condamnation qu'on lui voudroit imputer, à caufe de cette qualité, *L. 2. Ne uxor pro marito. Ob maritorum culpam*, *uxores inquietari leges vetant*, *nec alieni criminis infortunio adftringi debent : fed damnato marito*, *res earum illibatas effe præcipuunt*, *L. Res uxoris. De donat. inter vir.* même les biens étant confifqués, *maritus*, *vel uxor falvas actiones habet contra fifcum*, *L. 4. De bon. damnat. Ne alieno admiffo*, *graviorem pœnam luat quam nulla contingit culpa*, *L. Cùm ratio. eod. Uxor res proprias*, *ex quocumque titulo fibi quæfitas*, *velut manu injecta*, *vox vindicet*, dit la loi *Si quis. De bon. profcript.* Tout ainfi que le pécule du fils de famille & du ferf condamnés font réfervés au pere & au maître, *L. 1. & 3. d. Tit.* de même la dot & portion de communauté doivent être confervés à la femme. Il y a bien de la différence entre un contrat & un délit. Le mari eft maître de la communauté : *Poteft uti*, *abuti ; fed contrahendo tantùm*, *non delinquendo* ; parce que *alia contrahendi*, *alia delinquendi caufa*, *d. L. L. Auxilium. De minorib. L. 2. Si adverf. delict.* En un feul cas, la femme eft condamnée pour fon mari ; quand il a été commiffaire des vivres : *Si fuerit Primipilus*, *L. pen. De Primip. L. 4. In quib. caufis pign. Cod.* D'où l'on a pris argument de l'ordonnance de Rouffillon contre ceux qui font accufés & condamnés pour péculat. Elle n'eft pas feulement affiftée du droit naturel, du droit des gens, du droit romain : mais elle eft de plus favorifée par celui des Français, qui ont introduit & reçu nos communautés conjugales depuis huit cents ans, auquel tems la rigueur de l'ordonnance étoit telle, que le crime emportoit tout, excepté la dot, comme rapporte Gregoire de Tours *lib.* 3. *cap.* 47. Aimoin & Froiffard en la vie de Charles VI. En 1330 Philippes I, par ordonnance expreffe rapportée dans Aufrer. *in ftylo parlam.* voulut que le mari confifquant, la femme ne perdît fa dot, ni fa portion de communauté. Enfuite Henri VI d'Angleterre en 1432, fit une déclaration en faveur des femmes de Paris, & les déchargea de toutes condamnations, efquelles elles euffent pû être tenues à caufe de leurs maris condamnés. Trois grands perfonnages, jurifconfultes & praticiens français, Boutillier, Chaffanée, & du Moulin, font de cet avis. Toutes les coutumes de ce royaume, à l'exception de celle de Berry, Meaux & Troyes y font conformes : les arrêts l'ont ainfi jugé, même en crime de leze-majefté : c'eft l'arrêt de Mallet confifquant au duché d'Alençon, fuivant la loi *Quifquis. §. 5. Ad Leg. Jul. majeft. Cod. Uxores fanè prædictorum*, *recuperatâ dote*, *&c. L. Quinque legibus. De bonis damnat. Damnatæ mulieri dos publicatur ; fed omnis omninò maritus falvas actiones contra fifcum habet*, répond Papin. *Nov.* 134. ἢ μὲν φερνή, ἀλλὰ ἐκ πάσας τὰς ὑπὲρ τῶν λαμβάνει. & *cap.* 2. *De donat. inter vir. & ux.* Jugé auffi pour l'incendie aux grands-jours de Clermont, & en infinis autres cas & crimes capitaux. On ne lui objecte que trois chofes : que le mari eft abfolument maître de la communauté ; que fa féparation étoit à tard, après la caufe du défendeur ; que fon mari n'eft condamné qu'à un banniffement hors du reffort du parlement, & que par les arrêts il faut condamnation de mort civile ou naturelle. Quant à la première objection, on y a fuffifamment répondu : il eft maître *contrahendo*, *non delinquendo*, fuivant l'opinion d'Alex. *conf.* 37. *tom.* 2. Sa féparation eft bonne, en quel tems qu'elle ait été faite. Quant à la troifieme, c'eft une erreur commune de nos praticiens, de faire rétrograder & réfléchir la condamnation au tems du délit ; & *omnia uno momento confiderare.* Erreur, eft *aliquid prius*, *aliquid pofterius.* Il y a de l'intervalle, pendant lequel le condamné peut faire ce que bon lui femble, agir utilement, & *bona fua adminiftrare. In reatu conftitutus poteft bona fua adminiftrare*, *L.* 46. §. 6. *De jure fifci. Reo criminis poftulato*, *interim nihil includit rectè pecuniam à debitoribus folvi ; alioqui plerique innocentium neceffario fumptu egebunt*, *L.* 41. *De folutioni* En la loi 13. §. 1. *De donat. inter virum & ux.* l'on a demandé, *Si vir mortis caufâ uxori donaverit*, *& deportationem paffus eft*, *an donatio valeat ?*

1624.

Et le grand Ulpien répond : *Cùm deportatione matrimonium minimè diſſolvatur , & nihil vitium mulieris incurrat , humanum eſt donationem , quæ mortis cauſâ ab initio faƈta eſt , tali exilio ſubſecuto , confirmari , tanquam ſi mortuo marito rata habebatur : ita tamen ut non adjuvatur. licentiâ mariti eam revocare , quia & mors ejus expeƈtanda eſt , ut tunc pleniſſimam habeat firmitatem , quando ab haſ luce fuerit ſubtractus , ſive reverſus , ſive adhuc in pœna conſtitutus.* Et en la loi 24. *Cod. eod. Sin autem aquâ & igni ei interdiƈtum erit , vel deportatio illata , non tamen mors , & pœna ſubſecuta , donationes à viro in uxorem collatæ , adhuc in pendenti maneant , quia nec matrimonium in hujuſmodi caſibus diſſolvitur.* Et par la loi *poſt contraƈtum capitale crimen. De donation.* Tout ce que l'accuſé fait avant & pendant ſon accuſation , eſt réputé bon & valable , quelque condamnation qui s'enſuive , bien que l'on tire le contraire de cette loi , mais mal entendue , & non ſelon ſon ſens. Au- contraire , (& voici la réſolution de l'arrêt) Gilles Benoît ſoutenoit que la ſaiſie de la communauté étant faite pour avoir payement des réparations à lui adjugées par la cour , (notez ce mot de *réparations*) il eſt bien fondé en icelle , & de toute la communauté. Et pour l'entendre il faut obſerver , qu'en 1603 , Beſſe vendit une ſienne maiſon à Benoît , & quelque-tems après obtint lettres pour la reſciſion du contrat de vente , de l'effet & entérinement deſquelles il fut débouté par arrêt. Outré de colere , il mit le feu en la maiſon vendue , & la fit réduire en cendre. Benoît s'en plaignit incontinent pardevant le bailli d'Amboiſe , où Beſſe fut convaincu d'avoir mis le feu , & cauſé l'incendie de la maiſon , & condamné à faire amende honorable , & puis être pendu & étranglé : dont appel par ledit Beſſe , lequel par un premier arrêt fut préſenté & appliqué à la queſtion , & par acbre ſubſéquent banni à perpétuité hors du reſſort du parlement ; condamné à faire rebâtir la maiſon incendiée ; en cinquante liv. d'amende envers le roi , en deux cents liv. envers ledit Benoît pour ſes réparations , dommages & intérêts , & ès dépens du procès. Pour le payement , Benoît a fait ſaiſir tous les meubles & effets de la communauté d'entre ledit Beſſe & ſa femme : en laquelle ſaiſie il ſoutient être bien fondé , juſques à la concurrence de ſes adjudications , parce que le mari étoit maître de la communauté lors du délit , lors de la ſentence , lors de l'arrêt , & lors de la ſaiſie. La ſéparation de biens objeƈtée par la demandereſſe eſt faite à tard , par intelligence , colluſion , & en fraude du ſaiſiſſant ; & pour le montrer , bien que les Romains n'aient eu une parfaite connoiſſance de nos communautés conjugales , ils en ont eu néanmoins quelque figure. Plutarque *in Rom.* la loi 1. *Rer. amotarum. Societas vitæ quodammodo dominam eam facit.* κοινὸς ἀπάντων χρημάτων ἡ ἱκοίν. *L. 4. C. De crim. expil. hæredit. Uxore ſocia rei humanæ atque divinæ domus ſuſcipitur ;* la loi 15. *Quintus Mucius. De donat. inter vir. & L. 6. C. eod.* préſument que la femme a le bien en maniement; que tout eſt commun. Deux de leurs loix nous atteſtent comme la communauté ſe pouvoit contraƈter , même ſe contraƈtoit , mais expreſſément entre le mari & la femme , *Leg. 32. De donat. inter. §. 12. Si inter virum & uxorem ſocietas contraƈta ſit. L. 16. §. 3. De alim. & cibar. leg. Qui ſocietatem omnium bonorum ſuorum cum uxore ſua per annos 40 ampliùs habuit.* Il y a plus de huit cents ans qu'elle ſe pratique généralement & ordinairement par toute la France. Le *chap. 2. De donat. inter vir.* fait en 180 par le pape à l'évêque de Liſieux , le témoigne. Cette communauté provient de l'induſtrie du mari , & non pas d'une prétendue collaboration , qui eſt un mot barbare , inventé par de nouveaux auteurs. Et cette grande puiſſance que le mari avoit ſur ſa femme abſolument & indéfiniment , eſt reſtrainte & modérée aux biens ſeulement. Cujas au *Paratitl. De leg. ſuſ. can.* rapporte , comme ſuivant nos loix municipales , le mari ne peut diſpoſer par mort des biens de la communauté , mais par tous autres aƈtes. Les trois coutumes ci-deſſus énoncées, contraires à toutes les autres , étendent cette puiſſance ſi avant , qu'elles veulent que le mari délinquant & confiſquant emporte & confiſque pareillement tout le bien & portion que la femme pouvoit eſpérer en la communauté , *ceſſante delicto.* Et enſuite du Moulin , *Gloſſ. 2. num. 22.* dit que la femme n'a rien en la communauté aƈtu , *ſed tantùm habitu.* Véritablement c'eſt une maxime du royaume , que pour délit le mari ne confiſque la portion de communauté afférente à la femme ; mais elle ſupporte les réparations adjugées à la partie civile ; & pour le payement d'icelles toute la communauté court riſque , peut être ſaiſie & vendue. Par autre maxime auſſi reçue & approuvée dans le royaume pour pluſieurs bonnes raiſons : *Primò ,* que tout crime ſe pourſuit criminellement & extraordinairement ; ou bien civilement & ordinairement , parce qu'en tout crime il y a l'intérêt & vindiƈte publique; & l'intérêt de la partie offenſée , *quæ eſt aƈtio rei perſecutoria , quæ datur etiam in innocentem , L.Scien dum. De oblig. & aƈt. L. Ex judiciorum. De accuſat. Pœnæ bonorum ademptionis dantur adverſus hæredes. L. un. Ex deliƈtis defunƈt. hæred.* L'incendie ſe pourſuit criminellement , ou civilement , *L. 1. De incend. Quanquam ſint de his facinoribus criminum executiones, attamen reƈtè prætor fecit qui ſorenſes quoque aƈtiones criminibus iſtis præpoſuit ; où forenſes aƈtiones , ſont civiles , L. Capitalium. §. Incendiarii. De pœnis. Prop ter demnum civiliter exercentur.* Et la loi 27. *Ad Leg. Aquil. §. 11.* dit : *Damni eum injuriâ teneri propter villam exuſtam. Secundò ,* la réformation de toutes les coutumes qui ont changé & adouci la rigueur de ce premier & ancien droit , auſſi-tôt né & pratiqué, que les communautés conjugales reçues & établies , par lequel l'atrocité du crime du mari étoit tellement odieuſe , qu'elle préjudicioit à ſa femme , & emportoit par confiſcation , auſſi-bien ſa portion , que celle de ſon mari délinquant : cette réformation ne parle que du délit & de la confiſcation , de laquelle elle excepte la portion de la femme du délinquant , mais ne parle aucunement des réparations civiles adjugées à la partie , & n'en diſpoſant point , le droit ancien demeure *quoad hoc. Tertiò ,* ſi Beſſe avoit été homicidé , & la demandereſſe ſa femme euſt pourſuivi la vengeance de cet homicide , les réparations civiles qui euſſent été adjugées , fuſſent entrées en la communauté ; de même *à contrario ſenſu.* Quant à ce que dit Chaſſanée & autres doƈteurs , cela s'entend pour la confiſcation ſeulement , & au particulier. Il y a bien de la différence *inter deportatum , & relegatum , L. 7. De interd. & releg.* La peine du condamné n'eſt que *relegatio , non deportatio.* Par ſentence du bailli d'Amboiſe , la demandereſſe a été déboutée de ſon oppoſition , & il a été ordonné que les réparations adjugées à Benoît ſe prendroient ſur toute la communauté : dont appel.

LA COUR , le tout vu & mûrement délibéré , a mis l'appellation au néant ; ordonné que la ſentence dont eſt appel , ſortira ſon plein & entier effet; & ce faiſant , a jugé , que les réparations ſe doivent prendre ſur tous les biens de la communauté.

* L'arrêt eſt cité dans Brodeau , *lett. D. ſomm.* 31. & rapporté par du Freſne *liv. 1. chap.* 28. mais d'une maniere bien différente : le public en jugera , & ne refuſera pas à l'exaƈtitude ſurprenante de l'auteur une partie de cette admiration que lui doit cauſer la profonde érudition du grand magiſtrat , qui par ſes prononciations ſolemnelles a donné des preuves d'un mérite tout extraordinaire , d'un véritable zele pour la juſtice , & de la gravité digne d'un ſénat auguſte.

CHAPITRE XXVIII.

Concours n'a lieu aux proviſions obtenues ſur réſignations.

Le pape peut en même tems diſpenſer de l'âge , & pourvoir en commende.

Degré qui ſurvient avant le viſa & la priſe de poſſeſſion , réhabilite le pourvu d'un bénéfice affeƈté aux gradués.

LE 21 oƈtobre 1624 , fut doƈtement plaidée au grand conſeil la cauſe touchant le poſſeſſoire du prieuré-cure de la Madeleine de Montargis , contentieux

tieux entre Pierre le Bon religieux de l'abbaye de St. Victor, ordre de St. Augustin, & Claude de la Haye prêtre séculier. Me. de Ste. Marthe pour le Bon demandeur & complaignant dit, que défunt Me. François Bonnet religieux du même ordre de St. Augustin, paisible possesseur du prieuré-cure, l'a en même tems résigné à deux diverses personnes : l'une est le défendeur, lequel & l'autre résignataire ont été pourvus en cour de Rome du même bénéfice le même jour : mais Bonnet étant peu après décédé, le demandeur complaignant nommé par M. Picard conseiller au parlement, suivant son indult, s'est présenté à l'ordinaire pour être pourvu du bénéfice comme vacant par le décès de Bonnet ; & au refus de l'ordinaire s'est fait pourvoir par M. le chancelier de l'université de Paris, conservateur des privileges des indultaires, & sur ses provisions, a pris possession du prieuré-cure, en laquelle il a été troublé par de la Haye défendeur, se fondant sur la provision du même bénéfice par lui obtenue en cour de Rome sur cette prétendue résignation de Bonnet : provision nulle de toute nullité, ainsi qu'il se voit par la lecture même, & par la disposition des saints décrets. La premiere nullité est, que le bénéfice en question est régulier, & à charge d'ames ; le défendeur est séculier, & lors de cette prétendue provision n'avoit que dix-huit ans & six mois : ainsi doublement incapable de tenir ledit bénéfice. Il est vrai que par cette provision l'âge du défendeur est exprimé, & que sa sainteté lui confere le bénéfice en commende : mais telle dispense est abusive, & ne pouvoit dispenser d'un double défaut, & de l'âge & de la regle. La seconde nullité est en l'obreption, par laquelle le défendeur, pour émouvoir le pape à le dispenser facilement de ses manquemens, lui a exprimé *se ex nobili genere ortum* ; ce qui est faux. Par l'extrait de son registre baptistaire, il paroit qu'il est fils d'un bourgeois de cette ville de Paris. La troisieme nullité réside en la personne du défendeur, & provient de la qualité du bénéfice : c'est une cure en ville murée, qui ne peut être desservie & tenue par aucun titulaire qui ne soit gradué, selon le concordat. Le défendeur ne l'étoit lors de cette provision, nulle par ce défaut, *Cap. Si eo tempore. De Præb. in Sexto. & Cap. Si habet. De concess. Præb.* qui font distinction de *nominato ad beneficium proximè vacaturum, & ad beneficium simpliciter. In primo capacitas non requiritur tempore nominationis ; in secundo verò requiritur.* La quatrieme nullité naît du concours des deux provisions obtenues en cour de Rome du même bénéfice, *unâ & eâdem die, eodem genere vacationis*, par les deux résignataires de Bonnet dernier titulaire : concours tellement fort, qu'il emporte la nullité de l'une & de l'autre des provisions, par l'impossibilité de la subsistance & validité des ceux, & par l'incertitude, *cui potiùs collatum sit beneficium quàm alteri* ; par la maxime du droit civil *in L. Duo sunt Titii, pater & filius. Datus est tutor Titii ; nec apparet de quo sensit testator. Quæro quid sit juris ? Respondit : Is datus est quem dare se testator sensit. Si id non apparet, non jus deficit, sed probatio. Igitur neuter est tutor, quia tutor incertus dari non potest, L. 20. eod.* Ainsi cette provision est nulle & défectueuse de toutes façons, outre la double dispense, *quæ in jure non admittitur, nec facilè conceditur, l. 1. C. De dote promiss.* Barthol. *in L. Cùm propter. De leg. præstand.* Me. François Joly pour de la Haye, défendeur en complainte dit, que le Bon demandeur est non-recevable doublement. La premiere fin de non-recevoir est, qu'il ne paroît pas qu'il soit religieux de l'ordre de St. Augustin, comme il dit, capable de tenir & desservir le bénéfice contentieux dépendant du même ordre ; parce que pour preuve de sa profession il ne rapporte qu'un simple certificat d'un prieur, qui atteste que le demandeur a été fait profès un tel jour. Mais cela ne suffit pas, il faut un acte en bonne forme, suivant l'ordonnance de Moulins, qui veut qu'il y ait registre des professions. La deuxieme fin de non-recevoir est en la provision du demandeur fondée sur la mort de Bonnet, qui n'est point justifiée ; mais quand elle le seroit, le bénéfice n'a pu vaquer par sa mort : car le défendeur en a pris possession, & joui douze mois avant la provision

du demandeur. Or le bénéfice n'ayant vaqué ni pu vaquer par la mort de Bonnet, le demandeur est notoirement non-recevable & sans actions en la qualité qu'il agit, c'est-à-dire, comme indultaire de M. Picard : car il est certain que les indultaires ne peuvent aucunement prétendre aux bénéfices, sinon vacans par mort, & non *per cessum, aut alio quovis modo, extra mortem.* Et ainsi les prétendues nullités de la provision du défendeur & son incapacité, sur lesquelles le demandeur se fonde, ne sont aucunement considérables à son égard ; mais outre cela elles sont d'abondant impertinentes & inciviles. La premiere, par laquelle on attaque l'autorité du St. Siege, & l'on révoque en doute son pouvoir de dispenser de l'âge, est inouie ; il est sans contredit, qu'il peut dispenser de l'âge, & des degrés touchant le mariage. *Contra potestatem clavium non est disputandum ; sed omninò acquiescendum, Cap. Si Papa. 40. dist. Cap. Ut constitueretur. 50. dist.* La deuxieme qu'on qualifie obreptice à cause de l'expression, *de nobili genere*, est une expression du dataire, prise de la cause finale de la dispense, savoir du mérite, & en considération de l'oncle du défendeur, gouverneur de la ville de Montargis, comme il est aussi exprimé en la provision ; & se doit prendre *conjunctivè*, & non *disjunctivè*, pour feindre une obreption. La troisieme sur le défaut de degrés lors de la provision, est erronée en droit, suivant lequel il faut faire distinction entre le caractere & l'ordre de cléricature, & entre la capacité & science requise pour desservir certains bénéfices. Le caractere est essentiel & nécessaire pour être pourvu de quelque bénéfice que ce soit indifféremment ; & ce défaut annulle la provision, suivant les saints décrets. La science n'est pas ainsi essentielle à la cléricature, mais est une qualité extrinseque *ad melius esse*, laquelle *superveniens ante adeptam beneficii possessionem, habilitat clericum*, pour duement desservir le bénéfice, & le distingue d'avec les autres qui n'ont pas cette qualité ; ce que ne fait pas le caractere, étant commun & égal à tous les clercs, bénéficiers & non bénéficiers. Le curé du moindre village est autant curé, que celui de la plus grande ville. La derniere, sur le concours, n'a pas plus de force. Les saints décrets n'en ont rien décidé. Jo. de Selva a traité cette question ; & dit qu'il faut considérer celui qui a été le premier pourvu, & non simultané. Mais tel concours n'est considérable que dans les provisions communes, expédiées *per concessum*, & non en celles par le mot, *Fiat*, à cause de l'autorité de la main du St. pere, qui a voulu favoriser celui auquel il a donné provision signée de sa main, *Fiat* ; & l'autre qui se trouve expédiée le même jour *per concessum*, est vraisemblablement par inadvertence du dataire. De plus, tel concours n'est considérable que quand les deux pourvus du même bénéfice contestent & qu'il demeurera, parce qu'alors *mutuo se concursu expellunt.* Mais quand un autre conteste pour le même bénéfice, contre l'un d'eux, & excipit de jure tertii, de hoc jure concursus non auditur, suivant la maxime du droit *in L. 1. §. 3. De usufr. adresc. Cùm primùm itaque non invenit alter eum, qui sibi concurrat, solus utetur in totum. & ibid. Nam altero repudiante, alter totum fundum haberet.* La cause ayant été remise au lendemain, on communiqua un dévolut obtenu subsidiairement par le Bon, pour emporter le bénéfice par l'une ou l'autre voie, contre lequel Me. Joly dit, que le demandeur doit déclarer à quel genre de vacances & à quelle des deux provisions il veut s'arrêter. Les deux dont il entend s'aider, sont incompatibles : d'ailleurs, le dévolut est nul, & subreptice, il n'y a pas exprimé la qualité du bénéfice prieuré-cure, mais simplement prieuré : dévolut sans effet ; le demandeur n'a eu *visa*, ni pris possession ; & ainsi n'en peut former complainte. Me. de Ste. Marthe en replique dit, que tels droits sont cumulatifs, & nullement incompatibles, & en tant que de besoin, déclare, qu'obtenant le bénéfice, il veut & consent que l'indult soit rempli : indult, duquel on ne peut restraindre l'effet au seul genre de vacance par mort, qui se doit étendre *ad simile genus vacationis*, comme à celles fondées sur le défaut des regles. *De infirmis & De publicandis refignationibus*, ainfi que le confeil l'a jugé.

M. Bignon avocat général dit , que la caufe ayant été doctement plaidée de part & d'autre , il a à récapituler fommairement , & à examiner les nullités & objections propofées de part & d'autre. La premiere , fondée fur le concours , eft d'une difcuffion très-importante ; favoir , fi le concours a lieu ; fi la diftinction qu'on y a voulu apporter , eft pertinente ; & fi l'on doit admettre le concours ès provifions obtenues fur réfignations. Quant au premier , il n'y a rien de fi contraire à la nature même , que le concours : impoffible que deux hommes occupent un même lieu ; auffi fuivant le droit , impoffible que *duo fint ejufdem rei in folidum domini ; & fe rencontrant tel concours , mutuò fefe expellunt , L. Duo fint Titii. De teftam. tut.* où le jurifconfulte dit , *Non jus deficit , fed probatio,* auquel on adjugera plutôt qu'à l'autre ; ce qu'on doit plus étroitement obferver pour les bénéfices , qui n'admettent fection ni divifion. Les chap. *Si à Sede & Cum duobus. De Præb. in Sexto* y font formels , & les regles de chancellerie 31 & 15 , & montrent combien on a cherché d'exceptions pour empêcher ce concours , reçu & approuvé en France , comme nous l'apprenons d'un arrêt du parlement de Paris , prononcé en robes rouges en 1552 , contre lequel on ne peut appliquer la diftinction , *an per conceffum , an verò per verbum , Fiat , facta fit provifio;* celui-ci n'ayant pas plus de force que celui-là , à caufe du privilege des Français , en faveur defquels on expédie & on date les provifions du jour de l'arrivée du courier à Rome : concours qui produit une nullité effentielle des provifions , telle , qu'elle ne peut être couverte par la taciturnité de l'un des pourvus , & bien qu'il ne fe plaigne point. La difficulté eft plus grande de favoir , fi l'on admettra le concours ès provifions obtenues fur réfignations , le concours n'étant introduit que pour empêcher les courfes ambitieufes. Cette queftion eft toute nouvelle. Pour la décifion , il faut confidérer que le pourvu n'a pas le bénéfice purement & fimplement de la libéralité du pape , mais auffi de fon réfignant , lequel ayant une fois légitimement réfigné en fa faveur , ne peut par après réfilir & réfigner au profit d'un autre , & ainfi faire naître un concours , pour détruire ce qu'il a fait. La feconde nullité qu'on a qualifiée abufive , tirée de la double difpenfe , en commende , & de l'âge du défendeur , n'eft aucunement confidérable , combattant la plénitude de puiffance de notre faint pere , qui n'a jamais été révoquée en doute touchant ces matieres. *Non funt mutanda quæ certam interpretationem femper habuerunt.* La troifieme , fur l'obreption d'extraction noble , non plus : car il ne faut point divifer ce texte , *ex nobili genere ortus , & nepos gubernatoris loci ,* qui a été la caufe impulfive pour faire concéder le bénéfice au défendeur fon neveu. La quatrieme , fur le défaut de degré , & manquement de capacité lors de la provifion , eft plus confidérable. Il eft vrai que le concordat au §. *Statuimus.* 2. defire expreffément cette capacité & degré de fcience. L'ordonnance de 1551 faite pour ce fujet , veut que les difpenfes obtenues au contraire foient abufives. Néanmoins , il femble que cette capacité , ce degré requis , fe trouvant en la perfonne du défendeur , non-feulement lors de fa prife de poffeffion , mais même lors de fon *vifa,* voila , pour duement poffédér le bénéfice. Le concordat en ce §. nous l'apprend , quand il dit , qu'ils foient gradués , ou qu'à tout le moins ils aient étudié l'efpace de trois ans ; & par comparaifon , tout bénéfice-cure requiert que le pourvu foit prêtre : néanmoins il fuffit que *intra annum promoveatur ad presbyteratum.* Et en cela , il y a grande différence entre le caractere , la capacité informante à la grace , pour ufer des termes de théologie , qui eft perpétuellement préfuppofée pour acquérir le bénéfice , & le défaut de laquelle annulle entiérement la provifion ; & entre cette capacité préparante , qui fe peut acquérir enfuite. Ce grand perfonnage Me. Denis Boutilier , célebre par toute la France , dit l'avoir ainfi oui dire , & tenir pour maxime , que *hæc capacitas ante adeptam poffeffionem acquiri poteft.*

Toutes ces nullités ne font pas d'ailleurs bienféantes en la bouche d'un indultaire , & il n'eft pas vrai de dire , que le bénéfice ait vaqué par la mort de Bonnet réfignant du défendeur , qui en a long-tems joui : car il eft certain que la provifion telle quelle empêche la vacance par mort. Exemple d'un fimoniaque , abominable à l'églife , au-delà de tous autres crimes ; néanmoins la fimonie ne fait pas que le bénéfice vaque par le décès du fimoniaque réfignant , ou autrement cédant ; mais il le faut impétrer fur le pourvu. Et de vérité , fi l'on fit demeuré aux termes de ces fimples nullités , fur lefquelles on plaida hier , la caufe n'étoit pas foutenable de la part du demandeur , *qui velut ex machina* a communiqué aujourd'hui une nouvelle provifion par dévolut , fondée fur l'incapacité du défendeur : ce qui fait changer de face à la caufe. Et bien qu'on foutienne ces deux provifions incompatibles , toutefois elles fe peuvent cumuler ès matieres bénéficiales , où la principale intention des faints décrets eft , *ne beneficium diutius vacet;* & à cette fin permis d'accumuler *jura juribus , etiam contraria ,* parce qu'il n'importe *quo jure* le bénéfice foit plutôt defservi. Mais parce que le demandeur n'a encore exécuté cette provifion par dévolut , n'a en *vifa,* ni pris poffeffion du bénéfice , le confeil les réglera , s'il lui plaît.

LE CONSEIL appointa les parties à écrire & produire dans quinzaine ; préfident M. Marion.

* On a mis le fommaire de l'arrêt , comme s'il avoit décidé les trois queftions , parce que de la maniere que M. l'avocat général Bignon s'en étoit expliqué , elles ne pouvoient être fufceptibles d'aucune difficulté , par les principes qu'il en avoit fi doctement établis ; & il eft facile de connoître qu'il n'y eut que le dévolut qui donna lieu à l'appointement.

CHAPITRE XXIX.

Rente conftituée au profit du mari , des deniers de fon propre aliéné , avec ftipulation qu'elle fortira pareille nature , eft acquêt en fa fucceffion à l'égard des collatéraux , le remploi n'ayant été ftipulé au contrat de mariage que pour lui & les fiens.

MAître Pierre Leger avocat de Melun , contractant mariage , ftipule , que fi aucuns héritages de fes propres ou de fa femme font aliénés conftant leur mariage , remploi en fera fait pour fortir nature de propre à celui à qui appartenoit telle nature & aux fiens. En 1608 il fait bail à rente de quarante livres , rachetable de huit cents livres , d'une maifon provenue de l'eftoc & ligne de Louife Rouillard fon aïeule. En 1615 il fait vente pour fept cents livres d'autres héritages provenus du même eftoc. En 1619 il conftitue une rente à fon profit fous le fort de quatre mille livres , & deux cents cinquante livres de rente. En 1622 la rente de huit cents livres eft rachetée , & fon payé il décede. Il y eut inftance entre la fœur utérine du défunt , héritiere des meubles & acquêts , & le fieur Rouillard héritier des propres , qui prétendoit la rente de quatre mille livres , comme faifant partie d'iceux ; & au contraire la fœur utérine. Sur cette conteftation , fentence du bailli de Montereau , par laquelle il déclare la rente propre jufqu'à concurrence des propres aliénés par Leger , auparavant la conftitution : dont appel par la fœur utérine , pour laquelle Me. Joubert dit , que telles rentes ne font point propres naturels , mais fictifs & conventionnels ; n'ont fonds ni affiette , & font volantes. Les arrêts folemnellement prononcés en robes rouges ont fouvent jugé qu'il faut une déclaration expreffe par le contrat de mariage fuivant la loi *Si mulier. De pact. dotal.* autrement les héritiers des propres font exclus , fi les mots , *de fon côté & ligne,* n'y font ajoutés , même pour la vente des propres , & remploi en acquifition d'autres immeubles, qui ont été adjugés par les arrêts au plus proche héritier, à l'exclufion de celui du côté & ligne des aliénés, lorfqu'on a fimplement ftipulé propre à lui & aux fiens. *Joan. Galli qu.* 1. *& ibi Mol.* Telle ftipulation n'eft cenfée faite que pour empêcher un avantage indirect à la femme, & que les deniers n'entrent en la communauté; auffi ce mot de *fiens*, felon le droit, s'entend proprement des enfans, fe doit interpréter *ordine fucceffivo* au profit du plus proche héritier, telle qu'eft la fœur utérine. Il n'y a qu'une exception en faveur des mineurs, pour les rentes rachetées pendant leur minorité. Les deniers du rachat, ou le remploi en autres rentes, ou héritages, font cenfés de même nature & qualité d'immeubles qu'étoient les rentes ainfi rachetées pour retourner aux parens du côté & ligne, dont lefdites rentes étoient procédées, comme il eft porté par l'*art.* 94 de la coutume de Paris. *Exceptio firmat regulam in cæteris.* Me. Gaultier pour l'intimé dit, que la claufe du contrat de mariage & celle du contrat de conftitution de rente font voir clairement l'intention du défunt, & comme il a defiré que la rente en queftion vînt & appartînt à l'intimé. Car par le contrat de conftitution de la rente il a expreffément dit & ftipulé qu'elle étoit faite & créé des deniers provenus de la vente de fes propres; vouloit qu'elle fortît pareille nature : ce qui ne fe peut autrement interpréter que par relation aux propres, auxquels elle eft fubrogée, & cenfée de même qualité & eftoc. Les arrêts allégués au-contraire font en autres hypothefes : il ne s'agiffoit que de fimples deniers, qui devoient être repris fur la communauté ; ici il s'agit d'une rente réputée immeuble : il ne fe rencontroit point de ftipulation expreffe, lors des remplois, qui étoient encore la plupart à exécuter ; ici le défunt a nommément déclaré qu'il vouloit que la rente fortît pareille nature que fes propres aliénés, qui euffent appartenu à l'intimé, & la rente par conféquent fubrogée en leur lieu & place, eftoc & ligne.

LA COUR mit l'appellation & ce au néant, fans amende & dépens ; adjugea la rente en queftion à la fœur utérine, héritiere des meubles & acquêts ; le 23 janvier 1615.

* Du Fresne, *liv.* 1. *chap.* 37, ne parle point de la claufe inférée au contrat de mariage & dit, que le mari avoit feulement ftipulé que la rente feroit affectée & hypothéquée aux conventions matrimoniales & douaire de fa femme ; que c'étoit une fubrogation limitée à ce feul cas : cependant ce n'étoit point la claufe du contrat de conftitution.

Si le remploi étoit fait en autre héritage, avec claufe qu'il fortiroit pareille nature que l'aliéné, en ce cas il n'y a point de difficulté que la fubrogation feroit parfaite, & que l'héritage appartiendroit à l'héritier des propres, le remploi étant ainfi exécuté, quoiqu'il n'eût été ftipulé que pour le mari & fes fiens. C'eft la différence qu'il faut faire d'un héritage d'avec une rente, qui ne peut devenir propre par fubrogation, qu'en contrat d'échange.

On peut demander, fi l'acquéreur de l'héritage ayant lui-même conftitué rente rachetable pour le prix, avec la claufe qu'elle fortiroit pareille nature que l'héritage, la fubrogation ne feroit pas valable pour faire réputer la rente propre, même de fucceffion.

Il eft certain que le prix de l'héritage fe trouvant entre les mains de l'acquéreur, eft cenfé fubrogé à l'égard des créanciers, pour donner lieu à l'action hypothéquaire ; & quoique ce ne foit que de fimples deniers exigibles, la diftribution s'en fait entr'eux par ordre d'hypotheque : tout le monde en convient, & c'eft la jurifprudence conftante des arrêts.

Me. Julien Brodeau qui les remarque fur l'*art.* 178 de la coutume de Paris, en rapporte un autre du 7 février 1615, par lequel il prétend qu'il a été jugé que le prix d'un propre aliéné, encore dû par l'acquéreur lors de la fucceffion ouverte, appartenoit à l'héritier des propres ; mais cet arrêt (s'il a jugé la queftion) réfifte à tous les principes.

Il y en a un contraire du 8 janvier 1611, dans M. le Preftre, qui eft fuivi au palais, fuivant la remarque de Lalande fur l'*art.* 351 de la coutume d'Orléans, & de l'auteur du traité des propres *chap.* 1. *fect.* 10. *nomb.* 28 & 29, confirmé par un poftérieur en la coutume d'Anjou du 20 février 1660.

En effet, le prix d'un héritage n'eft qu'un meuble, qui produit une fimple action mobiliaire pour le demander, & ne peut jamais recevoir la fiction d'immeuble, que par ftipulation, ou dans le cas de l'*art.* 94 de la coutume de Paris en faveur des mineurs, qui ceffe par leur majorité.

On dira peut-être que la rente conftituée par l'acquéreur étant immeuble, femble capable de recevoir l'impreffion & les effets de la fubrogation au lieu du propre, puifqu'il fe fait de droit, comme il a été jugé dans le cas d'un partage de la fucceffion du pere, où le fils aîné avoit conftitué rente à l'un de fes puînés pour fa portion d'un propre héréditaire.

La raifon de décider fe tire de la différence des deux cas : car le partage entre cohéritiers eft une efpece d'échange, qui feul eft capable d'opérer la fubrogation de la rente avec un héritage propre, & ne fe rencontre pas au fait particulier d'une rente conftituée par l'acquéreur du propre.

CHAPITRE XXX.

Bail d'héritages de la campagne pour neuf ans, étant expiré, & le fermier ayant encore joui trois ans, la tacite reconduction a été étendue à une quatrieme année.

LE 4 février fut plaidée la caufe du fieur Popincourt propriétaire contre fon fermier. Le fermier foutenoit que le bail à neuf années, en vertu duquel il avoit joui, étant expiré, & du depuis ayant encore joui trois ans, au vu & fu du propriétaire, auquel il avoit payé le prix du bail, le bail étoit tacitement renouvellé : *Sin autem tempus, in quo locatus fundus fuerat, fit exactum, & in eadem locatione conductor permanferit, tacito confenfu eandem locationem renovare videtur,* dit la loi 16. *De loc. & cond. Cod.* Et de fait, le juge avoit maintenu le fermier en la jouiffance des fonds ; dont appel par le propriétaire, pour lequel Me. Buffet dit, que le bail n'a pu être renouvellé que pour un an, & que celui auquel il a fait un nouveau bail, doit jouir, fous les offres de rembourfer les cultures de l'intimé: étant certain en droit, que, *qui impleto tempore conductionis remanfit in conductione, reconduxiffe videtur :* mais avec cette modification, ajoute la loi 13. *Item quæritur. §.* 1. *Loc. cond. Quod autem diximus, taciturnitate utriufque partis colonum reconduxiffe videri, ita accipiendum eft, ut in ipfo anno, quo tacuerunt, videtur eandem locationem renovaffe, non etiam in fequentibus annis ; etfi luftrum forte ab initio fuerat conductioni præftitum, fed etfi fecundo anno poft finitum luftrum nihil fuerit contrarium actum, eandem videri locationem in illo anno permanfiffe : & hoc deinceps, in unoquoque anno obfervandum eft.* Ainfi il n'y a aucune raifon d'avoir maintenu un fermier au préjudice d'un propriétaire, la loi parlant expreffément *de locatione fundi ruftici,* tel que celui en queftion ; la reconduction n'étant pas fi favorablement reçue *in urbanis,* comme décide la même loi.

LA COUR mit l'appellation & ce au néant ; ordonna que le nouveau bail fait par l'appellant feroit exécuté, & que le fermier d'icelui jouiroit ; néanmoins que l'intimé leveroit les fruits de la préfente année. Ledit jour 4 février 1615.

* Du Fresne ne s'eft pas feulement trompé dans la date de cet arrêt, mais il lui impofe une décifion toute contraire.

Quoique la tacite reconduction n'eût lieu dans le droit romain que pour un an aux héritages des champs, parmi nous la coutume de faire des baux à trois, fix, ou neuf ans, nous infpire des principes oppofés : car fi le fermier ne jouiffoit qu'une année, il feroit expofé à une perte inévitable ; n'ayant enfemencé qu'une partie des terres, peut-être les moindres, & préparé les autres pour les années fuivantes ; de forte qu'il ne peut jouir de tous les héritages compris en fon bail que par deux, trois, ou quatre différentes récoltes, felon les divers ufages des provinces, qui doivent faire la regle de la tacite recondudtion.

Godefroi n'a pas oublié cette limitation à la loi 13. *ff. Locati.* fur les mots, *in ipfo anno. Si prædium*, dit-il, *erat ejus naturæ, ut annuatim fructus redderet: quid fi bis in anno, aut luftratim? eadem reconductio cenfebitur.*

Tous ceux qui ont réfléchi fur l'arrêt, (de la maniere qu'il eft rapporté par du Frefne & dans la fuppofition, que la tacite recondudtion y étoit reftrainte à un an) ont cru que le bail n'étoit compofé que de prés ou vignes, dont la récolte & la culture fe font tous les ans.

C'eft la penfée de Me. Louis le Grand en fon commentaire fur la coutume de Troyes art. 81. glof. 4. nomb. 9. 10. & 11, où il marque fort judicieufement la différence de nos mœurs & ufages en cette occafion d'avec ceux des Romains.

CHAPITRE XXXI.

Promeffe de vendre un office de judicature, n'eft obligatoire, ni la peine ftipulée.

LE même jour à l'audience de relevée, fut plaidée la caufe d'entre Me. Guillaume Fremin, confeiller au préfidial de Meaux, & affeffeur en la prévôté, & Me. Pierre Chaboullier avocat au même fiege, auquel Fremin avoit fait promeffe par écrit en mars 1624, de paffer procuration pour réfigner les deux offices à fon profit dans pâques lors prochain, moyennant huit mille deux cents cinquante livres payables dans le même tems de pâques, à peine de mille livres contre celui qui ne voudroit entretenir cet accord & traité. En exécution Fremin avoit touché deux mille livres la veille de pâques, & promeffe de payer le refte avec intérêts : mais depuis interpellé de paffer les procurations pour réfigner, il en fait refus, fur lequel affigné pardevant meffieurs des requêtes de l'hôtel, il eft condamné à paffer les procurations pour réfigner, dans trois jours, autrement, & le tems paffé, que leur fentence vaudra procuration, dont appel par Fremin, pour lequel Me. Fremin dit, qu'il a été mal & incompétemment jugé. L'incompétence eft toute notoire, ne s'agiffant que d'une convention faite à Meaux, & fur un office d'un office. Le mal-jugé, en ce qu'on a condamné à paffer les procurations pour réfigner ; ce que la cour a réprouvé par fes arrêts, rejettant toutes padtions & traités faits pour raifon d'offices de judicature : principalement l'arrêt de M. Foulé & celui de M. Thevin font exemplaires pour ce fujet. Auffi par le droit, *obligationi in factum fuccedit id quod intereft, quod arbitrio judicis æftimatur ;* parce que *nemo poteft cogi præcifè ad faciendum*, même en l'hypothefe, *fi traditio rei venditæ procaciâ venditoris non fiat ; quanti intereffe compleri venditionem fuerit arbitratus præfes, tantùm in condemnationis taxationem deducere curabit, L. 4. C. De act. empti.* Me. Lambin pour l'intimé dit, que *in emptione, qua eft contractus nominatus bonæ fidei, non eft locus pœnitentiæ ; in primis ipfam rem præftare venditorem oportet, id eft, tradere, L. Ex empto. De act. empti*, quand il en a le pouvoir & la faculté, comme l'appellant. Les mêmes empereurs, auteurs de la loi 4. *C. De act. empti*, décident en la loi 2. *C. Quando liceat ab empt. difce. Ad ea quæ venditorem ex venditione oportet præftare, magis actionem, quàm ad pretii quantitatem habes.* Me. Joubert pour les confeillers du fiege de Meaux intervenans, à ce que le traité foit confirmé, attendu que l'appellant a fon frere préfident au même fiege contre l'ordonnance ; d'ail-

leurs, qu'il exerce des offices de feigneurs, auffi contre l'ordonnance.

M. l'avocat général Talon dit, que l'incompétence ne fe peut défendre. Meffieurs des requêtes de l'hôtel ne font juges que du titre de l'office, ou lorfqu'on s'oppofe à la réception au fceau, & ce à caufe du fceau. L'intervention n'eft bienféante, mais à tard, l'appellant ayant été reçu en la cour depuis 1614. L'ordonnance des parentés eft la moins obfervée. Au fond, la cour n'a pas voulu tellement recevoir les traités pour offices, qu'elle ait jamais condamné précifément ceux qui en font pourvus, à s'en démettre, ni à les entretenir abfolument. Les arrêts cotés en font foi, quoiqu'ils foient différens, parce que c'étoit le vendeur qui agiffoit ; ici c'eft l'acquéreur ; & il y avoit des excufes de la part des acquéreurs contre le vendeur, qui régulierement *præftare rem tenetur, fi quidem habeat ;* autrement *manu militari officio judicis ab eo poffeffio transfertur, L. 68. Qui reftituere. De rei vindicat.* Mais en ces traités on n'obferve pas cette loi, non pas même la peine ftipulée, faute de les entretenir. On ne les autorife que le moins qu'on peut, & par la néceffité du tems : néanmoins on remarque tant de légéreté & d'inconftance de la part de l'appellant, qui a conftitué l'intimé en de grands frais, & il eft raifonnable qu'il les répare, & que la cour arbitre une fomme plutôt que de fuivre la peine ; & parce qu'on foutient qu'il exerce des offices de judicature, même du reffort du préfidial de Meaux, qui font fubalternes & de feigneurs jufticiers, qu'il ait à opter dans certain tems ; autrement les déclarer vacans.

LA COUR mit l'appellation & ce au néant ; & fur la demande les parties hors de cour & de procès : néanmoins pour aucunes caufes & confidérations, condamna l'appellant ès dommages & intérêts de l'intimé, liquidés à douze cents livres ; & faifant droit fur les conclufions du procureur général, fit défenfes à l'appellant d'exercer aucun office de judicature fubalterne, tant & fi longuement qu'il feroit officier & juge royal.

CHAPITRE XXXII.

Condamné à mort par contumace, s'étant depuis marié, la femme ne peut prétendre fes conventions matrimoniales, & les enfans iffus du mariage ne fuccedent à leur pere, & autres afcendans.

CHarles de Souvigné, feigneur de la Roche-Boiffeau, en 1571, contradta mariage avec Marie Fourrateau, de laquelle il eut trois enfans, & après fon décès, convola en fecondes noces avec Iolande de Bourré. Par arrêt du 18 mai 1600, il fut déclaré, atteint & convaincu d'avoir affaffiné ladite de Bourré, & pour réparations condamné à être décapité, tous fes biens acquis & confifqués, fur iceux pris huit mille liv. adjugés pour réparations civiles, & plufieurs grandes fommes pour aumônes : nonobftant ce changement arrivé en fa perfonne, en fon état, en fa condition, il contradte un troifieme mariage en 1604, avec Louife de la Porte, à laquelle il donne trois mille liv. de douaire, & quinze cents liv. de rente en propriété, aux enfans qui naîtroient de ce mariage : deux en font iffus, il leur fait toutes fortes d'avantages, & par fon teftament fait en 1620, il exhérede fes enfans du premier lit, pour les défobéiffances qu'ils lui avoient rendues. Après fon décès les enfans du premier lit fe mettent en poffeffion de tout le bien : Louife de la Porte leur fait inftance pardevant le juge de Saumur, pour voir dire fon contrat de mariage fera déclaré exécutoire fur les biens du défunt. Le juge ayant ordonné nonobftant le déclinatoire propofé, que la fomme de mille liv. feroit baillée par provifion, tant à la mere, qu'aux enfans du troifieme lit, demandeurs, appel par ceux du premier lit, pour lefquels Me. Joubert dit, que cette caufe eft plutôt digne d'un cothurne tragique, que d'une plaidoierie, par les

funeftes

funestes accidens qui s'y rencontrent, & que les appellans sont contraints de représenter pour la juste défense de leur cause, en laquelle il s'agit de faire voir à la cour, que ce prétendu mariage contracté par le sieur de la Roche-Boisseau avec l'intimée est nul, elle & ses enfans illégitimes & incapables des dons à eux faits de la succession du défunt, & ce prétendu contrat sans effet, par des raisons dignes de la commisération de la cour. La première, prise de l'atrocité du crime perpétré par le sieur de la Roche-Boisseau, assassin de sa propre femme; crime si atroce, que les conciles & SS. décrets ont entre autres peines, jugé tels homicides indignes d'un second mariage.: *Interfectores conjugum, cùm sint aliquid plus quàm homicidæ, arma deponant, vinum non bibant, carnes non edant, uxores non ducant,* Can. 5. 30. q. 2. tiré du concile d'Elvire, tenu en Espagne en la province de Grenade. *Anton. Aug. in Pœnit. Rom. Burch. & Yvo.* La théologie scholastique fait une question : Si celui qui a commis un crime capital, est incapable du mariage; & résout que si on prend le mariage comme sacrement, il n'en est pas incapable, *nisi commiserit in ipsum matrimonium, utpote crimen uxoricidii.* St. Thomas 4. sentent. dist. 37. art. 2. Suidas rapporte qu'on prenoit le corps de l'homicidé, & que l'ayant mis en plusieurs pieces, on les attachoit sur son homicide, comme si l'homicidé eût été encore vivant, eût demandé justice du crime perpétré en sa personne. Quand Caïn eut tué son frere Abel, Dieu lui dit : *Caïn, quid fecisti ? Vox sanguinis fratris tui clamat ad me ;* comme si l'homicidé étoit toujours présent à l'homicide, demandant contre lui justice : & de fait, la loi le répute toujours vivant à son égard : *Si culpâ ejus homo demortuus sit, pro vivo habendus est,* L. 31. §. 11. *De Ædilit. edicto.* Et Silvius sur Virgile, *Remo cum fratre Quirinus, jura dabunt,* dit que l'effigie de Remus occis par son frere Romulus étoit sur le tribunal, revêtue de ses habits royaux : *Stat semper tristis imago conjugis occisæ.* La seconde, l'arrêt de condamnation de mort, par lequel le sieur de la Roche-Boisseau a été fait serf de la peine, son corps destiné à un supplice exemplaire, & dès l'instant de cette condamnation, rendu incapable de tous effets civils, & réputé mort. *Si quis capite damnatus fuerit vel ad bestias, vel ad gladium, vel aliâ pœnâ quæ vitam adimit, testamentum ejus irritum fiet ; non tunc cùm consumptus est, sed cùm sententiam passus est : nam pœna servus efficitur,* L. *Si quis filio.* §. *Sed & si quis. De injusto irr. testam.* Le jurisconsulte en la loi *Quæsitum, qui & à quib. manum.* demande, *An qui majestatis crimine reus factus est, manumittere possit, quoniam ante damnationem dominus est.* Et répond : *Imperator Antoninus Calpharnio Critoni rescripsit, ex eo tempore quo quis propter facinorum suorum cogitationem, jam de pœna sua certus esse poterat, multò priùs conscientiâ delictorum, quàm damnatione, jus datæ libertatis eum amisisse. & L. 29. de pœnis. Qui ultimo supplicio damnatus est, statim & civitatem & libertatem perdit ; itaque præoccupat hic casus mortem, & nonnumquam longum tempus occupat.* Et à ce sujet Théophylacte voulant concilier les évangélistes saint Matthieu & saint Jean parlant de l'heure de la mort de notre Seigneur, (saint Matthieu, *horâ tertiâ*, & St. Jean, *horâ nonâ*) dit que celui-là parle de l'heure de la condamnation, & celui-ci de celle de la mort & expiration ; parce que *mors est in linguis judicum* , la sentence de mort est un foudre. L'ordonnance donne cinq ans aux condamnés par contumace, pendant lesquels ils peuvent se représenter, & purger leur innocence ; mais ne l'ayant fait, *condemnati retrotrahitur* , ils sont réputés entiérement morts *quoad omnes effectus civiles* ; jugés indignes & incapables de toutes successions. Il y a l'arrêt célebre contre le Brun. Parce que *hæreditas lege obvenire dicitur* , L. *Lege. De verb. obl.* la loi les répute déja morts, τεθνακασι τοις νομοις, & tellement morts, que les enfans nés avant la condamnation ne sont point estimés vrais & légitimes : *Post deportationem susceptos, quasi ab alio* , non prodesse, L. *Ex facto.* 17. §. *Ex facto. Ad Trebell.* Et bien que , *quoad sacramentum* , tel mariage se puisse soutenir bon ; néanmoins quant aux

Tome I.

1825.

effets civils , qui est chose séparée , il est nul & sans aucun effet , & les enfans nés d'icelui perpétuellement exclus. Les arrêts l'ont ainsi jugé. En l'espece, deux remarquables : l'un contre les enfans de Renée le Masson, nés d'un second mariage contracté après l'arrêt de condamnation de mort , adouci par autre subséquent de commutation de peine , en prison perpétuelle ; l'autre de 1618 au profit des collatéraux du sieur de Tillon , & contre ses enfans nés d'un mariage contracté après arrêt de bannissement perpétuel , qui sont cas moins favorables. Et par ces raisons conclut , à ce que l'appellation & ce soit mis au néant , le principal évoqué ; & y faisant droit , les appellans maintenus en la possession de tous les biens du sieur de la Roche-Boisseau. Me. Guerin pour Louise de la Porte , Urbain & Catherine de Souvigné ses enfans , intimés , dit que *Appian. Alex.* rapporte , que Thoronias étant proscrit , desira avant l'exécution de sa condamnation parler à son fils ; mais ayant appris que c'étoit lui qui avoit suscité & causé sa proscription , outré de douleur il appella sa fille ; & s'étant plaint à elle de cette injure , & de ce parricide , il lui commanda de s'abstenir de sa succession , de peur que ce fils dénaturé ne lui suscitât aussi quelque calomnie. L'on peut dire avec vérité , qu'il y a quelque chose de semblable en cette cause. Les appellans ont accusé leur pere du crime prétendu , sur lequel l'arrêt est interveneu ; mais non contens de cela ils veulent que l'intimée & ses enfans renoncent & abandonnent entiérement sa succession à leur profit : ils les en veulent dépouiller contre tout droit & équité , par le moyen de la même accusation ; chagrins de ce que leur pere a trop vécu , *quòd quem spiritum supplicio debuerat , naturali prælio reddiderit :* calomnie si manifeste , que son fils aîné prétendu complice , & condamné par le même arrêt , s'étant représenté , fut renvoyé absous ; le pere aussi s'étant volontairement constitué prisonnier à Nantes , fut élargi , & depuis ledit arrêt a demeuré toujours en sa maison paisible possesseur de tout son bien , par l'espace de plus de vingt ans , ce qui a facilement persuadé l'intimée de contracter mariage avec lui , publiquement & solemnellement , en face de l'église , après proclamation de bans , & avec toute la bonne foi qu'on eût pu desirer de sa part , lors âgée de quatorze ou quinze ans seulement , en l'année 1604 ; il avoit dans les cinq ans préfinis par l'ordonnance aux contumacés pour se représenter & montrer leur innocence : pendant ce tems l'exécution des choses jugées est en suspens ; les condamnés capables de toutes choses , comme s'il n'y avoit point de condamnation ; & par conséquent le mariage contracté bon & valable. Tout ce qu'on objecte , est la qualité du crime dont le défunt étoit accusé , *uxoricidæ conjugium denegatur* ; maxime dont on demeure d'accord. Mais il y a trois fins de non-recevoir : la premiere , que le fils aîné étant décédé , l'intimée par arrêt de la cour a été reçue partie au procès touchant sa succession contre les appellans ; la seconde , que le chap. dernier, *ext. qui matrim. accus. poss.* il faut s'opposer à la publication des bans , à la célébration du mariage : la troisieme se tire de la qualité des appellans , enfans du défunt , auquel il n'est permis par le droit d'accuser leur pere. Et Philon parlant du précepte du décalogue , d'honorer ses pere & mere , dit qu'il finit en une table & commence en l'autre , pour montrer que nos peres tiennent le milieu entre Dieu & les hommes. Subordinement l'arrêt n'étoit un obstacle assez fort pour empêcher le mariage , vu qu'il n'étoit rendu que par contumace , en haine de laquelle l'on condamne le plus souvent l'accusé , quoiqu'innocent ; & elle se peut toujours purger : l'accusé n'est que in *reatu. Qui in reatu decedit , integri status decedit* , L. *Si is qui. Si pend. appellat.* La situation des biens contentieux est considérable au pays d'Anjou , où confiscation de biens n'a point de lieu par l'art. 142 de la coutume. Ainsi le sieur de la Roche-Boisseau est demeuré propriétaire , nonobstant l'arrêt. Quand tout cela cesseroit , il reste un moyen auquel il n'y a point de réponse , la prescription de plus de vingt ans écoulés depuis ce prétendu arrêt : prescription suffi-

K k

sante pour abolir & assoupir toute sorte de crimes énormes, tirée du droit in L. *Querela. C. De falsis.* confirmée & autorisée par les arrêts, *etiam in parricidio*, le plus exécrable de tous les crimes; prescription fondée sur une bonne raison, que les criminels par un si long espace souffrent une assez grande punition, meurent tous les jours, ou par honte, ou de crainte: *Majus est exemplum criminosi viventis, quàm occisi.* Prescription qui mettroit le sieur de la Roche-Boisseau, s'il vivoit, à couvert de toutes les condamnations de l'arrêt, lequel par conséquent demeure sans force & sans effet; & le sieur de la Roche-Boisseau mort sans note & sans tache, parce que *posteriora tempora spectari convenit*, & *media non nocent*, L. 6. §. *Solemus. De hæredib. inst. Solemus dicere*, *media tempora non nocere*: *ut puta*, *civis rom. hæres scriptus*, *vivo testatore factus peregrinus*, *mox civitatem Rom. pervenit*; *media tempora non nocent*, L. fin. C. de postlim. reversis. Un accusé peut, *imò debet salutis suæ consulere*, *quocumque modo*, L. *Transigere. C. de transact.* Et conclut. Me. Joubert en replique dit, qu'il est vrai qu'en Anjou confiscation n'a point lieu, conformément au droit écrit; mais cette nouvelle jurisprudence, prise de la nov. 117. *cap. 12*, & de la nov. 134. *cap. ult.* d'où l'auth. *Bona damnatorum* a été tirée, n'est pas en faveur des criminels condamnés, mais leurs descendans, ascendans & autres parens, *usque ad tertium gradum*, *quibus bona reservantur*, *imò applicantur*; comme parle l'auth. *Cùm aliquis dignus appareerit pœnâ*, *oportet illum quidem punire*; *res autem ejus non contingere*, *sed sinere eas generi & legi*, & *secundùm illam ordini*: *non enim sunt res quæ delinquunt*, *sed qui res possident.* Ils en sont dépouillés, & leurs plus proches revêtus, mis en possession, & saisis dès l'instant de la condamnation. Quant à la solemnité du mariage, on n'a communiqué aucunes publications de bans; & quand le mariage subsisteroit, ce seroit seulement en tant que sacrement, & *non quoad effectus civiles.* Quant à la prescription y ayant eu arrêt, il faut une prescription de trente ans.

M. l'avocat général Talon dit, que la cause est pleine de commisération, *reus pater*, *accusatores filii*, qui se plaignent de la cruel pere a plus vécu qu'ils ne desiroient. *Væ qui dicitis patri*, *Quid generas? matri*, *Quid parturis?* Il demeure constant que le sieur de la Roche-Boisseau a été condamné par arrêt du 18 mai 1600, qu'il s'est remarié en 1604, dans les cinq ans, lors *integri status*, *quia quamdiu ambulat in integrum restitutio*, *omnia manent in pristino statu.* La bonne foi de l'intimée, le long-tems qu'a duré le mariage: *movemur diuturnitate temporis & numero liberorum*, dit l'empereur en la loi *Qui in prov. De ritu nupt.* In quæstione status res judicata pro veritate habetur, L. *Ingenuum. De statu hom.* Cette prescription est si forte, que si la Roche-Boisseau vivoit, il auroit prescrit le crime & les réparations civiles. *Ergò à fortiori* ses enfans plus favorables. Ce sont les moyens de l'intimée, qui ne sont pas pertinens, si l'on examine mûrement l'affaire. Les appellans à la vérité relevent le crime & la condamnation de leur pere; mais ce n'est que par *modum exceptionis*, permise à un chacun; jusques-là que par arrêt célebre donné *consultis classibus*, il a été permis aux enfans d'accuser leur pere d'adultere, pour impugner une donation: permis aux enfans d'un second lit, d'objecter à ceux du premier, la parenté, pour établir que le mariage n'a pu être contracté, & en débattre les conventions. La Roche-Boisseau en 1598 a été banni pour un assassinat; en 1599, condamné à mort par sentence, pour excès & rebellion commis en la personne d'un sergent; en 1600, condamné à mort par arrêt, pour l'homicide perpétré en sa propre femme: mais tous ces crimes n'empêchoient pas qu'il n'ait pu contracter mariage. La maxime qu'on a avancée que, *uxoricidæ denegatur conjugium*, est fausse; & le concile auquel on l'attribue: un des plus savans de son tems observe, que c'est un capitulaire de Charlemagne; & les termes le dénotent, *si dominum & seniorem suum occiderit.* Au fait, l'on remarque que

l'intimé n'a apporté aucune chose en mariage, sinon *dos*, *nec donatio propter nuptias*, *sed donatio simplex*; la Roche-Boisseau ne l'a pu faire; n'étant plus maître de son bien; la loi permet bien quelque disposition à celui qui est seulement accusé: *Reo criminis postulato nihil prohibet rectè pecuniam à debitoribus solvi*; *alioqui plerique innocentium necessario sumptu egebunt*, L. *Reo. De solution.* In reatu constitutus bona sua administrare potest. L. 46. §. 6. *De jure fisci.* Mais un condamné est interdit, est privé entièrement de cette disposition. *Qui pœnæ servi efficiuntur*, *indubitatæ manumittere non possunt*, *quia & ipsi servi sunt*, L. 8. *De manumiss.* Confestim, dit la loi 12 *De pœnis*; parce qu'ils ne sont plus comptés entre les vivans, ils sont réputés morts, *tanquàm si damnatam naturam*, *non pœna subduxerit*, L. *Res uxoris. C. De donat. inter vir. & ux.* Ainsi la Roche-Boisseau condamné à mort pour plusieurs crimes, n'avoit aucun pouvoir de donner & disposer du bien qu'il avoit auparavant les condamnations; principalement au profit des enfans nés du troisieme mariage, contracté après ces condamnations & jugemens de mort: enfans dont la loi ne fait point d'état, L. 3. *De bon. proscript.* L. *Ex facto.* 17. §. *Ex facto. Ad Trebell. Conceptos quidem ante deportationem*, *licèt posteà edantur*, *efficere ut conditio deficiat*; *post deportationem verò susceptos*, *quasi ab alio*, *non prodesse*, L. ult. *Unde legit.* L. 2. C. *De sent. passis.* Quant aux jugemens par contumace, nous les avons appris des Grecs qui les pratiquoient souvent. L'exemple d'Alcibiade condamné par contumace à la mort, & ses biens confisqués, & pour notification son nom écrit en une colonne, avec sa condamnation, & cette marque, ἄτιμος ἔτω. Il est vrai qu'il y a grande différence entre un jugement rendu par contumace, & celui rendu partie ouie & interrogée: car en celui-ci le condamné est entiérement dépouillé de la propriété de son bien; en celui-là non, parce qu'il se peut représenter & se purger: *sed interim bona obligantur*; & la disposition lui en est ôtée. *Curandum est ne quid ei qui profugit*, *medio tempore à debitoribus suis solvatur*; *ne per hoc fuga ejus instruatur*, L. ult. *De requir. vel absent. damn.* Quant à la prescription, il n'y en a aucune, lorsque le jugement a été exécuté en effigie, ou qu'on l'a pu, comme il a été jugé depuis peu par arrêt de la tournelle. Quant à la bonne foi, il n'y en peut avoir non plus, puisque *in notoriis & publicis non excusatur ignorantia.* Les mauvais déportemens de la Roche-Boisseau, & les jugemens de mort ont été assez connus & divulgués. Il n'y a point d'incompatibilité que le mariage subsiste, *sit justa uxor*, *legitimi liberi*, & néanmoins qu'ils n'aient aucune part aux biens de leur pere, & que les conventions matrimoniales n'aient point d'effet. Nous le voyons souvent *in crimine raptûs*: *neque hæreditas*, *neque legatum*, *neque fideicommissum*, *contra mores & jus publicum hujusmodi personis relinqui potest*, comme répond l'empereur Antonin au rapport du jurisc. in L. cùm Ulp. De interd. & releg. & deport. Toutefois à l'imitation de ce même empereur in d. L. Quod verò piè rogassis, liceat vobis ultimâ voluntate, eis ad victum, & alios usus necessarios sufficientia relinquere, eisque ex hac causâ relicta capere, la cour arbitrera, s'il lui plaît, quelque somme pour tenir lieu d'alimens aux intimés.

LA COUR a mis l'appellation & ce néant; à évoqué & évoque le principal, & y faisant droit, a absous les appellans des fins & conclusions contre eux prises par les intimés; a maintenu & gardé, maintient & garde lesdits appellans en la jouissance de tous les biens qui ont appartenu au défunt la Roche-Boisseau; néanmoins pour aucunes causes & considérations a donné & donne, par maniere de provisions & alimens, tant à l'intimée qu'à chacun de ses enfans, la somme de deux cents livres de rente, leur vie durant seulement, à compter du jour du présent arrêt; le jeudi 13 février 1625.

* L'arrêt est ici bien plus au long que dans du Fresne, & Brodeau ne le fait que citer *lett.* E. *somm.* 8. avec l'arrêt postérieur du 6 juillet 1637, intervenu dans la même famille.

Par celui-ci, les enfans du troisieme lit du sieur

de la Roche-Boiſſeau ont été déclarés incapables de ſa ſucceſſion ; par le dernier ils ont été admis à celle de Charles de Souvigné leur frere conſanguin, fils aîné du premier mariage, avec les filles du même lit, ſœurs germaines du défunt.

On peut voir l'arrêt du Tillon du quinzieme juin 1618, dans l'ordre de ſa date.

CHAPITRE XXXIII.

Clauſe au cas du prédécès de la femme, que ſes héritiers n'auront aucune part en la communauté, comprend les enfans comme les collatéraux.

Maître Jean Duret, médecin, contractant mariage avec demoiſelle Louiſe Boulencour en la coutume de Paris, fut convenu, que de trente mille livres que ladite Boulencour apportoit en dot, le tiers entreroit en la communauté de meubles & conquêts immeubles ; & les autres deux tiers ſortiroient nature de propre ; & qu'avenant le prédécès de ladite Boulencour, ſes héritiers n'auroient aucune part à la communauté, qui appartiendroit entiérement audit Duret, auquel pour cet effet, & en tant que de beſoin ladite Boulencour faiſoit donation entre vifs dudit tiers. La donation eſt bien & duement inſinuée. De ce mariage naît un fils nommé Nicolas Duret avocat. La demoiſelle Boulencour décede en 1623, & peu de tems après Me. Nicolas Duret. Par ſon décès, il y eut juſtance aux requêtes du palais entre demoiſelle Marie Boulencour, ſœur de Louiſe Boulencour, tante maternelle de Me. Nicolas Duret, & ſon héritiere, prétendant que la moitié de tous les meubles & acquêts, & généralement de la communauté d'entre Me. Jean Duret & demoiſelle Louiſe Boulencour, lui appartenoit : Me. Jean Duret au-contraire interjetta appel d'un appointement en droit, pour ſaiſir la cour ſeulement. Me. Chapellier pour l'appellant dit, qu'il eſt permis aux parties qui contractent mariage, d'y appoſer telles clauſes que bon leur ſemble, de ſuivre les coutumes des lieux ou d'y déroger, de régler leur mariage ainſi qu'il leur plaît. En l'hypotheſe, il eſt convenu qu'au cas du prédécès de la demoiſelle Louiſe Boulencour, ſes héritiers n'auront aucune part ni portion en la communauté ; la demander aujourd'hui, c'eſt vouloir diſputer & combattre la loi écrite, le cas du prédécès étant avenu. On objecte que ce mot *héritiers* ſe doit entendre des héritiers collatéraux, & non pas des héritiers en directe ligne, des enfans iſſus de ce mariage, tel que Me. Nicolas Duret, qui a ſurvécu ſa mere, & a eu droit en la communauté, qu'il a tranſmis à l'intimée ſa tante & héritiere. Mais cette objection eſt directement contraire à la convention, & aux propres qui la compoſent. Les héritiers de la demoiſelle Boulencour étant exclus de la communauté, il n'y a point de doute que les enfans ne ſoient compris en cette excluſion, puiſqu'en droit régulierement, *cùm hæredibus facta fuit mentio, eo caſu hæredum nomine liberi tantùm ſignificantur, L. Ex facto. §. ult. Ad Trebell. L. Gallius. §. Etiamſi parente. De lib. & poſth. cap. 1. §. Etſi clientulus. De alienat. feud.* Et cela par une bonne raiſon, parce que *hæres idem eſt quod dominus, L. His verbis. De hæred. inſtit. Et filius vivente patre quodammodo dominus eſt bonorum paternorum, L. in ſuis. De liber. & poſth.* ſeul héritier, ſeul capable de recueillir la ſucceſſion, & ce n'eſt qu'à ſon défaut que les collatéraux ſont appellés. Les enfans n'avoient aucun déſavantage en cette convention, le pere leur auroit conſervé l'effet & le bien de la communauté entiere dans ſa ſucceſſion. Parce que Me. Jean Duret avoit reconnu par quelques actes que Marie Boulencour avoit part à la communauté, il a obtenu lettres pour être relevé de ces approbations & conſentemens prêtés. Et conclut à ce qu'icelles entérinant, la totalité de la communauté lui ſoit adjugée, conformément à ſon contrat. Me. de la Mechiniere pour l'intimée & demandereſſe en lettres, afin d'être reſtituée contre la convention qui

fait entrer le tiers de la dot en communauté, & en fait donation au mari, qu'il eſt vrai que régulierement *ſub hæredum nomine liberi continentur* ; mais cela eſt ſeulement véritable, *cùm hæredis homen ponitur in prærogativâ* ; lors en faveur & conſidération des enfans, *videtur reſtringi ad hæredes ſanguinis, & ſic ad liberos,* en cette loi *Ex facto. §. ult. Ad Trebell.* & dans tous les autres textes allégués. Mais quand il y va du déſavantage des enfans, *hæredis* appellatio s'entend toujours & s'interprete des collatéraux moins dignes de faveur, que les enfans. Cela eſt ainſi remarqué par la gloſe ſur la loi unique *C. De privil. dotis.* qui décide, *privilegium dotis ad hæredem uxoris non tranſire* ; & la gloſe modifie, *ad hæredem extraneum* ; & de même ſur la loi 13 *De fundo dot.* qui dit : *privilegium dari uxoris hæredi* ; elle ajoute, *ſuo, non extraneo.*

M. l'avocat général Servin dit, que les contrats de mariage ſont comme des pandectes, πανδέκται ὡ διναίω μαλιστα, capables de toutes ſortes de clauſes & conventions qui doivent être reçues & inviolablement obſervées. *Etiam deteriorem cauſam, dotis pacto poſſe fieri, auctoritate juris ſæpiſſime reſponſum eſt, L. Si convenit. C. De pactis conventis.*

LA COUR ſans avoir égard aux lettres obtenues par l'intimée, & en tant que de beſoin, entérinant celles de l'appellant, évoquant le principal, ordonna que ledit Duret auroit ſeul tous les effets de la communauté, ſans dépens ; le mardi 18 mars 1625.

* Cet arrêt eſt dans du Freſne ; mais les moyens ſont ici plus exactement, & dans un meilleur ordre.

CHAPITRE XXXIV.

Dot promiſe par une mere, tant ſur la ſucceſſion paternelle échue, que maternelle à échoir, ne s'impute que pour moitié ſur celle du pere échue.

Genevieve Chambellan, veuve de Pierre Bigot de Nevers, mariant Madeleine Bigot fille dudit défunt & d'elle, & dont elle étoit tutrice, lui conſtitue ſix mille livres en dot, en déduction tant de la ſucceſſion paternelle échue, que maternelle à échoir. Quelques années après, Madeleine Bigot ayant convolé en ſecondes noces, fait inſtance à Genevieve Chambellan ſa mere pardevant MM. des requêtes du palais, pour lui faire & délivrer partage de la ſucceſſion de ſon pere échue : ſa mere le lui accorde, en déduiſant & précomptant ſur la ſucceſſion paternelle la ſomme de ſix mille livres conſtituée en dot, & payée. Madeleine Bigot ſoutient au-contraire, que cette ſomme de ſix mille livres doit être déduite également tant ſur la ſucceſſion paternelle que maternelle, & offre en précompter trois mille livres ſur la ſucceſſion paternelle. MM. des requêtes du palais ordonnent que partage ſera fait à ladite Bigot de la ſucceſſion paternelle, ſur icelle préalablement déduite & précomptée la ſomme de ſix mille livres, ſi tant abonde, ſinon le ſurplus ſur la ſucceſſion maternelle échéant ; dont appel par ladite Bigot, pour laquelle Me. le Noir le jeune dit, qu'il a été mal jugé par trois moyens. Le premier eſt, que le contrat portant différemment que la ſomme de ſix mille livres promiſe en dot eſt tant ſur la ſucceſſion paternelle que maternelle ; doit entendre également tant ſur l'une que ſur l'autre, & par moitié. *Ubi partes dictæ non ſunt, æquales cenſentur, L. 29. Pro ſocio.* Mais quand il y auroit de l'obſcurité & du doute en la clauſe du contrat, elle devroit être interprétée contre l'intimée, *in cujus fuit poteſtate legem apertiùs conſcribere, L. Veteribus. De pactis.* Elle pouvoit déclarer & diviſer les ſommes ſur chacune ſucceſſion, comme bon lui eût ſemblé, que qu'elle n'a point fait. *Pactio obſcura vel ambigua ſibi nocet. d. L. Veteribus & L. 21. De contrah. empt.* Le ſecond moyen dépend des propres termes du contrat, par lequel l'intimée a promis ſix mille livres, tant ſur la ſucceſſion paternelle que maternelle. Or il est certain en droit, que quand la promesse est faite en cette forme, en ces termes ; *tunc utrique successioni imputatur, ex æqualibus partibus, quando definitæ non sunt, Nov. Leonis 21. Ut dotis promissio ex paternis aut maternis bonis facta præstetur, statuimus ut secundùm parentis verba promissorum solutio procedat,* dit-elle, & corrige la loi dernière *C. De dot. promiss.* qui l'imputoit entiérement, où au pere, ou au fils. On ne peut pas dire que la novelle s'entend *de patre tantùm,* parce qu'elle dit, *parens, quod patrem & matrem significat favore dotis, cujus privilegio mulieribus promittentibus non succurritur, L. ult. Cod. Ad Vellei.* Le troisieme moyen résulte des arrêts rapportés par M. Louet & par Chopin, qui ont jugé que les filles dotées, tant sur les biens paternels que maternels, doivent imputer leur dot par moitié sur chacune succession ; principalement en la France coutumiere, où il y a communauté de biens entre le mari & la femme : *De communi dos profecta intelligitur* ; & l'on ne s'arrête pas à ce qui est dit dans le droit romain, que c'est *paternum officium dotare filias.* Me. de Montreuil pour l'intimée dit, qu'il a été bien jugé par trois raisons. La premiere, qu'il est certain en droit, que cette promesse de six mille livres, tant sur les biens paternels que maternels, se doit imputer premiérement sur les biens de la succession échue, si tant elle abonde. La loi derniere, *Cod. de dot. prom.* y est formelle, elle ne peut être abrogée par la novelle de Léon, qui n'est pas reçue, & n'est point du corps du droit. La raison est sensible, que celui qui constitue la dot, ayant une qualité de tuteur, qui l'oblige étroitement, il est présumé rechercher & procurer sa libération, plutôt que d'user de libéralité. *Non donandi animo, sed negotii gerendi causâ dotem promisit curator,* dit la loi 43. *De administ. & peric. Tut. L.* 22. §. 3. *Sol. matrim.* Animo compensandi & se liberandi potiùs quàm donandi, *L. Nesennius.* 24. *De negot. gestis.* Maximè in persona matris quæ liberos dotare non tenetur, sed tantùm pater, *L. Qui liberos. De ritu nupt.* La seconde raison répond aux arrêts intervenus en des hypotheses fort différentes : des filles demandoient partage à leurs freres ; si elles n'avoient rien imputé sur la succession maternelle, il n'y auroit point eu d'égalité, qui est l'ame de la loi, & le motif de cette novelle, *ut æqualitatem conservet.* Mais en l'hypothese il y a une clause qui vuide la question : c'est qu'en cas de prédécès de ladite Bigot appellante sans enfans, il étoit stipulé que son mari rapporteroit à ses héritiers ce qu'il auroit reçu de sa dot, & qu'à sa mere intimée retourneroit ce qu'elle auroit payé en avancement de son hoirie ; ce qui montre clairement & infailliblement, que les six mille livres doivent être imputées entiérement sur la succession paternelle, si tant elle abonde ; & le surplus sur la succession maternelle.

M. Servin dit, que c'est une vieille question agitée dès long tems au palais, & jugée par arrêt solemnel au rapport de M. de Thurin, pour l'imputation entiere sur la succession paternelle, comme la sentence des MM. des requêtes du palais, dont est appel ; mais y ayant eu requête civile contre cet arrêt, quoique solemnellement prononcé, elle fut entérinée par autre arrêt, & la question jugée pour l'imputation égale & par moitié sur chacune succession, conformément à la novelle de Léon, qui est aussi-bien du corps du droit à notre égard, comme les autres loix & novelles, les unes ne nous obligent pas plus que les autres, il n'y a que leur équité & raison. Quoique nos rois aient permis à aucuns de leurs sujets de s'en servir pour loix, comme Philippes à ceux de Lyon ; en telles constitutions, *ad omnium factum sermo profertur,* comme parle la loi *Hoc articulo. De hæredibus instit. Et tunc copulativa resolvitur in disjunctivam, L. Lucius. §. Caio. Ad Trebell.*

LA COUR mit l'appellation & ce au néant ; en

émendant, ordonna qu'il seroit procédé au partage requis, sur ce préalablement déduite la somme de trois mille livres seulement ; le mercredi 19 mars 1625 en la chambre de l'édit.

* L'arrêt est en abrégé dans du Fresne, & cité par Brodeau *lett. R. somm.* 54. avec un précédent du 20 janvier 1611.

Me. Claude Henrys tom. 1. liv. 4. chap. 6. quest. 51. fuit une dissertation pour montrer que cette décision, qui n'est intervenue que dans le pays coutumier, ne peut être suivie en celui du droit écrit, où la loi *Si pater. Cod. De dot. promiss.* l'une des cinquante décisions de Justinien, oblige le pere de payer lui seul la dot qu'il a promise, sur les biens paternels & maternels.

Toutefois il demeure d'accord avec M. Cujas & Godefroy, que cette loi est plus subtile que solide, & que c'est avec raison qu'elle a été abrogée par la novelle de Léon : mais pourtant, dit-il, comme les novelles de cet empereur ne font point partie du corps du droit, elles ne peuvent aussi servir de loi, & moins corriger les constitutions de Justinien.

Il ajoute qu'il n'est pas nécessaire d'examiner si elles sont plus équitables ou non, si ce n'est afin de les faire valoir plutôt pour raisons que pour loix ; & jusques à ce qu'il ait vu quelque arrêt formel, qui déroge, pour le pays de droit écrit, à la disposition de la loi *Si pater,* il ne sera pas de difficulté de la suivre, parce qu'elle est même observée au parlement de Toulouse & au sénat de Chambery.

Cet auteur n'avoit point vu le plaidoyé de M. Servin, qui n'est pas inséré dans le journal de du Fresne; & il y a lieu de croire, que (quoique la question fût en pays coutumier) les termes dont ce savant magistrat se servit pour la décider, auroient été capables de faire changer Me. Claude Henrys de sentiment.

On convient qu'il est plus nécessaire pour le repos & la tranquillité publique, de se tenir à la regle établie par la loi, que de la changer légérement ; & l'on ne peut assez desirer que les juges n'entreprennent jamais de le faire par des motifs d'une équité, qui n'en a souvent que le masque.

Néanmoins, lorsque d'un côté la question est reconnue par les plus célebres auteurs, qu'elle se trouve fortifiée d'une novelle de l'empereur Léon, & approuvée par l'esprit de notre droit français, dont le pays coutumier fait la plus considérable partie ; il semble que l'on ne doit plus hésiter d'étendre la même décision, principalement dans le ressort du parlement de Paris.

Les Lyonnois & autres peuples, en obtenant de nos rois la permission de décider leurs contestations par les loix romaines, se font moins soumis à leur empire, qu'à celui de la raison qu'elles contiennent, & ont cru que c'étoit un privilege plutôt qu'un joug & une servitude.

Cette équité, qui est l'ame de la loi, reçoit dans l'espece la même application au pays de droit écrit, que dans le coutumier, puisqu'en l'un & l'autre les meres dotent tous les jours leurs filles conjointement avec les peres.

La communauté introduite par nos coutumes n'a pu servir de motif particulier aux arrêts ; comme l'on ne peut pas dire-que cette communauté, plus inconnue à l'empereur Léon, qu'à nos provinces de droit écrit, où elle est souvent stipulée, l'ait déterminé à abroger par sa novelle la disposition de la loi *Si pater.*

Henrys pour son parti cite Merille sur cette loi en son traité des cinquante décisions de Justinien : on lui oppose Ragueau dans un semblable traité & sur la même loi, où il rend témoignage qu'elle n'a jamais été suivie dans les jugemens ; que plusieurs auteurs, entre autre Hotoman, se sont élevés contre son iniquité ; & qu'enfin nous observons la novelle de Léon, comme pleine de justice & de raison.

CHAPITRE XXXV.

CHAPITRE XXXV.

Vœu forcé à l'âge de quinze ans, sans noviciat, sans porter l'habit, ni sans faire fonction de religieux, déclaré nul après les cinq ans.

LE mardi de *Quasimodo* 8 avril fut plaidé l'appel comme d'abus, interjetté par Abel Regnaud sieur de Sez en Angoumois, de l'ordonnance de l'official de Poitiers, juge délégué par sa sainteté pour connoître de l'entérinement du rescrit obtenu en cour de Rome par Pierre Regnaud, fils dudit Abel, afin d'être restitué contre la profession monacale par lui faite en l'abbaye de Charroucé, par les menaces & violence de son pere. Pour l'effet de l'entérinement du rescrit, Pierre Regnaud impétrant fait assigner son pere pardevant l'official délégué, & quelques témoins pour être ouis sur les faits articulés: ce qui fut empêché par le pere, qui remontra que son fils n'étoit recevable à dire ni alléguer aucune chose, ni faire aucunes procédures touchant ledit rescrit, qu'il ne fût en habit décent & monacal, & non en habit laïque & féculier, comme il étoit. L'official ordonne que Pierre Regnaud prendra l'habit monacal dans huitaine, & cependant que les témoins assignés seront ouis. Abel Regnaud pere en interjette appel comme d'abus, ensemble de l'exécution du rescrit, pour lequel M. Omer Talon, lors avocat des parties, dit touchant le premier appel que l'official de Poitiers a commis abus, d'ordonner, qu'avant que Pierre Regnaud fût réintégré en son monastere, & eût repris l'habit, cependant les témoins seroient ouis. Abus indubitable par trois raisons. La premiere, parce qu'il a directement contrevenu au concile de Trente *seff. 25. cap.* 19. qui veut que celui qui a fait profession de religieux, & réclame contre son vœu, ne soit oui *poft quinquennium, & nisi habitum monachalem & tonsuram reassumpserit, & obedientiæ superiorum se reddiderit:* concile approuvé en France à cet égard par l'ordonnance de Blois, & par les arrêts qui ont souvent jugé, que tels religieux apostats, qui ont quitté leur habit, réclamant contre leur vœu & profession comme faite par force & violence, ne sont aucunement recevables à proposer & faire preuve des faits de violence, qu'ils n'aient repris actuellement leur habit. L'arrêt donné contre Petit chevalier de Malte, celui contre Bouvot religieux de l'abbaye de St. Victor, sont si récens, qu'on ne peut douter de cette maxime, sur laquelle est fondée la seconde raison de l'appel comme d'abus. La troisieme est tirée du texte du rescrit obtenu par l'intimé, *Non audiatur nisi cum habitu & tonsura,* conformément au concile. L'official n'ayant suivi sa commission, sa leçon écrite, il a commis abus. Il y a certaines actions préjudicielles, qu'il faut étroitement observer. En matiere de réintégrande, *spoliatus ante omnia restituendus.* En appellation de sentence arbitrale, toute audience déniée à l'appellant, qu'il n'ait préalablement payé la peine du compromis: de même en cette matiere toute audience déniée aux religieux qui réclament contre leurs vœux, qu'ils n'aient repris leurs habits monastiques, & réintégré le monastere spolié par leur fuite. On dit : *In mora modici temporis, non est mora.* Je n'y donné qu'un délai de huit jours ; cela seroit bon s'il n'avoit pas ordonné que cependant les témoins seroient ouis. Et conclut à l'appel comme d'abus de l'ordonnance dudit official, & soutient qu'il est préalable de terminer cet appel avant que de plaider celui de l'exécution du rescrit. Me. Buffet pour Pierre Regnaud intimé dit, que sa plus grande douleur est d'avoir pour partie celui qui devoit être son protecteur, son asyle ; mais plaidant pour son état, pour sa liberté, il est excusable, n'étant tombé en cet inconvénient que pour avoir fléchi avec trop de respect sous la loi de ses commandemens. *Liberi libertique non funt prohibendi suarum rerum defendendarum gratiâ, de facto parentum, patronumve queri ; veluti si dicant, vi se a possessione ab his expulsos, non ut crimen vis*

eis intendant, sed ut possessionem recipiant, L. Hi tamen. De accusation. Il est en ces termes, contraint d'alléguer la force & la violence dont son pere a usé envers lui, pour lui faire faire, écrire & signer tout ce que bon lui a semblé. Il ne réclame pas tant aujourd'hui contre cette prétendue profession, qu'il se maintient par une juste défense en la liberté de son état féculier, dans lequel il est paisiblement demeuré, & a continuellement vécu depuis & nonobstant cette prétendue profession, au vu & su de son pere, en sa maison, & par son commandement, qui ne l'a contraint à faire cette prétendue profession que pour servir de manteau à de prétexte à son avarice, pour, avec quelque apparence de titre, percevoir, ou plutôt continuer la perception du revenu du prieuré de Ste. Catherine du Grand-Chaume, voisin de sa maison, qu'il s'est approprié depuis long-tems par la confidence & simonie d'un religieux de Charroucé. L'appellant appréhendant la perte du bénéfice par la vieillesse de ce religieux, pour se l'assurer conduit l'intimé son fils en l'abbaye de Charroucé le 24 juillet 1607 ; & le même jour en la chambre & présence de l'abbé son oncle, & de trois religieux seulement, oncle & cousin des parties, & de ce confidenciaire, lui font prendre l'habit monacal, sans aucun noviciat, signer cette prétendue profession ; au même moment le dépouillent de cet habit, & le remettent en son premier habit féculier, avec lequel l'abbé & son pere le conduisent en une maison dépendante de l'abbaye le lendemain ; & pourvu du prieuré de Ste. Catherine du Grand-Chaume, lui en font prendre possession le 15 août suivant, & bailler quittance du revenu pour la premiere & seconde année : mais depuis l'appellant a fait les baux & donné quittance en son nom seul, même a aliéné partie du domaine dudit prieuré. Quoique l'intimé fût seulement âgé de quinze ans lors de cette prétendue profession : néanmoins craignant qu'elle ne préjudicie à son état, encore qu'il ne fît aucune fonction de religieux, & qu'il vécût en laïque & féculier comme auparavant, il réclama dès lors, & se pourvut pardevant le sénéchal de Charroucé, auquel il présenta requête le 17 mars 1608, expositive de ce qu'il avoit été contraint & violenté par son pere de signer certaine prétendue profession de religieux en l'abbaye de Charroucé, sans y avoir été admis pour novice, ni demeuré avant ni après la profession ; protestoit que ladite profession ne lui pourroit nuire : dont le juge octroya acte, qu'il ne peut être soupçonné, parce que ce juge est décédé il y a plus de quinze ans. Pour faire voir plus clairement que l'intimé n'a jamais été religieux, & a perpétuellement vécu en féculier ; c'est que dans tous les extraits & actes capitulaires de l'abbaye de Charroucé il n'est aucunement dénommé ni compris ; aussi, bien-loin qu'il ait jamais fait les fonctions d'un religieux, son pere l'entretenant en sa maison lui a fait apprendre tous les exercices bienféans à un gentilhomme de bonne maison, comme danser, monter à cheval, faire des armes ; ensuite l'appellant en 1615, ayant eu une compagnie de gens de pied, l'intimé y servit le roi sous le commandement de son pere, comme il paroît par les extraits des rôles de la chambre des comptes. L'abbé de Charroucé étant décédé, son successeur pourvut au prieuré de Ste. Catherine du Grand-Chaume comme vacant par l'incapacité de l'intimé. En mil six cents vingt-deux, s'étant présenté au couvent de Charroucé, l'abbé & religieux tous assemblés répondirent qu'ils ne le reconnoissoient point pour religieux, qu'ils ne l'avoient jamais vu en cette qualité en leur couvent. Mais l'appellant pour détourner ce cours, présenta requête au sénéchal de Poitiers, que l'abbé de Charroucé eût à retirer & resserrer l'intimé son fils religieux qui vaguoit : à quoi l'abbé ayant répondu qu'il ne le reconnoissoit pour religieux, le sénéchal ordonna que l'intimé procéderoit sous autorité de justice ; ce qui l'a obligé d'impétrer le rescrit dont il s'agit, adressé à l'official de Poitiers, qui n'a rien ordonné de préjudiciable à l'appellant, mais plutôt à l'intimé, lequel n'ayant jamais été religieux, ne doit être attraint d'en prendrè l'habit qu'il n'a jamais porté. Ce font les particularités & exceptions qu'il faut confidérer en cette cause, pour répondre à ce qu'on objecte du concile & des arrêts. Le refcrit a été expédié *in forma communi*, & n'eft autrement néceffaire, la profeffion étant nulle de toute nullité ; il ne l'a obtenu que par précaution, & en tant que de befoin feulement. On n'a pas voulu plaider l'appel comme d'abus interjetté de l'exécution du refcrit, parce qu'il n'y a rien à dire. M. Servin fe levant dit, que fans préjudice du premier appel touchant la fin de non-recevoir, il étoit expédient que Me. Talon conclût en l'appel comme d'abus de l'exécution du refcrit. Sur quoi la cour ordonna qu'il concluroit audit appel, fans préjudice du premier. Ledit fieur Talon dit qu'il y a abus en l'exécution du refcrit, parce que felon le concile dernier *d. cap.* 19. par l'ordonnance & par les arrêts, ceux qui réclament contre leurs vœux, doivent venir & fe pourvoir dans les cinq ans *à die emiffi voti*; autrement n'y font reçus : ce que l'intimé n'a fait, mais a demeuré plus de quinze ans fans fe plaindre ; ainfi mal & abufivement reftitué contre fa profeffion, qui a été précédée du noviciat, par acte d'ingreffion au couvent du 2 juillet 1606, profeffion approuvée par infinis actes. *Primò*, par un dimiffoire pour aller prendre des ordres : *Tibi religiofo expreffè profeffo*. *Secundò*, par les provifions du prieuré de Ste. Catherine du Grand-Chaume : *Tibi religiofo expreffè profeffo*. *Tertiò*, par les baux à ferme & quittances du receveur dudit prieuré, & par infinis autres actes qui confirment cette profeffion, avec le laps d'un fi long tems, que s'il eût été exprimé au pape, il n'eût concédé fon refcrit, qui eft obreptice. La requête dont on fe fert pour proteftation, n'eft confidérable, faite par un juge non compétant, fans ouïr partie, fous écriture pure privée. Il faut que tels actes foient faits pardevant des perfonnes publiques, comme notaires qui gardent protocole de leurs actes. Me. Buffet en replique dit, que la fin de non-recevoir *de lapfu quinquennii* n'eft confidérable, & que le pape en peut difpenfer, notamment en la perfonne de l'intimé qui n'a jamais vécu en religieux, qui a été retenu par la crainte & révérence paternelle de fe pourvoir plutôt, & qui a protefté pour empêcher la prefcription des cinq ans : proteftation faite pardevant le juge de Charroucé compétant, puifque la profeffion étoit faite à Charroucé. Pour la colorer on a rapporté un acte d'ingreffion au couvent, un noviciat ; mais il y a infcription de faux contre cet acte, que l'on n'ofe reprefenter. Le faux fe juftifie de foi-même, parce qu'on a pris deux témoins des religieux morts ; ce dimiffoire n'a forti aucun effet, & l'on ne fauroit montrer que l'intimé ait jamais pris aucuns ordres ; il eût été facile de compulfer les regiftres des évêchés.

M. Servin dit, que s'il y a de l'abus en toute cette caufe, c'eft en la procédure & conduite du pere appellant comme d'abus, qui a abufé du nom, de la perfonne & de l'état de l'intimé fon fils, pour jouir injuftement d'un bénéfice dont il a depuis long-tems ufurpé les revenus. Mais au principal, à fon égard il n'y a aucun abus, ni au refcrit, ni en l'exécution & ordonnance de l'official de Poitiers ; mais au-devant l'intimé y trouve feul grief. St. Bafile parlant de ceux qui fe font religieux dit, qu'il faut que ce foit αὐθαιρέτως, d'une pure & franche volonté, par un zele de dévotion, non par force & violence, crainte ni refpect humain. La profeffion dont il s'agit, eft la plus abufive qui ait jamais paru : un homme en même jour, même heure, féculier, religieux, & encore féculier, fans aucun noviciat, profeffion faite, & au même inftant révoquée en quittant l'habit, qu'il n'a plus porté depuis, & a vécu en féculier comme auparavant fans aucune marque de religieux : ainfi le refcrit a été impétré plus par refpect que par néceffité. L'intimé eft perpétuellement demeuré en poffeffion de fon état féculier, & en toute liberté, au vu & du confentement de fon pere, qui s'eft trouvé faifi des originaux de toutes les pieces de l'inftance, pour avoir le pouvoir de faire fon fils

religieux quand il voudroit, & féculier quand il voudroit ; & cependant toujours jouir du bénéfice comme il a fait contre toute juftice. C'eft pourquoi il requiert qu'il foit condamné à aumôner telle fomme confidérable qu'il plaira à la cour ; & dire qu'il a été mal & fans grief appellé.

M. le premier préfident étant aux opinions demanda à Me. Buffet s'il étoit appellant de l'ordonnance de l'official de Poitiers, & réitéra pour l'inviter à le faire. M. Servin l'en avoit auffi fait avertir auparavant. Il déclara qu'il interjettoit appel de l'ordonnance de l'official de Poitiers, en ce qu'il avoit ordonné que dans huitaine il prendroit l'habit ; & fupplioit la cour de le tenir pour bien relevé.

LA COUR a reçu Buffet appellant de l'official de Poitiers ; dit qu'il a été mal, nullement & abufivement ordonné, en ce qu'il eft enjoint à l'intimé de prendre l'habit dans huitaine ; & faifant droit fur les deux appellations dit, qu'il a été mal & fans grief appellé ; déclare l'appellant non recevable en icelles ; amendera d'une amende feulement ; & l'a condamné aux dépens ; ledit jour 8 janvier 1625.

* Brodeau cite l'arrêt, *lett. C. fomm.* 8.

CHAPITRE XXXVI.

Peine de compromis n'eft due par un mineur.

LE fieur de Bellangreville grand prévôt étant décédé, fur les différends mus pour fa fucceffion, fes héritiers compromirent, entre lefquels étoit le fieur de Bellangreville fon neveu, & promirent d'acquiefcer à la fentence arbitrale à peine de trois mille livres, dont le fieur de Bellangreville ayant interjetté appel, on le foutenoit non-recevable en fon appel, & que toute audience lui devoit être déniée, qu'au préalable il n'eût payé les trois mille livres appofées pour peine audit compromis. Me. Lambin pour les demandeurs en requête dit, que c'eft une maxime certaine approuvée par les loix, *Auth. Decernit. De receptis arbit. Sed pœnam ftatuat, quâ præftitâ, liceat à judicatis recedere*. C'eft ce qu'on demande à l'appellant : *Præftet pœnam, ut ei liceat à judicatis recedere*. L'édit des arbitres y eft conforme, qu'il faut préalablement payer la peine fans efperance de répétition. Les arrêts & préjugés en font notoires. L'on objecte feulement que le fieur de Bellangreville appellant étoit mineur lors du compromis ; mais pour montrer qu'il étoit majeur, on a compulfé un contrat de conftitution de rente, par lequel il s'eft dit majeur ; & pour preuve de fa majorité, l'extrait de fon regiftre baptiftaire eft infcrit dans les contrats. Me. Defmarefts pour le fieur de Bellangreville dit, qu'on a compromis fur une queftion terminée par arrêt de la cour ; premiere nullité : feconde nullité, par la minorité vérifiée par le feul compromis qui porte, que le fieur de Bellangreville procede comme émancipé, & fous l'autorité de la dame fa mere & curatrice ; & l'on a fait intervenir un tiers pour caution de la peine ; en cas que ledit fieur de Bellangreville voulût appeller fans la payer.

M. l'avocat général Talon dit, qu'il n'y a aucun doute que la peine des compromis ne foit due réguliérement, même fi étroitement obfervée, que *in verbo appello, pœna debetur*, bien qu'on renonce ; mais il faut examiner fi les nullités alléguées par le défendeur font ceffer cette regle. La premiere n'eft point confidérable : car n'y ayant requête civile, ni rien de public, il eft permis de compromettre. La feconde eft pertinente ; il eft certain que le mineur ne peut compromettre, ne pouvant aliéner ; la peine emporte une hypotheque, & par conféquent une aliénation *à primo ad ultimum* : la minorité du défendeur eft conftante par le compromis, le contrat qu'on rapporte, eft *inter alios actum*; un créancier qui a engagé fon débiteur, a une fauffe affévération. Par arrêt il a été défendu aux notaires de plus inférer en leurs contrats, un tel s'est dit & affirmé majeur, ni d'inscrire les extraits des registres baptistaires ; cela ne se faisant à autre dessein que pour tromper & circonvenir les mineurs.

LA COUR sur la demande de la peine, mit les parties hors de cour & de procès. Le mercredi 16 avril 1625, en la chambre de l'édit.

CHAPITRE XXXVII.

Offices de judicature ne peuvent être vendus par décret ; mais le débiteur est condamné de passer procuration pour résigner.

LE vendredi, audience de relevée, fut plaidé l'appel de la saisie, vente & adjudication par décret de l'office de juge royal de Montcuq en Quercy, pour le juge même appellant, sur lequel M. l'avocat général Talon dit, que le commerce des offices de judicature est toléré, seulement par conventions & traités de particulier à particulier, contrats volontaires, & non nécessaires ; mais la vente, le commerce de tels offices n'a été approuvé par autorité publique, encore moins les saisies, proclamations & adjudications, que les arrêts ont perpétuellement réprouvées, même au profit du procureur du roi de Sens, & plusieurs autres. Les offices, *quæ ab origine primæva* sont venaux, comme ceux de la chambre des comptes, greniers à sel & quelques autres, peuvent être saisis & adjugés ; mais les autres de judicature, qui sont donnés par mérite & capacité, & qui ont plus d'honneur & de dignité annexées que de profit, ne se peuvent aucunement vendre ni subhaster. La cour a fait défenses de les plus saisir & adjuger ; ainsi il faut casser l'adjudication de l'office de l'appellant, comme nulle : mais parce qu'il doit, il y a lieu de prononcer qu'il payera ; faute de ce passera procuration pour résigner son office ; autrement, que l'arrêt vaudra procuration ; & pour la conséquence réitérer les défenses de plus saisir & adjuger tels offices.

LA COUR mit l'appellation & ce au néant ; ordonna que dans un mois l'appellant passeroit procuration pour résigner son office à l'intimé ; autrement, que dès-lors en vertu du présent arrêt, ledit intimé y pourroit pourvoir, sous le bon plaisir du roi ; le 18 avril 1625.

☞ Cette jurisprudence, qu'un office de judicature ne pouvoit être saisi réellement, étoit en vigueur du tems de M. Bardet, quoiqu'au chap. 10 du liv. 3 de son 2 vol. il rapporte un arrêt du 16 février 1624, qui confirme la saisie réelle faite sur Me. Louis Destrapes de son office de président en l'élection de Nevers ; mais aussi il faut observer que lors de la plaidoierie, M. l'avocat général Bignon dit : *que cette charge de président en l'élection, n'étoit point un office de judicature, comme on avoit voulu l'annoncer, mais un simple office de finances qui n'avoit la judicature qu'incidemment annexée, & pour certaines causes* ; ensorte qu'il ne faudroit pas envisager ce dernier arrêt comme contraire à celui du 18 avril 1625, vu la différence qu'il faut mettre entre un juge d'un bailliage ou sénéchaussée royale, avec un président d'élection.

Il est cependant certain que les offices de judicature peuvent actuellement être saisis réellement ; mais ce changement de principes ne s'est opéré que depuis l'édit du mois de février 1683, depuis lequel les offices sont considérés comme propres, & susceptibles d'être saisis réellement comme d'autres biens. Cet édit est même confirmé par une déclaration du 17 juin 1703, registrée au parlement le 28 du même mois, & en la cour des aides le 9 juillet suivant ; ensorte que malgré l'arrêt ci-dessus, il faut tenir pour maxime que tout office de judicature est susceptible de saisie réelle, & peut être vendu par décret. Ils peuvent même être substitués, suivant l'art. 3 du titre 1 de l'ordonnance des substitutions du mois d'août 1747.

CHAPITRE XXXVIII.

En la coutume de Normandie l'on peut être donataire particulier entre-vifs, d'un propre, & héritier des meubles & acquêts.

PIerre de Blanchaston ayant donné par donation entre-vifs une terre & seigneurie située en Normandie, à Pierre le Fevre son frere utérin ; après le décès de Blanchaston, le sieur de Longueul son héritier quant aux propres, intenta clameur de haro pour la terre, contre ledit le Fevre donataire, soutint la donation nulle par article exprès de la coutume de Normandie, qui est le 434, portant que tout majeur de vingt ans peut valablement donner le tiers de ses propres à qui bon lui semble, pourvu que le donataire ne soit descendant du donateur, ou son héritier immédiat ; que l'on étoit dans l'exception & les termes prohibitifs de la donation, Pierre le Fevre donataire étant héritier immédiat de son donateur, lui ayant succédé en ses meubles & acquêts ; que la coutume ès *articles* 432 & 433 avoit exprimé la raison de cette prohibition, défendant d'avantager un des héritiers plus que l'autre : ce qui ne seroit observé, si la donation en question subsisteroit ; que les propres étoient attachés à la famille, à la ligne de plus grande considération que les acquêts, article 440. Le Fevre donataire au-contraire, que la donation que son frere lui avoit faite, n'étoit aucunement prohibée par la coutume, laquelle parlant de l'héritier immédiat du donateur, se devoit entendre de l'héritier en la même chose, héritier & donataire des propres, héritier & donataire des acquêts : ce qui n'étoit ici, la terre donnée étant du propre du donateur, & le donataire son héritier des acquêts seulement ; qu'il s'observoit ainsi au parlement de Rouen, & en avoit deux arrêts.

M. l'avocat général Talon dit, que la question qui se présente a été décidée par les arrêts que l'intimé rapporte : bien-qu'ils ne soient donnés qu'au profit d'un héritier des propres, donataire des acquêts ; néanmoins il y a identité de raison en l'une & en l'autre. La coutume a tellement désiré l'égalité & la concorde, qu'elle n'a voulu permettre aucun avantage entre les héritiers ; mais cela s'entend, quand elle prohibe de tirer héritier & légataire *respectu ejusdem rei*, héritier & donataire des choses esquelles il succéderoit en partie, & non donataire de celles où il ne peut prétendre aucune chose *ab intestat*, comme l'intimé qui est réputé étranger à l'égard des propres, & n'y pouvoit rien prétendre. Cette interprétation est fort équitable, & ainsi observée au parlement de Rouen, comme rapporte Bérault, sur la coutume de Normandie, personnage de grande doctrine, & pour preuve cote les arrêts allégués par l'intimé, & plusieurs autres. Et bien que *regulariter unius hominis unicum sit patrimonium*, *L. Jurisper. De excus. Tut.* néanmoins *unus potest esse hæres rerum Italicarum, alius rerum Provincialium*, *L.* 35 *De hæred. instit.* L'un héritier des propres, l'autre des acquêts ; l'un n'ayant rien de commun avec l'autre : par conséquent point d'incompatibilité d'être héritier en l'un, & donataire en l'autre.

LA COUR sans s'arrêter à la clameur de haro de l'appellant, déclara la donation bonne & valable ; ordonna que l'appellant se départiroit & désisteroit de la possession des choses données au profit de l'intimé, avec restitution des fruits depuis le décès du donateur. Le mercredi 23 avril 1625, en la chambre de l'édit.

* Cet arrêt rapporté par du Fresne, & intervenu dans la coutume de Normandie, ne peut faire aucun préjudice pour les autres ; car il paroit que l'usage étoit tel dans cette province, autorisé par les

anciens arrêts du parlement de Rouen : ainfi la queftion
1625. ne pouvoit être décidée en celui de Paris que fuivant
la jurifprudence du parlement dont on avoit évoqué.

L'ufage a encore été depuis confirmé par d'autres arrêts poftérieurs du parlement de Rouen ; &
même l'*art.* 93 du réglement de 1666, porte qu'on
*peut donner partie des acquêts à celui qui eft feule-
ment héritier aux propres,* & *partie des propres à
celui qui eft feulement héritier aux acquêts.*

Me. Henri Bafnage dernier commentateur , parfaitement inftruit de la jurifprudence de fon parlement,
très-favant dans fa coutume , & qui a bien mérité
du public , après avoir combattu affez foiblement
fur l'*art.* 333 les principes contraires pofés par Me.
Jean Marie Ricard , a eu raifon de fe retrancher à
l'ufage de fa province , & d'abandonner la recherche des véritables maximes du parlement de Paris ,
que Me. Ricard avoit mieux pénétrées que lui.

On renvoie le lecteur , comme l'on a déja fait
pour l'arrêt du 8 février 1624 , au traité des donations dudit fieur Ricard , *part.* 1. *chap.* 3. *fect.* 15.

CHAPITRE XXXIX.

*Prefcription de vingt ans en crime eft interrompue par
un arrêt de contumace exécuté en effigie , qui dure
trente ans.*

Yves Delacoa ayant été homicidé le 9 décembre
1594 au bourg de Nuet proche Chinon , plainte
en fut faite au prévôt des maréchaux par Jean Delacoa
frere de l'homicidé , & informations contre trois
gentilshommes , dont l'un étoit le fieur de Boifodé
& contre Guillaume Marchand , lors fon ferviteur
domeftique , lefquels ne s'étant repréfentés en juftice , & l'inftance pour l'atrocité du crime , & à
caufe du fupport qu'avoient fur les lieux les accufés ,
ayant été évoquée en la cour par arrêt du 9 avril
1596 , les trois gentilshommes furent condamnés à
avoir la tête tranchée , & Guillaume Marchand à
être pendu & étranglé , fi appréhendés pouvoient
être ; finon en effigie : ce qui fut exécuté. En 1597,
environ un an après , le fieur de Boifodé fe repréfente , purge les contumaces , & par arrêt eft abfous de l'accufation. Guillaume Marchand n'ayant
fait le femblable , eft conftitué prifonnier en 1614
dans la conciergerie du palais , en vertu de l'arrêt
de condamnation de mort , contre lequel il fe pourvoit lors par requête , à ce que le crime foit déclaré
éteint , l'arrêt prefcrit , & que comme tel , fans y
avoir égard , il foit élargi des prifons , & renvoyé
abfous de cette accufation. Sur cette requête les
parties ayant été renvoyées en l'audience , & la
caufe plaidée pendant les vacations , par arrêt du
20 feptembre 1624 , rendu fur les conclufions de Me.
de Beauvais premier fubftitut de meffieurs les gens
du roi , Marchand eft débouté de fa requête , tendante à ce que le crime & arrêts fuffent déclarés
& prefcrits ; fauf à lui à fe purger & pourvoir contre les défauts & contumaces , ainfi qu'il verroit.
Contre cet arrêt du 20 feptembre 1624 , il obtient
requête civile. Me. Monfigot pour le demandeur dit ,
qu'il y a trois moyens de requête civile indubitables.
Le premier , fauffes allégations : le fecond , défenfes
omifes : le troifieme , contrariété d'arrêts. Le premier , en ce qu'on a fuppofé le demandeur en requête civile coupable du crime ; & néanmoins il ne
s'en trouvoit aucunement chargé par les informations. Le fecond , en ce qu'on n'avoit pas défendu
un pauvre innocent , lors du prétendu crime , âgé
feulement de douze à treize ans. Le troifieme , en
la contrariété d'arrêts. *Primò* , en celui de Boifodé
maître du demandeur , qui a été abfous , & *fic* le
demandeur , qui ne peut pas être plus coupable.
Secundò , en une infinité d'autres arrêts qui ont
établi une maxime générale , que tous crimes , pour
atroces qu'ils foient , & fans diftinction quelconque ,
font abolis , éteints & prefcrits par le laps & efpace
de vingt ans , fuivant cette loi vulgaire *Querela. C.
De falfis.* Tout ce qu'on objecte pour détruire cette

maxime , cette vérité fi conftante , approuvée par
tant d'arrêts , eft que l'arrêt de condamnation de
mort a été exécuté en effigie , que l'exécution a
empêché la prefcription : mais cette diftinction eft fi
nouvelle , qu'on n'a pas un feul arrêt pour l'appuyer.
Elle milite contre la loi , combat la maxime générale qui a paffé jufques-là que de juger qu'une fentence n'empêche la prefcription du crime , *quoad in-
tereffe civile* , adjugé à la partie. L'exécution en effigie ne regarde aucunement la partie civile , mais
feulement le public , & par conféquent ne peut
profiter au défendeur. La cour a jugé que la prefcription même , nonobftant un arrêt rendu contre
l'accufé détenu & qui , & lequel étant conduit à
Vendôme pour y être exécuté , fut enlevé de mains
du meffager , & après s'étant réfugié à faint Malo
en Bretagne , & vingt-quatre ans après repréfenté ,
par arrêt folemnel donné , plaidant Me. de la Mar-
telliere & Me. Dolé , M. le préfident. Seguier prononçant , le crime & l'arrêt furent déclarés éteints
& prefcrits , l'accufé & condamné renvoyé abfous le
10 février 1607. Il n'y avoit aucun cas moins favorable que cette évafion & enlevement fait à l'inftant
que le condamné devoit être livré au fupplice , exécuté non en effigie , mais réellement & de fait ;
néanmoins la prefcription a été jugée à fon profit.
Me. Pietre le jeune intervenant pour la femme du
demandeur en requête civile , & pour leurs enfans,
Me. Pouffet de Montauban pour Jean Delacoa défendeur en requête civile dit , qu'il n'y a apparence quelconque en cette requête civile , & que
tous les moyens qui ont été déduits pour le fondement , furent plaidés lors de l'arrêt. Quant au premier qu'on fait confifter fur fauffes allégations , le
récit des charges fera foi comme le demandeur eft
coupable de l'homicide en queftion ; mais ce moyen
eft abfurde : car afin qu'une fauffe allégation donne
lieu à la reftitution , il faut que le juge s'y foit arrêté & y ait fondé fon jugement , L. 3. C. *Si ex falfis
inftrum. vel teftim. judic. fit* ; ce qu'on ne peut dire
en l'arrêt dont eft queftion , par lequel on n'a jugé
que la feule queftion de droit touchant la prefcription , fans entrer au mérite du fonds , de l'innocence
ou conviction du demandeur , lequel fe peut purger.
Le fecond n'eft pas plus pertinent , le demandeur
eft obligé de rapporter la preuve de fa prétendue
minorité , laquelle *in criminibus non meretur in integrum reftitutionem* , *utique atrocioribus* ; *nifi qua-
tenus interdum miferatio cetatis ad mediocrem pœnam
judicem produxerit* , L. *Auxilium. De minor.* D'ailleurs la minorité eft détruite par ce qui eft vérifié
au procès , que lors du crime il avoit plus de vingt-
deux ans. Quant au troifieme , il eft certain que la contrariété d'arrêts n'eft pas un moyen de requête civile,
s'ils ne fe font rendus entre mêmes perfonnes & fur
même queftion , parce que tous les arrêts portent
leur *extimus* fur le front , qui les diftingue , leur hypothefe différente & particuliere , qui les rend tous
diffemblables ; au fait particulier on n'en a pu coter un
feul pour la prefcription d'un crime & d'une fentence
ou arrêt exécuté. C'eft un foible remede que le laps
du tems , le cours des années pour abolir le crime ,
& juftifier le coupable : au-contraire , à mefure que
le tems fait blanchir & grifonner le coupable par la
multitude de fes années , il le noircit par la continuation de fon crime , fi enraciné en une méchante
ame , qu'il n'en peut être effacé qu'avec le glaive.
Refiduum brufci comedit locufta ; *refiduum locuftæ
comedit erufcus* , *refiduum erufci comedit rubigo* , dit
le prophete. Voilà la fuite du tems , dit Origene ,
voilà la juftification des coupables par une fuite d'années , qui rouillent tellement leurs ames , que comme la rouille ne fe peut ôter du fer qu'avec le feu ,
de même leur crime ne peut être effacé qu'avec le
feu & le fer de la juftice : la mort leur feroit plus
douce que le reffouvenir & la mémoire de leur crime. Quand les enfans de Jacob lui demandoient fon
Benjamin , Jofeph lui dit : *Si non hunc reducam* , *oc-
cide-me* & *filios meos.* Ruben lui dit : *Peccator ero
in te* ; & l'ayant baillé à Ruben , il nous apprit qu'être
pécheur , & vivre long-tems dans le péché , eft pire
que la mort. Quand faint Paul entra en l'ifle de
Malte

Malte avec un serpent attaché à son bras, les habitans de l'isle s'écrierent : *Utique homicida est iste, ultio non sinit eum vivere.* Mais pour répondre plus précisément aux arrêts qu'on objecte , il est certain que la prescription n'a pu courir contre le défendeur en requête civile , après avoir obtenu arrêt portant condamnation de mort , exécuté en effigie , parce que le demandeur s'étoit souftrait à la peine , étoit fugitif , & n'avoit pu être appréhendé. *Primò , quia non valenti agere non currit præscriptio.* Le demandeur ni le défendeur ne pouvoient agir : le demandeur étoit mort civilement , par conféquent incapable de tous effets civils ; la prescription ne pouvoit fubfifter en une perfonne morte. *Actionibus ulteriùs vivendi facultatem non concedimus ,* dit l'empereur , pour montrer que les actions vivent , & doivent avoir un fujet vivant. Le défendeur ne pouvoit agir, n'ayant rien plus à faire. *Secundò ,* pour preferire il faut poffeder : or il eft certain qu'un condamné à mort ne peut rien poffeder ; au-contraire , la peine le poffede : *Poffidente fupplicio damnatum ,* dit la nov. 22. *cap.* 8. *Tertiò ,* on ne peut preferire que l'action ; la loi *Querela* ne s'entend que de la plainte , ou accufation , laquelle étant interrompue & cellée , peut être prefcrite *viginti annorum exceptione ,* comme parle la loi : elle ne fe peut aucunement entendre & interpréter *de re judicata ,* d'une fentence , d'une condamnation certaine , qui peut être exécutée toutes fois & quantes que le criminel fera pris & arrêté. La cour l'a ainfi préjugé par fon arrêt du 13 février dernier touchant la fucceffion du fieur de la Roche-Boiffeau condamné à mort en 1600. Quant à l'intervention , la femme devoit être certaine de la qualité & condition de fon mari , & ne fe peut pas unir à un membre pourri : elle n'en peut empêcher la perte par fes larmes & gémiffemens : la juftice eft plus forte & plus defirable que la miféricorde , parce que celle-ci ne regarde que le particulier , qui fouvent abufe de la miféricorde ; celle-là regarde le bien public , met & maintient tout en paix & tranquillité. Et par ces raifons conclut à ce que le demandeur foit débouté de fa requête civile.

M. l'avocat général Servin dit , qu'au fait il y a vingt-cinq témoins ouis dans les charges & informations , dont la plupart dépofent que le demandeur en lettres a été vu , tenant une arquebufe à la main , le jour & heure que Yves Delacoa fut homicidé , & il y a des préfomptions *de mandata cæde.* Il étoit lors âgé de vingt-deux ans , & s'eft marié en 1610. Quant au droit , il eft important de l'établir , parce que l'arrêt qui interviendra fera notable & de conféquence. Au fujet des condamnations par contumaces & exécutions par effigie , les Grecs & les Romains étoient contraires. Les Grecs les avoient obfervées en la ftatue d'un Hyparchus , qui fut fondue , & une colonne érigée , fur laquelle fa condamnation fut infcrite , *proditor de fa patrie.* Lycurgue & Alcibiade furent traités de même façon. Les Romains au-contraire ne trouvoient rien de fi injufte que de condamner un abfent. *Cic.* 4. *Verrinâ : Atrociffima fententia , quia damnaverat abfentem. L.* 1. *De requir. vel abfentibus damn.* où la loi remarque : *Et hoc jus vetus eft.* Charlemagne en fes capitulaires , *L.* 7. *cap.* 221. *Ut in caufa capitali nemo abfens damnetur.* François I en 1536 a fait l'ordonnance de punir & exécuter en effigie pour la Bretagne , en laquelle il y avoit grand nombre de criminels , même de leze-majefté. L'arrêt du Vendômois évadé eft grandement fort ; néanmoins fi la cour veut confirmer l'arrêt rendu en cette caufe, elle peut y apporter quelque tempérament , à caufe de la conféquence & importance.

LA COUR fans s'arrêter à l'intervention , fur les lettres en forme de requête civile , mit les parties hors de cour & de procès. Le famedi 26 avril 1625 à la tournelle , M. Seguier préfident.

* L'arrêt eft cité dans Brodeau , *lett.* C. *fomm.* 47. & rapporté par du Fréfne.

CHAPITRE XL.

Deux legs déclarés bons & valables : l'un de quatre mille huit cents livres fait à des religieufes qui s'établiront dans vingt ans en la ville de Troyes ; & l'autre de quatre mille livres , pour être diftribué par les exécuteurs teftamentaires ainfi que la teftatrice leur a dit.

ANne Coquas native de la ville de Troyes en Champagne , y fait fon teftament le 14 avril 1623, par lequel entre plufieurs legs pieux , elle donne & legue la fomme de quatre mille huit cents livres aux religieufes Urfulines , ou aux filles de Notre-Dame , lorfqu'elles feront établies en ladite ville de Troyes , à l'option & difcrétion de fes exécuteurs teftamentaires : Et où il aviendroit que dans vingt ans les unes ou les autres defdites religieufes ne feroient établies en ladite ville de Troyes , donne & legue ladite fomme aux peres Jefuites , s'ils y font lors , finon à ceux de la province de Champagne. Plus , legue la fomme de quatre mille livres pour être diftribuée & employée par fes exécuteurs teftamentaires ainfiqu'ils favent , comme elle leur a dit , & qu'ils ont promis & juré de faire. Et par une autre claufe permet à fes exécuteurs teftamentaires de retrancher & diminuer les legs , ainfi qu'ils le jugeront pour le mieux à propos. Après fon décès les exécuteurs teftamentaires defirant d'être faifis des meubles de la fucceffion pour accomplir le teftament , les freres de la défunte s'y oppofent , foutiennent le teftament nul , & les exécuteurs teftamentaires incapables d'efter en caufe touchant la nullité du teftament. Sur quoi le bailli de Troyes ayant ordonné que les héritiers contefteroient fur les demandes des exécuteurs teftamentaires , appel par les freres héritiers , & requête pour l'évocation du principal : pour lefquels Me. Cornoaille dit , que l'on plaide feulement aux fins de faire annuller & retrancher du teftament les legs ci-deffus comme nuls & de nul effet , & que pour le furplus on en confent l'exécution. La nullité eft manifefte , car la teftatrice fait entiérement dépendre fon teftament de la volonté des exécuteurs , de leur difcrétion , & non pas de la fienne , qui feule peut faire valoir & fubfifter fon teftament. *Nam fatis conftanter veteres decreverunt teftamentorum jura ipfa per fe firma effe oportere , non ex alieno arbitrio pendere , L.* 32. *De hærede inftit. L. captatorias inftitutiones. eod. quarum conditio confertur ad fecretum alienæ voluntatis ,* à la difcrétion , & la volonté des exécuteurs. Et quoique ces loix ne parlent que de l'inftitution d'héritier , néanmoins cette difpofition a lieu auffi *in legatis ; nam in alienam voluntatem conferri legatum non poteft , L.* 52. *De condit. & demonftrat.* contre ce qui eft décidé par Ulpien en la loi *Senatus. §. Legatum.* expliqué par M. Cujas *lib.* 2. *obf. cap.* 2. Quant à l'arrêt de 1580 qu'on objecte , la probité du fieur curé de Saint-Jacques de la Boucherie , que l'on avoit choifi pour diftribuer une fomme fecrétement , donna lieu à l'arrêt ; mais au fait qui fe préfente , il n'y a rien de femblable. *Tacitum fideicommiffum , ut fraus fiat legi , ad præftandum ei qui capere non poterat , L. In tacitis* 103. *De leg.* 1. Les Jefuites ont pratiqué cette difpofition. Me. Bernage pour Me. Jean Beaupoix curé de Troyes , & André Bojon , exécuteurs teftamentaires , dit qu'ayant été choifis par la défunte pour veiller à l'exécution de fon teftament , ils ne peuvent abandonner cette caufe fans prévarication , & font parties capables pour contefter. Au principal , il eft certain en droit , que *teftamentum non debet , nec poteft pendere ex alienâ voluntate , ex alieno arbitrio ;* mais celui en queftion ne fe trouvera aucunement dépendant de la volonté des exécuteurs en ce qui concerne fa fubftance & fa difpofition , mais fimplement en fon exécution ; en quoi

—————

1625.

il y a grande différence , marquée & établie par Balde fur la loi *Executorem. De re judic. Cod.* La teftatrice a exprimé les fommes qu'elle a voulu léguer , & les perfonnes àuxquelles elle veut qu'elles foient payées , ainfi certainemeut exprimé & déclaré fa volonté *quoad fummam & perfonas* , dont néanmoins elle a laiffé l'élection à fes exécuteurs teftamentaires ; ce qu'elle a pu faire fans encourir aucun péril de nullité en fon teftament. *Angel. in L. Si quis ad declinandam. C. De epifc. & cler.* dit qu'il y a grande différence *inter fubftantialia inftitutionis, & inter electionem.* Le premier dépend immédiatement & nuement de la volonté du teftateur ; celui-ci non , mais peut être remis & conféré à la volonté & difcrétion d'un tiers exécuteur teftamentaire , ou autre. *Facultas neceffariæ electionis* , comme parle la loi *Unum ex familia 67. De leg.* 2. *Non enim plenum arbitrium voluntatis executoribus dedit , fed quafi bonis viris commiffum relictum* , L. 11. §. 7. *De leg.* 3. & dit fort à propos le jurifc. in L. 22. *de manum. vind. Solam electionem filio conceffit, cæterùm ipfe manumifit.* La teftatrice *folam electionem executoribus conceffit, cæterùm ipfa legavit, ipfa dedit.* Et au fait particulier d'un legs , *legatum in aliena voluntate poni poteft* , L. 43. §. 2. *De leg.* 1. qu'on a objecté par précaution , *voluntate fcilicet tertii , non hæredis* , à la volonté duquel on peut néanmoins concéder la faculté d'élire , de choifir , en toutes les loix fufdites & en la loi *Fideicom.* 46. *Ex his quos vellet manumitteret. De fideic. libertat.* Quant aux quatre mille livres léguées par la teftatrice pour être employées & diftribuées felon la volonté déclarée & exprimée aux exécuteurs de fon teftament , on ne peut aucunement arguër cette difpofition d'aucune fraude , d'interverfion , ni tacite fidéicommis , ni la combattre de nullité , qu'en improuvant l'arrêt de 1580 allégué , rendu entièrement *in individuo* , l'un & l'autre des teftateurs ayant choifi fon curé pour exécuteur de fa volonté fecrete , laquelle peut être confiée & remife à la fidélité de quelque ami. *Providebit Pollianus fciens mentem meam.* ἰδὼς μὲ τὶ γνώμαν. *L. Theopompus. De dote præleg.* C'eft cette déclaration de volonté fecrete , cette promeffe, ce ferment : *Ita patruo fuo juravi* , L. 37. §. 5. *De leg.* 3. que le teftateur demande à fon ami , auquel il fe découvre & fe confie , fentant fa fin , prévoyant la mort , dont l'appréhenfion l'empêche d'avoir aucune finiftre intention.

M. l'avocat général Servin ayant conclu pour la validité du teftament :

LA COUR mit l'appellation au néant ; évoquant le principal , déclara le teftament bon & valable ; ordonna que les deniers légués feront mis ès mains des exécuteurs teftamentaires , & par eux en celles de Marchand refféant & folvable , pour être diftribués & employés en œuvres pies & bonnes , ainfi qu'ils font tenus par ledit teftament ; le mardi 29 avril 1625.

* Du Frefne n'étoit pas inftruit du fait : car il ne raifonne que fur le premier legs de quatre mille huit cents livres qu'il fuppofe de quatre mille livres , & fans parler du fecond qui formoit une queftion plus difficile que la premiere , il fait pourtant une confufion des moyens , qui lui peut attirer un jufte reproche d'avoir manqué d'exactitude.

—————

CHAPITRE XLI.

Teftament olographe eft bon & valable en la coutume d'Angoumois.

Pierre de Picquaffary procureur du roi à Niort, paffant par l'Angoumois , il fut furpris de maladie en un petit bourg appellé Tuel, & y fit fon teftament olographe entiérement écrit & figné de fa main au mois de décembre 1623 ; & entre autres legs en fit un de la fomme de quatre mille livres à demoifelle Suzanne de Congnac, avec laquelle il avoit propofition de mariage , qu'il exprima être le motif de ce legs. Et ayant clos & cacheté fon teftament , y appofa cette infcrip-

tion : *Ici eft le teftament olographe de Pierre Picquaffary confié ès mains du pafteur du lieu où il a été fait.* Et parce qu'il avoit fait un legs aux pauvres le 11 janvier 1624 , il fait un codicille par-devant notaires , par lequel il déclare qu'il entend que le legs qu'il a fait aux pauvres , foit entièrement délivré & diftribué aux pauvres faifans profeffion de la religion prétendue réformée. Après fon décès il y eut inftance entre demoifelle Suzanne de Congnac, demandant délivrance de fon legs de quatre mille livres , & Me. Daniel de la Goutte , confeiller au préfidial de la Rochelle, mari de demoifelle Marthe de Picquaffary , fœur du teftateur refufant la délivrance du legs fur ce qu'il foutenoit le teftament nul par la coutume d'Angoumois , où il avoit été fait , n'ayant la préfence des témoins requife par icelle en l'art. 111. Sur la conteftation , attendu la qualité de Me. Daniel de la Goutte , la caufe ayant été renvoyée au fiege de Poitiers , par fentence le teftament de Picquaffary fut déclaré nul , dont appel par ladite de Congnac , pour laquelle Me. Joubert dit , que l'intimé eft fi avide du bien , qu'il a ofé attaquer la mémoire du défunt , & avancer qu'il n'avoit pas le fens bon ; mais pour toute preuve il ne faut que la lecture de fon teftament. Licinius étant accufé de démence , pour le reconnoître clairement , l'on dit : *Voyons fon teftament , qui en fera la preuve infaillible.* Celui dont eft queftion , marque le bon jugement & la piété du défunt ; auffi on ne s'arrête plus à ce moyen , mais à un autre , qui eft que la forme & la folemnité du lieu où il a été fait , n'ont été obfervées , n'y ayant aucuns témoins qui aient foufcrit & affifté à la confection du teftament , ainfi que la coutume d'Angoumois art. 112 le prefcrit en ces mots : *Avant qu'un teftament foit réputé bon & valable , il faut qu'il foit écrit & figné en préfence de deux témoins , ou qu'il foit paffé pardevant deux notaires , ou pardevant un notaire & deux témoins , ou pardevant le curé ou fon vicaire ; autrement lefdits teftamens font réputés nuls.* On prétend que le teftament ne peut fubfifter , & eft nul par le défaut de cette formalité. Mais à cette objection la réponfe eft prompte & facile. Il eft vrai qu'un teftament doit être fait felon les formes & les folemnités prefcrites & obfervées au lieu où il eft fait , *L. 9. C. De teftam.* Cette doctrine eft fi véritable , que perfonne ne la voudroit impugner : mais s'y arrêtant , il eft aifé de faire voir que le teftament en queftion n'eft point fait contre la prohibition de la coutume d'Angoumois , laquelle en l'art. 111, perfcrivant la forme de tefter en préfence de témoins , n'a aucunement entendu parler des teftamens olographes , tel qu'eft celui dont il s'agit , mais des autres teftamens folemnels & publiquement dictés. La liberté de tefter jufques à profufion de tout fon bien permife par le droit romain , avoit introduit & requis des formes & folemnités égales à cette liberté : mais nos coutumes ayant reftraint la puiffance du teftateur , elles ont pareillement modéré la rigueur des formalités trop difficiles , & fe font contentées des formes établies par le droit canon *in Cap. Relatum. & Cap. Cùm effes. De teftam.* & voulu qu'un teftament figné par le teftateur en la préfence de deux témoins fût bon & valable. Celles de Blois art. 175, de Nivernois art. 13, de Bourbonnois art. 289 , y font formelles ; celle de Poitou voifine d'Angoumois plus expreffe , approuve difertement le teftament olographe , & avec les autres celui qui a été dicté & nommé par le teftateur à un tiers qui l'a écrit. *Si teftator arbitrium fuum alteri fcribendum dictaverit* , dit la loi 11. C. teftat. & c'eft de cette forte de teftamens dictés que parle la coutume d'Angoumois art. 111, & pour la validité defquels elle requiert la préfence de deux témoins , mais nullement des teftamens olographes qui ne doivent aucunement être affujettis à la préfence des témoins , bien-que les empereurs les y aient voulu foumettre par les loix *Hac confultiffima & Cùm antiquitas. C. De teftam.* qui n'ont été reçues & appprouvées parmi nous. Mais fans s'y arrêter , par un droit public & ancien les testamens olographes ont été reçus & tenus pour bons & valables, sans aucune préséance ni souscription de témoins. Le grand coutumier, livre ancien, nous en fournit un témoignage irréprochable & sans contredit : *Aucun testament ne vaut sans témoins, s'il n'est écrit & signé de la main du testateur.* Voilà l'olographe, conformément à ce que d'autres empereurs en avoient ordonné par leurs loix, postérieures à celles ci-dessus alléguées, *Hac consult.* & *Cùm antiqu.* La novelle 2 de Valentinien faite expressément pour le testament olographe, ᾳᾳᾳ *φυσικαι ἐπιδόσεις*, & Léon *nov.* 69, déclarent tels testamens bons & valables sans aucune préséance ni assistance de témoins. Suivant ces dernieres constitutions & l'ancien droit français, par arrêt du 24 juillet 1661, un testament olographe fait au haut pays d'Auvergne, usant de droit écrit, fut déclaré bon & valable, quoiqu'il n'eût aucune approbation, ni souscription de témoins, mais simplement écrit & signé du testateur : *Nullis testibus, nullisque aliis adventitiis probationibus requisitis*, comme parle la loi derniere *C. De fideic.* & §. *ult. De codicillis. Nullam solemnitatem ordinationis desiderant* ; & la seule écriture suffit. On dit que la coutume d'Angoumois ne parlant point du testament olographe, il ne peut y avoir lieu, & ne doit être compris sous les formes de tester introduites & prescrites par la coutume en cet art. 112. *Verba consuetudinis sunt tyrannica*, dit Alberic, sont de droit étroit, ne reçoivent fiction, ni extension. A cela l'on répond, que bien-que les coutumes soient de droit étroit, néanmoins il ne faut pas les interpréter *secundùm verborum angustias*, mais plutôt μετὰ ἐπίκειαν, par le sens, par la raison & par l'intention de ceux qui les ont établies. Or l'esprit des coutumes, lorsqu'elles ont voulu que les testamens fussent accompagnés & munis de formes & solemnités, n'est autre, sinon pour obvier aux captations, suggestions & suppositions. Les testamens olographes se trouvent suffisamment munis, même entierement exempts de toutes ces fraudes & machinations : par une conséquence nécessaire ils doivent pareillement être exempts & affranchis de toutes ces formes & observations superflues. *Frustra fit per plura quod potest fieri per pauciora.* Dieu donnant la loi à son peuple, la voulut écrire de son doigt sacré ; & Tertullien rapporte, que le mari voulant répudier sa femme, étoit obligé d'écrire le libelle du divorce, de sa main propre, dont saint Augustin rend la raison : *Ut quid effet uxorem dimittere, scribendo cogitaret ; quid enim potuit manus scribere quod priùs anima non dictaverit*) Qui peut faire un testament olographe sans une mûre délibération, sans une profonde méditation ? *Animi sui rationem secutus, ex pectore moribundo voluntatem suam exprimit, & in tumulo mortuus, ex tabulis respondeat, & loquatur quasi vivus*, dit Optat. Toutes ces coutumes ont tellement reconnu cette vérité, qu'elles ont unanimement reçu & embrassé les testamens olographes, au rapport de Boër. §. 1 de la coutume de Berry. Que si la coutume d'Angoumois n'en a point fait de mention, *quod legibus omissum est, non omittetur religione judicantium.* La cour suppléera cette omission par son équité, considérant même que le testateur étoit domicilié dans une coutume qui dispose expressément du testament olographe ; & ayant été surpris de maladie, il a été contraint de tester dans une terre étrangere, de sa santé ignoroit les loix, quoique savant. Et par ces raisons conclut au mal-jugé, & à ce que le testament fût déclaré bon & valable, & délivrance du legs de quatre mille livres faite à l'appellant. Me. Auguste Galland pour Mc. Daniel de la Goutte intimé dit, que le testament de Me. Pierre de Picquassary déclaré nul par la sentence dont est appel, ne peut aucunement subsister destitué des formes & solemnités requises par la coutume des lieux où il a été fait. *Quæque suas tellus leges sibi vindicat.* La coutume d'Angoumois a ses loix, ses statuts, distincts & séparés d'avec les autres. *Idcirco in varias formas, variasque figuras dispositum genus humanum.* Autant de nations,

autant de façons de faire, d'user, autant de diversité de loix & coutumes ; mais autant d'hommes, s'il leur étoit loisible, voudroient avoir leurs loix particulieres. Cette coutume a prescrit les formes domestiques, les solemnités essentielles de tester, en son *art.* 112. Elle n'en a connu ni admis aucune autre, & réprouve toute autre sorte de testamens, quels qu'ils soient. Cependant l'appellante étendant & interprétant la coutume à la faveur de sa cause, a tâché subtilement de lui faire approuver & reconnoître pour son domestique ce qu'elle a dès long-tems rebuté & chassé hors de ses limites, comme étranger & pernicieux, une écriture pure privée, *simplex scheda*, qu'on veut faire passer sans autre marque, sans autre forme, pour un testament solemnel & accompli, par quatre considérations. La premiere, que la coutume d'Angoumois n'ayant point parlé du testament olographe, elle ne doit être censée l'avoir rejetté & prohibé. La seconde, que pour le plus facilement induire, il faut avoir recours à la coutume voisine de Poitou, qui l'admet & l'approuve expressément. La troisieme, la faveur du legs fait à la demoiselle appellante en mémoire de l'amitié & dessein de mariage. La quatrieme, l'appellation faite par le codicille le 12 janvier. Mais à tous ces moyens en général, & à chacun en particulier, la réponse est facile. Quant au premier & principal, ce seroit combattre la raison que de rejetter entierement les testamens olographes faits avec loisir, loués & approuvés par tous les législateurs. *Semper addit aliquid stylus*, dit St. Jérome, l'olographe n'a point d'autre style que celui du testateur, lequel se servant à soi-même de secretaire trace avec méditation, & confie au secret de sa plume le plus caché de ses intentions ; μυστικὸν ἐπιδόσεις l'appelle-t-on pour cela ; & St. Chrysostome Hom. 7. *in Matth.* prend μυστικὸν pour secretaire. Mais de soutenir que cette écriture privée, cette intention secrete du testateur soit un testament parfait & accompli sans autre forme & solemnité quelconque, c'est directement attaquer les loix, & renverser le droit établi pour l'autorité & solemnité des testamens *tot vigiliis excogitatam, tot, tantisque laboribus partam*, comme en pareille rencontre se plaint l'empereur ; & en peut autant faire la coutume d'Angoumois, où celui en question a été fait, laquelle ayant par le consentement du peuple prescrit & établi certaines loix, formes & solemnités pour tester, on veut aujourd'hui les mutiler, les renverser, pour faire subsister la volonté d'un étranger. En l'*art.* 112 elle veut, qu'avant qu'un testament soit bon & valable, il soit écrit & signé par le testateur, il sera lors olographe, & ainsi elle ne le rejette pas ; mais elle ajoute, *en la présence de deux témoins*, pour montrer que l'écriture & seing du testateur ne sont pas suffisans, & qu'il faut y ajouter la forme qui est la présence de deux témoins. Les loix les plus modernes qui ont parlé, même touchant les testamens olographes, ont requis & pareillement établi la présence des témoins. *Si quis suâ manu totum testamentum conscripserit, & hoc specialiter in scriptura reposuerit, quod hæc suâ manu confecit, sufficiat ei totius testamenti scriptura, & non alia subscriptio requiratur ; sed sequantur hujusmodi scripturam & litteræ testium, & omnis quæ expectatur observatio*, répond Justinien in L. *Cùm antiquitas. De testam.* corrigeant ce qui avoit été ordonné de *octavo subscriptore, in L. Hac consultiss.* & confirmant l'abrogation de la novelle de Valentinien, qui ne desiroit aucuns témoins en un testament olographe. *Quæ novella, non obtinuit*, remarquent nos glossateurs sur ces loix, ayant été abrogée lors de la compilation du code, & défendu de s'en servir, ni des autres loix non approuvées par icelui, *sub pœna falsi*, comme il parle, & comme rapporte M. Cujas *consult.* 55, lequel aussi lib. 17. *observat. cap.* 31 dit, que les novelles de Léon qu'on objecte, *nullius apud nos sunt auctoritatis, maximè* quand il y a des décisions de Justinien contraires à icelles. Les cours souveraines le pratiquent ainsi. Le parlement de Toulouse au rapport de M. Maynard ne répute un testament olographe valable sans approbation & inscription de témoins, non pas même *inter liberos.* Ce parlement l'a ainsi jugé pour le testament de défunt M. le comte de Saux, & pour celui de M. de Rully de Bourgogne, lequel après enquêtes par turbes fut déclaré nul. Le grand coutumier parle des testamens des chevaliers ou militans, qui sont personnes privilégiées. Quant au libelle du divorce, il étoit écrit de la main d'un des prêtres ; & la loi des douze tables écrite par le doigt de Dieu, qui est le Saint-Esprit, *in digito Dei ejicio dæmonia*, dit-il. Au testament de St. Gregoire de Nazianze assistèrent plusieurs témoins de qualité. En celui de Notre-Seigneur aussi, qu'il fit mourant eu croix, quand il dit : *Mulier, ecce filius tuus* ; où St. Jerome parlant de St. Jean dit : *Dignus tanto testatore testis.* Quant à l'argument de la coutume voisine, il est impertinent : l'une n'a rien de commun avec l'autre, chacune a ses loix, ses statuts particuliers & séparés. La considération de l'appellante ne mérite rien : *Invenit artes fœmina, qua cupidi captet amantis opes.* Reste ce prétendu codicille pour spécifier les pauvres auxquels il avoit fait le legs, & non à autre intention ; & il ne doit être regardé comme une approbation d'un testament nul.

M. l'avocat général Talon dit : la question qui se présente, dépend des maximes du droit commun, de la science du droit civil, & de l'interprétation de la coutume d'Angoumois, où le testament de Me. Pierre Picquassary a été fait : testament qui n'est autre chose qu'une juste pensée, une volonté solemnelle dont l'ame est sa forme, pour laquelle la loi se dépouille de partie de son autorité, en revêt le testateur ; mais pour la perfection l'assujettit & l'oblige aux solemnités qu'elle a prescrites & ordonnées, comme celle d'Angoumois en l'art. 112. allégué requiert nécessairement la présence des témoins. Quant à la disposition contenue en ce testament, elle est toute pieuse, toute juste, toute louable ; & par-là l'on reconnoît que le testateur possédoit son ame en patience, au milieu de son mal, de son affliction. Après cette disposition il a apposé cette inscription : *Ici est le testament 0b0o0ò0 de Pierre Picquassary, qui veut qu'il sorte son plein & entier effet, confirmé par un codicille postérieur.* Voilà tout le fait. Pour le droit, les Romains reconnoissoient & approuvoient quatre sortes de testamens, le nuncupatif, le solemnel le militaire & l'olographe. Les trois premiers étoient sujets aux formalités, à la présence des témoins ; l'olographe nullement, ne dépendoit que de soi-même, de la reconnoissance. En France nous n'avons que deux sortes de testamens, le solemnel & l'olographe. Toutes nos coutumes reglent les solemnels, leur donnent la forme ; aucune n'en prescrit aux olographes : ou elles parlent du testament olographe, ou n'en parlent point. Si elles n'en parlent point, il est néanmoins reçu, parce que lorsqu'elles parlent & reglent les testamens, elles n'entendent parler que des solemnels, tout ainsi que les titres du droit *de testam.* & *Quemadm. testam. ordin.* s'entendent des testamens solemnels, & non des olographes. Et pour montrer la vérité de cette maxime par l'observation, la coutume de Poitou art. 268 veut qu'il soit fait mention que le testament a été fait & dicté sans suggestion. Un testament olographe, qui ne faisoit cette mention, ayant été soutenu nul, & par sentence de Poitiers déclaré bon, dont appel ; la cour dit, qu'il avoit été mal & sans griefs appellé, pour faire voir que cette suggestion ne pouvoit être appliquée qu'aux testamens solemnels. Celle de Berry desirant trois témoins pour la validité d'un testament, pareillement jugé qu'elle ne s'entendoit de l'olographe. Et en plus forts termes par l'arrêt de 1601, sur le testament olographe fait en pays de droit écrit sans aucuns témoins, la cour pour mieux s'expliquer, déclara la forme de tester bonne & valable, mais-qu'il n'y eût aucune forme & solemnité, l'olographe n'en desirant point ; & la raison en est évidente : toutes les formes & solemnités si curieusement recherchées & apportées aux testamens, n'ont eu autre but, que d'obvier

aux captations, suggestions, suppositions & faussetés de testamens ; l'olographe est entièrement exempt de toutes ces fraudes, c'est le vrai miroir du testateur, auquel il se regarde & contemple souvent avant que de l'éclorre, son enfant posthume, le phenix renaissant de ses cendres, le caractere de son ame, l'effigie de son entendement, le colloque intérieur de sa pensée ; ce seroit chose injuste de le vouloir rendre esclave & asservir à ces solemnités superflues. *Indignum est ob inanem observationem iritas, fieri tabulas & judicia mortuorum*, dit l'empereur, *L. 15. De testam.* Salomon dit, que l'ame de l'homme sage est dans sa main quand il écrit. Et Gregoire de Nysse, qu'outre le don de la voix & de la parole, la main, organe des organes, nous est donnée pour s'expliquer, & pour arrêter τὰ τῆς γλωτης ὠλιθια. Par la facilité & corruption de deux témoins on peut aisément supposer un testament solemnel ; mais un olographe, non : ainsi l'un est plus favorable que l'autre. Aussi quand la coutume d'Angoumois art. 112 requiert la présence de deux témoins, il est impossible qu'elle parle & s'entende du testament olographe : *Nihil minùs in civitate ferendum quàm quod lex decipiat.* Jamais il ne fut dit en droit qu'un testament olographe eût besoin de la présence de témoins. La novelle de Valentinien y est expresse ; & quand les loix *Hac consultiss. & cùm antiquitas. De testam.* semblent ordonner le contraire, c'est qu'on les interprete mal : car elles ne s'entendent pas *de testamento verè olographo*, mais d'un projet, *ex ea scriptura quæ ad conficiendum testamentum parabatur*, comme parle la loi, d'une écriture non signée. En ce cas pour en prouver la vérité & reconnoissance, ils appelloient des témoins, parce qu'ils n'avoient pas en usage pas comparaisons d'écritures ; mais ne les appelloient point par forme ni solemnité, seulement requise à autres testamens, *ut exteriùs scriptura fidem servet interioris scriptura.* Le testament en langue sainte est appellé alliance, confédération, est scellé du sceau de la mort ; il faut que le sceau soit rompu & levé avant que l'alliance se reconnoisse, que le caractere paroisse. Théophile en ses institutes fait descendre le testament olographe du droit naturel. La faveur du legs en la personne de la demoiselle appellante est encore considérable, le testateur a voulu qu'elle eût mémoire de lui, en la gratifiant de quatre mille livres *per χυλγματα testamenta*, comme parle la loi 15. *De probat.* Manus quasi totius corporis munus, per eam accipimus & damus*, dit Isidore. La sentence est donnée par collusion, comme en la loi *Si servum. De leg. 1. Lusoriè agentem vel non agentem* ; ainsi la cour ne doit s'y arrêter.

LA COUR a mis l'appellation & ce au néant, émendant a déclaré le testament bon & valable ; ordonne que l'appellante aura délivrance du legs contenu en icelui ; condamne l'intimée, aux intérêts depuis la demande, & aux dépens. Le mercredi dernier avril 1615, en la chambre de l'édit, M. de Novion président.

* Du Fresne ne fait qu'une citation de l'arrêt, & a omis le docte plaidoyer de M. l'avocat général, que le public sera curieux de voir ici.

CHAPITRE XLII.

Deux commissaires établis à une saisie réelle par un même acte, sont tenus solidairement de rendre compte ; & l'interpellation contre l'un interrompt la prescription à l'égard de l'autre.

EN 1576 Jean de Mongla fit saisir la Terre de Sonsois, & établit commissaires Nicolas le Fevre & Pierre Ramerut. En 1600 Nicolas le Fevre fut condamné à rendre compte de la gestion de sa commission. En 1613 Pierre Ramerut est assigné en exécution de la sentence rendue contre le Fevre, lequel ayant interjetté appel d'un débouté de renvoi, & présenté requête pour l'évocation du principal, Me. Martinet plaida pour lui, & dit que l'intimé

l'intimé étoit manifeſtement non-recevable en ſon
action de reddition de compte preſcrite par le laps
de quarante-ſept ans ; que cette preſcription ne pouvoit avoir été interrompue par la ſentence rendue
contre le Fevre , parce que cette interruption tirée de la loi derniere *De duob. reis. C. & ult. C. De*
fidejuſſ. ne s'entend que de ceux qui ont contracté
enſemble , & ſe ſont obligés ſolidairement , ſe ſont
tellement unis , que les deux obligations ne ſont
cenſées qu'une. Mais en matiere de commiſſaires , ils
ne contractent point enſemble , c'eſt le haſard qui
les fait rencontrer ſous un même fardeau , ils ne
peuvent être convenus en tout cas que ſubſidiairement : partant l'interpellation & procédure faite contre l'un , ne doit profiter ni préjudicier à l'autre ;
ce n'eſt qu'une ſociété caſuelle & indirecte. Me. du
Pleſſis pour l'intimé dit , que quoique la ſociété des
commiſſaires ne ſoit que caſuelle , néanmoins ils
ſont ſolidairement & obligés à la reddition de
compte de leur geſtion & commiſſion, ainſi que
l'uſage & la pratique nous l'enſeignent , *exemplo*
contutorum , leſquels bien-que caſuellement faits
compagnons de charge & adminiſtration , ſont
néanmoins reſponſables ſolidairement. *Non prohibe-*
tur adoleſcens unum ex his in ſolidum convenire , L.
2. *C. De divid. tut.* Et la loi derniere *eod.* l'appelle
mutuum periculum. Ex bonis curatorum qui idonei
ſunt , indemnitati pupilli proſpici debet , cum indivi-
duum his officium curæ à magiſtratibus injunctum ſit ,
L. 36. *§.* 1. *De adm. & per. tut. Mol. ad conſuet.*
Pariſ. §. 6. *Gl.* 6. *num.* 36. De cette ſolidité d'obligation dépend la déciſion de l'appel : car il eſt certain que l'interpellation faite contre l'un des coobligés ſolidairement , interrompt la preſcription
contre tous les autres. *Nobis pietate ſuggerente vide-*
tur humanum , ſemel in uno eodemque contractu ,
qualicumque interruptione , vel agnitione adhibitâ ,
omnes ſimul compelli ad perſolvendum debitum , dit
l'empereur , *in L. ult. De duob. reis.* & ajoute la
raiſon , *cùm ex una ſtirpe , unoque fonte , unus*
effluxit contractus , vel debiti cauſâ ex eadem actione
apparuit. L'établiſſement des commiſſaires étant par
même contrat & pour même cauſe , l'action faite
contre l'un , choiſi plutôt que l'autre , ne préjudicie
aucunement au créancier ni au ſaiſiſſant , *L. ult. C.*
De fidejuſſor.
LA COUR mit l'appellation & ce au néant ;
évoquant le principal , condamna l'appellant à rendre compte ; le 5 mai 1615.
* Du Freſne n'a mis ni le fait , ni les qualités des
parties , & même il s'eſt trompé dans le titre ou
ſommaire de l'arrêt , dont il fait une maxime générale , qu'entre perſonnes ſolidairement obligées l'interruption de l'une nuit à toutes les autres.
Cela n'eſt pas toujours véritable : car deux ou pluſieurs peuvent être ſolidairement obligés à une même
dette , ſans être coobligés , auquel cas la maxime
ceſſe ; comme s'ils ſe ſont obligés par les contrats
ſéparés envers le créancier.
Auſſi elle n'a lieu qu'entre coobligés perſonnelle-
ment , & ne peut être appliquée contre un cohéritier tenu hypothécairement pour le tout , qui ne
laiſſe de preſcrire nonobſtant l'interruption faite
contre ſon cohéritier.
On trouve encore une exception en l'*art.* 115 de
la coutume de Paris.
En d'autres cas , qui produiſent l'action perſonnelle ſolidaire contre deux ou pluſieurs , comme
depoſiti , mandati , commodati , la loi derniere *De*
duobus reis , n'eſt point étendue , parce qu'ils ne ſont
pas véritables coobligés , & ne le ſont qu'improprement. *Duo quodammodo rei* , dit le juriſconſulte
en la loi 5. *§. ult. ff. commodati vel contra* , ſi ce n'eſt
qu'il y en eût convention par écrit , & qu'ils ſe
fuſſent obligés ſolidairement par un ſeul & même
acte ou contrat , comme dans l'eſpece de l'arrêt ici
rapporté.
M. Cujas en ſes obſervations *lib.* 26. *cap.* 26, auto-
riſe cette diſtinction , & M. d'Argentré dans ſon
commentaire ſur l'art. 266 de l'ancienne coutume de
Bretagne , a fait un traité particulier des interrup-
tions , auquel on peut avoir recours.

Tome *I.*

CHAPITRE XLIII.

Donation mutuelle entre mariés n'eſt révoquée par la
ſurvenance d'un enfant né avant terme , & qui pré-
décede ſes pere & mere , en la coutume de Tours.

CHarles Paris , conſeiller au préſidial de Tours,
& Françoiſe Gatian , mariés enſemble , ſe
font donation mutuelle de tout ce qui leur étoit permis par la coutume le 20 d'octobre 1621. Le 7 juillet 1623 Françoiſe Gatian accouche d'un fils ,
qui meurt quatre ou cinq heures après , & elle décede enſuite le même jour. Me. Paris demande délivrance des choſes données : le frere de la défunte
l'empêche , & ſoutient la donation nulle. Par ſentence elle eſt déclarée bonne & valable , & ordonné
que délivrance des choſes données ſera faite audit
Paris , dont appel par le frere de la défunte , pour
lequel Me. de la Mechiniere dit , que la donation
eſt nulle. *Primò* , parce qu'il faut que ceux qui ſe
donnent mutuellement , ſoient mariés. Or l'intimé
ne peut dire qu'il fût lors véritablement marié avec
ladite Gatian , parce qu'il l'avoit enlevée & épou-
ſée , nonobſtant le degré de conſanguinité , tellement reconnu , qu'il a obtenu diſpenſe portant qu'il
l'épouſeroit de nouveau. Or telle diſpenſe *non retro-*
trahitur , mais a ſeulement lieu *à die obtentionis* ,
ſelon que remarque le Scholiaſte ſur le canon 51 du
concile de Laodicée , lequel prohibant de contracter
mariage en carême , veut néanmoins qu'il ſubſiſte
avec diſpenſe. *Secus* , dit le Scholiaſte , quand la
diſpenſe s'obtient pour parenté & conſanguinité.
Secundò , la coutume veut que ceux qui ſe donnent
mutuellement , n'aient enfans. Or ladite Gatian
étant enceinte de deux mois , il eſt vrai de dire
qu'elle avoit des enfans : *Qui in utero eſt , pro jam*
nato habetur , L. 7. *De ſtatu hom. Tertiò* , la minorité de ladite Gatian âgée ſeulement de dix-ſept ans :
par la coutume de Tours pour pouvoir teſter &
diſpoſer de ſon bien , il faut avoir vingt-cinq ans.
Quartò , la donation eſt révoquée par la ſurvenance
de l'enfant , quoiqu'il n'ait vécu , ſelon l'opinion de
du Moulin , *art.* 13 de la coutume de Nivernois , &
Tiraqueau ſur la loi *Si unquam. De revoc. donat.*
Me. de Cornoaille pour Me. Charles Paris intimé
dit , que révoquer l'état du mariage , c'eſt attaquer
l'arrêt rendu ſur ce ſujet : car l'appellant & les autres parens ayant intenté une action de rapt contre
l'intimé pour empêcher ſon mariage avec Françoiſe
Gatian ; ſur cette action les parties ont été miſes
hors de cour & de procès : *& ſic* le mariage confirmé , quoique la cour n'y ait prononcé diſertement ,
parce que *ex neceſſaria conſequentia cenſetur pronun-*
tiaſſe ſuper incidenti , ſelon la doctrine de Barth. ſur
la loi 1 & 2. *C. De ordine cognit.* Il a été ainſi jugé
pour le baron de Briſſé , dont la femme avoit obtenu une ſéparation d'habitation ; & il fut dit , mal
& abuſivement. Quant à la minorité , elle eſt moins
conſidérable : *Habilis ad nuptias , eſt habilis ad om-*
nia pacta conſueta & ſolita. D'ailleurs le mineur fait
toujours ſa condition meilleure en une donation
mutuelle. Quant à la groſſeſſe , il y a certificats des
médecins & matrones qui ont aſſiſté la défunte ,
qu'elle avoit accouché avant terme , *ex partu abor-*
tivo , de cinq mois ſeulement. Ainſi elle n'étoit
groſſe lors de la donation. Mais *poſito* qu'elle fût
groſſe , cela ne ſerviroit de rien : car *qui in utero*
eſt , *pro nato habetur* ; *quotiens de commodis ipſius*
partus agitur , quanquam alii antequam naſcatur ,
nequaquam proſit d. L. 7. non pas même *patri* , *L.*
2. *§. De excuſat. tut. Si patri non proſit* , qui
oſera dire que *ei noceat ?* Quant à la ſurvenance
d'enfans , par laquelle on prétend la donation révoquée , elle eſt auſſi impertinente. *Primò* ; parce
que l'enfant étant né avant terme , *tempore imma-*
turo , quinto menſe , il ne pouvoit aucunement vivre. *Potiùs videtur ejectus , quàm natus* ; & ſic *par-*
tus perfectè nati effectus non conſequitur ; *L. Septimo*
menſe. De ſtatu hom. L. Qui mortuo. De verb. ſigni-

N n

fie. *L. Quod certatûm. De poſth. hæred. inſtit.* Tiraqueau *in Gl. ſuſceperit liberos* , n. 205. *Secundò* , quand il ſeroit né *maturo tempore* , la mere ayant ſurvécu , *talis ſuperventientia nihil nocet.* C'eſt l'opinion de du Moulin ſur l'ancienne coutume de Paris. Si les enfans prédécedent , tel don eſt bon & valable. La nouvelle coutume a ſuivi cette diſpoſition , & a ajouté , *pourvu que lors du décès il n'y ait enfans.*

LA COUR , de grace , mit l'appellation au néant ; ordonna que ce dont étoit appel , ſortiroit ſon effet , & condamna l'appellant ès dépens de la cauſe d'appel ; le 15 mai 1625.

* Du Freſne ne ſavoit ni le fait , ni les moyens , ni les noms des parties.

CHAPITRE XLIV.

Rentes conſtituées à prix d'argent ſuivent la coutume du domicile du teſtateur.

Pierre Beauſire bourſier au college de Me. Gervais en l'univerſité de Paris , & chapelain du roi , fait ſon teſtament olographe à Paris , où il étoit domicilié , & legue deux rentes conſtituées à prix d'argent , l'une de deux cens livres , l'autre de cinquante livres ſur des particuliers demeurans en Normandie , à un prêtre , pour dire quelques meſſes en l'égliſe d'où il étoit natif, & inſtruire les enfans du même lieu gratuitement. Après ſon décès ſes exécuteurs teſtamentaires ayant voulu recevoir ces rentes , les héritiers l'empêcherent, ce qui donna lieu à une inſtance aux requêtes du palais , où la cauſe appointée en droit , appel par les exécuteurs teſtamentaires , avec demande à fin d'évocation du principal , pour leſquels Me. Didier le jeune dit , que toute la difficulté eſt de ſavoir ſi les rentes conſtituées ſe reglent ſelon la coutume du domicile du teſtateur , ou ſelon la coutume en laquelle les héritages ſpécialement affectés ſont aſſis & ſitués. Mais il n'y a doute qu'elles ſe doivent régler ſelon la coutume du domicile du diſpoſant teſtateur , parce qu'autrement il en arriveroit de grands inconvéniens. Le plus ſouvent les coutumes étant contraires , par l'une cenſées meubles , par l'autre cenſées immeubles , même ſouvent les héritages étant ſitués en diverſes coutumes auſſi contraires , & les réglant par celle du domicile du créancier diſpoſant , tous les inconvéniens ceſſent. La cour l'a ainſi jugé par pluſieurs arrêts rapportés dans M. Louet , & autres , notamment par un de 1667 pour Duhamel , lequel la cour ordonna être lu , publié & enrégiſtré en la prévôté de Paris. Me. Deſchamps pour les héritiers intimés dit , que par la coutume de Normandie art. 422 le teſtament eſt nul , ſi le teſtateur ne ſurvit trois mois : ainſi celui de Beauſire ne peut ſubſiſter. Par la même coutume art. 427 , nul ne peut diſpoſer que du tiers de ſes acquêts , meubles ou immeubles. Les rentes en queſtion étant cenſées immeubles & acquêts du teſtateur , en tout cas le legs ſeroit réductible. Il faut conſidérer la diſpoſition de la coutume de Normandie , où les rentes ſe conſtituent au denier quatorze , & ſont immeubles , & non celle de Paris. La cour l'a ainſi jugé pour la dame de Vitry touchant la rente ſur le contrôle des titres.

M. l'avocat général Servin dit , que pour la validité d'un teſtament il faut obſerver les formalités du lieu où il eſt fait , non du lieu où les biens dont on diſpoſe , ſont ſitués. Celui dont eſt queſtion , étant fait à Paris , il n'eſt pas néceſſaire que le teſtateur ait ſurvécu trois mois. Quant aux rentes , il eſt certain que celles qui ſont conſtituées ſur les particuliers , ſe reglent & ſuivent la coutume du domicile du diſpoſant par teſtament , ou autrement ; mais celles qui ſont conſtituées ſur le clergé , ſur le ſel, ou autres deniers publics , ſe reglent ſelon la coutume du lieu où elles ſont aſſiſes , *certum ſitum habent.*

LA COUR mit l'appellation & ce au néant ;

évoquant le principal , condamna les héritiers faire délivrance des deux cents cinquante livres de rente aux exécuteurs teſtamentaires pour être employées ſelon la diſpoſition du teſtateur ; le trentieme mars 1632.

* Le fait & le plaidoyer de M. l'avocat général ne ſont pas dans du Freſne , & Brodeau qui cite l'arrêt , *lett. R. ſomm.* 31 , en rapporte d'autres ſemblables.

CHAPITRE XLV.

Promeſſe d'une mere , au contrat de mariage de ſa fille , de n'avantager l'un de ſes enfans plus que l'autre , eſt irrévocable.

Suzanne Edouard ſe mariant , ſa mere intervint au contrat , & en faveur d'icelui promit de n'avantager l'un de ſes enfans plus que l'autre. Elle en avoit quatre , un fils nommé Joſeph Edouard , & trois filles. Le fils préſent au contrat de mariage ſigne. Peu de tems après la mere fait un teſtament , par lequel elle avantage tout autant qu'elle pouvoit Joſeph Edouard ſon fils ; & même craignant que ce teſtament ne fût valable lui fait donation entre-vifs de tous & chacuns ſes meubles , acquêts , & tiers des propres , enſemble d'une ſomme de trois mille livres qu'elle s'étoit réſervée pour en diſpoſer comme bon lui ſembleroit par le contrat de Suzanne Edouard. Les trois filles après le décès de leur mere conteſtent le teſtament & donation par elle faite au profit de leur frere. La conteſtation eſt portée en la cour par une incompétence , avec requête pour évoquer le principal. Me. Cornoaille pour Suzanne Edouard ſes ſœurs dit , que la promeſſe faite par leur mere de n'avantager l'un de ſes enfans plus que l'autre , eſt une promeſſe ſolemnelle & volontaire pour garder l'égalité , l'amour & la concorde entre eux , par laquelle elle s'eſt pu lier les mains , & ſe priver de la diſpoſition & avantage que la coutume lui permettoit de leur faire. Cette promeſſe faite pour un ſi bon & louable ſujet doit être obſervée. En ce cas nous ne gardons pas la diſpoſition du droit romain , *ex L. fin. C. De pactis* ; mais nous nous attachons à telles conventions plus utiles que ces changemens , comme l'a amplement remarqué Me. Anne Robert. Au fait particulier Joſeph Edouard intimé eſt en dol , ayant été préſent , & ayant ſigné le contrat de mariage de Suzanne Edouard ſa ſœur , auquel leur mere a fait & appoſé la promeſſe de n'avantager ; laquelle par conſéquent il a approuvée & agréée par ſa préſence & ſouſcription , *cum ſigno ſuo conſenſum ei obligationi & pactioni dediſſe maniſeſtum ſit* , comme répond le juriſconſulte *in L. 16. De pignor. & hypoth.* Me. Chapellier au-contraire pour Joſeph Edouard intimé dit , que cette promeſſe faite par la mere , de n'avantager l'un de ſes enfans plus que l'autre , étoit ſujette au changement , pouvoit être par elle révoquée toutes fois & quantes. *Niſi ipſe de cujus hæreditate pactum eſt* , voluntatem ſuam accommodarit , & in ea uſque ad extremum vitæ ſuæ ſpatium perſeveraverit , reſtoit l'empereur *in d. L. fin. De pactis.* Telle paction dépend entierement de la volonté de celui qui promet , & ne peut empêcher la liberté de teſter & diſpoſer de ce que la loi ou la coutume lui permet. *Neque libertatem teſtamenti faciendi potuit auferre* , comme répondent les empereurs *in L. 15. eod. tit. de pact.* quoique la paction de ſuccéder également fut faite au profit de celle qui contractoit mariage : autrement ſi telles pactions ôtoient la liberté de teſter , de diſpoſer , ce ſeroit enfler le courage aux enfans , leur donner le moyen de ſe dévoyer & diſpenſer de l'honneur & du reſpect qu'ils doivent à leur parens , comme en cette cauſe la mere a été ſi indignement traitée par ſes filles , qu'elle a été contrainte de révoquer la promeſſe qu'elle leur avoit faite de les traiter également.

M. l'avocat général Talon dit , que cette promeſſe n'eſt donation entre-vifs , ni à cauſe de mort , mais une paction, une convention, *ἀρφιμαῦς præ-cautiones*, L. *Si ufufr. De jure dot.* femblable à celle dont parle le jurifconfulte *in* L. *Quidam.* 132. *De verb. obligat. Quidam cùm filium alienum fufciperet, tradenti promiferat certam pecuniæ quantitatem, fi eum aliter quàm ut filium obfervaffet.* C'eſt ce que la mere a promis, *fe omnes filios non aliter quàm ut filios obfervaturam.* L'on doutoit de la ſtipulation. Le jurifconfulte répond : *Stipulatio utilis eſt.* Et paſ-fant plus avant, on lui demande : *An committatur ftipulatio, fi eum exhæredaverit ; hoc enim pater circa filium folet facere.* Et il répond : *Ergo ut exhæredatus de inofficiofo agat, fi non meruit exhæredari.* Telles conventions ſont plus utiles & plus favorables, que les teſtamens, c'eſt une ancre pour arrêter ce fable toujours mouvant de notre volonté, cette aiguille toujours branlante de notre eſprit, cette viciſſitude perpétuelle, de laquelle les Romains faiſoient tant d'état, & à laquelle ils s'attachoient fi opiniâtrement pour avoir la liberté de teſter, qu'ils paſſoient par-deſſus toutes autres conſidérations, toutes pactions & conventions, que nous obſervons comme plus utiles au public. *Debetur hæreditas in vim pacti, non jure fucceffionis,* dit du Moulin en l'un de ſes conſeils. Telles pactions n'ont lieu à l'égard des créan-ciers ni des légataires particuliers ; mais empê-chent ſeulement les diſpoſitions générales qui les anéantiroient. D'ingratitude & d'indignités en la perſonne des appellantes, il n'y en a aucune preuve, même la mere, *non fibi præparaverat querelam.* Ainſi la promeſſe d'égalité par elle faite doit ſub-fiſter.

LA COUR mit l'appellation & ce au néant ; évoquant le principal, ayant égard aux lettres ob-tenues par les appellans, réduiſit les donations & avantages faits à l'intimé tant par le teſtament que donation entre-vifs, à la ſomme de trois mille livres. Le 4 juin 1625, M. de Bellievre préſident, en la chambre de l'édit.

* L'arrêt eſt dans du Freſne dénué du fait & des plaidoyers.

CHAPITRE XLVI.

Enfant de fept à huit ans ne peut être pourſuivi cri-minellement pour avoir crevé l'œil à un autre en-fant, ni le pere civilement.

DEux jeunes enfans de la ville de Tours, l'un nommé Jean Bodin âgé d'onze ans & trois mois, l'autre Michel Boileau âgé de ſept ans cinq mois ſeulement, ayant querelle, Boileau jetta un éclat de Bois à Bodin, lui creva un œil, pour rai-ſon de quoi informations faites contre Boileau, & ajournement perſonnel. Le juge à l'inſpection de ſa perſonne le renvoie, & après condamne ſon pere ſuivant ſes offres à payer à Bodin la ſomme de cent cinquante livres pour les frais de la cure & médica-mens, dont appel par le pere de Bodin. Me. Guion-niere pour l'appellant dit, que quoique régulièrement les enfans qui délinquent, ne ſoient aſſujetis à la peine preſcrite par la loi, néanmoins ils n'évitent que cette peine corporelle, que pour ſatisfaction du crime envers le public ; mais ils ne ſont ou ne doivent être exempts de la peine pécuniaire due au particulier pour récompenſe & ſatisfaction de l'of-fenſe par lui ſoufferte, comme au particulier, le fils de l'appellant ayant perdu un œil qui lui a été crevé par celui de l'intimé, *lege Aquiliâ tenetur,* L. 5. §. 3. *Ad leg. Aquil. Elufcavit puerum,* dit cette loi, & L. 13. §. 4. *Ut ei oculus effoderetur.* Il a reçu un dommage irréparable & ineſtimable, néanmoins qui doit être compenſé avec quelque ſomme notable, telle que l'intimé fort riche peut facilement payer, pour à l'avenir en quelque façon ſoulager le regret de la perte de ſon œil, miroir de tout le corps. Le pere qui a ſon fils en ſa puiſſance, peut être juſtement condamné au payement de cette ſomme, n'ayant retenu ſon fils & obſervé ſes actions, comme il étoit obligé. On

punit les enfans, lorſque *malitia ſupplet ætatem, & doli capaces ſunt,* L. 3. §. 19. *Viſbon. rapt. Me.* Che-ves pour l'intimé dit, que quant au fils il ne pou-voit être poursuivi criminellement ni tenu civilement pour raiſon du fait en queſtion. Son âge de ſept ans cinq mois ſeulement vérifié par ſon extrait du re-giſtre baptiſtaire l'en exempte. *Quod diximus de pu-pillis, utique de iii verum eſt qui jam habeant ali-quem intellectum : nam infans & qui infantiæ proxi-mus eſt, non multùm à furiofo diſtant, quia hujuſ-modi ætatis pupilli nullum habent intellectum.* §. 10. *De inutil. ſtipul.* Et le jurifconſulte interprétant, *infantiæ proximus,* dit *ἐνέκειτ*, ſept ans environ, L. 6. *Rem. pup. ſal. fore.* Et en cet âge ſont tel-lement préſumés exempts de tout dol, & de toute ma-lice & de toute fraude, qu'il n'y a crime ſi atroce dont ils ne ſoient à couvert : de la fauſſe monnoie, L. 1. *C. De falſa mon.* du faux, L. 22. *De falſis. Vis illatæ,* L. 1. *Ne vis fiat.* du larcin, *Furtum in infantes cadere non poſſe,* L. 23. *De furtis,* du crime d'homicide, L. *Infans. Ad leg. Com. De ſicar. Do-mini à familia occiſi,* L. 14. *De Senat. Sillan. Exci-piuntur ſenatuſconſulto Sillaniano impuberes ſervi,* & généralement de tous autres crimes, *quia intellectu carent, & ignorant quid agant,* d. L. 1. *De falſa mon. Quomodo enim reus conſtituitur, qui neſcit quod facit.* C. *Aliquos.* 15. q. 1. Quant au pere, il n'y a loi ni raiſon quelconque qui l'oblige à ſuppor-ter la peine de la faute de ſon fils. L'on punit bien quelquefois l'enfant pour le délit du pere, *v. g. in crimine læſæ majeſtatis,* parce que *in filiis hæredi-tarii, hoc eſt, paterni criminis exempla metuuntur.* Mais le pere pour le fils *nufquam.*

M. l'avocat général Talon dit, que le malheur a fait en cette cauſe ce que le plus expérimenté avec deſſein n'eût pu faire ; qu'un morceau de bois jetté par le fils de l'intimé eût crevé l'œil à celui de l'ap-pellant, en quoi on ne peut dire qu'il y eût aucune préméditation, mais un cas fortuit, lequel avec l'âge de ſept ans cinq mois ſeulement met l'intimé à couvert des prétentions de l'appellant. *Infans vel furiofus fi hominem occiderint, lege Cornelia non te-nentur, cùm alterum innocentia conſilii, alterum fati neceſſitas excuſat,* L. 11. *Ad leg. Corn. De ſi-cariis,* parce qu'in parvulis nulla deprehenditur culpa, L. pen. *De fideicomm. liberat.* Il y en a des arrêts récens, l'un de la tournelle, préſident M. de Bel-lievre ; l'autre de la chambre de l'édit. Quand cet accident ſeroit arrivé à un majeur, il ne pourroit être tenu qu'à ce que le juge a condamné l'intimé ſuivant ſes offres, au payement des frais de la curé & médicamens.

LA COUR ſur l'appel mit les parties hors de cour & de procès, ſans dépens le 9 juin, 1625.

☞ *Vide* la note ſur le chapitre 9 du premier livre.

CHAPITRE XLVII.

Mari n'eſt recevable à accuſer un particulier d'avoir commis adultere avec ſa femme, pendant qu'il la retient en ſa maiſon, & ne la comprend point dans le crime.

UN jeune homme étudiant aux loix à Angers, logé en la maiſon d'un ſergent fut accuſé d'a-voir commis adultere avec ſa femme, pour raiſon de quoi informations par le prévôt d'Angers, ſur leſ-quelles décret de priſe de corps, dont appel par l'écolier, pour lequel Me. Pinette dit, que c'eſt une calomnie faite à l'appellant par l'intimé à deſ-ſein de tirer de l'argent de lui. La calomnie pa-roît en ce qu'il retient ſa femme en ſa maiſon : *nam adulterium eſt crimen duorum.* L'un ne peut être coupable ſans l'autre, il faut accuſer & faire punir la femme auſſi-bien que celui qui a commis l'adul-tere avec elle. *In eos qui in adulterio deprehenſi ſunt, Lex parem indignationem exigit, & ſeveritatem requi-rit,* L. 32. *Ad leg. Jul. De adult. Uterque, adulter & adultera, gladio puniendi ex lege divina, Deuter.*

22. & *L.* 30. *C. eod.* modérée par l'authent. *Sed hodie* pour le regard de la femme adultere, *quæ verberatur & in monasterium detruditur* ; mais est toujours punie, quoique moins grièvement. Et pour montrer qu'on ne peut diviser cette punition, la loi donnant le pouvoir au pere de tuer les adulteres, dit : *Debet enim propè uno actu & uno impetu utrumque occidere, æquali irâ adversùs utrumque sumptâ, L.* 23. *eod. Et si adulterum tantùm occiderit, tenetur Lege Corneliâ. De sicariis* ; parce qu'on présume que l'adultere se prendroit souvent pour prétexte de se venger & tuer un homme impunément ; ce qu'on ne peut présumer, lorsque la fille ou la femme est aussi tuée. *Præsumitur ut maritus uxorem sine mora dimittat, L.* 24. *eod.* autrement la retenant en sa maison, comme fait l'intimé, *matrimonium suum contemnit, & contaminationi non indigantur, lenocinii pœnâ tenetur, L.* 2. §. 2. *eod. Debuit enim uxori quoque irasci, quæ matrimonium ejus violavit, L.* 29. *eod.* cette douleur étant si forte & juste, qu'elle ne peut permettre à un mari de retenir & aimer celle qui l'a tellement offensé. Me. le Cour pour l'intimé dit, que l'appellant n'est pas accusé de simple adultere, mais d'un viol commis en la personne de la femme de l'intimé avec grande violence, le poignard sous la gorge, auquel cas il ne faut accuser la femme. *Eum qui per vim stuprum intulit, sine præfinitione temporis accusari posse, cùm eum publicam vim committere nulla dubitatio sit, L.* 29. *eod.* Aussi n'est-ce pas un adultere : *Vim passam mulierem in legem Jul. De adult. non commisisse, licèt injuriam suam protegendæ pudicitiæ causâ confessim marito renuntiari prohibuit, ead. L.* Ce qui est arrivé en cette cause, à laquelle on ne doit s'arrêter à une subtilité pour mettre les crimes de l'accusé à couvert. *Indignum est ut ultionem pudoris præstigia virtuti juris excluant, L.* 28. *C. eod.*

M. l'avocat général Servin dit, que ce n'est pas un viol, qu'il n'y a pas même preuve d'adultere, sinon que la femme a confessé d'avoir reçu quelques présens de ce jeune homme, lequel elle a plutôt séduit & corrompu. M. le président de Mesme demanda à Me. le Cour où étoient les informations & poursuites faites contre la femme, puisque la plainte étoit pour adultere. Il dit qu'il n'y en avoit point.

LA COUR déclara l'intimé non-recevable en son accusation d'adultere, de laquelle elle renvoya l'appellant absous, & condamna l'intimé aux dépens modérés à huit livres parisis ; le 14 juin à la tournelle.

☞ Les motifs de cet arrêt sont remplis d'équité, car il n'est pas à présumer qu'un mari qui accuse sérieusement quelqu'un d'adultere avec sa femme, puisse boire, manger & habiter avec elle. Le crime d'adultere ne peut être commis que par deux personnes ; par conséquent la plainte doit être dirigée, tant contre la femme, que contre le galant ; autrement le silence du mari feroit présumer que cette plainte n'est pas sérieuse, ou qu'elle est faite d'intelligence avec la femme pour tirer de l'argent de l'accusé. L'on a même étendu la rigueur de cette jurisprudence plus loin, puisque par arrêt du 9 juillet 1691, rendu en la tournelle criminelle sur les conclusions de M. le président de Lamoignon, lors avocat général, il fut jugé que la reconciliation d'un mari avec sa femme qu'il poursuivoit pour crime d'adultere, l'empêchoit de pouvoir agir contre le complice, même pour dommages & intérêts & réparation.

Cet arrêt est rapporté au journal des audiences.

CHAPITRE XLVIII.

Monitoires sont abusifs, lorsqu'ils désignent & font connoître la personne.

Mathurin Joüniet & Marie Chartier sa femme font un bail à ferme à Annet Chartier de la moitié d'un domaine qui leur appartenoit par indivis avec ledit Chartier fermier. Le bail expiré, ils firent instance audit Annet Chartier, prétendant qu'il avoit emporté toutes les pailles & fumiers, & plusieurs soliveaux du domaine, même abattu quelques arbres ; & pour preuve sur la dénégation dudit Chartier, eurent permission du juge d'obtenir & faire fulminer lettres monitoires, lesquelles ils obtinrent de l'official de Bourges, & par icelles exposerent, qu'un quidam avoit eu depuis long-tems la métairie d'un tel lieu à ferme, & auquel quidam en appartenoit la moitié. A la publication Annet Chartier s'opposa, & interjetta appel comme d'abus de la permission ensemble de l'octroi & publication desdites lettres monitoires, pour lequel Me. Bernard dit, qu'il y a trois moyens d'abus aux lettres. Le premier, que par l'ordonnance d'Orléans art. 18, il est défendu d'obtenir lettres monitoires, sinon pour crime & scandale publics : ici, c'est une simple action civile. *Secundò*, les saints décrets prohibent de nommer & désigner personne dans les monitoires, *Can. Nemo.* 16.. *q.* 1. *Can. Nullus. ead.* néanmoins l'appellant est tellement désigné, qu'il est impossible de ne le pas connoître par ces circonstances, un quidam qui a été fermier de la métairie d'Aze-le-Feron, auquel appartient la moitié, n'y ayant autre que lui qui ait cette qualité. *Tertiò*, il s'agit de peu de chose, & les monitoires font un extrême remede pour choses de grande importance. Me. Viot pour les intimés dit, qu'il n'y a abus, & que l'appellant se veut mettre à couvert de son crime par le moyen de son appel ; c'est un crime, il n'est point nommé, & il y a arrêt en cas semblable.

M. l'avocat général Talon dit, qu'il faut se rendre d'autant exacts & difficiles à l'octroi des monitions ecclésiastiques, qu'elles vont à retrancher de la congrégation des fideles la personne qui est censurée. Celles dont est appel, sont abusives, l'appellant y étant désigné & compris par telles circonstances & démonstrations, qu'on ne peut ignorer que ce soit lui. *Si quis nomen hæredis quidem non dixerit, sed indubitabili signo eum demonstraverit, quod pene nihil a nomine distat, valet institutio, dit le jurisconsulte in L.* 9. §. 8. *De hæred. instit.* ce qu'on peut dire véritablement avoir été fait dans ces monitoires.

LA COUR dit, qu'il avoit été mal, nullement & abusivement permis, octroyé, publié ; condamna les intimés en l'amende tant envers le roi, que la partie, & aux dépens ; le lundi 16 juin 1625.

CHAPITRE XLIX.

Juge ayant été tué faisant l'exercice de sa charge, son office, ou le prix de la composition, doit être conservé à sa veuve & enfans.

Pierre Lorrain pourvu de l'office de juge du temporel du chapitre de saint Gatien de Tours en 1613, l'exerce jusques en 1624, que tenant l'audience à l'auditoire du chapitre, il fut assassiné & homicidé à coups de couteau par un homme qu'il avoit en cette même audience condamné en l'amende de quatre livres envers le chapitre, payables sans déport. L'homicide ayant été condamné par le lieutenant criminel de Tours à être rompu tout vif sur la roue, la condamnation fut confirmée par arrêt, & exécutée. Le chapitre pourvut de l'office un nommé Gorry : le fils mineur de Lorrain interjetta appel, & présenta requête contre les chanoines & chapitre, à ce qu'ils fussent condamnés lui payer la somme de deux cents quarante livres qu'ils avoient touchés de la composition dudit office. Me. Joubert pour l'appellant & demandeur en requête dit, que par l'ordonnance de François I de l'an 1529, il est nommément porté que les offices d'huissiers, sergens, archers, & autres qui meurent en faisant & exploitant leurs charges, demeurent & appartiennent à leurs veuves & héritiers. Les arrêts l'ont confirmée, & passant plus avant ont conservé les offices aux veuves & héritiers, quoiqu'ils eussent renoncé à la communauté, ou répudié la succession.

Me.

Me. Chopin en rapporte plufieurs fur la coutume de Paris lib. 1. tit.1. n. 35. un au profit de le Queux, & l'autre de 1594, au profit du commiffaire Joyeux ; & jugé que les créanciers ne pouvoient rien prétendre fur lefdits offices. Le droit civil en a une belle difpofition au titre *De filiis offic. milit. qui in bello mor. lib.* 12. *C. tit.* 47. *Si quis quocumque modo militans in bello moriatur, filius ejus in locum ejus fuccedat.* Le pere de l'appellant eft mort militant, rendant la juftice au nom & profit du chapitre : il eft raifonnable qu'il en reffente quelque récompenfe, ou que l'office lui foit confervé ; ce qui ne fe peut facilement à caufe de fon âge ; mais à tout le moins le prix de la compofition de l'office que le chapitre a touché, lui doit être délivré. Gregoire de Tours *livre 5 de fon hiftoire*, rapporte qu'un Maracanius ayant fait fon teftament, & par icelui donné une partie de fon bien au chapitre de Tours, ce Maracanius ayant été tué par quelques-uns, entre lefquels étoit un de ceux du chapitre, ledit chapitre fut privé de ce legs. *Non debet ecclefia ejus bona adipfci, à cujus clericis fuit teftator interfectus*, dit-il : Me. le Rayer pour le chapitre dit, qu'on lui veut faire porter la peine du crime qu'il n'a pas commis. Lorrain n'a pas été homicidé en fon fiege ; mais ayant rendu fa fentence contre l'affaffin, il fe laiffa emporter à une telle paffion, que de quitter fa place pour aller lui aider aux fergens à le prendre, & le faire conftituer prifonnier ; ce qui étoit indigne de fa charge. Il y a grande différence entre celui qui le rend, & celui qui l'exécute, comme remarque faint Auguftin *cap.* 17 de la cité de Dieu. Le chapitre n'a rien touché de l'office ; mais il en avoit pourvu gratuitement Gorry. L'ordonnance de Blois *art.* 101 défend aux feigneurs jufticiers de prendre aucune chofe des offices de leurs jurifdictions. Condamner le chapitre à payer quelque fomme à l'appellant, ce feroit rendre l'office venal, contre l'ordonnance, & empêcher qu'on ne pût révoquer l'officier *ad nutum*, auffi contre l'ordonnance.

M. l'avocat général Servin dit, que cette caufe eft pleine de compaffion : il ne faut bouche, ni voix, pour la faire entendre, *vox naturæ, pietas filentium rumpit*. Le pere de l'appellant ayant été tué faifant fa charge, exerçant la juftice : la nature & la piété parlent affez. Les obligations naturelles font fi fortes ἀπαραιτ *αντιδόσεις*, v. g. que *vi infu infunt*, L. 1. *De condit. & demonftr.* Elles fe produifent d'elles-mêmes. D'où l'on remarque une grande différence *inter φυσιν, & ψυσιν.* φύσιν *in rei veritate confiftit*, ψευσιν, dit Ariftote. ψυσιν *in exiftimatione*, ἐν τῷ ηπιζεσθαι. Hippocrate parlant de la fcience des dieux & des hommes, fait cette même diftinction : les uns favent certainement, véritablement ; les autres par opinion feulement. Celui qui eft mort en guerre pour le fervice de la république, *per gloriam in æternum vivere intelligitur* ; on le répute toujours vivant, & non encore mort. On en peut dire autant de celui qui eft mort pour foutenir la juftice, *per gloriam vivere intelligitur*, il doit être réputé glorieufement vivant. Aux contrats de bonne foi, *omiffæ ftipulationes motu ejufdam naturali pro interpofitis habentur*, L. un. *C. De rei uxor. act. Eæ obligationes quæ naturalem habent præftationem ; nullâ capitis diminutione pereunt, ut. De capite minutis.* où il eft parlé *de capitis reffciffione*, id eft, *reftitutio adverfus capitis minutionem*, qui eft la représentation ou réputation du défunt, comme s'il étoit vivant, en confidération de quoi la récompenfe eft due à fon fils *ψπαψανα*, le prix du fang de fon pere affaffiné & homicidé.

LA COUR fur l'appel mit les parties hors de cour ; & ayant égard à la requête, condamna les parties de Rayer à payer à celle de Joubert la fomme de deux cents quarante livres, fans dépens. Le 21 juin 1625, en la tournelle, M. de Mefmé préfident.

* L'arrêt eft cité dans du Frefne.

CHAPITRE I.

Un teftateur ne peut prohiber à fon héritier le bénéfice d'inventaire.

MAître Laurent du Bourg, confeiller au préfidial de Lyon, ayant quatre filles, fait fon teftament en 1623, par lequel il fait des legs & inftitutions particulieres aux trois puînées, & inftitue Françoife du Bourg aînée, fon héritiere univerfelle, à la charge d'accepter fon hérédité purement & fimplement, & avec prohibition expreffe de fe fervir aucunement du bénéfice d'inventaire ; & fubftitue le fils aîné de ladite Françoife du Bourg en deux de fes terres. Après le décès du pere teftateur la fille héritiere inftituée va en jugement, & déclare qu'elle accepte fon hérédité fous bénéfice d'inventaire ; fes fœurs l'empêchent ; fur quoi le fénéchal de Lyon appointe les parties en droit, & par provifion ordonne que les trois fœurs auront délivrance de leurs legs entiérement, en baillant caution, dont appel par l'héritiere, & requête pour évoquer le principal, pour laquelle Me. Cornoaille dit, que le teftateur n'a pu prohiber à fon héritier la confection & le bénéfice d'inventaire. *Nemo poteft cavere in fuo teftamento, ne leges locum habeant, L. Nemo. De leg.* 2. *gl. L. Jubemus. & ibi Bart. Cod. Ad Trebell.* le bénéfice d'inventaire étant introduit par la loi pour plufieurs bonnes confidérations : maxime, *Ne hæres invitetur ad furandum, non potuit tolli, L. Si convenerit. De pactis dot.* parce que cette faculté donnée à l'héritier par la loi, ne lui doit être enviée, & ne peut être ôtée ; autrement *Jus publicum læderetur*, contre la décifion de la loi *Nemo*. Cela fe voit in *L. Seius & Agerius. Ad leg. Falc. Inftitutos perinde adire poffe, ac fi ea conditio, quæ fraudis caufâ adfcripta eft, adfcripta non effet.* C'eft ce qu'on doit dire de cette prohibition d'ufer du bénéfice de la loi, *Fraudis caufâ adfcripta eft*, pour tromper l'héritier, pour le furprendre & le conftituer en perte, *pro adfcripta haberi non debet.* Pareillement in *L.* 1. *De ufuf. & quemad. Cautio de utendo fruendo, boni viri arbitrio remitti non poteft.* C'eft une précaution, une faculté de la loi, *beneficium legis*, non pacti, non teftatoris, comme on dit que le droit d'aîneffe qui ne peut être ôté en quelque façon que ce foit. Du Moulin en la coutume de Paris §. 8. gl. 3. *Titio*, il eft certain que le droit & bénéfice d'inventaire introduit par Juftinien in *L. ult. C. De jure delib.* a fuccédé à l'ancien droit de délibérer, concédé à l'héritier. Or ce droit de délibérer ne lui pouvoit être ôté, ni par conféquent celui qui a fuccédé en fon lieu. C'eft la docte remarque de M. Faber préfident de Chambery, qui dit que pour cette raifon le titre eft conçu *de jure deliberandi* ; c'eft un droit, & non pas fimplement *de deliberatione*. *Quartò*, le bénéfice d'inventaire ne fait tort à perfonne, empêche plufieurs différends. *Non videtur dolo facere, qui fraudem exclufit, L. Cùm pater. §. Titio. De leg.* 2. *Quintò*, la queftion a été jugée *in dividuo* par un arrêt du parlement de Grenoble de 1575, fuivant l'opinion de Guy-Pape & de Ferrer, fon commentateur. Cela fe pratique ainfi à Touloufe, comme rapporte M. Maynard ; & Boyer en a une queftion entiere 58. Me. Doublet pour les intimées dit, que le pere par teftament *difcordiis fedandis profpexerat*, à caufe des fubftitutions qu'il y avoit entre fes filles, par le moyen defquelles plufieurs différends euffent pu naître, qui demeuroient affoupis par le moyen de cette prohibition d'accepter fon hérédité fous bénéfice d'inventaire : prohibition qui n'eft pas contraire aux loix, comme on a dit, parce qu'on n'en fauroit coter une qui la prohibe. Si elle étoit contraire aux loix, il faudroit dire qu'on ne pourroit accepter une héré-

1625.

dité purement & simplement : ce qui seroit absurde, puisque celui qui se dit héritier pur & simple, exclut celui qui ne le veut être que par bénéfice d'inventaire. Cette faculté de la loi n'est donc pas tellement attachée à la personne de l'héritier, qu'elle ne se puisse ôter : car il faut faire une distinction entre ce que la loi commande ou prohibe ouvertement, & entre ce qu'elle permet simplement. *Primo casu non valet prohibitio vel quævis dispositio. Secundo casu valet.* Cela se voit *in confectione inventarii,* enjoint un auteur, *quam testator remittere potest, L. ult. C. Arb. Tut.* Cela se voit aussi *in Falcidia,* tellement favorable, que par l'ancien droit elle ne pouvoit être prohibée, *d. L. Sejus & Agerius.* C'est pour la retenir, que le bénéfice d'inventaire a été introduit, *Nov. 1. De Hæred. & Falc.* Fiat igitur inventarium ab hærede metuente, ne forte non habeat post debita & legata Falcidiam. Et toutefois la peut prohiber, *ead. Nov. §. Si verò expressim designaverit non velle hæredem retinere Falcidiam :* ce qui est en effet prohiber le bénéfice d'inventaire *in favorem legatariorum, ut integra legata persolvantur,* non pas *ut ære alieno creditorum damnificetur hæres.* Et pour telle prohibition nous avons l'autorité de grands docteurs : du Roly *Tractatu de inventar. cap. testator. Cravetæ cons.* 174. & Didac. *cap. 1. num. 17.*

M. l'avocat général Talon dit, que cette question n'étant pas décidée par le droit, *necessaria fuit disputatio, quæ prudentum consilia desideraret ;* mais qu'elle a été terminée par les arrêts qui ont réprouvé telles inhibitions de se servir du bénéfice d'inventaire, nécessairement introduit par la loi, pour empêcher la confusion des biens : privilege incorporé au droit, lequel n'a pu être ôté par le testateur. *Quæ à lege, quæ à genere, quæ à civitate tribuuntur, ea manent incolumia, L. 3. De interd. & releg.* parce que les loix plus sages en leurs dispositions, que l'irrésolution & l'ignorance des hommes, nous y lient, nous y attachent, & ne nous donnent autre liberté, que par emprunt & précairement, pour les exécuter ou imiter, & non pas pour les impugner, même toutes fois & quantes qu'il y a quelque clause qui se trouve contraire à cette disposition légale, elle est tenue pour non écrite. L'on dit que cette prohibition n'est pas contraire à la loi, laquelle permet seulement d'user du bénéfice d'inventaire ; mais c'est se vouloir rendre plus puissant que la loi, de prohiber ce qu'elle permet, contre le dire de Socrate, qu'il n'est permis à personne de s'égaler avec la loi, à l'autorité de laquelle nous sommes soumis, afin d'être libres. Le bénéfice d'inventaire a succédé *juri deliberandi, juri cretionis,* qui ne pouvoit être ôté à l'héritier, ni par conséquent le bénéfice qui a été subrogé en son lieu.

LA COUR mit l'appellation & ce au néant ; évoquant le principal, sans avoir égard à la prohibition, permit à l'appellante de faire bon & loyal inventaire, les créanciers appellés ; le 27 juillet 1625.

* L'arrêt est rapporté en forme dans le recueil de Me. Claude Henrys *tom.* 1. *liv.* 5. *chap.* 4. *quæst.* 30. avec une ample dissertation : du Fresne a négligé de s'étendre sur cette question importante.

☞ La jurisprudence de tous les parlemens du royaume est conforme à celle consacrée par cet arrêt. C'est ce qui est établi par tous les auteurs les plus accrédités, nommément par Maynard *liv.* 2. chap. 53. La Roche-Flavin *liv.* 6. tit. 55. art. 1. Dolive *liv.* 5. chap. 39. Expilly dans ses arrêts chap. 170. Basset *tom.* 1. *liv.* 5. tit. 4. chap. 5. Brodeau sur Louet lettre H. ch. 1. Ferriere sur la quest. 352 de Guy-Pape. Le Brun des successions *liv.* 3. chap. 4. nombre 5.

Mais ce que le testateur ne peut pas faire directement, il le peut d'une manière indirecte en ordonnant à l'héritier institué d'accepter la succession purement & simplement, & que dans le cas où il ne l'accepteroit pas purement & simplement, il instituoit un autre héritier qu'il désigneroit.

Faber dans son code *de jure deliberandi* définit. 43, observe que le sénat de Chambery a jugé qu'en ce cas le premier héritier est obligé d'accepter pu-

rement & simplement, sinon que la succession est déférée au second héritier.

Il faut encore observer la même regle relativement à la substitution vulgaire. Le premier héritier doit accepter purement & simplement, autrement le second institué peut l'exclurre en acceptant simplement ; parce que cette condition *si hæres non erit,* doit être exécutée dans sa perfection, ainsi qu'il a été jugé par arrêt rendu en la grand'chambre le 18 août 1693, au rapport de M. l'abbé Brunet. Me. Bretronnier écrivoit dans cette affaire. *Vide* les art. 27 & 37 de l'ordonnance des substitutions de 1747.

CHAPITRE LI.

Testament solemnel & mystique d'une personne qui ne sait lire ni écrire, est bon & valable.

MAdeleine Peronnin de Montbrizon, ne sachant lire ni écrire, & desirant tester en 1620, mande un notaire, lequel écrit le testament de ladite Peronnin, en même forme que si elle avoit su écrire, & avoit fait son testament olographe. Elle institue Me. François Dodieu son neveu, avocat à Montbrizon, son héritier, & fait des legs à une sienne sœur & nieces : quatre jours après en présence d'un autre notaire & sept témoins elle déclare, que ce qui est écrit en ce papier, est son testament & ordonnance de dernière volonté ; & quelque tems après fait un codicille confirmatif dudit testament. Après son décès sa sœur impugne le testament pardevant le bailli de Forez, qui le déclare bon & valable. Appel par la sœur, pour laquelle Me. du Fresne dit, que le testament est nul. *Primò,* par la considération de la personne instituée, avocat, qui a vraisemblablement extorqué cette institution, *L. Medicos. De professor. & med.* *Secundò,* par la qualité de la testatrice, qui ne sachant lire ni écrire, ne pouvoit faire un testament solemnel, secret & mystique ; mais comme un aveugle, *per nuncupationem suæ condere moderamina voluntatis, omnia palam edicere, L. 8. C. Qui testam. fac. poss.* Le testament secret & mystique ne peut être fait que par ceux qui savent lire & écrire, à tout le moins qui savent lire, à cause du trop grand péril qu'il y auroit de se confier entièrement à celui qui écriroit le testament, duquel seul il dépendroit. Et c'est ainsi qu'il faut entendre la loi *Hac consultiss. C. De testam. Quòd si litteras ignoret, ἀγράμματος,* id est litterarum scribendi ignarus, non legendi. Outre qu'on peut dire, que la loi *Hac consultiss.* est en ce point corrigée par la loi *Jubemus. eod tit. testator nomen hæredis in quacumque testamenti parte scribat, sin autem litterarum imperitià hoc facere minimè potuerit ; testibus testamenti præsentibus, hæredem nuncupet : ne falsitas in elogiis committatur.* D'ailleurs, le testament n'est point caché. Me. Chamillart pour l'héritier intimé dit, que le testament est bon & valable, la qualité d'avocat n'annulle point l'institution, *L. Non dubium. C. Qui testam.* même il y a eu arrêt au profit d'un avocat institué. La forme du testament est bonne. *Litterarum ignarus,* s'entend *de eo qui litteras omnino non novit,* ne sait lire ni écrire, lequel peut tester suivant la forme prescrite par la loi *Hac consultiss.* laquelle y a pourvu en ce cas, *octavo subscriptore pro eo adhibito ;* ce que la testatrice a observé, & n'est corrigé par la loi *Jubemus,* laquelle au-contraire est corrigée par la *nov.* 119. *cap.* 9. *Subvenitur testamentis, sive per se, sive per alium inscribatur nomen hæredis.* Quant aux cachets, ils peuvent servir les uns pour les autres. Au concile d'Ephese, où Nestorius fut condamné, *innocentius* se trouvant indisposé & ne pouvant signer, *subscripsit alienà manu ;* & néanmoins il est dit que tous les peres signerent.

LA COUR mit l'appellation au néant, ordonna que la sentence dont étoit appel, sortiroit son plein & entier effet ; condamna l'appellante ès dépens ; le mardi 8 juillet 1625.

* On ne sait pas la raison pourquoi du Fresne a

oublié dans fon recueil cet arrêt, dont il pouvoit rendre un compte plus fidele que d'aucun autre, puifqu'il plaidoit en la caufe.

CHAPITRE LII.

Teftateur ayant trois enfans qu'il inftitue fes héri-
tiers, peut charger l'un d'eux mauvais ménager,
de legs envers fes petits enfans, à prendre fur la
portion héréditaire de leur pere.

FRançois Pavie avoit trois enfans. Quelque tems après les avoir mariés, il fait fon teftament, par lequel il les inftitue tous trois également fes héritiers; mais parce que Jean Pavie l'un d'eux, étoit notoirement mauvais ménager, & avoit deux filles, il le chargea de payer à chacune d'elles filles la fomme de 4000 liv. Après le décès du teftateur les parens font créer un curateur aux filles, pour avoir delivrance de leurs legs. Jean Pavie leur pere foutient que les legs doivent être pris & levés fur toute la maffe de la fucceffion, & non pas fur fa portion feulement. Et pour faifir la cour, ayant interjetté appel des procédures du bailli de Montargis, Me. Dagron pour l'appellant dit, que la coutume de Montargis prohibe d'avantager l'un de fes héritiers plus que l'autre. Si les legs faits à fes filles fe prenoient entiérement fur la portion héréditaire, ils l'abforberoient, & il feroit par ce moyen exhérédé : mais fe levant fur la maffe héréditaire, l'égalité feroit gardée. Me. Rofée pour les intimés dit, quant aux oncles, qu'il n'eft aucunement raifonnable de les furcharger d'un legs contre la volonté & difpofition expreffe du teftateur. Pour les filles que leur aieul les ayant honorées de legs, elles n'en doivent être privées.

M. l'avocat général Talon dit, que la difpofition qu'on impugne, eft bonne & vafable ; & qu'une femblable caufe s'étant autrefois préfentée en l'audience, elle fut ainfi jugée par arrêt prononcé par M. le préfident de Harlay, qui avertit les avocats d'ouir attentivement la plaidoierie de la caufe, parce qu'elle étoit d'importance : *Pater confilium capit pro liberis, quibus omnia ex voto parat.* Le teftateur ayant chargé fon fils de donner quelque chofe à fes filles, c'eft donner à fon fils. Il a appréhendé qu'il ne diffipât entiérement fa fubftance, & que fes filles demeuraffent pauvres, & ne puffent être mariées.

LA COUR mit l'appellation & ce au néant ; émendant & évoquant le principal, fans s'arrêter aux demandes, fins & conclufions de l'appellant, déclara la difpofition bonne & valable ; ordonna que fuivant icelle la délivrance des legs feroit faite, fans dépens ; le 29 juillet 1625.
* Brodeau cite l'arrêt, *lett.* R. *fomm.* 19.

CHAPITRE LIII.

Legs fait par un chanoine à la fille de fa concu-
bine, eft nul.

MAître Claude Godefroi chanoine de Clery, ayant vécu fort licencieufement & impudiquement avec Anne le Roi, tefte en 1625, & legue à Catherine Girard fille de ladite le Roi tous fes acquêts & moitié de fes meubles, pour l'amour qu'il lui porte. Après fon décès, Marie & Madeleine Godefroi fes fœurs foutiennent le legs nul, comme fait à une perfonne indigne & incapable, à la fille d'une concubine notoirement prohibée. Et de fait, le legs ayant été déclaré tel, de nul effet & valeur par le bailli d'Orléans, appel par le tuteur de Catherine Girard, pour lequel Me. Servin dit, qu'il eft mal jugé. Primò, en la forme, parce qu'on n'a rapporté aucune preuve de cette vie licencieufe & débauchée de Godefroi avec Anne le Roi ; auffi n'eft-elle recevable, puifque le legs ne regarde

point Anne le Roi, à laquelle feule elle eût pu préjudicier : *Peccata fuos tantùm tengant auctores, nec ulteriùs extendatur pœna, quàm reperiatur delictum;* non pas à fa fille, âgée feulement d'onze ans, laquelle par conféquent n'a rien pu démériter. La faute de fa mere ne lui peut être objectée, n'étant pas jufte que le fils foit puni pour le délit du pere. Secundò, le teftament eft en bonne forme, le teftateur n'avoit difpofé que de ce que la coutume lui permettoit ; ainfi le legs eft bon & valable. Me. le Feron pour les intimés dit, qu'elles font forcées de repréfenter la lubricité & mauvaife vie de leur frere, pour la défenfe de leur caufe, & pour ne point être dépouillées du bien que le fang & la nature leur affecte. Cette vie débauchée a été fi publique & notoire, qu'il n'en faut autre preuve, §. *publicæ. in pragm. fanct. & in can. facerdote.* 1. *quæft.* 2. mais fi fcandaleufe, qu'il y en a eu plaintes & informations faites par le prévôt d'Orléans.

M. l'avocat général Talon dit, qu'il y a lieu de s'étonner de ce qu'Anne le Roi eft fi hardie de fe préfenter à la face de la cour : *Frons meretricis facta eft illi noluit erubefci*, dit l'écriture ; après avoir été bannie, & fon fils condamné à mort par contumace pour affaffinat commis en la perfonne d'une femme de Clery à l'occafion de ce chanoine teftateur, qui a fourni tous les frais de ce procès, comme il eft juftifié par écrit ; & cette vie licencieufe, débauchée & fcandaleufe par les informations faites par le prévôt d'Orléans. Ainfi le legs fait à cette fille appellante, ne peut aucunement fubfifter, eft rempli d'indignité. La cour les a perpétuellement réprouvés. En 1617 il y en a eu arrêt prononcé en robes rouges touchant le teftament d'un chanoine de Poitiers. Le legs eft fait à la fille à caufe de la mere. *Si legata in honorem patris, filii meruerint*, dit la loi *Qui tutelam. De teftam. tut. Hic non in honorem, fed in turpiffimam recordationem*, de cette vie débauchée, afin que la mere profitât du legs. *Quædam in alios conferuntur; quæ ad nos ufque perveniunt*, dit Seneque ; on donne à la fille, afin que la mere reçoive. L'on cherche ce prétexte, cette fraude à la loi, laquelle ne veut pas, à la vérité, que le fils foit puni pour le démérite du pere, pour fon crime, mais auffi n'approuve pas qu'il en profite. *Expectas ut non fit adultera Largæ filia.* Si elle reçoit prix & récompenfe de la proftitution de fa mere, il eft plus expédient qu'elle en foit privée pour réprimer le vice. *Caritas liberorum amiciores reipub. parentes reddit*, dit la loi ; & ainfi il adhere avec les intimées.

LA COUR dit qu'il avoit été bien jugé, mal & fans griefs appellé, l'appellant condamné en l'amende & aux dépens ; le 4 août 1625.
* L'arrêt eft cité dans du Frefne.
☞ Cet arrêt paroît bien rigoureux en ce que le legs n'étoit point fait à Anne le Roi, mais à Catherine Girard fa fille qui étoit d'un bas âge : enforte que l'inconduite du teftateur & de ladite le Roi ne doit point en quelque forte influer fur ladite Girard.

Mais il faut prendre garde ici à une circonftance frappante. C'eft qu'outre qu'on voit que le legs étoit fait en contemplation de ladite le Roi, la vie licencieufe qu'elle a menée avec le teftateur qui étoit chanoine, étoit accompagnée de la circonftance d'un affaffinat, dans lequel il paroiffoit que le teftateur & ladite le Roi avoient été impliqués : enforte que les circonftances de la qualité du teftateur, de l'impudicité de la mere de la légataire univerfelle, & de fa vie débordée, ont fans doute beaucoup contribué à faire déclarer ce legs univerfel nul. Car nous voyons que le nommé Renaud prévôt de Poiffy ayant légué à Perrette Bailly fa fervante, avec laquelle il avoit vécu en concubinage, & André Bailly fon frere une fomme de 600 liv. chacun, tous fes meubles acquêts & conquêts immeubles, & le quint de fes propres ; le legs ayant été contefté, par arrêt du 13 décembre 1619, rapporté ci-après par M. Bardet liv. 3. chap. 71, préfident M. de Champigny, la cour priva ladite Perrette Bailly du legs univerfel, qu'elle adjugea en entier à André Bailly fon frere, & ne laiffa fubfifter en faveur de

Perrette que le legs particulier de 600 liv. & que quoiqu'il fût sensible que le legs universel avoit été fait pour la moitié à André Bailly en contemplation de Perrette Bailly ; non-seulement on ne retrancha pas le legs fait audit Bailly ; mais encore on lui adjugea par forme d'accroissement celui qui avoit été fait à sa sœur : de maniere qu'il est vraisemblable de présumer que ce furent les circonstances particulieres de la cause, qui forcerent pour ainsi dire la cour à traiter avec tant de rigueur ladite Catherine Girard, en la personne de laquelle on punit la vie débordée de sa mere, & l'inconduite du testateur.

Je pense que dans toute autre circonstance, on n'auroit point anéanti le legs, ou que tout-au-plus on l'auroit réduit au prorata de la succession ou converti en pension viagere, ainsi qu'il a été jugé par arrêt du 21 février 1727, & 17 mars 1730, dont les especes sont rapportées dans la collection de nouvelle jurisprudence.

Vide tome 2. chap. 29.

CHAPITRE LIV.

Collation d'un bénéfice à un absent, qui répudie, n'empêche la prévention du pape, quoique la provision du pape se trouve de même date que la répudiation, & qu'elle n'ait point été signifiée au patron.

LA cure de saint Patrice de Rouen ayant vaqué au mois de mars 1624, par le décès de Me. Paul Dorcemaine, l'official de l'archevêché de Rouen, patron ecclésiastique, y présente Constantin Vachot son cousin, absent, & écolier à Paris, le 14 du même mois de mars, & le même jour le fait pourvoir de ce bénéfice par M. l'archevêque ou son grand vicaire, aussi *tanquam absenti*; & parce que Vachot étoit écolier boursier au college de sainte Barbe à Paris, & que sa bourse vaquoit par la provision de la cure, comme incompatible par le statut du college, & que de fait elle avoit été impétrée comme telle, Vachot aimant mieux conserver sa bourse, déclara le 6 juillet, *cùm nuper audierit curam ipsi donatam fuisse, & forsan litteras desuper fuisse expeditas, eo inscio, & non requirente,* (ce sont les termes de l'acte) qu'il n'entendoit pas accepter la provision & collation à lui faite de sa personne, s'étant opposé le 14 juin au décret de la prise de possession de sa bourse, en laquelle il fut maintenu. Le patron en ayant eu avis, pourvut derechef au bénéfice Me. Jean Heudebert, comme vaquant *per non acceptationem* de Vachot. Interim Me. Pierre Chrestien envoie à Rome, & est pourvu de la cure vacante par le décès de Dorcemaine, le 6 juillet, même jour de la déclaration de Vachot : ensuite il prend possession, & Heudebert pareillement. Contestation entre eux par le possessoire pardevant le prévôt de Paris qui adjuge la récréance à Heudebert. Appel par Chrestien, & requête afin d'évoquer le principal, pour lequel Me. Brodeau dit, qu'il n'y a difficulté que la provision de l'appellant ne doive subsister ; elle est bonne & valable, & au-contraire celle de l'intimé nulle & de nul effet. *Primò,* parce qu'il est certain que le pape peut conférer un bénéfice *spreto patrono ecclesiastico,* & à la prévention sur lui : ce qu'il a fait. Les provisions de l'appellant sont du 6 juillet, & celles de l'intimé du 21 du même mois. *Secundò,* cette prévention n'est empêchée par la présentation du patron de la personne de Vachot, lequel ayant répudié sa provision, *reducitur ad non actum, cap. Si tibi absenti. De præbend. in Sexto.* La présentation n'étant acceptée, *res redit ad non causam.* Le droit de collation est au contrat synallagmatique, obligatoire de part & d'autre ; il faut qu'il y ait une

acceptation de la part du présenté qui tient lieu du donataire, *L. Si tibi absenti. De donat.* Le patron ecclésiastique a six mois, & le laïque quatre seulement : ces deux mois de plus ont été accordés au premier pour s'informer & choisir celui qu'il veut présenter, parce qu'ayant une fois présenté, il ne peut plus varier; au-contraire le patron laïque le peut. *Tertiò,* le patron a présenté Vachot absent son cousin pour se servir de son nom seulement, & pour commettre une simonie, comme il y en a preuve au procès. *Quartò,* la provision d'Heudebert est nulle en sa cause, *per non acceptationem* de Vachot : *Nam repudiatio, aut non acceptatio non est genus vacationis, nec modus inducendæ vacationis,* comme tient du Moulin. Aussi Chrestien a obtenu nouvelles provisions *jure nullitatis, accumulando jura juribus : & sic* il doit être maintenu au bénéfice. Me. Doublet pour l'intimé dit, qu'il est vrai que le pape a la prévention sur le patron ecclésiastique ; cela s'entend, lorsque le patron est négligent & en demeure de conférer le bénéfice, d'user de son droit ; mais lorsqu'il a conféré ou présenté quelqu'un, ou fait le moindre acte, il empêche la prévention du pape ; jusques-là que les arrêts ont jugé qu'une collation ou présentation nulle & invalide, empêche néanmoins la prévention, parce que le patron s'est mis en devoir, & s'est par ce moyen conservé son droit. Au fait particulier, le patron a usé de toute la diligence possible, rien ne lui peut être imputé, il a présenté au bénéfice incontinent qu'il a été vacant : s'il avoit présenté un absent, telle présentation est bonne & valable, approuvée des saints décrets, *de cap. Si tibi absenti. De præb. in Sexto,* allégué par l'appellant ; autrement si on étoit obligé de présenter seulement les présens, le patron ne pourroit gratifier personne, ni présenter les plus capables. Que si la présentation d'un absent est bonne, la répudiation qu'il fait de la présentation du bénéfice, ne peut nuire au patron, auquel moyen de cette répudiation son droit retourne plein & entier, & la faculté de présenter un autre : il ne peut être constitué en demeure qu'après que cette répudiation ou non-acceptation lui a été duement signifiée, il ne la peut deviner, ni faire autre chose que ce qu'il a fait; & ainsi l'autre présentation faite de la personne de l'intimé, & ses provisions sont bonnes & valables, & il doit être maintenu.

M. l'avocat général Talon dit, qu'en la question de prévention, il n'y a point de difficulté que le pape ne l'ait, *rebus omninò integris,* & le patron étant en demeure : mais au fait particulier, le patron a abusé de son droit, & par conséquent en doit être privé : il a présenté un absent son proche parent, a lui-même fait faire & retiré les provisions sur la présentation, *inscio præsentato,* les a gardées pardevers lui pour tenir ce bénéfice en suspens, & en faire une commerce illicite, parce qu'il y a preuve suffisante au procès, résultante de l'enquête faite sur les lettres d'examen à futur obtenues par l'appellant, que ce patron a présenté ce bénéfice à plusieurs personnes pour en retirer récompense, même l'a voulu donner à M. du Val docteur régent de sorbonne, pour se libérer d'une pension de 500 liv. qu'il lui devoit, ainsi qu'il lui a écrit, & que du Val l'a déposé. Ainsi la présentation qu'il avoit faite de la personne de Vachot, n'étoit que pour lui servir de couverture & de prétexte à ce mauvais trafic : & il adhere avec l'appellant.

LA COUR mit l'appellation & ce au néant ; évoquant le principal, maintint & garda la partie de Me. Brodeau en la possession & jouissance de cure, fruits, profits, revenus & émolumens ; condamna l'intimé à la restitution des fruits qu'il auroit perçus, & aux dépens ; le mardi 12 août 1625.

Brodeau qui plaidoit en la cause, a oublié que l'arrêt étoit du mardi, & il le met du jeudi, en la lett. P. somm. 25. Du Fresne a omis les circonstances décisives.

CHAPITRE LV.

*Créanciers du défunt n'ont hypotheque sur les biens
de son héritier, que du jour qu'ils ont obtenu condamnation contre lui.*

LE 14 août 1625 fut prononcé l'arrêt qui suit, en
robes rouges par M. le premier préfident de
Verdun : procès s'eft mu en premiere inftance en la
cour, jugeant l'ordre & diftribution de deniers provenans de la vente & adjudication par décret de la
terre des Effarts, fife au Pays Chartrain, entre demoifelle Jeanne le Beau, veuve du préfident au
préfidial de Chartres, demandereffe & oppofante,
d'une part, & Me. Jean le Normand, confeiller au
grand confeil, & autres créanciers, défendeurs :
fur ce que la demandereffe & oppofante difoit, que
défunt Etienne de Trouville & Françoife Troullard
avoient été conjoints par mariage, duquel étoit iffu
une fille, favoir Jacqueline de Trouville, fur laquelle la terre dès Effarts avoit été faifie & décrétée.
Françoife Troullard en 1608 emprunte plufieurs fommes, notamment 300 liv. de Jean Toulon, & lui
crée une rente de 25 liv. & 900 liv. de Jean Toret,
& quelques années après meurt, de laquelle Jacqueline de Trouville fa fille fe porte héritiere pure
& fimple ; & en 1617, emprunte un notable fomme
dudit fieur le Normand ; & en 1619, emprunte
auffi 3000 liv. de ladite dame le Beau, laquelle ftipule que les deniers prêtés feront employés au rachat
& amortiffement de deux rentes dues à Toulon &
Toret, au lieu, place & hypotheque defquels elle
demeureroit fubrogée : ce qui fut ainfi exécuté ; &
partant qu'elle devoit être mife & colloquée en ordre avant ledit le Normand, lequel au-contraire foutenoit ladite Dlle. le Beau non-recevable & mal fondée
en fon oppofition, d'autant que la terre des Effarts
n'avoit point appartenu à Françoife Troullard, mais
étoit avenue à Jacqueline de Trouville par le décès
& fucceffion de fon pere ; ainfi, que l'oppofante ne
pouvoit prétendre aucune hypotheque fur icelle que
du jour de fon contrat de 1619, & non de 1608,
que ladite Troullard fa mere avoit emprunté de
Toulon & Toret. Et ne ferviroit de dire qu'elle fut
héritiere pure & fimple de ladite Troullard fa mere,
parce que l'adition d'hérédité ne donne aucune hypotheque fur les biens propres de l'héritier aux créanciers du défunt, s'ils n'ont fait condamner ledit héritier ; qu'il y avoit grande différence entre les créanciers de l'un & de l'autre, & entre
leurs biens ; qu'à ce fujet *fiebat bonorum fepa-
ratio*, Tit. *De feparat. bonorum*. Différence entre les
actions héréditaires, *dantur in folidum* fur les biens
du défunt ; *pro parte hæreditaria*, fur les biens de fon
héritier ; & qu'en cela l'ancienne jurifprudence avoit
été corrigée. La demandereffe & oppofante difoit,
qu'elle demeuroit d'accord que par l'ancien droit en
la loi *Paulus refpondit*. 29. *De pignor. & hypoth.* fuivie de quelques arrêts, on ne pouvoit fe prendre
fur les biens de l'héritier pour les dettes du défunt,
ni y prétendre aucune hypotheque. *Paulus refpondit
generalem quidem conventionem fufficere ad obligationem pignorum, fed ea quæ ex bonis defuncti non fuerunt, fed poftea ab hærede ejus ex alia caufa acqui-
fita funt, vindicari non poffe à creditore teftatoris.*
Mais depuis les efprits mieux éclaircis avoient changé cette jurifprudence ; qu'il n'y avoit que les décrets de Dieu immuables, fermes & ftables ; que
les opinions des hommes étoient trop foibles, trop
fragiles, pour toujours durer & demeurer unes &
conftantes ; que cette variation, cette viciffitude fe
remarque en toutes chofes, notamment en la jurifprudence, au droit ancien fondé fur les opinions de
jurifconfultes & décifions des empereurs, où l'on
remarque tant de variations, qui ont fait groffir près
de deux mille volumes ; qu'en l'hypotheque même
ils avoient varié. Par le premier droit elle ne fe
conftituoit que par tradition ; depuis en changeant,

par fimple convention, & fur une chofe fpécifique ;
enfuite fur tous biens généralement, *L. ult. C. Quæ
res pign. Et qui pignus vendebat, in edictum divi
Marci incidebat. Et à ce fujet creditor poterat pignus
perfequi abfque difcuffione.* Depuis la difcuffion introduite en faveur du débiteur, encore changée, &
par une commune opinion du palais, nulle difcuffion au regard du débiteur. Qu'en cette caufe il y
avoit deux principales queftions à traiter : favoir fi
le débiteur peut obliger & hypothéquer fon bien
& celui de fon héritier : l'autre, fi l'adition d'hérédité oblige les biens de l'héritier, & fur iceux
donne hypotheque aux créanciers du défunt, du jour
de l'adition. Quant à la premiere, & Paulus en la
loi *Rem alienam.* §. 1. *De pignerat. act.* avoit réfolu
que non. *Rem alienam pignori dedifti, deinde dominus ejus rei cœpifti, datur utilis actio pigneratitia.
Non eft idem dicendum, fi ego Titii, qui rem meam
obligaverat fine mea voluntate, hæres extitero, hoc
enim modo pignoris perfecutio concedenda non eft creditori, neque utique fufficit ad competendam utilem
pigneratitiam actionem, eundem effe dominum qui
etiam pecuniam debet ; fed fi conveniffet de pignore,
ut ex fuo mendacio arguatur, non probè refiftit, quo
minùs utilis actio moveatur ;* que cette opinion, comme la plus équitable, avoit été fuivie par les anciens arrêts, parce que *res aliena pignorari non poteft*,
bien-que *vendi & legari poffit.* Et ainfi pignus n'ayant
fubfifté lors de l'obligation, il ne peut par après reprendre fa force. *Quod ab initio non valuit, nullo
tractu temporis convalefcit* ; mais que cette jurifprudence avoit encore changé, & l'opinion de Modeftin qui avoit vécu après Paulus environ 25 ans, fcilicet fub Gordianis, rapporté en la loi *Si Titio*, 22.
De pignor. fuivie & embraffée par les derniers arrêts.
*Si Titio, qui rem meam ignorante me, creditori fuo
obligaverat pignori, hæres extitero, ex poftfacto pignus directò quidem non convalefcit, fed utilis pigno-
rantia dabitur creditori.* Primò, parce que l'héritier
& le défunt font cenfés une même perfonne κατὰ ἐξοχὴν.
Il fe fait un mélange & confufion de biens de l'un
& de l'autre, tel qu'on ne peut difcerner ceux de
celui-là, d'avec ceux de celui-ci. *Unicum cenfetur
patrimonium.* Secundò, qu'il falloit condamner Bacquet ès chapitres 36 & 37, qui avoit tenu le contraire ; qu'il y avoit grande différence quand le débiteur fuccédoit à fon créancier ; que le droit ancien
en cette loi *Paulus & ibi Cujac.* n'étoit aucunement
confidérable ; que le ftyle des notaires d'obliger
tous & chacuns les biens préfens & à venir, le dé-
montroit ; que Mafuer ancien praticien, titre *Des
fubhaftations*, étoit de l'avis de Modeftin ; que Barthole, Balde & cæteri l'ont auffi fuivi in *L. Secus. De
pignor. & hypoth.* Savoir fi l'héritier par l'adition
d'hérédité oblige fa perfonne & tous fes biens, s'il
y a tacite hypotheque, nulle difficulté, *quemadmodum in legatis & fideicommiffis* ; que les derniers
arrêts l'avoient ainfi jugé ; que l'héritier *aditione hæreditatis* oblige tous fes biens propres, encore qu'il
n'y ait aucune pourfuite contre lui ; que fi l'héritier
reconnoiffant la dette en jugement ou pardevant notaire, hypotheque fon bien, nul doute qu'un fimple acte d'adition d'hérédité n'ait autant de force,
adeundo hæreditatem quafi contrahit ; que fi les notaires ont omis d'obliger & hypothéquer les biens,
l'on fupplée ces claufes d'obligation & d'hypotheque,
lefquelles font cenfées appofées, & l'hypotheque
contractée ; que la coutume réformée de Bretagne y
eft formelle, l'héritier obligé perfonnellement & hypothéquairement ; que les claufes des notaires ne
font pour remplir le parchemin ; que l'héritier n'a
aucun intérêt que fon bien foit hypothéqué : ou au-
contraire il y auroit de grands inconvéniens, fi fon
bien n'étoit hypothéqué aux créanciers du défunt,
il pourroit tout vendre fous ce prétexte ; que s'il falloit une condamnation, de plufieurs créanciers de
diverfes provinces éloignées, le poftérieur pourfuivant, le premier fe rendroit antérieur en hypotheque ; que cette maxime & obfervance du palais de
faire déclarer le contrat & obligation exécutoire
contre l'héritier, comme il étoit contre le défunt,
n'eft que pour la convention, pour l'exécution, nul-

Tome I. Pp

1625.

lement néceſſaire pour l'hypotheque ; qu'avant l'ordonnance de Moulins cette forme ſe gardoit, mais que les derniers arrêts l'ont entierement abrogée, celui de Montlus, & pluſieurs autres, qui ont jugé pour la tacite hypotheque. Le ſieur le Normand & autres créanciers répondoient à ces repliques, que *in novis legibus conſtituéndis ſtrictiores eſſe debemus*; que le droit romain étoit entierement conforme en ſes déciſions touchant l'hypotheque, qu'il n'en avoit aucune par tradition, mais par la convention qu'il avoit empruntée des Grecs, dont Demoſthene & St. Jean Chryſoſtome rapportoient les exemples ; que ſi un débiteur oblige & hypotheque nommément le bien de ſon héritier futur, l'hypotheque eſt bonne, parce que l'héritier *ex poſtfacto ratum habet*, pour éviter le crime de ſtellionat, mais l'hypotheque ne paſſe pas outre ſur les autres biens de l'héritier. Alléguer une mixtion & confuſion de biens, c'eſt introduire une confuſion d'actions, parce que la diſtinction & ſéparation de biens demeurent introduites par le droit en faveur des créanciers, §. 1. *De hæred. qual.* Dire que les contrats des notaires portent hypotheque, bien-que non ſtipulée, il n'y a ordonnance ni arrêt. De dire que la condamnation étant néceſſaire, c'eſt multiplier les procès contre l'intention de la loi ; au-contraire c'eſt introduire un moyen pour n'être trompé ni ſurpris, pour pluſieurs raiſons, ſur leſquelles la cour a fondé ſon arrêt, qu'elle ſera autoriſer par le roi ; que l'héritier par l'addition d'hérédité n'hypotheque ſon bien propre. *Primò*, parce que l'hypotheque ne ſe contracte que par convention ; *atqui* l'adition d'hérédité n'eſt pas une convention, mais une fiction, ou quaſi contrat, & le droit réprouve deux fictions, *L. Si verum. ff. Mandati.* *Secundò*, par l'ancienne juriſprudence les légataires & fidéicommiſſaires n'avoient aucune tacite hypotheque, mais *in moram hæredis mittebantur in poſſeſſionem ſervandorum cauſâ*, *L.* 2. *De leg. præſt.* *Tertiò*, par le droit nouveau lès légataires & fidéicommiſſaires n'ont aucune action perſonnelle, mais utile & hypothéquaire. *Quartò*, nulle confuſion, ni mixtion de biens, mais une perpétuelle ſéparation : l'héritier peut renoncer, enſuite reprendre. *Quintò*, autrement il y auroit de l'injuſtice : car ſi pour pouvoir convenir l'héritier par action réelle & hypothéquaire, il faut qu'il ſoit détenteur des biens du défunt ; il s'enſuit néceſſairement que l'action hypothéquaire ne ſe peut donner ſur ſes biens propres, ſans une condamnation. *Sextò*, par l'ordonnance de Moulins art. 306, pour avoir hypotheque il faut convention ou jugement ; de même en l'adition d'hérédité nulle hypotheque ſans ſentence ; que les anciens arrêts doivent être gardés, *cap.* 1. *De conſtitut.* Que Macrinus avoit réſolu d'abolir tout le droit, à cauſe de la variété & diverſité des jugemens qui ont toujours quelque particularité & circonſtance.

LA COUR après avoir vu la demande, défenſes, repliques & dupliques, & tous les arrêts tant anciens que modernes, & s'être aſſemblée par trois diverſes apréſdînés, a délibéré & réſolu par ſon arrêt qui ſera gardé & obſervé en toutes les chambres du parlement, qui ſuivant l'opinion de Paulus, & non de Modeſtin, pour avoir hypotheque ſur les biens propres de l'héritier, il faut avoir obtenu condamnation contre lui. Et faiſant droit ſur la demande & oppoſition de ladite le Beau, ordonne qu'elle ſera miſe & colloquée en ordre ſuivant ſon contrat de 1619 ſeulement, & non ſuivant celui de 1608.

* Brodeau le cite, *lett. N. ſomm.* 19. Il méritoit d'être vu dans les termes que le grand magiſtrat l'a prononcé, puiſque c'eſt peut-être le ſeul arrêt pour une theſe générale, qui ait conſervé ſi long-tems ſon autorité, ſans qu'on ſe ſoit donné la liberté au palais de remettre la queſtion en controverſe.

CHAPITRE LVI.

Prieuré de religieuſe eſt vacant ipſo facto, par irrégularité à la collection du ſupérieur régulier, & non à la nomination du roi.

LE jeudi 27 novembre 1625, premier jour d'audience d'après la ſaint Martin, fut plaidée la cauſe pour le poſſeſſoire du prieuré de Val-d'Oſne, dioceſe de Châlons. Sœur Marie Teſtart avoit long-tems été prieure ; mais à cauſe de ſes débauches & impudicités elle fut deſtituée & dépoſſédée par ſentence du grand prieur de l'abbaye de Moleſme, dont ledit prieuré eſt dépendant, & en même tems accuſée d'aſſaſſinat commis en la perſonne d'un nommé Mourot, homicide pour avoir dépoſé contre elle, par ceux qui en abuſoient. Voyant qu'elle ne pouvoit conſerver ſon bénéfice, elle le réſigne à ſœur Elizabeth Largentier. Nonobſtant la réſignation, l'abbé de Moleſme en pourvut ſœur Marie de Malabarbe, comme étant le bénéfice vacant, & la réſignation nulle. Sœur Elizabeth Largentier interjetta appel comme d'abus tant de la ſentence de deſtitution de ladite Teſtart, que des proviſions de ladite de Malabarbe. M. Talon lors avocat des parties, pour ladite Largentier, dit que l'appel comme d'abus de la ſentence de deſtitution n'eſt interjetté qu'en ce qu'on s'en voudroit ſervir contre elle, & qu'elle lui feroit préjudice. Cette ſentence eſt viſiblement abuſive, parce qu'il n'appartient pas à un prieur clauſtral de faire le procès à une religieuſe ; c'eſt une entrepriſe ſur la juriſdiction de l'official. Quant à l'abus de la proviſion & collation du bénéfice faite par l'abbé de Moleſme à ladite de Malabarbe, il eſt manifeſte par trois moyens. *Primò*, *ex defectu poteſtatis* de l'abbé qui a pourvu, parce que le bénéfice n'eſt en ſa collation, mais en celle du roi. Il n'en faut autre preuve que le droit commun, par lequel tous bénéfices électifs ſont à la nomination du roi & à la collation du pape, par le concordat & l'art. 3 de l'ordonnance de Blois. L'on a voulu révoquer en doute les bénéfices des moniales, & les ôter de la nomination du roi, ſubtiliſant ſur les élections qui ſe font ſuivant le chapitre *Quia propter*, ou ſuivant le chapitre *Indemnitatibus. in ſexto.* Mais il y a eu déclaration du pape qui a levé ce ſcrupule, & confirmé au roi la nomination de tous bénéfices électifs indifféremment. *Secundò*, ces proviſions ſont fondées ſur l'incapacité & inhabilité d'Edmonde Teſtart, exprimées par la ſentence du grand prieur. Il y a eu appel de cette ſentence, qui eſt abuſive ; ainſi le genre de vacance eſt véritable. *Tertiò*, abus en ce qu'on a pourvu au bénéfice d'une perſonne vivante, *Cap.* 1. & 2. *De conceſſ. Præb. L. ult. de pactis.* Il n'y a que trois ſortes de vacances, mort, réſignation & forfaiture : ni l'une ni l'autre ne ſe rencontre. A la vérité Edmonde Teſtart eſt accuſée d'avoir conſeillé un aſſaſſinat aux nommés les Eſpagnes, qui ont été condamnés par arrêt, l'un aux galeres pour neuf ans, l'autre pour trois ; mais ce n'eſt pas pour raiſon de l'aſſaſſinat, c'eſt pour avoir vécu licencieuſement au prieuré de Val-d'Oſne. Enfin quand elle auroit commis l'aſſaſſinat, c'eſt une grande diſpute, an *ipſo facto*, *ipſo jure*, *an verò per ſententiam homicida ſpolietur beneficio.* Le chapitre 1. *De homicid. in ſexto*, décide *ipſo facto*, mais qu'étant dans le ſexte il ne doit être ſuivi. *Secundò*, ce chapitre eſt tiré du concile de Lyon tenu après les guerres, tems auquel il y avoit ſi grand nombre d'aſſaſſins, *qui pretio appreciato* commettoient des homicides, dont la fréquence donna ſujet à ce chapitre ; mais le chapitre 1. *De clerico pugn. in duello*, décide le contraire, & que l'homicide n'eſt ſpolié que *per ſententiam*. Les arrêts ont ſuivi cette jurisprudence : il y en a un récent de 1625, pour la cure de Charlieu, réſignée par le curé, qui deux jours auparavant avoit commis un homicide notoire au milieu de la ville, & s'étoit évadé, & par contumace avoit été condamné à mort : néanmoins ſon réſignataire fut maintenu contre celui qui avoit été pourvu au bénéfice comme vacant *ipſo facto* par l'homicide. En tout cas Edmonde Teſtart n'étant condamnée, mais ſeulement accuſée, il eſt impoſſible de confirmer les proviſions & la collation faite de ſon bénéfice. Me. Lamet pour l'intimée dit, qu'elle ne veut s'aider de la ſentence de deſtitution, & n'appuie ſes proviſions, que ſur l'aſſaſſinat de Mourot, qu'elle a ſuggéré aux Eſpagnes, dont le ſerviteur domeſtique a été exécuté à mort, & eux condamnés aux galeres & aux dépens, dommages & intérêts envers la veuve de Mourot, même du chef de leur ſerviteur. Edmonde Teſtart étant complice d'un crime auſſi atroce que l'homicide, elle a encouru irrégularité, & *ipſo facto* a* été privée de ſon bénéfice, *Cap. ſignificaſti. De homicid.* même pour l'avoir conſeillé, *Cap. De cætero, & Cap. ſi verò eod.* où l'on reſtraint l'irrégularité *ad certum homicidium*. Irrégulier eſt celui qui ſort de la regle, en laquelle partant il eſt incapable de tenir un bénéfice. Le chapitre 1. *De homic. in ſexto* eſt ſuivi; & le chap. 1. *De clerico pug. in duello*, ajoute, *niſi homicidium ſubſecutum fuerit*. Il y a un arrêt de 1588, pour Maillard curé de Melun.

M. Servin repréſenta que le procès de la Teſtart étant ſur le bureau, il étoit expédient d'en attendre l'événement.

LA COUR appointa au conſeil, & joint au procès de ladite Teſtart étant ſur le bureau prêt à être jugé, & depuis terminé par l'arrêt ci-après trouvé en forme parmi les factums de l'auteur, qui a maintenu ladite de Malabarbe en la poſſeſſion & jouiſſance du prieuré de Val-d'Oſne.

Extrait des regiſtres de parlement.

ENtre ſœur Marie de Malabarbe, religieuſe prieure du prieuré du Val-d'Oſne, demandereſſe & accuſatrice, le procureur général du roi joint, d'une part; & ſœur Edmonde Teſtart, auſſi religieuſe, ci-devant prieure dudit prieuré, défendereſſe & accuſée, d'autre. Et entre Perrette Bouillot, veuve de défunt Nicolas Mourot, laboureur demeurant au bourg d'Oſne, auſſi demandereſſe & accuſatrice, pour raiſon de l'homicide commis en la perſonne de ſondit défunt mari, d'une part; ladite Teſtart défendereſſe & accuſée, d'autre. Et encore ladite Bouillot demandereſſe aux fins d'une commiſſion du 19 mai 1623. Pierre Bouillot charpentier tonnellier, demeurant audit Oſne, ſon pere, demandeur en intervention, ſuivant la requête par lui préſentée à ladite cour le 4 août dernier, & concluant à ce que Claude Martin praticien audit Oſne, ci-devant dénonciateur à l'encontre d'eux pour l'homicide dudit Mourot, fût condamné en tous les dépens, dommages & intérêts qu'ils ont eus & ſoufferts à cauſe de ladite dénonciation, durant la priſon, & depuis pendant ledit procès, ſuivant la ſentence d'abſolution & réſervation deſdits dépens, dommages & intérêts, donnée par le lieutenant criminel de Chaumont, le 16 ſeptembre 1622, d'une part; ledit Martin défendeur, d'autre. Et entre ladite de Malabarbe demandereſſe : aux fins d'une commiſſion par elle obtenue le 29 novembre 1623, & à l'entérinement des lettres en forme de requête civile du 4 mars dernier, contre l'arrêt du 13 ſeptembre 1619, d'une part; ſœur Elizabeth Largentier, ſoi-diſant auſſi prieure dudit prieuré, défendereſſe, d'autre. Et encore ladite Largentier appellante comme d'abus de la ſentence donnée par le grand prieur de Moleſme contre ladite Teſtart, le 22 avril 1619 & de la collation faite à ladite de Malabarbe par l'abbé de Moleſme dudit prieuré du Val-d'Oſne, le 1 mai audit an, d'une part; & ladite de Malabarbe intimée,

d'autre. Vu par la cour, les grand'chambre, tournelle, & de l'édit aſſemblées, l'arrêt du 11 1625. mai 1623, par lequel entr'autres choſes, ladite cour auroit évoqué à elle toutes les inſtances & procédures criminelles, renvoyées tant pardevant l'official de Châlons, qu'autres juges des lieux; & pour y faire droit, ordonne que ladite de Malabarbe ſuivant ſes offres feroit apporter & mettre au greffe d'icelle les charges & informations, & procédures criminelles faites contre ladite Teſtart, Florentin & Odet Thieriats, dits les Eſpagnes, pour leur être leur procès fait & parfait par deux des conſeillers d'icelle, à pareils frais que ſut les lieux. Procédures criminelles faites contre ladite Teſtart, à la requête de frere Jean Berger promoteur en l'abbaye de Moleſme, par frere Claude Louis, grand prieur d'icelle. Plainte rendue contre ladite Teſtart, les 6 janvier & 13 avril 1619. Informations par lui faites les 27 février & 11 avril 1619, avec le récolement des témoins ouis en icelle le 12 dudit mois d'avril. Autre plainte faite par les habitans dudit Oſne, contenue en leur requête préſentée au défunt ſieur cardinal de Guiſe le 15 dudit mois d'avril, & le procès-verbal dudit grand prieur, des 10 & 17 juin audit an. Autres procédures criminelles faites par le lieutenant en la maréchauſſée de Joinville, pour raiſon de l'aſſaſſinat commis en la perſonne dudit Mourot. Procès-verbal du 16 dudit mois d'avril, contenant que ſur le requiſitoire du ſubſtitut du procureur général du roi audit lieu, & dénonciation de ladite Perrette Bouillot veuve dudit Mourot, il ſe feroit trouvé au logis dudit défunt. Rapport des chirurgiens de la viſitation du corps mort d'icelui Mourot. Interrogatoires faits à Claude Colleſſon dit Baconnet, le 19 dudit mois d'avril. Autres informations des 20 avril & 27 juin enſuivant. Décret de priſe de corps décerné contre leſdits Thieriats, & de deux de leurs ſerviteurs du 23 dudit mois d'avril. Autres informations, récolemens & confrontations des 28 mai, 7 & 17 juin audit an 1619. Arrêt du 8 août enſuivant, par lequel les appellations interjettées par leſdits Thieriats deſdites procédures contre eux faites, auroient été miſes au néant, & les parties, charges & informations renvoyées au lieutenant criminel de Chaumont. Interrogatoires deſdits Florentin & Odet Thieriats, faits par ledit lieutenant criminel le 6 ſeptembre audit an, ſuivant ledit arrêt, avec le procès verbal des 3 & 10 ſeptembre, 20 novembre 1619 & autres jours ſuivans, contenant le déſiſtement du ſieur duc de Guiſe & de ladite Perrette Bouillot. Information & répétition de témoins du 10 janvier 1620. Sentence dudit lieutenant criminel de Chaumont du 20 février enſuivant, par laquelle leſdits Thieriats auroient été élargis par-tout. Arrêt du 21 mai 1620, entre ladite Teſtart, appellante comme d'abus de la permiſſion d'informer. Information faite, citation du 2 mars, décret d'ajournement perſonnel & de priſe de corps, défauts & contumaces, publication de monition, ſentences des 9 & 22 avril 1619. exécution d'icelles, & de tout ce qui s'en eſt enſuivi, données par ledit grand prieur de Moleſme, d'une part; ledit grand prieur & frere Jean Berger promoteur, intimés en leurs noms, d'autre; par laquelle, en tant que touchoit l'intimation dudit grand prieur, les parties auroient été miſes hors de cour & de procès; & faiſant droit audit Berger ſur les appellations de ladite permiſſion d'informer, confection d'information & décret d'ajournement perſonnel, auroient auſſi été miſes hors de cour & de procès; & pour l'appel dudit décret de priſe de corps & ſentence définitive, qu'il avoit été mal & abuſivement jugé, bien appellé par ladite Teſtart, ſaus dépens, & icelle Teſtart rendue à l'évêque de Châlons ſon official, pour lui être ſon procès fait & parfait, à la charge du cas privilégié, pour lequel aſſiſteroit le lieutenant criminel de Châlons, & par lui procédé à la requête du ſubſtitut du procureur général, contre ceux qui ſe trouveront chargés par les informations, juſques à ſentence incluſivement; & ordonné que toutes les charges & informations faites par ledit grand prieur,

1625.

ensemble ſes procès-verbaux concernant certaines peintures & autres pieces, ſeroient portées au greffe de ladite officialité de Châlons ; & néanmoins que les témoins qui avoient été ouis depuis l'anticipation en la cour ſur leſdites appellations, ſeroient répétés, dépoſition des autres demeurant ; défenſes à l'évêque de Châlons & à ſon official de bailler permiſſion à ladite Teſtart de ſe retirer, ſans ouir le ſubſtitut dudit procureur général. La procédure faite par ledit official, ſuivant ledit arrêt, ſavoir la répétition des témoins ouis à Joinville & Châlons. Interrogatoires & confrontations d'iceux à ladite Teſtart le 16 août & autres jours enſuivans. Sentence dudit official du 14 octobre 1620, par laquelle ladite Teſtart auroit été reçue en ſes faits juſtificatifs & de reproches. Enquêtes d'offices faites en exécution de ladite ſentence. Arrêt du 30 décembre 1620, par lequel ſur l'appel comme d'abus interjetté par ladite de Malabarbe de la procédure dudit official, auroit été ordonné que les parties auroient audience au premier jour, & cependant feroit par ledit official paſſé outre au jugement du procès, pour, ce fait, être mis ès mains du lieutenant criminel, & par lui prononcé ſur le cas privilégié. Production de ladite Teſtart pardevant ledit official de Châlons. Sentence définitive par lui rendue le 3 février 1621, par laquelle ladite Teſtart avoit été condamnée tenir priſon l'eſpace d'un an, dans l'abbaye Notre-Dame de St. Dizier, jeûner pendant ledit tems trois fois la ſemaine au pain & à l'eau, en ſix-vingts livres d'amende, & déclarée indigne & incapable de tenir à l'avenir bénéfice, office ni charge eccléſiaſtique, & condamnée aux dépens. La procédure faite par le lieutenant criminel ſur les cas privilégiés, ſuivant ledit arrêt & autres du 16 mai 1622, ſavoir les informations des 1 juin, 15 & 16 juillet & autres jours enſuivans. Décret de priſe de corps contre leſdits Claude Colleſſon, Florentin & Odet Thieriats, Urbain leur ſerviteur, & Jean Thibault. Interrogatoires & confrontations faites auxdits Colleſſon & Thibault priſonniers, les 22, 23 & 29 octobre 1622. Autres interrogatoires faits à ladite Teſtart le 19. novembre enſuivant. Autres procédures criminelles faites par ledit lieutenant criminel de Châlons à la requête du ſubſtitut du procureur général audit lieu à la dénonciation de Claude Martin praticien audit Oſne à l'encontre de ladite Perrette Bouillot, & ledit Pierre Bouillot ſon pere. Informations, décrets & interrogatoires, récolement & confrontation de témoins. Sentence par lui rendue le 3 juin 1622, par laquelle il auroit été ordonné, qu'il ſeroit plus amplement informé, & leſdits accuſés élargis. Autres informations, interrogatoires, récolemens & confrontations de témoins auxdits Bouillot pere & fils accuſés. Autre ſentence du 16 ſeptembre enſuivant, par laquelle ils auroient été élargis par-tout, ſauf à eux à ſe pourvoir pour leurs dépens, dommages & intérêts. Autres informations faites par le juge de Vaffy le 16 juin 1623, à la requête de ladite Bouillot, ſuivant l'arrêt du 2 juin audit an. Autres interrogatoires deſdits Teſtart, Colleſſon, Thibault, Florentin & Odet Thieriats, faits par Me. René le Rouiller & André Charton conſeillers en ladite cour, les 14 mai, 2, 9, 10, 13, 16 & 21 juin 1623, ſuivant ledit arrêt du 11 mai précédent. Récolemens & confrontations de témoins auxdits accuſés, & iceux confrontés les uns aux autres, des 17, 21 dudit mois de juin, 1, 18 & 27 jours enſuivans. Conclusions civiles deſdites de Malabarbe & veuve Mourot. Réponſes par atténuation, productions, contredits & ſalvations deſdites parties. Arrêt de mort donné contre ledit Colleſſon le 2 ſeptembre audit an. Procès-verbal d'exécution d'icelui dudit jour. Autre arrêt du 23 dudit mois de ſeptembre audit an 1623, par lequel la cour faiſant droit ſur l'appel deſdites de Malabarbe & veuve Mourot de la ſentence dudit jour 20 février 1610, auroit mis leſdites appellations & ſentence au néant ; & pour réparation des cas mentionnés au procès auroit condamné ledit Florentin Thieriats faire amende honorable nud en chemiſe audevant de la principale

porte dudit prieuré du Val-d'Oſne ; ce fait, banni du royaume de France pour neuf ans ; & ledit Odet ſon frere, des bailliages de Châlons & Vitry, prévôté & vicomté de Paris, pour trois ans ; à eux enjoint de garder leur ban, à peine de la vie ; & condamnés, ſavoir ledit Florentin en 800 liv. d'amende, & en 200 liv. de réparation envers ladite veuve Mourot, & ledit Odet en 400 liv. auſſi d'amende, & 100 liv. envers ladite veuve Mourot. Ordonne que les priſons ſeront ouvertes audit Thibault, & que l'archevêque de Rheims bailleroit vicariat à deux des conſeillers clercs de ladite cour, pour juger l'appel interjetté par ladite Teſtart de ladite ſentence de l'official de Châlons du 3 février 1621, & condamne leſdits Florentin & Odet Thieriats, un ſeul & pour le tout, en trois quarts de tous les dépens du procès, y compris ceux faits contre leſdits Colleſſon & Thibault envers leſdites de Malabarbe & veuve Mourot ; l'autre quart pour le regard de ladite Teſtart réſervé. Vicariat du Sr. archevêque de Rheims du 7 novembre 1623. Sentence donnée par les vicaires & députés dudit Sr. archevêque le 26 janvier 1624, confirmative de celle dudit official de Châlons. Production civile de Me. Jean Felix promoteur de l'évêché de Châlons, appellant à minima pardevant l'official de Paris, vicaire & député par le pape pour juger l'appel de ladite ſentence du 26 janvier 1624. Sentence rendue par ledit official de Paris le 30 juillet dernier, confirmative d'icelle dudit 26 janvier. Papiers ſaiſis ſur ladite Teſtart mentionnés au procès-verbal de l'huiſſier Cazaul du 27 juin dernier ; joint audit procès par arrêt du 6 août enſuivant. Défaut à trois briefs jours obtenus contre ladite Teſtart ſuivant l'arrêt du 2 juillet dernier. Requête par elle préſentée. Les deux certificats de ſa maladie y attachés. Autre par elle préſentée le 17 novembre dernier, & les pieces y attachées communiquées & miſes au ſac. Requête du 18 dudit mois de ladite Malabarbe employée pour contredits. Autre requête préſentée par ladite Teſtart le 20 dudit mois, & l'acte du 9 novembre 1619, y attaché, communiqués & mis au ſac. Conclusions du procureur général, ladite Teſtart ouie en la chambre, pour ce mandée. Vu auſſi la commiſſion obtenue par ladite Mourot le 19 mai 1623. Arrêt du 13 dudit mois 1624, par lequel après que par autre arrêt du 14 octobre 1623, ledit Martin auroit été débouté de défenſes, ladite veuve auroit été appellée à produire, & ledit Martin à contredire. Production de ladite veuve Mourot. Contredits dudit Martin. Salvations de ladite veuve. Ladite requête du 4 août dernier par ledit Pierre Bouillot préſentée. Arrêt du 7 dudit mois, par lequel après que ledit Bouillot auroit déclaré que pour moyens d'intervention il employoit ladite requête, les parties auroient été appointées à écrire & produire dans trois jours, & joint. Productions deſdits Pierre Bouillot & Martin. Vu auſſi la commiſſion par ladite de Malabarbe obtenue le 29 novembre 1623, afin d'être réintégrée, maintenue & gardée en la poſſeſſion & jouiſſance dudit prieuré du Val-d'Oſne, fruits & revenus d'icelui, ladite Largentier condamnée lui en reſtituer les fruits par elle pris & perçus, avec dépens, dommages & intérêts. Arrêt du conſeil privé du roi du dernier mai 1624, par lequel ſa majeſté ſans préjudice de ſes droits, & les droits des parties, auroit icelles renvoyées & leurs procès & différends, circonſtances & dépendances en ladite cour, pour y procéder, ſuivant les derniers erremens. Arrêt de rétention du 10 juin enſuivant. Défenſes, appointemens en droit à écrire, produire & contredire. Avertiſſement de ladite Largentier. Productions & contredits deſdites parties. Salvations de ladite Malabarbe. Ledit arrêt du 13 ſeptembre 1619, donné ſur requête, par lequel auroit été permis à ladite Largentier ſe faire mettre en poſſeſſion & jouiſſance dudit prieuré par le plus prochain juge royal des lieux, & en cas d'empêchement ſe faire aſſiſter de force ſuffiſante pour l'exécution d'icelui. Leſdites lettres en forme de requête civile du 4 mars dernier contre ledit arrêt. Autre arrêt du 20

juin

juin dernier, par lequel fur lefdites lettres en forme de requête civile, les parties auroient été appoin-tées au confeil, & joint, & acte à ladite de Mala-barbe, de ce que pour moyens de requête civile elle auroit employé le contenu d'icelle requête ci-vile. Réponfes de ladite Largentier. Productions defdites parties. Ladite fentence du 22 avril 1619, donnée par le grand prieur de Molefme, par la-quelle pour les cas mentionnés au procès il auroit privé ladite Teftart dudit prieuré du Val-d'Ofne, & icelui déclaré vacant, impétrable, & icelle Teftart déclarée inhabile & incapable de jamais tenir aucuns bénéfices, charges, ni dignités; ordonne qu'elle feroit mife au monaftere des filles repenties de cette ville, pour y finir le refte de fes jours, & y tiendroit prifon fermée les premiers dix-huit mois, & con-damnée jeûner au pain & à l'eau les mercredis & vendredis de chacune femaine; & recevroit à cha-cun defdits jours la difcipline reguliere; & pour fa nourriture & entretenement lui feroit baillé fur les fruits dudit prieuré huit-vingts livres par an, & con-damnée ès dépens. La provifion & collation dudit prieuré faite par ledit abbé de Molefme à ladite de Malabarbe du premier mai 1619. Arrêt du 27 no-vembre dernier, par lequel fur l'appel comme d'a-bus interjetté par ladite Largentier de ladite fen-tence & collation dudit prieuré, les parties au-roient été appointées au confeil, & joint. Caufes d'appel & productions defdites parties. Requête par ladite de Malabarbe préfentée le 26 février 1624, avec la bulle & dévolut y attaché dès l'année 1611, communiqués & mis au fac. Production nouvelle de ladite Largentier. Contredits & falvations. Re-quête par ladite de Malabarbe préfentée le 17 no-vembre dernier, & les trois pieces y attachées & mifes au fac, auffi communiquées. Contredits & falvations. Requête par ladite Largentier préfentée le 19 dudit mois, à fin de vérification & jonction dudit procès, des deux fignatures de création de penfion au profit de ladite Teftart; & extinction d'icelle, lefdites deux fignatures, procès-verbal de vérification d'icelles dudit jour 19 novembre der-nier & autres jours fuivans, joints audit procès, fuivant la requête du 28 dudit mois. Autre par la-dite de Malabarbe préfentée le 29 du même mois, mife au fac. Conclufions du procureur général du roi. Tout confidéré, dit a été, que la cour a joint & joint toutes lefdites inftances, & y faifant par même moyen droit, a condamné & condamne la-dite Teftart pour les cas mentionnés au procès, faire amende honorable devant la principale porte du prieuré du Val-d'Ofne; & là étant à genoux & dévoilée, tenant en fes mains une torche ardente du poids de deux livres, dire & déclarer qu'elle s'en repent, & demande pardon à Dieu, au roi, à juftice & à ladite veuve Mourot; & ce fait, être recluſe au monaftere de Notre-Dame de St. Dizier, pour y tenir prifon & finir le refte de fes jours, ainfi qu'il eft ordonné par ladite fentence de l'offi-cial de Châlons, & autres fentences confirmatives d'icelles; & à cette fin lui adjuge la fomme de trois cents livres de penfion qui lui fera payée par chacun an fa vie durant, fur les fruits dudit prieuré par les fermiers d'icelui, de quartier en quartier, & par avance, le premier payement commençant au premier jour de janvier prochain; ce faifant, en demeureront lefdits fermiers valablement dé-chargés. A condamné & condamne ledit Martin en deux cents livres envers Pierre Bouillot, & trois cents livres envers Perrette Bouillot fa fille, pour les dommages & intérêts par eux foufferts à caufe de l'injurieuſe, téméraire & calomnieufe accufation du meurtre commis en la perfonne dudit Mourot, contre eux intentée à la dénonciation dudit Martin; & faifant droit fur les appellations par ladite Lar-gentier interjettées, a mis & met lefdites appella-tions au néant, fans amende. A déclaré & déclare ledit arrêt du 21 mai 1620, commun avec ladite de Malabarbe, la collation à elle faite par l'abbé de Molefme dudit prieuré du Val-d'Ofne demeurant; & en conféquence ayant égard aufdites lettres en forme de requête civile, & icelles entérinant, fans

s'arrêter aufdites fins de non-recevoir, a remis & remet les parties en tel état qu'elles étoient aupara-vant lefdits arrêts du 13 feptembre 1619. Ce faifant, a ordonné & ordonne que ladite de Malabarbe fera réintégrée audit prieuré par les mêmes voies qu'elle en a été déjettée; l'a maintenue & gardée, main-tient & garde en la poffeffion & jouiffance d'icelui; a fait inhibitions & défenfes à ladite Largentier & tous autres de l'y troubler; & à icelle Largentier condamnée en la reftitution des fruits, lefquels néan-moins ladite cour pour aucunes confidérations a compenfés avec les réparations faites par ladite Lar-gentier audit prieuré. A condamné & condamne ladite Teftart envers ladite de Malabarbe & veuve Mourot au quart des dépens du procès criminel, réfervés par ledit arrêt du 23 feptembre 1623, fans néanmoins que pour le payement de la fomme à laquelle le quart defdits dépens fera taxé, ni pour autres dettes paffives de ladite Teftart, fi aucunes y a, les trois cents livres de penfion à elle ordon-nées fa vie durant, puiffent être arrêtées. A pareille-ment condamné & condamne ledit Martin ès dépens des inftances fur la commiffion du 19 mai 1623, & de l'intervention envers lefdits Pierre & Perrette Bouillot pere & fille, chacun pour fon regard, & ladite Largentier ès dépens des inftances fur ladite commiffion du 29 novembre 1623, & de requête civile envers ladite de Malabarbe, fans dépens des caufes d'appel, dommages & intérêts. Fait en par-lement le 5 décembre 1625. Ainfi figné, RADIGUES. M. DURAND, *rapporteur.*

CHAPITRE LVII.

Bail fait par l'abbeffe feule eft nul.

DAme Marie de Montluc, abbeffe de Ferva-que, ayant fait bail de tout le revenu de fon abbaye à un nommé Fourquet, obtint lettres pour faire caffer & réfcinder ledit bail, fondées fur ce que repréfenta M. Talon fon avocat. *Primò,* que ce bail eft fait par anticipation, qui eft une nullité, ainfi que les arrêts l'ont jugé tant pour les baux des biens d'églife, que pour ceux des mineurs. *Secundò,* nul par la minorité de l'abbeffe âgée feulement de 23 ans. *Tertiò,* nul pour avoir été fait par l'abbeffe feule fans affiftance & confentement de la prieure & autres religieufes du couvent. *Quartò,* nul à caufe de la grande léfion & vilité du prix. Me. Pail-let pour le fermier, défendeur en lettres, dit qu'elles font incivilies & non-recevables: l'anticipa-tion eft feulement de vingt mois, tems néceffaire pour préparer les labours & cultures des terres bail-lées à ferme. La minorité de l'abbeffe n'eft pas plus confidérable, parce qu'étant capable de poffeder le bénéfice, elle eft réputée capable de l'adminiftrer. Quant au dernier moyen, l'abbeffe a fa menfe fépa-rée, & a toujours feule fait tous les précédens baux.

M. l'avocat général Talon dit, que l'anticipation du tems fur le premier bail n'eft point confidéra-ble, n'y ayant que vingt mois, néceffaires pour préparer les labours & cultures; ni la minorité al-léguée, parce que l'abbeffe étant capable d'être titulaire du bénéfice, & réputée pleinement ma-jeure, & capable de l'adminiftration. Mais y ayant procédé feule, c'eft une nullité tellement effentielle au bail, qu'il ne peut fubfifter, nullité tirée de la difpofition du droit civil & du droit canon: du droit civil: *Quod omnes tangit, debet ab omnibus appro-bari;* du droit canon: le titre y eft exprès: *De his quæ fiunt ab epifcopo vel abbate fine confenfu capi-tuli.* Le couvent eft un corps myftique, duquel l'abbeffe eft le chef, & les religieufes les mem-bres. Le concile de Carthage dit, qu'*Abbas utitur reditu abbatiæ, non tanquam propriis bonis, fed commendatis, id eft, depofitis. In jure enim com-mendare eft deponere,* n'étant que le dépofitaire du bien commun entre lui & fes religieux. Un abbé commendataire qui a fa menfe féparée, n'a pas

1625. plus de pouvoir. Lorsqu'il y a quelques biens communs entre l'évêque & le chapitre, l'évêque ne peut seul sans le consentement du chapitre, faire aucuns baux ni autre chose. Eo ipso que l'abbesse est titulaire, & que les religieuses sont sous la clôture, il faut supposer une mense commune, tout le bien commun, qui ne se peut donner à ferme sans une assemblée capitulaire, après publications, affiches, & au plus offrant & dernier enchérisseur; ce qui n'a été observé. La lésion & vilité du prix est apparente; en ce qu'on a fait un nouveau bail pendant l'instance de rescision, par lequel le prix du premier est augmenté de plus de mille livres par an. Le défendeur a fait offres au parquet de faire la condition de l'abbaye égale: en ce cas il seroit équitable d'accepter ses offres. Le défendeur présent en l'audience réitéra ses offres.

LA COUR ayant égard aux lettres, & icelles entérinant, cassa & annulla le bail; & néanmoins pour aucunes bonnes causes & considérations, ayant égard aux offres du défendeur, lui continua la ferme pour le prix porté par le dernier bail; le 2 décembre 1625.

CHAPITRE LVIII.

Mandataire pour obtenir des provisions d'un office, n'est garant envers le pourvu, de la suppression, & doit être payé de la somme convenue.

LE mercredi 10 décembre Me. le Normand plaida l'appel d'une sentence du sénéchal de Lyon, qui avoit ordonné qu'en baillant caution, l'appellant toucheroit 518 livres qu'il avoit employées pour obtenir les provisions d'un office de sergent royal à l'intimé, suivant le concordat fait entr'eux, par lequel l'appellant avoit stipulé, que moyennant cette somme il seroit simplement tenu d'obtenir les provisions dudit office vacant par le décès d'un particulier nommé audit concordat, & ne seroit tenu à aucune garantie, mais que l'intimé seroit obligé de soutenir & faire vuider toutes les oppositions à ses péril & fortune. Et sur ces moyens l'appellant fondoit le mal jugé. *Dixissem* pour l'appellant, que la convention faite entre lui & l'intimé n'est pas une vente: l'intimé n'étoit que mandataire de l'appellant pour faire expédier les provisions de l'office de sergent royal vacant par le décès du nommé au concordat, *mandatum ad certam rem.* Ainsi l'appellant ayant fait expédier les provisions de l'office vacant, *functus est officio*, & ne doit être tenu de la suppression, ni de l'événement dudit office. *Etiamsi ignoraverit is, qui certum hominem emi mandaverit, furem esse, nihilominus tamen damnum decidere cogetur; justissimè enim procuratorem allegare non fuisse id damnum passurum, si id mandatum non suscepisset, & æquum est nemini officium suum damnosum esse, certè mandatis culpam esse, qui talem servum emi sibi mandaverit, L. 61. §. 5. De furtis.* soit expresse pour cette cause. Me. le Charron pour l'intimé dit, que par arrêt l'office a été supprimé, & ainsi l'intimé ne peut espérer de jouir dudit office, & cette suppression étant une éviction éminente, l'intimé comme acquéreur a lieu de ne se désaisir du prix. *Cùm in ipso limine contractûs imminet evictio, emptorem, si satis et non offeratur, ad pretii solutionem non compelli, L. 24. C. de evictione.* sur laquelle la sentence est fondée. Au fond, l'éviction & l'action de garantie a deux effets: le premier pour le remboursement du prix de la vente; le second pour les dommages & intérêts. La restitution du prix seulement, est quand on a stipulé qu'on ne seroit tenu à aucune garantie, comme au fait dont il s'agit, ainsi que le décide élégamment Ulpien *in L. 11. §. 14. De act. empti. Etsi apertè comprehendatur in venditione nihil evictionis nomine præstitum iri, pretium quidem deberi re evictâ, utilitatem non deberi; neque enim bonâ fidei contractûs hanc patitur conventionem ut emptorem amittat, & pretium venditor retineat.*

LA COUR mit l'appellation & ce au néant,

en ce que l'appellant avoit été chargé de donner caution; en émendant ordonna que les 518 livres lui seroient délivrées simplement, & condamna l'intimé aux dépens. *Præside acutissimo domino Henrico de Mesme.*

CHAPITRE LIX.

Fils mineur marié & demeurant avec son pere, gardien des meubles par lui saisis, peut être emprisonné, & n'est pas restituable.

GUy Pepin étant débiteur par obligation de 400 livres envers Me. Jacques Brou avocat de Poitiers, & pour le payement ses meubles saisis & prêts d'être enlevés & déplacés, Etienne Pepin son fils se présente & s'en rend gardien volontaire, & promet les représenter toutes fois & quantes. Le tems préfix pour la vente par la coutume étant expiré, ledit Etienne Pepin gardien interpellé de représenter les meubles saisis, & ne l'ayant fait, le saisissant présente requête au présidial, par laquelle il demande que ledit Etienne Pepin soit contraint par corps à la représentation des meubles, ce qui est ainsi ordonné, & ensuite il est emprisonné. Appel tant de l'ordonnance, apposée au bas de la requête que de l'emprisonnement de sa personne, & lettres pour être relevé de l'acceptation de la garde & dépôt desdits meubles. Me. Coffin dit, que l'appellant étant mineur & en la puissance de son pere, il n'a pu valablement accepter ce dépôt; la coutume veut que le fils émancipé ne puisse en façon quelconque s'obliger; la minorité seule suffit, elle donne une perpétuelle restitution: la révérence & le respect paternel l'ont forcé d'accepter ce dépôt. Me. Rofée pour l'intimé dit, que la minorité de l'appellant & demandeur en lettres n'est aucunement considérable; le fait dont il s'agit n'est point sujet à la restitution. *Hanc enim causam ab eo beneficio esse removendam viri prudentes putaverunt, disent en pareille rencontre les empereurs in L. Ad Velleï.* La charité & révérence paternelles l'obligeoient à l'acceptation de ce dépôt; & en cela n'ayant fait que son devoir, il ne doit être restitué suivant la loi 11. §. 1. *Ad Velleï. Si quid liberaliter fecerit, veluti ne judicatus pater ejus propter solutionem vexetur, non est tuta senatusconsulto.* C'est l'espece de cette cause. Par ce moyen il a libéré son pere de l'enlevement & subhastation de ses meubles, ce qui lui eût été une grande perte & ignominie. Les arrêts ont jugé que le fils, bien-que mineur, s'obligeant pour fortir son pere de prison, ne pouvoit être restitué. Celui de Pelicano prononcé en robes rouges le 7 septembre 1618 est vulgaire; l'acceptation du dépôt & garde des meubles, pour en empêcher le déplacement & éviter la confusion au pere, est presque semblable. Quant à l'émancipation, elle est tacite, suivant la coutume de Poitou & la générale du royaume, l'appellant étant marié plus d'un an auparavant ce dépôt. Il est certain que le mariage émancipe en France, contre la commune disposition de droit.

LA COUR débouta le demandeur de l'effet & entérinement de ses lettres, & mit l'appellation au néant. Le 12 décembre 1625, M. de Hacqueville, président.

* L'arrêt est cité dans Brodeau, lett. A. somm. 9.

CHAPITRE LX.

Affectations de chapelles aux choristes depuis le concordat ne nuisent aux gradués, qu'après une bulle du pape, lettres-patentes du roi vérifiées en la cour, & information de la commodité & utilité.

EN 1588 M. l'archevêque & le chapitre de Rheims obtiennent une bulle du pape Sixte V, portant suppression de deux prébendes des soixante-six qui composent ce chapitre, ensemble l'affectation des treize chapelles fondées en leur église pour l'entretien de douze vicaires qui desservent & tiennent le chœur & la musique. En 1589 ils font vérifier ces bulles au parlement de Paris. En 1595 ils réiterent cette vérification, & encore en 1625, après avoir obtenu lettres patentes de sa majesté. Mais auparavant en 1624 au mois d'avril l'une desdites chapelles ayant vaqué *per obitum* de Me. Guillaume Cajot, Me. Nicolas Ogier gradué nommé & duement insinué, se présente au chapitre, & requiert la collation de ladite chapelle, qui lui est refusée. Il se pourvoit en cour de Rome, & en est pourvu par le pape sur le refus du chapitre, lequel en pourvoit Me. Gobert Eloy. Il y a instance au présidial de Rheims touchant le possessoire de ladite chapelle, où le chapitre intervient, & demande le renvoi aux requêtes du palais. Il en est débouté, dont appel : sur lequel néanmoins on ne s'arrêta pas, mais à la demande du possessoire. Me. le Noir dit pour Ogier gradué, que les bulles, par lesquelles on prétend l'affectation de ces chapelles, ne sont pas duement vérifiées. La premiere vérification de 1589 est nulle, étant faite à Paris lorsque le parlement étoit interdit, & l'on a osé sceller & intituler Charles X. Celle de 1595 n'étoit que pour la suppression de deux prébendes; celle de 1625 est après sa provision, & ne lui peut être judicier. Au fond, il a été jugé que les graduées sont préférables à ceux qui desservent au chœur. Il y en a un arrêt célebre rendu sur le rapport de M. Brisson, président M. Brulard, l'an 1572. Me. Pinette pour le chapitre & pour Eloy dit, que les bulles portant affectation de ces chapelles sont duement vérifiées sur lettres patentes de sa majesté; ainsi les graduées n'y peuvent rien prétendre.

M. l'avocat général Talon dit, que s'il étoit question de la préférence du droit de scolarité, ou du *Committimus*, la décision seroit facile : car il est certain que le privilege de scolarité emporte celui du *Committimus*, même passé devant l'indult de messieurs les cardinaux. Au principal, que si la cause étoit entre deux graduées, il y auroit lieu de gratification, parce que le mois d'avril n'est pas mois de rigueur; mais il n'y en a qu'un, & la question est seulement en l'affectation de la chapelle contentieuse aux musiciens. Il est vrai, que lorsque le bénéfice par sa fondation est affecté à certains religieux, prêtres ou autres personnes, si le gradué n'est de cette qualité, il ne peut rien prétendre au bénéfice, parce que la loi de la fondation est plus puissante que celle qui donne le privilege aux graduées : car celui qui fonde un bénéfice, contracte avec le public, qui est obligé de faire exécuter sa volonté. *Et beneficium semel affectum semper remanet affectum.* Lorsque l'affectation est faite par bulles bien & duement homologuées sur lettres patentes entérinées & vérifiées avec grande connoissance de cause, comme il se doit faire, telle affectation est pareillement bonne; mais pour faire préjudice aux graduées, il faut qu'elle soit avant le concordat, n'étant pas raisonnable que le privilege qui leur a été octroyé, leur puisse être ôté par telles affectations, beaucoup moins favorables & nécessaires que la doctrine & la science. Ce motif qui a donné lieu au privilege des graduées, surpasse de beaucoup le ton de musique, laquelle néanmoins est bienséante ès églises, principalement en celle de Rheims, dont on peut dire ce que l'empereur Justinien a dit de celle de Constantinople *nov.* 3. *Ut determ. sit numerus cleric. totius imperii mater.* ayant l'honneur, non pas de faire nos rois, comme quelques ignorans ont voulu dire, puisqu'ils ne tiennent leur couronne que de Dieu, mais bien de les sacrer, de les oindre de cette huile qui n'est pas le fruit commun de la terre, mais envoyé du ciel, & trouvé miraculeusement dans la sainte ampoule, pour marque d'une grace & d'une prérogative spéciales. En la forme, Ogier n'a pas été bien conseillé d'envoyer à Rome sur le refus du chapitre, qui ne reconnoît point de supérieur en France, parce que c'est une Métropolitaine. Il pouvoit se pourvoir en la cour, qui lui auroit accordé des provisions sur requête.

LA COUR dit qu'il avoit été mal, nullement & incompétemment jugé; évoquant le principal, maintint & garda Ogier gradué en la possession & jouissance de la chapelle contentieuse, fruits, profits, revenus & émolumens, avec restitution de fruits, sans dommages & intérêts; & suivant ses offres ordonna qu'il ne la pourroit résigner à autre qu'à un des vicaires du chapitre; le 15 décembre 1625.

* Du Fresne n'a mis ni le fait, ni la limitation de l'arrêt conforme aux offres.

CHAPITRE LXI.

Après le possessoire d'un bénéfice jugé par arrêt de maintenue, l'on ne peut se pourvoir au pétitoire pardevant le juge d'église, & la citation est abusive.

MAître Claude le Clerc ayant été pourvu d'une prébende de saint Paul de Lyon par la résignation de Me. Alexandre Guetin décédé peu après la prise de possession, Me. Urbain Scaron est pourvu de la même prébende, comme vacante par le décès de Guetin, par le chapitre collateur ordinaire. Procès pour le possessoire de la prébende entre le Clerc & Scaron pardevant le sénéchal de Lyon, & par appel en la cour de parlement, où par arrêt de 1623 le Clerc fut maintenu & gardé en la possession & jouissance de la prébende. Scaron se pourvut pardevant l'official de Lyon, duquel il obtint commission pour faire citer le Clerc sur le pétitoire de la prébende. Le Clerc ayant été cité en vertu de ladite commission, il en interjetta appel comme d'abus, comme aussi de la citation & exécution. Me. de la Mechiniere Odespun pour l'appellant dit, que cette commission est manifestement abusive. *Primò*, parce qu'elle est obtenue par une obreption évidente, l'intimé ayant dissimulé à dessein l'arrêt contradictoire rendu avec lui, par lequel l'appellant est pleinement maintenu & gardé en la possession & jouissance de la prébende. S'il eût été vu, l'official de Lyon n'eût osé décerner cette commission; si l'ayant vu, il avoit été assez hardi de la décerner, l'abus en seroit plus grand, par une entreprise manifeste contre l'autorité de la cour, à laquelle l'official est obligé de déférer, & ne rien entreprendre au mépris de ses arrêts. *Secundò*, si ce refuge du pétitoire étoit ouvert aux plaideurs, un seul juge, un official pourroit rétracter des arrêts rendus en grande connoissance de cause : ce qui seroit d'une trop périlleuse conséquence. En l'hypothese la cause fut fort solemnellement plaidée. Me. Pierre Mauguin, *quem fama & meritum nobiliorem in foro produxit*, plaidoit pour Me. Urbain Scaron intimé. Il représenta & traita doctement toutes les questions où il s'agissoit de l'ordonnance des petites dates, & soutint le droit & la cause tout autant qu'elle se pouvoit défendre. *Si Pergama dextrâ defendi possent, dextrâ hâc defensa fuissent.* Après un examen si exact, une plaidoirie si solemnelle, il n'y a pas lieu de rétracter des questions qui ne peuvent jamais être mieux agitées ni plus judicieusement & équitablement terminées : ce seroit faire une trop grande breche à l'autorité & à la capacité de la cour, *quæ habet omnia jura in scrinio pectoris*. Le troisieme moyen d'abus est la longue possession de l'appellant, possession d'environ cinq ans, par le moyen de laquelle, suivant l'ordonnance & la regle de chancellerie *De pacificis possessoribus*, il ne peut être troublé ni inquiété, ni au possessoire, ni au pétitoire du bénéfice. Quoi-qu'il n'y ait pas trois ans que l'arrêt a été donné, pour induire une possession triennale; néanmoins il ne faut pas compter la possession du jour de l'arrêt seulement, mais du jour de la prise de possession, parce que *ab eventu* par l'arrêt la possession de l'appellant ayant été confirmée, & le trouble de l'intimé jugé injuste; ce tems intermédiaire ne nuit & ne préjudicie point : mais le tems de l'arrêt *retrotrahitur ad tempus possessionis*. Tout ce que l'intimé objecte, eſt l'ordonnance de 1539, laquelle parlant du poſſeſſoire des bénéfices jugé par les juges royaux, ajoute, *ſauf aux parties à ſe pourvoir pour le pétitoire pardevant le juge d'égliſe.* Ainſi il n'a fait que ce que l'ordonnance lui permettoit. Mais à cela la réponſe eſt facile. *Primò*, cette ordonnance ſe démentiroit en ſon titre, auquel elle porte, *pour l'abréviation des procès*; néanmoins au-lieu de les abréger elle les multiplieroit *in infinitum*, ſi ce pétitoire étoit reçu, parce qu'en cour d'égliſe il faut trois ſentences conformes, auparavant qu'on puiſſe arrêter le cours & la chaleur d'un plaideur. Il y a cinq ans que l'appellant étoit en procès pour ce petit bénéfice; ſi l'action étoit renouvellée pardevant le juge d'égliſe, il n'y auroit jamais de fin. *Secundò*, cette ordonnance n'eſt point en uſage, *quia utilis ſpecie, re verò noxia*; elle n'a jamais été pratiquée, & s'eſt abrogée de ſoi-même. *Leges recipiuntur, cùm moribus utentium approbantur*, dit Iſidore. Nos coutumes ſont venues de même façon, *Can. lib. d. Tertiò*, le canon *de ſuffocato non comedendo* écrit par les apôtres encore brûlans du feu du Saint-Eſprit, conforme à l'ancienne loi, *levit. 7.* étoit abrogé *per non uſum*. Les peres grecs le voulurent établir en uſage, mais les peres latins y réſiſterent, & obtinrent qu'il demeureroit abrogé par le ſeul ſilence & non-uſage, comme il eſt rapporté par le concile *in Trullo*. Il y a cent ans que l'ordonnance eſt faite; néanmoins l'intimé eſt le premier qui a oſé la réveiller, & la faire revivre. Les requêtes civiles ſont prohibées; toutefois il n'y a rien de ſi commun, ni de plus fréquent, parce que l'uſage les a autoriſées par la néceſſité, nonobſtant la prohibition de l'ordonnance abrogée *per ſolum uſum*, comme celle dont il s'agit *per non uſum*. *Quartò*, quand il faudroit à toute rigueur s'arrêter à cette ordonnance, il ſeroit facile de l'interpréter, & faire voir qu'elle s'entend des bénéfices purement ſpirituels & non temporels, comme ſont les prébendes, *à præbendo, cap. 1. de Magiſtr.* ou en tout cas, qu'elle s'entend ſeulement, lorſqu'il n'y a eu jugement que de la ſimple récréance, qui s'adjuge ſommairement ſans connoiſſance de cauſe, à celui qui a le plus apparent de titre: mais qu'elle ne peut aucunement s'étendre à une pleine maintenue, qui ſe juge ſur les titres & capacités par une grande & exacte connoiſſance de cauſe. *Judex qui cognoſcit de poſſeſſorio, & de petitorio cognoſcere debet*, dit le pape Martin; & Faber au §. *Retinenda. De interdictis. Eadem cauſa poſſeſſionis & proprietatis, in beneficiis non poſſeſſio, ſed titulus.* Il faut néceſſairement examiner le titre, pour juger le poſſeſſoire. Il y a deux voies en matieres bénéficiales. L'une de ſe pourvoir directement pardevant le juge d'égliſe, & après trois ſentences conformes il n'y a plus d'appel, & il faut néceſſairement exécuter ces ſentences dont l'exécution appartient non au juge d'égliſe qui les a rendues, mais au juge laïque. L'autre voie eſt d'intenter ſon action pour le poſſeſſoire du bénéfice pardevant le juge royal, lequel y ayant prononcé, le juge d'égliſe ne peut plus en connoître, ni inquiéter le juſte poſſeſſeur tel déclaré & maintenu par le juge royal; & ſous la faveur de cette poſſeſſion l'appellant a obtenu lettres *de pacificis poſſeſſoribus* en tant que de beſoin, à l'entérinement deſquelles il conclut conjointement & en ſon appel. Me. Gaultier l'aîné pour Me. Urbain Scaron intimé dit, que les lettres *de pacificis poſſeſſoribus* obtenues par l'appellant depuis la plaidoierie de la cauſe, ſont très-avantageuſes à l'intimé, parce que ce refuge eſt un argument du peu d'aſſurance qu'il y a en ſon appel comme d'abus, & il y eſt également mal fondé. Quant aux lettres, elles n'ont aucune apparence, parce qu'elles ne ſe donnent qu'à celui qui a une poſſeſſion triennale *ſine controverſia juris & facti*, comme Boyer & Rebuffe l'ont obſervé. Pour l'appel comme d'abus, il n'eſt pas plus légitime: car il pour commettre un abus il faut que le juge d'égliſe faſſe quelque entrepriſe contre l'ordonnance & ſur la juriſdiction du juge laïque, il s'enſuit néceſſairement qu'en exécutant l'ordonnance il ne peut aucunement commettre abus; & le croire autrement, ce ſeroit s'abuſer & tomber dans l'erreur. Pour connoître la ſource

& le ſujet de l'ordonnance, il faut obſerver qu'avant l'an 1539, après que le poſſeſſoire d'un bénéfice étoit jugé par arrêt, l'on ſe pourvoyoit contre par propoſition d'erreur; & parce que cette voie cauſoit une grande vexation, l'on en fit plainte aux états, où il fut réſolu qu'on ne ſe pourvoiroit plus par propoſition d'erreur, mais on réſerva ſeulement aux parties de ſe pourvoir pardevant le juge d'égliſe pour le pétitoire, *art. 46*; & en l'art. 57 & 58 l'ordonnance fait défenſes aux juges de plus renvoyer les parties pardevant le juge d'égliſe; mais leur laiſſe la liberté entiere de ſe pourvoir; & pour mieux reſtraindre cette procédure, elle ne veut pas qu'on y ſoit reçu, que l'arrêt n'ait été entierement exécuté; tant pour la reſtitution de fruits, que dépens, dommages & intérêts. En tant de lieux & tant de fois l'ordonnance répete & fait mention de ce pétitoire; & néanmoins pour ſauver l'appel comme d'abus, l'on dit qu'elle n'eſt point en uſage, & que l'intimé a été le premier qui ait intenté cette action: mais c'eſt ignorer à deſſein ce qui s'eſt paſſé, ce qui s'eſt pratiqué & ſe pratique encore tous les jours. L'on ſait que le poſſeſſoire des dîmes ſe traite pardevant le juge royal, & après le jugement d'icelui l'on voit tous les jours former action pour le pétitoire pardevant le juge d'égliſe. Pareillement après la queſtion de rapt terminée par le juge laïque, l'on ſe pourvoit tous les jours *ſuper foedere matrimonii*, pardevant le juge d'égliſe. Et pour témoigner que l'ordonnance a été & eſt en uſage, Boërius en ſa queſtion 340 demande ſi les fruits ſont dûs à celui qui a obtenu au pétitoire, *ab initio litis conteſtatæ ſuper poſſeſſorio, an verò ſuper petitorio*; & réſout que non; *niſi à die litis conteſtatæ ſuper petitorio*, parce que celui qui poſſidet, *juſto titulo poſſidet, & ideo facit fructus ſuos.* Et pour le confirmer, Rebuffe ſur l'ordonnance, en rapporte quatre arrêts *in individuo*, & dit qu'au dernier l'appellant comme d'abus fut condamné en l'amende du fol appel. Par où l'on peut facilement connoître combien étroitement eſt obſervée l'ordonnance, loin qu'il y ait abus. Si jamais il y eut ſujet de la pratiquer, c'étoit en cette cauſe, la défenſe de l'intimé ayant été entierement omiſe, & les proviſions de l'appellant abſolument nulles, parce que l'ordonnance de 1550 art. 4 déclare toutes proviſions nulles expédiées ſans procuration. L'an 11 & 12 chargent les notaires de tenir regiſtre & garder les minutes des procurations, & d'y noter & faire mention des expéditions qu'ils en auront faites, & à qui, & combien de fois; charge pareillement les banquiers de tenir regiſtre des procurations qu'ils recevront, par les mains de qui, du tems qu'ils les envoyeront, recevront, & à qui ils les délivreront. L'appellant a manqué à toutes ces obſervations contre l'ordonnance des petites dates, il a toujours gardé la procuration ſecrete, il n'y eu avoit aucune minute, & il étoit domeſtique de ſon réſignant. L'ordonnance veut que l'acte de priſe de poſſeſſion des bénéfices ès égliſes cathédrales & collégiales ſoit faite & dreſſée par le greffier du chapitre, & ès autres égliſes par un prêtre ou notaire; ce qui n'a point été obſervé. Ainſi l'intimé eſt bien fondé, & a juſte ſujet de ſe pourvoir au pétitoire pardevant le juge d'égliſe.

M. l'avocat général Servin dit, que la cauſe du poſſeſſoire eſt mixte *poſſeſſionis & proprietatis*: elle ſe juge avec grande connoiſſance de cauſe, ſur les titres & capacités des parties, nullités & défauts des proviſions: bref, on y allegue & déduit, tant en fait, qu'en droit, tout ce qu'on pourroit alléguer au pétitoire; ce ne ſeroit qu'une redite, comme a fait l'avocat de l'intimé en ces prétendues nullités, qui avoient toutes été alléguées par Me. Pierre Mauguin lors de l'arrêt, la cour ayant prononcé hors de cour & de procès ſur un prétendu rapt: & nonobſtant ce, les parties s'étant pourvues *ſuper foedere matrimonii*, pardevant le juge d'égliſe, & y ayant eu appel, la cour prononça, mal, nullement & abuſivement, parce que la queſtion du mariage avoit été incidemment terminée par la queſtion du rapt. *Covarruvias*, ſavant auteur, atteſte que la même choſe ſe pratique en Eſpagne pour le pétitoire. &

qu'on

qu'on suspend l'exécution des bulles du pape ; ce seroit une entreprise manifeste contre l'autorité de la justice. L'ordonnance de 1539 a été faite en un mauvais tems, sous François I; aussi est-elle demeurée sans effet, & il est inconvénient de la renouveller. Quant aux lettres de *pacificis*, elles ne reçoivent aucune difficulté, non pas même selon les décisions de la rote.

LA COUR appointa les parties au conseil ; le jeudi 18 décembre 1625.

* On a mis le titre ou sommaire de l'arrêt, comme s'il avoit jugé la question, parce qu'elle a été ainsi décidée par autre arrêt ci-après du 15 juin 1626, où elle est encore traitée dans une plus grande étendue ; & n'a plus été révoquée en doute.

☞ *Vide* le chap. 86 ci-après.

CHAPITRE LXII.

Legs fait aux pauvres de la religion prétendue réformée, adjugé au bureau des pauvres, pour être distribué à ceux de l'une & l'autre religion.

JOseph Drapier apothicaire de la ville de Chartres, par son testament laisse l'usufruit de tous & chacuns ses biens à sa femme, à la charge de payer 30 livres lors de son décès aux pauvres de la religion prétendue réformée de Chartres ou des environs, & après le décès de sa femme, l'usufruit étant fini, veut que les biens soient vendus, & que 900 livres soient prises sur le prix en provenant, & par ses exécuteurs testamentaires distribuées pareillement aux pauvres de la religion prétendue réformée étant à Chartres ou aux environs. Le décès de la femme usufruitiere arrivé, il y eut instance par-devant le bailli de Chartres par le procureur syndic de la communauté des pauvres de la religion prétendue réformée à Chartres, soutenant que le legs de 900 livres lui devoit être délivré pour le distribuer aux pauvres de ladite religion ; & entre les administrateurs du bureau des pauvres dudit Chartres, prétendans que ledit legs leur devoit être délivré pour être distribué avec les autres aumônes, à tous les pauvres, & indistinctement, tant de l'une que de l'autre religion ; & encore entre les administrateurs de l'hôtel-Dieu dudit Chartres intervenans & soutenans que ledit legs leur devoit être délivré pour être employé à la nourriture & médicamens des pauvres qui étoient en l'hôpital, tant de la religion catholique, apostolique & romaine, que de la religion prétendue réformée. Sur la contestation le bailli de Chartres ou son lieutenant rend sa sentence, par laquelle il ordonne que le legs de 900 livres fait par Drapier sera délivré aux administrateurs du bureau des pauvres de Chartres pour être par eux distribué aux pauvres tant de la religion apostolique & romaine, qu'à ceux de la religion prétendue réformée, dont le syndic des pauvres de la religion prétendue réformée interjette appel, pour lequel Me. Ayrault dit, que le legs fait par Joseph Drapier est bon & valable, fait à personnes capables de le recevoir, & doit être délivré à l'appellant pour le distribuer selon la volonté & l'intention du testateur. La sentence est directement contraire à la teneur & disposition du testament. Quant à la validité du legs, il est certain en droit que, *Si quid relictum sit civitatibus, omne valet, sive in distributionem, sive in alimenta relinquatur, L.* 117. *De legat.* 1. & *in L.* 122. *eod. Civitatibus legari potest aut quod ad divisionem singulorum civium vel epulum relictum fuerit ; hoc amplius quod in alimenta infirmæ ætatis ; putà senioribus vel pueris, puellisque relictum fuerit, ad honorem civitatis pertinere responderat. & in L. Cùm Senatus. De rebus dubiis. Cùm Senatus temporibus divi Marci permiserit collegiis legare, nulla dubitatio est, quòd si corpori, cui licet coire, legatum sit, debeatur. & in L.* 3. *De colleg. & corpor. Collegiis pecunias communes, quas habent, dividere permittitur. & L.* 8. *C. de hæred. inst.* Valet quod relinquitur collegiis vel corpori, aut ipsis pauperibus vel captivis. Toutes ces loix montrent assez clai-

rement combien ce legs est favorable pour soulager & secourir les pauvres indigens. On l'a pratiqué de tout tems : en l'église primitive on faisoit des quêtes qui s'appelloient ἀνθῆλια τῆς πορείας, *deposita pietatis*, pour être distribué aux pauvres, comme le rapporte Tertullien en son apologet. *cap.* 39. Quant à la capacité des légataires, est assez notoire. L'édit de Nantes *art.* 43 des secrets, y est formel. *Toutes donations entre-vifs ou à cause de mort pour entretenir les ministres, écoliers ou pauvres de la religion prétendue réformée, sont bonnes & valables ; & peuvent les procureurs syndics des communautés demander délivrance desdits legs.* Il n'y a rien de plus formel & de plus précis pour la décision de cette cause. La loi est si clairement écrite, qu'il n'y a pas lieu de douter ; elle a été suivie par les arrêts, entre autres un de 1603 pour un legs fait en 1588 aux pauvres réfugiés à Basle. Les intimés objectent l'*art.* 22 du même édit de Nantes, par lequel il est porté, que les écoliers & pauvres de la religion prétendue réformée seront reçus indifféremment ès colleges, hôpitaux, maladreries, aumônes publiques. Mais la réponse est facile : ce privilege d'être reçus & admis indifféremment ès colleges, hôpitaux, aumônes publiques & autres lieux, ne leur ôte pas celui de l'*art.* 43 subséquent & secret, de pouvoir accepter & recevoir des legs, bienfaits & aumônes, particulierement & séparément pour leur corps, pour ceux seulement qui font profession de la religion prétendue réformée ; autrement il y auroit de la contradiction en l'édit, & un article détruiroit & abrogeroit l'autre : ce qui ne se peut présumer, n'y ayant rien de si absurde que l'antimonie & *pila minantia pilis.* Me. Grenet pour les administrateurs du bureau des pauvres de Chartres intimés dit, que S. Augustin contre l'épître de Parmenion rapporte un pareil différend autrefois mu entre les Donatistes & les Catholiques, & terminé au profit & avantage des Catholiques. Il espere même jugement de la cour. L'édit de Nantes y est exprès, parce qu'en l'*art.* 22 les Catholiques étant obligés d'admettre indifféremment ceux de la religion prétendue réformée aux colleges, hôpitaux, maladreries, aumônes publiques, il faut que la loi soit égale & réciproque, & non pas entièrement à l'avantage de ceux de la religion prétendue réformée, & tout ainsi qu'ils profitent de la libéralité & charité des Catholiques, il est juste & raisonnable que les pauvres catholiques participent pareillement aux bienfaits & aumônes de ceux de la religion prétendue réformée, afin de les conserver en paix & bonne union pour le service du roi. Pour obvier aux dissentions qui en eussent pu naître, l'*art.* 26 du même édit y a pourvu, & déclaré nulles toutes dispositions qui se feroient en haine de la religion. Le testateur y a directement contrevenu par son testament, ayant exclus les Catholiques de son legs, par la seule considération de la religion catholique : ce qui rend la disposition nulle. Cet article est inviolablement observé pour ceux de la religion prétendue réformée, comme l'usage & la pratique l'enseignent, les catholiques ne doivent pas être de pire condition. Quant à l'*art.* 43 secret, la réponse y est facile : auparavant l'édit de Nantes, les ordonnances de nos rois conformes au droit, avoient statué diverses peines contre ceux de la religion prétendue réformée, les avoient déclarés incapables de toutes donations, legs, hérédités, & par cet édit ils sont affranchis de toutes ces peines, & rendus capables d'accepter & recueillir toutes sortes de legs, hérédités & donations. Me. Babinet pour les administrateurs de l'hôtel-Dieu de Chartres intervenans & appellans de la même sentence, en ce qu'elle avoit ordonné que les 900 livres seroient délivrées aux administrateurs du bureau des pauvres, dit, quant à l'appel interjetté par ceux de la religion prétendue réformée, il n'a aucune apparence : la disposition du testateur est nulle, il n'a pu par son testament contrevenir aux loix. *Nemo potest facere quin leges habeant locum in suo testamento, L. Nemo. De leg.* 1. L'*art.* 22 est public & réciproque. Quant à son appel & intervention, il n'y a difficulté : *Qui sentit onus, sentiat & commodum.* L'hôtel-Dieu reçoit tous les pauvres, tous les malades de la religion prétendue réformée, comme il paroit par l'extrait des noms & furnoms de ceux qui y ont été reçus depuis un & deux ans. Ainfi il eft plus équitable que l'hôpital les reçoive & les diftribue aux pauvres indigens & malades.

M. l'avocat général Talon dit, qu'en matiere de teftamens, la premiere chofe qu'il faut confidérer, c'eft le droit & le pouvoir de celui qui tefte. *In actibus publicis nihil eft lege gravius*, dit Ciceron; *in privatis*, *teftamento*, qui va en parallele avec la loi, contenant une loi particuliere, une difpofition & ordonnance du teftateur. A ce propos St. Gregoire de Nyffe dit, que l'homme eft venu au monde le dernier de toutes les créatures, parce qu'elles font toutes pour le fervice de l'homme, & la loi & l'ordonnance, le don & l'invention de l'homme. Saint Thomas parlant de l'aumône demande, fi l'on doit la faire & donner indifféremment à toute forte de perfonnes, à caufe que l'homme eft muable, fujet à mille viciffitudes; & dit qu'on doit préférer les fiens, imitant en cela la grace & la nature qui agiffent plus puiffamment étant plus proches. Et St. Denys en fa hiérarchie dit, que Dieu fait bien également à tous: *Solem fuum facit oriri fuper bonos & malos*; néanmoins que par une proportion analogique il fe communique plus particuliérement aux créatures qui approchent plus près de lui. Le teftateur a eu cette intention, mais il l'a mal digérée; fa difpofition eft nulle, foit parce qu'il l'a appuyée fur un corps qui n'étoit point. Les pauvres de la religion prétendue réformée n'ayant point de communauté à Chartres, n'étant point diftingués d'avec les autres pauvres de la religion catholique, apoftolique & romaine, le teftateur n'a pu les féqueftrer, ni divifer en fon legs, parce que celui qui donne l'aumône, regarde la nature fouffrante, incommodée, non la perfonne de celui-là, ou de celui-ci. Or le droit de nature étant immuable & inviolable, l'on ne dira pas que l'art. 43 de l'édit y foit contraire, & que le teftateur y ait pu déroger. Le droit divin même a fuivi ce droit naturel; & cela fe remarque en ce qu'un docteur de la fynagogue ayant demandé à notre Seigneur qui étoit le prochain, notre Seigneur pour réponfe lui propofa cette belle parabole de ce pauvre miférable tout bleffé & prefque mort, expofé fur le chemin, près duquel avoient paffé les Lévites & les Juifs fans lui avoir rendu aucune affiftance ni eu aucune pitié & commifération de fon malheur. Le Samaritain (auquel on peut juftement comparer ceux de la religion prétendue réformée) l'affifta de tout fon pouvoir; lui faifant voir, comme remarquent les docteurs, que celui-là eft votre prochain, qui eft femblable à nous, non pas feulement celui qui eft de notre religion. L'églife a fuivi cette trace du droit naturel & divin, n'a jamais fait aucune féparation des pauvres. Aux actes des apôtres, St. Pierre exalte Cornelius Centurio, parce qu'il étoit grand aumônier, indifféremment tant aux Juifs qu'aux Gentils, bien-qu'il fût Gentil. Et St. Chryfoftome appelle St. Paul procureur général de tous les pauvres. L'origine de léguer aux pauvres, & l'ufage de faire des collectes, eft une tradition apoftolique. Au concile de Conftance Photius fut dépofé, & entre autres chofes accufé de diftribuer aux pauvres de fa fecte feulement les deniers communs donnés & amaffés pour fubvenir à la néceffité de tous indifféremment. Le concile d'Orléans ordonne, *ut unaquæque civitas fuos pauperes alere teneatur*. L'ordonnance d'Orléans a ordonné l'établiffement des bureaux en chacune ville pour ce fujet. Cette diftinction de pauvres feroit périlleufe; fi un Catholique l'avoit faite, on ne la trouveroit pas bonne; infinis inconvéniens s'en pourroient enfuivre; il faudroit des bureaux féparés, des hôpitaux différens; ainfi une défunion entiere, au préjudice du bien du royaume. L'art. 43 abolit la rigueur des premieres ordonnances, qui avoient févi contre ceux de la religion prétendue réformée, & les avoient rendus

incapables de tous dons, legs & hérédités. Philon dit qu'il y a grande différence entre le juge & celui qui donne : celui qui donne peut élire & choifir celui auquel il veut donner ; le juge ne doit avoir aucune acceptation de perfonnes. Quant à l'intervention de l'hôtel-Dieu, elle n'a aucune apparence, le legs étant fait aux pauvres ; mais il faut corriger les qualités de ce procureur fyndic, appellant, qui fe dit procureur fyndic des pauvres de la religion prétendue réformée de l'églife de Chartres recueillie à Trevefefe. tu, qui eft un village prochain, & il faut feulement dire de l'églife de Chartres, fuivant tous les arrêts.

LA COUR fur les appellations tant du procureur fyndic des pauvres de la religion prétendue réformée, que des adminiftrateurs de l'hôtel-Dieu, mit les parties hors de cour ; ordonna que les legs faits aux pauvres feroient diftribués indifféremment, quelque diftinction qu'il y eût au teftament ou autre difpofition. Le mercredi 7 janvier 1626, M. de Mefme préfident.

* Du Frefne ne fait que citer l'arrêt.

CHAPITRE LXIII.

Pour la réception des prévôts ou châtelains royaux, l'information de vie & mœurs fe fait par le lieutenant général feul, l'examen par tout le fiege, ou le préfident peut préfider, & la preftation de ferment à l'audience du préfidial, ou du bailliage, à l'option du reçu.

LE lundi 12 janvier 1626, fut plaidée la caufe du préfident & du lieutenant général d'Amiens. Il s'agiffoit de favoir auquel des deux appartenoit la réception de châtelains ou prévôts royaux. Me. le Noir pour le préfident, appellant de la réception de l'un defdits prévôts faite par le lieutenant général feul, foutenoit que telle réception appartenoit au préfident ; que c'eft au préfidial, dont il eft le chef, que l'on doit examiner ceux qui veulent être reçus aux offices de prévôts, pour juger s'ils font capables, & enfuite leur faire prêter ferment, aux audiences du préfidial, qui font les plus célebres. Me. l'Hôfte pour le lieutenant général intimé dit, que la réception des prévôts lui appartient, parce que l'adreffe de leurs lettres de provifion lui eft toujours faite ; que l'information de religion, vie & mœurs ne peut être valablement faite que par lui, & non par le préfident : ainfi la réception des notaires royaux & fergens qu'il faut auffi examiner & informer de leurs vie & mœurs, lui appartient. Le ferment fe peut prêter aux audiences de l'ordinaire du bailliage où il préfide. La cour a jugé que les avocats y pouvoient prêter ferment, auffi-bien qu'en celles du préfidial.

M. l'avocat général Talon dit, que les prévôts royaux font les premiers juges, & ont droit de féance aux audiences tant du bailliage que du préfidial, même y peuvent préfider à l'exclufion des anciens avocats & praticiens ; ainfi leur réception doit être plus folemnellement faite. Ils doivent être interrogés par tout le corps du préfidial affemblé, parce que cette action n'eft ni particuliere du préfidial ni du bailliage ; mais eft une action d'autorité concédée à l'un & à l'autre enfemble, à tout le corps, auquel le préfident doit préfider, la capacité de celui qui veut être reçu, demeurant par ce moyen mieux connue.

LA COUR mit l'appellation & ce au néant ; ordonna que la préfentation des lettres & informations de vie & mœurs fe fera par le lieutenant général feul, l'examen par tout le fiege affemblé, où préfidera le préfident, fi bon lui femble, la preftation du ferment à l'audience du préfidial ou du bailliage, à l'option du reçu.

* Du Frefne a cru que la preftation de ferment fe feroit alternativement au préfidial & au bailliage.

CHAPITRE LXIV.

Donation d'une sœur à son frere de toutes successions directes & collatérales échues, sous la réserve d'une pension, est valable dans la coutume d'Amiens, & nulle pour celle de la mere à échoir.

ANne le Brun fille majeure de 25 ans & jouissante de ses droits par le décès de Robert le brun son pere, bourgeois de la ville d'Amiens, en 1623 fait donation entre vifs & irrévocable à François le Brun son frere germain de tous & chacuns les droits successifs qui lui étoient échus par le décès de leur pere commun, par celui de leur aïeul, & en ligne collatérale par celui de deux & leurs freres; comme aussi lui fait donation de tous les droits qu'elle pouvoit espérer en la succession future de leur mere commune, & encore le décharge de ce qu'il lui pouvoit devoir de la gestion & jouissance desdits biens. Le donataire accepte cette donation, & la fait duement insinuer. La donatrice s'en repent peu de tems après, & obtient lettres pour la révocation, fondées sur la prétendue nullité de la donation. *Primò*, comme faite de tous biens universellement, n'en ayant autres que les donnés. *Secundò*, nulle *ex capite* de la succession future de la mere, pour laquelle il ne leur a été loisible de faire aucune paction ni donation. *Tertiò*, nulle en la quittance & décharge de la gestion & jouissance des biens donnés, le donataire ayant été protuteur de la donatrice, ayant géré & administré les biens, au-lieu de leur mere tutrice, & ainsi n'ayant pu se décharger que par une reddition de compte. Sur les lettres elle fait assigner François le Brun son frere donataire par devant le bailli d'Amiens ou son lieutenant, qui entérine les lettres, remet les parties en même état qu'elles étoient auparavant, & déclare la donation nulle & révoquée : dont appel par le donataire, pour lequel Me. Trouçon le jeune dit, qu'il a été mal jugé. Les lettres sont incivilles, & les moyens ne sont pas considérables. Quant au premier, sur lequel on s'arête principalement, qui est la donation de la succession à échoir de la mere, qu'on soutient nulle comme faite contre les bonnes mœurs, contre la prohibition de la loi : *Pactum de viventis hæreditate, nullius est momenti*, parce que votum inducit mortis alienæ captandæ ; il n'est pas besoin d'expliquer cette maxime de droit, parce que l'appellant a déclaré & déclare qu'il se départ de la donation pour ce chef, & consent qu'elle demeure nulle & révoquée, & que la donatrice recueille sa portion en la succession de sa mere, & en dispose comme bon lui semblera. Mais la conséquence qu'on veut tirer de ce départ, que toute la donation soit nulle, le contrat entièrement résolu & ne puisse subsister, *pro parte, & pro parte rescindi*, n'est pas bonne, mais est directement contraire aux loix qui disent que, *utile per inutile non vitiatur*, regle commune tant au droit civil que canon, *cap.* 27. *De reg. juris. in sexto.* §. *quòd si quis sibi. Instit. De inutil. stipulat.* regle approuvée tant pour les testamens que pour les contrats, *in quibus tot sunt stipulationes, quot sunt res*, *L.* 1. §. *Sed si. De verb. obligat.* qui peuvent facilement subsister sans l'appui l'une de l'autre. Dans les testamens, où l'on voit que l'institution d'héritier, qui est la base & le seul appui, étant nulle & caduque, néanmoins le testament subsiste, & les legs en sont dus, *Auth. Ex causâ. De lib. præteritis. Irritum est testamentum quantum ad institutiones, cætera namque firma permanent. & L. Cum duobus. C. De inoffic. testam.* Dans les transactions cette division se rencontre, *L. Si. de. C. De transact.* Aux sentences, dont tous les jours on infirme un chef, l'autre subsiste, *L. Sed etsi. De minorib.* Ainsi les donations de successions échues peuvent valablement subsister, bien-que celle de la succession à échoir de la mere soit déclarée nulle & révoquée. Quant au second point, que la donation est universelle, de tous les biens de la donatrice : *Primò*, la donation est spé-

cifique des successions y mentionnées, ainsi n'exclut pas la donatrice d'en recueillir d'autres, & acquérir d'autres biens & d'en disposer librement, sans que le donataire y puisse prétendre aucune chose, mais seulement ce qui est contenu en la donation, qui n'est universelle, ni conçue en termes généraux de tous biens, & par conséquent n'y peut être étendue. *Secundò*, quand la donation seroit universelle & de tous biens, elle seroit néanmoins bonne, & par le droit, & par la coutume d'Amiens, où les biens sont situés. Par le droit ancien il est vrai que telles donations universelles & immenses sont révoquées ; mais par le droit nouveau *in L. Si quis argentum.* §. *Sed etsi.* 4. *Cod. De donationib.* elles sont permises, bonnes & valables. *Si quis universitatis faciat donationem, sive dimidiæ partis suæ substantiæ, sive quantæcumque, vel etiam totius, si non de inofficiosi donationibus ratio in hoc reclamaverit, coarctari donatorem legis nostræ auctoritate tantum quantum donavit præstare*; où M. Cujas remarquant cette loi dit, *abrogato jure veteri.* La coutume d'Amiens *art.* 1 *des donations*, permet la même chose ; & Me. Charles du Moulin en son apostil sur cet article dit, *modò fit juris donator, & major* 25 *annis.* *Tertiò*, la donatrice ne s'est pas entiérement dépouillée de ce bien donné, parce que sur icelui elle s'est réservée une pension annuelle de cent livres, & quinze septiers de bled, qui est suffisante pour la nourrir, & égale le revenu des choses données, pension que l'on offre de bien payer. Quant au dernier moyen, l'appellant n'a point été tuteur de sa sœur intimée, mais leur mere commune, comme il paroit par acte ; ainsi il n'est tenu à aucune reddition de compte ; & s'il a géré quelque chose par le commandement de sa mere, sa sœur lui a pu quitter & remettre ce qui lui appartenoit : & par ces moyens conclut à ce que la donation soit déclarée bonne & valable pour le regard des successions des pere & aïeul, & des deux freres, échues à la donatrice, celle de la succession à échoir de la mere demeurant révoquée : *Hoc quod superfluum est tantummodo non valere, reliquam verò quantitatem quæ intra legis terminos constituta est, in sua robore perdurare, quasi nullo penitus alio adjecto ; sed hoc pro non scripto, vel non intellecto esse credatur*, comme décide l'empereur in *L. Sancimus.* 34. *De donation.* Me. Pioger pour l'intimée donatrice dit, que la bonté & la trop grande affection qu'elle a témoignée à son frere, lui donnant tout ce qu'elle avoit en ce monde, & cause de son mal & de sa peine. *Est mihi supplicii causa fuisse piam.* Le contrat de donation, duquel on veut se servir pour réduire l'intimée à la mendicité, est un artifice de l'appellant son frere, procureur au bailliage d'Amiens, qui a extorqué cette donation de l'intimée par ses secretes inductions sur l'esprit d'une pauvre sœur, qui ne lui a osé résister. Au fond, ce contrat témoigne assez la grande avidité du donataire, qui l'a porté à se faire donner par l'intimée la succession de leur mere vivante : ce seul point est si pressant & considérable, cette paction si honteuse & odieuse, si périlleuse, ainsi appellée & sévérement rejettée par les loix : *Hujusmodi pactione odiosa & plena tristissimi atque periculosi eventus, pacta contra bonos mores, acerbissima spes, spes improba, in L. ult. C. De pactis.* Convention impie, dictée par la seule avarice. *Improbum esse Julianus existimat eum, qui sollicitus est de viventis hæreditate*, principalement d'une personne si chere, si proche, comme le pere ou la mere, dont on témoigne par-là souhaiter le décès, ou plus véritablement se plaindre de ce qu'ils vivent trop. *Spes est præmatura, cùm vivat is, de cujus bonis quæritur*, *L.* 1. §. 21. *De collat.* Corvina conventio, dit Seneque, vultur est, cadaver expectat, ne jettant les yeux de l'esprit & du corps sur autre sujet que le tombeau, tel le corps mort de celui, dont encore vivant, ils ont déjà dévoré la succession par ces espérances impies & dénaturées. Convention si pernicieuse & damnable, que l'appellant ne l'ose soutenir, donne les mains, & consent la résolution ; avantage si grand à l'intimée, qu'elle soutient que ce principal appui étant tombé, la donation ne peut subsister pour le surplus, infecté

—— & réduit à néant par la contagion de cette conven-
1626. tion ſi pernicieuſe , ſi odieuſe , ſi impie , qui rend
nul ce qui de ſoi eût pu autrement ſubſiſter , comme
faite directement contre la prohibition des loix , cas
auquel *utile per inutile vitiatur , totum corruit* , les
contractans en cette ſorte étant indignes de toute
faveur. *Si quis plures res ſimul alienando , minorem
ſe centenario fecerit , quarum una revocata , vel omnium partibus , major centenario efficitur , utrùm revo-
camus omnes , an pro rata ex ſingulis , ut centena-
rium eum faciamus ; magiſque eſt ut omnium rerum
alienatio facta , nullius momenti ſit ,* répond le grand
juriſc. Ulpien in *L. Si libertus.* 16. §. 1. *De jure pa-
tronat.* & rend la raiſon pour laquelle l'aliénation
doit être entiérement révoquée , parce que *quotiens
in fraudem legis fit alienatio , non valet quod actum
eſt.* Or il n'y a point de telle fraude ni un plus grand
mépris fait à la loi , que de ſtipuler ouvertement ce
qu'elle prohibe expreſſément , & punit ſévérement ,
caſſe & annulle abſolument. *Nullum pactum , nullam
conventionem ; nullum contractum inter eos videri vo-
luimus ſubſecutum , qui contrahunt , lege contrahere
prohibente , L. Non dubium. C. De legib.* Maximè en
matiere de donations qui ſe révoquent pour le tout.
*Totum quidquid largitus fuerat , revertatur in ejuſdem
donatoris arbitrio ac ditione manſurum , L. Si unquam. C. De revoc. donat.* Nulle ſyncope , nulle diviſion , une choſe étant inſéparablement attachée à
l'autre , & n'étant convenue que conjointement avec
l'autre. *Quemadmodum in pupillari ſubſtitutione teſtamentum pupillare pars eſt & ſequela paterni teſtamenti , adeo ut ſi patris teſtamentum non valeat , ne filii
quidem valebit.* §. 5. *De pupill. ſubſt. inſtit.* La validité de l'un dépend entiérement de l'autre , quoiqu'un ſeul teſtament ; & la nullité de l'un emporte
abſolument celle de l'autre. Ainſi en la donation dont
eſt queſtion , la nullité de cette convention vicieuſe
& odieuſe doit néceſſairement annuller & révoquer
le ſurplus de la donation convenue & accordée par
un ſeul & même contrat , *qui pro parte valere non
poteſt , & pro parte valere.* Outre cette raiſon très-
pertinente , la donation ne peut ſubſiſter , parce
qu'elle eſt générale , univerſelle de tous les biens
de la donatrice , approchant plus d'une diſſipation ,
d'une profuſion , que d'une judicieuſe donation , ré-
duiſant le donateur au péril d'une mendicité honteuſe , & lui ôtant la faculté de teſter , qui eſt tellement favoriſée par toutes les loix , qu'elles ont à
ce ſujet réprouvé & rejetté telles profuſions , telles
donations univerſelles , comme plutôt extorquées
des donateurs , que procédées d'une franche & libre
volonté. *Impetu quodam immenſæ liberalitatis omne
patrimonium effuderunt , univerſas facultates exhau-
ſerunt ,* comme parlent les empereurs , *L.* 1. & 2.
De inoff. donat. Nonobſtant ces ſortes de donations
les donateurs peuvent teſter , peuvent diſpoſer des
mêmes choſes. *Tale pactum libertatem teſtamenti faciendi non potuit auferre , L.* 15. *C. De pactis. L.* 5.
Cod. De pactis conventis tam ſuper dote , quàm , &c.
où l'empereur en rend la raiſon : *Quia hæreditas non
pactis , ſed teſtamento extraneis datur.* Et les docteurs
ſur cette loi *Si quis argentum* , remarquent que le
donateur neceſſario ſibi quid reſervaverat , ut teſtaretur.
Contre un héritier du donateur telles objections ſeroient bonnes , mais contre le donateur même elles
n'ont aucune apparence. La quittance & décharge
de geſtion & adminiſtration extorquées par l'appellant ſont auſſi nulles : car bien-qu'il ne fût pas tuteur
de l'intimée , néanmoins il a toujours géré au-lieu
de la mere tutrice , & il eſt tenu en ſon nom , par
tout le titre *pro tutore* ; & la nullité de la quittance ,
non viſis & diſpunctis rationibus , eſt inévitable.
     LA COUR , après que Tronçon a déclaré qu'il
ſe départ de la donation pour la ſucceſſion à échoir
de la mere , ſans avoir égard aux lettres , de l'effet
& entiérement deſquelles elle a débouté la demandereſſe , a mis & met l'appellation & ce au néant ;
en émendant a ordonné , que pour le ſurplus la donation ſortira ſon plein & entier effet , à la charge
de payer par avance la penſion promiſe ; autrement
y ſera pourvu par la cour ; le 20 janvier 1626.

CHAPITRE LXV.

*Sentence rendue en la Flandre Eſpagnole ne peut être
déclarée exécutoire en France ; mais la cour jugeant de nouveau la même choſe , a admis le
tireur d'une lettre de change au bénéfice de ceſſion
de biens.*

BErnard Leleu , marchand de la ville de Calais,
vend pluſieurs marchandiſes à certains marchands de la ville de l'Iſle en Flandre , juſques à la
ſomme de mille livres. Pour le payement ils donnerent à Leleu une lettre de change de la même
ſomme , par laquelle Gilles l'Aſſeſſeur banquier de
l'Iſle en Flandre , mandoit à un nommé Baillif ſon
correſpondant à Paris , de payer cette ſomme de
mille livres audit Leleu ou à ſon commis , ayant
reçu pareille ſomme des marchands de l'Iſle ſes débiteurs. Leleu mit ſon ordre au bas de la lettre de
change , & envoya ſon commis pour en retirer le
payement de Baillif banquier , correſpondant de
l'Aſſeſſeur. Baillif fait refus de recevoir & acquitter
ladite lettre , parce qu'il diſoit avoir eu nouvelle
que l'Aſſeſſeur avoit fait faillite & banqueroute , &
qu'il ne pouvoit admettre , ni moins acquitter la-
ditte lettre. Le commis de Leleu fait ſon proteſt ,
ſe retire à Calais , apprend certainement que l'Aſſeſſeur avoit fait faillite , & ſe contente pour lors
de ſon proteſt. Mais l'Aſſeſſeur pour ſe liberer de la
priſon où ſes créanciers l'avoient fait renfermer , eut
recours au dernier refuge , au bénéfice de ceſſion ,
& pour y être reçu , obtint lettres du roi d'Eſpagne , qui furent entérinées , & lui élargi des priſons.
Il ſe retira à Calais , où d'abord il préſenta requête
au préſident , expoſitive des malheurs qui l'avoient
contraint au bénéfice de ceſſion de biens , & demanda que la ſentence , par laquelle il y avoit été
reçu en Flandre , fut déclarée exécutoire à Calais ,
& par tout le bailliage , ce qui fut ainſi ordonné.
Leleu qui voyoit ſon débiteur habitant en même
ville , lui fait inſtances pardevant les juges-conſuls
aux fins de ſe voir condamner au payement de cette
ſomme de mille livres qu'il avoit reçue en Flandre ,
& dont il avoit délivré ſa lettre de change ſur Baillif
ſon correſpondant à Paris. L'Aſſeſſeur oppoſe qu'il
a été reçu au bénéfice de ceſſion & abandonnement
de tous ſes biens , même avec les débiteurs de Leleu
en Flandre , approuvé & déclaré exécutoire à Calais , & par conſéquent ne peut être pourſuivi pour ſes
dettes. D'ailleurs , que Leleu n'a point d'action contre lui , n'étant nommé en la lettre de change que
pour recevoir le payement , & non pas pour pouvoir
agir , ſur quoi les juges & conſuls le renvoyent abſous des fins & concluſions de Leleu , qui en interjette appel , relevé à la chambre de l'édit. M. Talon
frere de M. l'avocat général , pour Leleu appellant ,
dit qu'il a été très-mal jugé. *Primò* , quant à ce qu'on
dit que Leleu n'eſt nommé ni compris en la lettre
que *tanquam adjectus , & ut ei ſolvatur* , & qu'il n'a
pu intenter aucune action pour le payement de la
ſomme , ſuivant la loi *Cui.* 10. *De novat. & delega-
tion. Si mihi , aut Titio ſtipulatus ſim , Titius nova-
re non poteſt , licèt rectè ei ſolvatur ; ſi non novavi ,
ergo nec agere.* La diſtinction eſt fort aiſée , cette
loi ne s'entend que de celui qui eſt nommé & compris en l'obligation , *ut ei ſolvatur tantùm* , ce qui
n'eſt pas en la perſonne de ceux qui tirent des lettres
de change , leſquels ſont nommés & compris comme
véritables créanciers , & ſont réputés tels *moribus
noſtris* ; même étant porteurs des lettres de change,
ſans aucune ceſſion ni transport , ils ſont préſumés
véritables créanciers , & le payement & acquittement
deſdites lettres ne peut leur être refuſé. *Secundò* ,
la ceſſion & abandonnement de biens ne profite de
rien pour s'exempter de la condamnation de ce qu'on
doit juſtement , *non tollit obligationem* , n'empêchent

pas que les créanciers ne puiſſent agir. *Is quis bonis ceſſit , ſi poſteà aliquid acquiſierit convenitur*, L. 4. *De ceſſ. bon. Rurſum ejuſdem bona diſtrahi poſſunt , ſi tales facultates ei acquiſitæ ſunt , quibus prætor moveri poſſit*, L. 7. *Cod. Qui bonis ceſſerint niſi ſolidum creditores receperint , non ſunt liberati : In eo enim tantùm hoc beneficium eis prodeſt , ne judicati detrahantur in carcerem*, L. 1. *C. Qui bon. ced.* La ceſſion eſt admiſe en Flandre , & n'a aucun effet en France. Il ſupplie la cour de le tenir pour bien relevé de l'appel qu'il interjette du jugement du préſident de Calais, qui n'a pu déclarer exécutoire en France la ſentence rendue en Flandre. Me. Germain pour l'intimé dit, que la ceſſion eſt bien & valablement faite avec tous les créanciers par un *pauvre marchand , qui ex accidenti , non ſupinâ negligentiâ , res ſuas in univerſum amiſit*, comme parle la nov. 135. *Ne quis cog. bonis ced.* Il ne peut être pourſuivi par l'appellant, *cùm qui bonis ceſſit , ne quidem ab aliis quibus debet , poſſit inquietari*, parce que *ceſſio eſt individua , nemo cedit bonis in partem*, L. 5. *eod.* & quoiqu'elle ſoit faite en Flandre , tous les jours les jugemens qui s'y rendent, ſont déclarés exécutoires ſur ſimples *Pareatis*. Les Flamands ſont réputés régnicoles, admis au retrait lignager, par arrêt pour le duc de Crouy. On a donné l'hypotheque du jour d'un contrat de mariage paſſé en Flandre par autre arrêt. Il ſupplie la cour de recevoir encore l'intimé en tant que beſoin ſeroit au bénéfice de ceſſion.

M. l'avocat général Talon dit , qu'au particulier il n'y a point de difficulté , que ceux qui ſont nommés aux lettres de change, ne puiſſent agir, & ne ſoient préſumés véritables créanciers. Il a été ainſi jugé en la grand-chambre depuis un an pour Tachereau banquier contre le Maire intendant de la maiſon de M. de Mets ; mais le public a été intéreſſé en la ſentence de Calais, l'autorité du roi bleſſée. Les ſentences qui ſe donnent hors du royaume , n'ont point d'effet & n'emportent aucune hypotheque ; il faut diſtinguer les actes & contrats qui viennent du droit des gens , & ceux qui procedent du droit civil : ceux-là produiſent une action , bien que ſimple & ſans exécution , mais ceux-ci n'ont aucun effet , le droit civil dépendant entiérement de l'autorité royale. On a jugé qu'une conſignation pour retrait lignager faite à Calais en monnoie étrangere , qui avoit cours à Calais , étoit nulle , ne valant pour marque de ſouveraineté que la loi , la juſtice & la monnoie , qu'il faut ſe conſerver ſoigneuſement.

LA COUR tint l'appellant pour bien relevé, mit les appellations & ce au néant , condamna l'intimé au payement de mille livres & intérêts depuis le proteſt , & taiſant droit ſur la requête de Me. Germain, reçut l'intimé au bénéfice de ceſſion de biens. Le 24 janvier 1626, M. de Meſme préſident en la chambre de l'édit.

CHAPITRE LXVI.

Teſtament d'un François fait à Rome ſuivant les ſtatuts de Rome , eſt valable pour les biens ſituées en France.

DEnys de Gives, natif de Paris , étant à Rome malade , y fait ſon teſtament nuncupatif par-devant un notaire & ſept témoins , par lequel il inſtitue ſa ſœur ſon héritiere , legue trois cents livres à Agnian Provenchere ſon laquais , qui l'avoit long-tems ſervi , 3000 liv. à François Eſtienne , & fait quelques autres diſpoſitions, & enſin aprés décede. Le teſtament n'eſt ſigné ni du teſtateur , ni des témoins. Provenchere de retour en France fait aſſigner demoiſelle Iſabelle Budé , mere du teſtateur, pour avoir délivrance de ſon legs , pardevant meſſieurs des requêtes du palais , où les parties ſont miſes hors de cour & de procés , ſauf au demandeur à ſe pourvoir pour ſes prétendus ſalaires , ainſi qu'il verroit , dont appel , pour lequel Me. Servin dit , que le teſtament eſt bon & valable , & en tout cas le legs légitimement dû. Il n'y a rien de plus certain , que le teſtament doit être fait ſelon les loix & la forme obſervée au lieu où il eſt fait , *L. Si*

non ſpeciali. C. De teſtam. Si non ſpeciali patriæ tuæ privilegio ; où M. Cujas remarque que patria ne ſe doit point prendre du lieu natal , de l'origine , mais pour le domicile & le lieu où l'on ſe rencontre quand on teſte. La forme & la ſolemnité requiſes par les loix & ſtatuts de ce lieu rend le teſtament bon & valable par-tout ; autrement il y auroit de la contradiction , chacun pays ou province ayant ſes formes & ſes ſolemnités autrement différentes, & quelquefois contraires. *Quis decederet pro parte teſtatus , & pro parte inteſtatus* , contre la regle de droit. Il y a grande différence entre la forme & la diſpoſition. Quant à la forme , le teſtament ne dépend aucunement de la coutume ni des loix, où les biens ſont ſitués ; mais ſeulement de celle du lieu où il eſt fait. Quant à la diſpoſition , la coutume , le ſtatut étant réel , *officit rem* , & en empêche la diſpoſition autrement qu'il la preſcrit & l'ordonne. Les arrêts l'ont ainſi jugé , & ont fait perpétuellement cette diſtinction. Un contrat de mariage ſolemniſé en pays étranger ſelon les loix du pays , a été déclaré bon & valable. Guy-Pape *qu.* 262. dit , qu'un teſtament fait à Paris ſuivant la forme preſcrite par la coutume de Paris , eſt bon & valable en Savoye , quoique pays étranger. En 1615 , il y a eu arrêt ſolemnel prononcé en robes rouges , par lequel le teſtament d'un Lyonnois fait à Paris , ſuivant les formes preſcrites par la coutume , & contenant une inſtitution univerſelle d'héritier, prohibée par la coutume de Paris , fut néanmoins déclaré bon & valable. La liberté & la néceſſité de teſter dans le lieu où l'on ſe voit ſurpris de la maladie , & ſouvent en péril de la mort , doit avoir à tout le moins ce privilege ; autrement ce ſeroit reſtraindre cette faculté de teſter , tellement favoriſée par les loix , qu'elles ont rejetté tout ce qui la pouvoit empêcher. Ainſi Me. Denys de Gives ſurpris de maladie à Rome , y a fait ſon teſtament, qui doit être valable à Paris & en toute la France, puiſqu'il y a obſervé les formalités qui ſe gardent ordinairement à Rome , ayant en préſence d'un notaire & de ſept témoins fait ſon teſtament nuncupatif , rédigé par écrit par le notaire. *Per nuncupationem, hoc eſt ; ſine ſcripturâ , teſtamenta non alias valere ſancimus , quàm ſi ſeptem teſtes ſimul uno eodemque tempore collecti , teſtatoris voluntatem , ut teſtamentum ſine ſcriptura facientis , audierint , L. Hâc conſultiſſimâ. §. 2. De teſtam.* A la vérité , les témoins n'ont pas ſigné le teſtament , il n'y a que le notaire ſeul. C'eſt le défaut qu'on objecte ; mais il n'étoit aucunement néceſſaire que les témoins ſignaſſent en un teſtament de cette qualité , en un teſtament nuncupatif , *quòd in hoc differt à teſtamento ſolemni in ſcriptis , quia ad ejus ſubſtantiam neque ſcriptura , neque ſubſcriptio & conſignatio teſtium requiritur , & audientibus illis voluntas defuncti declaratur , L. Heredes palam. Qui teſtam. fac. poſſ. & quemadmodum. unde etiam nuncupativum dicitur ſecundùm gloſſam dict. L.* Il n'a beſoin d'autre ſolemnité que de la voix du teſtateur , de la déclaration ouverte & maniſeſte en la préſence de tous les témoins , dont la ſignature ni l'ecriture ne ſont point néceſſaires ; mais parce que les témoins pourroient mourir , & la preuve du teſtament ſe perdre , l'héritier peut faire aſſigner les témoins pardevant le juge du lieu , qui les examine ſur le fait du teſtament , & rédige leur dépoſition par écrit , qui ſert de preuve perpétuelle ; ou pour procéder plus ſûrement , l'on ſe ſert de la forme, dont de Gives s'eſt ſervi. On mande un notaire , qui en la préſence de ſept témoins rédige par écrit la derniere volonté & teſtament nuncupatif du teſtateur. *Et tale inſtrumentum mortuis etiam teſtibus per ſe plenam fidem facit. Gloſſ. ſingularis L. 2. & ibi Doct. Quemadm. teſtam. aper.* mais en ces inſtrumens , ſoit judiciaires , ou pardevant notaire , il n'eſt pas néceſſaire que les témoins ſignent. Quand le teſtament ſeroit moins ſolemnel , & qu'il y auroit quelque choſe à déſirer , le legs dont eſt queſtion , & autres ſeroient toujours dûs par la clauſe codicillaire , & de donation à cauſe de mort , qui ſont expreſſément appofées au teftament: car s'il étoit nul, les héritiers légitimes *ab inteftat* feroient tenus d'accomplir le teftament, *& præftare fideicommiffa univerfalia, atque particularia*, comme eft celui fait à l'appellant, *L. Ex ea fcriptura. 29. §. fin. De teftam. L. Ex teftamento. Cod. De fideicomm. L. 11. Cod. de teftam. manumiff. Si adjectum fuerit, ut pro codicillis fcriptum valeret.* Ainfi il a été mal jugé. Me. Defita pour François Eftienne légataire de 3000 liv. demandeur en requête d'intervention pour le payement de fon legs dit, que le teftament, en quelque part & en quelque lieu qu'il foit fait, ne laiffe pas d'être bon & valable, pourvu que les formalités du lieu où il a été fait, y aient été obfervées. *Una lex eft diffufa in omnes gentes.* Loi du teftament qui procede du droit des gens, du confentement & de la volonté du teftateur, qui doit être fuivie en tous lieux. En 1592 il a été ainfi jugé pour un teftament fait en Avignon, fuivant le ftatut de la ville, déclaré bon & valable en France. Tout ce qu'on objecte contre celui en queftion, eft que les témoins n'ont figné: mais la fignature n'eft requife aux teftamens nuncupatifs. De plus, à Rome on n'obferve point le droit civil, mais le canon, *cap. Ralatum. & cap. Cùm effes. De teftam. ext.* pour la forme des teftamens. A Rome les parties ni les témoins ne fignent point en tous actes qui font paffés pardevant notaires; avant l'ordonnance de Moulins le même fe pratiquoit en France. Du Moulin en fon *confeil* 52 dit, qu'en tous contrats & obligations la feule diftinction qu'on fait entre les teftamens paffés en pays étranger, eft qu'ils ne produifent aucune hypotheque, mais une fimple action, telle que l'appellant & l'intervenant l'ont intentée. Me. Cholet pour la mere du teftateur & autres héritiers légitimes, intimés, dit, que les autres légataires univerfels & particuliers dénommés en ce prétendu teftament n'ont ofé contefter & appeller; & ayant été déboutés de leurs demandes, ils ont paffé arrêt par appointé & la fucceffion partagée *ab inteftat.* L'appellant & l'intervenant fe font opiniâtrés feuls à foutenir un teftament nul de toute nullité par le défaut de la fignature des témoins y dénommés. Quoique le teftament foit appellé nuncupatif, il eft néanmoins écrit: or *in omni ultima voluntate teftes fubfignare oportet, L. Hâc confultiffimâ. De teftam.* Autrement le notaire pourroit faire tels teftamens que bon lui fembleroit; ce feroit ouvrir la porte aux fauffetés, *quas procul ex republica eliminandas*, dit l'empereur fur pareil fujet, *in L. jubemus. de teftam. & in L. ult. §. ult. C. De codic. Teftibus, quando in fcriptis voluntas componitur, fub notationem fuam accommodantibus.*

M. l'avocat général Servin dit, qu'il faut premiérement favoir *an fit*, avant que de demander *quale fit.* On peut dire du teftament en queftion, que *nullum eft*, n'étant qu'une fimple écriture. Le ftatut de la ville de Rome ne difpofe rien des teftamens. Ainfi il faut recourir *ad jus commune*, comme parle le même ftatut; mais fuivant le droit commun tel teftament eft nul: il feroit d'une trop périlleufe conféquence de confier entièrement la foi d'un teftament à un notaire étranger.

LA COUR appointa la caufe au confeil; le jeudi 29 janvier 1626.

* Du Frefne marque que le teftament a depuis été confirmé au rapport de M. le Clerc. La même queftion avoit encore été appointée le 21 juillet 1616; & en l'une & l'autre caufe MM. Servin & Bignon avocats généraux avoient conclu contre le teftament.

Le titre *De codicillis in princip. Inftit.* nous apprend que Lentulus fit des codicilles en Afrique, où il décéda, & qu'ils furent autorifés par l'empereur Augufte, après en avoir demandé l'avis aux plus célèbres jurifconfultes: il n'y eut même aucun doute formé fur ce que les codicilles avoient été faits en pays étrangers hors la domination de l'empire romain; & toute la difficulté fe réduifit à favoir s'ils devoient être introduits.

Il eft vrai que Théophile femble avoir voulu lire ces mots, *difcederet in Africam*, qui fuppofent que Lentulus avoit fait fes codicilles à Rome avant fon départ pour l'Afrique; mais dans les différens textes

de Juftinien on trouve toujours, *decederet in Africa*, & la raifon du jurifconfulte Trebatius en eft une preuve convincante, puifque pour perfuader à Auguite l'ufage des codicilles, il ne lui repréfente que les longs voyages, qui empêchent de faire teftament.

Cette impuiffance, ou empêchement de tefter, n'étoit que de fait, c'eft-à-dire, par la difette de témoins au nombre requis, & qui euffent la qualité de citoyens romains; mais la terre étrangere ne caufoit aucune incapacité ni obftacle de droit, comme l'ont remarqué tous les commentateurs, par une raifon de parité, que celui qui ne peut faire de teftament, ne peut faire de codicille.

On pourroit ajouter plufieurs autorités à celles qui font rapportées pour les légataires; mais il fuffit d'obferver que telle eft la jurifprudence des arrêts. M. Maynard *livre* 8. *chap.* 51. rend témoignage qu'on l'a ainfi jugé au parlement de Touloufe; & en celui de Paris, l'arrêt du 7 feptembre 1662 qui eft dans le journal des audiences *tome* 1, rendu après un interlocutoire en forme d'enquêtes par Turbes, a confirmé le teftament fait par un François en Portugal, fuivant les formalités de Portugal. L'arrêt du 19 février 1660, au même journal, n'eft pas contraire, & a jugé feulement qu'un François établi à Bruxelles, qui y demeuroit après la déclaration de guerre entre la France & l'Efpagne, n'a pu difpofer par teftament des biens fitués en France, qui appartiennent par fon décès à fes héritiers régnicoles, parce qu'il avoit perdu l'efprit de retour.

☞ *Vide* le chap. 89 ci-après, où M. Bardet rapporte un arrêt rendu dans une efpece femblable; Auzanet fur l'art. 289 de la coutume de Paris, qui dit, qu'un teftament fait par un François en Italie, en Angleterre, en Efpagne, & autres pays étrangers, felon la forme du lieu où il s'eft fait eft valable, * même pour les biens fitués en France; & par la même raifon, que fi le teftament n'eft accompagné des formalités requifes par la loi & coutume du lieu où il a été fait, il doit être déclaré nul, encore qu'il ait toutes les formalités obfervées au lieu où les biens font fitués.

CHAPITRE LXVII.

Teftament olographe d'une femme, contenant legs au profit de la fille naturelle de fon frere, légitimée par le prince, eft bon & valable, & la faits de fuggeftion font rejettés.

DAme Radegonde de Choify n'ayant qu'un fils unique, lui donne tous fes biens en faveur de mariage; mais le même jour qu'il eft folemnifé en l'églife, & avant la confommation, il décede. Cette mere défolée de la perte de fon fils, fait fon teftament olographe en 1622, par lequel elle legue à Jeanne de Choify, fille naturelle de Jean de Choify fon frere, la fomme de 8000 livres, & à Jean Chanteau, fils naturel & légitime de ladite Jeanne de Choify & d'Antoine Chanteau fon mari, cent livres de rente. En 1623, elle fait un codicille auffi olographe, par lequel elle veut, que fi le douaire de 500 livres de rente promis à fa bru n'a lieu, le mariage n'ayant été confommé par le décès de fon fils, arrivé le jour de la folemnifation du mariage, ledit douaire appartienne à ladite Jeanne de Choify, & legue 1500 livres audit Antoine Chanteau, qu'elle dit lui avoir promis en faveur de mariage. En 1615, elle fait un autre codicille pardevant notaires, confirmatif de fon teftament, & contenant quelques legs pieux. Après fon décès Antoine Chanteau & Jeanne de Choify fa femme font affigner pardevant le prévôt de Paris MM. André & Jean de Choify freres & héritiers légitimes de la teftatrice, pour avoir délivrance de leurs legs; ce qui eft ainfi ordonné par ledit prévôt. Appel par Me. André de Choify feul, relevé en la chambre de l'édit à caufe de fa profeffion de la religion prétendue réformée, pour lequel Me. Brodeau dit, que le teftament eft nul pour plufieurs moyens. *Primò*, parce qu'il a été fuggéré à la teftatrice, dicté & dreffé par conseil; & pour couvrir la fuggeftion, on lui en a fait faire & écrire une copie de fa main. Ordinairement les faits de fuggeftion ne font reçus contre le teftament olographe, qui eft le miroir de la vie & des mœurs, l'image de la volonté, moins fujet aux captations des corbeaux, fait à loifir & avec préméditation, & non pas à l'agonie, où l'efprit eft tellement combattu par la douleur, qu'il n'eft pas toujours à foi. *Si fortè furenti erravit in morte dolor, fi mens cæca fuit.* Néanmoins la malice des hommes croiffant, a trouvé des inventions pour éluder les loix les plus faintes, a auffi-bien attaqué par fuggeftion les teftamens olographes que les autres. Il faut faire diftinction entre le teftament olographe d'un homme fage, favant, tel que celui duquel parle la loi 25. *De probation. Homo diligens, ftudiofus paterfamilias, cujus perfonam incredibile eft in aliquo facilè erraffe.* Mais d'une femme fragile, ignorante, inconftante, avancée en âge, comme la teftatrice, en exempter le teftament de fuggeftion, rien de plus périlleux. Celui dont eft queftion en a donné des argumens infaillibles; la main du jurifconfulte s'y reconnoît clairement, lorfqu'elle parle du douaire ftipulé à fa bru, & qu'elle met en doute, à caufe que le mariage n'a pas été confommé par le décès de fon fils. Ce doute, cette queftion furpaffe tellement la capacité d'une femme, que la feule mention marque le teftament de fuggeftion, & qu'un favant homme l'a dicté. *Secundò*, la teftatrice a demeuré trois mois entiers en une maifon des champs appartenante aux intimés, qui pendant ce tems n'ont pas manqué de fuggérer à la teftatrice le teftament qu'eux-mêmes produifent, étant faifis de l'original, & de la reconnoiffance faite pardevant les notaires. *Tertiò*, après le décès de la teftatrice, l'appellant & Jean de Choify fon frere, pere naturel de l'intimée, ont obtenu lettres de bénéfice d'inventaire, dans lefquelles ledit Jean de Choify qui a un office au fceau, pour tromper l'appellant, & favorifer fa fille naturelle, a fubrepticement fait inférer une claufe infolite, *à la charge d'accomplir le teftament de la défunte. Aliquando nimis affectata defenfio, fraudem detegit*, dit Symmachus. *Aut hæc in noftros fabricata eft machina muros, aut aliquis latet error equo, ne credite, Teucri.* *Quartò*, ce teftament eft nul comme fait en haine de la religion de l'appellant, contre la prohibition de l'édit de Nantes, *art. 26, & de la Nov. 115. §. 14.* *Quintò*, la qualité des légataires rend le teftament nul. La teftatrice n'avoit aucuns propres, mais feulement des acquêts, dont la coutume lui permet le libre difpofition; mais non au profit de perfonnes incapables, tels que font les légataires, auxquels elle a légué 1800 livres. Il eft vrai que les collatéraux, comme les freres, *non poffunt movere querelam inofficiofi, nifi fcripti hæredes infamiâ, vel turpitudinis, vel levis notâ maculâ afpergantur, L. Fratres. 27. C. De inoff. teft.* L'on eft en cette efpece. Balde fur cette loi & fur la loi *1. C. De jure aur. annul. & de nat. reftit.* & tous les docteurs difent, que les bâtards font perfonnes infâmes, *faltem infamiâ facti, quæ apud bonos & graves viros notat*: par conféquent indignes de tout bienfait en haine de leur naiffance, qui eft la fuite d'une proftitution honteufe & illicite, condamnée par les loix, par toutes les coutumes. Anciennement on ne pouvoit leur donner que quelques petits meubles, *Genef. 25.* Homere au 15 de l'Odyff. dit, mille dragmes. Suidas, autant. Me. Cornoaille pour les intimés dit, que l'appellant eft non-recevable: les lettres de bénéfice d'inventaire portant la claufe d'accomplir le teftament, & payer les legs, ont été entérinées par fentence du prévôt de Paris, exécutée par l'appellant. Le fait de fuggeftion n'eft pas recevable contre un teftament olographe, comme il a été jugé en 1623, par arrêt confirmatif d'un teftament olographe fait en la coutume de Poitou, qui veut que le teftament faffe mention qu'il a été fans fuggeftion. Et bien-que le teftament ne contînt ces mots, *fans fuggeftion*, néanmoins parce

qu'il étoit olographe, il a été déclaré bon & valable. Le fait de haine de la religion eft pareillement non-recevable. Le teftament n'en contient aucune parole, & l'appellant participe encore outre les legs à la fucceffion de fa fœur teftatrice. Le fait d'incapacité eft impertinent. *Primò*, parce que Jeanne de Choify, fille naturelle de Jean de Choify, a été légitimée par lettres obtenues & entérinées tant en la chambre des comptes, qu'en celle du tréfor, avant fon mariage: mais ceffant lefdites lettres, ce fait de prétendue incapacité, eft encore impertinent, n'y ayant loi ni coutume qui déclare les bâtards infames, incapables d'accepter & recueillir les dons & legs qui leur font faits. Il eft vrai qu'ils font incapables de fuccéder *ab inteftat* à leurs peres; & néanmoins ils peuvent leur fuccéder par teftament, *pro parte, vice alimentaria*: mais qu'ils foient incapables d'accepter & recevoir les fucceffions, ou legs qui leur font faits par autres perfonnes, cela eft inoui en droit. La loi *Fratres* parle des perfonnes infames, telles réputées & condamnées par les loix, à caufe de leurs délits & mauvaife vie. *Benedicti* fur le chap. *Raynutius* eft de cet avis. *Pœna patris nocet filio*, dit-il, *fed non in his quæ aliunde obveniunt.*

M. l'avocat général Talon dit, qu'arguer nu teftament de fuggeftion, c'eft l'accufer du défaut de volonté, qui feule donne l'être au teftament, & fans laquelle il ne peut fubfifter; c'eft le foutenir faux, c'eft dire qu'il n'eft point, parce que tout ce qui eft faux, n'eft point. L'enfant fuppofé n'eft pas l'enfant de celui qui le fuppofe. Le teftament fuggéré eft un acte fuppofé, il n'eft pas à celui de qui on le préfuppofe, il n'en a que le nom. *Denique voluntatis quæftio videtur effe, quæ in judicis æftimatione pofita.* Il appartient au juge d'examiner & de pefer les faits de fuggeftion & autres circonftances qu'on met en avant, comme en celui dont eft queftion, dont on veut prouver la fuggeftion par les claufes mêmes. Mais la teftatrice a ufé que d'un langage fort commun, & parlé des chofes ordinaires, & dont elle a pu conférer pour s'éclaircir, comme du douaire prétendu par fa bru. *Sed quoniam defideria morientium, ex arbitrio viventium non fine jufta ratione colligimus*, comme difent élégamment les empereurs in *L. De natur. lib.* fort à propos pour cette caufe. Cette prétendue fuggeftion s'évanouira facilement, fi l'on confidere la forme du teftament, & ce qui s'eft paffé du vivant de la teftatrice. Le teftament & codicille font olographes, & la reconnoiffance & adition pardevant notaires: teftament fait trois ans auparavant le décès de la teftatrice: tems plus que fuffifant pour détruire toute préfomption de fuggeftion: trois divers actes géminés, tendans à même fin: gémination d'où la loi tire un fort argument d'une volonté conftante, *L. Balifta. 32. Ad Trebell.* La feule forme du teftament olographe le rend affez exempt de fuggeftion, comme fait à loifir par une longue méditation & précaution, telle qu'il plaît au teftateur, qui n'écrit de fa main propre que ce qu'il defire. Si un teftament olographe étoit fait par une femme en puiffance de mari, par un pupille en celle de fon tuteur, par un écolier en celle de fon maître, ou par un malade qui a l'efprit agité de la douleur du mal, & de l'appréhenfion de la mort, femblable à un poids ébranlé qui panche où l'on veut, comme en cette loi *Cùm antiquitas. C. De teftam.* pour lors les faits de fuggeftion pourroient être reçus, ainfi qu'ils le furent contre le teftament olographe de Me. Antoine Morice avocat, qui eft le feul teftament olographe, contre lequel on remarque que les faits de fuggeftion aient été reçus: & néanmoins par l'événement le teftament fut déclaré bon & valable. Quant à l'incapacité qu'on objecte à l'intimée, il faut confidérer qu'il y a de deux fortes d'affections, les unes honnêtes, les autres déshonnêtes. Les affections déshonnêtes produites par la concupifcence qui prend la place de la pudicité, doivent être retranchées, même punies. La donation faite à une concubine, comme procédante d'une affection vicieufe, eft nulle; mais celle qu'on

1626.

fait à un enfant naturel, à un bâtard, eft bonne. Le vice de fon pere ne lui doit préjudicier, *ne filius pro patre, nec enim indigni funt qui alieno laborant vitio*, L. 7. C. *De natural. lib.* L'écriture fainte remarque bien avec admiration, que l'enfant né de l'adultere commis par David avec Bertfabée, fut mis à mort le huitieme jour *percuffitque puerum Dominus octavâ die*; mais cette punition eft toute divine, c'eft parce que Dieu devoit naître de la race de David, & ne vouloit pas defcendre d'une tige adultérine. D'où vient que Salomon dit, *unigenitus coram matre*; mais ce fut du mariage contracté par après entre David & Bertfabée. Le titre des décrétales n'étoit pas encore, *De eo qui duxit in matrim. quam polluit per adult.* La loi *Fratres* ne s'entend pas des bâtards, comme les Bafiliques & Harmenopule l'enfeignent, mais des infames, honteux, privés de toutes dignités. *Infamia repellit à dignitate, à teftimonio, ab inofficiofi querela*, L. *Si filiam. De inoff.* Infamie n'eft autre chofe que perte de l'honneur, fur quoi M. Cujas dit élégamment, qu'il faut joindre ces deux titres, *De his qui notantur infamiâ*, & *De his quibus ut indignis*, l'un s'expliquant par l'autre. Quand c'eft un pere naturel qui donne à fon fils naturel, la loi modere & reftraint fa libéralité: *Vitium paternum refrænandum*; mais ici c'eft une tante qui a fait du bien à fa niece, & à fon fils: la coutume le lui permet, le pere pouvant être héritier, & fon fils légataire. Mais quand cette qualité de bâtard feroit quelque obftacle, cette tache de la naiffance à été ôtée par les lettres du prince, & la légitimation. Platon dit que Dieu donne la vie & les biens aux hommes; mais que le prince leur donne les honneurs & dignités, & les rétablit lorfqu'ils en font déchus: *Mutavitque genus, celfoque æquavit honore natorum.* Ainfi les legs font valables, & la délivrance bien ordonnée par le prévôt de Paris.

LA COUR fur les appellations mit les parties hors de cour & procès, fans dépens. Le vendredi 30. janvier 1626, en la chambre de l'édit, *Domino Henrico de Mefme acutiffimo præfide.*

* L'arrêt n'eft que cité dans du Frefne.

CHAPITRE LXVIII.

Alimens fournis par un créancier à fon débiteur emprifonné ne fe répetent.

LE même jour à l'audience de relevée de la grand'chambre, Me. Berault plaida la caufe de Jacques Robillart, appellant de la feutence du bailli d'Amiens, par laquelle fans avoir égard à fes offres de payer le principal pour lequel il étoit emprifonné, il avoit été condamné à rembourfer les alimens qui lui avoient été fournis en la prifon par Me. Simon de Sieure fon créancier, enfemble les gîtes & geolages, ou de bailler caution; autrement qu'il tiendroit prifon. Pour faire voir le mal jugé, Me. Berault dit, que l'appellant étant fermier de l'intimé, & la ftérilité de l'année l'ayant conftitué en de grandes pertes, il ne put fatisfaire & payer les moiffons portées par fon bail à ferme, ce qui incita l'intimé à le faire conftituer prifonnier, d'où l'appellant ne voyant point de moyens de fortir, demanda d'être reçu au bénéfice de ceffion de biens; ce qui fut empêché par l'intimé, attendu le privilege de fa dette, contre lequel on ne peut pas être reçu au bénéfice de ceffion & abandonnement de biens. Il demanda que l'intimé fût condamné à lui fournir certaine fomme par jour pour fes alimens, *ne periret*, ce qui lui fut adjugé, & l'intimé condamné à lui bailler vingt deniers par jour, & par avance, tant & fi longuement qu'il feroit détenu prifonnier à fa requête. L'intimé fuivant ladite fentence a fourni les vingt deniers, jufques à ce que l'appellant a pu trouver fix-vingts livres, qui font la caufe unique de fon emprifonnement. L'intimé n'a voulu les recevoir, & a foutenu que l'appellant le devoit rembourfer de fes ali-

mens & du geolage; le juge l'a ainfi jugé, dont eft l'appel, auquel il n'y a difficulté. Les docteurs qui ont traité la queftion touchant la répétition des alimens fournis, fur la loi *Nefennius. De neg. geftis.* font tous d'avis, que *alimenta quæ neceffitate, aut pietate cogente præftantur, repeti non poffunt*, parce que *jure pietatis de fuo præftitiffe videtur*, comme parle cette loi au fait en queftion. *Jure & officio judicis alimenta adminiftrata funt* à l'appellant, *ne periret* par la dureté & cruauté de l'intimé qui lui a ôté le moyen de vivre, & l'a mis en péril de mourir. *Videtur enim necare qui alimenta denegat*, L. 4. *De agnofc. liber.* Alimens dont la faveur eft fi grande, & la vie de l'homme fi chere, que celui même qui en eft jugé aucunement indigne, condamné à un banniffement, ou autre plus grande peine, eft néanmoins capable d'accepter les alimens, recevoir les legs & donations qu'on lui fait pour fa nourriture. Celui qui a fait ceffion & abandonnement de tous fes biens, eft pareillement capable de recevoir les legs & donations, fans que fes créanciers y puiffent prétendre aucune chofe. *Si quid mifericordiæ causâ ei fuerit relictum*, putà menftruum, vel annuum alimentorum nomine, *non oportere propter hoc bona iteratò venundari; nec enim fraudandus eft alimentis quotidianis*, L. 6. *De ceffione bon.* L'appellant n'a fouffert la rigueur de la prifon qu'à caufe de fon extrême pauvreté, & l'intimé ne l'y a détenu que pour contenter fa paffion; la répétition des alimens fi modiques qu'il a fournis à l'appellant, lui doit être déniée. Me. Pictre le jeune pour l'intimé dit, qu'ayant fait conftituer l'appellant prifonnier, il n'a fait qu'exécuter fon obligation, & ne lui a fourni des alimens, que fous efpérance de répétition; autrement la contrainte par corps retourneroit au préjudice des créanciers, au-lieu qu'elle eft permife pour mulcter la mauvaife foi des débiteurs, parce qu'il n'y en auroit aucun qui ne voulût demeurer prifonnier pour avoir des alimens de fon créancier, & ainfi lui faire manger & confumer toute fa dette. Il faut faire diftinction des alimens adminiftrés volontairement, ou néceffairement: ceux-là ne fe répetent point; ceux-ci fe répetent, parce que *animus & voluntas donandi non præfumitur*. C'eft fous une proteftation tacite de les répéter, *Quid enim fi etiam proteftata eft fe filium ideo alere, ut qut ipfum, aut tutores ejus conveniret*, dit la loi *Nefennius* alléguée par l'intimé, qui décide in dubio repeti poffe. Il n'y a rien de plus favorable que la rédemption des captifs, c'eft leur donner de nouveau la vie. Néanmoins fe répétition du prix du rachat eft permife. *Immo redempti in caufam pignoris conftituti funt, quoad exolvatur pretium*, L. 2. C. *De poftlim. reverfis.* A plus forte raifon doit être permife la répétition des alimens fournis à un débiteur de mauvaife foi.

M. l'avocat général Talon dit, que quoique cette caufe foit en elle-même de peu de chofe, néanmoins elle eft de grande conféquence. St. Auguftin dit qu'une petite paille n'eft rien, étant comparée à un gros morceau d'or; mais aux yeux des juges toutes chofes doivent être de pareil prix, pefées à une même balance. L'appellant ayant eu recours au bénéfice de ceffion de biens, en a été empêché par le privilege de la dette procédant de moiffons, fuivant la loi *Si fervus. §. Locavi. De loc.* & l'arrêt prononcé en robes rouges en 1579, & fic détenu prifonnier, où n'ayant moyen de vivre, & le pain du roi n'étant que pour les criminels, comme il eft certain, non pas même pour un ftellionataire, qui eft une efpece de crime, l'intimé a été condamné lui fournir alimens, ce qu'il a fait en exécution de la fentence, ainfi non-recevable à la répétition, *quia iniquum eft eum uti exceptione rei judicatæ adversùs quem judicatum eft*, de les répéter *conditione indebiti.* Et cela ne fe peut, parce qu'il faudroit qu'ils euffent été fournis par erreur, ce qui n'eft pas, puifqu'il y a fentence en vertu de laquelle la répétition ceffe, *quia res judicata pro veritate habetur.* Le droit de geole n'eft dû par l'intimé, mais le geolier a fon action feulement contre

tre le prisonnier, & n'a pas même de rétention; ainsi il a été mal jugé.

LA COUR mit l'appellation & ce au néant; emendant, ordonna que l'appellant seroit mis hors des prisons en payant le principal, & sans que l'intimé pût répéter les alimens ni geolage; ledit jour 30 janvier 1626, de relevée.

☞ Si l'on s'en rapportoit à l'annonce de l'arrêt ci-dessus, il sembleroit qu'on dût poser pour principe, que le créancier qui fait emprisonner son débiteur ne pourroit répéter contre lui les alimens qu'il auroit été contraint de lui fournir; cependant l'arrêt ne paroît pas juger précisément cette question.

A partir des faits tels que les rapporte M. Bardet, on voit que Simon de Sieure avoit fait emprisonner Jacques Robillard son fermier, à défaut de payement du prix de son bail; que Jacques Robillard n'ayant pu réussir dans la demande qu'il avoit formée à l'effet d'être admis au bénéfice de cession, attendu la nature de sa dette, fit condamner Simon de Sieure à lui fournir des alimens; qu'ensuite étant parvenu à rassembler des fonds suffisans pour payer le principal, il avoit offert, & avoit demandé son élargissement; que Simon de Sieure s'y étoit opposé, sous prétexte que Robillard devoit en même tems offrir de rembourser les frais de geole, & les alimens qui lui avoient été fournis; & que la cour ordonna que Robillard seroit mis hors des prisons en payant le principal, & sans que de Sieure pût répéter les alimens, ni le geolage.

Mais par cette disposition l'arrêt a-t-il déchargé entièrement le débiteur, des alimens & des frais de geole; ou bien simplement a-t-il jugé qu'au moyen du payement du principal, le créancier ne pouvoit retenir le débiteur en prison, pour raison des frais de geole & des sommes qu'il avoit fournis pour alimens au débiteur?

Si l'on consulte les arrêts qui ont été rendus postérieurement à celui-ci, il est vraisemblable que la cour n'a pas entendu décharger le débiteur de ce qu'il devoit à son créancier pour alimens, mais qu'elle avoit simplement jugé qu'on ne pouvoit retenir le débiteur en prison, faute de payement de ses alimens; puisque par arrêt du 20 juillet 1675, rapporté par Boniface tom. 4. liv. 8. tit. 3. ch. 3. le parlement d'Aix a décidé qu'un créancier qui avoit fourni les alimens à son débiteur prisonnier, étoit préférable à tous créanciers, même à la femme pour sa dot.

D'un autre côté les faits sur lesquels est intervenu l'arrêt rapporté par M. Bardet donnent lieu à une autre réflexion assez intéressante.

Ils établissent que Simon de Sieure fut condamné à fournir 20 deniers par jour pour les alimens de son fermier qu'il avoit fait emprisonner, quoique sa créance provînt du prix des fermages non payés; & ensuite M. Bardet tom. 2. chap. 36. rapporte un arrêt du 31 mai 1633, qui débouta un fermier emprisonné non-seulement de sa demande en bénéfice de cession de biens, mais encore en celle de provisions & alimens, parce que, est-il dit, le fermier emprisonné pour raison de ses fermages ne pouvoit être admis à former de semblables demandes.

Or si de Sieure suivant ce dernier arrêt n'étoit pas dans le cas de fournir des alimens à son débiteur, c'étoit un motif de plus pour condamner Robillard à rembourser les alimens à lui fournis par de Sieure.

Au surplus quelque interprétation que l'on donne à cet arrêt, si la question se présentoit actuellement elle n'en seroit plus une; elle se trouve décidée par l'art. 23 du tit. 13 de l'ordonnance de 1670, qui veut que les créanciers qui auront fait arrêter ou recommander leur débiteur, soient tenus de lui fournir des alimens, & desquels exécutoire sera délivré aux créanciers & à la partie civile pour être remboursés sur les biens des prisonniers, par préférence à tous créanciers.

Ainsi à présent il n'y a plus à douter que le créancier qui a fait emprisonner son débiteur ne soit dans le cas de répéter contre lui les alimens

qu'il lui aura fournis, & même d'en être payé sur les biens, par préférence à tous autres: mais ils n'ont d'action pour le recouvrement de ces alimens que sur les biens de leur débiteur, & non sur leur personne. Et ce fut conformément à ce principe, que le parlement de Dijon par arrêt du 27 juin 1705 décida, que quoique des créanciers eussent fourni comme contraints des alimens à leur débiteur, ils n'avoient pas le droit de le retenir en prison pour en être remboursés.

L'annotateur de M. Bornier sur l'art. 23 du tit. 13 de l'ordonnance de 1670, observe même que le débiteur prisonnier qui a reçu les alimens de son créancier, ne seroit pas recevable à la cession de biens pour se dispenser de les restituer; que cela a été jugé par arrêt des 26 février 1605, & 11 décembre 1606, rapportés par M. le Prestre cent. 1. ch. 99.

Enfin la faveur des alimens a tant de force, que dans les lettres de surséance accordées aux débiteurs, les dettes qu'ils ont contractées pour alimens, ou qui en tiennent lieu, sont toujours exceptées du bénéfice de ces lettres.

A l'égard des frais de geole, l'art. 30 du tit. 13 de la même ordonnance fait défenses aux geoliers, greffiers des geoles, guichetiers & cabaretiers, d'empêcher l'élargissement des prisonniers, pour frais de nourriture, gîte & geolage. Et l'auteur de l'instruction criminelle dit, que non-seulement les frais & autres dépenses dont il est parlé dans cet article ne peuvent être des causes suffisantes pour empêcher les élargissemens, mais que les geoliers ne peuvent pas même s'en faire un titre, pour retenir les hardes des prisonniers, ni en faire la compensation avec les sommes qui auroient été données pour la délivrance de ces prisonniers; que c'est la disposition de l'art. 26 du règlement du premier septembre 1717, suivant lequel ils peuvent seulement exiger de ces prisonniers des obligations pour se pourvoir sur leurs biens.

La jurisprudence, bien avant l'ordonnance de 1670 & le règlement de 1717, avoit établi ce principe relativement aux geoliers, par un arrêt rapporté ci-après par M. Bardet liv. 3. ch. 18.

On peut voir encore l'art. 6 de l'ordonnance d'Henrys, 11 du mois de mars 1549, rapportée par Guesuois liv. 9. tit. 4. tom. 2. pag. 815; la déclaration du 10 janvier 1680; l'arrêt & règlement de la cour du premier juillet 1681; & les règlemens de 1717, qui sont relatifs à cette matière.

Vide liv. premier, chap. 101.

CHAPITRE LXIX.

Adjudication par décret à un lieutenant général dans son siege, est bonne & valable, dans cette circonstance particuliere, qu'il y avoit convention précédente avec la mere de l'appellant.

LE jeudi 5 février 1616, Me. de Montholon plaida la cause de Pierre de l'Espine, écuyer, appellant de l'adjudication par décret de la terre & seigneurie de Mosny faite au bailliage du Mans au profit du lieutenant général du même siege, & sur cette seule qualité & remontrance conclut au mal jugé & rescision du décret. Me. le Verrier pour les héritiers du lieutenant général intimés dit, que si la cause étoit en l'hypothese de la maxime du palais & de la jurisprudence des arrêts, qui ont perpétuellement cassé & réprouvé les décrets, où les juges & autres officiers se sont rendus adjudicataires des choses vendues en leurs sieges, il ne la soutiendroit pas; mais la cause est toute autre, & l'adjudication dont est appel, bonne & valable, par plusieurs raisons. Il est vrai que par le droit en la loi unique C. De contractib. Judic. & L. 3. Si certum pet. il n'étoit pas permis aux magistrats d'acquérir en la ville & en la province où ils étoient envoyés; mais la raison est, parce qu'ils étoient délégués, & leur judicature seulement à tems, pendant lequel seulement duroit la prohibition d'ac-

1626.

quérir. En France les magiftratures font perpétuelles, & la condition des juges feroit trop dure,
s'il ne leur étoit permis d'acquérir, foit pour leur
néceffité, ou bienféance, (perfonne ne doute de cela)
non pas les chofes qui fe vendent pardevant eux
au plus offrant & dernier enchériffeur, mais par
contrats volontaires, en conféquence defquels on
peut pour plus grande affurance faire interpofer le
décret. Celui en queftion eft fait de même façon,
fur la convention & promeffe de démoifelle Anne
Dubut mere de l'appellant, qui avoit promis faire
vendre & adjuger par décret la terre de Mofny au
lieutenant général du Mans, pere des intimés, pour
la fomme de 14800 livres : ce qu'elle a exécuté en
1604. Depuis vingt & un ans l'on avoit joui paifiblement de la terre, c'eft une fin de non-recevoir :
il y en a une feconde, l'appellant a répudié la
fucceffion d'Elie de l'Efpine fon pere, mort tellement obéré, qu'il n'a laiffé la moitié des biens
pour fatisfaire à fes créanciers. Aujourd'hui vingt-
trois ans après il a obtenu lettres pour être relevé
de cette répudiation, & être reçu à appréhender
la fucceffion de fon pere, comme auffi celle de fa
mere, par bénéfice d'inventaire. En cette qualité
d'héritier de la mere, il eft auffi non-recevable. *Quem*
de evictione tenet actio, eumdem agentem repellit ex-
ceptio, L. *Cùm à matre. Cod. De re vindicata.* L'appellant n'agit que par animofité & vexation, *nihil la-*
turus nifi ut officiat, parce qu'il y a grand nombre de créanciers de fon pere qui n'ont été payés,
le décret en queftion a été confirmé par deux divers
arrêts, avec deux créanciers qui n'étant venus en
ordre, vouloient le faire caffer. Me. de Montholon
repliqua, que le décret eu queftion eft nul: l'on
eft dans la regle, & la prétendue convention ne
peut la faire fubfifter : elle eft fimplement fous
écriture privée & feing manuel des parties en 1604,
reconnue en jugement en 1615 : ce qui fait voir
clairement qu'elle eft antidatée, & faite pour couvrir le vice du décret. L'on ne repréfente pas aujour-
d'hui cette convention, mais feulement l'acte de
reconnoiffance où elle eft inférée. La mere n'avoit
pu faire cette convention, n'étant propriétaire du
fonds, mais feulement créanciere pour fes conventions matrimoniales, & pourfuivant criées. La convention étant nulle par le vice & le dol du pere
des intimés, elle ne produit aucune garantie ; joint
que l'appellant n'eft héritier que par bénéfice d'inventaire de fa mere & de fon pere. Sa répudiation
de la fucceffion paternelle a été faite par un prétendu curateur, & il eft toujours loifible d'appréhender une fucceffion jufques à ce qu'elle foit remplie par quelqu'autre. Il n'y a aucuns créanciers,
& quand il y en auroit, la vilité du prix du décret
eft fi grande, que la terre fuffiroit pour tout payer.
Elle vaut plus de 2000 livres de revenu. Ainfi conclut en fon appel.

M. l'avocat général Talon dit, qu'avec grande
raifon les loix & les arrêts ont interdit aux juges &
aux magiftrats l'acquifition des chofes qui fe vendent
pardevant eux. *Non licet in officio quod adminiftrat*
quis, emere quid, vel per fe, vel per aliam perfonam ;
alioquin non tantùm rem amittit, fed & in quadru-
plum convenitur, L. 46. *De contrah. empt.* Suivie
d'infinis arrêts tournés en regle très-certaine. Si l'on
étoit en ces termes, la caufe des intimés ne feroit
aucunement foutenable : mais cette regle a fon exception fondée en raifon & fur la diftinction dés décrets néceffaires & volontaires. En ceux-là, le juge
ne peut être adjudicataire, ni même un fimple clerc
du greffe ; mais aux volontaires, c'eft tout le contraire : de même qu'il eft permis d'acquérir gratuitement & volontairement d'un chacun, auffi leur eft-
il permis pour leur affurance & purger les hypotheques, de faire interpofer un décret, & fe rendre
adjudicataires ; *quo cafu* il n'y a dol ni fraude de
leur part, parce qu'il faut regarder l'origine & le
principe de l'acquifition, qui eft le contrat volontaire : jufques-là qu'il a été jugé, que du jour de
ce contrat le tems du retrait lignager court, & les
droits feigneuriaux font dûs. Cette diftinction a été
approuvée par arrêt célebre donné en 1623, en la

caufe du lieutenant général de Laon, lequel néanmoins appréhendant la nullité du décret, avoit fait
faire l'adjudication au nom d'un tiers, qui avoit
fait déclaration à fon profit, en quoi il fembloit y
avoir du dol ; toutefois le décret fut confirmé. Ici
la mere n'a pas voulu, mais a promis faire adjuger.
Sola affectionis maternæ ratio omnem fufpicionis frau-
dem excludit, comme dit le grand Papinien. Il y
eut des encheres ; mais le lieutenant général aug-
menta le prix porté par cette convention ; la mere
n'auroit pas voulu abandonner fes enfans. Par la fentence d'ordre il fe voit qu'elle a perdu 700 liv. &
plufieurs créanciers de grandes fommes, n'étant
venus en ordre, & s'en étant plaints, le décret a
été confirmé. En qualité d'héritier de fa mere l'appellant eft obligé à la garantie ; le bénéfice d'inventaire ne l'empêche. Il a été jugé qu'un héritier par
bénéfice d'inventaire ne peut retirer par retrait lignager les fonds qui ont été faifis & vendus fur lui. Il
a répudié la fucceffion de fon pere, & vingt-trois
ans après la veut appréhender, à l'effet feulement
d'interjetter cet appel. Le long-tems qu'il y a que
le décret eft interpofé, eft encore une fin de non-
recevoir, joint que le lieutenant général a exercé fa
charge avec probité.

LA COUR fur l'appel mit les parties hors de
cour & de procès, fans dépens.

CHAPITRE LXX.

Donation faite à l'enfant de la perfonne prohibée,
eft nulle.

ANne du Bois, veuve de Pierre Roulet, avoit
deux enfans, Jean & Antoine Roulet : elle
convole en fecondes noces avec Pierre Sega, de
Senlis, dont elle n'a aucuns enfans. Jean Roulet
fils du premier lit, fe mariant, Sega fon beau-pere
fe voyant fans enfans, lui fit donation de tous fes
meubles & acquêts immeubles, préfens & à venir, & à Antoine Roulet fon frere. La donation
eft acceptée & infinuée. Après le décès de Sega, fes
héritiers collatéraux & légitimes veulent appréhender fa fucceffion : ils font empêchés par Jean &
Antoine Roulet donataires, qui forment complainte
pour raifon de ladite fucceffion pardevant le bailli
de Senlis : par fentence ils y font maintenus par
provifion, dont appel par les héritiers de Sega, donateur, pour lefquels Me. Germain, tant fur l'appel, que requête pour l'évocation du principal,
dit, que la donation faite par Sega aux enfans de
fa femme eft nulle, parce que par la coutume de
Senlis la donation eft expreffément prohibée entre
le mari & la femme ; & par une conféquence néceffaire, entre le mari, & les enfans de fa femme ;
& la femme, & les enfans du mari. Telle donation
eft indirecte, faite en fraude de la coutume, *per*
interpofitas perfonas, à l'enfant de la perfonne prohibée ; enfant qui eft cenfé une même perfonne que
la mere, *una & eadem perfona, caro ex carne, os*
ex offibus. Les arrêts l'ont ainfi décidé en plufieurs
coutumes, caffé telles donations, & jugé que la
coutume de Paris ne doit s'étendre hors de fon territoire & aux autres coutumes ; les arrêts en font
notoires & imprimés. Me. Picquart pour les donataires intimés dit, que la donation eft bonne &
valable. Il eft vrai que par l'ancienne coutume de
Senlis, les donations étoient permifes entre mari &
femme ; mais par la nouvelle réformée en 1539,
elles furent prohibées. Et par le procès-verbal il eft
expreffément fait mention de cette réformation de
l'ancienne coutume, & que l'article 143 de la
nouvelle aura dorénavant lieu, & fera obfervé,
comme celui de la coutume de Paris. Cela décide
la caufe : car il eft notoire que par la coutume de
Paris art. 283, & par plufieurs arrêts qui ont été
donnés en interprétation, celui des mariés qui n'a
point d'enfans, peut donner aux enfans de l'autre,
d'un premier mariage, & par conféquent c'eft la
même chofe en la coutume de Senlis. La donation

n'eſt pas ſimple donation à cauſe de mort, ou entre vifs ; mais une donation à cauſe de noces , en faveur de mariage , qui ne peut être ſoupçonnée de fraude , & dont la faveur eſt ſi grande , qu'elle eſt ſoutenue & embraſſée par toutes les coutumes.

M. l'avocat général Talon dit, qu'il eſt vrai que la cauſe ſe décide par ce qui eſt écrit & remarqué au procès-verbal de la coutume de Senlis. L'ancienne coutume qui permettoit les donations entre mariés, eſt réformée ; & par la nouvelle , telles donations prohibées , ſuivant & conformément à la coutume de Paris. Mais pour entendre cela , il faut conſidérer le tems de la réformation des coutumes. Celle de Paris a été réformée en 1510. Celle de Senlis en 1539. Atqui lors & depuis juſques en 1580 , que la coutume de Paris a été derechef réformée , telles donations ont été continuellement déclarées nulles & réprouvées , & pour les approuver & introduire en la nouvelle coutume de Paris , on a ajouté l'article nouveau 283 , qui n'eſt point une interprétation ni explication de l'ancienne coutume ; mais une nouvelle juriſprudence , qui n'a point été étendue aux autres coutumes , comme les arrêts l'ont jugé. En la loi *Privilegia. De ſacroſ. eccleſ.* on demande ſi une égliſe , à laquelle on a donné les mêmes privileges qu'à une autre, lorſqu'on accorde quelques nouveaux privileges à celle-ci , celle-là peut & doit jouir des mêmes privileges. Et l'on répond , que ſi l'on a concédé ſimplement les privileges ſemblables à ceux de telle égliſe, les privileges concédés de nouveau , *non trahuntur.* De même en la coutume de Senlis, la prononciation ou correction nouvelle de celle de Paris n'y peut être étendue , l'ancien droit demeure toujours. Au particulier , celui qui a donné , n'avoit autre choſe que ce qu'il a donné , ſes biens préſens & à venir : donation immenſe, qui, pour tenir toutes choſes ſous la regle, doit être déclarée nulle.

LA COUR mit l'appellation & ce au néant ; évoquant le principal , ſans avoir égard à la donation appoſée au contrat de mariage, qu'elle déclara nulle , & de nul effet & valeur , remit-les parties au même état qu'elles étoient auparavant, & condamna les intimés à rendre & reſtituer aux appellans tout ce qu'ils auroient touché en vertu de ladite donation , le tout ſans dépens ; le mardi 10 février 1626.

* Me. Jean-Marie Ricard en ſon traité *des donat.* part. 1. *chapitre* 3. *ſect.* 16. *nomb.* 731 , rapporte un contraire dans la même coutume de Senlis du mois de février 1659 , ſur un procès parti en la troiſieme des enquêtes , & départi en la quatrieme, qui a confirmé une ſemblable donation.

On ſe contente de renvoyer ici le lecteur à la note que l'on a faite ſur l'arrêt du 15 mai 1618 , qui eſt au liv. 1. chap. 25 de ce recueil.

Dans du Freſne , de la derniere édition , on a mis deux fois le préſent arrêt liv. 1. chap. 85. & 86 , & ſous deux eſpeces qui paroiſſent différentes.

☞ Les obſervations de M. Berroyer tant ſur ce chapitre que ſur le chap. 25 du premier livre , ſemblent faire préſumer , que M. Berroyer penſoit que l'arrêt du 10 février 1626 ne devoit pas être regardé comme déciſif, & on entrevoit que d'après l'arrêt du mois de février 1659 , rapporté par Ricard , il croyoit que dans la coutume de Senlis , un ſecond mari qui n'avoit point d'enfans , malgré la prohibition portée par l'art. 143 de cette coutume, pouvoit avantager par donation ou teſtament les enfans de ſa femme.

Il eſt vrai que M. Berroyer, d'après Me. Ricard, ſemble appuyer ſon ſentiment ſur les diſpoſitions de la coutume de Paris, qu'il aſſimiloit à celle de Senlis.

Mais il ne faut que rapprocher les diſpoſitions de ces deux coutumes pour en connoître la différence.

L'art. 143 de la coutume de Senlis porte: *Homme & femme conjoints enſemble par mariage ne peuvent*

par teſtament , ou ordonnance de derniere volonté , léguer , donner , ou laiſſer aucune choſe l'un à l'autre , ſoit qu'il y ait enfans ou non.

Cet article comme l'on voit eſt prohibitif , & ne peut ſouffrir aucun retranchement.

L'art. 282 de la coutume de Paris ſemble d'abord auſſi rigoureux , & réduire tous les avantages que mari & femme n'ayant point d'enfans peuvent ſe faire pendant le mariage directement ou indirectement , au ſimple don mutuel.

Il eſt certain que ſi la coutume ne mitigeoit pas la rigueur de cette diſpoſition , elle pourroit être aſſimilée à celle de Senlis , & que l'on pourroit appliquer les arrêts rendus dans ſon territoire, aux queſtions agitées qui pouvoient naître dans la coutume de Senlis : mais l'art. 283 adoucit beaucoup la rigueur des diſpoſitions de l'art. 282 , puiſqu'il porte, *ne peuvent leſdits conjoints donner aux enfans l'un de l'autre d'un premier mariage , au cas qu'ils , ou l'un d'eux , aient des enfans.*

D'après cet article il n'eſt donc pas douteux que ſi l'un des conjoints n'a point d'enfans , la donation qu'il fait à l'enfant de l'autre eſt bonne , puiſque la coutume ne prohibe de donner , que lorſque celui qui veut donner *a des enfans.*

Auſſi, lorſqu'à la faveur d'une fauſſe interprétation de l'art. 282 , des collatéraux voulurent attaquer dans la cout. de Paris des diſpoſitions faites conformément à l'art. 283 , ces prétentions furent proſcrites par différens arrêts , & entr'autres par deux des 4 juillet 1587 , & 26 avril 1646 ; & lors de la prononciation de ce dernier, la cour trouva que la prétention des collatéraux étoit ſi indécente que M. le premier préſident avertit l'avocat qui s'étoit chargé de leur cauſe , de n'en plus plaider de ſemblable.

Mais quels étoient les motifs de ces arrêts? Ils n'étoient autres que de faire jouir les enfans des conjoints dans la cout. de Paris des avantages de l'exception que l'art. 283 apportoit à la rigueur de la diſpoſition de l'art. 282.

Dans la cout. de Senlis l'art. 144 ne détruit pas , & ne déroge point à ce qui eſt porté par l'art. 143 ; conſéquemment malgré l'arrêt de 1659 , rapporté par Ricard , on ne pouvoit dans la cout. de Senlis juſtifier les diſpoſitions de cet arrêt , par la ſimilitude qu'elle a avec celle de Paris.

Une autre circonſtance qui ſe tire encore de la cout. de Senlis eſt que l'art. 15 du titre des ſucceſſions , de l'ancienne coutume, portoit : *Homme & femme conjoints par mariage peuvent par teſtament & ordonnance de derniere volonté , laiſſer l'un à l'autre , tous leurs meubles, acquêts & conquêts immeubles, avec le quint de leurs propres , de l'uſufruit du ſurplus des propres , ſoit qu'ils euſſent enfans ou non dudit mariage.*

Or les rédacteurs de la nouvelle coutume, ayant changé entiérement cette diſpoſition par l'addition du mot *ne* ajouté avant celui *peuvent* , & ayant par-là prohibé aux conjoints la faculté de ſe laiſſer aucunes choſes à l'un ou à l'autre , ſoit qu'il y ait enfans ou non; c'eſt une marque qu'ils n'ont pas entendu accorder aux conjoints dans la cout. de Senlis la même faveur, que les rédacteurs de la coutume de Paris ont fait aux conjoints en leur permettant de diſpoſer en faveur des enfans l'un de l'autre (a).

Il eſt vrai que par les articles 218 & 219 , mari & femme n'ayant point d'enfans , peuvent donner par teſtament le quint de leurs propres, & leurs meubles , acquêts & conquêts à qui bon leur ſemble , & qu'ayant des enfans , ſauf la légitime à eux réſervée , ils peuvent également diſpoſer de leurs meubles , acquêts & conquêts , en faveur de qui bon leur ſemble. Mais dans l'un & l'autre article , les rédacteurs de la cout. ont toujours conſervé la prohibition de pouvoir s'avantager entre mari & femme en la moindre choſe ; puiſqu'en donnant aux teſtateurs par les art. 218 & 219, la

_____
(a) Le procès-verbal contient les motifs de ce changement.

1626.

faculté de difpofer de leurs meubles, acquêts & conquêts, & même du quint de leurs propres, (en cas qu'il n'y eût point d'enfans) en faveur de quelque perfonne que ce fût ; ils ont ajouté ces mots, *autres que le mari à la femme , & la femme au mari.* C'eft aufli ce qui fait dire à l'annotateur de Ricard fur l'art. 143 de la cout. de Senlis, que la rigueur de la loi s'étend jufqu'aux afcendans des conjoints, parce que fi on permettoit de donner aux afcendans de la perfonne prohibée, ce feroit éluder la coutume, ainfi que la cour l'a jugé par un arrêt de 1698.

Cependant, quelque claire & précife que fût cette coutume, le fentiment de Ricard appuyé de l'arrêt du mois de février 1659, laiffa encore des doutes fur le véritable effet de l'art. 143 de la cout. de Senlis, & donna même lieu à une conteftation qui fut jugée définitivement par arrêt rendu en forme de règlement le 15 février 1729.

Cet arrêt, que je rapporterai ci-après, eft affez intéreffant, pour croire que je dois donner une idée des faits fur lefquels il eft intervenu.

François Buffe huiffier à cheval au châtelet de Paris, qui poffédoit des biens régis par la cout. de Paris, & d'autres gouvernés par celle de Senlis, avoit époufé Marguerite Compagnon veuve du nommé Cofme, duquel elle avoit une fille. Ce François Buffe décéda fans enfans, après avoir fait fon teftament, par lequel après différens legs à chacun de fes neveux, & un entr'autres de 200 liv. de rente viagere à un d'eux nommé Lefas de Rochermine avocat, il fit Jofeph Buffe fon neveu & Catherine Cofme femme de Nicolas Valantain, fille de fa femme, fes légataires univerfels chacun pour moitié.

Me. Lefas de Rochermine fe porta héritier de François Buffe. Les légataires univerfels dirigerent contre lui leur demande en délivrance de legs, qu'ils obtinrent par fentence du châtelet de Paris du 27 feptembre 1717.

Lors de l'appel que Me. Lefas interjetta de cette fentence, il confentit la délivrance du legs univerfel, en ce qui concernoit Jofeph Buffe neveu du teftateur également comme lui. Mais en même tems il prétendit le rapport des fruits échus depuis le décès du teftateur, jufqu'au jour de la demande en délivrance, & le payement du legs de 200 liv. de penfion viagere.

Quant à ce qui concernoit le legs fait à Catherine Cofme, belle-fille de François Buffe, Me. Lefas fit une diftinction.

Par rapport aux biens foumis à la coutume de Paris, il confentit la délivrance du legs univerfel fait en faveur de ladite Cofme femme de Valantain : attendu la difpofition de l'article 283 de la cout. de Paris & des arrêts rendus en conféquence.

Mais à l'égard des biens qui étoient régis par la coutume de Senlis, Me. Lefas foutint, que le legs ne pouvoit avoir d'effet au profit de la femme de Valantain, attendu fa qualité de fille de la veuve de François Buffe qui la rendoit perfonne prohibée, & formoit en faveur de fa mere un avantage indirect prohibé par la coutume.

De fon côté Valantain & fa femme foutenoient que la coutume de Senlis n'emportoit prohibition de legs, qu'entre mari & femme ; & qu'il falloit affimiler cette coutume à celle de Paris, dans laquelle les conjoints par mariage, ne pouvant fe donner au-delà du don mutuel, avoient cependant la faculté de difpofer par teftament en faveur des enfans de l'un ou de l'autre, pourvu que le teftateur n'eût point d'enfans.

D'un autre côté Jofeph Buffe foutenoit que Me. Lefas ne pouvoit prétendre le legs de 200 liv. de rente viagere ; puifque par la qualité d'héritier qu'il avoit prife, il fe trouvoit propriétaire d'une partie de la fucceffion.

Me. Lefas prétendit prouver le contraire, & établit en même tems, que Jofeph Buffe ayant quitté la qualité d'héritier pour s'en tenir au legs univerfel, il ne pouvoit prendre les fruits du legs que du jour de la demande en délivrance, n'y

ayant que le légataire univerfel en ligne directe, à qui le legs fût cenfé tenir lieu de légitime, & qui pût prétendre les fruits du jour du décès.

Ce fut dans ces circonftances, que les parties s'étant préfentées à l'audience après les plaidoieries de Me. le Roy pour Alexandre Lefas de Rochermine, de Me. Aubry pour Nicolas Valantain & Catherine Cofme fa femme, & de Me. Griffon avocat de Jofeph Buffe pendant trois audiences, qu'intervint le 15 février 1729, fur les conclufions de M. d'Aguefleau lors avocat général, l'arrêt en forme de règlement dont voici le difpofitif.

» NOTRE COUR a mis & met l'appellation » & ce dont a été appellé au néant ; émendant, » du confentement de la partie de le Roy, fait dé-» livrance à la partie de Griffon du legs porté par » le teftament dont eft queftion ; ordonne qu'elle » jouira des arrerages & fruits dudit legs, à comp-» ter du jour de fa demande en délivrance ; ceux » échus depuis le décès jufqu'à la demande, rendus » à la partie de le Roy ; fait délivrance, du con-» fentement de la partie de le Roy à celle d'Aubry, » du legs à elle fait par ledit teftament pour la » portion des biens, fitués dans la coutume de » Paris feulement, enfemble des fruits & arrera-» ges defdits biens, à compter du jour de la de-» mande en délivrance ; ceux échus depuis le dé-» cès jufqu'à ladite demande, rendus à la partie de le » Roy ; & à l'égard des biens fitués dans la cou-» tume de Senlis, ils demeureront, à la partie de » le Roy, qui en jouira à titre d'héritier ; condamne » la partie d'Aubry à rendre à celle de le Roy, » les fruits & arrerages defdits biens ; ordonne qu'il » fera inceffamment procédé à la liquidation & par-» tage defdits biens entre les parties ; ce faifant » décharge la partie de Griffon du payement de la » rente viagere léguée à la partie de le Roy ; fur la » demande de la partie de le Roy, en délivrance » de cette rente viagere, met les parties hors de » cour, condamne la partie d'Aubry aux dépens en-» vers la partie de le Roy, dépens entre les parties » de le Roy & de Griffon compenfés : Ordonne que » le préfent arrêt fera imprimé, lu & publié, l'au-» dience du bailliage de Senlis tenante, & affiché par-» tout où befoin fera. Si mandons, &c. Donné à » Paris en notredite cour de parlement le 15 fé-» vrier l'an de grace 1729, & de notre regne le » quatorzieme. Par la chambre, figné, YSABEAU; & » fcellé le 5 mars 1729.

Cet arrêt, comme l'on voit, ne laiffoit plus aucuns doutes fur la queftion. Cependant fous prétexte de quelque différence qui fe trouve entre les difpofitions de la coutume de Châlons & celle de Senlis, elle fut encore renouvellée.

Voici dans quelles circonftances.

Claudine Patillet époufa Chriftophe Sergent, maître de l'hôtellerie de la Banniere de France à Châlons en Champagne.

De ce mariage naquirent plufieurs enfans, dont quelques-uns s'étant établis, décéderent, laiffant eux-mêmes des enfans.

Chriftophe Sergent étant venu à décéder, Claudine Patillet fit faire inventaire contradictoirement avec fes enfans & petits enfans. Peu de tems après, c'eft-à-dire le 31 mai 1708, elle contracta mariage avec François-Cofme Ruette, avec lequel elle vécut affez long-tems fans cependant avoir eu d'enfans.

François-Cofme Ruette qui avoit pris en amitié les enfans & petits enfans de fa femme, fit le 30 novembre 1731 un teftament par lequel, après avoir fait deux legs particuliers de 6000 liv. à chacune de fes deux fœurs fes héritieres préfomptives, il fit les enfans & petits enfans de Claudine Patillet fa femme, fes légataires univerfels ; & fit même en faveur de François Hardy un des petits fils de fa femme, un prélegs d'une charge de courrier du cabinet dont il étoit revêtu.

Ledit Ruette étant venu à décéder le 30 août 1731, les fcellés furent appofés ; deux fœurs qu'il laiffa étoient fes feules héritieres.

Françoife-Pafquette Ruette femme de Philippe-
Firmin

Firmin Coiffé, rôtisseur à Paris, l'une d'elles, s'étant transportée à Châlons, munie de la procuration de son mari portant pouvoir *d'accepter le legs à elle fait ou d'y renoncer, de vendre, céder, quitter, transporter, traiter, transiger, payer, recevoir, & faire généralement tout ce qu'elle jugeroit convenable.* Elle transigea avec les enfans & petits enfans de Claudine Patillet, moyennant une somme de 6000 liv. qui lui fut payée pour son legs, & une autre de 500 liv. qui lui furent accordées pour sa moitié des propres. Au moyen desquels payemens elle consentit l'exécution du testament, & même pour plus grande sûreté de l'exécution de cet acte, elle fit *cession & transport de ses droits, noms, raisons & actions,* aux légataires universels.

Comme par l'inventaire fait après le décès de François-Cosme Ruette, la communauté s'étoit trouvée monter à près de 150000 liv. Alexis Martin & Marie Ruette sa femme autre sœur du testateur, tinrent une conduite totalement opposée à la femme Coiffé. Ils se pourvurent pardevant les officiers du bailliage de Châlons, & y demandèrent la nullité du legs universel fait aux enfans & petits enfans de Claudine Patillet.

Les procédures qui suivirent cette demande donnèrent lieu à plusieurs sentences d'instruction & ensuite à une dernière par défaut du 5 septembre 1733, par laquelle le legs universel & le prélegs faits par le testament, en faveur des enfans & petits enfans de Claudine Patillet, furent déclarés nuls; & en conséquence la totalité de la portion afférente à la succession de défunt François-Cosme Ruette, dans les biens de la communauté d'entre lui & Claudine Patillet, tant en meubles qu'immeubles, fut adjugée à Alexis Martin & sa femme.

L'appel de ces sentences fit la matiere d'une cause importante, qui fut plaidée en la grand'chambre par Me. Normant pour les légataires universels, & par Me. de Laverdy, pour Alexis Martin & sa femme.

M. l'avocat général Gilbert des Voisins, qui porta la parole dans cette affaire, après avoir fait valoir les moyens des parties, & les avoir balancés avec cette justesse & ce discernement qui l'ont si fort distingué dans la magistrature, se détermina en faveur d'Alexis Martin & sa femme.

Il démontra que l'article 26 de la coutume de Châlons, titre *des droits appartenans à gens mariés,* portoit en termes précis qu'*homme & femme ne pouvoient s'avantager l'un l'autre par don, testament, ou autrement, directement ou indirectement, ni par personnes interposées;* que cette loi générale qui défendoit tout avantage entre mari & femme, enveloppoit les enfans, par la raison que les peres & meres & les enfans ne pouvoient pas être regardés comme des personnes distinctes; que l'un étoit véritablement confondu dans l'autre; que le même intérêt & les mêmes fortunes les unissoient; que tout ce qui étoit fait en faveur de l'un étoit en faveur de l'autre; que par conséquent si la prohibition des avantages entre mari & femme ne s'étendoit pas aux enfans qu'ils pouvoient avoir d'autres mariages, la disposition de la loi deviendroit illusoire, parce que la mere obtiendroit pour ses enfans ce qui ne lui seroit pas permis de réclamer pour elle; que si l'on desiroit du bien, ce n'étoit que pour l'établissement de ses enfans; que de-là s'ensuivoit que toute prohibition qui regardoit les peres & meres, concerne également les enfans.

Envain oppose-t-on, continua M. Gilbert, l'art. 283 de la cout. de Paris qui permet à un conjoint de donner aux enfans de son conjoint. Cet article est exhorbitant du droit commun, c'est une disposition singuliere de la coutume de Paris qui ne s'étend point aux autres, qui ne portent point de semblables dispositions. C'est ce qui a été jugé solemnellement par un arrêt de réglement du 15 février 1729. La cour en prononçant sur la validité d'un legs fait par un conjoint, qui n'avoit pas d'enfans, en faveur des enfans de son conjoint. a distingué les biens situés dans la coutume de Paris, d'avec ceux régis par la cout. de Senlis; & comme la

cout. de Senlis contient une prohibition précise, qui n'est point mitigée par une disposition semblable à celle que porte l'art. 283 de la cout. de Paris, en confirmant le legs des biens situés dans la cout. de Paris, la cour a déclaré nulle la partie qui embrassoit les biens situés dans la coutume de Senlis; & cet arrêt, ajouta M. Gilbert des Voisins, étant rendu en forme de réglement, il devient une loi pour les coutumes qui comme celle de Senlis, défendent indistinctement & sans restriction tous avantages entre conjoints.

Enfin M. l'avocat général en concluant à la confirmation d'une partie de la sentence, fit connoître qu'elle ne devoit pas subsister, dans le chef pour lequel elle adjugeoit à Alexis Martin & sa femme la totalité de la portion qui appartenoit à la succession de François-Cosme Ruette, dans la communauté d'entre lui & sa femme, parce que Françoise-Pasquette Ruette, femme Coiffé, étant également héritiere de François-Cosme Ruette, comme la femme d'Alexis Martin, avoit été saisie de sa succession par la regle *le mort saisit le vif,* & qu'ayant cédé ses droits en tant que de besoin aux enfans & petits enfans de Claudine Patillet, moyennant une somme, ces derniers se trouvoient bien fondés comme subrogés à ses droits, à les exercer.

Ces conclusions furent suivies d'un arrêt rendu en forme de réglement dont voici le dispositif.

» LA COUR a mis & met l'appellation & ce
» dont est appel au néant, en ce que la totalité
» de la portion afférente à la succession de défunt
» François-Cosme Ruette dans les biens de la com-
» munauté, tant meubles qu'immeubles, d'entre lui
» & défunte Claudine Patillet sa femme, a été adjugée
» aux parties de Laverdy, émendant quant à ce,
» ayant aucunement égard à la requête des parties
» de Normant, ordonne que la moitié dans ladite
» moitié appartiendra aux parties de Normant com-
» me cessionnaires des droits de Pasquette Ruette
» femme Coiffé, ce dont est appel au surplus sor-
» tissant effet, sauf néanmoins aux parties de Nor-
» mant de contester la nomination d'experts ou ar-
» bitres diviseurs, & d'en nommer, si bon leur sem-
» ble de leur part, sur le surplus des requêtes des
» parties de Normant, met les parties hors de cour;
» ordonne que le présent arrêt sera lu & publié au
» bailliage de Châlons, l'audience tenante, & trans-
» crit dans les registres du bailliage pour servir
» de réglement dans la coutume de Châlons, & im-
» primé & affiché par-tout où besoin sera, tous dé-
» pens compensés entre les parties. Fait en parle-
» ment le premier mars mil sept cents trente-
» quatre, *Signé,* YSABEAU.

Cet arrêt (comme l'on voit) est tout aussi précis que le précédent que nous venons de rapporter, & devoit mettre fin pour jamais à toutes les contestations qui pouvoient s'élever sur cette matiere, dans les coutumes qui portoient des dispositions semblables à celle de Senlis & de Châlons.

Cependant il en naquit encore une nouvelle dans la coutume de Vitry-le-François entre le sieur & demoiselle Jacobé d'une part, & Claude Gillet de l'autre.

La coutume de Vitry-le-François porte art. 113 : *La coutume est telle audit bailliage, que deux conjoints par mariage, nobles & roturiers, ne peuvent contracter aucunement ensemble, ni eux avantager par testament ni autrement, en quelque maniere que ce soit.*

L'art. 70 de la coutume de Sens porte : *Hommes & femmes mariés ensemble ne peuvent par disposition testamentaire faire un don, legs, ou aucun avantage l'un à l'autre, directement ou indirectement pour éviter aux fraudes.*

Les dispositions de cette coutume (comme l'on voit) sont tout-à-fait semblables à celles de Senlis & de Châlons. Cependant Nicolas Jacobé demeurant dans le ressort de la cure de Vitry, épousa Louise Clement veuve Gillet, qui avoit un fils du premier lit, nommé Claude Gillet.

Par le contrat de mariage qui fut passé le 11 janvier 1714, Nicolas Jacobé fit des avantages considérables à Louise Clement, & quelques années après, ayant apparemment pris le fils de sa femme en affection, il lui fit le premier septembre 1726 une donation universelle de tous les immeubles qui étoient situés, tant dans la coutume de Vitry, que dans celle de Sens.

Après la mort du testateur les sieur & demoiselle Jacobé ses collatéraux attaquerent la donation comme étant faite à personne prohibée par la coutume. Le sieur Gillet employa à-peu-près pour défenses les mêmes moyens dont s'étoient servi les enfans de Claudine Patillet dans l'affaire jugée dans la coutume de Châlons, par l'arrêt de 1734; & les sieur & demoiselle Jacobé se servirent également des mêmes moyens, qu'Alexis Martin & sa femme avoient invoqués.

L'affaire portée en la cour, sur l'appel d'une sentence préparatoire, intervint le 25 juin 1737, sur les conclusions de M. l'avocat général Gilbert des Voisins, *arrêt qui mit l'appellation & ce au néant; émendant, évoquant le principal & y faisant droit*, la cour *déclara nulle la donation dont il s'agissoit, en ordonna la restitution au profit des sieur & demoiselle Jacobé, ensemble celle des fruits & jouissance, dépens compensés, & faisant droit sur le requisitoire de MM. les gens du roi. Il fut ordonné que l'arrêt seroit lu & publié au bailliage de Vitry, l'audience tenante, & qu'il y seroit enregistré pour servir de loi. (a)*

D'après les trois arrêts que je viens de rapporter, & les motifs qui les ont déterminés, je pense être bien fondé à soutenir, malgré l'opinion de M. Berroyer, que dans la coutume de Senlis, de même que dans toutes celles qui contiennent des dispositions semblables, aucun conjoint ne peut donner aux enfans de son conjoint la moindre chose, soit par donation ou testament, parce que les enfans sont compris dans la prohibition générale de faire aux conjoints des avantages directement ni indirectement.

CHAPITRE LXXI.

Interdiction du fils à la requête du père, est révoquée par la réconciliation & résipiscence.

JOseph Deschamps, marchand drapier de Paris, & Marguerite Plastrier sa femme, présentent requête au prévôt de Paris, exposent les fréquentes débauches & dissipations de biens de Joseph Deschamps leur fils aîné, & demandent qu'il soit interdit. Sur la requête il est ordonné que les parens seront assemblés pour donner leur avis, sur lequel le prévôt de Paris interdit ledit Joseph Deschamps de l'administration, tant de sa personne que de ses biens en 1614. Joseph Deschamps en 1615 se veut marier, son pere s'oppose & remontre qu'il est interdit, défenses dudit prévôt de passer outre à la célébration du mariage à peine de la vie; nonobstant les défenses le mariage est célébré. Le pere voyant la chose accomplie, & qu'il n'y avoit plus de remède, reçoit les mariés en sa maison, & les y entretient sous des quittances de tout ce qu'il fournissoit pour eux, & pour être imputé en la légitime de Joseph Deschamps. En 1624 le pere & la mere font leur testament mutuel, par lequel ils disent qu'attendu les débauches de Joseph Deschamps leur fils, & qu'il est interdit, ils lui leguent quatre maisons situées à Paris, pour en jouir par usufruit seulement; au cas qu'il y ait d'enfans, veulent que la moitié des loyers soit employée à la nourriture des enfans; & au cas qu'il n'y en ait point, veulent que lesdites maisons retournent à Etienne Deschamps & Jean Basin ses frere & beaufrere. Après le décès du pere, Joseph Deschamps fils aîné demande le scellé & inventaire. On lui oppose l'interdiction, & on le soutient incapable d'ester en jugement. Le prévôt de Paris ordonne que nouvelle assemblée de parens sera faite pour donner leur avis sur l'interdiction. Appel par Joseph Deschamps, tant de ladite sen-

tence d'interdiction de 1614 que de la seconde, pour lequel Me. Chappellier dit, que comme il n'y a rien de plus précieux que l'honneur & la liberté, aussi n'y a-t-il rien de plus fâcheux de plus sensible que de les perdre. L'appellant n'a jamais fait d'action qui dût opérer cette interdiction; le pere y a été porté par Jean Basin son gendre; cette sentence n'a point été exécutée, est demeurée sans effet; on n'a décerné aucun curateur à l'appellant, comme il l'ordonnoit. Quand elle eût été juridique, elle étoit tacitement révoquée & éteinte par le changement de volonté du pere, qui a témoigné l'amitié paternelle à l'appellant & à sa femme, les a reçus en sa maison, nourris & entretenus, a été parrain du premier de leurs enfans, & leur a montré toute sorte de bienveillance depuis cette sentence, dont il n'a fait mention en son testament que par la suggestion dudit Jean Basin qui l'a toujours haï, pour avoir tout le bien. *Nec iniqua finis in ira est.* Et conclut à ce que l'appellant ait liberté de sa personne & biens, soit reconnu pour fils aîné, & ait le tiers en la succession de son pere. Me. de Cornoaille pour les mere, frere & beaufrere intimés dit, que l'appel est une suite des vexations de l'appellant, qui a vécu avec tant de débauches, qu'il a coûté plus de 1800 livres à son pere. Il a été de tous métiers, s'est marié contre la volonté & expresse prohibition, juste sujet d'exhérédation : l'interdiction a été donnée sur l'avis des parens; mais quand il n'y auroit eu que la plainte & la seule présence du pere, elle étoit suffisante pour donner lieu à l'interdiction. Si *filius tuus pietatem patri debitam non agnoscit, castigare jure patriæ potestatis non prohiberis : arctiori remedio usurus, si in pari contumacia perseveraverit, cumque præsidii oblaturus, dicturo sententiam, quam tu quoque dici volueris. L. 3. Cod. De patr. potest.* & en la loi 16. *De curator. fur. & aliis, &c. Si prodigo curatorem dederit pater, voluntatem ejus sequi debet prætor, eumque dare curatorem*; la volonté du pere & sa déclaration étant seules suffisantes. Quant au défaut de curateur, il n'en faut point, le pere étant curateur légitime de son fils, lequel n'ayant aucuns biens, n'avoit besoin de curateur. La sentence a été publiée & enregistrée chez tous les notaires du châtelet. Le testament lui est avantageux, mais rempli de précaution, de peur de dissipation. *Prudens pater consilium capit pro liberis.* M. le premier président interrompit Me. de Cornoaille, & lui dit : vous qui êtes ancien & docte avocat, répondez à la réconciliation du pere qui a reçu son fils l'appellant, comme l'enfant prodigue, lui a jetté l'étole.

M. l'avocat général Talon dit, que l'on demeure d'accord de la maxime générale, que si un fils quittant le chemin de la vertu, & suivant celui du vice, *malè bona sua tractat, dilapidando & dissipando profundat*, pour parler avec le jurisconsulte, le pere porté d'une sainte affection, & d'une juste vengeance, doit opposer son autorité pour le ramener au chemin de salut, & le remettre en son devoir. Liban en l'une de ses déclamations introduit un enfant débauché, misérable, en la voie de perdition, qui se repent & se console, en disant : il m'est resté un œil qui est mon pere, il me conduira hors de ce précipice, & connoît mieux mon mal que moi-même. *Existimatio nostra ex vulgi opinione pendet, judicium certè parentis*, dit Ciceron, le pere ne pouvant faire un mauvais jugement de son fils. L'autorité du jurisconsulte se rapporte à ce que dit la sainte-écriture, que le pere mal satisfait des déportemens de son fils, aigri & irrité par ses débauches, le conduira à la porte de la ville, & là il sera lapidé. La seule plainte du pere est la conviction de la condamnation du fils; & Plutarque répond à ce mauvais enfant : Tu as tort de te plaindre, puisque ton pere est ton accusateur. Cette maxime est véritable, mais il ne faut pas en abuser. *Paterna potestas in pietate, non in atrocitate debet consistere*, dit la loi, de laquelle comme d'une sage mere, l'interdiction est un re-

---

mede pour fubvenir & conferver le bien de ceux qui font ou foibles d'efprit, imbécilles de jugement, ou prodigues, *qui neque tempus, neque modum, nec finem expenfarum inhoneftarum & indecéntium habent; fed bona fua dilapidando & diffipando profundunt,* dit le jurifconfulte en la loi 1. *De curat. fur. & aliis.* Interdiction qui ne doit pas fe donner légérement, à caufe de la note qu'elle imprime fur le front de celui qui eft interdit. *Obfervare prætorem oportebit, ne cui citra caufæ cognitionem pleniffimam, curatorem det, L. 6. eod.* Et en cette loi, *Si prodigo,* où il parle du curateur donné par le pere, & qu'on dit que le préteur doit confirmer, le jurifconfulte ajoute : *Sed utrum omnimodo, an ita fi futurum effet, ut nifi pater aliquid teftamento caviffet, prætor ei bonus interdicturus effet ;* pour montrer qu'il ne faut s'arrêter fimplement à la plainte d'un pere irrité quelquefois pour peu de fujet, comme au fait en queftion. Le pere & la mere viennent en jugement, fe plaignent des débauches de leur fils, de fes mauvais déportemens, qu'il hantoit de mauvaifes compagnies, qu'il prenoit plus de vin qu'il ne devoit, qu'il leur avoit dépenfé en diverfes fois 6000 livres ; & fur cette plainte & avis de trois parens, le prévôt de Paris a interdit l'appellant de l'adminiftration de fa perfonne & biens, mais trop facilement. *Ubi funt vulnera rei familiaris ?* comme dit Seneque. Il n'y a aucune preuve de prodigalité, bien-qu'en caufe d'appel on ait ramaffé un grand nombre de pieces. A la vérité, il s'eft marié fans le confentement de fon pere, & l'interpellation qui lui avoit faite d'agréer fon mariage, non plus que fa majorité de plus de 25 ans, n'étoient pas confidérables, parce que *femper fanĉta & venerabilis patris perfona filio videri debet, L. Liberto. De obfequ. parent.* Mais cette défobéiffance a été fuffifamment couverte par la bonté & indulgence du pere, qui a agréé le mariage, recevant & entretenant les mariés en fa maifon, & tenant leur premier enfant fur les fonts baptifmaux. Il faut confidérer le dernier état des chofes. On a fait pratiquer la fubtilité de la loi à ce bon pere, plus que fexagenaire, pour retirer des quittances honteufes de fon fils. *Panem lapidofum danti turpe ; accipient noxium,* dit Seneque. L'interdiction eft introduite par la loi. *Ne quis egeat, ne quis π fua malè utatur : reipublicæ enim intereft habere fub fe fubditos lofupletes, Nov. Ut jud. fine quoque fuffragio fiant.* Mais celle dont eft queftion, eft toute au-contraire, un piege, une fubtilité, pour exhéréder l'appellant. On a fait prendre ce prétexte à ce bon homme caduc de vieilleffe, puifqu'en 1614 on ne pouvoit pas dire que l'appellant eût fait une mauvaife action, un mauvais marché, un acte tendant à la diminution, ou diffipation de fon bien. Par ce feul laps de tems, par cette réfipifcence feule, (quand il y auroit eu quelque chofe à redire auparavant) la fenteuce d'interdiction eft éteinte, révoquée & infirmée de foi-même. *Ipfo jure definit cura, fi prodigus fanos mores receperit, etiam ante declarationem judicis factam, L. 1. De curat. fur.*

LA COUR mit l'appellation & ce au néant, fans amende ; en émendant leva l'interdiction, & ordonna qu'il feroit procédé à l'inventaire des biens du pere, auquel l'appellant pourroit affifter, fi bon lui fembloit ; & pour le furplus, touchant le teftament, que les parties fe pourvoiroient. C'eft parce qu'on n'avoit rien prononcé touchant icelui, & qu'il n'y avoit point de requête d'évocation du principal, & Me. Cornoaille n'y voulut défendre. Le lundi 16 février 1626 à l'ouverture du rôle de Paris, affiftant à l'audience M. le Bailleul lieutenant civil, le fieur Ferrand lieutenant particulier, & quatre confeillers du châtelet.

Il eft à propos d'obferver ici que les abus qui s'étant gliffés dans les fieges inférieurs, ayant mérité l'attention de fa majefté, elle a cru devoir en avertir les cours par des lettres patentes du 25 novembre 1769, dont voici la teneur :

Lettres patentes du roi, concernant les demandes en interdiction pour démence, fureur & prodigalité, données à Verfailles le 25 novembre 1769, regiftrées en parlement le 19 janvier 1770.

1626.

LOUIS, par la grace de Dieu, roi de France & de Navarre, à tous ceux qui ces préfentes lettres verront, SALUT : Sur le compte que nous nous fommes fait rendre des ufages introduits dans les fieges inférieurs en matiere d'interdiction pour démence, fureur ou prodigalité, & concernant les main-levées d'icelles, nous avons reconnu qu'il y avoit beaucoup de diverfités dans les ufages, & qu'il en étoit réfulté des conteftations auffi nuifibles, tant au bien de la juftice qu'à l'intérêt de nos fujets ; nous avons cru devoir déterminer d'une maniere invariable la regle qui auroit dû être toujours fuivie dans une matiere auffi importante. A CES CAUSES, de l'avis de notre confeil & de notre certaine fcience, nous avons par ces préfentes fignées de notre main, dit, ftatué, ordonné ; difons, ftatuons & ordonnons, voulons & nous plaît, qu'il ne puiffe être à l'avenir ftatué fur les demandes en interdiction pour démence, fureur ou prodigalité, non plus que fur les demandes en main-levées d'icelles que fur les conclufions de la partie publique des fieges où lefdites demandes feront pendantes, & par délibération defdits fieges, foit que les interdictions & main-levées d'icelles foient confenties ou qu'elles foient conteftées ; faifons défenfes à tous juges de ftatuer feul & en leurs maifons, fur les interdictions & main-levées d'icelles, à peine de nullité & de tous dommages intérêts, même de prife à partie s'il y échet, dérogeant à tous ufages à ce contraires. Pourront néanmoins les juges faire feuls les avis de parens interrogatoires & autres procédures de pure inftruction pour parvenir auxdites interdictions & main-levées d'icelles, foit en leur maifon, foit ailleurs, fuivant l'exigence des cas & les ufages des fieges. SI DONNONS EN MANDEMENT à nos amés & féaux confeillers, les gens tenans notre cour de parlement à Paris, que ces préfentes ils aient à faire regiftrer, & le contenu en icelles garder & obferver felon fa forme & teneur ; ceffant & faifant ceffer tous troubles & empêchemens, & nonobftant toutes chofes à ce contraires. CAR tel eft notre plaifir. En témoins de quoi nous avons fait mettre notre fcel à cefdites préfentes. Donné à Verfailles le vingt-cinquieme jour de novembre l'an de grace 1769, & de notre regne le cinquante-cinquieme. Signé, LOUIS. Et plus bas par le roi, PHELIPEAUX. Et fcellées du grand fceau de cire jaune.

Regiftrées, oui & ce requérant le procureur général du roi pour être exécutées felon leur forme & teneur, & copies collationnées, envoyées aux bailliages & fénéchauffées du reffort pour y être lues, publiées & regiftrées ; enjoint aux fubftituts du procureur général du roi d'y tenir la main, & d'en certifier la cour au mois, fuivant l'arrêt de ce jour. A Paris en parlement la grand chambre & tournelle affemblées, le 19 janvier 1770. Signé, YSABEAU.

Vide tome 2. livre 2, chap. 42.

CHAPITRE LXXII.

Office de judicature peut être vendu par un tuteur fans décret, fur un avis de parens, & le mineur n'eft pas recevable à demander un fupplément du prix.

MAître Charles de Bays, juge-confervateur des privileges des foires de Lyon, décede, & délaiffe Jeanne de Bays fa fille unique. Me. Jacques de Bays fon oncle paternel, receveur des tailles en Breffe, élu & décerné tuteur, par avis des parens de fa mineure, difpofe de l'office de juge-confervateur des

foires au profit de Me. Jean Dupré, moyennant
1626. le prix & somme de 40000 livres en 1615. Peu
après le décès dudit Me. Jacques de Bays en
1625, Jeanne de Bays fait affigner Dupré pardevant
MM. des requêtes du palais, pour voir déclarer le
contrat de compofition dudit office nul & réfolu, lui
paffer procuration *ad refignandum*, fi mieux il n'aimoit lui fuppléer le jufte prix & valeur dudit office,
jufques à 70000 livres. La caufe ayant été retenue
par meffieurs des requêtes du palais, appel par
Dupré, & requête afin d'évoquer le priucipal, pour
lequel M. Talon dit, que la compofition faite de
l'office, quoique par un tuteur, eft bonne & valable, & l'intimée non-recevable en la demande :
l'office non venal n'eft que meuble ni immeuble ; ainfi
l'on n'y a pu procéder par voie de licitation & encheres. Tels offices de judicature étant faifis par les
créanciers, la cour en donne tous les jours main-levée
aux titulaires, la venalité allant directement contre
l'honnêteté publique, les arrêts en font notoires. Celui du jeudi 12 février dernier au profit de M. Car-
linquas confeiller au parlement de Touloufe, ceux
des confeillers des préfidiaux de Sens & la Rochelle & pour le lieutenant général de Forez Me. Cor-
pet contre la reine mere du roi. Les peines ftipulées par compromis pour raifon de tels offices, ont auffi
été perpétuellement réprouvées, pour en éloigner le
plus qu'on peut le commerce. Le malheur du tems
fait qu'on en tolere les difpofitions, mais de plein
gré & volonté des parties, & non autrement. Celle
que le tuteur de l'intimée a faite au profit de l'appellant, étoit utile à fa mineure. L'office n'avoit
coûté que 13000 livres au pere, le profit étoit évident ; la rupture du droit annuel pouvoit arriver,
& l'appellant couroit rifque de la perte de fes deniers.
Le tuteur a eu avis des parens de la mineure ; il y a
dix ans qu'il eft pourvu de l'office. Suivant l'ordonnance de Louis XII qui veut que celui qui a exercé
pendant cinq ans un office, n'y puiffe être inquiété,
il eft bien fondé en fon appel, & doit être maintenu audit office. Me. Chamillart pour l'intimée dit,
qu'il ne s'agit pas en la caufe de favoir fi un office de
judicature eft venal & en commerce, perfonne n'ignore
cela ; mais il eft queftion de favoir fi la difpofition
d'un tel office faite par un tuteur, au grand préjudice
de fa mineure, par une infigne tromperie, eft bonne
& valable : ce qui ne doit être toléré. La premiere
préfomption du mauvais deffein de ce tuteur, eft fa
qualité de receveur des tailles en Breffe, qui l'exemptoit de la tutelle : néanmoins il ne s'en eft pas voulu
aider, & a volontairement accepté cette charge. La
feconde préfomption eft la qualité de l'appellant,
neveu du tuteur, avec lequel il a collude *in necem
pupillæ*. La troifieme eft ce prétendu avis de parens
fait en maifon fecrete & particuliere & fous feing
privé des freres de l'appellant & autres de fon intelligence appellés pour parens. On ne doit aucunement s'arrêter à un tel avis, comme nul ; l'affemblée
devoit être des plus proches parens légitimement con-
voqués en la maifon du juge, en la préfence duquel
ils euffent librement & fainement opiné fur la difpofition de l'office, & leur avis exempt de tout foupçon : ce qui ne peut être dans un avis fait fous écriture privée, à laquelle on ne doit ajouter foi, à
caufe de la facilité de l'antidate. Le deffein de cette
tromperie étoit apparent par la vilité de la compofition, l'office valant plus de 80000 livres, même
l'appellant n'a encore payé le prix de la compofition, & il y a claufe de précaire au contrat, que
faute de payement il feroit tenu paffer procuration
ad refignandum. C'eft fur cette claufe que l'intimée
fonde fa demande. A la vérité, les offices de judicature ne font pas venaux pour être faifis & vendus ;
néanmoins la cour condamne les titulaires débiteurs
à paffer procuration *ad refignandum* ; & en l'hypothefe la cour a condamné un confeiller du préfidial
de Poitiers, d'augmenter le prix de l'office de 60000
livres pour l'avoir eu comme celui dont eft queftion.
M. l'avocat général Talon dit, que la caufe eft
doublement publique, & à caufe de l'office de judicature, & à caufe de la mineure. Platon dit que
fi ceux qui font au ciel ont quelque foin des chofes

qui fe paffent en ce monde, c'eft principalement
des pupiles, qui font abandonnés ou opprimés par
leurs tuteurs, τῶν ἐφαίων τῆς ἐρμίας. Néanmoins cela ne
fe rencontre pas au fait particulier, & la caufe eft
plus publique de la part de l'office, qui n'eft point
venal en jugement, mais par convention feulement,
par la corruption du fiecle. Le tuteur en a pu traiter & difpofer par l'avis des parens, lequel quoique fous feing privé eft énoncé au contrat du traité
fait pardevant notaires quinze jours après ; ainfi
exempt de tout foupçon : joint qu'il contient plufieurs chefs & délibérations. Une femblable caufe
s'eft autrefois préfentée touchant l'office de Cordelle
commiffaire au châtelet. Le tuteur de fes mineurs
l'avoit donné en dot à une des filles pour mille écus;
le mari en étant pourvu, fes beaufreres foutiennent
qu'il devoit rapporter au partage le jufte prix de
l'office qui valoit plus de 8000 livres ; que la difpofition faite par le tuteur étoit nulle, par les mêmes
raifons que l'intimée allegue aujourd'hui. Néanmoins
la cour confirma le contrat & difpofition de l'office
par le tuteur au profit du gendre, parce que les offices n'ont point de prix certain & effentiel, ce n'eft
que le caprice & l'ambition des perfonnes qui af-
pirent. A ce fujet toutes peines ftipulées pour raifon
des offices font réprouvées, comme illicites ; il a
même été jugé qu'un mineur qui avoit vendu & difpofé de fon office, ne pouvoit être reftitué contre
le contrat, & que la loi 2. *De refcind. vendit.* n'y
avoit lieu.

LA COUR mit l'appellation & ce au néant;
évoquant le principal, tant fur la demande du fupplément du prix, que fur la procuration *ad refignandum*, mit les parties hors de cour ; néanmoins condamna l'appellant à payer les intérêts du prix de
l'office, du jour qu'il étoit entré en exercice & poffeffion ; le 23 février 1626.

* Du Frefne cite l'arrêt, & le date du lundi 24,
au-lieu que c'étoit le 23.

CHAPITRE LXXIII.

*Mineure ne peut faire rétracter un arrêt d'adjudication
par décret, auquel elle ne s'eft point oppofée, quoiqu'elle n'eût point de tuteur, ou qu'il fût infolvable.*

LE jeudi 26 février Me. de Montholon, affifté
de MM. Mauguin & Marefchal, plaida une requête civile obtenue contre un arrêt d'adjudication
par décret faite au greffe de la cour, des biens de
Jacques Fioger. Sa fille obtint la requête civile,
fondée fur ce que tous biens de fon pere avoient été
vendus & adjugés par décret, fans qu'aucun s'y fût
oppofé pour y conferver fes droits maternels, dont
elle étoit créanciere de fon pere pour plus de dix
mille livres, & avoit la premiere hypotheque fur
fes biens ; néanmoins elle a tout perdu, faute de
s'être oppofée, & c'eft fon premier moyen. A la
vérité les arrêts ont jugé qu'une adjudication par
décret ne pouvoit être caffée, quoiqu'un mineur ne
s'y fût oppofé, & qu'il perdît fa dette : mais l'hypothefe de l'arrêt eft, lorfque le mineur eft pourvu
d'un tuteur, & d'un tuteur folvable, contre lequel
il peut avoir recours pour recouvrer fa dette. En ce
fait la mineure demandereffe n'avoit point de tuteur ; fon pere n'a pris cette qualité, n'a jamais été
décerné ou confirmé par juftice, & il étoit partie
faifie, qualité qui répugnoit à celle de tuteur & oppofant. On a vendu plufieurs fonds *unico pretio*,
fans divifion & féparation, ainfi nullité. On a procédé à la vente & adjudication auparavant que d'a-
voir fait vuider des oppofitions afin de prifer : et
qui eft contre l'ordonnance ; autre nullité. Me. de
Cornoaille pour l'adjudicataire, défendeur en requête civile dit, que la vente & adjudication eft
bonne & valable, & que le défaut d'oppofition de
la part de la demandereffe, n'eft aucunement confidérable : on n'a point vendu fon bien, mais celui
de fon pere ; bien qu'elle fût fa créanciere, elle avoit
cij

dû s'oppofer , & faute de l'avoir fait , le décret n'en eft pas nul pour cela ; telle oppofition ne regardoit que la diftribution du prix , & non la folemnité de l'adjudication. Son pere étoit fon tuteur naturel & légitime , qui a dû veiller à fes droits ; les fonds font en même clôture & de peu de valeur ; les oppofitions afin de diftraire ne touchent que ceux qui prétendent la diftraction , & non les oppofans qui en profitent.

M. l'avocat général Talon dit , que la requête civile n'eft pas contre un arrêt d'adjudication par décret fait au greffe de la cour , fuivant le réglement de 1598 , contre lequel on peut propofer des griefs , pour moyens de requête civile ; néanmoins au fait en queftion , la demandereffe n'a aucun grief , ni fujet de fe plaindre ; elle n'eft que fimple créancière de fon pere , dont le bien s'eft vendu ; elle a dû s'oppofer , & pour ne l'avoir fait , le décret n'en eft pas moins valable. Il avoit été ainfi jugé par arrêt aux grands-jours de Clermont , même par arrêt rendu contre les Chartreux de cette ville. Il faut faire diftinction : quand le bien de l'églife ou du mineur a été vendu , en ce cas ils font reftituables ; mais non quand on a vendu du bien fur lequel ils n'avoient qu'une fimple hypotheque. La difpofition du droit y eft formelle. *Si adverfus vendicionem pignor.* On ne doit pas donner facilement atteinte à un décret , il y va de l'intérêt & utilité publique. Pour montrer que la diftinction de la folvabilité ou infolvabilité du tuteur n'eft pas véritable , c'eft que l'arrêt de Clermont n'a prononcé que fur la première queftion du défaut d'oppofition de la part du mineur. Le tuteur trouvé infolvable *ab eventu* , fi qu'on remua la feconde queftion en exécution de l'arrêt , qui réfervoit le recours au mineur contre fon tuteur , lequel étant infolvable , ledit arrêt & le recours lui demeuroient inutiles ; néanmoins l'arrêt prononcé en robes rouges par M. le préfident Seguier , débouta le mineur de fes prétentions ; il y a lieu d'en faire de même. Le pere eft tuteur naturel & légitime de fes enfans ; on ne leur doit donner autre tuteur pendant fa vie , finon en quelque cas.

LA COUR de grace & de grande grace , dit M. le premier préfident , met fur la requête civile les parties hors de cour & de procès ; ledit jour 26 février 1626.

CHAPITRE LXXIV.

Mineur n'eft reftitué contre la donation par lui faite en faveur de mariage , & pour récompenfe de fervices.

LE lendemain 27 février à la chambre de l'édit , M. de Mefme préfident , fut jugé qu'un mineur ne pouvoit point être reftitué contre une donation par lui faite en faveur de mariage : M. Talon plaidant pour madame la marquife de Rofny demandereffe en lettres , afin d'être reftituée contre une donation de 4000 livres qu'elle avoit promife en faveur de mariage à une demoifelle qu'elle avoit eue long-tems à fon fervice. Le moyen de refcifion étoit que la donatrice lors de la donation n'avoit pas dix-huit ans. Me. Gaultier pour la donataire dit , que la donation eft faite pour récompenfe de fervices rendus à la dame de Rofny pendant quinze ans que la donataire a demeuré auprès d'elle. La dame donatrice a promis la fomme conjointement avec le fieur marquis de Rofny fon mari , & en un contrat où le fieur de Crequy fon pere eft intervenu.

M. l'avocat général Servin dit , que cette action eft de celles dont le jurifconfulte parle , *De alim. & cib. leg. quorum actio verecundiam pulfat.* Il n'y a rien de plus légitimement dû , la minorité n'eft pas fuffifante pour être reftitué contre une donation de cette qualité. *Si adverfus donationem* au code. *Si donatio non fit immodica , valet , nec reftituitur minor.* Au fait en queftion elle eft modérée , eu égard au long tems & fervice continuel.

LA COUR débouta la demandereffe de l'effet & entièrement de fes lettres , & la condamna au 1626. payement defdites quatre mille livres ; ledit jour 27 février 1626.

CHAPITRE LXXV.

Difcuffion a lieu dans la coutume de Poitou , en faveur du tiers détenteur , & ce cas omis eft fuppléé par le droit romain contraire à la coutume de Paris.

EN la même audience fe préfenta une autre queftion , favoir fi en la coutume de Poitou , qui ne difpofe rien de la difcuffion , le créancier hypothécaire eft obligé de la faire , avant que de s'attaquer au tiers détenteur ; ce qui a été ordonné pour David Bertau , contre Pierre Bolefme , dont appel par Bolefme , pour lequel Me. Galand le jeune dit , que la coutume de Poitou n'en difpofant rien , il faut recourir à celle de Paris , qui a abrogé la difcuffion , & permis de s'attaquer directement au détenteur de la chofe hypothéquée , laquelle ne peut paffer en une main tierce que *cum onere pignoris.* Outre cette difcuffion de meubles & immeubles , à laquelle le juge a affujetti l'appellant , il l'a encore condamné à mettre les obligations à exécution par corps contre les obligés : ce qui eft indigne & plein de cruauté. Me. Perreau pour l'intimé dit , qu'il a été bien jugé. Il n'y a rien de fi favorable que la difcuffion ; la coutume n'en ayant point parlé , il faut recourir au droit romain , qui a introduit la difcuffion pour plufieurs bonnes confidérations , en l'auth. *Hoc fi debitor. C. De pign.* & moins favorablement en l'auth. *Præfente. De fidejuff.* Il y a arrêt prononcé en robes rouges dans la thefe pour la coutume même de Poitou.

M. l'avocat général Servin dit , que la coutume ne décidant point la queftion , il faut avoir recours au droit romain , qui eft la raifon écrite qu'il faut fuivre ; les arrêts l'ont ainfi jugé. Outre celui qu'on rapporte , il y en a d'autres en la coutume de Troyes & Meaux , même au fait de la difcuffion , laquelle y a été introduite ; comme auffi pour l'âge de tefter on fuit le droit romain. Quant à la contrainte par corps ordonnée au cas de la difcuffion , elle eft injufte. *Ob as alienum liberos fervire iniquum eft , L. Ob as. C. De oblig. & act.* La juftice & équité de cette loi l'a fait canonifer , il ne faut pas contraindre le créancier à fervir contre fon débiteur.

LA COUR mit l'appellation & ce au néant ; déclara les biens poffédés par l'intimé , affectés & hypothéqués au payement de la dette de l'appellant , lequel elle condamna à difcuter tous les meubles & immeubles de fes obligés , qui lui feroient baillés par déclaration dans un mois par l'intimé , pour être vendus & difcutés à fes périls , rifques & fortunes ; ledit jour 27 février 1626.

* Les arrêts intervenus en d'autres coutumes font rapportés par M. Louet & Me. Julien Brodeau , lett. H. fomm. 9.

CHAPITRE LXXVI.

Continuation de communauté faute d'inventaire , au profit des enfans du fecond lit , ne peut être conteftée par ceux du premier , comme avantage indirect , & le mariage d'une fille n'opere diffolution.

MAître Pierre Bofamis procureur en parlement , & Claude le Beau ayant été mariés enfemble , ladite le Beau décede , & laiffe quatre enfans. Bofamis préméditant un fecond mariage , en 1595 fait procéder à la confection de l'inventaire de tous fes meubles , pour empêcher la continuation de communauté avec fes enfans , & peu après convole en fecondes noces avec Anne Boffinet , dont il a trois enfans , & elle décede en 1610. Bofamis ne fait au-

Tome I. X x

cun inventaire, & décede en 1625. Il y eut inftance entre les enfans du premier & fecond lit, pardevant meffieurs des requêtes du palais touchant le partage des biens de la fucceffion & communauté dudit Bofamis avec fes deux femmes ; & par fentence la communauté ftipulée au premier mariage, & pour raifon des enfans du premier lit, eft déclarée diffoute dès le jour de la confection de l'inventaire ; & à l'égard de ceux du fecond lit, déclarée continuée jufques au jour du décès dudit Bofamis. Les enfans du premier lit en interjettent appel, pour lefquels Me. de Cornoaille dit, que la coutume en l'*art.* 240 a introduit la continuation de communauté faute d'inventaire valable, au profit des mineurs, pour obvier aux fraudes qu'on leur pourroit faire ; mais fous prétexte de cette coutume qui les rejette, on en commette & l'on faffe des avantages indirects aux enfans d'un fecond lit, c'eft éluder la coutume. *Contra legem facit, qui falvis verbis legis legem nititur circumvenire.* La coutume n'a rien en tant en horreur que ces avantages indirects. En l'*art.* 303 elle les prohibe expreffément *verbis negativis*, qui ont bien plus d'efficace que ceux de l'*art.* 240 conçu en termes affirmatifs. Le pere par une négligence & une diffimulation affectée, n'a daigné faire procéder à la confection d'un inventaire pour arrêter la continuation de cette feconde communauté, à deffein que les enfans du fecond lit en profitaffent, & fuffent d'autant avantagés pardeffus ceux du premier lit. L'événement le témoigne clairement : car de 200000 livres que vaut la fucceffion dudit Bofamis, les enfans du fecond lit en emporteroient 150000 livres, fi la fentence fubfiftoit, le meilleur & plus grand profit de la communauté ayant été depuis le décès d'Anne Boffinet jufques à celui de Bofamis. Il ne faut pas que cette négligence du pere commun retourne entierement fur les enfans du premier lit, elle doit être portée également par tous les enfans. Me. Jobert pour les enfans du fecond lit intimés dit, que la juftice fe doit rendre & diftribuer par une portion non arithmétique, qui ne confidere que le nombre, mais géométrique, qui cherche les caufes & pefe les raifons. Il faut ainfi le pratiquer en cette caufe, autrement il n'y auroit rien de plus inégal que cette prétendue égalité. Me. Pierre Bofamis n'a eu que très-peu de biens de Claude le Beau ; & au-contraire il en avoit de très-confidérables d'Anne Boffinet. Quand il eût fait inventaire lors de fon décès, & arrêté la continuation de la communauté, il eût été autant avantageux aux intimés, leur rendant le revenu de leurs propres, de leurs rentes, & autres biens qui leur appartenoient : mais ne l'ayant fait pour lors, il feroit à préfent impoffible de difcerner & reconnoître ce qui étoit lors en la communauté, pour le féparer du refte : ce feroit entrer dans un labyrinthe d'affaires. *Primò*, on ne peut pas dire que telle omiffion d'inventaire foit un avantage indirect, parce que le profit, le gain & augment de la communauté eft cafuel. *Secundò*, c'eft un bénéfice concédé par la coutume. La loi romaine défere le ferment *in litem*, au pupille contre fon tuteur, *qui repertorium non fecerit.* La coutume ne l'a pas voulu imiter, & a trouvé un meilleur expédient, c'eft la continuation de communauté pour couper chemin à mille difficultés & tromperies qui fe feroient. Ce bénéfice procede de la providence de la loi, non du fait du pere. Cette continuation, ou difcontinuation de communauté eft fi étroitement obfervée, que le pere après le décès de fa premiere femme ayant fait inventaire, & après déclaré qu'il entend que la communauté continue, fans avoir égard à cette déclaration, la communauté eft déclarée diffoute. Bien-que les filles du fecond lit fuffent mariées dès 1618, néanmoins le mariage ne diffout la communauté, ainfi qu'il a été jugé en 1610. Cela eût été bon en l'ancienne coutume, où le moindre acte dérogeoit à la communauté.

LA COUR fur l'appel, mit les parties hors de cour & de procès, fans dépens, attendu leur qualité ; le 2 mars 1626, M. le premier préfident de Verdun prononçant.

* Brodeau cite l'arrêt, *lett. C. fomm.* 30, fans ex-

pliquer le fait, ni marquer les motifs qui ont pu déterminer la cour.

Me. Jean-Marie Ricard en fon traité *des donations, part.* 3. *chap.* 9. *gl.* 3. *nomb.* 1225 & 1226. parlant de cet arrêt, fonde fa décifion fur un autre principe, que quand la négligence du pere paffe-roit pour un avantage indirect, il n'y auroit pas lieu de le contefter, parce que les enfans du fecond lit, qui en peuvent profiter, font capables de toutes fortes de donations, & ne font pas compris dans la prohibition de l'édit des fecondes noces.

Au *nombre* 1227, il ajoute que la difficulté refte toujours, de favoir fi cette négligence affectée, pour faire plaifir à des enfans du fecond lit, ne doit point paffer pour un avantage à eux fait par le pere, fujet à rapport en fa fucceffion jufques à concurrence de ce qu'ils ont profité dans la continuation. Il remet cette queftion à fon traité *des fucceffions ab inteftat*, qu'il n'a point donné au public.

Il n'eft pas inutile d'obferver un autre cas propofé par Me. Julien Brodeau, dans lequel il eftime que l'omiffion d'inventaire, pour favorifer des enfans du fecond lit, eft un avantage indirect prohibé à l'égard d'une troifieme femme, qui a ftipulé qu'elle feroit commune en biens pour moitié, du jour de fon mariage ; & que le mari feroit tenu de faire inventaire diffolutif de la communauté d'entre lui & fes enfans du fecond lit, à peine de tous dépens, dommages & intérêts.

Par la force de cette convention il eft d'avis, que cette troifieme femme doit être indemnifée fur les biens du mari, de la perte qu'elle fouffre par la continuation de communauté, qui ne laiffe pas d'avoir lieu au profit des enfans du fecond lit.

Mais il décide fur le champ, en faveur des mêmes enfans du fecond lit contre ceux du premier, la queftion de rapport, que Me. Ricard a trouvée fufceptible de difficulté, & dont il avoit remis ailleurs fa réfolution.

Si l'on fe donne la peine d'examiner fans prévention les circonftances particulieres de l'arrêt ci rapporté, on reconnoîtra qu'il n'y avoit pas lieu d'en faire un préjugé pour la thefe générale : car le fait n'étoit point contefté, que la premiere femme de Bofamis (ou Beauxamis) lui avoit apporté peu de biens, & que la feconde avoit une dot tellement confidérable, que les revenus depuis fon décès auroient égalé le profit que fes enfans pouvoient tirer de la continuation de communauté.

Dans le cas contraire, (que la premiere femme eût rapporté de grands biens, & la feconde rien, ou peu de chofe) il femble que la décifion doit être différente : car fi l'omiffion d'inventaire donne lieu à la continuation de communauté en faveur des enfans du fecond lit, & qu'ils en partagent le profit avec le pere furvivant, parce que l'édit des fecondes noces dans la penfée de Me. Ricard ne les rend pas incapables de cet avantage ; toutefois lorfque la fucceffion du pere fera échue, s'ils fe portent héritiers avec ceux du premier lit, il feroit très-injufte de les exempter du rapport de ce même avantage qu'ils ont tiré par la négligence affectée de leur pere.

L'objection n'eft pas confidérable de dire, que la continuation de communauté eft un bénéfice de la loi, & non une libéralité du pere : car on répond.

Primò, que tout avantage à l'un des enfans, de quelque nature qu'il puiffe être, doit être rapporté par le principe inviolable d'égalité.

Secundò, il eft vrai de dire que le pere a plus de part à cette continuation de communauté par fon fait, que la coutume qui l'a introduite comme une peine contre lui, & pour empêcher la perte que peuvent fouffrir les enfans.

Tertiò, l'efprit de la coutume n'a jamais été de donner la liberté au pere de faire ceffer la communauté par un inventaire diffolutif à l'égard des enfans du premier lit, & de la laiffer continuer par une omiffion volontaire en faveur de ceux du fecond.

Quand elle l'auroit permis, ce ne pourroit être que dans le cas de renonciation par les derniers à la fucceffion du pere, ou à la charge du rapport, y venant avec les premiers, comme tenus également de fon fait, & de la peine qui lui eſt impoſée.

Il faut reprendre l'eſpece de la clauſe ſtipulée par la ſeconde femme, qu'elle ſera commune pour moitié, & que le mari ſera inventaire diſſolutif avec les enfans du premier lit, à peine de tous dépens, dommages, intérêts. Me. René Chopin *lib.* 2. *Conſ. Patriſ. tit.* 1. *num.* 32. rapporte arrêt du 11 avril 1571, en faveur de la ſeconde femme contre les enfans du premier lit; mais qui juge en même tems contre l'opinion de Brodeau, qu'il n'y a point de continuation de communauté, & déboute les enfans de leur demande.

Me. Barthelémi Auzannet en ſes *mémoires ſur la coutume de Paris*, a cru que ce même arrêt juge la continuation de communauté ſur la demande des enfans du ſecond lit, & faiſant droit ſur la ſommation de la femme contre les mêmes enfans, les condamne de l'en indemniſer & garantir. Il allegue un autre arrêt du 29 juillet 1635, qui n'a apparemment jugé que la même choſe, c'eſt-à-dire, qu'il n'y a point de continuation de communauté, & non pas ſimplement l'indemnité de la femme. Mais il fait mention d'un troiſieme arrêt du mois de juillet 1655, donné en la quatrieme des enquêtes, entre les enfans du premier lit d'un mari & la ſeconde femme, qui déclare la communauté continuée, & ſur la ſommation de la ſeconde femme contre les enfans du mari, met hors de cour, parce qu'on a jugé, dit-il, que la convention étoit contre la coutume, & que la permettant, ce feroit donner ouverture à ceux qui paſſent en ſecondes noces, & de priver indirectement les enfans du premier lit du bénéfice de la continuation de communauté, ordonnée en leur faveur, à faute de faire inventaire.

Cet arrêt, s'il eſt véritable, ni les deux précédens, n'ont point jugé la queſtion de rapport entre les enfans du premier & du ſecond lit, dans la ſucceſſion du pere, dont il ne s'agiſſoit pas; mais l'exactitude de Me. Auzannet ne leve pas le ſoupçon d'un arrêt, duquel on ne voit ni le fait ni les moyens, dont il n'a pas même daté le jour, & qui peut avoir été rendu ſur des circonſtances & des motifs particuliers.

En effet, il feroit difficile de croire que l'on pût donner atteinte à une ſemblable clauſe appoſée par la ſeconde femme dans ſon contrat de mariage, ni qu'elle ait rien de contraire à la coutume. Car ou les enfans du premier lit ne feront pas héritiers de leur pere, & en ce cas leur renonciation les met à couvert de la garantie & indemnité de la femme; & c'eſt conſerver tout le droit que la coutume leur défere, de permettre qu'ils prennent le profit de la continuation de communauté, ſauf à la ſeconde femme à ſe pourvoir ſur les autres biens, & contre la ſucceſſion de ſon mari, pour être indemniſée; ou bien au-contraire les mêmes enfans accepteront la ſucceſſion paternelle, & au dernier cas il eſt fort juſte qu'ils ſoient garans de ſon fait, puiſqu'ils y trouvent plus d'avantage qu'à renoncer.

CHAPITRE LXXVII.

Exemption des tailles accordée par Charlemagne aux habitans de la paroiſſe de Berné, ne s'étend aux héritages qu'ils poſſedent dans une autre paroiſſe.

LE mercredi 11 mars 1626, en la cour des aides fut plaidée la cauſe des habitans de la paroiſſe de Berné, appellans de ce que les élus d'Angoulême avoient confirmé l'impoſition aux tailles de quatre particuliers qui étoient appellans, & le reſte des habitans intervenans, pour raiſon & à cauſe des fonds que ces quatre particuliers poſſédoient en la paroiſſe de Butel, dont les habitans étoient intimés.

Me. Roger pour les appellans, & Me. Girard pour les intervenans, ſe fondoient ſur le privilege de l'exemption de toutes tailles accordée par Charlemagne aux habitans de Berné à cauſe de la ſépulture qu'ils avoient faites des ſoldats tués en la bataille qu'il eut contre les Sarraſins, qui furent généreuſement repouſſés de l'invaſion qu'ils faiſoient en France. Outre la charité qu'ils avoient rendue à ces corps morts lors de la ſépulture, ils leur en continuent encore une autre par les prieres, oraiſons, meſſes & ſuffrages qu'ils ſont tenus de faire dire chacun mardi de la ſemaine ſainte, & donner l'aumône à tous les pauvres qui s'y préſentent, à quoi ils ſont expreſſément obligés par le privilege qui a été confirmé de tems en tems par nos rois, ſucceſſeurs de Charlemagne, & imitateurs de ſa piété, en reconnoiſſance de la bonne volonté de ces pauvres laboureurs. Après la confirmation de ce privilege, & la poſſeſſion paiſible où ils ſont depuis huit cents ans, il feroit injuſte de les troubler & les inquiéter, comme on fait les intimés, qui par les impoſitions & cotiſations des quatre particuliers appellans s'attaquent au corps de tous les habitans intervenans, veulent renverſer le privilege de leur exemption qui eſt univerſel, & ſans exception. La taille eſt perſonnelle, & le privilege de leur exemption perſonnel; ainſi l'un auſſi général que l'autre. Il n'eſt pas raiſonnable que pour quelques fonds que les appellans poſſedent en la paroiſſe des intimés, ils y ſoient cotiſés & compris aux tailles, comme on a fait; l'on ne ſauroit pas à quelle cote les impoſer. Me. Filleau pour les intimés dit, qu'on ne veut pas révoquer en doute le privilege des intervenans; mais ſous prétexte de ce privilege, & de leur exemption, ils ne doivent pas être à la charge & oppreſſion de leurs voiſins : ce privilege ſe doit reſtraindre & limiter à ce que poſſédoient les habitans de Berné lors de la conceſſion, & à ce qu'ils ont dans leur poſſeſſe, & non pas s'étendre à ce que depuis ils ont acquis & acquierent tous les jours de leurs voiſins, obligés de vendre pour payer la taille. Il la faut en ce cas conſidérer comme mixte, & il eſt raiſonnable qu'elle ſoit portée par les acquereurs au-lieu de leurs vendeurs, en la paroiſſe où les fonds ſe trouveront ſitués; autrement leur privilege tourneroit à la charge & oppreſſion du peuple.

M. l'avocat général Dulis dit, que ſi les appellans & intervenans ſe tenoient aux termes de leur privilege, il n'y auroit pas raiſon de les y troubler; mais voulant acquérir de leurs voiſins, il n'eſt pas raiſonnable que ceux-là poſſedent tous les fonds, & que ceux-ci payent toute la taille : & il adhere avec les intimés.

LA COUR, M. Chevalier préſident, mit l'appellation au néant, confirma l'impôt des appellans pour les années paſſées; & pour l'avenir ordonna qu'ils feroient continués au même impôt, ſi mieux ils n'aimoient bailler à ferme les terres qu'ils poſſédoient en la paroiſſe des intimés.

CHAPITRE LXXVIII.

Legs fait à une fille pour aider à la marier, ou entrer en religion, eſt pur & ſimple, & non conditionnel.

MArie Aigron, habitante de Paris, fait ſon teſtament en 1593, & legue à Marthe & Magdelaine Comteſſe ſes nieces, lors encore en fort bas âge, la ſomme de 1500 livres. Le teſtament porte, que ce legs eſt fait pour aider à les marier, ou à entrer en quelque religion, & ajoute, que juſques à ce qu'elles ſoient mariées, religieuſes, ou autrement, elle veut que la ſomme léguée demeure entre les mains de ſon héritier univerſel, ſans en payer aucun intérêt. Son décès étant arrivé peu de tems après ſon teſtament, les légataires néanmoins different la demande de leurs legs juſques en 1623, qu'elles font aſſigner l'héritier de la teſtatrice pardevant MM. des requêtes du palais, pour en avoir délivrance. En défenses l'héritier dit, que les legs sont conditionnels, & que les légataires n'ont encore satisfaits à la condition, n'étant mariées ni religieuses, & qu'elles sont non-recevables en leur demande, quant à présent. Les légataires au-contraire soutiennent que les legs, dont est question, sont purs & simples, & non conditionnels, & qu'elles en doivent obtenir & avoir délivrance purement & simplement; ce qui est ainsi jugé par MM. des requêtes du palais, & l'héritier condamné à faire délivrance desdits legs purement & simplement, dont appel. Me. le Noir le jeune pour l'héritier appellant dit, qu'il a été mal jugé, en ce qu'on a ordonné la délivrance d'un legs purement & simplement, qui néanmoins est conditionnel, & ne doit être délivré, que la condition apposée ne soit accomplie. Ce silence de trente ans qu'elles ont gardé, le témoigne assez, elles n'ont osé faire demande de leurs legs, s'en reconnoissant incapables jusques à ce qu'elles auroient satisfait & accompli la condition y apposée : condition si formelle & expresse en droit, qu'il n'y a lieu d'en douter, & de juger le contraire. Si quis nuptiarum fecerit mentionem in qualicumque pacto, quod ad dandum, vel faciendum, vel non, concipitur, & sive nuptiarum tempus dixerit, sive nuptias nominaverit, non aliter intelligi conditionem esse adimplendam, vel extenuandam, nisi ipsa nuptiarum accedat festivitas; & non esse tempus inspiciendum, in quo nuptiarum ætas, vel fœminis post duodecimum annum accesserit, vel maribus post decimum quartum completum; sed ex quo vota nuptiarum re ipsa procefferint. C'est la décision de l'empereur Justinien en la L. 24. De Nuptiis, pour retrancher, ajoute, toutes les difficultés qui naissoient à ce sujet. Sic enim antiqui juris contentio dirimetur. Et les jurisconsultes in L. Hæc conditio. 10. & L. pen. Quando dies. cedat. passent plus avant, & disent que cette condition, filiæ meæ, cùm nupserit, n'est pas accomplie per quamlibet conjunctionem, puta si nondum nubilis ætatis in domum mariti deducta sit, quia non potest videri nupta, quæ virum pati non potest. Pour montrer qu'il faut que la condition soit accomplie véritablement & légitimement, sans aucune fraude ni circonvention au mariage, qui seul donne l'ouverture à la demande de semblables legs, comme il a été jugé par arrêt de 1593, au profit d'un nommé Cossar chargé d'un legs fait à une fille, lorsqu'elle se marieroit, que ce legs emportoit une condition nécessaire de se marier. L'objection des intimées se réduit à dire, que quand la clause est conçue par ces mots, si, lors, elle est conditionnelle, & non quand elle se sert de ceux-ci, pour, afin que, laquelle pour lors n'est que modale tout-au-plus. La réponse est facile. Primò, par la décision de l'empereur d. L. 24. qui est générale pour toutes sortes de clauses, quibuscumque verbis, afin d'ôter entièrement la contention, qui ne procédoit que des mots, & militoit contre l'intention des contractans, ou testateurs; & elle ordonne que la seule mention de noces, de mariage, rend la convention, ou disposition conditionnelle. Si quis nuptiarum fecerit mentionem. C'est l'opinion de Bart. in L. Titio centum. De condit. & dem. Ut nubat, ut uxorem ducat. qui est en effet ce que la testatrice a ordonné, pour aider à les marier. Conditionem importat. & le jurisconsulte le dit en cette loi : Conditio non remittetur. C'est aussi l'opinion de M. Cujas consult. 3. Per talem dictionem, UT NUBAT, conditionem inferri. Secundò, quand ce seroit un legs fait sub modo, & non sub conditione, toujours auroit-il été mal jugé. Car bien-que le legs fait sub modo, puisse être demandé incontinent, & ne soit aucunement en suspens, comme l'est le legs conditionnel; néanmoins le légataire doit donner caution de modo implendo, L. 1 & 2. C. De his quæ sub modo. L. Cùm in testamento. & L. Si is cui. De fidei-comm. libert. & faute de l'accomplissement, il est privé de l'émolument de son legs, qui demeure résolu. Me. Rosée pour les intimées légataires dit, qu'il a été bien jugé de leur avoir ordonné délivrance de leurs legs purement & simplement, parce

qu'il est tel, & non conditionnel. Il y a grande différence inter conditionem, modum & caufam. Conditio fit & denotatur per hæc verba SI CUM, UBI; modus verò per UT, que nous pouvons traduire POUR, AFIN QUE : façon en laquelle la testatrice a entendu & voulu léguer aux intimées, pour aider à les marier, ou à être religieuses. Ut facilius, ut commodiùs nuberent, quod conditionem legato non injicit, L. 17. §. 2. L. 44. De manum. testam. sed potiùs caufam quamdam impulfivam, comme in lege penult. De alim. & cib. leg. Ut habeant unde se passant; magis ad caufam prælegandi pertinere : où la glose si hautement louée par Boyer, & M. du Val conseiller en la cour, sont de cet avis; & la L. 4. De donat. prend caufam donandi, pro modo, qu'elle apposé conditioni. La loi Si mulier. De jure dot. dit que si la femme s'est réservée une somme, ut de ea testari possit. non conditionem, sed caufam. Joannes Faber le plus docte de nos jurisconsules français, sur cette loi Sancimus, dit : Hoc obtinet quando sub expressa conditione; non quando sub modo fuit promissum, ut legatum, puta ad maritandam puellam, qui est l'espece de la caufe. Et la derniere clause du testament le montre évidemment, lorsque la testatrice ajoute que, jusques à ce que les légataires soient mariées, ou religieuses, ou autrement, qu'elle veut que les deniers légués demeurent ès mains de son héritier. Cette clause est ajoutée pour décharger son héritier, qui auroit été tenu envers les légataires, comme mineures, des intérêts des sommes. Et ce mot, ou autrement, s'entend, cùm legatariæ ad legitimum statum pervenerint, qu'elles seront capables de gouverner leurs legs. Tempus præftandi legati præftituit, non conditionem; & de fait, la cour l'a ainsi jugé par arrêt du 11 mars 1624, & la délivrance d'un pareil legs ordonnée.

LA COUR mit l'appellation au néant; ordonna que la sentence dont étoit appel, sortiroit son plein & entier effet, & condamna l'appellant aux dépens. Le 24 mars 1626, M. de Hacqueville président en l'absence de M. le premier président.

* Du Fresne cite l'arrêt, & l'on peut voir celui du 11 mars 1624, liv. 2. chap. 13. de ce recueil.

CHAPITRE LXXIX.

Fils aîné n'est tenu contribuer plus que l'un de ses cohéritiers à la récompense due à la veuve commune, pour les bâtimens faits sur le fief où il prend son droit d'aînesse.

LE sieur Chemanier de Tours par son décès délaisse cinq enfans & des biens considérables en sa succession; entr'autres un fief proche de la ville de Tours, sur lequel il avoit fait construire un grand bâtiment. Sa veuve intente l'action de mi-denier contre ses enfans, pour être remboursée de la moitié des impenses & méliorations faites aux bâtimens dudit fief, durant & constant le mariage & communauté. Par sentence de MM. des requêtes du palais de 1609, il est dit, que la veuve demanderesse sera remboursée de la moitié des impenses & méliorations faites pour la construction des bâtimens dudit fief, par celui, ou ceux qui auront ledit fief par préciput & avantage. Celui auquel appartenoit le préciput sur le fief, étant lors mineur, transige en 1622, avec ses cohéritiers, & par la transaction on stipule que le fief ne se pouvant commodément partager & diviser, sera vendu, & que sur le prix en provenant, l'aîné prendra deux mille livres pour son droit d'aînesse & préciput. Peu de tems après l'aîné se croyant lésé, interjette appel de la sentence de MM. des requêtes du palais, & obtient lettres pour être relevé de la transaction qu'il avoit faite avec ses cohéritiers, pour lequel Me. Desnoyers dit, qu'il a été très-mal jugé, parce que la prétention de la mere commune des parties est une dette de la communauté, qui devoit être supportée également par

tous

tous les héritiers, *pro portionibus hæreditariis, non pro modo emolumenti*, *L. 1. C. Si cert. pet.* Le préciput de l'aîné lui doit appartenir franchement & librement, sans qu'il soit tenu aux dettes plus que l'un de ses cohéritiers, ainsi que les arrêts l'ont souvent jugé. Si la sentence avoit lieu, on pourroit rendre ce préciput illusoire & inutile par la construction de grands & superbes bâtimens, *quorum impensa si reddere cogatur, laribus, sepulcris avitis carendum habeat*, *L. In fundo. De rei vindicat.* Il n'y a difficulté à l'entérinement des lettres, & à la rescision du contrat, qui ne doit être appellé transaction, mais partage, auquel se rencontre une lésion, non telle qu'elle est desirée en ces contrats, du tiers au quart, suivant les arrêts, & la loi *Majoribus. C. Communia utriusque judicii. Quod inæqualiter factum esse constiterit, in melius reformabitur.* Mais il y a une lésion énorme de plus des trois quarts, ayant quitté son droit d'aînesse pour 2000 livres, qui vaut plus de 12000 livres. Me. le Feron pour les intimés dit, quant à l'appel, qu'il n'y a apparence de le recevoir d'une sentence rendue en 1609, depuis seize ans. Quant aux lettres, elles sont inciviles & impertinentes : l'appellant a contracté majeur, transigé sur plusieurs autres différends : il n'est pas raisonnable d'annuler cette transaction, non pas même quand il y auroit *dolus reipsa*, & de la lésion, comme suppose l'appellant.

M. l'avocat général Talon dit, que le préciput de l'aîné est de droit divin *portio duplex*, favorable en tout. Il doit être délivré tel qu'il se trouve au tems de la succession échue, avec bâtimens, méliorations & toutes autres augmentations, sans que pour cela l'aîné soit tenu de faire aucune récompense à ses cohéritiers, ainsi qu'il a même été jugé pour un moulin non bannal édifié sur le préciput. De l'avoir condamné à payer seul les méliorations & impenses faites pour les bâtimens construits sur le fief, c'est mal jugé, il n'en doit payer que sa portion héréditaire. Ce droit d'aînesse est si favorable, qu'il ne peut être ôté par convention, par traité de mariage, par testament, par transaction, non pas même par arrêt, parce que ce n'est pas un bienfait des hommes, de son pere, d'un testateur ; mais une prérogative de la loi, à laquelle les particuliers ne peuvent déroger.

LA COUR mit l'appellation & ce au néant ; ayant égard aux lettres, & icelles entérinant, remit les parties en tel état qu'elles étoient auparavant le contrat de 1622, & ordonna que l'appellant auroit son préciput sur le fief, sans qu'il fût tenu de payer & contribuer aux dettes plus que l'un de ses cohéritiers. Le vendredi 27 mars 1626, en la chambre de l'édit, M. de Mesme président.

CHAPITRE LXXX.

Bail à cens d'une terre de l'ordre de Malthe est valable (quoiqu'il n'y eût aucune nécessité) ni information de commodo aut incommodo) par son utilité, & par l'homologation du grand-maître.

LA terre & seigneurie de Frómont est un des membres du grand-prieuré de France. En 1563, l'édit des subventions des ecclésiastiques ayant été vérifié, sur les bulles du pape & lettres-patentes du roi, ladite terre de Fromont fut vendue pour la taxe à laquelle avoit été cotisé le grand-prieuré, & après informations, estimations, encheres & publications fut adjugée à M. le premier président de Thou pour le prix & somme de 4000 livres. En 1564, l'ordre de Malthe obtint déclaration qu'il étoit exempt de cette contribution, & la terre fut reprise sur M. de Thou moyennant le remboursement des 4000 livres ; mais M. de Thou pour ne point être dépossédé de ladite terre, la prit à bail emphytéotique pour sa vie, celle de madame sa femme, de leurs enfans, & encore outre ce pour neuf ans. En 1573 desirant de s'acquérir & s'assurer la propriété de ladite terre, il contracte avec

le grand-prieur, qui lui vend à perpétuité ladite terre & seigneurie de Fromont moyennant deux cents livres de rente annuelle & perpétuelle, & à la charge de la tenir en fief du grand-prieuré, payer les quints, requints & autres devoirs féodaux à toutes mutations, & de faire ratifier le contrat par le grand-maître & chapitre de Malthe : ce qui fut fait, & le contrat homologué par le grand-maître & le conseil de Malthe. M. de Thou & ses héritiers jouissent long-tems de la terre, & la vendent au sieur de Nouveau trésorier de la chambre aux deniers, qui en jouit pareillement, fait plusieurs impenses & réparations jusques à plus de 30000 livres, & paye ladite rente de 200 livres par chacun an, sans aucun trouble ni inquiétude, jusques à ce que messire Alexandre de Vendôme, fils naturel du roi Henri le Grand, d'heureuse mémoire, étant fait grand-prieur de France, fait instance en 1624 au sieur de Nouveau, pour se désister & départir de la détention de ladite terre de Fromont, & lui en délaisser la possession libre comme dépendante de son grand-prieuré. Le sieur de Nouveau oppose pour défenses sa longue possession & son titre, la bonne foi de son auteur M. de Thou, dont il somme les héritiers en garantie. MM. des requêtes du palais appointent la cause en droit, dont appel par M. de Vendôme, & requête afin d'évoquer le principal, pour lequel Me. Joubert dit, que cette cause est sommaire, facile d'être jugée sur le champ, *levato velo*, comme parle la loi 5. *C. De naufragiis.* La cause est favorable, il s'agit d'une aliénation nulle & dépourvue de toutes les formes requises & nécessaires aux aliénations des biens ecclésiastiques ; ceux de l'ordre de Malthe sont de cette qualité. St. Bernard appelle les chevaliers de St. Jean de Jerusalem *Milites orantes.* St. Paul dit, τὰ ὅπλα τῆς στρατείας, ἥχαι. Mais les chevaliers de Malthe y joignent leur sang, sont plus d'état de leurs plaies que de leur vie, combattent continuellement l'ennemi commun de la chrétienté, sont vrais religieux, sont vœu, ne succedent point, comme les arrêts l'ont jugé, sont au nombre des ecclésiastiques, jusques-là que les arrêts ont aussi jugé que les dîmes inféodées possédées par les chevaliers de Malthe reprennent leur origine & leur premiere nature, & sont faites spirituelles. L'ordonnance de Blois *art. 79* prescrit les mêmes solemnités aux aliénations des biens des hôpitaux, colleges & autres communautés, qu'en ceux des autres ecclésiastiques. Il en est de même de ceux de Malthe, comme les arrêts des parlemens de Paris, Toulouse & Grenoble l'ont jugé. Cette solemnité est prescrite au chapitre *Dudum. De reb. Eccl. alien. vel non.* Une assemblée du clergé pour délibérer sur la nécessité, ἐπὶ τῷ ἀκχύνω, informations sur la commodité, ou incommodité, publications, encheres, licitation, adjudication, décret, homologation. Toute aliénation faite sans l'observation de ces solemnités est nulle : celle en question est défectueuse en toutes ces formes, faite par un grand-prieur qui n'a aucun pouvoir de vendre & aliéner, qui est moins qu'un usufruitier, & n'est que simple dépositaire, non plus que tous les autres chevaliers. *Fratres in eis proprii nihil habere, unde nomen commendatariorum sumpserunt. Commandare*, c'est *deponere*, dit le statut de l'ordre, parce que le chapitre impose telles contributions que bon lui semble sur toutes les commanderies pour subvenir aux affaires & nécessités de l'ordre. Les mêmes statuts défendent toute sorte d'aliénations pour quelque cause que ce soit, sans expresse autorité, approbation & homologation du chapitre général ; & celle du grand-maître seul n'est suffisante, comme celle qu'on rapporte. Me. Bernage pour l'ordre de Malthe intervenant dit, qu'il a le plus grand intérêt en la nullité de l'aliénation dont est question, pour empêcher la dissipation entiere de son bien. L'aliénation est faite par un grand-prieur, religieux, incapable de contracter, de vendre ; le pape même, quoique chef de l'église, n'a pas ce pouvoir, *C. Non liceat papæ. 11. q. 2.* Les chevaliers de Malthe sont vrais religieux, incapables de tester, de succéder, *quibus nec militis fortitudo, nec monachi deeft manfuetudo*, dit St. Bernard. Leurs ftatuts défendent expreſſément toutes aliénations ſans l'homologation & ratification du chapitre général, qui eft *fummum & fupremum confilium*, duquel dépend entiérement tout ce qui ſe fait. Les commandeurs ne tiennent leurs commanderies que précairement : leurs lettres & proviſions ne ſont que pour neuf ans, & tant qu'il plaiſa au grand-maître & à l'ordre ; ils ſont actuellement dépoſſédés des proviſions pendant vingt-quatre heures chacune année à l'aſſemblée des chapitres provinciaux : ce qui montre qu'ils ne ſont propriétaires ni uſufruitiers. Quant à la preſcription, il faut déduire *malè adminiſtrantis & alienantis tempora*, C. *Sacerdotes*. 16. q. 1. & elle ne peut même courir contr'eux, qui ſont perpétuellement abſens *reipublicæ cauſâ*, pour repouſſer l'ennemi commun de notre religion. Me. de Cornoaille pour Me. Arnoud de Nouveau intimé dit, qu'il demeure d'accord des maximes générales qu'on a avancées en l'audience ; mais faiſant voir que l'aliénation en queſtion eft accomplie de toutes ſes formes, & qu'elle eft utile à l'ordre, la cour verra qu'il impugne ſon propre fait, & combat ſon utilité & profit. Il paroît qu'en 1563 il y eut informations ſur la commodité ou incommodité d'aliéner, eſtimation, encheres, publications, & adjudication à 4000 livres ſeulement, bail emphytéotique à cent livres de rente en 1564, & que celui en queſtion eft à 200 livres de rente, outre les droits féodaux. Il y a fort peu de revenu en cette terre de Fromont, l'on a recouvré d'anciens baux à vingt livres par an ; auſſi le contrat a été homologué & ratifié à Malthe ſans aucune contradiction par les langues, par le grand-maître, & par le conſeil, reconnoiſſant l'utilité évidente de l'ordre, auquel cas l'aliénation ſubſiſte. Guy-Pap. q. 594. *Cap. Tua. De his quæ fiunt à maj. Cap. Sine exceptione*. 12. q. 1. *Cap. Cauſa*. 12. q. 1. *Niſi meliora proſpiciant. Auth. Hoc. jus. De ſacroſ. Eccl. ſolito reditu non minuendo*. Et ici on l'augmente de la moitié. La gl. ſur ces mots *fine cauſâ*, demande : *Si eccleſia nec locupletetur, nec damnificetur, tenet contractus : nihil enim ad divinæ domûs læſionem factum eft*. La cour l'a ainſi jugé pour les dîmes de la cure de Clamart appartenantes aux religieux de St. Martin, & confirmé l'échange comme profitable. La terre en queſtion eft infructueuſe, & a dû être vendue, *Cap. Terrulas*. 12. q. 1. où la gl. dit, qu'il faut conſidérer le revenu de la maiſon d'où dépend cette petite terre. Or le grand-prieuré de France vaut 30000 livres de revenu ; ainſi cette terre n'eft que le moindre de ſes membres & de ſes dépendances : néanmoins en tout événement conclut en la ſommation contre les héritiers de M. de Thou, pour leſquels Me. le Noir employa ce qui avoit été dit par Me. de Cornoaille.

M. l'avocat général Talon dit, qu'il y a grande différence entre le ſoin de vouloir s'acquérir & ſe conſerver du bien par un juſte intérêt, ou deſirer de l'avoir par affection ſeulement. Si la terre de Fromont étoit au même état qu'en 1574, & ſi les grandes impenſes, méliorations & embelliſſemens que le luxe du ſiecle y a fait faire, n'y portoient l'envie, il n'y auroit point de procès. Quoiqu'il ſoit contre un prince, fils d'un grand roi, néanmoins c'eft le propre de la juſtice de conſerver & maintenir le plus grand toujours en égal avec le plus petit. *Appropinquate*, dit Iſaïe, *afferte rationes veſtras*, afin que les peſant, on rende le droit à celui auquel il appartient. Les maximes générales ſont toujours véritables, toujours certaines ; mais étant appliquées aux actions des hommes, elles ſe rendent particulieres. En la theſe rien de plus certain, que le bien de l'ordre de Malthe eft inaliénable, rien de plus pieux & favorable que la conſervation ; mais en l'hypotheſe, dire que le contrat dont il s'agit, eft une aliénation, c'eft errer en droit : c'eft un bail d'héritages à rente perpétuelle, *vice permutati dominii*, bail profitable à l'ordre qui a ſes ſtatuts particuliers vérifiés en la cour, dont M. le premier préſident de Thou n'étoit

pas ignorant, puiſqu'il en fit lecture en 1573, lorſqu'il prononça en robes rouges cet arrêt célebre & premier, par lequel les chevaliers de St. Jean de Jeruſalem furent déclarés religieux, incapables de ſuccéder. *Vivunt ut liberi, moriuntur ut ſervi*. Bail profitable & reconnu tel par l'approbation & homologation qu'on en a fait à Malthe, en laquelle ne ſe peut rien deſirer. On objecte que par les derniers ſtatuts le grand-maître & le conſeil ordinaire ne peuvent approuver & homologuer ſeuls les contrats d'importance, d'aliénation, & autres de telle qualité, mais qu'il faut que ce ſoit le chapitre général. *Primò*, parce que ces ſtatuts ſont faits après le contrat, & *ſic non nocent, quia leges futuris dant formam negotiis* ; & c'eft la différence qui eft entre la loi & le jugement ; celle-là regle l'avenir, celui-ci le paſſé. *Secundò*, ce n'eft pas une aliénation, mais un bail à rente perpétuelle, approuvé lorſqu'il eft apparemment utile à l'égliſe, comme la cour le jugea en 1621, pour l'abbaye de Gerſy, bien qu'on n'eût obſervé aucunes formalités ; mais la cour déclara la rente non rachetable : il eft néceſſaire qu'elle en faſſe autant.

LA COUR mit l'appellation & ce au néant ; évoquant le principal ſur les demandes, fins & concluſions du ſieur grand-prieur appellant contre l'intimé, mit les parties hors de cour & de procès ; ordonna que les contrats de 1574 ſeroient entretenus & exécutés, à la charge que la rente demeureroit annuelle, fonciere, perpétuelle, & non rachetable ; le dernier mars 1626.

* L'arrêt eft cité dans du Freſne.

CHAPITRE LXXXI.

Religieuſe après avoir porté l'habit vingt-quatre ans, s'étant mariée, & ayant obtenu un reſcrit entériné, qui la diſpenſe de ſes vœux, même du défaut de réclamation dans les cinq ans, ne peut toutefois demander douaire, ni conventions matrimoniales.

Iſabeau de Pienne, fille de meſſire Philippe de Pienne, ayant été miſe au couvent & abbaye du Pont-aux-Dames pour y être religieuſe, & pris l'habit en 1585, y fait profeſſion en 1588, après trois ans de noviciat. En 1595, ne ſe trouvant pas bien dans l'abbaye du Pont-aux-Dames, elle ſe fit transférer en celle du Val-de-Grace, où elle demeure juſqu'en 1611, qu'elle ſe pourvoit en cour de Rome, réclame contre ſon vœu, & pour en être diſpenſée, expoſe au pape, qu'elle a été miſe en la religion par force, *verberibus coacta*, par ſon pere & par ſa mere ; qu'elle n'avoit que dix ans lorſqu'on lui a fait faire profeſſion ; qu'elle n'avoit jamais eu intention de demeurer en la religion ; qu'elle l'a toujours ainſi témoigné ; même qu'elle eft mariée *cum quodam* ; demande d'être reſtituée & diſpenſée de ſon vœu. Sur quoi le pape adreſſe ſon reſcrit au ſupérieur du Pont-aux-Dames, & à l'official de Meaux, auxquels il eft mandé, *ſi conſtet in jus de extrajudiciali reclamatione, & de vi & metu qui in conſtantem virum cadere poſſint*, qu'ils diſpenſent ladite de Pienne de ſon vœu. Les juges délégués après avoir informé des faits contenus au reſcrit, rendent deux diverſes ſentences. Le religieux de l'ordre entérine purement & ſimplement le reſcrit, & diſpenſe ladite de Pienne de ſon vœu : l'official de Meaux l'en diſpenſe auſſi, la reçoit aux ſucceſſions de ſes pere & mere ſuivant ledit reſcrit, & ordonne qu'elle ſera de nouveau mariée, & que le mariage ſera célébré en la paroiſſe de ſon lieu natal. Le même jour des deux ſentences, qui étoit le 2 décembre 1611, ſe paſſe contrat de mariage de ladite Iſabeau de Pienne avec Jacques Allegrin, ſieur de Vé, & incontinent célébré le premier dimanche de l'avent. En faveur de ce mariage il y a communauté de biens, douaire de douze cents livres par an, & le ſieur de Vé confeſſe avoir reçu ſix mille livres de ladite de Pienne. En 1624, le fieur de Vé fait fon teftament, par lequel il confirme le contenu au contrat de mariage, & décede peu de tems après. Ladite de Pienne en qualité de fa veuve fait affigner pardevant MM. des requêtes du palais les freres & héritiers du fieur de Vé fon mari pour avoir délivrance de fes conventions matrimoniales, qui lui oppofent la nullité de fon mariage, & fa profeffion monaftique : néanmoins MM. des requêtes ordonnent que par provifion le douaire fera payé. Les freres dudit Allegrin fieur de Vé, en interjettent appel, & comme d'abus des deux fentences, par lefquelles ladite de Pienne avoit été difpenfée & reftituée contre fon vœu, pour lefquels Me. Pietre dit, que l'abus & la nullité du mariage font manifeftes. Abus, primò, en la forme, les juges ont été délégués conjunctim; & néanmoins ont prononcé féparément, même d'une maniere toute contraire. Abus en la difpenfe, ayant prononcé contre les conftitutions canoniques, & arrêts de la cour : contre les conftitutions canoniques, parce qu'ils ont difpenfé l'intimée de fon vœu, vingt-quatre ans après fa profeffion & vœu folemnel, directement contre la difpofition civile, qui ordonne qu'on y réclame dans les cinq ans, & qu'après on n'y foit aucunement reçu. Les arrêts l'ont toujours ainfi jugé, & perpétuellement réprouvé les difpenfes après les cinq ans. Arrêt contre la comteffe de Brandy en 1612, contre Bouvot en 1624. Abus en ce qu'on l'admet aux fucceffions de fes pere & mere : le juge d'églife n'ayant pouvoir de prononcer fur le temporel, non pas même de fimples dommages & intérêts réfultans d'un mariage nul, comme les arrêts l'ont auffi jugé. Abus & nullité au mariage, qui n'a pu fe contracter valablement au prejudice du vœu & profeffion monaftique, *Cap. unico. De voto & voti redempt. in Sexto.* M. Talon pour l'intimée dit, que comme les actions font plus fortes que les paroles, elle témoigna par toutes les fiennes n'avoir aucune inclination à la religion, en laquelle on l'avoit mife & enfermée par force, & fait proférer des paroles à fes levres, contraires à fon cœur. Elle n'avoit que douze ans, lorfqu'on lui fit faire profeffion, comme il réfulte de fon regiftre baptiftaire : nullité contre l'ordonnance qui en requiert feize accomplis. Elle n'a figné cet acte de profeffion : autre nullité contre l'ordonnance, qui veut que les preuves des profeffions monaftiques fe rapportent par écrit, & que les parties fignent, à peine de nullité. L'on a bien reconnu ces nullités, quand on a entériné le refcrit de notre faint pere, & difpenfé du vœu en 1611. Elle s'eft mariée, & depuis ce tems a toujours vécu & demeuré avec fon mari jufques à fon décès, qui eft une fin de non-recevoir, foit par le laps du tems, *Cap. 1. De his qui matrim. accuf. poffunt. Præfcriptum matrimonium,* dit le chapitre ; foit parce que l'appellant ne s'eft jamais oppofé à ce mariage. Ayant ainfi été mariée, & ayant auparavant vécu hors du couvent où elle avoit fait profeffion, & plutôt en féculiere que réguliere, elle pouvoit réclamer après les cinq ans. La cour l'a ainfi jugé depuis un an en la caufe de Charron, Me. Buffet plaidant.

M. l'avocat général Bignon promu en cette charge par le décès de M. Servin dit, quant au fait, qu'il y a quelque preuve de la force & de la contrainte alléguée par l'intimée, & qu'en trop bas âge elle a fait vœu & profeffion. *Huc primùm parva teneris capiuntur ab annis, captivufque pudor variis addicitur artis.* C'eft le malheur du fiecle, mais le long tems a approuvé ce qu'elle avoit fait en un âge non encore légitime ; auffi le refcrit porte expreffément : *Confito in primis de extrajudiciali reclamatione.* N'étant pourvue dans les cinq ans, fuivant le concile de Trente, on ne doit pas douter que la difpenfe à voto n'excede la puiffance du pape, comme auffi le mariage. On fait différence entre le vœu fimple & le vœu folemnel. La difpenfe du vœu fimple eft facile, *non idem du folemnel,* duquel les docteurs ont demandé s'il étoit de droit divin ou pofitif. St. Thomas & plufieurs autres *in cap. Rurfus. Qui clerici vel vov.* ont tenu qu'il étoit de droit divin, &

que le mariage contracté après ce vœu folemnel ne peut fubfifter. La volonté, qui eft la fubftance du vœu, fe doit légitimement préfumer par un fi long tems après la profeffion au chap. dernier. *Qui cler. vel vov.* On dit que *fufficit nulla, vel modica patientia.* La loi 22. *De ritu nupt. Verecundiâ immutante voluntatem* ; les uns étant retenus par la feule appréhenfion de faire breche à leur confcience ; les autres par la feule honte & pudeur ; les autres par la crainte & la punition des loix. L'intimée a franchi toutes ces barrieres, & nonobftant fon vœu, a contracté le mariage, dont la nullité eft indubitable ; néanmoins il faudroit diftinguer, s'il y avoit des enfans, on les admettroit à la fucceffion de leur pere, par équité & commifération, bien-que leur mere veuve fut encore être privée de toutes fes conventions matrimoniales, le mariage en ce cas produifant divers effets, les uns purement fpirituels, les autres civils, entiérement diftincts & féparés. L'intimée peut jouir de l'effet de ceux-là pour le repos & tranquillité de fa confcience, fans néanmoins efpérer ni participer à ceux-ci, pour reftraindre cette vie trop licencieufe & cette facilité de réclamer contre fon vœu & fa profeffion.

LA COUR fur l'appel comme d'abus mit les parties hors de cour & de procès ; & fur l'appel des requêtes du palais, l'appellation & ce au néant ; évoquant le principal, abfout Allegrin appellant des fins & conclufions contre lui prifes par l'intimée ; & néanmoins pour aucunes caufes & confidérations lui adjuge fix cents livres de penfion chacun an par forme d'alimens ; le même jour dernier mars 1626. * Du Frefne cite l'arrêt, & Brodeau après lui, *lett. C. fomm. 8.*

CHAPITRE LXXXII.

Legs de meubles meublans comprend la vaiffelle d'argent & tapifferies, non les bleds, ni l'argent monnoyé.

MAître Ifaac Morin commiffaire des guerres, par fon teftament legue à Ifaac Nury, fils de la femme d'un premier lit, tous fes meubles meublans fervans ordinairement. Après fon décès, inftance en délivrance du legs pardevant le prévôt de Paris. Les héritiers du teftateur foutiennent que le legs ne comprend que les meubles communs, & non précieux, comme la vaiffelle d'argent, tapifferies & autres de cette qualité, dont le teftateur ne fe fervoit que peu fouvent, & non ordinairement, ainfi qu'il l'a exprimé par fon teftament. Les légataires au-contraire, que tous les meubles & uftenfiles dont le teftateur fe fervoit en fa maifon & pour fon ufage, de quelque prix qu'ils fuffent, font compris en fon legs : ce qui eft ainfi jugé par le prévôt de Paris, & tous les meubles, uftenfiles, adjugés à Nury légataire, excepté les bleds, vins & autres denrées, & l'argent monnoyé. Les héritiers en interjettent appel, pour lefquels Me. de Cornoaille dit, que le legs fait à l'intimé fils de la femme du teftateur, éut autrefois été controverfé par la feule qualité de légataire fils de la perfonne prohibée ; mais maintenant cette difficulté ceffe par les arrêts qui ont approuvé tels legs : auffi ce n'eft pas par ce moyen qu'on veut impugner celui en queftion, mais parce qu'on adjuge plus qu'il n'eft dû au légataire, plus que le legs ne comprend. Il fe rapporte à ce que nous voyons en droit. *De fupellectili legata,* où le légataire ne pouvoit prétendre la vaiffelle d'argent qui étoit en grande quantité, jufques à 55 marcs, ni la tapifferie, dont il y avoit plufieurs tentures, mais feulement les meubles communs. *Supellex eft domefticum patris-familias inftrumentum, quod neque argento, aurove facto, vel vefti adnumeratur, L. 1. De fupell. l. g. Crateram argenteum non effe in fupellectili, nec ullum vas argenteum fecundum fæculi feveritatem, nondum admittentis fupellectilem argenteam, L. 3. §. ult. eod.* Il faut ré-

1626.

fréner le luxe du siecle : la loi 5 dit la même chose pour les tapis, Me. Desnoyers pour le légataire intimé dit, qu'il est vrai que son legs se doit régler par le titre *De supellectili legata* ; mais suivant ce titre tous les meubles appartiennent au légataire, de quelque matiere & prix qu'ils soient. *Speciem potius rerum, quàm materiam intueri, oportet,* dit le jurisconsulte *in L. 7. eod.* Et le grand Papinien en la loi 9 décide la cause. *Supellectilis mensas esse cujuscumque materia, scilicet vel argenteas, vel argento inclusas, placet ; nam & argenteos lectos, item argentea candelabra supellectili cedere posterior ætas recepit.* Le testateur se servoit de tous les meubles adjugés au légataire.

LA COUR mit l'appellation au néant ; ordonna que la sentence dont étoit appel, sortiroit son plein & entier effet, le 27 avril 1626.

* L'arrêt est dans du Fresne.

CHAPITRE LXXXIII.

Dévolutaire ne doit avoir la récréance du bénéfice, le titulaire étant décédé peu de tems après l'assignation ; mais elle est donnée au pourvu per obitum.

MAître Antoine Spifame, curé de Dammartin, diocese de Langres, avoit pendant longues années paisiblement joui de son bénéfice. Me. Denys Galou prêtre obtient un dévolut au mois de mai 1624, fondé sur simonie, confidence & incompatibilité d'autres bénéfices, expédié *in forma gratiosa.* En exécution Galou, le 6 août 1624, prend possession de la cure de Dammartin, & fait assigner Spifame, pour voir dire qu'il sera maintenu & gardé en la possession du bénéfice, pardevant le prévôt de Paris ou son lieutenant civil, en vertu de ses lettres de scolarité. L'assignation étoit donnée au 12 du mois d'août. Le 13 les parties ayant comparu par procureurs, l'on prend appointement à communiquer titres, & le 14 Spifame decede en la conciergerie de l'officialité de Paris, où il étoit détenu prisonnier. A l'instant Galou remontre ce décès avenu de Spifame au prévôt de Paris, & requiert main-levée des fruits contentieux : ce qu'il obtient facilement. Le 26 du même mois M. l'évêque de Langres pourvoit à la cure comme vacante par le décès de Spifame, de la personne de Me. Antoine Dodiguier, qui en prend possession le 5 octobre ensuivant, & fait assigner Galou, qui le troubloit en la possession, pardevant messieurs des requêtes de l'hôtel en vertu de son *committimus*, étant aumônier de l'artillerie. Galou décline leur jurisdiction, & les soutient incompétens. Nonobstant le déclinatoire il est ordonné qu'ils procéderont, dont appel par Galou, pour lequel Me. Massac dit, que messieurs des requêtes de l'hôtel sont notoirement incompétens de connoître du possessoire d'un bénéfice, nulle ordonnance ne leur attribue ce pouvoir, mais simplement la connoissance des actions personnelles & mixtes de commensaux de la maison du roi, & du titre des offices. Quant au principal, pour l'évocation duquel l'intimé a présenté requête, il ne peut se plaider. Me. de Cornoaille pour Dodiguier intimé dit, quant à l'appel, qu'il n'y a aucune apparence, messieurs des requêtes de l'hôtel ont pareille connoissance & attribution de jurisdiction, que messieurs des requêtes du palais ; quant au principal, il est sommaire & facile. L'appellant est un dévolutaire, intrus au bénéfice, dont il veut jouir pendant le procès : ce qui n'est pas raisonnable. Il a exécuté son dévolut sur un homme moribond, *in confinio mortis* de Spifame, qui est décédé un jour après la prétendue assignation échue, laquelle n'avoit été donnée parlant à sa personne, mais à un certain confident de l'appellant. Il n'est pas probable qu'il eût constitué le procureur qui a occupé pour lui, & a passé cet appointement à communiquer titres, le jour auquel la présentation de la cause étoit seulement bornée. Cet appointement à communiquer

n'étoit pas considérable, pour donner droit à un dévolutaire. Du Moulin sur la regle *De public. resign.* est de cet avis, & rapporte l'arrêt de Seguier donné en pareil cas *in verbo LIS MOTA ;* & dit, parlant de ce qui s'est passé au procès : *Et quædam alia acta, quæ pro seria lite habita non fuerunt.* Me. Massac rréplique dit, que l'arrêt de Seguier n'étoit pas en cette hypothese : l'appellant a fait toutes ses diligences, & a obtenu son dévolut fondé sur simonie & confidence, qui font vaquer le bénéfice *ipso jure,* & l'arrêt de Seguier fondé sur l'incompatibilité de bénéfices, qui n'a pas tant de pouvoir. L'appellant a eu main-levée des fruits & récréance du bénéfice avec un pourvu en cour de Rome après le décès de Spifame, dont il n'y a appel : elle doit être exécutée.

M. l'avocat général Talon dit, qu'il semble que l'appellant ait épié l'occasion du décès de Spifame titulaire du bénéfice, pour mettre son dévolut à exécution. Il a fait donner l'assignation à un homme moribond *ad hoc,* comme parle le jurisconsulte *in L. Filia meæ. Solut. matrim.* pour se mettre incontinent & facilement en possession du bénéfice : ce qu'il n'a néanmoins pu. Les poursuites & diligences qu'il a faites contre Spifame, lui donnent seulement pouvoir & faculté de continuer son action & poursuite contre l'intimé : il ne le pouvoit pas, si le dévolut n'avoit été mis à exécution avant le décès de Spifame titulaire, contre lequel il étoit obtenu ; mais cela n'attribue aucun droit pour se mettre en possession du bénéfice : la main-levée des fruits, ni la prétendue sentence de récréance ne servent de rien : il n'y a rien de plus facile que le premier ; l'autre est *res inter alios acta,* & *malè acta,* puisqu'un dévolutaire est obligé de faire preuve de ses faits. Pour ceux de simonie & confidence ; il faut même quelque commencement de preuve par écrit, comme la cour l'a jugé *novissimé* par arrêt célebre donné au rapport de M. de Savarre. Pendant le procès il est juste & raisonnable que l'intimé pourvu *per obitum* & par l'ordinaire jouisse du bénéfice, comme ayant le plus apparent droit.

LA COUR mit l'appellation au néant, & pour certaines causes évoqua le principal, & avant que d'y faire droit, ordonna que les parties articuleroient plus amplement leurs faits, &c. & cependant adjugea la récréance du bénéfice à la partie de Me. de Cornoaille ; le 5 mai 1626.

CHAPITRE LXXXIV.

Dévolutaire intrus doit être maintenu à l'égard d'un étranger incapable de tenir bénéfice en France.

LE prieuré de St. Maurice de Cunsy au diocese de Langres, vacant *per obitum* du titulaire, maître Antoine du Moustier, natif de la Franche-Comté, en est pourvu par l'ordinaire & en prend possession. Peu de tems après frere Claude de Lorge, religieux de l'ordre de St. Benoît, obtient des provisions par dévolut en cour de Rome, fondé sur l'origine de du Moustier de la Franche-Comté, étranger, & incapable de tenir bénéfice en France. En vertu de ce dévolut il prend possession du prieuré, & sur le possessoire fait assigner du Moustier pardevant le bailli de Chaumont. D'abord contestation sur la prestation des cautions demandées par l'une & l'autre des parties ; par du Moustier comme titulaire du prieuré, & de Lorge en qualité de dévolutaire, suivant l'ordonnance ; par de Lorge à du Moustier étranger, soutenant qu'il ne pouvoit plaider en France sans donner caution *Judicatum solvi.* Du Moustier en est déchargé par le bailli de Chaumont ; de Lorge en interjette appel, comme aussi d'une autre sentence rendue depuis par le même juge, par laquelle du Moustier est tenu en la possession & jouissance du bénéfice. La cause plaidée au rôle de Champagne & Brie, Me. Tubeuf pour de Lorge appellant dit, qu'il a été très-mal jugé par le bailli de Chaumont en l'un & en l'autre chef.

Quant

Quant à la décharge de la caution *judicatum solvi*, l'intimé étant étranger, il y est tenu par l'ordonnance, il n'y a difficulté quelconque. Les originaires de la Franche-Comté sont réputés véritables étrangers, & le juge a voulu dire qu'ils étoient du pays de neutralité: ils ont été jugés tels par arrêt de 1623, rendu au profit des marguilliers de St. Euftache, donataires de l'aubaine du roi. En cette qualité d'étrangers, ils ne sont pas seulement obligés à bailler la caution *judicatum solvi*; mais ils sont du tout incapables de tenir & posséder aucuns bénéfices en France. Les ordonnances & les arrêts sont si formels, que personne n'en doute. Pour la Franche-Comté il y a lettres patentes du roi Henri IV, vérifiées au parlement de Dijon en 1609. Aussi ce n'est pas sur quoi l'intimé appuie son droit; mais il veut faire déclarer l'appellant non-recevable à contester le titre du bénéfice sur une prétendue intrusion, qui prive & fait déchoir un dévolutaire de tout le droit qu'il eût pu espérer au bénéfice, suivant l'ordonnance. Mais l'objection est facile à dissoudre. *Primò*, parce que l'appellant n'a pris ni reçu aucuns fruits du bénéfice, mais simplement après en avoir pris possession, a fait des baux à ferme du revenu, & a établi des officiers en la justice: ce qu'on ne peut appeller intrusion, puisqu'il n'y a aucune violence, nulle perception des fruits. Il a été jugé par arrêt qu'un dévolutaire qui avoit fait saisir & arrêter tous les fruits du bénéfice, n'étoit point intrus. *Secundò*, cette objection d'intrusion n'est pas bonne en la bouche de l'intimé, parce que l'ordonnance, qui a réprouvé l'intrusion, est faite pour maintenir les sujets du roi en paix, pour conserver en possession celui qui a quelque titre, *saltem* coloré, pour jouir du bénéfice pendant le procès. Mais l'étranger, tel que l'intimé, incapable de toute capacité de posséder un bénéfice, qui n'est rempli de fait ni de droit, ne peut se servir de cette ordonnance, & l'objecter à un Français. Me. Germain pour l'intimé dit, qu'il n'est pas question en la cause, de savoir si un étranger est incapable de tenir & posséder des bénéfices en France: personne ne doute de cette maxime, à laquelle néanmoins on ne se tient pas si rigoureusement, qu'on les prive *ipso facto* & *infanti* de leurs bénéfices; mais on ordonne quelquefois que dans un tems ils prendront lettre de déclaration du roi, ainsi qu'on a fait pour l'archevêché de de Narbonne résigné à un étranger. La question se réduit à l'intrusion toute apparente de l'appellant, qui se doit juger par un préalable, avant que d'examiner le mérite du dévolut, & les incapacités sur lesquelles il est fondé, suivant l'ordonnance, laquelle imitant en cela le droit universel de l'église, hait & punit tellement l'intrusion des dévolutaires, qu'elle veut qu'ils soient déchus & privés de tout le droit qu'ils pouvoient espérer & légitimement prétendre sur le bénéfice, & qu'ils soient punis comme ceux qui par force envahissent & s'emparent des bénéfices. C'est l'expresse disposition de l'ordonnance de 1550, 1561 & 1579; la disposition du droit civil in L. Extat. ff. Quod metûs causâ. & L. ult. De vi publ. Cap. Quia. & Cap. Qui in. De conf. Episc. Il n'est pas besoin d'examiner le dévolut, puisque le dévolutaire demeure déchu & privé par sa faute & sa témérité. Cela posé pour constant, il est inutile de savoir, si un étranger est capable de posséder un bénéfice en France, & s'informer si l'intimé est tel, puisque le dévolut, qui n'a point d'autre fondement, demeure nul, anéanti & sans effet au moyen de l'intrusion. L'intimé n'est point étranger, étant du bailliage de neutralité, comme le porte la sentence. C'est une mauvaise objection de dire qu'un étranger ne peut se servir de l'ordonnance: car la loi est égale pour tous, principalement quand un étranger se sert de la loi du royaume pour se conserver & maintenir en ses droits, non pour usurper ceux des régnicoles. Si un étranger avoit acquis des héritages, & en avoit joui l'espace de dix ans, qui oseroit soutenir qu'il ne pourroit se servir de l'ordonnance? La loi de l'intrusion étant pénale, il faut considérer celui qui délinque & le punir, & ne pas s'arrêter à la qualité de la personne offensée & qui se plaint,

Tome I.

ni donner l'impunité à celui qui a contrevenu à la loi, & du profit & utilité de son délit; cela seroit contre toute équité & justice.   **1626.**

M. l'avocat général Talon dit, que la qualité des personnes est principalement considérable en matiere bénéficiale: c'est ce qu'il faut examiner en la cause. L'intimé ne peut maintenant dénier qu'il ne soit étranger, cela est demeuré pour constant pardevant le juge dont est appel, & il se justifie assez par le dévolut, qui n'a point d'autre fondement, & par la demande de la caution *judicatum solvi* que les étrangers sont tenus de donner, & dont il a été mal déchargé sous prétexte d'être du pays de neutralité: car les traités de neutralité ne servent de rien à cette décharge, mais y sont contraires. Ils ont été faits entre le roi & le roi d'Espagne par l'entremise des Suisses, & portent que les habitans du duché & du comté de Bourgogne pourront librement vendre, acheter, échanger, & faire toute autre sorte de commerce & trafic les uns avec les autres. On renouvelle ces traités de neutralité de 19 en 29 ans, le dernier fut en 1600, & parce que le roi reçut des plaintes de ses sujets du duché de Bourgogne, qu'on les empêchoit de jouir & posséder paisiblement les bénéfices qu'ils avoient au comté, le roi envoya ses lettres patentes au parlement, qui y furent vérifiées, pour avoir lieu à l'avenir seulement, par lesquelles il déclaroit tous les habitans de Besançon & autres de la Franche-Comté, incapables de tenir & posséder aucuns bénéfices en France, s'ils n'avoient obtenu de lui lettres de grace & permission. Après cela dire que l'intimé est capable de posséder le bénéfice, parce qu'il est du pays de neutralité, c'est ignorer les traités de neutralité. Toute la défense de l'intimé consiste à l'intrusion qu'il objecte à l'appellant, lequel à la vérité ne peut s'excuser qu'il ne soit intrus: car ne s'étant contenté de la simple possession civile, qui suffit à un dévolutaire, il a fait des baux à ferme du revenu du bénéfice, créé & établi des officiers en la justice, qui consiste *in fructu*, & en fait partie; partant intrus. Mais il faut considérer qui lui objecte cette intrusion, & l'intention suite de l'ordonnance, faite pour maintenir les sujets du roi en paix, & qui ne peut être objectée à un Français par un étranger, lequel par la même ordonnance, même plus ancienne & fondamentale du royaume, étant incapable & inhabile de tenir & posséder aucuns bénéfices dans le royaume, ne peut par conséquent combattre un Français par les loix du royaume. Si l'on veut faire lutter les loix, il faut se tenir à celle *quæ ad utiliores res pertinet*. Or il est facile à juger, que celle qui exclut les étrangers de la possession des bénéfices, est beaucoup plus utile, même nécessaire, que celle qui ne va qu'à la peine de l'intrusion, pour obvier à la dissension de deux ou trois particuliers, & l'autre à la conservation de tout l'état. Le roi a grand intérêt de pouvoir s'assurer de la fidélité de ceux qui tiennent les bénéfices en son royaume, qui doivent prier Dieu pour sa prospérité & pour son état: ce qu'on ne pourroit croire d'un étranger, d'un Espagnol, qui la loi du royaume a a méritoirement exclus. *Locutus est Saül ad Samuelem regem, & dixit ei legem regni: Alienigenam non audies, nec excipies patriis auspiciis.* Car bien que devant Dieu il n'y ait aucune acception de personnes, néanmoins il trouve bon que les rois discernent & fassent distinction de leurs sujets avec des étrangers, se servent de ceux-là & rejettent ceux ci. *Alienigenis rempublicam administrari non oportet*, dit Tite-Live; & pour conclure avec les empereurs in L. ult. De solution. Propter publicas utilitates, strictam rationem insuper habemus. Il faut s'attacher & se tenir ferme à cette premiere loi du royaume & de l'état, afin de n'y faire aucune breche.

LA COUR mit l'appellation & ce au néant; évoquant le principal & y faisant droit, sans avoir égard aux demandes, fins & conclusions de la partie de Germain, qu'elle déclara incapable de tenir & posséder aucun bénéfice en France, maintint & garda la partie de Tubeuf, comme régnicole, en la possession & jouissance dudit bénéfice, avec restitution de fruits, & dépens, le 26 mai 1626.

* L'arrêt eſt dans du Freſne, & cité par Brodeau, *lett. R. ſomm.* 48.

CHAPITRE LXXXV.

Juge d'égliſe doit connoître du faux incident ; mais l'appel comme d'abus interjetté de ſa ſentence de rétention, eſt dévolutif & ſuſpenſif.

LE 8 juin 1626, en la cauſe du ſénéchal de Saumur, appellant comme d'abus de ce que l'official d'Angers avoit reçu une inſcription en faux contre une promeſſe de mariage qu'il avoit faite à une demoiſelle intimée, & de ce qu'il avoit retenu la connoiſſance dudit faux ; comme auſſi de ce qu'il avoit ordonné, que nonobſtant & ſans préjudice dudit appel comme d'abus il ſeroit paſſé outre ; Me. de Cornoaille ſoutenoit pour l'appellant, qu'après l'inſcription en faux formée, l'official devoit avoir renvoyé les parties pardevant le juge laïque, & ne pouvoit retenir la connoiſſance de la cauſe, bienqu'elle concernât une promeſſe de mariage, ni paſſer outre, & devoit déférer à l'appel, qui eſt ſuſpenſif & dévolutif. Me. Jobert pour l'intimée dit, que l'inſcription en faux étant incidente en la queſtion du mariage, eſt de la connoiſſance de l'official, *ne continentia cauſa dividatur*, & que le ſecond appel ne va qu'à l'inſtruction.

M. l'avocat général Talon dit, que l'inſcription en faux étant incidente dans une cauſe où il s'agit d'un mariage, de la compétence de l'official, il eſt pareillement compétent de connoître du faux incident, pour inſtruire ſa religion, & pouvoir prononcer ſur la queſtion du mariage ; mais non pas à l'effet de prononcer ſur le crime, & punir celui qui auroit commis la fauſſeté. Et de fait, en 1618, une inſcription en faux ayant été formée contre une piece produite par un prêtre, qui avoit procès contre un laïque pardevant le juge laïque, & le prêtre ayant demandé ſon renvoi pardevant ſon juge d'égliſe, attendu l'inſcription en faux, ſoutenant qu'il ne pouvoit être aucunement accuſé ni déféré que pardevant ſon juge, & non pardevant le juge laïque ; la cour néanmoins ſans avoir égard au déclinatoire, ordonna que le juge laïque connoîtroit de l'inſcription en faux pour la déciſion de la cauſe pendante pardevant lui, ſauf à le renvoyer pardevant ſon juge d'égliſe pour la punition du crime de faux. Quant au ſecond appel, il y a abus, & l'official n'a dû paſſer outre au préjudice de l'appel comme d'abus.

LA COUR ſur le premier appel mit les parties hors de cour & de procès ; ſur le ſecond dit, qu'il avoit été mal, nullement & abuſivement procédé ; fit défenſes à l'official de plus paſſer outre, nonobſtant les appellations comme d'abus, ſinon au cas de l'ordonnance, qui eſt quand il s'agit de diſcipline eccléſiaſtique, à peine d'en répondre en ſon propre & privé nom.

* Voyez l'arrêt du 18 juin 1618. liv. 1. chap. 30 de ce recueil.

CHAPITRE LXXXVI.

Après un arrêt qui maintient un chapitre en poſſeſſion de l'exemption de la juriſdiction de l'évêque, il ne peut ſe pourvoir au pétitoire pardevant l'archevêque métropolitain, & la citation eſt abuſive.

LE chapitre de St. Maurice d'Angers ſe prétendoit exempt de la juriſdiction épiſcopale & loi diocéſaine, & M. Miron évêque d'Angers le contraire. Pour décider ce différend, ils comprromettent, & nomment pour arbitres M. l'évêque de Nantes & trois doyens, qui par leur ſentence arbitrale maintiennent & gardent le chapitre en la poſſeſſion & jouiſſance immémoriales de l'exemption de la juriſdiction dudit Sr. évêque, de la loi dioceſaine. De cette ſentence appel par M. l'évêque d'Angers, relevé au parlement, où par arrêt la ſentence eſt confirmée. M. l'évêque d'Angers irrité, fait citer le cha-

pitre au pétitoire de l'exemption de ſa juriſdiction & loi dioceſaine, & pour en exhiber les titres, pardevant M. l'archevêque de Tours métropolitain, ou ſon official. De cette citation & aſſignation le chapitre interjetta appel comme d'abus, pour lequel Me. de Montholon dit, que l'abus eſt manifeſte en cette citation, puiſqu'elle va directement à combattre, même à renverſer l'arrêt de la cour, à dépouiller les appellans d'un droit dont ils jouiſſent légitimement & de tems immémorial, & en la poſſeſſion duquel ils ont été maintenus par ſentence arbitrale, confirmée par arrêt. Ce n'étoit pas le premier qui eût été rendu ſur ce différend, parce que dès l'an 1538, il y en avoit eu un autre d'appointé au conſeil, & ſur la proviſion requiſe par M. l'évêque, à mettre dans trois jours. Depuis ce tems le chapitre eſt demeuré en paix, les précédens évêques ne leur ont rien oſé demander, juſques à la nouvelle prétention du ſieur intimé, ſur laquelle étant intervenu ſentence arbitrale & arrêt, ils croyoient que tous leurs différends étoient aſſoupis, auſſi le devoient-ils être. Mais de tenter aujourd'hui de les faire renaître par un procès tout nouveau qu'on veut commencer pardevant l'official pour la même choſe jugée & terminée par arrêt, c'eſt manifeſtement entreprendre ſur la juriſdiction laïque & ſéculiere, c'eſt vouloir immortaliſer les procès. L'on objecte aux demandeurs l'ordonnance de 1539, qui ſemble permettre de ſe pourvoir pour le pétitoire d'un bénéfice pardevant le juge d'égliſe, après que le poſſeſſoire a été terminé par le juge royal. Il n'y a que le poſſeſſoire de l'exemption qui ait été jugé par l'arrêt ; au principal, le chapitre n'a aucuns titres valables pour fonder & établir ſon exemption, qu'il a obtenue depuis le décès de Gregoire XI, par conſéquent nulle & révoquée par le concile de Conſtance, qui a caſſé, révoqué & annullé toutes les conceſſions, privileges & exemptions obtenues & accordées depuis le décès de ce pape, juſques au tems dudit concile. La réponſe eſt facile à l'une & à l'autre objection. Quant à l'ordonnance, il eſt certain qu'elle n'a jamais été pratiquée, eſt demeurée abrogée *per non uſum*, par une façon de faire toute contraire. Quant aux titres, ils n'en ont aucuns, & fondent leur exemption ſur le tems, ſur la poſſeſſion immémoriale & ſur la preſcription. Ils ne peuvent & ne doivent aujourd'hui repréſenter leurs titres de conceſſion, qui étoient néceſſairement avant Gregoire XI, puiſqu'ils ont des actes de cette poſſeſſion long-tems auparavant. L'on a allégué la même choſe lors de l'arrêt de 1538 ; il n'y auroit rien d'aſſuré, ſi cette voie étoit permiſe. Me. Guerin pour M. l'évêque d'Angers intimé dit, qu'il n'y a aucun abus en la citation faite à ſa requête au chapitre pour procéder ſur le pétitoire d'une exemption qu'ils ont uſurpée pendant le ſchiſme des antipapes, ſurvenu incontinent après le décès de Gregoire XI. Ils ſe ſont conſervés en cette poſſeſſion contre tout droit, & il eſt vrai qu'ils ont été maintenus par arrêt, qui eſt le ſeul & unique moyen d'abus qu'on propoſe aujourd'hui, mais il n'y a aucun : on ne veut faire aucun préjudice à l'arrêt. Les appellans ſont en poſſeſſion, l'arrêt pleinement exécuté, & le Sr. intimé avoit pu faire citer les appellans pardevant l'official de M. l'archevêque de Tours pour exhiber & juſtifier des titres & bulles de la prétendue exemption : il n'a fait que ce que l'ordonnance lui permet : elle réſervoit diſertement aux parties de ſe pourvoir au pétitoire d'un bénéfice pardevant le juge d'égliſe, après que le poſſeſſoire aura été jugé par le juge laïque. Appeller abus de ſe ſervir du remede de l'ordonnance, c'eſt s'abuſer ; elle n'eſt pas hors d'uſage, comme l'on dit. Rebuffe ſur icelle marque les arrêts intervenus de ſon tems ; depuis il y en a eu quelques autres ; *noviſſimè* elle a été agitée en la cauſe de Me. Scaron. Quand il n'y auroit aucuns arrêts en exécution de l'ordonnance, elle n'en auroit pas moins d'autorité : c'eſt elle qui appuie & donne lieu aux arrêts, & non les arrêts à elle : elle ſe conſerve en ſa force de ſoi-même ſans aſſiſtance des arrêts, qui l'ont pour fondement & origine. En 1538, avant l'ordonnance les appellans ſayant voulu fonder leur exemption ſur une bulle obtenue du tems de ce schifme, elle fut déclarée abufive ; & fur ce qu'ils foutinrent avoir titres obtenus avant le décès de Gregoire XI, la cour appointa les parties à articuler plus amplement leurs faits, & à en informer : la citation qu'on qualifie abufive, eft l'exécution de cet arrêt.

M. l'avocat général Talon dit, que la queftion eft grande & importante de favoir, fi après le poffeffoire d'un bénéfice vuidé & jugé par le juge laïque, terminé par arrêt, l'on peut aller pardevant le juge d'églife, & là renouveller la même action pour le pétitoire du même bénéfice. Il eft vrai que le poffeffoire & le pétitoire en droit n'ont rien de commun, font diftinéts & féparés ; mais cette regle s'entend en matiere profane, où l'on ne confidere que la poffeffion nue & de fait, en laquelle on maintient celui qui le premier s'y eft mis, L. Quoties. C. De judic. En matiere fpirituelle & bénéficiale il n'en eft pas de même, la poffeffion nue & de fait n'eft aucunement confidérable feule, il faut examiner les titres & capacités des contendans. Beneficium fine canonica inftitutione poffideri non poteft ; voir s'ils font légitimement & canoniquement pourvus, fi les titres font vicieux, nuls, obreptices, fimoniaques ; en leur difcuffion & examen gît toute la caufe. Ainfi il eft vrai de dire que ce poffeffoire habet mixtam caufam proprietatis, ne peut fe décider que par le mérite d'icelle. L'ordonnance veut qu'on adjuge la récréance à celui qui aura le plus apparent droit, le titre plus coloré, non à celui qui aura le premier pris poffeffion du bénéfice. Les docteurs ultramontains même ont reconnu un poffeffoire, lequel étant jugé, ne laiffe point de pétitoire ; c'eft le poffeffoire intenté pour un ufufruit, auquel on peut méritoirement comparer le bénéfice & le bénéficier, qui n'a pas plus, même à moins de droit en fon bénéfice, qu'un fimple ufufruitier ; étant une regle certaine en leur droit, que non licet ab interlocutoria appellare. Ils ont douté & demandé, s'il étoit permis d'appeller de la fentence rendue fur le poffeffoire d'un bénéfice, fur la récréance, ou fur la pleine maintenue ; & ont réfolu qu'il étoit permis d'appeller, parce que ce n'eft pas un fimple interlocutoire, mais une fentence rendue avec connoiffance de caufe fur l'examen & délibération des titres. Or par un privilege fpécial de la couronne attribué à la piété finguliere de nos rois, ils ont mérité d'être confervateurs & protecteurs des églifes, eccléfiaftiques, bénéfices & bénéficiers de leur royaume, & par conféquent leurs juges, fondés en la connoiffance des différends qui naiffent pour raifon des églifes & bénéfices, confirmés en cette connoiffance des matieres bénéficiales par les aveux & bulles des papes, comme témoigne celle de Martin rapportée par Guy-Pape qu. 1. & dec. 252. Benedicti remarque fur le chap. Raynutius, in verbo ET UXOREM, que le pape Eugene écrivit au parlement de Touloufe pour lui recommander la caufe d'un abréviateur plaidant en ladite cour pour raifon du poffeffoire du prieuré du Saint-Efprit : d'où l'on voit la pratique ancienne de cette connoiffance des matieres bénéficiales attribuée aux juges royaux ; & pour ne laiffer aucun fcrupule aux efprits foibles, l'on peut l'apprendre de bien plus loin, en remontant jufques aux premiers tems de l'églife, auquel cette même connoiffance étoit déférée aux empereurs & à leurs juges ; dont nous fait foi la réponfe que St. Athanafe fit à l'empereur Conftantius touchant l'évêché d'Alexandrie, duquel il étoit pourvu & avoit différend avec un autre auffi prétendant le même évêché ; qu'ayant été pourvu à cette dignité, à cet épifcopat par fon moyen, il ne pouvoit s'en départir, & céder à fa partie adverfe, que par fon autorité, par fon commandement & par fon jugement, auquel il vouloit obéir & déférer entierement : ce qu'écrit St. Bafile au juge de Nazianze, pour excufer St. Gregoire fon intime ami de ce qu'il n'avoit pu comparoir pardevant lui, ainfi qu'il étoit ordonné, concernant le procès de l'évêché du même

lieu de Nazianze, duquel on foutenoit que St. Gregoire étoit mal & nullement pourvu : la foumiffion & jugement volontaire qui fut déféré par Paul & George contendans pour l'évêché d'Antioche en la perfonne d'Aurelius empereur, quoique perfécuteur des Chrétiens. Tous ces exemples montrent évidemment l'antiquité de cette connoiffance aux juges laïques, de tout tems inviolablement obfervée en France par la piété de nos rois très-chrétiens ; de forte que leurs juges en ayant une fois connu, & la caufe terminée par arrêt, cette décifion doit demeurer pour conftante & véritable, fans qu'il foit permis aux parties de renouveller les mêmes différends, fous prétexte de diverfes actions, fous couleur d'un pétitoire, pardevant le juge d'églife, auquel l'ordonnance de 1539 qu'on objecte, ne donne pas ce pouvoir de voir, corriger & réformer au pétitoire ce qui aura été jugé au poffeffoire : auffi l'ordonnance n'eft point introductive d'un droit nouveau, mais explicative de l'ancien, ainfi que nous apprenons d'un arrêt de 1508 aux regiftres de la cour, à laquelle l'évêque de Tournay ayant fait plainte de ce qu'au préjudice du procès pour le poffeffoire d'un bénéfice qu'il avoit en icelle, on l'avoit cité à Rome fur le pétitoire, la cour dit qu'il avoit été mal, nullement & abufivement cité. Il eft vrai qu'avant & après l'ordonnance, re integrâ, il eft permis de fe pourvoir pour le poffeffoire d'un bénéfice pardevant le juge laïque, & pour le pétitoire pardevant le juge d'églife : mais après avoir élu & contefté pardevant l'un ou l'autre juge, on ne peut plus varier, il faut fe tenir à ce qu'il a décidé. Auffi l'ordonnance eft conçue en termes prohibitifs : Défend de fe pourvoir au pétitoire, jufques à ce que le poffeffoire ait été pleinement & entierement exécuté. Elle fait comme les médecins qui défendent aux malades l'ufage de quelque viande que defire leur goût dépravé, quoique nuifible, fachant bien qu'étant revenus en convalefcence ils n'en voudront pas manger. Elle prohibe de fe pourvoir au pétitoire, jufques à ce que le poffeffoire foit pleinement exécuté, pour arrêter l'aigreur des efprits, efpérant que le poffeffoire jugé & pleinement exécuté, il n'y aura perfonne fi téméraire, que de vouloir recommencer un procès affoupi. Mais à prendre l'ordonnance felon fes termes, jufques à ce que, il eft certain qu'on n'en peut induire, qu'après le poffeffoire jugé & exécuté par le juge royal, on puiffe aller au pétitoire pardevant le juge d'églife : car ce mot, jufques, qui répond au latin donec, n'emporte aucune néceffité, & n'aftraint en façon quelconque ; c'eft ce que prouve doctement St. Jerome ad Elvetium : autrement cette ordonnance tourneroit entierement au préjudice des eccléfiaftiques, qui ne pourroient jamais s'affurer en aucun bénéfice, & feroient contraints de fupporter des frais immenfes, & de plaider toute leur vie. Si après une fentence de récréance, une autre de pleine maintenue & un arrêt, il falloit encore aller au pétitoire pardevant le juge d'églife, & attendre trois fentences conformes, comme il s'y pratique, il ne feroit jamais fait. En la thefe particuliere de la caufe nul doute, que l'exemption a pu valablement s'acquérir par prefcription, parce que tout ce qui fe peut pofféder, fe peut prefcrire par tems fuffifant, après lequel il ne faut aucun autre titre.

LA COUR dit, qu'il avoit été mal, nullement & abufivement décerné ; mal, nullement & abufivement cité & ajourné pardevant l'official de M. l'archevêque de Tours ; fans amende & dépens ; le 15 juin 1626.

* Du Frefne cite l'arrêt, & l'on peut voir le précédent du 18 décembre 1625. Il y a une nouvelle efpece, que l'on attribue à Ferrier fur la queft. 1 de Guy-pape, qui infinue que la jurifprudence du parlement de Touloufe eft contraire, & qu'après un arrêt de maintenue, il déclara qu'il n'y avoit abus en la fentence de d'official qui avoit adjugé le bénéfice au pétitoire à l'autre contendant.

CHAPITRE LXXXVII.

Supérieurs des maisons religieuses ne peuvent déclarer nul le vœu d'un religieux, sous prétexte qu'il est atteint du mal caduc.

BErtrand Herard, natif de la ville de Nogent-le-Rotrou, fut admis parmi les religieux Minimes, & y prit l'habit le 1 avril 1623; & l'année de son noviciat étant expirée, il y fit profession solemnelle. Au mois de septembre 1625 le chapitre général des Minimes étant assemblé au couvent du Plessis-lez-Tours, l'on proposa d'expulser & mettre hors de la religion ledit frere Bertrand Herard, à cause, dit-on, que depuis sa profession on a reconnu qu'il est sujet au mal caduc, & qu'il en tombe quelquefois. Sur cette proposition il fut délibéré & arrêté au chapitre, que frere Bertrand Herard seroit mis hors de la religion, rendu au siecle, & qu'on lui ôteroit l'habit: ce qui fut ainsi exécuté. Et parce qu'il avoit quelque scrupule de rentrer au monde, ils lui donnent un autre acte pour l'assurance de sa conscience, par lequel ils déclarent qu'il n'est aucunement obligé aux vœux, qu'il peut librement rentrer au monde, & y vivre & converser, sans être obligé à l'observation de ses vœux. De ces deux actes ou délibérations capitulaires ledit Bertrand Herard interjette appel comme d'abus, pour lequel Me. Langlois dit, que les moyens d'abus de l'appellant consistent en deux principaux; le premier est le défaut de puissance de ceux qui ont ordonné l'expulsion; l'autre, que quand ils auroient eu pouvoir & jurisdiction, il n'y avoit aucun sujet contre l'appellant. Quant au premier, il est certain que la profession d'un religieux n'attribue aucune connoissance touchant la validité ou invalidité de son vœu, aux supérieurs de l'ordre où il a fait profession. Cette décision requiert une puissance supérieure du chef de l'église, & de ses coadjuteurs, des prélats. *Ejus est absolvere, cujus est condemnare.* Les supérieurs d'une religion n'ont autre pouvoir sur leurs religieux que d'une simple correction & discipline monastique; mais non pas d'une abdication, d'une expulsion honteuse, infamante, apostatique. Les intimés objectent leurs statuts homologués par Jules II, portant que nul religieux entaché de lepre, ou de mal caduc ne peut faire profession, & demeurer en leur religion. Quand on demeureroit d'accord de ces statuts, l'exécution n'en devroit pas appartenir aux intimés, autrement ils seroient juges en leur propre cause: mais ces statuts se doivent entendre d'une lepre, ou mal caduc, connus & apparens, avant que de donner l'entrée du couvent, & l'habit à celui qui le demande, ou à tout le moins, avant qu'il ait fait profession; mais après l'émission d'un vœu solemnellement fait, sans nulle apparence, ce seroit inhumanité. Or les intimés ne posent pas même en fait que l'appellant ait jamais été attaqué, & soit tombé du mal caduc avant ni pendant son noviciat; mais leurs pieces exposent qu'ils ont apperçu, depuis sa profession seulement qu'il est sujet à ce mal, & qu'il en est tombé deux ou trois fois, & ajoutent maintenant que pendant son noviciat il a subtilement déguisé son mal, comme si le mal caduc ou épilepsie se pouvoit aucunement dissimuler & cacher. Sa violence est si grande, son mal si aigu, qu'il couvre entièrement le cerveau d'une mélancolie noire & épaisse, qui offusque entièrement les sens, éblouit le jugement & la raison, se rend maître de la place, s'empare du donjon, comme dit Philon, le comparant à un capitaine victorieux, y domine, & commande absolument, excite une convulsion universelle, & affoiblit toutes les autres parties du corps, qui ne peuvent faire aucune fonction pendant ce mouvement; avec un tel effort, qu'il ne peut être retenu, retardé, ni détourné: *In comitiali morbo oculi nihil advertunt, animo caligante,* dit Pline; attaque & abat en tout tems,

n'a heure, saison ni intervalle; ainsi ne peut être couvert ni dissimulé. Les intimés ne rapportent aucune preuve que l'appellant soit affligé d'un si mauvais mal. Leur preuve est du tout informe, composée de quelques religieux qui déposent sous leur écriture privée faite depuis l'appel, & la cause étant même au rôle, & encore déposent ils simplement que l'appellant est tombé une ou deux fois de foiblesse, qui ne peut passer que pour quelque pâmoison, mal de cœur, *καρδιακὴ ου γναι*, ordinaire à tous les hommes, & non pour un mal caduc. Quand il y auroit preuve que l'appellant en fût affligé, ce que non, ce mal lui étant survenu après sa profession, il n'auroit pu être expulsé de la religion sous ce prétexte, & c'est le second moyen d'abus. Primò, par la considération de la qualité de l'appellant, lequel n'ayant fait vœu que pour servir de frere lai en la religion, & non pour être prêtre, n'auroit encouru aucune irrégularité par un tel mal, pour s'abstenir du sacrifice, & se retirer de l'autel, suivant ce qui est écrit au levit. cap. 21. & 22. Le sacrificateur devoit être sans macule: ce qu'aucuns ont interprété de la pureté & intégrité de l'ame, mais ce qui se doit entendre encore de l'intégrité du corps. Le sacrificateur n'y doit avoir aucun défaut, c'est aussi la disposition du droit canon *toto titulo De corpore vitiatis,* & en plusieurs autres endroits *in Cap. 1. De Cler. ægrot. Cap. 1. De ætat. & qual. præfit.* où l'on suspend celui qui a tel défaut, qu'il a caché, ou qui lui est survenu depuis sa promotion aux ordres sacrés, de l'administration des sacremens, & on lui baille un coadjuteur; mais qu'on le rejette hors de l'église, ou même qu'on le prive de son bénéfice, cela est sans exemple. L'expulsion de l'appellant hors de sa religion est donc abusive, puisque *professio est acquisitio non beneficii, sed status.* Les intimés pour toutes raisons objectent, que le mal caduc est contagieux, & qu'il y auroit trop grand péril de le retenir un religieux qui en seroit atteint. Mais cette proposition est erronée, le mal caduc n'est aucunement contagieux, l'appellant ne pourroit néanmoins être expulsé, la religion est un mariage spirituel, lequel étant consommé par le moyen des vœux, ne peut pas être résolu sous quelque prétexte que ce soit, ainsi que le mariage ne peut être sous prétexte de lepre, *Cap. 1. De conjugio leprof. Non idcirco dimittenda, vel relinquenda uxor,* dit le pape. Saint Gregoire de Nazianze en son oraison 20 loue grandement saint Basile de ce qu'il avoit retiré grand nombre de pauvres lépreux en ses monasteres. Si telle expulsion étoit permise, ce contrat fait entre le religieux & la religion, ne seroit plus synallagmatique, réciproquement obligatoire, ce qui seroit d'une trop périlleuse conséquence. Me. Cochart pour les intimés dit, que l'appellant n'est recevable en son appel comme d'abus, parce qu'il s'agit de discipline ecclésiastique, de police réguliere, dont les intimés sont seuls juges compétens par l'ordonnance de Blois art. 55. & aux capitulaires de Charlemagne: *Ubi causæ communes, quod ibi statutum fuerit, observetur;* & le même au titre *De regular. & transeunt. ad relig.* Les supérieurs de l'ordre assemblés capitulairement, & duement informés de l'indisposition & mal caduc de l'appellant, n'ont fait qu'exécuter leurs statuts, qui portent expressément qu'aucun atteint de lepre ou mal caduc ne peut être admis en leur religion, & ajoute que s'il y avoit été admis, *professio ex tunc pro irrita & nulla habebitur.* Les SS. décrets y sont conformes, prohibent & rejettent telles personnes des autels & des sacrifices, *cap. Tua nos. De Cler. ægrot. & passim.* Tel mal les dispense du vœu, le résout, le rend nul, *cap. 1. De sponsal.* Il y auroit trop de peine d'admettre en la religion des personnes atteintes de telles maladies, car y ayant une société universelle, une communication si grande, il seroit impossible que les autres religieux n'en ressentissent quelque affliction.

M. l'avocat général Talon dit, que le jugement de cette cause est de très-grande importance pour le repos & la sureté des familles & des sujets du
roi

roi. La profeſſion & le vœu d'un religieux ne doivent dépendre de ſes ſupérieurs qui ont vu pendant l'année de ſon noviciat, auſſi ancienne en l'égliſe que le monachiſme, s'il étoit propre pour ſervir Dieu en la religion : l'ayant reconnu & approuvé pour tel, & lui ayant fait faire les vœux, il n'eſt plus en leur pouvoir de l'expulſer, de le mettre hors de la religion & contrevenir à ce qu'ils ont auparavant approuvé. Il y a trois choſes au vœu, la promeſſe, la bénédiction & la forme canonique : par le moyen de ces trois choſes obſervées, il ſe forme entre la religion & ſon religieux un contrat ſynallagmatique, ſi fort & tellement obligatoire, qu'il ne peut être réſolu ni révoqué qu'avec une très-grande connoiſſance de cauſe. Et le docteur angélique St. Thomas 2. 2. qu. 88. parlant de la reſciſion de ce contrat, de la diſpenſe des vœux, *utrùm poſſit diſpenſari à voto, & quis poſſit,* dit que le prélat qui tient la place & le lieu de Dieu en terre, peut ſeul diſpenſer du vœu ; & néanmoins après une très-grande connoiſſance de cauſe, non pas le déclarer nul, mais qu'il n'eſt point agréable à Dieu pour quelque obſtacle. *Mutatio dexteræ Excelſi,* dit St. Bernard. Ainſi les intimés ayant déclaré le vœu de l'appellant nul, & l'en ayant diſpenſé, ont entrepris ſur la juriſdiction du pape, & commis abus. Le mal caduc n'eſt point une maladie contagieuſe, mais une convulſion univerſelle par la multitude de bile & de mélancolie qui occupe les ventricules du cerveau, d'où tous les nerfs prennent leur origine. C'étoit une grande diſpute entre Hippocrate & Galien touchant ce mal, que les anciens appelloient μεγαλον νόσον, ιερον, ſacré, n'en ſachant pour lors l'origine, ni la cauſe : mais aujourd'hui la cauſe en eſt parfaitement connue, trouvée naturelle, & l'on ne doute plus qu'il n'eſt aucunement communicatif ni contagieux, & afflige ſeulement celui qui en eſt atteint, ſans apporter aucune incommodité à celui qui l'aſſiſte, & avec lequel il converſe & communique.

LA COUR dit qu'il avoit été mal, nullement, abuſivement décrété, ordonné, exécuté ; enjoint aux intimés de reprendre l'appellant en leur religion, & lui rendre ſon habit de religieux pour y vivre avec eux ſelon ſon vœu & profeſſion ; le 16. juin 1626.

*L'arrêt eſt ſeulement cité dans du Freſne.

<hr>

CHAPITRE LXXXVIII.

Mariage clandeſtin d'un fils de famille ſans le conſentement de ſon pere, & les réſignations extorquées de ſes bénéfices, ſont déclarées nuls.

René des Anges, fils de Me. Jacques des Anges, procureur au ſiege préſidial de Poitiers, & greffier des inſinuations en l'évêché, pourvu d'une canoinie en l'égliſe cathédrale de Poitiers, & d'un prieuré proche de la ville, devint amoureux d'Iſabeau Quarré, fille de Pierre Quarré apothicaire de Poitiers, qui ſe voulant volontiers en la maiſon, & pour pratiquer ce mariage le cacha & récéla pendant cinq ou ſix mois. Des Anges pere en eſt averti, après avoir diligemment recherché ſon fils abſent de ſa maiſon par un ſi long tems, & que pour parvenir à ce mariage l'on étoit ſur le point de faire réſigner audit René des Anges ſes bénéfices à un nommé Jacques du Bois, fils de Jeanne Quarré, autre fille dudit Pierre Quarré, & ſœur de ladite Iſabeau. Des Anges pere fit ſignifier auxdits Quarré pere & filles, & audit du Bois, qu'ils n'euſſent à accepter aucune réſignation des bénéfices dudit René ſon fils, ni moins à entendre ni contracter aucun mariage entre lui & ladite Iſabeau Quarré, fit faire pareilles ſignifications à M. l'évêque, au châpitre, & à tous les notaires apoſtoliques, à ce qu'ils n'euſſent à recevoir ni admettre leſdites réſignations des bénéfices de ſon fils. Néanmoins mépriſant les avertiſſemens & commandemens de ſon pere, il réſigne ſes bénéfices à Jacques du Bois, & s'en va avec ladite Iſabeau Quarré en ſon prieuré, & là par un prêtre apoſté, ſont mariés,

& au même lieu conſomment le mariage. Des Anges pere fait informer du rapt commis en la perſonne de ſon fils par Quarré & ſes filles, comme auſſi de la ſpoliation de ſes bénéfices. Les accuſés comparoiſſent en perſonne pardevant le lieutenant criminel de Poitiers, & tant ledit René des Anges, que ladite Iſabeau Quarré confeſſent comme le tout s'eſt paſſé ; que leur mariage a été contracté en la chapelle du prieuré dont étoit pourvu René des Anges, par un prêtre affidé pour cet effet, auquel ils ont donné deux piſtoles ; que le pere d'Iſabeau Quarré s'eſt abſenté de la ville de Poitiers pour faciliter le mariage, & ne s'y trouver préſent ; & qu'il a réſigné ſes bénéfices à du Bois fils de ſa ſœur. Il y eut appel interjetté de quelques procédures, relevé au parlement, où la cauſe miſe au rôle de Poitou, & venue à ſon tour pour être plaidée, il ne ſe préſenta aucun avocat pour Jeanne Quarré & du Bois ſon fils : mais Me. Buffet pour Pierre Quarré pere d'Iſabeau, demandeur en requête qu'il avoit préſentée pour être reçu à informer du crime de rapt commis en la perſonne de ladite Iſabeau Quarré ſa fille par René des Anges, dit qu'il eſt facile de faire voir que le rapt eſt de la part de des Anges. *Primò,* par la conſidération de ſon ſexe, ſujet à ſurprendre & decevoir les femmes fragiles & portées à l'amour, comme dit la loi un. *C. De raptu virg. Secundò,* par la confeſſion de René des Anges, qu'il a perſuadé & ſollicité Iſabeau Quarré à lui porter de l'amitié, en a recherché toutes les occaſions, l'a perſuadée d'entendre au mariage, l'a enlevée & miſe ſur la croupe de ſon cheval pour la conduire au prieuré, où ils ont ſolemniſé & conſommé leur mariage ; qu'après toutes ces confeſſions & reconnoiſſances très-véritables il n'y a pas lieu de douter que le rapt n'ait été commis par des Anges, âgé, ainſi qu'il l'a auſſi confeſſé, de plus de vingt-cinq ans, & Iſabeau Quarré de vingt-deux ſeulement. Leurs qualités ſont différentes, parce que des Anges pere eſt fils d'un tailleur d'habits ; & Quarré apothicaire eſt d'une des meilleures familles de Poitiers. Me. Germain pour des Anges pere dit, qu'il n'y a apparence en la requête de Quarré pere, qui a prêté ſon miniſtere au rapt de ſon fils pour le marier avec ſa fille, & pour y apporter quelque couleur s'eſt abſenté, lorſqu'il a été conſommé. Les preuves du rapt ſont ſuffiſantes & fort claires par les charges & informations. Pour éluder ce crime il n'y avoit apparence quelconque de recevoir Quarré pere à intenter une pareille action : il ne pouvoit prétendre aucune cauſe d'ignorance, les ſignifications avoient été faites parlant à ſa perſonne ; il s'eſt abſenté avec mauvais deſſein de laiſſer marier ſa fille avec le fils de des Anges : il eſt cauſe de tout le mal ; car étant averti il devoit contenir ſa fille dans l'honneur & la modeſtie, & ne pas autoriſer ſon crime par ſon éloignement volontaire & prémédité.

M. l'avocat général Talon dit, que la cauſe eſt très-importante & d'un grand exemple. René des Anges fils a été ravi à ſon pere, qui ſe plaint, a été ſéduit & circonvenu par Quarré & les filles, a été ſpolié de ſes bénéfices pour en revêtir le petit-fils de Quarré. La cour par ſes arrêts a perpétuellement réprouvé telles réſignations de bénéfices faites par des fils de famille, les a caſſées & révoquées : on ne s'eſt pas contenté de cette ſpoliation, elle n'étoit que pour parvenir à ce prétendu mariage, nul & clandeſtin, s'il y en eut jamais, contracté par un jeune homme âgé ſeulement de dix-neuf ans, comme juſtifie ſon extrait baptiſtaire, ſpolié de ſes bénéfices, caché & récélé plus de ſix mois en la maiſon de Quarré pere, qui s'en eſt abſenté à ce ſeul ſujet, pour donner lieu au mal qui a été commis, pour laiſſer célébrer ce prétendu mariage, en un village, *clam, ſine teſte,* ſans contrat, ſans proclamation de bans, par un prêtre inconnu qui n'avoit charge ni pouvoir. L'action des deux peres, qui tous deux ſont demandeurs en crime de rapt, le témoigne aſſez ; néanmoins avant que de paſſer outre, il eſt raiſonnable de condamner Quarré pere à repréſenter ſa fille Iſabeau Quarré, comme auſſi René des Anges, pour enſuite être procédé au jugement du rapt.

LA COUR dit qu'il avoit été mal, nullement & abuſivement contracté & célébré, déclara le mariage nul, condamna des Anges pere & fils à donner 1150 livres à Iſabeau Quarré pour aider à la doter; caſſa & révoqua les réſignations faites par ledit des Anges, ordonna qu'il rentreroit en ſes bénéfices, & que le prêtre qui les avoit épouſés, comparoîtroit en perſonne pardevant l'official de Poitiers, pour avoir contrevenu aux ordonnances; le mardi 23 juin 1626.

* L'arrêt eſt dans du Freſne, & cité par Brodeau en deux endroits: le premier, *lettre B. ſomm. 7.* pour la nullité des réſignations, où il en rapporte pluſieurs autres ſemblables; le ſecond contre le mariage, *lettre M. ſomm. 6.*

CHAPITRE LXXXIX.

Teſtament fait à Rome par un François ſuivant les ſtatuts de Rome, eſt valable pour les biens ſitués en France.

FRançois Couraud, natif de Selle en Berry, étant à Rome en 1614 avec M. de Bethune lors ambaſſadeur pour le roi, y fait ſon teſtament pardevant un notaire apoſtolique & ſept témoins, par lequel il donne & legue ſa terre & ſeigneurie de Montigny à Antoine Deras, & legue à deux autres de ſes amis 12000 livres, chacun 6000 livres; & nomme Jacques le Fevre pour ſon exécuteur teſtamentaire. Peu après étant décédé, les légataires demandent délivrance de leurs legs pardevant le bailli de St. Agnan, qui l'ordonne par proviſion. Marie & Claude Couraud ſœurs germaines du teſtateur en interjettent appel, pour leſquelles Me. Chamillart dit, que le teſtament dont eſt queſtion, eſt nul de toute nullité. *Primò*, parce que c'eſt un teſtament nuncupatif, ainſi que l'acte le porte diſſertement, rédigé par un notaire apoſtolique, & de lui ſigné, & de ſept témoins. Cet acte n'eſt aucunement conſidérable par notre droit françaiſ, qui a entiérement abrogé les teſtamens nuncupatifs & autres preuves par témoins, ſuivant l'ordonnance de Moulins. Quand les teſtamens nuncupatifs ſeroient reçus & en uſage, néanmoins cet acte ainſi rédigé par écrit par un notaire, ne ſeroit ſuffiſant pour faire foi & pleine preuve: il faut que les teſtamens nuncupatifs ſoient atteſtés par le juge, devant lequel les témoins qui ont aſſiſté & oui la volonté du teſtateur, ſont aſſignés, & là après avoir prêté le ſerment, dépoſent ce qu'ils ont oui dire au teſtateur; & tel acte ainſi rédigé par le juge faiſoit foi & preuve de la volonté du teſtateur: mais étant fait par un ſimple notaire, qui n'a pu faire prêter ni recevoir le ſerment des témoins, il eſt nul, & ne fait aucune foi: c'eſt une écriture pure privée, ſur laquelle on ne peut aucunement s'aſſurer. Les arrêts l'ont ainſi jugé, n'ayant voulu donner aucune hypotheque à tous les contrats paſſés hors le royaume, non pas même à ceux de mariage, eſtimant & réputant tels contrats, écritures pures privées. François Couraud qui ſavoit bien lire & écrire, qui même étoit homme de lettres, n'a point ſigné ce prétendu teſtament, qui eſt une nullité eſſentielle, & n'a point été interpellé de le ſigner, ni de déclarer s'il le ſavoit: ce qui montre que c'eſt un teſtament nuncupatif rédigé par le notaire *ex poſtfacto*, & non en la préſence du teſtateur & des témoins, dont pluſieurs n'entendent point la langue latine, en laquelle le teſtament eſt rédigé; ce qui eſt encore une autre nullité. Tout ce qu'on objecte eſt l'uſage de Rome, ſelon lequel on dit que le teſtament eſt fait, & qu'il eſt bon, étant fait ſelon les loix du lieu où le teſtateur ſe trouve ſurpris, & eſt contraint de teſter. Mais cette objection n'eſt pas conſidérable. *Primò*, il eſt certain au ſtatut de Rome, que les teſtamens nuncupatifs n'y ont point de lieu. *Secundò*, quand ils y auroient lieu, tel uſage ſe trouvant directement contraire à celui qui ſe pra-

tique en ce royaume, le teſtament ſeroit toûjours nul. *Tertiò*, il n'y a loi en tout le droit qui permette à un particulier d'une province, de teſter ſuivant les loix d'une autre; d'où vient que *deportatus non poteſt teſtari de bonis quæ poſt deportationem acquiſivit*, parce qu'il n'a point de lieu, point de cité, point de province; & la loi *Si non ſpeciali*, ſur laquelle tous les docteurs ont traité cette queſtion de la formalité du teſtament, ſuivant celle du lieu où il a été fait, ne s'entend point d'un teſtament fait hors la province où eſt le domicile du teſtateur; mais d'un privilege ſpécial qui s'obſervoit au lieu & domicile du teſtateur; & M. Cujas 4. *obſervat. cap. 12.* interrogé ſur cette même queſtion, dit: *Solam patriam teſtatoris ſoleo obſervare*. Et bienqu'en France nous obſervions le contraire, c'eſt parce que toutes nos coutumes ſont autoriſées par le roi, & toutes enſemble compoſent notre droit françaiſ, ſuivant lequel il ſuffit de teſter, & d'obſerver la formalité qu'il preſcrit. Au principal, le teſtateur a légué entiérement ſa terre & ſeigneurie de Montigny à ſon beaufrere, ce qu'il n'a pu, *Primò*, parce que le beaufrere ſeroit légataire, & ſa femme ſœur du défunt héritiere: ce qui eſt réprouvé par la coutume. *Secundò*, la terre étant ſituée en la coutume de Blois, il n'a pu la léguer entiérement, mais ſeulement le tiers. Ainſi en tout cas, quand le teſtament ſeroit bon & valable, le legs ſeroit réductible. Me. Jobert pour les légataires intimés dit, que fort inutilement on a traité les queſtions touchant les teſtamens nuncupatifs, & tâché de prouver qu'ils n'ont lieu à Rome, ni en France, parce que celui dont eſt queſtion, n'eſt point un teſtament nuncupatif, mais un teſtament par écrit, reçu par un notaire, & ſigné de ſept témoins, tous Français, domeſtiques de M. de Bethune ambaſſadeur, en la maiſon duquel il a été fait. Les teſtamens en ſubſtance ſont du droit des gens, reçus & approuvés univerſellement par-tout; mais quant à la formalité & ſolemnité, ils ſont du droit civil, qui eſt différent en chacun lieu, en chaque province, & il ſuffit d'obſerver celui du lieu où l'on ſe trouve ſurpris de la maladie, & contraint de teſter; autrement ce ſeroit indirectement ôter le pouvoir & la faculté de teſter à un moribond, que de le réduire à l'obſervation des loix de ſon domicile: car il pourra les ignorer, ou s'il les fait, ceux en la province deſquels il teſtera, ne voudront les recevoir, & les rejetteront comme étrangeres. Les ſtatuts de la ville de Rome rédigés en 1588 ſous Gregoire XIII, ont expreſſément réſervé, que tout ce qui n'étoit décidé & ſtatué ſeroit décidé ſuivant la diſpoſition du droit écrit ou du droit canon. N'y ayant aucun ſtatut particulier touchant les teſtamens, il faut recourir au droit écrit & au droit canon. Suivant l'un & l'autre, le teſtament en queſtion eſt bon & valable: car par le droit écrit il y a deux ſortes de teſtamens par écrit, l'un olographe, myſtique & ſolemnel, ſecret; l'autre non ſecret, fait ouvertement & publiquement, en la préſence des témoins & d'un notaire, qui rédige par écrit la volonté du teſtateur: & c'eſt en cette derniere forme que celui en queſtion a été fait. Et bien-que le notaire ait dit, que le teſtateur a fait ſon teſtament nuncupatif, néanmoins cela ne change en rien la ſubſtance ni la forme véritable en laquelle il ſe trouve fait. Par le droit canon il ſuffit qu'un teſtament ſoit fait en la préſence d'un notaire, du curé ou vicaire du lieu, & de deux témoins ſeulement, & n'eſt aucunement néceſſaire qu'il ſoit ſigné du teſtateur. Or il eſt notoire, que le droit canon s'obſerve à Rome, & en toute l'Italie; ce qui eſt cauſe que François Couraud n'a ſigné le ſien, & n'a été interpellé de déclarer s'il ſavoit ſigner. D'ailleurs, il eſt certain que le teſtament d'un ambaſſadeur eſt privilégié & exempt de formalité, *L. 13. ff. Qui teſtam. fac. poſſ.* comme auſſi de ceux qui ſont à ſa ſuite. Couraud étoit du nombre; & ſon teſtament doit encore ſubſiſter par la clauſe codicillaire qui y eſt appoſée: car il n'eſt pas néceſſaire qu'un codicille ſoit ſigné par celui qui le fait. Au principal, il n'y a pas lieu de faire aucune réduction ni diminution aux legs, même

de la terre de Montigny, parce que Couraud poſ-
ſedoit pluſieurs grands biens en d'autres provinces
que celle de Blois, où il pouvoit diſpoſer de partie,
& la cour a jugé par pluſieurs arrêts, que les héritiers ſont obligés de faire délivrance des legs entièrement, ou de ſuppléer la juſte valeur ſur les biens
ſitués aux autres coutumes.

M. l'avocat général Bignon, *quem non audivi*,
conclut pour la nullité & caſſation du teſtament.

LA COUR appointa les parties au conſeil; le
mardi 21 juillet 1626.

* La même queſtion touchant la validité d'un
ſemblable teſtament, ayant été appointée le 29
janvier 1626, par arrêt recueilli dans ſon ordre, a
depuis été décidée en faveur des légataires: elle
étoit encore moins ſuſceptible de difficulté dans l'eſpece dont il s'agit, par la clauſe codicillaire, & le
teſtateur étant à la ſuite d'un ambaſſadeur.

Il ſe peut faire que la cour ait ici prononcé l'appointement à cauſe de la réduction requiſe du legs
par la coutume de Blois, & la récompenſe ſur les
biens ſitués en d'autres provinces.

* Dans le recueil des plaidoyers imprimés ſous le
nom de Me. Auguſte Galand, celui de Me. Jobert
en la cauſe dont il s'agit, eſt le vingtieme, l'on
y remarque que le teſtament a encore été confirmé
au rapport de M. le Clerc de Courcelles.

☞ *Vide* ci-deſſus le chap. 66 du livre 2.

CHAPITRE XC.

Condamné à mort par contumace, depuis miſe au
néant, & enfin condamné à mort par arrêt con-
tradictoire, & exécuté, a été déclaré incapable des
ſucceſſions à lui échues pendant la contumace.

JEan, Jacques, Brian, Gratian & Louiſe de
Guerou, natifs de Normandie, étoient freres.
Jean & Jacques de Guerou ayant été homicidés,
Gratian de Guerou ſoupçonna le ſieur de Tournaville, gentilhomme de leur voiſinage, de l'homicide de ſes freres, & pour s'en venger le tua en
1607, pour raiſon de quoi ayant eu plainte & informations au parlement de Rouen, & ſon procès
lui ayant été fait & parfait par défaut & contumace, par arrêt il fut condamné à mort en 1608. En
1610, trouvé en la ville de Paris, il fut conſtitué
priſonnier en la conciergerie du palais, où ſon
procès lui eſt d'abondant fait, & pour ce les défaut & contumace mis au néant; & ayant été interrogé, & les témoins récolés & confrontés, il y
eut autre arrêt contradictoire, par lequel il eſt pareillement condamné à mort, & exécuté, tous ſes
biens confiſqués à qui appartiendroit. Pendant la
contumace, & qu'il vaguoit, Brian de Guerou ſon
frere décède en 1618, ne délaiſſant aucuns enfans.
Louiſe de Guerou ſœur ſe met incontinent en poſſeſſion de tous les biens délaiſſés par Brian de Guerou ſon frere, ſans que Gratian de Guerou y prétendit aucune choſe, à cauſe de ſa condamnation
de mort par contumace, laquelle ceſſant, il auroit
exclu ladite Louiſe de Guerou ſa ſœur de la ſucceſſion de Brian leur frere, parce qu'en la coutume
de Normandie en ligne collatérale le mâle exclut la
femelle. Elle demeure en cette poſſeſſion paiſible de
la ſucceſſion de Brian de Guerou ſon frere juſques
en 1623, que le Sr. de Tournaville ſe diſant confiſcataire des biens de Gratian de Guerou condamné
& exécuté à mort, la fait aſſigner pardevant meſſieurs des requêtes de l'hôtel, pour voir dire qu'elle
ſe déſiſtera & départira de tous les biens qui ont appartenu à Brian de Guerou, auquel Gratian de
Guerou a ſuccédé, nonobſtant ſa condamnation de
mort par contumace, contre laquelle il avoit été
reſtitué, & par ce moyen rendu capable & habile
de ſuccéder audit Brian de Guerou ſon frere, & lui
par conſéquent médiatement dudit Gratian de Guerou, dont il eſt confiſcataire comme ſeigneur haut-
juſticier. A quoi Louiſe de Guerou répond, que
Gratian de Guerou ſon frere étant condamné, &

mort civilement, il n'avoit été capable ni habile de
recueillir aucunement la ſucceſſion de Brian de
Guerou leur frere, & elle doit être maintenue en
ſa poſſeſſion & jouiſſance. Meſſieurs des requêtes
de l'hôtel appointerent la cauſe, dont appel par
Louiſe de Guerou, & requête à fin d'évocation du
principal, pour laquelle Me. Deshaguets dit, qu'en
une cauſe où il ne s'agit que d'une ſeule queſtion de
droit, il n'y a pas lieu d'appointer les parties. La
déciſion du principal eſt ſommaire & facile au profit
de l'appellante, qui combat pour recueillir ce peu
de biens de la ſucceſſion de ſon frere, non pour s'enrichir, mais pour l'employer à la juſte vengeance,
à la pourſuite & inſtruction du procès des aſſaſſins de
ſes deux freres Jean & Jacques de Guerou, bref
pour faire faire le procès au Sr. de Tournaville qui
en eſt complice & coupable, & contre lequel elle
a procès pour ce ſujet, d'où l'on tire une premiere
fin de non-recevoir contre ſa demande injuſte. Car
ayant trempé ſes mains homicides dans le ſang de
Jean & Jacques de Guerou, deſquels procedent
preſque tous les biens délaiſſés par Brian de Guerou, le Sr. de Tournaville eſt indigne d'y pouvoir
aucunement ſuccéder, ni prétendre aucune choſe
en quelque qualité que ce ſoit. *Qui mortem ejus, à*
quo hæres inſtitutus eſt, vel per ſuam culpam, vel
per ſuam negligentiam præſtitit, indignus hæreditate
illà cenſetur, L. 3. De his quæ ut indign. Et à plus
forte raiſon, quand il a été ſi méchant, que d'avoir
lui-même procuré & recherché ſa mort. C'eſt une
maxime très-certaine, *ne ex facinore ſuo lucrum ſen-*
tiat; ce qui ſeroit contre toute juſtice, qui n'a point
d'autre but que de punir les méchans, & retrancher
le vice. Mais quand cette indignité ne ſe rencontreroit pas en la perſonne du Sr. de Tournaville; qu'il
ne ſeroit aucunement coupable de la mort de Jean
& Jacques de Guerou; que Brian de Guerou n'auroit
recueilli aucuns biens de leur ſucceſſion: néanmoins
il eſt certain que Gratian de Guerou, ni par ſon
moyen le Sr. de Tournaville, n'auroit pu prétendre aucune choſe en la ſucceſſion de Brian de Guerou décédé en 1618, dans un tems que Gratian de
Guerou ſon frere étoit mort civilement, & condamné
par arrêt, & par conſéquent inhable & incapable
de ſuccéder à Brian de Guerou ſon frere. C'eſt une
maxime ſi certaine, qu'il n'y a pas ſeulement lieu
d'en douter, & la ſucceſſion a été transférée à l'appellante comme la plus proche & plus habile par le
bénéfice de la coutume qui ſaiſit le vif plus proche
& plus habile au décès du mort; & de fait, elle
a appréhendé & géré depuis, ſans que Gratian de
Guerou y ait rien oſé prétendre, ſe reconnoiſſant
incapable par la condamnation de mort, *mortui*
loco habebatur. On objecte que Gratian de Guerou
ayant été pris en 1620, il y eut arrêt, par lequel
les défaut & contumace furent mis au néant, &
lui remis au même état qu'il étoit auparavant l'arrêt
de mort, c'eſt-à-dire, rendu capable de toutes ſucceſſions par un effet rétroactif. Mais cette objection
eſt plus ſubtile que véritable & raiſonnable. *Primò*,
parce qu'en toutes ſucceſſions il faut conſidérer le
tems auquel la ſucceſſion a été déférée, pour y admettre ceux qui s'en trouvent lors capables. *Tempus*
delatæ hæreditatis ſpectandum, dit le juriſconſulte en
la loi *In cognatis. De reb. dub.* Or en 1618, que
Brian de Guerou eſt décédé, il n'y a point de doute
que Gratian de Guerou ſon frere, qui étoit condamné à mort, ne fût entiérement incapable de ſuccéder à ſon frere, & que la ſucceſſion n'ait été déférée à l'appellante ſa ſœur comme plus proche &
ſeule habile. *Secundò*, cette reſtitution n'avoit pas
remis Gratian de Guerou au même état qu'il étoit
avant l'arrêt; mais avoit ſeulement rendu ſon état
douteux, incertain, flottant. *Erat reſtitutio cauſæ*,
non ſtatus. Ce n'étoit qu'un ſtyle ordinaire, néceſſaire pour parachever ſon procès, convaincre l'accuſé par ſa bouche & par la confrontation des témoins, & non point pour lui faire aucune faveur.
Cette reſtitution a été totalement inutile, puiſque *ab*
eventu l'accuſé s'étant trouvé coupable, a été condamné & exécuté à mort. L'exemple de cette incertitude peut être pris fort à propos de ce qu'on dit en

droit *de flatu liberis*, où l'on demande, *fi cui libertas relicta fit fub conditione incerta*, *an fit flatu liber*; & l'on répond que non, que *habet implicitum flatum qui dependet ab eventu*. De même *de jure poftliminii*, *per quod omnia bona & jura civitatis reftituuntur*; parce que fi celui *qui reverfus eft ab hoftibus*, n'eft retourné avec affurance & réfolution de ne plus retomber ès mains des ennemis; *non datur ei jus poftliminii*, comme il arriva à Menander & à Attilius Regulus, pris par les Carthaginois, & retourné à Rome *fide datâ*. Cette reftitution fufpend feulement l'état, conftitue l'accufé *in bivio de morte ad vitam*. Par la coutume la mort faifit le vif fon plus proche & habile. Cette faifie de droit eft une fiction: fi l'on réputoit un condamné à mort ainfi reftitué, habile & capable de la fucceffion, ce feroit une autre fiction, & en introduire deux en un même fujet contre toutes les loix. A ce fujet on a demandé fi un légitimé étoit faifi de droit fans appréhenfion de fait; & au rapport de Chaffanée on a répondu que non, parce que *legitimatio eft fictio*. L'appellante combat pour fauver quelque chofe du naufrage univerfel de leur maifon contre un confifcataire odieux & mal fondé en fes conclufions. Me. Boucher pour le Sr. de Tournaville intimé dit, que l'arrêt de 1608, portant condamnation de mort contre Gratian de Guerou, n'ayant point été exécuté, non pas même en effigie, n'a pu engendrer aucune incapacité en fa perfonne, pour l'empêcher de fuccéder à Brian de Guerou fon frere. Tels arrêts rendus par contumace, & qui n'ont point été exécutés en effigie, n'ont aucun effet, & ne peuvent pas même empêcher la prefcription du crime, comme il a été jugé par plufieurs arrêts. *Secundò*, s'étant repréfenté, & ayant été reftitué contre ledit arrêt, tout ce qui avoit été fait auparavant, avoit été mis au néant. Or il eft certain que Gratian de Guerou auroit été capable de fuccéder, bien-qu'il fût coupable d'un crime digne de mort, parce que ce n'eft pas l'homicide, ni tout autre crime, qui rend fon auteur incapable & indigne de fuccéder; mais feulement la fentence ou l'arrêt qui le condamne à mort: jufques-là il eft capable de toutes fucceffions, même de celles qui feroient échues pendant l'inftruction de fon procès. Ainfi ayant été condamné à mort par arrêt contradictoire feulement en 1622, il a pu recueillir toutes les fucceffions à lui échues auparavant même celle dudit Brian de Guerou fon frere décédé en 1618. La cour a jugé la même queftion touchant l'office du fénéchal de Caftres, lequel ayant été condamné à mort par défaut & contumace, & après la condamnation ayant réfigné fon office de fénéchal, depuis arrêté, exécuté à mort, & fes biens acquis & confifqués, le confifcataire foutenoit que ledit office de fénéchal lui appartenoit, & que le condamné à mort n'en avoit pu difpofer; le réfignataire au-contraire, lequel par fentence & arrêt confirmatif fut maintenu audit office. Me. Galland le jeune pour la femme du Sr. de Tournaville intervenante dit, qu'elle a le plus grand intérêt en la caufe, parce qu'elle eft créanciere de plufieurs fommes de Gratian de Guerou; la qualité de fon mari confifcataire peut être trouvée odieufe, mais la fienne eft digne de faveur; Gratian de Guerou a été rendu capable de fuccéder à fon frere par la reftitution qu'il avoit obtenue contre les défaut & contumace mis au néant. *Ad fucceffionem patronus deportatus & reftitutus admittitur fui liberti*, L. 1. *De fentent. paff. & reftit.* Le mot *reftituere* fignifie cela, L. *Reftituet. De verb. fignificat.*

M. l'avocat général Talon dit, que Gratian de Guerou s'étant trouvé condamné à mort, ferf de la peine, en 1618, lors du décès de fon frere Brian de Guerou, il a été incapable de lui fuccéder, & la fucceffion entiérement dévolue à l'appellante fa fœur, laquelle en a depuis joui, & n'en peut aujourd'hui être privée. *Quod noftrum eft, fine facto noftro à nobis auferri non poteft*. De dire que Gratian de Guerou a été reftitué contre l'arrêt intervenu par défaut & contumace, & que cette reftitution l'a rendu capable de cette fucceffion par un effet rétroactif, c'eft une erreur, parce que cette refti-

tution n'étoit que pour connoître s'il étoit innocent; mais au-contraire ayant été trouvé coupable, & par un femblable jugement condamné à mort, & exécuté, fa reftitution n'a de rien fervi, & ne doit point être confidérée. C'eft encore fe tromper, de dire, que l'arrêt n'ayant point été exécuté, faltem en effigie, il n'a produit aucun effet. Telle diftinction n'eft approuvée que pour la prefcription des crimes, qui ne laiffe de courir; mais non pour les effets civils, dont le condamné demeure perpétuellement incapable, s'il n'eft entiérement reftitué & purgé. Il eft vrai que fi un contumax fe repréfente volontairement, il a main-levée de tous fes biens faifis, & eft rétabli en la poffeffion; mais *fi medio tempore* il échet quelque fucceffion, en laquelle il puiffe prétendre par confanguinité, ou autrement, & qu'un autre parent s'en empare; *fi ex eventu* il eft condamné, & par ce moyen rendu incapable de la fucceffion: *fifcus non poteft vindicare bona ab eo hærede qui occupavit*, parce que *fifcus non eft hæres*, il n'a point les actions refcindantes & refciloires, *fed eft tantùm bonorum poffeffor*, qui prend feulement ce qu'il trouve, & ne peut ufer du même privilege du vrai héritier ou du défunt. Par exemple, la coutume de Normandie donne les deux tiers à l'aîné, & le tiers aux puînés: l'aîné ayant été condamné, & fes biens confifqués, *quæfitum eft*, fi le fifc pouvoit ufer du même privilege que l'aîné, & retenir les deux tiers du bien. Cette queftion s'étant préfentée & plaidée au parlement de Rouen, en la préfence du roi Charles IX, les puînés gagnerent leur caufe, & la portion de l'aîné égalée à celle des puînés, adjugée au fifc feulement. Auffi en la même coutume qui donne tout à l'aîné en mariant les filles, l'aîné étant condamné & confifqué, jugé que le fifc ne pouvoit prétendre que la portion & la légitime feulement de l'aîné. C'eft la haine du fifc, la faveur du fang, & la juftice & équité de cette caufe.

LA COUR mit l'appellation & ce au néant; évoquant le principal, maintint & garda ladite Louife de Guerou appellante en la poffeffion & jouiffance des biens délaiffés par ledit Brian fon frere; condamna ledit de Tournaville intimé à reftituer ce qu'il en avoit pris & perçu, & aux dépens, & fur l'intervention de fa femme, hors de cour; le 23 juillet 1626.

* Brodeau cite l'arrêt, *lett. C. fomm.* 25; & du Frefne en étoit fi peu inftruit, qu'il le date du 26 juillet, qui étoit un dimanche.

CHAPITRE XCI.

Teftament d'une religieufe au profit de fon couvent eft nul, quoique la coutume l'autorife.

CAtherine Anfer, native de la ville d'Orléans, étant encore mineure, & fous la charge de fon tuteur, fut attirée en la ville de Bourges par une tante, avec laquelle ayant long-tems demeuré, elle prit réfolution de fe rendre religieufe au couvent de Ste. Claire de Bourges. Pour la recevoir, & lui donner l'habit, on bailla d'entrée cinq cents livres & plufieurs meubles, & on promit encore cinq cents livres payables lorfqu'elle feroit fa profeffion, & outre ce on lui promit une rente viagere de cent livres par chacun an. La veille de fa profeffion elle fait fon teftament, par lequel elle legue audit couvent de Ste. Claire de Bourges, où elle devoit demeurer enfermée le refte de fes jours, la fomme de 3000 livres, & encore les 1600 livres de principal de fa penfion viagere. Ayant fait fa profeffion & fes vœux, les religieufes dudit couvent de Ste. Claire font demande defdits legs aux freres & fœurs de la teftatrice pardevant le bailli d'Orléans, où ils demeuroient, & où tous les biens de la teftatrice étoient fitués. Le bailli d'Orléans, fur la demande met les parties hors de cour & de procès, dont appel par les religieufes, pour lefquelles Me. Rofée dit, que Catherine Anfer ayant eu fon domicile à
Bourges

Bourges depuis ſes premieres années. Le teſtament qu'elle y a fait, eſt bon & valable ſelon la coutume de *Berry*. *Primò*, parce qu'elle permet de teſter à dix-huit ans accomplis, âge que la teſtatrice avoit atteint, comme il appert par ſon extrait baptiſtaire. *Secundò*, la même coutume permet à celui qui entre en religion, de diſpoſer au profit de ladite religion : ainſi le teſtament eſt bon, ſoit qu'on conſidere la capacité de la teſtatrice ou celle des légataires. On objecte l'ordonnance qui ſemble prohiber telles diſpoſitions au profit du couvent, où celui qui diſpoſe, fait vœu de religieux : mais la coutume autoriſant expreſſément telles diſpoſitions, l'ordonnance qui n'eſt priſe que par induction, n'y a point dérogé. *Tertiò*, l'ordonnance en tout cas s'entend d'une diſpoſition générale, univerſelle de tous biens, *aut ſaltem de quarta bonorum*, non pas d'un ſimple legs mobilier & modique, comme celui en queſtion, fait pour ſurvenir à la néceſſité & pauvreté du couvent, pour aider à réédifier le dortoir, & à la charge de quelque ſervice divin. Le principal de la penſion, c'eſt-à-dire, les 1600 livres ne peuvent être pris que pour meubles : car les rentes conſtituées ſur particuliers ſont cenſées meubles, ou immeubles ſelon la loi, ou la coutume du domicile de celui auquel elles ſont dues, ou du teſtateur, ou autre qui en diſpoſe, & non de celui qui eſt débiteur, ou des fonds ſpécialement affectés au payement. Me. Hilaire pour les freres, ſœurs & neveux de la teſtatrice dit, qu'il y a deux ſortes de domiciles, l'un de naiſſance, l'autre d'élection : le premier eſt celui des mineurs qui ſont obligés de ſuivre celui de leurs peres & meres, & qu'ils ne peuvent aucunement changer en quelque lieu qu'on les faſſe demeurer, *L. Aſſumptio. Ad municipalem* ; parce que par telle tranſlation de domicile qu'on feroit faire à des mineurs, les conduiſant où l'on voudroit, on pourroit faire mille fraudes à la loi & à la coutume de leur domicile, comme en cette cauſe la fraude y eſt toute évidente, parce qu'en la coutume d'Orléans on ne peut teſter qu'on n'ait vingt ans accomplis, & pour l'éluder on a fait faire le teſtament à Bourges, où l'on peut teſter à dix-huit ans ; & encore pour attendre que la teſtatrice eût dix-huit ans, on a fait durer ſon noviciat trois ans, ayant pris l'habit à quinze ans, pour pouvoir extorquer ce legs & ſuggérer ce teſtament : ce qui ſe reconnoît aſſez par la ſeule lecture, étant compoſé de mots choiſis, qui reſſentent le juriſconſulte. Mais cette ſuggeſtion, quoiqu'évidente, & le défaut d'âge fixé par la loi du domicile qui eſt la coutume d'Orléans, & non celle de Berry, ne ſont pas les principales nullités de ce teſtament. L'incapacité des religieuſes légataires eſt le vice radical qui infecte & corrompt entiérement le teſtament, en vertu duquel elles ne peuvent percevoir ni eſpérer aucune choſe, comme perſonnes prohibées par les ordonnances d'Orléans & de Blois, ſuivies de pluſieurs arrêts qui ont annullé telles diſpoſitions. Quant à ce que ces ordonnances conçues en termes généraux, & priſes par inductions ſeulement des tuteurs, curateurs, gardiens & autres perſonnes, n'ont abrogé la coutume de Berry, qui permet nommément telle diſpoſition : c'eſt ſe tromper, parce que ces ordonnances étant générales, faites pour le bien public, & avec grande connoiſſance de cauſe, elles ont abrogé *ipſo facto* & ſans autre déclaration ni révocation expreſſe, toutes les coutumes qui diſpoſoient, ou permettoient le contraire.

M. l'avocat général Bignon dit, qu'après avoir oni Me. Guillaume Roſée avocat des appellantes, il falloit dire ce que ce grand capitaine carthaginois avoit autrefois répondu, interrogé ſur une bataille qu'on vouloit donner, & auquel on propoſoit les raiſons pour la pouvoir gagner : *Sic feci,* & *victus ſum*. Semblables cauſes ont été plaidées, les mêmes raiſons alléguées ; & néanmoins les arrêts ont perpétuellement réprouvé telles diſpoſitions, non-ſeulement au profit du couvent auquel on prend l'habit, & où l'on fait ſes vœux ; mais auſſi au profit des autres couvens du même ordre, par une juſte & bonne raiſon : que les religieux n'ayant rien en

ſi grande recommandation que l'obédience & le profit de leur religion, il n'y en auroit pas un qui ne crût faire un grand ſacrifice de laiſſer tout ſon bien à ſa religion en y entrant, & ne le faiſant, qui n'appréhendât d'avoir encouru l'indignation de ſes ſupérieurs & de ſes confreres. L'*authent. Ingreſſi. C. De ſacroſ. Ecclef.* qui ordonne cette tacite dédication de tous les biens du religieux au profit de l'égliſe & du couvent où il fait ſes vœux, étant prohibée, & entiérement abrogée par la loi fondamentale du royaume, ſeroit néanmoins remiſe en la force & vigueur, ſi l'on toléroit, ou autoriſoit telles diſpoſitions que celle dont eſt queſtion. Il y a trois arrêts célebres qui les ont déclarées nulles, l'un contre les Chartreux, & deux contre les Capucins, qui ont été déclarés incapables de ſemblables legs, faits *etiam* d'une ſimple ſomme de deniers, *non pro quarta bonorum*, y ayant pareille raiſon pour la prohibition de l'un que de l'autre. De dire que la coutume de Berry contient une permiſſion expreſſe, & qu'elle n'a été abrogée par l'ordonnance, c'eſt s'abuſer, parce que l'ordonnance eſt une loi générale, faite pour la conſervation du royaume & du bien de l'état ; & il ne faut pas douter qu'elle n'ait abrogé toutes les autres loix & coutumes particulieres. Il n'en faut d'autre preuve que l'arrêt contre les Chartreux de Lyon, où la diſpoſition du droit écrit s'obſerve notoirement, par lequel il eſt bien plus expreſſément & bien plus amplement permis de donner & de teſter au profit de qui on veut, & de tout ce qu'on veut, que par la coutume de Berry : & néanmoins les Chartreux furent déclarés incapables du legs fait à leur profit par celui qui étoit entré en leur religion : il y a lieu d'en faire de même en cette cauſe.

LA COUR mit l'appellation au néant ; ordonna que la ſentence dont étoit appel, ſortiroit ſon plein & entier effet, ſans dépens. M. de Hacqueville préſident en l'abſence de M. le premier, le lundi 27 juillet 1626.

*L'arrêt eſt cité dans du Freſne, & dans Brodeau, lett. C. ſomm. 8.

CHAPITRE XCII.

Action hypothécaire ſe preſcrit par trente ans en Berry, même contre la femme pour ſes conventions matrimoniales & douaire préfix, au profit du tiers acquéreur de l'immeuble du mari.

JEan Tribart & Catherine Petit de Bourges contractent mariage enſemble en 1587. Pour les conventions, même pour l'aſſurance de la dot & douaire préfix de ladite Petit, ledit Tribart hypothéqua ſes biens, ſpécialement quelques fonds qu'il poſſédoit alors. Il vend les mêmes héritages à Etienne Huet en 1592, lequel en jouit ou Etienne Huet ſon fils & héritier, juſques en 1624, qu'il eſt aſſigné en action hypothécaire pardevant le juge conſervateur des privileges de l'univerſité de Bourges, par Sanſon de la Varaine ceſſionnaire de la ſomme de 1800 liv. qui avoit été adjugée à ladite Petit pour ſes conventions matrimoniales. Le mari étant décédé en 1622, Huet oppoſe la preſcription fondée ſur une ſi longue & paiſible jouiſſance de trente-deux ans accomplis. Le juge-conſervateur déclara ledit de la Varaine ceſſionnaire de ladite Petit non-recevable en ſon action hypothécaire, dont appel, pour lequel Me. Picot dit, qu'il a trois moyens d'appel indubitables pour lever la preſcription. Le premier, que le mari de ladite Petit étant décédé ſeulement en 1622, la preſcription n'a commencé à courir que de ce jour, *quia non valenti agere, non currit præſcriptio*, ladite Petit n'ayant pu auparavant agir, ni intenter ſon action ; & c'eſt la diſpoſition de l'ordonnance de Louis XI, qui dit qu'il faut compter les dix ans du jour que l'empêchement de fait ou de droit ceſſe. Ainſi la preſcription ne court contre le fils, tant qu'il eſt en la puiſſance de ſon pere qui a aliéné ſon bien ; ni pareillement contre la femme,

1626.

obligée suivant l'ordonnance de faire infinuer une donation, qu'après le décès de son mari. Le second, que la coutume ne peut s'entendre que des actions ouvertes & déja nées; autrement il faudroit feindre que la femme peut agir pour la répétition de la dot & autres conventions contre son mari : ce qui seroit abfurde & directement contraire au droit. Le troifieme, qu'un mariage durant plus de trente ans, une femme feroit expofée au péril de perdre tout fon bien. La même coutume a prévenu ce danger en l'art. 16 du tit. des prefcript. qui porte que pour les propres & conquêts de la femme, la prefcription ne court pendant le mariage; à plus forte raifon pour la dot digne de toute faveur. De plus, il faut diftraire cinq années des troubles, qui empêchent que l'intimé ne puiffe alléguer une poffeffion de trente ans. Me. Daniau pour l'intimé dit, que la coutume de Berry n'admet qu'une prefcription unique de trente ans, & lui donne force contre toutes perfonnes, églife, college, communautés, mineurs, & à plus forte raifon contre les femmes qui peuvent agir *vergente marito ad inopiam*, que l'action hypothécaire fe prefcrit dans le droit commun par dix ans entre préfens. La prefcription de trente ans en Berry doit être fans exception. La coutume l'a affez clairement expliqué en l'*art.* 16, exceptant de la prefcription le tems du mariage pour l'aliénation des propres de la femme & conquêts avant le mariage. Cette exception *firmat regulam in cæteris cafibus non exceptis*, L. *Quæfitum. De fundo inftr. leg.* De vouloir déduire cinq années des troubles, il n'y avoit apparence, parce que l'édit de paix eft de 1594, au commencement : ainfi on peut feulement déduire deux ans, & il en refte plus de trente ans accomplis, les déclarations faites pour quelques provinces particulieres n'étant confidérables.

LA COUR mit l'appellation au néant, fans amende & dépens; ordonna que la fentence fortiroit fon plein & entier effet; le 4 d'août 1626.

* L'arrêt eft cité dans Tronçon fur l'*art.* 116 de *la coutume de Paris*, & par Me. Thaumas de la Thaumaffiere en fes *décifions fur la coutume de Berry*, *liv.* 3. *chap.* 55.

CHAPITRE XCIII.

Séparation de biens d'entre le mari & la femme faite volontairement, & exécutée, eft bonne & valable à leur préjudice.

JEanne Chenu, veuve de Me. Pierre Orguelin, avocat à Châlons, duquel elle avoit trois enfans, convole en fecondes noces avec Nicolas Guillaume, marchand dudit Châlons, en 1596. Par le contrat de mariage il y a claufe de communauté de tous meubles & conquêts immeubles, qui fe feront conftant leur mariage, avec pouvoir à la femme d'y renoncer. Ce mariage dura paifiblement jufqu'en 1603, que Jeanne Chenu voyant le grand trafic & commerce de fon mari, appréhendant que fon bien & celui de fes enfans qui étoit de plus de quatre mille livres de revenu, n'y fût abforbé, elle fait affigner fon mari pardevant le juge de Châlons, pour voir dire qu'elle fera féparée de biens d'avec lui. Le mari confent : la femme eft autorifée par juftice pour procéder à la féparation de biens. Le même jour ils paffent un contrat entr'eux, par lequel ils fe féparent volontairement de biens, la femme renonce à la communauté ftipulée par leur contrat de mariage, reprend tout ce qu'elle avoit apporté; même le revenu de fes biens & de fes enfans, & fon mari lui rend compte de leur tutele. Cela fait, ils vivent féparément jufques en 1623, que Nicolas Guillaume décede fort riche. Jeanne Chenu fa veuve, voyant qu'il y avoit à profiter en fa communauté, interjetta appel de la fentence du juge de Châlons de l'an 1603, par laquelle elle avoit été autorifée pour fe féparer de biens d'avec fon mari, & obtint lettres de reftitution contre le contrat fait en exécution contenant la féparation

de biens : pour laquelle M. Talon dit, que telles féparations de biens faites entre le mari & la femme *bonâ gratiâ*, volontairement & fans connoiffance de caufe, font nulles; on ne peut déroger aux claufes d'un contrat de mariage paffé en la préfence & par l'avis des parens affemblés; les arrêts ont réprouvé telles féparations. Me. le Feron pour les enfans de Nicolas Guillaume de fon premier mariage intimés dit, que l'appellante ayant confommé la faculté qui lui étoit accordée par fon contrat de mariage, de renoncer à la communauté de fon mari, ayant eftimé qu'elle lui étoit onéreufe, & après avoir demandé & pourfuivi la féparation de biens, elle ne peut plus réfilir. Telles féparations de biens ne font prohibées finon à l'égard des créanciers, mais non au refpect du mari & de la femme. Les arrêts les ont autorifées : celui de M. le Coigneux notoire & vulgairement allégué. Autre en 1619, plaidans Me. Germain & Me. de la Marteliere le jeune, par lequel une femme s'étant volontairement féparée de biens d'avec fon mari, & quelque tems après defirant retourner, le mari fut condamné de la reprendre, & de la traiter maritalement; néanmoins la cour ordonna qu'elle ne participeroit point aux acquêts faits depuis le jour de la féparation jufques au jour de fon retour. Autre de M. Fouquet en 1626. Et par ces raifons conclut au bien jugé, & à ce que l'appellante foit déboutée de fes lettres.

M. l'avocat général Bignon dit, qu'il eft dangereux de permettre aux particuliers de déroger aux maximes communes; néanmoins l'appellante a provoqué fon mari à la féparation de biens, qu'elle veut rétracter : cela n'eft pas jufte. Et conclut à ce que fur l'appel & lettres les parties foient mifes hors de cour & de procès, fans tirer à confequence.

LA COUR fur l'appel & lettres, mit les parties hors de cour & de procès; le mardi premier décembre 1626, M. le premier préfident de Verdun prononçant, qui ajouta : La cour ne dit point, fans tirer à conféquence, en une chofe qu'elle i déja jugée.

CHAPITRE XCIV.

Teftament fait avec éloge contre des collatéraux, eft confirmé.

PErrette de Paris, fille majeure & jouiffante de fes droits, habitante en la ville de Rheims, y fait fon teftament olographe, par lequel elle legue la fomme de quinze cents livres aux enfans de Jeanne de Paris fa fœur; & à l'égard de Judith de Paris fon autre fœur, femme de Me. Jacques Fremin, elle déclare qu'elle n'a point occafion de leur faire du bien, pour la perte & ruine qu'ils ont caufée en leur famille, & que ce font gens à faire mourir chrétiens : toutefois veut que le furplus de fes biens foit partagé, & qu'ils aient leur part. Son décès étant arrivé en 1625, il y eut inftance entre Me. Jacques Fremin & Judith de Paris fa femme, d'une part, qui foutenoient ce teftament nul; & Jeanne de Paris & fon mari, d'autre part, qui demandoient la délivrance du legs fait à leurs enfans. Sur cette conteftation intervint fentence à Rheims, par laquelle le teftament eft déclaré nul, dont Jeanne de Paris & fon mari interjettent appel, pour lefquels M. Miron, fils de M. Miron préfident & ambaffadeur en Suiffe, dit qu'on ne peut arguer le teftament d'aucun défaut de formalité : feulement on dit qu'il y a des paroles aigres & des injures atroces qui le doivent faire caffer; ce qui n'eft aucunement confidérable, étant dites contre des collatéraux. Me. Guerin pour les intimés dit, qu'ils ne peuvent être plus atrocement injuriés qu'ils le font par ce teftament, qui eft nul par le moyen de tels éloges, moins fupportables qu'une exhérédation. Les arrêts l'ont ainfi fouvent jugé, & en conformité les juges dont eft appel.

M. l'avocat général Bignon dit , que les paroles dont les intimés se plaignent , font véritablement aigres & atroces ; néanmoins c'est plutôt une marque de l'infirmité de la nature humaine , qu'une nullité au testament dont est question. Ce sont des collatéraux qui se plaignent , quoiqu'on leur ait laissé plus qu'on n'est obligé , & que le legs soit modique. Conclut à la confirmation du testament.

LA COUR mit l'appellation & ce dont étoit appel , au néant ; émendant & corrigeant , ordonna que délivrance seroit faite aux appellans de la somme de quinze cents livres pour le legs délaissé à leurs enfans ; sans dépens. Le mardi 15 décembre 1616, M. le Jay président.

☞ *Vide* ci-dessus le chap. 13 du livre premier, & ci-après tome 2. liv. 2. chap. 18.

CHAPITRE XCV.

Rentes sur l'hôtel-de-ville de Paris au profit des étrangers , sont éteintes & amorties par leur décès.

EN 1562 & 1569 , les prévôt des marchands & échevins de la ville de Paris vendirent vingt-cinq livres de rente d'une part & treize livres d'autre à Pierre & Jean Fulembertes , marchands allemans , demeurans en la ville de Nuremberg , lesquels depuis ledit tems ont été bien payés desdites rentes ; mais leur décès étant arrivé en 1614 , leurs enfans & héritiers font assigner pardevant les prévôt des marchands & échevins de Paris Me. Denys Feideau adjudicataire des aides ; lequel est condamné de payer les arrerages desdites rentes , dont il interjette appel , pour lequel Me. Doublet dit , qu'il n'est point tenu au payement de cette rente. Me. le Feron pour les intimés dit , qu'étant enfans & héritiers de ceux au profit desquels les rentes ont été constituées, on ne peut leur en refuser le payement.

M. l'avocat général Talon dit , que l'intérêt du roi est seul considérable en cette cause. Quoiqu'il s'agisse de peu de chose , cela ne change en rien la question , & il ne faut pas moins apporter de circonspection pour la décider. Les acquéreurs des rentes dont il s'agit , étant notoirement étrangers , leurs enfans & héritiers ne sont pas parties capables ni recevables à les demander. Leurs peres sont acquis des rentes en France , & en sont morts vêtus & saisis , sans avoir obtenu lettres de naturalité : le roi y a succédé par le droit d'aubaine , comme à un bien appartenant à un étranger , par un droit purement royal , qui donne & attribue au roi tous les biens assis & situés dans son royaume appartenant aux étrangers , en quelque lieu qu'ils décedent. Quant à ce que les intimés disent qu'il y a lettres patentes du roi vérifiées en parlement en faveur des étrangers ; ces lettres ne concernent aucunement le droit d'aubaine ; elles sont en faveur de tous les étrangers fréquentans les foires de Lyon fort célébres , pendant lesquelles si aucun meurt , le roi permet aux héritiers de retirer & reprendre toutes leurs marchandises ; mais les rentes ni les immeubles n'y sont aucunement compris , comme il paroît par la vérification desdites lettres faites au parlement le 15 février 1572. Les rentes constituées étant de la qualité des immeubles, & les immeubles sujets au droit d'aubaine sans controverse , cette cause ne reçoit point de difficulté. Le roi étant débiteur , & ayant été fait héritier de ses créanciers , la dette est éteinte , *L. Si debitori. C. De pactis.* Si un seigneur particulier est débiteur de quelqu'un de ses justiciables , qui commet un crime , pour lequel il y a confiscation , la dette demeure absorbée & éteinte : ce droit d'aubaine a été assez prévu par les étrangers , qui ont voulu faire des acquisitions en ce royaume , comme Paule Spinola & ceux de sa société , qui desirant acquérir des rentes en France pour une notable somme , obtinrent lettres du roi portant déclaration qu'elles ne seroient point sujettes au droit d'aubaine , lesquelles après plusieurs missions furent entérinées en la chambre des comptes , à la charge de payer le droit d'indemnité au

roi. Pareilles lettres au profit de Jean-Baptiste Gondy à même condition. Les prévôt des marchands & échevins étoient incompétens , & cette cause se devoit traiter au trésor.

LA COUR dit qu'il avoit été mal , nullement & incompétemment jugé par le prévôt des marchands , bien appellé par l'appellant ; émendant & corrigeant , déclara les intimés non-recevables en leurs demandes ; & faisant droit sur les conclusions de M. le procureur général , déclara les rentes éteintes & amorties au profit du roi ; sans dépens. Le jeudi 17 décembre 1616 , M. le Jay président.

☞ Apparemment qu'alors l'exemption du droit d'aubaine en faveur des étrangers , qui acquéroient des rentes sur le roi , portée en l'édit du mois de mai 1586 , étoit abrogée. Aujourd'hui presque toutes les rentes constituées sur le roi , sont affranchies du droit d'aubaine : les édits portant création de ces rentes , contiennent ordinairement une renonciation à ce droit ; au moyen de quoi les étrangers peuvent en acquérir, & leurs parens y succéder. *Vide* les édits donnés à ce sujet , & singuliérement les lettres patentes du 5 décembre 1733.

CHAPITRE XCVI.

Vendeur qui rentre dans son héritage , faute de payement du prix dans le terme fixé par le contrat , ne doit pas doubles droits seigneuriaux , qui ne sont dûs que de la vente , non de la résolution.

CLaudine Lair habitante du village de Lompenes près Dammartin , en 1616 , vendit à Jean Depost certains fonds & héritages pour le prix de neuf-vingts livres payables à Noël de ladite année 1616. Depost en vertu de son contrat de vente se fait ensaisiner par le seigneur censuier , lui paye les droits des lods & ventes , & se met en possession des fonds & héritages vendus. Il y demeure quelque tems ; mais ne payant point le prix de son acquisition , & assigné pour y être condamné pardevant le juge de Dammartin , il déclare qu'il n'a moyen de payer ladite somme , & consent que ladite Lair venderesse rentre en la possession & jouissance des fonds vendus ; ce qu'elle accepte : sur ladite sentence, par laquelle elle est remise en la possession & jouissance de ses fonds & héritages , le seigneur direct prend occasion de lui faire instance pardevant le même juge pour le payement des lods & ventes , & soutient que c'est une nouvelle acquisition ; la défenderesse au-contraire , que c'est un simple délaissement & abandonnement des héritages par elle vendus , faute du payement du prix de l'acquisition. Sur cette demande le juge met les parties hors de cour & de procès , dont le seigneur direct interjette appel , pour lequel Me. Duplex dit , que la maxime , *Ex contractu nullo nulla debentur laudimia* , n'est pas considérable en cette cause , parce que le contrat de vente a été exécuté de part & d'autre. Depost acquéreur est entré en possession des héritages vendus , & en a long-tems joui. Par arrêt de la grand'chambre , plaidant Me. Favereau , il a été jugé qu'un adjudicataire par décret n'ayant point consigné , & ne le pouvant faire , consentant la revente des héritages décrétés , doubles lods & ventes étoient dûs au seigneur direct & censuier , quoique l'adjudicataire ne fût point entré en possession desdits héritages. M. Cochard pour l'intimé dit , que ce n'est point une vente , mais plutôt la résolution de la premiere , pour raison de laquelle l'appellant a reçu les droits de lods & ventes.

LA COUR mit l'appellation au néant ; ordonna que ce dont étoit appel , sortiroit son plein & entier effet , & condamna l'appellant aux dépens. Le 8 janvier 1627 , en la chambre de l'édit , M. Seguier président.

* L'arrêt est cité dans Brodeau , *lett. R. somm. 2.* & sa décision doit être suivie , quoique l'on ait voulu inspirer le contraire dans la compilation d'un arrêt

1 6 2 6. du 26 avril 1671, qui eſt en la deuxieme partie du journal du palais.

Si l'on examine le fait particulier, ſur lequel il eſt intervenu, l'on connoîtra qu'il ne peut faire de regle, & n'eſt qu'une exception de celle qui ſe trouve établie par l'arrêt ici rapporté.

Pour effacer l'impreſſion ou la prévention que l'arrêt de 1672 peut avoir cauſée, & juſtifier le principe oppoſé dans la theſe générale, il n'y a qu'à faire quelques réflexions ſur les autorités marquées par le compilateur, & montrer enſuite que cet arrêt eſt une hypotheſe très-ſinguliere.

La diſtinction du compilateur eſt bonne, de celui qui vend ſon héritage pour être payé du prix en deniers comptans, & de celui qui vend à crédit, & donne terme à l'acquéreur ; mais les conſéquences qu'il en tire ne ſont pas juſtes, & réſiſtent à la penſée des auteurs dont il ſe ſert.

Au premier cas, lorſque le vendeur n'a donné aucun terme pour le prix, s'il rentre dans ſon héritage faute de payement, perſonne n'a formé de queſtion ſur ſavoir ſi le ſeigneur direct doit avoir doubles lods & ventes ; mais on a demandé ſeulement, s'il en peut prétendre de ſimples du contrat de vente, qui demeure réſolu par le défaut de payement.

La réponſe de M. d'Argentré *Tract. de Laudim.* §. 2. dont le compilateur a inſéré les termes, eſt préciſe, que le ſeigneur n'aura aucuns lods & ventes, quoique le contrat eût été ſuivi de tradition & poſſeſſion réelle priſe par l'acquéreur. *Nec traditio*, dit-il, *facere debet, ut fides habita videatur de pretio.* Et il ajoute la raiſon de ſon avis, que celui qui vend *præſenti pecuniâ*, trompé par l'acquéreur, ne lui a jamais transféré aucune propriété, & il n'y a eu aucune mutation ni aliénation.

Dans le ſecond cas, lorſque le vendeur a donné terme, le même d'Argentré décide, que le défaut de payement ne peut pas donner lieu à la réſolution du contrat, qui a été une fois parfaite, préſuppoſant la tradition, & qu'il ne reſte au vendeur que l'action *ex empto* ; c'eſt-à-dire, que ſon ſentiment eſt de donner au ſeigneur les ſimples lods & ventes. Mais on ne trouvera pas qu'il ait jamais tenu que le ſeigneur les puiſſe prétendre doubles, ſi le vendeur rentre dans ſon héritage : car il ne propoſe uniquement la queſtion que pour les ſimples droits ſeigneuriaux.

Il n'eſt pas inutile de réfléchir ſur la limitation qu'il apporte encore dans ce cas particulier, que quand il y auroit contrat paſſé, & terme donné pour le payement du prix, rien n'en empêcheroit la réſolution, pour exclure le ſeigneur des ſimples lods & ventes, pourvu qu'il n'eût pas été ſuivi de tradition.

Le contrat de vente avec terme pour le payement du prix, ſuivi de tradition, eſt parfait, & ne peut pas être anéanti, ni réſolu comme s'il n'avoit jamais été fait : tout le monde convient de cette propoſition. Mais la conſéquence n'eſt pas bonne, que le ſeigneur doive avoir de doubles lods & ventes, ſi le vendeur rentre dans ſon héritage faute de payement du prix : car la queſtion n'a été propoſée & décidée que pour les ſimples.

Me. Charles du Moulin (dit le compilateur) *ſur l'art.* 33 de l'ancienne coutume de Paris, gloſ. 2. *in verb.* ALIÉNÉ A PRIX D'ARGENT, ſemble avoir formé ſa réſolution contraire à la juriſprudence établie par l'arrêt de 1672, & n'avoir parlé que des ſimples droits ſeigneuriaux. Mais, dit-on, il faut entendre ſa déciſion avec les modifications dont ſe ſert ce même auteur ſur *l'art.* 78 de la même coutume, ſavoir qu'il faut que par le contrat de vente il ſoit expreſſément porté, que faute de payement le vendeur rentrera dans ſon héritage. En ſecond lieu, que le vendeur ſe ſoit repenti de la vente par lui faite, & que l'acquéreur ait bien voulu s'en départir dans un intervalle de tems peu conſidérable. Ces moyens de douter ſe détruiſent par pluſieurs réflexions.

Primò, le commentaire qui nous eſt reſté de Me. Charles du Moulin ſur l'ancienne coutume de Paris, finit à l'article 63 incluſ, ſuivant l'édition de Buon de 1576, qui eſt ſeule reconnue parmi les ſa-

vans ; & le compilateur du journal du palais dans l'avis au lecteur qui eſt au commencement de la deuxieme partie, proteſte lui-même qu'il ne s'arrêtera qu'à cette édition.

Secundò, dans les éditions poſtérieures du même commentaire on a appliqué aux articles de la nouvelle coutume, ce que du Moulin n'avoit écrit que ſur l'ancienne, & l'ouvrage s'eſt trouvé alongé juſques à l'article 95 de la nouvelle.

Tertiò, le compilateur du journal du palais parfaitement inſtruit que l'on ne cite point du Moulin ſur la nouvelle coutume, qui n'a été réformée que long-tems après ſon décès, croyant de citer ſur l'ancienne, n'a néanmoins puiſé que dans cette mauvaiſe tranſlation les endroits qu'il indique.

Par exemple, il a pris la premiere citation ſur l'art. 33 de la nouvelle, qui eſt compoſé des 22, 23 & 24 de l'ancienne, & la ſeconde ſur le 78 de la nouvelle, qui étoit ſur le 55 de l'ancienne.

Il y a encore cette différence à remarquer que ſur l'article 23 de l'ancienne coutume du Moulin n'a fait qu'une gloſe, & parce que le 33 de la nouvelle eſt compoſé de trois articles anciens, on a auſſi diviſé en trois gloſes ce commentaire mal appliqué ſur la nouvelle coutume.

On prétend même que ce du Moulin reſſuſcité pour écrire ſur la nouvelle coutume, eſt plus ample que l'ancien. Si cela eſt vrai, il ſeroit difficile d'avoir beaucoup de foi aux additions, que l'on ne peut conſidérer que comme bâtardes ou adultérines.

Reſte d'examiner ſi du Moulin a réellement été d'avis que le ſeigneur ſoit fondé à prétendre deux fois des lods & ventes, lorſque le vendeur rentre en l'héritage faute de payement du prix.

Sur l'article 23 de l'ancienne coutume num. 17, il décide dans les mêmes termes qui ont été inſérés au journal ſur la fauſſe citation de l'article 33, que le vaſſal ayant vendu ſon fief avec tradition, & terme pour le prix, y voulant rentrer à défaut de payement, exclut du retrait le ſeigneur féodal, qui ne peut prétendre autre choſe que le quint. Sa déciſion eſt fort préciſe, & l'argument du fief aux mutures pour les droits de mutations ne reçoit point de diſparité.

Dans le cas de la clauſe réſolutoire ou commiſſoire ſur le même article 23. num. 9. *in fin.* il eſt d'avis, ſans aucune limitation, & nonobſtant la poſſeſſion de l'acquéreur, que le ſeigneur n'aura pas même les ſimples lods & ventes ; & que s'ils ont été payés, il eſt tenu de les rendre, le vendeur rentrant dans ſon héritage. *Si autem non fuerit ſolutum in termino, & venditor lege commiſſoriâ utatur, ſicut venditio ipſa reſolvitur, & pro infecta habetur, ita & omnia prædicta jura, adeò ut vel ſoluta per condictionem ob cauſam, vel ſine cauſâ, repeti poſſunt.*

C'eſt auſſi le ſentiment de Guy-Pape en ſa *quæſt.* 48. de Tiraqueau *De retract. convent.* §. 6. gloſ. 1. num. 20. & de Cujas *ad tit.* 1. lib. 2. Feudor. du Moulin num. 15 du même article 23 va encore plus loin, & dit que la clauſe commiſſoire eſt ſous-entendue, quoiqu'elle n'ait point été ſtipulée, & que le vendeur rentrant dans ſon héritage faute de payement du prix, au terme fixé par le contrat, le ſeigneur ne doit avoir aucuns lods & ventes, avec cette différence, que ſi les ſimples ont été payés, il n'y en a point de répétition.

Le repentir & départ volontaire dans un certain intervalle n'a point été marqué ou du Moulin pour le cas de la clauſe commiſſoire ſtipulée ; mais il eſtime §. 55. gloſ. 1. num. 36. que quoique la vente ſoit parfaite, qu'elle ait été ſuivie de tradition, & que le vendeur ait donné un terme court pour le payement du prix, ſi l'acquéreur trompe & ne paye pas dans ce modique intervalle de tems, le vendeur peut rentrer dans ſon héritage, & ne devra aucuns lods & ventes ; ou il peut vendre à un tiers, & les droits ne ſeront dûs que de cette derniere mutation. *Unde ſi venditor rem ſuam reſumat, nulla laudimia debet, quia non cenſetur res vendita ; & ſi alii, ſi potest, vendidet & tradat, non debentur jura, niſi ex ſecundâ venditione, quæ prima & ſola eſt, ut diximus ſuprà §. 23. num. 17.*

La

La limitation qu'il ajoute contre le vendeur, qui ne revient qu'après un notable intervalle, & auquel on peut imputer de la faute & de la négligence de ne s'être point fait payer, n'eft pas pour attribuer au feigneur les doubles lods & ventes ; mais fon efprit eft qu'il n'aura feulement les fimples droits du contrat de vente, qui étoit uniquement la queftion par lui formée : & l'on ne trouvera pas qu'il ait jamais chargé le vendeur rentrant dans fon héritage de payer de feconds droits feigneuriaux.

Pour trouver le véritable fentiment de du Moulin, il n'y a qu'à le confulter fur l'article 22. num. 20. où il eft d'avis indiftinctement, que quoiqu'il y ait eu tradition réelle, toutefois fi le prix n'a point été entiérement payé, le vendeur peut rentrer dans la chofe vendue, fans qu'il doive une feconde fois des droits feigneuriaux, parce que de même qu'il eft permis, les chofes étant entieres, de fe départir, & exclure le feigneur des fimples droits ; auffi il eft libre au vendeur de rentrer, les chofes même n'étant plus entieres, fans être tenu de payer de feconds droits. *Quamvis*, dit-il, *non poffint pœnitere, nec diftrahere etiam per actus retro fimiles in præjudicium juris jam formati & acquifiti patrono, tamen refpectu juris futuri, & quærendi ex novo contractu poffunt pœniteri, non de novo contrahendo, fed diftrahendo, & recedendo à prima venditione, quia actus ultimus non eft novus contractus, fed difceffio à primo contractu à jure permiffa.*

Il répete la même décifion aux nombres fuivans, & num. 29 on trouve la raifon de différence qui a fervi de fondement à l'arrêt de 1672, comme d'une exception à la thefe générale. Du Moulin pofe l'efpece d'un acquéreur qui a pris poffeffion réelle, & n'ayant payé qu'une partie du prix, eft allé compofer des droits avec le feigneur, qui par-là s'eft départi du retrait. Dans la fuite l'acquéreur ne pouvant achever le payement du prix, a rendu l'héritage, & le vendeur de fon côté a reftitué cette partie du prix qu'il avoit touchée. Ce docteur décide que le feigneur ne peut plus varier ni exercer le retrait, & n'aura que la compofition des droits feigneuriaux, fans qu'il puiffe en exiger de nouveaux du vendeur rentré dans fon héritage.

Ce principe de la reftitution du côté du vendeur de cette partie du prix par lui touché, marque que le vendeur n'eft pas exempt des nouveaux droits feigneuriaux, lorfqu'il fouffre qu'il faifie refaifie du vendeur, un contrat de direction, & fe rend lui-même adjudicataire de fon héritage à une fomme moindre que le prix qu'il l'avoit vendu, comme dans l'efpece de l'arrêt de 1672.

Il ne faut pas s'étonner fi ce vendeur adjudicataire a été condamné de payer de feconds droits feigneuriaux ; car c'étoit une véritable vente, qui fe faifoit à fon profit. Il ne rentroit pas dans fon héritage *per rien diftractûs*, en déchargeant l'acquéreur du prix, & fe contentant de reprendre la chofe en l'état qu'elle étoit ; mais il fe préfente comme un étranger, & fe rend adjudicataire à une fomme, bien entendu qu'il fe réfervoit fon action pour l'excédant du prix de la vente, contre fon acquéreur, & fur fes autres biens.

L'arrêt a parfaitement bien jugé dans ces circonftances : mais d'en vouloir faire une décifion générale, pour dire qu'un vendeur, qui a donné terme pour le prix, rentrant en fon héritage à défaut de payement, devra de feconds droits feigneuriaux : c'eft ce qui réfifte à tous les principes, & à l'équité naturelle.

On peut affurer avec confiance qu'il n'y a aucune loi, coutume ni arrêt, qui ait décidé la thefe contre le vendeur ; au-lieu que l'on trouve en fa faveur l'arrêt ici rapporté ; & par-deffus cela l'article 112 de la coutume d'Orléans y eft précis, & fans diftinction. *Si l'acheteur d'un héritage cenfuel, qui n'a payé le prix de la vente, fe déporte de fon achat, & le vendeur reprend ledit héritage par lui vendu en acquit dudit prix, au feigneur cenfier en font dues les ventes de la premiere vendition feulement.*

Me. Julien Brodeau faifant mention de l'arrêt, marque bien nettement, qu'il étoit de cet avis ;

& la décifion qu'on lui attribue dans le cas du bail à rente rachetable fur l'article 33, ne fe trouve point.

En effet le parti du bailleur, qui rentre dans fon héritage, faute de payement de la rente, paroît encore fans difficulté, & qu'il ne doit point de nouveaux droits, par argument des raifons de Me. Charles Loyfeau en fon docte traité du *déguerpiffement*, liv. 6. chap. 1. num. 8. & fuivans.

Il propofe la queftion de favoir, fi l'aliénation qui réfulte du déguerpiffement, fe fait par une réfolution du bail à rente, ou par une tranflation du droit de celui qui déguerpit ; & il décide que c'eft une privation du droit que le preneur avoit en l'héritage pour n'avoir pu payer la rente ; & fans que le bailleur ait befoin d'une ceffion, revente ou tranfport, le fimple abandonnement le rend propriétaire, non par tranflation, mais par extinction du droit de preneur, il rentre lui-même en fon ancien droit. C'eft une réfolution du contrat, qui ne fe fait pas *ratione pœnitentiæ*, & n'a point un effet rétroactif pour révoquer le contrat, comme s'il n'avoit jamais été fait ; mais la réfolution n'eft que pour le tems à venir.

Des mêmes principes l'on peut conclure, que quoique l'acquéreur ait conftitué rente pour le prix de l'héritage, le vendeur qui rentre à défaut de payement de la rente, n'eft pas moins exempt des doubles lods, que s'il avoit feulement donné terme.

CHAPITRE XCVII.

Mari ayant acheté un office des deniers de la communauté, n'eft obligé après le décès de fa femme, de rendre que la moitié du prix qu'il a coûté, & non de ce qu'il valoit lors de la diffolution.

Pierre Boulanger, habitant de la ville d'Amiens, pendant fon mariage & communauté avec Catherine Borde fa femme, ayant acquis & traité d'un office de fergent juré vendeur & prifeur de la ville d'Amiens, & l'ayant exercé plufieurs années, le décès de ladite Borde fa femme arriva. Il fut décerné tuteur à leurs enfans, fit faire bon & loyal inventaire de tous les biens de la communauté. Dans le compte qu'il rend à fes enfans devenus majeurs, il met en récepte la moitié du prix de l'acquifition de l'office de fergent juré vendeur & prifeur, dont il étoit pourvu. Ses enfans oyans compte foutiennent qu'il leur doit tenir compte de la valeur de la moitié de l'office, eu égard à ce qu'il pouvoit valoir lors du décès de leur mere, étant de beaucoup plus grande valeur, qu'au tems qu'il a été acquis. Sur quoi intervint fentence du bailli d'Amiens ou fon lieutenant général, par laquelle il ordonne que Pierre Boulanger tiendra compte à fes enfans & mettra en récepte la moitié de la valeur de l'office, eu égard à ce qu'il pouvoit valoir lors du décès de leur mere, dont ledit Boulanger interjette appel, pour lequel Me. Pioger dit, que l'imbécillité du fexe ayant rendu les femmes incapables d'exercer aucuns offices, & donné cette prérogative aux hommes feuls, qui par le moyen de leurs charges apportent de l'honneur à leurs femmes, & un grand profit à la communauté, il eft étrange qu'outre cet honneur & ce profit, on veuille encore mettre les offices en licitation & eftimation, & ne fe pas contenter d'un jufte rembourfement de deniers qui ont été pris en la communauté, & employés à l'acquifition de tels offices par le mari. L'appellant avoit fait ces offres à fes intimés fes enfans, qui néanmoins s'opiniâtrent à le vouloir dépouiller de fon office par le moyen de ce fupplément de prix, & de cette eftimation qu'ils foutiennent devoir être faite eu égard au tems du décès de leur mere : ce qui n'eft pas raifonnable. *Primò*, parce que le titre & l'exercice de l'office réfident en la perfonne du mari feul, auquel on ne peut demander autre chofe que le rembourfement de la moitié du prix qu'il a employé pour être pourvu de fon office ; c'eft l'action de mi-denier que les arrêts

1627.

ont introduite, & perpétuellement jugé qu'elle suffisoit, & que les héritiers de la femme n'en ont point d'autre. Il ne faut pas comparer l'acquisition d'un office, & le traité qu'on en fait, avec les autres acquisitions soit des meubles, ou d'immeubles, qui se font pendant le mariage & constant la communauté. Les offices ne peuvent être bien comparés ni aux uns ni aux autres, & n'y ont aucune relation. *Secundò*, telle estimation & prisée de la valeur d'un office seroient presque impossibles, à tout le moins très-difficiles & périlleuses, parce que les offices n'ont point de base ni de subsistance qu'en la personne de l'officier, & ne peuvent par conséquent recevoir autre prix ni estimation que celles que les plus affectionnés à les posséder leur donnent, qui souvent emploient tout leur bien pour un office de peu de revenu. Ainsi n'y ayant rien de si incertain que cette prisée & estimation, il ne seroit pas juste & raisonnable d'exposer un officier à ce péril, à ce hasard, duquel dépendroit absolument la perte ou la conservation de son office, se trouvant des personnes qui le priseroient & estimeroient tellement, & le mettroient à si haut prix, qu'il lui seroit impossible de payer le supplément, & le retenir. Cette voie seroit un moyen de l'en dépouiller. Sous ces raisons jointes aux offres de rembourser les intimés de la moitié des deniers qui avoient été pris en la communauté, & employés en l'achat & traité de l'office, il conclut au mal jugé. Me. de Holande pour les intimés dit, que le plus beau & meilleur bien de la communauté d'entre l'appellant & sa défunte femme mere des intimés, a été vendu & employé en l'acquisition & traité de cet office qui a beaucoup coûté, & est de grand profit & revenu. Les intimés ne desirent point d'en dépouiller leur pere, au-contraire ils souhaitent qu'il se conserve; mais il est raisonnable qu'ils soient dédommagés & remboursés de ce que l'office pouvoit valoir au tems du décès de leur mere; il est augmenté de prix de la moitié, ainsi qu'il est notoire. Il n'en est pas de ces offices (qui sont certains & assurés) comme des offices de judicature, que l'on ne peut fixer. La condition & qualité des intimés qui sont les enfans de l'appellant, est considérable & très-favorable pour leur adjuger cette restitution & ce peu de profit. Si c'étoit un héritier collatéral qui plaidât pour une succession purement lucrative, on pourroit dire qu'il voudroit traverser le mari pourvu de l'office; mais on ne peut soupçonner cela des enfans. Et par ces raisons conclut au bien jugé.

M. l'avocat général Talon dit, que cette cause est toute publique & de grande conséquence: on s'efforce de donner le prix, la valeur & l'estimation aux offices selon la folle imagination de ceux qui en veulent être pourvus. Pour la décision il ne faut point feuilleter les loix, ni lire les très divers jurisconsultes & des docteurs, qui n'ont connu ni traité semblables questions; mais il n'y a qu'à recourir à la doctrine des arrêts souvent rendus en telles occurrences. La cour a fait une distinction, que quand un homme pourvu d'un office se marie, tel office n'entre point en la communauté d'entre lui & sa femme, laquelle n'y peut rien prétendre; mais quand pendant le mariage & constant la communauté, le mari traite de quelque office & s'en fait pourvoir, & que la dissolution du mariage arrive par le prédécès de la femme, pour lors le mari pourvu de l'office, qui est inhérent & absolument attaché à sa personne, par le moyen du titre & de la fonction, n'en peut être aucunement dépossédé, l'office ne peut être divisé entre le mari & les héritiers de la femme: le mari est seulement obligé de rapporter le mi-denier, qui est la moitié du prix & des deniers qu'il a pris dans la communauté pour employer au traité & à l'acquisition de son office & à la réception. Outre & pardessus le remboursement de la moitié de ces deniers, les héritiers de la femme, enfans ou collatéraux, ne peuvent prétendre aucune chose, ni demander que l'office soit prisé & estimé eu égard au tems du décès de la femme; ce seroit le moyen de ruiner un mari survivant & pourvu d'un office, auquel on donneroit un si haut prix, ou par envie,

ou par ambition, qu'il lui seroit impossible de le retenir. Les arrêts l'ont ainsi souvent jugé: un pour un office de trésorier de France en la généralité d'Orléans; un autre au profit de Me. Pierre Durand pour l'office de lieutenant général en la table de marbre & plusieurs autres, après lesquels il n'y a point de doute qu'il n'ait été mal jugé. Et par ces moyens il adhere à la réformation de la sentence suivant les offres.

LA COUR mit l'appellation & ce au néant; émendant, condamna l'appellant de rapporter la moitié de ce que l'office a coûté. Le mardi 23 février 1627, M. le Jay président.

* L'arrêt est cité dans du Fresne, & dans Brodeau, *lett. E. somm. 2.* qui le datent du 26 janvier.

CHAPITRE XCVIII.

Dispense de tous les bans est abusive.

LE samedi 27 dudit mois en la tournelle, sur un appel comme d'abus de la dispense de tous les bans faite par le grand-vicaire de M. l'évêque de St. Flour, M. Talon plaidant pour l'appellant, Me. Corbin pour l'intimé, sur les conclusions de M. l'avocat général Bignon, LA COUR dit qu'il avoit été mal, nullement & abusivement dispensé; déclara le mariage non valablement contracté; condamna le pere & le fils en cent livres d'amende au pain des prisonniers; fit défense audit grand-vicaire de St. Flour & tous autres de plus donner dispense de tous les bans, à peine de répondre de tous dommages & intérêts des parties en leurs propres & privés noms.

* Brodeau, *lett. M. somm. 6.* cite deux arrêts conformes de 1612 & 1617.

CHAPITRE XCIX.

Mari ne doit à ses enfans que le mi-denier de l'office acquis pendant la communauté, quoique depuis la dissolution & avant le partage, il l'ait vendu une somme plus considérable que ce qu'il avoit coûté.
L'action de récompense, qui en appartenoit à l'un des enfans héritier de sa mere, & depuis décidé, est confuse en la personne du pere son héritier mobilier.

LE lundi 1 mars 1627, à l'ouverture du rôle de Paris Me. Joubert plaida la cause de Me. Claude Gobelin, appellant de la sentence du prévôt de Paris, ou son lieutenant civil, par laquelle il étoit condamné de tenir compte & payer à Claude Gobelin sa fille, & de défunte Claude Mousle, dont elle étoit héritiere, le quart de la valeur de l'état & office de commissaire examinateur du châtelet, eu égard au tems du décès de ladite Mousle, & dissolution de la communauté. Pour moyens d'appel il dit, que l'appellant & ladite défunte Mousle ont été conjoints par mariage en 1596. En 1597 l'appellant a été pourvu de l'état & office de commissaire examinateur au châtelet de Paris, moyennant le prix & somme de deux mille quatre cents livres seulement. Ladite Mousle étant décédée en 1608, il fit faire inventaire des biens de leur communauté, & y employa ses lettres de provision dudit état & office, ensemble les quittances de finance de ladite somme de deux mille quatre cents livres. En 1616, il s'est démis dudit état & office pour le prix & somme de seize mille livres. Peu de tems après il a été assigné à la requête de l'intimé subrogé tuteur à ladite Claude Gobelin sa fille, aux fins de lui rendre compte de la gestion & administration de ses biens; ce qu'il a fait, & présenté le compte pardevant le prévôt de Paris, auquel il a employé le quart de la somme de deux mille quatre cents livres que lui avoit coûté ledit état & office de commissaire, acquis constant son mariage avec ladite Mousle. L'intimé subrogé tuteur n'a voulu accepter les offres , & a soutenu que l'appellant étoit tenu de se charger de la somme de huit mille livres , faisant moitié de seize mille livres pour lesquelles il a disposé dudit office en 1616 ; que c'étoit un conquêt fait pendant le mariage , dont la moitié appartenoit à ladite Claude Gobelin , tant de son chef , que comme héritière de Claude Gobelin son frere , tous deux héritiers seuls de leur mere. Sur cette demande le prévôt de Paris *medietatem quamdam secutus* , comme parle la loi 3. *Si pars hæred. pet.* a condamné l'appellant de payer à l'intimé le quart du prix & valeur dudit office , eu égard au tems du décès de ladite Mousle ; en quoi il a très-mal jugé & contre la disposition expresse des arrêts qui ont perpétuellement décidé , que le mari pourvu d'un office pendant le mariage n'est débiteur d'autre chose que de la part du prix de l'achat dudit office. Les arrêts en sont notoires : le premier du 21 février 1612 , au profit de Me. Philippe de Vernon pourvu de l'office de prévôt des maréchaux de Brie & Champagne ; le second du 30 avril 1622 , au profit d'un nommé d'Autruy , pour un office de vendeur & contrôleur de vins en cette ville de Paris : le troisieme donné en la grand'chambre au rapport de M. Loisel le 30 juin 1626 , pour Me. Ezechiel Vion maître des comptes , dont l'office n'avoit coûté que seize mille livres , & a été vendu cent deux mille livres. Il y avoit une circonstance très-forte : car les propres de la femme avoient été aliénés , & le prix employé à l'achat dudit office ; & néanmoins la cour n'adjugea aux héritiers de la femme que la somme de huit mille livres. Le dernier arrêt rendu au profit d'Adrien Boulanger pour un office de sergent priseur & vendeur du bailliage d'Amiens , lequel , bien-que de moindre prix , est néanmoins fondé sur une même jurisprudence , parce que la loi toujours égale en soi-même établit une même regle pour le plus , & pour le moins. Les arrêts sont comme les spheres inférieures , qui se laissent ravir & emporter au premier mobile ; de même les arrêts se suivent par une identité de raison & d'équité toute semblable : de les vouloir impugner aujourd'hui , & mettre en controverse ce qu'ils ont décidé , c'est faire comme les Pyrrhoniens qui disputent des choses les plus assurées , révoquent en doute les maximes les plus certaines , & à ce sujet sacrifient à l'idole de leur propre opinion. S'il falloit rendre raison de cette jurisprudence ainsi établie par les arrêts , il seroit facile : car il n'y a rien de si propre & de si affecté au mari que son état & office , qui ne peut aucunement se communiquer à la femme , puisqu'elle en a toujours été incapable , sinon au tems des Celtes , qu'on dit que les femmes rendoient la justice. En droit tout ce que le fils de famille acquiert , *patri quærit* ; & néanmoins s'il acquiert une milice , elle lui est propre , lui appartient entiérement , L. 3. §. *Si quis. De minor.* Ainsi en est-il d'un office acquis par le mari , au rapport de nos anciens praticiens , Chassanée & *Benedicti. Licet officia emantur de communi pecunia, tamen uxores non participant.* Quant à l'autre de ces offices , *Joannes Galli* l'atteste en sa question 226. *Examinatores funt , vel quasi judices in criminalibus.* Si l'on jugeoit autrement , & que l'on admît la femme ou ses héritiers à demander partage & participation au prix de la composition d'un office , ce seroit rendre l'office immeuble ; ce qui est contre le sens commun , & la disposition expresse de la coutume *art.* 305 qui en un seul cas répute l'office immeuble , savoir quand il est saisi sur l'officier. Et de fait , si un pere donne son office à son fils , il n'est tenu de rapporter en sa succession , sinon la valeur de l'office , eu égard au tems de la donation , comme il a été jugé par arrêt. Aussi le pere succede à l'action que l'enfant a pour raison de tels offices , & non pour les héritiers des propres. Et en ce chef le prévôt de Paris a bien jugé , parce que la part & portion qui appartenoit à Claude Gobelin fils de l'appellant , ou l'action qu'il avoit contre lui pour le remboursement de l'achat dudit office , est demeurée éteinte & confuse en la personne de l'appellant , & n'est pas accrue à l'intimée sa sœur ,

dont le tuteur a appellé sans grief de la même sentence. M. Chapellier pour l'intimé & appellant dit , 1627. que la décision de cette cause dépend de deux considérations : l'une , de la qualité de l'officier & des deniers provenus de la composition ; l'autre , de la distinction des offices venaux de leur nature & des non-venaux. Quant à la qualité de l'office en question , il est venal de sa nature. Philippes le Bel en 1347 , érigea les commissaires examinateurs , en titre d'offices , & les rendit venaux & héréditaires , & par conséquent ils sont réputés immeubles. Aussi , au titre *des criées* , rien ne peut être saisi & mis en criées , qui ne soit immeuble , ou réputé immeuble. Or les offices peuvent être saisis , criés & subhastés. La conséquence est infaillible , qu'ils doivent être réputés immeubles : les arrêts les ont jugés tels. Et de fait , quand le mari a acquis un office constant son mariage , & qu'il prédecede sa femme , le prix qui provient de la composition dudit office , se partage également entre la veuve & les héritiers du mari : pareillement , bien-qu'il n'y ait aucune stipulation & réserve que les offices ne sont compris & n'entrent en la communauté ; néanmoins il est certain qu'ils n'y entrent pas , & sic sont réputés immeubles. De même , si constant le mariage & pendant la communauté l'office est vendu , le prix est sujet à reprise & remploi , comme il a été jugé par arrêt prononcé en robes rouges en 1667 pour l'office du sieur de la Grange trésorier à Orléans ; or l'office en question étant conquêt en la communauté , il est certain que si l'appellant étoit prédécédé , sa veuve auroit eu la moitié du prix de la composition , l'office étant conservé par le moyen du droit annuel. Si l'office s'étoit perdu & demeuré vacant , cela dépendant entiérement de l'incertitude & du hasard , il est vrai que les héritiers de l'appellant n'auroient été tenus à aucun remboursement , non pas même du prix de l'achat de l'office. Or la loi doit être égale pour tous & contre tous , & le hasard commun. Il faut donc que le profit provenu de la composition de l'office soit commun entre l'appellant & ses enfans héritiers de leur mere , autrement il y auroit de l'inégalité & de l'injustice toute manifeste. Quant aux arrêts que l'appellant allegue , la réponse y est facile. *Primò* , ils ont été rendus au profit des titulaires des offices , dont les héritiers de la femme vouloient les dépouiller , ce qui a été trouvé injuste de contraindre un homme à se démettre de son office. Mais l'hypothese est toute différente ; l'appellant a volontairement disposé de son office , sans demande , sommation ni interpellation de la part de ses enfans , il l'a exercé huit ans depuis le décès de leur mere. Dans ce cas particulier il doit leur faire part du prix de la composition , & il a été ainsi jugé dans une pareille espece pour l'office de François des Rues receveur général à Soissons , qui avoit volontairement disposé de son office. *Secundò* , les arrêts cités par l'appellant ont été rendus pour des offices de cours souveraines , qui sont offices non-venaux. Quant à l'autre office , l'office en question étant censé immeuble , Claude Gobelin fils est décédé saisi du droit réel qui lui appartenoit audit office , & par conséquent sa sœur lui a succédé audit droit & aux deniers qui en sont provenus , parce qu'étant décédé mineur , on n'a pu changer la qualité & la nature de ce droit. Les rentes étant immeubles , si celles de ces mineurs sont rachetées , les deniers du rachat sont de pareille qualité , & sont censés immeubles : ainsi il y a lieu d'adjuger la moitié dudit office à la fille de l'appellant , tant de son chef que comme héritière de son frere.

M. l'avocat général Talon dit , que ce droit des offices est un droit tout nouveau , nouvelle jurisprudence auparavant inconnue. Anciennement parmi le peuple de Dieu la cabale avoit été une chose toute nouvelle , une nouvelle science ; ainsi pouvons-nous dire des offices , c'est une cabale découverte de nos jours , un mauvais trésor , un malheur du siecle , qui nous contraint de souffrir & de tolérer ce que nous ne pouvons empêcher. *Laudamus veteres , sed nostris utimur annis. Labeonis sententia rationem quidem habet , sed alio jure utimur.* Ainsi étant un droit tout

1627. nouveau, il n'est pas certain & assuré ; néanmoins les arrêts y ont établi quelques maximes. La premiere, *ubi sola libido pretium facit*, le pere peut donner son office à son fils pour tel prix qu'il veut ; & jugé non-seulement que le pere, mais aussi pour le tuteur, qui avoit donné l'office du pere à un de ses mineurs pour un certain prix, duquel les autres mineurs ne vouloient demeurer d'accord ; c'est l'arrêt de Pompuant. Néanmoins comme la nouvelle jurisprudence épuise ordinairement toute la prudence, les arrêts ne se sont pas précisément attachés aux estimations & prix donnés par les peres à leurs offices, lorsqu'ils en disposent au profit de leurs enfans, mais y ont ajouté quelque somme, comme on a vu pour les offices de défunts MM. Courtin & Benard conseillers en la cour, dont le prix a été augmenté par les arrêts. La seconde maxime est, que tels offices étant casuels & périssables, ne sont par conséquent susceptibles d'aucun douaire. La question a été jugée *in individuo* pour l'office de receveur des décimes de Senlis ; néanmoins elle a été renouvellée par la veuve de M. de Chizé, conseiller en la cour, lequel pour tous biens n'avoit laissé que son office, & par arrêt il fut ordonné que la veuve y prendroit son douaire. Communément on disoit, que si le mari avoit acquis son office constant son mariage, après la dissolution il ne falloit donner aucune action de remboursement contre lui aux héritiers de sa femme, parce qu'étant le maître de la communauté, la pouvant jouer, donner, perdre, il en avoit pu employer à l'achat d'un office, dont l'honneur & l'éclat réjaillissent sur sa femme & sur ses parens, & que ne possédant rien de certain, il n'étoit pas raisonnable de le condamner à aucun remboursement. Il a été ainsi jugé pour M. de la Portiere maître des requêtes, mais c'étoit auparavant l'établissement du droit annuel. Aussi en droit, bien-que les donations soient prohibées entre le mari & la femme, néanmoins si la femme donne quelque chose à son mari pour le faire pourvoir d'une charge, d'une dignité, telle donation est bonne, *L. Quod adipiscenda. De donat. inter vir*. Mais par le moyen du droit annuel la jurisprudence a changé. Si le mari prédécede pourvu de son office, ou l'office se conserve, ou il se perd : s'il se perd, la veuve ne peut prétendre aucune chose ; s'il se conserve, là veuve se pouvant dé disposer de sa procuration *ad resignandum*, & peut demander sa part au prix qui provient de la composition de l'office. Mais quand la veuve prédécede, ses héritiers n'ont part ni portion en l'office, parce qu'il ne peut se diviser. *Uno spiritu continetur*, comme parlent les jurisconsultes, *L. In rem actio. §. 5. De rei vind. & L. 30. De usucap*. C'est un caractere d'honneur qui s'imprime en la personne de l'officier, c'est un accident inséparable, un point indivisible. Aussi en philosophie le partage *est divisio totius in partes*. Or les choses simples ne se divisent point ; & en la loi *Imperator. Ad municip. Magistratuum officium individuum est*. Et par cette raison les héritiers de la femme ne peuvent contraindre le mari de se dépouiller de son office, de l'exposer en vente, à l'encan, à licitation ; mais pour les désintéresser, on leur a réservé l'action qu'on appelle de mi-denier, pour être remboursés de la moitié du prix que l'office a coûté. De même que quand l'un des communs a bâti sur son propre héritage, on l'a retiré, il n'est tenu que de rembourser son commun de ce qu'il a pris dans leur communauté pour employer au bâtiment, ou retrait de son propre héritage : à bien plus forte raison le mari qui a acquis un office des deniers de la communauté, doit être quitte en remboursant les héritiers de sa femme du prix qu'il a employé pour l'achat dudit office. Il y a grande différence entre l'action que l'on intente contre l'officier titulaire, & contre celui qui s'est volontairement démis de son office. Au premier cas, il n'est pas juste de le dépouiller ; mais au second on ne peut plus considérer l'office dont il s'est dépouillé, mais l'argent provenu de la composition : les héritiers de la femme qui ont attendu sa volonté, doivent y participer, puisqu'ils ont eu patience, & ne l'ont pas contraint

d'en disposer. En 1608, lors du décès de sa femme l'appelant a fait faire inventaire, auquel il a employé ses lettres de provision dudit office, quittance de finance, & du droit annuel, sans aucune déclaration ; qu'il entendoit que l'office lui fut réservé propre. Cette omission de déclaration est une marque que l'office demeuroit commun, parce qu'on n'emploie en l'inventaire que les pieces communes. Et en l'arrêt de Capelle, la cour s'est arrêtée sur la déclaration faite par le mari, qu'il entendoit que son office lui demeurât propre, en remboursant les héritiers de sa femme du prix de l'achat. En l'espece de celui du sieur de Cerizier l'on n'en avoit fait aucune mention dans l'inventaire, mais par son contrat de second mariage, auquel assistoit le demandeur, il avoit été stipulé propre : d'où la cour tira une fin de non-recevoir manifeste. Quand à l'action que le fils avoit contre son pere pour raison dudit office, il est certain qu'elle étoit mobiliaire, & que par le décès elle est demeurée éteinte & confuse en la personne de l'appelant. Et par ces raisons adhère au bien jugé.

LA COUR, M. de Hacqueville second président prononçant, en tant que touche l'appel interjetté par la partie de Joubert, mit l'appellation & ce au néant ; en émendant & corrigeant, condamna le pere à tenir compte à sa fille du quart de ce qu'il a payé pour l'achat & composition dudit office ; & sur l'appel interjetté par les parties de Chapellier mit les parties hors de cour & de procès ; ledit jour, mars 1627.

* L'arrêt est cité dans du Fresne, & dans Brodeau, *lett. E. somm. 2.*

CHAPITRE C.

Promesse de passer contrat de vente d'une maison, ne peut être éludée par l'acquéreur sous prétexte qu'elle est chargée de trois douaires, & que l'éviction est éminente, le vendeur offrant de donner caution.

LE lendemain matin Me. Brodeau plaida la cause de Nicolas Laurier marchand de Paris, appelant de la sentence du prévôt de Paris, qui l'avoit condamné à entretenir une promesse sous écriture privée faite avec Charles du Chesne procureur au châtelet au mois d'août 1626, par laquelle ledit du Chesne lui vendoit une maison sise à Paris pour le prix d'onze mille livres, & dont ils promettoient passer contrat pardevant notaires à la sureté de l'une & de l'autre des parties dans trois jours. Pour moyens d'appel, il dit que Laurier appelant a déclaré à du Chesne qu'il ne peut passer le contrat de vente de la maison, attendu que depuis la promesse il a découvert & reconnu qu'elle est chargée de trois divers douaires, l'un coutumier & propre à ses enfans, les deux autres préfix. Par ce moyen la vente ne peut être aucunement assurée, & l'éviction en est éminente & apparente ; principalement pour la douaire coutumier, qui emporte la propriété de la maison. Le prévôt de Paris semble s'être arrêté sur ce que l'intimé a offert caution ; mais cette caution n'est suffisante à cause de l'incertitude, *propter fragilitatem cautionis*, comme parle le jurisconf. in *L. 66. Ad Trebell. Propter incerta cautionis eventum, L. 6. Quod falso Tut.* Aussi Seneque appelle telles cautions, *vacua habendi simulacra* ; & Plaute in *Asin. Vetus est, nihili cautio est*. Ces douaires n'auront peut-être lieu que dans quarante ans, tems suffisant pour rendre pauvres les plus riches en apparence. Il offre des dommages & intérêts, si aucuns en sont dûs. Me. Joubert pour du Chesne intimé dit, que la promesse en question est un contrat de vente parfaite, contrat synallagmatique, duquel une des parties ne peut résilir *invitâ alterâ*. L'appelant acquéreur n'a pu ignorer les douaires, puisqu'il savoit que l'intimé est marié. Il est incertain si

ces

ces douaires auront lieu ; néanmoins pour lui ôter tout sujet de plainte, on a offert que le prix de l'acquisition demeure entre les mains de l'appellant en payant les intérêts, ou qu'il soit employé en autres héritages qui demeureront hypothéqués, pour la sureté de l'acquéreur ; ou qu'on lui donnera bonne & suffisante caution : ce que le prévôt de Paris a ordonné conformément à la disposition du droit, *in L.* 24. *C. De evictionib. Si suis ei non offeratur, L. pen. De peric. & com. Nisi fidejussores idonei à venditore ejus evictionis offerantur, L. ult. De rescind. vendit.*

LA COUR, M. le Jay prononçant, mit l'appellation au néant ; ordonna que ce dont étoit appel, sortiroit son plein & entier effet, & condamna l'appellant aux dépens de la cause d'appel, le 2 mars 1627.

CHAPITRE CI.

Religieuse n'est recevable à réclamer contre son vœu après les cinq ans.

LE jeudi suivant 4 mars 1627 Me. Germain plaida la cause de Cesar du Réal, fils & héritier de Marie Dufaure, appellant comme d'abus de l'exécution d'un rescrit obtenu en cour de Rome par sœur Marie Dufaure intimée & de toute la procédure faite ensuite par l'official de M. l'évêque d'Angoulême ; & pour moyens d'abus dit, que l'intimée en 1604, étant lors âgée de plus de dix-sept ans, a fait vœu & a été reçue religieuse professe en l'abbaye & monastere de sainte Ausone d'Angoulême. Elle y a demeuré continuellement depuis ce tems jusques en 1626, que changeant de volonté elle a eu recours au pape, lui a exposé qu'étant encore mineure de seize ans, elle a été mise par force & violence, religieuse audit monastere ; qu'elle y a été retenue depuis ledit tems par la même force & violence, n'ayant jamais eu la volonté de faire vœu ni profession de religieuse, moins la liberté de pouvoir réclamer. Surquoi le pape lui octroie son rescrit adressant au supérieur de sainte Ausone, auquel il mande que s'il lui appert des faits de minorité, force & violence, & que l'impétrante *professionem emissam tacitè vel expressè non ratificaverit* ; sans s'arrêter à ce qu'elle n'a réclamé dans les cinq ans, dont il la dispense, il la remette au siecle en son premier état, capable de toutes successions & autres droits, comme elle étoit auparavant. L'official d'Angoulême, auquel on s'est adressé, a ordonné que les parties articuleront plus amplement leurs faits, auxquels ils sont déclarés contraires, & en informeront. De cette ordonnance est appel comme d'abus, qui se résout en trois moyens. Le premier fondé sur l'incompétence de l'official d'Angoulême, auquel le rescrit n'est point adressé, mais au supérieur de sainte Ausone. Le second, en ce que l'official a ordonné qu'on articulera plus amplement les faits, & qu'on en informera ; & qu'il n'a pu, mais simplement connoître du contenu au rescrit. Le troisieme & principal moyen est, que le rescrit est subreptice, impétré sous faux faits. *Primò*, quant à la minorité, parce qu'il est constant par écrit que l'intimée est née en 1587 ; & *sic* ayant fait profession en 1604, il s'ensuit qu'elle étoit âgée de dix-sept ans : cet âge est prouvé par l'écriture propre de Guillaume Dufaure son pere, qui l'a écrit en son livre journal. *Secundò*, il n'y a eu aucune force ni violence, parce que le pere est décédé dès 1590 ; & c'est sous l'autorité & & avis de la mere qu'elle a fait profession en la religion. On ne peut présumer de la force & violence de la part d'une pauvre femme veuve. Elle est décédée en 1610, cette prétendue crainte en tout cas auroit cessé depuis ledit tems. Ainsi elle n'ayant réclamé qu'en 1626, vingt-deux ans après sa profession, & quatorze ans après la mort de sa mere, c'est toujours *extra tempora, extra quinquennium*, & par conséquent abus contre la doctrine de plusieurs arrêts, qui ont jugé le semblable en termes beaucoup

moins favorables. Me. Doublet pour l'intimé dit, que les trois moyens d'abus proposés par l'appellant ne sont ni recevables, ni pertinens. Quant au premier, de l'incompétence, il n'y a point de religieux à sainte Ausone ; & par le droit canon il est certain que les évêques sont supérieurs des religieuses, cela est décidé au canon *Abbates.* 16, q. 2. Quant au second, c'est une forme de prononcer, qui est du style commun. Et pour le troisieme & dernier, c'est en exécution du rescrit que l'official connoîtra que les faits y énoncés sont véritables. La minorité qu'on allegue, ne peut être détruite par ce prétendu mémoire du pere : les faits de force & violence sont notoires. Le sieur du Réal pere de l'appellant & beaufrere de l'intimée a toujours commandé en la ville d'Angoulême ; & par conséquent la crainte continue jusques à son décès arrivé lorsqu'on a obtenu le rescrit, & peu après avoir lui-même contesté sur icelui. Cette force & violence ont été le motif & la cause du vœu & de la profession de l'intimée. Il est certain qu'un vœu destitué de volonté & d'intention est nul & de nulle considération. *Votum à voluntate dictum*, cap. 1. & cap. *Ad audientiam. De his quæ vi metuve. Can. Puellæ.* 16. q. 2. Si l'intimée n'a réclamé dans les cinq ans, la continuation de cette violence l'en a empêché, & par ce moyen le tems & la prescription des cinq ans n'a pu courir contre elle, sinon *à die*, que cette crainte avoit cessé, *L. Si per vim. C, De his quæ vi.* & par l'ordonnance du roi Louis XIII pour la prescription de dix ans ; outre qu'elle a été dispensée & restituée contre le laps des cinq ans, ce que le pape peut. Ainsi elle est bien fondée à l'entérinement de son rescrit.

M. l'avocat général Talon dit, que les appellations comme d'abus sont nécessaires pour empêcher l'entreprise ordinaire des ecclésiastiques sur la jurisdiction laïque, & pour obvier à la grande vexation qu'en souffrent les sujets du roi. Dans cette cause il n'y a pas grande chose à desirer en la forme ; mais au fond tout est à redire. L'intimée a circonvenu le pape, a subrepticement obtenu de lui un rescrit composé de tant de faux faits, qu'elle s'en est rendue indigne : c'est l'intérêt de la religion même, & de l'état, de réprimer la licence de recourir à tels rescrits. *Ut non vituperetur ministerium nostrum*, dit l'apôtre. Il faudroit ouvrir la porte aux apostats, & tourner la dignité de l'église en mépris, abuser des sacremens, des vœux, & de tout ce qui est de plus grand au monde. Au fait, il est certain que l'intimée étoit âgée de dix-sept ans, lorsqu'elle a fait profession ; on n'en peut desirer une preuve plus certaine que celle qui résulte du papier journal du pere, où il a écrit tout ce qu'il a fait, géré & négocié pendant sa vie jusques à son décès, s'est rendu compte à soi-même. Depuis ce tems-là elle a actuellement demeuré au monastere, y a eu deux charges, a reçu sa pension, & passé quittance, a fait toutes les autres fonctions de religieuse, & a directement contrevenu à la clause du rescrit, *dummodo professionem emissam tacitè vel expressè non ratificaverit*, l'ayant toujours exécutée & expressément approuvée par toutes ses actions. Si elles eussent été connues au pape, il n'auroit jamais délivré le rescrit dont est question, dont l'exécution est d'autant plus abusive, qu'elle n'opere autre chose que le trouble & bouleversement des familles : aussi la clause de semblables rescrits qui remettent les religieux au siecle, capables de succéder à leur pere, mere & autres parens, a été perpétuellement rejettée en France, & l'exécution de tels rescrits déclarée abusive pour ce sujet principalement, les arrêts en sont notoires : celui du chevalier Petit, impétrant de pareil rescrit, où la cour prononça mal, nullement, abusivement : celui de madame de Candale, qui demandoit partage en la chambre de l'édit, s'étant faite de la religion prétendue réformée pour ce sujet, duquel néanmoins elle fut déboutée : celui de Bouvot moine de l'abbaye de saint Victor, est pareillement notoire, & autres infinis, par tous lesquels la cour a jugé qu'il y a abus en l'exécution de tels rescrits, & cela fondé sur la maxime de droit : *Ne de statu defunctorum post quinquennium quæratur.* Quant à la difpenfe des cinq ans prefcrits par le concile & par l'ordonnance, il ne faut point parler de la puiffance du pape, qui n'auroit jamais donné telle difpenfe, & dérogé au concile, s'il avoit été informé de la vérité. Ce dernier concile en ce qui touche les points de la foi, & l'ordre hiérarchique de l'églife, eft le plus faint & le meilleur de tous les conciles; & néanmoins il n'eft reçu univerfellement en France pour certaines confidérations. Et ainfi adhere avec l'appellant comme d'abus.

LA COUR dit qu'il avoit été mal, nullement & abufivement exécuté, procédé, ordonné; néanmoins fans dépens, attendu la qualité des parties.

* Brodeau cite l'arrêt, *lett. C. fomm.* 8. avec plufieurs autres; & l'on peut voir celui de Bouvot, *liv.* 2. *chap.* 10 de ce recueil.

☞ *Vide* ci-après *chap.* 104.

☞ L'arrêt que cite M. Bardet eft conforme à tous les principes & ufages qui fe pratiquent en France, fuivant la difpofition du concile de Trente (*a*), feffion 25. chap. 19. lequel accorde cinq ans, à compter du jour de l'émiffion des vœux, pour s'en faire relever en cas qu'il y ait caufes légitimes (*b*) : mais il faut que ces caufes foient bien palpables & bien apparentes; car fi l'on s'arrêtoit aux moyens que préfentent tous ceux qui veulent fe faire relever de leurs vœux, fans en approfondir les véritables motifs, il n'y en auroit pas un feul qui à leur gré ne fût admiffible.

M. Fevret en fon traité de l'abus, *tom. premier, liv.* 5. *chap.* 3. *nomb.* 24 & fuivans, établit parfaitement ces diftinctions, & depuis M. Fevret, la jurifprudence des cours fouveraines les a parfaitement éclaircies, relativement aux différens ordres religieux, conformément à leur conftitution ou aux formalités qui s'obfervent lors de la profeffion en religion.

On pourroit citer une multitude d'arrêts qui déterminent ces motifs, dans des cas de violence, de haine, d'ambition, d'arrangement de famille, de furprife & autres, foit en admettant, foit en rejettant les appels de religieux & religieufes; tels que ceux rendus, 1°. dans l'affaire de la dame de la Chauffée & fa fille, contre les dames de Cavron & de Mailly, & les abbeffes, religieufes & couvent de l'abbaye au Bois. 2°. Dans celle d'entre le fieur Bardiry religieux Cordelier, les fieurs de Magny, de Sufanne, Bois-l'Abbé & conforts. 3°. Dans celle de la demoifelle de Lufiguan, la dame fa mere, & les religieufes du couvent de faint François de Poitiers. 4°. Dans celle d'entre le fieur René-Alexandre Clopuftre, contre les fieur & dame de Bonvouft. 5°. Dans celle d'entre Derlon religieux Minime & fa mere; & enfin dans celle de la Marre religieufe de Longchamps, contre la dame fa mere.

Mais comme le détail des faits fur lefquels ces arrêts font intervenus me jetteroit dans une trop longue differtation, je me contenterai de rapporter ici un arrêt récemment rendu en la cour le 19 décembre 1769, entre Jean-Henri Quoinat religieux de l'ordre des Prémontrés, le fieur Quoinat fon pere, les religieux de Dilot & Me. Jean-François Quoinat lieutenant général au bailliage de Mantes fon frere, qui a jugé non-feulement la queftion relative aux délais, le tems de la réclamation des vœux faits par force, violence ou furprife; mais encore qui a décidé qu'un homme engagé dans le fervice du roi ne pouvoit être reçu au noviciat ni à la profeffion dans aucune communauté religieufe.

Comme cette affaire eft fort compliquée, & que l'arrêt a été rédigé avec foin, je penfe qu'il eft à propos de le placer ici en entier. Le vu, qui renferme les demandes refpectives des parties, mettra le public à portée d'en mieux connoître les motifs.

LOUIS, par la grace de Dieu, roi de France & de Navarre, au premier huiffier de notre cour de parlement, ou autre notre huiffier ou fergent fur ce requis; favoir, faifons qu'entre Jean-Henri Quoi-

nat écuyer clerc tonfuré du diocefe de Paris, appellant comme d'abus de l'émiffion des vœux par lui faits dans l'ordre de Prémontré le 3 juillet 1749, contre laquelle il a réclamé & protefté par acte paffé pardevant les notaires apoftoliques à Rouen le 17 avril 1753, d'une part; Et Henri Quoinat écuyer, fcelleur en la chancellerie de France, & les prieur & religieux de l'abbaye de Dilot, ordre de Prémontré, diocefe de Sens, intimés, d'autre part; Et entre lefdits prieur & religieux de Dilot demandeurs en requête du 22 décembre 1768, d'une part; Et le fieur Jean-Henri Quoinat défendeur, d'autre part; Et entre ledit fieur Jean-Henri Quoinat demandeur en requête du 17 janvier 1769, d'une part; Et lefdits prieur & religieux de Dilot défendeurs, d'autre part; Lefquelles requêtes du 22 décembre & 17 janvier, notredite cour a joint à l'appel par arrêt rendu fur appointement à mettre intervenu au rapport de M. Sahaguet d'Efpagnac; Et entre lefdits prieur & religieux de Dilot demandeurs en requête du 30 dudit mois de janvier, d'une part; Et ledit fieur Jean-Henri Quoinat défendeur, d'autre part; Et entre ledit Jean-Henri Quoinat demandeur en requête du 31 du même mois, d'une part; Et lefdits prieur & religieux de Dilot défendeurs, d'autre part : Lefquelles requêtes du 30 & 31 janvier ont été jointes à l'appel par arrêt fur appointement à mettre du 11 mars dernier; Et entre ledit fieur Jean-Henri Quoinat demandeur en requête du 17 dudit mois de mars, d'une part; Et le fieur Henri Quoinat défendeur, d'autre part; Et entre ledit fieur Henri Quoinat demandeur en requête du 20 avril dernier, d'une part; Et ledit fieur Jean-Henri Quoinat défendeur, d'autre part; Et entre ledit fieur Jean-Henri Quoinat demandeur en requête du 26 dudit mois d'avril, d'une part; Et ledit fieur Henri Quoinat défendeur, d'autre part : Lefquelles requêtes ont été jointes au fond de l'appel par arrêt rendu fur appointement à mettre au rapport de M. de Sahaguet d'Efpagnac; Et entre frere François de Maugre religieux profès de l'ordre des Prémontrés procureur général dudit ordre, demandeur en requête du 13 février 1769, à ce qu'il plaife à notredite cour recevoir le frere de Maugre, partie intervenante dans la conteftation pendante en notredite cour, entre ledit fieur Jean-Henri Quoinat, les prieur & religieux de l'abbaye de Dilot, & le fieur Henri Quoinat pere; fur l'appel interjetté par ledit fieur Jean-Henri Quoinat de l'émiffion de fes vœux du 3 juillet 1749; donner acte audit frere de Maugre de ce qu'il employé le contenu en fa requête, avec la qualité de procureur général de l'ordre des Prémontrés, pour moyen d'intervention, & de ce qu'il fe joint aux prieur & religieux de Dilot; faifant droit au principal, déclarer le fieur Jean-Henri Quoinat purement & fimplement non-recevable dans fon appel, ou en tout cas, dire qu'il n'y a abus; condamner ledit fieur Quoinat en l'amende & aux dépens, d'une part; Et ledit fieur Quoinat & les prieur & religieux de Dilot défendeurs, d'autre part; Et entre ledit Jean-Henri Quoinat demandeur en requête du 15 novembre dernier, employé pour défenfe aux interventions & demandes du frere de Maugre, & à ce qu'il plaife à notredite cour, fans s'y arrêter, l'y déclarer purement & fimplement non-recevable, en en tout cas l'en débouter : au furplus faifant droit fur l'appel interjetté par ledit fieur Jean-Henri Quoinat, dire qu'il y a abus dans l'émiffion & la réception des vœux par lui faits dans la maifon des Prémontrés, le 3 juillet 1749; leur permettre de quitter l'habit de Prémontré, de retourner au fiecle & de rentrer dans fa famille; faire défenfe au fieur Quoinat fon pere, à l'ordre de Prémontré & à tous autres, de plus attenter à fa liberté, fous peine d'être pourfuivis extraordinairement. Et pour la longue & tortionnaire détention de fa perfonne, condamner l'ordre de Prémontrés en 30000 livres de dommages & intérêts payables folidairement, tant par l'abbaye de Pré-

---

(*a*) Adopté en France en cette partie.

(*b*) Ce délai de cinq ans accordé pour réclamer contre les vœux, ne court point tant que la violence dure; parce que la prefcription ne peut avoir d'effet contre ceux qui ne peuvent agir : c'eft ce qui a été jugé dans l'affaire de la demoifelle de Lufignan, qui n'avoit protefté que le 28 février 1744, quoiqu'elle eût fait fa profeffion dès le 10 février 1727.

montrés, que par celle de Dilot. Condamner pareillement ledit Quoinat pere en 50000 livres de dommages & intérêts, payables après son décès sur ses immeubles actuels ; condamner le sieur Quoinat pere, & l'ordre de Prémontrés chacun à leur égard, aux dépens faits, tant sur l'appel que sur l'intervention, & en ceux réservés par les différens arrêts de notredite cour, d'une part ; Et ledit sieur Quoinat pere, les prieur & religieux de l'abbaye de Dilot & le frere de Maugre procureur général de l'ordre, défendeurs, d'autre part ; Et entre ledit sieur Henri Quoinat pere, demandeur en requête du 9 décembre présent mois, employé pour défenses à la requête signifiée de la part dudit sieur Jean-Henri Quoinat le 15 novembre précédent, & à ce qu'il plaise à notredite cour sans s'arrêter à la demande portée en ladite requête, dans laquelle ledit sieur Jean-Henri Quoinat seroit déclaré purement & simplement non-recevable, ou dont en tout cas il seroit débouté : faisant droit sur l'appel comme d'abus, en tant que touche les prétendus faits d'artifice & de violence à lui imputés par ledit sieur Jean-Henri Quoinat, & par lesquels il a été, dit-il, forcé à faire profession en religion, dire qu'il n'y a abus ; sur le surplus des autres moyens d'abus employés par ledit sieur Jean-Henri Quoinat, donner acte audit sieur Quoinat pere, de ce qu'il s'en est rapporté à la prudence de notre cour ; débouter ledit Jean-Henri Quoinat de sa demande en condamnation de 50000 livres de dommages intérêts ; ordonner que le mémoire imprimé sera supprimé, & l'arrêt qui interviendra imprimé & affiché par-tout où besoin sera, au nombre de cent exemplaires, & condamner le sieur Jean-Henri Quoinat aux dépens, d'une part ; Et le sieur Jean-Henri Quoinat défendeur, d'autre part ; Et entre les prieur & religieux de Dilot, demandeurs en requête dudit jour 9 du présent mois, à ce qu'il plaise à notredite cour en expliquant les conclusions prises sous le nom du frere de Maugre, par sa requête du 13 février dernier ; faisant droit sur l'appel comme d'abus, interjetté par le sieur Jean-Henri Quoinat, de l'émission de ses vœux faite le 3 juillet 1749, en ce qui concerne la nullité prétendue résultant de l'incapacité de l'ordre de Prémontré, ou du défaut d'observation des formes prescrites par les réglemens ; déclarer ledit sieur Quoinat purement & simplement non-recevable dans son appel comme d'abus, ou en tout cas, dire qu'il n'y a abus ; le débouter de sa demande en condamnation de 30000 livres de dommages intérêts, & le condamner aux dépens, d'une part ; Et ledit sieur Jean-Henri Quoinat défendeur, d'autre part ; Et entre ledit sieur Quoinat demandeur aux fins des commissions & exploits des 7, 17 octobre, & 6 novembre dernier, à ce que l'arrêt à intervenir sur l'appel comme d'abus par lui interjetté de l'émission des vœux du 3 juillet 1749, soit déclaré commun avec ledit sieur Jean-François Quoinat lieutenant général au bailliage de Mantes, son frere, & le frere Manoury abbé & général de l'ordre des Prémontrés, avec dépens, d'une part ; Et Me. Jean-François Quoinat lieutenant général au bailliage de Mantes, & le frere Manoury général de l'ordre de Prémontré, défendeurs, d'autre part ; Et entre le frere Manoury demandeur en requête du 9 décembre présent mois, employée pour fins de non-recevoir, & défenses en déclaration d'arrêt commun, & à ce qu'il plaise à notredite cour déclarer ledit sieur Jean-Henri Quoinat purement & simplement non-recevable dans sa demande, ou en tout cas l'en débouter avec dépens. Au surplus, donner acte audit frere Manoury de ce qu'il s'en rapporte à la prudence de notredite cour de statuer sur icelle ce qu'elle jugera à propos, d'une part ; Et ledit sieur Jean-Henri Quoinat défendeur, d'autre part ; Et entre Me. Jean-François Quoinat lieutenant général au bailliage de Mantes, demandeur en requête du 11 décembre présent mois, à ce qu'il plaise à notredite cour le recevoir partie intervenante dans la contestation pendante entre le sieur Jean-Henri Quoinat & le sieur Quoinat leur pere, lui donner acte du contenu en sa requête, pour moyens d'intervention, & de ce qu'il l'emploie

pour défense à la demande portée aux commissions & exploits des 7 octobre & 6 novembre précédens. Faisant droit sur l'appel comme d'abus interjetté par le sieur Jean-Henri Quoinat son frere de l'émission de ses vœux, & l'y déclarer non-recevable, ou en tout cas, dire qu'il n'y a abus ; ordonner que son mémoire sera supprimé, & condamner ledit sieur Jean-Henri Quoinat en tels dommages intérêts qu'il plaira à notredite cour, applicables au profit de l'hôpital de Mantes, & en tous les dépens, d'une part ; Et ledit sieur Jean-Henri Quoinat & le sieur Quoinat leur pere défendeur, d'autre part ; Et entre le frere Manoury général de l'ordre de Prémontré demandeur en requête du 12 du présent mois, employée pour fins de non-recevoir, & défenses contre les intervention & demande du sieur Quoinat lieutenant général de Mantes, à ce qu'il plaise à notredite cour déclarer purement & simplement non-recevable, ou en tout cas l'en débouter ; & où notredite cour feroit difficulté, en ce cas seulement, donner acte audit frere Manoury de ce qu'il s'en rapporte à la prudence de notredite cour de statuer sur icelle ce qu'elle jugera à propos ; lui donner pareillement acte de ce qu'il somme & dénonce audit sieur Jean-Henri Quoinat lesdites intervention & demande, & de ce qu'à ses risques, périls & fortune, il contresomme le tout audit sieur Jean-François Quoinat ; condamner un des deux qui succombera, aux dépens faits sur les interventions & demandes ; ordonner en outre que les termes injurieux répandus dans le mémoire du sieur Jean-Henri Quoinat contre l'ordre des religieux Prémontrés, demeureront supprimés ; condamner ledit sieur Quoinat en tels dommages intérêts qu'il plaira à notredite cour fixer, applicables, du consentement dudit frere Manoury, aux pauvres de la paroisse de saint Barthelemi de Paris, d'une part ; Et ledit sieur Jean-François & ledit sieur Jean-Henri Quoinat défendeurs, d'autre part ; Et entre ledit sieur Jean-Henri Quoinat demandeur en requête du 16 du présent mois, à ce qu'en augmentant ses précédentes conclusions il plaise à notredite cour, en tant que touche l'appel comme d'abus, lui donner acte de la déclaration faite, tant par le général des Prémontrés, par les prieur & religieux de Dilot, que par le sieur Quoinat pere, par leurs requêtes du 9 du présent mois, qu'ils s'en rapportent à la prudence de notredite cour, de déclarer abusifs les vœux dudit sieur Jean-Henri Quoinat. En conséquence, sans s'arrêter aux demandes dudit sieur Jean-François Quoinat, dans lesquelles il sera déclaré non-recevable, ou dont en tout cas il sera débouté, adjuger audit sieur Jean-Henri Quoinat ses conclusions avec dépens, & outre notredite cour ne trouveroit pas quant à présent sa religion suffisamment instruite, tant par les certificats que par le congé du régiment des volontaires Bretons du 18 août 1749, postérieur à la profession, & par la lettre du 9 décembre 1763, en ce cas seulement & avant faire droit, donner acte audit sieur Jean-Henri Quoinat de ce qu'il articule & pose en fait que ses pere & mere ont employé toutes sortes de stratagemes & mauvais traitemens pour préparer & pour le réduire à embrasser l'état religieux, en cas de dénégation lui permettre d'en faire preuve, tant par titres que par témoins pardevant tel de messieurs qu'il plaira à notredite cour commettre, & pour constater d'autant mieux la nullité des vœux, ordonner que les régistres de vêtures & de profession de noviciat de Prémontré seront apportés au greffe de notredite cour. En tant que touche la demande en dommages intérêts, attendu que ledit sieur Jean-Henri Quoinat est dénué de tout, même du plus simple nécessaire, condamner le sieur Quoinat son pere à payer dès-à-présent la somme de 50000 livres, & à rendre compte de la communauté d'entre lui & la feue Quoinat son épouse ; débouter le général des Prémontrés & le sieur Quoinat son pere, de leurs demandes en suppression de mémoire ; ordonner que ceux imprimés de leur part demeureront supprimés ; permettre audit Jean-Henri Quoinat de faire imprimer & afficher l'arrêt à intervenir au nombre de cent exemplaires, & condamner les parties adverses, chacun à

1627. leur égard, aux dépens, d'une part ; Et le frere Manoury, le sieur Quoinat pere & le sieur Quoinat lieutenant général de Mantes ; Et les prieur & religieux de Dilot défendeurs, d'autre part ; Et entré Benoît le Fevre & Ange de Berle, supérieurs & vicaires de la maison de force de la congrégation de saint François dite Bonsfils à saint Venant, demandeurs en requête du 15 du présent mois, à ce qu'il plaise à notredite cour les recevoir parties intervenantes dans la cause d'entre les sieur Quoinat pere & fils & autres, leur donner acte de ce qu'ils employoient le contenu en leur requête pour moyens d'intervention ; leur donner pareillement acte de la plainte qu'ils rendent, tant contre le sieur Quoinat fils, que contre Me. le Blanc son avocat, des injures & imputations répandues dans ledit mémoire dudit sieur Quoinat ; ordonner que le mémoire demeurera supprimé comme injurieux & calomnieux ; condamner ledit sieur Quoinat & ledit Me. le Blanc solidairement en 10000 livres de dommages intérêts, applicables, moitié au pain des pauvres de la conciergerie, & l'autre, au pain des pauvres de la paroisse desdits Bonsfils ; ordonner que l'arrêt à intervenir sera imprimé & affiché aux dépens dudit sieur Quoinat & dudit Me. le Blanc par-tout où besoin sera au nombre de 10000 exemplaires & aux dépens, d'une part ; Et ledit Me. le Blanc & le sieur Jean-Henri Quoinat défendeurs, d'autre part ; Et entre Me. Claude Saintin le Blanc avocat en notredite cour & ledit sieur Jean-Henri Quoinat, demandeurs en requête du 18 du présent mois, à ce qu'il plaise à notredite cour sans s'arrêter à l'intervention portée en la requête des religieux de saint Venant, dans laquelle ils feront déclarés non-recevables, comme étant sans qualité & sans intérêts ; déclarer dès-à-présent à l'égard dudit Me. le Blanc, la plainte nulle & injurieuse ; les condamner en tels dommages & intérêts qu'il plaira à notredite cour, & aux dépens ; lui permettre de faire imprimer & afficher l'arrêt au nombre de cent exemplaires ; déclarer pareillement, relativement au sieur Quoinat, la plainte nulle & injurieuse ; les condamner à son égard en 10000 livres de dommages intérêts, lui permettre de faire imprimer & afficher l'arrêt par-tout où besoin sera, & aux dépens, d'une part ; Et lesdits Benoît le Fevre & Ange de Berle, supérieurs & vicaires de la maison de force de la congrégation de saint François dite Bonsfils, résidens à saint Venant, défendeurs, d'autre part. Après que le Blanc avocat de Jean-Henri Quoinat, Savin avocat des prieur & religieux de Dilot, Vermeil avocat de Quoinat pere, Cochu avocat de Quoinat fils, & Chance procureur des religieux de saint Venant, ont été ouïs pendant huit audiences, ensemble Seguier pour notre procureur général :

NOTREDITE COUR reçoit les supérieurs de la maison des Bonsfils de saint Venant, parties de Chance, Jean-François Quoinat fils, partie de Cochu, & François Maugre procureur général de l'ordre de Prémontré, l'une des parties de Savin, parties intervenantes ; donne acte aux prieur & religieux de Dilot, au frere Manoury général de l'ordre de Prémontré, autres parties de Savin, ainsi qu'à Henri Quoinat, partie de Vermeil, de ce qu'ils s'en rapportent à la prudence de notredite cour, faisant droit sur les interventions, appel & demande des parties en ce qui concerne l'appel comme d'abus interjetté par la partie de le Blanc, de l'émission & admission de ses vœux, dit qu'il y a abus ; en conséquence restitue au siecle ladite partie de le Blanc, lui permet de quitter l'habit de Prémontré & de rester dans sa famille ; condamne la partie de Vermeil à lui rendre compte de la communauté entre lui & feue Marie Yvon son épouse ; condamne Henri Quoinat, partie de Vermeil, solidairement avec les parties de Savin en 10000 livres de dommages intérêts envers la partie de le Blanc ; déclare le présent arrêt commun avec la partie de Cochu ; sur le surplus des demandes, fins & conclusions des parties, les met hors de cour ; condamne les parties de Cochu, Vermeil & Savin, chacun à leur égard, en tous les dépens des causes d'appel, intervention

& demandes envers celles de le Blanc, même ceux réservés & ceux relatifs au compulsoire, dépens compensés entre les autres parties : faisant droit sur les conclusions de notre procureur général, fait défenses aux supérieur & général des Prémontrés, & à tous supérieurs réguliers & séculiers du ressort de notredite cour, de ne plus à l'avenir recevoir au noviciat & admettre à la profession aucunes personnes engagées dans le service du roi ; ordonne que la déclaration du roi du 28 avril 1693, registrée en notredite cour le 7 mai suivant, sera exécutée selon sa forme & teneur ; ce faisant, fait défenses à tous supérieurs & supérieures, autres que ceux exceptés par ladite déclaration, d'exiger aucune chose directement ou indirectement, en vue & considération de la réception, prise d'habit ou profession ; en conséquence condamne les supérieurs de l'ordre des Prémontrés à restituer la somme de 8000 liv. qu'ils ont reçue pour la profession de Jean-Henri Quoinat partie de le Blanc, laquelle somme sera & demeurera applicable au profit de l'hôpital des enfans trouvés, & à cet effet remise entre les mains du receveur dudit hôpital ; ordonne que le mémoire signé Quoinat, en 96 pages d'impression, sera & demeurera supprimé, sauf à notre procureur général à s'instruire par les voies les plus convenables, des faits contenus audit mémoire, & à se pourvoir ainsi qu'il avisera ; ordonne que le présent arrêt sera imprimé, affiché & envoyé par notre procureur général, à tous les supérieurs des ordres religieux du ressort de notredite cour. Si mandons mettre le présent arrêt à due, pleine & entiere exécution. De ce donnons pouvoir. Donné en notredite cour de parlement le 19 décembre l'an de grace 1769, & de notre regne le cinquante-cinquieme. *Collationné*, MOREAU.

Signé, DUFRANC.

CHAPITRE CII.

Evêque peut destituer les officiers qui n'ont été pourvus pour récompense de services faits à l'évêché, quoiqu'ils aient exercé leurs offices plus de trente ans.

MAître Vanan Morel étoit pourvu de l'office de procureur fiscal en la ville, comté & pairie de Noyon, & l'avoit exercé l'espace de trente-cinq ans. M. de Barradas ayant été pourvu de l'évêché de Noyon, destitua ledit Morel de la charge & office de son procureur fiscal, & en son lieu & place en pourvut un autre, dont ledit Morel interjeta appel ; & pour moyens M. Talon dit, que bien que les lettres de provisions de l'appellant ne fussent aucune mention des services qu'il a rendus à l'évêché de Noyon, néanmoins ils sont tels & si grands, que par son moyen le revenu de l'évêché est de beaucoup augmenté. Il y a trente-cinq ans qu'il exerce cette charge au contentement de tous les justiciables ; de le destituer après un si long-tems il n'y a apparence. Quoique la destitution ne porte que c'est *ex causa*, & ne contienne aucune note d'infamie, toutefois on lui a communiqué des pieces qui attaquent l'honneur de l'appellant, même le rendent très-coupable. Pour ces moyens, conclut à ce que l'appellant soit maintenu & gardé en l'exercice de ladite charge & office de procureur fiscal. Me. Desnoyers pour M. l'évêque de Noyon intimé dit, que les moyens d'appel allégués sont un paradoxe. Les arrêts sont si communs en cette matiere, qu'il n'y a lieu d'en douter, ni de la plus traiter. L'intimé ayant été pourvu de son évêché par le roi, a eu toute liberté de destituer & instituer tels officiers que bon lui a semblé : il n'a pas désiré se servir de l'appellant, & l'a destitué ; il n'est obligé d'en dire la raison. *Hoc tantùm possum dicere, non amo te.* Cette faculté procede de l'ordonnance, à laquelle les arrêts s'étant conformés, ont perpétuellement jugé le semblable ; même quand il n'est exprimé aux lettres de provision, qu'elles sont faites pour récompense de service, on ne peut être reçu à informer du contraire, & vérifier les services alégués,

gués, comme il a été jugé par arrêt. Pareillement, quelque tems qu'on ait demeuré en charge, cela n'empêche pas qu'on ne puiſſe être deſtitué. Arrêt contre un officier de Vendôme, qui avoit exercé 37 ans : autre contre le greffier de Châlons : autre pour l'abbé de Sery. Bref , c'eſt choſe notoire & triviale.

M. l'avocat général Talon dit , que l'ordonnance de Rouſſillon qui a permis aux ſeigneurs juſticiers de deſtituer *ad nutum* leurs officiers, parce qu'ils prennent le fait & cauſe pour eux , en a excepté deux cas ſeulement : le premier , quand ils ſont pourvus pour récompenſe de ſervices ; l'autre , quand ils rapportent quittance de finance. Cette cauſe n'eſt en l'un ni en l'autre cas. Quoique l'appellant ait exercé ſa charge trente-cinq ans , ce tems n'empêche pas qu'il ne puiſſe être deſtitué , non plus que les ſervices qu'il prétend avoir rendus à l'évêché pendant ce tems-là , parce que *tempus non eſt modus perducendæ , vel tollendæ obligationis , niſi per præſcriptionem.* Or de preſcrire contre ſon titre , qui porte une deſtitution *ad nutum*, cela ne ſe peut. Quant aux ſervices , il faut diſtinguer de ceux qu'on a rendus avant les proviſions, & ceux qu'on a rendus après : ceux qu'on a rendus pendant l'exercice de ſa charge ne ſont aucunement conſidérables ; car, comme dit Ciceron, 1. *de Invent. Ut iis qui imprudenter læſerunt, ignoſci convenit , ita iis qui neceſſariò profuerunt , haberi gratiam non oportet.* Les arrêts ont introduit cette juriſprudence. Le premier a été rendu au profit de M. de Nevers contre ſon procureur fiſcal d'Orval , qui ſe défendoit de la même exception que l'appellant , d'avoir exercé ſa charge vingt-neuf ans , ce qui étoit bien plus conſidérable contre le fils & héritier de celui dont il avoit eu les proviſions, que non pas contre un eccléſiaſtique , lequel étant pourvu par le roi , ou *per orbitum* , n'eſt aucunement tenu des faits & promeſſes de ſon prédéceſſeur ; non pas même de maintenir en ſa charge & office celui qu'il auroit pourvu pour récompenſe de ſervices , s'il ne juſtifioit & faiſoit apparoir des ſervices, par autres pieces que par les proviſions ; parce qu'un eccléſiaſtique eſt ſimple uſufruitier , & ne peut donner aucun droit au-delà de ſon tems & de ſa jouiſſance , ni charger aucunement ſon bénéfice , comme peut faire un ſeigneur ſa terre & ſes héritiers. Tels ſervices doivent être rendus actuellement & réellement à l'égliſe , au bénéfice , non pas au bénéficier, comme il a été jugé noviſſimé au profit de M. le cardinal de Richelieu contre le procureur fiſcal de St. Benôit ſur Loire, pourvu pour récompenſe de ſervices rendus au précédent abbé de St. Benôit ; & jugé en la chambre de l'édit contre le juge de St. Maixant, deſtitué par l'abbé, contre lequel ledit juge diſoit qu'il avoit été deſtitué , parce qu'il faiſoit profeſſion de la religion prétendue réformée, partant contre les ordonnances , qui veulent que tout ce qui eſt fait en haine de la religion , ſoit déclaré nul.

LA COUR ſur l'appel mit les parties hors de cour & de procès , ſans dépens. M. de Hacqueville préſident ; le jeudi 11 mars 1617.

* Brodeau, *lett. O. ſomm.* 2. & du Freſne, citent l'arrêt ; & l'on peut voir celui de M. le cardinal de Richelieu *liv. 1. chap.* 114 de ce recueil.

☞ *Vide* ci-deſſus le chap. 114 du livre premier.

CHAPITRE CIII.

Proviſions admiſes ſur réſignation , au préjudice d'une révocation ſignifiée au réſignataire , ſont nulles , & n'ont pu être validées par un départ intermédiaire de la révocation.

Lettre de confidence entre le réſignant & le réſignataire , ne peut ſervir au réſignataire du réſignataire , pourvu avec la clauſe , aut alio quovis modo ; & le premier réſignant eſt reçu à rentrer dans le bénéfice.

MAître Nicolas le Blon, curé de Croctaine, diocèſe de Paris, ayant paſſé procuration pour réſigner ladite cure au profit de Me. Jean Rabot,

le 16 octobre 1626, le premier novembre ſuivant fit ſignifier par un ſergent à Rabot , qu'il révoquoit 1627. la procuration ; nonobſtant cela Rabot envoie la procuration en cour de Rome , & obtient proviſions de la cure ; & le dernier , du mois de novembre exige une déclaration de le Blon , qu'il ſe départ de la révocation de ladite procuration , & l'approuve , enſemble les proviſions , qui pourront être données ſur icelle. Les proviſions expédiées en cour de Rome , & envoyées à Rabot , il réſigne ſon droit , *ex cauſa tamen permutationis*, à Me. François Chevreuil , lequel ayant pareillement obtenu proviſions de la cure en cour de Rome , en prend poſſeſſion. Le Blon le fait aſſigner pardevant le prévôt de Paris pour rapporter les titres & proviſions , en vertu deſquelles il a pris poſſeſſion de la cure , & voir dire , qu'il ſera maintenu. Sur quoi le prévôt de Paris ordonne que les parties remettront leurs pieces pardevers lui , & que cependant le Blon jouira des fruits de la cure. Le Blon en interjette appel , pour lequel Me. Chipart dit que l'appellant eſt un pauvre prêtre ſeptuagenaire, qui pour tous biens ne poſſede que la cure en queſtion : on l'a contraint de la réſigner étant extrêmement malade , ſans aucune réſerve de penſion , & par ce moyen réduit à mendicité. Telle réſignation eſt nulle , ſoit par la regle *de infirmis* , & les arrêts notoires , ſoit parce que l'intimé eſt pourvu par une procuration révoquée : partant les proviſions obtenues ſur icelle, nulles. A la vérité , on a fait faire une déclaration contraire à la révocation ; mais cette déclaration a été extorquée *eâdem facilitate* que la procuration. Tout ce qui a été fait , n'ayant pour fondement que cette procuration nulle & ſans effet par le moyen de la révocation , eſt pareillement nul ; & ſans y avoir égard , l'appellant doit être maintenu en la poſſeſſion & jouiſſance de ſon bénéfice , ayant obtenu lettres pour être relevé deſdites déclarations. Me. Labbé pour Chevreuil intimé dit , que pour donner quelque prétexte à la cauſe , on a allégué que l'appellant a réſigné ſon bénéfice *in infirmitate , in extremis conſtitutus* ; mais le contraire paroît par la procuration *ad reſignandum* paſſée en cette ville. Ainſi la queſtion *de infirmis* eſt entiérement hors des termes & de l'hypotheſe , la réſignation eſt bonne & valable , & ne pouvoit être détruite par la révocation que l'appellant prétend en avoir faite. *Primò* , parce que la révocation devoit avoir été faite *rebus integris* , ſuivant l'opinion des canoniſtes. *Res non erant integra* , parce que le courier étoit déja parti pour aller à Rome , & étoit porteur de ladite procuration. Pour en empêcher l'effet , il falloit faire ſignifier ladite révocation en la chancellerie de Rome. *Secundò* , telle révocation n'a été ſignifiée que par un ſergent, & il falloit qu'elle fût faite par un notaire aſſiſté de témoins , ſuivant l'opinion de du Moulin ; tout de même qu'il eſt néceſſaire que la procuration *ad reſignandum* ſoit paſſée pardevant un notaire & témoins. Ainſi cette révocation n'eſt pas conſidérable , & l'on y a encore dérogé par le départ qu'en a fait l'appellant , par le moyen duquel cette révocation eſt demeurée comme non faite , ni jamais ſignifiée , & les proviſions expédiées ſur ladite procuration bonnes & valables. Outre ladite procuration , l'intimé eſt bien fondé , parce qu'il y a clauſe dans ſes proviſions , *aut alio quovis modo vacet beneficium.* Cette clauſe ajoutée aux proviſions comprend toute ſorte & tout genre de vacance , comme du Moulin le tient ſur la regle *De public. reſignat.* Rebuffe ſur la forme des réſignat. & de Selve. Il a recouvré une paction toute ſimoniaque faite entre l'appellant & Rabot ſon réſignataire , qui lui permettoit de ne point réſigner ladite cure à autre perſonne , & d'employer tous les fruits à leur nourriture commune ; ce qui eſt une ſymonie manifeſte , par laquelle le bénéfice ayant vaqué , l'intimé en eſt bien & duement pourvu par cette clauſe , *aut alio quovis modo* , & doit être maintenu en la poſſeſſion.

M. l'avocat général Talon dit , que toute la cauſe eſt fondée ſur le dol & ſurpriſe de Rabot réſigna-

1627. taire de l'appellant, lequel a extorqué de lui une procuration *ad refignandum* contre fa volonté, ainfi qu'il paroît par cette paction, fur laquelle même fe fonde l'intimé réfignataire de Rabot, qui par le moyen de ladite réfignation penfe s'en être mis à couvert. Au principal, les provifions font nulles, parce qu'il n'y a point de procuration *ad refignandum* au profit de Rabot, après la révocation qui en a été faite. Tout de même qu'il eft libre de réfigner, il eft pareillement libre de révoquer. *Procuratio ad refignandum eft mandatum, quod poteft ad libitum revocari, rebus integris*. Ce n'eft pas la procuration *ad refignandum* qui donne droit au bénéfice, mais la provifion feule, comme dit du Moulin. Avant qu'elle foit admife & expédiée, on peut valablement révoquer la procuration, *& res dicuntur integræ*, & il fuffit de faire fignifier la révocation, ou au collateur, ou au réfignataire, ou au procureur porteur de ladite procuration. Le départ du courier pour aller à Rome n'eft confidérable en ce cas, que pour avoir le rembourfement des frais & dépens faits pour ce fujet. Le départ de la révocation n'eft encore d'aucune conféquence, parce que *provifio eft actus legitimus, qui non recipit conditionem*, ne peut aucunement dépendre de la déclaration poftérieure que fera un particulier ; autrement il feroit en fon pouvoir de confirmer, ou infirmer les provifions du pape : ce qui feroit abfurde. *Quod ab initio non valuit, nullo temporis tractu convalefcit*. La convention eft contre les bonnes mœurs, contenant que Rabot ne pourroit divertir les fruits du bénéfice, & les employeroit à fa nourriture & à celle de l'appellant, auquel, en cas qu'il ne pût vivre avec lui, il bailleroit quatre cents livres de penfion, & que Rabot ne pourroit réfigner ledit bénéfice. Mais l'intimé ne peut objecter le vice & la turpitude de Rabot fon réfignant, & s'en fervir pour un genre de vacance, & dire qu'il eft pourvu du bénéfice par cette vacance & par la claufe, *aut alio quovis modo*. Il requiert néanmoins pour l'intérêt public, & pour M. le procureur général, que cette convention demeure fupprimée, & que l'appellant pauvre homme, fort âgé, valétudinaire, foit maintenu en la poffeffion de fon bénéfice. L'arrêt du Mans rendu au parlement dernier l'a ainfi jugé en une hypothefe moins favorable.

LA COUR mit l'appellation & ce au néant ; évoquant le principal, & ayant égard aux lettres, remit les parties en tel état qu'elles étoient auparavant ; ce faifant, maintint & garda le Blon appellant en la poffeffion & jouiffance de fon bénéfice ; & faifant droit fur les conclufions de M. le procureur général, ordonna que la promeffe, comme faite contre les bonnes mœurs, feroit fupprimée. Le 16 mars 1627, M. le Jay prononçant pour l'abfence de M. de Hacqueville fecond préfident, & par le décès de meffire Nicolas de Verdun premier préfident, arrivé le dimanche précédent 14 dudit mois.

CHAPITRE CIV.

Chevalier de Malthe, qui n'avoit réclamé contre fon vœu dans les cinq ans, s'étant marié, & fait de la religion prétendue réformée, fon mariage a été déclaré nul, & lui incapable de fuccéder.

MEffire Claude d'Eftampes fieur de la Ferté, fut conjoint par mariage avec dame Jeanne de Hautemer, fille du fieur maréchal de Fervaque. De ce mariage font iffus quatre enfans, deux fils, Jacques & Louis, & deux filles, Anne & Marie. Louis d'Eftampes né le premier octobre 1591, après le décès de fon pere, qui avoit été tué peu auparavant devant la ville de Châtillon fur Seine, combattant pour le fervice du roi. En 1605, ledit Louis d'Eftampes eft envoyé à Malthe, où il eft admis page du grand-maître, & le premier février 1608, eft reçu chevalier, & fait profeffion avec les

vœux ordinaires, & enfuite fait fes courfes, caravannes, & autres exercices accoutumés aux chevaliers de cet ordre, jufques en 1624, au mois d'octobre, qu'il fe marie avec Léonor de la Menue, veuve d'un écuyer de M. de Longueville. En 1625, ils paffent leur contrat de mariage, par lequel Louis d'Eftampes prend qualité de baron de Salebry, qui eft une terre du pere. Au greffe de cette baronnie, & de toutes les autres feigneuries & jurifdictions du pere, il fait enrégiftrer & infinuer ledit contrat de mariage, comme auffi la procuration qu'il avoit paffée à ladite de la Menue, par laquelle il avoit toujours ufurpé ladite qualité de baron de Salebry, & donné pouvoir à ladite de la Menue fa femme de prendre & recevoir tous les fruits, profits, revenus & émolumens de ladite terre, & en bailler acquits, qu'il veut être valables. Meffire Jacques d'Eftampes fieur de la Ferté fon frere aîné, ayant été averti de ce mariage & de l'infinuation du contrat aux greffes de fes jurifdictions, fait incontinent inftance pardevant MM. des requêtes du palais audit Louis d'Eftampes fon frere, aux fins que défenfes lui fuffent faites de fe dire laïque, & fe qualifier baron de Salebry, ni autres feigneuries qui euffent appartenu à défunt leur pere ; que défenfes fuffent auffi faites à ladite Léonor de la Menue de fe dire & qualifier femme dudit Louis d'Eftampes fon frere, & pour voir dire que tous les actes feroient déclarés nuls. Sur quoi les parties ayant été ouies, MM. des requêtes du palais appointent la caufe en droit, à écrire & produire ; cependant par provifion ordonnent que le contrat fait entre les deux freres portant penfion de dix-huit livres par-an au profit dudit Louis d'Eftampes, fera exécuté à fon profit, comme baron de Salebry & de ladite de la Menue fon époufe, dont meffire Jacques d'Eftampes interjette appel, & fait mettre la caufe aux rôles des jeudis ; d'où ledit Louis d'Eftampes l'a fait évoquer & retenir en la chambre de l'edit, s'étant fait de la religion prétendue réformée. Pour moyens d'appel Me. le Feron dit, que c'eft une caufe d'état, qui doit être vuidée fommairement, & non pas être enfevelie dans une infinité de procédures. Mais en ce que MM. des requêtes du palais ont ordonné, que le contrat portant penfion feroit exécuté au profit de l'intimé comme baron de Salebry, & de ladite de la Menue fon époufe, c'eft un grief irréparable, un préjugé, un préjudice manifefte, qui bleffe tellement la caufe, qu'après cela il ne refte rien à efpérer à l'appellant. Quand l'ordonnance veut que les contrats foient exécutés par provifion, c'eft entre les mêmes parties qui ont contracté, & à leur profit feul, & en la feule qualité qu'ils ont contracté, & non point au profit d'autres perfonnes étrangeres, ni en autre qualité que les contractans ont prife d'un commun confentement. Or le contrat ayant été fait & paffé avec l'intimé en qualité de chevalier de Malthe, & pour la penfion ou ufufruit qu'il pouvoit prétendre fur les biens du pere, il ne peut être exécuté en autre qualité. La fentence contient donc un préjugé au profit de l'intimé. Bien-que le principal ne reçoive aucune difficulté, & qu'il doive être terminé au profit de l'appellant, il y a requête pour l'évocation. Dans le fait, il eft conftant par preuves certaines réfultantes de fes pieces, que l'intimé eft né le premier octobre 1591, & qu'il a fait profeffion de chevalier de Malthe le premier février 1608. Ainfi il a fait profeffion ayant plus de feize ans, âge requis par l'ordonnance. En fuite de cette profeffion il a fait tous les exercices de la religion de Malthe, a perpétuellement pris la qualité de chevalier, a ainfi contracté avec l'appellant fon frere, & plufieurs autres, principalement par le contrat de 1617, contre lequel il a obtenu lettres, portant délaiffement de la jouiffance de tous leurs biens paternels & maternels à l'appellant fon frere, moyennant une penfion de dix-huit cents livres par an. Leur mere les ayant pourfuivis pour être payée de fon douaire, il paffa procuration, par laquelle il déclara en 1618, qu'attendu fa qualité de chevalier de Malthe il ne pouvoit prétendre aucune chose en la propriété des biens de défunt son pere, mais une simple pension sur les fruits ; & par conséquent qu'il ne pouvoit être tenu aux conventions de ladite mere ; qu'elle pouvoit s'adresser à l'appellant son frere ainé , auquel il avoit remis tous ses droits moyennant ladite pension. En 1619 , allant à Malthe , & étant arrivé à Rome , appréhendant la séverité & punition du grand-maître, pour s'être laissé porter à aller au prêche avec les Huguenots, il demanda absolution, qu'il impétra, & de-là s'en alla à Malthe d'où étant revenu en 1624, il obtint un rescrit en cour de Rome pour être restitué contre son vœu, qu'il avoit été contraint de faire par violence , & avant l'âge de seize ans. Ce rescrit adressé à l'évêque d'Auxerre , il fait quelque enquête avec le promoteur de l'officialité, & depuis abandonne la poursuite de l'entérinement dudit rescrit , & se marie avec Léonor de la Menue. Par toutes ces pieces, & infinis autres actes , la qualité de l'intimé de chevalier de Malthe demeure plus que suffisamment vérifiée ; & par conséquent celle de baron de Salebry, qu'il a voulu usurper, nulle , contraire aux statuts de Malthe, au droit, & aux ordonnances, par lesquels il est certain que les chevaliers de Malthe ne peuvent prétendre aucun droit de propriété aux biens de leurs pere, mere , ou autres parens, sont vrais religieux, morts au monde. L'arrêt de 1563 prononcé en robes rouges par M. le président Seguier est notoire , par lequel la dispense de succéder octroyée à un chevalier de Malthe fut déclarée abusive. Celui du chevalier de Seve grand-prieur de Champagne , qui avoit obtenu dispense de tester , laquelle fut pareillement déclarée abusive, la cause ayant été plaidée en la présence du roi Charles IX. Autre aussi prononcé en robes rouges en 1573 par M. le président de Thou, par lequel les chevaliers de Malthe ont été déclarés incapables de succéder , ni le monastere pour eux. Celui du chevalier de la Busardiere est en bien plus forts termes : ses freres l'avoient admis à partage avec eux , quelques-uns étant décédés , il demanda de leur succéder , ainsi qu'il avoit fait à ses pere & mere du consentement de ses freres. Ils soutiennent qu'il ne peut prétendre aucune part ni portion aux biens de leurs freres décédés , & parce qu'ils avoient consenti qu'il partageât avec eux les biens paternels , obtinrent lettres pour être relevés de ce consentement , & restitués contre ce partage. Par arrêt , ayant égard aux lettres , le partage fut cassé & la propriété de tous les biens adjugée aux freres seculiers. L'intimé étant chevalier de Malthe, ne peut prétendre aucune part ni portion en la baronnie de Salebry, ni autres terres paternelles , ni en prendre la qualité & porter le nom, comme il fait , non pas même quand il auroit renoncé aujourd'hui à sa religion, feroit profession d'une nouvelle , comme il dit : car ceux qui ont fait vœu en religion , & qui par une apostasie quittent cette véritable religion & se jettent dans la prétendue reformée , ne peuvent en façon quelconque succéder à leurs pareus. Cela a été jugé par plusieurs arrêts : contre Joannot qui avoit été seize ans Cordelier, & depuis s'étoit fait huguenot & ministre, & demandoit partage des biens paternels , dont il fut débouté : contre le Capucin de Nantes , plaidant Me. Arnaud & Dolé, qui tous deux ont été intendans des finances , pareillement débouté du partage demandé , ayant demeuré dix ans en l'ordre : contre madame de Candale belle-sœur de M. d'Espernon , qui avoit été quinze ans religieuse sans réclamer contre son vœu, & depuis s'étant fait huguenote , demandoit partage, duquel elle fut déboutée : contre le chevalier d'Aubetere , qui avoit été seize ans chevalier : contre le chevalier de la Chaussiniere , qui l'avoit été quinze ans , bien-qu'il s'agit des biens d'un frere homicidé par un autre frere. Tous ces arrêts ont perpétuellement jugé que telle profession de nouvelle religion ne réhabilite pas, & n'efface pas le vœu, qui rend perpétuellement incapable de pouvoir succéder, & de contracter mariage, comme l'intimé a fait clandestinement. Quant

aux lettres qu'il a obtenues, il y est manifestement non-recevable. Et par ces moyens conclut Me. Loiseau 1627. pour l'intimé dit , que cette cause est semblable au différend qui se présenta autrefois entre deux freres, touchant la principauté de la ville d'Ibis, lequel au rapport de l'historien romain fut rempli de tant d'aigreur & d'animosité , qu'il ne put jamais être terminé par l'avis & conseil des parens & amis communs des parties, mais fut assoupi par l'effusion de leur propre sang seulement. L'appellant a porté les choses à cette extrémité contre la volonté de l'intimé, qui demande ce qui lui est légitimement acquis, son bien paternel duquel l'appellant veut le dépouiller injustement , & le traiter comme un étranger. Pour y parvenir plus facilement , il lui veut persuader qu'il est religieux, qu'il est chevalier de Malthe. Il est vrai qu'on l'envoya à Malthe en ses premieres années, qu'il y a été page du grand-maître; mais il n'a point été chevalier, n'a jamais fait les vœux ni porté l'habit. On ne rapporte pas l'acte de sa profession , ce qui auroit été facile , mais un simple certificat du grand-maître, que l'intimé a fait les vœux de chevalier. Ce certificat n'est pas suffisant: il faut un acte authentique en bonne forme signé par l'intimé , suivant l'ordonnance de Moulins, autrement l'acte est nul. Ne rapportant aucune preuve suffisante de la profession de l'intimé, toutes les qualités qu'il a prises aux actes que l'appellant rapporte , ne sont pas considérables ayant un principe faux & erroné. Il ne faut autre preuve de la nullité du prétendu vœu de l'intimé, que ce que l'appellant a stipulé de lui. *Primò*, qu'il promettoit de lui rapporter de Malthe & mettre entre ses mains un acte de profession en bonne & due forme. *Secundò*, qu'il renonçoit à toutes les protestations qu'il auroit pu faire de réclamer contre son vœu. *Tertiò*, qu'il ratifieroit, étant fait majeur, tous lesdits contrats & actes approbatifs de sondit vœu. Toutes ces stipulations montrent manifestement la nullité de ce vœu, la mauvaise foi & l'artifice de l'appellant pour engager son frere dans une religion qu'il ne desiroit pas, pour valider indirectement un prétendu vœu, qui ne pourroit de soi subsister ; & sans y avoir égard , il doit avoir partage des biens de son défunt pere. Me. Pousset de Montauban pour demoiselle Léonor de la Menue aussi intimée dit , que l'essence de l'unité , au rapport de Platon , consiste à ne recevoir addition ni section. L'essence du mariage consiste pareillement en cette unité , *erunt duo in carne una*, ne peut souffrir aucune division. *Altero semoto, alter percat necesse est*, dit l'empereur en la *L.* 14. *C. nupt.* Le dessein de l'appellant est de désunir les deux intimés, & par cette désunion , de dissoudre leur mariage, qui néanmoins est bon & valable , bien , légitimement & solemnellement contracté , en la face de l'église , dans une paroisse de Paris, après les publications des bans, bref , après avoir étroitement observé tout ce qu'on pouvoit y desirer. L'objection de l'appellant que son frere est chevalier de Malthe, & incapable de contracter mariage, ne peut être considérée par deux raisons tres - pertinentes. La premiere fondée sur la bonne foi de l'intimée. L'autre sur la religion dont son mari fait à présent profession. La moindre seroit suffisante pour valider leur mariage ; mais avant que d'entrer en leur discussion , il lui est facile de montrer que son mari n'a jamais été chevalier de Malthe , n'en a jamais fait les vœux ; aussi n'en peut-on rapporter les lettres de profession , mais un simple certificat du grand-maître de Malthe : certificat qui n'est pas suffisant pour faire preuve certaine de l'état d'un homme pour le rendre religieux , ou non ; l'attestation même du pape ne suffiroit pas , il faut que celui qui fait vœu & profession de religieux, écrive & signe lui-même son acte de profession , & en fasse lecture publiquement ; la profession est un contrat synallagmatique entre le supérieur de l'ordre , & celui qui fait vœu : il faut que l'un & l'autre parle & consente , *utroque loquente* , dit la loi 2. *De verb. oblig.* le consentement d'un seul est nul : *Assertione pro-*

prid. nobis non facimus debitorem. Il faut que celui qui s'oblige, écrive & signe le contrat auquel il s'oblige, ni ayant rien de si volontaire & de si prémédité que ce qui se fait par l'organe de la main. Le certificat d'un grand-maître de Malthe, ou supérieur d'un ordre, est bon & suffisant pour ce qui concerne l'ordre, ou un religieux qui ne met point son vœu en controverse, *quantum ad municipales pertinet dignitates, sed quantum ad rem gestam :* comme si un homme a fait vœu, profession de religieux, *veritati locus reservandus est*, comme parle la loi 21. *C. Ad Leg. Corn. De falsis.* Lorsque la loi & l'ordonnance desirent un contrat écrit, comme en la loi *Contractus. C. De fide instrum.* & l'ordonnance de Moulins, laquelle en certains cas rejette la preuve par témoins, il est certain qu'il faut qu'il y ait un contrat écrit, & que toute autre preuve, quelle qu'elle soit, n'est suffisante. Or le concile & l'ordonnance desirant que la preuve des professions se fasse & rapporte par écrit, par contrat signé de celui qui fait vœu, il est évident que le certificat qu'on rapporte, n'est suffisante. Ce ne seroit pas l'intimé qui auroit fait vœu, ce seroit le grand-maître qui auroit fait le serment pour lui, comme anciennement *in tumultu gallico* ; à Rome les soldats ne pouvant tous faire le serment, le dictateur le faisoit pour eux, & cette espece de serment s'appelloit *conjuratio.* Le concile de Tolede rapporte que Bemba étant fort malade, on lui fit prendre l'habit de religieux, & on lui bailla la tonsure pour le dépouiller de son bien. Etant revenu en convalescence, il desira de le recouvrer, & de s'en mettre en possession. On lui objecta qu'il étoit religieux, *per vestem & tonsuram* (comme on les appelloit) & par consequent incapable de posseder son bien. Le concile assemblé résolut, que Bemba rentreroit en la possession de tous ses biens, sans s'arrêter à ses prétendus vœux de religieux, *quippe qui nec petierit, nec consentiens acceperit*, dit-il, parlant de ces habits & de la tonsure. Si l'appellant dit que l'ordonnance ne s'observe pas à Malthe, c'est dire que le concile de Trente, d'où l'ordonnance est tirée, & qui est universel, ne doit point s'observer : ce qui est absurde. Puisqu'il est général dans toute l'église, & que les chevaliers de Malthe sont aussi-bien obligés de l'entretenir comme les autres religieux, il doit avoir autant de force & d'efficace à Malthe comme dans les autres provinces. La profession qui ne paroît pas conforme au concile & à l'ordonnance, est nulle, & par consequent tous les actes approbatifs de ce vœu nul, ne sont pas considérables : ils ont un principe nul, un fondement qui ne peut subsister, & rendre l'intimé autre que séculier. Néanmoins quand il seroit religieux, & que cette qualité demeureroit constante au procès, ayant contracté publiquement mariage avec l'intimée, ignorante de telle qualité de religieux, leur mariage ne pourroit être déclaré nul, & non valablement contracté, sous ce prétexte ; mais par le moyen de cette ignorance & bonne foi il seroit bon & valable, & subsisteroit, comme si les deux mariés avoient été entierement libres de pouvoir contracter mariage. La bonne foi est une ignorance commune d'une chose qu'on pense véritable, encore qu'elle ne le soit pas. St. Paul parlant de cette bonne foi *ad Rom.* 14. où il discourt de la viande sacrifiée aux idoles, & s'il est permis d'en manger, dit : *Quam fidem habes, penes teipsum habes & coram Deo* ; prenant en cet endroit *fides* pour la créance, pour l'opinion, & non pour la foi nécessaire au salut. Si l'on avoit demandé à Isaac, auquel de ses deux enfans il avoit donné sa bénédiction, ou à Esaü, ou à Jacob, il auroit répondu, à Esaü, parce qu'il avoit eu cette bonne foi, bien-qu'il eût été trompé & déçu. C'est une maxime très-certaine, que la bonne foi de l'un des conjoints valide le mariage pour le tout, & le fait subsister à l'égard de l'un & de l'autre, parce qu'étant individu, il ne peut subsister & être valable à l'égard de l'un, être nul & invalable à l'égard de l'autre, deux personnes étant nécessaires pour constituer le mariage. Cette question est si triviale, & jugée par tant d'arrêts, qu'il n'en faut

point douter. En droit la vente & l'achat d'un homme libre est prohibée, & le contrat nul ; néanmoins si deux ont acheté un homme libre, & que l'un d'eux ignore la condition de l'homme libre, au-contraire qu'il l'estime serf, tel achat est bon, à cause de la bonne foi de l'un des acheteurs, *L.* 7. *De lib. causf.* Et en la loi 57. *Qui in Provincia*, on légitime des enfans nés d'une niece mariée avec son oncle, à cause de la bonne foi de la niece. *Movemur quòd ignara juris in matrimonio avunculi tui fuisti* ; bien-qu'il semble que cette ignorance ne soit pas fort considérable à cause de la proximité des personnes, *qui autem proximâ necessitudine conjunctus, conditionis ignorantiam simulare non potest, L.* 37. *C. De lib. causa.* En droit canon les décisions sont expresses. *Cap.* 3. *& ult. Qui filii sint legitimi. Vulgari Cap. Raynutius. Et ibi Bened.* Philippe Auguste ayant eu deux femmes, la premiere la fille du roi de Danemarck, l'autre une fille nommée Marie, dont il avoit eu des enfans, *vivente, sed rejectâ priore*, le pape Innocent écrit au roi Philippe, que les enfans qu'il a eus de cette Marie, sont légitimes à cause de sa bonne foi. Et la raison en est rendue en la loi derniere *De ritu nupt. Palàm delinquentes, ut errantes excusantur.* Tels mariages sont criminels de la part de ceux qui sciemment les contractent, mais à l'égard de ceux qui contractent de bonne foi, c'est une erreur excusable. L'intimée a eu cette bonne foi, toute entiere, n'a connu ni pu connoître que son mari fût chevalier de Malthe. Elle a contracté publiquement & solemnellement, & avec toute la bonne foi qu'on pouvoit desirer. Quand il y auroit encore quelque chose à redire en cette bonne foi, la religion prétendue réformée, dont son mari fait à présent profession, leveroit toute la difficulté, & ne laisse aucun doute. *Res recidit in eum casum, à quo incipere potuit.* La bonne foi n'est qu'une opinion, une existance d'esprit ; mais la religion est réelle & véritable. C'est la différence qui est entre l'être naturel & l'être civil : celui-là, toujours réel, toujours véritable ; celui-ci le plus souvent ne l'est que par opinion. Il faut distinguer ces deux tems, celui auquel le mariage a été contracté, & celui auquel on l'attaque, & ce qui est survenu depuis. *Et si contra mandata contractum sit matrimonium in Provincia ; tamen post depositum officium, si in eadem voluntate perseverat, justas nuptias effici, & ideo postea liberos natos ex justo matrimonio, legitimos esse.* L'intimée en peut autant dire : quand leur mariage auroit été contracté *contra mandata*, contre la prohibition de l'église ; *tamen post depositum officium*, son mari ayant quitté cette loi, cette église, & s'étant fait de la religion prétendue réformée, qui lui permet de se marier, bien-qu'il fût auparavant prêtre, même religieux, il n'y a point de doute que le mariage ne soit bon & valable. St. Ambroise dit : *Clandestina conjugia contra leges fiunt, sed non debent dissolvi sequenti voto corroborata.* Au concile de Tribur, un Français ayant épousé une Turque, & voulant la répudier, le concile décide, *ut quod legis imperfectum est perficiatur, & mutua jura non solvantur* ; n'y ayant rien de si rude, & si inhumain, que de séparer la femme d'avec son mari, le mari d'avec sa femme. Et par ces moyens conclut pour ladite de la Menue, à ce que son mariage soit déclaré bon & valable.

M. l'avocat général Talon dit, que Me. Pousset a très-doctement plaidé, & qu'on peut dire de lui ce qu'on dit d'Aftimachus grand avocat, lequel plaidant un jour une pareille cause à Athenes, & étant interpellé de conclure par celui qui présidoit à l'assemblée, lui répondit, qu'il est bien difficile à un bon avocat de conclure, quand la fin de sa cause doit être le commencement du malheur & de la misere de sa partie. Me. Pousset a rapporté tout ce qui se pouvoit pour soutenir sa cause, dont le plus grand intérêt n'est pas la demande en partage que fait l'intimé ; mais la question de son état, le plus important de tout ce qui regarde l'homme, lequel est à ce sujet venu le dernier au monde, afin qu'il fût assuré

furé de fon état. Celui de l'intimée n'a pas été toujours un, mais il a eu diverses faces : le dernier en
est le pire, s'étant laissé porter à l'impiété, à l'a-
postasie, κακῶν ἀρχώτερον, le dernier, c'est-à-dire, le
comble de tous les crimes. Cet état lui étant contro-
versé par l'appellant fon frere, il se défend de tous
moyens. _Si tibi controversia ingenuitatis fiat, de-
fende eam instrumentis quibus potes._ Toutes défenses
font légitimes, font bienséantes. Il accumule toutes celles qu'il pense lui pouvoir être utiles, se défend
du défaut d'âge, & de la minorité, de la force &
violence, du défaut de preuve de sa profession de
chevalier de Malthe, & enfin de la profession d'une
nouvelle religion. Quant au défaut d'âge, il n'est pas
véritable, le contraire paroît par l'extrait baptistaire
écrit & ligué du curé & des parrains, de tous les
enfans, du pere des parties. Quant à la force &
violence, elle ne peut être préfumée. _Primò_, parce
que le pere de l'intimé est décédé, & n'étant pas
fous la puissance d'une veuve, il n'y a aucune apparence de violence. _Secundò_, telle violence n'est jamais préfumée en un chevalier de Malthe, qui a
toute liberté de se retirer, de faire le vœu, ou non.
Quant à l'acte de profession, il est eu bonne forme,
c'est une bulle ou lettres patentes du grand-maître
de Malthe, figuées du vicechancelier & scellées
par le chancelier, par lesquelles il paroît que l'intimé a fait vœu de chevalier à Malthe. Quoique ces
lettres ou cette bulle ne soit pas signée par l'intimé,
elle n'est pas nulle pour cela, l'ordonnance de Moulins n'ayant aucune force à Malthe. Théophraste en
un petit traité qu'il a fait _des mœurs_ dit, que si un
acte est passé à Rome, il faut qu'il ait les formalités qui s'observent à Rome ; si en Grece, celles
qui s'observent en Grece. Tous les actes de profession
s'expédient ainsi à Malthe. L'appellant en a rapporté grand nombre de toutes femblables, & une
attestation des chevaliers assemblés en grand prieuré
au temple de cette ville ; autrement en France il n'y
auroit point de chevaliers de Malthe. Aussi l'intimé
a pris & approuvé cette qualité par tant d'actes depuis sa profession jusques en 1624, qu'on n'en peut
aucunement douter ; approbation non-seulement tacite, mais si expresse, qu'il est entierement non-recevable à proposer aujourd'hui ces faits, à vouloir
réclamer contre son vœu, après les cinq ans préfix
par le concile, l'ordonnance & les arrêts pour toute
forte de religieux, par conséquent pour les chevaliers de Malthe, qui font vrais religieux, comme
M. le premier président de Thou l'apprit dans la
prononciation de l'arrêt en robes rouges en 1573,
après laquelle il dit : Avocats, apprenez que les
chevaliers de Malthe font aussi-bien religieux que
ceux de l'ordre de St. François. Le concile de Tours
tenu en 544, _Ut ordo monasticus stabilis permaneat_,
& celui de Mayence en 813, veulent que le religieux
qui se plaint d'avoir été forcé à son vœu, réclame
& en fasse plainte au prieur, ou à son évêque dans
un an après son vœu. L'on a prolongé ce délai, &
donné cinq ans, _cap. Significasti_, & _cap. Nostra.
De regularib._ tiré de ce qu'on dit en droit : _Ne de
statu defunctorum post quinquennium quæratur._ L'ordonnance de Blois y est conforme : celle de Roussillon veut que celui qui aura fait profession avant seize
ans, puisse disposer de son bien trois mois après sa
profession, mais les trois mois expirés, lui ôte toute
disposition. L'intimé ne vient pas dans les cinq ans
de sa profession, mais seize ans après. Un si long
tems ne permet pas de le recevoir à réclamer, &
l'admettre à partage ; ce feroit ouvrir la porte à l'a-
postasie, renverser toutes les familles que le roi a
grand intérêt de conserver ; comme aussi au scandale
qui arrive de telles plaintes, qu'on doit retrancher
le plus qu'on peut : _Ne vituperetur ministerium nos-
trum_, dit St. Paul. La cour l'a ainsi jugé depuis un
mois contre une religieuse de Ste. Ausonne d'Angoulême, contre Joannot Cordelier, & contre made-
moifelle de Candale religieuse, l'un & l'autre s'é-
tant faits de la religion prétendue réformée, & ayant
pris lettres du roi pour être restitués contre leurs
vœux, parce que ceux de cette religion n'ont point
d'autres supérieurs ni d'autre official que le roi, qui

Tome I.

feul leur donne ses lettres de dispense, soit pour contracter mariage _in gradu prohibito_, ou pour quoi que
ce soit. D'alléguer cette nouvelle religion ; c'est combattre les maximes des chofes jugées ; & il y a encore moins d'apparence d'objecter son prétendu
mariage, qu'il a contracté en l'église catholique,
apostolique & romaine, & depuis pour y apporter
quelque couleur, étoit allé à Charenton, a dit qu'il
faisoit profession d'une autre religion, pour obtenir
un renvoi en la chambre de l'édit ; ce qui n'est pas
confidérable. _Quoties de delicto quæritur, placuit
non eam pœnam subire debere, quam conditio ejus
admittit, eo tempore quo sententia fertur ; sed eam
quam sustineret, si eo tempore sententiam passus esset,
cùm deliquisset, L. 1. De pœnis._ Cela a été ainsi jugé
contre un religieux de Provence, lequel ayant perdu
son bénéfice, prit l'épée, & se maria, dissimulant
sa qualité, laquelle ayant été reconnue par sa
femme, elle en fit informer, & demanda réparation
de l'imposture & du tort qu'elle avoit reçu de ce per-
fide. Il se fit huguenot, & demanda fou renvoi en
la chambre de l'édit, dont il fut débouté. Tel mariage est nul. St. Thomas dit, que _votum solemne,
matrimonium contrahendum impedit, & contractum
dissolvit. Votum simplex, contractum non dissolvit._
Ceux qui font promus aux ordres sacrés, ne font aucun vœu de continence, _sed implicité continentur._
Ainsi il n'y a point de mariage en cette cause. Quant
à la prétendue bonne foi de l'intimée, _quæ in conditione mariti erravit, putavitque esse liberum, cùm
servus esset_, comme parle la loi 22. §. _ult. Soluto
matrim._ il n'y en a aucune. Ce mariage prétendu a
été fait clandestinement en la présence d'un hôte &
d'une hôtesse pauvres gens ; on en a dressé le contrat huit mois après feulement. _Nullum fine dote,
fine tabellis nuptialibus fiat conjugium._ Il supplie la
cour de le recevoir appellant comme d'abus de la célébration de ce prétendu mariage, pour M. le procureur général, & y faisant droit, dire qu'il a été
mal, nullement contracté, abusivement célébré &
solemnisé ; & fans avoir égard à toutes les lettres
obtenues par les intimés, leur faire défenses de se
hanter à peine de la vie.

LA COUR mit l'appellation & ce au néant ;
évoquant le principal, reçut M. le procureur général appellant comme d'abus de la célébration du
prétendu mariage des intimés ; & y faisant droit, ensemble au principal, fans avoir égard à la requête,
lettres, ni inscription de faux contre le registre baptistaire, déclara ledit mariage mal & nullement
contracté, fit défenses aux parties de Loiseau & de
Pousset de se fréquenter à peine de la vie, & audit
Louis d'Estampes de prendre qualité de baron de
Salebry, ni autres places de l'appellant ; fans préjudice de l'exécution du contrat fait entr'eux : condamna ledit intimé aux dépens. Le 26 mars 1627,
en la chambre de l'édit, M. Seguier président.

* Brodeau cite l'arrêt, _lett. C. fomm._ 8. & le date
du 26 mars 1626.

☞ _Vide_ les arrêts des 27 février 1624 & 4 mars
1627, rapportés chap. 10 & 101 du livre fecond de ce
recueil.

CHAPITRE CV.

_Pere qui a donné une fomme de deniers en dot à fa
fille, avec stipulation de propre à elle, & aux fiens,
(fans ajouter les mots, de côté & ligne) ne la
peut prétendre en la fuccession de fon petit-fils, &
en est exclus par fon gendre, pere & héritier mobilier du défunt._

LE mardi 13 avril 1627, Me. Brodeau plaida la
cause de Me. Jean Thevenin appellant contre
Me. Michel Faverel intimé, & dit qu'en 1619 Thevenin appellant, mariant Marguerite Thevenin fa
fille avec Faverel intimé, lui constitua trois mille
livres en dot, & stipula par le contrat de mariage,
que des trois mille livres, deux mille livres entreroient en la communauté de meubles & conquêts im-

F f f

1627.

meubles d'entre les futurs époux, & que les mille livres restans tiendroient lieu de propres à la future épouse & aux siens. Ce mariage ne dura qu'un an, & fut dissous par le décès de Marguerite Thevenin arrivé en 1620, délaissant une fille, & de l'intimé, nommée Antoinette Faverel; son héritiere universelle; laquelle étant pareillement décédée deux ans après sa mere, fit naître la question dont il s'agit, touchant sa succession, entre l'appellant & l'intimé, ses pere & aïeul. L'appellant prétend que les mille livres stipulées propres à Marguerite Thevenin & aux siens par son contrat de mariage, lui doivent appartenir par le décès de sa fille & de sa petite-fille; il en a fait demande pardevant messieurs des requêtes du palais, dont il a été débouté, & la somme adjugée à l'intimé: c'est l'appel; & il a été mal jugé. *Primò*, parce que l'appellant constituant la dot à sa fille, a stipulé que cette somme de mille livres lui tiendroit nature de propres à elle & aux siens. Cette stipulation a rendu la somme immeuble, réelle, l'a affectée à la ligne, à la postérité, *διαδέχτρα πλύτη*, chevance qui doit passer aux héritiers par plusieurs degrés, & se conserver en la famille, comme l'appelle Euripide. Au moyen de cette stipulation, qui fait changer de face à cette somme & la rend immeuble, l'intimé qui ne peut succéder qu'aux meubles de sa fille, n'y peut prétendre aucune chose. De dire que *mutatione personæ, mutatur qualitas rei, L. Mutatione. De acq. hæredit.* & que par la mort du soldat se perd son privilege, *L. ult. De inoff. test.* cela est vrai, quand il n'y a qu'une simple stipulation attachée à la personne; mais ici la stipulation est réelle, affecte la chose: stipulation apposée en un contrat de mariage, qui est la plus juste de toutes les conventions d'entre les hommes, qui donne la loi d'une succession perpétuelle à une famille: stipulation sur laquelle l'appellant s'est confié, croyant par là s'assurer cette somme de mille livres. On objecte les arrêts qui ont apporté une distinction en la stipulation de tels propres, que quand il y a stipulation, que les deniers seront employés en achat d'héritages pour sortir nature de propres à la future épouse & aux siens de son estoc & ligne; pour lors les collatéraux peuvent prétendre tels deniers, ou les héritages qui en sont acquis, comme il a été jugé par l'arrêt prononcé en robes rouges le 23 décembre 1600. Mais quand il n'y a telle stipulation d'emploi en héritages pour sortir propres à la future épouse & aux siens de son côté & ligne, la stipulation ne profite de rien aux collatéraux, qui ne peuvent rien prétendre aux deniers, ainsi que les derniers arrêts l'ont jugé. Celui de Noël 1609, vulgairement appellé l'arrêt de l'homme, est notoire. Il est vrai que les arrêts, principalement ceux prononcés en robes rouges, *sunt xυρίαι δίξαι*, qu'il n'y a point de science plus certaine; mais il n'y en a point de plus périlleuse application, à cause de la diversité des hypotheses. L'arrêt de 1609 est donné entre un oncle & une niece, qui a exclus l'oncle; mais il n'y a aucun arrêt qui ait exclus un aïeul, comme l'appellant, qui demande & revendique la chose qu'il a donnée, bien plus favorable en cela qu'un collatéral *qui certat de lucro captando, τὶ ὲρμαια*, don de fortune. D'où vient qu'à Athenes, au rapport de *Julius Pollux*, ceux qui avoient espérance de telles successions collatérales, écrivoient sur le temple: *Sis mihi Mercurius.* La seconde différence qu'il y a entre les arrêts qui ont exclus les collatéraux, & cette cause, c'est que l'appellant, outre le droit qui lui est acquis par la stipulation, est fondé en un autre infaillible, c'est celui du retour de sa chose. *Ad exordia sui cuncta respiciunt, L. Dos à jure. C. Sol. matrim.* Il a été jugé par deux arrêts célebres, qu'en pays de droit écrit l'aïeul reprend ce qu'il a baillé, à l'exclusion du pere. En la coutume de Paris *art.* 33, propre héritage ne remonte, mais il reçoit exception pour ce qui a été donné par les pere, mere, ou aïeuls. En droit dans tout le titre *De rebus dubiis*, on adjuge la succession à celui qui est plus proche du défunt, ou à celui qui demande ce qu'il a donné. Quoique l'intimé ne fût pas obligé d'employer cette somme en héritages par le contrat de mariage, il a été néan-

moins obligé à cet emploi par sa seconde qualité de tuteur de sa fille, suivant l'ordonnance d'Orléans *art.* 102, & il ne doit pas profiter de son dol & de sa faute, *L.* 33. *De neg. gestis. Sed hoc si sine vitio ejus acciderit*; n'ayant pas à dessein voulu faire cet emploi en héritages, parce qu'il n'y auroit pu rien prétendre. Me. Grenet pour l'intimé dit, que la question a autrefois reçu de la difficulté, mais elle a été décidée par tant d'arrêts, qu'elle ne doit plus être révoquée en doute. La somme dont il s'agit, ne peut être considérée que comme meubles en la succession de sa fille: il n'y a aucune stipulation d'emploi en héritages pour être propres à la fille & aux siens de son estoc & ligne, qui seule appelle les collatéraux, comme il fut jugé en 1600 par l'arrêt de Regnaud prononcé par M. le premier président du Harlay, qui avertit les avocats, qu'il falloit deux choses concurrentes en telles stipulations, l'emploi en héritages, & la clause pour être propre à elle, aux siens de son côté & ligne; autrement que l'une sans l'autre ne suffit pas. Par l'*art.* 311 de la coutume de Paris le pere & la mere succedent, & à leur défaut l'aïeul, ou aïeule: ainsi l'intimé exclut entierement l'appellant. Quant au droit de retour, il ne peut pas être plutôt pour les mille livres, que pour les autres deux mille livres; & pour l'emploi, comme tuteur, l'héritage acquis auroit été un simple acquêt à la fille, auquel l'intimé auroit pareillement succédé.

LA COUR mit l'appellation au néant; ordonna que ce dont étoit appel, sortiroit son plein & entier effet; sans dépens. M. le président le Jay prononçant; ledit jour 13 avril 1627.

* L'arrêt est rapporté assez au long par Brodeau, *lett. D. somm.* 66. & dans le journal de du Fresne.

CHAPITRE CVI.

Enfant de douze ans ayant jetté sur un noyer une pierre, qui blessa une petite fille, depuis décédée, ne peut être poursuivi criminellement; & c'est un véritable cas fortuit.

LE jeudi suivant Me. Bourrel plaida la cause de Nicolas Duclos, appellant du bailli de Mantes contre Auboin & Pierre Mansillon pere & fils intimés, sur ce que le 29 août 1625, ledit Pierre Mansillon fils jettant des pierres sur un noyer pour abattre des noix, une tomba sur la tête de Jeanne Duclos fille de l'appellant, & la blessa tellement, qu'elle en décéda, dont ayant fait sa plainte pardevant le prévôt de Mantes, il en informa, & décréta prise de corps contre Pierre Mansillon, & sur le rapport des chirurgiens ordonna provision de quarante livres. Mansillon en ayant interjetté appel pardevant le bailli de Mantes, il rendit la sentence dont est appel, par laquelle il a caffé & annullé toutes les procédures criminelles, sauf à l'appellant son action civile contre ledit Mansillon. Il a très-mal jugé. *Primò*, parce que Pierre Mansillon n'est pas un enfant exempt de dol, & crime & de peine, il étoit lors âgé de plus de quatorze ans, comme il paroît par son extrait baptistaire. *Secundò*, parce que le dont est question n'est pas un pur cas fortuit, comme le juge l'a supposé, qui doive exempter l'intimé de toute peine. *Primò*, parce que l'intimé déroboit des noix, *rei illicitæ operam dabat*, ce qui empêche le cas fortuit, *L. Contractus. §. Animalium. De reg. Jur.* & suivant la générale résolution des jurisconsultes, *in L. Eum qui. §. Juris. De injur. Secundò*, parce qu'il y a deux sortes de cas fortuits, l'un *ex causa cognita*, & l'autre *ex causa incognita.* De celui-ci, *nemo tenetur; fato, non culpâ annumratur:* mais de celui-là, l'on en peut être tenu, *L. Si putator. Ad leg. Aquil.* Encore que la fille ait survécu quelque tems, elle est néanmoins morte de ce coup. *Nihil interest an occidat, an mortis causam præbeat.* Bien-que les arrêts aient exempté les enfans de peine corporelle, ils ne l'ont néanmoins pas fait de peine pécuniaire; celui rendu *novissimè* en la tournelle de ces deux enfans d'Orléans, qui se jouant ensemble avec des échalats, l'un avoit blessé l'autre à l'œil, dont il décéda, exempte bien de punition, mais ordonne que les sommes payées par provision demeureront au pere du décédé. M. Feideau, fils de défunt M. Feideau conseiller en la cour, pour les intimés, dit que l'une des plus grandes cruautés des triumvirs proscrits, au rapport de Dion, fut en ce qu'ils avoient contraint un jeune enfant de prendre la robe virile avant l'âge, pour par-là le rendre capable de punition. L'appellant en veut autant faire à l'un des intimés âgé seulement de douze ans lors du fait en question, par conséquent exempt de toute peine & de toute punition, parce que la connoissance étant la cause du mal, au rapport de St. Thomas, & L. 9. De juris & facti ignor. les enfans incapables de cette connoissance, sont aussi incapables de faire mal. Voluntas & factum uniuscujusque, non factum puniendum est, L. 4. De falsis. En droit on se sert de trois comparaisons pour prouver cette maxime. Primò, on compare les enfans aux furieux, §. 10. Instit. De inutil. stipulat. L. 14. De off. Præf. Secundò, on les compare à celui qui doit, L. 1. De acq. poss. Clement. De homicidio volunt. vel accid. Tertiò, aux absens, L. 209. De verb. signific. Par toutes ces comparaisons on les déclare évidemment incapables de crime, & exempts de punition; ce qui a été exactement observé en toutes les républiques & justices, au rapport de Pausanias, d'Eusebe, de Valere, & infinis autres auteurs. Quand ce moyen ne seroit pas assez fort, celui du cas fortuit le fait mettre ne reçoit aucune difficulté: la preuve du cas fortuit est, quand les parties n'ont point eu de querelle. Qui proximum suum percusserit, reus non est, si adversus eum non habuerit odium, dit l'écriture. Le cas fortuit n'oblige personne, fato, non noxæ imputatur. St. Thomas, 1. 2. q. 20. dispute, utrùm eventus sequens addat aliquid ad propositum, & mutat; & il décide que non, parce que le dessein & la volonté, & non l'événement, forment & qualifient nos actions. Celui qui voulant tuer son ennemi, & néanmoins par événement l'a guéri d'une plaie, ou apostume, tamen ut homicida punitur; qui verò impudens & sine dolo, excusatur, L. 1. Ad leg. Corn. De sicar. L. 7. §. ult. L. 30. Ad leg. Aquiliam. Une forte conjecture, que la fille de l'appellant n'est pas décédée de cette blessure, c'est qu'elle n'est décédée que quatre-vingt-six jours après. Me. Ambroise Paré dit que les plaies de la tête sont consolidées dans quarante, ou cinquante jours au plus. Elle est sortie de la maison & a été aux champs pendant un mois, & étant retombée malade & décédée, c'est par quelqu'autre maladie. Les arrêts de la cour sont fréquens & conformes à cette maxime: celui de la tournelle rendu entre les enfans d'Orléans, dont l'un avoit blessé l'autre à l'œil, depuis décédé, pour raison de quoi il avoit été condamné à obtenir lettres de rémission du roi; ce que la cour a infirmé, & sur le criminel hors de cour; & néanmoins confirmé les provisions adjugées.

M. l'avocat général Bignon dit, que l'appellant étoit âgé de quatorze à quinze ans lors du fait en question, ainsi l'on n'est pas aux termes des arrêts, ni de la question, si un enfant peut être poursuivi criminellement; mais bien en celle du cas fortuit, qui étoit évident par les charges & informations: néanmoins il y a lieu de condamner les intimés en telle somme qu'il plaira à la cour envers l'appellant.

LA COUR mit l'appellation & ce dont étoit appel, au néant; évoqua le principal; & y faisant droit, pour toutes réparations, dépens, dommages & intérêts, condamna les intimés pere & fils à payer la somme de quatre-vingts livres parisis à l'appellant. M. de Hacqueville président; ledit jour 15 avril 1627.

☞ Vide mes additions sur le chapitre 9 du livre premier.

CHAPITRE CVII.

Officier pourvu pour récompense de services, ne peut être destitué par l'acquéreur de la terre.

APrès le décès de M. le cardinal du Perron, seigneur de Bagnolet, & celui de M. l'archevêque de Sens son frere & héritier, M. du Perron leur neveu & héritier, pourvut Me. Etienne Voisne procureur au châtelet de Paris, de l'office de prévôt & juge ordinaire de Bagnolet pour les bons & agréables services qu'il avoit reçus de lui, & espéroit en recevoir, & peu après vendit ladite seigneurie de Bagnolet à Etienne de Briais, secretaire du roi, habitant de Paris, lequel incontinent pourvut un autre dudit office de prévôt & juge de Bagnolet, & destitua ledit Voisne, qui fut maintenu & gardé en la possession & exercice dudit office de juge de Bagnolet, par sentence du prévôt de Paris, dont le sieur de Briais interjetta appel: pour lequel Me. Rosée dit, que l'appellant étant seigneur de la terre de Bagnolet à titre onéreux de vente, à titre singulier, il n'est pas obligé de maintenir & conserver les officiers qui y ont été établis par ses vendeurs, argumento L. emptorem. C. de locato. mais qu'il peut les destituer, & en instituer à sa volonté & plaisir. Les services prétendus de l'intimé ne sont pas véritables, il a circonvenu M. du Perron mineur, quand il a extorqué ses lettres de provision de lui. M. Talon pour l'intimé dit, qu'il n'y a point de maxime plus certaine au palais, que les officiers pourvus pour récompense de services ne peuvent être destitués, les arrêts en sont notoires: l'intimé est pourvu en cette qualité, & l'appellant n'est pas recevable à objecter la minorité de M. du Perron, qui ne se plaint pas, & qui seul la pourroit proposer. Il est pourvu avant la vente, qui ne peut donner lieu à sa destitution, autrement on feroit indirectement ce qu'on pourroit faire directement.

LA COUR sur l'appel mit les parties hors de cour & de procès, sans dépens. Le mardi de relevée 20 avril 1627, M. de Hacqueville président.

Le premier arrêt de ce recueil est en termes plus forts.

☞ Vide mes additions sur le chap. premier du liv. premier.

CHAPITRE CVIII.

Preneur à emphythéose ne peut prétendre en fin du bail la récompense des bâtimens nouveaux par lui faits; & il n'est pas obligé de les rendre en aussi bon état que les anciens.

EN 1535 les chanoines & chapitre de l'église collégiale de saint Severin de Meaux, firent bail à emphythéose d'une maison sise en ladite ville de Meaux à Pierre Baudoin pour le tems & espace de quatre-vingt-dix-huit ans, à la charge que ledit Baudoin preneur seroit tenu d'y faire pour cinq cents livres de réparations & bâtimens, de les entretenir en bon & dû état, & pour ce, qu'il seroit loisible aux bailleurs d'en faire faire visite de trois ans en trois ans; & outre, à la charge de payer deux écus par chacun an. En 1626 les chanoines font assigner par-devant le bailli de Meaux Nicolas Baudoin possesseur de la maison, pour voir dire que visite en seroit faite, & qu'il seroit condamné à remettre les bâtimens en bon état. Baudoin offre de remettre les vieux & anciens bâtimens en bon état, mais remontre qu'il a construit & édifié de nouveau de beaux & grands bâtimens sur les lieux donnés à emphythéose, dont le tems est prêt d'expirer; demande que lesdits chanoines, & chapitre aient à lui payer les impenses & méliorations utiles qu'il a faites en leur fonds par le moyen desdits bâtimens. Les chanoines ayant soutenu de n'y être tenus, le bailli de Meaux appointe les parties à mettre leurs pieces par-devers lui, dont Baudoin interjette appel, & présente requête à fin d'évocation du principal, pour lequel Me. de Villiers dit, qu'il n'y a rien de si répugnant à la nature, que de vouloir s'enrichir à la perte & dommage d'autrui ; rien de si raisonnable & conforme à la bonne foi, que de reconnoître le profit & utilité qu'on reçoit de quelqu'un, & l'en rembourser. L'appellant & ses prédécesseurs, son pere & son aïeul, étoient possesseurs de bonne foi des fonds que les intimés leur bailloient en emphythéose ; par conséquent ayant édifié des bâtimens qui ont fait de grandes améliorations, les intimés sont obligés de lui en payer l'estimation, & l'en rembourser. Cela est certain en droit, §. Certè. De rerum divis. Inst. L. Adeo. §. Certè. eod. L. in fundo. De rei vindicat. & plusieurs autres loix vulgaires. Aussi l'on juge & pratique tous les jours, que lorsque le fief est réuni au fief dominant, & que le vassal y a fait des impenses & méliorations, si la réunion se fait ex culpa vel delicto vassalli, pour lors le vassal ne peut prétendre aucune récompense des impenses & méliorations, propter culpam & delictum. Mais si la réunion du fief se fait ex lege contractûs, aut alio quovis modo sine culpa vassalli, comme au fait qui se présente, res redit ex lege contractûs, le seigneur du fief dominant est obligé de rendre & rembourser les impenses & méliorations utiles & nécessaires. Ainsi les intimés ne peuvent sans injustice refuser de rembourser l'appellant de la valeur & estimation des bâtimens nouveaux, que lui & ses prédécesseurs ont construits sur les fonds qu'ils avoient à bail emphythéotique, & sans qu'ils fussent aucunement tenus à cette construction. Me. Arragon pour les intimés dit, que c'est une maxime très-certaine en droit que ædificium solo cedit, parce que le bâtiment n'étant qu'un accident & superficie qui ne peut subsister de soi, il faut nécessairement qu'elle suive le fonds, le sol, par le moyen duquel elle subsiste. Quant au remboursement de l'estimation & valeur des bâtimens, il faut faire distinction inter eum qui sciens in fundo alieno ædificavit, & inter eum qui ignorans bonâ fide in eodem fundo ædificavit. Celui-ci a le remboursement de ses impenses & méliorations, parce qu'il a été trompé, ayant cru de bâtir sur son fonds, & de faire les bâtimens pour soi. Mais celui qui sciens prudens in alieno fundo ædificavit, n'a aucune récompense des impenses, méliorations & bâtimens qu'il a fait sur le fonds d'autrui. C'est la disposition expresse de la loi In fundo, alléguée par l'appellant. In fundo alieno quem imprudens emeras, ædificasti, & tu §. Certè. De rerum divisione. L'appellant est de ceux-là, il savoit la condition de la reversion du fonds aux intimés, sciens & prudens in eorum fundo ædificavit, il ne peut répéter aucunes méliorations. Les édifices, dont il demande l'estimation, sont faits il y a plus de soixante ans ; ainsi il a édifié pour sa commodité, il ne peut répéter aucune chose. La cour l'a ainsi jugé par divers arrêts : l'un au profit du chapelain de Passi, auquel on demandoit pareil remboursement, ou à tout le moins, qu'il fût tenu de prolonger le bail emphythéotique : l'autre au profit des chapelains de saint Hilaire de cette ville de Paris, auxquels on demandoit compensation des nouveaux bâtimens avec les réparations qui étoient nécessaires aux anciens baillés à emphythéose. Les premiers furent déboutés & condamnés à réparer les anciens bâtimens, & que les nouveaux demeureroient sans aucune récompense. Après ces arrêts, il ne reste aucune difficulté en la cause.

Monsieur l'avocat général Talon dit, que l'avocat de l'appellant a fait ce dont se plaint Aristote, καταβαίνων ἐξ ἵππου εἰς ὄνον, sauter d'une cause à l'autre. Il n'y a rien de plus certain que les maximes qu'il a rapportées : mais la cause est dans une thèse toute différente ; savoir celle de l'emphythéose, dont la nature & la dénomination même obligeoit l'appellant de faire des méliorations aux héritages qui lui avoient

été baillés à ce titre. Que s'il en a fait plus que le contrat & la qualité de son titre ne le requéroient, cela dépendoit absolument de sa volonté ; il faut présumer que ç'a été pour sa commodité. Mais que l'héritage retournant par la loi du contrat au bailleur, le preneur puisse, sous prétexte de ces nouveaux bâtimens, retenir la chose, ou demander remboursement de la valeur de ces bâtimens, il n'y a nulle apparence : il n'a pu ignorer son titre, ni la reversion de la chose nécessaire à son bailleur qui bien souvent n'auroit pas le moyen de faire tel remboursement. La cour l'a ainsi jugé par les arrêts rapportés par les intimés dans l'espece de l'un, il y avoit pour six mille écus de nouveaux bâtimens ; à quoi néanmoins la cour n'eut aucun égard. En suite de ces arrêts on a demandé si le preneur étoit obligé de rendre ces nouveaux bâtimens en bon état à la fin de son bail, & la cour a jugé que non, & qu'il suffisoit au bailleur de les avoir en l'état qu'ils se trouvent. Cette jurisprudence se pratique ainsi envers les enfans douairiers, qui prennent les bâtimens faits sur les fonds affectés au douaire, sans payer aucune récompense desdits bâtimens, En cette cause il y a cela de particulier, que les bâtimens en question sont faits il y a plus de quarante ans, comme il paroît par le proces-verbal de visite ; l'appellant en a long-tems joui, & les bâtimens sont de moindre considération après un si long-tems : Ædificiorum ætibus examinatis, dit la loi Domos hæreditarias. De legatis 1. Il a joui pour deux écus par an, c'est à dire pour rien, des héritages baillés à emphythéose ; il ne peut prétendre aucune récompense des bâtimens faits de nouveau.

LA COUR mit l'appellation & ce dont est appel, au néant ; évoquant le principal, ordonna que l'appellant jouiroit des lieux en question pour le tems qui restoit de son bail, sans néanmoins, qu'en fin d'icelui il pût prétendre aucune récompense & remboursement pour les bâtimens qu'il y avoit faits de nouveau, dont il seroit tenu de jouir & user en bon pere de famille, & rendre les anciens en bon état à la fin dudit bail ; sans dépens. Le 26 avril 1627, M. de Hacqueville président.

* Brodeau cite l'arrêt, lettre E. somm. 10. qui est conforme à un ancien rapporté par M. Louet.

CHAPITRE CIX.

Banni à tems hors du royaume peut ester en jugement, en élisant domicile, & constituant procureur.

LE sieur baron d'Arcy ayant été banni par arrêt pour cinq ans hors du royaume, & condamné à seize cents livres d'amende envers le roi ; l'un de ses créanciers pour être payé d'une notable somme, fit créer un curateur aux biens du sieur d'Arcy absent, avec M. le procureur général, pour faire ses poursuites sur le curateur. Le sieur d'Arcy en étant averti, fait signifier audit créancier, & tous autres, qu'il élit son domicile en la maison & personne de Me. Pierre Cambert procureur en parlement, son procureur ordinaire, & prend lettres en forme de requête civile contre l'arrêt contenant la création de curateur à ses biens, pour l'entérinement desquelles Me. Servin dit, que la procédure de cet arrêt d'avoir créé un curateur aux biens d'une personne bannie à tems, est mauvaise & extraordinaire. Il faut faire distinction entre la rélégation & la déportation. La rélégation telle qu'est un bannissement à tems, ne prive point un relégué de ses biens, de ses honneurs & dignités, des droits municipaux & de bourgeoisie, ne le rend point incapable de pouvoir ester en jugement, tant pour la demande & poursuite de ses biens, que pour sa défense, L. 22. §. 5. Mandati. L. 32. §. 7. De administr. & peni. Tut. L. 13. Quib. ex causi. in possess. L. 8. §. 4. De pœnis. Mais celui qui est banni à perpétuité hors du royaume, est mort civilement, privé de tous les effets civils, de tous ses biens, auxquels il est né-

cessaire

ceffaire de créer un curateur, comme vacans. *Exuli reverfo non debere prorogari tempus in integrum reftitutionis ftatutum, quia abfuit, cum potuerit adire prætorem per procuratorem,* dit le jurifconfulte, *in L. Papinianus.* 20 *De minoribus.* Et en la loi 26 *Ex quibus caufis maj.* il en eft autant dit : *Relegato non effe concedendam reftitutionem, quia potuit procuratorem relinquere.* Ce que le demandeur a fait ; & élu fon domicile en la maifon de fon procureur, il n'y a aucune difficulté à l'entérinement des lettres. Me. le Royer pour le défendeur en lettres dit, que fa partie légitime créancier du demandeur, n'a pu fe pourvoir autrement pour être payé, que par la création d'un curateur à fes biens ; étant banni hors du royaume, il eft incapable d'efter en jugement, a perdu tous les effets civils. C'eft l'opinion de nos docteurs français, qu'un banni hors du royaume, quoiqu'à tems, eft femblable aux déportés des Romains, qui étoient notoirement indignes & privés de tous les effets de la loi civile.

M. l'avocat général Talon dit, que la diftinction des bannis à perpétuité, ou à tems, que ceux-là ne peuvent agir, ceux-ci le peuvent, eft véritable & tirée des loix citées à ce propos. La qualité de défendeur eft très-confidérable : car quoique l'étranger, le furieux & le prodigue ne puiffent intenter action en demandant, néanmoins ils peuvent efter en jugement en défendant ; la défenfe eft fi naturelle, qu'on ne la doit refufer à perfonne, non pas même au diable, s'il étoit affigné, fuivant l'opinion des canoniftes : toutefois la création de curateur, & les autres procédures faites avant l'élection de domicile & fignification d'icelui, doivent fubfifter.

LA COUR fur les lettres en forme de requête civile mit les parties hors de cour & de procès ; néanmoins ordonna que les exploits & autres procedures qui feroient faites à la perfonne ou au domicile du procureur élu & nommé par le demandeur, vaudroient, comme fi elles étoient faites à fa perfonne. Le mercredi 11 août 1617 en la chambre de l'édit, M. Seguier préfident.

CHAPITRE CX.

Héritier inftitué à la charge de fubftitution, eft tenu de donner caution au fubftitué pour les meubles.

MAître Jean Bertier avocat à Lyon, fait fon teftament folemnel au mois de juin 1621, par lequel il inftitue fon héritier univerfel Me. Simon Bertier fon neveu, & au cas qu'il décède fans enfans, lui fubftitue en tous fes biens Me. Claude le Maire marchand de ladite ville de Lyon ; & le teftament ajoute une prohibition de faire aucun inventaire de fes biens. Le reftateur étant décédé en 1626, le Maître fubftitué fait affigner Bertier héritier pardevant le fénéchal de Lyon, aux fins de voir dire qu'inventaire fera fait des biens meubles délaiffés par le teftateur, ce qui eft ainfi ordonné, fauf à quels frais ; enfuite l'inventaire ayant été fait, & s'étant trouvé pour feize mille livres tournois de meubles, le fubftitué demande que Bertier héritier foit tenu de bailler caution de reftituer, & rendre tous lefdits meubles, le cas de la fubftitution arrivant. Le fénéchal de Lyon ordonne qu'il donnera caution, dont appel, pour lequel Me. Brodeau dit, qu'il a été mal jugé, tant contre la commune difpofition du droit, que contre l'ufage & pratique de France. En droit il ne fe trouvera point qu'un héritier inftitué, grevé & chargé d'un fidéicommis univerfel, foit tenu & obligé de bailler caution au fubftitué. Le titre 3 du 36 livre du digefte, *ut legatorum feu fideicommifforum fervandorum caufâ caveatur :* & au code, *ut in poffeffionem legatorum vel fideicommiff. fervandorum caufâ mittatur, & quando fatisfari debeat ;* ne s'entendent que des legs & fidéicommis particuliers, & non univerfels, comme il eft expreffément décidé en la loi *Jubemus. C. Ad Trebell.* où il eft parlé d'un fidéicommis univerfel. *In fupradictis autem cafibus fideicommifforum fervandorum fatisfationem ceffare*

jubemus, dit l'empereur. Il paroît que le fénéchal de Lyon a fondé fa fentence fur la loi *Inter omnes convenit.* D. *Qui fatisf. cog.* où Ulpien dit : *Inter omnes convenit hæredem fub conditione, pendente conditione poffidentem hæreditatem, fubftituto cavere debere de hæreditate.* Cette loi s'entend d'un héritier inftitué conditionnellement, & non purement & fimplement, comme l'appellant. Quand la difpofition du droit chargeroit l'héritier inftitué, grevé de fubftitution, de donner caution, toutefois par le même droit, le teftateur l'en peut décharger. *Ipfis rerum experimentis cognovimus ad publicam utilitatem pertinere, ut fatisfationes quæ voluntatis defunctorum tuendâ gratiâ in legatis & fideicommiffis introductæ funt, eorundem voluntate remitti poffint,* dit l'empereur en la loi 2. *Ut in poffeff. legat. vel fideic.* où il ajoute : *Quocumque judicio voluntatis cautio legati, vel fideicommiffi remitti poteft.* C'eft ce que le teftateur a fait par la prohibition de la confection d'aucun inventaire de fes biens. Pour troifieme & dernier moyen, la plupart des cautions introduites par le droit romain ne fe pratiquent point en France ; par exemple, la caution du tuteur *rem pupilli falvam fore,* celle du procureur *rem ratam haberi,* celle *judicatum folvi,* ne s'obfervent qu'en deux cas, contre l'étranger, & contre celui qui a fait ceffion de biens. La caution *judicio fifti* n'eft point en ufage, ni pareillement la caution par l'héritier au fubftitué ne peut avoir lieu dans notre droit français, qui n'approuve pas les fubftitutions *in infinitum,* ni felon le droit romain. M. Talon pour l'intimé dit, que fa caufe eft indubitable, par la réponfe de l'empereur en la loi 1. *Ut in poffeff. legat. vel fideicomm.* Quoniam nihil actor amplius poftulat, quàm ut fideicommiffi nomine fatisfiatur. Sa demande eft légitime, & la diftinction qu'on a voulu introduire d'un legs ou fidéicommis particulier, eft toute nouvelle, & n'eft pas bonne : car le fidéicommiffaire univerfel a plus de raifon & de fujet de demander caution, que le légataire ou fidéicommiffaire particulier ; auffi les textes du droit exprès pour telles cautions, s'entendent au profit du fidéicommiffaire univerfel. L. *Cùm Artemidoram. ut in poffeff. legat. Cod. cùm Artemidoram hæredem extitiffe proponas, ut fideicommiffariam hæreditatem, cùm moreretur, reftitueret, ut fatis fideicommifforum nomine Artemidora det conveni.* C'eft une hérédité, un legs univerfel & pour la reftitution il faut bailler caution, *ut habeat fidejuffores ejus quantitatis, quam ex fideicommiffo petere potuit,* dit le jurifconfulte *in* L. 54. *Ad Trebell. Legatorum feu fideicommifforum fatisfidari oportere præter putavit, his quibus teftator dari fierive voluit ; femper autem fatisdare cogetur cujufcumque dignitatis, vel facultatum quarumcumque fit hæres,* L. 1. & 14. & *paffim. ut leg. feu fideic. fervand.* Ces mots, *legatorum feu fideicommifforum,* ne fignifient pas la même chofe ; la difjonctive, *vel, aut, feu,* la montre affez. La décifion de la loi *Inter.* D. *Qui fatis cog.* eft encore plus formelle. *Inter omnes convenit hæredem fub conditione pendente conditione poffidentem hæreditatem, fubftituto cavere debere de hæreditate.* C'eft l'efpece de cette caufe. Bref, la queftion ne reçoit point de difficulté, pourquoi l'héritier inftitué à la charge d'une fubftitution ne foit obligé de donner caution pour la reftitution des meubles, principalement entre les étrangers ou collatéraux ; mais non entre les defcendans, ni pour les immeubles. L'héritier n'eft pas plus favorable qu'un ufufruitier, ou un donataire mutuel, obligé de bailler caution, L. 1. *Cod. De ufufr.* & *habitat.* Il y a des meubles pour une notable fomme, & l'appellant eft mauvais ménager.

LA COUR mit les appellations au néant, ordonna que ce dont étoit appel, fortiroit fon plein & entier effet, fi mieux l'appellant n'aimoit confentir que les deniers provenans de la vente des meubles fuffent mis en rentes, ou achat d'héritages ; le 20 août 1617, en la chambre de l'édit.

☞ *Vide* les articles 4, 5, 6, 7, 8, 9 & 10 du titre premier de l'ordonnance des fubftitutions du mois d'août 1747, & les articles 1, 2, 3, 4, 5, 6, 7, 8, 9 & 10 du titre 2 de la même ordonnance.

CHAPITRE CXI.

Legs fait à un particulier, ou à ses héritiers, d'une somme qui est apparemment une restitution, appartient moitié à ses héritiers, & l'autre moitié à ceux de sa femme, commune en biens avec lui, lorsque la somme fut prise.

EN 1626 lors du jubilé en la ville de Paris, un gentilhomme nommé de Vaux, y fait son testament par lequel il legue dix-huit cents livres, pour certaines considérations, à un nommé Cauchon demeurant il y a trente-cinq ans en une hôtellerie de la ville de Beauvais, à l'enseigne de l'écu, ou à ses héritiers; & au cas qu'il ne se trouve aucun héritier dudit Cauchon, veut que cette somme soit distribuée en œuvres pieuses à l'intention dudit Cauchon. Les enfans s'étant présentés pardevant le prévôt de Paris pour avoir délivrance de ce legs de dix-huit cents livres : un nommé Pierre Roy, fils de Luciane de Renty, veuve de Claude Roy, & depuis premiere femme dudit Cauchon, intervient en la cause, & soutient que la moitié de cette somme de dix-huit cents liv. lui appartient comme héritier de sa mere mariée & commune en meubles avec ledit défunt Cauchon il y a trente-cinq ans, lors & au tems porté par ce testament ; que cette somme de dix-huit cents livres a été extorquée par force & violence dudit Cauchon lors mari de ladite Renty, par le testateur, qui commandoit les troupes. Le prévôt de Paris par sa sentence adjuge la moitié de ladite somme à l'héritier de ladite Renty, dont appel par les héritiers de Cauchon, pour lesquels Me. Chipart dit, que le legs ne doit être présumé procéder d'autre cause quelconque des faits que l'intimé allegue ; ainsi il appartient entiérement aux appellans héritiers de Cauchon. Me. Acteau pour l'intimé dit, que le tems & les termes du testament montrent assez évidemment le sujet & la cause du legs fait par le testateur, pour se mettre à couvert du crime qu'il avoit commis, ayant ôté cette somme par force & violence audit Cauchon pendant les mouvemens de la ligue. S'en étant confessé, il a été obligé d'en faire la restitution, qu'il a exécutée par son testament. La mere de l'intimé ayant la moitié à cette somme, lorsqu'elle a été prise, il a le même droit au legs fait pour la restitution.

LA COUR sur l'appel mit les parties hors de cour & de procès. Le 9 de décembre 1627, M. de Hacqueville d'Osembray premier président prononçant, promu en cette charge par le décès de M. de Verdun.

Fin du second Livre.

RECUEIL

D'ARRÊTS DU PARLEMENT

DE PARIS,

Depuis l'année 1617 jufqu'en 1643,

SUR

LES PLUS BELLES QUESTIONS

DE DROIT.

LIVRE TROISIEME.

CHAPITRE PREMIER.

Faculté concédée aux eccléfiaftiques de racheter leurs biens aliénés pour fubventions, n'eft ceffible.

EN 1585 y ayant eu bulles de notre faint pere le pape & édit pour l'aliénation du temporel des eccléfiaftiques, Jean de la Mare, bourgeois de la ville de Sens, fe rendit adjudicataire de foixante & douze arpens de terre fitués proche de ladite ville de Sens, dépendans de l'abbaye & couvent d'Efchalis, ordre de Citeaux. En vertu de cette adjudication, la Mare ayant continuellement joui de ces terres, fans que les abbé & couvent d'Efchalis euffent daigné les retirer & réunir à leur menfe abbatiale, fuivant les édits portans pouvoir & faculté de racheter les héritages ainfi vendus pour fubventions; néanmoins pour les ôter des mains dudit de la Mare adjudicataire, ils font ceffion & tranfport de leur droit & faculté de recouvrer & racheter lefdits héritages à l'abbé & couvent de faint Paul de Sens, de l'ordre de Prémontré, lequel en vertu de cette ceffion; & en exécution de l'édit de 1626, portant nouvelle faculté & prorogation de délai de cinq ans, aux eccléfiaftiques pour racheter leurs biens aliénés pour fubventions, fait affigner la Mare pardevant le bailli de Sens, aux fins de lui délaiffer & revendre les héritages par lui acquis des abbé & couvent d'Efchalis. Il y eft condamné par fentence dudit bailli de Sens,

dont il interjette appel, pour lequel Me. Buffet dit, que cette faculté accordée aux eccléfiaftiques par les édits, de recouvrer & racheter leurs fonds & héritages aliénés pour fubventions, n'eft point ceffible ni tranfmiffible, eft attachée au couvent, au monaftere, au college & à l'églife, dont on a vendu & aliéné les fonds. C'eft pour remettre le patrimoine dans fon principe & dans fon origine: ce qui n'arriveroit pas néanmoins, fi les ceffions & tranfports en étoient tolérés. De même que le retrait lignager introduit par nos coutumes pour la confervation des familles ne fe peut céder & tranfporter à un étranger de la famille; auffi cette faculté de racheter accordée aux eccléfiaftiques eft de même nature. Me. de Montholon pour l'intimé dit, que la ceffion étant faite à une églife eft bonne & valable.

M. l'avocat général Bignon dit, que la ceffion eft nulle, & ne peut fe foutenir.

LA COUR mit l'appellation & ce dont étoit appellé, au néant; émendant & corrigeant, ordonna que l'appellant jouiroit des terres dont étoit queftion; permit néanmoins aux religieux d'Efchalis de pouvoir les retirer & racheter pour être actuellement réunies à leur domaine & fans fraude. Le 14 janvier 1628, vendredi de relevée, M. de Mefme préfident.

CHAPITRE II.

Retrait lignager est en usage dans la ville de Lyon, & l'acquéreur ayant tendu le giron, doit être remboursé dans trois jours.

Q Uoique la ville de Lyon soit notoirement régie par la disposition du droit romain, dans lequel le retrait lignager n'a aucunement lieu, néanmoins il a été introduit depuis quelques années, & s'y pratique communément. Suivant cet usage Pierre Grand ayant acquis une maison en la ville de Lyon de Claude de la Tour en 1626, Jean de la Tour frere du vendeur fait assigner Grand acquéreur pardevant le sénéchal de Lyon le 5 mai 1626, aux fins de lui délaisser par retrait lignager ladite maison, en le remboursant du prix de son acquisition & loyaux coûts. Grand voulant éloigner l'instance, laisse obtenir une sentence par défaut, portant débouté de défenses, qui ne lui put être signifiée que la veille de la pentecôte fort tard. Lors de la signification il fait réponse, qu'il tend le giron, & offre de délaisser la maison au retrayant en le remboursant de son prix de l'acquisition & de ses loyaux coûts. Or en la ville de Lyon il y a encore cette maxime certaine pour le retrait lignager, que l'acquéreur ayant tendu le giron au retrayant, il faut qu'il exécute son retrait, & rembourse actuellement l'acquéreur du prix de son acquisition dans trois jours; faute de ce faire, les trois jours passés, il est déchu du retrait. Néanmoins Jean de la Tour retrayant ne fit aucunes offres de rembourser Grand, ni le jour de la pentecôte ni les deux autres jours; mais le mercredi suivant il lui offrit le remboursement du prix de son acquisition & de ses loyaux coûts, & au refus de le recevoir, le fit assigner pardevant ledit sénéchal, pour voir ordonner qu'il recevra les deniers offerts. Grand refuse, dit que le demandeur n'ayant exécuté son retrait & fait le remboursement dans les trois jours préfix par la coutume ou usage observé en la ville de Lyon, il n'est plus recevable & doit être déchu. Le retrayant au-contraire soutient, que dans les trois jours des féries de la pentecôte il n'a pu exécuter son retrait, & fait les offres de remboursement nécessaires. Le sénéchal de Lyon ordonne que le défendeur recevra les deniers offerts, & délaissera la maison au demandeur retrayant, dont ledit acquéreur interjette appel, pour lequel Me. Baillet dit, que le retrait lignager étant odieux & contre la liberté du commerce, principalement en pays de droit écrit, où il est établi contre la disposition expresse des loix, les formalités s'y observent étroitement & *ad unguem*, & qui manque d'un point, manque en tout; même elles ne peuvent être accomplies par équipollent. Ainsi les Lyonnois ayant introduit le retrait lignager en leur ville contre la disposition du droit commun, & voulu que l'acquéreur reconnoissant le lignager & lui tendant le giron, il le remboursât trois jours après; ces trois jours se doivent tellement observer, qu'étant passés, le retrayant n'est plus recevable à son retrait, & ne peut être dispensé de n'avoir fait ce qui est prescrit par le droit municipal. La cour a souvent jugé que le retrait se compte *de momento ad momentum*, court contre toute sorte de personnes, même contre les mineurs qui n'en peuvent être relevés. L'intimé se doit imputer d'avoir fait signifier la sentence de débouté de défenses la veille de la pentecôte: en tout cas il devoit offrir & consigner le lundi ou le mardi. Me. le Feron pour l'intimé dit, que les trois jours observés & préfix à Lyon pour l'exécution du retrait & remboursement de l'acquéreur, ne sont introduits par aucune loi écrite, coutume & ad unguem; mais sont pratiqués par certain usage, dont les juges peuvent dispenser selon l'occurrence des cas, comme en celui dont est question. L'acquéreur s'est caché, n'a pu être trouvé avant la veille de la pentecôte;

pendant les jours de la férie l'on n'a pu ni dû faire aucun acte de justice à peine d'irrévérence & de nullité; ces trois jours doivent être comptés utilement, & non *de die ad diem*, non *de momento ad momentum*; mais cessant toute occupation & empêchement légitime.

LA COUR sur l'appel mit les parties hors de cour & de procès, sans dépens. Le mardi de relevée 8 février 1628, M. le Jay président.

* Cet arrêt est fort singulier & autorise un usage pour la ville de Lyon, qui semble avoir été inconnu à Me. Claude Henrys, puisque dans son recueil tom. 1. liv. 2. chap. 4. quæst. 19. marquant que le retrait lignager n'a point de lieu en sa province, il ne fait aucune mention de l'usage contraire introduit en la ville capitale de la généralité.

☞ La note de M. Berroyer m'engage à en faire une autre sur la sienne; ce savant jurisconsulte observe que M. Henrys ne paroit pas avoir eu connoissance de l'arrêt rapporté par M. Bardet, puisqu'il n'en fait point mention dans ses œuvres, quoiqu'il dise, liv. 2. chap. 4. quæst. 19. que le retrait lignager n'a point lieu dans la province du Lyonnois, la cour l'ayant jugé ainsi par différens arrêts rendus & insérés à la fin du recueil de M. le Prestre.

Comme M. Berroyer se contente de faire cette réflexion, sans donner son avis & sans instruire le public & ses confreres, si dans la ville de Lyon le retrait lignager a lieu effectivement, comme il le paroitroit par l'arrêt cité par M. Bardet, j'ai cru qu'il étoit à propos d'examiner cette question, afin d'approfondir si l'usage dont il est parlé dans l'arrêt de 1682, étoit établi à Lyon; & si en supposant qu'il ne l'eût pas été, cet arrêt l'a effectivement introduit.

D'abord il est de fait certain, que suivant le droit romain le retrait lignager n'est pas admis; il est vrai qu'il avoit été établi dans l'empire par une constitution que Godefroy (sur la loi 6. au code De contrah. empt.) pense être de Constantin ou de quelqu'un de ses enfans; mais cette constitution a été abrogée par la loi Dudum proximis au code De contrah. empt. Ensorte que l'on peut poser pour principe, que depuis cette constitution le retrait lignager n'est point exercé en vertu du droit écrit.

Examinons donc si le Pays Lyonnois est du nombre de quelques provinces régies par le droit écrit, qui ont admis le retrait lignager. Tous les anciens jurisconsultes, même bien antérieurs à Henrys, tiennent pour la négative.

Il est vrai que le roi Henri III par son édit du mois de novembre 1581, enregistré avec des modifications le 25 janvier 1582, avoit ordonné que le retrait lignager auroit lieu dans tout le royaume, même dans les pays régis par le droit écrit, & que l'année accordée pour l'intenter, ne couriroit que du jour de la notification du contrat, qui seroit faite au greffe des notifications, à l'effet de quoi, par une déclaration du mois de décembre de la même année, il avoit créé par tous les sieges royaux des offices de greffier de ces notifications.

Mais il paroit que cet arrêt qui fut regardé comme bursal, pour faire vendre les charges de greffier de ces notifications, ne reçut pas son exécution, même dans le ressort du parlement de Paris, où il avoit été enregistré, puisque 27 ans après il fut rendu des arrêts dont les dispositions semblent détruire l'effet de cet édit.

Le premier rapporté par Automne sur la loi 14 au code De contrahenda emptione & venditione, confirme une sentence du bailliage de Montbrison du 16 janvier 1609, qui jugeoit que le retrait lignager n'avoit pas lieu en Forez.

Le second qui est rapporté par M. le Prestre en ses arrêts célebres, fut rendu entre Antoine Parse & Clement Perdrigeon, le 27 novembre 1610; il est d'autant plus intéressant que non-seulement il jugea que le retrait lignager n'étoit point admis dans le pays de Forez, mais encore qu'il fut dit que l'arrêt seroit lu & publié audit siege de Forez à jour d'audience, & qu'il fut enjoint au substitut de M. le pro-

cureur

cureur général dudit lieu , d'en faire les diligences & en certifier à la cour.

Une autre observation que fait naître la lecture de cet arrêt , c'est que dans les moyens respectifs des parties rapportées par M. le Prestre , on voit qu'Antoine Parie, demandeur en retrait lignager , fondoit sa demande sur l'édit du mois de novembre 1581, & que Clement Perdrigeon oppofoit pour défense contre les moyens qui se tiroient de l'édit , qu'il avoit été révoqué par un subféquent , & qu'il appuyoit sa défense d'un arrêt du 13 juillet 1596, qui avoit jugé au préjudice de l'édit de 1581, que le retrait n'étoit point admissible dans la coutume d'Issoudun qui le rejettoit.

D'après ces arrêts & sur-tout celui de réglement , il est donc bien constant que la voie du retrait lignager n'est point admise au pays de Forez.

Reste actuellement à vérifier que c'étoit l'usage qui se pratiquoit dans la ville de sénéchauffée de Lyon , & s'il étoit conforme à ce que Jean de la Tour alléguoit lors du procès sur lequel est intervenu l'arrêt rapporté par M. Bardet.

L'on voit que Claude Rambault ayant vendu les fonds & domaine à Pierre Piegay qui provenoient de Catherine Rambault son aïeule , Nicolas Rambault frere du vendeur ayant formé sa demande en retrait lignager contre Pierre Piegay en la sénéchauffée & siege préfidial de Lyon , par sentence du dernier janvier 1611 , ledit Piegay fut condamné à délaisser lefdits héritages à Nicolas Rambault, en rembourfant par lui le prix defdits héritages , le tout sans dépens.

L'appel de cette sentence fit la matiere d'un procès par écrit , sur lequel d'après la production respective des parties intervient , au rapport de M. Loisel , arrêt dont voici les dispositions.

Notredite cour par son jugement & arrêt dit : » qu'il a été mal jugé par lefdits préfidiaux de Lyon , » bien appellé par l'appellant ; émendant , a absous » ledit Piegay de la demande en retrait lignager à » lui faite par ledit Rambault , lequel elle a con-» damné aux dépens, tant de la caufe principale , » que d'appel ; & fera le présent arrêt lu & publié » audit siege de Lyon à jour d'audience ; enjoint » au subftitut du procureur général audit lieu , d'en » faire les diligences & certifier la cour. Prononcé » le 23 juin 1712.

D'après cet arrêt rendu comme l'on voit en forme de réglement , & qui est rapporté par M. le Prestre en ses arrêts célèbres, page 72 , j'inclinerois beaucoup à soutenir que dans ce tems le retrait lignager n'étoit point admis dans le Lyonnois. Y a-t-il été admis depuis ? C'est ce qu'il faut examiner.

Si l'on confulte le fentiment de M. Henrys , on verra qu'il n'héfite point à soutenir qu'il n'y a point lieu.

Il est vrai cependant que felon M. Auzanet , au titre du retrait lignager de la coutume de Paris , il sembleroit qu'il y auroit deux baillages & sénéchauffées dans la province de Lyonnois , ès quelles on use , dit-il , du retrait lignager.

Mais M. Bretonnier en ses observations sur la question 19 du chap. 4 du liv. 2. des œuvres de M. Henrys , combat avec avantage & en même tems avec toute la modération possible le sentiment de M. Auzanet , & démontre que c'est une erreur de sa part.

Pour prouver cette vérité , il commence par établir que dans le Lyonnois il n'y a que la feule sénéchauffée de Lyon & non point deux , comme le foutient M. Auzanet , & que dans la sénéchauffée de Lyon , le retrait lignager n'avoit certainement pas lieu. (Défunt M. de Seve) dit-il , qui étoit préfident & lieutenant général au préfidial & sénéchauffée , & qui a exercé ces deux charges pendant plus de 30 ans avec toute la capacité , l'assiduité requifes , m'a dit qu'il n'avoit jamais vu dans son siege aucun procès de cette qualité ; d'après quoi M. Bretonnier ajoute , que c'est assez dire pour être persuadé que le retrait lignager n'a pas lieu dans la province de Lyon.

Les sentimens de M. Bretonnier réunis aux arrêts de réglemens que nous venons de rapporter, doivent

être d'un grand poids contre la question jugée par l'arrêt de M. Bardet. Cependant toutes ces chofes ne feroient pas encore fuffifahtes pour détruire l'effet de cet arrêt qui ne paroît contredit par aucun postérieur : c'est ce qui m'a fait continuer mes recherches , & j'ai vu que M. Bretonnier en ses observations sur le dix-neuvieme plaidoyer de M. Henrys , a traité de nouveau la question & l'approfondie. En effet , il dit nombre 16 , qu'il avoit toujours penfé d'après les deux arrêts de réglement de 1610 & 1612 , que le retrait lignager n'avoit point lieu dans le Lyonnois ; mais qu'il avoit été fort surpris de voir dans le recueil d'arrêts de M. Bardet , celui du 8 février 1628 , dans lequel M. Bardet avançoit que le retrait lignager avoit été introduit à Lyon & qu'il s'y pratiquoit ; que cet arrêt l'avoit si fort étonné , que ne voulant point s'en rapporter à ses foibles lumieres , il en avoit pafsé d'a-bord à MM. Ferray , Gillet & Terrafson ses confreres , originaires de la ville de Lyon & qui étoient parfaitement instruits des usages de cette ville & de ceux de toute la province ; qu'ils furent aussi furpris que lui , & lui confeillerent de réfuter cet arrêt , afin d'empêcher le public d'être trompé sur la foi d'un femblable jugement qu'ils regardoient comme apocryphe ou collufoire.

Ensuite M. Bretonnier ajoute que pour être plus certain de la vérité de ce prétendu ufage , il avoit pris le parti d'écrire à M. Dufournel célebre avocat de Lyon , lequel lui envoya une consultation signée de 15 des plus anciens avocats & des plus employés.

Cette confultation est trop intéressante pour ne la pas placer ici. La voici , telle que M. Bretonnier la rapporte au nombre 18.

» Les fouffignés, sur la question qui leur a été pro-» pofée, de savoir si le retrait lignager a lieu dans la » ville de Lyon & dans les provinces de Lyonnois , » Forez & Baujollois , font d'avis que la jurifpru-» dence romaine a long-tems varié sur l'ufage des » retraits liguagers ; car si l'on trouve quelques tex-» tes qui justifient qu'il n'a point été inconnu dans » l'ancien droit , la loi Dudum qui est la quatorzieme » au code De contrah. empt. établit en même tems » qu'il fut abrogé par les empereurs Valentinien , » Théodofe & Arcadius ; & quoiqu'il ait été ensuite » rétabli par deux constitutions, l'une de Romanus » Senior , l'autre de Frederic , ces constitutions ne » font point partie du corps du droit.

» Mais il faut obferver qu'il étoit exercé parmi » les Romains , d'une maniere bien différente de » celle que l'on observe actuellement dans le royau-» me , où le retrait ne s'exerce qu'après le contrat ; » au-lieu que par la disposition du droit romain , le » vendeur ne pouvoit à la vérité aliéner ses héritages » à des étrangers , qu'après les avoir offerts à ses » plus proches parens ; mais cette démarche étant » faite , & le contrat de vente une fois pafsé , quoi-» qu'en faveur d'un étranger , il ne pouvoit jamais » y avoir de retrait.

» Enfin il est certain que le retrait lignager n'est » point à présent obfervé dans la ville de Lyon ni » dans les provinces de Lyonnois , Forez & Beau-» jollois. Les fouffignés ne se font point apperçu , ni » dans les confultations ni dans les jugemens , qu'on » ait jamais fait un feul moment de la validité de » ce principe. L'on trouvera même qu'elle est attef-» tée par MM. Tronçon, Brodeau & par tous les au-» tres commentateurs de la coutume de Paris , & » principalement par M. Henrys , tom. 1. livi 2. chap. » 4. quest. 19. Le témoignage de cet auteur doit » être d'un grand poids , attendu qu'ayant fait la » profeffion d'avocat pendant près de 32 ans , & la » fonction d'avocat du roi pendant plus de 20 ans » au bailliage de Montbrifon , il favoit parfaite-» ment l'ufage de la ville de Lyon & de toute la » province.

» M. Jean Bouvot avocat au parlement de Bour-» gogne , tom. 1. part. 1. sur le mot retrait , quef-» tion 7 , établit aussi que le retrait n'a pas lieu dans » les pays du droit écrit.

» Quant à l'arrêt qui est rapporté par M. Bardet » dans son recueil d'arrêts , tom. 1. liv. 3. chap. 2.

» l'on obfervera que cet auteur convient lui-même » que le retrait lignager eft contraire à la difpofition » du droit écrit. Mais il fuppofe que ce droit avoit » été autorifé dans la ville de Lyon par un ufage » particulier ; cependant on ne fauroit trouver aucun » autre jugement conforme à celui-ci , & les auteurs » que l'on vient de citer en rapportent au-contraire » plufieurs , par lefquels il a été formellement dé- » cidé , que le retrait lignager n'étoit point en ufage » dans la ville ni dans la généralité de Lyon.

» Il eft donc difficile de concevoir quel a été le fon- » dement de cet arrêt. Mais comme il eft unique » & contraire à la difpofition de plufieurs autres , il » ne fauroit jamais établir une loi & un ufage certain.

» Il eft même affez naturel de préfumer , ou que » M. Bardet s'eft trompé dans cette citation , ou » qu'il y avoit quelques conventions précédentes » & d'autres circonftances qui font échappées à cet » auteur , ou enfin que ce jugement a été rendu » d'intelligence entre les parties , peut-être dans la » vue de tromper le feigneur direct , à qui il auroit » été du double lods en fe départant après coup , » d'une vente parfaite ; & ce qui doit faire préfumer » qu'il y avoit en effet quelque collufion , c'eft que » l'appellant qui s'oppofoit au retrait , convenoit » néanmoins de l'ufage & ne s'en défendoit que fur » quelques défauts de formalités. Cependant l'on a » déja obfervé qu'il n'y avoit & n'y a encore dans » la ville & dans la généralité de Lyon , aucun » veftige de cet ufage prétendu.

» Délibéré à Lyon le 28 décembre 1706. Signés , Va- » loux , Aubert , Bourg , Parret , Chazel , Chol , Gillet, » Terraffon , Dufournel , Delurreu , Rolland , Va- » loux , Gandin , Fuzeau , Duxio de la Proly.

M. Bretonnier a fait plus ; quoique cette confultation fût précife fur la queftion , il a voulu remonter à la fource , pour tacher de reconnoître quels avoient pu être les motifs de l'arrêt rapporté par M. Bardet. En effet , il fut le vérifier dans les regiftres de la cour , & vit avec furprife , qu'il n'avoit point été rendu dans la ville ni la province de Lyon , mais dans la ville d'Aurillac , haute Auvergne.

Cette erreur étoit affez effentielle pour être vérifiée , & je crois que le lecteur verra avec plaifir l'arrêt tel qu'il a été rendu , puifqu'il fert à juftifier le fentiment de M. Bretonnier.

» Entre Pierre Viguier confeiller du roi , élu en » l'élection du haut Auvergne à St. Flour , appellant » d'une fentence donnée par le bailli du haut Auver- » gne ou fon lieutenant à Aurillac le 13 juin 1626 , » d'une part , & Gabriel de Laiffat Sr. des Ecures » intimé , d'autre ; fans que les qualités puiffent nuire » ni préjudicier aux parties. Baillet avocat pour l'ap- » pellant dit , que fa partie a acquis une rente féo- » dale de l'intimé , pour raifon de laquelle ayant » été appellé en retrait lignager à la figni.fication » d'une fentence de débouté de défenfe , interve- » nue le 30 mai , qui eft le tems où finiffoit l'action » du retrait , a déclaré qu'il acceptoit le retrait , à » quoi falloit fatisfaire dans trois jours ; néanmoins » fans l'ouir & appeller , cinq jours après le tems » expiré , eft intervenu une autre fentence , par la- » quelle a été ordonné que dans ce jour il compa- » roîtroit pour recevoir fon rembourfement , & à » faute de ce faire , permis de configner , qui eft » fon appel auquel a conclu à ce qu'il foit dit mal » jugé , émendant , attendu que l'intimé n'a fatis- » fait fera déchargé dudit retrait. Le Feron avocat » pour l'intimé dit , que l'appellant a ufé de toutes » les fuites à lui poffibles pour reculer le tems , » d'autant que depuis le jour de l'adjudication l'ap- » pellant s'eft toujours abfenté , ayant été rencontré » la veille de la pentecôte , la fentence lui a été » fignifiée portant débouté de défenfe ; donc étant » jour de férie , il n'y avoit lieu d'exécuter ledit e- » trait le mardi , (a) partant bien jugé. LA COUR » a mis & met l'appellation au néant , fans amende ; » ordonne que ce dont eft appel , fortira fon plein » & entier effet , & néanmoins fans dépens.

Cet arrêt , comme l'on voit , étant rendu dans la province d'Auvergne , où le retrait lignager a lieu pour

(a) Ce mardi étoit le dernier jour des fêtes de la pentecôte.

la partie régie par le droit écrit , ne peut s'appli- quer à la province du Lyonnois , où l'ufage eft to- talement contraire ; ainfi comme l'effet ne répond point à fon titre , il doit demeurer pour conftant que le retrait lignager n'eft point admis en Lyonnois.

Peut-être alléguera-t-on que l'arrêt que je rap- porte , n'eft point celui cité par M. Bardet , puif- que dans l'efpece de M. Bardet , le retrayant s'ap- pelloit Jean de la Tour & l'acquéreur Pierre Le- grand , & que l'appel jugé par cet arrêt étoit d'une fentence de la fénéchauffée de Lyon , tandis que dans l'efpece de l'arrêt que je cite , il s'agiffoit d'une fentence du bailli d'Aurillac rendue entre Pierre Vi- guier & Gabriel de Laiffat Sr. des Ecures. Mais outre qu'il n'y a point eu d'autre arrêt rendu le 8 février 1728 en matiere de retrait , il faut obferver que les avocats font les mêmes que ceux indiqués par M. Bardet , favoir MM. Baillet & le Feron ; que les moyens de le Feron avocat de De Laiffat font les mê- mes que ceux que M. Bardet met dans la bouche de le Feron , comme avocat de Jean de la Tour ; & que les défenfes de Baillet , avocat de Pierre Vi- guier , font les mêmes que celles que M. Bardet fait employer à M. Baillet comme défenfeur de Pierre Legrand. Enforte qu'il eft vifible que cette affaire eft la même , & qu'il n'y a eu de changement que dans les noms des parties de la province & de la ville où le retrait liguager fut exercé , & où le jugement fut rendu.

Enfin quand ce jugement auroit été rendu dans la ville de Lyon , il ne pourroit fervir à détruire l'ufage certain que le retrait lignager n'y eft point admis ; puifque l'acquéreur dans l'efpece jugée avoit tendu le giron & acquiefcé au retrait , & que la principale difficulté ne rouloit que fur la validité des offres.

CHAPITRE III.

Legs n'eft pas annullé par une fauffe caufe ou dé-
monftration.

MOnfieur Fouquet confeiller en la cour de par- lement fait fon teftament olographe , par lequel entre autres difpofitions il donne & legue à fes nieces , en ces mots , je donne & legue à Charlot- te & Françoife (& au-deffus du nom de Françoife il y avoit en interligne , Marie , fans néanmoins que le nom de Françoife fût rayé) mes nieces filles à marier de ma très-chere fœur de Boifmorin , à chacune la fomme de trois mille livres. Le décès de M. Fouquet étant arrivé , les héritiers payerent volontairement le legs de trois mille livres à demoifelle Charlote & Marie de Boifmorin ; mais refuferent de payer le legs de femblable fomme à demoifelle Françoife de Boifmorin leur fœur , fur ce qu'il y avoit long-tems qu'elle étoit mariée. Pour en obtenir la délivrance , elle les fit affigner pardevant le prévôt de Paris , le- quel fur la demande met les parties hors de cour & de procès , fans dépens : dont ladite demoifelle Fran- çoife de Boifmorin interjetta appel , pour laquelle M. Feideau , fils de M. Feideau vivant confeiller en la grand'chambre , dit que l'appellante étant com- prife expreffément au nombre des légataires , fon nom étant fain & entier écrit dans le teftament , il n'y a raifon ni apparence de débattre & contefter fon legs d'une fomme modique en une fucceffion opu- lente , recueillie par des héritiers collatéraux. Les teftamens fe doivent toujours interpréter favorable- ment : les mots , filles à marier , qui fervent de fon- dement aux intimés , fe rapportent aux fœurs de l'appellante , mais ne l'excluent pas pour cela de fon legs , quand même le teftateur auroit entendu par- ler d'elle , & auroit dit , Françoife fille à marier. *Falfa demonftratio legatum non perimit , tot. Tit. De falfa caufa adjecta legato vel fideicom. & au §. 31. De legat. Inftit. Longè magis legato falfa caufa ad- jecta non nocet.* Et en la loi 72. §. 7. *Falfam cau- fam legato non obeffe verius eft , quia ratio legandi legato non cohæret*, dit le grand Papinien. Et par ces moyens conclut à la délivrance du legs. Me. de Moutholon pour les intimés dit, que ce n'est pas une fausse cause apposée au legs, mais une erreur au nom du légataire. Le testateur ne sachant bien le nom de ses nieces, a pris *Françoise* pour *Marie* ; mais depuis s'en étant informé, il a corrigé cette erreur, & au lieu de *Françoise* a mis *Marie*. Quoiqu'il n'ait point effacé le nom de *Françoise*, cela ne peut aucunement préjudicier, parce qu'il est bien facile à conjecturer que la volonté & l'intention du testateur n'étoient pas & n'ont jamais été de léguer aucune chose à l'appellante : il n'en faut pas autre preuve que ce que le testateur a ajouté, *Charlote & Marie filles à marier*. Cette qualité de fille à marier ne pouvoit convenir à l'appellante, puisqu'il y avoit long-tems qu'elle étoit mariée, lors même du testament, ni par conséquent le legs ne lui peut appartenir. Si son nom n'a été rayé, c'est une omission du testateur. Et par ces moyens conclut au bien jugé.

LA COUR mit l'appellation & ce dont étoit appel, au néant ; émendant & corrigeant, ordonna que la somme de trois mille livres seroit délivrée à ladite de Boismorin appellante, comme à ses sœurs Charlote & Marie, sans dépens ni intérêts. Le lundi 21 février 1628, M. de Hacqueville premier président prononçant.

* L'arrêt est dans du Fresne.

CHAPITRE IV.

Donation du mari aux enfans de sa femme d'un précédent lit, est déclarée nulle en la coutume d'Orléans.

EN la coutume d'Orléans art. 280 il est porté, qu'homme & femme conjoints par mariage ne peuvent par disposition faite entre vifs ni testamentaire, durant leur mariage, donner aucune chose l'un à l'autre directement ou indirectement, & ne se confirme par mort. En explication de cet article la question se présenta sur ce qu'en 1581 Michel André & Salomé Gedouin conjoints par mariage, eurent deux enfans, Etienne & Michel. Le pere étant décédé, Salomé Gedouin leur mere convola en seco des noces avec Jacques Coliman, marchand de la ville d'Orléans, duquel elle n'eut aucuns enfans. En 1708 Etienne André, fils de Michel & de ladite Gedouin, contractant mariage avec une fille de la ville d'Orléans, Jacques Coliman y intervint, & en faveur de ce mariage donna audit Etienne André, fils de sa femme, la moitié de tous & chacuns ses biens meubles, acquêts & conquêts immeubles qu'il auroit au jour de son décès ; & au cas qu'il décédât sans enfans, donna la moitié de ses biens, faisant le total, à Michel André frere dudit Etienne autre fils de ladite Gedouin sa femme. En 1610, Michel André contractant mariage aussi avec une fille d'Orléans, Jacques Coliman son beau-pere en faveur de ce mariage réitere cette donation de la moitié de tous & chacuns ses biens meubles, acquêts & conquêts immeubles, qu'il auroit au jour de son décès. Jacques Coliman decede sans enfans en 1624, délaissant lesdits Etienne & Michel André possesseurs de tous & chacuns ses biens. Les plus proches & légitimes héritiers *ab intestat* leur font instance pardevant Messieurs des requêtes du palais, aux fins de leur délaisser la possession & jouissance de tous & chacuns les biens, dont Coliman étoit mort vêtu & saisi. Etienne & Michel André, & leurs femmes, opposent pour exceptions à la demande des héritiers les donations à eux faites en faveur de leurs mariages par Jacques Coliman, soutiennent qu'elles sont bonnes & valables, & sans aucun défaut de formalité, & qu'ils ont pu & dû se mettre en possession de tous & chacuns les biens, dont ledit Coliman étoit mort vêtu & saisi. Messieurs des requêtes du palais rendent leur sentence, par laquelle ils confirment lesdites donations, & débou-

tent les demandeurs de leurs fins & conclusions, dont ils interjettent appel. Me. Joubert pour les appellans dit, que les donations dont est question, faites par Jacques Coliman aux intimés, sont nulles & directement contraires à la disposition de la coutume d'Orléans, où les parties sont domiciliées, & tous les biens situés, parce qu'en ladite coutume art. 280 toutes donations tant entre vifs, que testamentaires, sont prohibées entre le mari & la femme, constant leur mariage, directement ou indirectement. Celles dont est question, faites par Jacques Coliman aux intimés, enfans de sa femme, sont comprises sous ce mot, *indirectement*, & censées faites à Salomé Gedouin femme du donateur, par l'interposition de la personne des intimés ses enfans. Le pere & la mere & leurs enfans par le droit étant censés une même personne, c'est tout de même que si la donation avoit été faite à la mere des intimés, auquel cas personne n'oseroit soutenir la donation : elle ne peut avoir été faite par autre considération que celle de leur mere, & par l'amitié que Coliman son mari lui portoit. *Quod pater meus propter me filiæ meæ nomine dedit, proinde est atque ipse dederim*, dit le jurisconsulte, *in L. Dotem. De collatione*. Ce qu'on donne à l'enfant, est toujours présumé donné par contemplation du pere, & non pour le mérite du fils. *Alciat.* 1. *Præsumpt.* 17. C'est une fraude manifeste à la coutume de donner aux enfans de la personne prohibée ; les arrêts ont perpétuellement réprouvé telles donations, & les ont jugées frauduleuses en toutes les coutumes qui portent une pareille disposition. En celles de Blois, Bourges, Orléans même, & *novissimè* en la coutume de Senlis, qui est toute semblable à celle d'Orléans, la cause a été préjugée *in individuo*, Me. Germain plaidant, en 1626. Et par ces moyens conclut à ce que les donations soient déclarées nulles, de nul effet & valeur. Me. Sevin pour Etienne André & sa femme intimés dit, que la donation que Jacques Coliman leur a faite en faveur de leur mariage, est bonne & valable, & nullement contre la disposition de la coutume d'Orléans, laquelle prohibant les donations entre le mari & la femme, soit directement ou indirectement, par ce mot *indirectement* veut exclure les fraudes, les tromperies, c'est-à-dire, les tacites fidéicommis, qui se font par personnes interposées, lesquelles recevant la donation d'une bonne main en apparence, restituent incontinent de l'autre à la personne prohibée, ce qu'ils ont voulu feindre de recevoir & accepter pour eux du donateur. Telles donations véritablement frauduleuses & simulées, sont prohibées & réprouvées par les arrêts ; mais une donation de la qualité de celle dont est question, faite ouvertement, publiquement, sans fraude ni déguisement, par une personne qui n'avoit point d'enfans, à une personne majeure, capable de mériter cette donation, & aussi capable de la recevoir, cela n'a point encore été soutenu. L'incapacité qui se rencontre en la personne de la mere de l'intimé, ne doit point être étendue contre lui, pour l'empêcher d'accepter & recevoir ce petit bienfait de la main de Coliman son beau-pere, qui n'avoit point d'enfans. La coutume de Paris compilée & composée des arrêts les plus épurés de la cour, l'a ainsi ordonné. Elle prohibe les donations entre l'homme & la femme conjoints par mariage directement ou indirectement en l'art. 281. Cette disposition est toute semblable à celle de la coutume d'Orléans art. 280. Mais la coutume de Paris art. 283 approuve les donations faites par le mari, ou la femme, aux enfans l'un de l'autre, en cas qu'ils, ou l'un d'eux, n'aient enfans, comme parle la coutume. Sur l'interprétation sont intervenus plusieurs arrêts notoires, & donnés au public, qui ont perpétuellement déclaré bonnes & valables les donations faites par le mari ou la femme, n'ayant point d'enfans, aux enfans de l'autre. Par tous ces arrêts la question se trouve jugée *in individuo*, & la donation dont est question, a été faite en faveur du mariage des intimés, lequel autrement n'eût été accompli. Me. Gaultier pour Michel André & sa femme, autres intimés, dit qu'il n'y a point de

1628.

doute que les donations faites aux intimés ne doivent subsister & être confirmées comme hommes & valables par les raisons déduites par Me. Sevin: il ajoute seulement qu'à l'égard de ses parties, ce n'est pas tant une donation simple & une gratification de Coliman, qu'une récompense & reconnoissance des bons & longs services que lui a rendus l'intimé, apothicaire de son art, qui l'a servi & assisté en toutes ses maladies, fourni toutes les drogues, sans jamais en avoir reçu autre chose que la donation qu'on lui veut arracher injustement.

M. l'avocat général Talon dit, qu'en l'ancienne coutume d'Orléans la question qui a été agitée, auroit pu recevoir de la difficulté; mais la nouvelle coutume réformée en 1583, a voulu retrancher toutes les difficultés qui s'étoient présentées, & qui se pouvoient présenter, par l'addition de ces mots, *directement ou indirectement*. Par-là les réformateurs de la coutume, entre lesquels étoit M. le président de Harlay, ont voulu exclure & réprouver toutes fortes de donations indirectes faites par le mari à sa femme, ou par la femme à son mari, par personnes interposées de leurs enfans, ou autres, par tacite fidéicommis, ou quelqu'autre manière & façon que ce fût. Telles donations sont tellement suspectes de fraude entre personnes si proches, comme la mere & les enfans, qu'elles sont perpétuellement soupçonnées de suggestion, d'impression du pere, ou de la mere des enfans auxquels on donne; parce que celui qui donne au pere, ou à la mere, est censé donner aux enfans; & *è contrario*, qui donne aux enfans, est réputé donner au pere, ou à la mere, qui ne sont qu'une même personne, par la fiction de la loi. Ces donations ont été tellement réprouvées par une infinité d'arrêts, que non-seulement aux coutumes d'Orléans, Senlis & autres, qui prohibent les donations entre personnes mariées directement, ou indirectement, elles ont été déclarées nulles; mais encore aux autres coutumes qui prohibent simplement les donations entre mari & femme, sans cette expression & addition, *directement ou indirectement*. La disposition de la coutume de Paris art. 282 & 283, n'est aucunement à propos en cette cause, elle ne peut ni ne doit être étendue hors de son territoire: elle a sa disposition particulière & un article exprès pour cela, lequel cessant, l'on jugeroit autrement. Il y a des raisons spéciales à Paris pour y avoir introduit ce droit différent des autres coutumes; & par ces raisons adhere avec les appellans.

LA COUR mit l'appellation & ce dont étoit appel, au néant; émendant & corrigeant, déclara les donations faites aux intimés nulles, & de nul effet & valeur; ordonna que partage & division des biens en question seroient faits entre les héritiers dudit Coliman; & sans dépens. Le mardi 29 février 1628.

* Cet arrêt est cité dans du Fresne, & Mornac, sur la loi 3. §. 3. ff. *De donat. inter vir. & uxor.* en rapporte un du 19 mars 1616, qui a jugé le contraire en la même coutume d'Orléans. Au surplus, on renvoie le lecteur à la dissertation que l'on en a faite au *liv. 1. chap. 25 de ce recueil*, & à la note sur l'arrêt du 10 février 1626, pour la coutume de Senlis.

CHAPITRE V.

Chevalier de Malthe est capable de commanderie à son tour, quoiqu'il eût obtenu rescrit entériné par sentence, mais depuis déclarée abusive.

EN 1595 François Petit écuyer, ayant été conduit à Malthe, est reçu, & fait les vœux accoutumés en l'ordre de St. Jean de Jérusalem, fait ses voyages & caravannes ordinaires. En 1604 il prend lettres d'ancienneté du grand-maître de Malthe, pour être pourvu en son rang d'une commanderie vacante. En 1611 il change de dessein, parce que son frere cadet, ayant tué leur frere aîné, sans

enfant, il se persuada que l'homicide indigne de la succession, & l'homicide mort sans enfans, tous les biens de cette grande maison lui appartiendroient, s'il abandonnoit son ordre & sa religion, réclamant contre les vœux qu'il y avoit faits, & retournant au monde. Pour y parvenir, du consentement du grand-maître de Malthe il obtint un rescrit du pape adressant à l'official de M. l'évêque de Poitiers, & à un ancien chevalier de l'ordre de Malthe, par lequel il leur étoit mandé, que s'il leur apparoissoit, que Petit exposant eût été forcé & violenté à se rendre religieux en l'ordre de Malthe, & qu'il y eût fait les vœux avant l'âge requis par les statuts, ils déclarassent sa profession nulle, de nul effet & valeur, & qu'ils le rendissent au siecle, comme s'il n'eût été aucunement en la religion. En exécution de ce rescrit les juges délégués ayant informé des faits y contenus, & trouvé la preuve suffisante, ils rendent leur sentence, par laquelle entérinant le rescrit, ils déclarent les vœux & profession en la religion faits par François Petit nuls, de nul effet & valeur, le rendent au siecle, lui permettent de se marier, & de se pourvoir ainsi qu'il avisera. De cette sentence son frere cadet, accusé d'avoir homicidé leur frere aîné, interjette appel comme d'abus, sur lequel la cause ayant été solemnellement plaidée le 27 mai 1621, par arrêt il fut dit, qu'il avoit été mal, nullement & abusivement procédé, jugé & exécuté; que François Petit demeureroit chevalier de Malthe, auquel néanmoins la cour adjugea par provision, sa vie durant seulement, l'usufruit du tiers des biens dont il est question. Contre cet arrêt François Petit se pourvoit par lettres en forme de requête civile, & au mois de novembre de la même année 1621, étant retourné à Malthe, présente requête au grand-maître, narrative de ce qui s'étoit passé au parlement de Paris; demande qu'il ait à déclarer s'il veut le reconnoître pour chevalier de Malthe, ou non, afin qu'il se pourvoie. Le grand-maître ordonne que cette requête feroit communiquée aux chevaliers françois de la province d'Aquitaine, qui refusent de s'assembler pour ce sujet. François Petit présente la seconde requête, sur laquelle le grand-maître met: *Functus sum officio*. Considérant qu'il n'avançoit en rien, il s'en retourne en France, où *interim* par congé il avoit été débouté de ses lettres en forme de requête civile. En 1623 & 1624, y ayant eu assemblée des chevaliers de la province d'Aquitaine en la ville de Poitiers, il s'y présente pour y avoir rang & place, qu'on lui refuse. Le décès de son oncle aussi chevalier de Malthe, bailli de la Morée, & commandeur de la commanderie de Molins près de Loudun, étant arrivé, il prend possession de la commanderie comme lui appartenant par son rang & antiquité. Il y est troublé par Charles de St. Offange, aussi chevalier, qui objecte à François Petit qu'il n'est point chevalier de Malthe, & pour preuve il sert du refus qu'on lui avoit fait de lui donner place aux assemblées. De ce refus Petit interjette appel comme d'abus, le releve au parlement de Paris, & fait insérer une clause au relief d'appel, à ce qu'il soit maintenu & gardé en la possession de cette commanderie. Le chevalier intimé & défendeur, ensemble le grand-prieur d'Aquitaine se pourvoient au privé conseil du roi, disent qu'il s'agit d'une commanderie dont la provision dépend du grand-maître de l'ordre; qu'il faut se pourvoir pardevant lui. Le roi en son conseil renvoie les parties au parlement de Paris, pour y procéder sur l'appel comme d'abus. Me. Grenet pour l'appellant dit, qu'ayant été débouté de son rescrit par arrêt, & ordonné qu'il demeureroit chevalier & religieux de l'ordre de St. Jean de Jérusalem, les chevaliers qui lui ont refusé le rang & place qu'il doit tenir, ont directement contrevenu à l'arrêt, comme aussi les intimés, qui veulent empêcher qu'il ne jouisse de la commanderie échue à son rang & place, qu'on ne lui peut contester. En soutenant qu'il n'est point chevalier, c'est contrevenir à l'arrêt. M. Talon pour les intimés dit, qu'il n'y a aucun abus: l'appellant ayant réclamé contre son vœu, s'il n'a pas obtenu selon son dessein, il n'est demeuré religieux que par la la force de l'arrêt, fans en avoir fait aucuns actes : lui-même s'eſt encore pourvu contre l'arrêt, & il veut ſeulement s'en ſervir pour emporter un bénéfice dont il eſt indigne.

M. l'avocat général Bignon dit, que quoique l'appellant ait peut-être eu mauvais deſſein, réclamant contre ſon vœu, néanmoins en ayant été débouté par l'arrêt, & ordonné qu'il demeureroit en ſon ordre & religion, il n'eſt pas raiſonnable de lui refuſer ce qui eſt échu & lui appartient ſelon ſon rang de chevalier. Et ainſi adhéra avec l'appellant.

LA COUR dit qu'il avoit été mal, nullement, incompétemment & abuſivement dénié ; maintint l'appellant en ſon rang de chevalier de Malthe ; & faiſant droit ſur la clauſe des lettres, maintint pareillement l'appellant en la poſſeſſion de la commanderie dont étoit queſtion ; ſans dépens ni reſtitution de fruits. Le lundi 13 mars 1628, M. de Hacqueville premier préſident prononçant.

* L'arrêt eſt cité dans du Freſne.

CHAPITRE VI.

Régale n'eſt ouverte, par le défaut d'enrégiſtrement du ſerment de fidélité en la chambre des comptes, & faute d'arrêt de main-levée du temporel, quand il n'y a point eu de ſaiſie.

L'Evêché d'Angers étant vacant par le décès de M. Fouquet arrivé en 1621, le roi en voulut gratifier M. Miron, qui l'avoit auparavant cédé & remis au roi, pour en gratifier M. Fouquet. Le roi ayant accordé ſon brevet de nomination à M. Miron, il fait expédier ſes bulles & proviſions en cour de Rome. Enſuite il prête en perſonne le ſerment de fidélité au roi. En 1622 & incontinent après prend poſſeſſion de l'évêché. Il y avoit eu ouverture en régale par le décès de M. Fouquet, & promotion de M. Miron, & pendant que la régale dure, les fruits du bénéfice appartiennent à meſſieurs les tréſorier, chanoines & chapitre de la ſainte chapelle de Paris. M. Miron compoſa avec eux pour la reſtitution deſdits fruits à la ſomme de quatre mille livres, de laquelle il ſe contenta de retirer quittance, ſans faire enrégiſtrer ſon acte de preſtation de ſerment de fidélité au roi à la chambre des comptes, ni faire expédier ni arrêt de main-levée des fruits & revenus dudit évêché. N'étant point troublé en la poſſeſſion, il ſe contenta de cette ſeule quittance de quatre mille livres. *Interim*, ſavoir en 1624, Me. Chriſtophe Ogier chanoine & grand pénitencier en l'égliſe cathédrale d'Angers réſigna ſon bénéfice à Me. Jean Ogier ſon neveu. La réſignation admiſe en cour de Rome & proviſions expédiées, Me. Jean Ogier prend poſſeſſion, & demeure paiſible juſques en 1626, que M. Miron ayant été nommé par le roi à l'archevêché de Lyon, Me. Antoine Liger ſe fait pourvoir en régale de ladite chanoinie & grande pénitencerie, & pour la priſe de poſſeſſion s'étant préſenté au chapitre, & ayant été refuſé, il obtient une commiſſion, & fait aſſigner en la cour Me. Jean Ogier, aux fins de voir dire que le bénéfice lui ſera adjugé. Pour le demandeur Me. Maſſac dit, que par l'ordonnance *Dum epiſcopus*, rapportée par M. le Maîſtre au traité des régales c. 4. dès qu'une fois il y a ouverture en régale, elle n'eſt point cloſe & fermée, juſques à ce que l'évêque de nouveau promu ait fait enrégiſtrer l'acte de preſtation du ſerment de fidélité fait au roi, en la chambre des comptes de Paris, & qu'en conſéquence il ait obtenu arrêt portant main-levée des fruits de l'évêché. Il y a grande différence entre le temporel & le ſpirituel de la régale. Pour le temporel, la quittance de meſſieurs de la ſainte chapelle a été ſuffiſante ; mais pour le ſpirituel qui concerne la proviſion des bénéfices, la régale n'a point été cloſe, faute de l'enrégiſtrement de l'acte de preſtation de ſerment de fidélité. Me. Chamillart pour Me. Jean Ogier défendeur en régale dit, qu'il y a plus de ſubtilité que de juſtice & de bon droit aux prétentions du demandeur en régale, qui

veut dépoſſéder le défendeur d'un bénéfice, dont il a joui paiſiblement plus de trente ans, ſous prétexte du défaut d'enrégiſtrement de l'acte de preſtation de ſerment fait au roi par l'évêque, qui ne ſert de rien que pour empêcher la perte de la preuve de l'acte, & n'attribue aucun droit ; par conſéquent n'empêche la clôture de la régale, tant par la poſſeſſion de droit, que de fait, l'évêque ne pouvant être troublé en la perception des fruits de ſon évêché, faute de cet enrégiſtrement.

M. l'avocat général Talon dit, que le droit de régale eſt plus ancien que le droit canon, & ne dépend que du roi ſeul, étant inſéparablement uni & attaché à la couronne. Il n'abandonneroit un régaliſte, s'il avoit un peu de droit en ſa cauſe. Mais celle du demandeur n'eſt pas bonne, par une raiſon ſans replique : c'eſt que le bénéfice dont eſt queſtion, a été réſigné *in favorem* du défendeur par ſon oncle, qui a vécu près de trois ans après la réſignation, & devant la régale obtenue. On n'a point voulu parler ni obtenir des proviſions en régale pendant cet intervalle, parce qu'elles auroient été inutiles : car la réſignation ne s'étant trouvée valable, le réſignant ſeroit rentré en ſon bénéfice. Le demandeur ayant épié le décès du réſignant, & attendu un ſi long-tems à ſe faire pourvoir en régale, il n'y a point d'apparence. A la vérité, l'acte contenant la preſtation du ſerment de fidélité doit être enrégiſtré en la chambre des comptes, & en conſéquence arrêt de main-levée des fruits doit être donné ; mais il n'en a pas été de beſoin, parce qu'il n'y a eu aucune ſaiſie du revenu de l'évêché d'Angers, dont M. Miron a toujours paiſiblement joui, au moyen de la quittance de quatre mille livres payées à meſſieurs de la ſainte chapelle. Il a conféré pluſieurs bénéfices, dont on ne s'eſt point plaint, & ayant été pourvu à l'archevêché de Lyon, il y auroit un grand péril d'admettre cette ouverture en régale, qui cauſeroit un trouble univerſel en tout le diocèſe d'Angers. Requiert néanmoins qu'à l'avenir après le décès des évêques, le revenu temporel de l'évêché ſoit incontinent ſaiſi, & commiſſaires établis au régime & gouvernement d'icelui, à la requête des ſubſtituts de M. le procureur général ſur les lieux, à peine d'en répondre.

LA COUR dit qu'il n'y avoit lieu à la régale, & en conſéquence, mit les parties hors de cour & de procès ; ſans dépens. Et faiſant droit ſur les concluſions de M. le procureur général, enjoint à ſes ſubſtituts ſur les lieux, de faire procéder par ſaiſie & établiſſement de commiſſaires au régime & gouvernement du revenu temporel des évêchés, incontinent après le décès des évêques, à peine d'en répondre en leurs propres & privés noms. Le mardi 11 avril 1628, M. de Hacqueville premier préſident prononçant.

* Du Freſne n'a pas exactement rapporté l'arrêt, ni fait aucune mention du réglement.

CHAPITRE VII.

Saiſi ne peut enchérir, ni être adjudicataire.

PAr arrêt du jeudi 13 avril 1628, plaidant Me. Roſée pour les créanciers de la dame de Chevy, appellans de la ſentence de meſſieurs des requêtes du palais, par laquelle ils avoient mis les parties hors de cour & de procès ſur la demande deſdits créanciers contre Me. Hureau, procureur au parlement, à ce qu'il eût à conſigner la ſomme de 19000 livres pour le prix d'une maiſon vendue & adjugée par décret ſur ladite dame de Chevy, de laquelle ledit Hureau étant procureur, il avoit fait ſa déclaration, que l'adjudication à lui faite de ladite maiſon, étoit au nom & profit de ladite dame de Chevy ; & M. Talon plaidant pour ledit Hureau intimé : M. l'avocat général Talon requit que défenſes fuſſent faites à l'avenir à tous procureurs de plus enchérir, & ſe rendre adjudicataires pour les ſaiſis.

LA COUR ſur l'appel mit les parties hors de

cour, & fit défenses à tous procureurs de plus enchérir & se rendre adjudicataires pour les saisis, à peine d'en répondre en leurs propres & privés noms.

CHAPITRE VIII.

Official commet abus d'ordonner une provision & des alimens à une fille enceinte.

LE samedi 20 mai 1628 à l'audience de la tournelle, Me. Edeline plaidant pour un appellant comme d'abus de la sentence de l'official de Sens, qui dans une cause pendante pardevant lui *super fœdere matrimonii*, entre une fille & un garçon, avoit adjugé cent livres de provision & alimens à ladite fille qui se trouvoit enceinte. Abus, en ce que l'official ne peut connoître que *de fœdere matrimonii* seulement, & non des alimens, ni dommages & intérêts : Me. Hamouin pour la fille intimée ; & M. l'avocat général Talon qui adhéra avec l'appellante : LA COUR dit qu'il avoit été mal, nullement & abusivement procédé & ordonné. M. de Mesme président.

CHAPITRE IX.

Accusé devant le juge royal, dont les informations ne sont point décrétées, faute de preuve, s'étant depuis fait prêtre, doit être rendu à l'official sur la poursuite de la même plainte & nouvelles charges.

UN jeune homme, serviteur domestique du gouverneur de la bastille, en 1623, fut accusé d'avoir dérobé quatre cents pistoles à son maître, pour raison de quoi il y eut dès-lors informations, mais tellement foibles, qu'il n'y eut point de décret. *Interim*, ce jeune homme s'étant retiré de la maison & service de son maître, est promu aux ordres de prêtrise, & pourvu d'une cure en Champagne. En 1627 cette poursuite criminelle ayant été reprise, & quelques autres témoins ouis, il y eut décret de prise de corps contre l'accusé, en vertu duquel il est emprisonné dans les prisons du juge royal. Il décline la jurisdiction, & demande son renvoi pardevant le juge d'église, attendu sa qualité de prêtre, dont il est débouté & interjette appel, ensemble du décret de prise de corps, pour lequel Me. Auroux dit, que la qualité de prêtre étant contestée, le renvoi requis devant le juge d'église ne peut être dénié : au fonds, il ne se trouvera pas que l'appellant soit aucunement chargé du crime qu'on lui veut imposer. Me. Lambin pour l'intimé dit, que l'appellant s'est fait prêtre après avoir commis le larcin dont il étoit accusé, & dont il peut être facilement convaincu, *mutandi judicii causâ* : ce qui l'empêche de jouir de son privilege.

M. l'avocat général Talon dit, qu'on ne peut pas dire que l'appellant se soit fait prêtre en fraude, & pour se soustraire à la justice royale & séculiere, attendu le long intervalle qu'il y avoit entre les informations & l'emprisonnement. Cette question a été jugée solemnellement par arrêt prononcé en robes rouges, suivant la loi 1. *De pœnis.*

LA COUR sur l'appel du décret de prise de corps, mit l'appellation au néant ; ordonna que ce dont étoit appel, sortiroit son plein & entier effet ; & faisant droit sur l'appel du déni de renvoi, mit l'appellation & ce au néant ; émendant, ordonna que l'appellant seroit rendu à l'official de M. l'archevêque de Paris, pardevant lequel il seroit tenu de se représenter au mois ; & pour se faire lui donna les chemins pour prisons. Le samedi 17 juin 1628, M. de Mesme président.

CHAPITRE X.

Juges subalternes ne connoissent des délits des ecclésiastiques.

MAître Jean du Bas prêtre, natif & domicilié du bourg de Soleme au pays du Máine, fut accusé par le procureur fiscal du seigneur haut-justicier de Soleme, & à sa dénonciation & requête, charges & informations faites par le juge du seigneur haut-justicier de Soleme, qui décrete ajournement personnel contre ledit du Bas curé de Soleme. Il demande son renvoi pardevant l'official de M. l'évêque du Mans, dont il est débouté par ledit juge de Soleme, qui ordonne que le procès sera par lui fait & parfait audit du Bas prêtre curé accusé, pour le cas privilégié, & que l'official pourra assister à l'instruction dudit procès pour le délit commun. Du Bas interjette appel, pour lequel M. Talon dit, que les officiers d'un seigneur haut-justicier n'ont aucune connoissance ni jurisdiction des crimes & délits que les prêtres & autres ecclésiastiques privilégiés commettent au dedans de leur jurisdiction & territoire, telles personnes étant régulièrement exemptes de la jurisdiction laïque & seculiere. Me. Rosée pour le seigneur de Soleme intimé dit, qu'étant seigneur haut-justicier dans toute sa terre, & l'appellant y ayant délinqué, ses officiers en ont pu prendre connoissance, & valablement informer, & décréter, comme ils ont fait ; l'appel n'est que pour couvrir le délit.

M. l'avocat général Bignon dit, qu'en ce qui concerne l'appel du décret d'ajournement personnel, il y a charge suffisante contre l'appellant : mais en ce qui est de l'appel d'incompétence, & déni de renvoi requis par l'appellant pardevant son official, il n'y a point de doute qu'il n'ait été mal jugé, même prononcé d'une maniere extraordinaire. Les officiaux n'ont pas accoutumé d'assister avec les juges laïques aux jugemens des procès contre les ecclésiastiques ; mais tout au-contraire cet honneur est déféré aux ecclésiastiques : & quand il est question d'instruire les procès criminels contr'eux, les juges royaux se transportent en la jurisdiction ecclésiastique pour le cas privilégié, & à cet effet l'on prononce par ces mots, *rendre l'accusé à l'official.* Le cas privilégié est un cas purement royal, duquel un juge subalterne, & de seigneur haut-justicier, ne peut aucunement connoître : ainsi il y a lieu de confirmer le décret, & de rendre l'accusé appellant, à l'official, pour lui être fait & parfait son procès par ledit official, à la charge du cas privilégié, pour lequel assistera le juge royal.

LA COUR faisant droit sur l'appel du décret, mit l'appellation au néant ; ordonna que ce dont étoit appel, sortiroit son plein & entier effet ; condamna l'appellant aux dépens : & faisant droit sur l'appel du déni de renvoi, mit l'appellation & ce dont étoit appel, au néant ; émendant & corrigeant, rendit l'accusé appellant à l'official de M. l'évêque du Mans, pour lui être son procès fait & parfait, à la diligence du seigneur de Soleme intimé. Le samedi premier jour de juillet 1628, M. Seguier président.

CHAPITRE XI.

Fille naturelle & légitime, qui a renoncé à la succession de son pere, ne peut être tenue de nourrir l'enfant bâtard du défunt.

DAvid Loin ayant des enfans légitimes, après le décès de sa femme eut habitude avec sa servante, dont il eut un enfant. Il le donna à nourrir à la femme d'un tailleur de Paris nommé du Pont, à raifon de fix livres huit fols pour chacun mois. Cet enfant n'étant encore âgé que de neuf à dix mois, David Loin décede; Catherine Loin fa fille unique mariée à Jacques le Lorrain, renonce à fa fucceffion. Nonobftant cette renonciation, du Pont & fa femme nourrice de l'enfant, font affigner le Lorrain & fa femme pardevant le prévôt de Paris, aux fins de prendre cet enfant, & leur payer les arrerages de la penfion de fa nourriture. Sur quoi le prévôt de Paris rend fa fentence, par laquelle fur la demande du payement des arrerages de la penfion & alimens de l'enfant, il met les parties hors de cour & de procès; néanmoins condamne le Lorrain & fa femme de prendre l'enfant; dont ils interjettent appel, pour lefquels Me. Combault dit, que les appellans ne peuvent être aucunement tenus à la nourriture & éducation de cet enfant bâtard, quoique frere naturel de Catherine Loin: véritablement fi fon pere vivoit, il feroit obligé de le nourrir; mais étant décédé, elle a renoncé à fa fucceffion; la nourriture & entretien concernent ordinairement ceux qui efperent légitimement la fucceffion de celui qui eft nourri; mais un bâtard n'a point d'héritiers légitimes de fang & de lignée; le fifc lui fuccede, & prend tous fes biens. Il y a de la charité en cette caufe, mais elle doit commencer par les appellans envers eux-mêmes, qui ne font point riches, & ont grand nombre d'enfans, qu'ils nourriffent avec peine & difficulté. Me. de Furnes pour les intimés dit, que la faveur & privilege des alimens font fi grands, que même ils n'ont point été refufés ni déniés aux enfans nés *ex illicito & inceftuofo concubitu*, fuivant la difpofition du droit canon; à plus forte raifon ceux qui font nés *ex foluto & foluta*, comme celui dont eft queftion: fon pere & fa mere étant décédés fans moyens, l'appellante fa foeur naturelle y eft tenue. Ils ne peuvent pas demeurer chargés de cet enfant, qui n'eft point, de leur fang, & qu'ils n'ont pas moyen de nourrir, l'ayant pris fous efpérance de quelque profit, pour aider à nourrir le grand nombre qu'ils en ont.

M. l'avocat général Talon dit, que cette caufe eft pleine de compaffion: ce pauvre petit enfant fe trouve abandonné, quoiqu'il n'ait point été expofé. Les appellans ayant renoncé à la fucceffion du pere, ne peuvent être tenus; les intimés encore bien moins, La cour protectrice des affligés, des abandonnés, en doit prendre foin; requiert qu'il foit mis en la maifon des pauvres enfermés, ou ailleurs, ou la cour jugera plus à propos.

LA COUR mit l'appellation & ce dont étoit appel, au néant; émendant & corrigeant, ordonna que les arrerages de la nourriture & alimens de l'enfant feroient payés aux intimés par le receveur général des amendes; & pour l'avenir, qu'il feroit nourri jufques à l'âge de fept ans par le receveur du grand bureau des pauvres; après lequel tems feroit mis à la trinité pour y apprendre un métier; le tout fans dépens. Le jeudi 13 juillet 1628, M. de Hacqueville premier préfident prononçant

CHAPITRE XII.

Le crime fe trouvant éteint, quant à la peine, par la mort de l'accufé, les fentences de provifions & taxes de dépens obtenues contre lui, ont été déclarées exécutoires contre fa veuve & héritiers; même ordonné que l'on procéderoit à fins civiles pour les réparations, fi mieux n'aimoient purger fa mémoire,

Pierre Lacorée, de Pontoife, ayant des enfans après le décès de fa femme, voulut convoler en fecondes noces, & recherca Adrienne Fouquet qui étoit veuve de Louis Capitral. Les enfans de Lacorée réfolus d'empêcher ce mariage, ayant un jour rencontré ladite Fouquet fur le chemin de Pontoife à Paris, ils la battirent & excéderent grie-

vement, même lui couperent le nez, dont elle donna fa plainte au juge de Pontoife. Il en informa, décréta prife de corps contre Antoine & Nicolas Lacorée accufés, & rendit fentence, par laquelle il adjugea cent livres de provifion à ladite Fouquet. Nicolas Lacorée interjetta appel, auquel n'ayant point trouvé d'avocat qui voulût conclure, le décret de prife de corps & fentence de provifion font confirmés par arrêt de 1626. Incontinent après Nicolas Lacorée décede: Adrienne Fouquet fait affigner fa veuve pardevant le même juge de Pontoife, aux fins de reprendre l'inftance criminellement contre fon défunt mari, & être procédé civilement à fon égard; voir déclarer la fentence de provifion & taxe des dépens, exécutoires contre elle & contre fes enfans héritiers de leur pere, tout ainfi qu'ils étoient contre ledit défunt. Ladite veuve foutient qu'elle n'eft aucunement tenue: le juge ordonne qu'elle défendra pertinemment à peine de défaut. Elle en interjette appel, & préfente requête pour l'évocation du principal, pour laquelle Me. Adam dit, que le crime étant éteint par la mort de l'accufé, avec lequel il n'y a point eu de conteftation en caufe, point d'interrogatoire, point de récolement & confrontation de témoins, fa veuve ni fes héritiers n'en peuvent être aucunement recherchés ni pourfuivis pour de prétendues réparations civiles, foit que l'accufé fût coupable, ou innocent, le crime demeurant entiérement éteint, tant pour la peine que l'accufé auroit pu fouffrir, s'il s'étoit trouvé coupable, que pour les dommages, intérêts & réparations civiles, que la partie civile auroit pu efpérer. Me. Brodeau pour Adrienne Fouquet intimée dit, qu'il ne fe peut point voir de barbarie & de cruauté plus grandes que celles que le mari de l'appellante a exercées fur le vifage de l'intimée entiérement défiguré; néanmoins elle n'agit pas criminellement pour la réparation d'une telle injure, mais civilement, aux fins de voir déclarer la fentence de provifion & taxe de dépens exécutoires contre l'appellante, comme ils étoient contre fon mari, en quoi l'intimée eft très-bien fondée. Il faut faire une diftinction entre la punition des crimes, & les dommages & intérêts, ou réparations civiles & pécuniaires: la peine eft entiérement éteinte par la mort de l'accufé; mais les dommages & intérêts & réparations civiles paffent contre les héritiers de l'accufé. *Alterum utilitas privatorum; alterum vigor publicæ difciplinæ poftulat, L. Locatio. §. Quod illicito. De public. & vectig.*

M. l'avocat général Bignon dit, qu'encore qu'on ne lui ait point communiqué cette caufe, & qu'on n'ait point fait mettre de charges entre fes mains; néanmoins les avocats des parties fe font affez expliqués pour faire connoître le fait de l'accufation, & que le vifage de l'intimée a été défiguré par un acte atroce, barbare, fanglant, & plus cruel, que fi le mari de l'appellante avoit attenté fur la vie de l'intimée. L'ancienne jurifprudence n'a point fouffert qu'après le décès de l'accufé on pût rien demander, ni intenter action contre fes héritiers; mais au chriftianifme il n'en eft pas ainfi, la réparation civile ne fe prend pas de la difpofition du droit romain, mais de celle du droit canon, *Cap. ult. ext. De fepulturis.* où il eft dit: *Hæredes & propinqui, ad quos bona pervenerunt, pro eodem fatisfaciant.* Celui qui commet un crime, contracte avec le public; & quoique par fa mort le crime foit éteint, & l'accufé fouftrait à la peine qu'il devoit fouffrir, néanmoins il n'eft pas déchargé des réparations civiles qui font dues à ceux qu'il a offenfés. Lacorée accufé étant décédé avant l'inftruction du procès criminel, cela empêche d'agir extraordinairement par récolement & confrontations; mais il faut agir civilement & par enquêtes: pour quoi faire, conclut à ce que les appellations foient mifes au néant, & les parties renvoyées pardevant le juge de Pontoife.

LA COUR mit l'appellation au néant; ordonna que ce dont étoit appel, fortiroit fon plein & entier effet; condamna l'appellante aux dépens.

évoquant le principal, déclara la sentence de provision & taxe de dépens, exécutoires contre l'appellante & ses enfans héritiers de leur pere; &
pour procéder civilement sur les réparations, dommages & intérêts prétendus par l'intimée, renvoya
les parties pardevant le juge de Pontoise; si mieux
n'aimoit l'appellante purger la mémoire de son défunt mari. Le samedi 29 juillet 1628, à la tournelle, M. Seguier président.

* Brodeau cite l'arrêt, *lett. A. somm.* 18.

CHAPITRE XIII.

Complainte n'est cas royal, & les juges des seigneurs
hauts-justiciers en peuvent connoître.

Quelques particuliers, habitans de Châtillon
sur Loin, ayant intenté complainte en cas de
saisine & de nouvelleté contre quelques habitans du
même lieu, pour raison de certains fonds situés
en la seigneurie & justice de Châtillon, pardevant
Me. Antoine Lhôste, lieutenant général au bailliage
de Montargis, les défendeurs déclinent sa jurisdiction, & demandent leur renvoi pardevant le juge
de Châtillon, juge de leur domicile & de la situation des fonds dont est question; & sont d'ailleurs
vendiqués par le procureur fiscal de la justice de
Châtillon: néanmoins ledit lieutenant général les
déboute de leur renvoi, dont les défendeurs & le
sieur de Châtillon interjettent appel, pour lesquels
Me. le Noir le jeune dit, que les justices étant patrimoniales, le renvoi requis a été mal dénié. Me.
Berault pour le lieutenant général intimé en son
propre & privé nom, & pour les particuliers intimés dit, que les parties ont l'option d'intenter la
complainte pardevant le juge royal, ou pardevant
le juge subalterne; mais qu'il est plus à propos d'en
attribuer la connoissance au juge royal.

M. l'avocat général Bignon dit, que le point de
la cause est de savoir, si la complainte est un cas
royal, duquel la connoissance appartienne aux juges
royaux privativement aux officiers des seigneurs
hauts-justiciers. Il n'y a plus lieu d'en douter après
les arrêts intervenus au profit des seigneurs de Mont-
pensier, Nevers & de Laval, par lesquels la cour
a jugé, que la complainte en cas de saisine & de
nouvelleté n'est point un cas royal, & que les
officiers des seigneurs hauts-justiciers en peuvent
connoître : il adhera avec les appellans.

LA COUR mit l'appellation, & ce dont étoit appel, au néant; émendant, renvoya les parties pardevant le juge & officiers du sieur de Châtillon; & sur
l'intimation du juge, mit les parties hors de cour &
de procès. Le lundi dernier juillet 1628, M. de
Hacqueville premier président prononçant.

Pareil arrêt du vendredi 18 août 1628, en la
chambre de l'édit, Me. Viot plaidant pour le
marquis de Vanesse, appellant de ce que les présidiaux d'Aurillac au haut pays d'Auvergne, avoient
évoqué une cause de complainte en cas de saisine
& de nouvelleté pendante pardevant les officiers
de la haute-justice; & Me. Desita pour les intimés. Sur les conclusions de M. l'avocat général
Talon, LA COUR fit défenses aux juges d'Aurillac,
& tous autres, de plus retenir ni évoquer les causes de complainte en cas de nouvelleté; leur enjoint de juger suivant l'ordonnance. *An benè*, *vel*
malè. M. le Bailleul président.

* Le premier arrêt est cité avec plusieurs autres
dans Brodeau, *lett. B. somm.* 11.

CHAPITRE XIV.

Cessionnaire de biens doit porter le bonnet vert con-
tinuellement, sans excepter les jours de fêtes.

Pierre Dulac, habitant de la ville de Rheims,
pour se libérer de la contrainte par corps, est
reçu au bénéfice de cession & abandonnement de
tous biens, à la charge de porter le bonnet vert.
Pour y avoir contrevenu, il est réintégré dans les
prisons du bailli de Rheims. Il présente requête
aux fins d'être élargi : le juge l'ordonne, & enjoint
audit Dulac de porter le bonnet vert continuellement, excepté les fêtes & dimanches seulement,
dont les créanciers interjettent appel, pour lesquels
Me. Lhôste dit, que l'ordonnance enjoignant de
porter le bonnet vert aux cessionnaires de biens,
ne distingue point les jours ouvriers d'avec les fêtes, mais parle généralement & indéfiniment; &
n'a pu être interprétée & limitée par le juge, dont
est appel. Me. de Villiers pour l'intimé dit, que la
modification faite par le juge est, afin que l'intimé
puisse mieux servir Dieu.

LA COUR mit l'appellation & ce dont étoit
appel, au néant; émendant & corrigeant, ordonna
que l'intimé porteroit actuellement & continuellement le bonnet vert, sans distinction des jours;
faute de ce, qu'il seroit réintégré ès prisons; &
sans dépens. M. le président le Jay prononçant,
le vendredi premier décembre 1628, à l'audience
de relevée.

☞ *Vide* mes observations sur le chapitre 97 du
livre premier.

CHAPITRE XV.

Majeur est restituable dans les trois ans contre la re-
nonciation par lui faite en majorité à une succes-
sion directe échue, les choses étant entières.

Jeanne Millet de la ville de Roye, par son décès arrivé en 1624, délaisse des enfans ou petits-enfans de deux lits, entr'autres Me. Pierre Turpin, procureur du roi au bailliage de Roye, fils de la
fille de ladite Millet d'un premier mariage, & plusieurs
autres du second lit. Tous au commencement de
l'année 1625, cinq ou six semaines après le décès
de leur mere ou aieule, répudierent sa succession;
mais peu de tems après, une des filles du second
lit obtint lettres pour être reçue à prendre la succession de sa mere sous bénéfice d'inventaire, qui
furent entérinées; & elle géra sans contredit les
biens de ladite succession jusques au mois de novembre 1627, que ledit Me. Pierre Turpin petit fils
de la défunte, obtint lettres pour être reçu à accepter sa succession, nonobstant la répudiation qu'il
en avoit faite. Sur quoi le prévôt de Roye entérinant lesdites lettres, reçoit ledit Turpin à accepter la succession de ladite Millet son aieule; ordonne
que partage en sera fait; & pour cet effet, que la
tante du demandeur en lettres rapportera tout ce
qu'elle a géré & touché de ladite succession. Appel
pardevant le bailli de Roye; mais pour éluder sa
jurisdiction, elle laissa rendre une sentence portant
qu'elle viendroit plaider à huitaine à peine de congé,
dont elle interjetta appel en la cour, pour laquelle
Me. Brodeau dit, que l'intimé a répudié la succession de son aieule étant majeur; & n'est plus recevable à la vouloir accepter, & être relevé de cette
répudiation, par deux moyens. L'un, que les choses ne sont plus en leur entier; l'appellante ayant entierement débrouillé cette succession, même à soutenu
un grand procès contre l'intimé, qui a demandé
reddition de compte à l'appellante en qualité d'héritiere de sa mere, & a eu de grands avantages,
en ce qu'il a répudié la succession de son aieule.
L'arrêt ayant été rendu 7 septembre, il n'y a apparence quelconque aux lettres obtenues au mois de
décembre suivant. L'autre moyen se tire de la qualité de l'intimé, procureur du roi, qui a bien eu
connoissance de la succession de son aieule, & l'ayant
répudiée, il ne peut plus résilir pour l'accepter.
La loi derniere *C. De repud. vel abstin. haredit.* reçoit une distinction. Celui qui a répudié la succession de son pere, la voulant ensuite accepter, y
est reçu dans les trois ans de la répudiation, *si res*
alienata non sunt, & in eodem statu permanent,
comme parle la loi. Mais celui qui a répudié la
succession

fucceſſion de ſa mere, n'eſt pas recevable à l'accepter après l'an de la répudiation, *L. 6. in fin. Ad Tertull. Mutatâ voluntate ejus pœnitentia uſque ad annum admittenda eſt.* Et la gloſe eſt de même avis, *in d. L. ult. &* par la loi 2. *De juris & facti ignorantia. Si filius major annis 25. matris hæreditati renuntiavit, ſerâ prece! ſubvenirí ſibi deſiderat.* Si la loi n'admet point cette mutation de volonté en la fucceſſion de l'aïeule maternelle. M. Talon pour l'intimé dit, que l'ancienne juriſprudence ayant permis de reprendre & accepter une fucceſſion répudiée, *donec res paternæ in eodem ſtatu permanent*, la loi derniere *C. De repud. vel abſtin. hæred.* a reſtraint & limité ce tems à trois ans, pendant leſquels l'on peut reprendre la fucceſſion qu'on a répudiée, *ſi res vendita non ſint.* Cette loi introductive d'une nouvelle juriſprudence ne fait point de diſtinction entre la fucceſſion paternelle & la fucceſſion maternelle, qui ſont également acquiſes par le droit du ſang & de la nature. En ligne collatérale la diſtinction de l'appellant pourroit avoir lieu, qu'après l'an de la renonciation, on ne fût plus recevable à reprendre telle fucceſſion purement gratuite; mais en ligne directe, où la fucceſſion eſt due par tout autre droit, il faut trois ans accomplis après la renonciation, ſi on n'a rien vendu de la fucceſſion; ainſi l'on eſt aux termes de la diſpoſition de la loi derniere *Cod. De repud. vel abſtin. hæredit.* l'une des déciſions de l'empereur Juſtinien, qui abroge toutes les autres précédentes.

LA COUR ſur l'appel mit les parties hors de cour & de procès, à la charge néanmoins que les parties rapporteroient de part & d'autre ſuivant les coutumes; le lundi 4 décembre 1628.

* L'arrêt eſt mal rapporté dans du Freſne de la derniere édition, & l'on a cru qu'il falloit le donner en forme.

Entre Renée Vatemens, femme autoriſée par juſtice au refus de Me. Nicolas le Caron, bailli du marquiſat d'Eynelle, par mari, appellante de deux ſentences données, l'une par le prévôt de Roye le 18 décembre 1627, & l'autre par le lieutenant général dudit lieu le 7 février 1628, d'une part; & Me. Pierre Turpin ſubſtitut du procureur général au ſiege dudit Roye, intimé, d'autre. Brodeau avocat pour l'appellant dit, qu'après que l'intimé majeur de vingt-cinq ans, ayant eu connoiſſance de tous les effets de la fucceſſion de leur mere, a renoncé à la fucceſſion, & après que ſa partie ſur cette renonciation a payé les dettes, ſouffert les procès, & ſpécialement un entre les parties concernant les débats de compte d'une tutele, a obtenu lettres pour être reçu à accepter, qui ont été entérinées par le prévôt; mais entre condamné à rapporter les dons & faveur à lui faits par l'aïeule, en outre veut jouir du droit d'aineſſe ès terres nobles, qui eſt ſon appel, lequel ayant relevé pardevant le gouverneur de Roye, précipitamment, ſans qu'il ait pu trouver avocat pour ſoutenir l'appel, attendu la qualité de l'intimé, a été ordonné qu'il viendroit à huitaine à peine de congé, qui eſt l'autre appel; auxquelles appellations a conclu, à ce qu'attendu que les choſes ne ſont plus en état, qu'il s'agit d'une fucceſſion éloignée, (cela n'eſt permis par la diſpoſition du droit, que de la fucceſſion des pere & mere) ſera l'intimé débouté de l'effet & entérinement deſdites lettres, & ſubſidiairement en cas d'entérinement, qu'ils ne ſeront tenus de rapporter les dons à eux faits par l'aïeule. Talon avocat pour Turpin intimé dit, que ſa partie eſt dans le tems de reſtitution preſcrit par le droit commun, étant venu dans les trois ans, ayant été ſurpris & circonvenu par l'appellant qui avoit lui-même renoncé, & depuis auroit été admis à la fucceſſion par bénéfice d'inventaire, & la circonvention purement de ſon fait, ayant fait donner par l'aïeule quantité de journaux de terre à un quidam, qui a baillé cette lettre, depuis peu revorte; c'eſt pourquoi étant, comme dit eſt, dans le tems accordé aux enfans du premier lit pour recueillir la fucceſſion de leur mere, qui a été mariée

Tome I.

deux fois, a témoigné de ſon vivant leur exhérédation; partant ſoutient l'appellant, non-recevable & mal fondé. LA COUR ſur les appellations a mis & met les parties hors de cour & de procès, à la charge que les parties ſeront tenues reſpectivement faire rapport des avantages que chacune d'elles auront eus, conformément à la coutume. Fait en parlement le 4 décembre 1628.

Cet arrêt n'eſt pas le ſeul qui ait décidé la queſtion: elle l'avoit été par un précédent du 11 décembre 1612, pour la fucceſſion de Blandin de Vieilſmaiſons, qui avoit délaiſſé deux enfans; Jacques & Salomon de Vieilſmaiſons.

Tous deux majeurs renoncent à la fucceſſion échue de leur pere, & Salomon de Vieilſmaiſons déclare qu'il ſe tient à ſon don.

Jacques de Vieilſmaiſons la fait incontinent accepter ſous bénéfice d'inventaire par Jean de Vieilſmaiſons ſon fils, petit-fils du défunt.

Salomou de Vieilſmaiſons décede, Anne d'Anfreville ſa veuve, & tutrice de Joſué de Vieilſmaiſons leur fils, obtient des lettres de reſciſion contre la renonciation faite par ledit Salomon de Vieilſmaiſons à la fucceſſion de Blandin de Vieilſmaiſons; les lettres ſont obtenues, & la requête à fin d'entérinement portée pardevant le bailli de Soiſſons dans les trois ans de la rénonciation.

Par une premiere ſentence du 4 mai 1612, les lettres ſont entérinées, & Joſué de Vieilſmaiſons reçu à ſe porter héritier de Blandin de Vieilſmaiſons ſon aïeul.

Le même juge rend une ſeconde ſentence le 10 ſeptembre 1612, en interprétation de la premiere, & ordonne que ce ſera concurremment & par moitié avec Jean de Vieilſmaiſons.

Appel reſpectivement interjetté de ces deux ſentences par Jean de Vieilſmaiſons de l'une & l'autre, en ce qu'elles auroient prononcé la reſciſion de la renonciation faite en majorité par Salomon de Vieilſmaiſons, & admis Joſué de Vieilſmaiſons à la fucceſſion de ſon aïeul.

De la part de Joſué de Vieilſmaiſons, on répondoit, qu'un majeur eſt reſtituable dans les trois ans contre ſa renonciation faite en majorité à une fucceſſion directe échue, les choſes étant entieres; & pour moyens d'appel contre la ſeconde ſentence, on diſoit en un mot, que Joſué de Vieilſmaiſons par tranſmiſſion de Salomon de Vieilſmaiſons étoit ſeul héritier de Blandin de Vieilſmaiſons, & que Jean de Vieilſmaiſons n'y pouvoit venir par repréſentation de Jacques de Vieilſmaiſons ſon pere encore vivant, & qui avoit renoncé.

LA COUR par arrêt du 11 décembre 1612, mit les appellations & ce au néant, en ce que Jean de Vieilſmaiſons étoit admis à la fucceſſion avec Joſué de Vieilſmaiſons; émendant quant à ce, l'en débouta, les ſentences au réſidu ſortiſſant leur effet.

Jacques de Vieilſmaiſons voyant ſon fils exclus, voulut y revenir de ſon chef; & pour cela obtint auſſi des lettres de reſciſion contre la renonciation, avec cette différence, qu'il n'étoit plus dans les trois ans; cependant elles furent entérinées par ſentence du bailli de Soiſſons du 31 octobre 1613. Mais ſur l'appel qui en eſt interjetté par Joſué de Vieilſmaiſons, intervient arrêt le 15 mai 1614, qui infirme la ſentence, déboute l'intimé des lettres par lui obtenues, & ordonne que l'appellant demeurera ſeul héritier.

Ces deux arrêts ſont en forme dans Chenu *Centur. 2. chap. 23 & 24*, d'où l'on a démêlé le fait, & on l'a cru néceſſaire, pour faire ceſſer l'équivoque de la plupart des auteurs qui ont voulu les citer, & ne les ont pas conçus, & même ont ſouvent fait confuſion du premier & du ſecond, parce qu'ils ſont intervenus dans la même famille.

L'arrêt conforme de 1628 n'a pas empêché que le doute n'ait été formé dans les derniers tems. L'ancienneté d'une déciſion ſuffit pour en diminuer la force dans l'eſprit du vulgaire ignorant, & peut ſervir de prétexte à l'opiniâtreté des plaideurs.

Cette queſtion s'étant préſentée entre deux enfans

1628.

de défunt Me. Nicolas Boindin, notaire au châtelet de Paris, & renvoyée de leur consentement au parquet de MM. les gens du roi, les lettres obtenues par l'un d'eux dans les trois ans contre sa renonciation en majorité, furent entérinées de l'avis de M. l'avocat général Talon. Voici l'arrêt en forme.

ENtre Jean-Baptiste Boindin, sieur de Boisbessin, ancien garde du roi, héritier par bénéfice d'inventaire pour un tiers de défunt Me. Nicolas Boindin, vivant notaire au châtelet de Paris, son pere, & pour moitié de frere François Boindin religieux profès de l'ordre de St. Jean de Jérusalem à Malthe, son frere; encore pour un tiers de défunte Jeanne Locquier, veuve en premieres noces de feu sieur Nicolas Boindin bourgeois de Paris, en secondes de Sebastien Pichou bourgeois de Paris, leur aïeule, demandeur en lettres de rescision par lui obtenues en chancellerie le 19 juillet 1681, & en requête par lui présentée à la cour le 20 mai audit an, tendante à ce que sans avoir égard aux demandes incidentes du défendeur du 12 août 1680, dont il sera débouté avec dépens, il demandeur soit déclaré héritier par bénéfice d'inventaire pour un tiers dudit défunt Me. Nicolas Boindin son pere, & pour moitié dudit François Boindin religieux profès en l'ordre de Malthe, son frere, conjointement avec Nicolas Boindin aussi son frere, défendeur; & que certain arrêt du 30 juin 1679, rendu entre ledit Nicolas Boindin en qualité de seul héritier bénéficiaire de leurdit pere, & Me. François le Roux sieur de Plemort, directeur de la succession dudit défunt Boindin pere, par lequel icelui sieur de Plemort a été condamné de remettre ès mains dudit Nicolas Boindin le reliquat, titres & papiers de ladite succession, soit déclaré commun avec le demandeur; & que les titres & papiers seroient remis en ses mains, comme étant l'aîné de la famille, sans préjudice de ses autres droits & actions, d'une part; & Me. Nicolas Boindin Notaire au châtelet de Paris, aussi héritier pour un tiers de ladite défunte Locquier leur aïeule, & soi-disant seul héritier bénéficiaire dudit Nicolas Boindin leur pere, & encore soi-disant cessionnaire dudit François Boindin, défendeur, d'autre part. Après que Simon procureur de Jean-Baptiste Boindin a demandé la réception de l'appointement avisé au parquet des gens du roi, où les parties auroient été renvoyées par arrêt du 24 juillet dernier de leur consentement, pour en passer par leur avis sur toutes leurs demandes & prétentions, & paraphé de procureur général du roi: LA COUR ordonne que l'appointement sera reçu; & suivant icelui ayant aucunement égard aux lettres de restitution obtenues par Jean-Baptiste Boindin contre la renonciation par lui faite à la succession de Nicolas Boindin, vivant notaire au châtelet de Paris, son pere, ordonne qu'il demeurera héritier de sondit pere avec Nicolas Boindin son frere, sans néanmoins qu'il puisse contester toutes les transactions, comptes, & autres actes qui ont été faits par sondit frere, lorsqu'il agissoit en qualité de seul héritier de son pere, ni même les payemens que ledit Nicolas Boindin a faits jusques à présent à leur frere commun, chevalier servant dans l'ordre de Malthe, de l'usufruit de sa part dans ce qu'ils ont profité de la succession de leur pere, & avant faire droit, pour savoir si ledit usufruit doit être continué à l'avenir, sera ledit Boindin chevalier appellé, pour déclarer s'il prétend ledit usufruit, à à quel titre. Cependant lesdits Jean-Baptiste & Nicolas Boindin viendront à l'amiable à compte & partage de ce qui leur revient, & qu'ils pourront amender en la succession de leur pere: pour régler toutes les contestations qui peuvent survenir entr'eux pour raison desdits comptes & partage, les a renvoyés par-devant Me. Barré avocat; & de ce qui sera par lui arrêté, en sera dressé appointement: cependant demeureront les papiers de la succession commune ès mains de Nicolas Boindin, à la charge d'en aider ledit Jean-Baptiste Boindin, même de les

remettre ès mains dudit Barré avocat, s'il est nécessaire, pour procéder par lui au jugement des différends des parties; dépens compensés. Fait en parlement le 5 septembre 1681.

Enfin la même question fut renouvellée en 1686, & portée à la premiere chambre des requêtes du palais, qui mit hors de cour sur les lettres de rescision; mais par arrêt contradictoire en infirmant la sentence, elles furent entérinées: il est nécessaire de le rapporter en forme.

ENtre demoiselle Marie Gorget, femme autorisée par justice à la poursuite de ses droits au refus de Me. Jean Thomas procureur en la cour, son mari, héritière de Gabrielle Gaillard, veuve au jour de son décès de défunt Denis du Parquier, sieur de la Mothe, son aïeule, demanderesse aux fins des lettres de rescision par elle obtenues en chancellerie le 9 janvier 1686, & en requête par elle présentée aux requêtes du palais le 10 dudit mois de janvier, lesdites lettres tendantes à ce que ladite Gorget soit restituée contre la renonciation par elle faite par acte fait au greffe desdites requêtes du palais du premier décembre 1685, à la succession de ladite feue Gabrielle Gaillard son aïeule, décédée au mois d'octobre de ladite année 1685, quoique faite en majorité, suivant la loi pratiquée par tout le royaume, qui permet aux enfans & autres descendans de revenir contre leurs renonciations aux successions en ligne directe, pourvu qu'ils y reviennent dans les trois ans, & lorsque les choses sont encore entieres; ladite requête à ce que lesdites lettres de rescision fussent entérinées; ce faisant, les parties remises en tel & semblable état qu'elles étoient avant ladite renonciation, & actes approbatifs, si aucuns y a, & condamner les contestans aux dépens, d'une part: & Pierre Collet, marchand bourgeois de Paris, tuteur d'André le Breton, fils mineur de défunt Me. Louis le Breton & demoiselle Michelle du Parquier ses pere & mere, & se disant héritier par bénéfice d'inventaire de ladite feue Gabrielle Gaillard son aïeule, défendeur, d'autre. Et encore entre ladite demoiselle Marie Gorget femme autorisée par justice à la poursuite de ses droits au refus dudit Thomas procureur en ladite cour, son mari, appellante de la sentence rendue auxdites requêtes du palais le 15 février 1686, par laquelle sur lesdites lettres de rescision obtenues par ladite Marie Gorget les parties ont été mises hors de cour & de procès, d'une part: Et ledit Pierre Collet, tuteur dudit André le Breton, se disant héritier par bénéfice d'inventaire de ladite feue Gabrielle Gaillard son aïeule, intimé, d'autre. Après que Baille pour Gorget, & du Bois pour Collet ont été ouis pendant deux audiences, ensemble Talon pour le procureur général du roi: LA COUR a mis & met l'appellation & ce dont a été appel, au néant; émendant, ayant égard aux lettres & les entérinant, remet les parties en tel état qu'elles étoient avant la renonciation: à la charge par la partie de Baille d'indemniser celle de du Bois des dettes qu'elle a payées, & des frais qu'elle a faits; dépens compensés. Fait en parlement le 27 mai 1687.

Il n'y avoit rien dans le fait qui pût aider à la décision, sinon la minorité d'André le Breton & sa qualité d'héritier par bénéfice d'inventaire, qui déterminerent effectivement M. l'avocat général Talon.

On est obligé de remarquer la suite de cet arrêt: car il y eut une requête donnée le 2 juin 1687, sous le nom du même André le Breton, à ce qu'expliquant l'arrêt, il fut ordonné que Marie Gorget viendroit à partage pour sa moitié seulement, en rapportant, & remboursant sa part des frais & dettes. Michelle du Parquier donna incontinent sa requête à fin d'intervention, demanda de son chef l'interprétation de cet arrêt, où elle n'étoit point partie, & obtint des lettres de rescision le 11 juin 1687, contre la renonciation par elle faite en majorité le 29 janvier 1684, qu'elle fit adresser au parlement, où sont intervenus les deux arrêts qui suivent, l'un par défaut, l'autre qui déboute Marie Gorget de son oppofition.

ENtre Pierre Collet marchand bourgeois de Paris, tuteur d'André le Breton, fils de Me. Louis le Breton procureur en la cour, & demoifelle Michelle du Parquier à préfent fa veuve, élû à l'effet de diriger fes droits & actions contre ladite du Parquier fa mere, demandeur en requête du 31 mai 1687, à ce qu'en expliquant l'arrêt intervenu entre les parties le 27 dudit mois, il fut ordonné que la défendereffe ci-après nommée viendroit à partage pour fa moitié feulement en la fucceffion de Gabrielle Gaillard fon aïeule, en rapportant par elle ce qu'elle & défunte demoifelle Charlotte-Louife du Parquier fa mere ont reçu de ladite Gabrielle Gaillard, & rembourfant fa part des frais & dépens, & ladite défendereffe condamnée aux dépens d'une part : Et demoifelle Marie Gorget femme de Me. Jean Thomas procureur en la cour, autorifée par juftice à fon refus, héritiere de Gabrielle Gaillard fon aïeule, défendereffe, d'autre. Et encore entre demoifelle Michelle du Parquier veuve de Me. Louis le Breton procureur en la cour, auffi héritiere de ladite Gabrielle Gaillard fa mere, demandereffe en requête d'intervention de l'année préfente, à ce qu'elle fût reçue partie intervenante en ladite inftance, faifant droit fur fon intervention, & expliquant ledit arrêt du 27 mai, ordonner que partage feroit fait entr'elle & ladite Marie Gorget, des biens de la fucceffion de ladite Gabrielle Gaillard fa mere & aïeule de ladite Gorget, pour être délivrés moitié à chacune des parties, en rapportant néanmoins par ladite Gorget, ce que ladite Charlotte-Louife du Parquier fa mere & elle ont reçu de ladite Gaillard, & rembourfant fa part des frais & dettes, d'une part : Et ledit Collet audit nom, & Gorget femme dudit Thomas, défendeurs, d'autre. Et encore ladite du Parquier demandereffe en lettres de reftitution par elle obtenues en chancellerie le 11 juin de ladite année 1687, pour être reftituée contre la renonciation par elle faite à la fucceffion de ladite Gabrielle Gaillard, par acte du 20 janvier 1684, d'une part : Et ladite Marie Gorget femme dudit Thomas défendereffe. Après que du Bois pour ladite du Parquier a demandé avantage, ouï Talon pour le procureur général du roi : LA COUR ayant égard à la requête & aux lettres de la partie de du Bois, à celles entérinées, & remis les parties au même état qu'elles étoient avant ladite renonciation ; & en conféquence ordonne que la fucceffion dont eft queftion, fera partagée également ; dépens compenfés. Fait en parlement le 2 août 1687.

ENtre demoifelle Marie Gorget femme autorifée par juftice au refus de Me. Jean Thomas procureur en la cour, fon mari, héritiere de Gabrielle Gaillard fon aïeule, demandereffe en requête du 28 août 1687, à ce qu'elle fût reçue oppofante à l'exécution de l'arrêt obtenu par la défendereffe ci-après nommée le 2 dudit mois d'août ; faifant droit fur l'oppofition, & ayant égard aux fins déclinatoires de la demandereffe, ordonner que ladite parties fe pourvoiront, d'une part : Et demoifelle Michelle du Parquier veuve de Louis le Breton procureur en la cour, & Pierre Collet tuteur d'André le Breton, fils mineur de ladite du Parquier & dudit feu le Breton, défendereffe, d'autre. Après que Secouffe procureur de Michelle du Parquier a demandé la réception de l'appointement avité au Parquet paraphé de Talon pour le procureur général du roi : LA COUR ordonne que l'appointement fera reçu, & fuivant icelui fans avoir égard à l'oppofition de ladite Gorget, ordonne que l'arrêt du 2 août 1687, fera exécuté, & fur la requête dudit Collet du 31 mai 1687, les parties hors de cour ; dépens compenfés. Fait en parlement le 19 février 1688.

Ces deux derniers arrêts paroiffent autant irréguliers en la forme qu'au fonds ; mais il faut reprendre la queftion précédente, & la réduire à une

diffsertation plus étendue que ne font les moyens expliqués dans l'arrêt de 1628.

On ne s'y arrêteroit pas, fi l'on n'avoit remarqué au barreau lors de l'arrêt de 1687, quelques partifans de l'opinion contraire, qui ne fe rendent pas, prévenus que les moyens fur lefquels ils fe fondent, feroient capables de faire changer la jurifprudence. Ils demeurent néanmoins d'accord, qu'en l'efpece de l'arrêt la queftion étoit toute fimple & dans la thefe générale ; mais ils prétendent que la caufe n'a pas été plaidée fur ce pied là, que l'on n'a point fatisfait à leurs doutes, & qu'ils n'ont pas même été propofés dans toute leur étendue.

Sans prévention l'on doit convenir que la caufe fut très exactement plaidée de part & d'autre ; que l'avocat de l'intimé fe retrancha principalement à relever les circonftances du fait, qui pouvoient affoiblir les lettres de refcifion, & tirer la caufe de la thefe générale, c'étoit un effet de fa dextérité & d'une fage prévoyance, qu'il ne feroit pas facile par la queftion de droit, de donner atteinte à tant d'arrêts.

L'avocat de l'appellante en ufoit auffi fort prudemment, de fe contenter d'établir avec beaucoup de force & de netteté les principes effentiels, fans prévenir des moyens qui ne lui étoient pas propofés.

C'eft donc le motif de la differtation, de lever les doutes de ceux qui tiennent qu'un majeur n'eft pas reftituable contre fa renonciation en majorité à une fucceffion directe échue ; ils fe peuvent réduire à trois principaux.

Le premier, que la loi Si quis fuus. Cod. De repud. vel abftin. hæredit. n'a été faite que pour les enfans en puiffance du pere, & n'avoit point de lieu à l'égard des émancipés ; & par conféquent que cette conftitution ne peut être appliquée dans notre droit françois, qui ne reconnoît point cette diftinction, ni la puiffance paternelle des Romains, encore moins en la fucceffion de la mere & de l'aïeule, qui ne l'ont jamais eue.

Le fecond, que même dans le droit civil, & à l'égard des enfans en puiffance du pere, depuis que Juftinien a introduit le bénéfice d'inventaire, cette conftitution eft demeurée caduque, & les enfans qui ont renoncé à fa fucceffion, doivent s'imputer d'avoir méprifé ce bénéfice nouveau & ordinaire du prince, & ne peuvent plus avoir recours à un autre bénéfice exorbitant & abrogé.

Pour confirmer cette penfée, l'on ajoute que la L. Scimus. Cod. de jure deliberandi, qui eft auffi l'une des décifions de Juftinien, paroît poftérieure à celle dont il s'agit : car quoiqu'elles foient l'une & l'autre après le confulat de Lampadius & d'Oreftes, toutefois la L. Si quis fuus eft datée XVII Kal. novemb. qui eft le 16 du mois d'octobre ; & la L. Scimus eft datée v Kalend. decemb. qui eft le 27 novembre dans notre calcul.

Le troifieme doute eft tiré de l'efprit de notre droit françois, qui rejette l'adition, l'abftention, les héritiers néceffaires, & autres diftinctions du droit romain, par la maxime, le mort faifit le vif ; & enfin de l'ordonnance de 1539, qui eft un fort argument pour ne point admettre cette refcifion du droit romain limitée à trois ans pour les majeurs, & enfin pour les mineurs, puifque la loi générale du royaume fixe toutes les actions de refcifion à dix années du jour de la majorité furvenue, fi l'acte eft fait en minorité.

Il faut confeffer d'abord, que ces objections paroîtront très-confidérables à ceux qui ne les auront pas examinées, pour en trouver la folution, qui eft pourtant invincible.

Pour l'interprétation de la L. Si quis fuus, il eft néceffaire de reprendre dans l'ordre chronologique les différens textes du droit tirés des réponfes des jurifconfultes, & des conftitutions des empereurs.

Papinien en la L. 8. De collatione, propofe l'efpece d'un fils émancipé qui a refufé de donner à fes freres la caution de rapport requife pour avoir la poffeffion des biens, & demande s'il y peut être admis en offrant la caution : l'affirmative eft décidée par ce prince des jurifconfultes.

Voici ses termes : *Nonnumquam prætor variantem non repellit , & confilium mutantis non afpernatur ; unde quidam filium emancipatum , qui de bonis conferendis cavere fratribus noluit , audiendum poftea putaverunt , fi vellet oblatâ cautione beneficium bonorum poffeffionis exercere ; tametfi respondéri poteft , videri eum poffeffionem repudiaffe , qui formam poffeffionis conservare noluit. Sed benignior eft diverfa fententia : maxime cùm de bonis parentis inter fratres difputetur. Quem tamen facilius admittendum exiftimo , fi intra tempus delatæ poffeffionis cautionem offerat ; nam poft annum quàm delata effet bonorum poffeffio , voluntariam moram cautionis admittere difficilius eft.*

On peut faire plufieurs réflexions fur cette loi.

Primò , elle juftifie qu'un fils émancipé étoit reftituable contre fa renonciation.

Secundò , la conteftation étoit avec fes freres non émancipés. Car , quoique le texte ne le dife pas , cela eft abfolument fous-entendu , par le principe conftant en droit , que le rapport n'avoit point de lieu entre les freres émancipés de ce qu'ils avoient acquis pendant la vie de leur pere.

Tertiò , la décifion eft faite dans un tems que les émancipés étoient entièrement diftingués des autres enfans qui ne l'étoient pas.

Quartò , fous les mots , *bona parentis* , dont le jurifconfulte s'eft fervi , tous les afcendans font compris , comme Godefroy l'a bien remarqué.

Quintò , quoique la poffeffion des biens fût annale , & que régulièrement celui qui y avoit renoncé , dût fe faire reftituer dans le même intervalle accordé pour l'accepter , toutefois le jurifconfulte ne dit pas que la reftitution foit impoffible après l'an ; mais il marque feulement qu'elle eft plus difficile : c'eft encore la note du même Godefroy.

Ulpien en la *L. 8. De jure deliberandi* , ne limite point de tems , pour admettre un héritier en directe à reprendre la fucceffion qu'il avoit répudiée , pourvu que les chofes foient encore entieres : *Si quis fuus hæres , pofteaquam fe abftinuerit , tunc petat tempus ad deliberandum. Videamus an impetrare debeat ; magifque eft , ut ex caufâ debeat impetrare , cùm nondum bona vænierint.*

Deux textes du même jurifconfulte décident que les héritiers en directe , qui ont renoncé à la poffeffion des biens , peuvent revenir à la fucceffion ; & fans avoir recours au bénéfice du préteur pour être reftitués , ils font capables de fuccéder en qualité d'héritiers , que le droit appelle légitimes , avec l'exclufion de ceux du même ordre.

C'eft en la *L. 2. Unde legitimi* , & en la *L. 1. §. 10. & 11. De fucceforio edicto* , où il ne fixe aucun tems pour ce retour à la fucceffion , après avoir abandonné la poffeffion des biens. Les termes font trop longs , & il feroit peut - être inutile de les rapporter ici.

Paul en la *L. 6. §. 1. Ad fenatufconfult. Tertyll.* propofe l'efpece d'un fils qui a répudié la fucceffion de fa mere , acceptée par un étranger , & décide qu'il peut changer de volonté , & fe repentir dans l'an , parce que la poffeffion des biens eft annale. Il ne diftingue point fi les chofes font entieres ou non , pour donner l'exclufion à cet étranger qui avoit accepté.

Le même jurifconfulte en la *L. 24. §. 2. De minorib. 25 ann.* eftime après Scevola , qu'un mineur qui a répudié une fucceffion , ou la poffeffion des biens , a toujours la liberté de la reprendre , pourvu que les chofes foient encore entieres.

Pour connoître qu'il ne diftingue point fi la fucceffion étoit échue à ce mineur en ligne directe , ou dans la collatérale , & ne fixe aucun tems au retour , il eft bon d'en inférer les termes : *Scavola nofter aiebat : Si quis juvenili levitate ductus omiferit , vel repudiaverit hæreditatem , vel bonorum poffeffionem , fiquidem omnia in integro fint , omnino audiendus eft ; fi verò jam diftractâ hæreditate , & negotiis finitis ad paratam pecuniam laboribus fubftituti veniat , repellendus eft : multòque parcius ex hac caufâ hæredem minori reftituendum effe.*

Il n'eft pas inutile de remarquer que l'inftitué chargé d'un fidéicommis univerfel pouvoit être con-

traint en certains cas de reprendre la fucceffion qu'il avoit répudiée , afin de la reftituer , pourvu que les chofes fuffent entieres. C'eft la décifion du jurifconfulte Hermogenien en la *L. 14. Ad fenatuf. confult. Trebellian. §. 1. Sed & qui repudiavit hæreditatem , cogetur adire & reftituere ipfam hæreditatem , fi jufta caufa allegentur. §. 2. Plane fi bona vænierint , non oportet per prætorem , nequidem pupillum reftituere , nifi ex caufâ , ut divus Pius refcripfit.*

La glofe nous apprend que le mineur fidéicommiffaire étoit reftituable , même après la vente des biens héréditaires , en deux cas : l'un , fi c'étoit une fucceffion directe ; l'autre , fi les biens n'étoient pas entièrement vendus à la requête des créanciers.

Dans la penfée du jurifconfulte le mineur eft reftituable en tout tems , même à l'égard d'une fucceffion collatérale , pourvu que les chofes fuffent entieres.

Il ne refte que les textes du code , qui fe réduifent à trois principaux.

Le premier de l'empereur Gordien en la *L. 1. Cod. De juris & facti ignor. Cùm ignorantiâ juris facile excufari non poffis , fi major annis viginti quinque hæreditati renuntiafti , ferâ prece fubveniri tibi defideras.*

Pour faire comprendre que ce fils , qui avoit renoncé à la fucceffion de fa mere , demandoit trop tard fa reftitution , il étoit d'une néceffité indifpenfable d'en marquer le tems ; la glofe l'a fuppléé fur le principe de la poffeffion des biens , qui étoit annale , & fuppofe qu'il ne venoit qu'après l'an.

Le fecond texte eft des empereurs Dioclétien & Maximien en la *L. 4. Cod. de repud. vel abftin. hæred. Sicut major 25 annis , antequam adeat , delatam repudians fucceffionem , poft quærere non poteft : ita quæfitam renuntiando nihil agit ; fed jus quod habuit , retinet.*

Cette loi pouvoit être limitée à la fucceffion collatérale , & la directe en étoit une jufte exception , qui ne détruit pas la regle ; ou fi l'on veut , dans l'un & l'autre cas de la renonciation , avant ou après l'adition , le majeur de 25 ans n'avoit pas la liberté de varier ; mais le bénéfice de reftitution n'en étoit pas exclus , & fe trouve tacitement excepté.

On peut dire que c'eft une interprétation néceffaire par les loix précédentes , qui déclarent le majeur reftituable contre fa renonciation ; d'autre part , on avoit l'exemple de l'empereur Adrien qui avoit reftitué un majeur contre l'adition ou acceptation d'hérédité obérée & onéreufe : & quoique ce dernier cas de reftitution ait ceffé par le bénéfice d'inventaire que Juftinien a depuis introduit , il n'en eft pas de même du premier.

Enfin , pour fixer principalement le tems de reftitution aux majeurs & aux mineurs , qui étoit auparavant indéfini ; concilier , fi l'on veut , les jurifconfultes & les empereurs , (dont toutefois les textes avoient moins de contradiction entre eux , que d'obfcurité) Juftinien a fait fa décifion , qui eft la loi dernière , *Cod. de repud. vel abftin. hæred.*

Quoique cette loi foit fameufe , il n'eft pas inutile de la rapporter dans fes deux parties.

La premiere eft , pour la reftitution des majeurs : *Si quis fuus recufaverit paternam hæreditatem , deinde maluerit eam adire : cùm fuerat indiftincte ei remiffum , donec res paternæ in eodem ftatu permanent , hoc facere , & poft multum temporis licebat ei ad eamdem hæreditatem redire. Hoc corrigentes , fancimus , fiquidem res jam venditæ funt , ut nullus aditus ei ad hæreditatem fervetur , quod & antiquitas obfervabat : fin autem res alienatæ non funt , fiquidem major annis conftitutus eft , & tempora reftitutionis nulla ei fuperfunt : intra trium annorum fpatium tantummodo hujufmodi ei detur licentia.*

Dans la feconde partie pour les mineurs : *Sin autem vel minor eft , vel in utili tempore conftitutus , tunc poft impletum quadriennium , (quod fpatium pro utili anno qui reftitutionibus dabatur , præftitutum eft) aliud triennium ei indulgere , intra quod poteft rebus in fuo ftatu manentibus adire hæreditatem , & fuam abdicationem revocare. Quo tempore tranfacto , nullus aditus*

aditus penitùs ad paternam hæreditatem & reservetur: nisi fortè adhuc eo in minore ætate constituto res venditæ sint ; tunc etenim per in integrum restitutionem non denegatur ei adire hæreditatem, & res recuperare, & creditoribus paternis satisfacere.

Tout le monde sait que Justinien y rappelle une autre de ses décisions, & que c'est la loi derniere *Cod. De tempor. in integr. restit.* qui dans tous les cas de restitution, donne quatre ans aux mineurs du jour de leur majorité, au-lieu de l'année utile de l'ancien droit, & il ajoute pour la renonciation les trois ans accordés aux majeurs, qui composent sept années du jour de la majorité.

Il veut encore que les aliénations faites depuis la renonciation du mineur, & pendant sa minorité, ne puissent empêcher sa restitution, & qu'elles soient même révoquées.

Après cette chronologie, la réponse aux trois objections ne paroit pas difficile.

En ce qui est de la premiere, que ce bénéfice de restitution est restraint aux enfans en puissance du pere, & n'a point de lieu aux émancipés, elle reçoit deux réponses.

Primò, dans le tems que Justinien a fait sa décision, il avoit déja ôté la distinction des enfans en puissance, & des émancipés, par la novelle 118, & s'il s'est servi depuis du mot *suus,* ce n'a été que pour marquer la différence des héritiers en ligne directe, & des collatéraux ou étrangers.

On demeure d'accord que la question a été fort controversée, de savoir si cette distinction avoit été ôtée par la novelle, & que les docteurs ont formé trois partis : l'un pour dire qu'elle l'est à l'égard de la succession *ab intestat,* non pour la testamentaire ; l'autre, qu'elle a été retranchée dans tous les cas ; & la derniere, qu'elle ne l'a été en aucun.

Il est encore vrai que M. Cujas dans son exposition de cette novelle, sur le tit. *De conjungend. cum mancip.* & au §. 2. *Inst. De hæred. qualit. & differ.* embrasse la troisieme opinion ; & qu'après lui son docte disciple Jean de la Coste avertit de ne pas laisser surprendre à la glose contraire d'Accurse, qu'il soutient fausse par l'avis de son maître.

Cette glose d'Accurse a pour fondement les termes de la novelle, où il l'a réitérée, & qui paroissent très-précis. *Nulla introducenda differentia, sive masculi, sive feminæ sint, & seu masculorum, seu feminarum prole descendant, sive suæ potestatis, sive sub potestate sint constituti.*

Toutefois comme la novelle ne parle que des successions *ab intestat,* c'est une limitation de la glose d'Accurse, suivant l'addition d'Angelus §. 2. *Inst.* & la premiere opinion qui tient le milieu, a été confirmée contre l'autorité de deux grands partisans de la troisieme.

Après Azon, Barthole, Alexandre & une infinité d'autres, nos docteurs français, comme Benedicti, Fernand, digne maître du même de la Coste, Ferrier en son traité *De collat. cap.* 8. & 9. ont soutenu, que la distinction des enfans en puissance, & des émancipés, avoit été ôtée par la novelle pour les successions *ab intestat.*

Il n'est pas difficile de justifier les arrêts ci-dessus rapportés, qui ont étendu la loi derniere *Cod. De repudiand.* aux successions des meres & aïeules, quoiqu'elles n'aient jamais eu les enfans & petits-enfans en leur puissance ; & l'on peut rétorquer l'objection, que notre droit français ne reconnoît point cette puissance paternelle des Romains, ni la distinction des émancipés, & ajoutez que notre pays coutumier a encore rejetté les institutions d'héritiers par testament.

Secundò, si la novelle 118 de Justinien n'avoit pas abrogé pour les successions *ab intestat* la différence des enfans en puissance, & des émancipés, il est toujours évident qu'elle n'avoit point de lieu à l'égard de la restitution contre la renonciation, puisque la *L.* 8. *ff. De collat.* dans un tems que la distinction étoit en vigueur, permet à un fils émancipé de reprendre dans l'an la succession qu'il avoit répudiée, & l'exclut pas après ce terme, se contente de marquer qu'il est plus difficile d'admettre son changement ;

& ne lui ôte point le bénéfice de restitution.

La seconde objection (que la loi *Si quis suus* est 1620. postérieure au bénéfice d'inventaire, & abrogée par la loi *Scimus*) se détruit par une seule observation, que la loi *Scimus* n'est que de la seconde année après le consulat de Lampadius & d'Orestes, au-lieu que la loi *Si quis suus* est de la précédente, comme il paroit en la chronologie des consuls romains, qui marque l'année de leur consulat, celle d'après *post consulatum,* sans exprimer *anno primo,* & ajoute à l'année suivante, *post consulatum Lampadii & Orestis anno secundo.*

Reste la troisieme objection, & l'on y satisfait par trois solutions.

Primò, quoique notre droit français ait rejetté l'adition, l'abstention, les héritiers nécessaires, & autres distinctions du droit romain, par les maximes, *le mort saisit le vif,* & *n'est héritier qui ne veut ;* tout cela n'empêche pas que les héritiers en ligne directe ne soient très-distingués parmi nous, des collatéraux & étrangers.

Les actes qui rendent héritier par force, celui qui n'a souvent aucune intention de l'être, sont examinés & interprétés avec plus de rigueur contre un descendant, que contre un collatéral. Cinq sols pris dans la succession d'un ascendant sont suffisans pour établir cette présomption de volonté ; aussi dans notre usage les renonciations qui sont très-fréquentes en directe, ne sont presque jamais pratiquées en collatérale, & l'on se contente de faire sa déclaration, lorsqu'on est assigné à la requête d'un créancier de la succession.

Cette facilité que l'on a de renoncer promptement à une succession directe, afin d'éviter les chicanes des créanciers, qui supposent tous les jours des actes d'héritier, antérieurs à la renonciation, seroit un motif assez puissant pour recevoir parmi nous le bénéfice de restitution du droit romain en faveur des descendans contre leur renonciation dans les trois ans.

En effet, rien n'est plus naturel que de les rétablir dans des biens dont ils sont présumés les maîtres pendant la vie de leurs peres, & par une belle fiction de la loi censés en continuer le droit & la possession, plutôt que l'acquérir.

Secundò, l'argument tiré de l'article 134 de l'ordonnance de 1539 n'est bon que pour les mineurs : car cet article ne parle que de la rescision des actes ou contrats faits en minorité dans les dix ans de la majorité.

Par l'édit du préteur le mineur n'avoit qu'un an utile pour être restitué, qui se comptoit après l'âge de 25 ans accomplis.

Au-lieu de l'année utile Constantin en accorda trois à Rome, quatre dans toute l'Italie, & cinq dans les provinces.

Justinien retrancha cette différence des lieux par sa décision, dont on a déja parlé, & fixa par-tout l'action de rescision des mineurs à quatre années du jour de leur majorité de vingt-cinq ans, qui se comptoit de moment à moment ; c'est-à-dire, que par le droit romain un mineur lésé pouvoit être restitué jusques à vingt-neuf ans ; & pour le cas particulier de la renonciation à une succession directe, jusques à trente-deux ans, parce qu'on y ajoutoit les trois années que le même empereur donne au majeur pour être restitué contre sa renonciation faite en majorité.

Notre droit français par cet article 134 de l'ordonnance étend l'action de rescision des actes faits pendant la minorité jusques à trente-cinq ans, c'est-à-dire, donne dix ans du jour de la majorité ; ainsi l'on ne peut pas douter que le mineur qui a renoncé à une succession directe échue, ne soit restituable dans les trente-cinq ans.

Toute la question qu'on pourroit former en France à l'égard des mineurs, seroit de savoir, si dans le cas particulier on ne devroit pas ajouter aux trente-cinq ans, les trois ans accordés au majeur, de la même maniere que le droit romain les ajoutoit aux vingt-neuf ans qui fixoient dans tout autre cas l'action de rescision du mineur.

La négative femble plus jufte , parce que l'ordonnance au-lieu des fept ans de Juftinien du jour de la majorité pour refcinder une renonciation faite en minorité , a étendu l'action de refcifion jufques à dix ans , dans lefquels on peut dire que les trois ans du majeur font compris.

Mais les majeurs ne peuvent pas tirer avantage de cette ordonnance , pour dire qu'ils font reftituables contre une renonciation faite en majorité jufques à dix ans : car l'ordonnance ne difpofe rien du tems de refcifion en général des actes faits par un majeur ; & fi les arrêts l'ont réglé à dix ans , ce n'eft que dans les cas de refcifion ouverts à toutes fortes de majeurs par le titre *Ex quibus cauf. major. in integr. reftit.* ce qui ne peut pas être prétendu dans le cas particulier de la renonciation à une fucceffion échue , puifque la refcifion n'a point de lieu en collatérale , & que les mêmes arrêts l'ont limitée dans la directe à trois ans , comme Juftinien , ainfi qu'il a été jugé par l'arrêt de Vieilfmaifons du 5 mai 1614.

Il ne faut pas d'autre réflexion pour connoître , en paffant , que les arrêts du 2 août 1687 & 19 février 1688 , qui ont entériné les lettres obtenues par Michelle du Parquier après les trois ans , ne peuvent être tirés à conféquence ; & l'on peut répéter qu'ils font autant irréguliers au fond , que dans la forme.

Tertiò , la loi *Si quis fuus* eft en ufage dans tout le royaume , & c'eft le fentiment unanime de tous nos docteurs françois.

Le judicieux Coquille fur la coutume de Nivernois *chap. des fuccef. art. 26.* s'en eft expliqué ; & Me. Claude Henrys dans fon recueil d'arrêts , *tom. 2. liv. 6. queftion 24.* perfuadé que la queftion ne pouvoit recevoir de difficulté dans les provinces de la France qui fe régiffent par le droit écrit , la décide pour le pays coutumier.

Me. Julien Brodeau en fon commentaire fur la coutume de Paris *au prélude du tit. 6. des prefcript. nomb. 6.* parle de la queftion en ces termes : *La même prefcription de trois ans a lieu pour la renonciation faite par les enfans majeurs à la fucceffion de leurs pere & mere , contre laquelle ils font reftituables dans les trois ans , les chofes étant entieres , bien-qu'il n'y ait point eu de dol , fraude, furprife , erreur & ignorance , fuivant la décifion de loi derniere,* Cod. de repud. vel abftin. hæred. *qui eft pratiquée & en ufage, fuivant la doctrine conftante des arrêts.*

C'eft un témoignage qu'il avoit changé d'opinion depuis l'arrêt de 1628 , & s'il ne l'a point cité dans fes livres , c'eft qu'il a cru que la queftion ne devoit plus être mife en controverfe.

Les autres commentateurs de la coutume de Paris , & ceux de toutes les coutumes du royaume , qui ont agité la queftion , font de même fentiment ; & l'on peut dire , pour fe difpenfer de les rapporter en détail , qu'il n'y en a pas un de contraire.

CHAPITRE XVI.

Edit de réduction des rentes au denier feize publié au parlement , n'a lieu dans les bailliages que du jour qu'il y eft auffi publié , & les contrats de conftitution paffés intermédiairement au denier douze y font valables.

AU mois de juillet 1601 , il y eut un édit portant réduction des rentes au denier feize , qui conftituoient auparavant au denier douze , vérifié par la cour le 18 février 1602. Au mois de juin fuivant, un vigneron de Laon vend & conftitue feize livres treize fols quatre deniers de rente annuelle & perpétuelle à un marchand de la même ville , qui lui paye comptant la fomme de deux cents livres ; (c'étoit à raifon du denier douze) la rente paye exactement jufques à fon décès arrivé en 1622 , qu'il en devoit quatre années d'arrérages. Pour en avoir payement , le créancier doit procéder par voie d'exécution fur fa veuve & tutrice de leurs enfans. Elle s'oppofe & foutient le contrat nul & ufuraire , comme fait au préjudice de l'édit , portant la réduction des rentes au denier feize : l'imputation étant faite de l'excédant , la rente fe trouvera entierement payée & éteinte. Le créancier au contraire répond qu'il n'a eu aucune connoiffance de l'édit. Le bailli de Laon appointe la caufe en droit. La veuve exécutée interjette appel , & pour elle Me. Baillot dit , que l'édit a été vérifié au parlement dès le mois de février 1602 , & que l'intimé n'a pu ni dû ignorer ce qui étoit connu & notoire à tout le monde ayant contracté au préjudice de la prohibition de l'édit , le contrat eft ufuraire : & par le moyen de ce qu'on a payé , la rente doit être déclarée amortie & éteinte. Me. Didier pere pour le créancier de la rente , intimé , dit que l'édit de réduction des rentes au denier feize n'ayant point été lu ni enregiftré au bailliage de Laon , les parties ont pu l'ignorer , & légitimement contracter fuivant l'ancien ufage , & créer une rente au denier douze. L'appellante par fon oppofition eft demandereffe , & doit rapporter acte qui juftifie que l'édit ait été lu & enregiftré au bailliage de Laon ; ce qu'elle ne fait pas. Quand il y auroit été publié , il n'auroit pas eu fon effet du jour de la publication & enregiftrement. En droit des loix & ordonnances nouvelles , n'ont point de lieu pour les provinces , finon deux mois après qu'elles y ont été publiées , *Nov. 66. Ut facta non conftitutiones poft irfinuationes earum , poft duos menfes valeant. C. De teftam.* L'ignorance de l'intimé qui a contracté trois mois après l'édit , eft fort excufable : *Nec fcientiam curiofiffimi , neque negligentiffimi hominis accipiendam* , comme il eft dit en la loi 9. §. *Sed facti, De juris & facti ignorantia.*

LA COUR mit l'appellation & ce dont étoit appel , au néant ; évoqua le principal ; & y faifant droit , condamna l'appellante à payer & continuer la rente au denier douze ; faute de ce , que l'exécution commencée feroit parachevée ; & néanmoins fans dépens. M. le Préfident le Jay prononçant ; le mardi 5 décembre 1628.

* Brodeau cite l'arrêt , *lett. C. fomm. 20.*

CHAPITRE XVII.

Incendie arrivé par une faute très-légere n'engage celui qui a mis le feu dans fa propre maifon , aux dommages intérêts envers les propriétaires des maifons voifines pareillement brulées.

LE lundi de paques 1625 , une vieille femme de la ville de Janville au Pays de Beauffe , fe chauffant en fa maifon fur les deux heures après midi ; & au-lieu de bois , qui eft fort rare en cette province , ayant mis de la paille & du chaume dans le feu , il s'alluma incontinent par toute la maifon, qui fut entierement brulée & confumée avec quatre autres du voifinage. De plus , la femme d'un nommé Damont ayant voulu entrer dans fa maifon qui bruloit , pour en retirer & fauver fon petit enfant , demeura fous le faix & ruine de la maifon. Damont fit une demande pardevant le juge de Janville pour avoir des dommages & intérêts de la mort de fa femme, comme auffi les propriétaires des maifons brulées. Sur quoi le juge de Janville rend fa fentence , par laquelle à l'égard de Damont il met fur fa demande les parties hors de cour & de procès ; & pour les propriétaires des maifons brulées , condamne la défendereffe en tous les dépens , dommages & intérêts , & ordonne qu'à l'avenir tous les habitans de Janville auront en leurs maifons des engins & crochets de fer pour remédier aux incendies. De cette fentence la défendereffe interjetta appel , pour laquelle Me. Pietre le jeune dit , que l'incendie étant arrivé par accident , & non par la faute & malice de l'appellante , elle n'en peut être aucunement refponfable. *Qui ædes combufferit , igni necari jubetur , fi modo fciens prudenfque id commiferit* , comme dit le jurifconfulte in *L. 9. De incendio , ruina , &c. aut qui confultò & datâ operâ* ; comme dit la loi derniere eodem; mais *fi fortuito vel cafu incendium factum fit , venia indiget, nisi tam lata culpa fuit, ut luxuriâ, aut dolo sit proxima,* comme il est dit en la loi 11. eod. tit. & en la loi 9. *De reb. auctor. judicis possid. Si ædificia diruta vel exusta fuerint, creditor non tenetur, quia dolo malo caret.* & en la loi première *Ad leg. Corneliam. De sicariis. Lege Corneliâ tenetur is , cujus dolo malo incendium factum erit.* Me. de la Touche pour les intimés dit , que l'incendie est arrivé par la faute & la négligence de l'appellante , & il n'y a point de doute qu'elle ne soit responsable civilement de la perte que les voisins en ont soufferte. *Si verò casu , id est , negligentiâ incendium factum sit , aut noxiam sarcire jubetur , aut si minùs idoneus sit , levitis castigatur,* comme dit le jurisconsulte *in L. 9. De incendio , ruina , naufr. L. 30. §. pen. Ad leg. Aquiliam ,* & n'est exempt que de la peine corporelle. D'où vient que la loi 11. *De incendio.* dit , que *venia indiget , si fortuitò factum sit incendium. Venia* ne peut se prendre que pour la rémission de la peine corporelle , & non pour les dommages & intérêts.

LA COUR mit l'appellation & ce dont étoit appel , au néant ; émendant sur les demandes au principal , mit les parties hors de cour & de procès , hors & excepté pour le réglement porté par la sentence que la cour ordonna qu'il seroit observé ; le jeudi 7 décembre 1628.

☞ Si l'on s'en rapportoit à cet arrêt , il s'ensuivroit que tous les voisins d'une maison occupée par des propriétaires imprudens ou négligens , seroient exposés tous les jours à voir leurs biens & leurs meubles réduits en cendres , sans pouvoir oser prétendre aucun recours contre le propriétaire voisin ; qui perdant souvent moins que ceux dont il auroit causé la ruine , se soustrairoit à leurs justes poursuites , en s'excusant sous prétexte d'une *faute légere* & en alléguant l'arrêt du 7 décembre 1628.

Il est vrai qu'à l'époque de cet arrêt , on admettoit le principe , que quand le feu prenoit à une maison où demeuroit le propriétaire , que cet accident arrivoit par une faute légere que les loix appellent *omissio curæ , quam diligens paterfamilias rebus suis solet adhibere,* & que cet incendie causoit du dommage aux maisons voisines , on n'en rendoit pas le propriétaire responsable.

Ce principe étoit fondé sur celui , qu'un particulier à la maison duquel prenoit le feu , étoit censé avoir été surpris par quelque accident imprévu , & se trouvoit assez puni *de sa légere négligence* & par la perte qu'il essuyoit , sans l'augmenter par des dommages intérêts envers ceux dont il avoit involontairement occasionné le désastre.

Cette jurisprudence a été confirmée par plusieurs arrêts rendus avant & depuis celui du 7 décembre 1628 , a été adoptée par la plupart des jurisconsultes du dernier siecle , entre autres par Heurys , liv. 4. quest. 163 , où il agite la question , *an vicinus vicino de incendio teneatur?* & la décide en soutenant que le propriétaire de la maison à laquelle le feu a pris , n'est pas responsable de la perte des maisons voisines , si les voisins ne prouvent pas que le feu a pris par sa faute grossiere. Pour appuyer son sentiment , il invoque une sentence du bailliage de Montbrison rendue sur ces conclusions , qui l'a jugé ainsi. Mais en même tems il avoue que la cour ne pensa pas de même , & que cette sentence fut infirmée par arrêt du 18 avril 1654 , qu'il rapporte en entier.

Malgré cette décision , l'ancienne jurisprudence a prévalu pendant très-long-tems.

Cependant les inconvéniens qui en résultoient tous les jours , & les procès continuels qui s'élevoient sur la question de savoir si c'étoit par imprudence , négligence , faute grossiere ou légere , que le feu avoit pris ; en ayant fait connoître les abus , elle se réforma insensiblement.

Un des principaux arrêts qui commença à fixer les incertitudes sur cette matiere , fut rendu en la cinquieme chambre des enquêtes au rapport de M. Talon le 18 août 1635 , dans les circonstances suivantes.

Barthelemi Voras bourgeois de Paris étoit en même tems propriétaire d'une maison à Creteil ; il

en occupoit une partie , & louoit l'autre. Le 5 septembre 1732 Voras étant en sa maison de Creteil , 1628. le feu y prit vers les 9 à 10 heures du soir , avec une telle violence , qu'il en incendia non-seulement la majeure partie , mais encore se communiqua aux maisons , granges & bâtimens de la véuve Beguin & de Pierre Gautier vigneron , dont partie fut consumée , ainsi que beaucoup des meubles , & entr'autres ceux du nommé Marcon Picard locataire de la veuve Beguin.

Cet événement donna lieu à des demandes en dédommagemens de la part de ces derniers contre Voras , qui furent portées pardevant le prévôt de Creteil , lequel , sur les demandes & défenses des parties , rendit la sentence le 2 octobre 1733 , par laquelle faisant droit sur les demandes de la veuve Beguin & de Pierre Gautier , il condamna Voras à faire incessamment à leurs maisons , les réparations & les reconstructions nécessaires , pour les rendre en tel état qu'elles étoient avant l'incendie : sinon permis à ladite veuve Beguin & à Gautier de les faire faire & d'en avancer les deniers , visite préalable faite par experts , & condamna en outre Voras à payer à Gautier 990 liv. & à Picard 2000 liv. pour le prix de leurs meubles brûlés , & le préjudice que cet incendie avoit causé au commerce de Picard , sinon à dire d'experts & aux dépens. L'appel de cette sentence porté par Voras au bailliage de l'archevêché de Paris ; elle y fut confirmée avec amende & dépens par une autre sentence du 22 avril 1734 , avec cette circonstance cependant , qu'il fut ordonné que sur les 990 liv. adjugées à Gautier par forme de dédommagement de la perte de ses meubles brûlés , déduction seroit faite de la somme de 120 liv. que Gautier avoit reçu de la quête qui avoit été faite.

Voras se pourvut contre ce jugement au parlement. Mais malgré un mémoire très-savant que fit pour lui feu Me. de Lacombe , intitulé *dissertation sur les incendies,* dans lequel il établit tous les principes de l'ancienne jurisprudence , & cita tous les arrêts rendus sur cette matiere , entr'autres ceux rapportés par M. Bardet , & notamment celui du 7 décembre 1628 ; la cour par l'arrêt cité confirma la sentence du bailliage de l'archevêché , avec amende & dépens.

C'est depuis cette époque que la jurisprudence sur cette matiere n'a plus varié , & que dans le cas d'incendie , on juge qu'un propriétaire ou le principal locataire de la maison où le feu a pris , est tenu des dommages que le feu peut causer aux voisins , à moins que cet accident ne soit arrivé par une force majeure , comme par guerre , par le feu du ciel ou par autres cas fortuits , dont personne ne peut être garant.

Aussi toutes les fois que de semblables questions se sont présentées , elles ont été jugées au parlement , conformément à l'arrêt du 18 août 1735.

L'incendie arrivé à la maison de la dame Henry marchande à la pomme d'or sur le pont au-change , a donné lieu à plusieurs arrêts de cette nature.

Le nouvel éditeur du *recueil de jurisprudence civile* & l'auteur de la *collection des décisions nouvelles & des notions relatives à la jurisprudence actuelle,* rapportent au mot *incendie* trois arrêts qui confirment le principe que j'établis.

Le premier du 22 août 1743 , rendu en la seconde chambre des enquêtes au rapport de M. de la Villoniere , contre le nommé Louis notaire à St. Dizier.

Le second du 29 mai 1756 , rendu en la grand-chambre au rapport de M. Bochard , contre les fermiers des moulins bannaux de Charleville.

Et le troisieme du 29 avril 1768 , en l'audience de relevée contre le nommé Jolly fermier judiciaire.

On pourroit encore y joindre un arrêt du premier août 1744 , rendu en la seconde chambre des enquêtes au rapport de M. de Lys , sur l'appel d'une sentence du bailliage de St. Florentin du 14 août 1741 , contre le nommé Quentin ; mais comme cet arrêt n'est point définitif & qu'il ne forme qu'un simple préjugé , je n'ose hasarder de le ranger dans la classe des précédens.

Pour mieux connoître les efpeces de ces derniers arrêts, *vidé* Lacombe & Denizart, au mot *incendie*.

CHAPITRE XVIII.

Geolier ne peut retenir un prifonnier pour droit de gîtes & geolages, ni les faire payer au créancier.

UN tailleur d'habits de la ville de Paris, créancier d'un particulier, de la fomme de quatre cents livres, le fait condamner par corps, comme ftellionataire, par fentence du prévôt de Paris ou fon lieutenant civil: il ne le put rencontrer dans Paris, & l'ayant rencontré en la ville de Laon, il le fait conftituer prifonnier dans les prifons de ladite ville de Laon, comme prifons empruntées, au mois de juillet 1627. Il eft incontinent recommandé à la requête de fept ou huit autres de fes créanciers. Il demande que le tailleur, à la requête duquel il a été emprifonné, lui fourniffe des alimens: ce qui eft ainfi ordonné & exécuté par le bailli de Laon ou fon lieutenant. Ce prifonnier voyant que fon premier effai n'avoit pas réuffi, préfenta requête expofitive de ce qu'il n'eft à Laon que dans des prifons empruntées, demande d'être conduit & mené en celles du grand châtelet de Paris, puifqu'il eft détenu en vertu d'une fentence du prévôt de Paris; fur quoi le bailli de Vermandois ou fon lieutenant à Laon ordonne, que le prifonnier fera mené & conduit aux prifons du grand châtelet de Paris, à la diligence & aux dépens du tailleur, qui eft condamné de payer au geolier de Laon les gîtes & geolages du prifonnier depuis le jour qu'il a été conftitué prifonnier dans les prifons de Laon, jufques au jour qu'il en fera tiré & mis hors. En vertu de cette fentence le geolier fait arrêter fes gîtes & geolages à foixante & dix liv. & fait commandement au tailleur créancier de les payer. Il en interjette appel, pour lequel Me. Gaultier le jeune dit, que cette fenteuce eft injufte, de faire payer à un créancier légitime les gîtes & & geolages d'un mauvais payeur, d'un débiteur fuyard, d'un banqueroutier, tellement qu'outre la perte de fa dette légitime, dont il ne peut rien efpérer, il faut porter la perte des alimens qu'il a fournis, & encore de trente écus, à quoi reviennent ces gîtes & geolages, à trois fols par jour, comme le ufage les a taxés. Cela eft contre toute juftice. L'ufage de Laon qu'on met en fait, eft un abus manifefte, & il n'y a pas de prétexte de dire qu'il n'étoit à Laon que dans des prifons empruntées: car toutes les prifons font au roi, & l'on y peut mettre des prifonniers, fans payer aucune chofe. Et par ces moyens conclut au mal jugé. Me. Paillet pour le geolier intimé dit, que c'eft un ufage reçu & conftant en la ville de Laon, dans toutes les jurifdictions, que les créanciers qui font conftituer leurs débiteurs prifonniers, font tenus de payer aux geoliers leurs droits de gîtes & geolages, au nom des débiteurs emprifonnés. Ce ufage procede de ce que le roi a vendu & aliéné les droits de geole; & ce fait, l'intimé n'étoit pas propriétaire de la geole de Laon, mais fimple fermier, qui en paye deux cents cinquante livres par an. Si les créanciers n'étoient condamnés à payer ces droits, il n'auroit jamais rien des pauvres débiteurs, & par ce moyen feroit ruiné. L'appellant a volontairement payé les alimens du prifonnier, dont les gîtes & geolages font partie.

M. l'avocat général Talon dit, que les geoliers ne peuvent ufer de rétention des prifonniers pour le payement de leurs gîtes & geolages, ni fe pourvoir contre les parties, à la requête defquelles les prifonniers font détenus. L'ufage qu'on allegue au-contraire en la ville de Laon, ne doit être toléré, non plus que les mauvaifes mœurs, ni ne doit prévaloir contre les loix & les ordonnances. En matiere criminelle, foit que l'accufation foit véritable ou calomnieufe, le geolier ne peut aucunement agir contre l'accufateur, mais feulement contre l'accufé, lequel en cas d'abfolution, les couche en dommages & intérêts.

Et en cas de condamnation le geolier ne peut ufer de rétention, mais prendre une obligation de l'accufé. Ainfi l'appellant eft affifté de la regle commune, dont on ne doit fe départir pour des confidérations alléguées par l'intimé, qui fe dit fermier du roi de la geole de Laon à raifon de deux cents cinquante livres par an. Ce ne doit être qu'une fimple commiffion, & ce n'eft pas de-là que le roi doit s'enrichir: il n'y a point aufli d'apparence d'adjuger trois fols par jour pour un peu de paille qu'on fournit aux prifonniers, cette fomme eft fuffifante pour les nourrir. Et par ces moyens adhere avec l'appellant.

LA COUR mit l'appellation & ce dont étoit appel, au néant; & en ce que l'appellant avoit été condamné de payer les gîtes & geolages du prifonnier, émendant quant à ce, fit défenfes aux geoliers d'ufer de rétention des prifonniers pour les gîtes & geolages, mais de fe contenter des obligations des prifonniers; & ordonna que l'arrêt feroit lu au fiege de Laon, l'audience tenant; le mardi 12 décembre 1628.

* Cet arrêt eft cité dans la derniere édition de du Frefne.

☞ *Vide* ci-deffus l'addition du chap. 68 du l. 1.

CHAPITRE XIX.

Commiffions adreffées par la cour aux préfidiaux, doivent être exécutées par le lieutenant général, & s'il eft abfent pendant trois jours, par le lieutenant particulier, ou plus ancien confeiller; & ne pourront prendre que le greffier ordinaire.

EN la même audience, plaidant Me. Rofée pour le lieutenant général de Rheims, Me. Frenin pour le lieutenant particulier, affeffeur & confeiller du préfidial, & Me. Gerard pour le greffier; fur les conclufions de M. l'avocat général Talon:

LA COUR dit que les commiffions qui feroient adreffées aufdits préfidiaux par la cour, feroient premiérement préfentées au lieutenant général; puis au lieutenant particulier & aux autres officiers, fuivant leur rang, réception & ordre du tableau: néanmoins, que le lieutenant particulier & confeillers pourroient exécuter lefdites commiffions fous pretexte de l'abfence du lieutenant général, qu'il n'eft été trois jours abfent de la ville; & que pour exécuter lefdites commiffions, ils ne pourroient prendre autre greffier que celui du bailliage ou fes commis: duquel réglement toutefois étoient exceptés les commiffaires que la cour nommeroit par fes arrêts, & commettroit expreffément pour l'exécution d'iceux.

CHAPITRE XX.

Fils de famille majeur de vingt-cinq ans, qui fe marie fans le confentement de fes pere & mere, peut être exhérédé, & ne leur peut demander des alimens pour lui, fa femme & fes enfans.

LE vendredi 22 décembre 1618, M. le préfident le Jay prononça folemnellement, meffieurs affiftaus en robes rouges, l'arrêt qui fuit: Procès s'eft mu pardevant le fénéchal de la baffe Marche ou fon lieutenant, contre Pierre Desfoureaux demandeur, d'une part; & François Desfoureaux fon pere, défendeur, d'autre: fur ce que ledit Pierre Desfoureaux a expofé, qu'au vu & fu dudit François Desfoureaux fon pere, il a publiquement contracté mariage avec Anne Dubois en 1625, dont il a en des enfans, & ne poffede aucuns biens pour les nourrir & entretenir; a fupplié fon pere de lui adminiftrer des alimens à à fa femme & enfans; fon refus l'a contraint de le faire affigner pardevant le fénéchal de la baffe Marche aux fins de fe voir condamner à lui fournir lefdits alimens qu'il ne lui peut juftement refufer, puifqu'il eft fon fils, & n'a point de moyens pour nourrir fa femme & fes enfans. François Desfoureaux

foureaux pere pour ſes défenſes dit, qu'il a nourri & élevé le demandeur ſon fils, dont il eſpéroit du ſervice & du ſupport en ſa vieilleſſe, & n'en reçoit que du déplaiſir & de la peine. Il a été ſi mal aviſé que de ſe marier, non pas, comme il dit, par le conſentement de ſon pere & de ſa mere, & par l'avis & conſeil de leurs parens; mais tout au contraire, a contracté ce mariage contre ſa volonté & expreſſe prohibition & défenſes, & contre l'avis de tous leurs parens, dont le défendeur & ſa femme juſtement irrités ont fait dreſſer acte pardevant notaires contenant leurs proteſtations, & la répugnance qu'ils ont à ce prétendu mariage du demandeur leur fils. En ſuite de cet acte & conformément à l'ordonnance, ils l'ont juſtement exhérédé & privé de toute ſa part & portion qu'il auroit pu eſpérer & prétendre en leurs futures ſucceſſions. Au-lieu de les fléchir par une meilleure conduite & une obéiſſance parfaite, il leur a fait cette inſtance auſſi honteuſe qu'injuſte, & en laquelle il eſt très-mal fondé, parce que les enfans, leurs pere & mere vivans, ne peuvent prétendre ni demander aucune part ni portion en leurs futures ſucceſſions, ſoit pour leur droit de légitime, alimens ou pour quelqu'autre occaſion que ce ſoit. Mais quand la loi ne dénieroit pas cette action aux enfans, & qu'elle les aſſiſteroit à la pourſuite, néanmoins le demandeur s'en ſeroit rendu indigne, s'étant ſouſtrait à leur obéiſſance, ayant commis un crime en contractant mariage contre leur volonté, même contre leur prohibition; crime tellement odieux par les loix & les ordonnances de nos rois, principalement celles de 1556 art. 1. & 4. & de Blois art. 41. qu'elles permettent l'exhérédation des enfans qui ont ainſi contracté mariage ſans le conſentement de leurs pere & mere. L'exhérédation étant comparée au foudre, il faut néceſſairement conclure, que le crime & la faute que leurs enfans ont commiſe, ne peut être plus grande; & toutefois comme ſi c'étoit une action permiſe, même louable, le demandeur veut que ſes pere & mere l'approuvent, la ratifient, lui fourniſſent de quoi nourrir & entretenir une femme & des enfans qu'ils n'ont point agréés, ne ſont point obligés de reconnoître comme leur bru & leurs petits-enfans, & qu'ils peuvent juſtement exhéréder avec leur pere. Que ſi cette demande avoit lieu & qu'ils fuſſent obligés de les nourrir & auſſi leur pere, il faudroit abroger les ordonnances qui permettent l'exhérédation, même cette demande contient quelque choſe de plus, parce que l'exhérédation ne pouvant être attaquée qu'après leur décès, & des biens dont ils mourront vêtus & ſaiſis, ils ont cette conſolation de n'être point inquiétés pendant leur vie. Mais cette demande tend à les dépouiller de leur vivant de ce peu de bien qu'ils ont amaſſé pour s'entretenir en leur vieilleſſe, c'eſt une prétention trop rude & du tout injuſte. Le fils demandeur répliquoit, quérant âgé de près de trente ans, & ayant trouvé un parti qui lui étoit avantageux, il a ſupplié ſes pere & mere de l'agréer, ce qu'ils n'ont voulu faire; mais ils y ont prêté leur conſentement tacite, n'ont témoigné aucune répugnance & ne lui ont jamais fait ſignifier ce prétendu acte de proteſtation d'exhérédation, dont ils veulent ſe ſervir aujourd'hui. Les ordonnances qu'ils alleguent pour toutes exceptions, ne ſont aucunement conſidérables & pertinentes en cette cauſe, parce qu'elles n'ont point de lieu contre les enfans de famille majeurs de vingt-cinq ans, qui peuvent librement & impunément contracter mariage après cet âge, puiſque leurs pere & mere ont négligé de les pourvoir, ſuivant la diſpoſition du droit civil, Nov. 115. cap. 5. & en l'auth. Si poſt 25 annos. De inoffic. teſtam. qui, quoique faite expreſſément pour les filles, ſe peut néanmoins entendre des fils, puiſqu'il y a moins de péril en leurs mariages. C'eſt une eſpece de cruauté de lui dénier les alimens. Ne-care videtur qui alimenta denegat. C'eſt expoſer ſes pauvres petits enfans à la faim & à la mort, par une inhumanité qu'on ne peut aſſez exprimer. Sur quoi le ſénéchal de la baſſe Marche ou ſon lieutenant rendu ſa ſentence, par laquelle il a condamné le pere défendeur à bailler à ſon fils demandeur la ſomme de deux cents livres par forme de proviſion

& alimens, dont le pere interjette appel; & pour cauſes & moyens d'appel a dit & remontré le ſujet qu'il a de ſe plaindre de ce fils dénaturé, qui non content de l'avoir offenſé par un mépris le plus ſignalé qu'il pouvoit commettre, veut encore lui ravir ce peu de bien qui lui reſte pour le ſoutien de ſa vieilleſſe & de ſa femme, pour lui faire la guerre & le moleſter par procès, pour nourrir un fils ingrat & déſobéiſſant, une femme coupable autant que ſon mari, & des enfans qu'il ne faut pas eſpérer meilleurs, puiſqu'ils ſont nés d'une ſi malheureuſe conjonction. Le juge dont eſt appel, au-lieu de réprimer la témérité de ce fils, & le punir ainſi qu'il a mérité, a rendu une ſentence tellement à ſon avantage, qu'elle ne couvre pas ſeulement ſon crime, mais même lui en fait rapporter gloire & profit, au préjudice & mépris de l'expreſſe diſpoſition de nos ordonnances ſi notoires. Il y a directement contrevenu, pour fomenter la déſobéiſſance d'un fils ingrat. Il n'y a point d'apparence à ce qu'on allegue pour couvrir la faute, que l'ordonnance ne parle que des enfans de famille mineurs de vingt-cinq ans, & non des majeurs, qui peuvent impunément ſe marier : car l'âge de vingt-cinq ni trente ans n'eſt pas un moyen pour ſe libérer de la puiſſance paternelle, & bien moins de l'honneur & du reſpect qu'on doit à ſes pere & mere. Cette interprétation eſt entièrement abſurde, principalement en la bouche d'un fils, pour le mariage duquel la loi n'a point préfini de tems ni d'âge, mais pour les filles ſeulement, qui après ce tems ne peuvent plus ſi bien ſe marier; mais cette conſidération n'a point de lieu aux mâles. A quoi le fils intimé répondit, que l'interprétation de la loi ſeroit trop ſévere de ne vouloir donner autant d'avantage aux mâles pour contracter mariage, qu'aux filles qui peuvent être facilement ſéduites & trompées. Si ſon pere n'avoit eu ſon mariage agréable, il pouvoit l'empêcher, formant oppoſition, au préjudice de laquelle on n'auroit point paſſé outre; ne l'ayant pas fait, il a approuvé tacitement tout ce qui avoit été fait. Mais il n'eſt pas tant queſtion du mariage, contre la validité duquel on ne peut rien dire, que de ne point laiſſer mourir de faim de pauvres petits innocens nés de ce mariage, qui demandent ſeulement des alimens, qu'on ne refuſeroit pas même à ceux qui étoient condamnés *ad metallum*, & qui étoient morts civilement pour punition de crimes capitaux par eux commis. Vu le procès, écritures & tout conſidéré;

LA COUR a mis l'appellation & ſentence dont eſt appel, au néant; émendant, a déclaré la ſaiſie & vente des biens de l'appellant injurieuſe & tortionnaire, lui en a fait pleine & entiere main-levée; a condamné le fils intimé à rendre & reſtituer ce qu'il en aura touché; ſans dépens.

* L'arrêt eſt cité dans la derniere édition de du Freſne.

CHAPITRE XX.

Chevaliers de Malthe ne ſuccedent ab inteſtat, ni par teſtament, en propriété, ni en uſufruit, & ſont réduits à une penſion.

LE jeudi 11 janvier 1629 fut plaidée la cauſe de frere Antoine Saladin d'Anglure, chevalier de l'ordre de St. Jean de Jéruſalem, & de meſſire Etienne Saladin d'Anglure, chevalier, baron dudit lieu, ſon frere aîné, appellant de la ſentence de meſſieurs des requêtes du palais, par laquelle ils avoient ordonné que ledit frere Antoine Saladin chevalier de Malthe jouiroit par uſufruit, ſa vie durant, de la moitié des terres & ſeigneuries de Longueville & de la Chapelle : en quoi le frere aîné ſoutenoit, qu'il avoit été mal jugé; & pour moyens d'appel Me. le Picquart dit, que du mariage de défunts meſſire Etienne d'Anglure & dame Clotilde de Bethune ſont iſſus pluſieurs enfans, entr'autres l'appellant & l'intimé. Le pere étant décédé *ab inteſtat*, dame Clotilde de Bethune fait certaine diſ-

1629.

position, par laquelle elle ordonne que l'intimé jouira, fa vie durant, par ufufruit de la moitié des terres & feigneuries de Longueville & la Chapelle, & aura fa part & portion des meubles après fon décès, & jufques à ce aura une penfion de trois cents livres. Meffieurs des requêtes du palais ont fondé leur fentence fur cette difpofition de la mere, mais mal, parce qu'il faut prendre cette difpofition, ou pour une donation entre vifs, ou pour un teftament. En l'une & l'autre façon elle eft nulle : comme donation, parce qu'il n'y a point d'acceptation, quoiqu'elle foit faite au profit d'un abfent, ni point d'infinuation, qui font des formalités tellement effentielles par l'ordonnance, que l'omiffion rend la donation entiérement nulle ; de plus par la coutume de Champagne, où les biens font fitués, *art.* 67, il faut une tradition réelle & poffeffion actuelle de la part du donataire : comme teftament, cette difpofition ne peut non plus valoir, par la qualité de la perfonne de l'intimé, vrai religieux profès, incapable de toutes fucceffions, foit *ab inteftat*, par teftament, par rappel, ou autrement, *directò nec indirectò*, comme parle la loi 3. *De bonis damnat.* & ce fuivant la difpofition de la même coutume de Champagne, & conformément à la coutume générale de France, par laquelle l'auth. *Ingreffi. De Epifc. & Cler.* étoit abrogée. En l'hypothefe touchant les chevaliers de St. Jean de Jerufalem, il a été jugé par un arrêt célèbre prononcé en robes rouges par M. le premier préfident de Thou en 1573, qu'ils ne peuvent fuccéder ni en la propriété des biens délaiffés par leurs parens, ni en l'ufufruit, parce que *ufufructus pars dominii eft*, comme dit la loi 3. *De ufufr.* & c'eft la queftion principale de cette caufe, en laquelle on objecte trois arrêts, par lefquels on prétend prouver que les chevaliers de Malthe peuvent fuccéder. Le premier eft un arrêt du parlement de Dijon, par lequel une fubftitution a été déclarée ouverte au profit d'un chevalier de Malthe pour jouir des biens par ufufruit. Le fecond eft l'arrêt du chevalier de Clinchamp. Le troifieme, l'arrêt du chevalier de Grignan, rendu au parlement de Provence. La réponfe eft prompte, ce font des arrêts de parlemens étrangers, dont les maximes ne font pas toujours reçues au parlement de Paris ; & parce qu'il y avoit fentence au profit de l'intimé contre les créanciers de fon frere appellant, par laquelle il avoit eu diftraction & main-levée des terres & feigneuries de Longueville & la Chapelle, Me. le Picquard fupplia la cour de le recevoir appellant de ladite fentence, & de le tenir pour bien relevé, & infirmant lefdites fentences renvoyer l'appellant abfous des conclufions de l'intimé, fous offre de lui payer la penfion de trois cents livres. Me. Martinet dit pour l'intimé, que l'efpérance d'un profit illégitime eft fouvent le commencement & la caufe d'une grande perte. L'appellant après avoir diffipé tout fon patrimoine, grand & ample, veut encore dépouiller fon frere de ce qui lui eft bien & légitimement acquis, pour le mettre en proie entre les mains de fes créanciers qui l'attendent, & font les véritables parties de cette caufe. *Vox quidem Jacob, manus autem Efaü.* Mais les uns & les autres feront fruftrés de leurs vaines efpérances, & l'intimé maintenu en fes droits par la confirmation des fentences, dont eft appel, par plufieurs raifons. La première, qu'il ne s'agit que d'un fimple ufufruit, duquel les chevaliers de Malthe n'ont jamais été déclarés incapables, mais au-contraire ont été admis à le recevoir, par plufieurs arrêts. Quoiqu'ils foient religieux, néanmoins ils ne vivent point en commun comme les autres religieux, ne profeffent point une pauvreté femblable, & il ne feroit pas raifonnable de les déclarer incapables de jouir & pofféder quelques immeubles par fimple ufufruit, qui ne peuvent aller que pour leur entretien & alimens, qu'on ne dénie pas même à ceux qui font bannis & relégués. La feconde raifon, qu'il faut faire diftinction entre

les fucceffions directes & collatérales : celles-ci ne leur font point accordées, parce que ce font des dons de fortune, & c'eft l'efpece de l'arrêt de 1573, & autres ; mais celles-là ne leur font jamais déniées, à tout le moins par ufufruit, pour leur donner moyen de vivre. La troifieme raifon, que les terres & feigneuries de Longueville & la Chapelle procedent de l'eftoc & côté du pere commun des parties, lequel étant décédé long-tems avant que l'intimé fit profeffion en la religion, fa part & portion lui eft par conféquent acquife dans les biens, & il n'en a été privé par l'entrée en la religion, quant à l'ufufruit. De cette remarque dépend la réponfe à ce qu'on a dit touchant la nullité de l'acte fait par la mere, qui n'a aucune chofe dans les terres en queftion, & a plutôt fait un contrat *Do ut facias*, qu'une donation. La quatrieme & derniere raifon eft, que les chevaliers de Malthe font capables de recueillir toutes donations & legs, qui leur font fait par donations entre vifs, ou teftamens, ainfi qu'il a été jugé par l'arrêt de Dijon & autres communiqués. Et par ces moyens conclut au bien jugé, & à l'entérinement d'une requête préfentée, à ce qu'au cas que l'intimé fût fait prifonnier des ennemis de notre foi, il lui fût permis d'aliéner lefdites terres pour la rédemption de fa perfonne. M. l'avocat général Bignon dit, que l'arrêt de 1573 a nettement jugé la queftion, que les chevaliers de St. Jean de Jerufalem ne peuvent fuccéder aucunement ni en propriété, ni en ufufruit. *Titulo hæreditario nihil capere poffunt.* Avant cet arrêt la queftion étoit grande, parce que les chevaliers de Malthe & les religieux de Cîteaux prétendoient avoir ce privilege, de fuccéder avec leurs freres, fœurs & autres parens, comme ils euffent été laïques & féculiers. Le grand coutumier commenté l'attefte ainfi ; & c'eft ce que dit du Moulin. *Reprobato ubique Hofpitalitiorum & Ciftercienfium privilegio.* Pour retrancher toutes ces difficultés, l'arrêt a été folemnellement rendu & prononcé en robes rouges, afin qu'il fervît de loi pour l'avenir ; & il a depuis été inviolablement obfervé en ce parlement. Que fi aux autres parlemens on n'obferve pas le femblable, ainfi qu'on le prétend, cela ne peut ni ne doit faire aucune breche aux maximes certaines & inviolables de celui-ci, qui comme premier & plus augufte les établit fi prudemment, qu'elles fervent de loi à tous les autres. Il ne faut point faire de diftinction des fucceffions *ab inteftat*, ou par teftament, la loi croit égale pour les unes & les autres, & l'incapacité d'y fuccéder toute pareille. Il eft inutile de difputer de la validité du contrat fait par la mere des parties, parce que ce n'eft ni donation ni teftament, mais plutôt une défignation & affignat. Quant à la requête de l'intimé, elle eft incivile.

LA COUR reçut la partie de Me. Picquard appellant de la fentence rendue avec les créanciers de l'intimé, le tint pour bien relevé, & fans s'arrêter à la requête de l'intimé, tant pour la fucceffion paternelle que maternelle, lui adjugea une penfion de mille livres par an, tant pour le paffé que pour l'avenir, à la charge de laquelle fe feroient les adjudications defdites terres, fi aucunes s'en faifoient ; fans dépens. M. le préfident le Jay prononçant ; ledit jour 11 janvier 1629.

* L'arrêt eft cité dans du Frefne, & dans Brodeau, *lett. C. fomm.* 8.

☞ Il faut obferver que fuivant un arrêt du grand confeil rapporté par M. Augeard, rendu le 15 feptembre 1687 en faveur d'Euftache Bernard d'Avernes, chevalier de l'ordre de Malthe, commandeur de St. Vaubourg, il a été jugé que les chevaliers de l'ordre de Malthe peuvent avant leur profeffion, fe réferver l'ufufruit, & la jouiffance pendant leur vie, des biens qu'ils délaiffent pour fubvenir à leur entretien & fubfiftance ; cet arrêt fut rendu contre Raymond-Louis de Crevant d'Humiers marquis de Preuilly, lieutenant général des armées navales.

CHAPITRE XXI.

Testament mutuel du mari & de la femme contenant disposition de tous leurs biens entre leurs enfans, n'empêche le pere survivant, qui convole en secondes noces, de constituer un douaire à sa seconde femme.

Veuve qui fait profession en religion, ne perd son douaire, & en jouit par forme de pension.

JEan du Val & Marguerite Belle sa femme font leur testament mutuel, par lequel ils disposent de tous leurs biens en faveur de leurs enfans. Marguerite Belle étant décédée, du Val convole en secondes noces avec Gabrielle Foucart en 1595, dont il a deux enfans, & décede en 1598. Après son décès ladite Foucart fait instance à Jean du Val son fils aîné & héritier universel pardevant le juge d'Abbeville aux fins d'avoir délivrance de son douaire, qui consistoit en la jouissance de tous les immeubles dont du Val son mari étoit possesseur & propriétaire le jour de la célébration de leur mariage, suivant la coutume de Ponthieu, où les parties étoient domiciliées. Jean du Val fils & héritier oppose pour défenses le testament mutuel fait par ses défunts pere & mere, par lequel ils avoient disposé de tous leurs biens, & soutient que son dit pere n'a pu charger ni obliger ses biens au payement du douaire de ladite Foucart. Néanmoins elle obtient sentence du juge d'Abbeville en l'année 1598, par laquelle Jean du Val au nom & comme héritier de Jean du Val son pere, est condamné au payement de son douaire. Cette sentence est confirmée par le juge supérieur, & en exécution le douaire est payé à ladite Foucart jusques en 1616 qu'elle se rend religieuse de l'ordre de St. François de Paule, & fait profession au couvent d'Abbeville. Les supérieure & religieuses ayant fait demande du douaire de ladite Foucart à Blaise du Val, frere & héritier dudit Jean du Val, & possédant les biens sujets au douaire, il oppose pour défenses le testament mutuel de ses défunts pere & mere, par lequel il soutient que le pere survivant n'a pu constituer aucun douaire à ladite Foucart, qui d'ailleurs auroit perdu son douaire par l'entrée & profession en la religion. Nonobstant ses défenses le bailli d'Abbeville condamne Blaise du Val à payer le douaire de ladite Foucart aux religieuses demanderesses, en baillant par elles bonne & suffiante caution ; dont Blaise du Val interjette appel, comme aussi de la sentence de 1598, pour lequel Me. le Fevre dit, qu'il a été mal jugé par la premiere sentence de 1598, par quatre raisons. La premiere, que le pere ayant déja disposé de tous & chacuns ses biens par son testament mutuel avec sa femme, n'a pu par son contrat de mariage, ni autre quelconque déroger ni contrevenir au testament, & faire aucune disposition préjudiciable à ses enfans institués ; autrement ce seroit indirectement révoquer le testament mutuel, qui a néanmoins tant de force, qu'après le décès de l'un des conjoints il ne peut être révoqué par le survivant. La seconde raison est, que le testament mutuel est si favorable, que même *agnatione posthumi non rumpitur*, comme tous les autres testamens, mais non donne seulement la légitime aux enfans nés depuis le testament, *sive ex primo vel secundo matrimonio*, qui ne peuvent prétendre autre part ni portion dans les biens délaissés par leurs pere & mere, au préjudice de leur testament mutuel. La troisieme raison est, que le pere par le moyen du testament mutuel n'étoit plus propriétaire de ses biens, par conséquent ne pouvoit les grever ni charger d'aucun douaire, L. *Sicut. Si res aliena pig. data fit.* La quatrieme raison, que ne s'étant réservé que l'usufruit sur ses biens, & le douaire de ladite Foucart étant aussi l'usufruit des mêmes biens, ce seroit un double usufruit sur une même chose, ce qui ne peut être : *Servitus enim servitutis nulla est.* On fait deux objections : l'une, que le pere est toujours demeuré en possession des biens, par conséquent en a pu dis-

poser ; l'autre, que l'intimée a été payée de son douaire dès 1598, jusques à 1626. Quant à la premiere, le pere ne s'étant réservé que l'usufruit de ses biens, il n'en étoit plus possesseur. *Usufructuarius enim non possidet, sed detinet, L. 2. Quorum legat. L. Licet. De precario.* La possession civile a été transférée aux enfans par le moyen du testament. Pour l'autre objection, une possession sans titre est nulle suivant la maxime de droit, & l'art. 186 de la coutume de Paris. La seconde question est aussi facile à résoudre que la premiere. Il est certain que *per monachismum, per ingressum religionis, usufructus finitur*, parce que l'usufruit demeure éteint *per capitis diminutionem maximam, vel mediam.* Et celui qui entre en religion, & y fait profession, est réputé mort civilement, perd la liberté, la cité & tous effets civils, par conséquent l'usufruit ; & non-seulement l'usufruit, mais en France perd tous ses biens, qui sont irrévocablement acquis à ses plus proches parens & héritiers habiles à lui succéder. Et par ces moyens conclut à ses appellations, & qu'en infirmant les sentences dont est appel, l'appellant soit déchargé du payement du douaire. Me. Viot pour les intimées dit, que la cause est d'autant plus favorable, qu'elle a pris sa source de la piété & dévotion de ladite Foucart. *Sola mihi litis causa, fuisse piam.* Si elle fut demeurée en viduité, on ne lui auroit jamais contesté son douaire ; mais ayant fait vœu de religion, on le lui veut ravir injustement, & faire infirmer une sentence rendue il y a trente ans, qui a passé en force de chose jugée, & a été bien & juridiquement rendue par deux raisons. L'une, que le pere ayant fait son testament mutuel avec sa femme, ne s'est pas pour cela entierement dépouillé de pouvoir contracter un second mariage, & par conséquent obliger ses biens aux conventions matrimoniales, principalement au douaire coutumier. Il n'y a rien de si favorable : il a été jugé en 1605, qu'il étoit dû sur les biens substitués, quoiqu'il y eût prohibition expresse. L'autre raison est, que par la coutume de Ponthieu il faut une appréhension de fait des choses données ou léguées ; autrement le donateur, ou testateur peuvent disposer des choses données ou léguées. Quant à l'appel de la seconde sentence, il n'y a pas d'apparence, le douaire ayant été payé pendant vingthuit années. Cette prestation a acquis un droit perpétuel aux religieuses intimées, L. I. C. *De fideic.* & suivant la coutume de Ponthieu *art.* 116, bien que ladite Foucart ait fait profession de religieuse au couvent des intimées, néanmoins elle n'est pas privée de son douaire : car si l'entrée en religion & la profession équipollent à une mort civile, il est certain que le douaire ne se perd & ne se finit que par la seule mort naturelle, parce qu'il est donné pour l'entretien & alimens de la femme veuve. *Eas obligationes quæ naturalem præstationem habent, capitis diminutione non perire certum est*, dit la loi. Par cette même raison elle approuve la donation, ou legs d'alimens faits & laissés *cuilibet, etiam incapaci, relegato, deportato, damnato in metallum, L. Cùm pater. De leg. 2. L. Statius Florus. De jure fisci.* En 1547, un legs fait à un Jacobin a été confirmé. En 1620, il y a eu arrêt prononcé en robes rouges dans la substitution des Mahets, par lequel la cour a jugé, que la substitution n'étoit point ouverte par une mort civile, mais seulement par une mort naturelle ; & l'on peut dire la même chose du douaire. Et par ces moyens conclut au bien jugé.

M. l'avocat général Bignon dit, que les testamens mutuels semblent tirer toute leur origine de notre jurisprudence française ; néanmoins si l'on recherche exactement la jurisprudence romaine, l'on trouvera qu'ils y ont été connus. La novelle de Valentinien *De testam.* y est assez formelle, & approuve cette forme de tester, auparavant rejettée, & appellée institution captatoire ; comme aussi elle approuve les testamens olographes, & la communauté de meubles & conquêts immeubles entre le mari & la femme, *Nov. De fructibus.* Le testament mutuel, en cette qualité de testament, est par conséquent révocable, suivant la nature de tous testa-

1619.

mens, même de ceux qui font faits en la préfence du prince, & dans lefquels il eft inftitué héritier, *L. Omnium. C. De teftam.* D'où vient que l'empereur Valentinien ajoute à fa novelle *De teftam. Illud quoque fuperfluo addentes, ut jus inteftatæ fucceffionis refervetur.* Parce que le mari & la femme n'ayant point d'enfant, *folidum capere non poterant, fecundùm L. Papiam & Popæam.* ce qui a été abrogé par la loi *Captatorias. & L. ult. De hæred. inftit.* néanmoins il n'en eft pas ainfi du teftament mutuel, que notre jurifprudence françaife a tellement embraffé, qu'ayant une fois été exécuté par le décès de l'un des mariés, il ne peut plus être aucunement révoqué, & paffe en force de contrat fynallagmatique & obligatoire, tellement fort & favorable, que même *agnatione pofthumi non rumpitur*, & l'on adjuge feulement la légitime, comme Tite-Live rapporte qu'on fit à Tarquin, qui demeura deftitué de tous biens, parce qu'il étoit né après le décès de fon pere, & pour cette caufe fut furnommé *Egerius*, la loi *Gallus, quâ agnatione pofthumi rumpitur teftamentum*, n'ayant point encore été promulguée. Mais quoique les teftamens mutuels foient irrévocables, néanmoins cela n'a pu empêcher le pere de l'appellant de contracter nu fecond mariage, autrement ce feroit *fibulam illi imponere*, & par conféquent ne peut aufli empêcher que le douaire coutumier ne foit dû. S'il avoit débauché quelque fille, & avoit été condamné à la doter, le teftament mutuel n'auroit pas empêché que cette dot n'eût été prife fur fes biens : à plus forte raifon, le douaire d'une femme légitime y peut être demandé & payé. La feconde queftion, de favoir, fi ce douaire eft demeuré éteint & fini par l'entrée & profeffion en religion de ladite Foucart, eft bien plus importante. Les docteurs ultramontains ayant traité cette queftion, ont tenu que *per ingreffium religionis ufufructus non finitur*. Mais leur raifon étoit, que l'auth. *Ingreffi* étoit obfervée en Italie. Du Moulin fur le §. 41. n. 22 de la coutume de Paris, a tenu cette opinion en paffant, mais fur le *confeil* 139 d'Alexand. *vol.* 1. il attefte que l'auth. *Ingreffi* n'eft point obfervée en France ; par conféquent, que l'ufufruit demeure fini par l'entrée en religion, parce qu'il ne peut point fubfifter en la perfonne du religieux qui a tout abdiqué, ni au profit du monaftere qui ne peut rien prendre, ni recevoir de fon religieux. De-là font procédés les contrats & penfions ftipulées pour ceux qui entrent en religion ; autrement on n'a aucune action. Il n'y a point de différence, fi le religieux, ou le monaftere fuccedent ; point de différence de l'ufufruit de tous biens, à un douaire, l'auth. *Ingreffi* demeurant abrogée à l'égard des uns & des autres en France : non pas qu'il y ait moins de dévotion qu'aux autres royaumes, mais parce que le clergé y eft beaucoup plus riche, poffédant le tiers du revenu. Néanmoins la faveur du douaire paffe pardeffus toutes ces confidérations ; & le pratiquer autrement, ce feroit détourner les veuves de l'entrée & profeffion en religion, l'afyle le plus affuré qu'elles puiffe choifir. A ce fujet l'empereur Valentinien *Nov. de Sanctimon.* a ordonné que dans cinq ans du décès de leurs maris elles convolaffent en fecondes noces, ou qu'elles entraffent en religion. Guy-Pape en fa *queft.* 595 rapporte, que le parlement de Dauphiné l'a ainfi pratiqué, & confervé le douaire à plufieurs veuves qui étoient entrées en religion. Il eft autant & plus raifonnable de leur conferver leur douaire en ce tems-ci, qu'en celui-la. Dans le particulier, Gabrielle Foucart étoit comme fondatrice du couvent d'Abbeville par bulles vérifiées au parlement, fuivant lefquelles elle y a porté tout fon bien, dont ce douaire fait partie. Et par ces raifons adhere avec les intimées.

LA COUR mit les appellations au néant ; ordonna que ce dont étoit appel, fortiroit fon plein & entier effet ; & évoquant le principal, ordonna que ce qui avoit été payé par provifion, demeureroit définitivement fur maniere de penfion & alimens au monaftere ; fans dépens. Le 23 janvier 1629, M. le Jay préfident.

CHAPITRE XXII.

Cure dépendante de Malthe eft fujette à la vifite de l'évêque en perfonne.

DE la commanderie de l'Efpau de l'ordre de St. Jean de Jerufalem, fituée en la province de Poitou, dépend la cure de la Ville-Dieu au diocefe de Poitiers. L'un des archidiacres s'étant préfenté en ladite cure de la Ville-Dieu, pour y faire la vifite, fut empêché par le refus que lui en le curé, fe difant exempt de la jurifdiction de l'évêque. Pour raifon de ce refus l'archidiacre ayant formé complainte pardevant le fénéchal de Poitou ou fon lieutenant général à Poitiers, le commandeur de l'Efpau intervient, prend le fait & caufe pour le curé, & foutient que par les privileges de leur ordre ils font exempts de la jurifdiction des diocefains pour le droit de vifite, & autres ; toutefois par la fentence l'archidiacre eft maintenu & gardé en la poffeffion du droit de vifite de ladite cure de la Ville-Dieu, dont le commandeur de l'Efpau interjette appel, pour lequel Me. le Noir le jeune dit, que les grands & fignalés fervices que les chevaliers de l'ordre de St. Jean de Jerufalem rendent continuellement, & ont rendu de tous tems à la chrétienté, aux périls de leurs vies, ont invité les papes & les rois de leur octroyer plufieurs privileges, entre lefquels font ceux de les avoir affranchis & entiérement exemptés de la jurifdiction des ordinaires & évêques diocéfains. Au préjudice de ces privileges ils ont voulu prétendre le droit de vifite dans les cures qui dépendent de l'ordre de Malthe, & ont donné lieu à une nouvelle conftitution, à la bulle du pape Clement VII, par laquelle il a déclaré les chevaliers de Malthe, les prêtres de leur ordre, qu'ils appellent freres fervans, & autres prêtres féculiers par eux prépofés dans les cures qui dépendent d'eux, exempts de la vifite des évêques diocéfains. En fuite de cette bulle la queftion s'étant préfentée peu de tems après entre M. le cardinal de Bourbon, lors évêque de Laon, & M. de l'Ifle-Adam grand-maître de l'ordre de Malthe, touchant le droit de vifite de la cure de Boncour au diocefe de Laon, fentence de MM. des requêtes du palais intervint, par laquelle M. le cardinal de Bourbon fut maintenu au droit de vifite. Mais fur l'appel il y eut arrêt en 1531, par lequel la cour infirmant la fentence, maintint les appellans en leur privileges & exemptions du droit de vifite. Depuis ils ont eu autre arrêt femblable au parlement de Provence. On objecte le concile de Trente & l'ordonnance de Blois *art.* 11, qui ordonnent la vifite, nonobftant tous privileges ; mais le concile de Trente n'eft reçu en France ; & quant à l'ordonnance, il faut une dérogation fpéciale aux privileges des appellans, & l'ordonnance s'entend d'autres privileges accordés à quelques religieux moins confidérables & moins favorables. Me. Filleau pour l'archidiacre intimé dit, que ce n'eft pas fon deffein de combatre les privileges des chevaliers de Malthe, mais de fuivre la regle établie par les mêmes privileges. Il eft vrai que la bulle de Clement VII les avoit exemptés du droit de vifite en 1530, mais l'abus de cette bulle a été reconnu & abrogé par celle de Pie V en 1571, qui a rétabli l'ordre ancien, & donné le droit de vifite aux ordinaires & diocéfains. Il faut faire diftinction des commanderies & autres bénéfices où réfident les commandeurs & chevaliers, & qui n'ont point charge d'ames ; & des cures qui dépendent de la collation ou autrement defdites commanderies. A l'égard de ceux-là les ordinaires n'y prétendent aucun droit ; mais pour ceux-ci, il eft raifonnable qu'ils foient fujets à la jurifdiction & vifite de l'ordinaire, & retournent à leur premiere fource & origine. Il eft certain que toutes les cures font forties, & ont été

féparées

éparées de l'églife cathédrale, qui au commencement étoit feule en chacun diocefe, & dont dépendoient abfolument toutes les autres. Le concile de Trente & l'ordonnance font univerfels, fans exception quelconque, ni des chevaliers de Malthe, ni d'autres religieux ; auffi, fuivant ces conftitutions, l'archidiacre intimé eft en poffeffion de faire la vifite en la cure dont eft queftion. Et par ces moyens conclut à la maintenue.

M. l'avocat général Bignon dit, que les bulles qu'on allegue de part & d'autre, ne font pas fort confidérables, parce qu'on n'a point obtenu de lettres d'attache du roi pour en requérir la vérification au parlement, & par conféquent elles ne peuvent être prifes pour décifion, mais feulement pour raifons, de même que le droit romain & le droit canon en France. Ainfi l'on peut examiner ces bulles, pour connoître laquelle eft plus appuyée de raifon ; & l'on trouvera que celle de Pie V de 1571 eft beaucoup plus jufte & raifonnable que celle de Clement VII de 1530. Il eft important que la vifite des curés, qui fe fait principalement pour le foin qu'on doit avoir, & le refpect qu'on doit apporter aux faints facremens, ne foit point commife à des chevaliers de Malthe, qui, quoique religieux, ne font pas dans le facerdoce, & favent mieux l'art militaire, que ce qui concerne la police extérieure de l'églife, & d'ailleurs étant fouvent abfens, même du royaume, n'avoient pas le foin néceffaire pour maintenir les curés en leur devoir : au-contraire les évêques font très-favans en tout ce qui regarde la fonction des curés, font toujours fur les lieux, & c'eft une de leurs principales fonctions que la vifite, laquelle fouvent ils exercent en perfonne. Auffi l'ordonnance ou édit fait en 1606 avec l'ordre de Malthe, a prefcrit, que la vifite des bénéfices dépendans de cet ordre fe feroit par les évêques en perfonne, & fans rien exiger. Ainfi il eft beaucoup plus féant & raifonnable de commettre la vifite aux évêques, qu'aux chevaliers ou commandeurs.

LA COUR mit l'appellation & ce dont étoit appel, au néant ; en émendant, ordonna que la vifite de la cure dont étoit queftion, feroit faite par l'évêque en perfonne, & fans frais ; le jeudi 25 janvier 1629.

L'arrêt eft cité dans du Frefne.

CHAPITRE XXIII.

Chanoines réguliers de faint Auguftin en la ville de Senlis, font partie du chapitre de l'églife cathédrale, & ont la préféance fur les curés de la même ville.

AU mois de mai 1628, après la retraite des Anglois, prieres & proceffions publiques & générales furent ordonnées par tout le royaume, même en la ville de Senlis, où il y eut conteftation pour la préféance entre les curés & les chanoines réguliers de l'ordre de St. Auguftin de l'églife de St. Vincent de la même ville de Senlis. Les chanoines ayant formé complainte pardevant les officiers du préfidial de Senlis, par fentence ils font maintenus en la poffeffion & jouiffance de précéder les curés, qui interjettent appel, pour lefquels Me. de Cornoaille le jeune dit, qu'il a été mal jugé, & que par trois moyens tirés du droit commun, les curés doivent précéder les chanoines réguliers, intimés. Le premier de l'antiquité, le fecond de la dignité, & le troifieme de l'ufage & obfervance commune. Quant à l'antiquité des curés, on ne peut révoquer en doute qu'elle ne foit du tems des apôtres, & qu'ils n'aient fuccédé au lieu des feptante difciples, pour inftruire le peuple en la vraie religion, & avoir un foin particulier & charge

de fon falut. Quant à la dignité, elle eft toute apparente par la fonction des curés, qui ont la charge 1629. des ames, & ne peuvent avoir une fonction plus relevée, puifqu'il n'y a rien de créé plus haut & plus éminent que l'ame de l'homme : ce que l'évêque eft en tout fon diocefe, le curé l'eft en fa paroiffe, ayant le même foin & la même charge fur le troupeau qui lui eft commis ; la différence n'eft que du plus au moins. Au-contraire, les intimés n'ont ni antiquité ni dignité : étant de l'ordre de St. Auguftin, ils ne peuvent être avant leur auteur & inftituteur, par conféquent plus de trois cents ans après les appellans & leurs prédéceffeurs. Quant à la dignité, ils n'en peuvent prétendre aucune en l'églife, puifqu'ils n'y ont aucune charge, mais feulement le foin de prier Dieu en leur particulier & dans leurs cloîtres. Il n'y a rien de fi contraire & répugnant à leur regle, au vœu d'humilité qu'ils font, que de combattre pour l'honneur & la préféance : l'ufage & l'obfervance par-tout obfervée, rend encore les appellans bien fondés en leur appel. Me. le Bel que les intimés dit, que foit que l'on confidere l'antiquité & dignité des parties, ou l'obfervance & l'ufage, les intimés font bien fondés à foutenir la fentence rendue à leur profit. On les a qualifiés moines & religieux, pour d'autant les ravaler ; mais ils font chanoines réguliers, & non pas moines, appellés *Clerici* par le droit canon, & dans les faints peres, beaucoup plus relevés en qualité & dignité, & plus anciens que les appellans ; leur inftitution eft du tems des apôtres, & ce font eux qui ont fuccédé au lieu & place des feptante, qui furent commandés deux enfemble : *Ite bini*, ce qui fe pratique encore aujourd'hui, un régulier n'ofant marcher & fortir feul. Encore qu'on les appelle chanoines de l'ordre de St. Auguftin, néanmoins St. Auguftin n'eft point auteur de cet ordre, *potiùs reftitutor*, *quàm inventor*, difent tous les écrivains fur ce fujet. Leur dignité fe remarque par leur feul nom, chanoines, qui font les premiers & principaux du clergé, établis & ordonnés *tanquam affeffores epifcoporum*, pour leur donner confeil, & les affifter en tout ce qui regarde les fonctions épifcopales. Les appeler chanoines réguliers, c'eft mal parler, parce que le mot de *chanoine* pris de κανὼν, *id eft*, *regula*, le dénote affez ; ainfi ils font véritables & anciens chanoines fi célebres dans l'écriture : néanmoins on ne veut les reconnoître pour tels, & on leur préfere d'autres chanoines qui fe font féparés & relâchés de la regle, & en déférant volontairement cette préféance aux derniers, on veut la contefter aux légitimes chanoines contre toute raifon & équité. Quant à leur poffeffion, elle eft vérifiée par bons titres.

M. l'avocat général Talon dit, qu'on ne peut contefter la qualité des intimés qui font chanoines de l'ordre de St. Auguftin. Dire chanoine régulier, c'eft parler improprement, parce que le mot & le nom de *chanoine* emporte la régularité, & le vouloir faire autrement, c'eft feindre une chofe contraire. Cette qualité demeurant établie, il n'y a point de doute qu'ils ne faffent partie du chapitre. Ils y ont une prébende unie à leur maifon, & marchoient fous le même étendart & la même croix que le chapitre de l'églife cathédrale de Senlis : les curés ne font point de corps, mais chacun doit conduire la proceffion de fa paroiffe ; cela s'obferve ainfi en la ville de Paris ; il faut croire que l'ufage eft femblable en la ville de Senlis, puifque les juges ont prononcé pour la poffeffion des intimés, en quoi ils ont bien jugé. Il y a requête pour révoquer le principal, & requête d'intervention des autres maifons de l'ordre.

LA COUR fans s'arrêter aux requêtes d'évocation, ni d'intervention, fur l'appel mit les parties hors de cour & de procès, fans dépens ; le 6 février 1629.

CHAPITRE XXIV.

Libération, ou donation par lettre missive du créancier au débiteur, d'une somme de huit mille livres, est bonne & valable, quoiqu'elle n'ait été ni acceptée, ni insinuée, & n'est point sujette à révocation par survenance d'enfans.

EN 1611 les sieur & dame de l'Ecluse de Beaujolois contracterent mariage : messire Antoine Dumaine seigneur du Bourg, oncle de la future épouse, y assista. En 1612, le sieur du Bourg prêta la somme de huit mille livres aux sieur & dame de l'Ecluse, qui lui en passerent obligation pardevant notaires, par laquelle ils promirent de lui payer cette somme de huit mille livres dans un an, autrement que ledit an passé elle demeureroit convertie en rente constituée. En 1627, le sieur du Bourg fait assigner la dame de l'Ecluse veuve du sieur de l'Ecluse, au nom & comme tutrice des enfans de défunt son mari & d'elle, pour voir déclarer l'obligation exécutoire tout ainsi qu'elle l'étoit contre le défunt son mari. La dame de l'Ecluse ayant fait recevoir la cause aux requêtes du palais en vertu de son privilege, soutient ne devoir aucune chose de ladite somme de huit mille livres, ni des intérêts demandés, dont elle dit être demeurée quitte & ledit défunt, par une lettre missive à elle écrite par ledit sieur du Bourg, par laquelle il lui mande, qu'il se ressouvient bien de la promesse qu'il lui a faite en la mariant, qu'elle ne doit point être en peine de cette somme de huit mille livres, qu'elle n'en payera jamais rien, ni des intérêts, qu'il la lui donne de bon cœur, mais qu'il faut tenir l'affaire secrete à cause de sa femme, & ne veut point qu'elle en sache aucune chose ; néanmoins que si leurs créanciers pressent, il faut faire une saisie sous son nom pour se mettre à couvert. En vertu de cette lettre, on a fait faire cette saisie, de laquelle le sieur du Bourg a donné main-levée au sieur de l'Ecluse en 1622, & depuis n'a plus parlé de cette somme, dont on est demeuré valablement quitte & libéré par le moyen de ladite lettre missive, laquelle n'étant qu'une écriture privée non vérifiée ni reconnue, MM. des requêtes du Palais ordonnerent que par provision la dame de l'Ecluse payeroit cinq années d'arrérages de ladite rente, & au principal que la lettre missive seroit vérifiée & reconnue pardevant le lieutenant général de Lyon à ce commis. Le sieur du Bourg y fut assigné, & dénia d'avoir écrit ni signé ladite lettre missive, contre laquelle il s'inscrivit en faux, & donna ses moyens de faux pardevant MM. des requêtes du palais, qui ordonnerent que les moyens de faux demeureroient joints au principal, & qu'il seroit procédé à la vérification & reconnoissance de ladite lettre missive, dont le sieur du Bourg interjetta appel, pour lequel M. Talon dit, que la sentence dont appel, contient une contradiction & incompatibilité manifeste, le crime de faux étant entierement incompatible avec l'action civile : c'est préparer une justification évidente à celui qui est accusé de faux ; la lettre missive en question est visiblement fausse, non écrite de la main du sieur du Bourg, comme l'on demeure d'accord, sans date : mais au principal, pour l'évocation duquel il y a requête, quand on demeureroit d'accord qu'elle fût véritable, elle feroit inutile, & ne pourroit servir de quittance ni de donation ; de quittance, parce qu'elle ne contient aucune numération de deniers ; de donation, parce qu'elle n'est acceptée par les donataires, ni insinuée suivant l'ordonnance, & par conséquent nulle. Quand ce seroit une donation bonne & valable, ayant été faite par le sieur du Bourg au tems qu'il n'avoit point d'enfans, & en ayant à présent cinq, elle auroit toujours été révoquée par la naissance & survenance desdits enfans suivant la maxime de droit in L. *Si unquam. C. De revoc. donat.* Me. Chamillart pour la dame de l'Ecluse intimée & appellante de la sentence de

provision, & défenderesse au principal, dit que la sentence est juridique, parce que ce faux incident a pu être joint au principal. *Utramque disceptationem potest unâ sententiâ judex dirimere, L.* ult. D. de cognit. Il n'y peut avoir aucun soupçon de faux, parce que d'abord on a allégué la lettre missive dont est question, qui demeureroit tacitement avérée par la saisie & main-levée données par le sieur du Bourg. Il a pu valablement remettre & donner cette somme si modique à la dame intimée sa niece par une simple lettre missive : cela est décidé par la loi *Si absenti. De donat.* Il ne faut autre acceptation que l'emploi de ladite lettre contenant la donation. Elle n'est point révoquée par la survenance des enfans du sieur du Bourg, suivant la maxime tirée de la loi *Si unquam*, qui s'entend d'une donation immense, de tous biens, de la moitié, du tiers, ou de quelque quote considérable. *Si bona omnia, vel partem aliquam facultatum fuerit donatione largitus*, dit expressément cette loi, *partem aliquam, id est, quotam, mediam, vel tertiam, vel in donatione particulari, magnæ tamen existimationis* ; non pas pour révoquer une donation de huit ou dix mille livres, qui n'est pas le tiers du revenu du sieur du Bourg. Quand cette donation seroit de beaucoup plus grande somme, ou d'une partie des biens de l'appellant, & sujette à la révocation par la survenance des enfans ; néanmoins cette révocation n'a point de lieu aux donations faites en faveur de mariage, suivant l'opinion de Me. Charles du Moulin. La lettre missive fait assez connoître que l'appellant a fait cette donation à l'intimée sa niece en contemplation de son mariage.

M. l'avocat général Bignon dit, que MM. des requêtes du palais ont bien jugé d'avoir joint les moyens de faux au principal, parce qu'il les ont préjugés foibles & inadmissibles comme ils sont, & sans s'y arrêter on peut rendre droit au principal. Le premier moyen de faux est, qu'on dit que la dame intimée ne nomme point celui de la main duquel la lettre missive est écrite. Le second, qu'elle ne nomme non plus celui qui la lui a délivrée. Le troisieme, qu'elle est sans date. Le quatrieme, qu'elle est dans une demi-feuille de papier qui n'a point de marque, celle de la marque étant coupée, à dessein d'empêcher la preuve de la faussété. Le cinquieme & dernier moyen de faux, est que le sieur du Bourg n'a point signé ladite lettre. Tous ces moyens sont fort peu considérables, excepté le dernier, qui demeure détruit par la preuve & vérification du seing manuel du sieur du Bourg fait par personnes dignes de foi ; aussi il y a beaucoup plus de présomption pour l'acte, que contre l'acte. Au principal, l'on dispute s'il peut servir de quittance ou de donation : il n'y a point de doute qu'il ne puisse servir de l'un & de l'autre ; de quittance, parce qu'elles sont si favorables, qu'elles sont valables en quelque forme qu'elles soient faites. Pour obliger une personne il faut des stipulations expresses, *concepta verba* ; mais pour la libérer & la désobliger, il ne faut qu'un mot, *unico verbo*, parce que *proniores sumus ad liberandum*, comme dit la loi *De donat.* parce qu'elle se peut aussi-bien faire par une lettre missive, que par un autre contrat. Mais on soutient la donation nulle par le défaut d'acceptation & d'insinuation ; & qu'en tout cas le sieur du Bourg a pu résilir, révoquer sa donation non acceptée, & se repentir de l'avoir faite à une personne qu'il estime ingrate. Il faut tirer la réponse de ce qui a été dit, que ce n'est pas une donation de quelque terre, ou bien d'une rente constituée sur quelque particulier débiteur du sieur du Bourg, auquel cas, ils eût été besoin d'accepter & faire insinuer la donation ; mais n'étant qu'une libération, & une donation de la chose due par le donataire même, il n'est point nécessaire d'user de ces formalités prescrites par la loi & l'ordonnance, pour obvier aux fraudes qui autrement se pourroient commettre. En ce cas particulier l'insinuation est inutile, puisqu'elle est principalement pour les créanciers qui ne sauroient empêcher qu'un débiteur ne demeure valablement quitte par le bienfait de son créancier folvable ; & par ces moyens il y a lieu d'abfoudre la dame de l'Eclufe intimée, des conclufions du fieur du Bourg appellant.

LA COUR mit les appellations refpectivement interjettées, & ce dout étoit appel, au néant, fans amende ; évoquant le principal, abfout la dame de l'Eclufe des fins & conclufions du fieur du Bourg ; le jeudi 8 février 1629.

CHAPITRE XXV.

Fille de quatre ans qui fe noie avec fa mere, eft préfumée morte la premiere, & le pere eft débouté de la fucceffion des meubles.

Pierre Gaigneux & Anne Chaillan furent mariés enfemble fuivant la coutume d'Anjou en 1617. De ce mariage naquit une fille unique, laquelle en 1627 n'étant encore âgée que de quatre ans, fe noya avec ladite Chaillan fa mere dans un bâteau qui fut fubmergé fur la riviere de Loire. Il y eut inſtance pardevant le bailli de Beaufort entre Pierre Gaigneux, qui prétendoit la fucceffion de fa fille, comme ayant furvécu fa mere ; & ce faifant, que tous les meubles lui appartenoient, avec la jouiffance des immeubles, fuivant ladite coutume d'Anjou ; & entre les freres de ladite Anne Chaillan, qui foutenoient que la mere avoit furvécu fa fille, & que la fucceffion leur devoit être adjugée, comme plus proches & habiles à fuccéder à leur fœur germaine. Sur quoi le bailli de Beaufort ayant appointé les parties en droit, Gaigneux en interjetta appel, & préfenta requête pour l'évocation du principal ; pour lequel Me. Sevin dit, que n'y ayant point de preuve claire & certaine par témoins ou autrement, qui puiffe montrer & faire voir laquelle des deux eft prédécédée, ou la mere ou la fille, il faut néceffairement venir aux préfomptions & conjectures, pour juger cette caufe. Il eft facile de faire voir par bonnes préfomptions & conjectures, que la fille, quoique fubmergée au même tems que la mere, l'a neanmoins furvécue, parce que la mort étant une extinction de la chaleur naturelle & de l'humide radical, lequel fuivant les philofophes & médecins eft beaucoup plus grand en une jeune perfonne, qu'en une vieille, par conféquent la mere eft plutôt decedée, a plutôt été étouffée que la fille. Cette préfomption eft affiftée de plufieurs loix décifives de cette caufe. *Cùm bello pater cum filio periiffet, materque filii quafi poftea mortui vindicaret, agnati verò patris quafi filius antè periiffet, divus Adrianus credidit, patrem priùs mortuum.* C'eft l'efpece de cette caufe, L. 9. §. *Cùm bello. De rebus dubiis.* & au §. 4. de la même loi, le jurifconfulte dit : *Intelligitur fuperviviffe filius patri.* & en la loi 16. *Mater filiæ non fupervivit.* & en la loi 22. eod. *Cùm explorari non poffit uter prior extinctus fit, humanius eft credere filium diutius vixiffe.* Toutes ces loix préfument que l'enfant a furvécu, pour conferver & faire paffer fa fucceffion en la perfonne de fon pere ou de fa mere : *Qui ad luctuofam eorum veniunt hæreditatem, ordine mortalitatis turbato*, comme parle la loi 15. *De inoff. teftam. Ratione miferationis, contra voluntatem parentum L. 26. Si quis omiff. causâ teftam. Duræ fortunæ folatium. L. 4. C. Ad fenat. Tertul.* De cet avantage que la loi donne au pere & à la mere, il faut prendre la réponfe aux objections de l'intimé, qui dit que toutes les loix alléguées s'entendent *de filio pubere, fed fecus de impubere.* Cette diftinction n'eft point admife contre un pere par les arrêts : celui rendu au profit du bailli de Coulommiers, dont la fille & la femme ayant été tuées par des voleurs, la cour adjugea la fucceffion de la fille au pere : un autre de Blois, par lequel la cour jugea qu'un abfent de longue abfence étoit préfumé mort avant fa mere : celui du Pont-aux-Meûniers de 1599. Et par ces moyens conclut à ce que la fucceffion de la fille foit adjugée au pere. Me. Guiet pour les intimés dit, que foit que l'on confidere la raifon naturelle, ou la décifion de la loi, la caufe ne reçoit point de

difficulté. La raifon naturelle nous fait voir qu'un enfant de trois ou quatre ans, tel que la fille de 1629. l'appellant, eft fi foible, que ce n'eft encore qu'un corps informe & infirme, qui ne peut pas fi bien réfifter aux maux que celui d'une perfonne majeure ; ainfi cette petite fille eft préfumée morte avant fa mere. La préfomption tirée de la nature de fes forces, eft confirmée par taut de loix & fi expreffes, qu'on n'en peut aucunement douter ; & de fait, toutes les loix que l'appellant a alléguées, s'entendent *de filio pubere.* La loi 22. *De rebus dubiis*,qui dit : *Humanius eft credere filium diutius vixiffe,* commence par-là, *cum filio pubere mater naufragio periit*, & la loi fuivante, *fi mulier cum filio impubere naufragio periit, priorem filium necatum effe intelligitur.* Voilà la décifion toute formelle. La loi 9. §. ult. eft conforme : *Quòd fi impubes cum patre filius perierit, creditur pater fuperviziffe.* La loi 26. *De pact. dotal.* y eft auffi formelle. *Mulier naufragio cum anniculo filio periit ; quia verifimile videtur ante matrem infantem periiffe, virum partem dotis retinere placuit.* La Loi *Ex facto.* §. 7. *Ad Trebell.* en dit autant. Cette diftinction a été autorifée par les arrêts de la cour : celui de 1599 touchant le naufrage & ruine du Pont-aux-Meûniers, allégué par l'appellant, y eft formel, puifque la cour a jugé que l'aïeule avoit furvécu fa petite-fille. Et conclut à ce que la fucceffion de la mere foit adjugée aux oncles intimés.

LA COUR mit l'appellation & ce, au néant ; évoquant le principal, adjugea la fucceffion aux oncles intimés ; fans dépens. Le vendredi de relevée 9 février 1629, M. de Novion préfident.

* L'arrêt eft cité dans du Frefne.

☞ L'arrêt que rapporte M. Bardet, ne doit pas fervir de loi, quoiqu'il foit rendu fuivant les principes dont l'efpece étoit fufceptible.

Sur ces fortes de matieres, il ne peut y avoir de regles précifes, ni de jugemens invariables, puifqu'il n'y a que les circonftances qui peuvent déterminer.

L'âge, la différence du fexe, le plus ou moins d'infirmités, les circonftances particulieres de l'accident arrivé, fervent fouvent de bouffole. C'eft auffi ce qui a donné lieu à cette contrariété d'arrêts, que l'on croit rencontrer dans ceux qui ont été rendus fur cette matiere.

Un des plus anciens, dont parlent les arrêtiftes, eft celui rendu au fujet de l'affaffinat & du vol commis en la maifon de Me. Simon Bobé bailli de Coulommiers, & gendre de Me. Charles du Moulin. A fon retour de campagne, il trouva Anne du Moulin fa femme, fes deux enfans, l'un âgé de huit ans, l'autre de vingt-deux mois, affaffinés.

Ce meurtre qui avoit été commis le 19 février 1572, donna lieu à une conteftation entre Simon Bobé, & les héritiers collatéraux de fes enfans. Ce dernier prétendit que devant être préfumé avoir furvécu leur mere, les meubles lui appartenoient.

Les héritiers collatéraux au-contraire, foutinrent que le plus âgé de ces enfans n'ayant que huit ans, on devoit croire, conformément à la difpofition des textes vulgaires du droit, qu'ils étoient morts avant leur mere, leur bas âge ne leur ayant pas permis de fupporter la violence des coups avec autant de vigueur que leur mere, dont la conftitution étoit bien plus forte. Cependant une circonftance particuliere détermina la cour. Préfumant que la foibleffe de l'âge des enfans avoit fait confidérer aux affaffins qu'ils mettroient moins d'obftacles à leur entreprife que la mere, on jugea que les voleurs avoient commencé par affaffiner la mere ; & fur cette circonftance, la fucceffion fut déférée à Me. Bobé. Ainfi on préfuma dans cette efpece que les enfans avoient furvécu la mere.

Cependant dans un autre qui fut jugé peu de tems après, la cour prononça d'une maniere toute différente.

Le jour de la Touffaint de l'an 1589, lors du fiege de Paris par le roi Henri IV, Thomas Joly marchand de la ville de Paris & fon fils furent tués dans une attaque qui fe fit au fauxbourg St. Marcel, fans qu'on pût favoir lequel des deux avoit été tué le premier.

1629.

Cet évenement donna lieu à un procès entre Louise Remond, mere de Joly fils, & Louis Joly cousin dudit fils; & la cour ayant jugé que le fils pubere, bien plus robuste que son pere, avoit dû lui survivre, adjugea par arrêt du 14 août 1691 à ladite Louise Remond les meubles de son mari, en qualité d'héritiere de son fils, qui étoit censé les avoir recueillis.

Par autre arrêt du 5 janvier 1690, la cour jugea le contraire en faveur des enfans du second lit de Jean Beaudouin, qui étoit péri dans la chûte du Pont-aux-Meûniers avec sa belle-mere & sa fille, en adjugeant la totalité des meubles de Nicole Petit aux enfans du second lit, au préjudice de ceux du premier, qui prétendoient devoir hériter de la succession de Jeanne Beaudouin leur sœur du premier lit, qui étoit périe dans le même accident; de sorte que la cour jugea que Nicole Petit âgée de 60 ans, avoit survécu Jeanne Beaudouin sa petite-fille, âgée de quatorze ans seulement. La circonstance des quatorze ans dont la petite-fille étoit âgée, fut peut-être ce qui détermina la cour.

Si l'on rapportoit tous les arrêts qui ont été rendus sur cette matiere, le peu de conformité que l'on y trouveroit, feroit bien connoître que la décision de ces questions dépend presque toujours des circonstances, aucunes d'elles n'étant précisément les mêmes.

Pour connoître ces distinctions, on peut consulter M. le Brun en son traité des successions, liv. 1. chap. 1. sect. 1; M. Ricard, des dispositions conditionnelles, tit. 2. chap. 5; MM. le Prestre & Gueret, cent. 1. chap. 96. & le journal des audiences.

Cependant il paroît qu'actuellement l'on y a adopté pour principe, que lorsque le pere ou la mere, le fils ou la fille majeure ont péri dans un même naufrage, ruine ou incendie, sans qu'on ait pu découvrir les moindres traces de survie, on juge que, suivant la loi ordinaire de la nature, les enfans sont censés avoir survécu leurs pere & mere. Lorsque leur âge fait présumer leur constitution plus forte que celle de leurs pere & mere.

Nous en avons un exemple récent dans l'espece suivante.

Le sieur Etienne marchand avoit épousé la demoiselle Dubin. Le commerce considérable qu'ils firent de cire d'Espagne, leur procura une communauté très-avantageuse, qui fit regarder la demoiselle Etienne leur fille unique âgée de 27 ans ou environ, comme un parti considérable.

Aux fêtes de la Toussaint les sieur & dame Etienne avant fait la partie d'aller à leur campagne, se présenterent au bac d'Argenteuil avec leur compagnie, qui étoit composée de la demoiselle leur fille, de la demoiselle Cofferon leur niece, d'une autre parente, de la dame Oursel, & d'une fille domestique.

Le bac venant de quitter le rivage où ils étoient & ne voulant point l'attendre, ils prirent le parti de passer dans un petit bateau. Mais le marinier qui les conduisoit ayant engagé le gouvernail du bateau dans la corde du bac, cette corde s'étant tendue, enleva le bateau & le fit précipiter par la pointe, de façon qu'il fut submergé à l'instant, & que toute la compagnie périt, à l'exception de la dame Oursel âgée de 50 ans, & de la fille domestique âgée de 30 ans, qui ayant été retirées, furent rappellées à la vie. A l'égard des autres personnes, on ne put savoir ce qu'étoient devenus leurs corps, à l'exception de celui de la dame Etienne, qui ne fut retrouvé que trois semaines après, & de celui de la demoiselle Cofferon, qui fut retiré à l'instant.

Il convient d'observer que les sieur & dame ou la demoiselle Etienne avoient laissé des héritiers de différente espece.

D'un côté étoient le sieur Dubin frere de la dame Etienne, & la dame Cofferon sœur du sieur Etienne, & qui par conséquent étoient oncle & tante de la demoiselle Etienne.

D'un autre côté se présentoient le sieur Bailly & consors, qui étoient neveu & niece des sieur & dame Etienne, & par conséquent cousins germains de la demoiselle Etienne.

L'on sent toutes les difficultés que l'incertitude du prédécès des pere & mere ou de la fille pouvoit faire naître en pareille occasion.

Si la fille étoit censée morte la premiere, le sieur Dubin & la dame Cofferon frere & sœur du pere & de la mere, leur succédoient immédiatement, mais en même tems le sieur Bailly & consors enfans des frere & sœur du sieur & dame Etienne, par le bénéfice de la représentation, se trouvoient admis à partager avec eux cette succession.

Si au-contraire la demoiselle Etienne étoit censée avoir survécu ses pere & mere, le sieur Dubin & la dame Cofferon qui étoient ses oncles & tante, excluoient le sieur Dubin & consors par le bénéfice de la loi, qui n'admettoit plus la représentation des cousins germains vis-à-vis des oncle & tante.

Me. Gueau de Reverseaux, avocat du sieur Dubin & de la dame Cofferon, traita la question avec cette profondeur & cette érudition que lui avoient procuré un travail assidu & l'étude particuliere des loix romaines & de la jurisprudence française. Il cita tous les arrêts rendus sur la matiere, & par la juste application qu'il en fit à l'espece, il fit connoître que si quelques-uns avoient jugé que les peres avoient été présumés survivre aux enfans, c'avoit été dans des circonstances particulieres, qui avoient fait penser que contre la loi de la nature, le plus âgé avoit survécu le plus jeune; parce que la foiblesse de l'âge de l'enfant n'avoit pu permettre de croire qu'il eut eu la force de résister aussi long-tems que le pere, dont la vigueur ne devoit point être admise en comparaison avec la délébilité d'un enfant dans lequel la nature n'avoit pas encore développé toute sa force.

D'après quoi il en conclut que la demoiselle Etienne étant âgée de plus de 27 ans, & ayant par conséquent atteint cet âge où la nature est dans sa plus grande force, il falloit la replacer dans sa classe ordinaire, qui nous apprend que l'enfant dans sa parfaite constitution doit être censé survivre à ses pere & mere, dont l'âge plus avancé doit faire présumer un décès plus prompt.

Me. Duvaudier, défenseur du sieur Bailly & consors, employa cette délicatesse d'esprit qui lui est si connue, & ses talens profonds, pour combattre le systême de Me. Gueau de Reverseaux.

Il releva d'abord avec soin deux circonstances qui paroissoient indifférentes à la cause de Me. Gueau de Reverseaux, mais qui devenoient décisives en faveur des sieur & dame Bailly.

L'une étoit que la dame Etienne, assise du côté du gouvernail, étoit tombée dans l'eau la derniere; & l'autre, que la demoiselle Cofferon âgée de 12 ans, quoique retirée la premiere de l'eau, étoit déja morte, tandis que la fille domestique âgée de 30 ans, & la dame Oursel de 50, retirées successivement après la demoiselle Cofferon, avoient été rendues à la vie.

Les moyens que Me. Duvaudier tiroit de ces deux circonstances devenoient frappans.

Par rapport à la premiere, il disoit qu'aucun de ceux qui avoient péri dans ce naufrage, n'ayant été rendu à la vie, il falloit donc présumer que le moment de leur chûte avoit été celui de la perte de leur existence; que par conséquent la dame Etienne étant tombée la derniere dans l'eau, elle jouissoit encore de la vie, tandis que ceux qui étoient tombés avant elle étoient censés en être privés, puisqu'elle existoit au milieu des hommes, tandis que les autres ne jouissoient plus de la lumiere, qui dès ce moment avoit disparu pour eux.

L'établissement de cette proposition le conduisoit nécessairement au moyen qu'il tiroit de la seconde circonstance.

Comme Me. Gueau de Reverseaux avoit posé pour principe, que la fille étant plus robuste que ses pere & mere étoit censée leur avoir survécu, & que par conséquent, quand bien même la mere seroit tombée la derniere dans l'eau, la force & la vigueur de la fille avoient dû la faire résister plus long-tems aux attaques de la mort, Me. Duvaudier répondoit que ce moyen n'étoit pas admissible, puisque la demoiselle moifelle Cofferon âgée de 21 ans, avoit été retirée morte, tandis que la dame Ourfel âgée de 30 ans, retirée après la demoifelle Cofferon, avoit été rendue à la vie ; que par conféquent, d'après l'exemple tiré du fait même, on ne pouvoit établir que la plus jeune avoit dû furvivre à la plus âgée.

De même que Me. Gueau de Reverfeaux avoit invoqué les circonftances, les arrêts, les fentimens des auteurs, de même Me. Duvaudier oppofa circonftance à circonftance, loi contre loi, arrêt contre arrêt, autorité contre autorité, & tous fes talens & fon genie, contre le favoir de Me. Gueau de Reverfeaux.

Les mémoires que ces deux célebres orateurs & jurifconfultes firent dans cette affaire, renferment tous les principes connus fur la matiere, & les recherches les plus curieufes.

Auffi une caufe de cette nature, plaidée par deux hommes dignes l'un de l'autre, attira-t-elle l'attention du barreau & du public, & jetta-t-elle dans l'efprit des magiftrats une incertitude qu'ils eurent peine à fixer : cependant comme il falloit prendre un parti, MM. des requêtes du palais voyant les circonftances égales de part & d'autre, crurent devoir rentrer dans le vrai, c'eft-à-dire, d'admettre que la fille étant dans la force de fon âge, elle devoit être cenfée avoir furvécu fes pere & mere, & en conféquence par leur fentence du .... 1751, ils adjugerent la fucceffion des Sr. & dame Etienne au Sr. Dubin & à la dame Cofferon, comme l'ayant recueillie par le décès de la Dlle. Etienne leur niece, à l'exclufion des fieur Bailly & confors, qui n'étoient que fes coufins germains.

L'appel qui fut interjetté de cette fentence en la cour par le fieur Bailly & confors, donna lieu à une nouvelle plaidoierie à la grand'chambre, où les avocats des parties firent de nouveaux efforts pour établir le bien & le mal jugé de cette fentence, laquelle fut confirmée par arrêt du 7 feptembre 1752, rendue fur les conclufions de M. l'avocat général Joly de Fleury ; au moyen de quoi les fieur Dubin & dame de Cofferon recueillirent à eux feuls, non pas la fucceffion des fieur & dame Etienne que l'on avoit jugé être paffée fur la tête de la demoifelle Etienne, mais celle de cette derniere qui comprenoit celle de fes pere & mere, auxquels elle avoit été jugée avoir furvécu.

D'après ce dernier arrêt je penferois que lorfqu'un pere & un fils majeur, une mere ou une fille majeure décedent en même tems, foit par incendie, naufrage, ruines de bâtimens ou autrement, mais toujours de maniere qu'il n'eft pas poffible de favoir lequel des deux eft décédé le premier, on doit juger que la fille ou le fils majeurs ont furvécu le pere & la mere ; que dans un âge plus foible, tel que celui d'enfance, les peres & meres d'un âge robufte, font cenfés avoir furvécu ; que dans un âge d'adolefcence, lorfqu'il s'agit de favoir fi le pere a furvécu le fils, la vigueur du pere oppofée à la foibleffe du fils, ou la foibleffe du pere oppofée à la vigueur du fils, doivent décider ; & qu'en général il ne peut y avoir d'arrêts qui puiffent fixer d'une maniere certaine la jurifprudence fur cette queftion, puifque la moindre circonftance peut la faire varier.

CHAPITRE XXVI.

Officiers des eaux & forêts connoiffent de la poffeffion des ufagers dans les communes, abus & malverfations ; mais quand il s'agit de la propriété, la connoiffance en appartient aux juges ordinaires.

LEs habitans de Magny avoient plufieurs pâquiers & héritages communs pour la nourriture de leurs beftiaux, quelques particuliers en ayant ufurpé une partie, ils leur firent inftance en défiftement pardevant le juge ordinaire de Magny, lequel après avoir fait defcente fur les lieux, & reconnu l'ufurpation de la part des défendeurs ; le maître particulier des

eaux & forêts en la maîtrife de Magny, fe préfente devant le prévôt, & demande le renvoi de la caufe, prétendant qu'elle étoit de fa jurifdiction & connoiffance ; néanmoins ayant été débouté de fes requifitions, il interjette appel, pour lequel Me. le Feron dit, que par les ordonnances tant du roi François I que de Henri II, les officiers des eaux & forêts doivent connoître des caufes de cette qualité ; par arrêt rendu contre le bailli de Tours ou fon lieutenant à Chinon, ils y ont été maintenus. Me. de Lamet pour le juge prévôt de Magny intimé dit, que lorfqu'il n'eft queftion que de la fimple poffeffion du fonds, les officiers des eaux & forêts en doivent connoître, mais quand il s'agit de la propriété, c'eft le juge des lieux, tel que l'intimé, juge ordinaire de Magny.

M. l'avocat général Talon dit, que la diftinction de Me. de Lamet eft véritable, que lorfqu'il s'agit feulement de l'ufage, de la poffeffion, de l'abus & malverfation commife fur les pâquiers, fur les terres communes, telles que celles en queftion, les officiers des eaux & forêts en doivent avoir la connoiffance ; mais quand il s'agit du fonds, du domaine, de la propriété, c'eft aux juges ordinaires, les lieutenans des baillis & fénéchaux. Il a ainfi été jugé pour les officiers du bailliage de Vitry. Quant à l'arrêt contre les officiers du bailliage de Chinon, il eft au profit du grand maître des eaux & forêts, & fondé fur cette particularité, que le grand maître procédant à la vifite & réforme générale des abus & malverfations, avoit pris connoiffance du fait dont eft queftion : ce qu'il avoit pu fuivant les ordonnances ; mais en l'efpece qui fe préfente, il n'y a rien de femblable.

LA COUR mit l'appellation au néant ; ordonna que ce dont étoit appel, fortiroit fon plein & entier effet, fans dépens ; le mardi 13 février 1629.

CHAPITRE XXVII.

Dans la coutume d'Anjou qui admet repréfentation infinie en collatérale, le condamné à mort étant incapable de recueillir la fucceffion échue de fon frere, fes enfans y viennent en fa place avec leurs oncles freres du défunt.

UN nommé Guiart ayant été condamné à mort par fentence du fénéchal d'Anjou ou fon lieutenant criminel, il en interjette appel ; mais appréhendant l'événement, il force les prifons & s'évade, fans fe préfenter au parlement pour faire infirmer la fentence de mort, ni faire autres pourfuites ; auffi l'on n'en fait aucunes contre lui. Quelques années après fon frere germain décede fans enfans, & délaiffe trois freres germains, favoir ledit Guiart condamné à mort, & deux autres qui fe mettent en poffeffion de tous les biens du défunt. Les enfans dudit Guiart condamné à mort font demande en partage à leurs oncles pardevant ledit fénéchal d'Anjou ou fon lieutenant général. Plufieurs années après la fucceffion de leur oncle échue, ils foutiennent devoir être admis avec leurs oncles, comme étant dans les termes de repréfentation, qui par la coutume d'Anjou a lieu in infinitum, auffi-bien en ligne collatérale qu'en ligne directe, fuivant la difpofition du droit commun : au-contraire les oncles foutiennent que les enfans dudit Guiart condamné à mort, ne peuvent prétendre aucune chofe en la fucceffion de leur frere, oncle des demandeurs ; qu'ils n'y peuvent venir de leur chef, ni par repréfentation, après la condamnation de mort intervenue contre leur pere. Néanmoins le fénéchal d'Anjou ou fon lieutenant général rend fa fentence, par laquelle il ordonne que partage des biens de la fucceffion du frere défunt fera fait également entre fes deux freres furvivans & les enfans du condamné à mort : dont les freres interjettent appel, & pour eux Me. Bardon dit, que le mal jugé eft vifible, parce que le pere des intimés ayant été condamné à mort, cette condamnation fait un obftacle perpétuel à fes enfans, qui ne peuvent efpérer aucune part ni portion en la

—— ſucceſſion de leur oncle , ni par repréſentation , ni
1629. de leur chef. De leur chef , parce que leur pere
eſt encore vivant , qui empêche , comme plus proche d'un degré , que les intimés ſes enfans ne puiſſent de leur chef venir à la ſucceſſion de leur oncle,
*medium inhabile quod impedit extremorum conjunc-
tionem* , comme dit Me. Charles du Moulin. Ils n'y
peuvent venir par repréſentation qui ſe fait d'une perſonne décédée , & outre ce , habile & capable de
ſuccéder. Or , l'un & l'autre de ces deux moyens
manque aux intimés, parce que leur pere étoit encore vivant , lorſque la ſucceſſion a été déférée , &
entiérement inhabile & incapable de pouvoir prétendre aucune choſe en la ſucceſſion de ſon frere décédé. Car il eſt certain en droit , & par la doctrine
des arrêts , qu'un homme mort civilement eſt inhabile & incapable de ſuccéder , ſoit en ligne directe
ou collatérale. D'objecter qu'il y a plus de vingt ans
écoulés depuis la ſentence de condamnation de mort,
& que le crime eſt preſcrit ſuivant la maxime vulgaire priſe de la loi *Querela. C. De falſis*. c'eſt s'abuſer , parce que la ſentence ayant été rendue contradictoirement , il n'y a plus de preſcription. Me. Germain pour les intimés dit , que la coutume d'Anjou
admettant repréſentation en ligne collatérale , non-
ſeulement *inter fratres & fratrum filios* , comme le
droit commun , mais *in infinitum* comme en directe,
il n'y a doute quelconque au bien jugé , & que les
intimés n'aient été légitimement admis à la ſucceſſion
de leur oncle avec les appellans , qui ont bien reconnu cette vérité , puiſqu'en procédant au partage
des biens de cette ſucceſſion , ils ont réſervé la portion des intimés : à préſent ils la conteſtent contre
toute juſtice , ſous prétexte que leur pere a été condamné à mort , & par-là rendu inhabile & incapable de pouvoir ſuccéder à ſon frere prédécédé ; mais
le crime de leur pere ne leur peut aucunement
nuire ni préjudicier , & eſt tellement attaché à ſa
perſonne , qu'il ne peut réjaillir ſur celle des intimés,
qui viennent à la ſucceſſion de leur oncle par droit
de repréſentation , non de la perſonne de leur pere,
lequel étant mort civilement , eſt cenſé mort naturellement pour cet effet , mais plutôt ils repréſentent le degré , *magis gradum quàm patris perſonam
repræſentant* , la loi feignant qu'ils ſont en pareil degré que leurs oncles.

M. l'avocat général Talon dit , qu'on n'objecte aux
intimés que l'incapacité de leur pere condamné à
mort , pour les exclure de la ſucceſſion de leur oncle ; mais il faut faire diſtinction de l'incapacité qui
procede de la loi , ou de celle qui procede du fait
de l'homme : celle qui vient de la loi , comme l'excluſion des filles , tant pour les fiefs , qu'autres biens,
en pluſieurs coutumes , eſt perpétuelle & fait obſtacle aux peres & à leurs enfans & deſcendans perpétuellement , ſans qu'ils puiſſent jamais être admis à
la ſucceſſion ; mais quant à l'incapacité qui procede
du fait de l'homme , ou par ſon délit , ou autre
voie , telle incapacité eſt perſonnelle , & ne paſſe
point en la perſonne de ſes enfans , ni autres deſcendans , pour les exclure & empêcher de pouvoir
ſuccéder. Pour la preſcription du crime par l'eſpace
de vingt ans , il faut auſſi faire diſtinction , quand
la ſentence a été exécutée en effigie , ou rendue
contradictoirement , & que l'exécution a été empêchée par le fait du condamné , par évaſion , ou
autrement , comme le pere des intimés , qui s'eſt
ſouſtrait à la peine. En ce cas le crime n'eſt preſcrit
que par quarante ans , & la preſcription de vingt
ans n'a lieu que quand on n'a daigné faire exécuter
la ſentence : mais il adhere avec les intimés.

LA COUR mit l'appellation au néant ; & ordonna que la ſentence dont étoit appel , ſortiroit
ſon plein & entier effet. Le vendredi de relevée
16 février 1629, M. de Meſme préſident.

CHAPITRE XXVIII.

*Fidéicommis ſecret & tacite peut être prouvé par
témoins , lorſqu'il y a commencement de preuve par
écrit.*

LE mardi 20 février 1629, à l'audience de relevée , M. Potier préſident, fut confirmée la
ſeutence du bailli de Melun ſur ſon lieutenant , par
laquelle il avoit reçu demoiſelle Marie Noguette intimée à faire preuve par témoins des faits de fraude,
tacite fidéicommis , & interpoſition de perſonne,
par elle articulés , pour faire caſſer une donation
par elle faite à ſon mari indirectement & ſous le
nom emprunté de ſon neveu appellant , pour lequel
Me. Aragon dit , qu'il a été jugé contre l'ordonnance
qui prohibe expreſſément telles preuves teſtimoniales
contre la teneur d'un contrat , & rejette comme inad-
miſſibles tous les faits qu'on articule avoir été convenus avant ou après. Le contrat de donation
faite par l'intimée à l'appellant eſt bon & valable,
en bonne forme , duement inſinué : l'appellant étoit
lors âgé de 25 ans , & capable d'avoir mérité cette
gratification de ſa tante , femme de ſon défunt oncle , auquel il n'a point prêté ſon nom , ainſi qu'il
a répondu interrogé par ſerment ſur ces faits. Me.
Auzanet pour l'intimée dit , que la preuve des faits
par elle articulés n'eſt point contre l'ordonnance,
qui n'exclut pas de prouver une fraude telle qu'eſt
celle d'un tacite fidéicommis , d'une interpoſition
de perſonne , tellement manifeſte en cette cauſe,
qu'on en a la preuve par écrit. Le contrat de donation a été trouvé entre les papiers du mari de l'intimée , après ſon décès ; on y a auſſi trouvé un
mémoire pour propoſer de ſavoir du conſeil , ſi la
donation faite par la femme aux parens de ſon mari
eſt bonne , & de la forme de la contre-lettre. L'intimé ayant fait donation de 4000 livres à l'un des
freres de ſon mari , après ſon décès ſon frere a fait
déclaration au profit de l'intimée , qu'il ne prétendoit aucune choſe en la donation qui avoit été
faite au profit de ſon défunt frere ſous ſon nom. Sur
ces ſeules preuves il y avoit lieu de caſſer la donation , ſans appointer les parties à informer plus
amplement , comme a fait le juge d'appel ; néanmoins l'intimée ne s'en plaint point.

M. l'avocat général Bignon dit , qu'il faut faire
diſtinction , quand on veut faire une preuve entiere
par témoins ; ou quand on la veut ſeulement achever , & qu'on a un commencement de preuve par
écrit. Au premier cas l'ordonnance rejette les preuves teſtimoniales ; mais au ſecond , non: cela ſe
pratique tous les jours , & nous en avons un exemple familier dans les faits de confidence & de ſimonie , qui quoique préciſément articulés ne ſont pas
néanmoins reçus , s'il n'y a quelque lumiere , quelque commencement de preuve par écrit. Pour la tacite fidéicommis dont eſt queſtion , il y a plus de
lumiere par écrit , qu'il n'eſt néceſſaire pour ſuppléer
la preuve par témoin.

LA COUR mit l'appellation au néant ; ordonna
que la ſentence ſortiroit ſon plein & entier effet;
dépens réſervés.

CHAPITRE XXIX.

Offices de garde des petits fceaux, contrôle des titres & cuirs, font meubles, & fe partagent fuivant la coutume du domicile du défunt, non de celle du lieu où eft leur exercice.

Emoifelle Jeanne Paluau, veuve de maître Jacques le Comte tréforier de France à Paris, d...de fans enfans, & délaiffe pour héritiers Jean & Charles Paluau fes freres germains, Claude Paluau fa fœur germaine, & les enfans de défunt M. Paluau vivant confeiller au parlement. Il y eut conteftation entr'eux pardevant meffieurs des requêtes du palais touchant le partage des biens de la fucceffion, qui étoit compofée de meubles & immeubles, partie en fiefs, & partie en roture, & d'offices de garde du petit fcel de l'élection de Meaux, du contrôle des titres de la ville d'Alençon en Normandie, du contrôle des cuirs de la ville de Louviers, auffi en Normandie. Pour raifon de ces offices il y eut grande difficulté au partage des biens de la fucceffion, parce que Jean & Charles Paluau freres germains de la défunte foutenoient que tous lefdits offices devoient être partagés fuivant les coutumes de Meaux & de Normandie, où ils étoient établis, & ainfi qu'ils devoient leur appartenir, parce qu'en la coutume de Meaux la repréfentation en ligne collatérale n'a point de lieu, & par celle de Normandie les mâles excluent les femelles. Demandoient auffi que tous les fiefs affis en la coutume de Senlis leur fuffent délaiffés, parce que la repréfentation n'y a point auffi de lieu. Pour exceptions de la part de demoifelle Madeleine de Montholon, au nom & comme mere & tutrice des enfans de M. Paluau confeiller & d'elle, quant aux fiefs fitués dans la coutume de Senlis, elle confentoit qu'ils demeuraffent entierement aux freres de la défunte, à l'exclufion de fes enfans; mais quant aux offices de garde du petit fcel en l'élection de Meaux, du contrôle des titres de la ville d'Alençon, & du contrôle des cuirs de la ville de Louviers, qu'ils devoient être partagés également entre tous les héritiers de la défunte, fuivant & conformément à la coutume de la prévôté & vicomté de Paris, où elle avoit fon domicile. Sur quoi meffieurs des requêtes du palais rendent leur fentence, par laquelle, ils ordonnent que par provifion les biens de la fucceffion de la défunte feront partagés fuivant les coutumes des lieux; dont ladite demoifelle de Montholon veuve dudit Sr. Paluau interjette appel, en qualité de tutrice de fes enfans, pour laquelle Me. Brodeau dit, que meffieurs des requêtes du palais ont fait un grief irréparable par leur fentence de provifion, même qu'ils ont jugé le principal, en ordonnant que partage des biens feroit fait fuivant les coutumes des lieux; ce ne fe peut autrement entendre & interpreter qu'au defir & avantage des intimés, & au préjudice des appellans, qui ont préfenté requête pour l'évocation du principal, foutiennent qu'ils y font très-bien fondés, & que les offices de garde du petit fcel de l'élection de Meaux, du contrôle des titres de la ville d'Alençon, & des cuirs de Louviers, doivent être partagés également entre tous les héritiers de la défunte, tant fes freres & fœurs intimés, que fes neveux appellans, conformément à la difpofition de la coutume de Paris, qui admet repréfentation en ligne collatérale; & non fuivant les coutumes de Normandie & de Meaux qui ne font nullement confidérables en cette caufe, par plufieurs raifons. La premiere, qu'on ne peut révoquer en doute que ces offices de garde du petit fcel de l'élection de Meaux, de contrôleur des titres d'Alençon, & des cuirs de Louviers, ne foient véritables offices, puifqu'ils en ont toutes les marques & qualités. L'édit de création leur donne ce titre d'office formé; d'adjudication de l'office faite au plus haut metteur; les quittances des finances, de marc d'or, & l'attribution des gages, font

toutes les marques par lefquelles on reconnoît & diftingue les offices. Les offices font meubles, comme il eft notoire, & qu'on peut l'apprendre de la difpofition de la coutume de Paris *art.* 95, où il eft dit, que l'office vénal eft réputé immeuble, & peut être crié & adjugé par décret; toutefois que les deniers provenans de la vente & adjudication font fujets à contribution comme meubles entre les créanciers oppofans, qui viennent pour ce regard à déconfiture au fol la livre. Cette déconfiture & contribution montre affez que les offices font meubles; auffi le mot *réputé immeuble*, eft un terme de fiction pour rendre l'office capable d'être faifi, crié & adjugé par décret; ce qui ne fe pourroit autrement, fi l'on ne le revêtoit de cette qualité imaginaire d'immeuble, qu'il dépofe incontinent après l'adjudication, & reprend fa premiere & plus naturelle de meuble. Etant meubles, il n'y a point de plus certaine maxime au palais, que les meubles fuivent le domicile du défunt. Juvenal des Urfins en l'hiftoire de Charles V, rapporte cette ancienne obfervance & coutume générale du royaume, excepté pour les confifcations & droits de déshérence. Il y a mille préjugés de cela; même une donation de tous biens meubles & immeubles a été déclarée bonne & valable, quoiqu'elle n'eût été infinuée qu'au lieu du domicile du donateur, Ainfi il faut fuivre la difpofition de la coutume du domicile de celui qui poffédoit les offices comme attachés à fa perfonne. *Jus militiæ perfonæ cohæret*, dit le jurifconfulte en la loi 3. §. 7. *De minorib.* Le fecond moyen du mal jugé, & pour montrer qu'il faut fuivre la loi du domicile du défunt, eft, que quand on voudroit réputer ces offices immeubles, ce ne pourroit être que par une fiction & en la même façon, que les rentes conftituées à prix d'argent fur les particuliers font cenfées & réputées immeubles : & néanmoins il n'y a perfonne qui ne fache, que quand il eft queftion de les partager en la fucceffion de quelqu'un, l'on fuit perpétuellement la difpofition de la coutume du domicile du créancier, & nullement celui des débiteurs : cela a été jugé par infinis arrêts, celui de Partenay de 1571, autre de 1598, autre de 1609, autre de 1625, en la coutume de Normandie; & en la même coutume on a jugé l'office de greffier domanial meuble, parce que par arrêt on a adjugé ledit office de greffier au légataire de tous les meubles de Me. Jean Job. La troifieme moyen réfulte de la loi familiere pratiquée au partage de la fucceffion du Sr. le Comte mari de la défunte. Dans ce partage on a divifé tous lefdits offices & autres, comme de regratiers & femblables, également, & fuivant la coutume de Paris; & ceux en queftion font échus pour le remplacement des propres aliénés conftant fon mariage, affis en la coutume de Paris. Le quatrieme & dernier moyen, eft la conféquence de ce partage fort périlleufe, en ce que la plupart de ces offices font poffédés par des Parifiens, qui ont employé le meilleur de leur bien, même qui ont vendu leurs fonds pour employer les deniers en achat de ces offices, lefquels n'étant point partagés felon la coutume de leur domicile, qui eft Paris, cela apporteroit un trouble & une divifion univerfelle en toutes les familles. Les intimés objectent deux chofes. L'une, que ce ne font pas des offices, puifqu'ils ne font ni de judicature, ni de finance; mais que fe font plutôt des droits domaniaux. L'autre, qu'en tout cas ce font des rentes conftituées fur le roi, comme fur l'hôtel-de-ville de Paris, vicomté de Rouen, & autres lieux, lefquels en matiere de partage ne fuivent pas la loi du domicile du créancier, comme les rentes conftituées fur particuliers; mais fuivent la coutume du lieu où le fonds pour le payement eft affis, comme Paris, Rouen, & autres femblables. La réponfe eft facile à l'une & à l'autre objection. Quant à la premiere, ce font vrais offices, comme on a montré, & non droits domaniaux anciens, puifqu'on voit les édits de nouvelle création de ces offices. L'hérédité n'y répugne point : car aujourd'hui tous les offices font héréditaires par le moyen du droit annuel, & difpenfe des quarante jours. Quant à l'autre objeɛtion, il eſt facile de faire voir que ce ne ſont pas des rentes conſtituées ſur le roi: la différence eſt toute viſible, en ce que c'eſt le roi ſeul qui paye les rentes; & le revenu de ces offices ne conſiſte qu'en la perception de quelques droits ſur les particuliers; & par ces moyens conclut à ſon appel, à ce qu'émendant & corrigeant la ſentence de meſſieurs des requêtes du palais, évoquant le principal, les fiefs ſitués en la coutume de Senlis, de ſon conſentement ſoient délivrés aux intimés ſeuls; & leſdits offices de garde du petit ſcel de l'élection de Meaux, de contrôleur des titres d'Alençon, & des cuirs de Louviers, partagés également entre toutes les parties ſuivant la coutume de Paris. Me. le Feron pour les intimés dit, que meſſieurs des requêtes du palais ayant ordonné, que par proviſion partage ſeroit fait ſuivant la diſpoſition des coutumes, ils n'ont rien jugé touchant les prétendus offices, & ont laiſſé la queſtion entière; mais quand ils l'auroient jugée, leur ſentence ſeroit très-juridique; & c'eſt le principal auquel il défend, & ſoutient que ces droits de garde du petit ſcel de l'élection de Meaux, de contrôle des titres d'Alençon, & des cuirs de Louviers, doivent être partagés ſelon les coutumes de Meaux & de Normandie, où ils ſont perceptibles par pluſieurs raiſons. La première, que ce ne ſont pas des offices, puiſqu'ils n'attribuent aucune juriſdiɛtion ni connoiſſance quelconque, ſoit de judicature, ou de finance. Mais quand on paſſeroit aux appellans, que ce ſont des offices, étant héréditaires, ils ſeroient immeubles, ſuivant la coutume générale du royaume, & l'opinion de M. le Maiſtre au traité *des criées chapitre 7.* Il y a de deux ſortes d'offices, comme anciennement chez les Romains il y avoit deux ſortes de milices; les unes héréditaires, les autres non; les héréditaires *vendi & pignorari poterant, L. ult. De pignor. & hypoth. C. & Nov. 53. cap. 5.* Pour les immeubles, il faut ſuivre la coutume du lieu où ils ſont aſſis, rien de ſi certain. Mais une ſeconde raiſon, pour connoître que ce ſont de véritables droits domaniaux vendus & aliénés par le roi, & non des offices, il faut obſerver qu'en 1566, l'on a fait l'ordonnance pour le rachat du domaine engagé en 1580. On a vérifié les édits portans pouvoir d'aliéner ce même domaine; enſuite les particuliers ont traité avec le roi, & ont acheté ces droits en dépendans, auxquels on a donné le nom d'offices, pour rendre la choſe plus ſpécieuſe. Pour montrer qu'il eſt abſurde de les appeller offices, c'eſt qu'une femme eſt capable de les poſſéder, comme faiſoit la défunte, quoique par le droit elle ſoit incapable de tous offices. Toutes autres perſonnes, de quelque qualité qu'elles ſoient, ſont pareillement capables de les poſſéder, ſans encourir aucune incompatibilité: le propriétaire, homme ou femme, les peut bailler à ferme, ou y commettre telle perſonne que bon lui ſemble. Il n'y a aucune différence entre ces droits de contrôle, & ceux des greffes, des aides, & autres ſemblables, qui ſont notoirement droits domaniaux: en tout cas la dernière raiſon eſt, que ce ſont plutôt rentes vendues & conſtituées ſur le roi, leſquelles, comme il a été jugé par pluſieurs arrêts, nommément par un de 1603, au profit de Marie Malon, ſuivent la coutume du lieu où elles ont leur aſſiette, où demeure le fonds deſtiné pour le payement, & elles ſe perçoivent, comme les droits dont eſt queſtion, ſe perçoivent à Meaux, Alençon & Louviers: donc ils doivent ſuivre la diſpoſition de la coutume de ces lieux-là. Par arrêt du parlement de Rouen le contrôle des titres de la ville de Rouen a été déclaré immeuble, & comme tel, il eſt jugé un legs qui en avoit été fait à l'hôpital de ladite ville par demoiſelle Marie Molé, a été déclaré nul. Et par ces raiſons conclut au bien jugé, & à l'entérinement des lettres obtenues par demoiſelle Claude Paluau, pour être relevée du conſentement qu'elle avoit prêté de partager également avec ſes neveux.

M. l'avocat général Bignon dit, que comme les choſes extraordinaires dans la nature jettent les hommes en admiration, pour n'en pouvoir pas connoître les cauſes; de même la création de tant d'of-

fices nouveaux procédée de l'intempérie de ce ſiecle, a engendré quantité de procès tant pour le commerce, que partage de ces offices, & fait naître une infinité de nouvelles queſtions d'un droit purement poſitif, fort difficile à réſoudre & à juſtement décider. En cette cauſe il eſt queſtion de ſavoir comment les petits ſceaux de l'élection de Meaux, les contrôles des titres d'Alençon, & des cuirs de Louviers, doivent être partagés, ou comme meubles ou immeubles, ou ſuivant la coutume de Paris, ou celles de Normandie & de Meaux. Pour y parvenir, il leur faut bailler un nom, un être permanent, τὶ ἐῖναι μόνον, une définition, voir & examiner ſi ce ſont vrais offices, ainſi que les édits les qualifient, ou quelqu'autre eſpece de biens. Les intimés ſoutiennent que ce ne ſont pas des offices, & pour le montrer, diſent que comme un ſculpteur qui fait une ſtatue de pierre, lui baille la forme telle qu'il veut, & la taille en homme ou en cheval, ou en autre figure, dont elle repréſente l'image ſeulement, ſans que ſa matiere & ſon être ſoient aucunement changés ni altérés; de même ces prétendus offices n'ont-que le nom d'offices, & le titre imparfait, ſans aucunement participer à l'être & à la qualité des vrais offices. La difficulté eſt toute viſible & palpable entre ces prétendus offices, & les véritables: ceux-ci donnent & portent avec ſoi une dignité & prééminence inſéparablement attachée; ceux-là n'ont honneur ni dignité annexée, ne diſtinguent en rien leurs poſſeſſeurs, & ne les relevent aucunement pardeſſus le commun des autres hommes: ceux-ci ſont entiérement perſonnels, & requierent néceſſairement l'emploi, la fonɛtion & adminiſtration de la perſonne qui les poſſéde; ceux-là ſont purement réels; ceux-ci s'éteignent & ſe perdent par la mort & décès du titulaire; ceux-là ſe conſervent & paſſent aux héritiers après le décès de celui qui les poſſédoit: tout de même qu'anciennement à Rome il y avoit deux ſortes de milices, les unes qui s'éteignoient par le décès du titulaire, les autres non, & qui ſe transféroient à ſes héritiers. *Quòd talis ſit militia ut vendatur, vel mortuo militante certa pecunia ad ejus hæredes perveniat,* comme parle l'empereur en la loi *Omnimodo. De inoffic. teſtam.* Ceux-ci conſiſtent en une fonɛtion & adminiſtration continue, & pour l'exercice il faut que les titulaires ſoient expérimentés & bien verſés aux ſciences & en leurs charges; ceux-là n'ont aucune fonɛtion ni adminiſtration, nulle capacité requiſe aux poſſeſſeurs, un mineur les peut poſſéder, une femme même, qui d'ailleurs eſt totalement incapable de poſſéder aucuns offices: ceux-ci tombent aux parties caſuelles, où il les faut lever, en prendre lettres de proviſion, & les faire paſſer au ſceau: ceux-là ſe vendent par des commiſſaires députés par le roi, s'adjugent au plus offrant & dernier enchériſſeur, comme les immeubles, l'on y reçoit le doublement & le tiercement. L'intention des acquéreurs n'eſt autre que de prêter de l'argent au roi, d'augmenter leur bien & leur revenu, & non pas d'acheter & d'avoir des offices: toutes les apparences d'un revenu domanial vendu & aliéné y ſont. *Primò,* le lieu où il ſe perçoit, eſt aſſuré, Alençon, Meaux, Louviers, qui ſont villes notables. *Secundò,* le ſujet & la matiere ſont auſſi certains, ſavoir le commerce & les contrats qui ſe reçoivent & paſſent à Alençon, à Meaux, à Louviers: la perception des droits eſt pareillement aſſurée, comme étant attachée au lieu & à la matiere qui lui donnent ſa cauſe; ainſi ce ſont véritables rentes vendues ſur le domaine du roi, mais vendues ſous un nom déguiſé, autre que le commun & général, plus ſpécieux, afin qu'il ſervît d'amorce pour plus facilement trouver des acheteurs: ce qui a réuſſi, pluſieurs y ayant employé leurs deniers. Or il eſt certain, que ſes rentes vendues & conſtituées ſur le roi, *habent certum ſitum,* un aſſignat & hypotheque ſpéciale, ſuivant laquelle elles ſe reglent, & non ſelon la coutume du domicile du créancier. Le public a intérêt, que ces droits aient un être permanent: les greffes & les ſceaux ſont deux des principales parties de l'ancien domaine, le contrôle des titres eſt un démembrement

ment des greffes, καμφιφυλάκιον : le contrôle des cuirs est une espece de sceau dont on marque les cuirs. Toutes ces raisons fortes en apparence semblent encore être appuyées de préjugés, de l'arrêt rapporté au parlement de Rouen, par lequel on dit que le contrôle des titres de la ville de Rouen à été déclaré immeuble ; néanmoins l'arrêt de Rouen n'a point préjugé la question. De la part des appellans l'on dit , que cet arrêt est en une espece fort éloignée de la cause , fondé sur le droit municipal de Rouen qui déroge aux coutumes , par lequel il faut qu'un testateur qui veut valablement disposer de ses immeubles, survive quarante jours après la passation de son testament: faute de cette survivance le legs du contrôle des titres a été déclaré nul. Mais pour résoudre cette question il faut diligemment examiner la qualité des offices dont il s'agit. L'édit de leur création de 1586 est conçu en des mots très-avantageux , les qualifie nommément du titre d'offices , les rend héréditaires , dispense les pourvus de l'exercice , & leur permet d'y commettre personnes capables , de les bailler à ferme , de les vendre. Ces droits sont purement royaux , ainsi la coutume de Meaux & de Normandie ne peuvent donner la loi au roi, ni par conséquent au partage de ces offices. Tous les procès-verbaux des coutumes de ce royaume contiennent les protestations faites par les substituts de M. le procureur général en chaque province , que le domaine ne seroit aucunement sujet à la loi & disposition des coutumes ; néanmoins la cour de parlement n'a voulu approuver cette maxime , en ce qui concerne les terres & seigneuries ; comme baronies , comtés , marquisats , duchés & autres que le roi possede à titre particulier, qui ont été rendues égales avec les terres de tous en général , & déclarées sujettes aux mêmes loix & dispositions des coutumes où elles se trouvent assifes & situées. Quant aux autres droits qui ne sont attachés ni ne dépendent d'aucune seigneurie , mais de la seule volonté du roi, fondée sur la nécessité publique , tels droits ne sont aucunement sujets à la disposition des coutumes. Comme en droit l'isle crue en la mer appartient au souverain , parce qu'elle ne dépend d'aucune autre terre , de celle qui est née en la riviere , appartient à celui qui a des terres adjacentes ; de même doit-on dire des droits qui dépendent de la seule volonté du roi, qui n'ont point d'autre subsistance , & de ceux qui sont attachés aux terres & seigneuries de son domaine. Par plusieurs arrêts il a été jugé conformément à l'ordonnance de Blois art. 336, que l'engagement du domaine du roi, même par appanage , ne comprend point les droits & offices extraordinaires, qui non transeunt cum universitate fundi , ne peuvent aucunement appartenir au seigneur engagiste , ne font de la suite ni accessoires du domaine du roi, mais ont leur subsistance toute séparée , & sont des ficurons si inséparablement unis & attachés à la couronne , qu'ils n'en peuvent être coupés ni détachés, par appanage , vente , donation , ni autre façon qu'elle que ce soit , comme procédans & dépendans de la seule force & autorité royale ; par conséquent entièrement exempts de la disposition des coutumes par cette seule raison ; & par une seconde , que ce sont vrais offices , puisque l'édit de création les nomme & qualifie ainsi. Pour les posséder il faut titre ; & comme le statuaire donne la forme & le nom à sa statue , tel que bon lui semble , de même le roi créant ces offices du néant , peut leur imposer un nom & donner telle qualité que bon lui semble. Or ayant voulu que ce fussent offices , il les a par conséquent rendus personnels & exempts de la disposition des coutumes. Une troisieme raison se tire de leur établissement & de leur création. En 1568 , 1571, 1597, ils ont été érigés & établis par divers édits. En 1599 ils ont été abrogés. En 1619 rétablis & renouvellés avec attribution de prééminences & prérogatives en titre d'office formé , à la forme du

tabellionat & des sceaux. En effet , on appose les sceaux aux cuirs , & l'exercice n'en seroit que bon & utile pour empêcher les abus & malversations, si les droits qu'on exigé pour cela , n'alloient à la foule du peuple. Il est nécessaire de prendre des lettres de provision , ensuite on est obligé de faire sa fonction & exercice en certains lieux , & sur certaines choses , qui n'est autre qu'un ministere personnel attaché à l'office. Lorsqu'on a voulu faire défenses d'exercer , on s'est pourvu pour faire lever ces défenses , & être maintenu , comme en tous autres offices. La création qui permet de commettre , n'ôte pas pour cela la fonction , le lieu , ni l'hérédité n'empêchent que ce ne soient vrais offices , parce que nul office sans lieu , & tous offices sont aujourd'hui rendus héréditaires par le moyen du droit annuel. Il y a grande différence entre les rentes constituées sur le roi , & ces offices: pour le payement des rentes il y a un certain fonds destiné ; de toutes les parties du royaume on porte les deniers aux coffres de l'hôtel de ville & autres lieux pour les délivrer aux créanciers. Le bureau habet situm , si fit eadem statio , comme parle la loi 1. De compensat. où au contraire les offices non habent situm , étant attachés & inséparablement unis à la personne de l'officier. Aux rentes le roi est débiteur , & obligé de payer ; aux offices , il n'est débiteur , ni même garant , mais souffre seulement de jouir. Si l'on prend ces offices pour impositions , ce sont donc des servitudes & droits incorporels , des biens imaginaires , de même qu'Aristote 1. Polit. cap. 9. dit de la monnoye , que sa valeur est en la seule imagination. Ce droit est un droit particulier de cet état , auquel la coutume de Meaux ni celle de Normandie ne peuvent point donner la loi. Le droit commun du royaume ne les qualifie pas d'un nom de meubles , ni d'immeubles ; ce sont des droits attachés à la personne , une faculté d'agir ; ce n'est donc pas une possession , c'est plutôt une servitude , une imposition semblable à celle dont parle le jurisconsulte in L. 8. De servit. Perpetuam causam non habet jus aquæ. Ces droits & émolumens perpetuam causam non habent , quia manu fiunt , dépendent de l'exercice & de la fonction de la personne ; & il est absurde de les vouloir censer & réputer perpétuels. Leur origine est remarquable , & procede de leur création , de la force & autorité royale : leur matiere sont les sujets du roi, la misere publique , la condition du tems qui les a établis , & obligé le parlement à en vérifier les édits en 1581 sous Henri III , en 1597 sous Henri IV , & en 1619 sous Louis XIII , tous séans au parlement , qui n'a vérifié ces édits qu'à grande peine & avec regret , & qui par conséquent ne peut ni ne doit autoriser ce qu'il a seulement admis par tolérance ; & ne peut rendre un bien en l'air & imaginaire , stable , permanent & perpétuel , mais en procurer & espérer plutôt le retranchement , & conserver de bons vœux tous si grand , si juste & si heureux roi, qui promet d'abolir & révoquer toutes ces nouveautés. Et par ces moyens adhere avec les appellans.

LA COUR mit l'appellation & ce , au néant ; évoqua le principal , & ayant égard aux lettres , remit les parties en tel état qu'elles étoient auparavant ; & du consentement des appellans ordonna que les fiefs assis en la coutume de Senlis appartiendroient aux intimés seuls ; & au regard des droits de contrôle des titres d'Alençon & cuirs de Louviers , & garde du petit fcel de l'élection de Meaux , gages & droits à attribués , ordonna qu'ils feroient partagés selon les us & coutume de Paris , domicile de la défunte , à laquelle ils appartenoient , fans dépens ; le 22 février 1619.

* L'arrêt est cité dans du Fresne , & Brodeau le rapporte au long , lett. R. somm. 21. mais il n'y a pas inféré le plaidoyer de M. l'avocat général Bignon.

CHAPITRE XXX.

Deniers procédans de la composition de l'office du père sont immeubles en la succession de l'enfant décédé mineur.

Maître Philibert Bourlon & demoiselle Denyse Denets furent mariés ensemble en 1622. Ledit Bourlon étoit lors pourvu d'un office de trésorier de France; peu de tems après il acquit l'office de trésorier ou contrôleur de l'artillerie; & ladite demoiselle Denets sa femme étant décédée, il acheta en viduité l'office de contrôleur général des fermes, & décéda en 1625, délaissant cinq enfans mineurs. Il disposa au profit de l'aîné dudit office de trésorier moyennant la somme de 15000 livres, & après son décès le tuteur des mineurs disposa des deux autres offices moyennant la somme de 200000 livres. Peu de tems après l'un des mineurs étant décédé, il y eut contestation pardevant MM. des requêtes du palais entre demoiselle Marguerite Maupeou mere de ladite demoiselle Denyse Denets & aïeule du mineur décédé, & entre les autres quatre freres dudit mineur, touchant les deniers procédans de la vente des trois offices, dont Me. Philibert Bourlon étoit mort vêtu & saisi. La demoiselle Maupeou aïeule les prétendoit comme meubles, & les freres du défunt soutenoient qu'ils leur appartenoient comme propres & immeubles; & comme tels leur ayant été adjugés par sentence de MM. des requêtes du palais, ladite demoiselle Maupeou aïeule en interjetta appel, pour laquelle M. Talon dit, que la décision de cette cause ne dépend pas des loix & des maximes établies touchant les offices depuis vingt-cinq ans en çà. Il faut la décider suivant les maximes du tems où la vénalité des offices est dissimulée, où l'on en fait une hérédité momentanée par le moyen du droit annuel. C'est un paradoxe de soutenir que les offices sont meubles absolument; mais bien plus étrange paradoxe de soutenir que les deniers procédans de la vente & composition d'un office soient aussi immeubles, & de même nature que l'office. C'est néanmoins la these de cette cause, & ce que MM. des requêtes du palais ont jugé. Il est vrai que la coutume de Paris répute l'office immeuble, tant qu'il est résident en la personne de l'officier : mais cette fiction n'est qu'en un seul cas & pour un seul effet, afin que l'office puisse être vendu & saisi sur l'officier, comme si véritablement il étoit un immeuble ; ce qui est si constant, que cette fiction cesse à l'instant que la vente de l'office est parfaite, parce que les deniers qui en procedent, se divisent entre les créanciers par discussion & au sol la livre. L'office est tellement attaché à la personne du titulaire, qu'il est entiérement éteint par son décès ; ses héritiers ne recueillent qu'un droit & une faculté de disposer & vendre la procuration du défunt officier, par la grace & bénéfice du prince. Quant ce sont des offices d'ancienne création vacans par le décès du titulaire, le roi y pourvoit *pleno jure*, sans attendre aucune procuration ni démission. Quand ce sont des offices de nouvelle création, ils demeurent éteints par le décès du titulaire ; mais le roi ne les supprime pas, & les fait revivre par le moyen du droit annuel, qui transmet aux héritiers le droit & faculté de vendre la procuration du défunt, ou de composer de l'office en deniers. Défunt Bourlon est mort vêtu & saisi de trois offices ; pour la conservation & composition il a transmis une faculté, une action solidaire & indivise à ses enfans ses héritiers, au nom desquels leur tuteur a vendu & disposé desdits offices, en a reçu & retiré deux cents mille livres, qui sont le sujet de la contestation. Cette faculté transmise par le pere à ses enfans, de pouvoir vendre & composer de ses offices, étoit purement mobiliaire. L'office acquis pendant la communauté du mari & de la femme, n'entre point en la communauté, mais pour récompense l'on donne à la femme l'action de mi-denier, qui est purement mobiliaire, ainsi qu'il a été jugé par plusieurs arrêts. Par

plusieurs autres arrêts, principalement un au profit de M. le préfident le Coigneux, autre de Jacques Durand, autre du commissaire Gobelin, donnés en la grand'chambre en 1623, dans la succession du fils contestée entre le pere & les freres, telle action de mi-denier a été adjugée au pere, comme mobiliaire ; & par identité de raison, il faut que celle que défunt Bourlon a transmise à ses enfans, soit de pareille qualité mobiliaire & adjugée à l'appellante, aïeule du défunt, auquel cette action a été transmise par le décès de son pere. L'office de trésorier de la vénerie a été délaissé par le pere à Pierre Bourlon son fils aîné pour vingt-quatre mille livres, de laquelle il est débiteur envers ses freres. On ne peut pas dire que cette action ne soit mobiliaire, n'étant qu'une simple dette. L'office de contrôleur général des fermes a été acquis constant le mariage & la communauté, la mere a prédécédé : & tout de même que si l'un des enfans étoit décédé avant son pere, il lui auroit succédé en l'action de mi-denier; de même ayant survécu son pere, & étant décédé, l'aïeule a succédé à cette même action. L'office de contrôleur de l'artillerie a été acquis pendant la viduité du pere; mais ayant été vendu, les deniers procédans de cette vente sont purement mobiliaires, comme ils se partagent entre les créanciers à la contribution, parce qu'on les considere comme provenus d'un meuble, il en faut faire de même en successions. Les enfans n'ont été titulaires d'aucun des offices, mais ont seulement succédé aux deniers procédés de la composition. La femme douairiere ne peut prétendre aucune chose sur l'office ni sur les deniers provenus de la composition, tant qu'il y a d'autres biens. Il a ainsi été jugé contre la veuve de M. Fouquet conseiller au parlement, quoiqu'il n'y eut que 200 livres de rente outre l'office. Pour soutenir la sentence, il faudroit que les offices fussent perpétuellement censés & réputés immeubles, qu'ils fussent susceptibles d'hypotheques, que les femmes y eussent la moitié pour leur douaire. L'on objecte que si les rentes constituées à prix d'argent & échues à des enfans mineurs, sont rachetées pendant leur minorité, les deniers procédans du rachat sont censés & réputés de pareille nature & qualité que les rentes rachetées, c'est-à-dire immeubles. D'où l'on infere que les deniers procédans de la composition d'un office échu à un mineur, doivent être censés & réputés immeubles, comme l'office étoit réputé tel en la personne du titulaire. Mais il y a grande différence ; les rentes sont vrais immeubles ; lorsqu'elles sont vendues, les créanciers sont colloqués par priorité & postériorité d'hypotheque. Etant échues au mineur, il en est fait vrai seigneur & propriétaire : si elles sont venues du côté paternel, elles retournent aux héritiers paternels ; si du côté maternel, aux maternels. Le mineur ne peut valablement aliéner son immeuble, & peut néanmoins être contraint à recevoir le rachat des rentes dont un débiteur veut se décharger. Il n'est pas étrange que les deniers procédans du rachat des rentes soient de même nature & qualité que les rentes, pour obvier aux fraudes & inconvéniens qui en arriveroient. Il n'en est pas de même des offices, parce que le pere ne transmet l'office à ses enfans ; mais une simple action pour en composer, qui est purement mobiliaire. Que si quelqu'un par contrat de mariage ou autre, stipule une somme propre à lui & aux siens, telle stipulation n'a autre effet, que pour empêcher que cette somme n'entre en la communauté des mariés; mais si l'un des enfans auquel elle est échue vient à décéder, elle reprend sa premiere qualité, & est censée purement mobiliaire, comme il a été jugé par arrêt de 1627. *Mutatis personis, castrensia bona esse desierunt.* Et par ces moyens conclut au mal jugé, & que les deniers procédans de la composition desdits offices soient adjugés à l'aïeule appellante, conformément à l'*art.* 311 de la coutume de Paris, par lequel pere ou mere succedent à leurs enfans nés en loyal mariage, s'ils vont de vie à trépas sans hoirs de leurs corps, aux meubles, acquêts & conquêts immeubles; & en défaut d'eux, l'aïeul ou l'aïeule & autres ascendans. Me. Chamillart pour les intimés dit, qu'on voit souvent des enfans qui fe plaignent de ce que leurs peres n'ont pas tenu droite cette balance de l'équité, fe font laiffés emporter à une affection déréglée, & les ont exhérédés & dépouillés du bien qu'ils dévoient efpérer légitimement. Mais en cette caufe la plainte eft toute contraire & toute nouvelle. On voit une aïeule qui veut dépouiller fes petits-enfans de tout leur bien, & du bien acquis par le foin, la fueur & le travail de leur pere. La mere des intimés fa fille ayant été mariée avec leur pere, n'a eu en dot que quinze mille livres, & elle en prétend deux cents mille. Si ces prétentions avoient lieu, ce feroit véritablement exhéréder les intimés. Les offices, à bien parler, ne font meubles ni immeubles, mais une autre efpece de biens, qui néanmoins approche plus de l'immeuble que des meubles, *quorum vilis & abjecta poffeffio*, comme parle la loi. Les offices font relevés, ont dignité annexée. La loi 2. *C. De quali. præfcript.* fait numération de cinq efpeces de biens, *res mobiles, immobiles, fe moventes, in actionibus, aut quocumque jure conftitutæ*. Les offices font droits purement incorporels, qui prennent leur forme & caractere de la provifion du roi, τὰ ἐντελυκῆα, & font cenfés immeubles ʋποχρημοσιν. Toutes les raifons de l'appellante ne font que fubtilités. *Multa jure civili contra rationem difputandi pro utilitate communi recepta effe, innumerabilibus rebus probari poteft*, dit le jurifconfulte *in L. Ita vulneratus. Ad leg. Aquil.* On en peut autant dire des offices, qui pour l'utilité publique font perpétuellement réputés immeubles. L'arrêt d'Arnoux audiencier au châtelet, qui avoit acquis fon office conftant la communauté de 1598, par lequel la femme fut déboutée de fes prétentions pour la moitié. Celui de 1607, pour l'office de tréforier de la Grange, juge propre. Autre de 1618, par lequel jugé qu'un office acquis, conftant la communauté, n'entre point en une donation mutuelle de meubles & conquêts immeubles. La coutume de Paris pofe cette thefe, puifqu'elle répute les offices meubles en un feul cas, pour la diftribution des deniers qui procedent de la vente. Donc *in cæteris* elle les répute immeubles. Cette propofition que les offices font meubles, eft univerfellement véritable. Le don mutuel y a lieu pour en jouir par ufufruit en baillant caution, comme il a été jugé pour la veuve du juge du vicomté du Perche. Le douaire y a pareillement lieu. Etant cenfés immeubles, les deniers qui procedent de la vente ou compofition qui en eft faite au nom des mineurs, font de pareille nature & qualité, & doivent fe partager de même que les immeubles, ainfi qu'on fait aux rentes conftituées.

M. l'avocat général Bignon dit, qu'il eft néceffaire de commencer par l'arrêt du 22 février 1629, qu'on croit avoir jugé la queftion; mais pour la négative, la différence eft toute entiere. Dans cet arrêt il étoit queftion de droits domaniaux convertis en offices, & de favoir fi ces offices avoient un être permanent, étoient fujets aux coutumes des lieux où ils s'exerçoient; & en cette caufe il eft queftion de favoir fi les offices font meubles ou immeubles. Queftion difficile à décider en termes précis, parce que les offices ne font proprement meubles ni immeubles. Ne font meubles, τὰ φορά, comme les appelle Ariftote, qui peuvent être portés d'un lieu à l'autre; ce qui ne peut être entendu que de ce qui eft corporel. *Tangere vel tangi nifi corpus, nulla poteft res*. Les offices ne font immeubles, puifqu'ils ne font pas corporels, fuivant la décifion de la loi *A divo Pio. De re judic.* Les docteurs traitant des droits incorporels difent, que pour les réduire fous quelque titre, à quelque efpece de biens, il faut confidérer leur nature, la fource d'où ils procedent, parce que ces droits ne font qu'accidens moraux & politiques, détachés de leur fujet, duquel ils retiennent toujours la nature & la qualité, fuivant l'intention de la loi & des hommes qui les ont introduits. Le jurifconfulte Celfus parlant *de fervitutibus prædiorum*, dit que *funt prædia qualiter fe habentia, conditiones agrorum;* comme fi les fervitudes avoient un corps, & faifoient partie du fonds & de l'héritage. Pour arrêter nos efprits, & concevoir quels font ces droits incorpo-

rels, il leur faut donner certaines images. Barthole & Balde difent, que l'action pour les meubles eft 1629 meuble, & que l'action pour les immeubles eft immeuble. Les rentes & revenus annuels font pareillement immeubles, parce qu'ils font attachés à certaine terre, à certaine feigneurie, étant certain que le meuble de foi ne produit aucun fruit. Les offices n'étant meubles ni immeubles, mais droits incorporels, il faut voir fous quel titre, en quelle catégorie on peut les réduire. Pour les ranger fous celle des meubles; on dit de la part de l'appellante. *Primò*, que les offices font purement perfonnels, ne confiftent qu'au fimple miniftere & exercice de l'officier. *Secundò*, qu'ils font tellement à la perfonne du titulaire, qu'ils lui font rendus perpétuels, c'eft-à-dire, qu'il n'en peut être dépoffédé que par les voies ordinaires, fuivant la loi fondamentale du royaume vérifiée en parlement. *Tertiò*, par la vénalité & le droit annuel, qui eft une paction entre le roi & les officiers, par le moyen de laquelle on peut difpofer des offices, & transmettre fon droit à un autre. *Quartò*, par la forme & par l'origine. L'origine eft un pur néant, un rien, une ombre, *vacuum umbram avaritiæ laborantis*, véritablement une ombre. Comme l'ombre eft compofée d'un corps & du réjailliffement de la lumiere, de même l'office eft compofé d'un corps, qui eft l'office, & de la lumiere qui eft le fouverain; & comme l'ombre difparoît par la ceffation du corps ou de la lumiere, de même l'office s'éteint par le décès de l'officier ou par le défaut de la lumiere & de la volonté du prince. L'ordonnance ufe du mot de *revivre*, pour montrer que l'office s'éteint. La fiction eft fi grande, qu'on fait parler & contracter un homme mort qui fe démet de fa charge. La forme eft dépendante entiérement de la fonction, de l'adminiftration, ῤρrr τι ἡ πράξει, toute en l'exercice. Au droit romain il y avoit certaines milices qui paffoient aux héritiers & étoient confidérées comme immeubles & fufceptibles d'hypotheques. (Le meuble ne l'eft pas par la *nov.* 53.) Mais cet immeuble étoit un immeuble feint & d'artifice feulement. Après le décès du pere il n'y a plus d'office, il demeure éteint, ne paffe point en la perfonne de fes enfans, qui n'ont qu'une fimple faculté d'en compofer. Si l'office étoit un immeuble, l'aliénation en feroit prohibée au mineur, il faudroit venir à une difcuffion & vendre tous les meubles : ce qui ne s'obferve point : les deniers procédans de la vente d'un office fe partagent par contribution au fol la livre entre les créanciers. D'autre part, pour faire voir que les offices doivent être cenfés & réputés perpétuellement immeubles, on dit trois chofes principales. La premiere l'importance & la conféquence de la caufe : l'ambition des hommes, comme un mercure fubtil, dérobe la plupart de leur bien, le meilleur de leur fubftance s'évapore en l'air à l'achat des offices. Les réputer meubles, c'eft ruiner les familles & les meilleures maifons. La feconde, que quoique les offices ne foient réputés immeubles que par fiction, néanmoins c'eft une fiction que la cour a trouvée néceffaire pour la confervation des familles. Le droit eft rempli de fictions, *quod ufu exigente & humanis neceffitatibus introductum eft*, dit que l'empereur, ἐντὶδῶ aliquid, réfervée à la cour feule, τῷ ἀνάγκη, felon la néceffité du bien public, qui ne fut jamais fi grande qu'à préfent; & fi la cour a jugé que le douaire n'eft dû que fur les offices fubfidiairement, & à défaut d'autres biens, & trouvé à propos de prononcer l'arrêt en robes rouges en 1607, cette caufe n'étant pas de moindre conféquence, mérite bien le même νμρς Ἀἕα τῶ πλῶ, pour fervir de regle & de colonne. *Tertiò*, il n'eft point ici queftion d'un droit de réverfion, qui feroit favorable en la perfonne de l'aïeule; mais il s'agit de biens acquis au prix de la fueur & du fang du pere des intimés. Il feroit trop dur & déraifonnable qu'ils en fuffent dépouillés par leur aïeule, qui médite de les donner à d'autres enfans. Toutefois le droit immuable & les regles inviolables, il s'y faut attacher. On ne peut fe départir des maximes communes, & foutenir que les offices font immeubles, fans bleffer les droits du roi, dont le vrai patrimoine & le domaine confiſtent aux offices. L'office vacant par mort eſt un pur don du roi à la veuve & aux enfans, quand il leur eſt conſervé, & non pas le bien des créanciers. L'excès du prix où l'ambition les a portés, n'eſt aucunement confidérable. *Quit furor, ô cives, capiti ſupponere cenſus?* L'ambition déréglée cauſe ce déſordre, le plus & le moins n'y ſert de rien, & les quantités n'agiſſent point, mais les ſeules qualités. On ne peut confidérer en la ſucceſſion du petit fils les deniers procédés de la compoſition des offices dont eſt queſtion, que purement mobiliaires; autrement il faudroit introduire une double fiction contre l'expreſſe prohibition du droit. Et par ces raiſons adhere avec l'appellante.

LA COUR appointa la cauſe au conſeil; le lundi 5 mars 1629.

* Du Freſne s'eſt trompé au nom de l'aïeule, & Brodeau mieux inſtruit, *lett. O. ſomm.* 5. rapporte pluſieurs arrêts qui ont depuis décidé la queſtion & jugé que les deniers procédans de la compoſition de l'office du pere font immeubles en la ſucceſſion de l'enfant décédé mineur.

☞ *Vide* auſſi les nouvelles remarques de Me. du Rouſſeau de la Combe ſur Louet & Brodeau, *lett. O. ſomm.* 5.

CHAPITRE XXXI.

Veuve qui paye la taille dans ſa paroiſſe, ſe remariant au mois de février avant que le nouveau rôle ait été fait, ne doit plus être compriſe, ſi ſon mari la paye dans une autre paroiſſe; mais s'il étoit exempt, elle ſeroit encore cotiſable pour cette année.

LE vendredi ſuivant, en la cour des aides on plaida cette cauſe. Une femme veuve impoſée aux tailles, & compriſe aux rôles de la paroiſſe où elle demeuroit, s'étant remariée au mois de février de l'année 1628, elle fut compriſe au rôle des tailles, qui ne fut fait qu'au mois de mars. Elle s'oppoſa, & il fut dit par les élus, qu'elle s'étoit bien oppoſée, & qu'elle ſeroit rayée des rôles, dont les habitans leur interjetté appel, Me. le Noir dit pour eux, que s'étant domiciliée en la paroiſſe des appellans le 1 janvier 1628, l'intimée a été bien impoſée, parce qu'il eſt certain que la taille eſt due dès ce jour-là. Il a été ainſi jugé par un arrêt ſolemnel rendu quinze jours auparavant. Au-contraire Me. Roſée pour l'intimée dit, que s'étant mariée à un homme cotiſable, & de fait impoſé aux tailles dans une autre paroiſſe, elle n'a pu ni dû être compriſe aux rôles des appellans, puiſque lors du département des tailles elle étoit mariée & hors de la paroiſſe des appellans. L'arrêt allégué au-contraire a été donné contre un gentilhomme, qui avoit épouſé une roturiere impoſée aux tailles, & vouloit la faire rayer du rôle pour l'année de leur mariage fait au commencement; ce que la cour n'a trouvé raiſonnable, parce que la taille ſe feroit entièrement perdue, le mari étant exempt; mais celui de l'intimé étant impoſé, il n'y a pas d'apparence qu'elle puiſſe être impoſée ailleurs.

LA COUR ſur l'appel mit les parties hors de cour & de procès, ſans dépens. M. Chevalier premier préſident prononçant; ledit jour 9 mars 1629.

☞ Comme depuis ce tems, il y a eu pluſieurs déclarations relatives au tranſport de domicile, *vide* celles du 6 août 1683, regiſtrée en la cour des aides le 27 novembre de la même année; celle du 24 janvier 1687, regiſtrée le 8 février ſuivant, & celle du 17 février 1678, regiſtrée le 20 mars ſuivant, & pluſieurs autres rapportées dans les code & mémorial des tailles; mais comme toutes ces déclarations ont été mitigées, détruites, abrogées ou augmentées ſucceſſivement les unes par les autres, l'on doit s'attacher à obſerver principalement ce qui eſt preſcrit par la déclaration du 7 février 1768, que je crois devoir rapporter ici.

LOUIS, par la grace de Dieu, roi de France & de Navarre: à tous ceux qui ces préſentes lettres verront, SALUT. Par notre déclaration du 13 avril 1761, nous avons ordonné dans les articles III, IV & V l'exécution des précédens réglemens ſur le fait de la répartition de la taille, & nous avons fait connoître notre intention de faire ceſſer autant qu'il ſera poſſible l'arbitraire dans la confection des rôles; en conſéquence nous avons annoncé par notre déclaration du 21 novembre 1763 la confection d'un cadaſtre comme le moyen de remplir nos vues à cet égard; mais par le compte que nous nous ſommes fait rendre de la maniere dont les loix faites ſur cette matiere, tant par les rois nos prédéceſſeurs, que par nous, étoient exécutées dans différentes provinces & généralités de notre royaume, nous avons reconnu qu'un des plus grands obſtacles à leur exécution, conſiſtoit dans les différences qui y regnent par rapport à la maniere de procéder à la répartition & la confection des rôles, ainſi que dans les abus qui réſultent de la facilité accordée aux taillables par la déclaration du 17 février 1728, de ſe faire incorporer au lieu de leur domicile pour toutes leurs exploitations dans d'autres paroiſſes taillables: ce qui jette une obſcurité & une incertitude dans des opérations qui par leur nature & leur objet doivent au-contraire être ſimples, claires & uniformes; c'eſt dans la vue de parvenir dès le moment préſent à une répartition plus équitable, & dans la ſuite à une répartition certaine & toujours uniforme que nous avons preſcrit proviſoirement aux intendans & commiſſaires departis dans les généralités des pays d'élection, de procéder conformément & ſuivant les models que nous leur avons fait dreſſer, à la répartition de la taille, pour la préſente année 1768, en leur recommandant l'obſervation des réglemens, & d'enjoindre au commiſſaires qu'ils nommeroient, de s'y conformer. Nous avons eu la ſatisfaction de voir déja le ſuccès de cette méthode dans le petit nombre de paroiſſes de chaque élection où l'eſſai en a été fait. Et comme nous ne pouvons faire jouir trop tôt nos autres ſujets taillables du même avantage, nous nous empreſſons de donner à cette forme la publicité & l'authenticité néceſſaires pour en prouver la plus prompte exécution. Nous ne doutons pas que notre cour des aides & les ſieges inférieurs qui y reſſortiſſent, ne concourent avec zele à l'exécution de notre précédente déclaration, dont l'unique objet eſt de faire ceſſer l'arbitraire dans la répartition de la taille. A CES CAUSES & autres à ce nous mouvans, de l'avis de notre conſeil & de notre certaine ſcience, pleine puiſſance & autorité royale, nous avons dit, déclaré & ordonné, & par ces préſentes ſignées de notre main, diſons, déclarons & ordonnons, voulons & nous plaît ce qui ſuit:

ARTICLE PREMIER.

Conformément aux diſpoſitions de l'édit du mois d'août 1715 & de l'art. 4 de la déclaration du 13 avril 1761, qui ſeront exécutés ſelon leur forme & teneur, les ſieurs intendans & commiſſaires départis dans les provinces continueront de faire procéder en leur préſence ou en celle des officiers des élections ou autres qu'il plaira auxdits ſieurs intendans, commettre & ſubdéléguer à cet effet à la confection des rôles des tailles des villes, bourgs & paroiſſes taillables, dans leſquels ils le jugeront néceſſaire; en conſéquence leſdits ſieurs intendans & commiſſaires départis arrêteront chaque année un état des commiſſaires qu'ils auront nommés pour chaque élection, qui ſera dépoſé ſans frais au greffe de chacune, à la ſuite du département de la taille.

II. Ne pourront leſdits commiſſaires faire eux-mêmes les rôles en l'abſence des collecteurs & habitans dans la répartition de l'impoſition; & dans le cas où leſdits commiſſaires ne ſeroient pas de l'avis de la cote & qu'ils la croiroient injuſte, les collecteurs ſeront obligés d'inférer dans le rôle, à la marge de la cote, qu'elle a été faite contre l'avis du commiſſaire.

III.

III. Suivant l'article 16 de l'édit du mois de mars 1600, l'art. XLV de celui du mois de janvier 1634 & l'art. III de ladite déclaration du 13 avril 1761, les collecteurs seront tenus d'inférer dans leurs rôles à la marge de chaque cote, la condition du cotisé, ses biens & exploitations, tant en propre qu'à loyer & autres facultés, par article séparé, afin de reconnoître par la lecture du rôle si la cote aura été bien assise, & si les cotes de chaque rôle sont en proportion les unes avec les autres.

IV. Pour cet effet & pour parvenir à détruire les injustices & malversations & tout arbitraire dans la répartition de la taille & la confection des rôles, voulons qu'il soit tenu dans chaque paroisse en présence desdits commissaires une ou plusieurs assemblées générales d'habitans pour être fait un procès-verbal extrajudiciaire de l'état exact de la paroisse, lequel procès-verbal ne pourra être dressé & lesdites assemblées ne pourront être tenues que dans le territoire de la paroisse, à l'effet de quoi lesdits commissaires aux rôles seront tenus de s'y transporter.

V. Voulons que conformément à l'article 5 de ladite déclaration du 13 avril 1761, en vertu des ordonnances que lesdits sieurs commissaires départis auront rendues à cet effet, les syndics & autres officiers des villes, bourgs & paroisses taillables, ensemble les collecteurs qui seront nommés pour chaque année, même les habitans desdites paroisses, soient tenus de se présenter devant les commissaires qui auront été nommés, au jour, lieu & heures qui leur seront par eux indiqués, pour faire l'assiette, à l'effet par lesdits habitans de faire les déclarations exactes & sans fraude de leurs biens, faculté & industrie, qui seront insérés par les commissaires dans ledit procès-verbal, à peine, en cas de refus, de comparoître de la part des collecteurs, syndics & habitans, ou faute par lesdits habitans de donner leur déclaration eux-mêmes, ou par autres pour eux, comme aussi en cas de fausse déclaration d'être condamnés à l'amende, suivant l'exigence des cas, laquelle néanmoins ne pourra être plus forte que celle de 50 liv. & sera payée en vertu des ordonnances qui seront en ce cas rendues par lesdits sieurs intendans & commissaires départis, & qui seront exécutées par provision, jusqu'à la somme de 20 liv. seulement, nonobstant toutes oppositions, appellations ou empêchemens quelconques.

VI. Lesdits sieurs intendans & commissaires départis ou ceux qu'ils jugeront à propos de commettre & subdéléguer, prendront les connoissances les plus étendues sur la consistance du terrein de chaque paroisse, sur ses différentes cultures & productions, leur prix & leur valeur courante, sur le commerce & l'industrie de chaque habitant, & sur le bénéfice que chacun fait sur l'un & l'autre, sur la facilité & difficulté de l'exportation avec distinction de ce qui se consume sur le lieu, d'avec ce qui se vend & ce qui s'exporte; lesquels éclaircissemens, ainsi que la nature & la qualité des biens dépendans du territoire de la paroisse, seront insérés dans ledit procès-verbal qui sera signé du commissaire & des habitans de la paroisse, & y sera fait mention de ceux qui ne sauront pas signer, ainsi que de ceux qui auront été refusans, le tout afin de parvenir à proportionner la quotité de la taille, que la paroisse pourra porter en général, & de la portion de chaque contribuable en particulier.

VII. Notre intention étant de rendre à l'avenir la répartition de la taille sur les biens fonds certaine & irrévocable, autant que les circonstances pourront le permettre, nous voulons qu'il soit fait pour chaque fonds de terre, une taxe, laquelle sera supportée en entier par le propriétaire du fonds lorsqu'il le fera valoir, & concurremment par le propriétaire & le fermier, lorsque le fonds sera donné à terme ou à loyer, dans le cas où le propriétaire sera exempt, il ne sera point imposé.

VIII. Et pour établir autant qu'il sera possible des regles par rapport aux cotes d'industrie, voulons qu'après la cloture dudit procès-verbal ci-dessus ordonné, il soit formé trois classes : la premiere, composée des journaliers non possédans fonds, dont

on établira la taxe sur le pied que se paye la journée dans le pays, sans pouvoir néanmoins excéder deux cents journées de travail par année : la seconde, des commerçans & des artisans, dont la taxe pour leur industrie sera établie à la commune renommée de leurs concitoyens, sur le bénéfice qu'ils seront censés avoir fait pendant l'année dans leur commerce & dans leur métier : la troisieme, des fermiers & autres propriétaires ou possédans fonds, qui, indépendamment du produit de leurdit fonds, feroient un commerce séparé, en bestiaux, fourrage & grains de quelque nature que ce soit, autres toutefois que ceux provénans desdits fonds, lesquels seront taxés à part & séparément pour bénéfices qu'ils feront sur ces commerces particuliers.

IX. Des différentes taxes supportées par chaque particulier, soit pour raison de son industrie, soit à raison des fonds, il sera fait un total qui formera la cote de taille de chacun.

X. Lorsque par ces divisions on aura fixé la quotité de la taille des journaliers & des veuves qui n'ont aucun bien personnel, celle des commerçans & artisans, uniquement relative à leur commerce & à leur travail, & celle des fermiers ou propriétaires de fonds, aussi pour leur commerce particulier, voulons que ces différentes portions de taille soient réunies & ensuite déduites de la masse de la taille donnée à la paroisse, & que le surplus soit supporté par les fonds tenus en propre ou à loyer & réparti dans la plus juste égalité sur les différentes portions de fonds, & relativement à leurs qualités & à la valeur de leurs productions; de façon que ce surplus d'imposition ainsi départi sur les fonds, étant comparé à la masse du revenu de la location, ou à l'estimation des biens fonds, produise le taux des terres & celui des autres fonds de la paroisse.

XI. Les taux d'une paroisse de même élection seront comparés entre eux hors du département, & seront mis dans une juste proportion, relativement à la valeur du produit intrinseque du territoire de chacun, à l'effet de connoître les paroisses surchargées; ordonnons que celles qui se trouveront dans ce cas, seront diminuées successivement, jusqu'à ce qu'elles aient été réduites à leur taux, & que celles trop soulagées soient augmentées journellement, jusqu'à ce qu'elles portent une imposition juste & proportionnée.

XII. Ordonnons aux sieurs intendans & commissaires départis dans les provinces, de faire faire sur les procès-verbaux, contenant l'état de chaque paroisse, & les déclarations des biens & facultés, tenures & industrie de chaque habitant de chaque paroisse, des dépouillemens & extraits, à l'effet de former pour chaque élection de la généralité des tableaux exacts & détaillés de toutes les connoissances qui résulteront de ces procès-verbaux, & qui seront relatives aux paroisses des mêmes élections, pour former la base & le plumitif de chaque année & de chaque élection.

XIII. Le tableau pour chaque élection sera lu en plein département, & après la répartition de la taille de chaque année, il sera signé par le sieur intendant & commissaire départi, les trésoriers de France, commissaires pour la taille, les officiers des élections, les subdélégués & commissaires dudit sieur intendant, les receveurs des tailles, & par tous ceux qui assisteront au département.

XIV. Exceptons néanmoins des dispositions ci-dessus les villes où la taille est tariffiée.

XV. Voulons & nous plaît que l'article XLV du réglement du mois de janvier 1634, soit exécuté selon sa forme & teneur, ainsi que les articles XVI, XVII & XIX de l'édit du mois d'août 1715, en ce qui y est relatif; en conséquence voulons qu'à la fin du rôle des tailles de chaque paroisse, il soit mis un chapitre contenant les noms des ecclésiastiques, nobles, & autres exempts, s'il y en a dans la paroisse, avec la cause de leur exemption.

XVI. Afin que les collecteurs des paroisses, ainsi que les commissaires à la confection des rôles puissent exécuter tout ce qui est ordonné par ces présentes, pourront lesdits sieurs intendans & commis-

1629.

faires départis , dresser des instructions pour lesdits collecteurs & commissaires , conformément à notre présente déclaration,& aux réglemens antérieurs, en-régistrés en notre cour des aides,& leur fournir des modeles , le tout conformément aux dispositions ci-dessus.

XVII. Défendons expressément à toutes personnes de rien exiger ni recevoir des contribuables , sous prétexte de la confection des rôles d'offices , à peine de punition.

XVIII. Ordonnons que la déclaration du 16 août 1683 , & autres réglemens concernant la transaction des domiciles , continuent d'être exécutés selon leur forme & teneur : voulons en conséquence que les contribuables se conforment aux formalités qui y sont prescrites.

XIX. La permission qui a été accordée par la déclaration du 17 février 1728 aux contribuables, de se faire imposer dans le lieu de leur domicile pour des terres qu'ils tiennent sur d'autres paroisses de la même élection, ayant donné lieu à des abus & à des inconvéniens très-préjudiciables aux paroisses, nous avons révoqué & révoquons ladite déclaration du 17 février 1728 ; en conséquence ordonnons que les contribuables aux tailles qui font valoir dans plusieurs paroisses d'une même élection , seront imposés à la taille dans chacune desdites paroisses ; mais ils ne pourront être imposés pour raison de leurs cotes personnelles que dans la seule paroisse de leur domicile , & non dans celles où ils feront seulement des exploitations & commerce.

XX. Voulons au surplus que notre déclaration du 13 avril 1761 , & le réglement étant sous le contre-scel d'icelle , continuent d'être exécutés selon leur forme & teneur. Si DONNONS EN MANDEMENT à nos amés & féaux conseillers , les gens tenans notre cour des aides à Paris , que ces présentes ils aient à faire lire , publier & régistrer , & le contenu en icelles garder , observer & exécuter selon leur forme & teneur , nonobstant tous édits , déclarations , arrêts , réglemens & autres choses à ce contraires, auxquels nous avons dérogé & dérogeons par ces présentes , aux copies desquelles collationnées par l'un de nos amés & féaux conseillers secretaire , voulons que foi soit ajoutée comme à l'original. Car tel est notre plaisir ; en témoin de quoi nous avons fait mettre notre scel à cesdites présentes. Donné à Versailles le septieme jour de février l'an de grace mil sept cents soixante huit , & de notre regne le cinquante-troisieme. Signé , L O U I S. Par le roi , PHELIPEAUX. Vu au conseil , DE L'AVERDY.

Régistrées , oui & ce requérant le procureur général du roi , & du très-exprès commandement de sa majesté , plusieurs fois réitéré par les lettres de jussion du 13 août 1768 , par la réponse du 17 dudit mois aux premieres remontrances de la cour , & par sa réponse au jour d'hier aux itératives remontrances de la cour pour être exécutées selon leur forme & teneur ; que lesdites lettres patentes en forme de déclaration feront enrégistrées au greffe de la cour , pour être exécutées selon leur forme & teneur , à la charge qu'il ne pourra être induit de l'article premier , la nécessité que les rôles de chaque paroisse soient faits en présence d'un commissaire , & qu'il n'en sera nommé que rarement , & lorsque les cas particuliers l'exigeront ; que d'après l'intention dudit seigneur roi donnée à entendre par sa réponse du 17 août dernier , les impositions accessoires de la taille entre chaque contribuable de la même paroisse , & que les contestations nées & à naître , relatives à la répartition entre les contribuables de chaque paroisse , tant pour le principal de la taille , que pour toutes les impositions accessoires sous quelque dénomination que ce soit , continueront à être portées aux élections, & par appel en la cour. Qu'en conséquence de l'article II , les rôles de répartitions des paroisses continueront d'être faits librement par les collecteurs en leur ame & conscience , quoiqu'en présence d'un commissaire qui prendra leur son avis & en tiendra note pour le représenter en cas de contestation , soit en l'élection , soit en la cour , sans en changer le rôle ; qu'il ne pourra être fait qu'un seul procès-verbal extrajudiciaire pour chaque pa-

roisse , & que quand il aura été fait dans une année, il ne pourra être renouvellé les années suivantes; que les amendes ne pourront être prononcées que par le seul commissaire départi , & seulement contre les collecteurs , syndics & autres officiers des villes, bourgs & paroisses taillables , & qu'il n'en pourra être prononcé aucune par défaut de déclaration, ou pour déclarations prétendues fausses ; & que dans ce cas où il n'y en auroit aucune de prononcée , le montant d'icelle fera d'autant moins imposé sur la paroisse l'année suivante , sauf dans tous les cas l'appel en la cour , conformément à l'arrêt de la cour du 8 mai 1761 , portant enrégistrement de la déclaration du 13 avril précédent , le tout à peine de concussion contre ceux qui auroient perçu induement lesdites amendes , ou qui en auroient appliqué le montant à d'autres usages ; que les assemblées ne pourront être tenues que trois jours après l'annonce qui en aura été faite à la messe de paroisse , & que les procès-verbaux extrajudiciaires ne pourront en aucun cas nuire ni préjudicier à un tiers ; que les articles VII , VIII, IX & X de la présente déclaration feront exécutés conformément à l'article 3 de la déclaration du 13 avril 1761 ; en conséquence qu'il ne sera fait qu'une seule cote pour l'industrie de chaque contribuable ; que les propriétaires & fermiers ne pourront être taxés à l'industrie pour le commerce des bestiaux, denrées ou ustensils relatifs à la nature de leur exploitation , & sans que à la taxe d'industrie on puisse obliger les commerçans & artisans pour représenter leurs livres de commerce ; que conformément aux intentions dudit seigneur roi , données à entendre par le jour d'hier , les taxes d'industrie ne pourroient être arrêtées sur un pied plus fort , relativement à leur produit , que celles de biens fonds relativement à leurs revenus , & que la cote des biens fonds se partagera par moitié entre le propriétaire & le fermier , sans que le propriétaire puisse jamais y être assujetti que dans les cas prévus par les réglemens & notamment par l'arrêt d'enrégistrement du premier du présent mois de septembre , de l'édit du mois de juillet 1766 ; qu'en conséquence des articles XI & XII , il ne pourra être rien innové à ce qui est prescrit par les anciens réglemens , & à l'usage anciennement établi , suivant lequel les commissaires départis doivent se transporter aux sieges des élections, s'y faire représenter les procès-verbaux de chevauchées des officiers des élections , y faire avec eux la répartition des impositions sur les paroisses , leur demander leur avis même sur la répartition des diminutions , & procéder avec eux aux autres opérations relatives aux départemens , sans que lesdits officiers des élections puissent y procéder d'ailleurs ; que les collecteurs ne seront tenus , conformément aux anciens réglemens , que de comprendre dans un chapitre séparé les noms des ecclesiastiques , nobles & privilégiés , sans qu'ils puissent être obligés d'y énoncer , ni détailler les biens desdits ecclesiastiques , nobles & privilégiés ; que les instructions des commissaires départis feront déposées sans frais au greffe des élections; qu'elles ne pourront être exécutées qu'après que le dépôt aura été effectué , & que dans le cas où lesdites instructions se trouveroient contraires aux loix enrégistrées en la cour , ou aux arrêts d'enrégistrement d'icelles , ou en excéderoient les dispositions , il y sera pourvu par la cour, suivant l'exigence des cas , sur les avis qui en seront donnés par le procureur général du roi , auquel la cour enjoint ainsi qu'à ses substituts ès sieges des élections , d'y veiller & d'en informer la cour; qu'il ne pourra rien être exigé ni reçu par les commissions aux rôles de leurs commis ou écrivains , soit des contribuables , soit des collecteurs , même sous prétexte de copies des rôles , à peine de concussion , conformément à l'arrêt d'enrégistrement de la déclaration du 13 avril 1761 , & que les collecteurs auront la liberté de faire copier leurs rôles par qui bon leur semblera , suivant les anciens réglemens ; que conformément aux intentions dudit seigneur roi , données à entendre par sa réponse dudit jour d'hier , sur l'article XIX de la présente déclaration, la déclaration du 17 février 1728 continuera d'être exécutée selon sa forme & teneur ; & en couféquence, que l'impofition des hors tenans continuera d'être faite dans le lieu de leur domicile, même pour les terres qu'ils tiennent dans d'autres paroiffes de la même élection, & ce jufqu'à ce qu'il ait plu au roi d'en ordonner autrement dans la forme ordinaire; enjoint au procureur général du roi & à fes fubftituts dans les différens fieges des élections du reffort de la cour, de veiller exactement à l'exécution de toutes les difpofitions du préfent arrêt, & d'informer la cour fur le champ des contraventions ; & ordonne que copies collationnées de ladite déclaration, enfemble du préfent arrêt, feront imprimées, publiées, affichées & envoyées ès fieges des élections du reffort de la cour, pour y être publiées & regiftrées, l'audience tenant. Enjoint au fubftitut du procureur général du roi efdits fieges, d'y tenir la main, chacun en droit foi, & de certifier la cour de leurs diligences au mois. Donné à Paris en la cour des aides, les chambres affemblées, le cinq feptembre mil fept cents foixante huit. Collationné.

Signé, OUTREQUIN.

Nota. Il y a un arrêt de réglement de la cour des aides du 7 feptembre 1770, qui renferme toutes les modifications portées dans l'enrégiftrement ci-deffus.

CHAPITRE XXXII.

Union d'une cure à une abbaye de religieufes, qui en avoit la préfentation, eft abufive.

LA cure de faint Aubin au diocefe de Troyes eft voifine & dépend de la préfentation de l'abbeffe, religieufes & couvent du Paraclet au même diocefe. En l'année 1622 Me. Pierre Angenous pourvu de ladite cure s'en démit & départit au profit defdites abbeffe, religieufes & couvent, de tout le droit qu'il pouvoit avoir en ladite cure, & prêta confentement à ce que lefdites abbeffe & religieufes en puffent pourfuivre & obtenir l'union à leur abbaye & couvent. En fuite de la démiffion & confentement, elles préfentent requête à monfieur l'évêque de Troyes, à ce qu'attendu les grands procès qu'elles ont avec le curé de faint Aubin touchant la levée & perception des dîmes, & afin que le fervice divin foit mieux célébré en ladite abbaye, il lui plaife d'unir & annexer ladite cure de faint Aubin à leur abbaye & couvent du Paraclet. Sur quoi M. l'évêque de Troyes, fans autre information ni connoiffance de caufe, unit & annexe ladite cure de faint Aubin à ladite abbaye & couvent du Paraclet, à la charge que l'abbeffe, religieufes & couvent feront tenues d'y commettre & pourvoir un vicaire perpétuel, idoine & capable, auquel elles feront tenues de payer trois cents livres de penfion annuelle. En exécution de cette union ainfi faite, elles donnent des provifions à Me. Richard de Cancerneux, lors leur domeftique & confeffeur, de cette vicairerie perpétuelle de faint Aubin, lequel après en avoir joui cinq ans, fe fait pourvoir à Rome de la cure de faint Aubin vacante par le décès du réfignant d'Angenous, *aut alio quovis modo vacet*; & en vertu de fes provifions, en prend poffeffion. Les abbeffe, religieufes & couvent du Paraclet forment complainte pardevant le bailli de Troyes ou fon lieutenant général, & pour leur maintenue en la poffeffion de ladite cure communiquent & emploient l'union de ladite cure faite à leur abbaye par M. l'évêque de Troyes. Ledit Cancerneux en interjette appel comme d'abus; pour lequel Me. Maffac dit, que l'union de la cure de faint Aubin à l'abbaye & couvent du Paraclet faite par M. l'évêque de Troyes eft entièrement abufive par plufieurs moyens. Le premier, parce que le concile de Conftance conforme au concile de Trente, défend aux évêques d'unir des cures aux monafteres, principalement aux monafteres de filles, incapables de pouvoir aucunement deffervir des bénéfices qui ont charge d'ames. Le fecond moyen d'abus eft, en ce que l'abbeffe, religieufes & couvent du Paraclet étant patrones & préfentatrices de la cure de faint Aubin, elles n'ont pu en

procurer l'union à l'abbaye; parce que le concile de Valence & la Clem. 51. *De reb. eccl. non alien.* il eft expreffément défendu à l'évêque d'unir à fa menfe ou de fon chapitre, autrement il pourroit unir tous les meilleurs bénéfices, cherchant fon intérêt & fon utilité propre. Il lui eft pareillement défendu d'unir, même de conférer, *fpreto patrono :* donc d'unir au profit & utilité du patron, puifqu'il prêteroit fon confentement pour fon utilité particuliere, *& auctor fieret in rem propriam.* Le troifieme moyen d'abus eft, en ce qu'on a fait cette union fans aucune néceffité ni utilité, qui feules donnent lieu & pouvoir licite d'unir & d'annexer un bénéfice à l'autre, *cap. Unio.* 16. *q.* 1. quand ils font de trop petit revenu, comme quand on a uni l'évêché de Die à celui de Valence, l'évêché de Terouenné à celui de Bologne. Le quatrieme moyen d'abus, en ce qu'on n'a gardé ni obfervé aucunes formalités ni folemnités, qu'on n'a fait aucune enquête *fuper commodo aut incommodo* de cette union : ce qui eft entièrement néceffaire, fuivant l'opinion de Rebuffe au traité *De union.* Le cinquieme moyen d'abus eft, en ce que M. l'évêque de Troyes n'a pas demandé l'avis du chapitre de fon églife cathédrale fur cette union, ce qu'il étoit tenu de faire, *Clement. Ne in agro. & cap. Quia nuper. De his quæ fiunt à præl. fine conf. capit. & can. Paftoralis.* 16. *q.* 2 ; & l'ordonnance de Blois *art.* 23, qui défend d'unir des bénéfices fans le confentement des chapitres & des patrons dont ils dépendent. Le fixieme moyen d'abus fe prend de l'ordonnance d'Orléans *art.* 16, & de Moulins *art.* 22, qui permettent bien aux évêques d'unir deux cures, quand elles font de fi petit revenu, qu'une n'eft pas fuffifante pour nourrir & entretenir le curé ; mais d'unir une cure de bon & fuffifant revenu à un monaftere de dix mille livres de revenu, cela n'a aucune apparence. Le feptieme & dernier moyen d'abus eft, en ce qu'on n'a point demandé le confentement du roi, qui eft le protecteur, le patron & fondateur univerfel de toutes les églifes de fon royaume. Chopin *De facra politia*, rapporte deux arrêts, par lefquels femblables unions ont été déclarées abufives : l'un contre le chapitre de faint Germain l'Auxerrois, auquel on avoit uni la cure de faint Sauveur : l'autre contre le chapitre de Limeges, auquel on avoit uni la cure de Belon. Et par ces moyens conclut à fon appel comme d'abus, & à ce que fa partie foit maintenue & gardée en la poffeffion & jouiffance de ladite cure de faint Aubin. Me. Doublet pour les abbeffe, religieufes & couvent du Paraclet intimées dit, que l'appellant comme d'abus ne peut aucunement s'excufer d'ingratitude & même de perfidie envers les intimées. Il a été long-tems leur confeffeur & domeftique, & a géré & procuré tout ce qui s'eft fait touchant cette union ; & il tâche maintenant de la détruire par une infidélité infupportable, même puniffable. Il eft non-recevable en fon appel comme d'abus, en ce qu'il a lui-même exécuté l'union, a été nommé vicaire perpétuel par les intimées, auquel il a fervi cinq ans, après lefquels ayant été mis hors du couvent des intimées, il a penfé s'élever plus haut, & pouvoir fe rendre curé de faint Aubin par les provifions qu'il a obtenues en cour de Rome, & par fes prétendus moyens d'abus nullement confidérables. Car quant au premier, la notoriété eft toute évidente, qu'il y a plufieurs cures unies & annexées aux couvens & monafteres d'hommes & de filles. Au fecond, il y a bien de la différence d'unir à la menfe épifcopale, ou au chapitre, à caufe de l'autorité & fupériorité de l'évêque, qui a pouvoir abfolu, & en ce cas *fibi adfcribit.* Au troifieme, la néceffité étoit manifefte par les procès qui ont de long-tems été entre les intimées & les prédéceffeurs de l'appellant. Cette union étoit plutôt une réunion, *res formæ fuæ redditur. Ab antiquo* cette union avoit été. Au quatrieme, le décret de l'union porte, que les formalités & toutes les folemnités ont été gardées. Au cinquieme, il n'eft aucunement néceffaire à l'évêque de prendre l'avis de fon chapitre pour procéder aux unions des bénéfices qui n'en dépendent point : cet avis n'eft bon que pour les affaires du chapitre.

1629.

Au fixieme moyen, l'ordonnance enjoint l'union, mais ne la prohibe pas. Au dernier, le confentement du roi n'eft nullement néceffaire, les arrêts rapportés pour prouver l'abus n'ont point d'application, & font très-différens. Le même Chopin *De facra politia*, remarque qu'il y a plufieurs cures & autres bénéfices unis aux monafteres & aux chapitres, même aux dignités des chapitres. Et par ces moyens foutient qu'il n'y a point d'abus en l'union, & que l'appellaut eft non-recevable. Me. Coffin pour Angenous intervenant & demandeur en requête, à ce qu'au cas que l'union foit déclarée nulle & abufive, il lui foit permis de rentrer en la cure de faint Aubin, qu'il à réfignée aux intimées *ad effectum unionis* à leur couvent & monaftere, dit que la réfiguation de la cure de faint Aubin faite par Me. Pierre Angenous abbeffe, couvent & religieufes du Paraclet, ayant été faite *ad effectum unionis* de ladite cure à l'abbaye & couvent des intimées, *& non aliter, nec aliàs*; il n'y a point de doute, que cette union ne fubfifte, & fi elle eft déclarée nulle & abufive, comme prétend l'appellant, l'intervenant ne doive rentrer en la poffeffion & jouiffance de fon bénéfice *non per viam regreffus* perpétuellement prohibé aux bénéfices, *fed causâ non fecutâ, conditione non impletâ*. L'union a été la caufe finale de la démiffion & de la réfiguation; ne fortiffant fon effet, c'eft tout de même que fi elle n'avoit point été faite. *Idem eft non fieri, & rectè non fieri, non dicitur verfum, nifi duret verfum*. Suivant ces maximes, il a été jugé par plufieurs arrêts, que quand l'un des compermutans leurs bénéfices eft évincé, il peut rentrer en la poffeffion de celui qu'il a donné en permutation.

M. l'avocat général Talon dit, qu'il n'y a point de doute que la puiffance légitime d'un évêque ne s'étende à la faculté & pouvoir d'unir & annexer un bénéfice à un autre, quand c'eft le bien commun de l'églife, des bénéfices unis, & l'augmentation du fervice divin. Pour le reconnoître, il faut y procéder par mûre délibération, avec exacte connoiffance de caufe: ce qui n'a été aucunement obfervé en l'union dont eft queftion, faite par M. l'évêque de Troyes étant à Paris, hors de fon diocefe, fans caufe, néceffité, ni utilité. Il n'y a eu aucuns procès entre les intimées & les prédéceffeurs curés de St. Aubin; on n'a dû unir une cure à un couvent, à une abbaye de filles. Il falloit ouir les paroiffiens pour favoir leur avis, ce qui n'a été fait: les intimées étoient patrones & préfentatrices de la cure unie, ainfi elles ont donné confentement en leur caufe propre, & prêté autorité pour leur utilité; ce qui ne fe peut. La cure de Doué ayant été unie à l'évêché de Dreux, la cour déclara cette union nulle. Il n'y a point de difficulté d'en faire le même en cette caufe; néanmoins l'appellant ne doit gagner la caufe pour cela, parce qu'il eft indigne du bénéfice, pour la perfidie infigne dont il a ufé envers les intimées, ayant géré & procuré cette union, figné tous les actes en qualité de leur procureur & domeftique, l'ayant exécutée par l'acceptation de la charge de vicaire perpétuel, & puis révélant leur fecret, les a trahies & abandonnées, s'étant pourvu en cour de Rome pour tâcher de renverfer ce qu'il avoit conftruit & établi. Néanmoins cette incapacité ne couvrant point l'abus, il fupplie la cour de le recevoir appellant comme d'abus de ladite union pour M. le procureur général du roi; & ce faifant, déclarer le bénéfice vacant & impétrable, & ordonner qu'il y fera pourvu par l'ordinaire *rectà*, privant *pro ifta vice* les intimées de leur droit de préfentation, parce que Angenous leur prête feulement fon nom, & n'eft recevable à rentrer en fon bénéfice, s'en étant démis, & l'ayant abandonné purement & entièrement.

LA COUR reçut M. le procureur général appellant comme d'abus de l'union de ladite cure de St. Aubin à l'abbaye & couvent du Paraclet; faifant droit fur fon appel, enfemble fur celui de la partie de Me. Maffac, dit qu'il avoit été mal, nullement & abufivement uni, procédé, ordonné & exécuté; fans avoir égard à la requête d'Ange-

nous intervenant, déclara le bénéfice vacant & impétrable; ordonna qu'il y feroit pourvu par M. l'évêque de Troyes ordinaire, à la préfentation néanmoins des abbeffe & religieufes du Paraclet intimées; le 12 mars 1629.

CHAPITRE XXXIII.

Adjudicataire par décret, même forcé, n'eft tenu de configner, fi tous les oppofans qu'il a payés, fe départent de leur oppofition; & il ne doit aucuns droits au receveur des confignations.

LE vendredi 15 mars à l'audience de relevée, on plaida la caufe du receveur des confignations d'Angers, appellant de la fentence du fenéchal d'Anjou ou fon lieutenant, par laquelle informant la fentence du prévôt de la même ville, qui avoit condamné l'adjudicataire de certains fonds & héritages vendus & adjugés par décret pour le prix & fomme de fix mille livres, à payer au receveur appellant la fomme de cent cinquante livres pour les droits de confignation; ledit bailli ou fon lieutenant général fur la demande du payement des droits de confignation de ladite fomme de fix mille livres faire par le receveur des confignations à l'adjudicataire, avoit mis les parties hors de cour & de procès, fans dépens. Me. Brodeau foutenoit qu'il avoit été mal jugé, & pour moyens difoit, qu'en ce qui concerne les droits de confignation dus à caufe des ventes & adjudications par décret, il faut faire diftinction. Quant aux décrets volontaires faits en exécution des contrats de vente paffés entre les parties, tels décrets n'ayant autre but & deffein que de purger les hypotheques, & s'interpofant à l'effet feulement de rendre l'acquéreur certain & affuré en fon acquifition, s'il n'y a aucuns intervenans & oppofans qui aient intérêt à ce que le prix de l'acquifition & de l'adjudication foit configné & mis ès mains du receveur des confignations; il eft certain que les droits de confignation ne font point dus pour raifon de telles adjudications, la confignation n'étant nullement néceffaire. Mais à l'égard des autres ventes & adjudications par décret néceffaires, qui fe font fans aucun contrat de vente précédent, mais qui commencent par faifie réelle & criées des fonds & héritages, à la requête d'un créancier légitime du propriétaire, qui ne pouvant autrement retirer payement de fa dette, eft contraint de faire procéder par faifie & criées fur les biens immeubles de fon débiteur, & d'en pourfuivre la vente & adjudication par décret; pour telles ventes & adjudications par décret néceffaires, forcées & contraintes, les droits de confignation du prix de l'adjudication font dus au receveur des confignations quoiqu'il n'y ait aucuns oppofans, mais le feul faififfant & pourfuivant criées, & l'adjudicataire. C'eft la diftinction faite & apportée en cette matiere par la difpofition des arrêts. En la vente & adjudication par décret il y a eu plufieurs oppofans, même qui ont perfifté en leurs oppofitions jufques au jour de l'adjudication, & néanmoins s'en font défiftés par les prieres de l'intimé, qui les a fatisfaits. Me. Guehery pour l'intimé dit, que les fonds & héritages vendus & adjugés par décret ayant été faifis fur le défunt pere de l'intimé à la requête de l'un de fes créanciers, l'intimé a pris ceffion & tranfport de la dette dudit créancier, & s'eft fait fubroger en fon lieu pour la pourfuite des criées, plutôt pour purger les hypotheques, & fe pouvoir affurer en la poffeffion de fon bien paternel, que pour autre fin; auffi que tous les oppofans à fin d'hypotheque fe font défiftés de leur oppofition, & par cette confidération le jugequi a procédé à l'adjudication par décret, l'a déchargé de la confignation du prix de l'adjudication. Il n'y a point d'appel de cette fentence, & les prétentions de l'appellant n'ont point d'apparence. Les maximes rapportées par l'appellant, & la diftinction des décrets volontaires, ou néceffaires, eft véritable; néanmoins il faut qu'il y ait des oppo-

fans

fans au dernier cas, & que la configuation du prix de l'adjudication foit néceffaire; autrement on ne doit aucuns droits au *receveur des configations.*

LA COUR mit l'appellation au néant; ordonna que la fentence dont étoit appel , fortiroit fon plein & entier effet; & condamna l'appellant aux dépens; ledit jour 16 mars 1629, de relevé.

☞ Depuis cet arrêt il y a eu différentes déclarations rendues en avril 1630, décembre 1633 , mars 1646, 29 février 1648 , 13 juillet 1659 , juin 1685 , février 1687 & 7 août 1748 , qu'il eft bon d'examiner, & entr'autres l'article 12 de la déclaration du mois de février 1689, qui porte une difpofition conforme à ce qui a été jugé par l'arrêt. *Tous adjudicataires (eft-il dit) d'immeubles, offices, droits, & autres biens tenant nature d'immeubles, vendus, tant par décret que par arrêt ou jugement, feront contraints, comme dépofitaires de biens de juflice, d'en configner le prix entre les mains des receveurs des configations, après l'adjudication ou le jugement, & de leur payer leurs droit de confignation, à raifon de douze deniers par livre, fi ce n'eft qu'au tems de l'adjudication ou vente, il n'y ait aucune oppofition ou faifie, ou qu'il y ait une main-levée pure & fimple, fans autres conditions que de fe pourvoir fur les autres biens du faifi.*

CHAPITRE XXXIV.

Enfant de fept à huit ans n'eft capable de délit, & le pere ne peut être condamné aux dommages, intérêts.

PIerre Bray, pauvre enfant orphelin, natif de la ville de Paris , âgé de huit ans feulement, fe jouant avec autres enfans de fon âge, reçut un coup de pierre, duquel il perdit l'œil, qui lui lui reftoit, ayant perdu l'autre par la petite vérole. Son tuteur en fit plainte pardevant le prévôt de Paris , & foutint que Jean Bois, fils de Pierre Bois, avoit jetté la pierre, de laquelle Bray avoit été frappé , & perdu l'œil qui lui reftoit. Le prévôt de Paris condamna Jean & Pierre Bois pere & fils folidairement à payer quinze livres de penfion annuelle à Pierre Bray fa vie durant, dont du Bois pere interjetta appel, tant pour lui que pour fon fils, pour lefquels Me. le Feron fils dit, qu'il a été mal jugé tant à l'égard du pere que du fils. Quant au fils, il n'eft pas conftant que ce foit lui qui ait jetté la pierre : ce qui étoit néceffaire pour affeoir une condamnation contre lui. *Secundò* , quand ce fait feroit fuffifamment prouvé , néanmoins Jean Bois n'étant âgé que de fept à huit ans , ainfi qu'il paroît par l'extrait du regiftre baptiftaire, il n'y a eu aucune apparence de le condamner. L'imbécillité & l'innocence de fon âge, exempt de tout foupçon de malice, le met à couvert de cette accufation & de la peine qu'il en auroit pu encourir dans un âge d'une parfaite puberté. La difpofition du droit eft vulgaire pour cela. *Infans fi hominem occiderit, Lege Corneliâ non tenetur : eum enim innocentia confilii tuetur ,* dit le jurifconfulte , in L. Infans. Ad Leg. Cornel. *De ficariis.* Et la raifon en eft rendue par un autre jurifconfulte en la loi dernière *De fideicomm. libert. In parvulis enim nulla deprehenditur culpa.* Le dol , la malice & la coulpe n'ont point encore de pouvoir fur ces efprits tendres , la feule innocence y préfide & les gouverne. *Tertiò* , ce coup de pierre eft un accident , un malheur , une fatalité. Quand une perfonne âgée de vingt , même de vingt-cinq ans , auroit jetté la pierre , on ne diroit pas qu'elle eût eu deffein de crever l'œil à l'intimé , parce que quand elle auroit eu cette finiftre intention, l'effet & l'événement ne dépendoient pas d'elle , mais de la feule fatalité & de l'accident , dont la loi nous excufe , & nous libere perpétuellement. *Cafus fortuitos nemo præftare tenetur.* *Quartò* , la cour l'a aufli jugé par plufieurs arrêts notoires , même par un de 1625. Quant au pere , la fentence eft in-

Tome I.

foutenable à fon égard , même quand le fils fe trouveroit coupable , le délit étant tellement attaché à la perfonne du délinquant, qu'il n'infecte & ne punit que celle-là. *Peccata fuos tantum teneant auctores, nec ulterius progrediatur pœna , quàm inveniatur delictum ,* dit l'empereur. Il n'y a aucune loi ni conftitution qui rende le pere refponfable du délit de fon enfant; au-contraire le droit le prohibe , tot. Tit. Cod. Ne filius pro patre , vel pater pro filio emancip. conven. Me. Coignet pour Pierre Bray & fon tuteur dit, que l'intimé feroit affez heureux , fi fa mauvaife fortune lui avoit feulement donné des larmes pour pleurer fon malheur, qui eft extrême dans une cécité perpétuelle, en laquelle il eft réduit par le fait & la faute de l'appellant. Il ne s'agit pas d'impofer une peine & punition corporelle , telle que le mérite le délinquant , & que la loi prefcrit la loi. L'imbécillité de fon âge l'exempte de cette peine , & les loix qu'on allegue , n'ont point d'autre explication que celle-là : encore faut-il que les enfans foient entièrement exempts de dol , malice & de coulpe ; autrement on les peut punir. Ces graves juges de l'aréopage en ont montré l'exemple dans la punition de ces enfans qui n'avoient fait autre mal que d'avoir crevé les yeux à des corneilles ; & de ceux qui avoient mis un cordeau au col de la ftatue de Diane : parce que ces actions procédoient d'une pure malice , & démoroient déja la connoître que ces enfans feroient un jour pernicieux à leur république. Mais que ces enfans exempts de dol & de malice , puiffent être exemptés & abfous des dommages & intérêts légitimement dus à celui qu'ils ont offenfé , de la peine pécuniaire , cela n'a jamais été contefté ; & le pere de l'enfant encore impubere , eft même refponfable de ces dépens , dommages & intérêts. Me. René Chopin *De privileg. ruftic.* en rapporte un arrêt de 1572. Et en 1522 , il en a été donné un autre femblable en la chambre de l'édit. L'intimé eft un pauvre orphelin fans pere , mere , ni biens , même fans parens : celui qui l'affifte en la caufe l'a retiré par charité : la fomme de quinze livres de penfion que le prévôt de Paris lui a adjugée , n'eft pas fuffifante pour le nourrir deux mois , & il a été le plus grevé en cette fentence , de laquelle il fupplie la cour de le recevoir appellant , & le tenir pour bien relevé.

LA COUR reçut Me. Coignet appellant de la fentence , le tint pour bien relevé ; faifant droit fur cet appel , enfemble fur celui de la partie de Me. le Feron , mit l'appellation & fentence de laquelle étoit appel , au néant ; en émendant & corrigeant , mit les parties hors de cour & de procès , fans dépens : néanmoins M. le préfident dit , que pour la nourriture de l'enfant intimé , la cour y pourvoiroit ; le lundi 19 mars 1629.

* L'arrêt conforme du 9 juin 1625 , eft au *liv. 2. chap. 46 de ce recueil.*

☞ *Vide* l'addition au chap. 9 du livre premier.

CHAPITRE XXXV.

Tréforiers de France n'ont jurifdiction contentieufe.

EN la même audience fut jugé , que les tréforiers de France n'ont aucune jurifdiction contentieufe. L'appel étoit de fentence des tréforiers de la généralité de Paris , par laquelle ils avoient condamné un acquéreur de certaine maifon fife à Paris , mouvante de la cenfive du roi , à payer les droits de lods & ventes à un valet de chambre du roi , donataire defdits lods & ventes , & avoient déclaré nuls tous les actes d'enfaifinement qui fe feroient ailleurs pardevant eux. Me. Defita pour l'acquéreur appellant difoit , que la fentence étoit nulle par le défaut de puiffance ; & au principal , que l'appellant avoit compofé avec le fermier des lods & ventes , dont il avoit la quittance. Me. Fremin pour l'intimé donataire du roi dit , que c'eft plûtôt une ordonnance qu'une fentence ; au principal , le fermier n'ayant que la moitié aux lods

R r r

1629.

& ventes, le roi s'en étant réservé l'autre moitié pour en gratifier qui bon lui sembleroit ; le fermier n'a pu au préjudice du donataire du roi, faire aucune compofition fous écriture privée ; c'eft une fraude, une intelligence.

M. l'avocat général Talon dit, que la nullité de la fentence eft notoire, puifque les tréforiers n'ont aucune cour ni jurifdiction contentieufe ; au principal, la quittance du fermier fous une fimple écriture privée n'eft pas un acte d'enfaifinement, tel que le requiert la coutume, foit à caufe du retrait lignager, ou autrement : il faut que cet acte d'enfaifinement foit fait en jugement, ou pardevant perfonne publique ; autrement il eft nul.

LA COUR dit qu'il avoit été mal & nullement procédé & ordonné ; fit défenfes aux tréforiers de prendre aucune cour, connoiffance ni jurifdiction contentieufe, à peine de nullité ; caffa & révoqua tout ce qui avoit été fait ; néanmoins condamna l'appellant à payer la moitié des lods & ventes, avec défenfes aux acquéreurs de faire les actes d'enfaifinement ailleurs que pardevant les tréforiers de France, à peine de nullité.

CHAPITRE XXXVI.

Enfant expofé doit être nourri aux dépens du haut-juftitier.

Le procureur d'office du moyen & bas-juftitier ne peut prendre qualité de procureur fifcal.

UN petit enfant ayant été expofé dans une place publique au Bourg de Champagne, dont la haute-juftice appartient à Me. Jacques Jaffaut, comme engagifte du domaine du roi, & la juftice moyenne & baffe appartient aux prieure, religieufes & couvent de Pontoife ; les officiers de la juftice defdites religieufes firent lever cet enfant expofé, & le mirent en nourrice, & pour le payement de fa penfion & alimens firent inftance audit Jaffaut pardevant MM. des requêtes du palais, aux fins de fe voir condamner comme haut-juftitier au payement de la penfion, nourriture & alimens de cet enfant expofé. Il y eft condamné par provifion, dont appel, & commiffion de la cour, à ce que défenfes foient faites au procureur des religieufes de prendre la qualité de procureur fifcal, mais celle fimplement de procureur d'office. Me. Cardinet pour l'appellant dit, qu'encore qu'il foit haut-juftitier du Bourg de Champagne, où l'enfant a été expofé & trouvé, néanmoins il n'eft point obligé à la nourriture. Les hôpitaux & hôtels-Dieu font établis & deftinés pour cela, & appellés pour cette raifon, βρεφοτρεφεια, & ceux qui en ont le foin, βρεφοτρεφοι, mis en même catégorie que les évêques & autres eccléfiaftiques, *Cod. De Epif. Cleric.* orphanotr. xenodoch. brepotrophis, *qui infantes recentefque à partu expofitos alunt.* Et pour cet effet il y a des revenus deftinés, *L. 19 & 22. C. De facrof. Ecclef.* Et comme il n'y a point de plus grand crime que d'expofer ces pauvres petites créatures, *crimen à fenfu humano alienum, & quod ne ab ullis quidem barbaris admittit credibile eft,* comme parle l'empereur *in Nov.* 153. auffi n'y a-t-il point de charité plus grande. L'hôpital de Pontoife où les intimées préfident & adminiftrent, eft fort proche, où ce petit enfant devoit être reçu, fi les intimées ne l'en chaffoient contre toute juftice & équité. Quant à la qualité de procureur fifcal, elle ne peut appartenir au procureur des intimées, puifqu'elles n'ont point de fifc, point de haute-juftice, à laquelle feule appartiennent les confifcations, & non à un bas ou moyen juftitier, telles que les intimées. Et conclut à l'évocation du principal, ayant préfenté requête à ce que l'appellant foit abfous des fins & conclufions des intimées, & que défenfes foient faites au procureur des intimées, de prendre qualité de procureur fifcal, mais fimplement celle de procureur d'office. Me. Tronçou

fils dit, que l'appellant étant haut-juftitier du Bourg de Champagne, où l'enfant a été expofé, trouvé & levé, il eft par conféquent tenu de lui fournir nourriture & alimens, par la regle commune : Qui fentit commodum, fentiat & onus. Au haut-juftitier appartiennent les efpaves, confifcations & autres émolumens de la haute-juftice. Les enfans ainfi expofés font des vrais efpaves. In ipfis vita principio, diis ad mortem expofiti, & aliorum hominum pietati relicti, comme parle l'empereur en la Nov. 153. Abjecti, comme les appelle la loi derniere, Cod. De infant. expof. ainfi le haut-juftitier eft obligé de les faire lever, de les loger, nourrir & entretenir. L'hôpital de Pontoife eft diftant de cinq lieues du Bourg de Champagne. Il n'y a point d'apparence à la requête & commiffion de l'appellant, pour empêcher que le procureur des intimées ne prenne qualité de procureur fifcal. Procureur fifcal & procureur d'office font fynonymes : les intimées ont un fifc, puifqu'elles peuvent condamner, ou leurs officiers, à l'amende de foixante fols.

LA COUR fans s'arrêter à la requête pour l'évocation du principal, mit l'appellation au néant ; ordonna que la fentence dont étoit appel, fortira fon plein & entier effet ; & fit défenfes au procureur des intimées de prendre qualité de procureur fifcal, mais fimplement de procureur d'office ; le mardi 20 mars 1629.

☞ *Vide* l'arrêt du 23 juin 1620, rapporté ci-deffus chap. 83 du livre premier, qui eft conforme à celui-ci. Depuis cet arrêt il y en a eu d'autres de rendus, qui ont prononcé la même chofe contre les feigneurs hauts-juftitiers : un entr'autres du dernier juin 1664, contre le chapitre d'Angers, en faveur des maire, échevins de la même ville. Sœfv qui rapporte cet arrêt, tom. 2. chap. 19. cent. 3, dit que par le même arrêt il fut fait un réglement général par lequel la cour ayant égard aux conclufions du procureur général du roi, enjoignoit à tous les feigneurs hauts-juftitiers de fe charger des enfans expofés qui ne feroient réclamés de perfonne, de les faire nourrir & élever en la crainte de Dieu, religion catholique, apoftolique & romaine.

CHAPITRE XXXVII.

Quand l'un des enfans décede du vivant du pere, fa portion du douaire appartient aux autres enfans douairiers, fans détraction de la légitime de ceux du fecond lit.

MAître Samuel de Perelle, procureur au parlement de Paris, contractant mariage avec Catherine Barbé, lui promet & conftitue la fomme de quinze cents livres pour douaire préfix, conformément à la coutume de Paris. De ce mariage font iffus deux enfans, Antoine & Helene. Catherine Barbé étant décédée, ledit de Perelle convole en fecondes noces avec Marie Godefroy, dont il a trois enfans. Antoine de Perelle fils du premier lit décede ; peu de tems après ledit Samuel de Perelle fon pere decede pareillement, & délaiffe ladite Helene de Perelle fa fille unique du premier lit, & les trois enfans du fecond. Marie Godefroy leur mere eft décernée tutrice, en cette qualité elle eft affignée aux requêtes du palais par ladite Helene de Perelle, fille du premier lit, aux fins de lui payer les quinze cents livres de douaire promis à Catherine Barbé fa mere. Ladite Godefroy auroit dit pour exceptions, qu'Antoine de Perelle frere de la demandereffe, ayant prédécedé Samuel de Perelle fon pere, la moitié du douaire a été éteinte par ce prédécès : ainfi la demandereffe ne peut prétendre que fept cents cinquante livres ; & qu'en tous cas le pere ayant laiffé fort peu de bien, il faut prendre la légitime des enfans du fecond lit, tant fur cette fomme deftinée pour le douaire, que fur tout le refte du bien. Sur quoi meffieurs des requêtes du palais condamnent ladite Godefroy au payement des quinze cents livres fans aucune diminution ni détraction pour la légitime, ni autrement : dont ladite Godefroy interjette appel, pour laquelle Me. Adam dit, qu'il a été mal jugé, & que l'intimée ne peut prétendre que la moitié du douaire, & en tout cas, que les enfans de l'appellante doivent avoir leur légitime fur tous les biens du pere commun des parties, fans prélever cette fomme de quinze cents livres pour le douaire. Quant à la premiere queftion, le douaire eft propre aux enfans, fuivant la coutume de Paris, leur eft acquis irrévocablement dès le jour du contrat de mariage, même fe divife & partage également entr'eux fuivant la même coutume ; ainfi la moitié de cette fomme de quinze cents livres ftipulée pour le douaire préfix à la mere de l'intimée, a appartenu à Antoine de Perelle fon frere, qui a prédécédé Samuel de Perelle pere. Cette portion de douaire à lui afférante eft demeurée éteinte & abforbée en la perfonne du pere débiteur du douaire, parce qu'il eft certain par une des maximes du palais, qu'en matiere de douaires il n'y a point lieu d'accroiffement. *In doario five dotalitio non eft locus juri accrefcendi.* La coutume de Senlis & plufieurs autres confirmées par plufieurs arrêts, le décident ainfi. Le douaire étoit éteint & abforbé par le prédécès des enfans. Me. René Chopin tant fur la coutume de Paris, que fur celle d'Anjou, en rapporte plufieurs arrêts. Me. Charles du Moulin en fon apoftil fur l'*art.* 187 de la coutume de Senlis, eft de même avis. Quant à la préférence, que l'appellante prétend pour la légitime de fes enfans à ce prétendu douaire, cette queftion reçoit moins de difficulté que la premiere. La légitime étant due aux enfans par le droit de nature, elle ne leur peut être ôtée fans leur propre fait, fans leur démérite. Il n'y a point de droit plus favorable, pour cela elle défalque & retranche toutes fortes de donations, quelque privilege qu'elles aient, *inoffic. Tit. C. De imm. donation.* Le douaire ne peut avoir plus de faveur qu'une donation faite en contrat de mariage, qui feroit retranchée & diminuée pour conferver la légitime aux enfans, quand même telle donation feroit faite aux enfans d'un premier lit, & qu'il s'agiroit de la légitime de ceux d'un fecond, comme au fait de cette caufe. Il n'y a rien de plus favorable que le droit d'aîneffe introduit pour la confervation des familles ; néanmoins quand il n'y a point d'autres biens que ceux que la coutume affecte aux aînés pour leur droit d'aîneffe, il faut prendre & prélever fur iceux la légitime des puînés, par la difpofition de la même coutume, qui pour marque évidente, qu'elle veut qu'on préfere la légitime au droit d'aîneffe, parle premierement de la légitime, & puis du droit d'aîneffe ; ce qu'elle repete en deux divers endroits. En droit, tel ordre d'écriture eft très-confidérable ; & par ces moyens il conclut à fon appel. Me. le Noir fils dit pour l'intimée, qu'on la veut injuftement dépouiller de ce peu de bien paternel qui lui eft légitimement acquis, & auquel elle a été juridiquement maintenue par la fentence dont eft appel ; il n'y a aucune apparence en l'un ni en l'autre moyen d'appel. Quant au premier touchant l'extinction du douaire, pour la moitié afférante à Antoine de Perelle par fon décès arrivé avant celui de fon pere, il eft abfurde. *Primò,* parce que le douaire étant ftipulé propre pour tous les enfans, en quel nombre qu'ils puiffent être conjointement & copulativement, & non pour chacun en fon particulier, la portion de celui qui décede, accroît aux autres & leur appartient *jure accrefcendi,* qui a lieu en ce cas ; & l'appellant combat la commune difpofition du droit. *Inter eos qui conjuncti funt, unius pars alteri cedit, L. Duo focii. §. Si duo, De hæred. inftit. L. Duobus. De leg. 1. L. Re conjuncti. De leg. 3. L. Si mihi & Titio. De verb. obligat. L. unic. Cod. De caduci toll. Nifi conjunctus eos antecedat,* dit l'empereur. Ainfi Antoine de Perelle étant prédécédé, l'intimée fa fœur furvivant, le douaire de quinze cents livres lui a entierement appartenu *jure accrefcendi. Secundò,* quoique par le moyen du contrat de mariage le douaire foit irrévocablement acquis aux enfans, eu telle façon que le pere & la mere ne le puiffent aliéner à leur préju-

dice ; toutefois ils ne peuvent rien prétendre au douaire, ni en jouir qu'après le décès du pere, fuivant l'*art* 255 de la coutume de Paris ; même fi tous les enfans prédécedent leur pere, le douaire demeure éteint, & retourne purement au pere, fuivant l'*art.* 254 de la même coutume. Par conféquent Antoine de Perelle ayant prédécédé Samuel de Perelle fon pere, il eft vrai de dire, qu'il n'a jamais été propriétaire d'aucune portion du douaire, mais feulement qu'il y a eu droit par l'efpérance qu'il pouvoit légitimement concevoir de furvivre fon pere ; mais le contraire étant arrivé, il n'a pu tranfmettre ce droit cafuel, qui ne lui étoit pas encore échu. Quant à l'objection qu'on tire de la coutume de Senlis, de l'apoftil de Me. Charles du Moulin, & des arrêts intervenus dans la même coutume ; la réponfe eft facile. Il falloit que tous les enfans prédécédaffent leur pere, afin que le douaire demeurât entierement éteint & lui retournât purement ; mais quand un prédécede feulement, le douaire n'eft en rien diminué. L'efpece des arrêts rapportés eft, quand aucuns des enfans fe font abftenus de la fucceffion de leur pere, auquel cas feulement le douaire leur appartient, & que les autres leurs freres fe font portés héritiers de leurdit pere, *quo cafu* leur part & portion du douaire eft demeurée confufe & abforbée en leurs perfonnes, & n'étoit point accrue à leurs freres douairiers. Il y a grande différence entre cette efpece de répudiation, ou adition d'hérédité, & celle du prédécès de l'un des enfans, auquel le droit du douaire eft acquis par efpérance, & au cas qu'il furvive à fon pere. La feconde queftion touchant la prétendue légitime des enfans de l'appellante, qu'elle foutient préférable au douaire de l'intimée, n'a pas un prétexte plus raifonnable. *Primò,* parce que le douaire, dont il eft fait mention au 19 de la genefe, n'eft pas moins, & eft même plus privilégié que la légitime : c'eft le propre des enfans, au cas qu'ils répudient la fucceffion paternelle, c'eft l'affurance de leurs alimens. *Dotalitium quafi legitimam,* dit Me. Charles du Moulin. En concurrence de deux actions privilégiées, comme pour la reftitution de deux dots, la plus ancienne eft préférable ; c'eft la difpofition du droit commun, en la *Nov.* 91. *Ut exactione inftante dotis primæ & fecundæ viro ad fecunda vota migrante, præponatur uxor prima, vel ex priore matrimonio filii.* Les appellans font venus à tard, le droit étant irrévocablement acquis à l'intimée, ainfi elle eft préférable, *Auth. Siquidem. Cod. Qui poteft. in pign. Harmenop. L.* 3. *cap.* 3. *Secundò,* les docteurs & praticiens français, qui ont appellé le douaire légitime & alimens, n'ont pas affez dit ; c'eft plûtôt une dette légitime, dont les enfans font créanciers de leur pere du jour du contrat de fon mariage : & comme la légitime ne peut être demandée par les enfans que fur les biens qui reftent, les dettes du pere acquittées, *bona non dicuntur nifi deducto are alieno* ; auffi les appellans ne peuvent rien prétendre que le douaire de l'intimée n'ait été payé. Il a pour le moins autant de faveur, & eft de pareille qualité que la donation *ante nuptias,* pour le payement de laquelle la femme étoit préférée aux créanciers poftérieurs, *L.* 12. *C. De donat. ante nuptias. & L.* 13. *C. Qui pot. in pign. Tertiò,* n'y ayant que des meubles en la fucceffion du pere, l'intimée ne peut prétendre aucune hypotheque ni préférence, mais doit venir à la contribution au fol la livre avec tous les autres créanciers de fon pere, contre lefquels néamoins les appellans n'oferoient faire pareille demande, fachant bien qu'ils y feroient mal fondés. Et par ce moyen conclut au bien jugé.

LA COUR mit l'appellation au néant, fans amende ; ordonna que la fentence dont étoit appel, fortiroit fon plein & entier effet, fans dépens ; le 27 mars 1629.

* Brodeau cite l'arrêt, *lett. D. fomm.* 44. pour la premiere queftion feulement, fans parler de celle de la légitime.

* La décifion de cet arrêt touchant la premiere queftion eft certaine, même pour la portion de l'enfant qui renonce au douaire fans aucun avantage,

1629. &celles des incapables ou morts civilement, qui demeurent aux enfans douairiers *jure non decrescendi*, plutôt que par accroissement ; mais si l'un des enfans renonce au douaire pour accepter la succession, ou se tenir à son don, sa portion du douaire accroît à l'hérédité, & non pas aux enfans douairiers : c'est le même principe que celui de la légitime établi par Me. Jean-Marie Ricard en son traité des donat. part. 3. chap. 8. sect. 7.

Pour la seconde question, qui est plus controversée, le même arrêt se trouve cité dans Brodeau, lett. D. somm. 44, sans dire un seul mot du fait ni des moyens, & par Tronçon sur l'art. 254 de la coutume de Paris : le dernier qui n'étoit pas instruit de la somme constituée pour le douaire préfix, s'est encore plus trompé dans la circonstance nouvelle qu'il remarque, que les enfans du second lit avoient renoncé à la succession du pere commun, & suppose qu'on en faisoit un moyen subsidiaire, afin de les exclure de demander leur légitime sur le douaire de ceux du premier lit.

Il est aisé de concevoir qu'il n'y avoit point de renonciation : 1°. notre auteur dans le récit plus vraisemblable du fait, observe que la fille du premier lit demandoit le payement de son douaire aux enfans du second, qui n'en pouvoient être tenus qu'en qualité d'héritiers du pere.

2°. Si cette renonciation eût été véritable, elle ne pouvoit échapper à son exactitude, & auroit donné lieu d'agiter la question de savoir si l'on ne peut pas être légitimaire, sans être héritier ; ou la mere tutrice des enfans mineurs du second lit, l'auroit fait cesser par des lettres de rescision.

3°. Tronçon demeure d'accord de l'accroissement du douaire jugé par le même arrêt, qui présuppose que les enfans du second lit étoient héritiers ; autrement ils auroient été sans intérêt, ne s'agissant que de décider si la portion d'Antoine Perelle fils du premier lit, dans le douaire, devoit accroître à sa sœur douairiere, ou à l'hérédité.

Le doute réduit à la légitime des enfans du second lit, a été proposé d'abord pour savoir si elle doit être prise sur le douaire coutumier, même préfix, de ceux du premier lit dans une coutume, comme Paris, qui le rend propre aux enfans ; & ensuite si la même chose doit avoir lieu au cas du douaire stipulé à Paris domicile des mariés, & où le contrat de mariage a été passé, qui se prend sur des immeubles situés en autre coutume, comme Bourbonnois, où le douaire n'est que viager à la femme.

Par l'arrêt les enfans du second lit étant exclus de prétendre leur légitime sur le douaire préfix de ceux du premier, il suffit d'en marquer les principes, qui reçoivent facilement application au douaire coutumier.

Le douaire de la femme parmi nous ne tire son origine, ni des Grecs, ni des Romains, ni des Lombards, & n'est point ce que les premiers ont nommé ὑπόβολον, ni la donation, *ante vel propter nuptias* des seconds, ou ce qui étoit appellé *sponsalitia largitas*, ou augment de dot dans les provinces de la France qui se régissent par le droit écrit ; ni enfin le *morgangheba* ou *morgengaba* des derniers.

M. Cujas, que l'on a voulu mettre du parti contraire, dit en la consultation 23 qu'il ne se fait plus aujourd'hui de donation à cause de noces, quoiqu'elle ait quelque rapport à notre douaire.

Au respect de la femme, le douaire qui n'est qu'en usufruit, lui est dû, soit qu'il ait été stipulé ou non, & trouve son hypotheque au jour du contrat de mariage, sans que le mari le puisse révoquer, augmenter, ni diminuer pendant sa vie ou à sa mort ; il ne se regle point à la quantité de la dot, peut être moindre ou plus grand selon les facultés du mari ; & s'il n'y en a point de stipulation, les coutumes y ont pourvu en affectant une certaine portion des biens du mari, dont la femme a la jouissance, soit que la dot ait été payée, ou non ; & soit qu'il y ait des enfans survivans, ou qu'ils prédécedent la mere, elle n'en acquiert aucune propriété pour le tout, ni en partie, & n'en a qu'un simple usufruit.

Ce sont autant de différences du douaire qui montrent, qu'il ne doit son institution qu'à notre droit français ; & sans en faire ici une dissertation plus particuliere, elle se trouve très-exacte & curieuse dans le cinquieme arrêt rapporté par M. Lesrat, auquel le lecteur peut joindre les témoignages de Beaumanoir, Boutillier, Marculphe, & autres indiqués par Brodeau sur M. Louet, lett. D. somm. 21.

En ce qui est des enfans, pour la propriété qui leur en est attribuée, quoique se soit la même douaire dont la mere a l'usufruit, il ne paroît pas aussi ancien : cependant l'arrêt de Montmorency du premier février 1492, qui est en latin, & désigne le douaire sous le mot de *dos consuetudinaria*, est un vestige que cette propriété leur appartenoit avant la rédaction de l'ancienne coutume de Paris.

Ceux qui comparent le douaire à la donation à cause de noces, disent que les arrêts ont donné au premier le privilege accordé par la novelle 39, à cette donation *propter nuptias* ; que les biens chargés de fidéicommis y sont subsidiairement affectés comme à la dot ; que par le droit du code la propriété en appartenoit aux enfans, lorsque leur mere passoit en secondes noces : ce qui fut encore confirmé par la novelle 22. chap. 20. §. 1 ; mais que cela a été changé par la novelle 38, qui veut au chapitre 1 que la propriété de la donation à cause de noces appartienne aux enfans, encore que leur mere demeure en viduité ; d'où l'on infere que celles de nos coutumes qui rendent le douaire propre aux enfans, ont suivi la disposition de cette novelle, qui ne donne à la femme que l'usufruit, & aux enfans la propriété de la donation à cause de noces.

Il n'est pas difficile de répondre à tous ces arguments ; car quant au privilege de l'*auth. res quæ*, si les arrêts l'ont étendu au douaire, parce qu'il merite autant, ou plus de faveur que la donation à cause de noces, la conséquence n'est pas bonne que ce soit une même chose.

Pour la propriété de cette donation, la femme qui ne passoit point à des secondes noces retenoit toujours une portion virile en propriété égale à celle de l'un des enfans par la novelle 127. chap. 3. dont elle pouvoit librement disposer pendant sa vie à titre onéreux ou gratuit ; même par le prédécès de tous les enfans, elle avoit cette propriété pour le tout : ce qui forme la premiere différence essentielle de notre douaire, où elle n'a aucune part en propriété dans tous ces cas ; enfin au-lieu que le douaire est un propre paternel aux enfans, la donation à cause de noces, ou augment de dot dans les provinces de droit écrit, constitue une troisieme sorte de bien qui n'est ni paternel, ni maternel.

Ce parallele que quelques-uns ont voulu faire du douaire & de la donation à cause de noces, qui ne pouvoit être d'aucune application à l'espece dont il s'agit, leur a néanmoins fait dire que le douaire étoit une espece de donation & de libéralité du mari à sa femme, principalement du pere aux enfans, qui par conséquent doit souffrir la détraction de la légitime de ceux du second lit.

Mais quand la comparaison seroit juste, la conséquence ne le seroit pas, puisque le droit romain a même établi le contraire en la novelle 119, in princ. *Sponsalitiam largitatem*, qui approche de la donation à cause de noces, *contractum specialem esse*, & *judicari*, & *non aliis donationibus eam connumerari*, pour décider ensuite qu'elle n'est point sujette à insinuation ; & cette relation qui est prise que l'unique du douaire avec la donation à cause de noces, se rétorque naturellement contre les partisans de la légitime des enfans du second lit.

Ils tirent un second argument des notes de Me. Charles du Moulin sur l'ancienne coutume de Paris, ajoutées dans ses dernieres éditions de ses ouvrages, où il tient sur l'article 137, que les mêmes causes qui donnent lieu d'exhéréder valablement des enfans, les peuvent faire priver du douaire par leur pere, & l'erreur dans la citation d'une *auth. neque*. qui n'est point, est réparée par l'*auth. hæres*. Cod. de *secund. nupt*. qui sert de fondement à son avis, tirée de la novelle 22 ; & ces deux textes portent que la dot & la donation à cause de noces, doit

dont le mari & la femme perdent la propriété par leur convol en secondes noces, appartiennent aux enfans, quoiqu'ils ne foient point leurs héritiers, fi ce n'eft qu'ils fuffent ingrats, & que leur ingratitude fût prouvée.

Du Moulin au même endroit dit que c'eft au pere à priver du douaire fes enfans ingrats; qu'il faut confidérer l'ingratitude envers celui duquel procede la dot, ou le gain; & même que cela ne doit pas furprendre; parce que du moins il peut faire cette privation fuivant la loi derniere au code *de revocand. donat.* qui établit en général la révocation des donations pour caufe d'ingratitude.

Cela fait voir, dit-on, que du Moulin a confidéré le douaire comme une efpece de donation & d'avantage du pere à fes enfans; parce que fi c'étoit une pure dette procédant d'autre caufe que de la libéralité du pere, ou fi c'étoit un droit de propriété acquis aux enfans à titre lucratif, ils ne le perdroient pas par ingratitude envers leur pere, qui ne pourroit les en priver par exhérédation, ni révocation.

Me. Julien Brodeau dans la vie de Me. Charles du Moulin, nous apprend quelle foi nous devons avoir pour ces notes pofthumes, qui ne font que des matériaux deftinés au grand ouvrage qu'il avoit entrepris fur tous les titres de la coutume de Paris, dans la même étendue que ce qu'il nous a laiffé fur les deux premiers.

Auffi la note fur l'art. 135, où il dit que le douaire coutumier n'eft point dû à la femme, fi la dot n'a pas été payée, eft contraire au fentiment uniforme de tous nos docteurs français, & à la jurifprudence conftante des arrêts: ce qui fait préfumer qu'il n'avoit pas deffein de donner ces notes au public en l'état qu'elles font; & que s'il les avoit revues, il n'auroit pas manqué d'y retrancher une opinion auffi finguliere.

Cependant fa décifion fur l'art. 137 eft bonne; mais la conféquence que l'on en tire, n'eft pas jufte: car l'exhérédation du fils emporte privation de la légitime par la loi 30. *Cod. de inuff. teftament.* & la novelle 115, ainfi que le même du Moulin l'a remarqué §. 8. glof. 3. n. 12, de l'ancienne coutume; & il peut encore être privé expreffément du droit de fepulture dans le lieu deftiné à la famille, fuivant le fentiment du jurifconfulte en la loi 6. *de religiof. & fumptib. funer.* Cependant on n'oferoit pas inférer que la légitime eft une donation, parce qu'elle eft comprife dans l'exhérédation, ou fujette à révocation pour caufe d'ingratitude.

Pour connoître que du Moulin lui-même n'eftimoit pas que le douaire fût une donation, ni du mari à la femme, ni du pere aux enfans, il s'en eft précifément expliqué dans les mêmes notes; à l'égard de la femme fur l'art. 135. num. 3. 4. & 5, quoiqu'il emploie dans la définition du douaire, le mot de donation, l'on voit bien qu'il ne s'en fert que comme d'un terme impropre, après avoir dit que ce n'eft point une véritable donation à caufe de noces; & il ajoute que le douaire de la femme eft encore moins.

Voici les termes: *Doarium in genere non eft vera donatio propter nuptias proprietatis vel rei, fed folùm donatio ufusfructûs, ita quod non tranfit ad liberos nifi dicatur* (il entend par la coutume ou la convention) *& fic ufusfructûs cafu quo fuperius. Unde Aureliæ art. 241. Quod autem hîc dicitur ad filios, non eft donatio propter nuptias, fed adhuc minùs; quia donatio proprietatis immediatè & ab initio fuit filiorum, ita quod non poffunt in hoc exhæredari à matre, quæ non eft, nec fuit domina;* c'eft une des différences du douaire.

Sur l'art. 141, il décide encore expreffément que le douaire de la femme, même préfix, n'eft point un titre lucratif. *Hoc doarium poteft conftitui in ufufructu. Quid ergo fi dictum quod pro doario habebit ufumfructum talis domûs quæ poftea corruit, penè foluto matrimonio & cafu fortuito? Refpondi non finiri ufumfructum, fed manere in areâ, fi velit vidua, quia datus eft in recompenfam, &c. non obftat L. repeti. §. 1. quib. mod. ufusfruct. amitt. quia*

---

loquitur in lucrativo ufufructu.

À l'égard des enfans, outre que c'eft le même douaire qui ne peut avoir deux qualités oppofées, du Moulin marque d'abord fur l'art. 138. num. 2, que le droit d'aîneffe n'y a point de lieu: *quia confuetudo dat jure contractûs:* ce qu'il répete fur l'art. fuivant 139. num. 2, dans le cas qu'il y ait des enfans de deux lits: *Sed an fi non fint hæredes, fit locus primogeniture? Ibi fervabatur quod fic* (c'étoit avant l'arrêt de Montmorency, dont il a été parlé) *fed puto quod malè, quia non ab homine, fed à confuetudine datur, item datur vice legitimæ.*

1629.

Ce principe pofé par du Moulin, que le douaire tient lieu de légitime aux enfans, tranche abfolument la queftion; ainfi l'on n'a qu'à le confirmer par les textes précis de la coutume de Paris: & fans s'arrêter à la recherche des auteurs qui ont été de même avis, on fe contente de confulter Me. Antoine Loyfel en fes inftitutes coutumieres.

Il s'en eft précifément expliqué liv. 1. tit. 3. regle 23. Douaire propre aux enfans, eft une légitime coutumiere prife fur les biens de leur pere par le moyen & bénéfice de leur mere. Regle 29. Tout ce qui fe compte en légitime, fe compte & fe rapporte au douaire. Regle 31. Celui qui veut avoir douaire, doit rendre tout ce en quoi il a été avantagé de fon pere, ou moins prendre fur le douaire. Regle 32. Celui des enfans qui fe porte héritier du pere, fait part pour diminuer d'autant le douaire des autres.

Le témoignage de ce favant homme, qui a vécu fous l'ancienne coutume, & affifté à la réformation de la nouvelle, feroit feul décifif; auffi toutes fes regles font conformes aux articles de la coutume.

Par l'article 17, s'il n'y a qu'un fief confiftant en manoir, baffe-cour & enclos d'un arpent, il appartient en préciput à l'aîné, fauf toutefois aux autres enfans leur droit de légitime, ou droit de douaire coutumier ou préfix à prendre fur ledit fief. Le douaire, foit coutumier ou préfix, eft mis en même rang que la légitime, qui peut être confidérée comme genre & efpece: & les commentateurs ont juftement obfervé, que les puînés ne peuvent demander la légitime ou le douaire, & ne peuvent avoir les deux enfemble, parce que le douaire tient lieu de légitime.

On levera dans la fuite l'objection formée par les enfans du fecond lit fur cet article 17, & l'opinion conforme de du Moulin.

L'article 249 porte que les pere & mere, dès l'inftant de leur mariage, ne le peuvent vendre, engager ni hypothéquer au préjudice de leurs enfans: outre cette conformité qu'il a avec la légitime, il ne peut être demandé qu'après la mort du pere; mais la faveur du douaire furpaffe celle de la légitime en ce point, qu'il eft affranchi par cet article, & le 250 des dettes contractées par les pere & mere pendant le mariage.

Sur le même principe les arrêts ont jugé que les bâtimens & augmentations faites par le pere fur le fonds du douaire, même pendant le mariage, appartiennent aux enfans douairiers, fans charge de récompenfe, ni à l'égard des créanciers qui auroient prêté les deniers pour bâtir, ni au refpect des enfans du même lit, qui fe portent héritiers, parce qu'ils peuvent accepter le même douaire; & s'il ne le font pas, c'eft qu'ils trouvent plus de profit dans la fucceffion.

La feule queftion a été pour les enfans du fecond lit qui fe portent héritiers, s'ils peuvent demander cette récompenfe; & l'on a diftingué, fi les bâtimens & augmentations ont été faits avant le fecond mariage, en ce cas ils font exclus de la récompenfe; mais s'ils ont été faits depuis le convol du pere en fecondes noces, il s'eft formé deux partis, l'un que les enfans du fecond lit auront récompenfe, l'autre qu'ils n'ont que l'action de légitime fur les nouveaux bâtimens & augmentations faites depuis le fecond mariage; & la derniere opinion qui reftraint ainfi la légitime, la dénie fur le fond du douaire.

Quoique l'art. 251 dife que nul ne peut être héritier & douaire enfemble , l'on ne peut pas en inférer que le douaire foit une donation ; car l'art. 252 établit la même incompatibilité entre une donation & le douaire : ce qui forme une conféquence plus jufte , que le douaire n'eft point une donation , puifque deux donations font compatibles en une même perfonne.

Mais le motif de l'art. 251 n'a de relation qu'au payement des dettes ; parce que la qualité d'héritier y obligeant indiftinctement , & celle du douaire en étant exempte par un bénéfice fingulier de la coutume , on ne pourroit concilier ces deux chofes , en confervant dans une même perfonne ces deux qualités , dont l'une devient abfolument inutile à l'enfant : car fi la fucceffion lui eft plus avantageufe que le douaire , il n'a aucun intérêt de retenir le douaire , parce qu'il s'en feroit une confufion néceffaire en fa perfonne , pour le tout , s'il eft feul héritier , ou pour fa portion , s'il y a d'autres enfans douairiers ou héritiers , & ce feroit la même chofe que de n'avoir plus de douaire.

Au-contraire fi le douaire lui eft plus avantageux, par le privilege de n'être tenu des dettes contractées pendant le mariage , c'eft à lui de prendre fes mefures & rejetter la qualité d'héritier, foit pur & fimple , ou bénéficiaire , qui font l'une & l'autre incompatibles avec le douaire.

C'eft une objection frivole de dire, que fi le douaire étoit une dette procédante d'un titre non lucratif , rien n'empêcheroit que l'enfant ne pût être héritier & créancier , en confondant fa part virile de la dette , & même fans confufion , s'il fe porte héritier par un bénéfice d'inventaire.

La confufion de fa part virile du douaire , eft ce qui rend inutile en fa perfonne les deux qualités d'héritier pur & fimple , & de douairier par rapport aux autres enfans , qui ont pris l'une ou l'autre ; car fi fes freres font douairiers , n'ayant que cette portion virile , qui fe confond , il n'a aucun intérêt de conferver un titre infructueux de douairier , qui ne lui produiroit rien étant héritier : fi les autres enfans font héritiers & ont renoncé au douaire , leurs portions demeurent en la maffe de l'hérédité , & n'accroiffent point à celui qui prend feul le douaire ; & par conféquent il eft encore fans intérêt , puifqu'il ne peut jamais être créancier que de fa part virile , qui fe confond.

Au refpect des créanciers du pere , il eft vrai que fi l'enfant pouvoit conferver les deux qualités de douairier & d'héritier , la derniere lui étant infructueufe , il reprendroit la premiere qui le feroit paffer avant tous les créanciers poftérieurs au mariage : ou même s'il pouvoit être douairier & héritier bénéficiaire , il ne fe feroit aucune confufion.

Mais la décifion contraire de la coutume ne change pas la nature du douaire , & ne le peut réputer donation ; car fi la coutume a bien voulu donner un privilege fingulier au douaire , qu'elle n'a pas attribué à la légitime , de n'être tenu des dettes contractées pendant le mariage , quoique l'un & l'autre ne fe puiffent demander qu'après le décès du pere ; la même coutume a bien pu rendre incompatibles les deux qualités de douairier & d'héritier , même fous bénéfice d'inventaire , & l'enfant fe doit imputer de n'avoir pas choifi le douaire , qui lui étoit plus avantageux.

Dans ce cas qu'il fe porte héritier, on peut dire que le douaire ne perd que le privilege qu'il avoit pardeffus la légitime ; car le légitimaire eft créancier & débiteur de la fucceffion du pere, *diverfo refpectu* , c'eft-à-dire , créancier pour fa légitime , s'il y a des biens fuffifans , les autres dettes payées ; & débiteur jufques à concurrence de fa légitime envers les autres créanciers.

Le douaire eft réduit en ce cas au même point que la légitime ; car fi l'enfant eft feul , & qu'il y ait des biens de refte , les dettes payées , il les aura , n'importe à quel titre de douairier ou d'héritier, & l'incompatibilité qui ne lui peut plus être objectée par les créanciers acquittés , ne fert de rien ; mais s'il a d'autres freres douairiers , qui tous ont profité de leur portion de douaire , & qu'il y ait moins de

refte pour lui , ou rien du tout , les autres dettes payées , c'eft en ce cas qu'il a tort par l'événement de n'avoir pas confervé fa portion de douaire, comme les autres , en rejettant la qualité d'héritier.

Pour continuer l'examen des articles , le 252 porte que celui qui veut avoir le douaire , doit rendre & reftituer ce qu'il a eu & reçu en mariage & autres avantages de fon pere , ou moins prendre fur le douaire : l'efprit de la coutume eft que le douaire tenant lieu de légitime , l'on y doit imputer tout ce que l'enfant a reçu du pere.

L'art. 253 , au cas que le pere ait été marié deux ou plufieurs fois, veut que le douaire coutumier des enfans du premier lit foit toujours le même ; fixe celui du fecond , troifieme ou autres mariages fans aucune diminution du premier. Et l'art. 254 difpofe que le douaire du fecond lit n'eft augmenté par le décès arrivé des enfans du premier , avant leur pere pendant le fecond mariage.

Dans la concurrence de deux douaires , d'un premier & d'un fecond lit , fi tous deux font coutumiers , par le décès des enfans du premier , le fecond douaire n'augmente point , & ne fuccede pas même à l'hypotheque du premier ; cela eft conftant , & cette reftriction du fecond douaire a lieu au fentiment des commentateurs , conforme à l'efprit de la coutume , quoique le douaire du premier lit fût préfix , même en rente ou deniers , fans que le fecond douaire , fous prétexte qu'il eft coutumier , puiffe être préféré ou mériter plus de faveur ; auffi le douaire préfix eft plus ancien que le coutumier, fuivant la remarque de tous nos auteurs.

Les douaires du premier & du fecond mariage étant préfix & conventionnels , le dernier ne peut jamais faire de préjudice au premier ni le diminuer, non plus que s'ils étoient tous deux coutumiers ; & au-contraire le fecond douaire préfix eft réductible par l'édit des fecondes noces , en ce qu'il excede le coutumier.

Tous ces principes forment une conféquence certaine , que comme le douaire , foit coutumier ou préfix , tenant lieu de légitime aux enfans du fecond lit , ne peut jamais altérer ni diminuer celui du premier lit , qui eft de pareille nature , & encore plus favorable : de même la légitime des enfans du fecond lit ne peut jamais être prife fur le douaire de ceux du premier ; parce qu'en un mot la légitime ne peut pas être prife fur une autre légitime , qui ne doit point recevoir de retranchement, & encore moins le douaire , dont le privilege furpaffe , ainfi qu'il a été montré , celui de la légitime , qui eft fon genre.

Si la comparaifon du douaire & de l'augment de dot étoit fupportable , ce feroit en ce point , que l'on rétorqueroit encore contre ceux qui s'en fervent pour les enfans du fecond lit ; car la donation à caufe de noces imitant la dot , fuivant l'expreffion de la novelle de Léon , & la note de Godefroy fur la L. 29. Cod. *de inoff. teftam.* pour le rapport & l'imputation à la légitime , elle doit recevoir la même hypotheque & privileges , c'eft-à-dire , l'application de la novelle 91 , en faveur de la femme & enfans du premier lit contre ceux du fecond , tant à l'égard de la dot que de l'augment ; & la même décifion a lieu pour le douaire , par la priorité d'hypotheque.

Il faut préfentement fatisfaire à l'objection des enfans du fecond lit , tirée de l'article 17 de la coutume de Paris , & de l'opinion conforme de Me. Charles du Moulin fur l'ancienne §. 8. glof. 3. num. 6. & feqq. Les mêmes raifons qui établiffent , dit-on , que la légitime des puînés fe doit prendre fur le droit d'aîneffe , confiftant au feul manoir , jardin & enclos , militent également pour faire réfoudre que la légitime des enfans du fecond lit fe doit prendre fur le douaire de ceux du premier lit , lorfqu'il n'y a point d'autres biens dans la fucceffion du pere commun : il y a même équité , même motif de modifier & tempérer la difpofition de la coutume touchant le douaire , en telle forte qu'elle ne contienne pas une iniquité , une dureté & une abfurdité évidente : l'intention de la coutume n'étant pas que les enfans du premier lit aient tout le bien, & que ceux du second n'aient rien du tout, & soient privés de la légitime due à tous les enfans par un droit naturel.

La réponse est facile. 1°. L'art. 17 établit la même préférence du douaire, comme de la légitime, au droit d'aînesse ; & n'y ayant aucun texte qui ait préféré la légitime au douaire, cet article les fait marcher de pas égal, les répute une même chose par rapport au préciput. Et enfin l'on peut dire que la préférence du douaire des enfans du premier lit, à la légitime de ceux du second, est écrite dans les articles 253 & 254, qui préferent le premier douaire au second, puisque l'un & l'autre tiennent lieu de légitime.

2°. Il n'y a point de parité entre le droit d'aînesse & le douaire : pour prendre le droit d'aînesse il faut être héritier, c'est une maxime certaine par les articles de la coutume ; & Me. Antoine Loysel en a fait la regle 69. liv. 4. tit. 3. de ses instituts coutumieres. C'est directement contre l'héritier que l'action de légitime se doit intenter ; au-lieu que cette qualité qui rend débiteur de la légitime, n'est pas nécessaire. Et Me. Charles du Moulin à l'endroit cité établit lui-même les différences du droit d'aînesse. *Num.* 7, que ce n'est point une légitime ; & l'on a montre que le douaire tient lieu de légitime. *Num.* 9, que le droit d'aînesse est limité *ad certam quotam*, & *ad certum genus bonorum, videlicet feudalium*. L'on peut ajouter qu'il n'est pas universellement reçu dans toutes nos coutumes, que plusieurs l'ont rejetté à l'égard des roturiers & leurs filles.

Enfin la coutume de Paris n'ayant admis qu'un droit d'aînesse, quoiqu'il y ait des enfans de plusieurs lits, & le donnant même à l'aîné mâle du second, lorsqu'il n'y a que des filles du premier, il ne faut pas s'étonner s'il est tenu de la légitime envers tous les enfans.

Il n'en est pas de même du douaire, le pere en fait autant qu'il contracte de mariages, qui n'ont rien de commun, & sont tous différens : les enfans d'un lit ne prennent rien au douaire d'un autre mariage, & l'on n'y fait aucune distinction des sexes, les filles ayant le même droit de demander le douaire comme la légitime.

3°. Les enfans du second lit en matiere de douaire, ne sont pas considérés avec la même faveur que ceux du premier, dans la coutume, ni la jurisprudence des arrêts qui ont admis la réduction du préfix, en ce qu'il excede la coutumier par l'édit des secondes nôces, au-lieu que par le premier contrat de mariage, on le peut porter à telle somme qu'on voudra sans crainte de réduction, si la coutume ne le prohibe. En un mot les enfans du premier lit ont un droit acquis qui ne leur peut être ôté par un second mariage.

On fait une derniere objection, que le douaire n'est point une légitime, puisque pour demander la légitime il faut être héritier ; & au-contraire on ne peut être héritier & douairier.

Ce moyen de douter est levé par plusieurs réponses. 1°. L'on a remarqué que la légitime est le genre ; & il n'est pas inconvénient que le douaire, qui tient lieu de légitime, ou n'est qu'une espece, ait quelque différence, & ne puisse comparir avec la qualité d'héritier : la donation à cause de noces, qui participe aux privileges de la dot, *ad similitudinem dotis*, comme disent les textes, est pourtant différente de la dot ; ainsi cette différence du douaire d'avec la légitime, ne lui en peut ôter les autres avantages.

2°. L'argument n'est bon que pour conclure, que les puinés, aux termes de l'art. 17, ne peuvent demander en même tems que la légitime & le douaire sur le droit d'aînesse, lorsqu'il n'y a qu'un manoir ; parce que le douaire tient lieu de légitime.

3°. C'est une question qui a partagé les opinions des docteurs dans le droit romain, & le nôtre, & qui mériteroit seule une ample dissertation, pour savoir si l'enfant qui a renoncé à la succession du pere, est recevable à demander la légitime.

Quoiqu'elle ne soit ici qu'incidente à celle du

douaire, qui se peut décider indépendamment & par d'autres principes, on est obligé de remarquer les réflexions qui déterminent pour l'affirmative.

Par la novelle 18 *de triente & semisse.* chap. 1. le testament du pere laissant à l'enfant sa légitime, soit à titre d'institution, legs ou fidéicommis, n'étoit point inofficieux : ce qui fut changé en faveur des enfans dans une novelle postérieure, c'est la 115. *Ut cùm de appellat. cognoscit.* chap. 3. qui veut que la légitime soit laissée à titre d'institution : mais Justinien n'y a point abrogé une loi faite par lui-même au code *de inoff. testam.* C'est la L. *Si quando.* 35. §. *& generaliter.* Au-contraire tous ceux qui ont écrit sur ce texte, en ont attesté l'usage.

L'empereur y décide, que si le fils après la mort du pere a simplement accepté ce qui lui a été laissé ou donné par le pere, moindre que sa légitime, sans toutefois ajouter dans la quittance ou transaction qu'il ne prétend rien de plus, son action est entiere pour demander le supplément.

Dans tout le droit il n'y a aucun texte qui veuille que l'enfant soit héritier, & ne puisse plus demander sa légitime, après avoir renoncé à la succession ; la plus grande partie des docteurs qui ont embrassé ce parti, s'en sont expliqués sur la L. *Haeres.* 3. Cod. *de impuber.* & *al. substitut.* D'autres sur la L. *inter cætera.* 30. ff. *de liber. & posth.* qui ne disent rien moins que cela.

On trouve bien en la L. 4. & 14. ff. *ad senatusconf. Trebell.* qu'un héritier institué à la charge de restituer, peut être contraint par le fidéicommissaire qui prend sur soi le péril des dettes, d'accepter la succession, & qu'en ce cas l'institué privé par son refus de la quarte trebellianique, ne sera plus reçu à dire qu'il veut être héritier, pour ne profiter, après que le fidéicommissaire a couru tout le risque ; mais cela n'a aucune application à l'enfant légitimaire, qui renonce à la succession du pere.

Me. Jean-Marie Ricard en son traité des donations, part. 3. chap. 8. sect. 5. semble d'abord du même avis num. 978. & cite la L. 6. *de inoffic. testam.* qui n'est pas plus juste ; mais les restrictions que cet auteur donne dans la suite à sa premiere idée, marquent combien il inclinoit pour la légitime sans être héritier.

Au nomb. 979, il observe que par la novelle 92 qui est en usage parmi nous, l'enfant donataire entre-vifs ou testamentaire du pere commun, peut renoncer à la succession, & retenir sa portion légitimaire en qualité d'enfant ; & après que la légitime aura été levée pour tous les autres, le surplus lui demeurera comme étranger, en vertu de sa donation.

Si l'on examine de près l'esprit de cette novelle, elle est décisive de la question générale ; d'abord on ne peut l'appliquer, comme fait Me. Ricard, aux legs ou autres dispositions testamentaires, puisque dans son titre elle ne parle que des donations, *de immensis donationibus in filios factis.* Et après avoir rappellé en sa préface la novelle 18. *de triente & semisse.* faite pour les testamens, le chapitre 1 commence en ces termes : *Positâ igitur à nobis lege in sua virtute manente, illud volumus, ut si quis donationem immensam, &c.* ce qui montre qu'elle ne concerne que les donations entre-vifs du pere aux enfans.

Cette réflexion est importante, & l'on ne peut pas dire que Justinien présuppose la qualité d'héritier inséparable de celle de légitimaire, en permettant au fils donataire de renoncer à la succession, & retenir, comme par un privilege spécial, sa portion légitimaire ; car l'intention de l'empereur n'est autre, sinon de faire éviter au fils donataire entre-vifs le rapport des choses données dans la masse de la succession, qui les exposeroit aux créanciers héréditaires ; parce que la légitime n'est due aux enfans qu'après les dettes payées.

La novelle n'est en quelque maniere qu'un avertissement à ce fils donataire, qu'il peut retenir sa portion légitimaire, sans être héritier, ni sujet à la loi du rapport : ce n'est point un privilege nouveau que

1629.

l'empereur ajt voulu lui accorder; mais il fait cesser la difficulté que l'on auroit pu former , fur ce que s'en étant expliqué par une loi dans le titre de *inoffíciofo teftamento* , il n'avoit point inféré de texte femblable en celui de *inoffíc. donat.*

En effet , l'action que les enfans peuvent avoir pour leur légitime , contre le frere donataire entre-vifs du pere commun , n'eft point différente de celle qu'ils ont contre un donataire étranger , & l'on ne voit pas de raifon (fi la qualité d'héritier étoit néceffaire pour demander la légitime) qui pût exemp-ter le fils donataire de l'être.

Voici un dilemme fans replique : ou il voudroit fe confidérer lui-même comme un donataire étranger, & en ce cas il ne feroit point de part pour fixer la légitime ; fa portion accroîtroit aux autres , & affoibliroit davantage fa donation : ou bien il fe diroit enfant , & légitimaire comme les autres ; & pour lors il faudroit mettre les chofes à lui données dans la maffe des biens héréditaires , afin de régler la portion de chacun , & il n'en pourroit retirer la fienne, fans prendre la même qualité d'héritier , fi elle étoit néceffaire aux autres.

Me. Ricard après avoir reconnu l'injuftice qu'il y auroit de réduire les enfans à cette dure néceffité de fe porter héritier & s'expofer aux dettes , même l'effet d'une telle rigueur qui tend à maintenir un donataire étranger , fans que la privation de légitime profite aux créanciers héréditaires , approuve le fentiment de Me. Charles du Moulin en fon confeil 35 comme contraire à la rigueur des regles; & le remede de Me. Guy Coquille fur la coutume de Nivernois , que l'enfant fe porte héritier en fa légitime feulement.

Toutefois Me. Ricard oppofe incontinent la note de du Moulin fur l'article 127 de l'ancienne coutume de Paris , contre ce qu'il a dit en fon confeil 35 , & croyant avoir trouvé un meilleur expédient , il eftime que l'enfant légitimaire n'a qu'à fe porter héritier fous bénéfice d'inventaire; qu'il aura une qualité fuffifante , pour faire retrancher les donations entre-vifs ; & qu'enfuite renonçant au bénéfice , il fe confervera le retranchement, comme il feroit le douaire , ou une donation qu'il auroit eue de fon pere , le donataire étranger ne pouvant plus révoquer le retranchement une fois légitimement fait ; & que dans le cas de renonciation , & même fans renoncer il ne s'en fera point de confufion parmi les biens héréditaires.

Du Moulin en fa note fur l'art. 125 propofant l'efpece d'un fils donataire , qui veut être légitimaire , dit que la diftinction du droit , entre rapporter une telle donation , ou l'imputer à la légitime , eft inutile parmi nous ; parce que pour être légitimaire , il faut être héritier , & étant héritier en directe , on ne peut faire fa condition meilleure que celle de fon cohéritier.

Cette note qui n'a pas été auffi-bien digérée que le confeil 35 , peut néanmoins fe concilier ; car il ne veut dire autre chofe , finon qu'il eft indifférent à l'enfant donataire qui demande fa légitime aux autres freres , de rapporter ou d'imputer ; il pouvoit ajouter , même d'être héritier ou ne l'être pas : car étant héritier, la loi du rapport l'empêche de retirer fa donation , fi par l'événement il y a moins de refte pour lui dans la fucceffion ; & n'étant pas héritier , fa donation eft également communiquée à fes freres légitimaires , qui y auront une portion égale à la fienne , comme fur tout ce qui reftera , les dettes payées.

Pour connoître que l'opinion de du Moulin dans ce confeil , conforme à l'équité , n'eft pas contraire aux regles ni limitée , en cas que le pere ait épuifé tous fes biens par des donations entre-vifs, (comme l'a cru Me. Ricard) il ne faut que lire fa réfolution en-tiere , & les raifons qu'il en rend : elle eft même dans une efpece plus difficile , des petits enfans prétérits qui après avoir renoncé à la fucceffion de leurs aïeuls , demandoient la légitime , & les enfans du premier degré faifoient cette objection particuliere , que la renonciation des petits enfans les empêchoit de repréfenter leur mere.

Cependant il dit nomb. 16, que l'on peut renoncer à la fucceffion d'un afcendant , & demander la feule légitime ou le fupplément ; parce que ce qui a été ordonné par le dernier droit des novelles , que la prétérition même des filles ou petites-filles annulle le teftament , même de la mere & de l'aïeule , eft en faveur des defcendans , dont l'approbation ne peut faire une fin de non-recevoir contre la légitime.

On peut ajouter ici le même principe , lorfque le teftament laiffe quelque chofe moindre que la légitime , & à autre titre que d'inftitution , que la nullité prononcée par les novelles , eft en faveur du defcendant , & ne lui doit être rétorquée , pour l'exclure de la légitime , fous prétexte qu'il a reçu le legs , ou renoncé à la fucceffion.

Au nomb. 18 du Moulin décide dans tous les cas, que pour demander la légitime , il n'eft point néceffaire d'être héritier ni d'attaquer le teftament : *Quando alio univerfaliter inftituto & adeunte , filius particulariter inftitutus non poteft effe hæres univerfalis, etiam fi velit; vel fi poffit , mavult verecunde obfequi; vel quando nihil fupereft in hæreditate , putà quando omnia donationibus inter vivos exhauferat , & nihil reliqui fecerat , faltem quod ad legitimam fufficeret , quia tunc filius , (& idem de quovis ex liberis qui alias vocaretur ab inteftato) non tenetur gerere pro hærede , nec teftamentum impugnare , etiamfi poffit; fed mavult judicio parentis obfequi verecundia à jure approbata , etiamfi nulla caufa expreffa , exhæredatus fit. Unde poteft conditione de inofficiofis donationibus , petere legitimam vel ejus fupplementum.*

En ce qui eft de l'expédient propofé par Me. Ricard, la qualité d'héritier bénéficiaire n'eft pas compatible avec le douaire , comme il l'a cru , ni même avec la donation , à l'égard du cohéritier par la nouvelle jurifprudence des arrêts , qui la rend fujette au rapport, quoiqu'il renonce au bénéfice d'inventaire , & c'eft pour le moins une queftion très douteufe au palais.

Il y auroit encore moins de fûreté pour l'enfant , à l'égard du retranchement des donations entre-vifs, & l'on auroit de la peine à concevoir qu'il pût en profiter & le conferver , au préjudice des créanciers héréditaires , foit qu'il renonçât ou non , à la qualité d'héritier bénéficiaire ; car le principe fuppofé, que l'enfant ne peut faire ordonner le retranchement des donations entre-vifs , fans être héritier pur & fimple ou bénéficiaire , ce retranchement ne pourroit être confidéré comme une créance , un avantage, ou un droit acquis contre la fucceffion du pere , dont on veut que le bénéfice d'inventaire empêche la confufion.

Mais fur ce retranchement procuré par la qualité d'héritier bénéficiaire , ou même par celle de légitimaire feule , foit que la premiere vînt à ceffer ou non , les créanciers feroient toujours préférés à la légitime , qui ne peut jamais être prife qu'après les dettes payées , dont le légitimaire eft tenu jufqu'à concurrence , comme l'héritier bénéficiaire.

Dans le droit romain il s'eft formé des doutes que l'on n'oferoit propofer parmi nous , fur la queftion de favoir fi l'enfant qui renonce à la fucceffion doit avoir l'action de légitime.

On a excité d'abord une grande difpute fur la définition de la légitime , *an fit pars quota bonorum, vel hæreditatis*: fuivant l'opinion commune , c'eft une partie des biens , & non de l'hérédité, qui comprend les dettes , & la légitime fe prend après les créanciers payés , c'eft-à-dire , fur les biens *quia bona dicuntur deducto ære alieno.*

Ceux qui tiennent le parti contraire en tirent de juftes conféquences , que la légitime étant une partie de la fucceffion, foit que l'enfant la demande en vertu du teftament , ou prétende qu'elle lui foit due *ab inteftat* , il ne peut divifer l'adition d'hérédité , ni le teftament , en prendre une partie , & rejetter l'autre.

Tout cela fe diffipe dans nos coutumes , qui ne déferent point les fucceffions par teftament ; & même l'exemple du douaire fuffiroit pour décider la queftion de légitime , & rétorquer l'objection par un argument tout contraire ; car le douaire eft une partie
des

des biens, tient lieu de légitime, & cependant bien-loin d'obliger l'enfant douairier à se porter héritier, la coutume rend les deux qualités incompatibles : rien n'empêche de dire la même chose à l'égard de la légitime, avec cette seule différence, que l'on peut être héritier & légitimaire, par l'utilité que peuvent avoir ces deux qualités ensemble.

Enfin, la fille qui renonce par son contrat de mariage *aliquo dato*, aux successions à écheoir des pere & mere en faveur des mâles, perd tellement la qualité d'héritiere, qu'elle n'est pas restituable contre sa renonciation, est réputée étrangere, & capable de legs ; & néanmoins plusieurs de nos coutumes lui donnent l'action en supplément de légitime : c'est une preuve certaine que parmi nous on peut être légitimaire sans être héritier.

Reste la seconde partie de la question pour savoir si le douaire préfix d'un premier mariage stipulé propre aux enfans, suivant la coutume du domicile des mariés, & où le contrat de mariage a été passé, étant pris sur des immeubles situés en autre coutume où le douaire n'est que viager, les enfans du second lit, au moins dans ce cas, y pourront prétendre leur légitime.

Pour l'affirmative, l'on dit que même dans la coutume où le douaire est propre aux enfans, quoiqu'il leur appartienne de plein droit sans aucune convention, néanmoins il est au pouvoir du mari d'empêcher que la disposition de la coutume n'ait lieu, soit en constituant un douaire préfix très-modique, qui fera cesser le coutumier, soit en stipulant qu'il n'y aura aucun douaire pour la femme ni pour les enfans.

L'on ajoute que quand un homme se marie sans contrat de mariage, ou que par le contrat il n'est point parlé du douaire, ou qu'il est dit que la femme aura douaire coutumier, ou bien qu'elle est douée de 100 livres de rente, ou du douaire coutumier à son choix & option, il est vrai de dire que dans tous ces cas le douaire coutumier est un avantage qui procede du consentement, de la volonté & de la liberalité du mari, puisqu'il pourroit faire qu'il n'eût point de lieu par une convention différente ou contraire.

On applique au douaire coutumier ce que du Moulin en son conseil 53 dit de la communauté, qu'encore qu'elle ne soit point stipulée par le contrat de mariage, il est néanmoins vrai de dire qu'elle procede du consentement des parties, qui sont censées avoir contracté suivant la coutume de leur domicile où ils se marient, parce que la disposition de la coutume n'a lieu que par la volonté présumée des contractans, qui en pouvoient disposer autrement.

D'où l'on infere qu'à plus forte raison le douaire stipulé propre aux enfans, suivant la coutume du contrat & du domicile des mariés, étant pris sur des immeubles situés en autre coutume où le douaire n'est que viager, on ne le doit considérer que comme une donation & une liberalité du pere ; premièrement en ce qu'il excede le coutumier, c'est un titre lucratif, puisqu'il est réductible par l'édit des secondes noces. Secondement pour le tout, puisque par la coutume de la situation des immeubles, il n'est que viager, & n'attribue aucune portion en propriété aux enfans ; & par conséquent il est vrai de dire que le douaire préfix excede le coutumier de tout ce qui s'en doit prendre sur les héritages situés en cette coutume.

Au-contraire pour la négative, que l'on estime plus véritable, quoiqu'il soit permis de déroger à la coutume dans les cas qui n'y sont point prohibés, & principalement en contrat de mariage, où notre droit français autorise toutes sortes de conventions, la dérogation qui fait un droit singulier pour les contractans, à l'égard de ceux qui laissent les choses dans le droit commun, & n'y dérogent pas, ne doit point faire considérer leur consentement comme une stipulation, encore moins une liberalité du fait de l'homme, sous prétexte qu'il ne s'est point servi de la faculté qu'il avoit d'y déroger : l'argument est trop metaphysique, pour faire croire que le douaire

coutumier ni la communauté, puissent passer pour une donation du mari à sa femme, & du pere aux enfans, parce qu'il pouvoit y déroger, & ne l'a point fait.

Il faut examiner dans quel esprit du Moulin en son conseil 53 s'en est servi au sujet de la communauté ; c'est pour décider que la loi du contrat de mariage & du domicile des mariés, admettant la communauté coutumiere, quoiqu'ils ne l'aient point stipulé, doit avoir effet, non-seulement pour les meubles & immeubles régis par la coutume ; mais encore sur les conquêts faits en pays de droit écrit, où il n'y a point de communauté sans convention.

Son raisonnement pour montrer que la disposition de la coutume ne doit pas être restrainte dans son territoire, est que le consentement des mariés à l'établissement de cette communauté coutumiere, *tacité inest contractui*, n'y ayant pas dérogé, & doit avoir le même effet sur tous les biens en quelque lieu qu'ils soient situés, comme s'ils l'avoient expressément stipulée.

C'est ainsi qu'il tire sa conséquence : *Igitur necessario fatendum est, quod ista societas, quæ tanquam consueta inest contractui matrimonii, Parisiis inter Parisios commorantes celebrato oritur, & causatur propriè per se, & immediatè a vero & libero consensu & contractu partium ; igitur tanquam contractus, & lex privata, & conventionalis debet habere effectum in personas ; & bona contrahentium ubique locorum sita sint.*

Bien-loin de pouvoir inférer que le douaire coutumier est une donation & une liberalité du mari & du pere, à sa femme & enfans, l'on peut rétorquer l'avis de du Moulin touchant la communauté, & l'application au douaire, pour dire que dans sa pensée le coutumier est même propre aux enfans, à l'égard des immeubles situés en coutume où il n'est que viager, la loi du contrat & du domicile leur attribuant la propriété, sans qu'il soit besoin de le stipuler.

En effet, après s'être élevé contre les docteurs qui ont cru que la communauté coutumiere est une disposition réelle, il soutient que l'article 110 de l'ancienne coutume montre évidemment le contraire : *Ubi principaliter & primario disponit in personas, & actum à personis gestum, non autem disponit in res & bona, nisi saltem in consequentiam.*

On peut dire la même chose de l'article qui établit le douaire, qu'il affecte principalement & premiérement les personnes, en destinant à la femme l'usufruit, & aux enfans la propriété.

Quoi qu'il en soit, le douaire coutumier, tant à l'égard de la femme que des enfans, ne pouvant jamais passer pour donation, le douaire préfix n'est plus susceptible de cette qualité ; car le préfix est plus ancien dans son institution que le coutumier : tous deux sont introduits par la coutume : le plus ou le moins ne change pas la nature des choses, ni leur définition ; l'un & l'autre tiennent lieu de récompense à la femme, & de légitime aux enfans ; s'il arrive quelquefois que le préfix n'excede le coutumier, très-souvent aussi le coutumier augmenteroit beaucoup par les immeubles qui viennent au mari en ligne directe, si le préfix ne l'avoit limité.

En un mot, le préfix saisit comme le coutumier par l'article 256 de la nouvelle coutume de Paris, qui abroge la différence de l'ancienne en ce point ; & quoique le coutumier de la moitié des héritages ait lieu sans stipulation, la convention en est ordinaire, le préfix est autant légal que le coutumier, & ne doit pas perdre sa nature, étant pris sur des immeubles situés dans une autre coutume, où il ne seroit que viager.

Quoique le douaire préfix d'un second lit soit réductible par l'édit des secondes noces, en ce qu'il excede le coutumier, l'on ne doit pas inférer que ce soit un titre purement gratuit ; ce n'est qu'en faveur des enfans du premier lit, qui seuls en peuvent demander la réduction, & l'on ne doit pas leur rétorquer ce qui est introduit à leur avantage ; ici le cas est contraire, & les enfans du second lit ne peu-

1629.

vent jamais faire réduire le douaire préfix de ceux du premier.

C'eſt trop ſubtiliſer, de dire que ce douaire préfix en propriété excede le coutumier de tout ce qui s'en doit prendre ſur les héritages ſitués dans une coutume, où il n'eſt que viager, puiſque la réduction par l'édit des ſecondes noces de l'excédant du douaire préfix a lieu en coutume où il n'eſt que viager, comme dans celles qui le rendent propre aux enfans; la réduction dans ce ſeul cas ne peut changer l'eſſence du douaire, & en faire un titre gratuit dans tous les autres.

Il y a encore moins de raiſon d'appeller donation le douaire préfix d'un premier lit ſtipulé dans une coutume qui le rend propre aux enfans, parce qu'il eſt pris ſur des immeubles ſitués en autre coutume où il ne ſeroit que viager, ſi c'étoit la loi du contrat de mariage, & le domicile des mariés.

L'exemple de la rente n'eſt pas inutile; car étant conſtituée dans une coutume qui la rend immeuble, & où le créancier a ſon domicile, elle conſerve la même nature, quoiqu'elle ſoit affectée ſur des immeubles ſitués en autre coutume où la rente eſt meuble; & c'eſt en effet le principe du douaire, qui eſt une dette active & légitime des enfans, dont l'hypotheque s'étend ſur tous les immeubles du pere en quelque part qu'ils ſoient ſitués.

Hors le cas de l'édit des ſecondes noces, le douaire préfix ne peut être réductible que dans une coutume où il y auroit prohibition expreſſe de le ſtipuler propre, & en celles qui le prohibent indirectement; parce qu'en rendant le douaire viager, elles ajoutent que le préfix ou conventionnel ne pourra excéder le coutumier.

Cette ſtipulation n'eſt même point nulle ni réductible à l'uſufruit de la femme, ſi le contrat de mariage n'eſt paſſé dans la coutume & entre perſonnes domiciliées; mais le douaire étant ſtipulé propre aux enfans par le contrat paſſé à Paris, où les mariés ont leur domicile, ni les héritiers du mari, ni les créanciers poſtérieurs au contrat de mariage, ne peuvent excĺure les enfans de prendre leur douaire en propriété ſur les immeubles ſitués dans une coutume prohibitive directement ou indirectement de pareille ſtipulation.

On prétend qu'il a été ainſi jugé par l'arrêt d'ordre de la terre de la Rochefoucault, ſituée dans la coutume de Poitou, où le douaire eſt viager à la femme, & ne peut excéder le coutumier; & néanmoins le ſieur abbé de la Rochefoucault fut colloqué avec les autres créanciers, pour ſon douaire ſtipulé propre.

Toute la difficulté ſe réduit à ſavoir ſi dans ce cas le douaire n'eſt pas réputé titre lucratif, & ſujet à la légitime des enfans du ſecond lit, pour ce qui eſt pris en propriété des immeubles ſitués en coutume prohibitive: ce que l'on n'eſtimeroit pas encore, parce que la prohibition eſt perſonnelle, & la qualité du douaire réglée par la loi des mariés & du contrat de mariage, qui diſpoſe principalement & premiérement en faveur des perſonnes, n'affecte les biens que par une conſéquence, ſuivant l'argument de du Moulin, & il en eſt comme de la rente immeuble par la loi du domicile du créancier, qui ne change point de nature dans la coutume contraire de la ſituation des immeubles hypothéqués.

Il y a beaucoup moins de doute à l'égard d'une coutume, comme Bourbonnois, qui ne contient aucune prohibition directe ni indirecte de ſtipuler le douaire propre aux enfans, & faire le préfix plus fort que le coutumier, quoiqu'il y ſoit viager à la femme; & l'on peut même former un principe ſur le petit nombre de coutumes prohibitives, qui font connoître que c'eſt une ſtipulation ordinaire dans toutes les autres, puiſque l'on a cru la prohibition néceſſaire pour l'empêcher en quelques-unes; auſſi pluſieurs de celles qui rendent le douaire viager, ajoutent, s'il n'eſt autrement convenu.

On cite d'autres arrêts qui ont jugé que le douaire ſtipulé propre aux enfans dans une coutume où il leur appartient de droit, peut être pris ſur des immeubles ſitués en celles où il n'eſt que viager, même qui prohibent la donation du pere aux enfans, pour montrer que cette ſtipulation ne dégénere point en donation; même l'on prétend que quelques-uns ont décidé la queſtion, in terminis, contre la légitime des enfans du ſecond lit.

L'un de ces arrêts eſt daté du 4 ſeptembre 1681, au profit de la demoiſelle de la Mark: le douaire étoit ſtipulé à Paris pour être propre aux enfans, & il fut adjugé ſur la terre de Brennes ſituée en la coutume de Vitry.

Un autre du 3 août 1682 en faveur de la dame de Sermaize, fille d'un premier lit dans la coutume d'Anjou, Maine & Bretagne, contre l'aîné mâle & autres enfans du ſecond lit.

En la troiſieme des enquêtes un autre au profit de dame Claude de Nez veuve du ſecond lit de M. de Ruellan du Tierſan maître des requêtes, contre M. du Tierſan conſeiller au parlement de Bretagne, leur fils aîné: c'étoit un douaire en uſufruit que M. du Tierſan conteſtoit à madame ſa mere dans la coutume de Bretagne, en ce qu'il excédoit la moitié des fruits, & prétendoit qu'il y devoit être réduit, ſuivant l'art. 445, parce que l'excédant de la moitié étoit un véritable don, qui ne pouvoit ſubſiſter avec le douaire; cependant il fut adjugé tout entier ſans réduction.

Dans la même famille, & coutume de Bretagne, un dernier arrêt d'audience de la grand'chambre du 30 mars 1683, après un délibéré ſur le regiſtre, qui adjuge un douaire de 4000 livres de rente à dame Marie de Ruellan, iſſue du premier mariage de M. du Tierſan maître des requêtes, avec dame Françoiſe le Maître, contre M. du Tierſan fils aîné, & autres enfans du ſecond lit, qui objectoient entre autres moyens l'art. 199 de la coutume de Bretagne, qui défend les donations du pere aux enfans; d'où l'on tiroit une prohibition indirecte de ſtipuler le douaire propre, la coutume ne le donnant qu'en uſufruit à la femme.

Mais tous ces arrêts ſont ſujets à contredits, & il eſt plus ſûr de s'attacher aux principes; car les uns ne ſont intervenus qu'avec des créanciers, les autres pour le douaire en uſufruit: même l'on n'eſt pas aſſez inſtruit du fait; & il n'y a que le dernier dont on pourroit rendre compte, pour avoir exactement ſuivi la cauſe dans toutes les audiences qu'elle fut plaidée.

Il ſeroit difficile d'en tirer un préjugé pour la queſtion de légitime, à cauſe des principes ſinguliers établis par M. l'avocat général de Lamoignon, que la prohibition indirecte fondée ſur l'art. 199, étoit levée par les articles 205 & 207; le ſentiment de d'Argentré ſur le même article 207 & le 210 gloſ. 8. nomb. 1. & ſuivans, où il propoſe huit eſpeces de donations tranſmiſſibles de la mere aux enfans, qui dans tous ces cas peuvent profiter de la donation du pere, ou en qualité d'héritiers de leur mere, ou après elle, quoiqu'ils ne puiſſent directement être donataires du pere.

M. l'avocat général faiſant l'application de cette maxime, remarqua que quand la ſtipulation du douaire propre aux enfans faite à Paris, loi du contrat de mariage & du domicile des mariés, pourroit être conſidérée comme donation du pere en Bretagne; toutefois le douaire paſſant premiérement à la mere, & étant directement ſtipulé pour elle, les enfans le pourroient prendre après elle, & profiter de cette ſtipulation, ſans que l'on pût leur objecter la prohibition de l'article 199 qui ne parle que de donation faite directement par le pere à l'enfant; & quoique la ſtipulation de propre ſemble directe aux enfans, c'eſt toujours en conſidération de la femme qu'il eſt conſtitué; elle ſeule a pu y donner lieu; la jouiſſance lui en eſt directement attribuée, & par une ſuite ſeulement la propriété aux enfans.

Au ſurplus, M. du Tierſan fils aîné du ſecond lit, attaquoit principalement le douaire de la fille du premier lit par le privilege du droit d'aîneſſe, & les puîsnés n'agitoient pas la queſtion de légitime; mais prétendoient réduire la dame leur ſœur du premier lit à une portion égale à celle de chacun d'eux.

Il faut donc ſe retrancher aux principes ci-deſſus

établis, que l'on eftime fuffifans pour rejetter la prétention de légitime des enfans du fecond lit, fur le douaire de ceux du premier ftipulé propre à Paris, même quoiqu'il foit pris fur des immeubles fitués en coutume où il n'eft que viager à la femme; parce qu'en un mot la ftipulation n'eft point une donation, ni une libéralité du pere, mais une condition du mariage, qui autrement n'eut point été fait, & une convention de néceffité que la femme y a voulu inferer en ftipulant un douaire pour elle & fes enfans, qui ont une hypotheque fur tous les immeubles du pere en quelque part qu'ils foient fitués.

CHAPITRE XXXVIII.

Dévolutaire eft admis à prouver la fimonie, dont il y a commencement de preuve par écrit.

FRere Jean Ray religieux de l'ordre de Cluny, ayant été maintenu, par arrêt de 1611, en la poffeffion & jouiffance du prieuré de Coulonges au diocefe de Nevers, y fut troublé en 1627 par frere Jean Prevoft religieux du même ordre, pourvu en cour de Rome par dévolut du même prieuré, fondé fur le crime de fimonie, qu'il prétendoit avoir été commis par ledit Ray, qui avoit pris cent écus pour avoir préfenté un nommé Rameau à la cure de Beaumont fur Sardonne, dépendante du patronage dudit prieuré de Coulonges. Sur le poffeffoire les parties ayant été renvoyées par arrêt pardevant le bailli de Bourges ou fon lieutenant, il appointa les parties contraires en leurs faits; ordonna qu'elles en feroient preuve tant par titres que témoins, dont frere Jean Ray interjetta appel, pour lequel Me. de Montholon dit, qu'il eft certain que la preuve de la confidence ou fimonie araélée pour faire vaquer un bénéfice ne peut être reçue par témoins. Les arrêts l'ont ainfi jugé fouvent: en tout cas il faut un commencement, quelque lumiere de preuve par écrit. Auffi l'on objecte à l'appellant, que le nommé Rameau pourvu fur la préfentation de la cure de Reaumont, fe repentant de cette fimonie, a obtenu nouvelles provifions de cette cure en cour de Rome, expofé au pape que fon frere pour le faire pourvoir de ce bénéfice avoit donné cent écus, & a demandé abfolution de ce crime; fur quoi le pape l'a renvoyé pardevant M. l'évêque de Nevers. Cette piece n'eft aucunement confidérable, *res inter alios acta*, qui ne peut préjudicier à l'appellant: piece qui a été fabriquée à deffein, qui ne parle que par oui-dire, *frater exponens dicitur dediffe*. Quand Rameau pourvu du bénéfice auroit été convaincu de ce crime de fimonie, & que fon bénéfice auroit été vacant & impétrable par fentence ou arrêt, cela ne pourroit préjudicier à l'appellant. *Si adulter condemnatus fuerit, mulier non eft condemnata, fed aget caufam fuam, fonaffis ut obtineat vel gratiâ, vel juftitiâ, vel legis auxilio poffit: quid enim fi adulter inimicis oppreffus eft, vel falfis argumentis teftibufque fubornatis apud praefidem gravatus*, dit le jurifconfulte Ulpien *in L. Denuntiaffe. Ad L. Jul. De adult.* L'intimé eft *in reatu*, y ayant décret de prife de corps contre lui, dont il ne s'eft point purgé; par conféquent n'eft partie capable de prétendre au bénéfice en queftion. Il n'a exprimé cette fimonie dans fes provifions, ainfi elles font nulles & obreptices. L'intimé pendant le réglement de juges a obtenu des lettres d'examen à futur, en vertu defquelles il a fait ouir quelques témoins. Tout cela eft nul, parce qu'on ne peut obtenir lettres d'examen à futur dans une caufe qui eft contestée, & en matiere bénéficiale elles font réprouvées. Me. le Feron dit, que l'appellant fe fent tellement coupable du crime de fimonie qu'on lui impofe, que depuis trois ans entiers il n'a fait que fuir & tergiverfer. Le crime eft grave, *peftiferum crimen*, l'appellent les canons. La preuve en doit être reçue par témoins, parce qu'il fe commet en fecret, *L. Dolum. §. De dolo*.

& du Moulin *De refignat. n.* 113. Il y a bien de la différence entre la confidence & la fimonie : la preuve de l'un eft plus difficile que de l'autre. La cour l'a ainfi jugé par deux arrêts de 1626 & 1627, & reçu la preuve par témoins du fait de fimonie. Celui en queftion eft tellement circonftancié, qu'on ne peut le rejetter.

M. l'avocat général Talon dit, que l'appel eft d'un appointement de contrariété, & de faire preuve du fait de fimonie allégué. Il eft tellement public & fcandaleux, qu'on ne peut affez l'exprimer, ni en rejetter la preuve par témoins. Il y a un bon commencement par écrit de la confeffion faite par Rameau, il n'eft pas vraifemblable qu'il eût voulu fe trahir & diffamer foi-même, d'expofer au pape une chofe fauffe, fe mocquer de Dieu, & méprifer ce grand facrement, le plus humble de tous, dans lequel nous confeffons ingenument nos fautes à un homme pécheur comme nous. Les témoins qui ont été ouis, difent des chofes honteufes; néanmoins la caution qu'on a chargé l'appellant de donner pour jouir du bénéfice, & l'examen à futur, font nuls.

LA COUR mit l'appellation & ce au néant, en ce qui regardoit la caution & l'examen à futur, & caffa tout ce qui avoit été fait en exécution; au réfidu, ordonna que la fentence fortiroit fon plein & entier effet; le 29 mars 1629.

* Du Frefne cite l'arrêt, fans mettre les noms des parties; néanmoins Brodeau qui n'en parle qu'à fa rélation, *lett. B. fomm.* 9. les 2 inférés, & marque que Ray étoit dévolutaire, au-lieu que c'eft ici Pervoft.

CHAPITRE XXXIX.

Caufe appointée touchant la validité d'une donation entre vifs olographe & fous écriture privée.

LE 4 août 1586, le fieur de Buffy Guibert fit donation entre vifs olographe & fous fa feule écriture privée, à M. Seguier préfident au parlement de Paris, de la fomme de trente-fix mille livres en cette forme : *Je fouffigné de Buffy Guibert confeffe avoir donné & donne par ces préfentes à M. le préfident Seguier mon beaufrere la fomme de trente-fix mille livres à prendre fur mes meubles & immeubles, ladite fomme payable après mon décès, au cas que je n'aie point d'enfans; & ce pour les bons offices & amitié que j'ai reçue dudit fieur préfident. En foi de quoi j'ai figné huy 4 août 1586.* Et en fuite de la fignature dudit fieur Guibert étoit, écrit de la main de M. le préfident Seguier : *Et à l'inftant moi préfident fouffigné confeffe avoir accepté la donation fus écrite en la préfence dudit fieur de Buffy Guibert donateur, lequel j'en remercie. Ledit jour 4 d'août 1586.* Signé, SEGUIER, feul. Et incontinent étoit encore ajouté : *Et parce que la donation fufdite par moi faite audit fieur préfident Seguier n'eft qu'à fon profit feul, je veux qu'elle foit à fon profit & des fiens.* Signé, DE BUSSY GUIBERT. Et auffi dans la même feuille étoit la reconnoiffance de ce que deffus faite pardevant deux notaires du châtelet de Paris, pardevant lefquels lefdits fieurs Guibert donateur & Seguier donataire étoient établis préfens & reconnoiffans avoir écrit & figné ce qui étoit écrit & figné en ladite feuille de papier, le même jour 4 août 1586. Et néanmoins il n'y avoit que fieur Guibert donateur qui eût figné. Les chofes demeurerent en cet état jufques en 1600, que Me. Claude Hardy procureur du châtelet, porteur de ladite donation, en requit & fit faire l'infinuation au greffe dudit châtelet de Paris. Il ne fe paffa rien depuis jufques en 1627, que ledit fieur de Buffy Guibert étant décédé fans enfans, le fieur marquis d'O & le fieur de St. Briffon prévôt de Paris enfans & héritiers de M. le préfident Seguier auffi décédé, firent procéder par faifie fur quelques biens de la fucceffion dudit fieur de Buffy Guibert, & affigner le fieur Guibert maître des comptes pardevant mefffieurs des requêtes du palais aux fins de leur payer ladite fomme de 36000 livres contenue en ladite donation, comme héritier dudit fieur de Buffy Guibert donateur, fon oncle ; lequel ayant foutenu ladite donation nulle, MM. des requêtes du palais lui donnent main-levée des chofes faifies par provifion, & au principal appointent les parties en droit à écrire par avertiffement, & produire, dont les fieurs marquis d'O & de St. Briffon interjettent appel, pour lefquels Me. Pouffet dit, que quoique l'intimé ait recueilli la fucceffion du fieur de Buffy Guibert fon oncle, de valeur de plus de fix cents livres, néanmoins il veut encore contefter, par des fubtilités & des regles de l'art, une donation pure & franche faite fans aucun art. Utinam quem proximum hæres expello, expungam. C'eft-là où fe porte l'avidité des héritiers infatiables. Néanmoins il efpere de faire voir à la cour, que la donation eft bonne & valable par trois moyens. Le premier, foit qu'on confidere les perfonnes du donateur & du donataire. Le fecond, les chofes données. Le troifieme, la forme & les folemnités requifes en tels actes. Quant au premier, il ne fe rencontre aucune incapacité en la perfonne du fieur de Buffy Guibert donateur, majeur de vingt-cinq ans, fain d'entendement, qui a été tellement reteu en fa libéralité, qu'il n'a donné qu'une fomme modique de 36000 livres ; & non purement & fimplement, mais au cas qu'il n'eût aucuns enfans, & feulement payable après fon décès. Il ne fe rencontre non plus aucune incapacité en la perfonne de M. le préfident Seguier donataire, fa qualité de préfident ne le rendoit pas incapable d'accepter une donation ; même durant la févérité du droit romain on n'excluoit pas toute forte de magiftrats des donations, mais feulement ceux qui étoient in provincia. Urbanis capere licebat. Nov. Leonis 82. Et encore les donations faites à ceux qui étoient aux provinces, étoient bonnes. Si donator rem ratam habuerit, vel quinquennale tempus præterierit, L. un. C. De contract. Judic. & inhibendis donation. même au rapport d'Anaftafe le Bibliothécaire, les parens n'étoient point compris dans cette prohibition. Le donataire étoit beaufrere du donateur, qui a agréé & approuvé la donation par tous ces actes géminés, qui n'a jamais réclamé, il y a plus de quarante ans, de la donation. En France, où les magiftratures font perpétuelles, cette prohibition n'a point de lieu, ces titres du droit romain ne s'obfervent point au rapport de Guy-Pape, q. 195. Pour fecond moyen, la chofe donnée eft fi modique, en égard aux grands biens du donateur décédé riche de plus de 600000 livres qu'il eft honteux à l'intimé de contefter fi peu de chofe. Quant au troifieme point, qui concerne la formalité & folemnité du contrat, on n'y peut rien defirer : c'eft un contrat fait & entiérement écrit de la main du fieur Guibert donateur, un inftrument olographe, & en cela d'autant plus fort & favorable, exempt de tout foupçon de fraude, d'impreffion, ou de fuggeftion, que la main eft un agent néceffaire, qui n'a autre action & mouvement que celui que lui donne & prefcrit la volonté. Notre confentement précede toujours ce que notre main écrit. Si manu tuâ fcripfifti, dit le jurifconfulte en la loi Fidejuffor. §. 1. De pignor. Cùm fuâ manu pignori domum fuam futuram Seius fcripferat, confenfum ei obligationi dediffe manifeftum eft. Notre écriture eft toujours fuivie de notre confentement, c'eft le miroir de notre penfée, pure, franche & exempte de tout foupçon, de toute induction. Cette donation ainfi faite étant auffi bonne & valable, que fi elle avoit été paffée pardevant des notaires ; il n'y a rien à redire au refte des formalités. Car quant à ce qu'on objecte. Primò, que l'acte de reconnoiffance n'eft point figné de M. Seguier, quoiqu'il foit établi préfent, ce défaut n'eft pas confidérable, parce que cet acte n'étoit aucunement néceffaire : cela dénote que la donation eft demeurée entre les mains du donateur qui en a pu difpofer comme bon lui a femblé, qui a eu le foin de la faire infinuer en 1600, l'ayant mife entre les mains de Me. Claude Hardy

fon procureur ordinaire : ce qui fert de réponfe à la feconde objection, qu'Hardy devoit être fondé de procuration fpéciale pour requérir cette infinuation ; mais cette maxime n'eft pas véritable, il fuffit qu'il fût porteur de la donation, & procurent ordinaire du donateur. Si la donation fe peut faire per interpofitas perfonas, L. 4. De donation. multo magis infinuari. L'ordonnance de 1539, qui a introduit l'infinuation, n'en prefcrit point la forme, non de modo, fed de facto tantum quærit. Si elle l'avoit defiré, elle l'auroit auffi-bien exprimé pour l'infinuation, comme elle a fait pour l'acceptation, qui doit être faite en perfonne, ou par procureur fpécialement fondé. Aux chofes précifes & néceffaires, il n'eft point néceffaire d'avoir un mandement fpécial pour les exécuter ; les faifant, on oblige ceux qu'elles touchent, negotiorum geftorum. L'infinuation eft de cette qualité, néceffaire pour la validité de la donation. Ainfi elle a pu être faite fans procuration fpéciale, laquelle d'ailleurs les appellans héritiers du donataire ne peuvent rapporter, puifque c'eft le procureur du donateur qui l'a fait faire. Me. Joubert pour l'intimé dit, que la prétendue donation dont eft queftion, eft nulle de nullités précifes & formelles de l'ordonnance, tant par le défaut d'acceptation, que celui d'infinuation. La formalité donne la force & la puiffance aux contrats, les anime d'une ame civile, fans laquelle ils ne peuvent fubfifter. Le fujet de cette donation eft confidérable : le fieur de Buffy s'étant marié en 1582, avec demoifelle Ifabelle Seguier, fœur de M. le préfident, contre fon gré, il defira de fe concilier fes bonnes graces, & s'acquérir fon amitié : ce qu'il n'a pu obtenir que par le moyen de cette libéralité, au prix de fon bien. Bonum hominis lapis pretiofus, dit le fage, faifant allufion à cette pierre précieufe qui nous concilie les bonnes graces d'autrui, ἀῶρα θεων πείθει. Placant hominefque deofque munera. Néanmoins la donation eft inutile, attendu les nullités qui s'y rencontrent de toutes parts. En l'acceptation, qui eft l'ame & l'effence d'une donation, elle eft faite fous l'écriture privée de M. Seguier donataire, qui a mis que c'étoit en la préfence du fieur Guibert donateur, qui n'a point figné. C'eft une nullité manifefte, parce que l'ordonnance veut, que les donations foient acceptées par les donataires en la préfence des donateurs. Si c'eft en leur abfence, l'ordonnance veut que ce foit pardevant perfonnes publiques, qui dreffent un acte de cette acceptation, auquel foit inférée toute la donation. De dire que le fieur Guibert ait été préfent à cette acceptation, le défaut de fa fignature montre affez évidemment que non. De le croire, parce que le fieur Seguier donataire l'a ainfi écrit, cela n'eft pas raifonnable, parce que fibi adfcribebat. De plus, cette acceptation eft écrite avant l'apoftille & ampliation de la donation au profit du fieur Seguier & des fiens ; & ayant prédécédé le fieur Guibert, il eft vrai de dire, qu'à l'égard des appellans, il n'y a eu aucune acceptation, qui eft néanmoins tellement néceffaire, intime & effentielle à la donation, que le moindre défaut en celle-là, rend celle-ci nulle, ainfi qu'il a été jugé par arrêt célebre contre un mineur, que le défaut de fignature de fon tuteur préfent, ftipulant & acceptant la donation pour lui, la rendoit entiérement nulle, fans efpérance de reftitution. Quant à l'infinuation, on ne peut pas contefter qu'elle ne foit néceffaire, puifque la donation affecte les meubles & les immeubles du donateur pour une fomme notable ; néanmoins cette infinuation n'a pas été bien & valablement faite fuivant l'ordonnance, qui veut qu'elle foit faite dans les quatre mois de la donation, & l'infinuation de cette prétendue donation n'a été faite que quatorze ans après : ce qui montre affez que le préfident Seguier donataire n'en avoit fait aucun état. Il eft vrai que les arrêts modifiant l'ordonnance ont reçu & approuvé les infinuations faites après les quatre mois de la donation, même après plufieurs années ; mais c'eft du vivant du donateur & du donataire, & du confentement exprès & par écrit de l'un l'un & de l'autre, que telles infinuations font approuvées, parce que *de novo donare videntur.* Sur quoi l'on a douté, fi l'on pouvoit étendre la maxime de ces arrêts aux donations faites entre le mari & la femme, par la raifon contraire, parce que *de novo donare non poffunt, conftante fcilicet matrimonio :* néanmoins jugé que telles infinuations font bonnes & valables, même aux donations faites entre le mari & la femme par leur contrat de mariage, parce que ce n'eft pas tant une nouvelle donation, qu'une exécution de la première. Or dans le fait, après un intervalle de quinze ans on ne rapporte aucun confentement du donateur & du donataire pour confentir cette infinuation : ce qui étoit entièrement néceffaire pour la rendre valable ; on ne rapporte pas feulement la procuration qui juftifie, que Me. Claude Hardy ait eu charge & mandement fpécial du fieur Guibert donateur pour requérir cette infinuation : ce qui étoit auffi néceffaire, puifque la donation ne porte point ce pouvoir & mandement au porteur, comme les notaires l'expriment ordinairement aux contrats. Marculphe rapportant la formule des infinuations dit, que le procureur porteur de la donation difoit au juge : *Peto ut codices publicos patere mihi jubeas.* Et le juge lui répondoit : *Mandatum exhibeas nobis tuum.* Pour dernier moyen, un acte fous écriture privée, purement olographe, n'eft pas un inftrument fuffifant & valable pour faire & prouver une donation, qui eft un contrat fynallagmatique, réciproque entre le donateur & le donataire, où ils doivent néceffairement parler & intervenir, qui doit être rendu notoire & public par l'infinuation : ce qui ne fe pourroit toutefois, les greffiers n'ayant garde de recevoir & infinuer un acte fous écriture privée, non vérifiée ni reconnue, qui ne fait point de foi, qu'on peut antidater à plaifir. Ainfi l'on ne fauroit comment compter les quatre mois prefcrits par l'ordonnance. Par plufieurs coutumes il faut pour réputer une donation entre vifs, que le donateur furvive trente jours. Pour en extorquer une de cette forte, on la feroit antidater du tems qu'on voudroit. L'ordonnance dénote affez, qu'elle entend que tels contrats fe paffent pardevant notaires, quand elle dit, *les notaires recevant, ftipulant pour eux,* par où l'on connoît qu'elle exclut cette autre forme nouvelle de donner fous un acte d'écriture pure privée : le public y a grand intérêt. Me. Pouffet en replique dit, que c'eft un paradoxe de foutenir, qu'une donation faite fous écriture privée du donateur ne foit bonne & valable ; il n'y a rien de plus fréquent en droit : c'eft pareillement une erreur de dire, qu'il foit néceffaire que le donateur figne l'acte d'acceptation, qui ne regarde que le donataire feul ; comme auffi d'avancer qu'il faille une procuration fpéciale pour requérir l'infinuation d'une donation, en quoi néanmoins il intimé a mis toute la défenfe de fa caufe. Et par ces moyens conclut à ce que la donation foit déclarée bonne & valable, & l'intimé condamné au payement de ladite fomme de trente-fix mille livres, avec intérêts.

LA COUR appointa la caufe au confeil. Le lundi 2 avril 1629, M. le Jay préfident.

☞ J'ignore quel a été le jugement rendu fur l'appointement ; mais d'après l'art. premier de l'ordonnance des donations de 1731, qui porte que *tous actes portans donations entre vifs feront paffés pardevant notaires, & qu'il en reftera minutes, à peine de nullité,* je ne penfe pas que perfonne voulût foutenir la validité d'une donation faite dans la forme de celle de l'efpece ci-deffus.

CHAPITRE XL.

Douaire coutumier des enfans, qui ne font héritiers du pere ni de la mere, n'eft purgé par un décret fait après le décès du pere pendant la vie de la mere.

JEan Parmentier & Marie Boitte font mariés enfemble en 1595, fuivant & conformément aux us & coutume de la prévôté & vicomté de la ville de Paris. Parmentier y avoit lors une belle maifon, qu'il vendit à un nommé Martineau en 1600, & décéda en 1614, délaiffant trois enfans. Ladite Boitte fa veuve fit inftance à Martineau pour avoir la jouiffance de la moitié de ladite maifon pour fon douaire, conformément à la coutume de Paris. Pendant ces procédures la maifon eft faifie, vendue & adjugée par décret à un nommé le Comte à la requête d'un nommé Coinard. En 1627, Marie Boitte étant décédée, fes enfans & dudit défunt Jean Parmentier, affignerent le comte poffeffeur & adjudicataire de la maifon, pardevant meffieurs des requêtes du palais, aux fins de fe défifter & départir de la moitié de ladite maifon, & leur en laiffer la libre poffeffion & jouiffance, comme leur appartenant en qualité de douairiers, ayant renoncé à la fucceffion dudit défunt Jean Parmentier leur pere & de ladite Boitte leur mere, à quoi le Comte défendeur ayant oppofé fa poffeffion en vertu d'adjudication par décret, meffieurs des requêtes du palais appointent la caufe en droit, dont lefdits Parmentier demandeurs interjettent appel, pour lefquels Me. Chamillart dit, que les appellans ayant répudié la fucceffion de leur pere, la moitié de la maifon, dont eft queftion, leur appartient légitimement, fuivant la difpofition de la coutume de Paris art. 249 & 250. On ne révoque point cela en doute, mais on veut exclure les appellans de leur jufte demande par le moyen du décret qu'on a fait faire de ladite maifon. Mais telle objection n'eft confidérable. La prefcription n'a pu courir contre les appellans douairiers, du vivant de leur pere, parce que le douaire n'étoit pas ouvert ; ni du vivant de leur mere, parce qu'elle jouiffoit dudit douaire fuivant la coutume : ainfi avant le décès de l'un & de l'autre, ils n'ont pu ni dû agir, ni s'oppofer audit décret, qui n'a pu être fait à leur préjudice, comme il a été jugé par deux arrêts célebres, l'un de 1575, & l'autre de 1590, rapportés par M. Louet, & que les appellans ont encore fait extraire des regiftres du parlement, par lefquels la cour a jugé la queftion *in individuo,* que les décrets faits du vivant du pere ou de la mere des douairiers, ne peuvent les priver de leur douaire. Et par ces moyens conclut à l'évocation du principal. Me. Bataille pour l'intimé dit, qu'il eft vrai que les aliénations volontaires, ou néceffaires des biens fujets au douaire faites du vivant du pere, ne peuvent préjudicier à fes enfans douairiers, qui n'ont pu ni dû agir, ni s'oppofer aux décrets, puifqu'il étoit encore lors incertain fi le douaire auroit lieu ; mais dès l'inftant du décès du pere, le douaire étant ouvert, ils ont dû agir ; faute de ce la prefcription a pu courir contr'eux, & les décrets être valablement interpofés, fuivant la difpofition de la même coutume de Paris art. 117, par lequel la prefcription pour le douaire commence à courir dès le jour du décès du mari. La cour l'a ainfi jugé, non-feulement pour le douaire, mais encore pour les fubftitutions, que les décrets des

terres fubftituées faits avant l'ouverture de la fubftitution font nuls, & ne préjudicient aux fubftitués;
mais qu'étant faits après l'ouverture de la fubftitution ils font un perpétuel obftacle aux fubftitués,
qui ne s'y font point oppofés. Quant aux arrêts
qu'on cité, les meres s'étoient obligées folidairement
à la garantie avec leurs maris, ou bien elles étoient
décédées avant leurs maris, ce qui étoit caufe que
les décrets faits de leur vivant ne pouvoient préjudicier à leurs enfans. Et par ces moyens conclut
à abfolution, & en tout cas à la fommation qu'il
a intenté contre le pourfuivant criées. Me. Picart
pour le pourfuivant dit que s'il y avoit quelque
nullité au décret il en feroit garant, mais qu'il ne
le peut être de l'éviction qui procede du fait des
appellans douairiers. Me. Brodeau pour Martineau,
fur lequel la maifon avoit été vendue, fommé pareillement par l'adjudicataire, employa ce qui avoit été
dit par Me. Bataille pour faire débouter les appellans de leurs conclufions.

LA COUR mit l'appellation & ce dont étoit
appel, au néant; évoqua le principal, & y faifant
droit, condamna l'intimé de fe défifter & départir
de la moitié de la maifon en queftion, au profit
des appellans, avec la reftitution des loyers depuis
conteftation en caufe, avec dépens, & fur la fommation contre le pourfuivant criées mit les parties
hors de cour & de procés, fans dépens; & faifant droit fur la fommation intentée contre Martineau, le condamna d'acquitter & indemnifer l'intimé, avec dépens tant en demandant, défendant,
que de la fommation; le mardi 3 avril 1629.

* Brodeau cite l'arrêt, lett. D. fomm. 20.

* Sur cette queftion il y a des arrêts contraires
que l'on peut voir avec les inconvéniens des différentes opinions, dans les mémoires de Me. Barthelemi Auzanet, & les autres commentateurs de
la coutume de Paris, en l'art. 117.

CHAPITRE XLI.

*Titre clérical emporte donation de la propriété, fi
le pere ne l'a expreffément réfervée ; & tel don
n'eft compris en la prohibition de la coutume du
Maine d'avantager un de fes enfans plus que l'autre, ni fujet à infinuation.*

EN la même audience fut plaidée une autre
belle caufe. François Herfon, clerc du pays
du Maine, defirant d'être pourvu aux faints ordres
de prêtrife, & n'ayant aucun bénéfice, Antoine
Herfon fon pere lui affigna pour titre clérical, la
terre & métairie du Clos, affife au pays du Maine, pour en jouir au cas requis & accoutumé,
comme portoit le contrat. François Herfon ayant
été fait prêtre fur l'exhibition & affurance de ce
titre, vint demeurer en la ville de Paris, & fut
habitué en l'églife de St. Euftache. Pendant fon féjour
à Paris, il emprunta la fomme de fept cents livres de
Nicole Dufour, à laquelle il en paffa obligation ; &
peu de tems après décéda. Ladite Dufour ne fachant comment exiger le payement de cette fomme
de fept cents livres, en fait donation à la fabrique & marguillerie de St. Euftache, à la charge
de lui en payer l'intérêt, à raifon de l'ordonnance,
fa vie durant, pour lui aider à vivre, n'ayant point
d'autres biens. En vertu de cette donation les marguilliers de St. Euftache firent affigner pardevant le
prévôt de Paris Antoine Herfon pere, aux fins de
déclarer s'il étoit héritier dudit François Herfon
fon fils, pour, en cette qualité, fe voir condamner
au payement de ladite fomme de fept cents livres;
& au cas qu'il répudiât la fucceffion de fon fils,
voir déclarer la terre & métairie du Clos qu'il poffédoit, affectée & hypothéquée au payement de
cette fomme. Herfon déclare qu'il n'eft point héritier de fon fils ; & quant à la terre & métairie
du Clos, qu'il la lui avoit donnée pour en jouir par
ufufruit feulement, & qu'il n'a pu l'obliger ni hypothéquer à perfonne quelconque. Le prévôt de Pa-

ris rend fa fentence, par laquelle il condamne perfonnellement ledit Antoine Herfon à payer dans
deux mois ladite fomme de fept cents livres aux
marguilliers de St. Euftache ; le tems paffé, déclare ladite terre & métairie du Clos affectée &
hypothéquée au payement de ladite fomme, & ordonne que pour y parvenir elle fera faifie, criée,
vendue, & adjugée par décret. Antoine Herfon en
interjette appel, pour lequel Me. Pouffet dit, qu'il
a été mal jugé en la forme, & au principal. En
la forme, en ce que le prévôt de Paris a condamné
l'appellant à payer perfonnellement cette fomme
de fept cents livres, quoiqu'il n'y foit obligé, ni
pour fon fils. Au principal, il a été pareillement mal jugé, en ce qu'on a déclaré la terre &
métairie du Clos affectée & hypothéquée au payement de cette fomme, quoique François Herfon ne
poffédât ladite terre que par ufufruit, & pour en
prendre le revenu, fa vie durant feulement : ce
qu'il eft facile de montrer, & par la qualité du
contrat, & par les termes d'icelui. Le contrat eft
un titre clérical. Ce mot de *titre* fignifie devife,
infcription. *De his qui potent. nomine titulos præ-
fignunt, & ut nemo privatus titulo prædiis fuis vel
alienis imponat, Cod.* où le mot de titre fe prend
pour infcription, *επιγραφη, τίτλ*, *σφραγίσα*, figne,
marque, cachet, *σύμβολα*, caracteres. *Tyber. Nov.
De divitiis : domib. 64. & en la Nov. 17. De mandatis principum. Cap. 15. De titulis affixis alienis
prædiis, & Nov. 164. Cap. 1. Titulos five fignacula,
eaulas, id eft, tabulas*, comme il eft dit en la loi
22. §. 2. *Quod vi aut clam. Si ad januam meam
tabulas fixeris. Hæc tabula ædibus affixa indicat ædium
hypothecam.* Et St. Auguftin fur le pfeaume 21 di. Si
*domos invadat aliquis, ponit ibi titulos potentis, titulos
mendaces. Ipfe vult effe poffeffor, & frontem domûs
fuæ de titulo alieno munit, ut cùm titulus lectus fuerit, conterritus quis potentiâ nominis, abftineat fe
ab invafione.* Par peu ces exemples l'on peut connoître que ce mot de *titre* n'eft point un nom de
propriété & de feigneurie, mais plutôt un nom,
un mot de fimple poffeffion & jouiffance, un remede pour s'y maintenir. En l'églife primitive le
mot de *titre* avoit été ufurpé & pris pour l'affignation d'un bénéfice faite à chaque partie, parce
qu'auparavant tous les bénéfices étoient defservis &
commun par tous les prêtres, fans qu'aucun fe pût
qualifier titulaire. Après les avoir affignés à chacun
pour les régir & defservir, on leur donna ce nom
de *titre* ; mais il fe trouva un plus grand nombre
de perfonnes qui defiroient d'être promues aux ordres de prêtrifes, qu'il n'y avoit de bénéfices &
de titres, & il n'étoit pas jufte de rejetter ce
pieux deffein. Toutefois parce qu'il étoit périlleux
de lier telles perfonnes, de les féqueftrer du commun & du commerce des hommes, les attachant à
la prêtrife, à la honte & confufion de laquelle ils
pouvoient être réduits à la mendicité, les conciles
de Nice & de Calcédoine défendirent aux évêques
de promouvoir aucun à l'ordre de prêtrife, qu'il
n'eût bénéfice ou revenu temporel fuffifant pour le
nourrir & entretenir. L'ordonnance d'Orléans art.
12 & 13, difpofe la même chofe. C'étoit ce que
l'appellant a exécuté, ayant donné fon domaine
du Clos à fon fils pour lui affurer fa nourriture, fa
vie durant, afin qu'il pût être fait prêtre. Comme
le prêtre n'eft que fimple ufufruitier de fon bénéfice, auffi peut-il jouir fimplement de la terre qu'on
lui baille au-lieu de bénéfice ; l'ordonnance le porte
ainfi, revenu temporel durant fa vie. Ainfi par la
feule qualité de ce contrat on voit que ce n'eft
que donation & conftitution de fimple ufufruit.
Mais cela eft encore plus évident par les termes
du contrat, qui portoit difertement que l'appellant a baillé la terre & métairie du Clos à fon fils.
Ce mot, *bailler*, n'eft pas un mot tranflatif de
propriété, mais de fimple jouiffance felon notre ufage & façon de parler, nous difons, *un bail à
ferme*, *un bail à loyer*. Ceux qui exploitent en vertu de tels baux, ne fe peuvent pas même appeller poffeffeurs, *non fibi*, *fed dominis poffident*. Le
contrat ajoute, *baillé pour jouir.* Ce terme *jouir*

eſt un terme de ſimple uſufruit, non de propriété. *Nihil habet commune uſufruɛtus cum proprietate.* Baillé pour jouir au cas requis & accoutumé, c'eſt-à-dire, pour titre de cléricature. On peut appeller ces titres *entia rationis*, qui ont un perpétuel rapport avec le prêtre, & qui ne pouvant ſubſiſter ſans lui, finiſſent auſſi avec lui. Cette jouiſſance, cet uſufruit donné au fils de l'appellant eſt demeuré éteint par ſon décès, & reconſolidé à la propriété, toujours demeurée à l'appellant. Et pour dernier moyen, la coutume du Maine où les biens ſont ſituez, ne permet pas à un pere d'avantager l'un de ſes enfans plus que l'autre, par quelque contrat que ce ſoit, non pas même en faveur de mariage, juſques-là qu'on ne peut ſe tenir à ſon don, & renoncer à la ſucceſſion; néanmoins ſi cette prétendue donation ſubſiſtoit, le pere auroit tout donné à l'un, & rien aux autres. Et par ces moyens conclut à ſon appel. Me. Etienne Feydeau dit pour les intimés, que l'appellant s'eſt efforcé de combattre par ſubtilités & artifices un contrat qui ne peut recevoir d'atteinte par aucunes bonnes raiſons. On s'eſt arrêté à ſe jouer ſur des mots, à les examiner trop curieuſement. *Nos toti in verbis, nulli in rebus,* dit Seneque, ſe moquant de cette philoſophie querelleuſe, qui n'a autre but que la ſubtilité du langage. Il n'eſt pas queſtion de ſavoir quelle a été anciennement la ſignification de ce mot *titre*; mais il s'agit de ſavoir ſi la donation que l'appellant a faite à défunt François Herſon ſon fils, débiteur des intimés, eſt bonne & valable. Contre la forme on n'objecte rien au fonds, on dit que ce n'eſt pas une donation en propriété, mais un bail de ſimple uſufruit. C'eſt la même queſtion qu'on a faite autrefois au juriſconſulte en la loi 72. *De Leg. An cui totum fundum teſtator legavit, partem tantùm legaſſe videtur?* Le pere ayant donné à ſon fils ſa métairie du Clos, & s'en étant réſervé la propriété, la tranſmiſe à ſon fils, l'a lui a incommutablement donné, c'eſt la propriété qui fait ſubſiſter l'uſufruit; & quand on parle de donner, cela s'entend toujours de la propriété, s'il n'eſt dit autrement. Pour induire que ce n'eſt qu'un don de ſimple uſufruit, on fait une diſtinction entre donner & bailler; mais cette diſtinction eſt nouvelle, donner & bailler ſont ſynonymes. L'on s'attache encore au mot de *jouir,* on dit qu'il eſt propre pour l'uſufruit, & ne peut ſe rapporter à la propriété. Le juriſconſulte répond à cette objection en la loi 13. *De donat. inter vir.* où il dit, que *prædium uſibus puellæ deſtinatum, eſt proprium ipſius puellæ,* parce que l'uſage, la jouiſſance fait la meilleure partie du fonds; c'eſt tout ce que nous en pouvons retirer. Quant à la prohibition de la coutume du Maine, elle n'eſt pas conſidérable en cette cauſe. La communiqué un arrêt de 1619, par lequel la queſtion a été jugée *in individuo.* Et par ces moyens conclut au bien jugé.

M. l'avocat général Talon dit, que la recherche des anciens titres dans l'égliſe primitive ſeroit plus curieuſe que profitable; néanmoins il eſt conſtant que *titre* ſignifioit la marque & le droit qu'on avoit au bénéfice, ſans lequel on ne pouvoit être promu aux ordres de prêtriſe; mais la dévotion & la néceſſité ayant contraint de faire plus de prêtres qu'il n'y avoit de bénéfices & de titres, afin que ces perſonnes ainſi promues aux ordres ſacrés de prêtriſe, qui doivent vaquer aux choſes divines ſeulement, & s'abſtenir entiérement du négoce des choſes profanes, ne fuſſent par ce moyen réduits à la pauvreté, il y fallut apporter un remede, chercher un expédient, qui a été de faire des titres feints, c'eſt-à-dire, de leur bailler & aſſigner un bien, un revenu temporel, par le moyen duquel ils fuſſent aſſurés de leur nourriture & entretien, & de ne pouvoir point être réduits à une honteuſe mendicité. Le concile de Nice, celui de Calcedoine & de Latran l'ont ainſi décidé, & les ordonnances de nos rois, nommément celle d'Orléans art. 12. & 13. l'ont approuvé. Les termes en ſont remarquables: *Défendons à tous prélats promouvoir aucun à l'ordre de prêtriſe, qui n'ait bien temporel ou bénéfice ſuffiſant pour ſe nourrir & entretenir, de valeur de cinquante livres par an, au*

moins. *Et avons déclaré tel revenu inaliénable & non ſujet à aucunes obligations & hypotheques créées depuis la promotion du prêtre durant ſa vie.* Et l'article ſuivant ajoute, *que l'évêque qui aura contrevenu à cette ordonnance ſera tenu de nourrir à ſes dépens celui qu'il aura promu à l'ordre de prêtriſe. Aut clericos non faciat, vel det eis unde vivere poſſint,* nov. Juſtin. *De numero cleric.* Par les termes de cette ordonnance on peut facilement réſoudre la queſtion d'entre les parties. L'ordonnance veut que le bien affecté au prêtre pour ſon entretien ſoit inaliénable durant ſa vie, ſans qu'il puiſſe être ſuſceptible d'aucunes hypotheques. C'eſt par cette premiere raiſon, de peur qu'il ne tombe en néceſſité; mais après ſon décès, il peut être ſaiſi & vendu pour les hypotheques contractées pendant ſa vie. Si le bien n'avoit appartenu au prêtre qu'en ſimple jouiſſance & uſufruit, il n'auroit pas été ſuſceptible d'hypotheque, comme porte l'ordonnance. Il étoit au pouvoir du pere de ſe réſerver la propriété; ne l'ayant fait, *ſibi imputet.* La coutume du Maine ne réſiſte point à ſemblables donations, ainſi qu'il a été jugé par l'arrêt de 1619 *in individuo,* s'agiſſant en l'hypotheque d'une donation faite par un nommé Deſchamps à ſon fils pour le faire promouvoir aux ordres de prêtriſe, contre laquelle on objectoit la prohibition de la coutume, & le défaut d'inſinuation, comme on fait à préſent; & l'on ſoutenoit qu'il devoit rapporter ce qu'il avoit eu par ce don de ſon pere; & par l'arrêt le don fut confirmé. La prohibition de la coutume n'a lieu en ce cas ſpécial & favorable. Et par ces raiſons adhere avec les intimés.

LA COUR mit l'appellation au néant, ſans amende; ordonna que ce dont étoit appel, ſortiroit ſon plein & entier effet, & condamna l'appellant aux dépens de la cauſe d'appel; ledit jour 3 avril 1629.

*L'arrêt eſt cité dans du Freſne en termes obſcurs & confus.

CHAPITRE XLII.

Officier pourvu à titre onéreux, n'eſt deſtituable par l'acquéreur de la ſeigneurie.

LE même jour à l'audience de relevée fut plaidée la cauſe de Me. Claude Chapelain bailli de Nogent-l'Artaud, appellant de la deſtitution faite de ſa perſonne dudit état & office de Nogent-l'Artaud par le ſieur marquis de la Viéville, ayant acquis ladite ſeigneurie du ſieur du But de Senellé; & auſſi appellant de l'inſtitution audit état & office de bailli faite de la perſonne de Me. Jean de la Barre. Pour l'appellant, Me. Deſchamps dit, qu'étant pourvu à titre onéreux dudit état & office de bailli de Nogent, & ayant payé, financé audit ſieur du But de Senellé, lors poſſeſſeur de la ſeigneurie, ainſi qu'il juſtifie par bonnes quittances, il n'a pu ni dû être deſtitué. Cela a été ſouvent jugé par les arrêts, même contre ceux qui ont acquis les terres & ſeigneuries de ceux qui ont donné les lettres de proviſion. Me. Picart pour le ſieur marquis de la Viéville dit, que par la diſpoſition du droit *ſucceſſor ſingularis non tenetur ſtare colono.* L'acquéreur d'une ſeigneurie n'eſt pas obligé de maintenir les officiers inſtitués par celui duquel il a acquis, parce que par le moyen de l'acquiſition ayant été rendu maître & ſeigneur abſolu de la terre & de toutes ſes dépendances, il peut uſer & abuſer du tout, ainſi que bon lui ſemble, inſtituer & deſtituer les officiers *ad nutum*; & à l'égard de ce nouveau ſeigneur il ne faut point uſer de diſtinction, parce qu'il ne ſe peut pas dire qu'on ait financé à ſon égard, ni qu'on lui ait baillé aucune choſe. Que ſi l'on a payé quelque choſe au précédent ſeigneur, il le faut répéter de lui; néanmoins les arrêts ont quelquefois condamné les nouveaux ſeigneurs à rembourſer ceux qu'ils financé & de ce qu'ils ont payé à leurs prédéceſſeurs. Il y a un arrêt de 1610, qui l'a ainſi jugé, ce qu'il offre de faire, & actuellement rembourſer à l'appellant la ſomme de quatre cents livres, qu'il montre avoir payé audit ſieur de Se-

1629.

nellé. Le fieur de la Viéville l'a fait appeller en fommation, & contre lui conclud en tous les dépens, dommages & intérêts ; pour ne pouvoir librement difpofer defdits offices de la feigneurie de Nogent.

M. l'avocat général Bignon dit, que c'eft une maxime certaine, que les officiers de judicature pourvus à titre onéreux ne peuvent être dépoffédés de leurs offices ; néanmoins il faut faire diftinction entre les feigneurs temporels féculiers, & les feigneurs eccléfiaftiques. Les feigneurs eccléfiaftiques fucceffeurs aux bénéfices peuvent inftituer & deftituer les officiers de leurs terres, quoiqu'ils foient pourvus à titre onéreux, s'ils ne font apparoir & prouvent clairement, que les deniers qu'ils ont payés & baillés, font tournés au profit de l'églife ; autrement ils peuvent être deftitués, parce que le titulaire du bénéfice n'a pas pu charger le bénéfice & faire préjudice à fon fucceffeur, ni l'obliger à maintenir les officiers qu'il a inftitués. Mais le feigneur temporel féculier ne peut eu façon quelconque dépoffeder & deftituer les officiers pourvus à titre onéreux, foit qu'il fuccede en la terre & feigneurie par acquifition, donation ou tel autre titre que ce foit, onéreux ou lucratif, fingulier ou univerfel. Il a été ainfi jugé contre M. de Sully en 1619, par un arrêt célebre au profit des officiers de Nogent-le-Rotrou. Et par ces moyens adhere avec l'appellant.

LA COUR mit l'appellation & ce, au néant ; émendant & corrigeant, maintint l'ancien officier appellant en la charge de bailli ; fit défenfes au nouveau de l'y troubler, fans dépens : & fur la fommation mit les parties hors de cour ; ledit jour 3 avril 1629.

* Du Frefne cite l'arrêt, & l'on peut voir le premier de ce recueil du 26 mai 1617.

☞ *Vide* le chap. 1 du liv. 1.

CHAPITRE XLIII.

Exécution d'un refcrit pour être reçu appellant, & avoir des juges in partibus, après trois fentences eccléfiaftiques conformes, eft abufive.

LE lundi de quafimodo 23 avril 1629, fut plaidée la caufe du curé de la ville de Souvigny en Bourbonnois, appellant comme d'abus de l'octroi & exécution d'un refcrit impétré en cour de Rome par Me. Charles de Birague, prieur commendataire dudit Souvigny, pour être reçu appellant d'une fentence rendue en la primatie de Lyon, confirmative d'autre fentence rendue par l'official de l'églife métropolitaine de Bourges, auffi confirmative d'autre fentence rendue en l'officialité de Clermont, par lequel refcrit le pape avoit donné des juges *ad partes*, & commis trois de MM. les confeillers clercs du parlement, pour connoître de l'appel defdites fentences, pardevant lefquels le curé de Souvigny ayant été cité, il interjetta appel comme d'abus de l'octroi du refcrit & de l'exécution, pour lequel Me. Le Verrier dit, que l'appel comme d'abus eft fans difficulté, puifque le refcrit eft directement contraire à la pragmatique-fanction & au concordat. Car il n'eft pas permis d'interjetter appel, quand il y a trois fentences conformes. C'eft la difpofition du droit, *nec in una eademque caufa liceat tertiò provocare*. L'on objecte à l'appellant, que la pragmatique-fanction & le concordat doivent s'entendre de trois fentences définitives conformes, rendues contradictoirement, & non point par contumace, ou forclufion ; que la derniere des trois rendue en la primatie de Lyon eft une fentence rendue fur une defertion d'appel, par laquelle la defertion eft déclarée bien-obtenue, & par ce moyen la fentence dont étoit appel confirmée. Mais cette interprétation tant de la pragmatique-fanction que du concordat, eft impertinente. Une fentence rendue par contumace & forclufion eft auffi-bien fentence définitive, qu'une rendue contradictoirement : il y a cinquante ans qu'on fait plaider l'appellant ou fes prédéceffeurs

pour leur portion congrue, qui leur a été adjugée par ces trois fentences. Me. Bluet pour l'intimé dit, que les trois fentences, fur lefquelles feules l'appellant fonde fes moyens, font plutôt une fin de non-recevoir, qu'un moyen d'abus ; autrement il faudroit qualifier toutes les appellations des juges d'églife comme d'abus. Au principal, il n'y a aucun abus au refcrit, lequel au-contraire eft de juftice. La pragmatique-fanction & le concordat ne s'entendent que de trois fentences conformes rendues contradictoirement, & non point par contumace ou forclufion. C'eft l'opinion de Guimier fur la pragmatique-fanction, de Guy-Pape & de Covarruvias, qui dit expreffément, *veluti in fententiâ lata fuper defertione appellationis*, qui eft l'hypothefe de cette caufe. Il y a lettres incidemment obtenues par l'intimé pour être reftitué contre la défertion.

M. l'avocat général Talon dit, que l'intimé combat une des plus certaines maximes du palais, qu'après trois fentences conformes en cour d'églife, on n'eft point reçu appellant. Cette maxime ne reçoit qu'une exception, quand il y a abus en la procédure, ou que les fentences font abufives, parce que l'abus ne fe couvre point par le tems ni par la multiplicité des fentences. Cette maxime ne s'obferve point au palais, par le titre *ne in una eademque caufa tertiò provocare licedt* ; mais elle s'obferve par un droit purement royal, par la pragmatique-fanction & par le concordat, fuivant lefquels on ne peut point appeller après deux fentences interlocutoires conformes, ni après trois définitives auffi conformes. Le refcrit dont eft queftion, eft directement contraire à cette maxime. Pour l'honneur qu'on porte au pape, on n'interjette point appel comme d'abus du refcrit ni de l'octroi, mais feulement de l'exécution. Il y a cinquante ans que l'on traverfe l'appellant & fes prédéceffeurs en une caufe d'alimens, dont la loi parlant dit, *verecundiam quoque pulfantibus*. Et adhere avec l'appellant.

LA COUR fans avoir égard aux lettres dit, qu'il avoit été mal, nullement & abufivement exécuté ; condamna l'intimé aux dépens.

* L'arrêt eft cité dans du Frefne.

CHAPITRE XLIV.

Mineur qui s'eft dit & affirmé majeur, eft reftituable.

EN 1616, Louis le Prince & Marie Berault fa femme, marchands de la ville d'Auxerre, emprunterent de Denis Buhot marchand de Paris la fomme de deux mille livres, dont ils confentirent obligation folidaire à fon profit. En 1623, Marie Berault voyant que les affaires de fon mari étoient en mauvais état, elle fe fait féparer de biens, & après obtient lettres contre l'obligation de deux mille livres confentie au profit de Denis Buhot, lequel étant affigné fur l'entérinement pardevant MM. des requêtes du palais, & l'ayant empêché par fentence entérinant les lettres, les parties furent remifes en tel état qu'elles étoient auparavant, dont Buhot interjetta appel, pour lequel Me. Lhofte le jeune dit, que l'intimée pourfuivant cette reftitution s'accufe & fe rend convaincue d'un dol, d'une fraude & d'une tromperie manifefte, parce que lors de l'obligation paffée en cette ville par Louis le Prince fon mari, il étoit porteur d'une procuration de l'intimée, par laquelle elle s'étoit affirmée majeure, & dite âgée de 26 ans. Elle ne s'étoit pas contentée de cette affirmation de majorité, mais elle avoit encore fait inférer dans ladite procuration l'extrait du regiftre baptiftaire, par lequel il paroiffoit qu'elle étoit majeure de vingt-fix ans. Par ces deux confidérations, elle n'eft pas recevable à l'entérinement de fes lettres. Si is qui minorem nunc fe effe adfeverat, fallaci majoris ætatis mendacio, te deceperit, cùm jufta ftatuta juris errantibus, non etiam fallentibus minoribus publica jura fubveniant, in integrum reftitui non debet. L. 2. C. Si minor fe majorem dixerit. Et en la loi 5. C. Ad Velleianum. Decipere voluifti *voluisti mutuam pecuniam dantem*, & *ideo tibi non succurritur senatusconsulto*, *quo infirmatui*, *non calliditati mulierum succurritur.* L'intimée ne s'est pas contentée de cette affirmation de majorité, qui doit suffire à l'appellant ; elle y a ajouté une insigne fausseté par le moyen de l'extrait du registre baptistaire, qui faiscit voir qu'elle étoit majeure. Ayant commis cette fausseté, elle s'est rendue indigne du bénéfice de la loi. *Fruſtrà legis auxilium implorat*, *qui contra leges committit*, dit le jurisconsulte en la loi 25. *De minor.* L'appellant demeurant à Paris a pu être facilement trompé, & a dû croire véritable ce qu'il voyoit écrit & passé pardevant personnes publiques. La qualité de l'intimée de marchande publique la rend encore non-recevable en ses lettres. Les arrêts ont rejetté telles lettres conformément à la disposition du droit, *Si minor se majorem dixerit.* Notamment un de 1598, au profit de Me. Jacques Mareschal contre Marie Plaissier, femme de Nicolas Bouer, laquelle fut déboutée de l'entérinement de pareilles lettres qu'elle avoit obtenues. Si quelques arrêts ont jugé le contraire, comme celui du sieur de Lucmajour, c'étoit contre des créanciers qui avoient prêté de l'argent à des fils de famille pour fomenter leurs débauches, & s'étoient rendus indignes de la faveur des loix & de la justice. Me. Bataille pour Marie Berault intimée dit, que quoique les lettres par elle obtenues soient fondées sur deux moyens, l'un de force & violence, & l'autre de minorité ; néanmoins MM. des requêtes du palais ont jugé celui de la seule minorité si pertinent, qu'ils n'ont daigné informer de celui de la force & violence : en quoi ils ont jugé conformément à la nouvelle jurisprudence des arrêts, par lesquels la cour reconnoissant la malice des créanciers qui faisoient perpétuellement inférer aux contrats & obligations passés par des mineurs, qu'ils étoient majeurs, & pour colorer & autoriser cette fausse majorité, faisoient inférer & représenter de faux extraits des registres baptistaires ; pour entiérement détourner ces subtilités & malices des créanciers, la cour sans avoir égard à ces affirmations de majorité, ni à ces extraits supposés des registres baptistaires, a cassé & annullé tous les contrats & obligations passés par ceux qui se sont prouvés véritables mineurs, & a entériné les lettres par eux obtenues, pour être restitués contre lesdits contrats & obligations ; jusques-là qu'elle a fait inhibitions & défenses aux notaires de plus inférer telles majorités & extraits des registres baptistaires, à peine de tous dépens, dommages & intérêts. L'appellant devoit savoir la condition de ceux avec lesquels il contractoit. L'intimée prouvant clairement sa minorité, de laquelle même on demeure d'accord lors de l'obligation, il n'y a difficulté quelconque qu'il n'ait été bien jugé. A quoi il conclut.

LA COUR sur l'appel mit les parties hors de cour & de procès, sans dépens ; le jeudi 26 avril 1619.

ª Du Fresne cite l'arrêt sans marquer les circonstances du fait.

CHAPITRE XLV.

Avocat qui a perdu sa matricule, *doit avoir son rang du jour qu'il a plaidé en cette qualité*, & *il ne le perd point par aucune absence.*

LE lundi dernier avril 1629, à l'ouverture du rôle de Champagne, Me. Martinet plaida la cause de Me. Pierre Mallaurat, appellant du lieutenant général du bailliage de Barrois contre la communauté des avocats du même siege & bailliage intimés, qui soutenoient que ledit Mallaurat ne devoit point avoir la préséance devant eux, tant parce qu'il ne rapportoit point l'extrait de la matricule, pour montrer qu'il fût avocat & de quel tems, que parce qu'ayant été fait lieutenant général de la ville de Contrecour, il s'étoit absenté de la ville de Bar & avoit cessé de plaider pendant plus de vingt

ans. A ces deux objections Me. Martinet répondit, qu'il ne rapportoit point l'extrait de la matricule ; 1619. mais qu'il avoit plusieurs pieces justificatives comme l'appellant avoit souvent plaidé & été qualifié avocat dès l'an 1591 ; depuis lequel tems il demandoit seulement son rang ; que pour avoir été fait juge, il n'avoit point perdu le caractère d'avocat ; que nous n'observons point en France la loi derniere *de avocatis diverſ. judicior.* qui veut qu'un avocat perde son rang par son absence ; que cela étoit ainsi décidé par cette loi, parce que les avocats étoient stipendiés du public. Mais qu'en France, où ils n'ont autre objet que l'honneur, ni autre espérance que l'honoraire pour leur récompense, leur absence ne leur pouvoit faire perdre le rang que leur donnoit leur réception & antiquité. Me. Guionniere pour les intimés dit, que la cause leur étoit importante, parce qu'à Bar les anciens avocats faisoient le rapport des procès ; que l'appellant ne rapportant point sa matricule, il ne pouvoit être cru avocat ; qu'il n'y avoit que cette seule piece qui en pût faire foi ; que pour plaider, ou prendre cette qualité, la preuve n'en résultoit aucunement ; que s'étant absenté pendant vingt ans, il n'étoit pas raisonnable de lui donner le premier rang.

LA COUR mit l'appellation & ce, au néant ; évoqua le principal, & y faisant droit, ordonna que l'appellant précéderoit tous les intimés reçus depuis l'an 1591.

CHAPITRE XLVI.

Saiſie réelle d'un office de lieutenant général déclarée nulle ; & *toutefois le débiteur condamné de passer procuration pour réſigner*, & *au payement des sommes dues*, *autres qu'arrérages de rentes*, *contraint par corps*, *les quatre mois passés.*

DAme Marguerite Coſtel étant créanciere légime de Me. Jacques Moreau, lieutenant général civil & criminel au bailliage de Saint-Diſier de plusieurs sommes, entr'autres de trois mille livres d'une part, des arrérages de plusieurs années d'une rente de mille livres & autres sommes, pour en être payée fait procéder par saisie & criées sur l'office de lieutenant général civil & criminel dudit Moreau, qui en interjetta appel, pour lequel Me. Fremin dit, que comme chez les Romains il y avoit deux sortes de milices, les unes qui avoient dignité annexée, & les autres non ; celles-là n'étoient point susceptibles d'hypotheques, & ne pouvoient être vendues & subhastées ; mais bien celles-ci, qui se pouvoient vendre & hypothéquer : de même en France il y a deux sortes d'offices ; les uns vénaux, susceptibles d'hypotheques, qui peuvent être vendus & subhastés, comme sont tous les offices de finances ; les autres, qui ont plus de dignité, sont les offices de judicature, qui ne peuvent être hypothéqués, saisis, criés ni vendus par décret. Toutes fois & quantes que telles questions se sont présentées, la cour a perpétuellement annullé les saisies & criées des offices de judicature, comme ne tombant point dans le commerce : les arrêts en font notoires, un rendu au profit du procureur du roi au préfidial d'Auxerre, un autre au profit d'un conseiller du préfidial de Sens, & infinis autres, par lesquels il conclut à ce qu'il soit dit, qu'il a été mal & nullement saisi & crié, que main-levée soit faite à l'appellant de son office, & l'intimée condamnée en tous ses dépens, dommages & intérêts. Me. Grenet pour l'intimé dit, qu'il est honteux qu'un magistrat lieutenant général de province, qui doit rendre la justice aux autres, se fasse poursuivre & plaider pour payer ce qu'il doit légitimement. Autrefois Lucius Cotta tribun du peuple, fort obéré, se voulant prévaloir de sa charge & dignité de tribun pour s'exempter du payement de ses dettes, les tribuns ses collegues le livrerent eux-mêmes à ses créanciers, *ne unde leges* & *juſtitia naſci debet*, *inde injuria naſceretur.* La cour n'a pas tellement réprouvé telles

1629.

faisies d'offices, qu'elle n'ait souvent condamné les officiers de judicature mauvais payeurs, ou à payer, ou à résigner leurs offices. C'est la requête qu'il fait à la cour, & à ce que l'appellant soit contraint par corps au payement de toutes lesdites sommes, même pour les arrérages de ladite rente.

M. l'avocat général Bignon dit, que quoique le malheur du tems ait rendu tous les offices vénaux, néanmoins par l'espérance qu'on a d'un meilleur tems, la cour n'approuve aucunement cette vénalité pour les offices de judicature, mais la tolere seulement. Toutes fois & quantes qu'il s'est présenté des différends pour l'observation & accomplissement des traités & compositions faites sous certaines peines, pour raison des offices de judicature, la cour a rejetté tels traités & compositions: de même quand les créanciers d'un juge ont fait saisir & crier son office pour être vendu & adjugé par décret, la cour a réprouvé telles saisies par infinis arrêts. Néanmoins pour obliger les officiers de judicature à mieux payer leurs dettes, elle les condamne à payer dans certain tems, icelui expiré, de passer procuration pour résigner leurs offices; autrement que l'arrêt vaudra procuration. C'est ce que demandoit l'intimée par sa requête verbalement faite, qui est civile en ce chef; mais en ce qu'elle demande une contrainte par corps pour les arrérages d'une rente, cela ne se doit.

LA COUR dit qu'il avoit été mal & nullement saisi & crié; fit main-levée à l'appellant de son office; néanmoins le condamna de payer dans quatre mois pour tous délais, toutes les sommes qu'il devoit à l'intimée; faute de ce faire dans ledit tems, le condamna à passer procuration pour résigner son office, autrement que l'arrêt vaudroit & tiendroit lieu de procuration; & ordonna que pour les sommes dues, autres qu'arrérages de rente; il seroit contraint par corps. En la même audience du lundi dernier avril 1629, M. le Jay président.

CHAPITRE XLVII.

Preuve de parenté, sans désigner le degré, suffit pour succéder à un défunt, au préjudice du fisc.

MAître Philippe Lours, prêtre, curé de St. Chely près d'Orléans, étant décédé en 1628, sa succession fut prétendue vacante & acquise au roi par droit de déshérence, par le procureur du roi au bailliage d'Orléans, qui fait procéder à l'apposition du scellé incontinent après le décès. Jacques, Claude & Antoine Clochet freres, exposent qu'ils sont parens de Me. Philippe Lours, & en cette qualité demandent que sa succession leur soit adjugée, & main-levée de la saisie faite à la requête du procureur du roi. Lesdits Clochet font preuve qu'ils sont parens dudit défunt Lours; mais non spécifiquement, & en quel degré; toutefois du consentement du procureur du roi la succession dudit Lours leur est adjugée. Lorsqu'ils veulent s'en mettre en possession, Me. George Hacquin donataire de Monsieur frere du roi, jouissant par appanage du duché d'Orléans, se présente, & empêche l'effet de ladite sentence & prise de possession desdits Clochet; soutient que la succession dudit Me. Philippe Lours est acquise par droit de déshérence à Monsieur frere du roi, duquel il a le don. Mais lesdits Clochet lui ayant opposé la sentence rendue à leur profit, il en interjette appel, pour lequel Me. Gautier le jeune dit, que cette sentence n'est point rendue avec un légitime contradicteur; Monsieur frere du roi jouissant du duché d'Orléans, & l'appellant étant son donataire, lui seul étoit partie capable de contester contre les intimés, & le roi n'y avoit plus d'intérêt, ni par conséquent le procureur du roi; ainsi tout ce qui a été fait avec lui, est nul. Les intimés ne font point parens du défunt, & les enquêtes qu'ils ont faites outre qu'elles sont nulles, ne justifient pas qu'ils soient aucunement parens, & ne désignent point de degré; mais les témoins déposent vaguement, in-

certainement d'avoir oui dire, que les intimés étoient parens de défunt Lours; cela n'est pas suffisant, il faut rapporter une preuve certaine & concluante pour exclure l'appellant, Me. Doublet pour les intimés dit, que l'appellant n'ayant point paru, ni même s'étant point présenté après le décès de Me. Philippe Lours, la procédure faite touchant sa succession avec le procureur du roi sur les lieux, est bonne & valable. Par les enquêtes faites à la requête des intimés il y a assez de preuve qu'ils sont parens du défunt qui en a qualifié un son cousin, par un mémoire qu'il a écrit en son papier journal, que Jacques Clochet son cousin étoit venu voir. En ces matières il ne faut point de preuves claires & certaines: il suffit de prouver qu'on soit parent in quocumque gradu, parce que le fisc n'est point favorable, & ne peut être admis, qu'après tous les parens.

M. l'avocat général Bignon dit, que bien-loin que la procédure faite par les intimés avec le procureur du roi sur les lieux soit nulle, au contraire il étoit seul partie capable de défendre & contester les prétentions des intimés, & non l'appellant, qui n'est pas même recevable d'agir en qualité de donataire, telle qualité n'étant reçue, que le don n'ait été vérifié en la chambre des comptes. Au principal, les intimés n'ont pas fait une preuve certaine & constante de la parenté qu'ils avoient avec défunt Lours, & en quel degré elle étoit; aussi n'est-il pas nécessaire de le rapporter si précise & spécifique; mais un bruit commun, & une preuve telle quelle de parenté in quocumque gradu, sans le pouvoir nommer, ni spécifier, est suffisante pour exclure le fisc. Fiscus post omnes parentes, etiam in centesimo gradu. Cela se pratique ainsi, au rapport de Chopin, de Loiseau & de Bacquet.

LA COUR mit l'appellation au néant; ordonna que ce dont étoit appel, sortiroit son plein & entier effet; condamna l'appellant aux dépens. Le vendredi 4 mai 1629, à l'audience de relevée, M. Potier de Novion président.

CHAPITRE XLVIII.

Propriétaire d'une petite portion de maison peut à consentement des autres copropriétaires, expulser le locataire, pour l'habiter.

MAître Jacques Coicault Sr. de la Riviere, avocat en parlement, ayant pris à louage une maison assise en la ville de Paris, de demoiselle Magdeleine Miron, veuve du Sr. Chouart, pour le tems & espace de six années finissant en 1632, moyennant le prix & somme de cinq cents livres par an; Me. Nicolas Cousinet correcteur en la chambre des comptes, en 1628, ayant épousé une des filles du Sr. Chouart, & de ladite demoiselle Miron, fait assigner Me. Coicault par devant messieurs des requêtes du palais aux fins de voir dire, qu'il vuideroit ladite maison, & lui en laisseroit la possession libre comme propriétaire en partie, & défrant l'occuper en personne; ce qui est ainsi jugé par sentence de messieurs des requêtes du palais, sans adjuger aucuns dommages & intérêts à Me. Coicault, dont il interjette appel, pour lequel Me. Brodeau dit, que la maison louée à l'appellant étant un conquêt de la communauté, la moitié en appartient à la demoiselle Miron, & l'autre moitié à ses enfans, qui sont au nombre de huit, & par conséquent la seizième portion seulement de la maison louée appartient à la femme de l'intimé, qui ne peut prétendre d'user du privilege accordé au propriétaire de la maison par la loi Æde. C. De locato & conducto, qui ne se donne qu'au propriétaire du total de la maison, comme il résulte des termes & des mots de cette loi: Si in solidum pensionem non solverit, & si dominus eam propriis usibus necessariam demonstraverit; où ces mots in solidum, & ce terme dominus, au singulier, montrent qu'elle n'a été faite & ne peut avoir lieu que pour le propriétaire du total de la maison. C'est un privilege introduit par la disposition de cette loi, lequel étant personnel, ne peut être étendu ni communiqué à autre qu'à celui auquel la loi le donne. Il a été jugé par arrêt prononcé en robes rouges, que ce privilege & la disposition de la loi ne pouvoit s'étendre aux petits enfans du propriétaire du total de la maison. L'habitation étant une servitude personnelle, elle ne peut être cédée, doit être exploitée en propre personne. Par deux arrêts, l'un rendu contre un propriétaire qui avoit moitié en la maison louée, l'autre rendu contre un propriétaire qui y avoit le tiers, on a jugé que le privilege n'avoit point de lieu, & ne se pouvoit donner, qu'au propriétaire du total de la maison; & à plus forte raison, il doit être dénié à l'intimé, qui n'y a qu'une seizieme portion. *Iniquum visum est voluntatem unius & modica forté portiuncula dominii præjudicium facere,* dit Ulpien en la loi *Si autem. De aqua & aqua pluvia arcendæ.* En tout cas il falloit avoir adjugé des dommages & intérêts, quoique l'appellant ne s'y veuille aucunement restraindre, mais subordinément seulement. Me. Cabat pour l'intimé dit, que l'appellant est chagrin, de ce qu'on ne lui a point adjugé de dommages & intérêts; il a acquiescé à la sentence, qui d'ailleurs est juridique. L'intimé a cession de tous ses freres, ainsi il a la moitié en la maison, & l'on ne lui doit point envier l'habitation.

LA COUR sur l'appel mit les parties hors de cour & de procès; néanmoins prolongea le terme de vuider à l'appellant de six mois; le jeudi 17 mai 1629.

* L'arrêt est cité dans du Fresne, qui suppose que la sentence avoit jugé le contraire; mais le témoignage de Brodeau suffit, *lett. L. somm.* 4, pour justifier l'exactitude de l'auteur.

CHAPITRE XLIX.

Douaire promis par le pere au nom de son fils, est la dette du fils.

EN la cause de Pierre Bourrette & consorts, appellans de la sentence du bailli d'Angers ou son lieutenant, qui avoit infirmé la sentence du prévôt, par laquelle il avoit condamné les héritiers d'Antoine Bourrette de payer & acquitter les appellans de cent livres de rente promise à Anne Bellecour, femme dudit Antoine Bourrette, & mere desdits intimés, par Jean Bourrette pere dudit Antoine Bourrette & des appellans: Me. Brodeau pour les appellans dit, que ledit Antoine Bourrette contractant mariage avec Anne Bellecour, Jean Bourrette pere du futur époux intervint au contrat, & s'obliga au payement du douaire stipulé & préfix de cent livres par an, lequel étant dû par le prédécès d'Antoine Bourrette, a demandé par sa veuve aux appellans héritiers dudit Jean Bourrette leur pere commun, c'est aux enfans & héritiers d'Antoine Bourrette de payer & supporter cette dette faite pour & au nom de leur pere. Jean Bourrette son pere n'y étoit entré au cause de sa minorité, & pour assurance de la femme. Le douaire est *virum vel virginis*, le prix & la récompense de la virginité de la femme, auquel par conséquent est tenu le mari, qui a le fruit de cette pudicité: autrement si le pere payoit cette somme, ce seroit un avantage indirect. On objecte que les intimés ont transigé avec les appellans, & leur ont cédé, remis & quitté tous les droits & actions qui leur pouvoient appartenir en la succession de Jean Bourrette leur aïeul, à cause de leur pere; mais cette transaction ne les acquitte & garantit que des dettes de leur aïeul, & non de ce douaire qui est une dette de leur pere. Me. le Feron dit, que le pere s'étant volontairement obligé pour son fils, il n'a pas voulu le charger du payement de ce douaire: d'ailleurs, les appellans en sont tenus par la transaction qu'ils ont passée ensemble, par laquelle ils leur ont cédé tous les droits

successifs qui appartenoient à Antoine Bourrette leur pere, ainsi de son chef ils ne peuvent être tenus au payement d'aucunes dettes de la succession de Jean Bourrette leur aïeul.

LA COUR mit l'appellation & ce, au néant; émendant & corrigeant, ordonna que la sentence du prévôt, qui avoit condamné les intimés à payer tout le douaire, sortiroit son plein & entier effet; le vendredi de relevée 18 mai 1629.

EN la même audience on plaida une autre question de douaire, qui fut appointée, & depuis décidée par arrêt du 28 mai 1633, rapporté en forme dans du Fresne; ainsi l'on a cru qu'il étoit inutile d'en répéter ici le fait & les moyens recueillis par l'auteur.

CHAPITRE L.

Deniers destinés à achat d'héritages, (pour être propres à la future & aux siens, & avec clause, qu'à défaut d'emploi le futur constitue rente sur ses biens) sont purement mobiliaires en la succession de l'enfant issu du mariage, quoiqu'il soit décédé mineur.

LE lundi 29 mai 1629, au rôle de Poitou, on plaida la cause de Pierre & Jean Olivier, appellans de la sentence du sénéchal d'Anjou ou son lieutenant, par laquelle il avoit ordonné, qu'une somme de mille livres dans la succession de François de la Croix seroit par provision partagée également entre les appellans, & Jacques & Claude de la Croix oncles du défunt intimés. Les appellans soutenoient que la somme de mille livres appartenoit entierement aux appellans, à l'exclusion des intimés, parce que François de la Croix & Marguerite Olivier contractant mariage en 1600, stipulerent, que de tous les biens appartenans à ladite Olivier la somme de six cents livres seulement seroit prise & levée pour entrer en la communauté, & que tout le surplus desdits biens seroit employé en achat d'héritages, qui seroient propres à ladite Olivier, ses hoirs & ayans cause, & qu'à faute d'avoir fait ledit emploi en achat d'héritages, constant le mariage, ledit François de la Croix futur époux se constituoit débiteur d'une rente au denier quinze de toute la somme qu'il pourroit avoir reçue de ladite Olivier sa femme. Marguerite Olivier par son décès délaissa trois enfans: on leur créa un tuteur, qui fit instance à François de la Croix leur pere pardevant le prévôt d'Angers. Sur quoi, de l'avis des parens, fut passée transaction, par laquelle le pere délaisse une maison & quelques héritages à ses enfans pour la somme de 5000 livres qu'il se trouvoit avoir reçue de sa femme. Les trois enfans décédent pareillement en minorité: il y eut instance pardevant le prévôt d'Angers touchant leur succession entre lesdits de la Croix, & lesdits Olivier. Les derniers parens maternels soutenoient, que toute la succession desdits enfans leur appartenoit, à l'exclusion desdits de la Croix parens paternels, qui en demeuroient d'accord à l'égard des fonds & héritages délaissés par le pere par la transaction; mais pour la somme de mille livres qui restoit entre les mains du tuteur, soutenoient qu'elle devoit être partagée également. Sur quoi le prévôt d'Angers rend sa sentence, par laquelle il adjuge toute la succession auxdits Olivier parens maternels, à l'exclusion desdits de la Croix parens paternels. Ils en interjettent appel au présidial, qui ordonne que par provision ladite somme de mille livres sera partagée également entre lesdits de la Croix parens paternels, & lesdits Olivier parens maternels, dont appel en la cour. M. Talon pour les appellans dit, que la question a été autrefois fort agitée au palais, si la seule destination des deniers en achat d'héritages les affectoit tellement, que les seuls parens de ceux qui avoient baillé ces deniers, y succédassent à l'exclusion des autres parens. La jurisprudence des

1629.

arrêts a terminé cette question, & jugé, que la seule destination des deniers en emploi d'héritages pour être propres à la future & aux siens, n'est que pour empêcher que tels deniers n'entrent en la communauté, & non pour les faire passer aux héritiers du côté & estoc de celui qui a apporté ces deniers. Pour donner cet effet à la clause, il faut dire que les héritages seront propres à la future & aux siens de son estoc & ligne. A la vérité, cette stipulation n'est pas ainsi faite au contrat de mariage de François de la Croix & Marguerite Olivier. Ces mots *de son estoc & ligne* n'y sont pas; mais il y en a d'équivalens & équipollens. La rente que le mari a vendue & constituée sur soi faute de l'emploi des deniers en achat d'héritages, est de pareille force, suivant l'opinion de M. Charles du Moulin en son apostille sur l'*art.* 17 de la coutume de Nivernois, au titre *des droits appartenans à gens mariés*; & de Chopin sur la coutume de Paris, où il rapporte un arrêt donné contre M. le premier président le Maistre. Ainsi la somme entiere appartient aux appellans. On leur objecte que la rente est rachetée; mais c'étoit une rente appartenant à des mineurs, & le rachat n'en change point la nature, suivant l'*art.* 94 de la coutume de Paris pratiqué universellement par tout le ressort du parlement. Me. Deschamps pour les intimés dit, qu'il est question d'un reliquat de compte dû par le tuteur, & non des deniers touchés par défunt François de la Croix; ainsi ce reliquat étant purement mobiliaire, doit être partagé également. La stipulation apposée au contrat de mariage, *pour ses hoirs & ayans cause*, ne s'entend que des héritiers en ligne directe, & non des collatéraux. Ce mot *hoirs* signifie enfans. *Si sine hærede moriaris, id est, sine liberis, L. Ex facto §. ult. Ad Senatusc. Trebell.* La rente constituée par le pere étoit rachetable deux ans après la dissolution du mariage nécessairement. Ainsi cette rente n'est pas considérable. Et conclut au bien jugé, & évocation du principal.

LA COUR mit l'appellation & ce dont étoit appel, au néant; évoqua le principal, & y faisant droit, ordonna que ladite somme de mille livres seroit partagée également entre les appellans & les intimés; sans dépens.

CHAPITRE LI.

Résignant en extrêmité de maladie, qui a fait des actes approbatifs de sa résignation en convalescence, n'est plus reçu au regrès.

MAître Pasquier Civienne, prêtre, pourvu de trois bénéfices, du prieuré de St. Liembault, & de deux chapelles au diocese de Troyes, étant malade au mois de juillet 1625, résigne ses bénéfices à Me. Robert Bertaud. Cette procuration ne fut point exécutée, & Civienne en donna une autre au mois de décembre, par laquelle il résigna ses bénéfices en cour de Rome en faveur dudit Bertaud, & *purè & simpliciter in manibus ordinarii.* L'ordinaire pourvut Bertaud desdits bénéfices: il en prit possession au mois de janvier 1626, & y demeura paisible jusques au mois de janvier 1628, que ledit Civienne obtint lettres pour être reçu à rentrer en ses bénéfices, nonobstant les résignations qu'il en avoit faites en extrêmité de maladie, & sur l'entérinement fit assigner Bertaud pardevant le prévôt de Paris, qui reudit sa sentence, par laquelle il débouta Civienne de l'effet & entérinement de ses lettres, & néanmoins condamna Bertaud à lui délaisser le tiers du revenu des bénéfices pour en jouir sa vie durant par forme de pension alimentaire: dont Civienne interjetta appel, pour lequel Me. Martinet dit, qu'il paroît par certificats des médecins & apothicaires qui ont traité l'appellant, qu'il étoit malade au tems de la premiere & de la seconde résignation, & par conséquent est bien foudé

à requérir le regrès, & de rentrer en ses bénéfices, suivant la jurisprudence d'une infinité d'arrêts: celui de St. Innocent, de la cure d'Ourouer, la chanoinie du Mans, & un grand nombre d'autres notoires à tout le barreau, par lesquels on a trouvé ce regrès si favorable, & telles résignations faites par des personnes malades à l'extrêmité, tellement nul les, que la même jugé que la regle De pacisicis possessoribus n'y a point de lieu, & qu'ils peuvent rentrer en leurs bénéfices. Le prévôt de Paris avoit bien préjugé cela par la pension qu'il a voulu créer au profit de l'appellant; ce qu'il n'a pu faire. Et ainsi conclut à l'entérinement des lettres. Me. Brodeau dit, qu'il a attestation des notaires qui ont reçu la procuration du mois de décembre 1625, que l'appellant étoit lors en pleine santé; '& il n'en fait point d'autre preuve, sinon que la procuration est passée en la maison d'un des notaires. Elle n'est point *in favorem*, mais pure & simple entre les mains de l'ordinaire, lequel ayant pourvu l'intimé des bénéfices contentieux, il en a joui deux ans entiers, l'appellant y veut rentrer, & ne le peut, parce que le regrès ne peut avoir lieu, quand le bénéficier a abdiqué & abjuré son bénéfice purè & simpli citer, mais bien quand il l'a résigné *in favorem* de quelqu'un qui le veut retenir contre son gré. Quant à la pension réservée pour le prévôt de Paris, il demeure d'accord, qu'il est mal jugé, supplie la cour de le recevoir appellant de ladite sentence. Et conclut à ce que l'appellant soit débouté purement & simplement de ses lettres.

M. l'avocat général Bignon dit, que si les lettres qui s'expédient pour l'Italie, Espagne & autres pays d'obédience, touchant les regrès aux bénéfices, s'obtenoient pareillement pour être pratiqués en ce royaume, l'appel comme d'abus de l'exécution en seroit très-bon; néanmoins la cour l'a approuvé & admis par plusieurs arrêts, mais fondés sur des particularités & grandes circonstances, lorsqu'on voit des personnes moribondes, constituées à l'extrêmité de la vie, qui ont abdiqué & résigné leurs bénéfices à des domestiques ou autres ingrats qui veulent les en dépouiller; mais on ne peut pour cela établir une regle & loi indubitable du regrès sur les arrêts qui ont été rendus. Les avocats en plaidant ont avancé deux fausses maximes. L'appellant, en ce qu'il a dit, que le regrès est tellement favorable, & si bien reçu, que même la regle *De pacificis possessoribus* n'empêche point que le résignant ne puisse rentrer en son bénéfice: ce qui est faux; au-contraire le résignant moribond doit se pourvoir promptement; autrement il n'y est plus recevable. C'est par-là qu'il faut juger cette cause, l'appellant ne s'étant pourvu que deux ans après la prise de possession de l'intimé, & ainsi trop tard. L'avocat de l'intimé a aussi avancé une fausse maxime, en ce qu'il a dit, que le regrès ne peut avoir lieu qu'aux résignations *in favorem*, quand on choisit son successeur; & non aux résignations pures & simples. Tout au-contraire le regrès est plus favorable aux résignations pures & simples, parce qu'il est vraisemblable qu'elles ne se font que par un homme qui est hors d'espérance de vie, & qui ne pourroit pas survivre pour obtenir l'expédition sur une résignation *in favorem*, par le moyen de laquelle l'on a en outre la consolation de choisir un successeur. Quant à la pension réservée par le prévôt de Paris, il avoit notoirement mal jugé, parce qu'il ne lui appartient point de prononcer de la sorte, mais à la cour seule; ainsi il y a lieu d'infirmer la sentence. Toutefois la cour par son équité peut conserver cette pension à l'appellant.

LA COUR reçut la partie de Me. Brodeau appellant, le tint pour bien relevé; & faisant droit sur cet appel, ensemble sur celui de la partie de Me. Martinet, mit l'appellation, & ce dont étoit appel, au néant; émendant & corrigeant, débouta l'appellant de l'effet & entérinement de ses lettres, sans dépens; le jeudi dernier jour de mai 1629.

Brodeau cite l'arrêt, *lett.* B. *somm.* 13.

CHAPITRE LII.

CHAPITRE LII.

Pere qui a des enfans d'un premier lit, convolant en secondes noces, peut convenir que les enfans qui en naîtront, n'auront qu'une certaine somme dans sa succession, si mieux n'aiment se tenir à leur légitime.

LE lendemain vendredi premier juin 1629, M. le président de Bellievre prononça solemnellement & en robes rouges l'arrêt qui suit: procès s'est mu pardevant le prévôt de Paris ou son lieutenant civil, entre Magdeleine Roger, veuve de Louis de Vouge, vivant apothicaire en cette ville de Paris, tant en son nom, que comme tutrice de Susanne de Vouge fille dudit défunt & d'elle, d'une part; & Anne de Vouge autorisée par justice au refus de son mari, héritiere par bénéfice d'inventaire dudit défunt Louis de Vouge son pere, défenderesse, d'autre part. Ladite Roger demanderesse a conclu à ce que la délivrance lui fût faite de ses conventions matrimoniales; & qu'entérinant les lettres obtenues contre les clauses de son contrat de mariage, partage égal de tous les biens, dont ledit de Vouge s'est mort vêtu & saisi, fût fait entre ladite Anne de Vouge défenderesse, ladite Susanne de Vouge, & défunt Pierre de Vouge, enfans de la demanderesse, & que les meubles échus audit Pierre de Vouge son fils, par la succession dudit Louis de Vouge son pere, lui fussent adjugés & délivrés, comme étant héritiere mobiliaire de sondit fils. Pour obtenir ses fins & conclusions, elle disoit qu'au mois de juin 1625, mariage a été contracté entre elle & ledit défunt Louis de Vouge, qui lui a fait don de la somme de douze cents livres pour tout droit de communauté & autres avantages qu'elle auroit pu prétendre sur ses biens après son décès, somme fort modique, eu égard aux biens dudit de Vouge, & à son grand âge de 65 ans. Et à l'égard des enfans à naître dudit mariage, il les apauna chacun de la somme de neuf cents livres pour toute part & portion qu'ils pourroient espérer en sa future succession. De ce mariage sont issus Susanne & Pierre de Vouge, qui ont survécu à leur pere, & doivent lui succéder également avec Anne de Vouge leur sœur consanguine, sans avoir égard à cette clause, par laquelle on a voulu modérer & réduire leur portion héréditaire à cette somme si modique de neuf cents livres. Pour être restituée contre la clause, elle a obtenu les lettres dont l'entérinement est requis, & qui ne reçoivent point de difficulté, parce que telles pactions sont réprouvées par les loix, qui ne permettent ni n'approuvent les renonciations faites aux successions futures, *L. Pactum. C. De pactis. L. Pactum. C. De collat. Quia turpes stipulationes nullius sunt momenti, L. 16. De verb. obligat.* Autrefois c'étoit une grande question, si les pere & mere pouvoient ainsi librement disposer de leur bien, & le tout donner à l'un, & rien ou fort peu aux autres; mais la question a cessé par le moyen de la disposition de la coutume de Paris, en l'art. 303 qui dit, que pere & mere ne peuvent par donation entre vifs, testament ou autrement, en maniere quelconque, avantager leurs enfans venans à leur succession, l'un plus que l'autre. La coutume a par-là réduit les choses à l'égalité, qui est la premiere partie d'équité, au préjudice de laquelle le pere n'a pu par les clauses illicites faire breche au droit public, & en effet exhéréder ses deux enfans & d'elle demanderesse, lesquels au-contraire, ayant survécu leur pere, lui doivent succéder également avec ladite Anne de Vouge leur sœur consanguine. Elle demeure d'accord que Pierre de Vouge a survécu son pere, & ne peut par conséquent contester qu'il n'ait été son héritier, & que la demanderesse sa mere ne soit héritiere mobiliaire. C'est impiété de lui dénier cette succession funeste, que la loi défere Σρωνεῖ τὸ μηρί par une espece de consolation à la mere qui pleure la perte de son fils, & encore de son pere.

Tome I.

Au-contraire, Anne de Vouge défenderesse disoit, que ces enfans qu'on veut qualifier ses freres & héritiers de son pere, sont illégitimes, parce que au même tems de ce prétendu mariage de la demanderesse avec son pere, elle étoit mariée avec André Pacault compagnon charpentier, par contrat du 11 février 1624, passé à Paris en la présence dudit de Vouge pere, en la maison duquel la demanderesse, quittant ce premier mari, a comme une autre Megere porté le flambeau de discorde & de division. Sa juste défense l'oblige à ne point dissimuler cette poligamie, à ne pas épargner la mémoire de son défunt pere, qu'elle accuse à regret. D'ailleurs, il lui est facile de montrer la nullité de ce mariage, par la considération des qualités des parties, par celle de la demanderesse pauvre servante de cuisine, infiniment inégale en biens & en extraction au pere d'elle défenderesse. Aristote a remarqué que le peu de bonheur des Lacédémoniens procédoit de ce qu'ils ne prenoient pas garde à leurs alliances. Il l'avoit appris de son maître Platon, qui ne recommande rien tant, puisque les enfans nous conduisent à l'immortalité, *ne prole fœdâ deturpet prolem inclitam*; ce qui a fait conclure à l'épigramme grecque, que la servante ne doit jamais devenir maîtresse. Et St. Paul en la premiere aux Corinthiens: *Mulier gloria viri est, id est, imago.* C'est le portrait & l'honneur du mari, quand la femme est égale au mari; mais quand il y a de l'inégalité, elle en est le déshonneur: cette harmonie, cette douce concorde du mariage n'en peut naître. Par ce premier contrat de mariage de 1624, la demanderesse ne se constituoit que deux cents livres en dot, & on lui donnoit soixante livres de douaire. Il falloit qu'elle eût dépensé ces deux cents livres, puisque par ce dernier contrat elle ne se constitue rien du tout en dot. *Dos est concubinatu contrarium, & matrimonii indicium*, dit l'empereur qui a le plus favorisé les femmes. Quoique dans le christianisme nous naissions tous libres, principalement en ce royaume de France, qui par son antiquité a retenu l'effet comme le nom de la liberté; néanmoins le concubinage y est entierement réprouvé, la concubine n'étant pas la femme d'honneur & de révérence, mais de concupiscence; & saint Ambroise au sermon 65 remarque qu'Herodiade demanda la tête de saint Jean-Baptiste, parce qu'il réprouvoit le vice d'adultere & de fornication, par l'annonciation de la venue du vrai époux de l'église. La demanderesse ayant commencé par la prostitution, ne pouvoit consommer un vrai & légitime mariage; aussi n'y a-t-il point eu de bénédiction nuptiale. On reconnoît par-là l'inconstance & la fragilité de l'homme, qui plus il approche du port, plus est en péril de faire naufrage, & peut supporter facilement toutes choses, excepté son bonheur & sa félicité. Son pere âgé de près de soixante & dix ans a été malheureusement séduit par la demanderesse vile servante, en ce grand âge auquel il ne pouvoit plus résister; ensuite elle s'est efforcée d'en extorquer une promesse de mariage, ce qu'elle n'a obtenu qu'après un an d'importunités, & après la naissance de cette fille, & encore avec de grandes difficultés &.des marques d'une conscience ulcérée & d'une volonté forcée. Ce contrat, sur lequel la demanderesse veut appuyer son prétendu mariage, & qui en effet lui devoit confirmer, est la piece qui le détruit par tous les indices plutôt d'un concubinage, que d'un véritable mariage. Le défunt demeurant dans la rue saint Honoré, envoya chercher des notaires à la porte saint Michel pour recevoir ce contrat, de peur que la chose ne fût connue; il n'y a aucune dot, nulle communauté; clause que cette fille & autres enfans qui pourroient naître de ce mariage, ne pourroient être admis en succession, mais auroient 900 livres seulement pour tout ce qu'ils y pourroient prétendre, même à la charge de reversion aux enfans de son premier lit. Il donne à la demanderesse 1200 livres pour les bons services qu'il a reçus d'elle, stipule qu'elle le servira sain & malade, & promet de la traiter doucement. Ce contrat passé avec tous ces beaux éloges, a été exécuté de la sorte, sans cérémonie, publication d'un seul ban, dispense des deux autres, bénédiction devant jour,

Y y y

en la préfence de deux témoins inconnus, fans affiftance d'aucuns parens. *Nulli coire propinqui, conveniunt taciti.* Homere décrivant fa cité de paix dit, que les mariages s'y faifoient publiquement & folemnellement. En la primitive églife de même ; & depuis par les conciles cela eft étroitement commandé. On voit par-là plutôt les marques d'un concubinage, qu'aucune apparence de mariage, *Sic honeftum nomen velandæ turpitudini obtendunt ; aut enim ille adulter uxoris eft, & hac meretrix viri*, dit faint Auguftin. Il ne lui portoit autre affection, que parce qu'il ne la pouvoit quitter ; donc il n'y a point de mariage, *cùm vis facramenti non conferatur invito.* Et le confentement eft la premiere & principale partie du mariage, témoin le mariage des païens convertis, que le concile de Trente déclare bon & valable, fans autres cérémonies ni folemnités. A ces moyens la demandereffe difoit, qu'au-lieu de repliquer elle fe trouve obligée de fe défendre, pour fe juftifier & purger la mémoire du défunt. La défendereffe fille dénaturée, ayant perdu toute honte, fe laiffant porter à fa paffion, pour ravir le bien d'un pere, l'accufe témérairement d'un crime capital, auquel la mort feule des coupables pourroit fervir d'expiation : elle fuppofe malicieufement que la demandereffe étoit en même tems mariée avec un autre homme, & que le défunt le favoit, contre la vérité de ce qu'elle a pu reconnoître par le contrat fait avec André Pacault, au pied duquel eft le défiftement de ce prétendu mariage, fait d'un commun confentement des parties, après inftance portée pardevant l'official de Paris. Philon juif a très-bien remarqué que le commandement de Dieu, d'honorer fon pere & fa mere, commence en l'une des tables, & finit en l'autre, pour montrer, dit il, qu'il participe de la loi immortelle & de la mortelle, & que ceux qui y contreviendront feront punis dans les deux tribunaux, le divin & l'humain : *Cujus fupplicio non debuit una parari cymia, non ferpens unus, non culeus unus.* Quant à la nullité du mariage qu'on veut tirer de fon extraction, de fa pauvreté & de fa qualité de fervante, cela eft impertinent, elle eft fille d'un notaire royal de la ville de Langres, d'auffi bonne extraction que le défunt. La pauvreté n'eft aucunement confidérable au mariage. *Amicitia pares efficit, aut accipit.* Si ce moyen étoit confidérable, les chrétiens qui honorent le mariage du nom de facrement, feroient beaucoup défavantagés au-deffous des païens, dont les plus fages ne recherchent que l'honneur & la pudicité au mariage. *Plures fine dote uxores duxere*, dit Seneque. De lui objecter qu'elle étoit fervante, cela n'eft pas fupportable, puifque parmi les chrétiens l'efclavage & la fervitude ont entierement ceffé par une rédemption fi abondante, qu'elle nous a tous rendus francs & d'une condition égale, comme les Romains & les Lombards, qui ont tracé leurs loix fur les nôtres en ce point, l'atteftent ; & que pour marque d'affranchiffement, on faifoit rafer les cheveux. Philon rapporte que le mariage ayant ainfi été rendu égal par tout le monde, il fe trouvoit des chrétiens fi charitables, qu'ils époufoient des filles proftituées & abandonnées, pour les retirer du vice & de la lubricité, & les remettre en la voie de la continence & de la chafteté ; même par les loix civiles il y avoit peu de différence entre la femme & la concubine, *toto tit. De concubinis.* La femme légitime étoit appellée femme, & la concubine étoit appellée femme concubine. Les rabins remarquent qu'Abraham, ce pere des croyans, *uxorem habuit concubinam.* Chez les Romains il y avoit trois fortes de mariage. *Primum, per confarrationem ; fecundum, per conjugationem ; tertium, per ufum.* Le premier étoit le mariage de folemnité ; le fecond, de condition ; & le troifieme, fans cérémonies. La même chofe fe pratiquoit en la primitive églife, où l'on cherchoit principalement à empêcher l'adultere & la fornication, comme il fe voit en plufieurs textes, & faint Ambroife en fon fermon 65 dit, qu'on donnoit la liberté à une efclave concubine pour rendre fes enfans légitimes. Quant à la difparité des âges, cela eft pareillement abfurde, parce que les docteurs, même médecins, ont réfolu

que le mariage des vieillards eft bon & valable ; & paffant plus outre en difent autant d'un mariage d'un moribond, fans diftinguer s'il eft capable de le confommer, ou non, quoique le mariage ne foit inftitué que pour la procréation des enfans. Si l'accompliffement du mariage a été différé après la naiffance de la fille, ce n'a été que par l'impreffion de la défendereffe & de fon mari, qui empêchoient le défunt & l'intimidoient. Il a fait baptifer les enfans en fon nom & en fa préfence, & enfin pour libérer fa confcience a acquitté fa promeffe, paffé le contrat, & accompli le mariage, auquel il n'y a rien à redire. Les claufes y ont été appofées par la même impreffion de la défendereffe & de fon mari ; mais elles ne peuvent en rien altérer la validité du mariage. La bénédiction a été folemnelle, & non clandeftine, en la préfence des parens communs, quoique l'âge du défunt le pût valablement difpenfer de toutes ces cérémonies externes, prefcrites par l'églife, approuvées par le concile ; & confirmées par nos ordonnances. Quand on ne pourroit point rapporter de preuve de cette bénédiction nuptiale, le mariage n'en feroit pas moins valable, & les enfans moins légitimes, *L. fi donationum. C. De nuptiis. L. 6. C De his qui funt fui, vel. al. Nov.* 117. *cap.* 4. Il y a eu des enfans après le mariage, qui le confirment entiérement. *Ex matrimonio proles fidei eft facramentum.* Elle a affifté fon mari jufques à fon décès, arrivé par une fâcheufe & périlleufe pefte, qui ne l'a point contrainte de l'abandonner, comme fi elle avoit été mercenaire ; mais au-contraire l'ayant toujours fervi & affifté, elle lui a en cela témoigné affez d'affection, quand elle ne lui en auroit point montré par le paffé. Au mariage il y a deux effets, l'un ecclefiaftique & divin, & l'autre civil, l'un du contrat & l'autre du facrement. Tous ceux qui paffent par le facrement, purgent & effacent entiérement toutes les taches qu'on leur pourroit objecter. *Meretricem inveni, fponfam feci ; fœdam & deformem inveni, pulchram & decoram reddidi*, dit faint Auguftin. Le contrat & le facrement égalent tous les enfans nés devant & après le mariage. Sur ces moyens eft intervenue fentence du prévôt de Paris, par laquelle il a déclaré le contrat de mariage de la demandereffe avec défunt de Vouge, exécutoire contre la défendereffe fa fille & héritiere pour la fomme de douze cents livres & intérêts, dès le jour de la demande, avec les habits, bagues & joyaux de la demandereffe : & entérinant les lettres obtenues par ladite demandereffe au nom & comme héritiere de fes enfans, a ordonné que partage égal de tous les biens de la fucceffion dudit de Vouge feroit fait entre la défendereffe & ladite Sufanne de Vouge fille de la demandereffe, à laquelle feroient baillés tous les meubles échus & avenus à la part & portion dudit Pierre de Vouge fon fils, & fans dépens. De cette fentence Anne de Vouge défendereffe a interjetté appel, lequel ayant été mis au rôle, & n'ayant la caufe été appellée, a été appointée au confeil, fuivant le réglement ordinaire, caufes & moyens d'appel baillés, par lefquels l'appellante a dit qu'elle reconnoiffoit véritable le dire de la fageffe, qu'il y a trois chofes qui apportent le trouble & la divifion au milieu de la concorde. La premiere, quand ceux qui font nés pour obéir veulent commander. La feconde, quand l'impiété eft reconnue. La troifieme, une fâcheufe femme. Mais la quatrieme, infupportable, quand une fervante préfomptueufe veut devenir une maîtreffe infolente. Autrefois tels mariages étoient déclarés nuls, mais maintenant ils font bons & valables ; toutefois empruntant leur validité des contrats qu'on en fait, il faut s'y arrêter fans pouvoir aller contre. *Nec legis noftra beneficio perficiantur hi, qui eam contemnendam effe cenfuerunt*, dit l'empereur. Si Pierre de Vouge vivoit, il ne pourroit pas objecter à fa fœur le défaut de ce contrat de mariage, par le moyen duquel il feroit rendu légitime. Le plus fage des Grecs aima mieux mourir pour obéir à fa fentence, que de vivre dans la honte & le reproche d'avoir donné une fentence peu jufte ; & à laquelle il n'auroit point voulu acquiefcer ; de même l'intimée ne peut fyncoper ce contrat de mariage, &

l'approuver pour la validité du mariage & légitimation de ses enfans , & l'impugner pour les clauses & dispositions. Il y faut acquiescer & s'y tenir entièrement. Le contrat de mariage est le plus précieux de tous ceux qui se font parmi les hommes , qui donne les loix & les regles aux familles , tout ce qu'on y infere doit être inviolablement observé , & de point en point exécuté. *Tabularum nuptialium maneat æterna auctoritas & inconcussa fides.* On ne peut impugner le contrat sans aucunement violer le sacrement. De tout tems cela s'est religieusement observé en France, comme il se voit in Leg. Ripuar. & in tit. De feudis. §. Filii , si de feudo defuncti controv. Et la loi salique tirée des Français saliens au titre *De filiis natis ex matrimonio ad morganat. contracto* , où telles clauses pour l'apanage des enfans sont bonnes & valables. Par le droit divin même les enfans de deux femmes ne partagent point également. Ceux qu'Abraham eût de Ceteura , ne partagerent point avec Isaac. En ce tems où la poligamie étoit permise , *Ut propagarent nomen fidelium , non in verbo desiderii , sed in opere generationis;* il leur étoit aussi permis de disposer de leur bien selon leur volonté , à l'intention de la religion. Si cette maxime se pratiquoit aujourd'hui , l'on ne verroit pas tant d'enfans illégitimes abandonnés. A quoi l'intimée répondoit , que l'appellante a mis en avant une involution de faits pour donner quelque atteinte au jugement de la cause, qui ne consiste qu'en une question de droit coutumier, clairement & nettement décidée par la coutume de Paris, art. 303 , qui prohibe aux pere & mere d'avantager un de leurs enfans plus que l'autre, par quelque contrat ou disposition que ce soit. La distinction qu'on veut apporter des enfans nés avant ou après le mariage , est fort inutile , puisque les enfans nés avant le mariage étant légitimés, sont de pareille condition que ceux qui sont nés après le mariage contracté. Il y a bien de la différence entre ceux qui sont légitimes par le prince , & ceux qui sont rendus légitimes par un mariage subséquent , le mariage ne pouvant être argué d'aucune nullité , ni par conséquent la qualité & condition des enfans rendue défavorable ni désavantageuse ; autrement les bâtards auroient de l'avantage pardessus eux. L'écriture sainte est pleine d'exemples , par lesquels on reconnoît que les enfans des secondes femmes sont préférés à ceux des premieres; Pharès & Saran, né de Bersabé préféré à Dasonas, quoique d'un premier lit. *Habent uxores liberas , habent & ancillas ; pariunt liberæ , pariunt & ancillæ. Ex his suspiciuntur, quia prævaluit semen paternum , ideo Ismael eligitur, non quia de ancilla natus, sed quia meruit,* dit saint Augustin. Toutes les loix divines & humaines tendent à l'égalité d'entre les enfans. Le magistrat qui est la loi vivante doit avoir un même but; en tout cas la loi a un tel soin des enfans , qu'elle leur conserve leur légitime franche & quitte de toutes charges , conditions & suspensions , sans que le pere puisse aucunement enfreindre cette regle. Il y a cette différence entre le droit positif & le droit naturel , qu'on peut déroger au droit positif , mais non pas au droit naturel. La coutume de Paris a eu tant de soin des enfans , qu'elle leur a rendu le douaire de leur mere , propre pour leur tenir lieu de légitime , qu'un ancien praticien français appelle soutenement , & fort à propos , puisqu'en la langue sainte , qui fait mieux définir , *pain* veut dire soutenement. L'appellante repliquoit , que quoique la légitime soit de droit naturel , & ne puisse être ôtée ni surchargée de conditions , néanmoins la quotité peut être changée & diminuée , ainsi que l'on voit selon la diversité des coutumes. L'art. 303 de la coutume , sur lequel on se fonde , est fort mal interprété : il s'entend des contrats & dispositions faites par le pere ou par la mere , constant leur mariage , & après la célébration; mais ne se peut appliquer à ceux qui ne sont point encore mariés , & qui en contractant leur mariage , peuvent y apposer telles pactions , clauses & conditions que bon leur semble , apanner ceux auxquels ils ne doivent rien , de ce qu'il leur plaira. Il en est de même que des donations & avantages faits entre le mari & la femme constant leur mariage ,

qui sont étroitement prohibés par la loi & par la coutume ; & toutefois personne ne doute que telles donations & tels avantages ne soient bons & valables, faits avant le mariage , ou par le contrat d'icelui , tant par la disposition du droit canon & civil , que par l'observance & pratique ordinaire. La somme dont son pere a apané les enfans de l'intimée , est plus que suffisante pour leur légitime. Vu le procès , écritures, contredits & salvations , tout considéré :

LA COUR par son arrêt du mois de février dernier, a mis l'appellation & sentence, de laquelle a été appellé , au néant ; émendant & corrigeant , sans s'arrêter aux lettres , de l'effet & entérinement desquelles elle a débouté l'intimée, a ordonné & ordonne que sur les biens délaissés par ledit Louis de Vouge seront prises les deux légitimes des enfans de ladite intimée , suivant l'art. 298 de la coutume de Paris , si mieux n'aime ladite intimée se contenter de 900 livres stipulées par le contrat de son mariage , ce qu'elle sera tenue d'opter dans quinzaine , icelle passée , l'option référée à l'appellante ; sur laquelle légitime seront pris & délivrés à ladite intimée tous les meubles échus à la portion de Pierre de Vouge son fils , & le surplus sera partagé également entre l'appellante & ladite Susanne de Vouge sa sœur consanguine ; sans dépens.

* Du Fresne cite l'arrêt, & omet les circonstances du fait.

CHAPITRE LIII.

Cause appointée touchant la validité du mariage d'un religieux profès, & pour savoir si les enfans qui en sont issus , sont légitimes , sous prétexte de la bonne foi de leur mere.

LE mardi 26 juin 1619 fut plaidée la cause de Claude Hilerin, fils de Henri Hilerin , prévôt des maréchaux d'Angers , & de Catherine Liquet veuve de Henri Hilerin , frere dudit Claude Hilerin, au nom & comme tutrice des enfans dudit défunt & d'elle , appellans de la sentence du sénéchal d'Angers ou son lieutenant , par laquelle il avoit ordonné que demoiselle Claude de la Poize se disant femme de François Hilerin , frere aîné desdits Henri & Claude Hilerin , toucheroit par provision la somme de trois cents livres pour son entretien & de ses enfans , à prendre sur les biens de Henri Hilerin pere ; & demandeurs en requête à fin d'évocation du principal , auquel il s'agissoit de savoir si le prétendu mariage contracté entre ledit François Hilerin religieux profès , & ladite Claude de la Poize , étoit bon & valable , sous prétexte de la prétendue bonne foi de ladite Claude de la Poize ; & si les enfans qui en seroient issus étoient légitimes ; ou au contraire si ce mariage n'étoit pas nullement & non valablement contracté , & les enfans illégitimes, ainsi qu'il avoit été jugé par sentence de l'official de Maillezais du 12 février 1628 , de laquelle ladite de la Poize étoit appellante comme d'abus. Me. le Verrier pour Claude Hilerin & Catherine Liquet appellans & demandeurs en évocation du principal , & intimés sur l'appel comme d'abus dit, que Claude de la Poize se disant femme de frere François Hilerin , a fait assigner les appellans pardevant le sénéchal d'Anjou ou son lieutenant , aux fins de venir à division & partage des biens délaissés par Henri Hilerin pere commun des parties. Les appellans ont opposé la nullité de ce prétendu mariage. Le juge a appointé les parties à faire preuve de leurs faits, & cependant a adjugé la provision de 300 livres à ladite de la Poize ; en quoi il a mal jugé , ayant par cette provision donné atteinte au principal , qui ne reçoit point de difficulté , parce que le frere François Hilerin est religieux profès en l'abbaye de saint Michel en l'Herme de l'ordre de saint Benoît , ainsi qu'il a fait voir par son acte de noviciat fait en 1617 , & l'acte de profession fait en 1619. Il étoit lors âgé de 20 ans , & s'est depuis toujours qualifié religieux ; même ayant tué un fergent en la ville de Paris, & pour raifon de ce crime ayant été accufé & emprifonné, il demanda d'être rendu à fon juge comme étant religieux profès : ce qui fut ordonné par arrêt du grand confeil. Depuis il a été accufé pour voleries pardevant le prévôt des maréchaux de Saumur, & a auffi demandé d'être rendu à fon juge eccléfiaftique, comme religieux profès : ce qui a été fait, à la charge du cas privilégié, pour lequel affifteroit le juge royal. Dans toutes ces circonstances, il n'a pu en façon quelconque contracter mariage ; auffi l'official de Maillezais affifté du lieutenant criminel de Fontenay-le-Comte, l'a condamné de finir fes jours en une prifon au prieuré de Mortagne, où pour cet effet feroit édifiée une tour; & a déclaré ce prétendu mariage nul & non valablement contracté, & les deux enfans qui en font iffus, bâtards & illégitimes. Il n'y a point d'abus en cette fentence, parce que l'official ayant déclaré ce prétendu mariage nul, comme il a pu le faire, il a par une conféquence néceffaire prononcé fur l'illégitimation des enfans. L'un dépend néceffairement & ne peut fubfifter fans l'autre. Il n'y a point d'abus au furplus de la fentence, qui ne contient qu'une peine légale & ordinaire. De bonne foi on n'en peut paillier aucune de la part de ladite de la Poize, qui a féduit & débauché frere François Hilerin, duquel elle favoit bien la condition & qualité de religieux profès, étant proches voifins d'une lieue feulement. Hilerin étoit pourvu du prieuré de faint André depuis 1621, qui n'eft qu'à une lieue de la maifon de ladite de la Poize : ils avoient commencé ab illicitis, par une fornication, ainfi qu'elle confeffe, même qu'elle prouve fous le nom de rapt. Elle a fuivi frere François Hilerin à Paris où il étoit prifonnier, a follicité pour lui, a favorifé l'évafion de la prifon, s'eft cachée en une maifon de Paris où ils ont écrit les articles de ce prétendu mariage fous leurs écritures privées, & les ont fait reconnoître pardevant notaires tous deux feuls ; s'en font allés avec le meffager d'Angers, & étant arrivés à Courville, qui eft un bourg fur le chemin d'Angers à Paris, ont paffé un prétendu contrat de mariage, & étant arrivés à Angers au mois d'avril 1623, s'en vont clandeftinement avec deux hommes feulement en une chapelle éloignée de la ville d'Angers, fans publication de bans ni folemnité quelconque. Il n'y a qu'un an que la cour a déclaré un mariage nullement & non valablement contracté, quoiqu'un homme natif de Nantes en Bretagne fe fût allé marier en Provence. D'où l'on pouvoit inférer quelque efpece de bonne foi par la diftance des lieux ; à quoi l'on n'eut néanmoins aucun égard. Et par ce moyen conclut. Me. Defita dit qu'il fe préfente pour frere François Hilerin & comme porteur de fa procuration, il défavoue toute la procédure faite fous fon nom par Claude de la Poize. Me. Pouffet de Montauban dit, que le plaidoyé avancé par les appellans fous le nom de François Hilerin, eft une continuation de leurs artifices; ils l'ont fi inhumainement traité, qu'ils lui ont crevé les yeux, & non contens de cela, ils lui veulent fermer la bouche. Mais s'il eft contraint de parler par la bouche d'autrui, & voir par des yeux empruntés, il eft raifonnable que ce foit par la bouche & par les yeux de Claude de la Poize fa femme véritable & légitime, puifqu'il n'a jamais été religieux profès. Un ancien philofophe difoit, que fi les affections & paffions des hommes rencontroient auffi facilement leurs effets en la nature, comme en la volonté, on ne verroit que minieres d'or pour les avares, que des armes pour les colériques; & ainfi de toutes les autres paffions : de même fi l'on vouloit s'arrêter à la volonté & au deffein de Henri Hilerin pere, pouffé par une feconde femme, qui vouloit réferver tous les biens à fes enfans, il n'y a point de religieux plus étroitement lié que François Hilerin le feroit; mais au contraire fi l'on examine fa volonté & fes actions, on ne peut jamais dire qu'il foit religieux. On l'a forcé & emprifonné pour faire des actes tellement nuls, qu'ils ne peuvent aucunement fervir en la caufe, & empêcher l'effet & la validité de fon mariage. A l'âge de cinq ans on lui a fait prendre la tonfure, à l'âge de vingt ans on lui a fait prendre les ordres de foudiaconat & diaconat en fix femaines, quoique l'ordonnance veuille qu'on garde un interftice de deux ans. Par le premier acte contenant l'ordre de foudiaconat, on le met du diocefe de Maillezais, duquel il eft ; & par le fecond on le dit du diocefe de Poitiers. En 1617, au même tems on lui a fait faire deux actes pour fa prétendue profeffion en religion, nuls de toute nullité. Le premier contient, qu'il a été reçu novice en l'abbaye de St. Michel en l'Herme, & au même inftant il a été transféré au prieuré de Mortagne, où il n'y a qu'un feul religieux, parce qu'il eft porté en commende par M. Hilerin confeiller en la cour. L'amorce & l'efpérance de ce prieuré ont auffi pouffé le pere à faire fon fils religieux. Cet acte eft nul, parce que la vertu ne s'apprend que par expérience & par exemple, & le tems du noviciat eft le tems le plus important d'un religieux. Cependant on envoie François Hilerin pour faire fon noviciat en un lieu où il n'y a point de religieux, un difciple où il n'y a point de maître. Origene compare la religion à une amande encore verte & couverte de fon écorce, & dit que cette écorce verte & amere eft le fymbole du noviciat, où toutes chofes font ameres; que l'écaille dure & folide eft le tems de la profeffion, en laquelle on trouve encore du travail & de la réfiftance ; mais que ce noyau fi doux & fi agréable eft le fymbole du vrai religieux, qui après plufieurs années & de grands travaux jouit enfin d'un contentement accompli. Auffi nonobftant ce prétendu acte de noviciat, François Hilerin a toujours porté l'habit féculier, a toujours demeuré en la maifon de fon pere. Le fecond acte fait en 1619, deux ans après celui de ce prétendu acte de noviciat, eft l'acte de prétendue profeffion fait en une forme toute extraordinaire. C'eft un certificat du prieur clauftral de l'abbaye de St. Michel en l'Herme, qui attefte à M. Hilerin confeiller, oncle de François Hilerin, que fon neveu a fait profeffion ce jour-là en ladite abbaye, ne dit point l'heure ; c'eft une feuille volante, dont l'original étoit entre les mains des appellans, contre la difpofition de l'ordonnance, qui enjoint de tenir bon & fidele regiftre des profeffions monacales, parce que c'eft le contrat le plus augufte qui fe faffe parmi les hommes ; auffi faut-il qu'il foit le plus folemnel. Les mots de vœux doivent être écrits de la main de celui qui les fait, pour montrer la liberté & la volonté qui le porte, parce qu'il eft impoffible d'écrire une chofe, qu'elle n'ait été préméditée & mûrement penfée. A ce fujet Julien l'Apoftat voulant contraindre trois foldats à facrifier aux faux Dieux, à tout le moins en apparence, leur préfentant de l'encens avec la main feulement, l'un d'eux lui répondit, que la main ne faifoit point d'actions involontaires, parce qu'il y a une veine au cerveau, qui eft le fiege de la volonté, qui vient répondre à la main. Cet acte n'eft point figné uno tenore, parce qu'en fuite d'icelui on a ajouté une tranflation in inftanti faite de la perfonne de François Hilerin en ce même prieuré de Mortagne appartenant à M. Hilerin confeiller; ce qui montre évidemment le deffein du pere & de l'oncle, de faire un jeune homme religieux, & de ne le faire pas, fi bon leur fembloit. La tranflation eft plus difficile à faire que la profeffion. Par la profeffion on fait vœu de ftabilité, & la tranflation y répugne. Par ces actes on voit que François Hilerin n'a jamais été religieux ; que quand il l'auroit été, n'en ayant jamais fait les actions, ni porté l'habit, mais celui d'un féculier & laïque, Claude de la Poize auroit été en bonne foi, & auroit pu valablement contracter mariage avec lui. L'habit d'un moine eft la principale marque qui le diftingue d'avec les féculiers & laïques, Tenebricofos, les appellent les faints peres, σκοτιας εντολας, vêtement de ténebres, qui eft remarquable & connu de toutes fortes de perfonnes. François Hilerin n'en ayant jamais été revêtu, Claude de la Poize qui l'a vu toujours vêtu comme un gentilhomme du monde, &

en

en féculier, l'a pu & dû prendre pour tel, & contracter mariage avec lui. La bonne foi est telle & si puissante en matiere de mariage, qu'étant individu, elle le rend bon pour le tout. Ce grand arrêt de l'échiquier de Normandie rendu par des jurés appellés de tous les parlemens de France, par lequel on déclara le mariage d'un prêtre bon & valable sur la seule bonne foi de la femme. Pour détruire celle de ladite de la Poize, on dit qu'elle avoit commencé *ab illicitis*, par une fornication ; mais cela rend sa cause plus favorable, parce qu'elle a été ravie & enlevée par Hilerin, comme il paroit par les charges & informations : ce qui l'a obligée de consentir plus volontiers mariage avec Hilerin, contre lequel l'official de Maillezais a rendu une sentence tellement abusive, qu'il n'y a pas un mot qu'il ne faille effacer. D'avoir condamné François Hilerin à finir ses jours en une prison perpétuelle, cette peine n'est point canonique ni légale, parce que c'est une espece de mort prohibée & défendue par les saints décrets, qui punissent plûtôt par suffusion de sang, que par l'effusion, qu'ils laissent à la loi féculiere, aimant mieux que par une bonne péuitence le sang monte au visage par pudeur, que de tomber à terre par l'incision du corps. D'avoir prononcé sur l'illégitimation & bâtardise des enfans, l'on reconnoit bien que cet abus n'est pas soutenable, & que la jurisdiction de l'official ne s'étend pas à prononcer sur la légitimation ou illégitimation des enfans : cela regarde le pouvoir & la faculté de succéder, & par conséquent est de la jurisdiction féculiere & temporelle. Et par ces moyens conclut. M. Talon frere de M. l'avocat général Talon, pour les enfans, dit que l'on veut fermer la bouche à leur pere, pour les rendre bâtards & illégitimes ; mais quand leur pere voudroit même combattre leur état, ce qui n'est pas, ils pourroient le soutenir, & seroient seuls parties capables, *L. 1. De liberal. causa.* Les appellans détiennent à dessein leur pere prisonnier, pour en extorquer des procurations, & servir en sa personne, comme ils ont fait. Ils demandent qu'il leur soit rendu & mis en liberté. C'est une pareille demande que celle de la fille de Virginius maltraitée par Appius Claudius, qui lui objectoit l'absence de son pere, laquelle ne fut trouvée considérable au rapport de Tite-Live.

M. l'avocat général Bignon dit, que les particularités de cette cause, les divers personnages qui s'y présentent, les accidens qui s'y trouvent, en font une tragédie toute entiere. C'est un exemple fort évident des jugemens de Dieu contre ceux, qui pour élever leurs familles dévouent leurs enfans aux autels, les rendent religieux par force & par de mauvaises voies & artifices, comme il y a de l'apparence qu'on en a usé envers François Hilerin. Néanmoins quand cette force demeureroit constante, les ordres de soudiaconat & diaconat conférés à Hilerin lui demeureroient, parce que la force & le caractere de l'ordre s'impriment *etiam invito & reluctanti*, comme cela s'est souvent pratiqué en la primitive église, où l'on contraignoit ceux qu'on jugeoit les plus capables, de prendre & accepter les dignités & prélatures de l'église, & pour ce sujet on leur conféroit les ordres, ou on les sacroit évêques contre leur consentement. Il y a bien moins de difficulté à ce qu'on dit, qu'il a pris ces deux ordres *interstitiis non servatis*. Il faut faire distinction entre la validité de l'ordre, & le possessoire d'un bénéfice. Quand il s'agit seulement de la validité de l'ordre, toutes ces formalités ne sont aucunement considérables ; mais quand il s'agit d'un bénéfice, elles sont suffisantes pour en empêcher l'obtention & la possession. Quant au vœu & profession en religion, quoiqu'il y ait quelque chose à redire aux pieces, il y a assez de preuve pour dire, que François Hilerin est en possession du monachisme. En 1617, il a été fait novice, en 1619, il a fait profession. Il n'importe en quels termes soit conçu un acte de profession, *Cap. Dudum. De sepult.* En 1621, il a été pourvu du prieuré de St. André. En 1623, ayant été prévenu d'un crime capital,

pital, pour en éviter la peine, il a allégué sa qualité de religieux profès, en vertu de laquelle il a été rendu à son juge. En 1628, étant derechef accusé pour crime capital, il a d'abondant demandé d'être rendu à son juge d'église : ce qui a été fait. Tous ces actes sont autant d'actes d'approbation & ratification de ses vœux, contre lesquels il pouvoit & devoit avoir réclamé dans les cinq ans, suivant les conciles, au moins du jour du décès de son pere arrivé en 1622, quand il y auroit des nullités, & de la force, comme on allegue. Cela présupposé, que François Hilerin est en état de religieux profès, il est question de savoir, si le mariage prétendu par lui contracté avec Claude de la Poize est bon & valable. *Primò*, à l'exemple de celui, qui ayant contracté un premier mariage nullement & non valablement, n'est pas empêché d'en contracter un second, qui subsiste & est déclaré bon & valable, si le premier est déclaré nullement & non valablement contracté : de même les vœux de François Hilerin étant nuls, & non valablement faits, il faut, en attendant qu'ils soient déclarés tels, que son mariage subsiste, & soit tenu & réputé bon & valable. *Secundò*, parce que la disposition de la loi derniere, *C. De incestis & inutil. nupt.* qui dit que le mariage contracté au préjudice de la loi, *lege prohibente*, est nul & de nul effet, n'est pas suivie par la disposition canonique, qui ne rejette point tels mariages de plein vol, & entre en examen & discussion des empêchemens qu'on objecte au mariage contracté, & fait distinction *inter impedimenta prohibentia & dirimentia*. Les premiers n'empêchent pas la subsistance & validité du mariage : mais il y a des raisons plus fortes pour soutenir le mariage nul, non valablement contracté, & de nul effet. *Primò*, par celle de la disposition du chap. *Porrò. De desponsat.* où le mariage d'un impuissant ne subsiste aucunement, même selon l'opinion de St. Thomas. *Secundò*, par la considération des vœux. Les vœux simples & implicites, tels que sont les prêtres & autres qui sont promus aux ordres sacrés, n'empêchent pas le mariage *ipso jure*, *non sunt impedimenta dirimentia, sed tantùm prohibentia*. Mais les vœux solemnels *sunt impedimenta dirimentia*, en telle sorte que le mariage d'un religieux profès *ne momento quidem subsistit*, son vœu solemnellement professé & apportant un obstacle perpétuel, pardessus lequel il est impossible de passer, d'y contrevenir, & de le rompre, que par une solemnité contraire ; & en attendant il ne peut en façon quelconque subsister, & être tenu en suspens, le mariage n'étant pas un acte qui puisse être fait sous quelque condition & suspension, *Cap. 2. De condition. appositis.* Si le mariage d'un religieux profès étoit réputé bon & valable pendant qu'il prétend la nullité de ses vœux, & la veut procurer, le public y auroit grand intérêt, parce qu'il se trouveroit des filles débordées assez hardies pour séduire de jeunes religieux de bonnes maisons, & leur faire contracter mariage, sous espérance qu'il subsisteroit, & seroit réputé bon & valable pendant l'instance de la nullité des vœux de ces religieux mariés. Il n'y a aucune bonne foi de la part de Claude de la Poize, qui n'a pu ignorer la qualité de religieux profès de François Hilerin : elle est venue le voir aux prisons du châtelet, où il étoit détenu & écroué en cette qualité. Ils ont commencé *ab illicitis*, par une fornication, qu'elle veut couvrir d'un prétendu rapt, & ensuite l'honorer du nom de mariage, *& scelesto contubernio matrimonii nomen imponere*, comme dit la loi derniere *C. De incestis & inut. nupt.* A quoi il n'y a raison ni apparence quelconque. Quant à la sentence de l'official de Maillezais, ladite de la Poize n'est pas partie capable pour en interjetter appel, mais il supplie la cour de l'en recevoir appellant comme d'abus pour M. le procureur général. L'abus est manifeste. *Primò*, en ce qu'il a condamné frere François Hilerin à finir ses jours en une prison perpétuelle, qui seroit pour cet effet édifiée au prieuré de Mortagne. Outre que la peine n'est point légale & canonique, elle est importante

1629.

à l'autorité du roi, de ne point permettre de conftruire & édifier une tour en ce prieuré. On pouvoit reclure l'accufé *in τὰ ἴνδινα*, aux prifons du prieuré, de l'abbaye, du chapitre, ou de l'officialité. *Secundò*, c'eft un plus grand abus d'avoir prononcé fur l'illégitimation & bâtardife des enfans, telle connoiffance n'étant de la jurifdiction eccléfiaftique, mais purement féculiere & laïque. Et par ces moyens conclut à ce qu'il foit dit, qu'il a été mal, nullement & abufivement ordonné par l'official de Maillezais; évoquant le principal, que ladite de la Poize & fes enfans foient délarés nonrecevables en leurs demandes & conclufions de partage; & néanmoins que la provifion adjugée demeure.

LA COUR reçut M. le procureur général appellant comme d'abus de la fentence de l'official de Maillezais, & pour y faire droit, enfemble fur les autres appellations, appointa les parties au confeil; cependant décerna commiffion à M. le procureur général pour informer du fait des yeux crevés à François Hilerin; ordonna que dans fix femaines il feroit amené en la conciergerie du palais à la diligence de M. le procureur général, & aux frais de la fucceffion de Henri Hilerin pere, pour lui oui, & les informations rapportées & vues, être ordonné ce que de raifon; ledit jour 26 juin 1629.

CHAPITRE LIV.

Préciput ftipulé au furvivant des conjoints, même dans le cas de renonciation à la communauté au profit de la veuve, fe prend fur les propres du mari, fi la communauté eft abforbée par la reftitution des deniers dotaux, & autres dettes.

Paul de Marcilly & Anne Bournier contractent mariage enfemble, & ftipulent que le furvivant des conjoints aura par préciput & avantage fur les biens de la communauté la fomme de mille livres; & au cas que ladite Bournier renonce à la communauté, fuivant la coutume, qu'elle aura franchement & quittement tout ce qu'elle aura apporté, enfemble fon douaire & préciput. Le décès dudit Marcilly étant arrivé en 1628, ladite Bournier fa veuve renonce à la communauté, & fait affigner fes héritiers pardevant le prévôt de Paris aux fins de lui reftituer fa dot, payer fon douaire, enfemble fon préciput. Les héritiers pour défenfes difent, que la demandereffe ayant renoncé à la communauté, ne peut prétendre aucun préciput; de plus, que ledit préciput un avantage à prendre fur la communauté qui fe trouve entiérement abforbée par la reftitution de la dot de la demandereffe, elle ne peut prétendre aucune chofe pour raifon dudit préciput: fur quoi intervient fentence dudit prévôt de Paris ou fon lieutenant civil, par laquelle il condamne les héritiers dudit Marcilly à payer à ladite Bournier fa veuve la fomme de mille livres, dont ils interjettent appel, pour lefquels Me. Defaguets dit, que le préciput n'étant point une dette, mais un don & un avantage réciproque fait entre le mari & la femme fur les profits de leur communauté, cette communauté ne fe trouvant pas fuffifante & folvable pour payer toutes les dettes, & charges auxquelles elle eft affectée, le préciput s'éteint & s'évanouit, fans qu'il puiffe être demandé fur les autres biens du mari. C'eft un avantage à prendre fur la communauté *taxativè*, qui ne le peut pas porter, abforbée par d'autres charges; ainfi la perte en eft à celui auquel il eft dû. C'eft la derniere des conventions matrimoniales, à laquelle il faille fatisfaire, tant par l'ordre d'écriture, que par le droit; le préciput n'eft qu'un prélegs fur la communauté; *τὰ ἴξίτων* *Si quis legaverit rem ita, fi mortis tempore ejus erit; nec tunc ejus invenitur, nec æftimatio ejus legari videbitur*, *L.* 33. §. 3. *De condit. & demonftrat.* Le préciput eft de même un prélegs fur la communauté, en tant qu'elle le peut porter, finon *nec æftimatio ejus debetur.* La reftitution

des deniers dotaux de l'intimée l'abforbe entiérement. Ainfi elle eft mal fondée en fa demande. Le préciput étant un don & un avantage égal & réciproque entre le mari & la femme, il ne faut pas le rendre inégal & avantageux pour la femme contre le mari, lequel ne pouvant renoncer à la communauté, feroit abfolument privé de fon préciput, fi la communauté ne pouvoit le payer après les autres dettes; & au-contraire la femme pouvant renoncer à la communauté, auroit toujours cet avantage & affurance en renonçant, d'avoir encore fon préciput. Ce feroit un avantage indirect, un fecond douaire, ou un furcroit de douaire réprouvé par la coutume, comme au fait qui fe préfente. Le defunt n'avoit point de propres qu'en Normandie, où la coutume défend de conftituer en douaire plus que les tiers du revenu. On demeure d'accord, que le douaire préfix de 300 livres de rente promis à l'intimée abforbe le tiers du revenu des propres, qui par conféquent ne peuvent point être chargés du payement de ce préciput; autrement ce feroit faire indirectement ce qu'on ne peut pas directement. La caufe a été préjugée par un arrêt rendu depuis un mois en la même chambre de l'édit, par lequel une veuve demandant fon préciput fur les propres de fon mari, en a été déboutée. Et conclut. Me. le Noir pour l'intimée dit, que le préciput n'eft point un legs ou prélegs, comme on a voulu dire, qui véritablement s'éteint & révoque facilement, la volonté du teftateur étant toute évidente. S'il a vendu ou donné la chofe léguée, il a changé de volonté, & tacitement révoque le legs. Le préciput eft une véritable convention matrimoniale, une donation bonne & valable, de laquelle la femme ne pouvant point être payée fur les biens de la communauté, qui n'eft pas fuffifante, elle peut fe prendre aux propres du mari. L'arrêt allégué eft en la thefe d'une femme qui avoit accepté la communauté, & par ce moyen s'étoit contentée des effets d'icelle, qui ne fe trouveroient fuffifans pour le payement du préciput. *Sibi imputare debebat*, d'avoir choifi l'incertain, & voulu courir le rifque & le hafard. Et par ces moyens conclut au bien jugé.

M. l'avocat général Talon dit, qu'il faut faire plufieurs diftinctions touchant le préciput ftipulé entre le mari & femme à prendre fur la communauté. La femme furvivante acceptant la communauté, fi elle ne fe trouve folvable pour payer toutes les dettes & charges ordinaires d'icelle, ne peut point prétendre fon préciput fur les propres de fon mari, parce qu'il a été en fon pouvoir d'accepter la communauté, ou d'y renoncer. L'ayant acceptée, fon préciput y eft attaché, & il faut néceffairement qu'elle le prenne fur icelle; & ne le pouvant, elle demeure fans recours. Mais quand la femme furvivante a renoncé à la communauté; comme elle le peut fuivant la coutume, pour lors il faut qu'elle foit payée de fon préciput, ou fur la communauté, fi les effets font fuffifans; finon fur les propres de fon mari, *maximè* quand il y a claufe & convention expreffe, comme au fait qui fe préfente, que renonçant à la communauté, elle reprendra tout ce qu'elle a porté, enfemble fon préciput. Et il s'eft informé des anciens avocats & procureurs du châtelet, qui l'ont affuré, que l'ufage eft tel, & que la caufe y a été célébrement plaidée & mûrement confultée & jugée. Et il adhere avec l'intimée.

LA COUR fur l'appel mit les parties hors de cour & de procès, fans dépens. Le mercredi 4 juillet 1629, en la chambre de l'édit, M. de Bellievre préfident.

* Du Frefne a voulu citer cet arrêt, dont il ignoroit non-feulement le fait, & les noms des parties, mais encore la queftion, puifqu'il en fuppofe une toute différente, de favoir fi le remploi des deniers dotaux s'impute fur le don mutuel; & même il dit, qu'elle ne fut point décidée. On connoît par-là qu'il n'avoit appris que les noms des avocats & de la chambre où ils avoient plaidé.

CHAPITRE LV.

Fille majeure de vingt-cinq ans exhérédée pour n'a-
voir pas fait profeſſion en religion, & s'être ma-
riée ſans requérir le conſentement & conſeil de
ſon pere, a été admiſe au partage de ſa ſuc-
ceſſion.

LE jeudi 5 juillet 1629, cette cauſe célebre fut
décidée, plaidant l'illuſtre Me. Antoine le Maître
pour les freres appellans, qui ſoutenoient l'exhérédation ; & Me. le Noir pour la fille exhérédée. Me.
Balis, à qui le public ſera toujours redevable de
lui avoir donné les excellens plaidoyers de ce grand
maître, y a joint celui de l'intimée, compoſé par
le même auteur dans ces momens que l'on appelle
ſa récréation parmi les gens de lettres. On trouve
dans l'un & l'autre le fait & les moyens trop épuiſés,
pour ne pas retrancher ici le recueil moins orné
que notre auteur en avoit fait avec ſon exactitude
ordinaire ; mais le plaidoyer de M. l'avocat général n'ayant point encore paru, le public auroit
ſujet de ſe plaindre, s'il étoit ſupprimé en cet
endroit.

M. l'avocat général Bignon dit, qu'en cette cauſe
l'on voit d'un côté l'indignation d'un pere juſtement irrité, & qui ſe plaint de ce que ſa fille
l'intimée l'a tellement mépriſé, que d'avoir oſé
contracter mariage, qui eſt l'action la plus importante de la vie, non-ſeulement contre ſon gré &
conſentement, mais même ſans avis ni conſeil de
lui qui lui avoit donné la vie ; un mariage clandeſtin, honteux & plein d'infamie, digne non-ſeulement de ſa colere, mais encore de la vengeance
publique. C'eſt une foible excuſe de dire que l'âge
& majorité la diſpenſoit de la loi & de la rigueur
de l'ordonnance, parce que perſonne ne peut preſcrire contre ſon titre, contre la nature, par laquelle nous naiſſons enfans & demeurons toujours
enfans, en quel tems & en quel âge que ce ſoit,
qui ne peuvent jamais effacer l'honneur, le reſpect
& le devoir des enfans envers leurs peres & meres.
Effiat aliqua ætas ut filius is tibi eſſe deſinat. C'eſt
ce que l'ordonnance a voulu preſcrire par une obligation de néceſſité & de rigueur, enjoignant aux
enfans en tout tems & en tout âge, de requérir
l'avis & le conſeil de leurs peres & meres ſur les
mariages qu'ils deſirent de contracter ; & ne l'ayant
pas fait, ils peuvent être légitimement exhérédés. Le
dernier article de l'ordonnance, exceptant les enfans majeurs de l'exhérédation, le fait *ſub modo*,
pourvu qu'ils. Lorſqu'ils n'y ſatisfont pas, ils tombent dans la peine d'exhérédation portée par le premier article, qui a un rapport néceſſaire avec le
dernier. Le docte Balſamon ſur la *Nov.* 115, a
obſervé, que ſa déciſion, & cette juriſprudence
nouvelle, n'eſt point tranſcrite dans les baſiliques,
où néanmoins toutes les loix obſervées ont été miſes, pour montrer que c'étoit une juriſprudence
nouvelle procédée du ſeul mouvement de l'empereur Juſtinien, pouſſé & perſuadé par l'impératrice
Théodore, jalouſe de l'honneur & des privileges
de ſon ſexe. L'intimée a été ſi peu ſoigneuſe de
cet honneur, qu'elle a contracté mariage avec une
perſonne de condition tout-à-fait inégale, s'eſt mé-
ſalliée avec un apothicaire de village. *Tam igno-*
minioſum duxerat virum filia, ut dedecori ſit tam
ipſi, quàm patri, virum talem habere, comme parle
le juriſconſulte in *L.* 3. §. 5. De bon. poſſeſſ. con-
tra tab. où il parle de ceux qui ſe marient contre
la volonté de leurs peres & meres. *Si uxore non*
ex voluntate patris ductâ. Et par conſéquent il a
eu juſte ſujet & raiſon de fulminer l'exhérédation,
comme il a fait, contre cette mauvaiſe fille. D'autre part l'intimée 'dit, que ſon pere étant chargé
d'un grand nombre d'enfans, s'eſt voulu décharger
d'elle, en l'enfermant dans quelque couvent, & l'y
faiſant faire profeſſion. *Captivus pudor ingratis ad-*
dicitur aris. Mais n'ayant pu correſpondre à cette

ſainte vocation, dont la volonté & les forces viennent du ciel, elle a encouru la diſgrace & la haine
de ſon pere. Il l'a voulu exhéréder ſous prétexte
ce qu'elle a contracté mariage contre ſon gré &
conſentement : elle auroit bien voulu en uſer autrement ; mais s'étant vue haïe & abandonnée,
même pourſuivie de ſon pere & de ſes freres, elle
a été contrainte, de peur de plus mal faire, de
prendre un parti moindre en condition que ce qu'elle
pouvoit légitimement eſpérer, étant aſſiſtée de ceux
qui la pourſuivoient. Son mariage a été ſuivi de
la bénédiction d'un nombre d'enfans. Etant majeure
de 25, même de 30 ans, elle eſt excuſable de
s'être ainſi mariée, & n'a pu être exhérédée pour
cela. Examinant ces raiſons de part & d'autre, &
les termes & cauſes de l'exhérédation, il trouve que
ce n'eſt pas ſeulement une exhérédation. Le teſtateur exhérede ſa fille, parce qu'elle n'a pas voulu
faire vœu & profeſſion en religion, & qu'elle s'eſt
mariée à perſonne de condition inégale, dont ayant
fait informer pour la rappeller à ſon devoir, elle
n'a pas daigné pendant quatre ans lui demander
pardon. La premiere cauſe n'eſt point conſidérable,
la vocation en la religion eſt un don du ciel procédant d'une volonté entiérement libre, & non forcée. La ſeconde ne l'eſt pas non plus à l'égard
d'une fille âgée de 25 ans, qui a pu ſe
marier & choiſir un parti, puiſque ſon pere qui a
dû prendre ce ſoin, l'a négligé, ſans qu'il puiſſe
l'exhéréder, ſuivant la loi & l'exception de l'ordonnance, qui ne repete point les mots d'exhérédation, uſe de mots ambigus, & eſt plutôt direc-
tive que coactive, plutôt un conſeil qu'un précepte.
Le pere ayant dit qu'il avoit fait informer pour rappeller ſa fille à ſon devoir, n'a point eu intention
de l'exhéréder. Cette injure & offenſe qu'elle a commiſe contre ſon pere, ne lui ayant pas demandé
ſon avis, ſon conſeil ſur ſon mariage, eſt demeurée éteinte & effacée par un ſilence & une diſſimulation de quatre ans écoulés depuis cette information juſques au jour du teſtament. Alexandre remarque ſur la loi 1. *Soluto matrim.* qu'il y a deux
moyens de révoquer tacitement une exhérédation,
la pénitence du fils, & la contraire démonſtration
du pere. L'intimée auroit demandé mille pardon à
ſon pere, ſi elle avoit oſé ſe préſenter à lui ; mais
elle appréhendoit la rencontre d'un pere irrité &
avec ſujet. Le pere a donné aſſez de démonſtration
par ſon teſtament, qu'il n'avoit autre intention que
d'inviter l'intimée à lui demander pardon. En
matiere de teſtamens, pour ce qui concerne les legs
& les fideicommis, on interprete facilement & largement la volonté des teſtateurs ; mais en ce qui
concerne les inſtitutions & exhérédations, on y
procede avec plus de circonſpection. *In auditorio*
principis cauſâ cognitâ, comme en l'eſpece de cette
belle loi derniere *de hæredib. inſtitut.* où l'empereur déclare une fille héritiere, parce qu'elle avoit
été exhérédée ſous une fauſſe cauſe. *Quia hæredes*
quos volui habere, mihi continere non potui, Novius
Rufus hæres eſto. La cauſe de cette inſtitution étoit la
créance que le teſtateur avoit, que celle qu'il avoit
inſtituée, étoit décédée, laquelle ayant demandé
l'hérédité, l'obtint. *Ex voluntate teſtantis putavit ei*
imperator ſubveniendum, & hæreditatem ad magnam
pertinere pronunciavit. On en peut autant dire de
l'intimée & de la volonté de ſon pere, *qui rumore*
perlato, comme parle cette loi, a cru que ſa fille
n'avoit point de regret de l'avoir offenſé, & ne
lui vouloit pas demander pardon ; & s'il avoit reconnu le contraire, il ne l'auroit point exhérédée,
comme il a fait : & ne terminant pas ſa colere en
ſa ſeule perſonne, il a encore voulu envelopper
ſes petits enfans dans cette exhérédation, ce qu'il
n'a pu, ainſi qu'il a été jugé par arrêt prononcé en
robes rouges, ſuivant la loi 3. *De contra tab.*
poſſ. Et ainſi adhere avec l'intimée, mais requiert
qu'itératives défenſes ſoient faites au curé de St.
Germain-en-Laye de plus marier des étrangers.

LA COUR mit l'appellation & ce, au néant ;
évoqua le principal, & ordonna, que ſans avoir
égard à la clauſe du teſtament contenant l'exhéré-

dation, l'intimée viendroit à division & partage avec ses freres tant du bien paternel que maternel, sans dépens. Le jeudi 5 juillet 1629, M. le président le Jay prononçant.

CHAPITRE LVI.

Statues de marbre posées sur des bases de pierre sont immeubles, & font partie de la maison.

MAître François de Pize, chantre & chanoine de l'église cathédrale de St. Vincent de Mâcon, jouissant d'une maison canoniale, y fit faire plusieurs réparations, entr'autres une galerie, qu'il orna de peintures, & de douze statues de marbre des douze premiers empereurs romains, & de celle de l'orateur : il fit faire encore un petit degré pour descendre de la galerie en son jardin, & y fit apposer deux statues de deux gros dogues; & au jardin fit couvrir le puits d'une couverture de plomb. En 1628 étant décédé, il y eut contestation entre Me. Pierre de Pize son neveu & héritier, & les doyen, chanoines & chapitre de l'église de Mâcon, pardevant le bailli dudit chapitre premier juge, sur ce que ledit Me. Pierre de Pize héritier de son oncle, prétendoit que toutes lesdites statues lui appartenoient comme meubles, & vouloit les enlever. Le chapitre au-contraire soutenant que lesdites statues & couverture du puits faisoient partie de la maison canoniale où le défunt avoit son domicile & habitation, & qu'elles n'en pouvoient être ôtées, ledit bailli du chapitre ordonne que sans préjudice des droits des parties lesdites statues seront vues, estimées & appréciées ; & au principal appointe les parties en droit, dont Me. Pierre de Pize interjetta appel pardevant le bailli de Mâcon, où la cause ayant été plaidée, elle fut aussi appointée en droit, dont les doyen, chanoines & chapitre interjettent appel en la cour, pour lesquels Me. Germain dit, que l'appel n'est que pour saisir la cour, y ayant requête à fin d'évocation du principal, qui ne consiste qu'en une question de droit hors de toute difficulté pour les appellans : car il est certain en droit, que les statues, telles que sont celles en question, attachées & tenant à la muraille, en font partie, & par conséquent appartiennent au propriétaire de la maison. *Statuæ adfixæ, instrumento domûs non continentur, sed domûs portio sunt*, comme le décide le grand jurisconsulte Papinien in *L. Quæsitum. §. 23. De instr. vel instrum. legato.* & l'empereur en la loi 7. *De ædif. privatis. Nemini statuas vel columnas cujuscumque materia, ex alia eademque provincia, vel auferre liceat, vel movere.* Il est facile de conjecturer, que défunt Me. François de Pize a mis ces statues à fin d'évocation du principal, & pour y demeurer perpétuellement, parce qu'il a fait faire des jambages qui avancent d'environ un pied pour les soutenir. Toute la galerie est peinte, excepté à l'endroit des statues. La difformité seroit grande, si l'on ôtoit les statues, il faudroit rompre les jambages. La couverture du puits est de plomb, attachée. *Plumbum quod tegulis imponeretur, ædificii esse, L. 242. De verb. obligat.* On objecte la loi 245. *De verb. oblig.* où le jurisconsulte Pomponius dit, *que statuæ adfixæ basibus structilibus, aut tabulæ religatæ catenis, aut erga parietem adfixæ, non sunt ædium ; ornatus enim ædium causâ parantur, non quò ædes perficiantur.* Mais cette loi s'entend des statues qui n'ont point été attachées & posées en la muraille pour y demeurer perpétuellement, & qui sont dans un cabinet, ou sur un piedestal, ou sur une colonne, & qui peuvent facilement être & se transporter en quelqu'autre part, sans difformité du lieu où elles sont. C'est ce que la loi veut signifier : *Basibus structilibus adfixæ. Bases sunt lapides, columnæ.* En 1611 il a été ainsi jugé pour M. de Bellebat maître des requêtes, contre une douairiere qui vouloit emporter une statue du roi Henri IV. Et par ces moyens conclut. Me. Fillault pour l'intimé dit, qu'il faut faire distinction *inter statuas publicas, & privatas. Statuas publi-*

cas nemini tollere licet. C'est la décision des constitutions des empereurs, que l'avocat des appellans a rapporté. Mais il est permis à un chacun d'ôter les statues particulieres, parce que c'est sa propre chose, de laquelle on peut librement disposer. Il faut encore distinguer, *inter statuas quæ parietibus ita adfixæ sunt, ut tolli non possint, nisi destructo pariete. Celles-là ædium sunt,* ne tombent point sous le legs des meubles ni autrement, & font partie de la maison, comme il est décidé par le grand jurisconsulte en la loi *Quæsitum. §. 23. De instr. vel instr. leg.* mais celles qui ne sont point ainsi attachées, & sont seulement posées contre des murailles, ne font point partie de la maison, peuvent être ôtées & enlevées, & portées où bon semble au propriétaire, comme il est dit en la loi *Statua. 245. De verb. signif.* où il est si disertement décidé, qu'il ne reste point de lieu de douter. *Statuæ erga parietem adfixæ,* comme sont celles en question, *ædium non sunt,* ne font point partie de la maison. *Inter ruta cose connumerantur, L. 242. eod. Tit. & L. 17. De actio. empti.* Et par ces moyens conclut à ce qu'il soit permis à l'intimé d'enlever & emporter les statues & couverture de plomb.

LA COUR mit l'appellation & ce, au néant; évoqua le principal, & y faisant droit, ordonna que les statues, tant de la galerie que du degré, & enjolivemens faits au jardin, demeureroient à la maison canoniale, & sans dépens. Le lundi 9 juillet 1629, à l'ouverture du rôle de Lyon, M. le Jay président.

* L'arrêt est cité dans du Fresne.

CHAPITRE LVII.

Deux ou plusieurs créanciers qui ont hypotheques speciales & privilégiées sur une maison, viennent par priorité, & il n'y a pas lieu à la contribution.

MOnsieur Foucault conseiller en la cour des aydes de Paris, le 22 février 1625, prêta six mille quatre cents livres à Charles Coignet, & stipula que ledit Coignet seroit obligé d'employer ladite somme à l'achat d'une maison assise au fauxbourg St. Germain-des-Prez, de faire expresse mention dans le contrat de vente & achat de ladite maison, que les deniers du prix de la maison étoient procédés dudit Sr. Foucault, qui se réserve hypotheque spéciale & privilégiée sur ladite maison, laquelle devoit être acquise. Le 26 janvier 1625, Charles Coignet emprunte de Me. Jean Mornet une somme de deux mille quatre cents livres qu'il promet pareillement d'employer en l'achat de ladite maison, avec stipulation d'hypotheque spéciale & privilégiée, & d'en faire mention expresse dans le contrat. L'acquisition est faite le lendemain 27 dudit mois de janvier 1625, avec déclaration, que le prix de ladite maison est payé & acquitté desdits Sr. Foucault & Mornet. Par ce moyen ils avoient hypotheque spéciale & privilégiée sur ladite maison. En 1626, elle est vendue par ledit Coignet à Jacques le Gros, lequel étant poursuivi en déclaration d'hypotheque par les créanciers de Coignet, déguerpit & abandonne l'héritage hypothéqué, c'est-à-dire, la maison. Un curateur est établi au déguerpissement, & la maison est saisie & mise en criées, vendue & adjugée par décret pour le prix & somme de sept mille livres, sur laquelle les créanciers de Coignet demandent d'être colloqués & mis en ordre, entr'autres lesdits Sr. Foucault & Mornet, comme créanciers privilégiés, qui sont colloqués & mis en ordre par préférence à tous les autres créanciers ; néanmoins il est ordonné par sentence du prévôt de Paris, que ledit Foucault sera le premier payé de ladite somme de six mille quatre cents livres, & ledit Sr. Mornet en second lieu de la somme de deux mille quatre cents liv. & ce par provision seulement, en baillant caution suffisante par Foucault, dont ledit sieur Mornet interjette appel, pour lequel Me. Cauffin dit, que la forme de prononcer

noncer par provifion en matiere de fentences d'ordre & diftribution de deniers, eft extraordinaire
& réprouvée par les arrêts. Au principal, il n'y a
point de difficulté que l'appellant & l'intimé, créanciers pour même caufe, même privilege & même
hypotheque, ne doivent venir à la déconfiture &
contribution au fol le livre, la priorité de date n'é-
tant point confidérable en telles hypotheques qui
ont pareil & égal privilege, lefquelles par conféquent doivent courir même rifque, & être mifes
en même rang & ordre. L'argent que l'appellant a
prêté, a été caufe de l'achat de la maifon, celui de
l'intimé n'ayant pas été fuffifant : ainfi il eft vrai de
dire qu'il a confervé toute l'hypotheque, & qu'il y
doit être colloqué concurremment. *Privilegia non
tempore æftimantur, fed ex caufa ; & fi ejufdem ti-
tuli fuerint, concurrunt, licèt diverfitates temporis
in his fuerint, L. 32. De privilegiis creditorum.* On
objecte à l'appellant qu'il a confenti que l'intimé
fût mis en ordre devant lui ; mais il a révoqué ce
confentement avant qu'il eût été accepté : conféquemment on ne peut s'en fervir. Et par ces moyens
conclut à fon appel. Me. Rofée pour l'intimé dit,
qu'en la forme on ne peut rien defirer en la fentence. Au principal, touchant la queftion de droit,
elle ne reçoit point de difficulté : la loi *Privilegia*,
alléguée pour tous moyens par l'appellant, s'entend
des privileges perfonnels des créanciers chirogra-
phaires, & non pas des créanciers hypothécaires,
qui ont leur privilege & leur hypotheque du jour
de leur obligation, de leur contrat. *Potior eft jure
qui prior eft tempore ;* ou bien, *Potior eft in pignore,
qui priùs credidit pecuniam, & accepit hypothecam,
etiamfi ftipulatione factâ hypotheca data fit fub conditione ;* parce que la condition étant arrivée,
*perinde habetur, ac fi illo tempore quo ftipulatio in-
terpofita eft, fine conditione facta effet ; quod & melius eft,* ajoute le jurifconfulte en la loi 11. §. 1.
ff. *Qui potiores in pign. hab.* qui eft expreffe & formelle pour la décifion de cette caufe, outre le confentement prêté par l'appellant.

LA COUR fur l'appel mit les parties hors de
cour & de procès, fans dépens ; le jeudi 12 juillet
1629.

dire que le meurtre & homicide commis en la perfonne de ce fergent foit un des cas fpécifiés par l'ordonnance ; conféquemment la connoiffance en appartient à l'appellant. Me. Defaguets pour le lieutenant général intimé dit, que le crime dont eft
queftion tombe non-feulement en un, mais en plufieurs des cas de l'ordonnance & des arrêts. C'eft un
officier royal qui a été homicidé ; par conféquent la
connoiffance appartient au lieutenant général, fuivant l'ordonnance, qui après avoir énoncé plufieurs
cas dont elle attribue la connoiffance aux lieutenans
généraux, ajoute, *& autres cas royaux.* De plus,
on peut dire que c'eft effraction de fauve-garde,
parce que tous les officiers du roi font en la protection & fauve-garde de la cour. *Tertiò,* c'eft un
port d'armes prohibé & défendu par les ordonnances. *Quartò,* c'eft un guet-à-pens fur le grand chemin. *Quintò,* c'eft une affemblée illicite. Il a été
jugé pour les officiers d'Iffoudun, qu'il ne faut que
fix perfonnes pour compofer une affemblée. Il y a
plufieurs arrêts qui ont jugé cette queftion, & attribué la connoiffance de la caufe aux lieutenans généraux. Et conclut.

M. l'avocat général Talon dit, qu'il y a plus de
fubtilité que de vérité en la caufe de l'intimé. Les
cas royaux n'ont pas été ajoutés à l'ordonnance à
l'égard des prévôts & châtelains royaux, mais feulement pour ceux des feigneurs hauts-jufticiers ; autrement les prévôts & châtelains royaux ne connoîtroient d'aucuns cas royaux, ce qui feroit impertinent. Entre les cas royaux il y a des crimes fi
atroces, abominables & périlleux, que l'ordonnance préjugeant qu'il y faut une force & autorité
majeure, en attribue la connoiffance aux baillis &
fénéchaux & leurs lieutenans ; & d'autres moindres,
qu'elle laiffe à la connoiffance des prévôts & châtelains, comme premiers juges. Celui dont eft queftion, n'eft pas de ces premiers fi atroces & périlleux, mais des derniers feulement ; ainfi la connoiffance en appartient à l'appellant.

LA COUR mit l'appellation & ce, au néant ;
caffa & révoqua comme nul tout ce qui avoit été
fait par le lieutenant général intimé, renvoya les accufés pardevant le vicomte appellant pour leur être
fait & parfait leur procès, & condamna l'intimé
aux dépens liquidés à quarante-huit livres parifis.

CHAPITRE LVIII.

*Cas royaux graves & atroces appartiennent aux bail-
lis & fénéchaux, & les moindres aux prévôts &
châtelains.*

LE mardi 30 juillet 1629, fut plaidée la caufe
en réglement d'entre le vicomte ou châtelain
ou prévôt de Bellefme, appellant, contre le lieutenant général de la même ville, intimé, fur ce
qu'un fergent porteur d'une obligation paffée fous
fcel royal, & d'une fentence du vicomte de Bellefme, portant pouvoir de mettre ladite obligation
à exécution, s'étant tranfporté pour ce faire en la
maifon du débiteur, & ayant pris & faifi plufieurs
beftiaux par exécution, & les voulant conduire en
une maifon voifine pour les mettre en fequeftre &
donner en garde, en fut empêché par le débiteur,
lequel affifté de trois ou quatre hommes armés de
carabines & autres armes défendues, tuent & laiffent mort fur la place ce pauvre fergent ; dont le
vicomte de Bellefme averti, va incontinent fur les
lieux pour en informer. Le lieutenant général s'y
tranfporte pareillement, & empêche la procédure
du vicomte, qui interjette appel de tout ce qui
avoit été fait par le lieutenant général. Me. le Verrier pour le vicomte appellant dit, que non-feulement l'ordonnance de Cremieu art. 10 regle le différend des parties, mais encore un arrêt, par lequel leurs charges ont été réglées, & ordonne que
le lieutenant général intimé connoîtroit des crimes
de lefe-majefté divine & humaine, de fauffe monnoie, émotion populaire, affemblées illicites, ports
d'armes ; & que le vicomte appellant auroit la connoiffance de tous les autres crimes. On ne peut pas

CHAPITRE LIX.

Preuve d'un mariage eft rejettée.

CLaude Bailly, fils d'un receveur des tailles de
Poitiers, s'étant habitué à Paris, & intéreffé
aux fermes générales de Languedoc & de Dauphiné,
en 1619, retira en fon logis & maifon d'habitation
une fille âgée de vingt-un ou vingt-deux ans, nommée Marguerite Oudar, fille d'un tailleur d'habits
de Paris. Elle apporta plufieurs meubles en la maifon de Bailly, qui en dreffa un inventaire écrit de
fa main, par lequel il fut dit que ledit Bailly fe
pourroit fervir defdits meubles fans en payer aucune chofe à ladite Oudar ; & en récompenfe qu'elle
auroit fon logement avec ledit Bailly, fans payer aucune portion des loyers de la maifon ; cet inventaire
eft reconnu pardevant notaires. Claude Bailly &
Marguerite Oudar vivent & demeurent enfemble,
comme s'ils avoient été mariés enfemble, & ont
quatre enfans baptifés fous le nom de Claude Bailly,
nourris & élevés en fa maifon. En 1627 Claude Bailly
les fait légitimer par lettres obtenues du roi, &
vérifiées en la chambre des comptes, & en 1628,
il leur fait donation de tous fes biens, & à Marguerite Oudar donation de fix cents livres de rente. En
la même année 1628, Claude Bailly fait un long
voyage en Languedoc, d'où étant de retour, il
trouve que ladite Oudar avoit quitté fon logis. D'ailleurs, n'étant pas content de fes déportemens, il
fait informer contr'elle & contre un nommé Ifaac de
Romany, fe plaint de leur mauvaife vie & lubricité,
dit qu'ils ont volé & pillé fa maifon en fon ab-

fence, qu'ils lui ont pris plus de douze mille francs, que c'eſt un larcin domeſtique de la part de Marguerite Oudar. Sur cette plainte & informations le procès eſt fait & parfait par contumace à ladite Marguerite Oudar & à Romany, qui par ſentence du 12 octobre 1628, ſont condamnés à être pendus & étranglés. Marguerite Oudar le lendemain 13 dudit mois d'octobre fait aſſigner Montenault notaire au châtelet de Paris pardevant le prévôt de Paris, aux fins de lui faire & délivrer une expédition de ſon contrat de mariage paſſé avec ledit Claude Bailly. Montenault demande la date dudit contrat de mariage, & offre de faire perquiſition parmi ſes minutes. Ladite Oudar dit, que ſon contrat de mariage a été paſſé au mois de juin ou de juillet 1625, ne ſait certainement auquel. Montenault ayant fait recherche & perquiſition dudit contrat, rapporte qu'il n'eſt point parmi ſes minutes, ni dans ſon protocole. Marguerite Oudar inſiſte au contraire, que ledit Montenault a reçu ſon contrat de mariage, qu'il a été vu, lu & tenu par pluſieurs perſonnes, demande à être reçue à en faire preuve par témoins. Claude Bailly intervient, & ſoutient Marguerite Oudar incapable d'eſter à droit & en jugement, attendu qu'elle eſt condamnée à mort. Elle interjette appel de la ſentence de mort, & obtient permiſſion de faire ſaiſir tous les effets dudit Bailly, ce qu'elle fait, entr'autres un coffre-fort, qui étoit entre les mains de la ſœur dudit Bailly, où elle prétendoit qu'étoit ſon contrat de mariage. En cauſe d'appel Me. Sevin pour l'appellante dit, que la procédure criminelle, quoique mal & nullement faite contre l'appellante, eſt un artifice de Claude Bailly pour éluder en quelque façon une action légitime de mariage, qu'il a prévu que l'appellante vouloit intenter contre lui. Mais cet artifice eſt trop groſſier, pour apporter aucun préjudice à cette demande, & l'intimé n'en peut aucunement éviter la condamnation, parce que l'appellante a toutes les preuves & toutes les marques d'un vrai & légitime mariage. Elle a grand nombre de lettres miſſives de l'intimé, toutes reconnues, qui prouvent évidemment ſon affection : elle a une cohabitation de neuf ans entiers, quatre enfans, & l'aveu exprès de l'intimé, ſous le nom duquel ils ont tous été baptiſés ; & de plus ſon mémoire ou papier journal, dans lequel il a écrit le nom & ſurnom d'un chacun, & le jour qu'ils ſont nés. Son contrat de mariage paſſé pardevant notaires a été ſouſtrait, après avoir été vu, lu & tenu par perſonnes dignes de foi, ainſi qu'elle offre de le prouver. Il n'en faut pas d'autre preuve que la confeſſion faite par l'intimé, lequel interrogé pourquoi il avoit diverti ſon coffre-fort, a répondu que c'étoit pour empêcher que l'appellante n'obtînt ſes fins & concluſions contre lui. Il n'y a point de marques ni de preuves de mariage plus claires & plus certaines que celles-là. Cela préſuppoſé, il n'y a point de difficulté que l'action de mariage eſt préjudicielle, arrête & fait ceſſer entièrement le cours de l'action criminelle & extraordinaire. C'eſt la diſpoſition vulgaire de droit. *Nam in honorem matrimonii turpis actio adversùs uxorem denegatur ; imò nequidem eam furtum facere plerique exiſtimant, quia ſocietas vitæ quodammodo eam dominam facit*, *L. 1. & 2. Rerum amotar.* Cela a ainſi été jugé par arrêt ſolemnel rapporté par Me. Anne Robert en ſon livre *Rerum judicat.* rendu en 1583. Et par ces moyens conclut à ce que la ſentence de mort ſoit caſſée & annullée, les faits du contrat de mariage & autres concernans icelui, tenus pour confeſſés & avérés, les parties renvoyées pardevant l'official pour procéder *ſuper fœdere matrimonii* ; & cependant proviſion de deux mille livres adjugée tant pour la nourriture & entretien de l'appellante, que de ſes enfans. M. Talon pour Bailly intimé dit, que c'eſt la coutume des ſervantes qui ont proſtitué leur honneur, & ont eu des enfans, de devenir ſi inſolentes, qu'elles aſpirent incontinent à la qualité de maîtreſſes. L'appellante ayant demeuré l'eſpace de neuf ans en qualité de ſervante domeſtique en la maiſon de l'intimé, elle penſe y avoir acquis le droit & l'empire de maîtreſſe, qu'elle veut obtenir par force, par de pré-

tendus faits & promeſſes de mariage, au moyen deſquels elle veut éluder un crime capital, un larcin & vol domeſtique, une ſentence de mort juſtement rendue : ce qui n'eſt pas raiſonnable. Il faut faire diſtinction quand il y a une action légitime intentée ſuper fœdere matrimonii pardevant l'official : pour lors on ne peut aucunement procéder criminellement & extraordinairement contre celle qui ſe prétend femme, & qui pour ſe faire déclarer telle, a été tenté ſon action. C'eſt l'eſpece de l'arrêt de 1583 rapporté par Me. Anne Robert. Mais quand celle qui ſe voit pourſuivie pour un crime capital, même condamnée, comme l'appellante, pour ſe mettre à couvert de ſon crime, a recours à une prétendue promeſſe & action de mariage, elle n'y eſt point recevable, parce que cela ne ſe fait qu'après coup. L'appellante a été condamnée à mort le 12 octobre 1628, & le lendemain elle a fait aſſigner un notaire pour lui faire expédition de ſon prétendu contrat de mariage, duquel elle eſt ſi peu certaine, qu'elle ne ſait pas ſeulement le mois auquel il a été paſſé, quoique ce ſoit l'action la plus importante de ſonne vie ; auſſi il n'y en a aucun. L'appellante a demeuré pendant neuf années avec l'intimé, qui en a eu quatre enfans, mais comme d'une concubine, & non d'une femme légitime : il les a fait baptiſer comme enfans naturels ſeulement, il les a nourris & entretenus en cette qualité. L'acte de légitimation fait deux ans après ce prétendu contrat de mariage le témoigne évidemment, l'un étant directement contraire, & tout-à-fait incompatible avec l'autre. La donation faite à l'appellante & à ſes enfans, encore poſtérieure à ce prétendu contrat de mariage, le confirme aſſurément. Les lettres qu'on repréſente, ne contiennent autre choſe que des témoignages d'une affection telle qu'on a accoutumé d'en porter aux perſonnes de cette qualité. L'appellante n'a pas commencé ſa proſtitution en la maiſon de l'intimé, elle avoit déja mené une vie fort diſſolue, même avoit eu des enfans auparavant. Elle eſt de condition tout-à-fait inégale, pour avoir jamais eſpéré mariage avec l'intimé, pour lequel à l'occaſion le procès ſoit fait & parfait tant à l'appellante qu'à Romany priſonnier, & que main-levée lui ſoit faite de ſes biens ſaiſis, ſous offre de nourrir les enfans, comme il a fait.

M. l'avocat général Bignon dit, que ſi cette cauſe ſe devoit décider par la diſpoſition du droit romain, elle ne recevroit pas grande difficulté au profit de l'appellante, qui ſeroit bien recevable & admiſſible à la preuve des faits concernans le mariage par elle prétendu avec l'intimé ; parce que, ſuivant la diſpoſition ce droit, le mariage conſiſtoit entièrement en la volonté & conſentement des parties, & non point aux formalités & cérémonies externes. Pareillement, ſi on devoit la juger ſuivant ce qui s'eſt obſervé & pratiqué en l'égliſe pendant douze cens ans, elle ne recevroit encore point de difficulté au profit de l'appellant, parce que pendant ces douze premiers ſiècles il y eut différend continuel entre l'égliſe romaine & l'égliſe grecque, qui a perpétuellement obſervé que les formalités & les cérémonies externes étoient de l'eſſence du mariage ; & l'égliſe romaine au-contraire, juſques au concile de Trente, qu'on a concilié ce différend, & ordonné que ces cérémonies & formalités externes de proclamations de bans, bénédiction nuptiale *à primo parocho* & autres, ſeroient de l'eſſence du mariage. Cette doctrine du concile a été priſe & traduite pour ſervir de loi en l'égliſe gallicane par l'ordonnance de Blois en l'art. 40 & autres ſuivans. Par le concile & l'ordonnance l'appellant ne peut aucunement prétendre d'avoir légitime mariage avec l'intimé, quand elle rapporteroit ce prétendu contrat, à la recherche duquel elle s'attache entièrement, parce que ce ſeul contrat ne fait pas un mariage bon, ſolemnel & légitime. Il y faut ajouter les cérémonies preſcrites par l'égliſe. L'arrêt de 1583, rapporté par Me. Anne Robert eſt rendu ſuivant l'ancienne juriſprudence, quoiqu'après l'ordonnance de Blois, qui n'a commencé à cet égard de s'obſerver étroitement que depuis 1600. Avant ce tems on recevoit les preuves des mariages préfumés & confommés ; mais depuis la cour par une infinité d'arrêts a déclaré nulles & abufives les citations *fuper prafumptis & confummatis matrimoniis*, qui ont été rejettés & réprouvés comme directement contraires à la doctrine du concile, & à celle de l'ordonnance. Ramaffant toutes les circonftances de la caufe, il eft facile de conjecturer que l'appellante n'a point été en la maifon de l'intimé en autre qualité que de concubine. Le premier enfant baptifé en cachette au village le dénote. La paidographie de l'intimé faite tant pour la naiffance de celui-là, que des autres, le montre auffi, les qualifiant fimplement enfans. La légitimation en eft une preuve fans contredit. Les lettres fur lefquelles feules l'appellante fe fonde ne fourniffent pareillement des argumens, parce qu'elles contiennent des paroles, que l'honneur & le refpect qu'un mari & une femme fe portent dans leur affection, ne peuvent fouffrir. L'infcription de ces lettres eft, *A. M. Bailly*, l'intimé ne voulant point nommer l'appellante, ne voulant pas même qu'on fût qu'il lui écrivoit. Mais au fond il n'y a aucunes charges de larcin ni vol commis par l'appellante ni par Romany. Les meubles qu'elle a emportés lui appartenoient, c'étoit une invention que cette accufation, dont l'inftruction a été faite à la fourdine. Il y a lieu de mettre les appellations & ce, au néant; évoquer le principal, & fur l'extraordinaire mettre les parties hors de cour & de procès; & néanmoins pour la vie fcandaleufe des parties, les condamner à aumôner telle fomme que la cour arbitrera, & adjuger une penfion aux enfans.

LA COUR mit les appellations & ce dont étoit appel, au néant; évoqua le principal, & y faifant droit, mit fur l'extraordinaire les parties hors de cour & de procès; & en conféquence, ordonna que les prifons feroient ouvertes à Romany : & faifant droit fur les conclufions de M. le procureur général, condamna l'intimé & l'appellante, pour la vie fcandaleufe & débauchée par eux mené enfemble à aumôner chacun quatre-vingts livres parifis au pain des prifonniers, pour laquelle néanmoins l'appellante ne pourroit être contrainte que par faifie de fes biens; condamna l'intimé à payer la fomme de deux cents livres de penfion à chacun des enfans, & en conféquence lui fit main-levée de fes biens faifis, le tout fans préjudice du droit de fes parties en autre caufe, & fans dépens. Le famedi 11 août 1629, à la tournelle, M. le préfident le Bailleul prononçaut.

CHAPITRE LX.

On ne peut compromettre en matiere criminelle, & la peine ftipulée eft nulle.

LE famedi 18 août 1629, en l'audience de la tournelle, fur un appel d'une fentence arbitrale rendue par le fieur de Riberpré gouverneur de Corbie, pris pour arbitre par le fieur de Beralde & le fieur de Mont-Emé touchant un procès criminel qu'ils avoient enfemble. La fentence adjugeoit deux cents livres au fieur de Beralde pour tous dépens, dommages & intérêts, dont appel par ledit de Beralde, pour lequel Me. Pouffet de Montauban dit, que la peine de cent piftoles n'eft point due, à caufe de la nullité du compromis fait fur une matiere extraordinaire & criminelle. Me. Polart pour l'intimé dit, qu'en matiere de délits il y a l'intérêt particulier & l'intérêt public, il eft permis à chacun de remettre fon intérêt particulier.

M. l'avocat général Bignon dit, qu'en tout crime l'on confidere principalement l'intérêt public, afin que chacun demeure dans la fûreté; & pour cette raifon il n'eft pas permis de compromettre en telle matiere, fur laquelle les arbitres ne fauroient prononcer par abfolution ni condamnation, puifque cela ne dépend point d'une jurifdiction volontaire & qu'ils n'ont point vu & ne peuvent voir les charges & informations. Il y a lieu de déclarer la fentence nulle,

de décharger l'appellant de la peine ftipulée par le compromis, & de renvoyer les parties pardevant tel juge qu'il plaira à la cour, pour être fait & parfait le procès au fieur de Mont-Emé intimé.

LA COUR déclara la fentence dont étoit appel, nulle & nullement rendue, & en conféquence déchargea l'appellant de la peine ftipulée par le compromis; renvoya les parties, charges & informations pardevant le bailli de Beauvais ou fon lieutenant, pour être fait & parfait le procès à l'intimé jufques à fentence définitive incluivement, fauf l'exécution, s'il en étoit appellé.

CHAPITRE LXI.

Préfidiaux ne peuvent juger en dernier reffort des lettres de refcifion obtenues contre une promeffe caufée pour épices au profit du rapporteur d'un procès, quoique la fomme foit modique.

LE jeudi 11 octobre 1629, en l'audience du grand confeil fut plaidée une caufe en réglement de juges entre le parlement de Paris & les préfidiaux de Moulins. La cour de parlement avoit reçu l'appel interjetté par Jean Ravot de Lyon, d'une fentence de Moulins, par laquelle il avoit été condamné à payer aux héritiers de Me. Claude Benoît, confeiller au préfidial de Lyon, la fomme de quarante-cinq livres contenue en fa cédule & promeffe pour les épices d'un procès jugé au rapport dudit fieur Benoît. Les héritiers pour empêcher l'appel de la fentence des préfidiaux de Moulins prennent lettres en réglement de juges au grand confeil, & y font affigner ledit Ravot, pour voir déclarer la fentence préfidiale, & par conféquent l'appel non-recevable. Me. Siftriere, natif de Murat en Auvergne, pour les héritiers demandeurs en réglement de juges dit que, s'agiffant d'une fomme modique de quarante-cinq livres contenue en la cédule & promeffe par écrit du défendeur, il n'y a apparence quelconque en l'appel qu'il a interjetté de ladite fentence, cette fomme étant beaucoup au-deffous du pouvoir des préfidiaux. Le prétexte du défendeur eft, que fa cédule eft caufée pour épices des vacations d'un procès qu'il avoit audit préfidial de Lyon jugé au rapport du pere des demandeurs en réglement. Le jugement de ce procès ne lui étant pas agréable, il a fait la conteftation aux héritiers de fon rapporteur contre toute juftice, c'eft une ingratitude : car n'ayant moyen de payer les épices, le rapporteur fut contraint de fe contenter de cette fimple promeffe & cédule. L'ordonnance permet aux juges de prendre des épices pour leurs falaires & vacations de la vifion & jugement des procès, & la taxe des épices dépend de leur volonté & confcience. Le défendeur en réglement a obtenu lettres royaux à Moulins, pour faire refcinder fa cédule, comme fondée fur une caufe nulle & vicieufe, provenant defdites épices; néanmoins il a été débouté de l'effet & entérinement defdites lettres, la queftion agitée & terminée préfidialement, & il n'y a point d'apparence de la vouloir de nouveau traiter par un appel. Le confeiller qui a rapporté le procès & pris cette cédule pour fes vacations, eft mort, ainfi ne peut plus rendre raifon de fes actions, c'eft attaquer & blâmer fa mémoire : ce qui ne doit pas être fouffert. Et conclut à ce qu'ayant égard aux lettres en réglement de juges, la fentence foit déclarée préfidiale. Me. Voile pour le défendeur en réglement de juges dit, que quoiqu'il ne s'agiffe en la caufe que d'une fomme modique de quarante-cinq livres, néanmoins elle eft d'une très-grande & périleufe conféquence, en ce que le pere des demandeurs confeiller au préfidial de Lyon, abufant de l'autorité de fa charge, étant rapporteur d'un procès que le défendeur avoit audit fiege préfidial, lui fit croire qu'il avoit été jugé à fon profit, & qu'il y avoit foixante & quinze livres pour les épices, le contraignit de lui bailler trente livres comptant, & de lui paffer une cédule & promeffe des quarante-cinq livres ref-

1629.

tant, fous cette amorce de l'efpérance du gain de fa caufe ; mais il reconnut tout le contraire, & qu'il avoit été déçu, ayant perdu fon procès. Cette tromperie d'un juge eft infupportable, on ne la peut autrement appeller qu'une concuffion manifefte d'un juge qui mande une partie en fa maifon, & extorque d'elle une cédule, outre fon argent. Les épices fe taxent par le préfident, & non par le rapporteur ; elles entrent en la bourfe commune, & viennent en diftribution entre tous les confeillers. Ici on ne peut pas dire la même chofe, cette cédule ne pouvoit être communiquée aux autres confeillers du fiege préfidial de Lyon, le pere des demandeurs l'a retenue gardevers lui, eft feul en caufe pour en avoir payement. Ce qui découvre mieux la concuffion, eft la fuppreffion de ces prétendues épices, feule couleur & prétexte de cette cédule, parce qu'on n'a ofé les ajouter au bas de cette fentence, ni en bailler quittance, ainfi qu'on a accoutumé. Et par ces moyens conclut, à ce que fans avoir égard aux lettres en réglement de juges, les parties foient renvoyées au parlement de Paris, pour procéder fur l'appel de la fentence des préfidiaux de Moulins.

M. l'avocat général Gaulmin, natif de Moulins, l'un des meilleurs efprits & de plus favans hommes de fon tems, dit que tout le prétexte du défendeur en réglement de juges eft fondé fur la malverfation du juge, qu'il dit avoir commis une concuffion ; mais cette confidération ne peut plus entrer en la caufe, puifqu'il eft décédé, & que par fon décès la concuffion & autre crime qu'il auroit commis, feroit entiérement éteint & couvert, & l'on n'en pourroit plus faire d'inftance ni de recherche. Quoique la cédule en queftion foit conçue pour épices & falaires de la vifion & jugement d'un procès, elle n'eft pas nulle pour cela ; l'ordonnance permet aux juges de prendre des épices & falaires raifonnables ; de tout tems cela s'eft ainfi pratiqué. Les juges ont toujours en leurs falaires, épices & récompenfe, ou du public, ou du particulier : d'où vient cet ancien *rextérim*, *ubi affervabantur δύρα, id eft, honoraria quæ judicibus dabantur.* Ils alloient ainfi les épices, que les Romains ont depuis appellées *fportulas*, comme il fe voit en tout le droit. D'avoir reçu & ftipulé une promeffe & une cédule pour le payement de ces épices, il n'y a rien à redire ; quoique le défendeur ait perdu fa caufe à Lyon, cela ne rend pas fa défenfe meilleure au réglement de juges, parce que foit qu'il eût gagné fa caufe au principal, il devoit payer & avancer les épices ; foit qu'il l'eût perdue, il les devoit encore, comme condamné aux dépens, dont les épices font partie. Et par ces moyens conclut à ce que fans avoir égard aux lettres en réglement de juges les parties foient renvoyées au préfidial de Moulins.

LE CONSEIL ayant égard aux lettres en réglement de juges, renvoya les parties au parlement de Paris pour y procéder fur l'appel de la fentence des préfidiaux de Moulins, M. Hennequin préfident du femeftre d'hiver prononçant.

CHAPITRE LXII.

Caufe appointée au grand confeil, pour favoir fi des maladreries ou léproferies font bénéfices ou adminiftrations feulement.

LE mardi 16 octobre 1629, à l'audience du grand confeil, Me. de Sainte-Marthe plaida la caufe d'un appellant de la fentence du bailli d'Orléans ou fon lieutenant, qui avoit condamné un certain prêtre à rendre compte de l'adminiftration qu'il avoit eue d'une léproferie ou maladrerie ; & pour moyens d'appel il dit, qu'il eft bien & canoniquement pourvu de ladite léproferie ou maladrerie, comme d'un titre clérical & vrai bénéfice. Il y a plus de quarante & cinquante ans qu'elle eft ainfi tenue & poffédée, & c'eft un vrai titre clérical, parce que felon l'opinion de Me. Charles du Moulin *confil.* 42, & de plufieurs autres canoniftes, telle poffeffion de quarante ans a force de prefcrire &

rendre le lieu ou le bénéfice, de la qualité en laquelle il a été poffédé par un fi long tems : par conféquent l'appellant a fait les fruits du bénéfice fiens & il n'en doit rendre compte à perfonne. Me. le Camus le jeune pour les intimés dit, que les léproferies ou maladreries ne font aucunement bénéfices ni titres de cléricature, mais fimples adminiftrations, ou maifons fondées pour ferrer, nourrir & entretenir les pauvres malades lépreux, ces perfonnes miférables, lefquelles étant abandonnées de tout le refte du peuple, il a été néceffaire de leur pourvoir de lieux commodes pour leur retraite, & des biens fuffifans pour leur entretien. Ne pouvant les prendre ni percevoir par leurs mains, la fréquentation du refte du peuple leur étant interdite, il a été pareillement néceffaire, que quelque autre perfonne faine d'efprit & de corps fût commife à la perception & adminiftration dudit bien & revenu qui leur a été donné ; & parce qu'il falloit auffi que ces pauvres lépreux fuffent inftruits & entretenus en la dévotion, & que quelqu'un leur adminiftrât les facremens de l'églife, on a trouvé bien à propos de commettre des perfonnes eccléfiaftiques, qu'on appelle chapelains ou économes, pour avoir foin tant du fpirituel que du temporel, pour adminiftrer les facremens, dire la meffe & faire autre office divin, prendre & recevoir le revenu des léproferies, & l'employer tellement & utilement à la nourriture & entretien de ces pauvres lépreux. Cela ayant été ainfi bien & faintement inftitué, a été perverti en plufieurs lieux par des chapelains avares, qui ont taché de convertir leur économat & fimple adminiftration en titre clérical, comme fi c'eût été vrais bénéfices, & s'en dire titulaires, comme s'ils en euffent été canoniquement & légitimement pourvus, pour s'exempter de la reddition de compte, à laquelle une fimple adminiftration les obligeoit, & par ce moyen ufurper & s'approprier tout le revenu defdites léproferies, lefquelles nonobftant toutes ces prétentions & invafions, ont été perpétuellement jugées & eftimées fimples adminiftrations ou économats, & non bénéfices : & c'étoit un abus de vouloir prétendre, que pour en avoir joui quarante ou cinquante ans comme d'un bénéfice, fans avoir rendu aucun compte du revenu, & avoir fait les fruits fiens, on ait pu changer & fait perdre la premiere & effentielle qualité de léproferie, maifon deftinée pour la retraite & entretien de ces pauvres lépreux. Et comme il eft certain qu'un abus ne fe couvre jamais par quel laps de tems que ce foit, auffi la jouiffance & la prefcription qu'on veut fonder fur icelle, n'eft aucunement confidérable. C'eft vouloir manger le bien des pauvres, & des pauvres qui ne peuvent en aller demander : ce qui ne doit être permis. Et conclut.

M. l'avocat général Gaulmin dit, qu'anciennement les lépreux, les excommuniés & les poffédés des malins efprits étoient retranchés & féqueftrés du refte des fideles, pour ne point converfer avec eux, ni participer à leurs facrifices. Pour cet effet ils étoient ferrés & enfermés en des lieux particuliers, & mis tous enfemble, comme s'ils avoient été coupables de mêmes crimes, quoique les péchés des uns femblaffent fimplement volontaires, & ces pauvres lépreux n'avoir en rien péché ni démérité ; néanmoins on les traitoit ainfi, parce que la lepre étoit la marque & le témoignage de leurs péchés ou de ceux de leurs parens. Depuis le nombre des lépreux étant fort augmenté, & leur fréquentation très-périlleufe, on jugea néceffaire de les retirer & féqueftrer entiérement du refte du peuple, même de les féparer d'avec les excommuniés & poffédés. Cela fut ainfi réfolu au concile de Vienne, & qu'on leur donneroit des lieux & des maifons particulieres où ils feroient renfermés, nourris & entretenus ; ce qui a été exécuté, & ces maifons appellées léproferies ou maladreries, qui font régies, gouvernées & adminiftrées par des chapelains qu'on y prépofe, qui ont foin de dire la meffe & adminiftrer les facremens à ces pauvres lépreux, & de prendre & percevoir les fruits & revenus defdites léproferies, & l'employer à la nourriture & entretien des

des malades. Pour avoir cette économie & adminiſtration, pluſieurs ſe ſont fait pourvoir de ces léproſeries comme ſi c'étoient vrais bénéfices, & en ont ainſi joui ſans rendre aucun compte du revenu, comme ſi le ſurplus de ce qui reſtoit après la nourriture & entretien des lépreux, leur avoit légitimement appartenu pour la peine & le ſoin qu'ils ont, tant pour le ſpirituel que temporel deſdites maiſons & léproſeries. Cette opinion a été trouvée juſte & favorablement embraſſée, & jugé, que quand ces léproſeries ont été poſſédées comme vrais bénéfices & en titre clérical, par un long tems de quarante ans & au-delà, alors la qualité de ſimple adminiſtration, économie & gouvernement demeure entiérement ſupprimée & éteinte, & confuſe & abſorbée en celle du bénéfice & titre clérical, par vertu duquel celui qui en eſt pourvu, jouit du revenu pleinement & entiérement ſans aucune reddition de compte. Cette confuſion de qualités ſe fait tout de même que ſe faiſoit anciennement celle de adrogato, dont tous les droits paſſoient en la perſonne adrogatoris, L. 2. De adrogat. ou bien comme elle ſe fait in ſervitutibus, quand les deux fonds, le ſervant & le dominant, viennent à appartenir à une même perſonne. Me. Charles du Moulin & autres canoniſtes ſont de cet avis, ainſi que j'ai bien remarqué l'avocat de l'appellant, avec lequel il adhere.

LE CONSEIL ordonna, que les parties remettroient leurs pieces pardevers un de meſſieurs les conſeillers, pour à ſon rapport leur être rendu droit, ainſi qu'il appartiendroit ; ledit jour 16 octobre 1629.

CHAPITRE LXIII.

Cauſe appointée au grand conſeil, pour ſavoir ſi la réſignation pure & ſimple du titulaire en extremis entre les mains du collateur ordinaire, peut être attaquée par un indultaire, comme fait en fraude de ſon indult.
Et ſi l'indultaire doit être tonſuré lors de ſa nomination, ou s'il ſuffit qu'il le ſoit au tems de la vacance du bénéfice, ou quand il ſe préſente pour le requérir.

Maître Jean Robelet, chanoine de l'égliſe cathedrale de Châlons ſur Saone, étant extrêmement malade le 7 juin 1626, réſigna ſa chanoinie purement & ſimplement ès mains du chapitre collateur ordinaire, pour en pourvoir qui bon lui ſemblroit. Le lendemain 8 dudit mois le chapitre aſſemblé pour l'effet de ladite démiſſion & réſignation, deputa deux chanoines du corps pour aller viſiter ledit Robelet, ſavoir s'il étoit encore vivant, & s'il perſiſtoit à ſa démiſſion & réſignation : leſquels étant de retour, rapporterent qu'ils avoient vu ledit Robelet, duquel ils n'avoient pu tirer aucune parole, parce qu'il étoit tellement malade, qu'il ne parloit plus. Sur ce rapport le chapitre pourvut Me. Claude Pontchoux de ladite chanoinie, ſur la préſentation à lui faite de ſa perſonne par celui des chanoines qui étoit en ſemaine, & à ſon tour de préſenter. En exécution de ces proviſions Pontchoux eſt mis en poſſeſſion de ladite chanoinie, le même jour 8 juin, environ les ſix heures & demi du matin ; & à ſept heures du même matin Robelet réſignant décéda. Me. André le Fevre, fils de M. d'Ormeſſon, maître des requêtes & ſon indultaire nommé ſur ledit chapitre de Châlons, s'oppoſa à la priſe de poſſeſſion de ladite chanoinie faite par ledit Pontchoux, diſant que la prébende & chanoinie avoit vaqué par mort, & qu'elle n'avoit pu être conférée à autre qu'à lui, comme nommé ſur ledit chapitre, en vertu de l'indult de M. d'Ormeſſon ſon pere, en vertu duquel il auroit fait aſſigner ledit Pontchoux pardevant MM. du grand conſeil, qui ont la juriſdiction & connoiſſance des cauſes des indultaires. Interim, & cinq ou ſix mois après, Me. Jacques Goux chanoine en ladite égliſe de Châlons décede.

Tome I.

La prébende étant vacante par ſa mort, Me. André le Fevre indultaire ſe préſente au chapitre, lui en demande ſa proviſion ſans préjudice de ſes droits en la prébende & chanoinie dudit Robelet litigieuſe entre lui & ledit Pontchoux ; à quoi le chapitre adhérant, pourvut ledit Me. André le Fevre de ladite chanoinie comme vacante par le décès dudit Me. Jacques Goux. Me. Antoine Perault ſe préſente au chapitre & demande ſes proviſions de ladite chanoinie vacante par le décès dudit Goux ; ce qui lui eſt refuſé, attendu les proviſions déja données audit Me. le Fevre. Perault ſe retire pardevers M. l'évêque de Châlons, qui ſur ledit refus lui fait expédier des lettres de proviſion de ladite prébende & chanoinie, en vertu deſquelles ayant auſſi voulu prendre poſſeſſion, ledit Me. le Fevre s'y oppoſe, forme complainte, & le fait pareillement aſſigner au grand conſeil, où la cauſe fut plaidée le mardi 23 octobre 1629. Me. Bernage pour Me. André le Fevre, demandeur en complainte pour raiſon du poſſeſſoire deſdites deux prébendes & chanoinies, tant contre Pontchoux que contre Perault, dit que leſdites chanoinies ont vaqué par mort. Quant à celle de Goux, on en demeure d'accord, & celle de Robelet a pareillement vaqué par ſon décès. La prétendue réſignation & démiſſion, ſur laquelle Pontchoux a été pourvu, étant faite en fraude de l'indult & de ſa nomination ſur ledit chapitre, telle réſignation faite par un moribond *in ipſo mortis articulo*, admiſe au point & au moment de ſon décès, eſt nulle, & ne peut empêcher l'effet de l'indult, en conſéquence duquel il doit être néceſſairement pourvu de ladite chanoinie. Quoique réguliérement les gradués & indultaires ne puiſſent pas ſe plaindre des réſignations & démiſſions pures & ſimples faites ès mains des ordinaires ; néanmoins quand elles ſont ſuſpectes de fraude, ils peuvent les débattre de nullité. La premiere conjecture de la fraude eſt, quand telles réſignations ſont faites par un moribond *in confinio mortis*, comme celle en queſtion. Cela étant, le chapitre n'a pu pourvoir aucun autre de ladite chanoinie, & a dû lui réſerver en vertu de ſon indult & nomination, contre laquelle on oppoſe une ſeule choſe, que lorſqu'elle a été faite de ſa perſonne, il n'étoit point encore tonſuré, partant incapable de tenir & porter aucuns bénéfices. Mais la réponſe à cette objection eſt facile. Les docteurs ſur les chapitres *Si eo tempore. De reſcript. in Sexto & cap. Ei qui. De reſcriptis ext. & cap: In litteris. De Præbendis*, ont traité cette queſtion, ſavoir ſi la capacité eſt requiſe *tempore reſcripti*, *aut tempore vacationis beneficii*. La commune & plus ſaine opinion eſt, qu'il ſuffit d'avoir la capacité requiſe, lorſque le bénéfice eſt venu à vaquer, & n'eſt pas néceſſaire d'avoir cette capacité au tems qu'on a impétré ou obtenu le reſcrit. S'il ſuffit d'avoir la capacité requiſe par les ſaints canons & conciles au tems que le bénéfice vient à vaquer, & non du reſcrit ou mandat apoſtolique ; à plus forte raiſon il n'eſt pas néceſſaire d'avoir la tonſure ni aucune autre capacité pour pouvoir tenir & porter bénéfice, lors & au tems d'une ſimple nomination faite en faveur d'un indultaire, parce que telle nomination ne lui donne ni confere aucun droit au bénéfice ; mais tout le droit qu'il y a, lui eſt acquis en vertu de la Pauline, qui a autoriſé & confirmé les indults de meſſieurs du parlement & de meſſieurs les maîtres des requêtes. Cette nomination n'eſt qu'une déclaration du lieu & du bénéfice ſur lequel on affecte & jette ſon indult, laquelle partant *nullum jus tribuit*, & ainſi ne requiert aucune capacité. En tout cas, quand il faudroit avoir la tonſure & autres capacités pour tenir bénéfices lors de la nomination de l'indultaire, ce ne pourroit être que lorſqu'il la fait ſignifier aux chapitres ou aux autres collateurs des bénéfices qu'il prétend en vertu de ſon indult. Cela étant, il paroît par la conférence des dates, que Me. André le Fevre indultaire demandeur étoit tonſuré lorſqu'il a fait ſignifier ſa nomination au chapitre de Châlons. Et par ces moyens conclut à ce qu'il ſoit maintenu en la poſſeſſion de la prébende & chanoinie vacante par le décès de Robelet, & ſubſidiairement en celle vacante par la mort de Goux, avec reſti-

B b b b

1629.

tution de fruits & dépens. Me. le Camus le jeûne pour Me. Claude Pontchoux défendeur dit, que c'est une maxime certaine en droit canon, que la regle *De infirmis refignantibus*, ou *De viginti diebus*, n'a point de lieu aux démiffions & réfignations pures & fimples faites par perfonnes malades entre les mains de leur ordinaire collateur, lequel ayant admis la démiffion & réfignation, & en vertu d'icelle ayant conféré & pourvu au bénéfice, telle provifion eft bonne & valable, quoique le réfignant foit décédé un jour, même une heure après la provifion & collation faites au bénéfice. Telles réfignations & démiffions pures & fimples ès mains de l'ordinaire font fi favorablement reçues, que même elles font admifes & approuvées au préjudice des graduês, beaucoup plus favorables que les indultaires, qui ne peuvent alléguer ni prouver aucun fait de fraude contre telles démiffions & réfignations; même les permutations des bénéfices font permifes en ce cas : toutefois contre les permutations on admet les conjectures de fraude, qui font trois. La premiere, quand la permutation fe fait par une perfonne moribonde *in limine mortis*, avec un autre qui fe porte bien. La feconde, quand le moribond compermute avec fon parent ou fon allié. La troifieme, quand il y a grande difparité entre la valeur & revenu des bénéfices. Hors ces conjectures de fraude, les permutations mêmes font admifes & reçues au préjudice des graduês & de toutes autres graces expectatives, comme indultaires, & autres univerfellement quelconques, quelque faveur qu'elles puiffent avoir, & quelque droit qu'on puiffe prétendre ou efpérer fur les bénéfices réfignés ou permutés. Ainfi la démiffion & réfignation faites par Robelet étant bonnes & valables, & la collation & provifion du chapitre faites en conféquence d'icelles au défendeur, l'étant auffi, il n'y a point de difficulté qu'il ne doive être maintenu audit bénéfice, quand il n'auroit aucun autre moyen. Mais il y en a un qui rend le demandeur du tout incapable de pouvoir prétendre aucun droit audit bénéfice; le défaut de tonfure lors de fa nomination, défaut qu'on a bien prévu, l'ayant voulu couvrir par précaution, mais inutilement. Véritablement quelques docteurs traitant cette queftion fur les chapitres allégués & fur le §. *Statuimus*. Au concordat on fait une diftinction entre les qualités & capacités, que quand il eft queftion d'une qualité ou capacité légere & peu importante, comme de l'âge, de la fcience, ou telle autre, il fuffit d'avoir cette capacité au tems de la vacation du bénéfice : les autres ont foutenu *pede fixo*, que quelque qualité ou capacité que ce foit, eft requife au tems du refcrit ou du mandat. Mais tous unanimement font demeurés d'accord, que quand il s'agit de la qualité ou capacité de l'ordre, du caractere, tel qu'eft la tonfure, fans laquelle nul ne peut afpirer au facerdoce, ni à la cléricature, ni être rendu capable de tenir & porter aucuns bénéfices, il faut néceffairement avoir cette qualité & cette capacité au tems du mandat, ou du refcrit, en vertu duquel on prétend le bénéfice, & que ce n'eft pas affez de l'avoir au tems de la vacation du bénéfice. Lambriquinus & Flaminius Parifius rapportent cette opinion être commune : les arrêts tant du parlement que du confeil, l'ont fouvent fuivie & approuvée ; de forte que le demandeur n'ayant eu la tonfure que long-tems après la nomination de fa perfonne faite fur le bénéfice contentieux, cette nomination étant nulle, il n'y peut par conféquent prétendre aucun droit. La diftinction ou difparité qu'on a apportée entre les refcrits apoftoliques & les nominations en vertu des indults, eft plus fubtile que véritable, parce qu'en effet c'eft la même chofe, l'un & l'autre donnant pareil droit fur le bénéfice, auquel on ne peut rien prétendre fans ladite nomination. Et par ces moyens conclut à

ce que le défendeur foit maintenu en la poffeffion de ladite chanoinie. Me. le Camus l'aîné pour George Perault intervenant en la caufe de la premiere prébende, & demandeur en complainte pour raifon de la feconde, dont il eft pourvu, dit que la premiere prébende & chanoinie a vaqué par la mort de Robelet, qui étoit vraifemblablement décédé au tems de la prife de poffeffion de Pontchoux, comme l'on peut inférer du rapport des deux chanoines députés ; & parce que la réfignation qu'il avoit faite, étoit nulle & frauduleufe au préjudice de l'indultaire, lequel par conféquent doit être maintenu en ladite chanoinie comme vacante par la mort dudit Robelet, & l'intervenant & demandeur en la feconde, dont il eft bien & canoniquement pourvu, même quand l'indultaire ne pourroit pas obtenir en la premiere, il ne peut pareillement rien prétendre en la feconde, puifque le même défaut & la même capacité, le manquement de la tonfure, le rendent inhabile & incapable de prétendre aucune chofe en l'une ni en l'autre, par les moyens qui ont été déduits par l'avocat du défendeur. Et conclut à ce que ledit Perault foit maintenu en la poffeffion de la feconde prébende vacante par la mort de Goux.

M. l'avocat général Gaulmin dit, que quant à la premiere queftion touchant la réfignation pure & fimple faite par Robelet ès mains du chapitre de Châlons, il n'y a point de doute qu'elle ne foit bonne & valable, & par conféquent la provifion & collation de la chanoinie réfignée par ledit Robelet, faite par le chapitre audit Pontchoux, parce que telles démiffions & réfignations pures & fimples, quoique faites par perfonnes moribondes & au préjudice des graduês, indultaires, & autres expectans, font néanmoins admifes & reçues pour bonnes & valables en faveur des collateurs ordinaires : ils ont la liberté abfolue de donner & conférer le bénéfice ainfi vacant par démiffion & réfignation pure & fimple, à qui bon leur femble, ou au gradué, ou à l'indultaire, ou à telle autre perfonne qu'ils voudront choifir. La liberté leur en eft demeurée toute entiere, le réfignant ayant abdiqué fon droit; & s'il vient à décéder incontinent, ou peu après la démiffion & réfignation admife, & collation & provifion donnée à un autre, la réfignation & provifion n'en font pas moins valables. Quant à la feconde queftion touchant l'incapacité & manquement qu'on objecte à l'indultaire, fondée fur le défaut de tonfure lors de la nomination faite de fa perfonne, elle n'eft pas grandement confidérable, parce qu'il fuffit que celui qui prétend & afpire à la provifion de quelque bénéfice, ait les capacités & qualités requifes pour le pouvoir poffeder, au tems que le bénéfice a vaqué, ou au tems qu'il fe préfente le requérir. L'indultaire demandeur étoit tonfuré, lorfqu'il a fait fignifier fa nomination au chapitre; ce qui fuffit, puifque la feule fignification opere & donne effet aux lettres de nomination. De dire que les lettres portent, *André le Fevre clerc tonfuré*, & que ce foit une obreption qui les rend nulles, & l'impétrant indigne du bénéfice d'icelles ; cela n'eft non plus confidérable, parce qu'on infere cette qualité comme la fuppofant véritable, & ce n'eft pas davantage que fi l'on avoit omis de l'inférer ; puifqu'il n'eft pas abfolument néceffaire que le nommé foit tonfuré lors de fa nomination. Et conclut à ce que Pontchoux foit maintenu en la chanoinie vacante par la démiffion & réfignation de Robelet; & que le Fevre indultaire foit maintenu en la poffeffion de l'autre chanoinie vacante par le décès de Goux.

LE CONSEIL ordonna que les parties écriroient & produiroient tout ce que bon leur fembleroit dans trois jours. Monfieur de Berfy Malo préfident, le mardi 23 octobre 1629.

CHAPITRE LXIV.

Cause appointée au grand conseil, pour savoir si la permutation doit avoir effet au profit de celui qui a pris possession pendant la vie de l'autre ; quoique le dernier soit décédé sans faire la même chose.

Et si l'ordinaire peut admettre une résignation pour cause de permutation spreto & inconsulto patrono ecclesiastico.

Maître Jean Amelot prêtre, curé de Montvilliers au diocèse de Chartres étant malade le 13 de novembre 1628, passa procuration pour résigner ladite cure ès mains de monsieur l'évêque de Chartres en faveur de Me. Pierre Joubert prêtre, curé de Montigny au même diocèse, lequel aussi le même jour passa pareille procuration pour résigner son bénéfice *ex causa permutationis* au profit & en faveur dudit Amelot son compermutant, lequel ayant accepté cette procuration, & réciproquement donné la sienne audit Joubert, le lendemain 14 dudit mois de novembre 1628, il se présente à M. l'évêque de Chartres, duquel il obtient le même jour ses provisions de ladite cure de Montvilliers, & en prend incontinent possession ; mais au-contraire Amelot ayant négligé de se servir de sa procuration *ad resignandum ex causa permutationis*, & ne s'étant point présenté à M. l'évêque de Chartres pour être pourvu de la cure de Montigny, il décède le 21 dudit mois de novembre. Me. David Huguenot prétendant que la cure de Montvilliers, dont ledit Amelot étoit titulaire, avoit vaqué par son décès, s'en fait pourvoir *in genere vacationis* par M. l'évêque de Chartres, & voulant se mettre en possession, y est troublé & empêché par ledit Me. Pierre Joubert, comme le devant premier pourvu de ladite cure par le moyen de la résignation *ex causa permutationis* faite en sa faveur par ledit Amelot. Huguenot pourvu *per obitum* d'Amelot forme complainte, & sur icelle fait assigner Joubert pardevant MM. du grand conseil. Me. le Camus le jeune pour Me. David Huguenot demandeur en complainte pour raison du possessoire de ladite cure de Montvilliers dit, qu'elle a vaqué par le décès dudit Amelot nonobstant la résignation qu'il en avoit faite *ex causa permutationis* en faveur dudit Joubert défendeur, & des provisions qu'il en a obtenue ensuite, qui sont nulles par deux moyens & considérations principales. L'une, que la permutation des deux cures de Montvilliers & de Montigny qui a donné lieu aux résignations réciproques d'Amelot & de Joubert, n'a point été réciproquement & mutuellement exécutée *hinc inde*, Amelot moribond n'ayant daigné ni pu obtenir aucunes provisions, ni prendre aucune possession de ladite cure de Montigny compermutée, & qui étoit néanmoins absolument nécessaire pour rendre la permutation & résignation bonnes & valables. Il ne suffit pas que l'un des compermutans ait obtenu provisions, & pris possession de l'un des bénéfices compermutés, ainsi qu'a fait Amelot : mais l'un & l'autre résignans *ex causa permutationis* devoit avoir exécuté la résignation & permutation ; faute de ce l'une & l'autre des résignations sont demeurées sans effet, & les provisions obtenues sur l'une d'icelles seulement sont nulles & de nulle valeur, suivant l'opinion de Me. Charles du Moulin *ad reg. De public. resignat.* L'autre moyen de nullité des provisions est, en ce que la collation du bénéfice contentieux de la cure de Montvilliers, n'appartient pas *pleno jure* à M. l'évêque de Chartres, mais est au patronage & présentation du prieur de Nogent-le-Rotrou, au mépris & préjudice duquel M. l'évêque de Chartres n'a pu ni dû admettre lesdites résignations *ex causa permutationis*. Le consentement, on a tout le moins la requisition de ce consentement, ou du refus du patron, quoiqu'ecclésiastique, est nécessaire en telles permutations faites ès mains de l'ordinaire. C'est l'opinion de tous les docteurs qui ont écrit *de jure patronatûs*, notam-

ment de Panorme *ad cap. Nullus. De jure patron. &* en ses questions & œuvres séparées de la glose *Clem. De rerum permutat.* Du Moulin est d'avis contraire, *ad reg. De infirmis resignant.* Mais rendant raison de son opinion, il dit que c'est pour obvier à l'inconvénient de la prévention du pape sur les ordinaires ; & parce que les ordinaires étant obligés d'insérer en leurs collations, en leurs provisions des bénéfices compermutés, qu'ils sont du patronage & présentation ecclésiastique de tel abbé, de tel prieur ou autre bénéficier ; que telle énonciation aux provisions conserve le droit des patrons en son entier, & les met hors de tout intérêt, & par conséquent non-recevables à se plaindre de telles permutations admises sans leur consentement. Mais la première raison de du Moulin rapportée pour confirmer son opinion, n'est aucunement pertinente ni considérable : l'argument *ab absurdo, aut ab inconvenienti*, n'est pas concluant, ainsi que lui-même le confesse en plusieurs endroits. Quand la seconde seroit pertinente, on n'y a aucunement satisfait, les provisions du défendeur ne font aucune mention que le bénéfice contentieux soit du patronage & présentation du prieur de Nogent-le-Rotrou, ce qui auroit été en tout cas nécessaire ; & ainsi elles sont nulles, soit par le défaut de l'accomplissement mutuel & réciproque des permutations, soit par le mépris du patron ecclésiastique ; & par conséquent le bénéfice a vaqué par le décès d'Amelot. Le demandeur est bien & canoniquement pourvu sur la présentation de sa personne, faite par ledit prieur de Nogent patron, & il doit être maintenu & gardé en la possession dudit bénéfice. Me. Bernage pour Joubert défendeur dit, qu'il est bien & canoniquement pourvu de la cure de Montvilliers contentieuse, dont il a pris possession avant le décès d'Amelot son résignant ; ce qui est suffisant pour le maintenir en la possession du bénéfice, parce qu'il n'est pas nécessaire en matiere de permutations, que l'un & l'autre des compermutans ait obtenu provisions, & pris possession du bénéfice permuté : mais il suffit que l'un ait fait les diligences pour être maintenu au bénéfice qu'on lui a délaissé ; & son compermutant négligent & en demeure, venant à décéder sans avoir obtenu provisions, *tunc alter gaudet de bona fortuna*, comme l'on dit, & demeure en possession de l'un & de l'autre bénéfice ; autrement si les permutations devoient être exécutées de part & d'autre pour valider les provisions obtenues par l'un des compermutans, il s'ensuivroit qu'il seroit au pouvoir de l'autre de rendre les provisions nulles & invalides par sa demeure & négligence : ce qui seroit injuste. Aussi l'on n'a jamais douté que les provisions obtenues par l'un des compermutans avant la mort de son résignant, ne soient bonnes & valables, sinon quand l'on argue la permutation de fraude, comme faite par un moribond *de pingui beneficio cum beneficio tenuissimo* ; & hoc in fraudem expectantium, des gradués, induItaires, & autres privilégiés, qui seuls sont capables d'arguer telles permutations de fraude & faites à leur préjudice : ce que ne peut pas faire un patron par mort, tel qu'est le demandeur. Me. Charles du Moulin traitant cette question, est d'avis de l'affirmative ; mais il ajoute : *Usus tamen aliter obtinuit.* Aussi par plusieurs arrêts il a été ainsi jugé, & telles provisions sur permutation confirmées, quoiqu'exécutée par une partie seulement : car il est au pouvoir & liberté de l'ordinaire d'admettre telles permutations, ou de les rejetter. Quant au second moyen de nullité qu'on allegue selon les provisions du défendeur, fondé sur le mépris du patron ecclésiastique, il est inoui. *Primò*, parce que suivant l'avis de du Moulin, l'ordinaire peut admettre telles permutations, *spreto patrono ecclesiastico* ; (quoiqu'il ne le puisse pas *spreto patrono laico*, qui suivant le titre primordial de sa fondation doit être sommé & requis en toutes les especes de vacance du bénéfice qui est en son patronage.) Le consentement du patron ecclésiastique n'est point nécessaire aux permutations, comme le confessent Panorme & les autres docteurs allégués par le demandeur, qui sont seulement d'avis que, *ex majori honestate & urbanitate consensus pa-*

troti ecclefiaftici requiri debet. Mais il y a rien de la
différence entre une chose requife néceffairement &
absolument pour la validité d'un acte, & une autre
requise par honnêteté & bienséance feulement, celle-
là emporte nullité, celle-ci non, comme il est décidé toto tit, De his quæ fiunt à majori parte, Capit.
Secundò, en ce qu'on dit, qu'en tout cas il auroit
fallu inférer aux provifions du défendeur, que le be-
néfice contentieux étoit du patronage du prieur de
Nogent, & que ne l'ayant fait, c'est une nullité. Ce
moyen est encore absurde, qu'on puisse alléguer
aucune obreption ni fubreption contre les provifions
de l'ordinaire. Et conclut à ce que le défendeur foit
maintenu & gardé en la poffeffion du bénéfice.

LE CONSEIL appointa les parties en droit à
écrire & produire dans trois jours, M. de Berly Malo
préfident prononçant, le 6 novembre 1629.

valable. Eadem enim folemnitas requiritur in adden-
& mutando, quæ in conftituendo, fuivant l'opinion
de Barthole in L. Hæredes palam. De hæred. inftit.

LA COUR mit l'appellation & ce dont étoit
appel, au néant ; évoqua le principal, & y faifant
droit, déclara la donation bonne & valable ; maintint le donataire en la poffeffion des chofes données,
fans dépens. Le lundi 3 décembre 1629, M. de Champigny premier préfident prononçant.

Il y a lieu de croire que la cour n'auroit pas
jugé la même chofe, fi la donation avoit été de
la totalité du fief ; la faculté qui feroit en ce cas
réfervée par le donateur, de vendre la chofe donnée,
annulleroit la donation, nonobftant la condition
ftipulée d'en faire tourner le prix au profit du donataire.

CHAPITRE LXV.

Donation de vingt-quatre journaux de terre est bonne
& valable, nonobftant la contre-lettre qui laiffe la
liberté au donateur de vendre la totalité du fief dont
ils dépendent, à la charge que le donataire aura
fur le prix cent cinquante livres de rente ; & ce n'est
pas donner & retenir.

JEanne Milet habitante de la ville de Roye, étant
veuve en fecondes noces, & ayant des enfans
de deux lits, fait donation entre vifs au fils du fecond lit, de la quantité de vingt-quatre journaux de
terre à prendre fur le fief & feigneurie de Biart. Après
fon décès Me. Pierre Turpin procureur du roi à
Roye, héritier de Jeanne Milet fon aïeule, foutient
ladite donation nulle, au moyen d'une contre-lettre
& contre-promeffe donnée par le donataire à la donatrice : fur quoi le bailli de Vermandois ayant appointé les parties au confeil, le donataire en interjetta appel, & préfenta requête pour l'évocation du
principal, pour lequel Me. Doublet dit, que la coutume de Roye permet la libre difpofition de tous fes
biens par donations entre vifs faites à perfonnes capables. Le donataire appellant est tel : donc en fa fubftance la donation est valable. Elle l'est pareillement
en fa forme, ayant été bien acceptée & duement
infinuée. Tout ce qu'on objecte est une contre-lettre
donnée par l'appellant donataire à fa mere donatrice,
par laquelle il lui donne pouvoir & faculté de vendre
les vingt-quatre journaux de terre avec le furplus du
fief de Biart, nonobftant la donation ; à la charge
néanmoins que fur le prix procédant de la vente,
il aura cent cinquante livres de rente au-lieu des
vingt-quatre journaux de terre. Cette convention
n'est point une contre-lettre à la donation, mais une
paction licite pour faciliter la vente du fief de Biart.
On ne peut point divifer le confentement de l'appellant : il faut le prendre intégralement & fans fyncope : il aimoit autant le prix que la terre, au cas
qu'elle fût vendue ; mais ne l'ayant été, elle lui doit
être donnée. M. Talon pour l'intimé dit, qu'il n'y a
point de regle plus certaine au palais, que celle de
donner & retenir ne vaut. La cour l'obferve fi exactement & fi rigoureufement, que par arrêt folemnel
elle a caffé une donation, parce que l'original de la
contrat de donation s'étoit trouvé entre les mains du
donateur, préjugeant par-là qu'il avoit la faculté
libre & entiere de révoquer la donation, & la rendre inutile & fans effet. Elle a caffé auffi une autre
donation, parce que le donateur avoit chargé le
donataire de payer toutes les dettes qu'il auroit au
jour de fon décès, & par-là indirectement retenu
le pouvoir & faculté de révoquer la donation, & la
rendre fans effet, en l'épuifant par des dettes. Ici la
contre-lettre est toute manifefte, l'appellant laiffe la
liberté à fa mere de difpofer des chofes données.
Sa réponfe ne fert de rien, qu'au-lieu de la terre il
retenoit l'argent & le prix : car il auroit fallu une
nouvelle donation de la mere, & la contre-promeffe
n'est qu'une écriture pure privée de l'appellant donataire, & de lui feul fignée, qui ne pouvoit être

CHAPITRE LXVI.

Hôpital doit être adminiftré par des laïques, & la
chapelle y annexée ne peut devenir un titre de bé-
néfice en la perfonne du prêtre qui l'a deffervi.

EN la même audience on plaida la caufe de Me.
Jean Frontaud dévolutaire appellant, contre
frere Charles Rolland, religieux profès de l'ordre de
St. Auguftin intimé, & les habitans de la ville de
Cormeffy intervenans. L'appel étoit de la fentence du
bailli de Vermandois ou fon lieutenant à Rheims,
par laquelle il avoit ordonné que les habitans dudit
Cormeffy percevroient le revenu de la chapelle dudit
Cormeffy, pour en rendre compte à qui il appartiendroit. Pour moyens d'appel Me. Brodeau dit,
que quoique cette chapelle foit un bénéfice feculier,
néanmoins Rolland intimé, religieux profès, y en
est fait pourvu. C'est fur cette incapacité qu'est
fondé le dévolut qui ne reçoit point de difficulté,
n'y ayant point de maxime plus certaine en tout le
droit canon que cette regle, *beneficia regularia regu-*
laribus, fæcularia fæcularibus, fi étroitement obfervée, que même par arrêt prononcé en robes rouges
en 1613, il a été jugé que le décret De pacificis pof-
fefforibus, n'a point de lieu en ce cas ; & un qui avoit
joui dix de dix ans, fut dépoffédé de fon bénéfice.
Auffi l'intimé reconnoiffant cette vérité, donne les
mains, & n'infifte que pour des prétendues réparations qu'il dit avoir faites aux bâtimens de la chapelle.
L'appellant ne peut être tenu au rembourfement :
car les réparations font échues ou du tems de l'intimé, ou de celui de fon prédéceffeur. Si de fon tems,
il y étoit tenu ; fi du tems de fon prédéceffeur, il
devoit agir contre fes héritiers qui y font tenus. De
plus, l'intimé a induement joui du revenu & des fruits
de cette chapelle, qu'il faut compenfer avec ces réparations. Quant aux habitans de Cormeffy, qui
foutiennent que cette chapelle n'est point un bénéfice en titre, mais un hôpital & fimple adminiftration laïque, ils ne rapportent point la fondation de cet
hôpital, mais feulement quelques pieces auxquelles
il y avoit des énonciations non confidérables ; au-
contraire, il rapporte l'extrait du poulié de l'archevêché de Rheims fait il y a plus de cent ans, par
lequel il paroît que cette chapelle est un bénéfice :
Capella de Cormeffy, dominus archiepifcopus Rhe-
menfis confert pleno jure. Quand on auroit depuis
annexé un hôpital à cette chapelle, elle auroit toujours retenu fa qualité de bénéfice en titre, Clemen-
tinâ Quia contingit. De religiofis domibus ; & l'appellant y doit être maintenu. M. Talon pour l'intimé
dit, qu'il donne les mains pour le bénéfice, mais
qu'il doit être rembourfé des méliorations utiles &
néceffaires qu'il a faites au bénéfice, duquel il n'a
joui que fix mois, fans avoir perçu aucuns fruits ; &
néanmoins les méliorations fe montent à fept cents
livres. Me. Bataille pour les habitans de Cormeffy
dit, que l'appellant & l'intimé conteftent inutilement
à qui demeurera la chapelle de Cormeffy, en laquelle l'un ni l'autre ne peuvent prétendre aucun
droit, n'étant un bénéfice en titre, mais un hôpital & fimple adminiftration laïque, qui leur appartient.

nent. Ils n'ont pas la fondation de cet hôpital, mais ils rapportent plusieurs pieces, par lesquelles il paroît que c'eſt un hôpital ; & ils l'auroient plus que ſuffiſamment prouvé, ſi la ſentence avoit été exécutée ſur les lieux, & qu'il n'y en eût point eu d'appel interjetté pour empêcher cette preuve.

M. l'avocat général Bignon dit, qu'il y a aſſez de preuve au procès, que la chapelle en queſtion étoit un hôpital. La deſcription ſeule du lieu le montre manifeſtement, les proviſions de l'intimé, & celles de l'appellant même le portent ; mais on ne voit pas ſi c'eſt un hôpital de fondation primordiale, ou s'il a été joint & annexé au bénéfice ſeulement. Quoi qu'il en ſoit, dans l'un & dans l'autre cas il faut toujours que les fruits & revenus ſoient pris & adminiſtrés par gens laïques, ſuivant la clementine alléguée, l'édit de 1561, & l'ordonnance de Moulins. Mais au premier cas, il y a un prêtre titulaire auquel on aſſigne une penſion conforme à la valeur du revenu du bénéfice ; au ſecond cas, non, & les adminiſtrateurs mettent tels chapelains que bon leur ſemble. Pour être mieux éclaircis du fait, il ſeroit bon de confirmer la ſentence.

LA COUR mit l'appellation & ce, au néant ; évoqua le principal, & y faiſant droit, déclara la chapelle contentieuſe n'être qu'un hôpital ; ordonna qu'il ſeroit régi & adminiſtré par les échevins de Cormeſſy, ſans reſtitution de fruits ni dépens ; & ſur la demande de rembourſement des réparations faites par l'intimé, mit les parties hors de cour & de procès, auſſi ſans dépens ; ledit jour 3 décembre 1629.

CHAPITRE LXVII.

Geolier eſt reſponſable des priſonniers.

LE mardi 4 décembre 1629, on plaida l'appel de la ſentence du bailli de Guiſe, qui avoit condamné le geolier des priſons de ladite ville, d'y réintégrer Pierre Saulier empriſonné, dans un mois ; faute de ce, condamné en tous dépens, dommages & intérêts auxquels ledit Saulier ſeroit condamné par la ſentence qui ſeroit rendue ſur ſon évaſion, au profit de Jean Beaulieu appellant, qui l'avoit fait empriſonner par rebellion faite à juſtice, & empêchement apporté à la ſaiſie & exécution de ſes biens, faute de payement de la ſomme de deux mille livres, en laquelle il avoit été condamné par ſentence de proviſion envers ledit Beaulieu. Me. Tronçon le jeune pour Beaulieu appellant dit, que le geolier intimé doit être condamné au payement des deux mille livres. Me. le Noir le jeune pour le geolier intimé dit, qu'il eſt mulcté par la ſentence tout autant qu'il le pouvoit être ; Saulier n'étoit point empriſonné pour les deux mille livres, & ne le pouvoit être en vertu d'une ſentence de proviſion. Il a élargi le priſonnier par une ſurpriſe & ſuppoſition qu'il étoit d'accord avec l'appellant, ainſi qu'il paroît par l'obligation d'indemnité qu'il a ſtipulée dudit Saulier, qu'il n'auroit pas élargi, s'il n'avoit cru dudit accord.

LA COUR ſur l'appel mit les parties hors de cour & de procès, ſans dépens : néanmoins fit inhibitions & défenſes à tous les geoliers du reſſort du parlement, d'élargir les priſonniers, à peine de tous les dépens, dommages & intérêts des parties civiles, & de punition corporelle. M. le premier préſident de Champigny prononçant.

CHAPITRE LXVIII.

Profeſſion en l'ordre de Malthe ne ſe prouve par témoins.

LE même jour en la premiere audience de relevée, ouverte par M. le premier préſident, fut plaidé l'appel de la ſentence du bailli de Rheims,

par laquelle il avoit déclaré le commandeur de la commanderie de l'ordre de St. Jean de Jeruſalem, aſſiſe à Rheims, non-recevable en ſes fins & concluſions priſes pour avoir là ſucceſſion de Me. Jean Bleterie prêtre. Me. Bataille pour moyens d'appel dit, que par les ſtatuts de l'ordre de St. Jean de Jeruſalem, il eſt certain que le pécule & la ſucceſſion des commanders dudit ordre appartient au tréſor commun de tout l'ordre ; mais la ſucceſſion & le pécule des freres ſervans, ou ſimples prêtres dudit ordre, appartient aux commanders dudit ordre, en la commanderie deſquels ils ont fait vœu & profeſſion. Suivant ces ſtatuts la ſucceſſion & le pécule dudit Bleterie appartient au commandeur de Rheims appellant, parce que ledit Bleterie étoit frere ſervant de l'ordre de Malthe, avoit fait vœu & étoit décédé en ſa commanderie. Véritablement il ne rapporte point l'acte de ſon vœu & profeſſion, mais en l'ordre de Malthe on n'en écrit rien. Il a mis en fait, & offre de prouver, qu'il a toujours porté la croix blanche ſur le manteau, qu'il a poſſédé des bénéfices affectés à l'ordre ; qu'en ayant obtenu de ſéculiers, on a impétré & jetté des dévolus fondés ſur l'irrégularité de ce qu'il eſt religieux. La preuve de tous ces faits eſt bonne & pertinente, & doit être admiſe par témoins. Me. Germain pour les héritiers de Jean Bleterie dit, qu'il étoit ſimple prêtre ſéculier, pourvu de bénéfices ſéculiers & non religieux. Suivant l'ordonnance il faut rapporter la preuve de la profeſſion par écrit, & ne pas alléguer des faits non pertinens, & en demander la preuve par témoins, qui ne peut être reçue.

M. l'avocat général Talon dit, que l'avocat de l'appellant a avancé de mauvaiſes maximes. Cette cauſe eſt une cauſe d'état & importante : ainſi la preuve des faits avancés ne doit être reçue par témoins, mais ſeulement par actes & inſtrumens authentiques. L'ordonnance y eſt formelle : les chevaliers de Malthe ſont vrais religieux, ſuivant l'arrêt prononcé en robes rouges en 1572, & pluſieurs autres intervenus depuis. Il ne faut point confier à la dépoſition de deux ou trois témoins l'état d'une perſonne. Il ne faut point diſtinguer les vœux & la religion de l'ordre de St. Jean de Jeruſalem d'avec les autres religieux. L'ordonnance eſt commune pour tous ; & comme l'appellant n'eſt point recevable en ſes concluſions, auſſi ne l'eſt-il pas en ſon appel.

LA COUR déclara l'appellant non-recevable en ſon appel, & qu'il amenderoit.

CHAPITRE LXIX.

Médecin abonné avec les habitans à dix ſols de taille, ne peut être impoſé à plus grande ſomme.

MAître Louis Voignot, médecin de la faculté de Paris, en 1610, fut recherché par les habitans de la ville de Montfort l'Amaulry d'aller demeurer en leur ville ; ce qu'il fit, à la charge & condition qu'il ne payeroit que dix ſols de taille par chacun an, & qu'il viſiteroit & panſeroit gratuitement tous les malades de l'hôpital de ladite ville, comme auſſi tous les pauvres honteux habitans d'icelle, qui lui ſeroient nommés & indiqués par celui qui étoit ordonné pour en avoir le ſoin. En 1618, il obtint ſentence des élus de ladite ville de Montfort, portant approbation de cette convention, & que ſuivant icelle il ne ſeroit impoſé qu'à dix ſols de grande taille, & par proportion & équivalent des autres ſubſides ; ce qui fut exécuté juſques en 1626, qu'il fut impoſé à trente livres de grande taille, & à proportion du taillon & crue, à quoi il s'oppoſa, & par ſentence des élus de Montfort ſa cote fut réduite & modérée à la ſomme de trois livres de grande taille, & à proportion des autres ſubſides : de laquelle ſentence, enſemble de celle de 1618, leſdits habitans de Montfort interjettent appel, comme auſſi ledit Voignot de celle de 1628, portant augmentation de sa cote de trois livres. Me. Bataille pour lesdits habitans de Montfort dit, que cette convention est illicite, contraire à la charité & à l'ordonnance, & à l'édit de 1614, par lequel il est nommément prohibé & défendu aux habitans de prêter aucun consentement pour rendre quelqu'un d'entr'eux exempt & affranchi des tailles, lesquelles appartenant au roi, aussi à lui seul appartient d'en donner l'exemption & affranchissement. L'ordonnance étant de droit public, les habitans n'ont pu aucunement y déroger, ni faire breche, même sous prétexte de cause pie, qui n'est pas exempte de la rigueur de l'ordonnance, comme il se voit aux donations faites à l'église déclarées nulles faute d'insinuation suivant l'ordonnance. La charité de voir & panser les pauvres malades, à quoi l'intimé s'est seulement obligé par cette convention, est contraire à la même convention, n'y ayant plus de charité où l'on reçoit de la récompense & du salaire. *Ne videantur quasi mercimonio contracto, ita pietatis officium gerere*, comme dit l'empereur en la loi 3. *De infant. expos.* La charité ne demande autre prix & récompense que son propre mérite. Il est porteur d'acte d'assemblée des habitans, & de lettres obtenues ensuite, par lesquelles ils mettent en fait, que l'intimé n'a point servi & pansé les malades, comme il étoit tenu, & qu'ils n'entendent plus s'en servir. Me. Corbin pour ledit Voignot dit, que cette cause est une marque & un témoignage d'ingratitude des appellans contre l'intimé, lequel après leur avoir rendu tous les bons offices & services qu'on peut espérer, est traité de la sorte, & imposé aux tailles à une somme excessive, au préjudice de leur convention, qui est bonne & valable, & n'est point révocable. Ce sont les deux points de la cause. Elle est bonne & légitime, & nullement contre l'ordonnance, qui prohibe seulement de faire aucun privilégié *in universum*, & non point d'abonner & d'exempter quelqu'un de partie des tailles qu'il pourroit devoir : car étant imposé & compris aux rôles des tailles, il paroît par-là qu'il est cotisable, & non privilégié ; c'est ce que desire seulement l'ordonnance : si plus ou moins cotisé, cela ne fait préjudice qu'aux habitans qui portent le surplus de sa cote. Ainsi cette convention étant légitime, elle n'est point révocable, étant faite pour une si bonne & juste cause. Les donations antidotales & rémunératoires ne sont point révocables, même par la survenance des enfans, suivant l'opinion de M. Tiraqueau *ad L. Si unquam. C. De revoc. donat.* parce que ce ne sont pas tant donations que récompenses bien méritées, & satisfactions. *Non meram donationem esse, verum officium magistri quâdam mercede remuneratum*, dit Papinien en la loi *Aquilius.* 27. *De donation.* & en la loi 34. *eod. Si quis aliquem à latrunculis vel hostibus eripuit, & aliquid ab ipso pro eo accepit, hac donatio irrevocabilis est, non merces eximii laboris appellanda est, quod contemplatione salutis certo modo æstimari non placuit.* Le soin & le travail de l'intimé envers les appellans est *contemplatione salutis*, pour la conservation de leur santé, qui est la chose la plus précieuse du monde, au dire du poëte Anacréon, qui met la santé au premier rang ; le bel esprit dans un bon corps, *sanam mentem in corpore sano*, au second ; l'abondance des richesses bien & légitimement acquises, au troisieme. Et par ces moyens conclut à ce que ledit Voignot soit remis à son taux ancien de dix sols de grande taille, selon la convention.

M. l'avocat général Tiraqueau dit, que la convention que les appellans impugnent à présent, n'est point contre l'ordonnance, qui prohibe seulement l'affranchissement & l'exemption de quelqu'un *in universum*, mais non pas l'abonnement & la gratification pour une partie seulement. Telles conventions, même pour des médecins, ont souvent été confirmées par plusieurs arrêts, même au profit de la veuve d'un médecin de Loudun, qui avoit stipulé son exemption & abonnement pour lui & sa veuve. La convention n'est non plus révocable, étant faite pour bonne cause & pour récompense de services,

en considération desquels un officier étant pourra ne peut point être destitué, suivant la doctrine des arrêts du parlement. Et adhere avec l'intimé.

LA COUR sur l'appel & lettres des parties de Me. Bataille, mit les parties hors de cour & de procès ; & quant à l'appel de Voignot, mit l'appellation & ce, au néant ; émendant & corrigeant, réduisit & modéra le taux dudit Voignot à dix sols de grande taille, & des autres à proportion & équivalent ; fit défenses aux habitans de Montfort de l'imposer à plus grande somme ; ordonna que ce qu'il avoit payé de plus, lui seroit rendu & restitué ; & condamna les habitans dudit Montfort en ous les dépens ; le vendredi 7 décembre 1629.

CHAPITRE LXX.

Nantissement n'est pas nul par le défaut de signature des témoins, lorsque la coutume ne l'exige point.

LE mardi 11 décembre 1629, à l'audience relevée, Me. Tronçon le jeune plaida l'appel d'une sentence des présidiaux de Rheims, qui avoit colloqué & mis en ordre l'intimé avant l'appellant sur le prix de la vente des biens de leur débiteur commun ; & pour moyens d'appel dit, que le contrat de constitution de rente, en vertu duquel l'intimé a été mis en ordre, n'est point signé de lui, mais de son débiteur, notaire & témoins seulement ; de plus, que les héritages décrétés sont assis en pays de nantissement, lequel suivant la coutume de Vermandois doit être fait en la présence des maire & échevins du lieu où les fonds & héritages sont situés, & de deux témoins. Cela a bien été observé de la sorte ; mais les deux témoins dénommés en l'acte de nantissement n'ont point signé : ainsi l'acte & le nantissement sont nuls, suivant l'ordonnance de Blois, qui veut que les parties & témoins signent, à peine de nullité. On objecte que la coutume ne requiert point expressément que les témoins signent ; mais l'ordonnance étant survenue depuis la coutume, y a ajouté cette formalité de signature. La coutume ne parle non plus de la signature des maire & échevins ; & néanmoins il est notoire qu'ils signent, & que s'ils n'avoient signé, le nantissement seroit nul. Et conclut au mal jugé. Me. Baillot pour l'intimé dit, que le premier moyen de l'appellant n'est pas pertinent : il n'est point nécessaire que le créancier signe une obligation, ou autre contrat fait à son profit. Le second n'est pas plus considérable, puisque la coutume ne requiert point que les témoins signent. Cette coutume est exorbitante du droit commun qui ne connoît point le nantissement. Au lieu de l'étendre & d'y ajouter, il faut plutôt la restraindre. Les maire, échevins & greffiers ont signé l'acte de nantissement, ce qui est plus que suffisant.

LA COUR mit l'appellation au néant ; ordonna que ce dont étoit appel, sortiroit son plein & entier effet ; sans dépens. M. le Jay second président prononçant.

CHAPITRE LXXI.

Legs à la concubine & à son frere, servante & laquais du testateur, de six cents livres chacun, & conjointement de tous ses meubles, acquêts & conquêts immeubles, est confirmé à l'égard de la concubine pour six cents livres seulement, qui au surplus est déclarée indigne. Mais la totalité du legs universel est adjugée par droit d'accroissement au frere, outre ses six cents livres.

MAître Matthieu Regnaud prévôt de Poissy, en 1624 fait son testament olographe, par lequel il legue à Perrette & André Bailly ses domestiques, à chacun la somme de six cents livres, payable incontinent après son décès ; & à l'égard de tous ses meubles, acquêts & conquêts immeubles, dont demoiselle Marguerite le Bel sa femme devoit jouir, en vertu du don mutuel fait entr'eux, il les legue pareillement auxdits Perrette & André Bailly ;

& au cas que l'un d'eux vînt à décéder sans enfans avant ladite le Bel sa femme, il déclare qu'il veut que tous lesdits meubles, acquêts & conquêts immeubles appartiennent au survivant des deux légataires. Et au cas que l'un & l'autre vînt à décéder avant ladite le Bel sa femme, déclare qu'il veut que tous lesdits meubles, acquêts & conquêts immeubles soient distribués & employés à colloquer en mariage de pauvres filles de ladite ville de Poissy. Son décès étant arrivé en 1625, lesdits Perrette & André Bailly firent demande de leurs legs, tant de six cents livres à chacun, que des meubles, acquêts & conquêts immeubles, pardevant le prévôt de Paris, lequel par sa sentence en ordonne la délivrance, dont les freres dudit Regnaud testateur & ses héritiers présomptifs interjettent appel, pour lesquels Me. Poulet de Montauban dit, que le testament dont est question, est olographe, hors de soupçon de suggestion, bon & valable en sa forme, mais défectueux en sa substance, contenant des dispositions faites au profit des intimés, personnes indignes & incapables de les recevoir. Cette indignité & incapacité procedent de la turpitude & de la mauvaise vie du testateur & des légataires. Perrette Bailly a prostitué & abandonné son honneur & sa pudicité à Me. Matthieu Regnaud, qui quoique marié en a publiquement abusé, a commis un continuel adultere, duquel est issu un enfant. Pour preuve de cette mauvaise & scandaleuse vie, il ne faut que la seule présomption ; mais il demeure constant par écrit, tant par l'extrait du registre baptistaire de cet enfant baptisé, comme né des œuvres de Me. Matthieu Regnaud & de Perrette Bailly, que par la propre confession de ladite Bailly, à laquelle pour récompense de son crime, & son adultere & de son impudicité, ledit Regnaud a fait ce legs immense de valeur de plus de quinze mille livres. Par une conjecture certaine il ne l'auroit jamais fait autrement à une personne de cette qualité, à une pauvre servante ; ainsi ce legs est nul comme fait pour une cause déshonnête, & à une personne indigne & incapable. M. Cujas *lib.* 5. *obs. c.* 3. expliquant la *bi sum tabulis. §. Quoniam. De his quæ ut indigni sunt.* fort difficile & expresse pour semblables donations faites à des concubines, fait une distinction, & dit que quand le concubinage, ou autre conjonction avec une femme, est illicite & condamnée par la loi, pour lors la donation qu'on lui fait, est nulle & réprouvée par la même loi ; mais quand la conjonction est licite & non condamnée par la loi, la donation ou legs faits à la femme sont bons & valables. Il n'y a point de conjonction plus illégitime ni plus sévérement punie par les loix, que l'adultere, & par conséquent qui annulle davantage les donations & les legs faits en sa considération. Les arrêts de la cour ont si souvent infirmé & réprouvé telles donations, & ces legs faits à des concubines & autres femmes débauchées & de mauvaise vie, que ce seroit abuser de l'audience de la cour que de s'y arrêter davantage, & en rechercher des raisons & autorités. On a objecté, que quand Perrette Bailly se trouveroit indigne & incapable de recevoir les legs à elle faits par Me. Matthieu Regnaud, André Bailly son frere germain se trouvant appelle conjointement *re & verbis* avec elle auxdits legs, ils lui appartiendroient entiérement *jure accrescendi, vel potius jure non decrescendi*, par le moyen duquel la portion de l'incapable est déférée à celui qui est capable ; & ainsi, que les appellans contestent inutilement, & sans pouvoir espérer aucun fruit. Mais il y a plusieurs bonnes & pertinentes réponses à cette objection. La premiere, qu'André Bailly est aussi-bien indigne & incapable du legs, comme sa sœur, *cui lenocinii præbuit ministerium*, l'ayant aidée à séduire & corrompre, pour assouvir le contentement de son maître, qui en récompense de ce sale ministere lui fait ce legs, duquel bien-loin qu'il soit digne, au-contraire il mérite d'être puni. *Qui adulterio cognoscit ; statuere in maritum ob lenocinium potest, L.* 2. *§.* 6. *Ad Leg. Jul. De adult.* La seconde raison pour empêcher ce droit d'accroissement est, qu'il n'y a aucune loi

qui dispose que la part & portion ôtée à celui qui en est jugé indigne & incapable, puisse & doive appartenir par droit d'accroissement à son cohéritier ou collégataire ; au contraire, quand de deux collégataires l'un se trouve indigne ou incapable, l'héritier n'est tenu que de payer la moitié du legs, *L. un. §. 12. C. De caduc. toll. L. pen. C. De. legat. Tertiò,* parce que le droit d'accroissement n'a lieu, que quand l'un des cohéritiers ou collégataires capables répudie sa portion de l'hérédité ou du legs, & ne peut plus avoir lieu quand il l'a accepté. Ici l'un & l'autre a fait demande pour avoir la délivrance de leurs legs. *Quartò,* il y a différence entre l'indigne & l'incapable : l'incapable ne peut jamais être réputé seigneur de la chose léguée, *ne momento quidem fictione juris*; au-contraire, l'indigne en est censé & réputé seigneur, est capable d'acquérir & de recevoir ; mais son indignité le rend incapable de retenir & posséder ce qui lui a été légué, & lui est méritoirement ôté & arraché. *Unde ereptitia bona dicuntur*, qui ne demeurent point à l'héritier, mais sont appliqués au fisc, lequel par la maxime certaine de ce royaume ne prenant point tels biens, ils doivent demeurer & appartenir aux vrais & légitimes héritiers, qui sont les appellans. *Quintò,* par la disposition de droit in *L. Fratres. C. De inoff. testam.* les freres peuvent arguer le testament de leur frere d'inofficiosité & de nullité, *turpi personâ scriptâ hærede*, telles que sont les intimés, & le testament étant déclaré nul par l'incapacité des héritiers, *nulla legata debentur. Sextò,* il est facile à conjecturer, même la chose parle de soi-même, qu'André Bailly n'a été appellé à ce legs qu'en considération de Perrette Bailly sa sœur, laquelle en étant indigne, il en est par conséquent indigne. *Quod pater meus propter me filiæ meæ nomine dedit, proinde est atque si ipse dederim, L. Dotem. De collat. bon.* autrement il seroit facile de tromper la loi, en joignant au legs fait à une personne indigne, une autre capable de le recueillir, laquelle prêtant son nom & sa volonté, *secretum alienæ voluntatis*, comme parle la loi, à cette personne indigne, recevroit le legs, & le lui rendroit & restitueroit incontinent après ; ce qui seroit de périlleuse conséquence, ce que la cour ne doit point tolérer. Et par ces moyens conclut à ce que l'un & l'autre soit déclaré indigne & incapable du legs. Me. Rosée pour les intimés dit, que Perrette Bailly n'a jamais été concubine de Me. Matthieu Regnaud : véritablement il l'a séduite à l'âge de quinze ans, pour raison de quoi il pouvoit être poursuivi extraordinairement, & auroit été condamné à la doter tout au moins. Le legs qu'il lui a fait, doit tenir lieu de dot, suivant la disposition de la nov. 34. de Léon, *de tutore qui pupillam suam vitiat*, dont les biens lui sont adjugés. *Jubemus ut vitiatoris bona in fiscum non deferantur, sed eò concedant, quò ipsorum dominus injuriam & infortunium projecerit.* Parmi les Chrétiens qui ne réconnoissent point de servitude, mais une liberté de naissance égale à tous les hommes, les maîtres sont comme les tuteurs de leurs serviteurs domestiques, même, comme les peres, ainsi que dit St. Bernard, & en doivent avoir un pareil soin. Quand il se rencontreroit quelque incapacité en la personne de Perrette Bailly, par le droit d'accroissement notoire & certain en termes de droit, le legs appartiendroit toujours pour le tout à André Bailly son frere, appellé conjointement *re & verbis*, par la disposition du testateur, *L. unic. Cod. De caduc. toll.* qui a abrogé l'ancien droit, & ôté la différence des legs faits en diverses façons & especes, *seu per donationem, aut vindicationem*; & a ordonné que le droit d'accroissement auroit lieu universellement, & que l'indigne ou incapable *pro non scripto haberetur.* Quant à la querelle d'inofficiosité, les freres du testateur ne sont jamais admis ni reçus à la proposer & intenter, quand on leur a laissé leur légitime. En cette cause les freres du défunt ont les quatre quints des propres, qui est la légitime réservée sagement par nos coutumes, & par conséquent ils ne se peuvent pas plaindre du

legs fait aux intimés, à la délivrance duquel il
conclut.

1619.

M. l'avocat général Bignon dit, que la cause est
toute publique, soit qu'on considere l'indignité &
incapacité qu'on objecte aux légataires, soit qu'on
regarde la substitution faite au profit des pauvres.
Quant à l'indignité & incapacité, on ne met point
de différence entre l'une ni l'autre en ce royaume,
où le fisc n'ôte point les biens donnés ou légués, à
des personnes indignes, ou à des incapables, mais
les laisse aux héritiers présomptifs & légitimes. Perrette Bailly par sa propre confession ayant adultéré
avec Me. Matthieu Regnaud, & par conséquent indigne du legs immense qu'il lui a fait de la moitié de
tous & chacuns ses meubles, acquêts & conquêts
immeubles ; mais il n'y a preuve ni présomption
quelconque qu'André Bailly frere de ladite Perrette
ait prêté son ministere à cet adultere, duquel son
âge l'excuse facilement. Ainsi, supposé l'indignité &
incapacité de sa sœur, le legs lui appartient entierement par le droit d'accroissement, qu'on s'est en
vain efforcé de détruire par des loix qu'on a citées,
qui n'ont aucun lieu, sinon quant au testament il
n'est point parlé du droit d'accroissement, parce
qu'en ce cas la volonté du testateur est laissée à
l'interprétation des loix. Mais quand la volonté du
testateur est écrite en termes clairs & certains, &
que le droit d'accroissement est exprimé dans le testament, pour lors il ne faut plus recourir aux loix
pour en tirer des interprétations & conjectures de la
volonté, que l'on voit clairement & nettement exprimée. Me. Matthieu Regnaud a disertement appellé
André Bailly, & voulu qu'il eût le legs tout entier
de tous ses meubles, acquêts & conquêts immeubles, au cas que sa sœur Perrette Bailly décédât
sans enfans, avant sa femme ; & conséquemment
par une forte raison il l'a appellé au legs universel,
au cas que ladite Perrette Bailly ne se trouvât capable de prendre & recevoir sa portion du legs : ce
qu'il a pu faire, suivant la décision du jurisconsulte
en la loi 16. §. 15. ff. Ad senatusconsultum Trebell.
Subsidiairement, quand Perrette & André Bailly se
trouveroient incapables de l'un & de l'autre de ces
legs, toujours ils n'appartiendroient point aux freres du défunt appellans, mais aux pauvres de
Poissy, dont il n'abandonneroit point la cause, s'il
s'étoit rencontré quelque indignité ou incapacité en
la personne d'André Bailly. Et conclut à ce que le
legs de six cents livres soit adjugé à ladite Perrette
Bailly, & celui de tous les meubles, acquêts &
conquêts immeubles, ensemble d'autres six cents livres, audit André Bailly.

LA COUR mit l'appellation, & ce dont étoit
appel, au néant ; émendant & corrigeant, adjugea à ladite Perrette Bailly le legs de six cents livres seulement, & audit André Bailly lui adjugea
pareil legs de six cents livres ; & en outre adjugea entierement audit André Bailly tous & chacuns les meubles, acquêts & conquêts immeubles
dudit défunt Me. Matthieu Regnaud, testateur, aux
charges & conditions contenues & portées par son
testament. Le jeudi 13 décembre 1629, M. le premier président de Champigny prononçant.

* Du Fresne qui ne fait que citer l'arrêt, le divise néanmoins en deux chapitres différens, & Brodeau l'a remarqué, lett. D. somm. 43.

CHAPITRE LXXII.

*Bénéfice simple ne tombe en dévolut sous prétexte que
le titulaire légitimement tonsuré, a pris les quatre
mineurs & le soudiaconat d'un autre évêque que le
sien.*

*Etranger est incapable de posséder bénéfice en France,
même quoique son pays soit exempt du droit d'aubaine par les traités.*

MAItre François Mulot, natif du bourg de Noléompont au pays de Barrois, en 1626, fut
pourvu d'une chanoinie en l'église collégiale de

Monfaucon en Argonne, diocese de Rheims. En
1628 Me. Pierre Gueret se fit pourvoir par dévolut
de ladite chanoinie, fondé sur ce que ledit Mulot
étoit étranger, & non régnicole, & sur ce qu'il
avoit encouru irrégularité, s'étant fait promouvoir
aux quatre mineurs & au soudiaconat par M. l'archevêque de Rheims, quoiqu'il fût originaire du diocese de Verdun. En vertu du dévolut il fait assigner
ledit Mulot pardevant les présidiaux de Rheims. Par
sentence la récréance de ladite chanoinie est adjugée
à Mulot, dont Gueret a interjetté appel, pour lequel Me. Rosée dit, que c'est une maxime certaine
tirée de l'ordonnance du roi Charles VII de 1431,
confirmée par le roi Louis XII, que tous étrangers
sont incapables de posséder aucuns bénéfices en ce
royaume, que les Lorrains sont réputés tel, ainsi
qu'il a été jugé par plusieurs arrêts, entr'autres un
rapporté par Bacquet & un autre rendu en 1620, en
la premiere chambre des enquêtes au rapport de
M. Perrot. Cette maxime demeurant constante, il
lui reste seulement de faire voir, que Mulot intimé
est Lorrain. Il demeure d'accord qu'il est natif de
Noléompont en Barrois ; mais c'est de cette contrée
du Barrois, qu'ils appellent Barrois-Lorrain, ou
Barrois de souveraineté, à la distinction de l'autre
partie du Barrois qu'ils appellent Barrois de mouvance, comme porté en fief de la couronne de
France. Pour preuve du fait, en 1635, l'intimé a
pris attestation du juge des lieux, afin d'obtenir lettres de naturalité du roi : ce qu'il n'auroit pas fait,
s'il n'avoit été étranger. Pour seconde preuve, les appellations du juge de Noléompont ressortissent par
appel aux grands jours, autrement appellé le parlement de St. Mihel, & non au parlement de Paris,
où ressortissent les appellations de tout ce qui est mouvant de la couronne de France. Pour troisieme
preuve, le bourg de Noléompont est assis au-delà de
la riviere de la Meuse, qui fait séparation de ce qui
est mouvant & porté en fief de la couronne de
France, & de ce qui est de la souveraineté de Lorraine. Pour quatrieme preuve, dans divers traités
faits entre nos rois & les ducs de Lorraine, entre
le roi François I en 1531 & en 1571, où toutes les
terres qui sont de la mouvance du fief, sont nommément exprimées, le bourg de Noléompont n'est
aucunement nommé ni compris, & par conséquent
il est de Lorraine. Et pour derniere preuve, en
1602, il y a eu échange ou partage de la terre de
Noléompont entre le roi d'Espagne, & le duc de
Lorraine, auquel ladite seigneurie est demeurée.
Par toutes ces preuves il résulte clairement, que
l'intimé est originaire du pays de Lorraine, & par
conséquent incapable de tenir & posséder le bénéfice contentieux. Quant à l'irrégularité, elle est
notoire : par la disposition canonique, un évêque
ne peut entreprendre sur le pouvoir & sur la jurid-
diction de son collegue, non pas même un archevêque métropolitain sur ses suffragans, & il ne
peut aucunement conférer les ordres aux clercs originaires des dioceses. Les conciles de Sardique, de
Tolede & de Carthage y sont exprès, d'où est tiré
le canon 9. q. 2. dist. 71, où il est tellement prohibé, que l'évêque qui entreprend de conférer les
ordres aux clercs de son collegue sine litteris com-
mendatitiis, sans lettres dimissoires, il est condamné. On objecte que l'intimé étoit domicilié à Rheims,
mais ce domicile n'étoit qu'un domicile studiorum
causâ, qui ne pouvoit s'acquérir que par dix ans entiers, suivant la disposition du droit L. 2. De incolis ; & ubi quis domicilium habere videtur ; & de
his quis studiorum causâ in aliena civitate degunt,
lib. 1. Cod. Et conclut à ce qu'il soit dit mal jugé ;
émendant, l'appellant maintenu & gardé en la possession & jouissance du bénéfice, avec restitution
de fruits & dépens. Me. Bechefer pour l'intimé dit,
que l'irrégularité étant la plus importante objection,
il veut commencer par-là, & faire voir qu'il n'y
en a aucune. Il y a trois sortes de domiciles, celui
de l'origine, celui de l'habitation & demeure ordinaire & actuelle, & celui du lieu où le bénéfice,
dont quelqu'un est pourvu, est assis & situé. On
peut s'adresser à l'un ou à l'autre des évêques de

ces

ces trois domiciles pour prendre & recevoir les ordres , qui sont bien & valablement conférés par l'un des trois indifféremment, Cap. Nullus De confer. Ordin. in Sexto. & Cap. 2. De instit. cod. L'intimé a été valablement promu aux ordres par M. l'archevêque de Rheims , au diocese duquel le bénéfice contentieux est assis ; aussi a-t-il mis en ses lettres , mediante canonicatu & præbendâ , pour rendre raison de ce qu'il conféroit les ordres à l'intimé , attendu qu'il avoit un bénéfice en son diocese. On objecte encore à l'intimé , qu'il est étranger , & c'est sur cette incapacité qu'on a fondé le dévolut , pour le priver de son bénéfice. Primò , il n'est point étranger. Secundò , quand il seroit étranger , cette incapacité n'est pas un moyen valable de faire vacquer le bénéfice , & de l'impétrer par dévolut. L'ordonnance du roi Charles VII, sur laquelle on se fonde , prohibe bien aux étrangers de posséder aucuns bénéfices en ce royaume ; mais la contravention à l'ordonnance n'emporte point privation du bénéfice , elle ordonne seulement qu'il sera procédé par saisie du revenu temporel du bénéfice , & par cassation des bulles & provisions. Il y a deux choses à considérer dans un bénéfice , le titre & la possession. Le titre , quoique conféré à un étranger , est bon & valable , parce que l'église comme une bonne mere aime également tous les fideles chrétiens ses enfans , & ne les sépare ni distingue aucunement. Pour la possession comme temporelle , les rois & princes séculiers y peuvent apporter quelque modification , mais ne peuvent toucher au titre , qui est purement spirituel. Quand il n'y auroit autre raison que celle-là , le dévolut est mal obtenu. Mais pour mettre la cause hors de difficulté , l'intimé n'est point étranger , il est originaire du Barrois , & de cette partie du Barrois qui a autrefois relevé de la couronne de France. Noléompont est de l'ancien domaine du duché de Luxembourg , le roi d'Espagne l'ayant délaissé en partage au duc de Lorraine en 1602. Or ceux qui sont habitans aux pays de Luxembourg , Artois & Brabant , ne sont point réputés étrangers , & sont censés régnicoles. Le droit d'aubaine n'a point de lieu contr'eux : ils succedent en France , & on leur succede réciproquement. Noléompont est du domaine du duché de Bar. De plus , le pere de l'intimé étoit natif de Verdun , qui est notoirement de la France : & par conséquent si l'intimé étoit né en un pays étranger , néanmoins il se pourroit dire originaire français , & bien capable de posséder le bénéfice contentieux.

M. l'avocat général Bignon dit , que la cause est importante soit à cause de ce qu'on soutient l'intimé étranger , soit à cause de l'irrégularité qu'on lui objecte. Quant à l'irrégularité , la doctrine de Boniface alléguée , passe entre tous les canonistes , & n'est pas maxime nouvelle , mais seulement une loi & ordonnance déclarative du droit ancien , dans lequel l'on ne prenoit pas la tonsure comme nous la prenons aujourd'hui ; aussi les conciles & canons qui ont été cités par l'avocat de l'appellant , ne s'entendent pas d'une simple tonsure , mais d'un ordre sacré , de l'imposition des mains : ce qu'un évêque ne peut faire aux clercs d'un autre diocese. Cette maxime supposée véritable en droit , l'intimé néanmoins ne peut pas s'en aider pour soutenir , que les ordres lui ont été valablement conférés par M. l'archevêque de Rheims , parce qu'il a pris les ordres deux mois avant que d'avoir eu son visa , & pris possession du bénéfice contentieux , en considération duquel il ne pouvoit pas se dire domicilié & du diocese de Rheims. Néanmoins cette irrégularité est fort peu considérable en cette cause , parce que le bénéfice & canonicat contentieux peut être possédé sous simple tonsure. L'intimé y étoit valablement initié , elle lui a été bien & légitimement conférée par son évêque diocésain , & n'étoit point effacée & annullée par cette irrégularité , survenante , quæ non retrotrahebatur , mais seulement avoit son effet ad subsequentes ordines irritandos & annullandos , comme le diaconat & prêtrise : de sorte que si le bénéfice étoit un bénéfice sacerdotal de fondation , ou de sa nature , l'on pourroit valablement opposer cette ir-

Tome I.

régularité à l'intimé , & par-là le faire déchoir du droit qu'il auroit pu prétendre au bénéfice. Quant au second point de la cause , il est plus important , & le met en grande peine , les droits du roi s'y trouvant mêlés , soit qu'il prenne des conclusions contre , ou pour l'intimé. S'il conclut contre , il craint de diminuer les justes prétentions que le roi a sur tout le Barrois , concluant pour l'intimé , c'est peut-être donner un bénéfice à un étranger , contre l'expresse prohibition de l'ordonnance , que l'avocat de l'intimé a fort mal interprétée , avançant qu'elle ne donne point lieu à l'obtention d'un dévolut : car elle rend un bénéfice vacant & impétrable. Il est vrai que l'église , bonne & sage mere , appelle & admet tous ses enfans les Chrétiens également ; mais il faut faire une distinction pour ce qui concerne l'ordre , le caractere , la grace , choses purement spirituelles. Cela est vrai , parce que sous une même économie , sous la conduite d'une même foi , sous le feu d'une même charité , elle assemble & gouverne tous les fideles ; mais en ce qui regarde la possession des bénéfices , chose profane & dépendante de la police extérieure , l'église ne procede pas de la sorte , elle fait distinction & différence entre les personnes , entre les nations. Le pape Celestin en ses épîtres écrit aux évêques , qu'ils doivent procéder ainsi. Panorme est d'avis , que le roi peut empêcher la prise de possession d'un évêque , quoique sacré , s'il est notoirement son ennemi. Ainsi nos rois par leurs ordonnances ont pu légitimement prohiber qu'aucuns étrangers possédassent des bénéfices dans leur royaume. Ils ont grand intérêt de se pouvoir assurer de la fidélité de ceux qui possedent les bénéfices , les ecclésiastiques composant le premier corps de cet état , de cette monarchie. Au même tems de l'ordonnance , qui fut en 1431 , l'on en fit une semblable à Basle pour le pays de Suisse ; il n'est pas raisonnable de donner le pain des enfans de la maison aux étrangers. Si l'ordonnance n'emportoit vacance du bénéfice , telle qu'on le peut impétrer par dévolut , elle seroit d'exécution impossible , de nul effet & utilité. Le procureur du roi à Rheims a avancé une mauvaise maxime , que l'appellant n'a point obtenu de lettres du roi , portant permission d'impétrer le bénéfice par dévolut ; ce qui étoit nécessaire , & que faute de ce il est non-recevable. Cette maxime est erronée , parce que le roi ne baille point de dévoluts , ni de lettres pour les obtenir , & laisse impétrer les bénéfices vacans de la sorte à qui bon lui semble , au plus diligent régnicole. Quant au fait , le cardinal de Bar voyant son frere tué en la journée de Thérouanne , donna le duché de Bar à Louis d'Anjou. Le contrat porte , tant par forme d'édit , & statut perpétuel , (parce qu'il avoit du bien en souveraineté) que par donation entre vifs (parce qu'il avoit plusieurs terres & seigneuries mouvantes en fief de la couronne de France.) Ce contrat , quoique parfaitement bien dressé , ne contient ni ne fait aucune mention de Noléompont , non plus que divers traités faits entre nos rois & les ducs de Lorraine. L'attestation pour prendre lettres de naturalité , comme aussi la considération que Noléompont ressort au parlement , ou grands jours de St. Mihel , ne l'arrête pas beaucoup : car il est certain qu'en ces pays limitrophes on diminue les droits du roi le plus qu'on peut. Noléompont ayant été délaissé par échange ou partage au duc de Lorraine par le roi d'Espagne , dès l'heure du partage ou de l'échange , tous les habitans de Noléompont ont été faits lorrains & étrangers. Il est vrai qu'en pays de Luxembourg , Brabant & Artois , le droit d'aubaine n'a point de lieu , & que les habitans sont réputés régnicoles. Mais il y a bien de la différence entre le droit d'aubaine , & les bénéfices. Otant le droit d'aubaine , les successions sont réciproquement recueillies par les héritiers des décédés , par chacun en son particulier , qui seroit seulement intéressé par le droit d'aubaine , qui est odieux , & le droit de succession légitime & favorable : mais la possession des bénéfices est de droit tout public , & beaucoup plus important , le roi ayant grand intérêt de connoître ceux qui les tiennent , & de pouvoir

Dddd

1629.

s'assurer de leur fidélité & affection à son service, & au bien de son état. Aussi l'ordonnance est fondée sur cette considération : parlant de ces mots, qui sit nobis fidelis & devotus. Un français a toujours beaucoup plus d'affection envers son roi, qu'un étranger : partant il y a lieu d'infirmer la sentence, & de maintenir l'appellant en la possession du bénéfice.

LA COUR ayant égard à la requête, évoqua le principal ; & pour y faire droit, ensemble sur l'appel, appointa les parties au conseil. Le lundi 17 décembre 1629, M. de Champigny premier président prononçant.

* On a mis le titre de l'arrêt, comme s'il avoit décidé deux questions : car après le docte plaidoyer de M. l'avocat général il est aisé de connoître que la cause ne fût appointée que pour savoir si les habitans de Noléompont en Barrois devoient être réputés étrangers.

☞ L'observation que fait M. Berroyer est des plus judicieuses ; en effet, quant à l'irrégularité qui naissoit, de ce que François Mulot s'étoit fait conférer les ordres des quatre mineurs & du soudiâconat par M. l'archevêque de Rheims, quoiqu'il fût originaire du diocese de Verdun ; cette difficulté s'étoit trouvé levée par les principes établis par M. l'avocat général Bignon, qui avoit observé fort à propos, que le bénéfice pouvoit être possédé sous la simple tonsure, qui avoit été conférée au sieur Mulot par son évêque diocésain.

Il ne restoit donc que le moyen qui se tiroit de ce que François Mulot étoit natif du bourg de Noléompont au Pays Barrois, & sur lequel Pierre Gueret fondoit encore son dévolut, prétendant qu'en cette qualité Mulot étoit étranger, Noléompont ayant été délaissé par échange ou partage au duc de Lorraine par le roi d'Espagne ; ensorte que, (continuoit Pierre Gueret) l'affranchissement du droit d'aubaine, fait en faveur des sujets du duc de Lorraine, ne portoit que sur la faculté réciproque qu'avoient les sujets des deux princes, de recueillir des successions, soit dans l'un ou l'autre état, mais ne conféroit point aux sujets du duc de Lorraine, la faculté de posséder des bénéfices en France, parce que cette faculté étoit un effet de droit public, auquel la suspension ou suppression du droit d'aubaine ne pouvoit déroger : de maniere que le point de la question, comme l'on voit, dépendoit du point de fait, & de la question de savoir si les habitans de Noléompont devoient être réputés étrangers : car s'ils devoient être considérés comme tels, il est bien certain que le dévolut auroit été bien jetté en vertu de l'édit du 10 mars 1431, registré le 6 avril suivant ; de celui du mois de septembre 1554, registré le 8 octobre suivant ; de la déclaration du mois de janvier 1681, registrée le 12 février suivant, par lesquels il étoit porté que des étrangers ne pourroient posséder de bénéfices en France, que lorsqu'ils auroient obtenu des lettres de naturalité.

Au moyen de quoi il est donc visible, que l'appointement prononcé sur la question n'avoit (comme le remarque fort à propos M. Berroyer) d'autre objet que d'éclaircir la question de fait, & qu'il ne pouvoit former le moindre préjugé sur la question de droit ; d'où il s'ensuit que l'arrêt ne répond point à son dispositif.

Puisque je suis sur la matiere, il n'est pas hors de propos d'examiner en général quels sont les effets du droit d'aubaine, & quel est le sort des étrangers établis en France.

En vain dira-t-on que le droit d'aubaine en lui-même est odieux, qu'il tend à priver les parens d'un homme décédé en pays étranger des biens qu'il peut y avoir laissés, pour les conférer au souverain à leur préjudice.

Ce droit cependant n'est pas si extraordinaire, puisqu'il ne dérive que de la différence qu'il faut mettre entre le citoyen & l'étranger.

Comme cette définition se trouve parfaitement établie par Bacquet, en son traité du droit d'au-

baine, je ne m'y arrêterai pas plus long-tems, je me contenterai d'observer que l'étranger établi ou demeurant en France, vivit ut liber, & moritur ut servus, s'il n'a pas obtenu des lettres de naturalité.

L'effet de ces deux principes est, que l'étranger en France est capable de tous les actes qui sont du droit des gens, & qu'il est incapable de tous ceux qui sont du droit civil, & qui n'appartiennent qu'aux sujets du roi.

Par une suite nécessaire du droit des gens, l'étranger peut acheter, vendre, aliéner & hipothéquer ses biens en France. Il a également la capacité de faire & de recevoir toute institution contractuelle par contrat de mariage, de stipuler une communauté de biens, si la loi de son pays le lui permet ; il peut par contrat de mariage faire une donation mutuelle & réciproque, soit en usufruit, soit en propriété ; & même, homme & femme étrangers conjoints par mariage, peuvent se faire don mutuel pour en jouir par le survivant en usufruit & en donnant caution ; mais l'étranger ne peut exercer un retrait, faire cession de biens, tester ni recevoir par testament ou autre acte de derniere volonté (a). Il ne peut succéder ni transmettre sa succession à ses héritiers ; cependant, si l'étranger décédé, laissant des enfans légitimes nés en France, alors ces enfans lui succedent à l'exclusion du fisc ; & cette faculté qu'a l'étranger de transmettre sa succession à ses enfans nés en France, est telle, qu'elle lui procure en même tems le droit de disposer de ses biens entr'eux par acte de derniere volonté, ainsi qu'il a été jugé par arrêt de la cour du 27 août 1520. Cependant, quoique l'étranger soit incapable de recevoir aucuns legs par acte de derniere volonté, il peut néanmoins recevoir une pension alimentaire, pourvu qu'elle ne soit pas excessive, & qu'il la consomme dans le royaume. C'est ce qui a été jugé par arrêt du 20 décembre 1737, rendu sur les conclusions de M. l'avocat général Daguesseau de Plimont, par lequel en jugeant la dame de la Thuillerie Liégeoise, incapable de profiter du legs de deux cents cinquante liv. de rentes perpétuelles sur les aides & gabelles, à elle laissées par le testament du sieur Tauxier, la cour décida qu'elle pouvoit recueillir un legs de 600 liv. de rentes viageres qui lui avoit été fait par le même testament.

Il faut cependant excepter de ces prohibitions les rentes sur l'hôtel-de-ville : l'étranger qui en possede en France, peut en disposer par acte de derniere volonté au profit des Français ou de ceux qui y ont droit, & s'il décede sans en avoir disposé, les plus proches parens français ou étrangers y succedent, ou sa femme, à leur défaut ; mais il faut bien prendre garde que c'est la nature de l'objet qui procure cet avantage à l'étranger, parce que le roi par l'édit de création de ces rentes, les a affranchies du droit d'aubaine.

L'étranger ne peut encore posséder aucuns offices ni tenir bénéfice en France, à moins qu'il n'ait été naturalisé. S'il forme une demande en justice, il est tenu de fournir caution, judicatum solvi, tant pour le principal intérêt que frais, lorsque le défendeur l'exige ; mais lorsque l'étranger n'est que défendeur, il n'est pas assujetti à cette caution. Cette formalité est exigée si strictement, qu'elle a lieu, même d'étranger à étranger ; ensorte que si deux étrangers plaident ensemble, le défendeur peut exiger le cautionnement, & s'ils sont tous deux demandeurs, ils peuvent l'exiger réciproquement l'un de l'autre.

Si un étranger contracte quelque dette, il peut être contraint par corps pour le payement d'icelle, de quelque nature qu'elle soit. Cette loi, quelque dure qu'elle paroisse, dérive cependant d'un principe d'équité. Les créanciers de l'étranger ne sont pas obligés de se pourvoir sur ses biens hors du royaume, & voilà pourquoi la personne de l'étranger doit répondre de ses dettes en France. Cette contrainte par corps a même lieu en matiere civile,

<hr>

(a) Il peut cependant tester des biens qu'il a hors de la France. (Bacquet, du droit d'aubaine, chap. 18. nomb. 4.)

contre l'étranger, qui par la grace du roi est réputé régnicole, s'il n'a eu en France un établissement & des biens qui puissent répondre de sa dette. Le raisonnement simple, c'est que les graces accordées par le roi, ne sont que sous la reserve des droits de ses sujets.

L'étranger, quoique non sujet du roi, tant qu'il demeure en France, est assujetti aux loix du royaume, & s'il y commet quelques crimes, il est puni des mêmes peines que les sujets du roi : mais par le même principe, il ne peut être poursuivi en France, pour raison d'un crime qu'il auroit commis dans tout autre pays, à moins que le crime n'ait eu une suite dans le royaume ; car dans ce cas, la suite du crime suffit, pour en attribuer la connoissance aux juges du royaume, & les autoriser à faire punir l'étranger suivant la loi.

La preuve de cette vérité se tire de l'espece suivante.

Deux étrangers Siennois, nommés Borghesi & Maffioli, ayant volé à Venise une boîte de diamans à un Arménien nommé George Isaac, vinrent à Paris en 1669, & exposerent en vente ces diamans chez un nommé Pitan joaillier. Le nommé Beuré réclama ces diamans au nom de l'Arménien à qui ils avoient été volés ; ce qui occasionna le transport du commissaire Galleran, qui fit constituer prisonniers les deux étrangers qui furent interrogés le même jour : mais ils denierent le vol & requirent leur renvoi à Venise, & ensuite leur procureur ayant demandé que l'on fût tenu de leur faire leur procès dans huitaine, sinon qu'ils fussent élargis, ils le désavouerent : ce qui n'empêcha pas que leur procès ne leur fût fait par le lieutenant criminel du châtelet qui les condamna à mort.

Borghesi & Maffioli interjetterent appel de ce jugement, sous prétexte qu'il étoit rendu au préjudice de leur déclinatoire ; mais on opposa que leur qualité d'étrangers & le lieu où le vol avoit été commis n'étoient d'aucune considération, parce que la seule exposition des diamans à Paris étoit un crime suffisant pour qu'on leur fît leur procès.

Borghesi & Maffioli, pour soutenir la solidité de leur déclinatoire, invoquerent encore une prétendue convention faite entre la France & la république de Venise, de se renvoyer réciproquement les coupables au lieu du délit ; mais on répondoit d'un côté, que cette convention n'avoit point reçu d'exécution ; & d'un autre, que s'agissant d'un vol, il faudroit même, entre des juges sujets à un même prince, faire le procès aux coupables, dans le lieu où ils auroient été pris ; que quand l'ordonnance avoit attribué la connoissance du crime au juge du lieu où le crime avoit été commis, ce n'étoit pas en faveur de l'accusé, mais par la difficulté d'avoir des témoins dans un autre lieu.

Aussi, sans avoir égard au déclinatoire de Borghesi & Maffioli, par arrêt du 13 février 1671, rapporté au journal des audiences, ils furent condamnés aux galeres pour neuf ans (a).

Après avoir parlé des étrangers en France, je crois qu'il est à propos de traiter ici de leur état, lorsqu'ils sont naturalisés.

L'étranger qui s'établit en France & qui y veut fixer son domicile, peut faire cesser le vice de pérégrinité & acquérir tous les droits des naturels français, en obtenant du roi en la grande chancellerie des lettres de naturalité, qu'il faut faire insinuer au greffe des insinuations, & enregistrer dans les cours de parlement, chambre des comptes & chambre du domaine, dans le ressort desquelles l'étranger s'est établi.

L'insinuation de ces lettres est prescrite par l'édit de décembre 1703, la déclaration du 10 mars 1708, & par le tarif du 21 septembre 1722. Cependant le défaut d'insinuation de ces lettres n'emporteroit pas la privation de la grace qu'elles conferent, & ne produiroit qu'une simple amende au profit du fermier du roi, ainsi qu'il a été jugé dans l'espece suivante.

Le sieur Boullanger trésorier général du sceau, décéda à Paris, le 13 juin 1740, après avoir fait un testament par lequel il avoit fait le sieur Borio italien naturalisé français, son légataire universel en partie.

Ce sieur Borio avoit effectivement obtenu des lettres de naturalité qu'il avoit fait enregistrer dans toutes les cours & tribunaux nécessaires, mais en même tems il avoit omis de les faire insinuer.

Sur ce prétexte, les héritiers du sieur Boullanger formerent leur demande en nullité du legs, & en même tems attaquerent l'enregistrement des lettres de naturalité sur le fondement du défaut d'insinuation.

Borio soutint de son côté la validité du legs, en disant qu'il avoit rempli toutes les formalités essentielles ; que l'insinuation n'étoit qu'une formalité bursale, dont le défaut ne pouvoit opérer la nullité de la grace faite par le prince ; qu'il avoit même rempli cette formalité, depuis que l'on avoit attaqué le testament, & l'arrêt d'enregistrement ; & par conséquent le droit ayant été payé, l'époque de ce payement devenoit fort indifférente au fonds de l'affaire.

Par arrêt du 18 mars 1747, rendu sur les conclusions de M. l'avocat-général le Bret, plaidant Me. Gueau de Reverseaux pour le sieur Borio, & Me. Paillet de Brunieres pour l'héritier du sieur Boullanger ; la cour, sans s'arrêter à l'opposition formée par les héritiers Boullanger, à l'arrêt d'enregistrement des lettres de naturalité de Borio, ordonna l'exécution de l'arrêt d'enregistrement.

D'après cet arrêt, on doit donc conclure que le défaut d'insinuation des lettres de naturalité n'en emporte pas la nullité, & que cette formalité n'est pas si rigoureuse qu'en matiere de donation.

Mais ce que je viens de dire ne doit s'appliquer qu'à la seule formalité de l'insinuation ; car il n'en est pas de même du défaut d'enregistrement des lettres de naturalité, puisque ce n'est que du jour de cet enregistrement qu'elles produisent leur effet, & qu'elles n'en ont aucun rétroactif ; ainsi un étranger, quoique muni de lettres de naturalité non enregistrées, ne peut recueillir une succession qui s'ouvre dans le tems intermédiaire de l'obtention des lettres & de l'enregistrement. C'est ce qui a été jugé par l'arrêt du 4 septembre 1738, sur les conclusions de M. l'avocat général de Voisins, par lequel la cour décida que la veuve de Flandier devoit succéder à son mari, en vertu de la loi Unde vir & uxor, préférablement à Louis Flandier frere du défunt, quoique le défunt eût obtenu des lettres de naturalité avant son décès, & auxquelles on n'eut point d'égard, parce qu'elles n'avoient pas été enregistrées ; d'où il faut conclure, que faute d'enregistrement la cour avoit jugé que les lettres de naturalité n'avoient pu communiquer de capacité au défunt, pour transmettre sa succession à Louis Flandier son frere.

Par le même principe l'étranger, quoique naturalisé avant le décès, d'un testateur, deviendroit toujours incapable de recueillir le legs qui lui auroit été fait, si lors du décès, les lettres ne se trouvoient point revêtues du sceau, de l'enregistrement : ainsi on ne peut user de trop d'attention à remplir toutes les formalités nécessaires pour faire valider ces lettres ; & quoique j'aie établi que le défaut d'insinuation n'en détruiroit pas l'effet, je penserois cependant qu'il seroit de la prudence de remplir cette formalité en même tems que les autres, pour ne pas essuyer de contestations toujours désagréables, & ne pas courir le risque de voir mettre en litige la jouissance de droits & d'affranchissemens aussi essentiels.

Ces droits sont d'autant plus avantageux, qu'ils assimilent presque l'étranger naturalisé à un Français, & lui conferent les mêmes privileges qu'aux autres sujets du roi.

En effet, après l'obtention des lettres de naturalité, revêtues des formalités dont nous venons de parler, l'étranger peut tester & recevoir toutes dis-

(a) L'arrêt est rapporté tout au long par M. de la Guesliere.

1629.

positions testamentaires : car de même qu'il peut tranf-mettre fa fucceffion à gens capables de la recevoir, de même il peut recueillir la leur, mais il faut toujours que ce foit au profit des perfonnes capables, en faveur de qui il difpofe, comme il faut que ceux dont ils voudront recueillir les biens foient des perfonnes capables, parce que l'étranger naturalifé ne peut avoir plus de droit que le Français naturel. Quand j'ai dit que l'étranger naturalifé, étoit prefque affimilé au Français naturel, je me fuis fervi du terme de *prefque*, non pas vis-à-vis de l'étranger, mais relativement à la fucceffion, à défaut de parens.

Car, fuivant Bacquet, chap. 35 *Du droit d'aubaine*, fi l'étranger naturalifé décede *ab inteftat* & ne laiffe ni parens français ni naturalifés, ni à leur défaut une femme française ou naturalifée, fa fucceffion n'appartient point aux feigneurs hauts-jufticiers à titre de *déshérence*, mais au roi, à titre d'*aubaine*; parce que les graces que le roi accorde, ne peuvent réfléchir contre lui. *Beneficium ab aliquo conceffum, in prejudicium concedentis reflecti non debet*. C'est auffi en conféquence de ce principe, que fut rendu le 19 mars 1580 un arrêt confirmatif d'une fentence donnée par le bailli de Touraine, par lequel tous les biens délaiffés par Jean Briffard étranger naturalifé furent adjugés au roi, au préjudice du baron de Maillié & des feigneurs & dames des fiefs de Tournelle & de Martigny; & que par arrêt du confeil du 6 août 1748, la fucceffion de l'abbé Lubifewki polonois naturalifé à Verfailles & décédé *ab inteftat*, fut dévolu au roi, non à titre de *déshérence*, mais à titre d'*aubaine*.

Il en eft de même lorfque le fujet d'un fouverain vis-à-vis duquel le roi a renoncé au droit d'aubaine, décede en France, fans laiffer des héritiers capables de recueillir fa fucceffion; alors le droit d'*aubaine* reprend fa force & a lieu à l'exclufion du droit de *déshérence*, dont jouiffent les feigneurs; parce qu'alors la renonciation que le roi a faite au droit d'aubaine, ne s'applique qu'à la nation & non en faveur du feigneur fuzerain; & qu'il en eft de l'étranger affranchi de l'aubaine, qui meurt en France fans héritiers français ou étrangers, comme de l'étranger naturalifé qui mourroit fans enfans régnicoles.

Ce principe eft confirmé par un arrêt du confeil du 31 août 1756, par lequel M. le duc d'Aiguillon fut débouté de la demande qu'il avoit formée, à l'effet d'obtenir à titre de déshérence la fucceffion de Martin Gathieres, né à Bruxelles & décédé en France.

Il convient encore d'obferver, qu'une des conditions expreffes des lettres de naturalité, eft que l'étranger qui les a obtenues, fixe fa demeure & fon domicile dans le royaume; car s'il le quittoit fans laiffer aucune marque d'efprit de retour, & qu'il fût former un autre établiffement en pays étranger & décédât avant d'avoir établi fon domicile en France, (comme il feroit cenfé avoir renoncé au bénéfice des lettres de naturalité qui lui auroient été accordées) elles ne pourroient plus produire d'effet; ce qui feroit différent, fi ayant toujours confervé fon domicile & fon établiffement en France, il venoit à décéder dans le cours d'un voyage en pays étranger, où les affaires de fon commerce l'auroient appellé. Alors l'exiftence de fon domicile certain en France, & l'établiffement qu'il y laifferoit caractérifant l'efprit de retour, n'auroient fait confidérer fon abfence que comme un voyage momentané pour les affaires de fon commerce, qui eft un acte permis à tous les fujets du roi, & qui par conféquent ne pourroit détruire la grace que le roi lui auroit faite, de l'admettre au nombre de fes fujets.

Mais indépendamment des deux efpeces d'aubaine dont nous venons de parler, il en eft encore une autre compofée de gens, qui, quoique non naturalifés, ne font pas foumis à la rigueur du droit d'aubaine, & jouiffent en France de la plupart des avantages qu'ont les fujets du roi.

Cette exemption n'eft pas accordée à de fimples particuliers, mais en général, au corps de la nation, ou à l'état dont ils font partie.

Les traités de paix, les alliances, l'intérêt du commerce réciproque, font ordinairement la bafe de ces fortes d'exemptions; auxquelles l'amitié & la confidération refpective que les fouverains ont les uns pour les autres, donnent quelquefois lieu. Mais de même que les motifs font différens, l'exemption du droit a plus ou moins d'étendue.

Il eft des nations auxquelles S. M. a accordé la faculté de difpofer fimplement par teftament de leur mobilier étant en France; à d'autres, celle de difpofer du mobilier & des immeubles fitués en France; à d'autres enfin, de difpofer par teftament de tous les biens qu'ils ont en France, & même de tranfmettre à leurs héritiers en pays étranger, à titre fucceffif, tous leurs biens, de quelque nature qu'ils foient : de maniere que felon les nations, l'exemption du droit d'aubaine fe diverfifie; les uns l'ont en tout, les autres ne l'ont qu'en partie.

Je ne prétends pas donner ici une lifte exacte de toutes les différentes nations qui font affranchies du droit d'aubaine en France; je vais préfenter fous un même point de vue, & par ordre alphabétique, que les noms des états dont les fujets font exempts du droit d'aubaine en France; & je détaillerai chaque article, autant qu'il fera poffible, quel eft l'effet de l'exemption qui leur a été accordée.

ÉTATS DONT LES SUJETS SONT EXEMPTS DU DROIT D'AUBAINE EN FRANCE.

Angleterre, *royaume*.

IL faut diftinguer entre les Anglois établis en France du tems du roi Jacques fecond, & les Anglois foumis à l'empire actuel de la domination angloife.

A l'égard des premiers, ils font réputés régnicoles fans être naturalifés, & ils jouiffent de tous les privileges des Français, recueillent refpectivement leurs fucceffions, les partagent & difpofent de leurs biens felon les loix & ufages de leurs pays. L'auteur de la collection des *décifions nouvelles relatives à la jurifprudence*, avance au mot *anglois*, que ce privilege a pour fondement une lettre de Louis XIV à M. le Camus lieutenant civil, en date du premier mars 1704; un autre de Louis XV au chapitre de faint Pierre de l'Ifle, du 25 mars 1741. Comme je n'ai vu ni l'une ni l'autre, je n'ofe m'appuyer fur ce titre; mais différens arrêts que cet auteur rapporte, joints à la munificence de nos rois & leur générofité envers Jacques fecond, doivent faire préfumer que cette citation eft jufte.

A l'égard des fujets actuels de la Grande-Bretagne, une déclaration du 9 juillet 1739, regiftrée en parlement le 4 août fuivant, & relative au traité de commerce conclu à Utrecht le 11 avril 1713, démontre d'une maniere évidente qu'ils font affranchis du droit d'aubaine pour tout le mobilier qu'ils ont en France; mais en même tems, cette déclaration prouve que ce droit a lieu contr'eux, pour les immeubles qui fe trouvent fitués en France & & appartenans à leurs compatriotes & parens qui décedent.

Comme les Ecoffois ne font plus qu'un même peuple avec les Anglois, depuis la mort de François II, ils ne jouiffent plus des privileges qui leur avoient été accordés anciennement par le traité de paix de 1326 & les lettres patentes de 1558, lefquels n'ont plus d'effet qu'en faveur de ceux qui fervent dans la compagnie de gardes écoffois, qui eft la premiere des gardes du corps du roi, ou dans les gendarmes écoffois, ou autres troupes de cette nation à la folde de la France, dans lefquels ils ont été confervés par lettres patentes de 1599 & de 1611.

Baviere, *électorat*.

EN exécution d'un traité réciproque fait entre S. M. & l'électeur de Baviere, le 14 août 1767, il a été rendu une déclaration du roi du 6 feptembre de la même année, regiftrée le 9 février 1768, portant ratification dudit traité, contenant huit articles,

ticles, dont les deux premiers contiennent l'abolition du droit d'aubaine en faveur des sujets des deux puissances, tant pour les meubles que pour les immeubles, avec faculté respective aux sujets de disposer, par testament ou autrement, de tous leurs biens; de se succéder les uns aux autres, si le cas y échet, & de recueillir réciproquement toutes successions, soit *ab intestat*, soit autrement, sans avoir besoin de lettres de naturalité; & par une déclaration du 18 mars 1768, registrée en parlement le 7 mai suivant, le droit de détraction en cas d'exportation des successions, a été fixé à 5 pour cent; c'est-à-dire, que si les sujets de l'électeur de Bavière recueillent une succession en France, il leur est libre d'en exporter les effets ou le prix d'iceux, en payant à titre de détraction 5 pour cent de la valeur de ce qu'ils emporteroient, & de même pour les Français recueillans une succession en Bavière.

Cologne, électorat.

LEs sujets de l'électeur de Cologne, en exécution d'un traité réciproque fait entre S. M. & l'archevêque de Cologne, jouissent des mêmes privileges en vertu des lettres patentes de S. M. données à Fontainebleau le 12 octobre 1768, & registrées le 14 avril 1769.

Danemarck, royaume.

LEs Danois ne sont plus réputés aubains en France : leurs héritiers sujets du roi de Danemarck, succedent à tous les biens meubles & immeubles appartenans en France aux Danois qui y seroient décédés, en vertu de l'article 40 du traité de commerce fait le 24 août 1741, entre la France & le Danemarck.

Espagne, Naples & Sicile, royaumes.

LE droit d'aubaine, tant pour les meubles qu'immeubles, & pour toutes sortes de biens, sans exception, a été établi en faveur des sujets de ces royaumes par lettres patentes en forme d'édit, du mois de juillet 1762, registrées le 3 septembre suivant, d'après un traité de réciprocité, passé entre les cours de France, d'Espagne & de Naples.

Flandres impériale.

LEs habitans de cette province jouissent des mêmes privileges, conformément à l'article 10 du traité de Nimegue fait le 10 août 1678, & à l'art. 14 conclu à Bade le 7 septembre 1714, confirmé en cette partie par celui d'Aix-la-Chapelle, du 18 octobre 1748 (a).

Francfort, ville libre & impériale.

LEs habitans de cette ville jouissent également des mêmes privileges que les sujets de l'électeur de Cologne, sous la retenue d'un dixieme pour droit de détraction, & ce en vertu de lettres patentes données à Fontainebleau au mois d'octobre 1767, registrées le 9 février suivant.

Geneve, république.

LEs Genevois ne sont point réputés aubains en France; ils peuvent s'y établir sans lettres de naturalité, & y sont exempts du droit d'aubaine, en vertu des privileges à eux accordés par lettres patentes de Henri IV, du mois de juin 1608, registrées le 22 août suivant; portans réciprocité entre la république & le roi.

Suivant ces privileges, les Genevois succedent à leurs parens genevois décédés en France, & leurs parens genevois établis en France leur succedent; mais ils ne peuvent succéder à leurs parens régnico-

les décédés en France, ni recevoir de legs particuliers ou universels, au préjudice d'autres parens régnicoles. Telle est la maniere dont leurs privileges ont été interprétés par arrêt du parlement du premier avril 1629, suivant lequel le sieur Thelusson genevois a été déclaré incapable de recueillir un legs universel, qui lui avoit été fait par le sieur Toufton banquier à Paris.

Il convient encore d'observer que malgré les privileges des Genevois, on a prétendu pendant longtems qu'ils étoient obligés, lorsqu'ils plaidoient en demandant, de donner la caution *judicatum solvi*; ainsi qu'il a été jugé par arrêt du 6 février 1630, contre Etienne Gauconnier habitant de Geneve, rapporté ci-après par notre auteur, liv. 3. chap. 86. & par arrêt du conseil, du 15 novembre 1697, rendu au rapport de M. le Camus, contre les sieurs Sartoris & Morel : mais cette jurisprudence étoit trop contraire à l'étendue des privileges des Genevois pour qu'elle pût subsister; aussi fut-elle abrogée par arrêt du 27 février 1681, rendu en faveur de Godot genevois, contre le nommé Magoulet; par un autre du 7 mai 1700, en faveur de Marthe Vouler; & enfin par un autre du 27 juin 1705, en l'audience de la grand'chambre, sur les conclusions de M. l'avocat général Guillaume-François Jolly de Fleury, en faveur du même Jean Godot, qui le déchargea de la caution que lui demandoient Pierre & Charles Pioset. M. l'avocat général, lors de la plaidoierie, fit valoir les privileges des Genevois d'une façon si claire, que la cour par l'arrêt les confirma. *Vide* ces observations sur le chap. 86 du liv. 3.

Hainaut-Flamand, comté.

LEs sujets de cette province qui sont sous la domination de la reine d'Hongrie, sont affranchis en France du droit d'aubaine à leur décès pour tous les biens meubles & immeubles qu'ils y laissent, en vertu des traités de Crespy de 1544, du Cateau-Cambresis de 1559, de Vervins de 1598, des Pyrénées de 1659, d'Aix-la-Chapelle de 1668, de Nimegue de 1678, de Riowicls de 1698, & de celui de Baden, du 7 septembre 1714; ce privilege a été confirmé par deux arrêts.

L'un du conseil du 26 février 1737, au profit des héritiers & légataires de la demoiselle le Fevre de Caumartin, née à Bruxelles, & décédée à Valenciennes en 1734, contre les fermiers du domaine.

L'autre rendu au parlement de Paris le 11 juillet 1741, au profit de la demoiselle Méear contre le receveur des domaines d'Amiens, par lequel on adjugea à ladite demoiselle Méear & à ses cohéritiers qui étoient tous nés à Mons, la succession de François Brisard, natif de Mons, & décédé au mois de mars 1736 à Wally près Amiens (b).

Hambourg, ville libre de la Hanse Teutonique.

LEs habitans de cette ville avoient été anciennement affranchis du droit d'aubaine, par un traité du 28 septembre 1716, confirmé par lettres patentes du 28 avril 1718, registrées le 3 février 1719, & par autres lettres du 6 juillet 1716, registrées le 14 du même mois. A la faveur de ces lettres, tous les habitans de ladite ville qui trafiquoient & demeuroient en France, n'étoient point assujettis au droit d'aubaine, & pouvoient disposer par testament, donation ou autrement, de leurs biens, meubles & immeubles, en faveur de telles personnes que bon leur sembloit; & leurs héritiers résidans en France ou ailleurs, pouvoient leur succéder *ab intestat*, sans qu'ils eussent besoin d'obtenir de lettres de naturalité; & par réciprocité les sujets du roi qui trafiquoient ou demeuroient dans ladite ville de Hambourg, jouissoient des mêmes privileges; c'est-à-dire, qu'ils pouvoient disposer par testament, donation ou autrement, de leurs biens, meubles & immeubles, en faveur de telle personne qu'il

---

(a) Bacquet, chap. 9 du droit d'aubaine, premiere partie, rapporte différens arrêts qui ont jugé cette exemption du droit d'aubaine en faveur des Flamands, & même y traite de l'origine de leurs privileges à ce sujet.
(b) Observez qu'à l'époque de 1734 & 1736, la France étoit en guerre avec l'Empire.

leur plaifoit ; & leurs héritiers réfidans à Hambourg ou ailleurs, pouvoient leur fuccéder *ab inteftat* fans aucun empêchement.

Les habitans de Hambourg ont joui de ces privilèges jufqu'en 1760, qu'ils ont été révoqués par arrêt du confeil du 24 mai de ladite année.

Mais par l'article 2 & 4 du traité de commerce & de marine, fait entre S. M. & la ville de Hambourg le premier avril 1769, revêtu de lettres patentes du 20 juin fuivant, regiftrées le 6 juillet de la même année, la réciprocité du droit d'aubaine a été rétablie comme par le paffé, à la charge d'un droit de détraction de dix pour cent, qui fe percevra réciproquement par S. M. & la ville de Hambourg, fur les fucceffions qui écheoiront à leurs fujets ; mais la durée de ce traité eft fixée par l'art. 39, à l'efpace de vingt ans, à compter du jour de la fignature.

Heffe d'Armftadt, principauté fouveraine.

EN vertu d'un traité du 7 feptembre 1767, en 4 articles, ratifié, confirmé par lettres patentes de S. M. du 26 feptembre de la même année, regiftrées le 9 février 1768, l'exercice du droit d'aubaine a été refpectivement aboli entre la France & les poffeffions actuelles du prince héréditaire de Heffe d'Armftadt, fous la fouveraineté de l'Empire, & fituées hors de l'Alface, tant à la rive droite du Rhin, que dans le Vefterreich vers les frontieres de l'Alface & de la Lorraine. En conféquence les fujets refpectifs ont la libre faculté de difpofer de leurs biens quelconques, par teftament, donation entre vifs, ou par tout autre acte valable, en faveur de qui bon leur femblera ; & leurs héritiers demeurans foit en France, foit dans les terres du prince héréditaire de Heffe d'Armftadt, peuvent recueillir leur fucceffion, foit *ab inteftat*, foit en vertu de teftament, ou autres difpofitions légitimes, & pofféder tous biens, noms, raifons & actions, & ce fans avoir befoin d'aucunes lettres de naturalité, ou autres conceffions particulieres ; & au cas où le prince héréditaire d'Armftadt percevroit quelques droits pour l'exportation des fucceffions qui écheoiroient aux fujets du roi, & généralement tout autre droit, il eft dit que dans le même cas il feroit perçu au profit du roi, le même droit fur les fujets du prince héréditaire d'Armftadt, relativement aux fucceffions qui leur écheoiroient dans les états de S. M.

Il faut obferver que cette convention reçoit cependant une reftriction ; car par l'art. 3 du traité, il eft expreffément convenu que le bénéfice de l'abolition du droit d'aubaine ne pourra être réclamé par tous les fujets indiftinctement, & que ceux qui pafferont d'une domination à l'autre pour s'y établir à demeure, ne feront admis à recueillir les fucceffions qui leur écheoiront dans leur patrie, que dans le cas où ils auroient demandé & obtenu de leur fouverain naturel, la permiffion de s'établir fous une domination étrangere *(a)*.

Heffe-Caffel, principauté fouveraine.

L'Abolition du droit d'aubaine a été rétablie entre S. M. & le landgrave de Heffe-Caffel, dans la même forme & fous les mêmes conditions que celle du prince héréditaire de Heffe d'Armftadt, par un traité en 4 articles paffé le 31 mars 1767, approuvé & ratifié par lettres patentes de S. M. données à Verfailles le 24 avril 1767, regiftrées le 9 février 1768.

Hollande, république.

LEs fujets de la république de Hollande, même du tems qu'ils étoient fous la donation de la maifon d'Autriche, étoient affranchis du droit d'aubaine en France, en vertu des traités de Madrid, du 14 janvier 1526, regiftré le 19 octobre 1529 ; de celui de Crefpy de 1544, regiftré le 9 janvier 1545 ; lefquels ont été confirmés par celui du Cateau-Cambrefis, du 3 avril 1559 ; & par le traité

---

paffé à Paris entre la France & les Etats Généraux le 27 avril 1662, & le traité de Nimegue confirmé par une déclaration rendue le 9 janvier 1685, & enfin par l'article 14 du traité de commerce avec la Hollande, conclu à Utrecht le 11 août 1713, qui porte que *les fujets defdits feigneurs Etats Généraux ne feront point réputés aubains en France, & ainfi feront exempts de la loi d'aubaine, & pourront difpofer de leurs biens par teftament, donation, ou autrement, & leurs héritiers fujets defdits Etats demeurans en France, ou ailleurs, recueillir leurs fucceffions, même AB INTESTAT, encore qu'ils n'aient obtenu aucune lettre de naturalité, fans que l'effet de cette conceffion puiffe leur être contefté :* & par l'art. 37 du traité conclu entre le roi & les provinces unies le 21 décembre 1739, revêtu de lettres patentes du 11 août 1751, regiftrées le 18 du même mois ; les mêmes privilèges fe trouvent rappellés à l'art. 37.

Cette exemption du droit d'aubaine eft d'autant plus affurée, qu'indépendamment des anciens arrêts des 31 décembre 1669, 16 décembre 1715, 15 février 1731, elle eft encore confirmée par une délibération des Etats Généraux, donnée en forme d'acte de notoriété le 28 août 1758, à l'occafion du procès qui s'étoit élevé entre le fieur Crabe hollandois & le receveur du domaine ; & par un arrêt de 26 janvier 1760, rendu en la grand chambre, fur les conclufions de M. Pelletier de St. Fargeau, lors avocat général, lequel confirme une fentence du châtelet de Paris du 23 mars 1759, qui jugea le fieur Crabe hollandois, capable de fuccéder à fon parent françois, quoiqu'il n'eût point obtenu de lettres de naturalité.

Hongrie & Boheme, royaumes ; Autriche, archiduché; Brabant, Limbourg, Luxembourg, duchés; & autres états de la reine d'Hongrie.

EN vertu d'une convention réciproque en huit articles, paffée entre S. M. & la reine d'Hongrie & de Boheme le 20 juin 1766, ratifiée, approuvée & confirmée par lettres patentes données à Verfailles le 3 août 1766, regiftrées en la cour le 26 novembre fuivant, le droit d'aubaine eft entierement aboli en faveur des fujets des deux puiffances, lefquels font traités dans les deux états comme les fujets naturels de chaque royaume ; c'eft-à-dire, que les Français dans les pays de la reine jouiffent des mêmes privileges & prérogatives, que les Autrichiens, Hongrois, Flamands, &c. de même que ceux-ci jouiffent des mêmes avantages en France.

(Impériales) Villes de Ratisbonne, Cologne, Aufbourg, Nuremberg, Worms, Ulm, Spire, Effeing, Noertlingen, Hall en Suabe, Nordhaufen, Rotweil, Dortman, Uberlingen, Fridberg, Heilbronn, Wetzlar, Memmingen, Lindau, Dunkeifpiel, Offenbourg, Gengenbach.

LEs habitans de ces villes jouiffent de l'exemption du droit d'aubaine, & peuvent recueillir en France tous les legs teftamentaires, ou *ab inteftat*, tant mobiliers qu'immobiliers fous la charge d'un fimple dixieme defdites fucceffions, & ce en vertu de lettres patentes données à Marly, en juillet 1770, regiftrées le 6 feptembre fuivant, qui leur conferent ce privilege, à la charge de réciprocité en faveur des Français.

Liege, évêché, principauté.

PAr le traité & convention paffés entre S. M. & l'évêque prince de Liege le 6 décembre 1768, contenant 4 articles, le droit d'aubaine a été aboli réciproquement entre les Français & les Liégeois; enforte que les fucceffions qui écheoient en France aux fujets de la principauté de Liege, & celles qui écheoient dans les états de ladite principauté aux fujets de S. M. par teftament, donation ou

---

(a) Cet article a fans doute pour objet d'empêcher la tranfmigration réciproque des fujets.

autres difpofitions , tant *ab inteftat* que de telle autre maniere que ce foit , leur font délivrées fans aucun empêchement , à la charge feulement du droit
de dixieme fur l'exportation des effets , & fur le
prix des immeubles defdites fucceffions. Cette convention eft ratifiée & approuvée par lettres patentes du 19 décembre 1768 , regiftrées le 14 avril
1769.

Lorraine , duché.

AVant même que la Lorraine fût réunie à la
France par le traité de Vienne de 1736 , les
Lorrains étoient affranchis du droit d'aubaine , en
vertu d'une déclaration du 15 mars 1702 , regiftrée le 18 avril fuivant. Actuellement qu'ils font
foumis à la France , cette exemption n'a plus lieu
à titre d'*étranger* , mais à titre de fujets du roi ,
étant confidérés comme régnicoles.

Monaco , principauté.

L'Exemption du droit d'aubaine a été réciproquement établie entre les fujets de S. M. & ceux
du prince de Monaco , en vertu d'une convention
du 24 juillet 1770 , qui a été ratifiée par lettres
patentes données à Compiegne le 18 août 1770.

Palatinat , électorat.

QUoique par des arrangemens de convenance
& non écrits , S. M. n'eût point exercé le
droit d'aubaine fur les fucceffions échues aux fujets de l'électeur palatin , dans la province d'Alface ,
& que cet électeur réciproquement n'en eût pas
ufé envers les Français qui décedent dans fes états ,
les deux puiffances voulant fixer d'une maniere ftable cette abolition réciproque , lors du traité du
16 juin 1766 , inférerent un article féparé relativement à l'exemption réciproque du droit d'aubaine ,
qui a été ratifié par S. M. par lettres patentes données à Verfailles le 15 janvier 1767 , & regiftrées
le 5 mai fuivant , dont voici la teneur.

LOUIS , par la grace de Dieu , roi de France
& de Navarre , à tous ceux qui ces préfentes
lettres verront , SALUT. Comme notre cher & bien
aimé le fieur Odunne , notre miniftre plénipoten-
tiaire auprès de notre cher & amé frere l'électeur
palatin , auroit conclu , arrêté & figné le 16 du
mois de juin dernier avec le miniftre de notredit
frere , en même tems que la convention concernant
les bailliages de Selz & d'Haguenbach , un article
féparé pour l'exemption réciproque du droit d'aubaine , entre nos fujets & ceux de notredit frere ,
duquel article la teneur fuit.

Article féparé.

QUoique de la part du roi l'on n'ait pas exercé
jufqu'à préfent le droit d'aubaine , fur les fucceffions échues aux fujets palatins dans la province
d'Alface , tant en confidération du voifinage des
états refpectifs , que parce que le féréniffime électeur
a promis de faire jouir du même avantage les fujets de S. M. fur les fucceffions qui leur écheoiroient
dans fes états ; cependant , comme S. M. & fon
alteffe électorale ont jugé , que pour prévenir toute
conteftation qui pourroit être fufcitée dans la fuite
à leurs fujets , pour raifon des fucceffions qui viendroient à leur écheoir dans les états de l'une & de
l'autre domination , il étoit à propos d'établir par
une déclaration expreffe cette réciprocité d'exemption , elles font convenues d'un commun accord ,
que l'exercice du droit d'aubaine tant fur les meubles , qu'immeubles , fera réciproquement aboli entre leurs états à l'égard des fujets refpectifs ; qu'à
cet effet les fucceffions qui viendroient à écheoir
à ceux-ci , foit par teftament , donation ou autre
difpofition quelconque , foit *ab inteftat* , ou de quelqu'autre maniere que ce foit , leur feront délivrées
librement & fans empêchement , fans que dans aucun cas elles puiffent être foumifes au droit d'au-

baine , ni à aucun autre droit , qu'à ceux qui fe
payent par les propres & naturels fujets de S. M.
& de fon alteffe électorale : bien entendu que dans
le cas où il feroit perçu au profit du féréniffime électeur , quelque droit fur les fucceffions qui écheoiroient aux fujets du roi , il fera perçu dans les mêmes
cas , au profit du roi , les mêmes droits fur les fucceffions qui écheoiront aux fujets de fon alteffe
électorale.

Cet article féparé aura la même force & la
même vigueur que s'il étoit inféré dans la convention ci-jointe , fignée ce jourd'hui entre S. M. &
fon alteffe électorale palatine , & il fera ratifié
en même tems.

En foi de quoi , nous , miniftres plénipotentiaires
de fadite majefté & de fadite alteffe électorale ,
avons , en vertu de nos pleins pouvoirs refpectifs ,
figné cet article féparé , & y avons appofé le cachet de nos armes.

Fait à Schwezingen , le 16 juin 1766.
(L. S.) ODUNNE.   (L. S.) P. E. SDZEDWIZ.
          (L. S.) J. W. REIBELD.

NOus , ayant agréable le fufdit article féparé ,
l'avons , tant pour nous que pour nos héritiers
& fucceffeurs , approuvé , ratifié & confirmé ; &
par ces préfentes fignées de notre main , l'approu-
vons , ratifions & confirmons dans tout fon contenu ,
promettaut , en foi & parole de roi , de l'exécuter
ponctuellement. SI DONNONS EN MANDEMENT à
nos amés & féaux confeillers , les gens tenans notre
cour de parlement , chambre des comptes & cour
des aides à Paris , préfidens , tréforiers de France
& généraux de nos finances audit lieu , & autres
officiers juftciers qu'il appartiendra , que ces préfentes ils aient à faire regiftrer & le contenu en
icelles garder & obferver felon fa forme & teneur ,
ceffant & faifant ceffer tous troubles & empêchemens , & nonobftant toutes chofes à ce contraires.
CAR tel eft notre plaifir : en témoin de quoi nous
avons fait mettre notre fcel à cefdites préfentes.
Donné à Verfailles le 15 janvier 1767 , & de notre
regne le cinquante-cinquieme. *Signé* , LOUIS. Et
plus bas par le roi , PHELYPEAUX. Et fcellées du
grand fceau de cire jaune.

*Regiftrées , oui , ce requérant le procureur général
du roi , pour être exécutées felon leur forme & teneur ; & copies collationnées , envoyées aux bailliages
& fénéchauffées du reffort , pour y être lues , publiées
& regiftrées. Enjoint aux fubftituts du procureur général du roi , d'y tenir la main & d'en certifier la
cour dans le mois , fuivant l'arrêt de ce jour.
A Paris , en parlement , les grand'chambre & tournelle affemblées , le cinq mai mil fept cents foixante-
fept. Signé , YSABEAU.*

Parme , Plaifance & Guaftalla , duchés.

PAr un traité & convention paffés entre S. M.
& l'infant duc de Parme le 23 février 1768 ,
approuvé & ratifié par lettres patentes du 18 mars
1769 , regiftrées le 6 juillet fuivant , contenant quatre articles , l'abolition du droit d'aubaine tant pour
les mobiliers que pour les immeubles , a été réciproquement établie entre les deux puiffances qui
fe font promis de traiter leurs fujets comme fujets
naturels.

Sardaigne , royaume ; Savoie , duché.

LEs fujets du roi de Sardaigne ne font point
affujettis en France au droit d'aubaine , de
même que les Français en font affranchis en Savoie ;
cette abolition réciproque dérive du traité paffé
entre S. M. & le roi de Sardaigne duc de Savoie ,
au mois de mars 1760 , revêtu de lettres patentes
du 24 août fuivant , regiftrées le 6 feptembre de la
même année ; en conféquence du quel les deux
nations ont réciproquement la liberté de difpofer
l'une chez l'autre , de tous leurs biens , foit meubles , foit immeubles , & la faculté de tranfmettre
leurs fucceffions à leurs héritiers , & pour éviter

1619. toute difficulté , les duchés de Lorraine & de Bar, comme faisant partie de la domination française, ont été compris dans ce traité.

Saxe-Weymar , duché.

Suivant une convention passée entre S. M. & la duchesse douairiere de Saxe-Weymar en qualité d'administratrice des états du prince son fils , le 26 février 1771 , ratifiée par lettres patentes du 19 mars 1771 , il y a eu abolition respective de droit d'aubaine entre les états des deux puissances , avec faculté d'exportation des effets provenans des successions respectivement recueillis, à la charge cependant du droit respectif de détraction de cinq pour cent.

Spire , évêché.

Par un traité passé entre S. M. & le cardinal Hutten , prince & évêque de Spire , le 16 août 1768 , contenant 4 articles , revêtu de lettres patentes données à Compiegne le 23 août 1767 , regiftrées le 14 avril 1769 , le droit d'aubaine a été respectivement aboli sous la réserve respective du droit de dixieme appellé détraction, pour l'exportation réciproque des effets , & du prix des immeubles provenans desdites successions.

Strasbourg , évêché , bailliage.

Quoique la ville de Strasbourg & ses habitans soient fous la domination de la France , l'évêque de cette ville , en qualité de prince du St. Empire , possede différens bailliages & terres de l'évêché , situés en Allemagne & fous la souveraineté de l'Empire , lesquels il ne faut pas confondre avec la ville & territoire de Strasbourg ; enforte que les sujets de l'évêché en Allemagne , n'étant point fous la puissance de S. M. ne pouvoient être considérés comme régnicoles ; mais par un traité & convention passés entre S. M. & le cardinal de Rohan évêque de Strasbourg , le 19 mars 1767 , agréés & ratifiés par lettres patentes données à Versailles le 17 mars 1767 , regiftrées le 19 février 1768 , le droit d'aubaine a été aboli respectivement , tant pour les biens meubles qu'immeubles, fous la réserve respective du droit de détraction sur l'exportation des effets , & fur le prix des immeubles provenans desdites successions.

Suabe & Franconie, Cercle de l'Empire.

En vertu de lettres patentes données à Versailles au mois de février 1769 , regiftrées le 14 avril suivant , le droit d'aubaine , tant pour le mobilier que pour les immeubles , a été entièrement aboli.

Suede , royaume.

Les Suédois de même que les Français font respectivement affranchis du droit d'aubaine pour le mobilier , en vertu d'une ordonnance du roi de Suede , du 7 décembre 1752 , & d'une déclaration du roi , du 24 décembre 1754 , regiftrée le 11 mars 1755 , dont l'effet est rétroactif au premier janvier ; & suivant lequel les Suédois commerçans , ou autres , peuvent léguer , donner , foit par teftament , donation ou disposition quelconque reconnue valable & légitime dans le lieu de leur domicile , toutes les marchandises , argent , dettes actives & autres biens mobiliers qui le trouveront ou devront leur appartenir en France , au jour de leur décès ; & leurs héritiers légitimes ou teftamentaires , leurs légataires , ou tous autres ayant titres valables & qualité suffifante pour exercer leurs droits , demeuraus en France ou venans d'ailleurs , quoiqu'ils ne foient pas naturalifés , peuvent recueillir librement lesdits biens & effets (a), tant dans le cas où ils voudroient s'établir en Fran-

ce , que dans celui où ils auroient intention de transporter lefdits biens & effets hors du royaume.

Suisse , république.

Cette nation , quoiqu'étrangere , est cenfée régnicole ; les Suisses fuccedent à leurs parens fuisses en France , & réciproquement les Français fuccedent en Suisse à leurs parens français. Il n'est pas même néceffaire que les Suisses demeurent en France , pour jouir des privileges de régnicoles. Les traités paffés entre cette nation & la France , & qui feroient trop longs à rapporter , leur conferent ce privilege.

Les Suisses peuvent difpofer en France par teftament , ordonnance de dernieres volontés , par donation entre vifs , ou autrement , de tous leurs biens , meubles, immeubles, au profit de qui bon leur femble, en faveur de leurs femmes , enfans , héritiers , ou telle autre perfonne , comme s'ils étoient natifs du royaume , foit que leurs héritiers y fuffent réfidens, ou demeuraffent en Suisse : & dans le cas où aucun d'eux viendroit à mourir fans tefter , ils transmettent leur fucceffion à leurs héritiers , en quelque pays qu'ils habitent : ils font auffi capables de recueillir tous legs , donations & fucceffions , en juftifiant qu'ils font fortis de leurs pays avec l'agrément de leurs fupérieurs ; enfin ils jouiffent de l'exemption de toute foraine pour les effets des fucceffions de ceux de leur nation décédés en France , qu'ils transportent hors du royaume ; & dans tous les cas , ils participent à tous les avantages des fujets du roi. Voyez entr'autres chofes les lettres patentes de février 1635 , l'art. 24 du traité de 1715 , le traité du 18 septembre 1716 , & le recueil des privileges des Suisses.

Tofcane , duché.

Les fujets du grand duc de Tofcane , par un traité en 4 articles , paffé entre fa majefté & le grand duc le 6 décembre 1768 , confirmé & ratifié par lettres patentes du 6 janvier 1769 , données à Versailles & regiftrées le 6 juillet fuivant , font réciproquement affranchis du droit d'aubaine dans l'un & l'autre état , & traités comme les fujets naturels de la puiffance dans le pays de laquelle ils réfident.

Treves , électorat.

Par un traité paffé entre fa majefté & l'electeur de Treves , en quatre articles , le 15 avril 1767, revêtu de lettres patentes données à Versailles le 8 mai 1667 , regiftrées le 9 février fuivant , l'abolition réciproque du droit d'aubaine a été faite entre les deux puiffances , fous la réferve respective du droit de détraction , qui fe paye fur l'exportation des effets , & fur le prix des immeubles provenans defdites fucceffions.

Après avoir, autant qu'il a été poffible , préfenté l'état des étrangers qui jouiffent en France du droit d'aubaine , je crois qu'il eft à propos d'obferver que lorfque le roi a réuni fous fa domination une province ou une ville , foit par traité ou conquête, ceux qui habitent ce pays , ou qui y naiffent pendant la durée de fa domination , deviennent fes fujets & régnicoles , & jouiffent de tous les droits des autres Français ; de maniere que s'ils viennent à s'établir en France avant la reddition de leur ville ou pays , ils conservent le droit de naturels français ; fans être obligés d'obtenir des lettres de naturalité ; tels font les habitans de la Lorraine , de l'Etat d'Avignon & Comté Vénaiffin (b) , & de l'ifle de Corfe; lefquels , quoique nés fous une domination étrangere , par leur réunion au royaume de France , fe trouvent incorporés avec tous les autres fujets du roi , & par conféquent dans le cas de jouir de tous les privileges accordés aux Français.

(a) C'eft-à-dire , mobiliers.
(b) Par lettres patentes du premier juin 1768 , enrégiftrées au parlement de Provence le 7 du même mois , les habitans de l'Etat d'Avignon & Comté Vénaiffin font déclarés & réputés régnicoles.

Mais

Mais si par des événemens imprévus leur pays retournoit à l'ancienne domination, & que ceux d'entre eux qui se seroient établis dans la France revinssent dans leur patrie, ils cesseroient dès le moment de leur établissement dans leur pays, de jouir des privilèges qui n'appartiennent qu'aux seuls Français.

Quoique le droit d'aubaine en général ait lieu en France, il y a cependant différentes villes où il ne s'exerce pas, soit en vertu de la coutume, soit en faveur du commerce & des foires.

Par exemple, le droit d'aubaine n'a pas lieu en Artois, attendu que l'article 40 de la coutume porte, qu'en Artois on n'use point d'aubanité. Cet article s'exécute, & a été confirmé par un acte de notoriété du conseil d'Artois du 7 avril 1728, qui porte que les étrangers sont habiles à recueillir les successions mobilières des personnes décédées dans cette province, de même que les biens qui y sont situés.

Les étrangers qui s'établissent & demeurent dans la ville de Bordeaux, jouissent de l'exemption du droit d'aubaine, ainsi qu'il a été jugé par arrêt du 7 avril 1694, suivant lequel on adjugea à la veuve d'un étranger non naturalisé & établi à Bordeaux depuis plusieurs années, sa succession, tant en exécution de son contrat de mariage, que du testament de son mari.

Brillon qui rapporte cet arrêt, renvoie au sentiment de Coquille sur l'art. 24 des successions de la coutume de Nivernois. Cependant il ne rapporte aucune déclaration ni édit, qui justifie cette jurisprudence, qui paroît isolée. Il renvoie aux privilèges accordés à la ville de Lyon au tems de foires.

Il n'en est pas de même de l'abolition du droit d'aubaine dans la ville de Toulouse; il est constaté, suivant Maynard en son recueil d'arrêts, liv. 4. chap. 57, par des lettres royaux & patentes dans les archives de la maison-de-ville appellée commune, & au livre blanc, par lesquelles, le roi Louis XI, pleinement certifiées, & ces lettres ayant été publiées au parlement de Toulouse le 16 août 1479, & depuis confirmées & ratifiées par le roi Charles VIII par autres lettres publiées le 6 juillet 1484, auroit déclaré par édit perpétuel & irrévocable le droit d'aubaine n'avoir lieu à Toulouse ni en tout le pays de Languedoc, & que tous forains & étrangers en quelque endroit qu'ils fussent nés, résidans dans Toulouse & autres villes & lieux du Languedoc, étoient habiles à acquérir & disposer & ordonner de leurs biens, à leur plaisir & volonté, tant entre vifs qu'à cause de mort, de même & comme ils se feroient s'ils étoient nés, & qu'ils étoient réputés & tenus pour vrais originaires & régnicoles, sans que par le droit d'aubaine, le roi ni ses officiers n'y puissent mettre & donner aucun empêchement, & duquel droit lesdits étrangers fussent dès-lors déclarés exempts, encore qu'ils n'eussent pris des lettres de naturalité pour jouir de ces privilèges.

Pour fortifier l'usage & l'exercice de ce droit, tout ancien qu'il est, Maynard rapporte un arrêt de 1580, rendu au rapport de M. Mainial à la seconde chambre des enquêtes, contre M. le procureur général.

La ville de Dunkerque jouit des mêmes privilèges. Le droit d'aubaine n'a pas lieu dans cette ville, dont les négocians & marchands étrangers ont été affranchis par une déclaration du mois de novembre 1662, non enrégistrée, il est vrai, mais fortifiée d'un édit de février 1700, registré le 9 mars suivant, & d'un arrêt de la grand'chambre du 6 mai 1751, au rapport de M. de Sallabery, qui a jugé contre les fermiers de sa majesté, que le droit d'aubaine n'avoit pas lieu & ne pouvoit s'exercer dans cette ville vis-à-vis des marchands & négocians étrangers qui viendroient trafiquer & s'établir à Dunkerque pour un tems ou pour toujours, qui maintint ces marchands dans le droit de naturalité, & dans les mêmes avantages dont jouissent les régnicoles.

La ville de Lyon par un privilège particulier jouit du même avantage, relativement aux foires. Les marchands étrangers qui les fréquentent sont affran-

chis du droit d'aubaine en vertu de l'ordonnance de Louis XI de 1463, & des édits de Charles IX de 1569, & de Henri III de 1583.

Par un privilège particulier naissant d'un édit de 1669, le mobilier des étrangers fréquentans le port de Marseille, n'est point sujet au droit d'aubaine.

Enfin Louis XIV, lors de l'établissement de la manufacture des Gobelins, eut tant envie de favoriser ce travail, que par l'art. 12 de l'édit de novembre 1667, non-seulement les ouvriers y employés furent exempts du droit d'aubaine, mais encore furent réputés sujets du roi, quand bien même ils se seroient retirés de la manufacture, pourvu qu'ils y eussent travaillé dix années consécutives, lequel travail ils sont obligés de justifier par un simple certificat du surintendant des bâtimens de sa majesté.

Indépendamment de toutes les exemptions dont nous venons de parler, il y a encore des étrangers qui sont affranchis du droit d'aubaine par leur état, leur qualité, & la cause de leur séjour.

Par exemple, les ambassadeurs en sont exempts, ainsi que les gens de leur suite: ils peuvent disposer de leurs biens par testament, ou transmettre leur succession ab intestat à leurs héritiers, même étrangers; parce qu'ils sont sous la protection du droit des gens; mais ils ne peuvent recevoir des legs, soit universels, soit particuliers, parce que leur privilège se réduit à vivre & mourir libres, & non pas comme citoyens.

Tous les étrangers qui sont dans la marine du roi, sont réputés régnicoles; & après cinq ans de service, en vertu de l'édit d'avril 1687 registré le 7 mai suivant, ils jouissent de tous les droits, privilèges & prérogatives des naturels français & sujets du roi.

Suivant la déclaration du 20 novembre 1715, registrée le 12 décembre suivant, tous soldats & gens de guerre employés dans les troupes de sa majesté, après dix ans de service, sont réputés régnicoles & naturels français, sans qu'il soit besoin de leur part d'obtenir des lettres de naturalité, & sans aucune formalité que celle de déclarer au greffe de la justice royale dans le ressort de laquelle ils sont domiciliés, qu'ils entendent s'établir, vivre & mourir dans le royaume.

Cependant, quoique les ambassadeurs des souverains ou princes étrangers soient exempts en France du droit d'aubaine, ces princes ou souverains ne jouissent point des droits de ces mêmes privilèges, à moins qu'il ne leur ait été conféré par un traité particulier, ou par des lettres de naturalité. Les lettres accordées par Louis XII à René II duc de Lorraine & à Claude son fils au mois de mars 1506; celles données par François I à Laurent de Médicis duc d'Urbin au mois de juillet 1519, & au duc de Mantoue au mois de septembre 1539, & par Charles IX au roi Henri III, lors roi de Pologne, par Henri IV en 1596 à Vincent I duc de Mantoue, par Louis XIII en 1634, & Louis XIV en 1646, à Charles I duc de Mantoue, établissent cette vérité.

Enfin, je terminerai ce chapitre par une observation bien simple; c'est que lorsqu'un étranger succède à un Français en vertu des exemptions dont nous venons de parler, il ne peut transporter hors du royaume ni or ni argent de cette succession, à moins qu'il n'y ait une convention expresse dans les traités dont il pourroit tirer son droit, & qu'il ne se soumette aux conditions requises par le traité.

CHAPITRE LXXIII.

Juge subalterne haut-justicier peut prononcer une adjudication par décret; mais la certification doit être faite au siege supérieur, où il y ait le nombre requis des praticiens.

LE lendemain mardi 18 décembre 1629, Me. de Lamet plaida la cause de madame la vidame d'Amiens appellante de ce que le bailli de Noyon ou son lieutenant général avoient fait défenses au juge de Magny & à tous autres juges des hauts-justiciers de leur bailliage, de faire ni recevoir aucunes ventes & adjudications par décret; & pour moyens d'appel dit, que personne n'a encore révoqué en doute que la vente publique & interpolition de décret ne foit du pouvoir des hauts-justiciers. Cela eft notoire & fe pratique ainfi. La feigneurie de Magny appartient en toute-juftice à la dame appellante. Ayant faifi des héritages qui y font fitués, & les criées étant faites, on en a demandé la certification pardevant le bailli de Vermandois ou fon lieutenant général à Noyon, comme juge fupérieur & grand fiege; lequel au-lieu de faire la certification defdites criées, fi elles avoient été bien & duement faites, & renvoyer les parties pardevant le juge de Magny pour procéder à la vente & interpofition du décret, a fait les défenfes dont eft appel, auquel il conclut, & qu'émendant & corrigeant, les parties foient renvoyées pardevant le juge de Magny, pour procéder à la vente & interpofition du décret des héritages faifis.

M. l'avocat général Talon pour M. le procureur général prenant le fait & caufe pour fon fubftitut au bailliage de Noyon, intimé en cette qualité feulement, dit qu'il n'y a point de doute que les juges des feigneurs hauts-jufticiers ne puiffent bien & valablement interpofer décrets, & vendre publiquement les fonds & héritages criés & fubhaftés, affis en leurs jurifdictions. Mais parce que la certification des criées dépend du ftyle & de l'ufage de chacune coutume & de chacun bailliage, & qu'il faut nombre de praticiens, au moins de dix, pour les certifier, il faut par conféquent que la certification s'en faffe pardevant les baillis ou fénéchaux ou leurs lieutenans qui tiennent les grands fieges, où il y a nombre d'avocats & procureurs, qui favent mieux le ftyle & l'ufage: ainfi il y a lieu d'infirmer la fentence, & d'ordonner que le bailli de Vermandois ou fon lieutenant à Noyon certifiera les criées dont étoit queftion, fi elles ont été bien & duement faites, & lui enjoindre de renvoyer les parties pour procéder à l'interpofition du décret pardevant le juge de Magny.

LA COUR dit qu'il avoit été mal & nullement jugé; émendant & corrigeant, ordonna que le bailli de Vermandois ou fon lieutenant à Noyon certifieroit les criées dont étoit queftion, fi elles étoient bien & duement faites; ce fait, lui enjoint de renvoyer les parties pardevant le juge de Magny, pour procéder à l'interpofition du décret des fonds & héritages faifis.

* On peut voir l'arrêt du 8 mai, *liv. 1. chap. 22* de ce recueil.

CHAPITRE LXXIV.

Concordat non homologué en cour de Rome, doit être exécuté entre le réfignant & le réfignataire.

EN 1615 Me. François Guyet réfigna la cure de Dommarie au diocefe de Sens à Me. Medard le Tourneux, lequel par concordat paffé entre eux, s'obligea de lui bailler dans trois ans un bénéfice fimple de patronage laïque, de la valeur de foixante livres de revenu; & jufques à ce qu'il pourroit trouver ledit bénéfice, qu'il lui payeroit une penfion annuelle de ladite fomme de foixante livres. Les trois ans étant expirés, Guyet fait affigner le Tourneux pardevant meffieurs des requêtes du palais aux fins de l'exécution du concordat, & de lui bailler un bénéfice fimple de foixante livres de revenu. Le Tourneux pour exceptions oppofe, que le concordat n'eft point homologué en cour de Rome. Meffieurs des requêtes du palais appointent les parties à mettre. Guyet demandeur en interjette appel, & préfente requête

à fin d'évocation du principal, pour lequel Me. Monnerot dit, que l'intimé ufant d'ingratitude tâche de contrevenir à la foi promife par leur concordat, à la convention légitime portée par icelui, contre l'expreffe prohibition de la loi. *Quid tam congruum fidei humanæ, quàm ea quæ inter eos placuerunt, fervare, L. 1. De pactis. Pactum bonâ fide interpofitum præfa provincia fecundùm jus cuftodiri efficiet, L. 27. C. De pactis.* On objecte que le concordat n'a point été homologué en cour de Rome, & par conféquent qu'on n'en peut demander l'exécution. L'intimé témoigne par-là fa mauvaife foi, mais il n'eft pas recevable d'alléguer ce défaut pour contrevenir à fa promeffe; c'eft une tromperie, même une perfidie. On allegue un arrêt qui a rejetté l'exécution de femblables concordats non homologués: mais il y en a d'autres intervenus depuis, entre autres un du 1610 rendu fur les conclufions de M. Servin, & prononcé par M. Forget, par lequel tels concordats, quoique non homologués, ont été obfervés & entretenus.

M. Amonin pour l'intimé dit, que la cure de Dommarie ayant vaqué par mort, l'intimé s'en fit pourvoir en cour de Rome, & l'appellant par l'ordinaire. Sur le procès ils firent le concordat, dont l'appellant demande l'exécution, à quoi il eft non-recevable & mal fondé. Primò, parce qu'en droit, *ex nudo pacto non oritur nec datur actio.* Or ce concordat n'étant point homologué, n'eft qu'une paction nulle & informe, deftituée de fa folemnité extrinfeque, en vertu d'icelui l'on ne peut agir. Secundò, le concordat n'eft point favorable pour l'appellant, qui n'avoit pas de droit au bénéfice, & qui avoit fait un procès à l'intimé, lequel pour s'en rédimer a paffé ce concordat, contre lequel il peut par conféquent objecter toutes fortes de défauts & manquemens. Tertiò, les arrêts ont rejetté l'exécution de tels concordats non homologués en cour de Rome. Il y en a un célebre rendu fur les conclufions de M. Seguin lors avocat général, par lequel la cour fit défenfes à tous les juges du reffort du parlement, d'avoir aucun égard aux concordats non homologués en cour de Rome: après lequel il conclut à ce que l'appellant foit déclaré non-recevable en fa demande.

M. l'avocat général Talon dit, qu'il n'y a aucunes pieces par lefquelles il paroiffe que la cure de Dommarie ait été litigieufe & contentieufe entre les parties; mais par le concordat dont eft queftion, il paroît clairement que l'appellant a réfigné ladite cure à l'intimé, à la charge de lui bailler dans trois ans en contre-change un bénéfice fimple de la valeur de foixante livres de revenu, & pendant ce tems de lui payer les foixante livres de penfion. C'eft l'inexécution de ce concordat qui fait plaider les parties. L'intimé fe veut couvrir, & défendre fa caufe par l'intérêt public, aimant mieux encourir le crime de perfidie, & contrevenir à fa foi promife. L'arrêt de 1598 fur lequel il fe fonde, a été rendu fur ce que le concordat lors en queftion, contenoit des claufes & pactions illicites & contre les bonnes mœurs: la cour réprouva & annulla le concordat. Mais en cette caufe le concordat & toutes fes claufes font bonnes & licites. L'appellant a réfigné fa cure à la charge d'avoir un autre bénéfice: même ce concordat fe peut obferver & entretenir fans homologation de cour de Rome, n'y ayant aucune paction qui doive être purgée par la puiffance du pape; ainfi il y a lieu de condamner l'intimé à l'exécution du concordat.

LA COUR mit l'appellation & ce, au néant; évoqua le principal, & y faifant droit, condamna l'intimé d'obferver & exécuter le concordat en tous fes points & claufes dans fix mois pour tous délais, & de payer les arrérages de la penfion, tant ceux qui étoient échus, que ceux qui écherroient à l'avenir. Le même jour mardi 18 décembre 1629, M. le préfident le Jay prononçant, à l'audience de relevée.

* Brodeau cite l'arrêt, *lett. C. fomm. 40.*

CHAPITRE LXXV.

Ameublement des propres de la femme jusques à une certaine somme pour entrer en communauté, ne cesse pas, & la somme n'est point censée payée au mari, sous prétexte qu'il est échu à la femme une succession mobiliaire beaucoup plus considérable, qui est entrée en la même communauté.

MAître Jean Cambray & Françoise Marchand furent mariés ensemble en 1598, suivant & conformément à la coutume de Paris où ils étoient domiciliés. Et parce que ladite Marchand fille majeure usante & jouissante de ses droits, n'avoit aucuns meubles pour porter en la communauté, & y acquérir droit, elle ameublit la somme de deux mille quatre cents livres à prendre sur tous ses immeubles. Pendant le mariage ils se firent don mutuel de leurs meubles & conquêts immeubles pour en jouir par le survivant, suivant & conformément à la coutume de Paris. Quelques années après il échut une opulente succession à ladite Marchand, qu'elle vendit avec son mari moyennant le prix & somme de douze mille livres. En 1618 ladite Marchand étant décédée, son mari survivant jouit de l'effet du don mutuel jusques en 1625, qu'il décéda. Après son décès ses héritiers furent assignés pardevant le prévôt de Paris, pour rendre compte du don mutuel, à la requête des héritiers de la femme. Dans l'examen du compte survint un débat touchant les deux mille quatre cents livres ameublis. Les héritiers de la femme soutenoient qu'ils ne devoient point payer les douze cents livres revenantes à la part & moitié de la communauté du mari, ni les intérêts des autres douze cents livres afférentes à la part de la femme, pour les années pendant lesquelles le mari survivant avoit joui du don mutuel; parce que cette somme de deux mille quatre cents livres promise & stipulée pour ameublissement, avoit été acquittée par celle de douze mille livres, laquelle avoit été vendue la succession échue à la femme, constant le mariage & communauté. Néanmoins le prévôt de Paris ou son lieutenant civil, sans avoir égard à cette succession entièrement mobiliaire, échue constant la communauté, condamne les héritiers de la femme à allouer & recevoir en compte ladite somme de deux mille quatre cents livres stipulée pour ameublissement; savoir, douze cents livres pour la part & moitié afférante au mari en la communauté, & les intérêts des autres douze cents livres, pour les années que le mari avoit survécu & joui du don mutuel. Les héritiers de la femme en interjettent appel, pour lesquels Me. Langlois dit, que cet ameublissement fait par la femme n'est qu'un ameublissement de fiction; les paroles des hommes n'ayant pas cette force de changer les immeubles en meubles. Cet ameublissement feint & simulé n'opéroit autre chose que de rendre la femme débitrice de la somme stipulée pour l'ameublissement, & d'obliger & hypothéquer ses immeubles au payement d'icelle; aussi après le décès la femme, le mari ou ses héritiers n'avoient qu'une simple action contre les héritiers de la femme, pour le payement de la somme ameublie : cette dette de la femme, cette simple action contre elle ou ses héritiers, est demeurée éteinte & acquittée par le moyen de la succession échue constant le mariage, & entrée dans la communauté. Il ne seroit aucunement raisonnable que la femme ayant apporté une somme de douze mille livres en la communauté, puisque cette succession y est entièrement entrée, elle ou ses héritiers fussent encore contraints de payer une somme de deux mille quatre cents livres stipulée dans un tems que la femme n'avoit point de meubles, mais demandée & exigée en un autre tems, auquel il paroît que la femme avoit six fois autant de meubles, par cette ample succession, qui a entièrement éteint & effacé l'action, payé & acquitté la dette de la femme, dont la communauté étoit tenue. Le mari *sibi ipsi*

solvit, ainsi que doit faire un tuteur, & les immeubles de la femme en sont demeurés déchargés dès l'instant que cette succession est échue au profit de la femme, & est rentrée en la communauté. La dette ayant été une fois éteinte & acquittée, ne peut plus revivre & être demandée. Me. Cornillot dit, que la somme ayant une fois été stipulée pour ameublissement, demeuroit toujours dette de la femme, jusques à ce qu'elle eût été acquittée réellement; & le payement n'en a point été fait par une succession mobiliaire échue à la femme, quoiqu'elle soit entrée en la communauté. C'étoit un don de fortune, qui ne faisoit point de préjudice à ce qui avoit été stipulé & convenu par le contrat de mariage. Elle n'est pas non plus tacitement acquittée & demeurée confuse par le moyen du don mutuel fait par le mari & la femme au survivant, à condition de supporter les charges, parce que ces charges ne se peuvent entendre que des charges réelles & foncieres, & non point d'autres charges ou dettes.

LA COUR mit l'appellation au néant; ordonna que ce dont étoit appel, sortiroit son plein & entier effet, & condamna l'appellant aux dépens. Le mercredi 19 décembre 1629, à la chambre de l'édit, M. Potier de Novion préfident.

CHAPITRE LXXVI.

Promesse de mariage d'un mineur ne se prouve par témoins, & l'appointement de contrariété de l'official est abusif.

MAthurin Dacé, habitant de la ville du Mans, prétendant que Marguerite Guichard lui avoit promis mariage, la fait citer pardevant l'official de M. l'évêque du Mans aux fins d'accomplir & célébrer le mariage entr'eux promis & accordé : ce qui fut dénié par ladite Guichard. L'official les appointe à informer & faire preuve par témoins de leurs faits, dont ladite Guichard interjette appel comme d'abus, pour laquelle Me. Bedé dit, que l'ordonnance de Moulins *art.* 54, ayant rejetté la preuve par témoins pour chose excédant cent livres, elle a à plus forte raison réprouvé la preuve de l'état des personnes, ce qui ne se peut estimer. L'on pourroit racheter des témoins qui parleroient des promesses de mariage duquel on n'auroit jamais parlé, & engageroient une personne à se marier contre son gré & contre la liberté qui est requise au mariage, plus qu'en nulle autre action de la vie. L'appellante est mineure, ainsi qu'il paroît par l'extrait du registre baptistaire, & par l'acte de sa curatelle. De l'obliger à un mariage contre sa volonté & celle de ses parens, il ne seroit pas juste. Et conclut à ce qu'il soit dit, qu'il a été mal & abusivement ordonné. Me. Rabouel dit, qu'il a été jugé par plusieurs arrêts que l'ordonnance de Moulins n'a point de lieu aux promesses de mariage, qui peuvent être prouvées par témoins. L'appellante a confessé par son interrogatoire qu'elle avoit promis mariage à l'intimé; mais pour le couvrir, elle a ajouté que c'étoit, pourvu que ses parens le trouvassent bon. Elle allegue de plus sa minorité : mais ce prétendu extrait de registre baptistaire n'est point compulsé partie appellée, ainsi n'est d'aucune considération, non plus que l'acte de curatelle. Et conclut au bien jugé.

M. l'avocat général Bignon dit, qu'à la vérité il y a plusieurs arrêts qui ont jugé que l'ordonnance de Moulins ne comprend point les promesses de mariage qui peuvent être prouvées par témoins, parce qu'on n'a pas toujours la commodité, ni souvent la capacité, de rédiger par écrit des contrats & promesses de mariage, comme il arrive souvent parmi les pauvres gens, rustiques & paysans; auxquels pour cette raison l'empereur Justinien *nov.* 117. *cap.* 3, avoit donné permission de contracter mariage sans rédiger aucun contrat par écrit, à quoi il avoit astreint & obligé ceux qui étoient de qualité & dignité relevée. *De nuptiis illustrium, ut cum dotalibus ins-*

trumentis fiant. De cette obligation de contracter mariage par écrit, il avoit encore exempté les étrangers, quoique relevés en dignité. Néanmoins les officiaux, auxquels on a laissé cette jurisdiction & connoissance *super fœdere matrimonii*, comme spirituelles, telles promesses de mariage étant *sacramentalia matrimonii*, ainsi que parlent les théologiens, en abusent beaucoup, même vexent le pauvre peuple par la réception de telles preuves, & les frais de grosses enquêtes; il seroit nécessaire d'y remédier. On ne peut pas dénier que l'appellante ne soit mineure, la sentence de sa curatelle suppléant au défaut de la formalité omise en l'extrait du registre baptistaire. Ainsi il y a lieu de dire qu'il a été mal & abusivement ordonné.

LA COUR dit qu'il avoit été mal, nullement & abusivement ordonné; neanmoins sans dépens. Le jeudi 20 décembre 1629, M. de Champigny, premier président prononçant.

CHAPITRE LXXVII.

Oncle s'étant fait décharger de la tutele, à la charge de nourrir l'un des mineurs jusques à l'âge de 25 ans, & lui apprendre son métier, cette obligation cesse par le décès dudit oncle, & ne produit aucune action contre ses héritiers.

EN la même audience on plaida l'appel d'une sentence des présidiaux de Poitiers, par laquelle ils avoient débouté la veuve d'Abraham Fourreau de la demande par elle faite contre la veuve & donataire de Tobie Fourreau. Abraham Fourreau étant décédé, & ayant délaissé plusieurs enfans mineurs, auxquels il étoit nécessaire de créer un tuteur, ledit Tobie Fourreau leur oncle paternel, qui ne pouvoit éviter cette charge, pour s'en exempter, fit offres de prendre l'un des mineurs, de le nourrir & entretenir gratuitement jusques à l'âge de 25 ans, & de lui apprendre son métier d'orfevre; mais étant décédé trois ans après, la mere des mineurs fit assigner sa veuve & donataire aux fins de payer les arrérages de la pension échus du vivant de son mari, à continuer à l'avenir jusques à ce que le fils eût atteint l'âge de 25 ans, & de lui fournir une somme pour lui faire apprendre le métier d'orfevre, dont elle est déboutée à l'égard des deux derniers chefs, ladite veuve donataire n'ayant été condamnée qu'au payement des arrérages de la pension échus du vivant de son mari. Me. Fillau pour moyens d'appel dit, que l'obligation du défunt mari de l'intimée, de nourrir & entretenir l'un des enfans de l'appellante jusques à l'âge de 25 ans, & de lui apprendre le métier d'orfevre, étoit perpétuelle & non temporelle, ni sujette à extinction par son décès: c'étoit une obligation pour cause onéreuse, de laquelle il avoit été déchargé, qui lui auroit apporté beaucoup plus de dépense & de dommage. La promesse des alimens ne s'éteint point par le décès de celui qui les a promis, *toto tit. De annuis leg. & fidejcom. & tit. De alim. & cib. leg.* Et conclut au mal jugé. Me. Courtin pour l'intimée dit, que son mari ne s'est point obligé de fournir des alimens au fils de l'appellante pendant certain tems, mais seulement a promis de le nourrir & entretenir avec lui en sa maison jusques à l'âge de 25 ans, & de lui enseigner & apprendre son métier d'orfevre; l'un est bien éloigné & différent de l'autre. Celui-là auroit été fort onéreux au mari de l'intimée; celui-ci étoit facile, de nourrir & entretenir un jeune homme en sa maison, de lui enseigner & apprendre le métier d'orfevre, duquel il travailloit tous les jours. Mais cette promesse & cette obligation est éteinte par son décès, tout de même qu'il auroit été déchargé de la tutele des mineurs, lesquels ayant recueilli la succession des propres de leur oncle, il n'y a apparence en l'appel.

LA COUR sur l'appel mit les parties hors de cour & de procès; ledit jour 20 décembre 1629.

CHAPITRE LXXVIII.

En retrait lignager, la fraude commise par l'un, donne ouverture à l'autre.

PIerre Courtin, habitant de Guise, ayant vendu certains fonds & héritages à Jean Thierry le 16 octobre 1627, le même jour de l'acquisition ledit Thierry fut assigné à la requête de Jacques Bretagne & d'André Fricque, tous deux parens du vendeur, pour leur délaisser les fonds & héritages acquis par retrait lignager. Mais parce que Bretagne étoit le plus proche parent, & que suivant la coutume de Vermandois, en telle concurrence d'assignations données à même jour, le plus diligent ne l'emporte pas, mais le plus prochain lignager; ledit Fricque, fit déclaration, qu'affirmant par Bretagne que le retrait n'étoit point en fraude, il se départoit à son profit; sur quoi est rendue sentence, par laquelle Thierry acquéreur est condamné à délaisser les héritages acquis audit Bretagne, comme plus prochain lignager du vendeur, en rembourssant le sort, & principal de l'acquisition & loyaux coûts, selon & au desir de la coutume: à quoi Bretagne n'ayant daigné satisfaire, & laissé couler le tems préfix par la coutume pour faire le remboursement, autre sentence intervint, par laquelle il est débouté & déclaré déchu du retrait; ce que voyant André Fricque autre lignager, il reprend les erremens de son instance en retrait, & soutient que Bretagne n'ayant voulu user de son droit par la collusion & intelligence qu'il avoit avec l'acquéreur, il est bien fondé à reprendre son instance, & que les fonds & héritages lui doivent être délaissés par retrait lignager; ce qui est ainsi ordonné par les présidiaux de Rheims, dont Thierry interjette appel, pour lequel Me. Bechefer dit, qu'il n'y a aucune collusion ni intelligence entre Thierry & Bretagne, lequel étant déchu de son droit, un autre lignager ne peut inquiéter l'acquéreur. Ce moyen cessant, l'intimé n'est pas recevable en sa demande en retrait, parce que l'exploit d'assignation contenant sa demande en retrait n'est signé d'aucuns témoins; ce qui est absolument nécessaire, à peine de nullité, suivant l'ordonnance de 1565, une infinité d'arrêts qui l'ont ainsi jugé, & déclaré nuls tels exploits non signés de témoins contenans demande & assignation en retrait lignager, parce que tels exploits sont de grande importance, & doivent contenir des offres; ainsi l'on ne doit ajouter foi à un sergent seul: l'exploit que rapporte l'intimé, est signé par des témoins, mais cela ne sert de rien, parce que la copie qu'on a donnée à l'appellant, est son original. Ayant reconnu la nullité, l'on a pu corriger cette faute, & refaire un exploit, & le faire signer à des témoins: ce qui n'est aucunement considérable. Et conclut au mal jugé. Me. Pinette pour l'intimé dit, que la collusion & intelligence d'entre Bretagne & l'appellant est toute manifeste. Primò, en ce que Bretagne avoit fait assigner l'appellant le même jour du contrat d'acquisition, quoiqu'il fût demeurant à vingt lieues de Guise: ainsi c'étoit l'appellant qui s'étoit fait assigner sous le nom emprunté de Bretagne, qui n'avoit pu sitôt savoir cette acquisition. Secundò, il s'est laissé déchoir à dessein du profit de la sentence, ne l'ayant voulu exécuter, & rembourser l'appellant qu'il vouloit mettre à couvert de la juste demande en retrait de l'intimé, lequel ayant découvert cette fraude, a pu reprendre & poursuivre sa demande. La fraude en cette matiere ne se considere que *consilio & eventu simul reipsâ*, & le tems ne court qu'après la fraude découverte. La cour l'a ainsi jugé en la cause de Me. Jean Dolet & de la demoiselle Vion, quoiqu'on mit en fait que le retrayant avoit promis à l'acquéreur de lui délaisser les héritages. Quant au défaut de signature des témoins, il n'est pas considérable, parce que la coutume ne requiert point que les témoins signent;

mais

mais ils ont figné en l'original, ce qui fuffit : autrement il feroit au pouvoir d'un fergent de rendre la demande en retrait nulle, ou ne faifant point figner les témoins, ou bien à *pofteriore*, contrefaifant un exploit. Cette objection de nullité a été rejettée par arrêt rendu au même rôle de Vermandois en 1616, plaidans Me. Doublet & Lallemand. Et conclut au bien jugé.

LA COUR mit l'appellation au néant; ordonna que ce dont étoit appel, fortiroit fon plein & entier effet, & condamna l'appellant aux dépens de la caufe d'appel. Le dernier jour de décembre 1629, M. de Champigny premier préfident prononçant.

CHAPITRE LXXIX.

Haut-jufticier a droit de décerner tuteur aux mineurs d'un officier royal, & faire inventaire.

LE mercredi 2 janvier 1630, M. le préfident de Novion prononçant, plaidant Me. Defmaris pour le feigneur de Poirou appellant de ce que le lieutenant général de Fontenay-le-Comte avoit fait défenfes aux officiers de la haute-juftice de Poirou de connoître de la dation de tutele des enfans de défunt Me. Pierre Gay affeffeur du prévôt des maréchaux dudit Fontenay-le-Comte, & de procéder à la confection de l'inventaire de fes meubles & titres des immeubles, quoique la plupart fuffent au bourg ou village de Poirou, où il étoit domicilié. Le feigneur jufticier dudit Poirou foutenoit que fes officiers devoient connoître de la dation de tutele des enfans mineurs dudit Gay, quoiqu'il fût officier du roi, puifqu'ils en connoîtroient, quand même il feroit gentilhomme & noble d'extraction; auffi les officiers ont décerné un tuteur auxdits mineurs, & fait l'inventaire de tout ce qui s'eft trouvé au-dedans de leur jurifdiction. Me. Belon & Me. Crequy pour le lieutenant général & procureur du roi de Fontenay-le-Comte, & Me. Defnoyers pour le tuteur décerné, foutenoient qu'ils étoient follement intimés.

M. l'avocat général Bignon dit, qu'il n'eft point néceffaire d'approfondir & traiter la queftion, puifque les officiers du haut-jufticier appellant ont décerné un tuteur, & ont procédé à la confection de l'inventaire de tous les titres & meubles qui fe font trouvés au-dedans de leur jurifdiction. C'eft tout ce qu'ils peuvent prétendre; & ainfi la fentence portant défenfes, dont eft appel, ne fait aucun préjudice, & il y a lieu de confirmer tout ce qui a été fait par les officiers du feigneur haut-jufticier appellant, & d'infirmer les défenfes à cet égard.

LA COUR déclara tous les intimés follement intimés, & faifant droit fur l'appel avec M. le procureur général, mit l'appellation, & ce dont étoit appel, au néant; émendant, confirma tant la dation de tuteur, que confection d'inventaire fait par les officiers du haut-jufticier appellant.

CHAPITRE LXXX.

Homologation de fentence arbitrale ne peut être empêchée par une oppofition.

MAître Pierre Yfambert de Châteaudun avoit plufieurs enfans. Après le décès de leur mere il fut décerné leur tuteur. Lorfqu'ils furent parvenus en âge de majorité, il préfenta le compte de l'adminiftration de leurs biens maternels, & paffa compromis avec eux, par lequel ils nommerent des arbitres, & promirent d'efter & demeurer à leur jugement & amiable compofition à peine de deux cents livres. Par leur fentence arbitrale ils terminerent & déciderent les différends mus fur ladite reddition de compte. De cette fentence les enfans ayant demandé l'homologation, & fait affigner leur pere pardevant le bailli de Dunois, il forma oppofition

Tome I.

à ladite homologation, & pour moyens dit, que les arbitres n'avoient pas prononcé fur tous leurs différends, ainfi qu'ils étoient obligés par le compromis. Sur quoi le bailli de Dunois ordonne que le pere baillera par déclaration, & cotera toutes les omiffions qui ont été faites en ladite fentence arbitrale, dans huitaine, & que fes enfans y répondront huitaine après, dont les enfans interjettent appel, pour lefquels Me. l'Efpinay dit, que le bailli de Dunois n'a pu prendre connoiffance de caufe des différends des parties, mais homologuer purement & fimplement la fentence arbitrale, contre laquelle il n'y a que la feule voie d'appel en la cour de parlement, & non point la voie d'oppofition pardevant les juges ordinaires, qui entrependroient indirectement de les corriger & infirmer. Me. le Feron pour l'intimé dit, qu'il eft follement affigné, parce que les appellations du bailli de Dunois ne refortiffent point nuement en la cour, mais pardevant le bailli de Blois. Au principal, l'oppofition & empêchement qu'il a formé à l'homologation de ladite fentence arbitrale, eft fondé fur le compromis, par lequel les arbitres étoient obligés de vuider & terminer tous les différends des parties, & ils en ont omis grand nombre; ce qu'ils n'ont pu faire; & par conféquent il y a lieu d'empêcher l'exécution de leur fentence.

M. l'avocat général Bignon dit, que par la difpofition du droit romain les jugemens des arbitres n'avoient force que d'avis, & n'étoient foutenus & entretenus que par le moyen de la peine ftipulée. En France ils ont davantage mérité, ils y portent le nom & la qualité de fentence, qui néanmoins ne donne hypotheque ni ne porte aucune exécution parée; mais pour acquérir ce droit d'hypotheque, & pouvoir être mife à exécution, il eft néceffaire d'en demander l'homologation pardevant le juge ordinaire des parties, qui ne peut prendre aucune connoiffance de caufe, & doit purement & fimplement homologuer la fentence, & laiffer aux parties à fe pourvoir par appel ou autrement, ainfi qu'elles verront bon être. Mais de recevoir une oppofition à l'exécution de la fentence pour l'infirmer & corriger indirectement, parce qu'il ne le peut directement, cela n'eft pas foutenable ni tolérable. Quant à la folle affignation prétendue, elle eft peu confidérable, parce que fuivant l'ordonnance les appellations des fentences arbitrales fe relevent & refortiffent nuement en la cour, à quoi l'intimé ayant contrevenu, l'appellant a pu l'y faire affigner.

LA COUR mit l'appellation & ce dont étoit appel, au néant; émendant & corrigeant, renvoya les parties pardevant le bailli de Blois, ou fon lieutenant à Blois, pour procéder fur l'homologation de ladite fentence; & condamna l'intimé aux dépens. Le vendredi 4 janvier 1630, M. le préfident le Jay prononçant, à l'audience de relevée.

CHAPITRE LXXXI.

Condamné à mort par fentence, depuis confirmée par arrêt, a été incapable de recueillir une fucceffion à lui échue pendant l'appel.

MAître Alain Bobie, notaire au châtelet de Paris, ayant été condamné à mort pour fauffetés par fentence du bailli de Melun ou fon lieutenant, du 6 avril 1621, en interjette appel, & eft conduit de la conciergerie du palais à Paris. Au mois de décembre de ladite année 1621, Me Pierre Richevillain bourgeois de Paris, dont Bobie étoit coufin & héritier préfomptif, décede, & fa fucceffion eft partagée entre Jean Bobie & conforts. Le 22 mars 1622 intervint arrêt confirmatif de la fentence du bailli de Melun, portant condamnation de mort contre ledit Alain Bobie, qui fut incontinent exécuté. Helene le Grand fa veuve pour la reftitution de fes conventions matrimoniales, n'ayant pu être payée fur les biens que fon mari poffédoit lors de fon décès, fait affigner en 1627, pardevant messieurs des requêtes du palais, Jean Bobie & consorts, aux fins de lui délivrer la part & portion afférante à son défunt mari par la succession dudit Me. Pierre Richevillain, échue avant la mort naturelle de sondit mari, sur laquelle demande les parties ayant été mises hors de cour & de procès, ladite le Grand en interjetta appel, pour laquelle Me. Antoine le Noir dit, que quoique ledit Alain Bobie mari de l'appellante eût été condamné à mort par sentence, lorsque la succession lui est échue ; néanmoins au moyen de l'appel qu'il avoit interjetté de ladite sentence, il étoit capable de prendre & recueillir sa portion en ladite succession, parce qu'en matiere criminelle c'est une maxime certaine, que *provocationis remedio, condemnationis extinguitur pronunciatio, L. 1. §. ult. Ad Senat. Turpil.* L'appel a tant de force en cette matiere, qu'il efface entiérement la sentence de condamnation, & rend l'accusé au même état que s'il n'avoit point été condamné. *Eum accipiemus damnatum qui non provocavit ; cæterum si provocet, nondum damnatus videtur, L. 2. De pœnis.* Il le rend capable de tous effets civils, & lui donne le pouvoir de faire son testament bon & valable, quoique la faculté de tester soit étroitement observée. *Si quis in capitali crimine damnatus, appellaverit, & medio tempore, pendente appellatione, fecerit testamentum, & ita decesserit, valet ejus testamentum, L. Qui a latron. 13. §. 1. Qui testam. facere possunt. L. 9. eod.* Et plus expressément en la loi 6. §. 8. *De injusto rupto.* le jurisconsulte Ulpien dit : *Hi autem omnes, quorum testamenta irrita damnatione fieri diximus, si provocaverint, capite non minuuntur, atque adeo neque testamenta, quæ antea fecerunt, irrita fiunt, & tunc testari poterunt : hoc enim sæpissimè est constitutum, nec videbuntur quasi de statu suo dubitantes, non habere testamenti factionem : sunt enim certi status, nec ipsi de se interim certi.* Par où l'on voit, que pendant l'appel l'accusé & condamné demeure maître de ses actions, *habet testamenti factionem, activam & passivam, est integri status.* Son état est assuré, non douteux, flottant & incertain, quoiqu'il dépende de l'incertitude de la sentence ou arrêt qui doit être rendu, sur l'appel interjetté de la premiere sentence ; & quoiqu'elle soit confirmée par la seconde ou par arrêt, cette seconde sentence ou l'arrêt n'ont néanmoins point de réflexion ni de rapport nécessaire à la premiere, qui demeure comme non donnée par le moyen de la seconde sentence ou de l'arrêt, en vertu duquel seulement l'accusé est censé & réputé condamné. *Nec retrotrahitur condemnatio ad tempus præteritum delicti vel primæ condemnationis : si furti vel aliis famosis actionibus quis condemnatus provocavit, pendente judicio, nondum inter famosos habetur : sin autem omnia tempora provocationis lapsa sunt, retro infamis est ; quamvis si injusta ejus appellatio visa sit, hodie notari puto, non retro notatur.* Balde & Paul de Castre sur cette la loi *Furti, §. 1. De his qui not. infam.* sont de cet avis, que *ultima condemnatio non retrotrahitur ad tempus primæ sententiæ.* Et pendant tout l'intervalle de l'accusé ou condamné, est integri status. Rebuffe en sa pratique bénéficiaire est de même avis, que l'on bénéficier condamné peut pendant l'appel valablement résigner son bénéfice. Ainsi par tous ces textes & autorités Alain Bobie mari de l'appellante a été capable de recueillir sa portion en la succession dudit Richevillain. On objecte la loi *Post contractum capitale crimen. De donat.* qui semble tenir, que *Sententia retrotrahitur ad tempus delicti.* Mais cet effet rétroactif n'est que pour empêcher les aliénations frauduleuses qu'un accusé feroit pendant l'instruction de son procès. Les intimés sont non-recevables, & d'autant plus blâmables, que leur action n'a point d'autre fondement que la honte & l'infamie de leur famille, qu'ils publient si hautement, pour priver leur proche parent de sa part en une succession commune, & en depouiller quatre petits orphelins ; que la cour ne permettra pas. Et conclut au mal jugé, & en émendant, à ce que la portion de ladite succession de Richevillain soit déclarée acquise audit Alain

Bobie & à l'appellante pour ses droits & conventions. Me. Brodeau pour les intimés dit, qu'Alain Bobie étoit un insigne faussaire, semblable à ce Priscus Severus, duquel parle Suidas *in verbo* ηρισκος, qui eût été bien fâché de mettre son seing à un acte bon & véritable. Ayant été convaincu de ce crime par sentence du bailli de Melun du 6 avril 1621, il fut condamné à mort, & au moyen de son appel conduit en la conciergerie du palais, & la sentence de mort confirmée par arrêt du 22 mars 1622. La succession de Richevillain, de laquelle il étoit question, étant échue *medio tempore,* dans cet intervalle de la sentence, portant condamnation de mort, & de l'arrêt confirmatif d'icelle, Alain Bobie, quoique proche parent de Richevillain, n'y a néanmoins rien pu prétendre. *Primo,* parce que les successions étant déférées par la loi, & appellées légitimes, il n'y a que ceux que la loi y appelle, qui y puissent espérer. Or bien-loin qu'un criminel soit appellé par la loi à une succession, au-contraire elle l'en exclut. *Frustra legum invocat auxilium, qui adversùs eas committit. Secundo,* parce qu'un condamné à mort est réputé mort, & de fait est mort civilement dès l'instant de la condamnation ; & par conséquent incapable de recueillir une succession. *Capitis diminutione maxima pereunt legitima hæreditates, L. 11. & L. 1. §. 3. De suis & leg. ult. C. Ad Leg. Jul. majest. L. 8. §. fin. Qui testam. facere poss. L. 25. §. 3. De acqu. hæredit.* D'où vient qu'Artemidore compare les condamnés à mort à ceux qui ont été frappés du foudre, dont il remarque trois propriétés. La premiere, qu'il divise & sépare les choses unies, de même que ceux qui sont condamnés à mort, sont divisés & sequestrés de la société civile. La seconde propriété du foudre est, qu'il desseche les arbres, & leur ôte la seve ; de même les condamnés à mort demeurent secs, noircis & infames. La troisieme, qu'il corrompt tout ce qu'il touche ; de même les condamnés à mort sont comme anéantis & mis en piece dès l'instant de leur condamnation. Pour ce sujet les bons auteurs appellent ces sentences *fulmen condemnationis,* & l'exhérédation *fulmen paternum.* Théophylacte conciliant les deux évangelistes, dont l'un dit, que notre Seigneur mourut à trois heures, & l'autre dit que ce ne fut qu'à six, dit que celui-là parle de l'heure en laquelle la sentence de mort fut rendue contre lui ; & celui-ci parle de l'heure en laquelle il mourut ; comme si la mort étoit avenue dès l'instant de la condamnation. Quant à ce qu'on objecte, qu'au moyen de l'appel interjetté de la sentence le criminel étoit integri status, & que l'appel éteint la chose jugée ; cette maxime n'a lieu, si non quand le criminel décede pendant l'appel. *Qui pendente appellatione, decedit, integri status decedit,* parce que la mort lui ôte le moyen de se justifier, & qu'il n'est pas raisonnable que les hommes condamnent celui qui est déja jugé par le souverain Juge. Mais quand il y a sentence ou arrêt sur l'appel, & que la premiere sentence de mort est confirmée ; pour lors *conjunguntur tempora* de l'une & de l'autre sentence ; & tout cet intervalle ne peut de rien profiter à l'accusé, qui est censé mort civilement dès l'instant de la premiere sentence portant condamnation de mort. C'est ce que décide la loi *Post contractum capitale crimen. De donation. Nisi conditio secuta sit ;* pour montrer que lorsque la sentence s'en est suivie contre le criminel, elle a un effet rétroactif, & qu'il est censé indigne & incapable dès l'instant qu'il a commis le crime. Toutes les loix alléguées usent de ce terme, *nondum,* pour montrer que l'appel ne fait que tenir la chose en suspens, & par événement la sentence étant confirmée, il s'y faut arrêter. *Priori sententiæ est obnoxius, L. Chirographis. §. ult. De adm. & peric. Tut. Ibi Bartholus ;* & en plus forts termes le jurisconsulte *in L. unic. Si pend. appell. mors interv. Si ademptis bonis relegatur, vel in insulam deportatus, vel in metallum datus provocatione interposità decesserit, Imp. noster Alexander Plectorio militi ita rescripsit : Quamvis pendente appella-*

fione morte rei crimen extinctum fit, data tamen etiam de parte bonorum ejus fententia proponitur, adverſis quam non aliter is qui emolumentum fucceſſionis habet, obtinere poteſt, quàm ſi in reddendis cauſis appellatione iniquitatem fententia detexerit. Il a été ainſi jugé par deux arrêts, l'un pour un nommé le Brun, rapporté par M. Louet, l'autre en juillet 1626, pour la ſucceſſion de Guerou échûe pendant qu'un condamné par défauts & conumaces s'étoit fait reſtituer, & que le procès étoit de nouveau tout inſtruit. Et conclut au bien jugé.

M. l'avocat général Bignon dit, que les cauſes & les effets de la nature ſont tellement unis, que la ſéparation en eſt preſque imperceptible. Le crime & le vice portent avec eux leur peine & leur ſupplice. *In ipſo ſcelere ſupplicium eſt ſcelus.* Mais cela n'a lieu que pour les mœurs, & non pour les actes externes que la juſtice conſidere ſeulement. La maxime, que *appellatio extinguit judicatum* en matiere criminelle, eſt véritable & certaine par le droit romain; néanmoins quelques docteurs modernes l'ont voulu combattre pour augmenter la juſtice des ſeigneurs particuliers, qui s'étoient attribué de juger & prononcer ſouverainement pour la mort, qui eſt de ſi grande conſéquence, qu'on peut dire que les premiers juges ne font qu'inſtruire, & les cour ſouveraines juger & définir. Pour ce ſujet il eſt enjoint aux ſubſtituts de M. le procureur général & aux procureurs fiſcaux, d'interjetter appel des ſentences de mort au nom des condamnés; ce qui eſt auſſi permis à un chacun, *L. Neque. De appellat.* Un accuſé & condamné, pendant l'appel à main-levée de ſes biens, peut réſigner ſon bénéfice. *Ex conſirmante non conſirmata fit executio;* ainſi non retorquitur. L'optique conſiſte en ce ſeul point indiſſible, de même tout le procès criminel ne conſiſte qu'au point de l'arrêt; le reſte n'eſt que peu conſidérable, quoique néceſſaire. La loi unique *Nihil novari pendente appellat.* y eſt formelle. *Integer enim ſtatus eſſe videtur pronunciatione interpoſita; illos deportatus, neque vincula patietur, neque ullam ignum. Ordine juſſus abſtinere ſi provocaverit, poteſt certum participare; integer enim ſtatus videtur.* L'arrêt de Vendôme de 1607 l'a ainſi jugé, par lequel la cour déclara la communauté des notaires non-recevable à empêcher la réception de celui qui avoit été condamné à mort, & ſur ſon appel étant conduit à la conciergerie s'étoit évadé, & avoit été abſent plus de vingt ans, & par conſéquent preſcrit ſon crime, *vulgari L. Querela. C. De falſis.* Ainſi il y a lieu d'adjuger la portion en la ſucceſſion de Richevilain au roi, comme confiſqué, ſauf à l'intimée de ſe pourvoir comme créancier.

LA COUR ſur l'appel mit les parties hors de cour & de procès. Le lundi 10 janvier 1630, M. le préſident le Jay prononçant.

Du Freſne cite l'arrêt, & Brodeau, lett. C. ſomm. 25, le rapporte plus au long. On peut voir celui de Guerou du 26 juillet 1626 dans ſon ordre.

CHAPITRE LXXXII.

Bâtard adultérin ne ſuccede ab inteſtat, ni par teſtament directement, ni par ſubſtitution, & ne peut recevoir qu'un legs pour alimens.

Fille née après la diſſolution du mariage de la même perſonne avec qui le pere avoit commis adultere, n'eſt pas adultérine, & eſt capable de recueillir par teſtament la ſucceſſion du pere, qui n'a point d'autres héritiers.

La ſucceſſion de cette bâtarde appartient au roi & non au ſeigneur juſticier, dont le contrat comprend les droits d'aubaine & d'eſpaves, ſans faire mention de la bâtardiſe ni déshérence.

Z Acharie Erouard ſieur de Vandré, gouverneur de Boiſgency & premier capitaine du régiment de Champagne, étant marié avec demoiſelle Catherine de Chaſtre, abuſa de Judith Texier, fille d'un boucher de Boiſgency, de laquelle il eut un fils

pendant ſon mariage. Après le décès de ladite de Chaſtre ſa femme, il continua encore ſon mauvais commerce, & eut une fille nommée Marguerite Erouard. Il inſtitue cette fille ſon héritiere univerſelle, à la charge de payer ſix mille livres à Jacques Erouard ſon frere; (c'étoit ce fils né pendant le mariage) & au cas que ladite Marguerite Erouard vînt à décéder ſans enfans, lui ſubſtitue ledit Jacques Erouard ſon frere en tous ſes biens. Après avoir fait ſon teſtament, & doutant de la validité, il fait un codicille, par lequel il déclare, qu'au cas que ſon teſtament ſoit débattu de nullité & déclaré nul, il legue tous & chacuns ſes biens à Henri de Chaſtre ſon beau-frere, à Pierre Verdier bourgeois de Boiſgency, à la charge de payer auxdits Jacques & Marguerite Erouard, & à chacun d'eux la ſomme de ſix mille livres. Il décede & délaiſſe leſdits Jacques & Marguerite Erouard. On leur crée un tuteur, qui s'empare de tous les biens. Mais le décès de ladite Marguerite Erouard étant arrivé en pupillarité; peu de tems après il y eut inſtance au tréſor entre madame la marquiſe de Verneuil, dame par engagement du domaine de Boiſgency, prétendant que tous leſdits biens lui appartenoient par droit de bâtardiſe ou de déshérence, & ledit Jacques Erouard ſoutenant que leſdits biens lui appartiennent, il fut ordonné que ledit Erouard en jouiroit par proviſion. Madame la marquiſe de Verneuil en interjetta appel, pour laquelle Me. du Chemin dit, que par le contrat d'engagement du domaine de Boiſgency fait à la dame marquiſe de Verneuil; on lui a cédé tout droit d'aubaine & d'eſpaves. Sous ce mot d'aubaine eſt compris le droit de bâtardiſe, ſuivant l'opinion de Me. Charles du Moulin, en ſon apoſtille ſur l'article 41 de la coutume d'Anjou. Ainſi elle a ſuccédé en tous leſdits biens, ou par droit de bâtardiſe, ou par droit de déshérence: par droit de déshérence, parce que nuls héritiers de Zacharie Erouard ne ſe préſentent; auſſi n'a-t-il aucuns parens, & l'on ne ſait d'où il étoit originaire. Ses deux enfans adultérins étant incapables de recueillir ſa ſucceſſion, comme nés *ex damnato & nefando coïtu*, elle doit appartenir à la dame appellante. On ne peut pas douter que Jacques Erouard n'en ſoit incapable, étant né pendant le mariage; & par conſéquent adultérin. Marguerite Erouard eſt pareillement adultérine, quoiqu'elle ſoit née après le mariage, parce qu'elle eſt née de cette fille avec laquelle Zacharie Erouard pere avoit commis adultere, & ne pouvoit pas valablement contracter mariage, *tit. De eo qui duxit in matrimonium quam polluit per adulterium.* Ainſi l'un & l'autre des enfans étoit incapable de recueillir cette ſucceſſion. Quand ils auroient été capables, & qu'elle auroit appartenu à Marguerite Erouard, étant décédée en pupillarité, bâtarde originaire, domiciliée & décédée à Boiſgency, & les biens y étant ſitués, qui ſont les trois cas requis pour attribuer aux ſeigneurs hauts-juſticiers la ſucceſſion des bâtards, les biens appartiendroient à la dame appellante. Les légataires ne faiſoient que prêter leur nom pour la reſtitution d'un tacite fidéicommis en fraude de ceux qui devoient ſuccéder à Zacharie Erouard, qui par cet artifice avoit voulu conſerver ſes biens à ſes bâtards; qu'il a bien reconnu incapables: ainſi on ne les doit pas adjuger auxdits légataires, pour les reſtituer, & ils s'en ſont rendus indignes par ce tacite fidéicommis. Et par ces moyens conclut au mal jugé, & qu'émendant, la ſucceſſion ſoit adjugée à ladite dame marquiſe de Verneuil. Me. Labbé pour Henri de Chaſtre & Pierre Verdier légataires univerſels intervenans dit, qu'il n'y a point de difficulté que les deux enfans, Jacques & Marguerite Erouard, ne ſoient incapables de recueillir la ſucceſſion de leur pere, étant nés *ex damnato & nefario coitu*, & adultérins. Jacques Erouard eſt né pendant le mariage *ex eadem muliere adultera, quam in uxorem ducere non poterat, tit. De eo qui duxit in matrim.* Cela étant, la ſucceſſion appartient aux légataires intervenans. Etant indignité leur profite, & les décharge de la preſtation de ce legs immenſe de douze mille livres que le teſtateur avoit ordonné. *Si in metallum damnato quid extra causam alimentorum relictum fuerit, pro non scripto est, nec ad fiscum pertinet; nam pœnæ servus est, non Cæsaris, L. 3. De his quæ pro non scriptis, & L. 11. De alimentis & cibariis legatis.* Il n'y avoit aucun tacite fidéicommis, puisque le testateur leur laissant tous ses biens, les a chargés ouvertement & disertement de payer douze mille livres à ses enfans bâtards. *Non intelligitur fraudem legi secisse, qui rogatus est palam restituere, L. Non intelligitur.* De jure fisci. On ne peut point présumer par-là de fraude ni interposition de nom. *In tacitis fideicommissis fraus legi fieri videtur, quoties quis, neque testamento, neque codicillis rogaretur, sed domesticâ cautione vel chirographo obligaret se ad præstandum fideicommissum ei qui capere non potest, L. 103. De legat. & fid. 1. Cùm secreti suscepti ratio plerumque dominis rerum persuadeat eos ita hæredes scribere, quorum fidem elegerunt, L. 3. De probation. In eo quod cujusque fidei palam commissum est, non esse existimandum fidem suam in fraudem legis accommodasse, d. L. Non intelligitur. §. 1. De jure fisci.* Ainsi l'on ne peut soupçonner les intervenans d'aucune fraude touchant la restitution d'un tacite fidéicommis; & par conséquent le legs universel qui leur a été fait, est bon & valable; & la délivrance leur en doit être faite, sans cette charge de payer douze mille livres aux enfans bâtards, personnes indignes & incapables d'un legs de cette qualité, dont l'indignité & incapacité profitent aux héritiers, & les déchargent de la prestation de ce legs, comme d'une charge & d'une condition apposée au testament contre la prohibition de la loi. *Conditiones quæ contra bonos mores inseruntur, remittendæ sunt. L. 9. De condition. instit. L. 15. & 16. Cod. Conditio quam senatus aut princeps improbat. Conditiones contra edicta Imper. aut contra leges, aut hujusmodi, quas prætores improbaverunt, pro non scriptis habentur, & perinde ac si conditio testamento aut legato adjecta non esset, L. 14. eod. tit. De condition. instit.* De même in L. 6. *De pactis. L. un. Cod. De his quæ pœnæ nom. & L. 20. De condit. & demonstr.* De même la condition ou la charge de payer douze mille livres à des personnes incapables, apposée au testament, *pro non scripta haberi debet*, & le tout doit demeurer au profit des héritiers institués, contre lesquels ni le roi, ni madame la marquise de Verneuil ne sont pas recevables. *Fiscus post omnes.* Néanmoins ils offrent à Jacques Erouard bâtard adultérin des alimens tels qu'il plaira à la cour d'arbitrer, selon la qualité de la mere, fille d'un boucher & non point selon la qualité du sieur de Vandré son pere, parce que ces enfans suivent la condition de la mere. *Partus sequitur ventrem.* Et conclut à ce que la succession soit adjugée aux intervenans légataires universels. Me. Hilaire pour Jacques Erouard dit, que plus on ravale l'origine de défunt Zacharie Erouard, dont on ne sait rien, plus on le releve, puisque s'il est né de bas lieu, il étoit beaucoup plus estimable d'être monté par ses mérites & sa vertu à des degrés d'honneur & de dignité, tels qu'est le gouvernement de la ville & château de Boisgency, & la place de premier capitaine dans un regiment entretenu. Il y a espérance que Jacques Erouard son fils l'imitera, & sera aussi-bien héritier de ses vertus, comme il a desiré qu'il le fût de ses biens, qu'on lui veut arracher injustement. Les bons auteurs sont remplis d'exemples des bâtards qui ont heureusement réussi, & se sont élevés par leur courage & vertu aux premieres dignités des empires, monarchies & républiques. Ces exemples sont familiers, & le nombre en est infini. Jacques Erouard soigneusement nourri & élevé jusques à l'âge de seize ans, ne promet rien moins que quelque chose de grand: mais pour y pouvoir parvenir, ce peu de bien que son pere s'est acquis par sa vertu & son travail, lui est entièrement nécessaire. Les bâtards sont appellés enfans naturels, comme s'ils n'avoient point d'autres parens & protecteurs que la seule nature, qui pour cette raison semble en prendre un soin beaucoup plus grand & plus particulier, les annoblit & comble de ses dons & graces, souvent

beaucoup plus avantageusement que les légitimes, Thesée, Hercule & plusieurs autres en sont des témoins irréprochables. Il demeure bien d'accord que lorsqu'il y a de grandes & opulentes successions contentieuses entre des légitimes & des bâtards, ou bien des proches parens collatéraux, pour lors les bâtards sont incapables d'être admis à participer & faire tête en telles successions, sur lesquelles on prend néanmoins des alimens raisonnables, selon la qualité du pere & de l'enfant bâtard, & la quantité des biens. Mais il n'en est pas de même, quand il n'y a point d'enfans légitimes ni de proches parens collatéraux, comme au fait qui se présente. Il s'agit d'une succession en laquelle il n'y a aucuns biens propres & anciens, mais seulement des meubles & acquêts de si peu de valeur, qu'ils ne suffisent pas pour les alimens de Jacques Erouard. Il offre de les abandonner & délaisser tous, en lui payant la somme de douze mille livres que son pere lui a léguée. Il n'y a aucune apparence de lui vouloir arracher ce peu de bien. Quant à madame la marquise de Verneuil, elle n'y peut rien prétendre, ni par droit de bâtardise, ni de déshérence, puisque l'un ni l'autre n'a jamais lieu, quand il y a testament ou autre disposition. Quant aux légataires universels intervenans, ils ne sont point recevables, parce que la condition sous laquelle ils étoient institués & appellés, n'est point avenue; au-contraire, le testament a été jugé bon par provision au profit de l'intimé. D'ailleurs, ils ne peuvent se servir du testament, & diviser la volonté du testateur; au-contraire, ils la doivent observer religieusement & accomplir entièrement, sans la pouvoir impugner, ni moins débattre la qualité des légataires, & leur objecter une prétendue incapacité, qui à leur egard ne peut aucunement être mise en controverse. *Mœvius cui fundus legatus est, si Callimacho, cum quo testamenti factionem non habebat, ducenta dedisset, conditioni parere debet, & ducenta dare, ut ad eum legatus fundus pertineat, licèt nummos non faciat accipientis: quid enim interest, utrùm tali personæ dare jubeatur; an aliquo loco ponere, vel in mare dejicere? Neque enim illud, quod ad talem personam perventurum est, testamenti nomine, sed mortis causâ capitur, L. 55. De condit. & demonstr.* L'héritier est obligé de montrer une obéissance aveugle envers le testateur son bienfacteur, exécuter entièrement & volontairement tout ce qu'il lui a ordonné, sans se vouloir enquérir des mouvemens de la volonté du testateur, mais bien moins sans y rien trouver à redire, & la contester. On n'en peut desirer une plus claire que celle de Zacharie Erouard, pour laisser ce peu de biens qu'il avoit amassés au péril de sa vie, à Jacques Erouard son fils, contre lequel se sont élevées tant de parties adverses pour l'en priver; mais la cour qui est la protectrice des orphelins, en aura compassion. Et conclut au bien jugé.

M. l'avocat général Bignon dit, que cette cause est de celles qu'on appelle problématiques. Il y a tant de rencontres & de circonstances, qu'elles la rendent douteuse. Il y a trois parties; mais il est à propos que M. le procureur général fasse la quatrième pour l'intérêt du roi, & combatte les trois autres. Quant à Jacques Erouard enfant adultérin, il est notoirement incapable de recueillir la succession de son pere, ni ab intestat, ni par testament, ni par substitution, ni par restitution, *exceptâ causâ alimentorum.* Il porte sur le front le témoignage & la marque de son incapacité: il en est une image vivante & perpétuelle, comme parlent les saints peres; ainsi il n'y a pas lieu d'insister à son égard. Quant aux légataires universels, on ne peut rien objecter contre leurs personnes; mais seulement on les soupçonne d'un tacite fidéicommis, à quoi ils répondent qu'ils étoient priés & chargés *palam & publicè*, & que suivant la disposition de droit, on ne peut les arguër ni soupçonner d'aucune fraude; toutefois il est aisé de voir que ce n'est qu'une interposition de nom & un tacite fidéicommis: le testateur le déclare ouvertement, & n'a fait ce codicille, qu'appréhendant & prévoyant l'incapacité de ses enfans bâtards,

bâtards, auxquels il vouloit laisser tout son bien par quelque moyen que ce fût. Cette incapacité des bâtards est une seconde preuve. Pour la couvrir, l'on recherche toutes sortes d'artifices ; les docteurs en remarquent jusques à dix-sept, dont la première est le tacite fidéicommis. Synesius excellent auteur, comparant ses livres à ses enfans, dit que les uns sont légitimes, & les autres bâtards ; & que la loi lui défendant de les traiter & avantager également, il fera comme on a accoutumé de faire aux enfans bâtards, ὥσπερ λάθρα χαρίζεσθαι, leur donner & laisser beaucoup en cachette & furtivement. C'est l'intention & le dessein de tous ces peres déréglés, qui desirent de traiter leurs bâtards de la même façon qu'ils ont été conçus, c'est-à-dire, furtivement & à la dérobée ; & parce que la loi réclame & retranche les dons & libéralités ouvertes & publiques qu'ils leur font, ils tâchent de les leur donner furtivement & en cachette ; & l'imbécillité de leur âge ne leur permettant pas souvent de pouvoir recevoir secretement ces libéralités, ils se servent du ministere de la foi de leurs amis. Pour ce sujet ont été inventés ces tacites fidéicommis, qu'on présume volontiers par cet argument d'incapacité des bâtards. Le troisieme argument de tacite fidéicommis est la qualité des légataires universels qui étoient intimes amis & fort familiers du testateur, l'un son beau-frere, l'autre qui a été son domestique, & auquel il avoit grande confiance. Autrefois à Athenes Evaruvias mourant fort pauvre, ne délaissant aucuns biens, mais une mere décrepitée de vieillesse & une fille assez jeune, sans moyens de pouvoir être dotée, ni la mere d'être nourrie & secourue en sa vieillesse, fit un testament qui fut trouvé fort hétéroclite : car il légua sa mere à un de ses amis, & le pria de la nourrir & entretenir le reste de ses jours ; & à l'autre de ses amis il légua aussi sa fille, le suppliant de la doter & marier honnêtement. D'abord ce testament fut trouvé fort extraordinaire ; mais l'un & l'autre des amis du testateur ayant volontairement accepté son legs & fidelement exécuté, la prudence du testateur fut admirée d'avoir si bien pourvu à sa mere & à sa fille par la confiance qu'il avoit en ses amis ; & les amis furent fort estimés de s'être montrés si charitables & si véritables amis tout ensemble. Ainsi l'on choisit toujours pour leur déposer & commettre en garde & exécution sa derniere volonté. Par ces argumens paroissant que les légataires universels n'ont que prêté leur nom par la restitution d'un tacite fidéicommis, ils se font rendus indignes de participer aucunement à la succession du défunt. *In tacito fideicommisso omne emolumentum hæredi auferendum, & fisco præstandum divus Pius rescripsit, L. 17. §. 2. De usuris.* parce que *prædonis loco intelligendus est is, qui tacitam fidem interposuerit, ut non capienti restitueret hæreditatem, L. 46. De hæredit. petit.* Et Papinien in L. 18. *De his quæ ut indignis aufer.* est de même avis. *Eum qui tacitum fideicommissum in fraudem legis suscepit, eos quoque fructus quos ante litem percepit, restituere cogendum, fisco applicandos.* Et en la loi 10 au même titre *De his quæ ut ind. In fraudem juris fidem accommodat, qui vel id quod relinquitur, vel aliud tacitè promittit restituere persona quæ legibus capere ex testamento prohibetur.* Tous les biens étoient anciennement appliqués au fisc, en quoi étoit la différence entre l'incapacité & l'indignité : ce qui étoit légué à un incapable, *apud hæredem remanebat, pro non scripto habebatur* ; ce qui étoit ôté à un indigne, *fisco addicebatur*, parce que le legs avoit subsisté en la personne de l'indigne, mais lui étoit ôté & arraché. En France la libéralité & munificence de nos rois qui préferent l'amour & le bien de leurs sujets aux grands trésors & richesses, a ôté cette différence & distinction d'entre l'incapacité & l'indignité, délaissant tout ce qui est donné ou légué, & qui pourroit être débattu, révoqué & annullé par l'une ou l'autre de ces deux voies ou moyens, aux légitimes héritiers, qui seuls peuvent objecter tels défauts d'incapacité ou d'indignité. Touchant la restitution de ces tacites fidéicommis, quelques théologiens ont tenu que in foro conscientiæ l'on n'est point tenu de les rendre

Tome I.

& restituer à celui auquel le testateur desire qu'ils soient rendus, parce que c'est une personne indigne & incapable par la loi, laquelle empêchant que telle personne ne puisse prendre ce legs ouvertement, met à couvert la conscience de ceux qui se sont obligés de les restituer à ces personnes indignes ou incapables. Mais Barthole est de contraire avis, & que *in foro conscientiæ* l'on est obligé à restituer tels tacites fidéicommis ; & en rend une raison subtile & véritable, que l'on ne peut être seigneur d'une chose que par la volonté & consentement de celui qui la possede & qui la délivre, & met en son lieu & place. Or celui qui se charge d'un tacite fidéicommis, ne peut jamais dire que ce soit de la volonté & consentement de celui qu'il possede, puisque tout au-contraire il ne fait que prêter son nom à un autre, auquel il s'oblige de restituer. Mais il n'est pas nécessaire d'affoiblir davantage la cause des intervenans, puisque le cas auquel seul ils étoient appellés, savoir que le testament fût déclaré nul à l'égard de l'un & l'autre des enfans, n'est pas arrivé, ledit testament ayant subsisté en la personne de Marguerite Erouard, qui avoit été capable en vertu d'icelui de recueillir la succession de son pere, n'étant point fille adultérine, quoiqu'elle fût née d'une mere avec laquelle son pere avoit adultéré, & avec laquelle on dit qu'il n'auroit point pu contracter valablement mariage, suivant la disposition du droit canon. Tit. *De eo qui duxit in matrim. quam polluit per adult.* Car cette regle ou maxime a deux conditions : *Si uxor adultera in prioris mariti necem machinata fuerit* ; &, *Si tempore adulterii fidem de futuro matrimonio dederit.* On ne peut dire l'un ni l'autre de Catherine Texier, mere desdits Jacques & Marguerite Erouard, pauvre fille, qui n'avoit jamais ni pensé de se pouvoir marier avec le sieur de Vandré. Ainsi il faut considérer cette succession comme échue, & ayant légitimement appartenu à Marguerite Erouard, & comme vacante par son décès, & discuter à qui elle doit appartenir. Jacques Erouard son frere n'y peut rien prétendre en vertu du testament contenant substitution réciproque, parce qu'il est incapable tant du testament que de la substitution. Il n'y peut non plus prétendre *ab intestat* comme frere germain, parce qu'entre frere bâtards *non est jus legitimarum hæreditatum.* Par le droit romain les bâtards *ex soluto & soluta* succédoient les uns aux autres, & non les bâtards *ex nefando & damnato coïtu.* Mais en France cette distinction est ôtée, & généralement les bâtards ne succedent les uns aux autres. Ainsi cette succession reste à disputer entre madame la marquise de Verneuil & le roi. La dame marquise de Verneuil se fonde sur son contrat d'engagement, par lequel on lui a baillé le droit d'aubaine & d'espaves, sous lesquels elle veut comprendre le droit de bâtardise : ce qui ne se peut en façon quelconque. Primò, parce que le droit d'aubaine est inaliénable, & si l'engagement avoit été fait en la cour & non par des commissaires extraordinaires, on n'auroit jamais laissé glisser ce mot dans le contrat. Secundò, parce que le droit d'aubaine & le droit de bâtardise sont entierement distincts & séparés. Tertiò, parce que l'apostille de Moulin est communément réprouvée, & l'une des plus mauvaises choses qu'il ait mises dans tous ses livres. Quartò, quoiqu'anciennement le mot d'espaves, qu'on dit *déviores*, comprît les bâtards ; néanmoins on ne peut appliquer cette interprétation au contrat de la dame marquise de Verneuil, parce qu'il faut toujours interpréter les contrats selon le cours & l'usage des mots qui sont usités lors de la passation du contrat, autrement on ne suivroit pas l'intention des contractans. A présent le mot d'espaves n'approche aucunement du droit de bâtardise, qui est proprement *jus patronatûs*, droit de protection, droit véritablement royal, parce qu'anciennement pendant les servitudes personnelles qui ont duré en France jusques en 1300, quand on donnoit l'affranchissement ou la liberté à quelqu'un, il falloit pour le garantir de l'injure & de l'oppression des gentilshommes ou autres plus puissans, qu'il se mît en la protection du roi ou de l'église : ainsi tous les bâtards étoient en la protection du roi, auquel

Hhh

seul, pour bien parler, appartient le droit de bâtardife. Il a été jugé contre madame la comteffe de Soiffons dame par engagement du comté de Baugé, qu'elle ne pouvoit prétendre le droit de bâtardife au dedans dudit comté : ainfi il y a lieu d'adjuger la fucceffion au roi & une fomme fur icelle, telle qu'il plaira à la cour d'arbitrer, pour les alimens de Jacques Erouard.

LA COUR reçut les parties de Me. Labbé intervenantes au procès ; & faifant droit fur toutes les appellations, mit lefdites appellations, & ce dont étoit appel, au néant ; émendant & faifant droit fur les conclufions de M. le procureur général, adjugea au roi la fucceffion de ladite Marguerite Erouard, fur laquelle feroit prife la fomme de fix mille livres pour les alimens dudit Jacques Erouard fon frere & fans dépens. Le mercredi 16 janvier 1630, en la chambre de l'édit, M. Potier de Novion préfident.

* L'arrêt eft mal rapporté par du Frefne, & Brodeau ne le cite qu'après lui, lett. D. fomm 1. On agitoit en la caufe une quatrieme queftion, dans la fuppofition que la fille étoit adultérine, pour favoir s'il y avoit preuve fuffifante que les intervenans légataires univerfels étoient chargés par le pere teftateur de reftituer les biens au fils adulterin & à la fille ; & en ce cas, fi les légataires pouvoient les retenir par l'incapacité des fubftitués, ou s'ils s'étoient rendus indignes du legs en prêtant leur nom à un fidéicommis envers des incapables. Mais cette queftion n'a point été décidée par l'arrêt, qui a jugé que le cas du legs univerfel n'étoit pas arrivé, que la fille n'étoit point adultérine, & qu'elle avoit pu recueillir en vertu du teftament, tous les biens du pere qui n'avoit point d'autres héritiers.

CHAPITRE LXXXIII.

Deux particuliers étant débiteurs folidaires d'une rente conftituée, l'un ayant depuis emprunté de l'autre une fomme par obligation, ne peut être contraint de la lui payer, offrant de l'employer au rachat de rente, qui eft la dette commune.

BOnaventure Boningue & Jacqueline le Cocq conftituerent folidairement une rente à Pierre Chiquart, fous le fort principal de 500 livres. Jacqueline le Cocq devint débitrice de Boningue de la fomme de 300 liv. pour prêt à elle fait long-tems après ladite conftitution. Pour le payement de cette fomme de 300 livres Boningue fait exécuter & affigner ladite le Cocq pardevant le bailli de Boulonois. Ladite le Cocq s'oppofe, & pour moyens d'oppofition dit, qu'elle eft folidairement obligée avec Boningue pour la fomme de cinq cents livres envers Chiquart, pour le principal d'une rente conftituée. Elle demande que ladite fomme de trois cents livres par elle due audit Boningue foit employée au rachat & amortiffement de ladite rente. Le lieutenant général de Boulogne ordonne, que fans avoir égard à fa demande, dont il la déboute, l'exécution commencée fera parachevée. Ladite le Cocq en interjette appel, pour laquelle Me. Dourdan dit, qu'un débiteur de quelque rente conftituée à prix d'argent peut contraindre fon codébiteur au rachat & amortiffement de la rente, fuivant la difpofition du droit in L. 18. §. 6. Famil. erife. & un arrêt folemnel de l'an 1584, prononcé en robes rouges par M. le préfident Prevôt de Morfan, qui a jugé la queftion in individuo. Et conclut. Me. Tubeuf pour l'intimé dit, qu'il n'y a aucune apparence qu'un débiteur puiffe contraindre fon codébiteur au rachat & amortiffement d'une rente contre fa nature. Ce feroit admettre un rachat forcé, le débiteur peut retenir le fort principal tout autant de tems qu'il lui plaît, & eft néanmoins en perpétuelle liberté de faire le rachat & amortiffement. Le codébiteur peut bien racheter & amortir la rente, & fe faire fubroger au lieu & place du créancier de la rente ; mais qu'il puiffe contraindre fon codébiteur à le rembourfer de fa portion du ra-

chat, c'eft contre toute raifon, même contre l'effence & la propre nature de la rente conftituée à prix d'argent, dont le fort eft aliéné à perpétuité à l'égard du créancier, qui ne peut jamais contraindre fon débiteur au rachat, toujours en liberté de le faire ou de ne le pas faire. La fomme de 300 lir. eft juftement due à l'intimé pour caufe de vrai prêt, ainfi l'appellante la lui devoit payer.

LA COUR mit l'appellation & ce, au néant ; émendant & corrigeant, ordonna que les trois cens livres dues par l'appellante à l'intimé feroient employées au rachat & amortiffement de la rente par eux folidairement due audit Chiquart, & fans dépens. Le 22 janvier 1630, M. de Champigny premier préfident prononçant.

* Dans la derniere édition de du Frefne on a mis trois lignes pour citer cet arrêt. L'on dit qu'il a jugé qu'un cooblige à une rente ayant fon argent prêt, peut contraindre fon cooblige au rembourfement de la rente dont ils font codébiteurs ; cependant l'efpece eft toute finguliere, & ne peut être tirée à confequence pour cette queftion générale, qui n'a point été pareillement préjugée par l'arrêt de 1584.

* L'arrêt ordonne l'emploi de la fomme entiere de 300 livres, qui excédoit la moitié du principal de la rente ; ce qui donne lieu de croire que l'appellante avoit payé des arrérages en l'acquit de l'intimé, jufques à concurrence de 50 livres ; c'eft une omiffion de notre auteur, qui ne change rien à la queftion.

Me. René Chopin en fon commentaire de la coutume d'Anjou liv. 3. cap. 3. tit. 4. num. 13. in margine, prétend que l'arrêt du 14 août 1584 a décidé qu'un débiteur d'une rente conftituée, qui a plufieurs cooblige, ayant payé la totalité au créancier, fur fa fimple quittance, fans ceffion d'actions, a recours contre chacun des autres cooblige pour fa part virile feulement, & non pas folidaire, par le défaut de ceffion.

Il ne dit point fi le payement fait par ce cooblige, étoit des arrérages feulement, ou du principal, & au dernier cas fi le rachat entre les mains du créancier étoit volontaire, ou après condamnation de payer les arrérages.

On trouve le même arrêt cité d'une autre maniere par Me. Antoine Mornac fur la loi 18. §. Celfus. ff. Famil. hercifc. où après avoir remarqué la queftion formée de fon tems au palais, entre cohéritiers débiteurs d'une rente, pour favoir fi l'un d'eux pouvoit contraindre les autres à rapporter chacun leur part du principal, afin d'en faire le rachat entre les mains du créancier, il dit que la négative fut décidée par arrêt du 7 janvier 1603, parce que la communauté n'étoit pas volontaire, mais néceffaire.

Il ajoute une conféquence, qu'il ne dit pas être décidée par cet arrêt, que l'héritier qui a payé, a fon recours folidaire contre l'héritier qui n'a rien payé de cette charge héréditaire : l'efpece paroît différente, & il femble qu'il ne l'ait inférée, que pour dire fon avis ; mais il eft demeuré auffi court que Chopin n'ayant point encore marqué s'il entend que l'héritier avoit payé le principal, ou feulement les arrérages ; fi avec ceffion du créancier, ou non ; & s'il auroit pu exiger le même principal, ou feulement fe faire continuer la rente par l'action folidaire.

Enfuite il fait mention de l'arrêt de 1584, en ces termes : *Secus fi condemnatio antecefferit, ut pronunciatim in purpuris an. 1584. prid. Affumpt. Virgin. inter vocatos les Coupes & Gravelle, & viduam Charles ;* il le cite comme une exception à ce qu'il avoit dit auparavant, qui préfuppofe c'étoit entre cohéritiers ; mais on peut douter, s'il a voulu l'appliquer à la premiere, ou à la feconde efpece ; & même il devoit exprimer de quelle condamnation il entend parler.

Cet auteur très-habile, méprife avec aigreur les recueils d'arrêts de Papon, & Chenu, qui faifoient leur domicile ordinaire dans la province, & n'avoient pas toujours fuivi le barreau au parlement ; cependant il eft tombé lui-même dans les défauts

1630.

d'exactitude qu'il leur a reprochés, ne s'étant pas affez expliqué, ni avec toute la netteté dont il étoit capable, fur une queftion importante, & qui pouvoit le mériter.

Bacquet en fon traité, des droits de juftice, chap. 11. nomb. 242. rapporte un arrêt du 14. juin 1586. au profit de Catherine Carles veuve Jacques Couppé, qui femble le même, dont Chopin & Mornac ont parlé fous la date du 14. août 1584; car il y a beaucoup de conformité dans les noms, & il ne feroit pas nouveau que les uns ou les autres les euffent altérés, & entièrement changé le mois & l'année : l'habitude que l'on a de citer des arrêts, fans les avoir jamais vus, peut produire l'erreur, outre les facilités que l'on trouve chez les copiftes & les imprimeurs de mettre une date pour une autre, & la laiffer paffer fans correction.

Il remarque que la veuve Couppé héritière de Blaife Carles fon pere pour un feptième, ayant fait le rachat de 200 livres de rentes paffives, de la fucceffion en deux parties, l'arrêt condamne un tiers acquereur d'héritages de l'un des cohéritiers, & cinq autres qui étoient affignés, de paffer à fon profit la part confufe, chacun d'eux feul, & pour le tout, une reconnoiffance des mêmes rentes, lui en payer les arrérages échus, & à écheoir, & mieux affimbient tous enfemble racheter & payer les arrérages.

On eft fouvent dans cet embarras, lorfque l'on veut s'arrêter à un arrêt cité diverfement par plufieurs auteurs, & que pas un feul n'a affifté à l'audience, ou écrit au procès, pour en marquer exactement le fait & les véritables circonftances.

Me. Julien Brodeau, lett. F. fomm. 27. cite le même arrêt de 1584. après Chopin, & cependant il lui fait encore décider une autre queftion, qu'un des coobligés folidairement au payement d'une fomme, étant pourfuivi & condamné, peut avant qu'il paye, & fans aucune ceffion d'actions, connaître fes autres coobligés à payer chacun leur part & portion : il ne dit pas que ce fût une rente; au-contraire la condamnation au profit du créancier fuppofe que la fomme étoit exigible.

En ce cas il y auroit grande raifon de donner au coobligé pourfuivi & condamné, une action contre les autres pour leur part, fans attendre qu'il eût payé la totalité avec ceffion du créancier ; & l'efpece eût été affez naturelle, pour donner lieu à une prononciation folemnelle en robes rouges, fuivant la décifion précife du §. Celfus. entre cohéritiers.

Dans les hypothefes de Chopin & Mornac, il n'eût pas été facile de décider, & encore moins de faire un réglement, qu'un cohéritier ou coobligé, qui a payé le principal d'une rente, pût contraindre fes cohéritiers, ou coobligés perfonnellement, ni folidairement, au rachat de la même rente, foit qu'il eût pris ceffion du créancier, ou non.

Il feroit inutile d'entrer ici dans l'examen de deux difficultés ; l'une de favoir, fi un cohéritier, ou coobligé, qui paye la totalité de la dette, eft fubrogé de droit, fans avoir befoin de la ceffion ou fubrogation expreffe du créancier ; l'autre fi cette fubrogation, foit tacite, ou expreffe, lui transfere toutes les actions perfonnelles & hypothécaires du créancier contre fes cohéritiers, ou coobligés.

Plufieurs tiennent l'affirmative, que celui qui paye eft fubrogé de droit, & que rien ne l'empêche fa part confufe d'exercer l'action folidaire, comme le créancier, avec cette feule différence que le fubrogé tacitement ou expreffément, ne fe peut adreffer au coobligé qui a déjà payé fa part de la dette, fauf à le faire contribuer pour fa portion des infolvables ; c'eft ainfi, que l'on en ufe dans le Bourbonnois & l'Auvergne, entre codétenteurs d'héritages fujets à un devoir folidaire, fuivant les articles précis des coutumes, & les arrêts qui les ont interprétées.

Bacquet à l'endroit cité, pour l'action folidaire entre cohéritiers, coobligés, ou codétenteurs, & Brodeau, lett. H. fomm. 20. en rapportent des arrêts ; & le dernier obferve que l'on a voulu diftinguer, fi le cohéritier étoit créancier de fon chef,

ou fubrogé pendant la vie du défunt, ou depuis fa mort feulement.

Mais, toutes ces queftions font étrangeres à celle dont il s'agit, touchant la contrainte de racheter la rente, & l'on n'eftime pas que celui qui paye le principal, (foit qu'il y ait condamnation précédente de paffer titre nouvel, ou non, & foit qu'il fût fubrogé, ou ne fût point) puiffe jamais contraindre fes cohéritiers ou coobligés perfonnellement, ni hypothécairement, à le rembourfer du principal de la même rente, dont il a fait volontairement le rachat entre les mains du créancier, qui ne l'y pouvoit contraindre ; car s'il eft fubrogé, il n'a pas plus de droit que lui ; & s'il ne l'eft pas, il en a encore moins d'exiger un principal aliéné, qui n'eft rachetable qu'à la volonté de tous les débiteurs, fans admettre la diftinction de Mornac entre la communauté volontaire, ou néceffaire, qui les a rendus coobligés.

Notre jurifprudence ne laiffe cette liberté qu'à la caution ou fidéjuffeur, de contraindre le principal débiteur au rachat de la rente, & Me. Charles du Moulin la reftraint au feul cas que la faculté en ait été ftipulée dans le contrat de cautionnement, même quoiqu'il fût folidairement obligé envers le créancier, contre la penfée d'un auteur moderne & très-exact, qui eft d'avis que la reftriction ne doit avoir lieu que contre le fimple fidéjuffeur.

On eft obligé de montrer ici que du Moulin l'admet, quoiqu'il fût obligé folidairement, & on le juftifie par la conférence du traité latin contract. ufur. & redit, avec le françois, qui eft un fommaire du précédent : dans le latin quæft. 39. num. 245. il propofe l'efpece de deux coobligés folidairement à une rente, dont l'un reçoit tout l'argent, & donne une indemnité à l'autre ; il la continue quæft. 3, par ces premiers mots relatifs : Quid fi ifte fidejuffor, décide num. 249. que ce fidéjuffeur ne peut point contraindre le principal débiteur au rachat, s'il n'y a eu convention expreffe.

Dans le traité, ou fommaire qui eft en françois, il s'eft encore plus clairement expliqué ; car au nomb. 171. treizieme queftion, après avoir pofé la même efpece de deux coobligés folidairement à la rente, dont l'un n'eft pas caution, il commence le nomb. 175. quatorzieme queftion en ces termes : retenu le cas de la précédente, que celui qui a pris tout l'argent, &c. Et enfuite il met fa réfolution au nomb. 177 contre ce fidéjuffeur, qui n'a point ftipulé la faculté de contraindre au rachat.

Il eft vrai que la loi permet au fidéjuffeur, ou caution, obligé folidairement envers le créancier pour une fomme exigible & fans terme, de demander fa libération au principal débiteur après un certain tems, quoique l'indemnité ou cautionnement n'ait point auffi fixé de terme.

Mais la difficulté refte toute entiere, de favoir fi contre l'opinion de du Moulin, le fidéjuffeur coobligé folidairement à une rente, qui a négligé de ftipuler le rachat dans un tems, peut y contraindre le débiteur ; ce qui femble réfifter à la nature de la rente, & pourroit avoir des conféquences ; car il en faudroit dire la même chofe de deux coobligés folidairement à une rente, qui font de droit refpectivement cautions & fidéjuffeurs l'un pour la moitié ; que l'un, ayant fon argent prêt & d'intelligence avec le créancier, auroit la liberté de contraindre l'autre au rachat malgré lui, fans avoir ftipulé cette faculté réciproque.

Le même auteur fe fert de du Moulin aux endroits cités pour une efpece incidente, lorfque le fidéjuffeur, qui a ftipulé le rachat dans un tems, paye lui-même le principal de la rente au créancier ; favoir s'il peut contraindre le débiteur au rachat de la même rente, & dit qu'il diftingue le payement fait par le fidéjuffeur, fans fubrogation aux droits du créancier, ou avec fubrogation ; au premier cas, qu'il a toujours le choix de contraindre au rachat, ou, fe faire continuer la rente ; au fecond, que s'étant fait fubroger, il a dérogé à la contrainte, & eft devenu créancier de la rente, qui éteint la qualité de fidéjuffeur.

Cependant Me. Charles du Moulin est d'avis contraire au traité latin *quæst.* 29. *num.* 245 & 246. où il parle uniquement de fidéjusseur subrogé, ne lui ôte la faculté de contraindre le principal débiteur au rachat, suivant la clause de l'on indemnité, que quand il veut user du droit du créancier originaire, c'est-à-dire, exiger les arrérages qui ont pu courir depuis qu'il l'a remboursé du principal de la rente: en un mot, il lui laisse l'option de le faire continuer la rente, & demander tous les arrérages, & en ce cas il ne peut contraindre le débiteur au rachat? ou bien d'exiger le principal & les seuls arrérages qu'il a payés au créancier originaire, sans qu'il en puisse prétendre d'autres, si ce n'est par forme d'intérêts *ex morâ*, & du jour de la demande seulement.

On a montré qu'il raisonne *quasi.* 30. sur l'espèce précédente, & par conséquent l'option est par lui déférée au fidéjusseur subrogé, & c'est aussi la résolution précise au *nomb.* 177 du sommaire français en ces termes: *Il ne perd le droit qu'il a de contraindre à racheter, en laissant la cession & profit de la rente, comme amortie.*

Un écrivain occupé à digérer son opinion, peut aisément se tromper dans la citation d'un autre: cela arrive tous les jours aux plus exacts, & à ceux qui méditent davantage, ainsi l'observation n'est point une critique contre cet auteur moderne, dont on ne peut assez estimer le mérite.

Il faut même entrer dans l'esprit de du Moulin, qui ne laisse que l'option au fidéjusseur subrogé de se servir de son indemnité, sans exercer la subrogation; de sorte que si par un même exploit il demande les arrérages depuis échus, & encore le rachat, il est réputé avoir choisi la continuation de la rente, en exerçant la subrogation, & ne peut plus contraindre au rachat: parce qu'il a pris deux qualités incompatibles de créancier & fidéjusseur d'une même rente; & la dernière qui forme l'incompatibilité, se trouve confuse & éteinte par la première.

C'est l'espèce remarquée par M. Louet, liv. F. *somm.* 27, qui ne fut point décidée, & apparemment celle de l'arrêt du 6 septembre 1631, dont Me. Julien Brodeau fait mention au même endroit; car si le fidéjusseur n'avoit d'abord demandé au débiteur que le rachat de la rente en vertu de la clause d'indemnité, l'on ne voit pas de raison qui pût faire rejetter l'opinion de du Moulin, suivi par Me. Charles Loyseau en son traité du déguerpissement liv. 3. chap. 8. *nomb.* 33, il rétorque au fidéjusseur une subrogation, dont il n'entend point se servir, & que plusieurs admettent de droit sans la stipuler, les choses étant au même état pour la contrainte de racheter, que si la rente étoit encore due au premier créancier.

Du Moulin décide encore *quæst.* 30. *num.* 150. *in fin.* que deux coobligés solidairement à une rente, qui partagent le sort principal, peuvent stipuler la même clause, que chacun d'eux sera tenu, six mois après qu'il en sera interpellé par l'autre, ou tel tems compétent qu'ils voudront fixer, de rapporter sa moitié, afin d'en faire le rachat; que cette convention réciproque est licite, parce qu'ils sont respectivement cautions & fidéjusseurs.

On peut dire la même chose de deux fidéjusseurs solidairement obligés à la rente avec le principal débiteur; & c'est apparemment l'espèce de l'arrêt du 17 mars 1597, rapporté par Brodeau, lett. F. *somm.* 27, quoiqu'il ne fasse point mention de la clause, qui pouvoit seule autoriser cette décision.

Il résulte de tout ce qui a été ci-dessus observé, que l'arrêt rapporté par notre auteur a été mal cité dans du Freine, pour en faire un préjugé, que le coobligé à une rente puisse contraindre son coobligé au rachat, puisque dans l'espèce la faculté n'en avoit point été stipulée.

Mais le véritable motif de l'arrêt est tiré des principes de la compensation; car la somme due par l'appellante à l'intimé, étant employée à l'acquittement de la dette commune, cela opéroit le même effet, que si on l'avoit compensée avec la moitié du principal & arrérages de la rente, dont l'intimé étoit tenu, parce que leur obligation solidaire envers le créancier de la rente, les rendoit respectivement cautions & fidéjusseurs, & cette qualité étoit suffisante pour faire admettre la compensation.

Cela dépend de trois propositions, l'une que la compensation se fait de plein droit d'une somme exigible, avec les arrérages, & ensuite le principal d'une rente; l'autre que le coobligé solidairement à une rente, afin de se libérer de la moitié dont il est fidéjusseur pour son coobligé, peut faire admettre cette compensation entre le créancier de la rente & le coobligé; & la dernière que le coobligé peut faire la même chose de ce qu'il doit à son coobligé, & l'employer au rachat de la rente commune.

La première proposition se trouve contraire au sentiment de Me. Charles du Moulin *quæst.* 43, suivi par Me. Antoine Mornac sur la loi 11. ff. & 4. Cod. *De compensat.* qui cite même un arrêt du 29 mars 1605, par lequel il prétend que la compensation a été rejettée d'une dette exigible avec une rente constituée, & renvoie à ce que du Moulin en a écrit.

Cet arrêt de Mornac ne fait pas beaucoup d'impression; car il en ignoroit lui-même les circonstances, étant réduit à dire que la dette mobiliaire ne peut être à cause de prêt, ou autre semblable; & il rend sa décision trop générale, qu'il n'y a aucune compensation d'une telle dette avec une rente constituée: cependant du Moulin convient que si le débiteur de la rente, créancier de la somme exigible, demande la compensation, elle aura lieu du jour de ses offres de compenser.

Alexandre Chassanée dans son commentaire sur les rescrits de l'empereur Severe, *ad ll.* 4. & 5. Cod. *De compensat.* rapporte un arrêt postérieur, bien plus précis, du 5 décembre 1607. M. de Thou président, plaidans Me. Mauguin & Monigot, qui a jugé la compensation de plein droit, au jour que le créancier de la rente étoit devenu débiteur d'une somme mobiliaire.

La rente étoit constituée de cent écus d'or, sous le sort principal de douze cents écus d'or: le créancier de la rente, par un mandement du débiteur, reçut de son fermier mille écus d'or, pour en donner trois cents à un particulier, & retient les sept cents qui restoient: il n'y avoit lors qu'une année échue de la rente, c'est-à-dire, cent écus d'or, & l'arrêt faisant premiérement la compensation sur cette année d'arrérage, juge que les six cents écus d'or restans ont éteint dès ce moment la moitié du principal de la rente.

De la part du créancier, on disoit qu'il n'avoit reçu les six cents écus d'or qu'en qualité de mandataire, ou procureur de son débiteur, pour les rendre à sa volonté, comme des deniers déposés, dont il ne pouvoit se servir; & n'ayant pas lui-même la liberté de le contraindre au rachat de la rente, la compensation n'en pouvoit être admise de droit, avec une somme que le débiteur avoit la liberté d'exiger; il y avoit même une clause expresse dans le contrat de constitution, que le rachat n'en pouvoit être fait qu'à un seul payement; cependant la cour n'eut aucun égard à ces moyens.

Quoique l'arrêt soit intervenu en faveur du débiteur de la rente, contre le créancier, on ne peut pas conclure que le dernier n'auroit point eu la même liberté de faire admettre la compensation, sous prétexte que le débiteur peut bien racheter, & que le créancier n'a pas le même droit d'exiger son principal; car la loi de la compensation est égale, la cour l'a admise de plein droit, au jour que le créancier de la rente étoit devenu débiteur d'une somme mobiliaire, & non pas seulement du jour que le débiteur a offert de compenser, & ne l'a point même obligé de faire le rachat entier.

Aussi Me. Charles du Moulin tenant le parti contraire décide contre le débiteur, comme à l'égard du créancier, que la compensation n'est point admise de droit, & se sert de l'argument du créancier,

cet, contre le débiteur, de l'égalité du principal; & dit enfin que si le débiteur de la rente, la veut compenser avec ce qui lui est dû, c'est plutôt un rachat qu'une compensation; puisqu'il ne se fait qu'au jour de ses offres; & qu'il est même tenu de payer réellement le surplus, si la somme n'est pas suffisante pour remplir les arrérages & le principal de la rente.

Il ne reste, après un arrêt formel, qui a rejeté l'opinion de ce docteur, qu'à faire quelques réflexions sur les raisons dont il se sert.

Num. 322 il demeure d'accord, que chez les Romains, la compensation est admise de droit, pour arrêter le cours des intérêts de quelque cause qu'ils procedent; soit que l'une & l'autre dette, ne procede, ou qu'il n'y en ait qu'une; & qu'elles soient égales, ou inégales.

On peut encore confesser que nos rentes constituées sont inconnues au droit romain, & qu'elles ont cette différence, de toutes les dettes qui y portoient intérêts, comme parmi nous, par la nature de la chose, ou la stipulation licite, que le principal en est aliéné, & n'est rachetable qu'à la volonté du débiteur.

Ensuite num. 323, après avoir dit son avis, qu'il ne se fait point de compensation *ipso jure* avec des rentes constituées, sa premiere raison est, qu'il n'y a point d'obligation de la part du débiteur de rendre le principal, ni par conséquent de matiere à la compensation de droit.

Voici la réponse: du Moulin a lui-même marqué deux cas, où le débiteur s'oblige valablement de rendre le principal, & de racheter dans un tems; l'un en faveur du fidéjusseur, l'autre au profit de son cobligé, la clause étant réciproque: le fidéjusseur & le cobligé pourroient donc faire admettre la compensation *ipso jure*, & le principal & la rente seroit la matiere de la compensation; ainsi l'objection est plus subtile que difficile.

La seconde raison de cet auteur, est de dire, que le créancier seroit trompé, s'il étoit contraint de garder inutile la somme qu'il doit; & cependant il ne pourroit exiger le sort principal de la rente, ni le compenser, & la rente annuelle ne pourroit courir qu'autant que le débiteur le voudroit bien; ce qui seroit injuste, la compensation desirant même l'égalité.

On rétorque l'objection, pour appliquer le principe de l'arrêt de 1607, à l'égard du débiteur, comme du créancier; & par-là on fait cesser les inconvéniens.

Il conclut encore que la rente court toujours au profit du créancier, quelque somme qu'il doive, jusques à ce que le débiteur lui ait signifié de racheter & compenser; même si la somme ne suffit pour remplir les arrérages & le principal, qu'il ait offert le surplus.

D'où il tire une troisieme raison, que quoique, suivant l'opinion des docteurs, la compensation jusques à concurrence soit admise dans des cas où le payement d'une partie seroit rejetté; toutefois la compensation de la rente offerte par le débiteur, est impropre, & ne se peut faire pour une partie, malgré le créancier, de même que le rachat; que l'offre du débiteur est plutôt d'imputation, que de compenser, parce qu'il ne doit pas ce qu'il offre, & ne peut être contraint d'offrir, enfin que ce n'est pas proprement le payement d'une dette, mais la restitution, ou résolution volontaire, d'un droit de mere faculté.

Par le même arrêt qui sert de réponse, la moitié seulement du sort principal de la rente est compensée *ipso jure*, sans attendre l'offre du débiteur, ni le contraindre au rachat de la moitié. L'on ne voit pas qu'il y ait plus d'injustice, de compenser une partie de la rente, que d'une autre dette qui devroit être acquittée par un seul payement; c'est la nature de la compensation d'être admise jusques à concurrence, quoiqu'il ne soit pas libre de diviser la libération par un payement réel.

Au surplus, le jeu est inutile sur les mots d'imputer, ou compenser; & il y a trop de subtilité de

Tome I.

dire, que le débiteur d'une rente, sous prétexte qu'il ne peut être contraint au rachat, ne doit pas la somme principale qu'il offre pour le rachat; car on sait fort bien que le débiteur d'une rente, en payant les arrérages, ne peut pas être contraint au rachat; mais d'abord que ce débiteur veut se libérer de la rente, & qu'il paye réellement le sort principal, on ne croira point qu'il ait payé une chose qu'il ne devoit pas, & que ce soit restitution, ou résolution du contrat, ou payement, on est persuadé qu'il en étoit débiteur, & ne l'est plus.

C'est la même chose que si à l'égard d'une somme exigible dans un tems, le débiteur payant avant le tems convenu, l'on disoit qu'il a payé ce qu'il ne devoit pas, suivant le proverbe vulgaire, *qui à terme ne doit, rien*, parce qu'il ne pouvoit être contraint de payer auparavant.

Num. 324 il marque la différence de l'usure du droit romain, & de la stipulation pénale, en ce que la compensation se faisoit de droit sans le ministere de l'homme, pour une partie de la dette usuraire, afin d'arrêter le cours des intérêts; au lieu que, dans la seconde espece, le payement ou compensation opposée d'une partie du sort principal, n'empêchoit pas que la peine ne fût commise pour le tout.

Il ajoute, que quoique nos rentes constituées, aient plutôt la marque de l'usure, que de la peine; cependant elles ont cette conformité avec la derniere, que le rachat se doit faire de la totalité, & non pas d'une partie; il répete que le droit admet la compensation de partie d'une dette usuraire, parce que le débiteur étoit obligé au principal, & ne l'est point parmi nous à l'égard de la rente.

Enfin il compare l'usure du droit romain, aux dettes qui parmi nous portent intérêts de leur nature, ou par stipulation licite, & dont néanmoins le principal est exigible; comme le prix d'un immeuble, la dot & autres semblables, qui se compensent *ipso jure*, & pour une partie; mais avec cette limitation que s'il y a terme convenu pour payer le principal, on ne peut compenser avant qu'il soit expiré, si ce n'est que le débiteur offre la compensation, & renonce au délai.

On peut dire que toutes ces comparaisons ne forment aucune conséquence; car, quoique la peine stipulée ne fût pas éteinte en payant, & compensant une partie du sort principal, toutefois la compensation n'étoit pas moins admise *ipso jure* de cette partie du principal, & ne pouvoit être empêchée, sauf à exiger le surplus, & la peine entiere.

Il est vrai qu'on ne peut compenser malgré le débiteur une dette avec terme stipulé en sa faveur, avant qu'il soit expiré; mais si le même débiteur se veut bien départir du terme qui lui a été accordé pour payer le principal, & en demande la compensation avec une somme à lui due, il est certain qu'elle lui sera admise *ipso jure*, & non pas seulement du jour qu'il la consent; elle remontera au jour qu'il est devenu créancier, & fera cesser l'intérêt, sans que le créancier puisse l'empêcher.

Si dans ce cas le consentement du débiteur, qui ne veut point se servir du terme stipulé en sa faveur, opere la compensation *ipso jure*, on doit dire la même chose du débiteur de la rente qui veut bien renoncer à la faculté de ne racheter, que quand il lui plaira, & donner un effet rétroactif à son départ, afin d'admettre la compensation de plein droit; & ensuite la loi sera égale pour le créancier de la rente, ainsi qu'il a été montré.

Du Moulin continue, & par le principe forcé de son opinion, n'étant pas libre de faire une exception dans le cas que les deux sont respectivement créanciers & débiteurs, de chacun une rente constituée, égale en principal; & produisant même intérêt, il denie la compensation de droit, & dit que celui qui la refuse, peut vendre ou céder la rente constituée à son profit, ayant besoin du prix, sans que le cessionnaire soit tenu de compenser.

C'est en cet endroit, que l'on découvre bien naturellement le comble de son sort, qu'il a du pouvoir cacher en ajoutant d'abord le cas de la rente ou transport fait par l'un d'eux; car, quoique la compensation ait lieu de plein droit & remonte au moment que les parties sont respectivement créancières & débitrices; cependant elle n'est point admise, si elle n'est demandée; le juge ne la peut même suppléer; & les choses n'étant plus entières, celui qui a négligé de l'opposer n'y peut revenir, & doit s'imputer; elle a cette maxime commune avec la prescription.

Dans ces circonstances, si l'un d'eux fait une vente ou transport signifié, de la rente qui lui est due, avant qu'on lui ait opposé la compensation avec celle qu'il doit de pareille quantité, il n'y a pas de doute, qu'elle ne la pourra plus être à son cessionnaire; parce que la rente active lui a été transférée dans un tems libre, il n'y avoit aucun empêchement, il en a été fait, & de sa part il ne se trouve point débiteur, ainsi il n'y a plus de matiere à la compensation; c'est une exception que la nature de la rente, la loi du commerce, & l'effet que nous avons donné au transport exigent nécessairement.

La rente n'est immeuble que par fiction inventée pour faciliter le commerce, & quoiqu'elle soit susceptible d'hypotheque pour les dettes du créancier, cependant l'hypotheque s'évanouit par le payement du principal, n'étant immeuble que jusqu'au rachat.

Ainsi l'exception marquée ne détruit pas la regle générale de la compensation, au-contraire elle sert à la confirmer; car cessant le transport, il y a une absurdité évidente, de refuser la compensation, & ordonner la continuation de deux rentes égales en quantité, & qui produisent le même intérêt; ce seroit une vision insupportable de celui qui la refuse, pour rendre d'une main ce qu'il reçoit de l'autre.

Ce n'est pas une bonne raison de dire, que s'il n'a point encore fait de transport de la rente à lui due, il est toujours reçu à le faire, ayant actuellement besoin du prix; car on lui répond deux choses; la premiere, qu'il le devoit faire avant la demande en compensation, & qu'il n'y a pas plus d'injustice de lui ôter ensuite cette liberté, que de priver les créanciers de celui à qui la rente est constituée, de leur hypotheque légitime sur la rente par un rachat qui n'est pas exempt de fraude, & dont souvent le débiteur est participant, même en tire profit par quelque remise.

La seconde réponse est, que si les deux contrats de rente ont été passés entre les mêmes personnes, c'est une chimere de les faire subsister, & ne pas éteindre la premiere par la derniere, qui est plutôt un rachat & une libération qu'une acquisition.

Mais si l'une des rentes est échue à celui qui étoit débiteur de l'autre, ou c'est à titre onéreux, parce qu'il en a payé le prix, & en ce cas il étoit plus sage de se libérer, que de faire une acquisition de même espece & même revenu, & la loi de la compensation ne fait que ce qu'il devoit faire lui-même.

Au contraire cette rente active lui étant échue par donation, legs, succession, ou autre titre gratuit, sa condition n'est pas plus malheureuse, que si on lui avoit donné ou légué la libération de la rente qu'il doit, où que la qualité d'héritier eût fait confusion en la personne de deux rentes, active & passive.

Toutes ces raisons démonstratives pour admettre la compensation ipso jure de deux rentes égales, imposent la même nécessité jusqu'à concurrence lorsqu'elles sont inégales; & enfin la conséquence est inévitable qu'il faut compenser une rente avec dette exigible, tout cela dépend du même principe.

Dans la onzieme partie du journal du palais, on cite un arret d'audience du 17 decembre 1603, par lequel on prétend que la compensation a été rejettée d'une rente avec une dette exigible; mais outre que le fait y est tranché fort court, & que l'on a pu omettre des circonstances déci-

sives en l'opinion du du Moulin, & l'arret que par Mornac ont fait impression, c'est parce que l'arret postérieur de 1607, & les principes confirmez, n'ont pas été relevez jusqu'à présent dans toute leur étendue.

La seconde proposition se réduit à montrer qu'un cooblige solidairement à une rente, afin de se bérer de la moitié, dont il est caution pour son cooblige, peut en demander la compensation avec ce qui est dû au cooblige par le créancier, malgré l'un & l'autre.

Il est certain que deux ou plusieurs coobligez solidairement, sont respectivement fidéjusseurs, ainsi que la novelle 99 les appelle, alternatim jussionei obligatos. Et Godefroy sur la loi 10 si ab duob. reis consiit a fait une petite note pour la compensation Si vice mutuâ fidejusserint, etiamsi socii notissint, rectè unus pro quâ parte tenetur, quasi fidejussor compensat quod alteri debetur.

On ne prétend pas limiter la proposition au cas de la clause stipulée par le fidéjusseur, & récipoque entre deux coobligez solidaires, de faire le rachat de la rente dans un tems, qui ne laisseroit aucune difficulté.

Mais cette clause valable à leur égard, & nulle au respect du créancier, forme toujours une conséquence qu'il leur est facile de faire compenser la rente, malgré le créancier & le débiteur, puisqu'ils ont la liberté de détruire sa nature de n'être rachetable qu'à la volonté du débiteur, & le constraindre au rachat par une convention licite.

Le fidéjusseur ne peut contraindre au rachat, n'ayant point stipulé la faculté; mais cela n'empêche pas qu'il ne puisse demander la compensation.

Dans le droit le débiteur n'ayant pas opposé la compensation, ou même ne le voulant pas, elle est admise malgré lui & le créancier, en faveur de la caution ou fidéjusseur, & il suffit que le débiteur ait eu droit de la demander; c'est la décision du jurisconsulte en la loi 4. De compensat. & la loi suivante ajoute que le fidéjusseur a même le choix de compenser, ou ce qu'il doit au créancier, ou ce qui est dû par le débiteur, dont il est caution, même l'une & l'autre dette.

Il en résulte deux principes décisifs : le premier que le fidéjusseur est mis en la place du débiteur, qui pourroit racheter & compenser la rente, quoique le créancier ne le puisse contraindre au rachat; & par conséquent le fidéjusseur qui n'a point stipulé la contraire, a néanmoins la liberté de compenser la rente malgré l'un & l'autre, faisant ce que le débiteur pourroit faire.

Le second principe est une exception du droit commun, qui ne permet pas de compenser ce que l'on doit, avec ce qui est dû par un autre; & cependant le fidéjusseur n'a pas besoin du débiteur, pour demander la compensation de la dette dont il est caution, avec ce qui peut être dû à son débiteur; il est naturel de lui donner, la même faculté d'éteindre la rente par la compensation.

Reste la troisieme & derniere proposition suffisamment justifiée dans la précédente; car le cooblige solidairement à la rente, étant fidéjusseur de la moitié, il a intérêt d'employer ce qu'il doit à son cooblige au rachat de cette moitié par forme de compensation; c'est ce que le jurisconsulte a voulu dans la loi 2. De compensat. Unusquisque creditorem suum, eundemque debitorem petentem summovet, si paratus est compensare.

C'est assez l'espece de l'arret rapporté par notre auteur, dont la raison est sensible; car le cooblige peut être contraint par l'action solidaire au payement de la totalité des arrérages; s'il vend ce immeuble par contrat volontaire, le créancier de la rente ne manquera pas d'agir hypothéquairement contre l'acquéreur, & s'il est vendu par décret, il se fera colloquer pour tout le principal & les arrérages; tout cela fera naître au cooblige une action contre son cooblige pour être remboursé de sa moitié du principal, arrérages & frais; ainsi le motif qui a fait introduire la compensation, se vérifie,

*quis interest noftra petivimus folvere, quàm folu-
tum repetere.*

CHAPITRE LXXXIV.

*Fermier du temporel d'un bénéfice, qui a haute-juf-
tice, ne peut prétendre que le greffe faſſe partie
de ſon bail, ni commettre perſonne pour l'exercer,
& le pourvu par le grand vicaire eſt maintenu.*

MOnſieur le cardinal Ludoviſy étant pourvu du
prieuré de St. Martin-des-Champs-lez-Paris,
donna le grand vicariat dudit prieuré à M. Fremiot,
peu auparavant archevêque de Bourges, & lui donna
tout pouvoir tam in ſpiritualibus quàm in temporalibus. Un nommé Loiſon greffier en la juſtice dudit,
prieuré étant décédé, M. Fremiot en pourvut un
autre nommé la Motte, lequel voulant prendre
poſſeſſion dudit greffe, y fut empêché par Jean le
Pere fermier du revenu temporel dudit prieuré,
qui commit un particulier pour l'exercice dudit
greffe. Par ſentence de meſſieurs des requêtes du
palais fut commis & maintenu audit exercice,
& défenſe audit la Motte de s'y immiſcer, lequel en interjette appel. Me. Pouſſet de Montauban
pour l'appellant dit, que la charge ou exercice de
greffier eſt un office, le greffier eſt perſonne publique, qui doit le ſerment à juſtice, comme dépoſitaire des actes d'icelle; ainſi M. Fremiot y a pu
& dû pourvoir, ainſi qu'il a fait en l'office de bailli,
& en celui de procureur fiſcal, dont les proviſions
ne ſont point controverſées. Le fermier ne peut
prétendre aucune choſe audit office, qui ne peut
être compris en ſon bail ſous la clauſe de parties
caſuelles & autres droits & émoluments, qui s'entend des confiſcations, amendes, eſpaves & autres
droits qui appartiennent aux hauts-juſticiers. Et conclut à ce que l'appellant ſoit maintenu audit office de greffier. Me. Chapellier pour le fermier intimé
dit, que la charge de greffier n'eſt point un office,
mais un ſimple exercice, une ſimple commiſſion,
à laquelle toutes perſonnes peuvent être commiſes
& employées par les propriétaires des greffes, qui
ſont purement domaniaux, ſe vendent au plus offrant, & toutes perſonnes ſont admiſes à les acheter indifféremment, hommes ou femmes, ce qui
ne pourroit être, ſi c'étoient offices. Le grand vicariat de M. Fremiot a été révoqué, & il ne s'eſt
jamais mêlé du temporel, mais a pourvu ceux qui
lui ont été préſentés par ceux qui avoient charge
de M. le cardinal Ludoviſy: auſſi l'ordonnance qui
a obligé les étrangers ayant des bénéfices en France
d'y donner des grands vicaires, n'eſt que pour la
collation des bénéfices, & pour ce qui concerne
cette matiere ſeulement, & nullement pour le temporel. Et conclut au bien jugé, & ſubſidiairement
à la ſommation contre M. le cardinal Ludoviſy.
Me. du Pleſſis pour M. le cardinal Ludoviſy dit,
qu'il ne peut être aucunement tenu à la ſommation & garantie de ces offices, auquel M. Fremiot
n'a dû pourvoir une perſonne qui ne lui fût préſentée par ledit ſieur cardinal.

M. l'avocat général Talon dit, qu'on ne peut
révoquer en doute que la charge de greffier ne ſoit
néceſſaire en l'adminiſtration de la juſtice, compo-
ſée d'un juge, d'un procureur du roi ou fiſcal, &
d'un greffier dépoſitaire des actes qu'il a écrits &
reçus du juge. Ainſi M. Fremiot, dont les lettres
de grand vicariat ont été reçues & enregiſtrées au
parlement ſuivant l'ordonnance, a pu pourvoir audit office de greffier, comme il a fait à celui de
bailli & de procureur fiſcal, n'ayant été révoqué
que poſtérieurement aux proviſions dudit office de
greffier, auquel néanmoins il n'a pu pourvoir pour
cauſe onéreuſe eſt pour récompenſe des ſervices rendus & faits au prieuré. Le plus important de la
cauſe eſt la conſéquence périlleuſe qu'un fermier ſût
greffier, ou qu'il y commît telle perſonne que bon
lui ſembleroit. Par arrêt de l'an 1615, rendu pour
le duché de Guiſe; défenſes ont été faites à tous

officiers, juges, procureurs fiſcaux, ou greffiers, d'ê-
tre aucunement fermiers. La cour par ſa prudence
verra de maintenir le pourvu par M. Fremiot, ou
ordonner qu'il en ſera mis un autre.

LA COUR mit l'appellation & ce, au néant;
émendant & corrigeant, maintint & garda ledit la
Motte en la poſſeſſion & exercice dudit office de
greffier du prieuré de St. Martin-des-Champs; &
ſur la ſommation mit les parties hors de cour
& du procès, le tout ſans dépens. Ledit jour 22
janvier 1630, à l'audience de relevée, M. le pre-
ſident le Jay prononçant.

CHAPITRE LXXXV.

*Pétitoire de dîmes inſolites, & dont l'exemption
eſt prétendue, n'eſt de la connoiſſance du juge
d'égliſe, & elle appartient aux juges royaux.*

LE curé de St. Maclou ayant fait aſſigner Me.
Denis Blanc official de Paris, prieur du prieuré
dudit St. Maclou, pardevant le conſervateur des
privilèges des eccléſiaſtiques à ſainte Genevieve de
Paris, aux fins de lui payer les dîmes de certain
clos de terre dépendant dudit prieuré, contenant
trente arpens; ledit official demanda ſon renvoi
pardevant meſſieurs des requêtes du palais, qui retiennent la connoiſſance de la cauſe, dont ledit
curé interjette appel, pour lequel Me. Buffet dit,
que la demande de l'appellant pour avoir payement des dîmes eſt purement pétitoire: ainſi le ſeul
juge d'égliſe eſt compétent d'en connoître, & non
point meſſieurs des requêtes du palais, qui ne connoiſſent que du poſſeſſoire. Cela a été ainſi jugé par
une infinité d'arrêts. Me. Coicqueau pour l'intimé
dit, qu'il a pris pour trouble la demande de l'appellant, & ſur icelle a formé complainte, de laquelle meſſieurs des requêtes du palais étant juges,
ils ont par conſéquent pu retenir la connoiſſance de
la cauſe, s'ils ſe ſont fondés ſur ladite complainte
formée, & demande priſe pour trouble. Mais quand
ce moyen ceſſeroit, s'agiſſant d'une dîme inſolite,
dont l'intimé ni les prédéceſſeurs prieurs n'ont jamais payé aucune choſe, & ſont exempts; meſſieurs des requêtes du palais ſont juges compétens
par ces deux moyens de dîmes inſolites & d'exemption.
Au principal, pour l'évocation duquel il y a requête, l'exemption de dîmes du clos en queſtion
ne reçoit difficulté quelconque, ſuivant la diſpoſition du droit canon, *Cap. 1. De decimis.* & pluſieurs autres textes.

M. l'avocat général Bignon, dit, que régulierement le juge d'égliſe eſt la connoiſſance de l'action
pétitoire intentée pour raiſon des dîmes; néanmoins
quand on allegue l'inféodation de la dîme, ou qu'elle
eſt inſolite, & qu'il s'agit d'exemption in toto de
ladite dîme, pour lors la connoiſſance en appartient
ſeulement au juge royal, parce que *tunc mos regio-
nis ſequendus, qui plus eſt, facit quàm juris.* Il a été
ainſi jugé contre le curé de Meré touchant les menues dîmes, dont ſes paroiſſiens ſe prétendoient
entièrement exempts, quoique l'on dît que cette
exemption n'étoit point in toto & in univerſum de la
dîme, mais ſeulement d'une eſpece de dîme, ſavoir
des menues, qui ne ſont que partie à l'égard de toutes les dîmes. Par ce moyen d'exemption meſſieurs
des requêtes du palais ont pu retenir la connoiſſance
de la cauſe, & non point par la prétendue complainte formée par l'intimé. Cette voie de prendre
une action pétitoire pour trouble, ſeroit trop périlleuſe, ce ſeroit un moyen facile d'ôter entièrement
toute ſorte de connoiſſance des dîmes aux juges d'é-
gliſe, ce que la cour ne doit permettre. La queſtion
au principal ne reçoit point de difficulté, & ſi la
piéce de terre & clos en queſtion fait partie des anciens fonds & héritages de la dotation & fondation
du prieuré, il eſt exempt de la dîme, par la raiſon du chap. 1. De decimis, allégué que les lévites
ne prennent point la dîme ſur les lévites & pluſieurs autres. Mais, cela giſant en fait, duquel les

1 6 3 0.

parties ne demeurent point d'accord, il échet de les renvoyer aux requêtes du palais pour y contester.

LA COUR fans s'arrêter à la requête pour l'évocation du principal, fur l'appel mit les parties hors de cour & de procès, fans dépens. Le vendredi 25 janvier 1630, à l'audience de relevée, M. le préfident le Jay prononçant.

CHAPITRE LXXXVI.

Genevois eſt étranger, & tenu de bailler caution de payer le jugé.

JEan Nain fils de Claude Nain, habitant de la ville de Châtelleraut, étant allé en celle de Geneve, il eut befoin d'argent. Etienne Gauconnier habitant de ladite ville de Geneve, lui prêta la fomme de trois cents livres, dont il lui paſſa une obligation pardevant notaires. Le terme étant expiré, Gauconnier fait affigner Claude Nain pere aux fins de lui payer ladite fomme de trois cents livres. D'abord il dit qu'il n'en étoit tenu, & enfuite demanda que Gauconnier fût tenu de bailler caution *judicatum folvi*, comme étranger. Le lieutenant général du bailliage de Châtelleraut l'en déchargea, dont appel pour lequel Me. Galand dit, qu'en apparence cette cauſe ne regarde que l'intérêt de l'appellant; mais en effet elle intéreſſe toute la France. Le malheur des guerres ruine & confume les biens du général; mais les procès diſſipent les biens & facultés de chaque famille en particulier à cauſe des grands frais & dépenfes qu'on eſt contraint de fupporter pour fe garantir de cette injure & de l'oppreſſion. Pour cette raifon la caution *judicatum folvi* a été introduite par la difpofition du droit romain. Véritablement elle n'eſt obſervée en ce royaume, mais ce n'eſt qu'entre les régnicoles feulement, & non point à l'égard des étrangers, qui de tout tems ont été tenus de bailler caution *judicatum folvi*, voulant plaider contre un Français. Jean Faber, qui vivoit fous l'inſtitution du parlement, l'atteſte ainfi; *Joannes Galli* pareillement; & Bacquet en rapporte plufieurs arrêts qui l'ont ainfi jugé. On objecte la déclaration du roi Henri IV faite en faveur des Genevois en 1608, par laquelle ils font déclarés exempts du droit d'aubaine, & rendus capables de pouvoir fuccéder en France. Mais cette déclaration n'empêche point pour cela qu'ils ne foient étrangers & fujets à bailler caution. Le privilege porté par cette déclaration ne peut point s'étendre d'un cas à un autre. Et par ces moyens conclut au mal jugé, & à ce qu'émendant, l'intimé foit condamné de bailler caution & de payer le jugé. Me. Baillot pour l'intimé dit, que la cauſe eſt très-favorable, & la dette privilégiée. L'intimé habitant de la ville de Geneve y a affiſté le fils de l'appellant, l'a nourri & vêtu, ainfi que porte l'obligation, contre laquelle on ne peut plaider que par une ingratitude infigne; auſſi n'a-t-on voulu défendre au principal, quoiqu'il y ait requête pour l'évocation. L'appellant jouit de tous les biens de fon fils en vertu d'un don mutuel fait entre lui & fa défunte femme. En conféquence dudit don mutuel, il eſt obligé par la coutume de Poitou de nourrir & entretenir fes enfans, ce que l'intimé a fait en fon lieu & placé: ainfi il eſt bien fondé en fa demande pour le payement de ladite fomme de 300 livres. Quant à la caution *judicatum folvi*, il y a deux réponfes pertinentes. L'une, que cette exception n'eſt que dilatoire, & doit être oppofée *in limine litis*, & ne le peut être après conteſtation en cauſe. Or on avoit défendu & conteſté avant que de demander cette caution, & l'on n'étoit plus recevable à la demander. L'autre raifon eſt que les Français & & les Genevois font tellement alliés par le moyen de la déclaration faite par le roi Henri IV en l'an 1608, qu'on ne les peut point appeller ni qualifier étrangers. Les uns à l'égard des autres, puifque le droit de fucceffion légitime eſt établi parmi eux, comme s'ils étoient tous régnicoles & d'un même royaume; & par conféquent ils ne peuvent être te-

nus à bailler cette caution *judicatum folvi*. Et par ces moyens conclut au bien jugé, & à l'évocation du principal, & y faifant droit, que l'appellant foit condamné au payement de ladite fomme de 300 livres aux intérêts & dépens.

M. l'avocat général Talon dit, que s'il ne s'agiſſoit en la cauſe que de la validité ou invalidité de l'obligation, ils n'y auroient point d'intérêt; mais on y a mêlé l'intérêt public, & plaidé des maximes générales qui concernent l'intérêt de tous les fujets du roi, qui les oblige de parler. *Aliud privatorum utilitas, aliud publicæ difciplinæ vigor poſtulat.* La maxime que l'avocat de l'appellant a avancée, que les étrangers font tenus de bailler caution *judicatum folvi* à un Français, contre lequel ils veulent intenter un procès en qualité de demandeurs, (& non point en qualité de défendeurs, parce que la défenſe eſt naturelle & libre à un chacun) eſt très-véritable, & confirmée par plufieurs arrêts; mais que les habitans de la ville de Geneve en foient exempts & exceptés, il n'y a point d'apparence. Il faut interpréter favorablement les libéralités du prince, mais non point au préjudice de fes fujets. La déclaration du roi de l'an 1608, ne touche que fon intérêt par la remife du droit d'aubaine qui lui appartenoit. Chacun fait les mouvemens d'état de cette déclaration, qui ne peut être étendue en l'hypothefe de cette cauſe toute différente. La fouveraineté de Geneve ne reconnoiſſant point les arrêts des parlemens de ce royaume; les condamnations des dépens feroient inutiles. Les Flamands qui font véritablement Français, font tous les jours condamnés à bailler telle cautions; les Français même aux Français en certains cas, par exemple un dévolutaire, & celui qui a fait ceſſion & abandonnement de biens. On a tenu qu'un chevalier de Malthe français, comme religieux, n'étoit recevable à intenter action qu'en baillant caution: ce qui a néanmoins été jugé au contraire, parce que *vivunt ut liberi, moriuntur ut fervi.* On a auſſi foutenu qu'une veuve d'un Français demandant fon douaire, devoit donner caution, étant originaire de Flandres: ce qu'on n'a pas eſtimé à propos, pour douaire fervant de caution; ainfi il ne faut point faire de breche à la regle générale, quoiqu'il y ait des particularités en cette cauſe.

LA COUR mit l'appellation & ce dont étoit appel, au néant; évoqua le principal, & condamna l'appellant au payement de ladite fomme de 300 livres & aux dépens. Le mercredi 6 février 1630, en la chambre de l'édit, M. Potier de Novion préfident.

* L'arrêt eſt cité dans du Frefne.

☞ A la premiere lecture de cet arrêt, il fembleroit que les Genevois, lorſqu'il fut rendu, étoient confidérés comme étrangers en France, puifqu'on les obligeoit à donner la caution *judicatum folvi*: ce qui paroîtroit contraire aux privileges à eux accordés par Henri IV au mois de juin 1608; mais fi l'on veut lire cet arrêt avec attention, on verra le motif qui le fit rendre, n'avoit pas pour objet le retranchement des privileges accordés aux Genevois par Henri IV, mais de les empêcher d'y donner trop d'extenfion.

En effet M. l'avocat général Talon obferva que les habitans de Geneve étoient exempts du droit d'aubaine; qu'*il falloit interpréter favorablement les libéralités du prince, mais non point au préjudice de fes fujets.* Il démontra que *la déclaration de 1608 ne touchoit que l'intérêt du droit d'aubaine qui lui appartenoit.* Et enfuite il fit entendre que la caution que les étrangers qui plaidoient en France étoient obligés de donner, faifoit la fûreté des fujets du roi qui plaidoient contre eux; que fi l'on difpenfoit l'étranger de cette obligation, le fort du Français ne feroit plus égal à celui des Genevois; puifque dans le cas où un Français obtiendroit une condamnation contre un Genevois, qui n'auroit pas fourni la caution *judicatum folvi*, il n'en feroit pas plus avancé, puifque *la fouveraineté de Geneve ne reconnoiſſant pas les arrêts des parlemens du royaume, les condamnations de dépens feroient inutiles.*

Ces

Ces dernieres expressions qui sont celles de M. l'avocat général Talon, sont donc bien connoître qu'un des principaux motifs de l'arrêt rapporté par M. Bardet, se tiroit de ce que les arrêts des parlemens de France ne recevoient pas leur exécution à Geneve : sans doute que les magistrats de cette république ont senti la force des moyens dont étoient étayées les conclusions de M. l'avocat général Talon qui avoient formé l'arrêt, puisqu'actuellement un arrêt rendu par une des cours souveraines de France, reçoit son exécution à Geneve sur le simple *pareatis*, comme il le recevroit dans le roïaume s'il auroit été rendu (a).

Aussi actuellement les Genevois se sentis plus obligés de donner en France la caution *judicatum solvi*.

Je pourrois rapporter plusieurs arrêts qui l'ont prononcé ainsi, bien postérieurement à celui du 6 février 1630, mais je me contenterai d'en citer deux principaux (b).

Le premier qui est du 8 juillet 1697, fut rendu au parlement de Dijon. En voici l'espece :

Les jésuites de la mission d'Ornay étoient en contestation avec Jeanne de Sire (c) veuve du sieur de Harfy, genevoise ; ils commencerent par lui demander la caution *judicatum solvi*, qu'elle fut condamnée de fournir par sentence du bailliage de Gex. L'appel que la veuve de Harfy interjetta de cette sentence au parlement de Dijon, fit la matiere d'une cause en la grand'chambre.

La veuve de Harfy opposoit les lettres patentes de Henri IV, portantes exemption du droit d'aubaine, en faveur des Genevois.

Les jésuites répondoient qu'il y avoit une différence entre le droit d'aubaine & la dispense de donner caution *judicatum solvi*, parce que le droit d'aubaine ne concernoit que le roi, qui avoit été maître d'en faire remise ; au-lieu que la caution *judicatum solvi* concernoit les particuliers dont elle faisoit la sûreté.

Cependant malgré la raison & même l'objection faite par les jésuites, qu'à Gex, de même qu'à Geneve on exigeoit réciproquement la caution *judicatum solvi* (d) ; par l'arrêt rendu sur les conclusions de M. l'avocat général Durand, la sentence du bailliage de Gex fut infirmée, la veuve de Harfy déchargée de la caution, & les jésuites condamnés aux dépens.

Les motifs de cet arrêt ne furent point fondés sur l'exemption du droit d'aubaine, mais sur le droit de réciprocité, par lequel il étoit établi que les habitans de Geneve ayant changé leurs usages, & n'exigeant plus de caution des sujets du roi, on devoit observer la même regle à leur égard (e).

Le second arrêt du 24 juin 1705, fut rendu entre les nommés Piozet, & Godot demeurant à Geneve.

Il paroit que le 29 avril 1705, les Piozet qui étoient en procès avec Godot, présenterent une requête au parlement, tendante à ce que ce dernier fût tenu avant toutes choses de leur donner caution *judicatum solvi*, & de la faire recevoir pardevant un de messieurs, & que jusques à ce, toute audience leur fût refusée. Cette demande préliminaire fut la matiere d'une cause.

Me. Robethon avocat opposoit pour Godot l'exemption du droit d'aubaine accordée aux Genevois : il fortifioit ce moyen de deux arrêts rendus le 27 janvier 1681, & le 7 mai 1700, qui avoient déchargé Godot & Marthe Vouler des actions qu'on leur avoit demandées dans de semblables circonstances.

Les Piozet au-contraire soutenoient que l'exemption du droit d'aubaine ne dispensoit pas les étrangers qui en étoient affranchis, de la caution *judica-*

---

tum solvi, parce que la remise que le souverain avoit fait d'un droit qui lui étoit personnel, ne pouvoit détruire le droit du citoyen, sur-tout la remise du prince n'en faisant aucune mention.

Si l'on s'en rapporte à ce que M. Nupied nous prescrite en son journal des audiences (f) des conclusions de M. l'avocat général Guillaume-François Joly de Fleury, il sembleroit que ce grand & illustre magistrat ne se seroit décidé en faveur de Godot, que par deux sortes de raisons.

La premiere se tirant de ce que les Genevois étant réputés régnicoles, il s'ensuivoit qu'ils n'étoient point obligés de donner caution, sur-tout d'après les arrêts que Godot rapportoit.

Et la seconde sembloit dériver de ce que les Piozet ayant procédé en premiere instance au bailliage de Loches sans demander caution à Godot, ils n'étoient plus recevables à former cette demande en cause d'appel.

Pour moi, je pense que le dernier moyen joint à la réciprocité de l'exemption de caution qui s'observoit, tant en France qu'à Geneve, ont été les motifs qui ont déterminé M. l'avocat général dans ses conclusions en faveur de Godot ; conclusions qui furent suivies par l'arrêt cité, & par lequel il fut déchargé de l'obligation de donner caution. Mais je pense que M. Nupied s'est écarté des motifs de l'arrêt, lorsqu'il annonce qu'il a confirmé l'exemption du droit d'aubaine autrefois accordé aux Genevois. Car l'exemption pure & simple du droit d'aubaine en faveur des citoyens de la république de Geneve par les lettres patentes du mois de juin 1608, ne leur conferent pas tous les droits de régnicoles, mais portent un simple affranchissement du droit d'aubaine, en quoi elles different de celles que j'ai rapportées sur le chap. 72, & qui ont été nouvellement accordées aux sujets de différens princes, par lesquelles, outre l'exemption du droit d'aubaine, on leur confere tous les avantages & privileges des régnicoles.

Ainsi il ne faut pas soutenir que c'est en vertu des lettres patentes d'Henri IV de l'an 1608, que les Genevois sont dispensés de fournir la caution *judicatum solvi*, puisque par l'arrêt rapporté par Bardet & plusieurs autres antérieurs, les habitans de Geneve quoiqu'affranchis du droit d'aubaine, avoient été condamnés à fournir la caution *judicatum solvi*, parce qu'ils l'exigeoient des Français à Geneve. Ce n'a été que depuis l'année 1678, qu'ayant cessé d'exiger cette caution des Français qui plaidoient à Geneve, par une déférence réciproque, on leur fit la même grace en France. Un des premiers arrêts qui constate leur possession à cet égard, fut rendu au parlement de Dijon le 8 août 1679, rapporté par Perrier en son recueil d'arrêts, tom. 2. chap. 202, encore s'agissoit-il de l'exécution d'une promesse de mariage entre une fille & un garçon de Geneve demeurans en France. Depuis ce tems-on ne voit point d'exemples que les cours souveraines aient assujetti les Genevois à donner la caution *judicatum solvi*, au-contraire les arrêts rendus depuis cette époque, prouvent que toutes les fois qu'on a voulu les assujettir à cette formalité, ils en ont été déchargés.

Les sujets du roi de Sardaigne avant le traité du mois de mars 1760, jouissoient également de l'exemption de la caution *judicatum solvi*, puisque l'on trouve dans le registre 79 de la grand'chambre du parlement de Dijon, que M. Millotet avocat-général ci-dessus cité dans les mains de M. le président Bernard une lettre écrite par M. de Châteauneuf secretaire d'état sous la date du 24 février 1675, par laquelle il mande que sa majesté n'a point trouvé juste que les juges du sieur Rambert eussent exigé de la dame de Sauniere, habitante de Savoie, la caution *judicatum solvi*.

(a) Arrêts du parlement de Dijon par du Perrier & Raviot, tom. 2. question 102, nombre 13.
(b) On peut encore voir celui du parlement de Dijon du 8 août 1679.
(c) Dans la nouvelle édition de M. Augeard où cet arrêt est rapporté, il y a erreur sur le nom de la veuve du sieur de Harfy, l'on nomme de Seve au-lieu de Sire.
(d) Ce fait étoit exact du tems de M. Bardet, mais depuis & lors de la cause des jésuites, cet usage n'avoit plus lieu.
(e) Vide les observations de Raviot sur les arrêts de Perrier, tom. 2, question 102, nombre 13, 14, 15 & 16. La matiere y est savamment traitée.
(f) Tome 5. liv. 5. arrêt 41.

CHAPITRE LXXXVII.

Offices de notaire & sergent royal incompatibles en une même personne dans les grandes villes, sont toutefois tolérés dans les petites villes.

LE lundi 11 février 1630, Me. Lhoste plaida la cause de la communauté des notaires royaux de la ville de Pontoise, appellans de la réception en l'office de notaire royal en la ville de Pontoise, faite par le lieutenant général dudit Pontoise de la personne d'André Malfuson sergent royal aux eaux & forêts de ladite ville ; & pour moyens d'appel dit, que ces deux offices de notaire & sergent royal sont incompatibles en une même personne ; & suivant l'ordonnance, celui qui se trouve pourvu de l'un & de l'autre, est tenu d'opter lequel des deux il aime le mieux retenir & se conserver. Les sergens sont personnes viles ; les notaires au-contraire sont juges cartulaires & volontaires. Me. Buffet pour Malfuson intimé dit, qu'il est porteur d'un arrêt rendu pour la ville de Vendôme, par lequel il a été permis d'exercer conjointement l'office de notaire & de sergent royal. La cour n'a apporté autre modification à l'arrêt, sinon qu'elle a fait défenses à ceux qui exerceroient conjointement les deux offices, de ne point mettre à exécution en qualité de sergent les contrats & obligations qu'ils auroient reçus comme notaires. Et conclut.

M. l'avocat général Bignon dit, que les notaires appellans sont dans la regle, & fondés en l'ordonnance, qui déclare deux offices royaux incompatibles en une même personne ; ce qu'on a interprété des offices de judicature, & des ministres de la justice, & non point des offices royaux qui peuvent s'exercer par commission. Néanmoins cette regle tirée de l'ordonnance n'est étroitement observée que pour les bonnes villes & grands lieux, où l'exercice de l'un de ces offices est suffisant pour entretenir un homme : mais aux petites villes & moindres lieux, où l'exercice d'un seul office rapporte si peu de profit qu'il n'est aucunement suffisant pour l'entretien de l'officier, la cour permet l'exercice de deux offices royaux. L'arrêt allégué par l'intimé porte ce réglement pour Vendôme, suivant lequel il y a lieu de faire une pareille décision.

LA COUR mit l'appellation au néant ; ordonna que l'intimé pourroit exercer conjointement les deux offices de notaire & sergent royal ; néanmoins lui fit défenses de mettre à exécution en qualité de sergent les obligations & contrats qu'il auroit reçu en qualité de notaire, à peine de crime de faux, dépens, dommages & intérêts des parties ; ledit jour 11 février 1630.

CHAPITRE LXXXVIII.

Grand vicaire ne peut pourvoir aux offices domaniaux.

EN la même audience Me. Germain plaida l'appel d'une sentence de rétention de cause, & cassation de procédures, rendue par messieurs des requêtes du palais, & il y avoit requête pour l'évocation du principal, qui consistoit en ce que Pierre Belle greffier de la justice de saint Leu, prieuré du diocese de Senlis, étant décédé le 25 octobre 1629, le même jour le grand vicaire y pourvut de la personne de Jean Lord, & mit en ses provisions que c'étoit à onze heures du matin qu'elles avoient été expédiées ; & par conséquent étant antérieures à celles de l'intimé, quoiqu'elles soient datées du même jour, il doit être préféré, le grand vicaire

ayant tout pouvoir *tam in spiritualibus quàm in temporalibus*, par les lettres & provisions de son vicariat. Et conclut. Me. Etienne Feydeau pour l'intimé dit, qu'il demeure d'accord que provisions données à l'appellant sont antérieures à celles données par le prieur de saint Leu à l'intimé ; mais vraisemblablement elles sont antidatées, n'étant que sous écriture privée : & l'appellant n'a pris possession que le 27 du mois d'octobre ; au-contraire l'intimé a pris possession le 26 dudit mois, & par ce moyen doit être maintenu audit office suivant la disposition de la loi *Quoties*. C. *De rei vindicat.* du chapitre *à sede. De refer.* & du chap. *Cum duobus. De Præb.* & celui qui a le premier pris possession, est maintenu. Ce prétendu grand vicaire n'a jamais conféré aucuns offices, quoiqu'il y en ait plusieurs dépendans du prieuré qui ont vaqué ; aussi ses lettres de provision ne sont que pour les bénéfices. Et conclut à ce que l'intimé soit maintenu en l'exercice du greffe. Me. Lhoste pour Me. Claude Dufour, aumônier du roi & prieur de saint Leu intervenant, conclut à ce que l'intimé par lui pourvu, soit maintenu en l'exercice dudit greffe.

M. l'avocat général Bignon dit, que se trouvent deux provisions d'un même jour, l'une donnée par l'évêque, abbé ou autre prélat, & l'autre par un grand vicaire, on défere à celle baillée par le prélat. Mais quand l'une contient l'heure & le jour, & l'autre non, pour lors, suivant la disposition des arrêts, l'addition d'heure fait qu'elle est réputée antérieure. Ici cela se rencontre ; par conséquent il sembleroit que l'appellant dût être préféré : néanmoins il y a deux circonstances très-remarquables en la cause. L'une, qu'il s'agit d'un office, & d'un office domanial, & non d'un bénéfice. Quoique les lettres de provisions du grand vicariat portent *tam in spiritualibus quàm in temporalibus*, toutefois ces mots in *temporalibus* ne se peuvent appliquer à la provision & institution des offices, que le grand vicariat doit être général, & ne se baillant à autre intention que pour empêcher les préventions des autres collateurs, il n'y a apparence quelconque qu'un prélat ait donné pouvoir de conférer des offices qui ne sont point sujets à aucune prévention. Pour donner ce pouvoir à un grand vicaire, il faudroit que cela fût disertement exprimé en ses provisions *speciali notâ*, & ne se peut comprendre sous ces mots in *temporalibus*. L'autre circonstance ou considération est que le pourvu par le prieur a été le plus diligent, a le premier pris possession de l'office de greffier, & par conséquent suivant la disposition des canons allégués, il y a lieu de l'y maintenir.

LA COUR mit les appellations respectivement interjettées, & ce dont étoit appel, au néant ; évoqua le principal, & y faisant droit, maintint & garda la partie de Me. Feydeau en l'exercice de l'office de greffier de la justice de saint Leu ; & sans dépens.

* L'arrêt du 22 janvier 1630 semble avoir jugé le contraire, & que le grand vicaire par les mots in *temporalibus*, mis dans ses lettres, pouvoit pourvoir aux offices domaniaux ; mais la question n'étoit qu'entre le fermier du temporel, & le pourvu par le grand vicaire. M. le cardinal Ludovisy titulaire du bénéfice étoit étranger, & n'avoit point donné de provisions à d'autre. En l'espece de l'arrêt ici rapporté l'on peut dire aussi que la négative n'a pas été nettement décidée, parce que la circonstance, que le pourvu par le prieur de saint Leu avoit pris possession avant celui qui avoit des provisions du grand vicaire, a pu déterminer la cour.

* L'auteur du traité de la subrogation, ch. 7. nomb. 60, estime avec raison que cet arrêt ne doit point être suivi, & qu'il est contraire aux principes. Petrus Feber dans son commentaire sur la loi 137. *Unicuique. ff. de reg. jur.* a parfaitement concilié tous les textes qui paroissent opposés.

CHAPITRE LXXXIX.

Bénéfice deſſervi long-tems par des prêtres ſéculiers,
eſt réputé de même qualité.
Religieux de l'ordre de Cîteaux ſont incapables de poſ-
ſſder bénéfices ayans charge d'ames.
Etranger qui tient un bénéfice en France, ne peut
après un dévolut obtenir lettres de naturalité, ni
donner ſa démiſſion au préjudice du dévolutaire ;
mais les habitans de Marcheville en Barrois ne ſont
pas cenſés étrangers, quoiqu'ils plaident au parle-
ment de Symiez en Lorraine.

LA cure de Trepigny au dioceſe de Rheims eſt
de la préſentation de l'abbé d'Eſlans au même
dioceſe. En 1615, cette cure ayant vaqué par le
décès du titulaire, les religieux de ladite abbaye
d'Eſlans y préſenterent frere Nicolas Guillermin religieux de la même abbaye, lequel ſur cette préſentation obtint ſes proviſions de M. l'archevêque
de Rheims. Incontinent après, l'abbé commendataire
de ladite abbaye d'Eſlans préſenta à cette même
cure de Trepigny Me. Claude Grillot prêtre ſéculier, natif du bourg de Marcheville au pays de Barrois, qui obtint pareillement ſes proviſions de M.
l'archevêque de Rheims. *Interim* Me. Jean Charlo-
teau prêtre ſéculier obtint un dévolut en cour de
Rome, fondé ſur l'incapacité de frere Nicolas Guillermin religieux profès, le bénéfice étant ſéculier ;
& auſſi ſur l'incapacité de Me. Claude Grillot lorrain & étranger. Le dernier appréhendant le dévolutaire, ſe démit purement & ſimplement de ce
bénéfice ès mains de M. l'archevêque de Rheims,
qui en pourvut Me. Jacques Collard auſſi prêtre
ſéculier, auquel la récréance ayant été adjugée,
frere Nicolas Guillermin en interjetta appel, & appella auſſi comme d'abus de la proviſion de Grillot.
Me. Hebert pour l'appellant dit, que la récréance
a été adjugée au profit de Collard ſubrogé au lieu
& place de Grillot étranger. Cette récréance n'a été
jugée que par cinq juges, contre la diſpoſition de
l'ordonnance, qui veut qu'il y ait ſept juges aux ſentences de cette qualité. L'appel comme d'abus eſt
fondé ſur la qualité de Grillot étranger de nation,
& incapable de poſſéder aucuns bénéfices en ce
royaume, ſuivant l'ordonnance, dont l'expreſſe
prohibition rend les proviſions expédiées à ſon profit
nulles & abuſives. Au principal, la cure de Trepigny eſt réguliere, a toujours été poſſédée & deſſervie par un religieux profès de l'abbaye d'Eſlans,
& n'a pu être conférée à un prêtre ſéculier, ſuivant
la regle de droit canon, *regularia regularibus, ſæ-*
cularia ſæcularibus. Et conclut à ce que Guillermin
ſoit maintenu & gardé en la poſſeſſion de ladite cure.
Me. Bechefer pour Me. Jacques Collard, ſubrogé au
lieu de Me. Claude Grillot, dit que la ſentence de
récréance eſt juridique en la forme & au fonds. M.
Bourdin en ſes notes ſur l'ordonnance, remarque
que celle qui veut qu'on appelle ſept juges à une
ſentence de récréance, ne s'obſerve point, & qu'il
ſuffit d'en appeller quatre ou cinq ſelon le nombre
des juges qui ſont aux ſieges où elle ſe juge. L'appel
comme d'abus eſt fruſtratoire, c'eſt un remede extraordinaire, duquel on ne doit point uſer que ſubſidiairement. On pouvoit propoſer l'incapacité de
Grillot par voie de nullité contre ſes proviſions. Au
principal le bénéfice en queſtion eſt ſéculier, & par
la qualité étant une cure ayant charge d'ames, &
par la préſomption que tous bénéfices ſont cenſés &
reputés ſéculiers. De plus, il y a preuve au procès
qu'elle a été long-tems poſſédée & deſſervie par un
prêtre ſéculier. Grillot n'étoit point étranger, puiſqu'il étoit natif du Barrois, qui eſt dépendant de la
couronne de France. Mais quand il auroit été étranger, cette incapacité auroit pu être purgée & effacée par ſa démiſſion pure & ſimple, ſans que le
dévolutaire pût prétendre aucun droit acquis. Les
arrêts l'ont ainſi jugé, l'un rapporté par Rebuffe,
l'autre rendu en la premiere des enquêtes au rapport

de M. Perrot en 1620, par leſquels la cour a jugé
qu'un étranger pourvu d'un bénéfice, ſur lequel on
avoit impétré un dévolut, pouvoit le purger & s'en
garantir obtenant lettres de naturalité du roi : ce qui
montre qu'il n'y a aucun droit certain & aſſuré acquis au dévolutaire ; autrement on ne pourroit obtenir aucunes lettres de naturalité à ſon préjudice.
Ainſi le bénéficier, quoiqu'étranger, peut ſe démettre au préjudice du dévolutaire. Et par ces moyens
conclut à ce que Collard ſoit maintenu & gardé en
la poſſeſſion du bénéfice. Me. de Maſſac pour Char-
loteau dévolutaire intervenant dit, que l'appellant
& l'intimé conteſtent ſur la qualité du bénéfice, s'il
eſt ſéculier ou régulier. Dans le doute & l'incertitude
il faut le préſumer ſéculier, & l'appellant religieux
profès n'y peut prétendre aucune choſe par la regle
certaine, *regularia regularibus, ſæcularia ſæcula-*
ribus ; outre que les religieux de l'ordre de Cîteaux
ne peuvent aucunement poſſéder ni deſſervir aucuns
bénéfices ayans charge d'ames. Quant à l'intimé, il
eſt ſubrogé au lieu & place de Grillot étranger, incapable ſuivant l'ordonnance de poſſéder ni deſſervir
aucuns bénéfices dont ce royaume ; & il n'a pu ſe démettre de celui dont il avoit été pourvu au profit
d'un tiers, & au préjudice de l'intervenant, qui
long-tems avant la démiſſion avoit obtenu ſon dévolut & ſon *viſa*, pris poſſeſſion, & le tout fait duement ſignifier aux parties. Et par ce moyen avoit
ſon droit déja acquis & aſſuré. Il y a certaines incapacités, comme la ſimonie, le meurtre, l'aſſaſſinat
& la qualité d'étranger, leſquelles ſe rencontrant en
la perſonne d'un bénéficier, font vaquer ſon bénéfice *ipſo jure*, & le rendent impétrable par toutes
perſonnes, ſans qu'il s'en puiſſe aucunement démettre
au préjudice de celui qui l'aura impétré & obtenu
comme vacant par telles incapacités. Le bourg de
Marcheville, duquel Grillot eſt originaire, ne fait
point partie du Barrois, qui reconnoît le roi pour
ſouverain, & duquel les appellations reſſortiſſent
en ce parlement, puiſque les appellations des jugemens rendus à Marcheville reſſortiſſent au parlement
de Symiez en Lorraine : ainſi il eſt étranger, incapable de poſſéder aucuns bénéfices en ce royaume. Et
conclut à ce que le dévolutaire intervenant ſoit maintenu & gardé en la poſſeſſion & jouiſſance de la cure
contentieuſe.

M. l'avocat général Bignon dit, qu'en la forme
l'appel comme d'abus n'eſt point néceſſaire, puiſqu'on peut propoſer pour moyens de nullité tout ce
qu'on allegue pour moyens d'abus. Au principal il n'y
a point de preuve, que la cure contentieuſe ſoit un
bénéfice régulier ; au-contraire il y a preuve qu'elle
a été long-tems poſſédée & deſſervie par des prêtres
ſéculiers. *In dubio*, la préſomption eſt pour la ſé-
cularité de tous les bénéfices, leur premiere origine
ayant été telle. D'ailleurs, comme on a remarqué,
les religieux de l'ordre de Cîteaux ſont incapables
de poſſéder & deſſervir aucuns bénéfices ayans charge d'ames. Les théologiens ont été partis en opinion, ſavoir ſi un religieux profès peut poſſéder un
bénéfice ſans diſpenſe du pape expreſſe & particuliere. *Navarrus*, Suarez, Covarruvias & autres plus
ſavans ſont d'avis que non, & qu'il faut une diſpenſe
ſpéciale. Quant à la qualité d'étranger, tel qu'on
ſoutient Grillot, on avoit douté au palais ſi ſur icelle
on pouvoit impétrer un dévolut, comme étant une
vacance de droit ; il a été réſolu qu'on peut valablement jetter un dévolut ſur l'étranger pourvu d'un
bénéfice en ce royaume, qu'il appartient proprement à la cour d'en connoître, & que le dévolut
étant une fois obtenu & mis à exécution, l'étranger ne peut plus ſe démettre de ſon bénéfice au préjudice du dévolutaire, auquel le droit eſt acquis,
quoiqu'on ait voulu ſoutenir le contraire. Les arrêts
qu'on a allégués pour cela, ſont véritables, mais on
n'en peut pas tirer cette conſéquence : car il y a bien
de la différence entre une démiſſion de bénéfice &
l'obtention de lettres de naturalité. Le roi étant ſeul
intéreſſé en la qualité de l'étranger, lui octroyant
des lettres de naturalité, lui remet tout ſon intérêt,
& purge tout le défaut qui ſe rencontroit en la perſonne de l'étranger, qui par le moyen de ces lettres

eſt rendu capable de poſſéder & deſſervir des béné-fices en ce royaume, comme s'il en étoit originaire: mais en ayant été pourvu, & reconnoiſſant ſon in-capacité, s'il peut s'en démettre au profit de qui bon lui ſemblera, ce ſera le gratifier & le rendre capable de les poſſéder au moins pour un tems: ce qui eſt directement contre l'ordonnance, qui rend telles proviſions nulles. Toute la difficulté conſiſte à ſavoir ſi Marcheville eſt un pays étranger; quoique les appellations reſſortiſſent à Symiez; néan-moins la conſéquence n'eſt pas bonne, qu'il ne ſoit dépendant de ce royaume, parce qu'il y a pluſieurs bourgs & villes qui reſſortiſſent à Symiez, leſquels néanmoins ſont dépendans en ſouveraineté de ce royaume. Tout le pays de Barrois en eſt dépendant abſolument: quoiqu'il ne le ſoit pas actuellement, il ne faut point quitter ni perdre cette eſpérance, au-contraire la conſerver le mieux qu'on pourra. Et par ces moyens conclut à ce que ſur l'appel com-me d'abus, les parties ſoient miſes hors de cour & de procès, & que Collard ſubrogé au lieu de Grillot ſoit maintenu & gardé en la poſſeſſion du bénéfice contentieux.

LA COUR ſur l'appel comme d'abus mit les parties hors de cour & de procès; & ſur l'appel de la récréance mit l'appellation au néant; ordonna que ce dont étoit appel, ſortiroit ſon plein & entier effet, & évoqua le principal, & y faiſant droit, maintint & garda Me. Jacques Collard en la poſ-ſeſſion & jouiſſance de la cure de Trepigny conten-tieuſe; ſans dépens. Le jeudi 14 février 1630, M. de Champigny premier préſident prononçant.

* On peut voir le plaidoyer de M. Bignon en la cauſe du 17 décembre 1629.

CHAPITRE XC.

Preſcription de médicamens d'un apothicaire n'a lieu que dans l'an du jour de la derniere fourniture, & non de la premiere.

Pierre de la Haye écuyer de M. le maréchal de Schombert, étant décédé, Jean Roches mar-chand apothicaire de la ville de Paris fait aſſigner ſa veuve pardevant le prévôt de Paris, aux fins de lui payer la ſomme de ſix-vingts livres pour drogues & médicamens fournis tant au défunt qu'à ſa famil-le, aux années 1624, 1625, 1626, 1627 & 1628, que ledit de la Haye eſt décédé. La veuve pour exemptions offre de payer les drogues & médica-mens fournis par ledit Roches lors de la maladie dont ſon mari eſt décédé, & pour les années précé-dentes ſoutient que le demandeur n'y eſt recevable, attendu la preſcription de l'ordonnance & de la cou-tume de Paris. Le prévôt de Paris ou ſon lieutenant condamne la veuve défendereſſe de payer les drogues & médicamens fournis à ſon mari lors & au tems de ſa derniere maladie, & pour les années précé-dentes, ordonne qu'il en ſera délibéré au conſeil, dont ledit Roches interjette appel, pour lequel Me. Daniau dit, qu'il y a réquête pour l'évocation du principal, qui ne reçoit point de difficulté; néan-moins le prévôt de Paris y a fait breche par ſa ſen-tence, n'ordonnant que le payement de ce qui a été fourni lors de la maladie du défunt. La coutume de Paris art. 125, qui dit, que médecins, apothicai-res & chirurgiens doivent intenter leurs actions dans un an, & après ledit an ne ſont recevables, s'en-tend dans l'an à compter du jour de la derniere four-niture, & non point du jour de la premiere four-niture & délivrance. La coutume l'ordonne expreſſé-ment pour les gens de métier en l'*art.* 126, mais elle ne l'auroit pas omis pour les médecins, apothicaires & chirurgiens, dont elle parle en l'article précédent, ſi elle avoit voulu décider la même choſe. L'uſage a confirmé cette maxime particuliere à leur égard, & par arrêt rendu depuis peu en la cinquieme chambre des enquêtes, il a été ainſi jugé au profit d'un apo-thicaire nommé Joly, après lequel il conclut. Me. Latignan pour l'intimée dit, que la coutume parle de l'an de la fourniture, qui ne ſe peut entendre

que de la premiere, de celle qu'on demande, dont le payement ne peut point être couvert par une autre fourniture poſtérieure, qui n'a rien de commun avec la premiere. L'intimée & ſon mari ont été ablens de cette ville pendant l'an 1627 & partie de 1628. Pendant ce tems l'appellant ne leur a pu fournir aucunes drogues; & par conſéquent les fournitures faites aux années précédentes 1624, 1625, 1626, ſont preſcrites, même ſuivant la maxime de l'ap-pellant qui n'eſt pas véritable.

LA COUR mit l'appellation & ce, au néant; évoqua le principal, & y faiſant droit, condamna l'intimée de payer à l'appellant la ſomme de ſix vingts livres ſuivant ſes parties; & ſans dépens. Le mardi 22 février 1630, à l'audience de relevée, M. le préſident le Jay prononçant.

☞ Cet arrêt paroîtra peut-être contraire à l'art. 125 de la coutume de Paris; mais comme la coutume n'explique point de quel tems commence l'année, qu'elle accorde aux apothicaires; pour exercer leur action, & qu'elle ne définit point ſi c'eſt du jour de la premiere, ou de la derniere fourniture, les cours ſouveraines entrans dans l'eſ-prit de ceux qui ont préſidé à la rédaction de la coutume, ont décidé que l'année ne devoit com-mencer à courir que du jour de la derniere déli-vrance, par-là elles ont admiſe la diſtinction qu'ont faite les rédacteurs de la coutume ſur un autre ob-jet. En effet l'article 125 porte *que les médecins, chirurgiens & apothicaires, doivent intenter leurs ac-tions dans un an, & qu'après ledit an ils ne ſeront re-cevables*; au-lieu que par l'art. 126 il eſt dit, *mar-chands, gens de métiers, &c. ne peuvent faire ac-tion après les ſix mois paſſés du jour de la délivrance de leurdite marchandiſe ou denrée, ſi non qu'il y eût arrêté de compte, &c.*

Il eſt donc bien conſtant qu'en ce qui concerne les marchands, gens de métiers, &c. les rédac-teurs de la coutume ont inſéré dans leurs cahiers, que la preſcription de ſix mois commenceroit à cou-rir du jour de la premiere fourniture.

Or, ſi leur intention eût été qu'elle couriroit éga-lement contre les médecins, chirurgiens & apothi-caires, à compter de leur premiere viſite, pre-mier panſement ou premiere fourniture, il eſt vraiſemblable qu'ils l'auroient inſéré dans l'article 125, comme ils l'ont fait dans l'article 126. Mais cette fixation auroit été une erreur. La preſcription ne peut avoir ſon cours pendant qu'un médecin, chi-rurgien ou apothicaire continue à traiter, panſer un malade, ou à lui fournir des médicamens, quand la maladie dureroit deux ou trois ans, n'étant pas raiſonnable de les obliger de former la demande de leur ſalaire, ou payement de leurs médicamens, tandis qu'ils traitent le malade. *Non ceſſantibus non poteſt offi-cere preſcriptio. Lege ultimâ. Cod. De annali exceptione.*

Cette interprétation du tems auquel commence à courir la preſcription contre les médecins, chi-rurgiens & apothicaires, ſe rapporte à l'ordonnance de Louis XII, de l'an 1510, qui dit que *les ſer-viteurs & ouvriers ne peuvent former leur demande en ſalaire après un an paſſé, à compter du jour qu'ils ſont ſortis du ſervice de leurs maîtres*, & à l'article 127 de la coutume de Paris qui porte *que drapiers, merciers, &c. ne peuvent faire action ni demande de leurs marchandiſes, ſalaire & ſervice après un an paſſé, à compter du jour de la délivrance de leurs marchandiſes ou vacations, s'il n'y a cédule, obligation, arrêté de compte par écrit, ou interpel-lation judiciaire.* Effectivement, de même qu'il ne ſeroit pas naturel qu'un domeſtique qui demeu-roit chez ſon maître, qu'un journalier qui tra-vailleroit chez un laboureur, qu'un marchand qui fourniroit ſes pratiques, fuſſent privés de leur dû pour avoir négligé de former une demande qu'ils n'auroient peut-être oſé intenter, crainte de perdre ou leurs places ou leurs pratiques; de même il ſeroit ridicule de faire perdre à un médecin ſes vi-ſites, à un chirurgien ſes panſemens, à un apo-thicaire ſes fournitures, parce que pendant le tems de la maladie qui pourroit être plus longue que le tems accordé par la coutume, ils n'auroient pas formé

formé de demande contre les malades qu'ils auroient soignés, pansés, ou médicamentés.

Aussi, avant l'arrêt rapporté par Bardet, la jurisprudence qu'il constate étoit-elle suivie.

Brodeau en son commentaire sur l'art. 125 de la coutume de Paris, rapporte plusieurs arrêts qui ont jugé la même chose avant & depuis cette époque.

Le premier du 13 août 1589, au profit du sieur Lefevre médecin, contre les héritiers de M. de Saux sécretaire d'état.

Le second du 7 juin 1607, rendu à l'audience de la grand'chambre, M. le président de Harlay étant, au profit des apothicaires.

Le troisieme est celui rapporté par notre auteur.

Et le quatrieme est du 14 août 1635, rendu au rapport de M. Hennequin au profit de Simon Sequeville.

Cependant Brodeau observe que *la derniere de la derniere livraison s'entend quand il se rencontre dans les parties un intervalle d'un an, pendant lequel il n'a rien été fourni*; & il dit, que M. le lieutenant civil *d'Aubray tenant le siege du châtelet en août 1648, il avoit été jugé en l'audience que tout ce qui précédoit ledit intervalle avoit été prescrit.*

D'où il en faudroit conclure, d'après Brodeau, que toutes les fois qu'un apothicaire auroit fourni des drogues à un malade de 4 mois en 4 mois, ou même d'année en année consécutivement, sans qu'il y ait eu un intervalle d'un an, d'une fourniture à l'autre, l'apothicaire seroit toujours fondé à répéter le tout quand il n'auroit ni cédule ni obligation; & c'est ce qui paroît avoir été jugé par les arrêts ci-dessus cités, & notamment par celui rapporté par Bardet.

Mais en même tems, de la seconde branche du sentiment de Brodeau, on pourroit en induire que si par exemple un apothicaire avoit fourni en 1768, pour 12 ou 15 pistoles de médicamens à un malade, sans avoir arrêté ni cédule, ni s'être fait payer, & qu'en l'année 1770 il ait fourni au même malade pour 100 livres de drogues, & qu'ensuite il ait demandé au malade le payement non-seulement des drogues fournies en 1770, mais encore de celles fournies en 1768, le malade pourroit se dispenser de payer les drogues fournies en 1768, & ne seroit tenu que du payement de celles fournies en 1770, en opposant l'art. 125 de la coutume de Paris, comme une fin de non-recevoir insurmontable contre l'action que l'apothicaire voudroit exercer contre lui pour raison des médicamens fournis en 1768.

Mais malgré l'autorité d'un suffrage aussi respectable que celui de Brodeau, je crois que son sentiment mérite une distinction.

Si le malade qui se seroit fourni en 1768 chez l'apothicaire eût cessé de prendre chez lui de médicamens depuis cette époque, & qu'il se fût fourni chez un autre, & qu'ensuite l'apothicaire chez lequel il se seroit fourni d'abord, lui fournît des médicamens en 1770 & le fît assigner en payement des fournitures par lui faites en 1768, dans ce cas je me rangerois de l'avis de Brodeau, & soutiendrois avec lui que le malade pourroit avec succès opposer la fin de non-recevoir qui se tireroit de l'art. 125 de la coutume de Paris.

Mais si au-contraire le malade n'avoit pas quitté l'apothicaire & se fût fourni chez lui en 1770 des drogues qui lui auroient été nécessaires, en ce cas je penserois qu'il faudroit condamner le malade à payer les drogues à lui fournies en 1770, & par rapport à celles de 1768, ordonner qu'il seroit tenu d'affirmer, comme il les auroit payées; quoi faisant déchargé, & s'il refusoit de faire l'affirmation, le condamner au payement.

Je me déciderois d'autant plus volontiers pour ce parti, que l'art. 125 n'étant fondé que sur la prescription: & la prescription devant être accompagnée de la bonne foi, la condition des médecins, chirurgiens, apothicaires, ne doit pas être pire que celle de tous autres particuliers qui en demandant leur dû sans billet, sont dans le cas d'exiger l'affirmation de celui qu'ils attaquent comme leur débiteur.

Tome I.

De ceci il résulte donc, (& c'est l'espece jugée par l'arrêt rapporté par Bardet) que tant qu'il y a continuité de fournitures de la part d'un apothicaire sans qu'il y ait eu un intervalle d'une année de cessation, la fourniture dura-t-elle pendant 6 ans, l'apothicaire peut demander son dû, sans qu'on puisse lui opposer l'art. 125 de la cout. de Paris; que si au-contraire il se trouve un intervalle d'un an entre les fournitures, l'apothicaire n'aura d'action que pour la fourniture de la derniere année ou de la derniere maladie, & que pour les fournitures antérieures coupées par l'espace de plus d'un an, il ne pourra exiger que l'affirmation de celui qu'il attaqueroit comme son débiteur. Auzanet qui traite cette question, dit qu'elle ne fait plus de difficulté; qu'il a été jugé, & qu'il passe pour constant qu'en pareil cas le débiteur est obligé d'affirmer le payement, & que faute par lui de prêter le serment qu'on lui défere, sa condamnation devient inévitable.

Par rapport aux privileges de l'action des médecins, chirurgiens & apothicaires, cela nous rejette dans une autre question qui sera traitée dans les additions du chap. 102 ci-après.

CHAPITRE XCI.

Garde-noble acceptée ou omise par les pere ou mere, ne peut être reprise après leur décès par l'aïeul ou aïeule.

MAitre Alexandre Odespun sieur de la Meschiniere, avocat au parlement, & demoiselle Anne Fremont étoient mariés ensemble. Me. Alexandre Odespun décéda en 1616, délaissant deux enfans impuberes. Demoiselle Anne Fremont fut élue leur tutrice, & Me. Pierre Odespun leur aïeul fut élu tuteur subrogé. En 1629, la mere des mineurs étant décédée, il fut encore question de leur élire un tuteur : pour cet effet les parens étant assemblés pardevant le prévôt de Paris, ils élurent Me. Claude Fremont procureur en la cour de parlement, leur aïeul maternel, nonobstant l'empêchement de Me. Pierre Odespun leur aïeul paternel, qui soutint que la garde-noble desdits mineurs ses petits-enfans lui appartenoit, & lui devoit être déférée suivant la coutume de Paris. Pour cette raison il interjetta appel de la nomination du tuteur faite de la personne dudit Me. Claude Fremont. Me. Doublet pour l'appellant dit, que toute la question tombe sur l'interprétation de l'art. 265 qui porte, *qu'il est loisible aux pere & mere, aïeul ou aïeule nobles, demeurans dedans la ville de Paris ou dehors, accepter la garde - noble de leurs enfans après le trépas de l'un d'eux.* On ne peut point révoquer en doute l'extraction & la noblesse de l'appellant, dont les prédécesseurs ont vécu noblement ; ainsi pour ce chef la garde-noble de ses petits-enfans ne lui peut pas être disputée. Elle ne le peut pas être non plus sur l'interprétation de la coutume, qui a voulu & entendu que les pere, mere, aïeul ou aïeule eussent la garde-noble de leurs enfans, les uns après le décès des autres, & *ordine successivo* : autrement la coutume seroit absurde de n'avoir appellé l'aïeul & l'aïeule à la garde-noble de leurs petits-enfans, sinon au cas que leurs pere & mere fussent décédés ; parce qu'en ce cas ne pouvant point arriver que par le décès desdits pere & mere avenu en même instant, & c'est un cas auquel la coutume n'a jamais pensé, pour ne pouvoir arriver que rarement, & par quelque accident funeste & inopiné ; il faut inférer que la coutume comme loi municipale étant faite pour arriver aux cas qui arrivent ordinairement, a entendu que la garde-noble auroit lieu au profit de l'aïeul ou aïeule après le trépas du pere ou de la mere des petits-enfans. C'est l'opinion de Charondas & de M. Jourdain, conseiller en parlement, sur la coutume de Paris. *Quod de avo & avia dictum est, intellige, non existentibus patre & matre.* L'usage observé au châtelet de Paris vérifie cette maxime. On objecte quelques arrêts, & l'on prétend que la garde-noble une fois finie en la personne du pere ou de la mere, aïeul ou aïeule, ne peut plus revivre en la personne d'un des autres, & par conséquent que la mere des pupils n'ayant point accepté la garde-noble, il faut censer qu'elle est finie & expirée en sa personne, & ne peut point revivre en celle de l'aïeul. Quant aux arrêts, ils sont donnés du consentement des parties, & ne peuvent être tirés à conséquence, ni servir de préjugés. Pour la seconde objection, il y a bien de la différence entre une répudiation tacite, ou volontaire & expresse; la mere des pupils n'a accepté ni expressément répudié la garde-noble de ses enfans, mais tacitement seulement elle s'en est exclue, ayant accepté leur tutele purement & simplement, sans aucune protestation & réserve de la garde-noble; cette tacite répudiation de la mere ne pouvoit point faire de préjudice à l'aïeul, lequel après son décès peut justement demander ladite garde-noble, étant vrai de dire qu'elle n'a encore appartenu à aucune personne, & qu'elle n'a point été répudiée expressément & disertement, auquel cas l'aïeul l'eût acceptée. Quand on voudroit dire que la garde-noble seroit finie en la personne de la mere, l'on ne le pourroit soutenir que pour les biens du pere seulement, & non pour ceux de la mere, desquels subordinément la garde-noble ne pourroit être refusée à l'aïeul. La garde-noble est un droit favorable, honorable & peu profitable, *Joannes Faber ad. L. 1. C. de Nupt.* remarque qu'anciennement en France, elle appartenoit aux seigneurs hauts-justiciers, & leur ayant été ôtée, elle fut conservée aux pere, mere, aïeul ou aïeule par la plupart de nos coutumes, qui parlent plus clairement que celle de Paris, & expliquant ces mots, *après le trépas de l'un d'eux*, appellent à la garde-noble l'aïeul ou l'aïeule après le trépas du pere, ou de la mere. Celle de Paris l'a entendu ordonner, pour n'être point absurde & inutile envers l'aïeul & l'aïeule, qu'elle n'auroit point autrement compris ni appellés, si elle n'avoit entendu les gratifier de même que les pere & mere; mais elle auroit omis & exclus tacitement l'aïeul & l'aïeule, aussi-bien pour la garde-noble, comme elle a fait pour la garde bourgeoise, *article 266*, & par ces moyens conclut à ce que la garde-noble desdits mineurs soit déférée à Me. Pierre Odespuu leur aïeul paternel. Me. Gautier pour Me. Claude Fremont dit, qu'on s'est efforcé d'interpréter la coutume pour lui donner un sens contraire & étranger, comme si ceux qui l'ont rédigée, n'eussent pas su parler français, quoiqu'ils fussent les plus savans & habiles hommes de leur siecle, & qu'il n'y ait rien de si clair & intelligible. La garde-noble des enfans est déférée au pere, à la mere, à l'aïeul & à l'aïeule; mais elle n'est déférée à l'aïeul ou à l'aïeule qu'en défaut du pere & de la mere, étant prédécédés, ou bien ne voulant point accepter la garde-noble, mais la répudiant. C'est ce que la coutume a entendu par ces mots, *après le trépas de l'un d'eux*. Cette interprétation est conforme à la disposition de la plupart des coutumes de ce royaume, qui portent que la garde-noble appartient à l'aïeul ou à l'aïeule, seulement quand les pere & mere sont décédés, ou qu'ils répudient ladite garde-noble; autrement il la faudroit faire passer par divers degrés, & diverses fortunes du pere ou de la mere, de l'aïeul & de l'aïeule, les uns après les autres, ce qui est directement contraire à la disposition de la coutume, dont l'art. 266 veut que la garde-noble soit finie par le convol en secondes noces de celui auquel elle appartient, & qu'elle ne remonte & ne revive point en la personne d'un autre ascendant. Ainsi la mere des pupils ayant tacitement répudié la garde-noble par l'acceptation pure & simple de la qualité de tutrice, l'aïeul appellant l'a pu lors demander & accepter, mais ne l'ayant fait, il n'y est plus recevable. C'étoit comme une option, une condition, *quæ simul & semel adimpleri debet in forma specifica : conditio hæc talis est, ut semel adimpleri debeat, L. 10. De*

condito & demonstrat. La garde-noble est odieuse, étant très-onéreuse aux pupils, puisqu'elle leur ôte la jouissance de tout leur bien, pour la donner aux pere, mere, aïeul ou aïeule en pur profit, & ils sont seulement tenus de nourrir leurs enfans. La question a été jugée *in individuo* par trois arrêts qu'il a communiqués, l'un contre M. Fleurette conseiller en la cour; l'autre contre M. Barantin, & l'autre contre M. Girard, après lesquels il conclut à ce que l'appellant soit déclaré non-recevable en son appel, & débouté de sa demande, sans les conclusions touchant la garde-noble.

M. l'avocat général Talon dit, que la décision de la cause est importante. On ne peut point étudier les mots ni le sens de la coutume rédigée sous M. le premier président de Thou, l'un des plus savans hommes de son siecle. Ces mots, *après le trépas de l'un d'eux*, s'entendent du tems auquel la garde-noble est déférée, qui est lorsque le pere ou la mere sont décédés, n'y ayant point d'ouverture autrement. C'est à l'option de celui qui survit, d'accepter la garde-noble de ses enfans, & s'il la repudie, l'aïeul ou l'aïeule survivans la peuvent accepter; mais ayant été une fois acceptée, & venant à finir & expirer, ou par le second mariage du pere ou de la mere, ou par leur décès, pour lors elle ne peut plus revivre ni renaître en la personne de l'aïeul ou de l'aïeule, n'étant pas juste de les charger les pupils de double, même de triple garde-noble en la personne du pere & de la mere, & après eux de l'aïeul ou de l'aïeule successivement. La mere des pupils n'a accepté leur garde-noble, a pris une qualité de tutrice purement & simplement sans aucune protestation, elle y a tacitement renoncé; l'aïeul appellant pouvoit lors demander la garde-noble, ce qu'il n'a pas désiré en ce tems-là, parce qu'elle n'étoit pas avantageuse; mais leur étant arrivé beaucoup de biens depuis, il riche de l'avoir à présent : ce qui n'est pas raisonnable.

LA COUR mit l'appellation au néant; ordonna que ce dont étoit appel, sortiroit son plein & entier effet; & pour le regard de la garde-noble demandée par l'aïeul, sur cette demande mit les parties hors de cour & de procès, sans dépens. Le jeudi dernier jour de février 1630, M. le président le Jay prononçant.

* L'arrêt est cité dans du Fresne, & l'on peut voir celui du 15 janvier 1631, ci-après.

☞ Cet arrêt est fondé sur ce principe, que les mineurs ne peuvent tomber qu'une seule fois en garde.

On peut encore observer à ce sujet que les revenus des biens substitués ne tombent point en garde, parce qu'ils ne font point partie des biens du grevé. C'est ce qui a été jugé le 21 mars 1765, au rapport de M. l'abbé Terray, entre le marquis de Puysegur & le tuteur *ad hoc* de son fils.

CHAPITRE XCII.

Partie civile qui a fait cession de son intérêt civil, n'en peut être restituée.

JEan Jacquinot sieur de Marville près de Langres, ayant tué Catherine Cotenet d'un coup de pistolet, & pour raison de cet homicide, accusé par-devant le juge de Langres, appréhendant cette poursuite, interjetta appel du décret de prise de corps, obtint lettres de rémission, & cependant fit faire cession & transport de l'intérêt civil que pouvoit prétendre contre lui Claude Cotenet, frere germain de ladite Catherine Cotenet homicidée, au profit de Jacques Ban son ami affidé, afin de faire plus facilement entériner ses lettres de rémission, n'ayant point de contradicteur ou en ayant un duquel il pouvoit s'assurer. Mais Claude Cotenet se repentant d'avoir fait cession de son intérêt civil, voulut demeurer en cause nonobstant ladite cession; sur quoi Me. Chamillart plaidant pour ledit Jacquinot appellant dit, qu'il n'échet au principal que de régler les parties de juges. Quant à Cotenet, qu'il ne peut demeurer en sa cause, ni être partie, attendu qu'il a cédé son intérêt civil, & n'en pourroit être relevé quand il auroit des lettres. Il a été ainsi jugé en 1624, au profit du sieur de Lasin de Montboissier, accusé d'avoir tué Dumas son officier, dont la veuve ayant cédé ses droits & intérêt civil, obtint lettres pour être restituée contre cette cession faite par force & violence d'un seigneur haut-justicier; néanmoins elle fut déboutée de l'entérinement, tel intérêt que pécuniaire, douteux & incertain, dépendant de l'arbitrage du juge. Et conclut M. Talon pour Cotenet dit, que le crime est atroce, un homicide commis le jour de pâques dans l'église: la cession a été extorquée par force & violence. Me. Baillot pour Ban cessionnaire dit, que pour son intérêt il se remet à la prudence de la cour d'en ordonner.

LA COUR renvoya les parties, charges & informations pardevant le bailli de Troyes, ou son lieutenant criminel, par lequel elle ordonna que le procès seroit fait & parfait audit Dumas accusé, à la requête du substitut de M. le procureur général, & à la diligence de Ban cessionnaire de Cotenet seul; sans dépens. Le samedi 2 mars 1630, à l'audience de la tournelle, M. le président Seguier prononçant.

L'auteur a cité un autre arrêt du 13 juillet 1652, au profit de Pierre du Chany, qui débouta demoiselle Marguerite de Gironde, veuve de Jean de Chalouze, & ses enfans, des lettres de rescision obtenues contre une pareille cession de droits & intérêts civils.

CHAPITRE XCIII.

Relief est dû par le second mariage de la femme, quoiqu'il n'y ait communauté de biens.

Dame Magdeleine Texier, veuve du sieur de Montbrun, convola en secondes noces avec le sieur marquis de Dampierre. Les abbesse & couvent de l'abbaye de Gip firent procéder par saisie & arrêt des fruits de la terre d'Invilliers, appartenante à ladite dame de Dampierre, comme mouvante & portée en fief de ladite abbaye, & soutinrent que le droit de relief & de rachat leur étoit dû par le moyen du second mariage de ladite dame de Dampierre. Elle y fut condamnée par sentence du prévôt de Paris, qui confirma ladite saisie & arrêt, & interjetta appel, pour laquelle Me. Chappellier dit que le droit de rachat ou de relief n'est dû au seigneur de fief dominant qu'à cause de la mutation & changement de vassal; ce qui n'est point arrivé, quoique ladite dame appellante ait convolé en secondes noces, parce que par son contrat de mariage elle a expressément réservé qu'il n'y auroit aucune communauté entre son mari & elle, & qu'elle jouiroit séparément de son revenu. Par le moyen de cette réserve son mari ne prenant point les fruits de la terre d'Invilliers, on ne peut pas dire qu'il y ait aucune mutation de vassal; mais la chose demeure au même état qu'elle étoit auparavant. Me. Charles du Moulin sur le 25 art. de l'ancienne coutume de Paris, est de cet avis, que toutes fois & quantes qu'il n'y a point de communauté entre le mari & la femme, & que le mari ne prend que les biens dotaux, on ne doit aucun rachat ni relief, comme n'y ayant point de communauté. Cela a été ainsi jugé par plusieurs arrêts rapportés par M. Louet & autres qui les ont recueillis. Et conclut au mal jugé, & à la main-levée des fruits saisis. Me. Soreau pour les intimées dit, que c'est une nouvelle interprétation, que l'appellante veut apporter à l'art. 37 de la coutume de Paris, par lequel en cas de secondes noces est dû relief au seigneur de fief dominant. On l'en a voulu exclure & frustrer par le moyen de la convention apposée au contrat de mariage: ce qu'on n'a pu faire. La coutume parle simplement & nuement des secondes

noces, qui sont noces, quoiqu'il n'y ait point de communauté de biens entre le mari & la femme, laquelle passe en la main & en la puissance de son mari; & il y a une telle mutation en sa personne, qu'il faut faire la foi & hommage, & payer relief au seigneur de fief dominant. Du Moulin même a reconnu cette mutation notable en la personne de la femme, *quæ minimam patitur capitis diminutionem*, & à l'égard de laquelle on peut appeler le mariage *servitutem liberam*. Mais son opinion n'a point été suivie au palais, parce qu'elle étoit appuyée sur un fondement erroné, qui est que la femme non commune & séparée de biens peut agir, contracter, s'obliger & disposer de son bien, comme si elle n'avoit point été mariée: erreur qui a été condamnée par l'opinion commune de tous ceux qui ont depuis écrit. Ainsi il ne faut s'arrêter aucunement à l'opinion de du Moulin, mais considérer simplement qu'il y a eu mariage bon & valable, par le moyen duquel le relief est dû, y ayant mutation de vassal. La dame appellante l'a point été reconnu, parce qu'elle étoit mendié & requis l'autorité de son mari pour faire la foi & hommage; ce qui n'auroit point été nécessaire, si cette convention portée par son contrat de mariage avoit été considérable. Cette question a été jugée *in individuo* par arrêt du 10 mars 1629, rendu en la coutume de Chartres, pareille à celle de Paris, même plus rigoureuse, en ce que le relief ou rachat est dû aux premieres noces, qui en sont toutes exemptes en celle de Paris. Par cet arrêt une dame a été condamnée au payement du relief ou rachat, quoique par son contrat de mariage elle eût stipulé qu'il n'y avoit point de communauté entre son mari & elle, & qu'elle jouiroit de son bien, comme a fait la dame appellante, contre laquelle il demande pareil arrêt confirmatif de la sentence dont est appel.

M. l'avocat général Talon dit, que la décision de cette cause dépend de la lecture de quatre articles de la coutume de Paris: du 33, qui veut qu'en toutes mutations de fief il soit dû relief & rachat: du 36, qui excepte de la charge de relief & rachat, la mutation arrivant par le premier mariage d'une fille, à laquelle est échu un fief en ligne directe: du 37, qui veut que le relief ou rachat soit dû par la mutation survenante en la personne de la fille par un second, ou troisieme mariage; & enfin du 38, qui veut que le relief soit dû en toutes mutations par premier, second ou troisieme mariage, pour raison du fief échu en ligne collatérale. De la disposition de ces quatre articles la décision de cette cause est facile. Réguliérement le relief est dû à toutes mutations. De cette regle le premier mariage comme très favorable est exempt; mais le second ou troisieme mariage qui ne méritent pas pareil privilege, ne le sont pas, & sont sujets au relief selon la regle, à laquelle on oppose une convention faite entre le mari & la femme de n'avoir point de communauté: mais telle paction ne peut préjudicier au seigneur de fief, qui a la coutume expresse pour lui, laquelle n'a point eu d'égard ni de respect aux choses, c'est-à-dire, à la jouissance & dépouille des fruits, mais seulement aux personnes infiniment plus nobles & plus relevées, & pour lesquelles toutes choses ont été créées, l'homme ayant été créé le dernier. La coutume a consideré le mariage comme sacrement, comme vraie union du mari & de la femme, & non point une communauté de biens, qui n'opere ni, n'empêche la mutation en la personne de la femme. La question avoit été jugée *in individuo* par l'arrêt rendu en 1629, allégué par les intimés. La cause s'étant présentée en l'audience sur la contrariété d'arrêts rapportés de part & d'autre, la cour jugea à propos de voir lesdits arrêts, ce qu'elle fit, & avec grande connoissance de cause rendit celui qu'on allegue, qui doit servir de regle & de loi. Conclut pour les intimés; néanmoins qu'il n'est dû qu'un simple rachat, & non pas tous les fruits depuis la saisie.

LA COUR mit l'appellation au néant; ordonna que ce dont étoit appel, sortiroit son plein & en-

tier effet, & néanmoins que la faisie ne tiendroit
que pour le droit de relief ou rachat seulement. Le
5 mars 1630, M. le préfident le Jay prononçant.
   * L'arrêt est cité dans du Fresne.

1630.

CHAPITRE XCIV.

*Donation d'un fief par la mere à fes enfans puînés,
dans la coutume d'Amiens, leur tient lieu du
quint hérédital, & les portions des puînés décédés même avant la mere, accroiffent aux autres
puînés à l'exclufion de l'aîné.*

Gabrielle de Saveufe, veuve du fieur de Fou-
caucourt, de Picardie, n'ayant qu'un fils unique de ce premier lit, en 1696 convola en fecondes
noces avec le fieur du Fayet. En faveur du mariage
ladite dame de Saveufe fit donation entre vifs de
la terre & feigneurie de Querieux aux enfans qui
naîtroient dudit mariage, également : duquel étant
iffus dix enfans, entre iceux & le fils du premier
lit fe meut conteftation pardevant le bailli d'Amiens
touchant la donation de ladite terre de Querieux,
laquelle ayant été faifie à la requête des enfans du
fecond lit, & le bailli d'Amiens en ayant fait main-
levée à l'aîné fils unique du premier lit, les enfans du
fecond lit en interjetterent appel, pour lefquels Me.
Brodeau dit, que la coutume d'Amiens traite fi rude-
ment les puînés, qu'elle ne leur donne à tous ensemble
qu'un quint hérédital, & tout le refte de la fucceffion
à l'aîné. La donation de la terre de Querieux faite
aux appellans leur tient lieu de quint hérédital, parce
qu'ils ont répudié la fucceffion de leur mere. En la
forme, on n'y peut rien trouver à redire ; mais on
objecte qu'en matiere de donation entre vifs & autres contrats, *non eft locus juri accrefcendi*, & que
cinq eufans étant décédés du vivant de la mere,
leur portion a appartenu à la mere donatrice *jure
reverfionis*, & après le décès de la mere, à l'aîné,
puifque les intimés ont répudié fa fucceffion. Mais
il y a double réponse à cette objection. L'une, que
quoique régulièrement *non fit locus juri accrefcendi
in contractibus*, toutefois il faut confidérer que la
donation dont étoit queftion, a été faite *liberis naf-
cituris nomine collectivo*, auquel cas les uns venans
à décéder, leur portion appartient aux autres.
L'autre réponse eft, que cette donation tenant lieu
aux appellans de quint hérédital, & par la coutume
les portions des enfans puînés décédés appartenans
entiérement aux autres puînés, & non à l'aîné, il
n'y a apparence en l'objection, parce que *fubrogatum
fapit naturam fubrogati*. Me. Chamillart pour le fils
aîné intimé dit, que la prétendue donation faite aux
appellans eft nulle au moyen d'autre donation précédente faite en faveur des enfans du premier lit. Quand
elle feroit bonne, il la faut toujours réduire & reftraindre aux parts & portions des enfans qui ont
furvécu la mere donatrice, parce que *in contractibus
non eft locus juri accrefcendi*, par une maxime certaine de droit, fuivant laquelle les parts & portions de ceux qui ont précédé la mere, lui ont appartenu *jure reverfionis* ; & s'ils avoient été majeurs
& contracté des dettes, leurs créanciers auroient
été bien fondés à demander leurs portions de ladite
donation. La maxime *Subrogatum fapit naturam fubrogati*, n'a lieu que *in univerfalibus* ; & l'on ne
peut pas dire, que cette donation foit fubrogée au-
lieu du quint hérédital que l'intimé offre aux appellans.

    LA COUR mit l'appellation & ce, au néant ;
évoqua le principal, & fur icelui appointa les parties en droit, & cependant ordonna que les enfans du fecond lit jouiroient de la terre de Querieux. Le jeudi 14 mars 1630, M. le préfident le
Jay prononçant.

    * L'arrêt eft cité dans Brodeau, lett. D. fomm. 13,
avec le définitif intervenu en conformité du provi-
foire.

CHAPITRE XCV.

*Arbalêtriers ou tireurs d'oifeaux avec des fleches,
font tenus civilement des dommages, intérêts envers les paffans qui font fortuitement bleffés.*

LE mardi 9 avril 1630, en l'audience de relevée, Me. Coignet plaida la caufe de la communauté des francs-archers ou arbalêtriers de la
ville de Meaux, appellans de la fentence du bailli
de Meaux ou fon lieutenant, par laquelle ils avoient
été condamnés de payer une provifion de la fomme
de fix-vingts livres à Gafpard Marbriffon, jeune
garçon âgé d'onze ou douze ans, qui avoit été
bleffé d'un coup de fleche décochée par l'un de ceux
de la communauté, lorfqu'ils étoient au champ ordinaire
pour tirer au prix, & à abattre l'oifeau, qu'ils appellent le papegay ; & pour moyens d'appel difent,
qu'on ne peut point accufer les appellans d'aucun
crime, ni d'aucune malice, auffi on les a fait affigner *nomine collectivo*, pour fe voir condamner à
faire panfer & médicamenter l'intimé, ou bien
nommer celui d'entr'eux qui l'a bleffé ; ainfi il n'y
a eu aucune préméditation ni malice. Il n'y a non
plus aucune faute, parce que *dabant operam rei li-
citæ*, ils s'exerçoient à tirer, & à un exercice permis & approuvé par le magiftrat, même louable
& néceffaire, parce que par ce moyen la jeuneffe
fe rend capable de fervir le roi & l'état. C'étoit un
lieu deftiné & accoutumé ; & les appellans ne font
point en faute. *Si cùm alii in campo jaculantur,
fervus per eum locum tranfierit, Aquilia ceffat, quia
non debuit per campum jaculatorium iter intempeftivè
facere*, L. 9. §. 4. *Ad legem Aquiliam*. Il y a requête pour évoquer le principal ; mais il y a mieux
de raifon qu'en la provifion. Et conclut. Me. Lambin pour l'intimé dit, que c'eft un pauvre garçon
orphelin, qui n'a point, ou peu de bien, & a été
malheureufement eftropié par le fait des appellans
qui font riches, & ne peuvent éviter la condamnation de quatre ou cinq mille livres, ou d'une provifion de trois cents livres pour l'entretenir le refte de
fes jours, à quoi il conclut.

    M. l'avocat général Bignon dit, que la queftion eft
de voir s'il y a crime, faute, ou non. Les
appellans difent qu'il n'y a ni crime ni faute, parce
que *dabant operam rei licita* ; & que n'y ayant que
de la faute fortuit, ils n'en peuvent être tenus. Mais il
faut confidérer que cet exercice n'eft aucunement
néceffaire, n'étant plus en ufage aux armées ; ainfi
c'eft un jeu & paffe-tems qui eft fimple, auquel
s'occupent les appellans, qui par conféquent font
refponfables des dommages & intérêts que l'intimé
a foufferts par le moyen de leur jeu. On ne veut
pas les rendre coupables ni criminels, mais feulement refponfables civilement, & la cour peut arbitrer telle fomme qu'il lui plaira pour l'entretien
de ce pauvre garçon.

    LA COUR mit l'appellation au néant ; ordonna
que ce dont étoit appel, fortiroit fon plein & entier
effet ; évoquant le principal & y faifant droit, condamna folidairement les appellans à payer à l'intimé
la fomme de fix cents livres, laquelle feroit employée par fon tuteur fuivant l'avis des parens, pour
aider à le nourrir & entretenir, & fauf à régler
ladite fomme entre les appellans.

    * Par le motif qui détermina M. l'avocat géné-
ral, il femble que l'arrêt ne pourroit être tiré à
conféquence contre ceux qui tirent l'oifeau avec
le moufquet ou fufil, parce que leur exercice peut
former des foldats & être utile à l'état.

    ☞ On pourroit même ajouter à la réflexion de
M. Berroyer, qu'il ne faut pas regarder ces jeux
auxquels ont été fubftitués & réunis ceux de l'arquebufe, comme un fimple paffe-tems. C'eft une école
deftinée à former des foldats ; en un mot, un corps
établi en vertu de lettres patentes, qui, en leur con-

férant

férant différens privileges , les affujettit à la néceffité de leurs exercices & à l'obligation de marcher au fecours de l'état dans certains cas. *Vide* Brillon , dictionnaire des arrêts , aux mots *arbalêtriers & arquebufe.*

Denifart, au mot *arquebufe* , rapporte un arrêt du 27 janvier 1738 , rendu contre les arquebufiers de la ville de Nevers dans une efpece à-peu-près femblable.

Un jour d'affemblée des chevaliers de l'arquebufe de Nevers , 10 ou 12 d'entr'eux , après avoir tiré l'oifeau , s'aviferent de tirer contre une chéminée.

Ces coups de fufils répétés occafionnerent un éboulement de platras , qui écraferent un boulanger. Sa femme mineure & chargée de trois enfans , rendit plainte contre le corps de l'arquebufe , fur laquelle le lieutenant criminel de Nevers lui adjugea , *ex définitis* , 2000 liv. de dommages intérêts feulement , contre ceux qui avoient tiré.

L'appel de cette fentence fit la matiere d'une caufe , dans laquelle M. l'avocat général démontra que le corps des arquebufiers étoit folidairement refponfable des dommages intérêts qui devoient être accordés à la veuve & aux enfans du boulanger. Pour quoi il conclut à ce que , avant faire droit , le corps de l'arquebufe fût mis en caufe.

Par l'arrêt cité les conclufions de M. l'avocat général furent fuivies , & les accufés condamnés à payer une provifion de 500 liv.

Ce qui fait connoître que la cour ne confidéra pas comme un jeu , ni un fimple paffe-tems , les exercice de l'arquebufe , qu'au-contraire elle les envifagea comme les exercices néceffaires d'un corps & compagnie formée ; mais en même tems qu'elle jugea que le corps entier devoit être refponfable des fautes commifes par fes membres , fans quoi la mife en caufe de tout le corps devenoit inutile.

CHAPITRE XCVI.

Contre-lettres hors contrat de mariage font nulles , même à l'égard du mari qui les a données.

Maître Jean Labre lieutenant en l'élection de Château-Thierry , le 20 janvier 1628 , contracta mariage avec Anne Pajot , fille de Pierre Pajot apothicaire de ladite ville. Me. Claude Labre prêtre , oncle paternel du futur époux , intervint au contrat de mariage , & en faveur d'icelui fit donation de deux domaines à Me. Jean Labre fon neveu , & promit encore de le rendre franc & quitte de toutes dettes contractées avant ledit contrat de mariage , foit à caufe de fon office de lieutenant en l'élection ou autrement. Au préjudice de cette promeffe d'acquittement de toutes dettes , Me. Jean Labre donne une contrepromeffe à fon oncle paffée pardevant notaires , par laquelle il lui promet qu'il ne payera aucunes defdites dettes ; & qu'au cas qu'il en fût pourfuivi pendant fa vie , il l'en acquittera & indemnifera. Quelque tems après Me. Jean Labre étant pourfuivi , même emprifonné pour le payement d'une fomme de quatre mille livres , Me. Pierre Pajot fon beaupere pour le libérer , en prit caution , & en vertu d'icelle fit inftance à Me. Claude Labre pardevant le prévôt de Paris aux fins de payer ladite fomme , à quoi faire il eft condamné , nonobftant la contrepromeffe , comme nulle & vicieufe , dont il interjetta appel , pour lequel Me. Rofée dit , qu'à l'égard du beau-pere & de ladite Anne Pajot fa fille , il ne veut pas foutenir l'appel , parce que la contrepromeffe à leur regard eft nulle ; ce font tierces perfonnes qui avoient un droit acquis par le contrat de mariage , auquel on ne pouvoit faire aucun préjudice par une contrepromeffe poftérieure. Mais à l'égard de Me. Jean Labre donataire , la contrepromeffe eft bonne & valable , parce qu'il n'a pas remis & quitté abfolument l'acquit & payement des dettes qu'il avoit promis de faire pour lui ; mais feulement par cette contrepromeffe il a promis qu'il n'en feroit point recherché , pourfuivi ni inquiété pendant fa vie. C'eft

Tome I.

une remife & libération pour un tems feulement ; ainfi elle eft bonne , valable & non réprouvée. Par arrêt , femblable contrepromeffe , par laquelle un gendre avoit remis & cédé à fon beau-pere la jouiffance d'un domaine , qu'il lui avoit donné en faveur de mariage , & duquel il devoit jouir dès la confommation d'icelui , a été approuvée , parce qu'il n'y alloit que des fruits de ce domaine , defquels il pouvoit librement difpofer. Et conclut au mal jugé , & à l'entretenement de la promeffe. Me. Aymeric pour Me. Jean Labre intimé dit , que cette contrepromeffe eft nulle , comme extorquée de l'intimé par fon oncle , par le pouvoir & autorité qu'il avoit fur lui , tant en confidération des donations qu'il lui avoit faites , que par la qualité d'oncle paternel. Si la contrepromeffe étoit entretenue , ce feroit rendre la donation fans effet & inutile. Me. Doublet pour Pierre Pajot & fa fille dit , que ce n'eft pas affez , que l'appellant acquiefce à fon appel à leur égard ; mais il y doit acquiefcer auffi à l'égard de Me. Jean Labre , parce que fi la contrepromeffe fubfiftoit à fon égard , la fentence leur demeureroit inutile , & ils en recevroient une grande perte & dommage , à caufe de la communauté ftipulée par le contrat de mariage , à laquelle on n'a pu faire aucun préjudice par cette contre-lettre. Et conclut à ce que la fentence foit confirmée , tant à l'égard du mari , que de la femme & beau-pere intimés.

M. l'avocat général Bignon dit , que juftement les contrepromeffes font réprouvées aux contrats de mariage , & il feroit de trop périlleufe conféquence d'y pouvoir déroger par telles voies occultes & fecretes. On reconnoît bien que celle en queftion eft nulle à l'égard de la femme ; mais on la veut faire trouver bonne & valable à l'égard du mari , & par ce moyen divifer la caufe ; ce qu'on ne peut pas : car autrement la femme ne tireroit aucun fruit de la nullité de contrepromeffe ni de la fentence ; la communauté d'entre fon mari & elle pouvant être affoiblie & diminuée , même abforbée par le payement des dettes & par l'exécution de cette promeffe , qu'il échet d'annuller en tout & confirmer la fentence à l'égard du mari , de la femme & du beaupere.

LA COUR mit l'appellation au néant ; ordonna que ce dont étoit appel , fortiroit fon plein & entier effet , néanmoins fans dépens. Le vendredi 11 avril 1630 , à l'audience de relevée , M. le préfident le Jay prononçant.

CHAPITRE XCVII.

Union d'une cure au chapitre eft valable , en nommant un vicaire perpétuel.

La cure de faint Cyr d'Iffoudun avoit été unie au chapitre de la même ville par bulles de l'an 1371 , qui portoient que le chapitre feroit tenu de nommer & préfenter une perfonne fuffifante & capable à M. l'archevêque de Bourges , pour être pourvu en qualité de vicaire perpétuel pour deffervir le bénéfice & cure unie. Le chapitre ayant fimplement commis un prêtre de tems en tems , auquel il bailloit à ferme pour trois ou quatre années la defferte de cette cure , même l'ayant baillée à ferme de cette forte à Me. Jean Perault prêtre , qui reconnut le titre & l'union de cette cure faite au chapitre , fe fit pourvoir en cour de Rome de la vicairie perpétuelle de ladite cure , comme vacante par le décès du dernier poffeffeur , *aut alias quovis modo.* En vertu de ces provifions il prend poffeffion & fait affigner le chapitre pardevant le prévôt de Paris , où il obtient fentence , par laquelle après avoir donné caution comme dévolutaire , la récréance du bénéfice lui eft adjugée , dont le chapitre interjette appel , pour lequel Me. Maffac dit , qu'il a été mal jugé en la forme & au fonds. En la forme , parce qu'on a adjugé la récréance à un dévolutaire avant qu'il eût fait reconnoître fes provifions par des banquiers de cour de Rome. Au principal , il y a de la perfidie

Mmmm

1·6·3 0.

de la part de l'intimé, lequel étant comme domeſtique des appellans & ayant connu leur ſecret, les a trahis par le moyen des proviſions qu'il a obtenues. Il n'allegue aucuns moyens d'abus contre l'union; auſſi après un ſi long tems que celui qui s'eſt écoulé depuis 1371, *omnia præſumuntur ſolemniter acta*. L'union eſt auſſi faite pour bonne & juſte cauſe, afin de donner le moyen au chapitre de vivre & de mieux faire le ſervice. Le chapitre a pu commettre le prêtre que bon lui ſembloit pour la deſſerte de cette cure, & il en eſt reſponſable. La cure & le chapitre ſont dans une même égliſe; ainſi le chapitre peut avoir l'œil à ce que la cure ſoit mieux ſervie. Les arrêts ont approuvé telles unions, & rejetté tels dévolutaires. Celui de Langres & celui des religieuſes du Paraclet, où il s'agiſſoit d'une pareille perfidie, ſont notoires. Et conclut. Me. Galland le jeune pour l'intimé dit, que la cauſe ayant été plaidée au châtelet, elle a été trouvée ſi juſte de la part de l'intimé, qu'on n'a pu lui dénier la récréance du bénéfice contentieux. Il n'impugne point l'union prétendue par les appellans faite à leur chapitre, il ſe contentoit d'être leur vicaire perpétuel, & en cela il ſe ſert de la bulle de leur union qui les y oblige. La cure n'eſt point unie au corps du chapitre, mais à la dignité du doyen: ce qui eſt incompatible. Aulieu d'avoir un vicaire perpétuel pour bien & duement deſſervir le bénéfice, le chapitre le met à l'enchere & l'adjuge à celui qui le met au plus haut prix, c'eſt-à-dire, met le ſoin & la charge des ames à plus vil prix & au rabais: c'eſt ordinairement le plus ignorant prêtre qui ſe peut trouver. Cela n'eſt pas tolérable, & peut être corrigé par le moyen d'un vicaire perpétuel. Les arrêts de Langres & du Paraclet ne ſont aucunement en l'hypotheſe. Et conclut au bien jugé, & qu'évoquant le principal, l'intimé ſoit maintenu au bénéfice.

M. l'avocat général Talon dit, qu'en la forme c'eſt une grande faute d'avoir adjugé la récréance d'un bénéfice ſur des ſignatures de cour de Rome, ſans être vérifiées par banquiers, n'étant auparavant que ſimples écritures privées. Au principal, quoique les unions ne ſoient pas favorables, néanmoins il n'y a pas lieu de conteſter celle en queſtion. Véritablement elle eſt faite à la dignité de doyen, mais pour cela il ne prend pas les fruits, c'eſt le chapitre qui le peut valablement, mais qui ne s'acquitte pas comme il doit de la deſſerte de la cure unie, la baillant à deſſervir au rabais, & à des prêtres qui n'en ont point de ſoin. Il eſt néceſſaire que la cour y pourvoie par ſa prudence. Mais quant à l'intimé, il eſt indigne du bénéfice par la perfidie qu'il a commiſe contre les appellans. Les arrêts de Langres & du Paraclet, qu'on a rapportés, ſont en pareilles eſpeces. Et conclut pour les appellans.

LA COUR mit l'appellation & ce dont étoit appel, au néant; évoqua le principal, & y faiſant droit, maintint les appellans en la poſſeſſion & jouiſſance de la cure de ſaint Cyr; leur enjoignit néanmoins à l'avenir de préſenter une perſonne idoine & capable à M. l'archevêque de Bourges, pour être par lui pourvue de la vicairie perpétuelle de ladite cure, & icelle deſſervir; ſans dépens. Le lundi 15 avril 1630, M. de Champigny premier préſident prononçant.

* L'arrêt eſt cité dans du Freſne.

CHAPITRE XCVIII.

Demande & condamnation d'intérêts contre l'un des débiteurs ſolidaires, opere contre tous les coobligés non pourſuivis, tant pour le principal, qu'intérêts.

JEan du Bois écuyer ſieur de Chaſſemaiſon & Antoine Delorme s'obligent ſolidairement pour la ſomme de trois mille livres à Jacques Dulac en 1595. Le terme de payer cette ſomme étant expiré, le créancier fait aſſigner Delorme ſeul pardevant le prévôt de Paris, aux fins de ſe voir condamner au payement des intérêts de cette ſomme de 3000 liv.

tant qu'on ſera en demeure du payement; ce qui eſt ainſi jugé par ſentence dudit prévôt de Paris de 1597. En 1626, Dulac fait aſſigner la veuve & héritiers du ſieur de Chaſſemaiſon pardevant le même prévôt de Paris aux fins de ſe voir condamner au payement de cette ſomme de 3000 livres en principal, & aux intérêts depuis le jour de la demande d'iceux faite à Delorme l'un des coobligés, condamné par la ſentence de 1597. La veuve & héritiers du ſieur de Chaſſemaiſon offrent de payer les 3000 livres de principal, mais ſoutiennent n'être tenus au payement des intérêts que du jour qu'ils ont été aſſignés pour ſ'y voir condamner, & non du jour que Delorme a été aſſigné. Néanmoins le prévôt de Paris rend une ſeconde ſentence, par laquelle il condamne la veuve & héritiers du ſieur de Chaſſemaiſon au payement de la ſomme de 3000 livres en principal, & aux intérêts depuis l'an 1597, que Delorme avoit été aſſigné & condamné au payement d'iceux, dont la veuve & héritiers du ſieur de Chaſſemaiſon interjettent appel, pour leſquels Me. le Verrier dit, que pour le principal de 3000 liv. on ne ſe plaint point de la condamnation: on a offert de payer cette ſomme. Mais il n'y a aucune apparence. Les intérêts *moribus noſtris* ne ſe peuvent prétendre ni demander par la ſeule demeure & retardation du payement de la ſomme due, non pas même en vertu d'une ſtipulation, quand elle auroit été appoſée en une obligation de pur prêt, qui n'engendre aucuns intérêts de ſoi, mais ſeulement par le moyen de la ſeule ſommation du payement & demande des intérêts faite & pourſuivie en jugement & ſentence ſur ce intervenue, la ſommation & interpellation ne pouvant avoir un effet que contre celui ſeul qui a été ſommé par une conſéquence néceſſaire contre lui ſeul pareillement ſe doit reſtraindre la condamnation des intérêts intervenue: autrement il ſeroit au pouvoir d'un codébiteur de mauvaiſe foi, colludant avec ſon créancier commun, de conſentir une condamnation de dépens, dommages & intérêts au préjudice de ſon codébiteur, & le ruiner par ce moyen, en faiſant monter la dette à une ſomme exceſſive, comme au fait qui ſe préſente. On demande les intérêts de près de 30 ans, par ce moyen la dette ſeroit triplée; ce qui ne ſe peut ſoutenir, & ſeroit de trop périlleuſe conſéquence d'admettre la ſolidité de l'obligation univerſellement, tant pour les dépens, intérêts que principal, puiſque par le droit elle ne s'étend qu'au principal ſeul. Et conclut. Me. Chardon pour le créancier intimé dit, que la ſolidité de l'obligation s'entend univerſellement tant pour le principal, intérêts que dépens: deux coobligés ſolidairement ne ſont cenſés qu'une même perſonne, un ſeul débiteur. La ſommation & interpellation faite à l'un, nuit à l'autre, tout de même que ſi elle étoit faite à ſa perſonne. *Semel in uno eodemque contractu, qualicumque interruptione vel agnitione adhibitâ, omnes ſimul compelli ad ſolutionem*, & l'empereur Juſtinien en loi derniere *De duobus reis ſtip. & promitt*. Et il ajoute: *Sancimus in omnibus caſibus, quos noſter ſermo complexus eſt ſolum devotionem, vel agnitionem vel ex libello admonitionem, aliis debitoribus præjudicare: ſit itaque generali devotio, & nemini liceat alienam indevotionem ſequi, cùm ex una ſtirpe unoque fonte unus effluxit contratus, vel debiti cauſâ ex eadem actione apparuit*. Les intérêts & dépens procedent de la même ſource & de la même cauſe que le principal, ils ont même hypotheque, & il faut s'imputer, ſi l'on s'eſt obligé avec un homme de mauvaiſe foi, qu'il n'ait averti ſon codébiteur. Et conclut au bien jugé.

LA COUR ſur l'appel mit les parties hors de cour & de procès. Le 16 avril 1630, M. de Champigny premier préſident prononçant.

* Brodeau cite l'arrêt, lett. P. ſomm. 2, & remarque que le contraire a depuis été jugé dans un procès partagé en la premiere & en la ſeconde chambre des enquêtes, & départi en la troiſieme, MM. Sanguin rapporteur, & Pithou compartiteur, ſans mettre la date de l'arrêt, le fait ni les noms des parties.

CHAPITRE XCIX.

Testament de la mere contenant exhérédation du fils, est annullé, même pour le legs universel fait à l'un de ses autres enfans.

Gabrielle de Fedicq, veuve du sieur de Théon, en 1623 fait son testament olographe, par lequel elle exhérede Jean du Beuil son fils & dudit défunt sieur de Théon, pour lui avoir toujours été désobéissant, pour s'être marié contre son gré & sans son consentement, & pour les violences, ingratitudes & mauvais déportemens, dont il avoit usé en son endroit; & à l'égard de ses biens, legue tous ses meubles & acquêts immeubles à demoiselle Hippolyte du Beuil sa fille, & le tiers de ses propres à partager avec les dame d'Anlesy & de l'Ecluze deux filles d'un premier lit; pour les autres deux tiers de ses propres, à la charge de payer ses dettes & legs particuliers. Son décès étant arrivé en 1628, il y eut instance aux requêtes du palais entre ladite demoiselle Hippolyte du Beuil légataire universelle, & sieur de Théon son frere exhérédé & lesdites dames d'Anlesy & de l'Ecluze, touchant la validité dudit testament. Messieurs des requêtes du palais ayant appointé la cause en droit, ladite demoiselle Hippolyte du Beuil en interjetta appel, & présenta requête pour l'évocation du principal, pour laquelle elle Doublet dit, qu'étant fondée en testament bon & valable, & contre lequel on ne peut rien objecter, il n'est pas besoin de discours; & conclut à ce que suivant le testament l'appellante soit maintenue en la possession des choses léguées par ledit testament. Me. Pousset de Moutauban pour le sieur de Théon, dit que le testament est nul de plusieurs nullités en la forme, parce que c'est un testament olographe fait au pays de Saintonge régi par le droit écrit, où tels testamens olographes n'ont point de lieu, ainsi qu'il a été jugé par arrêt solemnel prononcé en robes rouges par défunt M. le premier président de Verdun. Il est vrai celui en question, outre l'écriture de la testatrice, a la subscription d'un notaire & de sept témoins. Mais cela est inutile, parce que cette subscription est une feuille séparée du testament, & non en la même feuille, sur laquelle est écrit le testament en ἰσιεγραφῶ; ce qui étoit nécessaire. Secundò, ce testament est nul pour avoir été suggéré par l'appellante qui possédoit absolument & entiérement l'esprit de la dame sa mere, & l'a portée à la haine qu'elle avoit conçue contre son fils, pour extorquer cette exhérédation injuste & usurper tout le bien, ainsi qu'il paroît clairement par des lettres missives dont il fit lecture. Au principal, le testament est pareillement nul, & l'exhérédation y contenue injuste & faite sans cause; il n'y en a aucunes d'exprimées, comme il est requis par la disposition de la nov. 115. Il auroit fallu exprimer les actions par lesquelles le fils a désobéi à sa mere. Le dire vaguement & généralement, cela n'est pas suffisant. L'intimé s'est véritablement marié sans l'aveu & consentement par écrit de sa mere; mais elle a été priée d'agréer son mariage contracté avec une demoiselle de bonne & grande maison, & elle y a tacitement prêté son consentement, puisqu'elle n'a point réclamé ni formé aucune opposition, quoique le mariage se fût publiquement solemnisé à son vu & su. Il étoit lors âgé de vingt-huit ans, & il étoit tems qu'il cherchât son établissement. Quant aux violences, elles ne sont pas non plus spécifiées, & il n'en a commises aucunes contre sa mere, si ce n'est que l'on prenne pour violences des actions faites en justice & des procès qu'il a eu contre elle pour jouir du bien de son pere. Mais tout cela étant arrivé aux années 1625, 1626 & 1627, n'est aucunement considérable, étant postérieur au testament, & n'a pu donner lieu ni servir de cause à cette prétendue exhérédation. *Causa in præteritum, pæna in futurum conferri debet*, L. 13. *De condit. & demonstrat*. Ainsi l'exhérédation est nulle & faite sans cause. Cela

étant, le testament doit être cassé & annullé pour le tout, tant pour l'institution, que pour le legs universel des meubles & acquêts fait à l'appellante; & la disposition de la nov. 115. & de l'auth. *Ex causâ. De lib. præter*. ne peut point avoir de lieu en cette hypothese par deux raisons; l'une, qu'un legs universel de tous les meubles & acquêts immeubles tient lieu d'institution d'héritier parmi nous, *moribus nostris*, à cause que le plus souvent c'est le meilleur du bien d'une personne. L'autre raison est, que la nov. qui conserve les legs, quoique l'exhérédation soit réprouvée, s'entend des legs faits à des étrangers & non aux enfans, entre lesquels il faut conserver l'égalité, & qui reçoivent les prélegs qui leur sont faits *officio judicis familiæ ercifcundæ*, L. 3. *Fam. ercifc. L. Titia. De leg.* 2. Et par ces moyens conclut à ce que le testament soit déclaré nul, & la succession partagée *ab intestat*. M. Talon pour les dames d'Anlesy & de l'Ecluze dit, que leur intérêt est en ce qu'on ne leur a laissé que ce qu'on ne leur a pu ôter, qui est à chacune le tiers des propres, que l'on a voulu charger du payement des dettes & des legs, contre la disposition de la coutume d'Angoulême *art.* 1. *Des donations*, qui veut que celui qui prend les meubles & acquêts immeubles, soit tenu de payer les dettes & legs particuliers. Par cette raison il y a lieu d'annuller le testament & ordonner que la succession soit partagée *ab intestat* entre les freres. Me. Doublet en repliques dit, que le testament est valable en sa forme & en sa substance. Quant à la forme, il n'est pas simplement olographe, mais outre cela il y a la reconnoissance faite pardevant un notaire & sept témoins, qui est la forme la plus assurée & la plus solemnelle, prescrite par la droit *in L. Hac consultissima de testam*. Quant à la suggestion, il n'y a apparence quelconque par deux raisons. L'une que la qualité du testament olographe réprouve & rejette toute sorte de suspicion & de suggestion. L'autre, que les lettres missives dont on se sert pour preuve de cette suggestion, sont postérieures de plus de deux ans au testament; ainsi n'y peuvent être appliquées. Au principal, il n'y a jamais eu d'exhérédation plus juste que celle du sieur de Théon, qui a si indignement traité sa mere, qu'il l'a réduite à la mendicité, la vue souffrir & demeurer en prison pour dettes modiques plus de huit mois, sans avoir daigné la secourir. Ayant obtenu des arrêts de la cour contre le sieur de Théon son fils, qui s'étoit emparé de tout son bien, elle n'a jamais pu les faire mettre à exécution par les violences & rebellions du sieur de Théon, qui ont été trouvées si grandes, que la cour a décrété prise de corps contre lui. Les informations qui sont entre les mains de messieurs les gens du roi, font foi de toutes ces violences. Quand il n'y auroit eu autre chose que le mariage contracté sans l'exprès consentement de la mere & contre son gré & volonté, c'étoit une cause suffisante pour l'exhérédation, suivant la disposition de la nov. 115, & de l'ordonnance du roi Henri II, si formelle & expresse, qu'on ne la peut aucunement éluder, ni empêcher son effet par des interprétations captieuses, parce qu'elle baille disertement & absolument le pouvoir au pere & à la mere d'exhéréder leurs enfans qui se sont mariés sans leur consentement & volonté expresse. Après cette ordonnance il ne faut point d'autre cause ni d'autres moyens pour soutenir l'exhérédation faite de la personne du sieur de Théon. Mais quand il n'y auroit pas assez de preuve des causes d'exhérédation, comme le prétend l'intimé, & que par ce défaut de preuve non de droit, elle ne pût pas subsister, toujours le legs des meubles & acquêts immeubles fait à la demoiselle appellante doit sortir son effet & lui être délivré, n'ayant rien de commun avec l'exhérédation, qui peut être déclarée nulle, & le testament à cet égard seulement être cassé, & au surplus sortir son plein & entier effet. *Testamento quoad institutionem hæredis evacuato, fideicommissa, legata, libertates & cætera firma permanent*, nov. 115. *ut cum. D. appellat. & auth. Ex causa. De lib. præter*. parce que le testament ne dépend aucunement de l'exhérédation, comme il

1630.

fait de l'inftitution. Suivant cette maxime la cour l'a ainfi jugé par plufieurs arrêts, l'un de 1615, pour le teftament d'un nommé Piqueret, l'autre de 1618, pour le teftament d'un nommé Lebret qui avoit exhé- rédé fon frere : mais parce qu'il n'y avoit point de caufes, la cour fans s'arrêter à la caufe d'exhéréda- tion qu'elle déclara nulle, adjugea au frere exhérédé les quatre quints des propres du teftateur, & pour les meubles, acquets immeubles & autre quint des propres, les adjugea à l'héritier inftitué, à la charge de payer les legs particuliers qu'elle déclara bons & valables. La même chofe fut jugée par autre arrêt du 16 janvier 1625, touchant le tefta- ment de Me. Humbert Molinet procureur du roi à Langres, qui avoit exhérédé fon frere, l'exhéréda- tion fut caffée, & les legs demeurerent en leur en- tier. Et conclut.

M. l'avocat général Bignon dit, que l'intimé fou- tient le teftament de fa mere nul, & en la forme & en fa fubftance. En la forme, parce qu'il eft olo- graphe paffé en pays de droit écrit, non valablement reconnu ; & fecondement, parce qu'il eft fuggéré. Il eft vrai que pour régler la formalité des teftaments il faut confidérer le lieu auquel ils ont été paffés, & le droit par lequel il eft régi. Quoique celui dont eft queftion, ait été paffé en pays régi par le droit écrit, toutefois il eft bon & valable, étant olographe & folemnel au moyen de la fubfcription appofée par un notaire en préfence de fept témoins en une feuille pliée avec les autres auxquelles eft écrit le teftament, liées de lacs de foie, & cachetées de divers cachets, c'eft tout ce qui eft defiré par la loi. Quant à la fug- geftion, il eft vrai que la demoifelle appellante pof- fédoit entièrement & abfolument l'efprit & les vo- lontés de fa mere, & que l'une & l'autre avoit une haine & une inimitié très-grande contre le fieur in- timé. Néanmoins il n'y a point d'autre preuve de cette fuggeftion. Quant à la fubftance & au principal du teftament, c'eft l'exhérédation de l'intimé, fon- dée fur défobéiffance, mariage contracté fans con- fentement & contre volonté, violences & ingratitu- des envers la teftatrice. Pour la défobéiffance, il n'en paroît point d'autre, fi non par le mariage con- tracté fans le confentement de la mere. Suivant l'or- donnance l'intimé étoit dans l'âge de requérir le con- fentement de fa mere pour contracter mariage, & faute de l'avoir fait, il pouvoit être exhérédé : mais il dit que fa mere en a été priée par des gentilshom- mes de qualité, qu'elle a fu & vu folemnifer le ma- riage publiquement & avec toutes les cérémonies de l'églife, qu'elle n'a point réclamé ni formé aucune oppofition. C'étoit un tacite confentement & appro- bation du mariage. Il n'y a rien à redire en l'alliance qu'il a choifie, ni en la femme qu'il a époufée : ce font les principales confidérations de l'ordonnance, parce qu'ordinairement ceux qui fe marient de la forte, fe méfallient à des perfonnes qui ne font de leur qualité & condition, à quoi l'ordonnance a voulu obvier. Quant aux violences, le fieur intimé ne peut s'excufer qu'il n'en ait commis de grandes, & des rebellions à juftice pour empêcher l'exécution des arrêts que fa mere a obtenus contre lui ; mais ces violences regardent plutôt la juftice & la vindicte publique, que la perfonne de la mere, contre la- quelle il faudroit qu'il eût attenté quelque chofe, pour avoir commis & encouru l'une des caufes pour lefquelles on peut être juftement exhérédé. Ainfi quant à l'exhérédation, il n'y en a point de caufe fuffifante. Mais l'exhérédation ceffant, refte la diffi- culté du legs des meubles & acquèts immeubles fait à la demoifelle appellante, qu'elle foutient devoir fubfifter. Il y a grande apparence de raifon que cela doive être ainfi, & il eft de cet avis : la mere lui a pu valablement faire ce legs fuivant la difpofition de la coutume d'Angoulême. La difpofition de droit y eft formelle ; & quoique l'exhérédation ne foit point trouvée fuffifante & valable, néanmoins les legs contenus au teftament fubfiftent & doivent être payés, *nov.* 115. & *auth. Ex caufa. De liber. præterit.* La diftinction faite par l'avocat de l'intimé des legs faits aux enfans ou aux étrangers, n'eft aucunement pertinente & admiffible, les enfans étant au-con-

traire plus privilégiés que les étrangers. En terme de droit, l'enfant peut être héritier & prélégataire. Les arrêts de la cour allégués par l'avocat de la demoi- felle appellante l'ont ainfi jugé, & déclaré les cau- fes d'exhérédations non valables ni pertinentes ; & néanmoins ont confirmé les legs contenus aux tefta- mens, & ordonné qu'ils feroient payés & délivrés: & il y a lieu de faire le femblable en cette caufe; mais ce faifant, d'ordonner que les dettes feroient payées fur les meubles & acquèts.

LA COUR mit l'appellation & ce dont étoit appel au néant ; évoqua le principal, & y faifant droit fur l'extraordinaire, mit les parties hors de cour & de procès, fans dépens ; & fans avoir égard audit teftament comme nul, de nul effet & valeur, ordonna que tous les biens de la fucceffion de la mere feroient partagés *ab inteftat*, entre les enfans felon les coutumes des lieux où lefdits biens fon fitués ; fans dépens. Le jeudi 18 avril 1630, M. de Champigny premier préfident prononçant.

* Dans la derniere édition de du Frefne l'on a cité cet arrêt, fans en marquer le fait & les circonftances, & même l'on n'y a pas propofé la queftion du legs univerfel fait à la fille, décidée contre l'avis de M. l'avocat général ; & l'arrêt en ce point établit une diftinction très-importante des legs faits aux étran- gers ou aux enfans, freres & fœurs de l'exhérédé, lorfque l'exhérédation eft annullée.

CHAPITRE C.

Officier d'un feigneur haut-jufticier eft cenfé pourvu gratuitement, lorfque fes provifions n'expriment au- cune finance ni autre caufe onéreufe ; & le long tems qu'il peut avoir exercé, n'empêche fa deftitu- tion ad nutum.

LEs doyen, chanoines & chapitre de l'églife d'Auxerre, feigneurs hauts-jufticiers de la ville de Cravant, en 1591 pourvurent Me. Jean Ligi- ron de l'état & office de bailli de ladite ville de Cravant, l'ayant exercé jufques en 1617, il s'en dé- mit purement & fimplement entre les mains dudit chapitre, qui en pourvut Me. Claude le Grand, gen- dre dudit Ligiron. Le Grand ayant exercé ledit of- fice jufques en 1629, en fut deftitué par ledit cha- pitre, lequel en fon lieu & place pourvut & inftitua Me. Pierre Tiriace. Le Grand en interjetta appel, & fit ordonner par les préfidiaux d'Auxerre qu'il exer- ceroit par provifion, dont le chapitre interjetta ap- pel. Me. Bataille pour le Grand-appellant de fa def- titution dit, que quoique fes lettres de provifion ne portent point que ce foit à titre onéreux, & qu'il ait financé ; néanmoins cela eft véritable, & il en a la preuve par deux moyens, l'un que le chapitre d'Auxerre a coutume de vendre au plus haut prix tous les offices qui dépendent de fa provifion ; & que la cour a trouvé de fi mauvaife odeur, que par arrêt de l'an 1617, elle lui a fait défenfes de plus vendre les offices de judicature, & enjoint de en pourvoir perfonnes capables, & qu'une fomme de trois mille livres qu'il avoit reçue pour les provifions d'un particulier, feroit employée en achat d'orne- mens pour l'églife. L'autre preuve, que Ligiron beau-pere a financé, eft qu'en 1617, lorfqu'il s'eft démis au profit de l'appellant, le chapitre a été condamné de l'admettre au lieu & place de fon beau- pere, ce qui n'auroit pas été fi les provifions n'a- voient été onéreufes pour finance. Secundò, l'appel- lant a été deftitué *cum nota*, injurieufement & fcan- daleufement : ce qui eft réprouvé par les arrêts de la cour. Tertiò, les longs & continuels fervices rendus pendant quarante années au chapitre par l'ap- pellant & fon beau-pere. Et conclut à ce qu'il foit maintenu en l'exercice dudit office. M. Talon pour le chapitre d'Auxerre dit, qu'en cette caufe il faut féparer le menfonge d'avec la vérité, & les maxi- mes certaines d'avec l'erreur. Les provifions de l'ap- pellant ni de fon beau-pere ne portent point que ce foit à titre onéreux, & font de pure gratification : ainfi ainſi ſuivant l'ordonnance ils étoient deſtituables *ad natum.* Quand le beau-pere auroit eu financé, ce qui n'eſt point, cette finance n'auroit opéré autre choſe que de le maintenir en l'exercice de l'office, ſa vie durant ; mais cela ne l'auroit point rendu hérédi- taire pour le faire paſſer en la perſonne d'un gendre, ou de quelqu'autre que ce fût. Il a été ainſi jugé par arrêt célebre de l'an 1629 en la grand'chambre, ſur procès par écrit rendu au profit de M. l'archevê- que de Rouen touchant l'office de bailli à Louviers, auquel le gendre de celui qui en avoit été pourvû à titre onéreux de finance, demandoit d'être main- tenu, même offroit de financer à nouveau, & ne demandoit que la préférence, dont il fut débouté, & jugé que la finance ne profite qu'à celui qui eſt pourvû pour cette cauſe, & ne paſſe point ſa per- ſonne. Quant à la deſtitution, elle eſt en la forme ordinaire ſans aucuns mots, ni termes injurieux. Pour les ſervices que l'on prétend rendus pendant quarante années, cela n'eſt point conſidérable : quel- que tems qu'on ait exercé l'office, l'on en peut être deſtitué, ainſi qu'une infinité d'arrêts l'ont jugé ; & la deſtitution de l'appellant étant bonne & valable, les préſidiaux qui l'ont maintenu par pro- viſion, ont mal jugé. Et conclut. M. l'avocat géné- ral Talon dit, que ſi l'appellant ou ſon beau-pere avoient financé, ils n'auroient pas oublié de retirer quittance du chapitre : ne l'ayant pas fait, il faut de- meurer aux termes de leurs proviſions qui ſont pu- rement gratuites ; par conſéquent ils étoient deſtitua- bles. Quand le beau-pere auroit financé, cela ne profiteroit de rien au gendre, ainſi que la cour l'a jugé. La ſentence dont on parle, n'eſt pas en ces termes, mais le beau-pere s'étant démis, & le ſiege étant vacant par cette démiſſion, les préſidiaux d'Auxerre ont enjoint au chapitre d'y pourvoir, ce qu'ils ont fait de la perſonne de l'appellant, qui ne le peut pas garantir par le long tems que ſon beau- pere a lui ont joui & exercé cet office, parce qu'on ne peut point preſcrire contre l'ordonnance, & ce tems n'eſt aucunement conſidérable, ainſi que la cour l'a jugé par un nombre infini d'arrêts, comme celui rendu au profit du prieur d'Eſſonne, qui avoit deſtitué ſon juge après avoir exercé près de qua- rante ans, & une infinité d'autres ſemblables. Et adhera avec le chapitre.

LA COUR mit les appellations reſpectivement interjettées, & ce dont étoit appel, au néant ; évo- qua le principal, & y faiſant droit, maintint & garda Me. Pierre Tiriace en la poſſeſſion & jouiſ- ſance de l'état & office de bailli de Cravant ; & ſans dépens. Le 23 avril 1630, M. de Champigny pre- mier préſident prononçant.

¹ L'arrêt eſt mal cité dans du Freſne.

CHAPITRE CI.

Saiſie réelle, criées, & décret, faits ſur un ſimple curateur aux cauſes & actions de la débitrice tom- bée en démence, ſont confirmés, ſi mieux elle n'aime ren- dre aux adjudicataires le prix principal, frais & loyaux coûts, de leur conſentement.

JEanne de la Chauſſée étant créanciere de la ſomme de ſeize cents livres de Gabrielle Deſliée, elle fait procéder par ſaiſies & criées de deux maiſons à elle appartenantes en la ville de Paris : mais ayant été avertie qu'elle étoit tombée en démence & alié- née de ſon eſprit, elle lui fait créer un curateur à ſes cauſes & actions par le prévôt de Paris, qui pour cet effet l'interrogea, & prit avis de ſes parens aſ- ſemblés, & avec ce curateur elle fait vendre & adjuger les deux maiſons ſaiſies en 1629, dont la- dite Deſliée revenue en convaleſcence & ſanté d'eſ- prit, interjetta appel, pour laquelle Me. Hilaire dit, que l'adjudication par décret eſt nulle, n'é- tant faite avec partie légitime & capable, telle qu'eſt ce prétendu curateur aux cauſes & actions. Si l'appellante étoit tombée en démence & aliénation d'eſprit, comme l'on dit, c'étoit par les ſévices & 1 6 3 0. mauvais traitemens de ſon mari ; & en ce cas il ne ſe falloit pas contenter de lui créer un curateur aux cauſes & actions, mais on devoit lui créer un cu- rateur à ſa perſonne & biens, la perſonne étant plus noble & plus conſidérable que les biens, *tot. tit.* Dig. & Cod. *De curat. fur. & aliis. Conſilio & operâ curatoris tueri debet non ſolùm patrimonium, ſed & corpus & ſalus furioſi* ; L. 7. D. *eod. Pleniſſi- mum curatorem accipere debet*, L. 6. *eod.* parce que le furieux eſt comparé au mineur, auquel on baille un tuteur qui a ſoin de ſon corps & de ſes biens. Si cela avoit été fait, les créanciers auroient été obli- gés de diſcuter & faire vendre tous les meubles de l'appellante, qui auroient été plus que ſuffiſans pour payer ce qu'elle devoit, de même que l'on eſt obligé de diſcuter les meubles du mineur. Et conclut en l'appel de l'adjudication par décret, & en celui de la création du curateur aux cauſes. Me. le Feron pour les adjudicataires intimés dit, qu'on n'a allégué aucunes nullités ni omiſſions de formalités contre les décrets ; & quoique la léſion ne ſoit point conſi- dérable en matiere d'adjudication par décret, néan- moins il ſe voit que les maiſons ont été plus ven- dues qu'elles n'avoient été eſtimées par le partage fait entre l'appellant & ſes freres. Et conclut. Me. Roſée pour la créanciere pourſuivante criées, inti- mée, dit qu'on n'allegue aucun défaut de formalité contre les criées & adjudication par décret, mais ſeulement contre la ſentence, par laquelle on a créé un curateur aux cauſes, & à l'effet de valider les criées ſeulement, & non point à la perſonne de l'appellante. La création de ce curateur a été faite ſuivant l'avis des parens de l'appellante, qui eſt demeurée en la garde & curatelle de ſa mere. Cela étoit ſuffiſant à l'égard d'un créancier, qui n'avoit autre intérêt que de pouvoir être payé de ſa dette. *Ut ex bonis ejus creditoribus ſolveretur*, *curator con- ſtituitur, diſtrahendorum bonorum gratiâ*, L. 5. *De curat. fur. &c.* C'étoit aux parens à faire décerner un curateur à la perſonne, & non point au créan- cier, qui n'a pu être obligé à une diſcuſſion des meubles, dont l'omiſſion même à l'égard du mineur, n'annulle pas le décret *ipſo jure* : mais il faut qu'il faſſe voir qu'il avoit des meubles ſuffiſans pour payer ſes dettes ; autrement le décret ſubſiſte. L'appel- lante n'avoit aucuns meubles, elle étoit ſéparée de biens & d'habitation d'avec ſon mari, & par conſé- quent l'adjudication par décret eſt bonne & valable. Et conclut.

M. l'avocat général Bignon dit, qu'il y a preuve ſuffiſante des ſévices & mauvais traitemens du mari, & pareillement de la démence & aliénation d'eſ- prit de l'appellante ; ainſi il y avoit lieu de lui dé- cerner un curateur, tant pour ſa perſonne que pour ſes biens, & non ſimplement aux cauſes & actions, comme l'on a fait. La premiere ordonnance du pré- vôt de Paris après l'aſſemblée des parens, y étoit conforme ; mais il s'en eſt rétracté par une ſeconde, par laquelle il a baillé un procureur du châtelet pour tuteur en cette inſtance de criées à l'appellante ; & ſi l'on avoit créé un curateur à ſa perſonne & biens, comme il étoit néceſſaire, il auroit fallu diſcuter & voir ſi l'appellante n'avoit pas des meubles ſuffiſans pour payer ſes dettes : il auroit fallu agir contre les héritiers du mari depuis décédé, pour la reſtitution des deniers dotaux & autres conventions matrimo- niales, & par ce moyen on auroit pu payer ſes det- tes. Les adjudicataires reconnoiſſent bien ces nulli- tés, ayant offert de ſe départir du décret, en les rembourſant ; il y a lieu d'accepter leurs offres.

LA COUR mit les appellations au néant ; or- donna que ce dont étoit appel, ſortiroit ſon plein & entier effet, ſi mieux l'appellante n'aimoit rembour- ſer les adjudicataires, tant du principal prix de l'adju- dication, frais, que loyaux coûts, auquel cas elle ſeroit tenue de faire ledit rembourſement dans quatre mois pour tous délais ; le tems paſſé, dé- chue de la faculté ; ſans dépens. Le 26 avril 1630, M. de Champiguy premier préſident prononçant.

CHAPITRE CII.

Apothicaires ont hypotheque privilégiée pour les mé-
dicamens fournis pendant la maladie, & six se-
maines avant le décès.
Les biens du défunt n'étant pas suffisans pour payer les
précédentes fournitures de l'apothicaire, la mere
n'en peut être tenue subsidiairement.

JEan Duval marchand apothicaire de la ville de
Paris, ayant fourni plusieurs drogues & médicamens à Antoine Langlois sieur de Marconnet, fit arrêter ses parties en 1614, qui montoient à trois cents
livres. En 1618 le sieur Marconnet étant malade de
la maladie dont il décéda, Duval lui fournit encore
pour trois cents dix livres de drogues & médicamens. Pour le payement de ces deux sommes s'étant
opposé aux criées des biens dudit Marconnet vendus pardevant messieurs des requêtes du palais, il
fut colloqué & mis en ordre par préférence à tous
les autres créanciers pour ladite somme de trois
cents dix livres de drogues fournies en 1618 lors
du décès ; & pour celles fournies en 1614, la mere
du sieur Marconnet fut condamnée par provision de
payer ladite somme de trois cents livres, dont elle
interjetta appel, pour laquelle Me. Fremin dit, que
du premier chef de la sentence, par lequel l'intimé
a été mis en ordre par préférence à tous les autres
créanciers pour la somme de trois cents dix livres
de drogues & médicamens fournis lors du décès, il
n'en est point appellant, parce que les arrêts l'ont
ainsi souvent jugé, mais ils ont restraint & limité le
tems à six semaines avant le décès, & non plus.
Quant au second chef de la sentence dont est appel,
il a été mal jugé, parce que la loi *Si quis. 5. De*
agnosc. & alendis lib. vel par. qui oblige les pere &
mere à nourrir leurs enfans, & par une antipélar-
gie les enfans à nourrir leurs pere & mere, s'entend, *si aliunde exhibere se non possint* ; & *cùm*
habent-unde se exhibeant aliunde, l'obligation cesse.
Or Marconnet avoit déja eu son partage des biens
de son pere. Et conclut au mal jugé. Me. Chamillart pour l'intimé dit, que Marconnet avoit dissipé
tout son bien : sa mere le logeoit, nourrissoit &
entretenoit, comme elle y étoit obligée. Cette obligation de nourrir ne s'entend pas seulement du vivre, mais bien mieux des médicamens. La veuve
du sieur de Sardigny, quoiqu'elle eût renoncé à la
communauté, a été condamnée à payer
les drogues & médicamens fournis à son mari malade. On demeure d'accord que les drogues & médicamens ont été fournis à Marconnet, étant malade au logis de sa mere appellante ; que ses domestiques les sont allés quérir ; qu'elle l'a vu & approuvé. Et conclut.
LA COUR mit l'appellation & ce, au néant ;
en ce que la mere avoit été condamnée à payer les
trois cents livres, dont elle la déchargea ; & ordonna que ce qui avoit été payé par provision, seroit
rendu par les mêmes voies. Le vendredi 3 mai 1630,
à l'audience de relevée, M. le président le Jay prononçant.

☞ L'arrêt rapporté au chap. 90 a établi la durée de l'action qu'ont les apothicaires pour le payement de leurs médicamens; & celui-ci fixe l'étendue de
cette action dans le cas de déconfiture, & juge en même tems qu'une mere ne pouvoit être tenue de payer
les médicamens fournis à son fils, quoique justifiés
par un arrêté.
Cet arrêt mérite un examen particulier, relativement à ces deux questions.
Par rapport au premier chef qui accorde le payement à l'apothicaire, par préférence à tous créanciers, il faut considérer la circonstance du tems &
de l'époque de la fourniture des drogues. Jean Duval
avoit fourni des médicamens dans la maladie dont
étoit mort le sieur Langlois de Marconnet ; ce qui
avoit opéré un privilege en sa faveur, privilege qui

a toujours été accordé dans ces circonstances aux
médecins, chirurgiens & apothicaires.
Louet & Brodeau, tome premier, lettre C, sommaire 29, rapportent plusieurs arrêts bien antérieurs
à celui-ci, sous la date du 19 avril 1580, 8 février
1596, 28 février 1604, 12 mars 1611, 7 septembre
1613, & un postérieur du 30 mars 1638, qui ont
jugé que les médecins, chirurgiens, apothicaires
étoient préférables à tous créanciers, même à la
veuve, pour raison des visites, pansemens faits &
médicamens fournis pendant la derniere maladie,
même sur les immeubles, à l'exception cependant
de certains créanciers qui pouvoient avoir un privilege spécial sur la chose, comme dans l'espece suivante.
Un particulier avoit fait reconstruire ou réparer
une maison : peu de tems après il tombe malade &
meurt, laissant beaucoup de créanciers, entre autres
le maçon qui avoit réparé la maison, & l'apothicaire qui avoit fourni les drogues & médicamens
pendant la maladie dont il étoit décédé. Le mobilier ne suffisoit pas pour payer les créanciers ; l'apothicaire prétendit être payé par préférence sur le
prix de la maison qui avoit été rétablie ; le maçon
qui avoit travaillé à cette reconstruction, soutenant
au-contraire que la maison étant le gage spécial de
ses réparations, il devoit être payé préférablement
à l'apothicaire.
C'est ce qui fut jugé en faveur du maçon, par
arrêt du 12 juillet 1592, rapporté par Tronçon sur
l'art. 125 de la coutume de Paris ; & je penserois que
si la question se présentoit encore aujourd'hui, elle
seroit jugée de même, si le maçon ou l'entrepreneur
avoit rempli les formalités prescrites par l'arrêt du
réglement du 18 août 1766, pour opérer le privilege en faveur des ouvriers.
Par le même principe je présumerois que le propriétaire devroit être payé de ses loyers, sur les
meubles qui garniroient la maison, préférablement
à l'apothicaire. Mais dans tous les autres cas qui se
font point relatifs à ce dernier ou autres semblables,
l'apothicaire doit être payé par préférence, pour
raison des médicamens fournis pendant la derniere
maladie. Mais il n'en est pas de même du payement
des médicamens fournis antérieurement à la derniere
maladie, quand même la fourniture seroit constatée
par un arrêté, ainsi qu'il a été jugé par l'arrêt
rapporté par Bardet. La raison est qu'à l'égard des
maladies dont le débiteur est venu en convalescence,
l'apothicaire faisant crédit, & n'exerçant pas son
droit lors du rétablissement de la santé du débiteur,
il est censé avoir renoncé tacitement à son privilege,
pour suivre la loi ordinaire.
A ce sujet Ferriere sur l'art. 125, nombre 10,
fait une observation que je n'adopterois pas. Il dit
que les salaires & assistances du médecin, les drogues & médicamens fournis dans la derniere maladie,
dont le débiteur seroit décédé, sembleroient faire
partie des frais funéraires, & partant, devroient
avoir le même privilege.
Je trouve que cette décision générale méritroit
bien d'être expliquée.
Si les héritiers ou les exécuteurs testamentaires
d'un défunt qui auroit laissé ses affaires en mauvais
ordre, par une vanité déplacée & pure ostentation,
faisoient faire un convoi qui excédât l'état & la fortune du défunt, & qu'au moyen de ce convoi il ne
se trouvât plus de biens suffisans pour payer les médecins, chirurgiens & apothicaires qui l'auroient
soigné dans sa derniere maladie, je penserois alors
que ce seroit-là le cas d'admettre & d'adopter l'avis
de Ferriere.
Mais si au-contraire on n'avoit fait au défunt,
qu'un convoi même au-dessous de son état & proportionné à ses facultés apparentes, je pense qu'alors
les frais funéraires seroient payés par préférence aux
médecins, chirurgiens & apothicaires, & que ces
derniers n'entreroient point en concurrence avec l'é-
glise.
Je pourrois m'étendre beaucoup sur cette matiere;
mais je me contenterai de renvoyer ceux qui voudront approfondir la question aux commentateurs de

la coutume de Paris fur l'article 125 , au dictionnaire des arrêts de De la Ville & de Brillon , aux
motsapothicaires , chirurgiens , médecins & privileges ,
& aux arrêts de Louet , lettre C , fommaire 29 ;
aux arrêtés de la cinquieme chambre des enquêtes par
M. le Preftre , page 45 , & à la collation de Denifart aux mots ci-deffus cités.

A l'égard du fecond chef fur lequel l'arrêt du 3
mai 630 a prononcé , il ne doit pas faire loi pour
exempter les peres ou meres de payer les frais de
maladie de leurs enfans , & les médicamens qu'on
leur auroit fournis ; parce que l'arrêt n'a déchargé
la veuve du fieur Marconnet du payement de la fomme de 300 livres , à laquelle meffieurs des requêtes
du palais l'avoient condamnée pour payement de
fanté fait par fon fils à l'apothicaire , que parce
que . . °. La mere n'étoit point héritiere de fon fils ;
2°. que le fils avoit eu le bien de fon pere ; 3°.
que les peres , ou meres ne font tenus de nourrir
leurs enfans *nifi non poffint fe exhibere* ; & que lorfque le fils a de quoi fe nourrir , l'obligation impo-
fée aux peres ou meres ceffe.

Ce furent ces motifs qui déterminerent la cour à décharger la mere de la condamnation prononcée contre
elle par meffieurs des requêtes du palais , quoiqu'il
fut conftant au procès que les drogues & médicamens avoient été fournis au fieur Marconnet étant
malade au logis de fa mere , & que les médicamens
euffent été apportés par fes domeftiques à fon vu
& fu.

Je penferois encore que la circonftance de l'arrêté
fait par le fils à l'apothicaire , auroit pu être encore
un des principaux motifs en l'arrêt ; parce qu'enfin
l'apothicaire prenant le billet du fils , étoit donc
cenfé l'avoir trouvé bon & fuffifant pour fon payement : car il ne pouvoit tout-à-la-fois exiger un titre
du fils , & conferver fon action contre la mere : s'il
eft cru que la mere fût refponfable des médicamens
qui avoit fournis au fils , pourquoi ne faifoit-il pas
arrêter fon mémoire par la mere , au-lieu de le faire
figner par le fils ? La précaution qu'il prenoit vis-à-
vis du fils fembloit être un abandon de fes droits
contre la mere.

De maniere qu'en toutes autres circonftances , l'on
ne pourroit alléguer cet arrêt pour faire profcrire la
prétention de l'apothicaire.

En effet , fi un pere ou une mere avoient un fils
chez eux , qu'il y tomba malade , & qu'un apothicaire eût fourni les drogues au vu & fu du pere ou
de la mere ; que l'apothicaire eût négligé de fe faire
payer ; qu'au bout de deux ans le fils vînt à mourir
cître le pere ou la mere , je penfe qu'ils devroient
être condamnés à payer l'apothicaire , qui ne feroit
pas obligé d'entrer dans la queftion de favoir comment le fils vivoit avec le pere ou la mere , & qu'il
lui fuffiroit de dire : j'ai fourni à votre fils chez vous ,
les drogues & médicamens dont je réclame le payement ; vous en avez parfaite connoiffance ; vous devez de droit à votre fils des alimens ; les médicamens en font une fuite néceffaire , par conféquent
vous devez me payer les drogues que je lui ai fournies ; je penfe , dis-je , que dans une femblable
circonftance , l'apothicaire feroit bien fondé à former fon action contre le pere ou la mere , & que
ce feroit en vain & fans fuccès qu'on oppoferoit à
l'apothicaire l'arrêt rapporté par Bardet , vu le défaut
de circonftances.

CHAPITRE CIIL

*Dans la coutume de Chaumont , jugé que le pere
étant légataire univerfel en directe , fon fils ne
peut être légataire particulier ; & l'arrêt rendu au
profit du colégataire univerfel.*

JEanne Bournot de la ville de Chaumont , en 1628 ,
par fon teftament fit Jean & Jacques Vodé fes enfans , fes légataires univerfels , légua en certain
fonds à Antoine Vodé fils dudit Jean , lequel après
le décès de ladite Bournot fon aïeule , fit affigner

fon pere & Jacques Vodé fon oncle , pardevant les
préfidiaux de Troyes , pour avoir délivrance de fon
legs , en tout cas par provifion. Tant fur la provifion que principal , ils appointerent les parties en
droit , dont il interjetta appel , pour lequel Me.
Didier le jeune dit , que fuivant la difpofition du
droit *in L. 3. C. De edict. D. Hadr. toll. & quemadmodum.* La provifion n'a pu être déniée. Au principal on foutient l'appellant incapable de fon legs ,
parce que Jean Vodé fon pere eft un des légataires
univerfels de la défunte teftatrice , & que par la
coutume de Chaumont nul ne peut être héritier &
légataire. Mais c'eft introduire une double fiction
contre la difpofition du droit. L'une , que la qualité
d'héritier & celle de légataire foient la même , quoiqu'elles foient fort differentes ; car l'héritier eft obligé aux créanciers & légataires *ultra vires hæreditarias* ; le légataire univerfel , non. Celui-là fe peut
porter héritier fous bénéfice d'inventaire ; celui ci ne
le peut. L'autre fiction , que le pere & le fils font
la même perfonne , qui n'a lieu , finon quand
il s'agit de l'utilité du fils. Par la coutume de Chaumont le teftateur peut librement difpofer de tous
les meubles , acquêts & conquêts immeubles , &
tiers des propres au profit de qui bon lui femble.
Si la teftatrice a pu avantager un étranger de la
meilleure partie de fon bien , il ne faut point envier
les legs modique à l'appellant fon petit-fils , & lui
donner moins de faveur qu'à un étranger ; s'il étoit
légataire. La cour avoit confirmé tels legs : M. Louet ,
lett. D. n. 12. en rapporte trois arrêts. Il a été fouvent jugé que la donation ou les legs faits par une
femme n'ayant enfans , aux enfans du premier lit de
fon mari , font bons & valables. D'où il faut inférer
que ce qui eft donné aux enfans , n'eft pas cenfé
donné au pere ; autrement telles donations feroient
nulles. Me. Befar dit , que l'égalité eft la mere de
concorde. La coutume de Chaumont l'a prévu , &
pour la conferver a défendu de pouvoir être héritier
& légataire tout enfemble. Le pere de l'appellant a
voulu faire fraude à la loi par la perfonne interpofée
de fon fils , auquel ayant fait faire ce legs , il penfe
en pouvoir profiter : ce qui n'eft pas raifonnable.
C'eft un legs indirect fait au fils de la perfonne prohibée : ce qui eft donné aux enfans , eft cenfé & réputé donné aux peres & meres. *Quod pater meus
propter me filiæ meæ nomine dedit , proinde eft ac fi
ipfe dederim. Quippe officium avi circa nepotem , ex
officio patris erga filium pendet , L. Dotem. 6. De
collat. bon.* Il n'y a pas cette cette fimple préfomption de droit feule , mais le teftament le porte en
termes précis , & le legs eft fait à l'appellant par la
teftatrice , à caufe de l'amitié qu'elle porte à fon
pere , & de l'affiftance qu'elle a reçue de lui. *Moribus noftris* il n'y a point de différence entre un héritier & un légataire univerfel. Les arrêts cotés
par l'appellant font au cas que les enfans ont pu mériter telles libéralités par leurs fervices , & non
quand ils font fimplement interpofés pour faire une
donation & avantage indirect , & faire une fraude
à la loi & à la coutume. Et conclut à ce que l'appellant foit débouté de fa demande , fins & conclufions

LA COUR mit l'appellation & ce , au néant ;
évoqua le principal , & y faifant droit , abfout l'intimé de la demande , fins & conclufions de l'appellant ; néanmoins fans dépens. Le 6 mai 1630 ,
M. le préfident le Jay prononçant.

* Du Fresne citant l'arrêt , dit qu'il eft intervenu
en la coutume de Troyes , & l'appel étoit effectivement d'une fentence des préfidiaux de la même ville.
Mais en l'une & l'autre coutume de Troyes &
de Chaumont , l'on peut dire que l'arrêt n'eft pas
bon , & ne doit point être fuivi : car Jean Vodé
pouvoit être lui-même légataire univerfel & légataire particulier , par deux principes inconteftables :
l'un , que la qualité de légataire univerfel n'eft point
la même que celle d'héritier *ab inteftat* , qui feule
peut former l'incompatibilité avec la qualité de légataire ou donataire : l'autre , que cette incompatibilité n'eft que refpective aux héritiers *ab inteftat* ,
par la loi du rapport , & ne peut être objectée par
un légataire univerfel.

On peut consulter là-dessus Me. Jean-Marie Ricard
1630. en son traité Des donat. part. 1. chap. 3. sect. 15.
nomb. 656 & suivans.

CHAPITRE CIV.

Condamnation de dépens prononcée par l'official au
profit du promoteur, est abusive.

MAître Jean Viart prêtre de la ville de Laval,
ayant été déféré par plusieurs personnes à M.
l'évêque du Mans faisant sa visite, fut constitué prisonnier de l'ordonnance verbale dudit sieur évêque,
& après son procès fait par l'official, fut condamné
à tenir prisons pendant trois mois, & à jeûner deux
jours de chacune semaine, & à réciter certains offices, & aux dépens du procès, pour le jugement duquel l'official prit six écus d'épices, dont ledit Viart
interjetta appel comme d'abus, pour lequel M. Talon dit, qu'il reconnoît que les peines portées par la
sentence sont canoniques ; mais l'abus est en la condamnation des dépens envers le promoteur. On a
pris six écus d'épices ; cet abus est indubitable. Il a
été ainsi jugé par arrêt de la grand'chambre depuis
quinze jours seulement. Et conclut. Me. Pousset de
Montauban pour l'official & promoteur du Mans intimés en leurs propres & privés noms dit, qu'ils sont
follement intimés ; les dépens ni épices n'ont été
payés.

M. l'avocat général Talon dit, que quand il n'y a
que le procureur fiscal ou substitut de M. le procureur général du roi pour partie, on ne doit adjuger
aucuns dépens ; de même quand il n'y a que le promoteur en l'officialité, *quia statuta laïcorum ligant*
clericos in hoc regno, suivant l'ancienne maxime.
Néanmoins la cour n'a pas accoutumé de prononcer
mal, nullement & abusivement ; mais simplement
de dire qu'il y a abus en la condamnation des dépens. Les trois mois portés par la sentence sont expirés ; ainsi il y a lieu de mettre l'appellant hors des
prisons.

LA COUR sur l'intimation de l'official & promoteur mit les parties hors de cour & de procès ;
& faisant droit sur l'appel avec M. le procureur général, dit qu'il y avoit abus en la condamnation des
dépens ; ordonna que ce que l'appellant auroit payé
lui seroit rendu & restitué par l'official & promoteur, & ensuite de l'exécution de la sentence, que
les prisons seroient ouvertes à l'appellant. Le samedi
11 mai 1630, à la tournelle, M. le président de
Mesme prononçant.

CHAPITRE CV.

Legs universel fait par un pere à ses enfans naturels,
a été déclaré bon & valable.

JAcques de Vignancour demeurant au bourg de
Rume en Vermandois, y fit son testament en
1623, par lequel il légua le tiers de tous & chacuns
ses biens meubles, acquêts immeubles, & tiers de
ses propres, à trois enfans naturels qu'il avoit eu
d'une servante concubine. Après le décès dudit Jacques de Vignancour, & de François de Vignancour
son frere & héritier universel, lesdits enfans naturels légataires firent assigner les héritiers dudit François de Vignancour pardevant le bailli de Vermandois, ou son lieutenant à Rheims, pour avoir délivrance de leur legs, à quoi lesdits héritiers ayant
été condamnés, ils en interjetterent appel, pour
lesquels Me. de Villiers dit, qu'en la forme le testament ne peut subsister, parce qu'il a été reçu par
un notaire du bailliage de Vitry, qui a exploité hors
de son ressort, l. *Extra territorium. De jurisd.* suivant
la jurisprudence des arrêts. On objecte que François
de Vignancour frere du testateur, a signé ce testament, & ainsi l'a approuvé : mais il faut faire distinction entre le consentement prêté avant le décès

du testateur ou après : celui-là ne nuit point ; mais
bien celui-ci, suivant l'opinion de Me. Charles du
Moulin *art*. 53 de la coutume d'Auvergne, tel consentement prêté du vivant du testateur étant révoqué, & *ne quid pejus faciat testator*, dit du Moulin.
On objecte aussi que ce testament est fait en présence de quatre témoins, & que suivant la coutume
de Vermandois, tel testament fait en présence de
quatre témoins est bon & valable. Mais ces quatre
témoins ne sont point considérables, parce que le
testateur ayant choisi de tester pardevant un notaire,
il a dû suivre cette voie ; & ayant pris un notaire
incompétent & d'autre ressort, il n'a pas valablement
testé, Au principal, les bâtards & enfans naturels,
tels que sont les intimés, ne sont pas capables d'un
legs universel, tel qu'est celui en question, mais
seulement de simples alimens, comme les arrêts l'ont
souvent jugé ; & les appellans les offrent aux intimés.
Et conclut au mal jugé. Me. Sirejean pour les intimés légataires dit, qu'en la forme le testament est
bon & valable : le notaire qui l'a reçu étoit véritablement du bailliage de Vitry : mais il n'est pas constant que quel bailliage est le bourg de Rume, ou
de Vitry, ou de Vermandois, les notaires de l'un
instrumentant ordinairement en l'autre. François de
Vignancour a fait son testament au même lieu, &
pardevant le même notaire, que Jacques de Vignancour son frere, & a passé plusieurs autres actes.
Quand le notaire n'y auroit point été, le testament
étant fait en la présence de témoins, est bon & valable selon la coutume. Cette surabondance ne vice
point l'acte. *Nemo creditur id genus testandi elegisse*
ad impugnanda sua judicia, *l.* 13. *De test. mil.* François de Vignancour a signé & approuvé ce testament ;
ainsi les héritiers sont non-recevables à le vouloir
impugner. *Etsi voluntas defuncti circa legata vel fi-*
deicommissa legibus non sit subnixa, tamen si sua
sponte agnoverit, implendi eam necessitatem habent,
L. 16. *De testam.* Au principal, les intimés ne sont
point incapables des legs qui leur ont été faits, étant
nés *ex soluto & soluta.* L'incapacité portée par les arrêts est des bâtards adultérins ou incestueux, *tit.*
ex nefando & damnato coïtu, Auth. Ex incestuosis.
De natural. liber. Et conclut au bien jugé.

M. l'avocat général Bignon dit, que les freres
peuvent intenter la querelle d'inofficiosité du testament, *turpi personâ institutâ.* On a demandé si les
enfans naturels nés *ex soluto & soluta* sont de cette
qualité, & l'on a résolu que non, mais qu'ils sont
capables de tous legs & donations. En la forme du
testament, il y a plus de difficulté. On fait une
preuve que le bourg du Rume est du bailliage de
Vermandois ; & l'on confesse que le notaire qui l'a
reçu, étoit du bailliage de Vitry, & ainsi hors de
son ressort. Mais la réponse qu'on y apporte est pertinente, *sic agebat, sic contrahebat.* Ce notaire recevoit ordinairement des contrats au bourg de Rume,
il en a reçu plusieurs pour Jacques de Vignancour
testateur, même son testament ; ainsi communis
error facit jus. Quant à ce qu'on dit, qu'il y a quatre
témoins, & que selon la coutume il n'est point nécessaire qu'il y ait un notaire, il faut observer que
même selon la disposition du droit ce n'étoit pas
assez de proférer son testament en présence des témoins, mais il falloit qu'il fût rédigé par écrit par
l'un d'eux, ou par quelqu'autre personne. Cette observation de rédiger le testament par écrit est bien
plus nécessaire en France où la preuve par témoins
est plus étroitement reçue. Ainsi quand le notaire
ou le curé de la paroisse, qui étoit l'un des témoins,
n'auroit servi qu'à écrire le testament, cela étoit considérable. Quant à l'autre question, si ayant choisi
une forme de tester, on peut s'en départir, & en
observer une autre, les docteurs ont traité cette
question sur la loi *Hac consultissima. C. De testam.* &
la loi *Stipulatio. De verb. oblig.* & *Alex. consil.*
131. & *ibi mol.* où ils résolvent que quand le testateur a témoigné par quelque clause de son testament
se vouloir départir de la premiere forme, pour lors
le testament fait en la seconde est bon & valable ;
aliàs secus, si non appareat. Par tous ces moyens &
circonstances, il y a lieu de confirmer la sentence.
LA

LA COUR mit l'appellation au néant ; ordonna que ce dont étoit appel, fortiroit fon plein & entier effet ; néanmoins fans dépens. Le 14 mai 1630, M. le préfident le Jay prononçant.

☞ *Vide* l'obfervation fur le chap. 26 du livre premier.

CHAPITRE CVI.

Mari par le titre Unde vir & uxor, *fuccede à fa femme, quoique bâtarde, & viciffim, à l'exclufion du fifc.*

JEanne du Bois, fille naturelle de Jacques du Bois, ayant été mariée avec Philippe Guyonnet procureur en la cour de parlement, décéda en 1628 fans enfans. Guyonnet fon mari furvivant décéda fix heures après, délaiffant Catherine Guyonnet fa fille unique d'un premier lit. Jacques Dufaux écuyer Sr. de Beauvoifis, donataire du roi de la fucceffion de Jeanne du Bois, prétendant qu'elle étoit acquife par droit de bâtardife, fit fa demande pardevant les confeillers du tréfor. Par fentence Catherine Guyonnet, comme fille & héritière dudit Philippe Guyonnet, héritier de ladite du Bois fa femme, fut maintenue & gardée en la poffeffion & jouiffance de tous les biens délaiffés par ladite du Bois fa belle-mere, dont ledit Dufaux interjetta appel, pour lequel Me. Petitjean dit, que la caufe eft fi importante, qu'elle doit fervir de loi à l'avenir, pour favoir fi le titre, Unde vir & uxor aura lieu entre les bâtards, auffi-bien qu'entre les légitimes mariés. Mais il n'y a point d'apparence. De tout tems les bâtards ont été en haine parmi le peuple bien policé, parce qu'ils naiffent d'une conjonction illicite, & par ce moyen troublent le repos des familles. Ce titre Unde vir & uxor, introduit par le droit romain, n'a lieu en la France coutumiere ; & quand il y auroit lieu, ce ne pourroit être qu'au cas de déshérence, & en défaut de légitimes héritiers feulement, & ne fe pourroit étendre au cas de bâtardife, qui eft un droit entierement diftinct & féparé de celui de déshérence : droit de bâtardife, qui appartient privativement au roi, finon en certains cas, & duquel le roi feroit prefque toujours privé, fi cette difpofition du droit romain Unde vir & uxor avoit lieu, parce qu'ordinairement les bâtards font mariés ; & ou les enfans leur fuccederoient, ou bien la femme au mari, ou le mari à la femme ; & ainfi le roi demeureroit perpétuellement privé de fon droit : ce qui ne doit pas être, comme Bacquet l'attefte en fon traité *Du droit de bâtardife.* La coutume de Paris *art.* 263, y eft formelle, & prohibe telle fucceffion d'entre le mari & la femme. On objecte un arrêt rendu en 1620, fur pareille queftion : mais cet arrêt ayant été rendu par appointé, & du confentement des parties, il ne peut être tiré à conféquence. Et par ces moyens conclut au mal jugé, & à ce que la fucceffion de ladite du Bois bâtarde foit adjugée à l'appellant. Me. Bluet pour Catherine Guyonnet intimée dit, que quoiqu'on ait voulu rendre les bâtards naturels odieux, néanmoins la caufe eft fans difficulté, & le pere de l'intimée ayant furvécu à fa femme décédée fans enfans, lui a fuccédé par le titre Unde vir & uxor, répété tant au digefte *lib.* 38. *tit.* 11. qu'au code *lib.* 6. *tit.* 18, par lequel le mari fuccede à fa femme, & la femme réciproquement à fon mari décédant fans enfans & fans proches parens. *Quotiens defuit omnis parentum liberorumve, feu propinquorum legitima vel naturalis fucceffio,* comme parlent les empereurs, qui ajoutent, *fifco exclufo.* Ce droit eft obfervé communément & univerfellement en tout ce royaume. De vouloir reftraindre cette difpofition de droit aux mariages de ceux qui font d'une naiffance légitime, il n'y a aucune apparence : car autrement il faudroit condamner les mariages des bâtards, & dire qu'ils ne font point approuvés ; ce que l'on n'oferoit avancer ni foutenir. Il eft certain que les mariages de telles perfonnes font bons & va-

Tome I.

lables, & ont pareil privilege que ceux des légitimes ; & par conféquent la difpofition du droit au titre Unde vir & uxor, fe doit auffi-bien entendre des mariages des uns, que des mariages des autres, puifqu'il n'y a point de différence. Il a été ainfi jugé par arrêt de 1620, lequel, quoique rendu par appointé, eft d'autant plus confidérable, que les avocats en demeurerent d'accord par l'avis de meffieurs les gens du roi, qui n'auroient point abandonné la caufe & les droits du roi, & ne les ont point trouvés foutenables en ce cas, pour priver la femme ou le mari de la fucceffion que la loi leur défere à l'exclufion du fifc. Et conclut au bien jugé.

M. l'avocat général Talon dit, qu'ils ont le principal intérêt en la caufe ; mais ne l'ont pas trouvée foutenable pour les droits du roi, & lui faire adjuger les biens contentieux, comme ayant appartenu à une femme bâtarde. Son mari lui a fuccédé, étant décédé fans enfans, par le titre & difpofition du droit commun, Unde vir & uxor, qui a lieu & s'obferve univerfellement par toute la France. Le mari & la femme décédant fans enfans & fans parens, fe fuccedent réciproquement, à l'exclufion du fifc, exclufo fifco, dit la loi unique Cod. eod. & la loi derniere, De legit. hared. Fifco noftro jura matrimonii præponimus. L'appellant demeure d'accord de cette maxime, mais il la veut reftraindre aux mariages de ceux qui font nés légitimes, & en exclure les bâtards : mais tout au-contraire il femble que cette difpofition de droit Unde vir & uxor, a été faite principalement en faveur des bâtards mariés, parce que n'ayant point de parens qui leur puffent fuccéder, lorfqu'ils décédoient fans enfans, leur fucceffion appartenoit au fifc ; à quoi la loi a voulu remédier, aimant mieux que le mari ou la femme aient le bien l'un de l'autre au défaut d'enfans, que de le voir emporter par le fifc. A l'égard des autres mariés nés de légitime mariage, il arrive peu fouvent qu'ils décedent fans parens capables de recueillir leurs fucceffions ; & fi la loi n'avoit eu autre confidération que des légitimes mariés, il eût été fort peu néceffaire de faire telle difpofition de droit : mais elle a eu relation à tous ceux qui peuvent valablement contracter mariage. Juftum effe matrimonium oportet, ut bonorum petitio peti poffit. Unde vir & uxor. & ne requiert autre chofe. Or le mariage des bâtards étant auffi valable & légitime que celui des autres nés d'une conjonction licite, il s'enfuit néceffairement qu'ils doivent pareillement être compris dans le privilege & la difpofition de la loi, pour fuccéder réciproquement l'un à l'autre à l'exclufion du fifc, dont la caufe eft toujours la moins favorable. Par la difpofition des coutumes, la regle Paterna paternis, eft étroitement obfervée, & les héritages délaiffés à ceux de l'eftoc & ligne d'où ils procedent. Néanmoins cette ligne s'étant trouvée finie, & n'y ayant perfonne de l'eftoc dont font procédés les héritages, on les a adjugés par arrêt aux parens d'un autre côté, à l'exclufion du fifc. Auffi par la difpofition des coutumes, les propres, comme chofes graves, ne remontent jamais, & font toujours déférés aux defcendans ; néanmoins ne fe trouvant aucuns defcendans, pour fuccéder aux propres, la cour par fes arrêts les a adjugés aux afcendans, à l'exclufion du fifc. Par autres arrêts on a adjugé toute la fucceffion à celui qui n'étoit conjoint que d'un côté, ne fe trouvant point d'autre parent de l'autre côté, afin d'en exclure le fifc, dont la caufe eft toujours défavantageufe & mife au dernier rang. Fifcus poft omnes. La queftion qui fe préfente, a été jugée in individuo par l'arrêt de 1620, que l'intimée rapporte ; auquel la caufe du roi n'a point été abandonnée, non plus qu'à préfent ils ne l'abandonneroient pas, fi elle fe trouvoit jufte & foutenable : mais eftimant le contraire, ils adherent avec l'intimée, à ce que les fentences dont eft appel, foient confirmées.

LA COUR mit les appellations au néant, fans amende & dépens ; ordonna que ce dont étoit appel, fortiroit fon plein & entier effet. Le jeudi d'après la pentecôte 23 mai 1630, M. le préfident de Mefme prononçant.

O o o o

1630.

* L'arrêt eft cité dans du Freíne , & dans Brodeau , *lett. V. fomm.* 13 ; & après eux Henrys , qui
doutoit d'abord de la vérité de l'arrêt, a enfuite fait
une affez ample differtation pour le juftifier, *tom.*
1. *liv. 6. chap.* 5. *queft.* 17.

CHAPITRE CVII.

*Don mutuel en la coutume de Poitou , de tous les
meubles, acquêts immeubles , (fans ajouter , préfens & futurs) & tiers des propres, comprend néanmoins tous les meubles & acquêts qui étoient lors
du décès du donateur.*

Vincent Billé & Catherine Babinet étant mariés enfemble en 1609, fe firent une donation
mutuelle de tous & chacuns leurs meubles, acquêts
immeubles, & tiers de leurs propres, conformément
à la coutume de Poitou , où ils étoient domiciliés.
En 1619, ils firent un teftament mutuel confirmatif de ladite donation. En 1629 , Billé étant décédé,
Catherine Babinet fa veuve fit affigner Judith &
Catherine Billé fes filles & leurs maris pardevant
le fénéchal de Poitou ou fon lieutenant à Poitiers ;
aux fins de lui faire délivrance defdits meubles,
acquêts immeubles , & tiers des propres , fuivant
ladite donation : ce qui fut empêché par Me. Jacques Joanne notaire à Poitiers, mari de ladite Judith
Billé , qui foutint ladite donation nulle , faute d'infinuation , & fubordinément réductible aux meubles
& acquêts immeubles que le donateur avoit lors de
la donation : fur quoi les préfidiaux de Poitiers
rendent leur fentence , par laquelle ils déclarent la
donation bonne & valable , & néanmoins la réduifent pour les acquêts immeubles à ceux que le
donateur avoit lors & au tems de la donation , dont
les parties interjetterent refpectivement appel. Me.
Rofée pour ledit Joanne en fon nom , & comme
pere & adminiftrateur de fes enfans mineurs & de
ladite Billé, dit que la donation eft nulle faute
d'infinuation , tellement néceffaire fuivant les ordonnances de 1539 & 1549, que quoique plufieurs
coutumes, comme celle de Bourbonnois, Auvergne,
& autres, aient voulu que les donations fuffent bonnes & valables fans infinuation , néanmoins Me. Charles du Moulin en fes apoftilles a remarqué que ces
coutumes font abrogées par le moyen de l'ordonnance. L'on a douté des donations mutuelles; mais l'ordonnance de Moulins les a nommément comprifes
& déclarées fujetes à infinuation : toutefois nonobftant cette ordonnance on obfervoit le contraire en
Poitou : ce qui donna lieu à une déclaration du
roi en 1622, portant que toutes donations mutuelles feroient fujetes à infinuation, nonobftant l'ufage
& coutume prétendus contraires en Poitou & ailleurs ; & néanmoins elle valida les donations faites
auparavant. C'eft cette déclaration de l'intimé objecte, & fur laquelle les juges ont fondé leur fentence , la donation en queftion étant faite en 1609,
onze ans auparavant la déclaration, *quæ futuris dabat
formam negotii , & ad præterita non retrotrahebatur*,
comme parle la loi 7. *C. De leg.* Mais cette maxime
ne peut valider la donation en queftion. *Primò*,
parce que cela n'a lieu que pour les loix & coutumes nouvelles, & qui établiffent un nouveau droit,
d. L. 7. & non pour celles qui font déclaratives &
confirmatives d'un droit ancien. *Legem antiquam ,
pofitam quidem olim , ufu verò nefcimus quemadmodum non approbatam , rurfus revocare , & ad Remp.
reducere, benè fe habere putavimus* , comme dit l'empereur , *Nov, De fidejuff.* La déclaration du roi ne
contient autre chofe qu'une abrogation de cette erreur , de ce mauvais ufage introduit en Poitou contre la difpofition du droit commun , qui eft confirmé de nouveau par cette déclaration, remis en fa
force & vigueur, & doit avoir fon effet , non pour
le paffé que pour l'avenir. *Secundò* , cette déclaration ayant validé les donations faites auparavant , ne
peut s'entendre que des donations dont les droits
étoient déja échus & acquis par le décès des do-

nateurs , & non pas des donations qui n'étoient point
encore échues , & étoient *in pendenti* touchant leur
exécution , pour laquelle il faut obferver la loi furvenue. Cela a été ainfi jugé par arrêt
pour les conventions d'un mariage contracté avant
la réformation de la coutume de Tours, & que la
coutume de nouveau furvenue devoit fervir de loi à
l'exécution du contrat , quoique paffé auparavant.
L'ordonnance de Moulins *art.* 57 , y eft formelle,
car réduifant les fubftitutions , elle dit que cela
n'aura lieu que pour l'avenir , & fans préjudice des
droits acquis & échus aux parties. Ainfi c'eft le feu
de cette déclaration , de ne point préjudicier aux
droits acquis par des donations précédentes à la
déclaration. *Tertiò* , Vincent Billé a vécu neuf ans
après la déclaration publiée , & pendant ce long
intervalle il a dû faire infinuer la donation. *L'ifage
novæ conftitutiones , poft infinuationes earum poft duos
menfes valeant* , *Nov.* 66. où l'empereur excepte le
teftateur, qui eft décédé incontinent après fon teftament. *Si poft paululum quàm fcripta lex eft , & adhuc ignorata, decefferint teftatores:* & au §. 4. d. Nov.
*Si proxime fcripta funt teftamenta poft pofitionem le-
gis.* Mais y ayant neuf ans d'intervalle entre la
déclaration publiée & le décès du donateur, ou ne
peut alléguer aucune excufe. Et conclut au mal jugé,
& à ce que la donation foit déclarée nulle. M.
Talon pour Catherine Babinet intimée dit , que les
loix n'étant faites que pour régler les actions des
hommes , elles ne peuvent point avoir leur effet
fur les chofes paffées, mais feulement fur celles qui
font à venir , s'il n'eft nommément dit & exprimé,
vulgari L. 7. C. De leg. La déclaration du roi de
l'an 1622 , étoit une nouvelle loi pour le Poitou,
parce qu'auparavant on n'avoit jamais pratiqué d'infinuer les donations mutuelles , à caufe que fuivant
la coutume *art.* 213 , elles font révocables toutes
fois & quantes , & ne fe confirment que par la mort
des donateurs ; & par conféquent ne pouvoient être
fujetes à infinuation , les donations à caufe de mort
en étant exemptes par l'ordonnance de 1549, lors
de laquelle on doutoit fi les donations mutuelles y
étoient fujetes. Pour lever le doute , eft furvenue
l'ordonnance de Moulins , qui les a nommément
comprifes; mais elle n'étoit point pratiquée en Poitou , & fuivant la coutume plufieurs donations mutuelles non infinuées avoient été déclarées bonnes
& valables par arrêts. Mais d'autres arrêts poftérieurs ayant infirmé telles donations mutuelles non
infinuées , cette contrariété d'arrêts donna lieu à la
déclaration du roi de 1622 , qui étoit un nouveau
droit correctif de la coutume de Poitou , & ne
pouvoit donner loi au paffé , mais feulement à l'a-
venir ; & de fait , la déclaration le dit affez expreffément , confirmant toutes les donations précédentes. Les donataires n'ont daigné fe faire infinuer,
s'arrêtant à cette confirmation qui leur fervoit de
pleige & de caution , ainfi qu'Ariftote appelle les
loix ; mais l'interprétant comme l'appellant , elle
leur auroit fervi de piege & de furprife. Il y a
grande différence entre la formalité & la fubftance
d'un contrat. La fubftance peut bien être changée ,
modérée & réduite par une loi nouvelle , mais non
pas la formalité , qui fe regle toujours felon les loix
obfervées au tems de la paffation du contrat. Ceft
ce que l'ordonnance a prefcrit pour les fubftitutions,
& l'efpece de l'arrêt en la coutume de Tours, les
contrats de fubftitutions ou de donations demeurant
bons & valables , mais réductibles à certains degrés,
à certaine quotité de biens. Quant à la réduction
de la donation faite des meubles & acquêts immeubles , que Vincent Billé avoit lors de la paffation de la donation , elle ne fe peut foutenir,
parce que la donation étant univerfelle , & ne fe
confirmant que par la mort , elle comprend tous
les meubles & acquêts immeubles que le donateur
avoit lors de fon décès , *L.* 3 & 13. *De inftruct. &
inftrum. leg.* 9. *De auro & arg.* Et par ces moyens
conclut au bien jugé pour le premier chef de la fentence concernant la validité de la donation ; & au
mal jugé pour le fecond, touchant la réduction.

M. l'avocat général Bignon dit , qu'il eft vrai que

riglièrement les loix ne donnent l'ordre & la regle qu'aux chofes futures ; & c'eft la différence qu'il
y a entre les loix & les jugemens. Ceux-ci ont
pour regle les actions paffées, & celles-là au-contraire ne regardent que les futures. La queftion eft
de favoir fi la déclaration de 1622, eft une loi nouvelle, & fi en tout cas elle a lieu pour les donations
faites auparavant , mais dont le droit n'étoit encore
échu & acquis. Ordinairement les déclarations n'é-
tabliffent point un nouveau droit, mais en confirment & éclairciffent un précédent ; & par conféquent elles ont un effet rétroactif, s'il n'y a expreffion
contraire , comme en celle de 1622, laquelle abo-
liffant entièrement la peine de tout le paffé, porte
en termes précis & décififs , que l'ordonnance de
Moulins art. 58 , aura lieu par tout le royaume ,
nommément en Poitou, nonobftant la coutume ;
& ce faifant, que toutes donations mutuelles qui
fe feront à l'avenir, feront infinuées , fans préjudice de celles faites par le paffé , qui font confirmées, quoique non infinuées. Ces termes font fi formels & fi clairs, qu'après cela il ne refte aucune
difficulté , qui n'eût pas été petite, cela ceffant.
De plus, il faut confidérer la qualité de l'intimée :
elle eft veuve , & l'on ne peut par cette raifon lui
objecter le défaut d'infinuation tant qu'elle a demeuré fous la puiffance de fon mari qui a dû procurer ladite infinuation , au cas qu'elle eût été néceffaire. Quant à la réduction de la donation faite
par fentence , elle ne fe peut foutenir , quoique
régulièrement les donations de tous biens , fans
exprimer , *préfens & à venir*, ne s'entendent que des
préfens. Mais celle en queftion étant d'une univerfité de certains biens , & ne fe confirmant que
par la mort du donateur , fuivant la difpofition du
droit romain, il faut la régler & rapporter aux
meubles & acquets qui étoient lors du décès du donateur , & ne la pas modérer & réduire à ceux
qui étoient lors de la paffation de la donation.

LA COUR en tant que touchoit l'appel interjeté par la partie de Me. Rofée, mit l'appellation
au néant ; ordonna que ce dont étoit appel , fortiroit fon plein & entier effet ; & en ce qui concernoit l'appel de la réduction de la donation interjetté par la partie de M. Talon , mit l'appellation
& ce, au néant ; émendant & corrigeant , adjugea à
la veuve tous les meubles & acquets immeubles qui
appartenoient à fon mari lors fon décès. Le
mardi 28 mai 1630 , M. le préfident le Jay prononçant.

* L'arrêt eft en forme dans la dernière compilation du commentaire de le Let fur la coutume
de Poitou , art. 209 ; mais le fait & les moyens
n'y font pas fi étendus.

CHAPITRE CVIII.

*Procureur difcerné curateur aux caufes doit prêter le
ferment en perfonne.*

LE vendredi dernier jour de mai 1630, Me. Grenet plaidant pour un appellant , demanda que
le procureur de l'intimé qui étoit mineur, prêtât le
ferment de curateur en caufe pour la validité des
procedures , quoique l'intimé fût majeur de majorité
coutumiere. Me. Doublet pour l'intimé dit , que
cette preftation de ferment n'eft point néceffaire ;
néanmoins il s'en remet au bon plaifir de la cour ;
mais que le procureur qui occupe en la caufe , n'eft
point à l'audience , & qu'il n'y a que fon fubftitut ,
que l'appellant foutient n'être capable de prêter le
ferment de curateur , & qu'il faut que ce foit le
procureur même , parce que le ferment & la charge
de curateur font perfonnels.

LA COUR ordonna que le procureur qui occupoit en la caufe , fe préfenteroit à la huitaine
pour prêter le ferment de curateur en caufe. M. le
préfident le Jay prononçant.

CHAPITRE CIX.

*Dépofitaire , difant qu'il a prêté fous gages à lui
dépofés , fa confeffion n'eft divifée ; & celui qui a
fait le dépôt , n'en ayant point d'autre preuve que
cette confeffion , ne peut dénier le prêt , ni réduire
la fomme , & n'a que l'affirmation du dépofitaire.*

LE même jour à l'audience de relevée Me. le Feron plaida la caufe de Catherine Barrizot , appellante de la fentence rendue par meffieurs des
requêtes de l'hôtel, par laquelle ils avoient condamné l'appellante à rendre & reftituer au fieur de
Moiffy deux pendans-d'oreille , en lui payant &
rembourfant la fomme de trois cents livres que ledit fieur de Moiffy avoit juré & affirmé avoir feulement reçue de ladite Barrizot , & qu'il lui avoit
laiffé les pendans-d'oreille pour gages , & pour
moyens d'appel dit , que meffieurs des requêtes de
l'hôtel ont très-mal jugé d'avoir déféré le ferment à
l'intimé. L'appellante eft faifie & nantie des pendans-
d'oreille pour gages ; elle a ingénument reconnu
& confeffé que l'intimé les lui a délivrés pour affurance d'une fomme de deux cents livres qu'elle lui
a réellement prêtée. L'intimé n'a autre preuve du
prêt & que les pendans - d'oreille lui appartiennent , que la confeffion de l'appellante : il faut
donc s'y arrêter , elle ne peut . être fyncopée ni
divifée , & l'on doit encore moins référer le ferment à l'intimé. L'appellante eft d'une qualité confidérable , fon mari étoit gendarme de la compagnie du roi, elle ne peut être foupçonnée d'être
revendereffe , & d'avoir prêté à ufure , comme l'intimé le veut infinuer. Me. Baudoin pour l'intimé
dit , que l'appellante eft une revendereffe , qui
exerce une ufure manifefte & plus que centuple ,
prenant de gages de grande valeur , & prêtant peu
d'argent. Elle a prêté trois cents livres feulement à
l'intimé , duquel elle a eu les deux pendans-d'oreille ,
de valeur de plus de douze cents livres. Suivant fes
prétentions & les fix cents livres qu'elle demande ,
l'intérêt de ces trois cents livres revient à cinquante
livres par mois , ce qui eft infupportable. En confidération de cette ufure toute manifefte , les juges
dont eft appel , ont rendu leur fentence , & ont
bien jugé.

LA COUR après avoir pris le ferment de
l'appellante préfente en l'audience , qui affirma
avoir prêté la fomme de fix cents livres à l'intimé
fous l'affurance des deux pendans-d'oreille pour gages fans ftipulation d'aucuns intérêts , condamna
ledit intimé lui payer ladite fomme de fix cents
livres , quoi faifant , les pendans-d'oreille lui feroient reftitués ; fans dépens. M. le préfident le
Jay prononçant à l'audience de relevée , ledit jour
dernier mai 1630.

* Cette maxime , qu'en matiere civile la confeffion doit être prife intégralement , & ne peut
être divifée , mérite quelque examen.

On l'a tirée de la loi 39. ff. *de oper. libertor.* où
le jurifconfulte Paul propofe l'efpece d'un patron
qui a ftipulé que fi fon affranchi ne lui donne pas
vingt journées , il fera tenu de lui donner vingt
écus : il demande fi l'affranchi a droit d'offrir
vingt écus , pour fe libérer des vingt journées , &,
il répond qu'il ne faut pas avoir cette indulgence
pour l'affranchi ; parce qu'il ne doit point approuver fon obligation pour la derniere partie , & fe
plaindre de la premiere , comme fi elle étoit injufte.

Les commentateurs du droit ont pris occafion de
former une regle fur cette loi, que l'on ne peut pas
divifer fon obligation , en reconnoître une partie, &
rejetter l'autre.

Dans la fuite quelques auteurs moins éclairés , ont
voulu faire une maxime plus générale , & fous
prétexte que l'obligation contient une reconnoiffance,
ou confeffion de celui qui s'oblige , & qu'en juf-

tice l'on forme tous les jours une efpece de contrat par des confeffions, ils fe font ingérés de dire, qu'en matiere civile l'on ne peut divifer la confef-fion, foit judiciaire ou contractuelle de l'une des parties.

Les fimples praticiens qui font volontiers appli-cation à toutes fortes de caufes, d'un principe qu'ils ont oui dire pour une efpece particuliere, fans en connoître la différence, ont enfin rendu ce bro-card fi familier, qu'il ne faut pas s'étonner des pré-ventions que l'on peut trouver là-deffus.

Mais en remontant à la fource, l'on trouvera que la décifion du jurifconfulte eft limitée dans fon cas fingulier, & ne peut être appliquée à d'autres qui n'y ont aucune conformité.

La confeffion de l'affranchi étoit contre lui dans les deux parties, & toute entiere au profit du patron, qui avoit feul le choix de demander les vingt journées, ou vingt écus pour la peine. L'af-franchi qui n'avoit point la même option, ne pou-voit pas dire qu'il ne fe fût obligé qu'à payer vingt écus, puifqu'il s'étoit d'abord engagé à donner vingt journées, & il ne lui étoit plus libre de di-vifer fon obligation, ni la confeffion.

Dans l'efpece de celui qui confeffe devoir, ou être dépofitaire, & ajoute que le maître de la chofe dépofée, lui eft pareillement débiteur; c'eft pour lors que la confeffion peut être divifée, & qu'elle ne produit d'un côté aucune preuve ni obligation active au dépofitaire, pour ce qu'il prétend lui être dû; & d'autre part celui qui a fait le dépôt, en a la preuve par la confeffion, & il a la liberté de l'achever, fi les juges ne la trouvent pas par-faite.

C'eft la réponfe du même jurifconfulte Paul dans le texte précis de la loi 26. §. ult. ff. *Depofiti*. où il propofe l'efpece d'un homme qui confeffe par une lettre, qu'il eft dépofitaire de dix livres d'or, plus ou moins, deux plats, & un fac cacheté ap-partenans à deux particuliers; & il ajoute inconti-nent que leur pere lui devoit dix écus.

Le jurifconfulte réduit uniquement le doute aux dix écus, & répond que la lettre ne peut produire aucune obligation au profit du dépofitaire; qu'elle ne contient que la preuve du dépôt, qui peut être achevée; & pour favoir fi le dépofitaire a la preuve des dix écus par la lettre, le juge connoîtra que non.

Voici les termes : *Quæro an ex ejufmodi fcripturâ aliqua obligatio nata fit, fcilicet quod ad folam pe-cuniæ caufam attinet? Refpondit ex epiftolâ de quâ quæritur, obligationem quidem nullam natam videri, fed probationem depofitarum rerum impleri poffe; an autem is quoque qui deberi fibi cavit in eâdem epif-tolâ decem, probare poffit hoc, quod fcripfit, judi-cem æftimaturum.*

La glofe d'Accurfe fur le mot *poffit*, ajoute *per hanc epiftolam*; & fur le dernier *æftimaturum*, elle dit : *Ut fi ille confentit his, quæ erant etiam contra fe, ftetur epiftolæ in totum, aliàs non*; ce qui eft plus clairement expliqué par Vivianus en faifant l'efpece de ce §. d'où l'on peut divifer la confef-fion, & rejetter ce qu'elle contient en faveur de celui qui l'a faite.

Pour l'efpece particuliere du prêt fous gages, qui eft celle de l'arrêt ici rapporté, l'on peut voir les articles 8 & 9 du titre 6, des intérêts du change & rechange, de l'ordonnance de 1673, qui font affez connoître que la feule confeffion du dépofitaire, fans autre preuve par écrit, fuffiroit pour le faire contraindre à la reftitution des ga-ges : au-lieu que de fa part il ne peut prétendre de privilege fur les gages; s'il n'y en a un acte par-devant notaire; & fi la même ordonnance lui ré-ferve fes autres actions pour le prêt prétendu, elle fuppofe qu'il en a preuve par écrit, au cas que la fomme excede cent livres.

Il y a encore l'arrêt du jeudi premier août 1630 ci-après, qui a jugé que la confeffion du dépofi-taire peut être divifée, & celui qui avoit fait le dépôt admis à en achever la preuve par témoins.

☞ *Vide* encore ci-après l'arrêt du 29 novembre 1630, chap. 130.

CHAPITRE CX.

Lettres de repréfailles n'ont lieu que contre les fujets d'un autre prince, fur meubles & marchandifes, non fur les immeubles, & font révoquées fans expreffion particuliere dans l'édit d'abolition générale, qui profite aux héritiers des décédés auparavant.

URbain Lucas & autres marchands du Poitou ayant fouffert une grande perte de quantité de vins qu'ils conduifoient fur la côte de Bretagne, & eftimant que les Rochelois, qui tenoient cette côte, avoient fait la déprédation, obtinrent lettres de repréfailles de la chambre du domaine établie au camp de la Ro-chelle au mois de mai 1628, en vertu defquelles ils fe firent mettre en poffeffion du moulin de Ter-refort fitué proche de la ville de Chinon, appar-tenant à Samuel Benardeau & à Catherine de la Noue habitans de la ville de la Rochelle; lefquels après la réduction de la ville de la Rochelle for-merent complainte du trouble qu'ils recevoient en la poffeffion de leur moulin par la prétendue jouiffance dudit Lucas & autres, & interjetterent appel d'un appointement en droit rendu par le juge de Chinon, pour lefquels Me. Doublet dit, qu'il eft notoire qu'au mois de mai 1628, que les inti-més prétendent avoir fouffert la perte & dépré-dation de leurs vins fur la côte de Bretagne, les Rochelois étoient tellement bouclés & enfermés, qu'il leur étoit impoffible de fortir, & il n'eft pas vraifemblable qu'ils aient commis cette déprédation de vins. Quand cela auroit été, les lettres de re-préfailles obtenues pour réparation & indemnité de ces prétendues pertes fouffertes par les intimés, ne pouvoient avoir leur effet fur les immeubles des appellans, mais feulement fur des meubles & mar-chandifes, comme périffables & de moindre con-féquence que les immeubles, qui n'ont jamais été fujets aux lettres de repréfailles. De plus, l'édit d'abolition furvenu depuis par la clémence du roi, a remis chacun des Rochelois en la poffeffion de fes biens, nonobftant tous dons, confifcations, & au-tres chofes contraires. Ainfi par cet édit les lettres de repréfailles des intimés étoient tenus fans effet. Me. Guillot fils dit, qu'il faut faire diftinction entre don pur, fimple & gratuit, entre confifcation, & en-tre lettres de repréfailles. Le don pur, fimple & gratuit, & la confifcation font anéantis & révoqués par l'édit d'abolition; mais les lettres de repréfailles ne le font point, parce qu'elles font octroyées à titre & caufe onéreufe, pour relever & indemni-fer ceux qui les obtiennent, de la perte & dom-mage qu'ils ont foufferts par la malice de l'ennemi. Au-contraire le don & la confifcation font à titres purement gratuits, par conféquent font plus faci-lement révoqués. Cela eft fi véritable, que pour ré-voquer & anéantir des lettres de repréfailles, il fal-loit une révocation expreffe telle qu'on l'avoit ex-primée en l'édit de Nantes, & pour ceux de Mont-pellier en 1629 : ce qui n'a point été fait en ce-lui de la Rochelle. Ainfi on peut dire *omiffum pro omiffo*, & que le roi n'y a voulu faire aucun pré-judice. Il faut interpréter le bénéfice du prince étroi-tement, afin qu'il ne porte aucune perte ni préju-dice à autrui. Le droit de lettres de repréfailles eft un titre le plus légitime qu'on puiffe dire, parce qu'on ne retire jamais ce qu'on a perdu. Il s'étend auffi-bien fur les immeubles des ennemis, & il n'y a point de différence à cet égard entre ces biens. En tout cas & fubordinément Catherine de la Noue étant morte pendant la rebellion, on ne peut pas dire que fes héritiers foient rappellés à fes biens par le bénéfice de l'édit de pacification & aboli-tion; ainfi la part qui lui appartenoit au moulin de Terrefort, eft acquife aux intimés, comme auffi tous les fruits & revenus échus depuis l'obtention des lettres. Et conclud.

M. l'avocat général Bignon dit, que le droit de repréfailles eft un droit ancien, droit des gens, mais qui

qui ne peut nûe doit avoir lieu, ſinon entre les ſujets de deux divers princes, de deux différentes couronnes de ceux qui ſe font la guerre. Il arrive quelquefois auparavant, quand un ſouverain ne fait point rendre la juſtice au ſujet de l'autre ſouverain; & cela eſt commencement de guerre, qui s'appelle guerre imparfaite : mais entre les ſujets d'un même prince, d'un même roi, on ne peut uſer du droit de repréſailles, ſinon abuſivement, ainſi qu'on a fait pendant la ligue, où la furie a été ſi grande, que pour éviter un plus grand mal, on a été contraint de permettre la ranſon, *ἀφαυλία*, le quartier & les repréſailles, autrement ce n'auroit été que meurtre. On appelle les lettres de repréſailles lettres de marque, quaſi marque, qui ſignifie frontiere, parce que telles déprédations arrivent ordinairement ſur la marche & ſur la frontiere ; mais elles ne s'accordent ordinairement que pour meubles & marchandiſes, afin de ſe pouvoir venger & indemniſer, parce qu'ils en ont perdu de pareille nature & qualité. Quand elles ſeroient octroyées ſur des immeubles, les porteurs de telles lettres ne pourroient pas s'en emparer, & ſen dire maîtres & poſſeſſeurs, il faudroit qu'ils les fiſſent vendre, & ſur le prix être payés & remboursés de leur perte & dommage. Mais toutes ces queſtions ceſſent par le moyen de l'édit d'abolition accordée par le roi aux Rochelois, qui a annulé & révoqué toutes confiſcations, donations, & lettres de repréſailles, quoiqu'il n'en ait fait aucune mention : car il faut interpréter le bénéfice du prince, & l'étendre fort largement comme une indulgence, & au-contraire reſtraindre le privilege, & la diſtinction commune. Quoique Catherine de la Noue ſoit décédée pendant que les Rochelois étoient dans la rebellion, néanmoins elle a manderé à ſes héritiers l'eſpérance du pardon & de la clémence du roi ; & par conſéquent leur a ſaiſi de ſes biens par la regle commune, *le mort ſaiſit le vif*. Ainſi les intimés ſont mal fondés en leurs pretentions & en la complainte qu'ils ont formée pour être gardés & maintenus en la poſſeſſion & jouiſſance du moulin des appellans. Il y a lieu d'évoquer le principal, & ſur icelui mettre les parties hors de cour & de procès.

LA COUR mit l'appellation & ce, au néant ; évoqua le principal, & ſur icelui mit les parties hors de cour & de procès ; ſans dépens. Le mercredi 12 juin 1630, M. Potier de Novion préſident.

CHAPITRE CXI.

Contrat de vente des immeubles d'une femme entrant en religion, pour en donner le prix à ſon couvent, eſt déclaré nul, & l'acquéreur évincé comme participant de la fraude. Mais pour ſavoir s'il peut répéter contre les religieuſes le prix que la prieure a ſeule touché, la cauſe eſt appointée.

PErrine Chauveau veuve de Jean Boutin de la ville d'Angers, âgée de ſoixante ans, & n'ayant point d'enfans, deſira d'entrer en religion pour y faire vœu : ce qu'elle fit. S'étant retirée avec les filles religieuſes de la Fidélité de la ville de Saumur, elle fit donation au couvent de ſes biens la même jour qu'elle y prit l'habit avec une ſervante & filleule ; mais doutant de la validité de cette donation, on fit un autre contrat le même jour 3 ſeptembre 1627, par lequel elle promit de payer la ſomme de deux mille quatre cents livres audit couvent, tant pour ſon entrée, que pour celle de ſa filleule, ſomme de neuf cents livres qu'elle paya comptant le même jour. Pour l'exécution de ce dernier contrat, & pour payer ladite ſomme de deux mille quatre cents livres, ladite Chauveau paſſa procuration pour vendre tout ſon bien à Me. René Langlois, lequel en vertu de ſa procuration prit tous les meubles qui étoient dans la maiſon de ladite Chauveau à Angers, les fit conduire au couvent deſdites religieuſes, & n'ayant point trouvé d'acquéreur des fonds & héritages, il les acquit lui-même par con-

Tome I.

---

trat de vente paſſé avec ladite Chauveau au mois de janvier 1628, & ſe mit en poſſeſſion des biens de ladite Chauveau, laquelle ayant fait profeſſion en ladite religion, Me. Pierre Camus ſon plus proche parent & héritier préſomptif fit inſtance à Langlois pardevant le ſénéchal d'Anjou, ou ſon lieutenant, aux fins de ſe déſiſter & départir de la poſſeſſion & jouiſſance deſdits fonds & héritages, nonobſtant ces prétendus contrats de vente ; & pour les faire caſſer obtint lettres, qui par ſentence des préſidiaux d'Anjou furent entérinées, & ce faiſant, leſdits contrats déclarés nuls, de nul effet & valeur, & ſans y avoir égard, ledit Langlois condamné à ſe déſiſter & départir de la poſſeſſion & jouiſſance deſdits fonds & héritages, & la laiſſer libre audit Camus, ſauf le recours dudit Langlois contre qui & ainſi qu'il le verroit ; & néanmoins ordonné que les neuf cents livres & meubles baillés au couvent de la Fidélité lui demeureroient propres, dont ledit Langlois interjetta appel, pour lequel M. Talon dit, que l'appellant ne peut être ſoupçonné ni accuſé d'aucune fraude ni tromperie, d'aucune interpoſition de nom au monaſtere. Il a acquis les héritages en queſtion de Perrine Chauveau, lors & au tems qu'elle étoit capable de librement diſpoſer de ſon bien, il a bien & réellement payé le prix de la vente aux religieuſes de la Fidélité, & à leurs périls, riſques & fortunes il a interjetté l'appel ; en tout cas il offre d'abandonner les héritages, en lui rendant par l'intimé les deux mille quatre cents livres qu'il a payées. Et conclut. Me. Jobert dit, que St. Bernard compare la diverſité des religions & des religieux à la robe de l'épouſe, diſtinguée & émaillée de tant de belles fleurs & couleurs, comme dit l'écriture ; mais cet or fin dont elle étoit enrichie, s'entend d'une charité toute ardente, & de toutes parts éclatante. Toutefois pluſieurs religieux laiſſent cette explication allégorique & véritable, pour s'attacher à la lettre, à un or matériel, qui ne ſert de ſoleil & d'éclat qu'aux ténebres & à la terre, & ils le recherchent plus ardemment que ceux qui ſont demeurés au monde, contre l'ordre de la charité, qui néglige même ce qui lui appartient. Cette cauſe en fournit un exemple : car les religieuſes de la Fidélité ont dépouillé Perrine Chauveau de tout ce qu'elle poſſédoit, par des contrats nuls & de toute nullité, ſuivant l'ordonnance, qui prohibe telles diſpoſitions, conforme aux anciens conciles, à celui de Nice, à celui d'Aix, & pluſieurs autres, qui veulent que les entrées en religion ſe faſſent ſans aucuns dons ni préſens. Quant à la reſtitution du prix, l'intimé n'en eſt aucunement tenu. Me. le Feron pour les religieuſes de la Fidélité dit, qu'elles ne ſont point tenues de la reſtitution des deux mille quatre cents livres. *Primò*, parce qu'elles ne leur ont point été payées par Langlois, qui leur a baillé une contrepromeſſe qu'il a depuis ſouſtraite, ainſi qu'elles offrent de vérifier. *Secundò*, parce que la prieure ſeule du couvent a confeſſé avoir reçu cette prétendue ſomme, ce qui n'eſt pas ſuffiſant ; mais il falloit que toutes les religieuſes euſſent baillé la quittance. Cette prieure n'eſt plus au couvent, & ainſi il ne peut être chargé de cette reſtitution.

M. l'avocat général Talon dit, que l'une des plus certaines maximes du palais eſt, que le religieux ne peut faire aucune donation au profit du couvent auquel il fait profeſſion, ni à aucun autre de cet ordre. Cette maxime eſt fondée, non pas ſimplement ſur l'ordonnance, mais ſur la loi fondamentale du royaume, que les religieux profès n'y ſuccedent point, ni le monaſtere pour eux : ce qui eſt introduit pour la conſervation des familles. Il y en a une infinité d'arrêts, même celui prononcé en robes rouges, touchant la donation faite aux Chartreux de Lyon par un nommé Scaron, qui avoit pris l'habit, & fait profeſſion en la grande chartreuſe, & avoit donné tous ſes meubles & acquêts au couvent de Lyon, lequel en avoit joui paiſiblement pendant cinq ans que le pere du donateur avoit vécu, & ne s'étoit point voulu plaindre ; & après ſon décès ſes enfans freres du religieux ſirent annuller ladite donation. En cette caufe on a bien prévu que le contrat de donation univerfelle ne fe pouvoit aucunement foutenir ; c'eſt pourquoi on a voulu faire, indirectement ce qu'on ne pouvoit directement, pour avoir les deniers des fonds qu'on ne pouvoit retenir & poſſéder, qui eſt en effet la même choſe, & une fraude toute apparente. *Nos miſeri fideicommiſſis legibus illudimus*, diſoit St. Jerome, cherchant des titres déguiſés, & des noms interpofés. Toute la difficulté eſt fur le rembourſement de deux mille quatre cents livres. S'il n'y avoit que le défaut qu'on objecte contre la quittance, qu'elle eſt paſſée par la prieure feule qui étoit alors, cela ne feroit pas conſidérable, parce qu'il paroît qu'elle en a paſſé pluſieurs de même qualité, & reçu les deniers feule. Mais on allegue une contre-lettre, & qu'elle a été vue, lue, & tenue par perſonnes dignes de foi. Quand la cour feroit porter cette perte à l'appellant, ce feroit pour ſervir d'exemple à l'avenir. *Habet aliquid ex iniquo omne magnum exemplum*. Ce feroit pour lui apprendre à ne fe point mêler de femblables chofes.

LA COUR fur l'appel mit les parties hors de cour & de procès, & fur la fommation les appointa au conſeil. Le mardi 18 juin 1630, M. le préſident le Jay prononçant.

☞ *Vide* ci-deſſus le chap. 42 & 75 du livre premier, le 91 du livre ſecond ; & ci-après le chap. 126, & le chapitre 33 du livre premier du ſecond vol.

CHAPITRE CXII.

Procureur fiſcal pourvu à titre onéreux n'eſt deſtituable.

MAître Jean Bizet ayant été pourvu de la charge & office de procureur fiſcal de la jurifdiction d'Artane par M. l'archevêque de Tours en 1617, en fut dépoſſédé, & Jacques Graue pourvu en fa place par ledit Sr. archevêque en 1629, dont ledit Bizet interjetta appel, pour lequel Me. Guyonniere dit, que l'appellant étant pourvu à titre onéreux de ladite charge & office de procureur fiſcal d'Artane, fuivant l'ordonnance il n'en a pu être dépoſſédé. Véritablement fes lettres de proviſions ne contiennent pas qu'il ait financé aucune choſe ; mais la preuve de ce fait réfulte d'un acte qui lui a été ſignifié à la requête de M. l'archevêque de Tours, par lequel il a fait offrir par une tierce perſonne à l'appellant une tenture de tapiſſerie qu'il a reçue pour le pourvoir dudit office de procureur fiſcal, difant qu'il ne veut recevoir ladite tenture de tapiſſerie, & que M. l'archevêque de Tours ne l'a jamais eue agréable. Mais après plus de deux ans que l'appellant a exercé cette charge, & qu'on a gardé la tapiſſerie, ledit Sr. archevêque ne peut plus varier, & dire qu'il ne l'a point agréée. Et conclut à ce que l'appellant foit maintenu & gardé en ladite charge de procureur fiſcal. Me. Feydeau le jeune dit, que l'appellant n'eſt point pourvu à titre onéreux, mais gratuitement, & de cela il n'en faut point d'autre preuve que fes proviſions qui le portent expreſſément. Quant à l'acte contenant les offres de rendre une tenture de tapiſſerie, elles ne font point faites à la requête de M. l'archevêque de Tours qui les déſavoue, déniant d'avoir reçu aucune choſe de l'appellant. Mais quand il auroit été pourvu à titre onéreux & pour finance, en le rembourſant il pourroit être deſtitué : car il faut faire diſtinction entre un juge & un procureur fiſcal : le juge ne peut être deſtitué, mais le procureur fiſcal le peut être, parce qu'il a tout le bien du feigneur juſticier entre fes mains & à fa difpofition, & eſt beaucoup plus pour l'intérêt du feigneur que pour celui du public. Il feroit trop dur & contre raiſon de ne pas permettre au feigneur de fe ſervir du miniſtere de qui bon lui femble en des affaires qui lui importent tellement, & de le contraindre de fe confier entiérement à un homme qui lui eſt fuſpect pour des caufes juſtes & légitimes, qui ne lui témoigne pas feulement peu d'affection,

mais encore de la haine, & qui par ce moyen peut perdre & ruiner fon feigneur par un feul confentement ou autre affaire mal adminiſtrée. C'eſt le moindre pouvoir qu'on puiſſe donner à un feigneur juſticier, que cette deſtitution, en tout cas en rembourſant & indemniſant fon procureur fiſcal, qui par ce moyen n'a point ſujet de fe plaindre. Et conclut à ce que le nouveau pourvu, qui eſt auſſi intimé, foit maintenu en ladite charge de procureur fiſcal.

LA COUR mit l'appellation & ce, au néant ; maintint & garda l'appellant en la poſſeſſion & exercice de la charge & office de procureur fiſcal d'Artane ; fit défenſes audit Graue intimé de l'y troubler, & le condamna aux dépens. Le mardi 25 juin 1630, M. le préſident le Jay prononçant.

☞ *Vide* les obſervations fur le chapitre premier du livre premier.

CHAPITRE CXIII.

Réſignant en extrêmité de maladie, a été admis au regrès contre fon neveu réſignataire.

MAître René Nicolas prêtre de la ville d'Angers, étant fort malade, réſigna une chapelnie deſſervie en l'égliſe d'Angers, dont il étoit pourvu, à Louis Efchelar fon neveu, qui envoya incontinent à Rome pour faire expédier fes proviſions dudit bénéfice, ce qu'il obtint : mais ledit Nicolas réſignant étant revenu en convaleſcence, faît ſignifier audit Efchelar une révocation de la procuration *ad reſignandum* qu'il lui avoit baillée, & pareillement au chapitre d'Angers, de ne le point recevoir au préjudice de l'oppoſition qu'il formoit à fa réception & inſtallation ; fur quoi les parties ayant plaidé aux préſidiaux d'Angers, ils rendent leur ſentence par laquelle ils maintiennent & gardent Nicolas en la poſſeſſion & jouiſſance de ladite chapelnie, nonobſtant fa réſignation faite audit Efchelar, qui en interjetta appel, pour lequel Me. Pouſſet dit, qu'il a été mal jugé par pluſieurs raiſons. La premiere, qu'il n'y a aucune preuve de cette prétendue infirmité de Nicolas intimé, lorſqu'il a paſſé fa procuration *ad reſignandum* au profit de l'appellant. On a mendié certains certificats des apothicaires, qu'on dit l'avoir traité en cette prétendue maladie ; mais tels certificats ne font aucune foi ni preuve en juſtice ; il y a grande différence *inter teſtimonium & teſtes* : tel donne librement certificat d'une chofe, qu'il n'oſeroit affirmer en face du juge. La feconde raiſon dépend de ce qu'on a demandé auquel tems il falloit faire preuve de cette infirmité, ou au tems de la paſſation de la réſignation, comme a tenu Gomeſius, ou bien lors de l'admiſſion en cour de Rome, comme a tenu Me. Charles du Moulin. Il n'y a preuve de l'un ni de l'autre tems de la part de l'intimé. Troiſiémement, quand il y auroit preuve certaine & conſtante de cette prétendue infirmité, l'on ne peut ſoutenir que toutes les fois qu'un bénéficier malade réſigne fon bénéfice, étant revenu en convaleſcence il y ait regrès, & qu'il puiſſe y rentrer ; cette maxime eſt fauſſe & ſimoniaque, parce que toutes pactions qui emportent ou enveloppent un regrès en matiere bénéficiale, font cenſées ſimoniaques & contre la difpoſition des faints décrets, qui réprouvent tels commerces de bénéfices, & veulent qu'on les remette & abandonne purement & ſimplement, fans eſpérance de retour ni regrès. *Can. Gonzaldus.* 16. q. 2. *Cap. Ex parte. De renunciation.* Que fi les arrets ont quelquefois admis le regrès, c'a été pour des conſidérations & circonſtances particulieres & favorables, comme quand le réſignant n'avoit qu'un bénéfice qu'il avoit réſigné étant à l'agonie, & que le perdant, il tomboit dans une extrême néceſſité & pauvreté, *in opprobrium totius cleri*, n'ayant de quoi s'entretenir d'ailleurs. Mais hors de ces circonſtances la cour n'a jamais admis le regrès, & s'eſt toujours tenue à la regle & maxime générale. *Ad actiones ceſſas non datur ampliùs re-*

greffis. L'appellant n'eſt point dans ce cas, il a trois autres bénéfices, & du bien de ſon patrimoine. Et conclut au mal jugé, & à ce que l'appellant ſoit maintenu en la poſſeſſion & jouiſſance du bénéfice. Me. Rochemaillet fils, pour Nicolas intimé, dit que l'appellant pour ſe maintenir injuſtement en la poſſeſſion du bénéfice en queſtion, a recours au prétexte le plus ſpécieux, qui eſt celui de la religion, à l'obſervation des ſaints décrets; mais la mauvaiſe foi & la perſonne que la ſimonie; mais la mauvaiſe foi & la perfidie dont il uſe à l'endroit de l'intimé, eſt un plus grand péché que cette prétendue ſimonie qui n'eſt qu'en ſa bouche pour lui ſervir de prétexte. C'eſt une maxime, que quand on a réſigné ſon bénéfice étant fort malade & en péril de mort, ſi l'on revient de cette maladie, on y peut rentrer, *Cap. Super hoc. De renunciatione.* Les arrêts l'ont ainſi perpétuellement jugé : celui de Me. Jean Benoît curé de St. Innocent rendu en 1552, pour ſervir de loi à l'avenir ; un pour une chanoinie du Mans en 1626, & pluſieurs autres, parce que c'eſt une préſomption que le malade, ceſſant le péril de mort, ne réſigneroit point ſon bénéfice. C'eſt un abandonnement à cauſe de mort. *Cùm quis ſe mavult habere, quàm cui donat.* De plus en cette cauſe il y a cette particularité, que la révocation a été ſignifiée à l'appellant de la part de l'intimé le 23 novembre 1617, & que le *miſſa in regiſtrum* qui étoit le jour du conſentement prêté par le porteur de la procuration *ad reſignandum*, n'eſt que du 30 du même mois : ce qui fait voir que la révocation de la procuration a été faite *rebus adhuc integris* : & ainſi il a été bien jugé.

M. l'avocat général Bignon dit, qu'en France toutes ſortes de regrès ſont nuls & réguliérement abuſifs ; néanmoins que la perfidie & la mauvaiſe foi ne combattent pas moins l'autorité des ſaints canons & décrets. Examinant cette cauſe dans ſes circonſtances, il s'y en rencontre beaucoup de la part de l'appellant. *Primò*, l'on voit deux procurations paſſées en même jour, pour le même bénéfice & par la même perſonne, l'une pure & ſimple *in majorẽ ordinarii*, l'autre *in favorem* entre les mains du pape, pour ſe ſervir de l'une ou de l'autre ſelon l'occaſion & le péril de la maladie. *Secundò*, la parentele & proximité des parties, celle du réſignant étant ſon neveu réſignataire, choiſi pour conſerver le bénéfice, & le retenir en cas de mort, ou le remettre au réſignant en cas de convaleſcence. *Tertiò*, l'âge du réſignant de vingt-ſept ans ſeulement, âge auquel on ne peut préſumer qu'on ſe dépouille de ſon bien, ſoit bénéfice ou autre, & que l'apprehenſion de la mort en a été la ſeule cauſe. *Quartò*, que l'intimé eſt attaché à l'état eccléſiaſtique, eſt promu aux ordres ſacrés ; ainſi il n'a eu aucune ſujet de réſigner ſon bénéfice que la crainte de la mort, & non pas celle qu'on, ceux qui ſont encore *in libero ſtatu*, & qui prennent une autre condition que l'eccléſiaſtique. *Quintò*, la qualité du bénéfice qui eſt un bénéfice ſimple de 200 livres de revenu, deſſervi en l'égliſe d'Angers, que l'intimé n'auroit pas ſi volontiers abandonné que d'autres qu'il a de moindre revenu & de plus grande charge ; mais étant en haſard de les perdre tous, il a voulu laiſſer le meilleur à ſon neveu. Ce ſont les circonſtances qu'on a coutume d'examiner pour pondérana les regrès. *Cauſa reſignationis diligenter ponderanda eſt*, dit le chapitre *Super hoc. De renunciatione.* Et toutes les fois qu'elles ſe rencontrent, la cour adment ordinairement le regrès au profit de celui qui a ainſi réſigné ſon bénéfice *in extremis conſtitutus.* Quoiqu'il y ait grande différence *inter teſtimonium & teſtes*, néanmoins outre les certificats rapportés par l'intimé, la preuve de ſon infirmité & de la cauſe de ſa réſignation, réſulte de la choſe & de la matiere même. Outre toutes ces circonſtances il y a encore cette particularité en la cauſe, que la révocation de la procuration *ad reſignandum* a été faite & ſignifiée à l'appellant le 23 novembre, & le *miſſa in regiſtrum* n'eſt que du 30, & *ſic rebus adhuc integris*, ſuivant le ſtyle de la chancellerie de Rome, par lequel le bénéfice ſeroit déclaré vacant & impétra-

ble, ſi le réſignant venoit à décéder auparavant le *miſſa in regiſtrum*, & autres ſolemnités qu'on obſerve. Et quoiqu'en France & à l'égard de tous les Français, cela ne s'obſerve pas, parce qu'on date les proviſions du jour de l'arrivée du courier ; néanmoins cela ne peut être rétorqué en haine & au préjudice des mêmes Français, *L. Quod favore. De leg.* cela n'ayant été introduit que pour empêcher les préventions du pape ſur les ordinaires, De plus, il y a double conſentement du porteur de la procuration, l'un prêté lors de l'arrivée du courier ès mains du dataire pour requérir les proviſions ; l'autre après le *miſſa in regiſtrum* pour retirer les proviſions. Ce dernier étant le plus conſidérable, il faut régler la révocation ſur icelui, & ainſi il y a lieu de confirmer la ſentence.

LA COUR mit l'appellation au néant ; ordonna que ce dont étoit appel, ſortiroit ſon plein & entier effet, & condamna l'appellant aux dépens. Le mardi 2 juillet 1630, M. le préſident le Jay prononçant.

* L'arrêt eſt cité dans Brodeau, *lett. B. ſomm.* 13.

1630

CHAPITRE CXIV.

Cauſe appointée pour ſavoir ſi ceux de la religion prétendue réformée doivent contribuer à l'édification d'un clocher, quoiqu'ils ſoient exempts des réparations de l'égliſe paroiſſiale.

LEs habitans du bourg & paroiſſe de Cologne près Calais s'étant aſſemblés, délibérerent entre eux & arrêterent de faire réparer leur égliſe paroiſſiale, & ſur icelle de faire bâtir un clocher. Pour cet effet ils eurent permiſſion du préſident de Calais de lever ſur eux une ſomme de douze mille livres, qu'ils impoſerent ſur tous les habitans à raiſon des terres qu'ils poſſédoient en la paroiſſe. Ceux de la religion prétendue réformée s'y oppoſerent, & interjecterent appel de la permiſſion du préſident de Calais, pour leſquelles Me. Deſmarais dit, que vouloir contraindre les appellans au payement de cette impoſition, c'eſt directement contrevenir à l'édit de Nantes, lequel en l'*art.* 2 des décrets, exempte ceux de la religion prétendue réformée de toutes contributions aux réparations des égliſes, des chapelles, achat d'ornemens, fontes de cloches, & autres ſemblables. Le prétexte des intimés eſt, que l'acte d'aſſemblée porte que le clocher étoit pour ſervir de guet & de retraite ; mais cela n'eſt aucunement conſidérable. *Primò*, parce qu'on a mis ce mot en l'acte pour tendre un piege aux appellans. *Secundò*, l'acte porte un petit clocher de bois, qui ne peut ſervir de retraite. On n'eûr pas permis de bâtir un clocher fort proche d'une ville d'importance comme Calais. *Tertiò*, ce clocher eſt ſimplement deſtiné pour tenir les cloches, & convoquer & aſſembler les paroiſſiens au ſervice divin. Aux nombres ch. 2. il eſt dit, que dans le temple il y avoit deux trompettes d'argent, qui ſervoient principalement pour l'aſſemblée du peuple aux ſacrifices, cérémonies & prieres publiques, & pour la délibération des affaires communes. Le clocher ſert aux mêmes uſages. Et conclut à ce que les appellans ſoient déchargés. Me. Dujour fils dit, qu'il s'agit en la cauſe de la réparation & réédification du clocher ſeulement. La réparation de la nef de l'égliſe ſe fait aux dépens de la fabrique : ainſi les appellans ne peuvent refuſer de contribuer à la réédification du clocher qui ſert également au ſalut commun & à la conſervation, tant des appellans que des intimés, parce que toutes les parties étant domiciliées en même lieu, en pays de frontiere, & pays reconquis, expoſé aux incurſions des ennemis, il eſt néceſſaire qu'ils aient quelque eſpece de forterſſe pour leur ſervir de retraite, & pour mettre leurs perſonnes, & leurs meubles à couvert des ennemis : ce qu'ils ne peuvent faire autrement que par le moyen du clocher, lequel tenant lieu de forterſſe, puiſqu'ils n'en ont point d'autre, doit auſſi être rétabli aux frais communs des appellans &

des intimés, tout ainfi que s'il s'agiffoit du rétabliffement des murailles d'une ville, ou de quelque place forte, pour la réparation de laquelle les appellans contribueroient fans contredit. Et conclut.

M. l'avocat général Talon dit, que l'explication des édits eft fi importante, que fi la queftion n'avoit point été jugée, il y auroit beaucoup de chofes à dire ; mais elle s'eft préfentée, & a été jugée fi fouvent, qu'il y refte peu de difficulté. Lorfqu'il fût queftion d'édifier le temple, le plus grand & le plus bel ouvrage qui ait jamais été au monde, les Samaritains n'y contribuerent point, & il n'y eut que le peuple d'Ifraël & de Judée, parce qu'ils n'adoroient pas avec eux. Il en eft de même de ceux de la religion prétendue réformée, qui n'adorent pas avec nous. *Una nobis omnibus vita fpiritalis eft communis, diverfi verò actus*, dit Optat. L'édit les exempte des contributions aux églifes, chapelles, ornemens, fontes de cloches, & autres femblables. Quand il s'agit d'une autre chofe commune, il n'en eft pas ainfi, il faut qu'ils contribuent, à l'exemple de la loi *Rhodia, De jactu*, qui veut que chacun contribue à la perte de ce qui a été jetté dans la mer pour fauver le vaiffeau. Mais s'agiffant d'une églife, ils n'y font point tenus, ainfi qu'il a été fouvent jugé par arrêts : le premier pour les habitans de Trans faifant profeffion de la religion prétendue réformée, qui furent déchargés de la contribution aux réparations de l'églife, & néanmoins condamnés à contribuer au payement de celui qui fonne la cloche trois fois le jour, le matin, à midi & au foir, parce que, outre l'oraifon, cette cloche fert pour avertir de l'heure ceux qui font aux champs. Le fecond pour les habitans de Nanteuil, qui furent déchargés de contribuer à la rééédification du porche de l'églife, quoiqu'on y adminiftrât & rendît la juftice. Le troifieme arrêt eft au profit de ceux d'Efternay touchant la rééédification du clocher, quoique l'horloge fût dedans ; & ainfi il y a lieu de décharger les appellans.

LA COUR appointa la caufe au confeil, M. Potier de Novion prononçant, qui demanda à Me. Dujour, fi le prix fait du clocher & celui de la nef de l'églife étoient faits féparément, & fi chacun habitant étoit cotifé perfonnellement, ou à proportion des héritages qu'il poffedoit en la paroiffe. Le mercredi 10 juillet 1630, en la chambre de l'édit.

CHAPITRE CXV.

Mariage d'une religieufe, faite hérétique, eft déclaré nul, & elle incapable de fuccéder.

Gilberte d'Anglot, demoifelle de bonne & ancienne maifon, âgée de 14 ou 15 ans feulement n'ayant pere ni mere, fut mife au couvent des religieufes de Saint-Quentin en Picardie, où elle fit profeffion à l'âge de feize ans en 1608, & y demeura jufques en 1615, qu'elle en fortit pour aller être fupérieure en un hôpital dépendant de ce couvent, où elle demeura cinq ou fix ans : puis par un efprit de libertinage elle en fortit pour fuivre un nommé Bourdon, qui l'enleva en 1617. Le fieur d'Anglot fon oncle paternel, & qui avoit été fon tuteur, rendit fa plainte au lieutenant criminel de Saint-Quentin, qui informa de cette vie licencieufe & débauchée, & du rapt & enlevement fait de fœur Gilberte d'Anglot religieufe profeffe par ledit Bourdon, lequel il condamna à être pendu & étranglé, & ladite d'Anglot à être prife & réintégrée dans le couvent & monaftere où elle avoit fait fes vœux & profeffion. Ladite d'Anglot en ayant été avertie, fe refugia à Paris, où elle fit profeffion de la religion prétendue réformée, & peu après fe maria avec Abel Charton (faifant pareillement profeffion de la religion prétendue réformée) en l'églife de faint Barthelemy, la cérémonie faite par le curé de la paroiffe, comme s'ils euffent fait profeffion de la religion catholique, apoftolique & romaine. Le mariage célébré, ils retournerent dans la religion prétendue réformée, dont le fieur d'Anglot oncle ayant été averti, interjetta appel comme d'abus de la cé-

lébration dudit mariage, & en vertu de la fentence du lieutenant criminel de Saint-Quentin, fit emprifonner ladite Gilbert d'Anglot en la conciergerie du palais, & préfenta requête à la cour à ce qu'elle fut déclarée incapable de prétendre aucune part ni portion aux fucceffions échues de fes pere & mere, & aux fucceffions à échoir de fes parens collatéraux, Me. Defmarais pour ladite d'Anglot, laquelle avoit interjetté appel de la fentence du lieutenant criminel de Saint-Quentin & de fon emprifonnement, remontra qu'il étoit demeuré d'accord de l'avis de meffieurs les gens du roi ; & Me. Picard ayant fait pareille déclaration, M. l'avocat général Talon dit, que le mariage eft nullement & non valablement contracté, parce qu'en l'églife catholique, apoftolique & romaine, on a marié une religieufe profeffe, laquelle ayant une fois fait vœu en la religion, étoit incapable de mariage. Quant au changement de la religion, étant toléré fuivant les édits, on ne peut point imputer à crime, ni punir telle légéreté & inconftance. Dieu feul qui nous a laiffé toute entiere de le fervir ainfi que bon nous femble, fe referve ce châtiment : mais ce changement de religion, cette nouvelle profeffion de religion prétendue réformée ne peut pas rendre capable de fuccéder à fes parens la perfonne qui en avoit été rendue entiérement incapable par le moyen des vœux & de la profeffion en religion, non pas même les enfans qui pourroient naître de fon mariage tanquam *ex radice infecta*. Cela a été jugé par l'arrêt rendu en 1627, contre le chevalier de la Ferté, après lequel il n'en faut plus douter. Mais outre le changement de religion, & ce prétendu mariage, il y a les charges & informations faites de cette vie licencieufe & débauchée avec le nommé Bourdon, pour raifon de quoi l'appellante préfente en l'audience veut prendre droit par les charges : il y a lieu de l'y recevoir, parce qu'à fon égard il n'y échet pas grande correction ni punition.

LA COUR déclara le mariage dudit Charton & de ladite d'Anglot nullement & non valablement contracté, déclara pareillement ladite d'Anglot incapable de toutes fucceffions tant paternelle & maternelle échues, que collatérales à échoir : & après que ladite d'Anglot préfente en perfonne eut déclaré qu'elle prenoit droit par les charges, ordonna qu'elle les verroit pour y faire droit. Et après avoir interrogé Charton auffi préfent, qui répondit qu'il faifoit profeffion de la religion prétendue réformée, ordonna qu'il feroit conduit en la conciergerie avec ladite d'Anglot. Le mercredi 17 juillet 1630, M. le préfident Potier de Novion prononçant.

CHAPITRE CXVI.

Curé ne peut refufer la publication d'un monitoire, fous prétexte que le coupable lui a donné charge en confeffion d'offrir des dommages & intérêts.

Pafquette Milet, pauvre veuve de la ville d'Eftampes, avoit un pré proche de ladite ville, dans lequel il y avoit quantité d'arbres. Certaines perfonnes entrerent nuitamment dans ledit pré, & y couperent & abattirent douze arbres par le pied, à cinq ou fix pieds de terre. Ladite Milet rendit fa plainte au juge prévôt d'Eftampes, lui permit d'informer & d'obtenir lettres monitoires en forme de droit, pour avoir preuve & révélation de ce fait. En exécution elle mit lefdites lettres monitoires ès mains de Me. Noël Baudry, prêtre, curé de la paroiffe de faint Martin d'Eftampes, lequel après avoit long-tems différé la publication defdites lettres monitoires, même n'y ayant été condamné par fentence dudit juge prévôt d'Eftampes, vint à révélation & déclara qu'il avoit oui en confeffion un certain quidam qui étoit coupable de la coupe des arbres de ladite Milet, à laquelle il offroit de fatisfaire & payer les dépens, dommages & intérêts réfultans de la coupe defdits arbres, au dire de gens à ce connoiffans, au nom & acquit de celui qu'il avoit oui en en confeſſion, qu'il n'étoit point obligé de nommer; & requit qu'on n'eût à paſſer outre à la publication des lettres monitoires. Sur quoi le prévôt d'Eſtampes ayant égard aux offres dudit Baudry, le condamna aux dommages & intérêts de ladite Milet, au dire de gens à ce connoiſſans, & le déchargea de la publication & fulmination deſdites lettres monitoires, ſans dépens, dont ladite Milet interjetta appel pardevant le bailli d'Eſtampes, qui confirma la ſentence du prévôt, & néanmoins enjoint au curé d'admoneſter ſon pénitent de ne plus récidiver & commettre tels actes. Ladite Milet derechef interjetta appel pardevant les préſidiaux de Chartres, leſquels infirmerent les ſentences des prévôt & bailli de Chartres, & icelles émendant & corrigeant, ſans avoir égard aux offres dudit Baudry curé, le condamnerent à paſſer outre à la publication & fulmination des lettres monitoires obtenues par ladite Milet, & condamnerent ledit Baudry aux dépens, dont il interjetta appel, pour lequel Me. Germain dit, que la charité & le zele fervent de l'appellant, qui comme un bon paſteur s'efforce de maintenir ſous ſes paroiſſiens en union, amitié & concorde, & étouffer & aſſoupir leurs diſſenſions & querelles, lui ont cauſé ce procès, en quoi il eſt d'autant plus louable, qu'il combat pour le ſeul zele & affection d'un véritable paſteur, & non pour remporter aucun profit pécuniaire ni gain mercenaire, dit le juge. Elle n'y eſt pas même recevable, puiſque la punition des crimes & la vindicte publique n'eſt point en la bouche des particuliers qui n'ont autre intérêt que le pécuniaire, mais en celle de meſſieurs les gens du roi, qui ſeuls peuvent pourſuivre l'intérêt public & la punition des crimes, par mort ou autre peine inflictive aux coupables. Le crime dont eſt queſtion, eſt ſi léger, qu'on ne le peut pas véritablement qualifier du nom de crime : il s'agit ſeulement de la coupe de quelques arbres de mort-bois qui ne portoient aucun fruit. Pour cela on veut obliger l'appellant à fulminer des lettres monitoires, qui eſt le glaive & la cenſure de l'égliſe, laquelle ne s'en ſert que pour des crimes atroces, importans & ſcandaleux, & non pour des choſes de ſi peu de valeur & de conſéquence, la partie étant même entierement déſintéreſſée. L'appellant a eu la connoiſſance de ce prétendu crime par la confeſſion auriculaire de celui qui en eſt coupable, il ne lui eſt pas permis ſous peine de ſacrilege de le révéler : ce que néanmoins l'intimée deſire contre toute équité & juſtice. Et conclut à ce que la ſentence des préſidiaux de Chartres ſoit infirmée, & celle du bailli d'Eſtampes confirmée. Me. Robert le jeune dit pour l'intimée, que l'appellant ſous le voile d'un zele & d'une charité mal ordonnée, s'efforce de couvrir un crime, & de lui procurer l'impunité, & par une affectation trop grande ſe rend aucunement complice de ce crime, que l'appellant qualifie ſi léger : mais tout au-contraire il eſt grand & plein de malice, de ſervir même ſur les choſes inſenſibles & inanimées pour aſſouvir ſa paſſion & ſa rage. Les loix l'ont jugé tel, quand elles ont preſcrit que celui qui en ſeroit convaincu, pût être condamné en un banniſſement ou autre peine ſemblable. Cela ſert de réponſe à ce que l'appellant a dit, que l'intimé n'a autre intérêt que le ſien pécuniaire : mais ſa cauſe regardant plus l'intérêt public que le ſien propre, elle en eſt d'autant plus favorable; elle a grand intérêt de connoître & ſavoir qui ſont les ennemis ſecrets qui peuvent attenter ſur ſa vie, deſquels autrement elle ne peut ſe garantir. Si elle avoit affaire à un juge eccléſiaſtique, qui eût voulu prendre connoiſſance de la publication de ſes lettres monitoires & des oppoſitions qui auroient pû y être formées, elle feroit déclarer abuſif tout ce qu'il

auroit entrepris.; à bien plus forte raiſon un curé qui ne peut ni ne doit prendre aucune connoiſſance de cauſe, & doit paſſer outre à la publication & fulmination des lettres monitoires, ſans s'informer d'autre choſe. D'alléguer qu'il a eu révélation de ce crime en confeſſion auriculaire & qu'il n'eſt point obligé de nommer celui qui l'a commis ; on ne lui demande pas qu'il nomme ni indique ſon pénitent, mais ſeulement qu'il faſſe ſa charge, en publiant les lettres monitoires, ſans qu'il ſoit obligé de venir à révélation; & en cela il ne peut ſe plaindre. Et conclut au bien jugé.

M. l'avocat général Talon dit, que la cauſe eſt nouvelle, toute publique & très-importante : c'eſt un nouvel artifice de ceux qui ont autrefois ſoutenu qu'ils n'étoient point obligés à l'exécution des mandemens de juſtice, & qui veulent renouveller le même langage, ſi la cour n'y donne ordre. L'appellant comme curé de ſaint Martin d'Eſtampes a été chargé des lettres monitoires pour les publier & fulminer : il veut s'en décharger ſous prétexte qu'il offre de lui payer ſes dépens, dommages & intérêts : ce qui n'eſt pas raiſonnable, parce que la cauſe va plus loin que les dommages & intérêts de l'intimée : elle regarde tout le public qui s'y trouve bleſſé. Si cela eſt toléré, c'eſt le vrai moyen à l'avenir de mettre toute ſorte de crimes, où il n'y aura perſonne de morte, à couvert & dans l'impunité, par de ſemblables déclarations d'avoir oui le coupable en confeſſion, & offres de dommages & intérêts de ſa part ou en ſon lieu & place. La confeſſion eſt un regret d'avoir offenſé Dieu, d'avoir commis un crime, c'eſt une ſatisfaction envers Dieu ; mais non point envers les hommes auxquels Dieu commande qu'on ſatisfaſſe pareillement : autrement la ſatisfaction qu'on lui a faite eſt nulle. La confeſſion n'empêche point la recherche & la pourſuite d'un crime ; autrement il ſeroit facile de les couvrir, ou par une véritable, ou par une ſimulée confeſſion : ce qui ſeroit d'une trop périlleuſe conſéquence. D'obliger un confeſſeur à révéler le ſecret d'une confeſſion, ce ſeroit un ſacrilege ; mais qu'un confeſſeur, perſonne publique, ſous prétexte d'avoir oui une perſonne en confeſſion, ſe puiſſe exempter de ſon miniſtere & de ſa charge publique, ou à tout le moins empêcher qu'un autre ne la faſſe & exerce, comme les préſidiaux de Chartres ont ordonné, que l'appellant publieroit ou feroit publier les lettres monitoires, il n'y a aucune apparence. Si un official avoit entrepris la moindre connoiſſance touchant les lettres monitoires, la cour déclareroit abuſif tout ce qu'il feroit : donc à plus forte raiſon un curé, qui n'a qu'un miniſtere ſans juriſdiction quelconque ; & ainſi il y a lieu de confirmer la ſentence ; toutefois s'il plaît à la cour de décharger l'appellant de la condamnation des dépens, puiſqu'il n'y a pas procédé par malice.

LA COUR mit l'appellation au néant ; ordonna ce dont étoit appel, ſortiroit ſon plein & entier effet ; & condamna l'appellant aux dépens de la cauſe d'appel. Le lundi 29 juillet 1630, M. le préſident le Jay prononçant.

* L'arrêt eſt cité dans du Freſne, & en la derniere édition il eſt daté du 29 juin, c'eſt une faute de l'imprimeur.

CHAPITRE CXVII.

Veuve n'eſt privée de ſes conventions matrimoniales, ni les enfans indignes de la ſucceſſion, pour n'avoir pourſuivi la mort de leur mari & pere aſſaſſiné, à cauſe de leur pauvreté.

SImon le Maire laboureur d'un village proche d'Ianville fut aſſaſſiné par un nommé Pierre Roſny le 29 octobre 1629. Les officiers du bailliage d'Ianville ſe tranſporterent auſſi-tôt en la maiſon du mort, & là ſommerent & interpellerent la veuve & enfans ſes héritiers, de déclarer s'ils ſe vouloient rendre parties civiles pour pourſuivre en juſtice la

1630.

1630.

vengeance de la mort de leur pere & mari ; à quoi la veuve & enfans firent réponse, que le défunt avant son décès avoit chrétiennement pardonné sa mort à Rofny, & leur avoit défendu de se rendre parties civiles contre lui pour le faire punir, disant qu'ils perdoient assez en sa personne sans consommer le reste de leurs biens en frais & poursuites de justice: sur laquelle réponse le juge & procureur du roi leur demanderent s'ils avoient pris conseil ; & ayant déclaré que non, le juge ordonna qu'ils en communiqueroient au conseil pour venir délibérer sur la déclaration requise par le procureur du roi: ce qu'ayant fait, la veuve & enfans déclarerent d'abondant qu'ils ne se vouloient point rendre parties civiles contre le meurtrier de leur pere & mari, qui le leur avoit défendu. *Interim* Rofny assassin est appréhendé, & à la requête de ce même procureur du roi au bailliage d'Ianville, son procès lui est fait & parfait, & par sentence des officiers dudit bailliage il est condamné à mort, dont il interjetta appel. La sentence par arrêt fut confirmée, & le criminel renvoyé sur les lieux pour être exécuté ce qui fut fait. Le procureur du roi au bailliage d'Ianville fit derechef assigner la veuve & enfans du défunt pour déclarer, savoir ladite veuve, si elle acceptoit la communauté de meubles & acquêts immeubles d'entr'elle & son défunt mari ; & si lesdits enfans acceptoient l'hérédité & succession de leur défunt pere. La veuve déclara qu'elle acceptoit la communauté, & les enfans la succession de leur pere. Sur quoi autre sentence fut rendue audit bailliage d'Ianville, qui déclara les enfans dudit le Maire indignes de son hérédité & succession ; & la veuve privée & déchue du droit de communauté, de son douaire & autres conventions matrimoniales : & pour savoir à qui on adjugeroit les biens dudit le Maire, ou bien au roi comme seigneur d'Ianville, ou bien au sieur Desmarets comme jouissant par engagement du domaine d'Ianville ; ils appointerent la cause au conseil : de laquelle sentence la veuve & enfans dudit le Maire interjetterent appel, pour lesquels Me. Feydeau dit, que quand les appellans auroient encouru quelque indignité qui pût les priver de la succession de leur pere & mari, toutefois les intimés qui sont monsieur, frere unique du roi, comme jouissant du duché d'Orléans pour son apanage, & le sieur Desmarets comme jouissant du domaine d'Ianville par engagement, n'y peuvent rien prétendre ni espérer, & conséquemment ne sont recevables à leur contester: parce qu'en France nous n'observons pas qu'*hæreditates legata & alia quæ ut indignis auferuntur, fisco applicentur*, suivant la disposition du droit romain qui adjuge au fisc ce qu'elle ôte à l'indigne, à l'exclusion des autres héritiers. *Sed rejectâ indigni & incapacis differentiâ, quod aufertur indigno, defertur sequenti in gradu*: les héritiers du sang étant plus favorables & préférables au fisc ; ainsi qu'il a été jugé par plusieurs arrêts célebres: l'un en la question du crime de parricide en 1560, l'autre en la question du crime de fratricide en 1566, prononcés en robes rouges, rapportés par Chopin *in Consuet. And.* par Bacquet au traité du droit d'aubaine, *ch.* 25. *n.* 13. par Robert *l.* 3. *ch.* 7. & par Bugnion en ses loix abrogées. Conséquemment les deux intimés qui représentent le fisc & poursuivent ses droits, ne peuvent prétendre aucune part ni portion dans les biens de Simon le Maire. Quand la veuve & enfans auroient été indignes de la succession, elle seroit déférée aux neveux & autres parens qui ne sont point en cause, & n'y prétendent rien. *Secundò*, les titres du code & du digeste, *De his quibus ut indignis hæreditates auferuntur*, & *Ad Senat. Silanianum.* dont on a tiré cette maxime, que les enfans & héritiers d'un homicide qui ne poursuivent le meurtrier de leur parent, sont indignes & privés de la succession; ne s'entendent, sinon quand par la faute de négligence des héritiers, le crime est demeuré impuni, & le meurtrier exempt de la peine & du supplice que son crime a mérité. *Hæredes quos necem testatoris inultam omississe constiterit*, dit l'empereur *in L.* 1. *C. De his quib. ut ind. Crimen mortis inultæ, L.* 6.

eod. Hæredibus qui in ulciscenda morte defuncti cessaverint, L. 15. *Ad Senat. Silan.* Mais lorsque le crime a été puni, & que le coupable a subi la peine due à son crime, on ne peut imputer aucune négligence à l'héritier qui a laissé la punition à la justice & à ses officiers, qui a su avoir appréhendé le coupable & l'avoir justement condamné comme au fait qui se présente, où le criminel a été condamné & exécuté à mort. *Tertiò*, l'on peut soutenir qu'en France ces titres *De his, quibus ut ind. hæred. auf.* & *Ad Senat. Silan.* ne s'observent point, parce que, comme nous vivons, les parties civiles ne sont que simples instigateurs & dénonciateurs, qui n'agissent que pour leur intérêt pécuniaire, & ne peuvent conclure à aucune peine de mort ou autre semblable, laquelle regardant plus le public que l'offense du particulier, réside en la bouche de M. le procureur général & de ses substituts, qui sont seuls parties capables de poursuivre la punition de toutes sortes de crimes, à quoi ils sont obligés par le dû de leurs charges, suivant l'ordonnance d'Orléans & de Blois, quoiqu'il n'y ait point de parties civiles. Ainsi l'on ne peut imputer à un héritier, que faute de s'être rendu partie civile, le crime de la mort de son pere ou autre parent, soit demeuré impuni, puisque la punition de ce crime ne dépend point de lui, mais de M. le procureur général. Parmi les Romains il n'y avoit point de personne publique pour la recherche & punition des crimes : ce qui obligeoit les particuliers offensés de se rendre parties pour faire punir les coupables, le crime demeurant autrement impuni ; & pour cette considération le même droit avoit obligé l'héritier à poursuivre la vengeance de la mort du défunt, comme la liberté accordée à un chacun de ne point plaider contre son gré, soit en matiere civile ou criminelle. *Si nemo invitus agere vel accusare cogatur.* A quoi l'on avoit apporté cette seule exception de l'héritier obligé à la poursuite de la mort du défunt. En France, l'on peut assurer que ce titre *Ut nemo invitus agere vel accusare cogatur*, est sans aucune exception, & que la liberté toute entiere de plaider ou ne point plaider, est laissée à un chacun ; & par conséquent qu'un héritier qui a usé de cette liberté, n'est point indigne de la succession du défunt. *Quartò*, la volonté du défunt, qui a expressément défendu cette recherche de sa mort, est très-considérable, & met les appellans hors de soupçon & de tout blâme. *Sollicitudo hæredis obtinere non debet, ut ad pænam vocentur, quos absolvit dominus ipse*, dit en pareille rencontre le jurisconsulte *in L.* 2. *Ad Senat. Silan.* L'avidité du fisc ne doit point obtenir que les appellans soient déclarés indignes de la succession de leur pere, qui les en a absous par sa propre déclaration, telle qu'elle résulte par le certificat du curé qui lui a administré les sacremens. *Quintò*, la qualité des appellans est pareillement fort considérable, ce sont des pauvres villageois qui eussent employé la meilleure partie de leur bien à la poursuite de ce crime, notamment ayant affaire à des juges avares & insatiables, ainsi que leur procédé le témoigne assez, & ils auroient ajouté à la perte de leur pere celle de tout leur bien. Et conclut à ce qu'il soit dit, qu'il a été mal & nullement jugé ; émendant & corrigeant, les enfans soient maintenus en la succession de leur pere, & la veuve en ses conventions matrimoniales. Me. Berault pour le sieur Desmarets engagiste du domaine d'Ianville dit, que les appellans ne peuvent point s'excuser d'avoir sérieusement & volontairement omis & négligé la poursuite & vengeance de la mort de leur défunt pere & mari ; par conséquent qu'ils se rendent indignes de sa succession. *Qui scientes debitum pietatis officium omiserint, ab eis hæreditas auferatur, & à fisco vindicetur, L.* 1. & 3. *C. De his quib. ut ind.* & passim. *D. eod. Ad Senat. Silan. Omnes hæredes officiosè agere circa defuncti vindictam convenit, L.* 21. *De his quib. ut ind.* C'est la plus grande marque de piété qu'un héritier puisse exercer envers le défunt. Pour ce sujet on pardonna au fils qui vingt ans après la mort de son pere ayant rencontré le meurtrier dans le temple, le tua sur le champ, ſans avoir égard à la ſainteté du lieu, au rapport de Plutarque en la vie de Solon. Bien-loin que cette diſpoſition du droit romain, qui déclare l'enfant ou autre héritier indigne de la ſucceſſion de celui duquel il n'a vengé la mort & l'homicide, ne ſoit point obſervée en France ; au-contraire on lit en la vie du roi Dagobert, qu'il déclara les enfans du duc d'Aquitaine indignes de ſa ſucceſſion, pour s'avoir point vengé ſa mort. *Quòd noluerint interfecti necem vindicare*, dit l'auteur, parce que tels enfans *includunt in crimen inultæ mortis paternæ & ingrati hæredis. Cujac. ad Parat. C. De his quib. ut ind. hæred. auf.* Depuis, cela s'eſt ainſi pratiqué en ce royaume. Les arrêts, & notamment un rapporté par M. Louet, *lett. H. n. 5.* a décidé la queſtion *in individuo*, n'y ayant que les noms des parties à changer, & jugé que les enfans qui ſe ſont portés héritiers de leur pere aſſaſſiné, ſans s'être voulu rendre parties pour la pourſuite du crime contre le meurtrier, de ce faire interpellés en jugement, étoient indignes de la ſucceſſion du pere, & ont été privés par arrêt du 24 juillet 1573. Les perſonnes étoient de la qualité des appellans ; des villageois, qui même avoient obtenu lettres pour être relevés de ce qu'ils ne s'étoient voulu rendre parties au procès, comme ignorant la diſpoſition du droit, auxquelles la cour n'eut aucun égard. Après cet arrêt il ne reſte aucune difficulté en la cauſe. Les appellans ne peuvent point exciper du droit d'un tiers, & dire que leurs autres parens ſuccéderoient. *Primò*, parce qu'on n'eſt pas recevable d'alléguer le droit d'un tiers. *Secondò*, parce que ſi ſequens gradus ultus fuerit necem relatoris, an à priore hæreditas ad illum transferatur. ſi ait Papinianus non eſſe hoc. Nam pœna illius, hujus præmium eſſe non debet, *L. 15. Ad Senat. Silan.* La déclaration du pere n'eſt point véritable, mais un artifice pour ſe mettre à couvert d'une peine légitime : ils ne ſont pas pauvres, mais riches de plus de ſix mille liv. C'eſt beaucoup pour des perſonnes de cette qualité. Et conclut au bien jugé. M. Talon pour monſieur, frere unique du roi, dit que par ſon apanage toutes les confiſcations lui appartiennent. Les biens en queſtion ſont de cette qualité ; ainſi il a grand intérêt d'en faire priver & déclarer indignes les appellans, leſquels après l'arrêt rapporté par M. Louet, qui a jugé la cauſe *in individuo*, ne peuvent alléguer aucunes bonnes défenſes. Et conclut au bien jugé. Me. Roſée pour le fermier du greffe du bailliage d'Ianville intervenant dit, qu'il a fourni & avancé tous les frais du procès criminel, par lequel le coupable a été condamné & exécuté à mort ; ainſi il a fait ce que les appellans étoient obligés de faire par la piété paternelle. En tout cas ils ſont obligés de les rembourſer à l'intervenant, *nulli negotiorum geſtorum actione. Ex parte hæres inſtituor causſam de totis bonis, quam omnes hæredes pauſantur ob inultam mortem, ſuſcepit & obtinuit ; cohæns ab eo partem ſuam petebat, nec partem ſumptuum, in litem factorum praeſtare volebat. Reſpondi hæredum rationem ſumptuum*, dit le juriſconſulte *in L. 39. D. Familiæ erciſc.* expreſſe pour cette cauſe. Et conclut en ſon intervention.

M. l'avocat général Talon dit, que les intimés accuſent les appellans d'avoir fermé les yeux à l'homicide commis en la perſonne de leur pere & mari, & ont bouché les oreilles à la juſte plainte de la voix de ſon ſang répandu, qui crioit vengeance & leur demandoit juſtice. Pour ne l'avoir pas fait, ils ſe ſont rendus indignes de ſon hérédité, & ſa veuve de ſes conventions matrimoniales : ce qui mérite d'être examiné en la cauſe, en laquelle il faut mettre pour baſe l'une des plus certaines maximes du palais, qu'en France nous n'obſervons pas la diſpoſition du droit romain, qui adjuge au fiſc tout ce qu'elle ôte à celui qui en eſt jugé indigne, à l'excluſion de ſes autres parens & héritiers : mais au-contraire préférant les héritiers du ſang & la conſervation des familles à l'utilité & profit du fiſc, on laiſſe & adjuge tout ce qui eſt ôté à l'indigne, au plus proche parent en degré. *A priore hæreditas ad ſequentem gradum transfertur*, comme parle la loi 15. *Ad Senat. Silan.* quoiqu'à ſens con-

traire, & laquelle nous n'obſervons pas non plus que la loi *Lucius Titius. De jure fiſci*, qui adjuge pareillement au fiſc ce qu'elle ôte à l'indigne. *Scelere quaſita fiſco competere.* Cette maxime a été établie & confirmée par pluſieurs arrêts, notamment par un de 1608, entre les nommés Taſſarts. Suivant cette maxime, quand les appellans ſe trouveroient indignes de la ſucceſſion de leur pere & mari, elle ne doit point pour cela être adjugée aux intimés, mais à un autre plus proche parent du défunt, qui ne ſe préſente point ; & qui n'y demande rien ; auſſi ne le peut-il faire, puiſque les appellans n'ont encouru aucune indignité, n'ayant mépriſé la vengeance de la mort de leur pere & mari, qui a été faite par la juſte punition du coupable déféré & convaincu en juſtice. *Sororem fratris necem jure licito vindicatum evincere ab uxore ſcripta ſucceſſionem non convenit : ſi neque dolo, malo tuo, maritum necatum, neque aliàs indignam ſucceſſione probari poſſis*, répond l'empereur, *in L. ſororem. C. De his quib. ut ind.* Le crime ayant été puni, & ne s'en trouvant point coupables, on ne leur peut faire porter la peine d'indignité & de privation de la ſucceſſion de leur pere & mari. Il n'importe à la requête de qui la pourſuite ait été faite, l'aſſaſſin arrêté & le crime puni, pourvu que l'héritier ſoit hors de ſoupçon de complicité du crime. *Non vituperanda, ſed potiùs laudanda cogitatio ejus qui lites execratur. Nemo invitus agere vel accuſare cogatur.* A quoi les Romains avoient apporté cette exception : *Hæredes ne necem defuncti inultam omitterent* ; de laquelle ils avoient encore excepté les mineurs : *Minoribus non obeſſe crimen inultæ mortis* ; parce que parmi eux le crime ſeroit demeuré autrement impuni : mais parmi nous l'ordonnance oblige les officiers des lieux de faire diligemment la recherche & la pourſuite des crimes, quoiqu'il n'y ait point de parties civiles. Il a été curieux de voir l'original de l'arrêt rapporté par M. Louet, ſur lequel les intimés s'appuient entiérement : mais cet arrêt ne parle point de la queſtion d'indignité. C'étoit entre deux veuves, pour le rembourſement des frais de quelques procès criminels. Cela fait voir combien eſt dangereuſe la lecture & la doctrine de tels arrêts mal rapportés. Les officiers d'Ianville n'ont eu autre deſſein que de conſommer le bien des appellans, & il y a lieu d'infirmer leur ſentence.

LA COUR ſans avoir égard à l'intervention du fermier du greffe, de laquelle elle le débouta & condamna aux dépens, dit qu'il avoit été mal & nullement jugé ; émendant & corrigeant, maintint & garda les enfans en la ſucceſſion de leur pere, & adjugea à la veuve toutes ſes conventions matrimoniales, & condamna le ſieur Deſmarets engagiſte aux dépens liquidés à quarante-huit liv. pariſis ; ordonna que les officiers d'Ianville ſe préſenteroient à la cour au mois, pour répondre aux concluſions de M. le procureur général, & juſques à ce interdits de l'exercice de leurs charges. Le mardi 30 juillet 1630, M. le préſident le Jay prononçant. * L'arrêt eſt cité dans du Freſne, & Brodeau après lui, *lett. H. ſomm. 5.*

CHAPITRE CXVIII.

Soldat eſtropié pourvu d'une place de religieux oblat, doit rapporter certificats de ſes bleſſures.

EN la même audience Me. Bataille plaida la cauſe de Nicolas Douet ſoldat eſtropié, appellant de la ſentence du bailli d'Orléans, qui avoit maintenu le ſieur de Bouville gentilhomme en la place de religieux laïque & oblat en l'abbaye de Cour-Dieu, & pour moyens d'appel dit, que l'appellant eſt pourvu le premier, & a ſes certificats de ſervices & de bleſſures, & ainſi il doit être maintenu. Me. Mauguin pour le ſieur de Bouville intimé dit, que c'eſt un pauvre gentilhomme eſtropié qui a porté les armes depuis 1594, qui a ſes certificats, brevet & proviſion de la place en queſtion, & qu'il a été bien maintenu.

1630. 　M. l'avocat général Bignon dit , que le titre le plus favorable & le plus légitime pour obtenir ces places de religieux laïques est l'extrémité de la pauvreté & de la misere ; que ce n'est pas assez d'avoir servi le roi en ses armées , il faut avoir des certificats comme on y a été blessé , il faut avoir été visité par les chirurgiens des bandes , en avoir attestation & certificats , & de ceux qui commandent à l'armée , ou au quartier. L'une ni l'autre des parties n'a ces attestations d'avoir été vus & visités par les chirurgiens des bandes , qui est un défaut essentiel , & par conséquent ne sont capables de remplir cette place suivant l'ordonnance : toutefois parce qu'un incapable , quoique pourvu , en peut être expulsé par un qui auroit toutes les qualités requises , l'appellant mérite mieux la place que l'intimé , qui ne se présente point en personne : ce qui est encore nécessaire , parce que par l'inspection de la personne l'on peut connoître s'il est blessé , manchot , ou estropié , & tel que l'ordonnance le desire pour occuper telles places. Et ainsi adhere avec l'appellant.

　LA COUR avant que de faire droit sur l'appel , ordonna que l'intimé se présenteroit en personne à la cour au mois , & que tant lui que l'appellant seroient vus & visités par chirurgiens qui seroient nommés par M. le procureur général , pour , leur procès-verbal rapporté & vu par la cour , être fait droit aux parties ainsi que de raison ; ledit jour 30 juillet 1630.

━━━━━━━━━━━━━━━━

CHAPITRE CXIX.

Cause appointée pour savoir si l'insinuation au siege du domicile du donateur, & au bailliage de la province où l'immeuble donné est situé, peut être suffisante ; ou si elle n'a pas dû être faite en la prévôté royale de la situation.
Et si ce défaut dans la coutume de Chartres, où le double lien emporte les meubles & acquêts, peut être objecté par le neveu d'un côté seulement héritier, à un autre neveu conjoint des deux côtés, donataire d'un acquêt.

Maître Isaac Courtin bourgeois de la ville de Paris , n'ayant point d'enfans , fit donation entre vifs & en faveur de mariage , à Sara Courtin sa niece , fille d'Elie Courtin son frere germain , de la terre de Champceville située au Pays Chartrain proche de la ville de Bonneval , qui étoit un acquêt au donateur. Après le décès dudit Me. Isaac Courtin arrivé sans enfans en 1629 , Zacharie Courtin son neveu *ex uno tantùm latere* fit assigner ladite Sara Courtin donataire pardevant le prévôt de Paris aux fins de venir à division & partage des biens délaissés par ledit Me. Isaac Courtin , & que la terre de Champceville y entreroit , nonobstant la prétendue donation , comme nulle & de nul effet & valeur. Sur quoi les parties ayant plaidé pardevant le prévôt de Paris ou son lieutenant civil , il les appointa en droit. Zacharie Courtin en interjetta appel , & présenta requête à fin d'évocation du principal , pour lequel Me. Brodeau dit , que ce n'est point l'appel qui fait plaider les parties , mais seulement le principal , dont il soutient que la prétendue donation faite par ledit Me. Isaac Courtin à Sara Courtin sa niece , est nulle , de nul effet & valeur , faute d'avoir été bien & duement insinuée en tous lieux où il étoit nécessaire. Elle n'a été insinuée qu'au greffe du châtelet de Paris où étoit le domicile du défunt donateur , & en celui du présidial de Chartres. Cela n'est pas assez pour la valider ; & pour satisfaire au desir de l'ordonnance : car elle devoit être enregistrée & insinuée au greffe de la prévôté royale de Bonneval , au-dedans de laquelle la terre de Champceville donnée est située ; faute de ce la donation est nulle & de nul effet & valeur. L'ordonnance de 1539 , a introduit l'insinuation des donations à peine de nullité : celles d'Orléans , de Moulins & de Blois ont ordonné l'insi-

nuation pour toutes sortes de donations mutuelles, rémunératoires & autres , & réglé le tems à quatre mois , à compter du jour de la donation, dans lequel il faut faire ladite insinuation : & a désigné le lieu auquel il faut faire ladite insinuation, au plus prochain siege royal ordinaire du domicile des parties , ou de la situation des choses données. Mais parce que ce mot de *plus prochain* siege royal *ordinaire* avoit causé du trouble , les uns le prenant pour le plus prochain bailliage ou sénéchaussée, les autres pour la plus prochaine prévôté ou châtellenie royale , les uns faisant insinuer leurs donations là , les autres ici ; & sur ces difficultés il y avoit eu plusieurs arrêts contraires , les uns ayant annullé les donations insinuées aux bailliages & sénéchaussées seulement , & *sic* jugé qu'il falloit que l'insinuation fût faite aux greffes des prévôts ou châtellenies royales ; les autres au-contraire ayant jugé qu'il suffisoit que les donations fussent insinuées aux greffes des bailliages & sénéchaussées : sur cette diversité d'arrêts intervint la déclaration de 1611, par laquelle le roi déclara , que pour couper chemin , & obvier à toutes ces difficultés , il vouloit & entendoit que dorénavant aux villes où il y a bailliage & sénéchaussée , & prévôté ou châtellenie royale tout ensemble , ce fût à l'option & élection des donataires de faire insinuer leurs donation au greffe de tel de ces sieges que bon leur sembleroit, & que lesdites donations seront bonnes & valables, sans qu'elles puissent être débattues pour défaut d'insinuation. La cour procédant à la vérification de cet édit ou déclaration , a ajouté , qu'au regard des villes dans lesquelles il n'y a que le siege de prévôté ou châtellénie royale , l'insinuation des donations s'y feroit , & non aux greffes des bailliages & sénéchaussées. Cela termine entiérement la difficulté de la cause , parce que la terre de Champceville donnée est située au-dedans du ressort de la prévôté royale de Bonneval , où il n'y a autre siege que celui de la prévôté. Suivant cette derniere ordonnance de 1613 , & la vérification de la cour sur icelle , la donation en question a dû être insinuée ; faute de ce elle est nulle. Il y a deux arrêts qui ont jugé la question *in individuo*, & semblables donations nulles : l'un de 1629 , pour une donation insinuée seulement à Blois , & non en la prévôté de Bouville , où les héritages donnés étoient situés : l'autre de 1629 , pour une donation aussi seulement insinuée au bailliage d'Amiens , & non point en la prévôté de Vimeu , au-dedans de laquelle les héritages donnés étoient situés. Il a communiqué les griefs , pour faire voir que les causes étoient toutes semblables , & la question jugée *in individuo*. On objecte à l'appellant qu'il n'est pas recevable à attaquer cette donation de nullité , parce que comme on regle l'action & la qualité de la cause d'un chacun par l'intérêt qu'il y a , il est certain que l'appellant n'a aucun intérêt en la validité ou invalidité de la donation en question : icelle cessant , ou déclarée nulle , il ne peut prétendre aucune part ni portion en la terre de Champceville donnée , n'étant parent que d'un côté , & le double lien ayant lieu en la coutume de Chartres , où ladite terre est située. A quoi il y a double réponse. L'une , que procédant au partage , on discutera la question de ce double lien. L'autre , que l'appellant a grand intérêt que l'intimée n'ait cette terre en qualité de donataire , parce que ne pouvant être héritiere & donataire en ligne collatérale , elle l'emporteroit franche & quitte de toutes dettes ; ou au-contraire , la prenant comme héritiere , elle seroit tenue de contribuer au payement des dettes *pro modo emolumenti*. Et de fait , si l'intimée veut accepter la terre en qualité d'héritiere, & non de donataire , l'appellant offre de la lui abandonner entiérement. Et conclut à ce que la donation de ladite terre soit déclarée nulle & de nul effet. Me. Chamillart pour l'intimée dit , que la donation est bonne & valable. Primò , l'appellant n'est pas partie capable ni recevable de l'attaquer de nullité & de défaut d'insinuation , n'y ayant que le créancier ou héritier , auxquels cette faculté soit foit donnée par l'ordonnance ; & l'appellant reconnoit qu'il n'a l'une ni l'autre de ces qualités. Secundò, la donation a été infinuée au châtelet de Chartres, lieu du domicile du donateur, & au greffe du bailliage de Chartres, comme le fiege royal ordinaire de la fituation de la terre donnée. Ce *mot de fiege ordinaire de la fituation des chofes don-* *nées, dont* ufe l'ordonnance, (fe doit entendre des fieges fupérieurs, bailliages ou fénéchauffées, qui font proprement les fieges ordinaires des lieux & des provinces. Tertiò, l'ordonnance derniere de 1613 ne s'entend que des chofes données fituées au-dedans des villes, dans lefquelles il y a fieges de bailliages ou fénéchauffées & prévôtés ou châtellenies royales tout enfemble, ou feulement ceux des prévôtés ou châtellenies, & non point des chofes qui font fituées hors defdites villes. Or la terre en queftion n'eft point affife à Chartres ni à Bonneval ; par conféquent elle n'a pas dû être infinuée audit Bonneval. Quartò, le fiege de Bonneval eft un fi petit fiege royal, qu'il ne s'y fait aucunes infinuations, ainfi qu'il offre de vérifier. Quinto, l'édit de 1613 porte : *Pour avoir lieu* *dorénavant ces préfentes du jour qu'elles auront été* *regiftrées ès greffes defdits bailliages ou fénéchauffées* *ou châtellenies.* Il n'avoit point été enrégiftré au greffe de Bonneval ainfi qu'il met en fait : & enfin la donataire étant mineure, le défaut d'infinuation ne lui peut point être objecté, ainfi que remarque M. Louet & Me. Brodeau même avocat de l'appellant, étant raifonnable de relever le mineur de ce défaut. Quant aux arrêts de 1618 & 1619, l'appellant les cite comme ayant jugé la caufe *in individuo.* Ils font en autres hypothefes. Et conclut, à ce que la donation foit déclarée bonne & valable.

LA COUR tant fur l'appel, que principal évoqué, appointa au confeil le dernier juillet 1630; M. de Novion préfident à l'édit.

☞ J'ignore quel a été le jugement rendu fur l'appointement, mais quel qu'il foit il ne pourroit fervir de regle, attendu que fur cette matiere il faut fe conformer à l'article premier de l'ordonnance des *donations* du 17 février 1731, qui exige que *toutes* *donations entre vifs d'immeubles réels ou d'immeu-* *bles fictifs qui ont néanmoins une affiette,* à l'excep- *tion de celles faites par contrat de mariage en ligne* *directe, foient faites aux bureaux établis, pour la* *perception des droits d'infinuation, pour les bailliages* *ou fénéchauffées royales, ou autre fiege royal, ref-* *fortiffant nuement aux cours du lieu du domicile du* *donateur feulement ; & au cas que le donateur eût* *fon domicile, ou que les biens donnés fuffent fitués* *dans l'étendue des juftices feigneuriales, l'infinuation* *fera faite aux bureaux établis près le fiege, qui a la* *connoiffance des cas royaux dans l'étendue defdites* *juftices, &c.*

CHAPITRE CXX.

Confeffion du dépofitaire fait foi contre lui, & peut *être divifée pour admettre celui qui a fait le dé-* *pôt, à prouver par témoins qu'une contre-lettre a* *été vue, lue & tenue.*

MAître Louis & Pierre Duret, habitans de la ville de Paris, le 15 mai 1618, paffent un contrat pardevant notaires, par lequel Pierre Duret le plus jeune confeffe que Louis Duret fon frere aîné lui a délivré la part & portion de tous les meubles procédans de la fucceffion de leurs pere & mere, defquels il avoit été chargé comme dépofitaire & gardien par Me. Jacques Olivier leur tuteur ; & outre ce vend audit Louis Duret fa part & portion de toutes les rentes qui lui étoient échues par la fucceffion de leurfdits pere & mere, pour la fomme de quarante mille livres, de laquelle dixneuf mille livres font payées en l'acquit, & compenfation de pareille fomme que ledit Pierre Duret confeffe devoir à Louis Duret fon frere aîné en vertu

Tome I.

de cédules, fournitures, penfions & autres avances faites en fon nom. Et pour les vingt-un mille livres reftantes, le contrat porte qu'elles ont été payées réellement comptant à la préfence des notaires. Au mois de feptembre 1619, Pierre Duret fait affigner Louis Duret fon frere aîné pardevant le prévôt de Paris, aux fins de lui rendre & reftituer certaine contre-lettre audit contrat, par laquelle ledit Louis Duret avoit promis de ne fe point aider du contrat, & enfuite voir déclarer ledit contrat nul, de nul effet & valeur ; mettant en fait que la contre-lettre avoit été vue, tenue & lue ; ce-qui eft dénié par ledit Louis Duret. Le prévôt de Paris ou fon lieutenant civil appointa les parties en droit, & à informer de leurs faits tant par titres que par témoins, dont Louis Duret interjetta appel, nonobftant lequel le prévôt de Paris ordonna qu'il feroit paffé outre à la confection des enquêtes. Pierre Duret articula fes faits, que la contre-lettre avoit été vue, tenue, lue, & fouftraite par Louis Duret fon frere aîné, & enfuite fit fon enquête. Me. Talon pour Louis Duret appellant dit, que quoique la demande de l'intimé ait été dreffée par confeil, elle ne contient aucune chofe de la fouftraction de cette prétendue contre-lettre faite par l'appellant : & c'eft une maxime des plus certaines du palais, que le fait de contre-lettre vue, lue & tenue, n'eft point admiffible ni recevable à être prouvé par témoins. Il faut que le fait de fouftraction y foit ajouté, comme le plus confidérable, à caufe du dol & du crime ; & pour lors les faits étant ainfi articulés, ils peuvent être prouvés par témoins, & non autrement. Le confeil de l'intimé a bien reconnu cette maxime véritable. Quant aux premiers faits inférés en l'exploit contenant la demande, que la prétendue contre-lettre a été vue, lue & tenue ; il a ajouté celui de la fouftraction prétendue faite par l'appellant, pour donner quelque couleur aux autres, qui n'euffent point été autrement admiffibles ni recevables : mais ce fait ayant été ajouté aprés coup, montre qu'il n'eft véritable. Secundò, ce fait de prétendue fouftraction n'eft aucunement circonftancié par tems, ni lieu & autres circonftances qu'il faut exprimer & n'eft pertinent ni recevable. Tertiò, l'enquête de l'intimé a été faite au préjudice de l'appel interjetté : ainfi elle ne peut faire foi. Quartò, par cette enquête il ne réfulte aucunement, que l'appellant ait pris ou fouftrait cette prétendue contre-lettre, puifque les témoins n'en dépofe un feul mot, & c'eft une calomnie manifefte. Véritablement les témoins dépofent bien qu'il y a eu quelque efpece de contre-lettre lors de la paffation du contrat ; mais la conféquence eft mauvaife, d'inférer que l'appellant l'a fouftraite. Si femblables faits étoient recevables, il n'y auroit contrat fi authentique, duquel la loi & l'autorité ne fût au hafard d'être anéantie par la trop grande facilité & corruption des témoins. Il eft bien vrai qu'il y a eu, non une contre-lettre, mais une déclaration de l'appellant, par laquelle il a ingénument reconnu & confeffé, que quoique le contrat portât numération actuelle de la fomme de vingt-un mille livres, la vérité eft qu'il ne les avoit payées à fon frere ; & il confeffa les lui devoir. Cela s'eft fait ainfi, parce que l'intimé étoit impliqué dans une querelle, en laquelle il y avoit péril de fa vie & de tout fon bien. Pour obvier à ce danger, l'appellant a voulu s'affurer de celui qu'il lui avoit rendu, payé & prêté ; & pour l'affurance des vingt-un mille livres, lui a baillé fa déclaration, ou plutôt fa cédule. Il n'y a apparence ni raifon de vouloir la prendre pour une contre-lettre, afin de caffer & annuler tout le contrat. L'intimé en eft faifi, il doit le rapporter, faute de ce il faut s'en rapporter entierement à la confeffion ingénue & reconnoiffance de l'appellant, & ne la point divifer à fon préjudice. Et conclut au mal jugé, & à ce que l'appellant foit abfous des conclufions de l'intimé. Me. Chamillart pour l'intimé dit, qu'avec raifon il eft contraint de publier la perfidie de l'appellant. L'intimé fon jeune frere étant en grande peine & péril pour de mauvaifes

—————— rencontres, lui a confié tout fon bien, & penfant par-là l'avoir mis à couvert & en affurance, il fe trouve entierement trompé de fon efpérance : il eſt fur le point d'en être tout-à-fait dépouillé, fi la mauvaife foi & la perfidie de l'appellant trouvent quelque appui dans la juſtice. Il demeure d'accord de la maxime avancée par l'appellant, que les faits de contre-lettre vue, lue & tenue feuls, ne font pas ordinairement recevables : celui de la fouftraction les rend pertinens, admiffibles & recevables fans aucune difficulté. Cela étant, & l'appellant ayant articulé le fait de la fouftraction, avant que l'appointement en droit & à informer fût rendu, il n'y a aucune apparence en l'appel. Par arrêt de 1611 rendu en la chambre de l'édit, plaidans Me. de Lamet & Tillier, les faits de contre-lettre vue, lue & tenue feuls, ont été reçus, & la preuve admife. L'appellant reconnoît que lors du contrat fon frere intimé étoit en grande peine & en grand danger : d'où réfulte une forte préfomption que le contrat eſt fimulé & fait pour mettre fes biens à couvert feulement. L'appellant reconnoît auffi que le contrat n'étoit pas véritable, en ce qui concerne les vingt-un mille livres : d'où l'on peut conjecturer qu'il eſt feint & fimulé pour le tout. Il y a preuve certaine & concluante en l'enquête de l'intimé, qu'il y a eu une contre-lettre faite & paffée à l'inftant du contrat, & au bas de la copie, par laquelle l'appellant promet de ne fe point aider ni fervir de ce contrat. Depuis il a paffé procuration à la femme de l'appellant pour recevoir fes rentes : ce que l'appellant n'auroit pas permis, fi le contrat avoit été véritable. Et conclut au bien jugé, & à ce que le contrat foit déclaré nul, & de nul effet & valeur.

M. l'avocat général Bignon dit, que fi l'intimé fe trouve maintenant en peine & au hafard de perdre fon bien, c'eſt un jufte jugement & punition de la providence : car ayant eu des penfées criminelles & de mauvais deffeins, il a au même inftant médité & recherché les moyens de faire fraude à la loi & à l'autorité publique, & tâché de mettre fes biens à couvert de la rigueur & de la févérité des édits. Pour cet effet il a paffé le contrat en queftion, contre la teneur duquel il propofe à préfent une contre-lettre pour le réfilir, & l'annuller. La foi & l'autorité des contrats publics & authentiques eſt fi grande, & la facilité & la corruption des témoins fi commune, qu'il eſt fort néceffaire de bien prendre garde qu'on ne donne atteinte, & qu'on ne faffe breche à cette foi publique. Par un arrêt célebre prononcé en robes rouges, depuis fuivi d'une infinité d'autres, il a été jugé qu'on ne peut être admis à la preuve par témoins d'un dépôt volontaire, quoique la dénégation du dépôt foit une perfidie infigne & une efpece de facrilege, que la peine en foit double, & triple. En cette hypothefe on ne peut rendre la caufe de l'intimé plus favorable, qu'en difant qu'il a dépofé & confié fa foi & tout fon bien à l'appellant fon frere ; & la jugeant fuivant cette maxime fi certaine, il eſt non-recevable à la preuve par témoins des faits qu'il allegue. Toutefois confidérant & examinant mûrement l'affaire en toutes fes circonftances, il étoit facile de conjecturer que le contrat duquel l'intimé fe plaint, eſt feint & fimulé. Primò, étant fait & paffé entre deux freres, perfonnes étroitement conjointes par le fang, par la nature, & par l'amitié. Secundò, contrat paffé par l'intimé, étant lors en péril pour des querelles & mauvaifes rencontres ; il a vraifemblablement choifi la foi, la fidélité & l'amitié de l'appellant fon frere aîné, comme du meilleur ami qu'il eût au monde pour mettre fon bien à couvert, & l'exempter de la perte portée par les loix & les édits, qu'il étoit fur le point de violer & d'enfreindre. Tertiò, ce contrat fait au profit de l'appellant feul, l'intimé n'y profitant de rien. Quartò, il contient l'aliénation univerfelle de tout le bien de l'intimé, qui s'en dépouille au profit de fon frere aîné. Si l'on prend ce contrat pour un compte, il eſt nul, comme rendu fans examen, *non vifis nec difpunctis rationibus.* Si l'on

le prend pour un partage, il peut être caffé & refcindé, la moindre léfion notable en fait de partages donnant ouverture à un fecond partage. Quintò, l'appellant confeffe que le contrat eſt fimulé pour une bonne partie, pour vingt-un mille livres, & quoiqu'en matiere civile la confeffion ne divife point, néanmoins c'eſt une grande préfomption qu'il eſt fimulé pour le tout. L'une des oraifons d'Ifocrate eſt intitulée τ[ωψ]ερω αμαρτων, parce que c'étoit une caufe purement conjecturale, où il n'y avoit aucune preuve par titres, ni par témoins. Il étoit queftion de la reftitution d'un dépôt de trois talens. Le dépofitaire fe défendoit qu'on ne lui en avoit donné que deux. Cet orateur dit, que ceux qui préméditent quelque malice, ou injuftice, n'ofent pas la faire ouvertement & toute entiere, parce qu'elle paroîtroit trop évidemment ; mais pour y apporter quelque obfcurité, & donner un prétexte fpécieux, ils colorent & divifent leur injuftice, [Χπολο]γ[ιαν εικοτως], eſtimant qu'on les croira plus facilement ; tout-au-contraire, l'on tire un argument, que y ayant du dol & de la fraude en partie, elle fe répand, & infecte tout le refte. Sexto, quoiqu'ils aient fujet de fe plaindre de ce que l'enquête, qui eſt une piece publique, & doit demeurer fecrete, a été communiquée aux parties, fans avoir fourni de reproches contre les témoins, ni que l'y eût eu aucun appointement de publication ; néanmoins il y a preuve par icelle, qu'il y a eu une contre-lettre de l'appellant, par laquelle il a promis à l'intimé fon frere, de ne fe point fervir & aider de ce contrat. Mais d'ajouter foi à une enquête, ainfi publiée & découverte de la forte, c'eſt contre les formes du palais. Et conclut à ce qu'il plaife à la cour d'appointer les parties au confeil ; & cependant par provifion donner main-levée à l'intimé de tout fon bien, faire défenfes aux notaires de plus recevoir aucuns actes, foit contre-lettres, ou autres, qu'il n'en gardent des minutes, parce que de-là le public reçoit de grandes incommodités & procès fâcheux, auxquels il eſt néceffaire de pourvoir.

LA COUR mit l'appellation au néant ; ordonna que ce dont étoit appel, fortiroit fon plein & entier effet ; évoqua le principal différend des parties, & y faifant droit, déclara le contrat paffé entr'elles le 15 mai 1628 nul, & de nul effet & valeur ; & fans y avoir égard, ordonna qu'elles viendroient à divifion & partage de tous leurs biens communs ; néanmoins fans préjudice de leurs droits & actions. Le jeudi premier août 1630, M. le préfident le foy prononçant.

☞ *Vide* le chap. 109 ci-deffus.

CHAPITRE CXXI.

Peine de compromis eſt due par l'appel interjetté, quoique l'appellant s'en defifte.

MAître David Ragu préfident en l'élection de Gien, ayant promis à Anne Bourguignet, fille de Me. Daniel Bourguignet, de l'époufer, & les articles ayant été fignés par les parties & par plufieurs de leurs plus proches parens, Me. Daniel Bourguignet pere quelque mois après, fait refus de confentir à la célébration du mariage. Me. David Ragu le fait affigner pardevant le prévôt de Gien, à ce qu'attendu fon refus de confentir audit mariage, il foit condamné à lui rendre & reftituer les bagues & joyaux & autres chofes qu'il avoit donnés à fa fille, & en tous fes dépens, dommages & intérêts. Sur quoi ayant contefté pardevant le prévôt de Gien, ils pafferent un compromis, & nommerent pour arbitres ledit prévôt de Gien & un avocat de la même ville, qui rendirent leur fentence arbitrale, par laquelle ils ordonnerent, qu'attendu l'affinité des parties les articles de mariage feroient biffés & lacérés, Bourguignet condamné à rendre & reftituer à Ragu tout ce qu'il avoit donné à fa fille, & en 600 livres pour fes dommages & intérêts. Ragu demanda l'homologation de cette sentence pardevant le bailli de Gien ou son lieutenant, laquelle ayant été homologuée, Bourguignet fait signifier à Ragu le 15 décembre 1629, qu'il en est appellant. Ragu le fait assigner pardevant le prévôt de Gien pour lui payer la somme de cinq cents livres stipulée par le compromis contre celui qui ne voudroit acquiescer à la sentence arbitrale. Bourguignet appréhendant la condamnation de cette somme, fait signifier à Ragu le 26 janvier 1630, qu'il se désiste de son appel, acquiesce à la sentence, & offre de l'exécuter : ce qui est accepté par Ragu, sans préjudice de la peine demandée & portée par le compromis, de laquelle il obtient condamnation par sentence du lieutenant en ladite prévôté de Gien, dont Bourguignet interjetta appel, pour lequel Me. Adam dit, que la sentence ayant été entièrement exécutée par la restitution des dons & présens, & par le payement des six cents liv. de dommages & intérêts, la peine ne peut plus être demandée. Secundò, l'appellant n'est pas de pire condition, que si l'on plaidoit sur l'appel de la sentence, & qu'on lui demandât la peine avant que d'être reçu à plaider, en laquelle il ne seroit point tenu à cause des nullités du compromis. La première est, qu'il a été fait pour une chose dont il est défendu de compromettre, *nempe super foetere matrimonii ; ce qui est absolument prohibé, Cap. Quia contigit. De arbitr.* La seconde, que les arbitres sont personnes laïques, entiérement incapables de juger en telles matieres purement spirituelles. La troisième, qu'il est fait en personne du juge ordinaire des parties : ce qui est aussi prohibé par l'ordonnance & par les arrêts. Ces nullités empêchent que l'appellant ne doive aucune peine, parce que lorsqu'il se rencontre quelques nullités au compromis, l'appellant de la sentence arbitrale n'est point tenu au payement de la peine stipulée par le compromis, ainsi qu'il a été jugé par plusieurs arrêts. Et conclut à ce que l'appellant soit absous de ladite somme de cinq cents livres portée par le compromis. Me. Chamillart pour Ragu intimé dit, que lors de l'acquiescement par l'appellant à la sentence arbitrale, l'intimé avoit protesté de recouvrer la peine pour laquelle il avoit déja fait sa demande, & ainsi il n'y a aucune fin de non-recevoir. Quant aux prétendues nullités du compromis, ayant acquiescé à la sentence, l'appellant n'est plus recevable à les alléguer ; d'ailleurs elles ne sont aucunement considérables. Quant à la première, l'on n'a point compromis *super foedera matrimonii*, mais seulement sur les dommages & intérêts, & restitution des dons, faute de l'accomplissement du mariage, dont on a pu valablement compromettre, même en la personne de gens laïques, qu'on objecte pour seconde nullité. Pour la troisième, il n'est pas nouveau de compromettre en la personne des juges ordinaires, & tels compromis & les sentences arbitrales sont bonnes & valables. Et conclut au bien jugé.

LA COUR mit l'appellation au néant ; ordonna que ce dont étoit appel, sortiroit son plein & entier effet, & condamna l'appellant aux dépens. Le lundi 5 août 1630, M. le président le Jay prononçant.

CHAPITRE CXXII.

Garde-noble dans la coutume de Lorris doit être acceptée par le pere en justice, ou pardevant notaires : & la simple administration des biens n'opere point cette acceptation ; mais le rend tuteur & comptable.

Pierre de Culon écuyer, & demoiselle Anne Anjorran sont mariés ensemble en 1599. De ce mariage naissent deux enfans, François & Jeanne de Culon, qui survivent Anne Anjorran leur mere, dont le décès arrive en 1601, & est suivi de celui de François de Culon son fils. Après la mort d'Anne Anjorran, Pierre de Culon ne fit aucune déclaration qu'il acceptoit la garde-noble de ses deux enfans, suivant la coutume de Lorris, où il étoit domicilié, qui défere la garde-noble des enfans aux pere, mere, aïeul ou aïeule, de quelque âge qu'ils soient ; ni pareillement ne fit point élire de tuteur à ses mineurs, & demeura dans le silence depuis 1601, tems du décès de sa femme, jusques en 1614, que convolant en secondes noces avec demoiselle Marie Dupré, il fit créer un tuteur à Jeanne de Culon sa fille mineure & de ladite Anjorran, & énonça leur c'étoit pour empêcher la continuation de la communauté d'entre lui & ladite Jeanne de Culon sa fille ; & néanmoins fit inférer que c'étoit sans préjudice de la garde-noble de sa fille, qu'il avoit entendu accepter lors du décès d'Anne Anjorran sa femme. En 1629 Pierre de Culon décéda, & délaissa Marie Dupré sa veuve chargée de cinq enfans. Jeanne de Culon fille unique du premier lit, la fit assigner pardevant le bailli de Berry ou son lieutenant à Bourges, aux fins de lui rendre compte de la gestion & administration que défunt Pierre de Culon son pere avoit eue de ses biens maternels, & voir déclarer la communauté d'entre lui & ladite Anjorran sa mere avoir continué jusques au jour que l'inventaire avoit été fait en 1614. Marie Dupré veuve de Pierre de Culon, & ayant la garde-noble de leurs enfans, dit pour défenses, que ledit de Culon son mari avoit accepté la garde-noble de ses enfans & de ladite Anjorran sa première femme, & qu'au moyen de ladite garde-noble il n'étoit tenu d'aucune reddition de compte, parce que par la coutume de Lorris art. 26. titre des fiefs, le pere ou mere, aïeul ou aïeule, qui acceptent la garde-noble de leurs enfans, acquierent tous leurs meubles en propriété, & le revenu des immeubles, la charge de nourrir & entretenir les enfans, payer toutes les dettes mobiliaires, & de rendre les immeubles en bon état. Sur quoi les parties ayant été ouies en l'audience du présidial de Bourges, & la cause appointée en droit, ladite Dupré veuve en interjetta appel, & présenta requête à fin d'évocation du principal. Me. Chappellier pour l'appellante dit, que son mari Pierre de Culon, après le décès d'Anne Anjorran sa première femme, a bien & duement pris & accepté la garde-noble de ses enfans. A la vérité, on ne rapporte aucun acte par écrit lors dressé pardevant juges ou notaires, par lequel il paroisse de l'acceptation de ladite garde-noble ; mais cela n'est point nécessaire, parce que par la coutume de Lorris, où les parties sont domiciliées, art. 26. titre des fiefs, l'on peut accepter la garde-noble par deux voies. L'une, par l'appréhension & immixtion de fait, comme parle la coutume ; l'autre, par déclaration faite pardevant le juge des lieux, dans quarante jours, à compter du jour du décès, qu'on prend & accepte ladite garde-noble. Défunt Pierre de Culon, après le décès de sa première femme, n'a point usé de cette seconde voie, d'aller pardevant un juge, & là déclarer qu'il acceptoit la garde-noble de ses enfans ; mais il s'est servi de la première, par l'appréhension & immixtion de fait requise par la coutume. Il a pris tous les meubles de la communauté, il en a joui & disposé comme de sa chose propre, il a pareillement pris & reçu tous les fruits & revenus des immeubles, il a toujours nourri & entretenu ses enfans. Tous ces actes sont des témoignages certains d'une véritable garde-noble. Ce premier moyen d'acceptation de garde-noble introduit par la coutume, par l'immixtion de fait, est le plus certain, & ne requiert aucune solemnité ni ministere d'autre personne que de celle qui accepte. La garde-noble est semblable à l'adition d'hérédité, puisqu'en effet c'est une espece d'hérédité de tous les meubles & jouissance des immeubles. En droit il y avoit deux sortes principales d'adition d'hérédités : l'une *per cretionem adito praeside* ; l'autre *per apprehensionem ipsius hareditatis, per immixtionem haereditati.* Cette première *per cretionem* est principalement pour les étrangers. *Cujac. 7. observat. c. 18. Ulp. 22. §. 27.* L'autre étoit proprement pour les

enfans , *ad fuos & neceffarios hæredes pertinebat.*
Qui fe immifcüit hæreditati paternæ, dit le jurifconfulte *in L. 12. De acqu. vel omitt. hæredit.* les enfans n'ayant befoin d'aucune folemnité externe , ni d'aucune déclaration de leur volonté. *Illis nullo alio facto aut aditione opus eft , fed juris poteftate dominium quafi continuatur , nec tamifiunt quàm ftatim morte parentis ipfo jure deprehenduntur , apparent , & exiftunt hæredes , §. 3. De hæredit. quæ ab inteft. L. pen. §. Longe. De bonis libert. L. 14. De fuis & leg. L. ult. §. fin. C. De curat. fur. Unde fuorum hæredum nomen illis inditum eft , quia poft mortem patris non videntur alienam fucceffionem adipifci , & hæreditatem percipere , fed magis liberam bonorum adminiftrationem confequi , L. 11. De fuis & pofth.* La fucceffion des enfans n'eft pas déférée aux peres avec moindre avantage. *Non minùs parentibus quàm liberis piè relinqui debet , L. 15. De inoff. teftam.* De même , la coutume de Lorris qui eft en la plupart conforme à la difpofition du droit , a voulu établir ces deux mêmes voies pour accepter & appréhender la garde-noble. La premiere , par immixtion de fait ; l'autre , par déclaration faite pardevant le juge. La coutume parle clairement & certainement ; néanmoins on a voulu la rendre douteufe & équivoque par l'interprétation de la note de Me. Charles du Moulin , lequel fur cet *art. 26. titre des fiefs* , dit fur le mot *acceptation* : *Intellige titulo gardiæ , non autem tutorio , aut adminiftratorio* ; & puis paffant à la déclaration qu'on peut faire pardevant le juge , il dit , *vel coram tabellione & fidis teftibus* ; de forte qu'au-lieu que la coutume n'introduit que deux voies pour accepter la garde-noble , l'une par immixtion de fait , l'autre par déclaration faite pardevant le juge , il en ajoute une troifieme , qui eft une déclaration faite pardevant notaire & témoins , qu'il veut être de pareille force & valeur que celle qui eft faite pardevant le juge. De joindre cette déclaration pardevant notaire & témoins à l'immixtion de fait , il n'y a aucune apparence , parce qu'alors ce ne feroit plus une fimple immixtion de fait , mais un acte de prife de poffeffion folemnelle , à quoi la coutume n'a jamais penfé , & defire feulement qu'on s'immifce réellement & de fait en la poffeffion & jouiffance de tous les biens , fans autre acte ni folemnité. Feu Pierre de Culon a affez clairement expliqué fon intention en 1614 , lorfque convolant en fecondes noces avec l'appellante , il a déclaré qu'il avoit accepté la garde-noble de fes enfans , & n'a fait inventaire que pour fatisfaire à la coutume , laquelle en cas de convol en fecondes noces , oblige de bailler caution : ce qu'il a fait. La garde-noble n'eft pas purement gratuite , mais pleine de hafard & de péril à caufe du payement de toutes les dettes. Les chofes ne font plus en leur entier , parce que le défunt a joui & difpofé de tous les meubles comme maitre abfolu. L'appellant a accepté la garde-noble de fes enfans , fur la créance que fon défunt mari l'avoit pareillement accepté de ceux de fon premier mariage , auxquels fi elle eft obligée de rendre compte , elle fera trompée. Il n'y a qu'un enfant du premier lit , & cinq du fecond qui demeureroient fans aucuns biens , fi l'intention & prétentions de l'intimée ont lieu. Enfin il conclut à ce qu'ils en foient abfous. Me. Rofée pour l'intimée dit , qu'il y a une très-grande différence entre l'adition d'hérédité , & la déclaration ou acceptation de garde-noble. L'adition d'hérédité principalement déférée aux enfans , *quos fuos hæredes lex appellat* , fe fait bien par la fimple immixtion & appréhenfion des biens héréditaires , fans autre folemnité de juftice , de peur que l'omiffion de cette folemnité ne prive les enfans d'une fucceffion qui leur eft fi légitimement acquife , *quafi domini , vivo etiam patre , nominantur , quafi invita poffeffio defcendit ad liberos* , lefquels ne pouvant recueillir & appréhender les biens en autre qualité que celle

d'héritiers , *filius ergo hæres* , il eft raifonnable que la feule & fimple immixtion & appréhenfion de fes biens leur donne irrévocablement cette qualité d'héritiers , de laquelle ils font préfumés revêtus , dont ils ne fe peuvent décharger , qu'en faifant preuve qu'ils ne fe font point immifcés en la fucceffion paternelle. *Si paternâ hæreditate te abftinuiffe conftiterit , L. 1. & 2. C. De repud. vel abftin. har.* dit. Mais la garde-noble n'eft point une hérédité , puifque les biens appartiennent aux enfans qui font encore vivans. C'eft l'ufufruit de ces biens feulement , que la coutume donne aux pere & mere , à la charge de nourrir & entretenir leurs enfans , & de payer toutes les dettes. La plupart des coutumes ne donnent que le fimple ufufruit des biens , les autres donnent le quint ou autre portion des meubles , & les autres tous les meubles pour le payement des dettes : ainfi la garde-noble n'eft point une hérédité , mais un ufufruit chargé du payement de toutes les dettes & de la nourriture & entretien des enfans : un profit mêlé avec des charges , quelquefois auffi grandes & même plus grandes que l'émolument. A caufe de ces rifques , les pere , mere , aïeul ou aïeule doivent être précifément obligés à déclarer leur volonté & intention , s'ils veulent accepter la garde-noble de leurs enfans , ou non , parce que ne faifant aucune déclaration , les chofes demeureroient en une perpétuelle incertitude , & après avoir long tems joui des biens de leurs enfans , en avoir difpofé , avoir connu les effets & les dettes , il feroit à leur option de déclarer qu'ils n'ont point accepté la garde-noble de leurs enfans , & qu'ils ont adminiftré leurs biens comme leurs tuteurs naturels & légitimes ; ou bien les chofes fe trouvant en bon état , & y ayant beaucoup de biens , déclarer après coup qu'ils ont géré & adminiftré comme gardiens nobles , & ainfi mettre toute l'incertitude , & tout le hafard du côté des enfans mineurs , dont les loix ont un foin particulier de conferver les biens. Pour obvier à cette incertitude , Me. Charles du Moulin , duquel les notes fur toutes les coutumes ont été fuivies par plufieurs arrêts , a ajouté fur le 26 art. de la coutume de Lorris , *titre des fiefs* , qu'il faut faire l'acceptation *titulo gardiæ , non autem tutorio aut adminiftratorio* , les pere & mere ayant l'une & l'autre de ces deux qualités , & l'option de ce que bon leur femble. Et pour faire cette option & déclarer leur intention , il eft néceffaire qu'ils aillent pardevant le juge des lieux , *vel coram tabellione & fidis teftibus.* L'appellante veut fervir cette note d'une troifieme voie & moyen d'acceptation de garde-noble : c'eft ajouter à la coutume qui n'en a prefcrit que deux. Pour le premier , cette apoftille a été faite afin de rendre la chofe certaine , & la volonté des parties évidente & manifefte. Si Pierre de Culon convolant en fecondes noces en 1614 , avoit pu faire une déclaration d'avoir accepté la garde-noble de fes enfans quatorze ans auparavant , ce feroit un avantage indirect qu'il auroit fait à l'appellante fa feconde femme , contre les loix & l'ordonnance des fecondes noces. Mais l'inventaire qu'il a fait , témoigne affez qu'il n'a jamais accepté la garde-noble de fes enfans , parce qu'il y a compris tous les meubles , dettes actives & paffives : ce qu'il n'eût fait , s'il avoit eu la garde-noble , qui l'exemptoit de reddition de compte , pour laquelle feule on n'a fait mention des meubles & de toutes les dettes actives & paffives. Et conclut à ce que l'appellante foit condamnée à la reddition de compte de l'adminiftration de tous les biens de la premiere communauté.

LA COUR mit l'appellation & ce , au néant ; évoqua le principal , & y faifant droit , condamna l'appellante de rendre compte de l'adminiftration & geftion que fon défunt mari , pere de l'intimée , avoit eue de tous fes biens , fans dépens ; le mardi 6 août 1630 , M. le préfident le Jay prononçant.

CHAPITRE CXXIII.

CHAPITRE CXXIII.

Officiers de seigneurs pourvus gratuitement sont destituables , & ne doivent prêter le serment pardevant les baillis & sénéchaux , ou leurs lieutenans.

EN la même audience fut plaidée la cause de messire Honorat de Neufchaize , chevalier , Sr. de Ville-Congis , & de Me. Jean Dulis , appellans de la sentence du juge du duché de Châteauroux , par laquelle il avoit été ordonné , qu'attendu que ledit Me. Jean Dulis nouvellement pourvu de l'office de juge de Ville-Congis par la destitution de Me. René Chaize , n'avoit point prêté le serment pardevant lui , comme son juge supérieur , ledit Me. René Chaize continueroit d'exercer cet office. Me. Nau pour les appellans dit , qu'il y a deux chefs en la cause. L'un concerne la destitution de Me. René Chaize de l'état & office de juge de Ville-Congis , & en son lieu & place l'institution de Me. Jean Dulis au même état & office. L'autre chef regarde la prestation de serment dudit Dulis desirée par le juge de Châteauroux , comme juge supérieur. Quant au premier chef , il n'y a aucune difficulté , que la destitution dudit Chaize n'ait été bien & valablement faite. L'on demeure d'accord , & cela paroît ainsi par ses lettres de provision , qu'il étoit pourvu gratuitement de cet office , & non à aucun titre onéreux , ou pour récompense de services , ou bien pour finance donnée , & par conséquent suivant l'ordonnance & la jurisprudence de plusieurs arrêts il a pu être destitué. Quant à l'autre chef , savoir la prestation de serment dudit Dulis , il est vrai que l'ordonnance a voulu que les juges & autres officiers des seigneurs hauts-justiciers fussent obligés de subir l'examen , & prêter le serment pardevant les baillis , sénéchaux ou leurs lieutenans. Mais depuis est survenue l'ordonnance de Roussillon , qui a rendu les seigneurs hauts-justiciers responsables du fait de leurs juges & officiers ; & en récompense elle leur a permis de les destituer *ad nutum* , si ce n'est qu'ils fussent pourvus pour cause onéreuse. Depuis cette dernière ordonnance on n'a plus observé la première touchant cet examen & ce serment , mais elle est demeurée tacitement abrogée ; & quand les officiers des bailliages ou sénéchaussées ont voulu contraindre ceux des seigneurs hauts-justiciers de subir l'examen & prêter le serment pardevant eux , cela a été infirmé par autant d'arrêts. Il en a été rendu entr'autres un en 1619 , en l'audience de la grand'chambre pour le juge de Bourg , contre les officiers du bailliage d'Estampes. Ainsi conclut au mal jugé , & en émendant , à ce que ledit Dulis soit maintenu & gardé en la possession & jouissance de l'état & office de juge de Ville-Congis , & aux dépens. Me. Coignet pour Me. René Chaize intimé dit , que les longs & fideles services rendus par lui au Sr. de Neufchaize appellant , & à ses prédécesseurs , ont mérité quelque chose de plus que l'office de juge de Ville-Congis ; cependant il s'en voit destitué en un âge décrépit de plus de soixante-dix ans , après vingt-huit ans entiers de service & d'exercice en cette charge , en laquelle il s'est comporté avec tant d'intégrité & de zele au lieu & en l'administration de la justice , qu'il ose dire y avoir apporté tout ce qu'on peut attendre d'un homme de bien , sans avoir jamais été soupçonné d'aucune malversation. Ses provisions ne portent pas véritablement que c'est pour récompense de services qu'il a été pourvu de cette charge ; mais il est facile de l'inférer de ce que le pere & l'aïeul de l'intimé l'ont exercée avant lui durant plus de cinquante ans , pendant lesquels ils ont rendu de bons services aux prédécesseurs du Sr. appellant ; & c'est par ces considérations qu'il en a pareillement pourvu l'intimé. Or quoique des provisions ne portent pas expressément qu'elles ont été expédiées ou pour récompense de services , ou pour argent donné , néanmoins si cela paroît par des conjectures ou au-

Tome I.

trement , la cour a accoutumé de maintenir les officiers. Cela a été ainsi jugé au mois de juin dernier contre M. l'archevêque de Tours. Il n'y a d'ailleurs aucune apparence de raison de destituer un officier après avoir bien & fidelement exercé sa charge pendant vingt-huit ans entiers , mais au-contraire beaucoup de dureté de la part du Sr. de Neufchaize appellant. Et comme il ne faut que vingt ans pour prescrire contre toutes sortes de crimes , & que la cour en pareils cas a maintenu les officiers , il conclut à ce que ledit Chaize soit maintenu en l'office de juge de Ville-Congis.

M. l'avocat général Talon dit , que l'intimé se plaint qu'après une si longue suite d'années , durant lesquelles il a paisiblement exercé l'office de juge de Ville-Congis , il en est honteusement destitué par le Sr. de Neufchaize appellant : mais il se doit plaindre de la condition de la charge & office qu'il a accepté. Elle est telle , qu'il en peut être destitué *ad nutum*. Il n'a point pu prescrire contre son titre & contre ses provisions , qui contiennent tacitement cette condition de pouvoir être destitué , si elles ne sont conçues pour récompenses de services , ou pour finance payée. Elles ne portent ni l'un ni l'autre , & il n'y a point lieu de le conjecturer des provisions du pere & de l'aïeul de l'intimé , qui sont aussi purement gratuites. Le long exercice de vingt & de trente ans n'est aussi nullement considérable pour empêcher la destitution appuyée & fondée sur l'ordonnance. Enfin ces sortes d'offices ne sont point proprement tels , mais de simples administrations *ad certum genus causarum.* Quant au second chef de la cause , qui concerne l'examen & prestation de serment , cela est contraire aux arrêts. Et conclut en faveur des appellans.

LA COUR mit l'appellation & ce , au néant ; émendant & corrigeant , maintint & garda Me. Jean Dulis en la possession & jouissance de l'état & office de juge de Ville-Congis , sans restitution d'aucuns émolumens , & sans dépens ; ledit jour 6 août 1630.

☞ *Vide* le chap. premier du premier livre.

CHAPITRE CXXIV.

Cessionnaire qui a droit de Committimus , peut se servir de son privilege , si la cession a été faite par le cédant pour se libérer d'une obligation pardevant notaires ; mais non d'une promesse sous écriture privée.

JEan Mareschal habitant de la ville de Nemours , étant débiteur de la somme de cent quarante livres à Antoine Ban de la même ville , joueur de hautbois & de musette de la maison du roi , lui fit cession & transport de pareille somme à lui due par Anne du Bois , veuve , demeurant aussi à Nemours. Ban lui fit assigner pardevant messieurs des requêtes du palais en vertu de son *Committimus* , pour se voir condamner au payement de cette somme de cent quarante livres. Elle déclina la jurisdiction , & demanda son renvoi pardevant son juge ordinaire ; & en ayant été déboutée , en interjetta appel. Pour elle Me. Matharel dit , que Ban intimé étant cessionnaire de Mareschal , il ne peut se servir de son privilege , & attirer la cause pardevant messieurs des requêtes du palais : cela est directement contre l'ordonnance , qui prohibe ces sortes de cessions & de transports , *mutandi judicii causâ factas* , pour vexer & inquiéter les parties. Elle ne les admet qu'au profit des proches parens : d'ailleurs , la somme est modique , & l'appellante une pauvre veuve , qui n'a aucun moyen de plaider hors de son lieu. Et partant conclut à ce que les parties soient renvoyées pardevant le juge de Nemours leur juge ordinaire. Me. Cabart pour l'intimé dit , qu'on ne révoque point en doute son privilege & son *Committimus* , parce qu'il est constant , que l'intimé est un des officiers commensaux de la maison du roi , & qu'en cette qualité il a ses causes commises pardevant messieurs des requêtes du palais. Tout ce qu'on lui objecte

est, qu'il agit comme cessionnaire; & qu'en ce cas, son privilege doit cesser. Mais il faut distinguer les cessions volontaires des nécessaires. Dans les cessions & transports volontaires, faits pour argent donné par le cessionnaire à son cédant dans le temps de la cession, le privilege doit cesser; parce qu'alors il est évident, que *alienatio mutandi juditii causâ facta est*, la cession & transport n'ayant d'autre cause ni nécessité que la volonté des parties. Mais quand la cession & le transport sont nécessaires, comme quand la cession est faite pour demeurer quitte par le cédant de pareille somme qu'il doit à son cessionnaire, ou pour quelqu'autre cause semblable, alors le cessionnaire peut agir & se servir de son privilege, ainsi qu'il a été jugé par plusieurs arrêts. La cession faite à l'intimé est de cette nature: elle a été faite pour demeurer quitte de pareille somme que lui devoit Jean Maréchal suivant une promesse qu'il lui a rendue lors de la cession. C'est pourquoi il est bien fondé à se servir de son privilege & de son *Committimus*; & ainsi il a été bien jugé.

LA COUR après que M. le président eut demandé à Me. Cabart si les cent quarante livres dues par le cédant au cessionnaire étoient par obligation passée pardevant notaires, qui eût été rendue lors du transport & cession, & qu'il eût reconnu que ce n'étoit que par simple promesse & cédule annoncée au transport, mit l'appellation & ce, au néant; émendant & corrigeant, renvoya les parties pardevant le juge de Nemours, pour y proceder sur leurs différends; dépens réservés. Le jeudi 8 août 1630, M. le président le Jay prononçant.

CHAPITRE CXXV.

Il n'y a point d'abus en l'exécution d'un rescrit, qui donne des juges aux parties hors de leur diocese, pourvu qu'ils ne soient pas trop éloignés.

PAsquette Chauveau veuve, demeurante en la ville de Tours, ayant quelques actions personnelles à intenter contre Me. Nicolas Maillet curé de Treves au diocese de Bourges, le fit assigner pardevant l'official de M. l'archevêque de Bourges, où elle obtint sentence portant adjudication de ses fins & conclusions. Maillet en interjetta & releva appel pardevant l'official de la primatie de Bourges, lequel confirma la sentence de l'official de l'ordinaire, dont Maillet interjetta pareillement appel & obtint un rescrit en cour de Rome adressant au doyen de l'église collégiale de Dorne au diocese de Nevers, pardevant lequel il fit assigner ladite Chauveau. Elle interjetta appel comme d'abus de l'exécution du rescrit, & pour elle Me. Cholet dit, que l'appel comme d'abus est fondé sur la pragmatique-sanction & sur le concordat, *tit. De causis.* où il est décidé que le pape est obligé de donner des juges & des commissaires aux parties pour connoître des appellations interjettées des officiaux. Tous les interpretes sur ce mot, *in partibus*, disent qu'il veut dire, *intra eandem diœcesim, in partibus vicinioribus, in eadem urbe, ubi peritorum copia reperitur*; parce que le concordat a eu égard à la commodité des parties qui peuvent plaider, & a voulu qu'elle les fassent dans les lieux les plus proches de leurs domiciles. Il y a dans chaque diocese assez de personnes capables; & même il y auroit abus, quoiqu'on prît des juges & des commissaires de la métropole ou de l'église primatiale. Il a été ainsi jugé par arrêt rapporté par Chopin. L'appellante est éloignée de soixante lieues de Dorne, qui n'est qu'un petit bourg. Il n'est donc pas juste de l'obliger d'aller plaider si loin de sa demeure. Et conclut à ce qu'il soit dit qu'il a été mal & nullement exécuté; qu'il y a erreur au relief d'appel, dans lequel on a inféré qu'on est appellant du rescrit; mais que l'appel n'est que de l'exécution. Me. Pietre le jeune dit, qu'on a interjetté appel comme d'abus du rescrit obtenu en cour de Rome, en quoi on n'est pas recevable. La pragmatique-sanc-

tion ni le concordat ne portent aucunement qu'il soit nécessaire que les juges ou commissaires que le pape est obligé de donner, soient du même diocese de l'official qui a rendu la sentence dont est appel; il suffit que les commissaires soient de même parlement; & Dorne n'est qu'à dix-huit lieues de Bourges. Et conclut à ce qu'il soit dit qu'il n'y a abus.

M. l'avocat général Bignon dit, que cette cause regarde le public en l'intérêt qu'il a d'avoir des juges dans les matieres ecclésiastiques. Par le concordat & par la pragmatique-sanction le pape est obligé de donner des juges & commissaires *in partibus*; mais ce mot *in partibus* ne s'entend point *intra candem diœcesim*, mais seulement dans le royaume, pour remédier à la peine & à la fatigue qu'auroient les Français d'aller à Rome, de quoi ils sont dispensés par le moyen des juges que le pape est obligé de leur donner. Néanmoins pour ne pas laisser à l'appellant, à qui l'on donne tels juges qu'il demande, la liberté d'en prendre de l'extrémité du royaume, on a interprété ce mot, *in partibus, intra duas vel tres diætas*, afin que les parties puissent plaider plus commodément. Mais de fonder un appel comme d'abus sur ce que les juges & commissaires ne sont pas du même diocese que les parties, il n'y a point d'apparence. On ne voit pas si le doyen de Dorne est un doyen rural ou autre; mais il n'est évêque que de dix-huit lieues de Bourges. On a corrigé l'erreur du relief d'appel, & on l'a modéré & réformé à ce qui regarde l'exécution du rescrit; aussi n'y a-t-il abus qu'en l'exécution, puisqu'on accorde à la partie ce qu'elle demande, & c'est à elle à prendre garde de ne point demander une chose injuste & déraisonnable, & à ne pas s'attirer par-là du blâme & de la honte. Ainsi il y a lieu sur l'appel comme d'abus, de mettre les parties hors de cour & de procès.

LA COUR sur l'appel comme d'abus, mit les parties hors de cour & de procès, sans dépens. Le lundi 12 août 1630, M. le président le Jay prononçant.

CHAPITRE CXXVI.

Religieux ne peut disposer au profit de son ordre.

ALexis Paupret jeune écolier de Châteauroux, en 1626, prit l'habit de religieux au couvent des Cordeliers observantins de la ville d'Amboise. Un jour avant que de faire sa profession, il fit son testament, par lequel il légua une rente de deux cents livres en principal au couvent des Cordeliers d'Amboise, & se réserva deux autres rentes de quatre cents livres en principal pour lui aider à faire ses études. Ce testament fut fait en la présence de son frere & d'une sœur, qui y donnerent leur consentement. Ils obtinrent depuis, c'est-à-dire, en 1630, des lettres de chancellerie pour être relevés de ce consentement, & à ce que sans avoir égard à ce testament, comme nul, les rentes du principal des six cents livres mentionnées ci-dessus leur fussent adjugées. Sur l'entérinement de ces lettres ils firent assigner le syndic des Cordeliers d'Amboise pardevant le juge de Châteauroux, qui retient la connoissance de la cause. Les cordeliers en interjetterent appel, pour lequel Me. le Feron dit, que le juge de Châteauroux est entièrement incompétent, & qu'il falloit citer & poursuivre les appellans pardevant le juge d'Amboise où est leur domicile. Au principal, Alexis Paupret n'a disposé que d'une somme modique de deux cents livres au profit du couvent. Cette rente qui a été par lui donnée du consentement des intimés a été employée & consommée aux réparations du couvent, & quatre ans après ils ne sont pas recevables à venir contre leur consentement, & à vendiquer une somme si modique donnée à un couvent fort pauvre. Pour les quatre cents livres restantes, le couvent n'y prétend rien; le religieux s'est réservé l'usufruit de cette rente pour l'employer à ſes études, qu'il n'eût pu autrement achever, & cela n'eſt point défendu, mais ſe pratique ordinairement. Et conclut à ce que les intimes ſoient déboutés de leurs lettres. Me. le Fevre pour les intimés dit, que c'eſt une maxime certaine tirée de l'ordonnance & de la diſpoſition des arrêts, que les donations & teſtamens faits par les religieux au proſit de leurs couvens & de leur ordre ſont entiérement nuls. Celui en queſtion ne peut pas être exempt de la regle; il a été fait & paſſé dans le réfectoire du couvent en préſence du gardien, entre les mains duquel le religieux novice teſtateur a mis & dépoſé toutes ſes intentions & volontés, & après a fait les legs en queſtion de ſix cents livres, en quoi conſiſtoit tout ſon bien. La préſence des intimés ne peut pas faire valider une diſpoſition nulle & faite directement contre l'ordonnance. En tout cas ils ont obtenu des lettres pour être reſtitués contre ce conſentement, auquel il conclut, & à la nullité du teſtament.

M. l'avocat général Bignon dit, que la maxime avancée par les intimés eſt véritable, que toutes donations ou autres diſpoſitions faites par un religieux au proſit de ſon couvent ou de l'ordre, dans lequel il veut faire profeſſion, ſont nulles & de nul effet & valeur. La clauſe inſérée dans celui dont il s'agit, par laquelle Alexis Paupret a réſigné ſa volonté entre les mains de ſon ſupérieur, n'eſt point vicieuſe, mais ſuivant la forme ordinaire. Au particulier, le religieux teſtateur s'eſt réſervé la jouiſſance de quelques rentes fort modiques pour lui aider à faire ſes rentes; cela ſe voit aſſez ſouvent dans les couvens & dans les ordres religieux qui ſont pauvres. En 1628, la cour par arrêt confirma une pareille réſerve faite par un religieux carme de Bourges, & il va lieu de confirmer celle en queſtion, caſſant & annulant au ſurplus le teſtament.

LA COUR mit l'appellation & ce, au néant; faiſant le principal, & ayant égard aux lettres & les entérinant, caſſa & annulla le teſtament, & ordonna que le fonds de toutes les rentes demeureroit & appartiendroit aux héritiers dudit Alexis Paupret intimés; ſans dépens. En la même audience du lundi 11 août 1630.

☞ *Vide* le chapitre 91 du ſecond liv. & le le chap. 111 du même liv. ci-deſſus.

CHAPITRE CXXVII.

Ceſſion de biens admiſe contre le fidéjuſſeur.

MAître Jacques Laurent, marchand bourgeois de Paris, étant créancier de Me. Jean de Leſigny, fils de M. de Leſigny conſeiller au grand conſeil, de la ſomme de ſix cents liv. d'une part, & encore de la ſomme de ſix cents liv. d'autre, pour cautionnement & payement fait pour & au nom dudit Leſigny; & voulant être payé de ces deux ſommes contenues en deux obligations paſſées pardevant notaires, il obtint ſentence de contrainte par corps du prévôt de Paris, en vertu de laquelle il fit conſtituer priſonnier ledit Leſigny. Celui-ci pour ſe libérer de l'injure & de l'ennui de la priſon, demanda d'être reçu au bénéfice de ceſſion & abandonnement de tous ſes biens, & il l'obtint par autre ſentence du prévôt de Paris. Laurent créancier en interjetta appel. Leſigny préſenta ſa requête à la cour aux fins d'être élargi & mis hors des priſons pendant l'appel, dont il fut débouté, & enſuite il pourſuivit l'audience ſur l'appel. Me. Tubeuf pour Laurent appellant dit que l'arrêt par lequel l'intimé a été débouté de ſa requête, tendante à être élargi & mis hors des priſons pendant l'appel, eſt un préjugé infaillible que l'intimé eſt non-recevable & mal fondé en la ceſſion & abandonnement des biens, auquel il a été reçu par la ſentence dont eſt appel. Il eſt en effet indigne du bénéfice de ceſſion & abandonnement de tous ſes biens, par deux raiſons. L'une, parce que l'appellant n'eſt pas ſimple créancier de l'intimé pour cauſe de prêt, mais par une cauſe plus oné-

reuſe, ſavoir, pour un cautionnement de la ſomme de ſix cents livres qu'il a été contraint de payer; & cette cauſe empêche le bénéfice de ceſſion. Car, quoiqu'il y ait diverſité d'arrêts ſur la queſtion, toutefois ceux qui ont réprouvé la ceſſion de biens contre le cautionnement, ſont les plus favorables & doivent être ſuivis. L'autre raiſon du mal jugé réſulte du ſtellionat & de la fraude commiſe par l'intimé, qui s'eſt qualifié dans les obligations aumônier & conſeiller du roi, quoiqu'il n'ait point cette qualité; & cette ſuppoſition eſt un crime de ſtellionat, qui le rend indigne de toute grace & de toute faveur. Le bénéfice de la ceſſion de biens eſt donné à ceux, qui de riches & opulens ſont tombés dans l'indigence & pauvreté, par le malheur de la fortune, & non point par leur vice & mauvaiſe économie. *Si innocens & fidelis egeat, ſcias eum fame laborare, ærumnam perpeti, qui præſertim egere erubeſcat, qui ex multis divitiis cécidit in egeſtatem, & maximè ſi non vitio ſuo.* D. Ambr. l. 1. offic. cap. De benefic. Grandis eſt culpa, dit-il. Mais c'eſt tout le contraire de l'intimé: il eſt iſſu d'une bonne & riche maiſon, dont il a tiré de grands biens, & il a tout conſommé par ſes débauches & par ſa mauvaiſe conduite: ce qui le rend d'autant plus indigne du bénéfice de la ceſſion de biens. Et conclut à ce qu'il en ſoit débouté. Me. Brodeau pour l'intimé dit, que ni l'un ni l'autre des moyens d'appel de l'appellant ne ſont pertinens ni conſidérables. Quant au premier, c'eſt une maxime certaine & établie par la juriſprudence de tous les derniers arrêts, que le bénéfice de ceſſion & abandonnement de biens eſt recevable, même contre la caution & le fidéjuſſeur. Les arrêts en ſont communs. Quant à l'autre moyen d'appel, il n'y a aucun ſtellionat: l'intimé a pris cette qualité *ad honores*, & comme elle eſt eccléſiaſtique, & par conſéquent nullement ſuſceptible d'hypothèque, elle n'a point auſſi engagé les créanciers de l'intimé à contracter avec lui; ainſi il a été bien jugé.

LA COUR ſur l'appel mit les parties hors de cour & de procès, ſans dépens. Le mardi 13 août 1630, à l'audience de relevée à huis clos, M. le préſident de Meſme prononçant.

CHAPITRE CXXVIII.

Françaiſe mariée avec un Anglois, qui l'a amenée en Angleterre, plaide néanmoins en France ſans donner caution judicatum ſolvi, & y ſuccede, à la charge de ne point aliéner les immeubles, ou d'en faire le remploi.

DEmoiſelle Olympe du Pleſſis, native de la ville de Blois, en 1624, fut mariée à un gentilhomme anglois, avec lequel elle s'en alla en Angleterre. Elle y demeura juſques en 1629, qu'elle revint en France pour recueillir les ſucceſſions de ſes pere & mere décédés; & pour cet effet elle fit aſſigner ſes cohéritiers pardevant les préſidiaux de Blois, qui la condamnerent à donner caution judicatum ſolvi, comme étant mariée à un étranger, dont elle interjetta appel. Pour elle Me. Grenet dit, que le mal jugé eſt ſi évident, que les intimés même ont fait ſignifier qu'ils ſe départoient de cette preſtation de caution; mais comme ils ſoutiennent que défenſes doivent être faites à l'appellant de vendre & aliéner ſes immeubles, il faut faire voir qu'ils y ſont pareillement très-mal fondés. *Primò*, l'appellante étoit mineure dans le tems de ſon mariage, auquel les intimés ont tous été préſens, & conſenti qu'elle pourroit vendre & diſpoſer de ſon bien, & en tranſporter les deniers en Angleterre. *Secundò*, ſon mari ne veut plus retourner en Angleterre, mais demeurer en France; & dans cette vue il a obtenu des lettres de naturalité, dont il pourſuit l'entérinement en la chambre des comptes. *Tertiò*, ſes cohéritiers n'ont aucun intérêt en ce qu'ils demandent, & ne veulent obliger l'appellante à cette néceſſité, que pour empêcher qu'elle

ne puisse avoir son partage , & la réduire à le leur
délaisser pour rien. Et conclut au mal jugé , & en ce
qu'émendant , l'appellante soit déchargée de la caution , & ait sa portion des biens franche & libre.
Me. Brodeau pour les intimés dit , quant à la caution *judicatum solvi* , qu'ils s'en sont départis , mais
à condition que l'appellante ne pourra vendre ni
aliéner sa portion des immeubles qui lui écherront
en son lot & partage. Ils y ont un grand intérêt ,
parce que les lots & portions d'une succession demeurent expressément obligées & hypothequées les
unes aux autres en cas d'éviction ; & l'appellante
transportant son bien en un pays étranger , ils perdroient par ce moyen leur assurance & hypotheque.
La cour l'a ainsi jugé en 1605 , par arrêt prononcé en
robes rouges par M. le premier président de Harlay.
Par cet arrêt un originaire français qui s'étoit absenté
du royaume , & avoit demeuré trente ans entiers en
Espagne , fut néanmoins reçu & admis à recueillir une succession qui lui étoit échue ; mais ce fut à
la charge qu'il ne pourroit vendre ni aliéner les
biens de cette succession ni les transporter hors du
royaume. L'arrêt est rapporté par M. Bouguier. Et
conclut à ce que pareilles défenses soient faites à
l'appellante.

M. l'avocat général Talon dit , que les particuliers
ne peuvent pas donner atteinte au droit public. Il
ne se faut point arrêter aux clauses du contrat de
mariage , mais aux loix du royaume , par lesquelles
un étranger n'y peut rien posséder , ni même y plaider , sans donner caution. A l'égard de l'appellante , quoiqu'elle soit mariée à un étranger , néanmoins elle n'est point étrangère ni par conséquent
tenue de donner caution pour la recherche de ses
droits immobiliaires ; il en seroit autrement pour
des droits mobiliaires qui seroient entrés en la communauté , & dont le mari auroit été le maître absolu. Quant à la prohibition d'aliéner que les intimés
desirent , ils y ont un grand intérêt à cause du péril
d'éviction : mais le public y est encore bien plus intéressé , à cause de la diminution & de l'affoiblis-
sement de l'état , dont la force & le soutien consistent en la conservation de chaque particulier. C'est
par cette considération qu'on ne doit pas permettre
de dissiper son bien , de le prendre & enlever , &
de le transporter hors du royaume où bon nous semblera. Cette loi a toujours été inviolablement observée , ainsi qu'on le peut montrer par quantité d'arrêts. Celui qui est allégué par les intimés suffit ,
comme ayant jugé la these & la cause *in individuo*.
Les lettres de naturalité obtenues par le mari de
l'appellante ont été refusées en la chambre des
comptes. Elle a pareillement grand intérêt que son
patrimoine & ses immeubles ne soient point vendus.
Plus cautionis est in re quàm in persona. Ainsi il
adhere aux inhibitions & défenses requises par les
intimés.

LA COUR mit l'appellation & ce , au néant ;
émendant & corrigeant , ordonna qu'il seroit procédé à la division & partage des biens communs
entre les parties , à la charge toutefois que l'appellante ne pourroit vendre ni aliéner les immeubles
qui lui écherroient en son lot , sinon en employant
& remplaçant les deniers en achat d'autres immeubles assis en ce royaume ; sans dépens. Le mercredi
28 août 1630 , M. Potier de Novion président en la
chambre de l'édit.

* Du Fresne ne met point le fait , & a cru que
M. Talon plaidoit pour les intimés , au-lieu de Me.
Brodeau.

CHAPITRE CXXIX.

*Ecclésiastique accusé , renvoyé au juge laïque , doit
être jugé sur l'instruction de l'official , sans la recommencer ; & de même par l'official , quand le procès
a été d'abord instruit par le juge laïque , sauf à
ouir d'autres témoins.*

MAître Jean Gandier curé de saint Pierre de
Loudun , ayant été condamné par sentence
de l'official de Poitiers à jeûner plusieurs jours , &

interdit de ses ordres pour plusieurs années , le promoteur en interjetta appel comme d'abus. Ma. Poulet voulant plaider pour lui , & Me. Poullet pour
l'intimé , monsieur l'avocat général Bignon dit , que
la cause étoit nouvelle & extraordinaire , & que
soit un nouveau remede. L'intimé étoit accusé de
crimes horribles , d'incestes spirituels , d'impudicités
sacrileges , d'impiété , de mauvaise doctrine , &
d'autres faits exécrables , qui sont tous crimes capitaux. En 1628 le curé de Baugé fut condamné à
mort par arrêt célebre pour inceste spirituel & impudicités sacrileges. Il n'y a point d'abus en la procédure , & elle est légitime , parce que l'official
n'abandonne l'accusé au juge laïque , que *ex officio* , & non *ex necessitate*. Cependant ces crimes
méritent d'être plus approfondis , & pour ce sujet ,
il y a lieu de mettre les parties hors de cour sur
l'appel comme d'abus , & de les renvoyer pardevant
le lieutenant criminel de Poitiers , pour être prononcé sur la punition & peine de tels crimes. Il a
corrigé par divers arrêts cette vieille erreur des can-
nonistes , qui n'ajoutoient point foi aux procédures
faites pardevant les juges laïques comme incompétens , mais qui vouloient que le procès fût instruit
tout de nouveau , & de même à contrario il y a
lieu de renvoyer les parties pardevant le lieutenant
criminel de Poitiers , pour prononcer sur l'instruction du procès , telle qu'elle a été faite par l'official , sauf à ouir de nouveaux témoins , & procéder à l'aggravation des lettres monitoires.

LA COUR faisant droit sur l'appel comme
d'abus , mit les parties hors de cour & de procès ;
& faisant droit sur les conclusions de M. le procureur général , renvoya les parties pardevant le lieutenant criminel de Poitiers , pour être par lui prononcé contre l'accusé intimé , ainsi qu'il verroit ré-
sulter du procès instruit par l'official ; qu'il pourroit
néanmoins ouir de nouveau tels témoins que bon
sembleroit au promoteur , & faire procéder à l'aggravation des lettres monitoires , & que l'accusé y
seroit conduit sous bonne & sûre garde ; & pour cet
effet il fut à l'instant transféré en la conciergerie du
palais. Le dernier août 1630 , à la tournelle , monsieur le président de mesme prononçant.

CHAPITRE CXXX.

*Propriétaire vendique sa chose dérobée sans restitution
de prix.*

LE samedi 29 novembre 1630 à l'audience de la
tournelle , monsieur le Bailleul président , &
assistant monsieur le Coigneux promu de nouveau à
la dignité de président par la démission de monsieur
le Jay fait premier président , il fut jugé que la vendi-
cation d'une chose furtive se peut faire par le propriétaire , des mains de quelque possesseur que ce soit ,
sans restitution d'aucun prix , que le possesseur de la
chose a véritablement payé pour l'avoir. L'appel
étoit d'une sentence du prévôt de Paris , qui avoit
condamné Simonne le Maire à rendre & restituer
une piece de tapisserie à Jean Brene maître tapissier
en rendant par lui & remboursant ladite le Maire de
cinquante écus qu'elle avoit donné pour la tapisserie
dont Brene interjetta appel. Pour lui Me. Defita
dit , qu'il n'y a point de regle de droit plus certaine ,
que le maître & propriétaire de la chose furtive peut
la prendre & vendiquer où il la trouve , sans être
tenu à aucune restitution de prix. *Incivilem rem desideratis , ut agnitas res furtivas non prius reddati ,
quàm pretium fuerit vobis solutum à dominis. Curat
igitur cautiùs negotiari , ne non tantùm in damna hujusmodi , sed etiam in criminis suspicionem incidati ,*
disent les empereurs *in L. 1. De servis & servo con.
L. 23. C. De rei vindicat. & L. 27. De capt.* De
a seulement excepté de cette regle générale celui
qui a acheté la chose à l'encan & au marché public,
L. 3. ad Macedon. L. 52. §. 15. De furtis , & celui
qui a acheté la chose pour la conserver au propriétaire , lequel autrement en eût été privé pour toujours ;

jours ; & qui a protesté en l'achetant , qu'il ne le fait que pour lui rendre service , *ut differit Cæpola , caut.* 10. Hors de ces exceptions la regle est indubitable & universelle. Il n'y a véritablement aucunes charges ni informations qui prouvent qu'un nommé Angenoust ait mal pris & dérobé cette tapifferie : mais fur une préfomption violente il y a eu décret de prife de corps contre lui ; il s'est abfenté , & est en contumace ; & cela , joint à la qualité de l'intimée accoutumée à prêter fur gages & à ufure , & à acheter de toutes mains , eft fuffifant à l'égard du propriétaire qui revendique fa chofe. Et conclut au mal jugé. Me. Duchemin pour l'intimé dit , qu'il demeure d'accord de la maxime de droit ; mais qu'il n'y a aucunes charges & informations par lefquelles il paroiffe que la chofe ait été mal prife & dérobée à l'appellant. Il faut plûtôt préfumer le contraire , & croire qu'il a vendu cette tapifferie à Angenoust , ou à quelque autre , & que les voyant abfens il a fuppofé un crime de larcin , duquel il ne doit point être cru au préjudice de l'intimée , qui est dans la bonne foi , & nullement coupable du crime d'ufure , dont on l'accufe.

LA COUR mit l'appellation & ce dont étoit appel , au néant ; émendant & corrigeant , condamna l'intimée à rendre à l'appellant la tapifferie dont étoit question , fans aucune reftitution de prix , fauf à la-dite intimée fon recours contre qui & ainfi qu'elle vorroit.

* On peut voir un pareil arrêt du 27 mars 1618 , *livre premier , chap.* 15 *de ce recueil.*

CHAPITRE CXXXI.

Juge d'églife ne peut , fans abus , connoître du poffeffoire des bénéfices.

LE mardi 13 décembre 1630 , à l'ouverture du rôle de Vermandois , Me. Defita plaida la caufe de Pierre Bernard , appellant comme d'abus d'une fentence de l'official de Rheims contre Jean Thevenin intimé. La fentence portant fur la qualité du bénéfice contentieux , favoir , fi c'étoit une cure ou fimple chapelle , les parties étoient appointées contraires en leurs faits , & à en informer : & cependant elle ordonnoit que Thevenin intimé jouiroit du revenu du bénéfice. Pour moyens d'appel Me. Defita dit , que s'agiffant du poffeffoire d'un bénéfice , le juge d'églife n'en a pu aucunement connoître , & l'ayant fait il a entrepris fur la jurifdiction du juge royal , qui feul eft compétent de connoître de cette matiere ; & il y a abus. Pour montrer qu'il s'agit du poffeffoire d'un bénéfice ; c'eft que le juge a rendu une fentence de récréance , ayant ordonné que par provifion l'intimé jouiroit du bénéfice contentieux , en quoi il a notoirement excédé le pouvoir de fa jurifdiction , lequel eft reftreint au feul pétitoire des bénéfices. A la vérité , la demande de l'intimé ne contient pas clairement que ce foit pour le poffeffoire : & l'appellant mal confeillé n'a pas pris cette demande pour trouble , ni formé complainte ; mais il y eft encore recevable , & il déclare pour lui qu'il prend pour trouble la demande de l'intimé , & qu'il forme complainte , & requiert que pour procéder fur icelle les parties foient renvoyées pardevant MM. des requêtes du palais. Et conclut à fon appel. Me. Flofée pour l'intimé dit , qu'il ne s'agit point du poffeffoire d'un bénéfice , mais du pétitoire de la cure de Sainte-Avoye de Chaliot au diocefe de Rheims. L'intimé en a été bien & canoniquement pourvu en cour de Rome , & il en a joui paifiblement jufques à ce que l'appellant , prétendant que ce n'eft point une cure , mais une fimple chapelle , s'eft fait donner une commiffion pour la defservir , & enfuite il s'eft ingéré d'en prendre & percevoir quelques fruits. Pour en avoir reftitution , l'intimé l'a fait affigner pardevant l'official de Rheims , qui a rendu la fentence dont eft appel , & qui fur la qualité du bénéfice , favoir , fi c'eft une cure ou non , a appointé les parties contraires en leurs faits & à en informer ;

& ayant reconnu le droit vifible & apparent de l'intimé , il a ordonné qu'il jouiroit pendant le procès. En cela il n'y a aucun abus ; & pour marque que le bénéfice contentieux eft une cure , c'eft que dans l'églife il y a des fonts baptifmaux , & que le meilleur du revenu confifte en dimes. Le juge d'églife n'eft pas tellement interdit de connoître du poffeffoire des bénéfices , qu'il n'y puiffe quelquefois prononcer ; par exemple , quand il s'agit du poffeffoire des dimes entre perfonnes eccléfiaftiques , *Cap. Inter dilectos. De caufa propriet. & poff.* & par l'ordonnance de Philippe le Bel de 1304 , tems auquel on n'avoit pas grand fujet de favorifer la jurifdiction eccléfiaftique. Elle porte : *De cognitione decimarum fpiritualium gentes noftræ fe nullatenus intromittant.* L'appellant n'a point formé complainte fur les lieux , & celle que fon avocat vient de former au barreau dans l'audience de la caufe , ne peut être confidérable , parce qu'elle ne peut avoir un effet rétroactif , pour faire naître le prétendu abus , fur lequel on fe fonde. De plus , celui qui forme complainte , doit avoir un titre : *Saltem coloratum titulum habere neceffe eft ;* & l'appellant n'en a point , mais une fimple commiffion donnée par un féculier qui dit avoir charge d'un chevalier de l'ordre de St. Jean de Jérufalem , commandeur de la commanderie de Meulan , qui prétend que ce bénéfice n'eft qu'une fimple chapelle , & qu'elle eft à fa collation. Et conclut au bien jugé.

M. l'avocat général Bignon dit , que la caufe en foi & par rapport aux parties eft peu importante , mais d'une grande conféquence pour l'intérêt public , & qu'il eft obligé de la relever pour empêcher les anciennes maximes du palais de fe perdre & s'anéantir. L'une des plus affurées eft , que les juges royaux connoiffent du poffeffoire des bénéfices à l'exclufion des juges d'églife. Cette maxime fi ancienne & fi certaine en France ne dépend pas des conceffions & des privileges apoftoliques : elle n'a d'autre fource , d'autre fondement , ni d'autre appui que la couronne de nos rois , vrais patrons & protecteurs de l'églife , qui par leur piété & charité recommandables ont mérité d'avoir ce foin & cette prééminence de connoître par leurs juges & leurs officiers du poffeffoire de toutes lefdites églifes pour maintenir la paix & tranquillité entre leurs fujets , tant eccléfiaftiques que laïques. *Quibus ea cura & ftudium eft partes ita componere , ne ad arma veniant.* En 1411 , le cardinal de Pife étant venu en France légat de la part du pape , & ayant remarqué l'obfervance & l'ufage de cette ancienne maxime , que les juges royaux feuls connoiffent du poffeffoire des bénéfices à l'exclufion des juges d'églife , eftimant qu'elle étoit préjudiciable aux droits du pape , comme elle étoit contraire à ce qui fe pratiquoit dans les autres royaumes , en avertit fa fainteté , afin de la fupprimer. Mais le parlement ayant découvert cet avis donné au pape par fon légat , députa les gens du roi vers fa majefté pour lui faire les remontrances néceffaires fur l'importance de cette affaire , & en 1428 le roi en écrivit au pape Martin V , qui donna une bulle , par laquelle les juges royaux de France font maintenus & confervés en leur poffeffion immémoriale de connoître feuls du poffeffoire des bénéfices , à l'exclufion des juges d'églife : enfuite intervint la bulle du pape Eugene IV , contenant pareille confirmation & maintenue en poffeffion de la connoiffance attribuée aux juges royaux , & depuis font encore intervenues d'autres bulles femblables , qui n'ont point introduit aucun nouveau droit , ni attribué aucun privilege aux juges royaux de la France ; mais elles ont fimplement déclaré & confirmé ce droit ancien & immémorial , auquel les papes reconnoiffent qu'ils font fondés , & auquel ils les maintiennent. Cette maxime fi ancienne & fi conftante n'a pas befoin d'exemple ; néanmoins on en peut remarquer deux très-mémorables , pour montrer que les rois & les monarques ont toujours eu la connoiffance du poffeffoire des bénéfices. L'un eft rapporté par Eufebe , qui dit que Paul évêque de Samofate ayant été démis & dépofé de l'épifcopat pour quelques bonnes raifons , & un autre élu en fa place , auquel il ne vouloit pas céder , les évêques électeurs (dans la

1630.

T t t t

1630.

pureté de l'église primitive) ne laisserent pas d'avoir recours à Aurelien empereur païen , qui ordonna que Paul fût déposé , & que le nouveau élu fût maintenu en la possession & jouissance de l'épiscopat. L'autre exemple est tiré de ce que l'empereur Théodose dit à saint Gregoire , lorsqu'il fut élu pape : *ὦ πάτερ , σὺ Θεῷ ἔδωκας ἡμῖν τὸ κάλλος τῆς ἐκκλησίας & δέδωκας χριστὸν ἡμῖν καὶ σὺ τὸν αὑτοῦ θρόνον τῷ θρόνῳ ἐδώκας.* O saint pere , Dieu vous a donné à son peuple & à son église , en ce tems rempli d'impiété & de maléfices , & moi en signe de remerciment & de congratulation , je vous mets en possession de sa maison , c'est-à-dire , de son église & de son trône. Par où il paroit clairement que de tout tems le possessoire des bénéfices a été laissé aux rois & aux monarques laïques. Cette maxime , quoique très-ancienne & très-assurée, a néanmoins besoin d'être renouvellée de tems en tems , de peur qu'on n'y donne atteinte , comme a tâché de faire l'official dont est appel ; mais il a indubitablement commis abus. *Primò* , parce que la requête de l'intimé contenant sa demande , porte nommément que l'appellant soit condamné de lui rendre & restituer les fruits du bénéfice qu'il a perçus , & que défenses lui soient faites de le troubler ; ce qui emporte nécessairement une complainte , *vim turbativam* , comme l'appellent tous les docteurs qui est notoirement l'interdit *retinendæ possessionis.* *Secundò* , l'intimé est demandeur. Or en termes de droit tout demandeur confesse & avoue le défendeur possesseur de la chose contentieuse qu'il demande. *Tertiò* , l'intimé forma sa demande devant le juge d'église , qui ne peut connoître que du seul pétitoire du bénéfice ; & par conséquent il faut que l'intimé en reconnoisse l'appellant possesseur. *Quartò* , il est question de la qualité & de l'état du bénéfice , savoir , si c'est une cure ou une simple chapelle. Or , *causa status possessionem respicit.* L'on veut soutenir que c'est une cure , sur ce que le revenu consiste en dîmes ; mais l'argument n'est aucunement valable ni concluant : car , quoique les dîmes aient été premiérement instituées & destinées pour la nourriture & l'entretien des curés , elles ont depuis été divisées & dispersées , soit aux abbayes , aux prieurés ou aux autres bénéfices ayant charge d'ame , ou n'en ayant point , comme sont les simples chapelles. Enfin ce qu'on a avancé , que le juge d'église n'est pas universellement exclus de connoître du possessoire des bénéfices , n'est pas véritable ; au-contraire il en est tellement privé & incompétent , qu'il n'en peut connoître directement ni indirectement , non pas même incidemment. Quant à la complainte que l'appellant a formée seulement en l'audience de la cause , elle n'étoit pas absolument nécessaire , mais en quelque façon surabondante , parce que l'abus emporte avec soi un vice radical & essentiel , si grand & si préjudiciable , qu'il ne se couvre jamais par quelque laps de tems que ce soit , ni par aucunes procédures volontaires. Et conclut en faveur de l'appellant.

LA COUR dit qu'il avoit été mal , nullement & abusivement jugé & ordonné ; ayant égard à la complainte formée par l'appellant , & pour y faire droit , renvoya les parties pardevant messieurs des requêtes du palais ; dépens réservés. Prononçant M. le Jay premier président par le décès de M. de Champigny arrivé au mois d'avril 1630.

* Brodeau cite l'arrêt , *lett. B. somm.* 11 , & n'en remarque ni le fait ni les moyens.

CHAPITRE CXXXII.

Lieutenant criminel ne doit décerner exécutoire contre l'accusé pour les frais de l'instruction , ni contre la partie civile qui s'est désistée de l'accusation.

LE mercredi 4 décembre 1630 , en l'audience de la chambre de l'édit , M. le président Seguier prononçant , Me. Lhoste plaida pour Marie Garnier , appellante d'un exécutoire pour remboursement d'épices décerné contre elle par le lieutenant criminel de Loudun , qui l'avoit condamnée au remboursement de la somme de dix-huit livres qu'il avoit touchées pour avoir interrogé Jacob & Elie Fadeau , accusés d'avoir mal pris certains meubles à ladite Garnier ; & pour moyens d'appel Me. Lhoste dit , qu'à la vérité l'appellante a dénoncé le larcin commis de ses meubles , mais qu'elle a déclaré ne vouloir être partie civile , ni par conséquent fournir aux frais du procès. Me. Cossin pour le lieutenant criminel intimé en son nom dit , qu'il n'a point touché cette somme , dont on demande le remboursement ; mais que quand il l'auroit reçue des prisonniers accusés , & qu'il leur auroit décerné exécutoire pour le remboursement contre la partie civile , il n'auroit fait que ce qui se pratique dans tous les sieges & jurisdictions , & même en la cour de parlement , ainsi qu'il est notoire à un chacun ; & partant qu'il est follement intimé.

Monsieur l'avocat général Bignon dit , que cette cause en soi est de néant. Cependant comme souvent une seule étincelle cause un grand embrasement, *πολλάκις μικρὸν τι γέγονεν ἐξ ὀλίγου* ; aussi une cause qui souvent est de nulle ou de peu de conséquence par rapport aux parties , devient très-importante à l'égard du public. Il en est ainsi de celle dont il s'agit , où l'on voit avec quelque pitié que cette pauvre femme appellante a été contrainte de quitter & abandonner la juste poursuite du recouvrement de ses meubles dérobés , à cause de son extrême pauvreté , n'ayant pas le moyen de fournir aux frais de la justice , que l'on vend si chérement , qu'il est souvent plus expédient d'abandonner ce qu'on peut légitimement demander & obtenir , que de le rechercher avec tant de frais & de dépenses. C'est par cette considération , que nous n'observons point la disposition du sénatusconsulte Turpillien , qui défendoit expressément de se désister d'une accusation sous peine de calomnie : au-contraire la justice ferme tous les jours les yeux sur les transactions & accords qui se font sur les procès criminels , laissant cette liberté aux parties de se rédimer des frais des procédures , & de retirer leur intérêt par une voie amiable. Et une autre raison qui fait que le sénatusconsulte Turpillien n'a pas lieu parmi nous , c'est que M. le procureur général ou ses substituts & les procureurs fiscaux , sont les véritables parties dans tous les procès criminels. Quant à ce que le lieutenant criminel dont étoit appel , a pris des prisonniers accusés leurs interrogatoires , cela est insoutenable , & se peut appeler concussion , puisque tout ce qui se prend & exige par le pouvoir & autorité de sa charge & office , sans qu'il soit dû , est véritablement tel. Il est inoui qu'un accusé soit réduit à ce point de misere , que d'être contraint *se faire faire son procès ; & si cela se pratique, c'est un abus qu'il est nécessaire de corriger. Ainsi il conclut à ce que l'appellante soit déchargée de l'exécutoire décerné pour le remboursement des frais & salaires de ces interrogatoires ; que le juge soit condamné de rendre & restituer ce qu'il en a reçu, & que défenses lui soient faites de prendre ni exiger à l'avenir aucune chose des prisonniers accusés, à peine de restitution & d'amende arbitraire.*

LA COUR sur l'intimation du juge mit les parties hors de cour & de procès, sans dépens ; & donna défaut contre Jacob & Elie Fardeau, & en vertu d'icelui mit l'appellation & ce dont étoit appellé, au néant ; émendant & corrigeant, déchargea l'appellante de l'exécutoire décerné contre elle, & lui donna main-levée de ses gages saisis ; condamna le lieutenant criminel à rendre & restituer tout ce qu'il auroit reçu des accusés ; & lui fit inhibitions & défenses de prendre ni exiger à l'avenir aucune chose des prisonniers accusés, à peine d'amende arbitraire ; ledit jour 4 décembre 1630.

CHAPITRE CXXXIII.

Doyenné électif confirmatif peut être résigné en cour de Rome in favorem, sauf au chapitre le droit d'élection en cas de vacation par mort.

Maître Michel Morizon, pourvu du doyenné de l'église collégiale de St. Pierre de Bar, passa procuration en 1629 pour le résigner en cour de Rome en faveur de Me. Jacques de Rouïn, *retenté pension annuel* de six cents livres. En vertu de cette procuration, de Rouïn fit expédier ses provisions, à créer & homologuer la pension de six cents livres : mais voulant prendre possession du doyenné, il en a empêché par les chanoines & chapitre de l'église de St. Pierre de Bar, qui soutenoient que ce doyenné étoit leur élection & en la confirmation de M. l'évêque de Toul, n'avoit pu être résigné par Morizon en faveur de De Rouïn à leur préjudice, & que le pape n'en avoit dû pourvoir sur cette résignation ; & pour cet effet ils interjetterent appel comme d'abus de l'exécution des provisions du doyenné expédiées en cour de Rome en faveur de De Rouïn par la démission de Morizon. Me. Desaguets dit, que le premier moyen des appellans comme d'abus est fondé sur la qualité primitive & originaire du doyenné dont il est question, qui est de fondation laïque, savoir de celle des anciens comtes de Bar, qui en 1315 ont fondé, édifié & doté l'église collégiale de St. Pierre, alors composée de soixante chanoines & de trois dignités, c'est-à-dire, d'une primicerie, d'un doyenné & d'une chantrerie. Néanmoins ces trois dignités ont depuis été réduites à une, savoir celle de doyen, & toutes les prébendes ont été pareillement réduites à douze. Les comtes de Bar se sont réservé la nomination & présentation de celles-ci ; & quant aux dignités, ils en ont laissé l'élection aux chanoines & chapitre, & la confirmation à M. l'évêque de Toul. Cela présupposé, l'abus est manifeste, parce qu'il est certain que le pape ne peut point aller au contraire de la fondation des bénéfices, ni en excéder les termes & les causes, principalement d'une fondation laïque, au préjudice du patron de laquelle il ne peut, ni l'ordinaire non plus, conférer aucunement les bénéfices qui en dépendent. On ne peut aussi les résigner in favorem, ni admettre ces résignations, spreto patrono laico, dont le droit est tellement favorable & considérable, que tout ce qui le blesse & se fait à son préjudice, est facilement cassé & révoqué comme abusif & insoutenable. Il est vrai que la fondation ne contient pas expressément, que la nomination & présentation aux dignités de St. Pierre de Bar appartiennent aux comtes de Bar, ni pareillement que l'élection en a été laissée aux chanoines & chapitre : mais par les statuts de la même église rédigés au même tems, & vérifiés par M. l'évêque de Toul, il est porté, que *præbendarum & decanatuum nominatio & præsentatio ad*

comites pertinebant. Et cette déclaration faite en un tems éloigné & non suspect, est une preuve suffisante, que la nomination & présentation aux dignités de ce chapitre appartenoient lors de la fondation aux comtes de Bar. Ils l'ont depuis cédée aux chanoines pour y être pourvu par leur élection, ayant bien reconnu l'importance de ces dignités, & que pour le maintien & la conservation du chapitre il est beaucoup plus expédient, & même nécessaire d'y pourvoir par élection, que par simple nomination & présentation. Ces chanoines étant donc au lieu & place des comtes de Bar, fondateurs & patrons de leur église, & de toutes les dignités & prébendes qui s'y trouvoient, on peut dire que comme le pape n'auroit pu admettre la résignation in favorem *du doyenné, ni d'aucune des prébendes, spreto patrono laico, savoir les comtes de Bar, ou M. le duc de Lorraine qui leur a succédé en ce duché, & que s'il l'avoit fait, il y auroit abus notoire ; de même il ne l'a pu faire au mépris & préjudice des chanoines & chapitre, puisqu'ils ont les mêmes droits, & par conséquent les mêmes privilèges que les comtes de Bar, fondateurs & patrons de leur église ; & que l'ayant entrepris, il y a pareillement abus. Le second moyen résulte du peu de faveur, & même de la haine que méritent les résignations* in favorem, *qui contiennent une simonie manifeste, & une ambition extrêmement préjudiciable à toute l'église : parce que par ces sortes de voies on rend les bénéfices presque héréditaires, & on les met en commerce. C'est pourquoi il y a lieu de les restreindre autant qu'il est possible au préjudice du pape, qui seul les peut admettre. Le troisieme moyen d'appel comme d'abus dépend d'une raison toute contraire, c'est-à-dire, du privilège & de la faveur que méritent les élections, par le moyen desquelles cet ancien ordre si saintement observé dans la pureté & l'innocence de l'église primitive est rétabli & remis à son premier être, où les charges, dignités, prébendes & autres bénéfices étoient donnés à des personnes capables, qui par leur science & capacité, & par l'exemple de leur vertu & bonnes œuvres remplissoient l'église de cette précieuse & agréable odeur de sainteté, & la conservoient dans sa pureté & dans son lustre, instruisant les peuples qui leur étoient commis, & les conduisant tant par les préceptes salutaires d'une saine doctrine, que par les bons exemples d'une vie pure & nette, au port assuré du salut. L'occasion de rétablir cet ordre se présentant, il la faut embrasser favorablement, & ne pas permettre que la cour de Rome y fasse obstacle en admettant une résignation* in favorem, *par laquelle on veut introduire un successeur singulier & nécessaire à celui qui n'en peut point avoir d'autre que par les voix, les suffrages & le choix des électeurs. En user autrement, c'est postposer la doctrine & la capacité à l'ignorance, la vertu & les bonnes mœurs à la vie licencieuse ; en un mot préférer le mal au bien. Pour quatrieme moyen d'abus, on demeure d'accord, que le bénéfice venant à vaquer par le décès du titulaire, le pape n'y peut point pourvoir ; mais il doit déférer à l'élection, & la laisser libre & entiere à ceux qui en ont la faculté & le pouvoir. Or si cette maxime est véritable, comme on l'avoue, à plus forte raison le pape ne peut ni ne doit pourvoir à tels bénéfices électifs sur des démissions & résignations* in favorem; *ce premier genre de vacation par mort étant beaucoup plus favorable, tant au pape, qu'à tous les autres collateurs, que non pas le second fondé sur des résignations simoniaques & odieuses. Le cinquieme moyen d'abus dépend de la qualité du bénéfice qu'on peut soutenir être purement électif collatif, plutôt qu'électif confirmatif : puisque la confirmation est nécessaire, & se fait sans aucune connoissance de cause de la capacité ou incapacité de celui qui a été élu, dont l'élection ne peut être révoquée ni annullée par l'évêque confirmant. Et c'est une autre maxime certaine, que le pape ne peut pourvoir aux bénéfices purement électifs collatifs. Le sixieme moyen résulte encore de la qualité du bénéfice, qui est un doyenné, dans une église collégiale : doyenné qui est la première & la principale dignité de cette* églife , & par la vacance duquel *vidua fit ecclefia ,* *fine fponfo remanet* ; marque infaillible que cette dignité eft purement élective , fuivant le chapitre *Quia propter*. *De electione*. Et par conféquent fuivant les faints décrets & les conciles , & même felon le concordat , le pape n'en peut admettre aucune réfignation , ni y pourvoir par aucun genre de vacation. Enfin , le dernier moyen d'abus réfulte des préjugés & arrêts de la cour qui ont fouvent jugé la queftion , tant pour le doyenné de l'églife de St. Marcel , qu'autres. On en objecte un prétendu contraire pour le cha-pitre de Chartres ; mais il ne fe trouve point dans les regiftres de la cour. De plus , l'églife de Chartres eft une églife cathédrale , *quæ vacante decanatu vidua non fit , fed pro fponfo legitimo epifcopum habet*. Et conclut. Me. Morizon réfignant intervenant par Me. Chamillart conclut en fa requête , à ce qu'y ayant égard , & l'entérinant , au cas que la cour trouve qu'il y ait abus en l'exécution des bulles expédiées en cour de Rome au profit de fon réfigna-taire , il rentrera dans fon bénéfice , & qu'il plaife à la cour de le maintenir en la poffeffion d'icelui ; & au-contraire fi la cour jugeoit qu'il n'y a point d'abus en l'exécution des bulles , que de Roüin réfignataire fera condamné au payement de la pen-fion réfervée. M. Talon pour de Roüin , réfigna-taire & intimé fur l'appel comme d'abus , dit que Me. Defaguets a déterré de vieilles maximes pour tâcher de les faire revivre , mais inutilement. παλαιὰ λέγοις φάρμακα ἀσίνεις. Quoiqu'elles aient été foutenues véritables , & même indubitables par l'ap-pellant qui les a avancées , il y a long-tems qu'elles ont été rejettées & condamnées par les conciles & les faints décrets , par l'opinion de tous les docteurs & des plus favans canoniftes , par l'autorité des chofes jugées , & en fuite de tout cela par l'expérience & la commune obfervance inviolablement pratiquée. Il eft vrai que dans l'innocence & dans la pureté de l'églife primitive , où la ferveur des premiers chré-tiens s'étoit portée à ce point de zele , que de fceller leur créance & leur foi par l'effufion de leur propre fang , & où pour éviter le tumulte & l'embarras du monde , & fe donner entiérement à Dieu , la plupart des fideles s'enfuyoient & fe cachoient dans les déferts : dans ces premiers tems , l'élection pour la promotion aux charges & dignités eccléfiaftiques a été pratiquée fort utilement , & au grand progrès & avancement de la religion chrétienne ; parce que dans la fincérité de cette ferveur & de cette charité ardente , on n'élevoit aux charges & dignités ecclé-fiaftiques que ceux qui les defiroient & ambition-noient le moins , & même qui les fuyoient , & qu'on étoit contraint d'arracher du profond des déferts , pour les établir en ces hautes dignités , comme des flambeaux luifans qui devoient éclairer le pauvre peuple , & lui enfeigner cette haute & rare doctrine qu'ils n'avoient apprife que de Dieu feul dans le filence de leurs méditations continuelles. Mais l'hé-réfie , dont le propre eft d'être arrogante & ambi-tieufe , ayant peu après infecté cette pureté de l'églife primitive , les héréfiarques qui afpirerent aux premieres dignités , corrompirent , pour y parvenir par la voie de l'élection , les voix & les fuffrages de ceux qui y avoient part , & non-feulement ils les briguerent , mais ils ne firent pas même difficulté de les acheter. Pour y remédier on ne trouvoit point de meilleur expédient que de permettre à ces grands perfonnages , à ces faints prélats qui gouvernoient l'églife , de nommer & choifir pour leur fucceffeur celui qu'ils eftimeroient en leur confcience le plus capable pour s'acquitter dignement de cette charge. St. Anaftafe commença , & nomma pour lui fuccéder Paul , évêque de Calcédoine ; St. Auguftin en fit de même : & en cela ils furent imités de plufieurs autres. On le pratiqua même ainfi à l'égard de l'Em-pire , & l'on vit que le regne d'Adrien & d'une infi-nité d'autres qui fe choifirent des fucceffeurs , fut plus heureux , plus doux & plus tranquille que celui de Galba & des autres , après le décès defquels les troupes & les bandes militaires élurent un nouvel empereur avec beaucoup de brigues , de tumulte & de fédition. Ces confidérations firent embraffer

favorablement les nominations & réfignations *in fa-vorem* : mais l'abus s'y étant auffi gliffé , les conciles ont été contraints de rétablir les élections , & par-ticuliérement celui de Bafle , & la pragmatique fanc-tion , au préjudice defquels l'abus s'étant encore introduit dans la chancellerie & cour de Rome , pour le réprimer on a fait le concordat , où les feuls bénéfices électifs collatifs , comme archevêchés , évêchés , abbayes & prieurés , ont été laiffés à la nomination du roi , & tous les autres bénéfices ont été laiffés en la difpofition du droit commun , & par conféquent en la liberté toute entiere de fe démettre *ad libitum* , & du pouvoir réfigner en faveur de qui bon fembleroit aux titulaires. L'ordon-nance du roi Henri II de l'an 1550 , vérifiée au grand confeil en la même année , n'a été faite que pour cela , & pour lever le doute qui pouvoit naître de l'interprétation du concordat. Tous les docteurs qui ont écrit en ce tems-là , font de cet avis. *Joannes Mena* , docteur de Touloufe , qui vivoit au tems que le concordat fut fait , & qui le premier écrivit là-deffus , eft d'avis que les bénéfices électifs confirmatifs fe peuvent réfigner *in favorem*. M. de Selve *in tractatu de beneficiis* , eft de même fentiment. Et *Boërius* a fait une décifion expreffe & toute en-tiere , pour foutenir cette opinion. La maxime avan-cée par l'appellant , qu'un bénéfice électif confir-matif venant à vaquer par mort , le pape n'y peut point pourvoir , n'eft pas véritable. Il eft vrai que fi les électeurs *non fint in mora* , qu'ils aient fait la moindre acte , la moindre diligence ; la prévention du pape eft inutile , & n'empêche point l'effet de leur élection ; mais *à contrario fenfu fi fint in mora* , s'ils n'ont fait aucune diligence , ni aucun acte qui tende à l'élection ; le pape les peut prévenir , & pourvoir légitimement au bénéfice , quoique électif confirmatif ; les électeurs devant imputer cette pré-vention à leur faute , à leur pareffe & à leur négli-gence. Le doyenné dont eft queftion , eft électif confirmatif , & non purement électif , comme l'a-vancent les appellans. Une pareille caufe s'étant préfentée autrefois , elle a été jugée *in individuo* par plufieurs arrêts. Le premier eft de l'an 1569 pour la réfignation *in favorem* du doyenné de Char-tres , laquelle fut confirmée. Le fecond eft pour la réfignation du doyenné de St. Marcel. Le troifieme pour celui de St. Germain l'Auxerrois ; & ainfi de plufieurs autres. Outre tous ces arrêts qui font autant de préjugés , l'expérience & la pratique , qui eft la maitreffe des fciences & l'interprete des loix , eft encore toute notoire. Le doyenné d'Orléans a été réfigné *in favorem* , celui de Sens l'a auffi été , & il en eft de même de ceux de Troyes , de Soiffons , & de plufieurs autres , pour raifon defquels on n'a point réclamé , ni foutenu toutes ces réfignations nulles & abufives , comme font les appellans. C'eft néanmoins ce que n'auroient pas manqué de faire tant de grands chapitres jaloux de conferver leurs droits , s'il y eût eu la moindre chofe à redire dans ces réfignations ; & l'on doit préfumer de-là qu'elles ont été bonnes & valables , comme par leur filence elles ont été hors de tout contredit. Quant à Mo-rizon réfignant , on offre de lui payer la penfion ftipulée fuivant l'homologation qu'on en a obtenue en cour de Rome. Et conclut à ce que les appellans foient déclarés non-recevables en leur appel comme d'abus.

M. l'avocat général Talon dit , que fi la queftion étoit nouvelle , & s'il y auroit beaucoup à dire de part & d'autre , & beaucoup à balancer pour réfoudre la difficulté ; mais que de femblables caufes ayant été fouvent agitées & jugées par divers arrêts , il n'y reftoit plus aucun doute , & par conféquent peu de lieu de parler. Au fait , il n'eft pas véritable que les comtes de Bar aient fondé & doté de leur propre bien l'églife & le chapitre de St. Pierre de Bar : ils y ont bien contribué quelque chofe , & donné les commencemens ; mais la dotation toute entiere ne procede pas de leurs libéralités & de leurs bienfaits. Au commencement ils établirent un cha-pitre de foixante chanoines qui avoient tous apporté un certain fonds & revenu pour y entrer ; & on en

fupprima

supprima les places à mesure qu'ils décédoient, jusqu'à ce qu'elles furent réduites au nombre de douze, qui est celui d'à présent ; & qui par ce moyen a un revenu suffisant. Il n'est pas non plus véritable que les comtes de Bar se soient retenu & réservé la nomination & présentation du primicier, du doyen & du chantre ; mais par la fondation l'élection en est déférée aux chanoines & chapitre : & l'observation de ces deux points est très-considérable. Car s'ils eussent été vrais, de la maniere que les appellans le prétendoient, le pape n'eût pu contrevenir aux clauses & conventions portées par la transaction, ni pourvoir à une de ces dignités, non plus qu'à une des prébendes, au mépris & préjudice des comtes de Bar, comme patrons laïques. Mais cela ne se trouvant pas véritable, il faut réduire la chose au droit commun, c'est-à-dire, à ce qui a été convenu & arrêté par le concordat, lequel a abrogé la disposition contraire contenue tant en la pragmatique-sanction, qu'au concile de Basle. Or par le concordat tous les bénéfices ont été réduits à cette distinction, ou qu'ils sont électifs, & tous ceux de cette qualité ont été laissés à la nomination & présentation du roi ; ou qu'ils ne sont point électifs ni à la nomination de S. M. & tous ceux de cette espece ont été laissés à la disposition du droit commun, c'est-à-dire, à la prévention du pape & aux autres provisions qui lui sont ordinaires & non contestées. Les doyennés des églises cathédrales ou collégiales ne sont point de cette premiere classe des bénéfices électifs qui sont à la nomination du roi ; & par conséquent ils doivent nécessairement être de la seconde, savoir de ceux qui sont demeurés en la disposition du droit commun. Il y a une grande différence entre ces deux questions. L'une, savoir si les bénéfices électifs confirmatifs venant à vaquer par décès ou autrement, le pape peut prévenir les électeurs, & les conférer ; l'autre, si ces bénéfices électifs confirmatifs peuvent être résignés *in favorem*. Quant à la premiere, il est vrai que si les électeurs *ad quemlibet etiam minimum electionis actum processerunt*, s'ils ont fait la moindre diligence par quelque acte que ce soit ; pourvu qu'il tende & soit nécessaire à l'élection, ils se sont par-là tellement conservés & assurés en leur droit & privilege d'élection, que la prévention & provisions du pape sont nulles, & ne leur peuvent faire aucun préjudice. Mais si au contraire les électeurs sont demeurés dans une si

grande négligence, qu'ils n'aient fait aucun acte, alors le pape les peut prévenir, & pourvoir légitimement au bénéfice. Quant à l'autre question qui regarde la résignation *in favorem* des bénéfices électifs confirmatifs, elle ne reçoit aucune difficulté. Elle a passé pour l'affirmative par l'opinion des plus grands canonistes ; dont le sentiment a été confirmé par plusieurs arrêts. Le plus célebre & le premier qui a jugé la question, est celui de 1569, rendu touchant le doyenné de Chartres. Il a décidé si nettement la cause, & jugé la question en sa these, que l'avocat des appellans comme d'abus a été contraint de recourir à une mauvaise exception, qui est de dire que cet arrêt ne se trouve point dans les registres du parlement. Mais pour faire voir & connoître la vérité à tout le monde, ils ont fait chercher les registres de ce tems-là ; & l'on y a trouvé l'arrêt tel qu'il est allégué de la part de l'intimé. Les plaidoyers tant des avocats des parties, qui étoient des plus savans & des plus fameux de leur tems, que de M. l'avocat général du Mesnil, y sont si bien rédigés, qu'il est à propos d'en faire lecture, aussi-bien que du dispositif de l'arrêt, par lequel sur l'appel comme d'abus interjetté par les doyen, chanoines & chapitre de Chartres de l'exécution des bulles obtenues en cour de Rome sur la résignation de ce doyenné, la cour mit les parties hors de cour & de procès, sauf auxdits chanoines & chapitre leur droit d'élection à ce doyenné en cas de démission pure & simple, vacation par mort, ou autrement. Il y a lieu de suivre cet arrêt, & de prononcer la même chose en cette occasion, ainsi que la cour l'a souvent fait depuis touchant plusieurs résignations faites d'autres doyennés.

LA COUR sur l'appel comme d'abus de l'exécution du rescrit & provisions obtenues en cour de Rome, mit les parties hors de cour & de procès, sauf aux chanoines & chapitre appellans leur droit d'élection en cas de démission pure & simple du-dit doyenné, vacation par mort arrivant d'icelui, ou autrement ; & du consentement de l'intimé le condamna au payement de la pension. Le jeudi 19 décembre 1630, M. le premier président le Jay prononçant.

* Du Fresne ne fait que citer l'arrêt, sans en rapporter le fait, ni les moyens dans leur étendue, de même Brodeau, *lett. P. somm.* 43.

Fin du troisieme Livre.

RECUEIL
D'ARRÊTS DU PARLEMENT
DE PARIS,
Depuis l'année 1617 jufqu'en 1643,
SUR
LES PLUS BELLES QUESTIONS
DE DROIT.

LIVRE QUATRIEME.

CHAPITRE PREMIER.

Doyenné électif confirmatif de fondation royale, peut être réfigné pour caufe de permutation entre les mains du roi.
Agens du clergé de France ne peuvent intervenir, ni être ouis dans une caufe particuliere.

LE mardi 14 janvier 1631, il fe préfenta une caufe fort approchante & femblable à la précédente. Le fait étoit tel. Me. Jean du Bois étant légitimement pourvu & paifible poffeffeur du doyenné de St. Furfy de Peronne, le réfigna entre les mains du roi pour caufe de permutation d'autres bénéfices avec Me. Antoine Choquet. Sur cette réfignation & permutation, Choquet obtint du roi les provifions de ce doyenné, & en ayant pris poffeffion, les chanoines & chapitre de St. Furfy interjetterent appel comme d'abus de la réception de fa perfonne en la dignité de doyen de leur églife, & de l'exécution des provifions accordées par le roi. Me. Chevy dit, que cette provifion de fa majefté eft contraire aux maximes de théologie, aux conftitutions & décrets des faints conciles, & aux arrêts de la cour. L'églife collégiale de St. Furfy de Peronne eft une des plus anciennes du royaume, bâtie, fondée & dotée dès l'an 600, & compofée d'un doyen & de trente-fix chanoines. Ce doyenné venant à vaquer, cette dignité eft élective par tous les chanoines de la même églife, & la confirmation ap-

partient à M. l'évêque de Noyon, à caufe qu'il y a charge d'ames annexée à cette dignité. On y a pourvu de la forte toutes les fois qu'elle eft venue à vaquer, c'eft-à-dire, par l'élection faite par tous les chanoines d'un fujet de leur corps, & par la confirmation de M. l'évêque de Noyon : & même ayant voulu prétendre droit en la provifion & collation de ce doyenné, il y a eu procès entre lui & le chapitre de Peronne, fur lequel eft intervenue tranfaction en l'an 1000, homologuée en cour de Rome, par laquelle il eft expreffément ftipulé, que vacation arrivant de ce doyenné, il y fera pourvu de telle perfonne que les chanoines éliront, & qu'elle fera confirmée par M. l'évêque de Noyon. Depuis un fi long tems on l'a perpétuellement pratiqué ainfi, & l'élection touchant cette dignité a toujours été confervée. Et même en 1539, Jacques de Humieres qui en étoit alors pourvu, ayant été facré évêque de Bayeux, & à caufe de ce ayant réfigné fon doyenné à un particulier qui s'en fit pourvoir par le roi, & qui envertu de fes provifions voulut en prendre poffeffion, le chapitre s'y oppofa, foutenant que le roi n'avoit pu accorder ces provifions au préjudice de leur droit d'élection ; fur quoi ayant rapporté fes provifions au chapitre , & la convocation des chanoines ayant été faite comme on avoit de coutume pour l'élection d'un doyen, le réfignataire fut élu par la pluralité des voix , & enfuite admis & reçu en dignité de doyen en conféquence de cette élection, & non en vertu des provifions du roi. A la vérité , depuis cette année 1539 , il fe trouve quelques doyens pourvus à la nomination du roi : mais cela eft arrivé par la négligence & par la mauvaife intelligence des chanoines , & par le peu de connoiffance qu'ils avoient de leurs droits , à caufe de l'incendie de leur églife, & de la perte de leurs titres. D'ailleurs , il faut faire diftinction entre les doyennés des églifes cathédrales, & ceux des églifes collégiales : ceux-là , quoique électifs confirmatifs, fe peuvent néanmoins réfigner *in favorem* , *aut ex caufa permutationis*, entre les mains du pape , ou en celles du roi , s'ils font de fondation royale ; parce que dans ces églifes cathédrales les doyennés ne font pas les principales & les premieres dignités , par la vacance defquelles *ecclefia remaneat viduata paftore*. Le chef , le prélat & le pafteur de ces églifes, c'eft l'évêque ou archevêque qui a la charge des ames & le foin de tout le troupeau. Mais dans les églifes collégiales , la premiere & principale dignité étant celle de doyen , à laquelle la charge des ames eft attachée , & qui étant vacante, fait que *ecclefia remanet vidua* , l'on en nie tout autrement. Comme ces bénéfices font plus importans à ces églifes collégiales, dont ils font les véritables chefs & pafteurs, ils ne peuvent par cette raifon réfigner *in favorem* , *nec ex caufa permutationis* : mais la liberté d'élire une perfonne capable de les remplir, eft laiffée toute entiere au corps du chapitre. Cette diftinction eft véritable, & tirée d'un des plaidoyers de M. l'avocat général Dumefnil , fait au fujet du doyenné de Chartres , fur lequel intervint arrêt en 1569 qui confirma cette diftinction, & depuis , il en a été donné plufieurs autres femblables. De plus , ce doyenné de Peronne ayant charge d'ames , ne peut être conféré *pleno jure* par le roi , qui eft une perfonne purement laïque, mais il y doit être pourvu par des perfonnes eccléfiaftiques. Et conclut , à ce qu'il foit dit, qu'il a été mal , nullement & abufivement exécuté en la réception de la perfonne de l'intimé, & que les appellans foient maintenus & gardés en la poffeffion d'élire un doyen dans leur églife, vacation de cette dignité avenant. Me. Vetier s'étant préfenté , & commençant à plaider pour les agens du clergé de France intervenans & foutenans que le roi ne peut pourvoir aux dignités telles que font les doyennés , cela étant une chofe purement fpirituelle.

M. l'avocat général Talon fe leva pour l'interrompre , & dit que comme ceux qui avoient autrefois tenu leurs places, avoient toujours empêché qu'en des caufes particulieres , comme celle dont eft queftion , les agens du clergé fuffent parties, & y puffent être ouis, ce qu'ils avoient fouvent tenté ; de même ils empêchoient qu'ils fuffent reçus parties intervenantes en cette caufe. Sur quoi M. le premier préfident ayant été au confeil , prononça que la cour déclaroit les agens du clergé non-recevables en leur intervention ; fans dépens.

Me. de Lamet pour Antoine Choquet intimé dit , qu'il avoit cet avantage en la caufe , que les appellans reconnoiffent , comme il eft véritable , que le roi eft non-feulement fondateur, mais encore dotateur de l'églife de St. Furfy de Peronne , & par conféquent qu'il a droit de conférer & de pourvoir à tous les bénéfices dont elle eft compofée. On ne révoque point cette maxime en doute à l'égard des prébendes , mais feulement à l'égard du doyenné , en quoi il n'y a néanmoins aucune différence , ni par conféquent point d'apparence. Le plus fort argument qu'on apporte en la caufe, eft fondé fur la diftinction qu'on vouloit faire des doyennés des églifes cathédrales, & de ceux qui font dans les églifes collégiales : mais la fubtilité de cette diftinction s'eft rencontrée en une fort

mauvaife conjoncture ; parce qu'elle a été jugée impertinente , & non véritable , par un exemple , que perfonne n'en peut douter. C'eft la caufe célebre plaidée touchant le doyenné de Bar, dont la réfignation *in favorem* a été approuvée , quoique ce foit un bénéfice électif confirmatif dans une églife collégiale ; & après cet arrêt il ne refte nulle difficulté en celle dont il s'agit. Ce n'eft pas une chofe nouvelle que le roi confere les doyennés qui font de fondation royale. Il eft au-contraire très-conftant & très-notoire qu'il pourvoit *pleno jure* à tous les bénéfices , foit doyennés ou autres des églifes collégiales , qui font d'une femblable fondation. Les exemples en font familiers , comme en la fainte chapelle de Paris , en celles de Bourges , de Viviers en Brie , de St. Sauveur de Blois , de Melun , de Corbeil , de St. Melin de Pontoife , & une infinité d'autres églifes. Dans toute forte de bénéfices & de collations on regarde toujours l'état de la derniere provifion ; *Cap. Cùm ecclefia Sutrina. De caufa propriet. & poff.* Or il fe trouve que le roi n'a pas feulement conféré le doyenné de Peronne à la derniere vacance , mais encore fept autres fois en fept vacances confécutives ; & quoiqu'il ne faille que quarante ans pour acquérir & prefcrire un droit de cette nature , il y en a plus de foixante & dix que le roi confere ce doyenné , foit par vacation de mort , par réfignations en faveur , par permutations ou par d'autres genres de vacations, Les appellans comme d'abus combattent leur propre fait , & la déclaration qu'ils ont donnée par aveu au roi en 1350 & par laquelle ils ont reconnu qu'ils tiennent en fief plufieurs biens de lui , & particulierement que la collation du doyenné & des prébendes de leur églife appartient à fa majefté. En 1613 , ils ont préfenté des cahiers aux états affemblés à Paris , par lefquels ils ont fupplié le roi de les rétablir & remettre en leur ancien droit d'élire leur doyen. Mais cette prétendue tranfaction ne peut nuire au roi , comme faite entre des perfonnes qui n'avoient aucun droit en la collation de ce doyenné. *Res inter alios acta*. Et conclut à ce que les appellans foient déclarés non-recevables en leur appel. Me. Defaleu dit , que cinq des chanoines qui étoient intimés , parce qu'ils avoient mis Me. Choquet en poffeffion , étoient follement intimés.

M. l'avocat général Talon dit , qu'en cette caufe il ne veut point s'aider de la prefcription , comme ont voulu faire les avocats , tant dans leurs plaidoyers, que dans la requête préfentée par les agens du clergé , qui vouloient y être reçus intervenans , comme fi par ce laps de tems le roi eût voulu ufurper un droit qui ne lui appartenoit pas ; mais qu'il veut fe fervir d'un droit eft plus augufte & plus légitime , d'un droit tout royal & indépendant de tout autre que de fa feule couronne, droit auffi ancien que l'établiffement de la monarchie , droit affermi avant toutes les prefcriptions ; & que tant s'en faut que le roi ufurpe aucune chofe fur les eccléfiaftiques de fon royaume , qu'au-contraire c'eft lui qui leur donne tout , qui conferve tout , qui eft le protecteur univerfel : & cependant en cette caufe on le veut rendre de pire condition qu'un fimple patron , ou fondateur d'une feule églife particuliere. Il y a trois cas où le roi *habet commodam & plenariam poteftatem* fur les bénéfices de fon royaume , & en chacun d'eux il les peut conférer *pleno jure*. *Primò*, quand ils vaquent en regale. *Secundò* , quand ils font de fondation royale. *Tertiò* , quand ils font de dotation royale. L'églife de St. Furfy de Peronne eft non-feulement de fondation , mais auffi de dotation royale, n'ayant d'autre revenu , ni ne poffédant que ce que fes chanoines tiennent de la libéralité de nos rois , ainfi qu'ils l'ont reconnu par cet aveu de 1350. Par conféquent le roi a un pouvoir entier & abfolu de pourvoir *pleno jure* à tous les bénéfices dont elle eft compofée. Sa majefté ne tient point ce pouvoir & cette puiffance de conférer les bénéfices dans fon royaume , de celui qui lui impofe les mains en fon facré , & qui s'oint de cette huile précieufe compofée au ciel , & miraculeufement apportée en terre par les mains des anges pour oindre & fortifier nos rois , fils aînés de l'églife , fes protecteurs & confervateurs , extirpateurs invincibles des fchifmes & des héréfies , & qui feuls entre tous les autres rois & monarques de la chrétienté ont mérité cette faveur & prérogative , & en conféquence le pouvoir plein , entier & abfolu de conférer en certains cas les bénéfices de leur royaume. Ce pouvoir eft né avec la monarchie , & eft inféparable de la couronne , nos rois en font en poffeffion dès le moment de leur naiffance : ainfi il n'y a point d'apparence en l'appel comme d'abus qu'on a plaidé.

LA COUR déclara les appellans comme d'abus non-recevables en leur appel , & les condamna en l'amende , tant envers le roi qu'envers la partie , & aux dépens tant de l'appel , que folle intimation des cinq chanoines. Ledit jour mardi 14 janvier 1631 , M. le premier préfident le Jay prononçant.

* Du Frefne & Brodeau , lett. P. fomm. 43 , n'ont point mis le fait , ni les moyens de cet arrêt , & n'ont pas même parlé de l'intervention des agens du clergé , empêchée par meffieurs les gens du roi.

CHAPITRE II.

Garde-noble acceptée par le pere , finit & s'éteint par fon décès , & les aïeuls paternels ni maternels ne la peuvent plus prétendre.

LE fieur des Garennes ayant contracté mariage avec la fille du fieur de Maupeou d'Ableges , il en eut un fils d'abord ; après fa naiffance la mere décéda. Cela donna lieu au fieur des Garennes d'accepter la garde-noble de fon fils pardevant le prévôt de Paris ; mais peu de tems après ayant été obligé par le devoir de fa charge d'aller en la guerre de Piémont , & y étant décédé , il y eut procès tant aux requêtes de l'hôtel , que pardevant le prévôt de Paris entre le fieur de Maupeou , aïeul maternel de ce petit-fils , d'une part , & la dame de Praville mere du fieur des Garennes , aïeule paternelle du même petit-fils , d'autre , pour favoir à qui des deux appartiendroit la garde-noble de leur petit-fils , l'une & l'autre la prétendant. Et fur ce conflict de jurifdiction il y eut fentence au châtelet de Paris , qui adjugea la gardenoble à la dame de Praville , & autre fentence aux requêtes de l'hôtel , qui adjugea la même garde-noble au fieur de Maupeou , dont ils interjetterent refpectivement appel. Me. Eugé pour la dame de Praville dit , que fuivant la difpofition de l'article 265 de la coutume de Paris , fa caufe ne reçoit point de difficulté. Cet article porte , qu'il eft libre aux pere , mere , aïeul ou aïeule nobles demeurans dans la ville de Paris ou dehors , d'accepter la garde-noble de leurs enfans après le décès de l'un d'eux. C'eft en exécution de cet article que la dame de Praville foutient , que la garde-noble de fon petit-fils lui doit être adjugée & confommée en fa perfonne par le décès du fieur des Garennes fon fils , au-lieu & place duquel elle doit entrer , & être préférée comme tenant le côté paternel , au fieur de Maupeou , qui n'eft qu'aïeul maternel , cette ligne paternelle étant beaucoup plus privilégiée & plus confidérable , que la maternelle. De vouloir avancer , que la garde-noble eft confommée , finie & expirée par le décès du pere , en la perfonne duquel elle a fubfifté , cela n'eft pas recevable en la bouche du fieur de Maupeou ; & cette propofition détruiroit entiérement fes prétentions : auffi n'eft-elle pas véritable , car la gardenoble étant finie en la perfonne de l'un de ceux qui la pouvoient demander , elle ne demeure pas pour cela éteinte & confommée , mais elle doit être tranfmife en la perfonne de l'autre qui le fuit en degré de parenté , & elle paffe fucceffivement *de perfona ad perfonam , de gradu ad gradum* , tant

qu'il refte l'une des perfonnes comprifes en l'article de la coutume , qui la peuvent légitimement prétendre. C'eft une efpece de fucceffion introduite par la coutume , laquelle étant premiérement déférée au pere , & venant à faillir en fa perfonne par le moyen de fon décès , doit être transférée à l'aïeul ou l'aïeule , s'ils font encore vivans , puis que la coutume leur donne ce petit gain ; cet avantage médiocre , pour les confoler en quelque maniere de la perte de leurs enfans. La loi *Cum haereditas. De acqu. vel omitt. haered.* décide que , *quod quis non poteft acquirere per fe , poteft fe aliam perfonam.* La dame de Praville ne peut pas de foi prétendre la garde-noble de fon petit-fils , à caufe du fieur des Garennes fon fils , en qui cette garde-noble ayant fubfifté , elle doit par fon décès être continuée en fa perfonne , tant en qualité de fon héritiere , que parce que la garde-noble ne fe finiffant que par le décès des enfans mineurs , ou lui auquel elle étoit déférée , venant à décéder avant que les mineurs fuffent fortis de cet âge , elle doit paffer en la perfonne de l'autre qui eft en pareil ou fréquent degré. Et conclut à ce que la garde-noble foit adjugée à la dame de Praville aïeule paternelle. Me. Pouffet de Montauban pour le fieur de Maupeou dit , que pour faire voir que fa parié n'eft portée que d'une affection pure & fincere envers fon petit-fils , & non pouffée d'aucun gain ni profit , elle abandonne volontiers l'avantage qui lui eft acquis par la fentence de meffieurs des requêtes de l'hôtel , par laquelle elle a gagné fa caufe , & elle fe défifte franchement de tout le profit qu'elle eût pu légitimement efpérer de cette garde-noble , en faveur & pour le bien de fon petit-fils , pourvu qu'un tuteur lui foit donné pour avoir l'adminiftration de fon bien , & pour lui en rendre compte. Il reconnoît néanmoins que la garde-noble étant une fois déférée à quelqu'un , & ayant fubfifté en fa perfonne , lorfque dans la fuite il vient à mourir , par ce décès elle eft entiérement confommée , éteinte & expirée , & elle ne peut point être tranfmife ni paffer en aucune autre perfonne. Les termes de la coutume y font formels , pourvu qu'ils foient bien & fainement entendus. Il ne faut pas les interpréter graduellement & fucceffivement , pour faire paffer la garde-noble d'une perfonne à l'autre , comme les biens d'une fucceffion , ou comme une fubftitution , ainfi qu'a voulu faire l'avocat de la dame de Praville : mais on doit les interpréter finguliérement , c'eft-à-dire , déférer la garde-noble à l'une des perfonnes comprifes en l'article de la coutume , qui eft la premiere appellée , & qui voudra l'accepter ; & à fon défaut ou refus , la déférer à l'autre , & *fic gradatim , fed vacuato & caduco primo gradu.* Le terme *ou* , dont ufe la coutume , le marque affez : car c'eft *dictio alternativa , quæ femel adimpleri fufficit.* La garde-noble n'eft pas une fucceffion , mais un foin , une charge autant onéreufe que profitable , une efpece de tutele déchargée de reddition de compte , en quoi confifte tout le privilege ; auffi elle n'eft pas déférée par la coutume *ipfo jure fine facto* : mais au-contraire la coutume ufe du mot , *il eft loifible* , qui montre la faculté délaiffée d'accepter , ou de ne pas le faire , & que l'un refufant de l'accepter , il eft libre à l'autre de la prendre , & de s'en charger. L'arrêt rendu depuis peu touchant la garde-noble des enfans de Me. Pierre de la Mechiniere l'a ainfi jugé. En tout cas , quand la garde-noble devroit fubfifter en plufieurs perfonnes , le fieur de Maupeou aïeul devroit toujours être préféré à la dame de Praville aïeule , fuivant l'ordre de l'écriture de l'article de la coutume. Et conclut à ce que la garde-noble de ce petit-fils ne foit adjugée à la dame de Praville , mais qu'il foit mis en tutele.

M. l'avocat général Bignon dit , que le droit de garde-noble & garde-bourgeoife eft un droit purement français , qui a été tout-à-fait inconnu aux Romains , & qui néanmoins a paffé depuis en Efpagne , en Angleterre , en Italie & en plufieurs autres provinces , où il a été approuvé & embraffé

comme

comme jufte & raifonnable ; auffi l'eft-il en effet. Ce droit eft une efpece de tutele, une adminiftration des biens des pupils, exempte & déchargée de toute reddition de compte, mais non pas entiérement lucrative, ayant certaines charges & conditions annexées. Cette adminiftration n'eft déférée qu'à certaines perfonnes fi privilégiées, & tellement proches en degré de parentelle des pupils, que les biens des uns doivent être réputés comme les biens des autres. Mais fi ce droit eft avantageux pour les pere & mere, aïeul ou aïeule, à qui feuls il eft déféré ; il eft au-contraire défavantageux & préjudiciable aux pupils qui ont toujours grand intérêt d'être plutôt en tutele, qu'en garde-noble ou bourgeoise. Pour cette confidération il eft raifonnable de retrancher & reftreindre ce droit autant qu'il eft poffible, quand il s'en préfente une occafion jufte & légitime. Il n'y en a point de meilleure, de plus jufte, ni de plus favorable aux mineurs, que de déclarer ce droit éteint, fini & confummé en la perfonne de celui auquel il a premiérement été déféré, & qui l'a accepté, & d'empêcher qu'il ne paffe de main en main, d'une perfonne à l'autre, du premier au fecond, du fecond au troifieme, & ainfi graduellement & fucceffivement : ce qui feroit d'une conféquence fort périlleufe & d'un grand préjudice pour les mineurs. Il eft de leur intérêt particulier, que ce droit, qui n'eft jamais accepté que quand il eft évidemment lucratif, finiffe bientôt, & qu'ayant été en la garde-noble ou bourgeoife de leur pere ou de leur mere, qui vraifemblablement ont mis leurs biens en très-bon état, il ne retombent enfuite en la garde-noble d'un aïeul ou aïeule, qui n'ayant peut-être pas tant d'affection pour leurs petits-fils, négligeront leurs intérêts, & profiteront entiérement du foin de leurs pere ou mere. Ç'a été l'intention de la coutume de l'appeler & n'admettre qu'une feule perfonne à la garde-noble ou bourgeoife, *cæteris perpetuò exclufis, unâ earum femel admiffâ.* Ainfi il y a lieu de débouter l'une & l'autre des parties de leurs prétentions.

LA COUR mit les appellations refpectivement interjettées & ce, au néant ; déclara les parties non-recevables en leurs demandes, & déclara la garde finie & confummée par le décès du pere de l'enfant ; ordonna que fes parens feroient affemblés pour lui être décerné un tuteur, qui feroit tenu d'adminiftrer fon bien & lui en rendre compte, fans dépens. Le 15 janvier 1631, en la chambre de l'édit, M. Seguier préfident.

Du Frefne ne met ni le fait ni les moyens, & l'on peut voir l'arrêt du 28 février 1630 dans fon ordre.

☞ *Vide* ci-deffus le chapitre 91 du liv. 3.

CHAPITRE III.

Donation fous écriture privée d'une fomme de deniers, eft bonne & valable, fans infinuation ni acceptation pendant la vie du donateur.

JEAN Duru faifant donation de la fomme de fix cents livres à Françoife Sery, fille de Jean Sery fon neveu, en faveur de fon mariage avec François Frayer, ftipula la reverfion de cette fomme au cas que Françoife Sery mourût fans enfans. Cela étant ainfi arrivé, il paffa procuration à Jean Sery pour recouvrer cette fomme de Frayer, & le même jour il lui en fit donation fous écriture privée. Sery en ayant voulu retirer le payement, Jacques Sery légataire univerfel de Duru s'y oppofa. Sur quoi le juge de Montdidier ayant ordonné que Jean Sery vérifieroit tant par comparaifon de lettres, que par témoins, que Jean Duru avoit figné & fait la donation en queftion, Jacques Sery en interjetta appel. Pour lui Me. Engé dit, que cette prétendue donation eft nulle, parce qu'elle n'eft écrite ni fignée du donateur, mais eft écrite d'une main étrangere & inconnue. Au bas de cette écriture eft appofée certaine mar-

Tome I.

que qu'on dit être celle dont fe fervoit le donateur ; mais elle ne peut être d'aucune confidération, L. ult. C. De fide inftrum. Il n'y a de plus aucune acceptation ni infinuation, qui font des défauts effentiels fuivant l'ordonnance ; & la procuration paffée pardevant notaires fe trouvant du même jour, eft une marque infaillible de la fuppofition & fauffeté de cette prétendue donation, à la nullité de laquelle il conclut. Me. Chevy pour Jean Sery intimé dit, qu'une donation, quoique faite fous écriture & feing privé du donateur, eft néanmoins bonne & valable. Celle en queftion n'eft pas écrite par Jean Duru, parce qu'il ne favoit pas écrire ; mais elle eft fignée de fon feing & marque ordinaire, qui eft un J. D. R. Il a été greffier, & a toujours ainfi figné. Il s'agit d'une donation de fomme modique, d'un meuble qui ne requiert aucune infinuation. L'acceptation eft fuffifante par la déclaration du donataire qui s'en fert & qui l'a fignée & retirée. La procuration eft pour s'en fervir en cas de befoin, & la donation en fait mention. L'appellant a eu connoiffance de celle-ci, parce qu'il a été écrit à l'intimé, que Duru leur oncle lui demandoit de traiter Frayer doucement. Et conclut à la validité de cette donation.

LA COUR mit l'appellation & ce, au néant ; évoqua le principal, & y faifant droit, déclara la donation bonne & valable ; fans dépens. Le jeudi 16 janvier 1631, M. le premier préfident le Jay prononçant.

☞ Une femblable donation ne feroit certainement pas confirmée actuellement, & feroit déclarée nulle à tous égards.

1°. Parce qu'elle étoit fous figature privée, elle fe trouveroit fous une forme profcrite par l'article premier de l'ordonnance des donations du mois de février 1731.

2°. Parce que la donation faite à Frayer n'avoit point été acceptée : ce qui eft contraire à l'article 6 de la même ordonnance, qui exige expreffément fous peine de nullité, l'acceptation de la donation.

Et 3°. parce qu'elle ne fe trouvant pas infinuée, ce feroit un défaut de formalité que l'article 20 de la même ordonnance déclare pofitivement entraîner la nullité de la donation, la dérogation faite à cet article par les lettres patentes du 3 juillet 1769, regiftrées le 11 du même mois n'étant relative qu'aux donations, en cas de furvie, faites dans les contrats de mariage.

Au furplus, *vide* l'ordonnance des donations de 1731.

CHAPITRE IV.

Les plaies n'étant pas mortelles, foit que le bleffé décede avant ou après les 40 jours, l'accufé n'eft point jugé comme homicide ; mais il eft condamné aux dommages, intérêts envers la veuve, nonobftant qu'il en eût tranfigé avec le défunt.

DAvid Bleffeau compagnon charpentier le 23 jour d'août 1630, travaillant au fauxbourg faint Germain-des-Prez en l'attelier d'Ifaac Clement maître charpentier en la ville de Paris, ledit Clement y furvint, & pouffé de colere, battit & frappa Bleffeau à coups de regle de telle forte qu'il le mit tout en fang par des plaies qu'il lui fit à la tête & autres parties du corps. Pour raifon de ce, Bleffeau le même jour fit informer pardevant le bailli de faint Germain, & fut vifité par un chirurgien, qui fit fon rapport de la qualité, grandeur & profondeur des plaies, & particuliérement de celles de la tête. Le lendemain 24 août Clement tranfige avec Bleffeau, qui cede tous les droits & prétentions de dommages & intérêts à un tiers affidé de Clement. Ce tiers s'oblige de faire panfer, médicamenter & bien traiter Bleffeau, de payer les chirurgiens & médicamens & tous les frais de juftice, & de donner audit Bleffeau vingt-deux fols chaque jour, jufques à ce que fes plaies foient bien fermées, &

X x x x

qu'il pourra aifément travailler. Cette transaction ainfi passée, les chofes demeurent en état jufques au troifieme octobre fuivant, que Blesseau fe trouvant fort empiré & extrêmement maladé, fe fait derechef vifiter par des médecins & chirurgiens ; & le 5 du même mois étant décedé, Clement eft affigné pour affifter à une autre vifite & ouverture de fon corps, laquelle étant faite, & le corps inhumé, fa veuve chargée de deux petits enfans, reprend la procédure criminelle & fait décréter prife de corps contre Clement fur les informations qui avoient été faites le 23 août. Clement en interjette appel, pour lequel Me. Jobert dit, que comme l'intention eft la regle de toutes nos actions, auffi c'eft par elle que tous les crimes fe doivent mefurer & eftimer. Il arrive bien fouvent que quelqu'un frappe un autre & le blesse d'une plaie dont il meurt ; & pour cela il n'eft point réputé homicide. En cette caufe il eft évident que l'appellant n'a eu deffein que de corriger fon ferviteur qui avoit manqué en fon ouvrage. Le maître ne pouvant pas facilement fupporter cette faute, a pris une regle, qui eft un inftrument dont ils fe fervent ordinairement pour dreffer, mefurer & aligner leurs bois, & il en a donné quelques coups légers à ce ferviteur. Ce feul procédé & l'inftrument qui a caufé les plaies, eft fuffifant pour juftifier entiérement l'appellant, & faire voir clairement qu'il n'a eu aucun deffein formé de bleffer, bien moins de tuer le mari de l'intimée. Quand les plaies font faites avec piftolets, épées, poignards ou autres armes, alors on préfume un mauvais deffein, un attentat fur la vie de celui qui a été bleffé ; mais au fait de cette caufe il eft impoffible de prendre ni tirer aucune conjecture de finiftre intention de la part de l'appellant, *cujus innocens animus fcelefta manus eft*, par un accident & malheur étrange, dont il n'eft pas jufte de le rendre refponfable. *Fati ifta culpa eft ; nemo fit fato nocens : erroris iftud omne quodcumque eft nefas : haud eft nocens quicumque haud fponte eft nocens.* L'appellant a eu jufte fujet de frapper le défunt pour s'être montré infolent, & même rebelle, ne faifant pas fon ouvrage, mais encore empêchant fes compagnons de faire le leur. Sa mort n'a point procédé de cette bleffure, mais quelque autre accident caufé par fes débauches ordinaires, auxquelles il s'eft adonné davantage par le moyen de l'argent qu'on lui donnoit chaque jour, au-lieu de fe faire bien panfer & médicamenter. Secondò, l'intimée n'eft pas recevable en fa demande après la transaction paffée avec fon mari, qui l'a volontairement & entiérement exécutée. Tertiò, le défunt a furvécu plus de quarante jours après cette bleffure, a été vu par les rues fe promenant, & aux tavernes mangeant & buvant ; par conféquent la préfomption de droit eft qu'il n'eft point mort de cette bleffure. *Si poftea poft longum intervallum mortuus fit, L. 21. §. 1. Ad leg. Aqu.* Ce long intervalle de quarante jours fuivant la doctrine des médecins, qui tiennent qu'une plaie ou bleffure eft entiérement guérie, fermée & confolidée dans ce tems-là ; ou que fi elle eft mortelle, celui qui l'a reçue ne peut pas furvivre ce tems de quarante jours fuivant la doctrine des médecins, & l'opinion des docteurs de droit rapportée par la glofe in *L. un. C. De emend. propinq.* Par le procès-verbal de la vifite du corps mort il paroît que la pellicule du cerveau n'étoit point offenfée, mais qu'il y avoit un abcès ou apoftume dans le foie, qui lui a caufé la mort. Ainfi *de vulnerato, non de occifo, agi poterat, L. 15. Ad leg. Aqu.* Mais fur-tout il faut confidérer l'intention de l'appellant, & que *homicidium non eft dolofum, fi fiat cum baculo vel ligone, fed cum fica, unde lex ficaria dicta eft. D. Adr. refcripfit, eum qui hominem occidit, fi non occidendi animo admifit, abfolvi poffe, putà fi clavi vel cucumá percuffit, L. Ad L. Corn. De fic.* Et conclut à ce que l'appellant foit renvoyé abfous

des prétentions de l'intimée. Me. Guerin pour l'intimée dit, que le fang de fon mari tué par l'appellant demande juftice & réparation civile à ce grand & augufte fénat, comme auffi l'intimée chargée de deux petits enfans, fans autre bien ni moyen de vivre que le labeur & travail de leur pere affaffiné, dont le décès eft la mendicité, & peut être la mort de la mere & de fes deux pauvres orphelins. La transaction qu'on objecte, ne fait aucun préjudice. On n'a pu traiter des alimens pour le tems à venir ; elle n'eft point faite avec l'intimée & fes enfans ; & tout cas où elle a obtenu des lettres pour la faire caffer. Elle prouve clairement que l'appellant eft coupable de l'homicide de fon mari. Par le procès-verbal de vifite faite le 23 août, jour de la bleffure, il paroît que ces plaies font mortelles, & que l'abcès furvenu au foie ou poumon a été caufé par ces plaies à caufe du rapport & de la fympathie qui eft entre le foie & le cerveau, fuivant l'opinion des médecins. Il ne fert de rien à l'appellant de dire que le mort a furvécu 40 jours après la bleffure, parce que lorfque la plaie eft mortelle, on ne s'arrête point au tems de la maladie, & nonobftant le laps du tems, celui qui a fait la plaie, eft cenfé caufe de la mort. *Ita vulneratus, ut certum effet eo ictu moriturum. Occidiffe dicitur vulgò quidem, qui mortis caufam quolibet modo præbuit, L. 51. Ad leg. Aqu. Si ex plagis mortuus vulneratus fuerit, neque id medici infcientiâ neque negligentiâ acciderit, reâ de injuria, occifo eo, agitur, L. 52. eod.* Tous les docteurs tiennent qu'il faut que le bleffé furvive au moins foixante-cinq jours. Le défunt n'en a furvécu que 45, quoique jeune & robufte. C'eft donc une marque infaillible qu'il eft mort de ces plaies. Et conclut au bien jugé.

M. l'avocat général Talon dit, que par les charges il ne paroît aucunement que le défunt eût donné fujet à l'appellant de le frapper. Le décret de prife de corps eft bien décerné ; mais l'appellant prenant droit par les charges, il y a lieu de tirer les parties d'affaire. Saint Auguftin dit, que *caufa occafionis non eft femper caufa occifionis.* Il y a différence *inter caufam vulneris, & caufam mortis.* Et bien qu'il n'y ait point de petits maux en la tête, néanmoins tous ne font pas mortels, comme la bleffure du défunt ne l'étoit pas, la pellicule du cerveau n'étant point offenfée. Il faut diftinguer le deffein & l'intention de ceux qui frappent. *Qui hominem occidit, fi non occidendi animo, abfolvi poffe ; qui verò hominem non occidit, fed vulneravit ut occidat, pro homicidio damnandum.* L'appellant n'eft point homicide, quoique la bleffure ait été mortelle. Souvent une bleffure au doigt ou en quelque autre partie du corps, par l'accident d'une fievre ou d'une gangrene, caufe la mort ; & néanmoins on ne peut pas appeller homicide celui qui a caufé cette legere bleffure. Pour cette confidération il ne conclut pas contre l'appellant comme homicide, mais il y a lieu de le condamner en quelque réparation civile envers l'intimée & fes enfans, & en quelque amende pour le pain des prifonniers.

LA COUR mit l'appellation & ce dont étoit appel, au néant ; évoqua le principal, & y faifant droit, ayant égard aux lettres, & icelles entérinant, remit les parties en tel & femblable état qu'elles étoient auparavant la transaction, & condamna l'appellant envers l'intimée & fes enfans à la fomme de huit cents livres parifis pour tous dépens dommages & intérêts, payable par corps, & en l'amende de cent livres pour le pain des prifonniers de la conciergerie du palais, & qu'il y feroit préfentement conduit : mais il fut élargi à la caution de fon pere préfent en l'audience. Le famedi 18 janvier 1631, à la tournelle, M. le préfident le Bailleul prononçant.

* Du Fresne ne met point le fait ni les moyens dans leur étendue.

CHAPITRE V.

Jésuites congédiés après le premier vœu simple qu'ils font à la fin des deux ans de noviciat, sont incapables de succéder, de même que les autres religieux.

Charles Begat natif de la ville de Bar-sur-Aube, après avoir demeuré sept ans en la compagnie des Jésuites, & y avoir fait les premiers vœux, en sortit. A deux ans de-là un sien frere puîné nommé Jean Begat étant décédé sans enfans, il y eut procès pour raison de sa succession entre ledit Charles Begat, qui étoit son frere germain, soutenant que comme plus proche elle lui appartenoit ; & Jacques Begat cousin germain du défunt, qui soutenoit que Charles étoit incapable de recueillir la succession de son frere à cause de sa qualité de religieux, & des vœux qu'il avoit auparavant fait en la compagnie des Jésuites. Sur cette contestation intervint sentence du bailli de Chaumont ou son lieutenant, par laquelle, faute d'avoir rapporté ledit Charles Begat un congé en bonne forme, contenant les causes de sa sortie de la compagnie des Jésuites, & la permission de ce faire, du supérieur de la maison où il étoit alors, il fut débouté de sa demande, fins & conclusions, & la succession de Jean Begat adjugée à Jacques son cousin. Charles Begat en interjetta appel, & en cause d'appel il rapporta un certificat du supérieur des Jésuites, qui attestoit comme il étoit sorti de leur compagnie avec permission du supérieur de la maison où il étoit alors. En suite de ce certificat intervint arrêt, par lequel la sentence du bailli de Chaumont fut infirmée ; & cependant, la succession de Jean Begat fut adjugée à Charles Begat son frere. S'en étant voulu mettre en possession, il en fut empêché par René Faverot, tuteur des enfans mineurs de Jacques Begat décédé pendant l'appel de la sentence de Chaumont. Contre l'arrêt ledit Faverot obtint des lettres en forme de requête civile. Pour l'entérinement Me. Labbé dit, que ces lettres font d'autant plus équitables, qu'elles contiennent la juste plainte que font les pauvres mineurs de ce que leur cause a été non seulement négligée, mais entièrement abandonnée, & leurs defenses indubitables omises. Cela étant, suivant les maximes les plus certaines du palais, les lettres en forme de requête civile ne reçoivent aucune difficulté, parce que ces sortes d'omissions en font des moyens d'ouverture infaillibles. Il n'est donc question que de les établir & de les justifier. Le premier & principal consiste en l'omission qu'on a faite de produire les statuts de la compagnie des Jésuites, par lesquels la cour auroit vu clairement & certainement, que tous ceux qui sont entrés en cette compagnie & y ont fait les vœux, sont véritables religieux, & par conséquent tout-à-fait incapables de succéder suivant les loix fondamentales de ce royaume, auxquelles bien-loin que la cour ait eu dessein de donner atteinte, elle leur donne une protection inviolable. L'arrêt étant par surprise étant néanmoins directement contraire, les lettres en forme de requête civile obtenues contre, ne reçoivent aucune difficulté, & il y en a d'autant moins, qu'elles tendent à remettre les choses dans l'ordre & sous la regle & maxime générale. Par les statuts de la compagnie des Jésuites il y a trois sortes de vœux differens & diversement faits par ceux qui entrent dans cette société. Le premier se fait incontinent après les deux ans du noviciat, & ce vœu s'appelle le vœu des écoliers : c'est un vœu de pauvreté volontaire, de chasteté perpétuelle & d'obédience, qu'ils rendent entre les mains de leur supérieur. Le second vœu est celui qu'ils appellent de coadjuteurs formés, il se fait après avoir demeuré quelques années dans la société ; & par ce vœu ils renouvellent les premiers qu'ils ont fait, & promettent d'aider, assister & secourir leur compagnie de tout leur pouvoir. Le troisième

& dernier est celui qu'ils appellent vœu solemnel & des religieux profès ; ils le font publiquement & solemnellement dans l'église, en la présence de tous ceux qui veulent y assister, & par ce vœu ils renouvellent encore d'abondant leurs premiers vœux de pauvreté, chasteté & obédience, s'obligent & s'attachent absolument & perpétuellement à demeurer, vivre & mourir dans cette compagnie. La diversité de ces vœux a fait naître toute la difficulté de la cause, quoiqu'elle ne soit aucunement considérable, parce que ce dernier vœu, quoique plus notoire, plus public & plus solemnel, n'a néanmoins pas plus de force, d'énergie & d'obligation que le premier qu'on veut qualifier vœu simple, & de-là inférer qu'il n'est pas d'une obligation absolue. C'est se tromper : car l'essence & la substance des vœux ne dépend nullement d'aucune formalité ni solemnité extrinseque, mais de l'intérieur d'une volonté pure & franche, & de l'ardent desir de celui qui les fait ; & après l'émission du vœu, il est tellement accompli & consommé, qu'il ne peut dans la suite recevoir aucune augmentation ni diminution. Ainsi dès qu'un jésuite après les deux ans de son noviciat a fait vœu de pauvreté, chasteté & obédience entre les mains de son supérieur, ce vœu est formel, substantiel & accompli, il est un véritable religieux, sans qu'il puisse se désister de son vœu ni rien ajouter pour le rendre plus parfait. *Cælestium stata magnitudo & consummata perfectio est ; crescere posse, imperfectæ rei maximum indicium est.* Les vœux sont des actes individus qui se consomment & acquierent en un seul instant toute leur perfection. Mais une marque infaillible que ce premier vœu que font les Jésuites, est un vœu parfait, solemnel & consommé, c'est que par leurs mêmes statuts & selon l'opinion du cardinal Bellarmin (dont les œuvres admirables sont composées de la plus pure & de la plus sublime doctrine de cette savante compagnie) ce premier vœu, quoique qualifié vœu simple, est néanmoins *impedimentum dirimens matrimonium* : il emporte avec soi un obstacle radical & perpétuel de pouvoir valablement contracter mariage en tous ceux qui l'ont fait une fois, quoiqu'ensuite ils quittent cette compagnie : & par une conséquence nécessaire tirée de l'identité de raison, ce même vœu *est impedimentum possessioni & proprietati.* Il apporte un obstacle & un empêchement perpétuel à celui qui l'a fait, de pouvoir posséder aucuns biens, & il le rend entièrement incapable de pouvoir succéder en ce royaume ; en un mot, d'avoir rien en propre & en particulier : n'y ayant rien de si contraire à la pureté & simplicité de la religion, que l'affection & l'embarras de la possession & de la propriété en particulier, puisqu'un bon religieux doit être dépouillé de tout, même de sa propre volonté : *Abdicatio proprietatis, sicut est custodia castitatis, adeo est annexa regulæ monasticæ, ut contra eam non possit summus pontifex licentiam indulgere, cap. Cùm ad monast. De statu monach.* Cette abdication & abandonnement de la propriété des richesses est la base & le fondement de la vie monastique & religieuse, qui se trouve corrompue & pervertie dès que ce fondement est détruit. Ainsi dès le premier vœu des Jésuites étant un vœu parfait & accompli dès le moment qu'il est fait une fois, il produit un nœud si étroit, qu'il n'est plus au pouvoir ni en la puissance des Jésuites en général, ni du particulier qui abandonne leur compagnie, de leur pouvoir délier & dispenser. C'est un contrat passé avec Dieu, qui produit une obligation si forte de le servir dans la religion qu'on a choisie, qu'on ne peut l'abandonner sans commettre un sacrilege, sans encourir l'apostasie, c'est-à-dire, le dernier, le plus atroce de tous les crimes, tellement abominable, qu'il n'y a point de voix assez forte pour le blâmer, ni de peine assez sévere pour le punir. Etant donc clair & certainement justifié par les statuts des Jésuites, que celui qui a fait les premiers vœux de leur compagnie, est véritablement religieux, puisque ce premier vœu est essentiel, parfait & accompli, il s'ensuit nécessairement, par la maxime générale du royaume & par la difpofition expreffe de la coutume de Chaumont où les biens en queftion font fitués, qu'il eft tout-à-fait incapable de recueillir aucunes fucceffions, foit directes ou collatérales. C'eft en ce point que confifte le fecond moyen de requête civile, & la la feconde omiffion qu'on a faite en la caufe de ces pupilles, puifqu'on n'y a jamais allégué cette propofition entièrement décifive, & qui n'a pu être fupplée, parce que les ftatuts & les coutumes font de fait. Le troifieme moyen confifte en ce que l'arrêt a été rendu *fuper falfis*, en ce que le défendeur n'a point rapporté de congé des Jéfuites, mais feulement un certificat de 1617, contenant qu'en l'année 1624, en laquelle il eft forti de la compagnie des Jéfuites, il a eu congé de fon fupérieur. Mais un femblable certificat n'eft aucunement confidérable. *Primò*, parce que *non creditur referenti, nifi conftet de relato*, *Auth. Si quis. De edendo*. *Secundò*, parce que fi ces fortes de voies étoient admifes, il feroit au pouvoir des Jéfuites de rendre capables de fuccéder ceux des leurs que bon leur fembleroit: ce qui feroit d'une conféquence trop périlleufe. La plus forte objection fur ce point, fe tire de l'édit de 1604, contenant le rétabliffement des Jéfuites. Par cet édit il eft porté, que ceux qui fortent de cette compagnie avec congé & permiffion de leur fupérieur, rentrent en leurs droits comme auparavant. A cela il y a double réponfe. L'une, que quoique l'édit ait été vérifié purement & fimplement par l'exprès commandement du roi, néanmoins la cour a fait un arrêté touchant le pouvoir de fuccéder, & ce pouvoir eft entièrement ôté à ceux qui ont fait les vœux de cette fociété. L'autre réponfe eft, que ceux qui fortent de cette compagnie, rentrent dans leurs droits, c'eft-à-dire, dans ceux qu'ils avoient auparavant, s'ils en avoient quelques-uns; mais n'en ayant point, c'eft une efpérance vaine qu'on leur donne. Le dernier moyen de requête civile réfulte de la diverfité & contrariété des arrêts qui fe rencontrent fur cette queftion touchant la décifion de cette caufe. La plupart & même tous, excepté celui-ci, ont jugé que ceux qui ont fait les premiers vœux en la compagnie des Jéfuites, & qui en font fortis, font entièrement incapables de recueillir aucunes fucceffions directes & collatérales. Celui contre Ducrot en 1619, a jugé la thefe, & décidé par avance la queftion *in individuo*; & cela conformément à l'édit de rétabliffement des Jéfuites, par lequel, *article 6*, ils font nommément déclarés incapables de recueillir aucunes fucceffions directes ni collatérales. Et par un jugement tout contraire, celui contre lequel on a obtenu les lettres en forme de requête civile les admet indiftinctement & indifféremment à toutes fortes de fucceffions, de même que s'ils n'étoient jamais fortis du fiecle, & qu'ils n'euffent jamais fait vœu & profeffion de religieux. Les Jéfuites font véritablement tels tant par leurs ftatuts que par une bulle expreffe du pape Gregoire XIII. Par cette bulle tous ceux qui ne les tiennent & confiderent pas comme vrais religieux, foit qu'ils n'aient fait que les premiers vœux ou les feconds, ou qu'ils les aient fait tous trois, font excommuniés & au préjudice de cette cenfure eccléfiaftique on ne peut pas dire que les Jéfuites n'aient véritablement cette qualité. Dire que ce n'eft qu'*ad tempus*, &, pour autant de tems qu'ils demeureront en cette compagnie, c'eft une propofition ridicule, & ce feroit vouloir fe moquer de Dieu; puifque les vœux font des actes purs, fimples & légitimes qui ne fouffrent point de fufpenfion, & n'admettent point de condition. Etant une fois parfaits, ils demeurent perpétuellement tels, à moins que le pape n'en difpenfe. Et conclut à l'entérinement des lettres en forme de requête civile; & ce faifant, que les parties foient remifes en tel état qu'elles étoient auparavant l'arrêt; qu'il plaife à la cour le recevoir appellant de la fentence du bailli de Chaumont, le tenir pour bien relevé, & que jugeant le refcindant & le refcifoire, la fucceffion contentieufe foit adjugée aux mineurs, à l'exclufion de Charles Begat comme incapable. M. Talon pour Me. Charles Begat défendeur en lettres en forme de requête civile, & intimé, dit que

pour défendre une mauvaife caufe on a recherché des livres qui ne fe trouvent que dans les bibliotheques des curieux, & qu'on les a exactement feuilletés pour découvrir les fecrets & examiner les regles & ftatuts d'une compagnie, dans laquelle il ne fe trouve rien du tout à redire. Mais fi le demandeur en lettres veut prendre droit par ces regles & ftatuts, comme il en a tiré tous les moyens de fa caufe, il fe trouvera fort loin de fon compte, parce que ne pouvant les divifer en approuvant une partie de ces ftatuts, & l'autre non, & devant les prendre intégralement, il fe trouve qu'il y a un grand nombre d'articles qui le rendent abfolument non-recevable en fes lettres, & mal fondé en fes prétentions. Il eft vrai que fuivant ces bulles & ftatuts les Jéfuites font trois fortes de vœux. Le premier qu'ils appellent fimple, eft pour les écoliers: le deuxieme eft pour les prêtres & conjuteurs formés; & le troifieme qui eft public & folemnel, eft pour les religieux profes. Dire que cette diverfité de vœux eft entièrement fuperflue, & que le premier a autant d'efficace & d'énergie que le troifieme, c'eft s'abufer & contredire directement l'autorité de ces ftatuts & des bulles qui les ont confirmés, & qui ont expreffément approuvé & loué ces trois fortes de vœux pour des raifons & des motifs qui font particuliers, mais abfolument néceffaires à la compagnie des Jéfuites, & fans quoi elle ne pourroit s'acquitter dignement des miffions & autres charges & fonctions qu'elle exerce fi utilement à la propagation de la foi & à l'avancement de toute l'églife catholique, apoftolique & romaine. Pour ces mêmes confidérations les papes ont trouvé à propos de laiffer aux fupérieurs de cette compagnie le pouvoir & la faculté de difpenfer & de remettre entièrement l'obligation des deux premiers vœux, comme n'étant que fimples, & d'en décharger ceux, qui par la fuite du tems & par l'expérience ne fe trouveroient pas propres & capables pour exercer les fonctions publiques & chrétiennes, auxquelles cette compagnie eft attachée. Combattre ces difpenfes, c'eft douter de la puiffance de celui qui en eft l'auteur, & attaquer ouvertement l'autorité du pape, dont perfonne n'a jamais douté en ce point. Elles ne font pas fans exemple. L'églife primitive dans fa ferveur & pureté en a donné de femblables. Mais toutes ces difputes ne regardant que le fpirituel & l'état de la confcience de celui qui eft valablement, ou nullement & abufivement difpenfé de fes vœux, font entièrement inutiles en cette caufe, où il s'agit d'une chofe diamétralement oppofée, favoir de la faculté de poffeder, du pouvoir de fuccéder, qui eft un droit purement temporel & profane. Ainfi pour la décifion il ne faut point rechercher des loix étrangeres, pour s'attacher à celles du royaume, où le roi a un pouvoir d'autant plus abfolu, qu'il n'y reconnoît aucun fupérieur touchant les chofes féculieres & temporelles. Par fon édit contenant le rétabliffement des Jéfuites, il eft expreffément porté, que ceux qui fortiront de cette compagnie, après y avoir fait les premier ou fecond vœux, rentreront en tous leurs droits, de même que s'ils n'y étoient jamais entrés, & qu'ils n'euffent fait aucuns vœux. Par la difpofition expreffe de cet édit il s'enfuit, que le défendeur étant forti des Jéfuites eft remis & rétabli dans tous fes droits, & eft rendu capable de fuccéder, comme s'il n'eût jamais été de cette compagnie. *Refolutâ religione quoad perfonam, cenfetur refoluta quoad bona, cap. Quod ad te. De Cleric. conjug. Gloffa, & ibi Interp.* Cet édit eft conçu en des termes fi clairs, qu'ils ne laiffent pas le moindre lieu de doute. Néanmoins pour en éluder l'effet, on allegue un prétendu arrêté de la cour directement contraire à la vérification: ce qui eft tout-à-fait ridicule, d'autant plus que ces fortes de fecrets ne doivent point être divulgués, la cour fe réfervant quelque pouvoir de bonnes confidérations dans lefquelles il n'eft pas permis de pénétrer. Cette faculté de fuccéder par ceux qui font fortis des Jéfuites, fe pratique, s'obferve & eft tolérée publiquement au vu & fu d'un chacun, même de ceux qui feuls peuvent corriger & empêcher cet abus, qu'on s'efforce de faire paroître fi pernicieux. S'il y a de la faute, il faut l'imputer

puter à l'ordre & à la société des Jésuites, qui font auteurs & observateurs de leurs statuts, & ne point faire un crime au défendeur de ce qu'il n'est plus dans une compagnie, où l'on n'a pas voulu le souffrir davantage : il est lui-même le patient, il souffre le tort, le mal & l'injure d'une honteuse expulsion ; & néanmoins on veut le rendre l'agent, & le punir comme s'il eût été l'auteur d'un mal & d'un dommage public. Semblables causes s'étant présentées pour d'autres religions, d'où l'on avoit voulu chasser des religieux, la cour y a interposé son autorité, & réprimé la licence des supérieurs. En 1625, un religieux Minime ayant été chassé du couvent & de la religion sous prétexte qu'il étoit sujet au mal ca duc (cause en apparence fort légitime, comme étant un mal préjudiciable à tout le couvent) néanmoins par arrêt la cour condamna les Minimes à reprendre & traiter religieusement celui qu'ils avoient expulsé. Un chevalier de Malthe étant de même sorti de la religion avec le congé & permission du grand maître, la cour déclara ce congé nul & abusif, & en conséquence adjugea une commanderie de Malthe à ce chevalier, comme étant vrai religieux de l'ordre de St. Jean de Jérusalem. Enfin, la cour a perpétuellement jugé que la qualité de religieux, est inséparable de celle des vœux : mais c'est une regle générale, dont les Jésuites se trouvent exceptés, tant par l'autorité du pape & de l'édit du roi, que par celle des arrêts de la cour, dont on ne peut point charger le défendeur ; il suffit qu'il lui suffit de dire que les choses s'observent ainsi, & que ne devant être de pire condition que tant d'autres, qui jusqu'à présent ont joui du bénéfice de cette exception, elle doit pareillement avoir son effet envers lui. Quant au second moyen de requête civile fondé sur la maxime commune de ce royaume, par laquelle les religieux profès sont incapables de recueillir aucunes successions, soit directes ou collatérales, il est ridicule de le proposer, comme si la cour ignoroit cette maxime, non point particulliere à la coutume de Chaumont, mais qui est une loi fondamentale de ce royaume, où généralement les religieux & succedent point. Alléguer donc ce fait comme nouveau & comme omis, c'est dire, qu'on a omis d'avertir qu'il étoit jour en plein midi, & soutenir que la cour seule a ignoré une maxime si triviale que chacun la sait. D'ailleurs, pour donner lieu à cette maxime, & faire naître cette incapacité de succéder, il faut nécessairement justifier que celui qu'on soutient incapable de succéder, est religieux profès. Ut monachi non succedant, professio expressa necessaria est, nec tacita sufficit, nisi tanto tempore in monasterio vixerit, ut ex longo illo tempore professionem expressam factam fuisse colligere liceat, ainsi qu'atteste Benedict. Ad cap. Rainutius, verbo UXOREM, n. 113. Charondas sur la coutume de Paris, art. 337, & Papon 3. not. f. 315. Et même on ne reçoit point la preuve de la profession monacale, sinon par écrit. Or on ne rapporte aucune preuve de la profession du défendeur qui a si peu demeuré parmi les Jésuites, que la présomption qu'il fût religieux ne peut point être tirée contre lui. Il confesse seulement d'avoir fait les premiers vœux, qui ne sont que des vœux simples & qui n'obligent point. Ut quis verè monachus vel religiosus fiat & dicatur, professio necessaria est, cap. Porrectum. De regular. Le troisieme moyen de requête civile appuyé sur une prétendue fausseté, n'est coloré d'aucune apparence, le certificat donné au défendeur comme une approbation de son congé, étant en bonne & due forme. Quant au quatrieme & dernier moyen tiré d'une prétendue contrariété d'arrêts, il n'est non plus aucunement considérable : car il est certain que cette contrariété ne s'entend que quand il se rencontre deux différens arrêts rendus entre mêmes parties, sur une même contestation, & concernant la même chose, & que par ces arrêts la question & le point de droit se trouvent diversement jugés, l'un ayant jugé pour l'affirmative, & l'autre pour la négative, l. 3. & 7. §. 4. De except. rei jud. Mais quand il se rencontre deux arrêts rendus entre deux diverses personnes, quoiqu'en apparence ils semblent avoir jugé la question de droit diversement ; cependant cela n'est pas en

Tome I.

effet, parce que la cour qui n'erre jamais en droit, se fonde sur des particularités & des circonstances différentes, chaque cause ayant son hypothese : ainsi on ne peut inférer de ces arrêts aucune contrariété pour les faire casser mutuo allisu. De plus, l'équité est entièrement favorable à la cause du défendeur, en ce qu'il s'agit d'une succession collatérale échue deux ans après qu'il est sorti des Jésuites, de maniere qu'on ne peut pas dire qu'il ait été engagé par cette succession à quitter la religion où il étoit, & à revenir au monde ; & cela est d'autant moins vraisemblable, qu'elle lui a été acquise par le décès inespéré d'un frere puîné, & qu'elle lui est contestée par des cousins, dont la cause n'est nullement favorable : ainsi le demandeur doit être débouté de ses lettres en forme de requête civile.

M. l'avocat général Bignon dit, qu'il se trouve fort en peine de réduire en un point de droit assuré les diverses contrariétés qui se rencontrent en cette cause toute publique, soit parce qu'il s'agit d'une requête civile qui combat l'autorité d'un arrêt, soit parce que ce sont des enfans mineurs qui y sont intéressés ; mais bien plus à cause de la conséquence importante & périlleuse qu'elle entraîne après soi, par les différens accidens qui en peuvent arriver tous les jours à toutes les familles du royaume. Pour reprendre sommairement les plaidoyers des avocats, & les raisons des parties, le demandeur en requête civile réduit ses moyens à cinq principaux. Le premier est une prétendue fausseté, non pas au corps & en la substance de l'acte, mais dans une énonciation non véritable : ce qui néanmoins n'est pas confidérable, parce que la vérité se peut suppléer par la piece même. Le second moyen consiste en l'omission d'alléguer la coutume de Chaumont, par laquelle les religieux profès sont incapables de recueillir aucunes successions, mais comme la coutume de Chaumont est en cela conforme à toutes les autres coutumes, & à la loi générale de ce royaume, & que ce seroit un abus manifeste & une erreur insupportable de juger autrement, il n'y a point d'apparence d'alléguer pour moyen de requête civile l'omission d'une maxime si connue, & d'une regle si générale & si universelle. On fait subsister le troisieme moyen en ce qu'on dit, qu'on n'a point su l'arrêté de la cour lors de la vérification de l'édit portant le rétablissement des Jésuites en ce royaume, parce que bien que l'édit semblât avoir été vérifié purement & simplement, néanmoins la cour avoit résolu & arrêté que le roi seroit très-humblement supplié, modifiant son édit, d'ordonner que tous ceux qui sortiroient de la compagnie des Jésuites, après y avoir fait les premiers ou seconds vœux, ne pourroient recueillir aucunes successions directes ni collatérales : mais cet arrêté étant un secret de la cour, qui n'a dû être communiqué, & qui n'a pu être expédié, l'on se plaint de n'avoir vu ni su ce qu'on ne doit ni voir ni savoir. On met le quatrieme moyen en l'omission des bulles & des statuts des Jésuites : mais si l'on veut appuyer son droit par-là, il se trouvera plus d'articles à l'avantage du défendeur, qu'il n'y a de syllabes à celui du demandeur. On fait naître le cinquieme & dernier moyen, de la contrariété d'arrêts intervenus sur le jugement de la même question : mais outre qu'on ne peut pas proprement appeler cela contrariété d'arrêts, celui de Midorge, qui d'abord semble le plus fort, & avoir jugé la question in individuo, est néanmoins dans une hypothese fort éloignée de celle de cette cause. Il s'y agissoit d'un religieux profès, qui après avoir fait tous les vœux, étant sorti de la compagnie des Jésuites, demandoit des successions collatérales ; & il en est déclaré incapable par cet arrêt, lequel ayant été produit & contredit, ne sauroit donner lieu ni ouverture à une requête civile, quand même il auroit nettement & diversement jugé la question de droit. Le principal & le plus plausible moyen du demandeur consiste en l'importance de la cause, & en la conséquence périlleuse qu'elle entraîne avec soi, qui est telle, qu'elle peut apporter du trouble & de la division dans toutes les familles de ce royaume. Mais ce moyen ne regardant que l'intérêt public seul, il est inutile en la bouche d'un particulier à

Yyyy

1631.

qui la loi ne donne autre pouvoir & faculté que de pourſuivre ſon droit, & d'alléguer ſon intérêt, ſans pouvoir ſe défendre & ſe couvrir de celui du public. D'un autre côté, le défendeur allegue qu'il y a une grande différence entre le vœu ſimple & le vœu ſolemnel. On eſt facilement diſpenſé du premier ; mais pour l'autre, & principalement pour le vœu de chaſteté, pluſieurs docteurs ont tenu qu'on ne peut l'être aucunement. *D. Thomas 2. 2. qu. 88. Gl. Can. Sunt quidam. 25. qu. 1.* La plus ſaine & la meilleure opinion a été pour l'affirmative, pourvu que ce fût non pas légérement, mais avec grande connoiſſance, & pour des cauſes très-importantes & légitimes. *D. Th. in 4. Sent. d. 34. qu. 1. art. 4.* Le vœu ſimple n'annulle point le mariage contracté, lequel nonobſtant un vœu de cette nature ſubſiſte comme bon & valable : & au-contraire le vœu ſolemnel annulle & irritant entiérement le mariage, comme y étant directement oppoſé. Les premiers & ſeconds vœux que font les Jéſuites, ſont qualifiés vœux ſimples, tant par leurs ſtatuts, que par les bulles des papes : par conſéquent le ſupérieur en peut valablement diſpenſer *auctoritate apoſtolicâ*, par la puiſſance & faculté qui lui eſt expreſſément accordée par ces bulles. Au commencement le vœu ſimple n'étoit point exempt de l'autorité ſéculaire, comme n'étant qu'une ſimple promeſſe faite à Dieu, ſans aucune cérémonie ni ſolemnité, *poſt fidem datam & votum apud Deum ſimpliciter emiſſum*, comme parlent les 3 & 4 ch. *Qui cler. vel vov. Pollicitatio quam cum Deo pepigit. C. Vidua. 27. q. 1.* Mais depuis, cela a été corrigé, tant par le chap. unique *De voto & voti red. in Sexto*, que par le concile de Vienne tenu l'an 1300, où l'égliſe ſe trouvant ſurchargée d'une trop grande multitude d'ordres, déclara nuls & non valables tous les vœux qui ſe trouveroient faits hors de l'égliſe. *Illud ſolum votum dici debet ſolemne, quod ſolemniſatum fuerit per ſuſceptionem ſacri ordinis, aut per profeſſionem expreſſam vel tacitam, factam alicui de religionibus per ſedem apoſtolicam approbata.* Et par le concile de Latran, *omnes novæ religiones vetantur, cap. fin. De relig. Dom.* La ſolemnité des vœux étant de droit poſitif, pouvoit par conſéquent être changée ſelon que l'égliſe le jugeroit à propos, ſuivant l'opinion de tous les docteurs. Il y a de grandes particularités à obſerver en l'ordre des Jéſuites. Premiérement, deux ans de noviciat, après leſquels on ne fait que les vœux ſimples d'écolier, à l'imitation de ce qui ſe pratiquoit anciennement. *Antiquitus monaſterium ingredientibus profeſſionem emittere intra triennium non erat permiſſum, nov. 5. De Mon. capit. Car. Magni lib. 5. c. 223.* Ces deux ans entiers de noviciat ſont, afin qu'on éprouve mieux ceux qui entrent en cette compagnie, ou après avoir demeuré pluſieurs années, on fait le ſecond vœu de coadjuteur formé, & après un autre long intervalle celui de religieux profès. Il en eſt comme des miniſteres des Lévites, dont les uns étoient grands & les autres petits ; les uns étoient appliqués aux ſacrifices, les autres aux initiations ; & il en étoit même ainſi des épodes du temple d'Apollon, dont les uns étoient pareillement grands, les autres petits, ſelon les myſteres auxquels ils étoient attachés, ἢ κατὰ μέγα, ἢ κατὰ μικρὰ μυσήρια. Toutes ces particularités devoient faire trouver moins étrange la diverſité des vœux des Jéſuites, & la facilité d'en diſpenſer. Celui qui entre dans une religion, ne peut être obligé à autre choſe qu'à s'informer exactement de la regle qu'on y ſuit. Dans celle des Jéſuites la profeſſion eſt entiérement diſtincte & ſéparée des premiers & des ſeconds vœux. Comme elle eſt de droit poſitif, elle a pu être ainſi établie & différée au tems qu'on a trouvé le plus à propos pour un acte de cette importance. L'égliſe l'a approuvé par ſes bulles, & autoriſé par la confirmation de leurs ſtatuts. Les politiques recherchent la qualité d'une perſonne, conſiderent principalement ſi celle qu'on veut lui attribuer, eſt eſſentielle & permanente ; & ſi elle n'eſt telle, ils jugent qu'on ne doit point s'y arrêter. C'eſt l'opinion de Balde ſuivi communément de tous les docteurs *ad L. 1. C. De condit. inſert.* où il dit que *conditio implenda debet*

durare, aliàs non ducitur impleta. De même voulant attribuer la qualité de religieux au défendeur, il faut conſidérer ſi cette qualité eſt inhérente & permanente en ſa perſonne, & ſe trouvant que non par le moyen de la diſpenſe que ſon ſupérieur lui a donnée de ſes premiers vœux, comme auſſi parce qu'il n'a jamais fait profeſſion dans l'ordre qu'il avoit choiſi, il s'enſuit qu'on ne peut point lui attribuer la qualité de religieux. De vouloir l'obliger à une regle plus étroite que celle de l'ordre qu'il avoit choiſi, c'eſt contre toute juſtice. Ainſi n'ayant fait que ce que la regle de cet ordre lui permettoit, on ne peut lui imputer aucune faute ni blâme, & l'on ne doit lui en faire ſouffrir aucune perte ni dommage, mais le remettre en ſa premiere liberté, & le conſerver en tous ſes droits ; ce ſont-là les moyens & les raiſons du défendeur. Mais ſi l'on tourne la médaille, & examinant derechef la face oppoſée de cette cauſe, l'on conſidere d'abord l'état ancien de l'égliſe primitive établie ſur la pureté & ſur l'innocence même, l'on trouve pour fondement aſſuré, qu'alors il n'y avoit aucune différence entre le vœu ſimple & le vœu ſolemnel. C'eſt une nouveauté trop ſubtile introduite depuis cinq ou ſix cents ans ſeulement. Pour preuve certaine, il ne faut que le témoignage de ſaint Iſidore, de ſaint Epiphane, de ſaint Auguſtin, & des autres peres qui ont vécu pendant les premiers ſiecles. Ils ſont tous d'avis que celui qui a fait vœu, quoique ſimple & ſans aucune ſolemnité, eſt néanmoins obligé de droit divin à le garder, & obſerver étroitement la regle à laquelle ſon vœu l'attache, comme s'il y avoit apporté toutes les cérémonies imaginables. Ces cérémonies à l'égard de Dieu ne ſont aucunement néceſſaires, mais entiérement ſuperflues, parce que Dieu pénétrant d'un ſimple clin-d'œil le plus profond de nos conſciences, & voyant à découvert des replis les plus cachés de notre cœur & de nos intentions, il ſe contente d'une volonté droite & ſincere ; & ſans autre langage que celui du zele & de la charité, on lui immole ſon cœur par des vœux tels qu'il les a conſeillés, & qu'on peut les choiſir entre ceux qui ſont approuvés, ſelon que chacun juge lui être le plus convenable, & qu'on voit qu'on le pourra plus facilement obſerver, & par ce moyen ſe rendre plus parfait & plus agréable à ſa divine majeſté. *Hæc tibi vota reddam, quæ dictaverunt labia mea.* A l'égard des hommes, il n'en eſt pas ainſi : car ne jugeant que de la ſurface des choſes & par des ſignes extérieurs, pour diſcerner le religieux d'avec le laïque, le ſéculier d'avec le régulier, il a fallu des cérémonies & des ſolemnités extérieures. *Homines non vident niſi quæ apparent : Deus autem intuetur cor. 1. reg. 16. 7.* Mais ces cérémonies & ces ſolemnités ne ſont aucunement de la ſubſtance & de l'eſſence des vœux. Dans l'égliſe primitive on tenoit que la ſeule entrée au monaſtere, & la ſimple priſe de l'habit de religieux, étoit une preuve ſuffiſante du vœu & de la profeſſion, *Nov. De Mon. C. Conſuluit. Qui cler. vel vov. C. Viduas. 27. q. 1.* Mais depuis, l'avarice de certains religieux, qui abandonnant la religion & le ſervice de Dieu pour retourner au ſiecle, y demander partage des ſucceſſions de leurs parens, & qui par ce moyen troubloient les familles, a donné lieu à la police de l'égliſe de faire l'ordonnance touchant la ſolemnité des vœux & de la profeſſion, non pas pour les rendre plus parfaits, mais ſeulement plus certains & plus connus, & pour faire que la preuve en fût plus aiſée. Comme de deux actes, dont l'un eſt public, ſolemnel & authentique, & l'autre n'eſt qu'écriture privée, l'obligation eſt néanmoins égale à l'égard de celui qui les a paſſés, mais la preuve en eſt moins forte & l'exécution plus difficile : de même le vœu ſimple & le vœu ſolemnel ſont également parfaits & eſſentiels, & ont leurs effets tout ſemblables. Cette addition de ſolemnité faite de nouveau par l'égliſe ne doit pas être trouvée étrange. Le corps naturel & le corps myſtique de l'égliſe ont chacun leurs paralleles & leurs rapports, leurs commencemens, leurs accroiſſemens & leur perfection. Ainſi l'égliſe primitive ayant eu ſes commencemens dans la pureté & dans l'innocence, & ſes accroiſſemens dans le zele, la ferveur & la charité, elle n'a eu dans ce tems-là befoin ni de loix ni de préceptes : mais depuis, ayant trouvé fa perfection dans les traverfes & dans la tribulation, prenant alors plus d'intelligence & de connoiffance, elle a jugé à propos d'apporter plus de précaution & de donner plus de loix à fes enfans, pour les maintenir plus facilement dans l'obfervance de fes préceptes. Entre toutes ces loix l'ordonnance touchant les cérémonies & la folemnité des vœux a été jugée une des plus néceffaires & des plus importantes pour corriger cet abus, & ôter cette liberté qu'un chacun fe donnoit de faire des vœux en particulier. Saint Bafile ce grand maître & le prototype de la vie religieufe, qui vivoit en l'an 380 a le premier rangé en fociété & congrégation ceux qui avoient fait des vœux, & leur a le premier donné l'habit de religieux, qu'on appelle de ce beau mot *pallium*, d'où Tertullien a pris fujet de faire un excellent traité *de pallio*. Dans ces premiers fiecles la propriété n'étoit point encore incompatible avec les vœux. Saint Ambroife ce grand prélat a poffédé en particulier, & faint Auguftin pareillement, qui dit *monaflerium intra ecclefiam*; par où il rend égaux ceux qui ont fait les vœux, aux autres chrétiens dans le point de la poffeffion. On trouve la même chofe dans faint Jerome, *De viris illuft. Bonorum abdicatio ab initio non erat, de fubftentia monachatûs & profeffionis, verùm poftea ex conflitutionibus & politia ecclefia neceffaria vifa eft.* Le droit civil a auffi appuyé cette propriété & cette poffeffion en particulier, en ordonnant que fi quelqu'un abandonnoit fon monaftere, il y pût être réintegré. L'églife, qui n'a point d'autre glaive que le fpirituel, que celui de la cenfure & de l'excommunication, s'eft beaucoup aidée des notions du droit civil, où les moines font comparés aux foldats condemnels de naiffance. Les fondemens de l'églife & de l'empire ainfi pofés & unis enfemble, ont affermi les vœux des religieux, qui font compofés de deux principales parties, l'une intérieure, & l'autre extérieure. L'intérieure confifte en l'obéiffance, *in vim fancta obedientiæ*, rendue au fupérieur comme repréfentant Dieu, & en la pauvreté auffi effentielle. La pauvreté eft compofée de trois degrés : le premier, d'une volonté conftante de ne vouloir rien acquerir injuftement ; le fecond de ne vouloir rien poffeder que pour en bien ufer à la gloire de Dieu, & au fecours & foulagement fon prochain ; & le troifieme, de ne rien poffeder abfolument, non pas même à un titre jufte & légitime, ni pour en ufer charitablement : de forte qu'on a un deffein abfolu de fe dépouiller entiérement de tous fes biens du monde. Le premier & fecond de ces degrés dépendent du troifieme, comme étant le plus difficile & le plus éminent, & celui qui eft abfolument néceffaire à un religieux. Pour empêcher le premier & le troifieme, la pudeur & la honte publique font feules fuffifantes ; mais pour corriger l'abus du fecond l'obéiffance au fupérieur eft tout-à-fait néceffaire, & feule capable d'en venir à bout. L'autre partie effentielle qui compofe les vœux d'un religieux, eft extérieure. Elle confifte en ce contrat humain, en la loi civile, en la puiffance du monaftere, en l'autorité donuée au fupérieur, *ex vi fancta obedientiæ, quæ monachus vovet flabilitatem loci & ordinis.* Les principaux effets de cette partie font, de produire, l'un un obftacle perpétuel au mariage, & l'autre, un empêchement à la propriété & à la poffeffion en particulier. L'églife primitive n'avoit point d'autres armes pour punir les contrevenans, que la pénitence : mais ces deux puiffances, l'eccléfiaftique & la civile, s'étant jointes enfemble, & l'autorité du magiftrat féculier ayant exécuté ce que l'églife a jugé néceffaire pour fe maintenir en fa pureté, l'on a extirpé ces deux abus & ces deux erreurs de la religion, le mariage & la poffeffion en particulier. Au fait de cette caufe, Begat confeffe avoir fait vœu publiquement. Qui peut ouir les plaintes, inutiles de l'églife primitive, telles que les peres de ce tems les lui mettoient en la bouche ? *Ligafti te mihi, ferve nequam ; cur aufugis, & iterum in peflimam mundi fervitutem te redigis & projicis ?*

O mon cher enfant, dit cette bonne mere, pourquoi après avoir heureufement & courageufement rompu tes liens, après t'être affranchi de la captivité du monde, & de fatan, & enrôlé fous ma banniere glorieufe pour y vivre en affurance dans une liberté continuelle, & recevoir enfin une couronne immortelle : pourquoi abandonnes-tu mon parti, noirciffant ton honneur d'infamie, & caufant une plaie incurable à ta confcience ? Et pourquoi par un aveuglement furieux te précipites-tu derechef dans cet efclavage perpétuel & miférable ? L'augufte & vénérable facrement de l'autel a été témoin des vœux du défendeur, dont l'effence confifte en la parole, en la promeffe & en la profeffion qu'il a exécutée ; tout cela a été publiquement proféré de fa propre bouche, & les paroles effentielles de fes vœux écrites même de fa main, quoique pour la validité des contrats l'écriture ne foit point néceffaire, mais le fimple confentement des contractans. Pour le fecond point, Begat eft religieux véritablement & par effet. Par les bulles & ftatuts des Jéfuites leurs vœux *inducunt perpetuum impedimentum dirimens matrimonium poft tria vota emiffa.* Ils font incapables de poffeder, s'ils demeurent en cet ordre, & font vrais religieux fans aucune fiction. Or ils font tels perpétuellement, parce que le vœu & la religion font inféparablement unis & attachés enfemble. *Hoc votum tibi, potentiffime, voveam, filii tui in perpetuum vivent.* La définition de la religion eft, *flatus perfectionis per tria vota acquirendæ ; conditio voti perpetua & infeparabilis.* Ceux qui une fois ont goûté la manne & la rofée du ciel, ne doivent plus penfer à la terre fale & immonde. La religion & la vie monaftique eft l'abrégé des vertus de la hiérarchie de l'églife. C'eft un fecond baptême qui lave & purifie entiérement toutes les taches des religieux, & qui par confequent leur imprime un caractere ineffaçable. Le défendeur s'excufe fur la qualité des vœux qu'il a faits, qu'il appelle fimples : mais on répond qu'ils font publics & notoires. Il dit de plus, qu'ils ne font point folemnels, ni par confequent permanens ; mais la folemnité n'étant qu'accidentelle, ne peut aucunement combattre ni altérer la fubftance & l'effence des vœux, qui eft permanente & perpétuelle. Pour troifieme excufe, il ajoute la volonté de fon fupérieur, à qui il eft permis de le mettre dehors, fans qu'il puiffe lui réfifter. A quoi l'on répond, que fi les vœux font conditionnels *abfolutè*, il s'enfuit qu'il n'eft pas vrai religieux contre la teneur des bulles & des ftatuts ; & fi au-contraire il eft vrai religieux fuivant les bulles & ftatuts, il s'enfuit auffi néceffairement que fon fupérieur ne peut caffer & annuller fes vœux publics, parfaits & perpétuels. Il n'y a point d'ordre qui ne reconnoiffe le pape pour chef de l'églife militante, & qui ne confeffe qu'il peut difpenfer des vœux pour caufe légitime, urgente & néceffaire : mais il n'y a perfonne qui pour cela ofât foutenir que les vœux foient conditionnels, car ils font parfaits & accomplis dès le moment qu'ils ont été faits. Il y a de puiffantes & d'importantes raifons pour convaincre & faire voir clairement que les Jéfuites ne peuvent & ne doivent point fuccéder (ne voulant point toucher le fpirituel, & le laiffant entiérement à l'autorité eccléfiaftique : *Ne allidas parvulos tuos ad petram*, dit le Caldéen fur ce fujet.) Par les bulles du pape Gregoire XIII, ils font vrais religieux, incapables de contracter mariage, & de poffeder. Les exclure du premier, & vouloir néanmoins les rendre capables de poffeder, c'eft divifer les vœux : ce qui ne fe peut. *Abdicatio proprietatis ficut & cuftodia caftitatis adeo eft annexa regulæ monafticæ, ut contra eam fummus pontifex non poffit licentiam indulgere, cap. Ad monafterium. De ftatu monach.* La loi générale de ce royaume, & toutes les coutumes qui s'y font conformées, qui déclarent les religieux profés incapables de toutes fucceffions, n'ont pu prévoir l'établiffement de tous ces nouveaux ordres, & les diftinguer & féparer d'avec les anciens. La loi & les coutumes ont parlé généralement, indéfiniment & indiftinctement de toutes fortes de religieux, de toutes fortes de per-

—sonnes qui ont fait les vœux accoutumés, qui font les mêmes que font les Jésuites. Autrefois les religieux de l'ordre de St. Dominique, pour la même considération, & en faveur de leurs missions, avoient prétendu de pareils privileges de pouvoir être dispensés & rendus capables de succéder : mais la conséquence ayant été reconnue trop importante & périlleuse à tous les états, cet abus a été réformé par l'église même. Comme le mariage conditionnel n'est pas un mariage, de même les vœux conditionnels ne sont pas des vœux. Le religieux se livre de telle maniere à la religion, qu'il est comparé au fils de famille ou à l'esclave. La servitude est plus grande où l'empire est plus absolu : or il n'y en a point de plus absolu que celui qui permet de chasser son sujet, son serviteur, toutes fois & quantes qu'il le veut, sans être obligé d'en rendre aucune raison, sinon que *quod lubet regi, hoc licet.* Par la disposition du droit celui qui étoit né esclave, ou qui avoit été réduit dans la servitude par vendition volontaire, ou autrement, étant mis en liberté, *fiebat omninò novus homo,* sans recouvrer les droits de parentelle & de consanguinité qu'il avoit perdus par sa servitude. *Vivum vivunt funus ; monasterium vobis sepulcrum eligite, ubi mortui mundo & concupiscentiis ejus, cum Christo sepulti manete.* D. Hieron. c. 27. De Reg. Mon. Le grand Arsene précepteur de l'empereur Théodose, après avoir quitté l'embarras de la cour pour se jetter dans la solitude, & y trouver le repos & la tranquillité, ayant été institué héritier par l'un de ses amis, & même lui ayant été porté & présenté, irrité d'un tel présent, il voulut le rompre, & il l'auroit fait sans la loi *Cornelia. De inj. rupto & irr.* & se fâchant il s'écria : Et comment pourrois-je être l'héritier de ce testateur, puisque je suis mort dix ans auparavant lui ? Comptant sa mort du jour de sa retraite du monde & de la profession en la religion. Par les statuts des Jésuites il faut nécessairement dans les deux ans du noviciat faire son testament, & disposer des biens qu'on a au monde, suivant le conseil de notre Seigneur : *Vade, vende quæ possides, & da pauperibus.* Il ne dit pas, *da consanguineis,* pour montrer qu'il faut que cette abdication & abandonnement de biens soit entiere, sans aucun espoir de retour, ni espérance de succession. Les Jésuites ont toutes les marques de vrais religieux, & ils le sont en effet, tant par leurs statuts, que par les bulles qui les ont confirmés. Le point le plus important & le secret de l'affaire, c'est qu'on ne sait point le sujet ni la cause pourquoi ils chassent ceux qui sortent de leur compagnie, si c'est pour avoir commis quelque faute, ou pour quelqu'autre considération, eux seuls en sont les témoins, les juges & les arbitres. Mais ayant fait les vœux, & par-là ayant reçu une qualité inhérente & ineffaçable, ils peuvent bien dispenser ceux qu'ils mettent hors de leur société, de la soumission & obéissance qu'ils leur ont vouée ; mais il est au-dessus de leur pouvoir de faire ensorte qu'ils ne demeurent pas véritables religieux, & par conséquent qu'ils ne soient entiérement inhabiles & incapables de succéder. Leur donner un pouvoir contraire, la conséquence en seroit trop périlleuse & trop préjudiciable au public, & il n'y auroit aucune assurance pour les familles. En Espagne on a bien prévu le péril de cette conséquence ; & pour y remédier, on a restreint & limité le tems de la profession des Jésuites quant aux effets civils ; & pour cette considération en la cinquieme congrégation de la même compagnie on fit un décret, par lequel il fut arrêté & ordonné, qu'après les deux ans du noviciat & les vœux qu'on a accoutumé de faire ensuite, nul ne pourroit succéder aux majorats, (qui est une espece de biens la plus noble qui soit en ce royaume) sans l'exprès consentement & sans la permission du général. En France l'on pourroit dire véritablement que tous nos biens propres & anciens héritages sont autant de majorats, c'est-à-dire, autant d'immeubles affectés & perpétuellement attachés aux familles par la prévoyance des coutumes, sans qu'au préjudice de ce l'on en

puisse disposer au profit des étrangers, les arrachant à les proches, qui sont comme des membres nécessaires. C'est pourquoi pour confirmer & pour autoriser toujours d'autant plus la loi générale du royaume, il y a lieu d'y en établir une nouvelle semblable à celle de l'Espagne, touchant ses majestats, & en excluant les Jésuites des successions. Dans leur établissement, & encore plus expressément depuis, savoir lorsqu'ils ont été rétablis, où se sont volontairement soumis à toutes les loix, coutumes & ordonnances de ce royaume, (qui ne reçoit pas volontiers les nouveautés) témoin le colloque de Poissy tenu en 1565. *Novum, mirabile & peculiare,* dit le pape à ce sujet, & suivant ces loix ils sont absolument incapables de succéder. La cour prévoyant bien ces difficultés, & le péril de cette conséquence, quand il fallut vérifier l'édit de leur rétablissement, pour y remédier elle fit prudemment un arrêté, par lequel après les deux ans du noviciat & les vœux qui ont accoutumé d'être faits alors, ceux de cette compagnie sont déclarés incapables de recueillir aucunes successions. Sous prétexte que cet arrêté n'est pas public, n'est point inscrit & ajouté à l'arrêt, on veut l'éluder & le rendre inutile & sans effet. Mais les arrêtés de la cour sont d'un autre poids & d'une autre qualité. Pour de bonnes considérations ils ne se transcrivent pour au bas des arrêts, qui se délivrent aux parties, il suffit que le registre de la cour en soit chargé pour y avoir recours, quand le tems & la nécessité le requierent. *Secretum meum mihi,* dit l'écriture. L'arrêté dont il est question, est conforme à la loi générale de ce royaume. Il a été trouvé bon, raisonnable & nécessaire, puisqu'il n'y a point eu de justion contraire ; & c'est véritablement un arrêt. Si on s'attache à la forme, il n'y a véritablement aucun bon moyen de requête civile ; mais cette cause mérite qu'on passe par-dessus la forme, qu'on pénetre plus avant, & que l'on considere qu'elle regarde directement & entiérement l'intérêt public qui s'y trouve extrêmement blessé. La compagnie même des Jésuites souffre en ce point, & souhaite la réformation de cet abus. Comme un soldat, quoique poltron, se voyant dans la mêlée pressé de combattre, ne désirant pourtant rien moins, & même appréhendant rien tant que cela, considérant une riviere derriere lui, deux hautes montagnes à ses côtés, & l'ennemi en tête, fait de nécessité vertu, & tournant sa timidité en courage par la crainte de la mort, combat si hardiment & si vaillamment que rien ne lui résiste ; de même ceux qui auront fait les premiers vœux de la compagnie des Jésuites, se voyant privés & déchus des espérances des biens du monde, employeront tout leur soin & tout leur travail à en acquérir au ciel, à se rendre bons & parfaits religieux, & à retrancher toutes les mauvaises habitudes qui pourroient donner sujet à leurs supérieurs de les mettre hors de leur compagnie, qui par ce moyen se rendra plus florissante. En la forme, il n'y a qu'une seule chose à redire. C'est qu'on a interjetté appel indéfiniment de la sentence du bailli de Chaumont, au-lieu qu'il falloit seulement l'avoir interjetté de ce que le juge avoit exclus le défendeur de la succession, faute de rapporter un congé en bonne forme. Cette limitation de rapport de congé est un grand préjugé pour la cause, & admet tacitement & implicitement aux successions les Jésuites qui seroient sortis de cette compagnie avec le congé de leurs supérieurs ; quoique nonobstant ce congé ils soient tout-à-fait incapables de toutes sortes de successions. La cour peut donc recevoir Me. Labbé appellant de cette sentence en ce point, le tenir pour bien relevé ; & faisant droit sur cet appel, ensemble sur les lettres en forme de requête civile, il y a lieu de les entériner ; & ce faisant, remettre les parties en l'état qu'elles étoient auparavant l'arrêt : & par une équité extraordinaire, & la grande importance de la cause, il y a lieu de juger le rescindant & le rescisoire ; & ce faisant, mettre l'appellation & ce dont est appel, au néant ; émendant & corrigeant, déclarer ledit Begat défendeur non-recevable en sa demande,

demande, & incapable de recueillir la succession de
son frere, dont est question; & néanmoins par commisération il est équitable de lui adjuger l'usufruit & jouissance, sa vie durant, du tiers des biens dépendans de cette succession.

LA COUR ayant égard aux lettres en forme de requête civile, & icelles entérinant, remit les parties en tel & semblable état qu'elles étoient auparavant l'arrêt; reçut la partie de Labbé appellant de la sentence donnée par le bailli de Chaumont, le tint pour bien relevé; & y faisant droit, sans s'arrêter au faux, mit l'appellation & ce dont étoit appel, au néant; émendant déclara Begat non-recevable à recueillir la succession de son frere, & ce faisant, maintint & garda le demandeur en la possession & jouissance des biens d'icelle succession; & néanmoins pour aucunes causes & considérations ordonna que ledit Begat défendeur jouiroit par forme d'usufruit, du tiers des immeubles & héritages d'icelle succession, & par forme d'alimens; sans dépens, ni restitution de fruits. Le jeudi 30 janvier 1631, M. le premier président le Jay prononçant.

Quoique l'arrêt soit en forme dans du Fresne, toutefois les plaidoyers des avocats y sont trop abrégés; & il paroît même que M. l'avocat général Bignon n'avoit pas donné le sien, qui se trouve ici recueilli par notre auteur avec une exactitude surprenante. Ce savant plaidoyer, qui contient l'histoire de nos mœurs, ne pouvoit être retranché de ce recueil sans faire tort au public.

CHAPITRE VI.

Dans la coutume du Boulonnois mari & femme faisant des acquisitions pendant le mariage, ne peuvent stipuler, que le survivant en jouira par usufruit, sa vie durant; & c'est un avantage indirect prohibé.

Jacques du Bois & Ameline Colbellette, étant mariés ensemble conformément à la coutume du Boulonnois, par laquelle il y a communauté de meubles & d'acquêts immeubles entre les mariés, constant leur mariage, firent plusieurs acquisitions, & par les contrats stipulerent que le survivant d'eux en jouiroit par usufruit. Ameline Colbellette étant décédée sans enfans, il y eut instance pardevant le sénéchal du Boulonnois ou son lieutenant à Boulogne, entre Pierre Colbellette frere & héritier universel d'Ameline & Jacques du Bois son mari, soutenant que la jouissance de tous les acquêts faits constant leur mariage, lui devoit être délaissée sa vie durant, conformément aux clauses & stipulations inférées aux contrats d'acquisitions. Sur quoi le sénéchal du Boulonnois ou son lieutenant général rendit sa sentence, par laquelle il déclara du Bois non-recevable en ses prétentions, & le condamna à abandonner à Pierre Colbellette au nom & comme héritier de sa sœur, la moitié de tous & chacuns les acquêts & conquêts faits pendant son mariage avec Jacques du Bois, & ce avec restitution des fruits depuis le jour du décès de ladite Ameline. Du Bois en interjetta appel, pour lequel M. Talon dit, que la clause & stipulation inférée aux contrats d'acquisitions faites par l'appellant & sa défunte femme, n'est point contre les bonnes mœurs, ni un avantage indirect, ou une fraude recherchée contre la prohibition de la coutume. C'est une espece de donation mutuelle, bonne & valable *propter incertum eventum*, lequel des deux conjoints survivroit & jouiroit par là de l'avantage de cette stipulation. Dans toute la province du Boulonnois il n'y a rien de si familier & ordinaire que de semblables stipulations. C'est un usage particulier de cette province approuvé & sûreté d'un chacun. Philon juif parlant de ces coutumes locales & particulieres dit, que *sunt additamenta naturæ*; que procédant des mœurs des peuples qui les introduisent, elles passent en une autre nature. Les anciens arrêts ont confirmé cet usage, & approuvé ces sortes de stipulations comme légitimes. On

en a communiqué un de 1620, par lequel on veut prétendre que la cour les a rejettées : mais l'hypothese est bien différente de celle de cette cause. Il s'agissoit alors d'un créancier légitime qui poursuivoit le payement de sa dette, qu'il auroit perdue, si on eût confirmé cette stipulation. Et en cette cause il s'agit d'une succession collatérale extrêmement profitable à l'intimé, qui ne doit point envier à l'appellant qu'il se ressente de ce petit gain, de la jouissance des acquêts faits par son travail & industrie. Et conclut au mal jugé, & à ce qu'émendant, la jouissance des acquêts soit adjugée à l'appellant. Me. le Feron pour l'intimé dit, que par la coutume du Boulonnois il est expressément défendu au mari & à la femme de se faire aucuns dons & avantages. Ce qu'on n'ose & qu'on ne peut directement, on tâche de le faire indirectement par le moyen des stipulations telles, que l'appellant soutient bonnes & valables, & qu'il dit être approuvées par un usage inviolable, & confirmées par les arrêts. Il est vrai qu'on lui en a communiqué un de 1569, qui parle en passant de semblables stipulations, mais on en a fait lever un de 1620, qui a jugé la question *in individuo*; & il est d'autant plus fort & plus considérable, que les maire & échevins de la ville de Boulogne étoient intervenus au procès, & avoient obtenu des lettres, par lesquelles ils avoient articulé les faits de cet usage : néanmoins par cet arrêt ces stipulations furent rejettées comme étant inventées en fraude de la coutume, & comme introduisant un avantage indirect entre les mariés. Et après cela il n'y a plus lieu de douter ni de disputer en la cause. Et conclut au bien jugé.

LA COUR sur l'appel mit les parties hors de cour & de procès, sans dépens. Le lundi 3 février 1631, M. le premier président le Jay prononçant.

CHAPITRE VII.

Adjudication par décret à un procureur du roi en son siege est nulle.

Pierre Pelletier, en 1615, vendit à Jean Veillard neuf livres de marais salans assis & situés dans l'isle de Ré, & en vertu de ce contrat de vente Veillard entra dès-lors en jouissance des marais. En 1626, le procureur du roi au présidial de la Rochelle se prétendant créancier de Pelletier d'une somme de douze cents livres, fit saisir, crier, vendre & adjuger par décret lesdits marais salans au même siege présidial de la Rochelle, & lui-même s'en rendit adjudicataire, moyennant la somme de trois mil livres par sentence des présidiaux. En exécution ayant voulu prendre possession desdits marais, Veillard interjetta appel de la sentence, pour lequel M. Talon dit, que l'appellant est acquéreur de bonne foi, & à juste titre de vente pour le prix de quatre mille livres, des marais en question, dès l'an 1615. Depuis ce tems il en a continuellement & paisiblement joui : & par conséquent les criées qui ont été faites, & le décret interposé sur Pelletier, sont nuls, comme étant faits *super non domino*, n'ayant plus rien en la chose à cause de la vente. En tout cas il auroit fallu venir par action hypothécaire contre l'appellant, & ne pas commencer par une saisie réelle. Si l'intimé avoit intenté une action hypothécaire, on lui auroit opposé la fin de non-recevoir notoire, résultant d'une possession paisible & continue de plus de dix ans entre présens, par le moyen de laquelle l'acquéreur a valablement prescrit contre toutes actions hypothécaires. L'appellant ne s'est point opposé, & n'a pu s'opposer à ces prétendues criées, parce qu'il n'a jamais été dépossédé, mais a continuellement joui de ses marais; auquel cas l'ordonnance veut qu'on soit maintenu, quoiqu'on ne se soit point opposé. Et pour dernier grief, l'intimé, qui est procureur du roi au présidial de la Rochelle, s'est néanmoins rendu adjudicataire d'un bien saisi, crié, vendu & décrété en son siege, contre la pro-

1631.

hibition expreſſe d'une infinité d'arrêts. Et conclut au mal jugé, & à ce qu'émendant, l'appellant ſoit maintenu en la poſſeſſion de ſes marais ſalans. Me. Cerquy pour le procureur du roi du préſidial de la Rochelle intimé dit, qu'il ne prétend que la moitié des marais ſalans en queſtion, qui appartient à des mineurs débiteurs de l'intimé : par conſéquent la vente qu'allegue l'appellant, par laquelle ce fait demeure conſtant, (le vendeur ayant même promis de faire ratifier cette vente à ces mineurs) eſt nulle pour la moitié qui leur pouvoit appartenir ; & ainſi la fin de non-recevoir réſultant de la prétendue preſcription de plus de dix ans n'eſt pas conſidérable, attendu le vice & la nullité du contrat de vente, nonobſtant lequel l'intimé a pu ſaiſir reſtà ſur les mineurs. Quant à la qualité de procureur du roi qu'on objecte à l'intimé pour rendre l'adjudication nulle, il a été contraint de ſe rendre adjudicataire, ne s'étant trouvé aucune autre perſonne qui ait voulu enchérir, ainſi étant ſaiſiſſant, il s'eſt trouvé engagé, & néceſſairement obligé de ſe rendre adjudicataire ; mais cela n'importe à l'appellant, qui n'eſt point créancier des mineurs. Et conclut au bien jugé.

M. l'avocat général Talon dit, qu'il ſe leve pour maintenir en leur force & autorité les anciennes maximes du palais, que l'on combat néanmoins trop hardiment. L'une des plus certaines eſt, qu'aucun officier ne peut ſe rendre adjudicataire des immeubles criés, vendus & adjugés par décret en ſon ſiege, parce que la juſtice devant ſervir d'aſyle & de protection aux affligés, tels que ſont ordinairement les pauvres débiteurs, elle ſeroit au-contraire leur oppreſſion, en ce qu'on les dépouilleroit de tout leur bien pour peu de choſes, ou même pour rien du tout, par l'autorité de ſes officiers. Cette maxime n'a pas ſeulement lieu en la perſonne des juges procureurs du roi ou fiſcaux & des greffiers ; mais encore en celle des baillis & ſénéchaux, quoique tout exercice de juſtice leur ſoit défendu ; & paſſant plus avant, on n'a étendue aux lieutenants criminels de robe courte, & aux prévôts des maréchaux, tant le pouvoir de tous ceux qui ont quelque adminiſtration de la juſtice, eſt ſuſpect en ce point. Et pour cette raiſon il y a lieu d'annuller l'adjudication.

LA COUR dit qu'il avoit été mal & nullement ſaiſi, crié, décrété, vendu & adjugé ; maintint l'appellant en la poſſeſſion des marais ſalans en queſtion, ſans dépens. Le mercredi 5 février 1631, en la chambre de l'édit, M. le préſident Seguier prononçant.

CHAPITRE VIII.

Préſidiaux ne peuvent prendre connoiſſance des cauſes pendantes pardevant les juges & conſuls pour fait de marchandiſes, & entre marchands.

LE vendredi ſuivant 7 du même mois de février 1631 Me. Chapellier plaida pour l'appellant d'une ſentence du lieutenant général de Tours, par laquelle il avoit fait défenſes de mettre à exécution la ſentence des juges & conſuls de la même ville de Tours rendu au profit de l'appellant ; & pour moyens d'appel il dit, que les préſidiaux, ni les lieutenans généraux des baillis & ſénéchaux ne peuvent prendre aucune juriſdiction, ni connoiſſance des cauſes pendantes pardevant les juges & conſuls, qui ont leur juriſdiction diſtincte & ſéparée, & qui ne reconnoiſſent point d'autres ſupérieurs que la cour, au mépris de laquelle c'eſt un attentat d'avoir prononcé par inhibitions & défenſes d'exécuter leur ſentence, puiſque c'étoit la vouloir infirmer indirectement. Me. Roſée pour les juges & conſuls de la ville de Tours demandeurs, ſuivant la commiſſion de la cour, conclut à ce que défenſes fuſſent faites au lieutenant général de Tours de prendre aucune juriſdiction, cour, ni connoiſſance des cauſes, dont la connoiſſance leur appartient

ſuivant les édits & ordonnances, à peine de tous dépens, dommages & intérêts, comme auſſi de faire aucunes inhibitions & défenſes aux parties de mettre leurs ſentences à exécution. Me. le Boyer plaida pour l'intimé, qui avoit été condamné par la ſentence des juges & conſuls, & Me. Chauſſepied pour le lieutenant général de Tours intimé en ſon propre & privé nom, & défendeur en la commiſſion & demande en réglement.

LA COUR mit l'appellation & ce dont étoit appel, au néant ; émendant & corrigeant, & faiſant droit ſur la demande en réglement des juges & conſuls, fit inhibitions & défenſes au lieutenant général de Tours de prendre aucune juriſdiction ni connoiſſance des cauſes mues & pendantes pardevant les juges & conſuls pour fait de marchandiſes & entre marchands. Ledit jour 7 février 1631, à l'audience de relevée, M. de Bellievre ſecond préſident prononçant ; & il y a eu pareil arrêt le mardi 18 février 1631, de relevée.

CHAPITRE IX.

Cauſe appointée pour ſavoir, ſi un bail de ferme de biens d'égliſe fait par anticipation de deux ans & demi, eſt nul.

MAÎTRE Samuel de la Nauve prieur de Coinſy, au mois de juin de l'an 1627, fit promeſſe ſous écriture privée à Me. Jean Joſſe préſident en l'élection de Château-Thierry, de lui faire paſſer bail à ferme du revenu temporel de ſon prieuré pour le tems & eſpace de neuf années, & pour le prix & ſomme de cinq mille livres par chacun an, à commencer le premier jour de l'an 1630, auquel jour devoit finir & expirer un bail à ferme précédent fait au défunt beau-pere de Joſſe, au-lieu & place duquel il en avoit exploité & continué la jouiſſance, & aux mêmes clauſes & conditions qui y étoient portées. Néanmoins en 1630, Samuel de la Nauve fit un autre bail à ferme du revenu du prieuré de Coinſy à Jacques Bidauld moyennant le prix & ſomme de ſix mille livres par chacun an ; & en vertu de ce ayant voulu dépoſſéder Joſſe, & pour cet effet l'ayant pourſuivi pardevant le prévôt de Coinſy, Joſſe fut débouté de ſon renvoi requis, dont il interjetta appel. Pour lui Me. Bataille dit, que l'incompétence du prévôt de Coinſy eſt notoire ; mais que l'appel eſt inutile, parce que l'intimé a préſenté requête pour l'évocation du principal, & a obtenu lettres pour être reſtitué contre ſa promeſſe ; à quoi il repliquera après qu'il y aura conclu. Me. Pouſſet de Montauban pour Mt. Samuel de la Nauve dit, que la cauſe dépend entièrement de la promeſſe de l'intimé, qui eſt abſolument nulle. *Primò*, en ce que ce n'eſt pas un bail à ferme, mais une ſimple promeſſe d'en paſſer un, en quoi il y a une grande différence. Au premier on eſt obligé de l'entretenir & exécuter ; en l'autre non : mais on s'en peut déſiſter & ſe départir, & nonobſtant cela faire un nouveau bail pardevant notaires, comme il a fait. *Secundò*, quand cette promeſſe auroit été un vrai bail, il ſeroit néanmoins nul par un vice radical & eſſentiel qui s'y rencontreroit, qui eſt une anticipation de près de trois ans ſur le bail précédent, anticipation tellement ſuſpecte en matiere de baux à ferme des biens eccléſiaſtiques, que toutes fois & quantes qu'elle s'y rencontre, ils ſont perpétuellement caſſés comme nuls & de nulle valeur : la cour l'a ainſi jugé par une infinité d'arrêts ; & conclut à ce que la promeſſe ſoit caſſée & annullée, & le bail fait à Bidaud entretenu. Me. Roſée pour Bidaud dit, qu'il eſt fondé en bail en bonne forme paſſé pardevant notaires, qui doit prévaloir à une ſimple promeſſe ſous écriture privée, ſur laquelle l'appellant ſe fonde. Me. Bataille en replique dit, que les moyens ſur leſquels ſe fonde l'intimé, ne ſont pas bien pris ni bien appliqués au ſujet de cette cauſe, & que l'un & l'autre reçoit une exception ge une diftinction, par laquelle la caufe fe doit décider. Quant au premier fondé fur la qualité du bail fait à l'appellant, qu'on dénie être un bail, & qu'on dit être une fimple promeffe de faire & paffer un bail; il faut diftinguer une fimple & une promeffe de vendre, louer, bailler à ferme, ou faire tel autre contrat, d'avec une promeffe de vendre telle chofe pour tel prix, payable à tel tems; en un mot, une promeffe revêtue de toutes les claufes effentielles & de toutes les circonftances néceffaires à un contrat. Celle-ci a pareil effet que le contrat même; mais non pas la première. Cette diftinction eft tirée de la doctrine de Me. Charles du Moulin, & elle approuvée dans le palais. Quant au fecond moyen fondé fur l'anticipation, il faut pareillement diftinguer les baux faits par anticipation de plufieurs années qui ne font point encore expirées, d'avec ceux qui font faits par anticipation de tems écoulé, & après lequel le preneur eft déja entré en jouiffance de fon bail. En ce cas l'anticipation eft couverte, & n'eft point confidérable : la cour l'a jugé ainfi par plufieurs arrêts. L'appellant a joui déja plus d'un an, & payé le prix de fa ferme, & fait plufieurs avances & frais néceffaires. L'anticipation de deux ans & demi n'eft pas grande, attendu qu'en la ferme il y a des terres qu'il faut labourer une année avant que d'y entrer. Et conclut à ce que l'intimé foit débouté de l'effet & entérinement de fes lettres.

LA COUR appointa les parties au confeil ; & cependant ordonna que Me. Jean Joffe jouiroit du revenu du prieuré. Le mardi 25 février 1631, M. le préfident Bellievre prononçant à l'audience de réleve.

CHAPITRE X.

Caufe appointée pour favoir fi une mere peut empêcher la célébration du mariage contracté par fon fils majeur de 25 ans, fans fon confentement, & même l'exhéréder.

Maître Jean Tibault lieutenant particulier au bailliage de Crefpy en Valois, & demoifelle Marguerite des Avenets étant mariés enfemble, eurent plufieurs enfans, Jean, Pierre, Charles, Antoine & Catherine. Ils tomberent tous en la tutele de leur mere par le décès de leur pere arrivé pendant leur minorité. Antoine défirant de contracter mariage avec demoifelle Anne des Foffez, & fa mere n'y voulant confentir, & au-contraire s'y oppofant formellement, elle paffa acte pardevant notaires, par lequel elle déclara qu'elle ne pouvoit aucunement agréer ni confentir au mariage d'Antoine Tibault fon fils avec Anne des Foffez, & qu'au cas qu'il paffât outre au préjudice des défenfes verbales qu'elle lui en avoit faites, elle l'exhérédoit & le privoit de la portion héréditaire qu'il eût pu prétendre & efpérer en fa fucceffion, laquelle en ce cas elle donnoit à la chapelle de St. Vincent de la ville de Crefpy. Nonobftant cette déclaration d'exhérédation ainfi faite, Antoine Tibault & Anné des Foffez ayant paffé contrat de mariage pardevant notaires, Marguerite des Avenets préfenta requête à la cour de parlement, où elle expofa qu'Antoine Tibault fon fils étant encore mineur de vingt-cinq ans, avoit été féduit & ravi par demoifelle Helene de Couvarrin, qui le détenoit en un château pour lui faire contracter mariage avec Anne des Foffez fa fille : fur quoi la cour fit défenfes de paffer outre à l'accompliffement & folemnifation de ce mariage. Cependant la mere ayant été avertie du contrat qu'on en avoit paffé, en préfenta autre requête au bailli de Crefpy, qui fit défenfes aux notaires qui avoient reçu le contrat, d'en faire aucune expédition, dont Antoine Tibault & Helene Couvarrin mere d'Anne des Foffez interjetterent appel, & préfenterent requête au parlement pour être reçus oppofans à l'exécution de l'arrêt portant défenfes de paffer outre au mariage ; ce

faifant, que les défenfes fuffent levées, & qu'il fût permis de folemnifer le mariage. Me. Fremin pour Antoine Tibault appellant dit, que fes freres lui ont fufcité la haine de fa mere pour le priver de fa portion héréditaire fous prétexte d'une prétendue exhérédation, & s'en prévaloir par le moyen d'une donation fecrete faite à leur profit. Les peres & meres font bien appellés magiftrats privés & particuliers ; mais comme les juges & magiftrats font obligés & foumis aux loix, auffi les peres & meres qui n'ont qu'une petite partie de leur autorité & de leur puiffance, y doivent être bien plus étroitement affujettis. Néanmoins la mere de l'appellant tâche de le priver de fa fucceffion, & jette contre lui le foudre de fon indignation, c'eft-à-dire, l'exhérédation, fans caufe légitime ni confidérable. A la vérité, l'ordonnance du roi Henri II de l'an 1556, permet aux peres d'ufer d'exhérédations contre leurs fils mineurs de trente ans, & contre leurs filles mineures de vingt-cinq ans, qui auront contracté mariage contre leur gré & confentement. Mais outre qu'il eft conftant par l'hiftoire de ce tems-là, que cette ordonnance fut faite à la priere & en faveur d'un des plus grands qui fût alors à la cour, pour empêcher le mariage de fon fils aîné avec une demoifelle qu'il aimoit éperdument, on l'a toujours interprétée de telle forte, que le fimple refus des peres ou meres n'eft pas fuffifant pour empêcher le mariage de leurs fils ou filles ; mais il faut qu'il foit accompagné de caufes & de raifons légitimes, par exemple s'ils vouloient contracter mariage avec des perfonnes de mauvaife vie & fcandaleufe, & avec des familles notées, qui font les feuls cas aufquels font intervenus les arrêts qu'on peut apporter pour préjugés en cette caufe. Et cela eft fans difficulté, quand les fils font majeurs de vingt-cinq ans, comme eft l'appellant, qui en a vingt-fept, ainfi qu'il fe juftifie par fon extrait baptiftaire. Tout le prétexte de fa mere eft, qu'il y a eu quelques inimitiés, querelles & meurtres entre les freres de demoifelle Anne des Foffez & fes neveux : mais comme les crimes font perfonnels, auffi ne doivent-ils être objectés, ni porter préjudice qu'à ceux qui les ont commis. Anne des Foffez ni fa mere n'ont aucunement participé à ces crimes : ceux qui en ont été accufés, s'en font purgés. On ne trouve rien à redire contre l'honneur de la mere ni de la fille, & leur famille n'eft pas feulement égale à celle des pere & mere de l'appellant, mais beaucoup plus noble & plus relevée. Les moyens & facultés font auffi égales ; ainfi il ne s'y rencontre rien de répugnant que la fantaifie de la mere de l'appellant. Mais bien-loin que ces prétendues inimitiés doivent empêcher ce mariage, au-contraire il eft expédient qu'il fe contracte pour renouer & rétablir l'amitié entre ces deux familles divifées, & couper chemin aux maux qu'on a vu arriver de ces diffenfions. Et conclut à ce qu'il foit permis de paffer outre à la folemnifation du mariage. Me. Lhofte pour dame Helene de Couvarrin mere de demoifelle Anne des Foffez dit, que le plus grand & le plus fenfible intérêt de la caufe retombe fur elle, fur fa fille, & fur fa famille. Antoine Tibault appellant peut facilement fe mettre à convert de la perte & de l'injure en fe réconciliant avec fa mere ; mais elle ni fa fille ne peuvent fe garantir d'une injure & d'un affront perpétuel fans l'accompliffement du mariage promis & accordé entre Antoine Tibault & Anne des Foffez. On ne peut rien objecter contre leur honneur & réputation, qui eft la chofe la plus confidérable en matiere de mariages. Quant aux meurtres commis par fes enfans ; ce font des malheurs arrivés par de mauvaifes rencontres, qu'il eft plus expédient de couvrir par un filence perpétuel, que de les publier pour empêcher une action qui les peut entierement effacer. La mere ni la fille n'y ont point contribué, & Antoine Tibault eft majeur de vingt-cinq ans, & par conféquent a pu valablement contracter mariage. Me. Brodeau pour demoifelle Marguerite des Avenets intimée dit, qu'il ne veut point révoquer en doute l'ancienneté de la nobleffe de

la famille de l'appellante & de les cntans ; mais
l'une des appréhensions de l'intimée est, qu'une alliance d'une maison de robe longue avec une d'épée
ne lui soit désavantageuse. Semelé ayant osé aspirer au mariage d'un Dieu, fut frappé de la foudre. La robe & l'épée ne conviennent & ne s'accordent ensemble que fort rarement. La raison pourquoi l'intimée ne veut point consentir, & s'oppose
au mariage de son fils avec la fille de l'appellante, est juste & légitime. Elle provient des querelles & inimitiés capitales & immortelles qui sont
entre ces deux familles, tellement aigries & animées l'une contre l'autre, que celle de des Fossez
a juré la ruine totale de celle des Tibault, & elle
témoigne tant de haine contr'elle, que les fils de
l'appellant ont assassiné, meurtri & laissé morts
sur la place trois des neveux de l'intimée, cousins
germains de ses enfans. La voix de leur sang innocent leur demande une juste vengeance; & au-contraire l'on veut mettre & introduire dans leur
famille la sœur de ces meurtriers, dont la présence serviroit de ressentiment & d'un renouvellement
perpétuel à cette sanglante plaie, qui ne se peut
fermer que par l'oubli & le pardon des injures propre à un vrai chrétien ; mais de rechercher de nouvelles occasions de querelles & dissensions, cela est
trop périlleux. Jacob défendit à son fils Isaac de
prendre femme de la nation des Cananéens, parce
qu'elle étoit en mauvaise réputation. Celle de l'appellante est de même nourrie dans le sang, le
meurtre & le carnage. Venus voulut exhéréder son
fils Cupidon, c'est-à-dire, lui ôter ses fleches &
son carquois, parce que contre sa volonté il s'étoit
voulu marier avec Siphe ennemie mortelle de cette
Déesse. *Sic inimica nurus dabitur mihi, numina
testor, non patiar.* La haine & les inimitiés capitales sont telles par la disposition du droit, qu'elles
servent de sujet & de cause légitime pour la révocation & extinction du legs fait à celui qui depuis
a eu querelle & inimitié avec le testateur. *Competum est ob inimicitias & odii causas inter testatorem & legatarium subortas, legata & fideicommissa,
tacita contraria voluntate videri adempta, L. 3. §.
fin. L. 4. & L. Ex parte. De adim. leg. Si capitales vel
gravissimæ inimicitiæ intercesserint, ademptum videri
quod relictum est.* Elles sont encore tellement considérables, qu'elles passent en la personne de ceux
mêmes qui ne les ont pas contractées ; par exemple de la personne du pere en celle de son fils ou
de son frere légataires, auxquels le legs est arraché par cette seule considération de haine & inimitiés. *Mantica de conjecturis ult. lib. 12. art. 15.
& plusieurs autres docteurs. Peregrin. de jure fisci,
Tit. De inimicitiis. & passim.* Ces inimitiés capitales excusent & exemptent de la tutele. *Remissionem tutelæ dat capitalis inimicitia à creato facta
adversùs patrem pupilorum ; si capitale certamen eis
ad invicem constitit, L. 6. §. 17. De excusat. Tut.
καφαλικη'ἐχθρα κιφαλικῶν ἀγώ. Lis capitalis quam sola mors
diremptura sit. Paulus 2. Sent. 217. §. 1. Nov. 90.
c. 7. ἐγκληματικὴ δίκη, accusatio criminalis, ut testes
propter inimicitiam à dicendo testimonio repellantur.*
Ces mêmes raisons *eximunt procuratorem ab accipiendo judicio ; ex causa non debebit compelli, ut
putà si inimicitiæ capitales intervenerunt inter procuratorem & dominum, L. 8. §. fin. De procurator.*
Enfin la loi tient tellement suspectes ces sortes de
haines & d'inimitiés, qu'elle ne permet aucune
communication, commerce, ni alliance entre ceux
qui les ont contractées. Ainsi l'intimée a juste sujet
de les opposer pour obstacle & empêchement légitime au mariage de son fils avec Anne des Fossez, puisqu'elles procedent d'une source si cruelle
& si funeste, qu'elle ne fait couler autre chose
que le sang de ceux de sa race & de sa famille :
Contumelia sanguinis, dit la loi & l'écriture. Ce
seroit fouler aux pieds ce sang si méchamment repandu, que d'entendre & consentir à l'alliance des
propres meurtriers, qui doit plutôt être l'objet d'une
aversion perpétuelle à l'intimée & à tous ses enfans comme une famille maudite & malheureuse.
Plerumque ratio servi aut provocat aut deterret emp-

*torem præsumptum : etenim est servos quosdam tenns
esse, quia natione sunt non infamatâ, I. 31. §.
21. De Ædilitio edicto.* En matiere de mariage, qui
est l'action la plus importante de la vie de celui
qui le contracte, il est sur-tout nécessaire de considérer soigneusement les familles avec lesquelles on
s'allie. L'intimée en tant que maison ne peut espérer aucune joie ni repos de l'alliance de l'appellante : au-contraire elle en doit appréhender de nouvelles querelles & dissensions, & d'autres semblables malheurs, lorsqu'on viendra à partager la succession, dont peut-être ses enfans seront privés &
dépouillés par la violence de ceux de l'appellante.
C'est pour eux qu'elle craint le plus : *Vos facinis
mihi Atrea timendum, jam enim pro me nihil timeo,*
disoit ce bon pere à ses enfans, appréhendant la
rage d'un cruel. Le soleil fit une pareille réponse
à son fils Phaëton, qui lui demandoit la conduite
de son chariot. La loi loue & approuve cette juste
appréhension : *Nihil interest in se quis vertus sit an
in liberis suis, cùm pro affectu parentes magis in liberis terreantur, L. 8. §. fin. Quod metus causa. §.
ult. Inst. De noxal. act.* Antoine Tibault est âgé de
vingt-sept ans, mais dans le tems du commencement de la recherche il étoit encore mineur, ce
qu'il faut considérer : *initio inspecto,* dit la loi.
L'ordonnance veut que le fils ait trente ans accomplis avant que de pouvoir se marier sans le consentement de ses pere & mere. Ainsi l'intimée a
eu juste sujet de fulminer l'exhérédation pour retenir l'aveuglement de son fils, & empêcher qu'il
ne se précipitât dans une alliance si périlleuse à
toute la famille. Et conclut au bien jugé, & à ce
que les défenses soient confirmées.

LA COUR sur l'appel appointa les parties au
conseil, & sur l'opposition en droit & joint. Le
lundi 3 mars 1631, M. le premier président le sy
prononçant.

CHAPITRE XI.

*Séparation de biens entre mariés, de leur consentement, sans aucune formalité, exécutée pendant
vingt-six ans, est bonne & valable.*

ETIENNE de Gruet écuyer sieur des Boulets, &
demoiselle Ester Allard furent mariés ensemble
en 1597 suivant la coutume du pays du Maine, par
laquelle il y a communauté de meubles & acquêts
immeubles entre les mariés. En 1621 la femme
chagrine du mauvais ménage de De Gruet son mari,
le fit assigner pardevant le bailli de Vendôme ou son
lieutenant, aux fins d'être séparée de biens d'avec
lui. S'étant présenté, il dénia les faits de mauvais
ménage articulés, & déclara néanmoins que pour
ôter toute sorte de soupçon de mécontentement à
Ester Allard sa femme, il consentoit à la séparation
de biens demandée : sur quoi le bailli de Vendôme
ou son lieutenant les déclara séparés de biens ;
ordonna qu'inventaire & partage seroient faits des meubles & conquêts, & que la sentence seroit lue &
publiée, afin que personne n'en prétendît cause
d'ignorance : ce qui fut fait incontinent après, &
la sentence exécutée en tous ses chefs. Cependant
Ester Allard voyant que son mari avoit si bien fait
& ménagé, qu'il avoit acquis de grands biens,
fâchée de n'y point participer, & desirant de le
pouvoir faire, en interjeta appel de la sentence
de séparation de biens en 1628 seulement. Pour elle
M. Talon dit, que les contrats de mariage sont de
droit public, & que les clauses & conventions ayant
été une fois réglées, il n'est plus permis aux mariés
d'y pouvoir déroger ni contrevenir, quand même on
feroit assemblée des mêmes parens qui y ont assisté.
La communauté de meubles & conquêts immeubles
ayant été stipulée par celui de l'appellante avec son
mari intimé, conformément à la coutume du Maine,
où est leur domicile, ils n'ont pu dans la suite rompre ni dissoudre cette société conjugale d'un mutuel
consentement, tel que celui sur lequel la sentence
de

de féparation de biens, dont eft appel, eft fondée. Ainfi elle ne peut fubfifter, comme ayant pour appui une caufe nulle & vicieufe, & rejettée par une infinité d'arrêts, qui ont perpétuellement déclaré nulles ces fortes de féparations de biens faites *bonâ gratiâ*, & du confentement des parties. Il faut au-contraire que les fentence de féparation de biens, pour être valables, foient fondées fur des faits de mauvais ménage, de diffipation & confommation de biens, articulés & clairement vérifiés, & non pas fur un fimple confentement : car cela feroit d'une conféquence trop périlleufe. L'avocat de l'intimé reconnoît cette nullité dans la fentence dont eft appel, & en la forme elle ne fe peut foutenir : mais il objecte le long-tems de vingt-fix ans qu'il y a qu'elle eft rendue, par le moyen duquel il doit être confirmée, & que cela a été ainfi jugé par des arrêts qu'il a communiqués. L'un eft contre la veuve de M. Foucquet confeiller en la cour, l'autre contre la veuve de Louvet, & le troifieme contre une veuve de Châlons en Champagne. Mais la réponfe eft facile à ces arrêts, qui ont tous été rendus après le décès de l'un des conjoints, & au profit des héritiers du prédécédé ; parce que la communauté étant diffoute & finie par la mort, & ne pouvant plus être rétablie, ni les chofes remifes en leur entier & au point auquel elles étoient lors de la féparation, il a fallu néceffairement confirmer ce qu'on avoit toléré, quoique nul & vicieux. Mais au fait de cette caufe, les deux conjoints, l'appellante & l'intimé, mari & femme, font encore vivans, capables de contracter communauté, & par conféquent de reprendre & rétablir celle qu'ils avoient contractée par leur contrat de mariage. La queftion a été ainfi jugée par un arrêt rendu en 1602, plaidant Me. Gallant au profit du fieur comte d'Auchy contre fa femme, quoique la fentence de féparation eût été rendue plus de vingt ans auparavant. On en efpere un femblable. Et conclut au mal jugé, & qu'émendant, la communauté foit déclarée continue entre les parties. Me. Pouffet de Montaubau pour les enfans d'un premier lit d'Efter Allard intervenans dit, qu'ils ont le plus grand intérêt en la caufe, parce que par la fentence de féparation de biens dont eft appel, ils demeurent privés de la continuation de la communauté contractée entre leur défunt pere & l'appellante leur mere ; & pour cette confidération conclut à ce que cette fentence, comme nulle, & faite pour les priver de la part ou du gain qu'ils euffent eu en la communauté de l'appellante leur mere & de l'intimé, foit infirmée. Me. Doublet pour l'intimé dit, que l'appellante fa femme fe laiffant emporter à l'avidité des enfans de fon premier lit, & tâchant d'avoir part à un profit & avancement qu'il tient de la libéralité du roi, & que fa vertu & fon courage lui ont acquis durant ces derniers mouvemens, étant capitaine d'une compagnie au régiment de Navarre, & de plus ayant eu le gouvernement de la ville de Montlimar, dont le roi lui a permis de tirer récompenfe, elle a pour ce feul fujet interjetté appel de la fentence de féparation de biens rendue entr'eux il y a plus de vingt-fix ans. Mais il eft évident qu'elle n'y eft pas recevable, parce que cette fentence a été exécutée de point en point en tous les chefs. Primò, il y a eu inventaire fait des meubles, titres & enfeignemens. Secundò, on a fait partage de ces meubles & des conquêts immeubles. Tertiò, l'appellante ne s'eft pas feulement féparée de biens d'avec l'intimé fon mari, mais encore de demeure & d'habitation, ayant eu depuis la fentence de féparation fon actuel & continuel domicile en une maifon qui lui appartenoit de fon propre, & dont elle a joui par fes mains jufqu'en 1625, & alors à caufe de fon grand âge elle l'a baillée à ferme, & a pris la qualité feparée de biens d'avec fon mari, & jouiffante de fes droits. Quartò, en 1609, elle a marié une fille de fon premier lit, à qui elle a conftitué dot en qualité de femme féparée de biens, & jouiffante de fes droits. Quintò, en 1627, en cette même qualité elle a fait une donation univerfelle de tous & chacuns fes biens à fes enfans, fe réfervant une fimple penfion viagere. Au

moyen de cette démiffion de tous fes biens elle ne poffede plus rien, & par conféquent ne peut rien apporter à la communauté qu'elle defire renouveller avec l'intimé fon mari, à qui elle ne doit pas envier un gain fi légitimement acquis au prix de fa vie & de fon fang, pour en enrichir des enfans d'un premier lit. En un mot, cette fentence de féparation de biens, quoique défectueufe en fa formalité, ayant néanmoins été volontairement exécutée en tous & chacuns fes chefs pendant l'efpace de vingt-fix ans, il n'y a aucune apparence en l'appel qui en eft interjetté. Les chofes ne font plus en leur entier, & ne peuvent être rétablies dans leur premier état. Le fils qui a répudié la fucceffion de fon pere, eft bien admis par la loi à s'en repentir & à la reprendre ; mais il faut que ce foit *rebus omninò integris*, & non pas attendre qu'un autre l'ait recueillie, *L. ult. C. De repud. vel abftin. haredit.* Le même fe pratique dans les féparations de biens. Il faut s'en défifter & fe plaindre *rebus integris*, & ne pas attendre vingt-cinq & trente ans, comme a fait l'appellante, pour prendre occafion & s'en fervir à fon avantage, en redemandant la communauté, fi elle l'eftime profitable, ou fe tenant à la féparation de biens, fi elle la reconnoît onéreufe. Cet artifice eft captieux & frauduleux ; auffi la cour l'a perpétuellement rejetté, & a confirmé de femblables fentences de féparation de biens exécutées par un fi long intervalle. Les arrêts en font notoires. Les plus célebres & les plus récens font celui rendu contre la veuve de M. Foucquet confeiller au parlement ; le fecond contre la veuve de Louvet, & le troifieme contre une veuve de Châlons en Champagne en 1626 feulement. Ils font tous fondés fur cette feule confidération du long-tems, par lequel les chofes ont tellement changé de face, qu'il eft impoffible de les rétablir en leur premier état ; & ils ne font point appuyés fur ce que l'avocat de l'appellante dit, que l'un des conjoints étoit décédé : car ce décès n'apportoit pas du changement & de la confufion aux chofes, mais le feul intervalle du tems qui confomme & bouleverfe tout. Et conclut à ce que la fentence de féparation de biens foit confirmée.

M. l'avocat général Talon dit, que comme les contrats de mariage, & les claufes qu'on y infere, notamment la communauté de meubles & acquêts, regarde l'intérêt du public ; auffi pour les réformer, retrancher, & principalement pour diffoudre cette communauté, il y faut procéder publiquement & folemnellement, articulant des faits de mauvais ménage & de diffipation de biens pardevant un juge compétent, & en faifant preuve claire & certaine avec celui contre qui l'on demande la féparation de biens. On ne peut y parvenir valablement par une autre voie, fur-tout par celle d'un mutuel accord & confentement, que l'un des mariés pourroit toujours extorquer facilement de l'autre pour parvenir à une féparation de biens, & en tirer un avantage indirect, & condamné par les loix & les coutumes. Il n'eft pas permis dans le chriftianifme de s'envoyer ainfi le libelle du divorce. *Libellum repudii bonâ gratiâ facti mifit ad uxorem, aut uxor ad maritum.* Cela feroit d'une conféquence trop périlleufe. *Mutuo amore fe invicem fpoliarent, venalia matrimonia forent*, comme parle la loi, défapprouvant les donations entre mariés. Ce feroit introduire la guerre & le divorce perpétuel dans les familles, au-lieu de l'amitié & l'affection conjugale qui y doit régner. La féparation de biens eft prudemment introduite pour fauver de la perte & du naufrage les biens de celui des conjoints qui n'eft point tombé dans le vice du mauvais ménage & de la diffipation, & pour donner moyen à la famille de fe maintenir & de fubfifter par cette garantie, & réferve de biens de l'un des mariés. Il faut donc néceffairement connoître du péril évident & de la ruine éminente des deux conjoints, fi l'on n'y donnoit ordre par le moyen de la féparation de biens, l'étant au vice du mauvais ménage de l'un diffipe & confomme tout le bien de l'autre. En cette caufe on n'a pas obfervé ces formalités & folemnités requifes ; mais ce qui s'eft fait & paffé depuis la fentence de féparation de biens

Tome I.

pendant vingt-fix ans entiers, la confirme fuffifamment, & fupplée valablement à tout ce qui regarde ces défauts de formalités. Après un inventaire, un partage actuel, une demeure & domicile féparé de vingt-fix ans, une jouiffance chacun de fes biens à part, une donation univerfelle de tous biens faite à fes enfans par l'appellante ; il n'y a nulle apparence de caffer la fentence de féparation de biens pour remettre les parties en communauté, parce que les chofes fe trouvent à préfent réduites à ce point de ne pouvoir plus être remifes en leur entier. Au-contraire il y a plutôt lieu de confirmer la fentence après tant d'actes & un fi long intervalle de tems.

LA COUR tant fur l'intervention des enfans du premier lit, qu'appel de la fentence de féparation de biens interjetté par la mere, mit les parties hors de cour & de procès ; fans dépens. Le 6 mars 1631, premier jeudi de carême, M. le premier préfident le Jay prononçant.

* Du Frefne n'a point mis le fait, ni les moyens, & on peut voir dans ce recueil *liv. 1. chap. 61.* l'arrêt du 13 juin 1619, & *liv. 2. chap. 93.* celui du premier décembre 1626.

CHAPITRE XII.

Officiers pourvus pour récompenfe de fervices faits à un évêché, ont été admis à les vérifier pour empêcher leur deftitution.

EN la même audience du 6 mars 1631, Me. Chappellier plaida la caufe de meffire Jean de la Fayette évêque de Limoges, appellant d'une fentence de meffieurs des requêtes du palais, par laquelle ils avoient maintenu & gardé maître Jean Grange, bailli & juge ordinaire de la ville de Mouftiers, le procureur fiscal du même bailliage, & le greffier, en l'exercice de leurs charges & offices ; & pour moyens d'appel dit, que meffieurs des requêtes du palais ont vraifemblablement fondé leur fentence fur ce que les intimés font pourvus pour récompenfe de fervices. Cela eft ainfi énoncé par leurs provifions, & fur ce que leurs peres & prédéceffeurs ont joui & exercé long-tems les mêmes charges de judicature. Mais ni l'un ni l'autre de ces moyens n'eft pertinent ni confidérable. Quant au premier, il faut faire diftinction entre un feigneur féculier qui poffede fon bien en toute propriété, & un feigneur eccléfiaftique, qui ne poffede les biens & feigneuries de l'églife qu'en cette qualité d'eccléfiaftique. Celui-là comme maître abfolu de la chofe, peut en difpofer librement, peut inftituer des officiers de judicature, & les pourvoir pour récompenfe de bons & agréables fervices, quoiqu'ils ne lui en aient jamais rendu aucun ; & en ce cas, fans entrer en la preuve de ces fervices, les provifions de l'office font entretenues comme bonnes & valables, faites pour caufe légitime, & un officier ainfi pourvu ne peut être aucunement deftitué de fon office, ni par celui qui l'a pourvu, ni par fon fucceffeur ; mais le feigneur eccléfiaftique n'étant que fimple ufufruitier du bénéfice, ne peut pas en ufer de même. Il peut feulement donner des provifions pour le tems de fa poffeffion ; & quoiqu'elles foient caufées pour récompenfe de fervices rendus, ou à fa perfonne, ou même au bénéfice, cela n'eft point confidérable, fi le pourvu n'en rapporte d'autre preuve que cette fimple énonciation contenue dans fes provifions, faite vraifemblablement en fraude, & pour rendre un officier perpétuel. *Videtur enim, eò quòd ille nifi revocabiliter inftitui poterat, hæc in fraudem legis, in litteris adjeciffe,* comme répond le jurifconfulte *in L. 27. De probatione.* & certain certainque l'énonciation ou affirmation de celui qui ne peut donner, vendre ou engager, eft entiérement inutile. Quant au fecond point de la longue poffeffion & de l'exercice des offices en queftion fait par les intimés & par leurs peres, elle n'eft pas non plus confidérable, puifque par ce moyen ils ont reçu &

tiré un plus grand profit de ces offices, & que cela n'empêche pas qu'on n'en foit deftituable *ad nutum.* La cour a confirmé l'une & l'autre de ces maximes par une infinité d'arrêts, & a décidé que la longue poffeffion & exercice d'un office n'eft point confidérable. *Nemo qui ad poffeffionem conductor accedit, diu alienas res tenendo, jus fibi proprietatis ufurpet,* L. 2. C. *De præfcript.* 30 vel 40 ann. & que l'énonciation des fervices rendus au bénéfice ne fuffit pas. Et conclut au mal jugé, & à ce qu'émendant la fentence, défenfes foient faites aux intimés de fe plus immifcer en l'exercice de leurs charges. Me. Pouffet de Montauban pour les intimés dit, qu'après une fi longue & jufte poffeffion des offices en queftion, tant par eux, que par leurs peres & aïeuls, ce leur eft une chofe fort rude de fouffrir maintenant l'injure d'une honteufe deftitution. Les provifions de leurs peres & aïeuls portent nommément qu'ils étoient pourvus pour récompenfe de fervices rendus pour la confervation des droits de l'évêché. Cette énonciation renouvellée dans les provifions données de tems en tems, & accompagnée d'un fi long exercice, doit fuffire pour marquer évidemment que ce ne font point des fervices imaginaires, recherchés pour donner couleur & appui aux provifions des intimés ; mais des fervices véritables, utiles & avantageux, pour la confervation & augmentation des droits de l'évêché. Les intimés ou leurs prédéceffeurs ont même fait & renouvellé trois ou quatre papiers terriers des cenfives & droits feigneuriaux : ce qui eft un fervice des plus grands & des plus utiles. Ils en auroient rapporté la preuve par écrit, comme auffi des autres rendus par eux à l'évêché, & pour la confervation des droits qui en dépendent, n'étoit qu'étant du reffort du parlement de Bordeaux, ils n'ont pu fi promptement y fatisfaire ; mais ils offrent de rapporter toutes ces preuves des fervices par eux rendus, & ils fupplient la cour pour cet effet de leur donner un délai compétent ; ce qui eft jufte, parce qu'étant pourvus pour une caufe fi légitime, il eft certain qu'ils n'ont pu être deftitués, ainfi que meffieurs des requêtes l'ont jugé par leur fentence. Et conclut à ce qu'elle foit infirmée.

M. l'avocat général Talon dit, que les maximes plaidées par l'avocat de l'appellant font véritables; qu'il y a grande différence entre un feigneur purement laïque & féculier, & un eccléfiaftique. Celui-là pouvant librement difpofer de fon bien, peut par conféquent pourvoir fes officiers à tel titre que bon lui femble, & la feule énonciation de fervices rendus eft tenue pour véritable & fuffifante pour empêcher la deftitution. Mais il n'en eft pas de même de l'eccléfiaftique, qui ne peut pourvoir un officier pour récompenfe de fervices rendus à fa perfonne, mais feulement rendus véritablement au bénéfice, & la feule énonciation de ces fervices faite dans les provifions n'eft pas fuffifante, mais il en faut rapporter d'autres preuves. C'eft ce que les intimés ne font pas, quoiqu'ils alleguent des faits plaufibles en apparence ; mais il leur eft facile d'en rapporter la preuve. Cependant leur longue poffeffion & l'exercice de leurs prédéceffeurs n'eft aucunement confidérable, & il ne fe rencontre rien qui les mette dans l'exception des maximes communes, qui permettent la deftitution des officiers qui ne font point pourvus à titre onéreux, à tous les eccléfiaftiques, & non à ceux qui font pourvus par réfignation ; ceux-ci étant tenus des faits & promeffes de leur réfignant, & obligés de maintenir les officiers pourvus par lui, foit pour récompenfe de fervices rendus à fa perfonne, ou autrement.

LA COUR avant que de faire droit fur l'appel, ordonna que les intimés rapporteroient dans trois mois la preuve des fervices prétendus rendus à l'évêché de Limoges, tant par eux que leurs prédéceffeurs ; pour ce fait, être rendu droit aux parties, ainfi que de raifon ; ledit jour 6 mars 1631.

* Du Frefne, & Brodeau après lui, *lett. O. fomm.* 2. n'ont point mis le fait dans toutes fes circonftances.

☞ *Vide* le premier chapitre du premier livre.

CHAPITRE XIII.

Cause appointée au châtelet, dont la cour n'a voulu croquer le principal, pour un bénéfice vacant par mort au mois de janvier, contentieux entre quatre gradués nommés ; l'un plus ancien, que l'on prétendoit rempli, l'autre simple maître ès arts plus ancien que les deux autres, mais insinué par un titre non fondé de procuration spéciale ; les troisième & quatrieme docteur & bachelier en théologie, moins anciens que les deux premiers.

Au mois de janvier de l'an 1629, une prébende canoniale étant demeurée vacante par le décès du titulaire dans l'église collégiale de la ville de Gerbroy, quatre gradués nommés fur l'évêché de Beauvais, duquel dépend la collation de cette prébende, s'en firent pourvoir ; savoir, maître Léon Pilon bachelier en théologie ; maître Simon du Vivier maître ès arts, Me. Antoine Gerard bachelier en théologie, & Me. Pierre Aucousteau docteur en théologie. Il y eut procès entr'eux pour raison du possessoire de cette prébende pardevant le prévôt de Paris ou son lieutenant civil, lequel appointa les parties en droit à écrire & produire fur le possessoire de la chanoinie ; & cependant ordonna que toutes choses demeureroient en état, en donnant caution par Aucousteau, qui étoit en possession du bénéfice. Du Vivier en interjetta appel, pour lequel Me. Martinet dit, qu'en apparence il a affaire à trois parties, & toutefois qu'il n'en a qu'une seule véritable, qui est Aucousteau, lequel a suscité les deux autres, Pilon & Gerard, pour inquieter & troubler l'appellant, & tâcher d'emporter fous son nom le bénéfice contentieux, ayant bien reconnu qu'il n'y peut espérer aucune chose. Pour cette considération il veut combattre ces trois adversaires séparément, & faire voir que ni l'un ni l'autre ne peut rien légitimement prétendre en ce bénéfice contentieux. Quant à Me. Léon Pilon, véritablement il est le plus ancien des quatre gradués nommés, qui prétendent le bénéfice, parce qu'il est gradué nommé de l'université de Paris dès l'an 1606, & qu'il s'est fait insinuer fur l'évêché de Beauvais depuis l'an 1609, mais en vertu de son degré il a obtenu une cure de plus de six cents livres de revenu ; & par-là il est rempli, & ne se peut plus servir du privilege de son degré pour obtenir un autre bénéfice, parce que dès qu'on s'en est une fois servi, & que l'on a obtenu un bénéfice, de quelque valeur qu'il soit, le privilege du degré demeure éteint & conformmé, & fans aucune force ni vertu. On fait deux objections. L'une, que Me. Léon Pilon a réfigné ce bénéfice : mais cela n'empêche pas qu'il ne soit rempli *in vim gradûs* ; & s'il étoit permis aux gradués d'obtenir tous les bénéfices qui vaqueroient aux mois qui leur sont affectés, & puis les réfigner, il se pourroit commettre une infinité d'abus & de fraudes fous ce prétexte ; & au-lieu que le privilege des gradués leur est donné pour récompense de leurs études, & pour l'utilité du public, il tourneroit en un trafic honteux, à la perte & au défavantage de toute l'église. Me. Léon Pilon a fi bien reconnu cette replétion, qu'il a demeuré plus de quinze ans fans daigner renouveller l'insinuation de ses degrés. Il l'a seulement fait en 1618, l'année auparavant que le bénéfice contentieux foit venu à vaquer, & il a attendu à se faire pourvoir cinq mois & demi après cette vacance arrivée : ce qui montre manifestement qu'il s'en est fait pourvoir à la priere & sollicitation de Me. Pierre Aucousteau pour l'en accommoder, au cas qu'il y fût maintenu ; ainsi il n'y peut rien prétendre. A l'égard de Me. Antoine Gerard, il est seulement gradué nommé en 1619, & insinué peu après fur l'évêché de Beauvais. Me. Pierre Aucousteau n'est non plus gradué nommé qu'en 1624, & insinué au même tems fur cet évêché. Au contraire Me. Simon du Vivier appellant est gradué nommé de l'université de Paris dès l'an 1614, & insinué au même tems

fur l'évêché de Beauvais. Par conséquent ni Gerard ni Aucousteau, comme postérieurs en date de nomination & insinuation de plusieurs années, ne peuvent prétendre aucune chose au bénéfice contentieux. A cela on objecte : *Primò*, que Me. Pierre Aucousteau est docteur en théologie, & qu'ainsi comme beaucoup plus qualifié que l'appellant, qui n'est que simple maître ès arts ; il doit être préféré en la collation du bénéfice dont est question, quoiqu'il se trouve postérieur en nomination & insinuation. *Secundò*, on objecte, que Me. Simon du Vivier appellant n'a point passé une procuration spéciale pour requérir la réitération de l'insinuation de ses degrés & nomination ; & l'on prétend que cela importe une telle nullité, qu'il ne peut jouir du bénéfice & du privilege de son degré ; mais qu'il en doit être privé par ce manquement & cette omission. *Tertiò* on objecte, que la prébende contentieuse est sacerdotale, & que l'appellant n'étant pas prêtre, il en est par conséquent incapable ; à quoi l'on répond, & par ordre. Quant à la premiere objection, que quoique la théologie soit la plus relevée & la plus sublime de toutes les sciences, comme ayant pour son objet ce trésor des sciences, ce soleil de justice, cette lumiere imperceptible, cette bonté infinie ; néanmoins quant à la prérogative des degrés, elle n'a aucun privilege ni préférence aux autres sciences par la disposition du concordat, qui a établi ce droit & privilege pour les gradués généralement, en quelque science & faculté que ce soit. Le concordat à estimé qu'il n'y a point de science qui ne porte fa recommandation, & qui ne mérite son privilege ; & il a voulu que chacun y fût admis & conservé selon l'ordre, le rang & la priorité de nomination & insinuation, fans considérer qui est le plus qualifié des gradués nommés & insinués, mais seulement qui est le plus diligent, le premier nommé & insinué fur le bénéfice contentieux : autrement les docteurs en théologie emporteroient tous les bénéfices, & ce seroit obliger les écoliers à prendre nécessairement des degrés en théologie, quoiqu'ils n'en fussent pas capables, & précipiter ainsi leurs études pour tâcher d'obtenir quelque bénéfice. La seule exception du concordat est, quand il y a concurrence de nomination en une même année entre un docteur en théologie & un maître ès arts ou autre inférieur en degré à un docteur en théologie ; alors le concordat a ordonné que le docteur en théologie l'emporte pardessus les autres moins qualifiés que lui : mais hors de cette exception, qui confirme la regle générale, la priorité de date, de rang & d'ordre est perpétuellement observée. Quant à la seconde objection, on répond que l'insinuation des degrés & nomination de l'appellant a été bien & duement réitérée par le même procureur, qui a eu foin & charge de faire faire la premiere. Il n'est point nécessaire qu'on soit fondé pour cela de nouvelle procuration spéciale ; mais l'approbation & ratification que fait celui, au nom duquel on insinue, est suffisante, d'autant plus que ce renouvellement d'insinuation n'est qu'une simple formalité peu nécessaire, qui n'altere ni ne change en rien la qualité ni le privilege des degrés. Quant à la troifieme & derniere objection, il n'y a aucune preuve au procès, que la prébende dont est question, soit sacerdotale. Tout ce qu'on en rapporte, est qu'elle est chargée de la célébration de quelques messes ; mais cela n'est pas suffisant pour la rendre sacerdotale. Il faudroit qu'elle fût sacerdotale de fondation ; autrement il suffit d'avoir atteint l'âge pour être pourvu au sacerdoce dans un an, *Cap. Si qui. De præbendis. in Sexto.* Les arrêts ont jugé, que pour tenir légitimement une prébende dans les églises collégiales, il suffit d'avoir atteint l'âge de dix ans ; ainsi deux quatre contendans & aspirans au bénéfice contentieux, l'appellant se trouve avoir le meilleur droit & le plus apparent. Quoiqu'il soit en apparence le moins qualifié, il est en effet le plus capable. Les Egyptiens tout mystérieux prenoient pour hiéroglyphe de la science un crible ; soit parce qu'elle discerne la vérité de la fausseté & le bon grain du mauvais & de l'ivraie ; soit parce

1632.

que la science n'est jamais acquise à tel point de capacité, qu'il n'en reste encore plus à apprendre que ce qu'on sait. *Omnes adhuc discere possunt, & omne artificium semper incrementum recipit*, L. De leg. 3. Mais à l'égard des graduez, on peut dire avec justice, que leur science & leurs degrés sont comme le crible, comme la cuve des Danaïdes, parce qu'ils ne sont jamais remplis, prétendant à autant de bénéfices qu'il s'en présente : ce qui n'est pas raisonnable. Et conclut au mal jugé, & à ce qu'émendant, l'appellant soit maintenu & gardé en la possession & jouissance de la prébende canoniale contentieuse, avec restitution de fruits & dépens. Me. de Montholon pour Me. Pierre Aucousteau l'un des intimés, dit que le prévôt de Paris ayant considéré le nombre des prétendans au bénéfice en question, & la diversité des faits par eux alléguez, il a eu juste sujet d'appointer la cause en droit, & cependant d'ordonner qu'Aucousteau intimé jouiroit, comme étant le plus qualifié, & ayant le titre le plus apparent, & même le plus certain, le plus canonique. Quant à Me. Simon du Vivier, il n'est que simple maître ès arts, degré si peu qualifié & si peu considérable, qu'il ne mérite pas d'être mis en comparaison avec celui d'un docteur en théologie, ni par conséquent d'entrer en lice & de combattre pour la préférence. La disposition du concordat bien entendue y est expresse. Il se doit interpréter de la concurrence du docteur en théologie avec le maître ès arts ou autre en la même année d'insinuation, & non de nomination. Cela étant, il se trouve que Me. Pierre Aucousteau est en concurrence d'année d'insinuation avec Me. Simon du Vivier : par conséquent il lui est préférable. *Secundò*, du Vivier n'est que simple clerc tonsuré, quoique la prébende soit sacerdotale de fondation, ainsi qu'il le justifie au procès par plusieurs extraits, par lesquels il paroît qu'elle est chargée d'une messe par chacun jour : ainsi il est incapable de la desservir ; étant certain par la disposition des arrêts, qu'il faut être prêtre actuellement lors de la provision de ces sortes de bénéfices. *Tertiò*, il a réitéré l'insinuation de ses degrés & de sa nomination par une personne qui se disoit son procureur, quoiqu'il n'eût aucune charge ni procuration spéciale pour requérir cette insinuation, d'où résulte une nullité tellement essentielle, que par ce seul défaut il est incapable d'obtenir ce bénéfice *in vim gradûs*. A l'égard de Me. Léon Pilon, il est rempli, ayant obtenu la cure de Chevrieres *in vim gradûs*. Ainsi le privilege de son degré est consommé, & il ne peut pas s'en servir pour la seconde fois, & obtenir un autre bénéfice *in vim ejus gradûs*. Enfin, quant à Me. Antoine Gerard, il ne représente pas seulement ses lettres de gradué : c'est pourquoi il est inutile de s'arrêter à contester avec lui. Et conclut au bien jugé ; & au cas qu'il plaise à la cour d'évoquer le principal, que Me. Pierre Aucousteau sera maintenu & gardé en la possession du bénéfice contentieux. Me. Massac pour Me. Antoine Gerard dit, qu'il a communiqué tous ses titres & capacitez, qui sont en très-bonne forme. Pour ce qui est de Pilon, il est rempli ; par conséquent le privilege de son degré cesse. Quant à du Vivier, il n'a pas réitéré l'insinuation de ses degrés & nomination par un procureur fondé de procuration spéciale. Cela est néanmoins absolument nécessaire, & la simple ratification ne réhabilite point ce manquement. Rebuffe & M. Guimier sont de cet avis, & plusieurs autres docteurs modernes, qui ont traité des matieres bénéficiales. A l'égard d'Aucousteau, il est de beaucoup postérieur quant au tems, au rang & à l'ordre de nomination & d'insinuation ; ainsi il ne peut rien espérer ni prétendre au bénéfice à son préjudice, étant certain, qu'entre les graduez on ne considère point ceux qui ont des degrés plus qualifiés & plus éminens & en une science plus relevée que l'autre ; mais seulement on s'arrête à voir & examiner celui des graduez, en quelque science & par quelque degré que ce soit, qui a été le plus diligent, qui le premier a été gradué nommé, & qui a fait plutôt insinuer ses degrés & capacitez. C'est à celui-là comme au premier en rang

& en ordre, qu'est affecté le bénéfice vacant, à l'exclusion de tous les autres graduez, quoique beaucoup plus qualifiés. Ainsi quoiqu'Aucousteau eût le degré de docteur en théologie, néanmoins il ne peut pour être préféré à Gerard, qui le précede à l'égard du rang & de l'ordre ; pour lequel il conclut à la manutention du bénéfice. Me. de la Touche pour Me. Léon Pilon dit, qu'il est le plus ancien des quatre graduez nommés qui contestent pour le bénéfice contentieux ; ainsi il n'y a nulle difficulté qu'il doit être préféré en sa possession, à l'exclusion de tous les autres. On ne lui objecte autre chose, sinon qu'il est rempli ; mais cela n'est aucunement considérable, parce qu'il y a long-tems qu'il a résigné & permuté le bénéfice qu'il avoit obtenu *in vim gradûs*. D'ailleurs ce bénéfice étoit de la valeur seulement de deux cents livres de revenu, & là-dessus il y avoit une pension de quatre-vingts livres. Cela étant considéré, on ne lui peut objecter aucune replétion ; ainsi il doit être maintenu & gardé en la possession du bénéfice contentieux.

M. l'avocat général Talon dit, que le bénéfice contentieux ayant vaqué par mort au mois de janvier notoirement affecté aux graduez nommés, il n'est point nécessaire d'examiner lequel des quatre contendans a été le plus diligent à se présenter pour obtenir le bénéfice, & qui le premier en a été pourvu ; parce que le mois de janvier étant un mois de rigueur, auquel il n'y a point lieu de gratification, & où le collateur a les mains tellement liées, qu'il doit conférer nécessairement, & non point volontairement : *Facultas necessariæ collationis : quid est enim quòd de suo relinquat, qui quod restituit, omnino reddere debuit*, L. *Unum*. 61. De leg. 2. Il suffit que tous les graduez nommés sur ce bénéfice se soient présentés pour en être pourvus, dans les six mois prescrits par le concordat à compter du jour de la vacance du bénéfice. Pendant cet intervalle de six mois, *qui sunt fatalia tempora*, chaque gradué qui a intérêt, & prétend droit au bénéfice, peut être averti & se présenter pour déduire son intérêt & soutenir son droit ; le faisant dans le dernier des six mois, il est aussi bon & valable, comme s'il l'avoit fait dès le moment que le bénéfice a vaqué. Non sunt arctandi, *qui ad propria bona veniunt*, dit la loi parlant des enfans *qui petunt bonorum possessionem paternorum*. On peut dire que les graduez requérans & demandans des bénéfices en vertu de leurs degrés, *veniunt ad bonorum possessionem secundùm tabulas* ; ils demandent ce qui leur appartient légitimement & comme héréditairement, c'est-à-dire, le fruit & la récompense de leurs veilles, de leurs études, de leurs travaux, *merces eximii laboris*, comme l'appelle la loi. Ils demandent le payement de leur légitime, dont on ne les peut aucunement priver. *In tam necessariis personis sub liberalitatis appellatione debitum naturale persolvitur*, comme parle la loi. Ainsi il est inutile d'examiner & remarquer les dates des provisions de chacun des contendans, parce qu'ils sont tous pourvus dans les six mois fixés par le concordat. Mais il est nécessaire d'examiner séparément leurs titres & leurs capacités. Quant à Me. Léon Pilon, il est le plus ancien gradué des quatre contendans ; mais il est trop ancien, & il a comme abandonné son droit, ayant discontinué un si long tems sans procurer la réitération de l'insinuation de ses titres, capacités & nomination ; ce qui est une marque infaillible qu'il reconnoissoit bien qu'il étoit rempli, & que le privilege de son degré devoit cesser par le moyen des bénéfices qu'il avoit obtenus en vertu d'icelui. On ne doit pas avoir égard à ce qu'il a résigné ou permuté ses bénéfices, parce que les ayant obtenus *in vim gradûs*, & en étant demeuré paisible possesseur, il n'a pu s'en démettre volontairement pour en profiter ou en gratifier un tiers, afin de faire revivre l'effet & le privilege de son degré, qui étoit demeuré consommé & éteint par le moyen de la provision & paisible possession de ces bénéfices. De souffrir cette ouverture, les suites en seroient trop dangereuses : ce seroit autoriser une fraude manifeste, & abandonner tous les bénéfices aux brigues, au trafic & à

l'ambition

l'ambition des gradués ; au-lieu qu'on leur a feulement voulu procurer un honnête entretien , & non pas donner lieu à un commerce de bénéfices & à un profit illicite. Ce qui refte en ce point , c'eft que Me. Léon Pilon foutient que le bénéfice qu'il avoit obtenu *in vim gradûs* , étoit de la valeur feulement de deux cents livres de revenu , dont il falloit défalquer quatre-vingts livres pour une penfion homologuée en cour de Rome, d'où il infere qu'on ne peut pas dire qu'il fût rempli. La preuve de ce point confifte en fait. On ne rapporte cependant aucuns baux à ferme de ce bénéfice : ainfi on n'en peut pas favoir la jufte valeur. Quant à la refolution des gradués, elle eft bien certaine , par l'ordonnance de 1606 , faite pour l'explication du doute qui fe trouvoit dans le concordat, à caufe qu'il ufe du mot de *florins* , qui eft une efpece de monnoie qui n'eft point connue ni ufitée en ce royaume. Pour cet effet l'ordonnance de 1606, afin de lever toute la difficulté qui naiffoit de la diverfité des explications de ce mot, & de la valeur de cette monnoie , a réduit & limité la valeur des bénéfices que les gradués ont obtenu *in vim gradûs* , à la fomme de quatre cents livres. Par le moyen de cette fomme ils font cenfés fuffifamment remplis , & avoir de quoi s'entretenir honnêtement , fans avoir plus befoin de fe fervir de l'effet & du privilege de leurs degrés pour obtenir d'autres bénéfices de plus grand revenu , plus fuperflu que néceffaire. Par la difpofition de la même ordonnance le privilege des degrés ceffe & demeure fans effet , quand le gradué poffede fix cents livres de revenu en bénéfices. Quoiqu'il ne les ait pas obtenus *in vim gradûs* , néanmoins il eft cenfé fuffifamment rempli & avoir de quoi s'entretenir honnêtement , fans qu'on lui doive permettre de fe fervir du privilege de fes degrés pour obtenir d'autres bénéfices. Mefurant la replétion des gradués par la difpofition de cette ordonnance, qui en eft la regle certaine , on ne voit pas affez clairement, fi Me. Léon Pilon étoit rempli ou non; ainfi à fon égard il eft difficile de donner jugement en la caufe. Quant à Me. Simon du Vivier , qui eft le fecond en caufe & en priorité de date de nomination & infinuation , on lui fait trois objections. La premiere, qu'il n'eft que maître ès arts , & qu'ainfi il doit céder à un docteur en théologie. La feconde qu'il n'eft que fimple clerc tonfuré , & que le bénéfice contentieux eft facerdotal. Et la troifieme , qu'il n'a pas requis la réitération de l'infinuation de fes degrés & capacités par un procureur fondé de procuration fpéciale. A l'égard de la premiere , quoique le doctorat en théologie foit un degré beaucoup plus éminent & infiniment relevé à caufe de fon objet fuprême , pardeffus celui d'un fimple maître ès arts ; cependant ceux qui ont trouvé raifonnable de gratifier les lettres & favorifer les gradués, n'ont pas eu cette intention de préférer perpétuellement ce premier à celui-ci. Ils ont eu feulement pour but d'inviter & d'exciter également les uns & les autres à embraffer ardemment les lettres , leur propofant pour prix & pour récompenfe les bénéfices qui leur font affectés , fans autre préférence ni prérogative que celle de l'ordre & de la priorité du tems. C'eft par cela feul qu'on doit mefurer leur privilege , & non par l'éminence d'un degré au-deffus de l'autre ; autrement il faudroit effacer les termes des ordonnances conçus fi clairement , que perfonne n'en peut douter ; & ce feroit introduire le défordre & la confufion parmi les gradués. Les plus qualifiés en degré & en parchemin ne font pas toujours les plus capables. Enfin l'exception du concordat n'eft que pour un feul cas : favoir quand il y a concurrence d'année. Alors , parce que la priorité de date eft de fi peu de tems , qu'elle n'eft prefque point confidérable, le docteur eft avec raifon préféré au maître ès arts ; mais hors

de cette exception nulle préférence. Quant à la feconde objection touchant la qualité du bénéfice , il n'y a aucune preuve au procès qu'il foit facerdotal de fondation. Si cela étoit , il n'y auroit aucun doute qu'il faudroit être actuellement prêtre pour en pouvoir être canoniquement pourvu , jufques-là même que fi le pape en avoit difpenfé , la cour diroit qu'il y auroit abus en l'exécution d'un tel refcrit. Tout ce qu'on rapporte , eft que ce bénéfice eft chargé de la célébration de plufieurs meffes ; mais cela ne le rend pas facerdotal de fondation , & ne le met point hors de la regle commune : *Beneficium datuᴺpropter officium.* Il y a peu de bénéfices qui n'aient de pareilles charges de célébration de meffes ; & néanmoins ils peuvent être tenus & poffédés par toutes perfonnes qui peuvent être promues aux ordres de prêtrife dans le tems prefcrit par le droit canon ; & même abfolument parlant , pour poffeder de pareils bénéfices , il n'eft pas néceffaire d'être prêtre : auffi il fe voit au procès que de fimples clercs ont poffédé la prébende contentieufe. Quant à la troifieme objection , ce n'eft pas une petite difficulté de favoir , fi pour requérir valablement la réitération de l'infinuation des titres & capacités d'un gradué , il faut que le requérant foit fondé de procuration fpéciale du gradué ; ou bien s'il ne fuffit pas que ce procureur fondé de mandement général ou de pouvoir verbal feulement , foit avoué par le gradué , dont il a fait infinuer les capacités. Sur cette difficulté les docteurs fe font trouvés partagés ; mais la meilleure & la plus faine opinion eft , qu'il faut que celui qui requiert la réitération de l'infinuation des titres & capacités du gradué , foit fondé de procuration fpéciale ; parce que cette réitération d'infinuation étant une nouvelle requifition & demande du bénéfice qui vaquera le premier , par le moyen de laquelle il eft tellement affecté à ce gradué , qu'il ne peut être conféré à aucune autre perfonne , il eft néceffaire que cette demande fe faffe par celui qui veut être pourvu du bénéfice , ou en perfonne , ou au moins par procureur fondé de procuration fpéciale , ainfi qu'on le fait à la requifition des autres bénéfices : autrement fi l'on fe contentoit d'une fimple & feule ratification , qu'on ne refuferoit jamais , puifque l'infinuation tourneroit perpétuellement au profit de celui au nom de qui on la feroit , on pourroit commettre une infinité de fraudes qui retomberoient au dommage propre des gradués. Au particulier , il fe trouve que celui qui a requis la réitération de l'infinuation , eft le même qui a procuré la premiere infinuation des titres & capacités ; mais ce premier mandement n'eft pas fuffifant. Quant à Gerard & Aucoufteau , étant les deux derniers en ordre de nomination , leur droit & efpérance au bénéfice dépend de l'examen des défauts objectés contre Pilon & du Vivier , qui ne font pas fort faciles à être décidés fur le champ ; ainfi l'appointement en droit rendu par le prévôt de Paris n'eft que fort à propos , excepté qu'en la forme il y a quelque chofe à redire en la prononciation de la fentence , en ce qu'il a dit , *toutes chofes demeurant en état* , *en baillant caution;* parce qu'il faut prononcer par pleine maintenue , recréance ou fequeftre. Il a en effet prononcé une récréance , & il y a lieu de confirmer la fentence , ou d'évoquer & appointer au confeil fur l'appel & fur le principal en droit & joint.

LA COUR fans s'arrêter à la requête pour l'évocation du principal , mit l'appellation au néant ; ordonna que ce dont étoit appel , fortiroit fon plein & entier effet, & renvoya les parties pardevant le prévôt de Paris ; tous dépens réfervés. Le lundi 10 mars 1631 , à l'ouverture du rôle de Paris , les lieutenans civil & particulier & confeillers du châtelet y affiftans à l'accoutumée, M. le premier préfident le Jay prononçant.

1631.

CHAPITRE XIV.

Communauté entre mariés est irrévocable pendant le mariage, & la donation faite par la femme du droit qu'elle y a, aux enfans d'un premier lit de son mari, est réputée avantage indirect au mari sous l'interposition des enfans.

Robert du Bois, maître sellier lormier de la ville de Paris, ayant cinq enfans du premier lit, contracta un second mariage avec Marguerite Mauregard, aussi veuve, mais qui n'avoit aucuns enfans. Par le contrat de mariage passé en 1613, il fut convenu qu'inventaire seroit fait des meubles que chacun des futurs époux avoit en son particulier, & qu'ils leur demeureroient propres, sans entrer en la communauté stipulée par le même contrat, laquelle seroit composée des meubles & conquêts immeubles qui seroient acquis constant le mariage seulement, & arrivant le prédécès du mari, la veuve seroit douée de quatre-vingts dix livres de rente annuelle & pension viagere. En exécution de ce contrat, inventaire fut fait des meubles de l'un & de l'autre des mariés. En 1622, la communauté se trouvant fort riche & opulente par la bonne économie des mariés, il se passe un contrat, par lequel Marguerite Mauregard se désiste de la part & portion qu'elle eût pu prétendre & espérer en la communauté d'entre son mari & elle, & de cette part & portion de communauté, elle en fait donation entre vifs irrévocable à Pierre & Catherine du Bois présens, stipulans & acceptans, tant pour eux que pour Jean, Jacques & Genevieve du Bois leurs freres absens, qui étoient les cinq enfans du premier lit de Robert du Bois, en considération des bons & agréables services qu'elle avoit reçus d'eux, & qu'elle espéroit d'en recevoir; & moyennant ce départ & donation de portion de communauté, Pierre & Catherine du Bois, tant pour eux que pour leurs trois autres freres, s'obligent solidairement, le décès de leur pere étant avenu, de rendre & restituer à Marguerite Mauregard la somme de cinq mille livres, à laquelle se montoient les meubles inventoriés lors de son mariage; plus de lui payer la somme de quatre-vingts dix livres de pension viagere pour son douaire; & en outre la somme de cent douze livres de pension annuelle, sa vie durant. Contre ce contrat ainsi passé en 1622, ladite Mauregard voyant son mari malade, en 1629 obtint lettres pour le faire casser, fondées sur la force, violence, révérence maritale & impressions dont du Bois son mari s'étoit servi pour lui persuader de se départir de la communauté de meubles & acquêts immeubles qu'elle avoit avec lui, & d'en faire donation aux enfans de son premier lit. Elle contesta contr'eux sur l'entérinement de ces lettres pardevant le prévôt de Paris ou son lieutenant civil; & le mari étant décédé pendant cette contestation, sentence intervint, par laquelle le prévôt de Paris ordonna que la donation seroit entretenue & exécutée par provision; & au principal sur les lettres, il régla les parties à écrire & informer des faits y contenus, dont ladite Mauregard interjetta appel. Pour elle Me. Jobert dit, que cette cause fournit un nouvel artifice pour priver une femme de ses conventions matrimoniales, & la dépouiller de sa part de la communauté. Le mari ayant été averti qu'il ne pouvoit le faire valablement en sa personne & à son profit ouvertement, a tâché de le faire indirectement par l'interposition de la personne de ses enfans du premier lit, qui sont les intimés; mais le vice & la nullité n'en sont pas moins grands ni moins visibles. Il ne faut point de preuve des faits de violence, persuasion & impression de la part du mari pour extorquer quelque chose de sa femme: c'est une présomption qui procede des entrailles de la nature, & qui est confirmée par la loi. Le seul respect, la seule révérence & l'appréhension que la femme a de déplaire à son mari, & d'encourir son indignation, fait qu'elle lui accorde

volontiers tout ce qu'il desire d'elle. Pour cette raison la loi appréhendant que cette vénalité & ce commerce ne se glissât dans le mariage, & n'en bannît l'amour & l'affection, qui en sont les vrais & seuls cimens, pour y introduire la haine & le divorce, a prudemment interdit & prohibé toutes sortes de dons & d'avantages soit directement ou indirectement par le moyen de quelques personnes interposées, entre les mariés, constant leur mariage. Cette présomption de droit témoignant assez, que le mari de l'appellante a extorqué d'elle cette donation sous le nom & à l'avantage de ses enfans, elle a estimé qu'il ne lui étoit point nécessaire d'en rechercher des preuves plus amples, mais qu'il lui suffisoit de présenter requête pour l'évocation du principal. Elle soutient être bien fondée. Primò, parce que c'est un mari qui a extorqué cette donation de sa femme. Secundò, parce que c'est une contravention manifeste au contrat de mariage, dont toutes les clauses & conventions sont autant de loix domestiques & familieres apposées de l'avis des parens communs des parties. Par conséquent, il n'est pas permis dans la suite de les changer, innover ni altérer en aucune façon: de sorte que l'appellante par son contrat de mariage ayant commune en meubles & conquêts immeubles avec son défunt mari, on n'a pu valablement la faire renoncer à cette communauté de la valeur de plus de trente mille livres, pour une pension viagere modique de cent douze livres seulement, la lésion étant trop énorme & manifeste. Tertiò, la donation prétendue être nulle, faute d'acceptation valable de la part de Jean, Jacques & Genevieve du Bois, au nom & profit desquels Pierre & Catherine du Bois ont accepté, comme il résulte de la donation. Mais cette acceptation n'est pas valable, parce que suivant l'ordonnance il faut que toutes donations soient acceptées par les donataires en personne, ou par procureur spécialement fondé: ce qui n'a point été fait de la part de Jean, Jacques & Genevieve du Bois. Ainsi la donation est nulle à leur égard. Il est inutile de dire que la donation est faite aux cinq freres conjointement sans distinction ni assignation de parts ni portions; & par conséquent que quand même Jean, Jacques & Genevieve du Bois se trouveroient incapables de recueillir leur portion de cette donation, elle accroîtroit & appartiendroit à Pierre & Catherine du Bois leurs freres, jure accrescendi, comme ayant bien & valablement accepté la donation. La raison est, que c'est une maxime très-certaine en droit, que in contractibus non est locus juri accrescendi; L. Si mihi & Titio. 100. De verb. obligat. L. 1. De usufructu accrescendo, & ibi Doct. Speculat. De donation. verbo, Quid si pluribus. Guid. Pap. qu. 204. Enfin personne ne doute de cette maxime, in contractibus merè lucrativis, comme sont toutes les donations. On objecte à ce défaut, que l'appellante étant encore vivante, les donataires peuvent encore valablement accepter. Mais la réponse est, qu'ils eussent pu valablement accepter, avant que l'appellante se fût pourvue contre la donation; mais qu'ayant attendu qu'elle ait obtenu des lettres pour la faire casser, ils ne sont plus recevables d'alléguer ce moyen. Quartò, la donation est nulle faute de tradition réelle & actuelle, ou en tout cas feinte & civile par rétention d'usufruit, constitut, précaire ou autrement. Il a conclud au mal jugé, & à ce que la cour évoquant le principal, & entérinant les lettres, les parties soient remises en tel état qu'elles étoient auparavant la donation. Me. Chamillart pour les intimés dit, que le contrat dont est question, n'est pas une donation pure & simple, mais plutôt une convention obligatoire de part & d'autre, beaucoup profitable & avantageuse à l'appellante, que l'on contraint de plaider contre son gré, au-lieu que par-là elle s'étoit mise en repos & hors de tout risque & péril. Considérant que son mari n'avoit aucuns immeubles, mais seulement des meubles périssables, qu'il pouvoit vendre ou donner à qui bon lui sembleroit, & qu'ainsi elle n'avoit aucune assurance, soit pour la restitution de ce qu'elle avoit porté, qui revenoit à cinq mille livres, soit pour le payement de son douaire conventionnel, soit pour l'espérance du profit en la communauté, dont son mari pouvoit mésuser à son préjudice, & l'en priver entièrement ; elle a recherché la paffation de ce contrat pour fe mettre en affurance & hors de toute crainte, & elle l'a obtenu, ayant fait obliger folidairement les cinq intimés tant à lui payer les cinq mille livres pour la reftitution de fes propres, qu'au payement de fon douaire, & encore de cent foure livres de rente, pour l'efpérance du profit qu'elle eût pu avoir en la communauté de fon mari. Soit que l'on confidere ce contrat comme une convention fynallagmatique & une obligation réfiproque, ou bien comme une donation pure & fimple, il eft bon & valable. Comme convention fynallagmatique, parce qu'on a traité d'un droit de communauté douteux & incertain, dépendant abfolument de la volonté du mari ; c'eft pourquoi on en a pu traiter valablement, & quand il y auroit de la léfion, elle ne feroit pas confidérable, *L. De fideicomm. C. De pactis* ; mais il n'y a aucune léfion *ab eventu* même, la communauté ne fe trouvant que de vingt-cinq mille livres compofée de cédules & promeffes, la plupart infolvables ; & fur cette maffe il en faut déduire & défalquer plus de douze mille livres pour les propres tant du mari que de la femme. Comme donation, elle eft pareillement bonne & valable, parce que l'appellante n'ayant point d'enfans, elle a pu valablement donner fes biens à ceux de fon mari. Il ne l'a point violentée, intimidée, ni preffée à paffer ce contrat, ni à faire cette donation, & les faits qu'on a plaidés, font inventés fur le bureau, & hors des lettres, compofées de chofes vagues & incertaines. Auffi l'appellante fe défiant d'en pouvoir faire preuve, comme les fachant non véritables, elle a préfenté requête pour l'évocation du principal, dont les intimés demeurent d'accord. Quant aux nullités fondées fur le défaut d'acceptation & de tradition, elles ne font pas confidérables par plufieurs raifons. L'une, parce que Pierre & Catherine du Bois majeurs ont pu valablement accepter pour leurs trois autres freres mineurs ; & que quand la donation feroit nulle à l'égard de ces trois mineurs, faute d'acceptation valable, elle fubfifteroit pour le tout en la perfonne de Pierre & Catherine *jure accref-cendi*, étant faite à tous les donataires conjointement & fans affignation d'aucunes parts & portions. La maxime qu'allegue l'avocat de l'appellante, que *jus accrefcendi non habet locum in contractibus*, n'eft pas univerfellement véritable ; au-contraire il fe rencontre fouvent, que *in contractibus locum habet jus accrefcendi*, *maximè in contractibus fynallagmaticis & obligationibus reciprocis.* L'on peut rapporter plufieurs textes & plufieurs loix formelles qui le décident. La loi *Fundus, 64. De contrah. empt. & vendit.* y eft entr'autres toute formelle & précife. *Si Caius emat fundum fibi & Titio, perfona Titii eft fupervacua, & totius contractûs emolumentum ad Caium pertinet. Etiam in donationibus à principe factis locum habet jus accrefcendi, L. 1. Si liberal. Imper. fociux fine hærede decefferit, §. 10. C. Ad confortem potiùs folatium, quàm ad perfonam aliam pars decedentis pertineat, L. Thais. §. Stichus fervus, De fideicommiff. libertatib. L. Utrum. De effignat. liberti. L. Servus commiff. De auct. Tut. L. 1. De ftipulat. ferv.* Par toutes ces loix il paroît, que quoique régulièrement *jus accrefcendi locum non habeat in contractibus*, *tamen fallit in multis cafibus.* Ces cas font exprimés dans ces loix, fuivant lefquelles ou peut foutenir véritable, que ce droit doit avoir lieu au contrat dont eft queftion, puifque la charge & l'obligation folidaire de payer les fommes y contenues ne peut réfider en la perfonne de Pierre & de Catherine du Bois feuls ; & néanmoins leur retranchent les trois quints des chofes promifes & données par le contrat en récompenfe de cette obligation ; cela feroit contre toute juftice & équité : *Qui fentit commodum, fentiat & onus ; & qui fentit onus, fentiat & commodum.* Ce font les deux contrepoids qui tiennent & mettent la balance de la juftice en un perpétuel équilibre. Si l'un en eft ôté, cette jufteffe de la balance fe change dans le moment en injuftice. En un mot, ce font deux individus infeparables de la juftice. Or *in individuis perpetuò eft*

locus juri accrefcendi, par une néceffité procédant de la nature de l'individu, lequel autrement perdroit fa qualité effentielle. Quant à l'autre prétendue nullité, faute de tradition réelle ou civile des chofes données, elle n'eft non plus aucunement confidérable, parce qu'on ne donne rien de préfent, rien de certain & d'affuré, mais une efpérance douteufe, *jactum retis, aleam.* Ainfi on ne peut en faire autre tradition que par la ceffion des droits. Et conclut au bien jugé & à la confirmation du contrat.

LA COUR mit l'appellation & ce dont étoit appel, au néant ; évoqua le principal, & y faifant droit, ayant égard aux lettres, & icelles entérinant, remit les parties en tel & femblable état qu'elles étoient auparavant le contrat de donation, qu'elle caffa ; ce faifant, ordonna qu'il feroit procédé au partage des biens de la communauté entre les parties ; & fans dépens. Le lundi 17 mars 1631, M. le premier préfident le Jay prononçant.

* Du Frefne ne met ni le fait ni les moyens.

CHAPITRE XV.

Ancien gradué nommé ayant été pourvu de plufieurs bénéfices qu'il a depuis réfignés, eft cenfé les avoir obtenus en vertu de fes degrés ; & le défaut d'expreffion dans fes lettres des bénéfices qu'il poffédoit alors, eft une nullité.

UNe prébende canoniale de l'églife de faint Junien au diocefe de Limoges, ayant vaqué au mois de juillet de l'an 1618, deux gradués nommés fur cet évêché, favoir Me. François Fagona maître ès arts en l'univerfité de Paris, & Me. Michel Amaffelieure licencié en droit canon de l'univerfité de Poitiers, s'en firent incontinent pourvoir. Pour raifon du poffeffoire de cette prébende, il y eut procès entre eux pardevant le prévôt de Paris ou fon lieutenant civil, qui par fa fentence adjugea à Amaffelieure la récréance de la prébende. Fagona en interjetta appel, pour lequel Me. Maffac dit, qu'il a été mal jugé tant en la forme qu'au fond. En la forme, parce que fuivant l'ordonnance de 1539, il faut adjuger la récréance des bénéfices à celui qui a le droit le plus apparent, ce qui fe trouvoit en la perfonne de l'appellant plus ancien nommé gradué, & il falloit néceffairement lui adjuger la récréance de cette prébende, & non à l'intimé. Au principal, pour l'évocation duquel il y a requête, il n'y a pareillement point de difficulté que l'appellant ne doive être maintenu & gardé en la poffeffion & jouiffance de la prébende en queftion. Primò, il eft le plus ancien gradué nommé fur l'évêché de Limoges, dont dépend la collation de ce bénéfice : il eft gradué dès l'an 1597, & nommé incontinent après ; par conféquent fuivant les termes du concordat, qui veut que *antiquiori graduato nominato beneficium conferatur*, il n'y a aucun doute que l'appellant ne doive emporter le bénéfice, & être préféré à l'intimé, qui n'eft gradué nommé qu'en 1615 feulement, & qui par conféquent, fuivant les termes & la difpofition du concordat, ne peut prétendre aucune préférence au préjudice de l'appellant. Son droit étant ainfi établi dans la maxime générale & certaine, il faut fatisfaire aux objections qu'on lui fait. La premiere confifte en ce qu'on dit, qu'y ayant plus de trente ans que l'appellant eft gradué nommé, il ne peut plus fe fervir de la faveur & du privilege de fon degré. Mais cette objection eft ridicule, parce que la faveur & le privilege des degrés ne font point fujets à aucune prefcription, & l'on peut s'en fervir toutes fois & quantes que l'occafion s'en préfente, felon l'opinion de Rebuffe & des autres canoniftes. En effet, il fe peut faire que vingt & trente ans s'écouleront fans qu'il vaque aucun bénéfice aux mois des gradués de la collation de ceux fur lefquels quelque gradué fe fera fait nommer ; ainfi ayant perdu en l'attente de la vacance d'un bénéfice, il ne feroit pas raifonnable après trente ans de le déclarer non-recevable & déchu du privilege de fes degrés. La feconde objection

1631.

que l'on fait, eſt que l'appellant eſt nommé ſur quatre évêchés & ſur un grand nombre de chapitres & d'autres bénéfices qui y ſont ; mais cette objection n'eſt pas plus conſidérable que la précédente, étant certain qu'un gradué ſe peut faire nommer ſur tout autant de bénéfices que bon lui ſemble, afin d'être plutôt pourvu & rempli, & de pouvoir jouir plus promptement du privilege & de la grace attribuée à ſon degré. Cette nomination ſur pluſieurs bénéfices ne porte aucun préjudice à perſonne, & profite aux autres gradués poſtérieurs, le nommé de la ſorte étant par ce moyen plutôt rempli, & par-là leur cédant plutôt la place. La troiſieme objection eſt, que l'appellant par ces lettres de nomination ſur ces bénéfices, n'a point exprimé ceux dont il étoit alors pourvu ; mais cette objection n'eſt non plus d'aucune force. Il eſt vrai que le concordat a deſiré cette expreſſion ; mais ayant été reconnue inutile & entiérement ſuperflue, *per non uſum omninò abolevit*, l'on n'a point pratiqué le concordat en ce point, & l'on n'a eu aucun égard à cette formalité ſcrupuleuſe. La cour l'obſerve ainſi, & l'a jugé de la ſorte par un arrêt de cette année 1631, touchant le poſſeſſoire d'un bénéfice qui a vaqué aux mois des gradués. On faiſoit au pourvu *in vim gradûs* la même objection de nullité contre ſes lettres de nomination, faute d'y avoir exprimé les bénéfices dont il étoit alors pourvu : néanmoins la cour ſans avoir égard à cette objection comme non conſidérable, a maintenu le gradué en la poſſeſſion du bénéfice contentieux. La quatrieme objection qu'on fait à l'appellant, eſt qu'il eſt rempli, poſſédant pluſieurs bénéfices qui font ceſſer l'effet & le privilege de ſon degré ; ce fait n'eſt point véritable. Il eſt vrai que l'appellant a poſſédé pluſieurs bénéfices ; mais les ayant réſignés, ils ne peuvent lui être imputés & tenir lieu pour opérer la replétion, à l'effet d'empêcher le privilege de ſon degré. Il ne les avoit point obtenus en vertu de ſon degré, ainſi on ne doit pas y avoir égard, & ſur-tout au dernier dont il avoit été pourvu, qui, quoiqu'il eût vaqué aux mois des gradués, & qu'il l'eût requis en cette qualité, néanmoins il ne put l'obtenir, parce qu'il s'étoit trouvé que le titulaire avoit fait une démiſſion pure & ſimple entre les mains du chapitre, qui l'avoit admiſe avant ſon décès, ce qui empêchoit que les gradués n'y puſſent rien prétendre, ainſi que la cour l'a ſouvent jugé. Toutes les objections qu'on fait à l'appellant, font donc frivoles, impertinentes & non conſidérables ; mais il en fait une ſeule à l'intimé, à laquelle il n'y a point de réponſe. C'eſt qu'outre qu'il eſt le dernier gradué nommé, & qu'ainſi l'appellant lui eſt indubitablement préférable, il demeure d'accord qu'il poſſede une cure. Cette cure par la diſpoſition du droit canon exigeant réſidence actuelle, il s'enſuit qu'il ne peut pas demander un autre bénéfice qui requiere pareillement réſidence, comme ne pouvant naturellement réſider actuellement en deux divers endroits, & y ayant incompatibilité manifeſte entre ces deux bénéfices ; & conclut au mal jugé & à la pleine maintenue au profit de l'appellant, & à la reſtitution des fruits. M. Eſchinat pour l'intimé dit, qu'il demeure d'accord de la priorité de degrés & de nomination que l'appellant a ſur l'intimé. Mais bien-loin qu'il doive par-là gagner ſa cauſe, au-contraire il la doit perdre par le long eſpace de tems de trente-quatre ans qu'il y a que l'appellant eſt gradué nommé ſur quatre évêchés, & ſur cinquante-quatre chapitres, abbayes ou prieurés. En effet, il eſt vraiſemblable de préſumer & croire que les divers bénéfices dont il confeſſe avoir été pourvu, lui ſont avenus pendant ce tems-là *in vim gradûs*. S'il les a voulu réſigner pour en tirer penſion ou en gratifier quelqu'un, cela ne peut être en fraude & au préjudice de l'intimé & des autres gradués qui attendoient & eſpéroient la vacance de quelques bénéfices pour en jouir à leur tour. Ces ſortes de réſignations n'empêchent pas que l'appellant ayant une fois, en vertu de ſon degré, obtenu des bénéfices ſuffiſans, il ne ſoit perpétuellement cenſé rempli, quoiqu'il s'en démette volontairement; & par ce moyen l'effet & le privilege de ſon degré demeurent éteints & de

nul effet. Mais ces nullités ceſſantes, il y en a d'autres qui rendent l'appellant non-recevable & mal fondé en ſes prétentions. L'une eſt, que par ſes lettres de nomination il n'a point exprimé les bénéfices dont il étoit alors pourvu, ni leur valeur, quoique ſelon ſa propre confeſſion il en poſſédât en ce tems-là pour plus de ſix cents livres de revenu ; d'où réſulte une nullité tellement eſſentielle par la diſpoſition du concordat, que quand il n'y en auroit point eu d'autre, l'appellant n'eût pu ſe prévaloir & s'aider du privilege de ſes lettres de nomination. Cette diſpoſition du concordat touchant l'expreſſion des bénéfices dans les lettres de nomination, ſe pratique exactement, bien-loin d'avoir été abrogée, ainſi que l'avance l'avocat de l'appellant ; l'arrêt qu'il allegue, ne parle ni près ni loin de cette queſtion. Il eſt vrai qu'on a allégué cette nullité contre le gradué, mais on n'a pu faire voir qu'il eût aucuns bénéfices lors de ſa nomination ; ce qui confirme manifeſtement que cette diſpoſition d'expreſſion de la valeur des bénéfices requiſe par le concordat ſe pratique : autrement il eût été fort impertinent de l'alléguer pour nullité, & tâcher d'en faire la preuve. L'autre nullité eſt, que l'appellant ſe trouve encore à préſent tellement pourvu de bénéfices, qu'il eſt plus que ſuffiſamment rempli. Il eſt juſtifié au procès, qu'il jouit de plus de huit cents livres de revenu de bien d'égliſe ; ainſi il lui eſt de mauvaiſe grace de vouloir encore emporter la prébende en queſtion en vertu de ſon degré, & l'arracher des mains de l'intimé, qui n'a autre bien ni moyen de vivre qu'une petite cure de la campagne, de la valeur de cent cinquante livres ſeulement. Cette cure n'apporte aucun obſtacle ni empêchement à l'intimé, qu'il ne puiſſe légitimement prétendre une autre prébende ou bénéfice qui requiere réſidence actuelle. *Primò*, parce qu'il n'y a point d'incompatibilité entre ces bénéfices. *Secundo*, parce que c'eſt au gradué d'opter lequel il aime le mieux retenir & conſerver, juſques à ce qu'il ſoit ſuffiſamment rempli. Et conclut au bien jugé, & à ce qu'évoquant le principal, l'intimé ſoit maintenu & gardé en la poſſeſſion & jouiſſance de la prébende contentieuſe, & l'appellant condamné aux dépens.

M. l'avocat général Talon dit, que l'appellant qui appuye tout le droit de ſa cauſe ſur la priorité & ancienneté de ſes degrés & de ſa nomination, ne ſe trouve que trop vieil & ancien gradué nommé, & que ſa cauſe en eſt d'autant moins favorable & moins ſoutenable. Il eſt honteux qu'un gradué nommé ſur cinquante-quatre gros bénéfices, trente-quatre ans après ſa nomination vienne ſe préſenter pour obtenir un bénéfice en vertu de ſon degré, comme ſi pendant tout ce long intervalle nul bénéfice n'avoit vaqué dans les mois affectés aux gradués, qu'il eût pu obtenir. La préſomption réſiſte à cette allégation ; auſſi l'appellant confeſſe que pendant tout ce tems il a poſſédé pluſieurs bénéfices, mais qu'il les a réſignés. Comme il ne paroit point par quels titres il les avoit obtenus, il eſt vraiſemblable que c'étoit plutôt en vertu de ſes degrés que par réſignation, ou autrement. Cela étant, il eſt certain qu'ayant été une fois ſuffiſamment pourvu de bénéfices, & rempli en vertu de ſon degré, l'effet & le privilege en ceſſent entiérement ; & quoiqu'il ne poſſede plus ces bénéfices, & qu'il les ait réſignés, néanmoins les ayant poſſédés, & en ayant joui paiſiblement, il ne peut plus faire revivre l'effet & le privilege de ſon degré, qui eſt demeuré entiérement éteint par l'obtention de ces bénéfices; autrement il ſe commettroit mille fraudes, & on introduiroit un trafic honteux & un commerce illicite des bénéfices à l'avantage des plus anciens gradués. Quant à la nullité, faute d'avoir exprimé les bénéfices que l'appellant poſſédoit lors de ſes lettres de nomination, & faute d'y avoir inféré leur juſte valeur, elle eſt certaine par la diſpoſition du concordat, qui oblige tous les gradués nommés à exprimer la valeur des bénéfices, dont ils ſont alors pourvus ; & pour une bonne raiſon. C'eſt que la faveur & le privilege n'étant accordé aux gradués que pour leur donner moyen de vivre & s'entretenir, cette faveur & ce privilege ceſſent, quand ils

ils ont suffisamment de quoi, par la disposition du même concordat. Or pour savoir ce point plus facilement, & pour ne pas donner le pain des pauvres à ceux qui n'en ont pas besoin, il a été jugé expédient que le gradué qui se fait nommer, déclare & exprime lui-même les bénéfices dont il jouit, étant vraisemblable, que s'il en a suffisamment pour s'entretenir, l'université lui refusera ses lettres de nomination : & quand elle les lui accorderoit, cela peut toujours servir aux autres gradués, pour en tirer preuve de la replétion de ceux contre qui ils contesteront quelque bénéfice. Cette formalité d'expression de la valeur des bénéfices requise par le concordat, comme extrêmement utile, n'est point abrogée *per non usum*, comme on l'a dit. Elle s'observe, & il est nécessaire qu'elle s'exécute exactement ; mais sans toutes ces nullités, il s'en rencontre une autre, à laquelle il n'y a point de réponse. C'est que par bonnes pieces l'intimé justifie que l'appellant est pourvu & jouit paisiblement de bénéfices de la valeur de plus de huit cents livres de revenu. Cela étant, il est plus que suffisamment rempli tant par le concordat que par l'ordonnance, sans approfondir davantage s'il a obtenu ces bénéfices *in vim gradûs*, ou autrement ; parce que six cents livres de revenu en bénéfices font cesser le privilege des gradués. Ainsi il y a lieu de maintenir l'intimé en la possession de la prébende contentieuse.

LA COUR mit l'appellation au néant ; ordonna que ce dont étoit appel, sortiroit son plein & entier effet, évoqua le principal, & y faisant droit, maintint & garda l'intimé en la possession & jouissance de la prébende, & condamna l'appellant aux dépens. Le mardi 18 mars 1631, M. le premier président le lui prononçant.

CHAPITRE XVI.

Pourvu en cour de Rome par dévolut, le bénéfice venant à vaquer en régale, avant qu'il ait eu son visa, ne peut plus l'obtenir depuis l'ouverture en régale ; mais la cause a été appointée sur les demandes respectives des deux pourvus en régale.

MAître Pierre Perissac pourvu de la trésorerie de l'église métropolitaine de Saint André de Bordeaux, la permute en 1624 pour d'autres bénéfices, avec Me. Antoine Perissac son frere, qui en prend possession en 1615. En 1626, Me. Nicolas Pichon se fait pourvoir par dévolut en cour de Rome de cette trésorerie, à cause des incapacités qu'il prétend être en la personne d'Antoine Perissac. En 1628 au mois de février arrive le décès de M. l'archevêque de Bordeaux, & par-là la régale est ouverte dans tout cet archevêché. Au mois de mars Me. Nicolas Pichon se présente aux grands vicaires établis pour l'administration de l'archevêché, *sede vacante* ; & pendant l'ouverture & en exécution de son dévolut qu'il n'avoit point encore montré, il obtient son *visa*, & peu après prend possession. Me. Antoine Perissac forme complainte, & le fait assigner pardevant les présidiaux de Bordeaux. La cause est évoquée & portée au grand conseil sur un conflit de jurisdiction, pendant lequel Me. Antoine Perissac décede au mois de juin 1629. L'ouverture de la régale durant encore alors, elle donne occasion à Me. Jacques Gohier de se faire pourvoir en régale de la trésorerie, comme vacante par le décès d'Antoine Perissac, & ayant pris possession, & pensant en jouir, il est troublé par Me. Nicolas Pichon, qui se met en possession de cette trésorerie en vertu d'une sentence de maintenue qu'il avoit fait rendre à son profit incontinent après le décès d'Antoine Perissac. Me. Jacques Gohier prend commission au parlement, & y fait assigner Me. Nicolas Pichon, pour voir dire qu'à son exclusion le bénéfice lui sera adjugé comme vacant en régale, & qu'il y sera maintenu. Me. Gaultier l'aîné pour Me. Jacques Gohier demandeur en régale dit, que Me. Antoine Perissac, vrai titulaire & légitime possesseur de la

trésorerie de l'église métropolitaine de St. André de Bordeaux, est décédé au mois de juin de l'an 1625, tems auquel il est constant que l'archevêché de Bordeaux étoit vacant par le décès de l'archevêque. Par conséquent y ayant ouverture en régale ; le roi seul a pu & dû conférer & pourvoir à cette trésorerie, comme vacante pendant l'ouverture de la régale. Me. Jacques Gohier demandeur est pourvu de la sorte ; c'est pourquoi la trésorerie lui doit être adjugée comme vacante en régale, & il y doit être maintenu : c'est sa demande, à laquelle il conclut. Me. Galland pour Me. Nicolas Pichon défendeur, & aussi demandeur en régale, dit que le droit qui lui a été acquis, tant par le dévolut obtenu pour Me. Antoine Perissac, que par la sentence de pleine maintenue rendue à son profit après son décès, ne lui a pu être ôtée par les provisions en régale obtenues par le demandeur. Les moyens de son dévolut sont indubitables. Le premier est fondé sur l'incapacité & ignorance notoire d'Antoine Perissac, qui étoit telle, que le chapitre de St. André de Bordeaux avoit été contraint de l'interdire pour sa seule incapacité. Le second moyen est fondé sur l'incompatibilité des bénéfices qu'il possédoit, qui étoient deux dignités, deux personnats, *sub eodem tecto*, savoir la trésorerie contentieuse, & un archidiaconé : incompatibilité si grande, qu'elle fait vaquer le bénéfice *ipso jure*, C. 28. *De Præb. & Dignitat.* Le troisieme moyen est le défaut d'avoir été pourvu d'un canonicat à l'effet de pouvoir posséder cette trésorerie, ainsi qu'il est requis par les saints canons. Le quatrieme résulte du défaut d'expression des bénéfices, dont Antoine Perissac étoit alors pourvu, défaut qui rendoit ses provisions nulles. Enfin le cinquieme & dernier moyen, & le plus fort de tous, consiste en la simonie & confidence manifeste, par laquelle Pierre & Antoine Perissac abusant ou se servant du nom d'un nommé Jean Simon leur serviteur domestique, possédoient cette trésorerie & d'autres bénéfices ; & ils en avoient obtenu des provisions en cour de Rome, afin de s'en conserver la jouissance sous le nom emprunté de ce valet. Tous ces moyens de dévolut sont certains en droit & indubitables ; & par-là il étoit impossible qu'Antoine Perissac empêchât qu'il ne fût dépossédé de la trésorerie, & que le défendeur n'y fût maintenu & gardé. Or ayant contesté avec lui là-dessus, & ayant fait toutes ses diligences possibles pour avoir sentence ou arrêt sur le plein possessoire & maintenue de cette trésorerie, le droit certain qui lui étoit dès-lors acquis par tous ces moyens, ne lui a point été ôté par le décès de Perissac, ni par conséquent par les provisions en régale de Gohier demandeur, puisqu'elles n'ont d'autre fondement que ce décès. Et quand par une rigueur de droit l'on voudroit soutenir que le bénéfice n'étant point rempli de fait & de droit, & étant litigieux, il a vaqué en régale par le décès d'Antoine Perissac, & qu'ainsi le roi y a pu pourvoir ; Me. Nicolas Pichon feroit la même objection, & rétorqueroit cet argument contre Gohier, soutenant que le bénéfice contentieux n'a jamais été rempli de fait & de droit en la personne de Me. Antoine Perissac, & a été perpétuellement litigieux ; & par conséquent qu'il n'a point véritablement vaqué par son décès, mais par celui de Pierre Perissac son frere & résignant. Aussi pour ce sujet Me. Nicolas Pichon a pareillement obtenu provisions en régale fondées sur la véritable vacance du bénéfice arrivée par le décès de Pierre Perissac ; ainsi ils sont respectivement demandeurs en régale, mais avec cette différence, que l'un a droit d'une personne qui n'en a jamais eu, savoir de Me. Antoine Perissac ; & l'autre du vrai titulaire & légitime possesseur, savoir de Pierre Perissac son frere. Outre cela Gohier est un homme de mauvaise vie & scandaleuse, adonné aux débauches, & par conséquent indigne d'une telle dignité, en laquelle il conclut que Me. Nicolas Pichon soit maintenu & gardé, avec restitution des fruits & dépens. Me. Gaultier en réplique dit, que Me. Jacques Gohier étant pourvu en régale du bénéfice contentieux, comme vacant par le décès de Me. Antoine Perissac, il n'est point

1631.

obligé de répondre de ses défauts & incapacités, comme ne tenant point son droit de lui, mais du roi seul. La mort efface tout, le tombeau couvre tout. Celui qui est pourvu par mort, *jus habet à collatore* ; il n'est jamais obligé de rapporter les titres & capacités de son prédécesseur, & n'est point responsable de ses défauts & incapacités. On ne peut pas même objecter à un résignataire les incapacités de son résignant, parce que le pape ayant admis la résignation, il a par la plénitude de sa puissance purgé tous les vices qui étoient en la personne du résignant, & qui le rendoient incapable de posséder le bénéfice. Il suffit à Me. Jacques Gohier de faire voir que depuis l'an 1624 jusques en 1629, Antoine Perissac à actuellement possédé la trésorerie en question : y ayant été troublé, il y a été maintenu par arrêt du grand conseil de l'an 1626, contre un nommé Vacquet. Le chapitre de St. André ayant voulu diminuer les droits de cette trésorerie, par autre arrêt du parlement de Bordeaux il y a été encore pleinement maintenu. Enfin il est plus que triennal & paisible possesseur : ce qui suffit pour avoir fait véritablement vaquer le bénéfice contentieux par son décès. Il n'en faut point d'autre preuve que le procédé de Pichon défendeur, qui a tellement reconnu Me. Antoine Perissac titulaire & possesseur de ce bénéfice, qu'il a obtenu sur lui le dévolut, dont il se sert, & en vertu duquel il prétend emporter le bénéfice. Ce seul moyen général suffiroit. Mais examinant les objections & incapacités proposées contre Antoine Perissac, il n'y en a pas une considérable. Quant à la première, il n'a jamais été paisible possesseur de la trésorerie en question, & tout ensemble d'un archidiaconé en l'église de St. André de Bordeaux ; mais l'archidiaconé lui a été perpétuellement rendu litigieux : par conséquent on ne peut pas lui objecter une incompatibilité de bénéfices, qui n'a lieu que quand on en possede plusieurs incompatibles paisiblement & sans aucune controverse. A l'égard de la seconde objection, qui est l'incapacité, par arrêt du parlement de Bordeaux cette prétendue interdiction pour ignorance a été levée. La troisieme est contre la teneur des provisions, qui portent qu'il a été pourvu de la trésorerie, & qu'on a créé un canonicat *ad effectum*. La quatrieme n'est pas plus véritable, non plus que la cinquieme, qui concerne cette prétendue simonie, dont on ne rapporte autre preuve, sinon une écriture privée non vérifiée ni reconnue ; c'est pourquoi on ne doit point y ajouter foi. Tous ces prétendus moyens de dévolut ne sont ni pertinens ni véritables ; mais quand ils auroient tous été indubitables, n'y ayant eu aucune sentence, ni de récréance, ni de maintenue contre Me. Antoine Perissac, qui seroit toujours demeuré en la possession actuelle du bénéfice ; son décès étant arrivé pendant l'ouverture en régale dans tout l'archevêché de Bordeaux, & le bénéfice ne se trouvant point alors rempli de fait & de droit, ce qui seroit le plus grand avantage que pourroit espérer Pichon défendeur : (car là on supposeroit tous ces moyens de dévolut pertinens & admissibles) toutefois il est très-certain que le bénéfice auroit vaqué en régale, comme n'étant alors rempli de fait ni de droit : ce qui est absolument requis pour empêcher l'ouverture en régale, tant elle est favorable & privilégiée ; & de cette maniere tous les prétendus moyens de dévolut de Pichon défendeur seroient demeurés couverts sans effet ni considération par l'ouverture en régale. On tire de-là cette conséquence, que la sentence de pleine maintenue qu'il a voulu rendre à Bordeaux après le décès de Me. Antoine Perissac, est nulle de toute nullité, parce qu'elle a été rendue sans aucune partie ni légitime contradicteur, mais contre une personne morte : ce qui ne se pratique aucunement. Car quand pendant le procès l'un des contendans à un bénéfice décède, l'autre demande simplement maintenue des fruits, & non pas d'être maintenu & gardé en la possession du bénéfice, auquel il n'est plus troublé, puisque son concurrent est décédé ; & ces matieres sont tellement personnelles, qu'elles ne passent point aux héritiers. Cela étant, quel préju-

dice cette sentence peut faire à Gohier demandeur en régale ? sur-tout puisqu'il en a interjetté appel, pour le soutien duquel il ne veut point déduire d'autres moyens. Pichon a tellement reconnu la nullité de cette sentence, & l'impertinence des prétendus moyens de son dévolut, qu'il s'en est tacitement départi, ayant au mois de décembre 1630 seulement obtenu des provisions en régale du même bénéfice, comme vacant par le décès de Pierre Perissac, & non par celui d'Antoine. En cela il n'y a aucune apparence de raison ; c'est se retrancher dans une contradiction manifeste, l'un des moyens de Pichon détruisant entierement l'autre, le dévolut & la régale le dévolit. Les provisions en régale n'ont été obtenues qu'en 1630, tems auquel l'ouverture en régale étoit close & fermée il y avoit long-tems ; ainsi les provisions n'ont pu être expédiées. De plus, Pierre Perissac étoit décédé dès l'an 1616, long-tems avant l'ouverture en régale, qui n'est avenue qu'en février 1628. Pierre Perissac se toit actuellement démis du bénéfice au profit d'Antoine son frere, qui depuis en avoit continuellement joui ; par conséquent il n'a vaqué que par le décès de ce dernier. Pichon pour rendre Gohier défavorable, a suscité contre lui une accusation calomnieuse pendant le procès ; mais la cour n'y doit avoir aucun égard. Et conclut à ce que sans s'arrêter à la sentence de maintenue, le bénéfice soit adjugé en régale à Gohier, avec restitution des fruits & dépens.

M. l'avocat général Talon dit, que s'agissant d'une régale, ils y ont le plus grand intérêt pour la conservation des droits du royaume. Cependant l'une & l'autre des parties à cet avantage, qu'elle est pourvue en régale, & demande le bénéfice en cette qualité. Pichon y ajoute un autre droit fondé sur le dévolut qu'il auroit obtenu contre Antoine Perissac : mais ce dévolut ni les moyens d'incapacité qui y sont énoncés, ne peuvent être d'aucune considération, parce qu'il paroit que ce dévolut a été obtenu en 1616, & gardé jusques en 1618, au mois de mars. Dans cet intervalle, savoir au mois de février de la même année 1628, est arrivé l'ouverture en régale en l'archevêché de Bordeaux, *quod erat medium inhabile impediens extremorum conjunctionem.* Cette ouverture étoit un obstacle perpétuel, & empêchoit que Pichon se pût servir de son dévolut, particulièrement de prendre le *visa* des grands vicaires établis pendant la vacance de l'archevêché & l'ouverture en régale. Ils n'ont donc pu ni dû le donner, parce que le roi ne reconnoissant point le pape pour supérieur au fait de la régale qu'il tient immédiatement de Dieu, & sans autre dépendance que de sa couronne, dont elle compose un des plus beaux fleurons, il n'a pu être permis aux grands vicaires de donner un *visa* sur des provisions expédiées en cour de Rome. Le roi ni la régale n'admettent point de compagnon, *omnisque potestas impatiens socii est* ; ainsi le *visa* a été mal obtenu, & la sentence de maintenue fondée là-dessus nulle, tant par cette raison, que parce qu'Antoine Perissac étant décédé, il falloit simplement demander main-levée des fruits, & non pas obtenir une sentence de maintenue. D'ailleurs, elle a été rendue par des juges incompétens, n'y ayant que le parlement de Paris seul qui soit fondé à connoître des causes de régale. Aussi la cause y étant renvoyée à la requête de Gohier, & Pichon y ayant communiqué, il a bien reconnu que la procédure n'étoit pas bonne, & par le conseil des avocats de ce parlement, qui mieux que tous les autres entendent les matieres de la régale, il a obtenu de nouvelles provisions du roi du bénéfice contentieux, comme vacant par le décès de Me. Pierre Perissac. C'est en quoi consiste toute la difficulté de la cause, étant question de savoir si le bénéfice a vaqué par le décès de Me. Pierre ou de Me. Antoine Perissac. Cette difficulté n'est pas petite, à cause des divers faits & des circonstances différentes, qui se rencontrent en la cause. On y découvre que le bénéfice n'a jamais été rempli de fait ni de droit en la personne d'Antoine Perissac, mais qu'il lui a toujours été contesté.

Ainſi l'ouverture en régale a été indubitable. Ayant été une fois acquiſe, le roi ſeul y a pu pourvoir *quocumque tempore* ; même après la ceſſation de l'ouverture en régale, parce que ces proviſions ont leur effet rétroactif au tems de la vacance du bénéfice de l'ouverture en régale. Le bénéfice eſt une des premieres dignités d'une égliſe métropolitaine. Ce ſujet mérite bien un examen plus particulier de toutes les pieces. Pour cette raiſon il eſt plus évident d'appointer les parties en droit à écrire & produire, & ſur l'appel de la ſentence, au conſeil, & joint, ou dès maintenant de caſſer la ſentence comme nulle, & rendue par des juges incompétens : Et cependant, parce que Gohier eſt accuſé de crimes ſales & pleins d'ordures, indignes de la ſainteté du ſacerdoce & de la vie d'une perſonne de ſa qualité, & que la pureté de nos fleurs-de-lis, dont la régale dépend, eſt directement contraire à de ſemblables ordures, il y a lieu d'ordonner que les fruits du bénéfice ſeront mis en ſequeſtre.

LA COUR ſur l'appel de la ſentence de maintenue interjetté par Gohier, appointa les parties au conſeil, & ſur la demande en régale reſpectivement faite par les parties, les appointa en droit à écrire & produire, bailler contredits & ſalvations ; & cependant ordonna que les fruits du bénéfice contentieux ſeroient régis par ſequeſtre, deſquels les parties conviendroient. Le jeudi 20 mars 1631, M. le premier préſident le Jay prononçant.

CHAPITRE XVII.

Officier pourvu pour récompenſe de ſervices, ou finance, n'eſt deſtituable.

Maître Nicolas le Charon ayant été pourvu en 1610 de l'office de bailli du marquiſat de Neſle, il fut exprimé dans ſes proviſions, que c'étoit pour récompenſe de ſervices. Il donna même pour cet effet trois cents livres au Sr. marquis de Neſle, & de ſon conſentement quinze cents livres à celui qui exerçoit alors cette charge, & qui s'en démettoit à ſon profit. En 1630 ayant été deſtitué de cet état & office par le Sr. marquis de Neſle, il en interjetta appel, pour lequel Me. Brodeau dit, que l'appellant étant pourvu pour récompenſe de ſervices, & de plus ayant financé pour parvenir à l'office, il n'en peut être deſtitué, ſuivant la diſpoſition de l'ordonnance & des arrêts : quand il n'y auroit que l'un de ces moyens, & les deux concurrens enſemble, il le peut encore moins. S'il avoit même été pourvu purement & gratuitement ſans aucuns ſervices ni finance payée, la deſtitution ne laiſſeroit pas d'être inſoutenable, comme étant faite pour cauſe injurieuſe & infamante, contre l'expreſſe prohibition des arrêts. En effet, cette deſtitution porte qu'elle eſt faite ſur la plainte des habitans & juſticiables du marquiſat de Neſle, pour l'ignorance & incapacité de l'appellant en l'exercice de ſa charge, & pour la négligence & peu de ſoin qu'il avoit des affaires & des droits concernant ledit marquiſat. Toutes ces cauſes notent l'appellant, qui ayant exercé vingt ans cette charge ſans aucun reproche, n'a point beſoin de faire voir qu'elles ſont fauſſes & ſuppoſées. On lui objecte un arrêt, par lequel l'appellant a été condamné à l'aumône de cent livres : mais cet arrêt n'eſt point rendu pour aucune faute commiſe au fait de ſa charge ; c'eſt pour une querelle qu'il avoit eue contre un particulier, & il porte préciſément, *ſans encourir note d'infamie par l'appellant*. Toute la peine de cet arrêt étoit expliquée & conſommée par cette aumône & ne doit point s'étendre plus avant à une deſtitution injurieuſe. *Itaque enim exaggeranda eſt ſententia, quæ modum interdictioni poſuit*, L. 3. *De decurion*. On offre de rembourſer l'appellant de la finance qu'il a payée ; mais ces offres ne ſont pas recevables, & il n'en peut pas l'appellant mettre hors d'intérêt. Comme il s'eſt attaché à cette charge, qu'il y a employé une partie de ſa vie, & que pour ce ſujet il s'eſt habitué en la ville de Neſle, il n'eſt pas raiſonnable de l'en chaſ-

ſer maintenant, & le réduire à une honteuſe néceſſité. Et conclut à ce que l'appellant ſoit maintenu & gardé en l'exercice de l'état & office de bailli de Neſle, avec reſtitution des profits & émolumens, & dépens. Me. Polart pour le Sr. marquis de Neſle intimé dit, que les plaintes univerſelles des habitans & juſticiables du marquiſat de Neſle ont donné lieu à la deſtitution de l'appellant, qui eſt homme de mauvaiſe vie, ſujet au vin, & à battre & excéder. L'arrêt intervenu contre lui en eſt une marque infaillible. Il n'a jamais rendu aucuns ſervices au Sr. intimé, quoique ſes proviſions le portent. Il eſt entiérement ignorant & incapable d'exercer cette charge de grande importance, à cauſe de l'étendue de la juſtice du marquiſat de Neſle. Les motifs & les termes de la deſtitution ne ſont aucunement injurieux ni infamans. Il faut faire diſtinction : quand on deſtitue un officier, & que c'eſt pour crime ou malverſation en ſa charge, alors cette clauſe eſt infamante ; mais quand on le deſtitue pour négligence ſeulement, cela ne note en aucune maniere. On offre de rembourſer entiérement l'appellant de tout ce qu'il a financé ; par conſéquent il eſt hors d'intérêt. Et conclut à ce qu'il ſoit dit qu'il a été bien deſtitué.

M. l'avocat général Talon dit, que l'appellant étant pourvu, tant pour récompenſe de ſervices, que pour deniers & finance débourſés, il ne peut être deſtitué ſuivant l'ordonnance, quelques offres de rembourſement qu'on lui faſſe. S'il a failli & malverſé en ſa charge, il faut lui faire ſon procès, & ne pas commencer par une deſtitution : ainſi il y a lieu de la caſſer, & de maintenir l'appellant en l'exercice de ſa charge.

LA COUR mit l'appellation & ce dont étoit appel, au néant ; émendant & corrigeant, maintint & garda l'appellant en l'exercice & poſſeſſion de l'état & office de bailli du marquiſat de Neſle, fit défenſes à l'intimé de l'y troubler ; & ſans dépens. Les mêmes jour & audience du jeudi 20 mars 1631, M. le premier préſident le Jay prononçant.

☞ *Vide* le chap. premier du premier livre.

CHAPITRE XVIII.

Cauſe appointée, pour ſavoir ſi une meré par ſon teſtament peut réduire ſon fils prodigue à l'uſufruit de ſa portion héréditaire, & ſubſtituer la propriété ; & ſi la diſpoſition peut valoir, tant à l'égard du fils qui s'en plaint, des créanciers qui ont fomenté ſa débauche, que de la femme créanciere de ſa dot & conventions.

Leonard Gregoire, fils d'André, Sr. de la Bruneſiere, & de demoiſelle Marguerite Montalet, en 1625, fut conjoint par mariage avec demoiſelle Claude le Bret, à qui ſes pere & mere conſtituerent en dot la ſomme de ſeize mille livres, & ceux de Léonard lui donnerent en avancement d'hoirie la ſomme de ſeize mille livres, & le ſurplus des conventions du mariage fut réglé ſelon la coutume de Paris, où les parties étoient domiciliées. En 1630 Marguerite Montalet fit ſon teſtament, par lequel elle déclara que pour tout droit de légitime, part & portion héréditaire que Léonard Gregoire ſon fils pouvoit eſpérer & prétendre en ſa ſucceſſion, elle vouloit & entendoit qu'il ſe contentât du ſimple uſufruit de cette portion héréditaire, telle qu'elle lui pouvoit appartenir ſelon le droit & la coutume, & qu'à l'égard de la propriété, elle la donnoit & léguoit à ſes enfans ; & au cas qu'il n'en eût point, qu'elle ſubſtituoit en cette propriété de portion héréditaire les enfans de Renée Gregoire ſa fille, femme du Sr. de Tiercelieu. Le décès de la teſtatrice étant arrivé, procès ſe meut pardevant le prévôt de Paris ou ſon lieutenant civil, entre les créanciers de Léonard Gregoire, & André Gregoire Sr. de la Bruneſiere ſon pere, exécuteur du teſtament de Marguerite Montalet ſa femme. Les créanciers demandoient, qu'en leur préſence il fût fait inventaire & deſcription de tous les biens de la communauté du Sr. de la Brunefiere & de fa femme, Léonard Gregoire leur débiteur à caufe de fa mere, leur fût donnée & délivrée en payement & acquittement de fes dettes. Le Sr. de la Brunefiere, au nom & comme exécuteur du teftament de fa femme, s'y oppofa, foutenant qu'en cette qualité, fuivant la coutume, il étoit faifi de tous les meubles. Nonobftant cette oppofition le prévôt de Paris ou fon lieutenant civil ordonne, qu'il fera procédé à la confection de l'inventaire des meubles, titres & enfeignemens de la fucceffion de la défunte en la préfence des créanciers de Léonard Gregoire. Son pere en interjette appel, & en vertu de fon *Committimus* ayant fait renvoyer la caufe aux requêtes du palais, il y fait rendre une fentence par contumace, par laquelle le teftament eft déclaré bon & valable, dont Léonard Gregoire, fa femme & fes créanciers interjettent auffi appel. Me. Coicqueau pour le fieur de la Brunefiere appellant & intimé dit, qu'étant exécuteur du teftament de fa femme, felon la coutume de Paris, il eft faifi de tous les meubles délaiffés par la défunte dans l'an & jour de fon trépas, & pour l'accompliffement de fon teftament, c'eft à lui à faire faire l'inventaire. Il n'eft pas raifonnable que ces prétendus créanciers & affiftent, eux qui ont diffipé, mangé & confommé tout le bien du fils de l'appellant. Ils ne font point créanciers, ou s'ils le font, c'eft pour des caufes odieufes & blâmables. Il n'eft pas à propos ni raifonnable que de femblables gens pénetrent dans le fecret de la famille de l'appellant. *Quid tam durum tamque inhumanum, quàm publicatione pompaque rerum familiarium, aut paupertatis detegi viluatem, aut invidiæ exponere divitias, L. 2. C. Quando & quibus quarta pars, &c.* Léonard Gregoire étant un mauvais ménager, & un prodigue manifefte, il n'y a point de difficulté que le teftament de fa mere, qui a voulu prévoir au malheur de cette diffipation & confommation de biens, ne doive être déclaré bon & valable, ainfi qu'il l'a été par la fentence de meffieurs des requêtes du palais, à la confirmation de laquelle il conclut, & à ce que celle du prévôt de Paris foit infirmée. Me. Brodeau pour Léonard Gregoire appellant de la fentence de meffieurs des requêtes du palais dit, que par le teftament de Marguerite Montalet fa mere il a été exhérédé fans aucune caufe; auffi elle n'en a exprimé aucune, quoique cela fût abfolument néceffaire, fuivant la difpofition du droit. Mais quand elle auroit exprimé cette prétendue prodigalité, fur laquelle le pere veut établir fa caufe, cela n'auroit point été confidérable. La raifon eft, que la prodigalité, quoique certaine & véritable, n'eft pas néanmoins une des caufes d'exhérédation exprimées par la loi; & il n'eft pas permis aux particuliers d'en ajouter: autrement il feroit au pouvoir d'un chacun d'inventer une caufe d'exhérédation, pour priver de fa fucceffion celui qu'il haïroit, ce qui n'eft pas permis; mais il faut borner fa difpofition, & la conformer entièrement à celle de la loi, qu'il ne nous eft pas permis d'étendre ni d'outrepaffer. De plus, cette prodigalité & méchante économie ne font pas véritables. Si elles l'euffent été, on n'eût pas manqué de les alléguer. Le fils appellant n'a reçu que peu de chofe de fes pere & mere, & néanmoins il s'eft toujours entretenu honorablement. Il n'y a pas eu de fujet légitime de le priver de la fucceffion de fa mere. Son teftament a été fuggéré par le pere qui en devoit profiter, parce qu'il étoit en fon option de retenir tous les meubles pour le prix qu'ils feroient eftimés: ce qui eft un avantage indirect. Pour couvrir & donner quelque prétexte à cette exhérédation, on lui a légué le fimple ufufruit de fa portion héréditaire; mais cela n'eft pas fuffifant. Telles inftitutions d'héritier ne font point bonnes & valables. *v. g. Si quis uxori ufumfructum, filio proprietatem reliquerit. Guid. Pap. qu. 308. Teftamentum eft nullum, in quo filius non eft inftitutus, fed hæredi fubftitutus. Guid. Pap. qu. 415. & 456.* La raifon eft, que la portion héréditaire, ou du moins la légitime, *relinqui debet titulo inftitutionis, & ab ea conditiones,*

onera & dilationes rejiciuntur, L. Scimus. L. Quoniam. De inoff. teftam. §. Aliud quoque capitulum, ut cum. De appellat. L'enfant qui eft inftitué par de femblables inftitutions conditionnelles qui le chargent & le bleffent, *poteft dicere fe præteritum, L. De mandato. §. Qui rogatus. Ad Trebell.* Le fils appellant n'ayant qu'un fimple ufufruit, peut être qu'il n'a rien, parce qu'il n'a la libre difpofition d'aucune chofe; & par ce moyen il peut être réduit à la néceffité & à l'indigence. Il defire fatisfaire à fes créanciers; fa confcience l'y oblige. Le prophete ayant miraculeufement multiplié l'huile & la farine de cette pauvre veuve, lui dit: *Vade, vende & folve quæ debes creditoribus; & de reliquo fume tibi & filiis tuis.* Cela eft fort remarquable: car bien que cette pauvre veuve fût en une extrême néceffité, & telle que fans l'affiftance du prophete elle étoit en péril de mourir de faim avec fes enfans; néanmoins le prophete lui commanda expreffément de ne point manger des chofes miraculeufement multipliées, qu'elle n'eût fatisfait & payé fes créanciers. L'appellant veut faire de même, & ne point toucher à fa portion héréditaire des biens de fa mere, que tous fes créanciers n'aient été acquittés & payés. Il ne peut l'efpérer, s'il n'a que le fimple ufufruit qu'on lui a légué. Il n'a point d'enfans de fon mariage; & en cela paroit davantage la fuggeftion pour tout donner à fa femme fubftituée. Et conclut à ce que le teftament foit déclaré nul, & que fa portion héréditaire lui foit délivrée en pleine propriété & ufufruit, ayant pris lecture de l'arrêt de Portail vulgaire au palais. Me. Doublet pour demoifelle Claude le Bret, femme de Léonard Gregoire intervenant dit, qu'elle a le plus grand & le principal intérêt en la caufe, en ce que fi l'exhérédation faite de la perfonne de fon mari par fa mere fubfifte, elle perd entièrement fes conventions matrimoniales, tant pour la reftitution de fa dot & douaires, qu'autres chofes ftipulées par le contrat de mariage. Les conventions font néanmoins fi favorables, qu'elles ne fe peuvent perdre pour quelque raifon que ce foit, non pas même en vertu des fubftitutions précédentes, *faltem in liberis primi gradûs.* Il femble que c'eft par une haine contre elle, que la mere a fait cette exhérédation, voyant qu'elle n'avoit point d'enfans, puifqu'elle n'a laiffé que le fimple ufufruit de fa portion héréditaire à fon fils. Sur cet ufufruit il n'y a aucune hypotheque ni affurance pour l'intervenante. Cependant ayant été manié avec Léonard Gregoire du confentement de fes pere & mere; bien-loin qu'ils puffent la priver indirectement & lui faire perdre fes conventions matrimoniales; au-contraire ils font refponfables & obligés de les lui conferver & faire valoir. Et conclut à ce que fans avoir égard au teftament de la mere, la portion en fa fucceffion afférente à fon mari foit délivrée en pleine propriété, & fans charge d'aucune fubftitution. Me. Buffet pour les créanciers de Léonard Gregoire intimés & appellans dit, que la caufe les regarde principalement. Ils ont volontiers prêté leur bien à Gregoire, pour fubvenir à fa néceffité; & au-lieu de reconnoiffance & de payement, l'on s'efforce de leur faire perdre leurs dettes. Pour cet effet on a inventé cette exhérédation de la mere, qui privant fon fils de fa fucceffion, ôte tout moyen à fes créanciers d'être jamais payés de ce qui leur eft légitimement dû. La mere ni le fils ne peuvent jamais rien faire en fraude & au préjudice des créanciers. Le fils même ne peut pas renoncer à une fucceffion qui lui eft échue. *Qui enim aliquid agit, ut definat habere quod habet, fraudando num creditorum caufâ, revocatur, L. 3. Quæ in fraudem credit.* Il y a plufieurs arrêts qui font ainfi jugé: celui de Portail de 1609 eft *in individuo.* Par cet arrêt la cour a déclaré bonne & valable la donation faite par Me. Antoine Portail à fes petits-fils, enfans de Jeanne Portail fa fille, de la part & portion héréditaire & droit fucceffif qui pourroit appartenir à leur mere, errant à la fucceffion; diftraction faite au profit des créanciers de la mere, de la légitime qu'elle avoit droit de prendre fur les biens délaiffés à fes enfans par leur aïeul. En cette caufe il y a plus de faveur & de privilege, parce que Léonard Gregoir goire est partie , & se plaint lui-même du testament de sa mere , par lequel il a injustement été exhérédé ; & aux autres arrêts , les enfans ne se plaignoient point , mais colludoient avec leurs pere & mere pour frustrer leurs créanciers , comme faisoit Jeanne Portail. Ici il n'est question que de la cassation d'un testament ; & en celui de Portail il s'agissoit d'une donation entre vifs , beaucoup plus favorable ; & neanmoins la cour donna aux créanciers de quoi les satisfaire , ne voulant autoriser telles fraudes à leur préjudice. Et conclut au bien jugé de la sentence du prévôt de Paris , & au mal jugé de celle des requêtes du palais , & que sans avoir égard à ce prétendu testament d'exhérédation , la portion héréditaire de Léonard Gregoire leur débiteur leur soit délivrée en acquit de leurs dettes. Me. Martinet pour le sieur de Tiercelieu & demoiselle Renée Gregoire , intimés , sur l'appel de la sentence de messieurs des requêtes du palais , dit que Léonard Gregoire appellant a eu mauvaise grace de défendre sa cause par le silence de sa mere , en disant que le défaut d'expression des causes d'exhérédation rend son testament tellement nul , qu'il ne sauroit aucunement subsister. Il se plaint de ce que sa mere par une prudence louable & toute pleine d'affection a jugé plus à propos de couvrir sa honte & son ignominie , que de la réveler & publier à tout le monde. En cela si Léonard Gregoire n'avoit été ennemi de son honneur propre & de sa bonne réputation , il n'eût jamais accusé sa mere d'avoir manqué dans sa défaut d'expression de causes d'exhérédation ; mais il auroit d'autant plus loué & honoré sa mere , qu'il auroit visiblement reconnu par-là un témoignage certain d'une affection toute sincere , accompagnée d'un sage & salutaire conseil , qui n'avoit point d'autre but ni dessein que de couvrir en quelque façon aux yeux du monde ce qui n'étoit que trop connu à un chacun , savoir la vie débordée & scandaleuse de son fils. Ce fils après avoir licencieusement prodigué , dissipé & consommé tout le bien qu'il a eu de sa femme , de son pere & de sa mere , se montre encore ardent à envahir le reste de la succession de lumere , pour avoir moyen de continuer plus facilement ses sales débauches , qui l'ont porté à ce point de déshonneur , que d'avoir entretenu publiquement une concubine avec sa femme , qui ne s'est montrée que trop indulgente & trop patiente en cette action. Pour cette même concubine , outre ce qu'elle a tiré de lui (ces sortes de femmes étant comme des harpies & des sangsues) il se trouve encore obligé pour elle à une somme de dix mille liv. Ces prétendus créanciers qui font sonner si hautement la perte de leurs dettes légitimes , ont servi de ministres & d'organes à cette vie scandaleuse , & ont extorqué ces obligations , ou simulées ou véritables , mais toujours en soi odieuses & dignes de l'animadversion de la cour , plutôt que d'un bon payement. Tout cela fait aux yeux de toute la ville de Paris , est véritable & notoire. Cette pauvre mere percée de douleur de voir une si mauvaise fin & une vie si déréglée d'un fils qui avoit été si soigneusement & si vertueusement élevé & nourri , a néanmoins usé de moderation & de retenue , & témoigné plus d'affection que de ressentiment & de sévérité ; ayant tâché de couvrir l'honneur perdu de son fils ; & de conserver le reste de ses biens en sa famille. Le testament qu'on soutient nul , ne contient autre chose. Elle auroit pu valablement exhéréder son fils & le priver entierement de sa succession , à cause de sa prodigalité & vie scandaleuse. Car , quoique la loi n'ait point compris cette cause parmi celles qu'elle a exprimées , qui sont toutes des actions & des crimes atroces , elle n'en est pas néanmoins exclue , mais elle y doit être comprise & sous-entendue , à cause du péril & du dommage qu'elle y apporte. Il n'y a rien de si commun dans les bons auteurs que cette cause d'exhérédation. Seneque , Quintilien & Libanius en rapportent plusieurs exemples : *Filium abdicavit* ; *quippe quòd cum meretricibus luxuriosè vivendo omnia bona dilapidaret* , &c. vitam consumeret. La mere de l'appellant ne s'est pas voulu laisser aller à cette derniere extrémité d'exhérédation , de peur

de porter son fils à celle du désespoir , qui accompagne trop souvent de semblables vies. Elle n'a pas aussi jugé à-propos de fermer entierement les yeux à une faute si blâmable & si préjudiciable , & la laisser tout-à-fait impunie. Elle l'auroit fait , si elle avoit appellé son fils à sa succession avec sa fille , prévoyant que c'eût été jetter de l'huile sur le feu ardent des concupiscences , qui en peu de tems sauroit dévoré & entierement consumé tout le bien qu'elle avoit amassé avec peine & travail , & conservé avec beaucoup de soin pour le maintien de sa famille. Elle a donc choisi un milieu entre ces deux extremités de l'exhérédation ou de la succession pleine & entiere , délaissant l'usufruit de ses biens à son fils l'appellant , & la propriété à ses petits-fils , & donnant par-là le moyen à celui-là de vivre honorablement , mais moins licencieusement ; & conservant à ceux-ci de quoi se maintenir & faire refleurir sa famille. Il n'y a personne de bon sens , qui n'approuve une telle institution. La cour en a autorisé de semblables par ses arrêts. Il y en a trois récens , par lesquels elle a confirmé des institutions de simple usufruit , même à l'égard des enfans. Celui de Portail & les autres qu'on allegue au-contraire , ne sont point en l'hypothese de cette cause , qui est odieuse de soi & indigne de toute faveur , à-cause de la mauvaise vie & de la prodigalité manifeste de Léonard Gregoire , qui a donné juste sujet à sa mere de disposer de la sorte conformément à la loi. *Potuit tamen pater & aliàs providere nepotibus suis , si eos justisset hæredes esse , & exhæredasset filium , eique quod sufficeret alimentorum nomine , ab eis certum legasset , additâ causâ necessitatequè judicii sui , quod nempe prodigus esset filius. Sed quid si nec ad hoc consensurus esset filius prodigus , per omnia judicium testatoris sequendum est , ne , quem pater verò consilio prodigum credidit , eum magistratus propter aliquod fortè suum vitium , idoneum putaverit , L. pen. §. 2. & 3. De curat. furioso & aliis extra min. dandis.* La défunte suivant le conseil du jurisconsulte en cette loi a fait son testament. On espere que la cour le confirmera par ces considérations. Et conclut à ce qu'il soit dit qu'il a été bien jugé par la sentence de messieurs des requêtes du palais.

M. l'avocat général Talon dit , qu'il n'y a point de difficulté que l'exhérédation pour cause de mauvaise vie , prodigalité & dissipation de biens ne soit bonne & valable ; mais la question de la cause est de savoir s'il y a exhérédation ou non au testament dont il s'agit , ou plutôt si c'est une institution de la personne du fils qui se plaint , & si cette institution est bonne & valable. Quant à l'exhérédation , il n'en est pas dit un seul mot dans tout le testament : aussi ne peut-on pas dire véritablement que ce soit une exhérédation , puisque l'exhérédation prive & exclut entierement l'exhérédé de tout le droit , part & portion qu'il peut esperer & prétendre en la succession de celui qu'il exhérede : & par ce testament l'usufruit de la portion héréditaire est laissé à Léonard Gregoire. La question est donc de savoir si cette institution en simple usufruit est bonne & valable. Régulierement l'institution d'héritier , du moins pour ce qui regarde la légitime , doit être faite en corps héréditaire , en pleine propriété & usufruit. Mais au fait de cette cause , où l'on voit une prodigalité manifeste & le plus mauvais ménage d'une vie sale & scandaleuse qu'on puisse dire , il n'y a pas lieu de s'opiniâtrer à cette regle de droit commun , qui peut recevoir son exception en ce cas particulier. L'on dit que la cause a été préjugée par l'arrêt de Portail ; mais il y a de la différence & de la disparité entre l'un & l'autre. La fille de Portail avoit des enfans qui étoient substitués , & qui rendoient la cause d'autant plus favorable : Léonard Gregoire n'en a point. La fille de Portail ne se plaignoit point , aimant mieux que le bien vînt à ses enfans qu'à ses créanciers. Léonard Gregoire se plaint. En celui-là il étoit question d'une donation entre vifs ; ici d'un testament. Mais la plus grande différence est que les créanciers de Jeanne Portail étoient créanciers pour cause juste & légitime ; & au-contraire les prétendus créanciers de Léonard

Gregoire ne font point légitimes ni favorables, mais fort odieux, parce qu'ils ont fomenté les débauches & diffipations de Gregoire. Ainfi à leur égard il n'y a point de difficulté que le teftament de la mere ne doive fubfifter comme bon & valable : mais à l'égard de la femme de Léonard Gregoire, qui court rifque de perdre fa dot & fes autres conventions matrimoniales, elle n'a pour affurance que l'efpérance de fon mari en la fucceffion de fes pere & mere ; & s'il en demeure privé, elle fe trouve auffi déchue de fes conventions matrimoniales ; ce qui ne feroit pas raifonnable, d'autant plus qu'elle n'a point d'enfans, & que la faveur de la dot mérite fa confervation.

LA COUR fur les appellations refpectivement interjettées & intervention, appointa les parties au confeil. Le mardi premier avril 1631, M. le premier préfident le Jay prononçant.

☞ M. Bardet ni M. Berroyer ne nous indiquent point quel a été le jugement rendu fur l'appointement au confeil. Cependant l'affaire étoit affez importante pour mériter que lors de la rédaction du recueil de Bardet, on en eût fait la recherche. Mais pour fuppléer à cette omiffion, nous allons rappeller ici les arrêts qui ont prononcé fur femblables queftions, & l'on verra que la contrariété qui s'y rencontre, ne dérive pas du changement de jurifprudence, mais uniquement des circonftances des faits particuliers, & de la conduite des grevés de fubftitution.

Notre auteur, livre premier, chapitre 45, nous rapporte un arrêt du dernier août 1618, par lequel on débouta les créanciers de Nicolas le Camus, dont la mere avoit grevé fa fucceffion de fubftitution, au profit de fes petits enfans, de leurs demandes en diftraction de légitime, & par lequel il fut ordonné que les petits enfans de Nicolas le Camus jouiroient de tous & un chacun les biens délaiffés par leur aïeul, fans aucune charge ni diftraction de légitime au profit des créanciers.

Mais quels furent les motifs de cet arrêt : ils fe tirent des circonftances.

La premiere étoit, que Nicolas le Camus, tant qu'il vécut, ne fe plaignit point de la fubftitution faite par fa mere ; & qu'au-contraire il prit le legs à lui fait de l'ufufruit de tous les biens de fa mere, avec la charge de fubftitution ; enfin qu'il mourut, fans avoir formé la moindre demande en diftraction de légitime. Ce filence qui fut également obfervé par fes créanciers pendant fa vie, devenoit donc un acquiefcement refpectif, qui ne permettoit plus à fes créanciers de former une demande en diftraction.

Et la feconde qui devenoit décifive, fe tiroit de ce que les créances pour raifon defquelles on vouloit former la demande en diftraction de légitime, étoient d'une date poftérieure à l'ouverture de la fucceffion de la mere de Nicolas le Camus.

Le fecond arrêt qui a déclaré bonne une fubftitution, même fans diftraction de légitime, eft du 2 février 1634, rapporté au journal des audiences, dans l'affaire de Bourgouin procureur au châtelet, qui par fon teftament, avoit grevé de fubftitution tout le bien qu'il laiffoit à fon fils.

Le fils demanda la diftraction de fa légitime, & la cour par fon arrêt fufdaté, rendu fur les conclufions de M. l'avocat général Bignon, confirma la fentence du châtelet, qui avoit ordonné l'exécution pure & fimple du teftament du pere.

Mais il faut obferver qu'il n'y avoit aucun créancier du fils, qui revendiquât la légitime pour affurer fon dû ; auffi cette efpece eft encore particuliere.

Le troifieme arrêt rapporté au journal des audiences eft du 9 avril 1647.

Cet arrêt juge que Martin Anceaume avoit pu, par fon teftament, léguer à la Morliere fon gendre, & à fa fille, l'ufufruit feulement de la part & portion qui pouvoient leur appartenir dans fa fucceffion, & la propriété à leurs enfans ; & c'eft à caufe de la mauvaife conduite & diffipation que fon gendre & fa fille apportoient dans leurs affaires.

Mais en même tems il faut faire attention à la note de du Frefne, qui dit, par forme d'obfervation fur cet arrêt, fi toutefois il y eût eu des créanciers du gendre de la fille joints avec eux, pour demander que la légitime leur fût adjugée IN CORPORIBUS HEREDITARIIS fine ullo onere vel gravamine, pour être payés fur iceux de leurs dettes, la cour l'eût jugé autrement.

Le quatrieme arrêt qui paroîtroit autorifer cette jurifprudence, eft du 18 mai 1666, & rapporté au journal des audiences, fous la date du 17 août fuivant ; il prononce définitivement fur la demande en interprétation de l'arrêt du 18 mai précédent, entre Marguerite du Breuil de Théon veuve de M. Souchet écuyer, fieur de la Dourville, au nom & comme tutrice des enfans mineurs du défunt & d'elle, d'une part ; & Abraham de Guipt écuyer, fieur de Bourneuf & conforts, tous fe prétendans héritiers de défunt Michel Souchet.

Ces créanciers après la mort dudit Souchet avoient fait faifir tous fes biens. La veuve de la fubftitution qui avoit été faite au profit de fes enfans par défunt Jean Souchet leur aïeul, en demanda l'ouverture ; & qu'en conféquence les faifies, criées des biens ainfi fubftitués, fuffent déclarées nulles ; & par l'arrêt cité, les appellations & ce, furent mis au néant ; la fubftitution déclarée ouverte au profit des enfans de ladite Théon : auxquels on accorda main-levée des faifies ; enforte qu'il fut jugé que les créanciers de Michel Souchet n'avoient pasdroit de demander ni de prétendre la diftraction de la légitime au préjudice des petits enfans fubftitués, fur les biens compris dans ladite fubftitution faite pour caufe de diffipation.

Cependant comme il y avoit un créancier qui s'étoit pourvu en la chambre de l'édit, & qui enfuite avoit donné fa requête pour être reçu partie intervenante en l'inftance, il fut donné acte à la veuve Théon, de fon confentement, à ce que l'arrêt ne pût nuire ni préjudicier audit créancier.

Mais comme il y avoit plufieurs créanciers qui ne comparurent point, l'arrêt donna défaut, & pour profit, il fut déclaré commun avec eux. L'oppofition qu'ils y formerent, ainfi que celle faite par le créancier qui s'étoit pourvu en la chambre de l'édit, fit la matiere d'une feconde plaidoierie, fur laquelle intervint le 19 août 1666, arrêt qui déclara l'arrêt du 18 mai précédent, commun avec toutes les parties.

Le plaidoyer de M. l'avocat général Talon fait connoître que ce qui détermina la cour, fut que le teftament ne réduifoit point le fils à fa légitime, mais renfermoit un legs univerfel de tous les biens, à la charge & fubftitution en faveur des enfans du fubftitué ; que Michel Souchet avoit recueilli ce legs fans fe plaindre de la fubftitution ; qu'il avoit contracté plufieurs dettes ; qu'il n'avoit de fon vivant formé aucune demande en diftraction de fa légitime ; & que les créanciers n'étoient plus recevables après fa mort à former cette demande, qu'ils auroient dû entamer de fon vivant, & immédiatement après qu'il avoit accepté le legs univerfel, fous la condition de fubftitution y portée.

Il eft vrai que par le premier arrêt, les enfans de Michel Souchet furent condamnés de payer les dettes auxquelles leur pere & mere s'étoient obligés, ainfi que la penfion de leur mere, mais il convient d'obferver que ce fut fuivant leurs offres.

On voit donc par ces arrêts que lorfque l'on n'a point accordé la diftraction de la légitime en faveur de l'héritier fubftitué, ni de fes créanciers, ce n'a été qu'à caufe des circonftances particulieres.

Auffi trouve-t-on beaucoup d'autres arrêts qui, dans des efpeces différentes, ont jugé d'une maniere tout-à-fait oppofée.

Le premier que nous rapporterons ici d'après Bloffeau & Gueret, eft du 21 janvier 1672.

Dans le fait, Vincent Traverfe & Marguerite Gridé fa femme, par leur teftament mutuel, avoient fubftitué leurs biens aux enfans nés & à naître de Vincent Traverfe leur fils, à caufe de fes débauches & à défaut d'enfans de fa part, à leurs autres enfans, ne léguant à Vincent Traverse que l'usufruit de sa part & portion qui pourroient lui revenir dans leurs successions, & à ce titre d'alimens non saisissables par ses créanciers. Quelque tems après ce testament, Vincent Traverse fils fut condamné en 800 livres de réparation civile pour un homicide par lui commis.

Vincent Traverse pere étant venu à décéder, un nommé Beaumont son créancier de 120 livres, & les cessionnaires de la veuve de l'homicidé, se pourvurent contre Marguerite Gridé mere de Vincent Traverse, pour le payement de ce qui leur étoit dû, comme possédant les biens de Vincent Traverse son fils.

Sur cette demande intervint sentence au châtelet de Paris le 16 décembre 1667, par laquelle Marguerite Gridé fut déchargée de leur demande, & qui cependant ordonna que les cessionnaires de la veuve de l'homicidé, jouiroient de la moitié de l'usufruit des biens échus à Vincent Traverse par le décès de son pere, jusqu'à ce qu'ils fussent entièrement payés de leur dû, & que l'autre moitié seroit délaissée à à Vincent Traverse fils pour sa nourriture & alimens.

L'appel de cette sentence ayant fait la matiere d'une instance, au rapport de M. le Boult, elle fut confirmée avec amende & dépens par l'arrêt cité.

Ce que l'on doit considérer dans ce jugement, c'est qu'il ne décide pas précisément la question de savoir si les créanciers de Traverse fils pouvoient demander la distraction de sa légitime, ou même si Traverse pouvoit la demander dans les circonstances où il se trouvoit. Il ne paroît pas même que les créanciers l'eussent formée; ils ne réclamoient que leur dû; la cour ne leur a pas accordé sur la totalité des biens; mais sans déranger la substitution faite par Traverse pere, elle pourvut à leur payement, & jugea que Traverse pere n'avoit pu léguer à titre d'alimens l'usufruit de la totalité de la part afférente à son fils dans sa succession au préjudice de ses créanciers, mais seulement la moitié, puisque cette moitié fut conservée à Traverse pour ses alimens, & que l'autre fut déférée aux créanciers jusqu'à ce qu'ils fussent remplis de leurs créances.

Le journal du palais nous présente l'espece d'un arrêt du 14 mai 1672, qui adjuge à chacune des trois sœurs du marquis de Montendre une somme de 18000 livres à titre de légitime de grace, sur deux terres substituées en faveur des aînés mâles de leur maison; l'une par un aïeul, l'autre par un oncle.

Les motifs de cet arrêt furent que tous les biens libres de leurs pere & mere, se trouvant absorbés par les créanciers desdits pere & mere, elles restoient sans le moindre bien, tandis que le marquis de Montendre leur frere étoit très-riche par la substitution faite en faveur des mâles, & que par conséquent il leur étoit dû une légitime de grace pour leur servir d'alimens.

Le journal du palais présente un autre arrêt du 18 janvier 1678, qui juge qu'un testament contenant substitution conditionnelle, dont Marie Hublot veuve Caussin Gaudin avoit grevé Catherine Gaudin sa fille, devoit avoir son exécution, distraction cependant faite en faveur de Catherine Gaudin de sa légitime, pour, par elle, en jouir librement & sans charge.

Le même journal du palais, sous la date du 30 juin 1678, nous fournit encore un arrêt qui confirma une sentence des requêtes de l'hôtel du 19 juin 1677, qui déclaroit bonne & valable la substitution faite par Anne Bréas veuve la Roche, au profit de Marie le Clerc sa petite fille, sous la réserve de l'usufruit à Marie la Roche femme de le Clerc sa fille, sans que cet usufruit pût être saisi par ses créanciers; & cependant ordonna la distraction de sa légitime demandée par ses créanciers pour leur être distribuée.

Les motifs de cet arrêt furent : 1°. Qu'il n'y avoit pas de dissipation de la part de Marie la Roche; que Louis Turquois son second mari n'étoit point un débauché, mais un homme sans ordre, qui avoit mal gouverné ses affaires, & engagé sa femme à contracter avec lui plusieurs dettes, de maniere que la substitution paroissoit plutôt faite à cause du mari, que par rapport à la femme.

D'un autre côté le legs chargé de substitution ne réduisoit pas la femme Turquois à sa légitime. Il étoit fait de la totalité de sa portion héréditaire, par conséquent étoit susceptible de la demande en distraction de légitime : Turquois & sa femme, dont les créanciers étoient antérieurs à l'ouverture de la substitution faite par Marie de la Roche veuve le Clerc, n'avoient eu garde de former leur demande en distraction de légitime qui seroit devenue leur proie; mais ces créanciers ayant eux-mêmes formé cette demande, la cour crut devoir leur adjuger leurs conclusions.

On trouve encore au journal du palais un autre arrêt du 31 mai 1680, rendu entre Pierre Milet avocat, & ses freres & sœurs, par lequel la cour ordonna que Me. Pierre Milet viendroit en partage avec ses freres & sœurs, de tous les biens délaissés par son pere sans aucune substitution, quoique Me. Milet son pere sous-doyen des procureurs, par un acte en forme de testament passé pardevant notaire, eût déclaré pour de bonnes & justes considérations, il substituoit la portion héréditaire, qui reviendroit à Pierre Milet son fils après son décès, aux enfans nés dudit Milet; voulant qu'il se contentât de l'usufruit de la portion héréditaire pour tous droits de légitime, & que si ledit Milet décédoit sans enfans, le profit du droit de la substitution passât à ses freres & sœurs, & à leur défaut, à leurs enfans.

Les motifs qui déterminerent cet arrêt, furent qu'il n'y avoit pas de preuves de dissipation.

Cet arrêt a été suivi d'un autre du premier avril 1686 : l'on voit donc que ce sont les circonstances qui ont dicté tous ces arrêts.

Actuellement on tient pour maxime que la légitime étant une portion de l'hérédité réservée par la loi, elle ne peut en général être altérée par aucune sorte de disposition. Cependant si le fils ou la fille grevés de substitution après en avoir eu connoissance, ne réclamoient pas contre l'acte qui la contiendroit, mais au-contraire l'exécutoient & prenoient les biens à eux légués avec la charge de substitution, alors ni eux ni leurs héritiers ne pourroient demander la distraction de la légitime, attendu l'exécution que la substitution auroit reçue, & qu'il est permis à tout le monde de renoncer à son droit, & d'exécuter un testament, même onéreux.

Si au-contraire les enfans grevés de substitution étoient décédés sans avoir eu connoissance du testament qui le renfermoit, leurs héritiers pourroient demander la distraction de légitime, ainsi qu'il a été jugé dans l'affaire d'Imbert Drevet par arrêt du 23 février 1741, rendu sur les conclusions de M. l'avocat général Joly de Fleury.

Cependant, quoiqu'en général la légitime ne puisse être ôtée aux enfans, lorsqu'un fils est un dissipateur, un débauché connu, ou qui se porte aux derniers excès, la substitution de la légitime doit avoir son effet, ainsi qu'il a été jugé au rôle de Poitou, sur les conclusions de M. l'avocat général d'Ormesson, par arrêt du 10 juillet 1741, par lequel la cour confirma la substitution même de la légitime, dont le marquis de Gencien avoit grevé son fils.

Enfin il faut faire encore une distinction des substitutions dont nous venons de parler, d'avec les réciproques, & qui sont faites uniquement au profit d'un enfant à l'autre, sans les grever au-delà de la vie de l'un & de l'autre. L'égalité qui se rencontre par le moyen de cette substitution réciproque, & l'incertitude de savoir celui qui survivra, & qui par ce moyen se trouvera avoir toute la succession, empêche qu'aucun des deux substitués puisse se plaindre du testament, ni l'attaquer par l'inofficiosité. Au moyen de quoi l'ouverture de la succession étant arrivée, les grevés ne peuvent demander de distraction de légitime. C'est ce qui a été jugé par arrêt du dernier juillet 1631, rapporté par Bardet ci-après, liv. 4. chap. 43.

Reste actuellement à examiner si les créanciers d'un prodigue, d'un débauché, ou d'un dissipateur avéré, peuvent demander à leur profit la distraction de sa légitime. A cet égard les auteurs se trouvent de sentimens opposés.

1631

Mornac & Ricard pensent qu'ils sont en droit de former cette demande, & le Brun en se rangeant de leur avis, ajoute que pour demander cette distraction il faut que les titres des créanciers soient authentiques, & que la dette soit prouvée contractée avant l'ouverture de la succession.

Bourjon, seconde partie des successions, chap. 10. sect. 6. adopte aussi l'avis de le Brun, & dit que si les créanciers ont été les complices de la débauche & de la dissipation du fils grevé, il faut rejetter leur demande.

Ce sentiment est fondé sur partie des arrêts que nous venons de rapporter, par lesquels cette distraction a été ordonnée.

D'autres auteurs se trouvent d'un sentiment contraire, & prétendent que la faveur de la légitime n'a pour objet que l'intérêt des enfans, & que si la loi a défendu aux peres & meres de diminuer cette légitime, c'est parce qu'elle a voulu qu'elle servît de subsistance aux enfans; que par conséquent mal à propos les créanciers en prêtant ont-ils envisagé la légitime comme un gage de leur dû, & que le fils a mérité la substitution, le créancier ne peut avoir plus de droit que lui pour la faire révoquer.

Ce sentiment devient d'autant plus accrédité, que par arrêt rendu au rapport de M. l'abbé Terray le 23 mars 1760, les créanciers des enfans du sieur Brunot secrétaire du roi, furent déboutés de leur demande en distraction de légitime, quoiqu'il y eût plusieurs d'entr'eux dont les créances fussent justifiées par titres antérieurs à la substitution.

Cette jurisprudence paroît d'autant plus suivie, qu'elle est fortifiée d'un arrêt du 4 septembre 1760, rendu en la seconde chambre des enquêtes, sur les conclusions de M. l'avocat général Pelletier de Saint-Fargeau, en faveur des demoiselles Simonet, contre les créanciers de leur mere, par lequel il fut jugé que le fils dissipateur ne pouvant demander la distraction de sa légitime, ses créanciers qui n'avoient pas plus de droit que lui, n'étoient pas plus fondés à faire cette demande en distraction.

Ces deux arrêts paroîtroient décider bien nettement la question & devoir servir de loi contre tous les créanciers qui voudroient former une demande en distraction de légitime; mais cependant en approfondissant les motifs qui ont donné lieu aux deux arrêts ci-dessus, on verra qu'ils ont été déterminés par des circonstances particulieres.

Dans l'affaire jugée par arrêt du 23 mars 1760, on opposoit contre les créanciers des enfans Brunot, qu'ils connoissoient leur dissipation & la mauvaise conduite de ceux à qui ils avoient prêté; que par-là ayant favorisé la mauvaise conduite des enfans Brunot, même du vivant de leur pere, il étoit juste qu'ils fussent privés de la légitime, que le pere avoit voulu mettre à l'abri de leurs poursuites.

A l'égard de l'affaire des demoiselles Simonet, il faut observer que les créanciers de la dame Simonet avoient obtenu la distraction de la légitime de ladite dame par arrêt du 6 septembre 1751, l'état des demoiselles Simonet leur étant inconnu & même contesté alors; mais lesdites demoiselles s'étant pourvues par requête civile contre ce jugement, la firent entériner par arrêt du 16 mai 1759, qui en leur assurant leur état, les remit en possession des droits qu'elles avoient avant l'arrêt de 1751, ensorte que l'on peut dire que la seule existence des demoiselles Simonet & leur état, déterminerent la cour à rejetter la demande en distraction de légitime, formée par les créanciers.

Ainsi dans cette variété de jurisprudence, tant ancienne que nouvelle, & qui n'a été occasionnée que par les circonstances, je croirois que pour la concilier & former des principes généraux sur cette matiere, il faudroit dire que les peres & meres ne peuvent substituer la légitime de leurs enfans, au préjudice des créanciers qui ont prêté de bonne foi, & avant que la dissipation & débauche du fils fussent connues, & que ces derniers sont bien fondés à demander la distraction de la légitime sur les biens substitués; mais qu'à l'égard des créanciers qui ayant eu une parfaite connoissance de l'inconduite des grevés,

en ont occasionné la continuité par leur facilité à leur prêter, les peres & meres peuvent valablement substituer la légitime à ces enfans débauchés dissipateurs, sans que ces créanciers, sous prétexte de leurs créances, puissent être admis à répéter la demande en distraction de légitime.

Cette distinction me semble devoir être d'autant plus volontiers admise, que l'article 38 de l'ordonnance des substitutions du mois d'août 1747 semble avoir donné aux créanciers du grevé de substitution, la faculté d'en demander l'ouverture à leur profit, en cas de refus du débiteur de l'accepter pour jouir pendant sa vie des biens substitués.

Car enfin, si l'ordonnance permet aux créanciers du grevé de substitution, de jouir pendant sa vie des biens substitués, qu'ils n'auroit pas voulu recueillir à ce titre, pourquoi la loi ne permettroit-elle également à des créanciers de bonne foi de former une demande en distraction de légitime, qu'un débiteur mal intentionné affecteroit de ne pas former pour leur faire perdre leur dû?

D'un autre côté, en admettant, ainsi qu'il a été jugé par les arrêts ci-dessus rapportés, qu'un pere ne pouvoit substituer la légitime à un fils qui n'avoit pas donné des marques d'inconduite, les créanciers légitimes de ce fils qui auroient le même droit que lui, se trouveroient donc dans le cas de former également cette demande.

Le silence de MM. Bardet & Berroyer sur l'arrêt qui a dû être rendu en exécution de l'appointement du premier avril 1631, pourroit laisser subsister encore un autre doute, relativement aux reprises & conventions matrimoniales de la femme Grapin. Mais les articles 44 & 45 de l'ordonnance des substitutions, qui accordent l'hypotheque ou le recours judiciaire aux femmes sur les biens substitués, en cas d'insuffisance des biens libres; tant pour le fonds & capital de la dot, que pour fruit, intérêt & douaire, levent toute incertitude à cet égard, puisque la femme par-là est déclarée avoir droit d'exercer toutes ses reprises exprimées sur les biens substitués par hypotheque à la date de son contrat de mariage.

Vide tome 2, le chap. 5 du liv. 5.

CHAPITRE XIX.

Droits honorifiques de l'église sont communiqués alternativement à tous les copropriétaires par indivis de la haute-justice, en commençant par l'aîné de la famille ou son descendant, quoiqu'il ait la moindre portion.

Nicolas Aimery, & Jean & Jacques Allegrain, étant seigneurs censiviers & hauts-justiciers de la terre & seigneurie de Viroflée, savoir Nicolas Aimery pour une septieme portion par indivis, & Jean & Jacques Allegrain pour six autres portions qui restoient indivises: procès se meut entre eux pour raison des droits honorifiques de l'église paroissiale de Viroflée, située au-dedans de leur haute-justice; Jean & Jacques Allegrain soutenans que comme seigneurs de la plus grande partie de cette terre, ils devoient avoir tous ces droits honorifiques, sans qu'Aimery y pût aucunement participer, sa septieme portion de la seigneurie n'étant à cet égard aucunement considérable. Sur quoi intervint sentence du prévôt de Paris, par laquelle il ordonna que Nicolas Aimery participeroit pour une septieme portion aux droits honorifiques de l'église de Viroflée; & que pour cet effet, de huit dimanches l'un, on lui porteroit le premier du pain bénit, & on lui rendroit les autres honneurs accoutumés, & les sept dimanches suivans on continueroit à rendre les mêmes honneurs à Jean & Jacques Allegrain, & que l'on commenceroit par le dimanche destiné à Aimery. Jean & Jacques Allegrain en interjetterent appel. Pour eux Me. Martinet dit, qu'il a été très-mal jugé par deux raisons principales. L'une, que les droits honorifiques dûs & rendus aux seigneurs hauts-justiciers des églises paroissiales

niſſales ou aux patrons & fondateurs ſont indiviſ-
bles, & ne ſe peuvent partager ni diviſer. Quand il
ſe rencontre deux ſeigneurs juſticiers dans une même
paroiſſe, qui ont néanmoins leurs portions diviſées
& ſéparées, celui au diſtrict duquel l'égliſe ſe trouve
bâtie, y a les honneurs & prééminences, ainſi qu'il
a été jugé par arrêt, quoique la plus grande partie
de la paroiſſe & de la juſtice appartienne à l'autre.
Par identité de raiſon il faut adjuger ces droits de
prééminence & d'honneur à celui à qui la plus grande
portion de toute la paroiſſe & de toute la juſtice
appartient par indivis; autrement ce ſeroit une confuſion & un grand déſordre, que de huit dimanches
il en fallût retrancher un pour le laiſſer à l'intimé.
En tout cas, quand cela auroit été jugé raiſonnable,
néanmoins il ne falloit pas ordonner que l'intimé,
qui n'eſt ſeigneur que pour une petite portion, que
pour une ſeptieme, précédât les appellans, à qui
preſque toute la ſeigneurie & la juſtice appartient.
Le droit de préférence qu'on a donné à l'intimé,
diminue beaucoup de leurs droits, & donne à l'intimé un auſſi grand avantage que s'il étoit ſeul ſeigneur de Viroflée, puiſque primus & unus idem ſo-
nant dans l'écriture. Et par ces moyens conclut au
mal jugé, & à ce qu'émendant, les droits honorifiques de l'égliſe de Viroflée ſoient entiérement adjugés aux appellans, à l'excluſion de l'intimé. Me.
Guillyon pour Nicolas Aimery intimé dit, qu'il a été
bien jugé par l'un & l'autre chef de la ſentence dont
eſt appel. Quant au premier, quoique l'intimé ne
ſoit ſeigneur de la terre de Viroflée que d'une huitieme portion, néanmoins poſſédant cette portion
en toute juſtice haute, moyenne & baſſe, & par
indivis avec les appellans, il peut légitimement &
véritablement ſe qualifier ſeigneur de Viroflée. Suivant
la déciſion de la loi In ſpeciali. De rei vindicat. &
ſuivant la diſpoſition des arrêts, celui qui a portion
en une ſeigneurie, ſe peut dire auſſi-bien ſeigneur,
que celui qui en a une plus grande. Par conſéquent
il eſt bien fondé à demander ſa part des droits honorifiques & prééminences attribués & rendus au ſeigneur dans l'égliſe à cauſe de la ſeigneurie. Talia enim
jus habent in ſe utilitatem, quia nempe ſapiunt obe-
dientiam. Autrement il s'enſuivroit que celui qui auroit la plus grande portion en une terre, auroit tous
les droits honorifiques : ce qui ſeroit abſurde. Quant
à l'autre chef, l'on a ordonné avec juſtice que l'intimé jouiroit le premier des droits honorifiques, parce qu'il a cet avantage ſur les appellans, qu'il eſt
ſeigneur de ſon chef de la terre de Viroflée, & les
appellans ne le ſont qu'à cauſe de leurs femmes. De
plus, il eſt deſcendu de l'aîné de la maiſon, & les
femmes des appellans d'un puîné. Ainſi le droit d'aîneſſe réſidant en ſa perſonne, il doit avoir la prééminence. Et conclut au bien jugé.

LA COUR ſur l'appel mit les parties hors de
cour & de procès, ſans dépens. Ledit jour mardi
premier avril 1631, à l'audience de relevée, M. le
premier préſident de Bellievre prononçant.

CHAPITRE XX.

Preſcription de crimes s'acquiert par vingt ans.

JAcques Daillon habitant de la paroiſſe de Condilly, s'étant trouvé enveloppé & compris dans
l'accuſation d'un crime atroce qui fut commis en
la juſtice de Condilly en l'an 1605, ſur la plainte,
charges & informations qui en furent faites par les
officiers en cette juſtice, il y eut décret de priſe
de corps contre lui. Appréhendant la punition du
crime, & craignant d'être pris & conſtitué priſonnier, il s'évada, & demeura abſent depuis l'an
1605, que le crime avoit été commis, & le décret de priſe de corps décerné contre lui & contre
d'autres, juſques en l'an 1629, qu'il retournu en ſa
maiſon & demeure à Condilly. Cela étant découvert
par le procureur-fiſcal de cette juſtice, il le fit
incontinent mettre priſonnier en la conciergerie de
Condilly en vertu du décret de priſe de corps dé-

cerné en 1605, quoiqu'il n'y eût eu aucune autre
choſe ni aucune contumace inſtruite contre lui pendant tout cet intervalle de 24 années. Daillon interjetta appel de la permiſſion de l'empriſonner, &
de l'empriſonnement fait de ſa perſonne; & ſur cet
appel fit intimer le curateur des enfans mineurs de
celui qui avoit rendu ſa plainte, & qui étoit partie civile en 1605, comme auſſi le ſeigneur haut-
juſticier de Condilly, & encore le procureur fiſcal
en cette juſtice, ſoutenant qu'ils avoient tous trois
procuré ſon empriſonnement, & qu'ils étoient ſolidairement reſponſables des dommages & intérêts
qu'il prétendoit : ſur quoi Me. Guerry dit, que l'empriſonnement fait de la perſonne de Daillon eſt nul,
injurieux & injuſte. Primò, parce qu'il eſt innocent
de ce prétendu crime commis en 1605, dont il ne
faut d'autre preuve, ſinon qu'on n'a inſtruit aucune contumace contre lui. Secundò, parce que quand
il y auroit eu quelques procédures & contumace
inſtruites, l'inſtance ſeroit demeurée périe par un
tems bien plus court que celui qui a couru depuis;
& qu'au moyen de ce, le décret de priſe de corps
n'a pu être mis à exécution. Tertiò, quand l'appellant auroit été complice & coupable de ce prétendu crime commis en 1605, il en ſeroit ſuffiſamment purgé & déchargé par un ſilence continuel de
24 ans, pendant leſquels on ne lui a demandé aucune choſe. Ce tems eſt plus que ſuffiſant pour
avoir acquis la preſcription contre ce prétendu crime, lequel & tous autres demeurent éteints &
aſſoupis par un ſilence continuel de vingt années,
ſuivant la diſpoſition de droit in L. Querela. C. De
falſis. Cette loi a été ſuivie par une infinité d'arrêts,
qui ont trouvé cette preſcription des crimes tellement
favorable, qu'ils ont même jugé, qu'elle couroit
contre les mineurs, & qu'elle avoit lieu pour les
choſes mal priſes & violemment enlevées. Ainſi au
préjudice de cette juriſprudence certaine il n'y a pas
eu lieu d'empriſonner l'appellant. Cet empriſonnement doit être déclaré nul, injurieux, tortionnaire & déraiſonnable, les intimés condamnés ſolidairement en tous ſes dépens, dommages & intérêts. Me. Lhoſte pour le curateur des enfans de la
partie qui avoit rendu ſa plainte en 1605 dit, qu'il
déſavoue cet empriſonnement, & qu'il n'a point été
fait à ſa requête; ainſi qu'il eſt follement intimé.
Me. Deſita pour le ſeigneur haut-juſticier de Condilly dit, qu'il ne veut prendre le fait & cauſe
pour ſon procureur fiſcal, & que c'eſt à lui à ſe
défendre de la procédure, & la ſoutenir ainſi qu'il
verra. Et conclut auſſi à follement intimé. Me.
Adam pour le procureur fiſcal de Condilly dit, que
ſachant la vérité du crime, & que l'appellant en
étoit coupable, il a été obligé par le dû de ſa
charge, procurator fiſci eſt vindex publicus diſciplinæ
publicæ, de le faire empriſonner, afin que le crime
ne demeurât ſans une juſte punition; ainſi n'ayant
fait que ce à quoi ſa charge & ſon office l'obligeoient, il eſt pareillement follement intimé.

M. l'avocat général Talon, que ne s'agiſſant
que d'un ſimple décret de priſe de corps décerné
en 1605, & demeuré ſans aucun effet ni exécution
juſques en 1629, pendant vingt-quatre ans entiers,
il ne faut plus s'enquérir s'il y a chargé ou non
contre l'appellant, & s'il eſt coupable du crime
qu'on lui impoſe. Car, quand il en auroit été coupable, un ſi long intervalle de 24 ans l'en auroit
entiérement purgé, & le crime ſeroit par-là éteint,
aſſoupi, preſcrit & effacé, ſuivant la maxime commune, que tous crimes ſe preſcrivent & effacent
par le laps & eſpace de vingt ans, L. Querela. C.
De falſis. Cette maxime a été confirmée par une infinité d'arrêts, qui ont jugé cette preſcription ſi
favorable, que même elle a paſſé par-deſſus le privilege de la minorité, quoique toujours d'une grande
conſidération. Ainſi il n'y a aucune difficulté, que
l'empriſonnement de l'appellant ne doive être déclaré injurieux & tortionnaire, & ſilence doit être
impoſé au procureur fiſcal & à tous autres, de
pourſuivre l'appellant.

LA COUR ſur les prétendues folles intima-
tions du ſeigneur juſticier & curateur, mit les par-

ties hors de cour & de procès, fans dépens; déclara le procureur fiscal de Condilly bien intimé en fon nom; ordonna qu'il défendroit. Sur quoi après que Me. Adam eût répété les mêmes moyens ci-deffus allégués, & que le procureur fiscal n'avoit fait que fa charge contre un criminel qui s'étoit fouftrait à la peine, la cour dit qu'il avoit été mal & nullement procédé, mal, nullement & injurieufement emprifonné; déclara le procureur fiscal non-recevable en la recherche & pourfuite du crime contre l'appellant, & condamna ledit procureur fiscal en 160 livres envers l'appellant pour fes dépens, dommages & intérêts. Le mercredi 2 avril 1631, en la chambre de l'édit, M. le préfident Seguier prononçant.

CHAPITRE XXI.

On peut être fimple confidenciaire d'un office d'huiffier, par un traité, pour le conferver à la famille du précédent titulaire, fans que par le décès du dernier pourvu, qui a prêté fon nom, fes créanciers puiffent prétendre qu'il en ait eu la propriété.

SImon Nouzillet huiffier en la cour de parlement de Paris étant décédé, fa veuve paffa un contrat ou traité pour raison de l'office de fon mari, avec René Denail fon beaufrere. Ils convinrent que Denail exerceroit l'office d'huiffier, dont il demeureroit confidenciaire & fermier au nom de la veuve de Nouzillet & de fes enfans, à qui il payeroit chaque année la fomme de 1400 livres pour les profits & émolumens de cet office. En ce traité intervint Me. Jacques Petit fecretaire du roi, créancier de Nouzillet de 225 livres de rente, lequel confentit que Denail exerçât cet office d'huiffier, à la charge néanmoins de lui payer fa rente annuelle de 225 livres, & de lui paffer chaque année procuration *ad refignandum* de cet office, enfemble de lui délivrer auffi tous les ans les quittances du droit annuel. En conféquence, René Denail s'étant fait pourvoir de cet office d'huiffier en 1622, il l'exerça & en jouit paifiblement jufques en l'an 1630, qu'il mourut. Après ce décès, procès fe meut pardevant meffieurs des requêtes du palais entre fes créanciers qui étoient en grand nombre, la veuve, les héritiers de Simon Nouzillet, & Me. Jacques Petit fon créancier de 225 livres de rente. Il étoit queftion entr'eux fur qui feroit vendu l'office d'huiffier, ou fur Nouzillet comme vacant par fon décès, ou fur Denail comme en ayant été le dernier titulaire, & par conféquent comme ayant vaqué pareillement par fon décès. Sur quoi meffieurs des requêtes du palais ayant ordonné que par provifion & fans préjudice des droits des parties, l'office feroit vendu fur les héritiers de Nouzillet comme vacant par fon décès, & que des deniers en procédans Me. Jacques Petit feroit payé de fa dette auffi par provifion; les créanciers de Denail interjetterent appel de cette fentence. Pour eux M. Talon dit, qu'il a été mal jugé, parce que cette fentence fuppofe que Nouzillet ou fes héritiers foient toujours demeurés propriétaires & titulaires de l'office; & au-contraire il fe voit que Denail en a été bien & valablement pourvu; qu'il en a paifiblement joui pendant huit années entieres; & par conféquent qu'il a vaqué par fon décès. La raison eft, qu'il n'y a que le roi qui puiffe faire des officiers; il faut néceffairement en obtenir des lettres de provifion, par le moyen defquelles & de la réception qui les fuit, on eft fait officier de fa majefté; & cela étant une fois fait & accompli, l'office eft tellement attaché & inhérent à l'officier ainfi pourvu & reçu, que venant à décéder, fon office demeure vacant par fon décès: les conventions des particuliers ne pouvant déroger au droit public, notamment aux droits du roi, de qui feul dépendent ces offices; il eft vrai de dire que celui dont eft queftion, a appartenu à Denail, il en a été fait vrai

& légitime titulaire au moyen des lettres de provifion qu'il a obtenues du roi, & de fa réception faite par la cour. La convention & traité fait avec lui par les intimés, n'y peut faire aucun obftacle ni préjudice; autrement les appellans feroient extrémement léfés & malicieufement trompés, ayant contracté avec un homme qui portoit le titre & le caractère d'officier du roi, qui exerçoit publiquement & paifiblement un office, fous l'affurance duquel on contractoit avec lui. Le public a grand intérêt de ne pas approuver de femblables conventions fecretes & frauduleufes, parce que le meilleur du bien d'une famille s'employant aujourd'hui en achat d'offices, & perfonne ne pouvant deviner ni préfumer que ceux qui les exercent publiquement, n'en foient pas les vrais titulaires & les propriétaires incommutables, il n'y a perfonne tant habile foit-il, qui n'y fût trompé; & cette tromperie retourneroit au préjudice de tant de perfonnes, qu'il arriveroit une confufion & un défordre univerfel: à quoi la juftice s'oppofe perpétuellement pour conferver la paix & la tranquillité à tous en général, & à chacune famille en particulier. Et conclut au mal jugé, & à ce qu'émendant & corrigeant, l'office foit déclaré vacant par le décès de Denail, & non de Nouzillet. Me. Brodeau pour Me. Jacques Petit fecretaire du roi, intimé, dit que s'il s'agiffoit de l'intérêt de fa majefté qui prétendit l'office d'huiffier dont eft queftion, ou comme vacant par le décès de Denail, & par conféquent ayant droit d'y pourvoir, ceffant le droit annuel, ou comme lui appartenant par confifcation, ou de quelqu'autre maniere, les maximes alléguées par l'avocat des appellans pourroient avoir lieu, & le roi, ou M. le procureur général auroit alors raifon de foutenir qu'un officier ayant obtenu lettres de provifion, ayant été pourvu de l'office, & l'ayant exercé publiquement, cet office devroit être déclaré vacant par fon décès au profit de fa majefté, à qui les conventions & traités faits entre le réfignant & le réfignataire ne peuvent faire aucun préjudice, de quelque façon qu'ils foient conçus. Mais à l'égard des particuliers qui ne peuvent alléguer que leur intérêt propre, & ne font pas recevables à fe couvrir de l'intérêt public, qui réfide en la bouche de meffieurs les gens du roi feuls, telles conventions & femblables à celle de cette caufe font bonnes & valables. La veuve de Nouzillet n'a pas eu intention de vendre l'office de fon mari, défirant de le conferver pour un de fes enfans, ou pour en difpofer autrement. Denail n'a eu auffi d'autre deffein que d'exercer cet office comme fermier & confidenciaire de la veuve de Nouzillet, en lui payant 1400 livres par an. Mais ne pouvant exercer cet office fans prendre provifions du roi, il a été néceffaire d'en obtenir, non pas pour contrevenir au traité & convention, mais pour l'exécuter & entretenir, puifque l'exercice en faifoit la meilleure partie, & que l'exercice fuppofoit néceffairement les provifions & réception en l'office. Ce traité n'a point été fecret, ni fait en cachette fous écriture privée & par contre-lettre. Il étoit public, paffé pardevant notaires, fu & connu de tous ceux qui l'ont voulu connoître & favoir. Ceux qui ont contracté avec Denail, ont dû s'informer de fa condition, & du titre en vertu duquel il exerçoit cet office d'huiffier, & ne l'ayant fait, ils fe le doivent imputer. Me. Jacques Petit intimé n'a pu apporter une plus grande diligence, ni précaution pour la fûreté de fa dette. Tous les ans on lui a paffé procuration pour réfigner cet office, & délivré les quittances du droit annuel; ainfi à fon égard, il n'y a aucune difficulté qu'il ne foit bien fondé en la préférence d'être payé fur le prix de l'office, fur qui que ce foit qu'il foit vendu. Et conclut au bien jugé. Me. Pajot pour la veuve & héritiers de Nouzillet dit, qu'ils n'ont eu aucun deffein ni intention de vendre cet office, mais de le conferver; ce qu'ils ont penfé faire, le mettant entre les mains de Denail leur parent, pour l'exercer fuivant le traité paffé entr'eux. Ce traité n'étant point vicieux ni condamné par les loix, les appellans ne font pas recevables à le combattre ; mais fans avoir égard à leurs prétentions, il doit être entretenu, & ce faifant, l'office déclaré apparte- nir à la veuve & héritiers de Nouzillet intimés ; & ainfi, qu'il a été bien jugé.

LA COUR mit l'appellation au néant ; ordonna que ce dont étoit appel, fortiroit fon plein & entier effet, fans dépens, & renvoya les parties pardevant meffieurs des requêtes du palais. Le lundi 7 avril 1631, M. le premier préfident pro- nonçant.

CHAPITRE XXII.

Propriétaire eft tenu aux dommages & intérêts pour la mort du locataire, arrivée par la ruine d'une maifon.

LE fieur de Pelboc propriétaire d'une maifon fituée au fauxbourg St. Antoine-lez-Paris, la loue en 1619 à Michel Perfebois maître charpentier, lequel après y avoir demeuré huit mois, & ayant reconnu la caducité de la maifon, & qu'il y avoit du péril à y refter, la reloue à Noël Morin qu'il fubroge en fon lieu & place pour le tems qui reftoit à expirer de fon bail, & aux mêmes prix, charges & conditions. Morin en exécution de cette hom- me habite cette maifon, & après y avoir demeuré quelques mois, il reconnoît pareillement le péril éminent qu'il y avoit, à caufe de la ruine pro- chaine dont elle étoit menacée. Pour y remédier, il fait fommer & interpeller tant le fieur de Pelboc propriétaire, que Perfebois locataire principal, de faire les réparations néceffaires en cette maifon, & pour s'y voir condamner, les fait affigner par- devant le prévôt de Paris ou fon lieutenant civil. Après plufieurs délais & fuites, il y eut enfin or- donnance que les parties conviendroient d'experts à gens à ce connoiffans, pour voir & vifiter la maifon, & rapporter l'état où elle étoit, & quel- les réparations y étoient néceffaires. Pendant la con- teftation & débat fur cette convention d'experts, les parties n'en voulant demeurer d'accord, il ar- rive qu'une nuit du mois de mai 1630, le plancher d'une des chambres de la maifon, tombe & écrafe malheureufement Noël Morin qui étoit couché dans cette chambre. Pour raifon de ce, Jeanne Item fa veuve ayant rendu fa plainte au prévôt de Paris qui dreffa procès-verbal de la levée du corps mort, de la caufe apparente de cet accident, & de l'état des lieux, elle conclut contre le fieur de Pelboc propriétaire de la maifon, & contre Perfebois lo- cataire principal, à ce qu'ils fuffent condamnés fo- lidairement à lui payer la fomme de trois mille li- vres pour fes dommages & intérêts, comme ayant caufé la mort de fon mari. Sur quoi le prévôt de Paris rendit fa fentence, par laquelle il condamna le fieur de Pelboc & Michel Perfebois à payer fo- lidairement à Jeanne Item veuve de Morin, la fomme de trois cents livres pour tous dépens, dommages & intérêts qu'elle pouvoit prétendre con- tr'eux pour raifon de la mort de fon mari avenue par la chûte de la maifon. Elle interjette appel à minima de cette fentence. Pour elle Me. Doujat le jeune dit, que l'appellante veuve d'un pauvre arti- fan, demeurée chargée de grand nombre de petits enfans, a d'autant plus de fujet d'interjetter cet appel, qu'étant privée du fupport & de l'affiftance de fon mari, par fes foins & le travail journalier de fes mains gagnoit fa vie, celle de l'appellante fa femme & de fes petits enfans, elle demeure réduite à une néceffité extrême & à la mendicité, n'ayant pour tout bien que cette fomme modique de 300 livres que le prévôt de Paris lui a adjugée pour tous dépens, dommages & intérêts réfultans de la mort de fon mari. Les intimés en font infailliblement coupables, non pas pour avoir trempé leurs mains parricides & homicides dans fon fang, mais pour lui avoir caufé la mort par leur faute & négligence manifefte, même blâmable & en quelque façon criminelle ;

leur avarice les ayant tellement aveuglés, qu'il a été impoffible de leur faire faire les réparations néceffaires en la maifon où demeuroit l'appellante avec fon mari. En termes de droit, *nihil intereft occidat quis, an mortis caufam præbeat*, L. 15. *Ad Leg. Corn. De ficariis & venef.* On eft également coupable en l'un & en l'autre cas, parce que qui *occafionem præftat, damnum feciffe videtur*, L. 30. *Ad Leg. Aquil.* Le propriétaire d'une maifon eft tenu d'y faire les réparations néceffaires, & de la mettre en bon état pour la demeure du locataire, ou pour empêcher qu'elle n'apporte aucun dom- mage ni préjudice aux maifons voifines & à ceux qui les habitent, autrement il eft tenu aux dom- mages & intérêts foufferts par la chûte & ruine de fa maifon, L. *Prætoris.* §. *Sed fi. De damno infecto.* & *paffim* dans tout ce titre. Or les intimés ayant été fommés & interpellés de faire les réparations néceffaires en la maifon qu'habitoit le mari de l'ap- pellante, & ne l'ayant daigné faire, ils ont été en négligence & en faute, & par-là il eft vrai de dire qu'ils ont été caufe de la mort du mari de l'appellante, & par conféquent qu'ils font tenus en tous fes dépens, dommages & intérêts, qui doivent être eftimés & arbitrés felon la perte qu'elle a foufferte : *Fit æftimatio ejus quod intereft & quanti inte- reft, non effe occifum*, L. *Ait Lex.* §. *Sed utrum. ad Leg. Aqu. Caufæ corpori cohærentes æftimantur*, L. *Proin- de. eodem.* L'on confidere l'art, l'induftrie, l'inf- truction des enfans, & l'intérêt que reçoit une veuve & fes enfans *ex induftria, follicitudine, curâ & ope- ris mariti.* L'appellante perdant fon mari a tout per- du, puifqu'il la nourriffoit & fes enfans du travail de fes mains, & en étant privés, ils font réduits à l'aumône, fi la cour par fa charité ne les en dé- livre, leur adjugeant une fomme raifonnable, pour pouvoir fubvenir à leur extrême mifere & néceffité ; à quoi il conclut, & au mal jugé. Me. Langlois pour Michel Perfebois locataire principal intimé dit, qu'ayant fubrogé le mari de l'appellante en fon lieu & place pour le refte du tems de fon bail, il ne peut courir aucun rifque, parce que dès-lors le mari de l'appellante a dû agir contre le proprié- taire de la maifon, & non point contre lui. En tout cas il a fait appeller le propriétaire qui eft tenu de l'acquitter de la condamnation portée par la fen- tence du prévôt de Paris, dont il interjetta appel en l'audience, & fupplia la cour de le tenir pour lui relevé, comme n'étant aucunement tenu aux prétendus dommages & intérêts de l'appellante ; & en tout cas conclut en la fommation contre le pro- priétaire à ce qu'il ait à l'en acquitter. Me. Dolet pour le fieur de Pelboc dit, qu'on ne peut l'ac- cufer d'aucun mauvais deffein, & que *in eo nec voluntas, factum aut dolus fuit.* La mort du mari de l'appellante eft arrivée par un accident purement fortuit, *quem nemo providere poterat*, auquel cas toute action ceffe, L. *Sed & fi.* §. *Ceffabit. Ad Leg. Aqu.* Elle n'eft point arrivée faute de réparations, ainfi qu'on le dit. Le mari de l'appellante a bien allégué ce fait ; mais ce n'a été que pour empêcher qu'il ne fût contraint au payement des loyers de la maifon. En droit l'on fait une diftinction & grande différence *inter damnum datum ruinâ ædium quæ vetuftate corruerunt; & damnum datum novi operis conftructione.* Au premier cas, *dominus ædium quæ ruinam fecerunt, non tenetur de damno, nifi inter- pellatus fuerit* de mettre fa maifon en bon état & fûreté, pour éviter que par fa chûte la maifon prochaine ne fût endommagée, parce qu'il n'y a rien de fon fait, mais que le tout vient d'une ca- ducité *quam prævidere potuit vicinus, & poftulare fibi caveri de damno infecto.* Au fecond cas, celui qui bâtit, eft tenu aux dommages & intérêts de fon voi- fin, parce qu'il y va entièrement de fon fait, en- core qu'il n'y eût aucune interpellation, L. *Evenit. & paffim totis Titulis De damno infecto, & noviope- ris nunciat.* L'appellante fe fonde fur la prétendue caducité de la maifon de l'intimé ; mais en ce cas fon mari eût été obligé de la dénoncer & fpécifier particuliérement à l'intimé propriétaire, qui étant une perfonne de qualité, n'alloit point voir ni vifiter fi fes maifons avoient befoin de quelques réparations. Cependant le mari de l'appellante n'a jamais parlé de cette prétendue caducité, ni qu'il y eût du péril en la demeure & habitation de cette maifon ; mais feulement étant pourfuivi pour le payement des loyers, & ne pouvant y fatisfaire, il a oppofé qu'il y avoit quelques réparations à faire ; ce qui eft le prétexte ordinaire des mauvais payeurs, qui n'eft aucunement confidérable. L'intimé perd affez de fouffrir la chûte de fa maifon, fans être encore conftitué en d'autres frais par le moyen des dommages & intérêts prétendus par l'appellante. Il doit donc en être abfous, & pour cet effet il interjette auffi appel de la fentence, & conclut à ce que Perfebois l'acquitte, comme étant tenu à toutes réparations par fon bail.

LA COUR fur les appellations refpectivement interjettées mit les parties hors de cour & de procès, fans dépens ; & fur la fommation renvoya les parties à un commiffaire de la cour. Ledit jour, lundi 7 avril 1631, monfieur le premier préfident le Jay prononçant.

CHAPITRE XXIII.

Religieux reftitué contre fes vœux faits avant l'âge, par fon fupérieur, fans aucun refcrit du pape.

JEan Marpault riche bourgeois de la ville de Laval ayant fept enfans, en mit un nommé Louis au couvent des Cordeliers de la même ville, & lui fit prendre l'habit à l'âge d'onze ans feulement, & à quinze ans & quatre mois il lui fit faire les vœux de religieux & profeffion folemnelle, ce qu'on lui fit réitérer quand il eut atteint l'âge de feize ans & deux mois, de peur que la première profeffion ne fût nulle par le défaut d'âge. Jean Marpault étant décédé incontinent après, favoir en 1626, Louis Marpault fon fils demeura aux Cordeliers jufqu'en 1630, quatre ans après fa profeffion. Alors il réclama & préfenta requête au provincial des Cordeliers de la province du Maine. Il y expofa qu'il avoit été forcé, intimidé, contraint & violenté par fes pere & mere de prendre l'habit de religieux, & d'en faire les vœux & profeffion avant l'âge requis par le concile que par l'ordonnance ; que depuis le décès de fon pere il avoit eu toujours deffein de réclamer contre fes vœux, & fe plaindre de ce qu'on l'avoit contraint de fe rendre religieux, & même qu'il étoit une fois forti du couvent, & s'en étoit allé en la maifon de fon pere & de fa mere, laquelle l'avoit incontinent reconduit dans le couvent, où on l'avoit depuis toujours tenu étroitement renfermé, parce que le fupérieur étoit intime ami de fes parens, & favorifoit leur violence, & la détention de l'expofant, qui pour ces confidérations demandoit que fes vœux fuffent déclarés nuls & non valablement faits, & ce faifant qu'il en fût libéré, remis au fiecle, & rendu au monde comme il étoit avant qu'il eût pris ni porté l'habit & fait vœu de religieux. Sur quoi le provincial des Cordeliers du Maine, affifté des peres définiteurs de l'ordre affemblés en un concile provincial, faifant droit fur la requête de Louis Marpault, & l'entérinant, déclara fes vœux nuls & non valablement faits, l'en difpenfa, & le rendit au fiecle comme n'étant point religieux. En exécution de cette ordonnance Louis Marpault quitta l'habit de Cordelier, & étant rentré au monde, s'en alla en la maifon de fon défunt pere, & là fit affigner fa mere & fes freres pardevant le juge de Laval aux fins de lui délivrer fa part & portion des biens de la fucceffion de fon pere. Ils la lui refuferent, foutenans qu'ayant fait vœu & profeffion en religion, il étoit par conféquent incapable de prétendre aucune part ni portion, tant en la fucceffion de fon pere, qu'en celle de tous fes autres parens. Pour lever cette fin de non-recevoir Louis Marpault ayant communiqué cette ordonnance du provincial des Cordeliers ; par laquelle fes vœux & profeffion de reli-

gieux étoient déclarés nuls, & non valablement faits, & lui remis au fiecle, ainfi qu'il étoit auparavant, & par-là rendu capable de toutes fucceffions, fa mere & fes freres en interjetterent appel comme d'abus. Pour eux Me. Martin dit, avoir été mal, nullement & abufivement ordonné, & que fes moyens d'abus font certains & manifeftes. *Primò*, en ce que le provincial des Cordeliers a entrepris de connoître & prendre jurifdiction d'une matiere qui ne lui appartenoit pas, n'y ayant que le pape, les juges par lui délégués, & les officiers qui puiffent en connoître, comme feuls ayant jurifdiction contentieufe, & non les Cordeliers, ni autres religieux qui n'ont aucune jurifdiction, mais une fimple correction & difcipline monaftique fur leurs religieux. *Secundò*, quand le provincial des Cordeliers auroit eu quelque jurifdiction contentieufe, ce qui n'eft pas, pour la bien établir & pour décerner un ordre judiciaire, il eût fallu faire citer les appellans pardevant lui aux fins de répondre aux prétendus faits allégués par l'intimé, & contefter fur iceux : mais d'avoir rendu un jugement de telle conféquence fur la fimple expofition d'une feule partie, & fans avoir oui, ni appellé ceux qui étoient les plus intéreffés en la caufe, il n'y a aucune apparence. *Tertiò*, quand on auroit voulu paffer par-deffus ces deux formalités, quoique néceffaires en toute jurifdiction bien ordonnée, néanmoins il eût fallu informer d'office de ces prétendus faits de force, violence, minorité & autres allégués par l'intimé, & ne pas s'en rapporter à fa feule allégation, qui fe fût trouvée non véritable par les preuves mêmes qui euffent été faites d'office, & fans aucun autre contradicteur. *Quartò*, quand ce prétendu fait de minorité, qui eft le plus plaufible & le feul confidérable, auroit été véritable, il eft difficile aux appellans de faire voir que ce prétendu défaut d'âge eft couvert par le moyen de la ratification, ou réitération de profeffion, que l'intimé a faite ayant l'âge de feize ans accompli & davantage. Cette réitération de profeffion, ou ratification de la précédente, eft comme une nouvelle profeffion, & a autant d'énergie que la première. Elle peut même de foi fubfifter & rendre un homme vrai religieux profès, quand il n'en auroit point fait d'autre, parce qu'elle eft auffi folemnelle que la première. En tout cas le moindre effet qu'on peut donner à cette ratification, c'eft de purger & effacer tous les défauts qui auroient pu fe rencontrer en la première profeffion. Cette forme de ratification eft ordinaire & pratiquée par les Cordeliers, à caufe qu'ils donnent fouvent l'habit à de jeunes enfans pour chanter au chœur ; mais elle eft inviolablement obfervée au couvent de Laval, où jamais religieux n'a fait profeffion, qu'il ne l'ait ratifiée dans la fuite, après quoi l'on ne peut plus douter de la validité des vœux. Cette forme de ratification de profeffion étant communément ufitée parmi les Cordeliers, principalement au couvent de Laval, ceux qui ont rendu l'ordonnance dont eft appel comme d'abus, n'ont pu l'ignorer, ni moins paffer par-deffus, puifque c'eft une des conftitutions établies, approuvées & obfervées par leur ordre, dont par conféquent ils n'ont pu difpenfer en faveur de l'intimé feul, & l'exécuter étroitement à l'égard de tous les autres religieux. Mais quand il n'y auroit eu d'autre confidération, ils euffent dû débouter l'intimé de l'effet & entérinement de fa requête. *Quintò*, l'intimé a porté l'habit de religieux plus de neuf ans, qui eft un tems plus que fuffifant, avec tout ce qui s'eft paffé, pour le faire réputer religieux, & pour couvrir tous les défauts & manquemens qui euffent pu fe rencontrer en fa profeffion, *faltem* à l'effet de l'exclure de la fucceffion de fes parens, & pour le rendre incapable d'y pouvoir aucunement participer. *Sextò*, quand la profeffion de l'intimé auroit été nulle de mille nullités, il eût toujours fallu avoir recours au pape, & obtenir de lui un refcrit pour être reftitué contre fes vœux, & admis à pouvoir réclamer, en déduire & propofer les nullités ; & cela étant, le pape auroit délégué des juges qui euffent connu des faits contenus dans ce refcrit, & au cas qu'ils les euffent jugés

jugés pertinens & décififs, & que la preuve s'en fût trouvée claire & certaine, ils euffent pu fuivant ce refcrit déclarer les vœux de l'intimé nuls & non valablement ni légitimement faits. Mais de les avoir déclaré tels fans aucun refcrit ni mandement du pape, comme a fait le provincial des Cordeliers, c'eft avoir entrepris fur l'autorité & jurifdiction de la fainteté, ce qui eft le plus grand abus & le plus grand défaut qui fe puiffe rencontrer en femblables matieres. Enfin cette caufe eft d'une conféquence très-périlleufe, & regarde tout le public, qui a le plus notable intérêt de ne pas admettre cette faculté de déclarer ainfi des vœux nuls & non valablement ni légitimement faits, par le fupérieur d'une maifon, fans ouir ni appeler aucune partie, fans aucune connoiffance de caufe, ni informations précédentes, fans aucun refcrit du pape, mais de fon feul motif & autorité privée. Si l'on tolere de femblables procédures, c'eft ouvrir la porte au libertinage, & donner l'occafion de quitter l'habit à mille religieux immodérés, qui attendent le fuccès de cette caufe pour fe régler fuivant l'événement qu'elle aura. Au-contraire, il eft bien plus expédient d'obferver étroitement la regle de la religion, & ne pas permettre qu'après qu'un homme aura quitté le monde, aura fait profeffion en religion, & aura porté l'habit pendant plufieurs années, il puiffe enfuite fe repentir d'avoir bien fait, & quitter l'habit & la vie monaftique, & rentrer dans le monde, comme s'il n'en étoit jamais forti. Outre le fcandale public, cela apporteroit une confufion univerfelle dans toutes les familles, dont le repos & le bien de l'état; & conclut à ce qu'il foit dit, qu'il a été mal, nullement & abufivement procédé & ordonné. Me. Antoine le Maiftre pour Louis Marpault intimé, prononça ce favant & éloquent difcours, qui fe voit dans fes plaidoyers donnés au public, & qu'il feroit inutile de répéter ici. Me. Berault pour les Cordeliers du couvent de Laval intimés pareillement l'appel comme d'abus, dit qu'il n'y a aucune raifon, ni apparence en l'intimation des Cordeliers, qui n'ont rien fait que ce à quoi ils ont eftimé être obligés en confcience. Louis Marpault fe plaignant d'avoir été violenté par fes parens & forcé d'entrer dans l'ordre & la religion des Cordeliers intimés, & d'y prendre l'habit, & alléguant d'y avoir fait profeffion avant l'âge requis par le concile & par l'ordonnance, ils ont été obligés en confcience de s'informer de la vérité de ces faits. Dieu, quoique créateur de nos corps & de nos ames, ne s'eft pas néanmoins réfervé l'empire abfolu fur nos efprits & fur nos volontés; mais nous donnant le libre arbitre, il a laiffé à l'option & au choix d'un chacun de le fervir fuivant fon inclination. Il rejette les hofties réfractaires, & veut être fervi & adoré d'une pure & franche volonté, & d'un cœur fincere. Cette confidération a porté les Cordeliers intimés à entendre plus facilement les plaintes de Louis Marpault réclamant contre fes vœux & fa profeffion; & ces plaintes s'étant trouvées véritables & juftes, fes vœux & fa profeffion nuls, comme faits contre la difpofition du concile & de l'ordonnance, le provincial affifté des peres définiteurs de l'ordre les a déclaré tels, & a congédié celui qu'ils n'avoient aucun droit de retenir, puifque l'obligation qu'il avoit contractée avec l'ordre, fe trouve nulle. Et conclut à ce que les Cordeliers foient déclarés follement intimés.

M. l'avocat général Talon dit, que cette caufe fournit un bel exemple pour connoître manifeftement combien il eft important de fuivre l'inclination de la nature & de fes mœurs, dans la vocation qu'un chacun veut embraffer, & combien il eft périlleux de vouloir s'opiniâtrer contre ce penchant naturel. C'eft néanmoins une faute fort ufitée & trop commune, où les parens fe laiffent porter par diverfes confidérations, penfant par-là mettre leurs maifons & laiffer leurs familles en meilleur état: mais comme la nature ne fe furmonte que difficilement, & qu'elle retourne aifément à fon principe, auffi voit-on fouvent qu'il arrive tout le contraire de ce qu'ils ont projetté. On ne peut pas nier que Louis Marpault

Tome I.

intimé n'ait été forcé & violenté en fon entrée dans la religion, en fa profeffion, & en tout ce qui s'y eft fait & paffé. Il n'en faut point d'autre preuve que la fuppofition & la fabrication d'un faux extrait baptiftaire, pour avancer la profeffion de l'intimé. Cette fuppofition & falfification eft de telle conféquence, que quand il n'y auroit autre chofe à redire en la profeffion de l'intimé, cela feul eft fuffifant pour la faire déclarer nulle. C'eft une chofe honteufe, que les appellans, après avoir trempé dans un crime auffi noir que celui de faux, ofent encore paroître à la face de la cour pour foutenir que c'eft une fubtilité & une tromperie légitime & permife. Cela eft digne de la punition des loix & de la févérité de la cour. Si l'on examine la caufe en particulier, bien-loin que les appellans puiffent alléguer pour un jufte moyen d'abus le défaut de citation pardevant le provincial des Cordeliers, au-contraire s'ils y avoient été affignés, & qu'ils euffent interjetté appel de cette citation, l'abus en eût été indubitable, foit parce que telles perfonnes n'ont point de jurifdiction contentieufe, foit parce qu'ils ne peuvent pas connoître des caufes qui regardent les laïques, foit enfin, parce que citant les appellans, ce n'eût pu être qu'à caufe des biens, dont le juge d'églife, même fondé en jurifdiction ordinaire, ne peut fans abus prendre aucune connoiffance. Quant à la preuve, elle eft plus que fuffifante tant par l'extrait du véritable regiftre baptiftaire, que par les autres pieces du procès, que l'intimé a été forcé & violenté pour entrer dans la religion, & qu'il y a fait profeffion n'étant âgé que de quinze ans & quatre mois. Cette profeffion faite avant l'âge requis par le concile & par l'ordonnance, eft nulle d'une nullité fi effentielle & radicale, qu'elle n'a pu être effacée ni couverte par quelque laps de tems que ce foit. La prétendue réitération ou ratification de profeffion faite dix mois après, ne l'a pu rendre valable. C'eft une ratification faite en fecret, & en une forme extraordinaire & toute différente des ratifications qui fe pratiquent ordinairement au couvent des Cordeliers de Laval. Cela fe juftifie par un grand nombre de ces ratifications que l'intimé a fait rapporter, parmi lefquelles il n'y en a pas une feule femblable à celle qu'on lui a fait faire. De lui objecter qu'il a demeuré huit ou neuf ans dans le couvent des Cordeliers & y a toujours porté l'habit, c'eft le fujet de fa plainte de l'avoir voulu attacher à une profeffion où Dieu ne l'avoit pas appelé; & s'il n'a pas réclamé plutôt & demandé fa premiere liberté, c'eft que la crainte qui l'avoit fait entrer dans la religion, a toujours continué jufqu'au jour de fa plainte. Ainfi le laps du tems n'eft point confidérable à caufe de cette continuation de force & de violence. Mais d'ailleurs cette objection eft impertinente, parce qu'en ce royaume il n'y a point de profeffion de religieux tacite, quelque tems qu'on ait porté l'habit. Il faut qu'elle foit publique, folemnelle, & même que la preuve s'en rapporte par écrit, n'étant pas admife par témoins. L'objection du défaut de refcrit du pape n'eft pas non plus confidérable, puifque l'intimé a réclamé fes vœux *intra quinquennium*; auquel cas le refcrit n'eft point néceffaire, mais pour être relevé à *lapfu quinquennii*. Ainfi ayant examiné féparément tous les prétendus moyens d'abus des appellans, il ne s'en trouve aucun pertinent & confidérable. Au-contraire il refte toujours de leur côté cette fuppofition & fabrication d'un faux regiftre baptiftaire qui mérite l'animadverfion de la cour, afin d'empêcher que tels abus ne fe commettent à l'avenir. Et conclut à ce qu'il foit dit qu'il n'y a eu aucun abus en l'ordonnance dont eft appel, ou que fur icelui les parties mifes hors de cour & de procès, & que celui qui a délivré le faux regiftre baptiftaire, foit pris au corps, & amené aux prifons de la conciergerie du palais.

LA COUR fur l'appel comme d'abus & prétendue folle intimation des Cordeliers de Laval, mit les parties hors de cour & de procès; néanmoins fans que l'arrêt pût être tiré à conféquence pour le regard de la jurifdiction. Le mardi 8 avril 1631, M. le premier préfident le Jay prononçant.

163 1.

1631.

☞ L'efpece de l'arrêt que vient de rapporter M. Bardet, eft un exemple de ces abus qui ne fe commettoient que trop fréquemment dans les profeffions religieufes.

Combien de peres & meres, conduits par une injufte prédilection, n'ont-ils pas ufé de leur autorité, pour engager ceux de leurs enfans qu'ils aimoient le moins, à faire profeffion en religion? Quelquefois l'intérêt de certaines maifons qui manquoient de fujets, faifoit que les fupérieurs deftinés par leur place à faire faire les plus rudes épreuves aux novices, en fe prêtant aux vues des parens, adouciffoient la rigueur de ces mêmes épreuves fous prétexte de la foibleffe du tempérament du poftulant.

Le novice entrant à peine dans l'âge de puberté, fe voyant affranchi de cette contrainte à laquelle il étoit affujetti dans les colleges ou penfions, & à l'abri des peines qui étoient infligées à ceux qui ne rempliffoient pas leurs devoirs fcholaftiques, trouvoit fon fort bien plus heureux & fa vie bien plus gracieufe, que celle qu'il avoit menée jufqu'alors. Séduit par les bontés apparentes de fes fupérieurs, & fes careffes fimulées de fes parens, il n'afpiroit à chaque inftant qu'au bonheur de voir arriver le moment, où par des vœux indiffolubles, il pourroit s'affurer irrévocablement un état qui lui fembloit heureux. Mais à peine étoient-ils prononcés, que les fupérieurs qui l'avoient jufqu'alors foulagé du poids de fes liens, ceffans de les fupporter avec lui, le jeune religieux en recommoiffoit toute la pefanteur. L'âge, il eft vrai, venant au fecours lui donnoit plus de force, mais c'étoit précifément l'inftant fatal pour fon repos. Le moment qui fortifioit la nature, étoit celui qui développoit les paffions: l'impoffibilité de les fatisfaire en augmentoit la violence; & de-là naiffoient ces regrets, ces appels comme d'abus dont les tribunaux retentiffoient tous les jours. Auffi. S. M. reconnoiffant que le mal dérivoit de ce que l'on admettoit la profeffion en religion dans un âge trop tendre, a voulu y remédier par un édit, qui en fixant l'âge où l'on peut prononcer des vœux, fert en même tems de réglement & de difcipline pour les communautés religieufes.

Il eft trop important pour ne le pas placer ici.

L OUIS, par la grace de Dieu, roi de France & de Navarre, à tous préfens & à venir: SALUT. Nous nous fommes toujours fait un devoir, à l'exemple des rois nos prédéceffeurs, de faire éprouver les effets de notre protection à tous ceux de nos fujets qui, animés par un defir fincere de la perfection, fe confacrent à Dieu par des vœux folemnels de religion, & qui renonçant aux emplois extérieurs de la fociété civile, ne laiffent pas de lui rendre les fervices les plus importans par l'exemple de leurs vertus, la ferveur de leurs prieres, & les travaux du miniftere auxquels l'églife les a affociés. Mais plus la profeffion religieufe eft fainte & utile, plus l'affection que nous portons à ceux qui l'embraffent, doit exciter notre vigilance fur tout ce qui peut affoiblir la difcipline monaftique, au maintien de laquelle eft attachée la confervation des ordres religieux; & quoique nous ayons la fatisfaction de voir dans notre royaume un nombre confidérable de religieux offrir le fpectacle édifiant d'une vie réguliere, il n'en eft pas moins de notre devoir, d'écarter avec foin tout ce qui pourroit introduire dans les cloîtres les regrets & le repentir, y altérer l'efprit primitif des loix qui y ont été fagement établies, & y amener avec le relâchement les malheurs qu'il entraîne. C'eft dans cet efprit que nous nous fommes fait rendre compte de tout ce qui eft émané jufqu'ici de l'autorité eccléfiaftique & du pouvoir fouverain dans une matiere fi importante; & nous avons reconnu que l'une & l'autre avoient eu principalement en vue d'affurer par des épreuves & des précautions, la vocation de ceux qui s'engagent, l'obéiffance qui eft le nerf de la difcipline, par des loix fages & précifes, & l'exécution des regles, par la réunion & l'impreffion puiffante des exemples. La fixation de l'âge auquel on pourroit être admis à la profeffion religieufe, nous a donc paru devoir être le premier

objet de notre attention, comme le moyen le plus propre de prévenir les dangers d'un engagement prématuré. Si cet âge a varié dans notre royaume, fi dans des tems éloignés l'enfant offert par fes parens dès l'âge le plus tendre étoit cenfé irrévocablement engagé, fi dans d'autres tems cet engagement n'a été jugé réel qu'après un confentement formel donné dans l'âge de la réflexion & de la maturité; fi dans la fuite les ordonnances d'Orléans & de Blois ont fucceffivement retardé & avancé l'époque de la profeffion religieufe, ces divers changemens dont nous avons pefé les caufes & les effets, nous ont convaincu que cette époque, variable, fuivant le tems & les circonftances, avoit befoin d'être de nouveau déterminée par notre autorité, & nous avons cru qu'il étoit de notre fageffe, en nous réfervant d'expliquer encore nos intentions après deux années, d'éprouver un terme mitoyen entre ceux qui ont été fucceffivement prefcrit, & qui ne fut ni affez reculé pour éloigner du cloître ceux qui y feroient véritablement appellés, ni affez avancé pour y admettre ceux qu'un engagement téméraire pourroit y conduire. Nous avons donc choifi pour les hommes le même âge que celui qui a été prefcrit par l'églife pour leur entrée dans les ordres facrés; & à l'égard des filles nous avons préféré l'âge auquel il eft le plus ordinaire de pourvoir à leur établiffement; & nous nous fommes d'autant plus déterminés à déroger ainfi aux loix de nos prédéceffeurs, que fi nous pouvons efpérer de voir par cette précaution les monafteres fe remplir de religieux ferveux & fideles à leur engagement, nous aurons en même tems la confolation de rendre à l'églife des fujets utiles, dont des vœux faits avec légéreté & précipitation auroient pu la priver; & de procurer ainfi aux premiers pafteurs un fecours que la rareté des miniftres effentiels rend de jour en jour plus néceffaires. Après avoir fixé l'âge auquel il fera permis dorénavant d'entrer en religion, nous avons porté nos vues fur les loix & les conftitutions religieufes, dont la clarté, la précifion & fur-tout l'autorifation font fi néceffaires pour tarir dans les cloîtres la fource des diffentions, y maintenir la paix & la régularité, & affurer à ceux qui les habitent, la protection des deux puiffances. Nous avons donc cru que le fecond objet de notre attention devoit être d'obliger les ordres religieux à fe procurer eux-mêmes, conformément au vœu de l'églife & en fuivant les formes canoniques, un corps de conftitution qui fût à l'abri de toute incertitude & de toute ambiguïté, & qui joint aux mefures différentes que nous avons prifes pour chaque efpece de monafteres, pût ranimer dans tous la ferveur de leur inftitution primitive. Mais ces premieres précautions ne feroient pas encore fuffifantes, fi en fuivant la route tracée par les faints canons & les ordonnances du royaume, nous ne faifions pas connoître nos intentions fur le nombre de religieux qui doit être dans chaque monaftere. Une trifte expérience a fait connoitre dans tous les tems, que les meilleures vocations s'affoibliffent dans les communautés trop nombreufes; qu'il eft prefqu'impoffible d'y foutenir l'obfervance de la regle & la décence du fervice divin, & d'y prévenir le relâchement des mœurs, inféparable de celui de la difcipline. C'eft par cette raifon, que les papes, les inftituteurs & les réformateurs des ordres religieux ont exigé, dans differens tems, qu'on ne formât aucun monaftere, fans y placer le nombre de religieux fuffifant pour vaquer à tous les devoirs de la vie cénobitique. C'eft auffi par ce même principe, que ce nombre de religieux fait toujours un objet principal dans les loix des rois nos prédéceffeurs qui ont ordonné la réformation des monafteres, & qu'en particulier le feu roi notre très-honoré feigneur & bifaïeul, informé qu'il y avoit des religieux dans fon royaume, où la convention étoit regardée comme imprefcriptible, jugea à propos par fa déclaration du mois de mai mil fix cents quatre-vingt, de réduire l'effet d'une jurifprudence trop générale aux abbayes & prieurés où il y auroit des lieux réguliers & des revenus fuffifans pour y entretenir dix ou douze religieux au moins.

Si des loix si salutaires n'ont pas produit l'effet qu'on pouvoit s'y promettre, il nous a paru indispensable d'y ajouter tout ce qui pourroit en assurer l'exécution, & de fixer d'une maniere plus précise & relativement à l'institution de chaque monastere le nombre des religieux dont il doit être même composé. Ainsi sans exiger rigoureusement pour les maisons réunies en congrégation le nombre de religieux porté par les loix, d'un grand nombre de ces congrégations, nous nous sommes borné à celui qui nous a paru absolument nécessaire pour satisfaire aux devoirs de la vie commune, & à l'acquit des fondations & à la célébration du service divin : nous avons exigé un plus grand nombre de religieux dans les monasteres non unis en congrégation, qui étant tout-à-la-fois maisons de noviciat, d'étude & de résidence, présentent plus d'emploi & d'observances à remplir ; & en proportionnant ainsi aux besoins de chaque monastere le nombre de ceux qui doivent y résider, nous avons pris en même tems les précautions les plus efficaces pour ne pas compromettre les intérêts des ordres religieux, ceux des villes & des diocefes, & les droits de fondateurs que nous voulons être inviolablement respectés ; c'est par ces différens moyens, qu'en éloignant des cloîtres l'imprudence, l'indiscipline & le relâchement, que nous nous acquitterons des devoirs que nous impose la double qualité de souverain temporel & de protecteur de l'église, & qu'en simplifiant ce que nous devons à la religion & à nos sujets, nous donnerons aux ordres religieux une nouvelle consistance, & les rendrons plus que jamais respectables aux yeux des peuples, & utiles à l'église & à l'état. A CES CAUSES & autres à ce nous mouvantes, de l'avis de notre conseil & de notre certaine science, pleine puissance & autorité royale, nous avons par le présent édit perpétuel & irrévocable dit, statué & ordonné, disons, statuons & ordonnons, voulons & nous plaît ce qui suit :

ARTICLE PREMIER.

Aucun de nos sujets ne pourra, à compter du premier avril 1769, s'engager par la profession monastique ou réguliere, s'il n'a atteint, à l'égard des hommes, l'âge de vingt-un ans accomplis ; & à l'égard des filles, celui de dix-huit ans pareillement accomplis, nous réservant, après le terme de dix années, d'expliquer de nouveau nos intentions à ce sujet.

II.

Faisons en conséquence très-expresses inhibitions & défenses à tous supérieurs & supérieures des monasteres, ordres & congrégations, chapitres & communautés régulieres, de quelque qualité qu'elles puissent être, & à tous autres d'admettre, sous aucun prétexte, nosdits sujets à la profession avant l'âge ci-dessus prescrit. Voulons que les professions qui seront faites avant ledit âge, soient déclarées nulles & de nul effet par les juges qui en doivent connoître, même déclarées par nos cours de parlement nullement & abusivement faites, sur les appels comme d'abus qui pourroient être interjettés en cette matiere par les parties intéressées, ou par nos procureurs généraux. Voulons que ceux ou celles qui feroient lesdites professions avant ledit âge, soient & demeurent capables de succession, ainsi que de tous autres effets civils.

III.

Défendons aux supérieurs & supérieures desdits ordres, congrégations & communautés régulieres, d'admettre à la profession aucuns étrangers non naturalisés ; comme aussi d'accorder une place monacale auxdits étrangers, de les agréger ou affilier à leur ordre, congrégation ou communauté, le tout sans avoir préalablement obtenu des lettres de naturalité duement enrégistrées, dont il sera fait mention dans les actes de vêtures, profession, réception, agrégation ou affiliation à peine de nullité desdits actes, & d'être lesdits supérieurs & supérieures pour-

suivis suivant l'exigence des cas. Défendons pareillement auxdits supérieurs & supérieures d'admettre dans leurs maisons ceux de nos sujets qui auroient fait profession dans des monasteres situés hors des pays de notre obéissance.

IV.

Exhortons les archevêques & évêques de notre royaume, & néanmoins leur enjoignons de procéder incessamment à la visite & réformation des monasteres qui sont soumis à leur jurisdiction, à l'effet d'y être maintenue ou rétablie la discipline monastique, suivant leur premiere institution, fondation & regle ; comme aussi d'examiner les statuts & réglemens particuliers de chacun desdits monasteres pour être lesdits statuts & réglemens réformés & augmentés s'il y échoit, réunis en un seul & même corps, & revêtus, si fait n'a été, de nos lettres patentes adressées à nos cours de parlement en la forme ordinaire.

V.

Seront pareillement tenus les supérieurs généraux ou personnes déléguées par eux en la forme de droit & supérieurs particuliers des ordres ou congrégations régulieres, de procéder incessamment chacun en ce qui le concerne, à la visite & réformation des monasteres dépendans desdits ordres ou congrégations : voulons en outre que par les chapitres desdits ordres & congrégations qui seront à cet effet assemblés, soient prises telles mesures & délibérations qu'il appartiendra, pour réunir en un seul corps les constitutions, statuts & réglemens desdits ordres ou congrégations, à l'effet d'être, si le cas y échoit, approuvés par le saint siege, & munis, si fait n'a été, de notre autorité suivant les formes usitées en notre royaume, & sans qu'autrement il puisse y être fait aucun changement.

VI.

L'article XXVII de l'ordonnance de Blois sera exécuté selon sa forme & teneur ; voulons en conséquence que tous monasteres qui ne sont sous chapitres généraux, & qui se prétendent exempts de la jurisdiction des archevêques & évêques diocésains, soient tenus dans un an, pour tout délai, de demander à se réunir à quelques-unes des congrégations légitimement établies dans notre royaume, à l'effet d'obtenir notre permission, conformément à la déclaration de juin 1671, passé lequel tems demeureront lesdits monasteres immédiatement soumis aux archevêques & évêques diocésains nonobstant toute réserve, exemption ou privileges à ce contraires.

VII.

Tous les monasteres d'hommes autres que les hôpitaux, les cures, les seminaires & les écoles publiques duement autorisées, seront composés du nombre de religieux ci-après prescrit : savoir, les monasteres non réunis en congrégation, de quinze religieux au moins, non compris le supérieur, & ceux qui sont réunis en congrégation, de huit religieux au moins, sans compter pareillement le supérieur ; nous réservant, après avoir pris les avis des archevêques & évêques diocésains, d'excepter par lettres patentes adressées à nos cours de parlement en forme ordinaire iceux des monasteres, qui par le titre de leur fondation, par la nature ou ils sont situés, pourroient exiger de n'y établir qu'un moindre nombre de religieux.

VIII.

N'entendons au surplus comprendre dans le nombre de religieux fixé par l'article précédent, les freres lais ou autres qui ne s'engagent qu'en cette qualité dans les ordres ou congrégations religieuses, & qui ne sont point appellés religieux de chœur. Laissons à la prudence des supérieurs de régler le nom-

bre defdits freres, eu égard aux revenus & aux be-
1631. foins de chaque maifon particuliere.

IX.

Ne pourront les fupérieurs, abbés ou prieurs,
foit commendataires, foit réguliers, des monafteres
non réunis en congrégation & qui fe trouveront
être compofés de moins de quinze religieux, y compris les novices, fans compter le fupérieur, au moment de l'enrégiftrement & publication de notre
préfent édit, recevoir aucuns de nos fujets, paffé
ledit jour, à la profeffion dans lefdits monafteres,
excepté ceux qui feroient dans le noviciat au jour de
la publication de notre préfent édit, y aggréger ou
affilier aucuns religieux, quand même ils auroient
obtenu des permiffions ou bénévoles pour entrer
dans lefdits monafteres, ou de leur donner aucune
place monacale ou offices clauftraux, qu'autant que
lefdits monafteres auront été par nous exceptés,
conformément à l'article 7 de notre préfent édit,
fauf aux archevêques & évêques diocéfains, à pourvoir au rétabliffement dudit nombre de religieux dans
lefdits monafteres, par union d'autres du même ordre & de la même obfervance, ou à nous propofer
tel autre parti qui leur paroîtra le plus avantageux à
la religion & à l'état, pour être le tout par nous
autorifé en la forme ordinaire.

X.

Ne pourront les ordres ou congrégations monaftiques ou régulieres de notre royaume, conferver
plus de deux monafteres dans notre bonne ville de
Paris, & plus d'un feul dans les autres villes, bourgs,
ou lieux de nofdits états, à moins que le nombre
de religieux, porté par l'article VII de notre préfent édit, ne fe trouve rempli dans tous les autres
monafteres dépendans defdits ordres ou congrégations, ou qu'il n'y ait été obtenu de nous une permiffion expreffe par lettres patentes adreffées à nos
cours de parlement en la forme ordinaire, lefquelles
ne feront accordées qu'après avoir pris l'avis des archevêques & évêques diocéfains.

XI.

Voulons que dans les premiers chapitres defdits
ordres ou congrégations qui feront affemblés, il foit
pris telles mefures & délibérations qu'il appartiendra
pour l'exécution des articles VII & X de notre préfent édit, pour être, s'il a lieu, lefdites délibérations autorifées par nos lettres patentes en la forme
ordinaire, & n'être les maifons évacuées qu'après
l'enrégiftrement defdites lettres, fauf aux fupérieurs
généraux ou particuliers, après ledit enrégiftrement,
de fe pourvoir pardevant les archevêques & évêques
diocéfains, pour les unions & fuppreffions faites,
fuivant les formes prefcrites par les faints canons &
les ordonnances du royaume & les décrets rendus en
conféquence, revêtus de nos lettres patentes, conformément à notre édit du mois de feptembre 1718.

XII.

Toutes les difpofitions de notre préfent édit feront
exécutées felon leur forme & teneur, & ce nonobftant tous édits, déclarations, arrêts & réglemens
auxquels nous avons dérogé & dérogeons par ces préfentes, en tant que de befoin, en ce qui pourroit
y être contraire. SI DONNONS EN MANDEMENT à
nos amés & féaux confeillers, les gens tenans notre
cour de parlement à Paris, que le préfent édit ils
aient à faire lire, publier & regiftrer, & le contenu
en icelui garder, obferver & exécuter felon fa forme
& teneur, nonobftant toutes chofes à ce contraires:
voulons qu'aux copies du préfent édit, collationnées
par un de nos amés & féaux confeillers fecretaires,
foi foit ajoutée comme à l'original. CAR tel eft notre
plaifir; & afin que ce foit chofe ferme & ftable à
toujours, nous y avons fait mettre notre fcel. Donné
à Verfailles au mois de mars, l'an de grace mil
fept cents foixante-huit, & de notre regne le cin-
quante-troifieme. Signé, LOUIS. Et plus bas par

le roi, PHELIPEAUX. Vifa, LOUIS. Et fcellé du grand
fceau de cire verte en lacs de foie rouge & verte.
Regiftré, oui, ce requérant le procureur général
du roi, pour être exécuté felon fa forme & teneur,
& copies collationnées envoyées aux bailliages &
fénéchauffées du reffort pour y être lu, publié &
regiftré. Enjoint aux fubftituts du procureur général
du roi d'y tenir la main & d'en certifier la cour
dans le mois, fuivant l'arrêt de ce jour. A Paris en
parlement, toutes les chambres affemblées, le 11
mars 1768. Signé, DUFRANC.

CHAPITRE XXIV.

*Caufe appointée, pour favoir fi dans la coutume de
Bar qui n'admet le remploi des propres aliénés de
la femme, que quand il eft ftipulé dans les contrats
de mariage ou de vente; ce remploi peut être prétendu par les héritiers de la femme contre un mari
qui l'a ftipulé pour lui dans tous les contrats d'aliénations de fes propres, & l'a volontairement omis
en ceux de la femme.
Et fi la donation entre vifs faite par le mari, fon
frere jéfuite acceptant pour le college de Bar, la
femme étant à l'agonie, peut diminuer le droit des
héritiers de la femme dans la communauté, ne
doit être prife fur la portion du mari.*

Pierre Vaffart & Marie Rofne mariés enfemble
eurent un fils unique nommé Nicolas Vaffart.
Le décès du pere étant arrivé, Marie Rofne convola en fecondes noces avec Me. Jean Levrechon,
avec lequel elle ftipula communauté de meubles &
d'acquêts immeubles. De ce fecond mariage naquit
auffi un fils unique, favoir Jacques Levrechon, qui
fe rendit religieux en la compagnie des Jéfuites, où
il prit l'ordre de prêtrife, & fit les derniers vœux.
Pendant ce fecond mariage Me. Jean Levrechon &
Marie Rofne fa femme vendirent l'un & l'autre plufieurs de leurs héritages propres. Par tous les contrats de vente Me. Jean Levrechon ftipula le remploi de fes propres; & au-contraire par les contrats
de vente des propres de fa femme, l'on ne fit aucune ftipulation de remploi. Le 23 février 1652 Levrechon voyant fa femme à l'agonie, fit une donation
de trois rentes conftituées à prix d'argent portant à
2060 livres barrois en principal, au college des
peres Jéfuites de la ville de Bar, le pere Jacques
Levrechon fon fils préfent & acceptant pour le college; cette donation entre vifs caufée par tous les
droits que ce religieux ou le college des Jéfuites en
fon nom auroit pu prétendre dans les fucceffions à
échoir tant de Me. Jean Levrechon, que de Marie
Rofne fa femme; laquelle étant décédée le même jour
ou le lendemain de la paffation de ce contrat portant la
donation, Nicolas Vaffart fils unique du premier lit,
fit affigner Me. Jean Levrechon fon beau-pere pardevant le bailli de Bar ou fon lieutenant, aux fins
de fe voir condamner au remploi & rembourfement
de tous les propres de Marie Rofne fa mere, aliénés conftant ce fecond mariage, & pour voir déclarer la donation faite au college des Jéfuites de
Bar, nulle & nul effet; & au cas qu'elle fut déclarée bonne, voir dire qu'elle feroit entierement
prife fur la part de la communauté de Levrechon.
Sur quoi le bailli de Bar ou fon lieutenant ayant appointé les parties en droit, Vaffart en interjetta
appel, fur lequel il fit intimer tant Levrechon que les
peres Jéfuites du college de Bar, & préfenta requête pour l'évocation du principal. Pour lui Me.
Brodeau dit, que l'une & l'autre des queftions qui
fe préfentent, ne reçoit point de difficulté. Quant
à celle du remploi des propres de la mere de l'appellant aliénés conftant fon mariage avec l'intimé,
elle eft hors de doute, parce que le remploi des propres des femmes a été trouvé fi jufte & fi raifonnable, que la cour par fes arrêts a étendu la difpofition
de la coutume de Paris qui a introduit ce remploi, quoiqu'il ne foit point ftipulé à toutes les autres coutumes du royaume, qui n'en avoient point
parlé.

parlé. Par conféquent cela étant tourné en maxime certaine de notre droit français, il n'y a pas lieu de douter. On objecte que la coutume de Bar a ordonné en l'article 83, que le remploi des propres de la femme aliénés n'a lieu, s'il n'eft ftipulé par le contrat de mariage ou par le contrat de vente. Ainfi celui en queftion ne l'étant pas, il ne peut être demandé. La réponfe eft facile, la difpofition de la coutume de Bar ne fe peut entendre que quand l'un des conjoints a aliéné fon propre : auquel cas les deniers étant entrés en la communauté, il n'eft pas raifonnable de les reprendre fur la maffe ; mais l'un & l'autre des conjoints ayant aliéné de fes propres, il eft contre toute juftice, que le mari prenne le remploi des fiens, & la femme non : c'eft une fraude toute apparente, & une donation indirectement extorquée par le moyen de la ftipulation faite par le mari, & par l'omiffion qu'il lui eft facile de faire faire à la femme. L'un & l'autre doit jouir d'un pareil droit & d'un pareil privilege. *In utriufque, maxii ſcilicet & uxoris, perfona, æqua lance fervari æquitatis fuggerit ratio, L. 20. De re judicata.* S'il y devoit avoir de l'avantage, ce devroit être plutôt en faveur de la femme que du mari ; mais on fe contente que l'égalité foit obfervée. Quant à l'autre point qui concerne la donation, il n'y a de même aucune difficulté qu'elle ne foit nulle. *Primò,* parce qu'il eft certain que le pere Jacques Levrechon jéfuite, étant prêtre, & ayant fait les derniers vœux accoutumés en cette compagnie, fuivant l'édit de fon rétabliffement, il ne peut prétendre aucune chofe aux fucceffions de fes pere & mere; ainfi la caufe de la donation n'eft aucunement confidérable. *Secundò,* la mari étant maître abfolu de la communauté, peut bien en difpofer par contrats & difpofitions entre vifs, mais non par teftament ou difpofitions à caufe de mort; parce que le teftament n'ayant fon effet qu'après la mort, par laquelle la communauté eft diffoute, il ne peut avoir aucune force fur les biens d'une communauté qui n'eft plus. La donation dont eft queftion, étant faite le même jour, & pour ainfi dire, dans le moment du décès de la mere de l'appellant, il la faut regarder comme une donation à caufe de mort, faite en fraude évidente, pour dépouiller l'appellant de ce qu'il peut prétendre en la communauté. L'hiftoire remarque que le roi Raoul ayant fait fon teftament à Rheims, diftribua & légua tout fon bien aux pauvres & aux religieux ; mais elle ajoute, *præter tertiam uxoris partem,* qui étoit le droit de communauté, *jus collaborationis.* Marculfe en fes formules rapporte que la même chofe a été pratiquée de fon tems. En tout cas, quand la cour voudroit confirmer la donation, elle doit être prife entiérement fur la portion de l'intimé, à quoi il conclut fubfidiairement, & aux deux chefs de fa demande. M. Talon pour l'intimé dit, que ce que la cour a étendu la difpofition de la coutume de Paris touchant le remploi des propres aliénés, aux autres coutumes qui n'en parloient point, a été pour cette feule confidération que ces coutumes n'avoient point difpofé du remploi ; mais lorfque les coutumes en ont difpofé, on ne peut pas dire que la difpofition de la coutume de Paris y puiffe être étendue, pour les corriger & leur donner la loi. Celle de Bar a expreffément parlé du remploi des propres de la femme aliénés, & ordonné qu'il n'auroit point de lieu, s'il n'étoit ftipulé, ou par le contrat de mariage, ou par le contrat de vente. La loi eft écrite, il faut la fuivre, fans s'informer fi elle eft fondée en raifon ou non. On a omis en quelques contrats de vente des propres de la mere de l'appellant, de ftipuler le remploi, mais on l'a ftipulé en d'autres, dont le prix égale celui des propres de l'intimé. Quant à la donation, elle eft bonne & valable, faite pour caufe pie & fort modique. Elle ne revient pas à treize cents livres ; & l'appellant qui amende & profite de plus de trente mille livres dans la fucceffion de fa mere, envie encore cette fomme modique donnée pour un fi bon fujet. Et conclut. Me. de Montholon pour les peres Jéfuites dit, que la donation eft bonne & valable, & emploie.

Tome I.

LA COUR évoqua le principal, & pour y faire droit, enfemble fur l'appel, appointa les parties au confeil. Le mardi 6 mai 1631, M. le premier préfident le Jay prononçant.

CHAPITRE XXV.

Donation d'une mere à fa fille par contrat de mariage, & en avancement de fucceffion d'une terre, à la charge de payer une dette de neuf mille livres, même avec clauſe que la terre fera un acquêt jufques à concurrence de cette fomme, ne produit aucuns lods & ventes dans la coutume de Vitry.

LA demoifelle de Roncheres étant veuve, & mariant une des filles de fon défunt mari d'elle avec le fieur de Couvonges, elle lui fit donation en faveur de ce mariage de la terre & feigneurie de Mont-Saint-Pere, à la charge de payer la fomme de neuf mille livres à certains créanciers du pere défunt & de la mere donatrice dénommés au contrat, qui portoit par claufe expreffe, que l'acquit de cette fomme de neuf mille liv. étant fait, la terre de Mont-Saint-Pere feroit cenfée & réputée acquêt jufques à la concurrence de neuf mille livres ; & moyennant l'acquit de cette fomme la mere donatrice promit de payer toutes les autres dettes, & d'en indemnifer la future époufe. Le mariage étant confommé, & les fieur & dame de Couvonges étant entrés en poffeffion de la terre & feigneurie de Mont-Saint-Pere fuivant leur donation, le fermier du domaine du roi à Château-Thierry les fit affigner pardevant le bailli de Château-Thierry ou fon lieutenant, aux fins de fe voir condamner à payer les lods & ventes des terres portées en roture & cenfive, faifant partie de la terre & feigneurie de Mont-Saint-Pere, jufques à la concurrence de la fomme de neuf mille liv. qu'ils étoient tenus de payer & acquitter aux créanciers, & que cette terre devoit fortir nature de conquêt. Sur quoi le lieutenant général du bailli de Château-Thierry ayant condamné le fieur de Couvonges au payement des lods & ventes jufques à la concurrence de la fomme de neuf mille liv. il en interjetta appel, pour lequel Me. Martinet dit, que la feule propofition de la queftion & du contenu en la fentence fait voir manifeftement le mal jugé. Il eft inoui en toute la France coutumiere, & principalement dans tout le reffort du parlement de Paris, que pour donations faites par un pere ou une mere à leurs enfans, aucuns lods & ventes foient dus. Suivant la rigueur de la difpofition du droit écrit, les lods & ventes font dus d'une donation pure & fimple, *propter novam inveftituram, L. ult. C. De jure emphyt. & ibi Cujac. in hæc verba, quinquagefimam partem prætii deberi, vel æftimationem loci;* ce mot *æftimationem loci,* ne fe pouvant rapporter qu'à une donation où il n'intervient point de prix ; & cependant tous les docteurs font d'avis, que fi c'eft une donation faite par les afcendans à leurs defcendans, alors il n'eft dû aucuns lods & ventes, *quia non mutatur poffeffio, & quia donata & collata in liberos à parentibus cenfetur pars quædam futura hæreditatis eatenùs anticipata, ut vivi parentes hæredi futuro providiffe videantur. Mol. in Conf. Par. §. 56. Gl. I. n. 36 & 37. Faber in proæmio Inftit.* La donation dont eft queftion, étant de cette qualité, par une mere à fa fille, il n'y a aucun doute qu'on n'en doit aucuns lods & ventes. On objecte la coutume de Vitry où la terre donnée eft fituée. Cette coutume, *articles 83 & 84,* dit que de donations rémunératoires ou de provifions par corps, c'eft-à-dire, à la charge de nourrir & entretenir le donateur, lods & ventes en font dus ; & le même eft par conféquent d'une donation à la charge de payer les dettes. On répond : *Primò,* que par arrêt prononcé en robes rouges en 1583, il a été jugé en la coutume de Vitry, que la difpofition de ces deux articles n'a point de lieu dans les donations faites en faveur de mariage. *Secundò,* que ce font des dettes héréditaires auxquelles la donataire eſt tenue, quoiqu'elle prenne ce bien à autre titre, ou comme héritiere, ou comme légataire. Or on ne peut pas dire qu'un héritier ou un légataire prenant les biens de la ſucceſſion, ſoit tenu à aucuns lods ni ventes. *Tertiò*, que même quand un pere ou une mere conſtituent en dot certaine ſomme à leur fille, & qu'en payement ils lui donnent un fonds., alors les lods & ventes ne ſont point dus. Approchant de l'hypotheſe de la cauſe, il a été jugé par arrêt au profit du Sr. de Falque contre le prince Maurice, touchant une donation faite au Sr. de Falque, à la charge de payer cinq mille livres à chacune des filles. L'intimé objecte encore, que par clauſe expreſſe du contrat il eſt dit, que l'acquit de la ſomme de neuf mille livres étant fait, la terre de Mont-Saint-Pere ſortira nature de conquêt juſques à la concurrence de cette ſomme; par ce moyen c'eſt une vente à l'égard du mari qui paye cette ſomme pour le prix de la terre. La réponſe eſt, que cette clauſe n'eſt appoſée au contrat que par rapport au mari & à la femme, & non à l'égard de la mere donatrice: par conſéquent on ne peut pas dire qu'elle équipolle à une vendition. Et conclut au mal jugé, & à ce qu'émendant l'appellant ſoit abſous des fins & concluſions de l'intimé. Me. Deſaguets pour le fermier intimé dit, que pour le fruſtrer de ſes droits, l'on a fait une donation ſimulée qu'on a colorée du titre de donation, quoiqu'en effet ce ſoit une vente. Il faut conſidérer ce qui ſe traite véritablement entre les parties, & non pas les noms & les titres dont ils déguiſent leurs contrats: *Plus valere quod agitur, quam quod ſimulatè concipitur.* Il n'y a point de doute que le contrat dont eſt queſtion ne ſoit une vente, au moins juſques à la concurrence des neuf mille livres que l'appellant eſt obligé de payer. Cette ſomme eſt le vrai prix de la terre; ce payement étant fait, elle appartient au mari; du moins la meilleure partie, puiſqu'elle doit changer de nature, & n'être plus propre à la femme, mais un conquêt dont le mari pourra valablement diſpoſer, le vendre ou le donner à qui bon lui ſemblera. Ainſi cette terre paſſe en une main & en une famille étrangere; auquel cas il eſt certain que les lods & ventes ſont dus à titre d'aliénation. Mais ils le ſont auſſi à titre de donation onéreuſe, & telle qu'eſt celle en queſtion, principalement en la coutume de Vitry, où les lods & ventes ſont dus pour les donations rémunératoires & pour proviſions de corps. Donc à plus forte raiſon le ſont-ils pour les donations faites à la charge de payer une ſomme certaine & aſſurée. Cela eſt ainſi décidé par la coutume de Poitou, & par pluſieurs autres de ce royaume, une telle ſomme certaine & aſſurée étant cenſée le vrai prix du contrat de vente déguiſé & couvert du nom de donation; autrement il ſeroit fort facile de fruſtrer les ſeigneurs cenſiers de leurs droits ſeigneuriaux. La clauſe du contrat doit s'entendre, tant contre la donatrice que contre la femme de l'appellant, parce que l'appellant eſt obligé d'acquitter la donatrice ſa belle-mere de cette ſomme de neuf mille livres, & moyennant ce, du conſentement de la future épouſe, la terre donnée doit changer de nature, & être convertie en conquêt, & par conſéquent être vendue, parce que tout acquêt ſuppoſe vente, *emptio & venditio ſunt correlativa.* Et conclut au bien jugé.

LA COUR mit l'appellation & ce dont étoit appel, au néant; émendant & corrigeant ſur la demande des lods & ventes faite par l'intimé à l'appellant, mit les parties hors de cour & de procès, & fit main-levée des choſes ſaiſies à l'appellant, ſans dépens, dommages ni intérêts. Le lundi 11 mai 1631, M. le premier préſident le Jay prononçant.

* Du Freſne ne met ni le fait ni les moyens.

CHAPITRE XXVI.

Etranger doit donner caution de payer les dépens, non-ſeulement de la cauſe principale, mais de celle d'appel, s'il y en a, & quoiqu'il fût intimé.

LE Sr. d'Armois ayant acquis la terre & ſeigneurie de la Valée ſituée au pays de Bar, le Sr. d'Alour vendeur obtint lettres de M. le duc de Lorraine (qui donne & octroie toutes les lettres de reſtitution pour ce qui concerne le pays & duché de Bar) pour la reſciſion du contrat de vente de cette ſeigneurie, fondées ſur la déception & léſion de plus de la moitié du juſte prix. Sur l'entérinement de ces lettres, ayant fait aſſigner le Sr. d'Armois pardevant le bailli de Bar ou ſon lieutenant, il ſoutint qu'avant de conteſter au principal, le Sr. d'Alour demandeur en lettres, demeurant en Lorraine, & par conſéquent étranger, étoit obligé de donner caution *judicatum ſolvi.* Sur quoi le lieutenant général de Bar ayant ordonné que le Sr. d'Alour demandeur bailleroit caution de payer ſeulement les dépens de l'inſtance de lettres pendante au bailliage de Bar, le Sr. d'Armois en interjetta appel. Pour lui Me. Ayrault dit, qu'il a été mal jugé, & qu'on ne révoque point en doute que les Lorrains ne ſoient étrangers, & par conſéquent obligés de bailler caution, voulans plaider contre les habitans du royaume. Cette caution eſt la caution *judicatum ſolvi,* de payer le jugé, de ſatisfaire à l'événement du procès, à tout ce qui ſera ordonné par les juges qui connoiſſent de la cauſe & du différend pendant entre les parties. *Judicatum ſolvi, ſtipulatio expeditam habet quantitatem; in tantum enim committitur, in quantum judex pronunciaverit, L. 9. D. Judicatum ſolvi.* Il y peut avoir appel de la ſentence du juge de Bar, & les dépens de la cauſe d'appel étant les plus grands & les principaux, l'appellant les peut droit ſaute de caution. Elle doit donc être donnée *in univerſum eventum litis,* à quoi il conclut. Me. Bechefer pour l'intimé dit, que le juge dont eſt appel, a jugé ſuivant la diſpoſition du droit, par lequel la caution *judicatum ſolvi* n'eſt obligée à payer que ce qui eſt contenu par la ſentence du juge devant lequel on a demandé la caution, & non point ce qui eſt ordonné par un autre juge, quoique ſur un même ſujet ou différent, *L. 3. & paſſim. D. Jud. ſolvi.* Ainſi le juge n'a dû ordonner caution que pour la cauſe pendante pardevant lui, & non point pour ce qui ſe feroit pardevant un autre juge ou parlement, au cas qu'il y eût appel: c'eſt à l'appellant à demander cette nouvelle caution, ſi l'intimé eſt appellant; & s'il eſt encore intimé, il n'y eſt pas tenu, parce que l'intimé tient lieu de défendeur qui ne donne point caution, quoiqu'étranger.

LA COUR mit l'appellation & ce dont étoit appel, au néant; émendant, ordonna que l'intimé bailleroit bonne & ſuffiſante caution de payer le jugé, tant pour les dépens de la cauſe principale, que de celle d'appel, au cas qu'il y en eût. Le lundi 19 mai 1631, M. le premier préſident le Jay prononçant.

☞ M. Bardet nous établit bien, qu'en matiere civile l'étranger eſt tenu de donner caution. L'arrêt qu'il cite le prouve; mais je penſe qu'il n'eſt pas hors de propos d'obſerver que l'étranger eſt aſtreint à cette formalité, en matiere civile: à plus forte raiſon eſt-il obligé de s'y ſoumettre en matiere criminelle.

Auſſi lorſqu'un étranger rend plainte, & devient partie civile contre un ſujet du roi, même contre un autre étranger, l'accuſé eſt en droit de demander qu'il ſoit tenu de fournir la caution *judicatum ſolvi,* dès le moment de la plainte. C'est ce qui a été jugé en la tournelle criminelle le 10 février 1742, sur les conclusions de Me. Gilbert de Voisins lors avocat général, plaidant Me. Milet pour Journeaux accusateur, & maîtres de l'Averdy, Simon Ouhanlon & Aubry pour les accusés, dans l'espece suivante.

Le Sr. Journeaux se disant envoyé du lord chancelier d'Angleterre, & tuteur par lui nommé aux demoiselles Déodate & Elizabeth Roack filles naturelles du Sr. Roack major du Fort St. George dans l'Inde, & de la nommée Teixeira, rendit plainte d'un prétendu crime de rapt, qu'il disoit avoir été commis par le Sr. Buttler, écuyer du roi d'Angleterre, & par le Sr. Quane banquier & la demoiselle Macnamara, envers les demoiselles Roack.

Dès l'instant de cette plainte, les accusés demanderent des défenses de commencer la procédure, & les parties ayant été renvoyées à l'audience, les accusés avant de proposer leurs moyens soutinrent que le Sr. Journeaux, attendu sa qualité d'étranger, devoit être tenu de donner la caution *judicatum solvi.*

Journeaux défendoit à cette demande, en disant que n'y ayant encore que la plainte rendue qui étoit une piece secrete, & n'y ayant ni information ni décret, il n'y avoit point encore de parties capables, de former une pareille demande; que les accusés étoient eux-mêmes étrangers; qu'ainsi la condition devoit être réciproque; & qu'ils devoient pareillement donner la caution qu'ils demandoient.

Buttler & consorts répondoient de leur côté, que le Sr. Journeaux s'étant rendu partie civile par la plainte qu'il avoit entamée contr'eux, ils étoient dès-lors partie; que par conséquent la demande étoit reguliere; qu'à la vérité ils étoient étrangers, mais qu'ils avoient domicilié en France dès leur tendre jeunesse; que l'un d'eux y possédant un office considérable auprès du roi, & leurs biens y étant situés, ils n'étoient pas dans le même cas que le Sr. Journeaux.

Sur ces demandes & défenses respectives des parties, intervint l'arrêt ci-dessus cité, par lequel il fut ordonné, que le Sr. Journeaux donneroit la caution *judicatum solvi*, jusqu'à la concurrence de vingt mille livres si mieux il n'aimoit déposer ladite somme.

La même chose fut encore jugée par arrêt du 25 mai 1742, entre Marie Teixeira ayant pris le nom de Marie-Anne Raworth, & se disant mere légitime des deux filles du major Roack.

Cette prétendue mere légitime n'étoit pas d'abord partie dans l'affaire; mais ayant ensuite demandé d'être reçue partie intervenante, le Sr. Buttler & consorts conclurent à la caution *judicatum solvi*, qui fut ordonnée par l'arrêt cité.

Ce qu'il faut remarquer, c'est que ladite Raworth ayant présenté une caution qui fut rejettée comme insuffisante & non solvable, Me. Lheritier lors avocat s'étant présenté le samedi 9 juin 1742 pour plaider, il fut ordonné par arrêt du jour que toute audience seroit déniée jusqu'à ce que ladite Raworth eût donné caution suffisante.

Outre ces deux arrêts, on en trouve plusieurs semblables dans Brillon, au mot *étranger* & au mot *plaider.*

Cette obligation, de la part des étrangers, de donner caution, naît de ce qu'il n'y a aucune sûreté ni dans leurs biens, ni dans leurs personnes pour le payement des condamnations que l'on pourroit obtenir contr'eux; & même lorsque deux étrangers plaident l'un contre l'autre, on les oblige mutuellement à donner caution, & ce par une caule bien naturelle, qui est que ces étrangers n'auroient pas plus de moyen de se faire payer, & d'exercer des contraintes les uns contre les autres, qu'un Français qui auroit obtenu des adjudications contr'eux; parce que les jugemens rendus en France ne sont pas exécutoires dans la plupart des pays étrangers. Aussi le seul cas où l'on dispense les étrangers de donner la caution, est lorsqu'ils ont en France des biens capables de répondre des condamnations qui pourroient être prononcées contr'eux, ou qu'il y a des traités d'alliance.

Suivant les mêmes principes, un étranger peut être condamné par corps pour dettes nécessaires, comme pour alimens ou habits à lui fournis, ainsi qu'il a été jugé par deux arrêts des 16 mai & 23 juillet 1715, rapportés par Brillon en son dictionnaire, au mot *contrainte*, nombre 10.

CHAPITRE XXVII.

Religieux accusé renvoyé pardevant l'official, à la charge du cas privilégié.

LEs Augustins du couvent de la ville de Mortemar en Poitou & les religieuses de l'abbaye de Noy, ayant procès pour raison de certaines dîmes, deux des religieux Augustins furent avertis qu'un nommé la Vergne sergent s'étoit transporté sur les fonds & héritages où se levoient les dîmes pour les sequestrer à la requête des religieuses. Pour empêcher ce sequestre, les deux religieux se rendirent pareillement sur les lieux, & y ayant rencontré la Vergne sergent, ils le battirent & lui ôterent les papiers en vertu desquels il exploitoit. Pour raison de ce, la Vergne rendit sa plainte pardevant le sénéchal de Poitou ou son lieutenant criminel à Montmorillon, lequel informa & décréta ajournement personnel contre les deux religieux Augustins. Ils se présenterent, & demanderent d'être délaissés ou renvoyés pardevant leur supérieur, ce qui leur fut accordé par le lieutenant criminel de Montmorillon, à la charge néanmoins du cas privilégié, pour lequel il assisteroit à l'instruction du procès avec le supérieur, dont les religieux Augustins interjetterent appel. Pour eux Me. Chamillart dit, que son appel n'est pas pour raison du premier chef de la sentence, par lequel les religieux appellans ont été renvoyés pardevant leur supérieur; mais que l'appel se restreint à ce que le juge dont est appel, a ordonné qu'il assisteroit à l'instruction du procès des appellans avec leur supérieur pour raison du cas privilégié. En ce chef il a été mal jugé, parce que le juge royal ne doit jamais assister avec les supérieurs des religions pour l'instruction des procès des religieux. Ils doivent être délaissés purement & simplement à leurs supérieurs. Et par ces moyens conclut au mal jugé. Me. Ban pour les religieux intimés, interjetta pareillement appel de la sentence, & supplia la cour de la tenir pour bien relevé; & pour moyens d'appel dit, que les religieux n'avoient point dû être renvoyés pardevant leur supérieur, mais pardevant l'official; pour y être leur procès fait & parfait, ainsi qu'il a été jugé par plusieurs arrêts. Me. Chamillart défendant à cet appel de nouveau interjetté dit, que bien-loin que les religieux accusés doivent être renvoyés pardevant les officiaux, on les renvoie au-contraire perpétuellement pardevant leurs supérieurs; autrement ils n'auroient aucun privilege pardessus les prêtres & les autres clercs qui sont renvoyés pardevant les officiaux. Cela s'observe ainsi, & a été jugé par plusieurs arrêts, particulièrement pour les religieux de Cîteaux. A la vérité, quand il est question de quelques crimes atroces, comme de meurtre & autres semblables, il y a quelque raison de ne pas délaisser les religieux aux supérieurs de leur ordre, mais il faut les renvoyer pardevant les officiaux. M. l'avocat général Bignon parlant en une cause d'importance, a fait cette distinction; mais dans une matiere légere, comme est la cause dont est question, il n'y a aucune apparence.

M. l'avocat général Talon dit, que la maxime commune du palais est, qu'un religieux accusé doit être renvoyé pardevant l'official pour lui être fait & parfait son procès, à l'instruction duquel le juge royal doit assister pour le cas privilégié. Autrement si on le renvoyoit pardevant son supérieur, ce seroit donner lieu à l'impunité, & favoriser le crime. Les supérieurs des religieux ne peuvent connoître que de la correction monastique & simple discipline ecclésiastique, & non des crimes & délits de leurs religieux commis contre des personnes laïques & hors des monasteres. Au fait de la cause il y a charge contre les religieux appellans, qu'il y a lieu de renvoyer pardevant l'official.

LA COUR reçut la partie de Me. Ban appellant, la tint pour bien relevée; & faisant droit sur les appellations respectivement interjettées, les mit, & ce dont étoit appel, au néant; émendant & corrigeant, renvoya les religieux appellant pardevant l'official de Poitiers pour leur être fait & parfait leur procès, à l'instruction duquel assisteroit le lieutenant criminel pour le cas privilégié; dépens réservés. Le samedi 24 mai 1631, M. le président le Bailleul prononçant.

CHAPITRE XXVIII.

Conservateur des privileges apostoliques connoît du pétitoire des dîmes entre privilégiés, à l'exclusion des officiaux.

LE curé de Sameron au diocese de Meaux ayant fait assigner les religieuses, abbesse & couvent de Joarre pardevant l'official de Meaux, aux fins de lui délaisser & abandonner toutes les menues dîmes, ensemble toutes les dîmes novales, les religieuses & abbesse déclinerent la jurisdiction de l'official de Meaux, & demanderent leur renvoi pardevant l'abbé de Ste. Genevieve conservateur des privileges apostoliques, dont ayant été déboutées par l'official, elles en interjetterent appel comme d'abus. Pour elles Me. Fremin dit, que l'abbaye de Joarre est une des plus belles & des plus anciennes de ce royaume. Elle a de grands privileges, entr'autres elle est exempte de la jurisdiction de M. l'évêque de Meaux. Ses privileges sont si certains & si publics, qu'ils sont incorporés dans le corps du droit canon, in Cap. Ex parte. De privilegiis. in Cap. 13. De excessib. Prælat. & in Cap. ult. De arbitris. Abbatissa Jotrensis Ecclesiæ. Par tous chapitres les privileges de l'abbaye de Joarre sont confirmés, & particuliérement l'exemption de la jurisdiction de M. l'évêque de Meaux, comme aussi de M. l'archevêque de Sens métropolitain, qui en cette qualité ayant voulu connoître des causes de cette abbaye, en a été pareillement exclus, & la connoissance réservée immédiatement au St. siege, & au conservateur des privileges. Suivant ces privileges, les appellantes ont leur promoteur & official, qui ont été maintenus par arrêt. Néanmoins elles n'ont pas voulu demander leur renvoi pardevant lui, mais devant le conservateur des privileges apostoliques, & on n'a pu les en débouter sans abus. L'intimé objecte qu'il s'agit du pétitoire des dîmes, qui est une action réelle; ainsi, que le conservateur des privileges apostoliques n'en peut connoître, de même messieurs des requêtes du palais ne connoissent point des actions réelles. Mais le droit canon n'a point connu cette différence d'action pétitoire & possessoire, pour en attribuer la connoissance à divers juges. On objecte que l'on formeroit complainte pour faire renvoyer la cause aux requêtes du palais; mais ayant intenté une action pétitoire, quâ fatetur adversarium possessorem, on ne peut plus varier. Et conclut à ce qu'il soit dit, qu'il a été mal, nullement & abusivement procédé & ordonné par l'official, & les parties soient renvoyées pardevant le conservateur des privileges apostoliques. Me. Cabart pour l'intimé dit, que les privileges des religieuses appellantes ne s'entendent que des contraventions faites à la regle & discipline monastique, & non pour la jurisdiction contentieuse, principalement pour la connoissance des dîmes qui appartient aux évêques & à leurs officiaux, à l'exclusion de tous autres juges, Cap. 3. De privilegiis. & Cap. 2. De decimis. Cette action étant réelle, le juge des privilégiés, le conservateur des privileges apostoliques n'en peut connoître, de même que messieurs des requêtes du palais ne connoissent point des actions réelles, mais personnelles & possessoires seulement. En d'autres causes semblables, les ap-

pellantes ont volontairement procédé pardevant l'official de Meaux. L'intimé par sa seule qualité de curé est fondé à prétendre toutes les menues dîmes & les novales, comme il a été jugé par une infinité d'arrêts: ainsi il est bien fondé à former complainte, ce qu'il peut faire, & changer sa demande; puisqu'il n'y a point de contestation en la cause, ce qu'il fait. Et conclut au renvoi aux requêtes du palais.

M. l'avocat général Talon dit, qu'on ne peut révoquer en doute les privileges des appellantes, ils sont canonisés, & pour ainsi dire incorporés au droit canon. Ils ne s'entendent pas simplement pour la discipline monastique, mais pour toutes les causes dont l'official peut & doit connoître: elles sont entiérement exemptes de sa jurisdiction, sans distinction si l'action est réelle, ou personnelle, parce que le conservateur des privileges apostoliques est fondé à connoître de l'une & de l'autre indistinctement. On a fait apporter les registres de Ste. Genevieve, par lesquels il paroît que l'abbé, conservateur des privileges apostoliques, connoît des causes de l'abbaye de Joarre & des autres privilégiées, & même du pétitoire des dîmes. Ces privileges sont fondés sur lettres patentes de notre roi, vérifiées en la cour. Il est expédient de y conserver les appellantes, & pour ce faire, dire qu'il a été mal & abusivement ordonné par l'official de Meaux. Me. René Chopin, L. 1. Monast. & Me. Jean Lorme font une mention expresse de ces privileges.

LA COUR dit qu'il avoit été mal, nullement & abusivement ordonné par l'official de Meaux, renvoya les parties pardevant l'abbé de Ste. Genevieve conservateur des privileges apostoliques, sans dépens. Le lundi 26 mai 1631, M. le premier président le Jay prononçant.

* Du Fresne ne met point les moyens, qui sont très-singuliers.

CHAPITRE XXIX.

Résignation pure & simple d'un chanoine en extrémité de maladie, entre les mains du chapitre, est sujette au regrès du résignant revenu en convalescence, qui reprend son rang, & sa maison canoniale.

MAître Jean Adumeau chanoine en l'église de Notre-Dame de Châtellerault étant extrémement malade, le 16 octobre 1630, il passa procuration à Me. Jacques Samson avocat en la même ville, son parent, pour se démettre purement & simplement de son bénéfice entre les mains du doyen, chanoines & chapitre de Châtellerault qui en sont les collateurs. L'ayant fait le 22 du même mois, le même jour le chapitre en pourvut Me. Pierre Adumeau frere du démissionnaire, & le nouveau pourveu prit possession du bénéfice. Les chanoines & chapitre firent ensuite une assemblée, & changerent l'ordre des rangs & du tableau, à cause de la démission de Jean Adumeau, & depuis ils opterent touchant les maisons canoniales, comme il celle que possédoit Me. Jean Adumeau eut été véritablement vacante par sa démission. Cette maison échut à Me. Christofle Holande chanoine en la même église; mais Jean Adumeau étant revenu en convalescence, & desirant de rentrer dans son bénéfice, obtint lettres d'examen à futur, par lesquelles il exposa qu'il avoit résigné son bénéfice en extrémité de maladie, & même qu'il avoit révoqué cette résignation deux jours après. Sur ces lettres ayant fait assigner Me. Pierre Adumeau son frere pardevant le bailli de Châtellerault, Christofle Holande intervint, & soutint que Jean Adumeau ne pouvoit reprendre son ancien rang & place à son préjudice, & que la maison canoniale qu'il avoit optée par sa démission, lui devoit demeurer. Sur quoi le bailli de Châtellerault ayant ordonné que les parties contesteroient sur les faits contenus auxdites lettres d'examen à futur, Holande interjetta

jetta appel de l'exécution. Pour lui Me. Brodeau dit, que l'appellant ne veut point empêcher que l'intimé ne rentre en fa prébende & en fon bénéfice, mais qu'il ne le peut faire au préjudice du droit acquis à l'appellant. Il demeure d'accord que l'intimé a réfigné fon bénéfice étant malade ; mais cette confidération ne lui donne pas lieu de re-cette, & d'y pouvoir rentrer. Il faut faire diftinc-gres, & entre les réfignations faites in favorem, & en-tion entre les démiffions pures & fimples. Au premier cas tre les démiffions pures & fimples. Au premier cas le regrès eft facilement admis, parce que ces ré-fignations font faites fous cette condition, fi le réfignataire eft admis, ou fi le réfignant vient à dé-céder ; de forte qu'étant revenu en convalefcence, ce feroit une perfidie à fon réfignataire de lui re-fufer & empêcher le regrès en fon bénéfice. Mais au fecond cas des démiffions pures & fimples, il n'y a jamais lieu au regrès, parce que le réfigna-taire n'a point de droit de celui qui s'eft démis pu-rement & fimplement de fon bénéfice. Le colla-teur l'a pu donner & conférer à celui à qui bon lui fembloit ; & par conféquent, c'eft de ce col-lateur que celui qui en a été pourvu par une telle démiffion pure & fimple, tient tout fon droit, & nullement du démiffionnaire qui ne peut ainfi pré-tendre contre lui aucun regrès. Si celui qui s'eft démis de fon bénéfice purement & fimplement, eft pourvu d'un bénéfice ou d'une prébende en la même églife, il ne peut reprendre fon premier rang & place ; mais il eft le dernier de tous, eft velut novus homo, L. 2. §. 1. De Decurion. Du Moulin eft de cet avis fur la regle De infirmis refignant. n. 158. L'arrêt de Veffier & Hureau chanoines en l'églife de Clermont, après un double partage, a enfeigné cette diftinction. Tout ce qu'objecte l'intimé, c'eft qu'il y a une révocation de fa procuration pour fe démettre de fon bénéfice ; mais cette prétendue révocation eft une piece fauffe. Primò, en ce que par un acte capitulaire les chanoines ont déclaré qu'il n'y avoit point de procuration, ni révocation qui leur eût été fignifiée. Secundò, cette prétendue révocation n'a point été fignifiée à Me. Jacques Samfon porteur de la démiffion, ce qui étoit néan-moins néceffaire, mais à un chanoine particulier ; & cela eft nul & ne peut fervir. Tertiò, la pré-fomption eft qu'on a été chercher un fergent éloi-gné de la ville de Châtellerault. Quartò, il y a infcription en faux contre cette piece, contre la-quelle tous ces moyens de nullité font fuffifans. Et conclut au mal jugé, l'appellant interjetta le princi-pal, l'appellant foit maintenu en la poffeffion de la maifon qu'il a optée. Me. Gaultier pour Me. Jean Adumeau intimé & defendeur dit, qu'il ne s'agit point du titre du bénéfice, mais de la jouiffance d'une maifon d'un peu plus de valeur que celle qu'habitoit l'appellant, qui feul eft en caufe, tout le refte du chapitre confentant que l'intimé rentre en fon bénéfice, & reprenne fon ancien rang & place. L'appellant même confentant que l'intimé rentre dans fon canonicat, ne peut pas empêcher qu'il ne reprenne fon ancien rang, lieu & place. Le regrès & le rentrer fe fignifie : Omnia in priftinum ftatum reftituuntur, fingitur demiffio re-vo nulla. Il ne faut pas tant confidérer la qualité des réfignations, ou fimples, ou in favorem, pour donner lieu au regrès, que leurs circonftances. Quand on voit manifeftement que la maladie & la feule appréhenfion de la mort ont donné fujet & férvi de caufe à la réfignation, alors fans faire au-cune diftinction ni différence, l'on doit admettre le regrès. En cette caufe il eft vifible que l'intimé n'a réfigné fon bénéfice que contractâ fiduciâ avec fon frere, qui s'en démet volontairement. Quand ce moyen cefferoit, celui de la révocation eft plus que fuffifant : on s'eft infcrit en faux contre une piece fignée de trois témoins pour embarraffer la caufe. Et ainfi conclut à ce qu'il foit maintenu en fa chanoinie & en fa maifon. Me. Givonniere pour Me. Jacques Adumeau pourvu du bénéfice par la démiffion de fon frere, déclara qu'il n'y préten-doit rien, & qu'il confentoit que fon frere y ren-

trât, & reprît tous les droits, honneurs & profits qui en dépendoient.

M. l'avocat général Talon dit, que la caufe eft pleine de dureté & d'inhumanité de la part d'un collegue à l'endroit de fon collegue. Il ne s'agit point du titre de bénéfice ni d'aucuns droits qui foient échus pendant cet intervalle de la démif-fion, auquel cas il y auroit quelque apparence ; mais il s'agit fimplement de la maifon affectée à la chanoinie de l'intimé, en laquelle fon frere pourvu du bénéfice, & tout le chapitre confent & accorde qu'il rentre, & qu'il reprenne fon premier rang & place. En fuite de cet accord & confentement il eft rentré dans fon bénéfice, ou pour mieux dire, il n'en eft jamais forti non plus que de fa maifon, dont néanmoins l'appellant le veut chaffer fous prétexte de cette démiffion ; mais c'eft fans aucune raifon, parce que reprenant ou demeurant en poffeffion de fon bénéfice, il doit pareillement jouir de tout ce qui en dépend ; & la maifon en quef-tion en fait partie. Non videtur res fieri deterior, quæ forma fuâ redditur, dit le jurifconfulte. Outre cela il y a la révocation, dont l'infcription en faux ne mérite pas d'être approfondie.

LA COUR fans s'arrêter à l'infcription en faux, mit l'appellation & ce, au néant ; évoqua le prin-cipal, & fur la demande faite par l'appellant tou-chant la maifon canoniale, mit les parties hors de cour & de procès, fans dépens. Le vendredi 30 mai 1631, M. le premier préfident le Jay pro-nonçant.

* Brodeau ne fait que citer l'arrêt, lett. B. fomm. 13, fans rapporter les circonftances & les moyens.

CHAPITRE XXX.

Freres & fœurs non-recevables à faire interdire leur frere pour démence fuppofée, prodigalité non juf-tifiée, & concubinage qu'il fait ceffer en chaffant la fervante.

FRançois Pacqueray habitant de la ville d'Angers étoit fort indifpofé de fa fanté, & néanmoins entretenoit Renée Pivot fa fervante, dont il abu-foit notoirement, comme de fa concubine publi-que, en ayant eu trois enfans. André, Jacques, Jean Pacqueray & autres fes freres & beaux-freres préfente-rent requête au prévôt de la ville d'Angers, par laquelle ils expoferent cette vie débauchée & licencieufe, la dépenfe fuperflue & immenfe dont elle étoit caufe, enfemble l'infirmité de corps & l'imbé-cillité d'efprit de François Pacqueray leur frere, qu'ils remontrerent au juge n'avoir le moyen ni le jugement de conduire, régir & adminiftrer fon bien ; au-contraire qu'il le confumeroit & diffiperoit en-tiérement, de telle forte qu'il étoit à craindre qu'il ne tombât dans la mendicité, s'il n'y étoit pourvu. A ces caufes ils demanderent qu'il fût interdit de vendre & aliéner fon bien, & qu'il lui fût créé un curateur pour le régir & adminif-trer. Sur quoi le juge prononça qu'il fe transporte-roit en la maifon de François Pacqueray pour l'ouir & interroger fur les faits contenus en la requête ; & cependant lui fit inhibitions & défenfes de ven-dre ni aliéner fon bien. En fuite de ce il fe transporta au logis de François Pacqueray ; & l'ayant inter-rogé fur les faits de la requête, il ordonna que huit de fes plus proches parens feroient affignés pour donner leur voix & avis fur cette interdiction. Les parens ayant été d'avis de l'interdiction, & le juge fuivant leur avis, l'ayant prononcée, François Pacqueray en interjetta appel. Pour lui Me. Go-blin dit, qu'il a été mal jugé, & qu'il n'y a au-cune caufe légitime & fuffifante d'interdiction, qui qu'elle foit de telle importance qu'on ne la doit jamais ordonner, que pour des raifons très-juftes & très-certaines, & avec une très-grande con-noiffance de caufe. Obfervare prætorem oportebit, ne cui temerè citra caufa cognitionem pleniffimam curatorem det , L. 6. De curator. furiofo & aliis extra minores dandis. Au-contraire le juge dont est appellé, à prononcé cette interdiction fur la feule & fimple requête préfentée par les intimés , qui ont pris pour prétexte trois faits non véritables ni confidérables. Le premier est la démence & imbécillité d'efprit ; le deuxième la prodigalité & diffipation de biens ; le troifieme la vie luxurieufe & débauchée de l'appellant. Quant au premier , favoir la démence , il n'y a rien de fi éloigné de la vérité. L'appellant a l'efprit, le fens & le jugement bon , fain , entier & folide ; il n'en faut point d'autre preuve que les actions de fa vie paffée, qui toutes ont été fans reproches ; & pour le préfent la feule lecture de l'interrogatoire qu'il a fubi pardevant le juge dont est appel, témoigne évidemment le contraire, bien que ce foit par-là que l'on prétende prouver plus certainement fa démence & fon imbécillité d'efprit. Qui ftultè & verba deridenda loquitur ; ftultus præfumitur, L. Ob quæ vitia. De Ædil. Edicto. Ex geftis & fermonibus circumvenientibus fatuus probatur , L. Quidam in fuo. De condit. Inftit. Gloffa in L. Si cùm dotem. §. Si maritus. in verbo , fi ferendus. D. Soluto matr. Qui non refpondet ad propofitum. Gloffa in L. Nec codic. C. De codicillis. L. Apud Jul. §. 1. & ibi Bart. De leg. 1. ad L. Furiofum. C. Qui teft. fac. poffunt. L'appellant est préfent en l'audience , & il est prêt de fubir tel interrogatoire qu'il plaira à la cour , pour la rendre plus certaine du jugement qu'elle a à prononcer fur fon interdiction , comme auffi pour lui rendre compte de toutes fes actions. Il est vrai qu'il est fort indifpofé de fa perfonne par un catharre qui la rendu perclus d'une partie du côté droit de fon corps ; mais pour cela il ne reffent aucune infirmité ni imbécillité en fon efprit , qui, quoiqu'il agiffe par les organes du corps, ne perd pas néanmoins fa force, fa vigueur ni fon opération par les infirmités ou foibleffes qu'il fouffre , L. 1. De ædilitio edicto. L. Senium. C. Qui teft. facere pof. Ce premier fait de démence ou imbécillité d'efprit est donc avancé contre toute vérité, auffi-bien que le fecond qui concerne la prodigalité. Ce vice confifte en une diffipation de biens fans fujet , fans utilité , fans regle ni mefure. Prodigus est qui nec tempus neque finem expenfarum habens , furiofum facit , quod ad bona attinet , exitum , L. Is qui. §. fin. De Tuto. datis ab his, L. 1. De curat. fur. & aliis extra min. dandis. L. Is cui. De verb. oblig. Prodigus est , qui in fermonibus est mente compos , in factis verò est mentis impos, L. 12. §. 2. De curator. datis ab his. Une telle perfonne n'ayant pas le foin ni le jugement de régir & adminiftrer fon bien , mais le diffipant & confumant mal à propos, & fe précipitant dans une mendicité honteufe & périlleufe ; pour y remédier, la loi comme une bonne mere commune , a prudemment introduit l'interdiction aux prodigues de l'aliénation de leurs biens. Mais aliénation-loin qu'on puiffe montrer que l'appellant en a ainfi ufé de fon bien , & qu'il l'a prodigué & diffipé ; au-contraire il juftifie par écrit qu'il l'a augmenté ; & en cela paroît la haine , l'animofité & la calomnie de fes freres & beaux-freres, qui s'ennuyant de ce qu'il vit plus qu'ils n'avoient defiré ni efpéré, tâchent de lui arracher le bien qu'il poffede , & de fe l'affurer par une interdiction recherchée à ce feul deffein. Quant au troifieme fait touchant la luxure & mauvaife vie , il est vrai que l'appellant a abufé de fa fervante domeftique, & en a eu des enfans ; mais cela s'eft fait fans aucun fcandale ; & ce n'eft pas un crime puniffable par les loix, ni une action fur laquelle on puiffe fonder ni appuyer légitimement une interdiction ; il n'y a loi ni ordonnance qui le prefcrive. En ce point on objecte à l'appellant, que s'étant marié fans le fu & confentement de fon pere, il avoit mérité d'être exhérédé : mais à cela la réponfe est fort prompte. Le pere ayant mieux reconnu dans la fuite la vérité & le bien du mariage de l'appellant, a révoqué cette exhérédation fulminée à la fufcitation des intimés, qui n'ont jamais eu autre deffein que de priver l'appellant leur frere de

tous biens, & qui continuant encore en cette mauvaife volonté s'efforcent de l'en dépouiller , ou du moins de lui en ôter la difpofition par une note d'interdiction honteufe & infame, en laquelle ils font d'autant moins recevables , que leur propre & feul intérêt les y porte, & nulle autre confidération : ainfi ils en doivent être déboutés. A quoi il conclut. Me. Jolyn dit , que les intimés ont cet avantage en la caufe, que l'interdiction qu'ils pourfuivent contre leur frere appellant , a été prononcée par la propre bouche de leur pere commun , qui en 1616 , procédant au partage de fes biens entre fes enfans , donna une rente de trois mille livres à l'appellant , lui défendant expreffément d'en prendre & recevoir le rachat , fans l'avis & le confentement de fes parents. Il reconnoiffoit dès-lors la foibleffe & imbécillité de fon efprit , & comme il étoit tout-à-fait incapable de régir & adminiftrer fon bien ; & en cela ce pere ne s'eft point trompé : les actions de l'appellant ont juftifié fon jugement. Car fix ans après, étant lors âgé de 29 ans , il contracta un mariage clandeftin en la ville de Nantes avec une femme débauchée, diffolue, publique, & entiérement perdue. Son pere en étant averti , fut tellement irrité, qu'il l'exhéréda. Le fils outré de cette exhérédation ofa menacer de maltraiter & de frapper fon pere & fa mere , s'ils n'approuvoient fon mariage avec cette proftituée publique ; & il fe laiffa porter à un excès impie que de vouloir s'attaquer à ces perfonnes facrées , pour qui l'on doit avoir une vénération fi particuliere, que Tertullien l'appelle fecunda in parentes religio , la faifant en quelque façon marcher de pair & en parallele avec celle que nous devons à Dieu. De cette exhérédation & de la défenfe de recevoir le rachat de la rente faite par le pere à l'appellant fon fils , il est facile de connoître quelle opinion il en avoit , & il ne faut point d'autre preuve de l'imbécillité de fon efprit , de fa mauvaife vie & de fes débauches , & par conféquent de l'interdiction que l'on demande. On s'eft d'autant mieux fondé , que ce jugement paternel & domeftique doit fervir d'arrêt inviolable en telles matieres. Paterno in hoc fufficiente teftimonio , L. ult. C. De curat. fur. Prætor curatorem dare debet eum, fecutus patris voluntatem. Per omnia judicium teftoris fequendum est , ne quem pater vero confilio prodigum credidit , eum magiftratus propter aliquod fuum vitium idoneum putaverit , L. 16. §. ult. De curat. fur. & aliis. Suetone dans la vie de l'empereur Claude rapporte , qu'un pere ayant fort recommandé fon fils à l'empereur , en l'affurant de la fidélité & probité , & tout-au-contraire ce fils s'étant trouvé d'une méchante vie & fort débauché , néanmoins l'empereur ne le voulut point faire châtier ni punir , de peur d'offenfer le jugement du pere, & l'affurance qu'il lui avoit donnée de fa bonne conduite. Juvenem licèt plenum probri , ad patrem , qui eum optimè educatum afferuerat , fine pœna remifit. Tant a de poids ce jugement domeftique, cet avis & cette opinion d'un pere , qui joignant une affection toute fincere & dépouillée de paffions à une connoiffance parfaite & entiere , ne peut errer qu'en un excès d'amour & de bonne volonté envers fes enfans , qui font d'autant plus obligés d'acquiefcer à ce qu'il prefcrit & ordonne , comme n'ayant point d'autre motif que leur bien & utilité. Outre ce jugement d'un pere tout clairvoyant dans les mœurs de fes enfans , l'on a encore celui des parents qui ont été d'avis de l'interdiction de l'appellant à caufe de l'imbécillité de fon efprit , de l'indifpofition de fon corps & de fa vie débauchée , dont il eft demeuré d'accord par fon interrogatoire , auquel il a fait des réponfes ridicules & impertinentes ; ayant dit qu'il ne fait s'il eft marié , qu'il ne peut s'abftenir de la connoiffance charnelle de fa fervante ; qu'à pâques il n'a été confeffé & autres femblables réponfes , qui témoignent affez l'imbécillité de fon efprit , & qu'il vit plutôt en bête qu'en chrétien. Auffi cette vie fale & débauchée lui a tellement diminué les forces du corps , qu'il eft demeuré comme paralytique , & elle lui a confumé la meilleure partie de fon bien , favoir trois mille livres qui en faifoient le tiers. L'action de prodigalité que les Grecs appellent *δίκη τῆς ἀπονοίας*, procede ordinairement de la luxure & d'une vie débauchée, *ἐπὶ ἀσωτίας*. Ce vice hébête l'efprit, abat & diminue les forces du corps, & ruine & diffipe entierement les biens. *Diffipavit fubftantiam fuam vivendo luxuriosè*, dit l'écriture. L'appellant n'eft agé que de quarante-deux ans : ayant ce penchant malheureux du péché de la chair, il y a danger qu'il s'y pourriffe, & qu'il n'y demeure enfeveli, & par conféquent qu'il ne tombe dans une mendicité honteufe & dans une extrême néceffité. Pour y remédier, les intimés qui recherchent le falut de fon ame, & la fanté de fon corps, & le contentement de fa vie, & non point la jouiffance de fes biens, aufquels ils renoncent offrant que dès maintenant ils foient donnés aux pauvres après le décès de l'appellant, ont demandé l'interdiction dont il s'agit, qui par toutes ces confidérations ne reçoit aucune difficulté. Et conclut.

M. l'avocat général Talon dit, que bien-loin que l'appellant puiffe être accufé & convaincu d'imbécilité d'efprit, de mauvais ménage & de prodigalité, il paroît au-contraire par fes réponfes & par fes actions qu'il n'a ni l'un ni l'autre de ces défauts. Il eft préfent à la face de la cour pour lui faire connoître la force de fon efprit, la folidité de fon jugement, & lui rendre compte de fes actions. Il a offert la même chofe pardevant le juge dont eft appel, & d'en faire arbitres deux de fes oncles; & au préjudice de fes offres, les intimés qui font tous fes héritiers préfomptifs, ont donné un avis en leur propre caufe touchant fon interdiction, en quoi ils étoient fufpects & moins croyables. Auffi le juge ne devoit pas leur déférer fi facilement, mais plutôt ouïr l'appellant en fes remonfrances, & examiner fes actions, dont il offroit de rendre raifon. Par fon interrogatoire il paroît affez qu'il n'a point l'efprit égaré, n'ayant rien répondu que fort à propos. Pour la prodigalité, il en eft encore moins coupable, puifqu'au-lieu d'avoir vendu, diffipé & inutilement confumé fon bien, il juftifie qu'il l'a accru & augmenté : & néanmoins c'eft-là le principal moyen de l'interdiction, pour laquelle il faut une profufion & une diffipation de biens toute entiere. Les prodigues reffemblent à ces animaux qui ne vivent qu'un jour : comme s'ils n'avoient qu'un feul jour à vivre, & qu'après leur décès ils euffent regret de laiffer quelque chofe à leurs héritiers, ils jettent, diffipent & confument tout leur bien, aimant mieux fe voir à la fin néceffiteux, que de laiffer quelque chofe à ceux qui les furvivent. Une vie de cette nature n'eft pas éloignée de la démence, & elle eft pire que celle des animaux, qui, quoique dépourvus de raifon, ont néanmoins du foin & de la prévoyance pour leur entretien & confervation. Mais on ne peut pas dire que l'appellant foit en cet état, ni par conféquent dans le cas de l'interdiction, pour laquelle on ne peut pas tirer un grand avantage du jugement & de l'exhérédation du pere, parce qu'ayant effacé fon mécontentement de fon efprit, révoqué expreffément cette note de courroux, cette exhérédation, & rappellé l'appellant à fa fucceffion pour la partager également avec fes autres freres, il a par-là témoigné qu'il n'en étoit pas moins digne, ni moins capable de la poffeder, régir & adminiftrer; autrement il n'eut pas manqué d'y pourvoir. Quant au dernier point touchant la vie débauchée de l'appellant, il a confeffé ingénument un péché qui lui eft commun avec plufieurs autres, qu'on ne pu-nit pas comme criminels, ni par interdiction, ni autrement. Il a témoigné d'avoir regret de mener cette vie odieufe à Dieu, & a offert de chaffer fa fervante : ce qu'il a prefqu'exécuté, fans lui avoir fait aucuns dons ni préfens, non pas même payé tous fes falaires, ce qui eft fort éloigné de prodigalité. Cela auroit été plus que fuffifant pour contenter la charité des intimés, s'ils avoient été portés de ce feul zele de faire quitter ce concubinage à leur frere & beau-frere, & de le remettre en une meilleure voie de falut : mais ayant été

plutôt pouffés par le motif de leur intérêt particulier que par celui du public, plutôt pour leur utilité que pour la feule honnêteté, plutôt pour le temporel que pour le fpirituel, en un mot n'ayant point eu d'autre deffein & d'autre but que de s'affurer le bien de l'appellant, ils n'ont pu être fatisfaits que par le moyen de l'interdiction, qui néanmoins ne femble pas jufte, ni légitime, mais entierement contre les regles & les maximes ordinaires dont il n'y a point lieu de fe départir, ne fe pouvant rencontrer aucun milieu, ni autre expédient en la caufe pour pouvoir fatisfaire à l'intention des intimés & à l'affurance de l'appellant, pour lequel il conclut.

LA COUR mit l'appellation & ce dont étoit appel, au néant; émendant & corrigeant, déclara les freres & beaux-freres intimés non-recevables en leur demande d'interdiction contre l'appellant, & condamna lefdits intimés aux dépens, lefquels elle liquida & modéra à quarante-huit livres parifis. Le mardi 3 juin 1631, M. le premier préfident le Jay prononçant.

CHAPITRE XXXI.

Dans la ville d'Auxerre les échevins premiers élus, & qui ont été en charge, précedent les derniers reçus, de quelque qualité & condition qu'ils foient.

MAître Claude le Clerc confeiller au fiege préfidial d'Auxerre, ayant été élu échevin de la même ville, prétendit qu'il devoit précéder Me. Pierre Boucherat avocat, & Jean du Bois marchand, qui avoient été échevins quelques années auparavant. Sur quoi les préfidiaux d'Auxerre ayant ordonné que par provifion il les précéderoit, ils en interjetterent appel. Pour eux Me. de Lamet dit, que la caufe ne mérite pas un grand difcours, parce qu'elle a été déja jugée par plufieurs arrêts, notamment par un de l'an 1618, rendu contre un confeiller du préfidial d'Amiens & contre un tréforier de la même ville, qui prétendoient à caufe de leur qualité précéder d'autres échevins qui n'étoient que marchands, dont néanmoins ils furent déboutés. Il y a un autre arrêt de l'an 1630, feulement rendu pour la même ville d'Auxerre, entre le receveur du domaine élu échevin, qui prétendoit pareillement précéder un autre échevin d'une condition fort médiocre, dont néanmoins il fut débouté. Après ces arrêts il ne peut refter aucune difficulté en la caufe; & conclut au mal jugé, & à ce qu'émendant, les appellans précedent l'intimé. Me. Mataret voulant plaider pour la communauté des marchands d'Auxerre intervenans, M. l'avocat général Talon fe leva, & dit qu'une telle communauté ne fait point de corps, & qu'il empêchoit qu'elle fût reçue à plaider. Me. Langlois pour l'intimé dit, que la ville d'Auxerre eft compofée d'un grand nombre d'habitans, dont la plupart font de fimples & pauvres artifans, qui néanmoins, faute d'autres, font appellés & élus à la charge d'échevins. Cela a donné lieu à un ufage inviolablement obfervé en la maifon-de-ville d'Auxerre, que les plus qualifiés des échevins ont accoutumé de précéder les autres moins qualifiés. On a la preuve de cet ufage de tout tems obfervé par les extraits & certificats de la maifon-de-ville. *Confuetudinis ufufque longævi non vilis auctoritas, L. 2. C. Quæ fit longa conf.* Au préjudice de cet ufage, les appellans qui font d'une condition fort baffe, (l'un fe difant avocat, n'eft néanmoins que fermier des gabelles, & l'autre n'eft qu'un fimple hôtelier) ne peuvent pas légitimement prétendre la préféance contre l'intimé magiftrat, & homme d'une qualité plus relevée de tous ceux de la ville. Et conclut au bien jugé. Me. Martin pour tout le préfidial d'Auxerre intervenant, employa les raifons & plaidoyer de l'intimé, à ce que la préféance leur fût adjugée.

M. l'avocat général Talon dit, qu'il y a certaines maximes qu'il n'eft pas permis de révoquer en doute. *Quafdam effe controverfias, quas in dubium*

iterum revocare , impune fas non eft. Celles fur lefquelles tombe la décifion de la caufe qui fe préfente , font de cette qualité. La première maxime
en matiere de charges d'échevins , eft que celui qui
en fon élection a le plus de voix & de fuffrages du
peuple , précede tous les autres , de quelque état,
qualité & condition qu'ils foient , parce que ces fortes de charges ne fe donnent aux perfonnes que
comme fimples citoyens & habitans , & non pas
comme officiers ou poffédans quelque autre qualité :
il ne faut par conféquent confidérer que la feule
qualité de citoyen & d'habitant , & celui qui a eu le
plus de témoignages d'affection du peuple qui lui a
donné le plus de voix & de fuffrages , le doit emporter pardeffus les autres. Si l'ordonnance étoit
obfervée , les officiers ne pourroient point afpirer à
ces charges qui font toutes populaires & politiques,
& dont les marchands & autres gens du tiers état
ont plus de connoiffance que les officiers. La deuxieme maxime eft , que le dernier élu ne précede jamais les précédens , & ceux qui ont déja été en
charge, parce que ce feroit tout renverfer & confondre. La caufe eft en ces termes qui font bien
plus forts & plus confidérables , que fi l'on eût été
en ceux de la première maxime. Ainfi après les préjugés qu'on a rapportés , qui ont décidé la queftion
in individuo, il n'y refte aucune difficulté.

LA COUR fans avoir égard aux interventions
des marchands , ni du préfidial d'Auxerre , mit l'appellation & ce dont étoit appel , au néant ; émendant & corrigeant, ordonna que les échevins premiers élus, & qui auroient fait charge , précéde-
roient les derniers reçus, de quelque qualité & condition qu'ils foient, & condamna l'intimé aux dépens liquidés à quarante-huit livres parifis. Le jeudi 5 juin 1631 , M. le premier préfident le Jay
prononçant.

CHAPITRE XXXII.

*Legs fait à un ferviteur domeftique eft caduc par
le décès du légataire avant le teftateur.*

MOnfieur le premier préfident de Hacqueville
faifant fon teftament olographe en 1624 ,
légua la fomme de fix mille livres à Claude Pralon
fon ferviteur domeftique depuis plufieurs années ,
favoir la libération d'une cédule de la fomme de
mille livres qu'il vouloit lui être rendue , & cinq
mille livres qu'il vouloit lui être payées incontinent
après fon décès. Ce décès n'étant arrivé qu'au mois
d'octobre de l'an 28 , & au-contraire celui de Pralon étant arrivé en 1625. Procès fe mut pardevant
meffieurs des requêtes du palais , entre Me. Jean
Becon fecond mari de la veuve de Pralon , & tuteur de fes enfans , demandant le payement du legs
de fix mille livres , d'une part , & les héritiers du
premier préfident de Hacqueville , d'autre. Sur quoi
meffieurs des requêtes du palais ayant appointé les
parties à mettre , Becon en interjetta appel , & préfenta requête pour l'évocation du principal , & une
autre par laquelle il demanda qu'il plût à la cour de
lui adjuger la fomme de douze mille livres pour
les bons & longs fervices domeftiques que Pralon
avoit rendus audit fieur premier préfident. Me. Lhofte
le jeune pour Becon, appellant & demandeur en
requête dit , que d'abord il fembloit qu'il combat
directement unes des maximes du droit les plus certaines; favoir celle par laquelle le legs fait à celui
qui prédécede le teftateur , eft tellement fait caduc
par ce prédécès , qu'il n'eft aucunement tranfmiffible, & ne peut être prétendu ni demandé par les
héritiers du légataire prédécédé. Cependant l'hypothefe de cette caufe eft en des termes fi favorables,
qu'elle ne peut être affujettie à la rigueur de cette
loi , ni à la févérité de cette caducité. Il plaide
pour de pauvres mineurs dont le pere a employé &
confommé tout fon âge en qualité de ferviteur domeftique de M. le premier préfident de Hacqueville, à qui il a rendu des fervices très-utiles &

très - agréables. Il n'en faut point d'autre preuve
que la feule lecture du teftament que l'on comba...
Il en porte une reconnoiffance toute entiere , &
un témoignage évident de l'affection d'un bon ma...
tre , dont les héritiers intimés méprifent l'honnec...
& la mémoire , en tâchant de dépouiller ces pau...
vres mineurs du prix du fang & de la fueur con...
tinuelle de leur pere , fous prétexte qu'il a pré...
cédé le teftateur. Néanmoins cela n'eft aucunemen...
confidérable , puifque ce n'eft pas un legs pure...
ment gratuit , mais rémunératoire , & tellemen...
obligatoire étant pour récompenfe de fervices , q...
ne s'en peut libérer que par le payement. Ce...
plutôt une reconnoiffance d'une dette légitime , qu'une
gratification , *merces eximii laboris* ; ou , comme le
Papinien *in l. 27. de donat.* Quoniam cum patre mea...
*femper fuifti , & me eloquentiâ & diligentiâ tuâ me...
liorem reddidifti , dono & permitto tibi habitare in...
illo cœnaculo , eoque uti : defuncto Regulo habitatione...
controverfiam patiebatur Nicoftratus , & cùm de ea...
mecum contuliffet , dixi poffe defendi non meram do...
nationem effe , verum officium magiftri quàdam me...
cede remuneratum Regulum , ideòque non videri dona...
tionem fequentis temporis irritam effe.* Cette loi eft en...
tiérement dans l'efpece de cette caufe , en laquelle...
le motif du legs, même par la propre déclaration...
& confeffion de M. le premier préfident de Hacque...
ville, n'eft autre que le long tems que Pralon a de...
meuré domeftique en fa maifon , & les bons &...
agréables fervices qu'il a rendus pendant plus de...
années. Par conféquent il faut conclure avec Papi...
nien , *non meram donationem effe , verum fervi fi...
delis officium quàdam mercede remuneratum proto-pre...
fidem.* La cour l'a ainfi jugé par plufieurs arrêts , no...
tamment par un rendu au profit du clerc de M...
Marefchal confeiller en la cour, qui par fon tefta...
ment avoit laiffé en blanc la fomme qu'il deftinoit à
fon clerc pour récompenfe de fes fervices ; ce qui
étoit une nullité manifefte de ce legs ; & néanmoins
la cour le confirma & liquida à huit mille livres. Par
un autre arrêt au profit de la veuve & des enfans...
mineurs d'un cocher qui fut tué par fes chevaux &
carroffe , & qui prédécéda fon maître , la cour a...
auffi confirmé le legs. M. le premier préfident de
Hacqueville n'a pu tefter, ayant été prévenu de mort
fubite ; autrement il n'auroit pas manqué de léguer
quelque fomme confidérable aux enfans de Pralon
fon fidele ferviteur. Quand par une févérité trop
exacte on voudroit s'attacher à la caducité de ce legs...
les fervices de Pralon n'en feroient pas pour cela
moins dus. Pour en retirer quelque récompenfe,
l'appellant a préfenté fa requête à la cour , où
qu'il lui plaife d'adjuger douze mille livres aux mi...
neurs de Pralon , au cas qu'elle ne veuille leur ad...
juger délivrance du legs modique de fix mille li...
vres ; à quoi il conclut.

Me. Chamillart pour les intimés dit , que l'appel...
lant prévoyant fa caufe abandonnée de tout droit,...
a préfenté une feconde requête , en laquelle il y a
moins d'apparence qu'en la première qui concerne
la délivrance du legs abfolument caduc , puifque
Pralon eft mort trois ans entiers avant M. le pre...
mier préfident : *In caufa caduci funt ea quæ his relin...
quuntur qui vivo teftatore poft teftamentum factum tol...
hac luce fubtrahuntur. L. un. §. 2. de caducis toll. §.
4. Inftitut. de leg.* Cette maxime ne reçoit point de
difficulté ni d'exception telle que veut apporter l'ap...
pellant. Le teftament ne porte point que le legs foit
fait pour récompenfe de fervices , mais feulement
je donne & legue à Pralon qui a long-tems demeuré
avec moi. Auffi ce n'eft point pour récompenfe de
fervices , mais une pure gratification. Pralon a tou...
jours été payé de fes gages , & outre ce , il a ga...
gné 75000 livres , dont il a acheté l'office de rece...
veur des décimes & celui d'élu à Paris. L'un des
héritiers voudroit bien avoir changé fa portion hé...
réditaire avec fon gain ; mais pour faire voir que ce
legs eft entiérement révoqué , c'eft que M. le pre...
mier préfident a lui-même exigé de Pralon le paye...
ment des mille livres contenues en fa cédule, & par...
a révoqué le legs. *Si id quod mihi debes tibi lege...
vero , idque mihi folveris , legatum extinguitur ; non...*
liberatio

libertatis legata ita demùm effectum habebit, si non fuerit exactum id à debitore: dim rette relicta contrarium si exactum est evanescit; L. pen. §. 1. ff. ff. 24. De liber. leg. M. le premier président à suivi ces trois ans après Pralon. Il a vu la même remarque avec l'appellant qui veut profiter de ce legs fous la faveur des pupils. Et conclud à ce qu'il soit débouté de ses requêtes.

LA COUR mit l'appellation & ce, au néant; évoqua le principal; & sur les deux requêtes préfentées par l'appellant, mit les parties hors de cour & de procès, sans dépens : en la même audience du jeudi 5 juin 1631.

───────────

CHAPITRE XXXIII.

Cause appointée pour savoir si l'appel de la sentence d'homologation d'une sentence arbitrale, emporte la peine du compromis, comme si l'on avoit appellé du jugement des arbitres.

CLaude Bretenas marchand de la ville de Lyon & ses freres, ayant plusieurs procès & différends ensemble, passerent compromis pardevant notaires par lequel ils promirent de s'en tenir au jugement arbitral & amiable composition de trois avocats du présidial de Lyon, fous peine de six mille livres contre le contrevenant, dont quatre mille livres appartiendroient à l'acquiesçant, & les deux mille restantes à l'hôpital de l'aumône générale de Lyon. En suite de ce compromis, les arbitres ayant rendu leur sentence, les freres de Claude Bretenas la font affigner pardevant le sénéchal de Lyon pour le voir homologuer : ce qu'il empêche par plusieurs moyens, nonobstant lesquels le sénéchal homologue la sentence arbitrale. Claude Bretenas en interjette & releve appel au parlement, où ses freres intimés presentent requête expositive de l'appel de cette sentence d'homologation, qui emportoit celui de la sentence arbitrale, & demandent par conséquent que toute audience soit déniée à Claude Bretenas appellant, jusqu'à ce qu'il ait payé la somme de six mille livres pour la peine apposée au compromis. Il intervient arrêt contradictoire par lequel toute audience est déniée à Claude Bretenas, tant sur l'appel de la sentence d'homologation, que de la sentence arbitrale, jusques à ce qu'il ait payé la somme de six mille livres de peine apposée au compromis; à quoi il est condamné. Contre cet arrêt Claude Bretenas obtient lettres en forme de requête civile. Pour moyens & ouverture Me. Brodeau dit, qu'il y a du dol & de la surprise insigne de la part des défendeurs, qui ont supposé à la cour que le demandeur étoit appellant de la sentence arbitrale, au néanmoins il justifie le contraire, tant par le relief d'appel, que par l'arrêt d'appointé au conseil, levé la cause ayant été au rôle. Cette supposition a donné lieu à l'arrêt; autrement la cour n'eût point condamné l'appellant à la peine du compromis, si elle eût vu que le demandeur n'étoit appellant que de la sentence d'homologation seulement, & non de la sentence arbitrale. Le demandeur a eu juste sujet d'empêcher l'homologation de cette sentence arbitrale; parce que les arbitres avoient excédé leur pouvoir, ayant jugé des choses qui n'étoient point contestées. La cour juge tous les jours que c'est un moyen de requête civile indubitable, qu'on ait jugé *super non contestatis;* donc à plus forte raison ce moyen est pertinent pour empêcher l'homologation d'une sentence arbitrale. On objecte que par les causes & moyens d'appel produits par l'appellant contre la sentence d'homologation, il a fait mention qu'il est aussi appellant de la sentence arbitrale : mais cela ne lui préjudicie en rien; parce que, pour former valablement un appel, il faut ou un relief, ou un acte exprès, ou une requête sur laquelle on est reçu appellant, & tenu pour bien appellant. L'un ni l'autre ne se rencontre; ainsi la supposition est toute manifeste. Si cet arrêt subsiste, ce pauvre homme est ruiné. Ce qu'il a en sa portion héréditaire ne vaut pas cette peine

Tome I.

de six mille livres. En tout cas il offre de se désister de son appel, & d'acquiescer, tant à la sentence d'homologation qu'à la sentence arbitrale; & en outre, de payer tous les dépens faits en cause d'appel. C'est une dureté trop grande d'insister au contraire. Et conclud à l'entérinement de ses lettres.

Monsieur Talon pour les défendeurs dit, qu'il n'y a eu dol, surprise, ni supposition de leur part. Ils ont ingénuement exposé les choses comme elles étoient. Le demandeur étoit appellant de la sentence d'homologation, de la sentence arbitrale, & l'appel de cette sentence d'homologation emportoit nécessairement celui de la sentence arbitrale. C'est pourquoi ils ont demandé la peine du compromis, que la cour a adjugée en jugeant la question de droit *in puris terminis.* L'appel de la sentence d'homologation emporte celui de la sentence arbitrale; parce que celle-ci n'ayant aucun effet ni vertu par le défaut de jurisdiction des arbitres, *qui non jurisdictionem, sed simplicem tantùm notionem,* il faut pour la pouvoir mettre à exécution en demander l'homologation pardevant celui qui a le caractere du juge & jurisdiction certaine, qui néanmoins ne peut prendre aucune connoissance si les arbitres ont bien ou mal jugé, mais *oculis homericis* il doit homologuer leur sentence, c'est-à-dire, la déclarer exécutoire entre ceux qui y sont dénommés. Une pareille sentence d'homologation n'étant qu'une simple formalité, & n'ajoutant autre chose à la sentence arbitrale que le seul caractere de sentence qu'elle lui donne, avec le pouvoir d'être mise à exécution; il s'enfuit nécessairement que l'appel de cette sentence d'homologation contre laquelle on ne peut alléguer aucuns griefs, sinon qu'elle homologue & permet l'exécution d'une sentence arbitrale qu'on prétend mal rendue, & dont on ne veut point souffrir l'exécution, attire & emporte avec soi nécessairement l'appel de la sentence arbitrale. L'une ne peut aucunement se détacher d'avec l'autre; autrement si la cour permettoit qu'on pût interjetter appel d'une sentence d'homologation & non d'une sentence arbitrale pour en éviter la peine, ce seroit renverser tous les compromis & arbitrages institués pour une si bonne fin. En tout cas le demandeur a interjetté appel de la sentence arbitrale. Cela est vérifié par la copie de ses causes & moyens d'appel, qui est un acte suffisant, à l'égard des défendeurs. D'offrir un acquiescement, tant à la sentence d'homologation qu'à la sentence arbitrale pour en éviter la peine, cela n'est point juste ni raisonnable. La raison du compromis est due in *solo verbo appello,* après lequel même, on n'est pas recevable à se repentir & à renoncer à son appel pour en éviter la peine encourue. Donc à bien plus forte raison le demandeur, après avoir été condamné par arrêt contradictoire, & après avoir fatigué les défendeurs par le moyen de ses lettres en forme de requête civile, & leur avoir fait consommer beaucoup de biens, ne doit être admis à l'acquiescement de l'appel de la sentence d'homologation, & de la sentence arbitrale, pour éviter une peine déja adjugée par arrêt, puisque d'ailleurs, cette peine cessant, il n'oseroit conclurre en l'appel de la sentence arbitrale, à moins que son avidité de plaider & sa témérité ordinaire ne l'y portât. Et conclut à ce qu'il soit débouté de l'entérinement de ses lettres en forme de requête civile, & condamné en l'amende & aux dépens.

Me. Brisejon pour les administrateurs de l'hôpital de l'aumône générale de Lyon dit, que cet hôpital a été institué pour empêcher que personne ne demande publiquement l'aumône dans la ville de Lyon. Il n'a aucun revenu certain & assuré; mais la seule charité des gens de bien, & quelques amendes & peines stipulées par des compromis, telle qu'est celle dont est question; les Lyonnois ayant cette bonne coutume d'en stipuler toujours une partie au profit des pauvres. Il n'y a point de doute que le demandeur ne doive celle dont il s'agit, par les raisons qui ont été représentées. Il ne peut l'éviter par un prétendu acquiescement aux sentences dont il a interjetté appel, parce que nonobstant ces offres

Iiiii

d'acquiéfcement la peine eft due. La cour l'a fouvent jugé, notamment par un arrêt du feptième feptembre 1629, rendu contre Jean Pirou marchand de Paris, qui offroit pareillement d'acquiefcer à fon appel, & d'exécuter la fentence arbitrale, en le déchargeant de la peine, dont il fut débouté. Et conclut à ce qu'il en foit dit de même contre le demandeur.

M. l'avocat général Talon dit, que le demandeur en lettres en forme de requête civile, ayant fini par déprécation, a tacitement avoué qu'il fe défie de fa caufe, qui auffi ne fe trouve pas bonne. Il ne peut pas dire véritablement qu'il y ait eu aucune furprife, ni fraude de la part des défendeurs. La feule lecture de leur requête, fur laquelle eft intervenu l'arrêt contre lequel on s'eft pourvu, les juftifie entièrement. Ils y ont inutilement expofé les procès & différends qu'ils avoient entr'eux, qui tous ont été terminés par la fentence arbitrale, dont ayant demandé & obtenu l'homologation pardevant le fénéchal de Lyon, le demandeur en a interjetté appel, & par ce moyen il a encouru la peine du compromis. C'eft ce que la cour a jugé; & pour faire connoître que l'appel de la fentence d'homologation emporte l'appel de la fentence arbitrale, elle a ordonné que toute audience fera déniée au demandeur, tant fur l'appel de la fentence d'homologation que de la fentence arbitrale, jufqu'à ce qu'il ait payé la peine portée par le compromis. De le juger autrement, les conféquences en feroient trop périlleufes : ce feroit donner occafion de contrevenir impunément aux compromis & aux fentences arbitrales, introduites pour terminer & affoupir amiablement les procès & différends des parties. Le demandeur par fes caufes d'appel s'eft même déclaré appellant de la fentence arbitrale ; à l'égard des défendeurs cela eft fuffifant pour avoir la peine du compromis. On a dit tout ce qui a été allégué pour moyens de requête civile pardevant le fénéchal de Lyon, qui ne pouvant prendre connoiffance de caufe, ni voir s'il a été bien ou mal jugé par les arbitres, a fimplement homologué la fentence arbitrale, en quoi il a bien jugé : ainfi il n'y a aucuns moyens d'ouverture de requête civile. Mais comme la peine de fix mille livres eft exceffive & extraordinaire, il dépend de la prudence de la cour de la modérer, fi elle l'eftime à propos.

LA COUR fur les lettres en forme de requête civile, appointa les parties au confeil. Le jeudi 12 juin 1631, M. le premier préfident le Jay prononçant.

CHAPITRE XXXIV.

Délibéré fur le regiftre, pour favoir fi dans la coutume de Bourbonnois le petit-fils, iffu de la fille qui a renoncé aux fucceffions directes, eft exclu de celle de l'aïeule par la petite-fille iffue du mâle encore vivant, & qui a répudié la fucceffion échue de fa mere.

MAître Jean Miles & Marguerite Regnaud, étant mariés enfemble eurent plufieurs enfans, entre autres Gilbert, & Gabrielle Miles, qui fut mariée avec Me. Pierre Sifter, tréforier en la généralité de Rion. En faveur de ce mariage Marguerite Regnaud fa mere lui conftitua en dot la fomme de douze mille livres, favoir neuf mille pour la fucceffion paternelle échue, & trois mille livres pour la fucceffion maternelle à échoir, & moyennant cette fomme elle renonça à l'une & l'autre de ces fucceffions. Celle de la mere étant échue par fon décès en 1619, Gilbert Miles fon fils la répudia. Gabrielle Miles émancipa Jacques Sifter fon fils, fous le nom duquel elle fit accepter la fucceffion de Marguerite Regnaud fa mere. Elle en jouit & difpofa librement jufques en 1629, que Gilbert Miles voyant cette fucceffion profitable, émancipa auffi Catherine Miles fa fille, & fous l'autorité d'un curateur qu'elle lui fit créer, déclara qu'elle acceptoit la fucceffion de

fon aïeule. Pour cet effet le curateur fit affigner le tuteur de Jacques Sifter pardevant le fénéchal de Bourbonnois, aux fins de fe défifter & départir de la fucceffion de Marguerite Regnaud, lui en laiffer libre & pleine jouiffance, & lui rendre & reftituer les fruits. Le tuteur n'ayant voulu répondre, & demandé fon renvoi & en ayant été débouté, il en interjetta appel.

Pour lui Me. de Montholon dit, que quoique les biens de la fucceffion de Marguerite Regnaud foient fitués en Bourbonnois, néanmoins l'appellant ayant été maintenu en la poffeffion par arrêt, il faut en exécution de cet arrêt plaider à la cour, & ne voulant défendre à la requête préfentée par l'intimé pour l'évocation du principal, conclut à fon appel.

Me. Brodeau pour le curateur de Catherine Miles intimé dit, que l'appel ne mérite pas qu'on s'y arrête, mais le principal feul auquel l'intimé eft très-bien fondé, fuivant la coutume de Bourbonnois qui règle la caufe. Par l'article 305, la fille mariée & apanée par pere ou par mere, ne peut prétendre légitime ni fupplément de légitime, ni venir aux fucceffions directes ni collatérales dans les termes de repréfentation, tant qu'il y a mâle ou defcendant de mâle héritant efdites fucceffions, foit mâle ou femelle. Par l'article 309, la portion de la fille mariée & apanée accroît à l'hoir mâle feul ; & par l'article 306, quand l'un des héritiers s'abftient ou répudie la fucceffion, fa portion accroît au plus prochain. Suivant la difpofition de tous ces articles de coutume, la caufe de l'intimé eft fans difficulté. La coutume de Bourbonnois eft en cela conforme à la loi faline fondamentale du royaume, qui pour l'appui & maintien des familles a tellement favorifé les mâles, qu'elle les a feuls appellé aux fucceffions à l'exclufion des filles. La coutume de Bourbonnois ne peut être plus expreffe pour cette exclufion perpétuelle des filles au profit des mâles, & non-feulement des mâles, mais auffi de leurs defcendans, encore qu'ils ne foient mâles, mais feulement femelles : ce qui eft la véritable hypothefe de cette caufe. Jacques Sifter eft fils de Gabrielle Miles exclue de la fucceffion de Magdeleine Regnaud fa mere ; & par conféquent il eft exclu *tanquam ex infecta radice*, par le moyen de la renonciation & de l'exclufion de la coutume ; mais Catherine Miles entrant au lieu & place de fon pere qui a répudié la fucceffion de fa mere, il n'y a difficulté qu'elle ne lui doive être adjugée à l'exclufion de Jacques Sifter. On objecte que la coutume préfere aux filles le mâle ou defcendant du mâle héritant, & qu'ainfi Gilbert Miles n'étant héritier, Catherine fa fille ne l'eft pas non plus. On répond que la coutume ne requiert pas néceffairement que le mâle foit héritier ; mais qu'il fuffit que le mâle ou defcendant du mâle foit héritier, pour exclurre perpétuellement les filles & leurs defcendans. C'eft ce qui fe rencontre en la caufe. Gilbert Miles n'eft point héritier, mais Catherine fa fille au moyen de fa répudiation entre en fon lieu & place : ainfi l'on fatisfait à la coutume, puifqu'il fe trouve un defcendant du mâle qui eft héritier. 2°. On objecte que Gabrielle Miles a été évincée en la poffeffion d'une terre qui lui a été donnée en payement de la plus grande partie de fa dot, & qu'ainfi la renonciation & exclufion introduite par la coutume ne me peut avoir lieu, parce qu'il ne fuffit pas que la fille ait été mariée, mais il faut encore qu'elle foit en même tems dotée & apanée. La réponfe eft que la terre évincée a été donnée en payement de neuf mille livres, pour la fucceffion paternelle dont il n'eft point queftion, mais de la maternelle, dont les trois mille livres ont été payées actuellement, fuivant les quittances qu'on en rapporte. L'apanage en eft diftinct & féparé, & par conféquent la renonciation portée par la coutume étoit inutile, puifqu'elle eft introduite par la coutume, & que *eadem eft vis taciti & expreffi*. 3°. On objecte que l'intimé n'eft recevable à venir demander cette fucceffion, dix ans après qu'elle eft échue, après qu'elle a été éclaircie & débrouillée au nom du mineur appellant. A cela la réponfe eft, que la mineure intimée, lors du décès de Marguerite Regnaud son aïeule, n'étoit âgée que de six mois, ainsi qu'il se justifie par l'extrait du registre des baptêmes ; ainsi on ne lui peut rien imputer, ni lui objecter valablement aucune prescription : *Non valenti agere, non currit præscriptio*. Par la coutume de Bourbonnois, il n'y a qu'une seule prescription uniforme de trente ans, par le moyen de laquelle toutes choses prescriptibles sont prescrites & éteintes par ce laps de trente années, comme parle la coutume en l'article 23. Elle ajoute que cette prescription ne court point contre ceux qui ne peuvent agir, c'est-à-dire contre les pupilles, mineurs & autres semblables personne : donc la demande d'hérédité en la coutume de Bourbonnois, ne se peut prescrire que par trente ans, conformément à la disposition du droit écrit. Ces trente ans n'ont pas seulement encore commencé de courir contre la pupille, au nom de laquelle on agit, & l'on demande la succession de son aïeule. On offre de rembourser au tuteur du mineur appellant, tous les frais & dépens qu'il montrera avoir fait & supportés pour raison de cette succession. Et conclut à ce qu'elle soit adjugée à la pupille intimée.

Me. de Montholon replique, que cette demande de la succession de Marguerite Regnaud faite au mineur appellant, est un artifice de Gilbert Miles, qui après avoir long-tems contesté les droits de cette succession, & ayant été condamné par arrêt de rendre tous les papiers, titres, & enseignemens dont il s'étoit emparé ; pour en empêcher & éluder l'exécution, maintenant qu'il voit que la succession d'ailleurs & plus profitable qu'il n'avoit cru, il veut sous le nom de sa fille pupille prendre, retirer, & recueillir cette succession que lui-même majeur a abandonnée & répudiée, lorsqu'elle étoit embarassée de mille difficultés & de grands procès, qui n'ont été terminés & assoupis par le soin & la vigilance de l'appellant. Cette prétention est injuste par plusieurs raisons. La première résulte du laps de tems qu'il y a que cette succession a été déférée, savoir plus de dix ans avant qu'on en ait fait aucune demande à l'appellant, qui en a toujours joui au nom de son mineur pleinement & paisiblement, & par conséquent a acquis une prescription légitime contre tous ceux qui auroient pu y prétendre quelque chose, même contre des mineurs : *Scævola noster aiebat, si quis juvenili ætate ductus consuit vel repudiaverit hæreditatem vel bonorum possessionem : si quidem omnia in integro sint, omnimodo audiendus est : si verò jam distractâ hæreditate, & negotiis finitis ad paratam pecuniam laboribus subscitii veniat, repellendus est*, dit élégamment se jurisconsulte, *in L. 24. §. 2. de Minor*. C'est l'espece formelle de cette cause, où les choses n'étant plus en leur entier, mais ayant entiérement changé de face, l'on s'efforce d'arracher à l'appellant une succession abandonnée, conservée & remise par son seul travail & bonne économie ; ce que la loi ne permet pas, déclarant au-contraire un mineur non-recevable en cette demande. La seconde raison résulte des dix ans écoulés avant la demande ; car par arrêt rendu en l'audience de la grand-chambre au profit de Pierre le Riche, sa sœur a pareillement été non-recevable à lui demander part & portion, en une succession qu'il avoit recueillie dix ans auparavant la demande. La troisieme raison se prend de ce que par la coutume de Bourbonnois, il faut que la fille ait été mariée & apanée *conjunctim* pour être exclue des successions de ses pere & mere. Or la mere de l'appellant ayant été évincée d'une terre qu'on lui a donnée pour neuf mille livres, qui faisoient les trois quarts de sa dot, on ne peut pas dire qu'elle ait été dotée & apanée comme la coutume le requiert ; *non dicitur versum, nisi duret versum* : ainsi ni elle ni les siens ne peuvent être valablement exclus des successions de ses pere & mere. La quatrieme raison se tire du même article 305 de la coutume de Bourbonnois, qui veut que la fille mariée & apanée ne puisse succéder à ses pere & mere, tant qu'il y a mâle ou descendant de mâle héritant esdites successions. Ce mot *héritant*, se rapporte au plus proche en degré, par exemple

à Gilbert Miles pere de la pupille intimée, laquelle ne peut prétendre ni espérer aucune chose dans les successions de ses aïeul & aïeule, tant que son pere sera vivant, comme lui faisant un obstacle perpétuel, à cause qu'il est plus proche d'un degré, & qu'il est capable de succéder. Sa répudiation ne lui peut servir, parce que cette répudiation ne peut pas transmettre son droit à ses enfans, mais à ses cohéritiers *jure accrescendi* ; la portion du pere qui répudie n'appartient point à ses enfans, qui ne peuvent venir à la succession de leur aïeul ou aïeule que *jure repræsentationis*. Or on ne peut représenter une personne vivante capable de succéder, qui s'est volontairement abstenue d'une hérédité, ayant renoncé à tout son droit tant pour lui qu'à l'égard de ses enfans, on ne peuvent accuser leur pere de n'avoir pas accepté une succession qui lui étoit déférée : cela dépend absolument de sa volonté, contre la quelle ses enfans ne peuvent réclamer. Il y a une grande différence entre l'effet d'une renonciation & celui d'une répudiation ; la renonciation se fait au profit de certaines personnes, & au cas qu'elles acceptent la succession : mais la répudiation se fait purement & simplement, & sans autre considération que la crainte de s'immiscer & s'embarasser en une succession, qu'on croit plus onéreuse que profitable. Ainsi l'appellant seroit bien recevable à succéder à son aïeule, quand même il se trouveroit que sa mere auroit valablement renoncé, ce qui n'est pas ; ne se trouvant aucuns mâles qui voulussent accepter la succession, mais au-contraire l'ayant expressément répudiée & par ce moyen fermé la bouche à leurs enfans. Et conclut à ce que l'intimé soit débouté de ses fins & conclusions.

LA COUR ordonna qu'elle en délibéreroit. Le mercredi 25 juin 1631, en la chambre de l'édit, M. le président Seguier prononçant.

* L'article 305 de la coutume de Bourbonnois est si précis, que la question ne pouvoit être susceptible de difficulté ; car en directe le frere exclut la sœur mariée & dotée, sans qu'il soit besoin de renonciation expresse, & quoique l'un & l'autre soient en parité de degré.

Par le même article, le descendant du mâle, soit mâle ou femelle, donne l'exclusion à sa tante ainsi mariée & dotée, & ne distingue point à l'égard des successions directes, si elles sont dans les termes de représentation, ou non.

Il seroit donc inutile d'agiter la question, de savoir si le frere vivant ayant répudié, peut être représenté par sa fille, pour donner l'exclusion à l'enfant de la sœur dans la succession de l'aïeul ; & le principe qui rejette la représentation d'une personne vivante, n'a ici aucune application : puisque l'article n'exige le cas de la représentation, que pour les successions collatérales.

C'est sans approuver l'interprétation qui est donnée par Me. Charles du Moulin en sa note sur l'article suivant au mot de *termes*, dont la coutume se sert dans les deux articles, & qui ne signifie rien autre chose que celui de *cas*, comme quand on cite un arrêt pour une question, & que l'on dit qu'elle a été jugée *in terminis*, tout le monde entend que c'est dans le même cas ; aussi la coutume de Bourbonnois n'a jamais eu dessein d'admettre cette exclusion aux successions collatérales, que dans le cas de la représentation collatérale.

Mais quand on pourroit donner ce privilege à la masculinité hors le cas de représentation en collatérale, comme il a été jugé par quelques arrêts, qui n'ont eu d'autres fondemens que l'opinion de ce docteur, contraire à celle des juges, avocats & praticiens de la province : la conséquence n'est pas bonne, pour admettre la représentation entre des neveux de plusieurs freres égaux en degrés, qui viennent à la succession de leur oncle ; ce n'est plus le principe d'exclusion des descendans de la fille *tanquam ex radice infecta*, que du Moulin étend *infra metas in quibus est, vel esse potest repræsentatio*.

Pour rejetter sa note, il ne faut que restituer les conjonctives, au-lieu des disjonctives, qui se sont glissées par erreur dans les textes imprimés sur son manufcrit ; car on lit en l'original , qui eft à la chambre du domaine de Bourbonnois , *des freres & des fœurs , & de leurs enfans ,* qui prouvent que les termes de repréfentation s'entendent , *datâ inæqualitate partium , & actuali repræfentatione.*

CHAPITRE XXXV.

Collateur ordinaire eft obligé de conférer les bénéfices compermutés & d'admettre les permutations , s'il n'y a caufes légitimes de refus , qu'il doit exprimer.

MAître Louis du Bois doyen de l'églife collégiale de St. Pierre de Soiffons , & Me. Pierre Benard chanoine de la même églife , au mois de janvier 1630 , paffèrent procuration réciproque pour réfigner leurs bénéfices entre les mains de l'ordinaire , afin d'en être pourvus refpectivement *ex causâ permutationis.* En exécution de ces procurations , s'étant préfentés au chapitre de St. Pierre collateur ordinaire du doyenné & de la chanoine , afin d'en être refpectivement pourvus , le chapitre fit refus d'admettre cette permutation. Sur ce refus les compermutans fe préfentèrent à M. l'évêque de Soiffons , qui les pourvut tant du doyenné que de la chanoine compermutés. Le chapitre en interjetta appel comme d'abus ; & parce que pendant l'appel Me. Louis du Bois vint à décéder , le chapitre de St. Pierre élut pour doyen Me. Jean du Tour qui préfenta requête pour être reçu partie intervenante en l'inftance d'appel comme d'abus , & ce faifant d'être maintenu & gardé en la poffeffion & jouiffance du doyenné. Me. Maffac pour les chanoines & chapitre de St. Pierre de Soiffons appellans comme d'abus dit , qu'ils en ont un double moyen ; l'un tiré de la difpofition canonique ; & l'autre fondé fur l'exemption du chapitre appellant , de la jurifdiction de M. l'évêque de Soiffons , qui au préjudice de l'un & de l'autre de ces deux moyens n'a pu donner aucunes provifions aux compermutans , que par contravention aux faints décrets , & par ufurpation de jurifdiction , qui font des moyens d'abus indubitables. Quant au premier , favoir la contravention aux faints décrets & conftitutions canoniques , c'eft une maxime certaine en droit canon que le collateur ordinaire n'eft point néceffairement obligé d'admettre les réfignations *ex causâ permutationis* , ni moins conférer les bénéfices compermutés *cap. Statutum , de permutat. &.* Véritablement lorfque le collateur ordinaire a admis & agréé la permutation , il s'eft par-là étroitement obligé de l'exécuter entièrement , & de donner les provifions des bénéfices compermutés. Mais auparavant il lui eft libre de refufer & rejetter cette permutation , & en ce cas il ne peut être aucunement contraint de l'admettre : *Initio voluntatis , ex poft facto neceffitatis* , comme parle la loi ; autrement il s'enfuivroit que les réfignations donneroient droit au bénéfice , *jus in ipfâ re* , ce feroient des titres ; & cependant il eft certain que *dant jus tantùm ad rem* , ce ne font que des efpérances de poffédér un jour le bénéfice. Monachus en fa paraphrafe bénéficiaire confirme cette maxime par plufieurs autorités. Quant à l'autre moyen qui confifte en l'exemption , on a fait voir des bulles de l'an 1611 , par lefquelles le chapitre de St. Pierre de Soiffons s'eft exempt de la jurifdiction de l'évêque. Il s'eft confervé en cette poffeffion , & pour cet effet il a un official & un promoteur , dont les appellations relevent pardevant M. l'archevêque de Rheims. M. l'évêque de Soiffons n'a donc pu prendre aucune connoiffance du refus que le chapitre avoit fait d'admettre la permutation de ces bénéfices , ni moins donner des provifions des bénéfices compermutés , principalement du doyenné qui n'eft point fujet à fa jurifdiction , non plus que le chapitre : & comme s'il avoit commis quelque prêtre pour adminiftrer les facremens à ceux du chapitre , il y auroit abus; de même il y a abus d'avoir pourvu un doyen qui a charge d'ames , & qui adminiftre les facremens à tous ceux du chapitre. Et conclut à ce qu'il foit dit

qu'il a été mal , nullement & abufivement pourvu par M. l'évêque de Soiffons.

Me. Martinet pour Me. Jean du Tour intervenant dit , qu'il a le principal intérêt en la caufe , comme ayant été élu doyen par le chapitre légitimement convoqué. Outre les moyens d'abus déduits par le chapitre , il a des confidérations particulieres qui font décifives. La première , eft que Me. Louis du Bois lors de cette prétendue permutation étoit âgé de 80 ans , avoit perdu le fens & le jugement, étoit retombé dans l'enfance , *bis pueri fenes* ; ainfi il n'avoit pu valablement réfigner fon bénéfice. La feconde , que cette permutation eft frauduleufe faite d'un doyenné , bénéfice qualifié & de grande valeur , avec une fimple chanoinie qui n'eft pas de 50 livres de revenu. La troifieme , que Me. Louis du Bois eft toujours demeuré & même mort en poffeffion du doyenné en queftion , qui par conféquent a vaqué par fon décès : ainfi l'élection & collation en a appartenu au chapitre , qui ayant légitimement élu l'intervenant , il y doit être maintenu ; à quoi il conclut.

M. Talon dit , que l'avocat du chapitre de St. Pierre de Soiffons a avancé de mauvaifes maximes pour foutenir un appel comme d'abus. Il eft vrai que dans la première pureté de l'églife où les bénéfices n'étoient que de fimples miffions , de fimples fonctions , de fimples titres révocables *ad nutum* , les réfignations des bénéfices , foit purement ou fimplement , foit en faveur de quelqu'un , ou bien à caufe de permutation , dépendoient abfolument de la volonté du collateur qui avoit le pouvoir de les admettre ou de les rejetter : mais depuis qu'on a négligé dans les bénéfices ce qui y étoit de meilleur, l'honneur & le culte de Dieu , & qu'on a recherché ce qu'il y avoit de moindre & de plus vil , le lucre & le revenu temporel , les regles ont été changées , & les réfignations des bénéfices qui auparavant étoient volontaires , font été rendues néceffaires , particuliérement celles qui font faites fans fraude à caufe de permutation ; car le collateur ordinaire eft abfolument obligé de les admettre , ou bien de déclarer ou exprimer les caufes de fon refus ; & ces caufes fe trouvant légitimes , alors la permutation eft rejettée ; mais fi elles ne le font , ou qu'il n'y en ait point du tout , le refus n'eft aucunement confidérable , & le fupérieur peut légitimement admettre la permutation , ainfi qu'il eft porté par le chap. un. *De rerum permutatione in 6°. & in Clement. De permutat.* Le chapitre de St. Pierre de Soiffons n'a exprimé aucunes caufes du refus qu'il faifoit d'admettre la permutation d'entre l'intimé & Me. Louis du Bois. Ils ont donc pu nonobftant ce refus , s'adreffer à M. l'évêque de Soiffons, & les provifions qu'il leur a données font bonnes & valables & non abufives comme les appellans les foutiennent. Quant au point de l'exemption : 1°. le chapitre de St. Pierre de Soiffons n'en a aucune de la jurifdiction , mais feulement de l'excommunication , qui dans ces premiers fiecles s'étant rendue trop fréquente , chacun en recherchoit l'exemption telle que les appellans l'ont obtenue ; & pour preuve de ce , il ne faut que le chapitre *préfentato de teftibus* , fait 25 ans après cette bulle , au fujet de cette prétendue exemption ; c'eft pourquoi il eft adreffé au même chapitre de St. Pierre de Soiffons. 2°. Quand on demeureroit d'accord de cette exemption , elle n'empêcheroit pas que les provifions données par M. l'évêque de Soiffons ne fuffent bonnes & valables. Si le chapitre avoit été négligent de pourvoir ou de préfenter dans les fix mois à un bénéfice de fa collation ou préfentation , on ne diroit pas qu'à caufe de l'exemption l'évêque n'y pût valablement pourvoir *jure devoluto* ; & par ce même droit le chapitre ayant refufé fans caufe légitime d'admettre la permutation d'entre l'intimé & du Bois , M. l'évêque l'a pu valablement admettre , ce refus injufte ayant privé le chapitre de fon droit de collation. En droit canon il ne fe trouve pas une feule décifion par laquelle il y ait un certain tems préfix pour admettre les réfignations *ex causâ permutationis* , comme il s'en trouve pour conférer les bénéfices vacans

cans par d'autres genres de vacations. Cela fait voir que les collateurs les doivent nécessairement admettre & ne peuvent les rejetter, s'il n'y a cause très-légitime ; & par ces moyens conclut à ce que l'intimé soit maintenu en la possession & jouissance du doyenné contentieux.

M. l'avocat général Talon dit, que depuis l'appel comme d'abus interjetté, la cause a changé de face par le moyen du décès de Me. Louis du Bois, & par l'élection faite de la personne de Mé. Jean du Tour intervenant, qui conteste le possessoire du bénéfice à l'intimé, lequel autrement n'auroit point eu de compétiteur ni de contradicteur en ce point, qui est le principal. Quant au premier moyen d'abus des appellans, il n'est pas véritable de dire que les collateurs ordinaires des bénéfices puissent admettre ou rejetter ad nutum, les permutations qu'on en fait. Ils les doivent nécessairement admettre s'il n'y a cause légitime pour les rejetter. Celle sur laquelle les appellans ont établi leur refus, est la qualité du bénéfice permuté, savoir un doyenné, qui est électif collatif, & qui par conséquent ne se pouvoir résigner selon leur opinion. En cela ils se sont trompés ; car il est certain que quoiqu'un bénéfice soit électif collatif, néanmoins il se peut valablement résigner, & à plus forte raison permuter, ainsi qu'il a été jugé par plusieurs arrêts rendus contre les chapitres de Bar, de Peronne & autres. La cause du refus des appellans n'étant donc pas juste, mais contraire aux maximes établies par les arrêts, l'intimé a eu juste sujet sur ce refus de se pourvoir pour obtenir des provisions. S'il avoit présenté sa requête à la cour, elle auroit donné arrêt à son profit qui lui en auroit tenu lieu. Il a mieux aimé recourir à l'évêque diocésain, comme le plus commode & le vrai ordinaire ; & il lui a donné des provisions bonnes & valables, sans usurpation de juridiction, & sans contrevenir aux saints décrets & aux constitutions canoniques. Il n'a point usurpé de juridiction, parce qu'il n'a point pourvu comme collateur ordinaire ; mais il a exprimé nommément dans les provisions, que c'est sur le refus fait par le chapitre de St. Pierre de Soissons de vouloir admettre la permutation faite entre du Bois & Benard intimé, & ainsi *non jure ordinario, sed expressis verbis jure devoluto*. Il a pu valablement le faire, puisque le refus du chapitre n'étoit pas légitime, mais plutôt contraire aux constitutions canoniques ; ainsi il y a lieu de maintenir l'intimé sans préjudice de l'exemption de jurisdiction prétendue par le chapitre appellant.

LA COUR reçut Me. Jean du Tour intervenant ; & sans avoir égard à son intervention, sur l'appel comme d'abus, mit les parties hors de cour & de procès ; & ce faisant, maintint & garda Me. Pierre Benard en la possession & jouissance du doyenné contentieux, sans restitution de fruits, dépens, dommages ni intérêts, & sans préjudice en autres causes de l'exemption prétendue par le chapitre de St. Pierre de Soissons. Le vendredi 27 juin 1631, M. le premier président le Jay prononçant.

CHAPITRE XXXVI.

Alimens d'un bâtard se payent pro modo emolumenti, *par les héritiers de son pere dans la coutume de Poitou.*

MAître Jean Moirou de Fontenay-le-Comte, décédant en 1619, laissa des enfans de deux lits & un bâtard, dont la mere fit assigner les enfans & héritiers de Moirou pardevant le sénéchal de Poitou ou son lieutenant à Fontenay, aux fins de se voir condamner à fournir alimens, & payer pension à son fils & de Moirou leur pere. Sur quoi y ayant contestation entre les enfans du premier & du second lit, à qui payeroit les alimens de ce bâtard ; ceux du premier lit soutenans n'en être aucunement tenus ; mais leur sœur consanguine fille unique du second lit comme légataire universelle de tous les

meubles & acquêts de leur pere, & le jugé l'y ayant condamnée, elle en interjetta appel. Pour elle Me. Martinet dit, qu'il a été mal jugé. La question est de savoir si la pension & alimens qu'on fournit à un bâtard, sont une dette mobiliaire ou immobiliaire. Mais il n'y a point de doute qu'elle est plus immobiliaire que mobiliaire, & que ce n'est pas une simple dette qu'on puisse acquitter par un seul & unique payement ; mais une rente perpétuelle, une prestation annuelle, qui par conséquent affecte les fonds & les immeubles qui produisent les fruits dont un chacun se nourrit & s'entretient : *Si in annos singulos alicui legatum sit, plura legata Sabinus esse ait, L. 4. de annuis leg.* C'est une prestation qui se renouvelle tous les ans, & qui dure autant que la vie du légataire : *legatum est perpetuum*, dit la loi ; & comme les rentes constituées à prix d'argent, une rentes foncieres & les censives sont réputées immeubles, quoique ce ne soient que de simples prestations annuelles ; aussi les pensions & alimens qu'on donne à un bâtard, sont la même chose que si on lui léguoit l'usufruit de quelques héritages pour se nourrir & s'entretenir, *legatum alimentorum aut in annos singulos relictum simile est usufructui, L. 8. de ann. leg.* Or l'usufruit ne pouvant subsister sans terres & sans immeubles, il s'ensuit par conséquent que ces alimens sont attachés aux fonds & aux immeubles. Les bâtards sont vulgairement appellés enfans de la terre τῆς γῆς : c'est pourquoi il est raisonnable de leur assigner leurs alimens sur la même terre, & ainsi ordonner que les héritiers des propres & des immeubles en soient tenus, & non ceux des meubles. En tout cas & à la rigueur, il n'est pas raisonnable que l'appellante seule paye toute cette pension, tous ces alimens. On a accoutumé de les arbitrer *ex dignitate natalium, pro facultatibus defuncti & depositione patrimonii, L. 2. §. 3. de ann. leg.* Ainsi il est juste que tous les héritiers y contribuent chacun selon sa portion héréditaire ; à quoi il conclut.

Me. Benard pour les héritiers des propres intimés dit, que la sentence dont est appel étant conforme à la disposition de la coutume de Poitou, en est d'autant plus juridique. Par l'art. 248, celui qui prend les meubles & acquêts immeubles de quelqu'un, est tenu & obligé de payer les dettes. Cela étant l'appellante qui est légataire universelle de tous les meubles & acquêts du défunt pere commun des parties, & qui par ce moyen emporte le meilleur de la succession, ne peut pas justement & sans combattre ouvertement la disposition de la coutume, refuser le payement de cette dette en question, qui ne consiste qu'en simples alimens, en une simple pension viagere adjugée à ce bâtard frere naturel des parties, & ne peut pas être qualifiée de dette immobiliaire ; n'y ayant rien de si transitoire, de si mobile & périssable que la vie de l'homme à laquelle ces alimens sont inséparablement attachés, & doivent par conséquent être censés de pareille nature. Par autre article de la coutume les deux tiers des propres doivent appartenir aux héritiers délivrement, *id est, sine nullo onere aut gravamine*, comme l'explique Me. Charles du Moulin ; toutes les charges doivent être portées par le légataire universel. Si les intimés sont condamnés de payer leur part de cette pension viagere adjugée à leur frere naturel, l'on contreviendra encore à cet article de coutume, en laquelle les juges dont est appel sont fort savans, l'ont apprise par usage & expérience, & s'y sont conformés dans la sentence qu'ils ont rendue, à la confirmation de laquelle il conclut.

LA COUR mit l'appellation & ce dont étoit appel, au néant ; émendant & corrigeant, ordonna que la pension adjugée au bâtard seroit payée par tous les héritiers de son pere, à proportion de ce que chacun profitoit & amendoit de la succession ; & jusques à ce que partage eût été fait, que par provision elle seroit payée par quart par les quatre enfans & héritiers, sans dépens. Le lundi dernier jour de juin 1631, M. le premier président le Jay prononçant.

CHAPITRE XXXVII.

Cause appointée, pour savoir si l'union d'un prieuré à un séminaire, est abusive par le défaut de formalités.

LE prieuré de saint André au Désert, diocese de Mâcon, ayant été uni en 1613, au séminaire de la ville de Mâcon par l'évêque du lieu, sans que Me. Jean Guay titulaire & possesseur du prieuré en fût dépossédé, & à la charge expresse que sa vie durant il jouiroit des fruits & revenu de ce bénéfice; étant décédé en 1629, trois diverses personnes s'en firent pourvoir, savoir Jacques du Bois religieux, Jean Vincent & Louis Petit-Pied qui obtint un dévolut & provision *certo modo* en cour de Rome, prit possession du bénéfice, & fit assigner les fermiers pardevant le prévôt de Paris ou son lieutenant civil, aux fins de lui payer le prix de leurs fermes. Les Prêtres de la congrégation de l'Oratoire de Mâcon directeurs du séminaire de la même ville intervinrent en cause, & prirent le fait pour leurs fermiers; & pour tous moyens ils allèguerent l'union du prieuré au séminaire; dont Petit-Pied interjetta appel comme d'abus. Pour lui Me. Massac dit, que ses moyens comme d'abus consistent en quatre points. Le premier en ce que cette union a été faite sans aucune connoissance de cause, sans informations précédentes, ce qui étoit absolument nécessaire suivant la doctrine de Rebuffe en son traité *de union*. & suivant la pratique commune. Les intimés veulent se couvrir d'un procès-verbal fait par M. l'évêque; mais ç'a été *in cursu visitationis*, & non *ad effectum unionis*, cela ne pouvant être; puisque cette prétendue union n'a été faite qu'un an après. Le second moyen d'abus, consiste en ce que le chapitre de Mâcon n'a point appellé pour prêter son consentement à cette prétendue union, ce qui étoit pareillement nécessaire. Clement. *nè in agro*, *de rebus eccl. non alien. & Clem. si qua*, *de excess. Prælat.* La raison est que *unio est species alienationis*; c'est pourquoi le consentement du chapitre est absolument requis. La cour a jugé que quoique l'abbé ait sa mense distincte & séparée de celle des religieux, néanmoins il ne peut vendre ni aliéner aucuns immeubles dépendans de sa mense, sans le consentement des religieux: de même l'évêque ne le peut aussi sans le consentement du chapitre. Le troisième moyen d'abus résulte, de ce qu'on a uni ce prieuré au séminaire *spreto patrono*, sans avoir appellé ni demandé l'avis & consentement du patron, qui est l'abbé du Moustier saint Jean. Il est facile de le montrer. 1°. Par l'extrait du pouillé des bénéfices dépendans de la présentation & collation de cette abbaye du Moustier saint Jean. 2°. Me. Jean Guay dernier titulaire du bénéfice en étoit pourvu en commende, c'étoit donc un bénéfice régulier; parce que la commende suppose la regle, & l'évêque ne peut pourvoir en commende, mais le pape seul. 3°. Ce prieuré étoit qualifié de l'ordre de saint Benoît, ainsi il ne pouvoit être en la collation de M. l'évêque de Mâcon, qui a pris ce fondement pour constant & véritable en sa sentence d'union, & s'est trompé en ce fait, qui est de telle importance, que sa sentence d'union seroit abusive quand il n'y auroit que ce seul moyen. Le quatrieme, se tire de ce que le roi étant patron & protecteur de toutes les églises de son royaume, on ne peut faire aucunes unions sans qu'il les approuve, & pour cet effet qu'il ne baille ses lettres patentes: & conclut à ce qu'il soit dit qu'il a été mal, nullement & abusivement uni, & que l'appellant soit maintenu & gardé en la possession & jouissance du bénéfice.

M. Talon pour Vincent dit, qu'il tend aux mêmes fins que Petit-Pied, savoir de faire déclarer l'union abusive; mais que cela étant, il doit être maintenu en la possession du prieuré, comme le premier légitimement & canoniquement pourvu.

Me. Buffet pour les abbé, religieux & couvent du Moustier saint Jean intervenans, dit que le prieuré dont est question, étant en leur pleine & entiere collation, il n'a pu être uni au séminaire de Mâcon sans les avoir appellés; & qu'ainsi en grand intérêt que cette union soit déclarée nulle & abusive.

Me. Rosée pour les Prêtres de l'Oratoire directeurs du séminaire de Mâcon intimés, dit, que la cause de l'union est très-favorable. Les formalités y ont été observées. M. l'évêque de Mâcon faisant sa visite a dressé son procès-verbal, contenant la description de l'état des bâtimens de ce prieuré, & de la valeur du revenu; ensuite de quoi à la poursuite du syndic du séminaire & sur les conclusions du promoteur il a uni au séminaire. Le chapitre y a prêté son consentement, le doyen & le prévôt ayant été députés pour assister au contrat fait avec les intimés, lorsqu'ils ont été appellés pour la direction de ce séminaire. Me. Jean Guay titulaire du bénéfice a pareillement prêté son consentement pour l'union de ce prieuré, ayant en 1613, passé procuration pour cela. Quant au dernier moyen qui semble le plus plausible, savoir qu'on n'a point eu le consentement du patron de ce prieuré, il est de la collation de M. l'évêque de Mâcon. Le prétendu extrait de pouillé qu'on produit, a été fait en 1609, & ne peut faire aucune foi, n'étant en bonne forme. De plus il n'y a aucun inconvénient qu'un prieuré soit de la collation ordinaire de l'évêque: cela se voit en plusieurs dioceses de ce royaume; mais quand il auroit été en la collation de l'abbé du Moustier saint Jean, il n'eût point été nécessaire de le citer pour cette union à cause de la qualité du bénéfice, qui est un bénéfice simple. Par l'ordonnance de Blois art. 21, 23 & 24, qui sont faits expressément pour l'union des bénéfices, il est nommément porté, que si le bénéfice n'est régulier ou en patronage laïque, il n'est point nécessaire d'appeller le patron ecclésiastique, & que sans son consentement on peut valablement procéder à l'union des bénéfices. Le dernier de ces articles, savoir le 24, donne un tel pouvoir aux évêques en ce qui concerne l'union des bénéfices aux séminaires, qu'il s'en remet entiérement à leur disposition, les exemptant par-là de toutes les formalités qui sont requises dans les unions faites pour d'autres causes & considérations, que dans l'article touchant l'union des cures, & au 23 touchant l'union des prébendes, où il est nécessaire d'observer les formalités prescrites par les saints décrets. Cela étant quand on auroit observé moins solennellement les formalités en cette union, cela auroit pu être fait suivant l'ordonnance. Il y a lettres patentes du roi, par lesquelles il a agréé l'érection d'un séminaire fait en la ville de Mâcon, & a permis de lever trois mille livres pour l'achat d'une place commode pour la construction du bâtiment; & par conséquent sa majesté a agréé l'union faite pour la donation de ce séminaire d'un bénéfice de fort peu de revenu. Et conclut à ce que les appellans soient déclarés non-recevables en leur appel comme d'abus.

M. l'avocat général Bignon dit, que la cause de cette union n'est pas simplement utile, mais aussi nécessaire comme procédant de l'ordonnance, tirée du concile de Trente, qui prononce par mandement & injonction d'unir des bénéfices pour l'établissement des séminaires. Comme les anciens législateurs disoient que pour l'établissement d'une bonne république, l'éducation des enfans étoit la premiere & principale partie; de même pour l'établissement de cette république céleste, de la hiérarchie de l'église, l'établissement des séminaires où se forment & instruisent plusieurs bons prêtres, est fort avantageux & même en quelque façon nécessaire. Cette union n'a pas été faite sans connoissance de cause; puisque M. l'évêque de Mâcon a dressé son procès-verbal de l'état des lieux, & de la valeur du revenu du prieuré uni, & que requête lui ayant été présentée pour l'union, par le syndic du séminaire qui étoit partie capable & légitime, il a ordonné que son procès-verbal lui seroit représenté & communiqué à son promoteur, ce qui ayant été fait, il a procédé à l'union de ce prieuré au séminaire. Ce bénéfice est de la qualité de ceux qui peuvent & doivent être unis : c'est un bénéfice simple sans aucunes charges. Il est en la collation de M. l'évêque de Mâcon ainsi qu'il le prétend. Le chapitre y a prêté son consentement, quoique *ex post facto*, comme aussi le titulaire du bénéfice qui a agréé cette union en 1623 par une procuration. Le roi en a fait autant par ses lettres patentes, par lesquelles il a permis sur le clergé du diocese de Mâcon, la levée de 3000 liv. pour l'acquisition d'une place à bâtir une église & une maison propre pour l'établissement de ce séminaire ; & par conséquent il a tacitement approuvé l'union, qui *vult antecedens necessariò vult & consequens*. De cette maniere il semble qu'il n'y a rien à redire contre cette union : & cependant examinant les choses avec plus de soin, il s'y trouve beaucoup de manquemens & de défauts. Les formalités judiciaires sont de telle conséquence, qu'elles doivent être observées *ad unguem* & in *forma specificâ*. Dans la morale les accidens intérieurement détachés & séparés de la substance, changent tellement les actions, qu'elles ne sont bonnes ou mauvaises que suivant les accidens qui les accompagnent & informent. De même en la justice, quoique les formalités & solemnités n'y soient qu'accidentelles & extrinseques, & nullement de sa substance, cependant elles sont tellement considérables, qu'elles rendent les actes bons & valables quand elles sont soigneusement observées, & nuls à vicieux lorsqu'elles ne le sont pas. Le plus grand défaut que l'on remarque en l'union dont il s'agit, c'est qu'on n'a pas cité & appellé ceux qui pouvoient y voir intérêt *vocatis vocandis*, qui est la clause en-d'outre. Félin, Hostiensis & autres docteurs d'un grand poids, ont demandé si pour la validité d'une union, il falloit nécessairement faire citer & assigner ceux qui même ne paroissent point, & qu'on ne fait où trouver ; & d'un commun avis ils résolvent que si & que cela se doit faire, *communi & publico proamante*, par affiches, publications & proclamations aux lieux publics, que l'union d'un tel bénéfice se va faire ; & quoique véritablement les habitans ou paroissiens du bénéfice ne doivent pas être nécessairement cités, cependant s'ils veulent proposer leur intérêt ils doivent être ouis. La raison de ces affiches & publications dépend de ce que *uni est species alienationis*, *est extinctio beneficii perpetua* ; par conséquent, comme pour aliéner valablement le bien de l'église il faut des affiches, des publications & des proclamations, de même pour unir valablement des bénéfices, ces proclamations sont pareillement nécessaires. Si cela eût été observé, ceux qui y avoient intérêt se fussent présentés ; le titulaire du bénéfice l'auroit fait, lui qui par le moyen de cette union, demeure privé de le réfigner *in favorem*, ce qui est un grand privilége. Lors de la Clem. *in agro de rebus eccl. alien.* les résignations *in favorem* n'étoient point reçues. Si elles avoient été tolérées, on n'eût pas manqué d'ordonner que les titulaires y seroient cités. L'abbé de Moutier saint Jean qui se prétend patron & collateur, se seroit aussi présenté, & auroit justifié ses titres & exposé son intérêt. Il est vrai que par l'ordonnance qu'on a citée, il y a cette différence entre le patron laïque & d'un bénéfice régulier, avec le patron ecclésiastique ou de bénéfice séculier, que les deux premiers ne peuvent être contraints à donner leur consentement à l'union des bénéfices ; mais le patron ecclésiastique peut y être contraint ; & néanmoins il doit être assigné pour déduire son intérêt & proposer ses moyens d'empêchement ; & si ces moyens sont légitimes ils sont admis & on ne fait rien au préjudice ; mais s'ils ne sont pertinens on passe outre. C'est ainsi que se doit entendre l'ordonnance, & non pas dire qu'on ne doit point citer le patron ecclésiastique. Le consentement du chapitre est pareillement nécessaire en matiere d'unions. Celui qu'on dit être intervenu est inutile les intimés ont été appellés pour la direction du séminaire, & nullement lors de la sentence

d'union qui devroit contenir expressément l'énonciation de ce consentement du chapitre, comme aussi des lettres patentes du roi portant permission de procéder à cette union ; mais étant postérieure elles n'en font aucune mention. Elles donnent seulement permission d'établir un séminaire en la ville de Mâcon, & ainsi elles ne peuvent être prises pour une ratification de l'union, qui par tous ces manquemens doit être déclarée abusive. Quant au possessoire du bénéfice, il ne se peut juger à présent, parce que le décès de Mr. Jean Guay dernier titulaire ne demeure pas constant.

LA COUR, sur l'appel comme d'abus, appointa les parties au conseil, & sur la complainte touchant le possessoire du bénéfice & interventions, en droit & joint. Le mardi huitieme juillet 1631, M. le premier président le Jay prononçant.

CHAPITRE XXXVIII.

Official peut enjoindre à un prêtre convaincu de sortileges, de se retirer de son diocese ; mais ne peut prononcer par bannissement, qui seroit abusif. Promoteur ne se peut dire fiscal.

MAître Louis Colecon prêtre, natif de Lorraine, s'étant retiré à Lyon & y demeurant, fut accusé par le promoteur de l'officialité, de sortileges & de mener une vie sale, scandaleuse & débauchée ; sur quoi l'official ayant informé, oui & interrogé ledit Colecon, récolé & confronté les témoins, rendit sa sentence définitive, par laquelle il l'interdit *à divinis* à perpétuité ; le condamna à jeûner le mercredi & vendredi de chaque semaine pendant trois ans ; ordonna que les livres, caracteres, bougies, parchemins & autres choses qu'il s'étoit trouvé saisi, seroient brulées ; lui enjoiguit de se retirer hors du diocese de Lyon à peine de prison perpétuelle, y étant rencontré ; & ordonna que le procès seroit communiqué au juge laïque royal, pour voir s'il y avoit intérêt, dont Colecon interjetta appel comme d'abus. Pour lui Me. Peries dit, qu'il y a quatre moyens d'abus contre la sentence. Le premier résulte de la qualité du crime dont on accuse l'appellant, qui est un crime de sortilege, crime si énorme & abominable, que la cour a accoutumé de ne condamner personne pour des sortes de crimes s'il n'y a du maléfice, de l'homicide ou quelqu'autre crime mêlé avec celui-ci, qui seul n'étant qu'une pure illusion d'esprit faite par les démons, ne porte préjudice qu'à ceux qui s'y laissent emporter, & ne mérite par conséquent aucune punition exemplaire. On ne peut pas dire que l'appellant se soit jamais servi de ce mauvais artifice, pour nuire à qui que ce soit. Au fond c'est une calomnie ; & quand il auroit eu quelque connoissance de la magie, n'en ayant point abusé pour faire mal à personne, il n'est pas pour cela punissable avec la sévérité ordonnée par la sentence dont est appel ; en cela contraire aux arrêts de la cour qui se moquent de telles accusations de sortilege, & absolvent ceux qui sont prévenus de ces crimes, & par conséquent abusive. Le second moyen d'abus se prend, de ce que l'official a ordonné que les livres, caracteres, linges & autres choses trouvées au coffre de l'appellant seront brulées. L'official ne peut point prononcer de la sorte, mais le seul juge séculier qui peut punir par des peines inflictives corporelles & autres exemplaires. Le troisieme moyen d'abus consiste en ce qu'on a banni l'appellant du diocese de Lyon : l'official ne peut bannir ni reléguer, ne pouvant infliger aucune peine corporelle dont le bannissement est une espece. De plus le juge ne peut bannir que hors de son ressort, hors de son territoire & de sa jurisdiction ; il faut par-là qu'il en ait : or les officiaux n'ont point de territoire ni de jurisdiction, mais une simple connoissance & notion ; par conséquent ils ne peuvent bannir ni reléguer. Le quatrieme moyen d'abus, se tire de la peine de la prison perpétuelle à laquelle l'appellant est condamné, au cas

qu'il fe trouve au diocefe de Lyon. La prifon per-
1631. pétuelle eft une peine afflictive de corps, par conféquent l'official n'y peut pas condamner, ainfi il
a été mal, nullement & abufivement procédé &
condamné.

M. Talon pour l'official de Lyon intimé en fon
propre & privé nom dit, qu'il eft follement intimé.
Il n'a rien fait qu'à la requifition du promoteur,
lequel même on ne peut faire intimer, mais il faut
s'adreffer à M. l'archevêque. Au fond l'appellant s'eft
trouvé coupable de plufieurs crimes énormes, & a
été juftement condamné par la fentence dont eft
appel. Les peines qu'elle porte font toutes canoniques; ainfi il n'y a aucun abus.

M. l'avocat général Bignon dit, que l'appellant
a réduit fes moyens d'abus à quatre. Le premier
eft la qualité du crime de fortilege, qu'il dit n'être
point puni en cette cour. Véritablement elle ne croit pas
fi légérement & fi facilement ce crime énorme, &
elle ne le punit pas d'abord comme on fait ailleurs;
mais parce que ce crime eft plus abominable, elle
y procede avec plus de délibération, & une grande
cohnoiffance de caufe: elle defire des preuves nettes,
certaines & conftantes, & que des effets s'en foient
enfuivis; & cela ne rencontrant elle punit ce crime
felon fon énormité, même en la perfonne d'un
prêtre, dont la qualité relevée par ce haut miniftere
le rend d'autant moins excufable, & au-contraire
plus blâmable, & puniffable avec plus de févérité.
Quant à l'appellant il fe trouve non-feulement chargé
du crime de fortilege, mais encore de mener une
vie fale, fcandaleufe & impudique, & d'avoir abufé
des hauts myfteres de notre foi pour parvenir à fes
lubricités; pour raifon & réparation de quoi il a été
juftement & juridiquement condamné par l'official
de Lyon, qui après avoir informé & décrété contre
lui, a bien & duement imploré le bras & fecours
féculier pour le conftituer prifonnier, en quoi il a
bien commencé, enfuite continué, & bien fini &
terminé. Quant au fecond moyen d'abus touchant
le feu, il feroit indubitable, puifqu'il eft certain
que cette brulure, cet incendie de livres, de caractéres, & autres chofes *eft facti intrà territorium.*
Il y faut appeller l'exécuteur de la haute-juftice:
or les officiaux n'ayant point de territoire, point
d'appariteurs de haute-juftice, il s'enfuit qu'ils ne
peuvent condamner au feu. Mais on peut facilement expliquer ce que l'official a voulu dire, que
ces livres & caractéres font dignes d'être brulés: auffi
ne l'ayant fait, mais ayant délaiffé l'appellant au
juge laïque, il lui a auffi abandonné l'exécution de
cette brulure. Si l'official avoit prononcé par banni-
fement ou rélégation, le troifieme moyen d'abus
feroit indubitable, mais il a fimplement enjoint à
l'appellant qui eft prêtre du diocefe de Toul, de
fe retirer hors de celui de Lyon, & il l'a pu légitimement. Pour le quatrieme & dernier moyen d'abus
touchant la prifon perpétuelle, ce n'eft qu'une com-
mination. D'ailleurs la prifon eft une des peines
canoniques des plus communes; ainfi il n'y a aucune
apparence aux prétendus moyens d'abus de l'appellant. Néanmoins on a obfervé que le promoteur de
l'officialité de Lyon prend la qualité de promoteur
fifcal, & il y a lieu de lui défendre de prendre
cette qualité; parce que *ecclefia fifcum non habet,*
& déclarer l'appellant non-recevable en fon appel
comme d'abus.

LA COUR déclara l'appellant non-recevable en
fon appel comme d'abus, le condamna en l'amende,
tant envers le roi que la partie, & aux dépens; & faifant droit fur les conclufions de M. le procureur
général, fit inhibitions & défenfes au promoteur de
l'officialité de Lyon, de prendre qualité de promoteur fifcal. Le mardi 15 juillet 1631, M. le premier
préfident le Jay prononçant.

* Du Frefne ne met point le fait, & ne parle pas
des défenfes faites au promoteur de fe dire fifcal.

CHAPITRE XXXIX.

Régale n'a lieu en l'archevêché de Lyon, ni en
l'évêché d'Autun.

EN la même audience fe préfenta une autre
caufe, touchant une prébende de l'églife colli-
giale de St. Nizier de Lyon, dont Me. Jean du
Bois s'étant fait pourvoir en régale pendant la vacance de l'archevêché de Lyon, & ayant fait fa
demande en régale en la cour pour être maintenu
en cette prébende, contre Me. Jacques de Coine
& Pierre Blanc, pourvus de la même prébende
par le pape & par l'ordinaire: meffieurs Talon,
Gaultier & Maffac voulant plaider, M. l'avocat
général dit, que quant à la régale qui avoit amené
la caufe en la cour, il n'y avoit point de difficulté,
parce que la cour par un arrêt rendu depuis peu
avec grande connoiffance de caufe, avoit jugé que
la régale n'avoit point de lieu en l'archevêché de
Lyon ni en l'évêché d'Autun, & que pendant la
vacance l'un à la garde de l'autre réciproquement;
ainfi après cet arrêt il n'y avoit point d'apparence
de permettre de plaider la caufe au demandeur en
régale, à l'égard duquel il y avoit lieu de mettre
les parties hors de cour & de procès; & quant aux
deux autres, comme ils n'avoient pas encore communiqué leurs titres, il y avoit lieu d'évoquer le
principal.

LA COUR, fur la demande en régale, mit les
parties hors de cour & de procès; & à l'égard des
autres parties évoqua le différend principal: le dit
jour 15 juillet 1631.

CHAPITRE XL.

Révocation d'une réfignation, duement fignifiée avant
la date de la fignature, & du confens, (quoique
depuis l'arrivée du courier) eft valable.

MAître Thomas Thorel chanoine en l'églife cathédrale de Nôtre-Dame de Chartres, en
1628 réfigna fa chanoinie à Pierre Thorel fon neveu.
Pierre Thorel la réfigna incontinent après à Thomas
Thorel fon frere; & celui-ci l'ayant auffi réfignée
en faveur de Marin Belier, il s'en fit pourvoir en
cour de Rome en vertu de la procuration de
Thomas Thorel. Enfuite de ces provifions, Belier
s'étant voulu mettre en poffeffion de la chanoinie,
il en fut empêché par fon réfignant, qui pour raifon
de ce ayant été affigné pardevant les préfidiaux de
Chartres, & la caufe y ayant été plaidée, intervint fentence, par laquelle Thomas Thorel fut
maintenu & gardé en la poffeffion & jouiffance de
fa chanoinie, dont Belier interjetta appel.

Pour lui Me. Maffac dit, que l'appellant ayant
une procuration *ad refignandum,* & des provifions
expédiées en bonne forme, fa caufe ne reçoit point
de difficulté: néanmoins on la lui a fait perdre fur
des objections & des circonftances nullement confidérables. La premiere eft, ce qu'on a dit que l'intimé réfignant étoit mineur. On demeure d'accord
que lors de la réfignation il n'avoit que 24 ans;
mais en matieres bénéficiales la minorité n'eft point
confidérable; auffi dans le droit canon il n'y a point
de titre *de minoribus.* Celui qui eft capable de pofféder un bénéfice, eft auffi capable de le réfigner
& de l'difpofer. Panorme traite cette queftion fur
le chapitre *ex parte, de reftitut. fpolia.* où il dit que
la minorité n'eft confidérable que quand il y a du
dol, de la fraude & de l'extorfion. Me. Charles du
Moulin fur la regle *de public. Refign. n. 305.* en dit

tant, excepté qu'il dit que *leviores probationes fufficiunt in minore*. La cour l'a fouvent jugé par les arrêts ; l'un contre Pierre le Bret touchant le prieuré d'Odon ; l'autre touchant la tréforerie de Poitiers , quoique les peres des réfignans mineurs fuffent intervenans pour empêcher l'effet des réfignations. La feconde objection eft , que la réfignation a été extorquée ; mais il n'y en a aucune preuve. La troifieme objection eft , que la réfignation eft nulle ; parce que le beau-frere de l'appellant eft l'un des témoins inftrumentaires. L'ordonnance de 1553 qui a fait cette prohibition , ne parle point du beau-frere , mais du pere , des freres & coufins germains ; & par conféquent elle n'y peut être étendue. 1°. Le réfignant n'eft pas partie capable d'objecter ce défaut, ni de combattre fon propre fait. La quatrieme objection eft , que l'intimé a révoqué fa réfignation ; & que l'appellant l'a acceptée : à quoi il y a double réponfe , l'une que la révocation a été faite trop tard , les provifions étant déja expédiées en cour de Rome ; & il faut que la révocation fe faffe *rebus omninò integris*. 2°. L'appellant ayant accepté la révocation de la réfignation a fait réponfe inférée en l'acte , qu'il fe garderoit de méprendre ; & par cette réponfe il a fuffifamment protefté & confervé fon droit tout entier en la chanoinie ; il y doit être maintenu ; & conclut.

M. le Camus le jeune dit pour l'intimé, que cette caufe fournit un exemple infigne de la perfidie d'un domeftique. L'appellant étant clerc domeftique du pere de l'intimé, l'a fi bien fu flatter & perfuader, qu'il l'a induit à lui réfigner fa chanoinie ; mais cependant bien que le pere n'y prêteroit jamais confentement, & qu'au contraire il s'y oppoferoit formellement, il a conduit l'intimé en la ville de Châteaudun dont il eft natif , & là affifté des principaux de la ville & les proches parens , il lui a fait paffer la procuration *ad refignandum*, fur laquelle il a fait expédier des provifions en cour de Rome. En vertu de ces provifions ayant demandé d'être mis en poffeffion de la chanoinie contentieufe, il en a été débouté, & au-contraire l'intimé y a été maintenu, en quoi il a été bien jugé. 1°. Parce que la minorité de l'intimé demeure conftante. Panorme & du Moulin dans les endroits qu'on a cités font d'avis ; que la moindre dol , la moindre fraude qui fe trouve jointe à la minorité , donne lieu & ouverture à la reftitution. On ne peut pas defirer un dol & une fraude plus infigne ni plus manifefte , que la perfidie & la circonvention d'un ferviteur domeftique envers le fils de fon maître , dont il a extorqué par mauvais artifices cette procuration *ad refignandum*. Elle eft d'ailleurs nulle comme paffée par un notaire parent de l'appellant, en préfence de fon beau-frere & du clerc du notaire âgé feulement de 14 ans , contre l'expreffe prohibition de l'ordonnance ; ainfi la minorité ceffant, l'extorfion de la procuration & la parenté tant du notaire que des témoins , la rendent nulle. Elle a de plus été révoquée en tems & lieu , & acceptée volontairement par l'appellant ; par conféquent quand les chofes n'auroient pas été en leur entier lors de la révocation, cette acceptation couvre tout & révoque abfolument la réfignation. L'appellant veut dire que ces mots, qu'*il fe garderoit de méprendre*, qu'il y a fait ajouter, confervent fon droit en entier ; mais cela n'eft point confidérable. Cette réponfe ne peut être prife ni interprétée pour une proteftation : & même fans fe fervir de cette acceptation volontaire de la révocation de la procuration *ad refignandum*, la révocation fe trouve faite en tems & lieu , & *rebus omninò integris* ; parce que l'acte s'en trouve daté du 15 mars 1630 & le même *in regiftrum* des provifions qui en eft la date véritable, & la feule confidérable, n'eft que du 20 du même mois , cinq jours après. Il ne faut pas s'arrêter à ce que les provifions font datées du 4 de février précédent , qui étoit le jour de l'arrivée du courier ; parce que cela fe faifant par un privilege & prerogative accordée aux Français, il ne peut être extorqué contre eux. Un réfignant eft favorable & peut fe défifter de fa procuration , & la révoquer jufqu'à ce qu'elle ait été véritablement admife ; qui

eft lorfque le pape y a mis la main, & non auparavant : & conclut au bien jugé.

Me. de Montholon pour Pierre Thorel pere de l'intimé intervenant ; pour moyens d'intervention, employa ceux qui avoient été plaidés par l'avocat de l'intimé, pour empêcher que fon fils ne fût dépouillé de fon bénéfice.

M. l'avocat général Talon dit , que la queftion fi un mineur peut valablement réfigner fon bénéfice ; ou non , n'eft pas tellement réfolue ni fi claire qu'on en puiffe établir une regle & une maxime certaine. La queftion fe juge *ex variis rerum caufarumque circumftantiis* ; c'eft ce qu'il faut faire en cette caufe, où l'on voit un ferviteur domeftique, qui a extorqué une procuration *ad refignandum* du fils de fon maître. L'extorfion fe prouve *ex ipfis vifceribus caufæ* ; par le lieu où a été paffée la procuration ; par la qualité du notaire qui l'a reçue ; & par celle des témoins inftrumentaires, qui y ont été préfens. Elle a été paffée à Châteaudun , lieu éloigné de la demeure de l'intimé : le notaire qui l'a reçue & un des témoins font proches parens de l'appellant, celui-là étant fon coufin , & l'autre fon beau-frere , perfonnes prohibées par l'ordonnance , qui a voulu qu'elles ne fuffent point prifes pour témoins inftrumentaires des procurations *ad refignandum* , afin d'empêcher les fraudes & clandeftinités , & favoir au vrai qui font les véritables titulaires des bénéfices. L'autre témoin eft un jeune garçon clerc du notaire, ce qui eft prohibé par l'ordonnance , qui veut que les témoins foient domiciliés , non parens , ni domeftiques des réfignans , ou réfignataires. Quand il n'y auroit rien à redire en la procuration *ad refignandum*, elle a été valablement révoquée. Ce n'eft pas feulement un acte de révocation fignifié au réfignataire , mais le réfignant & le réfignataire s'étant préfentés enfemble au notaire , & ayant parlé conjointement dans cet acte , le réfignant a déclaré qu'il révoquoit fa procuration *ad refignandum* , & le réfignataire a accepté fa révocation : ainfi la procuration ne fubfifte plus. Ces mots ajoutés à l'acte , *de fe garder de méprendre* , ne peuvent de rien fervir. Tout cela ceffant encore , la révocation fe trouve faite avant que le pape ait mis la main aux provifions. On peut donc foutenir qu'elle eft bonne & valable. Il eft vrai que les Français , non point par privilege , mais par un droit purement national , ont cet avantage que leurs provifions font datées du jour de l'arrivée du courier français à Rome. La raifon eft que les docteurs canoniftes de Rome avoient introduit de mauvaifes & pernicieufes maximes , favoir que les procurations *ad refignandum* y étant une fois arrivées , & le réfignant venant à décéder avant que les provifions euffent été expédiées & entièrement accomplies , le bénéfice *vacabat in curia* , & par ce moyen dépendoit abfolument de la collation du pape ; de forte que par cette invention & par l'introduction de cette maxime , il n'y avoit prefque point de bénéfices qui ne vacaffent *in curia*. Pour y remédier l'on eft convenu avec le pape , que toutes les provifions des Français feront datées du jour de l'arrivée du courier , comme fi dès ce jour-là elles étoient véritablement expédiées ; mais cette date, n'eft qu'une date en fiction ; auffi dit-on feulement que les provifions font cenfées & réputées datées du jour de l'arrivée du courier à Rome. Et en effet il ne fe fait ce jour-là qu'une affemblée de tous les procureurs , qui , après avoir reçu les procurations , dreffent là-deffus leurs fuppliques & les portent à la chambre apoftolique. Elles y font vues & examinées par les référendaires , & étant trouvées juftes , on les ramaffe toutes enfemble , & on les préfente au pape , qui un jour à fa commodité va & leur donne fa bénédiction. C'eft ce qu'on dit *folo verbo gratia perficitur* ; & cela étant fait , on expédie les provifions. Mais pour obferver toutes ces formalités , il faut beaucoup de tems , quelquefois plus de deux mois après l'arrivée du courier à Rome. Or cet intervalle ne doit point apporter de préjudice au réfignataire , ni au réfignant , pour faire que le réfignant venant à mourir avant que les provifions aient été expédiées & accomplies dans toutes leurs formalités , le bénéfice vienne à vaquer *in curia.* Mais auffi ce même intervalle doit demeurer entier & libre au réfignant pour s'en fervir , afin de révoquer fa procuration *ad refignandum* , fi bon lui femble , ou pour fe fervir de ce tems , ainfi qu'il verra bon être. L'intimé en a ufé ainfi , ayant révoqué fa procuration cinq jours avant que le pape eût mis la main aux provifions de l'appellant , qui eft le tems de la date véritable : par conféquent il l'a fait en tems & lieu , & *rebus adhuc integris* ; & par ces confidérations conclut pour l'intimé.

LA COUR fans avoir égard à l'intervention du pere de l'intimé , mit l'appellation au néant ; ordonna que ce dont étoit appel fortiroit fon plein & entier effet ; & condamna l'appellant ès dépens. Le lundi 21 juillet 1631 , à l'ouverture du rôle de Chartres , M. le premier préfident le Jay prononçant.

* Brodeau , lettre M. fomm. 10 , ne met ni le fait, ni les moyens , & ne le cite que pour la queftion de révocation ; auffi paroît-il que la cour ne s'eft point déterminée par la minorité du réfignant , puifqu'elle prononce fans avoir égard à l'intervention du pere.

CHAPITRE XLI.

Teftament olographe , la date en blanc , & non figné à la fin par le teftateur , eft nul , même pour le legs contenu en la premiere page , qui fe trouve fignée.

MAître Nicolas Beaujeu bourgeois de la ville d'Orléans , y étant décédé en 1630 fans laiffer aucuns enfans , mais feulement des héritiers collatéraux , Marie Boyer fa fervante domeftique les fit affigner pardevant le prévôt d'Orléans , aux fins de lui faire délivrance de tous les meubles qui étoient en deux maifons fituées en la même ville appartenantes à Nicolas Beaujeu , difant que ces meubles lui avoient été légués par le teftament dudit Beaujeu , en exécution duquel elle foutint la délivrance de ces meubles lui devoir être faite : & les héritiers de Beaujeu au-contraire ayant foutenu le teftament nul , à caufe qu'il n'étoit point figné à la fin par le teftateur , le prévôt d'Orléans rendit fentence par laquelle fur la demande du legs faite par Marie Boyer , il mit les parties hors de cour & de procès , fans dépens. Marie Boyer en interjetta & releva appel au préfidial d'Orléans ; & la caufe y ayant été plaidée & appointée en droit , elle en interjetta encore appel.

Pour elle Me. Hilaire dit , que tout le bien de cette pauvre femme dépend du fuccès de l'arrêt. Le legs eft extrêmement favorable. Il eft fait par le teftateur à l'appellante fa fervante domeftique , en récompenfe des longs fervices qu'elle lui a rendus , & pour lui fervir d'alimens & d'entretien le refte de fa vie. Néanmoins elle en demeurera privée & réduite à la mendicité , fi la cour par fon équité ne confirme ce legs qui eft modique & fort jufte. Il eft fondé en la volonté précife du teftateur , déclarée & confirmée par trois divers teftamens contenans le même legs. Véritablement le premier n'eft point figné , quoiqu'écrit de la main du teftateur ; & le fecond eft entiérement rayé & bâtonné. Cependant ils font affez confidérables pour faire connoître la volonté du teftateur , & qu'il avoit deffein de faire ce legs à l'appellante : *Etiam ex actu nullo voluntas elici poteft.* Le troifieme teftament eft entiérement écrit & figné de la main propre du teftateur , excepté à la fin après toute l'écriture ; mais il eft figné au bas de la premiere page qui contient le legs en queftion , & cela eft fuffifant. Ce qui eft ajouté à la feconde page ne concerne aucunement ce qui eft en la premiere , qui fe trouve entiérement écrite & fignée de la main du teftateur , & le legs

---

y contenu ne peut être refufé. C'eft un legs pie fait à une pauvre fervante domeftique pour récompenfe de fes fervices , & il a pareil privilege que le legs fait à l'églife , ou aux enfans , au profit defquels un teftament moins folemnel eft bon & valable , même quoique non figné. *L. ult. C. fam. ercifc. L. hac conful. C. de teftam.* Il l'eft auffi quoique non daté : c'eft la feconde objection que l'on fait contre celui en queftion , parce que la date n'eft point de la fubftance , de l'effence , ni même de la folemnité & formalité néceffaire d'un teftament , ni d'aucun autre acte. *L. cum tabernam. §. idem. De pignor. L. optim. C. de contrah. & commit. ftipul. & ibi Faber. Cujacius ad L. qui teftamento. §. ult. de teftam. Titius de privil. præ caufæ. c. 11 & 12. Guy. Pap. qu. 582. cap. cum abbate de fententia & re judicata. Cum in teftamento dies & conful adjecti non funt , nihil minus quominùs valeat teftamentum. Modeft. L. 4. reg. Et conclut au mal jugé , & émendant à la délivrance du legs.*

Me. Talon pour les héritiers intimés dit , que le papier qu'on veut faire paffer & valoir pour teftament n'en eft point un , mais un fimple projet de teftament : *Ex ea fcriptura ad teftamentum conficiendum parabatur , legata ne jure quidem codicillorum peti poffunt* , dit le jurifconfulte , *in L. 2. §. 1. quotiens quis exemplum teftamenti præparat & prius decedat quàm teftetur , non valent quafi ex codicillis quæ in exemplo fcripta funt.* Les teftamens font de droit public & étroit ; par conféquent l'omiffion de la moindre folemnité les annulle. En celui dont il s'agit , il y a double omiffion , en l'effence & en la folemnité ; l'une eft qu'il n'y a aucune date , quoique c'eût été le deffein du teftateur d'y en appofer une , ayant commencé fon teftament par ce mot aujourd'hui, & ayant laiffé la ligne vuide & en blanc. Cela montre manifeftement que ce n'eft qu'un projet de tefter, & non un teftament , de la validité duquel la date fait la meilleure partie. *Primum quidem ejus fubfcriptionis tempus declaret* , dit Juft. en fa nov. 107, qui a corrigé & abrogé toutes les loix précédentes , comme la derniere *fam. erc. & hac confult. C. de tefram.* alléguées par l'avocat de l'appellante. *L. 2. §. item quemad. teftam. aper. Bald. ad Auth. quod fine C. de teftam. Alex. conf. 4. vol. 7. Jul. Clarus de teftam. qu. 14. Gu. P. qu. 582.* & ç'a été par une bonne raifon ; car une perfonne pouvant varier & faire tout autant de teftamens que bon lui femble , faute de date l'on ne pourroit pas difcerner le dernier pour le faire prévaloir aux autres précédens , ainfi que défire la loi. La fignature & fubfcription du teftateur à la fin du teftament eft de même abfolument néceffaire , fur-tout en un teftament olographe fuivant la coutume de Paris , celle d'Orléans , & la difpofition du droit en ces loix , *ult. fam. erc. hac confult. de teftam.* & autres qui toutes portent *fubfignatum , fubfcriptum teftamentum* : & la fixieme *ad L. Corn. de falfis* , dit que *legi & fenatufconfulto locus non eft , fi non fignatum fuerit teftamentum*, & que faute de fignature *imperfectum eft teftamentum.* On objecte que celui en queftion eft figné en la premiere page ; mais cela n'eft pas confidérable, parce qu'un teftament eft un acte indivifible , qui ne peut pas valoir pour une partie , & non pour l'autre. Sa perfection & fon accompliffement dépend de fa fin & de fon commencement , & péchant en l'une & en l'autre , faute de date & de fignature , il ne peut aucunement fubfifter. L'appellante n'a demeuré que 18 mois domeftique du teftateur ; ainfi elle n'a pu mériter un legs immenfe de 3000 livres , à quoi fe peuvent monter les meubles qu'elle demande ; & conclut à ce qu'elle foit déboutée de fa demande, fins & conclufions.

LA COUR mit l'appellation & ce , au néant ; évoqua le principal ; & y faifant droit , fur la demande en délivrance du legs , mit les parties hors de cour & de procès , fans dépens. Le jeudi 24 juillet 1631, monfieur le premier préfident le Jay prononçant.

CHAPITRE XLII.

Pour réclamer contre ses vœux, on n'est pas obligé d'obtenir rescrit dans les cinq ans; mais il suffit de protester pardevant personnes publiques dans les cinq ans.

GEraulde de Boulinvilliers fille de messire Daniel de Boulinvilliers, comte de Dreux, ayant été mise avec les religieuses de l'abbaye de saint Cyr au diocese de Chartres, en 1622 y prit l'habit & fit profession. Prétendant qu'elle y avoit été induite & forcée par la violence de ses pere & mere, elle obtint en 1630 au mois d'août, un rescrit en cour de Rome, adressant à l'official de Chartres & à l'abbesse de saint Cyr, par lequel il leur étoit mandé que s'il leur paroissoit suffisamment que Geraulde de Boulinvilliers eût été forcée & violentée à entrer dans la religion & à y faire vœu & profession, sans avoir egard au vœu & à la profession comme nuls, ils la rendissent au siecle tout de même qu'elle étoit auparavant ledit vœu & profession; quoiqu'elle n'eût reclamé & ne se fût pourvue pour l'obtention du rescrit, dans les cinq ans prescrits par le concile, dont elle étoit dispensée. En exécution de ce rescrit l'official de Chartres procéda à l'interrogatoire de Geraulde de Boulinvilliers, où elle articula tous les faits de force & de violence par lesquels elle avoit été contrainte & forcée de prendre l'habit, & de faire profession & vœu en la religion : & depuis, l'official ayant ordonné que les pere & mere de ladite de Boulinvilliers seroient cités pardevant lui, aux fins de venir répondre sur ces faits de force & violence, voir produire, jurer & recevoir témoins pour la preuve; messire Daniel de Boulinvilliers & sa femme interjetterent appel comme d'abus de l'obtention du rescrit, de l'assignation à eux donnée par devant l'official de Chartres, & de toute sa procédure & ordonnance. Pour eux Me. Fillault dit, que l'abus est palpable. 1°. En ce que le rescrit est adressé à l'official de Chartres & à l'abbesse de saint Cyr; & néanmoins l'official de Chartres a seul procédé. 2°. En ce que le rescrit est obtenu après les cinq ans de la profession de l'impétrante, qui a fait profession en décembre 1622, & n'a obtenu le rescrit qu'au mois d'août 1630, huit ans après sa profession, & par conséquent hors le tems porté par les saints conciles. Celui de Mayence n'a donné qu'une seule année pour réclamer contre les vœux. Celui de Trente a jugé ce tems trop court, & a prolongé cette faculté de réclamer jusques à cinq ans, à compter du jour de la profession; après quoi il n'y a aucune espérance de pouvoir être admis à dire ni proposer aucune force & violence, ni aucun autre moyen pour combattre sa profession. Quoique le concile de Trente ne soit pas universellement reçu & approuvé en ce royaume, néanmoins le concile de Bourges & celui de Tours tenus en 1584, ont ordonné la même chose, & qu'après les cinq ans de profession nul n'est recevable à la débattre & contester, comme faite par force & violence, ou nulle de quelqu'autre nullité. La cour par ses arrêts a souvent autorisé & confirmé cette maxime. Celui de Bouvot religieux de l'abbaye de saint Victor, & une infinité d'autres qui ont déclaré des rescrits semblables à celui dont est appel, nuls & abusifs, sont connus & publics. L'intimée objecte qu'elle n'a pas fait profession en 1622, mais seulement au mois de décembre 1623, & qu'on n'en rapporte point la preuve par écrit suivant l'ordonnance. La réponse est : 1°. Qu'il ne s'agit point en la cause de savoir si l'intimée est religieuse, ou non, a fait profession ou non; puisqu'elle même confesse avoir fait profession en 1623, par conséquent à compter dès ce tems-là seulement, elle se trouve hors le tems de restitution, & avoir réclamé & obtenu le rescrit, sept ans seulement après sa profession; & ainsi nullement & abusivement. 2°. Il y a preuve par un contrat passé le 14 décembre 1622, par les pere & mere de l'intimée, avec l'abbesse & reli-

gieuses de saint Cyr, touchant la dot qu'ils lui donnoient pour l'entretenir en religion, qu'elle étoit alors religieuse. 3°. Il y a preuve au procès par la déclaration de quelques religieuses, que l'intimée a récélé l'acte de sa profession; c'est pourquoi elle est non-recevable à alléguer qu'elle ne l'a faite qu'en 1623, & même à réclamer. L'intimée objecte en second lieu, que le 17 août 1628, elle a protesté pardevant notaire & témoins, de pouvoir réclamer contre ses vœux & sa profession comme nuls, étant faits par force & violence. A cela il y a double réponse; l'une que ce prétendu acte de protestation est passé pardevant un notaire de village & deux paysans, qui ne savoient lire, écrire ni signer; ainsi cet acte est fort suspect, & il est d'une conséquence périlleuse d'y ajouter foi, & de lui donner un tel poids qu'il puisse prévaloir contre l'autorité du concile. L'autre réponse est que telle protestation ou réclamation, faite pardevant autre que le pape, ou pardevant le supérieur du religieux qui réclame, est de nulle considération & de nulle valeur, suivant la disposition du concile, qui porte en termes exprès, *nisi coram proprio ordinario intra quinquennium reclamaverit*. Si des protestations faites de la sorte pardevant un seul notaire, avoient cet effet d'interrompre la prescription des cinq ans introduite par les conciles, il n'y auroit point de profession assurée. Il seroit fort facile de trouver un notaire qui fabriqueroit & antidateroit une protestation, de sorte qu'elle se trouveroit faite *intra quinquennium*; & par ce moyen on ouvriroit la porte que le concile a tâché de fermer. Cela pourroit avoir des suites trop dangereuses : & conclut à ce qu'il soit dit qu'il a été mal, nullement & abusivement décerné, cité, procédé & ordonné par l'official de Chartres.

Me. Lhoste le jeune pour l'intimée dit, que tout son malheur procede de ce que la nature ne l'a pas fait naître avec la beauté du corps ordinaire à son sexe, ni avec la gentillesse accoutumée à celles de sa condition & de sa naissance. Comme elle l'avoit produite avec quelques défauts & difformités du corps, ses pere & mere ont voulu rejetter ces défauts sur cette pauvre fille, comme si elle eût été coupable & complice d'un crime dont on peut accuser la nature seule. Ils l'ont donc rejettée, & même abandonnée & désavouée pour leur fille, & dès que son âge l'a pu permettre, ils l'ont reléguée dans des couvens de filles religieuses, de l'un à l'autre, & enfin en celui de saint Cyr, où après avoir exercé toutes les violences & tous les mauvais traitemens que la cruauté & la barbarie ont pu imaginer, ils l'ont forcée par cette voie de faire les vœux & la profession contre laquelle elle réclame, avec autant de justice, qu'on a employé de mauvais artifices pour l'y induire & violenter. Ses pere & mere continuant ce procédé & appréhendant qu'il ne soit connu, tâchent de l'empêcher par le moyen de l'appel comme d'abus, qu'ils ont interjetté du rescrit obtenu par l'intimée, quoiqu'il n'y a aucune apparence. 1°. Parce qu'il est conforme aux saints décrets & aux conciles, qui veulent que les vœux & professions des religieux soient libres d'une liberté pleine, entiere & absolue. Dieu qui ne regarde que la bonne volonté, la franchise & le zele du cœur le commande ainsi. Dans l'ancienne loi même où la dévotion de l'église étoit moins parfaite, il se contentoit de l'holocauste & du sacrifice des animaux irraisonnables; néanmoins il desiroit qu'ils vinssent au sacrifice volontairement & sans résistance, autrement qu'ils fussent rejettés & rebutés; & non-seulement cela, mais il vouloit encore que les animaux qui lui étoient offerts, fussent sains & entiers de tous leurs membres. Les pere & mere de l'intimée ont péché contre l'un & l'autre chef de cette loi, en dévouant & attachant par force & violence aux saints autels cette pauvre fille, quoique fort débile & défectueuse en la plupart de ses membres. Dieu qui développe les replis de notre conscience, n'a point voulu accepter ce sacrifice, & en a rejetté l'hostie comme forcée & défectueuse; & pour punir l'avarice des pere & mere appellans, qui, pour conserver tout leur bien aux autres de leurs enfans, ont ainsi exposé l'intimée, il veut qu'elle puisse

1631.

1631.

retourner au monde pour leur fuccéder comme fille naturelle & légitime. Le refcrit n'étant donc que pour parvenir à la connoiffance de la force & violence , & des autres mauvais artifices pratiqués par les appellans , pour rendre leur fille religieufe , contre la prohibition expreffe de la parole de Dieu & des faints décrets & conciles , on ne peut pas dire qu'il contienne aucun abus. On objecte qu'il eft obtenu trop tard & hors le tems prefcrit par les conciles ; mais par les mêmes conciles il fuffit d'avoir réclamé dans les cinq ans ; ce que l'intimée a fait ayant protefté pardevant notaire & témoins. En cela elle a fait tout ce qu'elle a pu , & tout ce qui a été poffible à une pauvre fille enfermée dans un cloître. Si dès-lors elle avoit eu la liberté & la commodité d'envoyer à Rome , la préfomption eft évidente qu'elle l'auroit fait incontinent. D'ailleurs , fes pere & mere appellans qui l'ont forcée & violentée à prendre l'habit de religieufe vivant encore , le fujet d'une jufte crainte a continué , & par conféquent le tems de reftitution n'a pu courir. Les appellans font obligés de rapporter l'extrait du regiftre de fa profeffion : ne le faifant pas , il faut s'arrêter à ce qu'en confeffe l'intimée. Quoique l'aigle ait un courage royal , elle n'aime pas néanmoins les petits d'une égale affection ; elle en nourrit & éleve les uns chérement & tendrement , & elle rejette & abandonne les autres , qui , par une providence divine , font reçus , nourris & élevés par un autre oifeau , & par ce moyen ne font pas moins de fruit , ni ne font pas moins généreux que les autres , nourris par leur pere & mere. On peut dire le même des appellans , que pour élever quelques-uns de leurs enfans , ils ont expofé & abandonné l'intimée leur fille. Mais elle efpere que la cour , le refuge & l'afyle des miférables , la recevra en fa garde & protection , la confervera en fes droits , & la maintiendra en fa pleine & entiere liberté , prononçant fa plainte légitime , & qu'il n'y a aucun abus , ni au refcrit par elle obtenu , ni en fon exécution : à quoi il conclut.

M. l'avocat général Talon dit , que la principale difficulté de la caufe confifte à favoir au vrai le tems de la profeffion de l'intimée. Ses pere & mere appellans difent qu'elle eft du mois de décembre 1622 , & au-contraire l'intimée foutient n'avoir fait profeffion qu'en 1623. Quoiqu'il n'y ait qu'une année d'intervalle , néanmoins cette année eft tellement importante , qu'elle eft décifive pour favoir fi l'intimée a réclamé contre fes vœux & fa profeffion dans les cinq ans prefcrits par les conciles , ou bien fi elle l'a fait feulement après & hors de ce tems. Ce défaut procede de ce qu'en l'abbaye de faint Cyr où l'intimée a fait profeffion , l'on n'a pas obfervé l'ordonnance qui veut qu'on tienne regiftre des profeffions monacales. Cette preuve publique & fans aucun contredit manquant , il faut examiner celles qu'on rapporte. Le contrat que produifent les appellans fait avec le couvent pour la réception de l'intimée , n'eft pas une preuve fuffifante ; ces fortes de contrats fe faifant quelquefois avant le noviciat , quelquefois peu de mois après avoir pris l'habit en la religion , & autrefois à l'inftant de la profeffion , comme le difent les appellans ; ainfi l'on n'en peut tirer aucune preuve concluante. Quant aux actes où elle a parlé comme religieufe , ils font poftérieurs de beaucoup à ce contrat ; ainfi , ou il faut s'arrêter à la confeffion de l'intimée , ou bien rechercher des preuves plus exactes de fa profeffion. C'eft une des preuves plus difficiles que celles de l'état : Ingenuitatis tuæ ftatum quibus potes probationibus oftende. L. Ingen. C. de probat. fur laquelle les plus favans du dernier fiecle ont été d'avis que l'ordonnance de Moulins , qui veut qu'on ne puiffe prouver par témoins , mais feulement par écrit les vœux & profeffions monacales , étoit fondée. Les religieufes de faint Cyr ont fait réponfe qu'en 1622 l'ordonnance ne s'obfervoit point en leur couvent , & qu'on y écrivoit les profeffions des religieufes en des feuilles volantes , faciles à fe perdre & à fe fouftraire. Si la profeffion de l'intimée n'a été qu'en décembre 1623 , comme elle l'expofe par fon refcrit , elle a réclamé dans les cinq ans , de tout tems obfervés en ce royaume par une loi

non écrite , & non pas en vertu du concile de Trente. Cette obfervation eft fondée fur la difpofition du droit , ne de ftatu defunctorum poft quinquennium quæratur. La caufe d'état eft de telle importance , qu'on ne doit pas permettre de le révoquer en doute après un fi long tems ; & la prefcription en doit être bornée à cinq ans , dans lefquels l'intimée a fuffamment réclamé , par le moyen de la déclaration qu'elle a faite en 1628 pardevant notaire & témoins. Cet acte eft un acte public , par lequel elle a témoigné le regret & le déplaifir qu'elle avoit de fe voir retenue par force & enfermée dans un couvent ; & il eft certain que fi elle avoit pu dès-lors ; elle auroit auffi-bien envoyé à Rome , comme elle a fait depuis. Ayant donc fait tout ce qu'elle avoit pu , on ne lui peut rien objecter. Au principal , il y a déja commencement de preuve de violence , force & autres mauvais traitemens exercés envers l'intimée , tels qu'on n'auroit pu le croire. Pour cet effet , il y a lieu d'approfondir la matiere de toutes parts , c'eft-à-dire , d'appointer les parties à informer du tems précis de la profeffion de l'intimée , ou bien la confidérer comme faite feulement en 1623 , ainfi qu'elle confeffe , & fur l'appel comme d'abus , mettre les parties hors de cour & de procès , & permettre à l'official la continuation de l'exécution de fon refcrit.

LA COUR fur l'appel comme d'abus , mit les parties hors de cour & de procès , fans dépens. Le mardi 29 juillet 1631 , M. le premier préfident le lay prononçant.

CHAPITRE XLIII.

Dans le cas de la fubftitution réciproque de deux enfans , les créanciers & légataires du prédécédé ne peuvent avoir détraction de fa légitime , ni trébellianique , fur les biens fubftitués.

JEanne de Mauléon veuve de Me. Pierre Mefpert avocat de Bordeaux , fait fon teftament , par lequel elle inftitue François & Jean Mefpert les fils , fes héritiers par égales portions ; & au cas qu'ils vinffent à décéder fans enfans , elle fait une fubftitution réciproque de l'un à l'autre. Jean étant en la ville de Paris , y fait fon teftament , par lequel , n'ayant aucuns enfans , il fait plufieurs legs , entre autres un à cent cinquante livres à Claude du Val , qui l'avoit fervi & affifté en fa maladie , & décede. Un curateur eft décerné à fon hérédité comme jacente. Du Val demanda délivrance de fon legs pardevant le prévôt de Paris ou fon lieutenant civil , qui condamna le curateur au payement & délivrance du legs. En exécution , du Val fait procéder par faifie , & mettre en criées quelques héritages qui faifoient partie de la fucceffion de Jeanne Mauléon. François Mefpert fon fils & héritier s'y oppofa , obtint lettres de converfion d'appel en oppofition , & y fit inférer cette claufe , que la fubftitution appofée au teftament de fa mere , fut déclarée ouverte à fon profit , & ce faifant , qu'il fût maintenu & gardé en la poffeffion & jouiffance des héritages faifis. Pour lui Me. Sevin dit , que l'on ne peut point contefter ni débattre la validité du teftament , ni de la fubftitution qui y eft appofée. Le teftament eft en bonne forme , & la fubftitution conçue en des termes fi clairs & fi précis , qu'il ne refte aucun doute qu'il n'y ait une fubftitution réciproque entre François & Jean Mefpert freres héritiers intimés. Le cas de la fubftitution étant arrivé , il n'y a pareillement aucune difficulté qu'elle ne foit ouverte au profit de l'appellant. On lui fait une feule objection , favoir que nonobftant la fubftitution , les créanciers & légataires de Jean Mefpert peuvent diftraire des biens fubftitués fa légitime & quarte trébellianique. C'eft à quoi il faut répondre : il eft vrai que réguliérement les héritiers de celui qui eft chargé d'une fubftitution , en peuvent diftraire la légitime , quand il eft fils du fubftituant , & outre ce , la quarte trébellianique , quand elle n'eft point prohibée. Mais cette maxime de droit n'a n'a lieu que dans les substitutions fidéicommissaires, & non dans les substitutions réciproques où l'on ne peut faire aucune détraction ; l'intention de celui qui a substitué , ayant été que la portion de l'un parvint & retournât toute entiere & sans diminution à l'autre , le cas de la substitution arrivant. C'est la disposition expresse de la loi *Si pater puellæ* 12. C. de *inoff. testam. Cum ex hujusmodi fideicommissariâ restitutione , tam matris quàm fratris ejus portio ad eam poterat pervenire.* En cet endroit l'empereur qualifie un testament qui contient une substitution réciproque entre les héritiers , *justum judicium testatoris.* L'égalité qui se rencontre par le moyen de cette substitution réciproque , & l'incertitude de celui qui survivra & qui aura par ce moyen toute la succession , fait qu'on ne peut se plaindre, ni accuser le testament d'être inofficieux , comme étant grevé de la portion due par le droit de nature , en la légitime : *Calumniosam inofficiosiquerelam adversùs justum testatoris judicium instituere non debetis , cum ex hujusmodi fideicommissariâ restitutione , tam matris quàm fratris portio ad pupillum poterat pervenire.* L'espérance de cette substitution réciproque empeche que la fille , quoique grevée en sa légitime , ne puisse néanmoins se plaindre & accuser d'inofficiosité le testament de son pere ; par conséquent le cas de la substitution étant arrivé, les héritiers ne peuvent pas demander la détraction de la légitime , autrement ils auroient moins de privilege que la fille même , ce qu'il seroit absurde d'alléguer. Or si l'on ne peut point demander de détraction de la légitime , à plus forte raison ne peut-on point demander de détraction de trébellianique , celle-là étant bien plus favorable que celle-ci. Cette premiere raison prise de la loi *Si pater puellæ* cessant, il en succede une autre qui résulte du défaut de la confection d'inventaire. Par cette omission Jean Mespart est privé & déchu de toutes les détractions, tant de légitime que de trébellianique qu'il auroit pu prétendre , suivant la commune opinion des docteurs , tirée de la nov. *De hæred. & falcidia* au tit. *sed cum testator. ad leg. falcidiam* ; & de la loi *Marcellus ad Trebell.* La présomption de la loi est que celui qui n'a point fait faire d'inventaire , l'a fait à dessein de divertir & soustraire tout ce que bon lui semble de l'hérédité , & que par ces mauvais artifices il est payé au-delà de ce qu'il pourroit prétendre pour sa légitime ou trébellianique. C'est pourquoi il doit être privé des détractions , afin de ne pas laisser de facilité à un héritier grevé de substitution de mal-user & malverser envers le substitué par des soustractions & récélemens. La nov. *de hæred. & falcidia* , parle clairement & nommément de la falcidie ; mais par une interprétation étendue à la trébellianique , *etiam in liberis primi gradûs* ; & conclut à ce qu'ayant égard aux lettres , la substitution soit déclarée ouverte au profit de l'appelant , que main-levée lui soit faite des héritages saisis , & qu'il soit maintenu & gardé en la possession & jouissance , avec restitution de fruits , dépens , dommages & intérêts.

Me. Guion pour l'intimé dit , qu'il ne veut point entrer en contestation sur la validité de Jeanne Madéon mere de l'appellant , ni de la substitution réciproque appelée , ni encore si le cas de l'ouverture est arrivé en la personne de l'appellant. Toutes ces questions seroient inutiles à l'intimé , puisque pour le gain de la cause il lui suffit de montrer qu'il est bien fondé à demander détraction de la légitime & de la quarte trébellianique , qui appartenoient à Jean Mespert sur les biens substitués. La moindre des deux est plus que suffisante pour le payement de son legs , qui est très-favorable , étant pour services rendus à un étranger malade d'une maladie dont il est décédé. On n'objecte autre chose contre son testament qu'un défaut de biens , & qu'il n'a pu disposer de la moindre partie de ceux qu'il possédoit , comme étant grevé & chargé de les restituer ; mais l'appellant s'abuse en l'une & en l'autre des raisons qu'il allegue , pour montrer que les créanciers ou héritiers de Jean Mespert ne peuvent distraire légitime ni trébellianique. Quant à la premiere prise de la loi *Si pater*

Tome I.

ter *puella* , elle n'est point considérable. 1°. Parce que cette fille étoit instituée héritiere *in triente* , qui étoit la moitié plus qu'il ne lui falloit pour sa légitime ; ainsi elle n'avoit pas sujet de se plaindre du testament de son pere , ayant d'ailleurs une espérance très-certaine de la substitution du legs fait à sa mere , & l'incertitude de celui fait à son frere. 2°. Il faut considérer le tems auquel cette loi a été faite. Ce fut sous l'empereur Alexandrin qui vivoit & régnoit près de trois cents ans avant l'empereur Justinien ; & le dernier en la loi *quoniam* 32. au même titre *de inoff. Testam.* corrigeant & abrogeant toutes les loix précédentes , veut & ordonne que la légitime soit laissée aux enfans sans aucune charge ni condition , purement & simplement : *Si conditionibus quibusdam , vel dilationibus aut aliqua dispositione moram , vel modum , vel aliud gravamen introducente , eorum jura , qui ad memoratam actionem vocabuntur , imminuta esse videantur , ipsâ conditio , vel dilatio , vel alia dispositio moram , vel quodcumque onus introducens , tollatur & ita res procedat quasi nihil eorum testamento additum esset.* Cette loi montre clairement qu'on ne peut être chargé ni grevé en la légitime par quelque substitution , ni par tout autre moyen qu'on puisse inventer. La même jurisprudence est répétée en la loi *Omnimodo eod. tit. sine ullo gravamine , vel mora exigitur legitima.* Les enfans sont en ce point légitimes créanciers de leurs peres & meres , qui sont étroitement obligés de s'acquitter de cette dette de nature , & ce ne seroit pas y satisfaire , de leur donner de vaines espérances & des incertitudes en payement. Ainsi cette premiere raison prise de la loi *Si pater puella* , n'est aucunement considérable. Quant à l'autre qu'on tire de l'omission d'inventaire , elle est pareillement sans fondement , ni apparence de raison. 1°. En ce que la confection d'inventaire n'est requise par la loi que de la part de l'héritier universel institué , & non quand plusieurs sont également institués héritiers , & qu'entr'eux il y a une substitution réciproque ; parce qu'alors la présomption de la loi , qu'il y a eu divertissement & soustraction , cesse au moyen du partage qui se fait entr'eux , qui seroient tous en égale demeure. 2°. Il n'a jamais été dit que l'omission d'inventaire prive de la légitime : la nov. *de hæred. & falc.* ne parle que de la falcidie seulement , & ni près ni loin de la légitime , à laquelle elle ne se peut aucunement étendre. 3°. Plusieurs docteurs célebres ont tenu , que *liberi primi gradûs non privantur trebellianica ob non confectum inventarium* ; & la loi qui ne parle que de la falcidie , étant un nouveau droit correctif & pénal , ne doit être étendue à la trébellianique. Guy-Pape même en sa question 53 est de cet avis , & il cite plusieurs docteurs , qui sont du même sentiment ; & par ces moyens soutient que l'intimé est bien fondé en sa saisie jusques à la concurrence des détractions , si mieux l'appellant n'aime lui payer son legs.

LA COUR déclara la substitution apposée au testament de la mere , ouverte au profit de l'appellant ; & ayant égard aux lettres , lui fit pleine & entiere main-levée des héritages saisis ; néanmoins pour aucunes causes & considérations , & attendu la qualité du legs , condamna l'appellant d'en faire le payement à l'intimé , & sans que l'arrêt pût être tiré à conséquence. Le jeudi dernier juillet 1631 , M. le premier président prononçant.

☞ *Vide* le chap. 18 du livre 4.

CHAPITRE XLIV.

Testament écrit de la main du clerc du notaire présent , est valable dans la coutume d'Orléans.

FRançoise Gervaise veuve d'un bourgeois de la ville d'Orléans , en 1630 , fait son testament par lequel elle legue tous ses meubles & conquêts immeubles à Etiennette Gervaise sa sœur. Après son décès , la veuve & enfans de Pierre Gervaise son frere foutiennent ce teftament nul. 1°. Parce qu'il n'eft point écrit de la main du notaire qui l'a reçu. 2°. Parce qu'il ne porte point qu'il ait été lu & relu en la préfence des notaires & témoins ; par conféquent la fucceffion doit être partagée *ab inteftat*. Sur quoi la caufe ayant été plaidée devant les préfidiaux d'Orléans, & l'ayant appointée au confeil, la veuve & les enfans de Pierre Gervaife en interjetterent appel, & préfenterent requête pour l'évocation du principal. Pour eux Me. Sevin dit, que les teftamens font de droit étroit, & doivent être obfervés *ad unguem & in forma fpecifica*. La coutume d'Orléans veut que le teftament foit dicté & nommé au notaire qui le reçoit, par le teftateur, & qu'il foit lu & relu en la préfence des témoins. On a manqué en l'un & en l'autre de ces chefs. 1°. Parce le teftament dont eft queftion, n'a point été dicté & nommé au notaire par la teftatrice ; car fi cela avoit été, il fe trouveroit que le teftament auroit été écrit de la main du notaire à qui la teftatrice l'auroit dicté & nommé. Dicter c'eft proférer ce qu'on veut qu'un autre écrive ; c'eft au teftateur de dicter & d'exprimer fa volonté, & au notaire de la rédiger par écrit : *Dictante teftatore, & excipiente tabellione, dictat magifter & excipit difcipulus*. La fignification de ce mot *dicter*, eft fi notoire & fi certaine qu'on en peut rapporter un grand nombre d'autorités : mais de la maniere dont on a fait le teftament en queftion, on ne peut pas dire qu'il ait été dicté au notaire ; puifque le notaire ne l'a point écrit, mais fon clerc, à qui la teftatrice ne l'a point non-plus dicté, puifqu'elle n'a point parlé à lui. La coutume defire que le teftateur dicte fon teftament au notaire pour éviter fauffeté. Si un clerc écrivoit le teftament, il pourroit mettre ce que bon lui fembleroit, & cela feroit de périlleufe conféquence. Pour le changement d'un feul mot, pour avoir mis, proféré, au-lieu de dicté, on a caffé des teftamens, quoique cela ne femble d'aucune importance ; à bien plus forte raifon doit-on caffer celui-là qui n'eft point écrit par la main du notaire, ainfi que le requiert la coutume. De plus il n'eft point fait mention qu'il ait été lu & relu en la préfence des témoins. On a feulement mis qu'il a été dicté & nommé en leur préfence ; & puis on a ajouté qu'il a été lu & relu, quoique pour fatisfaire à la coutume il faille le répéter en la préfence des témoins. Ces deux défauts rendent le teftament nul ; à quoi il conclut, & que la fucceffion foit partagée *ab inteftat*.

Me. Bataille pour les intimées dit, que la caufe n'a aucune circonftance ni particularité qui la mette hors de la thefe & de la queftion du droit, finon la faveur des intimées qui font de pauvres filles, iffues de bonne famille, mais avec fi peu de biens que cette confidération a porté la teftatrice leur tante à leur faire quelque avantage par-deffus fes autres héritiers, en quoi elle a fait fort prudemment & fort charitablement. Quant à la queftion de droit, elle ne reçoit aucune difficulté. Le mot dicter, ne fe rapporte point à la main, mais à l'oreille. Dicter c'eft de fa propre bouche proférer fon intention, & la faire connoître au notaire qui en doit faire un inftrument public, pour la conferver & la faire mettre à exécution. Cela eft defiré par la coutume pour empêcher les fuggeftions ; parce que le teftateur dictant, c'eft-à-dire, déclarant fa derniere volonté intelligiblement en la préfence des témoins, il eft impoffible d'inférer au teftament que ce qu'il a dicté, que ce qu'il a dit & proféré. Ainfi il n'eft point néceffaire qu'il foit écrit de la main du notaire qui le reçoit ; mais il fuffit qu'il entende ce que dit le teftateur, & qu'il le faffe rédiger par écrit par quelque main que ce foit. Au-contraire la coutume defirant que le teftament foit dicté au notaire pour remédier aux fauffetés & fubornations, ce clerc qui écrit, qui eft un témoin fupernuméraire, peut de beaucoup fervir ; parce qu'il eft plus difficile d'en corrompre trois que deux,

& deux qu'un. Le notaire peut écrire ce que bon lui femblera, quoique le teftateur dicte autrement ; mais il ne peut & n'ofe dicter à fon clerc, que ce que le teftateur dicte hautement & intelligiblement en la préfence du clerc, & des autres témoins. Cela fert encore, parce que le notaire n'étant point occupé & diftrait à écrire lui-même, eft plus attentif à ouïr & écouter la volonté du teftateur, & la faire rédiger par fon clerc. Si la coutume avoit entendu le mot dicter de la façon que l'interprete l'appellant, il auroit fallu que le teftateur eût dicté fon teftament mot à mot, & que le notaire n'eût écrit que ce qu'il eût dicté ; & cela eft impertinent, parce que le notaire fuivant fon ftyle ordinaire, rédige en bonne forme ce que le teftateur lui a déclaré en fubftance & en gros. Quant au dernier point, le teftament porte qu'il a été dicté, nommé en la préfence des témoins, & lu & relu ; & tout cela fe rapporte de l'un à l'autre, & à relation aux deux claufes, c'eft-à-dire, dicté, nommé, lu, & relu en la préfence des témoins ; ainfi le teftament eft bon & valable.

LA COUR mit l'appellation & ce, au néant, évoquant le principal, déclara le teftament bon & valable ; & en conféquence d'icelui ordonna que délivrance des legs y contenus feroit faite aux dénommés, fans dépens. Le lundi 11 août 1631, M. le premier préfident le Jay prononçant.

Du Fresne ne met ni le fait, ni les noms des parties, & Brodeau, lettre R. fomm. 51, ne le fait que citer.

☞ Plus on réfléchit cet arrêt, moins il eft concevable comment le teftament de Françoife Gervaife a pu être déclaré valable.

En effet ce teftament étoit paffé dans la cout. d'Orléans qui requiert art. 289, *qu'il ait été dicté & nommé par le teftateur auxdits notaires, curé ou vicaire, & depuis relu au teftateur en la préfence d'iceux notaires, curé ou vicaire & témoins.*

Les rédacteurs de la coutume ne fe font point bornés à cette précaution. Ils ont encore exigé par le même article, qu'il fût fait mention dans ledit teftament, *qu'il a été ainfi dicté, nommé & relu.*

Cependant fuivant les faits que préfente Me. Bardet, le teftament qui faifoit la matiere de la caufe jugée par l'arrêt, n'avoit point été écrit par la main du notaire qui l'avoit reçu, mais par celle de fon clerc, & ne portoit point la mention *qu'il avoit été ainfi dicté, nommé & relu.* De pareils faits, & un femblable omiffion dans un acte où tout eft de rigueur, devoit donc entraîner, même en 1631, la nullité de ce teftament.

Il eft vrai qu'Etiennette Gervaife, fœur de la teftatrice, & légataire univerfelle de tous les meubles & acquêts, foutenoit que le teftament ayant été dicté au notaire, le vœu de la coutume avoit été rempli, & qu'il étoit indifférent que ce fût lui ou fon clerc qui l'euffent écrit, puifqu'il avoit été écrit en préfence du notaire & des témoins, & qu'il fuffifoit que le notaire eût fait rédiger par fon clerc les intentions que lui avoit dictées la teftatrice.

Des réponfes auffi foibles contre des nullités auffi effentielles, me paroiffent bien légeres ; pour avoir été capables de décider les juges qui ont prononcé l'arrêt, & me feroient prefque croire qu'il falloit qu'il y eût quelques circonftances, qui euffent échappé à notre arrêtifte.

Car enfin, de dire qu'il n'étoit point néceffaire que le teftament fût écrit de la main du notaire; qu'il étoit fuffifant qu'il fût préfent pour le recevoir; & qu'il avoit pu en abandonner la rédaction à fon clerc, c'eft ce que je ne puis admettre, d'après le texte de la coutume.

Lorfque la coutume dit, *que le teftament fera dicté auxdits notaires, curé ou vicaire*, c'eft bien dire précifément que le notaire, curé ou vicaire écriront ce qu'on leur dictera, & un tiers à qui on ne dicte pas, ne peut être cenfé écrire, ni être la perfonne défignée pour écrire.

D'un autre côté la coutume veut qu'il soit fait mention que le testament a été *dicté*, *nommé & relu*; & suivant notre arrêtiste, il est clair que cette mention n'a pas été faite, & qu'il est seulement dit qu'il a été dicté & nommé, lu & relu, sans que cela fût fait avec la mention expresse qu'exige la coutume.

Ce qui me surprend le plus, c'est que De la Lande, en son commentaire sur cet article de la coutume d'Orléans, ait soutenu, d'après cet arrêt, qu'il suffisoit que le notaire fût présent pour recevoir le testament, le signer & le lire, & qu'il pouvoit se servir de la main de son clerc pour le faire écrire.

Mais outre les inconvéniens qui résulteroient de pareils principes que Me. Sevin avocat de la veuve & enfant de Pierre Gervaise, avoit développés lors de la cause, il est bien certain qu'en admettant ces facilités, c'étoit donner à toutes personnes la faculté d'écrire un testament sous la dictée du testateur, pourvu que le notaire fût présent : car encore un coup le clerc d'un notaire qui est très-souvent mineur, ne peut avoir caractère pour écrire un testament. Il n'a nulles provisions, nul office, n'a fait aucune prestation de serment, & cependant d'après l'arrêt cité & le sentiment de la Lande, il sembleroit qu'avant l'ordonnance de 1735 tous les clercs de notaire avoient le droit d'écrire un testament & de le rendre valable par la seule apposition de la signature du testateur, du notaire & des témoins. Cet ce qui n'est pas admissible, sur-tout dans une coutume si rigoureuse, que Me. de la Lande lui-même dit, sur l'article cité, nombre 28, qu'un notaire d'Orléans, en passant un testament, au-lieu d'employer ces mots *dicté & nommé par le testateur*, ayant mis ceux-ci, *proféré de sa bouche*, il fut jugé par arrêt du 16 février 1617, confirmatif des sentences des bailli & prévôt d'Orléans, qu'il y avoit nullité dans le testament.

Enfin les arrêts qui ont été rendus dans cette coutume avant celui rapporté par Bardet ont été si rigoureux, que le nouvel éditeur du commentaire de Me. de la Lande, dit sur cet article, nombre 29 : »Ces mots *dicté & nommé* sont si *essentiels*, que par »arrêt du 29 juillet 1609, confirmatif d'une sentence »du bailliage rendu au profit de Guillaume Tierce-»lin, on déclara nul un testament dans lequel le »notaire avoit écrit qu'il lui avoit été *dit & nommé*, »& se s'étoit pas servi du terme *dicté* : la cour »ayant jugé que c'étoit autre chose de dire & de »dicter.

Or dans l'espece, le notaire qui n'avoit pas écrit, ne pouvoit dire qu'on lui avoit dicté, puisque c'étoit à son clerc qui écrivoit, que la dictée s'étoit adressée.

D'un autre côté le défaut de mention que le testament eût été ainsi dicté, nommé & relu en présence de témoins, étoit encore une autre nullité qui ne pouvoit être couverte par la phrase générale qui portoit, que le testament avoit été dicté, nommé en la présence des témoins, & lu & relu; puisqu'aux termes de la coutume c'étoit une répétition particulière qu'il falloit faire, & dont mention devoit être faite; en sorte qu'à tous égards je ne puis adopter un arrêt aussi singulier, contre lequel du Fresne en son journal des audiences paroît se récrier lorsqu'il dit sur cet arrêt qu'il rapporte au chapitre 99 du liv. 2 du tome premier : de sorte que, *vu la grande nécessité que puisque chacun a parmi nous de passer son testament pardevant notaires, il semble très-dangereux que les notaires se puissent aider de leurs clercs pour les écrire pendant qu'ils les reçoivent, & par ce moyen le secret des testamens soit connu & manifesté à des personnes viles & mercenaires.*

Cet arrêt me paroit d'autant moins admissible, que S. M. sembleroit avoir eu en vue de réformer la jurisprudence qu'il auroit pu introduire, en ordonnant par l'art. 23 de l'ordonnance des testamens du mois d'août 1735, *que les testamens, codicilles ou autres dispositions de dernieres volontés qui se feront*

devant une personne publique, seront reçus par deux notaires ou tabellions, ou par un notaire ou tabellion, en présence de deux témoins, lesquels notaires ou tabellions, ou l'un d'eux écriront les dernieres volontés du testateur, telles qu'il les dictera & lui en feront ensuite lecture, de laquelle il sera fait une mention expresse.

D'après cet article qui, comme on voit, est si clair qu'il n'a pas besoin de commentaires, je crois être bien fondé à soutenir que si actuellement une question semblable à celle jugée par l'arrêt ci-dessus se présentoit en la cour, le seul moyen qui se tireroit de ce que le testament seroit écrit de la main du clerc de notaire, suffiroit pour le faire déclarer nul.

CHAPITRE XLV.

Clause que la femme renonçant à la communauté reprendra sa dot, & tout ce qu'elle montrera avoir apporté de plus, lui donne droit de reprendre le legs universel à elle fait par un étranger, comme si l'on avoit stipulé la reprise de tout ce qui lui écherroit par succession, donation, legs ou autrement.

LEon Chenel écuyer, & demoiselle Judith de la Rochefoucault contractans mariage ensemble, le pere de la future lui constitua en dot la somme de 36000 livres. Entr'autres clauses contenues au contrat de mariage, il fut convenu que les futurs époux seroient communs en meubles & conquêts immeubles, & que la future épouse renonçant à la communauté reprendroit les 36000 livres apportées en dot, & tout ce qu'elle montreroit avoir apporté de plus. En 1628 une certaine personne étrangere fit son testament par lequel elle légua tous ses meubles & acquêts immeubles à ladite Judith de la Rochefoucault, dont le mari ayant été assassiné en 1630, elle renonça à la communauté, & ce faisant voulut reprendre les 36000 livres de sa dot, & encore les meubles & acquêts immeubles qui lui avoient été légués par ce testament. Son beau-pere tuteur de ses petits enfans l'empêcha, soutenant qu'elle ne pouvoit reprendre que les 36000 livres, & que les meubles & conquêts immeubles légués étant entrés en la communauté, y demeuroient confondus & absorbés par le moyen de la renonciation ; sur quoi ayant compromis intervint sentence arbitrale, par laquelle non-seulement la reprise des 36000 livres de dot fut adjugée à la dame de la Rochefoucault, mais aussi les meubles & acquêts immeubles qui lui avoient été légués, dont son beau-pere interjetta appel. Pour lui Me. Germain dit, que la cour par ses arrêts a fait une distinction des personnes qui donnent ou leguent quelques choses aux mariés, constant leur mariage & communauté. Ce qui leur est donné ou légué par leurs parens en ligne directe, a été jugé ne point devoir entrer en la communauté, comme n'etant pas un droit casuel, un bienfait, & un don de fortune, mais plutôt l'acquit & payement d'une dette de nature ; mais ce qui leur est légué par des personnes purement étrangeres, ou par des collatéraux dont ils ne sont point héritiers présomptifs, entre dans la communauté. Cette doctrine fut autorisée par un arrêt célebre prononcé en robes rouges en 1600, & suivant cela le legs qui a été fait à la dame intimée par une personne purement étrangere, & qui n'étoit aucunement sa parente, est indubitablement entré dans la communauté d'entr'elle & son mari ; & y étant une fois entré, l'intimée ayant renoncé à la communauté, il ne peut en sortir, & être repris qu'il n'y ait une clause expresse. Pour ce sujet on appose ordinairement cette clause aux contrats de mariage ; que la femme renonçant à la communauté, elle reprendra sa dot, & en outre tout ce qui lui sera échu constant le mariage par donation, legs ou autrement. Cette clause n'ayant point été insérée au contrat de l'intimée, elle ne peut prétendre la reprise du legs qui lui a été fait. Il demeure abforbé & confondu en la communauté; & la reprife qu'elle a ftipulée ne s'entend, outre fa dot, que de fes bagues & joyaux, & non du legs en queftion, qui doit demeurer abforbé en la communauté; à quoi il conclut, émendant & corrigeant la fentence.

Me. Rofée pour la dame intimée dit, que fa caufe eft favorable, & qu'elle combat pour conferver fon bien, & non pour s'enrichir aux dépens de la communauté. Elle defire feulement de reprendre ce qu'elle y a apporté, & pour cet effet elle ne peut pas avoir ufé d'une précaution plus grande que celle de la claufe inférée dans fon contrat de mariage. Il y eft expreffément porté que renonçant à la communauté elle reprendra les 36000 livres de fa dot, & outre ce, tout ce qu'elle montrera avoir porté. On ne peut pas parler plus intelligiblement. Elle montre avoir porté le legs qui lui a été fait conftant le mariage; & pour preuve qu'il a été fait à fa feule confidération, elle a deux teftamens de la même perfonne qui contiennent le même legs. L'un eft fait auparavant, & l'autre conftant le mariage. De plus il faut faire diftinction entre un legs univerfel, & un legs particulier; un legs univerfel étant une efpece de fucceffion, n'entre pas facilement en une communauté comme un legs particulier L. 3. §. 2. pro focio. D'appliquer la claufe de reprife aux bagues & joyaux, il n'y a nulle apparence. Et conclut au bien jugé.

LA COUR mit l'appellation au néant; ordonna que ce dont étoit appel fortiroit fon plein & entier effet, fans dépens: le mardi 12 août 1631.

* Brodeau, lett. F. fomm. 28, ne met ni la claufe, ni le fait, ni les noms des parties.

* Quoique l'on ait montré par une differtation affez ample fur l'arrêt du vingt-feptieme février mil fix cents vingt-fept, que la reprife ne s'étend point d'une perfonne à un cas à un autre; ce feroit fubtilifer de la refufer dans l'efpece de l'arrêt ici rapporté; car la reprife étant inconteftable à la femme, & le cas étant arrivé, elle doit reprendre tout ce qu'elle a apporté, fans diftinguer le tems, ni les chofes, puifque la claufe eft générale, & n'excepte rien. Cependant dans la onzieme partie du journal du palais, on rapporte un arrêt du dix-huitieme juin mil fix cents quatre-vingt-fept, intervenu en la deuxieme des enquêtes, par lequel on prétend que la reprife ftipulée pour la femme en renonçant à la communauté, de tout ce qu'elle fe trouveroit y avoir apporté, lui a été déniée d'un legs univerfel, qui lui avoit été fait pendant le mariage.

Voici les contredits inférés dans la compilation de ce dernier arrêt, contre celui de mil fix cents trente un, que l'ayant levé au greffe, & produit au procès, on a trouvé deux circonftances décifives, que Me. Julien Brodeau n'a pas obfervées; l'une que la veuve qui demandoit la reprife, ne la prétendoit que des chofes à elle données avant le mariage, & dont la délivrance avoit été faite depuis; l'autre le mot de plus inféré dans la claufe de reprife.

Il eft vrai que Brodeau n'a point mis la claufe ni le fait, ni les noms des parties en citant l'arrêt; mais notre auteur qui l'a fidélement rapporté fait ceffer les contredits; car le teftament, qui contenoit le legs univerfel au profit de la dame intimée, étoit fait pendant le mariage; quoiqu'il y en eût un précédent de la même perfonne, dont elle fe fervoit feulement pour montrer qu'elle feule avoit mérité le legs, & que le Sr. Chenel fon mari n'y avoit eu aucune part.

Dans la claufe de reprife les habits, bagues & joyaux n'étoient point exprimés; mais on vouloit y appliquer le mot de plus avec limitation, afin qu'il ne pût être étendu à la reprife du legs univerfel.

L'arrêt de mil fix cents trente-un a jugé la queftion in terminis, il eft conforme à l'équité, à la force & fignification naturelle des termes de la claufe, & ne réfifte point aux principes de la reprife; ainfi la difficulté qu'il y a de rendre compte d'un arrêt fur procès par écrit, quand on n'y point travaillé, donne lieu de croire que quelque circonftance finguliere a pu déterminer la cour dans celui de mil fix cents quatre-vingt-fept, dont il feroit dangereux de tirer un préjugé contraire, & de s'y arrêter.

CHAPITRE XLVI.

Communauté de maîtres jurés ne fe peut établir fans lettres patentes du roi.
Etrangers ont la liberté du commerce.

EN 1629 les chauderoniers de la ville de Laon, & autres villes & bourgs circonvoifins, préfenterent requête au bailli de Vermandois ou fon lieutenant général à Laon, expofitive de ce qu'ils n'avoient aucuns ftatuts, ordonnances, ni réglemens concernant leur communauté, le fupplierent de vouloir établir, & principalement de faire défenfes à tous étrangers de fe mêler, ni faire aucunement le trafic & commerce de chauderons au-dedans du bailliage de Vermandois. Cela ayant été ainfi ordonné, & en exécution quelques ftatuts ayant été faits, & le ferment de maîtrife prêté par ceux qui avoient préfenté la requête & obtenu la fentence; en 1630, ils firent procéder par faifie & arrêt de quelques chauderons & autres marchandifes de cette qualité, qui appartenoient à Nicolas Robert marchand du pays de Lorraine, & peu après ils firent encore pareille faifie & arrêt de femblables marchandifes appartenantes à deux autres marchands lorrains; ceux de Laon faififfans, foutenans qu'elles devoient être confifquées, & eux condamnés en l'amende, pour avoir contrevenu à la fentence qui portoit nommément défenfes à peine de confifcation. Sur quoi les préfidiaux de Laon ayant rendu leur fentence, par laquelle fur ce que les marchands à qui appartenoient les marchandifes faifies foutinrent qu'ils étoient originaires de Bar, & domiciliés en ce pays-là, ils ordonnerent que par provifion & en donnant caution les marchands auroient main-levée de leurs marchandifes faifies, & au principal appointerent les parties à informer de leurs états: les marchands exécutés en interjetterent appel. Pour eux Me. Brodeau dit, qu'il n'appartient point aux préfidiaux de Laon d'établir une maîtrife & jurande. Le roi feul a ce pouvoir, & pour ce fujet S. M. octroie fes lettres patentes. Les particuliers appellans ne font point étrangers, puifqu'ils font originaires de Bar, & qu'ils y font cotifés aux rôles des tailles; mais quand ils feroient étrangers, ce qui n'eft pas, le commerce ne leur doit pas être interdit. Ceux qui font morts civilement, comme retranchés du corps politique, ainfi que des membres pourris, font bien privés des effets civils, mais non point de ceux qui dépendent du droit des gens. Le commerce & trafic eft de cette nature. Il dépend entiérement du droit des gens, & par conféquent les appellans n'en peuvent être privés & interdits. Et conclut au mal jugé, & qu'émendant main-levée foit faite aux appellans de leur marchandifes faifies, avec dépens, dommages & intérêts.

Me. Ion pour les intimés dit, que les appellans font véritablement étrangers. Pour fe mettre à couvert ils ont feint de vouloir transférer leur domicile au Barrois; mais ayant laiffé leurs femmes & toute leur famille en Lorraine, leur domicile véritable doit être cenfé & réputé, ubi fummam rerum fuarum conftituerunt, comme parle la loi 7. De Incolis. Etant étrangers la liberté du trafic & du commerce ne leur doit point être permife, finon en gros fuivant l'ordonnance; autrement c'eft leur permettre d'arracher le pain de la main aux enfans de la maifon, c'eft-à-dire des régnicoles, qui fupportent tans toutes les charges, méritent d'être favorisés & privilégiés. Il n'y a point d'appel de la sentence, portant le réglement & ordonnance des statuts; par conséquent les autres appellations ne sont point recevables, comme faites en exécution de celle-là.

M. l'avocat général Talon promu en cette charge & dignité par la démission de M. son frere dit, que les présidiaux de Laon ont entrepris & fa t ce que la cour n'auroit pas voulu entreprendre. Il n'appartient qu'au roi seul de créer des communautés de métiers & maîtres jurés. Nous n'observons point en France la loi derniere de collegiis illicitis, qui permet toutes sortes de communautés, pourvu qu'elles n'apportent point de trouble à l'état & au repos public. En ce royaume toutes communautés & colleges dépendent absolument de l'autorité du prince qui les érige par ses lettres patentes, & de l'autorité de la cour qui les confirme: Jussu principis præviæ, auctoritas curiæ sequatur necesse est. Toutes les fois que cela ne se rencontre pas, la chose est nulle, & la cour l'a perpétuellement condamnée par ses arrets. Ceux qui ont été rendus pour les aides de Beauvais & de Châlons sont notoires. Ils ont jugé clairement & nettement la question, & prohibé telles érections & établissemens de communauté. Parce que l'avocat des appellans n'a point interjetté appel de la sentence, portant établissement de la communauté des intimés, il supplie la cour de les recevoir appellans pour M. le procureur général, & dire qu'il a été mal, nullement, & incompétemment jugé, procédé & établi. Quant aux autres appellations, il paroît que les appellans sont domiciliés à Bar, y étant imposés & cotisés aux tailles des tailles, qui est la principale marque, puisqu'elle concerne les aides & tailles; par conséquent ils doivent être censés & réputés régnicoles & jouir des privileges: mais quand ils seroient étrangers, le trafic & commerce ne leur doit point être interdit. Il est vrai qu'il ne leur est pas permis de s'établir en une ville, d'y tenir boutique ouverte, & vendre publiquement à tous allans & venans; mais pour faire comme les appellans, c'est-à-dire, porter & transporter d'un lieu à un autre tout son bien avec soi, quelque peu de marchandise, & inviter un chacun à l'acheter, cela ne leur doit point être interdit. On voit tous les jours les Piémontois, Savoyards & autres étrangers faire la même chose quoiqu'en autre trafic. Ainsi il y a lieu de les laisser en cette liberté.

LA COUR faisant droit sur l'appel interjetté par M. le procureur général dit, qu'il avoit été mal, nullement & incompétemment jugé, procédé & établi; cassa & révoqua tout ce qui avoit été fait par les présidiaux de Laon; & faisant droit sur l'appel des parties de Me. Brodeau, dit qu'il avoit été mal, nullement, & injurieusement saisi; & fit mainlevée aux appellans de leurs marchandises saisies, & condamna les intimés aux dépens, dommages & intérêts. Le mardi 9 décembre 1631, M. de Belleivre président prononçant, en l'absence de M. le premier président.

☞ L'arrêt rapporté par Me. Bardet est conforme aux principes posés par M. l'avocat général Talon, qu'il n'appartient qu'au roi seul de créer & d'établir des communautés de métiers, & maîtres jurés.

Cette maxime fortifiée par l'arrêt cité, est encore confirmée par tous ceux qui ont été rendus postérieurement, & notamment par un arrêt du 19 juin 1756, rendu sur les conclusions de M. le procureur général Joly de Fleury.

L'espece a trop de ressemblance à celle rapportée par Bardet, pour ne la pas présenter ici.

Par édits des rois Henri III & Henri IV le 1581 & 1600, il fut ordonné que tous les arts & métiers seroient jusques alors il n'y avoit point eu de maîtrise, seroient érigés en jurandes.

Les épiciers, merciers, serruriers, chandeliers & ciriers de la ville de Melun crurent, à la faveur de cet édit, pouvoir se dispenser de prendre des lettres paten-

tes pour l'établissement de leurs communautés. A cet effet, ils présenterent au prévôt de Melun, le 10 mars 1600, d'anciens statuts sur lesquels on en rédigea de nouveaux, qui furent homologués en cette prévôté. Par ces statuts il fut dit que lesdits épiciers & autres composant leur communauté, seroient régis par ces statuts, & par l'article 12 il fut exprimé positivement qu'aucune personne ne pourroit tenir boutique ni étaler aux rues de la ville de Melun, aucunes sortes de marchandises concernant lesdits états, s'ils n'étoient maîtres en ladite ville, à peine de confiscation de leurs denrées.

Les choses durerent en cet état jusqu'en 1695, que le roi ayant créé des charges d'auditeurs & d'examinateurs des comptes des communautés, les marchands de la ville de Melun les acquirent moyennant 1298 liv.

Le 2 juillet 1696, ils acquirent encore deux offices de jurés, créés en 1691, qu'ils payerent 1380 liv.

Le premier octobre 1700, ils réunirent encore à leur communauté les deux offices d'auditeurs & d'examinateurs des comptes, créés par édits des mois de mars & décembre 1691, moyennant 1320 liv.

En 1718 & 1732, ils payerent 52 liv. pour les deux sols pour livre de deux maîtrises d'épiciers.

Lors du joyeux avénement, ils payerent 630 liv. pour leur part des taxes imposées sur les communautés.

Le 25 février 1723, ils payerent encore une autre taxe de 693 liv.

Lors de la création des inspecteurs des manufactures, ils furent taxés à 12 liv. par an.

Et enfin le 5 juillet 1753, ils payerent une somme de 2090 liv. pour la réunion à leur corps des offices d'inspecteur & contrôleurs des maîtres gardes.

A l'abri de ces payemens, les marchands de Melun jouirent tranquillement depuis l'homologation de leurs statuts de toute leur existence; & toutes les fois que quelques marchands voulurent s'établir dans ladite ville sans s'être fait recevoir maîtres, ils firent prononcer contre eux la validité des saisies faites sur ces particuliers.

Ce ne fut qu'en 1753, que le nommé Thomas Cuignard habitant de Melun s'étant avisé d'ouvrir boutique dans la ville, les marchands de Melun le firent assigner au châtelet de ladite ville le 29 mai 1754, pour se voir condamner à fermer incessamment & sans aucuns délais sa boutique, avec défenses de vendre aucunes marchandises; & que pour l'avoir fait, il fut condamné en 1000 liv. de dommages & intérêts.

Pour défenses à cette demande, Cuignard opposa une sentence du 21 juin 1753, qui lui permettoit d'ouvrir boutique: mais comme ce jugement dans lequel Cuignard mettoit toute sa confiance n'avoit été obtenu que sur requête, les marchands de Melun y formerent opposition le 25 juin 1754, & demanderent que Cuignard fût condamné à fermer incessamment boutique, avec défenses de vendre aucunes marchandises.

La cause dans cet état ayant été portée à l'audience le 15 juillet 1754, il fut ordonné un délibéré sur lequel intervint le 13 décembre suivant, une sentence qui condamna Cuignard de se retirer par-devers la communauté dans le mois, à compter du jour de la signification de ladite sentence; sinon faute de ce faire dans ledit tems & icelui passé, sans qu'il fût besoin d'autre sentence, le condamna de fermer boutique, avec défenses de vendre aucunes marchandises sur telles peines qu'il appartiendroit, & aux dépens.

L'appel que Cuignard interjetta de ce jugement, fit la matiere d'une instance en la grand'chambre, au rapport de M. l'abbé de Sallabery.

Les moyens que Cuignard employa pour faire valider son appel étoient les mêmes que ceux invoqués par Nicolas Robert & les deux autres marchands dont il est parlé dans l'arrêt de Bardet.

Cuignard soutenoit comme eux que le prévôt ni

les officiers du châtelet de Melun, n'avoient pas été en droit d'établir une maîtrise en jurande dans leur ville ; que ce pouvoir appartenoit au roi seul, qui le conféroit par ses lettres patentes ; que les marchands de Melun n'en ayant obtenu aucunes, ils ne pouvoient former un corps exclusif, au préjudice des autres habitans de cette même ville, qui étoient sujets également comme eux à toutes les charges publiques ; que n'y ayant point de communauté en corps revêtue de lettres patentes dans la ville de Melun, le commerce devoit y être libre ; & que les marchands de ladite ville ne pouvoient en empêcher l'exercice.

À l'égard des taxes que les marchands prétendoient avoir payées, Cuignard opposoit que ces taxes ne pouvoient suppléer à des lettres patentes ; que c'étoit des édits bursaux auxquels ils n'avoient satisfaits, que dans la vue de se former un titre qui pût suppléer les lettres patentes ; que s'ils avoient voulu ils auroient pu s'en exempter, en déclarant à ceux qui levoient ces taxes, qu'ils ne formoient pas un corps de communauté, n'ayant point de lettres patentes, puisque ces taxes n'étoient impofées que sur les communautés qui formoient un corps ; que ces receveurs n'avoient point été obligés d'aller fouiller dans les archives des marchands pour savoir s'ils avoient des lettres patentes ou non, sur-tout vis-à-vis de ceux de Melun, qui dans le tems n'avoient allégué aucuns moyens, pour se dispenser du payement ; que par conféquent loin de pouvoir opposer les quittances des sommes qu'ils avoient payées comme un titre, on ne devoit les confidérer que comme des payemens volontaires, à la faveur defquels ils se flattoient fans doute d'interdire tout commerce à quiconque n'auroit pas été reçu dans leur prétendue communauté.

Ce fut d'après ces moyens que Cuignard conclut à ce que la fentence dont appel, fût mife au néant, & à ce qu'il fût déchargé avec dépens, des condamnations qu'elle prononçoit contre lui.

Les marchands de leur côté pour juftifier le bien jugé de la fentence, poferent pour principes que les édits de 1581 & de 1600, ne parloient point de lettres patentes ; qu'ils ne portoient d'autre obligation *que d'ériger les arts & métiers en jurande pardevant les juges des lieux,* formalité qu'ils avoient remplie par l'homologation de leurs ftatuts en 1609 ; que dans toutes les villes où il y a cour fupérieure, préfidial, bailliage ou fénéchauffée, nul ne pouvoit exercer profeffion, ni tenir boutique ouverte, fans être reçu maître du corps dont il vouloit adopter le commerce ou la profeffion ; que ce principe général dérivoit de l'édit du mois de mai 1643, de l'ordonnance du commerce de 1673, & notamment d'un autre édit du mois de novembre 1722 regiftré le 18 janvier 1723.

En expliquant les motifs & les effets de cet édit, les marchands de Melun foutinrent que le roi en confidération de fon avénement à la couronne & de fon facre, *créa & érigea huit maîtrifes de chacuns arts & métiers dans la ville de Paris, fix dans chacune des villes où il y avoit des cours fupérieures, & quatre dans celles où il y avoit bailliage & fénéchauffée,* pour y être pourvu de telles personnes qu'il lui plairoit choifir, en payant par elles la finance qui feroit réglée au confeil ; que comme il y avoit préfidial & châtelet à Melun, les marchands de cette ville avoient été forcés d'acquérir quatre de ces maîtrifes qui leur coûterent 693 liv. de maniere que quand même ils n'auroient jufqu'à cet époque, formé aucun corps de communauté, quand même ils n'auroient point eu de ftatuts homologués par leurs juges naturels dès l'inftant qu'ils avoient été compris à ce nombre des corps qui devoient le joyeux avénement, ils fe trouvoient néceffairement dans le cas de jouir de l'effet du privilege attaché aux maîtrifes qu'ils avoient acquifes, autrement que ce feroit admettre que cet édit auroit été inutile, & la dépenfe fans objet.

De ce moyen, les marchands pafferent à celui qui

se tiroit de l'intérêt public, & foutinrent qu'il n'étoit pas du bon ordre, que tout le monde pût faire fans maîtrife le commerce d'épiceries & de drogueries.

D'un autre côté, ils oppoferent encore, que s'ils ne pouvoient pas préfenter des lettres patentes, c'eft n'étoit pas qu'ils n'en euffent pas eues, mais que peut-être elles avoient été égarées, & qu'ayant toujours été compris dans les taxes impofées fur les communautés, leur confiance dans leur exiftence en avoit long-tems empêché la recherche ; que l'ayant faite fans fuccès, ils s'étoient déterminés pour plus grande fûreté dès le 12 mars 1745, à donner leur procuration à Leclerc, un de leurs gardes, pour obtenir de nouvelles lettres patentes ; que les pieces à ce néceffaires avoient été remifes entre les mains de M. le comte de Saint-Florentin (actuellement duc de la Vrilliere) & qu'ils étoient à la veille d'en obtenir de nouvelles, pour réparer la perte qu'ils préfumoient avoir faite des anciennes. Enfin ils finirent par dire qu'en fuppofant qu'ils n'euffent point de lettres patentes, ce défaut étoit couvert tant par les payemens qu'ils avoient faits au roi en qualité de corps de communauté, que par les jugemens & fentences qu'ils avoient produits en l'inftance.

Mais tous ces moyens ne purent prévaloir contre le défaut de repréfentation des lettres patentes, puifque par l'arrêt cité rendu fur les conclufions du miniftere public le 19 juin 1756, l'appellation & a, furent mis au néant ; en conféquence il fut permis à Cuignard de tenir boutique ouverte dans la ville de Melun, & les marchands furent condamnés en tous les dépens.

Comme j'écrivois dans cette affaire pour les marchands de Melun, je demandai à M. le rapporteur les motifs de l'arrêt, & comment au préjudice des payemens faits par les marchands de Melun de toutes les taxes auxquelles on les avoit impofées comme corps de communauté, on avoit pu infirmer la fentence, fur-tout les marchands ayant acquis, lors du joyeux avénement, les quatre maîtrifes créées dans la ville de Melun.

M. le rapporteur eut la complaifance d'entrer avec moi dans le détail des motifs de l'arrêt, dont le principal fe tiroit du défaut de lettres patentes, que rien, me dit-il, ne pouvoit couvrir. Il convint en même tems que l'objection de l'acquifition des quatre maîtrifes, lors du joyeux avénement, avoit d'abord frappé la cour ; mais qu'en lifant avec attention l'édit de novembre 1722, il étoit vifible que cet édit n'avoit été donné que pour faire acheter par des particuliers, le droit de maîtrife fans apprentiffage, dans des communautés revêtues de lettres patentes, ou par ces communautés mêmes, mais non pas dans la vue de donner, à la faveur du payement de cette finance, à un particulier le droit d'exercer exclufivement un commerce et s'agrégeant à un corps des particuliers, qui par lui-même n'auroit pas d'exiftence, ni d'accorder à des marchands établis fans lettres patentes, le droit exclufif de commerce, au préjudice des autres habitans de la même ville ; que c'étoit ainfi qu'il falloit interpréter l'édit de 1722 ; que fi les marchands de Melun avoient payé les taxes, c'eft qu'ils l'avoient bien voulu ; qu'ils n'auroient pas dû lever ces maîtrifes, n'étant point en titre de communauté, mais qu'ils ne l'avoient fans doute fait que pour empêcher que d'autres ne le fiffent & n'exerçaffent le même droit qu'eux, & par-là faire préfumer qu'ils étoient fondés en lettres patentes.

Les mêmes principes que nous venons de pofer, relativement à la néceffité de l'obtention de lettres patentes pour donner une exiftence réelle à une communauté, doivent s'appliquer également aux confrairies, qui malgré leur exiftence, quelqu'ancienne qu'elle foit, ne peuvent fubfifter fans lettres patentes, ainfi qu'il a été jugé par arrêt de mars 1753, fur délibéré au rapport de M. Bochard de Sarron. En voici l'efpece ;

Depuis un tems immémorial la confrairie du St. Sacrement étoit établie en l'église paroissiale de St. Etienne du Mont à Paris, sans que personne eût jamais inquiété ni recherché ceux qui en avoient successivement été les administrateurs.

Leur possession étoit établie par des titres de 1535 & 1536, par des jugemens, différentes bulles des papes, qui accordoient des indulgences plenieres & rémission de tous péchés à ceux qui entreroient dans ladite confrairie, & qui le jour de leur réception auroient fait une véritable & sincere confession, & auroient reçu le St. Sacrement.

Ces bulles furent même publiées, en vertu de permission de l'ordinaire du 30 janvier 1750.

Telle étoit la possession des confreres du St. Sacrement établis en la susdite église, lorsque se voyant inquiétés par les marguilliers de la fabrique de cette même paroisse, ils dresserent des statuts conformes à l'ancien usage, & les présenterent à M. l'archevêque de Paris, à l'effet d'avoir son approbation pour les faire observer par ceux qui composoient la confrairie.

Après un mûr examen de ces statuts, contenans 35 articles, M. l'archevêque les approuva en tout leur contenu.

Quoique munis de cette approbation, les administrateurs de la confrairie de St. Etienne du Mont sentirent bien qu'elle n'étoit pas suffisante pour que ces statuts pussent faire une loi, ni que les membres qui composoient la confrairie s'y soumissent, qu'il falût encore qu'ils fussent homologués en la cour.

A cet effet les administrateurs s'y retirerent & lui présenterent leur requête tendante à ce qu'il lui plût homologuer lesdits statuts, en ordonner l'exécution; & que conformément à l'article 191, il fût ordonné, que tous les ans le dimanche de l'octave de la Fête-Dieu, les confreres de la confrairie du St. Sacrement demeureroient autorisés à faire une procession à St. Sacrement dans un canton de ladite paroisse de St. Etienne du Mont, dans lequel les processions ordinaires qui se faisoient les jours de la Fête-Dieu & de l'octave de la Fête-Dieu, n'avoient pas coutume de passer; & qu'afin que chacun des habitans de ladite paroisse pussent participer à cette acquisition de biens, il fut ordonné que la procession qui seroit faite par lesdits confreres, sortiroit par la rue de la Montagne de Ste. Genevieve; qu'elle passeroit ensuite par les rues Berdet, Mouffetard, Pot-de-Fer, des Fossés de l'Estrapade, des Fossés St. Jacques & St. Jaques, pour rentrer dans l'église par la rue St. Jeanne des Grecs.

Cette requête fut répondue d'un soit communiqué à M. le procureur-général, sur les conclusions duquel la cour rendit son arrêt le 16 janvier 1751, par lequel elle homologua ledit réglement en 25 articles, pour être exécuté selon sa forme & teneur, & adjugea aux administrateurs de la confrairie du St. Sacrement les conclusions par eux prises.

Les administrateurs munis de cet arrêt se croyoient assurés de leur état, lorsque les marguilliers de l'œuvre & fabrique de St. Etienne du Mont, par requête du 11 février 1751, formerent opposition à l'exécution de l'arrêt du 16 janvier dernier; & que faisant droit sur leur opposition, les statuts & réglemens des confreres du St. Sacrement furent déclarés nuls, & qu'ils furent déboutés de leur demande en homologation.

Les marguilliers ne motiverent point d'abord leur opposition; mais par une requête qui la suivit de près, ils se contenterent de présenter pour moyens, le défaut de lettres patentes, & de dire, que n'en produisant aucunes, les confreres étoient dans le cas de l'édit de 1749.

L'affaire plaidée respectivement de part & d'autre, fut mise en délibéré au rapport de M. Bochard de Sarron. Il y eut mémoire respectif des parties.

Les confreres du St. Sacrement se retranchant sur leur possession, & les marguilliers sur le défaut de lettres patentes.

Mais malgré la possession articulée, prouvée & suivie de la part des confreres du St. Sacrement, intervint le ... mars 1753, arrêt qui ordonna que les administrateurs du St. Sacrement seroient tenus de se retirer pardevers sa majesté, à l'effet d'obtenir des lettres patentes, tous dépens réservés.

Ce dernier arrêt établit dans le principe, qu'aucunes confrairies, quoique tolérées & en possession de leur existence, ne peuvent se soutenir qu'autant comme leur établissement est justifié par l'autorité des lettres patentes.

CHAPITRE XLVII.

Officiaux ne connoissent des complaintes.

MAître Denis Marteau prêtre, curé d'Armonville au diocese de Rheims, ayant fait assigner un particulier de ses paroissiens pardevant l'official de M. l'archevêque de Rheims, aux fins de se voir condamner à lui payer les menues dîmes, tous les autres paroissiens d'Armonville intervinrent & prirent pour trouble cette demande de menues dîmes faite par le curé; & sur la complainte qu'ils en formerent soutenans être en possession immémoriale de n'en point payer, ils demanderent leur renvoi pardevant le juge royal des lieux. L'official les ayant déboutés, ils en interjetterent appel; & y ayant renoncé, l'official rendit sa sentence définitive par laquelle il condamna les habitans & paroissiens d'Armouville, de payer toutes sortes de menues dîmes à Marteau leur curé, à raison de la treizieme de chaque espece, dont ils interjetterent appel comme d'abus & obtinrent lettres pour être relevés de l'acquiescement au premier appel. Pour eux Me. Germain dit, que l'abus est évident, parce que les ordonnances, particuliérement celle qu'on appelle vulgairement la Philippine, défendent expressément aux juges d'église de prendre aucune connoissance du possessoire des dîmes ni d'autres matieres bénéficiales. La complainte est un cas royal. Les appellans l'ayant formée, l'official avoit les mains liées & ne pouvoit plus passer outre; leur acquiescement ne peut leur préjudicier, parce que l'abus ne se couvre point. Au principal les appellans payent les dîmes prédiales & des gros fruits. Outre ce, l'intimé veut les asservir à d'autres menues dîmes & personnelles, qui ne leur ont jamais été demandées, & qu'ils sont en possession immémoriale de ne point payer; par conséquent la seule allégation de ce fait, de n'avoir jamais payé telles dîmes, rend le curé intimé non-recevable en ses fins & conclusions; à quoi il conclut.

Me. Beaulieu pour le curé intimé dit, que s'il eût été question du possessoire des dîmes demandées par l'intimé, l'official n'en auroit pu connoître. Mais d'abord l'intimé a déclaré qu'il formoit sa demande au pétitoire dont le juge ecclésiastique seul est compétent. La complainte formée par les appellans n'est qu'un artifice pour tâcher de vexer l'intimé. Autrement si toutes les fois qu'on forme une demande au pétitoire pour des dîmes ou d'autres matieres bénéficiales, il étoit permis au défendeur de former complainte, & par ce moyen ôter la connoissance au juge d'église; il s'ensuivroit qu'il n'en connoîtroit jamais, quoique l'ordonnance lui attribue précisément la connoissance des ces matieres, quant au pétitoire. Au principal les moyens des appellans ne sont aucunement considérables; parce que les dîmes étant de droit divin, sont par conséquent imprescriptibles, quoique ceux qui les demandent ne puissent pas montrer qu'elles aient été jamais payées: Si tardius reddere decimas peccatum est, quanto magis & gravius est omninò non dare, dit saint Augustin. L'intimé, quoique curé, ne perçoit point les grosses dîmes prédiales dans sa paroisse, où il y a des charges fort onéreuses & de fort peu de revenu. Ainsi il est fort raisonnable de le conserver & autoriser en la levée & perception des menues dîmes, que la sentence dont est appel lui a adjugées. Et conclut au bien jugé.

M. l'avocat général Talon dit, que l'abus est manifeste. La seule allégation de complainte a lié les mains à l'official. La complainte est un cas royal ; *causa momenti*, *interdictum retinendæ possessionis*, *quæ celeritate reformatur ne partes ad arma veniant.* L'ordonnance défend nommément cette connoissance au juge d'église. Quand les paroissiens n'auroient point interjetté appel de la premiere sentence, ils l'interjetteroient pour le public. La seconde sentence n'est pas moins abusive. Les appellans mettoient en fait de n'avoir jamais payé cette espece de dîme que leur demandoit l'intimé, & ils ont été condamnés à la lui payer à raison de la

treizieme. Il s'agissoit donc de la quantité de la dîme ; c'est pourquoi, suivant l'ordonnance de Blois & de Melun, la connoissance en appartenoit au juge royal, S'il y a lieu de condamner un intimé en l'amende, c'est en cette espece ; & néanmoins à cause des procédures volontaires qu'il y a eu pardevant l'official, il y a lieu de compenser les dépens.

LA COUR dit, que par l'une & l'autre sentence il avoit été mal, nullement & abusivement procédé, ordonné & jugé ; ayant égard aux lettres, remit les parties en tel état qu'elles étoient auparavant ; & pour procéder sur la complainte formée par les appellans, renvoya les parties pardevant le bailli de Vermandois ou son lieutenant à Rheims. Le lundi 22 décembre 1631, M. le premier président le Jay prononçant.

FIN DU TOME PREMIER.

TABLE

TABLE
DES CHAPITRES
DU
TOME PREMIER.

LIVRE PREMIER.

Chap. I. A Djudicataire par décret ne peut deſtituer les officiers pourvus à titre onéreux par le ſaiſi pendant les criées, *page* 1

Chap. II. Juge d'égliſe commet abus, voulant connoître du pétitoire en matiere bénéficiale, avant que le poſſeſſoire ait été vuidé par le juge royal, 5

Chap. III. Révocation d'un teſtament olographe *ſub ab iratâ matre*, jugée ſuffiſante en faveur de la fille, par une ſimple déclaration de la mere agoniſante au curé qui l'interrogeoit, quoique non ſignée de la teſtatrice, 6

Chap. IV. Legs à une femme, ſous condition qu'elle demeureroit dans un quartier, n'eſt dû que pendant ſa réſidence actuelle, *ibid.*

Chap. V. Lettres de rémiſſion doivent être adreſſées aux juges des lieux où les crimes ont été commis, 7

Chap. VI. Office ſtipulé propre au mari & aux ſiens, étant par lui vendu, les deniers ſont réputés de même nature, pour réduire le legs par lui fait à ſa femme de tous ſes meubles, acquêts & conquêts immeubles, & quart des propres dans la coutume de Dreux, *ibid.*

Chap. VII. Caution & certificateur d'un receveur des conſignations devenu inſolvable, ſont condamnés ſolidairement à payer la ſomme portée par l'acte de cautionnement, qui n'eſt pas nul pour n'être ſigné des parties, étant judiciaire, *ibid.*

Chap. VIII. Inventaires ne doivent être faits par les juges, s'ils en ſont requis, 8

Chap. IX. Delit d'enfant, le châtiment en eſt renvoyé au pere, 9

Chap. X. Dîmes ſont affectées aux réparations des égliſes, 11

Chap. XI. Dernier teſtament olographe d'un mari fort âgé au profit de ſa femme qui étoit jeune, déclaré nul, pour n'avoir répété la clauſe dérogatoire inſérée dans un précédent teſtament, que le teſtateur vouloit être écrite de ſa main dans les poſtérieurs. Subſtitution en faveur de l'enfant qui naîtroit du ſecond mariage de la femme, notée par un avertiſſement donné aux avocats, *ibid.*

Chap. XII. Avocat qui plaide pour un duc & pair, quoiqu'il ſoit intimé ou défendeur, doit ſe mettre au barreau du côté de la cheminée, 13

Chap. XIII. Exhérédation d'un frere *cum elogio*, déclarée valable, 14

Chap. XIV. Réſignation *in favorem*, non admiſe ni effectuée, ne fait vaquer le bénéfice en régale, & le réſignant étant décédé avant l'admiſſion, la régale n'eſt ouverte que par le décès, 15

Chap. XV. Propriétaire vendique ſa choſe dérobée ſans reſtitution de prix, 16

Chap. XVI. Obligations paſſées par un fils de famille mineur à l'agonie, de l'avis de ſon con-

feſſeur, auquel elles furent dépoſées, au profit de deux marchands dont il avoit été tuteur, ont été jugées valables contre le pere, ſa caution pour l'apprentiſſage ſeulement, *ibid.*

Chap. XVII. Dîmes ſont dues au curé de la paroiſſe où les héritages ſont ſitués, 17

Chap. XVIII. Péremption d'inſtance ne court contre la veuve qui ſe remarie, ſi elle n'eſt autoriſée par ſon mari ou par juſtice, 18

Chap. XIX. Principal débiteur reçu au bénéfice de ceſſion de biens contre ſon fidéjuſſeur, *ibid.*

Chap. XX. Prêtre ne peut exercer office de judicature temporelle, 19

Chap. XXI. Notaires royaux ne peuvent inſtrumenter dans l'étendue de la ſeigneurie des hauts-juſticiers, *ibid.*

Chap. XXII. Juge ſubalterne ne peut certifier des criées, ſi ſon ſiege n'eſt dans une grande ville, comme celui du bailli de Nevers, 20

Chap. XXIII. Adjudication par décret infirmée, parce que le juge avoit par la ſentence de certification de criées, prononcé le congé d'adjuger qui le devoit être ſéparément, *ibid.*

Chap. XXIV. Ceſſion de biens reçue pour dépens en matiere criminelle, *ibid.*

Chap. XXV. Donation faite par un mari à l'enfant d'un premier lit de ſa femme en la coutume de Troyes, annullée par le défaut d'inſinuation, & jugé que le donataire mineur n'étoit pas reſtituable, *ibid.*

Chap. XXVI. Teſtament parfait n'eſt révoqué par un imparfait, quoique le teſtateur le révoque & annulle expreſſément; & le legs univerſel fait par le pere naturel à ſon fils bâtard né *ex ſoluto & ſolutâ*, même le legs particulier fait à la concubine ſont déclarés valables, 21

Chap. XXVII. Clôture des religieuſes, peut être ordonnée par l'évêque; mais il commet abus, en faiſant afficher & publier ſon ordonnance, 26

Chap. XXVIII. Bailli de robe courte, ne peut être adjudicataire par décret dans ſon ſiege, *ibid.*

Chap. XXIX. Mariage d'un banni à perpétuité, eſt valable quoad fœdus, & les enfans ſont légitimes, mais incapables de la ſucceſſion de leur pere, qui appartient aux collatéraux, en coutume où la confiſcation n'a point de lieu, 27

Chap. XXX. Juge civil connoît du criminel incident même contre un prêtre, 28

Chap. XXXI. Concordat pour office de préſident aux enquêtes, & peine ſtipulée, ont été déclarés nuls, dans un tems que le roi avoit révoqué le droit annuel, quoique la révocation fût poſtérieure au concordat, *ibid.*

Chap. XXXII. Teſtament d'un ſoldat français portant les armes en pays étranger, contre les défenſes du roi, ne peut être dit militaire, & eſt

Tome I. Ooooo

nul par le défaut de formalités, 29

Chap. XXXIII. Testament mutuel du mari & de la femme n'est valablement révoqué par un testament postérieur de l'un d'eux à l'insu de l'autre, ibid.

Chap. XXXIV. Stipulation de propre à la femme & aux siens, d'un réliquat de compte à elle dû par son tuteur, n'empêche qu'elle n'en puisse entièrement disposer par testament au profit de son mari, dans la coutume de Chartres, 30

Chap. XXXV. Officiers des seigneurs hauts-justiciers ne sont sujets à l'examen des baillis & sénéchaux, 31

Chap. XXXVI. On ne peut être héritier sous bénéfice d'inventaire d'un greffier des consignations, 32

Chap. XXXVII. Enquête par turbes ordonnée touchant l'usage de Blois, pour savoir si le retrait lignager n'a lieu lorsque l'acquéreur a des enfans de la ligne du vendeur, & si tous lesdits enfans étant décédés, un lignager du vendeur est reçu au retrait, quoiqu'il y ait plusieurs années expirées depuis la vente, ibid.

Chap. XXXVIII. Douaire coutumier se prend sur le prix de l'office que le mari avoit lors du mariage & qu'il a vendu depuis, ou sur les héritages qu'il en a acquis, 33

Chap. XXXIX. Injures dites contre l'honneur d'une fille fiancée, & la réparation, ibid.

Chap. XL. Veuve d'un bâtard, donataire de tous ses meubles & acquêts par leur contrat de mariage en la coutume d'Anjou, doit avoir tous les meubles & la moitié des acquêts à titre de communauté & le tiers de l'autre moitié en vertu de sa donation. Les deux autres tiers sont sujets au droit de bâtardise, & le bâtard n'en a pu disposer ni par son contrat de mariage, ni par un testament, qui est déclaré nul. Ce droit de bâtardise ne peut être prétendu par le seigneur haut-justicier de la situation des immeubles; mais pour savoir s'il appartient au roi ou à l'engagiste de son domaine, la cour a appointé 34

Chap. XLI. Imputation non exprimée par une quittance, se fait de droit in duriorem causam. 37

Chap. XLII. Bénéficier juge n'encourt irrégularité pour avoir condamné au fouet, ibid.

Chap. XLIII. Enfant donataire du pere d'une somme de deniers, qui renonce à sa succession, dans la coutume du Maine, n'est tenu au rapport envers les créanciers antérieurs à sa donation, 39

Chap. XLIV. Décret des immeubles du mari décédé se fait à la charge du douaire en usufruit de la veuve, pourvu qu'elle donne caution de faire payer sur le prix de l'adjudication les créanciers antérieurs au mariage, ibid.

Chap. XLV. Créanciers ne peuvent demander distraction de la légitime de leur débiteur sur les biens de la succession de sa mere échue avant qu'ils aient contracté avec lui, & dont la propriété a été par elle léguée à ses petits enfans, 40

Chap. XLVI. Mineur qui s'est rendu caution judiciaire pour sortir son pere de prison, de le représenter ou payer, n'est restituable. Arrêt en robes rouges, ibid.

Chap. XLVII. Caution de représenter la personne ou de payer, condamnée de payer faute de représentation, est encore reçue à représenter pour se décharger du payement, 43

Chap. XLVIII. Preuve testimoniale d'une promesse verbale qui excédoit cent livres, a été rejettée entre marchands, ibid.

Chap. XLIX. Femme adultere qui a donné lieu à l'assassinat de son pere, & se trouve complice de celui de son mari, ne confisque les biens du pere dont elle a été privée par indignité; & la réparation civile n'y doit être prise : mais l'héritier du défunt qui n'a poursuivi la vengeance de l'homicide doit rembourser les frais du procès à la partie civile, ibid.

Chap. L. Donation entre mari & femme au survivant doit être égale en pays de droit écrit, & la plus grande est réduite à la moindre. Arrêt en robes rouges, 45

Chap. LI. Retrayant lignager doit rembourser l'acquéreur de tous les lods & ventes, & ne peut le contraindre d'affirmer & jurer qu'il n'en a eu composition, ibid.

Chap. LII. Disposition d'un religieux novice au profit de son ordre est nulle, 46

Chap. LIII. Alimens sont dus au bâtard, & les héritiers le doivent faire passer maître, ibid.

Chap. LIV. Fiancée est tenue de rendre les bagues & joyaux, le mariage ne s'étant point accompli par le décès du fiancé, 47

Chap. LV. Porteur de lettre de change qui la fait accepter, & au-lieu d'en exiger le payement au jour de l'échéance l'a négociée, est garant de la faillite & banqueroute de celui sur lequel elle étoit tirée sans aucun recours contre le tireur, 48

Chap. LVI. Condamné à mort ayant interjeté appel, n'y peut renoncer, 49

Chap. LVII. Donation mutuelle entre mari & femme n'est révoquée par survenance d'enfans dans la coutume d'Anjou, ibid.

Chap. LVIII. Preuve par témoins contre l'ordonnance, rejettée, 50

Chap. LIX. Lods & ventes ne sont dus du détirement fait par les héritiers du mari à la veuve, du conquêt de la communauté pour le remploi de ses propres, ibid.

Chap. LX. Preuve par témoins d'un dépôt volontaire fait à un cohéritier, est rejettée, & il n'est pas libre de changer le libelle, & le qualifier de soustraction, pour éluder l'ordonnance, 53

Chap. LXI. Transaction contenant séparation de corps & de biens, entre mariés est nulle; mais le femme est privée de la communauté jusques au jour qu'elle retourne avec son mari, 54

Chap. LXII. Donation mutuelle entre mari & femme, nulle, faute d'insinuation, dans la coutume de Poitou, 55

Chap. LXIII. Parricide ne succede à son pere, & perd la disposition de ses propres biens, du jour du crime commis, 57

Chap. LXIV. Borgne de l'œil gauche, avec une pustule sur la levre, sans difformité considérable, n'est pas irrégulier, ni incapable de l'ordre de prêtrise & de bénéfice, 58

Chap. LXV. Servitude d'aqueduc ne se peut prescrire par le propriétaire de l'héritage inférieur, contre celui de l'héritage supérieur où est la source, 60

Chap. LXVI. Juges & procureurs du roi ou fiscaux, ne procedent à la confection des inventaires, s'ils n'en sont requis par les parties, 61

Chap. LXVII. Transaction sur un crime d'adultere est bonne & valable, 61

Chap. LXVIII. Posthume institué né monstrueux, avec un museau de singe & un pied fourchu capable de succéder à son pere, & la substitution pupillaire déclarée ouverte au profit de la mere, 63

Chap. LXIX. Résignation in favorem admise, même le visa donné au résignataire absent, ne fait vaquer le bénéfice sans acceptation de sa part, 68

Chap. LXX. Assignation aux parens d'un défunt en reprise d'instance de mariage pardevant l'official, & sentence de déni de renvoi sont abusives, 69

Chap. LXXI. L'héritier des propres de la femme qui ne prend rien dans les effets de la communauté d'entr'elle & son mari, doit contribuer en la coutume d'Orléans, avec l'héritier mobilier aux dettes, à proportion de l'émolument, même au payement du prix des marchandises extantes dont l'héritier profite seul avec le mari, 70

Chap. LXXII. Pere est tenu de rembourser la rançon payée pour tirer son fils de captivité, quoiqu'il n'en ait donné aucun mandement, 71

Chap. LXXIII. Le droit d'amortissement d'un héritage légué à gens de main-morte, se doit payer par l'héritier, & non par les légataires. Arrêt en robes rouges, 73

Chap. LXXIV. Le dernier testament révoque le précédent *ipso jure*, 74

Chap. LXXV. Religieux ne peut donner aucune chose à l'ordre dans lequel il fait profession, ibid.

Chap. LXXVI. Prise de possession par procureur, n'empêche que le bénéfice ne vaque en régale, 75.

Chap. LXXVII. Provisions de cour de Rome doivent être datées du jour de l'arrivée du courier à Rome, & la clause dérogatoire à la regle des vingt jours est sous-entendue, quoiqu'elle soit omise. L'évêque ne peut donner des provisions avec la clause *ad nutum*, qui est abusive, ibid.

Chap. LXXVIII. En substitution fidéicommissaire, représentation n'a point de lieu, & le substitué étant décédé avant la condition, il n'a rien transmis à ses enfans, 76

Chap. LXXIX. Lettre missive ne peut passer pour un testament olographe, 77

Chap. LXXX. Lods & ventes sont doubles, lorsque celui qui a acquis pour lui & son ami se fait seul investir, avant que de faire déclaration au profit de cet ami, 79

Chap. LXXXI. Premier testament révoqué par un postérieur, reprend sa force, le dernier étant rayé & bâtonné. Arrêt en robes rouges, ibid.

Chap. LXXXII. Fille née sept mois après le mariage, est légitime, nonobstant la déclaration de la mere, qu'elle avoit été violée, ibid.

Chap. LXXXIII. Enfans exposés doivent être nourris par les seigneurs hauts-justiciers, 80

Chap. LXXXIV. Dévolutaire n'est pas reçu à consigner une somme pour s'exempter de donner caution, 81

Chap. LXXXV. En pays de droit écrit, l'aïeule succede au petit-fils, à l'exclusion des grands oncles, ibid.

Chap. LXXXVI. Substitution n'est ouverte par la profession en religion. Arrêt en robes rouges, 82

Chap. LXXXVII. Femme mariée ne peut être contrainte par corps, ibid.

Chap. LXXXVIII. Permutations de bénéfices inégaux faites à l'agonie sont nulles, ibid.

Chap. LXXXIX. Testament écrit d'une main étrangere, quoique signé du testateur, & par lui reconnu pardevant notaires est déclaré nul, excepté pour les legs pieux, 83

Chap. XC. Transaction pour payer la dîme en argent, à raison de cinq sols par chacun' arpent de vigne, est cassée, & les habitans condamnés de payer en especes, 84

Chap. XCI. Inventaires des biens des mineurs doivent être faits par les juges & commissaires examinateurs, & non par les notaires, 85

Chap. XCII. Retrait liguager est individu, & l'an ne court que du jour de l'ensaisinement, ibid.

Chap. XCIII. Pere succede aux propres de son enfant, à défaut de parens de l'estoc & ligne, & à l'exclusion des parens d'autre ligne, 87

Chap. XCIV. Bannissement à perpétuité hors d'une province n'emporte point confiscation en la coutume de Sens, ibid.

Chap. XCV. Renonciation aux successions échues au profit d'un cohéritier, moyennant une somme franche des dettes héréditaires, est une véritable cession & vente de droits successifs, qui n'est sujette à rescision pour lésion d'outre moitié du juste prix, 88

Chap. XCVI. Juge ne peut être adjudicataire en son siege, 89

Chap. XCVII. Gentilhomme qui fait cession de biens doit porter le bonnet vert, ibid.

Chap. XCVIII. On ne peut résilir de la composition d'un office d'élu, mais le résignant est déchargé de la clause de garantie du fait du prince, 91

Chap. XCIX. Renonciation à la communauté faite cinq ans après le décès du mari, est déclarée bonne & valable dans la coutume du Maine, ibid.

Chap. C. Titre clérical est inaliénable, 91

Chap. CI. Partie civile n'est tenue des droits de geolage, ibid.

Chap. CII. Curé primitif qui a les deux tiers de la dîme, doit les deux tiers des réparations du chœur & cancel de l'église, & le vicaire perpétuel doit l'autre tiers, ibid.

Chap. CIII. Requêtes civiles ne doivent être plaidées aux rôles des provinces les lundis & mardis, ibid.

Chap. CIV. Legs pieux ne sont de là connoissance des officiaux, 93

Chap. CV. Pere & mere en la coutume d'Amiens peuvent ordonner par testament, que tous leurs enfans viendront également à leur succession sans droit d'aînesse; & en ce cas l'aîné ne le peut prétendre sur un fief acquêt, 94

Chap. CVI. Inventaire défectueux qui contient des omissions & n'est signé du subrogé tuteur, n'empêche la continuation de communauté en la coutume d'Orléans, 95

Chap. CVII. Offres de payer en monnoie étrangere sont nulles, ibid.

Chap. CVIII. Archers ne peuvent résigner leurs places qui sont incompatibles avec les offices de sergens royaux, ibid.

Chap. CIX. Héritage réuni au fief par retrait féodal est acquêt en la personne de seigneur de fief, 96

Chap. CX. On ne peut résilir d'un traité fait pour office qui n'est de judicature, 97

Chap. CXI. Promotion aux ordres sacrés postérieure à la condamnation, empêche la contrainte par corps, ibid.

Chap. CXII. Homicide arrivé par accident en une émotion, n'est digne de peine corporelle, ni de réparations civiles, ibid.

Chap. CXIII. Dot ou donation faite par un pere tuteur, s'entend des biens du pere, non de ceux de la tutele, 98

Chap. CXIV. Successeur au bénéfice peut destituer les officiers même pourvus pour services rendus à la personne de son prédécesseur, 99

Chap. CXV. Remploi des propres de la femme aliénés, se doit faire en Poitou, quoiqu'il ne soit stipulé ni ordonné par la coutume, ibid.

Chap. CXVI. Testament d'une fille majeure au profit de son pere tuteur & remarié, est bon & valable en la coutume de Bourgogne, 100

Chap. CXVII. Dîme ne peut être abonnée au profit d'un particulier, 104

Chap. CXVIII. Au pays de droit écrit, la reversion a lieu de la dot de la fille dans la succession du petit-fils, en faveur de l'aïeul qui l'avoit constituée, à l'exclusion du pere du défunt, soit qu'elle ait été payée ou fût encore due en tout ou en partie, ibid.

LIVRE SECOND.

Chap. I. Compromis empêche la péremption d'instance, page 106

Chap. II. Promesse d'un fils de famille pour frais de jeu de paume déclarée nulle, ibid.

Chap. III. Droit de visite sur les curés appartient à l'évêque, ou en son absence à ses grands-vicaires, & non à l'archidiacre, 107

Chap. IV. En Nivernois où le frere exclud la sœur des successions collatérales, elle n'est pas recevable à lui objecter, que sa qualité d'héritier en cette coutume est incompatible avec celle de légataire universel dans une autre où la sœur peut succéder, ibid.

Chap. V. Legs de la moitié d'une maison, qui étoit un conquêt de la communauté d'entre le testateur & sa femme, & de la moitié de tous les meubles, s'entend de tout le droit que le teftateur y avoit, & comprend l'or & l'argent monnoyé, 108

Chap. VI. Grenetiers & contrôleurs précedent les avocats, *ibid.*

Chap. VII. Adjudication par décret qui exprime l'héritage d'un tiers non dépoffédé par les baux judiciaires, eft nulle, *ibid.*

Chap. VIII. Somme de deniers délivrée par un malade à fon ami, fecrétement & fans écrit, pour l'employer en œuvres pies, doit être rendu aux héritiers, 109

Chap. IX. Propriétaire d'une maifon brulée, eft préférable pour les réparations & les loyers fur les marchandifes du locataire décédé, aux créanciers qui faifoient procéder à l'inventaire lors de l'incendie, 110

Chap. X. Religieux non-recevable à réclamer contre fes vœux après les cinq ans, 111

Chap. XI. Claufe de reprife qui n'exprimoit que la femme, a été étendue aux enfans dénommés dans la précédente pour la faculté de renoncer, contre leur pere remarié, *ibid.*

Chap. XII. Retrayant lignager d'un héritage baillé à rente eft tenu de rembourfer le prix de la rente, 113

Chap. XIII. Legs fait en faveur de mariage n'eft pas conditionnel, 114

Chap. XIV. En Bretagne un bénéfice ayant vaqué aux mois du pape décédé fans conférer, la collation en appartient au pape fon fucceffeur, & les évêques ne le peuvent prévenir, *ibid.*

Chap. XV. Teftament non figné des notaires eft déclaré bon & valable, avec injonction pour l'avenir de figner, à peine de nullité, dépens, dommages & intérêts des parties, 115

Chap. XVI. Duc & pair n'eft exempt de la contrainte par corps, 116

Chap. XVII. Mariage d'un fils de famille français, célébré en Lorraine avec une femme du pays, felon la forme du concile, eft bon & valable, nonobftant le défaut de confentement des pere & mere du français, 117

Chap. XVIII. Régale eft ouverte, même en Bretagne, dans les mois du pape, jufques à ce que l'évêque nouvellement pourvu ait fait enrégiftrer fon brevet de provifion, & acte du ferment de fidélité en la chambre des comptes à Paris, & non en celle de Bretagne, 118

Chap. XIX. Official qui prononce fur les dommages & intérêts pour l'inexécution d'une promeffe de mariage, & ordonne que la célébration faite avec un autre fera réitérée, commet abus, *ibid.*

Chap. XX. Dévolutaire eft non-recevable, faute d'avoir fait juger le procès dans deux ans, même à l'égard d'un autre dévolutaire. Banquiers ne doivent fe charger en même jour d'obtenir des provifions du même bénéfice, 119

Chap. XXI. Unions ou fuppreffions de prébendes, faites du confentement du collateur ordinaire, fans information, avec M. le procureur général, & fans lettres patentes du roi, font nulles & abufives à l'égard du droit de régale, *ibid.*

Chap. XXII. Retrait lignager eft individu, & le retrayant n'eft pas recevable à demander les terres, & rejetter un gouvernement compris en la vente, fous prétexte qu'il n'eft pas en commerce fans l'agrément du roi, 120

Chap. XXIII. Peine de compromis doit être payée, avant que d'être oui fur l'appel de la fentence arbitrale, quoiqu'elle prononce une prohibition d'aliéner certains héritages, *ibid.*

Chap. XXIV. Donation du mari à la femme par leur contrat de mariage fuivi de la célébration, mais précédé de promeffe, copulation & groffeffe, eft nulle en la coutume d'Angoulême qui la prohibe entre conjoints, 121

Chap. XXV. Prétérition d'une fille annulle le teftament du pere, quoiqu'il ait doté par fon contrat de mariage, 122

Chap. XXVI. Teftament avec claufe dérogatoire, n'eft révoqué par un poftérieur qui ne la répete, & les legs pieux contenus au dernier ne font pas valables, *ibid.*

Chap. XXVII. Communauté n'eft diffoute par le délit du mari fuivi d'un banniffement perpétuel hors du parlement, qui n'emporte mort civile, & les amendes & réparations fe prennent fur la part de la femme. Arrêt en robes rouges, 123

Chap. XXVIII. Concours n'a lieu aux provifions obtenues fur réfignations.

Le pape peut en même tems difpenfer de l'âge & pourvoir en commende.

Degré qui furvient avant le vifa & la prife de poffeffion, réhabilite le pourvu d'un bénéfice affecté aux gradués, 114

Chap. XXIX. Rente conftituée au profit du mari, des deniers de fon propre aliéné, avec ftipulation qu'elle fortira pareille nature, eft acquife à fa fucceffion à l'égard des collatéraux, leur emploi n'ayant été ftipulé au contrat de mariage que pour lui & fes fiens, 116

Chap. XXX. Bail d'héritages de la campagne pour neuf ans étant expiré, & le fermier ayant encore joui trois ans, la tacite réconduction a été étendue à une quatrieme année, 117

Chap. XXXI. Promeffe de vendre un office de judicature, n'eft obligatoire ni la peine ftipulée, 118

Chap. XXXII. Condamné à mort par contumace s'étant depuis marié, la femme ne peut prétendre fes conventions matrimoniales & les enfans iffus du mariage, ne fuccedent à leur pere, & autres afcendans, *ibid.*

Chap. XXXIII. Claufe au cas du prédécès de la femme, que fes héritiers n'auront aucune part en la communauté, comprend les enfans comme les collatéraux, 131

Chap. XXXIV. Dot promife par une mere tant fur la fucceffion paternelle échue, que maternelle à échoir, ne s'impute que pour moitié fur celle du pere échue, *ibid.*

Chap. XXXV. Vœu forcé à l'âge de quinze ans, fans noviciat, fans porter l'habit, ni fans faire fonction de religieux, déclaré nul après les cinq ans, 133

Chap. XXXVI. Peine de compromis n'eft due par un mineur, 134

Chap. XXXVII. Offices de judicature ne peuvent être vendus par décret; mais le débiteur eft condamné de paffer procuration pour réfigner, 135

Chap. XXXVIII. En la coutume de Normandie l'on peut être donataire particulier entre vifs d'un propre, & héritier des meubles & acquêts, *ibid.*

Chap. XXXIX. Prefcription de 20 ans en crime eft interrompue par un arrêt de contumace exécuté en effigie, qui dure trente ans, 136

Chap. XL. Deux legs déclarés bons & valables; l'un de quatre mille huit cents livres, fait à des religieufes qui s'établiront dans vingt ans en la ville de Troyes; & l'autre de quatre mille livres pour être diftribuée par les exécuteurs teftamentaires, ainfi que la teftatrice leur a dit, 137

Chap. XLI. Teftament olographe eft bon & valable en la coutume d'Angoumois, 138

Chap. XLII. Deux commiffaires établis à une faifie réelle par un même acte, font tenus folidairement de rendre compte; & l'interpellation contre l'un interrompt la prefcription à l'égard de l'autre, 140

Chap. XLIII. Donation mutuelle entre mariés n'eft révoquée par la furvenance d'un enfant né avant terme & qui prédécede fes pere & mere en la coutume de Tours, 141

Chap. XLIV. Rentes conftituées à prix d'argent fuivent la coutume du domicile du teftateur, 142

Chap. XLV. Promeffe d'une mere au contrat de mariage de fa fille, de n'avantager l'un de fes enfans plus que l'autre, eft irrévocable, *ibid.*

Chap. XLVI. Enfant de fept à huit ans ne peut être pourfuivi criminellement pour avoir crevé l'œil

l'œil à un autre enfant, ni le pere civilement, 143

Chap. XLVII. Mari n'eſt recevable à accuſer un particulier d'avoir commis adultere avec ſa femme pendant qu'il la retient en ſa maiſon, & ne la comprend point dans le crime, *ibid.*

Chap. XLVIII. Monitoires ſont abuſifs, lorſqu'ils déſignent & font connoître la perſonne, 144

Chap. XLIX. Juge ayant été tué faiſant l'exercice de ſa charge, ſon office, ou le prix de la compoſition, doit être conſervé à ſa veuve & enfans, *ibid.*

Chap. L. Un teſtateur ne peut prohiber à ſon héritier le bénéfice d'inventaire, 145

Chap. LI. Teſtament ſolemnel & myſtique d'une perſonne qui ne ſait lire ni écrire, eſt bon & valable, 146

Chap. LII. Teſtateur ayant trois enfans qu'il inſtitue ſes héritiers, peut charger l'un d'eux mauvais ménager, de legs envers ſes petits enfans, à prendre ſur la portion héréditaire de leur pere, 147

Chap. LIII. Legs fait par un chanoine à la fille de ſa concubine, eſt nul, *ibid.*

Chap. LIV. Collation d'un bénéfice à un abſent, qui répudie, n'empêche la prévention du pape, quoique la proviſion du pape ſe trouve de même date que la répudiation, & qu'elle n'ait point été ſignifiée au patron, 148

Chap. LV. Créanciers du défunt n'ont hypotheque ſur les biens de ſon héritier que du jour qu'ils ont obtenu condamnation contre lui. Arrêt en robes rouges, 149

Chap. LVI. Prieuré de religieuſes eſt vacant *ipſo facto*, par irrégularité, à la collation du ſupérieur régulier, & non à la nomination du roi, 150

Chap. LVII. Bail fait par l'abbeſſe ſeule, eſt nul, 153

Chap. LVIII. Mandataire pour obtenir des proviſions d'un office, n'eſt garant envers le pourvu, de la ſuppreſſion, & doit être payé de la ſomme convenue, 154

Chap. LIX. Fils mineur, marié, & demeurant avec ſon pere, gardien des meubles ſur lui ſaiſis, peut être empriſonné, & n'eſt pas reſtituable, *ibid.*

Chap. LX. Affectations de chapelles aux choriſtes depuis le concordat, ne nuiſent aux gradués, qu'après une bulle du pape, lettres patentes du roi vérifiées en la cour, & information de la commodité & utilité, *ibid.*

Chap. LXI. Après le poſſeſſoire d'un bénéfice jugé par arrêt de maintenue, l'on ne peut ſe pourvoir au pétitoire pardevant le juge d'égliſe, & la citation eſt abuſive, 155

Chap. LXII. Legs fait aux pauvres de la religion prétendue réformée, adjugé au bureau des pauvres, pour être diſtribué à ceux de l'une & l'autre religion, 157

Chap. LXIII. Pour la réception des prévôts ou châtelains royaux, l'information de vie & mœurs ſe fait par le lieutenant général ſeul, l'examen par tout le ſiege, où le préſident peut préſider, & la preſtation de ſerment à l'audience du préſidial ou du bailliage, à l'option du reçu, 158

Chap. LXIV. Donation d'une ſœur à ſon frere de toutes ſucceſſions directes & collatérales échues, ſous la réſerve d'une penſion, eſt valable dans la coutume d'Amiens, & nulle pour celle de la mere à échoir, 159

Chap. LXV. Sentence rendue en la Flandre eſpagnole ne peut être déclarée exécutoire en France; mais la cour jugeant de nouveau la même choſe a admis la tireur d'une lettre de change au bénéfice de ceſſion de biens, 160

Chap. LXVI. Teſtament d'un Français fait à Rome ſuivant les ſtatuts de Rome, eſt valable pour les biens ſitués en France, 161

Chap. LXVII. Teſtament olographe d'une femme, contenant legs au profit de la fille naturelle de ſon frere, légitimée par le prince, eſt bon & valable, & les faits de ſuggeſtion ſont rejettés, 162

Chap. LXVIII. Alimens fournis par un créancier à ſon débiteur empriſonné ne ſe repetent, 164

Chap. LXIX. Adjudication par décret à un lieutenant général dans ſon ſiege, eſt bonne & valable dans cette circonſtance particuliere qu'il y avoit convention précédente avec la mere de l'appellant, 165

Chap. LXX. Donation faite à l'enfant de la perſonne prohibée eſt nulle en la coutume de Senlis, 166

Chap. LXXI. Interdiction du fils à la requête du pere, eſt révoquée par la reconciliation & réſipiſcence, 170

Chap. LXXII. Office de judicature peut être vendu par un tuteur ſans décret ſur un avis de parens, & le mineur n'eſt pas recevable à demander un ſupplément du prix, 171

Chap. LXXIII. Mineure ne peut faire rétracter un arrêt d'adjudication par décret, auquel elle ne s'eſt point oppoſée, quoiqu'elle n'eût point de tuteur, ou qu'il fût inſolvable, 172

Chap. LXXIV. Mineur n'eſt reſtitué contre la donation par lui faite en faveur de mariage, & pour récompenſe de ſervices, 173

Chap. LXXV. Diſcuſſion a lieu dans la coutume de Poitou, en faveur du tiers détenteur, & ce cas omis eſt ſupplée par le droit romain contraire à la coutume de Paris, *ibid.*

Chap. LXXVI. Continuation de communauté faute d'inventaire, au profit des enfans du ſecond lit, ne peut être conteſtée par ceux du premier, comme avantage indirect, & le mariage d'une fille n'opere diſſolution, *ibid.*

Chap. LXXVII. Exemption des tailles accordée par Charlemagne aux habitans de la paroiſſe de Berné, ne s'étend aux héritages qu'ils poſſedent dans une autre paroiſſe, 175

Chap. LXXVIII. Legs fait à une fille pour aider à ſe marier, ou entrer en religion, eſt pur & ſimple & non conditionnel, *ibid.*

Chap. LXXIX. Fils aîné n'eſt tenu de contribuer plus que l'un de ſes cohéritiers à la récompenſe due à la veuve commune, pour les bâtimens faits ſur le fief où il prend ſon droit d'aîneſſe, 176

Chap. LXXX. Bail à cens d'une terre de l'ordre de Malthe, eſt valable (quoiqu'il n'y eût aucune néceſſité ni information *de commodo aut incommodo*) par ſon utilité & par l'homologation du grand-maître, 177

Chap. LXXXI. Religieuſe après avoir porté l'habit vingt-quatre ans, s'étant mariée & ayant obtenu un reſcrit entériné qui la diſpenſe de ſes vœux, même du défaut de réclamation dans les cinq ans, ne peut toutefois demander douaire ni conventions matrimoniales, 178

Chap. LXXXII. Legs de meubles meublans, comprend la vaiſſelle d'argent & tapiſſeries, non les bleds ni l'argent monnoyé, 179

Chap. LXXXIII. Dévolutaire ne doit avoir la créance du bénéfice, le titulaire étant décédé peu de tems après l'aſſignation; mais elle eſt donnée au pourvu *per obitum*, 180

Chap. LXXXIV. Dévolutaire intrus doit être maintenu à l'égard d'un étranger incapable de tenir bénéfice en France, *ibid.*

Chap. LXXXV. Juge d'égliſe doit connoître du faux incident; mais l'appel comme d'abus interjetté de ſa ſentence de rétention eſt dévolutif & ſuſpenſif, 182

Chap. LXXXVI. Après un arrêt qui maintient un chapitre en poſſeſſion de l'exemption de la juridiction de l'évêque, il ne peut ſe pourvoir au pétitoire pardevant l'archevêque métropolitain, & la citation eſt abuſive, *ibid.*

Chap. LXXXVII. Supérieurs des maiſons religieuſes ne peuvent déclarer nul le vœu d'un religieux, ſous prétexte qu'il eſt atteint du mal caduc, 184

Chap. LXXXVIII. Mariage clandeſtin d'un fils de famille ſans le conſentement de ſon pere, & les réſignations extorquées de ſes bénéfices, ſont déclarés nuls, 185

Chap. LXXXIX. Teſtament fait à Rome par un Français ſuivant les ſtatuts de Rome, eſt valable pour les biens ſitués en France, 186

Chap. XC. Condamné à mort par contumace, depuis mise au néant, & enfin condamné à mort par arrêt contradictoire, & exécuté, a été déclaré incapable des successions à lui échues pendant la contumace, 187

Chap. XCI. Testament d'une religieuse au profit de son couvent est nul, quoique la coutume l'autorise, 188

Chap. XCII. Action hypothécaire se prescrit par trente ans en Berry, même contre la femme pour ses conventions matrimoniales, & douaire préfix, au profit du tiers acquéreur de l'immeuble du mari, 189

Chap. XCIII. Séparation de biens d'entre le mari & la femme faite volontairement & exécutée, est bonne & valable à leur préjudice, 190

Chap. XCIV. Testament fait avec éloge contre des collatéraux, est confirmé, ibid.

Chap. XCV. Rentes sur l'hôtel-de-ville de Paris au profit des étrangers sont éteintes & amorties par leur décès, 191

Chap. XCVI. Vendeur qui rentre dans son héritage faute de payement du prix dans le terme fixé par le contrat, ne doit pas doubles droits seigneuriaux, qui ne sont dus que de la vente, non de la résolution, ibid.

Chap. XCVII. Mari ayant acheté un office des deniers de la communauté, n'est obligé après le décès de sa femme, de rendre que la moitié du prix qu'il a coûté, & non de ce qu'il valoit lors de la dissolution, 193

Chap. XCVIII. Dispense de tous les bans est abusive, 194

Chap. XCIX. Mari ne doit à ses enfans que le midenier de l'office acquis pendant la communauté, quoique depuis la dissolution & avant le partage il l'ait vendu une somme plus considérable que ce qu'il avoit coûté.

L'action de récompense qui en appartenoit à l'un des enfans héritiers de sa mere & depuis décédé, est confuse en la personne du pere son héritier mobilier, ibid.

Chap. C. Promesse de passer contrat de vente d'une maison, ne peut être éludée par l'acquéreur, sous prétexte qu'elle est chargée de trois douaires, & que l'éviction est éminente, le vendeur offrant de donner caution, 196

Chap. CI. Religieuse n'est recevable à réclamer contre son vœu après les cinq ans, 197

Chap. CII. Evêque peut destituer les officiers qui n'ont été pourvus pour récompense de services faits à l'évêché, quoiqu'ils aient exercé leurs offices plus de trente ans, 200

Chap. CIII. Provisions admises sur résignation, au préjudice d'une révocation signifiée au résignataire, sont nulles, & n'ont pu être validées par un départ intermédiaire de la révocation.

Lettre de confidence entre le résignant & le résignataire, ne peut servir au résignataire du résignataire pourvu avec la clause, aut alio quovis modo, & le premier résignant est reçu à rentrer dans le bénéfice, 201

Chap. CIV. Chevalier de Malthe qui n'avoit réclamé contre son vœu dans les cinq ans, s'étant marié & fait de la religion prétendue réformée, son mariage a été déclaré nul, & lui incapable de succéder, ibid.

Chap. CV. Pere qui a donné une somme de deniers en dot à sa fille, avec stipulation de propre à elle & aux siens, sans ajouter les mots de côté & ligne, ne la peut prétendre en la succession de son petit-fils, & en est exclus par son gendre, pere & héritier mobilier du défunt, 205

Chap. CVI. Enfant de douze ans ayant jetté sur un noyer une pierre qui blessa une petite fille depuis décédée, ne peut être poursuivi criminellement; & c'est un véritable cas fortuit, 206

Chap. CVII. Officier pourvu pour récompense de services, ne peut être destitué par l'acquéreur de la terre, 207

Chap. CVIII. Preneur à emphytéose ne peut prérendre en fin du bail la récompense des bâtimens nouveaux par lui faits; & il n'est pas obligé de rendre en aussi bon état que les anciens, ibid.

Chap. CIX. Banni à tems hors du royaume peut ester en jugement en élisant domicile & constituant procureur, ibid.

Chap. CX. Héritier institué à la charge de substitution, est tenu de donner caution au substitué pour les meubles, 108

Chap. CXI. Legs fait à un particulier ou à ses héritiers, d'une somme qui est apparemment une restitution, appartient moitié à ses héritiers & l'autre moitié à ceux de sa femme commune en biens avec lui lorsque la somme fut prise, 210

LIVRE TROISIEME.

Chap. I. Faculté concédée aux ecclésiastiques de racheter leurs biens aliénés pour subventions, n'est cessible

Chap. II. Retrait est en usage dans la ville de Lyon, & l'acquéreur ayant tendu le giron doit être remboursé dans trois jours,

Chap. III. Legs n'est pas annullé par une fausse cause ou démonstration,

Chap. IV. Donation du mari aux enfans de sa femme d'un précédent lit est déclarée nulle en la coutume d'Orléans,

Chap. V. Chevalier de Malthe est capable de commanderie à son tour, quoiqu'il eût obtenu rescrit entériné par sentence, mais depuis déclarée abusive,

Chap. VI. Régale n'est ouverte par le défaut d'enregistrement du serment de fidélité en la chambre des comptes, & faute d'arrêt de main-levée du temporel, quand il n'y a point eu de saisie, 117

Chap. VII. Saisi ne peut enchérir, ni être adjudicataire, ibid.

Chap. VIII. Official commet abus d'ordonner une provision & des alimens à une fille enceinte, ibid.

Chap. IX. Accusé devant le juge royal dont les informations ne sont point décrétées, faute de preuve, s'étant depuis fait prêtre, doit être rendu à l'official sur la poursuite de la même plainte & nouvelles charges, ibid.

Chap. X. Juges subalternes ne connoissent des délits des ecclésiastiques, ibid.

Chap. XI. Fille naturelle & légitime, qui a renoncé à la succession de son pere, ne peut être tenue de nourrir l'enfant bâtard du défunt, ibid.

Chap. XII. Le crime se trouvant éteint quant à la peine par la mort de l'accusé, les sentences & provisions & taxes des dépens obtenues contre lui, ont été déclarées exécutoires contre sa veuve & héritiers; même ordonné que l'on procéderoit à fins civiles pour les réparations, si mieux n'aimoient purger sa mémoire, 119

Chap. XIII. Complainte n'est cas royal, & les juges des seigneurs hauts-justiciers en peuvent connoître, 120

Chap. XIV. Cessionnaire de biens doit porter le bonnet vert continuellement sans en excepter les jours de fêtes, ibid.

Chap. XV. Majeur est restituable dans les trois ans contre la renonciation par lui faite en majorité à une succession directe échue, les choses étant entieres, ibid.

Chap. XVI. Edit de réduction des rentes au denier seize, publié au parlement, n'a lieu dans les bailliages que du jour qu'il y est aussi publié, & les contrats de constitution passés intermédiairement au denier douze y sont valables, 126

Chap. XVII. Incendie arrivé par une faute très-légere, n'engage celui qui a mis le feu dans sa propre maison, aux dommages, intérêts envers les propriétaires des maisons voisines pareillement brulées, ibid.

Chap. XVIII. Geôlier ne peut retenir un prisonnier pour droits de gîtes & geolages, ni les faire payer au créancier, 228

Chap. XIX. Commiffions adreffées par la cour aux préfidiaux doivent être exécutées par le lieutenant général, & s'il eft abfent pendant trois jours, par le lieutenant particulier ou plus ancien confeiller ; & ne pourront prendre que le greffier ordinaire, *ibid.*

Chap. XX. Fils de famille majeur de vingt-cinq ans qui fe marie fans le confentement de fes pere & mere, peut être exhérédé & ne leur peut demander des alimens pour lui, fa femme & fes enfans. *Arrêt en robes rouges*, *ibid.*

Chap. XX. 2°. Chevaliers de Malthe ne fuccedent *ab inteftat*, ni par teftament, en propriété, ni en ufufruit, & font réduits à une penfion, 229

Chap. XXI. Teftament mutuel du mari & de la femme contenant difpofition de tous leurs biens entre leurs enfans, n'empêche le pere furvivant qui convole en fecondes noces de conftituer un douaire à la feconde femme.
Veuve qui fait profeffion en religion ne perd fon douaire, & en jouit par forme de penfion, 231

Chap. XXII. Cure dépendante de Malthe eft fujette à la vifite de l'évêque en perfonne, 232

Chap. XXIII. Chanoines réguliers de St. Auguftin en la ville de Senlis, font partie du chapitre de l'églife cathedrale & ont la préféance fur les curés de la même ville. 233

Chap. XXIV. Libération ou donation par lettre miffive du créancier au débiteur d'une fomme de huit mille livres, eft bonne & valable, quoiqu'elle n'ait été ni acceptée ni infinuée, & n'eft point fujette à révocation par furvenance d'enfans, 234

Chap. XXV. Fille de quatre ans qui fe noie avec fa mere, eft préfumée morte la premiere, & le pere eft débouté de la fucceffion des meubles, 235

Chap. XXVI. Officiers des eaux & forêts connoiffent de la poffeffion des ufagers dans les communes, abus & malverfations ; mais quand il s'agit de la proarie é, la connoiffance en appartient aux juges ordinaires, 237

Chap. XXVII. Dans la coutume d'Anjou qui admet repréfentation infinie en collatérale, le condamné à mort étant incapable de recueillir la fucceffion échue de fon frere, fes enfans y viennent en fa place avec leurs oncles freres du défunt, *ibid.*

Chap. XXVIII. Fidéicommis fecret & tacite peut être prouvé par témoins, lorfqu'il y a commencement de preuve par écrit, 238

Chap. XXIX. Offices de garde des petits fceaux, contrôle des titres & cuirs font meubles, & fe partagent fuivant la coutume du domicile du défunt, non de celle du lieu où eft leur exercice, 239

Chap. XXX. Deniers procédans de la compofition de l'office du pere font immeubles en la fucceffion de l'enfant décédé mineur, 241

Chap. XXXI. Veuve qui paye la taille dans fa paroiffe, fe remariant au mois de février avant que le nouveau rôle ait été fait, ne doit plus être comprife, fi fon mari la paye dans une autre paroiffe ; mais s'il étoit exempt, elle feroit encore contifable pour cette année, 244

Chap. XXXII. Union d'une cure à une abbaye de religieufes qui en avoit la préfentation eft abufive, 247

Chap. XXXIII. Adjudicataire par décret même forcé, n'eft tenu de configner fi tous les oppofans qu'il a payés, fe département de leur oppofition ; & il ne doit aucuns droits au receveur des confignations, 248

Chap. XXXIV. Enfant de fept à huit ans n'eft capable de délit, & le pere ne peut être condamné aux dommages, intérêts, 249

Chap. XXXV. Tréforiers de France n'ont jurifdiction contentieufe, *ibid.*

Chap. XXXVI. Enfant expofé doit être nourri aux dépens du haut-jufticier,
Le procureur d'office du moyen & bas jufticier ne peut prendre qualité de procureur fifcal, 250

Chap. XXXVII. Quand l'un des enfans décede du vivant du pere, fa portion du douaire appartient aux autres enfans douairiers, fans détraction de la légitime de ceux du fecond fit, *ibid.*

Chap. XXXVIII. Dévolutaire eft admis à prouver la fimonie dont il y a commencement de preuve par écrit, 269, *lifez* 259

Chap. XXXIX. Caufe appointée touchant la validité d'une donation entre vifs olographe & fous écriture privée, *ibid.*

Chap. XL. Douaire coutumier des enfans qui ne font héritiers du pere ni de la mere, n'eft purgé par un décret fait après le décès du pere pendant la vie de la mere, 271, *lifez* 261

Chap. XLI. Titre clérical emporte donation de la propriété, fi le pere ne l'a expreffément réfervée ; & tel don n'eft compris en la prohibition de la coutume du Maine d'avantager un de fes enfans plus que l'autre, ni fujet à infinuation, 272, *lifez* 262

Chap. XLII. Officier pourvu à titre onéreux, n'eft deftituable par l'acquéreur de là feigneurie, *lifez* 263

Chap. XLIII. Exécution d'un refcrit pour être reçu appellant & avoir des juges *in partibus*, après trois fentences eccléfiaftiques conformes eft abufive, 274, *lifez* 264

Chap. XLIV. Mineur qui s'eft dit & affirmé majeur eft reftituable, *ibid.*

Chap. XLV. Avocat qui a perdu fa matricule, doit avoir fon rang du jour qu'il a plaidé en cette qualité, & il ne le perd point par aucune abfence, 265

Chap. XLVI. Saifie réelle d'un office de lieutenant général déclarée nulle ; & toutefois le débiteur condamné de paffer procuration pour réfigner, & au payement des fommes dues, autres qu'arrérages de rentes, contraint par corps, les quatre mois paffés, *ibid.*

Chap. XLVII. Preuve de parenté fans défigner le degré, fuffit pour fuccéder à un défunt au préjudice du fifc, 266

Chap. XLVIII. Propriétaire d'une petite portion de maifon peut du confentement des autres copropriétaires, expulfer le colocataire pour l'habiter, *ib.*

Chap. XLIX. Douaire promis par le pere au nom de fon fils, eft la dette du fils, 267

Chap. L. Deniers deftinés à achat d'héritages (pour être propres à la future & aux fiens) & avec claufe qu'à défaut d'emploi, le futur conftitue rente fur fes biens) font purement mobiliers en la fucceffion de l'enfant iffu du mariage, quoiqu'il foit décédé mineur, *ibid.*

Chap. LI. Réfignant en extrêmité de maladie, qui a fait des actes approbatifs de fa réfignation en convalefcence, n'eft plus reçu au regrès, 268

Chap. LII. Pere qui a des enfans d'un premier lit, convolant en fecondes noces, peut convenir que les enfans qui en naîtront n'auront qu'une certaine fomme dans fa fucceffion, fi mieux n'aiment fe tenir à leur légitime. Arrêt en robes rouges, 269

Chap. LIII. Caufe appointée touchant la validité du mariage d'un religieux profès, & pour favoir fi les enfans qui en font iffus, font légitimes, fous prétexte de la bonne foi de leur mere, 271

Chap. LIV. Préciput ftipulé au furvivant des conjoints, même dans le cas de renonciation à la communauté au profit de la veuve, fe prend fur les propres du mari, fi la communauté eft abforbée par la reftitution des deniers dotaux & autres dettes, 274

Chap. LV. Fille majeure de 25 ans exhérédée pour n'avoir pas fait profeffion en religion, & s'être mariée fans requérir le confentement & confeil de fon pere, a été admife au partage de la fucceffion, 275

Chap. LVI. Statues de marbre pofées fur des bafes de pierre font immeubles, & font partie de la maifon, 276

Chap. LVII. Deux ou plufieurs créanciers qui ont hypotheques fpéciales & privilégiées fur une maifon, viennent par priorité, & il n'y a pas lieu à la contribution, *ibid.*

Chap. LVIII. Cas royaux graves & atroces, appartiennent aux baillis & fénéchaux, & les moindres, aux prévôts & châtelains, 277

Chap. LIX. Preuve d'un mariage eft rejettée, *ibid.*

Chap. LX. On ne peut compromettre en matiere criminelle, & la peine ſtipulée eſt nulle, 279

Chap. LXI. Préſidiaux ne peuvent juger en dernier reſſort des lettres de reſciſions obtenues contre une promeſſe cauſée pour épices, au profit du rapporteur d'un procès, quoique la ſomme ſoit modique, *ibid.*

Chap. LXII. Cauſe appointée au grand conſeil, pour ſavoir ſi des maladreries ou léproſeries ſont bénéfices ou adminiſtrations ſeulement, 280

Chap. LXIII. Cauſe appointée au grand conſeil, pour ſavoir ſi la réſignation pure & ſimple du titulaire *in extremis*, entre les mains du collateur ordinaire, peut être attaquée par un indultaire, comme fait en fraude de ſon indult.

Et ſi l'indultaire doit être tonſuré lors de ſa nomination, ou s'il ſuffit qu'il le ſoit au tems de la vacance du bénéfice, ou quand il ſe préſente pour le requérir, 281

Chap. LXIV. Cauſe appointée au grand conſeil, pour ſavoir ſi la permutation doit avoir effet au profit de celui qui a pris poſſeſſion pendant la vie de l'autre, quoique le dernier ſoit décédé ſans faire la même choſe.

Et ſi l'ordinaire peut admettre une réſignation pour cauſe de permutation *ſpreto & inconſulto patrono eccleſiaſtico*, 283

Chap. LXV. Donation de vingt-quatre journaux de terre eſt bonne & valable, nonobſtant la contre-lettre qui laiſſe la liberté au donateur de vendre la totalité du fief dont ils dépendent, à la charge que le donataire aura ſur le prix cent cinquante livres de rente ; & ce n'eſt pas donner & retenir, 284

Chap. LXVI. Hôpital doit être adminiſtré par des laïques, & la chapelle y annexée ne peut devenir un titre de bénéfice en la perſonne du prêtre qui l'a deſſervie, *ibid.*

Chap. LXVII. Geolier eſt reſponſable des priſonniers, 285

Chap. LXVIII. Profeſſion en l'ordre de Malthe, ne ſe prouve par témoins, *ibid.*

Chap. LXIX. Médecin abonné avec les habitans à dix ſols de taille, ne peut être impoſé à plus grande ſomme, *ibid.*

Chap. LXX. Nantiſſement n'eſt pas nul par le défaut de ſignature des témoins, lorſque la coutume ne l'exige point, 286

Chap. LXXI. Legs à la concubine & à ſon frere, ſervante & laquais du teſtateur, de ſix cents livres chacun, & conjointement de tous ſes meubles acquêts & conquêts immeubles, eſt confirmé à l'égard de la concubine pour ſix cents livres ſeulement, qui au ſurplus eſt déclarée indigne.

Mais la totalité du legs univerſel eſt adjugée par droit d'accroiſſement au frere, outre ſes ſix cents livres, *ibid.*

Chap. LXXII. Bénéfice ſimple ne tombe en dévolut, ſous prétexte que le titulaire légitimement tonſuré a pris les quatre mineurs & le ſoudiaconat d'un autre évêque que le ſien.

Etranger eſt incapable de poſſéder bénéfice en France, même quoique ſon pays ſoit exempt du droit d'aubaine par les traités, 288

Chap. LXXIII. Juge ſubalterne haut-juſticier peut prononcer une adjudication par décret ; mais la certification doit être faite au ſiege ſupérieur, où il y ait le nombre requis des praticiens, 297

Chap. LXXIV. Concordat non homologué en cour de Rome, doit être exécuté entre le réſignant & le réſignataire, 298

Chap. LXXV. Ameubliſſement des propres de la femme juſques à une certaine ſomme pour entrer en communauté, ne ceſſe pas, & la ſomme n'eſt point cenſée payée au mari, ſous prétexte qu'il eſt échu à la femme une ſucceſſion mobiliaire beaucoup plus conſidérable qui eſt entrée en la même communauté, 299

Chap. LXXVI. Promeſſe de mariage d'un mineur ne ſe prouve par témoins, & l'appointement de contrariété de l'official, eſt abuſif, *ibid.*

Chap. LXXVII. Oncle s'étant fait décharger de la tutele, à la charge de nourrir l'un des mineurs juſques à l'âge de vingt-cinq ans, & lui apprendre ſon métier, cette obligation ceſſe par le décès dudit oncle, & ne produit aucune action contre ſes héritiers, *ibid.*

Chap. LXXVIII. En retrait lignager, la fraude commiſe par l'un, donne ouverture à l'autre, 300 *ibid.*

Chap. LXXIX. Haut-juſticier a droit de décerner tuteur aux mineurs d'un officier royal & faire inventaire, *ibid.*

Chap. LXXX. Homologation de ſentence arbitrale, ne peut être empêchée par une oppoſition, *ibid.*

Chap. LXXXI. Condamné à mort par ſentence, puis confirmée par arrêt, a été incapable de recueillir une ſucceſſion à lui échue pendant l'appel, *ibid.*

Chap. LXXXII. Bâtard adultérin ne ſuccede *ab inteſtat*, ni par teſtament, directement ni par ſubſtitution, & ne peut recevoir qu'un legs pour alimens.

Fille née après la diſſolution du mariage de la même perſonne avec qui le pere avoit commis adultere, n'eſt pas adultérine, & eſt capable de recueillir par teſtament la ſucceſſion du pere qui n'a point d'autres héritiers.

La ſucceſſion de cette bâtarde appartient au roi, & non au ſeigneur engagiſte, dont le contrat comprend les droits d'aubaine & d'eſpaves, ſans faire mention de la bâtardiſe ni déſhérence, *ibid.*

Chap. LXXXIII. Deux particuliers étant débiteurs ſolidaires d'une rente conſtituée, l'un ayant depuis emprunté de l'autre une ſomme par obligation, ne peut être contraint de la lui payer, offrant de l'employer au rachat de la rente qui eſt la dette commune, 306

Chap. LXXXIV. Fermier du temporel d'un bénéfice qui a haute-juſtice, ne peut prétendre que le greffe faſſe partie de ſon bail, ni commettre perſonne pour l'exercer, & le pourvu par le grand vicaire eſt maintenu, 311

Chap. LXXXV. Pétitoire des dîmes inſolites & dont l'exemption eſt prétendue, n'eſt de la connoiſſance du juge d'égliſe, & elle appartient aux juges royaux, *ibid.*

Chap. LXXXVI. Genevois eſt étranger, & tenu de bailler caution de payer le jugé, 312

Chap. LXXXVII. Offices de notaire & ſergent royal incompatibles en une même perſonne dans les grandes villes, ſont toutefois tolérés dans les petites villes, 314

Chap. LXXXVIII. Grand-vicaire ne peut pourvoir aux offices domaniaux, *ibid.*

Chap. LXXXIX. Bénéfice deſſervi long-tems par des prêtres ſéculiers eſt réputé de même qualité.

Religieux de l'ordre de Cîteaux ſont incapables de poſſéder des bénéfices ayant charge d'ames.

Etranger qui tient un bénéfice en France, ne peut, après un dévolut, obtenir lettres de naturalité, ni donner ſa démiſſion au préjudice du dévolutaire ; mais les habitans de Marcheville en Barrois, ne ſont pas cenſés étrangers, quoiqu'ils plaident au parlement de Symiez en Lorraine, 315

Chap. XC. Preſcription de médicamens d'un apothicaire n'a lieu que dans l'an du jour de la derniere fourniture, & non de la premiere, 316

Chap. XCI. Garde-noble acceptée ou omiſe par le pere ou mere, ne peut être repriſe après leur décès par l'aïeul ou aïeule, 317

Chap. XCII. Partie civile qui a fait ceſſion de ſon intérêt civil, n'en peut être reſtituée, 318

Chap. XCIII. Relief eſt dû par le ſecond mariage de la femme, quoiqu'il n'y ait communauté de biens, 319

Chap. XCIV. Donation d'un fief par la mere à ſes enfans puînés, dans la coutume d'Amiens, leur tient lieu du quint hérédital, & les portions des puînés décédés, même avant la mere, accroiſſent aux autres puînés, à l'excluſion de l'aîné, 320

Chap. XCV.

Chap. XCV. Arbalêtriers ou tireurs d'oiſeaux avec des fleches, ſont tenus civilement des dommages, intérêts envers les paſſans qui ſont fortuitement bleſſés, ibid.

Chap. XCVI. Contre-lettres hors contrat de mariage ſont nulles, même à l'égard du mari qui les a données, 321

Chap. XCVII. Union d'une cure au chapitre eſt valable, en nommant un vicaire perpétuel, ibid.

Chap. XCVIII. Demande & condamnation d'intérêts contre l'un des débiteurs ſolidaires, opere contre tous les cooblivés non pourſuivis, tant pour le principal qu'intérêts, 322

Chap. XCIX. Teſtament de la mere contenant ex-hérédation du fils eſt annullé, même pour le legs univerſel fait à l'un de ſes autres enfans, 323

Chap. C. Officier d'un ſeigneur haut-juſticier eſt cenſé pourvu gratuitement, lorſque ſes proviſions n'expriment aucune finance, ni autre cauſe onéreuſe; & le long tems qu'il peut avoir exercé n'empêche ſa deſtitution ad nutum, 324

Chap. CI. Saiſie réelle, criées & décret, faits ſur un ſimple curateur aux cauſes & actions de la débitrice tombée en démence, ſans diſcuſſion préalable de ſes meubles, ſont confirmés, & mieux elle u'aime rendre aux adjudicataires le prix principal, frais & loyaux coûts, de leur conſentement, 325

Chap. CII. Apothicaires ont hypothèque privilégiée pour les médicamens fournis pendant la maladie, & ſix ſemaines avant le décès.
Les biens du défunt n'étant pas ſuffiſans pour payer les précédentes fournitures de l'apothicaire, la mere n'en peut être tenue ſubſidiairement, 326

Chap. CIII. Dans la coutume de Chaumont, jugé que le pere étant légataire univerſel ſon fils ne peut être légataire particulier & l'arrêt rendu au profit du colégataire univerſel, 327

Chap. CIV. Condamnation de dépens prononcée par l'official au profit du promoteur, eſt abuſive, 328

Chap. CV. Legs univerſel fait par un pere à ſes enfans naturels, a été déclaré bon & valable, ibid.

Chap. CVI. Mari par le titre undè vir & uxor, ſuccede à ſa femme quoique bâtarde, & viciſſim à l'excluſion du fiſc, 329

Chap. CVII. Don mutuel en la coutume de Poitou de tous les meubles, acquêts immeubles (ſans ajouter préſens & futurs) & tiers des propres, comprend néanmoins tous les meubles & acquêts qui étoient lors du décès du donateur, 330

Chap. CVIII. Procureur décerné curateur aux cauſes, doit prêter le ſerment en perſonne, 331

Chap. CIX. Dépoſitaire diſant qu'il a prêté ſous gages à lui dépoſés, ſa confeſſion n'eſt diviſée; & celui qui a fait le dépôt n'en ayant point d'autre preuve que cette confeſſion, ne peut dénier le prêt ni réduire la ſomme, & n'a que l'affirmation du dépoſitaire, ibid.

Chap. CX. Lettres de repréſailles n'ont lieu que contre les ſujets d'un autre prince ſur meubles & marchandiſes, non ſur les immeubles, & ſont revoquées ſans expreſſion particuliere par l'édit d'abolition générale, qui profite aux héritiers des décédés auparavant, 332

Chap. CXI. Contrat de vente des immeubles d'une femme entrant en religion pour en donner le prix à ſon couvent, eſt déclaré nul, & l'acquéreur évincé comme participant de la fraude. Mais pour ſavoir s'il peut répéter contre les religieuſes, le prix que la prieure ſeule a touché, la cauſe eſt appointée, 333

Chap. CXII. Procureur fiſcal pourvu à titre onéreux, n'eſt deſtituable, 334

Chap. CXIII. Réſignant en extrémité de maladie, a été admis au regrès contre ſon neveu réſignataire, ibid.

Chap. CXIV. Cauſe appointée pour ſavoir ſi ceux de la religion prétendue réformée doivent contribuer à l'édification d'un clocher, quoiqu'ils ſoient exempts des réparations de l'égliſe paroiſſiale, 335

Chap. CXV. Mariage d'une religieuſe faite hérétique, eſt déclaré nul, & elle incapable de ſuccéder, 336

Chap. CXVI. Curé ne peut refuſer la publication d'un monitoire, ſous prétexte que le coupable lui a donné charge en confeſſion d'offrir des dommages & intérêts, ibid.

Chap. CXVII. Veuve n'eſt privée de ſes conventions matrimoniales, ni les enfans indignes de la ſucceſſion, pour n'avoir pourſuivi la mort de leur mari & pere aſſaſſiné, à cauſe de leur pauvreté, 337

Chap. CXVIII. Soldat eſtropié pourvu d'une place de religieux oblat, doit rapporter certificats de ſes bleſſures, ibid.

Chap. CXIX. Cauſe appointée pour ſavoir ſi l'inſinuation au ſiege du domicile du donateur, & au bailliage de la province où l'immeuble donné eſt ſitué, peut être ſuffiſante; ou ſi elle n'a pas dû être faite en la prévôté royale de la ſituation.
Et ſi ce défaut dans la coutume de Chartres où le double lien emporte les meubles & acquêts peut être objecté par le neveu d'un côté ſeulement héritier, à un autre neveu conjoint des deux côtés, donataire d'un acquêt, 340

Chap. CXX. Confeſſion du dépoſitaire fait foi contre lui & peut être diviſée, pour admettre celui qui a fait le dépôt, à prouver par témoins qu'une contre-lettre a été vue, lue & tenue, 341

Chap. CXXI. Peine de compromis eſt due par l'appel interjetté, quoique l'appellant s'en déſiſte, 342

Chap. CXXII. Garde-noble dans la coutume de Lorris doit être acceptée en juſtice par le pere ou pardevant notaires; & la ſimple adminiſtration des biens n'opere point cette acceptation, mais le rend tuteur & comptable, 343

Chap. CXXIII. Officiers de ſeigneurs pourvus gratuitement, ſont deſtituables, & ne doivent prêter le ſerment pardevant les baillis & ſénéchaux, ou leurs lieutenans, 345

Chap. CXXIV. Ceſſionnaire qui a droit de committimus, peut ſe ſervir de ſon privilege, ſi la ceſſion a été faite par le cédant pour ſe libérer d'une obligation pardevant notaires; mais non d'une promeſſe ſous écriture privée, ibid.

Chap. CXXV. Il n'y a point d'abus en l'exécution d'un reſcrit, qui donne des juges aux parties hors de leur diocèſe, pourvu qu'ils ne ſoient pas trop éloignés, 346

Chap. CXXVI. Religieux ne peut diſpoſer au profit de ſon ordre, ibid.

Chap. CXXVII. Ceſſion de biens admiſe contre la fidéjuſſeur, 347

Chap. CXXVIII. Françaiſe mariée avec un Anglois qui l'a emmenée en Angleterre, plaide néanmoins en France ſans donner caution judicatum ſolvi, & y ſuccede, à la charge de ne point aliéner les immeubles, ou d'en faire le remploi, ibid.

Chap. CXXIX. Eccléſiaſtique accuſé renvoyé au juge laïque, doit être jugé ſur l'inſtruction de l'official, ſans le recommencer; & de même par l'official, quand le procès a été d'abord inſtruit par le juge laïque, ſauf à ouir d'autres témoins, 348

Chap. CXXX. Propriétaire vendique ſa choſe dérobée ſans reſtitution de prix, ibid.

Chap. CXXXI. Juge d'égliſe ne peut, ſans abus, connoître du poſſeſſoire des bénéfices, 349

Chap. CXXXII. Lieutenant criminel ne doit décerner exécutoire contre l'accuſé pour les frais de l'inſtruction, ni contre la partie civile, qui s'eſt déſiſtée de l'accuſation, 350

Chap. CXXXIII. Doyenné électif confirmatif, peut être réſigné en cour de Rome in favorem, ſauf au chapitre le droit d'élection en cas de vacation par mort, 351

LIVRE QUATRIEME.

Chap. I. Doyenné électif confirmatif de fondation royale, peut être résigné pour cause de permutation entre les mains du roi.

Agens du clergé de France ne peuvent intervenir ni être ouis dans une cause particuliere, 354

Chap. II. Garde-noble acceptée par le pere, finit & s'éteint par son décès, & les aïeuls paternels ni maternels ne la peuvent plus prétendre, 356

Chap. III. Donation sous écriture privée d'une somme de deniers est bonne & valable sans insinuation ni acceptation pendant la vie du donateur, 357

Chap. IV. Les plaies n'étant pas mortelles, soit que le blessé décede avant ou après les quarante jours, l'accusé n'est point jugé homicide; mais il est condamné aux dommages, intérêts envers la veuve, nonobstant qu'il en eût transigé avec le défunt, *ibid.*

Chap. V. Jésuites congédiés après le premier vœu simple qu'ils font à la fin des deux ans de noviciat, sont incapables de succéder, de même que les autres religieux, 359

Chap. VI. Dans la coutume de Boulonnois, mari & femme faisant des acquisitions pendant le mariage ne peuvent stipuler, que le survivant en jouira par usufruit sa vie durant, & c'est un avantage indirect prohibé, 365

Chap. VII. Adjudication par décret faite à un procureur du roi en son siege, est nulle, *ibid.*

Chap. VIII. Présidiaux ne peuvent prendre connoissance des causes pendantes pardevant les juges & consuls pour fait de marchandises, & entre marchands, 366

Chap. IX. Cause appointée pour savoir si un bail à ferme des biens d'église fait par anticipation de deux ans & demi, est nul, *ibid.*

Chap. X. Cause appointée pour savoir si une mere peut empêcher la célébration du mariage contracté par son fils majeur de vingt-cinq ans, sans son consentement, & même l'exhéréder, 367

Chap. XI. Séparation de biens entre mariés, de leur consentement, sans aucune formalité, exécutée pendant vingt-six ans, est bonne & valable, 368

Chap. XII. Officiers pourvus pour récompense de services faits à un évêché, ont été admis à les vérifier pour empêcher leur destitution, 370

Chap. XIII. Cause appointée au châtelet, dont la cour n'a voulu évoquer le principal, pour un bénéfice vacant par mort au mois de janvier contentieux entre quatre gradués nommés; l'un plus ancien, que l'on prétendoit rempli; l'autre simple maître ès arts, plus ancien que les deux autres, mais insinué par un tiers non fondé de procuration spéciale; le troisieme & quatrieme docteur & bachelier en théologie moins anciens que les deux premiers, 371

Chap. XIV. Communauté entre mariés est irrévocable pendant le mariage, & la donation faite par la femme du droit qu'elle y a, aux enfans d'un premier lit de son mari, est réputée avantage indirect au mari sous l'interposition des enfans, 374

Chap. XV. Ancien gradué nommé ayant été pourvu de plusieurs bénéfices qu'il a depuis résignés, est censé les avoir obtenus en vertu de ses degrés; & le défaut d'expression dans ses lettres des bénéfices qu'il possédoit alors, est une nullité, 375

Chap. XVI. Pourvu en cour de Rome par dévolut, le bénéfice venant à vaquer en régale, avant qu'il ait eu son *visa*, ne peut plus l'obtenir depuis l'ouverture en régale; mais la cause a été appointée sur les demandes respectives de deux pourvus en régale, 377

Chap. XVII. Officier pourvu pour récompense de service ou finance n'est destituable, 379

Chap. XVIII. Cause appointée pour savoir si une mere par son testament peut réduire son fils pro-
digue à l'usufruit de sa portion héréditaire & substituer la propriété; & si la disposition peut valoir tant à l'égard du fils qui s'en plaint, des créanciers, qui ont fomenté sa débauche, que de la femme créanciere de sa dot & conventions, *ibid.*

Chap. XIX. Droits honorifiques de l'église sont communiqués alternativement à tous les copropriétaires par indivis de la haute-justice, en commençant par l'aîné de la famille ou son descendant quoiqu'il ait la moindre portion, 384

Chap. XX. Prescription de crimes s'acquiert par vingt ans, 385

Chap. XXI. On peut être simple confidenciaire d'un office d'huissier, par un traité, pour le conserver à la famille du précédent titulaire, sans que par le décès du dernier pourvu qui a prêté son nom, ses créanciers puissent prétendre qu'il en ait eu la propriété, 386

Chap. XXII. Propriétaire est tenu aux dommages & intérêts pour la mort du locataire, arrivée par la ruine d'une maison, 387

Chap. XXIII. Religieux restitué contre ses vœux faits avant l'âge, par son supérieur sans aucun rescrit du pape, 388

Chap. XXIV. Cause appointée, pour savoir dans la coutume de Bar qui n'admet le remploi des propres aliénés de la femme que quand il est stipulé dans les contrats de mariage ou de vente; ce remploi peut être prétendu par les héritiers de la femme contre un mari qui l'a stipulé pour lui dans tous les contrats d'aliénation de ses propres, & l'a volontairement omis en ceux de la femme.

Et si la donation entre vifs faite par le mari, son frere jésuite acceptant pour le college de Bar, la femme étant à l'agonie, peut diminuer le droit des héritiers de la femme dans la communauté, ou doit être prise sur la portion du mari, 392

Chap. XXV. Donation d'une mere à sa fille par un contrat de mariage, & en avancement de succession, d'une terre, à la charge de payer une dette de neuf mille livres, même avec clause que la terre sera un acquêt jusques à concurrence de cette somme, ne produit aucuns lods & ventes dans la coutume de Vitry, 393

Chap. XXVI. Etranger doit donner caution de payer les dépens, non-seulement de la cause principale, mais de celle d'appel, s'il y en a, & quoiqu'il fût intimé, 394

Chap. XXVII. Religieux accusé renvoyé pardevant l'official à la charge du cas privilégié, 395

Chap. XXVIII. Conservateur des privilèges apostoliques connoît du pétitoire des dîmes entre privilégiés, à l'exclusion des officiaux, 395

Chap. XXIX. Résignation pure & simple d'un chanoine en extrêmité de maladie, entre les mains du chapitre, est sujette au regrès du résignant revenu en convalescence qui reprend son rang & sa maison canoniale, *ibid.*

Chap. XXX. Freres & sœurs non-recevables à faire interdire leur frere pour démence supposée, prodigalité non justifiée, & concubinage qu'il fait cesser en chassant la servante, 397

Chap. XXXI. Dans la ville d'Auxerre les échevins premiers élus & qui ont été en charge, précedent les derniers reçus, de quelque qualité & condition qu'ils soient, 399

Chap. XXXII. Legs fait à un serviteur domestique, est caduc par le décès du légataire avant le testateur, 400

Chap. XXXIII. Cause appointée, pour savoir si l'appel de la sentence d'homologation d'une sentence arbitrale, emporte la peine du compromis, comme si l'on avoit appellé du jugement des arbitres, 401

Chap. XXXIV. Délibéré sur le registre, pour savoir si dans la coutume de Bourbonnois, le petit-fils issu de la fille qui a renoncé aux successions directes, est exclu de celle de l'aïeule par la petite-fille issue du mâle encore vivant, & qui a répudié la succession échue de sa mere, 402

Chap. XXXV. Collateur ordinaire est obligé de conférer les bénéfices compermutés & d'admettre les permutations, s'il n'y a causes légitimes de refus, qu'il doit exprimer, 404

Chap. XXXVI. Alimens d'un bâtard se payent *pro modò emolumenti*, par les héritiers de son pere dans la coutume de Poitou, 405

Chap. XXXVII. Cause appointée pour savoir si l'union d'un prieuré à un séminaire est abusive par le défaut de formalités, 406

Chap. XXXVIII. Official peut enjoindre à un prêtre convaincu de sortileges, de se retirer de son diocése; mais ne peut prononcer par bannissement qui seroit abusif.

Promoteur ne se peut dire fiscal, 407

Chap. XXXIX. Régale n'a lieu en l'archevêché de Lyon, ni en l'évêché d'Autun, 408

Chap. XL. Révocation d'une résignation, duement signifiée avant la date de la signature & du courier, (quoique depuis l'arrivée du courier) est valable, ibid.

Chap. XLI. Testament olographe, la date en blanc, & non signé à la fin par le testateur, est nul, même pour le legs contenu en la premiere page,

qui se trouve signée, 410

Chap. XLII. Pour réclamer contre ses vœux, on n'est pas obligé d'obtenir rescrit dans les cinq ans, mais il suffit de protester pardevant personnes publiques dans les cinq ans, 411

Chap. XLIII. Dans le cas de la substitution réciproque de deux enfans, les créanciers & légataires du prédécédé ne peuvent avoir détraction de sa légitime ni trébellianique, sur les biens substitués, 412

Chap. XLIV. Testament écrit de la main du clerc du notaire présent, est valable dans la coutume d'Orléans, 413

Chap. XLV. Clause que la femme renonçant à la communauté reprendra sa dot, & tout ce qu'elle montrera avoir apporté de plus, lui donne droit de reprendre le legs universel à elle fait par un étranger comme si l'on avoit stipulé la reprise de tout ce qui lui écherroit par succession, donation, legs ou autrement, 415

Chap. XLVI. Communauté de maîtres jurés ne se peut établir sans lettres patentes du roi.

Etrangers ont la liberté du commerce, 416

Chap. XLVII. Officiaux ne connoissent des complaintes, 419

Fin de la Table des Chapitres du Tome premier.

www.ingramcontent.com/pod-product-compliance
Lightning Source LLC
Chambersburg PA
CBHW060540220326
41599CB00022B/3554